Prof. Dr. Astrid Epiney

Umweltrecht der Europäischen Union

3. Auflage

NOMOS
facultas.wuv
Helbing Lichtenhahn Verlag

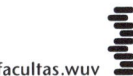

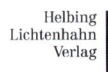

Die Deutsche Nationalbibliothek verzeichnet diese Publikation in der Deutschen Nationalbibliografie; detaillierte bibliografische Daten sind im Internet über http://dnb.d-nb.de abrufbar.

ISBN 978-3-8487-0503-0 (Nomos Verlagsgesellschaft, Baden-Baden)
ISBN 978-3-7089-1033-8 (facultas.wuv Verlag, Wien)
ISBN 978-3-7190-3400-9 (Helbing Lichtenhahn Verlag, Basel)

3. Auflage 2013
© Nomos Verlagsgesellschaft, Baden-Baden 2013 Printed in Germany. Alle Rechte, auch die des Nachdrucks von Auszügen, der fotomechanischen Wiedergabe und der Übersetzung, vorbehalten. Gedruckt auf alterungsbeständigem Papier.

Vorwort

Das Umweltrecht der Europäischen Union kann weder losgelöst von den nationalen Rechtsordnungen noch unabhängig von allgemeinen Fragen des Unionsrechts behandelt werden. Denn einerseits stehen Unionsrecht und nationales Recht in einer ständigen Wechselbeziehung, so dass zahlreiche gegenseitige Einwirkungen zu verzeichnen sind. Andererseits ist das EU-Umweltrecht eben auch ein Teil des Unionsrechts, so dass dessen Charakteristika und Besonderheiten in die Betrachtungen einbezogen werden müssen.

Dies ändert aber nichts daran, dass eine Behandlung des europäischen Umweltrechts – im Sinne des Umweltrechts der Europäischen Union – als eigener Bereich insofern ebenso sinnvoll wie notwendig ist, als auf diese Weise eine zusammenfassende Sicht über die europarechtlichen Vorgaben ermöglicht wird, die eine unabdingbare Voraussetzung für die Erfassung ihrer genauen Rückwirkungen auf das nationale Recht darstellt. Eine vertiefte Auseinandersetzung mit dem Umweltrecht der Europäischen Union drängt sich auch vor dem Hintergrund auf, dass gerade das EU-Umweltrecht im Zuge der wachsenden Bedeutung umweltrechtlicher und -politischer Problemstellungen und ihrer grenzüberschreitenden Implikationen und Herausforderungen eine immer größere Rolle spielt. So beruhen denn auch weite Teile des nationalen Umweltrechts der EU-Mitgliedstaaten – in manchen Mitgliedstaaten dürfte es sich gar um fast 100 % des nationalen Umweltrechts handeln – zumindest auch auf Vorgaben des EU-Rechts. Darüber hinaus können über eine „Gesamtschau" des relevanten EU-Rechts auch die spezifischen Charakteristika des EU-Umweltrechts berücksichtigt werden, womit die ausschließlich nationale Perspektive verlassen wird. Dies ist auch und gerade deshalb von zentraler Bedeutung, weil das nationale Umweltrecht in den Mitgliedstaaten aufgrund seiner erwähnten Prägung durch des EU-Umweltrecht regelmäßig nur vor dem Hintergrund und unter Berücksichtigung der unionsrechtlichen Vorgaben erfasst werden kann.

In diesem Sinne behandelt dieser bereits in der dritten Auflage vorliegende Band – der eine vollständige Neubearbeitung unter Beibehaltung der konzeptionellen Grundausrichtung der im Jahr 2005 erschienenen zweiten Auflage darstellt (wobei allerdings gewisse Aspekte bedeutend stärker berücksichtigt wurden, wie z.B. das Völkerrecht als Rechtsquelle, das Gewässerschutzrecht oder das Klimaschutzrecht) – das Umweltrecht der Europäischen Union. Es erfolgt also – unter grundsätzlicher Aussparung des nationalen Rechts – eine Beschränkung auf die „europäische Perspektive", wobei die Behandlung der primärrechtlichen Grundlagen (1. Teil) von derjenigen des EU-Sekundärrechts (2. Teil) getrennt wird. Allerdings wird der fortbestehenden Bedeutung nationalen Rechts dadurch Rechnung getragen, dass in zahlreichen Bereichen auch auf die Umsetzungs- und Durchführungsproblematik hingewiesen wird, wobei der Akzent auf der Situation in Deutschland liegt.

Angesichts des inzwischen erreichten Umfangs dieses Rechtsgebiets wird kein Anspruch auf Vollständigkeit erhoben; vielmehr liegt der Akzent auf der Behandlung der Grundlagen und Strukturen des primär- und sekundärrechtlichen Umweltrechts der Europäischen Union unter Berücksichtigung seiner spezifischen Problemstellungen. Im Rahmen der Erörterung des Sekundärrechts wird ausführlicher auf Gebiete eingegangen, die bereichsübergreifende Fragen aufwerfen oder neue Tendenzen beinhalten, während auf eine detaillierte Darstellung eher technischer Bereiche oder spezifischer Probleme weitgehend verzichtet wird. Ausgespart wird weiter die Integration umweltpolitischer Belange in andere Politiken (Wettbewerbsrecht, Agrarrecht, Verkehrsrecht usw.), würde dies doch den Rahmen des vorliegenden Bandes sprengen.

Auch die existierende Literatur zum EU-Recht allgemein und zum EU-Umweltrecht im Besonderen konnte selbstredend nicht vollumfänglich im Einzelnen verarbeitet werden; jedoch war die Redaktion von dem Bestreben geprägt, auf die wichtigsten grundlegenden Fragen auch unter Berücksichtigung und Verarbeitung einschlägiger Meinungen in der Literatur einzugehen; darüber hinaus wird – insbesondere auch im Sekundärrecht – auf weiterführende und vertiefende Beiträge in der Literatur hingewiesen. In diesem Sinn figurieren im allgemeinen Literaturverzeichnis nur noch diejenigen Werke, die mehrere Bereiche des EU-Umweltrechts beschlagen oder allgemein unionsrechtliche Fragen behandeln (wie z.B. Kommentare), während spezifische Nachweise zu einzelnen Fragen des EU-Umweltrechts jeweils am Schluss der einzelnen Kapitel – und auch dies ggf. getrennt nach den in dem jeweiligen Kapitel behandelten Bereichen – aufgeführt werden.

In Bezug auf die Rechtsprechung erfolgte der Versuch, die Rechtsprechung des EuGH möglichst vollständig an geeigneter Stelle zu verarbeiten und ggf. auch etwas ausführlicher zu diskutieren; hingegen erfolgen Hinweise auf nationale Judikatur nur sehr sporadisch.

Das Buch richtet sich an alle, die sich einen Überblick über die einschlägigen unionsrechtlichen Regelungen insgesamt oder in einigen Gebieten und die diesbezüglichen Problemstellungen verschaffen wollen; es ermöglicht damit einen Einstieg in das EU-Umweltrecht, kann aber auch die Grundlage für eine vertiefte Auseinandersetzung mit spezifischen Fragen sein.

Das Manuskript wurde im November 2012 abgeschlossen; Rechtsetzung, Rechtsprechung und Literatur sind auf diesem Stand, und spätere Entwicklungen konnten nur vereinzelt berücksichtigt werden.

Das Buch ist auch vor dem Hintergrund der vertieften Beschäftigung am Institut für Europarecht der Universität Freiburg i.Ue. / CH mit Fragen des EU-Umweltrechts zu sehen, das von Beginn weg sehr gepflegt wurde. An diesen Arbeiten waren auch die zahlreichen wissenschaftlichen Mitarbeiterinnen und Mitarbeiter des Instituts in den vergangenen Jahren – meist (auch) durch Publikationen – beteiligt. Insofern haben auch sie einen gewichtigen Anteil an der Entstehung dieses Bandes. Ihnen allen sei an dieser Stelle sehr herzlich gedankt. Ebenfalls gedankt sei Prof. Dr. *Andreas Furrer* für seine konstruktiven und weiterführenden Hinweise in Bezug auf die 1997 erschienene erste Auflage.

Freiburg i.Ue., im November 2012 *Astrid Epiney*

Inhalt

Vorwort	5
Abkürzungen	15
Literatur	21

1. TEIL ENTWICKLUNG DES UMWELTRECHTS IN DER EUROPÄISCHEN UNION UND PRIMÄRRECHTLICHE GRUNDLAGEN — 33

1. Kapitel Begriff und Gegenstand des Umweltrechts	34
A. „Umweltrecht"	34
B. Literatur	40
2. Kapitel Entstehung und Entwicklung des Umweltrechts in der Europäischen Union	42
A. Überblick	42
B. Literatur	46
3. Kapitel Instrumente und Akteure der Umweltpolitik und der Umweltrechtsetzung der Europäischen Union	48
A. Handlungsinstrumente und Rechtsquellen	48
I. Primärrecht: Überblick über die umweltrelevanten Bestimmungen	48
II. Sekundärrecht	52
III. Umweltpolitische Aktionsprogramme	54
IV. Unverbindliche Handlungen	58
1. Allgemeines	58
2. Insbesondere: zu den Umweltvereinbarungen	59
V. Völkerrecht	61
B. Akteure	70
I. Kommission	72
1. Zum Initiativmonopol	72
2. Delegierte Rechtsetzung und Durchführungsbefugnisse	74
3. Verwaltungsaufgaben	76
4. Kontrollbefugnisse	76
II. Europäisches Parlament	78
III. Rat	79
IV. Europäischer Gerichtshof	82
V. Mitgliedstaaten	83
VI. Verbände und Interessenvertretungen	83
VII. Europäische Umweltagentur	85
VIII. Einzelne	89
IX. Zusammenfassung und Bewertung	91
C. Literatur	92
I. Handlungsinstrumente und Rechtsquellen	92
II. Akteure	95

4. Kapitel Rechtsgrundlagen der Umweltpolitik der Europäischen Union 98
A. Die verschiedenen Kompetenzgrundlagen – ein Überblick 98
    I. Art. 192 AEUV 99
    II. Art. 114 Abs. 1 AEUV 105
    III. Befugnisse im Rahmen spezifischer Politiken 107
B. Verhältnis der Kompetenzgrundlagen 109
    I. Grundsätze 110
    II. Konkretisierung für den Bereich des Umweltrechts: vier Fallgruppen 115
        1. Produktbezogene Maßnahmen 115
        2. Produktionsbezogene Maßnahmen 117
        3. Genuin umweltschützende Vorschriften, einschließlich Umweltqualitätsstandards 117
        4. Bereichsübergreifende allgemeine Maßnahmen 118
C. Außenkompetenzen 118
D. Voraussetzungen der Kompetenzausübung durch die Union: die Bedeutung des Subsidiaritätsprinzips für das Umweltrecht 127
    I. Das Subsidiaritätsprinzip nach Art. 5 Abs. 3 EUV – Grundsätze 128
    II. Konkretisierung des Art. 5 Abs. 3 EUV für den Bereich des Umweltrechts 130
E. Literatur 132
    I. Rechtsgrundlagen 132
    II. Außenkompetenzen 134
    III. Subsidiaritätsprinzip 136

5. Kapitel Grundprinzipien des Umweltrechts in der Europäischen Union 139
A. Inhaltliche Vorgaben 139
    I. Ziele und Aufgaben 139
    II. Umweltpolitische Handlungsprinzipien 141
        1. Hohes Schutzniveau (Art. 114 Abs. 3, 191 Abs. 2 S. 1 AEUV) 142
        2. Vorsorgeprinzip (Art. 191 Abs. 2 S. 2 AEUV) 145
            a) Zur Unterscheidung zwischen Vorsorge- und Vorbeugeprinzip 146
            b) Aussagegehalt und inhaltliche Tragweite 147
        3. Ursprungsprinzip (Art. 191 Abs. 2 S. 2 AEUV) 151
        4. Verursacherprinzip (Art. 191 Abs. 2 S. 2 AEUV) 153
        5. Zum Grundsatz der Nachhaltigen Entwicklung 156
        6. Querschnittsklausel (Art. 11 AEUV) 158
            a) Grundgedanke, Entwicklung und systematischer Zusammenhang 158
            b) Inhaltliche Tragweite 160
            c) Praxis der Unionsorgane 163
            d) Zur Rechtsprechung des EuGH 164
    III. Umweltpolitische Leitlinien und Abwägungskriterien (Art. 191 Abs. 3 AEUV) 165
    IV. Rechtliche Tragweite und Bedeutung 165
    V. Zum „Grundsatz des bestmöglichen Umweltschutzes" 172
B. Handlungsspielräume der Mitgliedstaaten 174
    I. Grundlagen 175
    II. Verbleibende Kompetenzen und Handlungsspielräume der Mitgliedstaaten 175
        1. Zum Vorliegen einer (abschließenden) unionsrechtlichen Regelung 175

2.	Nicht harmonisierter Bereich: zur Tragweite des Grundsatzes des freien Warenverkehrs	179
	a) Tatbestand des Art. 34 AEUV	180
	b) Rechtfertigung	185
3.	Harmonisierter Bereich	192
	a) Grundsätze	193
	aa) Anwendungsbereich	193
	bb) „Begünstigte" Mitgliedstaaten	195
	cc) Zwingender Charakter	195
	dd) „Schutzverstärkung"	197
	b) Art. 114 Abs. 4-6 AEUV	199
	aa) Zur Beibehaltung nationaler Vorschriften (Art. 114 Abs. 4 AEUV)	201
	bb) Zur Neueinführung nationaler Vorschriften (Art. 114 Abs. 5 AEUV)	203
	(1) Gründe des Umweltschutzes oder des Schutzes der Arbeitsumwelt	203
	(2) Neue wissenschaftliche Erkenntnisse	204
	(3) Spezifisches Umweltproblem	205
	(4) Auftreten des spezifischen Umweltproblems nach Erlass der Harmonisierungsmaßnahme	206
	(5) Verhältnismäßigkeit	207
	(6) Bewertung	207
	cc) Zum Verfahren	208
	c) Art. 193 AEUV	209
C. Umsetzung und Vollzug		212
I. Umsetzung		213
	1. Form der Umsetzung	216
	2. Inhalt der Umsetzung	220
	3. Bewertung	225
II. Vollzug		227
D. Kontrolle und Rechtsschutz		231
I. Zentrale Kontroll- und Rechtsschutzmechanismen		232
II. Dezentrale Kontroll- und Rechtsschutzmechanismen		235
E. Literatur		242
I. Inhaltliche Vorgaben		242
II. Handlungsspielräume der Mitgliedstaaten		246
III. Umsetzung, Vollzug, Kontrolle und Rechtsschutz		249

2. Teil Das umweltrechtliche Sekundärrecht der Europäischen Union — 257

6. Kapitel Allgemeine Regeln — 259

A. Überblick		259
B. Umweltinformation, Öffentlichkeitsbeteiligung und Zugang zu Gerichten		260
I. Zum völkerrechtlichen Rahmen: die Aarhus-Konvention		261
	1. Zugang zu Umweltinformationen	262

	2.	Beteiligung der Öffentlichkeit an verschiedenen Entscheidungsverfahren	262
	3.	Zugang zu Überprüfungsverfahren	263
II.	Umweltinformation in der EU		265
	1.	Verpflichtungen der Mitgliedstaaten zur Informationsbeschaffung und -übermittlung	266
		a) Informationen über den Stand der Umwelt	267
		b) Informationen über Gesetzgebungsvorhaben	267
	2.	Information des Einzelnen	269
		a) Zugang der Öffentlichkeit zu bei EU-Organen vorhandenen Dokumenten: zur VO 1049/2001	269
		aa) Anspruchsberechtigte	272
		bb) Anspruchsverpflichtete	272
		cc) Anspruchsgegenstand	272
		dd) Anspruchsschranken	274
		ee) Verfahren und Modalitäten	279
		ff) Rechtsschutz und Beschwerdemöglichkeiten	282
		gg) Perspektiven	282
		b) Die RL 2003/4 über den Zugang der Öffentlichkeit zu Umweltinformationen	283
		aa) Grundsatz: Recht Einzelner auf Zugang zu bei Behörden vorhandenen Umweltinformationen	285
		bb) Modalitäten des Zugangs	287
		cc) Ausnahmetatbestände	288
		dd) Unmittelbare Wirksamkeit des Informationszugangsanspruchs	292
		ee) Umsetzung	292
		ff) Zusammenfassende Bewertung	293
III.	Öffentlichkeitsbeteiligung bei umweltbezogenen Plänen und Programmen		293
IV.	Gerichtlicher Zugang		294
	1.	Unionsebene	294
	2.	Mitgliedstaatliche Ebene	296
C. Umweltverträglichkeitsprüfung			298
I.	Die UVP-Richtlinie (RL 2011/92)		298
	1.	Grundsatz	300
	2.	Anwendungsbereich	301
	3.	Verfahren	305
	4.	Zur Berücksichtigung bei der Genehmigungserteilung	308
	5.	Rechtsschutz	309
	6.	Informationsaustausch	314
	7.	Umsetzung	314
	8.	Unmittelbare Wirkung	316
	9.	Bewertung	317
II.	Die SUP-Richtlinie (RL 2001/42)		319
	1.	Anwendungsbereich	319
	2.	Verfahren und Erstellung des Umweltberichts	323
	3.	Berücksichtigung bei der Entscheidungsfindung	325
	4.	Weitere Bestimmungen	325

	5. Umsetzung	326
	6. Folgen der Verletzung der Pflicht zur Durchführung einer SUP	326
D.	Umweltzeichen	327
	I. Prinzipien und Inhalt der VO 66/2010	328
	II. Zusammenfassende Bewertung	330
E.	Umweltmanagement und Umweltbetriebsprüfung („EMAS")	331
	I. Prinzipien und Inhalt der VO 1221/2009	332
	II. Zusammenfassende Bewertung	336
F.	Finanzielle Instrumente	339
	I. Finanzierungsinstrument für die Umwelt (LIFE)	340
	II. Kohäsionsfonds	341
	III. Bewertung	342
G.	Umwelthaftung: zur RL 2004/35	343
	I. Zu den Vorgaben der RL 2004/35	344
	II. Bewertung	348
H.	Umweltstrafrecht: zur RL 2008/99	349
I.	Industrieemissionen bzw. integrierte Vermeidung und Verminderung der Umweltverschmutzung (IVU): zur RL 2010/75	350
	I. Zu den Vorgaben der RL 2010/75	350
	1. Grundkonzept und Überblick	350
	2. Allgemeine Bestimmungen	351
	3. IVU-Anlagen	353
	a) Grundpflichten der Anlagenbetreiber	353
	b) Materielle Mindestanforderungen	354
	c) Überwachung und Überprüfung	356
	d) Stilllegung	357
	e) Einbezug der Öffentlichkeit und gerichtlicher Zugang	357
	4. Großfeuerungsanlagen	358
	5. Abfallverbrennungsanlagen	359
	6. Anlagen und Tätigkeiten, bei denen Lösemittel eingesetzt werden	359
	7. Titandioxid produzierende Anlagen	360
	II. Zur Umsetzung	360
	III. Zusammenfassende Bewertung der IVU	361
J.	Literatur	363
	I. Umweltinformation, Öffentlichkeitsbeteiligung und Zugang zu Gerichten	363
	II. Umweltverträglichkeitsprüfung	373
	III. Umweltzeichen	378
	IV. Umweltmanagement und Umweltbetriebsprüfung	379
	V. Finanzielle Instrumente	382
	VI. Umwelthaftung	383
	VII. Umweltstrafrecht	386
	VIII. Integrierte Vermeidung und Verminderung der Umweltverschmutzung (IVU) / Industrieemissionen	387

7. Kapitel Medienschützendes Umweltrecht — 392

A.	Gewässerschutz	392
	I. Zur Wasserrahmenrichtlinie (RL 2000/60)	393
	1. Zielsetzungen, Geltungsbereich und Konzeption	393

Inhalt

2.	Zu den Vorgaben der Wasserrahmenrichtlinie	395
	a) Festlegung von Einzugsgebieten und Zuordnung zu einer Flussgebietseinheit	396
	b) Analyse und Überwachung der Gewässer	397
	c) Verwirklichung der „Umweltziele"	398
	aa) Grundsätze	399
	(1) Verschlechterungsverbot	399
	(2) Sicherstellung eines der bisherigen Rechtslage gleichwertigen Schutzstandards	401
	(3) Guter Zustand der Gewässer	401
	(4) Gutes ökologisches Potential und guter chemischer Zustand für künstliche Oberflächengewässer	402
	(5) Zur Frage der Festlegung und Geltung von Emissions- und Immissionsgrenzwerten	403
	bb) Ausnahmen	405
	(1) Fristverlängerungen	405
	(2) Abweichen von den Umweltzielen	406
	(3) Bewertung	408
	cc) Zur rechtlichen Tragweite der allgemeinen Umweltziele	409
	d) Maßnahmenprogramme	411
	aa) Grundlegende Maßnahmen	411
	(1) Beachtung geltender unionsrechtlicher Gewässerschutzvorschriften	412
	(2) Bewirtschaftungsbezogene Maßnahmen	414
	(3) Maßnahmen zum Schutz der Wasserquantität	414
	(4) Regelung von Einleitungen über Punktquellen oder diffuse Quellen	415
	(5) Spezifische Maßnahmen zum Grundwasserschutz	415
	(6) Sonstige Maßnahmen	415
	bb) Ergänzende Maßnahmen	416
	cc) Verschlechterungsverbot	416
	dd) Fristen	416
	ee) Verbindlichkeit der Maßnahmenprogramme und Umsetzung	417
	e) Bewirtschaftungspläne	418
	f) Mitwirkung der Öffentlichkeit	419
	g) Verwaltungsorganisatorische Maßnahmen	420
3.	Zu den im Zusammenhang mit der RL 2000/60 stehenden EU-Rechtsakten	423
	a) RL 91/271 über die Behandlung von kommunalem Abwasser	424
	b) RL 91/676 (Nitratrichtlinie)	426
	c) RL 2008/105 über Umweltqualitätsnormen im Bereich der Wasserpolitik und sonstige Umweltqualitätsnormen im Gewässerschutz	428
	d) Emissionsnormen: die RL 2006/11 und die RL 80/68	431
	e) Grundwasserschutz: die RL 2006/118	434
4.	Bewertung	435
II.	Meeresumweltschutz	438
III.	Hochwasserschutz	439

Inhalt

B.	Luftreinhaltung	440
	I. Immissionsnormen	440
	II. Emissionsnormen	444
	1. Produktbezogene Regelungen	444
	2. Produktionsbezogene Regelungen	445
	3. Zur Festlegung nationaler Emissionshöchstmengen: die RL 2001/81	446
	III. Qualitätsanforderungen an Produkte	448
	IV. Zusammenfassende Bewertung	449
C.	Bodenschutz	450
	I. Allgemeines	450
	II. Insbesondere: die RL 86/278	452
D.	Lärmschutz	453
E.	Literatur	455
	I. Gewässerschutz	455
	II. Luftreinhaltung	460
	III. Bodenschutz	461
	IV. Lärmschutz	462

8. Kapitel Schutz vor bestimmten Tätigkeiten oder Stoffen   **463**

A.	Gefährliche Stoffe	463
	I. Allgemeine Regelungen, insbesondere Chemikalienrecht	463
	1. REACH	464
	2. Weitere Regelungen	467
	II. Bereichsspezifische Regelungen	468
B.	Industrielle Risiken	471
C.	Bio- und Gentechnologie	474
	I. Systemrichtlinie (RL 2009/41)	475
	II. Freisetzungsrichtlinie (RL 2001/18)	476
	III. Verbringungsverordnung (VO 1946/2003)	480
	IV. Zu den Regelungen im Bereich der Lebens- und Futtermittel und im Landwirtschaftsrecht	481
D.	Literatur	483
	I. Gefährliche Stoffe	483
	II. Industrielle Risiken	485
	III. Bio- und Gentechnologie	486

9. Kapitel Bewirtschaftung und Umweltressourcen   **488**

A.	Schutz der Erdatmosphäre: die Ozonschicht betreffenden Regelungen	488
B.	Klimaschutzrecht	490
	I. Zum Stand des Sekundärrechts im Bereich des Klimaschutzes	491
	1. Zum Emissionshandel	491
	2. Erneuerbare Energien	497
	3. Energieeffizienz und Emissionsbegrenzung	498
	a) Produktbezogene Regelungen	499
	b) Produktions- oder standortbezogene Regelungen	500
	4. Sonstige Maßnahmen	501
	II. Bewertung	503
C.	Schutz der natürlichen Umwelt	505

I.	Artenbezogene Regelungen	506
II.	Raumbezogene Regelungen	508
	1. Zur RL 2009/147 (Vogelschutzrichtlinie)	508
	a) Allgemeine Maßnahmen	509
	b) Zur Einrichtung von Schutzgebieten	510
	c) Spezifisch artenschutzrechtliche Maßnahmen	515
	d) Sonstige Bestimmungen	517
	2. Zur RL 92/43 (Habitatrichtlinie)	517
	a) Ausweisung und Errichtung der Schutzgebiete	518
	b) Schutzgebietsspezifische Maßnahmen	522
	aa) Erhaltungsmaßnahmen	522
	bb) Verschlechterungs- und Störungsverbot	523
	cc) Spezifische Verpflichtungen in Bezug auf Pläne und Projekte	527
	c) Bestimmungen zum Artenschutz	535
	d) Sonstige Vorschriften	539
	3. Bewertung	539
D. Abfallrecht		540
I.	Allgemeine Regelungen: die Abfallrahmenrichtlinie 2008/98	542
	1. Abfallbegriff	543
	2. Abfallbewirtschaftung und allgemeine Grundsätze	552
	a) Zur Abfallhierarchie	553
	b) Schutz der menschlichen Gesundheit und der Umwelt	554
	c) Verwirklichung des Verursacherprinzips	557
	d) Verantwortlichkeit für die Abfallbehandlung	557
	e) Entsorgungsautarkie und Entsorgungsnähe	558
	3. Weitere Bestimmungen	562
II.	Besondere Regelungen für bestimmte Arten von Abfällen	563
	1. Gefährliche Abfälle	564
	2. Weitere Vorschriften betreffend besondere Abfallarten	567
	3. Verpackungen	569
III.	Verbringung von Abfällen	570
IV.	Bewertung	576
E. Literatur		577
I.	Schutz der Ozonschicht und Klimaschutzrecht	577
II.	Naturschutzrecht	583
III.	Abfallrecht	591

Schlussbetrachtung		601
Anhang:	Fundstellennachweise des Umweltrechts in der Europäischen Union – eine Auswahl	605
Stichwortverzeichnis		614

Abkürzungen

a.A.	anderer Ansicht
AbfallR	Abfallrecht
ABl.	Amstblatt (der Europäischen Gemeinschaften)
Abs.	Absatz, Absätze
AEUV	Vertrag über die Arbeitsweise der Europäischen Union
AJIL	American Journal of International Law
AJP	Aktuelle Juristische Praxis
AK	Aarhus-Konvention
AöR	Archiv für öffentliches Recht
ArchVR	Archiv des Völkerrechts
Art.	Artikel
AUEU	Ausschuss für das Umweltzeichen der Europäischen Union
Aufl.	Auflage
BAnz	Bundesanzeiger
BayVBl	Bayrisches Verwaltungsblatt
BB	Betriebsberater
Bd.	Band, Bände
BFH	Bundesfinanzhof
BGBl	Bundesgesetzblatt
BGH	Bundesgerichtshof
BImSchG	Bundes-Immissionsschutzgesetz
BullEG	Bulletin der Europäischen Gemeinschaften
BVerfG	Bundesverfassungsgericht
BVerfGE	Entscheidungen des Bundesverfassungsgerichts, amtliche Sammlung
BVerwG	Bundesverwaltungsgericht
BVerwGE	Entscheidungen des Bundesverwaltungsgerichts, amtliche Sammlung
bzgl.	bezüglich
CCLR	Carbon & Climate Law Review
CDE	Cahiers de droit européen
CE	Communauté(s) européenne(s)
CEE	Communauté économique européenne
CMLRep	Common Market Law Report
CMLRev.	Common Market Law Review
COREPER	Comité des représentants permanents

DAU	Deutsche Akkreditierungs- und Zulassungsgesellschaft für Umweltgutachter mbH
DB	Der Betrieb
DCSI	Diritto Communitario e degli Scambi Internazionali
d.h.	das heißt
DNR	Deutscher Naturschutzring
DÖV	Die öffentliche Verwaltung
DVBl.	Deutsches Verwaltungsblatt
EA	Europa-Archiv
EAG	Europäische Atomgemeinschaft
ebd.	ebenda
EC	European Community
ECHA	European Chemicals Agency
EEA	Einheitliche Europäische Akte vom 17./28.2.1986
EEC	European Economic Community
EEE	Espace économique européen
EEELR	European Energy and Environmental Law Review
EELR	European Environmental Law Review
EFTA	European Free Trade Association
EG	Europäische(n) Gemeinschaft(en)
EGKS	Europäische Gemeinschaft für Kohle und Stahl
EGV	Vertrag zur Gründung der Europäischen Gemeinschaft
EJIL	European Journal of International Law
ELNI	Environmental Law Network International
ELR	European Law Review
EMRK	Europäische Menschenrechtskonvention
endg.	endgültig
EU	Europäische Union
EUA	Europäische Umweltagentur
EUB	Europäisches Umweltbüro
EUDUR	Handbuch zum Europäischen und Deutschen Umweltrecht (hrsg. Von Hans-Werner Rengeling)
EuGH	Europäischer Gerichtshof
EuGH, Slg.	Entscheidungen des Europäischen Gerichtshofs, amtliche Sammlung
EuGRZ	Europäische Grundrechte Zeitschrift
EuR	Europarecht

Abkürzungen

EurUP	Europäisches Umwelt- und Planungsrecht
EUV	Vertrag über die Europäische Union vom 7.2.1992
EuZW	Europäische Zeitschrift für Wirtschaftsrecht
EWG	Europäische Wirtschaftsgemeinschaft
EWGV	Vertrag zur Gründung der Europäischen Wirtschaftsgemeinschaft
EWR	Europäischer Wirtschaftsraum
EWS	Europäisches Wirtschafts- und Steuerrecht
FA	Finanzamt
Fn.	Fußnote
FS	Festschrift
GATT	General Agreement on Tariffs and Trade
GfU	Gesellschaft für Umweltrecht
GG	Grundgesetz für die Bundesrepublik Deutschland
ggf.	gegebenenfalls
GS	Gedächtnisschrift
h.L.	herrschende Lehre
Hrsg.	Herausgeber
IBA	Important Bird Area
IE	Industrieemissionen
i.Erg.	im Ergebnis
i.e.S.	im engen Sinn
IUR	Informationsdienst Umweltrecht
iVm	in Verbindung mit
IVU	integrierte Vermeidung und Verminderung der Umweltverschmutzung
JA	Juristische Arbeitsblätter
JEEPL	Journal for European Environmental & Planning Law
J.O.	Journal officiel (des Communautés européennes)
JöR	Jahrbuch des öffentlichen Rechts
JuS	Juristische Schulung
JZ	Juristenzeitung
KJ	Kritische Justiz
KritV	Kritische Vierteljahresschrift für Gesetzgebung und Rechtswissenschaft
KSE	Kölner Schriften zum Europarecht
LMBG	Lebensmittel- und Bedarfsgegenständegesetz
MDR	Monatsschrift für Deutsches Recht

Abkürzungen

m.w.N.	mit weiteren Nachweisen
NJW	Neue Juristische Wochenschrift
NuR	Natur und Recht
NVwZ	Neue Zeitschrift für Verwaltungsrecht
NZZ	Neue Zürcher Zeitung
OECD	Organization for Economic Cooperation and Development
ÖZöRV	Österreichische Zeitschrift für öffentliches Recht
RabelsZ	Rabels Zeitschrift für ausländisches und internationales Privatrecht
RDE	Rivisto di Diritto Europeo
Rdnr.	Randnummer
RdU	Recht der Umwelt
RdU-U&T	Recht der Umwelt – Umwelt & Technik
RDUE	Revue du droit de l'Union européenne
REACH	Registration, Evaluation and Authorization of Chemicals
RECIEL	Review of European Community & International Environmental Law
REDE	Revue européenne de droit de l'environnement
RELP	Renewable Energy Law and Policy Review
RGDIP	Revue général de droit international public
RJE	Revue juridique de l'environnement
RIW	Recht der Internationalen Wirtschaft
RL	Richtlinie
RMC	Revue du Marché commun
Rs.	Rechtssache
RTDE	Revue trimestrielle de droit européen
Rdnr.	Randnummer
S.	Siehe
SJZ	Schweizerische Juristenzeitung
Slg.	Sammlung
StoffR	Zeitschrift für Stoffrecht
SZIER	Schweizerische Zeitschrift für internationales und europäisches Recht
u.a.	unter anderem
UAG	Umweltauditgesetz
UBA	Umweltbundesamt
UIG	Gesetz zur Umsetzung der Richtlinie 90/313/EWG des Rates vom 7. Juni 1990 über den freien Zugang zu Informationen über die Umwelt (Umweltinformationsgesetz)

Abkürzungen

UPR	Umwelt- und Planungsrecht
URP/DEP	Umweltrecht in der Praxis/Le Droit de l'environnement dans la pratique
UTR	Umwelt- und Technikrecht
UVP	Umweltverträglichkeitsprüfung
UVPG	Gesetz über die Umweltverträglichkeitsprüfung
uwf	UmweltWirtschaftsForum
UWG	Gesetz gegen den unlauteren Wettbewerb
Verw	Die Verwaltung
VerwArch	Verwaltungsarchiv
vgl.	vergleiche
VO	Verordnung
VwGO	Verwaltungsgerichtsordnung
VwVfG	Verwaltungsverfahrensgesetz
VVDStRL	Veröffentlichungen der Vereinigung deutscher Staatsrechtslehrer
W+B	Zeitschrift für Deutsches und Europäisches Wasser-, Abwasser- und Bodenschutzrecht
WiVerw	Wirtschaftsverwaltung
WuV	Wirtschaft und Verwaltung
WuW	Wirtschaft und Wettbewerb
YEEL	Yearbook of European Environmental Law
YEL	Yearbook of European Law
ZaöRV	Zeitschrift für ausländisches öffentliches Recht und Völkerrecht
ZAR	Zeitschrift für Ausländerrecht
ZAU	Zeitschrift für angewandte Umweltforschung
z.B.	zum Beispiel
ZERP	Zentrum für europäische Rechtspolitik
ZfBR	Zeitschrift für deutsches und internationales Baurecht
ZfRV	Zeitschrift für Europarecht, Internationales Privatrecht und Rechtsvergleichung
ZfU	Zeitschrift für Umweltpolitik und Umweltrecht
ZfW	Zeitschrift für Wasserrecht
ZG	Zeitschrift für Gesetzgebung
ZHR	Zeitschrift für das gesamte Handels- und Wirtschaftsrecht
Ziff.	Ziffer
ZLR	Zeitschrift für das gesamte Lebensmittelrecht
ZLW	Zeitschrift für Luft- und Weltraumrecht
ZRP	Zeitschrift für Rechtpolitik

Abkürzungen

ZSR	Zeitschrift für schweizerisches Recht
ZUR	Zeitschrift für Umweltrecht
ZVglRWiss	Zeitschrift für vergleichende Rechtswissenschaft

Literatur

Im nachfolgenden Literaturverzeichnis werden lediglich eher allgemeine Werke aufgeführt, die in Bezug auf verschiedene Kapitel dieses Bandes relevant sind. Spezifische Literaturangaben finden sich jeweils am Ende jedes Kapitels, ggf. (nochmals) aufgeteilt nach Sachgebieten. Die Literaturverweise in den Fußnoten beziehen sich in der Regel auf diese spezifischen oder aber die nachfolgend aufgeführten allgemeinen Literaturhinweise. Soweit jedoch auf einen spezifischen Beitrag Bezug genommen wird, der in einem anderen Kapitel vollständig bei den Literaturhinweisen zitiert wird, erfolgt jeweils ein Hinweis auf das Literaturverzeichnis des entsprechenden Kapitels.

Albin, Silke: Die Vollzugskontrolle des europäischen Umweltrechts, Berlin 1999.
Albin, Silke: Zwangsgelder, Mittelkürzung und Umweltinspektionen – neueste Entwicklungen bei der Vollzugskontrolle von EG-Umweltrecht, DVBl. 2000, 1483 ff.
Albin, Silke/Müller-Kraemer, Sascha: Deutsche Umweltpolitik in Europa – Abschied von einer Vorreiterrolle, ZUR 1999, 73 ff.
Arndt, Birger: Das Vorsorgeprinzip im EU-Recht, Tübingen 2009.
Bandi, Gyula/Csapo, Orsolya/Kovacs-Vegh, Luca/Stagel, Bence/Szilagyi, Szilvia: The Environmental Jurisprudence of the European Court of Justice, Budapest 2008.
Bär, Stefani/Homeyer, Ingmar von/Klasing, Anneke: Fit for Enlargement? Environmental Policy After Nice, EELR 2001, 212 ff.
Bär, Stefani/Kraemer, Andreas: European Environmental Policy after Amsterdam, JEL 1998, 315 ff.
Barnes, Pamela M./Barnes, Ian G.: Environmental Policy in the European Union, Cambridge 1999.
Bauer, Friederike: Die Durchsetzung des europäischen Umweltrechts in Deutschland. Untersucht am Beispiel der Verwaltungsverfahrens- und Gerichtspraxis auf dem Gebiet der Bundesfernstraßenplanung, Baden-Baden 2011.
Becker, Ulrich: Der Gestaltungsspielraum der EG-Mitgliedstaaten im Spannungsfeld zwischen Umweltschutz und freiem Warenverkehr, Baden-Baden 1991.
Behrens, Fritz: Rechtsgrundlagen der Umweltpolitik der Europäischen Gemeinschaften, Berlin 1976.
Behrens, Peter/Koch, Hans-Joachim (Hrsg.): Umweltschutz in der Europäischen Gemeinschaft, Baden-Baden 1991.
Berkemann, Jörg/Halama, Günter: Handbuch zum Recht der Bau- und Umweltrichtlinien der EU, 2. Aufl., Bonn 2011.
Beyerlin, Ulrich/Marauhn, Thilo: International Environmental Law, Oxford 2011.
Bieber, Roland/Epiney, Astrid/Haag, Marcel: Die Europäische Union. Rechtsordnung und Politik, 10. Aufl., Baden-Baden 2013 (zitiert: Bieber/Epiney/Haag-*Verfasser*).
Böhm, Monika: Das europäische Umweltrecht – Motor oder Bremse für das deutsche Umweltrecht?, UTR 2001, 177 ff.
Bosselmann, Klaus: Der ökologische Rechtsstaat – Versuch einer Standortbestimmung, in: Baumeister, Hubertus (Hrsg.), Wege zum ökologischen Rechtsstaat. Umweltschutz ohne Öko-Diktatur, Taunusstein 1994, 53 ff.
Breier, Siegfried: Ausgewählte Probleme des gemeinschaftlichen Umweltrechts, RIW 1994, 584 ff.
Breuer, Rüdiger: Entwicklungen des europäischen Umweltrechts – Ziele, Wege und Irrwege, Berlin 1993.
Buchholz, Georg: Integrative Grenzwerte im Umweltrecht, Berlin 2001.
Bungarten, Harald, Umweltpolitik in Westeuropa, Bonn 1978.
von Buttlar, Christian: Rechtsprobleme der „verstärkten Zusammenarbeit" nach dem Vertrag von Nizza, ZEuS 2001, 649 ff.
Calliess, Christian: Perspektiven für die Weiterentwicklung der Europäischen Union zu einer ökologischen Rechtsgemeinschaft, KJ 1994, 284 ff.
Calliess, Christian: Ökologisierung des EWG-Vertrages – Schritte auf dem Wege der Europäischen Gemeinschaft (EG) zu einer ökologischen Rechtsgemeinschaft unter Berücksichtigung des Vertra-

ges über die Europäische Union (EU) von Maastricht, in: Baumeister, Hubertus (Hrsg.), Wege zum ökologischen Rechtsstaat. Umweltschutz ohne Öko-Diktatur, Taunusstein 1994, 71 ff.

Calliess, Christian: Rechtsstaat und Umweltstaat, Tübingen 2001.

Calliess, Christian: Europarechtliche Vorgaben für ein Umweltgesetzbuch, NuR 2006, 601 ff.

Calliess, Christian: Das EU-Umweltrecht im politischen Dilemma zwischen Einheit und Vielfalt. Von der verstärkten Zusammenarbeit zur komplementären Flexibilität, EurUP 2007, 54 ff.

Calliess, Christian/Ruffert, Matthias (Hrsg.): EUV / AEUV. Das Verfassungsrecht der Europäischen Union mit Europäischer Grundrechtecharta. Kommentar, 4. Aufl., München 2011 (zitiert: Calliess/Ruffert-*Bearbeiter*, EUV/AEUV).

Calliess, Christian/Wegener, Bernhard (Hrsg.): Europäisches Umweltrecht als Chance: Die Umweltpolitik der EG und die Einflussmöglichkeiten der Umweltverbände, Taunusstein 1992.

Caspari, Stefan: Die Umweltpolitik der Europäischen Gemeinschaft. Eine Analyse am Beispiel der Luftreinhaltepolitik, Baden-Baden 1995.

Charbonneau, Simon: Droit communautaire de l'environnement, 2. Aufl., Paris 2006.

Clément, Marc: Droit européen de l'environnement. Jurisprudence commentée, Bruxelles 2010.

von Danwitz, Thomas: Verwaltungsrechtliches System und Europäische Integration, Tübingen 1996.

von Danwitz, Thomas: Europäisches Verwaltungsrecht, Berlin 2008.

Dauses, Manfred A. (Hrsg.): Handbuch des EU-Wirtschaftsrechts, Loseblattsammlung, München, Stand 2012 (zitiert: Dauses-*Verfasser*, Hb. EU-WirtschaftsR).

Davies, Ben: Does it make sense for the law to confer rights *on* the environment, Environmental Law & Management 2011, 122 ff.

Davies, Peter G.G.: European Union Environmental Law. An Introduction to Key Selected Issues, Aldershot 2004.

Demmke, Christoph: Die Implementation von EG-Umweltpolitik in den Mitgliedstaaten. Umsetzung und Vollzug der Trinkwasserrichtlinie, Baden-Baden 1994.

Demmke, Christoph/Unfried, Martin: Umweltpolitik zwischen Brüssel und Berlin. Ein Leitfaden für die deutsche Umweltverwaltung, Maastricht 2000.

Dietrich, Björn/Au, Christian/Dreher, Jörg: Umweltrecht der Europäischen Gemeinschaften. Institutionen, Entwicklung und Ziele, Berlin 2003.

Dietrich, Jan-Hendrik: Landesverteidigung in den Grenzen der Umweltpflichtigkeit, Baden-Baden 2011.

Dolde, Klaus-Peter (Hrsg.): Umweltrecht im Wandel. Bilanz und Perspektiven aus Anlass des 25-jährigen Bestehens der Gesellschaft für Umweltrecht, Berlin 2001.

Durner, Wolfgang/Ludwig, Rasso: Paradigmenwechsel in der europäischen Umweltrechtsetzung?, NuR 2008, 457 ff.

Ebbesson, Jonas/Okowa, Phoebe (Hrsg.): Environmental Law and Justice in Context, Cambridge 2009.

Eberle, Cornelia: Die EG als Partei internationaler Umweltschutzübereinkommen: Fragen des Abschlusses von Übereinkommen und deren Implementierung, Heidelberg 2001.

Eisenberg, Sonja: Kompetenzausübung und Subsidiaritätskontrolle im europäischen Umweltrecht. Zu den Voraussetzungen, Vor- und Nachteilen subsidiaritätsorientierter Umweltrechtsetzung in Europa, Berlin 2006.

Emmerich-Fritsche, Angelika: Der Grundsatz der Verhältnismäßigkeit als Direktive und Schranke der EG-Rechtsetzung, Berlin 2000.

Epiney, Astrid: Umgekehrte Diskriminierungen. Zulässigkeit und Grenzen der discrimination à rebours nach europäischen Gemeinschaftsrecht und nationalem Verfassungsrecht, Köln u.a. 1995.

Epiney, Astrid: Zur Stellung des Völkerrechts in der EU, EuZW 1999, 5 ff.

Epiney, Astrid: Gemeinschaftsrecht und Verbandsklage, NVwZ 1999, 485 ff.

Epiney, Astrid: Welthandel und Umwelt – ein Beitrag zur Dogmatik der Art. III, XI, XX GATT –, DVBl. 2000, 77 ff.

Epiney, Astrid: Flexible Integration and Environmental Policy in the EU – Legal Aspects, in: Holzinger, Katharina/Knoepfel, Peter (Hrsg.), Environmental Policy in a European Union of Variable Geometry? The Challenge of the Next Enlargement, Basel u.a. 2000, 39 ff.

Literatur

Epiney, Astrid: EG-rechtliche Impulse für einen integrierten Umweltschutz, in: Umweltbundesamt (Hrsg.), Nationale und internationale Perspektiven der Umweltordnung, Berlin 2000, 47 ff.
Epiney, Astrid: Europäisches Umweltrecht und Föderalismus, in: Kloepfer, Michael (Hrsg.), Umweltföderalismus. Föderalismus in Deutschland: Motor oder Bremse für den Umweltschutz?, Berlin 2002, 167 ff.
Epiney, Astrid: Neuere Rechtsprechung des EuGH in den Bereichen institutionelles Recht, allgemeines Verwaltungsrecht, Grundfreiheiten, Umwelt- und Gleichstellungsrecht, NVwZ 2004, 555 ff.
Epiney, Astrid: Neuere Rechtsprechung des EuGH in den Bereichen institutionelles Recht, allgemeines Verwaltungsrecht, Grundfreiheiten, Umwelt- und Gleichstellungsrecht, NVwZ 2004, 1067 ff.
Epiney, Astrid: Die primärrechtlichen Grundlagen der EG-Umweltpolitik – Geltendes Primärrecht und Perspektive der Verfassung -, in: Müller-Graff, Peter-Christian/Pache, Eckhard/Scheuing, Dieter H. (Hrsg.), Die Europäische Gemeinschaft in der internationalen Umweltpolitik, Baden-Baden 2006, 11 ff.
Epiney, Astrid: Zur Rechtsprechung des EuGH im Umweltrecht im Jahr 2007, EurUP 2008, 84 ff.
Epiney, Astrid: Zur Rechtsprechung des EuGH im Umweltrecht im Jahr 2008, EurUP 2009, 94 ff.
Epiney, Astrid: Zur Rechtsprechung des EuGH im Umweltrecht im Jahr 2009, EurUP 2010, 134 ff.
Epiney, Astrid: Zur Rechtsprechung des EuGH im Umweltrecht im Jahr 2010, EurUP 2011, 128 ff.
Epiney, Astrid: Zur Rechtsprechung des EuGH im Umweltrecht im Jahr 2011, EurUP 2012, 88 ff.
Epiney, Astrid: Abwägungen im Umweltrecht – Projektwerber versus Umweltinteressen?, in: Jahrbuch des österreichischen und europäischen Umweltrechts 2012. Abwägungen im Umweltrecht, Wien 2012, 103 ff.
Epiney, Astrid: Art. 191-193 AEUV. Kommentar, in: Landmann/Rohmer, Umweltrecht, hrsg. von Martin Beckmann/Wolfgang Durner/Thomas Mann/Marc Röckinghausen, Februar 2012, 115 S.
Epiney, Astrid: The Role of International Environmental Standards within the EU, in: Lukas Heckendorn (Hrsg.), The Role of International Law in Domestic Law, im Erscheinen.
Epiney, Astrid/Furger, David/Heuck, Jennifer: Zur Berücksichtigung umweltpolitischer Belange bei der landwirtschaftlichen Produktion in der EU und in der Schweiz. Ein Vergleich unter besonderer Berücksichtigung der Implikationen eines Freihandelsabkommens im Agrar- und Lebensmittelbereich, Zürich 2009.
Epiney, Astrid/Furger, David/Heuck, Jennifer: „Umweltplanungsrecht" in der Europäischen Union und Implikationen für das schweizerische Recht. Zu den Vorgaben des EU-Rechts in den Bereichen UVP, SUP, IVU, Gewässer- und Naturschutz und dem Anpassungsbedarf des schweizerischen Umweltrechts im Falle der Verbindlichkeit des einschlägigen EU-Rechts, Zürich 2011.
Epiney, Astrid/Furrer, Andreas: Umweltschutz nach Maastricht. Ein Europa der drei Geschwindigkeiten?, EuR 1992, 369 ff.
Epiney, Astrid/Gruber, Reto: Verkehrsrecht in der EU. Zu den Gestaltungsspielräumen der EU-Mitgliedstaaten im Bereich des Landverkehrs, Baden-Baden 2001.
Epiney, Astrid/Möllers, Thomas M.J.: Freier Warenverkehr und nationaler Umweltschutz – Zu dem den EG-Mitgliedstaaten verbleibenden Handlungsspielraum im Europäischen Umweltschutzrecht unter besonderer Berücksichtigung der Verhältnismäßigkeitsprüfung, Köln u.a. 1992.
Epiney, Astrid/Pfenninger, Hanspeter/Gruber, Reto: Europäisches Umweltrecht und die Schweiz. Neuere Entwicklungen und ihre Implikationen, Bern 1999.
Epiney, Astrid/Scheyli, Martin: Umweltvölkerrecht. Völkerrechtliche Bezugspunkte des schweizerischen Umweltrechts, Bern 2000.
Erbguth, Wilfried (Hrsg.): Europäisierung des nationalen Umweltrechts: Stand und Perspektiven, Baden-Baden 2001.
Everling, Ulrich: Umweltschutz durch Gemeinschaftsrecht in der Rechtsprechung des EuGH, in: Peter Behrens/Hans-Joachim Koch (Hrsg.), Umweltschutz in der Europäischen Gemeinschaft, Baden-Baden 1991, 29 ff.
Faßbender, Kurt: Die Umsetzung von Umweltstandards der Europäischen Gemeinschaft, Köln u.a. 2001.
Frank, Stefan Leo: Altes und Neues zum Vorrang des Gemeinschaftsrechts vor staatlichem Recht, ÖZÖR 2000, 1 ff.

Literatur

Frenz, Walter: Europäisches Umweltrecht, München 1997.
Frenz, Walter: Produktverantwortung und Warenverkehrsfreiheit, EWS 2003, 67 ff.
Frenz, Walter: Handbuch Europarecht. Band 4. Europäische Grundrechte, Berlin, Heidelberg 2009.
Frenz, Walter: Handbuch Europarecht. Band 5. Wirkungen und Rechtsschutz, Berlin, Heidelberg 2010.
Frenz, Walter: Handbuch Europarecht. Band 6. Institutionen und Politiken, Berlin, Heidelberg 2011.
Frenz, Walter: Ökologie und gemeinsame Agrarpolitik, NuR 2011, 771 ff.
Frenz, Walter: Handbuch Europarecht. Band 1. Europäische Grundfreiheiten, 2. Aufl., Berlin, Heidelberg 2012.
Freytag, Georg: Europarechtliche Anforderungen an Umweltabgaben. Dargestellt am Beispiel von Abgaben zur Reduzierung der Umweltbelastung durch den Straßenverkehr, Baden-Baden 2001.
Führ, Martin: Von Rio nach Brüssel über 15 europäische Hauptstädte. Entwicklungstendenzen im Europäischen Umweltrecht, KritV 1995, 335 ff.
Gärditz, Klaus Ferdinand: Europäisches Planungsrecht. Grundstrukturen eines Referenzgebiets des europäischen Planungsrechts, Tübingen 2009.
Gellermann, Martin: Beeinflussung des bundesdeutschen Rechts durch Richtlinien der EG, Köln u.a. 1994.
Giegerich, Thomas/Proelß, Alexander (Hrsg.): Bewahrung des ökologischen Gleichgewichts durch Völker- und Europarecht, Berlin 2010.
Ginzky, Harald/Rechenberg, Jörg: Die Ökonomisierung im Umweltrecht – von der dunklen Seite der Macht!, ZUR 2010, 252 ff.
Grabitz, Eberhard/Hilf, Meinhard/Nettesheim, Martin (Hrsg.): Das Recht der Europäischen Union, Loseblattsammlung, Stand 2011 (zitiert: Grabitz/Hilf-*Bearbeiter*).
Grabitz, Eberhard/Zacker, Christian: Die neuen Umweltkompetenzen der EWG, NVwZ 1989, 297 ff.
Groeben, Hans von der/Schwarze Jürgen (Hrsg.): Kommentar zum Vertrag über die Europäische Union und zur Gründung der Europäischen Gemeinschaft, Bände, 4 Bde, 6. Aufl., Baden-Baden 2003 (zitiert: von der Groeben/Schwarze-*Bearbeiter*).
Groeben, Hans von der/Thiesing, Jochen/Ehlermann, Claus-Dieter (Hrsg.): Kommentar zum EWG-Vertrag, 5 Bde, 5. Aufl., Baden-Baden 1997 (zitiert: GTE-*Bearbeiter*).
Hailbronner, Kay: Umweltrecht und Umweltpolitik in der Europäischen Gemeinschaft, Linz 1991.
Hailbronner, Kay: Stand und Perspektiven der EG-Umweltgesetzgebung, in: Calliess, Christian/Wegener, Bernhard (Hrsg.), Europäisches Umweltrecht als Chance: Die Umweltpolitik der EG und die Einflußmöglichkeiten der Umweltverbände, Taunusstein 1992, 15 ff.
Hailbronner, Kay: Umweltschutz und Verkehrspolitik, in: Rengeling, Hans-Werner (Hrsg.), Umweltschutz und andere Politiken der Europäischen Gemeinschaft, Köln u.a. 1993, 149 ff.
Hansmann, Klaus: Integration gemeinschaftsrechtlicher Anforderungen in das deutsche Umweltrecht, FS Dieter Sellner, München 2011, 107 ff.
Hartmann, Karolin: Umweltstandards in Europa nach der Osterweiterung, Baden-Baden 2005.
Hauser, Stefan Christoph: Das Vertragsverletzungsverfahren als Instrument des Europäischen Umweltrechts, Frankfurt u.a. 2004.
Hawke, Neil: Environmental Policy: Implementation and Enforcement, Cornwall 2003.
Henke, Jörg: EuGH und Umweltschutz. Die Auswirkungen der Rechtsprechung des Gerichtshofs der Europäischen Gemeinschaften auf das Umweltschutzrecht in Europa, München 1992.
Heselhaus, Sebastian: Abgabenhoheit der Europäischen Gemeinschaft in der Umweltpolitik. Eine Untersuchung unter besonderer Berücksichtigung der Möglichkeiten und Grenzen einer Ertragshoheit der Europäischen Gemeinschaft, Berlin 2001.
Heselhaus, Sebastian/Nowak, Carsten: Handbuch der Europäischen Grundrechte, München 2006 (zitiert: Heselhaus/Nowak-*Verfasser*).
Himmelmann, Steffen/Pohl, Andreas/Tünnesen-Harmes: Handbuch des Umweltrechts, Loseblattsammlung, München, Stand ab 1996 (zit.: *Verfasser*, in: Hdb. Umweltrecht).
Hofmann, Herwig C.H./Rowe, Gerard C./Türk, Alexander H.: Administrative Law and Policy of the European Union, Oxford 2011.

Literatur

Holzinger, Katharina/Knill, Christoph/Schäfer, Ansgar: Rhetoric or Reality? New Governance in EU Environmental Policy, ELJ 2006, 403 ff.
Jahns-Böhm, Jutta: Umweltschutz durch europäisches Gemeinschaftsrecht am Beispiel der Luftreinhaltung. Eine kritische Untersuchung der vertraglichen Grundlagen, ihrer sekundärrechtlichen Ausgestaltung und der Umsetzung in der Bundesrepublik Deutschland, Berlin 1994.
Jans, Jan H.: The Development of EC Environmental Law, in: Winter, Gerd (Hrsg.), European Environmental Law. A Comparative Perspective, Aldershot u.a. 1995, 271 ff.
Jans, Jan H. (Hrsg.), The European Convention and the Future of European Environmental Law, Groningen 2003.
Jans, Jan H./von der Heide, Ann-Katrin: Europäisches Umweltrecht, Groningen 2003.
Jans, Jan H./Vedder, Hans H.B.: European Environmental Law, 4. Aufl., Groningen 2012.
Jarass, Hans D.: Der neue Grundsatz des Umweltschutzes im primären EU-Recht, ZUR 2011, 563 ff.
Jarass, Hans D./Neumann, Lothar F. (Hrsg.): Leistungen und Grenzen des EG-Umweltschutzes, Bonn 1994.
Jeppesen, Tim: Environmental Regulation in a Federal System. Framing Environmental Policy in the European Union, Cheltenham 2002.
Johnson, Stanley P./Corcelle Guy: The Environmental Policy of the European Communities, 2. Aufl., London u.a. 1995.
Jordan, Andrew (Hrsg.): Environmental Policy in the European Union, London 2002.
Jordan, Andrew (Hrsg.): Innovation in Environmental Policy? Integrating the environment for sustainability, Cheltenham 2008.
Jordan, Andrew/Adger, Neil (Hrsg.): Governing Sustainability, Cambridge 2009.
Jordan, Andrew/Liefferink, Duncan (Hrsg.): Environmental Policy in Europe. The Europeanization of National Environmental Policy, London 2004.
Kadelbach, Stefan: Allgemeines Verwaltungsrecht unter europäischem Einfluss, Tübingen 1999.
Kahl, Wolfgang: Umweltprinzip und Gemeinschaftsrecht. Eine Untersuchung zur Rechtsidee des „bestmöglichen Umweltschutzes" im EWG-Vertrag, Heidelberg 1993.
Kahl, Wolfgang: Neuere höchstrichterliche Rechtsprechung zum Umweltrecht, JZ 2008, 74 ff.
Kahl, Wolfgang: Neuere höchstrichterliche Rechtsprechung zum Umweltrecht, JZ 2012, 667 ff. (Teil 1), 729 ff. (Teil 2).
Kingston, Suzanne (Hrsg.): European Perspectives on Environmental Law and Governance, Oxford 2012.
Klein, Eckart: Der Verfassungsstaat als Glied einer europäischen Gemeinschaft, VVDStRL 50 (1991), 56 ff.
Kloepfer, Michael: Droht der autoritäre ökologische Staat?, in: Baumeister, Hubertus (Hrsg.), Wege zum ökologischen Rechtsstaat: Umweltschutz ohne Öko-Diktatur, Taunusstein 1994, 42 ff.
Kloepfer, Michael: Die europäische Herausforderung – Spannungslagen zwischen deutschem und europäischem Umweltrecht, NVwZ 2002, 649 ff.
Kloepfer, Michael: Umweltrecht, 3. Aufl., München 2004.
Kloepfer, Michael/Kunig, Philip/Rehbinder, Eckhard/Schmidt-Aßmann, Eberhard: Umweltgesetzbuch – Allgemeiner Teil –, Berlin 1991.
Kment, Marin: Nationale Unbeachtlichkeits-, Heilungs- und Präklusionsvorschriften und Europäisches Recht, Berlin 2005.
Knopp, Lothar/Hoffmann, Jan: Progredientes Europäisierungsphänomen im Umweltrecht, Baden-Baden 2010.
Koch, Hans-Joachim: Das Kooperationsprinzip im Umweltrecht – ein Missverständnis?, NuR 2001, 541 ff.
Koch, Hans-Joachim/Schürmann, Jan (Hrsg.): Das EG-Umweltrecht und seine Umsetzung in Deutschland und Polen, Baden-Baden 2005.
Kotulla, Michael: Die Steuerungswirkung des europäischen Umweltschutzrechts für das nationale Recht, EuR 2001, 522 ff.

Literatur

Krämer, Ludwig: Aufgabenverflechtung zwischen Europäischer Gemeinschaft, Bund und Ländern, dargestellt am Beispiel des Umweltschutzes, in: Magiera, Siegfried/Merten, Detlef (Hrsg.), Bundesländer und Europäische Gemeinschaft, Berlin 1988, 189 ff.

Krämer, Ludwig: Einheitliche Europäische Akte und Umweltschutz: Überlegungen zu einigen neuen Bestimmungen im Gemeinschaftsrecht, in: Rengeling, Hans-Werner (Hrsg.), Europäisches Umweltrecht und europäische Umweltpolitik, 1988, 137 ff.

Krämer, Ludwig: Community Environmental Law under the Maastricht Treaty on European Union and the Fifth Environmental Action Programme, in: Abraham, Filip/Deketelaere, Kurt/Stuyck, Jules (Hrsg.), Recent Economic and Legal Developments in European Environmental Policy, Leuven 1995, 75 ff.

Krämer, Ludwig: The Elaboration of EC Environmental Legislation, in: Winter, Gerd (Hrsg.), European Environmental Law. A comparative Perspective, Aldershot u.a. 1995, 297 ff.

Krämer, Ludwig: Die Rechtsprechung des Gerichtshofs der Europäischen Gemeinschaften zum Umweltrecht 1992 bis 1994, EuGRZ 1995, 45 ff.

Krämer, Ludwig: Tendances actuelles dans le droit européen de l'environnement, in: Faculté de droit de l'Université de Bruxelles (Hrsg.), L'actualité du droit de l'environnement, Brüssel 1995, 139 ff.

Krämer, Ludwig: Defizite im Vollzug des EG-Umweltrechts und ihre Ursachen, in: Lübbe-Wolff, Gertrude (Hrsg.), Der Vollzug des europäischen Umweltrechts, Berlin 1996, 7 ff.

Krämer, Ludwig: Grundlagen (Grundfragen) der EU-Umweltverfassung, Ziele, Kompetenzen, Durchführung, in: Reich, Norbert/Heine-Mernik, Renate (Hrsg.), Umweltverfassung und nachhaltige Entwicklung in der Europäischen Union, Baden-Baden 1997, 11 ff.

Krämer, Ludwig: Europäisches Umweltrecht in der Rechtsprechung des EuGH. Dargestellt anhand von 50 Urteilen, Wien 2002.

Krämer, Ludwig: EC Environmental Law, 6. Aufl., London 2007.

Krämer, Ludwig: Droit communautaire et état de l'environnement en Europe, RDUE 2007, 127 ff.

Krämer, Ludwig: Mieux légiférer et déréglementation du droit de l'environnement européen, RDUE 2007, 801 ff.

Krämer, Ludwig: Droit de l'environnement de l'Union européenne, Basel 2011.

Krämer, Ludwig/Kromarek, Pascale: Europäisches Umweltrecht. Chronik vom 1.10.1991 bis 31.3.1995, ZUR 3/1995, Beilage, I ff.

Kraußer, Hans-Peter: Das Prinzip begrenzter Ermächtigung im Gemeinschaftsrecht als Strukturprinzip des EWG-Vertrages, Berlin 1991.

Lamarche, Christian/Rocktroh, Sebastian/Schleiden, Steffen/Schulte, Dominik/Stratmann, Anne: Die Entwicklung des Umwelt- und Technikrechts im Jahr 2006, UTR 2007, 321 ff.

Latour, André M.: Die integrierte Umweltverwaltung in der Europäischen Union, Baden-Baden 2012.

Lee, Maria: EU Environmental Law. Challenges, Change and Decision-Making, Oxford 2005.

Lenschow, Andrea (Hrsg.), Environmental Policy Integration. Greening Sectoral Policies in Europe, London 2002.

Lenschow, Andrea: Greening the European Union: An Introduction, in: Lenschow, Andrea (Hrsg.), Environmental Policy Integration. Greening Sectoral Policies in Europe, London 2002, 3 ff.

Lenschow, Andrea/Sprungk, Carina: The Myth of a Green Europe, JCMS 2010, 133 ff.

Lenz, Carl-Otto/Borchardt, Klaus-Dieter (Hrsg.): EU-Verträge. Kommentar nach dem Vertrag von Lissabon, 5. Aufl., Köln, Basel, Wien 2010 (zit.: Lenz/Borchardt-*Verfasser*).

Liu, Ruu-Huei: Europäisierung des deutschen Umweltrechts, Frankfurt u.a. 2008.

Lösch, Reiner: Umweltschutz und Verkehrspolitik, in: Rengeling, Hans-Werner (Hrsg.), Umweltschutz und andere Politiken der Europäischen Gemeinschaft, Köln 1993, 133 ff.

Macrory, Richard (Hrsg.): Reflections on 30 Years of EU Environmental Law. A High Level of Protection?, Groningen 2006.

Marsden, Simon: MOX Plant and the Espoo Convention: Can Member State Disputes Concerning Mixed Environmental Agreements be Resolved Outside EC Law?, RECIEL 2009, 312 ff.

Martel, Dominik: REACH – Komitologie und Rechtsschutz, ZEuS 2008, 601 ff.

Martini, Mario: Integrierte Regelungsansätze im Immissionsschutzrecht, Köln u.a. 2000.

Masing, Johannes: Kritik des integrierten Umweltschutzes, DVBl. 1998, 549 ff.

Literatur

McCormick, John: Environmental Policy in the European Union, New York 2001.
Meinken, Lutz: Emissions- versus Immissionsorientierung. Rechts- und Effizienzfragen einer umweltpolitischen Grundsatzdebatte am Beispiel des Anlagengenehmigungsrechts, Baden-Baden 2001.
Mentzinis, Pablo: Die Durchführbarkeit des europäischen Umweltrechts. Gemeinschaftsrechtliche Ursachen des Vollzugsdefizits im Anlagenzulassungsrecht, Berlin 2000.
Meßerschmidt, Klaus: Europäisches Umweltrecht, München 2011.
Middeke, Andreas: Nationaler Umweltschutz im Binnenmarkt, Köln u.a. 1994.
Molkenbur, Gerhard: Umweltschutz in der Europäischen Gemeinschaft – eine Bestandsaufnahme der Rechtsgrundlagen und Zielsetzungen -, DVBl. 1990, 677 ff.
Mortelmans, Kamie: The Principle of Loyalty to the Community (Article 5 EC) and the Obligations of the Community Institutions, MJ 1998, 69 ff.
Moules, Richard: Environmental Judicial Review, Oxford 2011.
Müller, Bilun: Die Öffentlichkeitsbeteiligung im Recht der Europäischen Union und ihre Einwirkungen auf das deutsche Verwaltungsrecht am Beispiel des Immissionsschutzrechts, Baden-Baden 2010.
Müller, Christian: Möglichkeiten und Grenzen der indirekten Verhaltenssteuerung durch Abgaben im Umweltrecht, Köln u.a.1994.
Müller-Brandeck-Bocquet, Gisela: Flexible Integration – eine Chance für die europäische Umweltpolitik?, integration 1997, 292 ff.
Müller-Graff, Peter-Christian/Pache, Eckhard/Scheuing, Dieter H. (Hrsg.): Die Europäische Gemeinschaft in der internationalen Umweltpolitik, Baden-Baden 2006.
Nettesheim, Martin: Das Umweltrecht der Europäischen Gemeinschaften, Jura 1994, 337 ff.
Neumann, Lothar F./von der Ruhr, Hans-J.: Dezentrale europäische Umweltpolitik im Lichte der ökonomischen Theorie des Föderalismus, in: Jarass, Hans D./Neumann, Lothar F. (Hrsg.), Leistungen und Grenzen des EG-Umweltschutzes, Bonn 1994, 80 ff.
Niedobitek, Matthias: Kollisionen zwischen EG-Recht und nationalem Recht, VerwArch 2001, 58 ff.
Nitschke, Dorothee: Harmonisierung des nationalen Verwaltungsvollzugs von EG-Umweltrecht, Berlin 2000.
Onida, Marco (Hrsg.): Europe and the Environment. Legal Essays in Honour of Ludwig Krämer, Groningen 2004.
Oppermann, Thomas/Classen, Claus Dieter/Nettesheim, Martin: Europarecht. Ein Studienbuch, 5. Aufl., München 2011 (zitiert: Oppermann/Classen/Nettesheim-*Verfasser*).
Orth, Erika Elisabeth: Ein Grundrecht auf Umweltschutz in Europa?, Eine rechtsdogmatische Einordnung des Art. 37 GRC, Frankfurt u.a. 2007.
Ott, Andrea: GATT und WTO im Gemeinschaftsrecht, Köln u.a. 1997.
Palme, Christoph: Nationale Umweltpolitik in der EG. Zur Rolle des Art. 100 a IV im Rahmen einer Europäischen Umweltgemeinschaft, Berlin 1992.
Palme, Christoph: Neueste Rechtsprechung von EuGH und EuG zum Umweltrecht, NuR 2008, 69 ff.
Palme, Christoph: Nationale Umweltpolitik in der EG. Zur Rolle des Art. 100 a IV im Rahmen einer Europäischen Umweltgemeinschaft, Berlin 1992.
Peek, Markus: Richtlinienumsetzung: Europarechtliche Anforderungen und mitgliedstaatliche Praxis. Eine Untersuchung am Beispiel des Einwanderungs- und Asylrechts, Baden-Baden 2010.
Peine, Franz-Joseph/Samsel, Anna: Die Europäisierung des Umweltrechts und seine deutsche Umsetzung, EWS 2003, 297 ff.
Pernice, Ingolf: Kompetenzordnung und Handlungsbefugnisse der Europäischen Gemeinschaft auf dem Gebiet des Umwelt- und Technikrechts, Verw 1989, 1 ff.
Pernice, Ingolf: Auswirkungen des europäischen Binnenmarktes auf das Umweltrecht – Gemeinschafts(verfassungs-)rechtliche Grundlagen, NVwZ 1990, 201 ff.
Pernice, Ingolf: Gestaltung und Vollzug des Umweltrechts im europäischen Binnenmarkt – Europäische Impulse und Zwänge für das deutsche Umweltrecht, NVwZ 1990, 414 ff.
Pernice, Ingolf: Umweltschutz und Energiepolitik, in: Rengeling, Hans-Werner (Hrsg.), Umweltschutz und andere Politiken der Europäischen Gemeinschaft, Köln u.a. 1993, 105 ff.

Literatur

Pernice, Ingolf: Europäische Union als Umweltunion, EuZW 1995, 385.
Potacs, Michael: Auslegung im öffentlichen Recht – eine vergleichende Untersuchung der Auslegungspraxis des Europäischen Gerichtshofs und der österreichischen Gerichtshöfe des öffentlichen Rechts, Baden-Baden 1994.
Potacs, Michael, Effet utile als Auslegungsgrundsatz, EuR 2009, 465 ff.
Prehn, Annette: Der Einfluss des Gemeinschaftsrechts auf den mitgliedstaatlichen Verwaltungsvollzug im Bereich des Umweltschutzes am Beispiel Deutschlands, Baden-Baden 2006.
Reese, Moritz: Qualitätsorientierung im Umweltrecht, in: Martin Oldiges (Hrsg.), Umweltqualität durch Planung, Baden-Baden 2006, 25 ff.
Reese, Moritz: Leitbilder des Umweltrechts – Zur Zukunftsfähigkeit leitender Schutzkonzepte, ZUR 2010, 339 ff.
Reich, Norbert/Heine-Mernik, Renate (Hrsg.): Umweltverfassung und nachhaltige Entwicklung in der Europäischen Union, Baden-Baden 1997.
Rengeling, Hans-Werner (Hrsg.): Umweltschutz und andere Politiken der Europäischen Gemeinschaft, Köln u.a. 1993.
Rengeling, Hans-Werner: Zum Umweltverfassungsrecht der Europäischen Union. Überlegungen zur „Europäischen Umweltunion", in: Ipsen, Jörn/Rengeling, Hans-Werner/Mössner, Manfred/Weber, Albrecht (Hrsg.), Verfassungsrecht im Wandel. Wiedervereinigung Deutschlands. Deutschland in der Europäischen Union. Verfassungsstaat und Föderalismus, Köln u.a. 1995, 469 ff.
Rengeling, Hans-Werner: Europäische Normgebung und ihre Umsetzung in nationales Recht, DVBl. 1996, 945 ff.
Rengeling, Hans-Werner: Europarechtliche Grundlagen des Kooperationsprinzips, in: Huber, Peter M. (Hrsg.), Das Kooperationsprinzip im Umweltrecht, Berlin 1999, 53 ff.
Rengeling, Hans-Werner (Hrsg.): Handbuch zum europäischen und deutschen Umweltrecht, 3 Bände, 2. Aufl., Köln u.a. 2003 (zitiert: *Bearbeiter,* EUDUR I, II/1, II/2).
Rengeling, Hans-Werner/Middeke, Andreas/Gellermann, Martin Hrsg.): Handbuch des Rechtsschutzes in der Europäischen Union, 2. Aufl., München 2003 (zitiert: *Verfasser,* in: Handbuch des Rechtsschutzes in der EU).
Ress, Georg: Umweltrecht und Umweltpolitik der Europäischen Gemeinschaft nach dem Vertrag über die Europäische Union, Vorträge, Reden und Berichte aus dem Europa-Institut Nr. 291, Saarbrücken 1992.
Röckinghausen, Marc: Integrierter Umweltschutz im EG-Recht. Der Begriff des integrierten Umweltschutzes in der Rechtsordnung der Europäischen Gemeinschaft, Berlin 1998.
Rodriguez Iglesias, Gil Carlos: Zu den Grenzen der verfahrensrechtlichen Autonomie der Mitgliedstaaten bei der Anwendung des Gemeinschaftsrechts, EuGRZ 1997, 289 ff.
Rodriguez Iglesias, Gil Carlos /Riechenberg, Kurt: Zur richtlinienkonformen Auslegung des nationalen Rechts (ein Ersatz für die fehlende horizontale Wirkung?), FS Ulrich Everling, Baden-Baden 1995, 1213 ff.
Roller, Gerhard: The Role of EU Institutions and the Influence of Citizens in the Enforcement of EU Environmental Law, elni 2/2002, 7 ff.
Romi, Raphaël: L'Europe et la protection juridique de l'environnement, Nantes 1993.
de Ruyt, Jean: L'acte unique européen, 2. Aufl., Brüsssel 1989.
de Sadeleer, Nicolas: Enforcing EUCHR Principles and Fundamental Rights in Environmental Cases, Nordic Journal of International Law 2012, 39 ff.
Salzborn, Nadja: Das umweltrechtliche Kooperationsprinzip auf unionaler Ebene, Baden-Baden 2011.
Scherer, Joachim: Grenzen und Schwächen der legislatorischen Rechtsvereinheitlichung im europäischen Umweltrecht, KritV 1995, 197 ff.
Scheuing, Dieter H.: Umweltschutz auf der Grundlage der Einheitlichen Europäischen Akte, EuR 1989, 152 ff.
Scheuing, Dieter H.: Europäisches Umweltverfassungsrecht im Spiegel der Rechtsprechung des EuGH, in: Gesellschaft für Umweltrecht (Hrsg.), Umweltrecht im Wandel, Berlin 2001, 129 ff.
Scheuing, Dieter H.: Regulierung und Marktfreiheit im Europäischen Umweltrecht, EuR 2001, 1 ff.

Literatur

Scheyli, Martin: Konstitutionelle Gemeinwohlorientierung im Völkerrecht. Grundlagen völkerrechtlicher Konstitutionalisierung am Beispiel des Schutzes der globalen Umwelt, Berlin 2008.

Schilling, Theodor: Die Auslegung nach dem effet utile in der Rechtsprechung des EuGH – dargestellt am Beispiel der Richtlinie über die Umweltverträglichkeitsprüfung, UTR 2002, 37 ff.

Schlacke, Sabine: Überindividueller Rechtsschutz, Tübingen 2008.

Schladebach, Marcus: Der Einfluss des europäischen Umweltrechts auf die kommunale Bauleitplanung, Berlin 2000.

Schladebach, Marcus: Die Bedeutung des Umweltrechts für die Erweiterung der Europäischen Union, EuR 2000, 999 ff.

Schliesky, Utz: Die Vorwirkung von gemeinschaftsrechtlichen Richtlinien – ein Beitrag zu Geltung und Vorrang des sekundären Gemeinschaftsrechts am Beispiel des Wirtschafts- und Umweltrechts, DVBl. 2003, 631 ff.

Schmitz, Stefan: Die Europäische Union als Umweltunion, Berlin 1996.

Schoch, Friedrich: Impulse des Europäischen Gemeinschaftsrechts für die Fortentwicklung der innerstaatlichen Rechtsordnung, Verwaltungsblätter für Baden-Württemberg (VBlBW) 2003, 297 ff.

Schröder, Meinhard: Die Berücksichtigung des Umweltschutzes in der gemeinsamen Agrarpolitik der Europäischen Union, NuR 1995, 117 ff.

Schröder, Meinhard: Aktuelle Entwicklungen im europäischen Umweltrecht – unter besonderer Berücksichtigung des Vertrages von Amsterdam –, NuR 1998, 1 ff.

Schröder, Meinhard: Europarecht und integriertes Umweltrecht, NuR 2000, 481 ff.

Schröder, Meinhard: Europarecht und integriertes Umweltrecht, in: Erbguth, Wilfried (Hrsg.), Europäisierung des nationalen Umweltrechts: Stand und Perspektiven, Baden-Baden 2001, 29 ff.

Schröder, Meinhard: Postulate und Konzepte zur Durchsetzbarkeit und Durchsetzung der EG-Umweltpolitik, in: Peter-Christian Müller-Graff/Eckhard Pache/Dieter H. Scheuing (Hrsg.), Die Europäische Gemeinschaft in der internationalen Umweltpolitik, Baden-Baden 2006, 47 ff.

Schröer, Thomas: Die Kompetenzverteilung zwischen der Europäischen Wirtschaftsgemeinschaft und ihren Mitgliedstaaten auf dem Gebiet des Umweltschutzes, Berlin 1992.

Schulz, Henning Alexander: Medienübergreifendes Industrieanlagenzulassungsrecht nach europäischem und deutschem Recht – Eine Untersuchung zu den materiell-rechtlichen Problemkreisen medienübergreifender EG-Rechtsakte und ihren Auswirkungen auf das Zulassungsrecht für Anlagen nach dem BImSchG, Berlin 1997.

Schulze, Reiner/Zuleeg, Manfred/Kadelbach, Stefan (Hrsg.), Europarecht. Handbuch für die deutsche Rechtspraxis, 2. Aufl., Baden-Baden 2010 (zitiert: Schulze/Zuleeg/Kadelbach-*Verfasser*).

Schwager, Stefan: Das schweizerische Umweltrecht im Lichte der Umweltschutzbestimmungen der Europäischen Gemeinschaften, – ein Rechtsvergleich, in: Stefan Schwager/Peter Knoepfel/Helmut Weidner, Umweltrecht Schweiz – EG, Basel 1988, 7 ff.

Schwarze, Jürgen (Hrsg.): EU-Kommentar, 3. Aufl., Baden-Baden 2012 (zitiert: Schwarze-*Verfasser*).

Scott, Joanne: EC Environmental Law, London 1998.

Scott, Joanne (Hrsg.): Environmental Protection. European Law and Governance, Oxford 2009.

Seidel, Martin: Umweltrecht der Europäischen Gemeinschaft – Träger oder Hemmnis des Fortschritts?, DVBl. 1989, 441 ff.

Sendler, Horst: Kommissionsentwurf zum Umweltgesetzbuch (UGB-KomE) und Europarecht, in: Erbguth, Wilfried (Hrsg.), Europäisierung des nationalen Umweltrechts: Stand und Perspektiven, Baden-Baden 2001, 17 ff.

Seyr, Sibylle, Der *effet utile* in der Rechtsprechung des EuGH, Berlin 2008.

Shaw, Jo: Flexibility in a "reorganized" and "simplified" treaty, CMLRev. 2003, 279 ff.

Shirvani, Foroud: New Public Management und die Instrumentendebatte im Umweltrecht, EurUP 2010, 267 ff.

Skouris, Vassilios: L'intégration de la dimension environnementale dans les différentes politiques communautaires, illustrés par des exemples tirés de la jurisprudence de la Cour de justice des Communautés européennes, FS Gil Carlos Rodriguez Iglesias, Berlin 2003, 497 ff.

Sommer, Julia: Verwaltungskooperation am Beispiel administrativer Informationsverfahren im Europäischen Umweltrecht, Berlin u.a. 2003.

Literatur

Steinberg, Rudolf: Probleme der Europäisierung des deutschen Umweltrechts, AöR 1995, 549 ff.

Stooles, Paul/Michaels, Phil: The cost of Doing the *rights* thing. Overcoming the problem that environmental justice remains prohibitively expensive for the majority of the "public concerned", Environmental Law & Management 2004, 59 ff.

Streinz, Rudolf (Hrsg.): EUV/AEUV. Vertrag über die Europäische Union und Vertrag über die Arbeitsweise der Europäischen Union. Kurzkommentar, 2. Aufl., München 2012 (zitiert: Streinz-*Bearbeiter*, EUV/AEUV).

Streinz, Rudolf/Ohler, Christoph/Herrmann, Christoph: Der Vertrag von Lissabon zur Reform der EU, 3. Aufl., München 2010.

Szczekalla, Peter: Vom Beruf unserer Zeit für eine europäisierte Gesetzgebung. Das Umweltgesetzbuch und seine Einbettung in das Umweltrecht der Europäischen Union, DVBl. 2008, 300 ff.

Thieffry, Patrick: Droit de l'environnement de l'Union européenne, 2. Aufl., Paris 2011.

Thiel, Jürgen Michael: Umweltrechtliche Kompetenzen in der Europäischen Union, Bochum 1995.

Toulemon, Robert: La prise en considération de l'environnement dans les autres politiques communautaires: en particulier dans la réforme de la politique agricole commune, in: Charpentier, Jean (Hrsg.), La protection de l'environnement par les Communautés européennes, Paris 1988, 69 ff.

Trstenjak, Verica/Beyen, Erwin: Das Prinzip der Verhältnismäßigkeit in der Unionsrechtsordnung, EuR 2012, 265 ff.

Trüe, Christiane: Das System der Rechtsetzungskompetenzen der Europäischen Gemeinschaft und der Europäischen Union, Baden-Baden 2002.

von Urff, Winfried: Umweltschutz und europäische Agrarpolitik, in: Rengeling, Hans-Werner (Hrsg.), Europäisches Umweltrecht und europäische Umweltpolitik, Köln u.a. 1988, 103 ff.

Vandermeersch, Dirk: The Single European Act and the environmental policy of the European Community, ELR 1987, 406 ff.

Vedder, Christoph/Heintschel von Heinegg, Wolff (Hrsg.): Europäisches Unionsrecht. EUV / AEUV / Grundrechte-Charta. Handkommentar, Baden-Baden u.a. 2012 (zitiert: Vedder/Heintschel von Heinegg-*Bearbeiter*).

Vedder, Hans H. B.: The Treaty of Lisbon and European Environmental Law and Policy, JEL 2010, 285 ff.

Verschuuren, Jonathan: EC Environmental Law and Self-Regulation in the Member States: in Search of a Legislative Framework, YEEL 2000, 103 ff.

Vorwerk, Axel: Die umweltpolitischen Kompetenzen der Europäischen Gemeinschaft und ihrer Mitgliedstaaten nach Inkrafttreten der EEA, München 1989.

Walter, Christian: Internationalisierung des deutschen und europäischen Verwaltungsverfahrens- und Verwaltungsprozessrechts – am Beispiel der Aarhus-Konvention, EuR 2005, 302 ff.

Walter, Christian: Beteiligungsrechte im Verwaltungsverfahren und Zugang zu Gerichten. Die Vorgaben des Völker- und Europarechts, in: Wolfgang Durner/Christian Walter (Hrsg.), Rechtspolitische Spielräume bei der Umsetzung der Aarhus-Konvention, Berlin 2005, 7 ff.

Wasmeier, Martin: Umweltabgaben und Europarecht. Schranken des staatlichen Handlungsspielraums bei der Erhebung öffentlicher Abgaben im Interesse des Umweltschutzes, München 1995.

Weale, Albert: Environmental Rules and Rule-making in the European Union, in: Jordan Andrew (Hrsg.), Environmental Policy in the European Union, London 2002, 198 ff.

Weale, Albert/Pridham, Geoffrey/Cini, Michelle/Konstadakopulos, Dimitrios/Porter, Martin/Flynn, Brendan: Environmental Governance in Europe, Oxford 2002.

Weber, Albrecht: Schutznormen und Wirtschaftsintegration – zur völkerrechtlichen, europarechtlichen und innerstaatlichen Problematik von Schutzklauseln und ordre public-Vorbehalten, Baden-Baden 1982.

Wegener, Bernhard: Rechtsschutz im europäischen (Umwelt-) Recht. Richterliche und sekundärrechtliche Bausteine und Fehlercodes unionaler Dogmatik, UTR 2008, 319 ff.

Wegener, Bernhard: Zukunftsfähigkeit des europäischen Umweltrechts, ZUR 2009, 459 ff.

Wenneras, Pal: Towards an ever greener Union? Competence in the field of the environment and beyond, CMLRev. 2008, 1645 ff.

Literatur

Winter, Gerd (Hrsg.): European Environmental Law, Aldershot 1995.

Winter, Gerd: Kompetenzen der Europäischen Gemeinschaft im Verwaltungsvollzug, in: Lübbe-Wolff, Gertrude (Hrsg.), Der Vollzug des europäischen Umweltrechts, Berlin 1996, 107 ff.

Winter Gerd: Neuere Entwicklungen des Umweltrechts der EU, AnwBl. 2002, 75 ff.

Zuleeg, Manfred: Vorbehaltene Kompetenzen der Mitgliedstaaten der Europäischen Gemeinschaft auf dem Gebiete des Umweltschutzes, NVwZ 1987, 280 ff.

Zuleeg, Manfred: Umweltschutz in der Rechtsprechung des Europäischen Gerichtshofs, NJW 1993, 31 ff.

1. Teil Entwicklung des Umweltrechts in der Europäischen Union und primärrechtliche Grundlagen

Die Aussage, die eigentlichen rechtlichen Probleme (effektiven) Umweltschutzes könnten nicht allein in den Höhen des Verfassungsrechts, sondern nur unter Einbeziehung der „Niederungen" der einfachen Gesetzgebung und eines wirksamen Vollzugs einer Lösung zugeführt werden,[1] kann zweifellos auch für das Unionsrecht Gültigkeit beanspruchen. Die Bedeutung des „Umweltverfassungsrechts" in der Union – im Sinne der primärrechtlichen Grundlagen – ist aber gleichwohl nicht zu vernachlässigen; vielmehr entfalten die vertraglichen Vorgaben auf vielfältige Weise Rückwirkungen auf das materielle Umweltrecht der Union und ihrer Mitgliedstaaten oder spielen aus anderen Gründen eine wichtige Rolle. So legt schon das Primärrecht selbst die **Handlungsinstrumente**, die **Rechtsgrundlagen** und damit die **Entscheidungsverfahren** fest, woraus sich dann auch die wichtigsten **Akteure** der EU-Umweltpolitik ergeben. Vertragliche Vorschriften enthalten auch **inhaltliche Vorgaben** für die Ausgestaltung des EU-Umweltrechts, und sie prägen die Auslegung des Sekundärrechts. Schließlich sind primärrechtliche Bestimmungen und Grundsätze für den **umweltpolitischen Spielraum der Mitgliedstaaten** maßgeblich. Damit dürfte dem Umweltverfassungsrecht in der Union im Vergleich zu der Situation in den einzelnen Mitgliedstaaten eher eine größere Bedeutung zukommen, wobei dieser **besondere Stellenwert des Umweltverfassungsrechts in der Union** in erster Linie auf den Charakter der Union als Staatengemeinschaft bzw. Staatenverbund[2] zurückzuführen ist, der insbesondere auf drei Ebenen Rückwirkungen auf die Ausgestaltung des Umweltverfassungsrechts entfaltet:

- Erstens sind die Mitgliedstaaten darauf bedacht, dass sich die wichtigsten Weichenstellungen, also insbesondere die **Vorgaben für die EU-Umweltpolitik** und die **Abgrenzung der Kompetenzen** der Union von denen der Mitgliedstaaten, schon aus dem Primärrecht ergeben, stellt dieses doch die der Zustimmung aller Mitgliedstaaten unterworfene „Unionsverfassung" dar.

- Zweitens spielen die **Mitgliedstaaten als Akteure** letztlich auf allen Ebenen der Entscheidungsfindung eine sehr gewichtige Rolle.

- Drittens benötigt die Union eine vertragliche Grundlage, falls sie in einem Gebiet (rechtsverbindlich) tätig werden will (Art. 5 Abs. 1 S. 1 EUV, „**Prinzip begrenzter Einzelermächtigung**").[3] Die verschiedenen Rechtsgrundlagen sehen aber – je nach Bereich – durchaus unterschiedliche Entscheidungsverfahren und unterschiedliche Möglichkeiten des „nationalen Alleingangs" vor. Immerhin ist nicht zu verkennen, dass seit Inkrafttreten des Lissabonner Vertrags das ordentliche Gesetzgebungsverfahren auch im Umweltbereich die Regel darstellt und insofern eine gewisse Tendenz zu einer größeren „Vereinheitlichung" der Entscheidungsverfahren zu verzeichnen ist. Gleichwohl bleibt die Wahl der Rechtsgrundlage nach wie vor von einer nicht zu unterschätzenden Bedeutung.

Das Ziel dieses ersten Teils besteht vor diesem Hintergrund darin, neben einigen eher allgemeinen Grundlagen das für das EU-Umweltrecht relevante Primärrecht darzustellen und zu erläutern, wobei besonderer Wert auf die Bedeutung des Primärrechts für die letztliche Ausgestaltung des Sekundärrechts und das Zusammenspiel von unionaler und mitgliedstaatlichen Rechtsordnungen gelegt wird.

---

[1] *Kloepfer*, DVBl. 1988, 305 (316). Zurückzuführen ist dies auch und gerade auf den immer stärker werdenden technischen Aspekt umweltrechtlicher Probleme: Sowohl die Ursachen zahlreicher Umweltbelastungen als auch ihre wirksame Vermeidung oder Verminderung hängen in hohem Maß vom Einsatz der Technik ab bzw. beruhen auf ihr, vgl. hierzu *Kloepfer*, Umweltrecht, § 1, Rn. 29 ff.

[2] Hierzu nur BVerfGE 89, 155 ff. (Maastricht-Urteil); BVerfGE 123, 267 (Lissabon-Urteil); s. auch BVerfG, Beschluss vom 6.7.2010, 2 BvR 2661/06 (Honeywell); zu dieser Rechtsprechung, m.w.N., Bieber/Epiney/Haag-*Epiney*, EU, § 2, Rn. 84.

[3] Hierzu nach wie vor grundlegend *Krauß*, Prinzip begrenzter Ermächtigung, 1991; unter Berücksichtigung der neueren Rechtsprechung (und Literatur) Calliess/Ruffert-*Calliess*, EUV/AEUV, Art. 5 EUV, Rn. 6 ff.

1. Kapitel Begriff und Gegenstand des Umweltrechts

A. „Umweltrecht"

1 Gegenstand des „Umweltrechts", auch des EU-Umweltrechts, ist die „Umwelt" bzw. deren Schutz.[1] Das Verständnis des Begriffs der Umwelt ist daher für die Erfassung von Inhalt und Anwendungsbereich (auch) des EU-Umweltrechts ausschlaggebend. Diese Fragestellung ist nicht nur von theoretischem Interesse, sondern sie entfaltet konkrete Auswirkungen auf die Umschreibung und damit die Reichweite und Abgrenzung der für den Erlass umweltrechtlicher Maßnahmen einschlägigen **Rechtsgrundlagen.** Denn insbesondere Art. 192 AEUV, der die vertragliche Kompetenznorm im Rahmen der Art. 192 ff. AEUV darstellt,[2] bezieht sich schwerpunktmäßig auf Maßnahmen, die den Schutz der Umwelt zum Gegenstand haben, so dass der Anwendungsbereich dieser Vorschrift und damit die Tragweite der Kompetenz der Union von dem Verständnis dieses Begriffs abhängt.

2 Im **primären Unionsrecht** wird zwar auf den Begriff der Umwelt bzw. des Umweltschutzes oder der Umweltqualität zurückgegriffen,[3] ohne dass er jedoch definiert wird.[4] Auch Art. 191 Abs. 1 AEUV legt ausschließlich die Ziele der EU-Umweltpolitik fest, wodurch der Begriff der Umwelt aber nicht umschrieben, sondern vorausgesetzt wird.[5] Allerdings führt **Art. 191 Abs. 1 AEUV** – in Konkretisierung des Art. 3 Abs. 3 Uabs. 1 S. 2 EUV, wonach die Union auf ein hohes Umweltschutzniveau hinzuwirken hat, so dass der Umweltschutz eine der Zielsetzungen der Union darstellt – die **Ziele und Aufgaben der EU-Umweltpolitik** auf. Diese sind denkbar weit gefasst und reichen ganz allgemein von der Erhaltung und dem Schutz der Umwelt und der Verbesserung ihrer Qualität über den Gesundheitsschutz und die umsichtige und rationelle Verwendung der natürlichen Ressourcen bis zur internationalen Zusammenarbeit und zur Bewältigung globaler Umweltprobleme, insbesondere des Klimawandels.[6] Diese weiten und relativ offenen Formulierungen des Art. 191 Abs. 1 AEUV sprechen tendenziell eher für einen **weiten Umweltbegriff** und stehen einem solchen jedenfalls nicht entgegen.[7] Darüber hinaus ist diese Bestimmung insofern von Bedeutung, als der Begriff der Umwelt so gefasst werden muss, dass die dort genannten Ziele grundsätzlich im Rahmen der EU-Umweltpolitik verwirklicht werden können. Nur unter dieser Voraussetzung kann nämlich Art. 191 Abs. 1 AEUV tatsächliche Wirkungen entfalten (*effet utile*):[8] Stünden der Union nicht grundsätzlich die zur Verwirklichung der vertraglich definierten Ziele notwendigen Kompetenzen zur Verfügung, verlöre die Zielbestimmung ihren Sinn bzw. würde bedeutungslos und könnte keine eigentlichen (Rechts-)Wirkungen entfalten.

---

[1] Daher wäre der Begriff „Umweltschutzrecht" eigentlich treffender.
[2] Hierzu im Einzelnen unten 4. Kap. Rn. 2 ff., 9 ff.
[3] Vgl. insbesondere Art. 3 Abs. 3 EUV, Art. 4 Abs. 2 lit. e), 11, 114 Abs. 3 ff., 191 ff. AEUV.
[4] S. in diesem Zusammenhang von der Groeben/Schwarze-*Krämer*, Kommentar zum EUV/EGV, Art. 174, Rn. 1 f.; *Kahl*, Umweltprinzip, 13. Im Rahmen der Vorarbeiten zu der EEA zog man in Betracht, den Begriff der Umwelt auf Primärebene zu definieren, sah davon aber insbesondere im Interesse der Bewahrung seiner Flexibilität und des Handlungsspielraums der Union ab. Vgl. hierzu *Vandermeersch*, ELR 1987, 406 (413); *de Ruyt*, Acte unique, 214.
[5] I. Erg. ebenso etwa *Schröer*, Kompetenzverteilung, 41.
[6] Zu den verwandten Begriffen im Einzelnen *Schröder*, EUDUR I, § 9, Rn. 16 ff.; Streinz-*Kahl*, EUV/AEUV, Art. 191, Rn. 51 ff.; Schwarze-*Käller*, EU-Kommentar, Art. 191, Rn. 7 ff.
[7] Ähnlich *Kahl*, Umweltprinzip, 14 ff.; *Palme*, Nationale Umweltpolitik, 24 f.
[8] Zur Heranziehung des *effet utile* als Auslegungsgrundsatz des Unionsrechts nur Calliess/Ruffert-*Wegener*, EUV/AEUV, Art. 19 EUV, Rn. 15. Die diesbezüglichen Bedenken in BVerfGE 89, 155, 210 (letztlich führe die Heranziehung dieses Grundsatzes zu unzulässigen Erweiterungen der Kompetenzen der EU), können angesichts von Struktur und Eigenart der Unionsverträge (die eben Planverfassungen in dem Sinn darstellen, dass sie auf die Verwirklichung eher umfassender Vertragsziele ausgerichtet sind und damit ein funktionales Element beinhalten) nicht überzeugen, hierzu schon *Epiney*, Umgekehrte Diskriminierungen, 83 f.; s. auch Bieber/Epiney/Haag-*Epiney*, EU, § 9, Rn. 18.

1. Kapitel Begriff und Gegenstand des Umweltrechts

Umschreibungen des Umweltbegriffs enthalten einige **umweltpolitische Aktionsprogramme**[9] und **EU-Sekundärrechtsakte**, wobei diese durchweg eher umfassend ausfallen:[10]

3

- So nennt insbesondere das **Dritte Aktionsprogramm**[11] als Schutzgut neben der natürlichen Umwelt auch das kulturelle sowie das architektonische Erbe und betont, dass die Umweltpolitik dafür sorgen solle, dass die wirtschaftliche Entwicklung weder die natürliche noch die vom Menschen geschaffene Umwelt unverhältnismäßig beeinträchtigt.[12] Das derzeit geltende Sechste Umweltaktionsprogramm[13] enthält keine Definition des Begriffs der Umwelt oder des Umweltschutzes, sondern zählt die prioritären Aktionsbereiche auf: Klimaänderungen, Natur und biologische Vielfalt, Umwelt, Gesundheit und Lebensqualität sowie natürliche Ressourcen und Abfälle, vgl. Art. 1 des Programms. Immerhin könnte die Bezugnahme auf die Lebensqualität auf ein eher weites Verständnis des Umweltbegriffs hindeuten, wobei aber zu beachten ist, dass dieser Begriff im Zusammenhang mit „Umwelt und Gesundheit" genannt wird. Auch nimmt Art. 7, der diesen Bereich näher präzisiert, im Wesentlichen auf die „natürliche Umwelt" in einem weiteren Sinne Bezug.
- Aus dem **Sekundärrecht** ist in erster Linie auf folgende Ansatzpunkte für den Aussagegehalt des Umweltbegriffs hinzuweisen:
  - Art. 3 RL 2011/92 (**UVP-Richtlinie**)[14] verlangt bei der sog. Umweltverträglichkeitsprüfung auch die Einbeziehung der Auswirkungen auf Sachgüter und das kulturelle Erbe in die UVP.
  - Weiter umschreibt die Legaldefinition des **Art. 2 Abs. 1 lit. f) VO 1367/2006 (Aarhus-Verordnung)**[15] den Begriff des Umweltrechts als alle Rechtsvorschriften, die unabhängig von ihrer Rechtsgrundlage zur Verfolgung der im Vertrag verankerten Ziele der EU-Umweltpolitik beitragen.
  - **Art. 2 Nr. 2 RL 2010/75 (IVU-Richtlinie bzw. Industrieemissionsrichtlinie)**[16] definiert „Umweltverschmutzung" als die „durch menschliche Tätigkeiten direkt oder indirekt bewirkte Freisetzung von Stoffen, Erschütterungen, Wärme oder Lärm in Luft, Wasser oder Boden, die der menschlichen Gesundheit oder der Umweltqualität schaden oder zu einer Schädigung von Sachwerten bzw. zu einer Beeinträchtigung oder Störung von Annehmlichkeiten und anderen legitimen Nutzungen der Umwelt führen können".
  - Nach **Art. 2 Nr. 1 lit. a), f) RL 2003/4 (Umweltinformationsrichtlinie)** fallen unter den Begriff der Umweltinformationen Informationen über die Umweltmedien, die Landschaft und die natürlichen Lebensräume, während Informationen betreffend die menschliche Gesundheit und Sicherheit, Bedingungen für das menschliche Leben sowie Kulturstätten und Bauwerke nur dann als Umweltinformationen anzusehen sind, wenn der Zustand der natürlichen Lebensgrundlagen einen Einfluss auf sie zu entfalten vermag.

In der **Rechtsprechung des EuGH** findet sich keine Definition des Begriffs der Umwelt; der Gerichtshof nimmt zwar in seinen Urteilen immer wieder Bezug auf den „Umweltschutz"; er definiert diesen Begriff jedoch nicht.[17]

---

9 Zu diesen noch 3. Kap. Rn. 9 ff.
10 Vgl. zu den möglichen Ansatzpunkten für eine Definition des Begriffs der Umwelt im Unionsrecht und in der Praxis der Organe *Schröer*, Kompetenzverteilung, 40 ff.; *Kahl*, Umweltprinzip, 13 ff.; s. auch *Wasmeier*, Umweltabgaben, 24 ff.; s. ansonsten zu der Begrifflichkeit auch *Meßerschmidt*, Europäisches Umweltrecht, § 1, Rn. 14 ff.
11 ABl. 1983 C 46, 5.
12 ABl. 1983 C 46, 5 (24, 36); zu den Aussagen anderer Umweltprogramme *Kahl*, Umweltprinzip, 16 f.; *Arndt*, Vorsorgeprinzip, 139 f.; s. auch *Schröer*, Kompetenzverteilung, 43.
13 Beschluss 1600/2002, ABl. 2002 L 242, 1.
14 Zur UVP noch unten 6. Kap. Rn. 66 ff.
15 Zu dieser unten 6. Kap. Rn. 20 ff.
16 Zu dieser unten 6. Kap. 160 ff.
17 Vgl. zuerst EuGH, Rs. 91/79 (Kommission/Italien), Slg. 1980, 1099, Ziff. 8; s. darüber hinaus insbesondere EuGH, Rs. 272/80 (Biologische Producten), Slg. 1981, 3277, Ziff. 8; EuGH, Rs. 240/83 (ADBHU), Slg. 1985, 531, Ziff. 15; EuGH, Rs. 302/86 (Kommission/Dänemark), Slg. 1988, 4607, Ziff. 8 f.; EuGH, Rs. C-195/90 R (Kommission/ Deutschland),

4 Dieser Praxis der Unionsorgane können durchaus Anhaltspunkte für die diesbezügliche Auslegung des Unionsrechts durch die Organe entnommen werden. Sie kann jedoch jedenfalls nicht allein und nicht auf der gleichen Stufe wie das primäre Unionsrecht zur Umschreibung des Umweltbegriffs im Unionsrecht herangezogen werden;[18] dessen Reichweite muss vielmehr dem Primärrecht entnommen werden, bildet dieses doch die Grundlage für die entsprechenden Aktivitäten der Union. Da nun der Begriff der Umwelt schon durch das primäre Unionsrecht erwähnt bzw. vorausgesetzt wird, kann sein Gehalt nicht durch sekundäres Unionsrecht oder gar die Praxis der Organe bestimmt oder modifiziert werden.[19]

Dagegen könnten die **nationalen Rechtsordnungen** insofern von Bedeutung sein, als sie den Inhalt der allgemeinen Rechtsgrundsätze[20] prägen; diese sind als Teil des Primärrechts von grundlegender Bedeutung.[21] Gleichwohl soll im Folgenden darauf verzichtet werden, eine umfassende Untersuchung des Umweltbegriffs in den verschiedenen nationalen Rechtsordnungen anzustellen,[22] da dies über das dieser Darstellung zugrunde liegende Konzept[23] hinausginge. Auch erschließen sich die Eckpunkte des für das Unionsrecht maßgeblichen Umweltbegriffs bereits aus der Auslegung der entsprechenden Vorschriften (wie sogleich noch zu zeigen sein wird), so dass für einen Rückgriff auf die allgemeinen Rechtsgrundsätze keine Notwendigkeit besteht.[24] Die Tatsache, dass dem Unionsrecht keine ausdrückliche Definition des Begriffs der Umwelt entnommen werden kann, bedeutet nämlich nicht, dass seine Reichweite nicht unter Rückgriff auf die im Rahmen des Unionsrechts maßgeblichen Auslegungsmethoden präzisiert werden könnte.

5 Versucht man – zunächst in primärer Anknüpfung an die sich im Primärrecht findenden Anhaltspunkte – eine Annäherung an den Begriff der Umwelt, sind – auf der Grundlage der herausragenden Rolle des systematischen und insbesondere des teleologischen Aspekts bei der Auslegung des Unionsrechts[25] – in erster Linie zwei Erwägungen von Bedeutung:

Slg. 1990, I-3351, Ziff. 29; EuGH, Rs. C-2/90 (Kommission/Belgien), Slg. 1992, I-4431, Ziff. 29 ff.; EuGH, verb. Rs. C-164/97, C-165/97 (Parlament/Rat), Slg. 1999, I-1139, Ziff. 15 f.; EuGH, Rs. C-213/96 (Outokumpo Oy), Slg. 1998, I-1777, Ziff. 31 f.; EuGH, Rs. C-36/98 (Spanien/Rat), Slg. 2001, I-779, Ziff. 50; EuGH, Rs. C-379/98 (PreussenElektra), Slg. 2001, I-2099; EuGH, Rs. C-463/01 (Kommission/Deutschland), Slg. 2004, I-11705; EuGH, Rs. C-309/02 (Radlberger), Slg. 2004, I-11763; EuGH, Rs. C-411/06 (Kommission/EP und Rat), Slg. 2009, I-7585.

18 Nicht ganz klar in diesem Zusammenhang *Kahl*, Umweltprinzip, 16 ff.
19 Dies ergibt sich schon aus der Normenhierarchie innerhalb des Unionsrechts, nach der dem Primärrecht Vorrang gegenüber dem Sekundärrecht zukommt. Vgl. grundlegend EuGH, Rs. 6/64 (Costa/ENEL), Slg. 1964, 1251; hierzu nur, m.w.N., *Bieber/Epiney/Haag-Bieber*, EU, § 3, Rn. 35 ff.
20 Die allgemeinen Rechtsgrundsätze (erwähnt werden sie ausdrücklich in Art. 340 Abs. 2 AEUV, wobei dieser Aufführung der allgemeinen Rechtsgrundsätze beispielhafter Charakter zukommt) sind Prinzipien, die sich in den Rechtsordnungen der Mitgliedstaaten finden und auf das Unionsrecht übertragen werden können, um dort eine bestehende Lücke im geschriebenen Recht zu füllen. Bedeutung haben sie insbesondere im Bereich der Grundrechte erlangt (die aber heute auch in der Grundrechtecharta verankert sind). Vgl. zu den allgemeinen Rechtsgrundsätzen etwa *Bieber/Epiney/Haag-Haag*, EU, § 2, Rn. 8 ff.; von der Groeben/Schwarze-*Gaitanides*, Kommentar zum EUV/EGV, Art. 220, Rn. 18 ff.; ausführlich *Szczekalla*, EUDUR I, § 11.
21 Daher gehen *Palme*, Nationale Umweltpolitik, 24, und *Kahl*, Umweltprinzip, 14, in ihrer kategorischen Ablehnung eines Rückgriffs auf nationale Konzepte in diesem Zusammenhang zu weit, denn sie verkennen damit die mögliche Bedeutung der allgemeinen Rechtsgrundsätze und ihre Herkunft. Deshalb ist die Zusammenstellung der verschiedenen Umweltbegriffe in den Verfassungen der Mitgliedstaaten durch *Vorwerk*, Umweltpolitische Kompetenzen, 16 ff., nicht abwegig. Zudem wäre angesichts der zahlreichen Verflechtungen und gegenseitigen Verschränkungen zwischen der Umweltpolitik auf nationaler Ebene und auf Unionsebene eine zu große Abweichung von den Rechtsordnungen der Mitgliedstaaten bei der Umschreibung des Begriffs der Umwelt nicht sachdienlich. Vgl. in diesem Zusammenhang auch *Schröer*, Kompetenzverteilung, 42, der darauf hinweist, dass aufgrund der Kompetenz (und Pflicht) der Mitgliedstaaten zur Implementierung des EU-Umweltrechts und der Übereinstimmung umweltspezifischer Grundsätze auf Systematisierungsebene auch in den nationalen Rechtsordnungen als Ausgangspunkt einer Begriffsbestimmung zurückgegriffen werden kann.
22 Vgl. in Bezug auf das bundesdeutsche Recht *Kloepfer*, Umweltrecht, § 1; ausführlich auch *Hattenberger*, Umweltschutz, 23 ff. S. auch *Hoffmann*, NuR 2011, 389 ff., der einen Überblick über das Verständnis des Umweltbegriffs in verschiedenen nationalen Rechtsordnungen gibt. Zur Verankerung des Umweltschutzes in den Verfassungen der EU-Mitgliedstaaten *Orth*, NuR 2007, 229 ff.
23 S. oben Vorwort.
24 Kommt ihnen doch insofern subsidiärer Charakter zu, als sie nur dann heranzuziehen sind, wenn dem geschriebenen Unionsrecht selbst keine Antwort auf das gestellte Problem entnommen werden kann.
25 Zu den Auslegungsmethoden im Unionsrecht nur *Potacs*, Auslegung im öffentlichen Recht, *passim*; *Potacs*, EuR 2009, 465 ff.; *Seyr*, Effet utile, *passim*; zusammenfassend, m.w.N., *Bieber/Epiney/Haag-Epiney*, EU, § 9, Rn. 11 ff.

1. Kapitel Begriff und Gegenstand des Umweltrechts

- Aus systematischer Sicht sprechen die Formulierungen der Art. 153,[26] 114 Abs. 4[27] AEUV dafür, die **Arbeitsumwelt aus dem Begriff der Umwelt auszunehmen**; ansonsten wäre die Erwähnung dieses Bereichs in den genannten Vorschriften überflüssig.[28]
- Sodann erscheint es sachgerecht, den **Begriff der Umwelt nicht auf die Gesamtheit der Lebensbedingungen unter Einschluss der kulturellen, sozialen und politischen Aspekte auszudehnen**.[29] Dies hätte nämlich letztlich eine völlige Konturlosigkeit des Umweltbegriffs zur Folge und stellte weite Teile der durch den Vertrag erfassten Bereiche, die in anderen Vorschriften geregelt sind, unter den Oberbegriff „Umweltpolitik", was der vertraglichen Systematik sicherlich nicht Rechnung trüge, könnte doch auf diese Weise unter dem Begriff der Umwelt eine kaum mehr überschaubare Palette von Bereichen erfasst werden, was nicht nur zu einer „uferlosen" Ausdehnung des (möglichen) Anwendungsbereichs des Art. 192 Abs. 1, 2 AEUV führte, sondern auch Schwierigkeiten bei der Anwendung der Querschnittsklausel (Art. 11 AEUV) mit sich brächte.[30] Zudem wäre es auf der Grundlage eines derart weiten Umweltbegriffs kaum möglich, die spezifischen Aufgaben- und Problemstellungen des Umweltschutzes zu erfassen.[31] Die Lebensbedingungen, die nicht die gegenständliche „Umwelt", sondern sonstige Aspekte eines menschenwürdigen Daseins oder einer erfüllten Existenz – wie insbesondere soziale, kulturelle oder auch politische Einrichtungen oder Gegebenheiten – betreffen, also die **„soziale Umwelt"**, fallen somit nicht unter den Umweltbegriff. Sie sind im Übrigen auch jedenfalls teilweise Gegenstand anderer primärrechtlicher Bestimmungen, etwa in Art. 151 AEUV (Sozialpolitik), Art. 168 AEUV (Gesundheitsschutz) und in Art. 167 AEUV (Kulturpolitik), was ebenfalls gegen den Einbezug des sozio-ökonomischen Umfeldes in den Umweltbegriff spricht.

Insgesamt sprechen daher sowohl sachliche als auch systematische Gründe dafür, den Begriff der Umwelt auf die **„natürliche Umwelt"** zu beschränken. Allerdings ist zu beachten, dass es die Umschreibung des Begriffs der Umwelt (auch) ermöglichen muss, auf der Grundlage der durch den Vertrag zur Verfügung gestellten Vorschriften und Rechtsgrundlagen **effektiven Umweltschutz** zu verwirklichen und die in **Art. 191 Abs. 1 AEUV genannten Ziele** zu verfolgen. Dies bedeutet zunächst, dass der Umweltbegriff offen genug sein muss, um auf die Herausforderungen, die Umweltbelastungen mit sich bringen, zu reagieren, so dass er nicht zur Ausgrenzung von in diesem Zusammenhang wesentlichen Aspekten führen darf. Zudem muss er flexibel sein, so dass es ermöglicht wird, auch neuen Situationen und Gefahren zu begegnen.

Ein interessantes Beispiel in diesem Zusammenhang ist der Bereich der Gentechnologie, der nur auf der Grundlage eines flexiblen und offenen Umweltbegriffs in die EU-Umweltpolitik einbezogen werden kann.

Vor diesem Hintergrund ist es ebenso sinnvoll wie notwendig, von einem **weiten Begriff der „natürlichen" Umwelt** auszugehen, so dass dieser nicht nur die unberührte Natur,[32] sondern auch die vom Menschen geschaffene bzw. **beeinflusste „künstliche" Umgebung** erfasst. Nur auf diese Weise kann tatsächlich allen potentiellen Bedrohungen der Umwelt, der Gesundheit und (damit zusammenhängend) des Wohlbefindens des Menschen begegnet werden, so dass ein effektiver Schutz ermöglicht wird. Auf dieser Grundlage kann der Umweltbegriff durch ein ausgrenzendes und ein eingrenzendes Kriterium umschrieben werden: Negativ sind die sozialen, wirtschaftlichen, kulturellen oder politischen Bedingungen für das menschliche Wohlbefinden aus dem Umweltbegriff auszunehmen. Positiv wird neben der „natürlichen" Umwelt im Sinne

---

26 Der den Schutz der Arbeitsumwelt betrifft.
27 Der den Schutz der Umwelt und den der Arbeitsumwelt nebeneinander nennt.
28 Wie hier etwa Streinz-*Kahl*, EUV/AEUV, Art. 191, Rn. 42; von der Groeben/Schwarze-*Krämer*, Kommentar zum EUV/EGV, Art. 174, Rn. 6; *Schröer*, Kompetenzverteilung, 43; *Wasmeier*, Umweltabgaben, 5 f.
29 Vgl. zu diesem weiten Umweltbegriff *Bock*, Umweltschutz, 44 f.; *Kloepfer*, Umweltrecht, § 1, Rn. 15.
30 Zu letzterem Aspekt *Heselhaus*, Abgabenhoheit der EG, 122 ff.; *Arndt*, Vorsorgeprinzip, 141.
31 In diesem Sinn *Kloepfer*, Umweltrecht, § 1, Rn. 15 ff.; s. auch *Bock*, Umweltschutz, 196 ff.
32 *Kloepfer*, Umweltrecht, § 1, Rn. 18, weist zutreffend darauf hin, dass unter Zugrundelegung eines restriktiven Umweltbegriffs im Sinne der von menschlichem Einfluss unberührten Natur Umweltschutz nur noch in Randbereichen erfolgen könnte, sind doch gerade in Europa die Gebiete unberührter Natur eher rar.

der unberührten Natur auch die vom Menschen geprägte „künstliche" (d.h. gestaltete und bebaute) Umwelt erfasst.³³

8 Zur Abgrenzung beider Bereiche kann auf die **„Gegenständlichkeit" des Schutzobjekts** zurückgegriffen werden: Soweit es darum geht, die physische Umwelt zu schützen, ist die Umwelt und damit der Umweltschutz betroffen. Die übrigen Aspekte des menschlichen Wohlbefindens jedoch fallen nicht darunter. Die Wahl dieses Kriteriums rechtfertigt sich aus dem inneren Zusammenhang der Problemstellungen und der notwendigen Effektivität des (Umwelt-) Schutzes: Will man – und dies ist wohl ebenso notwendig wie sachdienlich – nicht nur den Schutz der unberührten Natur, sondern auch die vom Menschen geschaffene oder beeinflusste „Natur" als Gegenstand des Umweltschutzes erfassen,³⁴ so ist dies untrennbar mit der Bewahrung und dem Schutz der Gesamtheit der vom Menschen geschaffen „künstlichen Umwelt" verbunden.

Deutlich werden damit auch die Abgrenzungsschwierigkeiten, die ansonsten entstünden: Ab wann ist etwas denn noch „natürliche" künstliche Umwelt, und ab wann ist es (schon) „künstliche" künstliche Umwelt? So wäre es etwa absurd, dass die Union zwar Immissionsgrenzwerte für den Schutz von Parkbäumen festlegen dürfte, diese aber – angenommen, dies wäre notwendig – nicht so streng ausgestalten dürfte, dass auch der sich in der Nachbarschaft eines Parks befindende historische Stadtkern erhalten werden kann.

9 Das Beispiel verdeutlicht aber auch die Grenzen dieses Ansatzes: Umweltschutz bezieht sich nicht auf beliebige Beeinträchtigungen der geschützten Güter, sondern soll die Umwelt vor spezifischen Gefährdungen – nämlich solchen, die von der **Modifizierung oder Gefährdung der natürlichen Lebensgrundlagen** ausgehen³⁵ – schützen. Übrigens sind entsprechende Erwägungen auch bezüglich des Gesundheitsschutzes (des Menschen) einschlägig: Soweit vor Gesundheitsgefährdungen geschützt werden soll, deren Ursache in dem (schlechten) Zustand oder der Gefährdung der natürlichen Lebensgrundlagen zu finden ist,³⁶ überschneiden sich die Aufgaben Umweltschutz und Gesundheitsschutz.³⁷ Wenn es dagegen darum geht, die menschliche Gesundheit vor anderen Gefahren (z.B. denjenigen des Straßenverkehrs) zu schützen, wird das Gebiet des Umweltschutzes verlassen. Unter (ergänzender) Heranziehung des Begriffs des „Umweltschutzes" kann somit vermieden werden, dass die Union ihre (umweltpolitischen) Tätigkeitsfelder zu weit ausdehnt. Auf diese Weise werden also die Kompetenzen der Union präzisiert und eingegrenzt, ist sie doch zwar für umweltschutzrechtliche Maßnahmen, nicht aber allgemein für den Erlass z.B. städtebaulicher Vorschriften zuständig.³⁸

---

33 Vgl. in diesem Zusammenhang *Bock*, Umweltschutz, 198 ff.; in Bezug auf das Unionsrecht ähnlich wie hier *Arndt*, Vorsorgeprinzip 138 ff.; Grabitz/Hilf/Nettesheim-*Nettesheim*, Recht der EU, Art. 191, Rn. 49 ff.; *Palme*, Nationale Umweltpolitik, 24 ff.; Dauses-*Scherer/Heselhaus*, Hb. EU-Wirtschaftsrecht, O, Rn. 19; *Frenz*, Handbuch Europarecht, Bd. 6, Rn. 4544 ff.; *Henke*, EuGH und Umweltschutz, 6 ff.; *Prehn*, Einfluss des Gemeinschaftsrechts auf den mitgliedstaatlichen Verwaltungsvollzug, 37 ff.; *Dhondt*, Integration of Environmental Protection (5. Kap. E.I.), 74 f.; grundsätzlich auch *Schröer*, Kompetenzverteilung, 40 ff.; enger jedoch *Middeke*, Nationaler Umweltschutz, 19 ff., der nur die „natürlichen" Lebensgrundlagen schützen will; tendenziell zu weit dagegen von der Groeben/Schwarze-*Krämer*, Kommentar zum EUV/EGV, Art. 174, Rn. 1 ff.; *Kahl*, Umweltprinzip, 13 ff., die insbesondere auch die gesamte soziale Umwelt einbeziehen wollen. Auch die umweltpolitischen Aktionsprogramme und das EU-Sekundärrecht legen die hier vertretene Sicht zugrunde, vgl. die Erläuterungen oben im Text.
34 Wodurch sicherlich etwa auch Parkanlagen oder botanische Gärten einbezogen werden.
35 Vgl. insoweit auch *Bock*, Umweltschutz, 196 ff.; Dauses-*Scherer/Heselhaus*, Hb. EU-Wirtschaftsrecht, O, Rn. 19; *Meßerschmidt*, Umweltrecht, § 1, Rn. 129 ff.; Grabitz/Hilf/Nettesheim-*Nettesheim*, Recht der EU, Art. 191, Rn. 49 ff.
36 Ein typisches Beispiel ist hier die Luftreinhaltung.
37 Vgl. auch Art. 191 Abs. 1 AEUV, der ausdrücklich den Schutz der menschlichen Gesundheit als ein Ziel der EU-Umweltpolitik bezeichnet. S. auch EuGH, Rs. C-28/09 (Kommission/Österreich), Urt. v. 21.12.2011, Ziff. 122, wo der EuGH darauf hinweist, dass der Gesundheitsschutz zu den Zielen der EU-Umweltpolitik gehöre, so dass die Ziele des Umweltschutzes und des Gesundheitsschutzes miteinander verbunden seien und das Ziel des Gesundheitsschutzes grundsätzlich bereits vom Ziel des Umweltschutzes umfasst sei. S. ähnlich auch EuGH, Rs. C-343/09 (Afton Chemical), Slg. 2010, I-7027, Ziff. 32.
38 So hätte in dem erwähnten Beispiel die Union zwar die Kompetenz, Immissionsgrenzwerte zu erlassen (und zwar grundsätzlich gestützt auf Art. 192 Abs. 1 AEUV, vgl. zu den Rechtsgrundlagen noch 4. Kap. Rn. 2 ff.), nicht jedoch etwa ausschließlich die Bausubstanz betreffende Maßnahmen.

1. Kapitel Begriff und Gegenstand des Umweltrechts

Auf der Grundlage dieser Sicht verliert auch der Streit um die Frage, ob der Begriff der Umwelt **anthropozentrisch** oder **ökozentrisch** zu bestimmen ist,[39] vieles von seiner Bedeutung, ist doch der Mensch insofern (auch) ein Teil der Natur, als selbst die auf den ersten Blick ihn nicht direkt betreffende Modifizierung der natürlichen Umwelt das ökologische Gleichgewicht verändern und auf diese Weise auf den Menschen zurückwirken kann. Zudem bildet auch die Natur in ihrer Gesamtheit ein ausgewogenes Ganzes, so dass es häufig schwierig bis unmöglich sein dürfte, die Konsequenzen eines bestimmten Eingriffs in die Umwelt auf das ökologische Gleichgewicht vorherzusehen und von vornherein zu begrenzen. Will man also die menschlichen Interessen sinnvoll definieren, müssen sie zuallererst umfassend bestimmt werden. Da dies nicht in abstrakter Weise und langfristig abschließend möglich ist, muss die natürliche Umwelt und die Nutzung der Ressourcen in möglichst weitem Umfang erhalten werden bzw. möglich bleiben. Daher lässt auch eine anthropozentrische Sicht einen Schutz der Umwelt um ihrer selbst zu.[40]

10

Der Begriff „Umwelt" erfasst nicht nur ihren augenblicklichen Zustand; vielmehr sind (selbstverständlich) auch **künftige Entwicklungen** zu berücksichtigen, so dass umweltrechtliche Maßnahmen auch (langfristigen) Interessen künftiger Generationen Rechnung tragen können bzw. sollen, wie auch in der Bezugnahme auf die Nachhaltige Entwicklung an verschiedenen Stellen des Vertrages (s. insbesondere Art. 3 Abs. 3 EUV, Art. 11 AEUV)[41] zum Ausdruck kommt. **Räumlich** ist der Umweltbegriff nicht auf das Unionsgebiet beschränkt, sondern erfasst auch die Umwelt in Drittstaaten und staatenlosen Gebieten;[42] dementsprechend kommen der Union auch umweltpolitische Außenkompetenzen zu, von denen sie in zahlreichen Gebieten Gebrauch gemacht hat.[43]

11

Der **Tierschutz** ist jedenfalls insoweit Teil des Umweltschutzes, als es um Schutz und Erhaltung wildlebender Tiere geht, sind diese doch Teil der natürlichen Umwelt.[44] Allerdings dürfte der Tierschutz als „Selbstzweck" (also der Schutz der Tiere als „fühlende Wesen" und damit insbesondere der Schutz von Nutztieren, etwa vor Leiden oder nicht artgerechter Haltung) nicht durch den „Umweltschutz" erfasst sein. Dies ergibt sich bereits daraus, dass nicht jedes tierische Leiden auch eine Gefahr für den Umweltschutz im Allgemeinen und den Artenschutz im Besonderen darstellt, so dass Tiere als solche nicht zwingend Teil der natürlichen Lebensgrundlagen sind, die vom Umweltbegriff des Art. 191 AEUV nach dem Gesagten erfasst sind. Im Übrigen ist der Tierschutz in Art. 13 AEUV erwähnt, und dieser eigenen Querschnittsklausel käme keine eigenständige Bedeutung zu, wenn der Tierschutz schon in jedem Fall Teil des Umweltschutzes wäre.[45] Auch der EuGH geht wohl von diesem Ansatz aus, so wenn er im Zusammenhang mit möglichen Leiden von Nutztieren betont, das Unionsrecht kenne keinen allgemeinen Grundsatz des Wohlergehens der Tiere. Der Gerichtshof betonte aber auch, dass die Union der Gesundheit und dem Schutz der Tiere ein „Interesse" entgegenbringe, dem Rechnung zu tragen sei, insbesondere im Rahmen der Prüfung der Verhältnismäßigkeit von Unionsmaßnahmen.[46] Unklar bleiben bei diesem Urteil bzw. dieser Aussage insbesondere zwei Aspekte: der Hin-

---

39 Umfassend zum Problemkreis *Heinz*, Der Staat 1990, 415 ff.
40 Abgesehen von der Schwierigkeit der Umschreibung ggf. existierender Eigenrechte der Natur ist eine strikt ökozentrische Sicht (in diese Richtung etwa *Stone*, California Law Review 1972, 450 ff.; *Bosselmann*, KJ 1986, 1 ff.; *Sterzel*, KJ 1992, 19 ff.) aus rechtlicher und erkenntnistheoretischer Sicht nicht denkbar: Das Rechtssystem ist in jeder Beziehung vom Menschen definiert und auf den Menschen ausgerichtet. Rechte der Natur müssten aber – sollen sie Sinn machen – von den Interessen der Natur ausgehen und diese zum Maßstab nehmen. Da die Natur ihre Rechte jedoch weder formulieren noch geltend machen kann, wäre dies wiederum dem Menschen übertragen, der aber notwendigerweise eigene Maßstäbe setzte. I. Erg. ebenso *Kloepfer*, DVBl. 1994, 12 (14); *Hofmann*, JZ 1988, 265 (277 f.); *Bock*, Umweltschutz, 200 f.; *v. Lersner*, NVwZ 1988, 988 ff.
41 Vgl. auch den Titel des fünften Aktionsprogramms, ABl. 1993 C 138, 5; zu den Aktionsprogrammen 3. Kap. Rn. 9 ff.; zum Begriff der Nachhaltigen Entwicklung 5. Kap. Rn. 31 ff.
42 So auch etwa Grabitz/Hilf/Nettesheim-*Nettesheim*, Recht der EU, Art. 191, Rn. 56; *Meßerschmidt*, Europäisches Umweltrecht, § 1, Rn. 136; Streinz-*Kahl*, EUV/AEUV, Art. 191, Rn. 44 ff.; *Krämer*, Droit de l'environnement de l'UE, 7.
43 Hierzu 4. Kap. Rn. 26 ff.; s. zu den völkerrechtlichen Verträgen als Rechtsquelle des Unionsrechts 3. Kap. Rn. 24 ff.
44 Ebenso etwa von der Groeben/Schwarze-*Krämer*, Kommentar zum EUV/EGV, Art. 174, Rn. 7.
45 Wie hier auch etwa Calliess/Ruffert-*Calliess*, EUV/AEUV, Art. 191, Rn. 9; *Krämer*, Droit de l'environnement de l'UE, 6; *Schröder*, NuR 1998, 1 (4); Streinz-*Kahl*, EUV/AEUV, Art. 191, Rn. 54; Grabitz/Hilf/Nettesheim-*Nettesheim*, Recht der EU, Art. 191, Rn. 52; a.A. etwa Dauses-*Scherer/Heselhaus*, Hb. EU-Wirtschaftsrecht, O, Rn. 21; *Schmitz*, Umweltunion, 146. Vgl. umfassend zu den Rechtsproblemen im Zusammenhang mit dem Tierschutz *Caspar*, Tierschutz, *passim*; s. auch *Caspar*, Stellung des Tieres, 15 f.
46 Vgl. EuGH, Rs. C-189/01 (Jippes), Slg. 2001, I-5689, Ziff. 71 ff.

tergrund für die Annahme eines solchen „Interesses" sowie die rechtliche Bedeutung und Tragweite der Kategorie der „Interessen" der Union im Vergleich zu den „Grundsätzen" der Union, da beide ja offenbar voneinander zu unterscheiden sein sollen.[47] Immerhin dürften inzwischen wohl die besseren Gründe dafür sprechen, auch den Tierschutz unter die Grundsätze des Unionsrechts zu fassen, ist er doch – insofern ebenso wie z.B. der Umweltschutz – Gegenstand einer Querschnittsklausel (Art. 13 AUEV), wenn diese auch weniger weit geht als diejenige des Art. 11 AEUV.

12   Damit kann zusammenfassend festgehalten werden, dass „**Umweltrecht**" diejenigen rechtlichen Steuerungsinstrumente umfasst, die den Schutz der Umwelt vor Gefährdungen durch die Beeinträchtigung, Modifizierung und/oder Gefährdung der natürlichen Lebensgrundlagen zum Gegenstand haben. Beispielhaft genannt seien hier folgende Bereiche: Luftreinhaltung, Gewässerschutz, Abfallwirtschaft, Naturschutz i.e.S. (Schutz von Fauna und Flora), Lärmschutz, Schutz vor gefährlichen Substanzen.[48]

13   Im Unionsrecht werden diese Aufgaben allerdings nicht immer auf der Grundlage der spezifischen umweltrechtlichen Kompetenzgrundlagen wahrgenommen. Vielmehr stellt Umweltschutz eine „**Querschnittsaufgabe**"[49] dar, deren Belange im Hinblick auf einen effektiven Umweltschutz auch in anderen Politikbereichen zu berücksichtigen sind. Vor diesem Hintergrund ist denn auch die Problematik der Abgrenzung der verschiedenen möglichen Kompetenzgrundlagen im Unionsrecht zu sehen.[50]

B. Literatur

Bock, Bettina: Umweltschutz im Spiegel von Verfassungsrecht und Verfassungspolitik, Berlin 1990.
Bosselmann, Klaus: Eigene Rechte für die Natur? Ansätze einer ökologischen Rechtsauffassung, KJ 1986, 1 ff.
Caspar, Johannes: Tierschutz im Recht der modernen Industriegesellschaft. Eine rechtliche Neukonstruktion auf philosophischer und historischer Grundlage, Baden-Baden 1999.
Caspar, Johannes: Zur Stellung des Tieres im Gemeinschaftsrecht, Baden-Baden 2001.
Dempfle Ulrich/Müggenborg, Hans-Jürgen: Die „Umwelt", ein Rechtsbegriff?, NuR 1987, 301 ff.
Epiney, Astrid: Neuere Rechtsprechung des EuGH in den Bereichen institutionelles Recht, allgemeines Verwaltungsrecht, Grundfreiheiten, Umwelt- und Gleichstellungsrecht, NVwZ 2002, 1429 ff.
Hattenberger, Doris: Der Umweltschutz als Staatsaufgabe. Möglichkeiten und Grenzen der verfassungsrechtlichen Verankerung des Umweltschutzes, Wien, New York 1993.
Heinz, Kersten: Eigenrechte der Natur. Lichtblick oder Irrlicht für einen verstärkten rechtlichen Schutz der Natur?, Der Staat 29 (1990), 415 ff.
Hoffmann, Jan: Umwelt – ein bestimmbarer Rechtsbegriff?, NuR 2011, 389 ff.
Hofmann, Hasso: Natur und Naturschutz im Spiegel des Verfassungsrechts, JZ 1988, 265 ff.
Kloepfer, Michael: Umweltschutz und Verfassungsrecht. – Zum Umweltschutz als Staatspflicht –, DVBl. 1988, 305 ff.
Kloepfer, Michael: Interdisziplinäre Aspekte des Umweltstaats, DVBl. 1994, 12 ff.
von Lersner, Heinrich Freiherr: Gibt es Eigenrechte der Natur?, NVwZ 1988, 988 ff.
Orth, Erika Elisabeth: Umweltschutz in den Verfassungen der EU-Mitgliedstaaten, NuR 2007, 229 ff.
Spaventa, Elaner: Case 189/01, CMLRev. 2002, 1159 ff.
Sterzel, Dieter: Ökologie, Recht und Verfassung, KJ 1992, 19 ff.

---

47   Vgl. auch bereits die Bemerkungen bei *Epiney*, NVwZ 2002, 1429 (1437). S. zu diesem Urteil auch *Spaventa*, CMLRev. 2002, 1159 ff., die offenbar davon ausgeht, dass das Wohlergehen der Tiere einen allgemeinen Rechtsgrundsatz darstellen soll, wobei aber darauf hinzuweisen ist, dass der EuGH – wäre er von einem solchen Ansatz ausgegangen – wohl auf die Rechtslage in den Mitgliedstaaten hingewiesen hätte.
48   Vgl. in diesem Zusammenhang den Versuch der Gliederung des Umweltrechts bei *Kloepfer*, Umweltrecht, § 1, Rn. 59 ff.; *Meßerschmidt*, Europäisches Umweltrecht, § 1, Rn. 20 ff.; mit Bezug auf das europäische Umweltrecht auch *Peine/Samsel*, EWS 2003, 297 ff.
49   Hierzu *Jahns-Böhm/Breier*, EuZW 1992 (5. Kap. E.I.), 49 ff.; *Kahl*, Umweltprinzip, 26 ff., 58 ff.; *Palme*, Nationale Umweltpolitik, 64; *Meßerschmidt*, Europäisches Umweltrecht, § 1, Rn. 35 ff.; s. auch unten 5. Kap. Rn. 36 ff.
50   Vgl. hierzu unten 4. Kap. Rn. 2 ff.

Stone, Christopher D.: Should Trees have Standing? Towards Legal Rights for Natural Objects, Southern California Law Review 45 (1972), 450 ff.

2. Kapitel Entstehung und Entwicklung des Umweltrechts in der Europäischen Union

A. Überblick

1 Im Gründungsvertrag der Europäischen Wirtschaftsgemeinschaft von 1957 fehlten umweltpolitische und -rechtliche Belange völlig. Dies ist auch nicht weiter erstaunlich, da Anliegen und Begriff der Umwelt bzw. des Umweltschutzes erst etwa in den 60er Jahren des 20. Jahrhunderts entstanden.[1] Gleichwohl entfaltete die Gemeinschaft ab Anfang der 70er Jahre eine relativ intensive Tätigkeit auf dem Gebiet der Umweltpolitik. Ausgangspunkt war eine diesbezügliche Erklärung der Staats- und Regierungschefs vom Oktober 1972,[2] in der es heißt:

„Das wirtschaftliche Wachstum, das kein Ziel an sich ist, muss in erster Linie dazu beitragen, die Unterschiede in der Lebenshaltung zu mildern. Es muss unter Mitwirkung aller sozialen Partner verfolgt werden. Es muss sich in einer Verbesserung der Lebensqualität wie des Lebensniveaus ausdrücken. Entsprechend der europäischen Tradition ist den nichtwirtschaftlichen Werten und dem Schutz der Umwelt besondere Aufmerksamkeit zu widmen, damit der Fortschritt dem Menschen zugute kommt."[3]

2 Daran anschließend nahm die Gemeinschaft[4] insbesondere umweltpolitische Aktionsprogramme[5] an und erließ darauf aufbauend auch verbindliche Rechtsakte.[6] **Rechtsgrundlagen** waren vor Inkrafttreten der EEA (1987) **Art. 100 und 235 EWGV**.[7]

3 Diese Herausbildung einer Umweltpolitik auf Unionsebene und eines EU-Umweltrechts ist insbesondere vor folgendem Hintergrund zu sehen:[8]

---

1 Dies bedeutet jedoch nicht, dass es vorher keine Regeln oder Politiken gab, die heute zur Umweltpolitik zählende Bereiche umfassen. Diesbezügliche Regelungen wurden auch schon vorher in einem gewissen Ausmaß für notwendig erachtet; allerdings waren sie in andere Rechtsgebiete eingebettet, wie insbesondere in das (allgemeine) Polizeirecht. Im Völkerrecht fanden sich darüber hinaus schon früh Regelungen bezüglich der gemeinsamen Nutzung von Ressourcen, insbesondere des Wassers, vgl. hierzu *Beyerlin*, ZaöRV 1994, 124 (125 ff.); *Brown Weiss*, Georgetown Law Journal 1992/1993, 675 ff.
2 Die sicherlich auch durch die Stockholmer Umweltkonferenz der Vereinten Nationen von 1972 angeregt und beeinflusst worden war. Vgl. zur Stockholmer Konferenz etwa *Palmer*, AJIL 1992, 259 (266 ff.); *Krämer*, Droit de l'environnement de l'UE, 7 f., weist darüber hinaus darauf hin, dass das Europäische Parlament als erstes Organ umweltrechtliche Maßnahmen forderte, und die Kommission bereits 1969 eine für Umweltbelange zuständige Verwaltungseinheit einrichtete und dem Rat 1971 eine erste, den Umweltschutz betreffende Mitteilung übermittelte.
3 Kommission, 6. Gesamtbericht, 1972, 8.
4 Trotz der Schwierigkeiten aufgrund unterschiedlicher Ansichten der Mitgliedstaaten, insbesondere der Skepsis Frankreichs gegenüber umweltpolitischen Maßnahmen auf Unionsebene, vgl. hierzu *Krämer*, Droit de l'environnement de l'UE, 8 f.
5 Vgl. zu diesen noch unten 3. Kap. Rn. 9 ff.
6 S. hierzu noch unten 3. Kap. Rn. 6 ff. Allerdings wurden vereinzelt auch schon vor 1972 verbindliche Sekundärrechtsakte angenommen, die zumindest auch einen Bezug zur Umweltpolitik aufwiesen. Zu nennen sind hier RL 67/548/EWG über die Einstufung, Kennzeichnung und Verpackung gefährlicher Stoffe, ABl. 1967 L 196, 1, die RL 70/157/EWG über den Geräuschpegel von Kraftfahrzeugen, ABl. 1970 L 42, 6, und die RL 70/220/EWG über die Emissionen von Kraftfahrzeugen, ABl. 1970 L 76, 1. Allerdings waren diese Rechtsakte in erster Linie durch das Bestreben des Abbaus von Handelshemmnissen motiviert.
7 Was allerdings nicht unumstritten war, vgl. hierzu ausführlich *Behrens*, Rechtsgrundlagen der Umweltpolitik der Europäischen Gemeinschaften, insbes. 71 ff., 237 ff.; *Vandermeersch*, ELR 1987, 406 (410 ff.). Umstritten war insbesondere, ob Belange des Umweltschutzes als implizit in dem Ziel einer harmonischen Entwicklung des Wirtschaftslebens innerhalb der Gemeinschaft enthalten angesehen werden konnten. In diese Richtung ging jedenfalls die Rechtsprechung des EuGH, s. EuGH, Rs. 91/79 (Kommission/Italien), Slg. 1980, 1099, Ziff. 8; EuGH, Rs. 240/83 (ADBHU), Slg. 1985, 531, Ziff. 13, 15.
8 Vgl. zur Entstehung und Entwicklung der Umweltpolitik in der Union *Bungarten*, Umweltpolitik in Westeuropa, 119 ff.; von der Groeben/Schwarze-*Krämer*, Kommentar zum EUV/EGV, Vorbemerk. zu Art. 174-176, Rn. 1 ff.; *Jeppesen*, Environmental Regulation, 11 ff.; *von Homeyer*, in: Environmental Protection, 1 ff.; *Thieffry*, Droit de l'environnement de l'UE, 4 ff.; *McCormick*, Environmental Policy, 41 ff.; *Davies*, EU Environmental Law, 1 ff.; *Jans/von*

2. Kapitel Entstehung und Entwicklung des Umweltrechts in der Europäischen Union

■ Nationale umweltrechtliche Vorgaben entfalten Auswirkungen sowohl auf die tatsächliche Verwirklichung der **Grundfreiheiten**[9] als auch auf diejenige eines unverfälschten **Wettbewerbs**.
So führen z.B. auf umweltpolitischen Erwägungen beruhende unterschiedliche Vorgaben der verschiedenen nationalen Rechtsordnungen für die Beschaffenheit eines Produkts dazu, dass der freie Warenverkehr für dieses Produkt – vorausgesetzt, die entsprechend strengeren Vorgaben sind durch „zwingende Erfordernisse" gerechtfertigt[10] – nicht allein durch Art. 34 AEUV garantiert werden kann.[11] Daher verlangt die tatsächliche und vollständige Verwirklichung der Grundfreiheiten nach einer gewissen unionsweiten Regelung der Beschaffenheit bestimmter Produkte.[12] Letztlich zieht also die Rechtsprechung des EuGH zu Art. 34 AEUV – einerseits eine weite Auslegung des Tatbestandes der „Maßnahmen gleicher Wirkung", andererseits die Anerkennung „zwingender Erfordernisse"[13] – die Notwendigkeit einer Umweltpolitik auf EU-Ebene im Bereich des freien Warenverkehrs nach sich.

Auch können verschiedene umweltpolitisch motivierte Produktionsstandards zu einer Verzerrung des Wettbewerbs führen, da in einem Mitgliedstaat mit weniger strengen Anforderungen in der Regel billiger produziert werden kann, so dass die Schaffung eines unverfälschten Wettbewerbs eine gewisse Angleichung der Produktionsstandards in den Mitgliedstaaten voraussetzt.[14]

■ Umweltpolitische Regelungen auf Unionsebene sind aber nicht nur zu der Verwirklichung des Binnenmarktes und der Grundfreiheiten erforderlich, sondern sind auch das Ergebnis eines Handlungsbedarfs **aufgrund** dieser Verwirklichung. Denn gerade die Garantie der Grundfreiheiten führt notwendigerweise zu einer erheblichen Ausweitung der Wirtschaftskreisläufe, was nachhaltige Auswirkungen auf die Umweltqualität sowohl auf globaler als auch auf regionaler Ebene entfaltet.[15]
So bringt die Freiheit des Warenverkehrs eine Zunahme des Transports der ein- und auszuführenden Waren mit sich. Die Freiheit des Personen- und Dienstleistungsverkehrs führt zu einer größeren Mobilität

---

  der Heide, Europäisches Umweltrecht, 3 ff.; *Schröder*, EUDUR I, § 9, Rn. 3 ff.; *Hildebrand*, in: Environmental Policy in the European Union, 13 ff.; *Jans/Vedder*, European Environmental Law, 3 ff.; *Dauses-Scherer/Heselhaus*, Hb. EU-Wirtschaftsrecht, O, Rn. 7 ff.; *Jans*, in: European Environmental Law, 271 ff.; *Schröer*, Kompetenzverteilung, 19 ff.; Streinz-*Kahl*, EUV/AEUV, Art. 191, Rn. 1 ff.; *Vorwerk*, Umweltpolitische Kompetenzen, 7 ff.; *Eisenberg*, Kompetenzausübung und Subsidiaritätskontrolle, 24 ff.; *Knopp/Hoffmann*, Progredientes Europäisierungsphänomen, 56 ff.
9 Wobei der freie Warenverkehr natürlich eine herausragende Rolle spielt.
10 Vgl. hierzu noch unten 5. Kap. Rn. 67 ff.
11 Denn die in einem Mitgliedstaat geltenden strengeren Vorschriften führen dazu, dass die in einem anderen Mitgliedstaat hergestellten entsprechenden Produkte, die weniger strengen Anforderungen genügen müssen, in dem erstgenannten Mitgliedstaat nicht vermarktet werden können. Man spricht hier von nicht-tarifären Handelshemmnissen.
12 Die Techniken für derartige Regelungen können allerdings variieren, vgl. hierzu ausführlich, unter Berücksichtigung der sog. „neuen Konzeption", die auch Regelwerke privater Normungsorganisationen einbezieht. Hierzu 3. Kap. Rn. 8.
13 Hierzu noch unten 5. Kap. Rn. 67 ff.
14 Vgl. in diesem Zusammenhang auch Calliess/Ruffert-*Calliess*, EUV/AEUV, Art. 191, Rn. 2, der für den Fall fehlender Rechtsangleichung auch von der Gefahr eines „Umweltdumpings" spricht, könnten doch durch umweltpolitische Auflagen verursachte Belastungen im europäischen Binnenmarkt zum existenzbedrohenden „Wettbewerbsnachteil" werden. Vgl. aus der frühen Rechtsprechung des Gerichtshofs bereits EuGH, Rs. 92/79 (Kommission/Italien), Slg. 1980, 1115, Ziff. 8.
15 Vgl. zu den ökologischen Konsequenzen der Verwirklichung des Binnenmarktes schon Task Force Report on the Environment and the Internal Market, 1989; zusammenfassend *Jahns-Böhm/Breier*, EuZW 1991 (5. Kap. E.I.), 523 (525 f.), m.w.N. Einen umfassenden Überblick über die Umweltsituation in Europa gibt der sog. Dobris-Bericht der Europäischen Umweltagentur. *David Stanners/Philippe Bourdeau* (Hrsg.), Europe's Environment. The Dobris Assessment, Luxemburg 1995, sowie die Aktualisierung aus dem Jahr 1998 („Die Umwelt in Europa: Der zweite Lagebericht", Luxemburg 1998); s. auch den dritten Bericht („Europe's Environment: the third assessment", 2003); vgl. sodann den Bericht der EUA aus dem Jahr 1999 „Environment in the European Union at the turn of the century", Luxemburg 1999, der auch und gerade auf wahrscheinliche zukünftige Entwicklungen eingeht; hierzu EuZW 1999, 546. Aus der Literatur den Überblick m.w.N. bei *Tietmann*, EUDUR I, § 1.

der Personen, was neben den „Transportproblemen" ggf. Beeinträchtigungen des kulturellen, historischen und ökologischen Charakters bestimmter Regionen[16] nach sich ziehen kann.

Die tatsächliche Verwirklichung der Grundfreiheiten zieht also insbesondere aufgrund der damit verbundenen **erhöhten Mobilität** von Waren und Personen eine Reihe ganz erheblicher Umweltprobleme nach sich, denen Konzepte und Regelungen auf EU-Ebene Rechnung tragen müssen bzw. die (auch) nach unionsweiten Antworten verlangen.

- Weiter ist auch auf Unionsebene – ebenso wie in den Mitgliedstaaten und anderen europäischen Staaten – seit Anfang der 70er Jahre das **Bewusstsein für umweltpolitische Problemstellungen** gewachsen, so dass sich in der Union die Überzeugung entwickelte, dass die Erfassung und Regelung umweltpolitischer Probleme unabdingbar ist.

- Schließlich nahmen umweltpolitische Problemstellungen immer mehr einen **überregionalen, internationalen oder gar globalen Charakter** an,[17] so dass auch der diesbezügliche Handlungsbedarf auf übernationaler Ebene deutlich wurde. Es setzte sich daher die Erkenntnis durch, dass es zumindest in einigen Bereichen ebenso sinnvoll wie notwendig ist, der wachsenden Umweltbelastung nicht nur auf der Ebene der Mitgliedstaaten, sondern auch auf Unionsebene zu begegnen.

Diese verschiedenen Ursachen der Entstehung einer Umweltpolitik auf Unionsebene und eines EU-Umweltrechts waren bzw. sind (auch) für ihre konkrete Ausgestaltung von weitreichender Bedeutung: So lag und liegt teilweise heute noch der Schwerpunkt des EU-Sekundärrechts im Umweltbereich auf solchen Gebieten, deren Erfassung im Hinblick auf die Verwirklichung oder Herstellung des Binnenmarktes notwendig ist. Ansonsten geht das Unionsrecht davon aus, dass es den Mitgliedstaaten obliegt, für einen wirksamen Umweltschutz zu sorgen. Diese Konzeption kommt übrigens auch im Subsidiaritätsprinzip zum Ausdruck (Art. 5 Abs. 3 EUV), das für die Umweltpolitik bezeichnenderweise schon seit der EEA (1987) galt.[18] Allerdings hat die Union in einigen Bereichen darüber hinaus auch schon früh – d.h. vor der Einführung ausdrücklicher umweltpolitischer Rechtsgrundlagen – Regelungen allein (also unabhängig von einer irgendwie gearteten Verbindung zur Verwirklichung des Binnenmarktes) im Interesse eines wirksameren Umweltschutzes erlassen.[19] Im Übrigen kamen im Laufe der Jahre immer mehr Regelungen hinzu, die spezifischen Umweltproblemen, denen in der Regel ein grenzüberschreitender Charakter zukommt, begegnen sollen, wie z.B. Regelungen des Naturschutzes oder die Bekämpfung des Klimawandels bezweckende Rechtsakte.

Mit den verschiedenen **Modifikationen der Gründungsverträge**[20] wurde der dargestellten Entwicklung bzw. den erwähnten Umständen Rechnung getragen:

- Von besonderer Bedeutung ist die **Einheitliche Europäische Akte**,[21] die die EU-Umweltpolitik auf eine ausdrückliche vertragliche Grundlage stellte, indem sie ein eigenes Kapitel über die Umweltpolitik in den Vertrag einführte (Art. 130 r ff. EWGV) und auch im den Binnenmarkt betreffenden Art. 100 a EWGV auf den Umweltschutz Bezug nahm.

- Der **Maastrichter Vertrag**[22] verankerte – abgesehen von einigen Formulierungsänderungen – darüber hinaus den Umweltschutz in der Zielbestimmung des Art. 3 l) EGV und brachte einige Modifikationen bei den Entscheidungsverfahren.

---

16 Man denke hier etwa an die Auswirkungen des Tourismus.
17 Machen doch Umweltschäden nicht an Staatsgrenzen halt, vgl. nur *Bryde*, GS Martens, 770 (783).
18 Vgl. Art. 130 r Abs. 4 EWGV. Heute gilt es auf der Grundlage von Art. 5 Abs. 3 EUV für die gesamte Tätigkeit der EU (außer in den Bereichen ausschließlicher Zuständigkeit), vgl. hierzu noch unten 4. Kap. Rn. 34 ff.
19 Hinzuweisen ist hier insbesondere auf die „Vogelschutzrichtlinie", RL 79/409 (heute abgelöst durch die RL 2009/147), hierzu unten 9. Kap. Rn. 42 ff.
20 Vgl. auch den Überblick über die umweltrelevanten Modifikationen der Gründungsverträge durch den Maastrichter, Amsterdamer und Nizza-Vertrag bei *Stetter*, EELR 2001, 150 ff., der insbesondere untersucht, ob und inwieweit bei den Vertragsmodifikationen Forderungen der Umweltverbände Rechnung getragen wurde.
21 In Kraft getreten am 1.7.1987.
22 Am 1.11.1993 in Kraft getreten. Vgl. zu den durch den Maastrichter Vertrag eingeführten Neuerungen *Epiney/Furrer*, EuR 1992, 369 ff.; *Breier*, NuR 1993, 457 ff.

2. Kapitel Entstehung und Entwicklung des Umweltrechts in der Europäischen Union

- Der **Amsterdamer Vertrag**[23] fasste insbesondere Art. 95 Abs. 4 ff. EGV (nationale Handlungsspielräume im harmonisierten Bereich[24]) neu, integrierte das Konzept der „Nachhaltigen Entwicklung" in die sog. „Querschnittsklausel" und verankerte diese im Ersten Teil „Grundsätze" (Art. 6 EGV) und harmonisierte die Entscheidungsverfahren in Art. 95 Abs. 1 EGV und Art. 175 Abs. 1 EGV.
- Der **Vertrag von Nizza**[25] brachte in Bezug auf die umweltrelevanten Bestimmungen nur eine eher geringfügige Modifikation des Art. 175 Abs. 2 EGV.
- Der **Lissabonner Vertrag**[26] übernahm Art. 174-176 EGV in sprachlich angepasster Fassung, wobei allerdings neu ausdrücklich auf den Klimawandel hingewiesen wird, führte ein eigenes Kapitel Energiepolitik (Art. 194 AEUV) ein (so dass bei umweltrelevanten Rechtsakten in diesem Bereich als Rechtsgrundlage auch – neben Art. 192 – diese neue Vorschrift zum Zuge kommen kann[27]), überführte das Protokoll über den Tierschutz und das Wohlergehen der Tiere in den Vertrag (Art. 13 AEUV) und verankerte den Umweltschutz in der Zielbestimmung des Art. 3 Abs. 3 UAbs. 1 EUV. Insgesamt kann trotz der erwähnten Modifikationen durch den Vertrag von Lissabon von einer sehr weitgehenden Kontinuität der die Umweltpolitik betreffenden vertraglichen Grundlagen, insbesondere der Art. 191-193 AEUV, im Verhältnis zur Rechtslage nach dem Vertrag von Nizza gesprochen werden.

Parallel zu der **Verankerung des Umweltschutzes im EU-Primärrecht** verstärkte und verbreitete sich auch die **umweltpolitische Tätigkeit der Union**. Heute umfasst sie nicht nur binnenmarkt- und wettbewerbsrelevante Bereiche, sondern darüber hinaus auch immer mehr schwerpunktmäßig „naturschützende" Regelungen.[28] Quantitativ umfasst das EU-Umweltrecht heute rund **300 Rechtsakte** (allerdings unterschiedlicher Bedeutung),[29] betrifft thematisch **nahezu alle „klassischen" Bereiche des Umweltrechts** und stellt damit einen bedeutenden Politikbereich der Union dar. Gleichwohl weist das EU-Umweltrecht nach wie vor einen sektoriellen Charakter auf; es werden bestimmte Bereiche geregelt, wobei – gerade auch aufgrund des häufigen Rückgriffs auf Richtlinien – häufig nur ein mehr oder weniger präziser Rahmen vorgegeben wird, so dass im Übrigen die Entwicklung und Heranziehung nationalen Umweltrechts ebenso sinnvoll wie notwendig ist[30] und EU-Umweltrecht und nationales Umweltrecht in vielfältiger Weise miteinander verschränkt sind.[31]

---

23 Am 1.5.1999 in Kraft getreten. Vgl. zu den Neuerungen des Amsterdamer Vertrages im Umweltbereich *Schrader*, UPR 1999, 201 ff.; *Schröder*, NuR 1998, 1 ff.; *Stetter*, EELR 2001, 150 ff.
24 Hierzu unten 5. Kap. Rn. 90 ff.
25 Am 1.2.2003 in Kraft getreten. Vgl. zum Vertrag von Nizza nur *Borchmann*, EuZW 2001, 170 ff.; *Pache/Schorkopf*, NJW 2001, 1377 ff.
26 Am 1.12.2009 in Kraft getreten. Vgl. zu den umweltrelevanten Neuerungen des Vertrages von Lissabon *Krolik*, REDE 2008, 171 ff.; *Aldson*, Environmental Law & Management 2011, 284 ff.; *Benson/Jordan*, EELR 2008, 280 ff.; s. auch *Onida*, RDUE 2011, 667 ff. Zu den umweltrelevanten Bestimmungen des Verfassungsvertrages *Cromme*, EuR 2005, 36 ff.; *Meyer-Ohlendorf*, ZUR 2005, 225 ff.; *Beyer/Coffey/Klasing/von Homeyer*, EELR 2004, 218 ff. Vgl. aus umweltrechtlicher Sicht auch die Darstellung und Bewertung des Vorschlags des Konvents für einen Vertrag über eine Verfassung für Europa bei *Christopoulou/Long*, elni 2004, 1 ff.
27 Vgl. zu den Rechtsgrundlagen im Bereich der Umweltpolitik und den diesbezüglichen Abgrenzungsfragen 4. Kap. Rn. 2 ff.
28 Vgl. in diesem Zusammenhang auch den zusammenfassenden Überblick über die und Bewertung der europäischen Umweltpolitik bei *Krämer*, YEEL 2002, 155 ff.
29 Die Anzahl der Umweltrechtsakte variiert jedoch je nach Zählweise (etwa in Bezug auf die Berücksichtigung der Modifikationen der Rechtsakte oder die Ausführungsakte der Kommission), vgl. hierzu, m.w.N., *Meßerschmidt*, Europäisches Umweltrecht, § 1, Rn. 2. Ein guter Überblick über den Stand des EU-Umweltrechts ist den von *Storm/Lohse* und von *Bieber/Ehlermann* herausgegebenen Loseblattsammlungen zu entnehmen, die jeweils die konsolidierten Fassungen aufführen; vgl. ansonsten die Zusammenstellung der wichtigsten Sekundärrechtsakte im Anhang.
30 Zur Ausgestaltung des EU-Sekundärrechts und seiner Entwicklung im Einzelnen unten 2. Teil. S. im Übrigen zu der Frage der Osterweiterung und des umweltrechtlichen Besitzstands *Inglis*, RECIEL 2004, 135 ff.; *Soveroski*, RECIEL 2004, 127 ff.
31 Hierzu ausführlich unten 5. Kap. Rn. 59 ff. S. auch noch die Bemerkungen in der Schlussbetrachtung. Zur Euro-

B. Literatur

Aldson, Frances: EU law and sustainability in focus: will the Lisbon Treaty lead to 'the sustainable development of Europe'?, Environmental Law & Management 2011, 284 ff.

Benson, David/Jordan, Andrew: A Grand Bargain or an „Incomplete Contract"? European Union Environmental Policy after the Lisbon Treaty, EELR 2008, 280 ff.

Beyer, Peter/Coffey, Clare/Klasing, Anneke/von Homeyer, Ingmar: The Draft Constitution for Europe and the Environment – the impact of institutional changes, the reform of the instruments and the principle of subsidiarity, EELR 204, 218 ff.

Beyerlin, Ulrich: Rio-Konferenz 1992: Beginn einer neuen globalen Umweltrechtsordnung?, ZaöRV 1994, 124 ff.

Bongaerts, Jan C.: Die Entwicklung der europäischen Umweltpolitik, WSI-Mitteilungen 1989, 575 ff.

Borchmann, Michael: Der Vertrag von Nizza, EuZW 2001, 170 ff.

Breier, Siegfried: Umweltschutz in der Europäischen Gemeinschaft – eine Bestandsaufnahme nach Maastricht, NuR 1993, 457 ff.

Brown Weiss, Edith: International Environmental Law: Contemporary Issues and the Emergence of a New World Order, Georgetown Law Journal 81 (1992/1993), 675 ff.

Bryde, Brun-Otto: Völker- und Europarecht als Alibi für Umweltschutzdefizite?, GS Wolfgang Martens, Berlin, New York 1987, 769 ff.

Christopoulou, Ioli/Long, Tony: Conserving the Environmental Acquis: an Assessment of the European Convention, elni 2004, 1 ff.

Cromme, Franz: Spezifische Bauelemente der europäischen Verfassung, EuR 2005, 36 ff.

Epiney, Astrid/Furrer, Andreas: Umweltschutz nach Maastricht. Ein Europa der drei Geschwindigkeiten?, EuR 1992, 369 ff.

Heinz, Kersten/Körte, Almut: Europa 1993: Die Ziele Umweltschutz und Binnenmarkt zwischen gemeinschaftlicher Kompetenz und mitgliedstaatlicher Verantwortung. Zu den neuen Umweltvorschriften im EWG-Vertrag, JA 1991, 41 ff.

Hildebrand, Philipp M.: The European Community's Environmental Policy, 1957 to ‚1992': From Incidental Measures to an International Regime?, in: Jordan Andrew (Hrsg.), Environmental Policy in the European Union, London 2002, 13 ff.

von Homeyer, Ingmar: The Evolution of EU Environmental Governance, in: Joanne Scott (Hrsg.), Environmental Protection. European Law and Governance, Oxford 2009, 1 ff.

Inglis, Kirstyn: Enlargement and the Environment *Acquis*, RECIEL 2004, 135 ff.

Krämer, Ludwig: Thirty Years of EC Environmental Law: Perspectives and Prospectives, YEEL 2002, 155 ff.

Krolik, Christophe: Union Européenne. Le Traité de Lisbonne et l'environnement, REDE 2008, 171 ff.

Meyer-Ohlendorf, Nils: Institutionelle Architektur der EU nach dem Vertrag über eine Verfassung für Europa – gut oder schlecht für die europäische Umweltpolitik?, ZUR 2005, 225 ff.

Onida, Marco: Nouveau Traité sur le fonctionnement de l'Union européenne, politique du tourisme et protection de l'environnement: une occasion manqué, RDUE 2011, 667 ff.

Pache, Eckhard/Schorkopf, Frank: Der Vertrag von Nizza, NJW 2001, 1377 ff.

Palmer, Geoffrey: New Ways to Make International Environmental Law, AJIL 86 (1992), 259 ff.

Schrader, Christian: Europäischer Umweltschutz nach den Änderungen im Amsterdamer Vertrag, UPR 1999, 201 ff.

Schröder, Meinhard: Aktuelle Entwicklungen im europäischen Umweltrecht – unter besonderer Berücksichtigung des Vertrages von Amsterdam –, NuR 1998, 1 ff.

Soveroski, Marie: EC Enlargement and the Development of European Environmental Policy: Parallel Histories, Divergent Paths?, RECIEL 2004, 127 ff.

Steppan, Kristin: The 1996 Intergovernmental Conference on the Revision of the Maastricht Treaty and the Consequences for the Environment, ELNI Newsletter 1996, 45 f.

---

päisierung des Umweltrechts etwa *Hansmann*, FS Sellner, 107 ff.; *Knopp/Hoffmann*, Progredientes Europäisierungsphänomen im Umweltrecht, *passim*; *Meßerschmidt*, Europäisches Umweltrecht, § 1, Rn. 3 ff.

Stetter, Sebastian: Maastricht, Amsterdam and Nice: the Environmental Lobby and Greening the Treaties, EELR 2001, 150 ff.
Thun-Hohenstein, Christoph: Der Vertrag von Amsterdam, Wien u.a. 1997.

3. Kapitel Instrumente und Akteure der Umweltpolitik und der Umweltrechtsetzung der Europäischen Union

1   Bei den Handlungsinstrumenten und Akteuren der EU-Umweltpolitik sind – aufgrund der Charakteristika der Union und des Unionsrechts – im Vergleich zum innerstaatlichen Recht zahlreiche Besonderheiten zu verzeichnen. Diese entfalten zum Teil erhebliche Auswirkungen auf die Ausgestaltung und die (rechtliche und inhaltliche) Tragweite des Umweltrechts der Europäischen Union. Auch wenn es im Folgenden nicht darum gehen kann, die diesbezüglichen Grundsätze – die größtenteils nicht nur für das Umweltrecht, sondern für das gesamte Unionsrecht zur Anwendung kommen – umfassend darzustellen, erscheint es doch für das Verständnis des EU-Umweltrechts ebenso sinnvoll wie notwendig, vor dem genannten Hintergrund die in unserem Zusammenhang besonders wichtigen Prinzipien aufzuzeigen.

A. Handlungsinstrumente und Rechtsquellen

2   Das Umweltrecht der EU ergibt sich aus verschiedenen Rechtsquellen, und den in diesem Bereich tätigen Akteuren stehen unterschiedliche Handlungsinstrumente zur Verfügung. Je nach ihrer Verbindlichkeit und ihrem Rang in der Normenhierarchie können insbesondere[1] primärrechtliche Quellen (I.), sekundärrechtliche Quellen (II.), umweltpolitische Aktionsprogramme (III.) und unverbindliche Handlungsinstrumente (IV.) unterschieden werden.[2] Hinzu kommt das Völkerrecht als Rechtsquelle (V.).

I. Primärrecht: Überblick über die umweltrelevanten Bestimmungen

3   Seit dem Inkrafttreten der Einheitlichen Europäischen Akte 1987 finden sich in den Unionsverträgen selbst Vorschriften über die Umweltpolitik, die u.a. diesbezügliche Kompetenzen der Union ausdrücklich verankern und im Zuge der verschiedenen Vertragsrevisionen auch Modifikationen erfuhren.[3] Heute enthalten die Verträge somit zahlreiche Hinweise auf die Notwendigkeit des **Umweltschutzes**, der zu den **Zielsetzungen der Union** gehört,[4] und die Umweltpolitik zählt (auch) vor diesem Hintergrund zu den fest etablierten und bedeutenden Politiken der Union. Auf den genauen Inhalt und die Auslegung der verschiedenen **vertraglichen Bestimmungen mit Bezug zur Umweltpolitik** bzw. **zum Umweltrecht** wird noch zurückzukommen sein;[5] an dieser Stelle sei jedoch schon ein Überblick über diese Bestimmungen, ihren Regelungsgehalt sowie ihre Tragweite gegeben:

- Gemäß **Art. 3 Abs. 3 EUV** gehören die „nachhaltige Entwicklung Europas", ein „hohes Maß an Umweltschutz" sowie eine „Verbesserung der Umweltqualität" zu den **Zielsetzungen der Union**.
- **Art. 3 Abs. 5 Satz 2 EUV** erwähnt den Grundsatz der **nachhaltigen Entwicklung**, zu der die Union einen Beitrag – auch in den **Beziehungen zur übrigen Welt** – leisten soll.

---

1 Zu den Handlungsinstrumenten i.w.S. gehören sicherlich auch die verschiedenen informellen Kontakte und Meinungsaustausche namentlich dcer Kommission mit diversen Akteuren, auf die hier jedoch nicht eingegangen werden kann. Sie schlagen sich aber regelmäßig in Kommissionsdokumenten oder letztendlich auch Sekundärrechtsakten nieder. Vgl. hierzu aus politikwissenschaftlicher Sicht *Holzinger*, Politik des kleinsten gemeinsamen Nenners?, insbes. 67 ff.

2 Zu den verschiedenen Handlungsinstrumenten aus politischer Sicht *de Grauwe*, in: Recent Economic and Legal Developments, 111 ff. Grundsätzlich zur Rolle des Rechts für die Entwicklung des Umweltrechts in der EU *Usui*, ELJ 2003, 69 ff.

3 Zu diesen 2. Kap.

4 Vgl. Art. 3 Abs. 3 Uabs. 1 EUV, s. auch EuGH, Rs. 302/86 (Kommission/Dänemark), Slg. 1988, 4607, Ziff. 8, wo der Gerichtshof davon spricht, dass der Umweltschutz ein „wesentliches Gemeinschaftsziel" darstelle; s. auch schon EuGH, Rs. 240/83 (ADBHU), Slg. 1985, 531, Ziff. 13. Aus der Literatur etwa, m.w.N., *Cremer*, Die Verwaltung, Beiheft 11 (2010) (5. Kap. E.I.), 9 (11 ff.).

5 S. 4. Kap., 5. Kap.

3. Kapitel Instrumente und Akteure der Umweltpolitik und der Umweltrechtsetzung der EU

- **Art. 4 Abs. 2 lit. e) AEUV** führt die Umweltpolitik als Bereich **geteilter Zuständigkeit** zwischen Union und Mitgliedstaaten auf.
- Nach **Art. 11 AEUV** sind „Erfordernisse des Umweltschutzes" bei der „Festlegung und Durchführung der Unionspolitiken und -maßnahmen insbesondere zur Förderung einer nachhaltigen Entwicklung" einzubeziehen (sog. **Querschnittsklausel**). **Art. 37 Grundrechtecharta** wiederholt letztlich diese Klausel (in sprachlich etwas umformulierter Form), so dass ihr kein weitergehender Aussagegehalt beigemessen werden kann[6] und ihre Aufnahme in die Grundrechtecharta nicht wirklich sinnvoll erscheint, zumal sie auch in der Charta klar als objektiv-rechtliche Pflicht ausgestaltet ist;[7] ein wie auch immer ausgestaltetes „**Grundrecht auf eine gesunde Umwelt**" ist den Verträgen denn auch nicht zu entnehmen.[8] Dies ändert allerdings nichts daran, dass sich aus einzelnen Grundrechten (insbesondere dem Recht auf Schutz des Familienlebens, dem Recht auf Leben oder dem Recht auf körperliche Unversehrtheit) auch Ansprüche auf ein bestimmtes umweltrelevantes Verhalten ergeben können.[9]

  Ein eigentliches Grundrecht auf eine gesunde Umwelt erschiene auch aus verschiedenen Gründen – wobei seine Unbestimmtheit hervorzuheben ist – nicht wünschbar. Denkbar wäre jedoch die Verankerung eines verfahrensrechtlich geprägten Umweltgrundrechts, das insbesondere Rechte auf Information, Beteiligung und gerichtlichen Zugang verankerte. Mit der sog. Aarhus-Konvention[10] kennt das Unionsrecht denn auch schon derartige Rechte, und sie wären auch juristisch fassbar und normativ anwendbar.[11]

- **Art. 13 AEUV** enthält eine allerdings im Vergleich zu Art. 11 AEUV „abgeschwächte" **Querschnittsklausel für den Tierschutz**.[12]
- **Art. 114 Abs. 1 AEUV** dient als **Rechtsgrundlage** für solche Maßnahmen, die die Verwirklichung des **Binnenmarktes** zum Gegenstand haben. Dies können auch Regelungen sein, die (daneben) den Schutz der Umwelt bezwecken. **Art. 114 Abs. 3 AEUV** erwähnt das **hohe Schutzniveau** u.a. im Bereich des Umweltschutzes, das die Kommission bei ihren Vorschlägen zur Sekundärrechtsetzung nach Art. 114 Abs. 1 AEUV zugrundezulegen hat, und Rat und Parlament haben dieses Ziel ebenfalls „anzustreben".
- Belange des Umweltschutzes sind einer der Gründe, die „**nationale Alleingänge**" nach **Art. 114 Abs. 4-6 AEUV** zu begründen vermögen, so dass die Mitgliedstaaten unter bestimmten Voraussetzungen die Möglichkeit haben, von dem in einem Sekundärrechtsakt festgelegten Standard **nach oben abzuweichen**.
- **Art. 191-193 AEUV** verankern die Umweltpolitik als eigenständige **Unionspolitik** und enthalten drei Kategorien von Bestimmungen:
  - **Art. 191 AEUV** umschreibt die **Ziele und Handlungsgrundsätze** der EU-Umweltpolitik sowie die für ihre Ausarbeitung maßgeblichen Prinzipien. Von Bedeutung sind hier insbesondere die Festlegung der Union auf ein hohes Umweltschutzniveau, die Berücksichtigung der Gegebenheiten in den verschiedenen Regionen sowie das Verursacher-, Ur-

---

6 So auch die ganz h.L., vgl. nur, m.w.N., Calliess/Ruffert-*Calliess*, EUV/AEUV, Art. 37 GRCh, Rn. 4; nicht ganz klar *Jarass*, ZUR 2011, 563 ff. Ausführlich zu Art. 37 Grundrechtecharta *Frenz*, Handbuch Europarecht, Bd. 4, Rn. 4310 ff.
7 Vgl. so auch *Jarass*, ZUR 2011, 563 ff.
8 Ebenso die ganz h.L., vgl. nur *Frenz*, Handbuch Europarecht, Bd. 6, Rn. 4586; Streinz-*Kahl*, EUV/AEUV, Art. 191, Rn. 27; vgl. zum Problemkreis *Orth*, Grundrecht auf Umweltschutz in Europa, insbesondere 115 ff.; *Torre-Schaub*, Mélanges Vandersanden, 523 ff.; *Hectors*, EELR 2008, 165 ff.; *Davies*, Environmental Law & Management 2011, 122 ff.
9 Vgl. aus der Rechtsprechung des EGMR insbesondere EGMR, Urt. v. 8.7.2003, Hatton u.a./Vereinigtes Königreich, deutsche Fassung in NVwZ 2004, 1465 ff.; EGMR, GrK v. 30.11.04, 48939/99, Slg. 04-XII – Öneryildiz/Türkei; EGMR, Urt. v. 9.6.05, 55723/00 Nr. 105, Slg. 05 – Fadeyeva/Russland. Hierzu etwa *Meyer-Ladewig*, NVwZ 2007, 25 ff.; *Jans/Vedder*, European Environmental Law, 29 ff.; *Thieffry*, Droit de l'environnement de l'UE, 147 ff.; ausführlich nunmehr *Braig*, Umweltschutz durch die EMRK, *passim*.
10 Zu dieser noch unten 6. Kap. Rn. 4 ff.
11 Vgl. etwa das Plädoyer für ein solches prozedurales Umweltgrundrecht bei *Calliess*, Rechtsstaat und Umweltstaat, 463 ff.
12 Zu dieser Vedder/Heintschel von Heinegg-*Epiney*, EUV/AEUV, Art. 13. S. auch noch unten 5. Kap. Rn. 36 ff.

sprungs- und Vorsorgeprinzip. Darüber hinaus kann Art. 191 Abs. 4 AEUV eine Verpflichtung der Union und ihrer Mitgliedstaaten zur Zusammenarbeit im Rahmen internationaler Organisationen und mit Drittländern auf dem Gebiet der Umweltpolitik entnommen werden.

- Art. 192 AEUV stellt die einschlägige **Rechtsgrundlage** für Unionsmaßnahmen zur Verfolgung der in Art. 191 Abs. 1 AEUV genannten Ziele dar,[13] wobei Art. 192 Abs. 2 AEUV abweichend von Abs. 1 für bestimmte, besonders „sensible" Bereiche ein anderes Entscheidungsverfahren[14] vorsieht. Art. 192 Abs. 3 AEUV betrifft Kompetenz und Verfahren zur Verabschiedung von **Aktionsprogrammen** auf dem Gebiet des Umweltschutzes, Art. 192 Abs. 4 AEUV stellt klar, dass Finanzierung und **Durchführung der umweltpolitischen Maßnahmen** grundsätzlich den Mitgliedstaaten obliegen, und Art. 192 Abs. 5 AEUV eröffnet die Möglichkeit, für bestimmte besonders betroffene Mitgliedstaaten **Ausnahmeregelungen** in dem Sinn vorzusehen, dass diese (ggf. in einem bestimmten Ausmaß) nicht an den unionsrechtlich fixierten Standard gebunden sind.

- Art. 193 AEUV schließlich erlaubt es den Mitgliedstaaten, im Falle der Existenz eines auf Art. 192 AEUV gestützten Rechtsakts verstärkte, also **strengere Schutzmaßnahmen** zu treffen und damit den unionsrechtlichen Standard zu überschreiten.

Bedeutung und **Regelungsgehalt** dieser **primärrechtlichen Bestimmungen** sind insbesondere auf vier Ebenen anzusiedeln:

- Erstens wird der **Umweltschutz** als **Unionsaufgabe** und **Zielsetzung der Union** fest verankert.[15] Im Ergebnis legt die Gesamtheit der umweltbezogenen vertraglichen Bestimmungen die Existenz einer **Pflicht der am Rechtsetzungsprozess beteiligten Organe zur Ausarbeitung und Verfolgung einer eigentlichen Unionsumweltpolitik**,[16] d.h. zum Erlass einer Gesamtheit von Rechtsakten, die den umweltpolitischen Problemstellungen Rechnung tragen und sie auf der Grundlage einer kohärenten und systematisch zusammenhängenden Konzeption zu bewältigen versuchen, nahe.[17]

Zahlreichen umweltpolitischen Problemstellungen kann nämlich nicht (nur) mit verschiedenen, mehr oder weniger isolierten nationalen Maßnahmen begegnet werden, so dass staatenübergreifende Maßnahmen ebenso sinnvoll wie notwendig sind. Der Vertrag geht denn auch davon aus (Art. 191 AEUV), dass diese Ziele (auch) durch Aktivitäten der Union ihrer Verwirklichung näher gebracht werden sollen, was durch einige Formulierungen gerade des Art. 191 AEUV, die die Existenz einer Umweltpolitik der Union voraussetzen,[18] bestätigt wird.[19] Zudem impliziert Art. 4 Abs. 2 lit. e) AEUV wohl, dass die Tä-

---

13 Allerdings sind hier die für die Abgrenzung zu anderen Rechtsgrundlagen maßgeblichen Grundsätze zu beachten, s. hierzu unten 4. Kap. Rn. 9 ff.
14 Einstimmigkeit statt des ordentlichen Gesetzgebungsverfahrens.
15 Zu dieser Zielsetzung etwa *Jarass*, ZUR 2011, 563 ff.; *Heyne*, ZUR 2011, 578 (584); ausführlich, unter Bezugnahme auf die Rechtsprechung des EuGH, *Bandi u.a.*, Environmental Jurisprudence, 36 ff.
16 Die Formulierung „gemeinsame" Umweltpolitik in diesem Zusammenhang, so *Kahl*, Umweltprinzip, 93, erscheint dagegen missverständlich, weil es sich ja gerade nicht um einen Politikbereich handelt, der – wie etwa die „gemeinsame" Handelspolitik – in den ausschließlichen Zuständigkeitsbereich der Union fällt.
17 I. Erg. ebenso *Kahl*, Umweltprinzip, 93 f.; *Hailbronner*, in: Europäisches Umweltrecht, 15, 22 f.; *Ress*, Umweltrecht und Umweltpolitik, 9; Streinz-*Kahl*, EUV/AEUV, Art. 191, Rn. 47 ff.; Grabitz/Hilf/Nettesheim-*Nettesheim*, Recht der EU, Art. 191, Rn. 61; Dauses-*Scherer/Heselhaus*, Hb. EU-Wirtschaftsrecht, O, Rn. 23; *Frenz*, Handbuch Europarecht, Bd. 2, Rn. 4584; s. auch *Cremer*, Die Verwaltung, Beiheft 11 (2010) (5. Kap. E.I.), 9 (14 ff.), der präzisierend darauf hinweist, dass das Umweltschutzziel einerseits im Sinne von Handlungsgrenzen, andererseits von Handlungspflichten wirke.
18 S. insbesondere Art. 191 Abs. 1 AEUV: „Die Umweltpolitik der Union trägt (…)". Diese Umweltpolitik soll also wohl existieren. Vgl. auch in dieselbe Richtung die Formulierung in Art. 191 Abs. 3 AEUV: „Bei der Erarbeitung ihrer Umweltpolitik (…)". I. Erg. wie hier *Kahl*, Umweltprinzip, 93.
19 Etwas anderes ergibt sich auch nicht aus dem Urteil des EuGH *Verkehrspolitik*, EuGH, Rs. 13/83 (Europäisches Parlament/Rat), Slg. 1985, 1513, Ziff. 47 ff., in dem der Gerichtshof die Klage des Parlaments teilweise deshalb

3. Kapitel Instrumente und Akteure der Umweltpolitik und der Umweltrechtsetzung der EU

tigkeit der Union auch eine Politik im Bereich des Umweltschutzes umfasst. Auch wenn die genaue Durchführung und Wahrnehmung der diesbezüglichen Kompetenzen nach Maßgabe des Vertrages zu erfolgen hat, kann der Aufzählung des Art. 4 Abs. 2 AEUV doch entnommen werden, dass in den dort genannten Bereichen eine (zumindest irgendwie geartete) Tätigkeit der Union erforderlich ist bzw. vorausgesetzt wird. Dann aber kann die Verfolgung oder Nichtverfolgung einer EU-Umweltpolitik gerade nicht im Ermessen der Unionsorgane stehen.[20]

Neben dieser dem Vertrag somit zu entnehmenden generellen Pflicht zur Verfolgung einer EU-Umweltpolitik können sich aufgrund spezifischer Vorschriften sowohl auf dem Gebiet des Umweltrechts als auch in anderen Bereichen Verpflichtungen insbesondere von Rat und Parlament zur Ergreifung (auch) umweltrechtlicher Maßnahmen ergeben.[21] Denken könnte man hier z.B. an Art. 26 AEUV (Binnenmarkt) oder, speziell in Bezug auf die Umweltpolitik, an die sog. „Querschnittsklausel" (Art. 11 AEUV).[22] Allerdings wird man den Unionsorganen hier einen beträchtlichen **Gestaltungsspielraum** einräumen müssen.

- Zweitens wird der Union ausdrücklich die **Kompetenz** zugewiesen, auf dem Gebiet der Umweltpolitik tätig zu werden.
- Drittens werden an die diesbezüglichen Aktivitäten der Union bestimmte **qualitative Anforderungen** gestellt; die Union und ihre Organe sind in der Ausgestaltung und Formulierung der EU-Umweltpolitik und des EU-Umweltrechts an die vertraglich festgelegten Grundsätze gebunden, so dass sich insbesondere das Sekundärrecht an diesen messen lassen muss.
- Schließlich wird den Mitgliedstaaten – unter bestimmten Voraussetzungen – die Möglichkeit eröffnet, vom **unionsweiten Standard nach oben abzuweichen**.

Dagegen kann dem Vertrag **keine allgemeine Pflicht der Mitgliedstaaten** zur Verfolgung einer eigenen nationalen Umweltpolitik, die über die dem Unionsrecht zu entnehmenden Anforderungen hinausgeht, entnommen werden.

Den Mitgliedstaaten obliegt nach Art. 4 Abs. 3 EUV (lediglich) eine Pflicht, die Erreichung der Unionsziele zu fördern und nicht zu behindern. Da diese Verpflichtung somit an Unionsziele anknüpft, kann ihr keine unmittelbare Pflicht zur Verfolgung einer eigenen nationalen Umweltpolitik, die über die EU-Umweltpolitik hinausginge, entnommen werden.[23] Allerdings dürfte Art. 4 Abs. 3 EUV auch zu entnehmen sein, dass das Fehlen nationaler Umweltpolitiken jedenfalls nicht dazu führen darf, dass die EU-Umweltpolitik untergraben oder in ihrer Wirksamkeit behindert wird.[24]

---

ablehnte, weil die zur Debatte stehende Verpflichtung zur Verfolgung einer gemeinsamen Verkehrspolitik zumindest teilweise nicht justiziabel war. Denn in der Sache ging es hier nicht um die Frage des Bestehens einer entsprechenden Pflicht, sondern um diejenige nach ihrer Justiziabilität, wobei diese beiden Aspekte aber zu trennen sind. Zutreffend daher auch die Unterscheidung von *Kahl*, Umweltprinzip, 93, nach den umweltpolitischen Handlungspflichten und ihrer Justiziabilität.

20 Bestätigt wird diese Sicht durch einen Blick auf das Verhältnis der Umweltpolitik zu den Grundfreiheiten und anderen, eine Liberalisierung anstrebenden Maßnahmen: Auf dem Gebiet des Umweltschutzes greifen Liberalisierungsmaßnahmen allein zu kurz, da sie weder die durch die Unterschiedlichkeit der nationalen Rechtsordnungen hervorgerufenen Wettbewerbsverzerrungen beseitigen noch den Schutz „diffuser Interessen" ausreichend sicherstellen können. Auch die Verwirklichung des Vertragsziels des Binnenmarktes und ein effektiver Schutz diffuser Interessen legen es daher nahe, die Verfolgung einer Umweltpolitik nicht in das Belieben der Unionsorgane zu stellen. Vgl. zu dieser Erwägung auch *Kahl*, Umweltprinzip, 93.

21 *Kahl*, Umweltprinzip, 94 ff., unterscheidet hier noch zwischen „konkret-generellen" und „speziellen" Handlungspflichten, wobei die für diese Unterscheidung maßgeblichen Kriterien aber nicht ganz klar werden, zumal er dieselben Vorschriften (insbesondere Art. 191 Abs. 1, 2, 114 Abs. 3 AEUV) bei beiden Kategorien anführt.

22 Vgl. hierzu noch unten 5. Kap. Rn. 3 f., 36 ff.

23 I. Erg. ebenso *Seidel*, DVBl. 1989, 441 (446 f.); teilweise abweichend aber *Pernice*, Verw 1989, 1 (50, 54); vgl. auch schon *Epiney/Furrer*, EuR 1992, 369 (373).

24 S. in diesem Zusammenhang auch EuGH, Rs. C-379/92 (Strafverfahren gegen Matteo Peralta), Slg. 1994, I-3453, Ziff. 57, wo der EuGH klarstelle, dass ein nationales Gesetz nicht schon deshalb gegen Unionsrecht verstoßen könne, weil es mit den in Art. 191 AEUV formulierten Zielsetzungen nicht in Einklang steht, sei diese Vorschrift doch darauf beschränkt, die allgemeinen Zielsetzungen der Union in der Umweltpolitik zu definieren.

II. Sekundärrecht

6 Auf der Grundlage der genannten primärrechtlichen Bestimmungen kann die Union Rechtsakte, sog. Sekundärrecht, erlassen, das im Rang unter dem Primärrecht steht. Das Primärrecht umschreibt also eher Grundsätze, Rahmen sowie Zielsetzungen der EU-Umweltpolitik und räumt der Union entsprechende (Rechtsetzungs-) Kompetenzen ein, während das Sekundärrecht auf dieser Grundlage **rechtlich verbindliche Regeln materiellen oder verfahrensrechtlichen Charakters** setzt, die von den Mitgliedstaaten und/oder Privaten zu befolgen sind und damit die im Primärrecht formulierten Vorgaben konkretisiert.[25]

7 Der Union stehen dabei insbesondere die in Art. 288 AEUV aufgeführten Formen zur Verfügung, wobei **Verordnungen** und **Richtlinien** besondere Bedeutung zukommt. Aber auch der Beschluss (bis zum Vertrag von Lissabon „Entscheidung" genannt) erfährt im Bereich des Umweltrechts einen immer weiteren Anwendungsbereich, wobei hier in erster Linie die Verwaltung des Kohäsionsfonds und die Durchführung bestimmter Sekundärrechtsakte eine gewisse Rolle spielen.[26]

Während die Verordnung, das „Unionsgesetz", in den Mitgliedstaaten direkt anwendbar ist, allgemeine Geltung beansprucht und somit jegliche den Inhalt einer Verordnung wiederholende Tätigkeit des nationalen Gesetzgebers[27] nicht nur unnötig, sondern unionsrechtswidrig ist,[28] richtet sich die Richtlinie grundsätzlich nur an die Mitgliedstaaten, die sie dann innerhalb einer bestimmten Frist in innerstaatliches Recht umsetzen müssen. Dies ermöglicht in vielen Fällen eine gewisse Flexibilität und erlaubt es den Mitgliedstaaten, ihre nationalen oder regionalen Besonderheiten bei der Umsetzung zu berücksichtigen.[29] Dies ist wohl auch der Grund, warum im Bereich des Umweltrechts in erster Linie auf Richtlinien[30] zurückgegriffen wird und nur in spezifischen Gebieten, wie z.b. im Rahmen des Öko-Audits, des Umweltzeichens oder des Chemikalienrechts, in denen ein unionseinheitliches System verwirklicht werden soll, die Verordnung als Instrument der EU-Umweltpolitik herangezogen wird.[31]

8 Die Wahl der Richtlinie, Verordnung oder des Beschlusses sagt als solche nur etwas über die Form und damit die rechtlichen Wirkungen des Rechtsakts aus; hingegen lässt sich aus ihr nicht das verwendete **umweltrechtliche Instrument** ableiten. Hierfür ist vielmehr der genaue Inhalt des Rechtsakts ausschlaggebend. So finden sich in den Unionsrechtsakten sehr verschiedene Instrumente, die von der direkten Steuerung (insbesondere über Anzeige- und Genehmigungspflichten sowie Ge- und Verbote) über eine indirekte Verhaltenssteuerung (Informationen, Subventionen,

---

25 Vgl. ausführlich zu den Formen des Sekundärrechts im Zusammenhang mit dem EU-Umweltrecht *Meßerschmidt*, Europäisches Umweltrecht, § 2, Rn. 366 ff.
26 Zur Bedeutung des Beschlusses im EU-Umweltrecht *Krämer*, EUDUR I, § 16, Rn. 71 ff.
27 Jedenfalls in dem Bereich, der durch die Verordnung erschöpfend geregelt ist, vgl. zu den damit verbundenen komplexen Problemen *Furrer*, Sperrwirkung des sekundären Gemeinschaftsrechts (5. Kap. E.II.), *passim*. S. auch noch unten 5. Kap. Rn. 65 ff.
28 Was darauf beruht, dass es insbesondere der Rechtssicherheit abträglich ist, wenn nationale Rechtsakte den Inhalt von Verordnungen nochmals wiederholen. Zudem entstünde dadurch eine gewisse Zweideutigkeit hinsichtlich der Rechtsnatur des betreffenden Norminhalts, s. schon EuGH, Rs. 34/73 (Variola), Slg. 1973, 981, Ziff. 9 ff. Allerdings ändern diese Grundsätze nichts daran, dass die Mitgliedstaaten auch in Bezug auf Verordnungen Durchführungsmaßnahmen erlassen können (mitunter auch müssen), wobei die unmittelbare Anwendbarkeit der Verordnung jedoch nicht vereitelt werden darf, ihre unionsrechtliche Natur nicht „verborgen" werden darf sowie die Vorgaben der Verordnung zu beachten sind, vgl. EuGH, Rs. C-316/10 (Danske Svineproducenter), Urt. v. 21.12.2011.
29 Vgl. zu der Richtlinie als Instrument m.w.N. *Furrer*, Sperrwirkung des sekundären Gemeinschaftsrechts (5. Kap. E.II.), 64 ff.; ausführlich neuerdings, m.w.N., etwa *Peek*, Richtlinienumsetzung, 74 ff.; speziell für den Bereich des Umweltrechts *Pernice*, EuR 1994 (5. Kap. E.III.), 325 (327 f.).
30 Auf die im Zusammenhang mit dem Rückgriff auf Richtlinien auftretenden Probleme, insbesondere in Bezug auf die unmittelbare Wirkung von Richtlinien und die bei ihrer Umsetzung auftretenden Schwierigkeiten, wird noch unten 5. Kap. Rn. 12 ff. eingegangen sein. Vgl. unten 5. Kap. Rn. 122 ff., Rn. 157 ff.
31 *Krämer*, in: Vollzug des europäischen Umweltrechts (5. Kap. E.III.), 7 (10 f.), weist in diesem Zusammenhang darauf hin, dass auf die Verordnung als Instrument der Unionsrechtsetzung im Bereich des Umweltrechts in erster Linie bei zwei Fallgestaltungen zurückgegriffen wird: erstens, wenn auf Unionsebene Verwaltungs- oder Durchführungsgremien geschaffen werden, zweitens, wenn ein einheitliches Auftreten auf internationaler Ebene sichergestellt werden soll. S. auch *Krämer*, EUDUR I, § 16, Rn. 48 ff.; *Krämer*, Droit de l'environnement de l'UE, 29 f.

3. Kapitel Instrumente und Akteure der Umweltpolitik und der Umweltrechtsetzung der EU

Abgaben, Zertifikatslösungen u.a.) bis hin zu verschiedenen Planungsinstrumenten und strafrechtlichen Bestimmungen reichen (können).[32] Die Erörterung des Sekundärrechts wird dann auch Aufschluss über die verschiedenen, im Unionsrecht verwandten Regelungsansätze und Instrumente geben.[33]

Speziell an dieser Stelle sei aber auf einen Regelungsansatz hingewiesen, der unabhängig von dem jeweiligen Einzelbereich herangezogen wird und damit von bereichsübergreifender Bedeutung ist: die sog. „neue Konzeption" bei der Harmonisierung insbesondere technischer Regelungen und Normen der Mitgliedstaaten.[34] Hintergrund dieses (relativ neuen) Ansatzes ist die Entwicklung der Rechtsangleichung in der Europäischen Union:[35] In den 70er-Jahren ging die Kommission davon aus, dass die fortbestehenden Handelshemmnisse über die Harmonisierung der entsprechenden (technischen) Anforderungen abzubauen seien. Dieses Regulierungskonzept implizierte die Festlegung von Einzelregelungen und Standards in den einzelnen Richtlinien selbst[36] und damit den Erlass unzähliger technischer Detailregelungen. Erst auf dieser Grundlage konnte dann davon ausgegangen werden, dass ein Produkt tatsächlich in der gesamten Union zirkulieren kann. Allerdings überforderte dieses Konzept sowohl in quantitativer als auch in qualitativer Hinsicht das Rechtsetzungsverfahren in der Union: Der grundsätzlich notwendige Erlass einer sehr großen Zahl von Rechtsangleichungsmaßnahmen, die in Bezug auf die einzelnen technischen Anforderungen höchst komplexe Fragen aufwarfen, konnte im Ergebnis nicht sichergestellt werden; das Konzept erwies sich als zu zeitraubend und letztlich zu wenig flexibel, so dass dem technischen Fortschritt nicht in genügender Weise Rechnung getragen werden konnte. In den frühen 80er-Jahren wurde das Scheitern dieser Konzeption dann auch offensichtlich.[37]

Vor diesem Hintergrund ist die Entwicklung der „neuen Konzeption" zu sehen:[38] Die technischen Anforderungen an Produkte – insbesondere im Hinblick auf die Harmonisierung des Schutzniveaus der genannten Rechtsgüter – sollten vereinheitlicht werden,[39] ohne dass jedes einzelne Detail denn auch in der Richtlinie figurieren muss.[40] In diesem Sinn sieht die „Neue Konzeption zur technischen Harmonisierung und Normung" aus dem Jahr 1985[41] vor, dass die Richtlinien selbst in Zukunft nur noch die grundlegenden Anforderungen (der Sicherheit oder sonstiger Belange des Allgemeinwohls) festlegen. Die zuständigen Normungsorganisationen erarbeiten dann die hierfür notwendigen technischen Details, und im Falle der Einhaltung dieser Normen wird davon ausgegangen, dass auch den Anforderungen der Richtlinie entsprochen wird. Diese Normen behalten aber ihren privaten Charakter, so dass ihre Einhaltung an sich unverbindlich bleibt. Zwingender Charakter kommt damit allein den in der Richtlinie formulierten grundlegenden Anforderungen zu. Durch die den Normen aufgrund der Richtlinien beigemessene Vermutungswirkung[42] kommt ihnen aber eine große praktische Bedeutung zu. Ob und inwieweit nun ein Produkt tatsächlich den in den betreffenden

---

32 Vgl. für einen Überblick über das umweltrechtliche Instrumentarium in der Union mit zahlreichen Beispielen *Krämer*, EUDUR I, § 15; *Meßerschmidt*, Europäisches Umweltrecht, § 5; Dauses-*Scherer/Heselhaus*, Hb. EU-Wirtschaftsrecht, O, Rn. 189 ff.; *Krämer*, EC Environmental Law, 65 ff.; *Bandi u.a.*, Environmental Jurisprudence, 23 ff.
33 Unten 2. Teil.
34 Hierzu *Jörissen*, Produktbezogener Umweltschutz, *passim*; die Beiträge in *Rengeling* (Hrsg.), Umweltnormung, *passim*; *Ehricke*, EuZW 2002, 746 ff.; *Feldhaus*, UTR 2000, 169 (183 ff.); *Klindt*, EuZW 2002, 133 ff.; *Usui*, ELJ 2003, 69 ff.; s. auch Schmidt-Preuß, in: Selbst-Beherrschung, 89 ff.; ausführlich und mit zahlreichen Nachweisen insbesondere *Schulte*, EUDUR I, § 17; *Sobczak*, Normung und Umweltschutz im Europäischen Gemeinschaftsrecht, *passim*; *Meßerschmidt*, Europäisches Umweltrecht, § 2, Rn. 554 ff.; ausführlich auch (aber ohne spezifischen Bezug zum Umweltrecht) weiter *Zubke-von Thünen*, Technische Normung in Europa, *passim*; *Hofmann/Rowe/Türk*, Administrative Law, 587 ff.
35 Vgl. hierzu etwa *Roßnagel*, DVBl. 1996, 1181 f.
36 Vgl. zu dieser sog. „alten Konzeption" und ihren Mängeln etwa *Jörissen*, Produktbezogener Umweltschutz, 13 f.; *Tünnesen-Harmes*, DVBl. 1994, 1334 (1336); *Di Fabio*, Produktharmonisierung, 5 f.
37 Was auch von der Kommission betont wird, vgl. KOM (85) 310 endg., 3 ff.
38 Zu Entwicklung und Hintergründen der neuen Konzeption *Jörissen*, Produktbezogener Umweltschutz, 13 ff.
39 Wobei in der Regel – im Interesse der möglichst weitgehenden Herstellung der Verkehrsfähigkeit der Produkte und damit der tatsächlichen Verwirklichung des freien Warenverkehrs – eine vollständige Harmonisierung anzustreben ist, vgl. B.II.1. der sog. Modellrichtlinie, ABl. 1985 C 136, 1 ff.
40 Vgl. die Leitlinien in ABl. 1985 C 136, 1 (2); s. auch etwa Begründung 1. Spiegelstrich und Ziff. 2 der Modellrichtlinie, ABl. 1985 C 136, 3, 4.
41 Entschließung des Rates über eine neue Konzeption auf dem Gebiet der technischen Harmonisierung und der Normung, ABl. 1985 C 136, 1 ff.; s. auch das Weißbuch der Europäischen Kommission an den Europäischen Rat zur Vollendung des Binnenmarktes, KOM (85) 310 endg., 17 ff.
42 Ausführlich zu dieser Vermutungswirkung und der sich daraus ergebenden faktischen Verbindlichkeit der Normen *Schulte*, EUDUR I, § 17, Rn. 72 ff.

Richtlinien festgelegten grundlegenden Anforderungen entspricht, wird – auf der Grundlage des sog. globalen Konzepts von 1990[43] – durch **Konformitätsbewertungsverfahren** ermittelt. Je nach dem Gefahrenpotential des Produktes stehen hier verschiedene Verfahren zur Auswahl, die in den Einzelrichtlinien festgelegt werden. Die Anbringung des CE-Zeichens bestätigt dann die Konformität des jeweiligen Produkts mit den Anforderungen der einschlägigen Richtlinie.[44] Der Rat hat in dem Beschluss 93/465[45] die in diesem Zusammenhang maßgeblichen Grundsätze für alle Richtlinien, die auf technische Normen zurückgreifen, festgelegt. Diese werden in den Einzelrichtlinien dann wieder aufgegriffen.

Da dieses System dazu führt, dass privaten Regelungswerken („Normen") eine faktische Bindungswirkung zukommt, ist es mit dem Grundsatz, dass hoheitliche Akte nach dem durch den Vertrag vorgesehenen Verfahren und durch die hierfür zuständigen Organe erlassen werden, nur unter der Voraussetzung vereinbar, dass die Festlegung der grundlegenden Anforderungen in den Richtlinien selbst hinreichend bestimmt ist; nur in diesem Fall wird die vertraglich vorgesehene Aufgabenteilung gewahrt und es werden keine hoheitlichen Entscheidungsbefugnisse auf Dritte bzw. Private übertragen.[46] Im Übrigen ist darauf hinzuweisen, dass die technischen Normen als solche nicht durch den EuGH ausgelegt und überprüft werden können, da es sich bei ihnen ja nicht um Unionsrecht handelt. Allerdings können sie mittelbar Gegenstand gerichtlicher Überprüfung sein.[47]

III. Umweltpolitische Aktionsprogramme

9 Primär- und sekundärrechtlichen Bestimmungen kommt ein nach außen – d.h. über die Unionsorgane hinaus – rechtlich verbindlicher Charakter zu. Dies ist bei den umweltpolitischen Aktionsprogrammen nicht der Fall; ihnen kommt als solchen im **Außenverhältnis keine Rechtsverbindlichkeit** zu.[48] Sie legen vielmehr die **Ziele und Prioritäten der EU-Umweltpolitik** fest, umschreiben also in allgemeiner Form die für einen bestimmten Zeitraum geplanten Maßnahmen, stellen sie in einen globalen Zusammenhang und leiten ggf. neue Entwicklungen und Orientierungen ein. Die ausdrückliche Verankerung der Aktionsprogramme in Art. 192 Abs. 3 AEUV, der Wortlaut der Vorschrift („beschließen" im Indikativ) sowie der Zusammenhang mit der grundsätzlich dem Vertrag zu entnehmenden Pflicht der Unionsorgane, eine eigentliche EU-Umweltpolitik zu verfolgen, sprechen dafür, aus der Bestimmung eine Pflicht der beteiligten Unionsorgane zum Erlass umweltpolitischer Aktionsprogramme bzw. zum Ergreifen der entsprechenden (vorbereitenden) Maßnahmen abzuleiten,[49] und man wird wohl in Bezug auf den Inhalt ein in sich kohärentes Dokument, das die Tätigkeitsfelder, die zu erreichenden Zielsetzungen sowie einen Zeitplan enthält, verlangen können, dürfte doch nur unter dieser Voraussetzung tatsächlich von einem „Programm" gesprochen werden können.[50]

---

43 Rat, Globales Konzept für die Konformitätsbewertung, ABl. 1990 C 10, 1 ff. Die bislang dargelegten Prinzipien beantworten nämlich noch nicht die Frage danach, auf welche Weise im Einzelfall dann festgestellt wird, ob ein Produkt den Anforderungen der Richtlinie bzw. denjenigen der entsprechenden technischen Normen entspricht. Der Rat hat die diesbezüglichen Prinzipien in der erwähnten Entschließung formuliert.
44 Hierzu ausführlich *Klindt*, ZUR 2001, 321 ff.
45 ABl. 1993 L 220, 23.
46 Die Vereinbarkeit dieses Rückgriffs auf (technische) Normen mit den EU-Verträgen ist jedoch umstritten. Die Vereinbarkeit bejahend etwa *Di Fabio*, Produktharmonisierung, 87 ff.; *von Danwitz*, in: Umweltnormung, 187 (201 ff.); *Ehricke*, EuZW 2002, 746 (749 ff.); die Vereinbarkeit verneinend etwa *Schulte*, EUDUR I, § 17, Rn. 104 ff.; *Breulmann*, Normung, 178 ff.; skeptisch auch *Jörissen*, Produktbezogener Umweltschutz, 43 ff., 80 ff.; s. auch *Feldhaus*, UTR 2000, 169 (183 ff.), der insbesondere angesichts der Zusammensetzung der Normungsgremien auf europäischer Ebene bezweifelt, dass Umweltschutzbelangen ein hinreichendes Gewicht beigemessen wird. S. weiter (neben den genannten Nachweisen) zum Überblick über die rechtlichen Probleme bei *Meßerschmidt*, Europäisches Umweltrecht, § 2, Rn. 571 ff.; *Röthel*, in: Technische Regeln im Umwelt- und Technikrecht, 31 ff.; aus der Sicht von Umweltorganisationen zur bedeutenden Rolle privater Normung auf der Grundlage der neuen Konzeption *Riess/Lottes*, elni 1/2009, 28 ff.
47 Vgl. im Einzelnen *Epiney/Pfenninger*, in: Auswirkungen eines Beitritts zur EU, 949 (969 ff.).
48 Was allerdings nicht bedeutet, dass sie keine Rechtswirkungen entfalten, vgl. hierzu die Bemerkungen sogleich im Text.
49 So wohl auch *Meßerschmidt*, Europäisches Umweltrecht, § 2, Rn. 534; anders bzw. missverständlich aber noch *Epiney/Furrer*, EuR 1992, 369 (399).
50 Ähnlich *Meßerschmidt*, Europäisches Umweltrecht, § 2, Rn. 533.

3. Kapitel Instrumente und Akteure der Umweltpolitik und der Umweltrechtsetzung der EU

Bisher wurden insgesamt sechs Aktionsprogramme[51] verabschiedet, das erste am 22.11.1973;[52] es folgten in den Jahren 1977, 1983, 1987 und 1993 das zweite, dritte, vierte und fünfte Aktionsprogramm.[53] Zur Zeit läuft das **sechste Aktionsprogramm** aus dem Jahr 2002.[54] Seine Laufzeit beträgt 10 Jahre. Inhaltlich legt das Programm den Schwerpunkt auf vier Bereiche: Klimaänderungen, Natur und biologische Vielfalt, Umwelt, Gesundheit und Lebensqualität sowie natürliche Ressourcen und Abfälle (Art. 1 Abs. 4). Daneben wird auch die Bedeutung der Einbeziehung von Umweltbelangen in die Ausgestaltung aller Politiken betont (Art. 2 Abs. 4, 5). Bemerkenswert ist, dass teilweise nicht nur bei der Formulierung relativ allgemeiner Ziele stehen geblieben wird, sondern gerade in Bezug auf die Unionsaktivitäten im Klimasektor relativ präzise Zielvorstellungen formuliert werden.[55] In anderen Bereichen hingegen bleibt das Programm relativ allgemein, so etwa, wenn auf die Notwendigkeit gesetzgeberischer Aktivitäten hingewiesen wird.[56] Die Kommission hat das Programm jüngst einer abschließenden Bewertung unterzogen,[57] die wohl in das im Jahr 2013 zu erwartende neue Aktionsprogramm einfließen wird.[58]

Für die **Verabschiedung der Aktionsprogramme**[59] ist **Art. 192 Abs. 3 AEUV** maßgeblich, der ein zweistufiges Verfahren vorsieht:[60] Nach **Art. 192 Abs. 3 UAbs. 1 AEUV** sind zunächst die Aktionsprogramme, die die „vorrangigen Ziele" festlegen, nach dem ordentlichen Gesetzgebungsverfahren und nach Anhörung des Wirtschafts- und Sozialausschusses sowie des Ausschusses der Regionen anzunehmen; in einem zweiten Schritt sind auf dieser Grundlage in Anwendung des Art. 192 Abs. 1, 2 AEUV die zur Durchführung dieser Programme erforderlichen Maßnahmen zu erlassen.

10

Bis zum Inkrafttreten des Maastrichter Vertrages (1993) enthielt der Vertrag keine ausdrückliche Regelung über die Verabschiedung der umweltpolitischen Aktionsprogramme. Diese wurden jeweils in der Form einer

---

51 Vgl. allgemein zu den umweltpolitischen Aktionsprogrammen *Hailbronner*, Umweltrecht und Umweltpolitik, 5 ff.; *Caspari*, Umweltpolitik, 65 ff., die auch ausführlicher auf den Inhalt insbesondere der früheren Programme eingehen. Ausführlich – unter Einbeziehung der älteren und jüngeren Entwicklungen – *Krämer*, EUDUR I, § 14; *Peine/Samsel*, EWS 2003, 297 ff.
52 ABl. 1973 C 112, 1.
53 ABl. 1977 C 139, 1; ABl. 1983 C 46, 1; ABl. 1987 C 328, 1; ABl. 1993 C 138, 1. Vgl. zum 5. Aktionsprogramm, das aus umweltpolitischer Sicht einige bemerkenswerte und wohl richtungsweisende Ausführungen enthält und als Leitmotiv das Bekenntnis zu einer dauerhaften und umweltgerechten Entwicklung fomuliert, *Krämer*, in: Recent Economic and Legal Developments, 75 (97 ff.); *Wägenbaur*, EuZW 1993, 241 ff.; *Breuer*, Entwicklungen des europäischen Umweltrechts, 22 ff. S. auch den Beschluss 2179/98 über die Überprüfung des 5. Aktionsprogramms, ABl. 1998 L 275, 1.
54 ABl. 2002 L 242, 1. S. zum Vorschlag der Kommission *Krämer*, EUDUR I, § 14, Rn. 34 ff., der auch auf die sachlichen Differenzen zwischen den verschiedenen Unionsorganen in Bezug auf den Inhalt des Programms eingeht. Eingehend zum sechsten Aktionsprogramm *Krämer*, EurUP 2003, 2 ff.; *Langerfeldt*, NuR 2003, 339 ff.
55 Art. 2 Abs. 2 1. Spiegelstrich betont, dass es langfristig notwendig sei, auf globaler Ebene die Emissionen von Treibhausgasen gegenüber 1990 um 70 % zu senken, und Art. 5 Abs. 1 greift die bereits im sog. Kyoto-Protokoll formulierte Reduktionspflicht der Union um 8 % gegenüber dem Stand von 1990 auf. Nach Art. 8 Abs. 1 ist bis 2010 in der Union ein Prozentsatz von 22 % der Stromerzeugung aus erneuerbaren Energien zu erreichen. Allerdings wurden diese Zielsetzungen nicht alle erreicht.
56 Vgl. in diesem Zusammenhang auch die Kritik bei *Langerfeldt*, NuR 2003, 339 ff., der die Frage stellt, ob das Programm aufgrund seiner allgemeinen Formulierung gegen Art. 192 Abs. 3 AEUV verstößt.
57 KOM (2011) 531 endg.
58 Die Umweltminister haben sich im Juni 2012 auf gewisse Grundsätze für das 7. Programm geeinigt; im Vordergrund stehen soll die Ausrichtung der Union auf eine „grüne Wirtschaft", eine größere Energie- und Ressourceneffizienz sowie einen geringeren Treibhausgasausstoß, vgl. Agence Europe Nr. 10631 vom 12.6.2012.
59 Dabei fallen nach dem klaren Wortlaut der Bestimmung nur eigentliche Aktionsprogramme – die also einen umfassenden Charakter haben – in den sachlichen Anwendungsbereich der Vorschrift, nicht hingegen sonstige vorbereitende Dokumente, wie z.B. Grün- oder Weißbücher. Diese dienen vielmehr der Vorbereitung der konkreten Gesetzgebung, und ihre Verabschiedung kommt damit der Kommission zu. I. Erg. ebenso Calliess/Ruffert-*Calliess*, EUV/AEUV, Art. 192, Rn. 35; *Krämer*, EUDUR I, § 14, Rn. 40; *Meßerschmidt*, Europäisches Umweltrecht, § 2, Rn. 535; Dauses-*Scherer/Heselhaus*, Hb. EU-Wirtschaftsrecht, O, Rn. 99, 176. Zur Definition des Begriffes des Aktionsprogramms von der Groeben/Schwarze-*Krämer*, Kommentar zum EUV/EGV, Art. 175, Rn. 44; *Krämer*, EUDUR I, § 14, Rn. 39.
60 Der Vertrag von Lissabon hat den bis dahin in der Vorschrift noch figurierenden Zusatz „in anderen Bereichen" fallen gelassen, was zu begrüßen ist; einer sinnvollen Auslegung war dieser Zusatz nicht zugänglich, vgl. insoweit auch *Jans/von der Heide*, Europäisches Umweltrecht, 57; s. auch Dauses-*Scherer/Heselhaus*, Hb. EU-Wirtschaftsrecht, O, Rn. 97.

Entschließung des Rates und der im Rat vereinigten Vertreter der Regierungen der Mitgliedstaaten beschlossen, wobei sich jedenfalls seit dem Inkrafttreten der Einheitlichen Europäischen Akte 1987 die Frage stellte, warum auch die Vertreter der Mitgliedstaaten beteiligt waren, kommt der Union doch seit diesem Zeitpunkt eine explizite Kompetenz im Bereich der Umweltpolitik zu.[61] Angesichts fehlender vertraglicher Grundlagen konnten die vor Inkrafttreten des Maastrichter Vertrages angenommenen Aktionsprogramme keine Rechtswirkungen entfalten, sondern stellten nur politische Absichtserklärungen dar.[62]

Die Bedeutung des in Art. 192 Abs. 3 AEUV vorgesehenen Verfahrens ist – neben der noch zu erörternden Bindungswirkung – auch darin zu sehen, dass die Aktionsprogramme ausschließlich von Parlament und Rat, und nicht mehr (auch) von Vertretern der Mitgliedstaaten zu erlassen sind. Eine hiervon abweichende Weiterführung der bisherigen Praxis verstieße gegen den Vertrag. Dies bedeutet allerdings auch, dass die Aktionsprogramme nur solche Bereiche aufgreifen dürfen, die auch in der Regelungskompetenz der Union liegen. Allerdings dürfte dies keine allzu große Einschränkung mit sich bringen, da die Unionskompetenzen im Bereich der Umweltpolitik recht umfassend sind.[63] Nicht zu unterschätzen ist sodann die Anwendung des ordentlichen Gesetzgebungsverfahrens, das dem Parlament eine relativ wichtige Rolle einräumt. Da dieses insgesamt recht „umweltfreundlich" eingestellt ist,[64] ist daher insgesamt mit eher progressiven und hohen Umweltstandards fordernden Aktionsprogrammen zu rechnen.[65]

11 Die Regelung in Art. 192 Abs. 3 AEUV impliziert insofern eine **Bindungswirkung** der umweltpolitischen Aktionsprogramme, als die Unionsorgane, also insbesondere Rat, Kommission und Parlament, die Maßnahmen zur Durchführung der Aktionsprogramme nach Art. 192 Abs. 3 UAbs. 2 AEUV zu erlassen haben bzw. die hierfür notwendigen Schritte unternehmen müssen.[66] Ansonsten entbehrte die Durchführung des ordentlichen Gesetzgebungsverfahrens jeglichen Sinns, da unklar wäre, warum auf dieses relativ komplizierte und ggf. langwierige Verfahren zurückgegriffen werden soll, wenn das Ergebnis keinerlei Rechtswirkungen entfaltete.[67] Der Art. 192 Abs. 3 UAbs. 1 AEUV wohl zugrunde liegende Zweck, über ein zweistufiges Verfahren eine größere bzw. umfassendere Beteiligung des Europäischen Parlaments und (mittelbar) eine effektivere und vorausschaubare Umweltpolitik zu ermöglichen, könnte bei fehlender Verbindlichkeit der Aktionsprogramme jedenfalls nicht erreicht werden.[68] Diese Bindungswirkung muss sich dabei sowohl auf das „Ob" als auch auf das „Wie" beziehen, d.h. es müssen nicht nur entsprechende Maßnahmen erlassen werden, sondern diese müssen (mindestens[69]) auch den in den Aktionsprogrammen festgelegten Vorgaben entsprechen.[70] Die Beachtung dieser den er-

---

61 S. denn auch kritisch zu diesem Einbezug der Mitgliedstaaten *Krämer*, ZUR 1994, 172 (173).
62 Vgl. von der Groeben/Schwarze-*Krämer*, Kommentar zum EUV/EGV, Art. 175, Rn. 45; *Kahl*, Umweltprinzip, 60 f.
63 Vgl. hierzu schon oben 1. Kap. und unten 4. Kap. Rn. 2 ff.
64 S. hierzu noch die Bemerkungen zu den Akteuren der EU-Umweltpolitik unten 3. Kap. Rn. 46 ff.
65 Positiv werden die Einflussmöglichkeiten des EP in diesem Verfahren auch von *Krämer*, ZUR 1994, 172 (173 f.), beurteilt.
66 Vgl. schon *Epiney/Furrer*, EuR 1992, 369 (398 f.); ebenso etwa Streinz-*Kahl*, EUV/AEUV, Art. 192, Rn. 40 f.; *Breier*, ZUR 1995, 302 (303); Lenz/Borchardt-*Breier*, EU-Verträge, Art. 192, Rn. 15; Schwarze-*Käller*, EU-Kommentar, Art. 191, Rn. 30, 2; *Krämer*, Droit de l'environnement de l'UE, 33; Dauses-*Scherer/Heselhaus*, Hb. EU-Wirtschaftsrecht, O, Rn. 98; *Krämer*, EUDUR I, § 14, Rn. 28; *Krämer*, EurUP 2003, 2 f. A.A. jedoch *Meßschmidt*, Europäisches Umweltrecht, § 2, Rn. 536. Zumindest missverständlich EuGH, Rs. C-142/95 P (Associazione agricoltori u.a./ Kommission), Slg. 1996, I-6669, Ziff. 32, wo der EuGH (im Zusammenhang mit der Zulässigkeit einer Klage Einzelner nach Art. 263 Abs. 4 AEUV bzw. der Vorgängernorm) zwar betont, dass dem fünften Aktionsprogramm ein Rahmen für die Formulierung der Umweltpolitik Union zu entnehmen sei, das Programm jedoch keine juristisch verbindlichen Bestimmungen enthalte.
67 Der *effet utile* des Art. 192 Abs. 3 UAbs. 1 AEUV spricht also jedenfalls für diese Auslegung.
68 Auch die Unionsorgane dürften von dieser Sicht ausgehen, wurde doch das sechste Aktionsprogramm im Amtsblatt L veröffentlicht. Im Übrigen waren einige Aspekte des sechsten Aktionsprogramms umstritten und machten relativ lange Verhandlungen notwendig, was auch darauf hindeutet, dass die Organe dem Aktionsprogramm eine gewisse, auch rechtliche Bedeutung beimessen. Vgl. hierzu *Krämer*, EUDUR I, § 14, Rn. 34 ff.
69 Es dürfte jedenfalls möglich sein, etwa im Anschluss an neue technische Entwicklungen oder wissenschaftliche Erkenntnisse einen höheren Schutzstandard als in dem Aktionsprogramm festgelegten vorzugrundezulegen. Hierfür spricht schon die Verpflichtung der Union auf ein hohes Schutzniveau (vgl. hierzu unten 5. Kap. Rn. 6 ff.). Dieser Sicht steht auch nicht Sinn und Zweck der Verfahrensregel des Art. 192 Abs. 3 UAbs. 1 AEUV entgegen.
70 Diese den Aktionsprogramm somit zukommende Bindungswirkung ändert allerdings nichts daran, dass den Aktionsprogrammen im Außenverhältnis keine Rechtswirkung zukommt.

wähnten Organen durch den Vertrag auferlegten Verpflichtung kann ggf. vor dem EuGH mittels einer Nichtigkeits- oder Untätigkeitsklage[71] geltend gemacht werden; zuzugeben ist allerdings, dass diese Kontrolle wohl nicht besonders effektiv sein dürfte,[72] so dass der politischen und öffentlichen Kontrolle eine umso größere Bedeutung zukommt.

Allerdings folgt aus der Systematik des Art. 192 Abs. 3 AEUV auch, dass sich der **Inhalt der Aktionsprogramme** tatsächlich – wie sich auch aus dem Wortlaut des Art. 192 Abs. 3 UAbs. 1 AEUV[73] ergibt – auf die Festlegung der großen Linien, der **Konzeption und der Prioritäten der EU-Umweltpolitik** beschränken muss, so dass es insbesondere nicht möglich ist, bereits den Umfang und die Reichweite konkret zu ergreifender Maßnahmen festzulegen.[74] Denn sonst könnte tatsächlich – in Verbindung mit der dargelegten Bindungswirkung der Aktionsprogramme für die am Rechtsetzungsverfahren beteiligten Organe – über die Aktionsprogramme der Inhalt von EU-Sekundärrechtsakten präjudiziert werden, und die Annahme von Aktionsprogrammen nach Art. 192 Abs. 3 AEUV könnte letztlich für den Erlass eines Großteils umweltrechtlicher Maßnahmen maßgeblich sein. Dies trüge jedoch dem differenzierten System der Kompetenzgrundlagen des Vertrages für die verschiedenen Bereiche[75] nicht Rechnung. Die Formulierung der Aktionsprogramme muss also Spielraum für Konkretisierungen lassen.

Die Aktionsprogramme können – trotz des Hinweises in Art. 192 Abs. 3 UAbs. 2 AEUV, dass Durchführungsmaßnahmen nach Art. 192 Abs. 1 oder Art. 192 Abs. 2 AEUV zu erlassen sind – auch solche Bereiche erfassen, in denen **Durchführungsmaßnahmen auf andere Rechtsgrundlagen** zu stützen sind. Aufgrund des Querschnittscharakters umweltpolitischer Problemstellungen[76] können diese eben in allen Politikbereichen auftreten, so dass die Entwicklung eines sinnvollen Aktionsprogramms im Bereich der Umweltpolitik nur unter Einbezug aller Politiken, die Auswirkungen auf die Verwirklichung einer effektiven Umweltpolitik entfalten (können), erfolgen kann. Eine Verschiebung der einschlägigen Kompetenzgrundlagen soll Art. 192 Abs. 3 AEUV jedoch nicht bewirken. Die in den Aktionsprogrammen festgelegten Ziele sollen vielmehr sicherstellen, dass langfristig in allen „umweltrelevanten" Politikbereichen in kohärenter Weise umweltpolitische Belange berücksichtigt werden. Daher kann aus der Erwähnung der Art. 192 Abs. 1, 2 AEUV in Art. 192 Abs. 3 UAbs. 1 AEUV nicht abgeleitet werden, dass alle Durchführungsmaßnahmen zu den Aktionsprogrammen auf diese beiden Vorschriften zu stützen wären,[77] so dass ihr nur ein beispielhafter, wegleitender Charakter zukommt. Sie ist wohl insbesondere vor dem Hintergrund zu sehen, dass man im Rahmen des Art. 192 AEUV klarstellen wollte, dass Art. 192 Abs. 3 AEUV – trotz seiner systematischen Stellung – gerade **keine Kompetenzgrundlage für den Erlass sekundärrechtlicher Regelungen mit Umweltbezug** (mit teilweiser „Rechtsfolgeverweisung" auf Art. 192 Abs. 1, 2 AEUV) darstellt. Denn ansonsten genügte die Aufnahme eines Bereichs in ein Aktionsprogramm, damit Art. 192 Abs. 1, 2 AEUV einschlägig wäre, unabhängig davon, ob nach den allgemeinen Kriterien[78] eine andere Kompetenzgrundlage heranzuziehen wäre. Damit aber würde letztlich das vertragliche System der Kompetenzgrundlagen aus den Angeln gehoben, könnte doch der Anwendungsbereich anderer umweltrelevanter Kompetenzgrundlagen empfindlich eingeschränkt werden, was insbesondere zu

---

71 Zum Rechtsschutz unten 5. Kap. Rn. 151 ff.
72 Vgl. etwa *Krämer*, EurUP 2003, 2 (6), der darauf hinweist, dass die Untätigkeitsklage „eher theoretischer Natur" sei.
73 Der präzisiert, dass in den Aktionsprogrammen die „vorrangigen Ziele" festzulegen sind.
74 I. Erg. ebenso etwa *Krämer*, EUDUR I, § 14, Rn. 50.
75 S. hierzu unten 4. Kap. Rn. 2 ff.
76 Vgl. hierzu *Jahns-Böhm/Breier*, EuZW 1992 (5. Kap. E.I.), 49 ff.; *Kahl*, Umweltprinzip, 26 f., 58 ff.; *Palme*, Nationale Umweltpolitik, 64; *Meßerschmidt*, Europäisches Umweltrecht, § 1, Rn. 35 ff.; s. auch unten 5. Kap. Rn. 36 ff. im Zusammenhang mit der „Querschnittsklausel".
77 I. Erg. ebenso Lenz/Borchardt-*Breier*, EU-Verträge, Art. 192, Rn. 17; von der Groeben/Schwarze-*Krämer*, Kommentar zum EUV/EGV, Art. 175, Rn. 51; Grabitz/Hilf/Nettesheim-*Nettesheim*, Recht der EU, Art. 192, Rn. 86: Calliess/Ruffert-*Calliess*, EUV/AEUV, Art. 192, Rn. 36. Zumindest missverständlich allerdings *Jans/von der Heide*, Europäisches Umweltrecht, 57.
78 Vgl. hierzu unten 4. Kap. Rn. 9 ff.

einem faktischen „Leerlauf" der sog. „Querschnittsklausel"[79] führte.[80] Die Möglichkeit, in die Aktionsprogramme auch solche Bereiche zu integrieren, die aus dem Anwendungsbereich der Art. 192 Abs. 1, 2 AEUV herausfallen, lässt somit den Anwendungsbereich dieser Kompetenzgrundlagen unberührt, so dass für die Abstützung der Durchführungsmaßnahmen die allgemeinen Grundsätze einschlägig sind. Nur diese Sicht trägt dem System der Kompetenzverteilung in der Union Rechnung, das durch Art. 192 Abs. 3 AEUV gerade nicht angetastet werden soll. Daher ist Art. 192 Abs. 3 AEUV als für den Erlass von Aktionsprogrammen maßgebliche **spezielle Rechtsgrundlage für den Erlass von Aktionsprogrammen** anzusehen, wobei diese jedoch den skizzierten Anforderungen genügen müssen, so dass auf diese Vorschrift keine „echten" Sekundärrechtsakte gestützt werden können; von Bedeutung ist die Vorschrift vor diesem Hintergrund in erster Linie insofern, als sie für den Erlass solcher Programme das **Verfahren** regelt, womit auch die erwähnte Bindungswirkung einhergeht.

IV. Unverbindliche Handlungen

1. Allgemeines

14   Während die bisherigen Instrumente verbindlichen Charakter haben, greift die Union auch im Umweltrecht daneben häufig auf **unverbindliche Handlungsinstrumente** zurück. Diese können in ganz verschiedenen Formen ergehen und von verschiedenen Organen angenommen werden. So sind bereits im Vertrag (Art. 288 AEUV) Empfehlungen und Stellungnahmen erwähnt, die häufig vom Rat und / oder vom Parlament angenommen werden. Aber auch die Kommission verfügt hier über weite Handlungsspielräume,[81] so wenn sie etwa Mitteilungen, Grün- oder Weißbücher[82] veröffentlicht.[83]

15   In einer streng juristischen Perspektive sind diese Handlungsformen bzw. Instrumente unverbindlich, so dass aus ihnen **keine Rechte und Pflichten Einzelner oder der Mitgliedstaaten** abgeleitet werden können; hingegen können solche Dokumente für die Auslegung von Sekundärrecht herangezogen werden und im Einzelfall eine gewisse Selbstbindung der Unionsorgane nach sich ziehen.[84]

16   Diese sehr beschränkte rechtliche Wirkung unverbindlicher Verlautbarungen der Unionsorgane ändert aber nichts daran, dass ihre tatsächliche Wirkung ggf. sehr weitgehen kann, wobei sich die verschiedenen unterschiedlichen Handlungen insofern auch voneinander unterscheiden. Versucht man eine Systematisierung möglicher Wirkungen unverbindlicher Verlautbarungen der Unionsorgane, so kann im Wesentlichen zwischen folgenden Aspekten unterschieden werden:

- Zunächst können unverbindliche Äußerungen gewisse **Steuerungswirkungen für Private** entfalten, die sich etwa an ausgesprochene Empfehlungen halten. Insgesamt dürfte aber die Neigung, sich an Empfehlungen zu halten, nicht sehr groß sein.[85]
- Sodann bereiten unverbindliche Mitteilungen häufig gesetzgeberische Maßnahmen vor. So dienen Grün- und Weißbücher dazu, die Vorstellungen insbesondere der Kommission über die Regelung einer bestimmten Sachfrage zu veröffentlichen und auf diese Weise eine Art Konsultation durchzuführen, auf deren Grundlage sie dann konkrete Rechtsetzungsvorschlä-

---

79 S. dazu unten 5. Kap. Rn. 36 ff.
80 Zudem bliebe auch das Verhältnis von Art. 192 Abs. 1, 2 AEUV zu Art. 192 Abs. 3 AEUV und anderen umweltrechtlichen Kompetenzgrundlagen unklar.
81 Zur Frage, ob für diese unverbindlichen Rechtsakte das sog. Prinzip der begrenzten Einzelermächtigung (Art. 5 Abs. 1 EUV) gilt, *Krauβer*, Prinzip der begrenzten Ermächtigung, 88 f.
82 Die Terminologie ist hier nicht einheitlich. In der Sache erwachsen aus der unterschiedlichen Bezeichnung solcher Mitteilungen keine Unterschiede.
83 Vgl. die Erörterung dieser Handlungsformen bei *Meßerschmidt*, Europäisches Umweltrecht, § 2, Rn. 543 ff., der zahlreiche Beispiele aufführt.
84 Vgl. EuG, Rs. T-13/99 (Pfizer), Slg. 2002, II-1961; hierzu *Meßerschmidt*, Europäisches Umweltrecht, § 2, Rn. 546; *Krämer*, Droit de l'environnement de l'UE, 32; ausführlich zu den möglichen Rechtswirkungen solcher unverbindlicher Handlungen *Versteyl/Stengler*, AbfallR 2010, 245 ff.; *Thomas*, EuR 2009, 423 ff.
85 Vgl. etwa die Einschätzung bei *Krämer*, EUDUR I, § 16, Rn. 81 f., mit der Nennung einiger Beispiele.

ge unterbreitet. Insofern lassen sich insbesondere Weißbüchern **Anhaltspunkte für die künftige Rechtsentwicklung** entnehmen.

▪ Gerade Entschließungen des Rates lassen Schlüsse auf die **politische Orientierung** des Gremiums zu und können damit insbesondere der Kommission aufzeigen, in welche Richtung in Zukunft die Rechtsetzung in der EU gehen könnte und welche Vorschläge Erfolg versprechend sind. Angesichts der häufig eher allgemein formulierten Entschließungen darf diese „Anzeigewirkung" aber auch nicht überschätzt werden.[86]

Insgesamt dürfte solchen unverbindlichen Handlungsformen jedenfalls im Umweltrecht eine eher untergeordnete Bedeutung zukommen,[87] sieht man einmal von der „Ankündigungswirkung" künftiger Rechtsentwicklungen ab. Insbesondere dürften unverbindliche Empfehlungen allenfalls in Ausnahmefällen eine spürbare Steuerungswirkung zeitigen.[88]

Ebenfalls um letztlich unverbindliche Handlungen handelt es sich bei dem Prozess der sog. „offenen Koordinierung": Ausgehend von einer entsprechenden Vorschrift im Titel Beschäftigung (Art. 149 AEUV) beschloss der Europäische Rat von Lissabon im Jahr 2000, dieses Konzept zu verallgemeinern.[89] Durch die offene Koordinierung soll ohne den Rückgriff auf zwingendes Recht ein gewisses (gemeinsames bzw. übereinstimmendes) Verhalten der Mitgliedstaaten erreicht werden, das bestimmten Anforderungen genügt. Im Ergebnis geht es hier also um die freiwillige Befolgung bestimmter, gemeinsam definierter Vorgaben. Inhaltlich kann eine solche offene Koordinierung nicht nur eine gewisse Verhaltenssteuerung, sondern auch den Austausch von Informationen bzw. Indikatoren für die beste Praxis sowie eine gewisse Überwachung der Ergebnisse beinhalten.[90]

2. Insbesondere: zu den Umweltvereinbarungen

Besondere Probleme werfen die sog. **Umweltvereinbarungen** auf. Hierunter versteht man „Absprachen" zwischen den Unionsorganen, insbesondere der Kommission, oder auch mitgliedstaatlichen Behörden und Wirtschaftsverbänden über die Einhaltung bestimmter umweltpolitischer Vorgaben.[91] Ziel solcher Abreden ist es häufig, über freiwillige Verpflichtungen der Industrie bzw. der Wirtschaft gewisse umweltpolitische Zielsetzungen zu erreichen, ohne dass eine gesetzgeberische Tätigkeit notwendig wird. M.a.W. geht es um eine Art Abkommen mit der Wirtschaft, die sich zu einem bestimmten „Wohlverhalten" verpflichtet und dafür damit „belohnt" wird, dass ihr rechtlich zwingende Auflagen „erspart" bleiben.[92] Auf diese Weise erhofft man sich eine raschere und effizientere Verwirklichung umweltpolitischer Ziele, auch und gerade

---

86 Beispielhaft sei etwa auf die Entschließung zur Abfallpolitik, ABl. 1997 C 87, 1, oder die Entschließung zum Grundwasserschutz, ABl. 1995 C 49, 1, hingewiesen.
87 So auch die Einschätzung bei *Krämer*, Droit de l'environnement de l'UE, 32, der auch verschiedene Beispiele für Empfehlungen aufführt.
88 Am Rande sei in diesem Zusammenhang darauf hingewiesen, dass es auf Unionsebene – im Gegensatz zu manchen Mitgliedstaaten – derzeit keine Umweltmediation gibt. Ausführlich zum Problemkreis *Krämer*, NuR 2002, 257 ff., der insgesamt den Nutzen von Umweltmediation auf Unionsebene als nicht sehr hoch einschätzt und im Übrigen auf die in zahlreichen Richtlinien vorgesehenen Beteiligungsrechte hinweist.
89 Europäischer Rat vom 24.3.2000, Schlussfolgerungen des Vorsitzes, Rn. 37, Bull. EG Nr. 3/2000, Rn. I.1 ff. S. auch KOM (2003) 745 endg.
90 Vgl. zu dieser Methode, m.w.N., *Meßerschmidt*, Europäisches Umweltrecht, § 2, Rn. 576 ff.; Bieber/Epiney/Haag-Bieber, EU, § 7, Rn. 4; *Hofmann/Rowe/Türk*, Administrative Law, 312 ff.
91 Wobei hier natürlich zahlreiche Formen denkbar sind. Vgl. zur Begrifflichkeit etwa *Volkmann*, UTR 2001, 97 (99 f.); *Krämer*, in: Neueste Entwicklungen im Zusammenspiel von Europarecht und nationalem Recht, 225 (226 f.); *Rengeling*, in: Kooperationsprinzip, 53 (66 f.); *Krämer*, EUDUR I, § 15, Rn. 73, 80 f.; *Frenz*, EuR 1999, 27; *Wägenbaur*, EuZW 1997, 645 (646); *Makuch*, EELR 2003, 233 f.
92 Ausführlich zu Umweltvereinbarungen im Unionsrecht bzw. vor dem Hintergrund des Unionsrechts *Giebel*, Vereinbarungen als Instrument des Umweltschutzes, insbes. 179 ff.; *Bick*, Europäische Umweltvereinbarungen, *passim*; s. auch *Krämer*, in: Instrumente des Umweltschutze, 80 ff.; *Krämer*, in: Neueste Entwicklungen im Zusammenspiel von Europarecht und nationalem Recht, 225 ff.; s. auch den Überblick, m.w.N., bei *Meßerschmidt*, Europäisches Umweltrecht, § 2, Rn. 207 ff.; *Salzborn*, Kooperationsprinzip, 173 ff.

aufgrund der im Vergleich zur eigentlichen Gesetzgebung höheren Akzeptanz bei den direkt „Verpflichteten".[93]

19 Derartige Umweltvereinbarungen können (grundsätzlich) sowohl auf **Unionsebene** als auch auf **mitgliedstaatlicher Ebene** getroffen werden; bei letzteren stellt sich aus unionsrechtlicher Sicht insbesondere die Frage, ob und inwieweit sie zur Umsetzung unionsrechtlicher Verpflichtungen herangezogen werden können.[94] Im Zusammenhang mit den Handlungsinstrumenten der Union geht es um den Rückgriff auf solche Umweltvereinbarungen durch Unionsorgane, im Wesentlichen durch die Kommission, und deren Zulässigkeit aus unionsrechtlicher Sicht.

Ein (bekanntes) Beispiel[95] in diesem Zusammenhang ist die 1998 erfolgte und inzwischen ausgelaufene „Verpflichtung" des Verbandes der europäischen Automobilhersteller (ACEA), den CO_2-Ausstoß neuer Kraftfahrzeuge ab 2008 auf 140 g pro Kilometer zu reduzieren. Weitgehend übereinstimmend lauten die entsprechenden Verpflichtungserklärungen des Verbandes japanischer Automobilhersteller (JAMA) und koreanischer Automobilhersteller (KAMA).[96] Nach außen „sichtbar" wurden diese „Selbstverpflichtungen" durch entsprechende Empfehlungen, die die Kommission an diese Verbände richtete;[97] hingegen ist der den Empfehlungen vorangegangene Briefwechsel nicht veröffentlicht.[98]

20 Allerdings gibt es auf Unionsebene bislang keine echten Umweltvereinbarungen in dem Sinn, dass tatsächlich eine gegenseitige Verpflichtung durch eine Art Vertrag erfolgt wäre. Vielmehr handelt es sich bei den bislang in diese Richtung gehenden (eher wenigen) Bestrebungen aus juristischer Sicht um Selbstverpflichtungen der betroffenen Industrien, die im Übrigen durch entsprechende unverbindliche Empfehlungen der Kommission begleitet bzw. bestätigt werden. Hingegen findet sich nirgends eine irgendwie geartete Verpflichtung der Union, im Falle der Einhaltung der Selbstverpflichtungen auf rechtlich verbindliche Maßnahmen zu verzichten.

21 Aus **rechtlicher Sicht** stießen solche **„echten" Umweltvereinbarungen** denn auch auf erhebliche **Bedenken:**[99]

- Soweit sie durch die Kommission getroffen würden, wäre bereits die **Zuständigkeit der Kommission** fraglich, denn es steht nicht in ihrer Kompetenz, sich zu verpflichten, keine gesetzgeberischen Maßnahmen zu erlassen.

- Aber auch darüber hinaus wären derartige Umweltvereinbarungen kaum mit dem **Prinzip der begrenzten Einzelermächtigung** (Art. 5 Abs. 1 EUV) vereinbar, da der Vertrag Umweltvereinbarungen in diesem Sinn nicht vorsieht.

- Schließlich wäre mit solchen (durch die Kommission abgeschlossenen) Vereinbarungen **eine Festlegung zumindest gewisser Aspekte der EU-Umweltpolitik** verbunden, was wohl kaum mit der vertraglichen Kompetenzordnung in Einklang zu bringen wäre, wonach diese durch die in den Verträgen vorgesehenen Verfahren unter Beteiligung der verschiedenen Organe zu definieren ist.

22 Nur am Rande sei in diesem Zusammenhang zusätzlich darauf hingewiesen, dass die Einhaltung derartiger Vereinbarungen häufig (wenn überhaupt) nur mit großen Schwierigkeiten kontrol-

---

93 Zu den (möglichen) Vorteilen von Umweltvereinbarungen etwa *Wägenbaur*, EuZW 1997, 645 (646); *Krieger*, EuZW 1997, 648; *Schendel*, NVwZ 2001, 494 (497 f.).
94 Hierzu unten 5. Kap. Rn. 122 ff.
95 S. ansonsten den Überblick zu Praxis in der Union *Krämer*, in: Neueste Entwicklungen im Zusammenspiel von Europarecht und nationalem Recht, 225 (230 ff.).
96 Vgl. *Krämer*, EUDUR I, § 15, Rn. 74.
97 KOM (1998) 485 endg. (ACEA); KOM (1999) 446 endg. (JAMA und KAMA); s. auch die späteren Empfehlungen: Empfehlung 1999/125, ABl. 1999 L 40, 49; Empfehlung 2000/203, ABl. 2000 L 100, 55; Empfehlung 2000/304, ABl. 2000 L 100, 57.
98 Vgl. *Krämer*, EUDUR I, § 15, Rn. 76.
99 Vgl. zu weiteren problematischen Aspekten noch *Krämer*, EUDUR I, § 15, Rn. 80 ff.; s. auch die Stellungnahme der Kommission in ihrer Mitteilung über Umweltvereinbarungen, KOM (96) 561 endg., Rn. 41, wo die Kommission darauf hinweist, dass Vereinbarungen als rechtlich verbindliche Maßnahmen im Vertrag nicht genannt seien. S. positiver hingegen aber *Rengeling*, in: Kooperationsprinzip, 53 (74 ff.), wobei er sich aber offenbar im Wesentlichen auf Selbstverpflichtungen bezieht. Vgl. auch die in Bezug auf die umweltpolitische Effektivität der Umweltvereinbarungen sehr zurückhaltende Studie der Umweltagentur, EUA, Environmental Agreements, Kopenhagen 1997; eher skeptisch auch etwa *Koch*, NuR 2001, 541 (542 f.).

3. Kapitel Instrumente und Akteure der Umweltpolitik und der Umweltrechtsetzung der EU

lierbar wäre; letztlich müssten hierzu die Mitgliedstaaten herangezogen werden, womit die Frage aufgeworfen wird, ob und inwieweit diese zu beteiligen wären.

Damit bliebe aus rechtlicher Sicht für einen Rückgriff auf „echte" Umweltvereinbarungen nur insoweit Raum, wie diese durch **Sekundärrecht vorgesehen** sind. M.a.W. müsste ein sekundärrechtlicher Akt die Kommission ermächtigen, solche Umweltvereinbarungen einzugehen, wobei – in Anwendung der allgemeinen Voraussetzungen für die Delegation von Kompetenzen – der tatsächliche und rechtliche Rahmen allerdings hinreichend präzise umschrieben werden müsste.[100] Die bislang in Sekundärrechtsakten zu verzeichnenden Bezugnahmen auf Umweltvereinbarungen beschränken sich jedoch auf Hinweise auf freiwillige Vereinbarungen oder Selbstregulierungsmaßnahmen der Betroffenen, ohne dass die Unionsorgane – insbesondere die Kommission – ermächtigt würden, unter bestimmten Voraussetzungen auf den Erlass rechtsetzender Maßnahmen zu verzichten.[101]

Die **Mitteilung der Kommission über Umweltvereinbarungen aus dem Jahr 1996**[102] ist in dem hier erörterten Zusammenhang nicht wirklich von Bedeutung, da diese Mitteilung in erster Linie Umweltvereinbarungen auf mitgliedstaatlicher Ebene behandelt.[103]

In ihrer **Mitteilung aus dem Jahr 2002**[104] geht die Kommission den Perspektiven für Umweltvereinbarungen auf Unionsebene allerdings etwas näher nach. Sie benennt hier zunächst die Sektoren, für die Umweltvereinbarungen in Betracht kommen (im Wesentlichen gewisse Produktregulierungen, Abfallbewirtschaftung und Klimapolitik) und beschreibt sodann die Art und Weise eines Rückgriffs auf Umweltvereinbarungen. Hierbei unterscheidet sie zwischen zwei Formen: Einerseits sieht sie Perspektiven für Selbstverpflichtungen der Industrie, andererseits zieht sie es in Betracht, im Rahmen des Sekundärrechts auch auf Umweltvereinbarungen zurückzugreifen, ohne dass die Regelungsmodalitäten hier jedoch genauer spezifiziert werden. Jedenfalls müsse es der Kommission obliegen, dafür zu sorgen, dass die Ziele der Umweltvereinbarung im vereinbarten Zeitraum erreicht werden; im Übrigen sei ein Monitoring-System sicherzustellen, und im Falle der Nichteinhaltung der Umweltvereinbarungen seien Sanktionen vorzusehen. Weiter enthält die Mitteilung sechs Kriterien, die für den Erfolg von Umweltvereinbarungen zentral seien: Kosten-Nutzen-Relation (Verwaltungskosten sollten eingespart werden); Repräsentativität der beteiligten Industrie; klare Formulierungen der Zielsetzungen; Veröffentlichung der Vereinbarungen und Möglichkeit der Öffentlichkeit, Stellungnahmen abzugeben; Kontroll- und Berichtsmechanismen bzw. -pflichten; Einbezug von Elementen Nachhaltiger Entwicklung und Verbraucherschutzbelangen. Soweit es um den Rückgriff auf Umweltvereinbarungen im Rahmen des Sekundärrechts geht, geht (auch) die Kommission offenbar davon aus, dass sie durch einen Beschluss auf der Grundlage von Art. 192 AEUV ermächtigt werden muss, bestimmte Umweltvereinbarungen abzuschließen.[105]

V. Völkerrecht

Der Union kommt nach Art. 47 EUV Völkerrechtsfähigkeit zu, und die Union ist ein durchaus bedeutender völkerrechtlicher Akteur, dies auf der Grundlage der ihr durch den Vertrag – auch im Bereich des Umweltrechts – eingeräumten Außenkompetenzen.[106] Vor diesem Hintergrund stellt auch das **Völkerrecht eine Rechtsquelle für das in der Union geltende Recht** dar, und im Bereich des Umweltrechts gibt es sowohl zahlreiche, von der Union abgeschlossene völkerrecht-

---

100 Vgl. insoweit nunmehr auch die Vorgaben in Art. 290 AEUV. Hierzu noch unten 3. Kap. Rn. 40.
101 Vgl. etwa Art. 6 RL 2006/32 (Energieeffizienzrichtlinie), Art. 15 RL 2009/125 (Ökodesign-Richtlinie).
102 KOM (96) 561 endg.; vgl. auch die Entschließung des Rates vom 7.10.1997, ABl. 1997 C 321, 6, sowie des Europäischen Parlaments vom 17.7.1997, ABl. 1997 C 281, 254. Zur Mitteilung der Kommission *Rengeling*, in: Kooperationsprinzip, 53 (66 ff.); *Krämer*, in: Neueste Entwicklungen im Zusammenspiel von Europarecht und nationalem Recht, 225 (228 ff.); *Wägenbaur*, EuZW 1997, 645 ff.; *Krieger*, EuZW 1997, 648 ff.; *Schäfer*, Umweltvereinbarung, *passim*.
103 Deutlich auch *Krieger*, EuZW 1997, 648; *Lefèvre*, elni 2/2000, 24.
104 KOM (2002) 278 endg. Hierzu etwa *Makuch*, EELR 2003, 233 (234 ff.). S. auch KOM (2002) 412 endg.
105 Diese Möglichkeit bejahend auch *Wägenbaur*, EuZW 1997, 645 (647); (noch) eher ablehnend offenbar die Kommission, KOM (96) 561 endg., Rn. 41. Allgemein zu den rechtlichen Anforderungen an Umweltvereinbarungen auf Unionsebene *Giebel*, Vereinbarungen als Instrument des Umweltschutzes, 207 ff.
106 Zu diesen im Einzelnen unten 4. Kap. Rn. 26 ff.

liche Abkommen[107] als auch gewohnheitsrechtliche Grundsätze, die in diesem Bereich von Bedeutung sein können.

25 Ausgangspunkt für die Frage der Rechtswirkungen des Völkerrechts in der Union[108] ist der grundsätzlich **monistische Charakter der Unionsrechtsordnung**, so dass das für die Union verbindliche Völkerrecht auch in der Union als solches Rechtswirkungen entfaltet.[109] So bezeichnet der EuGH in ständiger Rechtsprechung die von der Union abgeschlossenen völkerrechtlichen Verträge als „**integrierende Bestandteile**" der Unionsrechtsordnung[110] und geht zudem davon aus, dass sich Einzelne unmittelbar auf für die Union verbindliche völkerrechtliche Abkommensbestimmungen berufen und aus ihnen Rechte ableiten können,[111] so dass der Gerichtshof grundsätzlich von einem monistischen Verständnis des Verhältnisses von Völkerrecht und Unionsrecht ausgehen dürfte,[112] jedenfalls soweit es um die innerunionsrechtliche Verbindlichkeit des Völkerrechts geht, implizierte ein dualistisches Verständnis doch einen irgendwie gearteten Transformationsakt, der im Vertrag nicht erkennbar ist, zumal der Gerichtshof das Völkerrecht als solches und nicht als in „Unionsrecht transformiertes Völkerrecht" anwendet. Auch in Bezug auf das allgemeine Völkerrecht geht die Rechtsprechung in diese Richtung, so wenn der EuGH Völkergewohnheitsrecht als Teil des Unionsrechts bezeichnet.[113]

26 Dieser Ansatz[114] impliziert, dass die einschlägigen völkerrechtlichen Regeln **ihre Wirkung in der EU ab dem Zeitpunkt ihres völkerrechtlichen Inkrafttretens entfalten**, so dass die allgemeinen Rechtsgrundsätze des Völkerrechts und die völkerrechtlichen Verträge mit ihrer völkerrechtlichen Verbindlichkeit „automatisch" auch Bestandteile des in der Union geltenden Rechts sind, unterliegen sie doch aufgrund des monistischen Ansatzes gerade keinem irgendwie gearteten Transformationsakt. Diese fehlende Transformation impliziert auch, dass das **Völkerrecht als solches**, d.h. als Völkerrecht und nicht als „besonderes Unionsvölkerrecht", gilt, so dass es mit seiner innerunionsrechtlichen Geltung und Bindungswirkung nicht etwa seinen Charakter „wandelt" und zu „Unionsrecht" wird, sondern – neben dem eigentlichen Unionsrecht – in der Union eben als „Völkerrecht" gilt und als solches eine Rechtsquelle darstellt.[115] Dieser Schluss drängt sich auch vor dem Hintergrund auf, dass der EuGH sowohl das allgemeine Völkerrecht als auch die völkerrechtlichen Verträge nach völkerrechtlichen Grundsätzen auslegt.

So geht der Gerichtshof etwa in Bezug auf die Auslegung von in völkerrechtlichen Verträgen enthaltenen Bestimmungen, die unionsrechtlichen Vorschriften entsprechen, in ständiger Rechtsprechung davon aus, dass diese nicht zwingend ebenso wie im Unionsrecht auszulegen seien, sondern völkerrechtliche Maßstäbe heranzuziehen seien.[116] Aber auch bei der Anwendung von Völkergewohnheitsrecht knüpft er an die völkerrechtliche Rechtslage an und wendet letztlich Völkerrecht an.[117] Vor diesem Hintergrund erscheint die durch die Rechtsprechung verwandte Formulierung – das Völkerrecht als Bestandteil des Unionsrechts – etwas missverständlich, könnte sie doch insinuieren, dass das Völkerrecht seinen Charakter „wandelte" und zu

---

107 Vgl. den Überblick über die von der Union abgeschlossenen Abkommen im Umweltrecht bei *Heintschel von Heinegg*, EUDUR I, § 22, Rn. 43; Grabitz/Hilf/Nettesheim-*Nettesheim*, Recht der EU, Art. 191, Rn. 25 ff.
108 Ausgespart wird damit die Frage nach der völkerrechtlichen Bindung der Union, die sich nach den entsprechenden völkerrechtlichen Regeln richtet. Hingegen bestimmt sich die Wirkung des Völkerrechts im Rahmen der Union nach Unionsrecht.
109 Ausführlich hierzu, m.w.N., *Epiney*, EuR, Beiheft 2/2012, 25 ff.
110 Vgl. grundlegend EuGH, Rs. 181/73 (Haegemann), Slg. 1974, 449, Ziff. 2/6; s. sodann EuGH, Rs. 104/81 (Kupferberg), Slg. 1982, 3641, Ziff. 13; EuGH, Rs. 12/86 (Demirel), Slg. 1987, 3641, Ziff. 7; EuGH, Rs. C-192/89 (Sevince), Slg. 1990, I-3461, Ziff. 8; EuGH, Rs. C-386/08 (Brita), Slg. 2010, I-1289, Ziff. 39. Aus der Literatur instruktiv jüngst *Jacobs*, Essays in Honour of Alan Dashwood, 529 ff.
111 EuGH, Rs. C-192/89 (Sevince), Slg. 1990, I-3461; EuGH, Rs. C-265/03 (Simutenkov), Slg. 2005, I-2579.
112 Ebenso die wohl ganz herrschende Meinung in der Literatur, vgl. nur Calliess/Ruffert-*Schmalenbach*, EUV/AEUV, Art. 216, Rn. 32. S. ansonsten die Hinweise bei *Epiney*, EuR, Beiheft 2/2012, 25 ff.
113 EuGH, Rs. C-162/96 (Racke), Slg. 1998, I-3588, Ziff. 46.
114 S. zu den hier aufgeführten Grundsätzen bereits *Epiney*, FS Wolfrum, Bd. II, 1909 (1915 ff.).
115 I.Erg. ebenso *Eberle*, Die EG als Partei internationaler Umweltschutzübereinkommen, 224 ff.; s. auch schon *Epiney*, EuZW 1999, 5 (6).
116 Aus der Rechtsprechung grundlegend EuGH, Rs. 270/80 (Polydor), Slg. 1982, 329, Ziff. 18 ff.
117 EuGH, Rs. C-162/96 (Racke), Slg. 1998, I-3588.

3. Kapitel Instrumente und Akteure der Umweltpolitik und der Umweltrechtsetzung der EU

Unionsrecht „mutierte". Exakter – wenn auch umständlicher – erschiene es daher, davon zu sprechen, dass das Völkerrecht in die in der Union geltende Rechtsordnung inkorporiert oder integriert wird.

Von der EU abgeschlossenen Verträgen kommt **Vorrang vor dem Sekundärrecht** zu, sind sie doch nach Art. 216 Abs. 2 AEUV u.a. für die Unionsorgane verbindlich.[118] Diese Sicht wird durch die Erwägung bestätigt, dass man aus der Gesamtheit der vertraglichen Bestimmungen betreffend Abschluss und Wirkungen völkerrechtlicher Verträge den Grundsatz ableiten kann, dass sich die Unionsrechtsordnung in den internationalen Rahmen integrieren soll. Dies kann aber – auch angesichts des Fehlens eines irgendwie gearteten Transformationsmechanismus – effektiv nur dadurch sichergestellt werden, dass das Völkerrecht im internen Bereich insofern Wirkungen entfaltet, als ihm im Verhältnis zum Sekundärrecht Vorrang zukommt, könnte doch ansonsten die Wirksamkeit völkerrechtlicher Verträge (einfach) durch den Erlass von Sekundärrecht ausgehebelt werden. Insofern stellt die Beachtung des Völkerrechts für die Union einen Wert an sich dar.[119] Entsprechende Überlegungen können aber auch für die Stellung des allgemeinen Völkerrechts, insbesondere der Grundsätze des Völkergewohnheitsrechts, angestellt werden: Auch hier impliziert die Einbettung der Union (als „Rechtsgemeinschaft") in die Völkerrechtsgemeinschaft die Beachtung der entsprechenden Verpflichtungen, was letztlich nur über das Primat des allgemeinen Völkerrechts über die sekundärrechtlichen Akte sichergestellt werden kann.[120] Hingegen stehen die **völkerrechtlichen Abkommen im Rang unter dem Primärrecht**, wie sich letztlich aus Art. 218 Abs. 1 AEUV ergibt: Diese Bestimmung sieht ausdrücklich die Möglichkeit vor, unter bestimmten Voraussetzungen ein Gutachten des EuGH über die Vereinbarkeit eines geplanten völkerrechtlichen Vertrages mit den Bestimmungen des Primärrechts zu erwirken; wird die Vereinbarkeit verneint, darf der Vertrag nur nach Beachtung der für eine Vertragsänderung vorgesehenen Verfahren abgeschlossen werden. Diesem Verfahren kann nur unter der Voraussetzung ein Sinn zukommen, dass die Verträge in der Normenhierarchie unter dem Primärrecht anzusiedeln sind; ansonsten ergäbe die vorherige Prüfung ihrer Vereinbarkeit mit dem Primärrecht keinen Sinn. Zudem kann auch nur diese Sicht tatsächlich die grundsätzliche Maßgeblichkeit des Primärrechts sowohl im Falle der effektiven Abfassung eines derartigen Gutachtens als auch im Falle der nicht erfolgten Einholung eines Gutachtens sicherstellen. Es erschiene widersinnig, im Falle der Einholung eines Gutachtens und der Feststellung der Unvereinbarkeit des Abkommensentwurfs mit den Verträgen eine Modifikation des Primärrechts zu verlangen (soll der Vertrag gleichwohl wie vorgesehen abgeschlossen werden), hingegen im Falle des Nichteinholens eines Gutachtens einen Vorrang des völkerrechtlichen Vertrages anzunehmen. Der EuGH dürfte ebenfalls davon ausgehen, dass völkerrechtliche Abkommen im Rang zwischen Primär- und Sekundärrecht stehen, so wenn er die Vereinbarkeit einer EU-Verordnung, die eine Resolution des Sicherheitsrates „getreulich" umsetzte, mit primärrechtlichen Vorgaben überprüfte und auch ausdrücklich darauf hinweist, dass sich aus Art. 300 Abs. 7 EGV (Art. 216 Abs. 2 AEUV) ergebe, dass sich ein Vorrang völkerrechtlicher Verträge nur auf das Sekundärrecht, nicht jedoch auf das Primärrecht, erstrecke.[121]

Ausgangspunkt der Rechtswirkungen des Völkerrechts und insbesondere der völkerrechtlichen Verträge ist die nunmehr in **Art. 216 Abs. 2 AEUV** auch ausdrücklich verankerte **Bindung der Unionsorgane und der Mitgliedstaaten an die von der Union abgeschlossenen Verträge** (und auch an das allgemeine Völkerrecht); die völkerrechtlichen Abkommen bilden nach der Rechtsprechung des EuGH – wie bereits erwähnt – einen „integrierenden Bestandteil" der Unions-

---

118 S. aus der Rechtsprechung z.B. EuGH, Rs. C-344/04 (IATA, ELFAA), Slg. 2006, I-403, Ziff. 35. Nicht immer zieht die Rechtsprechung aus diesem Grundsatz jedoch die zutreffenden Konsequenzen. S. z.B. EuG, Rs. T-362/08 (IFAW Internationaler Tierschutz-Fonds), Urt. v. 13.1.2011, wo das Gericht eine Ausnahmebestimmung der VO 1049/2011 anwandte, dies obwohl diese nicht im Einklang mit der Aarhus-Konvention stehen dürfte und die VO 1049/2001 selbst auch völkerrechtliche Bestimmungen vorbehält, vgl. im Einzelnen *Krämer*, JEEPL 2011, 225 ff. In dem Rechtsmittelurteil des Gerichtshofs (EuGH, Rs. C-135/11 P (IFAW Internationaler Tierschutzfonds), Urt. v. 21.6.2012) wurde das Urteil des Gerichts zwar aufgehoben, jedoch lediglich aus verfahrensrechtlichen Gründen, ohne dass der Gerichtshof auf diesen Aspekt eingegangen wäre.
119 Der EuGH geht denn auch in ständiger Rechtsprechung vom Vorrang des Völkervertragsrechts im Verhältnis zum Sekundärrecht aus, vgl. schon EuGH, verb. Rs. 21/72 u.a. (International Fruit Company), Slg. 1972, 1219; EuGH, Rs. 181/73 (Haegman), Slg. 1974, 449; EuGH, Rs. C-280/93 (Deutschland/Rat), Slg. 1994, I-4973.
120 Insofern ist es folgerichtig, dass der EuGH in EuGH, Rs. C-162/96 (Racke), Slg. 1998, I-3688, Ziff. 44 ff., nicht nur ausdrücklich den Vorrang des Völkergewohnheitsrechts vor dem Sekundärrecht anerkannt hat, sondern auch eine EU-Verordnung auf ihre Vereinbarkeit mit Grundsätzen des Völkergewohnheitsrechts überprüft hat – wobei diese jedoch im Ergebnis bejaht wurde.
121 EuGH, verb. Rs. C-402/05, C-415/06 (Kadi), Slg. 2008, I-6351.

rechtsordnung.¹²² Zudem stellen auch die für die Union verbindlichen Regeln des allgemeinen Völkerrechts – also insbesondere das Völkergewohnheitsrecht – „Bestandteile der Rechtsordnung" der Union dar.¹²³

Besondere Probleme werfen hier die sog. **gemischten Abkommen** auf, die – wie fast alle umweltrechtlichen Abkommen – sowohl von der Union als auch von den Mitgliedstaaten abgeschlossen werden. Die besseren Argumente sprechen hier dafür, dass gemischte Abkommen nur insoweit integrierende Bestandteile des Unionsrechts sind, als es um Abkommensteile geht, die von den Außenkompetenzen der Union gedeckt sind:¹²⁴ Es dürfte nämlich den Grundsätzen der Kompetenzverteilung zwischen Union und Mitgliedstaaten nicht Rechnung tragen, eine „unionsrechtliche" Wirkung auch bei denjenigen Bestimmungen völkerrechtlicher Verträge anzunehmen, die in der Kompetenz der Mitgliedstaaten liegen. Denn auf diese Weise führte der Abschluss gemischter völkerrechtlicher Verträge letztlich zu einer Art Modifikation der primärrechtlich vorgesehenen Kompetenzverteilung zwischen der Union und ihren Mitgliedstaaten, obliegt es doch den Mitgliedstaaten zu bestimmen, welche Wirkungen in ihrer Zuständigkeit liegende völkerrechtliche Verträge im innerstaatlichen Bereich entfalten. Damit haben die (nur) in die Kompetenz der Mitgliedstaaten fallenden vertraglichen Bestimmungen keinen Anteil an dem besonderen Charakter des Unionsrechts, so dass sich ihre Stellung und ihre Wirkungen im innerstaatlichen Raum nach den jeweils einschlägigen Grundsätzen des nationalen (Verfassungs-) Rechts richtet.

Für den Bereich des **Umweltrechts** fallen die Kompetenzen der Union im Ergebnis sehr weit aus, wenn es sich auch in der Regel um geteilte Kompetenzen handelt, so dass die Union zahlreiche umweltvölkerrechtliche Verträge nicht allein, ohne Beteiligung der Mitgliedstaaten, abschließen kann.¹²⁵ Insofern ist davon auszugehen, dass die von der Union abgeschlossenen umweltvölkerrechtlichen Abkommen grundsätzlich in ihrer Gesamtheit integrierende Bestandteile des Unionsrechts sind.

28 Die Verbindlichkeit der völkerrechtlichen Abkommen und des allgemeinen Völkerrechts für die Unionsorgane und die Mitgliedstaaten bzw. ihr Charakter als „**integrierende Bestandteile**" des **Unionsrechts** impliziert, dass ihnen gewisse „**Attribute**" des Unionsrechts ebenfalls zukommen. Als Bestandteile der Unionsrechtsordnung gelten sie zwar als Völkerrecht, was insbesondere Rückwirkungen auf die Auslegung der Abkommen entfaltet, die sich nach völkerrechtlichen Regeln richtet. Andererseits aber sind die Abkommen eben Bestandteil der Unionsrechtsordnung, so dass sie – wenn auch als Völkerrecht und unter Beachtung der völkerrechtlichen Auslegungsmethoden – für die Mitgliedstaaten und die Organe in gleicher Weise wie (sonstige) unionsrechtliche Vorschriften verbindlich sind.¹²⁶ Dies impliziert insbesondere die Maßgeblichkeit der unionsrechtlichen Grundsätze des Vorrangs des Unionsrechts und des Grundsatzes der (Möglichkeit der) unmittelbaren Wirkung. Insoweit rechtfertigt sich denn auch die Charakterisierung der völkerrechtlichen Normen als Teil des Unionsrechts. Im Einzelnen ist hier insbesondere auf folgende Implikationen dieser Einbettung der völkerrechtlichen Abkommen in das Unionsrecht hinzuweisen:¹²⁷

- Der **Vorrang des Unionsrechts** kommt grundsätzlich auch für die von der Union abgeschlossenen und für sie verbindlichen Verträge sowie für die allgemeinen Grundsätze des Völkerrechts (insbesondere das Völkergewohnheitsrecht) zum Zuge. Damit haben die Mitgliedstaaten also dem für die Union verbindlichen Völkerrecht ebenso Vorrang einzuräumen wie dem EU-Primär- oder Sekundärrecht. Dies impliziert, dass innerstaatliches Recht, das im Widerspruch zu für die Union verbindlichen völkerrechtlichen Vorgaben steht, nicht ange-

---

122 EuGH, Rs. 181/73 (Haegemann), Slg. 1974, 449, Ziff. 2/6; EuGH, Rs. 104/81 (Kupferberg), Slg. 1982, 3641, Ziff. 13; EuGH, Rs. 12/86 (Demirel), Slg. 1987, 3641, Ziff. 7; EuGH, Rs. C-192/89 (Sevince), Slg. 1990, I-3461, Ziff. 8. Hierzu bereits *Epiney*, EuZW 1999, 5 ff.
123 EuGH, Rs. C-162/96 (Racke), Slg. 1998, I-3655, Ziff. 44 ff.; s. auch schon EuGH, Rs. C-286/90 (Poulsen), Slg. 1992, I-6019.
124 Vgl. insoweit auch schon *Epiney*, EuZW 1999, 5 (7).
125 Vgl. im Einzelnen unten 4. Kap. Rn. 26 ff.
126 Was auch die Effektivität völkerrechtlicher Verträge erhöht bzw. erhöhen könnte, vgl. *Lanord*, RDUE 2004, 849 ff.; *Epiney*, in: The Role of International Law in Domestic Law (im Erscheinen); *Krämer*, Droit de l'environnement de l'UE, 338 f. (zutreffend auch darauf hinweist, dass die Kommission auch hier ihre Kontrollfunktion wahrnehmen müsste).
127 Zu den gemischten Verträgen die Bemerkungen soeben im Text.

wandt werden darf, dies ungeachtet der unmittelbaren Wirkung der völkerrechtlichen Bestimmungen, da es auch im Falle der Verneinung der unmittelbaren Wirkung einer Bestimmung möglich ist, dass ein Widerspruch festgestellt werden kann.[128]

Aus dem Vorrang der von der Union abgeschlossenen völkerrechtlichen Abkommen vor nationalem Recht folgt der Grundsatz der völkerrechtskonformen Auslegung des nationalen Rechts, aber auch des EU-Rechts.[129]

- Auch die Frage nach der **unmittelbaren Geltung** durch die Union abgeschlossener völkerrechtlicher Verträge in den Mitgliedstaaten richtet sich nach den unionsrechtlichen Vorgaben, so dass die Mitgliedstaaten verpflichtet sind, die Verträge ab ihrem Inkrafttreten auf völkerrechtlicher Ebene auch im innerstaatlichen Bereich als geltendes Recht zu behandeln, unabhängig davon, ob ansonsten nach den einschlägigen verfassungsrechtlichen Vorgaben zusätzliche Anforderungen zu erfüllen sind und unabhängig davon, ob sie selbst (auch) Vertragsparteien sind.[130]

- Schließlich und damit in engem Zusammenhang stehend ist auf die grundsätzliche Möglichkeit der **unmittelbaren Wirkung** völkervertragsrechtlicher Bestimmungen – im Sinne der Möglichkeit **Einzelner**, sich auf völkervertragsrechtliche Bestimmungen in der EU zu berufen – hinzuweisen, die sich ebenfalls nach den einschlägigen unionsrechtlichen Grundsätzen richtet: Der Umstand, dass die Verträge Bestandteil der Unionsrechtsordnung sind, impliziert die grundsätzliche Möglichkeit der unmittelbaren Wirkung vertraglicher Bestimmungen,[131] können doch unionsrechtliche Normen unmittelbar wirksam sein. Allerdings gilt das Völkervertragsrecht als solches und verliert nicht seinen völkerrechtlichen Charakter, so dass bei der Frage, unter welchen Voraussetzungen nun einer Bestimmung unmittelbare Wirkung zukommt, nicht „automatisch" die in dieser Hinsicht entwickelten unionsrechtlichen Grundsätze herangezogen werden können, sondern die Besonderheiten des (jeweiligen) Völkervertragsrechts maßgeblich sind. Der Gerichtshof stellt hier darauf ab, dass die in Frage stehenden völkerrechtlichen Bestimmungen hinreichend präzise und inhaltlich unbedingt sein müssen sowie dass die unmittelbare Wirksamkeit auch in Anbetracht von Gegenstand, Natur und Zweck des Abkommens bejaht werden kann.[132]

Auch wenn zahlreiche umweltvölkerrechtliche Abkommen lediglich eher offen formulierte Vorgaben enthalten, die nicht hinreichend bestimmt und inhaltlich unbedingt sind, gibt es gleichwohl nicht wenige Abkommen, die Vorgaben enthalten, die den erwähnten Anforderungen entsprechen, so etwa die Aarhus-Konvention[133], die ESPOO Konvention[134], die MARPOL Konvention[135], die Berner Konvention[136] oder die Seveso-Konvention[137].

---

128 Vgl. in diesem Zusammenhang in Bezug auf die Wirkung von Richtlinienbestimmungen EuGH, Rs. C-144/04 (Mangold), Slg. 2005, I-9981, wo der EuGH offenbar unabhängig von einer unmittelbaren Wirkung der Richtlinienbestimmung – die schon deshalb nicht in Frage kam, weil die Umsetzungsfrist noch nicht abgelaufen war – davon ausging, dass mit einer Richtlinienbestimmung unvereinbares nationales Recht nicht angewandt werden dürfe.
129 Nicht immer dürfte die Rechtsprechung diesen Aspekt hinreichend berücksichtigen, so wenn das Gericht bei der Prüfung der Unionsrechtskonformität der Ausscheidung GVO-freier Zonen in Österreich die Alpenkonvention völlig unerwähnt lässt, vgl. EuGH, verb. Rs. T-366/03 und T-235/05 (Land Oberösterreich und Österreich/Kommission), Slg. 2005, II-4005.
130 Allerdings scheint die Kommission die effektive Beachtung dieser Pflicht durch die Mitgliedstaaten nicht zu kontrollieren, vgl. *Krämer*, Droit de l'environnement de l'UE, 108 f., 338 f.
131 Und auch von Erlassen der durch völkerrechtliche Verträge eingesetzten Organe, vgl. EuGH, Rs. C-192/89 (Sevince), Slg. 1990, I-3461; EuGH, Rs. C-237/91 (Kus), Slg. 1992, I-6781.
132 Vgl. aus der Rspr. EuGH, Rs. 104/81 (Kupferberg), Slg. 1982, 2641; EuGH, Rs. 12/86 (Demirel), Slg. 1987, 3641; EuGH, Rs. C-162/96 (Racke), Slg. 1998, I-3655; EuGH, Rs. C-63/09 (Gloszczuk), Slg. 2001, I-6369, Ziff. 38; EuGH, Rs. C-235/99 (Kondova), Slg. 2001, I-6427, Ziff. 33.
133 Zu dieser noch 6. Kap. Rn. 4 ff.
134 Convention on Environmental Impact Assessment in a Transboundary Context, 25 of february 1991, ILM 1991, 802 ff.
135 International Convention for the Prevention of Pollution from Ships (1978).
136 Convention on the conservation of European wildlife and natural habitats (1979), CETS no. 104.
137 UNECE Convention on the transboundary effects of industrial accidents (1992), ABl. 1998 L 326, 5.

In der Rechtsprechung des Gerichtshofs ist die unmittelbare Wirkung völkerrechtlicher Bestimmungen im Bereich des Umweltrechts jedoch kaum jemals relevant geworden, obwohl deren Geltendmachung die Einhaltung der völkerrechtlichen Vorgaben maßgeblich fördern könnte. Als – soweit ersichtlich einziges – Beispiel sei auf die Rs. C-213/03[138] und C-239/03[139] hingewiesen: Hier ging es um die rechtliche Tragweite der in Art. 6 Abs. 1, 3 des Protokolls über den Schutz des Mittelmeers gegen Verschmutzung vom Lande aus[140] niedergelegten Verpflichtungen. Aus Art. 6 Abs. 1 des Protokolls ergebe sich eine „besonders strikte Verpflichtung" zur „strengen Beschränkung" der Verschmutzung durch die Einleitung bestimmter, in Anhang II genannter Stoffe. Aus den Akten ergebe sich, dass die Einleitungen eines am Etang de Berre gelegenen Kraftwerks sowohl in Bezug auf ihr übermäßiges Volumen wie auch in Bezug auf das Etang als auch auf ihre Schwankungen allgemein bekannt waren, so dass davon auszugehen sei, dass Frankreich nicht alle geeigneten Maßnahmen ergriffen habe, um die massive und andauernde Verschmutzung des Etang de Berre zu verhüten, zu verringern und zu bekämpfen. Art. 6 Abs. 3 des Protokolls sei insofern hinreichend klar, präzise und unbedingt formuliert, als die Einleitung der in Anhang II genannten Stoffe einer Genehmigungspflicht zu unterwerfen ist, so dass diese Bestimmung unmittelbare Wirkung entfalte und jeder Betroffene damit das Recht habe, sich vor nationalen Gerichten darauf zu berufen. Dasselbe gelte für die erwähnte Verpflichtung aus Art. 6 Abs. 1 des Protokolls. Dieses Urteil illustriert, dass auch solche völkervertragsrechtlichen Vorgaben, die einen gewissen Spielraum offenlassen, unmittelbare Wirkung entfalten können, soweit ihr „Kernbereich" betroffen ist, so dass entsprechende Vertragsverletzungen der Mitgliedstaaten festgestellt werden können und sich Einzelne im Falle ihrer Betroffenheit auf diese Bestimmungen berufen können. Weiter – und hier nur am Rande erwähnt – zeigt das Urteil einmal mehr die weite Auslegung von durch das Unionsrecht begründeten Rechten Einzelner, die von den „Betroffenen" gerichtlich geltend gemacht werden können, dürfte es doch nach der Konzeption des EuGH ausreichend sein, dass die entsprechenden Vorschriften auch im Interesse Einzelner bestehen, was offenbar bei Vorschriften, die die Emission gefährlicher Stoffe in Gewässer betreffen, bejaht wird.[141]

29 Soweit die **Union** betroffen ist, haben selbstredend auch die Unionsorgane die Bindungswirkung völkerrechtlicher Abkommen zu beachten. Dies impliziert auch die grundsätzliche Pflicht zur Umsetzung und Durchführung völkerrechtlicher Abkommen auf Unionsebene, soweit dies nach dem einschlägigen völkerrechtlichen Vertrag notwendig ist. Im Einzelnen ist jedoch gerade bei gemischten Abkommen unklar und durch die Rechtsprechung nicht geklärt, wie weit genau diese Umsetzungs- und Durchführungspflicht der Union im Verhältnis zu den entsprechenden Pflichten der Mitgliedstaaten geht. Vieles spricht hier dafür, zumindest dann eine Umsetzungspflicht auch auf der Ebene der Union zu verlangen (dies obwohl die Mitgliedstaaten ihrerseits grundsätzlich zur Umsetzung und Anwendung des betroffenen völkerrechtlichen Vertrages verpflichtet sind), wenn sie in dem betreffenden Gebiet tätig wird.[142]

30 Die **gerichtliche Kontrolle** durch den EuGH – wobei diese sowohl in Bezug auf die Auslegung völkerrechtlicher Verträge oder von Völkergewohnheitsrecht und die Beachtung der Abkommen durch die Mitgliedstaaten als auch in Bezug auf die Frage nach der Gültigkeit des Abschlusses bzw. der innerunionsrechtlichen Genehmigung völkerrechtlicher Verträge von Bedeutung sein kann – ist insofern von zentraler Bedeutung, als sie letztlich determiniert, inwieweit die dargelegten Wirkungen des einen integrierenden Bestandteil der Unionsrechtsordnung bildenden Völkerrechts auch tatsächlich durchgesetzt werden können, ggf. von Einzelnen. Im Übrigen entfaltet die Charakterisierung völkerrechtlicher Verträge als integrierender Bestandteil des Unionsrechts selbstredend auch auf der Ebene der gerichtlichen Kontrolle Rückwirkungen. Der EuGH kann in erster Linie in folgenden Konstellationen bzw. im Rahmen folgender Verfahren mit der rechtlichen Tragweite völkerrechtlicher Regeln befasst werden:[143]

---

138 EuGH, Rs. C-213/03 (Etang de Berre), Slg. 2004, I-7357.
139 EuGH, Rs. C-239/03 (Kommission/Frankreich), Slg. 2004, I-9325.
140 In seiner Fassung nach Genehmigung von Änderungen, vgl. ABl 1983 L 67, 1 (ursprüngliche Fassung des Protokolls), ABl 1999 L 322, 18 (Modifikationen).
141 Hierzu noch unten 5. Kap. Rn. 132 ff.
142 Hierzu ausführlich *Epiney*, in: The Role of International Law in Domestic Law, im Erscheinen.
143 Vgl. hierzu bereits *Epiney*, NVwZ 1999, 5 (8 ff.); *Epiney*, FS Wolfrum, 1909 (1928 ff.), wo jeweils auch auf die Besonderheiten gemischter Abkommen eingegangen wird.

3. Kapitel Instrumente und Akteure der Umweltpolitik und der Umweltrechtsetzung der EU

- Die **Auslegung völkerrechtlicher Abkommen** kann Gegenstand einer Vorlagefrage nach Art. 267 AEUV (Vorabentscheidungsverfahren) sein. Funktional sind die von der Union abgeschlossenen Abkommen als „Handlungen der Organe der EU" anzusehen. In diesem Rahmen kann auch die Frage vorgelegt werden, ob eine bestimmte völkervertragsrechtliche Norm unmittelbare Wirkung entfaltet.
- **Allgemeine Regeln des Völkerrechts** können im Rahmen der Prüfung der Gültigkeit von Sekundärrecht (auf der Grundlage des Art. 263 oder des Art. 267 AEUV) oder der Auslegung von Unionsrecht (Art. 267 AEUV) inzidenter herangezogen werden.
- Der den **Abschluss eines völkerrechtlichen Vertrages genehmigende Beschluss** kann Gegenstand einer Nichtigkeitsklage (Art. 263 AEUV) sein.
- Schließlich kann die mangelnde Beachtung oder Anwendung völkerrechtlicher Abkommen durch die Mitgliedstaaten von der Kommission (oder anderen Mitgliedstaaten) im **Vertragsverletzungsverfahren** (Art. 258 f. AEUV) überprüft werden.[144]

Die gerichtliche Kontrolle des EuGH kann sich auch auf die Prüfung der **Gültigkeit eines Sekundärrechtsakts am Maßstab völkerrechtlicher Verträge oder allgemeinen Völkerrechts** beziehen (im Rahmen des Art. 263 oder des Art. 267 AEUV). Nach der Rechtsprechung des Gerichtshofs kommt eine solche Prüfung aber nur in Betracht, wenn die geltend gemachte völkervertragsrechtliche Bestimmung unmittelbar anwendbar bzw. hinreichend inhaltlich bestimmt ist.[145]

Hinzuweisen ist in diesem Zusammenhang beispielhaft auf das Urteil des Gerichtshofs in der Rs. C-308/06 (Intertanko)[146], in dem es um die Rechtmäßigkeit einzelner Vorschriften der RL 2005/35 über die Meeresverschmutzung durch Schiffe[147] ging. In Anknüpfung an seine bisherige Rechtsprechung lehnte es der EuGH ab, Bestimmungen des Sekundärrechts am Maßstab völkerrechtlicher Verträge zu überprüfen, die er als nicht hinreichend genau und / oder nicht inhaltlich unbedingt (und damit wohl nicht direkt anwendbar) erachtet. Im konkreten Fall ging es um das Seerechtsübereinkommen der Vereinten Nationen, dem keine Vorschriften zu entnehmen seien, die dazu bestimmt sind, direkt und unmittelbar auf Einzelne Anwendung zu finden und diesen Rechte oder Freiheiten zu verleihen. In Bezug auf das ebenfalls relevante sog. MARPOL-Übereinkommen lehnte der Gerichtshof eine gerichtliche Überprüfung der RL 2005/35 an seinem Maßstab schon deshalb ab, weil die EU keine Vertragspartei des Übereinkommens ist, sie auch nicht an die Stelle der Mitgliedstaaten getreten sei (da die entsprechenden Befugnisse nicht vollständig auf sie übergegangen seien) und die relevanten Vorschriften des Übereinkommens auch kein Völkergewohnheitsrecht darstellten.

Zu überzeugen vermag ein solcher Ansatz freilich nicht:[148] Denn der auch vom Gerichtshof betonte Vorrang der von der Union abgeschlossenen völkerrechtlichen Verträge im Verhältnis zum Sekundärrecht wird letztlich unterminiert, wenn eine gerichtliche Überprüfung der Vereinbarkeit dieses Sekundärrechts mit völkerrechtlichen Verträgen nur im Falle der inhaltlichen Unbedingtheit und / oder hinreichenden Bestimmtheit des entsprechenden Vertrages bzw. seiner Bestimmungen – wobei der Gerichtshof in der Rs. C-308/06 gar die Einräumung von Rechten Einzelner verlangen dürfte – erfolgt, zumal diese Voraussetzungen vom EuGH nur sehr zurückhaltend bejaht werden. Dieser Ansatz dürfte letztlich zwei voneinander zu trennende Fragen in wenig überzeugender Weise vermengen: Die Frage nach der direkten Anwendbarkeit völker-

---

144 Allerdings erhebt die Kommission kaum jemals aus diesem Grund Klage, vgl. aber EuGH, Rs. C-239/03 (Kommission/Frankreich), Slg. 2004, I-9325. Hierzu *Hedemann-Robinson*, EELR 2012, 2 ff.
145 Hier ist insbesondere die sog. „GATT-Rechtsprechung" zu erwähnen, in der es der EuGH in ständiger Rechtsprechung ablehnt, sekundäres Unionsrecht am Maßstab des GATT- bzw. des WTO-Rechts zu prüfen, vgl. EuGH, Rs. C-280/93 (Deutschland/Rat), Slg. 1994, I-4973; EuGH, Rs. C-149/96 (Portugal/Rat), Slg. 1999, I-8395; EuGH, Rs. C-469/93 (Chiquita Italia), Slg. 1995, I-4533, Ziff. 26 ff.; s. ansonsten EuGH, verb. Rs. C-300/98, C-392/98 (Dior), Slg. 2000, I-11307; EuGH, Rs. C-307/99 (OGT Fruchthandelsgesellschaft), Slg. 2001, I-3159; EuGH, verb. Rs. C-27/00, C-122/00 (Omega Air), Slg. 2002, I-2569; EuGH, verb. Rs. C-210/06 P, C-121/06 P (FIAMM), Slg. 2008, I-6513; EuGH, Rs. C-344/04 (IATA, ELFAA), Slg. 2006, I-403.
146 EuGH, Rs. C-308/06 (Intertanko), Slg. 2008, I-4057.
147 ABl. 2005 L 255, 11.
148 Die Literatur kritisiert diese Rechtsprechung fast einhellig, vgl. etwa *Ott*, Gatt und WTO, 254 ff.; s. auch *Holdgaard*, External Relations, 298 ff., 428 ff.; *Frenz*, Handbuch Europarecht, Bd. 5, § 2, Rn. 44, 53.

rechtlicher Verträge ist nämlich eine andere als diejenige nach der Vereinbarkeit eines Sekundärrechtsakts mit diesen. So ist es denn auch durchaus denkbar, dass eine völkervertragliche Bestimmung zwar nicht hinreichend genau ist, um als solche angewandt zu werden, dass aber gleichwohl ein Sekundärrechtsakt mit dieser nicht vereinbar ist, da er den eingeräumten Spielraum überschreitet. Weiter ist darauf hinzuweisen, dass der EuGH durchaus die Vereinbarkeit nationaler Maßnahmen mit Richtlinienbestimmungen prüft, ohne die unmittelbare Wirkung der in Frage stehenden Richtlinienbestimmungen vorauszusetzen,[149] was überzeugend ist, so dass es umso mehr verwundert, dass bei der strukturell ähnlich gelagerten Frage der Vereinbarkeit von Sekundärrecht mit Völkerrecht andere Maßstäbe angelegt werden.

33 Vor diesem Hintergrund ist es im Ergebnis überzeugend, die Frage, ob ein Sekundärrechtsakt mit den Vorgaben des Völkerrechts in Einklang steht, konzeptionell von derjenigen nach der unmittelbaren Wirksamkeit und hinreichenden Bestimmtheit der jeweiligen Bestimmung im Hinblick auf ihre Anwendung im Einzelfall zu trennen. Die Verneinung der unmittelbaren Wirksamkeit oder eine fehlende Bestimmtheit kann lediglich implizieren, dass die jeweilige völkerrechtliche Verpflichtung einen gewissen Gestaltungsspielraum einräumt, der grundsätzlich aber auch überschritten werden kann, so dass diese Aspekte nichts an der grundsätzlichen Möglichkeit der gerichtlichen Überprüfung der Vereinbarkeit von Sekundärrecht am Maßstab des Völkerrechts ändern, zumal die Frage nach der Rechtswidrigkeit eines Sekundärrechtsakts objektiver Natur ist. Diese Grundsätze gelten sowohl im Rahmen des Vorabentscheidungsverfahrens als auch bei der Nichtigkeitsklage, geht es doch in beiden Fällen um objektive Rechtmäßigkeitsprüfungen, woran auch der Umstand nichts ändert, dass unter Umständen im Rahmen der Zulässigkeit der Klage auf nationaler Ebene oder für natürliche und juristische Personen auf Unionsebene subjektive Elemente bzw. individuelle Rechtspositionen eine Rolle spielen (können), die aber der Ebene der Zulässigkeit der Klage zuzuordnen sind, während es bei der Gültigkeitsprüfung von Sekundärrecht um eine Frage der Begründetheit geht. Es wäre sehr zu begrüßen, wenn die Rechtsprechung in dieser Beziehung etwas mehr Klarheit schaffen würde, wobei dies nicht zwingend zu anderen Ergebnissen, soweit die mögliche Nichtigkeit des Sekundärrechts betroffen ist, führen würde.

Die gerichtliche Kontrolle der Vereinbarkeit von Sekundärrecht mit völkerrechtlichen Vorgaben wurde jüngst in Bezug auf das Emissionshandelssystem relevant:[150] In der von der Großen Kammer entschiedenen Rs. C-366/10[151] ging es um die Gültigkeit der RL 2008/101 über den Einbezug des Luftverkehrs in das Emissionshandelssystem[152] (vgl. RL 2003/87[153]), wobei sich der Gerichtshof auch zu grundsätzlichen Fragen der Stellung des Völkerrechts in der Union äußerte, da letztlich die Vereinbarkeit der Richtlinie mit verschiedenen völkerrechtlichen Grundsätzen und Bestimmungen zur Debatte stand. Ausgangspunkt der Ausführungen des EuGH zu den völkerrechtlichen Verträgen ist dabei, dass die Organe der Union nach Art. 216 Abs. 2 AEUV an völkerrechtliche Abkommen gebunden sind, so dass diese gegenüber EU-Rechtsakten Vorrang genössen. Allerdings betont der EuGH in Anknüpfung an seine ständige Rechtsprechung auch, dass eine Überprüfung

---

149 Vgl. EuGH, Rs. C-387/97 (Kommission/Griechenland), Slg. 2000, I-5047: Hier prüfte der Gerichtshof, ob ein Verstoß gegen Art. 4 RL 75/442 (Abfallrahmenrichtlinie, heute kommt hier die neue Abfallrahmenrichtlinie, RL 2008/98, zum Zuge, die jedoch in Art. 13 eine weitgehend parallel formulierte Bestimmung enthält) vorlag, der vorsieht, dass im Falle der Verwertung oder Beseitigung von Abfällen sichergestellt werden muss, dass die menschliche Gesundheit nicht gefährdet und die Umwelt nicht geschädigt werden. Zudem ist eine unkontrollierte Ablagerung, Ableitung oder Beseitigung zu unterbinden. Dieser Artikel erfüllt sicherlich nicht die Voraussetzungen einer unmittelbaren Wirkung, da er zu allgemein und unbestimmt formuliert ist. Dies ändert aber nichts daran, dass der EuGH in der zitierten Rechtssache einen Verstoß gegen diese Vorgaben annahm, indem er prüfte, ob die Mitgliedstaaten den ihnen durch diese Bestimmung eingeräumten Spielraum überschritten hätten, was etwa dann der Fall sei, wenn die jeweiligen Maßnahmen zur Verwirklichung einer gesundheits- und umweltverträglichen Abfallentsorgung offensichtlich ungenügend oder unzureichend seien. S. auch die in eine ähnliche Richtung gehenden Urteile in EuGH, Rs. C-135/05 (Kommission/Italien), Slg. 2007, I-3475; EuGH, Rs. C-365/97 (Kommission/Italien), Slg. 1999, I-7773.
150 Vgl. die folgenden Erwägungen schon bei *Epiney*, EurUP 2012, 88 (101 f.). Zu dem Urteil des EuGH auch etwa *Denza*, ELR 2012, 314 ff.; *Maysokolua/Steppler*, ZLW 2011, 28 ff.; *Korn*, NuR 2012, 759 ff.
151 EuGH, Rs. C-366/10 (Air Transport association of America), Urt. v. 21.12.2011.
152 ABl. 2009 L 8, 3.
153 Zu dieser noch unten 9. Kap. Rn. 10 ff.

3. Kapitel Instrumente und Akteure der Umweltpolitik und der Umweltrechtsetzung der EU

der Gültigkeit eines Unionsrechtsakts am Maßstab eines völkerrechtlichen Vertrags – an den die Union selbstredend gebunden sein müsse – nur dann möglich sei, wenn dessen Art und Struktur dem nicht entgegenstünden.[154] Weiter sei erforderlich, dass die geltend gemachten völkervertraglichen Bestimmungen inhaltlich unbedingt und hinreichend genau erscheinen, was nur dann der Fall sei, wenn sie klare und eindeutige Verpflichtungen enthalten, deren Erfüllung und Wirkungen nicht vom Erlass eines weiteren Akts abhängen.[155]

Auf dieser Grundlage stellt der Gerichtshof zunächst fest, dass die RL 2008/101 nicht am Maßstab des Chicagoer Abkommens geprüft werden könne: Die Union selbst sei nicht Vertragspartei dieses Abkommens. Zwar seien alle Mitgliedstaaten Vertragsparteien, woraus jedoch nur dann eine Bindung der Union folge, wenn sie die Befugnisse in ihrem Anwendungsbereich aufgrund des EU-Rechts vollständig übernommen habe. Dies sei aber nicht der Fall, da zwar bestimmte, das Abkommen betreffende Aspekte Gegenstand unionsrechtlicher Regelungen seien, ihr jedoch keine ausschließliche Zuständigkeit im gesamten Bereich der durch das Abkommen geregelten internationalen Zivilluftfahrt zukomme. Ebensowenig könne das Kyoto-Protokoll herangezogen werden, da dessen Bestimmungen nicht inhaltlich unbedingt und hinreichend genau seien und somit keine Rechte für den Einzelnen begründeten, die er vor Gericht geltend machen könnte. Hingegen könnten einige Bestimmungen des sog. Open-Skies-Abkommens mit den USA – das von der Union ratifiziert wurde und den Luftfahrtunternehmen der Vertragsparteien bestimmte Rechte einräumt – geltend gemacht werden: So seien Art. 7 (wonach für Luftfahrzeuge beim Ein- oder Ausflug innerhalb des Gebiets einer Vertragspartei deren einschlägige Rechtsvorschriften gelten), Art. 11 (wonach Treibstoff zur Verwendung eines in einem internationalen Luftverkehr eingesetzten Luftfahrzeugs auf der Grundlage der Gegenseitigkeit von allen Abgaben befreit ist) und Art. 15 Abs. 3 i.V.m. Art. 2, Art. 3 Abs. 4 (wonach die Umweltschutznormen der Anhänge des Chicagoer Abkommens zu beachten sind und Flughafengebühren in der Form von Umweltschutzmaßnahmen nicht diskriminierend auszugestalten sind) des Abkommens unbedingt und hinreichend genau ausgestaltet, so dass die Gültigkeit der RL 2008/101 an ihrem Maßstab geprüft werden könne.

Soweit das Völkergewohnheitsrecht betroffen ist, sei die Union verpflichtet, beim Erlass eines Rechtsakts auch dieses – das die Organe der Union binde – zu beachten. Eine Prüfung der Gültigkeit der RL 2008/101 am Maßstab des Völkergewohnheitsrechts setze aber (auch) voraus, dass sich Einzelne auf die geltend gemachten Grundsätze berufen könnten. Konkret stellten die Grundsätze, dass jeder Staat die vollständige und ausschließliche Hoheit über seinen Luftraum besitzt, dass kein Staat den Anspruch erheben darf, irgendeinen Teil der hohen See seiner Hoheit zu unterstellen, sowie der Freiheit von Flügen über hoher See Völkergewohnheitsrecht dar. Zwar begründeten diese Grundsätze „offenbar" nur Verpflichtungen zwischen Staaten; jedoch könne nicht ausgeschlossen werden, dass sie auch von Einzelnen im Hinblick auf die Prüfung der Zuständigkeit der Union, den Anwendungsbereich der RL 2008/101 auf die Betreiber von Luftfahrzeugen aus Drittländern auszudehnen, geltend gemacht werden können. Damit schließt der Gerichtshof letztlich aus der Belastung der Einzelnen durch die RL 2008/101 auf die Möglichkeit, auch die erwähnten völkergewohnheitsrechtlichen Grundsätze geltend zu machen. In Bezug auf die Kontrolldichte hält der Gerichtshof fest, dass sich die gerichtliche Kontrolle auf die Frage beschränken müsse, ob den Unionsorganen beim Erlass des betreffenden Rechtsakts offensichtliche Fehler bei der Beurteilung der Voraussetzungen für die Anwendung dieser Grundsätze unterlaufen sind, da ein Grundsatz des Völkergewohnheitsrechts nicht dieselbe Bestimmtheit aufweise wie eine völkervertragsrechtliche Bestimmung.

Der Gerichtshof prüft auf dieser Grundlage die Vereinbarkeit der RL 2008/101 mit den erwähnten völkerrechtlichen Bestimmungen und Grundsätzen und bejaht diese: Die Anwendbarkeit des Emissionshandels auch auf Flüge, die in einem Drittstaat beginnen oder enden, jedoch im Unionsgebiet enden oder beginnen, stehe mit den genannten völkergewohnheitsrechtlichen Grundsätzen in Einklang, da die „Unterwerfung" der Luftfahrzeuge unter dieses Regime letztlich darauf beruhe, dass sich die Luftfahrzeuge im Hoheitsgebiet der Mitgliedstaaten befinden. Der Unionsgesetzgeber dürfe sich aber dafür entscheiden, die Ausübung einer wirtschaftlichen Tätigkeit in seinem Hoheitsgebiet nur unter der Voraussetzung zuzulassen, dass die Wirtschaftsteilnehmer die von der Union festgelegten Kriterien beachten. Ebensowenig könne ein Verstoß gegen die genannten Bestimmungen des Open-Skies-Abkommens festgestellt werden: Denn (in Bezug auf Art. 7) das Unionsrecht sei nicht als solches auf in Drittländern eingetragene Luftfahrzeuge anwendbar, sondern nur, wenn ein Flug mit Abflug oder Ankunft im Unionsgebiet erfolge. Das Verbot der Belegung von Flugtreibstoff mit Abgaben (Art. 11) sei schon deshalb nicht verletzt, weil im Rahmen des Zertifikatehandels kein unmit-

---

154 S. insoweit auch schon EuGH, verb. Rs. C-120-121/06 P (FIAMM), Slg. 2008, I-6513.
155 Vgl. insoweit auch schon EuGH, Rs. C-344/04 (IATA und ELFAA), Slg. 2006, I-403. S. hierzu auch schon die (kritischen) Bemerkungen oben im Text.

telbarer und unauflöslicher Zusammenhang zwischen der Menge des von einem Luftfahrzeug getankten oder verbrauchten Treibstoffs und der finanziellen Belastung des Betreibers des Luftfahrzeugs bestehe, dies obwohl sich die Zahl der Zertifikate auf der Grundlage des Treibstoffverbrauchs bestimme; denn die Kosten hingen nicht unmittelbar von dieser Zahl, sondern von der Zahl der ursprünglich zugeteilten Zertifikate und dem Marktpreis ab. Art. 15 Abs. 3 hindere die Vertragsstaaten nicht daran, Maßnahmen zu erlassen, mit denen das Verkehrsvolumen, die Frequenz oder Regelmäßigkeit des Dienstes begrenzt werden, wobei der Grundsatz der Nichtdiskriminierung zu beachten sei, eine Voraussetzung, die im vorliegenden Fall erfüllt sei.

B. Akteure

34   Ebenso wie auf nationaler Ebene treten auch in der EU-Umweltpolitik und -rechtsetzung verschiedene Akteure[156] auf und nehmen damit Einfluss auf die Formulierung und Auslegung (primär- und sekundärrechtlicher) umweltbezogener Vorschriften. Abgesehen von einigen wenigen Besonderheiten[157] sind hier jedoch die allgemeinen Grundsätze maßgeblich; die Akteure der EU-Umweltpolitik und ihre Rolle unterscheiden sich nicht wesentlich von den in anderen Politikbereichen herrschenden Prinzipien. Daher soll hier ein Überblick genügen und lediglich auf die Problemkreise, in denen für den Bereich der Umweltpolitik Besonderheiten festzustellen sind, vertiefter eingegangen werden, wobei auch keine Vollständigkeit angestrebt wird, sondern die m.E. wichtigsten Aspekte herausgegriffen werden sollen.

35   Die Rolle der Akteure der EU-Umweltpolitik ist vor dem Hintergrund des „Grundschemas" des **Rechtsetzungsverfahrens in der EU**[158] und des Vollzugs des Unionsrechts sowie seiner Kontrolle zu sehen. Insgesamt können hier fünf Phasen unterschieden werden:[159]

- In der **Initiativphase** wird ein Rechtsetzungsvorschlag ausgearbeitet. Sie endet mit einem Vorschlag der Kommission, die auch im Übrigen das gesamte Verfahren, das einem definitiven Vorschlag vorausgeht, durchführt.[160]

    Abgesehen von einigen Ausnahmen, in denen auch dem EP bzw. den Mitgliedstaaten ein Initiativrecht zusteht,[161] ist das Initiativrecht eine Prärogative der Kommission. Allerdings können Rat und Parlament die Kommission auffordern, ihnen Vorschläge zu unterbreiten und die hierfür notwendigen Nachforschungen anzustellen (Art. 225, 241 AEUV). Die Formulierung dieser beiden Bestimmungen verdeutli-

---

156   Dieser Begriff wird hier in Anlehnung an die politikwissenschaftliche Terminologie verwendet und impliziert daher keine rechtliche Einordnung etwa im Sinne von mit gewissen rechtlich begründeten Kompetenzen ausgestatteten Organen, sondern nimmt Bezug auf die Teilnahme am politischen Willensbildungsprozess und die Rolle bei der Annahme, Anwendung und Durchsetzung des EU-Umweltrechts, die nicht nur von rechtlich begründeten Kompetenzen abhängig ist. Vgl. so auch das Verständnis bei *Meßerschmidt*, Europäisches Umweltrecht, § 6, Rn. 1ff.

157   Die insbesondere die involvierten Interessenverbände und die Europäische Umweltagentur betreffen, vgl. dazu noch die weiteren Ausführungen im Text. S. im Übrigen auch die Erörterung der Rolle der Akteure in der EU mit spezifischem Bezug zur Umweltpolitik bei *Weale/Pridham/Cini/Konstadakopulos/Porter/Flynn*, Environmental Governance in Europe, 86ff.; *Huber*, UTR 2002, 9ff.; *McCormick*, Environmental Policy, 95ff., 123ff.; *Krämer*, EC Environmental Law, 37ff.; *Krämer*, Droit de l'environnement de l'UE, 15ff.

158   Vgl. hierzu mit Bezug auf die Umweltpolitik *Meßerschmidt*, Europäisches Umweltrecht, § 2, Rn. 66ff.; *Thieffry*, Droit de l'environnement de l'UE, 112ff.; *Holzinger*, Politik des kleinsten gemeinsamen Nenners?, 136ff.; *Krämer*, EUDUR I, § 16; *Schlotmann*, Interessenvertretung bei der Europäischen Kommission, 35ff.; *Weale*, in: Environmental Policy in the European Union, 198ff.; *Krämer*, EC Environmental Law, 74ff.

159   Das EU-Sekundärrecht sieht aber häufig erleichterte Beschlussverfahren zur Änderung oder Anpassung bestimmter Teile eines Rechtsakts vor, um etwa schnell der neueren technischen Entwicklung Rechnung tragen zu können. S. bereits die Entschließung des Rates vom 15.7.1975 über die Anpassung der Richtlinien oder anderen gemeinschaftlichen Regelungen zum Schutz und zur Verbesserung der Umwelt an den technischen Fortschritt, ABl. 1975 C 168, 5. Zudem regelt heute Art. 290 f. AEUV ausdrücklich den Erlass von delegierten Rechtsetzungsakten und Durchführungsakten. Vgl. hierzu noch unten 3. Kap. Rn. 40.

160   Vgl. hierzu unten 3. Kap. Rn. 38 ff.

161   Vgl. für das EP Art. 223 Abs. 1, 2 AEUV, für die Mitgliedstaaten Art. 76 lit. b) EUV. Diese spielen aber im Bereich der Umweltgesetzgebung keine Rolle.

chen nunmehr,[162] dass die Kommission in einem solchen Fall nicht zur Vorlage eines Vorschlags verpflichtet ist; jedoch hat sie im Falle des Verzichts auf einen Vorschlag die Gründe hierfür mitzuteilen.[163]

- In der **Mitwirkungsphase** erfolgt die Beteiligung der Organe, deren Mitwirkung in der einschlägigen Primärnorm in der einen oder anderen Form vorgeschrieben ist. Es handelt sich hier um das Europäische Parlament, den Wirtschafts- und Sozialausschuss sowie, seit Inkrafttreten des Maastrichter Vertrages, den Ausschuss der Regionen. Während den beiden letztgenannten (Neben-) Organen (nur) rein beratende Aufgaben zukommen,[164] gehen die Befugnisse des EP in den meisten Bereichen aufgrund der grundsätzlichen Anwendung des dem früheren Mitentscheidungsverfahren nachgebildeten ordentlichen Gesetzgebungsverfahrens wesentlich weiter,[165] so dass das EP in der Regel auch in der Entscheidungsphase beteiligt ist. Allerdings bleiben gewisse Bereiche, in denen sog. besondere Gesetzgebungsverfahren (vgl. Art. 289 Abs. 2 AEUV) zum Zuge kommen und in denen das EP nur angehört werden muss;[166] in einigen weiteren Bereichen ist die Zustimmung des Parlaments notwendig, so dass das EP einen Rechtsakt entweder ablehnen oder annehmen, hingegen keine Modifikationen vorschlagen kann.

- In der **Entscheidungsphase** schließlich wird die entsprechende Norm endgültig beschlossen; die hierfür zuständigen Organe sind der aus den Vertretern der Regierungen der Mitgliedstaaten zusammengesetzte Rat und – soweit das ordentliche Gesetzgebungsverfahren (Art. 289, 294 Abs. 1 AEUV)[167] oder das Zustimmungsverfahren zur Anwendung kommt – das Europäische Parlament. Hiermit wird das Normsetzungsverfahren formell abgeschlossen.

- Der **Vollzug** dieser so erlassenen Normen obliegt – abgesehen von einigen wenigen Bereichen[168] – den Mitgliedstaaten, wie es für den Bereich der Umweltpolitik i.e.S. in Art. 192 Abs. 4 AEUV ausdrücklich betont wird.[169]

- An letzter Stelle steht schließlich die **Kontrollphase**. Hier geht es darum, ob das Unionsrecht tatsächlich richtig angewandt und ausgelegt wird. In dieser Phase werden insbesondere die Kommission und der EuGH tätig, wobei letzterem das Monopol der letztverbindlichen Auslegung des Unionsrechts zusteht.[170]

Der vorstehende Überblick hat gezeigt, in welchen Stadien des Rechtsetzungsverfahrens in der Union den verschiedenen Akteuren der EU-Umweltpolitik Befugnisse zukommen. Im Folgenden geht es nun auf dieser Grundlage darum, die Rolle und Befugnisse der wichtigsten Akteure und damit ihren tatsächlichen Einfluss auf Verfolgung und Definition der EU-Umweltpolitik sowie

---

162 Streitig war vor Einführung des zweiten Satzes dieser Bestimmungen, ob die Kommission an eine derartige Aufforderung gebunden war, hierzu etwa *Huber*, EUDUR I, § 19, Rn. 21.
163 A.A. aber etwa *Krämer*, Droit de l'environnement dans l'UE, 16, der argumentiert, dass die Anforderung des Art. 225 AEUV, wonach das EP mit der Mehrheit seiner Mitglieder entscheidet, keinen Sinn mache, wenn die Kommission nicht durch einen derartigen Vorstoß gebunden wäre.
164 Wie sich schon aus Art. 13 Abs. 4 EUV, in dem von „beratenden Aufgaben" dieser beiden Institutionen die Rede ist, ergibt.
165 Vgl. zu den Befugnissen des EP im Rahmen der Rechtsetzung der Union nur Bieber/Epiney/Haag-*Bieber*, EU, § 7, Rn. 15 ff.
166 Unterbleibt die Anhörung des EP, obwohl sie durch die einschlägige Ermächtigungsnorm vorgeschrieben ist, so stellt dies nach der Rechtsprechung des EuGH grundsätzlich einen wesentlichen Formfehler dar, der zur Nichtigkeit der erlassenen Unionsrechtsnorm führt, vgl. EuGH, Rs. 138/79 (Roquette Frères), Slg. 1980, 3333, Ziff. 32 ff.; eine Anhörung gilt auch dann als unterlassen, wenn das EP in dem Fall, in dem der erlassene Rechtsakt sich wesentlich von dem ursprünglichen Kommissionsentwurf und damit der dem EP vorgelegten Fassung unterscheidet, nicht nochmals angehört wird, vgl. EuGH, Rs. C-388/92 (Parlament/Rat), Slg. 1994, I-2067, Ziff. 10 ff.
167 Dieses Verfahren stellt den Regelfall in der EU dar und ging aus dem früheren Mitentscheidungsverfahren hervor. Vgl. zu diesem Verfahren nur Bieber/Epiney/Haag-*Bieber*, EU, § 7, Rn. 18.
168 Insbesondere im Bereich des Wettbewerbsrechts, in dem die Kommission auch den Vollzug übernimmt, vgl. zu den Vollzugskompetenzen der Kommission den Überblick bei Bieber/Epiney/Haag-*Epiney*, EU, § 8, Rn. 7 ff.
169 Vgl. ansonsten zum Vollzug des Unionsrechts durch die Mitgliedstaaten und hierbei zu beachtenden Vorgaben für den Bereich des Umweltrechts noch unten 5. Kap. Rn. 143 ff.
170 Dies ergibt sich aus Art. 19 EUV, s. nur Bieber/Epiney/Haag-*Epiney*, EU, § 9, Rn. 4 f.

den Inhalt der letztlich zustande gekommenen Norm zu skizzieren. Zu berücksichtigen sind dabei – neben den schon genannten Organen – auch Institutionen oder Gruppierungen, denen nach den skizzierten Grundsätzen zwar keine Befugnisse oder Rechte zukommen, die aber dennoch aufgrund ihrer Kompetenzen, Aufgaben oder der tatsächlichen Gegebenheiten mittelbar die Gestaltung der EU-Umweltpolitik (mit-) beeinflussen.[171]

Nicht spezifisch eingegangen wird hingegen auf den Wirtschafts- und Sozialausschuss und den Ausschuss der Regionen, obwohl ihnen im Rahmen des Art. 192 Abs. 1, 2 AEUV Anhörungsrechte zukommen. Ohne die Bedeutung dieser Befugnisse vernachlässigen zu wollen, dürfte ihnen aber im Spiel der „Akteure" der EU-Umweltpolitik eine eher untergeordnete Rolle zukommen.[172] Ähnliches gilt für den Rechnungshof[173] und die Europäische Zentralbank.

I. Kommission

37 Auch im Bereich der Umweltpolitik spielt die Kommission eine sehr wichtige Rolle, die insbesondere auf ihren Befugnissen bzw. Tätigkeiten in vier Bereichen beruht: dem Initiativmonopol (1.), der delegierten Rechtsetzung und den Durchführungsbefugnissen (2.), den Verwaltungsaufgaben (3.) sowie den Kontrollbefugnissen (4.). Insgesamt kommt der Kommission auf der Grundlage der ihr durch den Vertrag zugedachten Stellung eine Schlüsselfunktion für die Ausgestaltung, aber auch die Effektivität der EU-Umweltpolitik zu.

Die Kommission entscheidet als Kollegium; allerdings ist für die konkrete Ausarbeitung einer Rechtsetzungsinitiative immer eine bestimmte Generaldirektion (für den Umweltbereich primär die Generaldirektion Umwelt[174] sowie neu die Generaldirektion Klima[175]) zuständig, deren Vorschlag in der Regel maßgeblich sein wird. Sie koordiniert aber ihre Vorgehensweise mit denjenigen Dienststellen, die ebenfalls mit der entsprechenden Materie befasst sind.[176]

1. Zum Initiativmonopol

38 Der Kommission steht – wie bereits erwähnt – grundsätzlich das **Initiativmonopol** im Bereich der Rechtsetzung in der EU zu. Ohne einen entsprechenden Vorschlag der Kommission kann also – von Ausnahmen abgesehen, die im Rahmen der Umweltpolitik nicht von Bedeutung sind – kein Sekundärrechtsakt erlassen werden. Angesichts der Tatsache, dass (auch) die EU-Umweltpolitik im Wesentlichen durch Rechtsakte Gestalt annimmt, kommt diesem Initiativmonopol der Kommission eine große Bedeutung zu,[177] die sich erst auf der Grundlage einer Aufschlüsselung seines Gehalts und seiner Konsequenzen vollständig erschließt. Eine wichtige Rolle spielen in diesem Zusammenhang namentlich vier sich aus dem Initiativmonopol der Kommission – wobei diese regelmäßig vor der Unterbreitung eines Vorschlags informelle Konsultationen insbesondere der Mitgliedstaaten durchführt[178] – ergebende Befugnisse bzw. Aufgaben:

---

171 Vgl. zur Rolle der verschiedenen Akteure aus politikwissenschaftlicher Sicht etwa *Zito*, Creating Environmental Policy, *passim*; *Schwarz*, Europäisierung der Umweltpolitik, *passim*; *Holzinger/Knill/Schäfer*, EIJ 2006, 403 ff.; mit konkreten Fallbeispielen auch *Kraack/Pehle/Zimmermann-Steinhart*, Umweltintegration, *passim*; s. instruktiv auch *Heldeweg*, EELR 2005, 2 ff.
172 Vgl. kurz zu diesen Organen in unserem Zusammenhang *Huber*, EUDUR I, § 19, Rn. 41 f., 83 ff.; *Krämer*, Droit de l'environnement de l'UE, 23 f.; *Meßerschmidt*, Europäisches Umweltrecht, § 6, Rn. 70 ff.
173 Vgl. zu diesem in unserem Zusammenhang *Huber*, EUDUR I, § 19, Rn. 15; *Meßerschmidt*, Europäisches Umweltrecht, § 6, Rn. 172.
174 Früher die Generaldirektion XI. Seit 1999 werden die Generaldirektionen nicht mehr nummeriert.
175 Vgl. zu dieser „Abspaltung" *Krämer*, Droit de l'environnement dans l'UE, 15, der auch auf die verfügbaren Ressourcen hinweist.
176 Vgl. zur Arbeitsweise der Kommission, spezifisch mit Bezug zur Umweltpolitik, *Huber*, EUDUR I, § 19, Rn. 72 ff.; *Meßerschmidt*, Europäisches Umweltrecht, § 6, Rn. 23 ff.
177 Vgl. zu den Initiativtätigkeiten der Kommission *Krämer*, Droit de l'environnement dans l'UE, 16 ff.; s. auch schon *Krämer*, in: Europäisches Umweltrecht, 33 (34 ff.); s. auch *Meßerschmidt*, Europäisches Umweltrecht, § 6, Rn. 16, der darauf hinweist, dass der Einfluss der Kommission bei der Gesetzgebung unbeschadet ihrer fehlenden Kompetenz zur Gesetzgebung erheblich sei und ihr eine „Schlüsselfunktion" zukomme. S. auch die Bewertung der Rolle des Initiativrechts der Kommission bei *Owens*, elni 2007, 2 ff.; *Hofmann*, elni 2007, 9 ff.
178 Vgl. *Krämer*, Droit de l'environnement dans l'UE, 17.

3. Kapitel Instrumente und Akteure der Umweltpolitik und der Umweltrechtsetzung der EU

- Das Initiativmonopol der Kommission impliziert, dass – in Bezug auf konkrete Rechtsetzungsvorschläge – ihr Vorschlag sowohl für das „Ob" des Tätigwerdens[179] als auch für das „Wie", d.h. für die konkrete Ausgestaltung der Maßnahme, entscheidend ist.
- Zudem erschwert es Art. 293 Abs. 1 AEUV dem Rat, von dem Vorschlag der Kommission abweichende Beschlüsse zu fassen: Hierfür muss er – abgesehen von den in Art. 293 Abs. 1 AEUV ausdrücklich genannten Fällen, die insbesondere das Vermittlungsverfahren im Rahmen des ordentlichen Gesetzgebungsverfahrens betreffen – einstimmig entscheiden. *De facto* führt diese Bestimmung dazu, dass eine **Änderung** des Vorschlages der Kommission ohne ihr Einverständnis[180] nur in seltenen Fällen möglich ist, da **Einstimmigkeit** zwischen allen Mitgliedstaaten häufig nur sehr schwer zu erreichen ist.
- Aber selbst wenn bezüglich eines bestimmten Vorgehens im Rat Einstimmigkeit erzielt wird, die Kommission die getroffene Entscheidung jedoch für unannehmbar hält, steht ihr nach Art. 293 Abs. 2 AEUV immer noch die Möglichkeit offen, ihren **Vorschlag** bis zur endgültigen Beschlussfassung **zurückzuziehen**.[181] Letztlich hängt das Zustandekommen eines EU-Rechtsakts daher – außer in den Fällen des Art. 294 Abs. 10, 13 AEUV – in aller Regel von der Zustimmung der Kommission ab.
- Schließlich gibt das Initiativrecht der Kommission nicht nur das Recht, Rat und Parlament konkrete Rechtsetzungsvorschläge zu unterbreiten, sondern impliziert auch – sollen die von der Kommission ausgearbeiteten Vorschläge inhaltlich und konzeptionell auf einer tragfähigen Grundlage stehen – die Befugnis bzw. die Notwendigkeit der Erarbeitung von längerfristigen umfassenden oder auch sektoriellen **Handlungsstrategien** in den betroffenen Bereichen.[182]

Die Entwicklung längerfristiger Politikkonzepte durch die Kommission ist deshalb von großer Bedeutung, weil sie das einzige Organ innerhalb der Union darstellt, die hierzu institutionell und fachlich in der Lage ist und deren Vorhaben auch eine Chance haben, in einem gewissen Ausmaß verwirklicht zu werden. Dem Rat, der zwar ebenfalls derartige Programme entwickeln könnte, stehen hierfür zum einen die erforderlichen insbesondere personellen Ressourcen nicht zur Verfügung, so dass er sich letztlich weitgehend auf die Behandlung der Vorlagen der Kommission beschränkt. Zum anderen stieße eine derartige Tätigkeit des Rates auf die an die Struktur dieses Organs angelegte Schwierigkeit, dass er aus weisungsabhängigen Vertretern der Mitgliedstaaten zusammengesetzt ist.[183] Diesen Schwierigkeiten ist das Europäische Parlament zwar nicht ausgesetzt; es nimmt seine diesbezüglichen Möglichkeiten auch immer wieder wahr;[184] ihm fehlt aber mangels eines Initiativrechts die Möglichkeit der Durchsetzung seiner Vorstellungen.[185] Dagegen entfalten die Ziel- und Strategievorstellungen der Kommission Auswirkungen auf die später zu ergreifenden konkreten Maßnahmen und die zu erlassenden Rechtsnormen[186] und bestimmen daher wesentlich die Entwicklung der Unionspolitiken.

Allerdings ist die Kommission faktisch bei der Entwicklung und Durchsetzung ihrer „Politikprogramme" nicht frei: Sie unterliegt bei ihrer Formulierung dem (politischen) Druck, die Programme annähernd mehrheits- und durchsetzungsfähig auszugestalten, will sie nicht Gefahr

39

---

179 Dem Rat ist es also insbesondere verwehrt, einen Kommissionsvorschlag entgegenzunehmen und ihn zum Anlass für eine ganz andere Maßnahme zu nehmen; hier fehlte dann ein „Vorschlag" der Kommission für die Maßnahme des Rates, die dann als eigener Vorschlag anzusehen wäre. Allerdings können bei der Bestimmung des für die Annahme eines anderen Ratsvorschlages notwendigen Umfangs der Änderungen Abgrenzungsschwierigkeiten auftreten, vgl. hierzu Lenz/Borchardt-*Hetmeier*, EU-Verträge, Art. 293, Rn. 5.
180 Sie kann im Lauf des Verfahrens ihren Vorschlag aber jederzeit ändern.
181 Der Rückzug dürfte nämlich in der Änderungsbefugnis der Kommission implizit enthalten sein.
182 Vgl. hierzu m.w.N. und konkreten Beispielen *Krämer*, in: Europäisches Umweltrecht, 33 (35 f.).
183 Wodurch die Erreichung eines Konsenses erschwert wird. Zudem sind die Vertreter der „Interessen der Mitgliedstaaten" nur bedingt zur Entwicklung eher umfassender und weitsichtiger Programme prädestiniert.
184 Im Bereich des Umweltrechts hat es zahlreiche Entschließungen gefasst, vgl. mit weiteren Nachweisen *Holzinger*, Politik der kleinsten gemeinsamen Nenners?, 111 ff.
185 Dagegen kann es seine Vorstellungen im Rahmen seiner Beteiligung im Gesetzgebungsverfahren einbringen, hierzu mit Beispielen aus der Praxis *Holzinger*, Politik des kleinsten gemeinsamen Nenners?, 112. Vgl. auch unten 3. Kap. Rn. 46 ff.
186 Auch wenn gerade im Umweltbereich der Rat häufig hinter den Vorstellungen der Kommission zurückbleibt.

laufen, sie aufgrund fehlender Mehrheiten im Rat nie verwirklichen zu können. Ganz allgemein wird das „Ob" und „Wie" der Kommissionstätigkeit bei ihren gesetzgeberischen Initiativen denn auch von zahlreichen Faktoren – wie dem Harmonisierungsbedarf, den Anregungen aus den Mitgliedstaaten, dem Einfluss völkerrechtlicher Vorgaben oder auch der „Initiativfreudigkeit" der Kommission – beeinflusst.[187]

2. Delegierte Rechtsetzung und Durchführungsbefugnisse

40 Die Kommission kann sodann rechtsetzend tätig werden, soweit ihr hierfür entsprechende, letztlich abgeleitete Rechtsetzungsbefugnisse eingeräumt werden. Der Vertrag von Lissabon kategorisierte diese Befugnisse neu und führte in Art. 290, 291 AEUV die Unterscheidung zwischen **delegierter Rechtssetzung (Art. 290 AEUV)** und der **Übertragung von Durchführungsbefugnissen (Art. 291 AEUV)** ein:

- Bei den **delegierten Rechtsakten nach Art. 290 AEUV** handelt es sich um eigentliche materielle Bestimmungen: Bestimmte Teile von EU-Rechtsakten bedürfen einer näheren Ausgestaltung oder sollen in einem vereinfachten Verfahren modifiziert werden können, dies letztlich vor dem Hintergrund, dass diese Aspekte keiner Regelung durch den „eigentlichen" Gesetzgeber bedürfen, sondern delegiert werden können; die Bestimmung dient also letztlich der Entlastung des Gesetzgebers. Art. 290 Abs. 1 AEUV formuliert jedoch gewisse Vorgaben für eine solche Delegation, durch die Vorschriften eines Rechtsakts ergänzt oder modifiziert werden können: So darf eine solche Delegation nur „nicht wesentliche Vorschriften" des jeweiligen Rechtsakts betreffen, und der Umfang der Delegation ist in dem Grundakt im Einzelnen festzulegen. Darüber hinaus sind Parlament und / oder Rat in Bezug auf die Bedingungen, unter denen eine solche Übertragung erfolgt, gewisse Kontrollmöglichkeiten einzuräumen: Entweder der Parlament oder Rat müssen den Widerruf der Übertragung beschließen können oder das Inkrafttreten des delegierten Rechtsakts steht unter dem Vorbehalt, dass weder das Parlament noch der Rat innerhalb einer bestimmten Frist keine Einwände erheben (Art. 290 Abs. 2 AEUV). Neu an dieser Regelung ist letztlich diese zwingend vorgesehene Einbindung von Rat und Parlament, während der Erlass delegierter Rechtsakte auch schon vor dem Inkrafttreten des Vertrages von Lissabon unter bestimmten materiellen Voraussetzungen (wie sie jetzt auch in Art. 290 AEUV figurieren) zulässig war.[188]

- Nach Art. 291 Abs. 2 AEUV können der Kommission (oder in Ausnahmefällen dem Rat) **Durchführungsbefugnisse** übertragen werden, die sowohl die administrative Durchführung im Einzelfall als auch den Erlass von Verordnungen, Richtlinien oder Beschlüssen umfassen können,[189] dies für den Fall, dass es „einheitlicher Bedingungen für die Durchführung der verbindlichen Rechtsakte der Union" bedarf.[190] Für die Zwecke dieser Bestimmung werden auf dem Verordnungsweg im Voraus allgemeine Regeln und Grundsätze festgelegt, nach denen die Mitgliedstaaten die Wahrnehmung der Durchführungsbefugnisse durch die Kommission kontrollieren können. Der bislang hier zum Zuge kommende Beschluss 1999/468

---

[187] Vgl. die Auflistung der Hauptfaktoren bei *Meßerschmidt*, Europäisches Umweltrecht, § 6, Rn. 19; s. auch *Krämer*, Droit de l'environnement de l'UE, 22, der darauf hinweist, dass die gesetzgeberischen Initiativen der Kommission im Umweltbereich seit dem Amtsantritt von Kommissionspräsident *Barroso* (2005) spürbar abgenommen haben.

[188] Vgl. EuGH, Rs. 46/86 (Romkes), Slg. 1987, 2671; EuGH, Rs. C-156/93 (EP/Kommission), Slg. 1995, I-2019; EuGH, verb. Rs. C-154/04, C-155/04 (Alliance for Natural Health), Slg. 2005, I-6451.

[189] Mithin ist der Begriff der Durchführung, wie schon nach der Rechtslage vor dem Inkrafttreten des Vertrags von Lissabon, weit auszulegen, so dass er sowohl Durchführungsvorschriften als auch die Anwendung auf den Einzelfall erfasst, vgl. etwa EuGH, verb. Rs. C-37/02, C-38/02 (Di Lenardo Adriano), Slg. 2004, I-6911; EuGH, Rs. C-122/04 (Kommission/EP und Rat), Slg. 2006, I-2001. Auch die h.M. in der Literatur geht von dieser Sicht aus, vgl. z.B. Calliess/Ruffert-*Ruffert*, EUV/AEUV, Art. 291, Rn. 3 ff.; *Hofmann*, ELJ 2009, 488 (495); a.A. aber *Stelkens*, VVDStRL 71, 369 (384 ff.); *Stelkens*, EuR 2012, 511 (531 ff.).

[190] Ansonsten haben die Mitgliedstaaten die zur Durchführung der EU-Rechtsakte erforderlichen Maßnahmen zu ergreifen, Art. 291 Abs. 1 AEUV, s. hierzu auch noch unten 5. Kap. Rn. 143 ff.

3. Kapitel Instrumente und Akteure der Umweltpolitik und der Umweltrechtsetzung der EU

wurde nach dem Inkrafttreten des Vertrages von Lissabon durch die VO 182/2011[191] abgelöst.[192] Danach wird die Kommission bei der Ausübung dieser Durchführungsbefugnisse durch sog. **Ausschüsse** – die aus Vertretern der (Regierungen der) Mitgliedstaaten zusammengesetzt sind – unterstützt („**Komitologie**"), eine Vorgehensweise, der im Bereich des Umweltrechts eine große Bedeutung zukommt.[193] Die Verordnung unterscheidet zwischen dem **Beratungsverfahren** und dem **Prüfverfahren**: Im ersteren werden die Ausschüsse lediglich angehört; die Kommission fasst sodann ihren Beschluss, allerdings unter Berücksichtigung der Stellungnahme des Ausschusses (Art. 4 VO 281/2011). Im Prüfverfahren – das in der Regel im Umweltbereich zur Anwendung kommt (vgl. insoweit auch Art. 2 Abs. 2 lit. b) VO 182/2011, wo ausdrücklich Durchführungsbefugnisse im Bereich der Umwelt genannt werden) – hingegen erlässt die Kommission den Rechtsakt im Falle einer negativen Stellungnahme des Ausschusses nicht (Art. 5 VO 182/2011). Wird im Prüfverfahren keine Stellungnahme des Ausschusses abgegeben, so kann die Kommission den Rechtsakt grundsätzlich erlassen, es sei denn, eine der in der Verordnung vorgesehenen Ausnahmen (zu denen auch Maßnahmen in Bezug auf die Sicherheit von Menschen, Tieren oder Pflanzen gehören, nicht jedoch allgemein den Umweltschutz betreffende Maßnahmen) greife. Für den Fall, dass aufgrund dieses Verfahrens der entsprechende Durchführungsakt nicht erlassen werden kann, sieht die Verordnung die Möglichkeit der Befassung eines **Berufungsausschusses** vor (Art. 6 VO 182/2011). Im Falle des Fehlens einer Stellungnahme dieses Ausschusses kann die Kommission den Durchführungsrechtsakt grundsätzlich erlassen. Schließlich sieht die Verordnung das sofortige Inkrafttreten von Durchführungsakten in bestimmten Ausnahme- und Dringlichkeitsfällen vor (Art. 7 f. VO 182/2011).

Die Systematik der Art. 290 f. AEUV impliziert, dass die **delegierte Rechtsetzung nach Art. 290 AEUV** von der Ausübung der Durchführungsbefugnisse nach Art. 291 AEUV zu unterscheiden ist;[194] insbesondere findet die „Komitologieverordnung" (VO 182/2011) keine Anwendung auf die delegierte Rechtsetzung, ist für diese doch in Art. 290 Abs. 2 AEUV ein eigenes „Kontrollverfahren" vorgesehen, das – im Gegensatz zu Art. 291 Abs. 3 AEUV und der VO 182/2011 – einen Einbezug von Unionsorganen und nicht von aus Vertretern der Mitgliedstaaten zusammengesetzten Ausschüssen vorsieht. Daher darf der Unionsgesetzgeber, wenn er eine delegierte Rechtsetzung vorsieht, nicht auf die VO 182/2011 verweisen und im Falle von Durchführungsbefugnissen ist – umgekehrt – auf diese Verordnung Bezug zu nehmen. Auch differieren die Verfahren und namentlich die Befugnisse des Parlaments in beiden Vorschriften. Die Abgrenzung zwischen einem delegierten Rechtsakt und der Ausübung von Durchführungsbefugnissen

41

---

191 VO 182/2011 zur Festlegung der allgemeinen Regeln und Grundsätze, nach denen die Mitgliedstaaten die Wahrnehmung der Durchführungsbefugnisse durch die Kommission kontrollieren, ABl. 2011 L 53, 13. Vgl. zu der neuen Verordnung *Daiber*, EuR 2012, 240 (243 ff.).
192 Wobei Hinweise auf den Beschluss 1999/468 als solche auf die VO 182/2011 zu verstehen sind. Art. 13 VO 182/2011 regelt im Einzelnen, wie diese Verweise zu verstehen sind.
193 Vgl. zum Ausschussverfahren bzw. -wesen instruktiv unter besonderer Berücksichtigung des Umweltbereichs und der möglichen Probleme grundlegend und umfassend *Joerges/Falke*, Ausschusswesen der EU, *passim*; s. auch *Vandenberghe*, RECIEL 2008, 347 ff.; *Petersen/Heß*, ZUR 2007, 567 ff.; *Pocklington*, EELR 2006, 306 ff., *Maxianova/Rusche*, JEEPL 2008, 293 ff., allerdings auch auf der Grundlage der Rechtslage vor dem Vertrag von Lissabon. Auf der Grundlage des Vertrags von Lissabon allgemein zur Komitologie ausführlich *Hofmann/Rowe/Türk*, Administrative Law, 264 ff., 386 ff.; *Piris*, Mélanges Jacqué, 547 ff.; *Meßerschmidt*, Europäisches Umweltrecht, § 2, Rn. 86 ff.; zum Komitologieverfahren nach der neuen VO 182/2011 *Fabricius*, ZEuS 2011, 567 (596 ff.); *Pilniok/Westermann*, VerwArch 2012, 379 (386 ff.).
194 Die Notwendigkeit einer solchen Unterscheidung auch betonend etwa *Hofmann/Rowe/Türk*, Administrative Law, 236 ff., 524 ff.; *Daiber*, EuR 2012, 240 (241); *Stelkens*, VVDStRL 71, 369 (386, 399 ff.); *Stelkens*, EuR 2012, 511 (514 f., 536 ff.); *Jans/Vedder*, European Environmental Law, 84 f.; *Thieffry*, Droit de l'environnement de l'UE, 84 ff.; zur Systematik der Art. 290, 291 AEUV und den diesen Bestimmungen für die Delegation zu entnehmenden Schranken m.w.N. *Bueren*, EuZW 2012, 167 ff.; *Stelkens*, EuR 2012, 511 ff.; *Fabricius*, ZEuS 2011, 567 ff.; *Rihs*, ZfRV 2012, 52 ff.; *Peers/Costa*, ELJ 2012, 427 (439 ff.); *Schulze-Fielitz*, FS Scheuing, 165 ff.; *Pilniok/Westermann*, VerwArch 2012, 379 (382 ff.).

kann aber durchaus Schwierigkeiten bereiten,[195] und es ist zu erwarten, dass entsprechende Bestimmungen in EU-Rechtsakten auch Gegenstand von Streitigkeiten sein werden, so dass der EuGH sich zu dieser Frage wird äußern können.

Ergänzend sei noch darauf hingewiesen, dass es neben diesen aus Vertretern der Regierungen der Mitgliedstaaten zusammengesetzten Ausschüssen nach Art. 291 AEUV noch weitere Gremien gibt, die die Kommission beratend in der Wahrnehmung ihrer Aufgaben unterstützen und aus von der Kommission *ad personam* bestimmten Interessenvertretern und/oder Experten bestehen.[196] Die Einsetzung solcher insofern ebenfalls beratender Ausschüsse ist durch die Organisationsgewalt der Kommission gedeckt.[197] Hingegen wurde das zwischen 1993 und 2001 tätige Beratende Forum für Umweltfragen[198] im Jahr 2001 aufgelöst.[199]

3. Verwaltungsaufgaben

42   Der Kommission obliegen weiterhin bestimmte **Verwaltungsaufgaben**, die im Bereich des Umweltrechts im Wesentlichen auf entsprechenden Bestimmungen des Sekundärrechts beruhen. Zu nennen sind hier namentlich folgende Bereiche:[200]

- (ausnahmsweiser) Vollzug von EU-Recht, etwa im Rahmen der Fondsverwaltung;
- Zusammenstellung der Gesetzgebung der verschiedenen Mitgliedstaaten, die in Ausführung der Richtlinien ergangen ist;[201]
- Erhebung und Auswertung von Berichten der Mitgliedstaaten über die Durchführung von Sekundärrecht;[202]
- Erhebung und Auswertung von Sanierungsprogrammen für bestimmte Industriesektoren oder sonstige Bereiche;[203]
- Erfahrungsaustausch über Vollzugsprobleme bestimmter Sekundärrechtsakte;
- Datenaustausch über die Verschmutzung bestimmter Umweltmedien.

4. Kontrollbefugnisse

43   Schließlich nimmt die Kommission **Kontrollbefugnisse** wahr. Ihre diesbezügliche Zuständigkeit bzw. Verpflichtung ergibt sich schon aus Art. 17 Abs. 1 S. 2 EUV, der der Kommission aufgibt, für die Anwendung der Verträge sowie der von den Organen erlassenen Maßnahmen zu sorgen.

---

195 Insbesondere, soweit es darum geht, ob eine „Ergänzung" eines Rechtsakts im Sinne des Art. 290 Abs. 1 UAbs. 1 AEUV oder aber ein Durchführungsrechtsakt im Sinne des Art. 291 Abs. 2 AEUV vorliegt. Leitlinie dürfte dabei letztlich sein, ob dem Basisrechtsakt neue Elemente (sei es in Ergänzung oder in Änderung desselben) hinzugefügt werden, oder ob es um Maßnahmen geht, die lediglich die bereits im Basisrechtsakt figurierenden Vorschriften implementieren und ihnen damit effektive Wirkung verleihen sollen.
196 Allerdings können auch die anderen Organe kraft ihrer Organisationsbefugnis (beratende) Ausschüsse einsetzen.
197 Ein Beispiel ist hier der Beratende Ausschuss für Abfallwirtschaft, Beschluss 76/431 der Kommission, ABl. 1976 L 115/73. S. den Überblick über einige dieser Ausschüsse bei *Huber*, EUDUR § 19, Rn. 77 f.; s. auch *Meßerschmidt*, Europäisches Umweltrecht, § 6, Rn. 38; Dauses-*Scherer/Heselhaus*, Hb. EU-Wirtschaftsrecht, O, Rn. 214.
198 Vgl. Entscheidung 93/701, ABl. 1993 L 328, 53.
199 Entscheidung 2001/704, ABl. 2001 L 258, 20. Sehr kritisch zur Nichtexistenz eines eigentlichen allgemeinen Beratungsorgans für Umweltfragen *Krämer*, Droit de l'environnement de l'UE, 19.
200 Vgl. die diesbezügliche Zusammenfassung bei *Krämer*, in: Europäisches Umweltrecht, 33 (40 ff.); *Winter*, in: Vollzug des Europäischen Umweltrechts, 107 ff.; *Krämer*, Droit de l'environnement de l'UE, 18 f., der auch auf die große Bedeutung dieser Aufgaben hinweist. Im Übrigen wird auf einige dieser Befugnisse noch im Rahmen der Behandlung des EU-Sekundärrechts, s.u. 2. Teil, einzugehen sein.
201 Dies dient der Kontrolle der Umsetzung der Richtlinien durch die Mitgliedstaaten. Die Kommission hat hier eine Datenbank eingerichtet.
202 Zahlreiche Sekundärrechtsakte – im Bereich des Umweltrechts praktisch alle neueren Rechtsakte – sehen eine Pflicht der Mitgliedstaaten vor, über ihre Durchführung Berichte zu erstatten. Der Kommission obliegt dann deren Sammlung und die Erstellung und Veröffentlichung eines Gesamtberichts.
203 Zahlreiche Richtlinien schreiben nämlich etwa für bestimmte Industriezweige, in denen veraltete Anlagen existieren, die Aufstellung von Sanierungsprogrammen vor.

3. Kapitel Instrumente und Akteure der Umweltpolitik und der Umweltrechtsetzung der EU

Von Bedeutung ist diese Bestimmung – jedenfalls im Umweltrecht – insbesondere in Bezug auf die Kontrolle der Anwendung der unionsrechtlichen Vorgaben durch die Mitgliedstaaten. Aus dieser Bestimmung können aber keine Berichtspflichten der Mitgliedstaaten abgeleitet werden; hierfür ist vielmehr eine entsprechende Bestimmung in einem Sekundärrechtsakt notwendig. Auch bildet Art. 17 Abs. 1 EUV keine Rechtsgrundlage für den Erlass verbindlicher Beschlüsse. Allerdings sind die Mitgliedstaaten i.V.m. Art. 4 Abs. 3 EUV gehalten, die Kommission bei ihrer (Kontroll-) Tätigkeit zu unterstützen, so dass sie etwa auf Anfrage Auskunft erteilen müssen.[204]

Die Kommission kommt dieser Aufgabe – abgesehen von besonderen, im Primärrecht[205] und in Sekundärrechtsakten festgelegten Verfahren[206] – im Wesentlichen auf dreierlei Weise[207] nach, ohne dass sich die einzelnen Verfahren jedoch ausschließen.

- Zunächst kann sie selbst – etwa durch die Einholung von **Auskünften** – die Einhaltung einer vertraglichen Verpflichtung durch die Mitgliedstaaten und damit auch den Vollzug unionsrechtlicher Vorschriften oder von auf Unionsrecht beruhendem nationalen Recht überprüfen. Dies stößt jedoch angesichts der im Verhältnis zur Größe der Union personell relativ schwach besetzten Kommission auf erhebliche praktische Schwierigkeiten.[208]

- Daher kommt dem sog. **Beschwerdeverfahren** eine immer größere Bedeutung zu. Beschwerden sind formlose Eingaben Privater an die Kommission, die auf die Verletzung unionsrechtlicher Verpflichtungen durch die Mitgliedstaaten hinweisen. Gerade im Bereich des Umweltrechts, aber nicht nur dort, führen häufig erst Beschwerden Einzelner zu einer näheren Kontrolle durch die Kommission und ggf. zu der Einleitung eines Vertragsverletzungsverfahrens nach Art. 258 AEUV durch die Kommission.[209]

- Schließlich steht es der Kommission – als „letzter Ausweg", d.h. wenn die Angelegenheit nicht, wie in den meisten Fällen, im Anschluss an Konsultationen mit dem betroffenen Mitgliedstaat beigelegt werden kann – offen, ein **Vertragsverletzungsverfahren** gegen einen Mitgliedstaat einzuleiten, der seinen unionsrechtlichen Verpflichtungen nicht nachkommt. Der EuGH stellt dann in seinem Urteil fest, ob der betroffene Staat gegen seine Verpflichtungen aus dem Vertrag verstoßen hat oder nicht, Art. 260 Abs. 1 AEUV, verfügt aber auch über die Möglichkeit, auf Antrag finanzielle Sanktionen zu verhängen.[210]

Die Kommission ist bei der Wahrnehmung dieser Aufgabe mit der Schwierigkeit konfrontiert, dass sie zwar auf der Grundlage entsprechender Berichtspflichten der Mitgliedstaaten die legislative Umsetzung und Durchführung des Unionsrechts in den Mitgliedstaaten in der Regel verfolgen kann, ihr jedoch die Kapazitäten und administrativen Strukturen fehlen, um auch die tatsächliche Anwendung und den Vollzug des EU-Umweltrechts bzw. des auf diesem beruhenden nationalen Rechts in den Mitgliedstaaten effektiv zu kontrollieren. Hierfür sind zwar selbstredend die Mitgliedstaaten zuständig, die aber das Unionsrecht bzw. nationales Recht, das in Durchführung oder Umsetzung des Unionsrechts ergangen ist, nicht immer auch effektiv anwenden und es auch mitunter im Vergleich zum nationalen Recht im Vollzug „vernachlässigen", so dass Vieles für die Annahme spricht, Unionsrecht sowie auf diesem beruhendes nationales

---

204 Vgl. hierzu von der Groeben/Schwarze-*Schmitt von Sydow*, Kommentar zum EUV/EGV, Art. 155, Rn. 15 ff.
205 Insbesondere im Rahmen des Wettbewerbsrechts.
206 Wie etwa die Verpflichtung der Mitgliedstaaten zur Berichterstattung über die Durchsetzung oder den Vollzug einer Richtlinie.
207 S. zu weiteren, eher informellen Formen von Sachverhaltsaufklärung und Vollzugskontrolle – wie etwa „Paketsitzungen" oder „runde Tische" – *Huber*, EUDUR I, § 19, Rn. 36.
208 *Holzinger*, Politik des kleinsten gemeinsamen Nenners?, 101 ff., weist daher zu Recht darauf hin, dass die begrenzte Personalausstattung der Kommission mit einer eingeschränkten Kontrollkapazität einhergeht.
209 Vgl. zu den Beschwerden Einzelner im Bereich des Umweltrechts *Krämer*, in: Europäisches Umweltrecht, 33 (44 f.); *Jans/Vedder*, European Environmental Law, 178 f.; *Holzinger*, Politik des kleinsten gemeinsamen Nenners?, 103 ff.; *Hauser*, Vertragsverletzungsverfahren im Umweltrecht, 3 ff., mit statistischen Nachweisen: 2000 und 2001 betrafen rund 45 % der Beschwerden Einzelner Umweltsachen. Seit 2009 werden alle Beschwerden Einzelner in einem zentralen Register gespeichert, was auch eine einfachere statistische Übersicht ermöglicht, vgl. hierzu *Jans/Vedder*, European Environmental Law, 179.
210 Vgl. hierzu noch unten 5. Kap. Rn. 151 ff.

Recht werde sowohl von den Behörden als auch von den Rechtsunterworfenen tendenziell weniger gut beachtet als „rein" nationales Recht.[211] Wirkliche Strategien im Hinblick auf die Verbesserung dieser Situation – die immerhin durch die Möglichkeit Einzelner, die Kommission auf Missstände hinzuweisen, etwas abgemildert wird[212] – wurden bislang nicht ergriffen, obwohl man sich hier einige Ansätze – wie z.B. den systematischen Einsatz von Umweltinspektoren oder eine Ausweitung der Kompetenzen der Europäischen Umweltagentur[213] – vorstellen könnte.[214]

An dieser Situation änderte auch die 1992 erfolgte Einrichtung des intergouvernementalen und letztlich informellen Netzes zur Anwendung des Umweltrechts in der Union (**IMPEL**[215]) nichts. Dieses Netzwerk führt Vertreter der Mitgliedstaaten und der Kommission zu in der Regel halbjährlichen Treffen zusammen, an denen in erster Linie ein Informationsaustausch über Fragen zur Durchführung und zum Vollzug des EU-Umweltrechts erfolgt. Diese Einrichtung kann schon aufgrund ihrer intergouvernementalen, informellen und damit letztlich konsensualen Natur nicht wirklich zu einer effektiven Vollzugskontrolle beitragen.

II. Europäisches Parlament

46 Das Europäische Parlament ist in verschiedener Weise an der **Rechtsetzung der Union** beteiligt. Sein Gewicht ist insgesamt im Zuge der verschiedenen Vertragsrevisionen auch bei umweltpolitischen Tätigkeiten in beträchtlichem Maße gewachsen. Der konkrete (mögliche) Einfluss des EP auf die Ausgestaltung eines bestimmten Rechtsakts hängt letztlich von dem anwendbaren **Verfahren** ab, das sich aus der jeweils einschlägigen **Kompetenzgrundlage** ergibt.[216]

47 Im Bereich der **Umweltrechtsetzung** in der EU finden im Wesentlichen[217] zwei verschiedene Verfahren Anwendung:

- Das **ordentliche Gesetzgebungsverfahren** (Art. 294 AEUV) kommt für den Erlass der umweltpolitischen Aktionsprogramme (Art. 192 Abs. 3 AEUV) sowie bei (umweltrechtlichen) Vorschriften zur Verwirklichung des Binnenmarktes (Art. 114 Abs. 1 AEUV) und bei auf Art. 192 Abs. 1 AEUV gestützten Maßnahmen zur Anwendung.
- Der **Rat** beschließt hingegen **einstimmig** – nach Anhörung des EP, des Wirtschafts- und Sozialausschusses sowie des Ausschusses der Regionen – in den in Art. 192 Abs. 2 AEUV genannten eher „sensiblen" Bereichen.

48 In Bezug auf die hier im Vordergrund stehende Rolle des Parlaments ist insgesamt festzuhalten, dass dem EP seit Inkrafttreten des Maastrichter Vertrages und noch mehr mit demjenigen des Amsterdamer Vertrages[218] bei der Rechtsetzung im Bereich des Umweltrechts recht weitgehende Einflussmöglichkeiten aufgrund der generalisierten Heranziehung des ordentlichen Gesetzgebungsverfahrens – abgesehen von den durch Art. 192 Abs. 2 AEUV erfassten Bereichen – zur Verfügung stehen. Im Hinblick auf die Verwirklichung eines effektiven Umweltschutzes ist dies insofern von Bedeutung, als das Parlament tendenziell „umweltfreundlich" eingestellt ist.[219]

---

211 Vgl. *Krämer*, Droit de l'environnement de l'UE, 19 f.; *Meßerschmidt*, Europäisches Umweltrecht, § 2, Rn. 442.
212 Vgl. noch unten 3. Kap. Rn. 65 ff. sowie die Bemerkungen soeben im Text.
213 Zu dieser noch unten 3. Kap. Rn.. 61 ff.
214 Vgl. auch die Bemerkungen bei *Krämer*, Droit de l'environnement de l'UE, 20.
215 „Implementation and Enforcement of European Legislation". IMPEL besteht seit 1992. Vgl. zu IMPEL etwa, m.w.N., *Meßerschmidt*, Europäisches Umweltrecht, § 2, Rn. 442; *Prehn*, Einfluss des Gemeinschaftsrechts auf den mitgliedstaatlichen Verwaltungsvollzug, 332 ff.; ausführlich *Shears*, elni 2/2005, 8 ff.
216 S. zu Organisation und Arbeitsweise des EP, worauf hier nicht eingegangen werden soll, mit Bezug zur EU-Umweltpolitik *Meßerschmidt*, Europäisches Umweltrecht, § 6, Rn. 64 ff.; *Huber*, EUDUR I, § 19, Rn. 69 ff.; im Einzelnen zum Parlament, seinen Kompetenzen und seiner Arbeitsweise *Bieber/Epiney/Haag-Bieber*, EU, § 4, Rn. 19 ff.
217 Auf die Besonderheiten in den speziellen Politikbereichen soll hier nicht eingegangen werden.
218 Der das Mitentscheidungsverfahren – aus dem das ordentliche Gesetzgebungsverfahren hervorgegangen ist – auch im Rahmen des Art. 175 Abs. 1 EGV (Art. 192 Abs. 1 AEUV) einführte.
219 Vgl. etwa auch *Holzinger*, Politik des kleinsten gemeinsamen Nenners?, 111 ff.; aussagekräftig *Krämer*, EC Environmental Law, 46, der Folgendes festhält: „On general environmental questions or on horizontal legislation, Parliament constantly urges the Commission and the Council to do more and provide for even better environ-

3. Kapitel Instrumente und Akteure der Umweltpolitik und der Umweltrechtsetzung der EU

In der Vergangenheit konnte das Parlament denn auch einige seiner Forderungen nach einem höheren Schutzniveau letztlich durchsetzen: So geht etwa die Einführung von Emissionswerten für Personenkraftwagen, die den mit einem geregelten Katalysator erreichbaren Standard zugrunde legen, auf das EP zurück; ohne seine Änderungs- bzw. Verschärfungsvorschläge wäre dies (wenigstens zu diesem Zeitpunkt) nicht zu verwirklichen gewesen.[220] Aber auch so zentrale gesetzgeberische Vorhaben wie die UVP-Richtlinie oder die Umweltinformationsrichtlinie[221] beruhen (auch) auf entsprechenden Anstößen des Parlaments bzw. wurden von diesem nachhaltig unterstützt.[222] Auch im Rahmen der Verabschiedung des 6. Umweltaktionsprogramms[223] hat das Parlament auf präziseren und strengeren Formulierungen bestanden.[224]

Nichtsdestotrotz sollte der Einfluss des Parlaments im Verhältnis zur Rolle der Kommission und des Rates nicht überschätzt werden: Zwar kann es – wie erwähnt – in bestimmten Einzeldossiers seine Ansicht oder zumindest einen „umweltfreundlicheren" Ansatz, als mitunter ursprünglich abzusehen war, durchsetzen; jedoch fehlen ihm die Ressourcen und Spezialkenntnisse (dies im Gegensatz zur Kommission und zu vielen Mitgliedstaaten), um tatsächlich systematisch in allen umweltpolitischen Bereichen konsequent seinen Einfluss geltend zu machen, was auch im immer mehr technisch und naturwissenschaftlich geprägten Umweltrecht Auswirkungen entfaltet. Hinzu kommt, dass es mitunter für das Parlament schwierig ist, einen bereits zwischen 27 Mitgliedstaaten erreichten Kompromiss „aufzubrechen", ohne das entsprechende Vorhaben grundsätzlich in Frage zu stellen (was aus umweltpolitischer Sicht häufig die noch schlechtere Lösung wäre).[225]

III. Rat

Auch beim Erlass umweltrechtlicher Vorschriften ist der aus Vertretern der Regierungen der Mitgliedstaaten zusammengesetzte Rat[226] in jedem Fall – in der Regel im Rahmen des ordentlichen Gesetzgebungsverfahrens neben dem Parlament – das **„Legislativorgan"**, das den jeweiligen Rechtsakt verabschieden muss.

49

Allerdings wird ein Großteil der Ratsarbeit nicht direkt von den Ministern erledigt, sondern vom Ausschuss der ständigen Vertreter (**Comité des représentants permanents, COREPER**) und den von ihm abhängigen Arbeitsgruppen.[227] Die in diesen Gremien vertretenen Experten und hochrangigen Beamten können aber zum Teil schon die Arbeit der Kommission beeinflussen, da einige von ihnen in den von der Kommission eingesetzten beratenden Ausschüssen, die die Formulierung der Kommissionsvorschläge (mit-) bestimmen, vertreten sind.[228] Allerdings beschäftigen sich die Minister selbst ausführlich mit den Vorlagen, die zwischen den Mitgliedstaaten streitig sind.[229]

---

mental protection than the Commission had proposed. There seems to be not a single Commission environmental proposal where Parliament was of the opinion that it was too ambitious, too far-reaching or too protective. Parliament generally opposed soft law, environmental agreements or recommendations, environmental deregulation and other forms or attempts to reduce environmental protection." S. auch *Krämer*, Droit de l'environnement de l'UE, 21, der allerdings auch darauf hinweist, dass das Parlament in aller Regel lediglich auf Vorschläge der Kommission reagiert und wenig Eigeninitiativen ergreift. In diesem Zusammenhang sollte aber nicht übersehen werden, dass alle Unionsorgane verpflichtet sind, sich für ein hohes Umweltschutzniveau einzusetzen. Vgl. hierzu noch unten 5. Kap. Rn. 6 ff.

220 Zum tatsächlichen Einfluss des EP mit Nachweisen aus der Praxis auch *Holzinger*, Politik des kleinsten gemeinsamen Nenners?, 111 ff.; zur Rolle des EP in der Umweltpolitik mit zahlreichen Beispielen und statistischen Nachweisen auch *Judge*, in: Environmental Policy in the European Union, 120 ff.
221 Hierzu noch unten 6. Kap. Rn. 39 ff., Rn. 68 ff.
222 Vgl. *Huber*, EUDUR I, § 19, Rn. 19.
223 Vgl. hierzu oben A.III.
224 Vgl. Stellungnahme des EP vom 21.3.2001, Bull. EU 5-2001, 51.
225 Vgl. zu diesen Schwierigkeiten *Krämer*, Droit de l'environnement de l'UE, 22.
226 Vgl. zum Abstimmungsmodus im Rat Bieber/Epiney/Haag-*Bieber*, EU, § 4, Rn. 53 ff.
227 Vgl. zu den Kompetenzen und der Funktionsweise des Rates mit Bezug zur Umweltpolitik *Holzinger*, Politik des kleinsten gemeinsamen Nenners?, 85 ff.; *Krämer*, EUDUR I, § 16, Rn. 21 ff.; *Huber*, EUDUR I, § 19, Rn. 64 ff.; *Krämer*, Droit de l'environnement de l'UE, 22 f.; *Meßmerschmidt*, Europäisches Umweltrecht, § 6, Rn. 48 ff.; allgemein Bieber/Epiney/Haag-*Bieber*, EU, § 4, Rn. 52, 57.
228 Zu den damit angesprochenen Ausschüssen, die die Kommission bei der Wahrnehmung ihrer Aufgaben unterstützen, oben 3. Kap. Rn. 40.
229 Auch die anderen Vorlagen werden immer zumindest formell vom Ministerrat selbst verabschiedet, wobei jedoch bei unproblematischen Vorlagen die Hauptarbeit im COREPER geleistet wird.

50 Das Charakteristikum des Akteurs Rat besteht darin, dass hier die **Interessen der Mitgliedstaaten** aufeinander treffen;[230] jeder Staat versucht, für ihn vorteilhafte Lösungen durchzusetzen, die er insbesondere auch innenpolitisch vertreten kann. Diese für alle Tätigkeitsbereiche des Rates zutreffende Feststellung entfaltet im Bereich der Umweltpolitik insbesondere auf vier Ebenen Rückwirkungen, die sich auch teilweise überschneiden können:

- **Grundsatzentscheidung für/gegen eine Unionsmaßnahme:** Zunächst können schon bei der Frage, ob eine unionsrechtliche Regelung in einem bestimmten Bereich erlassen werden soll, erhebliche Meinungsverschiedenheiten auftreten. Je nach der nationalen Situation kann eine Maßnahme grundsätzlich als wünschenswert oder nicht angesehen werden. Eine besonders wichtige Rolle spielen in diesem Zusammenhang die wirtschaftliche Entwicklung und die Rolle des freien Wettbewerbs: Während exportorientierte, wirtschaftlich in der Regel recht weit entwickelte Mitgliedstaaten ein großes Interesse an unionsweiter Harmonisierung oder zumindest an der Festlegung von Mindeststandards[231] haben, ist dieses bei den wirtschaftlich eher schwächeren Staaten, wenn überhaupt vorhanden, wesentlich weniger ausgeprägt. Diese unterschiedlichen Interessen können ggf. dazu führen, dass von der Kommission vorgeschlagene Maßnahmen (zunächst) nicht weiter verfolgt werden.

  Ein Beispiel bildet die CO_2/Energiesteuer, deren Einführung nicht weiterverfolgt wird, ein anderes betrifft den Rechtsschutz, in Bezug auf den ein Vorschlag der Kommission[232] bislang vom Rat nicht aufgenommen wurde.[233]

- **Konzeption:** Häufig muss in Bezug auf eine umweltpolitische Problemstellung zunächst das Konzept festgelegt werden, das seiner Lösung zugrunde gelegt wird. In zahlreichen Bereichen stehen hier verschiedene Optionen offen. Die diesbezüglichen Prioritäten der Mitgliedstaaten werden dabei (mit-) entscheidend von Art und Ausmaß ihrer spezifischen umweltpolitischen Probleme oder sonstigen Gegebenheiten geprägt. Dies kann die letztliche Ausgestaltung eines EU-Rechtsaktes erheblich beeinflussen, wobei nicht notwendigerweise die aus umweltpolitischer Sicht wirksamste Lösung gewählt wird.

  Ein aussagekräftiges Beispiel stellt bzw. stellte in diesem Zusammenhang der Gewässerschutz dar: Hier musste man sich in den siebziger Jahren[234] entscheiden, ob man eher mit Immissions- oder Emissionsstandards arbeiten wollte. Aufgrund ihrer geographischen Lage gibt es in Großbritannien und Irland, aber auch in Dänemark, nur relativ kurze Gewässer, deren Verschmutzungsgrad eher gering ist. Dagegen hatten die Kontinentalstaaten mit immer höheren Immissionen zu kämpfen, die eine Bekämpfung an der Quelle, den Emissionen, unumgänglich machten. Daher plädierten die Inselstaaten und Dänemark bei den Verhandlungen für Immissionsstandards, während sich die Kontinentalstaaten für Emissionsstandards aussprachen.[235] Da keiner von seinem Standpunkt abrücken wollte, war ein Kompromiss unausweichlich: Dieser bestand schließlich darin, dass man grundsätzlich zwar Emissionsstandards festlegte, diese aber mit einer weit formulierten Ausnahmeklausel kombinierte, die immer dann eingriff, wenn bestimmte Qualitätsziele, also Immissionsstandards, erreicht werden. Die praktische Folge dieses Kom-

---

230 Hierzu ausführlich *Holzinger*, Politik des kleinsten gemeinsamen Nenners?, 76 ff., die die Mitgliedstaaten je nach der von ihnen in der Regel gespielten Rolle in verschiedene Kategorien („Musterknaben", „Mitläufer" und „Bremser") einteilt. Zu den (politischen) Strategien „umweltfreundlicher" Mitgliedstaaten *Liefferink/Andersen*, in: Environmental Policy in the European Union, 63 ff. Wenn hier von „mitgliedstaatlichen" Interessen die Rede ist, ist dies natürlich insofern etwas vereinfacht, als auch deren Interessen jeweils nicht zwingend homogen sind. Insbesondere Gliedstaaten können hier durchaus auch eine Rolle spielen und (mittelbar) bei der Rechtsetzung mitwirken. Vgl. hierzu spezifisch im Zusammenhang mit der Umweltpolitik *Roller*, AöR 1998, 21 ff.
231 Sowohl für Produkte als auch für die Produktion.
232 KOM (2003) 624 endg.
233 Zu letzterem noch 6. Kap. Rn. 64 ff. S. ansonsten in diesem Zusammenhang mit weiteren Beispielen *Holzinger*, Politik des kleinsten gemeinsamen Nenners?, 92 f.
234 Damals enthielt der Vertrag noch keine ausdrücklichen Rechtsgrundlagen zum Tätigwerden der Gemeinschaft im Bereich des Umweltschutzes. Man stützte die diesbezüglichen Rechtsakte daher auf Art. 100, 235 EWGV, die Einstimmigkeit vorsahen. S.o. 2. Kap.
235 Derartige Problemstellungen haben sehr häufig auch einen wettbewerbspolitischen Hintergrund: Durch die Beschränkung der Emissionen werden letztlich Produktionsstandards gesetzt, die Auswirkungen auf die Wettbewerbsfähigkeit der betroffenen Unternehmen entfalten.

promisses bestand darin, dass die Emissionswerte nur dann eingehalten werden mussten, wenn die betroffenen Gewässer nicht bestimmten Immissionsgrenzwerten genügten.[236]
Ein weiteres Beispiel ist die Regelung der integrierten Vermeidung und Verminderung von Umweltverschmutzung (RL 2010/75 bzw. die Vorgängerrichtlinie):[237] Hier wurde – offenbar gegen den Widerstand Deutschlands – eine Konzeption verfolgt, die weniger auf generell-abstrakte Vorgaben für die Anlagengenehmigung, denn auf individuell-konkrete Entscheidungen abstellt, was eine grundlegende konzeptionelle Weichenstellung darstellt, die teilweise nur mit gewissen Schwierigkeiten in manchen Mitgliedstaaten umgesetzt werden konnte, wobei die Richtlinie aber immerhin generell-abstrakte Standards nicht grundsätzlich ausschließt.

- **Schutzstandard:** Selbst wenn man sich im Rat auf die Verfolgung einer bestimmten Konzeption einigen kann, bedeutet dies noch nicht, dass die verschiedenen Mitgliedstaaten auch im Hinblick auf den in dem jeweiligen Rechtsakt festzuschreibenden Schutzstandard derselben Ansicht sind. Vielmehr gehen hier die Meinungen teilweise sehr weit auseinander. Während einige Mitgliedstaaten ihren eigenen, relativ hohen nationalen Standard auch auf Unionsebene verbindlich festlegen wollen, befürchten andere eine zu große Benachteiligung ihrer Wirtschaft durch zu strenge umweltrechtliche Auflagen.
Ein Beispiel für diesen Konflikt ist die Verpackungsrichtlinie, die schließlich gegen die Stimmen der Bundesrepublik Deutschlands und Dänemarks verabschiedet wurde.[238] Hier hatte man sehr lange um den obligatorischen Prozentsatz der Wiederverwertung gerungen.

- **Ausnahmeklauseln und finanzielle Unterstützung:** Damit verbunden ist die Frage der Ausnahmeklauseln: Diejenigen Mitgliedstaaten, die sich (in der einen oder anderen Richtung) mit ihren Anliegen nicht durchsetzen konnten, werden bemüht sein, sich durch die Festschreibung von ausdrücklichen sekundärrechtlichen Ausnahmeklauseln zumindest die Möglichkeit der Abweichung (nach oben oder nach unten) vom unionsrechtlichen Schutzstandard vorzubehalten.[239] Zudem werden die wirtschaftlich schwächer gestellten Mitgliedstaaten darauf dringen, als Ausgleich für ihre Zustimmung zu bestimmten umweltpolitischen Maßnahmen Zuwendungen aus dem Kohäsionsfonds[240] zu erhalten.[241]

Die zwischenstaatliche Struktur der Union und die letztlich darauf beruhende Zusammensetzung des „Legislativorgans" Rat entfaltet also konkrete Auswirkungen auf Inhalt und Ausgestaltung des Umweltrechts der EU. Zahlreiche Vorschriften wären ohne diesen Hintergrund kaum verständlich. Allerdings ist auch in diesem Zusammenhang darauf hinzuweisen, dass der Rat als Unionsorgan selbstverständlich an die primärrechtlichen Vorgaben gebunden ist, so dass im Falle der Verletzung der durch das Primärrecht festgelegten Grundprinzipien des EU-Umweltrechts[242] durch einen Beschluss des Rates ein Verstoß gegen Unionsrecht vorliegt.[243]

51

---

236 So dass die Inselstaaten dank ihrer guten Wasserqualität letztlich von der Einhaltung der Emissionsgrenzwerte befreit waren. Ob eine derartige Regelung noch der Herstellung eines unverfälschten Wettbewerbs auf Unionsebene dient, ist immerhin sehr fraglich und eher zu verneinen, zieht sie doch letztlich die Geltung unterschiedlicher Produktionsstandards in den verschiedenen Mitgliedstaaten nach sich. Vgl. zur aktuellen Regelung unten 7. Kap. Rn. 6 ff. Zur Interessenlage der Mitgliedstaaten im Gewässerschutz und ihren (daraus folgenden) Verhandlungspositionen im Vorfeld des Erlasses der Wasserrahmenrichtlinie *Lell/Rechenberg*, ZUR 2001, 120 ff.
237 Hierzu noch unten 6. Kap. Rn. 160 ff.
238 RL 94/62/EG. Hierzu unten 9. Kap. Rn. 133 ff.
239 Vgl. zu den primärrechtlichen Möglichkeiten des Abweichens ausführlich unten 5. Kap. Rn. 90 ff. Zu den Grundsätzen auch 5. Kap. Rn. 62 ff.
240 Hierzu unten 6. Kap. Rn. 135 ff.
241 Dies ist übrigens in Art. 192 Abs. 5 AEUV unter bestimmten Bestimmungen ausdrücklich vorgesehen, vgl. hierzu unten 5. Kap. Rn. 66.
242 Hierzu unten 5. Kap. Rn. 2 ff.
243 Der dann von den zuständigen Organen oder auch den Mitgliedstaaten vor dem EuGH geltend gemacht werden kann. Vgl. zum Rechtsschutz noch unten 5. Kap. Rn. 151 ff.

IV. Europäischer Gerichtshof

52 Die rechtsprechende Gewalt in der Europäischen Union obliegt dem Europäischen Gerichtshof (EuGH), der die „Wahrung des Rechts bei der Auslegung und Anwendung der Verträge" sichert (Art. 19 Abs. 1 Uabs. 1 S. 2 EUV). Die Zuständigkeiten des Gerichtshofs erstrecken sich – in Anwendung der Verfahren der Art. 258 ff. AEUV – sowohl auf die **Auslegung** und Anwendung von **Primär- und Sekundärrecht** als auch auf die Prüfung der **Gültigkeit sekundärrechtlicher Akte**. Im Anschluss an sein Monopol der letztverbindlichen Auslegung des Unionsrechts sind seine Urteile für die Unionsorgane, die Mitgliedstaaten sowie für die ggf. betroffenen Einzelnen verbindlich.[244]

53 Im Bereich des EU-Umweltrechts kann der EuGH damit alle umweltrechtlichen Bestimmungen verbindlich auslegen und das gesamte Verhalten der Mitgliedstaaten auf seine Konformität mit den unionsrechtlichen Anforderungen untersuchen. Darüber hinaus erstrecken sich seine Kompetenzen auf die Prüfung der Vereinbarkeit des von den Unionsorganen erlassenen Sekundärrechts mit den noch darzustellenden umweltrechtlichen Grundsätzen des Primärrechts.[245]

54 Bisher war die Rechtsprechung des EuGH im Bereich des EU-Umweltrechts[246] insbesondere für folgende Fragen von Bedeutung:[247]

■ umweltpolitische Belange als Rechtfertigungsgründe für die Beschränkung der Grundfreiheiten;[248]

■ umweltpolitischer Handlungsspielraum der Mitgliedstaaten im Rahmen primär- und sekundärrechtlicher Regelungen;[249]

■ Abgrenzung der Kompetenzgrundlagen im Bereich des Umweltrechts;[250]

■ Anforderungen an Vollzug und Umsetzung umweltrechtlicher Regelungen durch die Mitgliedstaaten;[251]

---

244 Vgl. zu den Charakteristika der Zuständigkeiten und der Rechtsprechung des EuGH m.w.N. Bieber/Epiney/Haag-*Epiney*, EU, § 9, Rn. 4 ff.
245 S.u. 5. Kap. Rn. 2 ff.
246 Vgl. zu der Rolle und der Rechtsprechung des EuGH auf dem Gebiet des Umweltschutzes *Henke*, EuGH und Umweltschutz, *passim*; *Zuleeg*, NJW, 1993, 31 ff.; *Koppen*, in: Environmental Policy in the European Union, 100 ff.; *Moules*, Environmental Judicial Review, 289 ff.; *Meßerschmidt*, Europäisches Umweltrecht, § 6, Rn. 142 ff.; *Krämer*, JEEPL 2008, 263 ff.; *Krämer*, JEEPL 2004, 127 ff.; *Krämer*, in: The European Convention, 85 ff.; *Knopp/Hoffmann*, Progredientes Umweltrecht, 135 ff.; aus interdisziplinärer Sicht *Brouers*, Einfluss der Rechtsprechung des EuGH auf die europäische Umweltpolitik und das europäische Umweltrecht, *passim*.
247 Auf den Inhalt der Rechtsprechung wird dann im Rahmen der jeweiligen Kapitel eingegangen. Vgl. zum Beitrag des EuGH zum EU-Umweltrecht auch *Meßerschmidt*, Europäisches Umweltrecht, § 6, Rn. 166, der von einer „umweltschutzfreundlichen Auslegung" des EuGH spricht.
248 EuGH, Rs. 302/86 (Kommission/Dänemark), Slg. 1988, 4607; EuGH, Rs. C-2/90 (Kommission/Belgien), Slg. 1992, I-4431; EuGH, Rs. C-169/89 (Gourmetterie Van den Burg), Slg. 1990, I-2143; EuGH, Rs. C-463/01 (Kommission/Deutschland), Slg. 2004, I-11705; EuGH, Rs. C-309/02 (Radlberger), Slg. 2004, I-11763. Hierzu unten 5. Kap. Rn. 67 ff.
249 EuGH, Rs. C-2/90 (Kommission/Belgien), Slg. 1992, I-4431; EuGH, Rs. 380/87 (Enichem Base), Slg. 1989, 2491; EuGH, Rs. C-57/89 (Kommission/Deutschland), Slg. 1991, I-883; EuGH, Rs. C-355/90 (Kommission/Spanien), Slg. 1993, I-4221; EuGH, Rs. C-6/03 (Deponiezweckverband Eiterköpfe), Slg. 2005, I-2753; EuGH, Rs. C-82/09 (Kritis), Slg. 2010, I-3649; EuGH, Rs. C-378/08 (Raffinerie Mediterranee), Slg. 2010, I-1919; EuGH, Rs. T-234/04 (Niederlande/Kommission), Slg. 2007, II-4589; EuG, Rs. T-182/06 (Niederlande/Kommission), Slg. 2007, II-1983; EuG, verb. Rs. T-366/03 und T-235/04 (Oberösterreich und Österreich/Kommission), Slg. 2005, II-4005. Hierzu unten 5. Kap. Rn. 90 ff.
250 EuGH, Rs. C-300/89 (Kommission/Rat), Slg. 1991, I-2867; EuGH, Rs. C-155/91 (Kommission/Rat), Slg. 1993, I-939; EuGH, Rs. C-187/93 (Parlament/Rat), Slg. 1994, I-2857; EuGH, Rs. C-411/06 (Kommission/EP und Rat), Slg. 2009, I-7585; EuGH, Rs. C-178/03 (Kommission/EP und Rat), Slg. 2006, I-129; EuGH, Rs. C-94/03 (Kommission/Rat), Slg. 2006, I-1. Hierzu unten 4. Kap. Rn. 9 ff.
251 EuGH, Rs. C-131/88 (Kommission/Deutschland), Slg. 1991, I-825; EuGH, Rs. C-361/88 (Kommission/Deutschland), Slg. 1991, I-2567; EuGH, Rs. C-59/89 (Kommission/Deutschland), Slg. 1991, I-2607; EuGH, Rs. C-396/92 (Bund Naturschutz in Bayern u.a./Freistaat Bayern), Slg. 1994, I-3717; EuGH, Rs. C-57/89 (Kommission/Deutschland),

3. Kapitel Instrumente und Akteure der Umweltpolitik und der Umweltrechtsetzung der EU

- unmittelbare Wirksamkeit von Richtlinien auf dem Gebiet des Umweltschutzes;[252]
- Auslegung einzelner umweltbezogener Sekundärrechtsakte.[253]

Aufgrund der Letztverbindlichkeit der Urteile des EuGH entfaltet seine Rechtsprechung einen nicht zu unterschätzenden Einfluss auf die Praxis und effektive Ausgestaltung der Umweltpolitik auf Unionsebene und in den Mitgliedstaaten.[254] Zwar sind auch für den EuGH der Vertragstext und die Ausgestaltung des Sekundärrechts ausschlaggebend; bei der ihm obliegenden Auslegung und Anwendung des Unionsrechts kann und muss er aber auf der Grundlage von Struktur und Zielsetzung des Unionsrechts den Aussagegehalt des Vertrages und des Sekundärrechts ermitteln. Ganz in der Tradition eines Verfassungsgerichts stehend kann er hierbei – im Gegensatz zu anderen Akteuren der EU-Umweltpolitik – unabhängig von der aktuellen politischen Interessenlage und damit ihren Zwängen agieren. Die umweltrechtlichen Grundprinzipien und die sonstigen vertraglichen Vorgaben müssen dabei die entscheidenden Leitlinien für die Auslegung der umweltrechtlichen Vorgaben des Unionsrechts bilden. Weder die Unionsorgane noch die Mitgliedstaaten können sich damit der Beachtung der vertraglichen Grundsätze entziehen.

55

V. Mitgliedstaaten

Den Mitgliedstaaten kommt im Rahmen der EU-Umweltpolitik auch als solchen – d.h. neben ihrer Rolle im Rat, in dem sie gerade nicht als Mitgliedstaaten, sondern als Teil eines Unionsorgans handeln – eine nicht zu unterschätzende Rolle zu: Ihnen obliegt insbesondere[255] in aller Regel der **Vollzug** des EU-Umweltrechts[256] und ggf. die **Umsetzung** der unionsrechtlichen Vorgaben in nationales Recht; Umsetzung und Vollzug stellen aber entscheidende Etappen auf dem Weg der Verwirklichung einer effektiven Umweltpolitik dar. Ebenso wie im Rahmen anderer EU-Politiken ist damit der letzte und entscheidende Schritt für die tatsächliche Durchsetzung des EU-Umweltrechts nicht auf Unionsebene, sondern auf der Ebene der Mitgliedstaaten anzusiedeln. An anderer Stelle wird noch ausführlich auf die hierbei zu beachtenden Grundsätze einzugehen sein.[257]

56

VI. Verbände und Interessenvertretungen

Die Willensbildung der Unionsorgane wird nicht nur durch organinterne Prozesse und Faktoren, sondern auch durch organexterne Gegebenheiten und Aktivitäten beeinflusst. Eine besondere Rolle spielen in diesem Zusammenhang Verbände und sonstige Interessenvertretungen. Diese versuchen, in erster Linie die am Rechtsetzungsverfahren beteiligten Unionsorgane Kommission (und damit auch die Ausschüsse), Parlament, Rat, Wirtschafts- und Sozialausschuss und Ausschuss der Regionen im Sinne ihrer Interessen zu beeinflussen. Kontakten mit der Kommission kommt hierbei aufgrund ihrer aufgezeigten Rolle[258] eine besonders große Bedeutung zu. Interessenvertreter sind – im Gegensatz zu den Mitgliedstaaten und den Unionsorganen – nicht in die

57

Slg. 1991, I-883; EuGH, Rs. C-355/90 (Kommission/Spanien), Slg. 1993, I-4221; EuGH, Rs. C-435/92 (Association pour la protection des animaux sauvages u.a.), Slg. 1994, I-67; EuGH, Rs. C-507/04 (Kommission/Österreich), Slg. 2007, I-5939; EuGH, Rs. C-237/07 (Janecek), Slg. 2007, I-6221; EuGH, Rs. C-427/07 (Kommission/Irland), Slg. 2009, I-6177; EuGH, Rs. C-297/08 (Kommission/Italien), Slg. 2010, I-1749; EuGH, Rs. C-383/09 (Kommission/Frankreich), Urt. v. 9.6.2011. Hierzu unten 5. Kap. Rn. 121 ff.

252 EuGH, Rs. C-431/92 (Kommission/Deutschland), Slg. 1995, I-2189; EuGH, Rs. C-201/02 (Wells), Slg. 2004, I-723. Hierzu unten 5. Kap. Rn. 157 ff.

253 EuGH, verb. Rs. C-206/88 und 207/88 (Strafverfahren gegen G. Vessoso u.a.), Slg. 1990, I-1461; EuGH, Rs. C-359/88 (Strafverfahren gegen E. Zanetti u.a.), Slg. 1990, I-1509; EuGH, Rs. C-422/92 (Kommission/Deutschland), Slg. 1995, I-1097; EuGH, Rs. C-98/03 (Kommission/Deutschland), Slg. 2006, I-53. Hierzu unten 2. Teil.

254 Vgl. in diesem Zusammenhang auch die quantitativen und qualitativen Angaben zur Bedeutung der Rechtsprechung des EuGH in Umweltfragen bei *Krämer*, EurUP 2004, 114 ff.

255 Daneben werden sie mitunter auch im Zusammenhang mit der Gesetzgebung außerhalb des eigentlichen Unionsorgans Rat tätig, vgl. hierzu nur *Meßerschmidt*, Europäisches Umweltrecht, § 6, Rn. 173 ff.

256 S. auch Art. 192 Abs. 4 AEUV.

257 Vgl. unten 5. Kap. Rn. 121 ff.

258 S.o. 3. Kap. Rn. 37 ff.

Tagespolitik mit ihren termingebundenen und von der aktuellen politischen Lage abhängigen Zwängen eingebunden, so dass sie mit einer gewissen Kontinuität die (für sie interessanten) Entwicklungen beobachten und langfristige Strategien sowie eigene Ideen und Konzepte entwickeln können.[259]

58 Im Bereich der europäischen Umweltpolitik sind namentlich zwei „Kategorien" von Interessenvertretern besonders aktiv: einerseits die verschiedenen **Industrie- und Wirtschaftsverbände**, die in unterschiedlichen Dachverbänden je nach Aktivitäten organisiert sind,[260] andererseits Umweltverbände, die in erster Linie im **Europäischen Umweltbüro (EUB)**[261] zusammengeschlossen sind.[262] Der genaue Einfluss der verschiedenen Verbände ist schwer messbar; offizielle Verlautbarungen hierüber gibt es nicht, wobei aber anzunehmen ist, dass einige Weichenstellungen bei der Kommission auf effektives Lobbying zurückgehen.[263] Die Anhörung von Verbänden bzw. deren Konsultation erfolgt in typisierten Verfahren, aber auch von Fall zu Fall,[264] wobei die Kommission Interessenvertretern gegenüber grundsätzlich aufgeschlossen ist. Dies ist wohl auch vor dem Hintergrund zu sehen, dass die Kommission aufgrund ihrer personellen Unterbesetzung auf Informationen der Verbände angewiesen ist. Ihr Interesse an dem jeweiligen Verband wird allerdings mit seiner Größe und dem Gewicht der vertretenen Interessen steigen.[265]

59 Damit werden auch die hauptsächlichen Probleme des „Euro-Lobbying" in unserem Zusammenhang (neben der weitgehend fehlenden Transparenz der Tätigkeit der Verbände und Interessenvertreter[266]) deutlich: Um sich Informationen insbesondere von der Kommission zu beschaffen und sich daran anschließend sachkundig zu machen, sind erhebliche finanzielle und personelle Ressourcen notwendig.[267] Diese sind jedoch in Bezug auf die hier relevanten Interessenvertreter ungleichmäßig verteilt: Während Wirtschaftsvertretern in der Regel relativ weitgehende Mittel zur Verfügung stehen, sind Umweltschutzverbände häufig von Spenden abhängig und verfügen nur über sehr begrenzte Ressourcen. Daher sind ihre Möglichkeiten, ein effektives

---

259 Zur Rolle der Interessengruppen aus politikwissenschaftlicher Sicht etwa *Schwarz*, Europäisierung der Umweltpolitik, 64 ff.; im Zusammenhang mit Fragen der Transparenz aus rechtlicher Sicht *Hasler*, ZEuS 2007, 503 ff.; speziell zur Rolle von Umweltverbänden bzw. zur Rolle von Verbänden und Interessengruppen im Zusammenhang mit dem EU-Umweltrecht *Mazey/Richardson*, in: Environmental Policy in the European Union, 141 ff.; *Schlotmann*, Interessenvertretung bei der Europäischen Kommission, *passim*; *Newell/Grant*, YEEL 2000, 225 ff.; allgemein zum „Lobbying" auf EU-Ebene etwa *Clergerie*, Mélanges Vandersanden, 89 ff.; s. ansonsten zur Tätigkeit von Verbänden und Interessenvertretern, teilweise unter besonderer Berücksichtigung der Umweltpolitik, *Meßerschmidt*, Europäisches Umweltrecht, § 6, Rn. 104 ff.; *Oddo*, RMCUE 2009, 64 ff.; *Müller-Terpitz*, ArchVR 2005, 466 ff.
260 Von besonderer Bedeutung sind jedoch die Union der Industrie- und Arbeitgeberverbände Europas (UNICE), der Europäische Zentralverband der öffentlichen Wirtschaft (CEEP) und die Vereinigung der europäischen Industrie- und Handelskammern. Vgl. zum „Industrielobbying" in Brüssel *Hey*, ZUR 2003, 145 ff.
261 Das insgesamt etwa 120 Umweltorganisationen vertritt. Hierzu *Demmke*, Implementation von EG-Umweltpolitik, 69 f.; *Holzinger*, Politik der kleinsten gemeinsamen Nenners?, 122 ff.
262 Diese Interessenverbände werden jedoch nicht nur im Vorfeld der Verabschiedung von Rechtsetzungsakten tätig, sondern sie versuchen ihren Einfluss auch bei Vertragsrevisionen geltend zu machen, vgl. z.B. die vom EUB formulierten Prioritäten zur Regierungskonferenz 1996, Agence Europe Nr. 6566 vom 20.9.1995, 14.
263 Vgl. *Krämer*, Droit de l'environnement de l'UE, 24 f., der auf einige Beispiele, u.a. die hinausgeschobene Gesetzgebung zu CO_2-Emissionen für KFZ oder viel zu spät erfolgte Festlegung von Immissionsgrenzwerten für bestimmte Schwermetalle, hinweist.
264 Vgl. zur Art und Weise der Konsultationen mit Bezug zum EU-Umweltrecht *Meßerschmidt*, Europäisches Umweltrecht, § 6, Rn. 28.
265 Vgl. allgemein zum Einbezug von Interessenverbänden *Krämer*, EUDUR I, § 16, Rn. 10 ff.; s. sodann auch die diesbezüglichen Bemerkungen zur Rolle dieser Interessenvertreter in: Europäische Kommission, Europäisches Regieren. Ein Weißbuch, KOM (2001) 428 endg., 25.
266 Zwar führt die Kommission seit 2008 ein Register, in dem sich die in Brüssel tätigen Interessenvertreter eintragen lassen können; in erster Linie aufgrund der Freiwilligkeit einer solchen Registrierung und des recht engen Begriffs des Interessenvertreters trägt dieses Register aber allenfalls zu einer echten Erhöhung der Transparenz bei, vgl. nur *Meßerschmidt*, Europäisches Umweltrecht, § 6, Rn. 107 f.; ausführlich *Legris/Lehmann*, RDUE 2008, 807 ff.; *Oddo*, RMCUE 2009, 64 ff.; s. auch *Kautto*, JCMS 2009, 103 ff.
267 Allein ausreichend ist also gerade nicht die Existenz eines Informationsanspruchs; vielmehr muss man auch in der Lage sein, einen solchen geltend zu machen. Zu den Ansprüchen auf Zugang zu Informationen unten 6. Kap. Rn. 16 ff.

3. Kapitel Instrumente und Akteure der Umweltpolitik und der Umweltrechtsetzung der EU

Lobbying zu betreiben, sehr begrenzt.[268] Es besteht also ein erhebliches Ungleichgewicht zwischen der finanziellen und personellen Ausstattung und, daran anschließend, dem tatsächlichen Einfluss der verschiedenen Interessenvertreter.

Dieser Problematik soll durch eine verstärkte **finanzielle Unterstützung von (bestimmten) Umweltverbänden** seitens der Union zumindest teilweise Rechnung getragen werden: Das Programm LIFE+[269] sieht u.a. vor, dass Umweltverbänden, die bestimmten, in dem Programm im Einzelnen festgelegten Anforderungen Rechnung tragen, eine finanzielle Unterstützung gewährt werden kann. Aber auch dies ändert nichts an dem erwähnten beachtlichen Ungleichgewicht zwischen der Vertretung der Umweltverbände einerseits und der Wirtschaftsverbände andererseits, das auch vor dem Hintergrund bedenklich ist, als die Wirtschaftsverbände letztlich „egoistische" Verbandsinteressen vertreten, während die Umweltverbände grundsätzlich dem Allgemeininteresse verpflichtet sind.[270]

60

Insbesondere **Umweltverbände** spielen aber nicht nur im legislativen Prozess, sondern auch bei der Kontrolle der effektiven Anwendung des EU-Umweltrechts eine Rolle, insbesondere über die Wahrnehmung des ihnen zustehenden **gerichtlichen Zugangs**.[271]

VII. Europäische Umweltagentur

Die Europäische Umweltagentur ist der einzige bereichsübergreifende[272] „umweltspezifische" Akteur der EU Umweltpolitik.[273] Zwar wurde ihre Errichtung bereits 1990 durch den Rat beschlossen,[274] wobei die ursprüngliche Verordnung im Jahr 2009 im Zuge inzwischen erfolgter mehrerer Modifikationen neu kodifiziert wurde (**VO 401/2009**); die Agentur konnte aber erst Anfang 1994 nach der Klärung des Streits über ihren Sitz, der zugunsten Kopenhagens[275] entschieden wurde, ihre Arbeit formell aufnehmen.[276] Sie soll die Kommission und die übrigen Unionsorgane sowie die Mitgliedstaaten bei der Erfüllung und Ausführung eines Teils ihrer Aufgaben im Bereich der Umweltpolitik unterstützen, so dass einige bis dahin von der Kommission wahrgenommene Tätigkeiten, wie etwa die Ausarbeitung eines Berichts über den Zu-

61

---

268 Vgl. zu dieser Problematik *Holzinger*, Politik des kleinsten gemeinsamen Nenners?, 122 ff.; *Demmke*, Implementation von EG-Umweltpolitik, 69 f.; *Kraack/Pehle/Zimmermann-Steinhart*, Umweltintegration, 52 f.
269 Vgl. zu diesem noch unten 6. Kap. Rn. 129 ff.
270 Womit jedoch keine Stellungnahme zur (demokratischen) Legitimation der Umweltverbände verbunden ist, die sich übrigens ebenso, wenn nicht noch stärker, bei den Wirtschaftsverbänden stellt.
271 Hierzu noch unten 5. Kap. Rn. 157 ff., 6. Kap. Rn. 57 ff.
272 Daneben gibt es aber noch umweltspezifische beratende Ausschüsse, hierzu oben 3. Kap. Rn. 40, sowie spezifische Akteure für bestimmte Bereiche des EU-Umweltrechts, wie z.B. die Europäische Chemikalienagentur ECHA, zu dieser 8. Kap. Rn. 6 ff. S. für eine Zusammenstellung sonstiger Agenturen mit Umweltbezug *Meßerschmidt*, Europäisches Umweltrecht, § 6, Rn. 100 ff.
273 S. zu sonstigen EU-Agenturen, deren Aufgaben eine gewisse Verbindung zur Umweltpolitik aufweisen, *Huber*, EUDUR I, § 19, Rn. 93 ff. S. allgemein zu den verschiedenen „Agenturtypen" und den durch diese „Externalisierung" aufgeworfenen rechtlichen Problemen *Koch*, Externalisierungspolitik der Kommission, insbes. 56 ff., 116 ff.; *Fischer/Fetzer*, EurUP 2003, 50 ff.; *Brenner*, FS Rengeling, 193 ff.; *Wittinger*, EuR 2008, 609 ff.; *Kilb*, EuZW 2006, 268 ff.; *Smith*, ELJ 2004, 402 ff.; *Hofmann/Rowe/Türk*, Administrative Law, 285 ff. Zur Zusammenarbeit von Unionsagenturen mit nationalen Behörden *Groß*, EuR 2005, 54 ff.
274 VO 1210/90/EWG.
275 Einvernehmlicher Beschluss der auf der Ebene der Staats- und Regierungschefs Vereinigten Vertreter der Regierungen der Mitgliedstaaten über die Festlegung des Sitzes bestimmter Einrichtungen und Dienststellen der Europäischen Gemeinschaft sowie des Sitzes von Europol (93/C/01), ABl. 1993 C 323, 1.
276 Vgl. *Breier*, NuR 1995, 516; *Kahl*, UTR 1996, 119 (128).

stand der Umwelt in der Union,[277] direkt von der Europäischen Umweltagentur wahrgenommen werden.[278]

Die Schaffung der Europäischen Umweltagentur ist vor dem Hintergrund des **Informationsdefizits** auf Unionsebene zu sehen: Trotz der zentralen Rolle der Verfügbarkeit umweltbezogener Informationen für eine effektive Umweltpolitik[279] fehlten in der Union sowohl die hierfür notwendigen Ressourcen als auch ein diesbezügliches Konzept. Zwar obliegt den Mitgliedstaaten in bestimmten Bereichen die Verpflichtung zur Informationsübermittlung an die Kommission,[280] und die RL 2003/4 gibt den Einzelnen einen Anspruch auf Zugang zu bei den mitgliedstaatlichen Behörden vorhandenen Umweltinformationen.[281] Auf diese Weise kann aber weder eine staatenübergreifende, unionsweite Informationsstruktur garantiert werden, noch sind die so zugänglichen oder übermittelten Daten vollständig, so dass auf dieser Grundlage keine größeren Zusammenhänge (vollständig) erfasst und keine internationalen Vergleiche angestellt werden können. Angesichts der Tatsache, dass die Union inzwischen ein relativ umfangreiches Umweltrecht kennt und dieses auch weiterentwickeln will, erscheint die Sammlung unionsweiter Informationen über die hierfür notwendigen Daten und ihre Öffentlichkeit aber unentbehrlich, kann doch nur auf diese Weise erreicht werden, dass die maßgeblichen Akteure über die notwendigen Angaben verfügen.[282] Diese Lücke sollte mit der Schaffung der Europäischen Umweltagentur gefüllt werden, die insbesondere eine adäquate und ausreichende Information über die Umwelt auf europäischer Ebene garantieren soll, Art. 1 Abs. 2 VO 401/2009, und eine „Sammelstelle" für Informationen im Umweltbereich bilden soll.[283] Die Bedeutung wissenschaftlicher und technischer Daten für die EU-Umweltpolitik ergibt sich im Übrigen schon aus Art. 191 Abs. 3 AEUV.

62 Die (umfassenden) **Aufgaben der Umweltagentur** sind Art. 2 VO 401/2009 zu entnehmen:[284] Zunächst und insbesondere wird ein Umweltinformations- und -beobachtungsnetz (**European Environmental Information and Observation Network, EIONET**) eingerichtet;[285] damit werden die (organisatorischen) Voraussetzungen für die Wahrnehmung der „eigentlichen" Aufgaben durch die Europäische Umweltagentur geschaffen. Die ursprüngliche und primäre Funktion der Agentur besteht dann in der Bereitstellung, d.h. der Sammlung, Aufbereitung und Analyse, von

---

277 Seit 1977 veröffentlichte die Kommission mehr oder weniger regelmäßig einen Bericht über den Zustand der Umwelt in der Union, vgl. *Krämer*, in: Europäisches Umweltrecht, 33 (42). Diese Aufgabe wird nunmehr von der Europäischen Umweltagentur wahrgenommen, die 1995 ihre erste große „Realisation" (so Kommissarin *Bjerregaard*, vgl. Agence Europe Nr. 6564 vom 16.9.1995, 13) beendete: Im sog. Dobris-Bericht (Europe's Environment. The Dobris Assessment, Kopenhagen 1995) unterzieht die Agentur die Umweltsituation in Europa (in insgesamt 46 Ländern) einer eingehenden Analyse. Dieser Bericht wird regelmäßig aktualisiert (das letzte Mal 2007) und durch medienspezifische Analysen ergänzt. S. etwa aus jüngerer Zeit Europe's Environment. An Assessment of Assessments, 2011. Vgl. ansonsten die (zahlreichen) Publikationen der EUA unter www.eea.europa.eu.
278 Zur Umweltagentur *Breier*, NuR 1995, 516 ff.; *Ladeur*, NuR 1997, 8 ff.; *Nitschke*, Harmonisierung des nationalen Verwaltungsvollzugs von EG-Umweltrecht, 140 ff.; *Sommer*, Verwaltungskooperation am Beispiel administrativer Informationsverfahren im europäischen Umweltrecht, 519 ff.; *Runge*, DVBl. 2005, 542 ff.; in rechtsvergleichender Perspektive *Kahl*, UTR 1996, 119 ff.
279 Wobei diese sowohl für die Entwicklung umweltpolitischer Konzepte als auch für einen effektiven Vollzug unentbehrlich sind, vgl. hierzu noch unten 6. Kap. Rn. 3, Rn. 10 f. S. auch Präambel VO 401/2009 (insbesondere Erw. 5), die die Notwendigkeit von Datenmaterial für Definition und Durchführung der EU-Umweltpolitik bekräftigt.
280 Hierzu unten 6. Kap. Rn. 12 ff.
281 Hierzu unten 6. Kap. Rn. 39 ff.
282 Dies ist übrigens auch aus demokratiepolitischer Sicht unentbehrlich, denn nur im Falle der Existenz einer unionsweiten Sammlung diesbezüglicher Informationen ist dem einzelnen Bürger eine Meinungsbildung möglich.
283 Die Vorarbeiten für die Schaffung der EUA wurden bereits 1985 mit einer „Ratsentscheidung über ein Arbeitsprogramm der Kommission für ein Versuchsvorhaben für die Zusammenstellung, Koordinierung und Abstimmung der Informationen über den Zustand der Umwelt und der natürlichen Ressourcen in der Gemeinschaft" (Entscheidung 85/338/EWG vom 27. Juni 1985, ABl. 1985 L 176, 14) geleistet, in deren Präambel die Notwendigkeit kohärenter und vergleichbarer Informationen zur Realisierung von Umwelt-Aktionsprogrammen betont wurde. Das Programm, das auf vier Jahre befristet war, lief 1989 aus. Zu diesem Zeitpunkt sollte gemäß Art. 3 Abs. 2 der Entscheidung die Kommission dem Rat bei Bedarf Vorschläge für das weitere Vorgehen unterbreiten. Zur Entstehungsgeschichte der VO 1210/90 *Brenner*, EUDUR I, § 20, Rn. 6 ff.
284 S. auch die Zusammenstellung bei *Breier*, NuR 1995, 516; ausführlich *Brenner*, EUDUR I, § 20, Rn. 25 ff.
285 Zu diesem Netz *Brenner*, EUDUR I, § 20, Rn. 39 ff. S. die Einzelheiten in Art. 4 VO 401/2009.

3. Kapitel Instrumente und Akteure der Umweltpolitik und der Umweltrechtsetzung der EU

Umweltdaten. In diesem Zusammenhang kann sie auch Gutachten zu Fragen der Umweltqualität und -belastung erstellen. Die Sammlung von Daten auf Unionsebene ist jedoch nur dann sinnvoll, wenn die Bewertungskriterien dafür in allen Mitgliedstaaten übereinstimmen und sich auch direkte Vergleiche zwischen einzelnen Daten anstellen lassen: Aus diesem Grund stellt die Agentur solche einheitlichen Kriterien auf und strebt eine Harmonisierung der jeweiligen Messverfahren an. Ferner sorgt sie für die Verbreitung von Informationen über die Umwelt.[286] Präventiv tätig wird die Agentur durch die Förderung der Entwicklung und Anwendung von Verfahren im Bereich der Vorhersage sowie des Austausches von Informationen über Technologien zur Verhütung oder Verringerung von Umweltschäden. Einen Beitrag zum internationalen Schutz der Umwelt leistet sie schließlich dadurch, dass sie sich dafür einsetzt, dass die europäischen Umweltinformationen auch in internationalen Umweltüberwachungsprogrammen berücksichtigt werden.

Die Arbeiten der Agentur sind in ihren jeweiligen Tätigkeitsberichten, die auf dem Internet verfügbar sind,[287] dokumentiert. Zu erwähnen ist in diesem Zusammenhang auch, dass die Mitgliedstaaten ihre eigenen Umweltinformations- und -beobachtungsnetze entwickelt haben, und damit die Voraussetzungen für die Wahrnehmung der Aufgaben durch die Agentur geschaffen worden sind. Ihrer Informationspflicht ist die Agentur insbesondere durch die Veröffentlichung des Dobris-Berichts[288] über den Zustand der Umwelt in Europa nachgekommen. Auch hat die EUA ein Warnsystem zur Bestimmung der größten Probleme im Bereich der Umwelt eingeführt.

Bei diesem umfangreichen Pflichtenheft ist jedoch zu beachten, dass Doppelspurigkeiten und Überschneidungen mit den Tätigkeiten anderer Einrichtungen vermieden werden sollen. Dies kommt beispielsweise in den Bestimmungen über die einzelstaatlichen Informationsnetze wie auch in dem Kooperationsgebot mit anderen Stellen und Programmen der Union sowie weiteren europäischen oder internationalen Organisationen zum Ausdruck.[289]

Die **Organisation** ist in den Artikeln 8 ff. VO 401/2009 geregelt.[290] Die Agentur besteht aus einem Verwaltungsrat, einem Exekutivdirektor sowie einem wissenschaftlichen Beirat. Dem Verwaltungsrat, dem je ein Vertreter der Mitgliedstaaten, zwei Vertreter der Kommission sowie zwei durch das Europäische Parlament gewählte, auf dem Gebiet des Umweltschutzes besonders qualifizierte Wissenschaftler sowie Vertreter von an der Agentur beteiligten Drittstaaten angehören, kommt dabei als leitendes Organ eine herausragende Stellung zu: Er verabschiedet ein Mehrjahresprogramm und ein jährliches Arbeitsprogramm, beides nach Anhörung des wissenschaftlichen Beirats und nachdem die Kommission ihre Stellungnahme abgegeben hat (Art. 8 Abs. 1, 4 und 5 VO 401/2009). Der Exekutivdirektor als rechtlicher Vertreter der Agentur wird von der Kommission vorgeschlagen und vom Verwaltungsrat ernannt. Er bereitet die vom Verwaltungsrat zu fassenden Beschlüsse und anzunehmenden Programme vor und führt sie durch; des Weiteren obliegen ihm die laufenden Verwaltungsgeschäfte sowie die Erstellung des Haushaltsplans (Vorentwurf). Über die Ausübung seiner Geschäfte hat er dem Verwaltungsrat einen Tätigkeitsbericht abzugeben.[291] Der wissenschaftliche Beirat, der aus im Umweltbereich besonders qualifizierten Mitgliedern besteht und vom Verwaltungsrat ernannt wird, unterstützt Verwaltungsrat und Exekutivdirektor durch seine Stellungnahme zu wissenschaftlichen Fragen, die sich im Zusammenhang mit Agenturtätigkeiten stellen, sowie in den in der Verordnung vorgesehenen Fällen.[292]

Die Umweltagentur steht auch **Nichtmitgliedstaaten** der Europäischen Union offen, die mit ihr und den Mitgliedstaaten ein gemeinsames Interesse an der Verwirklichung der Ziele der Agentur haben, Art. 19 VO 401/2009.[293] Diesfalls werden entsprechende völkerrechtliche Abkommen mit diesen Drittstaaten abge-

---

286 Dies geschieht u.a. dadurch, dass alle fünf Jahre ein Bericht über den Zustand der Umwelt veröffentlicht wird, Art. 2 lit. h) VO 401/2009.
287 www.eea.europa.eu.
288 Europe's Environment, The Dobris Assessment, Kopenhagen 1995. Derzeit aktuell ist der vierte Bericht („Europe's Environment: the fourth assessment", 2007).
289 Vgl. dazu insbesondere Art. 4 Abs. 2, 3, Art. 15 VO 401/2009.
290 Hierzu *Breier*, NuR 1995, 516 (519 f.); *Brenner*, EUDUR I, § 20, Rn. 47 ff.
291 Vgl. Art. 9 VO 401/2009.
292 Vgl. Art. 10 VO 401/2009.
293 Hierzu *Brenner*, EUDUR I, § 20, Rn. 17 ff.

schlossen. Derzeit nehmen neben den 27 Mitgliedstaaten noch Island, Norwegen, Liechtenstein, die Schweiz und die Türkei an den Arbeiten der Agentur teil.[294]

64 Im Hinblick auf ihre **Einbettung in die Organisationsstruktur der Union** ist die Europäische Umweltagentur auf der sog. Tertiärebene anzusiedeln, die aus durch sekundäres Recht geschaffenen rechtsfähigen oder nicht rechtsfähigen Einheiten besteht, die von einem Unionsorgan abhängig sind. Der Europäischen Umweltagentur kommt **Rechtsfähigkeit** zu (Art. 7 VO 401/2009).

In Bezug auf die Organisationsstruktur der EU können verschiedene Ebenen unterschieden werden:[295] Auf der primären Ebene[296] sind diejenigen Organe anzusiedeln, die explizit im Vertrag aufgeführt werden. Unterschieden werden können hier die Hauptorgane – Parlament, Europäischer Rat, Rat, Kommission, Gerichtshof, Zentralbank und Rechnungshof[297] – von den Nebenorganen[298] – Wirtschafts- und Sozialausschuss und Ausschuss der Regionen.[299] Eine Sonderstellung nehmen die angegliederten juristischen Personen des primären Unionsrechts ein, die mit eigener Rechtspersönlichkeit ausgestattet und unabhängig sind.[300] Die sekundäre Organisationsstruktur ist auf ausdrückliche Errichtungsermächtigungen in den Verträgen zurückzuführen.[301] Die tertiäre Ebene schließlich besteht aus solchen Einrichtungen, die auf keine ausdrückliche Organisationsermächtigung in den Unionsverträgen zurückgeführt werden können.[302] Wie schon auf der primären und der sekundären Ebene gibt es auch hier nicht rechtsfähige Einheiten und solche, die eine eigene Rechtspersönlichkeit besitzen. Geschaffen werden diese Institutionen durch Ratsverordnung auf der Grundlage des Art. 352 AEUV oder aufgrund spezifischer Rechtsgrundlagen wie z.B. Art. 192 Abs. 1 AEUGV für die Europäische Umweltagentur.[303]

Soweit auf solche juristisch selbständigen Einrichtungen hoheitliche (Eingriffs-) Befugnisse übertragen werden, wirft dies die Frage auf, inwieweit dies zulässig ist.[304] Von Bedeutung ist dabei, dass durch die Errichtung derartiger Organisationen die Organstruktur der Union nicht aus den Angeln gehoben werden darf, so dass im Vergleich zu der den Verträgen zu entnehmenden Kompetenz- und Gewichtsverteilung der Organe keine

---

294 Vgl. www.eea.europa.eu.
295 Vgl. grundlegend und ausführlich *Hilf*, Organisationsstruktur, 7 ff.; s. auch den Überblick bei *Huber*, EUDUR I, § 19, Rn. 44 ff.
296 Vgl. auch die Umschreibung bei *Hilf*, Organisationsstruktur, 13 ff., die allerdings um die durch den Maastrichter Vertrag neu geschaffenen Organe zu ergänzen ist. An der Struktur hat dies jedoch nichts geändert.
297 Art. 13 Abs. 1 EUV.
298 Diese zeichnen sich durch ihre unmittelbare institutionelle Nähe zu den Hauptorganen aus, wobei sie jedoch weitgehend unabhängige Funktionen (d.h. insbesondere solche beratender Art in der Form von durch die Verträge vorgesehenen Anhörungen und Stellungnahmen aus eigener Initiative) ausüben und nicht an der Erfüllung von Unionsaufgaben nach außen teilnehmen, vgl. *Hilf*, Organisationsstruktur, 17, 64.
299 Art. 13 Abs. 4 EUV. Diese Nebenorgane sollen die Hauptorgane Rat und Kommission bei der Erfüllung ihrer Aufgaben beratend unterstützen.
300 Zu nennen ist hier insbesondere die Europäische Investitionsbank, Art. 308 f. AEUV. Sodann ist noch auf das Europäische System der Zentralbanken hinzuweisen (Art. 129 AEUV).
301 *Hilf*, Organisationsstruktur, 65. Beispiele für derartige Einrichtungen sind die Gemeinsame Kernforschungsstelle (vgl. Art. 8 EAGV) und das Amt für amtliche Veröffentlichungen (Art. 8 des Beschlusses der Vertreter der Regierungen der Mitgliedstaaten über die vorläufige Unterbringung bestimmter Organe und Dienststellen vom 8.4.1965, ABl. 1967, 152, 18, Entscheidung vom 16.1.1969, ABl. 1969 L 13, 19), vgl. hierzu *Hilf*, Organisationsstruktur, 65 ff.
302 *Hilf*, Organisationsstruktur, 109. Zu unterscheiden ist diese Ebene von den mit der EU verbundenen Einrichtungen der Mitgliedstaaten, die ihre Grundlage nicht in den Unionsverträgen, sondern in selbständigen völkerrechtlichen Verträgen zwischen den Mitgliedstaaten finden. Ein Beispiel hierfür ist das Europäische Hochschulinstitut in Florenz. S. hierzu nur Bieber/Epiney/Haag-*Bieber*, EU, § 4, Rn. 110 ff.
303 Die interne Organisationsgewalt insbesondere der Kommission dürfte hiervon nämlich nicht ausgespart sein. S. zum Ganzen von der Groeben/Schwarze-*Schwartz*, Kommentar zum EUV/EGV, Art. 308, Rn. 214 ff.
304 Umfassend hierzu schon *Hilf*, Organisationsstruktur, 297 ff., 310 ff.; von der Groeben/Schwarze-*Schwartz*, Kommentar zum EUV/EGV, Art. 308, Rn. 214 ff.; s. ansonsten grundsätzlich zu den mit der Gründung von Agenturen aufgeworfenen Rechtsfragen etwa *Wittinger*, EuR 2008, 609 ff.; *Brenner*, FS Rengeling, 193 ff.; s. auch *Kilb*, EuZW 2006, 268 ff. In der Rechtsprechung bilden die *Meroni*-Fälle den Ausgangspunkt der Formulierung diesbezüglicher Anforderungen an die Ausgestaltung der Agenturen, vgl. EuGH, Rs. 9/56 und 10/56 (Meroni), Slg. 1958, 11 ff., 42 ff., 53 ff., 81 ff.; s. auch EuGH, Gutachten 1/76 (Stilllegungsfonds für die Binnenschifffahrt), Slg. 1977, 741, Ziff. 5, 10 ff.; EuGH, Rs. 25/70 (Köster), Slg. 1970, 1161, Ziff. 6. Vgl. allgemein zum „Modell" der EU-Agenturen *Meßerschmidt*, Europäisches Umweltrecht, § 6, Rn. 87 ff. S. auch die Mitteilungen der Kommission: KOM (2001) 428 endg.; KOM (2002) 275 endg.

3. Kapitel Instrumente und Akteure der Umweltpolitik und der Umweltrechtsetzung der EU

wesentlichen Verschiebungen stattfinden dürfen.[305] Zudem darf sich die Kommission durch die Schaffung selbständiger juristischer Personen nicht der Bindung an das Unionsrecht und seine Kontrollmechanismen entziehen. Diese Grundsätze bedeuten insbesondere, dass nicht weitergehende Befugnisse übertragen werden dürfen, als der Kommission selbst zustehen. Die geschaffene Einrichtung muss grundsätzlich der Kontrolle durch die Kommission, die ihrerseits die Verantwortung für deren Handlungen zu tragen hat, unterstellt sein, so dass eine Delegation prinzipiell nur im Rahmen der Vorbereitung oder Durchführung von Beschlüssen zulässig[306] ist, und die Einrichtung nicht über einen zu großen Beurteilungs- oder Ermessensspielraum verfügen darf. Ein weiteres Erfordernis ist die Gewährleistung von Rechtsschutz vor dem EuGH, das sich daraus ergibt, dass auch rechtsverbindliche hoheitliche Akte der Kommission grundsätzlich der Überprüfung durch den EuGH unterliegen. Seit dem Vertrag von Lissabon ist nunmehr in Art. 263 Abs. 1 S. 2 AEUV klargestellt, dass auch Handlungen von „Einrichtungen oder sonstigen Stellen der Union mit Rechtswirkung gegenüber Dritten" und damit auch Maßnahmen von Agenturen Gegenstand von Nichtigkeitsklagen sein können.[307]

Der Umweltagentur stehen jedoch **keine hoheitlichen Eingriffsbefugnisse** zu, und entgegen der ursprünglichen Fassung des Art. 20 VO 1210/90[308] wird die Einführung solcher Kompetenzen offenbar zumindest derzeit nicht ins Auge gefasst, erwähnt doch die VO 401/2009 die Übertragung von Hoheitsbefugnissen auf die Agentur gerade nicht mehr. Dies wird durch das Weißbuch der Kommission zu den Grundsätzen Europäischen Regierens bestätigt, in dem die Kommission festhält, dass sich die Agenturen auf die Sammlung und Aufbereitung von Informationen beschränken sollen.[309]

VIII. Einzelne

Der Einzelne hat auch auf europäischer Ebene sehr wenig Einfluss auf die **Definition und Ausgestaltung umweltrechtlicher Maßnahmen**.[310] Dieser schon aus dem innerstaatlichen Bereich bekannte Befund gilt in Bezug auf die Politikgestaltung in der Europäischen Union umso mehr. Während der Einzelne nämlich im Rahmen der nationalen Umweltpolitik einen gewissen Einfluss über die öffentliche Meinung und die Wahrnehmung seiner politischen und verfahrensrechtlichen Rechte nehmen kann,[311] sind seine diesbezüglichen Möglichkeiten im Rahmen der EU-Umweltpolitik sehr begrenzt, was insbesondere auf zwei Umstände zurückzuführen ist:

- Zum einen sind – abgesehen vom Europäischen Parlament – die am Rechtsetzungsverfahren beteiligten und entscheidenden Organe (insbesondere Kommission und Rat) nicht direkt gewählt, so dass sie auf die öffentliche Meinung eher verhalten oder gar nicht reagieren, wenn auch die zunehmende Transparenz (vgl. insbesondere Art. 15 AEUV) hier etwas Abhilfe verschaffen dürfte.
- Zum anderen gibt es auch heute noch nur ausnahmsweise eine unionsweite Information und dementsprechend eine unionsweite Meinungsbildung, so dass diesbezügliche Initiativen Privater eher selten entstehen werden. Trotz der großen Bedeutung der Tätigkeit der Europäischen Union für die Politikgestaltung in den Mitgliedstaaten und für das nationale Recht der

---

305 Dies wird in der Regel mit dem Begriff „institutionelles Gleichgewicht" umschrieben, vgl. aus der Rechtsprechung EuGH, Rs. 138/79 (Roquette Frères/Rat), Slg. 1980, 3333. Vgl. zur Kritik an diesem Begriff Bieber/Epiney/Haag-*Bieber*, EU, § 4, Rn. 16. Unabhängig davon, wie man den rechtlichen Gehalt dieses Grundsatzes bewertet, bleibt aber festzuhalten, dass die in den Verträgen festgelegte Organstruktur und das Verhältnis der Organe zueinander zu beachten sind. Dies beruht letztlich auf Legitimitätsüberlegungen und Erwägungen der Rechtsstaatlichkeit.
306 Dies schließt allerdings die Möglichkeit der Zuweisung hoheitlicher Durchführungsbefugnisse, also insbesondere den Erlass von Beschlüssen an Einzelne oder Mitgliedstaaten, ein, vgl. *Hilf*, Organisationsstruktur, 161, 328.
307 Vgl. insoweit auch schon EuG, Rs. T-411/06 (Sogelma), Urt. v. 8.10.2008; s. auch schon EuGH, verb. Rs. 193, 194/87 (Maurissen), Slg. 1989, 1045. Vgl. zur Frage des Rechtsschutzes gegen Handlungen von Agenturen *Saurer*, DVBl. 2009, 1021 ff.; *Gundel*, EuR 2009, 383 ff.; *Riedel*, EuZW 2009, 565 ff.
308 Wonach insbesondere eine Beteiligung an der Überwachung der Durchführung des EU-Umweltrechts ins Auge gefasst worden war.
309 Europäische Kommission, Europäisches Regieren. Ein Weißbuch, KOM (2001) 428 endg., 30 f. Vgl. im Übrigen den Bericht der Kommission an den Rat über die Überprüfung der Europäischen Umweltagentur, KOM (2003) 800 endg.
310 Vgl. ähnlich *Demmke*, Implementation von EG-Umweltpolitik, 70.

Mitgliedstaaten erfolgen die Meinungsbildung und die öffentliche Auseinandersetzung mit politischen Fragestellungen (immer noch) fast ausschließlich aus der Sicht und auf der Ebene der einzelnen Mitgliedstaaten, so dass in dieser Beziehung eine „europäische Perspektive" weitgehend fehlt.

66 Gleichwohl ist es gerechtfertigt, den Einzelnen in diesem Zusammenhang als Akteur der EU-Umweltpolitik und des EU-Umweltrechts anzuführen. Dies beruht in erster Linie auf seiner Rolle im Rahmen der **Kontrolle der Beachtung des Unionsrechts**. Hier hat er insbesondere vier verschiedene Möglichkeiten, auf die bei der Behandlung der Kontrolle der Beachtung des Unionsrechts und des Rechtsschutzes noch näher einzugehen sein wird:[312]

- Erstens können die Einzelnen formlos **Beschwerden** an die Kommission richten und diese so über mögliche Vertragsverstöße der Mitgliedstaaten informieren.[313] Diese Möglichkeit wird immer mehr genutzt.[314] Allerdings steht den Einzelnen kein subjektives Recht darauf zu, dass die Kommission in einer bestimmten Weise reagiert, also eine Aufsichtsklage nach Art. 258 AEUV erhebt. Gleichwohl sind diese Beschwerden in der Praxis von großer Bedeutung, da sie eine wichtige Informationsquelle der Kommission darstellen,[315] und sie ihnen regelmäßig, wenn auch nicht immer und wohl zunehmend selektiver,[316] nachgeht. Hinzuweisen ist allerdings darauf, dass eine zu große Selektivität der Kommission bei der Behandlung dieser Beschwerden wohl kaum mit dem Vertrag im Einklang stünde, da sie nach Art. 17 Abs. 1 EUV verpflichtet ist, die Anwendung des Unionsrechts zu überwachen und daher ihre Rolle als „Hüterin der Verträge" auch tatsächlich zu spielen.[317]

- Zweitens können die Einzelnen unter bestimmten Voraussetzungen die Verletzung unionsrechtlicher Vorschriften entweder direkt vor dem **EuGH** oder aber vor den **nationalen Gerichten** rügen. Das EU-Umweltrecht räumt den Einzelnen also bestimmte subjektive Rechte ein.[318]

- Drittens können die Einzelnen – unter bestimmten Voraussetzungen – im Rahmen der Anfechtung eines nationalen Gesetzes oder Verwaltungsakts seine Rechtswidrigkeit unter Berufung auf den Verstoß gegen Unionsrecht und damit auch gegen EU-Umweltrecht geltend machen. Das mit der Sache befasste nationale Gericht ist dann nach Art. 267 AEUV ggf. zur **Vorlage an den EuGH** berechtigt bzw. verpflichtet.

- Schließlich sind das **Petitionsrecht des Einzelnen beim Europäischen Parlament** (Art. 227 AEUV) sowie die Möglichkeit, eine **Beschwerde beim Europäischen Bürgerbeauftragten** (Art. 228 AEUV) einzulegen, zu erwähnen.

67 Im Übrigen ist darauf hinzuweisen, dass durch den Lissabonner Vertrag die sog. **Bürgerinitiative** (Art. 11 Abs. 4 EUV) eingeführt wurde: Danach können mindestens eine Million Unionsbürger aus einer erheblichen Anzahl von Mitgliedstaaten die Kommission auffordern, im Rahmen ihrer

---

311 Obwohl auch hier natürlich die Interessenverbände von sehr großer Bedeutung sind.
312 S.u. 5. Kap. Rn. 157 ff. Vgl. auch den Überblick über die diesbezügliche Rolle des Einzelnen bei *Roller*, elni 2/2002, 7 ff.
313 S. hierzu schon im Zusammenhang mit der Kommission oben 3. Kap. Rn. 43 ff.
314 Hierzu *Krämer*, RMC 1988, 22 ff.; *Krämer*, in: Europäisches Umweltrecht, 33 (44 f.); *Holzinger*, Politik des kleinsten gemeinsamen Nenners?, 103 ff.; *Jans/von der Heide*, Europäisches Umweltrecht, 197 ff.; mit statistischen Nachweisen: *Albin*, Vollzugskontrolle des europäischen Rechts, 213 ff.; *Albin*, DVBl. 2000, 1483 (1487 f.); *Sach/Simm*, EUDUR I, § 44, Rn. 29 f.; *Meßerschmidt*, Europäisches Umweltrecht, § 6, Rn. 127 f.; teilweise kritisch in Bezug auf die Behandlung dieser Beschwerden durch die Kommission *Krämer*, JEEPL 2009, 13 ff.
315 Die selbst – angesichts ihrer personellen Ausstattung – nicht in der Lage ist, alle notwendigen Nachforschungen über die Einhaltung des Unionsrechts in den Mitgliedstaaten anzustellen.
316 Vgl. diesbezüglich Mitteilung der Kommission über die Umsetzung des Umweltrechts, KOM (2008) 773, wo die Kommission darlegt, dass sie Beschwerden über die mangelhafte Anwendung des EU-Umweltrechts oder auf diesem beruhenden nationalen Rechts nur noch dann aufgreifen möchte, wenn „Grundsatzfragen" aufgeworfen werden oder besonders weitreichende negative Folgen zu befürchten sind. Vgl. zu dieser Mitteilung *Meßerschmidt*, Europäisches Umweltrecht, § 6, Rn. 129 ff.
317 Insofern stößt die Akzentsetzung in der Mitteilung in KOM (2008) 773 endg. auf gewisse Bedenken, da die Kommission hier wohl einen etwas zu selektiven Ansatz zugrundelegt.
318 Hierzu noch unten 5. Kap. Rn. 132 ff., Rn. 157 ff.

Befugnisse geeignete Vorschläge zu bestimmten Themen zu unterbreiten, in denen ein Rechtsakt der Union notwendig ist bzw. sein könnte, um die Verträge umzusetzen. Auch wenn es sich hier nur (aber immerhin) um eine Art „Einladung" der Kommission zum Tätigwerden handelt, so dass diese also nicht eigentlich rechtlich verpflichtet werden kann und sie im Übrigen auch nicht an den Inhalt einer solchen Aufforderung gebunden wäre, dürfte die Unterbreitung einer solchen Initiative doch nicht zu vernachlässigende Wirkungen entfalten. Dieses Instrument könnte auch und gerade im Umweltbereich von Bedeutung sein.[319]

IX. Zusammenfassung und Bewertung

Auf europäischer Ebene gibt es somit eine Vielzahl verschiedener Akteure, wobei – im Vergleich zu der Situation in den einzelnen Mitgliedstaaten – die Kompetenzverteilung aufgrund des Charakters der Union als Staatengemeinschaft sehr spezifisch ausgestaltet ist. Auch das Zusammenspiel der unterschiedlichen Akteure ist nur bedingt mit innerstaatlichen Gegebenheiten vergleichbar. Zudem lassen sich Rolle und Funktionen der verschiedenen Akteure nicht immer trennen, stehen sie doch ständig in formellen oder informellen Kontakten unterschiedlicher Art.[320]

Versucht man vor dem Hintergrund der Betrachtung der Rolle und Bedeutung der einzelnen Akteure eine Gesamtbewertung, so sind in erster Linie folgende Aspekte von Bedeutung:

- Der **Sachverstand** in der Union ist letztlich bei der **Kommission** anzusiedeln,[321] wobei sie diesen auch der Einbeziehung der Ausschüsse, die aus sachkundigen Vertretern der Mitgliedstaaten zusammengesetzt sind, zu verdanken hat. Vor diesem Hintergrund ist die Kommission für die Weiterentwicklung und Innovation des europäischen Umweltrechts prädestiniert, so dass ihr Initiativmonopol im Rahmen der Rechtsetzung in der EU ebenso sinnvoll wie notwendig ist, zumal die Kommission durchaus in der Lage ist, politisch sinnvolle und durchsetzbare Anliegen anderer Organe zu berücksichtigen. Diese Rolle der Kommission impliziert aber auch eine gewisse Verantwortung zu entsprechendem Tätigwerden zum Wohle der Union.

- Im Zusammenhang mit der Rolle des **Rates** ist insbesondere seine **beschränkte demokratische Legitimation** hervorzuheben. Dies ist jedoch nicht nur aus allgemein demokratietheoretischer Sicht von Bedeutung, sondern die fehlende direkte demokratische Rückkopplung des Rates birgt auch die Gefahr in sich, dass eher nationale Interessen denn politisch sinnvolle und mehrheitsfähige Konzepte verfolgt werden. Zudem dauern die Entscheidungsverfahren in den Bereichen, durch die bestimmte nationale Sensibilitäten berührt werden, teilweise – soweit sie zu einem Ende geführt werden können – sehr lange,[322] was häufig einer aus umweltpolitischer Sicht adäquaten Lösung eher abträglich sein wird. Verstärkt wird dieser Befund noch durch die Diskrepanz zwischen europaweiter Gesetzgebung und nicht oder allenfalls beschränkt stattfindender europaweiter Meinungsbildung.

- Daran anschließend ist auf das Fehlen eines zumindest im nationalen Rahmen wichtigen Akteurs hinzuweisen: Es gibt gerade **keine unionsweit tätigen Medien**, so dass eine wichtige Bedingung für die Bildung einer öffentlichen „europäischen" Meinung fehlt. Die Entscheidungsprozesse in der Union laufen denn auch nicht oder allenfalls in sehr begrenztem Ausmaß über öffentliche Auseinandersetzungen ab.

- Vielmehr spielen hier – neben den Organen der EU – die meist im Hintergrund handelnden „**Lobbyisten**" eine sehr wichtige Rolle. Dies ist der Transparenz der Entscheidungsprozesse

---

319 Der nach Art. 11 Abs. 4 UAbs. 2 EUV zur Regelung des Verfahrens und der Voraussetzungen für die Einreichung einer solchen Initiative zu erlassende Rechtsakt wurde inzwischen angenommen, vgl. VO 211/2011 über die Bürgerinitiative, ABl. 2011 L 65, 1.
320 Instruktiv hierzu *Demmke*, Implementation von EG-Umweltpolitik, 43 ff.
321 Dies ist insofern mit der Situation in den Mitgliedstaaten vergleichbar, als auch dort der Verwaltungsapparat über die besten Sachkenntnisse der einzelnen Dossiers verfügt.
322 Hierzu mit konkreten Beispielen *Holzinger*, Politik des kleinsten gemeinsamen Nenners?, 136 ff.

in der Union nicht förderlich,[323] wobei hier eine verstärkte Offenlegung der tätigen Lobbyisten sowie der Arbeiten in den Unionsorganen selbst auch nur begrenzt Abhilfe schaffen kann. Zudem sind die verschiedenen Interessengruppen nicht in gleicher Stärke vertreten, so dass ihr möglicher Einfluss sehr variiert und ein gewisses Ungleichgewicht zwischen einzelnen Gruppen besteht.[324]

■ Auch wenn das **Europäische Parlament** kein mit einem nationalen Parlament vergleichbares Legislativorgan darstellt, sollte sein Einfluss nicht unterschätzt werden. Dies ist nicht nur auf seine vertraglich zugesicherten Mitwirkungsrechte zurückzuführen, sondern das EP übt als ein nur dem Unionswohl verpflichtetes und relativ wenig politischem Druck ausgesetztes Organ eine bedeutende politische Kontrolle aus.

■ Den **Unionsbürgern** bzw. den **Einzelnen** kommt jedenfalls bei der Politikgestaltung selbst auf EU-Ebene wohl eine zu vernachlässigende Bedeutung zu, trotz der direkten Wahl der Mitglieder des Parlaments. Sie spielen insbesondere auf der Ebene der Kontrolle der Beachtung der unionsrechtlichen Vorgaben eine gewisse Rolle.

■ Schließlich ist die Rolle des **EuGH** hervorzuheben: Er nimmt nicht nur eine Vorreiterfunktion bei der Anerkennung und Verankerung umweltpolitischer Gesichtspunkte im Vertrag ein, sondern sein Monopol der letztverbindlichen Auslegung des Unionsrechts ist auch im Rahmen des Sekundärrechts von Bedeutung, hat man doch häufig Schwierigkeiten, sich auf einen Text zu einigen, so dass der letztlich vereinbarte Rechtsakt nicht selten einen auslegungsbedürftigen Kompromiss darstellt. Dieser im positiven Sinn „zentralisierende" Faktor ist in einer recht heterogenen Union nicht zu unterschätzen.

70 Abschließend bleibt festzuhalten, dass die Rolle der verschiedenen Akteure und die Ausgestaltung der Entscheidungsprozesse in der Union sicherlich unter dem einen oder anderen Aspekt kritisiert werden können. Insbesondere verdienten die Stellung des Einzelnen, der Öffentlichkeit und der Medien besondere Beachtung; auch sollten Rolle und Befugnisse der umweltpolitischen Interessenverbände im Vergleich zu den anderen Lobbyisten überdacht werden. Zu betonen ist allerdings auch, dass zahlreiche Charakteristika der EU-Entscheidungsprozesse und der Rolle der verschiedenen Akteure letztlich auf der Struktur der Union als Staatengemeinschaft beruhen. Zu erwähnen sind insbesondere die Stellung des Rates und des EP bzw. deren Kompetenzen. Zudem ist der Entscheidungsprozess in der Union auch das Ergebnis eines mittlerweile recht gefestigten Zusammenspiels. Daher sind bei jeder Änderung der Kompetenzverteilung zwischen den Organen die Konsequenzen zu bedenken, so dass eine gewisse Behutsamkeit sicherlich angebracht ist.[325]

C. Literatur

I. Handlungsinstrumente und Rechtsquellen

Barth, Regine/Dette, Birgit: The Integration of Voluntary Agreements into Existing Legal Systems, elni 2001, 20 ff.
Bick, Anne: Europäische Umweltvereinbarungen im Lichte des Gemeinschaftsrechts, Baden-Baden 2003.
Braig, Katharina: Umweltschutz durch die Europäische Menschenrechtskonvention, Basel 2013.
Breier, Siegfried: Art. 130 s Abs. 3 EGV als Rechtsgrundlage für die Verabschiedung von Umweltaktionsprogrammen. Ein Fehlgriff der vertragsschließenden Parteien, ZUR 1995, 302 ff.
Breulmann, Günter: Normung und Rechtsangleichung in der Europäischen Wirtschaftsgemeinschaft, Berlin 1993.

---

323 Hierzu *Holzinger,* Politik des kleinsten gemeinsamen Nenners?, 141 ff.; s. auch *Schwarz,* Europäisierung der Umweltpolitik, 64 ff.
324 Hierzu etwa *Schwarz,* Europäisierung der Umweltpolitik, 64 ff.; *Kraack/Pehle/Zimmermann-Steinhart,* Umweltintegration, 52 f.; *Holzinger,* Politik des kleinsten gemeinsamen Nenners?, 143 ff.
325 Vgl. aber noch die Schlussbetrachtung.

3. Kapitel Instrumente und Akteure der Umweltpolitik und der Umweltrechtsetzung der EU

de Clercq, Marc (Hrsg.): Negotiating Environmental Agreements in Europe: Critical Factors for Success, Cheltenham 2002.
von Danwitz, Thomas: Europarechtliche Beurteilung der Umweltnormung: Kompetenzen – Legitimation – Binnenmarkt, in: Rengeling, Hans-Werner (Hrsg.), Umweltnormung, Köln u.a. 1998, 187 ff.
Davies, Ben: Does it make sense for the law to confer rights *on* the environment, Environmental Law & Management 2011, 122 ff.
Denza, Eileen: International Aviation and the EU Carbon Trading Scheme: Comment on the *Air Transport Association of America* Case, ELR 2012, 314 ff.
Di Fabio, Udo: Produktharmonisierung durch Normung und Selbstüberwachung, München 1996.
Ehricke, Ulrich: Dynamische Verweise in EG-Richtlinien auf Regelungen privater Normungsgremien, EuZW 2002, 746 ff.
Epiney, Astrid: Zu den Implikationen der EU-Mitgliedschaft für die Stellung und Anwendung des Völkerrechts im innerstaatlichen Bereich, FS Rüdiger Wolfrum, Leiden 2012, 1909 ff.
Epiney, Astrid: Die Bindung der EU an das allgemeine Völkerrecht, EuR, Beiheft 2/2012, 25 ff.
Epiney, Astrid/Pfenninger, Hanspeter: Auswirkungen eines Beitritts zur Europäischen Union auf das schweizerische Umweltrecht – das Problem der Umweltnormung, in: Cottier, Thomas/Kopse, Alwin (Hrsg.), Der Beitrag der Schweiz zur Europäischen Union, Zürich 1998, 949 ff.
Fajardo Del Castillo, Teresa: Revisiting the External Dimension of the Environmental Policy of the European Union: Some Challenges Ahead, JEEPL 2010, 365 ff.
Feldhaus, Gerhard: Umweltschutz und technische Normung, UTR 2000, 169 ff.
Frenz, Walter: Freiwillige Selbstverpflichtungen/Umweltvereinbarungen zur Reduzierung des Energieverbrauchs im Kontext des Gemeinschaftsrechts, EuR 1999, 27 ff.
Giebel, Christoph: Vereinbarungen als Instrument des Umweltschutzes. Eine vergleichende Untersuchung des französischen, deutschen und europäischen Rechts, Baden-Baden 2001.
de Grauwe, Paul: Political Economy of the Choice of Environmental Policy Instruments in the E.C., in: Abraham, Filip/Deketelaere, Kurt/Stuyck, Jules (Hrsg.), Recent Economic and Legal Developments in European Environmental Policy, Leuven 1995, 111 ff.
Hectors, Kristof: The Chartering of Environmental Protection: Exploring the Boundaries of Environmental Protection as Human Right, EELR 2008, 165 ff.
Hedemann-Robinson, Martin: EU Enforcement of International Environmental Agreements: The Role of the European Commission, EELR 2012, 2 ff.
Heintschel von Heinegg, Wolff: Spektrum und Status der internationalen Umweltkonventionen – Der Beitrag der Europäischen Gemeinschaft zur fortschreitenden Entwicklung des völkervertraglichen Umweltschutzes -, in: Müller-Graff, Peter-Christian/Pache, Eckhard/Scheuing, Dieter H. (Hrsg.), Die Europäische Gemeinschaft in der internationalen Umweltpolitik, Baden-Baden 2006, 77 ff.
Holdgaard, Rass: External Relations Law of the European Community. Legal Reasoning and Legal Discourses, Austin 2008.
Holzinger, Katharina: Politik des kleinsten gemeinsamen Nenners? Umweltpolitische Entscheidungsprozesse in der EG am Beispiel der Einführung des Katalysatorautos, Berlin 1994.
Jacobs, Francis G.: The Internal Legal Effects of the EU's International Agreements and the Protection of Individual Rights, Essays in Honour of Alan Dashwood, 2011, 529 ff.
Jörissen, Juliane: Produktbezogener Umweltschutz und technische Normen, Köln u.a. 1997.
Kasper, Marita: Deregulierung durch Umweltvereinbarungen in der Europäischen Gemeinschaft, Frankfurt u.a. 2001.
Klindt, Thomas: Die CE-Kennzeichnung als umweltbezogene Produktaussage – Ökologisierung des Technischen Sicherheitsrechts?, ZUR 2001, 321 ff.
Klindt, Thomas: Der „new approach" im Produktrecht des europäischen Binnenmarkts: Vermutungswirkung technischer Normung, EuZW 2002, 133 ff.
Knebel, Jürgen/Wicke, Lutz/Michael, Gerhard: Selbstverpflichtungen und normersetzende Umweltverträge als Instrument des Umweltschutzes, Berlin 1999.

Korn, Juhani M. V.: Von „open skies" und „green shipping" – Zur Bedeutung des Urteils über die Einbeziehung des Luftverkehrs in den Emissionshandel für das europäische Emissionsreduzierungsvorhaben in der Hochseeschifffahrt, NuR 2012, 759 ff.

Krämer, Ludwig: Um eine Umweltpolitik von innen bittend. Das Europäische Parlament und der Umweltschutz, ZUR 1994, 172 ff.

Krämer, Ludwig: Umweltvereinbarungen im Gemeinschaftsrecht, in: Rengeling, Hans-Werner/Hof, Hagen (Hrsg.), Instrumente des Umweltschutzes im Wirkungsverbund, Baden-Baden 2001, 80 ff.

Krämer, Ludwig: Umweltmediation und Umweltpolitik der Europäischen Union, NuR 2002, 257 ff.

Krämer, Ludwig: Das sechste Umweltprogramm der EU, EurUP 2003, 2 ff.

Krämer, Ludwig: Rechtswirkungen von Umweltvereinbarungen, in: Waldemar Hummer (Hrsg.), Neueste Entwicklungen im Zusammenspiel von Europarecht und nationalem Recht der Mitgliedstaaten, Wien, New York 2010, 225 ff.

Krämer, Ludwig: Comment on Case T-362/08, JEEPL 2011, 225 ff.

Krieger, Stephan: Das technische Umweltrecht der Gemeinschaft nach der „Neuen Konzeption" – Inhalte und Struktur sowie Umsetzung durch die Bundesrepublik, UPR 1992, 401 ff.

Krieger, Stephan: Die Empfehlung der Kommission über Umweltvereinbarungen, EuZW 1997, 648 ff.

Langerfeldt, Michael: Das sechste Umweltaktionsprogramm der Europäischen Gemeinschaft – Hoffnung auf zehn Jahre Umweltschutz in Europa?, NuR 2003, 339 ff.

Lanord, Magali: L'effectivité du droit international environnemental en droit interne: l'indispensable chaînon communautaire, RDUE 2004, 849 ff.

Lefèvre, Pascal: Voluntary Agreements in EU Environmental Policy – Critical Review and Perspectives, elni 2/2000, 24 ff.

Makuch, Zen: Smart Regulation and the Revised Batteries Directive: the Future of Voluntary Agreements, EELR 2003, 233 ff.

Marburger, Peter (Hrsg.): Technische Regeln im Umwelt- und Technikrecht, Berlin 2006.

Maysokolua, René/Steppler, Ulrich: Das Verfahren ATA et al. gegen die Einbeziehung des Luftverkehrs in den EU-Emissionshandel, ZLW 2011, 28 ff.

Meyer-Ladewig, Jens: Das Umweltrecht in der Rechtsprechung des Europäischen Gerichtshofs für Menschenrechte, NVwZ 2007, 25 ff.

Montini, Massimiliano: EC External Relations on Environmental Law, in: Joanne Scott (Hrsg.), Environmental Protection. European Law and Governance, Oxford 2009, 127 ff.

Orth, Erika Elisabeth: Ein Grundrecht auf Umweltschutz in Europa?, Eine rechtsdogmatische Einordnung des Art. 37 GRC, Frankfurt u. a. 2007.

Rengeling, Hans Werner (Hrsg.): Umweltnormung, Köln u. a. 1998.

Riess, Michael/Lottes, Ralf: Development of harmonised European standards for measuring emissions from construction products in CEN from the perspective of environmental organisations, elni 1/2009, 28 ff.

Rodenhoff, Vera: Die EG und ihre Mitgliedstaaten als völkerrechtliche Einheit bei umweltvölkerrechtlichen Übereinkommen, Baden-Baden 2008.

Rosenkötter, Annette: Selbstverpflichtungsabsprachen der Industrie im Umweltrecht. Eine Untersuchung am Beispiel des Klimaschutzes, Frankfurt u. a. 2001.

Roßnagel, Alexander: Europäische Techniknormen im Lichte des Gemeinschaftsvertragsrechts, DVBl. 1996, 1181 ff.

Röthel, Anne: Europäische Normen: Rechtsgrundlagen, rechtliche Bedeutung, Einfluss auf das Umwelt- und Technikrecht, in: Peter Marburger (Hrsg.), Technische Regeln im Umwelt- und Technikrecht, Berlin 2006, 31 ff.

Schäfer, Erich: Umweltvereinbarung. Stellungnahme zur Mitteilung der Kommission an den Rat und an das Europäische Parlament, KOM (96) 561 endg., Wien 1997.

Schendel, Frank Andreas: Selbstverpflichtungen der Industrie als Steuerungsinstrument im Umweltrecht, NVwZ 2001, 494 ff.

Schmidt-Preuß, Matthias: Private technische Regelwerke – rechtliche und politische Fragen, in: Michael Kloepfer (Hrsg.), Selbst-Beherrschung im technischen und ökologischen Bereich, Berlin 1998, 89 ff.

3. Kapitel Instrumente und Akteure der Umweltpolitik und der Umweltrechtsetzung der EU

Schwager, Stefan: Das 5. Umweltaktionsprogramm der EG – Wendepunkt für die gemeinschaftliche Umweltpolitik?, URP/DEP 1993, 145 ff.

Sobczak, Christian: Normung und Umweltschutz im Europäischen Gemeinschaftsrecht, Berlin 2002.

Thomas, Stefan: Die Bindungswirkung von Mitteilungen, Bekanntmachungen und Leitlinien der EG-Kommission, EuR 2009, 423 ff.

Torre-Schaub, Marta: La construction du droit européen de l'environnement: quelle place pour le « droit à un environnement sain »?, Mélanges Georges Vandersanden, Brüssel 2008, 523 ff.

Tünnesen-Harmes, Christian: Die CE-Kennzeichnung zum Abbau technischer Handelshemmnisse in der Europäischen Union, DVBl. 1994, 1334 ff.

Usui, Yoichiro: Evolving Environmental Norms in the European Union, ELJ 2003, 69 ff.

Versteyl, Ludger-Anselm/Stengler, Ella: Fußnoten, EU-Guidelines, BAT und andere Verlautbarungen – eine neue Rechtsqualität?, AbfallR 2010, 245 ff.

Volkmann, Uwe: Umweltvereinbarungen als Problem der verwaltungsrechtlichen Dogmatik, UTR 2001, 97 ff.

Wägenbaur, Rolf: Ein Programm für die Umwelt, EuZW 1993, 241 ff.

Wägenbaur, Rolf: Zwölf Thesen zum Thema „Umweltvereinbarungen", EuZW 1997, 645 ff.

Wägenbaur, Rolf: Ein neues Aktionsprogramm für die Umweltpolitik, EuZW 2001, 194.

Zubke-von Thünen, Thomas: Technische Normung in Europa. Mit einem Ausblick auf grundlegende Reformen der Legislative, Berlin 1999.

II. Akteure

Breier, Siegfried: Die Organisationsgewalt der Gemeinschaft am Beispiel der Errichtung der Europäischen Umweltagentur, NuR 1995, 516 ff.

Brenner, Michael: Die Agenturen im Recht der Europäischen Union – Segen oder Fluch?, FS Hans-Werner Rengeling, Köln u.a. 2008, 193 ff.

Brok, Elmar: Die neue Macht des Europäischen Parlaments nach „Lissabon" im Bereich der gemeinsamen Handelspolitik, integration 2010, 209 ff.

Brouers, Catherine: Der Einfluss der Rechtsprechung des Europäischen Gerichtshofs auf die europäische Umweltpolitik und das europäische Umweltrecht. Eine interdisziplinäre Untersuchung der Rechtsprechung des Europäischen Gerichtshofs unter besonderer Berücksichtigung der aktuellen Rechtsprechung ab 2005, Berlin 2012.

Bueren, Eckart: Grenzen der Durchführungsrechtsetzung im Unionsrecht – Neuerungen nach Lissabon?, EuZW 2012, 167 ff.

Clergerie, Jean-Louis, L'influence du lobbying sur les institutions communautaires, Mélanges Georges Vandersanden, Brüssel 2008, 89 ff.

Daiber, Birgit: EU-Durchführungsrechtsetzung nach Inkrafttreten der neuen Komitologie-Verordnung, EuR 2012, 240 ff.

Epiney, Astrid/Schnider, Silvana: Die europäische Umweltagentur: eine neue „Einrichtung" der EG und ihre Bedeutung für die Schweiz, URP/DEP 1995, 39 ff.

Fabricius, Constantin: Abgeleitete Rechtsetzung nach dem Vertrag von Lissabon – Überlegungen zu delegierten Rechtsakten und Durchführungsrechtsakten, ZEuS 2011, 567 ff.

Fischer, Kristian/Fetzer, Thomas: Zulässigkeit einer europäischen Chemikalienagentur mit Entscheidungsbefugnissen, EurUP 2003, 50 ff.

Groß, Thomas: Die Kooperation zwischen europäischen Agenturen und nationalen Behörden, EuR 2005, 54 ff.

Gundel, Jörg: Der Rechtsschutz gegen Handlungen der EG-Agenturen – endlich geklärt?, EuR 2009, 383 ff.

Hasler, Dirk: Die Europäische Transparenzinitiative und „Legislatives Lobbying", ZEuS 2007, 503 ff.

Heldeweg, Michiel: Towards Good Environmental Governance in Europe, EELR 2005, 2 ff.

Hey, Christian: Industrielobbying in Brüssel: Einflussstrategien und -barrieren, ZUR 2003, 145 ff.

Hilf, Meinhard: Die Organisationsstruktur der Europäischen Gemeinschaften, Wien, New York 1982.

Hofmann, Ekkehard: The New European Regulatory Impact Assessment – In Theory and Practice, elni 2007, 9 ff.

Hofmann, Herwig C.H.: Legislation, Delegation and Implementation under the Treaty of Lisbon: Typologie Meets Reality, ELJ 2009, 488 ff.

Holzinger, Katharina: Politik des kleinsten gemeinsamen Nenners? Umweltpolitische Entscheidungsprozesse in der EG am Beispiel der Einführung des Katalysatorautos, Berlin 1994.

Huber, Peter M.: Die Organisation der unionalen Umweltpolitik, UTR 2002, 9 ff.

Joerges, Christian/Falke, Josef (Hrsg.): Das Ausschusswesen der Europäischen Union, Baden-Baden 2000.

Jordan, Andrew (Hrsg.): Environmental Policy in the European Union. Actors, Institutions and Processes, London 2002.

Judge, David: ‚Predestined to Save the Earth': The Environment Committee of the European Parliament, in: Jordan, Andrew (Hrsg.), Environmental Policy in the European Union, London 2002, 120 ff.

Kahl, Wolfgang: Stellung und Funktion von Umweltagenturen – eine rechtsvergleichende Typologie, UTR 1996, 119 ff.

Kautto, Petrus: Nokia as an Environmental Policy Actor, JCMS 2009, 103 ff.

Kilb, Wolfgang: Europäische Agenturen und ihr Personal – die großen Unbekannten?, EuZW 2006, 268 ff.

Klösters, Anton: Kompetenzen der EG-Kommission im innerstaatlichen Vollzug von Gemeinschaftsrecht, Köln u.a. 1994.

Koch, Michael H.: Die Externalisierungspolitik der Kommission. Zulässigkeit und Grenzen mittelbarer Gemeinschaftsverwaltung, Baden-Baden 2004.

Koppen, Ida J.: The Role of the European Court of Justice, in: Jordan, Andrew (Hrsg.), Environmental Policy in the European Union, London 2002, 100 ff.

Kraack, Michael/Pehle, Heinrich/Zimmermann-Steinhart, Petra: Umweltintegration in der Europäischen Union. Das umweltpolitische Profil der EU im Politikfeldvergleich, Baden-Baden 2001.

Krämer, Ludwig: Du contrôle de l'application des directives communautaires en matière d'environnement, RMC 1988, 22 ff.

Krämer, Ludwig: Arbeit und Konzeption der EG-Kommission in der Umweltpolitik, in: Calliess, Christian/Wegener, Bernhard (Hrsg.), Europäisches Umweltrecht als Chance: Die Umweltpolitik der EG und die Einflussmöglichkeiten der Umweltverbände, Taunusstein 1992, 33 ff.

Krämer, Ludwig: Um eine Umweltpolitik von innen bittend. Das Europäische Parlament und der Umweltschutz, ZUR 1994, 172 ff.

Krämer, Ludwig: The Future Role of the ECJ in the Development of European Environmental Law, in: Jan H. Jans (Hrsg.), The European Convention and the Future of European Environmental Law, Groningen u.a. 2003, 85 ff.

Krämer, Ludwig: Daten zur Rechtsprechung des EuGH in Umweltfragen, EurUP 2004, 114 ff.

Krämer, Ludwig: Data on Environmental Judgements by the EC Court of Justice, JEEPL 2004, 127 ff.

Krämer, Ludwig: Environmental judgements by the Court of Justice and their duration, JEEPL 2008, 263 ff.

Krämer, Ludwig: The environmental complaint in EU law, JEEPL 2009, 13 ff.

Ladeur, Karl-Heinz: Die Europäische Umweltagentur und die Perspektiven eines europäischen Netzwerkes der Umweltverwaltungen, NuR 1997, 8 ff.

Legris, Gérard/Lehmann, Bodo: L'initiative européenne de transparence et l'encadrement des activités de lobbyisme par la Commission européenne, RDUE 2008, 807 ff.

Lell, Ottmar/Rechenberg, Jörg: Überforderte Gesetzgebungsverfahren? Eine Innenansicht aus den Beratungen zur Wasserrahmenrichtlinie, ZUR 2001, 120 ff.

Liefferink, Duncan/Andersen, Mikael Skou: Strategies of the ‚Green' Member States in EU Environmental Policy-making, in: Jordan, Andrew (Hrsg.), Environmental Policy in the European Union, London 2002, 63 ff.

Maxianova, Karola/Rusche, Tim Maxian: Risk assessment in technical legislation: what are the limits to the Commission's discretion under comitology?, JEEPL 2008, 293 ff.

3. Kapitel Instrumente und Akteure der Umweltpolitik und der Umweltrechtsetzung der EU

Mazey, Sonia/Richardson, Jeremy: Environmental Groups and the EC: Challenges and Opportunities, in: Jordan, Andrew (Hrsg.), Environmental Policy in the European Union, London 2002, 141 ff.

Müller-Terpitz, Ralf: Beteiligungs- und Handlungsmöglichkeiten nichtstaatlicher Organisationen im aktuellen Völker- und Gemeinschaftsrecht, ArchVR 2005, 466 ff.

Newell, Peter/Grant Wyn: Environmental NGO's and EU Environmental Law, YEEL 2000, 225 ff.

Oddo, Marine: Une nouvelle réglementation des lobbies à Bruxelles, RMCUE 2009, 64 ff.

Owens, Susan: A balanced appraisal? Impact Assessment of European Commission proposals, elni 2007, 2 ff.

Peers, Steve/Costa, Marios: Accountability for Delegated and Implementing Acts after the Treaty of Lisbon, ELJ 2012, 427 ff.

Petersen, Frank/Heß, Karoline: Das Komitologieverfahren im Gemeinschaftsrecht, ZUR 2007, 567 ff.

Pilniok, Arne/Westermann, Eike: Strukturwandel im Verwaltungsverbund? Eine Analyse des neuen Rechtsrahmens der unionalen Komitologieausschüsse, VerwArch 2012, 379 ff.

Piris, Jean-Claude: La comitologie: vers l'épilogue d'une longue saga?, Mélanges Jean-Paul Jacqué, Paris 2010, 547 ff.

Pocklington, David: Comitology Under Greater Scrutiny, EELR 2006, 306 ff.

Riedel, Daniel: Rechtsschutz gegen Akte Europäischer Agenturen, EuZW 2009, 565 ff.

Rihs, Martin: Die Delegation von Rechtsetzungsbefugnissen nach Art. 290 AEUV, ZfRV 2012, 52 ff.

Roller, Gerhard: Die Mitwirkung der deutschen Länder und der belgischen Regionen an EG-Entscheidungen: Eine rechtsvergleichende Untersuchung am Beispiel der Umweltpolitik, AöR 1998, 21 ff.

Röscheisen, Helmut: Einfluss der Umweltverbände auf die Gesetzgebung der EG, in: Calliess, Christian/Wegener, Bernhard (Hrsg.), Europäisches Umweltrecht als Chance: Die Umweltpolitik der EG und die Einflussmöglichkeiten der Umweltverbände, Taunusstein 1992, 69 ff.

Ruffert, Matthias: Die neue Unabhängigkeit: Zur demokratischen Legitimation von Agenturen im europäischen Verwaltungsrecht, FS Dieter H. Scheuing, Baden-Baden 2011, 399 ff.

Runge, Tobias: Zehn Jahre Umweltinformationsmanagement für Europa – die Tätigkeit der Europäischen Umweltagentur, DVBl. 2005, 542 ff.

Saurer, Johannes: Der Rechtsschutz gegen Entscheidungen und Fachgutachten der Europäischen Agenturen nach dem Sogelma-Urteil des EuG (zugleich Anmerkung zu EuG, U.v. 8.10.2008 – Rs. T-411/06 -), DVBl. 2009, 1021 ff.

Schlotmann, Matthias: Interessenvertretung bei der Europäischen Kommission. Am Beispiel des Rechtsetzungsverfahrens im Bereich der Umweltpolitik, Frankfurt 2006.

Schulze-Fielitz, Helmuth: Strukturprobleme europäischer Sekundärrechtsetzung, FS Dieter H. Scheuing, Baden-Baden 2011, 165 ff.

Schwarz, Sabine: Die Europäisierung der Umweltpolitik. Politisches Handeln im Mehrebenensystem, Berlin 2002.

Shears, Terry: European Union Network for the Implementation and Enforcement of Environmental Law (IMPEL), elni 2/2005, 8 ff.

Smith, Edoardo: Decentralisation and Integration into the Community Administrations: A New Perspective on European Agencies, ELJ 2004, 402 ff.

Stelkens, Ulrich: Art. 291 AEUV, das Unionsverwaltungsrecht und die Verwaltungsautonomie der Mitgliedstaaten – zugleich zur Abgrenzung der Anwendungsbereiche von Art. 290 und Art. 291 AEUV -, EuR 2012, 511 ff.

Stelkens, Ulrich: Rechtsetzungen der europäischen und nationalen Verwaltungen, VVDStRL 71 (2012), 369 ff.

Vandenberghe, Wim: The (mis)Use of the EU's Comitology Procedure in the Area of Hazardous Chemicals Law, RECIEL 2008, 347 ff.

Wittinger, Michaela: „Europäische Satelliten": Anmerkung zum Europäischen Agentur(un)wesen und zur Vereinbarkeit Europäischer Agenturen mit dem Gemeinschaftsrecht, EuR 2008, 609 ff.

Zito, Anthony R.: Creating Environmental Policy in the European Union, New York 2000.

4. Kapitel Rechtsgrundlagen der Umweltpolitik der Europäischen Union

1   Die Union kann nur unter der Voraussetzung rechtsetzend tätig werden, dass ihr durch den Vertrag entsprechende **Handlungsbefugnisse** eingeräumt werden („Prinzip begrenzter Einzelermächtigung"), Art. 5 Abs. 1 S. 1 EUV.[1] Dieser Grundsatz entfaltet nicht nur Auswirkungen auf das „Ob" sondern auch auf das „Wie" der Tätigkeiten der Union: Bei der Wahrnehmung der ihr zustehenden Befugnisse muss sich die Union insofern an die vertraglichen Kompetenzgrundlagen halten, als sie sich nur der dort vorgesehenen Handlungsinstrumente bedienen darf und die in der Befugnisnorm vorgesehenen Verfahren zu beachten sind.

Während zunächst schon die Existenz von Kompetenzen zum Erlass umweltpolitischer Maßnahmen Anlass zu Diskussionen gab,[2] wurde die Umweltpolitik der Union mit der EEA und dem Maastrichter Vertrag auf eine ausdrückliche vertragliche Grundlage gestellt,[3] so dass heute in erster Linie die **Abgrenzung** der verschiedenen potentiell einschlägigen Kompetenzgrundlagen Probleme bereitet. Im Folgenden soll zunächst ein Überblick über die verschiedenen für den Bereich der Umweltpolitik relevanten Kompetenzgrundlagen und ihre Anwendungsbereiche gegeben werden (A.), um daran anschließend auf das Problem der Abgrenzung dieser Handlungsermächtigungen (B.) und die Außenkompetenzen der Union (C.) einzugehen. Schließlich ist noch den durch das Subsidiaritätsprinzip gesetzten Grenzen der Ausübung der Unionskompetenzen nachzugehen (D.).

A. Die verschiedenen Kompetenzgrundlagen – ein Überblick

2   Angesichts des Charakters der **Umweltpolitik als „Querschnittsaufgabe"**[4] können umweltrelevante EU-Rechtsakte in zahlreichen (Politik-) Bereichen erlassen werden. Daher käme eine vollständige Erörterung aller im Umweltbereich in Betracht kommenden Kompetenzgrundlagen – die häufig (was charakteristisch für die Union ist) nicht rein sachgegenständlich, sondern auch final bestimmt sind[5] – letztlich einer Gesamtdarstellung des Unionsrechts gleich, so dass sich die folgende Darstellung auf die in diesem Zusammenhang zentralen Kompetenzgrundlagen der Art. 192, 114 Abs. 1 AEUV sowie einige Befugnisse im Rahmen spezifischer Politiken beschränkt.[6]

Auf diese Rechtsgrundlagen kann auch im Rahmen einer sog. **verstärkten Zusammenarbeit** zurückgegriffen werden, dies als „letztes Mittel" (Art. 20 Abs. 2 EUV), wenn für die Union in ihrer Gesamtheit die angestrebten Ziele nicht innerhalb eines vertretbaren Zeitraums verwirklicht werden können. Die Voraussetzungen und Modalitäten einer solchen verstärkten Zusammenarbeit ergeben sich aus Art. 20 EUV, Art. 326 ff. AEUV.[7] Bislang spielte die verstärkte Zusammenarbeit jedoch weder allgemein noch in der Umweltpolitik eine große Rolle.[8]

---

1 Zu diesem Prinzip grundlegend *Krauβer*, Prinzip begrenzter Ermächtigung, *passim*; im Zusammenhang mit dem EU-Umweltrecht, m.w.N., *Meßerschmidt*, Europäisches Umweltrecht, § 2, Rn. 44 ff.; s. auch *Thieffry*, Droit de l'environnement de l'UE, 57 f.
2 Hierzu insbesondere *Behrens*, Rechtsgrundlagen gemeinschaftlicher Umweltpolitik, 1976.
3 Hierzu schon oben 2. Kap.
4 Hierzu etwa *Jahns-Böhm/Breier*, EuZW 1992 (5. Kap. E.I.), 49 ff.; *Kahl*, Umweltprinzip, 26 f., 58 ff.; *Palme*, Nationale Umweltpolitik, 64; *Huber*, EUDUR I, § 19, Rn. 3; s. auch noch unten 5. Kap. Rn. 36 ff.
5 Zur finalen Ausgestaltung der Kompetenzgrundlagen des Vertrages schon *Klein*, VVDStL 50, 56 (62); umfassend *Trüe*, System der Rechtsetzungskompetenzen der Europäischen Gemeinschaft, *passim*. Zusammenfassend und mit spezifischem Bezug zum Umweltrecht *Meßerschmidt*, Europäisches Umweltrecht, § 2, Rn. 56 ff.
6 Ausgespart wird auch die sog. „Kompetenzergänzungsklausel" (Art. 352 AEUV), da ihr aufgrund der weitreichenden Kompetenzen der Union im Umweltbereich kaum eine Bedeutung zukommen dürfte. Vgl. zu dieser Bestimmung im Zusammenhang mit dem EU-Umweltrecht, m.w.N., *Meßerschmidt*, Europäisches Umweltrecht, § 2, Rn. 49 ff.
7 Zur verstärkten Zusammenarbeit mit Bezug zum Umweltrecht *Epiney*, in: Environmental Policy in a European Union of Variable Geometry, 39 (52 ff.); *Calliess*, EurUP 2007, 54 ff.
8 Soweit ersichtlich, wurde es bislang noch nicht ernsthaft in Erwägung gezogen, auf die verstärkte Zusammenarbeit im Bereich des Umweltrechts zurückzugreifen.

4. Kapitel Rechtsgrundlagen der Umweltpolitik der Europäischen Union

I. Art. 192 AEUV

Art. 192 AEUV – der den geteilten Kompetenzen zuzuordnen ist (Art. 4 Abs. 2 lit. e) AEUV) – stellt im Rahmen des Titels XX „Umwelt" die **Rechtsgrundlage** für das Tätigwerden der Union zur Verfolgung der in Art. 191 AEUV genannten umweltpolitischen Zielsetzungen der Union dar. Art. 192 Abs. 1 AEUV erlaubt der Union allgemein, umweltpolitische Maßnahmen zu ergreifen, während Art. 192 Abs. 2 AEUV für bestimmte Bereiche ein besonderes Entscheidungsverfahren vorsieht.

Folgende Aspekte – abgesehen von der noch zu behandelnden Problematik der Abgrenzung zu anderen Kompetenzgrundlagen[9] – können im Hinblick auf die Anwendung bzw. den Anwendungsbereich dieser Vorschriften präzisiert werden:

- Inhaltlich müssen die nach Art. 192 Abs. 1, 2 AEUV erlassenen Maßnahmen die **Verwirklichung der Ziele des Art. 191 AEUV** zum Gegenstand haben.[10] In diesem Zusammenhang wird denn auch der zugrunde gelegte Umweltbegriff relevant,[11] können doch Art. 192 Abs. 1, 2 AEUV u.a. (nur) für solche Maßnahmen herangezogen werden, die den Schutz der Umwelt bezwecken oder bewirken. Allerdings dürften sich hieraus kaum Einschränkungen der Reichweite der Kompetenzen der Union ergeben, denn die Ziele des Art. 191 AEUV und damit der maßgebliche Umweltbegriff sind genügend weit gefasst. Falls eine Maßnahme diese Voraussetzung erfüllt, also der Verwirklichung der Zielsetzungen des Art. 191 AEUV dient, fällt sie, vorbehaltlich der Einschlägigkeit anderer vertraglicher Vorschriften,[12] in den Anwendungsbereich des Art. 192 AEUV und damit in die Kompetenz der Union. Dies bedeutet insbesondere, dass kein Politikbereich von vornherein aus dem Anwendungsbereich dieser Vorschrift ausgeschlossen werden kann, so dass auf der Grundlage dieser Vorschriften potentiell **Maßnahmen in allen Bereichen** ergriffen werden können,[13] ist doch allein der Beitrag zur Verwirklichung der Zielsetzungen des Art. 191 AEUV maßgeblich.

Diese Sicht wird durch Art. 192 Abs. 2 AEUV bestätigt: Hier werden Politiken – wie insbesondere die Raumplanung[14] – erwähnt, die grundsätzlich zweifellos in den Kompetenzbereich der Mitgliedstaaten fallen, aber dennoch Gegenstand umweltpolitischer Maßnahmen der Union sein können, obwohl sie sicherlich nicht der Umweltpolitik i.e.S. zugerechnet werden können.

Auch der EuGH geht von dieser Sicht aus, indem er den Rahmenbeschluss 2003/80/JI über den Schutz der Umwelt durch das Strafrecht für nichtig erklärte, da er deshalb auf Art. 192 AEUV hätte gestützt werden müssen, weil sein Hauptzweck gerade im Schutz der Umwelt zu sehen sei.[15]

Dieser weite Anwendungsbereich der Rechtsgrundlage des Art. 192 Abs. 1 AEUV impliziert auch, dass die Union Aspekte der materiellen Durchführung des Unionsrechts regeln kann, so dass sich diese Kompetenz bereits aus Art. 192 Abs. 1 AEUV ergibt und nicht erst im Gefolge des Vorliegens der Voraussetzungen des Art. 291 Abs. 2 AEUV.[16] Allerdings müssen die entsprechenden Vorgaben in dem Rechtsakt

---

9 S. unten 4. Kap. Rn. 9 ff.
10 Ebenso etwa *von Borries*, EUDUR I, § 25, Rn. 22.
11 Hierzu oben 1. Kap.
12 Hierzu unten 4. Kap. Rn. 9 ff.
13 A.A. allerdings *Matuschak*, DVBl. 1995, 81 ff. (insbesondere 86 f.), der auf der Grundlage eines restriktiven Umweltbegriffs davon ausgeht, dass es hier um eine eine besondere Rechtsgrundlage gehe, die nur den „Kernbereich" des Umweltrechts erfasse. Dieser Ansatz trägt jedoch weder der weiten Fassung des Art. 191 AEUV, auf den Art. 192 Abs. 1 AEUV verweist, noch dem hier zugrunde gelegten Umweltbegriff, hierzu oben 1. Kap., Rechnung. Eine zu enge Auslegung würde zudem dem Ziel der Einführung des Titels Umwelt im Vertrag kaum Rechnung tragen. Wie hier denn auch die ganz h.M., vgl. nur Calliess/Ruffert-*Calliess*, EUV/AEUV, Art. 192, Rn. 2; Streinz-*Kahl*, EUV/AEUV, Art. 192, Rn. 14.
14 Der Union dürfte keine Kompetenz zukommen, eine eigentliche Raumplanungspolitik zu verfolgen; vielmehr stehen ihr in diesem Bereich nur insoweit Zuständigkeiten zu, wie umweltpolitische Zielsetzungen verfolgt werden oder andere Rechtsgrundlagen einschlägig sind. Vgl. zur Problematik, m.w.N., *Meßerschmidt*, Europäisches Umweltrecht, § 2, Rn. 152. Ausführlich *Gärditz*, Europäisches Planungsrecht, *passim*; *Kersten*, EuR 2009, 3 ff.
15 EuGH, Rs. C-176/03, Kommission/Rat, Slg. 2005, I-7879. Zu diesem Urteil etwa *Weiß*, ZEuS 2006, 381 f.; *Wuermeling*, BayVBl. 2006, 368 ff.; *Labayle*, CDE 2006, 379 ff.; ausführlich *Foerster*, (Umwelt-) Strafrechtliche Maßnahmen im Europarecht, *passim*.
16 Zu dieser Bestimmung oben 3. Kap. Rn. 40.

selbst formuliert sein, und den Anforderungen des Subsidiaritätsprinzips muss entsprochen werden.[17] So kann die EU etwa Aspekte des gerichtlichen Zugangs regeln, dies soweit die effektive Durchsetzung von Umsetzung und Vollzug des EU-Umweltrechts (inklusive des nationalen Rechts, das in Umsetzung des EU-Rechts erlassen wurde) betroffen ist. Eine derartige Regelung könnte auch in einem bereichsübergreifenden Rechtsakt erfolgen, wobei es bei derartigen Regelungen des gerichtlichen Zugangs allerdings nicht um die Einhaltung rein nationalen Umweltrechts gehen dürfte, denn den unionsrechtlichen Kompetenzen zum Erlass von den Vollzug und den Rechtsschutz betreffenden Vorschriften kommt insofern ein Annexcharakter zu.[18]

- Die Union ist bei der Wahl ihrer Instrumente frei; Art. 192 Abs. 1, 2 AEUV sind **keine Vorgaben für die Wahl der Erlassform** zu entnehmen.[19] Daher kann sie die Rechtsform wählen, die für die Durchsetzung des mit einer bestimmten Maßnahme angestrebten Ziels am sinnvollsten erscheint, so dass auch dieser Gestaltungsspielraum der Union dazu beiträgt, die rechtlich-institutionellen Voraussetzungen für die Verfolgung einer effektiven Umweltpolitik sicherzustellen. Im Sekundärrecht dominiert allerdings insgesamt die **Richtlinie**, wenn auch für einzelne Bereiche – z.B. das Abfallverbringungs- oder Chemikalienrecht – aufgrund der Bedeutung einheitlicher Regeln und ihrer einheitlichen Anwendung in den Mitgliedstaaten Verordnungen zum Zuge kommen.[20]

- Art. 192 AEUV kennt – abgesehen vom Beschluss der Aktionsprogramme[21] – zwei verschiedene **Entscheidungsverfahren**: Während **Art. 192 Abs. 1 AEUV** für den Erlass der Unionsmaßnahmen das **ordentliche Gesetzgebungsverfahren** vorsieht, sind umweltpolitische Maßnahmen, die **gewisse Bereiche** betreffen, der **einstimmigen Beschlussfassung des Rates** (wobei das Parlament, der Wirtschafts- und Sozialausschuss sowie der Ausschuss der Regionen anzuhören sind) unterworfen (**Art. 192 Abs. 2 AEUV**).[22]

Die besseren Gründe sprechen dafür, dass die Rechtsgrundlage jedenfalls in Art. 192 Abs. 1 AEUV zu sehen ist, so dass Art. 192 Abs. 2 AEUV lediglich eine **besondere Verfahrensvorschrift** zu entnehmen ist.[23] Neben der Formulierung des Art. 192 Abs. 2 AEUV (die ausdrücklich auf die Abweichung im Beschlussverfahren hinweist) spricht hierfür insbesondere, dass sich der Umfang der Rechtsetzungskompetenz aus Art. 192 Abs. 1 AEUV ergibt, der auf die Erreichung der in Art. 191 AEUV genannten Ziele verweist; Art. 192 Abs. 2 AEUV findet auf solche Vorschriften Anwendung, die diese Voraussetzung erfüllen, jedoch die in dieser Bestimmung genannten Gebiete betreffen bzw. Voraussetzungen erfüllen.

---

17 Zu letzterem noch unten 4. Kap. Rn. 34 ff.
18 Dies dürfte sich auch aus EuGH, Rs. C-115/09 (Bund für Umwelt und Naturschutz), Urt. v. 12.5.2011 (Trianel) ergeben, wo der EuGH festhält, dass die Aarhus-Konvention sowie die zu ihrer Umsetzung ergangenen unionsrechtlichen Vorgaben eine altruistische Verbandsklage verlangen, wobei dies aber nur für die Geltendmachung von nationalen Vorschriften, die auf Unionsrecht im Bereich des Umweltschutzes beruhen, sowie von unmittelbar anwendbarem EU-Umweltrecht gelte, eine Einschränkung, die auf der im Text erwähnten Schranke der Unionskompetenz beruhen dürfte. Vgl. ausführlich hierzu schon *Epiney*, NVwZ 1999, 485 (491 f.); i.Erg. ebenso etwa *Meitz*, NuR 2011 (6. Kap. J.l.), 420 (421); *Appel*, NuR 2011 (6. Kap. J.l.), 414 (415); *Schwerdtfeger*, Verwaltungsrechtsschutz (6. Kap. J.l.), 298 f.; wohl a.A. aber *Ekardt*, NVwZ 2006 (6. Kap. J.l.), 55; *Pernice/Rodenhoff*, ZUR 2004, 149 (150 f.), die die Unionskompetenz weiter fassen wollen; an einer Unionskompetenz für eine Regelung der Verbandsklage zweifelnd etwa *Schröder*, in: Die EG in der internationalen Umweltpolitik, 47 (58 f.); *Walter*, in: Rechtspolitische Spielräume bei der Umsetzung der Aarhus-Konvention, 7 (13 f.).
19 In Betracht kommen insbesondere Verordnungen, Richtlinien und Beschlüsse (letztere in erster Linie für die Festlegung bestimmter technischer Vorschriften, wie etwa die Modalitäten der Einrichtung von Messsystemen, aber auch für den Abschluss völkerrechtlicher Abkommen).
20 S. insoweit auch schon oben 3. Kap. Rn. 6 ff.
21 Hierzu oben 3. Kap. Rn. 9 ff.
22 Allerdings kann der Rat nach Art. 192 Abs. 2 UAbs. 2 AEUV einstimmig festlegen, in welchen der durch diesen Absatz erfassten Bereichen er eine Beschlussfassung auf dem Weg des ordentlichen Gesetzgebungsverfahrens erlauben will. Diese Bestimmung hat bislang keine praktische Bedeutung erlangt. Kritisch zu der grundsätzlichen Aufrechterhaltung der Einstimmigkeit in Art. 192 Abs. 2 AEUV *Bär/Homyer/Klasing*, EELR 2001, 212 (214); *Albin/Müller-Kraemer*, ZUR 1999, 73, die auch darauf hinweisen, dass neben Spanien gerade Deutschland an der Einstimmigkeit festhalten wollte.
23 Ebenso etwa Grabitz/Hilf/Nettesheim-*Nettesheim*, Recht der EU, Art. 192, Rn. 68; Dauses-*Scherer/Heselhaus*, Hb. EU-Wirtschaftsrecht, O, Art. 77; Schwarze-*Käller*, EU-Kommentar, Art. 192, Rn. 17, jeweils m.w.N. z.B. Streinz-*Kahl*, EUV/AEUV, Art. 192, Rn. 18.

4. Kapitel Rechtsgrundlagen der Umweltpolitik der Europäischen Union

Art. 192 Abs. 2 AEUV als eigenständige Rechtsgrundlage anzusehen,[24] ist vor diesem Hintergrund schon deshalb nicht überzeugend, weil sich die Notwendigkeit des Umweltbezugs gerade nicht aus dieser Bestimmung ergibt und die Union ja gerade nicht unabhängig von einem solchen Umweltbezug in den in Art. 192 Abs. 2 AEUV genannten Bereichen legislativ tätig werden darf; so kommt ihr etwa keine allgemeine Kompetenz auf dem Gebiet der Raumordnung zu.

Angesichts der erwähnten unterschiedlichen Verfahrensregeln ist die Bestimmung des **Anwendungsbereichs des Art. 192 Abs. 2 AEUV** von großer Bedeutung. Die damit erforderliche Auslegung und nähere Umschreibung der in Art. 192 Abs. 2 AEUV genannten Bereiche muss vor dem Hintergrund des Aufbaus und der Systematik des Art. 192 AEUV erfolgen: Art. 192 Abs. 1 AEUV stellt die allgemeine Kompetenzvorschrift dar, die der Union die Befugnis einräumt, zur Verwirklichung der in Art. 191 AEUV genannten Ziele nach einem bestimmten Verfahren tätig zu werden. Art. 192 Abs. 2 AEUV nimmt nun einige explizit aufgeführte punktuelle Bereiche von dieser allgemeinen Vorschrift aus.[25] Ausnahmebestimmungen sind aber im Zweifel eher **eng auszulegen**, da auf diese Weise am ehesten dem Regel-Ausnahme-Verhältnis Rechnung getragen werden kann.[26] Sobald nämlich eine Maßnahme nicht in den Anwendungsbereich des Art. 192 Abs. 2 AEUV fällt, ist – die Abgrenzung zu Kompetenzgrundlagen in anderen Politiken vorbehalten – Art. 192 Abs. 1 AEUV einschlägig.[27] Dieser Grundsatz der engen Auslegung ist bei der Präzisierung der in Art. 192 Abs. 2 AEUV verwandten Begriffe zu beachten.

Im Einzelnen können die in Art. 192 Abs. 2 AEUV aufgeführten Bereiche – wobei diese durch die verschiedenen Vertragsmodifikationen, insbesondere den Vertrag von Nizza und den Vertrag von Lissabon etwas umformuliert und modifiziert wurden – wie folgt inhaltlich präzisiert werden:

– Unter **Vorschriften steuerlicher Art** (Art. 192 Abs. 2 lit. a) AEUV) sind nur Steuern i.e.S. zu verstehen, so dass Gebühren, Beiträge oder sonstige Abgaben nicht fiskalischer Natur nicht darunter fallen, sondern ggf. auf der Grundlage des Art. 192 Abs. 1 AEUV zu verabschieden sind. Dies liegt – neben dem systematischen Zusammenhang mit Art. 114 ff. AEUV, die ausdrücklich auch den wohl weiteren Begriff der Abgabe erwähnen – insbesondere aufgrund der unterschiedlichen Rückwirkungen auf die verbleibenden Kompetenzen der Mitgliedstaaten nahe. Denn während steuerliche Maßnahmen der Union nachhaltige Auswirkungen auf das Steuersystem der verschiedenen Mitgliedstaaten entfalten können, sind Abgaben eher punktueller Natur und beeinträchtigen daher die mitgliedstaatlichen Spielräume in weniger einschneidender Weise. Dem mit Art. 192 Abs. 2 AEUV verfolgten Schutzzweck der Vermeidung einer zu weitgehenden Einschränkung mitgliedstaatlicher Prärogativen wird also auch durch eine Beschränkung des Anwendungsbereichs dieser „Ausnahme" auf Steuern i.e.S. – in dem Sinn, dass es um die Pflicht zu finanziellen Leistungen gehen muss, denen fiskalische Funktionen bzw. ein fiskalischer Charakter zukommt – Rechnung getragen.[28]

---

24 So etwa *Meßerschmidt*, Europäisches Umweltrecht, § 2, Rn. 139, m.w.N.
25 Wobei dies letztlich auf politischen Erwägungen beruhte: Die Mitgliedstaaten fanden sich nicht dazu bereit, in den in Art. 192 Abs. 2 AEUV genannten sensiblen Bereichen Mehrheitsentscheidungen vorzusehen.
26 I. Erg. ebenso die ganz herrschende Meinung, s. etwa *Calliess*, ZUR 2003, 129 (130); Lenz/Borchardt-*Breier*, EU-Verträge, Art. 192, Rn. 7; *Krämer*, Droit de l'environnement de l'UE, 39; Calliess/Ruffert-*Calliess*, EUV/AEUV, Art. 192, Rn. 28; a.A. Dauses-*Scherer/Heselhaus*, Hb. EU-WirtschaftsR, O, Rn. 86. Auch der EuGH dürfte von dieser Sicht ausgehen. Vgl. EuGH, Rs. C-36/98 (Spanien/Rat), Slg. 2001, I-779, Ziff. 46 ff. Sehr kritisch zu dem Urteil *Heselhaus*, EuZW 2001, 213, der dem EuGH vorwirft, sich vom Wortlaut des Art. 192 Abs. 2 AEUV zu Gunsten fragwürdiger systematischer Erwägungen zu verabschieden.
27 Letzteres gilt auch für die in Art. 192 Abs. 2 lit. b) 3. Spiegelstrich AEUV erwähnte „Ausnahme von der Ausnahme"; bei deren Einschlägigkeit ist wieder auf das Verfahren des Art. 192 Abs. 1 AEUV zurückzugreifen, s. hierzu schon *Epiney/Furrer*, EuR 1992, 369 (397 f.).
28 I. Erg. ebenso *Müller*, Möglichkeiten und Grenzen der indirekten Verhaltenssteuerung, 83 f.; *Calliess*, ZUR 2003, 129 (130 f.); von der Groeben/Schwarze-*Krämer*, Kommentar zum EUV/EGV, Art. 175, Rn. 28; *Frenz*, UPR 2010,

Im Übrigen ist darauf hinzuweisen, dass die Vorschriften eben **überwiegend** steuerlicher Art sein müssen, so dass der Schwerpunkt der jeweiligen Maßnahme auf der Besteuerung liegen muss und nicht schon eine beiläufig auch Steuern betreffende Maßnahme unter Art. 192 Abs. 2 AEUV fällt. Vor diesem Hintergrund dürften die meisten bislang verabschiedeten sowie grundsätzlich in Betracht kommenden Maßnahmen mit steuer- oder abgabenrechtlichen Aspekten nicht von Art. 192 Abs. 2 AEUV erfasst sein, sondern unter Art. 192 Abs. 1 AEUV fallen. Dies gilt etwa für die Richtlinie zum Emissionshandel (RL 2003/87), aber auch für eher isolierte steuerliche Vorgaben in Rechtsakten, die schwerpunktmäßig andere Bereiche betreffen (wie z.b. eine Richtlinie über bestimmte Produktanforderungen, die „nebenbei" auch noch die Pflicht enthält, die umweltfreundlicheren Produkte steuerlich zu bevorzugen). Hingegen dürfte eine Richtlinie, die die Einführung einer CO_2-Steuer verbindlich vorschreibt, eine Vorschrift überwiegend steuerlicher Art im Sinne dieser Bestimmung sein. Zu Recht wird aber auch darauf hingewiesen, dass der fiskalische Abgabenerhebungsgrund im Vordergrund stehen muss, so dass etwa allein die Ausgestaltung der Kraftfahrzeugsteuer dergestalt, dass schadstoffarme Kraftfahrzeuge weniger belastet bzw. gefördert werden, nicht unter Art. 192 Abs. 2 AEUV fällt.[29]

– Art. 192 Abs. 2 lit. b) AEUV nimmt auf **Maßnahmen in verschiedenen Politiken** (Raumordnung, Wasserressourcen und Bodennutzung) Bezug.

Diese Bestimmung wurde durch den **Vertrag von Nizza** umformuliert: Art. 175 Abs. 2 UAbs. 1 zweiter Spiegelstrich EGV (in der Fassung des Vertrages von Amsterdam) sprach noch von „Maßnahmen im Bereich der Raumordnung, der Bodennutzung – mit Ausnahme der Abfallbewirtschaftung und allgemeiner Maßnahmen – sowie der Bewirtschaftung der Wasserressourcen". Obwohl die Formulierung somit auf den ersten Blick die Schwelle für ein Eingreifen des Art. 192 Abs. 2 lit. b) AEUV im Vergleich zu der früheren Formulierung absenken könnte (genügt doch ein „Berühren", während eine Maßnahme „**im Bereich**" einer bestimmten Politik insinuieren könnte, dass diese schwerpunktmäßig in diesem angesiedelt sein müsste),[30] sprechen die besseren Gründe gegen eine solche Auslegung dieser Vertragsmodifikation: Abgesehen davon, dass schon der Aussagegehalt des Verbs „berühren" nicht ganz klar ist (kann doch die „Berührung" mehr oder weniger intensiv sein) und wohl nicht schon jede noch so entfernte Implikation für die Raumordnung, die mengenmäßige Bewirtschaftung der Wasserressourcen oder die Bodennutzung für eine Einschlägigkeit des Art. 192 Abs. 2 lit. b) AEUV ausreichen dürfte, fehlen jegliche Anhaltspunkte dafür, dass die Umformulierung auch zu inhaltlichen Modifikationen führen sollte; vielmehr ging es wohl in erster Linie darum, die vorher eher komplizierte und wenig klare Formulierung etwas „eleganter" zu gestalten, sowie mit der Fassung des Art. 192 Abs. 2 lit. c) AEUV, wo es ebenfalls „berühren" heißt, zu harmonisieren. Weiter wird der erwähnte mögliche Bedeutungswandel nicht durch **andere Sprachfassungen** bestätigt: So heißt es im englischen Text nunmehr „*affecting*" und im französischen Text „*affectant*" während vor Nizza von „*concerning*" bzw. „*concernant*" die Rede war (hier könnte man also genau die umgekehrte Argumentation im Sinne einer Einschränkung des Anwendungsbereichs des Art. 192 Abs. 2 lit. b) AEUV entwickeln, geht „*affecting*" doch weiter als lediglich „*concerning*").[31]

Vor dem Hintergrund der engen Auslegung des Art. 192 Abs. 2 AEUV ist davon auszugehen, dass ein „**Berühren**" oder (für den zweiten Spiegelstrich) ein „**Betreffen**" der in Art. 192 Abs. 2 lit. b) AEUV genannten Politiken nur dann anzunehmen ist, wenn sich die Maßnahme unmittelbar-final auf diese Bereiche bezieht und lediglich mittelbare und faktische Implikationen nicht ausreichen.[32] Damit genügt also keinesfalls eine irgendwie geartete „Berührung" oder ein irgendwie geartetes Betroffensein

---

293 (295); *Breier*, EUDUR I, § 13, Rn. 22; Calliess/Ruffert-*Calliess*, EUV/AEUV, Art. 192, Rn. 29; *Krämer*, Droit de l'environnement de l'UE, 39; Schwarze-*Käller*, EU-Kommentar, Art. 192, Rn. 19 f.; *Schmidt-Kötters/Held*, NVwZ 2009, 1390 (1392); *Meßerschmidt*, Europäisches Umweltrecht, § 2, Rn. 149; *Jans/von der Heide*, Europäisches Umweltrecht, 52 f.; Streinz-*Kahl*, EUV/AEUV, Art. 192, Rn. 21; a.A. *Wasmeier*, Umweltabgaben und Europarecht, 225; *Kirchhof/Kemmler*, EWS 2003, 217 (220 f.); *Thiel*, Umweltrechtliche Kompetenzen, 75 ff.; differenzierend Dauses-*Scherer/Heselhaus*, Hb. EU-WirtschaftsR, O, Rn. 87 ff.; s. auch *Seiler*, EuR 2010, 67 (84), der auf die fiskalische Funktion abstellt; zum Verhältnis des Art. 192 Abs. 2 AEUV zu Art. 113 AEUV *Jans/von der Heide*, Europäisches Umweltrecht, 52. S. aber auch die andere Akzentsetzung bei *Epiney*, in: Die EG in der internationalen Umweltpolitik, 11 (21 f.).

29 *Meßerschmidt*, Europäisches Umweltrecht, § 2, Rn. 149.
30 Vgl. in diese Richtung denn auch etwa Calliess/Ruffert-*Calliess*, EUV/AEUV, Art. 192, Rn. 30.
31 Vgl. in diese Richtung denn auch wohl *Jans/Vedder*, European Environmental Law, 61.
32 So auch Lenz/Borchardt-*Breier*, EU-Verträge, Art. 192, Rn. 9; Schwarze-*Käller*, EU-Kommentar, Art. 192, Rn. 22 f.

4. Kapitel Rechtsgrundlagen der Umweltpolitik der Europäischen Union

dieser Gebiete, sondern das Ziel der jeweiligen Maßnahme muss gerade – im Hinblick auf das Erreichen umweltpolitischer Ziele – die Raumordnung, die mengenmäßige Bewirtschaftung der Wasserressourcen oder die Bodennutzung im Auge haben und die Maßnahme muss diese auch unmittelbar regeln. Darüber hinaus wird man – insofern letztlich parallel zu den für die Abgrenzung verschiedener Rechtsgrundlagen zum Zuge kommenden Grundsätzen[33] – verlangen können, dass auch der Schwerpunkt der Maßnahme in diesen Gebieten liegt.[34]

Der Begriff **Raumordnung** bezieht sich auf die Nutzung und Gestaltung des Raumes, soweit quantitative Aspekte betroffen sind,[35] womit die verschiedenen raumplanerischen Regelungen erfasst werden.[36] Die **Bodennutzung** – die sich ebenfalls nur auf quantitative Aspekte bezieht – überschneidet sich teilweise mit den raumordnungsbezogenen Maßnahmen, wobei der Begriff Bodennutzung aber insofern enger auszulegen sein dürfte, als es hier mehr um die konkrete Nutzung bestimmter Territorien, denn um die Planung gehen dürfte; im Übrigen berührt nicht jede Maßnahme des Bodenschutzes zwingend auch die Bodennutzung.[37] Denn der qualitative Bodenschutz geht nicht zwingend mit der Regelung quantitativer Aspekte der Bodennutzung einher.[38] Relevant könnte die Abgrenzung zu Raumplanungsmaßnahmen vor dem Hintergrund sein, dass bei (nur) die Bodennutzung betreffenden Maßnahmen Art. 192 Abs. 1 AEUV gleichwohl dann heranzuziehen ist, wenn es um die Abfallbewirtschaftung geht, ist in Bezug auf diese doch eine „Rückausnahme" vorgesehen.

Vor dem Hintergrund des hier vertretenen Verständnisses des Begriffs des Berührens dürfte **Art. 192 Abs. 2 lit. b) AEUV nur sehr selten für die Raumordnung und / oder die Bodennutzung betreffende Maßnahmen** zum Zuge kommen: So dürfte es etwa nicht ausreichen, wenn ein Rechtsakt zum Schutz bestimmter Arten und Habitate auch die Ausweisung von Schutzgebieten vorsieht, da die Zielsetzung hier der Schutz der Arten und Habitate ist, nicht jedoch das Erreichen umweltpolitischer Ziele in der Raumordnung als solche, ganz abgesehen davon, dass der Schwerpunkt solcher Rechtsakte auf dem Schutz der Arten und Habitate, nicht aber in der Raumordnung oder der Bodennutzung liegt. Auch unterliegt es durchaus Zweifeln, ob die SUP-Richtlinie (RL 2001/42) von Art. 192 Abs. 2 lit. b) AEUV erfasst wäre, da sie letztlich nur Vorgaben über die Prüfung der Umweltverträglichkeit von Plänen oder Programmen enthält, nicht aber als solche die Raumordnung regelt.[39]

Die **Praxis der Unionsorgane** dürfte in eine ähnliche Richtung gehen: So hat die Union die Neufassung der Vogelschutzrichtlinie (RL 2009/147) – die die Einrichtung von Schutzgebieten vorsieht – auf Art. 192 Abs. 1 AEUV gestützt, wobei sich in der Präambel der Richtlinie aber keine Hinweise auf die Gründe hierfür finden. Auch die (spärliche) **Rechtsprechung des EuGH** legt den Anwendungsbereich des Art. 192 Abs. 2 lit. b) AEUV eher restriktiv aus und dürfte insbesondere in Bezug auf die Raumordnung und die Bodennutzung davon ausgehen, dass lediglich solche Maßnahmen erfasst sind, die tatsächlich selbst recht präzise die Nutzung der knappen Ressource Boden regeln, wie eigentliche Raumordnungspläne.[40]

---

33 S.u. 4. Kap. Rn. 9 ff.
34 In diese Richtung wohl auch EuGH, Rs. C-36/98, Spanien/Rat, Slg. 2001, I-779, Ziff. 58 f.; ebenso auch *Krämer*, Droit de l'environnement de l'UE, 40.
35 Ausdrücklich EuGH, Rs. C-36/98, Spanien/Rat, Slg. 2001, I-779, Ziff. 51 f.
36 Der Grund für die Unterstellung derartiger Maßnahmen unter das Einstimmigkeitserfordernis ist wohl in erster Linie in dem mit derartigen Maßnahmen verbundenen Eingriff in die Befugnis der Mitgliedstaaten, ihr Territorium nach ihrem Belieben zu gestalten und zu nutzen, zu sehen.
37 *Schwarze-Käller*, EU-Kommentar, Art. 192, Rn. 24.
38 Insofern stützte die Kommission ihren Vorschlag für eine Bodenschutzrichtlinie (KOM (2006) 232) zutreffend auf Art. 192 Abs. 1 AEUV.
39 Vgl. aber noch die andere Akzentsetzung in der Vorauflage (58 f.) sowie bei Vedder/Heintschel von Heinegg-*Epiney*, EUV/AEUV, Art. 192, Rn. 4 mit Fn. 5, und bei Lenz/Borchardt-*Breier*, EU-Verträge, Art. 192, Rn. 9; viel weiter als die hier vertretene Ansicht Calliess/Ruffert-*Calliess*, EUV/AEUV, Art. 192, Rn. 30, der die Einschlägigkeit des Art. 192 Abs. 2 AEUV für den Habitatschutz sowie die UVP bejaht; in diese Richtung auch Streinz-*Kahl*, EUV/AEUV, Art. 192, Rn. 26; im Ansatz ähnlich wie hier *Jans/Vedder*, European Environmental law, 60 ff.; *Krämer*, Droit de l'environnement de l'UE, 39 f.
40 EuGH, Rs. C-36/98, Spanien/Rat, Slg. 2001, I-779, Ziff. 51 f.

Mit Maßnahmen, die die **mengenmäßige Bewirtschaftung der Wasserressourcen oder die Verfügbarkeit dieser Ressourcen mittelbar oder unmittelbar betreffen**,[41] wird ausschließlich auf solche Maßnahmen Bezug genommen, die sich auf die Art der Wassernutzung beziehen, so dass ein „raumplanerisches Element" vorhanden sein muss, was schon durch die systematische Stellung dieser Vorschrift[42] nahe gelegt wird. Es geht also m.a.W. um die quantitative Nutzung der Wasserressourcen, nicht hingegen um qualitative Aspekte, so dass etwa Emissions- oder Immissionsnormen zur Reduzierung der Schadstoffbelastung der Gewässer nicht unter Art. 192 Abs. 2 AEUV zu subsumieren sind, sondern auf der Grundlage von Art. 192 Abs. 1 AEUV zu erlassen sind.[43]

Auch der EuGH ging in der Rs. C-36/98[44], in der die Rechtsgrundlage für den Beschluss des Rates, dem Donauschutzübereinkommen[45] zuzustimmen,[46] zur Debatte stand, von dieser Sicht aus. Dieses Abkommen sieht eine institutionalisierte internationale Kooperation zum Schutz der Donau vor und enthält sowohl einige materiell-rechtliche Verpflichtungen als auch Regelungen betreffend die Zusammenarbeit im Rahmen der Internationalen Kommission zum Schutz der Donau (IKSD). In Bezug auf die Frage, ob hier Art. 192 Abs. 1 AEUV (wie der Rat annahm) oder Art. 192 Abs. 2 AEUV (Ansicht Spaniens) heranzuziehen war, hielt der EuGH zunächst fest, dass bei umweltpolitischen Maßnahmen zur Erreichung der Ziele des Art. 191 AEUV grundsätzlich Art. 192 Abs. 1 AEUV als Kompetenzgrundlage einschlägig sei, während auf Art. 192 Abs. 2 AEUV nur für die in dieser Bestimmung angeführten Materien zurückzugreifen sei. Den konkret relevanten Begriff der „Bewirtschaftung der Wasserressourcen" legt der EuGH in dem Sinn aus, dass nur quantitative, nicht aber qualitative Aspekte der Gewässerbewirtschaftung gemeint seien, denn offensichtlich solle dieser Begriff nicht alle auf die Wassernutzung gerichteten Maßnahmen erfassen, und im Übrigen bezögen sich auch die ansonsten in Art. 192 Abs. 2 AEUV enthaltenen Bereiche der Raumordnung und der Bodennutzung auf die Nutzung des Hoheitsgebiets der Mitgliedstaaten. In Anbetracht des Umstandes, dass das Donauschutzübereinkommen schwerpunktmäßig Fragen der qualitativen Wassernutzung regele, sei daher Art. 192 Abs. 1 AEUV für den entsprechenden Zustimmungsbeschluss heranzuziehen gewesen.

– Einen äußerst sensiblen Bereich betreffen auch die in Art. 192 Abs. 2 UAbs. 1 Bst. c) AEUV genannten Maßnahmen, die die **Wahl eines Mitgliedstaates zwischen verschiedenen Energiequellen und die allgemeine Struktur seiner Energieversorgung erheblich berühren**. Durch die Einbeziehung dieses Bereichs – wobei die beiden genannten Erfordernisse kumulativ vorliegen müssen[47] – in Art. 192 Abs. 2 AEUV soll vermieden werden, dass mit Mehrheit beschlossene umweltpolitische Maßnahmen die Energieversorgungspolitik, die grundsätzlich in der Kompetenz der Mitgliedstaaten liegt, beeinflussen. Allerdings muss nur dann auf Art. 192 Abs. 2 AEUV zurückgegriffen werden, wenn die Energieversorgungsstruktur „erheblich" berührt ist. Dies wird jedenfalls dann der Fall sein, wenn auf bestimmte Energieträger nicht mehr oder in wesentlich geringerem Ausmaß zurückgegriffen werden kann. Dagegen dürften „Verschiebungen" der benutzten Energiequellen, die die Grundstruktur der Energieversorgung unberührt lassen, regelmäßig nicht von dieser Vorschrift erfasst werden.[48] M.a.W. müssen die Grundstrukturen der Energieversorgung unmittelbar-final betroffen sein, während etwa Modifikationen des Energiemix – wie die Erhöhung des Anteils erneuerbarer Energien – oder die Formulierung von Standards für

---

41 Mit dem Vertrag von Nizza wurde die bis dahin verwandte Formulierung „Bewirtschaftung der Wasserressourcen" also präzisiert, womit letztlich klargestellt wird, dass es nur um quantitative Aspekte geht. Vgl. auch die Bemerkungen sogleich im Text.
42 Diese enge Auslegung ergibt sich insbesondere aus dem Zusammenhang mit den beiden anderen in Art. 192 Abs. 2 UAbs. 1 lit. b) AEUV genannten Bereichen, die ausschließlich Aspekte der räumlichen Nutzung betreffen.
43 I. Erg. ebenso Calliess/Ruffert-*Calliess*, EUV/AEUV, Art. 192, Rn. 31; *Calliess*, ZUR 2003, 129 (131); Lenz/Borchardt-*Breier*, EU-Verträge, Art. 192, Rn. 11; Dauses-*Scherer-Heselhaus*, Hb. EU-WirtschaftsR, O, Rn. 95; *Jans/von der Heide*, Europäisches Umweltrecht, 55; Streinz-*Kahl*, EUV/AEUV, Art. 192, Rn. 27.
44 EuGH, Rs. C-36/98 (Spanien/ Rat), Slg. 2001, I-779.
45 ABl. 1994 L 342, 19.
46 Beschluss 97/825, ABl. 1997 L 342, 18.
47 Calliess/Ruffert-*Calliess*, EUV/AEUV, Art. 192, Rn. 32; a.A. Streinz-*Kahl*, EUV/AEUV, Art. 192, Rn. 33.
48 I. Erg. ebenso Calliess/Ruffert-*Calliess*, EUV/AEUV, Art. 192, Rn. 32; Dauses-*Scherer-Heselhaus*, Hb. EU-WirtschaftsR, O, Rn. 96; *Kahl*, NVwZ 2009, 265 (268 f.).

4. Kapitel Rechtsgrundlagen der Umweltpolitik der Europäischen Union

die Nutzung von Biomasse nicht erfasst werden. Insofern wurde die RL 2009/28 zur Förderung der Nutzung von Energie aus erneuerbaren Quellen zutreffend auf Art. 192 Abs. 1 AEUV gestützt.[49] Auch das „Klimapaket" der EU (aus dem Jahr 2009, es umfasste eine Modifikation des Emissionshandelssystems, die Richtlinie zur geologischen Speicherung von CO_2, eine Richtlinie zur Förderung von Energie aus erneuerbaren Quellen sowie einen Beschluss zur Verteilung der Anstrengungen bei der Reduktion der Treibhausgasemissionen in Bereichen, die nicht unter das Emissionshandelssystem fallen)[50] wurde – obwohl selbstredend Rückwirkungen auf die Nutzung der verschiedenen Energiequellen zu erwarten und auch beabsichtigt sind – somit zu Recht auf Art. 192 Abs. 1 AEUV gestützt.

Insgesamt dürfte der **Anwendungsbereich des Art. 192 Abs. 2 AEUV** damit doch um einiges **weniger weit** ausfallen, als ein erster Blick auf die Bestimmung vermuten lassen könnte, so dass es nicht überrascht, dass diese Vorschrift in der bisherigen Praxis eine zu vernachlässigende Rolle gespielt hat; nicht zu verkennen ist aber, dass sie durchaus **bedeutende Auslegungs- und Abgrenzungsprobleme** impliziert (auch aufgrund der Verwendung teilweise sehr offener Begriffe wie „berühren" oder „erheblich"), so dass es bei Rechtsakten, die eine gewisse Verbindung zu den erwähnten Aspekten aufweisen, häufig nicht von vornherein klar bzw. streitig sein wird, ob Art. 192 Abs. 2 AEUV einschlägig ist oder nicht.

II. Art. 114 Abs. 1 AEUV

Art. 114 Abs. 1 AEUV wurde durch die EEA eingeführt und ermöglicht es der Union, zur **Verwirklichung des Binnenmarktes** Maßnahmen zur Angleichung der Rechts- und Verwaltungsvorschriften der Mitgliedstaaten zu erlassen. Wie sich aus Art. 114 Abs. 3 AEUV ergibt, kann diesen Maßnahmen auch ein umweltpolitischer Charakter zukommen.

Für die inhaltliche Tragweite des Art. 114 Abs. 1 AEUV sind in erster Linie folgende Faktoren von Bedeutung:[51]

- Erstens muss es um die Verwirklichung des Binnenmarktes gehen. Der **Begriff „Binnenmarkt"** – der seit dem Vertrag von Lissabon durchgehend den vorher ebenfalls noch in den Verträgen figurierenden Begriff des Gemeinsamen Marktes ersetzt hat[52] – erfasst jedenfalls die **Verwirklichung der Grundfreiheiten** (vgl. Art. 26 Abs. 2 AEUV, wonach der Binnenmarkt einen Raum ohne Binnengrenzen, in dem die Grundfreiheiten garantiert sind, umfasst), darüber hinaus nach ständiger Rechtsprechung aber auch den **Abbau von Wettbewerbsverzerrungen**,[53] so dass sowohl Rechtsakte, die die Verwirklichung der Marktfreiheit bezwecken und beinhalten, als auch solche, die sich auf die Marktgleichheit beziehen, auf Art. 114 Abs. 1 AEUV abgestützt werden können.

- Zweitens muss es um die Angleichung von **Rechts- und Verwaltungsvorschriften** gehen. Dies schließt es nach der Rechtsprechung des Gerichtshofs aber nicht aus, dass – neben generell-abstrakten Normen – auch **Einzelmaßnahmen** auf diese Vorschrift gestützt werden können, dies soweit eine solche Maßnahme zur Verwirklichung des Binnenmarktes notwendig ist und somit allgemeine Maßnahmen unzureichend sind.[54] Für diese Sicht sprechen – trotz der damit

---

49 Vgl. hierzu bereits, m.w.N., *Epiney*, in: Klimaschutz durch Bioenergie (9. Kap. E.I.), 29 (60); ebenso *Kahl*, in: Europäisches Klimaschutzrecht, 21 (35); a.A. *Müller-Bitsch*, EurUP 2008, 220 (223 ff.).
50 S. hierzu noch 9. Kap. Rn. 10 ff.
51 Aus der Literatur zur Reichweite des Art. 114 Abs. 1 AEUV im Zusammenhang mit umweltpolitisch motivierten Maßnahmen etwa *Brenncke*, EuZW 2009, 247 ff.; s. allgemein auch die Kommentierungen zu Art. 114 AEUV, z.B. Schwarze-*Käller*, EU-Kommentar, Art. 114, Rn. 6 ff.; Streinz-*Leible/Schröder*, EUV/AEUV, Art. 114, Rn. 18 ff.
52 Womit das mit der Einführung des Binnenmarktbegriffs neben demjenigen des Gemeinsamen Marktes einhergehende Problem des Verhältnisses der beiden Begriffe gegenstandslos geworden ist. Vgl. zu dieser Frage m.w.N. *Epiney/Möllers*, Freier Warenverkehr und nationaler Umweltschutz, 8 ff.
53 Vgl. schon EuGH, Rs. C-300/89 (Kommission/Rat), Slg. 1991, I-2867, Ziff. 11 ff.; s. sodann z.B. EuGH, Rs. C-155/91 (Kommission/ Rat), Slg. 1993, I-939; EuGH, Rs. C-187/93 (Parlament/Rat), Slg. 1994, I-2857.

verbundenen Erweiterung des Anwendungsbereichs des Art. 114 Abs. 1 AEUV – in erster Linie teleologische Erwägungen. Denn zumindest in gewissen hochtechnischen Bereichen kann der Binnenmarkt nicht allein über die Angleichung von Rechts- und Verwaltungsvorschriften verwirklicht werden, so dass im Sinne der effektiven Erreichung des durch Art. 114 AEUV angestrebten Zwecks auch der Erlass von Einzelmaßnahmen[55] möglich sein muss.

- Drittens setzt die „Angleichung" nationaler Regelungen nicht zwingend voraus, dass derartige Vorschriften bereits – zumindest in gewissen Mitgliedstaaten – bestehen. Vielmehr kann Art. 114 Abs. 1 AEUV auch dann herangezogen werden, wenn die geplante Maßnahme einer **heterogenen Entwicklung der nationalen Rechtsvorschriften vorbeugen** soll, wobei das Entstehen von Hindernissen für den Binnenmarkt aber wahrscheinlich sein und die geplante Maßnahme ihre Vermeidung bezwecken muss.[56] Dieser Ansatz erscheint schon deshalb zwingend, weil ansonsten selbst im Falle voraussehbarer Funktionsstörungen des Binnenmarktes auf mitgliedstaatliche Rechtsetzung „gewartet" werden müsste, wodurch sowohl eine effiziente Verwirklichung des Binnenmarktes als auch eine innovative Rechtsetzungstätigkeit der Union erschwert würde. Gerade im Umweltbereich, in dem auf neuartige Herausforderungen in angemessener Zeit reagiert werden sollte, ist dies von großer Bedeutung. Vor diesem Hintergrund kann eine Unionsmaßnahme auch innovative Ansätze enthalten, vorausgesetzt, es wird damit der Verwirklichung des Binnenmarktes gedient.

  Interessant ist in diesem Zusammenhang auch, dass die jüngere Rechtsprechung davon ausgeht, dass Art. 114 AEUV bei Vorliegen der skizzierten Voraussetzungen auch dann herangezogen werden kann, wenn die Störung des Binnenmarktes unmittelbar auf dem Handeln Privater (und nicht auf bereits bestehenden staatlichen Regelungen) beruht, dies zumindest in solchen Situationen, in denen entsprechende staatliche Maßnahmen, die sich ihrerseits negativ auf das Funktionieren des Binnenmarktes auswirken könnten, zu erwarten sind.[57] Diese eher weit gezogenen Möglichkeiten der „präventiven Rechtsangleichung" dürften den Anwendungsbereich des Art. 114 AEUV beträchtlich ausweiten, zumal es offenbar (da der EuGH entsprechende Aspekte nicht erwähnt) nicht notwendig sein soll, dass konkrete nationale Rechtsetzungsvorhaben nachweisbar sind. Zudem wird dem Unionsgesetzgeber ein weiter Gestaltungsspielraum eingeräumt.

- Schließlich kann nach der Rechtsprechung die Errichtung und das Funktionieren des Binnenmarktes kann auch dann betroffen sein, wenn es nicht um materielles Recht, sondern um **institutionelle Aspekte** geht.[58]

7 Jedenfalls ist es notwendig, dass die Zielsetzung der Harmonisierungsmaßnahme gerade auf die Errichtung und das Funktionieren des Binnenmarktes ausgerichtet ist und diese verbessern soll, und die zu vermeidende Wettbewerbsverzerrung muss ein gewisses „Gewicht" haben.[59] Der Binnenmarkt kann im Übrigen auch dann (schwerpunktmäßig) betroffen sein, wenn die eigentliche Zielsetzung einer Maßnahme nicht der Abbau von Wettbewerbsverzerrungen oder die

---

54 EuGH, Rs. C-359/92 (Deutschland/Rat), Slg. 1994, I-3681, Ziff. 21 ff. Ebenso GA *Saggio*, Schlussanträge zu EuGH, Rs. C-319/97 (Strafverfahren gegen Antoine Kortas), Slg. 1999, I-3143, Ziff. 14.
55 Allerdings – wie schon im Text erwähnt – nur unter der Voraussetzung, dass sich allgemeine Maßnahmen als unzureichend erweisen, vgl. dazu die Ausführungen in EuGH, Rs. C-359/92 (Deutschland/Rat), Slg. 1994, I-3681, Ziff. 21 ff.
56 EuGH, Rs. C-376/98 (Deutschland/EP und Rat), Slg. 2000, I-8419, Ziff. 85 f.; EuGH, Rs. C-491/01 (British American Tobacco), Slg. 2002, I-11453, Ziff. 61; EuGH, Rs. C-377/98 (Niederlande/EP und Rat), Slg. 2001, I-7079, Ziff. 15; EuGH, Rs. C-217/04 (Großbritannien/EP und Rat), Slg. 2006, I-3771, Ziff. 60 ff.; EuGH, Rs. C-58/08 (Vodafone), Slg. 2010, I-4999.
57 EuGH, Rs. C-58/08 (Vodafone), Slg. 2010, I-4999, im Zusammenhang mit der Verordnung über Roaming-Gebühren (VO 71/2007 über das Roaming in öffentlichen Mobilfunknetzen, ABl. 2007 L 171, 32).
58 EuGH, Rs. C-217/04 (Großbritannien/EP und Rat), Slg. 2006, I-3771, wo der Gerichtshof festhielt, die Verordnung zur Gründung der Europäischen Agentur für Netz- und Informationssicherheit sei zu Recht auf Art. 114 Abs. 1 AEUV gestützt worden.
59 Vgl. aus der Rechtsprechung insbesondere die Judikatur zur Tabakwerberichtlinie, EuGH, Rs. C-376/98 (Deutschland/EP und Rat), Slg. 2000, I-8419; EuGH, Rs. C-380/03 (Deutschland/EP und Rat), Slg. 2006, I-11573; s. auch EuGH, Rs. C-436/03 (EP/Kommission und Rat), Slg. 2006, I-3754 (Verneinung der Einschlägigkeit des Art. 114 AEUV in Bezug auf die Einführung des Statuts einer europäischen Genossenschaft); EuGH, Rs. C-58/08 (Vodafone), Slg. 2010, I-4999 (in Bezug auf Roaminggebühren).

4. Kapitel Rechtsgrundlagen der Umweltpolitik der Europäischen Union

Verwirklichung der Grundfreiheiten ist, sondern in einem anderen Politikbereich angesiedelt ist.[60]

III. Befugnisse im Rahmen spezifischer Politiken

Neben der „genuin" umweltpolitischen Rechtsgrundlage des Art. 192 AEUV und der allgemeinen Befugnis zur Angleichung von Rechts- und Verwaltungsvorschriften im Hinblick auf die Verwirklichung des Binnenmarktes (Art. 114 Abs. 1 AEUV) kann auch EU-Maßnahmen in spezifischen Politikbereichen ein (ebenfalls) umweltpolitischer Charakter zukommen.[61] Von Bedeutung sind hier insbesondere folgende, durch den AEUV erfassten[62] Bereiche:

- **Landwirtschaft:** Art. 43 Abs. 2 AEUV enthält eine weit gefasste Ermächtigung der Union zur Rechtsetzung im agrarpolitischen Bereich. Diese Kompetenz wird in der Praxis als umfassende Rechtsetzungskompetenz verstanden, die nicht auf bestimmte Bereiche des Agrarrechts – wie etwa jenen der Agrarmärkte – beschränkt ist. Materiell wird die Reichweite dieser Rechtsgrundlage durch die (recht weiten) Zielvorgaben des Art. 39 AEUV bestimmt.[63] Ein enger Bezug der Landwirtschaftspolitik zur Umweltpolitik besteht schon aufgrund des Umstands, dass die Art der landwirtschaftlichen Nutzung der Böden weitreichende Konsequenzen für die Umweltqualität nach sich zieht.[64]

- **Verkehr:** Auch der Verkehr entfaltet nachhaltige Rückwirkungen auf die Umweltqualität, und letztlich bildet wohl eine umweltorientierte Verkehrspolitik eine unabdingbare Voraussetzung für die Lösung zahlreicher Umweltprobleme.[65] Auf Unionsebene ermöglichen Art. 91, 100 Abs. 2 AEUV den Erlass verkehrspolitischer Maßnahmen. Die Bandbreite der möglichen Maßnahmen ist dabei sehr weit gespannt, da letztlich auf die Durchführung einer gemeinsamen Verkehrspolitik verwiesen wird, wofür alle zweckdienlichen Maßnahmen erlassen werden können.[66]

- **Wettbewerbspolitik:** Auch im Rahmen wettbewerbsrechtlicher Aktivitäten der Union (Art. 101 ff. AEUV) können umweltrelevante Problemkreise berührt werden.[67]

---

60 Vgl. im Zusammenhang mit der Richtlinie 2006/24 über die Vorratsdatenspeicherung EuGH, Rs. C-301/06 (Irland/EP und Rat), Slg. 2009, I-593.
61 Vgl. für einen Überblick über die in Umweltfragen möglicherweise zur Anwendung kommenden Rechtsgrundlagen *Breier*, EUDUR I, § 13, Rn. 37 ff.
62 Darüber hinaus ist noch auf Art. 30 ff. EAGV hinzuweisen, die den Erlass bestimmter gesundheits- und umweltschützender Maßnahmen im Zusammenhang mit der Gefährdung durch Radioaktivität ermöglichen; zur Abgrenzung dieser Kompetenzgrundlagen zu denjenigen des AEUV EuGH, Rs. C-70/88 (Parlament/Rat), Slg. 1991, I-4529; *Schröer*, EuZW 1992, 207 ff.
63 Vgl. nur *Götz*, in: Umweltschutz und andere Politiken, 173 (198 ff.); Calliess/Ruffert-*Thiele*, EUV/AEUV, Art. 43, Rn. 4 ff.; s. auch *Wasmeier*, Umweltabgaben und Europarecht, 236 f.; *Thiel*, Umweltrechtliche Kompetenzen, 99 ff.
64 Vgl. *Toulemon*, in: La protection de l'environnement par les Communautés européennes, 69 (75 ff.); *von Urff*, in: Europäisches Umweltrecht und europäische Umweltpolitik, 103 (105 ff.); Mitteilung der Kommission über Umwelt und Landwirtschaft, KOM (88), 338 endg.; zur Berücksichtigung umweltpolitischer Belange in der gemeinsamen Agrarpolitik bzw. zum umweltrelevanten Agrarrecht *Schröder*, NuR 1995, 117 ff.; *Epiney/Furger/Heuck*, Zur Berücksichtigung umweltpolitischer Belange bei der landwirtschaftlichen Produktion in der EU und in der Schweiz, 41 ff.; *Frenz*, NuR 2011, 771 ff.
65 Vgl. zu den Wechselwirkungen zwischen beiden Politikbereichen, m.w.N., etwa Dauses-*Epiney*, Hb. EU-WirtschaftsR, L, Rn. 1 ff., insbes. 14.
66 Vgl. zu den verkehrspolitischen Kompetenzen der Union in unserem Zusammenhang *Epiney/Gruber*, Verkehrsrecht, 48 ff.; *Wasmeier*, Umweltabgaben und Europarecht, 237 f.; *Thiel*, Umweltrechtliche Kompetenzen, 114 ff.; zur Verkehrspolitik im Zusammenhang mit umweltpolitischen Anliegen den Überblick bei *Meßerschmidt*, Europäisches Umweltrecht, § 2, Rn. 162 ff.
67 Ausführlich zum Problemkreis Wettbewerbsrecht und Umwelt (unter Einschluss der primärrechtlichen Rahmenbedingungen) *Jans/von der Heide*, Europäisches Umweltrecht, 317 ff.; *Jans/Vedder*, European Environmental Law, 297 ff., jeweils mit zahlreichen Nachweisen aus Literatur und Rechtsprechung.

- **Steuern:** Art. 113 AEUV bildet die Rechtsgrundlage für die Harmonisierung indirekter Steuern. Hierunter fallen verschiedene Arten von Umweltabgaben.[68]
- **Arbeitsumwelt:** Maßnahmen der Arbeitsumwelt auf der Grundlage des Art. 153 Abs. 2 AEUV können daneben umweltpolitische Zielsetzungen verfolgen.[69]
- **Forschung und technologische Entwicklung:** Auch in diesem Bereich (Art. 179 ff. AEUV) können umweltrelevante Fragestellungen berührt werden.
- **Kohäsionsfonds:** Finanzielle Zuwendungen aus dem Unionshaushalt stellen ebenfalls ein Instrument EU-Umweltpolitik dar. Von besonderer Bedeutung ist dabei der Kohäsionsfonds.[70]
- **Außenhandelspolitik:** Soweit es um Rechtsakte geht, die umwelt- und außenhandelspolitische Aspekte betreffen, kann auch Art. 207 AEUV einschlägig sein.[71]
- **Energiepolitik:** Schließlich ist auf den neu durch den Lissabonner Vertrag eingeführten Titel über Energie hinzuweisen: Art. 194 AEUV ermöglicht u.a. den Erlass unionsrechtlicher Maßnahmen zur Förderung der Energieeffizienz und von Energieeinsparungen sowie zur Entwicklung neuer und erneuerbarer Energiequellen, eine Thematik, deren Bezug zur Umweltpolitik auf der Hand liegt.[72]

Die in Art. 194 Abs. 2 AEUV zu findende Rechtsgrundlage kann insbesondere im Zusammenhang mit klimaschutzpolitischen Maßnahmen relevant werden. Allerdings darf die Maßnahme (nur) die „Förderung" der Energieeffizienz und von Energieeinsparungen sowie die „Entwicklung" neuer und erneuerbarer Energiequellen umfassen. Denn der Anwendungsbereich der Rechtsgrundlage ist insofern beschränkt, als es um die Verfolgung der in Art. 194 Abs. 1 AEUV genannten Ziele gehen muss, die – in Bezug auf klimapolitische Maßnahmen – eben entsprechend beschränkt sind. Vieles (insbesondere auch die unterschiedliche Formulierung in Bezug auf die verschiedenen, in Art. 194 Abs. 1 lit. c) AEUV genannten Aspekte) spricht hier dafür, dass in Bezug auf die Energieeffizienz und Energieeinsparungen demnach (nur) Fördermaßnahmen erfasst werden und in Bezug auf neue oder erneuerbare Energiequellen die technologische Entwicklung, nicht aber die Förderung an sich, erfasst ist; letztere müsste demnach weiterhin auf Art. 192 Abs. 1, 2 AEUV gestützt werden.[73] Zudem dürfen die ergriffenen Maßnahmen zumindest **keine zwingend vorzunehmende Modifikation des Energiemix der Mitgliedstaaten** nach sich ziehen, wären doch ansonsten wohl die Voraussetzungen des Art. 194 Abs. 2 UAbs. 2 AEUV[74] erfüllt, der lediglich von „berühren" spricht. Dieser Vorschrift ist nämlich eine materielle Vorgabe bzw. Schranke in Bezug auf den möglichen Inhalt der Sekundärrechtsakte zu entnehmen.[75]

Damit sind jedenfalls gewisse **regulatorische Maßnahmen** – die z.B. verpflichtend einen bestimmten Prozentsatz des Anteils erneuerbarer Energie am Energiemix der Mitgliedstaaten vorsehen, oder die Verwendung bestimmter Techniken (etwa in Bezug auf die Energieeffizienz) vorschreiben – ausgeschlossen. Allerdings können solche Maßnahmen ggf. auf **andere Rechtsgrundlagen**, wie insbesondere Art. 192 Abs. 1, 2 AEUV und Art. 114 AEUV, gestützt werden. Hierfür spricht auch der ausdrückliche „Vorbe-

---

68 Zu dieser Vorschrift in diesem Zusammenhang *Schröer*, Kompetenzverteilung, 155 ff.; *Thiel*, Umweltrechtliche Kompetenzen, 129 ff.; ausführlich zum Problemkreis *Wasmeier*, Umweltabgaben und Europarecht, 1995, *passim*.
69 Vgl. hierzu in unserem Zusammenhang *Thiel*, Umweltrechtliche Kompetenzen, 110 ff.; *Wasmeier*, Umweltabgaben und Europarecht, 238 f.
70 Zum Kohäsionsfonds unten 6. Kap. Rn. 135 ff.
71 Zu dieser Rechtsgrundlage im Zusammenhang mit umweltpolitischen Maßnahmen *Jans/Vedder*, European Environmental Law, 79 ff.
72 Vgl. zu dieser neuen Vorschrift etwa *Nettesheim*, JZ 2010, 19 ff.; *Frenz/Kane*, NuR 2010, 464 ff.; *Gundel*, EWS 2011, 25 ff.; *Kahl*, EuR 2009, 601 ff.; *Baur/Schmidt-Preuß/Moraing*, RdE 3/2010, 77 ff.; *Ruffert*, in: Energieversorgung und Umweltschutz, 13 ff.
73 Vgl. ebenso *Kahl*, in: Europäisches Klimaschutzrecht, 21 (60 f.); ihm folgend Calliess/Ruffert-*Calliess*, EUV/AEUV, Art. 192, Rn. 25; *Frenz*, UPR 2010, 293 (295). A.A. aber etwa Streinz-*Bings*, EUV/AEUV, Art. 194, Rn. 28; *Gundel*, EWS 2011, 25 (29).
74 Wonach die auf Art. 194 Abs. 2 AEUV gestützten Maßnahmen nicht das Recht der Mitgliedstaaten, die Bedingungen für die Nutzung ihrer Energieressourcen, ihre Wahl zwischen verschiedenen Energiequellen und die allgemeine Struktur ihrer Energieversorgung zu bestimmen, „berühren" dürfen.
75 I. Erg. ebenso z.B. Streinz-*Bings*, EUV/AEUV, Art. 194, Rn. 40, die von „Souveränitätsvorbehalt" spricht, wobei dieser Ausdruck etwas unglücklich erscheint, da es in der Sache um die Reichweite der Kompetenzvorschrift des Art. 194 Abs. 2 AEUV geht, nicht um Souveränitätsfragen.

4. Kapitel Rechtsgrundlagen der Umweltpolitik der Europäischen Union

halt" des Art. 192 Abs. 2 lit. c) AEUV in Art. 194 Abs. 2 UAbs. 2 AEUV.[76] Insofern kann aus dem Umstand, dass in Bezug auf eine bestimmte (auch) die Energiepolitik betreffende Klimaschutzmaßnahme der Anwendungsbereich des Art. 194 AEUV nicht eröffnet ist, nicht geschlossen werden, dass der Union für diese Maßnahme keine Kompetenz zustünde, kann sich diese doch aus anderen Rechtsgrundlagen ergeben. Die erwähnten Einschränkungen des Anwendungsbereichs des Art. 194 AEUV sind aber jedenfalls in den Fällen von Bedeutung, in denen der Anwendungsbereich des Art. 194 AEUV grundsätzlich eröffnet ist und – was diesfalls häufig zu bejahen sein wird – der Schwerpunkt der Maßnahme gerade im Bereich des Art. 194 AEUV (und nicht etwa in der Umweltpolitik) zu sehen ist.[77]

B. Verhältnis der Kompetenzgrundlagen

Der Überblick über die verschiedenen Handlungsbefugnisse der Union, die den Erlass umweltrelevanter Maßnahmen ermöglichen, hat die Vielzahl der in Betracht kommenden Rechtsgrundlagen offenbart; denn für die Heranziehung der „genuin umweltpolitischen" Kompetenznorm des Art. 192 Abs. 1 AEUV ist es eben gerade nicht ausreichend, dass umweltpolitische Belange berührt werden, können diese doch auch in anderen Politikbereichen von Bedeutung sein. Aufgeworfen wird damit die Frage nach der für ein bestimmtes Tätigwerden der Union einschlägigen Bestimmung und damit der **Abgrenzung der verschiedenen Handlungsbefugnisse**. Diese sich durchaus auch allgemein stellende Frage ist im Umweltbereich vor dem Hintergrund von besonderem Interesse, weil umweltpolitische Rechtsakte aufgrund des Querschnittscharakters der Umweltpolitik besonders häufig verschiedene Sachbereiche betreffen bzw. verschiedene Zielsetzungen verfolgen. Daher sollen im Folgenden einerseits die diesbezüglichen allgemeinen Grundsätze (I.) erörtert werden, um diese andererseits für umweltpolitische Rechtsakte zu konkretisieren (II.).

9

Diese Problematik ist nicht nur vor dem Hintergrund ggf. **unterschiedlicher Rechtsetzungsverfahren** (wobei mittlerweile das ordentliche Gesetzgebungsverfahren die Regel ist; spezifisch in Bezug auf Art. 192 Abs. 1, 2 AEUV ist jedoch zu beachten, dass im Falle der Einschlägigkeit dieser Bestimmungen ggf. – falls die Voraussetzungen des Abs. 2 vorliegen – eine einstimmige Beschlussfassung notwendig ist, die im Falle des Rückgriffs auf eine andere Rechtsgrundlage nicht zum Zuge käme), sondern auch angesichts der je nach der einschlägigen Rechtsgrundlage variierenden Möglichkeiten der Mitgliedstaaten zum „**nationalen Alleingang**" von Bedeutung: Dabei unterscheiden sich nicht nur die diesbezüglichen Vorgaben des Art. 193 AEUV einerseits sowie der Art. 114 Abs. 4 ff. AEUV andererseits; vielmehr ist darüber hinaus zu beachten, dass im Falle der Abstützung der jeweiligen Maßnahme auf eine andere Rechtsgrundlage grundsätzlich kein nationaler Alleingang[78] möglich ist.[79]

10

Ausgangspunkt ist dabei, dass die **verschiedenen Kompetenzgrundlagen** grundsätzlich in einem „**gleichberechtigten**" **Verhältnis** zueinander stehen, also kein irgendwie gearteter Vorrang der einen oder anderen

---

76 Dieser wird teilweise aber auch so ausgelegt, dass auch im Rahmen des Art. 194 Abs. 2 AEUV einstimmige Beschlüsse möglich wären. Vgl. zur Problematik *Gundel*, EWS 2011, 25 (27 f.).
77 Vgl. auch noch unten 4. Kap. Rn. 9 ff.
78 Vgl. zu den „nationalen Alleingängen" im sog. harmonisierten Bereich noch unten 5. Kap. Rn. 90 ff.
79 Zur Relevanz der Abgrenzung der Rechtsgrundlagen zusammenfassend, m.w.N., *Kahl*, FS Scheuing, 92 (94 ff.).

Rechtsgrundlage bzw. Kategorie von Rechtsgrundlage gegenüber einer anderen anzunehmen ist,[80] abgesehen von der allgemeinen Subsidiarität des Art. 352 AEUV (der im Umweltbereich angesichts des sehr weiten Anwendungsbereichs des Art. 192 AEUV heute wohl kaum von Bedeutung sein dürfte) sowie der Spezialität einiger binnenmarktbezogener Harmonisierungsbefugnisse, die in spezifischen Politikbereichen enthalten sind, im Verhältnis zu Art. 114 Abs. 1 AEUV.[81]

I. Grundsätze

11 Der Gerichtshof hat in ständiger Rechtsprechung einige Grundsätze entwickelt, nach denen sich die Abgrenzung der Rechtsgrundlagen richtet:[82]

- Ausgangspunkt ist dabei, dass die **Wahl der Rechtsgrundlage** auf der Grundlage **objektiver und gerichtlich nachprüfbarer Umstände** zu erfolgen hat, zu denen insbesondere das (objektiv erkennbare) **Ziel und der Inhalt** des Rechtsakts gehören.[83] Damit scheiden andere Kriterien – wie etwa der subjektive Wille des Unionsgesetzgebers oder (allein) die objektive Wirkung einer Maßnahme – als Abgrenzungskriterien aus.[84]

  Gleichzeitig ist damit auch gesagt, dass die Wahl der Kompetenzgrundlage nicht im Belieben des Unionsgesetzgebers steht, sondern **gerichtlich nachprüfbar** und damit justiziabel ist; daran ändert auch der Umstand nichts, dass den Unionsorganen hier schon deshalb ein gewisser Gestaltungsspielraum einzuräumen ist, weil das Ziel einer Maßnahme mitentscheidend für ihren objektiven Schwerpunkt ist. Die Prüfungsdichte des EuGH bei der Frage, ob die „richtige" Rechtsgrundlage herangezogen wurde, fällt aber – gerade auch im Vergleich zur Prüfungsdichte in Bezug auf die Einhaltung materieller Vorgaben des Primärrechts durch das Sekundärrecht[85] – eher hoch aus.[86]

- Grundsätzlich ist auf dieser Grundlage für einen Rechtsakt im Zweifel **nur eine Rechtsgrundlage** heranzuziehen, nämlich diejenige, die angesichts von Ziel und Inhalt des Rechtsakts

---

80 Vgl. ausführlich hierzu in der Vorauflage, 67 ff., m.w.N. S. auch den Überblick über die verschiedenen denkbaren und (zumindest in der Vergangenheit) vertretenen Abgrenzungstheorien bei *Meßerschmidt*, Europäisches Umweltrecht, § 2, Rn. 121 ff.; m.w.N. A.A. bzw. zumindest missverständlich aber Calliess/Ruffert-*Calliess*, EUV/AEUV, Art. 192, Rn. 25 f., der offenbar davon ausgeht, dass grundsätzlich umweltrelevante sachbezogene Kompetenzen im Verhältnis zu Art. 192 AEUV spezieller seien, ohne dass die Gründe hierfür klar werden. Jedenfalls trägt ein solcher Ansatz nicht dem Umstand Rechnung, dass bereits die Systematik des Vertrages davon ausgeht, dass Art. 192 AEUV als eigenständige Kompetenznorm in einem bestimmten Politikbereich, nämlich der Umweltpolitik, anzusehen ist, die gleichberechtigt neben den in anderen Politikbereichen enthaltenen Rechtsgrundlagen steht. Auch die Rechtsprechung dürfte in diese Richtung gehen, vgl. EuGH, verb. Rs. C-164/97, C-165/97 (EP/Rat), Slg. 1999, I-1139, Ziff. 12 ff.; EuGH, Gutachten 2/00 (Cartagena-Protokoll), Slg. 2001, I-9713, Ziff. 22 ff.; EuGH, Rs. C-377/98 (Niederlande/EP und Rat), Slg. 2001, I-7079, Ziff. 10 ff. Wie hier auch z.B. Dauses-*Scherer/Heselhaus*, Hb. EU-WirtschaftsR, O, Rn. 109; Streinz-*Kahl*, EUV/AEUV, Art. 192, Rn. 91; *Frenz*, UPR 2010, 293 (294 f.); *Kahl*, FS Scheuing, 92 (99 f.).
81 So erachtet der EuGH etwa Art. 43 AEUV als im Verhältnis zur allgemeinen Vorschrift des Art. 114 AEUV als vorrangig anwendbar, vgl. EuGH, Rs. 68/86 (Großbritannien/Rat), Slg. 1988, 855, Ziff. 4 ff.; EuGH, Rs. 131/86 (Großbritannien/Rat), Slg. 1988, 905, Ziff. 11 ff.
82 Zur Wahl und Abgrenzung der Rechtsgrundlagen etwa *Ullrich*, ZEuS 2000, 243 ff.; *Heselhaus*, NVwZ 1999, 1190 ff.; *Krämer*, EC Environmental Law, 79 ff.; *Frenz*, UPR 2010, 293 ff.; *Kahl*, FS Scheuing, 92 ff.; *de Sadeleer*, YEL 2012, 1 ff.; s. auch den Überblick über die Rechtsprechung bei *Scheuing*, in: Umweltrecht im Wandel, 129 (143 ff.).
83 EuGH, Rs. C-176/03 (Kommission/EP und Rat), Slg. 2005, I-7879; EuGH, Rs. C-178/03 (Kommission/EP und Rat), Slg. 2006, I-107; EuGH, Rs. C-94/03 (Kommission/Rat), Slg. 2006, I-1; EuGH, Rs. C-155/07 (EP/Rat), Slg. 2008, I-8103; EuGH, Rs. C-42/97 (EP/Rat), Slg. 1999, I-869, Ziff. 38 ff.; EuGH, Rs. C-36/98 (Spanien/Rat), Slg. 2001, I-779, Ziff. 54 ff.; EuGH, Gutachten 2/00 (Cartagena-Protokoll), Slg. 2001, I-9713; EuGH, Rs. C-411/06 (Kommission/EP und Rat), Slg. 2009, I-7585, vgl. die Zusammenfassung zahlreicher umweltrelevanter Urteile bei Lenz/Borchardt-*Breier*, EU-Verträge, Art. 192, Rn. 20.
84 Ausführlich hierzu in der Vorauflage, 71 ff., m.w.N.
85 Hierzu noch unten 5. Kap. Rn. 46 ff.
86 Vgl. aus der Rechtsprechung z.B. EuGH, Rs. C-178/03 (Kommission/EP und Rat), Slg. 2006, I-107, Ziff. 42 ff.; EuGH, Rs. C-94/03 (Kommission/Rat), Slg. 2006, I-1, Ziff. 35 f.; EuGH, Rs. C-155/07 (EP/Rat), Slg. 2008, I-8103; EuGH, Rs. C-301/06 (Irland/EP und Rat), Slg. 2009, I-593; EuGH, Rs. C-411/06 (Kommission/EP und Rat), Slg. 2009, I-7585.

4. Kapitel Rechtsgrundlagen der Umweltpolitik der Europäischen Union 4

schwerpunktmäßig einschlägig ist, so dass eine Doppelabstützung grundsätzlich eher zu vermeiden ist.[87]

■ Allerdings ist eine **Doppelabstützung** nach der Rechtsprechung dann geboten, wenn ein Rechtsakt gleichzeitig zwei Zielsetzungen verfolgt und / oder mehrere Komponenten aufweist, die untrennbar miteinander verbunden sind, ohne dass die eine gegenüber der anderen zweitrangig ist, wobei allerdings der „Wesenskern" der jeweiligen Rechtsetzungsverfahren nicht beeinträchtigt werden dürfe bzw. sich die in den jeweiligen Rechtsgrundlagen vorgesehenen Verfahren miteinander vereinbaren lassen müssen.[88] Mit dieser etwas unklaren Formulierung ist offenbar gemeint, dass die vertragliche Kompetenzverteilung auf horizontaler Ebene nicht modifiziert werden darf.[89]

Bei der konkreten Anwendung dieser Grundsätze ist die Rechtsprechung nicht immer konsistent: So bejahte der Gerichtshof in den Rs. C-94/03[90] und Rs. C-178/03[91] die Einschlägigkeit sowohl der handelspolitischen Rechtsgrundlage (heute Art. 207 AEUV) als auch des Art. 192 AEUV für eine völkerrechtliche Regelung (bzw. den entsprechenden Unionsbeschluss) und den zu ihrer Umsetzung erlassenen Sekundärrechtsakt, die die Aus- und Einfuhr gefährlicher Chemikalien betrafen. Denn in den betreffenden Rechtsakten stellten der Gesundheits- und Umweltschutz einerseits und die Regelung des Handels andererseits zwei untrennbar miteinander verbundene Komponenten dar, die gleichrangig seien, und auch die Gesetzgebungsverfahren seien miteinander vereinbar. Allerdings führt der Gerichtshof keine Argumente für die Gleichrangigkeit von Umwelt- und Handelsaspekten in diesen Rechtsakten an. Jedenfalls erscheint es wenig überzeugend, wenn der EuGH in diesen Rechtssachen davon ausgeht, dass eine Heranziehung des Art. 207 AEUV – neben Art. 192 AEUV – schon dann notwendig ist, wenn die entsprechenden Rechtsakte Regelungen enthalten, die sich unmittelbar und sofort auf den Handel auswirken, auch wenn die umweltpolitische Zielsetzung allein oder praktisch allein ausschlaggebend für den Erlass des Rechtsaktes und damit für seine Zielsetzung war. Denn auf der Grundlage dieses Ansatzes wäre eine Doppelabstützung immer schon dann notwendig, wenn eine ausschließlich umweltpolitisch motivierte Regelung mit Mitteln der Handels- oder Binnenmarktpolitik operiert. Ob hiermit tatsächlich dem Schwerpunkt der Maßnahme

---

[87] EuGH, Rs. C-491/01 (British American Tobacco Ltd. u.a.), Slg. 2002, I-11453, Ziff. 94; EuGH, Gutachten 2/00 (Cartagena-Protokoll), Slg. 2001, I-9713, Ziff. 23; EuGH, Rs. C-281/01 (Kommission/Rat), Slg. 2002, I-12049, Ziff. 35; EuGH, Rs. C-36/98 (Spanien/Rat), Slg. 2001, I-779, Ziff. 59; EuGH, Rs. C-211/01 (Kommission/Rat), Slg. 2003, I-8913, Ziff. 39; EuGH, Rs. C-338/01 (Kommission/Rat), Slg. 2004, I-4829, Ziff. 55; EuGH, Rs. C-178/03 (Kommission/ EP und Rat), Slg. 2006, I-107, Ziff. 42 f.; EuGH, Rs. C-94/03 (Kommission/Rat), Slg. 2006, I-1, Ziff. 35 f.; EuGH, Rs. C-155/07 (EP/Rat), Slg. 2008, I-8103; EuGH, Rs. C-301/06 (Irland/EP und Rat), Slg. 2009, I-593.

[88] EuGH, Rs. C-491/01 (British American Tobacco), Slg. 2002, I-11453, Ziff. 108 f.; EuGH, Rs. C-94/03 (Kommission/ Rat), Slg. 2006, I-1; EuGH, Rs. C-178/03 (Kommission/EP und Rat), Slg. 2006, I-107, Ziff. 57; EuGH, Rs. C-155/07 (EP/ Rat), Slg. 2008, I-8103; EuGH, Rs. C-166/07 (EP/Rat), Slg. 2009, I-7135.

[89] Der Gerichtshof erachtet das ordentliche Gesetzgebungsverfahren und eine einstimmige Beschlussfassung im Rat für vereinbar; es seien die Anforderungen beider Verfahren zu erfüllen, vgl. EuGH, Rs. C-166/07 (EP/Rat), Slg. 2009, I-7135; offenbar muss damit der Rat im ordentlichen Gesetzgebungsverfahren einstimmig entscheiden, was diesem Verfahren aber nicht entspricht. *Meßerschmidt*, Europäisches Umweltrecht, § 2, Rn. 113, hält denn auch diese beiden Verfahren (mit Bezug auf Art. 114 Abs. 1 AEUV und Art. 192 Abs. 2 AEUV) nicht für vereinbar, ohne allerdings auf das erwähnte Urteil Bezug zu nehmen. Auch das ordentliche Gesetzgebungsverfahren und eine Beschlussfassung mit qualifizierter Mehrheit nach Anhörung des EP seien miteinander vereinbar, da in beiden Fällen eine qualifizierte Mehrheit im Rat notwendig sei und das ordentliche Gesetzgebungsverfahren im Sinne des demokratischen Prinzips eine intensivere Beteiligung des Parlaments ermögliche, vgl. EuGH, Rs. C-155/07 (EP/Rat), Slg. 2008, I-8103, wobei die EuGH offenbar davon ausgeht, dass damit das ordentliche Gesetzgebungsverfahren anwendbar ist. Vor diesem Hintergrund fällt es schwer, sich Fallgestaltungen vorzustellen, bei denen die Gesetzgebungsverfahren nicht miteinander vereinbar sind. Aber auch darüber hinaus wirft diese Anforderung Fragen auf, so etwa diejenige danach, ob nicht auch unterschiedliche Vorschriften über den „nationalen Alleingang" – ebenso wie miteinander „unvereinbare" Entscheidungsverfahren – zu einer Unzulässigkeit von Doppelabstützungen auf Art. 192 Abs. 1 AEUV einerseits und eine andere Vertragsbestimmung, die keine Alleingangsmöglichkeit vorsieht, anderseits angenommen hat. Vgl. EuGH, Rs. C-178/03 (Kommission/EP und Rat), Slg. 2006, I-107.

[90] EuGH, Rs. C-94/03 (Kommission/Rat), Slg. 2006, I-1.

[91] EuGH, Rs. C-178/03, Kommission/EP und Rat, Slg. 2006, I-107.

entsprochen werden kann, erscheint zumindest dann fraglich, wenn die jeweilige Maßnahme letztlich im Wesentlichen Beschränkungen des Handels aus umweltpolitischen Gründen vorsieht.[92] In der Rs. C-411/06[93] setzte der EuGH aber andere Akzente und erachtete es als zutreffend, dass die Abfallverbringungsverordnung (VO 1013/2006) nur auf Art. 192 AEUV gestützt worden war: Denn die umweltpolitische Zielsetzung der Verordnung sei im Verhältnis zur auch betroffenen Handelspolitik als überwiegend anzusehen, wie sich schon aus der Präambel, die ausschließlich umweltpolitische Zielsetzungen erwähne, ergebe. Auch das den Kern der Verordnung ausmachende Notifizierungsverfahren sei letztlich als Instrument zur Verfolgung umweltpolitischer Zielsetzungen anzusehen. Dieser Ansatz ist schon deshalb überzeugend, weil es in der Abfallverbringungsverordnung gerade nicht um die Erleichterung des Handels, sondern um dessen Beschränkung aus umweltpolitischen Gründen geht, so dass die Auswirkungen auf den Handel letztlich lediglich einen „Reflex" der Verfolgung der umweltpolitischen Anliegen darstellen. Damit dürfte der Ansatz des Gerichtshofs in den Rs. C-94/03 und C-178/03 relativiert worden sein, wobei der Gerichtshof aber nicht zu den Unterschieden bzw. der anderen Akzentsetzung Stellung nimmt.

12   M.E. sollten **Doppelabstützungen nur sehr ausnahmsweise herangezogen werden**.[94] Denn der Vertrag geht nach wie vor – trotz der regelmäßigen Anwendung des ordentlichen Gesetzgebungsverfahrens – davon aus, dass sich die Kompetenzen der Union einzeln aus den jeweiligen vertraglichen Vorschriften ergeben (deshalb auch der Ausdruck „Prinzip begrenzter Einzelermächtigung", vgl. Art. 5 Abs. 1 EUV); diese bestimmen gerade Charakter und Reichweite der Kompetenzen der Union, die durchaus unterschiedlich ausgestaltet sind, wie nunmehr auch Art. 4 ff. AEUV verdeutlichen. Dementsprechend gibt es auch – wie erwähnt – in einigen Politiken Bestimmungen über den nationalen Alleingang, spezifische inhaltliche Vorgaben, die Beschränkung der sekundärrechtlichen Regelungen auf Mindestvorschriften oder auf bestimmte Maßnahmen, während dies in anderen Politiken nicht der Fall ist. Diesem zugegebenermaßen nach wie vor komplexen, vielschichtigen und insbesondere differenzierten Kompetenzsystem trüge es aber gerade nicht Rechnung, grundsätzlich Doppelabstützungen zuzulassen. Die **Rechtsprechung des Gerichtshofs** betont diesen Ausnahmecharakter aber m.E. nicht immer mit hinreichender Klarheit, wenn auch in jüngerer Zeit eine größere Zurückhaltung gegenüber Doppelabstützungen zu beobachten ist.

Letztlich eine Untervariante der Doppelabstützung stellt die **artikelweise Zuordnung der verschiedenen Bestimmungen eines Rechtsakts zu unterschiedlichen Rechtsgrundlagen** dar.[95] Auf diese wird in jüngerer Zeit in der Praxis gelegentlich zurückgegriffen, so z.B. in der Erneuerbare-Energien-Richtlinie (RL 2009/28),[96] in der ausdrücklich darauf hingewiesen wird, dass Art. 114 AEUV „in Bezug auf die Artikel 17, 18 und 19" der Richtlinie herangezogen wurde. Damit soll offenbar zum Ausdruck gebracht werden, dass die genannten Artikel auf der Grundlage des Art. 114 AEUV, die übrigen Teile der Richtlinie aber auf derjenigen des Art. 192 Abs. 1 AEUV erlassen wurden. Es unterliegt großen Zweifeln, ob ein solches Vorgehen tatsächlich

---

92 Vgl. auch die Kritik an diesen beiden Urteilen bei *Epiney*, in: Oexle/Epiney/Breuer, EG-AbfVerbrV (9. Kap. E.III.), Einführung, Rn. 16; *Krämer*, JEEPL 2006, 153 (154 f.); eher zustimmend zu den Urteilen aber *Schaffrin*, RECIEL 2006, 339 (342), die auf die „Gleichberechtigung" der Zielsetzungen bzw. Inhalte verweist.
93 EuGH, Rs. C-411/06 (Kommission/EP und Rat), Slg. 2009, I-7585. Ausführlich zur Rechtsgrundlage der VO 1013/2006 *Epiney*, in: Oexle/Epiney/Breuer, EG-AbfVerbrV (9. Kap. E.III.), Einführung, Rn. 11 ff.
94 Doppelabstützungen werden auch teilweise für unzulässig erachtet, vgl. z.B. *Scheuing*, EuR 1989, 152 (185); *Calliess*, ZUR 2003, 129 (133); *Jarass*, EuZW 1991, 530; *Krämer*, in: Europäisches Umweltrecht und europäische Umweltpolitik, 137 (157); *Middeke*, DVBl. 1993, 769 (770 f.); *Kahl*, Umweltprinzip, 302 f.; s. auch *Epiney*, JZ 1992, 564 (568 f.); a.A. jedoch *Everling*, EuR 1991, 179 (181); *Gundel*, EuR 2003, 100 (103 ff.), der allgemein grundsätzlich eine Mehrfachabstützung für zulässig hält; s. auch *Wasmeier*, Umweltabgaben, 257 f., der die Zulässigkeit von Mehrfachabstützungen dann bejaht, wenn in allen einschlägigen Bestimmungen parallele Verfahren zur Anwendung kommen; ebenso *Breier*, EuR 1995, 46 (51). Die Doppelabstützung ebenfalls als Ausnahme betrachtend *Meßerschmidt*, Europäisches Umweltrecht, § 2, Rn. 112; *Heselhaus*, NVwZ 1999, 1190 ff.; *Höhler/Lafuente*, ZUR 2007, 71 ff.; *Dauses-Scherer/Heselhaus*, Hb. EU-WirtschaftsR, O, 106 ff.
95 Vgl. hierzu *Höhler/Lafuente*, ZUR 2007, 71 ff. S. die folgenden Erwägungen bereits bei *Epiney*, in: Klimaschutz durch Bioenergie (9. Kap. E.I.), 29 (59 f.).
96 Zu dieser Richtlinie unten 9. Kap. Rn. 16 f.

mit den vertraglichen Vorgaben vereinbar ist:[97] Diese gehen nämlich davon aus, dass für jeden Rechtsakt gesamthaft die Rechtsgrundlage nach den erwähnten Kriterien zu bestimmen ist, was sich schon daraus, dass für die verschiedenen Rechtsgrundlagen mitunter verschiedene Verfahren zum Zuge kommen, sich die inhaltlichen Vorgaben teilweise unterscheiden sowie die materielle Reichweite der Kompetenz gelegentlich beschränkt ist (etwa in den Fällen, in denen eine Harmonisierung ausgeschlossen ist), erschließt. Diese differenzierte Ausgestaltung der Rechtsgrundlagen wird aber durch eine „Aufspaltung" der Rechtsakte untergraben. Daher spricht Vieles dafür, dass die Regelungsmaterie in solchen Fällen eben auf zwei unterschiedliche Rechtsakte aufzuteilen ist, so dann tatsächlich für einen bestimmten, offenbar abtrennbaren Teil eines Rechtsakts eine andere Rechtsgrundlage als für die sonstigen Teile des Rechtsakts aufgrund eines anderen überwiegenden Schwerpunkts einschlägig ist. Gerade dies trifft aber nach dem Gesagten für die genannten Artikel nicht zu: Denn diese betreffen gerade die Nachhaltigkeitsanforderungen an den Anbau von Biomasse, eine Regelungsmaterie, deren Schwerpunkt m.E. klar im Bereich des Klima- und damit Umweltschutzes liegt, so dass Art. 192 Abs. 1 AEUV einschlägig ist: Zwar betrifft der Rechtsakt – aufgrund des Regelungsgegenstandes, nämlich die Formulierung von Anforderungen an Energie in Form von Biokraftstoffen und flüssigen Biobrennstoffen bzw. ihre Herstellung, soweit die Anrechnung als erneuerbare Energie betroffen ist – durchaus auch den Binnenmarkt und übrigens auch den Außenhandel (da auch eingeführte Rohstoffe erfasst sind); jedoch beruhen die diesbezüglichen Regelungen in der Richtlinie praktisch ausschließlich auf umweltpolitischen Zielsetzungen bzw. die hiermit verbundene Regelung des Binnenmarkts und des Handels (und übrigens auch deren Beschränkung) wurde nur im Hinblick auf die Verfolgung umweltpolitischer Zielsetzungen erlassen. Damit liegt der Schwerpunkt der Maßnahme aber im umweltpolitischen Bereich, wenn auch sein Gegenstand auch den Binnenmarkt bzw. den Außenhandel betrifft. Denn im Falle einer klar dominanten bzw. in diesem Fall wohl gar alleinigen umweltpolitischen Zielsetzung eines Rechtsakts bzw. bestimmter seiner Bestimmungen ändert der Gegenstand einer Maßnahme nichts an dem darin zum Ausdruck gekommenen objektiven Schwerpunkt der Maßnahme.[98] Weiter ist darauf hinzuweisen, dass die Richtlinie gerade nicht primär bezweckt, den freien Verkehr von Biokraftstoffen und flüssigen Brennstoffen innerhalb der Union zu verwirklichen, sondern vielmehr, ihn soweit zu reglementieren und damit auch zu beschränken, wie dies zur Verwirklichung der umweltpolitischen Zielsetzungen notwendig ist. M.a.W. geht es letztlich darum, die Gründe für eine nur beschränkte Anrechenbarkeit der Verwendung von Biokraftstoffen und flüssigen Brennstoffen auf die „Quote" zu harmonisieren, nicht hingegen um eine Erleichterung der Zirkulation dieser Produkte, so dass deren Auswirkungen eigentlich nur einen „Reflex" der Verwirklichung der umweltpolitischen Zielsetzungen darstellen.[99]

Festzuhalten ist damit, dass – ausgehend von dem Umstand, dass Doppelabstützungen grundsätzlich zu vermeiden sind bzw. die absolute Ausnahme darstellen sollen – für die Bestimmung der Rechtsgrundlage eines Rechtsakts sein **sachlicher Schwerpunkt** entscheidend ist, der wiederum auf der Grundlage seines **Inhalts und Ziels** zu ermitteln ist. Die Berücksichtigung des materiellen Regelungsgehalts und damit der objektiven Sachnähe einerseits und der objektiv erkennbaren Zielsetzungen andererseits ermöglicht eine umfassende Würdigung von Inhalt und Bedeutung einer Maßnahme, wenn auch nicht zu verkennen ist, dass diese Kriterien notwendigerweise etwas offen bleiben und nicht alle Abgrenzungsprobleme durch generell-abstrakt anwendbare Grundsätze ausgeräumt werden können.

Letztlich wird also auf dieser Grundlage eine **umfassende Betrachtung von Regelungsgegenstand und Ziel** des betroffenen Rechtsaktes notwendig. Dieser Ansatz bringt es zwar mit sich, dass die Abgrenzung der verschiedenen Kompetenzgrundlagen im Einzelfall schwierig und erheblichen Unsicherheiten ausgesetzt sein kann, so dass die einschlägige Handlungsermächtigung häufig nicht eindeutig bestimmbar sein wird; gleichwohl kann nur auf diese Weise dem grundsätzlich gleichberechtigten Verhältnis der verschiedenen Rechtsgrundlagen Rechnung getragen werden.

---

97 Vgl. auch die kritischen Bemerkungen in dieser Hinsicht bei *Kahl*, NVwZ 2009, 265 (267 f.); *Kahl*, FS Scheuing, 92 (103 f.), der zutreffend darauf hinweist, dass es zwar nicht schlüssig sei, lediglich einige wenige Artikel auf eine andere Rechtsgrundlage zu stützen, sei diesfalls doch davon auszugehen, dass ein Schwerpunkt des Rechtsakts durchaus festgestellt werden könne, so dass letztlich dann eben doch der Anwendungsbereich des Art. 193 AEUV eingeschränkt werden könnte.
98 Vgl. insoweit auch EuGH, Rs. C-187/93 (Parlament/Rat), Slg. 1994, I-2875; EuGH, Rs. C-411/06 (Kommission/EP und Rat), Slg. 2009, I-7585, jeweils in Bezug auf die Regelung der Abfallverbringung.
99 Vgl. insoweit auch die Ausführungen in EuGH, Rs. C-187/93 (EP/Rat), Slg. 1994, I-2857, Ziff. 24 ff.

14 Auch wenn auf der Grundlage dieser Sicht im Ergebnis jeder einzelne Rechtsakt im Hinblick auf Regelungsgehalt und Zielsetzungen zu untersuchen ist, können unter Rückgriff auf ihre Prämissen und auf die Systematik des Vertrages einige **Anhaltspunkte für die Ermittlung des „Gravitationszentrums"** einer Maßnahme entwickelt werden:

- Allein die (isolierte) Bezugnahme auf den Umstand, dass ein bestimmter Rechtsakt die den Unternehmen anfallenden **(Produktions-) Kosten** beeinflusst, vermag nicht die Heranziehung des Art. 114 Abs. 1 AEUV zu rechtfertigen,[100] entfalten doch fast alle umweltpolitischen Maßnahmen in irgendeiner Form Rückwirkungen auf die unternehmerischen Unkosten.
- Für die Bestimmung des Anwendungsbereichs des Art. 114 Abs. 1 AEUV kann aber der Zusammenhang dieser Vorschrift mit der Garantie der **Grundfreiheiten**, wobei im Rahmen des Umweltschutzes insbesondere Art. 34 ff. AEUV von Bedeutung sind, fruchtbar gemacht werden: Die Rechtsangleichung nach Art. 114 Abs. 1 AEUV muss ja der Verwirklichung des Binnenmarktes dienen, dessen Kernelement die tatsächliche Garantie der Grundfreiheiten ist. Über den Erlass von Unionsvorschriften sollen also diejenigen Beschränkungen der Grundfreiheiten abgebaut werden, denen nicht allein durch die Heranziehung der unmittelbar wirksamen Grundfreiheiten begegnet werden kann. Dann aber liegt es nahe, in den Fällen, in denen die zu erlassende Unionsmaßnahme als nationale Regel grundsätzlich gegen den Tatbestand des Art. 34 AEUV verstieße, aber nach Art. 36 AEUV oder wegen des Vorliegens zwingender Erfordernisse[101] des Allgemeinwohls gerechtfertigt wäre, in der Regel auf Art. 114 Abs. 1 AEUV zurückzugreifen. Denn unter dieser Voraussetzung ist ein unmittelbarer, enger Zusammenhang mit der Verwirklichung des Binnenmarktes gegeben, so dass der Schwerpunkt der Maßnahme im Zweifel hier anzusiedeln ist.
- Soweit es um die Abgrenzung der Art. 114 Abs. 1 und insbesondere des Art. 192 AEUV zu Kompetenzgrundlagen spezifischer Politikbereiche geht, ist bei der Bestimmung des Schwerpunktes einer Maßnahme auch ihre Rolle für die **Definition und Durchführung der entsprechenden Politik** zu berücksichtigen. Sobald nämlich ein bestimmter Sekundärrechtsakt als integraler Bestandteil des betroffenen Politikbereichs angesehen werden kann bzw. muss, ist er auf die einschlägige spezifische Handlungsermächtigung zu stützen. Unter dieser Voraussetzung prägt und bestimmt er die Konzeption des betreffenden Politikbereichs mit, so dass sein Schwerpunkt auf jeden Fall hier anzusiedeln ist, auch wenn er letztlich in erster Linie auf umweltpolitischen Erwägungen beruhen sollte. Wenn nämlich in den verschiedenen Politikbereichen spezifische Kompetenzgrundlagen eingeführt wurden, ist dies sicherlich auch vor dem Hintergrund zu sehen, dass es dem Unionsgesetzgeber auf ihrer Grundlage[102] ermöglicht wird, kohärente und zusammenhängende Konzepte zu verwirklichen.[103]

Die Ausgestaltung der **Verfahren** in den verschiedenen Rechtsgrundlagen dagegen darf bei ihrer Wahl grundsätzlich keine Rolle spielen.[104]

In diese Richtung gehenden Aussagen des EuGH in der *Titandioxid*-Entscheidung,[105] die insbesondere auch auf eine möglichst weitgehende Verwirklichung des Demokratieprinzips Wert gelegt hatte, kann daher insoweit nicht zugestimmt werden.[106] Der EuGH hat seine Praxis inzwischen auch geändert: So

---

100 In diese Richtung aber i. Erg. EuGH, Rs. C-300/89 (Kommission/Rat), Slg. 1991, I-2867, Ziff. 11 ff., wobei dieses Urteil aber durch die Folgerechtsprechung wohl überholt sein dürfte.
101 Hierzu in unserem Zusammenhang unten 5. Kap. Rn. 67 ff.
102 Also insbesondere in der Regel unter Rückgriff auf parallele Verfahren.
103 In Bezug auf das Verhältnis der Art. 114 Abs. 1, 192 AEUV kann dieser Ansatz jedoch schon deshalb nicht herangezogen werden, weil es hier um „Querschnittskompetenzen" geht, die eben nicht auf einen bestimmten Sachbereich begrenzt sind, sondern deren Reichweite sich aus der angestrebten Zielverwirklichung erschließt.
104 I. Erg. ebenso, m.w.N., *Meßerschmidt*, Europäisches Umweltrecht, § 2, Rn. 135.
105 EuGH, Rs. C-300/89 (Kommission/Rat), Slg. 1991, I-2867, Ziff. 20, 23.
106 Hierzu *Schröer*, EuR 1991, 356 ff.; *Epiney*, JZ 1992, 564 (568 f.); *Everling*, EuR 1991, 179 ff. In diesem Urteil sind auch noch andere Aussagen in Bezug auf die bei der Wahl der einschlägigen Rechtsgrundlage heranzuziehenden Kriterien zumindest missverständlich: So vermag der Hinweis auf die Querschnittsklausel (heute Art. 11 AEUV) und die Verpflichtung des Art. 114 Abs. 3 AEUV, von einem hohen Umweltschutzniveau auszu-

4. Kapitel Rechtsgrundlagen der Umweltpolitik der Europäischen Union

untersuchte er in der Rs. C-155/91,[107] wo der inhaltliche Schwerpunkt der RL 91/156/EWG zur Änderung der Richtlinie 75/442/EWG über Abfälle[108] liege und kam nach eingehender Analyse zu dem Schluss, dass dieser Rechtsakt sachlich in erster Linie umweltschutzpolitische Ziele zum Gegenstand habe und verfolge, während die Harmonisierung von Wettbewerbsbedingungen nur „nebenbei" bewirkt werde. Ähnlich argumentierte der Gerichtshof in der Rs. C-187/93 bezüglich der Verordnung 259/93/EWG zur Überwachung und Kontrolle der Verbringung von Abfällen in der, in die und aus der Europäischen Gemeinschaft:[109] Die fragliche Verordnung bezwecke in erster Linie die Erhaltung, den Schutz und die Verbesserung der Umwelt sowie den Schutz der menschlichen Gesundheit.[110] Auf Aspekte des Demokratieprinzips nahm er in nachfolgenden Entscheidungen in diesem Zusammenhang keinen Bezug mehr. Im Übrigen ist darauf hinzuweisen, dass diese Frage zwar aufgrund der Generalisierung des ordentlichen Gesetzgebungsverfahrens an Bedeutung verloren hat, aber gleichwohl immer noch dann relevant sein kann bzw. könnte, wenn in einer Rechtsgrundlage (wie in Art. 192 Abs. 1, 2 AEUV) für bestimmte (sensible) Bereiche ein abweichendes Verfahren (Einstimmigkeit sowie lediglich Anhörung des Parlaments) vorgesehen ist.

II. Konkretisierung für den Bereich des Umweltrechts: vier Fallgruppen

Auch wenn – aufgrund der dargestellten letztlichen Maßgeblichkeit von Ziel und Inhalt einer bestimmten Maßnahme – die für einen umweltpolitischen Rechtsakt heranzuziehende Rechtsgrundlage für jeden Einzelfall auf der Grundlage der dargestellten Prinzipien bestimmt werden muss, erlauben doch die soeben entwickelten Grundsätze die Bildung von **Fallgruppen**, welche die verschiedenen denkbaren umweltpolitischen Maßnahmen im Hinblick auf die einschlägigen Rechtsgrundlagen erfassen und Anhaltspunkte für ihre Bestimmung zur Verfügung stellen können.[111]

1. Produktbezogene Maßnahmen

„Produktnormen" stellen bestimmte **Qualitätsanforderungen an Produkte**, wobei sie sich sowohl auf die Zusammensetzung als auch auf die Gestaltung (z.B. über Kennzeichnungsvorschriften) beziehen können.[112] Von Bedeutung ist im Zusammenhang mit der einschlägigen Rechtsgrundlage, dass Produkte grenzüberschreitend bewegt werden können, womit derartige Vorschriften einen Bezug zum freien Warenverkehr aufweisen. Auch könnten entsprechende nationale Vorschriften, die regelmäßig vom Tatbestand des Art. 34 AEUV erfasst wären, durch zwingende Erfordernisse des Allgemeinwohls gerechtfertigt sein, vorausgesetzt, sie entsprechen den Anforderungen des Verhältnismäßigkeitsgrundsatzes.[113] Daher wird für den **Erlass produktbezogener Maßnahmen** in aller Regel **Art. 114 Abs. 1 AEUV** heranzuziehen sein, denn letztlich geht es hier in jedem Fall darum, durch die Harmonisierung von Produktnormen den freien Warenverkehr zu verwirklichen, ein Aspekt, der bei solchen Maßnahmen angesichts ihrer Wirkung regelmäßig im Vordergrund stehen dürfte, so dass ihr Schwerpunkt grundsätzlich eher in diesem Bereich anzusiedeln sein wird.

---

gehen, in diesem Zusammenhang nicht weiterzuhelfen. Denn auch wenn man aus diesen Vorschriften sicherlich schließen kann, dass Art. 192 AEUV nicht die einzige Rechtsgrundlage für umweltpolitische Maßnahmen darstellt, können ihnen doch keinerlei Anhaltspunkte darüber entnommen werden, auf welche Weise denn nun die Anwendungsbereiche der verschiedenen in Betracht zu ziehenden Kompetenzgrundlagen voneinander abzugrenzen sind, vgl. hierzu schon *Epiney*, JZ 1992, 564 (569).

107 EuGH, Rs. C-155/91 (Kommission/Rat), Slg. 1993, I-939, Ziff. 7 ff.
108 ABl. 1991 L 78, 32.
109 EuGH, Rs. C-187/93 (Parlament/Rat), Slg. 1994, I-2857, Ziff. 17 ff.
110 S. in Bezug auf die Nachfolgeverordnung auch EuGH, Rs. C-411/06 (Kommission/EP und Rat), Slg. 2009, I-7585.
111 Vgl. auch die Typisierung bei *Meßerschmidt*, Europäisches Umweltrecht, § 2, Rn. 133, die in eine ähnliche Richtung geht. S. auch Schulze/Zuleeg/Kadelbach-*Krämer/Winter*, Europarecht, § 26, Rn. 12 ff.; *Krämer*, Droit de l'environnement de l'UE, 37 f.; Streinz-*Kahl*, EUV/AEUV, Art. 192, Rn. 95 ff.
112 Vgl. etwa *Middeke*, Nationaler Umweltschutz, 83 f.; *Pernice*, Verw 1989, 1 (7); *Becker*, Gestaltungsspielraum der EG-Mitgliedstaaten, 28.
113 Ausführlich hierzu unten 5. Kap. Rn. 67 ff.

17 Allerdings können auch **produktbezogene Regelungen vorwiegend umweltpolitische Ziele** zum Gegenstand haben, so dass die Harmonisierung von Produktstandards an sich keine oder eine eher untergeordnete Rolle spielt. Mitunter geht es bei manchen produktbezogenen Anforderungen auch nicht in erster Linie um die Verwirklichung des Binnenmarktes im Sinne der Sicherstellung der „Produktzirkulation", sondern – im Gegenteil – eher darum, den freien Warenverkehr aufgrund umweltpolitischer Erwägungen einzuschränken. Ausgehend von der grundsätzlichen Gleichrangigkeit der Art. 114 Abs. 1, Art. 192 AEUV und in Anwendung der entwickelten Abgrenzungskriterien sind solche Maßnahmen auf **Art. 192 AEUV** zu stützen, steht doch die Verfolgung umweltpolitischer Zielsetzungen im Vordergrund, so dass der Schwerpunkt derartiger Maßnahmen im Anwendungsbereich des Art. 192 AEUV liegt.[114]

So werden etwa Richtlinien über Emissionsgrenzwerte von Kraftfahrzeugen[115] regelmäßig auf Art. 114 Abs. 1 AEUV gestützt. Ebenfalls in diesem Zusammenhang zu erwähnen ist die RL 2001/18 über die absichtliche Freisetzung genetisch veränderter Organismen in die Umwelt, die angesichts ihrer überwiegenden binnenmarktorientierten Ausrichtung auf Art. 114 Abs. 1 AEUV gestützt wurde. Gleiches gilt für die sog. Ökodesign-Richtlinie (RL 2009/125) und die REACH-Verordnung (VO 1907/2006). Produktstandards finden sich aber auch in auf Art. 192 AEUV gestützten Rechtsakten, was auf den umweltpolitischen Schwerpunkt dieser Rechtsakte zurückzuführen ist. Beispiele hierfür sind die schon erwähnte Abfallverbringungsverordnung (VO 1013/2006), die VO 1005/2009 über Stoffe, die zu einem Abbau der Ozonschicht führen, aber auch – insofern als Ausnahme zum erwähnten Grundsatz der Abstützung von Kraftfahrzeugen betreffenden Produktnormen auf Art. 114 Abs. 1 AEUV – die VO 443/2009 zur Festsetzung von Emissionsnormen für neue Personenkraftwagen im Rahmen des Gesamtkonzepts der Gemeinschaft zur Verringerung der CO_2-Emissionen von Personenkraftwagen und leichten Nutzfahrzeugen.[116]

18 Neben den beiden genannten Kompetenzgrundlagen kommen auch die in **spezifischen Politikbereichen enthaltenen Handlungsermächtigungen** in Betracht. Diese werden jedenfalls immer dann heranzuziehen sein, wenn eine bestimmte Maßnahme einen integralen Bestandteil der Verfolgung einer bestimmten Politik darstellt, auch wenn umweltpolitische Ziele (mit-) verfolgt werden. Entscheidend muss hier der Sachzusammenhang mit der entsprechenden Politik sein. Allerdings wird der untrennbare Zusammenhang mit einer bestimmten Politik bei produktbezogenen Maßnahmen häufig nicht zwingend vorliegen.

So hat der Schadstoffausstoß von Kraftfahrzeugen nicht notwendigerweise direkte Rückwirkungen auf die Ausgestaltung der Gemeinsamen Verkehrspolitik, so dass auch hier insbesondere Art. 114 Abs. 1 AEUV zum Zuge kommen kann. Hingegen beruht die RL 92/106 über den kombinierten Verkehr[117] zwar in erster Linie auf umweltpolitischen Gesichtspunkten; die Ausgestaltung des kombinierten Verkehrs bestimmt jedoch entscheidend die Art der Verkehrsinfrastruktur, so dass diese Maßnahme als integraler Bestandteil der Gemeinsamen Verkehrspolitik anzusehen und ihr Schwerpunkt daher in diesem Bereich anzusiedeln ist. Dagegen fehlte dieser „untrennbare" Zusammenhang z.B. bei einer EU-weiten Einführung von Geschwindigkeitsbegrenzungen auf Autobahnen.[118] Mitunter werden auch – wie bei der VO 1107/2009 über das Inverkehrbringen von Pflanzenschutzmitteln, die auf Art. 43, 168 und 114 Abs. 1 AEUV gestützt wurde – sowohl

---

114 So wohl auch der EuGH, jedenfalls in Bezug auf die Abgrenzung von Art. 207 und 192 AEUV, vgl. EuGH, Gutachten 2/00 (Cartagena-Protokoll), Slg. 2001, I-9713; ebenso *Breier*, RIW 1994, 584 (585); *Breier*, EuR 1993, 243 (259); kritisch im Zusammenhang mit den Außenkompetenzen aber *Schwarz*, ZEuS 2003 (4. Kap. E.II.), 51 (65 ff.); *Herrmann*, NVwZ 2002, 1168 (1173 f.), die verstärkt auf den handelsrechtlichen Charakter abstellen wollen und Art. 207 AEUV (bzw. die Vorgängernorm) letztlich immer dann zum Zuge kommen lassen wollen, wenn ein produktbezogener und handelsregelnder Charakter der jeweiligen Abkommens bejaht werden kann. Auch in Bezug auf die Abgrenzung von Art. 114 Abs. 1 AEUV und Art. 192 AEUV folgte der Gerichtshof diesem Ansatz, so als er Art. 192 Abs. 1 AEUV als (einzige) zutreffende Rechtsgrundlage für den Erlass der Abfallverbringungsverordnung (VO 1013/2006) ansah, vgl. EuGH, Rs. C-411/06 (Kommission/EP und Rat), Slg. 2009, I-7585; s. auch schon EuGH, Rs. C-155/91 (Kommission/Rat), Slg. 1993, I-939.
115 S. z.B. RL 2002/51 zur Verminderung der Schadstoffemissionen von zweirädrigen und dreirädrigen Kraftfahrzeugen, ABl. 2002 L 252, 20.
116 ABl. 2009 L 140, 1.
117 ABl. 1992 L 368, 38.
118 Vgl. den entsprechenden Vorschlag der Kommission, ABl. 1989 C 33, 9. Zur Kompetenzproblematik in diesem Zusammenhang *Lütkes*, EuZW 1991, 277 ff.

4. Kapitel Rechtsgrundlagen der Umweltpolitik der Europäischen Union

Rechtsgrundlagen in spezifischen Politikbereichen als auch Art. 114 Abs. 1 AEUV herangezogen, was angesichts des Ausnahmecharakters solcher Doppelabstützungen[119] kaum überzeugt.

Insgesamt stellt sich damit die Abgrenzung der Rechtsgrundlagen bei produktbezogenen Maßnahmen trotz der „Vermutung", dass der Schwerpunkt solcher Maßnahmen grundsätzlich auf der Verwirklichung des Binnenmarktes liegt, durchaus als schwierig dar, und die Praxis der Unionsorgane dürfte mehr und mehr dazu neigen, bei vorwiegend umweltpolitisch motivierten Produktnormen – trotz des gleichwohl vorhandenen starken Binnenmarktbezugs – eher Art. 192 Abs. 1 AEUV heranzuziehen, ohne dass dieser Ansatz jedoch durchgehend verfolgt wird. 19

2. Produktionsbezogene Maßnahmen

Normen, die sich auf die Art und Weise der Herstellung von Produkten beziehen bzw. die für den Betrieb bestimmter Anlagen Standards aufstellen (**produktions- oder anlagenbezogene Normen**[120]), sind je nach ihrem **Schwerpunkt** in der Regel auf **Art. 114 Abs. 1 AEUV oder Art. 192 AEUV** zu stützen. Das entscheidende Kriterium zur Ermittlung der Sachnähe der betreffenden Regelung dürfte in dem Bezug der Maßnahme zu dem Abbau von ggf. vorhandenen Wettbewerbsbeeinträchtigungen zu sehen sein: Je unmittelbarer eine Maßnahme (zumindest auch) zum Abbau von Wettbewerbsbehinderungen geeignet und (nach ihrem objektiven Inhalt) bestimmt ist, desto eher dürfte Art. 114 Abs. 1 AEUV heranzuziehen sein. 20

Ein Beispiel in diesem Zusammenhang ist die RL 2009/41 über die Anwendung gentechnisch veränderter Mikroorganismen in geschlossenen Systemen, die anlagenbezogene Standards für den Umgang mit derartigen Organismen aufstellt und angesichts der überwiegenden umweltpolitischen Zielsetzungen zu Recht auf Art. 192 AEUV gestützt wurde. Auch die neue IVU-Richtlinie (RL 2010/75 über Industrieemissionen) fand ihre Grundlage wegen ihres umweltpolitischen Schwerpunkts zu Recht in Art. 192 AEUV.

Darüber hinaus können aber auch **Handlungsermächtigungen spezieller Politikbereiche** herangezogen werden; allerdings können diese – im Falle einer dominierenden umweltpolitischen Zielsetzung – nur unter der Voraussetzung einschlägig sein, dass sie als integrale Bestandteile einer bestimmten Politik anzusehen sind. 21

3. Genuin umweltschützende Vorschriften, einschließlich Umweltqualitätsstandards

Genuin umweltschützende Vorschriften,[121] wie etwa Maßnahmen des Artenschutzes oder allgemein dem Schutz von Fauna und Flora dienende Regelungen,[122] sind auf Art. 192 Abs. 1 AEUV zu stützen, fehlt doch für die Einschlägigkeit des Art. 114 Abs. 1 AEUV der notwendige Binnenmarktbezug. Vielmehr dienen sie ausschließlich der Verwirklichung der in Art. 191 Abs. 1 AEUV aufgeführten Ziele. 22

Aber auch **Umweltqualitätsstandards**, die Immissionswerte für bestimmte Stoffe festlegen, sind auf der Grundlage von Art. 192 AEUV zu erlassen. Denn sie sind regelmäßig am Schutz der menschlichen Gesundheit und/oder der natürlichen Umwelt ausgerichtet, so dass sie meist in erster Linie umweltpolitische Zielsetzungen verfolgen; binnenmarktrelevante Bereiche berühren 23

---

119 Oben 4. Kap. Rn. 9 ff.
120 Zum Begriff *Epiney/Möllers*, Freier Warenverkehr und nationaler Umweltschutz, 28; *Middeke*, Nationaler Umweltschutz, 84 ff.
121 Dies sind solche Vorschriften, die weder produkt-, noch anlage- oder standortbezogen sind und den Schutz von Umweltmedien zum Gegenstand haben.
122 Als Beispiel auf Unionsebene sind etwa die RL 2009/147 („Vogelschutzrichtlinie") und die RL 92/43 („Habitatrichtlinie") zu nennen. Hierzu unten 9. Kap. Rn. 54 ff.

sie nicht.¹²³ Daran ändert dann auch der Umstand nichts, dass sie (indirekt) die Mitgliedstaaten dazu veranlassen bzw. verpflichten können, bestimmte wettbewerbsrelevante Maßnahmen gegen Unternehmen, also etwa Emissionsnormen, zu erlassen. Beispiele auf Unionsebene gibt es in erster Linie auf den Gebieten des Schutzes der Luft und der Gewässer vor Verschmutzungen.¹²⁴

4. Bereichsübergreifende allgemeine Maßnahmen

24 Schließlich gibt es auch noch solche Maßnahmen, die keinem spezifischen Schutzgut dienen bzw. die nicht auf ein bestimmtes Produkt oder eine bestimmte Produktionstätigkeit bezogen sind, sondern die **bereichsübergreifend** insbesondere über die Beachtung spezifischer Verfahren insgesamt auf die Verminderung von Umweltbelastungen abzielen oder aber durch allgemeine, d.h. produkt- und produktionsunabhängige Maßnahmen in spezifischen Politikbereichen umweltpolitische Ziele verfolgen. Für solche Maßnahmen wird in aller Regel **Art. 192 AEUV** heranzuziehen sein, geht es doch weder um die Beseitigung bestehender Hindernisse für die Verwirklichung der Grundfreiheiten noch in erster Linie um die Herstellung unverfälschter Wettbewerbsbedingungen, sondern zur Debatte stehen gerade zusätzliche Maßnahmen mit eigenem Charakter und eigenen Zielsetzungen auf dem Gebiet der Umweltpolitik.

Beispiele in diesem Zusammenhang sind die VO 66/2010 über das EU-Umweltzeichen, die RL 2003/4/EG über den freien Zugang zu Informationen über die Umwelt, die UVP-Richtlinie (RL 2011/92 über die Umweltverträglichkeitsprüfungen bei bestimmten öffentlichen und privaten Projekten) oder die sog. EMAS-Verordnung (VO 1221/2009 über die freiwillige Beteiligung von Organisationen an einem Gemeinschaftsprüfungssystem für das Umweltmanagement und die Umweltbetriebsprüfung).¹²⁵

25 Während also Art. 114 Abs. 1 AEUV in diesem Zusammenhang keine große Rolle spielen wird, ist es durchaus in gewissen besonderen Fallgestaltungen denkbar, dass in diese Fallgruppe einzuordnende Maßnahmen Bestandteile spezifischer Politiken sind, so dass die entsprechenden Handlungsermächtigungen zum Zuge kämen. Denken könnte man hier etwa an Rechtsakte, die die Nutzung des Bodens im Agrarbereich betreffen. Hier wäre Art. 43 Abs. 2 AEUV heranzuziehen.

C. Außenkompetenzen

26 Ebenso wie in anderen Bereichen ihrer Zuständigkeit kann die Union auf dem Gebiet der Umweltpolitik nicht nur intern, sondern auch auf **völkerrechtlicher Ebene** tätig werden.¹²⁶ Angesichts des grenzüberschreitenden und globalen Charakters umweltpolitischer Problemstellungen – hingewiesen sei nur auf Luft- oder Gewässerverschmutzungen und die Erhaltung der klimatischen Bedingungen – sind die internationale Zusammenarbeit und damit Aktivitäten der

---

123 A.A. allerdings *Pernice*, Verw 1989, 1 (22), mit dem Argument, auch Immissionsstandards hätten eine gewisse Wettbewerbsrelevanz, was jedoch insofern nicht überzeugt, als diese nicht auf den Immissionsgrenzwerten selbst beruht, sondern erst im Gefolge zusätzlicher Maßnahmen – die dann auch (von den Mitgliedstaaten) noch erlassen werden müssen – entsteht. Zudem müssten auf der Grundlage dieses Ansatzes letztlich alle umweltpolitischen Maßnahmen auf Art. 114 Abs. 1 AEUV gestützt werden, was der Gleichrangigkeit der verschiedenen Rechtsgrundlagen nicht Rechnung trüge. I. Erg. wie hier auch schon *Grabitz/Zacker*, NVwZ 1989, 297 (302); *Scheuing*, EuR 1989, 152 (186).
124 S. hierzu unten 7. Kap. Rn. 6 ff., Rn. 131 ff.
125 Zu diesen Maßnahmen unten 6. Kap.
126 Aus völkerrechtlicher Sicht setzt dies natürlich die Völkerrechtssubjektivität der Union voraus, die aufgrund von Art. 47 AEUV und der diesbezüglichen allgemeinen Anerkennung durch die Staatengemeinschaft gegeben ist, vgl. EuGH, Rs. C-327/91 (Frankreich/Kommission), Slg. 1994, I-3641, Ziff. 24; v. *Horstig*, Die EG als Partei internationaler Umweltabkommen, 9; *Heintschel von Heinegg*, EUDUR I, § 22, Rz. 9 ff.; *Klein/Kimms*, UTR 1996, 53 (58 f.); Calliess/Ruffert-*Ruffert*, EUV/AEUV, Art. 47 EUV, Rn. 7.

4. Kapitel Rechtsgrundlagen der Umweltpolitik der Europäischen Union 4

Union auf völkerrechtlicher Ebene sowohl aus ökologischen[127] als auch aus ökonomischen[128] Erwägungen ebenso sinnvoll wie notwendig.[129]

Von besonderem Interesse[130] sind hier die Kompetenzen der Union zum Abschluss völkerrechtlicher Abkommen.[131] Art. 191 Abs. 4 AEUV erwähnt ausdrücklich die Zusammenarbeit der Union und ihrer Mitgliedstaaten auf internationaler Ebene und im Rahmen internationaler Organisationen. In dieser Vorschrift wird sodann auf die Befugnisse der Union verwiesen, und in UAbs. 2 werden die den Mitgliedstaaten verbleibenden Kompetenzen betont. Schließen kann man daraus nur, dass auf dem Gebiet der Umweltpolitik die **allgemeinen Grundsätze der Kompetenzverteilung** zwischen der Union und ihren Mitgliedstaaten im Bereich der völkerrechtlichen Vertragsschlussbefugnisse Anwendung finden sollen.

27

Ausgehend von der inzwischen immer mehr ausdifferenzierten Rechtsprechung,[132] der Erörterung des Problemkreises in der Literatur[133] sowie der nunmehr durch den Vertrag von Lissabon erfolgten Verankerung der Grundsätze der Kompetenzverteilung im Außenbereich im Vertrag (Art. 3 Abs. 2 EUV, Art. 216 AEUV) – die teilweise als „verunglückt" bezeichnet wird[134] und durchaus Fragen aufwirft[135] – können die **Prinzipien der Kompetenzverteilung zwischen der Union und ihren Mitgliedstaaten im Bereich der Außenbeziehungen** (unter Einschluss des Vertragsabschlussverfahrens und der für die Durchführung zum Zuge kommenden Grundsätze) durch folgende Punkte zusammengefasst werden:

28

- Die grundsätzliche **Existenz einer Kompetenz der EU zum Abschluss völkerrechtlicher Verträge** ergibt sich einerseits aus den wenigen **ausdrücklichen vertraglichen Grundlagen** (wobei Art. 207 AEUV für Zoll- und Handelsabkommen und Art. 217 AEUV für Assoziierungsabkommen besondere Bedeutung zukommt),[136] andererseits aus den zunächst durch die sog. AETR-Rechtsprechung[137] entwickelten und heute in **Art. 216 Abs. 1 AEUV** ausdrücklich

---

127 Eine EU-Umweltpolitik, die den Außenbereich aussparte, wäre notwendigerweise fragmentarisch, könnten doch einige wichtige Problemstellungen nicht erfasst werden, und damit letztlich (teilweise) ineffektiv.
128 Entfalten doch umweltpolitische Normen häufig Auswirkungen auf die Wettbewerbssituation der Wirtschaftsteilnehmer.
129 Vgl. hierzu m.w.N. *Schröer*, Kompetenzverteilung, 269 ff. Er weist darüber hinaus noch auf die integrationspolitischen Erfordernisse hin, da bei einer Untätigkeit der Union im Außenbereich jeder Mitgliedstaat isoliert handelte, womit die Gefahr unkoordinierten Handelns und damit die Beeinträchtigung der Integration einhergingе.
130 Nicht eingegangen soll hier hingegen auf das Umweltvölkerrecht selbst sowie die welthandelsrechtlichen Schranken des EU-Umweltrechts. Vgl. zu beiden Aspekten den Überblick, m.w.N., bei *Meßerschmidt*, Europäisches Umweltrecht, § 2, Rn. 12 ff., 39 ff.
131 Der Union kommt nämlich sicherlich eine Kompetenz zur „Förderung von Maßnahmen auf internationaler Ebene zur Bewältigung regionaler oder globaler Umweltprobleme" (Art. 191 Abs. 14. Spiegelstrich) zu, s. *Epiney/Furrer*, EuR 1992, 369 (382). Als Völkerrechtssubjekt ist die EU aus völkerrechtlicher Sicht jedenfalls befugt, im Rahmen ihrer Kompetenzen völkerrechtliche Verträge abzuschließen, EuGH, Rs. 22/70 (Kommission/Rat), Slg. 1971, 263, Ziff. 13/14; EuGH, verb. Rs. 3, 4, 6/76 (Kramer), Slg. 1976, 1279, Ziff. 17/18; *Epiney*, EuZW 1999, 5 ff.; *Kaddous*, Le droit des relations extérieures, 133 f.
132 Vgl. grundlegend EuGH, Rs. 22/70 (Kommission/Rat), Slg. 1971, 263 (274); EuGH, Rs. 3, 4, 6/76 (Kramer), Slg. 1976, 1279, Ziff. 30/33; Gutachten 1/76 (Stilllegungsfonds für die Binnenschifffahrt), Slg. 1977, 741, Ziff. 3 f.; s. sodann insbesondere EuGH, Gutachten 2/91 (ILO), Slg. 1993, I-1061; EuGH, Gutachten 1/94 (WTO), Slg. 1994, I-5267; EuGH, Gutachten 2/92 (OECD), Slg. 1995, I-521; EuGH, Gutachten 2/00 (Protokoll von Cartagena), Slg. 2001, I-9713; EuGH, Rs. C-466/98 u.a. (open skies-Abkommen), Slg. 2002, I-9427ff.
133 Vgl. bereits *Epiney/Gross*, UTR 2004, 27 (28 ff.) und die dort angegebene Literatur (28, Fn. 2); s. sodann z.B. *Georgopoulos*, ELR 2005, 190 ff.; *Klamert/Maydell*, EuR 2008, 589 ff.; *van Vooren*, European Foreign Affairs Review 2009, 7 ff.
134 S. z.B. Oppermann/Classen/Nettesheim-*Nettesheim*, Europarecht, § 38, Rn. 25 in Bezug auf die ausschließlichen Kompetenzen; in Bezug auf Art. 216 AEUV spricht er bei der vierten Alternative davon, dass deren Formulierung „sprachlich missglückt" sei. Vgl. ebd., Rn. 18.
135 Vgl. zusammenfassend etwa Calliess/Ruffert-*Schmalenbach*, EUV/AEUV, Art. 216, Rn. 8 ff.
136 Die Verträge enthalten aber auch noch weitere ausdrückliche Außenkompetenzen, so etwa in Art. 79 AEUV (Einwanderung) oder der Entwicklungszusammenarbeit (Art. 209 AEUV).
137 EuGH, Rs. 22/70 (AETR), Slg. 1971, 263, sowie aus der Folgerechtsprechung in erster Linie EuGH, Gutachten

verankerten **impliziten Kompetenzzuweisungen,** die sich aus der Existenz von Kompetenzen im Innenbereich ergeben. Der Vertrag von Lissabon differenziert die zuletzt genannte Kategorie durch verschiedene Untergruppen: Nach Art. 216 Abs. 1 AEUV besteht eine Außenkompetenz der Union, wenn der Abschluss des betreffenden völkerrechtlichen Vertrages zur Verwirklichung einer der Zielsetzungen der Verträge erforderlich ist (erste Alternative), in einem verbindlichen Rechtsakt der Union vorgesehen ist (zweite Alternative) oder gemeinsame Vorschriften beeinträchtigen (dritte Alternative) oder deren Anwendungsbereich ändern könnte (vierte Alternative). Vieles spricht dafür, dass auf diese Weise die Rechtsprechung des EuGH kodifiziert werden sollte, wobei aber diesbezüglich durchaus noch Fragen offen bleiben, die in der Zukunft zu klären sein werden: So fragt es sich insbesondere, ob die erste Alternative der impliziten Vertragsschlusskompetenzen weiter geht als die bisherige, sich bereits aus dem Urteil Stilllegungsfonds[138] ergebende grundsätzliche Parallelität von Innen- und Außenkompetenzen,[139] eine Parallelität, die in jüngerer Zeit etwa durch das Urteil des EuGH in der Rs. C-431/05 bestätigt wurde.[140] Denn zur Verwirklichung einer der Zielsetzungen der Verträge erforderlich (im Sinne des Art. 216 Abs. 1 AEUV) kann ein völkerrechtlicher Vertrag grundsätzlich auch dann sein, wenn der Union im Innern für die Regelung des betreffenden Gebiets keine Kompetenz zukommt; allerdings implizierte eine solche, durch den Wortlaut des Art. 216 Abs. 1 AEUV zunächst nahegelegte Parallelität von Außenkompetenzen und Vertragszielen (nicht mehr Innenkompetenzen) angesichts der doch sehr weitgehenden Vertragsziele eine erhebliche Erweiterung der Unionsaußenkompetenzen und wäre wohl auch insofern systemwidrig, als damit das auch in Art. 5 Abs. 1 AEUV verankerte Prinzip der begrenzten Einzelermächtigung aus den Angeln gehoben würde.[141] Die zweite Alternative (ermächtigender Sekundärrechtsakt) lehnt sich an die bisherige Rechtsprechung an;[142] gleiches gilt für die dritte und vierte Alternative.[143] Damit ist die Union auch auf der Grundlage des Vertrages von Lissabon zumindest in all denjenigen Bereichen zum Abschluss völkerrechtlicher Verträge befugt, in denen ihr im Innenverhältnis eine Rechtsetzungskompetenz zusteht und sie von dieser spätestens anlässlich des Vertragsschlusses Gebrauch macht (wobei diese Gebrauchmachung wohl nicht erschöpfend sein muss) oder ein völkerrechtliches Vorgehen zur Erreichung eines Unionsziels notwendig ist,[144] so dass insoweit von einer **Parallelität zwischen Innen- und Außenkompetenzen** auszugehen ist.

1/94 (WTO), Slg. 1994, I-5267. Zur dogmatischen Begründung von „implied powers" vgl. z.B. *Trüe,* Das System der Rechtsetzungskompetenzen der Europäischen Gemeinschaft und der Europäischen Union, 81 ff.; zum AETR-Urteil z.B. *Kaddous,* Le droit des relations extérieures, 241 f.; *Gilsdorf,* EuR 1996, 145 (145 ff.); *Klein/Kimms,* UTR 1996, 53 (66 f.); *Dörr,* EuZW 1996, 39 ff.
138 EuGH, Gutachten 1/76 (Stilllegungsfonds), Slg. 1977, 741.
139 Ausdrücklich denn auch EuGH, Gutachten 2/91 (ILO), Slg. 1993, I-1061; zu dieser Parallelität *Breier,* EuR 1993, 340 (349). Zur Entwicklung der Rechtsprechung auf diesem Gebiet allgemein *Emiliou,* ELR 1994, 76 ff. Zur dogmatischen Begründung m.w.N. *Ott,* Gatt und WTO, 192 f. Speziell zur Frage, ob die Existenz einer impliziten Außenkompetenz voraussetzt, dass die Union bereits von ihren Binnenkompetenzen Gebrauch gemacht hat, was die Rechtsprechung zumindest zum Teil nahelegen könnte, wenn sie hier auch nicht ganz klar ist, *Heintschel von Heinegg,* in: Die EG in der internationalen Umweltpolitik, 77 (87 f.); *Rodorfsky,* Die EG und ihre Mitgliedstaaten, 62 ff. S. auch noch die Ausführungen im Text.
140 EuGH, Rs. C-431/05 (Merck Genericis), Slg. 2007, I-7001. Hier hielt der Gerichtshof u.a. fest, eine Außenkompetenz der Union bestehe, soweit im Inneren in dem betreffenden Bereich bereits Rechtsvorschriften erlassen wurden oder aus Anlass des Abkommensabschlusses erlassen werden. S. insoweit auch EuGH, Gutachten 1/03 (Lugano), Slg. 2006, I-1145, Ziff. 114.
141 Vgl. zum Problemkreis z.B. Calliess/Ruffert-*Schmalenbach,* EUV/AEUV, Art. 216, Rn. 12 f.
142 EuGH, Gutachten 1/94 (WTO), Slg. 1994, I-5267, Rz. 95; s. auch EuGH, Gutachten 2/92 (OECD), Slg. 1995, I-521, Rz. 33.
143 Zu dieser noch sogleich im Text im Zusammenhang mit der Ausschließlichkeit der Kompetenzen.
144 Diese bereits im Gutachten Stilllegungsfonds erwähnte (EuGH, Gutachten 1/76 (Stilllegungsfonds), Slg. 1977, 741, Ziff. 4) und im WTO-Gutachten (EuGH, Gutachten 1/94 (WTO), Slg. 1994, I-5267) aufgegriffene Variante

4. Kapitel Rechtsgrundlagen der Umweltpolitik der Europäischen Union

- **Ausschließlicher Charakter** – in dem Sinn, dass nur die Union unter Ausschluss der Mitgliedstaaten völkerrechtliche Verträge abschließen kann – kommt den impliziten Außenkompetenzen der Union nach der Rechtsprechung unter der Voraussetzung zu, dass die Union entweder von ihren Innenkompetenzen bereits erschöpfend Gebrauch gemacht hat oder die Materie sinnvoll (sozusagen aus der Natur der Sache heraus) nur durch eine externe Regelung erfasst werden kann bzw. die Zielsetzungen der internen Regelungsbefugnis nur dann effektiv umgesetzt werden können, wenn eine entsprechende Außenkompetenz besteht.[145] Weiter ist nach der Rechtsprechung des EuGH eine ausschließliche Kompetenz der Union dann anzunehmen, wenn der Abschluss eines Vertrages durch die Mitgliedstaaten in einem bestimmten Bereich das Beeinträchtigungsverbot des Art. 4 Abs. 3 EUV verletzt.[146] Der Vertrag von Lissabon greift diese Rechtsprechung in **Art. 3 Abs. 2 AEUV** auf, wobei diese Regelung und ihr Verhältnis zu den in Art. 216 Abs. 1 AEUV aufgeführten Kriterien, dessen Formulierung zudem von derjenigen in Art. 3 Abs. 2 AEUV abweicht, nicht wirklich klar ist.[147]

- Das **Vertragsschlussverfahren** ergibt sich aus **Art. 218 AEUV**. Auf der Grundlage einer Ermächtigung des Rates kommt der Kommission bei der Verhandlungsführung eine entscheidende Rolle zu. Die definitive Entscheidung zum Abschluss des Abkommens obliegt dem Rat bzw. dem Parlament, wobei die Befugnisse des Parlaments durch den Vertrag von Lissabon eine beachtliche Ausweitung erfahren haben.[148]

Da somit das Aushandeln eines völkerrechtlichen Vertrages durch die EU grundsätzlich ein Verhandlungsmandat der Kommission voraussetzt, das seinerseits auf Initiative der Kommission erteilt wird, die hierfür ggf. komplexe Abklärungen unternimmt, ist es für die Union schwierig als initiativer Akteur mit neuen, eigenen Initiativen auf internationaler Ebene tätig zu werden, zumal substantielle Modifikationen des Verhandlungsmandats einen neuen Beschluss des Rates erfordern und auch die sonstigen Strukturen der Union es ihr nicht wirklich ermöglichen, auf internationaler Ebene eine Führungsrolle einzunehmen.[149] Hinzu kommt, dass die aussenpolitischen Initiativen der Union in den Bereichen Handel und

---

könnte die Formulierung des Art. 216 Abs. 1, erste Alternative AEUV, die auf die Zielerreichung abstellt, erklären. In Bezug auf den Umweltbereich vgl. auch EuGH, Rs. C-459/03 (Kommission/Irland), Slg. 2006, I-4635, Ziff. 93 f., wo der Gerichtshof ausdrücklich darauf hinweist, dass eine implizite Außenkompetenz nicht von der (erschöpfenden) Regelung des Bereichs im Inneren abhängt; dies ist vielmehr eine Frage der Ausschließlichkeit der Kompetenz.

145 Vgl. aus der Rechtsprechung hierzu und zur vorgenannten Alternative EuGH, Gutachten 1/94 (WTO), Slg. 1994, I-5267, insbesondere Ziff. 85 f., 99 f.; s. auch EuGH, Gutachten 2/92 (OECD), Slg. 1995, I-521, Ziff. 31 f. Zur Rechtsprechung *Kaddous*, Le droit des relations extérieures, 248 ff.; *Klein/Kimms*, UTR 1996, 53 (69 f.); speziell zum WTO-Gutachten *Hilf*, EuZW 1995, 7 ff.; *Geiger*, JZ 1995, 973 ff. S. aus der Rechtsprechung sodann EuGH, verb. Rs. C-467/98 (Kommission/Dänemark), Slg. 2002, I-9519 („open skies-Abkommen"), wo der EuGH die bislang entwickelten Grundsätze auf den Bereich des Luftverkehrs (entsprechende Abkommen einiger Mitgliedstaaten mit den USA) anwendete; vgl. im Übrigen EuGH, Gutachten C-1/08 (GATS), Slg. 2009, I-11129: Hier ging es um die Reichweite der ausschließlichen Kompetenz der Union im Bereich der Außenhandelspolitik (Art. 207 AEUV), falls auch noch andere Politikbereiche (*in casu* die Verkehrspolitik) betroffen sind: In einem solchen Fall seien die Rechtsgrundlagen in dem betreffenden Politikbereich ebenfalls heranzuziehen, was in der Regel einer Ausschließlichkeit der Unionskompetenz entgegenstehen wird (es sei denn, die Voraussetzungen des Art. 3 Abs. 2 AEUV wären erfüllt).

146 Vgl. EuGH, Gutachten 2/91 (ILO), Slg. 1993, I-1061, Rz. 13 ff.; EuGH, Gutachten 1/03 (Lugano-Übereinkommen), Slg. 2006, I-1145; zu diesem Aspekt im Einzelnen *Epiney*, FS Ress, 441 ff. S. auch EuGH, Rs. C-246/07 (Kommission/Schweden), Slg. 2010, I-3317 in Bezug auf die Frage, ob und unter welchen Voraussetzungen mitgliedstaatliche Initiativen im Rahmen völkerrechtlicher (gemischter) Verträge mit Art. 4 Abs. 3 EUV (un)vereinbar sind. Zu diesem Urteil *de Baere*, ELR 2011, 405 ff.

147 Vgl. etwa Calliess/Ruffert-*Calliess*, EUV/AEUV, Art. 3 AEUV, Rn. 16 f.

148 Zu den diesbezüglichen Modifikationen des Vertrages von Lissabon etwa *Brok*, integration 2010, 209 ff.; *Dimopoulos*, European Foreign Affairs Review 2010, 153 ff.; zum Verfahren auch *Krämer*, Droit de l'environnement de l'UE, 337 f.

149 Zu dieser Schwierigkeit etwa *Krämer*, Droit de l'environnement de l'UE, 338; *Krämer*, RDUE 2011, 593 (598 ff., 604 ff.), hier mit Bezugnahme auf einige Beispiele.

Entwicklung in erster Linie von dem Bestreben geprägt sind, die Handelsbeziehungen der Union zu fördern, während Umweltaspekte weitgehend ausgespart werden.[150]

■ Da durch den Abschluss völkerrechtlicher Verträge die Kompetenzverteilung innerhalb der Union nicht beeinträchtigt werden darf, bestimmt sich die Zuständigkeit zum Erlass ggf. erforderlicher „Durchführungsmaßnahmen" zu völkerrechtlichen Verträgen nach den einschlägigen Regeln über die **Kompetenzverteilung im Binnenbereich**.[151] Der Abschluss eines völkerrechtlichen Vertrages durch die EU entfaltet somit keine Implikationen für die interne Kompetenzverteilung zwischen der Union und ihren Mitgliedstaaten.[152] Eine andere Frage ist dann aber diejenige danach, ob und inwieweit bei gemischten Abkommen eine unionsrechtliche Pflicht der EU zu bejahen ist, auf Unionsebene Durchführungsmaßnahmen zu erlassen.[153]

29 Wendet man diese Grundsätze auf den Bereich des **Umweltrechts** an,[154] so ist zunächst festzuhalten, dass sich die **Kompetenz der Union zum Abschluss völkerrechtlicher Abkommen aus Art. 192 Abs. 1 AEUV** ergibt,[155] nicht jedoch aus Art. 191 Abs. 4 AEUV, der diese vielmehr voraussetzt. Dies ist letztlich eine Konsequenz der allgemeinen Grundsätze über die Außenkompetenzen, so dass Art. 191 Abs. 4 UAbs. 2 AEUV auch nicht dazu führt, dass die Befugnisse der Mitgliedstaaten erweitert würden.[156] Im Übrigen ist nur unter Zugrundelegung dieses Ansatzes die Bezugnahme in Art. 191 Abs. 4 UAbs. 1 AEUV auf die „jeweiligen Befugnisse" der Union und ihrer Mitgliedstaaten nachvollziehbar, deutet diese Formulierung doch darauf hin, dass die

---

150 Vgl. hierzu *Krämer*, Droit de l'environnement de l'UE, 343, der darauf hinweist, dass die Union keinerlei Initiativen im Bereich der Umwelthaftung europäischer Unternehmen in Drittstaaten ergriffen habe. Gleiches dürfte im Übrigen für die Einhaltung von Umweltstandards in Drittstaaten gelten; s. ebenso, mit weiteren Beispielen, *Krämer*, RDUE 2011, 593 (612 f.).
151 Vgl. etwa EuGH, Gutachten 1/76 (Stilllegungsfonds), Slg. 1977, 741, Ziff. 10. Vgl. hierzu auch schon *Stein*, Der gemischte Vertrag, 174; *Vedder*, Die auswärtige Gewalt, 226; *Heliskoski*, Mixed Agreements, 101 ff.
152 Vgl. hierzu, m.w.N., *Walter*, EuR 2005, 302 (311 f.).
153 Vgl. hierzu – im Zusammenhang mit der sog. Aarhus-Konvention – *Epiney*, in: The Role of International Law in Domestic Law, im Erscheinen.
154 Vgl. ausführlich zu den Außenkompetenzen der Union im Umweltbereich *Rodenhoff*, Die EG und ihre Mitgliedstaaten als völkerrechtliche Einheit bei umweltvölkerrechtlichen Übereinkommen, *passim*; *Epiney/Gross*, UTR 2004, 27 ff.; *Breier*, in: Die EG in der internationalen Umweltpolitik, 99 ff.; *Fajardo Del Castillo*, JEEPL 2010, 365 ff.; *Thieme*, Außenbeziehungen der EG im Umweltbereich, *passim*; s. auch *Epiney/Gross*, NuR 2005, 353 ff.; für eine Zusammenfassung der Praxis der Union beim Abschluss völkerrechtlicher Verträge im Umweltbereich *Meßerschmidt*, Europäisches Umweltrecht, § 4, Rn. 12 ff.
155 Ebenso die h.L., vgl. etwa *Zuleeg*, NVwZ 1987, 280 (281); *Kahl*, Umweltprinzip und Gemeinschaftsrecht, 44; *Klein/Kimms*, UTR 1996, 53 (62); Calliess/Ruffert-*Calliess*, EUV/AEUV, Art. 191, Rn. 50 ff.; *Rodenhoff*, Die EG und ihre Mitgliedstaaten, 122; *Frenz*, Handbuch Europarecht, Bd. 6, Rn. 4571; *Meßerschmidt*, Europäisches Umweltrecht, § 4, Rn. 10; Streinz-*Kahl*, EUV/AEUV, Art. 191, Rn. 128; *Epiney/Furrer*, EuR 1992, 369 (395); *Frenz*, Außenkompetenzen, 36 ff.; *Thieme*, EELR 2001, 252 (252); *Middeke*, Nationaler Umweltschutz, 369 ff.; *Schröer*, Kompetenzverteilung, 173. A.A. aber *Eberle*, Die EG als Partei internationaler Umweltschutzübereinkommen, 31 f., die argumentiert, der Hinweis auf die jeweiligen Befugnisse könnte auch auf die in Artikel 191 Abs. 4 AEUV selbst enthaltenen Befugnisse bezogen werden und sei somit als Hinweis auf die Kompetenzverteilung zwischen Union und Mitgliedstaaten im Außenbereich zu verstehen. Insbesondere aber widerspreche die Gegenmeinung der Systematik des Vertrages, der sonst an keiner Stelle zwischen Sach- und Handlungsformkompetenz unterscheide, vielmehr enthielten alle Regelungen über den Abschluss völkerrechtlicher Verträge durch die Union sowohl die Sach- als auch die Handlungskompetenz. So wohl auch *Caspari*, Die Umweltpolitik der Europäischen Gemeinschaft, 63; s. auch *Stewing*, Subsidiarität und Föderalismus in der EU (4. Kap. E.III.), 100 f. Zu überzeugen vermag diese Argumentation schon deshalb nicht, weil die Systematik der Art. 191, 192 AEUV impliziert, dass in Art. 191 AEUV die Zielsetzungen der EU-Umweltpolitik formuliert werden, die gerade auch das Tätigwerden auf internationaler Eben umfassen, während in Art. 192 AEUV die Kompetenzen geregelt werden. Nicht ganz klar *Heintschel von Heinegg*, EUDUR I, § 22, Rn. 39, der zwar davon ausgeht dass Art. 192 AEUV die Sachkompetenz darstellt, diese allerdings, soweit der Abschluss völkerrechtlicher Verträge betroffen ist, durch Art. 191 Abs. 4 AEUV modifiziert werde, wobei nicht ganz klar ist, worin diese Modifikation bestehen soll. A.A. auch Lenz/Borchardt-*Breier*, EU-Verträge, Art. 191, Rn. 24 ff.
156 Ebenso die ganz h.L., vgl. nur, m.w.N., Calliess/Ruffert-*Calliess*, EUV/AEUV, Art. 191, Rn. 54.

4. Kapitel Rechtsgrundlagen der Umweltpolitik der Europäischen Union

Kompetenzbegründung selbst gerade nicht durch diese Vorschrift erfolgt.[157] Vor diesem Hintergrund ist diese Bestimmung letztlich überflüssig, dürfte sich die in ihr formulierte Aufgabe der Union doch bereits aus einer konsequenten Anwendung des Art. 191 Abs. 1 AEUV ergeben. Auch die Praxis insbesondere des Rates geht im Wesentlichen davon aus, dass der Abschluss von Umweltübereinkommen auf Art. 192 AEUV zu stützen ist. So hat der Rat bisher – mit einer Ausnahme[158] – stets Art. 192 AEUV als Rechtsgrundlage herangezogen, und auch die Kommission stützte sich in der Regel auf diesen Artikel.[159] Die Kommission legte allerdings einigen ihrer Vorschläge Art. 191 Abs. 4 AEUV zugrunde, so erstmals 1997 im Vorschlag über den Abschluss des Übereinkommens über die grenzüberschreitenden Auswirkungen von Industrieunfällen vom 26.6.1997;[160] einzig (soweit ersichtlich) im Beschluss über den Abschluss der Wüstenkonvention vom 9.3.1998 folgte aber der Rat dem Kommissionsvorschlag und stützte das Abkommen auf Artikel 191 Abs. 4 AEUV.[161]

In der Rechtsprechung wurde der Charakter des Art. 192 AEUV als Rechtsgrundlage auch im Bereich der Außenbeziehungen mittlerweile (nochmals[162]) ausdrücklich betont: Im Gutachten zum Abschluss des Protokolls von Cartagena[163] bestätigte der EuGH seine bisherige Rechtsprechung, wonach Art. 191 AEUV nur die im Rahmen der Umweltpolitik zu verfolgenden Ziele festlege, während Art. 192 AEUV die Rechtsgrundlage darstelle, aufgrund derer die EU-Rechtsakte erlassen würden. Im Übrigen handle es sich *in casu* nicht nur um „Einzelheiten der Zusammenarbeit der Gemeinschaft" mit dritten Ländern und internationalen Organisationen gemäß Art. 191 Abs. 4 AEUV, das Protokoll stelle vielmehr „u.a. genaue Regeln für die Kontrollverfahren im Bereich der grenzüberschreitenden Verbringung, der Risikobeurteilung und -bewältigung sowie von Handhabung, Transport, Verpackung und Identifizierung von LVO auf", so dass nur Art. 192 Abs. 1 AEUV die geeignete Rechtsgrundlage für den Abschluss des Protokolls im Namen der Union bilden könne.[164]

Die auf der Grundlage des Art. 192 AEUV bestehenden umweltpolitischen Außenkompetenzen – wobei im Umweltbereich grundsätzlich davon auszugehen ist, dass die Voraussetzungen des Art. 216 Abs. 1 AEUV bzw. der Rechtsprechung in dem Sinn, dass das Ziel des Unionshandelns den Abschluss völkerrechtlicher Abkommen verlangt, vorliegen[165] – sind als **geteilte Kompe-**

30

---

157 Allerdings ist zuzugeben, dass die sprachliche Fassung des Art. 191 Abs. 4 AEUV aufgrund der gleichrangigen Erwähnung von Union und Mitgliedstaaten nicht eindeutig ist; teilweise wird sie daher auch als „missglückt" angesehen, s. etwa *Kahl*, Umweltprinzip, 144; *Scheuing*, EuR 1989, 152 (173).
158 Siehe sogleich im Text.
159 Vgl. etwa die Nachweise bei *Klein/Kimms*, UTR 1996, 53 (63); *Eberle*, Die EG als Partei internationaler Umweltschutzübereinkommen, 29 f.
160 KOM (97) 330 endg.; ebenso etwa im Vorschlag über die Annahme der Änderung des Übereinkommens über die Kontrolle der grenzüberschreitenden Verbringung gefährlicher Abfälle und ihrer Entsorgung vom 23.3.1997 (ABl. 1997 C 197, 12), im Vorschlag über den Abschluss des Protokolls zum Übereinkommen über weiträumige grenzüberschreitende Luftverunreinigungen betreffend die weitere Verringerung der Schwefelemissionen und ihres grenzüberschreitenden Flusses vom 12.3.1997 (KOM (97) 88 endg. S. 83 ff.) und im Vorschlag über die Genehmigung der Änderung des Übereinkommens zur Erhaltung der wandernden wildlebenden Tierarten vom 7.7.1997 (ABl. 1997 C 267, 66).
161 ABl. 1998 L 83, 1.
162 Vgl. auch schon EuGH, Rs. C-379/92 (Peralta), Slg. 1994, I-3453, Ziff. 57; EuGH, Rs. C-284/95 (Safety Hi-Tech Srl/S. & T. Srl.), Slg. 1998, I-4301, Ziff. 43.
163 EuGH, Gutachten 2/00 (Cartagena-Protokoll), Slg. 2001, I-9713. Ebenso (betreffend die Rechtsgrundlage für den Abschluss des Donauschutzübereinkommens) EuGH, Rs. C-36/98 (Spanien/Rat), Slg. 2001, I-779; s. auch die Ausführungen in EuGH, Rs. C-281/01 (Kommission/Rat), Slg. 2002, I-12049, Ziff. 33 ff.
164 EuGH, Gutachten 2/00 (Cartagena-Protokoll), Slg. 2001, I-9764, Ziff. 43 f. S. auch EuGH, Rs. C-459/03 (Kommission/Irland), Slg. 2006, I-4635 („MOX"-Anlage), wo der Gerichtshof ebenfalls betont, die Außenkompetenz der Union im Umweltbereich ergebe sich aus Art. 192 Abs. 1 AEUV.
165 Denn einmal wird sehr häufig schon die Materie des jeweiligen völkerrechtlichen Abkommens diesen Schluss nahelegen, geht es bei umweltvölkerrechtlichen Abkommen doch regelmäßig um grenzüberschreitende Probleme; zum anderen ergibt sich aus Art. 191 Abs. 4 AEUV, dass die Union berechtigt und verpflichtet ist, auf internationaler Ebene im Umweltbereich tätig zu sein, unter Einschluss völkerrechtlicher Abkommen, so dass sich ein Nachweis, dass das Ziel der jeweiligen Maßnahme nur durch (auch) völkerrechtliches Handelns erreicht werden kann, in der Regel erübrigt, vgl. diesen Ansatz bei *Rodenhoff*, Die EG und ihre Mitgliedstaaten, 123. Aus der Rechtsprechung in diese Richtung wohl auch EuGH, Rs. C-459/03 (Kommission/Irland), Slg. 2006, I-4635, Ziff. 93 f.

tenzen ausgestaltet;[166] bei Vorliegen der erwähnten Voraussetzungen des Art. 3 Abs. 2 AEUV kommt ihnen allerdings **ausschließlicher Charakter** zu. Die Existenz einer solchen ausschließlichen Unionskompetenz entfaltet insofern eine „**Sperrwirkung**" **für die Mitgliedstaaten**, als diese bei Vorliegen der genannten Voraussetzungen nicht (mehr) zum Abschluss entsprechender völkerrechtlicher Verträge befugt sind. Dies impliziert dann auch, dass in denjenigen Fällen, in denen **keine ausschließliche Außenkompetenz der Union** zum Abschluss eines bestimmten Vertrages besteht, die **Mitgliedstaaten als Vertragspartner** zu beteiligen sind oder zumindest beteiligt werden können,[167] so dass hier in der Regel gemischte Verträge abgeschlossen werden,[168] was aber nichts an der Existenz selbst der Außenkompetenzen der Union ändert.

Denn das Nichtvorliegen der genannten Voraussetzungen für die Existenz einer ausschließlichen Außenkompetenz ändert ggf. nichts an dem Bestehen einer impliziten Außenkompetenz;[169] das Nichtbestehen einer Unionskompetenz implizierte nämlich, dass die Union in solchen Fällen – also insbesondere bei nicht erfolgter abschließender Regelung im Innenbereich – gar nicht als Vertragspartnerin auftreten könnte, noch nicht einmal im Rahmen gemischter Abkommen neben den Mitgliedstaaten. Ein solcher Schluss kann aber wohl weder aus dem WTO-Gutachten – das sich in diesem Zusammenhang nur auf die Frage der Ausschließlichkeit der Außenkompetenz bezieht – abgeleitet werden noch entspricht er der Praxis der Unionsorgane; im Übrigen bedeutete er eine recht weitgehende Handlungsunfähigkeit der Union in zahlreichen Bereichen, nämlich in all denjenigen, in denen keine abschließende Regelung vorliegt. Vor allem aber dürfte er dem Grundgedanken der Kompetenzverteilung zwischen Union und Mitgliedstaaten nicht Rechnung tragen, da – wie auch die Formulierung des Subsidiaritätsprinzips deutlich macht (Art. 5 Abs. 3 EUV) – der Vertrag doch maßgeblich auf die Verwirklichung von Zielsetzungen abstellt; diesem Grundgedanken dürfte es aber zuwiderlaufen, die Existenz impliziter Außenkompetenzen grundsätzlich von der Ausschöpfung der Binnenkompetenzen abhängig zu machen, da durch die Nichtbeteiligung der Union an zahlreichen völkerrechtlichen Verträgen die Verwirklichung der in den jeweiligen Politiken formulierten Zielsetzungen beeinträchtigt werden könnte; die Union könnte ihre Sichtweise dann nämlich gar nicht einbringen. Damit bleibt es dabei, dass im Falle der Nichtausschöpfung der Binnenkompetenzen nicht etwa die implizite Außenkompetenz der Union zu verneinen ist, sondern lediglich deren ausschließlicher Charakter, so dass in diesen Fällen gemischte Verträge abzuschließen sind;[170] insofern wird die Tragweite der *AETR*-Rechtsprechung durchaus eingeschränkt bzw. präzisiert.[171]

---

166 S. nur *von Horstig*, Die Europäische Gemeinschaft als Partei internationaler Umweltabkommen, 40 ff.; *Middeke*, Nationaler Umweltschutz im Binnenmarkt, 369 ff.; *Gilsdorf*, EuR 1996, 145 (148); *Schröer*, Kompetenzverteilung, 275 ff., *Heintschel von Heinegg*, EUDUR I, § 22, Rn. 41. Auch die Praxis der Unionsorgane geht von einer geteilten Kompetenz aus, vgl. die Nachweise bei *Heintschel von Heinegg*, EUDUR I, § 22, Rn. 43; *Breier*, EuR 1993, 340 (345 f., 348); *Brusasco-MacKenzie/Kiss*, AFDI 1989, 703 (704 f.). Aus der Rechtsprechung EuGH, Gutachten 2/00 (Protokoll von Cartagena), Slg. 2001, I-9713; EuGH, Rs. C-459/03 (Kommission/Irland), Slg. 2006, I-4635 („MOX"-Anlage).
167 Vgl. zur Problematik ausführlich, m.w.N., *Rodenhoff*, Die EG und ihre Mitgliedstaaten, 82 ff.
168 Ausdrücklich *O'Keeffe*, in: General Law of E.C. External Relations, 179 (193). Zur Problematik der gemischten Abkommen am Beispiel des Klimaschutzes *Jaquemont*, elni 1/2001, 30 ff.; allgemein mit Bezug auf umweltvölkerrechtlichen Abkommen *Epiney/Gross*, NuR 2005, 353 (356 ff.); *Breier*, in: Die EG in der internationalen Umweltpolitik, 99 (103 ff.); *Rodenhoff*, Die EG und ihre Mitgliedstaaten, 257 ff.; speziell in Frage der Streitbeilegung *Marsden*, RECIEL 2009, 312 ff.; s. ansonsten den Überblick über die aufgeworfenen Fragen (erstere auch mit zahlreichen Beispielen) bei *Jans/Vedder*, European Environmental Law, 70 ff.; *Montini*, in: Environmental Governance, 127 (138 ff.); *Steyrer*, ZUR 2005, 343 ff.
169 So aber offenbar *Heintschel von Heinegg*, EUDUR I, § 22, Rn. 20 ff., der davon ausgeht, dass „das Ausmaß unionsinterner Rechtsetzung auch den Umfang der völkerrechtlichen Vertragsschlusskompetenz bestimmt" (Rn. 22); ebenso *Pitschas*, Völkerrechtliche Verantwortlichkeit, 155, der in seinem Zitat aus dem WTO-Gutachten das Wort „ausschließlich" unterschlägt; in diese Richtung, wenn auch weniger weitgehend, auch *Dörr*, EuZW 1996, 39 (42 f.), der davon spricht, dass die praktische Wirksamkeit der internen Regelungen von völkerrechtlichen Bindungen abhängen sollen. Nach der hier vertretenen Ansicht dürfte aber eine implizite EU-Außenkompetenz immer schon dann zu bejahen sein, wenn auf dem jeweiligen Gebiet eine Binnenkompetenz besteht, ohne dass von dieser bereits (erschöpfend) Gebrauch gemacht worden sein muss.
170 Wie hier wohl auch *Gilsdorf*, EuR 1996, 145 (156 f.); *Granvik*, in: International Law Aspects, 255 (257 f.); *Tridimas*, in: General Law of E.C. External Relations, 48 (54 f., 57); *Trüe*, System der Rechtsetzungskompetenzen, 85 f.; *Breier*, EuR 1993, 340 (344).
171 I. Erg. ebenso *Hilf*, EuZW 1995, 7 (8).

4. Kapitel Rechtsgrundlagen der Umweltpolitik der Europäischen Union

Im Ergebnis erscheint diese Präzisierung und Eingrenzung insofern sinnvoll, als auf diese Weise der Struktur der vertraglichen Kompetenzverteilung zwischen Union und Mitgliedstaaten und den in den verschiedenen Handlungsermächtigungen vorgesehenen Entscheidungsmodalitäten Rechnung getragen werden kann. Grundsätzlich sollen der Union eben für die betroffenen Bereiche nur im Binnenverhältnis Rechtsetzungsbefugnisse zukommen; der generelle Ausschluss des Außenverhältnisses macht aber keinen Sinn, da nicht einzusehen ist, warum die entsprechenden Bereiche nicht auch über völkerrechtliche Verpflichtungen geregelt werden können sollten. Eine allgemeine ausschließliche Kompetenz der Union ginge jedoch gleichwohl deshalb zu weit, weil sich die Union dann – zumindest im Bereich der Umweltpolitik – über die im Binnenbereich geltenden Verfahren und Rechtsetzungsvoraussetzungen hinwegsetzen könnte. Die durch den EuGH vorgenommene Einschränkung der Tragweite der impliziten Vertragsschlusskompetenzen trägt also sowohl den mitgliedstaatlichen Prärogativen als auch der horizontalen Kompetenzverteilung auf Unionsebene Rechnung. Zudem führt sie konsequent die Parallelität von Innen- und Außenkompetenzen fort, denn auch im Binnenbereich können die Mitgliedstaaten in Gebieten geteilter Zuständigkeit solange tätig werden, wie die Union von ihren Kompetenzen keinen Gebrauch gemacht hat. Die Annahme der Ausschließlichkeit der impliziten Vertragsschlusskompetenzen im Falle der Ausschöpfung der internen Kompetenzen erscheint dagegen zwingend, kann doch nur auf diese Weise sichergestellt werden, dass die schon im Binnenbereich getroffenen Entscheidungen auf EU-Ebene und die in diesem Zusammenhang verabschiedeten Rechtsakte nicht durch völkerrechtliche Abkommen der Mitgliedstaaten in Frage gestellt werden.

Nicht überzeugend erscheint es, unabhängig von den erwähnten Voraussetzungen für das Vorliegen einer ausschließlichen Kompetenz davon auszugehen, dass die Union bereits immer schon dann, wenn sie über eine Außenkompetenz verfügt, diese auch allein (ohne die Mitgliedstaaten) ausüben kann (also offenbar auch in denjenigen Konstellationen, in denen der betreffende Bereich intern noch keiner Regelung zugeführt wurde): Denn dieser Ansatz führte letztlich dazu, dass die internen Gesetzgebungskompetenzen und Verfahren entsprechend relativiert würden und die Union auf der Grundlage der grundsätzlichen Parallelität von Innen- und Außenkompetenzen im gesamten Zuständigkeitsbereich der Union – soweit die geteilten Zuständigkeiten betroffen sind – ohne das Vorliegen zusätzlicher Voraussetzungen völkerrechtliche Abkommen abschließen könnte. Es kann aber nicht angenommen werden, dass es mit dem nach wie vor ausdifferenzierten Kompetenzsystem des Vertrages in Einklang stünde, es der Union zu ermöglichen, nach dem für völkerrechtliche Verträge vorgesehenen Verfahren in allen Bereichen auch geteilter Zuständigkeit im Ergebnis materiell-rechtliche Rechtsakte – nämlich die völkerrechtlichen Verträge – anzunehmen bzw. entsprechende Verpflichtungen einzugehen. Insofern ist davon auszugehen, dass auch der Vertrag von Lissabon – trotz der zumindest in dieser Beziehung nicht sehr gelungenen Formulierung des Art. 216 Abs. 1 AEUV – nichts an der diesbezüglichen Kompetenzordnung geändert hat und die Union nur bei Vorliegen der erwähnten Voraussetzungen und damit im Falle der Ausschließlichkeit ihrer Kompetenz einen völkerrechtlichen Vertrag ohne Beteiligung der Mitgliedstaaten abschließen kann.[172]

Die Rechtsprechung des Gerichtshofs dürfte ebenfalls in die hier vertretene Richtung gehe, so wenn der EuGH im WTO-Gutachten[173] betont, die Mitgliedstaaten seien neben der EU an einem Vertrag zu beteiligen, wenn die EU nicht ausschließlich zuständig ist bzw. wenn noch keine Unionsregelung erlassen worden ist, die eine ausschließliche Kompetenz der Union nach sich ziehe. Im bereits erwähnten Gutachten zum Cartagena-Protokoll[174] führt der Gerichtshof im Zusammenhang mit der Zuständigkeit bzw. der Beteiligung der Mitgliedstaaten an dem Abkommen aus, das einschlägige Sekundärrecht in dem von dem Protokoll erfassten Bereich erfasse diesen nur teilweise, so dass auch die Mitgliedstaaten an dem Abkommen zu beteiligen seien.

---

172 A.A. aber die wohl herrschende Meinung, auch wenn diese Frage nur selten vertieft erörtert wird, vgl. etwa Calliess/Ruffert-*Schmalenbach*, EUV/AEUV, Art. 216, Rn. 23, die davon spricht, dass gemischte Abkommen dann abzuschließen sind, wenn die Unionskompetenz nicht ausreicht. Wie man ausdrücklich etwa *Jans/Vedder*, European Environmental Law, 70; *Thieme*, Außenbeziehungen, 35. Ansonsten wird diese Thematik eher unter dem Vorzeichen diskutiert, ob im Falle des Bestehens einer impliziten (nicht ausschließlichen) Unionskompetenz ein gemischtes Abkommen abgeschlossen werden darf, was jedenfalls zu bejahen ist, vgl. hierzu, m.w.N., *Rodenhoff*, Die EG und ihre Mitgliedstaaten, 82 ff.
173 EuGH, Gutachten 1/94 (WTO), Slg. 1994, I-5267, Ziff. 85 ff.
174 EuGH, Gutachten 2/00 (Cartagena-Protokoll), Slg. 2001, I-9713, Ziff. 43.

32 In der Praxis ist bei der Frage nach der Existenz einer ausschließlichen Außenkompetenz der Union die Frage nach der **Abgeschlossenheit der bereits bestehenden internen Regelungen** von besonderer Bedeutung. Diese kann naturgemäß nicht allgemein-abstrakt, sondern nur in Anknüpfung an den jeweiligen Regelungsgehalt der relevanten Sekundärrechtsakte beurteilt werden, wenn auch gewisse allgemeine „Leitlinien" formuliert werden können.[175] Im Ergebnis dürften sowohl die Regelungsreichweite als auch die Regelungstiefe der jeweiligen Rechtsakte zu berücksichtigen sein, wobei darauf aufbauend entscheidend sein muss, dass die EU-Regelungen als solche einen abschließenden und in sich geschlossenen Standard bilden sollen. Dies stellt insgesamt eher die Ausnahme dar, jedenfalls für die gesamte, durch einen völkerrechtlichen Vertrag abgedeckte Materie, so dass es nicht überrascht, dass in der Praxis umweltrechtliche Übereinkommen regelmäßig als gemischte Abkommen abgeschlossen werden.[176]

33 Damit ist **zusammenfassend** festzuhalten, dass der Union im Bereich des Umweltrechts zwar die Befugnis zusteht, in demselben Umfang völkerrechtliche Verträge abzuschließen, wie sie im Innenverhältnis zum Erlass von Sekundärrechts befugt ist; ausschließlich sind diese Befugnisse – abgesehen von den Bereichen, die unter Art. 207 AEUV fallen[177] – jedoch nur unter der Voraussetzung, dass die Union für den betreffenden Bereich im Innenverhältnis ihre Kompetenzen ausgeschöpft hat. Dies zieht letztlich die Konsequenz nach sich, dass völkerrechtliche Abkommen auf dem Gebiet des Umweltschutzes grundsätzlich immer dann als gemischte Abkommen[178] abzuschließen sind, wenn die Union noch keine internen Rechtsakte in dem betreffenden Bereich erlassen hat.[179] Allerdings kann gerade im Bereich des völkerrechtlichen Umweltschutzes die vom EuGH schon im Gutachten 1/76[180] erwähnte und im Gutachten 1/94[181] erneut aufgegriffene und verdeutlichte Fallgestaltung gegeben sein, dass ein bestimmter Bereich sinnvoll tatsächlich nur über den Abschluss eines völkerrechtlichen Vertrages geregelt werden kann. Unter dieser Voraussetzung kann nämlich die externe Kompetenz allein durch die Union ausgeübt werden, ohne dass zuvor von den internen Zuständigkeiten Gebrauch gemacht worden ist. Hat die Union ihre Befugnisse im Innenbereich wahrgenommen und kommt dieser Regelung ein abschließender Charakter zu, so erstreckt sich die „Sperrwirkung" des sekundären Unionsrechts auch auf die Zulässigkeit des Abschlusses völkerrechtlicher Verträge durch die Mitgliedstaaten, so dass sie nicht mehr tätig werden können und die Unionszuständigkeit eine ausschließliche geworden ist.[182]

---

175 Hierzu ausführlich *Epiney/Gross*, in: EG-Kompetenzen, 5 (16 ff.); in Bezug auf ausgewählte Fragen des Gewässerschutzes *Epiney/Gross*, UTR 2004, 27 ff.
176 Vgl. den Überblick über die bestehenden Abkommen bei *Heintschel von Heinegg*, EUDUR I, § 22, Rn. 43; Grabitz/Hilf/Nettesheim-*Nettesheim*, Recht der EU, Art. 191, Rn. 25 ff.
177 Zur Abgrenzung der Kompetenzgrundlagen oben 4. Kap. Rn. 9 ff. S. zur Abgrenzung des Anwendungsbereichs der Art. 207 und 192 AEUV auch EuGH, Gutachten 2/00 (Cartagena-Protokoll), Slg. 2001, I-9713, in dem der EuGH festhält, dass der Abschluss des sog. Cartagena-Protokolls über die biologische Sicherheit auf Art. 192 AEUV zu stützen war, da hier der Schwerpunkt des Protokolls liege. Kritisch zu diesem Urteil *Schwarz*, ZEuS 2003, 51 (65 ff.); *Herrmann*, NVwZ 2002, 1168 (1173 f.), die darauf hinweisen, dass der Ansatz des EuGH, der letztlich der Zielsetzung der Regelung im Vergleich zu ihrem sachlichen Schwerpunkt ein größeres Gewicht beimisst, zu einer Aushöhlung des Art. 207 AEUV führen könne. In diesem Punkt dem EuGH zustimmend aber *Pitschas*, Anmerkung, EuZW 2002, 117 (119).
178 Zu den gemischten Abkommen und ihrer Problematik grundlegend *Stein*, Der gemischte Vertrag im Recht der Außenbeziehungen der Europäischen Wirtschaftsgemeinschaft; spezifisch mit Bezug zum Umweltrecht *Thieme*, EELR 2001, 252 ff.
179 Dagegen missversteht die Auffassung, wonach schon die Existenz einer Unionskompetenz die Ausübung der entsprechenden Befugnisse im Innenbereich voraussetzt, die Tragweite der *AETR*-Rechtsprechung, würde dadurch doch an ein rein formalistisches Merkmal angeknüpft, i. Erg. ebenso auch schon *Breier*, EuR 1993, 340 (344).
180 EuGH, Gutachten 1/76 (Stilllegungsfonds für die Binnenschifffahrt), Slg. 1977, 741.
181 EuGH, Gutachten 1/94 (WTO), Slg. 1994, I-5267.
182 I. Erg. ebenso *Schröer*, Kompetenzverteilung, 275 ff.; teilweise abweichend aber *Palme*, Nationale Umweltpolitik, 57 f.

4. Kapitel Rechtsgrundlagen der Umweltpolitik der Europäischen Union

D. Voraussetzungen der Kompetenzausübung durch die Union: die Bedeutung des Subsidiaritätsprinzips für das Umweltrecht

Die vorstehenden Ausführungen lassen erkennen, dass der Union (inzwischen) zum Erlass umweltrechtlicher Maßnahmen umfassende Kompetenzen zustehen; insbesondere aufgrund des weiten Umweltbegriffs und der weitreichenden Zielsetzungen des Art. 191 AEUV dürfte wohl kaum ein Bereich von Vornherein aus dem Anwendungsbereich der dargestellten unionsrechtlichen Rechtsgrundlagen herausfallen. Allerdings bedeutet die Existenz einer Kompetenz der Union nicht zwingend, dass sie auch tätig werden darf; vielmehr ist die **Ausübung ihrer Kompetenzen** nur unter den durch das **Subsidiaritätsprinzip** festgelegten Voraussetzungen zulässig. Dieser Grundsatz – der neben dem hier auch weiter behandelten **Grundsatz der Verhältnismäßigkeit**, Art. 5 Abs. 4 EUV, zu beachten ist[183] – galt für den Bereich des Umweltrechts auf der Grundlage von Art. 130 r Abs. 4 EWGV schon vor Inkrafttreten des Maastrichter Vertrages und wurde durch diesen dann als ein das gesamte Unionshandeln bestimmendes Prinzip in Art. 5 Abs. 3 EUV formuliert. Es soll sicherstellen, dass die Union tatsächlich nur dann tätig wird, wenn ein Handeln auf Unionsebene sinnvoll ist, um auf diese Weise eine zu weitgehende und letztlich dem Integrationsprozess abträgliche Zentralisierung zu vermeiden.[184]

Grundgedanke des Subsidiaritätsgedankens[185] ist die letztlich in der katholischen Soziallehre[186] zu besonderer[187] Entfaltung gekommene Einsicht, dass eine staatliche Aufgabe bzw. Tätigkeit primär von der kleinsten Einheit wahrgenommen werden soll. Daraus folgt insbesondere die Forderung, dass das jeweils übergeordnete Gemeinwesen eine Aufgabe, die von dem kleineren Gemeinwesen wahrgenommen werden kann, nicht an sich ziehen darf, so dass eine Vermutung für die Zuständigkeit der kleineren Einheit spricht.

Der **Vertrag von Lissabon** führte zu zwei kleinen Modifikationen in der Formulierung des Prinzips:

- Einerseits wird bei der mitgliedstaatlichen Ebene auch ausdrücklich auf die **regionale und lokale Ebene** Bezug genommen. Dies dürfte kaum zu einer Modifikation der bislang geltenden Grundsätze führen, da das Unionsrecht von vornherein sowieso nur die Abgrenzung der Zuständigkeiten bzw. die Zulässigkeit ihrer Ausübung zwischen Union und Mitgliedstaaten regelt, während die Frage der innerstaatlichen Organisation grundsätzlich den Mitgliedstaaten obliegt.

- Andererseits werden die beiden Elemente des Subsidiaritätsprinzips (das Ungenügen mitgliedstaatlichen Handelns und die Möglichkeit der besseren Lösung auf Unionsebene) nicht mehr mit dem (missverständlichen) „daher", sondern mit der Formulierung „**sondern vielmehr**" verknüpft, womit zumindest klargestellt wird, dass die bessere Zielverwirklichung auf Unionsebene nicht ein Resultat des Ungenügens mitgliedstaatlicher Lösungen sein muss.

---

[183] Vgl. zu diesem Grundsatz im Zusammenhang mit dem Umweltrecht *von Borries*, EUDUR I, § 25, Rn. 71 ff.; *Thiefry*, Droit de l'environnement de l'UE, 153 ff.; *Jans/Vedder*, European Environmental Law, 17 ff.; *Eisenberg*, Kompetenzausübung und Subsidiaritätskontrolle, 97 ff.; aus der Rechtsprechung EuGH, Rs. C-284/95 (Safety Hi-Tech Srl/S. & T. Srl.), Slg. 1998, I-4301; EuGH, Rs. C-189/01 (Jippes), Slg. 2001, I-5689. Grundsätzlich zum Grundsatz der Verhältnismäßigkeit in der Unionsrechtsordnung jüngst *Trstenjak/Beyen*, EuR 2012, 265 ff.

[184] Vgl. zum Subsidiaritätsprinzip die Nachweise in der Vorauflage, 85 ff., insbesondere bei Fn. 186, unter E.III, sowie bei *Meßerschmidt*, Europäisches Umweltrecht, § 2, Rn. 188 ff. und in den einschlägigen Kommentaren zu Art. 5 EUV. Spezifisch zum Subsidiaritätsprinzip mit Bezug zum Umweltrecht *Eisenberg*, Kompetenzausübung und Subsidiaritätskontrolle im europäischen Umweltrecht, *passim*; *Glaser*, ZG 2007, 366 ff.; s. auch *Albin*, NVwZ 2006, 629 ff. Monographisch ansonsten ausführlich zum Subsidiaritätsprinzip aus jüngerer Zeit insbesondere *Molsberger*, Subsidiaritätsprinzip, *passim*.

[185] „Das" Subsidiaritätsprinzip gibt es nämlich nicht; vielmehr können ihm je nach Standpunkt und Betrachtungsweise sehr viele Inhalte zugeschrieben werden, so dass eine Berufung auf „das" Subsidiaritätsprinzip jedenfalls keine rechtlichen Folgerungen zulässt, s. schon *Epiney*, AJP 1993, 950 (953 f.).

[186] Hinzuweisen ist in erster Linie auf die Enzyklika „Quadrigesimo Anno" Pius' XI. vom 15.3.1931. Zu den Ursprüngen des Subsidiaritätsprinzips in der katholischen Soziallehre *Pieper*, Subsidiarität, 35 ff.; *Eisenberg*, Kompetenzausübung und Subsidiaritätskontrolle, 36 ff.

[187] Zu den übrigen geistesgeschichtlichen Grundlagen dieses Prinzips zusammenfassend *Kraußer*, Prinzip begrenzter Ermächtigung, 161 ff.; *Pieper*, Subsidiarität, 27 ff. Zur Entwicklung des Art. 5 Abs. 3 EUV während der Verhandlungen zum Maastrichter Vertrag *Lecheler*, Subsidiaritätsprinzip, 12 ff.

36 Weiter führte das durch den Vertrag von Lissabon neu formulierte und inhaltlich angereicherte **Protokoll über die Anwendung der Grundsätze der Subsidiarität und der Verhältnismäßigkeit** im Hinblick auf die **Kontrolle der Einhaltung des Subsidiaritätsprinzips** und die Stärkung der Rolle der nationalen Parlamente ein neues Verfahren ein, das in erster Linie verfahrensrechtliche Verpflichtungen der Unionsorgane enthält, aber auch zur Geltendmachung von behaupteten Verletzungen des Subsidiaritätsprinzips zugunsten der nationalen Parlamente eine Ausweitung der Klagemöglichkeiten vor dem EuGH mit sich bringt.[188]

I. Das Subsidiaritätsprinzip nach Art. 5 Abs. 3 EUV – Grundsätze

37 Von ausschlaggebender Bedeutung für das Verständnis des Art. 5 Abs. 3 EUV ist seine Ausgestaltung als **Kompetenzausübungsregel**: Die Union soll ihr zustehende Kompetenzen nur unter den Voraussetzungen des Art. 5 Abs. 3 EUV und in dem durch diese Bestimmung zugelassenen Maß ausüben, so dass der Rückgriff auf Art. 5 Abs. 3 EUV die Bestimmung des Umfangs der Unionskompetenzen voraussetzt und die Vorschrift gerade nicht die Kompetenzverteilung betrifft. Darüber hinaus ist das Subsidiaritätsprinzip ggf. auch in Bezug auf **Form oder Inhalt eines Rechtsakts** zu beachten, so dass z.B. der Erlass von Richtlinien, die Definition von Mindestvorgaben oder die Festlegung bestimmter Rahmenvorgaben ausreichend sein können.[189]

38 Im Einzelnen stellt Art. 5 Abs. 3 UAbs. 1 EUV für die Zulässigkeit gesetzgeberischen Handelns der Union eine **doppelte Voraussetzung** auf: Einerseits dürfen die Ziele der in Betracht gezogenen Maßnahmen durch die Mitgliedstaaten (auf nationaler, regionaler oder lokaler Ebene) nicht adäquat erreicht werden können, und andererseits müssen sie angesichts ihres Umfangs oder ihrer Wirkungen besser auf Unionsebene erreicht werden können.[190]

Dabei gilt dies nur für die Bereiche, die nicht in der **ausschließlichen Kompetenz** der Union liegen, können dort die Mitgliedstaaten doch grundsätzlich nicht tätig werden. Die Bereiche ausschließlicher Zuständigkeit sind in Art. 3 AEUV aufgelistet; die **Umweltpolitik** gehört gemäß Art. 4 Abs. 2 lit. e AEUV zu den **geteilten Zuständigkeiten**.

39 Damit sind in Bezug auf die **inhaltliche Tragweite des Art. 5 Abs. 3 UAbs. 1 EUV** in erster Linie folgende Aspekte von Bedeutung:

- **„Besserprinzip" und „Wirksamkeitsprinzip"**: Art. 5 Abs. 3 UAbs. 1 EUV begnügt sich bei der Formulierung der Voraussetzungen für die Zulässigkeit des Tätigwerdens der EU nicht mit der Aufstellung einer Bedingung, sondern erwähnt zwei Aspekte: Zum einen dürfen die Ziele der jeweiligen Maßnahmen durch die Mitgliedstaaten nicht ausreichend erreicht werden können, und zum anderen müssen sie wegen ihres Umfangs oder ihrer Wirkungen auf Unionsebene besser erreicht werden können. Damit wird – entsprechend der Struktur der Union – eine mitgliedstaatliche mit einer unionsrechtlichen Perspektive verbunden. Insofern erscheint es wenig überzeugend, im Ergebnis davon auszugehen, dass bereits eine bessere Zielverwirklichung auf Unionsebene genüge, so dass das Subsidiaritätsprinzip letztlich zu einer Art Optimierungsklausel umfunktioniert würde.[191]

- **Ausreichende Zielverwirklichung als Maßstab**: Bezugspunkt dieses Prinzips ist die ausreichende Zielverwirklichung, so dass jeweils zunächst die angestrebten Ziele eruiert werden

---

188 Vgl. hierzu Bieber/Epiney/Haag-*Epiney*, EU, § 2, Rn. 64.
189 Vgl. im Zusammenhang mit dem EU-Umweltrecht das Plädoyer für ein „Modell der differenzierten Kompetenzausübung", wonach im Wesentlichen nur die Festlegung von Mindestnormen erfolgen soll, so dass den Mitgliedstaaten eine Schutzverstärkung offen steht, bei Calliess/Ruffert-*Calliess*, EUV/AEUV, Art. 192, Rn. 19 ff., wobei nicht ganz klar wird, ob die Vorschläge sich zwingend aus Art. 5 Abs. 3 EUV ergeben sollen oder eine Art Idealzustand der Kompetenzausübung in Anbetracht des Subsidiaritätsgedankens darstellen sollen.
190 Die gesamte Vorschrift bezieht sich – trotz der grundsätzlichen Tätigkeitsbezogenheit des Subsidiaritätsprinzips – auf die Ziele der jeweiligen Maßnahmen, vgl. ausführlich *Epiney*, AJP 1993, 950 (955 ff.). Ausführlich zum Begriff des Ziels in diesem Zusammenhang *Eisenberg*, Kompetenzausübung und Subsidiaritätskontrolle, 68 ff.
191 Vgl. zum Problemkreis, m.w.N., *Meßerschmidt*, Europäisches Umweltrecht, § 2, Rn. 191.

4. Kapitel Rechtsgrundlagen der Umweltpolitik der Europäischen Union

müssen. Dabei darf die Festlegung der Ziele durch die Unionsorgane natürlich nicht beliebig erfolgen, sondern muss sich an den aus den Verträgen ergebenen Vorgaben orientieren.[192]

- **Fehlende objektive oder subjektive Zielverwirklichung durch einen oder mehrere Mitgliedstaaten:** Das Erfordernis der nicht ausreichenden Zielverwirklichung, das sich auf die Ebene der einzelnen Mitgliedstaaten (und nicht auf ein gemeinsames Tätigkeiten aller Mitgliedstaaten) bezieht,[193] kann aus objektiven oder subjektiven Gründen vorliegen. Erstere sind dann anzunehmen, wenn das angestrebte Ziel schon aufgrund seines Inhalts oder seiner Natur nicht (ausreichend) auf der Ebene der Mitgliedstaaten verwirklicht werden kann. Aber auch wenn dies auf der Ebene der Mitgliedstaaten zwar grundsätzlich (objektiv) möglich ist, diese jedoch – aus welchen Gründen auch immer – nicht die hierzu erforderlichen Maßnahmen ergreifen, dürfte diese Voraussetzung gegeben sein.[194] Denn sowohl der Übertragung (geteilter) Kompetenzen auf die Union als auch Art. 5 Abs. 3 EUV selbst liegt das Bestreben zugrunde, die Verwirklichung der dem Vertrag zu entnehmenden Ziele auf jeden Fall sicherzustellen.[195] Ob dieses Erfordernis in Bezug auf alle oder nur in Bezug auf einen oder mehrere Mitgliedstaaten vorliegen muss, hängt von dem betreffenden Bereich ab; hier verbietet sich jede absolute Betrachtungsweise, und es ist entscheidend auf die grundsätzliche Möglichkeit der Zielverwirklichung abzustellen.

- **Besonderer quantitativer oder qualitativer Charakter der angestrebten Ziele:** Die Bezugnahme auf Umfang und Wirkungen des zu erreichenden Ziels in Art. 5 Abs. 3 UAbs. 1 EUV weist auf der einen Seite auf ihr quantitatives Ausmaß, auf der anderen Seite auf ihre qualitativen Auswirkungen hin: Entweder der quantitative Umfang eines Ziels – z.B. globale bzw. grenzüberschreitende Umweltbelastungen eines gewissen Ausmaßes und mit gewissen Folgen – oder aber seine qualitativen, eher umfassenden Wirkungen – z.B. aufgrund von Interaktionen mit anderen Unionszielen wie insbesondere die Verwirklichung des Binnenmarktes – können der Möglichkeit der besseren Verwirklichung auf Unionsebene zugrundeliegen.

Das Subsidiaritätsprinzip ist als **zwingender Rechtsgrundsatz** ausgestaltet und damit für die Unionsorgane verbindlich; seine Beachtung ist demnach – trotz des den Unionsorganen hier sicherlich einzuräumenden (bedeutenden) Gestaltungsspielraums – grundsätzlich **justiziabel**.[196] Auch der EuGH geht von dieser Sicht aus, wenn er die Vereinbarkeit von EU-Maßnahmen mit Art. 5 Abs. 3 EUV prüft, wobei er den Unionsorganen allerdings einen denkbar **weiten Gestaltungsspielraum** einräumt.[197] Im Übrigen impliziert das Subsidiaritätsprinzips jedenfalls eine gesteigerte Begründungspflicht, wobei die diesbezüglichen Anforderungen in der Rechtsprechung

40

---

192 Vor diesem Hintergrund relativiert sich auch die Frage, ob zunächst isoliert das Ungenügen einer mitgliedstaatlichen Lösung festgestellt werden muss, oder ob der komparative Test im Vordergrund steht (hierzu, m.w.N., *Meßerschmidt*, Europäisches Umweltrecht, § 2, Rn. 191): Falls das Ziel nämlich hinreichend „ehrgeizig" ist, werden nationale Maßnahmen in der Regel ungenügend sein.
193 Zu diesem Aspekt im Einzelnen, m.w.N., *Eisenberg*, Kompetenzausübung und Subsidiaritätskontrolle, 66 ff.
194 A.A. aber *Jarass*, EuGRZ 1994, 209 (210 f.); *Steinberg*, Staatswissenschaften und Staatspraxis 1995, 293 (294). Differenzierend nach den Wirkungen (potenzieller) EU-Maßnahmen (je nachdem, ob nur ein oder mehrere Mitgliedstaaten betroffen sind) *Rodi*, Finanzierungskompetenzen (6. Kap. J.V.), 56 f. Dieser Ansatz dürfte aber nur in Ausnahmefällen weiterhelfen, da in der Regel aufgrund komplexer Wechselwirkungen bei den diskutierten Maßnahmen Implikationen für zumindest einen anderen Mitgliedstaat vorliegen werden.
195 Vgl. ausführlich *Epiney*, AJP 1993, 950 (958 ff.). S. auch die Überlegungen bei *Krämer*, EC Environmental Law, 17 ff., der darauf hinweist, dass das jedenfalls zu erreichende Ziel der effektive Umweltschutz in der ganzen Union sein müsse.
196 *Jarass*, EuGRZ 1994, 209 (211 f.); *Blanke*, in: Subsidiaritätsprinzip, 95 (111 ff.); *Kahl*, AöR 1993, 414 (439 ff.); *Lambers*, EuR 1993, 229 (239 ff.); für eine grundsätzliche Justiziabilität trotz der unbestimmten Rechtsbegriffe auch überzeugend *Häberle*, AöR 1994, 169 (170 f.). Vgl. zur Art und Weise des Rückgriffs auf Subsidiaritätsüberlegungen in der Praxis der Unionsorgane *Winter*, EuR 1996, 247 ff. Ausführlich zur Diskussion um die Justiziabilität des Subsidiaritätsprinzips m.w.N. *Calliess*, EuGRZ 2003, 181 (184 ff.).
197 EuGH, Rs. C-377/98 (Niederlande/EP und Rat), Slg. 2001, I-7079, Ziff. 30 ff.; EuGH, Rs. C-84/94 (Großbritannien/Rat), Slg. 1996, I-5755, Ziff. 47; EuGH, Rs. C-491/01 (British American Tobacco), Slg. 2002, I-11453, Ziff. 181 ff.; s. auch EuGH, Rs. C-176/09 (Luxemburg/EP und Rat), Urt. v. 12.5.2011, wo der Gerichtshof die Verletzung des Subsidiaritätsprinzips verneint, da das klagende Luxemburg hierzu keine hinreichend substantiellen Ausführungen gemacht habe.

jedoch nicht sehr weitgehen.[198] Das erwähnte **Protokoll über die Anwendung der Grundsätze der Subsidiarität und der Verhältnismäßigkeit** enthält aber diesbezügliche Präzisierungen, womit eine **Erhöhung der Anforderungen an die Begründung** einhergehen dürfte.[199]

II. Konkretisierung des Art. 5 Abs. 3 EUV für den Bereich des Umweltrechts

41 Die Anwendbarkeit des Subsidiaritätsprinzips auf umweltpolitische Maßnahmen ist sicherlich unproblematisch, soweit sie nicht im Rahmen spezifischer Politiken, die in der ausschließlichen Kompetenz der Union liegen, ergriffen werden. Die vertraglichen Grundlagen zum Erlass umweltrechtlicher Maßnahmen[200] sind nämlich regelmäßig geteilte Zuständigkeiten, auch soweit Rechtsgrundlagen in anderen Politiken herangezogen werden. An der grundsätzlichen Maßgeblichkeit des Subsidiaritätsprinzips auch für die Umweltpolitik ändert auch der grenzüberschreitende Charakter umweltpolitischer Problemstellungen nichts.[201]

42 Umweltpolitische Maßnahmen gehen in der Regel entweder auf das Bestreben der tatsächlichen Verwirklichung des Binnenmarktes (Art. 26 AEUV) und / oder auf umweltpolitische Zielsetzungen (Art. 191 AEUV) zurück. Soweit nationale Maßnahmen die Schaffung des **Binnenmarktes** rechtmäßig behindern, ist die Voraussetzung der **nicht ausreichenden Zielverwirklichung auf mitgliedstaatlicher Ebene** unproblematisch gegeben. Aber auch die ungenügende **Verwirklichung umweltpolitischer Ziele auf der Ebene der Mitgliedstaaten** dürfte regelmäßig vor dem Hintergrund der weiten Fassung dieser Zielbestimmungen zu bejahen sein. Ausreichend ist auf dieser Grundlage nämlich schon die Existenz eines umweltpolitischen Problems in einem oder mehreren Mitgliedstaaten, dem diese nicht effektiv beggnen. Allerdings kann ein (umweltpolitisches) Ziel dann auf der Ebene der Mitgliedstaaten ausreichend verwirklicht sein, wenn in den verschiedenen Staaten zwar keine übereinstimmenden, aber gleichwertige Lösungen bestehen.[202]

43 Auch die Voraussetzung der **besseren Zielverwirklichung auf Unionsebene** dürfte in der Regel unproblematisch sein. In Bezug auf die Schaffung des Binnenmarktes ergibt sich dies schon aus der Notwendigkeit bestimmter gemeinsamer Regeln, da die verschiedenen nationalen Vorschriften seiner Verwirklichung gerade entgegenstehen. Aber auch umweltpolitische Ziele werden immer schon dann „besser" auf Unionsebene verwirklicht, wenn die EU-Maßnahme insgesamt zu einer Verbesserung der Umweltqualität führt.

44 Entscheidend ist damit, ob die umweltpolitischen Ziele so beschaffen sind, dass sie gerade aufgrund ihres **Umfangs oder ihrer Wirkungen besser auf Unionsebene** verwirklicht werden können, so dass letztlich auf die umfassende Natur des zu verwirklichenden Ziels bzw. der Problemstellungen abzustellen ist. Eine solche ist insbesondere bei zwei Fallgestaltungen zu bejahen:
- Erstens kann der relevanten umweltpolitischen Problemstellung ein **grenzüberschreitender und/oder gar globaler Charakter** in dem Sinn zukommen, dass die Wirkungen der Umweltbelastung über die Grenzen hinausgehen und / oder ein großräumiges bzw. koordiniertes

---

198 Vgl. etwa EuGH, Rs. C-233/94 (Deutschland/EP und Rat), Slg. 1997, I-2405, wo es der EuGH für ausreichend hielt, dass sich aus den Erwägungen zu der zur Debatte stehenden Richtlinie (implizit) ergebe, dass der Unionsgesetzgeber die Voraussetzung des Subsidiaritätsprinzips für erfüllt hielt, so dass ein ausdrücklicher Nachweis der Einhaltung des Subsidiaritätsprinzips offenbar nicht verlangt wird, s. auch EuGH, Rs. C-84/94 (Großbritannien/Rat), Slg. 1996, I-5755.
199 Die Bedeutung der Begründungspflicht betonend auch etwa *von Danwitz*, FS Sellner, 37 (45 ff.). Die Praxis der Unionsorgane geht hier bislang allerdings eher dahin, in der Präambel des jeweiligen Rechtsakts auf das Subsidiaritätsprinzip Bezug zu nehmen und zu behaupten, seine Anforderungen seien erfüllt, ohne dies jedoch im Einzelnen eigentlich zu belegen, vgl. hierzu die Zusammenstellung bei *Gorski*, in: EG-Umweltrecht, 137 (145 ff.).
200 Zu diesen den Überblick oben 4. Kap. A.
201 *Kahl*, AöR 1993, 414 (424 f.).
202 Dies ist z.B. bei Vorschriften über Messverfahren denkbar. Hierzu mit zahlreichen Beispielen aus der Rechtsetzungstätigkeit der EU *Jarass/Schreiber*, in: Leistungen und Grenzen des EG-Umweltschutzes, 124 (139 ff.).

4. Kapitel Rechtsgrundlagen der Umweltpolitik der Europäischen Union

Vorgehen notwendig bzw. sinnvoll ist.[203] Hier stellt sich das Problem der Erhaltung oder Verbesserung der Umweltqualität also nicht mehr in erster Linie in einem nationalen oder regionalen Rahmen, sondern betrifft alle oder zumindest mehrere Mitgliedstaaten. Es geht dabei um Maßnahmen, die nicht nur Umweltbelastungen in einer bestimmten Region, sondern (auch) ihre überregionalen Auswirkungen zum Gegenstand haben.

▪ Zweitens ist auf die **Verwirklichung des Binnenmarkts** hinzuweisen: Die tatsächliche Garantie der Grundfreiheiten und eines unverfälschten Wettbewerbs erfordern häufig schon „aus der Natur der Sache" eine unionsrechtliche Regelung. So kann etwa die Verkehrsfähigkeit eines Produkts in der gesamten Union ggf. nur über eine entsprechende sekundärrechtliche Maßnahme der Harmonisierung oder auch Liberalisierung hergestellt werden. Oder die Wettbewerbsbedingungen der in den verschiedenen Mitgliedstaaten ansässigen Unternehmen können nur über die Aufstellung bestimmter unionsrechtlicher Standards hergestellt werden. Derartigen Maßnahmen kommt aber häufig auch ein umweltpolitischer Charakter zu. Hier beruht der umfassende Charakter des Ziels also nicht (unmittelbar) auf dem jeweiligen umweltpolitischen Ziel, sondern auf der angestrebten Verwirklichung des Binnenmarktes. Auch die Rechtsprechung des EuGH geht in diese Richtung.[204]

In Anwendung dieser Kriterien werden daher **produkt- und produktionsbezogene EU-Maßnahmen** in der Regel den Anforderungen des Subsidiaritätsprinzips entsprechen, entfalten sie doch Auswirkungen auf die Verwirklichung des Binnenmarktes. Bei genuin **umweltpolitischen Maßnahmen** ist jeweils im Einzelnen zu prüfen, ob aufgrund des Umfangs oder der Wirkungen der Zielsetzungen eine bessere Zielverwirklichung auf Unionsebene bejaht werden kann, was häufig der Fall sein wird: Denn auch bei auf den ersten Blick scheinbar lokalen Umweltproblemen dürften aufgrund der generellen Interdependenz der Ökosysteme sehr häufig auch grenzüberschreitende Aspekte vorliegen. Daher wäre es sicherlich zu weitgehend, bei Umweltqualitätsstandards grundsätzlich davon auszugehen, dass derartige Standards gerade keinen hinreichend umfassenden Charakter aufweisen. Vor diesem Hintergrund dürfte das Subsidiaritätsprinzip dem Grundsatz umweltpolitischen Handelns auf Unionsebene in einem bestimmten Bereich allenfalls ausnahmsweise entgegenstehen;[205] fruchtbar gemacht werden könnte es jedoch bei der genauen Ausgestaltung der Regelung, die ggf. die Berücksichtigung lokaler Besonderheiten – ist Umwelt doch auch und gerade ein lokaler Begriff – ermöglichen sollte.

Auch wenn auf diese Weise die rechtliche Tragweite des Subsidiaritätsprinzips etwas präzisiert werden konnte, bleibt die Bestimmung sehr offen gefasst; so fragt es sich schon, aufgrund welcher Kriterien genau die „nicht ausreichende" Zielverwirklichung auf mitgliedstaatlicher Ebene und die „bessere" Zielverwirklichung auf Unionsebene festgestellt werden kann. Vor diesem Hintergrund verbleibt den Unionsorganen ein denkbar weiter Gestaltungsspielraum,[206] dessen

---

203 In diesem Sinn auch *Kahl*, AöR 1993, 414 (438 f.), der als Beispiele den Gewässerschutz und die Luftreinhaltung nennt; i. Erg. ähnlich *Brinkhorst*, EELR 1993, 8 (1); *Lenaerts*, Fordham International Law Journal 1994, 846 (880 f.); s. auch *Steinberg*, Staatswissenschaften und Staatspraxis 1995, 293 (297 ff.), unter Bezugnahme auf die politische Ökonomie; verneint dann aber allgemein die Notwendigkeit der Festlegung von Emissionsgrenzwerten unter Hinweis darauf, dass verschiedene Regionen in der Union unterschiedliche Immissionsniveaus ertragen könnten. Nach der hier vertretenen Ansicht können in solchen Fällen allerdings gleichwohl die Anforderungen des Subsidiaritätsprinzips erfüllt sein, wenn die EU-Normen Rückwirkungen auf die Wettbewerbsfähigkeit zeitigen, oder die Mitgliedstaaten *de facto* keine unterschiedlichen Standards aufstellen (wollen).

204 S. in diesem Zusammenhang EuGH, Rs. C-377/98 (Niederlande/Parlament und Rat), Slg. 2001, I-7079, Ziff. 30 ff.: Der Gerichtshof betont hier, dass das Subsidiaritätsprinzip deshalb nicht verletzt sei, weil eine Ausräumung der Unterschiede zwischen nationalen Rechtsordnungen von vornherein auf der Ebene der Mitgliedstaaten nicht erreichbar sei; im Übrigen sei der Handel innerhalb der EU betroffen, so dass es auf der Hand liege, dass das Ziel auf Grund des Umfangs und der Wirkungen der in Betracht gezogenen Maßnahmen besser auf Unionsebene erreicht werden könne. Ähnlich EuGH, Rs. C-491/01 (British American Tobacco Ltd. u.a.), Slg. 2002, I-11453, Ziff. 181 ff.

205 I. Erg. ähnlich die Einschätzung von *Meßerschmidt*, Europäisches Umweltrecht, § 2, Rn. 200 ff. S. in diesem Zusammenhang die Analyse der Einhaltung des Subsidiaritätsprinzips in Bezug auf eine Reihe sekundärrechtlicher Vorschriften bei *Eisenberg*, Kompetenzausübung und Subsidiaritätskontrolle, 104 ff.

206 S. auch *von Borries*, EUDUR I, § 25, Rn. 55.

Grenzen zumindest im Umweltbereich – wenn überhaupt – allenfalls ausnahmsweise überschritten sein dürften. Insofern ist die **Wirksamkeit des Subsidiaritätsprinzips** als rechtliche Schranke für die Kompetenzausübung der Union zu bezweifeln oder doch zumindest zu relativieren. Allerdings kommt ihm wohl eine gewisse präventive Wirkung in dem Sinn zu, dass die Kommission bei der Unterbreitung von Vorschlägen eine gewisse „Selbstkontrolle" anlegt.[207] Diese sollte aber keinesfalls dazu führen, dass aus umweltpolitischer Sicht notwendige Rechtsetzungsvorhaben unterlassen werden, ist doch nicht zu verkennen, dass gerade im Umweltbereich Maßnahmen zumindest in vielen oder gar den meisten Mitgliedstaaten in zahlreichen Bereichen häufig ungenügend sind und dass bei umweltpolitischen Zielsetzungen das Vorliegen der Voraussetzungen des Subsidiaritätsprinzips häufig gut begründbar ist, zumal in zahlreichen Fallgestaltungen wohl nur ein unionsweites Handeln möglicherweise Fortschritte in der gesamten Union bringen kann. Im Übrigen ist zu beachten, dass selbst wenn in Bezug auf gewisse umweltpolitische Maßnahmen das Vorliegen der Voraussetzungen des Subsidiaritätsprinzips fraglich sein könnte (was insbesondere im Bereich von Qualitätsstandards mit lediglich lokalen Auswirkungen in Betracht gezogen werden könnte), einer Aufhebung bereits geltender Vorschriften im Hinblick auf die Wahrung des unionsrechtlichen Besitzstands mit größter Vorsicht zu begegnen ist.

E. Literatur

I. Rechtsgrundlagen

Baur, Jürgen F./Schmidt-Preuß, Matthias/Moraing, Markus: Der Energietitel im Vertrag von Lissabon. Alter Wein in neuen Schläuchen, RdE 3/2010, 77 ff.

Breier, Siegfried: Der Streit um die richtige Rechtsgrundlage in der Rechtsprechung des Europäischen Gerichtshofes, EuR 1995, 46 ff.

Brenncke, Martin: Die Zulässigkeit des europarechtlichen Verbots der Glühlampe nach Art. 95 EG, EuZW 2009, 247 ff.

Calliess, Christian: Die Umweltkompetenzen der EG nach dem Vertrag von Nizza – zum Handlungsrahmen der europäischen Umweltgesetzgebung, ZUR 2003, 129 ff.

Debroux, Xavier: Le choix de la base juridique dans l'action environnementale de l'Union européenne, CDE 1995, 383 ff.

Ehricke, Ulrich/Hackländer, Daniel: Europäische Energiepolitik auf der Grundlage der neuen Bestimmungen des Vertrages von Lissabon, ZEuS 2008, 579 ff.

Ekardt, Felix/Pöhlmann, Katharina: Die Kompetenzen der Europäischen Gemeinschaft für den Rechtsschutz – am Beispiel der Aarhus-Konvention, EurUP 2004, 128 ff.

Epiney, Astrid: Gemeinschaftsrechtlicher Umweltschutz und Verwirklichung des Binnenmarktes – „Harmonisierung" auch der Rechtsgrundlagen? – Zur Entscheidung des EuGH in der Rs C-300/89, JZ 1992, 578 – Titandioxid, JZ 1992, 564 ff.

Epiney, Astrid: Division of Competence between Member States and the EC, in: Jan H. Jans (Hrsg.), The European Convention and the Future of European Environmental Law, Groningen u.a. 2003, 85 ff.

Everling, Ulrich: Abgrenzung der Rechtsangleichung zur Verwirklichung des Binnenmarktes nach Art. 100 a EWGV durch den Gerichtshof, EuR 1991, 179 ff.

Foerster, Max: (Umwelt-)Strafrechtliche Maßnahmen im Europarecht. Bedeutung des EuGH-Urteils Rs. C-176/03, Kommission/Rat, Berlin 2007.

Frenz, Walter: EU-Umweltkompetenzen nach Lissabon – Reichweite und Ausübung, UPR 2010, 293 ff.

Frenz, Walter/Kane, Anna-Miriam: Die neue europäische Energiepolitik, NuR 2010, 464 ff.

Garbe, Christian: Zuordnung umweltpolitischer Kompetenzen in der EU – Das Beispiel der Nitratrichtlinie (91/676/EWG) –, Staatswissenschaften und Staatspraxis 1995, 389 ff.

---

[207] *Meßerschmidt*, Europäisches Umweltrecht, § 2, Rn. 193.

4. Kapitel Rechtsgrundlagen der Umweltpolitik der Europäischen Union

Götz, Volkmar: Agrarumweltrecht der Europäischen Gemeinschaft, in: Rengeling, Hans-Werner (Hrsg.), Umweltschutz und andere Politiken der Europäischen Gemeinschaft, Köln u.a. 1993, 173 ff.

Grabitz, Eberhard/Zacker, Christian: Die neuen Umweltkompetenzen der EWG, NVwZ 1989, 297 ff.

Gundel, Jörg: Die Tabakprodukt-Richtlinie vor dem EuGH: Zur Zulässigkeit der Nutzung doppelter Rechtsgrundlagen im Rechtsetzungsverfahren der Gemeinschaft – Anmerkung zu EuGH, Rechts. C-491/01 – BAI/Secretary of Health, EuR 2003, 100 ff.

Gundel, Jörg: Die energiepolitischen Kompetenzen der EU nach dem Vertrag von Lissabon: Bedeutung und Reichweite des neuen Art. 194 AEUV, EWS 2011, 25 ff.

Heselhaus, Sebastian: Emanzipation der Umweltpolitik nach Art. 175 I EG-Vertrag (ex-Art. 130 s I EGV). Zur Abgrenzung der Umweltkompetenz der Gemeinschaft von anderen Sachkompetenzen unter Berücksichtigung von Doppelabstützungen, NVwZ 1999, 1190 ff.

Heselhaus, Sebastian: Kompetenz des Rates zum Abschluss des Donauschutzabkommens, EuZW 2001, 213.

Höhler, Sebastian/Lafuente, Veronika: Neues zum Rechtsgrundlagenstreit im Europarecht, ZUR 2007, 71 ff.

Jans, Jan H.: The Competences for EC Environmental Law, in: Winter, Gerd (Hrsg.), European Environmental Law. A comparative Perspective, Aldershot u.a. 1995, 317 ff.

Jarass, Hans D.: Binnenmarktrichtlinien und Umweltschutzrichtlinien, EuZW 1991, 530 ff.

Jarass, Hans D.: Die Kompetenzverteilung zwischen der Europäischen Gemeinschaft und den Mitgliedstaaten, AöR 1996, 120 ff.

Kahl, Wolfgang: Die Kompetenzen der EU in der Energiepolitik nach Lissabon, EuR 2009, 601 ff.

Kahl, Wolfgang: Energie und Klimaschutz – Kompetenzen und Handlungsfelder der EU, in: Helmuth Schulze-Fielitz/Thorsten Müller (Hrsg.), Europäisches Klimaschutzrecht, Baden-Baden 2009, 21 ff.

Kahl, Wolfgang: Alte und neue Kompetenzprobleme im EG-Umweltrecht – Die geplante Richtlinie zur Förderung erneuerbarer Energien, NVwZ 2009, 265 ff.

Kahl, Wolfgang: Der Rechtsgrundlagenstreit vor dem Gerichtshof – „Fortsetzung folgt…", FS Dieter Scheuing, Baden-Baden 2011, 92 ff.

Karpenstein, Peter: Doppelte Rechtsgrundlagen im Gemeinschaftsrecht, in: Ress, Georg (Hrsg.), Rechtsprobleme der Rechtsangleichung, Vorträge, Reden und Berichte aus dem Europa-Institut, Nr. 137, Saarbrücken 1988, 55 ff.

Kersten, Jens: Europäische Raumentwicklung, EuR 2009, 3 ff.

Kirchhof, Ferdinand/Kemmler, Iris: Einstimmigkeitserfordernis im Rat bei der Beschlussfassung über eine europäische Richtlinie zum Handel mit Treibhausgasemissionsberechtigungen, EWS 2003, 217 ff.

Krämer, Ludwig: Law Governing the Institutions, Trade-related environmental measures – double legal basis, JEEPL 2006, 153 ff.

Labayle, Henri: L'ouverture de la jarre de Pandore, réflexions sur les compétences de la Communauté en matière pénale (Commentaire arrêt de la Cour du 13 septembre 2005), CDE 2006, 379 ff.

Lütkes, Stefan: Kompetenz der EG für Geschwindigkeitsbeschränkungen für PKW auf Autobahnen?, EuZW 1991, 277 ff.

Matuschak, Holger: Die Bedeutung des neuen Art. 130 s Abs. 2 EGV im Rahmen des EG-vertraglichen Umweltrechts, DVBl. 1995, 81 ff.

Middeke, Andreas: Der Kompetenznormenkonflikt umweltrelevanter Gemeinschaftsakte im Binnenmarkt – zugleich Anmerkung zum Urteil des EuGH vom 17.3.1993 in der Rechtssache C-155/91, DVBl. 1993, 769 ff.

Molkenbur, Gerhard: Umweltschutz in der Europäischen Gemeinschaft – Eine Bestandsaufnahme der Rechtsgrundlagen und Zielsetzungen –, DVBl. 1990, 677 ff.

Müller, Thorsten/Bitsch, Christian: Die Umweltkompetenz nach Art. 175 Abs. 2 EG. Die geplante Richtlinie zur Förderung Erneuerbarer Energien als erster Anwendungsfall?, EurUP 2008, 220 ff.

Nettesheim, Martin: Horizontale Kompetenzkonflikte in der EG, EuR 1993, 243 ff.

Nettesheim, Martin: Das Energiekapitel im Vertrag von Lissabon, JZ 2010, 19 ff.

Pernice, Ingolf/Rodenhoff, Vera: Die Gemeinschaftskompetenz für eine Richtlinie über den Zugang zu Gerichten in Umweltangelegenheiten, ZUR 2004, 149 ff.
Rengeling, Hans-Werner: Gesetzgebungskompetenzen für den integrierten Umweltschutz, Köln u.a. 1999.
Ruffert, Matthias: Vorgaben des Europarechts und nationale Gestaltungsspielräume, in: Peter Marburger (Hrsg.), Energieversorgung und Umweltschutz, Berlin 2010, 13 ff.
de Sadeleer, Nicolas: Environmental Governance and the Legal Bases Conundrum, YEL 2012, 1 ff.
Schaffrin, Dora: Dual Legal Bases in EC Environmental Law Revisited: Note on the Judgements of the European Court of Justice in the Cases C-94/03 (Commission of the European Communities v. Council of the European Union) and C-178/03 (Commission of the European Communities v. European Parliament and Council of the European Union), RECIEL 2006, 339 ff.
Scheuing, Dieter H.: Der Rechtsgrundlagenstreit vor dem Gerichtshof, Ein Plädoyer, FS Bodo Börner, Köln u.a. 1992, 377 ff.
Schmidt-Kötters, Thomas/Held, Simeon: Die Kompetenzen der EG zur Erhebung von Umweltabgaben und die „Emissionsüberschreitungsabgaben" für PkW-Hersteller, NVwZ 2009, 1390 ff.
Schröer, Thomas: Mehr Demokratie statt umweltpolitischer Subsidiarität? – Anmerkungen zum Titandioxid-Urteil des EuGH –, EuR 1991, 356 ff.
Schröer, Thomas: Abgrenzung der Gemeinschaftskompetenzen zum Schutz der Gesundheit vor radioaktiver Strahlung, EuZW 1992, 207 ff.
Seiler, Christian: Kompetenz- und verfahrensrechtliche Maßstäbe europäischer Umweltabgaben. Die Versteigerung von CO_2-Emissionszertifikaten und die Überschreitungsabgabe auf CO_2-Emissionen von Neuwagen im Lichte der europäischen Zuständigkeitsordnung, EuR 2010, 67 ff.
Ullrich, Meike: Die Wahl der Rechtsgrundlage als Rechtsproblem des Gemeinschaftsrechts, ZEuS 2000, 243 ff.
Wegener, Bernhard W./Greenawalt, Tim: (Umwelt-) Strafrecht in europäischer Kompetenz! – zugleich eine Anmerkung zu EuGH, Rs. C-176/03 vom 13.9.2005 (Kommission/Rat), ZUR 2005, 585 ff.
Weiß, Holger: EC Competence for Environmental Criminal Law – An Analysis of the Judgement of the ECJ of 13.9.2005 in Case C-176/03, Commission v. Council, ZEuS 2006, 381 ff.
Wuermeling, Joachim: Anmerkung zu EuGH Rs. C-176/03, BayVBl. 2006, 368 ff.

II. Außenkompetenzen

Arnold, Rainer: Der Abschluss gemischter Verträge durch die Europäischen Gemeinschaften, ArchVR 1980/81, 419 ff.
de Baere, Geert: "O, Where is Faith? O, Where is Loyalty?" Some Thoughts on the Duty of Loyal Cooperation and the Union's External Environmental Competences in the Light of the *PFOS* Case, ELR 2011, 405 ff.
Breier, Siegfried: Die völkerrechtlichen Vertragsschlusskompetenzen der Europäischen Gemeinschaft und ihrer Mitgliedstaaten im Bereich des Umweltschutzes, EuR 1993, 340 ff.
Breier, Siegfried: Die geschlossene völkerrechtliche Vertretung der Gemeinschaft am Beispiel der 3. Vertragsstaatenkonferenz der Klimarahmenkonvention in Kyoto, EuZW 1999, 11 ff.
Breier, Siegfried: Die Außenkompetenzen der Gemeinschaft und ihrer Mitgliedstaaten auf dem Gebiet des Umweltschutzes, in: Müller-Graff, Peter-Christian/Pache, Eckhard/Scheuing, Dieter H. (Hrsg.), Die Europäische Gemeinschaft in der internationalen Umweltpolitik, Baden-Baden 2006, 99 ff.
Brok, Elmar: Die neue Macht des Europäischen Parlaments nach „Lissabon" im Bereich der gemeinsamen Handelspolitik, integration 2010, 209 ff.
Brusasco-MacKenzie, Margaret/Kiss, Alexandre: Les relations extérieures des Communautés Européennes en matière de protection de l'environnement, AFDI 1989, 702 ff.
Dimopoulos, Angelos: The Effects of the Lisbon Treaty on the Principles and Objectives of the Common Commercial Policy, European Foreign Affairs Review 2010, 153 ff.
Dörr, Oliver: Die Entwicklung der ungeschriebenen Außenkompetenzen der EG, EuZW 1996, 39 ff.
Emiliou, Nicholas: Towards a clearer demarcation line? The division of external relations power between the Community and Member States, ELR 1994, 76 ff.

4. Kapitel Rechtsgrundlagen der Umweltpolitik der Europäischen Union

Epiney, Astrid: Zur Tragweite des Art. 10 EGV im Bereich der Außenbeziehungen, FS Georg Ress, Köln u.a. 2005, 441 ff.

Epiney, Astrid: Zu den Implikationen der EU-Mitgliedschaft für die Stellung und Anwendung des Völkerrechts im innerstaatlichen Bereich, FS Rüdiger Wolfrum, Leiden 2012, 1909 ff.

Epiney, Astrid/Gross, Dominique: Zur Abgrenzung der Außenkompetenzen von Gemeinschaft und Mitgliedstaaten im Umweltbereich, Jahrbuch des Umwelt- und Technikrechts 2004, Berlin 2004, 27 ff.

Epiney, Astrid/Gross, Dominique: Kompetenzverteilung zwischen der EG und ihren Mitgliedstaaten – Grundlagen, in: Simon Marr/Peter Beyer/Julia Rüsch/Astrid Epiney/Dominique Gross, EG-Kompetenzen bei völkerrechtlichen Verträgen im Umweltbereich unter besonderer Berücksichtigung des OSPAR-Übereinkommens, Berlin 2004, 5 ff.

Epiney, Astrid/Gross, Dominique: Zu den verfahrensrechtlichen Implikationen der Kompetenzverteilung zwischen der EG und den Mitgliedstaaten im Bereich der Außenbeziehungen – unter besonderer Berücksichtigung des Umweltrechts, NuR 2005, 353 ff.

Epiney, Astrid/Gross, Dominique: Zur Abgrenzung der Kompetenzen zwischen der Gemeinschaft und den Mitgliedstaaten bei der Durchführung völkerrechtlicher Verträge – unter besonderer Berücksichtigung des Umweltrechts -, EurUP 2005, 2 ff.

Fajardo del Castillo, Teresa: Revisiting the External Dimension of the Environmental Policy oft he European Union: Some Challenges Ahead, JEEPL 2010, 365 ff.

Frenz, Walter: Außenkompetenzen der Europäischen Gemeinschaften und der Mitgliedstaaten im Umweltbereich, Berlin 2001.

Geiger, Rudolf: Vertragsschlusskompetenzen der Europäischen Gemeinschaft und auswärtige Gewalt der Mitgliedstaaten, JZ 1995, 973 ff.

Georgopoulos, Theodore: What kind of treaty-making power for the EU?, ELR 2005, 190 ff.

Gilsdorf, Peter: Die Außenkompetenzen der EG im Wandel – Eine kritische Auseinandersetzung mit Praxis und Rechtsprechung, EuR 1996, 145 ff.

Granvik, Lena: Incomplete Mixed Environmental Agreements of the Community and the Principle of Bindingness, in: Koskenniemi, Martti (Hrsg.), International Law Aspects of the European Union, Den Haag/London 1998, 255 ff.

Heintschel von Heinegg, Wolff: Spektrum und Status der internationalen Umweltkonventionen – Der Beitrag der Europäischen Gemeinschaft zur fortschreitenden Entwicklung des völkervertraglichen Umweltschutzes -, in: Müller-Graff, Peter-Christian/Pache, Eckhard/Scheuing, Dieter H. (Hrsg.), Die Europäische Gemeinschaft in der internationalen Umweltpolitik, Baden-Baden 2006, 77 ff.

Heliskoski, Joni: Mixed Agreements as a Technique for Organizing the International Relations of the European Community and its Member States, Den Haag 2001.

Herrmann, Christoph: Die EG-Außenkompetenzen im Schnittbereich zwischen internationaler Umwelt- und Handelspolitik, NVwZ 2002, 1168 ff.

Hilf, Meinhard: EG-Außenkompetenzen in Grenzen. Das Gutachten des EuGH zur Welthandelsorganisation, EuZW 1995, 7 ff.

Hobe, Stephan/Müller-Sartori, Patrick: Rechtsfragen der Einbindung der EG/EU in das Völkerrecht, JuS 2002, 8 ff.

Holdgaard, Rass: External Relations Law of the European Community. Legal Reasoning and Legal Discourses, Austin 2008.

von Horstig, Barbara: Die Europäische Gemeinschaft als Partei internationaler Umweltabkommen, Bonn 1997.

Jaquemont, Frédéric: The EU and Climate Change: Is a Clarification of EU Legal Competence possible?, elni 1/2001, 30 ff.

Kaddous, Christine: Le droit des relations extérieures dans la jurisprudence de la Cour de justice des Communautés européennes, Basel/Genf 1998.

Klamert, Marcus/Maydell, Niklas, Rechtsfragen der impliziten Außenkompetenz der EG illustriert am Beispiel der Dienstleistungsrichtlinie und der Minimum Platform on Investment, EuR 2008, 589 ff.

Klein, Eckart/Kimms, Frank: Die Kompetenz der Europäischen Gemeinschaft zum Abschluss umweltschutzrelevanter Verträge, UTR 1996, 53 ff.

Krämer, Ludwig: L'Union européenne et la gouvernance environnementale mondiale, RDUE 2011, 593 ff.

Marsden, Simon: MOX Plant and the Espoo Convention: Can Member State Disputes Concerning Mixed Environmental Agreements be Resolved Outside EC Law?, RECIEL 2009, 312 ff.

Montini, Massimiliano: EC External Relations on Environmental Law, in: Joanne Scott (Hrsg.), Environmental Protection. European Law and Governance, Oxford 2009, 127 ff.

O'Keeffe, David: Exclusive, concurrent and shared competence, in: Dashwood, Alan/Hillion, Christoph, The General Law of E.C. External Relations, London 2000, 179 ff.

Pitschas, Christian: Die völkerrechtliche Verantwortlichkeit der Europäischen Gemeinschaft und ihrer Mitgliedstaaten, Berlin 2001.

Pitschas, Christian: Anmerkung, EuZW 2002, 117 ff.

Rideau, Joël: Les accords internationaux dans la jurisprudence de la Cour de Justice des Communautés européennes: réflexions sur les relations entre les ordres juridiques international, communautaire et nationaux, RGDIP 1990, 289 ff.

Rodenhoff, Vera: Die EG und ihre Mitgliedstaaten als völkerrechtliche Einheit bei umweltvölkerrechtlichen Übereinkommen, Baden-Baden 2008.

Rosas, Allan: Mixed Union-Mixed Agreements, in: Koskenniemi, Martti (Hrsg.), International Law Aspects of the European Union, Den Haag/London 1998, 125 ff.

Schwarz, Kyrill-A.: Die Außenkompetenzen der Gemeinschaft im Spannungsfeld von internationaler Umwelt- und Handelspolitik – zugleich eine Anmerkung zum Gutachten 2/00 des EuGH vom 6.12.2001 –, ZEuS 2003, 51 ff.

Stein, Klaus D.: Der gemischte Vertrag im Recht der Außenbeziehungen der Europäischen Wirtschaftsgemeinschaft, Berlin 1986.

Steyrer, Johanna: Gemischte Verträge im Umweltrecht – die Folgen geteilter Kompetenz der Europäischen Gemeinschaft und ihrer Mitgliedstaaten ZUR 2005, 343 ff.

Thieme, Dominik: European Community External Relations in the Field of the Environment, EELR 2001, 252 ff.

Thieme, Dominik: Außenbeziehungen der Europäischen Gemeinschaft im Umweltbereich. Die Aufteilung der Verhandlungszuständigkeiten zwischen der EG und ihren Mitgliedstaaten bei der Aushandlung multilateraler Umweltabkommen – aktuelle und zukünftige Ausprägungen der europarechtlichen Kooperationspflicht, Baden-Baden 2006.

Tridimas, Takis: The WTO and OECD Opinions, in: Dashwood, Alan/Hillion, Christoph, The General Law of E.C. External Relations, London 2000, 48 ff.

Vedder, Christoph: Die auswärtige Gewalt des Europa der Neun, Göttingen 1980.

van Vooren, Bart: EU-EC External Competence after the Small Arms Judgment, European Foreign Affairs Review 2009, 7 ff.

III. Subsidiaritätsprinzip

Albin, Silke: Das Subsidiaritätsprinzip in der EU. Anspruch und Rechtswirklichkeit, NVwZ 2006, 629 ff.

Blanke, Hermann-Josef: Das Subsidiaritätsprinzip als Schranke des Europäischen Gemeinschaftsrechts?, ZG 1991, 133 ff.

Blanke, Hermann-Josef: Normativer Gehalt und Justiziabilität des Subsidiaritätsprinzips nach Art. 3 b EGV, in: Hrbek, Rudolf (Hrsg.), Das Subsidiaritätsprinzip in der Europäischen Union – Bedeutung und Wirkung für ausgewählte Politikbereiche, Baden-Baden 1995, 95 ff.

Brinkhorst, Laurens J.: Subsidiarity and EC Environment Policy, EELR 1993, 8 ff.

Calliess, Christian: Subsidiaritäts- und Solidaritätsprinzip in der Europäischen Union: Vorgaben für die Anwendung von Art. 3 b EGV am Beispiel der gemeinschaftlichen Wettbewerbs- und Umweltpolitik, Baden-Baden 1996.

Calliess, Christian: Kontrolle zentraler Kompetenzausübung in Deutschland und Europa: Ein Lehrstück für die Europäische Verfassung, EuGRZ 2003, 181 ff.

4. Kapitel Rechtsgrundlagen der Umweltpolitik der Europäischen Union

von Danwitz, Thomas: Subsidiaritätskontrolle in der Europäischen Union, FS Dieter Sellner, München 2010, 37 ff.
von Donat, Marcell: Das Subsidiaritätsprinzip in der Europäischen Union aus der Perspektive der Europäischen Kommission, in: Hrbek, Rudolf (Hrsg.), Das Subsidiaritätsprinzip in der Europäischen Union – Bedeutung und Wirkung für ausgewählte Politikbereiche, Baden-Baden 1995, 9 ff.
Eisenberg, Sonja: Kompetenzausübung und Subsidiaritätskontrolle im europäischen Umweltrecht. Zu den Voraussetzungen, Vor- und Nachteilen subsidiaritätsorientierter Umweltrechtsetzung in Europa, Berlin 2006.
Epiney, Astrid: Das Subsidiaritätsprinzip – Eine Kompetenzausübungsregel zur Begrenzung gemeinschaftlicher Tätigkeit, AJP 1993, 950 ff.
Glaser, Andreas: Kompetenzverteilung und Subsidiarität in der Europäischen Gemeinschaft am Beispiel der Bodenschutzrahmenrichtlinie, ZG 2007, 366 ff.
Gorski, Marek: Environmental Law and the Principle of Subsidiarity, in: Hans-Joachim Koch/Jan Schürmann (Hrsg.), Das EG-Umweltrecht und seine Umsetzung in Deutschland und Polen, Baden-Baden 2005, 137 ff.
Häberle, Peter: Das Prinzip der Subsidiarität aus der Sicht der vergleichenden Verfassungslehre, AöR 119 (1994), 169 ff.
Heintzen, Markus: Subsidiaritätsprinzip und Europäische Gemeinschaft, JZ 1991, 317 ff.
Jarass, Hans D.: EG-Kompetenzen und das Prinzip der Subsidiarität nach Schaffung der Europäischen Union, EuGRZ 1994, 209 ff.
Jarass, Hans D./Schreiber, Frank: Entfaltung des Subsidiaritätsprinzips im Umweltrecht, in: Jarass, Hans D./Neumann, Lothar F. (Hrsg.), Leistungen und Grenzen des EG-Umweltschutzes, Bonn 1994, 124 ff.
Kahl, Wolfgang: Möglichkeiten und Grenzen des Subsidiaritätsprinzips nach Art. 3 b EG-Vertrag, AöR 118 (1993), 414 ff.
Lambers, Hans-Jürgen: Subsidiarität in Europa – Allheilmittel oder juristische Leerformel?, EuR 1993, 229 ff.
Lecheler, Helmut: Das Subsidiaritätsprinzip. Strukturprinzip einer europäischen Union, Berlin 1993.
Lenaerts, Koen: The Principle of Subsidiarity and the Environment of the European Union, Fordham Internationa Law Journal 1994, 846 ff.
Lenaerts, Koen: The Principle of Subsidiarity and the Environment in the European Union: Keeping the Balance of Federalism, in: Abraham, Filip/Deketelaere, Kurt/Stuyck, Jules (Hrsg.), Recent Economic and Legal Developments in European Environmental Policy, Leuven 1995, 11 ff.
Lenaerts, Koen/van Ypersele, Patrick van: Le principe de subsidiarité et son contexte: étude de l'article 3 B du Traité CE, CDE 1994, 3 ff.
Molsberger, Philipp: Das Subsidiaritätsprinzip im Prozess europäischer Konstitutionalisierung, Berlin 2009.
Müller-Graff, Peter-Christian: Binnenmarktauftrag und Subsidiaritätsprinzip?, ZHR 159 (1995), 34 ff.
Pechstein, Matthias: Subsidiarität der EG-Medienpolitik?, DÖV 1991, 535 ff.
Pieper, Stefan Ulrich: Subsidiaritätsprinzip – Strukturprinzip der Europäischen Union, DVBl. 1993, 705 ff.
Pieper, Stefan Ulrich: Subsidiarität, Köln u.a. 1994.
Pipkorn, Jörn: Das Subsidiaritätsprinzip im Vertrag über die Europäische Union – rechtliche Bedeutung und gerichtliche Überprüfbarkeit, EuZW 1992, 697 ff.
Sauron, Jean-Luc: La mise en oeuvre du principe de subsidiarité, RMC 1998, 645 ff.
Schmidhuber, Peter M: Das Subsidiaritätsprinzip im Vertrag von Maastricht, DVBl. 1993, 417 ff.
Schmidhuber, Peter M./Hitzler, Gerhard: Die Verankerung des Subsidiaritätsprinzips im EWG-Vertrag – ein wichtiger Schritt auf dem Weg zu einer föderalen Verfassung der Europäischen Gemeinschaft, NVwZ 1992, 721 ff.
Steinberg, Rudolf: Die Subsidiaritätsklausel im Umweltrecht der Gemeinschaft, Staatswissenschaften und Staatspraxis 1995, 293 ff.

Stewing, Clemens: Das Subsidiaritätsprinzip als Kompetenzverteilungsregel im Europäischen Recht, DVBl. 1992, 1516 ff.

Stewing, Clemens: Subsidiarität und Föderalismus in der Europäischen Union, Köln u. a. 1992.

Timmermans, Christiaan: Subsidiarity and Transparency, Fordham International Law Journal 1999, 106 ff.

Vetter, Erwin: Das Subsidiaritätsprinzip in der Europäischen Union aus der Perspektive der deutschen Länder, in: Hrbek, Rudolf (Hrsg.), Das Subsidiaritätsprinzip in der Europäischen Union – Bedeutung und Wirkung für ausgewählte Politikbereiche, Baden-Baden 1995, 35 ff.

Winter, Gerd: Subsidiarität und Deregulierung im Gemeinschaftsrecht, EuR 1996, 247 ff.

Zuleeg, Manfred: Das Subsidiaritätsprinzip im Europarecht, Mélanges en hommage à Fernand Schockweiler, Baden-Baden 1999, 635 ff

5. Kapitel Grundprinzipien des Umweltrechts in der Europäischen Union

Die tragenden Linien des Umweltrechts in der Europäischen Union erschließen sich zunächst aus den dem Primärrecht zu entnehmenden inhaltlichen Vorgaben, die (verbindliche) Prinzipien für die Ausgestaltung des EU-Sekundärrechts enthalten (A.). Von großer Bedeutung für das letztlich anwendbare Recht sind darüber hinaus die das Zusammenspiel von Unionsrecht und nationalem Recht prägenden Grundsätze, die eine entscheidende Rolle für die den Mitgliedstaaten verbleibenden Kompetenzen spielen (B.). Für die Reichweite und Durchsetzung EU-Umweltrechts spielen Umsetzung, Vollzug und die Kontrollmechanismen zur Einhaltung der unionsrechtlichen Verpflichtungen eine wichtige Rolle (C., D.).

A. Inhaltliche Vorgaben

Ebenso wie die nationale[1] hat sich auch die EU-Umweltpolitik in **inhaltlicher Hinsicht an gewissen Zielen und Grundsätzen** zu orientieren. Sie werden im Einzelnen in Art. 191 Abs. 1-3 AEUV umschrieben,[2] so dass in Anknüpfung an die vertragliche Systematik zwischen den Zielen und Aufgaben der Umweltpolitik der Union (I.), den umweltpolitischen Handlungsprinzipien (II.) sowie den Leitlinien oder Abwägungskriterien (III.) unterschieden werden kann. Weiter ist auf die rechtliche Verbindlichkeit dieser Vorgaben einzugehen (IV.), bevor noch auf den sog. „Grundsatz des bestmöglichen Umweltschutzes" hinzuweisen sein wird (V.).

I. Ziele und Aufgaben

Art. 191 Abs. 1 AEUV nennt – in Konkretisierung der Art. 3 Abs. 3 EUV, Art. 4 Abs. 2 lit. e) AEUV, die den Umweltschutz als eigenständige Zielsetzung und die Umweltpolitik als eigene Politik aufführen – die **Ziele und Aufgaben der Umweltpolitik der Union**.[3] Sie reichen ganz allgemein von der Erhaltung und dem Schutz der Umwelt und der Verbesserung ihrer Qualität über den Gesundheitsschutz und die umsichtige und rationelle Verwendung der natürlichen Ressourcen bis zur Förderung von Maßnahmen auf internationaler Ebene zur Bewältigung globaler Umweltprobleme (unter Einschluss der Bekämpfung des Klimawandels).[4] Dabei soll die Umweltpolitik der Union zur Verfolgung dieser Ziele „beitragen". Mit dieser Formulierung wird die Gleichrangigkeit der Ziele[5] und ihr „Beitragscharakter"[6] betont. Zudem bringt sie zum Ausdruck, dass umweltpolitische Zielsetzungen nach dem Grundgedanken der „Querschnittsklausel"[7] eben auch in anderen Politikbereichen verfolgt werden.[8]

---

1 Vgl. etwa für die Bundesrepublik Deutschland *Kloepfer*, Umweltrecht, § 4, Rn. 1 ff.

2 Zusammenfassend zu den Zielen und Handlungsprinzipien etwa *Krämer*, in: Recent Economic and Legal Developments, 75 (78 ff.); *Jans*, in: European Environmental Law, 277 ff.; *Nettesheim*, Jura 1994, 337 ff.; *Schröder*, EUDUR I, § 9, Rn. 32 ff.; *Streinz-Kahl*, EUV/AEUV, Art. 191, Rn. 51 ff.; Calliess/Ruffert-*Calliess*, EUV/AEUV, Art. 191, Rn. 8 ff.

3 Grabitz/Hilf/Nettesheim-*Nettesheim*, Recht der EU, Art. 191, Rn. 60, weist darauf hin, dass diese Vorschrift im Wesentlichen Aufgabenzuweisungen enthalte, da Zielbestimmungen einen umweltpolitisch erwünschten Zustand enthielten, der aber in Art. 191 Abs. 1 AEUV nur hinsichtlich der „umsichtigen und rationellen Verwendung der Ressourcen" beschrieben werde. Ansonsten seien dieser Vorschrift im Wesentlichen Tätigkeitsfelder – also Aufgaben – der EU-Umweltpolitik zu entnehmen. Insofern wird zutreffend bemerkt, dass das Unionsrecht nicht eigentlich zwischen Ziel- und Aufgabennormen unterscheidet, vgl. *Schröder*, EUDUR I, § 9, Rn. 1.

4 Vgl. im Einzelnen zum Inhalt der einzelnen Ziele *Meßerschmidt*, Europäisches Umweltrecht, § 3, Rn. 12 ff.; Streinz-*Kahl*, EUV/AEUV, Art. 191, Rn. 51 ff.; Grabitz/Hilf/Nettesheim-*Nettesheim*, Recht der EU, Art. 191, Rn. 66 ff.; *Schröder*, EUDUR I, § 9, Rn. 16 ff.; mit zahlreichen Beispielen aus der Rechtsetzung auch Jans/Vedder, European Environmental Law, 32 ff.

5 Die Ziele des Art. 191 Abs. 1 AEUV können sich auch teilweise widersprechen, so dass ggf. eine Abwägung zu erfolgen hat, bei der den Unionsorganen ein weiter Beurteilungsspielraum einzuräumen ist, vgl. Grabitz/Hilf/Nettesheim-*Nettesheim*, Recht der EU, Art. 191, Rn. 63.

6 In dem Sinn, dass Umweltpolitik der Union eben nicht allein alle Umweltprobleme lösen kann, sondern hierzu nur – neben der Tätigkeit etwa der Mitgliedstaaten und der Staatengemeinschaft – einen Beitrag leisten kann.

7 Art. 11 AEUV. Hierzu noch unten 5. Kap. Rn. 36 ff.

8 Vgl. schon *Epiney/Furrer*, EuR 1992, 369 (382).

4 Die Nennung der Ziele bzw. Aufgaben in Art. 191 Abs. 1 AEUV ist – neben ihrer Aussagekraft für die Definition des den Verträgen zugrunde liegenden Umweltbegriffs[9] – insbesondere in zweierlei Hinsicht von Bedeutung:

- Zum einen umschreibt Art. 191 Abs. 1 AEUV in verbindlicher und abschließender Weise das **Tätigkeitsfeld der Union** auf dem Gebiet der Umweltpolitik und begrenzt damit ihre diesbezüglichen Aktivitäten.[10] Da die Aufzählung der verschiedenen Ziele nämlich nicht mit „insbesondere" eingeleitet wird, ist sie als abschließend anzusehen.[11] Angesichts der weiten Formulierung der Vorschrift – namentlich des ersten Spiegelstrichs –, dürften hieraus in der Praxis jedoch keine wesentlichen Einschränkungen Tätigkeit der Union resultieren.

  In Bezug auf ihre inhaltliche Tragweite sind die Ziele bzw. Aufgaben des Art. 191 Abs. 1 AEUV nämlich denkbar **weit** und offen ausgestaltet, so dass kaum ein umweltpolitisches Anliegen denkbar ist, das nicht unter eine oder mehrere dieser Aspekte subsumiert werden kann. Vor diesem Hintergrund und angesichts ihrer gleichwertigen Bedeutung erübrigt sich letztlich eine genaue Abgrenzung der verschiedenen, in der Vorschrift genannten Aspekte.[12]

- Zum anderen ist Art. 191 Abs. 1 AEUV eine **Pflicht der Union** und damit der am Rechtsetzungsprozess beteiligten **Organe** zur Ergreifung derjenigen Maßnahmen zu entnehmen, die für die Erfüllung einer der in dieser Vorschrift genannten Aufgaben unerlässlich ist,[13] womit jedoch (ebensowenig wie in Bezug auf Art. 191 Abs. 2, 3 AEUV) keine Rechte Einzelner korrespondieren, so dass Art. 191 Abs. 1 AEUV nicht unmittelbar wirksam ist.[14] Kann also eines der in Art. 191 Abs. 1 AEUV aufgeführten Ziele auf Unionsebene in befriedigender Weise nur über eine entsprechende Tätigkeit der Union erreicht werden,[15] so erwächst hieraus eine Pflicht der am Rechtsetzungsprozess beteiligten Organe, die erforderlichen Maßnahmen zu ergreifen; sie sind damit bezüglich des „Ob" ihres Tätigwerdens gerade nicht mehr frei. Allerdings müssen diese Voraussetzungen im Einzelfall und in Bezug auf ein bestimmtes, in Art. 191 Abs. 1 AEUV genanntes Ziel gegeben sein.[16] Zudem wird man den Unionsorganen einen **weiten Gestaltungsspielraum** bezüglich der Frage, ob nun die genannten Voraussetzungen gegeben sind oder nicht, zugestehen müssen.[17] Eine Verdichtung zu einer Pflicht zum Tätigwerden ist aber durchaus grundsätzlich denkbar.[18]

  Nur auf der Grundlage dieser Auslegung kann Art. 191 Abs. 1 AEUV tatsächlich seine größtmögliche Wirksamkeit (*effet utile*[19]) erfahren: Der Umschreibung der Ziele bzw. Aufgaben der Umweltpolitik der Union im Vertrag liegt sicherlich – neben der erwähnten Eingrenzung der diesbezüglichen Tätigkeiten der Union – der Gedanke zugrunde, dass ihre Verwirklichung grundsätzlich anzustreben ist, so dass dem Vertrag selbst die für die Umweltpolitik der Union maßgeblichen Zielvorstellungen zu entnehmen sind. Kommt den in Art. 191 Abs. 1 AEUV genannten Zielen somit ein verbindlicher Charakter zu, kann es gerade nicht im Ermessen der Union bzw. ihrer Organe stehen, ob sie diese Ziele nun verwirklichen wollen oder nicht. Die Verbindlichkeit der Zielsetzungen dieser Vorschrift impliziert also eine entsprechende

---

9 S.o. 1. Kap.
10 Vgl. nur *Meßerschmidt*, Europäisches Umweltrecht, § 3, Rn. 33.
11 Grabitz/Hilf/Nettesheim-*Nettesheim*, Recht der EU, Art. 191, Rn. 61 ff.
12 Vgl. für eine im Wesentlichen am gewöhnlichen Wortlaut der verwandten Begriffe orientierte Umschreibung der einzelnen Tätigkeitsfelder etwa Grabitz/Hilf/Nettesheim-*Nettesheim*, Recht der EU, Art. 191, Rn. 66 ff.; Dauses-*Scherer/Heselhaus*, Hb. EU-Wirtschaftsrecht, O, Rn. 25 ff.; *Meßerschmidt*, Europäisches Umweltrecht, § 3, Rn. 12 ff.
13 Ebenso Grabitz/Hilf/Nettesheim-*Nettesheim*, Recht der EU, Art. 191, Rn. 61; *Kahl*, Umweltprinzip, 94; *Jans/von der Heide*, Europäisches Umweltrecht, 26; *Winter*, AnwBl 2002, 75 (78); wohl auch (unter Betonung des weiten Gestaltungsspielraums des Unionsgesetzgebers) *Bleckmann/Koch*, UTR 1996, 33 (41). Anders offenbar *Frenz*, Europäisches Umweltrecht, Rn. 53.
14 Vgl. nur Grabitz/Hilf/Nettesheim-*Nettesheim*, Recht der EU, Art. 191, Rn. 64.
15 Und sind die Voraussetzungen des Subsidiaritätsprinzips (Art. 5 Abs. 3 EUV) erfüllt, hierzu oben 4. Kap. Rn. 34 ff.
16 Allgemein greift dagegen die oben, 3. Kap. Rn. 3 ff., erörterte generelle Verpflichtung der Union zur Verfolgung einer EU-Umweltpolitik ein.
17 Vgl. *Kahl*, Umweltprinzip, 94.
18 Ebenso *Winter*, AnwBl 2002, 75 (78), der von einem „Pflichtenkern" ausgeht, wozu insbesondere die Gefahrenvermeidung als Kernbestand des Vorsorgeprinzips sowie ein minimaler Schutz der Umwelt gehörten.
19 Zu diesem Auslegungsgrundsatz im Unionsrecht nur Bieber/Epiney/Haag-*Epiney*, EU, § 9, Rn. 17 ff.

Handlungspflicht der Union, die diese Ziele mit den ihr zur Verfügung stehenden Mitteln anzustreben hat.

Vor dem EuGH, der nur unter der Voraussetzung der Einleitung eines entsprechenden Verfahrens durch ein Organ oder einen Mitgliedstaat tätig werden kann,[20] ist die Verletzung einer derartigen Pflicht aber noch nicht bejaht worden. Der EuGH dürfte aber ebenfalls davon ausgehen, dass Art. 191 Abs. 1 AEUV jedenfalls eine entsprechende Rechtspflicht zum Schutz der Umwelt beinhaltet, wobei auch in der Rechtsprechung der recht weit gefasste Gestaltungsspielraum deutlich wird. So verlange Art. 191 Abs. 1 AEUV nicht, dass der Unionsgesetzgeber immer auch die Umwelt insgesamt schützen müsse. Daher sei es ihm nicht verwehrt, (nur) isolierte Maßnahmen zur Bekämpfung eines spezifischen Problems zu ergreifen. Ausreichend sei, dass eine bestimmte Maßnahme zur Erhaltung und zum Schutz der Umwelt sowie zur Verbesserung ihrer Qualität beitrage.[21]

II. Umweltpolitische Handlungsprinzipien

Während Art. 191 Abs. 1 AEUV die Ziele bzw. Aufgaben der EU-Umweltpolitik umschreibt, sind Art. 191 Abs. 2 AEUV einige Vorgaben hinsichtlich der hierbei einzusetzenden Mittel zu entnehmen,[22] so dass diese Bestimmung letztlich eine Reihe inhaltlicher **Anforderungen an die Ausgestaltung Umweltpolitik der Union** stellt.[23] Dies stellt im Gesamtzusammenhang des Vertrages insofern eine Besonderheit dar, als im Rahmen der anderen Unionspolitiken zwar in der Regel auch die Ziele festgelegt werden, die inhaltliche Ausgestaltung und damit der Weg zu ihrer Erreichung jedoch nicht oder allenfalls begrenzt[24] durch „Handlungsgrundsätze" vorgegeben wird.[25]

Nicht ausdrücklich als solches in den Verträgen formuliert ist das sog. (umweltrechtliche) **Kooperationsprinzip**, womit in der Regel Bezug auf die Notwendigkeit genommen wird, dass Umweltschutz nicht alleinige Aufgabe des Staates ist, sondern ein Zusammenwirken aller implizierten Kräfte, erfordert auch von Wirtschaft und Gesellschaft, erfordert.[26] Dies ändert aber nichts daran, dass der Vertrag, insbesondere Art. 4 Abs. 3 AEUV und Art. 11 Abs. 1-3 EUV,[27] und allgemeine Rechtsgrundsätze die grundsätzliche Maßgeblichkeit eines solchen Prinzips nahe legen dürften.[28] Allerdings bleibt es jedenfalls – auch aufgrund der nicht erfolgten ausdrücklichen vertraglichen Verankerung – so unbestimmt, dass aus ihm kaum wirkliche Rechtspflichten der Unionsorgane abgeleitet werden können, sieht man einmal von den doch sehr allgemein formulierten Grundsätzen des Art. 11 Abs. 1-3 EUV ab; insofern dürfte der im Verhältnis zu den sowieso bestehenden vertraglichen Bestimmungen bestehende zusätzliche „Erkenntniswert" zu vernachlässigen sein.[29] Immerhin sei darauf hingewiesen, dass im EU-Sekundärrecht Aspekte des Kooperationsprinzips in

---

20 Zum Rechtsschutz noch unten 5. Kap. Rn. 151 ff.
21 EuGH, Rs. C-284/95 (Safety Hitech Srl/S. & T. Srl.), Slg. 1998, I-4301, Ziff. 43 ff.
22 Zur Differenzierung zwischen Zielen oder Aufgaben einerseits und Handlungsgrundsätzen andererseits *Burgi*, NuR 1995, 11 (13 f.).
23 Wobei zu bemerken ist, dass die Grundidee der meisten Prinzipien auch im Völkerrecht relevant wird, sowohl im allgemeinen (Umwelt-) Völkerrecht als auch im WTO-Recht. Vgl. in diesem Zusammenhang die ausführliche vergleichende Analyse von *de Sadeleer*, Environmental Principles, *passim*; s. auch schon *de Sadeleer*, Les principes du pollueur-payeur, de prévention et de précaution, *passim*.
24 Vgl. etwa für die nunmehr auch in andere Unionspolitiken eingefügte „Querschnittsklausel" unten 5. Kap. Rn. 36 ff.
25 Vgl. schon *Krämer*, EuGRZ 1989, 353 (356).
26 Vgl. zum Grundgedanken des Kooperationsprinzips *Kloepfer*, Umweltrecht, § 4, Rn. 45 ff.; *Meßerschmidt*, Europäisches Umweltrecht, § 3, Rn. 164, jeweils m.w.N. Ausführlich *Shirvani*, Kooperationsprinzip, *passim*; *Salzborn*, Kooperationsprinzip, 132 ff.
27 Diese Bestimmung wird auch teilweise als eigentliche Verankerung des Kooperationsprinzips gesehen, so *Meßerschmidt*, Europäisches Umweltrecht, § 3, Rn. 166.
28 Vgl. im Einzelnen *Rengeling*, in: Kooperationsprinzip, 53 ff.; *Meßerschmidt*, Europäisches Umweltrecht, § 3, Rn. 163 ff.; ausführlich *Salzborn*, Kooperationsprinzip, 146 ff., 295 ff.; *Shirvani*, Kooperationsprinzip, 280 ff. Auch in unverbindlichen Akten der Union wird das Kooperationsprinzip bemüht, s. insbesondere 5. Aktionsprogramm, ABl. 1993 C 138, 1, Kap. 3.1, 4.1.
29 Sehr skeptisch auch aus grundsätzlicher Sicht zur „Aufwertung" des Kooperationsprinzips als „Rechtsprinzip" in Bezug auf deutsches Recht und vor dem Hintergrund der Rechtsprechung des BVerfG *Koch*, NuR 2001, 541 ff.

verschiedenen Bereichen aufgegriffen werden, so dass sich einige sekundärrechtliche Bestimmungen und Rechtsakte gar wie eine Art Durchführung des Kooperationsprinzips lesen.[30]

1. Hohes Schutzniveau (Art. 114 Abs. 3, 191 Abs. 2 S. 1 AEUV)

In Bezug auf den der EU-Umweltpolitik zugrunde zu legenden Schutzstandard enthält der Vertrag zwei Vorschriften: **Art. 114 Abs. 3 AEUV** gibt der Kommission auf, bei ihren Vorschlägen nach Art. 114 Abs. 1 AEUV im Bereich des Umweltschutzes von einem **hohen Schutzniveau** auszugehen; Rat und Parlament haben dieses Ziel ebenfalls „anzustreben".[31] **Art. 191 Abs. 2 S. 1 AEUV** formuliert allgemein, dass die Umweltpolitik der Union unter Berücksichtigung der unterschiedlichen Gegebenheiten in den einzelnen Regionen der Union auf ein hohes Schutzniveau abzielen muss.[32] Beide Vorschriften enthalten eine rechtliche Verpflichtung,[33] deren Verletzung geltend gemacht werden kann und die ggf. zur Nichtigkeit des betreffenden Rechtsakts führen kann.[34]

Die etwas verunglückte und in Bezug auf die Verpflichtung der verschiedenen Unionsorgane zudem variierende Formulierung des Art. 114 Abs. 3 AEUV ändert nichts daran, dass Art. 114 Abs. 3 AEUV und Art. 191 Abs. 2 S. 1 AEUV im Ergebnis parallel auszulegen sind und insbesondere eine Verpflichtung enthalten, das hohe Schutzniveau in dem zu verabschiedenden Rechtsakt auch tatsächlich zu verankern, nicht nur „anzustreben" (vgl. diese Formulierung in Art. 114 Abs. 3 S. 2 AEUV). Jede andere Auslegung unterliefe Sinn und Zweck der Verpflichtung auf ein hohes Schutzniveau und beraubte diese Bestimmung ihrer praktischen Wirksamkeit, ganz abgesehen davon, dass es wenig stimmig und angesichts der Querschnittsklausel auch kaum vertretbar wäre, bei Art. 114 AEUV von einem niedrigeren Standard als im Rahmen des Art. 192 AEUV auszugehen.[35]

Allerdings bedeutet „hohes Schutzniveau" nicht „höchstes Schutzniveau", so dass wirtschaftliche und politische Aspekte berücksichtigt werden können. Bei der Gewichtung der verschiedenen Interessen sind (auch) die übrigen Grundprinzipien des EU-Umweltrechts und Zielsetzungen der EU zu beachten.[36]

Soll die Verpflichtung auf ein hohes Schutzniveau nicht – was dem rechtlich verbindlichen Charakter dieser Vorgabe widerspräche und auch mit dem *effet utile* dieser Bestimmung nicht in Einklang stünde – völlig wirkungslos sein, so liegt es nahe, dieser Vorgabe zumindest zu entnehmen, dass die jeweiligen Unionsregelungen mit dem Schutzniveau der nationalen Umweltregelungen in Staaten mit einem anerkannt hohen Schutzniveau (sowohl innerhalb als auch außerhalb der EU) sowie mit internationalen Standards in Beziehung zu setzen sind:[37] Bleibt der unionsrechtliche Standard klar hinter diesen Standards oder einem dieser Stan-

---

30 Hingewiesen sei etwa auf die Umweltinformationsrichtlinie oder die EMAS-Verordnung. Hierzu unten 6. Kap. Rn. 39 ff., Rn. 114 ff. Aber auch zahlreiche Verfahrenspflichten weisen einen Bezug zum Kooperationsprinzip auf. Vgl. im Einzelnen zu den verschiedenen Verfahrenspflichten im EU-Umweltrecht *Schmidt-Aßmann/Ladenburger*, EUDUR I, § 18.
31 Nach *Schroeder*, DVBl. 2002, 213 (214 f.) kommt damit zum Ausdruck, dass die Schutzziele in den Bereichen Gesundheit, Sicherheit, Umwelt- und Verbraucherschutz mit anderen Vertragszielen konfligieren (können), so dass dieser Bestimmung ein „Optimierungsgebot" zu entnehmen sei.
32 Zur Entstehung dieser Verpflichtung auf ein hohes Schutzniveau *Krämer*, ZUR 1997, 303 f. Vgl. ausführlich zu der Verpflichtung auf ein hohes Schutzniveau *Schroeder*, DVBl. 2002, 213 ff.
33 Vgl. *Grabitz/Zacker*, NVwZ 1989, 297 (300); *Haneklaus*, DVBl. 1990, 1135 (1138); *Pernice*, Verw 1989, 1 (9); *Kahl*, Umweltprinzip, 95; *Bandi u.a.*, Environmental Jurisprudence, 113 ff.
34 So auch EuGH, Rs. C-284/95 (Safety Hitech), Slg. 1998, I-4301, Ziff. 38 ff., wo der EuGH prüft, ob durch den Erlass der in dieser Rechtssache streitigen VO 3093/94 (ABl. 1994 L 333, 1) gegen die Pflicht, ein hohes Schutzniveau anzulegen, verstoßen wurde, was der EuGH aber – wohl auch und gerade angesichts des weiten Gestaltungsspielraums der Unionsorgane – im Ergebnis ablehnt. S. auch noch unten 5. Kap. 46 ff. im Zusammenhang mit der rechtlichen Tragweite der Umweltprinzipien.
35 Im Ergebnis ebenso etwa *Meßerschmidt*, Europäisches Umweltrecht, § 7, Rn. 158, m.w.N.
36 Zur Tragweite des sog. „Grundsatzes des bestmöglichen Umweltschutzes" noch unten 5. Kap. Rn. 55 ff.
37 Vgl. diesen Ansatz bei *Krämer*, ZUR 1997, 303 (305).

5. Kapitel Grundprinzipien des Umweltrechts in der Europäischen Union

dards[38] zurück, dürfte Vieles dafür sprechen, einen Verstoß gegen diese Vorgabe zu bejahen. Daher dürfte etwa eine Harmonisierung auf dem niedrigsten mitgliedstaatlichen Schutzniveau oder das grundsätzliche Anlegen eines Durchschnittsniveaus der Mitgliedstaaten nicht mit dieser Vorgabe vereinbar sein.[39] Aber auch auf der Grundlage dieses Ansatzes verbleibt dem Unionsgesetzgeber natürlich ein **weiter Gestaltungsspielraum**, so dass es nur in Ausnahmefällen denkbar ist, dass die Nichtbeachtung des hohen Schutzniveaus gerichtlich festgestellt werden kann,[40] zumal gerade auch die Rechtsprechung des Gerichtshofs von einem sehr (zu?) weiten Spielraum ausgeht.[41]

Bei der Festlegung des Schutzniveaus sind die **unterschiedlichen Gegebenheiten in den einzelnen Regionen der Union** zu berücksichtigen. In Anbetracht der nochmaligen Erwähnung der Umweltbedingungen in den einzelnen Regionen als Leitlinie für die Erarbeitung der EU-Umweltpolitik in Art. 191 Abs. 3 2. Spiegelstrich AEUV kann Art. 191 Abs. 2 S. 1 AEUV nur so ausgelegt werden, dass bereits das Schutzniveau selbst unter Einbezug der Bedingungen in den verschiedenen Regionen der Union zu definieren ist,[42] so dass dem Begriff des „hohen Schutzniveaus" kein absoluter, sondern ein relativer Charakter zukommt. Je nach der Situation in der betroffenen Region kann daher im Vergleich zu dem durchschnittlichen hohen Standard sowohl eine Abweichung nach oben in Richtung strengerer Standards als auch nach unten erfolgen.[43] Deutlich wird damit aber, dass dem Begriff des hohen Schutzniveaus kein absoluter, sondern ein relativer Charakter zukommt.

So verträgt z.B. eine weniger dicht besiedelte Gegend höhere Emissionen als ein Ballungsgebiet. Ökologisch sensible Gebiete, wie etwa der Alpenraum, benötigen einen höheren Standard als das in der Regel „unsensiblere" Flachland.

Diese Einbeziehung der Gegebenheiten in den verschiedenen Regionen schon in die Definition des Schutzniveaus trägt der Erkenntnis Rechnung, dass Umwelt auch ein lokaler Begriff ist, kann Umweltqualität doch häufig nur in Bezug auf eine konkrete Situation, eine bestimmte Zeitspanne und einen begrenzten Raum definiert werden.[44]

Diese Grundsätze erlauben es jedoch nicht, von bestimmten unionsrechtlichen Vorgaben allein deshalb nach unten abzuweichen, weil andere oder benachbarte Gegenden oder Regionen nur eine sehr schwache oder gar keine Belastung aufweisen. Denn in diesem Fall geht es nicht darum, auf die Besonderheit **einer** Region abzustellen, sondern die starke Belastung eines Gebiets soll durch eine besonders schwache Belastung eines **anderen** Gebiets ausgeglichen werden. Letztlich werden also zwei verschiedene Gebiete miteinander verglichen und verknüpft, worum es bei dem dargestellten Grundsatz gerade nicht geht.[45] Daher geht es z.B. nicht an, auf die Kürze der Flüsse und die Geschwindigkeit der Abführung von Schadstoffen in den Ozean, in dem sie dann „verwässert" werden, hinzuweisen, um Ausnahmen von unionsrechtlichen Immissionsstandards in Binnengewässern geltend machen zu können. Dagegen können unter Umständen – d.h. insbesondere wenn die zulässigen Immissionsnormen nicht überschritten werden – weniger strenge Emissionswerte gerechtfertigt

---

38 Insofern zumindest missverständlich EuGH, Rs. C-284/95 (Safety Hi-Tech), Slg. 1998, I-4301, Ziff. 48, wo der EuGH offenbar davon ausgeht, dass das Anlegen eines internationalen Standards in jedem Fall genügend sein könnte, was schon deshalb nicht überzeugt, weil internationale Standards mitunter sehr große Kompromisse im Hinblick auf eine möglichst weitgespannte Staatenbeteiligung implizieren können.
39 *Meßerschmidt*, Europäisches Umweltrecht, § 3, Rn. 61.
40 S. auch *Krämer*, ZUR 1997, 303 (308), der trotz der von ihm angenommenen rechtlichen Verbindlichkeit der Verpflichtung auf ein hohes Schutzniveau davon ausgeht, dass diese „de facto gerichtlich nicht kontrollierbar" sei. Ähnlich *Schroeder*, DVBl. 2002, 213 (220 f.), der aber eine Verdichtung der gerichtlichen Kontrolle durch den EuGH fordert.
41 Vgl. EuGH, Rs. C-284/95 (Safety Hi-Tech), Slg. 1998, I-4301, Ziff. 48 f.; s. insoweit auch EuGH, Rs. C-233/94 (Deutschland/EP und Rat), Slg. 1997, I-2405, Ziff. 48, allerdings in Bezug auf ein hohes Schutzniveau im Verbraucherschutzrecht.
42 Soll der Erwähnung der Bedingungen in den Regionen in Art. 191 Abs. 2 S. 1 AEUV neben Art. 191 Abs. 3 AEUV noch ein eigener Sinngehalt zukommen (*effet utile*), vgl. schon *Epiney/Furrer*, EuR 1992, 369 (383 f.). Anders offenbar *Frenz*, Europäisches Umweltrecht, Rn. 133.
43 Ähnlich *Dauses-Scherer/Heselhaus*, Hb. EU-Wirtschaftsrecht, O, Rn. 34; nicht ganz klar *Meßerschmidt*, Europäisches Umweltrecht, § 3, Rn. 66, der einerseits eine Definition des hohen Schutzniveaus in Anknüpfung an die unterschiedlichen Gegebenheiten in den Regionen ablehnt, andererseits aber eine Regionalisierung auf der Ebene der EU-Rechtsetzung in Erwägung zieht.
44 Vgl. *Epiney/Knoepfel*, URP/DEP 1993 (5. Kap. E.II.), 17 f.
45 Teilweise kann aber natürlich die Festlegung des Gebiets, das den Bezugspunkt darstellen soll, schwierig sein.

sein. Ob und inwieweit solche Differenzierungen aber aus politischer Sicht sinnvoll sind, ist gerade bei möglichen „Absenkungen" des Schutzniveaus eine andere Frage. Jedenfalls dürfte Art. 191 Abs. 2 S. 1 AEUV nicht so ausgelegt werden können, dass eine Pflicht zur Absenkung des Schutzstandards bestünde; die Verpflichtungswirkung der Differenzierung nach Regionen dürfte sich vielmehr – angesichts des insgesamt anzustrebenden hohen Schutzniveaus – auf Verstärkungen des Schutzniveaus in sensiblen Regionen beschränken. Im Übrigen ist jedenfalls das Vorsorgeprinzip zu beachten.[46]

10 In Verbindung mit der „Querschnittsklausel" des Art. 11 AEUV[47] kann Art. 191 Abs. 2 S. 1 AEUV der allgemeine Grundsatz entnommen werden, dass **alle umweltrelevanten Rechtsakte** der Union von einem hohen Schutzniveau ausgehen müssen und alle mit dieser Materie befassten **Organe** dieser Verpflichtung unterliegen. Denn nach Art. 11 AEUV sind Erfordernisse des Umweltschutzes bei der Verfolgung anderer EU-Politiken zu beachten; was unter Erfordernissen des Umweltschutzes zu verstehen ist, ist den umweltrechtlichen und -politischen Grundprinzipien der Art. 191 Abs. 1-3 AEUV zu entnehmen. Hierzu gehört aber auch und gerade die Verfolgung eines hohen Schutzniveaus. Die Zugrundelegung eines hohen Schutzniveaus stellt damit einen **allgemeinen Grundsatz des Unionsrechts** dar, der auf alle umweltrelevanten Maßnahmen der Union Anwendung findet und der für alle Unionsorgane verbindlich ist. Auf der Grundlage dieses Ansatzes stellt Art. 114 Abs. 3 AEUV (nur) eine spezifische Ausprägung dieses Prinzips dar.

11 Trotz des in dieser Hinsicht nicht ganz klaren Wortlauts der Art. 114 Abs. 3, Art. 191 Abs. 2 S. 1 AEUV ist davon auszugehen, dass es sich hier insofern um eine **Ergebnisverpflichtung** handelt, als sich zumindest in denjenigen Konstellationen, in denen die Union tätig wird, das hohe Schutzniveau in dem letztlich erlassenen Sekundärrechtsakt niedergeschlagen haben muss. Es geht also nicht nur darum, auf ein hohes Schutzniveau „abzuzielen", sondern darum, es auch in den Sekundärrechtsakten zu verankern.[48] Nur diese Sicht trägt dem *effet utile* dieser Bestimmung und dem auch in Art. 3 Abs. 3 EUV zum Ausdruck gekommenen Prinzip, dass ein hohes Maß an Umweltschutz erreicht werden soll, Rechnung: Denn ansonsten beschränkte sich der Aussagegehalt der Bestimmung letztlich auf eine Art „Bemühenspflicht", womit ihr letztlich jegliche nennenswerte Bedeutung abhanden käme.

12 Im Übrigen dürfte sich die Verpflichtung eines hohen Schutzniveaus auf **jede einzelne Maßnahme**, nicht nur auf eine Politik insgesamt beziehen.[49] Dies erscheint schon deshalb zwingend, weil der Bestimmung ansonsten (fast) jede praktische Wirksamkeit abginge, da die Frage nach einem „insgesamt" hohen Umweltschutzniveau rechtspraktisch und aus theoretischer Sicht (fehlen doch Anhaltspunkte für die diesbezügliche Bewertung) kaum zu beantworten ist und im Übrigen eine effektive Durchsetzung dieser Pflicht die Möglichkeit impliziert, auch einzelne Maßnahmen in Frage stellen zu können.[50]

13 Die Tragweite der Verpflichtung, im Rahmen der Definition und Verfolgung der EU-Umweltpolitik ein hohes Schutzniveau zugrunde zu legen, kann damit durch folgende Punkte **zusammengefasst** werden:

- In Verbindung mit der Querschnittsklausel (Art. 11 AEUV) verpflichtet Art. 191 Abs. 2 S. 1 AEUV alle Unionsorgane, bei der Vorbereitung oder dem Erlass umweltrelevanter Vorschriften (in allen Politikbereichen) ein hohes Schutzniveau anzulegen.
- Allerdings muss nicht auf das höchste Schutzniveau abgestellt werden, so dass auch noch andere Aspekte bzw. (vertragliche) Zielsetzungen berücksichtigt werden können. Insofern

---

46 Zu diesem 5. Kap. Rn. 14 ff.
47 S. hierzu noch unten 5. Kap. Rn. 36 ff.
48 So wohl auch EuGH, Rs. C-284/95 (Safety Hi-Tech), Slg. 1998, I-4301, wenn er prüft, ob eine bestehende sekundärrechtliche Bestimmung ein hohes Schutzniveau anlegt; nicht ganz klar hingegen *Meßerschmidt*, Europäisches Umweltrecht, § 3, Rn. 65, der davon spricht, dass die EU zu einem „Bemühen" verpflichtet werde, sich aber auch entsprechende Ergebnisse einstellen müssten.
49 So wohl auch EuGH, Rs. C-284/95 (Safety Hi-Tech), Slg. 1998, I-4301; ebenso Streinz-*Kahl*, EUV/AEUV, Art. 191, Rn. 69; Grabitz/Hilf/Nettesheim-*Nettesheim*, Recht der EU, Art. 191, Rn. 132; Calliess/Ruffert-*Calliess*, EUV/AEUV, Art. 191, Rn. 15; a.A. etwa *Jans/von der Heide*, Europäisches Umweltrecht, 34 ff.
50 S. auch noch unten 5. Kap. Rn. 46 ff., im Zusammenhang mit der Rechtswirkung der Umweltprinzipien.

5. Kapitel Grundprinzipien des Umweltrechts in der Europäischen Union

kommt dem Unionsgesetzgeber also ein weiter Gestaltungsspielraum zu; allerdings hat er jedenfalls den unionsrechtlichen Ansatz in Beziehung zu den internationalen Standards und den Standards in Staaten mit einem anerkannt hohen Schutzniveau zu setzen.

- Die Bestimmung des hohen Schutzniveaus hat unter Berücksichtigung der (Umwelt-) Bedingungen in den verschiedenen Regionen zu erfolgen.
- Es handelt sich insofern um eine Ergebnisverpflichtung, als sich das hohe Schutzniveau in dem erlassenen Sekundärrechtsakt niedergeschlagen haben muss. Dabei bezieht sich die Verpflichtung auf jeden einzelnen Sekundärrechtsakt.

Der EuGH hat auf den Grundsatz eines hohen Schutzniveaus bislang im Wesentlichen bei der **Auslegung sekundärrechtlicher Bestimmungen,**[51] bei der Frage nach der **Primärrechtskonformität mitgliedstaatlicher Schutzverstärkungsmaßnahmen**[52] sowie der Prüfung der **Vereinbarkeit einer sekundärrechtlichen Maßnahme** mit dieser Vorgabe[53] zurückgegriffen.

2. Vorsorgeprinzip (Art. 191 Abs. 2 S. 2 AEUV)

Nach Art. 191 Abs. 2 S. 2 AEUV hat die EU-Umweltpolitik die Grundsätze der Vorsorge und der Vorbeugung zu respektieren.[54] **Grundgedanke** dieser Prinzipien – wobei das Vorsorgeprinzip dem deutschen Umweltrecht entlehnt ist,[55] aber auch etwa im WTO-Recht zum Zuge kommt[56] – ist die Erkenntnis, dass Umweltbelastungen prioritär mit **präventiven Maßnahmen** zu begegnen ist, so dass Umweltschäden schon zu verhindern und nicht erst zu bekämpfen sind, wobei dies auch dann gilt, wenn die genauen Ursache-Wirkungszusammenhänge (noch) nicht mit letzter Sicherheit klar sind, also eine gewisse wissenschaftliche Unsicherheit besteht.[57]

14

---

51 Z.B. des Abfallbegriffs, der weit auszulegen sei, EuGH, Rs. C-9/00 (Palin Granit), Slg. 2002, I-3533, Ziff. 23; EuGH, Rs. C-1/03 (van de Walle), Slg. 2004, I-7613.
52 EuGH, Rs. C-318/98 (Fornasar), Slg. 2000, I-4485, Ziff. 46.
53 Die allerdings immer bejaht wurde, vgl. z.B. EuGH, Rs. C-284/95 (Safety Hi-Tech), Slg. 1998, I-4301.
54 Vgl. zu diesem Prinzip im Unionsrecht *Scheuing*, EuR 1989, 152 (174 f.); *Doyle/Carney*, EELR 1999, 44 ff.; *Icard*, RDTE 2002, 471 ff.; *Lenaerts*, CMLRev. 2004, 317 (329 ff.); *de Sadeleer*, ELJ 2006, 139 ff.; *Kühn*, ZEuS 2006, 487 ff.; *Calliess*, NuR 2006, 601 (603 f.); *Wasmeier*, Umweltabgaben und Europarecht, 79 f.; *Lübbe-Wolff*, NVwZ 1998, 777 (778 ff.); *Jordan*, in: Precautionary Principle, 143 ff.; *Dutheil de la Rochère*, FS Rodriguez Iglesias, 523 ff.; *Calliess*, VerwArch 2003, 389 (390 ff.); *Alemanno*, RDUE 2001, 917 ff.; umfassend nunmehr *Arndt*, Vorsorgeprinzip, *passim*; sehr kritisch zu diesem Prinzip aus (politik-) wissenschaftlicher Sicht *Majone*, JCMS 2002, 89 ff., der im Einzelnen darlegt, dass das Prinzip – jedenfalls so, wie es von den Unionsorganen ausgelegt wird – seiner Ansicht nach mehr negative als positive Effekte mit sich bringe, indem es etwa protektionistisch motivierte Maßnahmen ermögliche. S. auch *Ladeur*, CMLRev. 2004, 1455 ff., der darlegt, dass das Vorsorgeprinzip nach einer einheitlicheren „Risikobewertung" auf EU-Ebene und nationaler Ebene angewandt werden sollte. Zur Entwicklung des Vorsorgeprinzips *O'Riordan/Jordan/Cameron*, in: Precautionary Principle, 9 ff.
55 Vgl., m.w.N., *Jans/Vedder*, European Environmental Law, 43; s.auch *Lübbe-Wolff*, NVwZ 1998, 777 (778); *Jans/von der Heide*, Europäisches Umweltrecht, 36; *Winter*, in: European Convention, 1 (19); *Daemen*, EELR 2003, 6 f.; *de Sadeleer*, Environmental Principles, 93. Ausführlich zur Geschichte und zum Hintergrund des Vorsorgeprinzips *Alemanno*, RDUE 2001, 917 (921 ff.); aber auch der internationale Kontext dürfte eine Rolle gespielt haben, vgl. hierzu *Salmon*, ELR 2002, 138 (139 f.); allgemein zur Entwicklung des Vorsorgeprinzips auch *Werner*, URP 2001, 335 (336 ff.).
56 Zum Vorsorgeprinzip im WTO-Recht im Vergleich zum EU-Recht z.B. *Trouche*, CDE 2008, 279 ff.
57 Der EuGH formuliert das Vorsorgeprinzip (er unterscheidet nicht zwischen den Elementen der Vorbeugung und der Vorsorge) wie folgt: „Nach diesen Grundsätzen obliegt es der Gemeinschaft und den Mitgliedstaaten, durch den Erlass von Maßnahmen, die geeignet sind, die bekannten Risiken auszuschalten, Umweltbelastungen an der Quelle vorzubeugen, sie zu verringern und nach Möglichkeit zu beseitigen", vgl. EuGH, verb. Rs. C-175, 177/98 (Lirussi), Slg. 1999, I-6881, Ziff. 51; ebenso EuGH. Rs. C-318/98 (Fornasar), Slg. 2000, I-4785, Ziff. 37; in EuGH, Rs. C-121/07 (Kommission/Frankreich), Slg. 2008, I-9159, Ziff. 74, bezeichnet der Gerichtshof das Vorsorgeprinzip als ein Grundprinzip des Umweltschutzes; s. ansonsten zum Vorsorgeprinzip aus der Rechtsprechung noch EuG, Rs. T-13/99 (Pfizer), Slg. 2002, II-3305; EuG, Rs. T-70/99 (Alpharma), Slg. 2002, II-3495; EuG, Rs. T-475/07 (Dow

a) Zur Unterscheidung zwischen Vorsorge- und Vorbeugeprinzip

15 Art. 191 Abs. 2 Satz 2 AEUV geht in seiner jetzigen Fassung auf den **Maastrichter Vertrag** zurück (1992/1993); durch die Einheitliche Europäische Akte (1986/1987) wurde lediglich ein „Vorbeugeprinzip" in den Vertrag eingeführt. Dieses (damit nunmehr bestehende) **Nebeneinander von Vorsorge- und Vorbeugeprinzip** spricht grundsätzlich dafür, dass diese Konzepte voneinander zu unterscheiden sind und ihnen jeweils eigene Aussagegehalte zu entnehmen sind, entbehrte doch ansonsten die zusätzliche Einführung des Vorsorgeprinzips jeglicher praktischer Wirkung. Die Abgrenzung dürfte im Wesentlichen so vorgenommen werden können, dass das **Vorbeugeprinzip** (nur, aber immerhin) den **Präventionsgedanken** zum Ausdruck bringt, so dass gestützt auf dieses Prinzip Umweltbelastungen (soweit möglich und zulässig) zu vermeiden sind. Das **Vorsorgeprinzip** hingegen kommt darüber hinaus spezifisch in den Fallgestaltungen zum Zuge, in denen die **Ursache-Wirkungs-Zusammenhänge von Umweltbelastungen (noch) nicht ganz klar** sind und somit wissenschaftliche Unsicherheiten bezüglich der Notwendigkeit bzw. Wirksamkeit umweltpolitischer Maßnahmen bestehen, so dass unter Heranziehung des Vorsorgeprinzips die notwendige „Eingriffsschwelle" herabgesetzt und eine stärker vorausschauende Gefahrenabwehr sowie eine eigentliche Risikovorsorge ermöglicht wird.[58]

16 Der **EuGH** führt das **Vorbeuge- und Vorsorgeprinzip** aber jeweils zusammen **ohne Differenzierung** an, so dass er wohl nicht von einer inhaltlichen Unterscheidung beider Prinzipien ausgeht bzw. ihre Abgrenzung für nicht notwendig erachtet.[59]

17 Angesichts des Umstandes, dass Einigkeit darüber herrschen dürfte, dass vom Vorsorge- und Vorbeugeprinzip einerseits präventive Maßnahmen verlangt werden und das Vorsorgeprinzip andererseits jedenfalls beinhaltet, dass auch im Falle des Bestehens bloßer Risiken bzw. wissenschaftlicher Unsicherheiten grundsätzlich Maßnahmen ergriffen werden können,[60] dürfte der Frage nach der Abgrenzung beider Prinzipien jedenfalls **keine große praktische Bedeutung** zukommen.[61] Daher soll im Folgenden nur auf das **Vorsorgeprinzip** Bezug genommen werden, was sich auch vor dem Hintergrund aufdrängt, als es bei beiden Prinzipien jedenfalls um eine **vorausschauende Vermeidung von Umweltbelastungen** (seien die Ursache-Wirkungs-Zusammenhänge nun bekannt oder nicht) geht, dies im Sinne des Präventionsgedankens, der letztlich durch

---

AgroSciences), Urt. v. 9.9.2011, Ziff. 143 ff. (in diesen Urteilen unterscheidet das Gericht auch zwischen dem Begriff des Risikos und demjenigen der Gefahr). Weiter geht der EuGH davon aus, dass das Vorsorgeprinzip auch in anderen Bereichen, insbesondere dem Gesundheitsschutz, zur Anwendung kommen soll. Vgl. (mit Bezug zu BSE) EuGH, Rs. C-157/96 (National Farmers' Union), Slg. 1998, I-2211, Ziff. 62 ff.; EuGH, Rs. C-180/96 (Großbritannien/Kommission), Slg. 1998, I-2265, Ziff. 98 ff.; s. auch EuG, Rs. T-199/96 (Bergaderm & Goupil/Kommission), Slg. 1998, II-2805; EuG, verb. Rs. T-74/00 u.a. (Artegodan), Slg. 2002, II-4945. Vgl. zur Relevanz des Vorsorgeprinzips im Gesundheitsschutz *MacMaolain*, ELR 2003, 723 ff. Auch die Kommission sieht das Vorsorgeprinzip offenbar als eine Art allgemeiner Rechtsgrundsatz an, das nicht nur im Bereich der Umweltpolitik, sondern auch in anderen Politiken heranzuziehen sei. Vgl. Mitteilung über die Anwendbarkeit des Vorsorgeprinzips, KOM (2000) 1 endg. Zu dieser Mitteilung *Rengeling*, DVBl. 2000, 1473 ff.; *Appel*, NVwZ 2001, 395 ff.; *Corcelle*, RMCUE 2001, 447 ff.; *Daemen*, EELR 2003, 6 (9 ff.); *Falke*, ZUR 2000, 265 f. Besondere Aufmerksamkeit kam dem Vorsorge- bzw. Vorbeugeprinzip im Dritten Umweltaktionsprogramm (ABl. 1983 C 46, 1) zu, das die Vermeidung und Verringerung der Umweltverschmutzung und -belastung zum Ziel hatte. S. im Weiteren zum Rückgriff auf das Vorsorgeprinzip in der Praxis der Unionsorgane *Rengeling*, DVBl. 2000, 1473 (1474 ff.).

58 Ausführlich hierzu *Epiney/Furrer*, EuR 1992, 369, 384 ff.; i. Erg. ebenso für eine in diese Richtung gehende Unterscheidung der beiden Prinzipien *Schröder*, EUDUR I, § 9, Rn. 34 ff.; wohl auch ähnlich *Meßerschmidt*, Europäisches Umweltrecht, § 3, Rn. 87 ff.; s. auch die etwas andere Differenzierung bei Calliess/Ruffert-*Calliess*, EUV/AEUV, Art. 191, Rn. 29, der das Vorbeugeprinzip auf die Gefahrenabwehr und das Vorsorgeprinzip auf die Risikoabwehr beziehen will; für eine Deckungsgleichheit der Begriffe etwa *Lübbe-Wolff*, NVwZ 1998, 777 (778); *Frenz*, Europäisches Umweltrecht, Rn. 141; Dauses-*Scherer/Heselhaus*, Hb. EU-Wirtschaftsrecht, O, Rn. 36; Lenz/Borchardt-*Breier*, EU-Verträge, Art. 191, Rn. 15.

59 Vgl. EuGH, verb. Rs. C-175, 177/98 (Lirussi), Slg. 1999, I-6881, Ziff. 51 ff.; EuGH, Rs. C-318/97 (Fornasar), Slg. 2000, I-4485, Ziff. 37; EuGH, verb. Rs. C-418/97, C-419/97 (ARCO), Slg. 2000, I-4475, Ziff. 99; s. auch EuG, Rs. T-13/99 (Pfizer), Slg. 2002, II-3305; EuG, Rs. T-70/99 (Alpharma), Slg. 2002, II-3495.

60 Vgl. schon *Lübbe-Wolff*, NVwZ 1998, 777 (778 f.), m.w.N.

61 Vgl. i. Erg. ähnlich auch etwa *Krämer*, Droit de l'environnement de l'UE, 60.

die Möglichkeit bzw. ggf. die Pflicht zum Handeln bei wissenschaftlicher Unsicherheit ergänzt bzw. erweitert wird.[62]

b) Aussagegehalt und inhaltliche Tragweite

Die genaue **inhaltliche Tragweite** des Vorsorgeprinzips ist im Einzelnen **umstritten**[63] und letztlich – trotz der fast uferlosen Literatur zum Vorsorgeprinzip[64] – noch nicht wirklich abschließend geklärt. Aus rechtlicher Sicht sollten die Auseinandersetzung hierüber und die durchaus bestehenden Meinungsunterschiede jedoch nicht überbewertet werden: Denn jedenfalls zeichnet sich das Vorsorgeprinzip durch eine gewisse Offenheit aus, so dass dem Unionsgesetzgeber – soweit es um die Ausgestaltung des Sekundärrechts geht[65] – ein recht weiter Gestaltungsspielraum zusteht und dem Prinzip auch ansonsten keine genauen „Handlungsanweisungen" entnommen werden können. Dies ändert jedoch nichts daran, dass – da es sich um ein Rechtsprinzip handelt – seine Konturen gleichwohl zu umschreiben sind, womit auch sein normativer Aussagegehalt (etwas) präzisiert werden kann.

18

Ausgangspunkt ist dabei der Umstand, dass Umweltbelastungen jedenfalls **präventiv** zu begegnen ist, so dass möglichst frühzeitig Maßnahmen zu ergreifen sind. Weiter – und hier geht das Prinzip über den Präventionsgedanken hinaus – impliziert das Vorsorgeprinzip eine **Herabsetzung der Eingriffsschwelle**, da umweltpolitische Maßnahmen – die ggf. auch Grundrechte Einzelner beeinträchtigen können – schon dann ergriffen werden können, wenn die genauen Ursache-Wirkungs-Zusammenhänge noch nicht eindeutig wissenschaftlich geklärt sind und / oder es lediglich um Gefahren oder Risiken geht,[66] wobei aber immer der Grundsatz der Verhältnismäßigkeit zu wahren ist. Damit die betreffenden Entscheidungen jedoch nachvollziehbar bleiben und nicht rein hypothetische Erwägungen bzw. lediglich behauptete Gefahren oder Risiken ausschlaggebend sind, erfordern derartige Vorsorgeentscheidungen bei wissenschaftlicher Unsicherheit sorgfältige Abklärungen, die aus wissenschaftlicher Sicht zum Ergebnis führen, dass eine gewisse Gefahr oder ein gewisses Risiko besteht, bzw. Anhaltspunkte für gewisse Ursache-Wirkungszusammenhänge zu belegen vermögen, so dass letztlich eine Art **Risikobewertung** auf der Grundlage aller relevanten Umstände und Erkenntnisse erfolgen muss.[67] Die Konzeption, dass im Falle der Bejahung eines Risikos für die Umwelt, eine Vorsorgemaßnahme ergriffen werden kann, impliziert damit notwendigerweise die Möglichkeit einer Art **Beweislastabschwächung** in dem Sinn, dass das Ergreifen einer bestimmten Vorsorgemaßnahme gerade nicht verlangt, dass ein „Beweis" für das Bestehen des Risikos bzw. bestimmter Ursache-Wirkungszusammenhänge erbracht wird.[68] Auf dieser Grundlage kommt dem Vorsorgeprinzip auch und

19

---

62 In diese Richtung auch *Schröder*, EUDUR I, § 9, Rndr. 36; *Arndt*, Vorsorgeprinzip, 127.
63 Vgl. umfassend zum Problemkreis nunmehr *Arndt*, Vorsorgeprinzip, insbes. 124 ff., 180 ff.; s. auch schon die Mitteilung zur Anwendung des Grundsatzes der Vorsorge, KOM (2000), 1 endg. S. auch z. B. *Appel*, NVwZ 2001, 395 ff.; *Fleurke*, YEEL 8 (2008), 80 ff.; *Lübbe-Wolff*, in: Sicherheit, Vielfalt, Solidarität, 47 ff.; *Falke*, ZUR 2000, 265 ff. S. sodann eine vergleichende Betrachtung der Auslegung des Vorsorgeprinzips in verschiedenen Mitgliedstaaten bei *Sand*, Human and Ecological RiskAssessment 2000, 445 ff.
64 Vgl. etwa die Nachweise bei *Arndt*, Vorsorgeprinzip, *passim*.
65 Zur rechtlichen Tragweite der Umweltprinzipien noch unten 5. Kap. Rn. 46 ff.
66 Vgl. ausdrücklich EuGH, Rs. C-236/01 (Monsanto), Slg. 2003, I-8105, Ziff. 111; EuGH, Rs. C-473/98 (Toolex), Slg. 2000, I-5681; EuGH, Rs. C-77/09 (Gowan Comercio Internacional), Urt. v. 22.12.2010; in Bezug auf mitgliedstaatliche Maßnahmen auch EuGH, Rs. C-333/08 (Kommission/Frankreich), Slg. 2010, I-757.
67 Vgl. insoweit auch EuGH, Rs. C-192/01 (Kommission/Dänemark), Slg. 2003, I-9693, Ziff. 45 ff.; EuGH, Rs. C-236/01 (Monsanto), Slg. 2003, I-8105, Ziff. 106 ff.; EuGH, Rs. C-333/08 (Kommission/Frankreich), Slg. 2010, I-757, Ziff. 92; EuGH, Rs. C-343/09 (Afton Chemical), Slg. 2010, I-7027; EuGH, Rs. C-77/09 (Gowan Comercio Internacional), Slg. 2010, I-7027, wo der Gerichtshof eine der Grundlage aktueller wissenschaftlicher Informationen fordert; im Einzelnen zu dieser Risikobewertung *Arndt*, Vorsorgeprinzip, 180 ff.
68 EuG, Rs. T-13/99 (Pfizer), Slg. 2002, II-3305, Ziff. 168; EuGH, Rs. C-236/01 (Monsanto), Slg. 2003, I-8103, Ziff. 108 ff.; EuGH, Rs. C-95/01 (Greenham), Slg. 2004, I-1333; ebenso etwa *Meßerschmidt*, Europäisches Umweltrecht, § 3, Rn. 102; *Jans/Vedder*, European Environmental Law, 45; *Arndt*, Vorsorgeprinzip, 293 ff.; ähnlich Calliess/Ruffert-*Calliess*, EUV/AEUV, Art. 191, Rn. 31; *Calliess*, VerwArch 2003, 389 (390 ff.), der von der Möglichkeit einer Umkeh-

gerade bei der Prüfung der **Verhältnismäßigkeit** der getroffenen Maßnahme eine wichtige Rolle zu.[69]

Auswirkungen entfaltet dieser Ansatz etwa im Falle des Einschreitens der Union in Bezug auf (potenziell) gefährliche Stoffe: Auch wenn ihre Schädlichkeit für ein bestimmtes umweltpolitisches Schutzgut nicht mit einer bestimmten Wahrscheinlichkeit nachgewiesen ist, kann ein entsprechendes Verbot im Hinblick auf die Risikovermeidung unter Rückgriff auf das Vorsorgeprinzip gerechtfertigt sein. Zu denken ist hier z.b. an den Schutz der Ozonschicht. Darüber hinaus führt die konsequente Anwendung dieses Grundsatzes auch dazu, dass sich umweltpolitische Maßnahmen nicht direkt auf die Vermeidung oder Verminderung von Umweltbelastungen beziehen müssen. Vielmehr können sie diese unter Heranziehung insbesondere des Vorsorgeprinzips auch nur mittelbar oder indirekt zum Gegenstand haben, so dass etwa auch Maßnahmen der Ressourcenbewirtschaftung oder der Abfallvermeidung erfasst werden. Möglich ist auf der Grundlage dieser Sicht auch die Berücksichtigung von (möglichen) Langzeit-, Distanz- und Summationseffekten.

Der EuGH leitete in seinem sog. BSE-Urteil (allerdings im Zusammenhang mit dem Gesundheitsschutz, wobei sich diese Erwägungen auf den Umweltschutz übertragen lassen) aus dem Grundsatz des hohen Schutzniveaus, dem Vorsorgeprinzip sowie der Querschnittsklausel denn auch folgenden Grundsatz ab: „Wenn das Vorliegen und der Umfang von Gefahren für die menschliche Gesundheit ungewiss ist, können die Organe Schutzmaßnahmen treffen, ohne abwarten zu müssen, dass das Vorliegen und die Größe dieser Gefahren klar dargelegt sind."[70]

20 Während über den Präventionsgedanken und die Relevanz des Vorsorgeprinzips bei wissenschaftlichen Unsicherheiten Einigkeit bestehen dürfte, ist umstritten, ob das Vorsorgeprinzip darüber hinaus auch als **Schadensminimierungsprinzip** in dem Sinn auszulegen ist, dass Umweltschäden nach Möglichkeit (auch hier ist jedenfalls der Verhältnismäßigkeitsgrundsatz zu beachten) zu vermeiden sind, auch wenn sie für sich gesehen (noch) keine ins Gewicht fallenden Umweltschäden verursachen bzw. aus umweltpolitischer Sicht „akzeptabel" sind bzw. sein könnten; ein solches Schadensminimierungsprinzip käme auch für den Verbrauch natürlicher Ressourcen zum Zuge.[71] Da jedenfalls darüber Einigkeit besteht, dass dem ebenfalls im Unionsrecht verankerten Nachhaltigkeitsgrundsatz ein solches Gebot der Schadensminimierung bzw. Umweltschonung zu entnehmen ist,[72] dürfte dieser Streitfrage keine zu große Bedeutung zukommen. Nichtsdestotrotz sprechen die besseren Gründe – abgesehen davon, dass das Vorsorgeprinzip letztlich eine Konkretisierung des Nachhaltigkeitsgrundsatzes darstellen dürfte – für einen derartigen weiteren Bedeutungsgehalt des Vorsorgeprinzips: Zunächst dürfte es häufig schon schwierig sein zu evaluieren, wann genau die kritische Belastungsgrenze erreicht wird, so dass es in zahlreichen Fallgestaltungen wenig praktikabel sein dürfte, hier eine Abgrenzung vorzunehmen. Weiter und vor allem ist auch ein „Prinzip der Nichtausschöpfung kritischer Belastungsgrenzen"[73] letztlich Teil einer (zugegebenermaßen eher weit) verstandenen Prävention:

---

rung der Beweislast spricht; s. auch EuGH, Rs. C-343/09 (Afton Chemical), Slg. 2010, I-7027, wo der Gerichtshof festhält, dass in den Fällen, in denen es unmöglich ist, das Bestehen oder den Umfang des behaupteten Risikos mit Sicherheit festzustellen, aber die Wahrscheinlichkeit eines Schadens für die Gesundheit oder die Umwelt fortbesteht, falls das Risiko eintritt, das Vorsorgeprinzip den Erlass entsprechender Maßnahmen rechtfertige, sofern sie objektiv und nicht diskriminierend sind; dies gelte auch für die Festsetzung der Höhe von Grenzwerten, denn im Fall des Bestehens von Unsicherheiten in Bezug auf Schäden könne es auch keine genauen Erkenntnisse darüber geben, in welcher Höhe die Grenzwerte festgelegt werden müssen, um Schäden zu vermeiden.

69 So auch *Schroeder*, DVBl. 2002, 213 (217 f.).
70 EuGH, Rs. C-180/96 (Großbritannien/Kommission), Slg. 1998, I-2265, Ziff. 90; vgl. auch EuGH, Rs. C-157/96 (National Farmers' Union), Slg. 1998, I-2211, Ziff. 64. S. ähnlich EuG, Rs. T-13/99 (Pfizer), Slg. 2002, II-3305, Ziff. 144. S. auch EuGH, Rs. C-405/92 (SARL), Slg. 1993, I-6133, Ziff. 49, wo der EuGH im Zusammenhang mit der Zulässigkeit einer Unionsmaßnahme zur Regelung des Thunfischfangs in der Sache auf das Vorsorgeprinzip zurückgriff. Ausführlich zur Rechtsprechung des EuGH zum Vorsorgeprinzip *Daemen*, EELR 2003, 6 (11 ff).
71 Für eine solche auch „ressourcenökonomische" Komponente des Vorsorgeprinzips z.B. *Lübbe-Wolff*, NVwZ 1998, 777 (779 f.); *Schröder*, EUDUR I, § 9, Rn. 20 f., 36; *Appel*, NVwZ 2001, 395 (397); *Burgi*, NuR 1995, 11 f.; *Graßitz/Hilf/Nettesheim-Nettesheim*, Recht der EU, Art. 191, Rn. 94, 96; a.A. etwa *Streinz-Kahl*, EUV/AEUV, Art. 191, Rn. 83; *Arndt*, Vorsorgeprinzip, 127 ff.; *Jans/von de Heide*, Europäisches Umweltrecht, 36 f.
72 Vgl. nur *Meßerschmidt*, Europäisches Umweltrecht, § 5, Rn. 124 ff.; *Streinz-Kahl*, EUV/AEUV, Art. 191, Rn. 83. S. zu diesem Grundsatz auch noch unten 5. Kap. Rn. 31 ff.
73 Vgl. *Lübbe-Wolff*, NVwZ 1998, 777 (779 f.).

5. Kapitel Grundprinzipien des Umweltrechts in der Europäischen Union

Denn dieses vermag gerade dazu beizutragen, dass auch bei fortgesetzter und intensiver Umweltnutzung die kritische Belastungsgrenze nicht überschritten wird, womit auch langfristig Umweltschäden eben präventiv vorgebeugt wird. So gesehen impliziert eine effektive „Vor-Sorge" in Bezug auf Umweltbelastungen auch, dass diese wenn möglich zu vermeiden sind, auch wenn sie für sich gesehen (noch) keine bleibenden Schäden verursachen bzw. „akzeptabel" sind. Relevant wird dies etwa bei Emissionen: Der hier vertretene Ansatz impliziert, dass Emissionen grundsätzlich nach dem besten verfügbaren Stand der Technik zu minimieren sind, auch wenn bestimmte Anlagen in wenig belasteten Gegenden stehen und daher die „Belastungsgrenze" noch nicht ausgeschöpft ist.

Daher ist es etwa sehr bedenklich, wenn Art. 9 Abs. 1 Uabs. 3 RL 2010/75 (IVU-Richtlinie) im Falle des Einbezugs des betreffenden Unternehmens in das Emissionshandelssystem für Treibhausgase (RL 2003/87) die Festsetzung von Emissionsgrenzwerten für die erfassten Treibhausgase allgemein ausschließt, da gerade keine Vorkehrungen getroffen wurden, um sicherzustellen, dass selbst leicht vermeidbare Emissionen durch den ergänzenden Erlass von Grenzwerten vermieden werden. Damit wird das Vorsorgeprinzip nämlich insoweit geradezu „außer Kraft gesetzt", wird doch die Möglichkeit, Treibhausgase zu emittieren, unbeschränkt gewährt, wobei noch hinzukommt, dass einmal erworbene Zertifikate nach Ablauf ihrer Gültigkeit gegen neue Zertifikate „umgetauscht" werden können.[74]

In jedem Fall ist – wie bereits erwähnt – bei der Anwendung des Vorsorgeprinzips der Grundsatz der **Verhältnismäßigkeit** zu beachten,[75] so dass auch im Rahmen des Vorsorgeprinzips eine Abwägung zwischen dem Schadenspotential, der Möglichkeit zu seiner Verringerung durch die gewählte Maßnahme und der Schwere des Eingriffs vorzunehmen ist. Immerhin ist es auf dieser Grundlage denkbar, dass bei einem hohen Risiko für die Umwelt an den Kausalitätsnachweis bzw. die „Kausalitätsmöglichkeit" nur sehr geringe Anforderungen gestellt werden und die wirtschaftlichen Rückwirkungen einer bestimmten Maßnahme zurücktreten müssen. Das Vorsorgeprinzip bringt also eine „**Gewichtsverlagerung" zur möglichst weitgehenden Vermeidung von Umweltbelastungen** mit sich, so dass ggf. betroffene andere (insbesondere wirtschaftliche) Interessen entsprechend geringer zu gewichten sind. Deutlich wird damit aber auch, dass die Problematik des Vorsorgeprinzips weniger in der inhaltlichen Auslegung und Deutung dieser Grundsätze denn in ihrer Gewichtung zu und ihrer Abwägung mit anderen Grundsätzen liegt. Die durch den EU-Vertrag vorgenommene Schwerpunktverlagerung vermag hier jedoch neue Akzente zu setzen, so dass eine unionsrechtliche Maßnahme im Zweifel im Sinne vorsorgender Risikoverminderung als zulässig anzusehen sein kann.

Die Bedeutung des Vorsorgeprinzips für das EU-Umweltrecht kann vor diesem Hintergrund durch folgende Aspekte charakterisiert bzw. **zusammengefasst** werden:

- Hintergrund des Vorsorgeprinzips ist die Erkenntnis, dass der Vermeidung von Umweltbelastungen besondere Aufmerksamkeit geschenkt werden soll. Angesichts der für den Umweltbereich typischen Unsicherheits-, Summations- und Akkumulationsproblemen müssen die notwendigen Maßnahmen zur Vermeidung von Umweltschäden ergriffen werden können.

- Vor diesem Hintergrund impliziert das Vorsorgeprinzip über eine bloße Gefahrenabwehr hinaus auch eine Risikoverhinderung oder –vermeidung, so dass Maßnahmen auch dann zulässig sind bzw. sein können, wenn die genauen Ursache-Wirkungs-Zusammenhänge (noch) nicht (eindeutig) wissenschaftlich erwiesen sind (wobei allerdings eine wissenschaftlich fundierte Risikobewertung notwendig ist). Es erfolgt also eine „Gewichtsverlagerung" hin zu einer möglichst weitgehenden Vermeidung von Umweltbelastungen. Praktisch relevant werden kann dies insbesondere für Problemstellungen, bei denen Summierungseffekte auftreten, oder Zweifel über die genauen Ursache-Wirkung-Zusammenhänge (noch) bestehen.

---

74 Vgl. zum Problemkreis *Epiney*, ZUR 2010 (9. Kap. E.I.), 236 (241 f.).
75 In diesem Sinn dürften wohl auch die Ausführungen der Kommission in ihrer Mitteilung zur Anwendung des Grundsatzes der Vorsorge, KOM (2000), 1 endg., zu verstehen sein: Hier weist die Kommission darauf hin, dass es sich beim Vorsorgeprinzip um ein Risikomanagement handele, das eine grundsätzliche Akzeptanz von Restrisiken impliziere.

1. Teil Primärrechtliche Grundlagen

▪ Darüber hinaus kann aus dem Vorsorgeprinzip aber auch abgeleitet werden, dass Umweltbelastungen so weit wie möglich zu vermeiden sind, so dass ihm ein „Schadensminimierungsgrundsatz" entnommen werden kann.

▪ Auswirkungen entfalten diese Grundsätze auch auf das Maß des zulässigen und erforderlichen Schutzniveaus im Rahmen der jedenfalls notwendigen Prüfung der Verhältnismäßigkeit einer Maßnahme.

Der EuGH[76] sieht das Vorsorgeprinzip als einen der tragenden Grundsätze des EU-Umweltrechts – aber auch des Unionsrechts insgesamt – an,[77] wobei er das Prinzip insbesondere auch im Bereich des **Gesundheitsschutzes** fruchtbar macht.[78] Das Vorsorgeprinzip wird in der Rechtsprechung sowohl in Bezug auf die **Prüfung der Primärrechtskonformität von Sekundärrecht**[79] als auch im Zusammenhang mit der **Vereinbarkeit nationaler Maßnahmen mit den Grundfreiheiten**[80] oder mit sekundärrechtlich vorgesehenen „Schutzklauseln"[81] sowie der **Auslegung sekundärrechtlicher Bestimmungen**[82] herangezogen. Dabei variieren die sich aus der Relevanz bzw. der Anwendung des Vorsorgeprinzips gezogenen rechtlichen Schlussfolgerungen bzw. die Bedeutung des Prinzips durchaus: Während das Prinzip in Bezug auf die Prüfung der Primärrechtskonformität sekundärrechtlicher Maßnahmen eher den weiten Gestaltungsspielraum des Gesetzgebers stützt und somit eine Erweiterung seiner Möglichkeiten bewirkt, geht es bei der Prüfung der Vereinbarkeit nationaler Maßnahmen mit den Grundfreiheiten oder mit sekundärrechtlich vorgesehenen Schutzklauseln eher darum, den Spielraum der Mitgliedstaaten durch entsprechende Anforderungen insbesondere an eine Risikoprüfung zu präzisieren bzw. zu beschränken. Bei der Auslegung des Sekundärrechts dürfte der EuGH, jedenfalls soweit es um die Frage geht, ob bestimmte verfahrensrechtliche Pflichten in Bezug auf (potentiell) schädigende Vorhaben greifen (wie die Rechtsprechung zur Pflicht, einer Verträglichkeitsprüfung im Sinne der RL 92/43, Habitatrichtlinie, durchzuführen zeigt),[83] das Vorsorgeprinzip eher streng auslegen, was sich über die Habitatrichtlinie hinaus sicherlich auf parallel ausgestaltete Pflichten übertragen lässt.

Eine Reihe **sekundärrechtlicher Rechtsakte** stellen letztlich (auch) eine **„Umsetzung" des Vorsorgeprinzips** dar, so – neben gewissen Verbotsnormen und diversen Genehmigungsverfahren – etwa die UVP-Richtlinie oder die IVU-Richtlinie, aber auch die Klimaschutzmaßnahmen der Union, wird die Klimaerwärmung bzw. ihre Verursachung durch menschliche Aktivitäten doch nach wie vor von einigen (wenigen) Wissenschaftlern bezweifelt.[84]

In einer Mitteilung aus dem Jahr 2000 (**Mitteilung der Kommission über die Anwendbarkeit des Vorsorgeprinzips**[85]) präzisierte die Kommission den Aussagehalt des Vorsorgeprinzips und betont insbesondere, dass die auf seiner Grundlage getroffene Abwägungsentscheidungen auf einer im Einzelnen konkretisierten Risikoanalyse beruhen sowie verhältnismäßig, nicht diskriminierend, kohärent und transparent sein müssten.[86]

---

76 Zur Rechtsprechung des EuGH zum Vorsorgeprinzip etwa *de Sadeleer*, RECIEL 2009, 3 ff.
77 EuGH, Gutachten 2/00, Slg. 2001, I-9713, Ziff. 29; EuGH, Rs. C-180/96 (Großbritanien/Kommission), Slg. 1998, I-2265, Ziff. 98 ff.; EuG, Rs. T-74/00 (Artegodan/Kommission), Slg. 2002, II-2367, Ziff. 184 f.
78 EuGH, Rs. C-157/96 (National Farmers' Union), Slg. 1998, I-2211; EuGH, Rs. C-236/01 (Monsanto), Slg. 2003, I-8105, Ziff. 111.
79 S. etwa EuGH, Rs. C-331/88 (Fedesa), Slg. 1990, I-4023; EuGH, Rs. C-157/96 (National Farmers' Union), Slg. 1998, I-2211; EuGH, Rs. T-13/99 (Pfizer), Slg. 2002, II-3305; EuGH, Rs. T-70/99 (Alapharma), Slg. 2002, II-3495.
80 S. schon EuGH, Rs. 174/82 (Sandoz), Slg. 1983, 2445; EuGH, Rs. 178/84 (Kommission/Deutschland), Slg. 1987, 1227. S. sodann z.B. EuGH, Rs. C-333/08 (Kommission/Frankreich), Slg. 2010, I-757.
81 Vgl. z.B. EuGH, Rs. C-236/01 (Monsanto), Slg. 2003, I-8105.
82 Vgl. EuGH, Rs. C-127/02 (Waddenzee), Slg. 2004, I-7405, Ziff. 58, wo der Gerichtshof in Bezug auf die Frage, ob ein Plan oder Projekt Auswirkungen auf ein Natura 2000-Schutzgebiet im Sinne des Art. 6 Abs. 3 RL 92/43 (Habitatrichtlinie) hat, unter Rückgriff auf das Vorsorgeprinzip darauf abstellte, dass diesbezüglich aus wissenschaftlicher Sicht kein vernünftiger Zweifel bestehen dürfe. Speziell zu diesem Aspekt *Fleurke*, YEEL 2008, 80 ff.
83 S. insbesondere EuGH, Rs. C-127/02 (Waddenzee), Slg. 2004, I-7405, Ziff. 58.
84 Zu einzelnen, das Vorsorgeprinzip umsetzenden Rechtsakten unter diesem Aspekt etwa *Cheyne*, JEEPL 2007, 468 ff.; s. auch *Heyvaert*, ELR 2006, 185 ff.
85 KOM (2000) 1 endg.
86 Zu dieser Mitteilung *Rengeling*, DVBl. 2000, 1473 ff.; *Appel*, NVwZ 2001, 395 ff.; *Corcelle*, RMCUE 2001, 447 ff.; *Daemen*, EELR 2003, 6 (9 ff.); *Falke*, ZUR 2000, 265 f.

3. Ursprungsprinzip (Art. 191 Abs. 2 S. 2 AEUV)

Das sog. **Ursprungsprinzip** bezieht sich auf die Frage, wann und wo Umweltbelastungen in erster Linie zu bekämpfen sind, und ihm ist der Grundsatz zu entnehmen, dass umweltpolitische Maßnahmen vorzugsweise dort anzusetzen haben, wo die entsprechenden Belastungen entstehen, also am Ursprung oder an der Quelle der entsprechenden Umweltbeeinträchtigungen,[87] so dass Umweltbelastungen im Ergebnis ursprungsnah, also zu einem **frühest möglichen Zeitpunkt** nach ihrer Entstehung und (sozusagen aus „geografischer" Sicht[88]) so **nah wie möglich an ihrer Quelle**, zu begegnen ist.[89]

Insofern weist das Ursprungsprinzip eine gewisse **Nähe zum Vorsorge- und Vorbeugeprinzip** auf, zielen doch beide Grundsätze auf die möglichst frühzeitige Bekämpfung von Umweltbelastungen ab.[90] Gleichwohl stellt das Ursprungsprinzip im Unionsrecht einen eigenständigen Grundsatz dar, was sich nicht nur aus dem Vertragstext, sondern darüber hinaus auch aus dem spezifischen Aussagegehalt des Ursprungsprinzips ergibt: Während das Vorsorgeprinzip (nur) darüber Auskunft gibt, **unter welchen Voraussetzungen**[91] eine umweltpolitische Maßnahme (schon) ergriffen werden kann oder soll, legt das Ursprungsprinzip darüber hinaus fest, **wann und wo** die Maßnahme ansetzen kann bzw. muss.[92] Dabei hat nach dem Ursprungsprinzip eben eine möglichst rasche Bekämpfung an der Quelle der Entstehung Priorität.[93]

Auf der Grundlage dieses Prinzips müsste eine Bekämpfung der Luftverschmutzung durch den Schadstoffausstoß von Kraftfahrzeugen nicht (nur) durch entsprechende Immissions- und Emissionsnormen erfolgen, sondern letztlich darüber hinaus ein „Vorrang" des öffentlichen Verkehrs angestrebt werden, kann doch nur auf diese Weise die Quelle dieser Umweltbelastung selbst beseitigt bzw. reduziert werden.

Allerdings ist auch hier der **Verhältnismäßigkeitsgrundsatz** zu beachten, so dass nicht jede „Quelle" von Umweltbelastungen unter Berufung auf das Ursprungsprinzip schlicht verboten werden kann. Ebensowenig – auch vor dem Hintergrund des weiten Gestaltungsspielraums des Unionsgesetzgebers – kann aus dem Ursprungsprinzip die Wahl der umweltpolitischen Instrumente zwingend abgeleitet werden, etwa in dem Sinn, dass statt Immissionsnormen eher Emissionsnormen zu setzen wären, da letztere an der „Quelle" der Belastung ansetzen.[94] Dies ändert aber nichts daran, dass das Prinzip eine seinem Aussagegehalt entsprechende grundsätzliche Ausrichtung der umweltpolitischen Maßnahmen verlangt. Dem Hinweis in Art. 192 Abs. 2 Satz 2 AEUV, Umweltbeeinträchtigungen seien „mit Vorrang" an ihrem Ursprung zu bekämpfen, dürfte insofern keine eigenständige Bedeutung zukommen, als sich seine Tragweite mit dem Verhältnismäßigkeitsgrundsatz überschneidet.

---

87 Zu diesem Grundsatz im Unionsrecht etwa *Kahl*, Umweltprinzip, 22 f.; *Bandi u.a.*, Environmental Jurisprudence, 104 ff.; *Burgi*, NuR 1995, 11 ff.
88 Zu dieser „geografischen" Komponente des Ursprungsprinzips etwa *v. Wilmowsky*, EuR 1992 (9. Kap. E.III.), 414 (417).
89 Zu dieser „doppelten" Komponente des Ursprungsprinzips *Zils*, Wertigkeit des Umweltschutzes, 23; *Vorwerk*, Umweltpolitische Kompetenzen, 27; Dauses-*Scherer/Heselhaus*, Hb. EU-Wirtschaftsrecht, O, Rn. 42; *Kahl*, Umweltprinzip, 22 f.; *Schmitz*, Umweltunion, 160; s. auch *de Sadeleer*, Droit communautaire et les déchets (9. Kap. E.III.), 518 f.
90 Vgl. *Kloepfer*, Umweltrecht, § 4, Rn. 8 ff.
91 In Bezug auf die Gefahrenlage.
92 S. auch *Burgi*, NuR 1995, 11 ff., der die Eigenart des Ursprungsprinzips insbesondere auch darin sieht, dass es abwehrend vor bereits eingetretenen oder erkennbaren Umweltbeeinträchtigungen schützen soll, daneben aber auch auf den auch nach der hier vertretenen Ansicht für die Anwendung des Ursprungsprinzips spezifischen Aussagegehalt für die Eingriffsebene abstellt.
93 Vgl. insoweit auch Calliess/Ruffert-*Calliess*, EUV/AEUV, Art. 191, Rn. 33 f., der darauf hinweist, dass dem Ursprungsprinzip gerade dann Bedeutung zukomme, wenn trotz des Vorsorgeprinzips eine Umweltbeeinträchtigung entstanden ist, die dann (wenigstens) möglichst rasch nach der Entstehung an der Quelle bekämpft werden solle.
94 Vgl. insoweit auch etwa *Krämer*, Droit de l'environnement de l'UE, 61.

1. Teil Primärrechtliche Grundlagen

26 Der Aussagegehalt des Ursprungsprinzips kann damit durch folgende Punkte **zusammengefasst** werden:

- Umweltpolitische Maßnahmen haben – in zeitlicher und örtlicher Hinsicht – möglichst nahe an der Entstehungsquelle der Umweltbelastungen anzusetzen.
- Dieser Grundsatz führt insofern zu einer Beschränkung des Handlungsspielraums des Unionsgesetzgebers, als dieser vorrangig und damit jedenfalls im Zweifel eine ursprungsnahe Maßnahme ergreifen muss.[95]
- Jedenfalls ist der Verhältnismäßigkeitsgrundsatz zu beachten.

In der **Rechtsprechung des EuGH** wurde das Ursprungsprinzip (letztlich systemwidrig) im Zusammenhang mit der Frage nach dem diskriminierenden Charakter einer nationalen, den Warenverkehr beschränkenden Maßnahme fruchtbar gemacht.[96] Weiter hat der Gerichtshof auch das Ursprungsprinzip herangezogen, um die Vereinbarkeit von Beschränkungen des Abfalltransports mit den Grundfreiheiten und / oder sekundärrechtlichen Bestimmungen zu begründen,[97] wobei die Rechtsprechung jedoch – insbesondere soweit es zur Beseitigung bestimmte Abfälle einerseits und um zur Verwertung bestimmte Abfälle andererseits geht – durchaus differenziert.[98] Im Zusammenhang mit der Prüfung der Vereinbarkeit einer sekundärrechtlichen Regelung mit dem Primärrecht (konkret u.a. dem Ursprungsprinzip) hielt der Gerichtshof fest, eine Unionsregelung verstoße nicht allein deshalb gegen das Ursprungsprinzip, weil sie die Mitgliedstaaten nicht selbst explizit zu seiner Verwirklichung verpflichtet, solange sie hinreichend flexibel ist, damit die Mitgliedstaaten bei der Umsetzung dieses Prinzip verwirklichen (können) und ihnen damit eine nach dem Ursprung der Belastung differenzierende Handhabung ermöglicht wird.[99] Es ist zweifelhaft, ob dieser Ansatz den Anforderungen des Art. 191 Abs. 2 AEUV Rechnung trägt, impliziert er doch zumindest in dieser Allgemeinheit letztlich eine Art Freibrief für den Unionsgesetzgeber, die Handlungsprinzipien doch nicht selbst zu verankern, ganz abgesehen von der Gefahr unterschiedlicher und ungenügender Umsetzung in den Mitgliedstaaten.[100]

Das Ursprungsprinzip spielt insbesondere im **Abfallrecht** eine gewisse Rolle, wobei es einerseits um gewisse Regelungen der einschlägigen sekundärrechtlichen Rechtsakte selbst,[101] andererseits um die Frage nach nationalen Alleingangsmöglichkeiten geht.[102]

---

95 Insofern ist die „Vorrangklausel" des Ursprungsprinzips so zu verstehen, dass prioritär solche Maßnahmen zu ergreifen sind, die an der Quelle der Umweltbelastung in zeitlicher und örtlicher Hinsicht ansetzen. Hier geht es also nicht um einen „Gewichtungsvorrang" gegenüber anderen Belangen, sondern um die Frage, ob Umweltbelastungen eher nahe am oder weiter entfernt vom Entstehungsort zu bekämpfen sind, wobei das Ursprungsprinzip in verbindlicher Form die erste Alternative favorisiert. Ebenso – unter Hinweis auf den Problemkreis m.w.N. – *Schröder*, EUDUR I, § 9, Rn. 41; Calliess/Ruffert-*Calliess*, EUV/AEUV, Art. 191, Rn. 33.
96 EuGH, Rs. C-2/90 (Kommission/Belgien), Slg. 1992, I-4431, Ziff. 36.
97 EuGH, Rs. C-422/92 (Kommission/Deutschland), Slg. 1995, I-1097.
98 Vgl. EuGH, Rs. C-209/98 (Sydhavnens), Slg. 2000, I-3743; EuGH, Rs. C-203/96 (Dusseldorp), Slg. 1998, I-4075; hierzu ausführlich *Epiney*, in: Oexle/Epiney/Breuer, EG-AbfVerbrV (9. Kap. E.III.), Einführung, Rn. 37 ff.
99 EuGH, Rs. C-293/97 (Standley), Slg. 1999, I-2603, Ziff. 29 ff.
100 Vgl. hierzu noch, im Zusammenhang mit der Rechtswirkung der Umweltprinzipien, unten 5. Kap. Rn. 46 ff.
101 Etwa die Abfallhierarchie in Art. 4 RL 2008/98 (Abfallrahmenrichtlinie); s. auch Art. 11 Abs. 1 lit. a), g) VO 1013/2006 (Abfallverbringungsverordnung).
102 Zu diesen noch unten 5. Kap. Rn. 59 ff.; spezifisch mit Bezug zum Abfallrecht *Epiney*, in: Oexle/Epiney/Breuer, EG-AbfVerbrV (9. Kap. E.III.), Einführung, Rn. 37 ff.; *Epiney/Heuck*, in: Fluck, Kreislaufwirtschafts-, Abfall- und Bodenschutzrecht (9. Kap. E.III.), Einleitung, Rn. 17 ff.

5. Kapitel Grundprinzipien des Umweltrechts in der Europäischen Union

4. Verursacherprinzip (Art. 191 Abs. 2 S. 2 AEUV)

Das Verursacherprinzip[103] bezieht sich in erster Linie[104] auf die **Kostentragung:**[105] Derjenige, der Umweltbelastungen (potenziell) verursacht, soll grundsätzlich die Kosten ihrer Vermeidung, Verringerung oder Beseitigung tragen. Letztlich beruht dieser Grundsatz auf der Anwendung marktwirtschaftlicher Prinzipien auch in Bezug auf durch eine bestimmte Tätigkeit verursachte Umweltbelastungen und damit der Verwirklichung der „**Kostenwahrheit**"[106] im Umweltrecht. Das Verursacherprinzip ist insofern im Zusammenhang mit dem Vorsorgeprinzip zu sehen, als durch die Inpflichtnahme der „Verschmutzer" zur Kostentragung diese auch zur Verringerung oder gar Vermeidung von Umweltbelastungen angeregt werden sollen.[107] Vor diesem Hintergrund bezieht sich das Verursacherprinzip sowohl auf „legale" als auch auf „illegale" Umweltbeeinträchtigungen.[108] Auch kann der Verschmutzer auf seiner Grundlage nicht nur zur **Kostentragung für bereits eingetretene Umweltschäden**, sondern auch zur Übernahme der Aufwendungen für die **Vermeidung von Umweltbelastungen**, die von ihm ausgingen, verpflichtet werden.[109] Eine andere Auslegung entbehrte jeden Sinns: Denn ansonsten könnte der (potenzielle) Verschmutzer zwar zur Übernahme der durch eine schon eingetretene Umweltbeeinträchtigung, nicht aber der durch die Vermeidung anfallenden Kosten verpflichtet werden, so dass man mit der Kostenrechnung letztlich bis zum Eintritt des Schadens warten müsste. Zudem kann nur durch die Einbeziehung der Möglichkeit zur Auferlegung der Kosten für die Vermeidung von Umweltbeeinträchtigungen eine mit dem Vorsorgeprinzip kohärente Auslegung sichergestellt werden.

Auch wenn die Idee des Verursacherprinzips weitgehend anerkannt ist, bleiben bei seiner konkreten Heranziehung noch zahlreiche **Fragen** offen. Problematisch ist insbesondere, wie weit die Kostentragungspflicht gehen soll. Darüber hinaus vermag auch das Verursacherprinzip die häufig entscheidenden Kausalitätsprobleme nicht zu lösen. Zudem ist das Verursacherprinzip als

---

[103] Zu diesem Grundsatz im Unionsrecht *Zils*, Wertigkeit des Umweltschutzes, 24 ff.; *Krämer*, EuGRZ 1989, 353 ff.; *Purps*, DÖV 1992, 205 ff.; *Bandi u.a.*, Environmental Jurisprudence, 105 ff.; *Mossoux*, EELR 2010, 279 ff.; *de Sabran Ponteves*, REDE 2008, 21 ff.; *Duren*, RMC 1987, 144 ff.; *Breier*, NuR 1993 (2. Kap. B.), 457 (458); Grabitz/Hilf/Nettesheim-*Nettesheim*, Recht der EU, Art. 191, Rn. 107 ff.; *Vorwerk*, Umweltpolitische Kompetenzen, 28 ff.; *Kahl*, Umweltprinzip, 23 ff.; *Wasmeier*, Umweltabgaben und Europarecht, 80 ff.; ausführlich *Purps*, Umweltpolitik und Verursacherprinzip.

[104] Streinz-*Kahl*, EUV/AEUV, Art. 191, Rn. 98, weist aber zutreffend darauf hin, dass damit auch die materielle Verantwortlichkeit für die Vermeidung oder Beseitigung von Umweltverschmutzungen umfasst ist, so dass es sich nicht um ein reines Kostentragungsprinzip handelt. Ebenso etwa Dauses-*Scherer/Heselhaus*, Hb. EU-Wirtschaftsrecht, Rn. 45.

[105] *Schröder*, EUDUR I, § 9, Rn. 42; *Zils*, Wertigkeit des Umweltschutzes, 24 ff.; Calliess/Ruffert-*Calliess*, EUV/AEUV, Art. 191, Rn. 35 f.; *Jans/von der Heide*, Europäisches Umweltrecht, 42; *de Sadeleer*, Droit communautaire et les déchets (9. Kap. E.III.), 525 f.; so wohl auch EuGH, Rs. C-293/97 (Standley), Slg. 1999, I-2603, Ziff. 51. Dagegen wird im deutschen Recht – darüber hinausgehend – das Verursacherprinzip auch etwa für die direkte Inanspruchnahme des Emittenten auf Emissionsminderung oder Unterlassung angeführt, vgl. den Vergleich zwischen der unionsrechtlichen und der deutschen Konzeption bei *Vorwerk*, Umweltpolitische Kompetenzen, 28 ff. Im Unionsrecht dürfte dies durch die Vorbeuge-, Vorsorge- und Ursprungsprinzip abgedeckt sein. Hierzu auch *Kahl*, Umweltprinzip, 26.

[106] Im Sinne der Internalisierung sog. externer Kosten. Vgl. zu dieser volkswirtschaftlichen Seite Grabitz/Hilf/Nettesheim-*Nettesheim*, Recht der EU, Art. 191, Rn. 108.

[107] Zu diesem Zusammenhang *Purps*, Umweltpolitik und Verursacherprinzip, 21 f.

[108] S. die ausführliche Begründung bei *Kahl*, Umweltprinzip, 23 ff., der auch die Aktionsprogramme und das EU-Sekundärrecht berücksichtigt, und *Vorwerk*, Umweltpolitische Kompetenzen, 28 ff., zutreffend darauf hinweist, dass eine Differenzierung zwischen (legalen) Umweltbeeinträchtigungen und (illegalen) Umweltverschmutzungen letztlich unvertretbar ist, führen doch auch legale Tätigkeiten zu Umweltproblemen, so dass das Verursacherprinzip im Falle der Beschränkung seiner Anwendung auf illegale „Umweltverschmutzungen" weitgehend leerliefe. I. Erg. ebenso *Scheuing*, EuR 1989, 152 (174); *Schröder*, EUDUR I, § 9, Rn. 44; a.A. aber wohl *Krämer*, EuGRZ 1989, 353 (354 f.); vgl. auch den Ansatz von *Zils*, Wertigkeit des Umweltschutzes, 24 f., der auf den Wettbewerbsvorteil als Tatbestandsmerkmal für die Anwendung des Verursacherprinzips abstellen will.

[109] Ebenso etwa *Meßschmidt*, Europäisches Umweltrecht, § 3 Rn. 142; a.A. wohl *Zils*, Wertigkeit des Umweltschutzes, 26; *Krämer*, EuGRZ 1989, 353 (355).

solches nicht operationell,[110] ist ihm doch nichts über das Maß, die Berechnung und die Verteilung der zu tragenden Kosten zu entnehmen, so dass es rechtlicher Konkretisierungen bedarf.[111] Hierbei werden dem Unionsgesetzgeber aber keine Grenzen gesetzt, so dass er sowohl auf direkte als auch auf indirekte Steuerungsmechanismen zurückgreifen kann.[112] Im Übrigen dürfte das Verursacherprinzip auch implizieren, dass im Falle der Identifikation einer hinreichend homogenen Gruppe von Verursachern einer Umweltverschmutzung eine solche Gruppenverantwortlichkeit vorgesehen werden kann oder ggf. vorzusehen ist.[113] Deutlich wird damit insbesondere, dass das Verursacherprinzip als solches nicht operationell ist, ist ihm doch nichts über das Maß, die Berechnung und die Verteilung der zu tragenden Kosten zu entnehmen, so dass es rechtlicher Konkretisierungen bedarf, wobei sowohl auf direkte als auch auf indirekte Steuerungsmechanismen zurückgegriffen werden kann. Diese Konkretisierung kann auch auf mitgliedstaatlicher Ebene – im Zuge der Umsetzung entsprechender Vorgaben in EU-Richtlinien – erfolgen bzw. ist dort zu leisten.

29 Dieser **Gestaltungsspielraum des Unionsgesetzgebers** bedeutet jedoch nicht, dass ein Verstoß gegen das Verursacherprinzip nicht festgestellt werden könnte; jedenfalls unter der Voraussetzung, dass der Verursacher einer Umweltbelastung feststeht und nicht oder jedenfalls eindeutig unzureichend für die aufkommenden Kosten zur Verantwortung gezogen wird, dürfte ein Verstoß gegen diesen Grundsatz vorliegen. Allerdings ist in Bezug auf das Unionsrecht noch an das Subsidiaritätsprinzip zu erinnern, so dass es nicht in jedem Fall dem Unionsgesetzgeber obliegt, das Verursacherprinzip zu verwirklichen. Wenn er aber tätig wird, hat er seine Vorgaben zu berücksichtigen.[114]

30 Die Anforderungen des Verursacherprinzips können vor diesem Hintergrund wie folgt präzisierend **zusammengefasst** werden:

- Das Verursacherprinzip ist ein Kostenzurechnungsgrundsatz.
- Es findet sowohl in Bezug auf „legale" als auch in Bezug auf „illegale" Umweltbeeinträchtigungen Anwendung.
- Unter Rückgriff auf diesen Grundsatz können nicht nur die Kosten für die Beseitigung schon eingetretener Umweltschäden, sondern auch diejenigen für die Vermeidung möglicher oder wahrscheinlicher zukünftiger Umweltbelastungen überwälzt werden.

Im **Sekundärrecht** wurde das Verursacherprinzip insbesondere in der sog. **Umwelthaftungsrichtlinie** (RL 2004/35) operationalisiert,[115] was schon deshalb ebenso sinnvoll wie notwendig ist, als der Grundsatz als solcher, wie erwähnt, noch viele Fragen offen lässt, so dass das Maß, die Berechnung und die Verteilung sowie die genaue Bestimmung des Verursachers rechtlicher Konkretisierungen bedarf. Weiter spielt das Verursacherprinzip bei der Beurteilung der Unionsrechtskonformität **staatlicher Beihilfen** eine Rolle.[116] Aber

---

110 S. nur Grabitz/Hilf/Nettesheim-*Nettesheim*, Recht der EU, Art. 191, Rn. 110.
111 S. auch den Ansatz von *Purps*, DÖV 1992, 205 ff., der das Verursacherprinzip als unbestimmten Rechtsbegriff auffasst; zu der Bandbreite der Umsetzungsmöglichkeiten *Purps*, Umweltpolitik und Verursacherprinzip, 30 ff.
112 Vgl. in diesem Zusammenhang schon die Empfehlung 75/436 des Rates vom 3.3.1975 über die Kostentragung und die Intervention der öffentlichen Hand bei Umweltschutzmaßnahmen, ABl. 1975 L 194, 1, wo bestimmte Grundsätze und Anwendungsmöglichkeiten des Verursacherprinzips vorgeschlagen werden; ausführlich hierzu *Purps*, Umweltpolitik und Verursacherprinzip, 41 ff.; s. auch *Wasmeier*, Umweltabgaben und Europarecht, 81, der darauf hinweist, dass dem Unionsrecht keine generelle Präferenz für Umweltabgaben gegenüber anderen umweltrechtlichen Instrumenten zu entnehmen sei, woran auch das Verursacherprinzip nichts ändere.
113 *Kahl*, Umweltprinzip, 24; *Schröder*, EUDUR I, § 9, Rn. 44; Calliess/Ruffert-*Calliess*, EUV/AEUV, Art. 191, Rn. 36; in diese Richtung nunmehr auch die Rechtsprechung, vgl. EuGH, Rs. C-254/08 (Futura Immobiliare), Slg. 2009, I-6995, zu diesem Urteil noch sogleich im Text.
114 Wobei diesem Aspekt in der Rechtsprechung nicht immer hinreichend Rechnung getragen wird, dürfte diese doch davon ausgehen, dass es in der Regel ausreichend ist, wenn die jeweilige Unionsregelung eine Umsetzung oder Durchführung unter Beachtung der Umweltprinzipien und damit auch des Verursacherprinzips zulässt, vgl. hierzu noch unten 5. Kap. Rn. 46 ff. im Zusammenhang mit der Rechtswirkung der Hanldungsprinzipien.
115 Zu dieser Richtlinie noch unten 6. Kap. Rn. 140 ff.
116 Streinz-*Kahl*, EUV/AEUV, Art. 191, Rn. 102; Calliess/Ruffert-*Calliess*, EUV/AEUV, Art. 191, Rn. 37; s. in diesem Zusammenhang auch die Leitlinien der Kommission für staatliche Umweltschutzbeihilfen, ABl. 2008 C 82, 1. Ausführlich zur Thematik auch *Stoczkiewicz*, JEEPL 2009, 171 ff.

5. Kapitel Grundprinzipien des Umweltrechts in der Europäischen Union

auch über die Umwelthaftungsrichtlinie hinaus ist das Verursacherprinzip in verschiedenen Bereichen von Bedeutung. So wird etwa in **Art. 9 Wasserrahmenrichtlinie**, RL 2000/60, in Bezug auf die Deckung der Kosten von Wasserdienstleistungen oder in **Art. 14 Abfallrahmenrichtlinie** (RL 2008/98) in Bezug auf die Tragung der Kosten der Abfallbewirtschaftung auf das Verursacherprinzip Bezug genommen. Auch im **Verkehrsbereich** spielt es (grundsätzlich) eine große Rolle: Hier ist ihm der Grundsatz zu entnehmen, dass die sog. externen Kosten zu internalisieren, also von den Verursachern zu tragen, sind, was beim derzeitigen Stand der Gemeinsamen Verkehrspolitik, die hierfür allenfalls zaghafte Ansätze erkennen lässt, nicht verwirklicht ist, so dass man sich hier die Frage stellen kann, ob angesichts der praktisch völligen Außerachtlassung dieses Grundsatzes in dieser Politik der dem Unionsgesetzgeber eingeräumte Gestaltungsspielraum nicht überschritten ist.[117]

In der **Rechtsprechung des EuGH** ist das Verursacherprinzip in jüngerer Zeit[118] insbesondere im Zusammenhang mit der **Auslegung von Sekundärrecht** relevant geworden:

- Gegenstand der Rs. C-378/08[119] war die Auslegung der RL 2004/35 (**Umwelthaftungsrichtlinie**), wobei es konkret darum ging, unter welchen Voraussetzungen ein ursächlicher Zusammenhang zwischen einem oder mehreren identifizierbaren Verursachern und konkreten und messbaren Umweltschäden hergestellt werden kann, eine Problematik, der für die Anwendung der Haftungs- bzw. Verantwortlichkeitsregeln eine zentrale Rolle zukommt. Der Gerichtshof hielt diesbezüglich fest, ein ursächlicher Zusammenhang zwischen Verursachern und Umweltschäden stelle eine zwingende Voraussetzung dafür dar, dass Betreibern Sanierungsmaßnahmen auferlegt werden können, was auch im Falle breit gestreuter, nicht klar abgegrenzter Verschmutzungen gelte, wie sich aus Art. 4 Abs. 5 RL 2004/35 ergebe. Allerdings lege die Richtlinie gerade in solchen „unklaren" Fällen nicht fest, wie diese erforderliche Kausalität etabliert werden kann, so dass hierfür die Mitgliedstaaten zuständig seien, die diesbezüglich über einen weiten Gestaltungsspielraum verfügten, unter Beachtung der Vorgaben des Vertrages Regelungen vorzusehen, die das Verursacherprinzip ausgestalten oder konkretisieren. Unter diesem Blickwinkel stehe es mit der RL 2004/35 in Einklang, wenn eine mitgliedstaatliche Regelung vorsieht, dass Sanierungsmaßnahmen einem Betreiber auferlegt werden, weil die Nähe der Anlagen des Betreibers zu den aufgetretenen Verschmutzungen einen ursächlichen Zusammenhang vermuten lasse; allerdings müsse die Behörde jedoch – um einen solchen ursächlichen Zusammenhang vermuten zu können – über plausible Anhaltspunkte für eine derartige Vermutung verfügen, und dem Betreiber müsse es offen stehen, diese Vermutung zu widerlegen.

- In der Rs. C-254/08[120] ging es um Auslegung und Tragweite des Verursacherprinzips im Zusammenhang mit der **Umsetzung der Abfallrahmenrichtlinie** (RL 2006/12, inzwischen ersetzt durch die RL 2008/98).[121] Der Gerichtshof hielt fest, dass die Besitzer von (Siedlungs-) Abfällen, die sie einem Sammelunternehmen übergeben bzw. zu übergeben haben, nach dem im Sekundärrecht verankerten Verursacherprinzip die Kosten für die Beseitigung der Abfälle tragen müssen, hätten sie doch zur Erzeugung der Abfälle beigetragen. Dabei sei sicherzustellen, dass die Kosten für die Bewirtschaftung und Beseitigung von Siedlungsabfällen kollektiv von der Gesamtheit der betroffenen „Besitzer" getragen werden. Allerdings gebe es beim derzeitigen Stand des Unionsrechts keine Regelung, die eine konkrete Methode zur Umsetzung dieses Grundsatzes vorsehe, so dass die erwähnte Kostentragung sowohl durch eine Abgabe als auch durch eine Gebühr oder in anderer Weise sichergestellt werden könne. Dabei sei zu berücksich-

---

117 Vgl. hierzu, m.w.N., *Epiney/Heuck*, NuR 2012, 169 ff.
118 S. ansonsten noch EuGH, Rs. C-293/97 (Standley), Slg. 1999, I-2603, wo der EuGH feststellte, ein Sekundärrechtsakt verstoße dann nicht gegen das Verursacherprinzip, wenn er die Mitgliedstaaten zwar nicht verpflichte, Verursachern von Umweltschäden die entsprechenden Kosten aufzuerlegen, dies aber den Mitgliedstaaten auch nicht verunmögliche, die dann ihrerseits dies Prinzip umzusetzen hätten, hierzu auch noch unten in diesem 5. Kap. Rn. 46 ff. im Zusammenhang mit den Rechtswirkungen der Umweltprinzipien. S. auch EuGH, Rs. C-1/03 (van de Walle), Slg. 2004, I-7613, wo der Gerichtshof (u.a.) unter Rückgriff auf das Verursacherprinzip präzisiert, dass eine Erdölgesellschaft im Falle des Austretens von Erdöl aus einer Tankstelle in das Erdreich verpflichtet werden könne, die Kosten für die Schadensbeseitigung zu übernehmen. Zur Rechtsprechung des EuGH zum Verursacherprinzip *Bleeker*, EELR 2009, 289 ff.; s. auch *Andresen/Clostermeyer*, EurUP 2009, 116 ff. Zu möglichen Defiziten bei der Anwendung des Verursacherprinzips in den Mitgliedstaaten *Coroner*, elni 2007, 30 ff.
119 EuGH, Rs. C-378/08 (Raffinerie Mediterranee), Slg. 2010, I-1919. S. auch EuGH, verb. Rs. C-379/08, C-380/08 (Raffinerie Mediterranee), Slg. 2010, I-2007.
120 EuGH, Rs. C-254/08 (Futura Immobiliare), Slg. 2009, I-6995.
121 Zur Abfallrahmenrichtlinie noch unten 9. Kap. Rn. 88 ff.

tigen, dass es häufig schwierig und kostspielig sein könne, die exakte Menge der von jedem Abfallbesitzer zur Sammlung gegebenen Siedlungsabfälle zu ermitteln (was eigentlich die Grundlage der Kostentragung bei einer strengen Anwendung des Verursacherprinzips sein müsste). Daher stehe es den Mitgliedstaaten durchaus frei, zur Berechnung der jedem Besitzer anzulastenden Kosten auf Kriterien abzustellen, die zum einen auf die Erzeugungskapazität der Besitzer (berechnet nach Maßgabe der Fläche der von ihnen genutzten Immobilien sowie deren Zweckbestimmung) und / oder zum anderen auf die Art der verursachten Abfälle Bezug nehmen, da diese Parameter einen unmittelbaren Einfluss auf die Höhe der erwähnten Kosten entfalten könnten. Daher stehe eine innerstaatliche Regelung, die zur Finanzierung der Bewirtschaftung und Beseitigung von Siedlungsabfällen eine Abgabe vorsieht, die auf der Grundlage der geschätzten Menge anfallender Abfälle und nicht auf der Grundlage der Menge der tatsächlich erzeugten und zur Sammlung gegebenen Abfälle berechnet wird, mit den unionsrechtlichen Vorgaben, insbesondere mit dem Verursacherprinzip, in Einklang. Ebensowenig verbiete es das Verursacherprinzip, den Beitrag verschiedener Gruppen zu den notwendigen Kosten für das Gesamtsystem anhand ihrer jeweiligen Kapazität, Siedlungsabfälle zu erzeugen, zu variieren. Insbesondere stelle eine Differenzierung zwischen Hotelbetrieben und Privatpersonen durchaus auf objektive Kriterien (Kapazität der Abfallerzeugung, Art der Abfälle) ab, stünden sie doch im Zusammenhang mit den Kosten der Dienstleistung, wobei die Prüfung der Erforderlichkeit vom nationalen Gericht vorzunehmen sei.[122]

- Schließlich sei noch auf das Urteil in der Rs. C-188/07[123] hingewiesen. Hier ging es u.a. um die Frage, ob im Falle der Havarie eines Öltankers der Erzeuger des ins Meer gelangten Schweröls und/oder der Verkäufer des Öls und Befrachter des Schiffes, das das Öl beförderte, zur Tragung der Beseitigungskosten nach der **Abfallrahmenrichtlinie** verpflichtet sei, dies auch in dem Fall, in dem ins Meer gelangte Stoff von einem Dritten (beim havarierten Frachter Erika dem Schiffsfrachtführer) befördert wurde. In Anknüpfung an seine frühere Rechtsprechung,[124] in der der EuGH den Betreiber einer Tankstelle, aus der unabsichtlich Öl in das Erdreich gelangt war, als Besitzer der Abfälle ansah, sei jedenfalls der Schiffseigner als Besitzer im Sinne der Richtlinie anzusehen, was jedoch nicht ausschließe, dass die Beseitigungskosten von einem oder mehreren früheren Besitzern zu übernehmen sein können. Dies sei insbesondere für den Verkäufer der Kohlenwasserstoffe und Befrachter des Tankschiffs anzunehmen, wenn dieser zur Gefahr einer Verschmutzung beigetragen hat, insbesondere indem er es versäumt hat, Maßnahmen zur Verhütung eines Unfalls zu treffen. Diesfalls könne dieser Verkäufer-Besitzer als früherer Besitzer anzusehen sein. Jedenfalls müssten die Mitgliedstaaten dafür sorgen, dass die Kosten für die Abfallbeseitigung entweder den früheren Besitzern oder dem Hersteller des Erzeugnisses, von dem die Abfälle herrühren, auferlegt werden, wenn der Besitzer die Kosten nicht oder nicht ganz tragen kann, wobei der frühere Besitzer aber entsprechend dem Verursacherprinzip durch seine Tätigkeit zur Verschmutzungsgefahr beigetragen haben muss.

5. Zum Grundsatz der Nachhaltigen Entwicklung

31   Der **Grundsatz der Nachhaltigen Entwicklung**[125] figuriert heute in den **Zielbestimmungen des EU-Vertrages** (Art. 3 Abs. 3 Satz 2, Art. 3 Abs. 5 Satz 2 EUV) sowie in **Art. 11 AEUV**.[126] Man wird aus dieser Verankerung des Grundsatzes der Nachhaltigen Entwicklung ableiten können,

---

122 S. darüber hinaus zur Auslegung des Verursacherprinzips in der RL 1999/31 (Deponierichtlinie) EuGH, Rs. C-172/08 (Pontina Ambiente), Slg. 2010, I-1175, wo der Gerichtshof das Verursacherprinzip eher streng auslegte, zu diesem Urteil *Epiney*, EurUP 2011, 128 (136 f.). S. ansonsten auch EuGH, Rs. C-293/97 (Standley), Slg. 1999, I-2603, wo der Gerichtshof feststellte, dass es dem Verursacherprinzip zuwiderlaufe, Personen zu belasten, die zur in Frage stehenden Verunreinigung nichts beigetragen haben. Dies steht allerdings einer Gruppenverantwortlichkeit nicht entgegen, sofern die Mitglieder der Gruppe zur Umweltbelastung beigetragen haben, vgl. nur Dauses-*Scherer/Heselhaus*, Hb. EU-Wirtschaftsrecht, O, Rn. 48.
123 EuGH, Rs. C-188/07 (Commune de Mesquer), Slg. 2008, I-4501. Zu diesem Urteil *Andresen/Clostermeyer*, EurUP 2009, 116 ff.
124 EuGH, Rs. C-1/03 (van de Walle), Slg. 2004, I-7613.
125 Vgl. zu seiner vertraglichen Verankerung auch schon 3. Kap. Rn. 3 f. Zu diesem Grundsatz im Unionsrecht *Windoffer*, Verfahren der Folgenabschätzung als Instrument zur rechtlichen Sicherung von Nachhaltigkeit, 74 ff.; *Epiney*, in: Konzept der Nachhaltigen Entwicklung, 43 ff.; *Frenz*, Nachhaltige Entwicklung im Europarecht, passim; *Haigh/Kraemer*, ZUR 1996, 239 ff.; *Winter*, in: European Convention, 1 (21 ff.); unter ausführlicher Bezugnahme auf die Praxis der Unionsorgane *Chaltiel*, RMCUE 2003, 24 ff.
126 Zu dieser Bestimmung noch sogleich 5. Kap. Rn. 36 ff.

5. Kapitel Grundprinzipien des Umweltrechts in der Europäischen Union

dass sich die EU-Umweltpolitik (auch) an dessen Zielsetzungen zu orientieren hat, auch wenn er in Art. 191 AEUV nicht (nochmals) wiederholt wird.[127] Allerdings bleibt der genaue **rechtliche Aussagegehalt** des Prinzips der Nachhaltigen Entwicklung und damit seine inhaltliche Tragweite nach wie vor zumindest teilweise ungeklärt, wobei es in erster Linie darum geht, ob dieser Zielsetzung eine „gleichrangige" Verpflichtung zu entnehmen ist, im Hinblick auf das Wohl gegenwärtiger und künftiger Generationen Anliegen des Umweltschutzes einerseits sowie der sozialen und wirtschaftlichen Entwicklung andererseits zu verfolgen, oder ob der Grundsatz primär auf den Umweltschutz bezogen ist.[128]

Zumindest im Unionsrecht spricht sehr Vieles dafür, den Begriff der Nachhaltigen Entwicklung in erster Linie auf **Anliegen des Umweltschutzes** zu beziehen:[129] Zwar sind die Zielbestimmungen des Vertrages hier nicht sonderlich aussagekräftig; jedoch deutet die Querschnittsklausel, die zum Einbezug von Erfordernissen des Umweltschutzes in allen Unionspolitiken verpflichtet, dies „zur Förderung einer nachhaltigen Entwicklung" (Art. 11 AEUV), darauf hin, dass es bei der Nachhaltigen Entwicklung als Zielsetzung eben darum geht, umweltpolitische Anliegen auch und gerade unter Einbezug künftiger Generationen – das eigentlich neue Kernanliegen der Nachhaltigen Entwicklung – zu verfolgen. Erweiterte man bereits die Zielsetzung selbst der Nachhaltigen Entwicklung in dem Sinn, dass es darum ginge, umweltpolitische und wirtschafts- sowie sozialpolitische Anliegen „gleichberechtigt" nebeneinander zu verfolgen, so würde die der Querschnittsklausel zu entnehmende Pflicht zum Einbezug umweltpolitischer Belange in andere Politiken dergestalt relativiert, dass eben auch wirtschaftliche und soziale Zielsetzungen als Teilgehalt der Querschnittsklausel zu berücksichtigen wären. Damit verlören jedoch die umweltpolitischen Belange bei der Anwendung der Querschnittsklausel ihre eigenständige Bedeutung und würden bereits auf der Zielebene selbst relativiert.[130] Darüber hinaus sind wirtschaftliche und soziale Zielsetzungen bereits Gegenstand eigenständiger Zielsetzungen der Verträge, so dass es wenig kohärent erschiene, sie auch als Teil des Ziels der Nachhaltigen Entwicklung anzusehen. 32

Der hier vertretene Ansatz impliziert, dass Umweltschutzanliegen von anderen Anliegen (insbesondere solchen wirtschaftlicher und sozialer Natur) zu trennen sind, nicht hingegen, dass letzteren etwa keine Bedeutung zukäme. Dies hat auch den Vorteil, dass das **Konzept der Nachhaltigen Entwicklung** klarer fassbar ist, führt doch eine Art „Vereinigung" teilweise und zumindest potentiell gegensätzlicher Zielsetzungen in demselben Konzept notwendigerweise dazu, dass dieses an normativer Dichte einbüßt und ihm damit aus rechtlicher Sicht kaum eine wirkliche rechtliche Bedeutung zukommen kann; Gegensätze können nun einmal nicht dadurch nivelliert werden, dass sie unter einen gemeinsamen Oberbegriff gestellt werden, ohne dass die auf diese Weise kreierten Begriffe letztlich inhaltsarm werden und jedenfalls kaum soweit konkretisierbar werden, dass sie als Rechtsnormen bzw. Zielbestimmungen angewandt werden können. Der jedenfalls notwendige Ausgleich von Umweltanliegen mit anderen Anliegen (auch solchen wirtschaftlicher und sozialer Natur) ist vor diesem Hintergrund nicht mittels einer „Integration" der 33

---

127 So i.Erg. auch etwa Dauses-*Scherer/Heselhaus*, Hb. EU-Wirtschaftsrecht, O, Rn. 51, die davon sprechen, dass die Umweltpolitik der EU „in besonderer Weise dem Ziel einer nachhaltigen Entwicklung" verpflichtet sei; ebenso auch Calliess/Ruffert-*Calliess*, EUV/AEUV, Art. 11, Rn. 12.

128 Vgl. ausführlich zu dieser Frage, auch unter Berücksichtigung der Entstehung des Nachhaltigkeitsbegriffs, *Gehne*, Nachhaltige Entwicklung, 11 ff.; vgl. die Zusammenfassung der Diskussion bei *Windoffer*, Verfahren der Folgenabschätzung als Instrument zur rechtlichen Sicherung von Nachhaltigkeit, 59 ff.; s. auch die Beiträge in *Kahl* (Hrsg.), Nachhaltigkeit als Verbundbegriff, 2008; mit Bezug zum EU-Umweltrecht auch *Lee*, EU Environmental Law, 25 ff.

129 A.A. allerdings die wohl herrschende Meinung, vgl., m.w.N. auch zur Entstehungsgeschichte des Begriffs, *Meßerschmidt*, Europäisches Umweltrecht, § 3, Rn. 34 ff.; unklar Calliess/Ruffert-*Calliess*, EUV/AEUV, Art. 11, Rn. 12, der einerseits nach Dreh-Säulen-Modell" letztlich zu einer sehen seien, andererseits darauf hinweist, dass die „ökologische Leistungsfähigkeit" im Zentrum des Nachhaltigkeitsbegriffs stehe. Im Ansatz wie hier eher für einen engen Begriff mit ausführlicher Begründung *Ekardt*, Theorie der Nachhaltigkeit, 40 ff.; Streinz-*Kahl*, EUV/AEUV, Art. 11, Rn. 22.

130 Vgl. ähnlich auch *Winter*, ZUR 2003, 137 (144), der davon spricht, dass das „Drei-Säulen-Modell" letztlich zu einer Entleerung des Begriffs führe und einen „roll-back" der ökologischen Belange nach sich ziehen könne.

Ziele bzw. ihrer Zusammenführung in ein einziges Konzept, sondern nach der Benennung der Zielkonflikte auf der Ebene des Ausgleichs der verschiedenen Interessen zu suchen, wobei dem Grundsatz der Verhältnismäßigkeit eine entscheidende Rolle zukommen dürfte. Insgesamt dürfte das Prinzip der Nachhaltigen Entwicklung im Unionsrecht damit einen „**Grundsatz der dauerhaft-umweltrechten Entwicklung**" meinen.[131]

34 Vor diesem Hintergrund kann auch die inhaltliche Tragweite des Grundsatzes der Nachhaltigen Entwicklung präzisiert werden: Im Sinne einer Beschränkung des Prinzips auf seinen **Kerngehalt** geht es hier letztlich darum, in die Gestaltung der Umweltpolitik auch die Perspektive künftiger Generationen einzubeziehen, so dass letztlich die **Erhaltung der natürlichen Lebensgrundlagen auch für zukünftige Generationen** im Zentrum steht. Dieser Ansatz entfaltet auf verschiedenen Ebenen Rückwirkungen: So sollten erneuerbare Ressourcen nur soweit genutzt werden, wie sie sich wieder generieren, und mit endlichen Ressourcen ist so sparsam wie möglich umzugehen, wobei sie an sich nur soweit verbraucht werden sollten, wie ein entsprechender Ersatz an erneuerbaren Ressourcen gefunden wurde. Schadstoffemissionen schließlich sollten nur in dem Maß erfolgen, wie die Kapazität zu ihrem Abbau in dem jeweiligen Ökosystem (Luft, Wasser, Boden) reicht.[132]

35 Im Verhältnis zu den Zielsetzungen des Art. 191 Abs. 1 AEUV und den Handlungsprinzipien des Art. 192 Abs. 2 AEUV stellt der Grundsatz der Nachhaltigen Entwicklung eine **ergänzende, zusätzliche Zielsetzung** dar, die bei der inhaltlichen Ausgestaltung der EU-Umweltpolitik zu berücksichtigen ist. Gleichzeitig ist aber nicht zu verkennen, dass zu den genannten Vorschriften ein enger Bezug besteht, können doch insbesondere die **Umweltprinzipien** des Art. 191 Abs. 2 Satz 2 AEUV (und hier in erster Linie das Vorsorgeprinzip) als **Konkretisierungen bzw. Ausfluss des Nachhaltigkeitsgrundsatzes** verstanden werden.

Zur Umsetzung des Grundsatzes der Nachhaltigen Entwicklung hat die EU eine Nachhaltigkeitsstrategie („**Neue Strategie für Nachhaltige Entwicklung**"[133]) angenommen, in der übrigens umweltpolitische Anliegen eine herausragende Rolle spielen. Hinzu kommt eine Reihe weiterer (politischer) Absichtserklärungen.[134]

6. Querschnittsklausel (Art. 11 AEUV)

a) Grundgedanke, Entwicklung und systematischer Zusammenhang

36 Die sog. „Querschnittsklausel"[135] trägt dem **Querschnittscharakter der Umweltpolitik** Rechnung:[136] Diese kann nicht als isolierte Politik neben anderen verfolgt werden, sondern effektiv kann sie von vornherein nur unter der Voraussetzung sein, dass ihre Belange auch und gerade

---

131 Vgl. ausführlich zu diesem Ansatz für das Unionsrecht bereits *Epiney*, in: Konzept der Nachhaltigen Entwicklung, 43 ff.
132 *Winter*, ZUR 2003, 137, 144; Streinz-*Kahl*, EUV/AEUV, Art. 11, Rn. 23, wobei letzterer noch auf die zeitliche Dimension und das Verschlechterungsverbot hinweist; vgl. entsprechende Kriterien auch bei *Meßerschmidt*, Europäisches Umweltrecht, § 3, Rn. 42, wobei interessant ist, dass dieser Autor zwar den Nachhaltigkeitsgrundsatz mit der h.L. auf ökonomische und soziale Aspekte ausdehnen will, bei der Konkretisierung aber letztlich nur auf umweltpolitische Aspekte Bezug nimmt.
133 Ratsdokument Nr. 10117/06, hierzu auch Mitteilung der Kommission, KOM (2009) 400 endg., diese neue Strategie wurde im Anschluss an diejenige aus dem Jahr 2001, Strategie der EU für die nachhaltige Entwicklung, Schlussfolgerungen des Rates von Göteborg, SN 200/1/01, s. auch den Vorschlag der Kommission, KOM (2001) 264 endg., verabschiedet.
134 Vgl. den Überblick bei Streinz-*Kahl*, EUV/AEUV, Art. 11, Rn. 38 ff. Vgl. im Einzelnen zur EU-Nachhaltigkeitspolitik *Windoffer*, Verfahren der Folgenabschätzung als Instrument zur rechtlichen Sicherung von Nachhaltigkeit, 19 ff.; *Torre-Schaub*, RMCUE 2012, 84 (85 ff.); s. auch *Prall*, JEEPL 2006, 325 ff.
135 Die Terminologie variiert hier. Teilweise wird auch von „Integrationsklausel" oder „Integrationsprinzip" gesprochen, vgl. etwa Dauses-*Scherer/Heselhaus*, Hb. EU-Wirtschaftsrecht, O, Rn. 53 ff.; *Jans/Vedder*, European Environmental Law, 22 ff.; *Jans/von der Heide*, Europäisches Umweltrecht, 18; *Himmelmann*, EG-Umweltrecht (5. Kap. E.II.), 49; *Lenschow*, in: Environmental Policy Integration, 3; eine unterschiedliche rechtliche Bedeutung wird hiermit jedoch soweit ersichtlich nicht verbunden.
136 Zu diesem Querschnittscharakter etwa *Jahns-Böhm/Breier*, EuZW 1992, 49 ff.; *Kahl*, Umweltprinzip, 26 f., 58 ff.; *Huber*, EUDUR I, § 19, Rn. 3; *Palme*, Nationale Umweltpolitik, 64. Zur Entstehung der Querschnittsklausel in der EU *Lenschow*, in: Environmental Policy Integration, 3 (4 ff.).

5. Kapitel Grundprinzipien des Umweltrechts in der Europäischen Union

im Rahmen anderer Politiken mitbedacht und mitberücksichtigt werden. M.a.W. stellt die Umweltpolitik eine Querschnittsmaterie dar, und Anliegen des Umweltschutzes kann in angemessener Weise nur dann Rechnung getragen werden, wenn sie nicht nur im Rahmen der Umweltpolitik i.e.S., sondern auch im Rahmen anderer Politiken verfolgt werden.[137] So wird z.B. jede Umweltpolitik solange keine oder nur geringe Erfolge verbuchen können, wie Verkehrs-, Landwirtschafts- oder Energiepolitik ihre Anliegen ausklammern. Vor diesem Hintergrund verlangt die sog. Querschnittsklausel die Einbeziehung umweltpolitischer Erfordernisse bei Festlegung und Durchführung der anderen Unionspolitiken.[138] Damit stehen Belange des Umweltschutzes nicht isoliert neben anderen Zielsetzungen der Union, sondern sind stets im Rahmen aller Unionspolitiken zu beachten, zu verfolgen und zu integrieren.

Die umweltpolitische **Querschnittsklausel** wurde **erstmals 1987** mit der Einheitlichen Europäischen Akte in den Vertrag eingeführt (Art. 130 r Abs. 2 S. 2 EWGV). Der **Maastrichter Vertrag** formulierte diesen Satz um, insbesondere indem auf die „Festlegung und Durchführung" anderer Unionspolitiken Bezug genommen wurde. Der heute geltende Wortlaut geht – abgesehen von semantischen Modifikationen – letztlich auf den **Amsterdamer Vertrag** zurück; er fügte den Bezug (neben den Politiken) auf die „Maßnahmen" der Union und die Förderung einer nachhaltigen Entwicklung hinzu und verankerte die Bestimmung neu im Ersten Teil des Vertrages („Grundsätze").[139] Letzteres war insofern folgerichtig, als damit der Charakter der Querschnittsklausel als allgemein für alle Politiken der Union geltende Bestimmung unterstrichen wurde.

37

Während 1987 einzig für umweltpolitische Anliegen eine Querschnittsklausel in den Vertrag eingeführt worden war, wurde ihre Grundidee nach und nach auch in Bezug auf **andere Politiken** – bei denen, wenn auch mitunter in geringerem Maß, die skizzierten Zusammenhänge ebenfalls bestehen – ausdrücklich im Vertrag verankert, so für die Gleichstellung von Mann und Frau (Art. 8 AEUV), den sozialen Schutz (Art. 9 AEUV), die Bekämpfung von Diskriminierungen (Art. 10 AEUV), den Verbraucherschutz (Art. 12 AEUV), den Tierschutz (Art. 13 AEUV), den Gesundheitsschutz (Art. 168 Abs. 1 Uabs. 1 AEUV), die Entwicklungszusammenarbeit (Art. 208 Abs. 1 Uabs. 2 S. 2 AEUV) sowie die Kulturpolitik (Art. 168 Abs. 4 AEUV).[140] Es ist bemerkenswert, dass ein Teil dieser Querschnittsklauseln in den Ersten Teil des Vertrages aufgenommen wurde, während andere (weiterhin) in den jeweiligen Politikkapiteln figurieren, obwohl es sich aus systematischer Sicht bei allen Querschnittsklauseln – trotz ihrer teilweise abweichenden Formulierungen – um allgemein geltende Bestimmungen handelt. Man wird hieraus wohl die besondere Bedeutung der im Ersten Teil des Vertrages figurierenden Querschnittsklauseln ableiten können.

Im Zusammenhang mit Umweltschutzbelangen ist insbesondere die den **Tierschutz betreffende Querschnittsklausel des Art. 13 AEUV** von Bedeutung. Diese Klausel geht auf das erstmals durch den Amsterdamer Vertrag[141] dem EG-Vertrag beigefügte **Protokoll über den Tierschutz und das Wohlergehen der Tiere** zurück. Art. 13 AEUV übernimmt den Wortlaut dieses Protokolls in die Vertragsbestimmung, wobei die Palette derjenigen Politiken, in deren Rahmen dem Tierschutz Rechnung zu tragen ist, erweitert wurde und im Text der Bestimmung die Tiere als „fühlende Wesen" bezeichnet werden.[142] Die praktischen Auswirkungen dieser Bestimmung[143] dürften in erster Linie vor dem Hintergrund zu sehen sein, dass der Schutz vor tierischem

---

137 EuGH, Rs. C-176/03 (Kommission/Rat), Slg. 2005, I-7879, Ziff. 42, wonach Art. 11 AEUV den Querschnittscharakter und die grundlegende Bedeutung des Umweltschutzes verdeutliche.
138 Zur Querschnittsklausel (teilweise auch auf der Grundlage der „alten" Formulierung) etwa *Scheuing*, EuR 1989, 152 (177); *Hailbronner*, EuGRZ 1989 (5. Kap. E.II.), 101 (103 ff.); *Grabitz/Zacker*, NVwZ 1989, 297 (300); *Bleckmann/Koch*, UTR 1996, 33 ff.; *Calliess*, DVBl. 1998, 559 ff.; *Molkenbur*, DVBl. 1990, 677 (679); *Vorwerk*, Umweltpolitische Kompetenzen, 61 f.; *Kahl*, Umweltprinzip, 26 f.; *Breier*, NuR 1992, 174 ff.; *Pernice*, NVwZ 1990, 201 (203); ausführlich auch *Jahns-Böhm/Breier*, EuZW 1992, 49 ff.; umfassend *Zils*, Wertigkeit des Umweltschutzes, 1994; *Dhondt*, Integration of Environmental Protection, 15 ff.
139 Zu dieser „neuen" Querschnittsklausel *Calliess*, DVBl. 1998, 559 ff.; *Wasmeier*, EWS 2000, 47 ff.; zur Entwicklung und den unterschiedlichen Fassungen der Querschnittsklausel *Scheuing*, in: Umweltrecht im Wandel, 129 (140); *Calliess*, DVBl. 1998, 559 (564 f.).
140 S. bereichsübergreifend zu den Querschnittsklauseln *Everling*, Mélanges Schockweiler, 131 ff.
141 S. auch schon die entsprechende dem Maastrichter Vertrag beigefügte Erklärung, ABl. 1992 C 191, 103.
142 Im Protokoll war dieser Hinweis im Ingress enthalten.
143 Zu seiner rechtlichen Tragweite *Vedder/Heintschel von Heinegg-Epiney*, EUV/AEUV, Art. 13; *Frenz*, NuR 2011, 103 (105 ff.).

38 Art. 37 Grundrechtecharta postuliert ebenfalls den Einbezug eines hohen Umweltschutzniveaus und die Verbesserung der Umweltqualität in die Politik der Union und verweist auf die Einhaltung des Grundsatzes der Nachhaltigen Entwicklung, wobei die Formulierung dieser Bestimmung etwas von Art. 11 AEUV abweicht. Im Ergebnis dürften sich aus Art. 37 Grundrechtecharta **keine weitergehenden Pflichten** der Union oder der Mitgliedstaaten als die sich bereits aus Art. 11 AEUV ergebenden ableiten lassen; im Gegenteil ist Art. 37 Grundrechtecharta letztlich weniger präzise formuliert, soweit die Politiken der Union betroffen sind (wird doch nur von „Politik der Union" im Singular gesprochen, und die Maßnahmen werden gar nicht erwähnt). Weiter dürfte Art. 37 Grundrechtecharta auch **kein irgendwie geartetes subjektives Recht** (etwa auf eine gesunde Umwelt oder das Ergreifen entsprechender Maßnahmen der Unionsorgane) verankern: Hierfür lässt schon der Wortlaut der Bestimmung keine Anhaltspunkte erkennen, ganz abgesehen davon, dass sie viel zu offen und unbestimmt formuliert ist, um aus ihr Rechte Einzelner ableiten zu können. Insofern kommt Art. 37 Grundrechtecharta neben Art. 11 AEUV **keine eigenständige rechtliche Bedeutung** zu, und die Aufnahme dieser Bestimmung in die Grundrechtecharta – in der es ja grundsätzlich um Grundrechte Einzelner gehen soll – erscheint nur bedingt sinnvoll. Dies ändert allerdings nichts daran, dass sich aus **anderen Grundrechten** (insbesondere dem Recht auf Schutz des Familienlebens, dem Recht auf Leben oder dem Recht auf körperliche Unversehrtheit) durchaus **Ansprüche auf ein bestimmtes umweltrelevantes Verhalten des Staates** ergeben können;[145] diese Ansprüche bestehen aber allein aufgrund dieser Grundrechte und unabhängig von Art. 37 Grundrechtecharta; sie sind denn auch dogmatisch als Abwehrrechte Einzelner oder als Ansprüche auf das Ergreifen staatlicher Schutzmaßnahmen von den in Art. 11 AEUV (und Art. 37 Grundrechtecharta) formulierten objektiven Anforderungen an die (gesetzgeberische) Tätigkeit der Unionsorgane zu unterscheiden.

b) Inhaltliche Tragweite

39 Die inhaltliche Tragweite des Art. 11 AEUV erschließt sich durch folgende Aspekte:
- **Anwendungsbereich der Querschnittsklausel:** Der Anwendungsbereich der Querschnittsklausel erstreckt sich einerseits auf alle **Politiken** der Union (und damit letztlich auf das gesamte Handeln der Union), andererseits aber auch auf **„Maßnahmen".**[146] Jedenfalls wird man hieraus schließen können, dass alle Unionspolitiken erfasst sind, wofür auch die systematische Stellung des Art. 11 AEUV im Vertrag im Ersten Teil („Grundsätze") spricht. Der Hinweis auf Maßnahmen dürfte nicht so zu verstehen sein, dass innerhalb jeder einzelnen Maßnahme (also z.B. innerhalb jeder Verordnung oder Richtlinie) selbst Erfordernisse des Umweltschutzes einzubeziehen sind. Dieser Ansatz führte nämlich zu dem widersinnigen Ergebnis, dass ihre Berücksichtigung in einer anderen Maßnahme nicht möglich wäre. Sinn und Zweck des Art. 11 AEUV – der Einbezug von Belangen des Umweltschutzes bei allen Aktivitäten der EU, wobei es für die Erreichung dieser Zielsetzung irrelevant ist, ob dieser Einbezug immer in demselben Rechtsakt erfolgt oder nicht – legen es nahe, dass eine Unionsmaßnahme erlassen werden darf, ohne dass nicht gleichzeitig auch – soweit erforderlich – Anliegen des Umweltschutzes berücksichtigt werden, wobei dies entweder im Rahmen desselben Rechtsakts oder durch den gleichzeitigen Erlass eines anderen, insoweit komple-

---

144 S. hierzu auch oben 1. Kap. Ausführlich zur Regelung des Tierschutzes im primären Unionsrecht *Caspar*, Stellung des Tieres (1. Kap. B.), 13 ff.; unter Einbezug des Sekundärrechts auch *Glock*, Tierschutzrecht, 129 ff.; *Cornils*, Reform des europäischen Tierversuchsrecht, insbes. 7 ff., 42 ff.
145 Vgl. aus der Rechtsprechung des EGMR insbesondere EGMR, Urt. v. 8.7.2003, Hatton u.a./Vereinigtes Königreich, deutsche Fassung in NVwZ 2004, 1465 ff.; EGMR, GrK v 30.11.04, 48939/99, Slg. 04-XII – Öneryildiz/Türkei; EGMR, Urt. v. 9.6.05, 55723/00 Nr. 105, Slg. 05 – Fadeyeva/Russland. Zur Frage eines „Rechts auf gesunde Umwelt" bzw. der Tragweite der diesbezüglich möglicherweise einschlägigen Bestimmungen des AEUV bereits oben 3. Kap. Rn. 3 f.
146 S. auch noch unten 5. Kap. Rn. 46 ff., im Zusammenhang mit der Rechtswirkung der Umweltprinzipien.

mentären Erlasses erfolgen kann. M.a.W.: Es stünde mit der Querschnittsklausel grundsätzlich nicht in Einklang, eine unionsrechtliche Maßnahme zu erlassen und in Bezug auf die Reaktion auf die möglicherweise negative Umweltbilanz dieser Maßnahme auf späteres (notwendigerweise ungewisses) Tätigwerden zu „vertrösten". Insofern sind dann auch beim Erlass jeder einzelnen Maßnahme Belange des Umweltschutzes einzubeziehen, ohne dass jedoch die „Berücksichtigungsmaßnahmen" selbst zwingend in demselben Rechtsakt figurieren müssen.[147] Dieser Ansatz impliziert, dass die Anforderungen der Querschnittsklausel auch im Falle der Aufhebung von Sekundärrechtsakten zu berücksichtigen sind.

- **Bezugspunkte der Querschnittsklausel:** Sowohl systematische als auch teleologische Gesichtspunkte sprechen dafür, die im Zuge der Anwendung der Querschnittsklausel zu berücksichtigenden Aspekte, also die „Erfordernisse des Umweltschutzes", weit auszulegen, so dass sie letztlich ein Synonym für die gesamte „Umweltschutzpolitik", so wie sie in Art. 191 AEUV formuliert ist, sind.[148] Art. 191 AEUV ist nämlich die Gesamtheit der für die Unionspolitiken maßgeblichen umweltpolitischen Leitlinien und Handlungsgrundsätze zu entnehmen.[149] Eine Isolierung des einen oder anderen Aspekts trüge diesem System nicht Rechnung und führte notwendigerweise zu Verzerrungen. Weiter ist auf den Sinn und Zweck der Querschnittsklausel hinzuweisen: Angesichts der Tatsache, dass umweltrelevante Aktivitäten der Union gerade nicht nur im Rahmen der Art. 191 ff. AEUV erfolgen, soll sie sicherstellen, dass die durch den Vertrag definierten Anforderungen an eine umweltgerechte Politik nicht unterlaufen werden. Dieses Ziel kann aber nur unter der Voraussetzung erreicht werden, dass die Erfordernisse des Umweltschutzes so, wie sie in Art. 191 AEUV *in toto* umschrieben sind, in anderen Politikbereichen berücksichtigt werden.

  Dieser Einbezug soll insbesondere zur Förderung einer **Nachhaltigen Entwicklung** erfolgen, so dass auch die Union auf dieses, in seiner inhaltlichen Tragweite allerdings schillernde Konzept[150] verpflichtet wird. Unabhängig davon, wie man diesen Begriff allgemein auslegt, ist aber jedenfalls festzuhalten, dass sich die Querschnittsklausel selbst auf den Einbezug von Erfordernissen des Umweltschutzes bezieht und die Nachhaltige Entwicklung in diesem Rahmen zu berücksichtigen ist, so dass aus Art. 11 AEUV keine Pflicht zur Förderung sozialer oder wirtschaftlicher Anliegen – die teilweise (auch) vom Konzept der Nachhaltigkeit als erfasst angesehen werden – abgeleitet werden kann. Im Übrigen dürfte der Zusammenhang der Erwähnung der Nachhaltigen Entwicklung in Art. 11 AEUV darauf hindeuten, dass dieser Begriff hier im Sinne einer dauerhaft umweltgerechten Entwicklung und Erhaltung der natürlichen Lebensgrundlagen auch für zukünftige Generationen zu verstehen ist.[151]

- **Ergebnisbezogenheit:** Art. 11 AEUV ist insofern ergebnisbezogen, als das Art. 11 AEUV zu entnehmende Gebot jedenfalls dann verletzt ist, wenn die Politikgestaltung in einem Bereich erhebliche Umweltbeeinträchtigungen zur Folge hat und / oder so einseitig ausfällt, dass im Ergebnis umweltpolitischen Gesichtspunkten nicht Rechnung getragen wird. Denn eine „Einbeziehung" von Belangen des Umweltschutzes verlangt nicht nur ihre „ideelle" Berücksichtigung im Sinne einer Art Kenntnisnahme, sondern dieses Anliegen muss sich darüber hinaus auch in dem letztlich zustande gekommenen Resultat niedergeschlagen haben, soll der Querschnittsklausel ein eigenständiger Gehalt zukommen. Damit ist der Querschnittsklausel ein auf das Ergebnis bezogenes Abwägungsgebot zu entnehmen, das sich auf **alle** Unionstätig-

---

147 S. in diese Richtung wohl auch GA *Geelhoed*, Rs. C-161/04, Österreich/EP und Rat, Slg. 2006, I-7183, Ziff. 60, der darauf hinweist, dass der Beurteilungsrahmen durch die einschlägigen Unionsmaßnahmen gebildet werde; i. Erg. ebenso wie hier Calliess/Ruffert-*Calliess*, EUV/AEUV, Art. 11, Rn. 9; Dauses-*Scherer/Heselhaus*, Hb. EU-Wirtschaftsrecht, O, Rn. 57; s. auch *Calliess*, DVBl. 2008, 559 (560).
148 Ebenso *Zils*, Wertigkeit des Umweltschutzes, 28 f.; *Jans/von der Heide*, Europäisches Umweltrecht, 19; *Breier*, NuR 1992, 174 (180); *Frenz*, NuR 2011, 103 (104 f.); *Krämer*, Droit de l'environnement de l'UE, 52 f.; Streinz-*Kahl*, EUV/AEUV, Art. 11, Rn. 16; *Jahns-Böhm/Breier*, EuZW 1992, 49 (50); *Bleckmann/Koch*, UTR 1996, 33 (36 f.); *Kahl*, Umweltprinzip, 223 f.; s. auch schon *Epiney*, JZ 1992 (4. Kap. E.I.), 564 (568). Unklar allerdings *Schröer*, EuR 1991 (4. Kap. E.I.), 356 (364 f.). In die hier vertretene Richtung auch EuGH, Rs. C-180/96 (Großbritannien/Kommission), Slg. 1998, I-2265, Ziff. 98 ff.
149 Vgl. *Kahl*, Umweltprinzip, 223 f.
150 Hierzu oben 5. Kap. Rn. 31 ff.
151 Hierzu oben 5. Kap. Rn. 31 ff.

keiten bezieht, so dass keine EU-Aktivität von umweltpolitischen Erwägungen abgekoppelt werden darf. Insgesamt impliziert die Querschnittsklausel also auch und gerade eine Verpflichtung, in allen Unionspolitiken die angemessenen Maßnahmen zur Berücksichtigung der Erfordernisses des Umweltschutzes zu ergreifen, und die Berücksichtigung der Umweltbelange muss sich im Ergebnis der Rechtsetzung niedergeschlagen haben.[152] Deutlich wird damit, dass der Querschnittsklausel grundsätzlich auch eine Verpflichtung zum aktiven **Tätigwerden** entnommen werden kann.

- „Wertigkeit" des Umweltschutzes: Damit ist aber noch nicht die Frage beantwortet, auf welche Weise bzw. mit welchem Gewicht die Erfordernisse des Umweltschutzes zu berücksichtigen sind. Die Querschnittsklausel lässt sicherlich den Schluss zu, dass umweltpolitische Belange insofern eine besondere Stellung einnehmen, als sie eben bei allen Unionsaktivitäten zu berücksichtigen sind. Allerdings ist es wohl zu weitgehend, schon aus der Querschnittsklausel auf einen relativen Vorrang umweltpolitischer Belange in dem Sinn zu schließen, dass ihnen im Zweifel bei der Abwägung mit Zielen des jeweiligen Politikbereichs Vorrang einzuräumen wäre. Nach der Gesamtkonzeption des Vertrages sind auf seiner Grundlage eben verschiedene Politiken nebeneinander zu verfolgen. Der Querschnittsklausel selbst kann vor diesem Hintergrund (nur) entnommen werden, **dass** umweltpolitische Belange auch in die Abwägung einzubeziehen sind. Darüber, **wie** dies zu geschehen hat, sagt Art. 11 AEUV jedoch nichts, so dass aus der Querschnittsklausel **kein** „**Rangverhältnis**" der verschiedenen Ziele abgeleitet werden kann.[153] Vielmehr sind bei allen Politiken die jeweiligen Erfordernisse und Zielsetzungen mit denjenigen des Umweltschutzes in Einklang zu bringen, womit eine Abwägung geboten ist.[154]

40 Inhalt und Tragweite der Querschnittsklausel können damit durch folgende Punkte **zusammengefasst** werden:

- Der Querschnittsklausel ist ein rechtlich verbindliches Gebot zur **Einbeziehung umweltpolitischer Belange in alle Unionstätigkeiten** zu entnehmen, so dass keine EU-Aktivität von umweltpolitischen Erwägungen abgekoppelt werden darf. Die Vorgaben des Art. 11 AEUV sind im Übrigen in Bezug auf jede einzelne Maßnahme zu beachten.

- Diese Verpflichtung ist insofern ergebnisorientiert, als die „Einbeziehung" dieser Belange die schließlich ergriffenen Maßnahmen (mit-) geprägt haben muss. Damit ist der Querschnittsklausel ein auf das **Ergebnis bezogenes Abwägungsgebot** zu entnehmen.
    Ebenso wie die anderen Handlungsprinzipien enthält Art. 11 AEUV eine rechtlich verbindliche Vorgabe, deren Beachtung vom EuGH überprüft werden kann.[155]

- Gegenstand dieser „Berücksichtigungspflicht" ist die **Gesamtheit der umweltpolitischen Grundsätze**, so wie sie in Art. 191 AEUV formuliert sind. Im Übrigen ist im Sinne der Verwirklichung einer Nachhaltigen Entwicklung die Perspektive künftiger Generationen einzubeziehen.
    Teilweise wird vertreten, die „Normativität" des Art. 191 AEUV außerhalb des „Umweltschutz-Kernbereichs" (also offenbar in den Fällen, in denen die Union gestützt auf Rechtsgrundlagen in anderen Politikbereichen rechtsetzend tätig wird) sei abgeschwächt, da Art. 11 AEUV nur die „Einbeziehung" von Umweltschutzbelangen verlange und Art. 114 Abs. 3 AEUV eine eigene „Umweltschutzverpflichtung" sta-

---

152   I. Erg. ähnlich etwa Caliess/Ruffert-*Calliess*, EUV/AEUV, Art. 11, Rn. 8; Streinz-*Kahl*, EUV/AEUV, Art. 11, Rn. 17; *Calliess*, DVBl. 1998, 559 (566); *Wasmeier*, EWS 2000, 47 (48); s. auch schon *Epiney*, NuR 1995, 497 (502). Dieser Vorgabe dürfte aber in einigen Politiken nicht Rechnung getragen werden, s. noch sogleich unten 5. Kap. Rn. 41 f.
153   Allerdings könnte sich aus dem Grundsatz des bestmöglichen Umweltschutzes eine gewisse „Vorrangstellung" umweltpolitischer Belange ergeben, hierzu unten 5. Kap. Rn. 55 ff.
154   I. Erg. ebenso *Kahl*, Umweltprinzip, 178; *Frenz*, NuR 2011, 103 (104); *Jans/von der Heide*, Europäisches Umweltrecht, 19 f.; *Jahns-Böhm/Breier*, EuZW 1992, 49 (51 f.); *Breier*, NuR 1992, 174 (180); *Haneklaus*, DVBl. 1990, 1135 (1137); *Schröder*, EUDUR I, § 9, Rn. 27; nicht ganz klar jedoch *Hailbronner*, EuGRZ 1989 (5. Kap. E.II.), 101 (104); *Scheuing*, EuR 1989, 152 (176 f.).
155   Hierzu in diesem Zusammenhang *Jahns-Böhm/Breier*, EuZW 1992, 49 (54 f.); *Calliess*, ZAU 1994, 322 ff.; zum Rechtsschutz ansonsten noch unten 5. Kap. Rn. 151 ff. Zur rechtlichen Verbindlichkeit auch noch unten 5. Kap. Rn. 46 ff.

5. Kapitel Grundprinzipien des Umweltrechts in der Europäischen Union

tuiere.[156] Abgesehen davon, dass bei diesem Ansatz unklar bleibt, was denn eine „abgeshwächte Normativität" genau bedeutet, vermag dieser Ansatz schon deshalb nicht zu überzeugen, weil umweltpolitische Zielsetzungen in jedem Fall auch unter Berücksichtigung anderer Unionsziele zu verwirklichen sind, was bereits in den Handlungsprinzipien selbst zum Ausdruck kommt und sich im Übrigen aus dem Grundsatz der Verhältnismäßigkeit ergibt. Insofern liegt jeder (auch) umweltpolitischen Tätigkeit der Union von vornherein ein Abwägungselement zugrunde; stufte man darüber hinaus die umweltpolitischen Grundsätze und Anliegen noch weiter (in einem zudem inhaltlich unklaren Maß) zurück, so führte dies nicht nur zu einer Beeinträchtigung der effektiven Wirkung der Querschnittsklausel, sondern wäre auch konzeptionell wenig stimmig, da nicht ersichtlich ist, warum eine solche zusätzliche „negative" Abwägungsregel notwendig ist, ganz abgesehen davon, dass auf diese Weise insbesondere der Grundsatz der Verhältnismäßigkeit relativiert werden könnte.

▪ Allerdings besteht auf der Grundlage der Querschnittsklausel (nur) ein „**Nebeneinander**" der Anforderungen verschiedenen Politiken; eine Vorrangstellung umweltpolitischer Belange kann ihr nicht entnommen werden.

c) Praxis der Unionsorgane

Die Querschnittsklausel wurde insbesondere im **fünften umweltpolitischen Aktionsprogramm**[157] aufgegriffen, ausgeführt und konkretisiert: Der Akzent dieses Programms liegt – neben der Postulierung neuer Instrumente – insbesondere auch auf der Frage, auf welche Weise umweltpolitische Belange in andere Bereiche integriert werden können.[158] Aufgegriffen wurde das Anliegen der Querschnittsklausel auch in den Schlussfolgerungen des Europäischen Rates von Göteborg aus dem Jahr 2001,[159] in denen der Rat auf der Grundlage des 1998 eingeleiteten sog. **Cardiff-Prozesses** – im Zusammenhang mit dem Grundsatz der Nachhaltigen Entwicklung – betont, es seien sektorielle Strategien für den Einbezug von Umweltbelangen in alle einschlägigen Bereiche der Unionspolitiken zu entwickeln.[160]

Während auf der Ebene der (politischen) Programmatik die Querschnittsklausel somit durchaus präsent ist, lässt sich eine ähnliche Aussage jedoch bezüglich der **Rechtsetzung** kaum treffen. Diese berücksichtigt die Anliegen der Querschnittsklausel jedenfalls nicht durchgehend, oft ungenügend oder lediglich ansatzweise. Ohne dass dieser Frage im vorliegenden Rahmen im Einzelnen nachgegangen werden kann,[161] implizierte ihre Beantwortung doch letztlich eine fundierte Erörterung aller hier im Vordergrund stehenden Politikbereiche (wie insbesondere Verkehr, Landwirtschaft, Energie und Wettbewerb), sei allgemein darauf hingewiesen, dass jeden-

---

156 *Meßerschmidt*, Europäisches Umweltrecht, § 3, Rn. 4.
157 ABl. 1993 C 138, 1. Zu den Aktionsprogrammen oben 3. Kap. Rn. 9 ff.
158 S. auch schon die Entschließung des Rates und der im Rat vereinigten Vertreter der Regierungen der Mitgliedstaaten der Europäischen Gemeinschaften betreffend den Zusammenhang zwischen Umwelt und Entwicklung, ABl. 1984 C 272, 1, in der Wert auf die Einbeziehung ökologischer Kriterien in die Entwicklungspolitik der Union gelegt wird. Auch die Entscheidung 91/354/EWG, ABl. 1991 L 192, 29, des Rates über ein spezifisches Programm für Forschung und technologische Entwicklung im Bereich der Umwelt beruht letztlich auf der Erkenntnis, dass auch im Bereich der Forschungspolitik ein Rückgriff auf Belange des Umweltschutzes notwendig ist. In Bezug auf die Notwendigkeit der Einbeziehung ökologischer Gesichtspunkte in die Energiepolitik der Union und der Mitgliedstaaten s. schon die Entschließung des Rates über Energie und Umweltschutz, ABl. 1975 C 168, 2.
159 Dok. SN 200/1/01, Rev 1, 8. S. auch die Mitteilung der Kommission „Partnerschaft für Integration. Eine Strategie zur Einbeziehung der Umweltbelange in die EU-Politik", KOM (98) 333 endg., in der die Kommission Wege zur verstärkten und effektiveren Integration von Umweltbelangen in die anderen Politiken aufzeigt.
160 Vgl. dazu die Bestandsaufnahme der Kommission in KOM (2004) 394 endg., hierzu ausführlicher, m.w.N., *Meßerschmidt*, Europäisches Umweltrecht, § 2, Rn. 18.
161 Vgl. in diesem Zusammenhang die Studien von *Buller, Hey, Lauber, Collier* und *Lenschow*, in: Environmental Policy Integration, 103 ff., 127 ff., 153 ff. 175 ff., 193 ff.; sehr instruktiv zum Einbezug umweltpolitischer Belange in die Agrar-, Verkehrs- und Energiepolitik *Dhondt*, Integration of Environmental Protection, 199 ff., 293 ff., 381 ff.; zum Einbezug umweltpolitischer Belange in die Verkehrspolitik *Humphreys*, Sustainability in European Transport Policy, *passim*; s. auch *Lenschow*, in: Environmental Policy Integration, 3 (8 ff.); *Lenschow*, ELJ 2002, 19 (21 ff.); zu den Gründen dieser Defizite und möglichen Lösungsperspektiven *Hey*, elni 1999, 9 ff.; s. auch die Überlegungen bei *Lenschow*, ELJ 2002, 19 (24 ff.).

falls ein systematischer Einbezug in die (aus umweltpolitischer Sicht wichtigen genannten) anderen Politiken nicht oder allenfalls ansatzweise stattfindet;[162] vielmehr werden lediglich – wenn überhaupt – punktuelle Maßnahmen umgesetzt, die auch umweltpolitischen Anliegen Rechnung tragen sollen, ohne jedoch aus konzeptioneller Sicht umfassend nach einer wirklich umweltverträglichen Politik zu fragen. Trotz des dem Unionsgesetzgeber bei der Umsetzung der Querschnittsklausel zweifellos einzuräumenden (weiten) Gestaltungsspielraums stellt sich hier daher jedenfalls teilweise die Frage, ob dessen Grenzen zumindest in bestimmten Politikbereichen nicht überschritten wurden.[163]

Im Übrigen wird teilweise vertreten, die Kommission habe seit dem Amtsantritt *Barrosos* als Kommissionspräsident die Verwirklichung der Querschnittsklausel und den Cardiff-Prozess nicht mehr weiterverfolgt,[164] was freilich nichts an der Rechtslage ändert.

d) Zur Rechtsprechung des EuGH

43 Der **Gerichtshof** zog die Querschnittsklausel bislang im Wesentlichen in folgenden Konstellationen heran:

- Schon früh griff er auf die Querschnittsklausel zurück, um zu begründen, dass umweltpolitische Rechtsakte nicht nur auf die umweltpolitische Kompetenz des Art. 192 Abs. 1, 2 AEUV, sondern auch auf andere **Rechtsgrundlagen** gestützt werden können.[165]
- Weiter begründete er die **Rechtmäßigkeit von EU-Maßnahmen** zur Bekämpfung von BSE (die angesichts noch teilweise unsicherer Ursache-Wirkungs-Zusammenhänge ergriffen wurden) u.a. damit, dass auch beim Schutz der menschlichen Gesundheit vor umweltbedingten Gefahren im Agrarsektor aufgrund der Querschnittsklausel u.a. das Vorsorgeprinzip einzubeziehen sei.[166] Letztlich wird die Querschnittsklausel hier also im Zusammenhang mit der Primärrechtskonformität von Sekundärrecht herangezogen, wobei es hier weniger bzw. nicht um fehlendes Tätigwerden der Union, sondern um die Begründung der Rechtmäßigkeit einer unionsrechtlichen Maßnahme mit Blick auf das Vorsorgeprinzip ging.
- Die Querschnittsklausel wird vom Gerichtshof auch für die **Auslegung von (anderen) unionsrechtlichen Bestimmungen, insbesondere Sekundärrecht**, herangezogen, so wenn der Gerichtshof davon ausgeht, dass bei den für die Vergabe eines öffentlichen Auftrags nach den einschlägigen Richtlinien als Vergabekriterium unter dem Titel „auf den jeweiligen Auftrag bezogene Kriterien" auch Umweltschutzkriterien herangezogen werden können,[167] oder wenn es als mit der VO 1782/2003 über die Direktzahlungen im Rahmen der Gemeinsamen Agrarpolitik[168] in Einklang stehend angesehen wurde, dass die Mitgliedstaaten im Rahmen der Durchführung dieser Verordnung Direktzahlungen u.a. von gewissen (ausschließlich) umweltpolitisch motivierten Maßnahmen des betroffenen Landwirts abhängig machen.[169]
- Schließlich griff der Gerichtshof auf die Querschnittsklausel zurück, um zu begründen, dass eine **formell diskriminierende nationale Maßnahme**, die den freien Warenverkehr beschränkt, gleichwohl durch das **zwingende Erfordernis des Umweltschutzes** gerechtfertigt werden kann,[170] ein aus dogmatischer Sicht nicht in jeder Hinsicht überzeugender Ansatz, wäre es

---

162 Vgl. insoweit auch den Überblick bei *Krämer*, Droit de l'environnement de l'UE, 295 ff.
163 Vgl. für die Verkehrspolitik etwa die Hinweise bei *Epiney/Heuck*, NuR 2012, 169 ff.; *Humphreys*, Sustainability in European Transport Policy, *passim*; in Bezug auf diese Politik betont auch die Kommission ausdrücklich, sie sei nicht nachhaltig, vgl. das jüngste verkehrspolitische Weißbuch der Kommission, KOM (2011) 144 endg., 4.
164 Vgl. so *SRU*, Umweltgutachten 2008, 66.
165 EuGH, Rs. C-62/88 (Griechenland/Rat), Slg. 1990, I-1527, Ziff. 16; EuGH, Rs. C-300/89 (Kommission/Rat), Slg. 1991, I-2867, Ziff. 22 ff.; EuGH, Rs. C-405/92 (Mondiet), Slg. 1993, I-6133; zu den Rechtsgrundlagen oben 4. Kap. Rn. 2 ff.
166 EuGH, Rs. C-180/96 (Großbritannien/Kommission), Slg. 1998, I-2265, Ziff. 100.
167 EuGH, Rs. C-513/99 (Concordia Bus), Slg. 2002, I-7213, Ziff. 55 ff.; s. auch im Zusammenhang mit dem Verkehrsrecht EuGH, Rs. C-17/90 (Pinaud Wieger), Slg. 1991, I-5253.
168 ABl. 2003 L 270, 1.
169 EuGH, Rs. C-428/07 (Horvath), Slg. 2009, I-6355. Zu diesem Urteil *Epiney*, EurUP 2010, 134 (137 f.).
170 EuGH, Rs. C-379/98 (PreussenElektra), Slg. 2001, I-2099, Ziff. 76.

5. Kapitel Grundprinzipien des Umweltrechts in der Europäischen Union

doch auch vorstellbar gewesen, den Anwendungsbereich der zwingenden Erfordernisse auszuweiten.

III. Umweltpolitische Leitlinien und Abwägungskriterien (Art. 191 Abs. 3 AEUV)

Art. 191 Abs. 3 AEUV enthält sog. **Leitlinien** oder **Abwägungskriterien**, die bei der Entwicklung der Umweltpolitik der Union zu berücksichtigen sind. Es handelt sich dabei um die verfügbaren wissenschaftlichen und technischen Daten, die Umweltbedingungen in den einzelnen Regionen der Union, die Vorteile und die Belastung aufgrund des Tätigwerdens bzw. Nichttätigwerdens, die wirtschaftliche und soziale Entwicklung der Union insgesamt sowie die ausgewogene Entwicklung der Regionen.[171]

44

Da diese Kriterien bei der Erarbeitung der Maßnahmen der Union lediglich zu „berücksichtigen" sind, stellen sie keine Voraussetzung für ein Tätigwerden der Union dar, so dass sie insbesondere keinen Einfluss auf Ausgestaltung und Tragweite der Kompetenzen der Union entfalten. Allerdings handelt es sich auch bei Art. 191 Abs. 3 AEUV um eine rechtlich verbindliche Bestimmung,[172] so dass sie nicht zur Disposition des Unionsgesetzgebers steht. Ihre inhaltliche Tragweite ist jedoch insofern begrenzt, als die genannten Aspekte bei der Unionsgesetzgebung (nur, aber immerhin) zu „berücksichtigen" sind, womit ausgeschlossen ist, aus diesen Berücksichtigungsgeboten ein bestimmtes Ergebnis abzuleiten. Insofern handelt es sich hier um zwingend in die Betrachtungen einzubeziehende **Abwägungsgebote**, denen sowohl beim Verfahren als auch beim Ergebnis des Rechtsetzungsverfahrens Rechnung zu tragen ist.[173] Diese Leitlinien und die sich hieraus ergebende Notwendigkeit der Abwägung lassen jedoch nur einen eher allgemeinen Rahmen erkennen, so dass ein Verstoß gegen sie nur schwer nachzuweisen sein wird. Sollte ein solcher aber zu bejahen sein, ist der entsprechende EU-Rechtsakt ggf. für nichtig zu erklären.[174]

45

Der dem Unionsgesetzgeber hier zukommende sehr weite Gestaltungsspielraum wird auch in der Rechtsprechung betont: So hebt der Gerichtshof in der Rs. C-343/09[175] hervor, dass dem Unionsgesetzgeber in einem komplexen, technischen und sich ständig weiterentwickelnden Rahmen bei der Festlegung von Grenzwerten für metallische Zusätze in Kraftstoffen ein weiter Gestaltungsspielraum zukomme; dieses weite Ermessen beziehe sich nicht nur auf die Art und Tragweite der zu erlassenden Bestimmungen, sondern in bestimmtem Umfang auch auf die Feststellung der Grunddaten; immerhin sei jedoch zu belegen, dass der Unionsgesetzgeber beim Erlass des Rechtsakts sein Ermessen auch tatsächlich ausgeübt hat, was voraussetze, dass alle erheblichen Faktoren und Umstände der Situation, die mit dem betreffenden Rechtsakt geregelt werden sollten, berücksichtigt worden sind, womit letztlich die prozedurale Komponente hervorgehoben wird.

IV. Rechtliche Tragweite und Bedeutung

Die dargestellten Grundsätze sind **zwingender Natur**, so dass ihre Verletzung durch einen bestimmten EU-Rechtsakt zu seiner Nichtigkeit führen kann. Daran ändern auch ihre relativ geringe inhaltliche Bestimmtheit und der damit einhergehende weite Gestaltungsspielraum des Unionsgesetzgebers nichts; die Tatsache, dass den in Art. 191 Abs. 1-3 AEUV enthaltenen Vorgaben keine mathematisch genauen Handlungsanweisungen entnommen werden können (und zudem ihre inhaltliche Tragweite bzw. normative Dichte und damit auch rechtliche Bedeutung

46

---

[171] Vgl. zur inhaltlichen Tragweite der Leitlinien im Einzelnen *Meßerschmidt*, Europäisches Umweltrecht, § 3, Rn. 176 ff.; Calliess/Ruffert-*Calliess*, EUV/AEUV, Art. 191, Rn. 39 ff.; Grabitz/Hilf/Nettesheim-*Nettesheim*, Recht der EU, Art. 191, Rn. 134 ff.; *Schröder*, EUDUR I, § 9, Rn. 51 ff.; Streinz-*Kahl*, EUV/AEUV, Art. 191, Rn. 119 ff.; von der Groeben/Schwarze-*Krämer*, Kommentar zum EUV/EGV, Art. 174, Rn. 60 ff.
[172] S. noch unten 5. Kap. Rn. 46 ff.
[173] Ähnlich *Schröder*, EUDUR I, § 9, Rn. 55 f. Vgl. auch noch unten 5. Kap. Rn. 46 ff.
[174] Auch der EuGH geht von der Verbindlichkeit des Art. 191 Abs. 3 AEUV aus, betont aber, dass nur offensichtliche Beurteilungsfehler relevant seien, vgl. EuGH, Rs. C-284/95 (Safety Hi-Tech), Slg. 1998, I-4301, Ziff. 43 ff.
[175] EuGH, Rs. C-343/09 (Afton Chemical), Slg. 2010, I-7027.

durchaus variiert),[176] so dass für die Beurteilung der Unionsrechtskonformität einer Maßnahme häufig die im Rahmen der Verhältnismäßigkeitsprüfung erfolgende Abwägung entscheidend sein wird, vermag den rechtlichen Charakter dieser Normen nicht zu ändern.[177] Die Auslegungsbedürftigkeit einer Norm bzw. die Notwendigkeit der Einbeziehung von Wertungen bei ihrer Anwendung hat nichts mit ihrer rechtlichen Verbindlichkeit zu tun.[178] Diese aber kann nicht nur bei konditional, sondern auch bei final formulierten Normen gegeben sein, so dass auch „Grundsätze" rechtlich zwingende Regeln enthalten (können), auch wenn ihnen allein nicht unbedingt die Lösung eines konkreten Konflikts entnommen werden kann.[179] Das EU-Sekundärrecht ist also anhand der entwickelten Kriterien am Maßstab der erörterten Vorgaben zu messen und muss ihnen – wenn auch unter Berücksichtigung der ggf. vorzunehmenden Abwägung – entsprechen.

Deutlich wird damit auch, dass die Prinzipien in Bezug auf **jede einzelne Maßnahme** der Union und nicht nur „global" für die Umweltpolitik bzw. die umweltrelevanten Politiken der Union insgesamt zu beachten sind.[180] Dies erscheint schon deshalb zwingend, weil den Grundsätzen ansonsten (fast) jede praktische Wirksamkeit abginge, da die Frage nach der Beachtung der umweltpolitischen Handlungsprinzipien „insgesamt" praktisch kaum zu beantworten ist und im Übrigen eine effektive Durchsetzung dieser Pflicht die Möglichkeit impliziert, auch einzelne Maßnahmen in Frage stellen zu können. Auch die Rechtsprechung des EuGH geht in diese Richtung, so wenn er bestimmte EU-Rechtsakte auf ihre Vereinbarkeit mit Art. 191 Abs. 2, 3 AEUV prüft.[181]

47 Darüber hinaus können insbesondere die Handlungsprinzipien in Art. 191 Abs. 2 AEUV auch ein Tätigwerden der Union **legitimieren**,[182] dies in dem Sinn, dass das Sekundärrecht unter Berufung auf die inhaltlichen Vorgaben des Primärrechts ausgestaltet wird, womit diese Grundsätze dann auch einer Präzisierung zugeführt werden.[183] Dabei ist dem Unionsgesetzgeber jedoch

---

176 Vgl. hierzu, m.w.N., Calliess/Ruffert-*Calliess*, EUV/AEUV, Art. 191, Rn. 44 ff. Diese unterschiedliche normative Dichte ändert aber nichts daran, dass die Art. 191 Abs. 1-3 AEUV, Art. 11 AEUV allesamt rechtlich verbindlich sind, sondern entfaltet lediglich Auswirkungen auf der Ebene ihrer praktischen rechtlichen Bedeutung. S. auch noch sogleich die Ausführungen im Text.
177 I. Erg. ebenso Grabitz/Hilf/Nettesheim-*Nettesheim*, Recht der EU, Art. 191, Rn. 81 ff.; *Appel*, NVwZ 2001, 395; *Schröder*, EUDUR I, § 9, Rn. 46; *Bandi u.a.*, Environmental Jurisprudence, 95 ff.; *Cremer*, Die Verwaltung, Beiheft 11 (2010), 9 (19); *Himmelmann*, EG-Umweltrecht (5. Kap. E.II.), 37 f.; *Scheuing*, EuR 1989, 152 (174); Calliess/Ruffert-*Calliess*, EUV/AEUV, Art. 11, Rn. 21 ff., Art. 191, Rn. 48; *Schmitz*, Umweltunion, 167 f.; Streinz-*Kahl*, EUV/AEUV, Art. 191, Rn. 47; *Burgi*, NuR 1995, 11 (14); *Vorwerk*, Umweltpolitische Kompetenzen, 32 f.; *Meßerschmidt*, Europäisches Umweltrecht, § 3, Rn. 3; *Huber*, EUDUR I, § 19, Rn. 3 (für Art. 11 und Art. 114 Abs. 3 AEUV); *Heyne*, ZUR 2011, 578 (584); s. i.Erg. ebenso unter ausführlicher Analyse der Rechtsprechung des EuGH *Scotford*, YEEL 2008, 1 ff.; a.A. allerdings *Breier*, NuR 1993 (2. Kap. B.), 457 (458), der die Handlungsgrundsätze offenbar (nur) als „Orientierungsrahmen" für die Unionsorgane ansieht, ohne dass ihnen jedoch ein rechtlich zwingender Charakter beigemessen werden könne; in diese Richtung wohl auch *Krämer*, Droit de l'environnement de l'UE, 55 ff. S. auch die rechtsdogmatischen Überlegungen bei *Winter*, ZUR 2003, 137 (139 f.), der auf der Grundlage rechtsphilosophischer Erwägungen den Versuch unternimmt, die Reichweite der Verbindlichkeit zu präzisieren.
178 Zudem würde eine andere Sicht den genannten unionsrechtlichen Vorschriften letztlich ihre praktische Wirksamkeit nehmen, vgl. *Epiney*, DVBl. 1993, 93 (95 f.).
179 S. die normtheoretischen Überlegungen zu Aussagekraft und Wirkungen sog. Prinzipien oder Grundsätze in Bezug auf die hier interessierende Fragestellung *Kahl*, Umweltprinzip, 69 ff.; *Wiegand*, DVBl. 1993, 533 (537).
180 S. auch schon oben 5. Kap. Rn. 6 ff., 36 ff., im Zusamemnhang mit dem hohen Schutzniveau und der Queschnittsklausel. I. Erg. ebenso etwa *Meßerschmidt*, Europäisches Umweltrecht, § 3, Rn. 72; Streinz-*Kahl*, EUV/AEUV, Art. 191, Rn. 47.
181 Vgl. EuGH, Rs. C-284/95 (Safety Hi-Tech), Slg. 1998, I-4301; EuGH, Rs. C-341/95 (Bettati), Slg. 1998, I-4355; EuGH, Rs. C-293/97 (Standley), Slg. 1999, I-2603. S. auch noch die Bezugnahme auf einige besonders aussagekräftige Urteile in diesem Zusammenhang sogleich im Text.
182 Vgl. Calliess/Ruffert-*Calliess*, EUV/AEUV, Art. 191, Rn. 48; *Schröder*, EUDUR I, § 9, Rn. 45 ff.; *Winter*, in: European Convention, 1 (5 ff.).
183 S. in diesem Zusammenhang *Jans/von der Heide*, Europäisches Umweltrecht, 26 f., der im Zusammenhang mit der Erörterung der im Einzelnen zu beachtenden Vorgaben jeweils beispielhaft auf einige Sekundärrechtsakte verweist, die jeweiligen Grundsätze aufgreifen bzw. konkretisieren; vgl. auch die Zusammenstellung bei *Verschuuren*, Principles of Environmental Law, 86 ff.; bei *Daemen*, EELR 2003, 6 (15 f.) finden sich Nachweise für

5. Kapitel Grundprinzipien des Umweltrechts in der Europäischen Union

ein gewisser **Gestaltungsspielraum** einzuräumen, der sich sowohl auf die grundsätzliche Zulässigkeit umweltrechtlicher Regelungen als auch auf die Frage nach ihrer Konformität mit den unionsrechtlichen Vorgaben bezieht.

Dieser Gestaltungsspielraum und damit die **konkrete Tragweite** der einzelnen Vorgaben der Art. 191 Abs. 1-3 AEUV hängt aber von ihrer **inhaltlichen Ausgestaltung** bzw. **normativen Dichte** ab, so dass ihre konkrete Bedeutung dann doch variiert, und zwar in Abhängigkeit von ihrer inhaltlichen Tragweite. So umschreibt Art. 191 Abs. 1 AEUV die Aufgaben der Umweltpolitik der Union in einer eher allgemein gehaltenen Form, so dass der Rahmen, innerhalb dessen sich die EU-Umweltpolitik bewegen muss, eher weit gehalten ist. Hingegen sind die Handlungsprinzipien des Art. 191 Abs. 2 AEUV schon etwas präziser gefasst bzw. einer weitergehenden Konkretisierung zugänglich, auch wenn natürlich auch hier Gestaltungsspielräume eröffnet werden. Die Kriterien des Art. 191 Abs. 3 AEUV hingegen sind (nur) zu berücksichtigen, so dass hier ein Abwägungsgebot begründet wird; die erwähnten Kriterien sind also im Rahmen der Ausarbeitung der Umweltpolitik der Union in die Betrachtungen einzubeziehen, woran aber – im Gegensatz zu den Handlungsprinzipien des Art. 191 Abs. 2 AEUV – keine eigentlichen inhaltlichen Vorgaben für die Ausgestaltung des Sekundärrechts geknüpft werden.

Auch der **EuGH** geht in seiner Rechtsprechung von dem zwingenden Charakter der in Art. 191 Abs. 1-3 AEUV genannten Zielsetzungen, Handlungsgrundsätze und Abwägungskriterien aus; gleichzeitig illustriert die Rechtsprechung auch den **weiten Gestaltungsspielraum des Gesetzgebers** und die entsprechend weitmaschige gerichtliche Kontrolle der genannten Bestimmungen.[184]

Hinzuweisen ist zunächst[185] auf die Rs. C-341/95 und C-284/95[186], die dem EuGH erstmals Gelegenheit gaben, sich zu diesen Grundsätzen zu äußern und EU-Sekundärrecht an diesen primärrechtlichen Vorgaben zu messen. Konkret ging es um die Vereinbarkeit der Verordnung 3093/94[187] mit einer Reihe von in Art. 191 Abs. 1-3 AEUV genannten Vorgaben. Im Einzelnen ist in erster Linie auf folgende Aspekte des Urteils hinzuweisen:

- Das Verbot nur von HCFC[188] in der VO 3093/94 – die dem Schutz der Ozonschicht dient – verstoße nicht deshalb gegen die Art. 191 Abs. 1 AEUV zu entnehmenden umfassenden Schutzziele, weil nicht gleichzeitig auch die für die Ozonschicht mindestens ebenso gefährlichen Halone verboten wurden. Denn der Unionsgesetzgeber sei nicht verpflichtet, bei der Behandlung eines speziellen Schutzproblems stets gleichzeitig alle weiteren Maßnahmen zu erlassen, die dem Schutz der Umwelt insgesamt dienen; Einzelaspekte dürfen also geregelt werden.

- Das nach Art. 191 Abs. 2 AEUV anzustrebende Schutzniveau sei zwar „hoch", aber eben nicht das „höchste". Deshalb sei das Verbot nur von HCFC ohne gleichzeitiges Verbot der für das Ozon unter Umständen weitaus gefährlicheren Halone grundsätzlich mit Art. 191 Abs. 2 AEUV vereinbar, zumal die völkerrechtlichen Verpflichtungen „übererfüllt" seien.

- Ebensowenig verstoße die Verordnung gegen das Gebot, u.a. die verfügbaren wissenschaftlichen und technischen Daten zu berücksichtigen. Dieses Erfordernis werde durch Art. 5 Abs. 6 der Verordnung erfüllt, der der Kommission mit Blick auf die Verwendung von HCFC erlaubt, in der Liste der verbotenen Verwendungen unter Berücksichtigung des technischen Fortschritts Einfügungen, Streichungen oder Änderungen vorzunehmen. Die Nichtberücksichtigung des Verbots der Verwendung anderer Brandbekämpfungsmittel (darunter Fluorkohlenwasserstoffe und Perfluorkohlenwasserstoffe), die unter Umständen gefährlicher sind als HCFC, sei somit mit Art. 191 Abs. 3 AEUV vereinbar.

---

den Rückgriff auf das Vorsorgeprinzip in der EU-Rechtsetzung. S. auch das derzeit geltende sechste umweltpolitische Aktionsprogramm, KOM (2001) 31 endg., 65 ff., in dem betont wird, dass die Rechtsetzung in der Union auch gerade durch die Handlungsprinzipien geleitet werden sollte.

184 Zu diesem Spielraum etwa Streinz-*Kahl*, EUV/AEUV, Art. 191, Rn. 50; *Wenneras*, CMLRev. 2008, 1645 (1671 ff.).

185 S. ansonsten insbesondere noch EuGH, Rs. C-127/07 (Arcelor), Slg. 2008, I-9895, wo der Gerichtshof u.a. die Vereinbarkeit der Beschränkung des Anwendungsbereichs der RL 2003/87 (Emissionshandel) mit primärrechtlichen Vorgaben prüfte. Zu diesem Urteil *Epiney*, EurUP 2009, 94 (97 f.). Zum Emissionshandel noch unten 9. Kap. Rn. 10 ff.

186 EuGH, Rs. C-284/95 (Safety Hi-Tech), Slg. 1998, I-4301; EuGH, Rs. C-341/95 (Bettati), Slg. 1998, I-4355.

187 Verordnung (EG) Nr. 3093/94 des Rates vom 15. Dezember 1994 über Stoffe, die zum Abbau der Ozonschicht führen, ABl. 1994 L 333, 1. Die Verordnung verbietet insbesondere die Verwendung teilhalogenisierter Fluorchlorkohlenwasserstoffe. Eingeschlossen ist damit aber auch das Inverkehrbringen als Vorstufe der Verwendung.

188 Fluorchlorkohlenwasserstoffe.

Das Urteil vermag angesichts der offenen Formulierung der inhaltlichen Vorgaben für die EU-Umweltpolitik grundsätzlich nicht zu überraschen. In der Tendenz ist die Zurückhaltung des EuGH bei der Prüfung der Einhaltung der vertraglichen Vorgaben aber noch stärker ausgefallen, als man erwarten durfte.[189] So ist es wohl insbesondere nicht über jeden Zweifel erhaben, wenn der EuGH annimmt, von zwei mindestens gleich schädlichen Stoffen für die Ozonschicht dürfte nur einer verboten werden: Hier hätte wohl zumindest geprüft werden müssen, ob damit der angestrebte Schutz überhaupt noch effektiv sichergestellt werden kann. Dieser Aspekt ist nämlich im Rahmen der Zielsetzung des Art. 191 AEUV durchaus relevant. Zudem hätte man sich fragen können, ob denn nicht das Vorsorgeprinzip in diesem Zusammenhang eine Rolle spielt: Wenn nämlich Halone für die Ozonschicht eine Gefahr darstellen, könnte sich zumindest die Frage stellen, ob denn nicht der Grundsatz der Vorsorge in Verbindung mit dem Gleichheits- und Verhältnismäßigkeitsprinzip auch eine Verwendungsbeschränkung dieses Stoffes verlangt.

Die Beachtung primärrechtlicher Vorgaben durch EU-Sekundärrecht war auch Gegenstand der Rs. C-293/97[190]: Hier ging es u.a. um die Vereinbarkeit der RL 91/676[191] mit dem Verursacher- und dem Ursprungsprinzip (Art. 191 Abs. 2 AEUV). Der Gerichtshof legte auch in diesem Urteil einen sehr weiten Prüfungsmaßstab an: Er begnügte sich mit dem Hinweis, die Richtlinie stehe einer nationalen Umsetzung im Einklang mit den genannten Prinzipien nicht entgegen, so dass kein Verstoß gegen die primärrechtlichen Vorgaben festgestellt werden könne. Auch dieses Urteil geht damit von der rechtlichen Verbindlichkeit der vertraglichen Vorgaben für die Ausgestaltung der Umweltpolitik aus; allerdings wird die tatsächliche Tragweite doch eingeschränkt: Offenbar soll es den vertraglichen Anforderungen genügen, wenn eine primärrechtskonforme Umsetzung möglich ist, so dass der Unionsgesetzgeber nicht verpflichtet ist, selbst aktiv auf die Verwirklichung der genannten Prinzipien hinzuwirken bzw. das Sekundärrecht entsprechend (klar) auszugestalten. Es ist jedoch durchaus Zweifeln unterworfen, ob damit tatsächlich die vertraglichen Prinzipien verwirklicht werden können bzw. die effektive Verwirklichung der Umweltprinzipien gewährleistet werden kann. Immerhin dürfte dieser Ansatz aber zumindest – im Sinne der effektiven Verwirklichung der vertraglichen Vorgaben – eine Verpflichtung der Mitgliedstaaten implizieren, bei der Umsetzung die genannten vertraglichen Prinzipien zu wahren.

Auch in der Rs. C-343/09[192] stand u.a. der Gestaltungsspielraum des Unionsgesetzgebers zur Debatte. Zu entscheiden war über die Gültigkeit des Art. 1 Abs. 8 RL 2009/30[193], soweit mit dieser Änderungsrichtlinie ein neuer Art. 8 a Abs. 2, 4-6 in die RL 98/70 über die Qualität von Otto- und Dieselkraftstoffen[194] eingefügt wird. Diese Ergänzung führt dazu, dass der Gehalt eines metallischen Zusatzes in Kraftstoffen neu begrenzt wird und dass eine Kennzeichnungspflicht für metallische Zusätze in Kraftstoffen eingeführt wird. Der Gerichtshof äußerte sich zu zwei großen Fragenkomplexen:[195]

- Erstens war streitig, ob beim Erlass der fraglichen Richtlinienbestimmung ein offensichtlicher Beurteilungsfehler vorlag, da im Verfahren geltend gemacht wurde, der Sachverhalt sei unzureichend festgestellt worden und die Grenzwerte seien zudem nicht praktikabel und willkürlich. Der Gerichtshof betonte hier den weiten Gestaltungsspielraum, der dem Unionsgesetzgeber in einem komplexen, technischen und sich ständig weiterentwickelndem Rahmen wie er der vorliegenden Rechtssache zugrundeliege, zukomme, wenn er die hochkomplexen tatsächlichen Umstände beurteilt und Art und Umfang der zu ergreifenden Maßnahmen bestimmt. Die gerichtliche Kontrolle des Unionsgesetzgebers in diesen Fällen sei auf die Prüfung beschränkt, ob die Wahrnehmung dieses Gestaltungsspielraums nicht offensichtlich fehlerhaft war, einen Ermessensmissbrauch darstellte oder der Gesetzgeber die Grenzen des Gestaltungsspielraums offensichtlich überschritten hat. Dieses weite Ermessen beziehe sich nicht nur auf die Art und Tragweite der zu erlassenden Bestimmungen, sondern in bestimmtem Umfang auch auf die Feststellung der Grunddaten, was wohl vor dem Hintergrund zu sehen ist, dass auch diesbezüglich durchaus Unsicherheiten fortbestehen können. Jedoch sei es für die Ausübung der, wenn auch begrenzten, gerichtlichen Kontrolle

---

189 Vgl. im Einzelnen auch *Epiney*, NuR 1999, 181 (182 ff.).
190 EuGH, Rs. C-293/97 (Standley), Slg. 1999, I-2603. S. auch EuGH, Rs. C-180/96 (Großbritannien/Kommission), Slg. 1998, I-2265, Ziff. 90, wo der EuGH ebenfalls von der Verbindlichkeit der Handlungsgrundsätze ausgehen dürfte.
191 RL 91/676 zum Schutz der Gewässer vor Verunreinigungen durch Nitrat aus landwirtschaftlichen Quellen, ABl. 1991 L 375, 1. Zu dieser Richtlinie noch unten 7. Kap. Rn. 94 ff.
192 EuGH, Rs. C-343/09 (Afton Chemical), Slg. 2010, I-7027.
193 ABl. 2009 L 140, 88.
194 ABl. 1993 L 350, 58.
195 Vgl. insoweit bereits die Ausführungen bei *Epiney*, EurUP 2011, 128 (129 f.).

notwendig, dass der Unionsgesetzgeber in der Lage ist zu belegen, dass er beim Erlass des Rechtsakts sein Ermessen auch tatsächlich ausgeübt hat, was voraussetze, dass alle erheblichen Faktoren und Umstände der Situation, die mit dem betreffenden Rechtsakt geregelt werden sollten, berücksichtigt worden sind. Rat und Parlament hätten aber im vorliegenden Fall nachvollziehbar vorgetragen, dass sie im Einzelnen angegebene wissenschaftliche Dokumente berücksichtigt hätten.
Damit leitet der Gerichtshof aus der Berücksichtigungspflicht aller relevanten Umstände – die im Übrigen noch mit einem Hinweis auf Art. 191 Abs. 1, 3 sowie Art. 114 Abs. 3 AEUV untermauert wird – letztlich nur sehr beschränkt gerichtlich nachprüfbare materiell-rechtliche Pflichten ab, unterstreicht aber gleichzeitig auch die prozedurale Komponente dieser Pflicht, wobei auch in Bezug auf diesen Aspekt bei der diesbezüglichen Prüfung den Unionsorganen ein weiter Gestaltungsspielraum eingeräumt wird, so dass die Nichtberücksichtigung aller relevanten Faktoren und Umstände wohl sehr klar belegt sein muss.

- Zweitens ging es um die Beachtung des Verhältnismäßigkeits- und Vorsorgeprinzips, wobei der Gerichtshof auch hier den weiten Ermessensspielraum des Unionsgesetzgebers betont. Jedenfalls sei die Festlegung von Grenzwerten für metallische Zusätze (insbesondere das sog. MMT) in Kraftstoffen, durch die die Menge dieser Substanz, die möglicherweise Gesundheitsschäden verursacht, entsprechend verringert werden kann, für das vom Unionsgesetzgeber verfolgte Ziel des Gesundheits- und Umweltschutzes nicht offensichtlich ungeeignet. Auch die Erforderlichkeit sei gegeben, sei doch nicht ersichtlich, dass eine restriktive Maßnahme wie ein solcher Grenzwert angesichts von Gesundheitsgefahren, Schäden an Motoren und Schwierigkeiten bei der Entwicklung einer Testmethode über das hinausginge, was für die Erreichung der Zielsetzungen der Richtlinie erforderlich ist, zumal der Grenzwert je nach den Entwicklungsergebnissen und damit dem Fortschritt der Wissenschaft geändert werden könne. Schließlich stehe auch die Güterabwägung zwischen dem vom Vertrag vorgesehenen Ziel eines hohen Gesundheits- und Umweltschutzes einerseits und den wirtschaftlichen Interessen der Wirtschaftsteilnehmer auf der anderen Seite im Einklang mit den vertraglichen Anforderungen: Denn mangels ausreichender und verlässlicher wissenschaftlicher Daten habe der Unionsgesetzgeber von ernsthaften Zweifeln an der Unschädlichkeit von MMT für die Gesundheit und die Umwelt ausgehen müssen bzw. können. Sei unmöglich, das Bestehen oder den Umfang des behaupteten Risikos mit Sicherheit festzustellen, bestehe aber die Wahrscheinlichkeit eines Schadens für die Gesundheit fort, falls das Risiko eintritt, rechtfertige das Vorsorgeprinzip den Erlass entsprechender Maßnahmen, sofern sie objektiv und nicht diskriminierend sind. Daher dürfe der Unionsgesetzgeber Schutzmaßnahmen treffen, ohne abwarten zu müssen, dass das Vorliegen und die Größe der Gefahren klar dargelegt sind. Diese Voraussetzungen seien in Bezug auf die Festsetzung der Grenzwerte für MMT erfüllt gewesen; insbesondere könne auch die Höhe der Grenzwerte nicht deswegen beanstandet werden, dass sie nicht wissenschaftlich fundiert sei, da es im Falle des Bestehens von Unsicherheiten in Bezug auf Schäden auch keine genauen Erkenntnisse darüber geben könne, in welcher genauen Höhe die Grenzwerte festgelegt werden müssen, um Schäden zu vermeiden.

Deutlich wird damit, dass der EuGH den weiten Gestaltungsspielraum, den er dem Unionsgesetzgeber einräumt, auch auf die Heranziehung des Vorsorgeprinzips anwendet, das es somit ermöglicht, selbst im Falle relativ großer Unsicherheiten auch hinsichtlich der Schädlichkeit einer Substanz tätig zu werden, was überzeugt. Nicht beantwortet hat der Gerichtshof aber die Frage (die in der Vorlage auch nicht angesprochen wurde), ob und inwieweit die Heranziehung des Vorsorgeprinzips auch eine Handlungspflicht des Unionsgesetzgebers in gewissen Konstellationen implizieren kann, was insbesondere im Zusammenhang mit grundrechtlichen Schutzpflichten, aber möglicherweise auch mit der auch vom Gerichtshof erwähnten Verpflichtung des Unionsgesetzgebers, auf einen effektiven Umweltschutz hinzuwirken, in Betracht kommen könnte.

Im Übrigen ist jedenfalls bei der **Begründung** von Sekundärrechtsakten in angemessener Weise auf die Rolle der umweltpolitischen Handlungsprinzipien und der Kriterien des Art. 191 Abs. 3 AEUV einzugehen (vgl. Art. 296 AEUV).[196] Im Ergebnis erscheint es hier angesichts des verbindlichen Charakters der Handlungsprinzipien und Abwägungskriterien konsequent, in Zweifelsfällen – d.h. in den Fällen, in denen die Beachtung eines Kriteriums fraglich sein könnte oder Probleme bereitet hat – eine Pflicht zur ausdrücklichen Erwähnung des jeweiligen Aspekts anzunehmen, soll es Art. 296 AEUV doch ermöglichen, über alle relevanten Hintergründe eines Rechtsakts, insbesondere zur „Selbstkontrolle" der Unionsorgane sowie zum Zwecke seiner ge-

48

---

196 Ebenso *Schröder*, EUDUR I, § 9, Rn. 28; *Jahns-Böhm/Breier*, EuZW 1992, 49 (53 f.), *Zils*, Wertigkeit des Umweltschutzes, 32.

richtlichen Kontrolle, Aufschluss zu geben.[197] Dagegen entbehrte eine Pflicht, in jedem Fall systematisch auf alle in Art. 191 Abs. 1-3 AEUV genannten Aspekte einzugehen, jeglichen Sinns, wäre damit doch eine schematische und formelhafte Bezugnahme auf die Berücksichtigung der dort genannten Kriterien verbunden.

Hinzuweisen ist in diesem Zusammenhang jedoch darauf, dass der EuGH die Anforderungen an die Begründung teilweise eher tief ansetzt; im Ergebnis lässt er es häufig schon ausreichen, wenn die entsprechenden Gesichtspunkte in der Präambel des Rechtsakts erwähnt werden.[198]

49 Die Bedeutung der dargestellten umweltpolitischen Prinzipien erschöpft sich aber nicht in ihrer Maßstabsfunktion für den Unionsgesetzgeber und damit das EU-Sekundärrecht. Vielmehr sind sie auf der Grundlage der Querschnittsklausel allgemein bei der **Auslegung und Anwendung unionsrechtlicher Vorschriften** heranzuziehen.

In diesem Zusammenhang können sie auch für die Abgrenzung der Rechtsgrundlagen herangezogen werden; so könnte z.B. der Umstand, dass eine bestimmte Regelung in erster Linie der Umsetzung eines Umweltprinzips dient, als Anhaltspunkt dafür herangezogen werden, dass der Schwerpunkt der betreffenden Regelung im Bereich der Umweltpolitik liegt.

Die Umweltprinzipien sind aber auch bei der Auslegung des Sekundärrechts als solches jedenfalls zu beachten.[199] So hielt der Gerichtshof in den verb. Rs. C-14/06, C-295/06[200] (im Zusammenhang mit der Prüfung, ob sich die Kommission in einer Durchführungsentscheidung an die in der einschlägigen Richtlinie aufgeführten Voraussetzungen gehalten hat, was im Ergebnis verneint wird) fest, dass das in Art. 191 Abs. 2 AEUV verankerte Ziel eines hohen Schutzniveau und das Vorsorgeprinzip eine enge Auslegung von in einer Richtlinie vorgesehenen Freistellungsmöglichkeiten für bestimmte, grundsätzlich als gefährlich eingestufte Stoffe impliziere.

50 Im Rahmen der Auslegung des Unionsrechts können die Handlungsgrundsätze auch Rückwirkungen auf die unionsrechtliche Beurteilung der **Handlungsspielräume der Mitgliedstaaten** entfalten. Dies spielt gerade bei der Frage, ob nationale Maßnahmen den Vorgaben der Grundfreiheiten, insbesondere des Art. 34 AEUV, gerecht werden, eine zentrale Rolle.[201]

Der EuGH ist diesem Ansatz im Ergebnis in der Rs. C-2/90[202] gefolgt. In diesem Urteil ging es in erster Linie um die Vereinbarkeit des durch die Region Walloniens erlassenen generellen Verbots der Einfuhr von Abfällen zu ihrer Behandlung in diese Region mit Art. 34 AEUV. Im Zusammenhang mit der Einbeziehung umweltpolitischer Prinzipien in die Auslegung und Anwendung dieser Vorschrift sind insbesondere zwei Aspekte zu erwähnen: Erstens ließ der EuGH im Rahmen der Prüfung der Verhältnismäßigkeit der zur Debatte stehenden Maßnahme – im Sinne des Vorsorgeprinzips – das Vorliegen einer abstrakten Gefahr[203] einer Umweltbeeinträchtigung für die Bejahung des Interesses des Mitgliedstaates an der Verfolgung eines öffentlichen Interesses bzw. zwingenden Erfordernisses ausreichen. Zweitens griff der EuGH auf das Ursprungs-

---

197 Vgl. zum Zweck des Art. 296 AEUV nur Calliess/Ruffert-*Calliess*, EUV/AEUV, Art. 296, Rn. 11 ff.
198 Vgl. etwa EuGH, Rs. C-377/98 (Niederlande/EP und Rat), Slg. 2001, I-7079, Ziff. 33. Zu den nicht sehr hohen Anforderungen des EuGH an die Begründungspflicht etwa Calliess/Ruffert-*Calliess*, EUV/AEUV, Art. 296, Rn. 15 ff.
199 Vgl. für das Sekundärrecht etwa EuGH, verb. Rs. C-418, 419/97 (ARCO), Slg. 2000, I-4475, Ziff. 39 f., wo der EuGH die in diesem Urteil vertretene weite Auslegung des Abfallbegriffs der RL 75/440 u.a. mit der Verpflichtung der Union auf ein hohes Schutzniveau und dem Vorsorgeprinzip begründet. S. auch EuGH, Rs. C-180/96 (Großbritannien/Kommission), Slg. 1998, I-2265, Ziff. 100; EuGH, verb. Rs. C-175, 177/98 (Lirussi), Slg. 1999, I-6881, Ziff. 50 ff. Zu diesem Aspekt ausführlich *Wasmeier*, EWS 2000, 47 (48 ff.).
200 EuGH, verb. Rs. C-14/06, C-295/06 (EP, Dänemark/Kommission), Slg. 2008, I-1649.
201 Vgl. ausführlich zum Problemkreis *Alemanno*, RDUE 2001, 917 (937 ff.); s. in Bezug auf das Vorsorgeprinzip auch die Ausführungen von *Icard*, RTDE 2002, 471 (486 ff.), der ausführlich auf die entsprechenden, meist impliziten Ansätze in der Rechtsprechung eingeht.
202 EuGH, Rs. 2/90 (Kommission/Belgien), Slg. 1992, I-4431. Zu der diesbezüglichen Bedeutung des Urteils ausführlich *Epiney*, DVBl. 1993, 93 ff.; i.Erg. ebenso *Wasmeier*, Umweltabgaben und Europarecht, 79 ff. Aus der Rechtsprechung in Bezug auf verstärkte Schutzmaßnahmen auch EuGH, Rs. C-318/98 (Fornasar), Slg. 2000, I-4785; zur Berücksichtigung des Vorsorgeprinzips bei der Prüfung der Zulässigkeit mitgliedstaatlicher Maßnahmen nach Art. 34, 36 AEUV z.B. EuGH, Rs. C-473/98 (Toolex Alpha), Slg. 2000, I-5681, Ziff. 43 ff.; s. hierzu auch noch unten 5. Kap. Rn. 67 ff.
203 Die dann gegeben ist, wenn die Beeinträchtigung eines Umweltguts möglich ist, ohne dass jedoch eine irgendwie geartete konkrete Gefahrenlage vorliegen muss, vgl. *Epiney/Möllers*, Freier Warenverkehr und nationaler Umweltschutz, 75 f.

5. Kapitel Grundprinzipien des Umweltrechts in der Europäischen Union

prinzip zurück, um den diskriminierenden Charakter der zur Debatte stehenden Maßnahme zu verneinen. Letztlich handelt es sich hierbei – über die Berücksichtigung umweltpolitischer Prinzipien bei der Auslegung hinaus – um eine tatbestandliche Einschränkung der Verbotswirkung des Art. 34 AEUV, da auch die Heranziehung des Ursprungsprinzips nichts an dem diskriminierenden Charakter des Einfuhrverbots zu ändern vermag. Trotz einiger Unstimmigkeiten in der Begründung vermag das Urteil im Ergebnis zu überzeugen.[204]

Zu erwähnen ist sodann die Rs. C-379/98[205], in der es in der Sache um die Rechtmäßigkeit gewisser Aspekte des (deutschen) Stromeinspeisungsgesetzes ging. Hier hatte der EuGH u. a. die Frage zu beantworten, ob die Pflicht privater Elektrizitätsversorgungsunternehmen, den in ihrem Versorgungsgebiet aus erneuerbaren Energiequellen erzeugten Strom zu (möglicherweise nicht dem wirtschaftlichen Wert entsprechenden) Mindestpreisen abzunehmen, gegen Art. 34 AEUV verstößt. Nachdem der EuGH zunächst das Vorliegen einer Maßnahme gleicher Wirkung wie eine Einfuhrbeschränkung bejahte, nahm er eine Rechtfertigung aus Gründen des Umweltschutzes an, u. a. unter Hinweis auf die Querschnittsklausel (Art. 11 AEUV).

Die Berücksichtigung der umweltrechtlichen Handlungsgrundsätze auch bei der Bestimmung der Reichweite des Verbots des Art. 34 AEUV und damit des mitgliedstaatlichen Handlungsspielraums stellt nicht nur eine konkrete Anwendung der Querschnittsklausel dar, sondern trägt auch der Erkenntnis Rechnung, dass ein wirksamer Umweltschutz aufgrund der notwendigen Regionalisierung von Umweltpolitiken[206] und des fragmentarischen Charakters des EU-Sekundärrechts auf effektive mitgliedstaatliche Tätigkeiten in diesem Bereich angewiesen ist.[207]

51

Schließlich ist darauf hinzuweisen, dass auch die **Mitgliedstaaten** – letztlich parallel zur Rechtslage in Bezug auf die Unionsgrundrechte – insoweit an die umweltpolitischen Handlungsgrundsätze gebunden, als sie Unionsrecht anwenden oder durchführen. Denn soweit die Mitgliedstaaten Unionsrecht umsetzen, durchführen oder anwenden, haben sie die einschlägigen unionsrechtlichen Vorgaben zu beachten. Diese umfassen zunächst unbestrittenermaßen die „direkt" maßgeblichen Vorschriften (etwa die umzusetzende Richtlinie). Darüber hinaus ist hier aber auch den sonstigen einschlägigen primärrechtlichen Vorgaben, die der Unionsgesetzgeber selbst zu beachten hat, im Rahmen der Umsetzung oder Durchführung Rechnung zu tragen, sollen diese nicht letztlich leer laufen, da die Unionspolitiken in aller Regel durch die Mitgliedstaaten durchgeführt und vollzogen werden. Daher haben die einschlägigen primärrechtlichen Vorgaben – unter ihnen eben auch die Umweltprinzipien – sozusagen Teil an den maßgeblichen unionsrechtlichen Vorgaben bzw. sind Bestandteil derselben, da der Unionsgesetzgeber sie ja beachten muss. Somit sind sie nicht nur bei der Auslegung des Unionsrechts selbst zu beachten, sondern als ggf. ungeschriebener Teil der unionsrechtlichen Vorgaben von den Mitgliedstaaten bei Umsetzung, Durchführung und Anwendung des Unionsrechts zu verwirklichen.[208]

52

Speziell im Zusammenhang mit der Querschnittsklausel ist darauf hinzuweisen, dass angesichts der in Art. 11 AEUV zum Ausdruck gekommenen Verpflichtung, Erfordernisse des Umweltschutzes bei der „Festlegung und Durchführung" der Unionspolitiken einzubeziehen, diese Bestimmung (auch) eine Verpflichtung der Mitgliedstaaten begründet, beim **Vollzug aller Unionspolitiken** umweltpolitische Belange zu berücksichtigen.[209] Da die Durchführung der EU-Umweltpolitik nämlich im Wesentlichen den Mitgliedstaaten obliegt, kann der Bezugnahme auf die Durchführung nur dann ein Sinn zukommen, wenn auch die **Mitgliedstaaten** in die Pflicht genommen werden sollen, dies allerdings nur insoweit, als sie Unionsrecht anwenden und/oder

---

204 S. die ausführliche Begründung bei *Epiney*, DVBl. 1993, 93 (99).
205 EuGH, Rs. C-379/98 (PreussenElektra), Slg. 2001, I-2099. Vgl. die Anmerkung von *Koenig/Kühling*, NVwZ 2001 (5. Kap. B.II.), 768 ff.
206 Hierzu schon oben 5. Kap. Rn. 6 ff.
207 S. aber auch *Burgi*, NuR 1995, 11 (14 f.), der aus methodischer Sicht die umweltrechtlichen Handlungsprinzipien erst im Rahmen der Verhältnismäßigkeitsprüfung berücksichtigen will.
208 Ausführlich hierzu, m.w.N., *Epiney*, FS Zuleeg, 2005, 633 ff.; in diese Richtung nunmehr wohl auch EuGH, Rs. C-378/08 (Raffinerie Mediterranee), Slg. 2010, I-1919, wo der Gerichtshof festhält, bei der Umsetzung der Umwelthaftungsrichtlinie hätten die Mitgliedstaaten bei der Festlegung der Voraussetzungen der Kausalität von Verschmutzungen das Verursacherprinzip zu beachten. Ähnlich EuGH, verb. Rs. C-379/08, C-380/08 (Raffinerie Mediterranee), Slg. 2010, I-2007 (zu diesem Urteil im Einzelnen auch schon oben 5. Kap. Rn. 27 ff. im Zusammenhang mit dem Verursacherprinzip). In diese Richtung auch schon EuGH, Rs. C-293/97 (Standley), Slg. 1999, I-2603.
209 S. schon *Epiney/Furrer*, EuR 1992, 369 (386 ff.); ebenso *Calliess*, DVBl. 1998, 559 (566); *Kahl*, Umweltprinzip, 59.

durchführen.²¹⁰ Dies ist insbesondere deshalb von nicht zu unterschätzender Bedeutung, als letztlich erst eine wirksame Durchführung nicht nur den Erfolg jeder Umweltpolitik, sondern auch denjenigen der Berücksichtigung seiner Belange in anderen Politikbereichen sicherzustellen vermag.

53 Einzelne können aus den umweltpolitischen Prinzipien bzw. Handlungsgrundsätzen grundsätzlich keine Rechte ableiten,²¹¹ was nichts daran ändert, dass sich aus anderen Rechten (insbesondere Grundrechten) solche Rechte ergeben, deren Tragweite dann (auch) ggf. unter Beachtung der umweltpolitischen Handlungsgrundsätze zu bestimmen ist.

54 **Zusammenfassend** sind die umweltpolitischen Handlungsgrundsätze damit mindestens auf drei Ebenen relevant:²¹²

- Erstens sind sie **Maßstab und Vorgabe** für das (gesetzgeberische) **Handeln der Unionsorgane**. Dabei kann diese „Schicht" der rechtlichen Bedeutung der Prinzipien sowohl im Sinne eines Rechtsetzungsauftrags (Erlass einer umweltschützenden Maßnahme) als auch einer Art Legitimationsfunktion für Eingriffe in andere Rechtspositionen wirken.
- Zweitens sind sie **Auslegungsmaßstab** für sonstige primär- oder sekundärrechtliche Vorschriften.
- Schließlich sind sie bei der Bestimmung der **Reichweite mitgliedstaatlichen Handlungsspielraums** zu beachten, dies sowohl im Rahmen der durch das Primärrecht eröffneten Handlungsspielräume als auch bei der Umsetzung und Durchführung des Unionsrechts.

Die erörterten materiellen Vorgaben der Umweltprinzipien und insbesondere des Art. 11 AEUV dürften nur Aussicht auf Realisierung haben, wenn auch **prozedural** dafür gesorgt wird, dass ihre Beachtung möglich ist und umweltpolitische Anliegen in die einzelnen anderen Politiken der Union integriert werden. Für letzteres gibt es zwar gewisse Ansätze;²¹³ jedoch fehlen auf Unionsebene nach wie vor Organe, die strukturell in der Lage sind, die Beachtung von Umweltanliegen in der Gesetzgebung tatsächlich nachhaltig zu fördern. Auch fragt es sich, ob Art. 11 AEUV nicht letztlich eine Art Umweltverträglichkeitsprüfung für Legislativvorhaben und eine periodische Überprüfung der Umweltverträglichkeit von Politiken (unter Einbezug der Frage nach dem Handlungsbedarf) impliziert, wobei die Ergebnisse dieser Verfahren in angemessener Weise zu berücksichtigen wären.

V. Zum „Grundsatz des bestmöglichen Umweltschutzes"

55 Im Anschluss an die EEA prägte *Zuleeg* den Begriff des „**Grundsatzes des bestmöglichen Umweltschutzes**".²¹⁴ Die Gesamtheit einiger vertraglicher Vorschriften – insbesondere Art. 11, 114 Abs. 3 ff., 192 Abs. 2 und 193 AEUV – lasse die Tendenz des Vertrages erkennen, der Umwelt einen möglichst weitgehenden Schutz zukommen zu lassen. Daher könne man insgesamt von einem Grundsatz des bestmöglichen Umweltschutzes sprechen. Eine Reihe von Autoren haben sich diesem Konzept angeschlossen,²¹⁵ und eine umfassende Untersuchung hat den Grundsatz

---

210 Im Einzelnen hierzu *Schröder*, EUDUR I, § 31, Rn. 10 ff., der allerdings im Ergebnis eine Maßstabswirkung des Art. 191 AEUV für die Mitgliedstaaten – auch wenn sie Unionsrecht durchführen – verneint. Nicht deutlich werden hier allerdings die Gründe: Wenn es doch um die Anwendung von Unionsrecht geht, ist es nur folgerichtig, die aus unionsrechtlicher Sicht für das Sekundärrecht maßgeblichen Prinzipien auch im Rahmen der Umsetzung zu berücksichtigen. Aufschlussreich ist hier auch eine Parallele zu den EU-Grundrechten: Diese sind anerkanntermaßen bei Vollzug und Durchführung des Unionsrechts zu beachten (s. auch Art. 51 Grundrechtecharta); es ist nicht ersichtlich, warum die auf gleicher hierarchischer Stufe stehenden Prinzipien des Art. 191 AEUV nicht in ähnlicher Weise verbindlich sein sollen.
211 Ebenso die ganz h.L., vgl. etwa Streinz-*Kahl*, EUV/AEUV, Art. 191, Rn. 47.
212 Instruktiv zur rechtlichen Bedeutung der Umweltprinzipien *Winter*, ZUR 2003, 137 ff.; *Winter*, in: Principles of European Environmental Law, 11 ff.; *Cremer*, Die Verwaltung, Beiheft 11 (2010), 9 (19 ff.); *Krämer*, in: Principles of European Environmental Law, 21 ff.; unter ausführlicher Berücksichtigung der Rechtsprechung auch *Scotford*, YEEL 2008, 1 ff.; *Bandi u.a.*, The Environmental Jurisprudence oft he ECJ, 95 ff.
213 Zu diesen etwa Calliess/Ruffert-*Calliess*, EUV/AEUV, Art. 11, Rn. 14 ff.
214 *Zuleeg*, NVwZ 1987, 280 ff.
215 Zustimmend etwa *Vorwerk*, Umweltpolitische Kompetenzen, 33 f.; *Pernice*, NVwZ 1990, 201 (203); *Scheuing*, EuR 1989, 152 (176 f.); *Breier*, NuR 1992, 174 (180); *Wiegand*, DVBl. 1993, 533; *Schröer*, Kompetenzverteilung, 128 ff.; *Kahl*, Umweltprinzip, 10 ff.; *Hailbronner*, EuGRZ 1989 (5. Kap. E.II.), 101 (104); *Jahns-Böhm/Breier*, EuZW 1992, 49 (50); den Diskussionsstand zusammenfassend nunmehr Streinz-*Kahl*, EUV/AEUV, Art. 191, Rn. 17 ff.

5. Kapitel Grundprinzipien des Umweltrechts in der Europäischen Union

sowohl ausführlich im Unionsrecht nachgewiesen als auch seine Implikationen zu klassifizieren versucht.[216]

Auf der anderen Seite ist die Anerkennung eines solchen Grundsatzes aber auch auf **Kritik** gestoßen, wobei insbesondere einerseits geltend gemacht wird, wesentliche Inhalte eines Grundsatzes des bestmöglichen Umweltschutzes ergeben sich bereits aus den vertraglichen Regelungen, und andererseits auf die fehlende eindeutige Festlegung des Vertrages in diesem Sinn hingewiesen wird.[217] Anzumerken ist in diesem Zusammenhang auch, dass die Diskussion um diesen Grundsatz soweit ersichtlich nur im deutschsprachigen Schrifttum geführt wird, dass sich in der Rechtsprechung des EuGH keine klare Stellungnahme für einen solchen Grundsatz finden lässt (wenn der Gerichtshof auch bisweilen den besonderen Charakter der Aufgabe Umweltschutz hervorhebt)[218] und dass der Vertrag von Lissabon bei der Formulierung der Ziele der Union (Art. 3 EUV) sowie der Zuständigkeiten der Union (Art. 2 ff. AEUV) keine irgendwie geartete Vorrangstellung des Umweltschutzes erkennen lässt, die sich auch nicht mehr maßgeblich auf die Querschnittsklausel stützen kann, da eine solche – wie erwähnt[219] – mittlerweile in Bezug auf zahlreiche Unionspolitiken formuliert wurde, wenn auch nicht zu verkennen ist, dass die umweltrechtliche Querschnittsklausel „absoluter" formuliert ist.[220]

Nach der hier vertretenen Ansicht sprechen aber gleichwohl die **besseren Gründe für die Anerkennung eines solchen Grundsatzes:**[221] Aus den „umweltrelevanten" Bestimmungen des Vertrages dürfte sich die Tendenz ableiten lassen, einen möglichst hohen Schutzstandard zu erreichen bzw. zu ermöglichen, so dass sich daraus – in Verbindung mit der Querschnittsklausel – zwingend der Schluss einer besonderen Stellung umweltpolitischer Anliegen in den Verträgen und, daran anschließend, die Tendenz der Verwirklichung eines möglichst hohen Schutzniveaus ergibt, dies im Sinne eines Optimierungsgebots. Für eine gewisse besondere Stellung des Umweltschutzes in den Verträgen könnten immerhin zwei Urteile des EuGH sprechen, in denen er in Bezug auf formell diskriminierende nationale Maßnahmen unter Bezugnahme auf die Umweltprinzipien bzw. die besonderen Charakteristika des Umweltschutzes eine Rechtfertigungsmöglichkeit eines Eingriffs in Art. 34 AEUV bejaht hatte.[222] Auch könnten gewisse Urteile des EuGH in Bezug auf die Auslegung des Sekundärrechts in dem Sinn ausgelegt werden, dass der Gerichtshof Umweltanliegen einen relativen Vorrang einräumt.[223]

Wie auch immer man diesen Streitpunkt beurteilen mag: Jedenfalls sollte die **rechtliche Tragweite** dieses Grundsatzes **nicht überschätzt** werden. Denn ihm kann allenfalls – d.h. wenn man davon ausgeht, dass aus dem Vertrag ein solcher Grundsatz abgeleitet werden kann – entnommen werden, dass er bei der Abwägung im Falle eines Zielkonflikts zwischen umweltpolitischen Anliegen und anderen Zielsetzungen der Union dazu anhält, die umweltpolitischen Zielsetzungen möglichst weitgehend zu verwirklichen und diesen damit ein relativ größeres Gewicht als anderen Zielsetzungen zukommen kann, sowie dass unionsrechtliche Bestimmungen im Hinblick auf einen bestmöglichen Umweltschutz auszulegen sind. Daher kann er – im Sinne eines „**Optimierungsprinzips**" – von vornherein (nur, aber immerhin) als Leitlinie für die Auslegung unionsrechtlicher Bestimmungen oder die (vertraglich vorgesehene) Vornahme von Interessen-

---

216 *Kahl*, Umweltprinzip, 1993.
217 Vgl. etwa Grabitz/Hilf/Nettesheim-*Nettesheim*, Recht der EU, Art. 191, Rn. 122; *Schröder*, EUDUR I, § 9, Rn. 63 ff. skeptisch auch *Heyne*, ZUR 2011, 578 (584); *Jans/von der Heide*, Europäisches Umweltrecht, 8; *Meßerschmidt*, Europäisches Umweltrecht, § 3, Rn. 62 ff.; für eine Gleichwertigkeit der verschiedenen Vertragsziele auch *Krämer*, Droit de l'environnement de l'UE, 45 f.; *Frenz*, NuR 2011, 103 (104 f.).
218 Vgl. noch sogleich im Text.
219 5. Kap. Rn. 36 f.
220 Zum letztgenannten Aspekt Streinz-*Kahl*, EUV/AEUV, Art. 191, Rn. 37.
221 Vgl. die ausführliche Untersuchung im Anschluss an *Zuleeg* bei *Kahl*, Umweltprinzip, 10 ff., sowie die zusammenfassenden Argumente bei Streinz-*Kahl*, EUV/AEUV, Art. 191, Rn. 17 ff.
222 Vgl. EuGH, Rs. 2/90 (Kommission/Belgien), Slg. 1992, I-4431; EuGH, Rs. C-379/98 (PreussenElektra), Slg. 2001, I-2099. Zu diesen Urteilen bereits 5. Kap. Rn. 46 ff.
223 Vgl. z.B. die Urteile zum Vogel- und Habitatschutz, s. insbesondere EuGH, Rs. C-355(90 (Kommission/Spanien), Slg. 1993, I-4221 (Santona); EuGH, Rs. C-57/89 (Kommission/Deutschland), Slg. 1991, I-883 (Leybucht). Auch die weite Auslegung des Abfallbegriffs (s. etwa EuGH, Rs. C-1/03 (van de Walle), Slg. 2004, I-7613; EuGH, verb. Rs. C-418/97, C-419/97 (ARCO), Slg. 2000, I-4475) könnte so gedeutet werden. S. hierzu etwa Streinz-*Kahl*, EUV/AEUV, Art. 191, Rn. 31.

abwägungen herangezogen werden, ohne jedoch die tragenden Grundlagen des Vertrages zu berühren.[224] Insofern kann er auch nicht als eigenständige Rechtsnorm angesehen werden, die „gleichberechtigt" neben die vertraglichen Bestimmungen tritt, und vermag daher auch nicht, die institutionellen Strukturen der Union und ihrer Rechtsordnung zu modifizieren.

58 Im Übrigen ergeben sich wesentliche dem Grundsatz des bestmöglichen Umweltschutzes zugeschriebene Inhalte tatsächlich bereits aus einer **konsequenten Anwendung des Vertrages**,[225] so dass diese nicht von der Anerkennung des Grundsatzes abhängen. Dies gilt insbesondere für die Optimierung umweltpolitischer Anliegen, die sich grundsätzlich bereits aus den Handlungsprinzipien ableiten lässt,[226] und die Frage, ob und inwieweit Einzelnen aufgrund unionsrechtlicher Bestimmungen einklagbare Rechte einzuräumen sind.[227] Sofern der Grundsatz des bestmöglichen Umweltschutzes daher – was letztlich die einzig vertretbare bzw. mit den Grundlagen des Vertrages im Einklang stehende Option darstellen dürfte – als Optimierungsgebot angesehen wird, dürfte ihm letztlich weitgehend die eigenständige Bedeutung abgehen bzw. ihm dürfte kein Mehrwert entnommen werden können; immerhin kommt ihm aber das Verdienst zu, dieses Gebot ausdrücklich formuliert zu haben.

B. Handlungsspielräume der Mitgliedstaaten

59 Trotz der mittlerweile recht zahlreichen umweltpolitischen (Rechtsetzungs-) Tätigkeiten der Union hat die Frage, ob und inwieweit die Mitgliedstaaten zum Erlass umweltpolitischer Rechtsakte (noch) zuständig sind bzw. welche Vorgaben dem EU-Recht in Bezug auf die mitgliedstaatlichen Gestaltungsspielräume zu entnehmen sind, nicht an Aktualität eingebüßt. Diese Problemstellung ist auch und gerade vor dem Hintergrund zu sehen, dass „Umwelt" – trotz aller Globalisierung von Umweltproblemen und -politiken – (auch) ein lokaler Begriff ist.[228] Örtlich und zeitlich verteilte Emissionen führen zu unterschiedlichen Immissionsniveaus, und immissionsbetroffene Ökosysteme weisen unterschiedliche Sensibilitäten auf, so dass umweltrechtliche Maßnahmen durchaus differenziert ausgestaltet sein können und ggf. sollten. Zudem kann auch die Schutzwürdigkeit bestimmter Ökosysteme (aus politischer Sicht) unterschiedlich bewertet werden.

60 Ziel des folgenden Abschnitts ist es, die Möglichkeiten und Grenzen der Spielräume der Mitgliedstaaten zur Verfolgung einer eigenständigen Umweltpolitik sowie die von den Mitgliedstaaten bei ihrer umweltrechtlichen Rechtsetzung zu beachtenden Vorgaben des EU-Rechts und damit den (verbleibenden) Handlungsspielraum der Mitgliedstaaten aufzuzeigen.

61 Relevant wird dabei immer wieder das auch in anderen Bereichen auftretende **Spannungsfeld** zwischen der Verwirklichung bestimmter Zielsetzungen der Union – insbesondere des Binnenmarktes – und der „Beachtung" (verbleibender) mitgliedstaatlicher Kompetenzen und damit des notwendigen Handlungsspielraums der Mitgliedstaaten bei Definition und Durchführung autonomer Politiken. Im Bereich der Umweltpolitik kommt dem spezifischen Spannungsfeld zwischen der Verwirklichung des Binnenmarktes und der Garantie eines effektiven Umweltschutzes besondere Bedeutung zu: Die Verwirklichung des Binnenmarktes beinhaltet den Abbau von Einfuhrbeschränkungen und Maßnahmen gleicher Wirkung sowie die Herstellung eines unverfälschten Wettbewerbs; dem steht jedoch das Bemühen der Union und ihrer Mitgliedstaaten, eine effektive Umweltpolitik zu verfolgen, gegenüber. So verstärkte der durch die Verwirklichung des Binnenmarktes realisierte Abbau der Binnengrenzen ohne Ausnahmebestimmungen

---

224 Vgl. die umfassende Analyse der möglichen Wirkungen des Grundsatzes bei *Kahl*, Umweltprinzip, 92 ff.
225 Insoweit ebenso *Schröder*, EUDUR I, § 9, Rn. 67; s. auch Dauses-*Scherer/Heselhaus*, Hb. EU-Wirtschaftsrecht, O, Rn. 32, der einen relativen Vorrang des Umweltschutzes bei Abwägungen aus der Verpflichtung der Union auf ein hohes Schutzniveau ableiten.
226 S. insoweit auch Calliess/Ruffert-*Calliess*, EUV/AEUV, Art. 191, Rn. 16 ff., der insbesondere formuliert, dass sich ein „relativer Vorrang" des Umweltschutzes aus konkreten Normen des Vertrages (Querschnittsklausel, Vorsorgeprinzip, hohes Schutzniveau) ergebe (Rn. 21).
227 Hierzu noch unten 5. Kap. Rn. 132 ff.
228 Hierzu schon *Epiney/Knoepfel*, URP/DEP 1993, 17 (18 f.). S. auch schon oben 5. Kap. Rn. 6 ff.

5. Kapitel Grundprinzipien des Umweltrechts in der Europäischen Union

und ohne die Harmonisierung gewisser umweltrechtlicher Bestimmungen die Tendenz, dass Produkte, die unter einem tiefen nationalen Umweltstandard produziert worden sind bzw. die relativ niedrigen Umweltanforderungen genügen müssen, diejenigen Produkte vom Markt verdrängen, die in anderen Mitgliedstaaten unter strengeren Umweltvorschriften hergestellt worden sind oder weniger strenge Umweltvorgaben zu beachten haben.

I. Grundlagen

Ausgangspunkt der Bestimmung der verbleibenden mitgliedstaatlichen Kompetenzen bzw. des Handlungsspielraums der Mitgliedstaaten sind die **innerstaatliche Geltung**, der **Vorrang** und die grundsätzlich mögliche **unmittelbare Anwendbarkeit und Wirksamkeit** unionsrechtlicher Normen im innerstaatlichen Bereich,[229] Grundsätze, die im Zusammenhang mit dem Charakter der Unionsrechtsordnung als **autonomer Rechtsordnung** zu sehen sind:

- Das Unionsrecht gilt im innerstaatlichen Bereich mit seinem (unionsrechtlich bestimmten) Inkrafttreten.
- Bei Vorliegen bestimmter Voraussetzungen können unionsrechtliche Bestimmungen im innerstaatlichen Bereich auch unmittelbar anwendbar und wirksam sein.[230]
- Dem Unionsrecht kommt grundsätzlich Vorrang gegenüber innerstaatlichem Recht gleich welcher Stufe zu.

Diese Grundsätze ziehen letztlich die Konsequenz nach sich, dass sich die Reichweite der mitgliedstaatlichen Kompetenzen ausschließlich nach **unionsrechtlichen Grundsätzen** bestimmt. Soweit im Rahmen der Bestimmung mitgliedstaatlicher Kompetenzen bzw. Handlungsspielräume die anzuwendenden unionsrechtlichen Vorschriften verschiedenen Auslegungen zugänglich sind und/oder Abwägungen vorzunehmen sind, sind die bereits erörterten umweltpolitischen Handlungsprinzipien[231] zu beachten.[232]

II. Verbleibende Kompetenzen und Handlungsspielräume der Mitgliedstaaten

Bei der Bestimmung der mitgliedstaatlichen Handlungsspielräume und damit der verbleibenden Kompetenzen der Mitgliedstaaten ist zwischen denjenigen Bereichen, in denen keine sekundärrechtlichen Rechtsakte einschlägig sind (nicht harmonisierter Bereich,[233] vgl. 2.), von denjenigen, in denen dies der Fall ist (harmonisierter Bereich, vgl. 3.), zu unterscheiden. Ob die erst- oder die zweitgenannte Variante zum Zuge kommt, hängt davon ab, ob die (möglicherweise) einschlägigen unionsrechtlichen Regelungen den Bereich, in dem ein Mitgliedstaat einen „nationalen Alleingang" in Erwägung zieht, auch tatsächlich regeln, eine Problematik, die daher vorgängig zu erörtern ist (1.).

1. Zum Vorliegen einer (abschließenden) unionsrechtlichen Regelung

Die Beantwortung der Frage, ob ein bestimmter **Sekundärrechtsakt** in Bezug auf die konkret zur Debatte stehende nationale Regelung als **abschließend** anzusehen ist, kann mitunter Schwierigkeiten aufwerfen, insbesondere wenn es um nicht ausdrücklich in einem Sekundärrechtsakt auf-

---

[229] Grundlegend hierzu aus der Rechtsprechung EuGH, Rs. 26/62 (van Gend & Loos), Slg. 1962, 1ff.; EuGH, Rs. 4/64 (Costa/ENEL), Slg. 1964, 1251, 1269; EuGH, Rs. 106/77 (Simmenthal), Slg. 1978, 629, Ziff. 14ff. Aus der Literatur etwa *Jarass/Beljin*, NVwZ 2004 (5. Kap. E.III.), 1ff.; *Jarass/Beljin*, JZ 2003 (5. Kap. E.III.), 768ff.; *Kalgian*, ÖZÖR 2001 (5. Kap. E.III.), 305ff.; *Niedobitek*, VerwArch 2001, 58ff.; *Schliesky*, DVBl. 2003, 631ff.; *Frank*, ÖZÖR 2000, 1ff.; *Klein*, Unmittelbare Geltung (5. Kap. E.III.), *passim*. Unter Einbeziehung des *Maastricht*-Urteils des BVerfG, BVerfGE 89, 155ff., *Epiney*, Umgekehrte Diskriminierungen, 501ff.
[230] Zur Terminologie sehr klar *Klein*, Unmittelbare Geltung (5. Kap. E.III.), *passim*. Zur unmittelbaren Anwendbarkeit und Wirksamkeit im Zusammenhang mit dem EU-Umweltrecht ausführlich *Jans/Vedder*, European Environmental Law, 183ff.
[231] 5. Kap. Rn. 6ff.
[232] Zu den Rechtswirkungen der Umweltprinzipien oben 5. Kap. Rn. 46ff.
[233] Wobei der Begriff „Harmonisierung" hier nicht im rechtstechnischen Sinn zu verstehen ist.

geführte Elemente geht. Maßgeblich ist hier letztlich die Auslegung des Sekundärrechts, die in jedem Einzelfall vorzunehmen ist. Regt das Unionsrecht etwa nur die Ergreifung bestimmter Maßnahmen an oder lässt es die Frage offen, ob bestimmte Maßnahmen getroffen werden müssen, liegt keine erschöpfende Regelung der entsprechenden Frage durch das Unionsrecht vor.[234] Zusammenfassend dürfte der EuGH hier entscheidend auf den Umfang der getroffenen Regelungen abstellen, so dass bei der Frage, ob eine abschließende unionsrechtliche Rechtsetzung vorliegt, sowohl die Regelungsreichweite als auch die Regelungstiefe in die Betrachtungen einzubeziehen sind. Damit ist auch der Zweck der jeweiligen Regelung für die Ermittlung ihrer „Sperrwirkung" von Bedeutung. Darüber hinaus sind der Rechtsprechung des EuGH gewisse „typisierende" Kriterien insbesondere in Bezug auf die häufig entscheidende **Regelungsdichte** (im Sinne der Regelungsreichweite und der Regelungstiefe und unter Berücksichtigung der Zielsetzungen eines Rechtsakts) zu entnehmen, wobei in erster Linie folgende Aspekte von Bedeutung sind:[235]

- Erstens ist danach zu fragen, ob der betreffende Unionsrechtsakt (nur) **Mindestvorschriften** enthält, was sich in der Regel bereits aus dem Wortlaut des jeweiligen Rechtsakts ergibt. Ist diese Frage zu bejahen, können die Mitgliedstaaten in Bezug auf die betreffenden Fragestellungen strengere Regelungen vorsehen, so dass insoweit keine abschließende Regelung vorliegt. Häufig sehen schon die einschlägigen sekundärrechtlichen Rechtsakte allgemein vor, dass die in ihnen festgelegten Standards nur **Mindestvorschriften** sind. Die Kompetenzen der Mitgliedstaaten zur Anlegung eines höheren Schutzniveaus ergeben sich hier direkt aus diesen Bestimmungen, so dass sich ein Rückgriff auf primärrechtliche Vorschriften erübrigt. Letztlich erstreckt sich hier die Sperrwirkung des Sekundärrechts von Vornherein nur auf die Unterschreitung des in dem betreffenden Rechtsakt festgelegten Standards.

- Zweitens sind die **Anwendungsbereiche** der EU-Regelungen und der nationalen Regelungen zu vergleichen: Stimmen diese nicht überein, kann es sein, dass sich die Vorgaben des Unionsrechtsakts gar nicht auf die auf mitgliedstaatlicher Ebene geregelte Frage beziehen.[236]

- Drittens ist nach der **Abgeschlossenheit** der Maßnahme der Europäischen Union zu fragen. Diese wird regelmäßig immer dann relevant, wenn bestimmte Produkte, Stoffe oder Tätigkeiten einer bestimmten Regelung unterworfen werden, womit die Frage aufgeworfen wird, ob auch weitere, nicht im Unionsrechtsakt aufgeführte Produkte derselben Regelung unterworfen werden können, was häufig bejaht werden kann.[237] Hierbei ist auch das Ziel der relevanten nationalen und unionsrechtlichen Vorgaben zu beachten: So kann das Vorliegen

---

234 Vgl. insoweit auch die Kategorisierung verschiedener Vorgaben des Sekundärrechts bei *Winter*, NuR 2007 (8. Kap. D.III.), 635 (638); s. auch die Ausführungen mit zahlreichen Beispielen aus der Rechtsprechung bei *Jans/Vedder*, European Environmental Law, 98 ff.

235 Vgl. insoweit bereits die Ausführungen bei *Epiney/Furger/Heuck*, Zur Berücksichtigung umweltpolitischer Belange bei der landwirtschaftlichen Produktion, 27 ff.; s. aus der Rechtsprechung insbesondere EuGH, Rs. 125/88 (Nijman), Slg. 1989, 3533, Ziff. 6 f.; EuGH, Rs. 359/88 (Zanetti), Slg. 1990, I-1509, Ziff. 16 f.; EuGH, Rs. C-238/89 (Pall), Slg. 1990, I-4827, Ziff. 22; EuGH, Rs. C-11/92 (Gallaher), Slg. 1993, I-3545, Ziff. 11 ff.; EuGH, Rs. C-473/98 (Toolex Alpha), Slg. 2000, I-5681; EuGH, Rs. C-1/96 (Compassion in World Farming), Slg. 1998, I-1251, Ziff. 56 ff.; EuGH, Rs. C-169/89 (Gourmetterie van den Burg), Slg. 1990, I-2143, Ziff. 9 ff.; EuGH, Rs. 380/87 (Balsamo), Slg. 1989, 2491; EuGH, Rs. C-127/97 (Burstein), Slg. 1998, I-6005; EuGH, Rs. C-82/09 (Kritis), Slg. 2010, I-3649; aus der Literatur umfassend zum Problemkreis *Furrer*, Sperrwirkung des sekundären Gemeinschaftsrechts; *Schlösser*, Sperrwirkung sekundären Gemeinschaftsrechts; unter spezifischer Bezugnahme auf umweltrechtliche Fallgestaltungen auch *Jans/von der Heide*, Europäisches Umweltrecht, 119 ff.

236 Darüber hinaus muss der Unionsrechtsakt aber auch in zeitlicher Hinsicht anwendbar sein, vgl. in diesem Zusammenhang EuGH, Rs. C-378/08 (Raffinerie Mediterranee), Slg. 2010, I-1919, wo der EuGH betonte, dass die Umwelthaftungsrichtlinie (RL 2004/35, zu dieser 6. Kap. Rn. 140 ff.) nicht vor Ablauf der Umsetzungsfrist verursachte Schäden anwendbar sei.

237 Vgl. etwa EuGH, Rs. C-473/98 (Toolex Alpha), Slg. 2000, I-5681, wo der EuGH in Bezug auf eine Stoffliste, deren Verwendung beschränkt wird, nicht von der Abgeschlossenheit der Liste ausgeht, so dass eine Verwendungsbeschränkung auch für weitere Stoffe auf mitgliedstaatlicher Ebene in Betracht komme, eben-

einer abschließenden Regelung auch dann zu verneinen sein, wenn die nationale Vorschrift gänzlich andere Zielsetzungen als die möglicherweise einschlägige Unionsregelung verfolgt.[238] Dies kann etwa dann anzunehmen sein, wenn unionsrechtliche Vorgaben zwar Freiverkehrsklauseln für Produkte unter bestimmten Voraussetzungen vorsehen, die Verwendung dieser Produkte aber gleichwohl aus bestimmten Gründen eingeschränkt wird (wobei sich hier im Vorfeld schon die Frage stellt, ob durch die Freiverkehrsklauseln auch umfassend die Verwendung von Produkten geregelt wird).[239]

- Viertens ist zu eruieren, ob die nationale Maßnahme das **Ziel des jeweiligen Unionsakts vereiteln** könnte. So dürfte z.B. bei durch die Europäische Union vorgesehenen Zulassungssystemen die Zielsetzung dieser Systeme gefährdet werden, wenn die Mitgliedstaaten darüber hinaus weitere (zusätzliche) Zulassungssysteme vorsehen. Auch dürfte die Vermarktungsmöglichkeit von in anderen Mitgliedstaaten zugelassenen Produkten in der Regel als abschließend geregelt anzusehen sein, könnte doch ansonsten die Zielsetzung der Förderung der Verwirklichung des Binnenmarktes vereitelt werden. Auf der anderen Seite geht der EuGH davon aus, dass die VO 2152/2003 für das Monitoring von Wäldern und Umweltwechselwirkungen[240] keine vollständige Harmonisierung aller Aktivitäten zur Bewirtschaftung der Waldflächen vornehmen wolle.[241]

Zu erwähnen sind in diesem Zusammenhang auch die primärrechtlichen Hinweise auf die Möglichkeit, Sekundärrecht in Bezug auf bestimmte Aspekte nicht abschließend auszugestalten:

- Die in Art. 191 Abs. 2 Uabs. 2 AEUV erwähnten sekundärrechtlichen Schutzklauseln – die übrigens auch ohne eine entsprechende primärrechtliche Verankerung eingeführt werden könnten, sofern das Primärrecht beachtet wird – dienen nicht allgemein einer mitgliedstaatlichen Schutzverstärkung (wie Art. 193 AEUV), sondern sollen **umweltpolitischen Ausnahmesituationen** in einem Mitgliedstaat Rechnung tragen, wobei es aber auch hier nur um **Schutzverstärkungen** geht,[242] die im Übrigen einem Kontrollverfahren der Union zu unterstellen sind.[243] Die sprachlich etwas unklare Bezugnahme in Art. 191 Abs. 2 Uabs. 2 auf Art. 191 Abs. 2 Uabs. 1 AEUV („Im Hinblick hierauf…") dürfte letztlich vor dem Hintergrund zu sehen sein, dass auf die Verwirklichung der umweltpolitischen Handlungsprinzipien und damit umweltpolitische Zielsetzungen Bezug genommen wird.

Die **eigenständige Bedeutung** dieser Vorschrift erschließt sich nicht auf den ersten Blick. Sie darin zu sehen, dass diese Bestimmung auch „Abweichungen nach unten" ermöglicht, überzeugt schon deshalb nicht, weil es nach ihrem Wortlaut um umweltpolitische Gründe geht. Der wesentliche Unterschied im Verhältnis zu Art. 193 AEUV dürfte letztlich darin zu sehen sein, dass es sich um **vorläufige Maßnahmen** handelt, die somit möglicherweise in Bezug auf

---

sowenig folge aus der Harmonisierung von Vorgaben für die Verpackung, Klassifizierung und Etikettierung bestimmter Stoffe, dass damit die Voraussetzungen für ihr Inverkehrbringen auch geregelt seien; vgl. auch die (teilweise) parallel gelagerten Konstellationen in EuGH, Rs. 125/88 (Nijman), Slg. 1989, 3533; EuGH, Rs. 380/87 (Balsamo), Slg. 1989, 2491; EuGH, Rs. C-127/97 (Burstein), Slg. 1998, I-6005. S. sodann EuGH, Rs. C-169/89 (Gourmetterie van den Burg), Slg. 1990, I-2143, wo der Gerichtshof in Bezug auf den Schutz wildlebender Vogelarten zum Schluss kam, dass der Schutz der erfassten Vogelarten durch die sog. Vogelschutzrichtlinie (heute RL 2009/147, zum Vogelschutz noch unten 9. Kap. Rn. 42 ff.) abschließend geregelt sei. In EuGH, Rs. C-309/02 (Radlberger), Slg. 2004, I-11763, kam der Gerichtshof zum Schluss, dass das in Deutschland vorgesehene Pfandsystem nicht von der sog. Verpackungsrichtlinie (RL 94/62, zu dieser noch 9. Kap. Rn. 133 ff.) erfasst sei, da diese die Frage der Vermeidung von Verpackungen nicht abschließend regle.
238 Vgl. schon EuGH, verb. Rs. C-141-143/81 (Holdijk), Slg. 1982, 1299. Mitunter ist auch aus den unionsrechtlichen Vorgaben klar eine Beschränkung gewisser Richtlinienbestimmungen auf Maßnahmen zur Verfolgung bestimmter Zielsetzungen ersichtlich, vgl. hierzu, m.w.N., *Jans/Vedder*, European Environmental Law, 101 ff.
239 Hierzu im Zusammenhang mit GVO-freien Zonen *Epiney/Waldmann/Oeschger/Heuck*, Ausscheidung von gentechnikfreien Gebieten (8. Kap. D.III.), 48 ff.
240 ABl. 2003 L 324, 1.
241 EuGH, Rs. C-82/09 (Kritis), Slg. 2010, I-3649.
242 A.A. aber *Meßerschmidt*, Europäisches Umweltrecht, § 2, Rn. 346; wie hier die wohl h.L., vgl. etwa Grabitz/Hilf/Nettesheim-*Nettesheim*, Recht der EU, Art. 191, Rn. 134 ff.
243 Ausführlich zur Tragweite dieser Bestimmung *Epiney/Furrer*, EuR 1992, 369 (388 ff.).

ihre Verhältnismäßigkeit einer weniger strengen Prüfung unterliegen als die auf der Grundlage des Art. 193 AEUV ergriffenen, jedenfalls potentiell dauerhaft angelegten Maßnahmen. Weiter dürfte die eigenständige Bedeutung der Bestimmung wohl darin liegen, dass sie es dem Unionsgesetzgeber erlaubt, im Falle des Vorliegens der Voraussetzungen dieser Bestimmung vorzusehen, dass von den unionsrechtlichen Vorgaben abgewichen werden darf, auch wenn eine solche allgemeine Abweichungsbefugnis ansonsten nicht mit dem Primärrecht in Einklang stünde, insbesondere weil unionsrechtliche Grundsätze verletzt werden. Für diese Sicht spricht der Begriff „Schutzklausel" sowie der Umstand, dass der Bestimmung ansonsten jegliche selbständige rechtliche Tragweite abginge, da mit dem Primärrecht in Einklang stehende Beschränkungen des Anwendungsbereichs bestimmter sekundärrechtlicher Vorgaben ohne eine eigentliche vertragliche Grundlage möglich sind. Auch das obligatorische Kontrollverfahren dürfte nur vor diesem Hintergrund zu sehen sein.

Diese Bestimmung hindert den Unionsgesetzgeber aber jedenfalls nicht daran, von vornherein nur Mindeststandards vorzusehen, kann er doch grundsätzlich jederzeit den Umfang der Rechtsvereinheitlichung begrenzen.[244] Daher sprechen – wie erwähnt – auch die überzeugenderen Gründe dafür, dass es die Schutzklauseln – soll ihnen eine eigenständige Bedeutung zukommen (*effet utile*) – dem Unionsgesetzgeber die Möglichkeit zu eröffnen, den Mitgliedstaaten im Hinblick auf eine spezifische Gefahrensituation die Ergreifung von Maßnahmen zu ermöglichen, die sowohl sekundär- als auch primärrechtliche Grundsätze derogieren (können).[245]

■ Eine nicht abschließende unionsrechtliche Regelung liegt auch dann vor, wenn das Sekundärrecht es den oder einigen Mitgliedstaaten erlaubt, den **unionsrechtlichen Schutzstandard zu unterschreiten**. So ermöglicht es denn auch die **Schutzklausel** des Art. 192 Abs. 5 AEUV – die durch den Maastrichter Vertrag eingeführt wurde – dem Unionsgesetzgeber, im Falle von mit einem Unionsrechtsakt einhergehenden **unverhältnismäßig hohen Kosten für die Behörden** eines Mitgliedstaates vorübergehende Ausnahmeregeln bzw. eine finanzielle Unterstützung aus dem Kohäsionsfonds vorzusehen. Diese als Ausnahmebestimmung konzipierte Regelung dürfte insofern deklaratorischer Natur sein, als es dem Unionsgesetzgeber auch ohne Art. 192 Abs. 5 AEUV möglich wäre, in einem Sekundärrechtsakt entsprechende Vorkehrungen zu treffen, wobei jedoch die primärrechtlichen Vorgaben (insbesondere der Gleichheitssatz) beachtet werden müssen. Aus Art. 192 Abs. 5 AEUV wird man allerdings darüber hinaus ableiten können, dass Ausnahmeregelungen vom Unionsbesitzstand (im Sinne einer Unterschreitung des in dem betreffenden Unionsrechtsakt festgelegten Schutzniveaus) im Bereich des Umweltrechts **nur unter den Voraussetzungen des Art. 192 Abs. 5 AEUV** – die jedoch durchaus einen gewissen Gestaltungsspielraum eröffnen – zulässig sind, so dass etwa unbefristete Ausnahmeregeln oder solche allgemeiner Art nicht mit dem Primärrecht vereinbar sein dürften.[246]

Die Konzeption dieser „**Derogationsklausel**" beruht nämlich sichtlich auf Ausnahmesituationen, sollen die Ausnahmeregelungen doch vorübergehend sein und von vornherein nur unter der Voraussetzung der Entstehung „unverhältnismäßig hoher Kosten für die Behörden eines Mitgliedstaates" vorgesehen werden können. Daher ist diese Bestimmung im Zweifel eher restriktiv auszulegen und anzuwenden. Vor diesem Hintergrund sollte der Begriff „vorübergehend" dahingehend verstanden werden, dass jede dieser Ausnahmen befristet werden muss, denn nur so kann garantiert werden, dass nach einer gewissen Zeit der Berechtigung dieser Ausnahme faktisch überprüft und ggf. auch aufgehoben wird. Darüber hinaus macht eine finanzielle Unterstützung nur dann Sinn und kann nur dann dem Verursacherprinzip Rechnung tragen, wenn die vereinbarten Zahlungen zweckgebunden bewilligt und ebenfalls befristet werden.[247]

---

244 Insofern kommt diesen Schutzklauseln auch kein abschließender Charakter in dem Sinn zu, dass sie die Möglichkeit der Normierung nationaler Alleingänge im Sekundärrecht erschöpfend regeln. Zur Problematik *Epiney*, in: Environmental Policy, 39 (42 f.).
245 Vgl. *Epiney/Furrer*, EuR 1992, 369 (388 ff.); i. Erg. ähnlich *Middeke*, Nationaler Umweltschutz, 73 ff.; grundlegend zum Konzept der Schutzklauseln oder Schutznormen und den verschiedenen Kategorien *Weber*, Schutznormen und Wirtschaftsintegration.
246 Vgl. zu den Voraussetzungen des Art. 195 Abs. 5 AEUV *Meßerschmidt*, Europäisches Umweltrecht, § 2, Rn. 340 f.
247 Vgl. ausführlich *Epiney/Furrer*, EuR 1992, 369 (403 ff.).

5. Kapitel Grundprinzipien des Umweltrechts in der Europäischen Union

2. Nicht harmonisierter Bereich: zur Tragweite des Grundsatzes des freien Warenverkehrs

Soweit die Union in einem bestimmten Gebiet nicht oder nicht umfassend tätig geworden ist, sind die Mitgliedstaaten grundsätzlich insoweit frei, eigene nationale Maßnahmen zu ergreifen. Allerdings müssen sie jedenfalls die primärrechtlichen Vorgaben beachten.[248] Von besonderer Bedeutung sind dabei die **Grundfreiheiten**,[249] unter denen wiederum **Art. 34 AEUV** eine herausragende Rolle spielt, knüpfen umweltpolitische Maßnahmen doch häufig an Produkteigenschaften an.[250] Daher beschränken sich die folgenden Ausführungen auf die Vereinbarkeit nationaler umweltpolitischer Maßnahmen mit der unionsrechtlich garantierten **Freiheit des Warenverkehrs**,[251] wobei angesichts der Komplexität der Thematik in diesem Rahmen nur die Grundzüge der Art. 34 ff. AEUV (mit einem gewissen Akzent auf im Zusammenhang mit umweltpolitischen Fragestellungen relevanten Aspekten) erörtert werden können[252] und im Übrigen eine Beschränkung auf das Verbot von Einfuhrbeschränkungen und Maßnahmen gleicher Wirkung erfolgt.[253]

67

---

[248] Darüber hinaus können auch sekundärrechtliche Vorschriften spezifische Vorgaben enthalten. Im Zusammenhang mit dem Umweltrecht ist insbesondere die RL 98/34 (RL 98/34 über ein Informationsverfahren auf dem Gebiet der Normen und technischen Vorschriften, ABl. 1998 L 204, 37) von Bedeutung, die die Mitgliedstaaten verpflichtet, die Entwürfe neuer technischer Vorschriften und Normen der Kommission zu notifizieren, woran sich eine „Stillhaltepflicht" anschließt. Zu dieser Richtlinie, im Zusammenhang mit dem Umweltrecht, de Sadeleer, JEEPL 2011 (6. Kap. J.I.), 252 ff. Zu den Folgen der Unterlassung der Notifizierung (grundsätzlich eine Unanwendbarkeit der entsprechenden Vorschrift oder Norm) EuGH, Rs. C-194/94 (CIA Security), Slg. 1996, I-2201; EuGH, Rs. C-226/97 (Lemmens), Slg. 1998, I-3711; EuGH, Rs. C-443/98 (Unilever), Slg. 2000, I-7535. S. zur RL 98/34 noch 6. Kap. Rn. 14 f.

[249] Aber auch andere Vorschriften können hier einschlägig sein, insbesondere soweit es um nationales Abgabenrecht geht, hierzu umfassend *Wasmeier*, Umweltabgaben und Europarecht, *passim*; s. auch *Krämer*, EC Environmental Law, 123 ff.; *Jans/Vedder*, European Environmental Law, 254 ff. S. aus der Rechtsprechung zu Art. 30, 110 AEUV EuGH, Rs. C-173/05 (Kommission/Italien), Slg. 2007, I-4917; zu diesem Urteil *Epiney*, EurUP 2008, 84 (86); ns. ansonsten EuGH, Rs. C-389/00 (Kommission/Deutschland), Slg. 2003, I-2001 (die Erhebung von Pflichtbeiträgen zu dem „Solidarfonds Abfallrückführung" stelle eine unzulässige Maßnahme gleicher Wirkung wie ein Ausfuhrzoll dar); EuGH, verb. Rs. C-290/05, C-333/05 (Nadasdi), Slg. 2006, I-10115 (Unvereinbarkeit einer im Ergebnis eingeführte Gebrauchtwagen stärker belastenden Zulassungssteuer mit Art. 110 AEUV wegen fehlender Verhältnismäßigkeit); s. darüber hinaus zur Vereinbarkeit abgabenrechtlicher Maßnahmen mit dem Vertrag EuGH, Rs. C-221/06 (Stadtgemeinde Frohnheim), Slg. 2007, I-3643; EuGH, Rs. C-173/05 (Kommission/Italien), Slg. 2007, I-4917.

[250] Allerdings ist auch die Einschlägigkeit anderer Grundfreiheiten nicht ausgeschlossen; s. *Epiney/Knoepfel*, URP/DEP 1993, 17 (29 ff.).

[251] Im Bereich der anderen Grundfreiheiten finden aber parallele Grundsätze Anwendung, ist doch insgesamt eine immer weiter gehende „Konvergenz der Grundfreiheiten" festzustellen. Vgl. hierzu m.w.N. Bieber/Epiney/Haag-Epiney, EU, § 10, Rn. 18 ff.

[252] Vgl. zu Art. 34 ff. AEUV im Zusammenhang mit umweltrechtlichen Regelungen insbesondere *Middeke*, Nationaler Umweltschutz, 115 ff.; *Güttler*, BayVBl. 2002, 225 ff.; *van Calster*, ELR 2000, 335 ff.; *Temmink*, YEEL 2000, 61 ff.; *Müller-Graff*, EUDUR I, § 10; ausführlich *Vial*, Protection de l'environnement et libre circulation des marchandises, *passim*; eingehender zum Verhältnis Umwelt und Handel unter Einbezug der Art. 30, 110 AEUV, die hier ausgespart werden sollen, *Jans/von der Heide*, Europäisches Umweltrecht, 259 ff.; *Jans/Vedder*, European Environmental Law, 297 ff.; im Vergleich zur Regelung in der WTO auch *Scott*, EJIL 2004, 307 ff. Allgemein zur Tragweite des Art. 34 AEUV ausführlich mit zahlreichen Nachweisen *Frenz*, Handbuch Europarecht, Bd. 1, Rn. 697 ff.

[253] Aber auch Art. 35 AEUV kann bei umweltpolitischen Maßnahmen berührt sein, wenn dieser Bestimmung auch insgesamt eine weniger große Bedeutung zukommt. Vgl. zu Art. 35 AEUV aus der Rechtsprechung z.B. EuGH,

a) Tatbestand des Art. 34 AEUV

68 Der Titel über den freien Warenverkehr findet nur auf „**Waren**" Anwendung.[254] Hierunter sind bewegliche körperliche Sachen, denen ein Handelswert zukommt, zu verstehen.[255] Im Bereich der Umweltpolitik war lange Zeit umstritten, ob Abfälle Waren im Sinne des Art. 28 AEUV sind bzw. ob zwischen verschiedenen Arten von Abfällen zu differenzieren ist.[256] Der EuGH hat diese Streitfrage in seinem Urteil zum wallonischen Einfuhrverbot für Abfälle[257] entschieden: Auf der Grundlage praktischer Erwägungen – insbesondere die unklare Abgrenzung zwischen verwertbaren und nicht mehr verwertbaren Abfällen und die möglichen diesbezüglichen Änderungen – seien Abfälle insgesamt als Waren anzusehen mit der Folge, dass Art. 34 AEUV einschlägig ist.[258]

69 Art. 34 AEUV verbietet Einfuhrbeschränkungen und Maßnahmen gleicher Wirkung. Die Bestimmung ist **unmittelbar wirksam,** so dass sich Einzelne auf diese Bestimmung auch vor nationalen Behörden berufen können.[259]

70 **Verpflichtet** sind in erster Linie die **Mitgliedstaaten,** daneben auch die Union, nicht hingegen Private. Jedoch sind die Mitgliedstaaten verpflichtet, im Falle der Gefährdung der Grundsätze des freien Warenverkehrs durch Private den Umständen angemessene Schutzmaßnahmen zu ergreifen,[260] so dass ihnen entsprechende Schutzpflichten zukommen.[261]

71 **Einfuhrbeschränkungen** beschränken die Einfuhr einer Ware der Menge oder dem Wert nach.[262] Hauptbeispiele sind bilaterale oder globale Kontingentierungen der Einfuhr; erfasst werden aber auch Einfuhrverbote. Allgemein geltende Absatzverbote hingegen stellen grundsätzlich Maßnahmen gleicher Wirkung wie Einfuhrbeschränkungen dar, da sie nicht die Einfuhr als solche verbieten, sondern in der Sache Anforderungen an die entsprechenden Produkte stellen.[263] Gleiches gilt für Anforderungen an die Produktbeschaffenheit. Deutlich wird damit auch, dass Einfuhrbeschränkungen *per definitionem* offen diskriminierend sind.

Rs. 172/82 (Inter-Huiles), Slg. 1983, 555; EuGH, Rs. C-203/96 (Dusseldorp), Slg. 1998, I-4075. Aus der Literatur zu dieser Bestimmung im Zusammenhang mit umweltrechtlichen Regelungen *Jans/Vedder*, European Environmental Law, 268 ff.; *Epiney/Möllers*, Freier Warenverkehr und nationaler Umweltschutz, 28 ff.; ausführlich *Middeke*, Nationaler Umweltschutz, 146 ff.; *Krämer*, EC Environmental Law, 119 f. Besondere Relevanz kommt der Beschränkung von Ausfuhren im Rahmen des Abfallrechts zu, vgl. hierzu *Epiney*, in: Oexle/Epiney/Breuer, EG-AbfVerbrV (9. Kap. E.III.), Einführung, Rn. 69 ff.

254 Die zudem aus den Mitgliedstaaten stammen oder sich in der Union im freien Verkehr befinden müssen, Art. 28 Abs. 2 AEUV.
255 EuGH, Rs. 2/90 (Kommission/Belgien), Slg. 1992, I-4431, Ziff. 22 ff.; EuGH, Rs. C-324/93 (Evans), Slg. 1995, I-563, Ziff. 20.
256 Hierzu etwa von der Groeben/Schwarze-*Müller-Graff*, Kommentar zum EUV/EGV, Art. 28 EGV, Rn. 281; *Pernice*, NVwZ 1990, 414 (416); *v. Wilmowsky*, Abfallwirtschaft (9. Kap. E.III.), 73 ff., 90; *Becker*, Gestaltungsspielraum der EG-Mitgliedstaaten, 48 ff.; *Müller-Graff*, EUDUR I, § 10, Rn. 32.
257 EuGH, Rs. 2/90 (Kommission/Belgien), Slg. 1992, I-4431, Ziff. 22 ff.
258 Die praktische Bedeutung der Qualifizierung von Abfällen als Waren hält sich jedoch in Grenzen, da im Falle der Verneinung der Warenqualität von Abfällen jedenfalls Art. 56 AEUV (freier Dienstleistungsverkehr) einschlägig wäre, dessen Auslegung aber parallelen Grundsätzen wie diejenige des Art. 34 AEUV gehorcht. Vgl. aber aus dogmatischer Sicht kritisch zur Begründung des EuGH *Middeke,* Nationaler Umweltschutz, 119 ff.; *v. Wilmowsky,* EuR 1992 (9. Kap. E.III.), 414 ff.
259 St. Rspr., z.B. EuGH, Rs. 83/78 (Pigs Marketing Board), Slg. 1978, 2347, Ziff. 66/67; EuGH, Rs. C-46/93, C-48/93 (Brasserie du pêcheur), Slg. 1996, I-1029, Ziff. 54.
260 EuGH, Rs. C-112/00 (Schmidberger), Slg. 2003, I-5659.
261 Im Einzelnen ist hier jedoch Vieles umstritten, auch angesichts des Umstands, dass der Gerichtshof im Rahmen der Personenverkehrsfreiheiten von einer eher weiten Auslegung der Verpflichteten ausgeht. Vgl., m.w.N. aus Literatur und Rechtsprechung, zum Problemkreis Bieber/Epiney/Haag-*Epiney*, EU, § 11, Rn. 23, § 11, Rn. 29 ff.
262 EuGH, Rs. 2/73 (Geddo), Slg. 1973, 865, Ziff. 7; EuGH, Rs. 124/85 (Kommission/Griechenland), Slg. 1986, 3935, Ziff. 3 ff.; zum Begriff auch von der Groeben/Schwarze-*Müller-Graff*, Kommentar zum EUV/EGV, Art. 28 EGV, Rn. 16 ff.
263 Zum Problem m.w.N. und i.Erg. ebenso wie hier von der Groeben/Schwarze-*Müller-Graff*, Kommentar zum EUV/EGV, Art. 28, Rn. 22; ausführlich zu dieser Frage auch *Middeke,* Nationaler Umweltschutz, 126 ff.

5. Kapitel Grundprinzipien des Umweltrechts in der Europäischen Union

Im Bereich der Umweltpolitik könnte man insbesondere an Einfuhrverbote aus Gründen des Artenschutzes denken.[264] Aber auch das wallonische Verbot der Einfuhr von Abfällen aus anderen Regionen[265] stellt eine Einfuhrbeschränkung dar. Denkbar wären darüber hinaus Einfuhrverbote für Güter, die unter Missachtung bestimmter umweltpolitischer Anforderungen produziert werden oder die schädliche Umweltauswirkungen verursachen. Hingegen ist nach der Rechtsprechung des Gerichtshofs das Verbot der Haltung bestimmter Arten (z.B. von anderen als den einheimischen Bienenarten im Hinblick auf den Schutz der letzteren) als Maßnahme gleicher Wirkung wie eine Einfuhrbeschränkung einzustufen,[266] dies obwohl dieses Verbot letztlich ein Einfuhrverbot impliziert. 72

Von größerer praktischer Bedeutung ist das Verbot von **Maßnahmen gleicher Wirkung** wie Einfuhrbeschränkungen. Der Tatbestand des Art. 34 AEUV erfasst damit alle Maßnahmen, die gleiche oder vergleichbare Wirkungen wie Einfuhrbeschränkungen entfalten. Dies ist zunächst sicherlich bei diskriminierenden Maßnahmen der Fall. Einzubeziehen sind aber nach der *Dassonville*-Formel des EuGH auch nicht-diskriminierende Maßnahmen, 73

„die geeignet sind, den innergemeinschaftlichen Handel unmittelbar oder mittelbar, tatsächlich oder potentiell zu behindern".[267]

Ausreichend ist danach die **Eignung** einer Maßnahme, handelsbeschränkende Wirkungen zu entfalten; ihr tatsächlicher Eintritt ist dagegen nicht erforderlich.[268] 74

Hintergrund dieser Rechtsprechung ist die Erwägung, dass letztlich die Wirkung einer Maßnahme für ihre Qualifizierung als Maßnahme gleicher Wirkung entscheidend sein muss; diese kann aber auch bei nicht diskriminierenden Regelungen einfuhrbeschränkend sein. 75

So können z.B. Beschaffenheitsanforderungen an Produkte die Konsequenz nach sich ziehen, dass in anderen Mitgliedstaaten hergestellte Produkte, die diesen Anforderungen nicht genügen (müssen), nicht eingeführt oder nicht vermarktet werden dürfen.

Diese weite Auslegung des Begriffs der Maßnahme gleicher Wirkung durch den EuGH zieht letztlich die Konsequenz nach sich, dass **Waren, die in einem Mitgliedstaat rechtmäßig hergestellt** worden sind, grundsätzlich in die **anderen Mitgliedstaaten eingeführt und dort frei zirkulieren** können müssen, auch wenn sie nicht den nationalen Produktnormen entsprechen.[269] Aber auch sonstige, die **Produktmobilität beeinträchtigende Maßnahmen**, wie z.B. ein Fahrverbot für Lastwagen mit bestimmten Gütern auf der Inntalautobahn (Brennerstrecke) oder Teilen derselben,[270] stellen grundsätzlich Maßnahmen gleicher Wirkung wie Einfuhrbeschränkungen dar. 76

Darüber hinaus können aber auch **nationale Produktions- und Vermarktungsregeln** den so definierten Tatbestand des Art. 34 AEUV erfüllen; letztlich sind kaum nationale Maßnahmen vorstellbar, die nicht zumindest potentiell und mittelbar Auswirkungen auf das Einfuhrvolumen entfalten können. Vor diesem Hintergrund dürfte denn auch die sog. *Keck*-Rechtsprechung[271] des EuGH zu sehen sein, die bereits den Begriff der Maßnahme gleicher Wirkung ausdrücklich[272] einschränkt: Ausgenommen seien „**bestimmte Verkaufsmodalitäten**" unter der Voraussetzung, dass sie für alle betroffenen Wirtschaftsteilnehmer gelten – also nicht diskriminierend 77

---

264 Vgl. das Beispiel in EuGH, Rs. C-169/89 (Gourmetterie van den Burg), Slg. 1990, I-2143; der EuGH prüfte das niederländische Einfuhrverbot für das schottische Moorschneehuhn aber ausschließlich auf der Grundlage der RL 79/409 (Vogelschutzrichtlinie, heute abgelöst durch die RL 2009/147), da diese eine abschließende Regelung darstelle. S. auch EuGH, Rs. C-67/97 (Bluhme), Slg. 1998, I-8033, Ziff. 19 f.
265 Vgl. EuGH, Rs. C-2/90 (Kommission/Belgien), Slg. 1992, I-4431.
266 EuGH, Rs. C-67/97 (Bluhme), Slg. 1998, I-8033.
267 EuGH, Rs. 8/74 (Dassonville), Slg. 1974, 837, Ziff. 5.
268 Ausdrücklich EuGH, Rs. 16/83 (Prantl), Slg. 1984, 1299, Ziff. 20.
269 S. etwa EuGH, Rs. 178/84 (Kommission/Deutschland), Slg. 1987, 1227, Ziff. 37 (Reinheitsgebot für Bier); EuGH, Rs. 407/85 (Glocken GmbH), Slg. 1988, 4233, Ziff. 11; EuGH, Rs. C-400/96 (Harpegnies), Slg. 1998, I-5121.
270 EuGH, Rs. C-320/03 (Kommission, Deutschland u.a./Österreich), Slg. 2005, I-9871; EuGH, Rs. C-28/09 (Kommission/Österreich), Urt. v. 21.12.2011.
271 EuGH, Rs. 267/91 (Keck), C-268/91, Slg. 1993, I-6097.
272 Tendenzen zu einer (faktischen) Einschränkung des weiten Tatbestandes des Art. 34 AEUV waren aber auch schon früher zu verzeichnen, vgl. insbesondere EuGH, Rs. 155/80 (Oebel), Slg. 1981, 1993, Ziff. 20; EuGH, Rs. 75/81 (Blesgen), Slg. 1982, 1211, Ziff. 9; hierzu etwa *Middeke*, Nationaler Umweltschutz, 131 ff.

ausgestaltet sind – und den Absatz in- und ausländischer Erzeugnisse rechtlich wie tatsächlich in der gleichen Weise berühren.[273] Entsprechen nationale Maßnahmen diesen Voraussetzungen, fallen sie schon aus dem Tatbestand des Art. 34 AEUV heraus, so dass sie von vornherein nicht am Maßstab des EU-Rechts überprüft werden können; auf das Vorliegen von Rechtfertigungsgründen[274] kommt es dann nicht mehr an.

78 Die **Tragweite dieser tatbestandlichen Einschränkung des Art. 34 AEUV** ist jedoch durchaus mit gewissen Unsicherheiten behaftet, dies zum einen wegen des nicht ganz klaren Begriffs der „bestimmten Verkaufsmodalitäten", zum anderen im Gefolge des Erfordernisses der Nichtdiskriminierung, deren (Nicht-) Vorliegen nicht immer klar ist. Gewisse Anhaltspunkte für die genauere Eingrenzung der nicht (mehr) von der *Dassonville*-Formel erfassten Maßnahmen ergeben sich aber – neben der *Keck*-Formel selbst – aus der Folgerechtsprechung: So stellen Maßnahmen, die an die **Beschaffenheit oder die Aufmachung des Produkts** selbst anknüpfen und damit sozusagen untrennbar mit diesem verbunden sind, keine Verkaufsmodalitäten dar.[275] Auf der anderen Seite sind Maßnahmen, die die Art und Weise der Vermarktung eines Produkts bestimmen, ohne jedoch mit diesem „verbunden" zu sein, nach der Rechtsprechung grundsätzlich als Verkaufsmodalitäten anzusehen.[276] M.a.W. können von Vornherein nur **vertriebsbezogene Maßnahmen** von der *Keck*-Formel erfasst werden. Wird die Produktbezogenheit der Maßnahme verneint, ist häufig die **nicht diskriminierende Ausgestaltung der Regelung** und damit in der Regel auch die Frage, ob die betreffende Regelung bereits den Marktzugang eines Produkts behindert, problematisch.[277] Die Rechtsprechung dürfte hier tendenziell dahin gehen, dass all solche Vermarktungs- oder Werberegelungen (mit Auswirkungen auf den Umsatz der betreffenden Produkte), die unmittelbar oder mittelbar den Bekanntheitsgrad von Produkten beeinflussen, nicht unter die Ausnahme der *Keck*-Rechtsprechung fallen, da sie aufgrund der prinzipiell besseren Markteinführung nationaler Produkte die eingeführten Produkte regelmäßig stärker „belasten". Das Kriterium des **Marktzugangs** wird teilweise auch unabhängig vom Vorliegen einer Diskriminierung herangezogen, so in Bezug auf Verwendungsbeschränkungen: Der Gerichtshof hielt hier fest, dass nationale Maßnahmen, die den Zugang eines Produkts zum Markt eines Mitgliedstaats behindern, unabhängig von der Frage, ob und inwieweit die Voraussetzungen der *Keck*-Rechtsprechung zu bejahen sind, als Maßnahmen gleicher Wirkung anzusehen seien. In Bezug auf Verwendungsbeschränkungen impliziere dies, dass zwischen solchen, die keine wirkliche Behinderung des Marktzugangs nach sich ziehen, da sie die Verwendung des betreffenden Produkts in dem jeweiligen Mitgliedstaat nur teilweise oder gar marginal beschränken, und denjenigen, die dazu führen, dass die tatsächlichen Möglichkeiten, das betreffende Produkt zu verwenden, unbedeutend sind, zu unterscheiden sei. Im zuletzt genannten Fall könnten nämlich die Verwendungsbeschränkungen einen erheblichen Einfluss auf das Verhalten der Verbraucher

---

273 EuGH, verb. Rs. 267/91, C-268/91 (Keck), Slg. 1993, I-6097, Ziff. 15 f.
274 Unten 5. Kap. Rn. 80 ff.
275 Vgl. aus der Rechtsprechung etwa EuGH, Rs. C-470/93 (Mars), Slg. 1995, I-1923, Ziff. 12 f., wo es um die Zulässigkeit eines Werbeaufdrucks auf der Verpackung des Produkts selbst ging; EuGH, Rs. C-315/92 (Clinique), Slg. 1994, I-317, wo das Verbot, ein Produkt unter einer bestimmten Bezeichnung zu vermarkten, zur Debatte stand. S. auch EuGH, Rs. C-313/94 (Graffione/Ditta Fransa), Slg. 1996, I-6039.
276 Vgl. etwa EuGH, Rs. 391/92 (Kommission/Griechenland), Slg. 1995, I-1621, Ziff. 15, in Bezug auf das Gebot, Säuglingsnahrung nur in Apotheken zu vermarkten; EuGH, verb. Rs. C-401/92, C-402/92 (t'Heukske), Slg. 1994, I-2227, Ziff. 13 ff., in Bezug auf Öffnungszeiten; EuGH, Rs. C-405/92 (Gourmet International), Slg. 2001, I-1785, Ziff. 19 ff., in Bezug auf ein allgemeines Werbeverbot für Alkoholika. S. auch EuGH, Rs. C-244/06 (Dynamics Medien Vertriebs GmbH), Slg. 2008, I-505.
277 Aus der Rechtsprechung etwa EuGH, Rs. C-254/98 (TK-Heimdienst Sass), Slg. 2000, I-151, Ziff. 25 ff.; EuGH, Rs. C-405/98 (Gourmet International), Slg. 2001, I-1785, Ziff. 18 ff.; EuGH, Rs. C-322/01 (Doc Morris), Slg. 2003, I-14887; EuGH, Rs. C-20/03 (Burmanjer), Slg. 2005, I-4133.

5. Kapitel Grundprinzipien des Umweltrechts in der Europäischen Union

entfalten, das sich wiederum auf den Zugang des Erzeugnisses zum Markt des Mitgliedstaats auswirken könne.[278] Trotz der inzwischen recht weit ausdifferenzierten „*Keck*-Folgerechtsprechung" bleiben aber nach wie vor Abgrenzungsprobleme bestehen,[279] auch und gerade im Fall der Werbung.[280] Aber auch unabhängig von diesen Abgrenzungsproblemen kann der Ansatz des EuGH vor dem Hintergrund des Sinns und Zwecks des Art. 34 AEUV hinterfragt werden:[281] Diese Bestimmung will den freien Warenverkehr der in den verschiedenen Mitgliedstaaten hergestellten Waren im gesamten Unionsgebiet garantieren; der Umstand, dass ein Produkt in einem bestimmten Mitgliedstaat produziert worden ist, soll grundsätzlich nicht dazu führen können, dass allein deshalb seine Einfuhr in einen anderen Mitgliedstaat und die dortige Vermarktung nicht möglich ist. Dann aber können nur solche Beschränkungen unter den Tatbestand des Art. 34 AEUV fallen, die im Anschluss an die Existenz verschiedener nationaler Rechtsordnungen entstehen oder aufgestellt werden. Dies ist aber nur dann der Fall, wenn sich die nationalen Maßnahmen auf eine **eingrenzbare Zahl von Produkten** beziehen, während **allgemeine, von bestimmten Produkten unabhängige Maßnahmen** allein deshalb einfuhrbeschränkende Wirkungen nach sich ziehen können, weil in einer Rechtsordnung bestimmte Regelungen gelten, was für sich allein gerade nicht für die Einschlägigkeit des Art. 34 AEUV ausreichend sein sollte.

Hinzuweisen ist in diesem Zusammenhang noch darauf, dass der Gerichtshof in seiner neueren Rechtsprechung auch bei nicht produktbezogenen Maßnahmen mitunter auf eine eigentliche Prüfung des Vorliegens der Voraussetzungen der *Keck*-Rechtsprechung verzichtet, sondern die Prüfung der *Dassonville*-Fomel neben die Verpflichtung stellt, die Grundsätze der Nichtdiskriminierung und der gegenseitigen Anerkennung von in anderen Mitgliedstaaten rechtmäßig hergestellten und in den Verkehr gebrachten Erzeugnissen zu beachten sowie den Erzeugnissen aus anderen Mitgliedstaaten den freien Marktzugang zu gewährleisten.[282] Nicht ganz klar, wird aus diesen Formulierungen, in welchem Verhältnis die *Dassonville*-Formel bzw. deren Prüfung zu dieser dreigliedrigen Prüfungsreihenfolge steht. Vieles dürfte hier dafür sprechen, dass es sich hier nicht nur um eine Präzisierung, sondern um eine Weiterentwicklung der Voraussetzungen für die tatbestandliche Einschlägigkeit des Art. 34 AEUV handelt, soll doch offenbar die *Keck*-Rechtsprechung grundsätzlich bei Maßnahmen, die den Marktzugang (oder eine der beiden anderen Konstellationen) betreffen, nicht zum Zuge kommen können. Daraus wird man folgern können, dass in all denjenigen Fällen, in denen bereits der Marktzugang als solcher beschränkt wird, Art. 34 AEUV jedenfalls einschlägig ist und sich letztlich eine Prüfung der *Keck*-Kriterien erübrigt.

Vor diesem Hintergrund können in Bezug auf die tatbestandliche Einschlägigkeit des Art. 34 AEUV für nationale umweltpolitische Maßnahmen folgende Fallgruppen entwickelt werden:[283]

- Regelungen, die bestimmte Anforderungen an die Beschaffenheit von Produkten stellen (**Produktnormen**) oder die Vermarktung bestimmter Produkte verbieten (**Vermarktungsverbote oder -beschränkungen**), stellen in der Regel Maßnahmen gleicher Wirkungen wie Einfuhrbeschränkungen dar.

---

278 EuGH, Rs. C-142/05 (Mickelsson), Slg. 2009, I-4273; EuGH, Rs. C-110/05 (Kommission/Italien), Slg. 2009, I-519. S. auch EuGH, Rs. C-433/05 (Sandström), Slg. 2010, I-2885, wo der EuGH feststellt, dass eine nationale Regelung, die die Benutzung von Wassermotorrädern außerhalb der bezeichneten Wasserstraßen untersagt, grundsätzlich mit Art. 34 AEUV in Einklang stehe, da diese Maßnahme durch Erwägungen des Umweltschutzes gerechtfertigt werden könne (die Mitgliedstaaten hätten allerdings gewisse, in erster Linie verfahrensrechtliche Voraussetzungen zu beachten).
279 Im Schrifttum bemüht man sich denn auch um eine Eingrenzung und Präzisierung der Keck-Rechtsprechung. Zur Rechtsprechung etwa Bieber/Epiney/Haag-*Epiney*, EU, § 11, Rn. 40 ff.; ausführlich *Frenz*, Handbuch Europarecht, Bd. 1, Rn. 907 ff.; s. ansonsten zur Problematik aus dem jüngeren Schrifttum (neben der einschlägigen Kommentarliteratur) z.B. *Wenneras/Moen*, ELR 2010, 387 ff.; *Rauber*, ZEuS 2010, 15 ff.; *Spaventa*, ELR 2009, 914 ff.
280 Hierzu etwa Calliess/Ruffert-*Kingreen*, EUV/AEUV, Art. 34-36 AEUV, Rn. 170 ff., 177 ff., 183 f., m.w.N.
281 Zu diesen Überlegungen ausführlich schon *Epiney*, ZUR 1995, 24 ff.
282 Vgl z.B. EuGH, Rs. C-385/10 (Elenca), Urt. v. 18.10.2012 (in Bezug auf ein Verbot der Vermarktung von aus einem anderen Mitgliedstaat stammenden Bauprodukten, die nicht mit dem CE-Zeichen versehen sind); EuGH, Rs. C-456/10 (ANETT), Urt v 26.4.2012 (in Bezug auf die Pflicht, Tabakerzeugnisse durch Tabakeinzelhändler nur über gewisse zugelassene Großhändler zu beziehen, so dass die direkte Einfuhr aus anderen Mitgliedstaaten verboten war).
283 Vgl. in diesem Zusammenhang auch schon *Epiney*, ZUR 1995, 24 (29 f.).

Ein Beispiel aus der Rechtsprechung ist das Verbot des Verkaufs, der Lagerung oder der Verwendung von Pflanzenschutzmitteln, die durch das nationale Recht nicht zugelassen sind: Derartige Regelungen fallen gemäß der Rechtsprechung des Gerichtshofs in den Anwendungsbereich des Art. 34 AEUV.[284]

■ Auch **Genehmigungsvorbehalte** sind produktbezogen und damit grundsätzlich vom Tatbestand des Art. 34 AEUV erfasst.[285]

■ **Verwendungsbeschränkungen** setzen dem Gebrauch eines Produkts Grenzen, beziehen sich daher auf bestimmte Produkte und sind zudem produktbezogen; ihre Auswirkungen gleichen häufig denjenigen von Produktnormen. Sie fallen nach der Rechtsprechung dann unter den Tatbestand des Art. 34 AEUV, wenn sie dazu führen, dass die tatsächlichen Möglichkeiten, das betreffende Produkt zu verwenden, unbedeutend sind;[286] ansonsten – also bei fehlender Beschränkung das Marktzugangs – ist die *Keck*-Formel einschlägig und Art. 34 AEUV nicht auf sie anwendbar.

So stellt nach Ansicht des EuGH das allgemeine Verbot der industriellen Verwendung von Trichlorethylen eine Maßnahme gleicher Wirkung wie Einfuhrbeschränkungen dar.[287]

Um eine besondere Art der Verwendungsbeschränkung ging es im Fall *Bluhme*[288], in dem Verbote bezüglich der Haltung bestimmter Bienenarten auf der Dänischen Insel Laeso zur Debatte standen, die vom EuGH als Maßnahmen gleicher Wirkung wie Einfuhrbeschränkungen angesehen wurden.

■ Dagegen können **allgemeine Maßnahmen mit Auswirkungen auf die Produktmobilität** grundsätzlich nicht am Maßstab des Art. 34 AEUV gemessen werden, handelt es sich hier doch in der Regel um vertriebsbezogene Vorschriften, die sich gerade nicht auf bestimmte Produkte beziehen, sondern im Rahmen der Verwirklichung bestimmter nationaler Politiken erlassen werden. Vorausgesetzt ist aber immer die nicht diskriminierende Ausgestaltung der nationalen Bestimmungen.

Auf eine irgendwie geartete „**Spürbarkeit**" der Maßnahme oder eine „Nähebeziehung" zwischen der Maßnahme und der beeinträchtigenden Wirkung kommt es darüber hinaus – d.h. neben der „*Keck*-Rechtsprechung" – nicht an:[289] Denn letztlich ginge es hier um eine Art Abschwächung der Kriteriums der Geeignetheit einer Maßnahme, handelsbeschränkende Wirkungen entfalten zu können, deren Konturen aber denkbar unklar und kaum einer vorausgesehbaren Konkretisierung zugänglich sind.[290] Hiervon zu unterscheiden ist das jedenfalls zu bejahende Erfordernis, dass die handelsbeschränkende Wirkung nicht rein hypothetisch und völlig ungewiss ist bzw. die Maßnahme darf im Hinblick auf ihre Eignung, den Handel innerhalb der Union zu behindern, nicht zu „ungewiss" und „mittelbar" sein;[291] im Gegensatz

---

284 EuGH, Rs. C-293/94 (Brandsma), Slg. 1996, I-3159; EuGH, Rs. C-400/96 (Harpegnies), Slg. 1998, I-5121.
285 Vgl. insoweit auch EuGH, Rs. C-244/06 (Dynamics Medien Vertriebs GmbH), Slg. 2008, I-505.
286 EuGH, Rs. C-142/05 (Mickelsson und Roos), Slg. 2009, I-4273; EuGH, Rs. C-110/05 (Kommission/Italien), Slg. 2009, I-519.
287 EuGH, Rs. C-473/98 (Toolex Alpha), Slg. 2000, I-5681.
288 EuGH, Rs. C-67/97 (Bluhme), Slg. 1998, I-8033.
289 I. Erg. ebenso z.B. *Füller*, Grundlagen und inhaltliche Reichweite der Warenverkehrsfreiheiten, 111 ff.; wohl auch *Segnana*, CDE 2002, 131 (142 f.); ausführlich zum Problemkreis *Keßler*, System der Warenverkehrsfreiheit, 21 ff.; *Oliver*, CMLRev. 1999, 783 (788 ff.).
290 Auch die Rechtsprechung des EuGH dürfte insgesamt eine Art „Spürbarkeitskriterium" ablehnen, so wenn der EuGH maßgeblich auf den rechtlichen Gehalt einer Maßnahme, nicht hingegen auf die „Intensität" oder eben „Spürbarkeit" der Handelsbeschränkung abstellt. S. insbesondere EuGH, verb. Rs. 177, 178/82 (van de Haar und Kaveka), Slg. 1984, 1797, Ziff. 13; EuGH, Rs. C-254/98 (TK-Heimdienst Sass), Slg. 2000, I-151, Ziff. 25 ff.; EuGH, Rs. C-184/96 (Kommission/Frankreich), Slg. 1998, I-6197, Ziff. 16 ff.; EuGH, Rs. C-67/97 (Bluhme), Slg. 1998, I-8033, Ziff. 22; EuGH, Rs. C-412/97 (EDSrl), Slg. 1999, I-3845; EuGH, Rs. C-166/03 (Kommission/Frankreich), Slg. 2004, I-6535; das Spürbarkeitserfordernis ablehnend (sei doch allein die Eignung der Auswirkungen der streitigen Maßnahme auf den Handel zwischen den Mitgliedstaaten entscheidend) auch EuGH, Rs. C-141/07 (Kommission/Deutschland), Slg. 2008, I-6935. Zuzugeben ist aber, dass andere Urteile des EuGH zumindest missverständliche Formulierungen enthalten, die auf die Bejahung eines Spürbarkeitserfordernisses hindeuten könnten. Vgl. etwa EuGH, verb. Rs. C-418/93 u.a. (Semeraro), Slg. 1996, I-2975, Ziff. 32 f.; EuGH, Rs. C-93/92 (CMC Motorradcenter), Slg. 1993, I-5009, Ziff. 8 ff.; EuGH, Rs. C-379/92 (Peralta), Slg. 1994, I-3453, Ziff. 24; EuGH, Rs. C-44/98 (BASF/Präsident des Deutschen Patentamts), Slg. 1999, I-6269, Ziff. 16.
291 EuGH, Rs. C-291/09 (Guarnieri), Urt. v. 7.4.2011, in Bezug auf eine Verpflichtung zur Leistung einer Prozesskostensicherheit.

5. Kapitel Grundprinzipien des Umweltrechts in der Europäischen Union

zu einem „Spürbarkeitserfordernis" geht es hier um die Anforderungen an den Nachweis des Vorliegens einer handelsbeschränkenden Wirkung, die aber ihrerseits keine besondere Intensität oder eben „Spürbarkeit" aufweisen muss.[292]

b) Rechtfertigung

Fällt eine nationale Maßnahme unter den Tatbestand des Art. 34 AEUV – stellt sie also eine Einfuhrbeschränkung oder eine Maßnahme gleicher Wirkung dar –, kann sie gleichwohl zulässig sein, wenn sie gerechtfertigt werden kann, wobei zwischen den in **Art. 36 AEUV** ausdrücklich normierten Rechtfertigungsgründen und den sog. **zwingenden Erfordernissen** des Allgemeinwohls unterschieden werden kann. 80

Diese Rechtfertigungsmöglichkeit ist in erster Linie vor dem Hintergrund zu sehen, dass nicht alle Produkt- und Vermarktungsregeln auf Unionsebene harmonisiert sind, so dass den Mitgliedstaaten zum Schutz bestimmter Rechtsgüter und damit zur Verfolgung gewisser öffentlicher Interessen die Aufrechterhaltung oder Einführung entsprechender nationaler Maßnahmen ermöglicht werden soll.

Ausgeschlossen ist dabei nach ständiger Rechtsprechung die Berufung auf sog. **wirtschaftliche Gründe**, also solche Anliegen, bei denen es letztlich um die Wirtschaftslenkung, die Erreichung wirtschaftlicher Zielsetzungen oder die Abwendung wirtschaftlicher Nachteile geht. Allerdings ist es möglich, dass neben der Wahrung der Rechtsgüter des Art. 36 AEUV bzw. zwingender Erfordernisse – sozusagen „nebenbei" – auch noch wirtschaftspolitische Zielsetzungen verfolgt werden. M.a.W. ist (nur, aber immerhin) die eigenständige Verfolgung wirtschaftlicher Interessen ausgeschlossen; wenn aber wirtschaftspolitische Maßnahmen letztlich einen anderen Zweck verfolgen, können sie grundsätzlich von Art. 36 AEUV oder den zwingenden Erfordernissen erfasst werden.[293] Dies bedeutet z.B. im – mittlerweile allerdings weitgehend sekundärrechtlich determinierten – Abfallrecht, dass neben umweltpolitischen Gründen grundsätzlich auch Belange der Auslastung einheimischer Abfallverwertungs- oder -beseitigungsanlagen eine Rolle spielen können.[294]

Art. 36 AEUV erlaubt es den Mitgliedstaaten, durch Art. 34 AEUV grundsätzlich verbotene Maßnahmen gleichwohl zu ergreifen, um den Schutz eines der in dieser Vorschrift abschließend aufgeführten Rechtsgüter zu gewährleisten.[295] Zwar erfasst Art. 36 AEUV auch den Schutz der menschlichen Gesundheit und desjenigen von Tieren und Pflanzen; auf der Grundlage der Rechtsprechung des EuGH ist diese Vorschrift jedoch eng auszulegen,[296] so dass nur unmittelbar diesen Zwecken dienende Maßnahmen, nicht jedoch allgemeine umweltpolitische Erwägungen darunter fallen. 81

Soweit allerdings der Umweltschutz mit dem Gesundheitsschutz „zusammenfällt" (wie z.B. bei vielen Maßnahmen der Luftreinhaltung), kann Art. 36 AEUV herangezogen werden, da kein Grund ersichtlich ist, warum der in dieser Bestimmung erwähnte Gesundheitsschutz nicht auch dann greifen soll, wenn die Gesundheitsrisiken auf Umweltbelastungen beruhen. 82

---

[292] Besonders aussagekräftig ist hier EuGH, Rs. C-67/97 (Bluhme), Slg. 1998, I-8033, Ziff. 22, wo der EuGH eine beschränkende Wirkung der zur Debatte stehenden Maßnahme bejahte. Entscheidend war hier offenbar, dass die einfuhrbeschränkende Wirkung klar war (es ging um das Verbot der Haltung einer bestimmten Bienenart auf einer kleinen dänischen Insel), so dass an dem Vorliegen auch der vernachlässigbare tatsächliche Wirkung – m.a.W. die möglicherweise fehlende „Spürbarkeit" – der Maßnahme nichts änderte.

[293] Vgl. aus der Rechtsprechung etwa EuGH, Rs. C-324/93 (Evans Medical), Slg. 1995, I-563, Ziff. 36 f.; s. auch EuGH, Rs. 72/83 (Campus Oil), Slg. 1984, 2727; EuGH, Rs. C-120/95 (Decker), Slg. 1998, I-1831, Ziff. 39 ff. Zur Frage des (Nicht-) Vorliegens wirtschaftlicher Gründe im Zusammenhang mit umweltpolitischen Maßnahmen *Jans/ Vedder*, European Environmental Law, 280 ff.

[294] EuGH, Rs. 118/86 (Nertsvoederfabriek), Slg. 1987, 3883; missverständlich aber EuGH, Rs. C-203/96 (Dusseldorp), Slg. 1998, I-4075; s. auch EuGH, Rs. C-323/99 (DaimlerChrysler), Slg. 2001, I-9897, Ziff. 61 f.; EuGH, Rs. C-209/98 (Sydhavnens Sten), Slg. 2000, I-3743. Vgl. ausführlich zur Rechtfertigung von die Abfallbringung beschränkenden Maßnahmen *Epiney*, in: Oexle/Epiney/Breuer, EG-AbfVerbrV (9. Kap. E.III.), Einführung, Rn. 74 ff.

[295] Zu den einzelnen Rechtsgütern m.w.N. von der Groeben/Schwarze-*Müller-Graff*, Kommentar zum EUV/EGV, Art. 30 EGV, Rn. 47 ff.; Calliess/Ruffert-*Kingreen*, EUV/AEUV, Art. 34-46 AEUV, Rn. 195 ff.

[296] Vgl. etwa EuGH, Rs. 29/72 (Marimex), Slg. 1972, 1309, Ziff. 4; EuGH, Rs. C-205/89 (Kommission/Griechenland), Slg. 1991, I-1361, Ziff. 9; EuGH, Rs. C-203/96 (Dusseldorp), Slg. 1998, I-4075, Ziff. 47; aus der Literatur von der Groeben/Schwarze-*Müller-Graff*, Kommentar zum EUV/EGV, Art. 30 EGV, Rn. 23; *Krämer*, EC Environmental Law, 104.

83 Angesichts dieser engen Auslegung des Art. 36 AEUV durch den EuGH erwies es sich schon früh als notwendig, den Mitgliedstaaten darüber hinaus die Verfolgung solcher schützenswerter Interessen zu ermöglichen, die nicht unter den Katalog des Art. 36 AEUV fallen, wie z.B. auch der Umweltschutz.[297] Vor diesem Hintergrund ist die *Cassis de Dijon*-Rechtsprechung des EuGH zu sehen: Danach sind handels- und einfuhrhemmende Vorschriften dann hinzunehmen, wenn sie erforderlich sind, um **zwingenden Erfordernissen des Allgemeinwohls** gerecht zu werden.[298] Der EuGH hat diese Rechtsprechung in zahlreichen Urteilen angewandt und präzisiert; insbesondere hat er auch den **Umweltschutz** ausdrücklich als ein solches zwingendes Erfordernis angesehen.[299]

Umstritten ist die dogmatische Einordnung der zwingenden Erfordernisse als tatbestandsausschließende Gründe oder aber als Rechtfertigungsgründe entsprechend Art. 36 AEUV. Die Rechtsprechung des Gerichtshofs ist hier nicht ganz eindeutig, wobei die vom EuGH verwandten Formulierungen aber die Annahme nahe legen, dass der Gerichtshof hier vom erstgenannten Ansatz ausgeht;[300] allerdings lassen sich in der Rechtsprechung (inzwischen) auch Anhaltspunkte für eine Einordnung als Rechtfertigungsgründe finden.[301] Funktional handelt es sich aber jedenfalls um Rechtfertigungsgründe.

84 Nicht ganz klar ist die Rechtsprechung des Gerichtshofs in Bezug auf den **Anwendungsbereich der zwingenden Erfordernisse:**[302] Während die Rechtsprechung während längerer Zeit offenbar davon ausging, dass bei **formellen bzw. offenen Diskriminierungen** ein Rückgriff auf die zwingenden Erfordernisse ausgeschlossen sein soll,[303] mehren sich seit Beginn der 90er Jahre die Anzeichen, dass dieser Grundsatz zumindest unter bestimmten Voraussetzungen und für den Bereich des Umweltschutzes zu relativieren sein soll.

Von besonderer Bedeutung[304] dürfte das Urteil *Preussen Elektra*[305] sein, in dem es in der Sache um die Abnahmepflicht von Elektrizitätsversorgungsunternehmen für Strom aus erneuerbaren Energien, der im Geltungsbereich des Gesetzes und im Versorgungsgebiet des betreffenden Unternehmens erzeugt wurde, ging. Durch die genannte geographische Einschränkung des Anwendungsbereichs dieser Abnahmepflicht kommt

---

297 Der EuGH unterscheidet nämlich zwischen direkten Gefährdungen der Gesundheit oder gar des Lebens und eher allgemeineren Belangen des Umweltschutzes, die als solche keine direkten Auswirkungen auf die Gesundheit entfalten, wie z.B. „ungefährlicher" Abfall. Vgl. EuGH, Rs. C-2/90 (Kommission/Belgien), Slg. 1992, I-4431; EuGH, Rs. C-203/96 (Dusseldorp), Slg. 1998, I-4075, Ziff. 46. Zur Problematik auch *Krämer*, EC Environmental Law, 104 ff.
298 EuGH, Rs. 120/78 (Rewe), Slg. 1979, 649, Ziff. 8 (*Cassis de Dijon*).
299 Grundlegend EuGH, Rs. 302/86 (Kommission/Dänemark), Slg. 1988, 4607, Ziff. 8 f. (*Dänische Pfandflaschen*); s. sodann z.B. EuGH, Rs. 2/90 (Kommission/Belgien), Slg. 1992, I-4431, Ziff. 22 ff.; EuGH, Rs. C-463/01 (Kommission/Deutschland), Slg. 2004, I-11705; EuGH, Rs. C-309/02 (Radlberger), Slg. 2004, I-11763.
300 S. z. B. EuGH, Rs. C-176/90 (Aragonesa), Slg. 1991, I-4151, Ziff. 13; EuGH, Rs. C-368/95 (Familiapress), Slg. 1997, I-3689, Ziff. 18. Vgl. zum Problemkreis m.w.N. *Middeke*, Nationaler Umweltschutz, 172 ff.
301 Vgl. z.B. EuGH, Rs. C-443/02 (Schreiber), Slg. 2004, I-7275, Ziff. 42, wo der EuGH davon spricht, dass die zwingenden Erfordernisse Beschränkungen des freien Warenverkehrs rechtfertigen könnten.
302 In Bezug auf Art. 36 AEUV ist hingegen unbestritten, dass diese Bestimmung neben beschränkenden Maßnahmen auch (formell oder materiell) diskriminierende Maßnahmen rechtfertigen kann.
303 Vgl. etwa EuGH, Rs. 113/80 (Kommission/Irland), Slg. 1981, 1625, Ziff. 11; EuGH, Rs. 59/82 (Schutzverband), Slg. 1983, 1217, Ziff. 11; EuGH, Rs. C-2/90 (Kommission/Belgien), Slg. 1992, I-4431, Ziff. 33 ff.; wohl auch EuGH, Rs. C-224/97 (Ciola), Slg. 1999, I-2517; nicht ganz klar EuGH, Rs. C-120/95 (Decker), Slg. 1998, I-1831, Ziff. 45 ff.
304 S. aber darüber hinaus auch EuGH, Rs. C-209/98 (Sydhavnens), Slg. 2000, I-3743, Ziff. 48 f., wo es um das schwedische Verbot zur Einfuhr von Trichlorethylen ging und der EuGH hier den Umweltschutz in einem Atemzug mit den in Art. 36 AEUV genannten Rechtfertigungsgründen nennt; EuGH, Rs. C-389/96 (Aher-Waggon), Slg. 1998, I-4473, Ziff. 19, wo eine deutsche Regelung zur Debatte stand, die die Zulassung von Flugzeugen von der Einhaltung bestimmter Lärmgrenzwerte abhängig machte; die Maßnahme diskriminierte eingeführte Flugzeuge gegen über inländischen Flugzeugen, da die vor Inkrafttreten der Regelung in Deutschland zugelassenen Flugzeuge ihre Zulassung behielten, im Gegensatz zu den zuvor in einem anderen Mitgliedstaat zugelassenen Flugzeugen.
305 EuGH, Rs. C-379/98 (Preussen Elektra), Slg. 2001, I-2099, Ziff. 72 ff. S. im Zusammenhang mit dem Urteil Preussen Elektra *Skouris*, FS Rodriguez Iglesias, 497 (503 f.), der aus diesem ableitet, dass bei der Rechtfertigung aus Gründen des Umweltschutzes die ansonsten für die Heranziehung zwingender Erfordernisse zur Anwendung kommende Voraussetzung des nicht diskriminierenden Charakters der Maßnahme vor dem Hintergrund des Art. 11 AEUV nicht (mehr) zur Anwendung komme.

5. Kapitel Grundprinzipien des Umweltrechts in der Europäischen Union

der Regelung ein formell diskriminierender Charakter zu,[306] wird doch ausdrücklich auf die Herkunft des Stroms abgestellt. Der EuGH erachtete eine Rechtfertigung aber unter Hinweis auf die Besonderheiten des Umweltschutzes, die Bedeutung der Nutzung erneuerbarer Energiequellen und den damit auch (zumindest indirekt) angestrebten Schutz der Gesundheit und des Lebens von Menschen, Tieren und Pflanzen für möglich. Die dogmatische Begründung bleibt allerdings relativ unklar; insbesondere geht aus dem Urteil nicht eindeutig hervor, ob der EuGH nunmehr allgemein die zwingenden Erfordernisse auch bei formellen Diskriminierungen heranziehen möchte.[307]

Aber auch schon vor dem erwähnten Urteil *Preussen Elektra* suchte der EuGH – wenn es darauf ankam – gleichwohl sachgerechte Lösungen, ohne allerdings die Grundtendenz der Verneinung der Möglichkeit, die zwingenden Erfordernisse bei formell diskriminierenden Maßnahmen heranzuziehen, (ausdrücklich) aufgegeben zu haben. Ein aussagekräftiges Beispiel ist hier der Fall des wallonischen Einfuhrverbots für Abfälle: Hier stand letztlich eine diskriminierende Regelung zur Debatte, war doch die Einfuhr von aus anderen Regionen stammenden Abfällen verboten. Nach der bis dahin herrschenden Rechtsprechung wäre daher der Rückgriff auf zwingende Erfordernisse und damit Erfordernisse des Umweltschutzes ausgeschlossen gewesen. Der EuGH umging diese Schlussfolgerung durch einen Rückgriff auf das Ursprungsprinzip (Art. 191 Abs. 2 S. 2 AEUV): Dieses bringe es mit sich, dass es grundsätzlich Sache jeder Region sei, für die Beseitigung der Abfälle zu sorgen; daher sei eine Differenzierung zwischen den Abfällen je nach dem Ort ihrer Erzeugung nicht als diskriminierend anzusehen.[308] Dieser Ansatz ist – auch wenn er im Ergebnis zu überzeugen mag – nicht ganz schlüssig, wird der diskriminierende Charakter einer Maßnahme doch vom Vorliegen eines sachlichen Grundes abhängig gemacht, der doch erst im Rahmen der Rechtfertigung einer Maßnahme eine Rolle spielt. Die Ausdehnung des Anwendungsbereichs der zwingenden Erfordernisse auf (formell) diskriminierende Maßnahmen – wovon der EuGH denn auch im Urteil *Preussen Elektra* zumindest für den Bereich des Umweltschutzes ausgeht – wäre daher sachgerechter gewesen.

In unserem Zusammenhang ist dieser Aspekt insofern von Bedeutung, als er darüber entscheidet, ob auch rein umweltpolitisch motivierte, formell diskriminierende Maßnahmen einer Rechtfertigung zugänglich sind oder nicht. Im Ergebnis erscheint denn auch der Ausschluss einer Rechtfertigungsmöglichkeit offener Diskriminierungen durch zwingende Erfordernisse nicht sachgerecht: Dadurch wird nämlich in gewissen Fällen ein ausreichender Schutz der betroffenen Rechtsgüter verhindert, ist es doch gerade nicht von vornherein ausgeschlossen, dass etwa Erwägungen des Umweltschutzes auch offen diskriminierende Maßnahmen zu rechtfertigen vermögen. Etwaigen „Missbräuchen" kann auf der Ebene der Verhältnismäßigkeit begegnet werden.[309] Diese Sicht trüge auch den doch parallel gelagerten Funktionen der durch Art. 36 AEUV und die zwingenden Erfordernisse eröffneten Rechtfertigungsmöglichkeiten sowie ihrer letztlich parallelen Anwendung und Prüfung Rechnung. Insofern sind die neueren Tendenzen in der Rechtsprechung zu begrüßen, wenn auch zu bedauern, dass sich ihr keine eindeutige rechtsdogmatische Linie abzeichnet.

85

Umstritten ist die Frage, ob Art. 36 AEUV oder die zwingenden Erfordernisse auch dann greifen können, wenn es um Situationen geht, die **keine Auswirkungen auf dem Territorium** des agie-

86

---

306 A.A. aber *Faber*, NuR 2002, 140, 142, der von einer materiellen Diskriminierung ausgeht.
307 Im Übrigen ist auch eine gewisse Unstimmigkeit im Verhältnis zu EuGH, Rs. C-213/96 (Outokumpu), Slg. 1998, I-1777, Ziff. 37 f., festzustellen, wo der EuGH festhielt, dass die Schwierigkeit, bei eingeführtem Strom nach der Herkunft zu unterscheiden, lediglich praktischer Natur sei, die die steuerliche Diskriminierung ausländischen Stroms nicht zu rechtfertigen vermöge. Vgl. in diesem Zusammenhang zum Urteil *Preussen Elektra* auch die Bemerkungen bei *Scheuing*, in: Umweltrecht im Wandel, 129 (156 ff.).
308 EuGH, Rs. C-2/90 (Kommission/Belgien), Slg. 1992, I-4431, Ziff. 36. Ausführlich zu diesem Urteil *Epiney*, DVBl. 1993 (5. Kap. E.I.), 93 ff.; *v. Wilmowsky*, EuR 1992 (9. Kap. E.III.), 414 ff.
309 I. Erg. in eine ähnliche Richtung *Middeke*, Nationaler Umweltschutz, 176, m.w.N.; *Weiß*, EuZW 1999, 493 (497); *Koenig/Kühling*, NVwZ 2001, 768 (770); *Notaro*, CMLRev. 1999 (9. Kap. E.III.), 1309 (1318 f.); *Gellermann*, DVBl. 2000, 509 (515 f.); *Frenz*, Handbuch Europarecht, Bd. 1, Rn. 1191 ff.; auf der Grundlage der „EU-Umweltverfassung" mit ausführlicher Begründung auch *Nowak*, VerwArch 2002, 368 ff.; wohl auch *Segnana*, CDE 2002, 131 (151 ff.); *Scheuing*, EuR 2001, 1 (5 f.); s. auch *Heselhaus*, EuZW 2001, 645 ff., insbesondere 648 f., der bei offenen Diskriminierungen für eine besonders strenge Verhältnismäßigkeitsprüfung plädiert. GA *Jacobs*, Schlussanträge zur Rs. C-379/98 (Preussen Elektra), Ziff. 230 ff. weist darauf hin, dass es ein Bedürfnis für die Rechtfertigung diskriminierender Regelungen durch zwingende Erfordernisse gebe. Der Rechtsprechung zustimmend aber etwa *Keßler*, System der Warenverkehrsfreiheit, 37 f.

renden Mitgliedstaates entfalten. Im umweltpolitischen Bereich ist dieser Aspekt etwa beim Artenschutz von Bedeutung, so z.b. in den Fällen, in denen ein Mitgliedstaat durch Einfuhrbeschränkungen eine (auch) in einem anderen Mitgliedstaat lebende bedrohte Art schützen will. Die Rechtsprechung hat diese Frage bislang wohl noch nicht abschließend geklärt,[310] wobei die neuere Rechtsprechung jedoch die Annahme nahelegt, dass auch „extraterritoriale Schutzziele" grundsätzlich verfolgt werden können.[311] In der Literatur werden verschiedene Ansichten vertreten, die von einem grundsätzlichen Ausschluss der Berufung auf Art. 36 AEUV bzw. die zwingenden Erfordernisse bis hin zu einer grundsätzlichen Zulässigkeit im Falle „internationaler Schutzinteressen" gehen.[312] Im Ergebnis sprechen die besseren Gründe dafür, den Schutz von Rechtsgütern außerhalb des Hoheitsgebiets des betreffenden Mitgliedstaates zuzulassen, denn die grundsätzlich bestehende Rechtfertigungsmöglichkeit soll es den Mitgliedstaaten gerade ermöglichen, die betreffenden Rechtsgüter zu schützen, wobei die Reichweite und Intensität des Schutzes grundsätzlich in ihrem Beurteilungsspielraum steht. Diese Erwägungen können aber auch in Bezug auf „extraterritoriale Schutzgüter" geltend gemacht werden. Allerdings dürfen die Staaten ihre Vorstellungen anderen Staaten in deren Kompetenzbereich nicht „aufdrängen", so dass etwa nationale Maßnahmen zum Schutz der öffentlichen Ordnung in einem anderen Mitgliedstaat nicht durch Art. 36 AEUV gerechtfertigt werden können. Daher müssen die Mitgliedstaaten jedenfalls ein „eigenes" Schutzinteresse darlegen, dessen Vorliegen aber aus den genannten Gründen nicht zwingend in Anknüpfung an das Territorium zu bestimmen ist; ausschlaggebend und ausreichend muss vielmehr eine auch rechtlich begründbare eigene Verantwortung für das Schutzgut sein, die sich aufgrund internationaler Wechselwirkungen ergeben kann, so dass es letztlich auf die Kompetenz der Mitgliedstaaten zur Regelung der entsprechenden Belange ankommt. Diese Voraussetzungen werden bei umweltpolitischen Maßnahmen regelmäßig – wenn auch nicht immer[313] – gegeben sein. Denn Anliegen des Umweltschutzes sind häufig grenzüberschreitender Natur, und im Übrigen bestehen mitunter komplexe, häufig noch nicht abschließend eruierte Wechselwirkungen zwischen den verschiedenen Eingriffen, so dass die Staaten auch das Anliegen verfolgen können müssen, zum Schutz der Umwelt Maßnahmen zu ergreifen, die nicht nur den auf ihrem Territorium „angesiedelten" Schutzinteressen dienen.

87 Liegt ein Rechtfertigungsgrund nach Art. 36 AEUV oder ein zwingendes Erfordernis des Allgemeinwohls vor, muss die jeweilige nationale Maßnahme noch dem Grundsatz der **Verhältnismäßigkeit** genügen.[314]

---

310 In EuGH, Rs. C-5/94 (Hedley Lomas), Slg. 1996, I-2553, konnte der EuGH der Frage ausweichen, da seines Erachtens bereits die Anwendbarkeit des Art. 34 AEUV aufgrund der Existenz einer sekundärrechtlichen Regelung ausgeschlossen war. Auch in EuGH, Rs. C-169/89 (Gourmetterie van den Burg), Slg. 1990, I-2143, Ziff. 15, wandte der EuGH letztlich die einschlägige sekundärrechtliche Regelung an. Vgl. aber auch die Formulierung in EuGH, Rs. C-203/96 (Dusseldorp), Slg. 1998, I-4075, die auf eine Anerkennung der Möglichkeit der Berufung auf in anderen Mitgliedstaaten „situierte Rechtsgüter" hindeuten könnte. S. auch EuGH, Rs. C-510/99 (Tridon), Slg. 2001, I-7777, wo die Formulierungen des EuGH im Zusammenhang mit der Artenschutz betreffende Maßnahmen darauf hindeuten, dass der EuGH den Schutz „extraterritorialer Schutzgüter" zulassen will.
311 EuGH, Rs. C-219/07 (Nationale Raad van Dierenkwekers en Liefhebbers/Belgien), Slg. 2008, I-4475: Hier werden in Bezug auf eine von einer nationalen Maßnahme geschützte Art die zu beachtenden Vorgaben allgemein formuliert, ohne dass darauf abgestellt wird, dass die zu schützende Art auch in dem handelnden Mitgliedstaat vorkommen muss. S. auch schon EuGH, Rs. C-510/99 (Tridon), Slg. 2001, I-1777.
312 Vgl. zur Problematik etwa *Kahl*, Umweltprinzip, 192 f.; *Wiers*, Trade and Environment, 128 ff.; *Middeke*, Nationaler Umweltschutz, 167 f.; *Jans/Vedder*, European Environmental Law, 290 ff.; *Jans/von der Heide*, Europäisches Umweltrecht, 308 ff.; *Weiher*, Nationaler Umweltschutz, 99 ff.; *Müller-Graff*, EUDUR I, § 10, Rn. 75; *Krämer*, EC Environmental Law, 117 ff.; ausführlich *Zeitler*, Einseitige Handelsbeschränkungen zum Schutz extraterritorialer Rechtsgüter, 101 ff.
313 Denn die Bestimmung des Schutzniveaus in dem jeweiligen (Mitglied-) Staat liegt grundsätzlich in seiner Kompetenz, so dass eine nationale Maßnahme nicht dazu führen darf, dass ein Mitgliedstaat einem anderen „sein" Schutzniveau „aufdrängt", hierauf hinweisend *Krämer*, Droit de l'environnement de l'UE, 87 f.
314 Ausführlich hierzu *Epiney/Möllers*, Freier Warenverkehr und nationaler Umweltschutz, 67 ff.; in der Konzeption sehr ähnlich *Middeke*, Nationaler Umweltschutz, 183 ff.

5. Kapitel Grundprinzipien des Umweltrechts in der Europäischen Union

Darüber hinaus[315] muss die nationale Maßnahme tatsächlich Ziele des Umweltschutzes verfolgen,[316] wobei das **Ausmaß des Schutzes** bzw. **das Schutzniveau** aber im Beurteilungsspielraum der Mitgliedstaaten steht bzw. durch diese zu bestimmen ist,[317] so dass es insbesondere unerheblich ist, dass andere Mitgliedstaaten weniger strenge Vorschriften kennen. Zudem muss – soll der Umweltschutz als zwingendes Erfordernis greifen – eine **umweltpolitische Gefahrenlage** vorliegen.[318] Nicht erforderlich hingegen ist die Frage, ob das Schutzniveau als „vernünftig" angesehen wird, könnte ein solches Erfordernis doch die Zuständigkeit der Mitgliedstaaten zur Festlegung des Schutzniveaus unterlaufen.[319] „Missbräuchen" kann auf der Ebene der Verhältnismäßigkeitsprüfung begegnet werden.

Die Verfolgung umweltpolitischer Ziele war etwa im Fall der deutschen *Schwerverkehrsabgabe*[320] deshalb problematisch, weil die Abgabe im Ergebnis nur von ausländischen Transporteuren erhoben wurde, so dass die von der Bundesrepublik geltend gemachte umweltpolitische Motivation nicht sehr überzeugend war.[321]

Für die Prüfung der Verhältnismäßigkeit sind nach der Rechtsprechung des EuGH[322] drei Kriterien entscheidend:

88

- Die ergriffene nationale Maßnahme muss **geeignet** sein, um das angestrebte Ziel zu verfolgen, wobei bereits ein Beitrag zur Zielverwirklichung ausreicht.[323]

Der EuGH verneinte z.B. die Geeignetheit der bundesdeutschen Schwerverkehrsabgabe zur Verfolgung des umweltpolitischen Ziels vor dem Hintergrund, dass die inländischen Unternehmen durch die Steuersenkung begünstigt wurden, so dass nicht von einer Verlagerung des Straßenverkehrs auf die Schiene ausgegangen werden könne.[324]

Wie erwähnt, ändert der Umstand, dass die Maßnahme allein das Ziel nicht vollumfänglich erreichen kann, nichts an ihrer Geeignetheit. So wurde z.B. ein Fahrverbot auf einer Teilstrecke der Brenner-Au-

---

315 Wobei diese Erfordernisse auch als Teile der Verhältnismäßigkeitsprüfung angesehen werden können.
316 Im Übrigen ist die Verfolgung wirtschaftlicher Ziele ausgeschlossen, vgl. nur EuGH, Rs. C-203/96 (Dusseldorp), Slg. 1998, I-4075, Ziff. 44. S. auch schon oben im Text.
317 Hierzu *Epiney/Möllers*, Freier Warenverkehr, 70 ff.; a.A. aber *Middeke*, Nationaler Umweltschutz, 186 f., der jedoch zwischen der Nachprüfbarkeit des EU-Begriffs des Umweltschutzes und der konkreten Zielbestimmung nicht genügend differenziert. Auch die Rechtsprechung geht im Ergebnis davon aus, dass es den Mitgliedstaaten obliegt, das Schutzniveau festzulegen, vgl. etwa EuGH, Rs. C-293/94 (Brandsma), Slg. 1996, I-3159, Ziff. 11; EuGH, Rs. C-389/96 (Aher Waggon), Slg. 1998, I-4473, Ziff. 19; EuGH, Rs. C-434/04 (Ahokainen und Leppik), Slg. 2006, I-9171 (in Bezug auf das Erfordernis einer Einfuhrgenehmigung für nicht denaturierten Äthylalkohol im Hinblick auf den Gesundheitsschutz); EuGH, Rs. C-333/08 (Kommission/Frankreich), Slg. 2010, I-757, Rn. 85 (ebenfalls in Bezug auf den Gesundheitsschutz); EuGH, Rs. C-219/07 (Nationale Raad van Dierenkwekers en Liefhebbers/Belgien), Slg. 2008, I-4475, wo der Gerichtshof in Bezug auf eine artenschutzrechtliche Maßnahme festhält, es sei nicht von Belang, dass andere Mitgliedstaaten weniger strenge Vorschriften kennen, denn der Umstand allein, dass ein Mitgliedstaat andere Schutzregelungen als ein anderer Mitgliedstaat vorsieht, sei für die Beurteilung der Verhältnismäßigkeit der einschlägigen Bestimmung ohne Belang. Zur Problematik auch *Krämer*, EC Environmental Law, 106 ff.
318 Hierzu *Middeke*, Nationaler Umweltschutz, 189 f.; *Epiney/Möllers*, Freier Warenverkehr, 74 ff.
319 I. Erg. ebenso, m.w.N. und ausführlicher Begründung, *Krämer*, EC Environmental Law, 106 ff.
320 EuGH, Rs. C-195/90 (Kommission/Deutschland), Slg. 1992, I-3141.
321 Ebenso *Middeke*, Nationaler Umweltschutz, 187 f.; darüber hinaus ist in einem derartigen Fall auch die Geeignetheit fraglich, vgl. *Epiney/Möllers*, Freier Warenverkehr, 82, und sogleich im Text.
322 Vgl. etwa EuGH, Rs. 153/78 (Kommission/Deutschland), Slg. 1979, 2555, Ziff. 8 ff.; EuGH, Rs. 251/78 (Denkavit), Slg. 1979, 3369, Ziff. 21 ff.; EuGH, Rs. 274/89 (Kommission/Deutschland), Slg. 1989, 229, Ziff. 6; EuGH, Rs. C-368/95 (Familiapress), Slg. 1997, I-3689, Ziff. 19 ff.; EuGH, Rs. C-67/97 (Bluhme), Slg. 1998, I-8033, Ziff. 33 ff.; EuGH, Rs. 302/86 (Kommission/Dänemark), Slg. 1988, 4607, Ziff. 11 ff.; EuGH, Rs. C-320/03 (Kommission, Deutschland u.a./Österreich), Slg. 2005, I-9871. Aus der Literatur zum Grundsatz der Verhältnismäßigkeit im Unionsrecht allgemein *Emmerich-Fritsche*, Grundsatz der Verhältnismäßigkeit, *passim*; *Trstenjak/Beyen*, EuR 2012, 265 ff. Spezifisch im Zusammenhang mit umweltpolitischen Maßnahmen von *Borries*, EUDUR I, § 25, Rn. 71 ff.; *Thieffry*, Droit de l'environnement de l'UE, 153 ff.; *Jans/Vedder*, European Environmental Law, 17 ff.; *Eisenbart*, Kompetenzausübung und Subsidiaritätskontrolle, 97 ff.; *Krämer*, EC Environmental Law, 110 ff., insbesondere letzterer mit zahlreichen Beispielen aus der Praxis der Mitgliedstaaten.
323 Hierzu instruktiv *van Gerven*, Schlussanträge zur Rs. C-169/89 (Gourmetterie van den Burg), Slg. 1990, I-2143, Ziff. 9.
324 EuGH, Rs. C-195/90 (Kommission/Deutschland), Slg. 1992, I-3141, Ziff. 31.

tobahn für LkW, die bestimmte Güter befördern (das unter den Tatbestand des Art. 34 AEUV falle)[325], als geeignet zur Verfolgung von gesundheits- und umweltpolitischen Zielen angesehen: Es sei nachvollziehbar und damit nicht inkohärent (das Erfordernis der Kohärenz einer Maßnahme wird vom EuGH regelmäßig im Zusammenhang mit ihrer Geeignetheit geprüft), dass der Transport der in der Verordnung näher bezeichneten Güter verboten werde, da sich diese Güter durch eine gewisse „Bahnaffinität" auszeichneten, sich m.a.W. für eine Verlagerung des Transports auf die Bahn eigneten. Ebensowenig führe der Ausschluss des lokalen und regionalen Verkehrs von dem Verbot zu einer Inkohärenz der Maßnahme, da die angestrebte Verlagerung des Transports auf die Schiene nur bei längeren Transporten Sinn mache; auch liege die fragliche Zone teilweise außerhalb des österreichischen Hoheitsgebiets.[326]

Vor dem Hintergrund des Vorsorgeprinzips[327] ist die Geeignetheit einer Maßnahme grundsätzlich auch dann zu bejahen, wenn der Ursache-Wirkung-Zusammenhang sowie die (Schutz-) Wirkung der ergriffenen Maßnahme (noch) nicht eindeutig wissenschaftlich belegt ist.[328]

In Bezug auf die Vereinbarkeit eines dänischen Verbots, mit bestimmten Vitaminen und Mineralstoffen angereicherte Lebensmittel in den Verkehr zu bringen, mit Art. 34 AEUV hielt der EuGH fest, dass es bei wissenschaftlichen Unsicherheiten in Bezug auf die mögliche schädliche Wirkung von Zusatzstoffen in Lebensmitteln den Mitgliedstaaten obliege zu entscheiden, in welchem Umfang sie den Schutz der Gesundheit der Bevölkerung gewährleisten wollen. Allerdings müsse die Existenz einer Gesundheitsgefahr durch eine eingehende Prüfung des entsprechenden Risikos gestützt werden können; ein Vermarktungsverbot könne nur erlassen werden, wenn die geltend gemachte Gefahr für die öffentliche Gesundheit auf der Grundlage der verfügbaren wissenschaftlichen Informationen als hinreichend nachgewiesen anzusehen ist. Dabei seien der Wahrscheinlichkeitsgrad der schädlichen Auswirkungen sowie die potentielle Schwere zu berücksichtigen.[329]

---

325 Denn der fragliche Autobahnabschnitt betreffe eine der wichtigsten Nord-Südverbindungen zwischen Deutschland und Italien, so dass das Verbot die Wirtschaftsteilnehmer zwinge, nach wirtschaftlich vertretbaren Ersatzlösungen für den Transport der fraglichen Güter zu suchen und somit geeignet sei, den Warenverkehr zwischen dem nördlichen Europa und Italien erheblich zu beeinträchtigen.
326 EuGH, Rs. C-28/09 (Kommission/Österreich), Urt. v. 21.12.2011. Jedoch habe Österreich nicht hinreichend dargetan, warum andere, den Warenverkehr weniger beschränkende Maßnahmen – wie insbesondere die Generalisierung einer Geschwindigkeitsbeschränkung und ein Fahrverbot für LKWs, die bestimmte Emissionswerte überschreiten – das angestrebte Ziel nicht ebenso hätten erreichen können, so dass die Maßnahme nicht erforderlich sei. Zum Urteil des EuGH etwa *Gänser*, RDUE 2012, 275 ff.; *Obwexer*, in: Rechtsfragen des grenzüberschreitenden Verkehrs, 80 ff.; *Ranacher*, in: Rechtsfragen des grenzüberschreitenden Verkehrs, 100 ff.; *Ehlotzky*, RdU-U&T 2012, 2 ff. S. in diesem Zusammenhang auch EuGH, Rs. C-219/07 (Nationale Raad van Dierenkwekers en Liefhebbers/Belgien), Slg. 2008, I-4475, wo der Gerichtshof betont, eine Liste von Arten, deren Einfuhr aus Gründen des Artenschutzes verboten ist, müsse aufgrund objektiver und nicht diskriminierender Kriterien aufgestellt werden.
327 S.o. 5. Kap. Rn. 14 ff.
328 Vgl. EuGH, Rs. C-473/98 (Toolex Alpha), Slg. 2000, I-5681, Ziff. 41 ff.; in Bezug auf den Gesundheitsschutz auch EuGH, Rs. C-333/08 (Kommission/Frankreich), Slg. 2010, I-757: Dieses Urteil verdeutlicht einmal mehr, dass Vorsorgemaßnahmen zwar auch dann mit den vertraglichen Vorgaben in Einklang stehen können, wenn in Bezug auf die Gesundheitsgefährdung und ihre genauen Ursachen erhebliche wissenschaftliche und praktische Unsicherheiten bestehen, was jedoch nichts daran ändert, dass – ggf. lediglich auf der Grundlage einer bestimmten Gefährdungslage – den Anforderungen der Verhältnismäßigkeit Rechnung zu tragen ist, was insbesondere pauschale und undifferenzierte Verbote, die auch ungefährliche Stoffe erfassen, ausschließt, dies offenbar auch dann, wenn derartige Differenzierungen in der konkreten Rechtsanwendung zu gewissen Problemen führen könnten. Diese Aussagen des Gerichtshofs dürften auch für umweltpolitische Maßnahmen von Bedeutung sein. S. sodann EuGH, Rs. C-219/07 (Nationale Raad van Dierenkwekers en Liefhebbers/Belgien), Slg. 2008, I-4475, wo der Gerichtshof betont, ein Einfuhrverbot für bedrohte Arten entspreche nur dann dem Grundsatz der Verhältnismäßigkeit, wenn die Haltung von Exemplaren der betreffenden Arten tatsächlich ein Risiko für die Wahrung bzw. Beachtung der geschützten Rechtsgüter (Tierschutz, Umweltschutz) darstelle. Hierfür sei eine eingehende Bewertung anhand der zuverlässigsten und neuesten verfügbaren wissenschaftlichen Daten und Forschung notwendig. Im Falle von Unsicherheiten in Bezug auf die Risiken rechtfertige das Vorsorgeprinzip aber den Erlass beschränkender Maßnahmen.
329 EuGH, Rs. C-192/01 (Kommission/Dänemark) Slg. 2003, I-9693. S. auch EuGH, Rs. C-434/97 (Kommission/Frankreich), Slg. 2000, I-1129, wo der EuGH betont, dass die Mitgliedstaaten das anzulegende Schutzniveau im Be-

5. Kapitel Grundprinzipien des Umweltrechts in der Europäischen Union

- Die **Erforderlichkeit** einer Maßnahme liegt unter der Voraussetzung vor, dass es kein – im Hinblick auf die Beeinträchtigung des freien Warenverkehrs – milderes Mittel gibt, um das angestrebte Ziel zu erreichen. Den Mitgliedstaaten wird man hier einen gewissen Beurteilungsspielraum zugestehen müssen, ist doch die Erforderlichkeit auch von einer Einschätzung der Situation abhängig. Das Unionsrecht soll und kann den Mitgliedstaaten aber nicht eine bestimmte rechtspolitische Option vorschreiben.[330]

  Im dänischen Pfandflaschenfall[331] verneinte der Gerichtshof die Erforderlichkeit der Begrenzung auf 30 Mehrwegflaschen, um eine Rücklaufquote von annähernd 100% sicherzustellen. Nicht das Verbot der Einfuhr überzähliger Flaschentypen sei hier das mildeste Mittel gewesen, sondern eine Pflicht der Verwender der Verpackungen, die Rücknahme sicherzustellen.[332]

  Auch die deutsche Regelung, wonach die Einfuhr lebender Süßwasserkrebse aus anderen Mitgliedstaaten zu kommerziellen Zwecken, insbesondere zum Aussetzen der Tiere in privaten Gewässern oder zum Verzehr, im Hinblick auf einen effektiven Schutz einheimischer Arten von Krebsen gegen Krankheiten grundsätzlich verboten war, hielt dem Gebot der Erforderlichkeit nicht stand, da etwa Gesundheitskontrollen weniger einschneidende Maßnahmen dargestellt hätten.[333]

  Jedenfalls folgt aus dem Erfordernis der Erforderlichkeit, dass bereits zugelassene gefährliche Stoffe im Bestimmungsland nicht nochmals ähnlichen Kontrollen mit paralleler Zielsetzung wie im Herkunftsland unterworfen werden dürfen.[334]

  Weiter leitet der EuGH aus dem Grundsatz der Verhältnismäßigkeit ab, dass grundsätzlich Alternativen zur getroffenen Maßnahme in Erwägung zu ziehen und zu prüfen sind;[335] andernfalls wird die Erforderlichkeit verneint. Insofern beinhaltet der Verhältnismäßigkeitsgrundsatz auch eine gewisse verfahrensrechtliche Komponente.

  Im Übrigen weist der EuGH häufig darauf hin, dass bei Zweifeln hinsichtlich der Wirksamkeit der Maßnahmen darauf abzustellen sei, dass (keine) Anhaltspunkte ersichtlich sein dürften, wonach die nationale Regelung über das hinausgeht, was zur Erreichung des Zweckes erforderlich ist.[336]

- **Angemessen** ist die nationale Maßnahme, wenn sie nicht außer Verhältnis zu dem verfolgten Zweck steht. In unserem Zusammenhang ist dabei die durch die Maßnahme verursachte Beeinträchtigung des freien Warenverkehrs mit den umweltpolitischen Gewinnen in Beziehung zu setzen und abzuwägen.[337]

  Der EuGH gesteht den Mitgliedstaaten hier einen **weiten Beurteilungsspielraum** zu; soweit ersichtlich wurde noch keine umweltpolitische oder gesundheitspolitische mitgliedstaatliche Maßnahmen wegen fehlender Angemessenheit als für mit den vertraglichen Anforderungen unvereinbar erklärt.[338] Auch an-

---

reich des Gesundheitsschutzes bestimmen können. S. auch die Fortführung der Rechtsprechung in EuGH, Rs. C-95/01 (Greenham), Slg. 2004, I-1333; EuGH, Rs. C-41/02 (Kommission/Niederlande), Slg. 2004, I-11375. S. aber auch EuGH, Rs. C-150/00 (Kommission/Österreich), Slg. 2004, I-2887 (Unvereinbarkeit der allgemeinen Einstufung von mit bestimmten Vitaminen angereicherten Lebensmitteln als Arzneimittel mit Art. 34 AEUV).

330 Zur Frage des mitgliedstaatlichen Gestaltungsspielraums Bieber/Epiney/Haag-*Epiney*, EU, § 11, Rn. 63 ff.
331 EuGH, Rs. 302/86 (Kommission/Dänemark), Slg. 1988, 4607, Ziff. 20 (*Dänische Pfandflaschen*).
332 Hierzu etwa *Riechenberg*, International Trade Law Journal 1995, 50 (54).
333 EuGH, Rs. C-131/93 (Kommission/Deutschland), Slg. 1994, I-3303.
334 EuGH, Rs. C-400/96 (Harpegnies), Slg. 1998, I-5121, Ziff. 36. In diesem Urteil fasst der Gerichtshof auch seine Rechtsprechung in Bezug auf die Zulässigkeit nationaler Zulassungsregelungen zusammen. S. zu diesem Problemkreis auch EuGH, Rs. C-254/05 (Kommission/Belgien), Slg. 2007, I-4269.
335 EuGH, Rs. C-320/03 (Kommission/Österreich), Slg. 2005, I-9871, Rn. 86 ff., in Bezug auf ein Fahrverbot auf einer überaus wichtigen Verkehrsverbindung im Hinblick auf die Reduktion von Schadstoffemissionen im fraglichen Gebiet.
336 S. etwa EuGH, Rs. C-473/98 (Toolex Alpha), Slg. 2000, I-5671, Ziff. 40 ff.; EuGH, Rs. C-394/97 (Heinonen), Slg. 1999, I-3599, Ziff. 36 ff.
337 Vgl. in diesem Zusammenhang etwa die Bemerkungen von GA *Slynn* in der Rs. 302/86 (Kommission/Dänemark), Slg. 1988, 4607; s. auch GA *van Gerven* in der Rs. C-169/89 (Gourmetterie van den Burg), Slg. 1990, I-2143, Ziff. 8; aus der Rechtsprechung etwa EuGH, Rs. C-350/97 (Monsees), Slg. 1999, I-2921; EuGH, Rs. C-315/92 (Clinique), Slg. 1994, I-317, Ziff. 16.
338 Vgl. aber zu den eine Rolle spielenden Abwägungskriterien *Epiney/Möllers*, Freier Warenverkehr, 90 ff.

sonsten spielt der Grundsatz der Angemessenheit eine vernachlässigbare Rolle in der Rechtsprechung des EuGH.[339] Der Angemessenheit zuzuordnen sind aber auch Erwägungen zum Schutz von Wirtschaftsteilnehmern, die von umweltpolitischen Maßnahmen betroffen sind, die der Gerichtshof strenger prüft. So erachtete er das deutsche Flaschen- bzw. Dosenpfandsystem zwar grundsätzlich als aus Gründen des Umweltschutzes gerechtfertigt, schloss aber gleichwohl auf die Unvereinbarkeit der konkreten Maßnahme, da den Betroffenen keine ausreichenden Übergangsfristen eingeräumt worden seien.[340] Auffallend in der Rechtsprechung des EuGH ist allerdings, dass dieser manchmal auf eine eigentliche Verhältnismäßigkeitsprüfung verzichtet, ohne dass hierfür einsichtige Gründe vorlägen.[341] Auch fällt der den Mitgliedstaaten gerade bei der Prüfung der Erforderlichkeit eingeräumte Beurteilungsspielraum sehr unterschiedlich[342] und mitunter – jedenfalls in Bezug auf umweltpolitische Problemstellungen – sehr bzw. zu eng aus.[343]

89 Die **Beweislast** für das Vorliegen von Rechtfertigungsgründen sowie der Voraussetzungen des Verhältnismäßigkeitsprinzips liegt bei den Mitgliedstaaten.[344]

3. Harmonisierter Bereich

90 Während in den vorstehenden Ausführungen den mitgliedstaatlichen Handlungsspielräumen im Falle des Fehlens einschlägiger (abschließender) sekundärrechtlicher Bestimmungen (nicht harmonisierter Bereich) nachgegangen wurde, geht es im Folgenden darum, welche Gestaltungsspielräume den Mitgliedstaaten in den Fällen offen stehen, in denen sekundärrechtliche Vorgaben die betreffende Frage bereits regeln (harmonisierter Bereich). Ein mitgliedstaatlicher „Alleingang" ist in diesen Fällen einerseits vor dem Hintergrund im Ansatz problematisch, dass jede Harmonisierung auf Unionsebene bzw. jede Unionsmaßnahme grundsätzlich die Festschreibung eines einheitlichen Schutzniveaus bezweckt, dies häufig zur Verwirklichung des Binnenmarktes. Daher kommt hier grundsätzlich die **„Sperrwirkung" des sekundären Rechts** zum Zuge mit der Folge, dass allein der sekundärrechtlich definierte Schutzstandard maßgeblich ist und insofern ein nationaler Handlungsspielraum gerade nicht mehr besteht.[345] Andererseits können die Mitgliedstaaten aber auch in diesem Fall ein Interesse an der Einführung oder Aufrechterhaltung abweichender Schutzstandards haben. Vor dem Hintergrund dieses Spannungsverhältnisses sind

---

339 Teilweise wird denn auch dafür plädiert, ganz auf die Prüfung der Angemessenheit zu verzichten, vgl. etwa *Jans/von der Heide*, Europäisches Umweltrecht, 306 f.; *Jans/Vedder*, European Environmental Law, 285 ff.; ähnlich wohl *Wiers*, Trade and Environment, 116; *Temmink*, YEEL 2000, 61 (93 f.); für eine Angemessenheitsprüfung etwa *Müller-Graff*, EUDUR II, § 10, Rn. 78.
340 EuGH, Rs. C-463/01 (Kommission/Deutschland), Slg. 2004, I-11705; EuGH, Rs. C-309/02 (Radlberger), Slg. 2004, I-11763. Zu diesen Urteilen z.B. *Karpenstein/Jacobj*, AbfallR 2005, 194 ff.; *van Calster/Vandenberghe*, RECIEL 2005, 73 ff.; *Trüe*, JEEPL 2005, 142 ff.; *Weidemann*, AbfallR 2005, 11 ff.
341 Besonders auffallend war dies in dem Urteil betreffend das deutsche Stromeinspeisungsgesetz, vgl. EuGH, Rs. C-379/98 (Preussen Elektra), Slg. 2001, I-2099, wobei gerade hier die Verhältnismäßigkeitsprüfung aufgrund des diskriminierenden Charakters der Regelung besonders interessant gewesen wäre. Kritisch zu diesem Aspekt des Urteils auch etwa *Segnana*, CDE 2002, 131 (154 f.); s. auch *Koenig/Kühling*, NVwZ 2001, 768 (770), die annehmen, der EuGH wolle die Klärung dieser Frage einem politischen Prozess überlassen; s. aber auch *Heselhaus*, EuZW 2001, 645 (649 f.), der offenbar davon ausgeht, der EuGH habe Aspekte der Verhältnismäßigkeit geprüft; die Hinweise des EuGH erschöpfen sich aber in der Erwägung, der Ursprung von Strom könne technisch nach der Einspeisung in das Verteilernetz nur sehr schwer bzw. gar nicht bestimmt werden. S. auch *Faber*, NuR 2002, 140 (142 f.), der die Verhältnismäßigkeit im Ergebnis bejaht. Zur Problematik insgesamt (vor Erlass des Urteils des EuGH) instruktiv *Gellermann*, DVBl. 2000, 509 ff., insbesondere 517 f. zur Verhältnismäßigkeit. S. auch *Niedersberg*, NVwZ 2001, 21 ff.
342 Hierzu m.w.N. *Bieber/Epiney/Haag-Epiney*, EU, § 11, Rn. 63 ff.
343 Hierzu die Beispiele oben im Text.
344 Vgl. nur EuGH, Rs. C-28/09 (Kommission/Österreich), Urt. v. 21.12.2011.
345 Vgl. *Furrer*, Sperrwirkung des sekundären Gemeinschaftsrechts, 90 ff. Unter welchen Voraussetzungen ein Gebiet (erschöpfend) durch das Unionsrecht geregelt ist, ist eine sehr komplexe Frage, vgl. hierzu grundlegend *Furrer*, ebd.; *Schlösser*, Sperrwirkung sekundären Gemeinschaftsrechts; unter spezifischer Bezugnahme auf umweltrechtliche Fallgestaltungen auch *Jans/von der Heide*, Europäisches Umweltrecht, 119 ff. S. auch schon oben 5. Kap. Rn. 65 ff.

denn auch die mitgliedstaatlichen Handlungskompetenzen im harmonisierten Bereich zu sehen, die sich angesichts der Sperrwirkung des Unionsrechts nur aus entsprechenden „Ermächtigungen" im Primärrecht ergeben können.[346]

Die Bedeutung „nationaler Alleingänge" im harmonisierten Bereich erschließt sich auch vor dem Hintergrund, dass die verschiedenen Mitgliedstaaten unterschiedliche Umweltstandards kennen und zudem auch die sonstige, insbesondere wirtschaftliche und politische Situation in den Mitgliedstaaten differiert, so dass diese ggf. jeweils sehr unterschiedliche Interessen in Bezug auf Inhalt und Reichweite umweltrechtlicher Regelungen haben können. Daher weisen die letztlich gefundenen und in sekundärrechtlichen Regelungen formulierten Lösungen häufig einen mehr oder weniger weitgehenden Kompromisscharakter auf, und es wird insbesondere regelmäßig mitgliedstaatliche Regelungen oder Ansätze geben, die einen weitergehenden Schutz vorsehen. Diese Situation hat sich mit den sukzessiven Erweiterungen eher noch verstärkt.[347]

Vor diesem Hintergrund könnte auch der „kollektive nationale Alleingang" im Rahmen der **verstärkten Zusammenarbeit nach Art. 20 EUV, Art. 326 AEUV** – auf die in diesem Rahmen jedoch nicht eigens eingegangen werden kann[348] – in Zukunft eine gewisse Rolle spielen.

Das Primärrecht sieht nur Möglichkeiten zur **Überschreitung des unionsrechtlich vorgesehenen Standards** vor; eine Unterschreitung dieses Standards ist daher nur im Falle der entsprechenden Ausgestaltung des Sekundärrechts möglich, so dass diesfalls erst gar keine abschließende unionsrechtliche Regelung vorliegt.[349] Im Einzelnen sehen einerseits Art. 114 Abs. 4-6 AEUV (b), andererseits Art. 193 AEUV (c) eine solche nationale Alleingangsmöglichkeit im Sinne einer Überschreitung des unionsrechtlichen Standards vor.[350] In Bezug auf beide Varianten sind eine Reihe gemeinsamer Grundsätze bzw. Fragen relevant (a).

Grundsätzlich ist darauf hinzuweisen, dass die Mitgliedstaaten von der Möglichkeit nationaler Alleingänge insgesamt eher zurückhaltend Gebrauch machen, was wohl in erster Linie darauf zurückzuführen sein dürfte, dass hiermit einhergehende wirtschaftliche Nachteile befürchtet werden, ganz abgesehen davon, dass solche nationalen Alleingänge zumindest in zahlreichen Mitgliedstaaten auch politisch nur schwer durchsetzbar sein dürften.[351]

a) Grundsätze

aa) Anwendungsbereich

Sowohl Art. 114 Abs. 4-6 AEUV als auch Art. 193 AEUV können lediglich in Bezug auf Rechtsakte, die auf **Art. 114 Abs. 1 bzw. Art. 192 AEUV** (oder die Vorgängernormen) gestützt wurden, herangezogen werden.[352]

Sinn und Zweck dieser Vorschriften, den Mitgliedstaaten in bestimmten Bereichen weitergehende Schutzmaßnahmen zu erlauben, legen es aber nahe, diese Möglichkeit auch bei solchen Rechtsakten zu eröffnen, die vor Inkrafttreten der EEA erlassen wurden, also gar nicht auf die noch nicht existierenden Art. 114 Abs. 1, Art. 192 AEUV gestützt werden konnten, sofern sie heute auf der Grundlage dieser Vorschrift hätten

---

346 Vgl. ausführlich zur Problematik m.w.N. *Middeke*, EUDUR I, § 32; *Richter*, Nationale Alleingänge, *passim*.
347 Zur Übernahme des unionsrechtlichen Besitzstands im Umweltbereich durch die Beitrittsstaaten und den damit verbundenen Schwierigkeiten etwa *Schladebach*, EuR 2000, 999 ff.
348 Zur möglichen Relevanz dieser Bestimmung für die Umweltpolitik *Epiney*, in: Environmental Policy in a European Union of Variable Geometry, 39 (52 ff.); *Calliess*, EurUP 2007, 54 ff.; s. auch *Müller-Brandeck-Bocquet*, integration 1997, 292 ff.; spezifisch zu den diesbezüglichen Neuerungen des Vertrages von Nizza *von Buttlar*, ZEuS 2001, 649 ff.; s. auch *Shaw*, CMLRev. 2003, 279 ff.
349 Hierzu bereits oben 5. Kap. Rn. 65 ff.
350 Ergänzend sei in diesem Zusammenhang auf die Art. 193 AEUV ähnelnden Bestimmungen der Art. 153 Abs. 4 AEUV (Sozialpolitik) und Art. 169 Abs. 4 AEUV (Verbraucherschutz) hingewiesen.
351 Vgl. hierzu etwa *Krämer*, Droit de l'environnement de l'UE, 95; *Jans/Vedder*, European Environmental Law, 113; *Jans et al.*, JEEPL 2009, 417 ff.
352 Vgl. nur *Meßerschmidt*, Europäisches Umweltrecht, § 2, Rn. 307; Calliess/Ruffert-*Calliess*, EUV/AEUV, Art. 193, Rn. 6; *Middeke*, Nationaler Umweltschutz, 336 f. Aus der Rechtsprechung EuGH, Rs. C-154/00 (Kommission/Griechenland), Slg. 2002, I-3879, Ziff. 10.

erlassen werden müssen.³⁵³ Nur auf diese Weise können auch Inkohärenzen vermieden werden, die dadurch entstünden, dass die ursprüngliche Vorschrift auf Art. 100 EWGV gestützt worden war, und Änderungen auf der Grundlage von Art. 114 Abs. 1 AEUV (bzw. die Vorgängernorm) oder Art. 192 Abs. 1 AEUV ergingen. Folgte man nämlich der hier vertretenen Ansicht nicht, wäre für die Änderungen die Alleingangsmöglichkeit grundsätzlich eröffnet, für den ursprünglichen Rechtsakt jedoch nicht. Da inzwischen zahlreiche Sekundärrechtsakte in konsolidierter Form neu erlassen wurden und die EEA 1987 in Kraft trat, ist diese Frage jedoch heute nicht mehr von großer Bedeutung.

Erfolgte die Mitteilung eines Mitgliedstaates, nationale Vorschriften einführen zu wollen, vor Inkrafttreten des Amsterdamer Vertrages (was in Bezug auf Art. 114 Abs. 4-6 AEUV, die in ihrer heutigen Fassung auf dem Vertrag von Amsterdam beruhen, von Bedeutung ist), während die Entscheidung der Kommission aber danach erging, ist die neue Rechtslage maßgeblich, lässt der Vertrag doch keine Ausnahmen von der sofortigen Anwendung dieser Bestimmungen nach ihrem Inkrafttreten erkennen.³⁵⁴

94 Eine Art analoge Anwendung der in Art. 114 Abs. 4-6, Art. 193 AEUV vorgesehenen Alleingangsmöglichkeiten auf im Rahmen **anderer Politiken** (etwa die Agrar- oder Verkehrspolitik) erlassene Maßnahmen ist damit ausgeschlossen, so dass bei auf andere Rechtsgrundlagen gestützten Sekundärrechtsakten die „Sperrwirkung" des Unionsrechts³⁵⁵ vollumfänglich zum Zuge kommt.³⁵⁶

95 Offen und durch die Rechtsprechung noch nicht problematisiert (geschweige denn geklärt) ist die Frage, ob Art. 114 Abs. 4-6, Art. 193 AEUV auch im Falle einer **Doppelabstützung** auf Art. 114 Abs. 1 bzw. 192 AEUV und eine weitere Vertragsnorm herangezogen werden können, eine Frage, die im Zuge der Rechtsprechung des EuGH zu „Doppelabstützungen"³⁵⁷ – die zwar die Ausnahme darstellen sollen, gleichwohl aber unter bestimmten Voraussetzungen für zulässig erachtet werden – durchaus von Bedeutung sein kann. Im Ergebnis erscheint es hier grundsätzlich sachgerecht, den Rückgriff auf Art. 114 Abs. 4-6 bzw. Art. 193 AEUV in Bezug auf den gesamten Rechtsakt zuzulassen: Denn eine Doppelabstützung kommt ja gerade dann in Betracht, wenn ein Rechtsakt „gleichwertig" und „untrennbar" zwei oder mehr Zielsetzungen verfolgt, so dass es in der Regel nicht möglich sein wird, seine Bestimmungen in der Form „aufzuteilen", dass diejenigen Artikel, die auf Art. 114 Abs. 1 bzw. Art. 192 AEUV hätten gestützt werden müssen, von denjenigen, für die eine andere Rechtsgrundlage einschlägig wäre, unterschieden werden; eine Ausnahme hiervon kommt allenfalls dann in Betracht, wenn – was gelegentlich vorkommt – ein Rechtsakt für jede einzelne Bestimmung klarstellt, auf welche Rechtsgrundlage sie gestützt ist.³⁵⁸ Im Übrigen trägt dieser Ansatz auch dem Anliegen der Rechtssicherheit und -klarheit Rechnung, wird es doch häufig sehr schwierig sein, diejenigen Bestimmungen, die auf Art. 114 Abs. 1 bzw. Art. 192 AEUV beruhen, von denjenigen, für die andere Rechtsgrundlagen heranzuziehen sind, zu unterscheiden.³⁵⁹

---

353 Vgl. *Middeke*, Nationaler Umweltschutz, 254 f.; *Schröer*, Kompetenzverteilung, 228; *Palme*, Nationale Umweltpolitik, 96 f.; Streinz-*Leible/Schröder*, EUV/AEUV, Art. 114, Rn. 85; *Meßerschmidt*, Europäisches Umweltrecht, § 2, Rn. 305.
354 Vgl. EuGH, Rs. C-512/99 (Deutschland/Kommission), Slg. 2003, I-845, Ziff. 43 ff. Der EuGH hielt weiter fest, dass die Entscheidung der Kommission auch rechtmäßig gewesen sei, da Deutschland der Kommission nicht die Gründe für den Neuerlass nationaler Vorschriften mitgeteilt habe; die Bundesrepublik habe aber von diesem Erfordernis (das sich aus der neuen Rechtslage ergibt) Kenntnis haben müssen.
355 Vgl. oben 5. Kap. Rn. 90.
356 S. aber im Zusammenhang mit Art. 114 Abs. 4-6 AEUV das Plädoyer für eine „allgemeine Supplementierungsregel", wonach auch in Politikbereichen ohne eine entsprechende Schutzverstärkerklausel zumindest ein analoger Rückgriff auf Art. 114 Abs. 4-6 AEUV möglich sein soll, bei *Kahl*, in: Calliess/Ruffert, EUV/AEUV, Art. 114, Rn. 48.
357 Oben 4. Kap. Rn. 9 ff.
358 So wurden gewisse Artikel der Richtlinie 2009/28 zur Förderung der Nutzung von Energie aus erneuerbaren Quellen, Abl. 2009 L 140, 16, auf Art. 114 Abs. 1 AEUV gestützt, während grundsätzlich Art. 192 Abs. 1 AEUV als Rechtsgrundlage herangezogen wurde. Hierzu *Epiney*, in: Klimaschutz durch Bioenergie (9. Kap. E.I.), 29 (58 ff.).
359 Zur Problematik, m.w.N. und i.Erg. wie hier Streinz-*Kahl*, EUV/AEUV, Art. 193, Rn. 13; *Kahl*, FS Scheuing (4. Kap. E.I.), 92 (104 f.); *Wenneras*, CMLRev. 2008, 1645 (1671); wohl auch *Krämer*, EC Environmental Law, 128 f.; s. auch

5. Kapitel Grundprinzipien des Umweltrechts in der Europäischen Union

Ein besonderes Problem stellt sich im Falle einer **Doppelabstützung auf Art. 114 Abs. 1 und Art. 192 AEUV**, denn hier fragt es sich, welche der beiden Mechanismen bzw. Vorschriften, die einen nationalen Alleingang ermöglichen, herangezogen werden soll (Art. 114 Abs. 4-6 AEUV oder Art. 193 AEUV).[360] Die besseren Gründe sprechen hier für eine Maßgeblichkeit des Art. 193 AEUV: Denn diese Vorschrift bringt zum Ausdruck, dass in Bezug auf Sekundärrechtsakte, die auf die umweltpolitische Rechtsgrundlage gestützt wurden, unter den in dieser Bestimmung vorgesehenen Voraussetzungen nationale Alleingangsmöglichkeiten eröffnet sind. Diese sind im Verhältnis zu Art. 114 Abs. 4-6 AEUV insgesamt weniger streng ausgestaltet. Handelt es sich daher um einen auch auf Art. 192 AEUV gestützten Rechtsakt, so sprechen Sinn und Zweck der Alleingangsmöglichkeit in Bezug auf umweltpolitische Rechtsakte – um die es sich dann eben auch handelt, auch wenn sie einen starken Bezug zum Binnenmarkt aufweisen – dafür, dass Art. 193 AEUV zum Zuge kommt; eine Ausnahme ist allenfalls denkbar, wenn einzelne Bestimmungen des jeweiligen Rechtsakts ausdrücklich einer bestimmten Rechtsgrundlage zugeordnet sind.[361]

bb) „Begünstigte" Mitgliedstaaten

Die Möglichkeit, sich auf Art. 114 Abs. 4-6 bzw. Art. 193 AEUV zu berufen ist unabhängig davon, ob der betreffende Mitgliedstaat beim Erlass der Maßnahme gegen diese gestimmt hat oder nicht.[362] Denn die nationalen Alleingangsmöglichkeiten sollen nicht (nur) „unterlegenen" Mitgliedstaaten eine Abweichung vom auf Unionsebene festgelegten Standard nach oben erlauben, sondern vielmehr einen möglichst effektiven Umweltschutz garantieren.[363] Auch der Wortlaut der Vorschriften spricht (mittlerweile eindeutig[364]) für diese Sicht, ist doch ganz allgemein von „Mitgliedstaat" die Rede.

Im Übrigen vermag nur diese Sicht tatsächlich der effektiven Verwirklichung eines hohen Schutzniveaus im Bereich der Umwelt Rechnung zu tragen: Ansonsten wäre nämlich ein Mitgliedstaat gezwungen, nur deshalb gegen eine von ihm an sich als für die Union insgesamt sinnvolle Maßnahme zu stimmen, weil er sich die Möglichkeit der Berufung auf Art. 114 Abs. 4-6 bzw. Art. 193 AEUV vorbehalten will. Dies wiederum brächte aber die Gefahr einer Zementierung eines noch schlechteren Schutzniveaus auf Unionsebene mit sich.

cc) Zwingender Charakter

Die in Art. 114 Abs. 4-6, Art. 193 AEUV verankerten Möglichkeiten des nationalen Alleingangs sind – mitsamt ihren Modalitäten bzw. Voraussetzungen – verbindlich durch vertragliche Vorschriften garantiert, so dass sie insbesondere nicht durch sekundärrechtliche Bestimmungen ausgeschlossen werden können. Insoweit sind die sekundärrechtlichen Vorgaben also als „Mindeststandards" zu verstehen. Da im Falle einer fehlenden abschließenden sekundärrechtlichen Regelung auf Unionsebene bereits die Sperrwirkung des Sekundärrechts zu verneinen ist,[365] kommen Art. 114 Abs. 4-6, Art. 193 AEUV gerade dann zum Zuge, wenn ein EU-Rechtsakt eine bestimmte Frage **grundsätzlich abschließend** regelt, so dass in diesen Fällen die „Sperrwirkung"

Dauses-*Scherer/Heselhaus*, Hb. EU-Wirtschaftsrecht, O, Rn. 164, die generell differenzieren wollen, je nachdem, ob die betreffende Bestimmung auf Art. 114 Abs. 1 bzw. 192 AEUV gestützt werden konnte; ähnlich Grabitz/Hilf/Nettesheim-*Nettesheim*, Recht der EU, Art. 193, Rn. 8.

[360] Relevant ist dies schon deshalb, weil beide Vorschriften sowohl ins Gewicht fallende materielle als auch verfahrensrechtliche Unterschiede aufweisen, vgl. im Einzelnen jeweils unten 5. Kap. Rn. 99 ff.

[361] In diese Richtung denn auch *Krämer*, Droit de l'environnement de l'UE, 95 f.; s. auch schon die Nachweise und Ausführungen in Fn. 360.

[362] Heute soweit ersichtlich einhellige Meinung, vgl. nur, m.w.N., *Meßerschmidt*, Europäisches Umweltrecht, § 2, Rn. 303 f.; s. auch schon *Albin/Bär*, NuR 1999, 185 (186); *Sevenster*, YEEL 2000, 291 (300); *Schröder*, NuR 1998, 1 (3); *Middeke*, Nationaler Umweltschutz, 260 ff.; *Scheuing*, EuR 1989, 152 (172); *Pernice*, NVwZ 1990, 201 (207); *Becker*, Gestaltungsspielraum, 109 ff.

[363] Vgl. insoweit schon *Zuleeg*, NVwZ 1987, 280 (284); s. auch *Scheuing*, Wiederaufbereitung, 75: „Es geht (...) nicht um die Rettung von Nationalstaatlichkeit, sondern (...) um die Rettung der Umwelt.".

[364] Die ursprüngliche Fassung des Art. 114 Abs. 4-6 AEUV war hier hingegen nicht ganz klar.

[365] S.o. 5. Kap. Rn. 65 ff.

des Sekundärrechts nicht zu greifen vermag.[366] In diesem Sinn dürfte auch die **Rechtsprechung** – jedenfalls in Bezug auf Art. 193 AEUV[367] – auszulegen sein, wobei insbesondere auf folgende Urteile hinzuweisen ist:

- In der Rs. C-203/96[368] prüfte der Gerichtshof, ob das Autarkie- und Näheprinzip der Verbringung auch von zur Verwertung bestimmtem Abfall entgegen gehalten werden konnte, obwohl die Abfallverbringungsordnung[369] keinen entsprechenden Einwand vorsah. Der Gerichtshof verneinte die Zulässigkeit dieser nationalen Maßnahme, da sie nicht mit Art. 35 AEUV vereinbar sei. Damit geht der Gerichtshof offenbar davon aus, dass die fragliche nationale Maßnahme eine verstärkte Schutzmaßnahme darstellte, denn ansonsten wäre die Prüfung des Art. 35 AEUV gar nicht notwendig gewesen, sondern die Zulässigkeit des Einwandes hätte schon deshalb verneint werden müssen, weil er nicht in der Verordnung vorgesehen war.

- Hinzuweisen ist auch auf die Rs. C-209/98[370], in der der EuGH eine (mögliche) Exportbeschränkung von zur Verwertung bestimmten (Bau-) Abfällen am Maßstab des Art. 35 AEUV prüfte. Dies kann wohl nur so ausgelegt werden, dass es sich hier letztlich um eine Anwendung von Art. 193 AEUV handelte, ist doch die Abfallverbringung durch die VO 259/93 bzw. heute die VO 1013/1006 grundsätzlich abschließend geregelt,[371] und die auf Art. 193 AEUV gestützten Sekundärrechtsnormen von vornherein als Mindestregelungen anzusehen sind, in Bezug auf welche die Mitgliedstaaten – unter den Voraussetzungen des Art. 193 AEUV – „nach oben" abweichen können.[372]

- In der Rs. C-318/98[373] ging es in erster Linie darum, ob die RL 91/689 über gefährliche Abfälle[374] die Mitgliedstaaten daran hindert, über die aufgrund der Richtlinie i.V.m. der einschlägigen Ausführungsgesetzgebung als gefährlich einzustufenden Abfälle hinaus weitere Abfälle als gefährlich einzustufen und sie dem (strengeren) Regime der RL 91/689 zu unterwerfen. Der Gerichtshof verneinte diese Frage mit dem Hinweis darauf, dass mit den auf der Grundlage des Art. 192 AEUV erlassenen Regelungen vor dem Hintergrund des Art. 193 AEUV gerade keine „vollständige Harmonisierung" angestrebt werde, sondern die Mitgliedstaaten befugt seien, „verstärkte Schutzmaßnahmen" zu ergreifen.

- Diese Erwägungen greift der Gerichtshof in der Rs. C-6/03[375] auf: Er stellte hier fest, die in Art. 5 Abs. 1, 2 RL 1999/31 aufgestellten Anforderungen (so insbesondere die Zulassung von biologisch abbaubaren Abfällen zur Deponierung, die Fristen zur Verringerung der zur Deponierung bestimmten Abfälle sowie der Anwendungsbereich der Regelungen) stellten nur Mindestanforderungen dar, so dass die Mitgliedstaaten hier strengere Regelungen vorsehen könnten. In Bezug auf die Grundausrichtung des Art. 193 AEUV betont der EuGH, dass die *ratio* des Art. 193 AEUV gerade darin bestehe, in allgemeiner Form die Möglichkeit der Mit-

---

366 Vgl. ausführlich *Epiney*, in: Oexle/Epiney/Breuer, EG-AbfVerbrV (9. Kap. E.III.), Einführung, Rn. 48; ebenso *Jarass*, NVwZ 2000, 529, 530; *Winter*, DÖV 1998, 377, 380; Calliess/Ruffert-*Calliess*, EUV/AEUV, Art. 193, Rn. 5; *Meßerschmidt*, Europäisches Umweltrecht, § 2, Rn. 311; Streinz-*Kahl*, EUV/AEUV, Art. 193, Rn. 2. A.A. *Krämer*, EC Environmental Law, 129 ff.; *Jans/Vedder*, European Environmental Law, 104 ff., 119 ff., die im Falle einer „total harmonisation" die Berufung zumindest auf Art. 193 AEUV ausschließen möchten.
367 Bei den zu Art. 114 Abs. 4-6 AEUV ergangenen Urteilen wurde diese Frage, soweit ersichtlich, noch nicht eigens problematisiert.
368 EuGH, Rs. C-203/96 (Dusseldorp), Slg. 1998, I-4075.
369 VO 293/93, ABl. 1993 L 30, 1, diese Verordnung war die Vorgängerverordnung der VO 1013/2006, zu dieser 9. Kap. Rn. 138 ff.
370 EuGH, Rs. C-209/98 (Sydhavnens Sten), Slg. 2000, I-3743, Ziff. 32 ff.
371 S. insoweit auch *Krämer*, Europäisches Umweltrecht, 386 f., der darauf hinweist, dass es angesichts der Existenz der VO 259/93 erstaune, dass der EuGH auf Art. 35 AEUV zurückgreift.
372 S. in diesem Zusammenhang auch EuGH, Rs. C-277/02 (EU Wood Trading), Slg. 2004, I-11957.
373 EuGH, Rs. C-318/98 (Fornasar), Slg. 2000, I-4785.
374 ABl. 1991 L 377, 20, diese Richtlinie wurde inzwischen durch die Abfallrahmenrichtlinie, RL 2008/98, aufgehoben, zum EU-Abfallrecht 9. Kap. Rn. 88 ff.
375 EuGH, Rs. C-6/03 (Deponiezweckverband Eiterköpfe), Slg. 2005, I-2753.

5. Kapitel Grundprinzipien des Umweltrechts in der Europäischen Union

gliedstaaten, im Verhältnis zu dem in den auf Art. 192 AEUV gestützten Unionsrechtsakten vorgesehenen Standard verstärkte Schutzmaßnahmen zu ergreifen, zu verankern.[376] Der hier vertretene Ansatz ist auch vor dem Hintergrund des Sinns und Zwecks der Art. 114 Abs. 4-6, Art. 193 AEUV zwingend: Diese Bestimmungen zielen ersichtlich darauf ab, es den Mitgliedstaaten im Fall des Erlasses einer unionsrechtlichen Maßnahme zu ermöglichen, einen strengeren Schutzstandard anzulegen.[377] Dann aber kann jedenfalls derjenige Sekundärrechtsakt, auf den sich der nationale Alleingang bezieht, nicht maßgeblich sein, denn Art. 114 Abs. 4-6, Art. 193 AEUV ermöglichen ja gerade eine Verstärkung der in diesen enthaltenen Schutzstandards, so dass ein Festhalten an der Maßgeblichkeit des jeweiligen Sekundärrechtsakts diesen Bestimmungen jegliche praktische Wirksamkeit nähme und im Übrigen die Konsequenz nach sich zöge, dass durch Sekundärrecht primärrechtliche Normen eingeschränkt werden könnten. Damit müssen die primärrechtlichen Vorschriften betreffend den nationalen Alleingang also auch in Bezug auf solche sekundärrechtlichen Bestimmungen zur Anwendung kommen können, die an sich eine vollständige Harmonisierung des jeweiligen Sachbereichs anstreben; im Falle einer nicht vollständigen Harmonisierung könnten die Mitgliedstaaten schon aus diesem Grund für den nicht harmonisierten Bereich autonome Regelungen erlassen, so dass es dieser Vorschriften gar nicht bedürfte.

dd) „Schutzverstärkung"

Sowohl Art. 114 Abs. 4-6 AEUV als auch Art. 193 AEUV erlauben es den Mitgliedstaaten von vornherein nur, das in dem betreffenden Sekundärrechtsakt vorgesehene Schutzniveau zu erhöhen. M.a.W. muss die jeweilige nationale Maßnahme eine **„Schutzverstärkung"** darstellen, so dass es um eine Überschreitung des durch den jeweiligen Sekundärrechtsakt gesetzten Standard aus umweltpolitischen Gründen[378] geht. In diesem Zusammenhang sind (mindestens) zwei Aspekte von Bedeutung:

- Erstens müssen Art. 114 Abs. 4-6, Art. 193 AEUV immer dann, aber auch nur dann, zum Zuge kommen können, wenn es um materielle, verfahrensrechtliche oder instrumentelle Vorgaben geht, die den **Umwelt- und / oder Gesundheitsschutz bezwecken**; da es sich bei Art. 114 Abs. 4-6, Art. 193 AEUV nach ihrem Sinn und Zweck um (auch und maßgeblich) umweltrechtlich motivierte Bestimmungen handelt, muss es bei den nationalen Bestimmungen um Anliegen des Umweltschutzes (m.a.W. um unter Art. 191 Abs. 1 AEUV subsumierbare Zielsetzungen) gehen, so dass andere Schutzerwägungen nur insoweit statthaft sind, als auch Umweltanliegen verfolgt werden.[379]

Insofern ist es folgerichtig, wenn der EuGH im Zusammenhang mit der nach der sog. Umwelthaftungsrichtlinie (RL 2004/35)[380] den Mitgliedstaaten eröffneten Möglichkeit, Umweltsanierungsmaßnahmen festzulegen und diese auch zu ändern, betont, die Mitgliedstaaten hätten vorher – ausgehend vom Grundsatz des kontradiktorischen Verfahrens – den Betreiber bzw. Betroffenen anzuhören und gewisse weitere verfahrensrechtliche Anforderungen zu beachten, wobei von der Beachtung dieser Vorgaben nicht aufgrund der Möglichkeit des Ergreifens verstärkter Schutzmaßnahmen abgesehen werden könne.[381] Dieser Ansatz überzeugt im Übrigen schon insofern, als es bei diesen Vorgaben entweder um Rechte der Betroffenen geht oder die eingehende Prüfung der tatsächlichen Situation sichergestellt werden soll, so dass eine Nichtbeachtung derartiger Bestimmungen letztlich keine verstärkte Schutzmaßnahme darstellen.

---

376 S. insoweit auch auch EuGH, Rs. C-318/98 (Fornasar), Slg. 2000, I-4785.
377 Der Ansatz, Art. 193 AEUV solle nur eine Art vertragliche Festschreibung der auf der Ebene des Sekundärrechts verfolgten Praxis darstellen, so dass dieser Bestimmung nur deklaratorischer Charakter zukomme (vgl. hierzu die Darstellung bei *Jans/von der Heide*, Europäisches Umweltrecht, 137 f.), entbehrt jeglicher Anhaltspunkte im Vertrag und vermag auch insofern nicht zu überzeugen, als diese Bestimmung in diesem Fall überflüssig wäre, kann der Unionsgesetzgeber doch jedenfalls immer die Reichweite der Harmonisierung auf sekundärrechtlicher Ebene einschränken.
378 Bei Art. 114 Abs. 4-6 AEUV sind auch noch andere Schutzinteressen statthaft.
379 Vgl. in diesem Zusammenhang zur Frage, ob Art. 114 Abs. 4-6 bzw. 193 AEUV auf alle Bestimmungen der auf Art. 114 Abs. 1 bzw. Art. 192 AEUV gestützten Rechtsakte oder nur auf einen Teil derselben, nämlich diejenigen, die Umweltschutzvorgaben (oder, in Bezug auf Art. 114 AEUV, andere Schutzziele verfolgende Bestimmungen) enthalten, anwendbar ist, *Jarass*, NVwZ 2000, 529, 530; *Richter*, „Nationale Alleingänge", 241 ff.
380 Zu dieser unten 6. Kap. Rn. 140 ff.
381 EuGH, verb. Rs. C-379/08, C-380/08 (Raffinerie Mediterranee), Slg. 2010, I-2007.

■ Das Vorliegen einer Schutzverstärkung impliziert, zweitens, dass nur „verstärkende" Maßnahmen, nicht aber „andere" Maßnahmen unter Art. 114 Abs. 4-6 bzw. Art. 193 AEUV fallen und in Bezug auf solche anderen Maßnahmen daher die grundsätzliche Sperrwirkung des Sekundärrechts zum Zuge kommt (immer unter der Voraussetzung, dass dieses in Bezug auf die jeweilige Frage als abschließend anzusehen ist).[382] Bei der Beantwortung der Frage, unter welchen Voraussetzungen eine Maßnahme nun „schutzverstärkend" in diesem Sinn ist, stellt der EuGH darauf ab, ob dieselben Ziele verfolgt werden und dieselbe „Ausrichtung" zu bejahen ist, was jedenfalls bei einer **Ausdehnung des Anwendungsbereichs** von Richtlinien oder Verordnungen bzw. bestimmter ihrer Bestimmungen, der Anlegung **strengerer Grenzwerte**, der Anwendung **kürzerer Fristen** oder der Formulierung **zusätzlicher bzw. strengerer Genehmigungsvoraussetzungen** in der Regel gegeben sein dürfte;[383] aber auch eine Erweiterung von Ausnahmegründen zu bestimmten Grundsätzen (etwa des freien Warenverkehrs) aus umweltpolitischen Gründen dürfte grundsätzlich eine verstärkte Schutzmaßnahme darstellen.[384]

Allerdings sind damit noch nicht alle **Abgrenzungsprobleme** gelöst, wobei letztlich immer die Umstände des Einzelfalles maßgeblich sein werden. Angesichts des auch vom EuGH betonten Ziels jedenfalls des Art. 193 AEUV,[385] es den Mitgliedstaaten zu erlauben, unter den dort vorgesehenen Voraussetzungen einen höheren Schutzstandard anzulegen, spricht aber Vieles dafür, diese Anforderung nicht zu restriktiv zu verstehen. Vielmehr soll sie nur (aber immerhin) sicherstellen, dass die Mitgliedstaaten mit verstärkten Schutzmaßnahmen die in den **Unionsrechtsrechtsakten vorgesehenen Konzepte und Schutzansätze** nicht „unterwandern". Daher dürfte immer schon dann eine Schutzverstärkung zu bejahen sein, wenn die Wirksamkeit des jeweiligen Unionsrechtsakts bzw. seiner Instrumente durch die in Frage stehenden nationalen Maßnahmen nicht beeinträchtigt wird. Vor diesem Hintergrund dürften Art. 114 Abs. 4-6, Art. 193 AEUV grundsätzlich sowohl eine Überschreitung des sekundärrechtlich vorgesehenen Schutzniveaus in quantitativer Hinsicht (also auf das Schutzniveau selbst abzielend) als auch in qualitativer (die Modalitäten betreffend) Hinsicht erlauben. Damit können also auch alternative Konzepte entwickelt werden, sofern diese in die gleiche Richtung wie die sekundärrechtlichen Regelung gehen (also in der Sprache des EuGH die gleichen Ziele verfolgen und die gleiche Ausrichtung aufweisen) und nicht die „Hintertreibung" des unionsrechtlichen Ansatzes nach sich ziehen (was grundsätzlich auch impliziert, dass die (Mindest-) Vorgaben des jeweiligen Sekundärrechtsakts jedenfalls einzuhalten sind), so dass nicht zwingend verlangt werden sollte, dass die strengeren Maßnahmen „systemimmanent" sein müssen und sowohl hinsichtlich des Ziels[386] als auch der Methoden mit den unionsrechtlichen Maßnahmen übereinstimmen müssen.[387] Jedenfalls ist diese Frage unter Abwägung aller Umstände in jedem Einzelfall zu entscheiden.

---

382 Zum zuletzt erwähnten Aspekt bereits oben 5. Kap. Rn. 65 ff.
383 S. insbesondere EuGH, Rs. C-6/03 (Deponiezweckverband Eiterköpfe), Slg. 2005, I-2753; s. auch EuGH, Rs. C-318/98 (Fornasar), Slg. 2000, I-4785; EuGH, Rs. C-232/97 (Nederhoff), Slg. 1999, I-6385; EuGH, Rs. C-378/08 (Raffinerie Mediterranee), Slg. 2010, I-1919; EuGH, Rs. C-219/07 (Nationale Raad van Dierenkwekers en Liefhebbers/Belgien), Slg. 2008, I-4475; EuGH, Rs. C-2/10 (Azienda Agro-Zootecnica), Urt. v. 21.7.2011.
384 In diese Richtung EuGH, Rs. C-203/96 (Dusseldorp), Slg. 1998, I-4075.
385 In Bezug auf Art. 114 Abs. 4-6 AEUV dürfte der EuGH generell eine strengere Sicht in Bezug auf die Zulässigkeit mitgliedstaatlicher Alleingänge anlegen.
386 Ausdrücklich auf das Erfordernis hinweisend, dass die nationale Maßnahme dieselbe Zielsetzung wie die unionsrechtliche Maßnahme verfolgen müsse, EuGH, Rs. C-2/10 (Azienda Agro-Zootecnica), Urt. v. 21.7.2011.
387 So aber offenbar *Eberle*, Die EG als Partei internationaler Umweltschutzabkommen, 104 f.; *Giesberts*, NVwZ 1996 (9. Kap. E.III.), 949 (950); in diese Richtung auch Grabitz/Hilf/Nettesheim-*Nettesheim*, Recht der EU, Art. 193, Rn. 13 f.; *Meßerschmidt*, Europäisches Umweltrecht, § 2, Rn. 302 (letzterer will „alternative Mittel" ausschließen, ohne dass klar wird, was genau darunter verstanden wird); im Ergebnis ähnlich wie hier Streinz-*Kahl*, EUV/AEUV, Art. 193, Rn. 18 ff.; *Jarass*, NVwZ 2000, 529, 530; *Frenz*, Europäisches Umweltrecht, 208 f.; Cal-

5. Kapitel Grundprinzipien des Umweltrechts in der Europäischen Union

Keine verstärkte Schutzmaßnahme liegt vor diesem Hintergrund aber z.b. vor, wenn es nicht um eine Verstärkung des umweltrechtlichen Standards bzw. Schutzniveaus, sondern um verfahrensrechtliche Anforderungen geht, die (auch) dem Schutz des von einer umweltrechtlichen Maßnahme Betroffenen sowie der Eruierung der im Hinblick auf die Effektivität des Umweltschutzes „bestmöglichen" Maßnahme dienen. Daher erlaubt es Art. 193 AEUV nach zutreffender Ansicht des EuGH nicht, von den im Vorfeld der Anordnung von Umweltsanierungsmaßnahmen nach der Umwelthaftungsrichtlinie (RL 2004/35)[388] zu beachtenden verfahrensrechtlichen Vorgaben (z.b. die Anhörung der Betreiber, die Pflicht zur Prüfung verschiedener Optionen auf der Grundlage bestimmter Kriterien oder die Pflicht zur Begründung der Entscheidung) abzuweichen.[389] Denn letztlich geht es hier entweder um Rechte der Betroffenen oder es soll die eingehende Prüfung der tatsächlichen Situation sichergestellt werden, so dass es hier nicht um – im Hinblick auf einen „weitergehenden" Umweltschutz – verstärkte Schutzmaßnahme gehen kann. Ebensowenig dürfte die „Vorschaltung" eines eigenen, zusätzlichen Notifizierungsverfahrens im Verhältnis zu dem in der Abfallverbringungsverordnung (VO 1013/2006)[390] eine verstärkte Schutzmaßnahme darstellen.[391]

Der Vollständigkeit halber sei in diesem Zusammenhang auch noch darauf hingewiesen, dass die Mitgliedstaaten selbstredend zusätzlich zu den bestehenden unionsrechtlichen Maßnahmen **andere Instrumente und / oder Mechanismen** einsetzen können; hier geht es dann nicht mehr um eine Anwendung der Art. 114 Abs. 4-6, Art. 193 AEUV (es sei denn, eine unionsrechtliche Maßnahme sei in dieser Beziehung abschließend, so dass die entsprechende zusätzliche Regelung ausgeschlossen wäre, diesfalls sind die Voraussetzungen der Art. 114 ABs. 4-6 bzw. des Art. 193 AEUV zu prüfen), sondern die Mitgliedstaaten sind befugt, solche Maßnahmen aufgrund der Ausgestaltung der Art. 114 Abs. 1, Art. 192 AEUV als geteilte Zuständigkeiten zu erlassen, wobei sie das Primärrecht beachten müssen und allgemein die Wirksamkeit des Unionsrechts nicht in Frage gestellt werden darf (Art. 4 Abs. 3 EUV).

b) Art. 114 Abs. 4-6 AEUV

Art. 114 Abs. 4-6 AEUV unterscheiden – insofern im Gegensatz zu Art. 193 AEUV[392] – zwei Konstellationen: einerseits die in Art. 114 Abs. 4 AEUV geregelte **Beibehaltung nationaler Vorschriften,** die zum Zeitpunkt des Erlasses des entsprechenden EU-Rechtsakts bereits bestanden (aa), andererseits die **Einführung neuer nationaler Vorschriften** nach dem Erlass der unionsrechtlichen Vorschriften (bb), die Gegenstand des Art. 114 Abs. 5 AEUV ist; maßgebliches Datum für die Abgrenzung beider Konstellationen – wobei die Neueinführung erheblich strengeren Voraussetzungen unterliegt als die Beibehaltung – ist das Datum des Erlasses des Rechtsakts, nicht hingegen sein Inkrafttreten oder der Ablauf der Umsetzungsfrist.[393] Weiter ist noch auf die verfahrensrechtlichen Aspekte der Vorschrift einzugehen (cc).

Die jetzige Fassung der Art. 114 Abs. 4-6 AEUV geht auf den **Amsterdamer Vertrag** zurück, der neben einigen Neuerungen bzw. Klarstellungen bezüglich des Verfahrens im Vergleich zu der Rechtslage vor dem Amster-

99

[ ] liess/Ruffert-*Calliess*, EUV/AEUV, Art. 193, Rn. 7 ff., m.w.N.; s. auch Dauses-*Scherer/Heselhaus*, Hdb. EU-Wirtschaftsrecht, O, Rn. 166, die eine „strukturelle Vergleichbarkeit" verlangen und darauf hinweisen, es gelinge einem Mitgliedstaat sowieso nicht nachzuweisen, dass ein alternatives Konzept (z.B. Emissions- statt Immissionsnormen) ebenso wirksam sei. Dieses Argument dürfte aber verkennen, dass die Befugnis zur Schutzverstärkung die Mitgliedstaaten grundsätzlich nicht davon entbindet, zumindest die in dem Sekundärrechtsakt vorgesehenen Standards zu gewährleisten, so dass es immer nur um strengere oder zusätzliche Maßnahmen gehen kann.
[388] Zu dieser noch 6. Kap. Rn. 140 ff.
[389] EuGH, verb. Rs. C-379/08, C-380/08 (Raffinerie Mediterranee), Slg. 2010, I-2007. Vgl. zu diesem Urteil schon oben im Text, war hier doch auch schon das Vorliegen einer umweltpolitischen Zielsetzung fraglich bzw. nicht gegeben.
[390] Zu dieser unten 9. Kap. Rn. 138 ff.
[391] Vgl. in diesem Zusammenhang im Einzelnen zur (möglichen) Bedeutung des Art. 193 AEUV im Zusammenhang mit der VO 1013/2006 *Epiney*, in: Oexle/Epiney/Breuer, EG-AbfVerbrV (9. Kap. E.III.), Einführung, Rn. 62 ff.
[392] Unten 5. Kap. Rn. 118 ff.
[393] Calliess/Ruffert-*Kahl*, EUV/AEUV, Art. 114, Rn. 46; Streinz-*Leible/Schröder*, EUV/AEUV, Art. 114, Rn. 87; Dauses-*Scherer/Heselhaus*, Hb. EU-Wirtschaftsrecht, O, Rn. 149.

damer Vertrag[394] insbesondere differenzierte Voraussetzungen für die Aufrechterhaltung und die Neueinführung strengerer nationaler Bestimmungen aufstellte. Der Vertrag von Nizza brachte hier keine Änderungen, und auch der Vertrag von Lissabon überführte die bis dahin geltenden Regelungen in den AEUV.

Die **tatsächliche Bedeutung** der Möglichkeit der Mitgliedstaaten, über ein auf Unionsebene festgelegtes Schutzniveau hinauszugehen, ist im Laufe der Jahre gewachsen: Während in den ersten vier Jahren nach Inkrafttreten der EEA der damalige Art. 100 a Abs. 4 EWGV nicht ein einziges Mal angerufen wurde, mehrten sich danach, insbesondere auch seit dem Beitritt Österreichs, Finnlands und Schwedens und danach mit den Erweiterungen um die mittel- und osteuropäischen Staaten, die Anwendungsfälle. Gleichwohl ist die bisherige Rechtsprechung des EuGH zu Art. 114 Abs. 4-6 AEUV[395] nicht sehr zahlreich.[396]

100 Sowohl im Falle der Beibehaltung strengerer nationaler Vorschriften als auch im Falle des Erlasses einer neuen Regelung ist der **Grundsatz der Verhältnismäßigkeit** zu beachten; insbesondere darf die Maßnahme kein Mittel zur willkürlichen Diskriminierung und keine verschleierte Beschränkung des Handels darstellen. Zudem – und dieses Erfordernis wurde neu durch den Amsterdamer Vertrag eingeführt – darf die nationale Maßnahme das Funktionieren des Binnenmarktes nicht behindern (Art. 114 Abs. 6 UAbs. 1 AEUV). Da grundsätzlich jede Abweichung von einer auf der Grundlage von Art. 114 Abs. 1 AEUV erlassenen Maßnahme die Verwirklichung des Binnenmarktes beeinträchtigt – ist die Maßnahme doch gerade im Hinblick auf das bessere Funktionieren des Binnenmarktes erlassen worden –, kann diese Einschränkung in Art. 114 Abs. 6 AEUV nur dahingehend verstanden werden, dass das Funktionieren des Binnenmarktes nicht über Gebühr beeinträchtigt werden darf, womit letztlich auf den Grundsatz der Verhältnismäßigkeit verwiesen wird.[397] Insofern ist es also eher fraglich, ob diese zusätzliche Anforderung an die nationalen Maßnahmen materiell tatsächlich eine Neuerung bringt. Im Übrigen gehen auch die Erfordernisse, dass die nationale Maßnahme kein Mittel zur willkürlichen Diskriminierung und keine verschleierte Beschränkung des Handels darstellen darf (vgl. Art. 114 Abs. 6 UAbs. 1 AEUV), letztlich im Grundsatz der Verhältnismäßigkeit auf, so dass ihnen keine eigenständige Bedeutung zukommen dürfte.[398]

Im Falle der Verfolgung umweltpolitischer Ziele ist jedenfalls die Geeignetheit der ergriffenen Maßnahme auch dann zu bejahen, wenn diese nur einen Beitrag zur Bekämpfung des jeweiligen Problems leistet.[399]

---

394 Vgl. zu den vor Inkrafttreten des Amsterdamer Vertrages bestehenden Auslegungsfragen *Middeke*, Nationaler Umweltschutz, 249 ff.; *Palme*, Nationale Umweltpolitik; *Kahl*, Umweltprinzip, 47 ff.; *Epiney/Furrer*, EuR 1992, 369 (400 f.). Aus der Rechtsprechung EuGH, Rs. C-41/93 (Frankreich/Kommission), Slg. 1994, I-1829, Ziff. 19 ff., wo der EuGH sich aber nur zu prozessualen Belangen äußerte.
395 Vgl. auch die Zusammenfassung der wichtigsten Urteile bis 2008 bei *Epiney*, FS Rengeling, 215 (216 ff.).
396 Bis jetzt sind folgende Urteile zu verzeichnen: EuGH, Rs. C-512/99 (Deutschland/Kommission), Slg. 2003, I-845; EuGH, Rs. C-3/00 (Dänemark/Kommission), Slg. 2003, I-2643; EuG, verb. Rs. T-366/03 und T-235/04 (Oberösterreich und Österreich/Kommission), Slg. 2005, II-4005; EuGH, verb. Rs. C-439/05 P, C-454/05 P, Slg. 2007, I-7141 (das Berufungsurteil zum Urteil des EuG in den verb. Rs. T-366/03, T-235/04, wobei das Urteil des EuG bestätigt wurde); EuG, Rs. T-182/06 (Niederlande/Kommission), Slg. 2007, II-1983; EuG, Rs. T-234/04 (Niederlande/Kommission), Slg. 2007, II-4589; EuGH, Rs. C-405/07 P (Niederlande/Kommission), Slg. 2008, I-8301 (das Berufungsurteil zur Rs. T-182/06, in dem das Urteil des EuG aufgehoben wurde, dies allerdings ausschließlich deshalb, weil die Kommission nicht alle relevanten Daten berücksichtigt habe, so dass der Gerichtshof erst gar nicht auf die Frage einging, ob die Kommission bei der Beurteilung darüber hinaus falsche rechtliche Kriterien angewandt hatte; diese Frage wurde denn auch vom Gerichtshof ausdrücklich offen gelassen, vgl. Ziff. 73 des Urteils; EuG, Rs. T-69/08 (Polen/Kommission), Urt. v. 9.12.2010. S. sodann noch EuGH, Rs. C-319/97 (Kortas), Slg. 1999, I-3143, das allerdings in unserem Zusammenhang von beschränkter Relevanz ist, da es die Problematik der unmittelbaren Wirkung einer Richtlinie im Zusammenspiel mit Art. 114 Abs. 4-6 AEUV in der damaligen Fassung betraf, eine Problematik, die sich heute zudem aufgrund der Neugestaltung des Art. 114 Abs. 6 AEUV anders als in dem Urteil darstellt.
397 In diese Richtung dürfte auch die Argumentation der Kommission gehen. Vgl. Entscheidung 1999/832 der Kommission über eine niederländische Regelung betreffend Kreosot, ABl. 1999 L 329, 25.
398 Vgl. in diesem Zusammenhang die Kritik an dieser Bestimmung bei *de Sadeleer*, CMLRev. 2003, 889 (905 ff.); *Calliess/Ruffert-Kahl*, EUV/AEUV, Art. 114, Rn. 57; *Sevenster*, YEEL 2000, 291 (306); zur Praxis der Unionsorgane im Einzelnen *Doherty*, YEEL 8 (2008), 48 (65 ff.).
399 Der EuGH hatte diese Frage allerdings in Bezug auf den Gesundheitsschutz in der Sache verneint, wobei hier die Sachlage insofern etwas anders ist, als dem Bestehen einer Gesundheitsgefahr durch einen bestimmten Stoff wohl kaum durch teilweise Verbote begegnet werden kann. Vgl. EuGH, Rs. C-3/00 (Dänemark/Kommission), Slg. 2003, I-2643, Ziff. 82 ff.; zu diesem Urteil *Wenneras*, EELR 2003, 169 ff.

5. Kapitel Grundprinzipien des Umweltrechts in der Europäischen Union

In Art. 114 Abs. 4-6 AEUV kommt ein gewisses **Spannungsverhältnis** zum Ausdruck: Im Interesse der Verwirklichung des **Binnenmarktes** sollen die auf der Grundlage von Art. 114 Abs. 1 AEUV erlassenen Bestimmungen einheitlich angewandt und ausgelegt werden. Den Mitgliedstaaten soll damit auf jeden Fall verwehrt werden, einseitig Maßnahmen zu ergreifen, die Sinn und Zweck der erfolgten Angleichung der Vorschriften nach Art. 114 Abs. 1 AEUV wieder in Frage stellten und denen letztlich ein protektionistischer Charakter zukommen könnte. Auf der anderen Seite aber soll den Mitgliedstaaten die Möglichkeit eröffnet werden, (ausschließlich) u.a. aus **umweltpolitischen Gründen** Maßnahmen zu ergreifen, die über den auf EU-Ebene verankerten Standard hinausgehen. Dem ersten Gesichtspunkt wird in Art. 114 Abs. 4-6 AEUV dadurch Rechnung getragen, dass auf EU-Ebene ein Kontrollverfahren vorgesehen ist; Belangen des Umweltschutzes wird durch die grundsätzliche Möglichkeit der Anlegung eines höheren Schutzniveaus durch die Mitgliedstaaten entsprochen. Insofern will diese Vorschrift also den mitgliedstaatlichen Handlungsspielraum erweitern, wird die Sperrwirkung des Sekundärrechts doch begrenzt.

101

Vor diesem Hintergrund kann nach der hier vertretenen Ansicht **nicht** davon ausgegangen werden kann, dass Art. 114 Abs. 4, 5 AEUV „Ausnahmen" vom „Grundsatz" der Abgeschlossenheit der unionsrechtlichen Regelungen darstellten und insoweit eng auszulegen seien. Denn im Vertrag finden sich keine Anhaltspunkte dafür, dass die Zielsetzung des Umweltschutzes grundsätzlich hinter derjenigen der Verwirklichung des Binnenmarktes zurücktreten müsse; vielmehr sind beide Zielsetzungen – auch und gerade auf der Grundlage von Art. 11, 114 Abs. 3 AEUV – als gleichwertig anzusehen,[400] was sich auch in der Auslegung der Art. 114 Abs. 4, 5 AEUV widerspiegeln sollte. Zwar ergibt sich aus der Rechtsprechung des EuGH nicht ausdrücklich ein anderer Ansatz; jedoch dürfte die Rechtsprechung insgesamt – wie noch zu zeigen sein wird – über eine weitgehende Einschränkung des Gestaltungsspielraums der Mitgliedstaaten zu einer sehr engen Auslegung ihrer „Alleingangsmöglichkeiten" neigen, was bedauerlich ist.

aa) Zur Beibehaltung nationaler Vorschriften (Art. 114 Abs. 4 AEUV)

Für die Heranziehung des Art. 114 Abs. 4 AEUV ist das Vorliegen folgender **Voraussetzungen** – deren genauer Aussagegehalt durch die Rechtsprechung bislang (nur) teilweise geklärt ist – notwendig:

102

- Die Beibehaltung nationaler Vorschriften muss auf **bestimmten, abschließend aufgezählten Gründen** (Umweltschutz, Schutz der Arbeitsumwelt oder wichtige Erfordernisse im Sinne des Art. 36 AEUV) beruhen. Diese Voraussetzung ist in der bisherigen Rechtsprechung[401] zwar erwähnt, aber noch nicht eigens problematisiert worden. Jedenfalls kann für die Auslegung der Begriffe an die einschlägige Rechtsprechung zu Art. 36 AEUV bzw. zu den im Bereich der Arbeitsumwelt und des Umweltschutzes anwendbaren Rechtsgrundlagen angeknüpft werden.[402]

- Weiter muss der betreffende Mitgliedstaat die **Beibehaltung der jeweiligen nationalen Vorschrift** für **erforderlich** halten. Dies impliziert – wie der EuGH klargestellt hat[403] – die „Befugnis" der Mitgliedstaaten, eine Gefahr oder ein Risiko für die erfassten Schutzgüter anders zu bewerten als der Unionsgesetzgeber dies in der Unionsregelung getan hat, so dass die Mitgliedstaaten ein höheres Schutzniveau anlegen können und abweichende Bewertungen möglich sind.
  Gleichwohl könnte vor dem Hintergrund einer effektiven Verwirklichung des Binnenmarktes in Erwägung gezogen werden, dass die **Situation in dem betreffenden Mitgliedstaat** Besonderheiten im Vergleich zu derjenigen in anderen Mitgliedstaaten aufweisen muss, um den nationalen Alleingang zu rechtferti-

---

400 Vgl. insoweit auch die Bemerkungen bei *Kahl*, ZUR 2006, 86 (88); Calliess/Ruffert-*Kahl*, EUV/AEUV, Art. 114, Rn. 44 (m.w.N.); s. auch schon oben 5. Kap. Rn. 3 f., Rn. 55 ff.
401 Vgl. die Nachweise in Fn. 397.
402 Ausführlich zu den Gründen *Richter*, „Nationale Alleingänge", 134 ff.
403 S. insbesondere EuGH, Rs. C-3/00 (Dänemark/Kommission), Slg. 2003, I-2643, wo der EuGH betont, dass ein Mitgliedstaat die Gefahr für die öffentliche Gesundheit anders bewerten könne als es der Unionsgesetzgeber im Harmonisierungsverfahren getan hat.

gen.⁴⁰⁴ Gegen eine derartige Einschränkung der Alleingangbefugnis der Mitgliedstaaten spricht aber jedenfalls, dass auf diese Weise die tatsächliche Tragweite des Art. 114 Abs. 4 AEUV und damit der *effet utile* dieser Bestimmung potenziell ausgehöhlt würde: Bei zahlreichen Regelungen – gerade bei solchen mit Bezug zur Produktbeschaffenheit – wird es nämlich, wenn überhaupt, nur sehr schwer nachzuweisen sein, dass die Gefahrensituation für die Umwelt (oder auch die Gesundheit) in dem Staatsgebiet eines bestimmten Staates wesentlich anders gelagert ist als in den übrigen EU-Staaten, so dass ein nationaler Alleingang nur in Ausnahmefällen in Betracht käme. Im Übrigen sprechen auch Sinn und Zweck des Art. 114 Abs. 4 AEUV gegen diese Sicht: Eine Auslegung, die den Anwendungsbereich dieser Vorschrift zu weit einschränkt, vermag gerade nicht dem beabsichtigten Zweck – den Mitgliedstaaten die Möglichkeit zu eröffnen, ein verstärktes Schutzniveau anzulegen – Rechnung zu tragen. Schließlich ist noch auf den systematischen Zusammenhang mit Art. 114 Abs. 5 AEUV hinzuweisen, der ausdrücklich ein „spezifisches Problem" verlangt, so dass aus der Nichterwähnung dieses oder eines ähnlichen Erfordernisses in Art. 114 Abs. 4 AEUV geschlossen werden kann, dass hier gerade keine irgendwie geartete besondere Situation vorliegen muss.⁴⁰⁵

Der sicherlich bestehenden „Missbrauchsgefahr" des Art. 114 Abs. 4 AEUV – insbesondere das „Vorschieben" umweltpolitischer Gründe zu protektionistischen Zwecken – kann durch die Verhältnismäßigkeitsprüfung begegnet werden. Damit eröffnet Art. 114 Abs. 4 AEUV nach der hier vertretenen Ansicht den Mitgliedstaaten allgemein die Möglichkeit, weitergehende nationale Maßnahmen zu ergreifen, sofern diese tatsächlich auf umweltpolitischen Gründen beruhen.

Auch der EuGH geht von diesem Ansatz aus, wenn er betont, dass der betreffende Mitgliedstaat im Rahmen des Art. 114 Abs. 4 AEUV geltend machen könne, dass er die Gefahr für die öffentliche Gesundheit anders bewerte als es der Unionsgesetzgeber in der Harmonisierungsmaßnahme getan hat; abweichende Bewertungen der (in dem Fall in Frage stehenden) Gesundheitsgefahren seien somit – auch und gerade angesichts der Unsicherheiten, die mit der Bewertung dieser Gefahren verbunden seien – möglich.⁴⁰⁶

■ Allerdings hat der EuGH auch festgehalten, dass die Mitgliedstaaten **nachzuweisen** haben, dass die betreffenden nationalen Vorschriften ein **höheres Schutzniveau gewährleisten** und dass sie dem Erfordernis der **Verhältnismäßigkeit**⁴⁰⁷ genügen.⁴⁰⁸ Die bisherige (zugegebenermaßen spärliche) **Rechtsprechung**⁴⁰⁹ dürfte hier einen ausgesprochen **strengen Maßstab** anlegen: So werde jedenfalls im Bereich des Gesundheitsschutzes diesen Voraussetzungen in der Regel nur dann Genüge getan, wenn die in Frage stehenden, durch eine nationale Regelung verbotenen Stoffe auch sonst nicht verwendet werden dürfen. Weiter hebt der EuGH zwar hervor, dass die spezifischen Voraussetzungen des Art. 114 Abs. 5 AEUV im Rahmen des Art. 114 Abs. 4 AEUV als solche keine Anwendung fänden;⁴¹⁰ allerdings sei ihr Vorliegen auch im Rahmen des Art. 114 Abs. 4 AEUV relevant,⁴¹¹ womit wohl auf die Verhältnismäßigkeit Bezug genommen wird, dürften diese Aussagen des Gerichtshofs doch den Schluss nahe legen, dass am ehesten in den Fällen, in denen die Voraussetzungen des Art. 114 Abs. 5 AEUV vorliegen, auch die Verhältnismäßigkeit im Rahmen der Anwendung des

---

404 Auch das unter der Rechtslage vor dem Amsterdamer Vertrag ergangene Urteil des EuGH in dem sog. PCP-Fall könnte dies nahe legen, vgl. EuGH, Rs. C-41/93 (Frankreich/Kommission), Slg. 1994, I-1849. S. in diesem Sinn wohl auch *Jans/von der Heide*, Europäisches Umweltrecht, 145, die in der Sache die Bedingungen des Art. 114 Abs. 5 AEUV auch auf Art. 114 Abs. 4 AEUV anwenden wollen. A.A. die ganz h.L., vgl. z.B. Calliess/Ruffert-*Kahl*, EUV/AEUV, Art. 114, Rn. 59; *Richter*, „Nationale Alleingänge", 152 ff.; *de Sadeleer*, CMLRev. 2003, 889 (897).
405 So auch ausdrücklich EuGH, Rs. C-3/00 (Dänemark/Kommission), Slg. 2003, I-2643, Ziff. 56 ff.
406 EuGH, Rs. C-3/00 (Dänemark/Kommission), Slg. 2003, I-2643, Ziff. 63 f.
407 S. schon oben 5. Kap. Rn. 99 ff.
408 EuGH, Rs. C-3/00 (Dänemark/Kommission), Slg. 2003, I-2643.
409 S. im Wesentlichen EuGH, Rs. C-3/00 (Dänemark/Kommission), Slg. 2003, I-2643.
410 EuGH, Rs. C-3/00 (Dänemark/Kommission), Slg. 2003, I-2643; s. auch schon EuGH, Rs. C-512/99 (Deutschland/Kommission), Slg. 2003, I-845, Ziff. 41.
411 So ausdrücklich EuGH, Rs. C-3/00 (Dänemark/Kommission), Slg. 2003, I-2643.

5. Kapitel Grundprinzipien des Umweltrechts in der Europäischen Union

Art. 114 Abs. 4 AEUV zu bejahen ist.[412] Weiter habe der Mitgliedstaat jedenfalls nachzuweisen, dass die nationalen Bestimmungen ein höheres Niveau des Gesundheitsschutzes als die unionsrechtliche Maßnahme gewährleisten und dass sie dem Grundsatz der Verhältnismäßigkeit genügen.[413] Ganz allgemein bleibt in der Rechtsprechung im Übrigen ungeklärt, wie weit der Gestaltungsspielraum der Mitgliedstaaten hier ausfallen soll, wenn sie auch – im Rahmen der „Beweislast" und der Prüfung der Verhältnismäßigkeit – eher dazu neigen dürfte, diesen sehr eng auszugestalten.

Diese Tendenz der Rechtsprechung – wobei sie sich bislang in erster Linie auf den Gesundheitsschutz bezog – ist jedenfalls im Bereich des **Umweltschutzes** nicht in jeder Hinsicht überzeugend, wenn es auch – selbstverständlich – zutreffend ist, dass die mitgliedstaatlichen Maßnahmen dem Grundsatz der Verhältnismäßigkeit entsprechen müssen: Zunächst sei darauf hingewiesen, dass es bei umweltpolitischen Maßnahmen ausreichend sein muss, dass die jeweilige Maßnahme einen Beitrag zur Lösung des jeweiligen umweltpolitischen Problems leistet. Weiter ist ganz grundsätzlich darauf hinzuweisen, dass – wie der EuGH an sich zutreffend hervorhebt – Art. 114 Abs. 4 AEUV es den Mitgliedstaaten offenbar freistellt, eine andere (Gefahren- bzw. Risiko-) Bewertung als der Unionsgesetzgeber für „seine" nationalen Maßnahmen zugrundezulegen. Dann aber muss diesen auch im Rahmen der Verhältnismäßigkeit ein gewisser Gestaltungsspielraum eingeräumt werden, zumal es auch das Vorsorgeprinzip[414] ggf. nahelegen kann, strengere Standards als diejenigen des betreffenden Unionsrechtsakts anzulegen. Es bleibt zu hoffen, dass der EuGH seine Rechtsprechung in Bezug auf den Umweltschutz in diese Richtung weiterentwickelt.

bb) Zur Neueinführung nationaler Vorschriften (Art. 114 Abs. 5 AEUV)

Art. 114 Abs. 5 AEUV formuliert verschiedene, nachfolgend zu erörternde **materielle Voraussetzungen**, die vorliegen müssen, damit sich ein Mitgliedstaat auf diese Bestimmung berufen und nach Erlass einer Harmonisierungsmaßnahme eine strengere nationale Vorschrift einführen kann.

103

Hinzu kommt, dass die **Mitteilung der Gründe** für die Einführung der besagten Maßnahme nach der Rechtsprechung eine Zulässigkeitsvoraussetzung für die Genehmigung der mitgliedstaatlichen Maßnahme durch die Kommission darstellt.[415]

(1) Gründe des Umweltschutzes oder des Schutzes der Arbeitsumwelt

Erstens muss es um **Gründe des Umweltschutzes** oder des **Schutzes der Arbeitsumwelt** gehen, eine Voraussetzung, die in der bisherigen Rechtsprechung auch im Rahmen des Art. 114 Abs. 5 AEUV noch nicht wirklich problematisiert wurde. Somit ist auch hier noch ungeklärt, inwieweit den Mitgliedstaaten hier ein Gestaltungsspielraum zusteht. Im Ergebnis dürfte hier zu unterscheiden sein:

104

- Soweit es um die Frage geht, ob ein bestimmtes Ziel tatsächlich dem **Umweltschutz oder dem Schutz der Arbeitsumwelt zuzuordnen** ist, steht den Mitgliedstaaten keinerlei Gestaltungsspielraum zu, da es hier um die Frage der Auslegung eines unionsrechtlichen Begriffs geht.

---

412 Vgl. in Bezug auf diesen Aspekt die Kritik an der konkreten Gewichtung dieses Aspekts in der Rechtsprechung *Wenneras*, EELR 2003, 169 (171), der zutreffend darauf hinweist, dass im Falle einer zu großen Berücksichtigung dieser Kriterien auch im Rahmen des Art. 114 Abs. 4 AEUV der Grundsatz, dass eben weder ein spezifisches Problem noch neue wissenschaftliche Erkenntnisse in dieser Vorschrift vorausgesetzt werden, letztlich unterlaufen werden könne; ähnlich *Jans/Vedder*, European Environmental Law, 129; ausführlich zum Problemkreis m.w.N. *Richter*, „Nationale Alleingänge", 145 ff.; *Doberty*, YEEL 8 (2008), 48 (52 ff.).

413 EuGH, Rs. C-3/00 (Dänemark/Kommission), Slg. 2003, I-2643, Ziff. 63 f. Der Kritik von *Wenneras*, EELR 2003, 169 (172), der der Ansicht ist, der EuGH stelle im Wesentlichen darauf ab, dass das auf Unionsebene angelegte Schutzniveau nicht hoch genug sei, ist zuzugeben, dass die konkrete Anwendung der erwähnten allgemeinen Grundsätze auf die zur Debatte stehende Maßnahme nicht ganz eindeutig ist.

414 Zu diesem oben 5. Kap. Rn. 14 ff.

415 Vgl. EuGH, Rs. C-512/99 (Deutschland/Kommission), Slg. 2003, I-845, Ziff. 86 ff.

- Soweit allerdings die Frage zur Debatte steht, ob tatsächlich eine **Gefährdung der Umwelt oder der Qualität der Arbeitsumwelt** gegeben ist, dürfte den Mitgliedstaaten – ebenso wie bei der Frage nach der Verhältnismäßigkeit der Maßnahme – ein gewisser Gestaltungsspielraum einzuräumen sein, dies auch und gerade vor dem Hintergrund, dass es Art. 114 Abs. 5 AEUV den Mitgliedstaaten ermöglichen soll, in Bezug auf das Niveau des anzulegenden Schutzes eine andere Einschätzung als der Unionsgesetzgeber zugrundezulegen.

Interessant ist im Übrigen in diesem Zusammenhang, dass Art. 114 Abs. 5 AEUV – im Gegensatz zur Rechtslage unter Art. 114 Abs. 4 AEUV – von vornherein nur auf Maßnahmen zum Schutz der Umwelt oder Arbeitsumwelt Anwendung finden kann, nicht dagegen auf solche zum Schutz der in Art. 36 AEUV genannten Rechtsgüter. Dies erscheint zumindest teilweise widersprüchlich, etwa wenn man an die in Art. 36 AEUV erwähnten Belange des Gesundheitsschutzes oder des Schutzes von Tieren und Pflanzen denkt.[416]

(2) Neue wissenschaftliche Erkenntnisse

105 Sodann muss sich die entsprechende Maßnahme auf „neue wissenschaftliche Erkenntnisse" – wobei die Neuheit in Bezug zum Zeitpunkt des Erlasses der Harmonisierungsmaßnahme zu eruieren ist – stützen. Auch die Auslegung dieser Voraussetzung wurde in der Rechtsprechung letztlich noch nicht eigens erörtert.

In der Rs. C-3/00[417] wurde die Entscheidung der Kommission (in Bezug auf Nitrite und Nitrate) bereits deshalb für nichtig erklärt, weil die Kommission die entsprechenden Befunde des wissenschaftlichen Lebensmittelausschusses nicht berücksichtigt hatte, womit die Entscheidung bereits aus diesem Grund mit einem Fehler behaftet war, so dass sich die Frage nach der „Neuheit" der wissenschaftlichen Erkenntnisse erübrigte. Auch das EuG ging in den verb. Rs. T-366/03 und T-235/04[418] nicht auf dieses Kriterium ein, da es in Bezug auf die Einrichtung einer GVO-freien Zone in Oberösterreich bereits die Existenz eines „spezifischen Problems" verneinte.[419]

106 Die neuen wissenschaftlichen Erkenntnisse müssen wohl **nach Erlass der Harmonisierungsmaßnahme** aufgetreten sein, soll diese Anwendungsvoraussetzung einen Sinn machen. Allerdings bleiben auch auf dieser Grundlage Abgrenzungsschwierigkeiten: So wird es nicht immer leicht sein zu bestimmen, wann denn nun eine wissenschaftliche Erkenntnis genau „entstanden" ist, sind hier doch typischerweise Entwicklungen festzustellen, die sich erst im Laufe der Zeit von „Hypothesen" bis zu „relativen Sicherheiten" verdichten. Wann die Schwelle nun zu letzterem überschritten ist und damit eine „neue wissenschaftliche Erkenntnis" vorliegt, kann daher naturgemäß ganz verschieden beantwortet werden, so dass den Mitgliedstaaten auch hier ein gewisser Gestaltungsspielraum einzuräumen ist. Jedenfalls müssen die „Erkenntnisse" nicht unumstritten sein; ausreichend sind daher auch fundierte, d.h. wissenschaftlich belegte Zweifel bzw. Annahmen. Nur auf der Grundlage dieser Sicht kann – im Sinne des Vorsorageprin-

---

416 S. in diesem Zusammenhang auch *Jans/von der Heide*, Europäisches Umweltrecht, 143 f., die zu Recht darauf hinweisen, dass diese Differenzierung auch vor dem Hintergrund problematisch sein kann, dass die gleichen nationalen Bestimmungen – je nachdem, ob sie vor oder nach Erlass der jeweiligen unionsrechtlichen Maßnahmen angenommen wurden – in dem einen Mitgliedstaat aufrechterhalten und in einem anderen nicht eingeführt werden dürfen. Vgl. in diesem Zusammenhang die Entscheidung 2001/570 der Kommission, in der die Kommission u.a. argumentierte, bei Art. 114 Abs. 5 AEUV dürfe ausschließlich auf die Gesundheit am Arbeitsplatz, nicht hingegen allgemein auf Gesundheitserwägungen abgestellt werden. Wenn dies auch auf den ersten Blick angesichts der Wortlauts der Bestimmung zutreffend erscheinen mag, so ist doch darauf hinzuweisen, dass Art. 191 AEUV den Gesundheitsschutz als Teil der Umweltpolitik betrachtet, so dass jedenfalls ein pauschaler Ausschluss von Gesundheitserwägungen nicht überzeugend ist. Vgl. ähnlich auch *Krämer*, EC Environmental Law, 141 f.; auf entsprechende Unstimmigkeiten in der Ausgestaltung der zulässigen Gründe für die Einführung neuer Maßnahmen hinweisend auch *Albin/Bär*, NuR 1999, 185 (188); *Sevenster*, YEEL 2000, 291 (301 f.); *Richter*, „Nationale Alleingänge", 159 ff.; *Doberty*, YEEL 8 (2008), 48 (63 ff.).
417 EuGH, Rs. C-3/00 (Dänemark/Kommission), Slg. 2003, I-2643.
418 EuG, verb. Rs. T-366/03 und T-235/04, Oberösterreich und Österreich/Kommission, Slg. 2005, II-4005. Zu diesem Urteil etwa *Palme*, NuR 2006, 76 ff.; *Palme*, JEEPL 2006, 22 ff.; *Kahl*, ZUR 2006, 86 ff.
419 Vgl. ansonsten zur Praxis der Kommission im Einzelnen *Doberty*, YEEL 8 (2008), 48 (55 ff.).

5. Kapitel Grundprinzipien des Umweltrechts in der Europäischen Union

zips[420] – Gefahren für die Umwelt wirksam begegnet werden, sind „Sicherheiten" über die komplexen Ursache-Wirkung-Beziehungen von Umweltbelastungen und umweltpolitischen Maßnahmen doch eher selten.[421] Allerdings müssen die neuen wissenschaftlichen Eerkenntnisse in jedem Fall wissenschaftlich belegt und damit fundiert bzw. vertretbar sein.[422]

Diese Voraussetzung ist jedenfalls gegeben, wenn **neue Stellungnahmen wissenschaftlicher Gremien** zu vorliegen; die Kommission stellt denn auch regelmäßig auf solche Stellungnahmen ab.[423] Andererseits dürfte es den Mitgliedstaaten unbenommen sein, auch andere bzw. weitere Anhaltspunkte für das Vorliegen neuer wissenschaftlicher Erkenntnisse vorzubringen. 107

Insoweit ist das Urteil des EuG in den verb. Rs. T-366/03 und T-235/04[424] nicht ganz klar, wird hier doch relativ pauschal auf die Stellungnahme der Europäischen Lebensmittelbehörde zur Frage des Vorliegens eines spezifischen Umweltproblems in Oberösterreich verwiesen, die ihrerseits recht allgemein und ohne sich im Einzelnen mit der Ökologie, dem Ökolandbau und der Biodiversität auseinanderzusetzen, zum Schluss kam, dass es in Oberösterreich kein einzigartiges Ökosystem und daher auch kein spezifisches Umweltproblem gebe. Mit der Frage, ob man aufgrund der besonderen Charakteristika des fraglichen Gebiets zu einem anderen Schluss hätte kommen können, befassten sich weder die Behörde noch das Gericht wirklich.[425] Allerdings ist damit noch keine Aussage darüber verbunden, ob solche neuen wissenschaftlichen Erkenntnisse hätten bejaht werden können, da Österreich diesbezüglich kaum überzeugende Anhaltspunkte dargelegt hatte.

Die „Beweislast" dürfte damit auf der Grundlage der Rechtsprechung bei den Mitgliedstaaten liegen, was aber nichts daran ändert, dass diesen in diesem Rahmen – wie erwähnt – ein gewisser Gestaltungsspielraum eingeräumt werden sollte. 108

(3) Spezifisches Umweltproblem

Drittens muss für die Umwelt des betreffenden Mitgliedstaats ein **„spezifisches Problem"** bestehen. Dabei kann es sich – was in der Rechtsprechung aber bislang nicht ausdrücklich entschieden wurde – um Umwelt-, aber auch um sonstige Bedingungen handeln; entscheidend ist allein, dass darauf aufbauend ein spezifisches Umweltproblem entsteht.[426] Zu denken ist etwa an ökologisch besonders sensible Regionen oder an besonders belastete Ballungsgebiete. 109

Ein spezifisches Umweltproblem liegt nicht nur dann vor, wenn dieses sozusagen „einzigartig" und in keinem anderen Mitgliedstaat zu beobachten ist.[427] Legte man diese Voraussetzung des Art. 114 Abs. 5 AEUV so eng aus, könnte diese Bestimmung fast nie zur Anwendung kommen, da nur sehr wenige Umweltprobleme vorstellbar sind, die nur in einem Mitgliedstaat vorkommen. Zudem verpflichtet Art. 114 Abs. 7 AEUV die Kommission, im Falle der Genehmigung einer mitgliedstaatlichen Maßnahme zu prüfen, ob nicht auch unionsweit gegen das entsprechende Problem vorzugehen ist. Dies wäre aber sinnlos, wenn sich das Problem von vornherein sowieso nur in dem jeweiligen Mitgliedstaat stellen dürfte.[428] Im Übrigen widerspräche eine andere Sicht auch dem Anliegen des Art. 114 Abs. 5 AEUV, bei Vorliegen besonderer Bedin- 110

---

420 Für dessen Berücksichtigung in diesem Zusammenhang auch etwa *Meßerschmidt*, Europäisches Umweltrecht, § 2, Rn. 324. Zum Vorsorgeprinzip oben 5. Kap. Rn. 14 ff.
421 S. im Übrigen zu den verschiedenen Ausdrücken in Art. 114 Abs. 3 und 5 AEUV („wissenschaftliche Ergebnisse" und „wissenschaftliche Erkenntnisse") *de Sadeleer*, CMLRev. 2003, 889 (901 ff.).
422 I. Erg. ebenso etwa *Sevenster*, YEEL 2000, 291, 304; *Thun-Hohenstein*, Vertrag von Amsterdam (2. Kap. B.), 87; *Albin/Bär*, NuR 1999, 185 (187 f.); *Richter*, „Nationale Alleingänge", 177 ff.
423 Vgl. etwa Kommission, Entscheidung 2003/1 v. 18.2.2002, ABl. 2003 L 72, Rn. 79; zur Problematik der „faktischen Bindungswirkung" solcher Stellungnahmen aufgrund des Ansatzes der Kommission *Bücker/Schlacke*, NVwZ 2004, 62 (65).
424 EuG, verb. Rs. T-366/03 und T-235/04, Oberösterreich und Österreich/Kommission, Slg. 2005, II-4005.
425 Vgl. auch die Kritik des Urteils bei *Palme*, JEEPL 2006, 22 (25 f.); *Palme*, NuR 2006, 76 (78).
426 *Albin/Bär*, NuR 1999, 185 (189); s. auch Entscheidung der Kommission, ABl. 1999 L 329, 25.
427 Spezifizität bedeutet also nicht Exklusivität. Vgl. Entscheidung 2002/59 der Kommission über eine niederländische Vorschrift über die Beschränkungen des Inverkehrbringens und der Verwendung von mit Kreosot behandeltem Holz, ABl. 2002 L 23, 376. Aus der Literatur etwa *Albin/Bär*, NuR 1999, 185 (189); *Bär/Kraemer*, JEL 1998, 315 (322); *de Sadeleer*, CMLRev. 2003, 889 (900 f.); *Meßerschmidt*, Europäisches Umweltrecht, § 2, Rn. 326.
428 Auf diesen Aspekt weist etwa *Thun-Hohenstein*, Vertrag von Amsterdam (2. Kap. B.), 87, hin.

gungen ein Abweichen „nach oben" zu erlauben, können solche besonderen Bedingungen doch auch in mehreren Mitgliedstaaten vorliegen. Abzustellen ist daher bei der Frage des Vorliegens eines „spezifischen Problems" – das im Übrigen auch dann vorliegen kann, wenn sich das Umweltproblem zwar auch in anderen Mitgliedstaaten stellt, jedoch in gewissen ein größeres Ausmaß annimmt[429] – tendenziell auf den **Unionsdurchschnitt**. Spezifität ist also nicht mit Exklusivität gleichzusetzen.[430] Daher dürfte darauf abzustellen sein, ob ein **Problem in einem Mitgliedstaat besonders virulent** oder aber **ungewöhnlich** ist. Auch die Rechtsprechung legt im Grundsatz diesen Ansatz zugrunde.[431]

Das EuG[432] geht davon aus, dass der betreffende Mitgliedstaat das Vorliegen dieser Voraussetzung darzulegen hat,[433] so dass die **Beweislast** den Mitgliedstaaten obliegt. Dabei stellt das Gericht jedoch sehr hohe Anforderungen an die Darlegungslast der Mitgliedstaaten, wie das Urteil in der Rs. T-182/06,[434] in dem es um die Zulässigkeit strengerer Abgaswerte für Autos in den Niederlanden ging (wobei die unionsweit vorgesehenen Emissionsgrenzwerte in den Niederlanden lediglich früher als in dem einschlägigen EU-Rechtsakt vorgesehen angewandt werden sollten) illustriert: Ausgehend von der Feststellung, dass kein spezifisches Problem vorliege, wenn sich das Problem in im Großen und Ganzen entsprechender Weise in sämtlichen Mitgliedstaaten stellt und sich folglich für harmonisierte Lösungen auf Unionsebene anbiete, hält dass Gericht fest, dass entscheidend sei, ob die unionsrechtlich erfolgte Harmonisierung der anwendbaren Vorschriften geeignet ist, örtlich aufgetretenen Schwierigkeiten angemessen zu begegnen oder nicht. Allerdings sei nicht notwendig, dass das Problem nur in einem einzigen Mitgliedstaat auftrete, was die Kommission auch nicht angenommen habe. Es sei aber nicht nachgewiesen worden, dass es in den Niederlanden in Bezug auf die durch den Straßenverkehr verursachten Partikelemissionen ein spezifisches Problem gebe; vielmehr sei diese Problematik in anderen Mitgliedstaaten in vergleichbarer Weise gegeben. Ebensowenig sei nachgewiesen, dass die Überschreitungen der EU-Grenzwerte in den Niederlanden im Vergleich zur Situation in anderen Mitgliedstaaten derart gravierend seien, dass sie ein spezifisches Problem darstellten. Diese Argumentation vermag schon deshalb nicht zu überzeugen, weil auch die Niederlande doch insbesondere durch eine sehr hohe Siedlungsdichte auszeichnen und allein der Hinweis darauf, dass in manch anderen Regionen der Union ähnliche Belastungen auftreten, nicht ausreichend sein dürfte, um ein spezifisches Umweltproblem zu verneinen.[435] Insofern überrascht es denn auch nicht, dass das Urteil des EuG durch den EuGH wegen mangelnden Rückgriffs auf alle relevanten Daten – ohne dass sich der Gerichtshof jedoch mit den materiellrechtlichen Fragen des Art. 114 Abs. 5 AEUV (insbesondere mit der Bedeutung der Voraussetzung eines „spezifischen Problems") befasst hätte – aufgehoben wurde.[436]

Ein (spezifisches) Umweltproblem ist nur dann anzunehmen, wenn es sich tatsächlich um Umweltprobleme handelt; daher kann weder der Verweis auf eine traditionell strenge Umweltpolitik noch ein mögliches höheres Umweltbewusstsein der Bevölkerung ein „Umweltproblem" darstellen.[437]

(4) Auftreten des spezifischen Umweltproblems nach Erlass der Harmonisierungsmaßnahme

111 Viertens muss das spezifische Umweltproblem **nach Erlass der Harmonisierungsmaßnahme aufgetreten** sein, eine Voraussetzung, die in der bisherigen Rechtsprechung noch nicht näher erörtert wurde. Hinzuweisen ist dabei darauf, dass es – insoweit in Präzisierung der Formulierung in

---

429 So ausdrücklich *Meßerschmidt*, Europäisches Umweltrecht, § 2, Rn. 326.
430 Vgl. insoweit auch Entscheidung 2002/59, ABl. 2002 L 23, 376; aus der Literatur etwa *Albin/Bär*, NuR 1999, 185 (189); *de Sadeleer*, CMLRev. 2003, 889 (900 f.); *Bär/Kraemer*, JEL 1998, 315 (322).
431 EuGH, verb. Rs. C-439/05 P und C-454/05 P (Österreich/Kommission), Slg. 2007, I-7141; EuG, Rs. T-182/06 (Niederlande/Kommission), Slg. 2007, II-1983; s. aber auch die diesbezüglich noch missverständlichen Formulierungen in EuG, verb. Rs. T-366/03 und T-235/04 (Oberösterreich und Österreich/Kommission), Slg. 2005, II-4005.
432 EuG, verb. Rs. T-366/03 und T-235/04 (Oberösterreich und Österreich/Kommission), Slg. 2005, II-4005; EuG, Rs. T-182/06 (Niederlande/Kommission), Slg. 2007, II-1983.
433 Hierzu *Kahl*, ZUR 2006, 86 (87).
434 EuG, Rs. T-182/06 (Niederlande/Kommission), Slg. 2007, II-1983.
435 Kritisch zu diesem Ansatz auch etwa *Krämer*, EC Environmental Law, 140 f.
436 EuGH, Rs. C-405/07 P (Niederlande/Kommission), Slg. 2008, I-8301.
437 *Meßerschmidt*, Europäisches Umweltrecht, § 2, Rn. 326.

5. Kapitel Grundprinzipien des Umweltrechts in der Europäischen Union

Art. 114 Abs. 5 AEUV – nicht darauf ankommen kann, ob das Umweltproblem zum Zeitpunkt des Erlasses der Harmonisierungsmaßnahme bereits bestand oder nicht, sondern darauf, ob es auf der Grundlage des wissenschaftlichen Kenntnisstandes hätte bekannt sein müssen. Ob sich ein solches Problem tatsächlich **nach Erlass der Harmonisierungsmaßnahme** ergeben hat, ist demnach nicht anhand der wirklichen Tatsachen, sondern auf der Grundlage des zu diesem Zeitpunkt bestehenden Kenntnisstandes zu beurteilen. Nur wenn ein bestehendes Problem nämlich bekannt ist, kann es auch beim Erlass der unionsrechtlichen Maßnahme berücksichtigt werden, was ja wohl den Hintergrund dieser Einschränkung bilden dürfte.[438]

(5) Verhältnismäßigkeit

Schließlich muss die nationale Maßnahme dem Grundsatz der **Verhältnismäßigkeit** genügen, eine Anforderung, die bereits bei Art. 114 Abs. 4 AEUV zum Zuge kommt.[439] 112
Im Rahmen der Anwendung des Verhältnismäßigkeitsgrundsatzes (und auch ggf. bei den anderen Voraussetzungen für das Eingreifen des Art. 114 Abs. 5 AEUV) sind auch die **Umweltprinzipien** zu berücksichtigen, wobei dem **Vorsorgeprinzip** wohl eine besondere Bedeutung zukommen dürfte.[440]

(6) Bewertung

Insgesamt ist nicht zu verkennen, dass diese **Einschränkungen für den Erlass neuer nationaler Maßnahmen** nicht nur sehr restriktiv ausgefallen sind, sondern geradezu einen **prohibitiven Charakter** aufweisen. Kumulativ werden sie nur sehr selten vorliegen, so dass *de facto* der Handlungsspielraum der Mitgliedstaaten erheblich eingeschränkt wird.[441] Ob dies wirklich in dieser weitgehenden Form sinnvoll ist und ob damit dem eingangs skizzierten Spannungsverhältnis zwischen einer effektiven Verwirklichung des Binnenmarktes und der Sicherstellung eines möglichst hohen Schutzniveaus für die Umwelt Rechnung getragen werden kann, kann wohl mit einem Fragezeichen versehen werden:[442] Insbesondere im Falle eines relativ niedrigen unionsweiten Standards – Art. 114 Abs. 3 AEUV verlangt ja (nur) die Anlegung eines „hohen", nicht jedoch des „höchsten" Schutzniveaus[443] – dürfte ein effektiver Umweltschutz und die Verwirklichung eines angemessenen Schutzniveaus doch sehr erschwert werden. Zudem kann die in Art. 114 Abs. 4, 5 AEUV vorgesehene starke Abstufung der Voraussetzungen einer Beibehaltung oder einer Neueinführung nationaler Maßnahmen auch zu wenig kohärenten Ergebnissen führen: Ob nämlich eine nationale Bestimmung bereits zum Zeitpunkt des Erlasses der unionsrechtlichen Harmonisierungsmaßnahme bestand oder nicht, ist häufig auch vom Zufall bzw. von wechselnden politischen Mehrheiten abhängig, so dass hier in Bezug auf die gleiche nationale Maßnahme in verschiedenen Mitgliedstaaten unterschiedliche Maßstäbe zur Anwendung kommen können. 113

---

438 I. Erg. ähnlich *Albin/Bär*, NuR 1999, 185 (189); Calliess/Ruffert-*Kahl*, EUV/AEUV, Art. 114, Rn. 65.
439 Hierzu denn auch bereits oben 5. Kap. Rn. 99 ff.
440 Hierzu, mit Bezug auf das in dieser Hinsicht nicht sehr klare Urteil des EuG, EuG, verb. Rs. T-366/03 und T-235/04, Oberösterreich und Österreich/Kommission, Slg. 2005, II-4005, *Epiney*, NuR 2007, 111 (114); Calliess/Ruffert-*Kahl*, EUV/AEUV, Art. 114, Rn. 55.
441 S. auch *Schröder*, NuR 1998, 1 (3); *Meßerschmidt*, Europäisches Umweltrecht, § 2, Rn. 330; *Scheuing*, in: Umweltrecht im Wandel, 129 (160); *Krämer*, EC Environmental Law, 139; *Kahl*, JZ 2008, 74 ff.; Dauses-*Scherer/Heselhaus*, Hb. EU-Wirtschaftsrecht, O, Rn. 154; Vgl. auch die eher restriktive Auslegung des Art. 114 Abs. 5 AEUV bei GA *Tizzano*, Schlussanträge zur Rs. C-512/99, Slg. 2003, I-845, Ziff. 72 ff. S. immerhin z.B. die positive Entscheidung 2002/570 der Kommission, ABl. 2002 L 23, 37; die Genehmigung durch die Kommission ist aber die Ausnahme (vgl. *Kahl*, JZ 2008, 74 ff.; Calliess/Ruffert-*Kahl*, EUV/AEUV, Art. 114, Rn. 77, mit den Nachweisen der Kommissionsbeschlüsse), und die Rechtsprechung dürfte die Bestimmung – wie erwähnt – eher restriktiv auslegen.
442 Vgl. auch die Kritik an der Regelung bei *Böhm*, UTR 2001, 177 (189 f.).
443 Wobei hier noch der weite Gestaltungsspielraum des Unionsgesetzgebers hinzukommt, vgl. hierzu oben 5. Kap. Rn. 6 ff.

cc) Zum Verfahren

114 Das in Art. 114 Abs. 6 AEUV vorgesehene **Verfahren** – das für beide Varianten des nationalen Alleingangs, also Beibehaltung und Neueinführung nationaler Maßnahmen, parallel ausgestaltet ist – läuft in folgenden Schritten ab: Sechs Monate nach Eingang der Mitteilungen der Mitgliedstaaten fasst die Kommission einen Beschluss über die Zulässigkeit der mitgliedstaatlichen Maßnahme; dieser Zeitrahmen kann von der Kommission selbst bei Vorliegen gewisser Voraussetzungen[444] um nochmals sechs Monate verlängert werden. Trifft die Kommission in diesem Zeitrahmen keine Entscheidung, so gilt die nationale Regelung als gebilligt.

115 Damit kommt der Entscheidung der Kommission **konstitutiver Charakter** zu, so dass es den Mitgliedstaaten verwehrt ist, vor der Billigung durch die Kommission die entsprechende nationale Maßnahme anzuwenden.[445] Immerhin trägt die Regelung auch einer der Schwierigkeiten dieses konstitutiven Charakters, nämlich der ggf. langen Dauer des Verfahrens, Rechnung, indem eine zu lange Verfahrensdauer bei der Kommission nicht die weitere Unzulässigkeit der Anwendung der nationalen Bestimmung nach sich zieht.[446]

Die in Art. 114 Abs. 6 AEUV verankerten verfahrensrechtlichen Vorgaben und die Folgen ihrer Nichtbeachtung waren Gegenstand der **Rs. T-69/08**[447]. Das Gericht stellte fest, dass nach Ablauf der Frist des Art. 114 Abs. 6 AEUV der nationale Gesetzesentwurf als gebilligt gelte, sofern dem Mitgliedstaat keine anderslautende Entscheidung der Kommission fristgerecht bekannt gegeben wurde; dieser Grundsatz gelte auch dann, wenn die eigentliche Entscheidung der Kommission innerhalb der Frist erfolgt war und dem betreffenden Mitgliedstaat „informell" mitgeteilt worden war. Der Gesetzesentwurf könne daher nach Ablauf dieser Frist – ungeachtet der materiell-rechtlichen Situation – nicht mehr abgelehnt werden. Damit wird also entscheidend nicht auf das eigentliche Erlassdatum der Entscheidung (bzw. des Beschlusses), sondern ihre ordnungsgemäße Bekanntgabe an den betroffenen Mitgliedstaat abgestellt, was schon aus Gründen der Rechtssicherheit und auch vor dem Hintergrund, dass Entscheidungen bzw. an bestimmte Adressaten gerichtete Beschlüsse immer erst dann rechtswirksam werden, wenn sie dem Adressaten bekannt gegeben werden, überzeugt.

116 Nach der Rechtsprechung des EuG[448] ist die **Zulässigkeit** der Klage eines Mitgliedstaats gegen eine ablehnende Kommissionsentscheidung auf der Grundlage des Art. 114 Abs. 6 AEUV insofern hinsichtlich ihres **Gegenstands** zu begrenzen, als es nur um das (Nicht-) Vorliegen der Voraussetzungen des Art. 114 Abs. 4-6 AEUV gehen könne, nicht hingegen um die Auslegung des relevanten Sekundärrechts (insbesondere soweit dessen Abgeschlossenheit betroffen ist). Dieser Ansatz des Gerichts[449] impliziert, dass die Mitgliedstaaten im Zweifel keine Notifizierung vor-

---

[444] Nämlich, wenn der Sachverhalt schwierig ist und keine Gefahr für die menschliche Gesundheit besteht. Gerade bei der Beurteilung der „Schwierigkeit" des Sachverhalts dürfte der Kommission aber ein beträchtlicher Beurteilungsspielraum zustehen.

[445] Vgl. so auch schon, vor der entsprechenden Klarstellung im Vertrag, EuGH, Rs. C-41/93 (Frankreich/Kommission), Slg. 1994, I-1849. Bei Art. 114 Abs. 4 AEUV könnte sich die Frage aufdrängen, ob es sinnvoll ist, die Anwendung einer nationalen Regelung, die möglicherweise bereits jahrelang in Kraft ist, bis zur Entscheidung der Kommission auszusetzen. Diese Problematik kann sich insbesondere bei Verordnungen stellen; bei Richtlinien haben die Mitgliedstaaten während der Umsetzungsfrist wohl genügend Zeit, die entsprechende Regelung zu notifizieren. Vgl. zur Problematik *Middeke*, EUDUR I, § 32, Rn. 10; 31; *Meßschmidt*, Europäisches Umweltrecht, § 2, Rn. 332, der aufgrund des Wortlauts davon ausgeht, dass auch im Falle der Beibehaltung nationalen Rechts dieses bis zur Entscheidung der Kommission auszusetzen ist. A.A. *Krämer*, EC Environmental Law, 135, der darauf hinweist, dass diese Formulierung aus der Zeit stammt, zu der noch nicht zwischen Beibehaltung und Neueinführung unterschieden wurde und dass eine Aussetzung der Anwendung bereits geltenden Rechts zu beträchtlichen Schwierigkeiten führte.

[446] Vgl. in diesem Zusammenhang EuGH, Rs. C-319/97 (Kortas), Slg. 1999, I-3143, in dem es u.a. darum ging, dass die Kommission jahrelang nicht auf eine Notifizierung Schwedens reagierte. Der EuGH wies in diesem Zusammenhang darauf hin, dass den Maßnahmen zur Angleichung der Rechtsvorschriften der Mitgliedstaaten ihre Wirkung genommen würde, wenn die Mitgliedstaaten die Möglichkeit behielten, einseitig eine davon abweichende einzelstaatliche Regelung anzuwenden, so dass der betreffende Mitgliedstaat die Maßnahme erst dann anwenden dürfe, wenn er von der Kommission eine Entscheidung über ihre Bestätigung erhalten hat.

[447] EuG, Rs. T-69/08 (Polen/Kommission), Urt. v. 9.12.2010.

[448] EuG, Rs. T-234/04 (Niederlande/Kommission), Slg. 2007, II-4589.

[449] Der durchaus mit guten Gründen kritisiert werden kann, vgl. hierzu *Epiney*, EurUP 2008, 84 (85 f.).

nehmen sollten, sondern die Rechtmäßigkeit der jeweiligen nationalen Maßnahme damit begründen sollten, dass die fragliche unionsrechtliche Maßnahme eben gerade nicht abschließend sei.

Die **Kognition** der Kommission ist auf die in Art. 114 Abs. 4, 5 AEUV genannten Voraussetzungen beschränkt. Die nationalen Maßnahmen müssen also in unserem Zusammenhang namentlich tatsächlich umweltpolitische Zielsetzungen verfolgen und verhältnismäßig sein. Notwendig, aber auch ausreichend ist es daher, dass die entsprechende Maßnahme auf umweltpolitischen Erwägungen beruht, der betreffende Mitgliedstaat also ein höheres Schutzniveau anlegen will, und die Voraussetzungen der genannten Bestimmungen gegeben sind. Dabei obliegt es dem betreffenden Mitgliedstaat, der Kommission die Gründe für die Aufrechterhaltung oder Neueinführung der nationalen Bestimmungen mitzuteilen und damit das Vorliegen der Voraussetzungen der in Art. 114 Abs. 4, 5 AEUV zu beweisen;[450] die Kommission kann und muss sich angesichts der relativ kurzen Fristen darauf beschränken, die von dem Mitgliedstaat vorgelegten Angaben und Argumente auf ihre Vereinbarkeit mit Art. 114 Abs. 4, 5 AEUV zu prüfen.[451]

Art. 114 Abs. 9 AEUV ist eine Sonderregelung bezüglich des Vertragsverletzungsverfahrens (Art. 258, 259 AEUV) zu entnehmen: Der Gerichtshof kann abweichend vom ansonsten zu beachtenden Vorverfahren sofort angerufen werden.

c) Art. 193 AEUV

Art. 193 AEUV stellt sowohl in materieller als auch in prozessualer Hinsicht wesentlich weniger weitgehende Anforderungen an den nationalen Alleingang als Art. 114 Abs. 4-6 AEUV:[452]

- Art. 193 AEUV erlaubt – insoweit im Gegensatz zu Art. 114 Abs. 4-6 AEUV – unter den gleichen Voraussetzungen sowohl die **Beibehaltung** als auch die **Neueinführung** verstärkter nationaler Schutzmaßnahmen.[453]
- Der erforderlichen **Notifikation** an die Kommission kommt nur ein **deklaratorischer Charakter** zu,[454] so dass die betreffende nationale Regelung nicht durch die Kommission genehmigt werden muss. Allerdings stellt das Unterlassen der Notifizierung eine Vertragsverletzung dar. Dieser deklaratorische Charakter impliziert nach der nunmehr klaren Rechtsprechung[455] auch, dass im Falle einer unterlassenen Notifizierung nach Art. 193 AEUV diese Bestimmung gleichwohl herangezogen werden kann, um die Zulässigkeit der jeweiligen nationalen Maßnahme zu begründen.[456] Damit setzt eine Anwendung des Art. 193 AEUV gerade nicht voraus, dass die entsprechende nationale Bestimmung ausdrücklich als Anwendungsfall von Art. 193 AEUV deklariert und mitgeteilt worden ist, so dass allgemein Abweichungen von den Vorgaben der unionsrechtlichen Regelungen unter Rückgriff auf Art. 193 AEUV als zulässig angesehen werden können. Ob dieser Ansatz vor dem Hintergrund einer gewissen Rechtsklarheit und Transparenz wirklich sinnvoll ist, mag bezweifelt werden.

---

450 Vgl. nur m.w.N. *Middeke*, EUDUR I, § 32, Rn. 34.
451 Vgl. Entscheidung 2001/570 der Kommission über den deutschen Entwurf für Rechtsvorschriften über die Beschränkung des Inverkehrbringens und der Verwendung zinnorganischer Verbindungen, ABl. 2001 L 202, 37.
452 Im Übrigen kann jedenfalls diese Bestimmung nicht als „Ausnahmevorschrift" aufgefasst werden, die eng auszulegen wäre, vgl. nur, m.w.N., *Streinz-Kahl*, EUV/AEUV, Art. 193, Rn. 3. Nach der hier vertretenen Ansicht gilt dies freilich auch für Art. 114 Abs. 4-6 AEUV, vgl. oben 5. Kap. Rn. 99 ff.
453 *Jarass*, NVwZ 2000, 529 (530); *Richter*, „Nationale Alleingänge", 243; *Middeke*, EUDUR I, § 32, Rn. 76.
454 *Jarass*, NVwZ 2000, 529 (531); *Calliess/Ruffert-Calliess*, EUV/AEUV, Art. 193, Rn. 15; *Richter*, „Nationale Alleingänge", 247; ausdrücklich nunmehr auch EuGH, Rs. C-2/10 (Azienda Agro-Zootecnica), Urt. v. 21.7.2011, Ziff. 53.
455 Nicht ganz klar noch EuGH, Rs. C-203/96 (Dusseldorp), Slg. 1998, I-4075; EuGH, Rs. C-209/98 (Sydhavnens Stens), Slg. 2000, I-3743, wo diese Frage nicht ausdrücklich erörtert wurde, jedoch bereits die Notifizierung nicht eigens geprüft wurde.
456 EuGH, Rs. C-2/10 (Azienda Agro Zootecnica), Urt. v. 21.7.2011.

- Die nationale Maßnahme muss mit dem **Vertrag vereinbar** sein. Aus der Rechtsprechung[457] lässt sich – zumindest implizit – ableiten, dass dabei gegen den jeweiligen **Rechtsakt**, auf den sich die Schutzmaßnahme bezieht, insofern „verstoßen" werden kann, als die auf Art. 192 AEUV gestützten Maßnahmen von vornherein nur Mindeststandards verankern, so dass es nicht darauf ankommen kann, ob die jeweilige Maßnahme als **abschließend** anzusehen ist.[458] Insofern kommt Art. 193 AEUV also auch und gerade dann zum Zuge, wenn die sekundärrechtliche Regelung gewisse Standards verbindlich vorschreibt. Dies dürfte sich auch zwingend aus der Rs. C-6/03[459] ergeben.[460]

- Darüber hinaus jedoch impliziert die Vereinbarkeit mit dem Vertrag nach der neueren Rechtsprechung, dass die **Gesamtheit des Primär- und Sekundärrechts** zu beachten ist, dies unter Einschluss von solchen Rechtsakten, die auf der Grundlage des Art. 192 AEUV erlassen wurden.[461] Damit ist also im Rahmen der Voraussetzung der Vereinbarkeit mit dem Vertrag nicht nur das Primärrecht, sondern grundsätzlich[462] auch umfassend das Sekundärrecht zu prüfen.[463]

- Sodann müssen die mitgliedstaatlichen Maßnahmen dem Grundsatz der **Verhältnismäßigkeit** genügen, und die **EU-Grundrechte** sind zu beachten. In diesem Rahmen ist auch zu prüfen, ob die **Maßnahme tatsächlich dem Umweltschutz** dient, geht es hier doch um das Vorliegen einer tatbestandlichen Voraussetzung des Art. 193 AEUV.

Die Rechtsprechung war hier jedoch zunächst nicht klar: In der Rs. C-6/03[464] hielt der EuGH fest, die mitgliedstaatlichen Maßnahmen müssten zwar nicht allgemein dem unionsrechtlichen Grundsatz der

---

457 S. insbesondere EuGH, Rs. C-318/98 (Fornasar), Slg. 2000, I-4785; EuGH, Rs. C-203/96 (Dusseldorp), Slg. 1998, I-4075; EuGH, Rs. C-209/98 (Sydhavnens Sten), Slg. 2000, I-3743; EuGH, Rs. C-6/03 (Deponiezweckverband Eiterköpfe), Slg. 2005, I-2753.
458 S. schon oben 5. Kap. Rn. 65 ff.; ebenso etwa *Jarass*, NVwZ 2000, 529 (530); Calliess/Ruffert-*Calliess*, EUV/AEUV, Art. 193, Rn. 5; *Winter*, DVBl. 2000 (9. Kap. E.III.), 657 (666); nicht ganz klar aber *Krämer/Winter*, in: Schulze/Zuleeg/Kadelbach, Europarecht, Kap. 26, Rn. 15.
459 EuGH, Rs. C-6/03 (Deponiezweckverband Eiterköpfe), Slg. 2005, I-2753. Klar in diese Richtung auch EuGH, Rs. C-219/07 (Nationale Raad van Dierenkwekers en Liefhebbers/Belgien), Slg. 2008, I-4475.
460 Ebenso *Jans*, FS Rehbinder, 705 (708).
461 EuGH, Rs. C-2/10 (Azienda Agro Zootecnica), Urt. v. 21.7.2011. Hier prüfte der Gerichtshof die Vereinbarkeit einer über die RL 92/43 (Habitatrichtlinie) hinausgehenden nationalen Vorschrift auch am Maßstab zweier anderer Sekundärrechtsakte, die (auch) auf der Grundlage des Art. 192 AEUV erlassen worden waren. Allerdings ging es bei dieser Prüfung der nationalen Vorschrift am Maßstab des Sekundärrechts einerseits um das dort verankerte (allgemeine) Diskriminierungsverbot, andererseits um den ebenfalls sekundärrechtlich verankerten Verhältnismäßigkeitsgrundsatz, so dass möglicherweise vertreten werden könnte, dass hier letztlich primärrechtliche Grundsätze herangezogen wurden. Gleichwohl deuten die Formulierungen des Gerichtshofs darauf hin, dass er umfassend von der Notwendigkeit der Vereinbarkeit mit Sekundärrecht ausgeht, wobei offen bleibt, ob nicht bei auf Art. 192 AEUV gestützten Rechtsakten dann jeweils auch Art. 193 AEUV herangezogen werden könnte.
462 Ausgenommen könnten allenfalls auf Art. 192 AEUV gestützte Rechtsakte sein. Die Rechtsprechung (vgl. EuGH, Rs. C-2/10 (Azienda Agro Zootecnica), Urt. v. 21.7.2011) ist diesbezüglich nicht ganz klar, vgl. schon die Bemerkungen in Fn. 462.
463 Diese Frage war in der Literatur umstritten: Während über die Maßgeblichkeit des Primärrechts von vornherein Einigkeit bestand (vgl. zum Problemkreis umfassend mit zahlreichen weiteren Nachweisen *Middeke*, EUDUR I, § 32, Rn. 78 ff.), gingen weite Teile der Literatur davon aus, dass das Sekundärrecht hier nicht zu prüfen sei (so etwa Calliess/Ruffert-*Calliess*, EUV/AEUV, Art. 193, Rn. 10 ff.; *Richter*, „Nationale Alleingänge", 243 ff.; *Kahl*, Umweltprinzip, 44; Streinz-*Kahl*, EUV/AEUV, Art. 193, Rn. 21 f.), während andere – im Einklang mit der nunmehr erfolgten zumindest teilweisen Klarstellung in der Rechtsprechung – schon immer auf das gesamte Sekundärrecht, mit Ausnahme derjenigen Vorschriften, von denen abgewichen werden soll, abstellten, so etwa Dauses-*Scherer/Heselhaus*, Hb. EU-Wirtschaftsrecht, O, Rn. 169; Grabitz/Hilf/Nettesheim-*Nettesheim*, Recht der EU, Art. 193, Rn. 15; *Krämer*, Droit de l'environnement de l'UE, 92; *Krämer*, EC Environmental Law, 128. Wiederum andere differenzierten, je nachdem, ob der Sekundärrechtsakt auch Art. 192 AEUV oder eine andere Rechtsgrundlage gestützt war, denn in Bezug auf letztere existiert ja gerade keine Art. 193 AEUV entsprechende Bestimmung, so dass sie nach dem Vertrag zu beachten sind und ihre Nichtbeachtung damit zu einer Unvereinbarkeit mit dem Vertrag im Sinne des Art. 193 AEUV führte, so *Jarass*, NVwZ 2000, 529 (531), sowie noch die Vorauflage dieses Buches, 142 ff. Für diesen Ansatz dürften nach wie vor die besseren Gründe sprechen.
464 EuGH, Rs. C-6/03 (Deponiezweckverband Eiterköpfe), Slg. 2005, I-2753.

5. Kapitel Grundprinzipien des Umweltrechts in der Europäischen Union

Verhältnismäßigkeit genügen, sondern nur insoweit, als dieser aufgrund des Unionsrechts einschlägig ist, insbesondere im Zuge der Maßgeblichkeit der Grundfreiheiten.[465] Allerdings nahm der EuGH durchaus eine Art *de facto*-Verhältnismäßigkeitsprüfung im Rahmen der Erörterung der Frage, ob die nationale Maßnahme dasselbe Ziel wie die entsprechende unionsrechtliche Maßnahme verfolgt, vor.[466]

Aus der Rs. C-2/10[467] ergibt sich nunmehr klar, dass die nationalen Schutzverstärkungen auch dem Verhältnismäßigkeitsgrundsatz entsprechen müssen; zwar nimmt der Gerichtshof hier auch auf die Verankerung dieses Grundsatzes in einem (anderen) Sekundärrechtsakt Bezug, betont aber andererseits, dieser stelle auch einen allgemeinen unionsrechtlichen Grundsatz dar.

Jedenfalls erscheint es aus dogmatischer Sicht überzeugender, das Ergreifen von Schutzmaßnahmen auf der Grundlage des Art. 193 AEUV als Wahrnehmung einer unionsrechtlich eingeräumten Befugnis anzusehen, so dass der Grundsatz der Verhältnismäßigkeit auch allgemein zu beachten ist:[468] Denn im Falle der Berufung auf Art. 193 AEUV geht es – wie der EuGH auch betont – um die Ausübung einer **durch das Unionsrecht geregelten Befugnis**, insofern parallel etwa zu Art. 34, 36 AEUV. Dann aber müssten auch hier – ausgehend von der Rechtsprechung des EuGH[469] – die unionsrechtlichen Grundrechte und die rechtsstaatlichen Grundsätze (und damit der Grundsatz der Verhältnismäßigkeit) maßgeblich sein, eröffnet doch die Berufung auf eine unionsrechtlich eingeräumte Befugnis den Anwendungsbereich des Unionsrechts. Dass dabei die Festlegung des Schutzniveaus den Mitgliedstaaten obliegen muss, ändert hieran nichts, wie auch der Vergleich mit Art. 34 AEUV zeigt. Daher ist die Berufung auf Art. 193 AEUV als eine Wahrnehmung einer durch den Vertrag gewährten Befugnis anzusehen, so dass auf dieser Grundlage (auch) die Beachtung des Grundsatzes der Verhältnismäßigkeit zu verlangen ist. Im Übrigen wäre es wenig überzeugend, den Mitgliedstaaten auf der Grundlage des Art. 193 AEUV die Anwendung einer „strengeren" Maßnahme zu erlauben, die jedoch nicht geeignet oder nicht erforderlich wäre, um das angestrebte Ziel zu erreichen.

- Den Mitgliedstaaten obliegt grundsätzlich die **Beweislast** aufzuzeigen, dass die dargelegten Voraussetzungen des Art. 193 AEUV vorliegen, wobei ihnen jedoch, insbesondere im Falle wissenschaftlicher Unsicherheiten, ein gewisser **Gestaltungsspielraum** einzuräumen ist, der sich auch auf die Geeignetheit und Erforderlichkeit einer Maßnahme beziehen kann.

Insgesamt zieht Art. 193 AEUV damit die Konsequenz nach sich, dass alle auf der Grundlage von Art. 192 AEUV erlassenen Maßnahmen von Vornherein (nur) **Mindeststandards** darstellen und den Mitgliedstaaten – selbstverständlich unter Beachtung des Grundsatzes der Verhältnismäßigkeit und ganz allgemein der Anforderungen des Vertrages, wobei Art. 34 ff. AEUV eine besondere Bedeutung zukommen dürfte[470] – weitgehende Möglichkeiten zu nationalen Alleingängen eröffnet sind.

119

---

465 Hintergrund dieser überraschenden Feststellung dürfte der Umstand sein, dass die unionsrechtlichen Grundrechte und rechtsstaatlichen Prinzipien für die Mitgliedstaaten nur insoweit zu beachten sind, als sie Unionsrecht anwenden oder durchführen (s. auch Art. 51 Abs. 1 Grundrechtecharta). Gerade diese Voraussetzung könnte aber bei der Wahrnehmung der Befugnis, verstärkte Schutzmaßnahmen zu ergreifen, nicht gegeben sein, da die Mitgliedstaaten hier ausschließlich die ihnen verbleibenden Kompetenzen ausüben; sie könnten dies aus unionsrechtlicher Sicht aber auch unterlassen und gar keine Regelung treffen, so dass in den Konstellationen, in denen verstärkte Schutzmaßnahmen getroffen werden, auch keine unionsrechtlichen Anforderungen zum Zuge kommen könnten. S. in diese Richtung denn auch die Interpretation der Rechtsprechung bei *de Cecco*, CMLRev. 2006, 9, 25 f., der das Urteil insofern begrüßen dürfte.
466 Hierauf hinweisend *Jans*, FS Rehbinder, 705 (713 f.).
467 EuGH, Rs. C-2/10 (Azienda Agro Zootecnica), Urt. v. 21.7.2011.
468 S. auch die Kritik und ausführliche Analyse des Urteils des Gerichtshofs in der Rs. C-6/03 bei *Jans*, FS Rehbinder, 705 ff.
469 Vgl. EuGH, Rs. C-293/97 (Standley), Slg. 1999, I-2603; EuGH, Rs. C-260/89 (ERT), Slg. 1991, I-2925; EuGH, Rs. C-386/95 (Familiapress), Slg. 1997, I-3689.
470 Auf der Grundlage dieser Sicht ist dann eine auf Art. 193 AEUV gestützte nationale Maßnahme im Falle der Einschlägigkeit der Art. 34 ff. AEUV nach ähnlichen Kriterien zu prüfen wie eine nationale Maßnahme im nicht harmonisierten Bereich. Vgl. aus der Rechtsprechung in diese Richtung denn auch EuGH, Rs. C-203/96 (Dusseldorp), Slg. 1998, I-4075, Ziff. 35 ff.; EuGH, Rs. C-389/95 (Aher-Waggon), Slg. 1998, I-4473, Ziff. 16 ff.; EuGH, Rs. C-219/07 (Nationale Raad van Dierenkwekers en Liefhebbers/Belgien), Slg. 2008, I-4475.

120 Art. 193 AEUV kommt grundsätzlich auch in den **Außenbeziehungen** zum Zuge:[471] Abgesehen von der für diese Sicht sprechenden systematischen Stellung der Bestimmung am Ende des Umwelttitels entspricht dieser Ansatz auch Sinn und Zweck der Bestimmung, der den Mitgliedstaaten im Falle des Bestehens unionsrechtlicher Standards das „Weitergehen" erlaubt; ob diese Standards in einem internen Rechtsakt oder einem für die EU verbindlichen völkerrechtlichen Vertrag verankert sind, ist vor diesem Hintergrund letztlich ohne Relevanz. Bei der Heranziehung des Art. 193 AEUV im Zusammenhang mit den Außenbeziehungen ist zu unterscheiden:

- Zunächst kann sich die Zulässigkeit einer **mitgliedstaatlichen Maßnahme**, die über den in einem durch die EU abgeschlossenen völkerrechtlichen Vertrag geregelten Standard hinausgeht, aus Art. 193 AEUV ergeben.
- Darüber hinaus kann Art. 193 AEUV grundsätzlich auch herangezogen werden, wenn es um eine **einseitige Bindung der Mitgliedstaaten auf völkerrechtlicher Ebene** (immer in Bereichen, die bereits Gegenstand von Unionsregelungen und / oder von auch durch die EU abgeschlossenen völkerrechtlichen Verträgen sind) geht. Allerdings ist hier Art. 4 Abs. 3 EUV zu beachten, wonach der Abschluss eines völkerrechtlichen Vertrags die effektive Wirkung des Unionsrechts nicht beeinträchtigen darf. Dies ist der Fall, wenn durch den Abschluss eines völkerrechtlichen Vertrags durch einen Mitgliedstaat unionsrechtliche Zielsetzungen, Bindungen oder Verfahren unterlaufen würden, was in Bezug auf den gegenwärtigen und den zukünftigen Besitzstand möglich ist. Eine derartige Beeinträchtigungsgefahr muss hinreichend konkretisierbar und im konkreten Einzelfall nachvollziehbar sein.[472]

Allerdings kann Art. 193 AEUV in den Außenbeziehungen nach der zutreffenden Rechtsprechung des EuGH jedenfalls dann nicht zum Zuge kommen, wenn ein Mitgliedstaat unter Verstoß gegen Art. 4 Abs. 3 EUV die Verschärfung eines im Rahmen eines völkerrechtlichen Abkommens bestehenden Standards beantragt und die Zahl der auf die EU entfallenden Stimmen nicht ausreicht, um den Erlass einer Änderung des betreffenden Übereinkommens bzw. seines Anhangs abzuwenden, wäre doch die EU im Falle eines solchen Beschlusses auf internationaler Ebene, im Gegensatz zu einer nationalen Maßnahme, insgesamt gebunden,[473] so dass es in einer solchen Konstellation nicht mehr allein um eine nationale schutzverstärkende Maßnahme, sondern das Initiieren eines für die EU als ganzes verbindlichen Beschlusses geht bzw. ginge. Verallgemeinert man diesen Ansatz, so kann Art. 193 AEUV nicht die Zulässigkeit mitgliedstaatlicher Maßnahmen begründen, die zu einer **Bindung der EU auf völkerrechtlicher Ebene** führen könnten.

C. Umsetzung und Vollzug

121 Erlass und Inkrafttreten umweltrechtlicher Regelungen auf Unionsebene ziehen für die Mitgliedstaaten die Konsequenz nach sich, dass sie – auf der Grundlage des Vorrangs des Unions-

---

471 Vgl. bereits, m.w.N. *Epiney/Gross*, in: Marr u.a., EG-Kompetenzen bei völkerrechtlichen Verträgen (4. Kap. E.II.), 25 ff.; zur Erstreckung des Art. 193 AEUV auf die Außenbeziehungen auch etwa Streinz-*Kahl*, EUV/AEUV, Art. 193, Rn. 14; *Rodenhoff*, Die EG und ihre Mitgliedstaaten als völkerrechtliche Einheit (4. Kap. E.II.), 123 ff.; *Krämer*, Droit de l'environnement de l'UE, 337 f.; *Steyrer*, ZUR 2005 (4. Kap. E.II.), 343; Grabitz/Hilf/Nettesheim-*Nettesheim*, Recht der EU, Art. 191, Rn. 168; aus der Rechtsprechung EuGH, Rs. C-459/03 (Kommission/Irland), Slg. 2006, I-4635, Ziff. 92; EuGH, Rs. C-246/07 (Kommission/Schweden), Slg. 2010, I-3317.
472 S. aus der Rechtsprechung insbesondere EuGH, Gutachten 2/91 (ILO), Slg. 1993, I-1061; s. auch EuGH, Rs. C-246/07 (Kommission/Schweden), Slg. 2010, I-3317; im Einzelnen ist die genaue Tragweite des Art. 4 Abs. 3 EUV in den Außenbeziehungen jedoch noch nicht abschließend geklärt. Vgl. hierzu, m.w.N., *Epiney*, FS Ress (4. Kap. E.II.), 441 ff.; *Epiney/Gross*, UTR 2004 (4. Kap. E.II.), 27 (43 f.); ebenfalls für die grundsätzliche Möglichkeit der EU-Mitgliedstaaten, auch auf internationaler Ebene strengere Vorgaben anzustreben als die EU, *Krämer*, Droit de l'environnement de l'UE, 337 f.
473 EuGH, Rs. C-246/07 (Kommission/Schweden), Slg. 2010, I-3317.

rechts⁴⁷⁴ und Art. 4 Abs. 3 EUV – verpflichtet sind, die sich aus den betreffenden Regelungen ergebenden Anforderungen zu erfüllen. Diese **Bindungswirkung des Unionsrechts** impliziert auch und gerade, dass die Mitgliedstaaten – soweit erforderlich – das Unionsrecht umzusetzen, Art. 288 Abs. 3 AEUV (I.), und seinen Vollzug (II.) sicherzustellen haben.⁴⁷⁵

Darüber hinaus ist noch auf den Grundsatz der **unionsrechtskonformen Auslegung** nationalen Rechts hinzuweisen: Der Vorrang des Unionsrechts hat grundsätzlich zur Folge, dass entgegenstehendes nationales Recht unanwendbar wird. Um diese Konsequenz so weit wie möglich zu vermeiden, wird durch das Prinzip der unionsrechtskonformen Auslegung sichergestellt, dass nationales Recht im Zweifel so auszulegen ist, dass es nicht im Widerspruch zu unionsrechtlichen Vorgaben steht. Diese „Kollisionslage" ist auch bei Richtlinien gegeben, so dass – jedenfalls nach Ablauf der Umsetzungsfrist – ebenfalls ein Grundsatz richtlinienkonformer Auslegung gilt.⁴⁷⁶

I. Umsetzung

Die **Pflicht der Mitgliedstaaten zur Umsetzung** des Unionsrechts kommt von vornherein nur bei der EU-Rechtsetzung durch **Richtlinien** – denen (auch und gerade) im Umweltrecht eine große Bedeutung zukommt – zum Zuge,⁴⁷⁷ woran auch der Umstand nichts ändert, dass auch Verordnungen mitunter Durchführungsvorschriften erfordern.⁴⁷⁸ Während nämlich Verordnungen in den Mitgliedstaaten unmittelbar Rechtswirkungen entfalten und damit eine Umsetzung auf nationaler Ebene weder notwendig noch zulässig ist, beruht die Richtlinie auf dem Konzept, nur hinsichtlich der zu erreichenden Zieles verbindlich zu sein, die Wahl von Form und Mitteln jedoch den innerstaatlichen Stellen zu überlassen (Art. 288 Abs. 3 AEUV).

122

Dieses ursprüngliche Konzept der Unionsverträge wandelte sich aus verschiedenen Gründen⁴⁷⁹ zu einem umfassenden Regulierungsinstrument der Union, das sich in der Praxis oft kaum mehr von der Verordnung unterscheidet:

- Die Richtlinien wurden auch und gerade im Bereich des Umweltschutzes teilweise sehr differenziert ausgestaltet und mit langen sowie detaillierten Anhängen versehen, die oft wenig Raum für eine Wahl der Form und Mittel lassen.

---

474 Grundlegend hierzu aus der Rechtsprechung EuGH, Rs. 26/62 (van Gend & Loos), Slg. 1962, 1 ff.; EuGH, Rs. 4/64 (Costa/ENEL), Slg. 1964, 1251, 1269; EuGH, Rs. 106/77 (Simmenthal), Slg. 1978, 629, Ziff. 14 ff. Aus der Literatur nur *Jarass/Beljin*, NVwZ 2004, 1 ff.; *Jarass/Beljin*, JZ 2003, 768 ff.; *Kalgian*, ÖZÖR 2001, 305 ff.; *Niedobitek*, VerwArch 2001, 58 ff.; *Schliesky*, DVBl. 2003, 631 ff. Unter Einbeziehung des *Maastricht*-Urteils des BVerfG, BVerfGE 89, 155 ff., *Epiney*, Umgekehrte Diskriminierungen, 501 ff.
475 Vgl. in Bezug auf die verschiedenen, voneinander zu unterscheidenden „Durchführungsakte", die hier nicht im Einzelnen aufgeführt werden können, *Rengeling*, EUDUR I, § 27, Rn. 3 ff., § 28, Rn. 1 ff.
476 Vgl. hierzu aus der Rechtsprechung EuGH, Rs. 14/83 (von Colson), Slg. 1984, 1891, Ziff. 26; EuGH, Rs. 31/87 (Beentjes), Slg. 1988, 4635, Ziff. 39; EuGH, Rs. C-53/10 (Müksch), Urt. v. 15.9.2011, wo der Gerichtshof auch betont, dass eine unionsrechtskonform ausgelegte nationale Bestimmung auch Einzelnen entgegengehalten werden könne; aus der Literatur *Jarass*, EuR 1991, 211 ff.; *Klein*, FS Everling, 641 (646 f.); *Ohler*, in: Neueste Entwicklungen im Zusammenspiel von Europarecht und nationalem Recht, 147 (162 f.); *Rodriguez Iglesias/Riechenberg*, FS Everling, 1213 ff.; *Albin*, Vollzugskontrolle des europäischen Umweltrechts, 99 ff.; ausführlich mit Bezug zum EU-Umweltrecht *Jans/Vedder*, European Environmental Law, 215 ff.; *Wenneras*, Enforcement of EC Environmental Law, 55 ff.; *Hatje*, EUDUR I, § 33; *Gellermann*, Beeinflussung des bundesdeutschen Rechts, 163 ff.; *Engelsberger*, Vollzug europarechtlicher Vorschriften auf dem Gebiet des Umweltschutzes, 112 ff.; *Jann/Schima*, FS Rodriguez Iglesias, 283 ff.; *Moitinho de Almeida*, FS Rodriguez Iglesias, 235 (240 ff.); *Jarass/Beljin*, JZ 2003, 768 (774 ff.); *Voß*, ZEuS 1999, 313 ff.; speziell zur Frage der richtlinienkonformen Auslegung nationalen Rechts vor Ende der Umsetzungsfrist *Ehricke*, EuZW 1999, 553 ff.; *Jarass/Beljin*, JZ 2003, 768 (775). Ausführlich zum gesamten Problemkreis *Herrmann*, Richtlinienumsetzung, 87 ff.
477 Eine andere Frage ist allerdings die Einbettung unionsrechtlicher Konzepte in das nationale Umweltrecht, die sich auch bei Verordnungen stellen kann. Hierzu im Zusammenhang mit der UVP und der Öko-Audit-Verordnung unten 6. Kap. Rn. 66 ff., Rn. 114 ff.
478 Zum zuletzt genannten Punkt spezifisch im Zusammenhang mit EU-Umweltrecht *Jans/Vedder*, European Environmental Law, 159 f.
479 Vgl. hierzu nur *Hilf*, EuR 1993, 1 (3 ff.); mit spezifischem Bezug zum Umweltrecht *Meßerschmidt*, Europäisches Umweltrecht, § 2, Rn. 377 ff.

- Soweit eine Richtlinie genügend konkret und unbedingt ausgestaltet ist, aber nicht fristgerecht oder nur mangelhaft ins nationale Recht umgesetzt wurde, können Individuen ihre Rechte gegenüber dem Staat oder gegenüber staatlich kontrollierten privatrechtlichen Organisationseinheiten unmittelbar aus der Richtlinie geltend machen. Zudem haben Private aufgrund unionsrechtlicher Grundsätze gegenüber dem Staat unter bestimmten Voraussetzungen Anspruch auf Ersatz des ihnen im Gefolge der fehlerhaften oder nicht erfolgten Umsetzung von Richtlinien entstandenen Schadens.[480]

Allerdings ist darauf hinzuweisen, dass gerade im Umweltrecht in den letzten Jahren insbesondere im Zuge des vermehrten Rückgriffs auf den sog. „integrierten Ansatz" die Präzision der neu erlassenen Richtlinien insgesamt eher abnimmt und den Mitgliedstaaten sehr weite Gestaltungsspielräume eingeräumt werden.[481] Andererseits ist in gewissen Bereichen – insbesondere, soweit die Produktmobilität betroffen ist, wie etwa im Chemikalienrecht – auch ein verstärkter Rückgriff auf Verordnungen zu beobachten.

123   Das Unionsrecht stellt gewisse allgemeine (Mindest-) Anforderungen an die Art und Weise der Umsetzung von Richtlinien,[482] wobei zwischen den Anforderungen an die Form (1.) und den Inhalt (2.) unterschieden werden kann. Ausgangspunkt auch und gerade der diesbezüglich reichhaltigen und differenzierten Rechtsprechung ist dabei, dass auf jeden Fall die **effektive Anwendung** der unionsrechtlichen Vorgaben sicherzustellen ist, was auch eine gewisse **Rechtssicherheit** voraussetzt.[483]

Weiter folgt allgemein aus diesen Grundsätzen, dass die Umsetzungspflicht und damit auch die Umsetzungsfrist eine in jeder Beziehung **unbedingte Verpflichtung** der Mitgliedstaaten darstellt. Daher können weder Schwierigkeiten bei der innerstaatlichen Kompetenzverteilung noch die Schwierigkeit der Materie oder Regierungskrisen angeführt werden, um die Nichteinhaltung der Umsetzungsfrist zu rechtfertigen.[484] Ausgenommen ist hier lediglich die objektive Unmöglichkeit, die jedoch vom Gerichtshof bislang noch nicht bejaht wurde; eine Situation, in der eine Richtlinienumsetzung wegen *force majeure* unmöglich ist, erscheint auch tatsächlich schwer vorstellbar.[485]

Die Umsetzung einer Richtlinie muss nicht zwingend in einem einzigen Rechtsakt erfolgen, sondern kann auch durch mehrere Rechtsakte geschehen. Dies ist insbesondere für föderal organisierte Mitgliedstaaten von Bedeutung, in denen die sich nach nationalem Recht zu bestimmende Kompetenz zum Erlass eines Umsetzungsrechtsakts in einem bestimmten Bereich bei den Gliedstaaten liegt.[486]

---

480 Hierzu unten 5. Kap. Rn. 157 ff.
481 Vgl. hierzu mit einigen Beispielen aus der Sekundärrechtsetzung *Epiney*, in: Nationale und internationale Perspektiven der Umweltordnung, 47 ff.
482 Hierzu die (zusammenfassenden) Ausführungen von *Jarass*, Grundfragen der innerstaatlichen Bedeutung des EG-Rechts, 52 ff.; *Pernice*, EuR 1994, 325 ff.; *Klink*, Pauschale Ermächtigungen zur Umsetzung von Europäischem Umweltrecht mittels Rechtsverordnung, 40 ff.; *Nettesheim*, Mitgliedstaatliche Durchführung von EG-Richtlinien, 18 ff.; *Everling*, NVwZ 1993, 209 (212 ff.); *Rengeling*, EUDUR I, § 28, Rn. 19 ff.; *Rengeling/Gellermann*, UTR 1996, 1 (5 ff.), die eingehend auf die sich aus der Rechtsprechung ergebenden Problemfelder hinweisen; ausführlich zu der Unionsrechtskonformität der Umsetzungsmaßnahmen *Gellermann*, Beeinflussung des bundesdeutschen Rechts, 22 ff.; spezifisch zur Umsetzung von „Umweltstandards" umfassend *Faßbender*, Umsetzung von Umweltstandards, *passim*.
483 Hierzu allgemein m.w.N. *Gellermann/Szczekalla*, NuR 1993, 54 (55 ff.); *Pernice*, EuR 1994, 325 (330 ff.); *Riechenberg*, UTR 2000, 405 ff.; die Perspektive der mitgliedstaatlichen Freiräume betonend *Scott*, YEEL 2000, 37 ff.; s. auch speziell in Bezug auf die Lage in Deutschland die zusammenfassenden Ausführungen bei *Westbomke*, EurUP 2004, 122 ff.
484 Hierzu *Pernice*, EuR 1994, 325 (329 f.), mit zahlreichen Nachweisen aus der Rechtsprechung. S. in diesem Zusammenhang auch EuGH, Rs. C-139/00 (Kommission/Spanien), Slg. 2002, I-6407 und EuGH, Rs. C-60/01 (Kommission/Frankreich), Slg. 2002, I-5679: Hier hatte sich der EuGH zu den Anforderungen an die Umsetzung zweier Richtlinien zur Verhütung von Luftverunreinigungen durch Verbrennungsanlagen auszusprechen. Der Gerichtshof betonte hier, dass die fraglichen Richtlinien den Mitgliedstaaten insofern klar und eindeutig formulierte „Erfolgspflichten" auferlegten, als die Verbrennungsanlagen innerhalb der in der Richtlinie festgesetzten Fristen bestimmten, detaillierten Anforderungen zu genügen haben.
485 Hierauf auch hinweisend *Jans/Vedder*, European Environmental Law, 142 f.
486 Vgl. hierzu *Jans/Vedder*, European Environmental Law, 161 ff. Aus der Rechtsprechung z.B. EuGH, Rs. C-508/04 (Kommission/Österreich), Slg. 2007, I-3787, wo der Gerichtshof im Einzelnen in Bezug auf die Umsetzung bestimmter Vorgaben der sog. Habitatrichtlinie (RL 92/43) durch Österreich prüfte, ob die einschlägigen Bestimmungen in den Bundesländern (die für das Naturschutzrecht in Österreich zuständig sind) den Vorgaben der Richtlinie entsprechen.

5. Kapitel Grundprinzipien des Umweltrechts in der Europäischen Union

Grundsätzlich besteht auch dann eine Umsetzungspflicht, wenn die betreffende Richlinie für den betroffenen Staat bzw. die betroffene Region keine Bedeutung hat. Denn die Umsetzung muss die effektive Beachtung der Vorgaben der Richtlinie gewährleisten, so dass eine Umsetzung auch dann gefordert ist, wenn der betreffenden Richtlinie bzw. Richtlinienbestimmung zur Zeit in dem jeweiligen Staat bzw. der jeweiligen Region keine praktische Bedeutung zukommt. Falls jedoch eine bestimmte, in einer Richtlinie geregelte Frage bzw. Vorgabe in einem Mitgliedstaat von vornherein objektiv keinesfalls relevant werden kann (z.b. aufgrund geographischer Gegebenheiten), ist eine entsprechende Umsetzungspflicht zu verneinen. Im Sinne der Effektivität der Richtlinien ist eine solche Situation aber nur dann anzunehmen, wenn sich die entsprechende Problematik unter Berücksichtigung aller Umstände und zukünftiger Entwicklungen nach menschlichem Ermessen nicht stellen kann; nicht ausreichend ist es daher, wenn sie momentan aufgrund bestimmter Gegebenheiten nicht relevant ist. So dürfte z.b. eine Pflicht für alle Mitgliedstaaten zur Umsetzung einer Richtlinie, die Sicherheitsanforderungen an Seilbahnen stellt, anzunehmen sein, auch wenn in bestimmten (flachen) Regionen keine Seilbahn existiert, da es nicht *a priori* und nicht objektiv ausgeschlossen ist, dass eine Seilbahn in der Zukunft einmal erstellt wird. Hingegen ist eine Umsetzungspflicht für Binnenstaaten für eine den Meeresumweltschutz oder Meereshäfen betreffende Richtlinie zu verneinen.[487]

In gewissen Konstellationen können Richtlinien aber auch **Vorwirkungen** in dem Sinn entfalten, dass sie die Mitgliedstaaten bereits vor Ablauf der Umsetzungsfrist zu einem bestimmten Verhalten verpflichten. Die Reichweite dieser Vorwirkungen ergibt sich aus der Vorgabe der effektiven Wirkung der Richtlinie bei Ablauf der Umsetzungsfrist, so dass den Mitgliedstaaten jedes Verhalten untersagt ist, das dazu führt, dass bei Fristablauf ein nicht der Richtlinie entsprechender Zustand hergestellt werden kann.[488]

Darüber hinaus und unabhängig von den aus den hier im Vordergrund stehenden Gründen bestehenden Umsetzungsmängeln weist die **Umsetzung umweltrechtlicher Richtlinien** – ebenso wie diejenige in anderen Bereichen – bedauerlicherweise zahlreiche **Defizite** auf; häufig werden Richtlinien entweder erst (sehr) ver-

---

487 So auch *Krämer*, Droit de l'environnement, de l'UE, 106; *Jans/Vedder*, European Environmental Law, 155 f. S. auch EuGH, Rs. C-435/99 (Kommission/Portugal), Slg. 2000, I-11179, wo der Gerichtshof eine Umsetzungspflicht Protugals in Bezug auf die Titandioxid-Richtlinie bejahte, dies obwohl es in Portugal keine solche Industrie gab; der Hintergrund dürfte darin zu sehen sein, dass es in Zukunft nicht ausgeschlossen ist, dass sich eine solche Industrie in Portugal ansiedelt, so dass die Richtlinie in diesem Land nicht von vornherein keine Bedeutung erlangen kann. In EuGH, Rs. C-133/94 (Kommission/Belgien), Slg. 1996, I-2323, ging es u.a. um die Verletzung der Umsetzungspflicht von Bestimmungen der RL 85/337 (UVP-Richtlinie, heute abgelöst durch die RL 2011/92, zu dieser noch unten 6. Kap. Rn. 66 ff.), die Projekte mit grenzüberschreitenden Umweltauswirkungen betreffen, in der Region Brüssel-Hauptstadt: Belgien hatte geltend gemacht, eine Umsetzung sei nicht notwendig, da die geographische Lage und der städtische Charakter dieser Region die Errichtung industrieller Anlagen ausschlössen, die ins Gewicht fallende Umweltauswirkungen oder Umweltauswirkungen mit Folgen in anderen Mitgliedstaaten entfalten könnten. Der Gerichtshof wies dieses Vorbringen zurück, allerdings nicht mit dem grundsätzlichen Hinweis auf eine generelle Umsetzungspflicht, unabhängig von der Relevanz einer Richtlinienbestimmung in einem bestimmten Mitgliedstaat oder einer bestimmten Region, sondern mit der Begründung, grenzüberschreitende oder gewichtige Umweltauswirkungen seien auch für Vorhaben in der Region Brüssel-Hauptstadt aus tatsächlichen Gründen gerade nicht ausgeschlossen. S. auch EuGH, Rs. C-372/00 (Kommission/Irland), Slg. 2001, I-10303. S. in diesem Zusammenhang auch Streinz-*Schroeder*, EUV/AEUV, Art. 288, Rn. 81, der formuliert, dass ein Hinweis auf eine „rechtliche Unmöglichkeit (...)" allenfalls" trage, „wenn die Mitgliedstaaten den in der Richtlinie vorgesehenen Tatbestand auf keinen Fall verwirklichen können." Kritisch zum Ansatz des EuGH *Meßerschmidt*, Europäisches Umweltrecht, § 2, Rn. 419, der dem Gerichtshof letztlich einen übertriebenen Formalismus vorwirft, was vor dem Hintergrund der Effektivität des Unionsrechts nicht überzeugt.

488 Vgl. etwa die Konstellationen in EuGH, Rs. C-129/96 (Inter-Environnement Wallonie/Wallonie), Slg. 1997, I-7411, Ziff. 43 ff.; EuGH, Rs. C-117/03 (Dragaggi), Slg. 2005, I-167; EuGH, Rs. C-43/10 (Nomarchiaki Aftodioikisi Aitoloakarnanias), Urt. v. 11.0.2012, Rn. 57 ff.; s. auch den Hinweis in EuGH, Rs. C-2/10 (Azienda Agro-Zootecnica), Urt. v. 21.7.2011. Aus der Literatur nur *Jarass/Beljin*, NVwZ 2004, 1 (6 f.); *Rengeling*, EUDUR I, § 28, Rn. 12 a; *Fisahn/Mushoff*, EuR 2005, 222 ff.; *Meßerschmidt*, Europäisches Umweltrecht, § 2, Rn. 422 f.; speziell zur Reichweite dieser „Vorwirkung" von Richtlinien etwa *Meyring*, EuR 2003, 949 (950 f.); *Schliesky*, DVBl. 2003, 631 ff.; *Weiß*, DVBl. 1998, 568 ff.; *Sevon*, FS Rodriguez Iglesias, 245 ff.; spezifisch in Bezug auf die Abfallrahmenrichtlinie *Brandt/Schäfer*, EurUP 2009 (9. Kap. E.III.), 218 ff.; ausführlich und umfassend *Gronen*, „Vorwirkung" von EG-Richtlinien, *passim*.

spätet oder aber unvollständig bzw. unrichtig in nationales Recht umgesetzt,[489] was auf verschiedenen Gründen beruht.[490]

1. Form der Umsetzung

124 Nach Art. 288 Abs. 3 AEUV bestimmen die Mitgliedstaaten die **Wahl der Form und Mittel** der Umsetzung einer Richtlinie. Diese Wahlfreiheit bezieht sich etwa auf die für Bundesstaaten wichtige Frage, ob die Umsetzung in einem oder mehreren Rechtsakten erfolgt, oder (grundsätzlich) die genaue Rechtsform der Umsetzung. Allerdings muss (auch) die Form der Umsetzung die **volle Wirksamkeit** der Richtlinie ermöglichen, so dass insbesondere den Anforderungen an **Rechtssicherheit, Rechtsklarheit und Kontrollierbarkeit** Rechnung getragen werden muss.[491]

Der EuGH formulierte die Anforderungen an die Umsetzung schon früh so, dass die Mitgliedstaaten „diejenigen Formen und Mittel (…) wählen (müssen), die für die Gewährleistung der praktischen Wirksamkeit (effet utile) der Richtlinien am besten geeignet sind".[492]

125 Dies bedeutet insbesondere, dass eine reine **Verwaltungspraxis** – selbst wenn sie unstreitig den Vorgaben einer Richtlinie entspricht – keine den Anforderungen des Unionsrechts entsprechende Umsetzung darstellen kann;[493] gleiches gilt für Rundschreiben und rein verwaltungsinterne Weisungen.[494] Aber auch **Verwaltungsvorschriften** genügen nach der Rechtsprechung grundsätzlich nicht für eine korrekte Umsetzung,[495] dies insbesondere auch vor dem Hintergrund, dass die

---

489 Vgl. die jährlichen Berichte der Kommission über die Umsetzung des EU-Umweltrechts, s. z.B. KOM (2009) 675 endg.; s. allgemein auch die Berichte über die Kontrolle der Anwendung des EU-Rechts, zuletzt KOM (2012) 714 endg. Aufschlussreich ist auch der erste diesbezügliche Bericht, KOM (96) 500 endg., der insbesondere einige Vorschläge zur Verbesserung von Umsetzung und Vollzug enthält. Immerhin ist insgesamt eine gewisse Tendenz zur Verbesserung der „Umsetzungsdisziplin" zu erkennen. Insbesondere die Tabellen in den Anhängen der Kommissionsberichte sind sehr aussagekräftig und lassen die Lücken deutlich erkennen. S. auch die zusammenfassenden Ausführungen und Tabellen bei *Demmke*, Implementation von EG-Umweltpolitik, 41 ff.; einen Überblick über die Problematik geben *McCormick*, Environmental Policy in the EU, 135 ff.; *Meßerschmidt*, Europäisches Umweltrecht, § 2, Rn. 437 ff.; *Stüer/Spreen*, VerwArch 2005, 174 ff.; *Prehn*, Einfluss des Gemeinschaftsrechts auf den mitgliedstaatlichen Verwaltungsvollzug, 152 ff.; *Krämer*, in: Vollzug des europäischen Umweltrechts, 7 (14 f.); *Krämer*, EuGRZ 1995, 45 ff. mit Nachweisen aus der Rechtsprechung. Zu einigen spezifischen Bereichen gibt es sehr genaue Untersuchungen über die Umsetzung des Unionsrechts, vgl. z.B. für das Gewässerschutzrecht und seine Umsetzung in Deutschland *Delwing*, Umsetzungsprobleme des EG-Wasserrechts (7. Kap. E.I.); *Ziehm*, Europäisches Grund- und Trinkwasserschutzrecht (7. Kap. E.I.), insbes. 117 ff.; in Bezug auf die Umsetzung der Trinkwasserrichtlinie in den Mitgliedstaaten *Demmke*, Implementation von EG-Umweltpolitik, passim; unter spezifischer Berücksichtigung des Luftreinhalterechts *Nicklas*, Implementationsprobleme (7. Kap. E.II.), 46 ff.
490 Hierzu etwa *Prehn*, Einfluss des Gemeinschaftsrechts auf den mitgliedstaatlichen Verwaltungsvollzug, 152 ff.; *Beijen*, European Energy and Environmental Law Review 2011, 150 ff.; *Sach/Simm*, EUDUR I, § 44, Rn. 20.
491 Vgl. etwa EuGH, Rs. 291/84 (Kommission/Niederlande), Slg. 1987, 3483; EuGH, Rs. C-58/89 (Kommission/Deutschland), Slg. 1991, I-4983; EuGH, Rs. C-221/94 (Kommission/Luxemburg), Slg. 1996, I-55669, Ziff. 22; EuGH, Rs. C-417/99 (Kommission/Spanien), Slg. 2001, I-6015, Ziff. 38 ff.; EuGH, Rs. C-478/99 (Kommission/Schweden), Slg. 2002, I-4147, Ziff. 15; EuGH, Rs. C-233/00 (Kommission/Frankreich), Slg. 2003, I-6625, Ziff. 75.
492 EuGH, Rs. 48/75 (Royer), Slg. 1976, 497, Ls. 6.
493 Vgl. z.B. EuGH, Rs. C-427/07 (Kommission/Irland), Slg. 2009, I-6217.
494 Vgl. schon EuGH, Rs. 239/85 (Kommission/Belgien), Slg. 1986, 3645, Ziff. 7; EuGH, Rs. 168/85 (Kommission/Italien), Slg. 1986, 2945, Ziff. 15. s. sodann etwa EuGH, Rs. C-358/98 (Kommission/Italien), Slg. 2000, I-1255, Ziff. 17; EuGH, Rs. C-315/98 (Kommission/Italien), Slg. 1999, I-8001, Ziff. 10; s. in Bezug auf die Zulässigkeit einer dynamischen Verweisung auf die jeweilige Fassung der EU-Richtlinie *Becker*, DVBl. 2003, 1487 ff., der aus unionsrechtlicher Sicht weniger die nicht ausdrückliche Umsetzung, denn das Fehlen des Hinweises auf die Richtlinienbestimmungen im nationalen Rechtsakt beanstandet.
495 Vgl. EuGH, Rs. C-197/96 (Kommission/Frankreich), Slg. 1997, I-1489, Ziff. 12 ff.; EuGH, Rs. C-96/95 (Kommission/Deutschland), Slg. 1997, I-1653, Ziff. 38; EuGH, Rs. C-253/95 (Kommission/Deutschland), Slg. 1996, I-1423, Ziff. 6 f.; EuGH, Rs. C-354/98 (Kommission/Frankreich), Slg. 1999, I-4927, Ziff. 11; EuGH, Rs. C-340/96 (Kommission/Großbritannien), Slg. 1999, I-2023, Ziff. 27; EuGH, Rs. C-131/88 (Kommission/Deutschland), Slg. 1991, I-825, Ziff. 36 ff. S. auch EuGH, Rs. C-361/88 (Kommission/Deutschland), Slg. 1991, I-2567, Ziff. 20 ff.; EuGH, Rs. C-59/89 (Kommission/Deutschland), Slg. 1991, I-2607, Ziff. 23 ff., wo der EuGH in Bezug auf das rechtliche Konzept deutscher Verwaltungsvorschriften auf die innerdeutsche Kontroverse über die zwingende Ausge-

5. Kapitel Grundprinzipien des Umweltrechts in der Europäischen Union

Mitgliedstaaten verpflichtet seien, die Umsetzung so zu gestalten, dass eine hinreichend bestimmte und klare Regelung geschaffen wird, so dass die Einzelnen von ihren Rechten Kenntnis erlangen und diese geltend machen können.[496] Weiter sind einer Richtlinie entgegenstehende nationale Bestimmungen jedenfalls aufzuheben[497].

Damit kann der **Grundsatz** formuliert werden, dass **Richtlinienbestimmungen** – jedenfalls soweit sie Rechte Einzelner betreffen und / oder dies in Bezug auf eine hinreichende Rechtssicherheit und Transparenz geboten ist – durch nach **außen wirksame Rechtsakte** (also letztlich Gesetze im formellen oder materiellen Sinn, wobei dieselbe Richtlinienbestimmung auch durch mehrere Rechtsakte umgesetzt werden kann, was insbesondere in föderal organisierten Staaten von Bedeutung ist) umzusetzen sind.[498]   126

Allerdings bedeutet dies **nicht**, dass **ausnahmslos jede Richtlinienbestimmung ausdrücklich in einem Gesetz umzusetzen** ist. Denn Richtlinien enthalten durchaus Bestimmungen unterschiedlicher rechtlicher Tragweite, die nicht unbedingt alle in nationalen Gesetzen umzusetzen sind. Darüber hinaus kann sich eine Umsetzung auch erübrigen, wenn bereits den Anforderungen der Richtlinie entsprechende nationale Bestimmungen bestehen. Im Einzelnen sind jedoch die genauen „**Grenzen der Umsetzungspflicht**" (durch Gesetze) durchaus **unscharf**,[499] dies auch und gerade vor dem Hintergrund der notwendigerweise einzelfallbezogenen **Rechtsprechung des EuGH**, die jedoch immerhin einige Anhaltspunkte erkennen lässt: 127

- Eine förmliche Übernahme von Richtlinienbestimmungen in eine ausdrückliche spezifische Rechtsvorschrift sei dann nicht erforderlich, wenn der **Umsetzung der Richtlinie aufgrund ihres Inhalts durch einen allgemeinen rechtlichen Kontext** Genüge getan werden könne. Insbesondere könne das Bestehen allgemeiner Grundsätze des Verfassungs- oder Verwaltungsrechts die Umsetzung durch spezifische Maßnahmen überflüssig machen, sofern diese Grundsätze tatsächlich die vollständige Anwendung der Richtlinie garantierten.[500]
- Falls eine Richtlinienbestimmung dem **Einzelnen Rechte verleihen** soll, müsse die Rechtslage – auf der Grundlage einer Umsetzung in einem nach außen wirksamen Rechtsakt – jedenfalls hinreichend bestimmt und klar sein, und die Begünstigten müssten in die Lage versetzt werden, von allen ihren Rechten Kenntnis zu erlangen und sie ggf. vor den nationalen Gerichten geltend zu machen.[501]
- Aber auch **andere Richtlinienbestimmungen** können verlangen, dass auf **nationaler Ebene gesetzgeberische Maßnahmen** getroffen werden und ihre Einhaltung einer **gerichtlichen oder**

---

staltung dieser Normen und damit auf die mangelnde Rechtssicherheit für den Einzelnen über den Umfang seiner Rechte vor nationalen Gerichten hinwies.
496 EuGH, Rs. C-131/88 (Kommission/Deutschland), Slg. 1991, I-825, Ziff. 36 ff.; EuGH, Rs. C-361/88 (Kommission/Deutschland), Slg. 1991, I-2567, Ziff. 20 ff.; EuGH, Rs. C-59/89 (Kommission/Deutschland), Slg. 1991, I-2607, Ziff. 23 ff.
497 *Pernice*, EuR 1994, 325 (333); *Jans/Vedder*, European Environmental Law, 155 f.
498 Ebenso (in Anknüpfung an die Rechtsprechung des EuGH) die h.L., vgl. nur, m.w.N., *Meßerschmidt*, Europäisches Umweltrecht, § 2, Rn. 403 ff.
499 Vgl. zum Problemkreis *Epiney/Felder*, Überprüfung internationaler wasserwirtschaftlicher Übereinkommen (7. Kap. E.I.), 15 ff.; *Westbomke*, EurUP 2004, 122 ff.; *Peek*, Richtlinienumsetzung, 104 ff.; *Stüer/Spreen*, VerwArch 2005, 174 ff.; *Meßerschmidt*, Europäisches Umweltrecht, § 2, Rn. 408 ff.; umfassend *Faßbender*, Umsetzung von Umweltstandards, *passim*.
500 EuGH, Rs. C-32/05 (Kommission/Luxemburg), Slg. 2006, I-11323; EuGH, Rs. C-507/04 (Kommission/Österreich), Slg. 2007, I-5939; EuGH, Rs. C-233/00 (Kommission/Frankreich), Slg. 2003, I-6625.
501 EuGH, Rs. C-32/05 (Kommission/Luxemburg), Slg. 2006, I-11323; EuGH, Rs. C-217/97 (Kommission/Deutschland), Slg. 1999, I-5087, Ziff. 31 f.; EuGH, Rs. C- 233/00 (Kommission/Frankreich), Slg. 2003, I-66625, Ziff. 76; EuGH, Rs. C-237/07 (Janecek), Slg. 2008, I-6221. So seien Vorgaben über die Unterrichtung und Beteiligung der Öffentlichkeit, womit Einzelnen und interessierten Kreisen entsprechende Rechte gewährt werden sollen, durch Gesetze umzusetzen, EuGH, Rs. C-32/05 (Kommission/Luxemburg), Slg. 2006, I-11323; EuGH, Rs. C-427/07 (Kommission/Irland), Slg. 2009, I-6277; s. auch EuGH, Rs. C-427/07 (Kommission/Irland), Slg. 2009, I-6277, wo der Gerichtshof eine fehlende Umsetzung des Art. 11 RL 2011/92 (sowie der entsprechenden Bestimmung in der IVU-Richtlinie) feststellte, da die Vorgabe, dass die zur Verfügung stehenden Verfahren nicht übermäßig teuer sein dürften und die betroffene Öffentlichkeit über ihre Rechte auf gerichtlichen Zugang zu informieren ist, nicht in spezifischen Rechtsvorschriften umgesetzt seien, sondern lediglich eine Praxis vorliege.

behördlichen Überprüfung unterliegt, so dass eine Umsetzung in einem Gesetz notwendig ist.[502] So seien **Umweltqualitätsnormen**, die den Mitgliedstaaten klare und eindeutige Erfolgsverpflichtungen auferlegen (wie z.B. Art. 7 Abs. 2 RL 2000/60, Wasserrahmenrichtlinie[503], in Bezug auf Oberflächenwasserkörper, die für Trinkwasser bestimmt sind), durch „verbindliche Maßnahmen", also offenbar Gesetze im formellen oder materiellen Sinn, umzusetzen.[504] Ebenso seien die nach der Vogelschutzrichtlinie zulässigen Abweichungen von den Schutzregeln der Richtlinie in hinreichend klare und präzise innerstaatliche Bestimmungen zu übernehmen, da die Genauigkeit der Umsetzung in einem Bereich, in dem die Verwaltung des gemeinsamen Erbes den Mitgliedstaaten für ihr jeweiliges Hoheitsgebiet anvertraut wurde, von besonderer Bedeutung sei.[505]

■ **Begriffsdefinitionen** sind nach der Rechtsprechung jedenfalls dann umzusetzen, falls dies – wie sehr häufig, da erst das Verständnis von Begriffen die Tragweite zahlreicher Verpflichtungen erkennen lässt – für eine klare Umsetzung von Verpflichtungen notwendig ist, da ansonsten die einschlägigen Vorgaben einer Richtlinie nicht mit der erforderlichen Verbindlichkeit festgelegt und damit umgesetzt werden könnten.[506]

■ Hingegen müssten Bestimmungen, die nur die **Beziehungen zwischen den Mitgliedstaaten und der Kommission** betreffen, grundsätzlich nicht umgesetzt werden, es sei denn, der Erlass spezifischer Maßnahmen zu deren Umsetzung sei für die vollständige Beachtung des Unionsrechts erforderlich.[507] Man wird hieraus ableiten können, dass Verpflichtungen, die Behörden untereinander betreffen, grundsätzlich nicht, jedenfalls nicht in einem Rechtsakt mit Außenwirkung, umzusetzen sind.[508]

■ Ebensowenig seien **Koordinierungspflichten** zwingend ausdrücklich umzusetzen, sofern (institutionell) sichergestellt ist, dass den Koordinierungspflichten nachgekommen wird.[509] Allerdings kann die effektive Wirksamkeit auch solcher verfahrensrechtlicher Pflichten eine ausdrückliche Umsetzung erfordern. So sei eine Konsultationspflicht eines anderen Mitgliedstaats grundsätzlich umzusetzen.[510] Ebenso könne es für die effektive Wirksamkeit einer Mitteilungspflicht der Mitgliedstaaten an die Kommission erforderlich sein, eine ausdrückliche Umsetzung vorzunehmen.[511]

---

502 EuGH, Rs. C-380/88 (Kommission/Belgien), Slg. 1989, I-3803; EuGH, Rs. C-329/88 (Kommission/Griechenland), Slg. 1989, I-4159; EuGH, Rs. C-60/01 (Kommission/Frankreich), Slg. 2002, I-5679, Ziff. 26.
503 Zu dieser noch 7. Kap. Rn. 6 ff.
504 EuGH, Rs. C-32/05 (Kommission/Luxemburg), Slg. 2006, I-11323.
505 EuGH, Rs. C-60/05 (WWF Italia), Slg. 2006, I-5083; ähnlich EuGH, Rs. C-6/04 (Kommission/Großbritannien), Slg. 2005, I-9017, wo der Gerichtshof die Umsetzung der Habitatrichtlinie als zu allgemein erachtete, so dass es an der erforderlichen Präzision und Klarheit der Umsetzung fehle. Vgl. zu den Anforderungen an die Umsetzung der Pflichten zur Unterschutzstellung von Vogelschutz- und Habitatgebieten die allgemeinen Ausführungen und Kriterien in EuGH, Rs. C-535/07 (Kommission/Österreich), Slg. 2010, I-9483.
506 EuGH, Rs. C-72/02 (Portugal/Rat), Slg. 2003, I-6597; EuGH, Rs. C-32/05 (Kommission/Luxemburg), Slg. 2006, I-11323; EuGH, Rs. C-508/04 (Kommission/Österreich), Slg. 2007, I-3787; s. auch EuGH, Rs. C-427/07 (Kommission/Irland), Slg. 2009, I-6277, wo der Gerichtshof festhielt, dass die Umsetzung der Begriffsdefinition auch im Zusammenhang mit der Formulierung der einschlägigen Rechte erfolgen könne, wenn die Definition untrennbar mit den Rechten, die eingeräumt werden sollen, verbunden ist.
507 EuGH, Rs. C-32/05 (Kommission/Luxemburg), Slg. 2006, I-11323; EuGH, Rs. C-72/02 (Kommission/Portugal), Slg. 2003, I-6597, Ziff. 19 f.; EuGH, Rs. C-296/01 (Kommission/Frankreich), Slg. 2003, I-13909, Ziff. 92. S. aber auch EuGH, Rs. C-417/99 (Kommission/Spanien), Slg. 2001, I-6015, wo der EuGH offenbar davon ausgeht, dass bestimmte Behördenbenennungen einer ausdrücklichen Umsetzung bedürften, womit offenbar die Situation gemeint ist, in denen den Behörden gegenüber Einzelnen bestimmte Aufgaben zukommen sollen. S. für ein Beispiel, dass die effektive Wirksamkeit einer Mitteilungspflicht der Mitgliedstaaten an die Kommission eine ausdrückliche Umsetzung verlangt, EuGH, Rs. C-324/01 (Kommission/Belgien), Slg. 2002, I-11197.
508 Vgl. in diesem Zusammenhang aber auch *Krämer*, Droit de l'environnement de l'UE, 107, der darauf hinweist, dass die Pflicht der Mitgliedstaaten, der Kommission Berichte zu übermitteln, gerade nicht nur die Beziehungen zwischen den Behörden, sondern auch Einzelne betreffe, da sie ein Recht auf Zugang zu Umweltinformationen haben.
509 EuGH, Rs. C-32/05 (Kommission/Luxemburg), Slg. 2006, I-11323.
510 EuGH, Rs. C-186/91 (Kommission/Belgien), Slg. 1993, I-851.
511 EuGH, Rs. C-324/01 (Kommission/Belgien), Slg. 2002, I-11197.

5. Kapitel Grundprinzipien des Umweltrechts in der Europäischen Union

- Auch lediglich allgemeine und nicht quantifizierte **Zielsetzungen**, die zu erreichen seien, wobei den Mitgliedstaaten aber ein Ermessen bei der Frage eingeräumt wird, welche Maßnahmen zu ergreifen sind, seien jedenfalls nicht zwingend umzusetzen,[512] wobei hinzuzufügen ist, dass solche Zielsetzungen im Sinne einer unionsrechtskonformen Auslegung jedenfalls bei der Auslegung des nationalen Umsetzungsrechts zu beachten sind.
- Schließlich bedürfen nicht „**eigenständige Verpflichtungen**" – als eine solche wurde etwa die sich aus Art. 2 RL 75/440 (Rohwasserrichtlinie) ergebende Pflicht der Mitgliedstaaten, die Gewässer in drei näher umschriebene Kategorien einzuteilen (dies im Hinblick auf die Erfüllung der sich ansonsten aus der Richtlinie ergebenden Pflichten) angesehen – keiner Umsetzung in einem förmlichen Akt.[513] Auch Art. 6 RL 76/160 (Badegewässerrichtlinie[514]) – dem gewisse konkrete Überwachungsanforderungen für die Gewässer zu entnehmen sind – dürfte eine solche nicht eigenständige Verpflichtung darstellen, geht es hier doch nur um vorbereitende Maßnahmen im Hinblick auf die Sicherstellung der Einhaltung der in der Richtlinie vorgesehenen Qualitätsanforderungen[515].

Insgesamt ist daher davon auszugehen, dass in jedem **Einzelfall** festzustellen ist, welche Umsetzungsmaßnahmen in formeller Hinsicht genau erforderlich sind, womit den unterschiedlichen Arten von Verpflichtungen, die in Richtlinien enthalten sind, Rechnung getragen werden kann. Jedenfalls wird eine Umsetzung in einem Gesetz für rein verwaltungsinterne Maßnahmen grundsätzlich nicht erforderlich sein, während im Falle der Einräumung von Rechten Einzelner in der Regel nur eine Umsetzung in einem Gesetz den vom EuGH formulierten Anforderungen entsprechen dürfte. Vor diesem Hintergrund sind im Zusammenhang mit der Umsetzung die jeweiligen Bestimmungen immer sehr genau zu analysieren, und es ist danach zu fragen, ob die gewählte Umsetzungsform ihre volle Wirksamkeit in Anbetracht der verfolgten Zielsetzungen zu gewährleisten vermag.

128

Konzeptionell spielen in der Rechtsprechung des EuGH die Erfordernisse der **Rechtssicherheit**, der **Rechtsklarheit** und der **effektiven** und **einheitlichen Anwendung** der unionsrechtlichen Vorgaben – hinzufügen könnte man wohl noch die Möglichkeit der Kontrolle ihrer Einhaltung – eine entscheidende Rolle. In dieses Bild passt es durchaus, wenn der Gerichtshof bei den nicht „eigenständigen Verpflichtungen" und in Bezug auf gewisse rein „behördeninterne" Verpflichtungen grundsätzlich keine rechtsförmliche Umsetzung verlangt, sind doch hier die angeführten Aspekte gerade nicht tangiert, so dass dem Anliegen der effektiven Anwendung solcher Vorgaben auch etwa durch verwaltungsinterne und insoweit verbindliche Weisungen Rechnung getragen werden kann. Verallgemeinert man vor diesem Hintergrund die notwendigerweise einzelfallbezogenen Aussagen des EuGH, so ist eine korrekte Umsetzung grundsätzlich – abgesehen von den nicht „eigenständigen Verpflichtungen" und gewissen Bestimmungen, die ausschließlich Beziehungen zwischen Behörden betreffen – nur dann gegeben, wenn sie durch den Erlass solcher Instrumente erfolgt, die mit einer eindeutigen **Bindungswirkung** ausgestattet sind und deren **Publizität** garantiert ist. Falls Rechte oder Pflichten Einzelner vorgesehen sind, ist dem das Erfordernis der **Außenwirkung** hinzuzufügen.

129

Grundsätzlich können Richtlinien auch durch **Umweltvereinbarungen**[516] umgesetzt werden; allerdings müssen diese so ausgestaltet sein, dass sie die Effektivität der Richtlinienbestimmungen sicherstellen können, was

---

512 EuGH, Rs. C-32/05 (Kommission/Luxemburg), Slg. 2006, I-11323.
513 EuGH, Rs. C-58/89 (Kommission/Deutschland), Slg. 1991, I-4983.
514 Diese Richtlinie wurde durch eine konsolidierte Richtlinie abgelöst, vgl. RL 2006/7, zu dieser 7. Kap. Rn. 97 ff.
515 Das Urteil EuGH, Rs. C-198/97 (Kommission/Deutschland), Slg. 1999, I-3257, dürfte in diese Richtung auszulegen sein: Hier wurde der Umstand, dass die sich aus Art. 6 Badegewässerrichtlinie ergebenden Überwachungspflichten von den Ländern durch Verwaltungsvorschriften umgesetzt worden waren, weder von der Kommission noch vom EuGH beanstandet.
516 Zum Begriff bereits oben 3. Kap. Rn. 18 ff.

insbesondere in der Regel eine rechtlich verbindliche Regelung hoheitlichen Charakters bedingt,[517] die es im Übrigen ermöglichen muss, alle inhaltlichen Anforderungen wirksam umzusetzen. Die Kommission hat in ihrer Mitteilung über Umweltvereinbarungen hierzu einige, allerdings allgemein gehaltene Leitlinien aufgestellt.[518] Jedenfalls ist die Zulässigkeit einer Umsetzung durch Umweltvereinbarungen vor dem Hintergrund des *effet utile* der in Frage stehenden Richtlinienbestimmungen in jedem Einzelfall zu prüfen.[519]

2. Inhalt der Umsetzung

130 Auch in Bezug auf den Inhalt der Umsetzung ist der Gedanke des *effet utile* von großer Bedeutung: So erfordert – auf der Grundlage der Rechtsprechung des EuGH – die Umsetzung zwar **nicht in jedem Fall eine wörtliche Übernahme** der Bestimmungen der Richtlinie, sondern kann auch innerhalb eines allgemeinen rechtlichen Rahmens erfolgen, dies unter der Voraussetzung, dass die vollständige Anwendung der einschlägigen Regelungen mit **hinreichender Klarheit und Genauigkeit** gewährleistet ist.[520] Allerdings ist die **Rechtsprechung** hier insgesamt – wobei die genauen Anforderungen an einen Umsetzungsakt selbstverständlich nur für jeden Einzelfall bestimmt werden können – in der Regel recht **streng**.[521]

131 Hingewiesen sei etwa auf folgende **Beispiele aus der Rechtsprechung:**

- Es reiche nicht aus, wenn ein in einer Richtlinie vorgesehenes ausdrückliches Verbot der Einleitung bestimmter Stoffe im nationalen Recht nur durch ein Verbot mit Erlaubnisvorbehalt zum Ausdruck komme.[522]
- Weiter sei die „Übersetzung" der in der einschlägigen Richtlinienbestimmung vorgesehenen Möglichkeit der Abweichung von den Qualitätsstandards für Trinkwasser in „Notfällen" durch eine Ausnahme für „Einzelfälle" nicht vereinbar mit der Richtlinie, da beiden Begriffen eine unterschiedliche Bedeutung zukomme.[523]
- In der Rs. C-50/09[524] stellt der Gerichtshof in Bezug auf die Umsetzung der RL 2011/92 (UVP-Richtlinie) in Irland fest, Art. 3 RL 2011/92 – der die eigentlich zentrale Verpflichtung zur Durchführung einer UVP, wobei auch deren Bezugspunkte präzisiert würden, enthalte – sei nicht hinreichend (klar) umgesetzt worden: Denn eine Umsetzung wie in Irland, die lediglich die in Art. 8 RL 2011/92 enthaltene Berücksichtigungspflicht umsetzt, reiche nicht

---

517 Nach der Rechtsprechung des EuGH reichen nämlich allein Vereinbarungen Privater grundsätzlich nicht für eine korrekte Umsetzung von Richtlinien aus, vgl. EuGH, Rs. C-340/96 (Kommission/ Großbritannien), Slg. 1999, I-2023, Ziff. 27; EuGH, Rs. C-197/96 (Kommission/Frankreich), Slg. 1997, I-1489, Ziff. 12 ff.; EuGH, Rs. C-225/93 (Kommission/Frankreich), Slg. 1994, I-4949, Ziff. 17 ff.; EuGH, Rs. C-96/98 (Kommission/Frankreich), Slg. 2001, I-779 (im zuletzt genannten Fall hielt der Gerichtshof fest, dass lediglich freiwillige Vereinbarungen keine adäquate Umsetzung eines zwingend auszugestaltenden Schutzregimes für wildlebende Vogelarten darstellen könnten. Ähnlich wie hier *Jans/von der Heide*, Europäisches Umweltrecht, 172 ff.; *Krämer*, Droit de l'environnement de l'UE, 105; *Wägenbaur*, EuZW 1997 (3. Kap. C.I.), 645 (647); *Jans/Vedder*, European Environmental Law, 154 f.; wohl auch *Frenz*, EuR 1999 (3. Kap. C.I.), 27 (34, 40 f.); *Giebel*, Vereinbarungen als Instrument des Umweltschutzes (3. Kap. C.I.), 231 ff.; s. auch *Krämer*, in: Neueste Entwicklungen im Zusammenspiel von Europarecht und nationalem Recht (3. Kap. C.I.), 225 (235 ff.), der auf die entsprechenden Bestimmungen im Abfallrecht eingeht.
518 Mitteilung der Kommission über Umweltvereinbarungen, KOM (96) 561 endg. Hierzu etwa *Krieger*, EuZW 1997 (3. Kap. C.I.), 648 ff.; *Wägenbaur*, EuZW 1997 (3. Kap. C.I.), 645 ff.
519 Vgl. zur Problematik *Rengeling*, in: Kooperationsprinzip, 53 (60 ff.). S. ansonsten zum Rückgriff auf Umweltvereinbarungen in den Mitgliedstaaten mit zahlreichen Beispielen und unter Berücksichtigung der rechtlichen Anforderungen *Barth/Dette*, elni 1/2001 (3. Kap. C.I.), 20 ff.; sehr instruktiv auch die Fallstudien zum Rückgriff auf Umweltvereinbarungen in den Mitgliedstaaten in *de Clercq* (Hrsg.), Negotiating Environmental Agreements in Europe (3. Kap. C.I.), *passim*.
520 EuGH, Rs. 29/84 (Kommission/Deutschland), Slg. 1985, 1661; EuGH, Rs. C-102/97 (Kommission/Deutschland), Slg. 1999, I-5091, Ziff. 35; EuGH, Rs. C-96/95 (Kommission/Deutschland), Slg. 1997, I-1653, Ziff. 35; EuGH, Rs. C-144/99 (Kommission/Niederlande), Slg. 2001, I-3541.
521 Aus der Literatur hierzu etwa *Jarass/Beljin*, NVwZ 2004, 1, 8 f.; *Jans/von der Heide*, Europäisches Umweltrecht, 158 ff., 179 ff.; *Peek*, Richtlinienumsetzung, 145 ff.
522 EuGH, Rs. C-131/88 (Kommission/Deutschland), Slg. 1991, I-825, Ziff. 19 ff.
523 EuGH, Rs. C-273/90 (Kommission/Deutschland), Slg. 1992, I-5973.
524 EuGH, Rs. C-50/09 (Kommission/Irland), Urt. v. 3.3.2011.

5. Kapitel Grundprinzipien des Umweltrechts in der Europäischen Union

aus, da diese Verpflichtung von derjenigen des Art. 3 RL 2011/92 – der eine umfassende Ermittlung und Bewertung der Auswirkungen des Projekts auf die in Art. 3 genannten Faktoren und deren Wechselwirkungen verlange, während Art. 8 sich auf die Berücksichtigung der Ergebnisse dieser Analyse im Genehmigungsverfahren beziehe – zu trennen sei. Im irländischen Recht seien diese beiden Aspekte aber nicht hinreichend klar umgesetzt worden, woran auch die richtlinienkonforme Auslegung des nationalen Rechts durch die irischen Gerichte nichts ändere. Weiter lasse sich auf der Grundlage der nationalen Vorschriften – die mehrere Behörden mit der Genehmigung bzw. ihrer Vorbereitung betrauen – nicht ausschließen, dass ein Projekt genehmigt wird, ohne dass eine UVP im Einklang mit den Vorgaben der Richtlinie durchgeführt wird.

- Mit Art. 6 Abs. 3 RL 92/43 (Habitatrichtlinie) sei es nicht vereinbar, wenn bestimmte Kategorien von Projekten anhand von Kriterien, die nicht geeignet sind zu gewährleisten, dass die Möglichkeit einer Beeinträchtigung der Schutzgebiete durch die gefragten Projekte ausgeschlossen ist, „pauschal" von der Verträglichkeitsprüfung ausgenommen werden, wie dies in der zur Debatte stehenden deutschen Regelung insbesondere für nicht genehmigungsbedürftige Anlagen sowie nicht erlaubnis- oder bewilligungsbedürftige Gewässernutzungen der Fall war. Denn bei diesen Ausnahmen müsse nicht eigens geprüft werden und sei auch nicht zwingend entscheidungsrelevant, ob ein Schutzgebiet beeinträchtigt wird, was aber nach Art. 6 Abs. 3 RL 92/43 das allein entscheidende Kriterium für die Pflicht zur Durchführung einer Verträglichkeitsprüfung sei.[525]

- In einem anderen Urteil stellte der Gerichtshof eine unzureichende Umsetzung des Art. 6 Abs. 1 RL 92/43 fest, da die fragliche nationale Bestimmung den Begriff „gegebenenfalls" in Bezug auf alle Erhaltungsmaßnahmen (dies im Gegensatz zur Verwendung dieses Begriffs in Art. 6 Abs. 1 RL 92/43, wo er sich nur auf besondere Umstände beziehe) gebrauche, so dass eine hinreichende Klarheit und Bestimmtheit der Umsetzung nicht gewährleistet sei, da die Richtlinie jedenfalls das Ergreifen notwendiger Erhaltungsmaßnahmen vorschreibe, so dass den Mitgliedstaaten insoweit keinerlei Gestaltungsspielraum zustehe; an diesem Schluss ändere auch die Möglichkeit einer richtlinienkonformen Auslegung nichts. In eine ähnliche Richtung gehen die Ausführungen in Bezug auf die Umsetzung des Art. 6 Abs. 2 RL 92/43, enthalte das nationale Recht doch keine Bestimmung, die die erforderliche rechtliche Genauigkeit aufweise und die die zuständigen Behörden zur Vermeidung von Verschlechterungen der genannten Habitate eindeutig verpflichtete; ein allgemeiner rechtlicher Rahmen genüge zur Umsetzung dieser Bestimmung gerade nicht.[526]

- Auch in Bezug auf die Umsetzung planerischer Auflagen folgt die Rechtsprechung einer eher strengen Linie, wie die Rechtsprechung zur Tragweite der sich aus Art. 7 RL 76/464[527] ergebenden Anforderungen zeigt.[528] Diese Bestimmung sieht vor, dass die Mitgliedstaaten zur Verringerung der Gewässerverschmutzung durch bestimmte Stoffe Programme aufzustellen

---

525 EuGH, Rs. C-98/03 (Kommission/Deutschland), Slg. 2006, I-53.
526 EuGH, Rs. C-508/04 (Kommission/Österreich), Slg. 2007, I-3787; s. in diesem Zusammenhang auch EuGH, Rs. C-418/04 (Kommission/Irland), Slg. 2007, I-10947: Hier stellte der EuGH deshalb eine Verletzung der Pflicht zur Umsetzung des Art. 6 Abs. 2 RL 92/43 fest, weil die im Umsetzungsgesetz vorgesehenen Maßnahmen erst nach Beginn der fraglichen Aktivitäten greifen könnten; auch sei der zuständige Minister nicht berechtigt, eine schädliche Tätigkeit einseitig zu untersagen, womit dem sich aus Art. 6 Abs. 2 RL 92/43 ergebenden Erfordernis eines präventiven Schutzes nicht Rechnung getragen werden könne.
527 RL 76/464 betreffend die Verschmutzung infolge der Ableitung bestimmter gefährlicher Stoffe in die Gewässer der Gemeinschaft. Diese Richtlinie wurde inzwischen abgelöst (vgl. zum Gewässerschutzrecht unten 7. Kap. Rn. 3 ff.). Allerdings sind die grundsätzlichen Ausführungen in dem Urteil bezüglich der Anforderungen an die Umsetzung von Richtlinienbestimmungen, die die Aufstellung von Programmen oder Plänen vorsehen (von denen es sehr viele gibt), durchaus aktuell.
528 EuGH, Rs. C-184/97 (Kommission/Deutschland), Slg. 1999, I-7837. S. auch die parallelen Urteile gegen andere Mitgliedstaaten: EuGH, verb. Rs. C-232/95, C-233/95 (Kommission/Griechenland), Slg. 1998, I-3343; EuGH, Rs. C-206/96 (Kommission/Luxemburg), Slg. 1998, I-3401; EuGH, Rs. C-207/97 (Kommission/Belgien), Slg. 1999, I-275. Sehr kritisch zu diesen Urteilen *Reinhardt*, in: Integrierte Gewässerpolitik (7. Kap. E.I.), 199 (207 ff.), der in diesem Zusammenhang gar von einem „Taschenspielertrick" des EuGH spricht.

haben. Der EuGH präzisierte in Bezug auf die inhaltliche Tragweite dieser Verpflichtung, dass diesen Programmen ein spezifischer Charakter zukommen müsse, so dass gerade die mit der Richtlinie angestrebten Zielsetzungen erreicht werden könnten. Insbesondere müssten die Programme ein in sich stimmiges Gesamtkonzept darstellen, dem eine kohärente und gegliederte Planung für das gesamte (nationale) Hoheitsgebiet zu entnehmen ist, so dass auf diese Weise die Verringerung der Verschmutzung durch die in der entsprechenden Liste der Richtlinie genannten Stoffe möglich ist. Vor diesem Hintergrund genügten allgemeine Sanierungsprogramme oder ein Komplex punktueller Maßnahmen den Anforderungen der Richtlinie nicht. Diese Anforderungen dürften entsprechend auf die in zahlreichen umweltrechtlichen Richtlinien enthaltenen Verpflichtungen zur Erstellung von „Plänen" zu übertragen sein.

Am Rande sei hier erwähnt, dass der vom EuGH angelegte relativ strenge Maßstab nicht nur Auswirkungen auf der „inhaltlichen Ebene" der Richtlinienumsetzung entfaltet, sondern ggf. auch im Rahmen der **Kompetenzverteilung im Bundesstaat** zu berücksichtigen ist: Wenn nämlich nach der innerstaatlichen Kompetenzverteilung – ggf. im Gefolge der Umsetzung – die Gliedstaaten für die Erstellung solcher „Pläne" zuständig sind, haben sie sich auch mit den jeweils anderen Gliedstaaten abzustimmen, dies jedenfalls dann, wenn es – was die Regel darstellen dürfte – auch um die Entwicklung eines gewissen „stimmigen Gesamtkonzepts" für das gesamte Hoheitsgebiet oder mehrere Gliedstaaten umfassende Gebiete geht. Damit können dem Unionsrecht implizit – vor dem Hintergrund gewisser Gegebenheiten im nationalen Recht – im Ergebnis auch Verpflichtungen zu einem **„kooperativen Föderalismus"** entnommen werden. Die verlangte „Gesamtplanung" dürfte nämlich nicht nur – im Gefolge einer entsprechenden Kompetenz – auf der Ebene des Zentralstaates, sondern auch über eine geeignete Zusammenarbeit der Gliedstaaten erreicht werden können. Die durch den Gerichtshof formulierten Vorgaben beschränken sich nämlich darauf, im Ergebnis ein den skizzierten Anforderungen entsprechendes „Produkt" zu gewährleisten; auf welche Weise dies geschieht, ist dann wiederum Sache der Mitgliedstaaten, so dass derartige Anforderungen nicht *per se* mit der föderalistischen Struktur in Konflikt geraten.

132   Ein besonderes Problem betrifft die Frage, ob und inwieweit bei der Umsetzung von Richtlinien (auch) **gerichtlich durchsetzbare Rechte Einzelner** vorzusehen sind. Die noch nicht in jeder Hinsicht gefestigte **Rechtsprechung des EuGH** zu dieser Frage[529] – die vor dem Hintergrund der finalen Ausrichtung des Unionsrechts und dem Konzept der dezentralen Vollzugskontrolle zu sehen ist[530] – ist in den einschlägigen Urteilen im Wesentlichen parallel gelagert:[531] Zunächst stellt der Gerichtshof fest, dass es in der jeweiligen Richtlinie um einen effektiven Schutz des betroffenen Umweltmediums (Luft oder Wasser) gehe und die Mitgliedstaaten verpflichtet seien, unter Beachtung der Vorgaben der Richtlinien entsprechende Verbote, Genehmigungspflichten oder Überprüfungsverfahren zu erlassen. Daher sollten die entsprechenden Vorschriften der Richtlinie Rechte und Pflichten des Einzelnen begründen können.[532] Teilweise weist der EuGH darüber hinaus noch darauf hin, dass die einschlägigen Grenzwerte dem Schutz der menschlichen Gesundheit dienen sollen, und dass die „Betroffenen" im Fall einer potenziellen Gesundheitsgefährdung durch die Überschreitung der Grenzwerte in der Lage sein müssten, sich auf zwin-

---

529   Vgl. insbesondere EuGH, Rs. C-131/88 (Kommission/Deutschland), Slg. 1991, I-825; EuGH, Rs. C-361/88 (Kommission/Deutschland), Slg. 1991, I-2567; EuGH, Rs. C-59/89 (Kommission/ Deutschland), Slg. 1991, I-2607; EuGH, Rs. C-298/95 (Kommission/Deutschland), Slg. 1996, I-6755; EuGH, Rs. C-237/07 (Janecek), Slg. 2008, I-6221; EuGH, Rs. C-201/02 (Wells), Slg. 2004, I-723, Ziff. 61; EuGH, Rs. C-420/11 (Leth), Urt. v. 14.3.2013, Ziff. 32. Zur Rechtsprechung auch *Wegener*, Rechte des Einzelnen, 46 ff.; *Wegener*, UTR 2008, 319 ff.

530   Vgl. hierzu in diesem Zusammenhang *Epiney/Sollberger*, Zugang zu Gerichten und gerichtliche Kontrolle im Umweltrecht, 335 ff.; *Calliess*, EurUP 2003 (6. Kap. J.I.), 7 (12 f.); zum Konzept der dezentralen Vollzugskontrolle auch noch unten 5. Kap. Rn. 157 ff.

531   Vgl. umfassend zur Problematik *Epiney/Sollberger*, Zugang zu Gerichten und gerichtliche Kontrolle im Umweltrecht, 334 ff.; *Epiney*, VVDStRL 61, 362 (386 ff.); *Macrory/Turner*, CMLRev. 2002 (6. Kap. J.I.), 489 (491 ff.); *Wegener*, Rechte der Einzelnen, insbes. 281 ff.; *Winter*, NVwZ 1999, 467 (469 ff.); *Schoch*, in: Strukturen des europäischen Verwaltungsrechts, 309 ff.; *Schoch*, NVwZ 1999, 457 ff.; *Krämer*, LA Reich, 741 (744 ff.); *de Sadeleer*, Nordic Journal of International Law 2012, 39 (54 ff.), jeweils m.w.N.

532   Vgl. so EuGH, Rs. C-131/88 (Kommission/Deutschland), Slg. 1991, I-825 (in Bezug auf RL 80/68 über den Schutz des Grundwassers gegen Verschmutzung durch bestimmte gefährliche Stoffe).

5. Kapitel Grundprinzipien des Umweltrechts in der Europäischen Union

gende Vorschriften zu berufen, um ihre Rechte geltend machen zu können.[533] Diese Linie wird in einem aus dem Jahr 1996 stammenden Urteil zu zwei Süßwasserrichtlinien[534] fortgesetzt, in dem der EuGH die Anforderungen an die Umsetzung in Bezug auf die Frage des gerichtlichen Zugangs wie folgt formuliert:

„(...) eines der Ziele der fraglichen Richtlinien (besteht) darin, die Gesundheit von Menschen zu schützen, indem die Qualität der Gewässer überwacht wird, in denen das Leben von zum menschlichen Verzehr geeigneten Fischen (...) erhalten wird oder erhalten werden könnte. Unter diesen Umständen ist es besonders wichtig, dass die Richtlinien durch Maßnahmen umgesetzt werden, deren zwingender Charakter außer Zweifel steht. Denn in allen Fällen, in denen die mangelnde Befolgung der durch eine Richtlinie vorgeschriebenen Maßnahmen die Gesundheit von Menschen gefährden könnte, müssen die Betroffenen die Möglichkeit haben, sich auf zwingende Vorschriften zu berufen, um ihre Rechte geltend machen zu können."[535]

Bestätigt wurde dieser Ansatz in der Rs. C-237/07[536], wo der Gerichtshof im Zusammenhang mit der Klage eines Einzelnen auf Erlass eines „Aktionsplans" zur Verminderung der Luftverschmutzung feststellte, aus der einschlägigen Richtlinie ergebe sich eine Pflicht der Mitgliedstaaten, den Betroffenen den Rechtsweg zu eröffnen. In dem nationalen Ausgangsverfahren der Rs. C-237/07 ging es um die Klage eines Münchners gegen die zuständige Behörde auf Erlass eines „Aktionsplans" zur Verminderung der Luftverschmutzung in der Münchner Innenstadt, damit die Grenzwerte für Feinstaub eingehalten werden können. Art. 7 Abs. 3 RL 96/62 über die Beurteilung und die Kontrolle der Luftqualität[537] verpflichtet die Mitgliedstaaten, im Falle der Gefahr einer Überschreitung bestimmter Grenzwerte und im Fall der Gefahr einer Überschreitung von Alarmschwellen sog. Aktionspläne aufzustellen, die Maßnahmen zur Vermeidung einer solchen Überschreitung aufzeigen sollen. Der EuGH stellte unter Bezugnahme auf die bisherige Rechtsprechung zu dieser Thematik[538] fest, dass natürliche und juristische Personen, die „unmittelbar von der Gefahr einer Überschreitung der Grenzwerte oder der Alarmschwellen betroffen sind", die Aufstellung solcher Aktionspläne von den verpflichteten Behörden erwirken können müssen, dies ggf. unter Einschaltung der zuständigen Gerichte. Diese Möglichkeit sei unabhängig davon zu gewähren, ob nach nationalem Recht die Möglichkeit besteht, den Erlass konkreter Maßnahmen zur Verringerung der Luftverschmutzung zu erwirken.

Sodann geht der Gerichtshof davon aus, dass sich Einzelne auf die Pflicht, nach der RL 2011/92 eine Umweltverträglichkeitsprüfung durchzuführen, berufen können, so dass die Richtlinie den betroffenen Einzelnen ein Recht darauf verleihe, dass die zuständigen Behörden die Umwelt-

---

533 EuGH, Rs. C-361/88 (Kommission/Deutschland), Slg. 1991, I-2567 (in Bezug auf die RL 80/779 über Grenzwerte und Leitwerte der Luftqualität für Schwefeldioxid und Schwebestaub); EuGH, Rs. C-59/89 (Kommission/Deutschland), Slg. 1991, I-2607 (in Bezug auf die RL 82/884 betreffend einen Grenzwert für den Bleigehalt in der Luft); ähnlich auch EuGH, Rs. C-58/89 (Kommission/Deutschland), Slg. 1991, I-4983 (in Bezug auf die RL 75/440 über die Qualitätsanforderungen an Oberflächenwasser für die Trinkwassergewinnung in den Mitgliedstaaten).
534 RL 78/659 über die Qualität von Süßwasser, das schutz- und verbesserungsbedürftig ist, um das Leben von Fischen zu erhalten; RL 79/923 über die Qualitätsanforderungen an Muschelgewässer. Vgl. zum heutigen Stand des Gewässerschutzrechts unten 7. Kap. Rn. 3 ff.
535 EuGH, Rs. C-298/95 (Kommission/Deutschland), Slg. 1996, I-6755, Ziff. 15 f.; s. auch EuGH, Rs. C-144/99 (Kommission/Niederlande), Slg. 2001, I-3251, Ziff. 17 f.; EuGH, Rs. C-478/99 (Kommission/Schweden), Slg. 2002, I-4147, Ziff. 18. Für die Bestimmung des Umfangs unionsrechtlich zu begründender Klagerechte dürfte hingegen EuGH, Rs. C-374/98, Slg. 2000, I-10799, Ziff. 54, nicht einschlägig sein. Zwar erwähnt der EuGH hier die Möglichkeit natürlicher oder juristischer Personen, vor „nationalen Gerichten Interessen geltend zu machen, die mit dem Schutz der Natur und insbesondere der Vogelfauna zusammenhängen"; aus dem Zusammenhang dieser Aussage dürfte aber zu schließen, sein, dass der EuGH hiermit (nur) auf das Erfordernis der Rechtsklarheit bei der Umsetzung Bezug nimmt.
536 EuGH, Rs. C-237/07 (Janecek), Slg. 2008, I-6221.
537 ABl. 1996 L 296, 55. Diese Richtlinie wurde durch die RL 2008/50 über Luftqualität und saubere Luft in Europa, ABl. 2008 L 152, 1, abgelöst, vgl. zum Luftreinhalterecht der EU unten 7. Kap. Rn. 129 ff.
538 EuGH, Rs. C-361/88 (Kommission/Deutschland), Slg. 1991, I-2567; EuGH, Rs. C-58/89 (Kommission/Deutschland), Slg. 1991, I-4983.

auswirkungen eines in den Anwendungsbereich der RL 2011/92 fallenden Projekts bewerten und sie dazu anhören.[539]

135 Andererseits lehnte der EuGH den individualschützenden Charakter einer Notifizierungspflicht mit der Begründung ab, sie betreffe allein die Beziehungen zwischen den Mitgliedstaaten und der Kommission.[540] Das einzige Ziel dieser Verpflichtung bestand nach Auffassung des EuGH eben offenbar darin, der Kommission die Wahrnehmung ihrer Aufgabe als „Hüterin des Unionsrechts" zu ermöglichen.

136 Damit kann festgehalten werden, dass der EuGH davon ausgeht, dass jedenfalls gesundheitspolitische Zielsetzungen den Schluss nahe legen, dass (bestimmten) Einzelnen ein Klagerecht zu gewähren ist, mittels dessen die Verletzung solcher Bestimmungen gerügt werden kann. Verallgemeinert man diesen Ansatz, so dürfte aus dieser Rechtsprechung der Schluss abzuleiten sein, dass im Zuge der Umsetzung von Richtlinien in nationales Recht immer (schon) dann klagefähige Rechte Einzelner – die von den „**Betroffenen**" geltend gemacht werden können – geschaffen werden müssen, wenn die jeweilige Bestimmung (auch) **Interessen Einzelner schützen** soll, besteht doch die Eigenart des Gesundheitsschutzes gerade darin, eben die Einzelnen als solche in ihren Interessen berühren zu können.

Da es damit auch und gerade auf die Zielsetzung der jeweiligen Norm ankommt, wobei das „Interesse" aber eher weit auszulegen ist, kann in diesem Zusammenhang von einer „**normativen Interessentenklage**" gesprochen werden,[541] so dass gerichtlicher Zugang unter zwei Voraussetzungen zu gewähren ist: Die zur Debatte stehende unionsrechtliche Bestimmung muss (auch) den **Schutz personenbezogener Rechtsgüter** zum Ziel und Gegenstand haben, so dass die verfolgten (Schutz-) Ziele auch dem Interesse von natürlichen (oder juristischen) Personen dienen sollen. Zweitens muss die klagende Person in dem jeweiligen geschützten Rechtsgut **betroffen** sein (können), wobei es irrelevant ist, wie viele andere Personen auch noch betroffen sein könnten.

137 Noch nicht abschließend durch die Rechtsprechung geklärt ist die Frage, unter welchen Voraussetzungen genau ein Interesse Einzelner, das grundsätzlich (unter der Voraussetzung der persönlichen Betroffenheit) auf dem Klageweg geltend gemacht werden kann, vorliegt: Vieles spricht hier für einen eher weiten Ansatz dahingehend, dass es ausreicht, wenn die betreffende Bestimmung insofern personal ausgerichtet ist, als sie auch den Schutz personenbezogener Rechtsgüter zum Ziel und Gegenstand haben muss; m.a.W. muss das von der jeweiligen Bestimmung geschützte Rechtsgut einen „personalen Charakter" aufweisen, so dass gerade die Stellung und die Interessen Einzelner betroffen sein müssen, was übrigens unabhängig davon der Fall ist, ob darüber hinaus auch Allgemeininteressen geschützt werden sollen. Abgesehen von der insoweit klaren Situation in Bezug auf den Gesundheitsschutz geht die hier relevante Frage dahin, ob und ggf. inwieweit auch nur mittelbar Interessen des Einzelnen betreffende Zielsetzungen – wie z.B. Naturschutz oder Schutz der Ozonschicht – „personale Rechtsgüter" darstellen können. Vieles spricht hier dafür, auf die „Lückenlosigkeit" der Einwirkungskette abzustellen, soll die Notwendigkeit der Betroffenheit eines personalen Schutzguts – das der EuGH zugrundelegen dürfte, wenn er auch seine Konzeption nicht im Einzelnen erläutert – nicht aufgegeben werden. Damit dürfte etwa bei der Erhaltung von Naturlandschaften, die auch als Erholungsgebiete dienen, ein Interesse Einzelner zu bejahen sein, während dies z.B. beim Vogel- oder Walschutz eher nicht der Fall ist. Im Einzelnen sind hier aber noch viele Fragen offen.[542] Jeden-

---

539 EuGH, Rs. C-201/02 (Wells), Slg. 2004, I-723, Ziff. 61; EuGH, Rs. C-420/11 (Leth), Urt. v. 14.3.2013, Ziff. 32.
540 EuGH, Rs. C-209/98 (Sydhavnens), Slg. 2000, I-3743, Ziff. 100 f. Aus der Literatur etwa *Jarass/Beljin*, NVwZ 2004, 1 (8), die bei „Verfahrensangelegenheiten im Verhältnis zwischen EG und den Mitgliedstaaten" eine Umsetzung durch Bestimmungen ohne Außenwirkung für zulässig halten.
541 Dieses Konzept dürfte verschiedene Strömungen in den nationalen Rechtsordnung aufgreifen und zusammenmenführen, vgl. hierzu ausführlich *Epiney*, VVDStRL 61, 362 (396 ff.).
542 Vgl. insoweit ausführlich zum Problemkreis, m.w.N., bereits *Epiney*, VVDStRL 61 (2002), 361, 386 ff.; s. aus der jüngeren Literatur etwa *Steinbeiß-Winkelmann*, in: Verwaltungsrechtsschutz in der Krise, 117, 121 ff.; *Wegener*, UTR 2008, 319, 323 ff.; *Eleftheriadis*, YEL 2007, 297 ff.; *Gellermann*, FS Rengeling, 233 ff.; *Schwerdtfeger*, Verwaltungsrechtsschutz (6. Kap. J.I.), 140 ff.; *Pernice-Warnke*, Effektiver Zugang zu Gericht (6. Kap. J.I.), 64 ff.; *Klöver*,

5. Kapitel Grundprinzipien des Umweltrechts in der Europäischen Union

falls ist im Falle einer konkret erhobenen Klage jeweils die „unmittelbare Betroffenheit" des Klägers nachzuweisen.

Dass dieser Ansatz des EuGH – unabhängig davon, wie man die angedeuteten Abgrenzungsfragen entscheidet – für Rechtsschutzsysteme, deren Dreh- und Angelpunkt für die Klagebefugnis die Existenz eines subjektiven Rechts ist, gewisse Herausforderungen mit sich bringt, liegt auf der Hand, impliziert er doch einen wesentlich weiteren gerichtlichen Zugang.[543] Aufgeworfen wird damit auch die Frage, ob diese Erweiterung nur für die unionsrechtlich begründeten Rechte oder auch allgemein für das nationale Recht (oder gewisse Teile desselben, wobei insbesondere das Umweltrecht relevant ist) gelten soll.[544]

3. Bewertung

Die erwähnte relativ strenge Rechtsprechung des EuGH ist in erster Linie in der deutschsprachigen Literatur auf teilweise heftige **Kritik** gestoßen, die allerdings in den letzten Jahren spürbar leiser geworden ist.

Die Kritik an diesen relativ strengen Anforderungen an die Umsetzung von Richtlinien geht hauptsächlich dahin, dass die einschlägigen Gesetzes- und Verwaltungsregeln in keinem Punkt den Bestimmungen der Richtlinie widersprochen hätten, dass eine unionsrechtskonforme Auslegung gerade zur Annahme des zwingenden Charakters der Verwaltungsvorschriften geführt hätten, dass in der Praxis kein Verstoß gegen die entsprechenden Richtlinienbestimmungen bekannt geworden sei und dass sich aus der Richtlinie gar keine subjektiven Rechte Einzelner ergäben.[545]

In Bezug auf die vom EuGH aufgestellten Anforderungen an die Einräumung von Rechten Einzelner im Rahmen der Umsetzung von Richtlinien wird in erster Linie auf die weitreichenden Auswirkungen dieser Konzeption für die nationalen Konzeptionen des Verwaltungsrechtsschutzes hingewiesen.[546]

Zuzugeben ist den Kritikern jedenfalls, dass das eine oder andere Urteil des EuGH im Ergebnis und der jeweiligen Begründung nicht in jeder Hinsicht überzeugend ist.

Klagefähige Individualrechtspositionen, *passim*; *Faßbender*, EuR 2009, 400 ff.; *von Danwitz*, Europäisches Verwaltungsrecht, 2008, 511 ff.; *Fonk*, NVwZ 2009, 69 ff.; *Scheidler*, NVwZ 2008, 1083 ff.; *Reiling*, Individuelle Rechte, *passim*; spezifisch zur Frage, ob und inwieweit im Falle der Verletzung verfahrensrechtlicher Vorgaben gerichtlicher Zugang zu gewähren ist, *Epiney*, FS Scheuing, 309 ff.

543 Hierzu z.B. *Couzinet*, DVBl. 2008, 754 ff.; *Calliess*, NVwZ 2006, 1 ff.; ausführlich, m.w.N., *Schwerdtfeger*, Verwaltungsrechtsschutz (6. Kap. J.I.), 128 ff.

544 Vgl. bereits die Überlegungen bei *Epiney/Sollberger*, Zugang zu Gerichten und gerichtliche Kontrolle, 421 ff.; s. ansonsten z.B. *Ziekow*, in: Rechtspolitische Spielräume bei der Umsetzung der Aarhus-Konvention (6. Kap. J.I.), 39 (45 ff.); *Ziekow*, EurUP 2005 (6. Kap. J.I.), 154 ff.; *Pernice-Warnke*, EuR 2008 (6. Kap. J.I.), 410 ff.; *Schwerdtfeger*, JEEPL 2007 (6. Kap. J.I.), 270 ff.; *Gärditz*, EurUP 2010 (6. Kap. J.I.), 210 ff.; *Frenz*, DVBl. 2012 (6. Kap. J.I.), 811 ff.; *Kirchhof*, AöR 2010, 29 ff.; *Schwerdtfeger*, Verwaltungsrechtsschutz (6. Kap. J.I.), 208 ff. Entsprechende Fragen stellen sich übrigens auch im Zusammenhang mit der Umsetzung unionsrechtlicher Vorgaben, die für die Geltendmachung der Verletzung von (umweltbezogenem) Unionsrecht bzw. nationalem Recht, das Unionsrecht umsetzt oder durchführt, eine Verbandsklage verlangen, vgl. hierzu 6. Kap. Rn. 57 ff.

545 Vgl. in diesem Sinne (bis auf den letzten Punkt) dezidiert *Lübbe-Wolff*, in: Umweltschutz in der Europäischen Gemeinschaft, 1991 (7.Kap. E.I.), 127 ff.; vgl aber auch die Beiträge von *Everling* (29 ff.), *Koch* (75 ff.) und *Gallas* (98 ff.) in diesem Band; eher kritisch auch *Breuer*, Entwicklungen des europäischen Umweltrechts, 8 ff.; zur Diskussion aus der umfangreichen Literatur *Everling*, NVwZ 1993, 209 (212 ff.); *v. Danwitz*, VerwArch 1993, 73 ff.; *Gellermann/Szcekalla*, NuR 1993, 54 (58 ff.); insbesondere im Hinblick auf die Anforderungen an die inhaltliche Umsetzung *Steinberg*, AöR 1995, 549 (565 ff.); bezugnehmend auf die Vogelschutzrichtlinie auch *Breuer*, RIW 1994, 584 (589 f.); am Beispiel des Gewässerschutzrechts *Delwing*, Umsetzungsprobleme des EG-Wasserrechts (7. Kap. E.I.), 119 ff. Speziell zu dem Problem der „Umsetzung" von Richtlinien durch Generalklauseln *Siems*, ZEuP 2002, 747 ff., der die eher restriktive Sicht des EuGH, die grundsätzlich eben eine eindeutige und klare Umsetzung verlangt, im Ergebnis kritisiert und dafür plädiert, dass auch Generalklauseln – im Sinne einer „richtlinienkonformen Auslegung" – als korrekte Umsetzung grundsätzlich zu akzeptieren seien. In dieser Diskussion wird das Unbehagen in der deutschen Umwelt- und Verwaltungsrechtslehre deutlich, dass das Unionsrecht über Richtlinien weitgehend anerkannte rechtsdogmatische Prinzipien grundsätzlich in Frage stellen kann. Es ist aber – wie im Text erwähnt – auch darauf hinzuweisen, dass die Diskussion in den letzten Jahren nicht mehr so heftig geführt wird und die Rechtsprechung des EuGH (mittlerweile) eher „akzeptiert" wird.

546 Vgl. etwa die Äußerungen bei *von Danwitz*, Verwaltungsrechtliches System, 230 ff.; *Ukrow*, Richterliche Rechtsfortbildung, 329 ff.; s. auch *Moench/Sander*, EUDUR I, § 46, Rn. 66 ff.

So können die Ausführungen des EuGH zur deutschen Umsetzungspraxis teilweise hinterfragt werden: Insbesondere die richterliche Beurteilung der Wirkungen einer richtlinienkonformen Auslegung in manchen Vertragsverletzungsverfahren erscheint zumindest angreifbar, da der EuGH in einem Vorabentscheidungsverfahren wohl gerade diesen Auslegungsgrundsatz herangezogen hätte, um die Unionsrechtskonformität sicherzustellen.[547]

Dagegen ist es angesichts der unklaren Rechtsprechung deutscher Gerichte bezüglich der Verbindlichkeit normkonkretisierender Verwaltungsvorschriften sehr wohl nachvollziehbar, wenn der EuGH sie nicht als klare, sichere und verbindliche Umsetzungsformen von Richtlinien ansieht.[548]

141 Allerdings ist der Grundtendenz des Gerichtshofs, bei der Umsetzung sehr strenge Maßstäbe anzulegen, zuzustimmen: Denn im Hinblick auf eine **einheitliche Auslegung** und **Anwendung** sowie eine **effektive Durchsetzung der unionsrechtlichen Vorgaben** und angesichts der teilweise erheblichen Unterschiede in den mitgliedstaatlichen Rechtstraditionen erscheint eine relativ strikte Auffassung der materiellen und formellen Vorgaben an die Ausgestaltung der Umsetzungsakte und damit eine starke Orientierung an der Effektivität sowie an Inhalt und Zielsetzung der unionsrechtlichen Rechtsakte ebenso sinnvoll wie notwendig.[549] Angesichts der Vielzahl und Diversität der mitgliedstaatlichen Rechtsordnungen und Umsetzungspraktiken brächte nämlich eine substantielle „Aufweichung" der vom EuGH aufgestellten Kriterien die Gefahr einer in weiten Teilen unterschiedlichen Umsetzung – sowohl bezüglich der inhaltlichen Tragweite als auch der Bindungswirkung – mit sich.[550] Die einheitliche Anwendung und die Rechtssicherheit sind aber tragende Säulen des Unionsrechts, die im Interesse der Funktionsfähigkeit der EU-Rechtsordnung nicht relativiert werden dürfen.[551]

142 Die Anerkennung der **„normativen Interessentenklage"** durch den EuGH erscheint insgesamt vor dem Hintergrund der dem Einzelnen auch und gerade beim Vollzug und der Durchsetzung des Unionsrechts eingeräumten Rolle und damit der Tendenz, über die Einbindung von Individuen die tatsächliche Anwendung und Durchsetzung des Unionsrechts zu fördern sowie angesichts der Stellung des Einzelnen im Unionsrecht im Ergebnis überzeugend,[552] wenn man sich auch noch über die genauen Umrisse der „Interessen Einzelner" streiten mag. Dabei geht die unionsrechtliche Konzeption zweifellos über die gerade in Deutschland herrschende, auf Art. 42 Abs. 2 VwGO beruhende Konzeption des Individualrechtsschutzes hinaus.[553]

---

547 *Everling*, NVwZ 1993, 209 (213): ähnlich insoweit auch *Gellermann/Szczekalla*, NuR 1993, 54 (59 f.).
548 *Everling*, NVwZ 1993, 209 (213). A.A. aber *Gellermann/Szczekalla*, NuR 1993, 54 (60 ff.), die auf den Unterschied zwischen norminterpretierenden und normkonkretisierenden Verwaltungsvorschriften abstellen.
549 Vgl. etwa auch die in die gleiche Richtung gehenden Bemerkungen von *Zuleeg*, NJW 1993, 31 (35 f.); *Everling*, NVwZ 1993, 209 (212 ff.). S. aber auch die Ausführungen von *Breuer*, NuR 2000 (7. Kap. E.I.), 541 (547 ff.), der die Rechtsprechung des EuGH offenbar eher als Bedrohung empfindet und ihr im Ergebnis vorwirft, relativ unsensibel für die mitgliedstaatlichen Eigenarten (zumindest die deutschen) zu sein. S. im Übrigen die instruktive Analyse der Hintergründe der Umsetzungsschwierigkeiten in Deutschland unter besonderer Betonung der unterschiedlichen Systemansätze in beiden Rechtsordnungen bei *Pache*, in: Das EG-Umweltrecht und seine Umsetzung in Deutschland und Polen, 157 ff.
550 Allerdings sollen damit nicht die Schwierigkeiten bei der Umsetzung des EU-Umweltrechts verkannt werden, hierzu schon *Hansmann*, NVwZ 1995, 320 ff.
551 S. auch die in eine ähnliche Richtung gehenden Stellungnahmen von *Krämer/Kromarek*, ZUR 1995, Beilage, IV f.; *Zuleeg*, NJW 1993, 31 (35 f.); *Wegener*, IUR 1992, 35 (36 f.), weist zutreffend darauf hin, dass die Beliebtheit der Verwaltungsvorschriften zur Festsetzung von Grenzwerten wohl auch darauf beruht, dass man sich der parlamentarischen Kontrolle bzw. den engen Schranken des Art. 80 GG entziehen will. Sehr oft geändert werden nämlich auch die verschiedenen technischen Anleitungen nicht.
552 Vgl. ausführlicher *Epiney/Sollberger*, Zugang zu Gerichten und gerichtliche Kontrolle im Umweltrecht, 334 ff.; *Epiney*, VVDStRL 61, 362 (386 ff., 412 ff.).
553 Vgl. hierzu in diesem Zusammenhang *Wegener*, in: Vollzug des europäischen Umweltrechts, 145 (147 ff.), der zudem zutreffend darauf hinweist, dass sich die Frage der Verpflichtung zur Gewährung subjektiver Rechte durch EU-Rechtsakte ausschließlich nach unionsrechtlichen Grundsätzen bestimmt. Zu den möglichen Konsequenzen für das deutsche Recht *Epiney/Sollberger*, Zugang zu Gerichten und gerichtliche Kontrolle im Umweltrecht, 409 ff.; *Epiney*, VVDStRL 61, 362 (412 ff.); zu den (möglichen, aber keineswegs zwingenden) Implikationen der unionsrechtlichen Vorgaben für die verwaltungsgerichtliche Kontrolldichte *Ekardt*, NuR 2006, 221 ff.; s. auch *Schmidt*, ZUR 2012, 210 ff.; *Ekardt/Susnjar*, UTR 2007, 277 (299 ff.).

5. Kapitel Grundprinzipien des Umweltrechts in der Europäischen Union

Die Ausführungen haben aber auch deutlich gemacht, dass eben tatsächlich nur durch eine **Auslegung jeder einzelnen Richtlinienbestimmung** die Anforderungen an den materiellen Inhalt des Umsetzungsaktes ermittelt werden können. Die bisherige Rechtsprechung des EuGH kann hierfür zwar Anhaltspunkte geben; sie bleibt aber notwendigerweise einzelfallbezogen, so dass es immer wieder neue und offene Problemstellungen geben wird. Ein Beispiel ist hier die Frage nach dem Gegenstand der Umsetzungspflicht im Falle der Pflicht zur Aufstellung von Programmen:[554] Denkbar ist hier einerseits, dass (nur) die behördliche Pflicht zur Erstellung eines Planes umzusetzen ist; andererseits kann aber auch argumentiert werden, die Erarbeitung eines Maßnahmenkatalogs selbst sei der Umsetzungsakt. Auch hier verbietet sich wohl jede generalisierende Betrachtung, gibt es doch unterschiedliche Arten von Plänen, so dass letztlich über eine Auslegung der einschlägigen Verpflichtung der genaue Inhalt bzw. Gegenstand der Umsetzungsverpflichtung ermittelt werden muss.

II. Vollzug

Der **Vollzug des EU-Umweltrechts** – wobei es dabei sowohl um die direkte Anwendung von Unionsrecht selbst als auch von nationalem Recht, das EU-Recht umsetzt, geht – obliegt **grundsätzlich**[555] den **Mitgliedstaaten**, wie Art. 192 Abs. 4 AEUV denn auch spezifisch für das Umweltrecht[556] ausdrücklich klarstellt. Die Mitgliedstaaten haben daher die erforderlichen Maßnahmen zu treffen, damit die einschlägigen unionsrechtlichen Vorgaben und damit auch das nationale Recht, das Unionsrecht umsetzt oder durchführt, auch tatsächlich beachtet und angewandt werden.[557] Diese Etappe der EU-Umweltpolitik ist insofern von entscheidender Bedeutung, als sie zwar den letzten, aber unentbehrlichen Baustein für die effektive Verwirklichung der in den betreffenden Rechtsakten statuierten Vorgaben darstellt. Vollziehen müssen die Mitgliedstaaten einerseits unmittelbar geltende unionsrechtliche Bestimmungen – wie insbesondere zahlreiche vertragliche Normen und Verordnungen –, aber auch andererseits nationales Recht, das auf unionsrechtlichen Vorgaben beruht – wie insbesondere im Zuge der Umsetzung von Richtlinien erlassene Rechtsakte.[558]

Die Pflicht zum Vollzug des Unionsrechts bzw. des dieses durchführenden oder umsetzenden nationalen Rechts ist eine **unbedingte Rechtspflicht**, allenfalls abgesehen von einer objektiven Unmöglichkeit, die in der Praxis kaum je vorkommen dürfte. Daher ändern praktische Schwierigkeiten der Mitgliedstaaten in dieser Beziehung – so real sie auch sein mögen – nichts an der bestehenden Pflicht zum Vollzug, so dass im Falle der Missachtung eine Verletzung unionsrechtlicher Pflichten anzunehmen ist. Daher kann sich ein Mitgliedstaat auch nicht auf den Schutz der öffentlichen Ordnung berufen, wenn die Durchführung des Unionsrechts aufgrund von Akzeptanzproblemen in der Bevölkerung auf Schwierigkeiten stößt.[559] Dies erscheint schon insofern zwingend, als die Durchführung des Unionsrechts als solche *per se* nicht gegen die öffentliche Ordnung verstoßen kann, so dass die Mitgliedstaaten die notwendigen Maßnahmen zu treffen haben, um den mit der Anwendung des Unionsrechts einhergehenden Schwierigkeiten zu begegnen.

---

554 Vgl. die Schilderung der Problemstellung bei *Rengeling/Gellermann*, UTR 1996, 1 (10 ff.).
555 Was aber einen unmittelbaren Vollzug durch die Kommission oder auch durch Agenturen, wie z.B. die Europäische Chemikalienagentur, nicht ausschließt, vgl. hierzu nur Grabitz/Hilf/Nettesheim-*Nettesheim*, Recht der EU, Art. 192, Rn. 89 ff. So gibt es auch einige (wenige) Gebiete, in denen die Unionsorgane, in der Regel die Kommission (oder, neuerdings, Agenturen), selbst die einschlägigen Rechtsakte vollziehen. Zu nennen sind z.B. der Kohäsionsfonds (s.u. 6. Kap. Rn. 135 ff.) oder die Erstellung der Liste mit Gebieten von unionsweiter Bedeutung im Rahmen der sog. Habitatrichtlinie 92/43 (s.u. 9. Kap. Rn. 54 ff.). Hierzu *Winter*, in: Vollzug des europäischen Umweltrechts, 107 (111 ff.), der zwischen unmittelbar vollziehender, streitentscheidender und kooperierender Verwaltung unterscheidet.
556 Allgemein ist die mitgliedstaatliche Pflicht zur Ergreifung aller zur Durchführung des Unionsrechts notwendigen Maßnahmen in Art. 291 Abs. 1 AEUV verankert.
557 Vgl. z.B. die Formulierung in EuGH, Rs. C-383/09 (Kommission/Frankreich), Urt. v. 9.6.2011, wo der Gerichtshof betont, die Mitgliedstaaten hätten, konkret in Bezug auf eine Bestimmung der Habitatrichtlinie, nicht nur die notwendigen gesetzgeberischen Umsetzungsmaßnahmen zu treffen, sondern diese Bestimmungen auch tatsächlich anzuwenden und die notwendigen Vollzugsmaßnahmen zu ergreifen.
558 Im praktischen Vollzug obliegen den Mitgliedstaaten bei Verordnungen und Richtlinien letztlich parallele Aufgaben, vgl. *Krämer*, in: Vollzug des europäischen Umweltrechts, 7 (10 f.).
559 Vgl. in Bezug auf eine das Gentechnikrecht betreffende Regelung EuGH, Rs. C-552/07 (Commune de Sausheim), Slg. 2009, I-987.

Art. 197 Abs. 1 AEUV erwähnt nunmehr auch die effektive Durchführung des Unionsrechts durch die Mitgliedstaaten als „Frage von gemeinsamem Interesse", womit nicht nur die mitgliedstaatliche Pflicht zur Durchführung bzw. zum Vollzug des Unionsrechts betont, sondern auch ihre Bedeutung für das Funktionieren der Union und der Unionsrechtsordnung insgesamt hervorgehoben wird.

144 Für die beim Vollzug anzuwendenden Regeln gilt das Prinzip der **Anwendung nationaler Verfahrens- und Prozessordnungen**, so dass sich der Vollzug grundsätzlich nach dem einschlägigen nationalen Recht richtet. Allerdings haben die Mitgliedstaaten ggf. bestehende (allgemeine oder sektorielle) Regelungen (z.b. über die Öffentlichkeitsbeteiligung) zu beachten, und darüber hinaus haben sie auf der Grundlage des Art. 4 Abs. 3 EUV die **effektive Anwendung des Unionsrechts** sicherzustellen, so dass ihre nationalen Regelungen so ausgestaltet sein müssen, dass diese nicht beeinträchtigt wird. Dieser Grundsatz beruht auch auf der Funktionsfähigkeit der Union, ist doch nur unter der Voraussetzung seiner Beachtung eine Rechtsgemeinschaft denkbar. Letztlich steht er aber mit dem Prinzip der „mitgliedstaatlichen Autonomie" bei der Durchführung des Unionsrechts in einem gewissen **Spannungsverhältnis**, dem bei seiner Anwendung Rechnung getragen werden muss.

145 Der Gerichtshof hat das Erfordernis der effektiven Anwendung des Unionsrechts – an dem sich auch bei „administrativen Schwierigkeiten" nichts ändert[560] – mit der Formel zusammengefasst, dass das nationale Recht dann nicht herangezogen werden darf, wenn es die Verwirklichung der Unionsregelung **praktisch unmöglich** macht[561] oder wenn es im Vergleich zu den Verfahren, in denen über gleichartige, rein nationale Sachverhalte entschieden wird, zu Ungleichbehandlungen führt (**Äquivalenzprinzip**).[562]

Die Rechtsprechung hat diese Grundsätze im Zusammenhang mit der Rückforderung zu Unrecht gezahlter EU-Beihilfen entwickelt; sie gilt aber auch dann, wenn innerstaatliche Stellen unmittelbar aus dem Unionsrecht fließende Rechte zu verwirklichen haben. Darüber hinaus bildet sie einen Rahmen für die Entwicklung von Grundsätzen, nach denen sich der mitgliedstaatliche Vollzug dann richten soll, wenn das mitgliedstaatliche Recht nur eine unzulängliche Durchsetzung des Unionsrechts erlaubt.[563]

Auswirkungen entfalten diese Grundsätze auch im Bereich des Rechtsschutzes: Soweit das Unionsrecht die Einräumung individueller Rechte Einzelner verlangt, ist ein effektiver Rechtsschutz zu gewährleisten.[564] Weiter ist auf die Rückwirkungen im Bereich des vorläufigen Rechtsschutzes[565] sowie der Zulässigkeit der

---

560 EuGH, Rs. C-378/98 (Kommission/Belgien), Slg. 2001, I-5107; vgl. auch EuGH, Rs. C-404/97 (Kommission/Portugal), Slg. 2000, I-4897, Ziff. 52 f.
561 Was insgesamt das Treffen der notwendigen und geeigneten Maßnahmen impliziert, wie etwa Überwachungsmechanismen, Genehmigungserfordernisse oder ein Sanktionensystem, vgl. etwa *Krämer*, Droit de l'environnement de l'UE, 110 ff.; *Meßerschmidt*, Europäisches Umweltrecht, § 2, Rn. 212 ff.
562 EuGH, Rs. 205-215/82 (Deutsche Milchkontor), Slg. 1983, 2633, Ziff. 22 f.; EuGH, Rs. 210/87 (Padovani), Slg. 1988, 6177, Ziff. 22; EuGH, Rs. C-24/95 (Alcan), Slg. 1997, I-1591, Ziff. 24; EuGH, Rs. C-231/96 (Edilizia Industriale Siderurgica), Slg. 1998, I-4951, Ziff. 19; EuGH, Rs. C-378/98 (Kommission/Belgien), Slg. 2001, I-5107; EuGH, verb. Rs. C-317/08 u.a. (Alassini), Slg. 2010, I-2213. Aus der Literatur etwa *Jarass/Beljin*, NVwZ 2004, 1 (10 f.); *Nettesheim*, GS Grabitz, 447 ff.; *Rengeling*, EUDUR I, § 28, Rn. 3 ff.; *Prehn*, Einfluss des Gemeinschaftsrechts auf den mitgliedstaatlichen Verwaltungsvollzug, 126 ff.; *Bauer*, Durchsetzung des europäischen Umweltrechts, 26 ff.; *Nicolaides/Geilmann*, MJ 2012, 383 ff.; *Rodriguez Iglesias*, EuGRZ 1997, 289 ff.; *Schmidt-Aßmann*, in: Festgabe 50 Jahre BVerwG, 487 ff.; *Schoch*, in: Festgabe 50 Jahre BVerwG, 507 ff.; ausführlich *Pühs*, Vollzug von Gemeinschaftsrecht, 73 ff.; *Nitschke*, Harmonisierung des nationalen Verwaltungsvollzugs von EG-Umweltrecht, 35 ff.; zum speziellen Problem der unionsrechtlichen Zulässigkeit von Präklusionsregelungen *von Danwitz*, UTR 1997, 387 ff.; s. auch die sehr instruktiven Ausführungen unter Bezugnahme auf konkrete umweltrechtliche Rechtsakte (UVP-Richtlinie, IVU-Richtlinie, Umweltinformationsrichtlinie, Öko-Audit-Verordnung und Wasserrahmenrichtlinie) bei *Barth/Demmke/Ludwig*, NuR 2001, 133 ff.; *Calliess*, in: Recht und Organisation (6. Kap. J.VIII.), 72 (92 ff.).
563 S. z.B. zur Zulässigkeit nationaler Ausschlussfristen EuGH, Rs. C-231/96 (Edilizia Industriale Siderurgica Srl), Slg. 1998, I-4951; EuGH, Rs. C-260/96 (Ministero delle Finanze/Spac SpA), Slg. 1998, I-4997; in Bezug auf die Verwaltungsorganisation etwa EuGH, Rs. C-128/89 (Kommission/Italien), Slg. 1990, I-3239, Ziff. 24.
564 *Jarass*, Grundfragen der innerstaatlichen Bedeutung des EG-Rechts, 100. S. hierzu auch schon oben 5. Kap. Rn. 130 ff.
565 Vgl. EuGH, Rs. 213/89 (Factortame), Slg. 1990, I-2433, Ziff. 19 ff.; EuGH, Rs. C-271/88 (Kommission/Deutschland), Slg. 1990, I-2879, Ziff. 14 ff.; EuGH, Rs. C-68/95 (T. Port), Slg. 1996, I-6065, Ziff. 52 ff. Aus der Literatur etwa *Jannasch*, NVwZ 1999, 495 ff.

5. Kapitel Grundprinzipien des Umweltrechts in der Europäischen Union

(gerichtlichen) Aussetzung des Vollzugs von auf Unionsrecht beruhendem nationalen Recht[566] hinzuweisen. Die Effektivität des Unionsrechts impliziert auch, dass die Mitgliedstaaten grundsätzlich – selbst wenn spezifische Vorschriften im Sekundärrecht fehlen – geeignete Sanktionen im Falle eines Verstoßes gegen Unionsrecht vorsehen müssen;[567] diese müssen wirksam, verhältnismäßig und abschreckend sein, wobei bei der Frage nach der Erfüllung dieser Anforderungen auf die Umstände des Einzelfalls abzustellen ist. Insgesamt führen diese Grundsätze zu einer recht weitgehenden „Europäisierung" des Verwaltungsrechts und des Verwaltungsrechtsschutzes in den Mitgliedstaaten.[568]

Allerdings kann nach der Rechtsprechung des Gerichtshofs zumindest in den Fällen, in denen eine unionsrechtliche Bestimmung den Mitgliedstaaten einen weit gespannten Gestaltungsspielraum einräumt, nicht schon in jedem Fall aus dem Vorliegen einer bestimmten, nicht den Zielsetzungen der betreffenden unionsrechtlichen Vorgabe (etwa eines genügenden Umwelt- und Gesundheitsschutzes) entsprechenden tatsächlichen Situation *per se* auf eine Verletzung der Vollzugspflicht geschlossen werden. Jedoch ist nach der Rechtsprechung des EuGH davon auszugehen, dass bei einer „signifikanten Beeinträchtigung der Umwelt über einen längeren Zeitraum", die nicht im Einklang mit einer unionsrechtlichen Bestimmung steht, grundsätzlich auf die Unterlassung des Ergreifens ausreichender Maßnahmen zu schließen ist und der mitgliedstaatliche Gestaltungsspielraum überschritten ist.[569]

Die skizzierten Vorgaben des Unionsrechts für den mitgliedstaatlichen Vollzug geben allerdings lediglich einen Rahmen vor und belassen den Mitgliedstaaten gerade bei den konkreten Zuständigkeiten und der Organisation des Vollzugs einen beachtlichen Gestaltungsspielraum. So vermag es denn auch nicht zu überraschen, dass die am verwaltungsmäßigen Vollzug beteiligten **Institutionen und Verwaltungsebenen** in den einzelnen Staaten je nach der innerstaatlichen Verfassungsordnung und Kompetenzverteilung sehr stark variieren[570] (wobei aus unionsrechtlicher Sicht jedenfalls festzuhalten ist, dass die Mitgliedstaaten auch die notwendige „Infrastruktur" zur Verfügung zu stellen haben):

- In den Mitgliedstaaten mit föderalistischer oder ausgeprägt regionaler Struktur – wie insbesondere Deutschland, Österreich und (mittlerweile) Belgien, aber auch mit unterschiedlicher Ausgestaltung in anderen Staaten, z.B. Dänemark und Italien – sind die Kompetenzen der nationalen Entscheidungsträger vor allem auf die Formulierung allgemeiner Richtlinien und den Erlass einiger Durchführungsbestimmungen beschränkt, während die Art und Weise der tatsächlichen Anwendung der entsprechenden Regeln regionalen oder gar lokalen Organen obliegt.
- In den eher zentralisitsch strukturierten Staaten – wie insbesondere Frankreich und Großbritannien – dagegen führen die regionalen und lokalen Verwaltungen nur die weitgehend erschöpfenden Vorgaben der nationalen Behörden aus; diese treffen alle wesentlichen Entscheidungen, insbesondere Vollzugskriterien und -prioritäten, selbst.

In jedem Fall erfolgt jedoch die endgültige praktische Durchführung und Anwendung umweltrechtlicher Regelungen im Wesentlichen auf regionaler und lokaler Ebene, so dass diese Instan-

---

566 Vgl. EuGH, verb. Rs. C-143/88, C-92/89 (Zuckerfabrik Süderdithmarschen), Slg. 1991, I-415, Ziff. 17 ff.; EuGH, Rs. C-465/93 (Atlanta Fruchthandelsgesellschaft), Slg. 1995, I-3761, Ziff. 51.
567 Vgl. nur *Schröder*, in: Die EG in der internationalen Umweltpolitik, 47 (53); *Meeus*, JEEPL 2010, 135 ff. S. auch *Krämer*, Droit de l'environnement de l'UE, 109, der (zutreffend) darauf hinweist, dass die erwähnten unionsrechtlichen Vorgaben den Mitgliedstaaten in Bezug auf die genaue Ausgestaltung der Sanktionen einen weiten Gestaltungsspielraum einräumen.
568 Deren Implikationen hier nicht im Einzelnen nachgegangen werden kann. Vgl. den Überblick m.w.N. bei *Bieber/Epiney/Haag-Epiney*, EU, § 8, Rn. 12 ff.; spezifisch mit Bezug zum Umweltrecht *Knill/Winkler*, VerwArch 2007, 1 ff.; *Frenz*, DVBl. 2012 (6. Kap. J.I.), 811 ff.
569 Vgl., in Bezug auf das Abfallrecht, EuGH, Rs. C-387/97 (Kommission/Griechenland), Slg. 2000, I-5047, Rn. 56; EuGH, Rs. C-318/98 (Fornasar), Slg. 2000, I-4785, Ziff. 38 f.; EuGH, Rs. C-365/97 (Kommission/Italien), Slg. 1999, I-7804, Ziff. 67 f.; EuGH, Rs. C-420/02 (Kommission/Griechenland), Slg. 2004, I-11175; EuGH, Rs. C-494/01 (Kommission/Irland), Slg. 2005, I-3331; EuGH, Rs. C-365/97 (Kommission/Italien), Slg. 1999, I-7773; EuGH, Rs. C-135/05 (Kommission/Italien), Slg. 2007, I-3475; EuGH, Rs. C-297/08 (Kommission/Italien), Slg. 2010, I-1749.
570 Hierzu etwa *Schäfer*, Umsetzung, 14; s. auch etwa *Trüe*, EuR 1996, 179 ff., in Bezug auf die Situation in Deutschland; *Ziehm*, Europäisches Grund- und Trinkwasserschutzrecht (7. Kap. E.I.), insbes. 24 ff., die eine vergleichende Betrachtung der Verwaltungs- und Entscheidungsstrukturen in Deutschland und Frankreich leistet.

zen für die Wirksamkeit des Vollzugs eine große Rolle spielen. Deutlich wird damit auch die Notwendigkeit der Koordination zwischen diesen Stellen, soll der Vollzug in den großen Linien nach parallelen Grundsätzen erfolgen.[571]

148 Die **tatsächliche Anwendung** der unionsrechtlichen Bestimmungen bzw. der nationalen Vorschriften, die auf unionsrechtlichen Vorgaben beruhen, weist teilweise erhebliche **Defizite** auf.[572] Die Gründe hierfür sind vielfältig;[573] neben einem nicht immer sehr ausgeprägten ökologischen Problembewusstsein in den verschiedenen Staaten spielen sicherlich fehlende Kapazitäten und Kompetenzen der zuständigen Verwaltungen eine wichtige Rolle. Nicht zu verkennen ist aber auch, dass der Vollzug des EU-Umweltrechts großen Schwierigkeiten begegnet, wie insbesondere die Auslegung des anzuwendenden Unionsrechts,[574] die Rolle des Zusammenspiels von unionsrechtlichen Vorgaben und nationalen (Ausführungs-) Bestimmungen[575] und die (innerstaatliche) Kompetenzverteilung zwischen Zentralstaat und Gliedstaaten bzw. autonomen Regionen.[576] In einigen sektoriellen Gebieten wurden vor diesem Hintergrund auch spezifische Instrumente geschaffen;[577] insgesamt dürfte jedoch die tatsächliche Anwendung der unionsrechtlichen Vorgaben nach wie vor ein sehr ernst zu nehmendes Problem darstellen, auf das bislang noch keine ganz überzeugenden Antworten gefunden werden konnten,[578] wenn auch die sog. dezentralen Durchsetzungsmechanismen[579] hier zumindest punktuell eine gewisse Abhilfe schaffen. Es ist leider zu befürchten, dass sich diese Situation mit dem Beitritt der neuen Mit-

---

571 Hierzu auch *Pernice*, Verw 1989, 1 (42). In den zentralisitsch organisierten Staaten wird dies durch die hierarchisch strukturierte Verwaltung sichergestellt, während z.B. in der föderalisitsch strukturierten Bundesrepublik ein Bund-Länderausschuss eingerichtet wurde, vgl. *Schäfer*, Umsetzung, 21.
572 Vgl. hierzu die jährlichen Berichte der Kommission über die Anwendung des Unionsrechts sowie spezifisch den Vierten Jahresbericht über die Durchführung und Durchsetzung des Umweltrechts in der Union, SEK (2003) 804; Mitteilung der Kommission über die Umsetzung des europäischen Umweltrechts, KOM (2008) 773 endg.; s. jüngst den 29. Jahresbericht über die Kontrolle der Anwendung des EU-recht, KOM (2012) 714 endg., der sich allerdings schwerpunktmäßig mit Fragen der Umsetzung befasst; aus der Literatur etwa Streinz-*Kahl*, EUV/AEUV, Art. 192, Rn. 77 ff.; *Lee*, EU Environmental Law, 49 ff.; *Calliess*, NuR 2006, 601 f.; *Demmke*, Verw 1994, 49 ff.; *Calliess*, ZUR 2003 (4. Kap. E.I.), 129 (135 f.); *Nicklas*, Implementationsprobleme (7. Kap. E.II.), 80 ff. (unter besonderer Berücksichtigung des Luftreinhalterechts); *Bauer*, Durchsetzung des europäischen Umweltrechts, insbesondere 109 ff. (in Bezug auf die Bundesfernstraßenplanung in Deutschland); *Krämer*, in: Vollzug des europäischen Umweltrechts, 7 (14 ff.); *Krämer*, Droit de l'environnement de l'UE, 110 ff.; *Meßerschmidt*, Europäisches Umweltrecht, § 2, Rn. 213 ff., 441 ff.; *Holzinger*, Politik des kleinsten gemeinsamen Nenners (3. Kap. C.II.), 58 ff.; Calliess/Ruffert-*Calliess*, EUV/AEUV, Art. 192, Rn. 38 ff.; *Pühs*, Vollzug von Gemeinschaftsrecht, 110 ff.; aus politikwissenschaftlicher Sicht mit einigem empirischem Material *Jordan*, in: Environmental Policy in the EU, 301 ff.
573 Hierzu insbesondere *Krämer*, in: Vollzug des europäischen Umweltrechts, 7 (28 ff.); *Albin*, DVBl. 2000, 1483, 1484 ff.; *Prehn*, Einfluss des Gemeinschaftsrechts auf den mitgliedstaatlichen Verwaltungsvollzug, 338 ff.; *Knill*, Verw 2006, 61 ff.; *Schröder*, in: Die EG in der internationalen Umweltpolitik, 47 ff.; *Knill/Lenschow*, in: Implementing EU Environmental Policy, 9 ff.; *Mentzinis*, Durchführbarkeit des europäischen Umweltrechts, 193 ff.; ausführlich neuerdings *Borzsak*, Impact of Environmental Concerns on the Public Enforcement Mechanism, 7 ff.; s. sodann die aufschlussreichen Untersuchungen unter Berücksichtigung empirischer Umfragen bei *Engelsberger*, Vollzug europarechtlicher Vorschriften auf dem Gebiet des Umweltschutzes, insbesondere 145 ff.; *Albin*, Vollzugskontrolle des europäischen Umweltrechts, insbesondere 110 ff., 321 ff.
574 Die aufgrund der nicht immer parallelen Konzeption von EU-Recht und nationalem Recht häufig unklar ist; auch finden sich in den einschlägigen Rechtsakten häufig Kompromissformulierungen, deren Auslegung oft Fragen aufwirft, vgl. dazu *Demmke*, Verw 1994, 49 (58 ff.); *Krämer*, in: Vollzug des europäischen Umweltrechts, 7 (17 f.), mit zahlreichen Beispielen.
575 Vgl. hierzu *Hansmann*, NVwZ 1995, 320 (323 ff.), der aber m.E. zu stark auf die inhaltlichen Unzulänglichkeiten des Unionsrechts abstellt.
576 Hierzu *Demmke*, Verw 1994, 49 (50 ff.). Zu den wichtigsten Defiziten im Vollzug *Krämer*, in: Vollzug des europäischen Umweltrechts, 7 (18 ff.). Besonders „zurückhaltend" sind die Mitgliedstaaten bei der Aufstellung von Sanierungsplänen und der Erstellung von Berichten. Vgl. zu möglichen Verbesserungen des Vollzuges durch eine „Harmonisierung" nationaler Vollzugssysteme *Pache*, in: Vollzug des europäischen Umweltrechts, 177 (179 ff.).
577 Vgl., mit einigen Beispielen, *Krämer*, Droit de l'environnement de l'UE, 110 ff.
578 Vgl. In diesem Zusammenhang die Zusammenstellung der diskutierten Vorschläge für eine Verbesserung des Vollzugs bei *Borzsak*, Impact of Environmental Concerns on the Public Enforcement Mechanism, 144 ff., die auch konkrete Empfehlungen unterbreitet (229 ff.).
579 Hierzu unten 5. Kap. Rn. 157 ff.

5. Kapitel Grundprinzipien des Umweltrechts in der Europäischen Union

gliedstaaten insgesamt eher verschlechtert, denn verbessert hat. Abzuwarten bleibt, ob und inwieweit die Umsetzung der sog. „Aarhus-Konvention" hier Verbesserungen bringen wird.[580] Die Vollzugs- und Umsetzungsdefizite in der Union sind nicht nur aus umweltpolitischer Sicht bedauerlich; letztlich gefährden sie in zahlreichen Bereichen auch die Verwirklichung des Binnenmarktes, ziehen nicht vollzogene oder umgesetzte umweltrechtliche Rechtsakte doch häufig auch Wettbewerbsverzerrungen nach sich.[581]

D. Kontrolle und Rechtsschutz

Im Zusammenhang mit der Kontrolle der Beachtung des Unionsrechts und der Art des Rechtsschutzes wird nach den durch das Unionsrecht zur Verfügung gestellten Mechanismen der Überprüfung der Einhaltung unionsrechtlicher Vorgaben gefragt.[582] Insofern steht diese Problemstellung in engem Zusammenhang mit der teilweise unzureichenden Umsetzung und Anwendung des Unionsrechts. Allerdings können auch Kontrollmechanismen nicht alle diesbezüglichen Ursachen beseitigen; sie tragen aber dazu bei, die Defizite aufzudecken und geben in zahlreichen Fällen Anstöße zu einer besseren Beachtung des Unionsrechts.

Nur am Rande kann hier noch darauf hingewiesen werden, dass die Effektivität der gerichtlichen Kontrolle – die in der Europäischen Union direkt und indirekt eine beachtliche Rolle spielt – auch von dem Spielraum bestimmt werden, den der EuGH den involvierten Akteuren einräumt. Tendenziell dürfte dieser eine Tendenz haben, die Kontrolldichte bei unionsrechtlichen Maßnahmen etwas weiter zu fassen als bei mitgliedstaatlichen Maßnahmen.[583]

Die Kontroll- und Rechtsschutzmechanismen in der Union dienen einerseits dazu, allgemein und „objektiv" **Umsetzung und Vollzug der unionsrechtlichen Vorgaben in den Mitgliedstaaten zu kontrollieren**; andererseits sollen sie es aber auch Einzelnen ermöglichen, ihre Rechte geltend zu machen, so dass sie insoweit auch einem **subjektiven Rechtsschutz** dienen. Dementsprechend kann zwischen sog. **zentralen und dezentralen Kontroll- und Rechtsschutzmechanismen** unterschieden werden. Auch in Bezug auf das EU-Umweltrecht kommen dabei die **allgemeinen Mechanismen und Grundsätze des Unionsrechts** zum Zuge, so dass im Folgenden nur ein kurzer Überblick gegeben werden soll.

---

580 Zu dieser unten 6. Kap. Rn. 4 ff. S. im Übrigen auch die Überlegungen der Kommission zur Überwindung des Umsetzungs- und Vollzugsdefizits schon in der Mitteilung über die Durchführung des Umweltrechts in der Gemeinschaft, KOM (1996) 500 endg.; ausführlich hierzu *Albin*, Vollzugskontrolle, 163 ff., 237 ff.; s. zusammenfassend zu den verschiedenen Ansätzen zur Verbesserung des Vollzugs des EU-Umweltrechts *Rengeling*, EUDUR I, § 27, Rn. 2; *Sach/Simm*, EUDUR I, § 44, Rn. 4 ff.; *McCormick*, Environmental Policy in the EU, 142 ff.; die Beiträge in *Knill/Lenschow*, Implementing EU Environmental Policy; speziell mit Bezug auf die diesbezüglichen Vorstellungen der Kommission *Ballesteros*, elni 2009, 54 ff.; jeweils m.w.N. s. auch die ausführliche Analyse aus politikwissenschaftlicher Sicht bei *Demmke*, in: European Environmental Policy, 79 ff.; spezifisch zu Umweltinspektoren z.B. *Barreira*, elni 2009, 79 ff. Im März 2012 hat die Kommission eine neue Mitteilung zur Förderung der Anwendung und Durchsetzung des Umweltrechts in der EU vorgelegt, vgl. KOM (2012) 95 endg. Der Akzent liegt hier einerseits auf der besseren Anwendung der bestehenden Informationsinstrumente (zu diesen unten 6. Kap. Rn. 10 ff.), andererseits einer Überprüfung des bestehenden Rahmens für Inspektionen und Überwachungen bzw. einer Verbesserung der diesbezüglich existierenden Mechanismen sowie der Verbesserung des gerichtlichen Zugangs.

581 Vgl. schon *Pernice*, NVwZ 1990, 414 (423); zur Problematik auch z.B. *Zaelke/Higdon*, JEEPL 2006, 376 ff.; s. auch KOM (2012) 95 endg., wo die Kommission auf die negativen Implikationen für den unverfälschten Wettbewerb und den Binnenmarkt sowie die langfristigen Kosten für Abhilfemaßnahmen hinweist.

582 Vgl. für einen Überblick über die verschiedenen Instrumente zur Durchführung des europäischen Umweltrechts *Scheuing*, NVwZ 1999, 475 ff.; *Hunter*, EELR 1998, 47 ff.; *Grant/Matthews/Newell*, Effectiveness of EU Environmental Policy, 66 ff.; *Betlem*, in: Umweltverfassung, 119 ff.; ausführlich *Pühs*, Vollzug von Gemeinschaftsrecht, 206 ff.; *Sach/Simm*, EUDUR I, § 44, Rn. 11 ff.; *Hawke*, Environmental Policy: Implementation and Enforcement, *passim*; s. in Bezug auf einige zentrale Kontrollinstrumente auch *Albin*, DVBl. 2000, 1483 ff.

583 Vgl. zur Kontrolldichte des EuGH spezifisch in Bezug auf den Bereich des Umweltrechts sehr instruktiv *Somsen*, CMLRev. 2003, 1413 ff.; *Ekardt/Susnjar*, UTR 2007, 277 (299 ff.).

I. Zentrale Kontroll- und Rechtsschutzmechanismen

151 Unter zentralen Kontrollmechanismen werden hier diejenigen Verfahren und Kompetenzen verstanden, die auf Unionsebene ihren Ausgangspunkt nehmen bzw. sich auf dort stattfindende Handlungen beziehen und damit auf **Unionsebene** (eben zentral) ansetzen. Zu unterscheiden sind hier die Kontrollverfahren der Unionsorgane gegenüber den Mitgliedstaaten von denjenigen der Mitgliedstaaten oder Unionsorganen gegenüber (anderen) Unionsorganen.

152 Bei der ersten Konstellation spielt die **Kommission** eine zentrale Rolle. Sie hat für die Anwendung des Unionsrechts Sorge zu tragen (Art. 17 Abs. 1 EUV); ihr obliegt sowohl die Kontrolle der (richtigen) Umsetzung als auch diejenige der Anwendung im Einzelfall durch die Mitgliedstaaten. Auf der Grundlage von Art. 337 AEUV kann die Kommission hierzu Auskünfte einholen, Berichte anfordern und die Einhaltung des Unionsrechts nachprüfen;[584] die näheren Modalitäten hierzu werden vom Rat festgelegt. Weiter sehen die umweltrechtlichen Rechtsakte regelmäßig vor, dass die Mitgliedstaaten der Kommission diejenigen nationalen Rechtsakte übermitteln, die zur Umsetzung oder Durchführung unionsrechtlicher Verpflichtungen ergangen sind, so dass die Kommission in die Lage versetzt wird, zumindest die korrekte formelle Umsetzung bzw. Durchführung zu prüfen.[585] Zudem sind in den umweltrechtlichen Rechtsakten regelmäßig **Berichtspflichten** der Mitgliedstaaten vorgesehen, die der Kommission die Wahrnehmung ihrer Aufgabe als „Hüterin der Verträge" erleichtern sollen. Die Kommission ihrerseits hat auf dieser Grundlage in der Regel einen umfassenden Bericht über die Anwendung des jeweiligen Rechtsakts zu erstellen.[586]

153 Bei der Wahrnehmung all dieser Aufgaben stößt die Kommission jedoch auf die Schwierigkeit, dass ihre personellen und sonstigen Mittel nicht ausreichen, um diese Kontrolle tatsächlich wirksam wahrzunehmen.[587] Diese Schwierigkeit stellt sich dabei weniger bei der Kontrolle der Umsetzung,[588] denn bei derjenigen der tatsächlichen Anwendung des EU-Umweltrechts bzw. der darauf beruhenden nationalen Vorschriften. Daher kommt der Möglichkeit **Einzelner**, sich an die Kommission zu wenden und auf die mangelnde Beachtung unionsrechtlicher Vorgaben hinzuweisen, eine große Bedeutung zu.[589] Die Kommission hat dieses nicht im Vertrag vorgesehene

---

[584] Die Arbeit der Kommission ist dabei eher konsensorientiert, vgl. *Demmke*, Implementation von EG-Umweltpolitik, 265; zur Rolle der Kommission in diesem Zusammenhang mit speziellem Bezug zum Umweltrecht z.B. *Cashman*, JEEPL 2006, 385 ff.; *Koller/Cashman*, JEEPL 2009, 1 ff.

[585] Allerdings kommen die Mitgliedstaaten ihren Berichtspflichten häufig nicht nach, vgl. *Krämer*, in: Vollzug des europäischen Umweltrechts, 7 (18 ff.).

[586] *Krämer*, Droit de l'environnement de l'UE, 111, weist in diesem Zusammenhang darauf hin, dass sowohl die Mitgliedstaaten als auch die Kommission häufig zu spät und inhaltlich ungenügend berichteten.

[587] S. in diesem Zusammenhang die Bemerkungen von *Demmke*, Implementation von EG-Umweltpolitik, 266 f., der darauf hinweist, dass sich schon aus den Berichten der Kommission ergibt, dass sie oft keine exakte Kenntnis von der tatsächlichen Anwendung des Unionsrechts in den Mitgliedstaaten habe.

[588] Allerdings ist die Prüfung der Umsetzung nach Ansicht der Kommission „eine anspruchsvolle und komplexe Aufgabe aufgrund des Umfangs der betroffenen Rechtsvorschriften (…) und der Tatsache, dass viele Mitgliedstaaten zur Umsetzung einer einzigen Richtlinie mehrere (teilweise über zehn) nationale Vorschriften erlassen. Hinzu kommt, dass viele Regelungen auch technisch sehr komplex und schwierig sind", Europäische Kommission, Die optimale Gestaltung des Binnenmarktes – Strategisches Programm, KOM (93) 632 endg., 11 f. Demnach prüfen Mitarbeiter der Kommission die Gesetzestexte und greifen hierfür teilweise auch auf externe Berater zurück. Durch multilaterale und bilaterale Zusammenkünfte der Beamten werden Auslegungs- und Umsetzungsfragen besprochen, und über die Netzwerke zu den betroffenen Wirtschaftszweigen und anhand einer Auswertung von Einzelbeschwerden werden spezifische Problembereiche eruiert. Die Kommission verweist aber auch darauf, dass ihre Ressourcen für eine umfassende Kontrolle nicht genügen. Vgl. hierzu auch den elften (1993) und zwölften (1994) Jahresbericht an das Europäische Parlament über die Kontrolle der Anwendung des Gemeinschaftsrechts, ABl. 1994 C 154, 1 ff., ABl. 1995 C 254, 1 ff. S. auch den 20. Jahresbericht über die Kontrolle der Anwendung des Gemeinschaftsrechts (2002), KOM (2003) 669 endg.; Dritter Bericht über die Durchführung und Durchsetzung des Umweltrechts in der Gemeinschaft, KOM (2001) 31 endg.; Mitteilung der Kommission zur Anwendung des EU-Umweltrechts, KOM (2008) 773 endg. Vgl. sodann den 28. Jahresbericht über die Kontrolle der Anwendung des EU-Rechts (2010), KOM (2011) 588 endg., sowie die Mitteilung zur Förderung der Anwendung und Durchsetzung des Umweltrechts in der EU, KOM (2012) 95 endg.

[589] S. schon oben 3. Kap. Rn. 65 ff.

5. Kapitel Grundprinzipien des Umweltrechts in der Europäischen Union

Verfahren sehr gepflegt, ermöglichen ihr doch diese Beschwerden Einzelner den Zugang zu Informationen, von der sie ansonsten nicht unbedingt Kenntnis erhalten hätte. Die Kommission registriert und prüft jede bei ihr eingehende substantiierte Beschwerde und geht ihr häufig mit Hilfe der Anforderung von Auskünften und Stellungnahmen nach. Auf der Grundlage dieser Prüfung leitet sie ggf. ein Vertragsverletzungsverfahren nach Art. 258 AEUV ein.[590] Die Einzelnen haben jedoch kein Recht auf eine (bestimmte) Behandlung ihrer Eingaben.

Das schärfste der Kommission in ihrer Aufsichtsfunktion zur Verfügung stehende Instrument ist das **Vertragsverletzungsverfahren** nach **Art. 258 AEUV**:[591] Ist sie der Auffassung, dass ein Mitgliedstaat seinen unionsrechtlichen Verpflichtungen nicht nachkommt, kann sie ein Verfahren in Gang setzen, das in ein dies bejahendes (oder verneinendes) Feststellungsurteil des EuGH mündet. Die Klage ist nur zulässig, wenn den in Art. 258 AEUV festgelegten verfahrensrechtlichen Anforderungen entsprochen worden ist.[592] Eine Klage hat keinen irgendwie gearteten Suspensiveffekt; allerdings kann die Kommission beim Gerichtshof vorläufigen Rechtsschutz (etwa die Aussetzung der Anwendung einer bestimmten nationalen Regelung) beantragen.[593]

In einem ersten Schritt fordert die Kommission den betreffenden Mitgliedstaat auf, zu den Vorwürfen Stellung zu nehmen. Soweit die Kommission mit dem Mitgliedstaat in diesem Verfahrensstadium noch keine befriedigende Lösung findet, gibt sie eine mit Gründen versehene Stellungnahme – die streitbegrenzende Wirkung entfaltet – ab und fordert den Mitgliedstaat unter Fristsetzung auf, die notwendigen Maßnahmen zu ergreifen, um einen unionsrechtskonformen Zustand herzustellen.[594] Nach Ablauf dieser Frist[595] kann die Kommission beim EuGH Klage nach Art. 258 AEUV gegen den Mitgliedstaat erheben. Dieses Recht, eine Klage gegen einen säumigen Mitgliedstaat einzureichen, steht nach Art. 259 AEUV auch den anderen Mitgliedstaaten zu.

Die Kommission kann darüber hinaus einem Mitgliedstaat, dessen Vertragsverletzung durch den EuGH bereits festgestellt wurde und trotzdem fortdauert, ein **Pauschalbetrag** oder / und ein **Zwangsgeld** androhen[596] und in einem zweiten, weitgehend parallel ausgestalteten Verfahren

---

590 Vgl. zu diesem „Beschwerdeverfahren" *Jans/von der Heide,* Europäisches Umweltrecht, 197 ff.; *Winter,* in: Vollzug des europäischen Umweltrechts, 107 (119 f.); *Demmke,* Implementation von EG-Umweltpolitik, 260 ff.; mit statistischen Nachweisen: *Albin,* Vollzugskontrolle, 213 ff.; *Albin,* DVBl. 2000, 1483, 1487 f.; *Sach/Simm,* EUDUR I, § 44, Rn. 29 ff.; teilweise kritisch zum Vorgehen der Kommission im Zusammenhang mit den Beschwerden Einzelner *Krämer,* JEEPL 2009, 13 ff.

591 Zur Bedeutung dieses Verfahrens im Umweltschutz *Everling,* in: Umweltschutz in der EG, 29 (32 ff.); *Henke,* EuGH und Umweltschutz, 32 ff.; *Bandi u.a.,* Environmental Jurisprudence, 255 ff.; *Wenneras,* Enforcement of EC Environmental Law, 251 ff.; *Jans/Vedder,* European Environmental Law, 171 ff.; *Meßerschmidt,* Europäisches Umweltrecht, § 2, Rn. 447 ff.; *Teissonnier-Mucchielli,* in: L'effectivité du droit européen de l'environnement, 221 ff.; *Scott,* EC Environmental Law, 149 ff.; *McCormick,* Environmental Policy in the EU, 138 ff.; *Sobotta,* ZUR 2008, 72 ff.; s. auch, unter Berücksichtigung der recht langen Verfahrensdauer, *Hadrousek,* JEEPL 2012, 235 ff.; zur Rolle des Gerichtshofs im Zusammenhang mit dem Umweltrecht auch *Knopp/Hoffmann,* Progredientes Europäisierungsphänomen, 135 ff.; *Krämer,* in: The European Convention, 85 ff.

592 Vgl. zu diesem Verfahren, m.w.N., *Bieber/Epiney/Haag-Epiney,* EU, § 9, Rn. 24 ff.; spezifisch im Zusammenhang mit umweltrechtlichen Verfahren ausführlich *Jans/Vedder,* European Environmental law, 171 ff.; spezifisch zu den Rechten des betroffenen Staates *Varju,* MJ 2012, 400 ff.

593 Hierzu *Jans/Vedder,* European Environmental Law, 175. Vgl. z.B. EuGH, Rs. C-503/06 R (Kommission/Italien), Slg. 2006, I-141 (in Bezug auf eine Jagdregelung).

594 Dieses Vorverfahren hat eine beträchtliche „Siebfunktion", da zahlreiche Streitigkeiten bereits hier beigelegt werden, vgl. unter Bezugnahme auf Statistiken nur *Scheuing,* NVwZ 1999, 475 (477).

595 Die Kommission kann mit der Klageerhebung auch lange warten, vgl. nur EuGH, Rs. 422/92 (Kommission/Deutschland), Slg. 1995, I-1097, Ziff. 16 ff. Diese Sicht erscheint insofern zwingend, als ansonsten verspätet bemerkte Vertragsverletzungen überhaupt nicht beanstandet werden könnten. Vgl. auch, m.w.N., *Bieber/Epiney/Haag-Epiney,* EU, § 9, Rn. 28; *Krieger,* EuZW 1995, 618.

596 Ein Zwangsgeld ist ein für eine bestimmte Zeitperiode immer wieder zu entrichtender Betrag, solange die Unionsrechtsverletzung fortbesteht und soll insbesondere den betroffenen Mitgliedstaat dazu bewegen, die Vertragsverletzung zu beseitigen. Ein Pauschalbetrag ist ein einmalig zu zahlender Betrag, durch den den Folgen der Vertragsverletzung für die privaten und öffentlichen Interessen Rechnung getragen werden soll, vgl. *Bieber/Epiney/Haag-Epiney,* EU, § 9, Rn. 34, m.w.N. aus der Rechtsprechung.

beim EuGH beantragen, dieses auch tatsächlich auszusprechen (Art. 260 Abs. 2 AEUV).[597] Mit dem Vertrag von Lissabon wurde die Möglichkeit eingeführt, im Falle einer Vertragsverletzung wegen der Nichtumsetzung von Richtlinien bereits im ersten Verfahren solche Maßnahmen zu verhängen (Art. 260 Abs. 3 AEUV). Inzwischen wurden gerade im umweltrechtlichen Bereich bereits mehrere Male Pauschalbeträge und Zwangsgelder verhängt,[598] und auch bereits die Androhung solcher Sanktionen kann eine beträchtliche „Disziplinierungswirkung" nach sich ziehen.[599]

156 Diesen Kontrollverfahren der Kommission gegenüber den Mitgliedstaaten stehen jedoch auch gerichtliche Kontrollverfahren der Mitgliedstaaten und der Unionsorgane gegenüber, mittels derer die **Unionsrechtskonformität der Tätigkeit der (anderen) Unionsorgane** überprüft werden kann. Von Bedeutung sind hier im Wesentlichen die **Nichtigkeitsklage** (Art. 263 AEUV) und (in minderem Maß) die Untätigkeitsklage (Art. 265 AEUV):

- Mit der **Nichtigkeitsklage**[600] (Art. 263 f. AEUV) können die Mitgliedstaaten, aber auch die Unionsorgane – unter Einschluss des Europäischen Parlaments – und (unter engen Voraussetzungen) Individuen[601], die Nichtigkeit eines EU-Rechtsaktes geltend machen. Die Nichtigkeitsklage erlaubt die Kontrolle der Vereinbarkeit des Handelns der Unionsorgane[602] mit den vertraglichen Vorgaben und damit die Überprüfung der Rechtmäßigkeit ihrer Tätigkeiten. Im Falle der Begründetheit wird der angefochtene Rechtsakt für nichtig erklärt.[603] Das Verfahren dient einerseits der objektiven Rechtmäßigkeitskontrolle, andererseits der Gewährung ausreichenden Rechtsschutzes.

---

597 Zu diesem Instrument im Zusammenhang mit dem EU-Umweltrecht *Hedemann-Robinson*, EELR 2006, 312 ff.; *Huck/Klieve*, EuR 2006, 413 ff.; *Janssen*, EELR 2004, 130 ff.; neuerdings *Borzsak*, Impact of Environmental Concerns on the Public Enforcement Mechanism, 75 ff.; s. auch *Meßerschmidt*, Europäisches Umweltrecht, § 2, Rn. 452 ff., der auch auf die Bemessungsgrundlagen eingeht; zu Art. 260 Abs. 2 AEUV auch *Schweitzer*, FS Rengeling, 437 ff.
598 Vgl. z.B. EuGH, Rs. C-387/97 (Kommission/Griechenland), Slg. 2000, I-5047; EuGH, Rs. C-278/01 (Kommission/Spanien), Slg. 2003, I-14141; EuGH, Rs. C-121/07 (Kommission/Frankreich), Slg. 2008, I-9159. S. auch den Überblick mit den Zahlenangaben bei *Krämer*, Droit de l'environnement de l'UE, 122 f.
599 Vgl. *Scheuing*, NVwZ 1999, 475 (477), m.w.N. Diese Wirkung kann noch dadurch verstärkt bzw. ergänzt werden, dass die Kommission die Auszahlung von Strukturfondsgeldern mit der Umsetzung von Umweltrichtlinien verknüpft, s. hierzu, unter Berücksichtigung der rechtlichen Zulässigkeit, *Albin*, DVBl. 2000, 1483 (1491 f.).
600 Zu diesem Verfahren m.w.N. aus Literatur und Rechtsprechung Bieber/Epiney/Haag-*Epiney*, EU, § 9, Rn. 36 ff.
601 Ihre Rolle in diesem Verfahren ist jedoch im Bereich des Umweltschutzes sehr beschränkt, vgl. hierzu *Henke*, EuGH und Umweltschutz, 10 ff.; teilweise wird im Übrigen bezweifelt, ob die engen Zulässigkeitsvoraussetzungen für Klagen Einzelner im Rahmen der Nichtigkeitsklage mit der sog. Aarhus-Konvention (zu dieser 6. Kap. Rn. 4 ff.) in Einklang stehen, vgl. hierzu z.B. *Obradovic*, in: The Aarhus Convention (6. Kap. J.I.), 149 (174 ff.); *Pallemaerts*, in: The Aarhus Convention (6. Kap. J.I.), 271 (291 ff.). S. für ein Beispiel der Konsequenzen des Erfordernisses der unmittelbaren und individuellen Betroffenheit im Bereich des Umweltschutzes EuGH, Rs. C-321/95 P (Greenpeace/Kommission), Slg. 1998, I-1651, wobei auch die Anwendung dieser Kriterien durch den Gerichtshof durchaus kritisiert werden kann, vgl. zum Problemkreis, m.w.N., Bieber/Epiney/Haag-*Epiney*, EU, § 9, Rn. 45 ff.
602 Neu durch den Lissabonner Vertrag eingeführt wurde die Zuständigkeit des Gerichtshofs, die Rechtmäßigkeit der Handlungen der „Einrichtungen und sonstigen Stellen der Union" (unter besonderer Bedeutung sind hier die Agenturen) zu überwachen, soweit es sich um Handlungen mit Rechtswirkung gegenüber Dritten geht. Das Gericht stellte bereits vor dem Inkrafttreten des Lissabonner Vertrages fest, dass das Verhalten der Agenturen unter bestimmten Voraussetzungen vom EuGH auf seine Rechtmäßigkeit überwacht wird, vgl. EuG, Rs. T-411/06 (Sogelma), Slg. 2008, II-2771. Hierzu etwa *Gundel*, EuR 2009 (3. Kap. C.II.), 383 ff.; *Saurer*, DVBl. 2009 (3. Kap. C.II.), 1021 ff.; *Riedel*, EuZW 2009 (3. Kap. C.II.), 565 ff. Im Umweltrecht könnte dieser Aspekt des Rechtsschutzes z.B. in Bezug auf Handlungen der Europäischen Chemikalienagentur (zu dieser 8. Kap. Rn. 6 ff.) relevant werden.
603 Der EuGH kann jedoch, insbesondere soweit Form- und Verfahrensfehler zur Nichtigkeit des Rechtsaktes führen, zur Wahrung der Rechtssicherheit die vorübergehende Fortgeltung des Rechtsaktes anordnen, bis der Rechtsakt in einem unionsrechtskonformen Verfahren (noch einmal) beschlossen wird (Art. 264 Abs. 2 AEUV). Vgl. z.B. EuGH, Rs. C-21/94 (Parlament/Rat), Slg. 1995, I-1827, Ziff. 29 ff.

5. Kapitel Grundprinzipien des Umweltrechts in der Europäischen Union

Mit der Nichtigkeitsklage kann etwa die Einhaltung der umweltpolitischen Handlungsprinzipien[604] überprüft werden. Aber auch die Wahl der richtigen Rechtsgrundlage[605] kann über Art. 263 AEUV gerügt werden.

- Nach Art. 265 AEUV können die Mitgliedstaaten – aber auch die anderen Unionorgane der und unter engen, hier nicht interessierenden Voraussetzungen auch Einzelne – eine **Untätigkeitsklage**[606] gegen ein Unionsorgan erheben. Diese Klageart kann immer dann zum Zuge kommen, wenn Rat, Kommission oder Parlament[607] eine (sich aus dem Vertrag ergebende) Rechtspflicht zum Handeln haben, dieser jedoch nicht nachkommen.[608] Die Nichtigkeitsklage könnte hier schon deshalb nicht zum Zuge kommen, weil keine rechtlich verbindliche Handlung eines Organs vorliegt. Klagegegenstand bildet denn auch der Vorwurf der unterlassenen Beschlussfassung. Begründet ist die Klage, wenn das beklagte Organ aufgrund primär- oder sekundärrechtlicher Vorschriften zum Handeln verpflichtet ist. Keine Rolle spielt hierbei das Ausmaß der Schwierigkeiten, die mit der Erfüllung dieser Verpflichtungen verbunden sein können.[609] Eine „objektive Untätigkeit" genügt also. Allerdings muss die Verpflichtung des betreffenden Organs hinreichend bestimmt sein. Nach Art. 266 AEUV ist das verurteilte Organ verpflichtet, den sich aus dem Urteil ergebenden Verpflichtungen nachzukommen und die hierfür notwendigen Maßnahmen zu ergreifen.

II. Dezentrale Kontroll- und Rechtsschutzmechanismen

Die erwähnten zentralen Durchsetzungsmechanismen weisen gewisse **strukturelle Defizite** auf, wobei die fehlende Möglichkeit der Kommission, die Anwendung des EU-Umweltrechts in den Mitgliedstaaten tatsächlich umfassend zu kontrollieren sowie das fehlende oder unzureichende „Interesse" der Mitgliedstaaten und der anderen Unionsorgane an der effektiven Beachtung des EU-Umweltrechts sicherlich von besonderer Bedeutung sind. Auch ist das Vertragsverletzungsverfahren eher schwerfällig und langsam. Diesen strukturellen Defiziten kann bzw. könnte allenfalls in begrenztem Maße durch entsprechende legislatorische Änderungen abgeholfen werden.[610] Vor diesem Hintergrund ist die Bedeutung der sog. **dezentralen Durchsetzungsmechanismen** zu sehen. Der Ausgangspunkt dieser Mechanismen ist auf mitgliedstaatlicher Ebene angesiedelt, und sie werden durch **Einzelne** und / oder **Umweltverbände** in Gang gesetzt, die primär ihre Interessen wahrnehmen, auf diese Weise aber auch zur effektiven Anwendung des Unionsrechts beitragen.[611]
Darüber hinaus beruhen die dezentralen Durchsetzungsmechanismen auf dem Umstand, dass das Unionsrecht in den Mitgliedstaaten unmittelbar gilt und unmittelbare Wirkung entfaltet.[612]

---

604 S.o. 5. Kap. Rn. 5 ff.
605 S.o. 4. Kap. Rn. 9 ff.
606 Ausführlich zu diesem Verfahren m.w.N. aus Literatur und Rechtsprechung Bieber/Epiney/Haag-*Epiney*, EU, § 9, Rn. 55 ff.
607 Und darüber hinaus auch die Europäische Zentralbank.
608 Formelle Voraussetzung für die Klage bildet nach Art. 265 Abs. 2 AEUV eine Aufforderung zum Tätigwerden sowie eine unzureichende oder nicht innerhalb von zwei Monaten eingetroffene Antwort des betroffenen Organs.
609 EuGH, Rs. 13/83 (Parlament/Rat), Slg. 1985, 1513, Ziff. 48.
610 Zusammenfassend hierzu *Nicklas*, Implementationsprobleme (7. Kap. E.II.), 166 ff.; *Wegener*, Rechte des Einzelnen, 22 ff.; *Krämer*, in Vollzug des europäischen Umweltrechts, 7 (9 ff.).
611 Vgl. hierzu, insbesondere zu dieser „Funktionalisierung" der Einzelnen und zum Begriff, *Epiney*, ZUR 1996, 229 ff.; s. auch *Wegener*, Rechte des Einzelnen, 25 ff.; *Scheuing*, NVwZ 1999, 475 ff.; *Pühs*, Vollzug von Gemeinschaftsrecht, 206 ff.; *Masing*, Mobilisierung des Bürgers, 177 ff., 196 ff.; *Albin*, Vollzugskontrolle, 89 ff., 163 ff.
612 Allgemein zu den Wirkungen des Unionsrechts Bieber/Epiney/Haag-*Haag*, EU, § 6, Rn. 53 ff.; spezifisch zur unmittelbaren Wirkung im Zusammenhang mit dem EU-Umweltrecht *Jans/Vedder*, European Environmental Law, 183 ff., insbesondere ausführlich unter Bezugnahme auf die Rechtsprechung des Gerichtshofs nachweisen, dass eine unmittelbare Wirkung des Unionsrechts auch dann in Betracht kommt, wenn die einschlägige unionsrechtliche Bestimmung den Mitgliedstaaten einen gewissen Gestaltungsspielraum eröffnet; eingehend mit Bezug zum EU-Umweltrecht auch *Wenneras*, Enforcement of EC Environmental Law, 15 ff.

158 Ausgangspunkt insbesondere für die Rolle der Einzelnen ist dabei die eher weite Konzeption des Unionsrechts in Bezug auf die Voraussetzungen, bei deren Vorliegen davon auszugehen ist, dass das Unionsrecht **Einzelnen gerichtlich durchsetzbare Rechte** einräumt bzw. die Mitgliedstaaten im Rahmen der Umsetzung oder Durchführung verpflichtet sind, solche Rechte einzuräumen: Der Gerichtshof dürfte hier vom Konzept einer „normativen Interessentenklage" ausgehen, so dass gerichtlicher Zugang unter zwei Voraussetzungen zu gewähren ist: Die zur Debatte stehende unionsrechtliche Bestimmung muss (auch) den **Schutz personenbezogener Rechtsgüter** zum Ziel und Gegenstand haben, so dass die verfolgten (Schutz-) Ziele auch dem Interesse von natürlichen (oder juristischen) Personen dienen sollen. Zweitens muss die klagende Person in dem jeweiligen geschützten Rechtsgut **betroffen** sein (können), wobei es irrelevant ist, wie viele andere Personen auch noch betroffen ein könnten.[613]

159 Vor diesem Hintergrund sind denn auch die wesentlichen dezentralen Durchsetzungsmechanismen zu sehen:

- Erstens können nicht oder nicht den unionsrechtlichen Anforderungen entsprechend umgesetzte **Richtlinienbestimmungen** unter bestimmten Voraussetzungen (Ablauf der Umsetzungsfrist, unbedingte und hinreichend bestimmte Verpflichtung[614] sowie keine Verpflichtung Privater) **unmittelbare Wirkung** entfalten; falls die betreffende Richtlinienbestimmung Rechte Einzelner beinhaltet, können diese ihre Rechte geltend machen.[615] Darüber hinaus besteht auch eine objektive Pflicht der mitgliedstaatlichen Behörden, unmittelbar wirksame Richtlinienbestimmungen anzuwenden.[616]

  Die unmittelbare Wirkung einer Richtlinie kommt also nicht nur unter der Voraussetzung der Gewährung von Rechten Einzelner in Betracht;[617] vielmehr obliegt danach den mitgliedstaatlichen Behörden eine **objektive Pflicht** zur Anwendung von Richtlinienbestimmungen immer schon dann, wenn sie hinreichend genau sind, unbedingten Charakter haben und die Behörden entsprechend verpflichten. Überzeugend ist dieser Ansatz insofern, als er die Konsequenz des verbindlichen Charakters der Richtlinien darstellt und

---

613 Vgl. aus der Rechtsprechung EuGH, Rs. C-237/07 (Janecek), Slg. 2008, I-6221; s. ansonsten etwa EuGH, Rs. C-131/88 (Kommission/Deutschland), Slg. 1991, I-825; EuGH, Rs. C-361/88 (Kommission/Deutschland), Slg. 1991, I-2567; EuGH, Rs. C-298/95 (Kommission/Deutschland), Slg. 1996, I-6755. Hierzu bereits oben 5. Kap. Rn. 130 ff.
614 Der Ausschluss der unmittelbaren Wirkung des Art. 4 RL 75/442 durch EuGH, Rs. C-236/92 (Comitato di coordinamento per la difesa), Slg. 1994, I-483, Ziff. 10 ff., unter Berufung auf den „programmatischen Charakter" dieser Bestimmung ist wohl dahin auszulegen, dass es in diesem Fall eben gerade an der hinreichenden inhaltlichen Bestimmtheit der Bestimmung fehlte.
615 Diese Grundsätze wurden in erster Linie durch die Rechtsprechung entwickelt, sind aber heute allgemein anerkannt. Aus der Rechtsprechung EuGH, Rs. C-431/92 (Kommission/Deutschland), Slg. 1995, I-2189; EuGH, Rs. C-72/95 (Aannemersbedrijf), Slg. 1996, I-5403; EuGH, Rs.C-118/94 (WWF Italia), Slg. 1996, I-1223, Ziff. 19; EuGH, Rs. C-237/07 (Janecek), Slg. 2008, I-6221, Ziff. 35 ff.; s. auch schon EuGH, Rs. 8/81 (Becker), Slg. 1982, 53; EuGH, Rs. 148/78 (Ratti), Slg. 1979, 1629, Ziff. 18 ff.; aus der Literatur zur Thematik, m.w.N., Calliess/Ruffert-*Ruffert*, EUV/AEUV, Art. 288, Rn. 47 ff.; s. sodann etwa *Pernice*, NVwZ 1990, 414 (424 ff.); *Krämer*, FS Rehbinder, 705 ff.; *Müggenborg/Duikers*, NVwZ 2007, 623 ff.; *Nicklas*, Implementationsprobleme (7. Kap. E.II.), 72 ff.; *Rengeling*, EUDUR I, § 28, Rn. 69 ff.; *Langenfeld*, DÖV 1992, 955 ff.; *Jarass*, NJW 1990, 2420 ff.; *Ohler*, in: Neueste Entwicklungen im Zusammenspiel von Europarecht und nationalem Recht, 147 (165 ff.); *Jans/von der Heide*, Europäisches Umweltrecht, 206 ff.; *Haneklaus*, DVBl. 1993, 129 ff.; *Herrmann*, Richtlinienumsetzung, 31 ff.; *Albin*, Vollzugskontrolle des europäischen Umweltrechts, 89 ff.; *Engelsberger*, Vollzug europarechtlicher Vorschriften auf dem Gebiet des Umweltschutzes, 117 ff.; *Pühs*, Vollzug von Gemeinschaftsrecht, 374 ff.; *Gellermann*, Beeinflussung des bundesdeutschen Rechts, 126 ff.; *Ruffert*, ZUR 1996, 235 ff.; *Jarass/Beljin*, JZ 2003, 768 (770 ff.); *Heim*, Unmittelbare Wirkung, 29 ff.; *Nettesheim*, Mitgliedstaatliche Durchführung von EG-Richtlinien, 77 ff.
616 EuGH, Rs. C-431/92 (Kommission/Deutschland), Slg. 1995, I-2189, Ziff. 40; s. auch EuGH, Rs. C-72/95 (Aannemersbedrijf/Gedeputeerde Staten), Slg. 1996, I-5403, Ziff. 57 f. Auch den Gerichten kommt die Pflicht zu, zwingende Vorschriften des Unionsrecht von Amts wegen in ihren Urteilen zu berücksichtigen bzw. anzuwenden, es sei denn, das nationale Recht mache eine solche Berücksichtigung von Parteivorbringen abhängig, vgl. EuGH, Rs. C-201/02 (Wells), Slg. 2004, I-723; s. auch schon EuGH, Rs. C-72/95 (Kraaijeveld), Slg. 1996, I-5431.
617 So aber eine bis Mitte der 90er Jahre verbreitete Ansicht, vgl. etwa *Haneklaus*, DVBl. 1993, 129 (132); *Winter*, DVBl. 1991, 657 (659); *Pernice*, NVwZ 1990, 414 (425); *Schmidt-Preuß*, DVBl. 1995 (6. Kap. J.II.), 485 (494 f.). S. dagegen die klar Formulierung bei *Rengeling*, EUDUR I, § 28, Rn. 72: „Vielmehr kommt es auf den individualschützenden Charakter nur an, wenn sich ein Marktbürger auf eine unmittelbar wirkende Bestimmung einer Richtlinie berufen will. Nur die ‚Berufungsmöglichkeit' als solche, nicht aber die unmittelbare Wirkung ist abhängig von der subjektiv-rechtlichen Qualität der maßgeblichen Richtlinienbestimmung.".

5. Kapitel Grundprinzipien des Umweltrechts in der Europäischen Union

nur auf diese Weise ihre tatsächliche Anwendung und Wirksamkeit sichergestellt werden kann.[618] Hierdurch werden die Mitgliedstaaten sehr stark in die Pflicht genommen, und insgesamt dürfte auf der Grundlage dieser Rechtsprechung die effektive Anwendung des EU-Umweltrechts verbessert werden. In Betracht kommt die Heranziehung dieser Grundsätze nämlich bei allen umweltrechtlichen Rechtsakten. Die hinreichende Bestimmtheit und unbedingte Verpflichtung der mitgliedstaatlichen Behörden müssen allerdings für jeden einzelnen Rechtsakt bzw. jede einzelne Bestimmung geprüft werden. Nur am Rande sei in diesem Zusammenhang noch darauf hingewiesen, dass die mitgliedstaatlichen Behörden auch über das notwendige Wissen und die Kapazitäten verfügen müssen, um diesen Anforderungen nachkommen zu können.[619]

Eine unmittelbare Wirkung ist allerdings ausgeschlossen, wenn Private direkt verpflichtet werden bzw. diese **unmittelbar nachteilige Folgen für den Einzelnen** nach sich zieht.[620] Damit scheidet sowohl die unmittelbare Wirkung zu Lasten des Bürgers als auch zwischen Privaten[621] aus; auch eine horizontale Wirkung brächte nämlich notwendigerweise für eine Partei Nachteile mit sich. Nach der Rechtsprechung des Gerichtshofs schließen jedoch rein faktische negative Implikationen für Private – wie etwa die „Pflicht", die Durchführung einer UVP durch eine staatliche Behörde „ertragen" zu müssen – eine unmittelbare Wirkung nicht aus.[622]

Diese allgemeinen Grundsätze gelten selbstverständlich auch im Bereich des Umweltrechts. Keine Probleme bereitet ihre Anwendung denn auch immer dann, wenn eine umweltrechtliche Richtlinie Einzelnen ausschließlich Rechte gegen staatliche Organe verleiht und deren Wahrnehmung als solche keine Nachteile für Einzelpersonen nach sich zieht. Entsprechendes gilt für (nur) die mitgliedstaatlichen Behörden verpflichtende Bestimmungen. Viele umweltrechtliche Normen weisen jedoch insofern eine **„Dreiecksstruktur"** auf, als sie zwar (auch) den Schutz Einzelner bezwecken, dessen Gewährung jedoch mit der Inpflichtnahme anderer Privater einhergeht. Ähnliches gilt für die staatliche Pflicht, bestimmte umweltrechtliche Bestimmungen anzuwenden, was ggf. Nachteile für bestimmte Personen nach sich ziehen kann. Typisches Beispiel sind hier anlagenbezogene Standards, die einerseits den Gesundheitsschutz der Bevölkerung und auch insgesamt den Umweltschutz fördern wollen, die aber durch den Staat über die Auferlegung entsprechender Pflichten der Anlagenbetreiber zu verwirklichen sind.[623] Die entscheidende Frage geht damit in diesem Zusammenhang dahin, ob eine Richtlinie auch dann unmittelbar wirksam sein kann, wenn die Gewährung der Rechte Einzelner durch den Staat[624] oder die Anwendung umweltrechtlicher Vorgaben durch mitgliedstaatliche Behörden (ggf. neben positiven Konsequenzen für die geschützten Personen) (auch) nachteilige Folgen für andere Private nach sich zieht. Versucht man eine Annäherung an die Problematik, ist zu unterscheiden:

– Jedenfalls muss eine unmittelbare Anwendung einer Richtlinienbestimmung durch staatliche Behörden immer dann ausgeschlossen sein, wenn sich die staatliche Aktivität allein darauf beschränkt, den **Einzelnen direkt zu einem bestimmten Verhalten zu verpflichten**, wie etwa bei der Auferlegung von Verboten und ihrer Durchsetzung. Denn in einem solchen Fall geht es um eine klassische vertikale

---

618 *Epiney*, DVBl. 1996, 409 (412); *Epiney*, ZUR 1996, 229 (231 f.); *Nettesheim*, Mitgliedstaatliche Durchführung von EG-Richtlinien, 81 ff.; *Jarass/Beljin*, JZ 2003, 768 (771 ff.); *Gassner*, LA Oppermann, 503 (506 ff.); *Ruffert*, CMLRev. 1997, 307 (312 ff.); s. auch *Gellermann*, DÖV 1996 (6. Kap. J.II.), 433 (436 f.); *Prechal*, CMLRev. 2000, 1047 (1054 ff.).
619 Vgl. zu diesem Aspekt bereits oben 5. Kap. Rn. 143 ff.
620 EuGH, Rs. C-443/98 (Unilever), Slg. 2000, I-7535, Ziff. 50; EuGH, Rs. C-168/95 (Luciano Arcaro), Slg. 1996, I-4705, Ziff. 36; EuGH, Rs. C-192/94 (Inglès/Blazquez), Slg. 1996, I-1281, Ziff. 15; EuGH, Rs. C-91/92 (Faccini Dori), Slg. 1994, I-3325, Ziff. 10; EuGH, Rs. C-106/89 (Marleasing), Slg. 1990, I-4135, Ziff. 6.
621 S. EuGH, Rs. C-91/92 (Faccini Dori), Slg. 1994, I-3325, Ziff. 19 ff.; zum Problemkreis *Langenfeld*, DÖV 1992, 955 ff.; *Haneklaus*, DVBl. 1993, 129 ff.; *Lenz*, FS Schockweiler, 371 ff.
622 EuGH, Rs. C-201/02 (Wells), Slg. 2004, I-723; EuGH, Rs. 103/88 (Fratelli Costanzo), Slg. 1989, 1839; EuGH, verb. Rs. C-152-C-154/07 (Arcor), Slg. 2008, I-5969; s. auch EuGH, Rs. C-435/97 (WWF), Slg. 1999, I-5613.
623 Die bisherige Rechtsprechung des EuGH dürfte eine unmittelbare Wirkung in solchen Fällen nie von Vornherein ausgeschlossen haben, denn der EuGH hat nie von der Unzulässigkeit jeglicher Privatbelastung gesprochen und auch keinen allgemeinen Grundsatz dahingehend entwickelt, dass die Wirkung der unmittelbaren Anwendung ausschließlich zugunsten Einzelner ausfallen muss. Vgl. *Jarass/Beljin*, JZ 2003, 768 (772).
624 Wobei die dogmatische Frage hier letztlich dahin geht, ob die betreffende Richtlinienbestimmung so auszulegen ist, dass dem Einzelnen gegen den Staat ein Schutzanspruch in dem Sinn gewährt wird, dass er gegen den Staat einen Anspruch auf entsprechendes (richtlinienkonformes) Einschreiten gegenüber Dritten geltend machen kann, vgl. *Klein*, FS Everling, 641 (649); *Jarass*, Grundfragen, 85 f.

Wirkung der Richtlinie zu Lasten Einzelner, die – soweit man der diesbezüglichen Rechtsprechung folgt[625] – ausgeschlossen ist.
– Häufig verpflichten aber umweltrechtliche Regelungen **primär den Staat** zu einem bestimmten Verhalten, von dem dann auch **Private „mittelbar" betroffen** sein können, wie z.B. im Fall der Pflicht zur Durchführung einer UVP. Diese unmittelbare Verpflichtung des Staates ist m.E. entscheidend: Denn hier geht es gerade nicht um die Auferlegung von Pflichten an Private, sondern um die Erfüllung eigener Verhaltenspflichten, so dass in einem solchen Fall parallele Gründe für die unmittelbare Wirkung angeführt werden können wie im Falle der ausschließlich vertikalen Konstellation zugunsten Einzelner. Ähnliche Erwägungen lassen sich für die Konstellationen anstellen, in denen Einzelne gegenüber dem Staat ein rechtlich geschütztes Interesse geltend machen, indem m.a.W. der Staat (auch) im Hinblick auf die Gewährung von Rechten Einzelner unmittelbar verpflichtet wird. Die Tatsache, dass der Staat hier zu einem Verhalten verpflichtet wird, das sozusagen „nebenbei" auch einen anderen Privaten betrifft, kann dem nicht entgegenstehen, da diese Wirkung lediglich einen „Reflex" der primär den Staat treffenden Verpflichtung bzw. der Gewährung der Rechte Einzelner darstellt und somit (nur) mittelbarer Natur ist, so dass die Anliegen des Schutzes der Rechte Einzelner und der effektiven Anwendung des Unionsrechts voll zur Geltung kommen können.[626] Entscheidend muss also sein, dass der Staat entsprechend in die Pflicht genommen wird, was der Konzeption der Richtlinie gerade entspricht. Insofern kommt hier also den Gesichtspunkten der (Unions-) Rechtmäßigkeit des Verwaltungshandelns und ggf. dem Rechtsschutz Einzelner ein größeres Gewicht zu als der damit verbundenen Schlechterstellung anderer Bürger; deren Belastung ergibt sich (nur) **mittelbar** daraus, dass der Staat ihm obliegenden Verpflichtungen nachkommt.[627]

Die Rechtsprechung des EuGH ist zwar nicht ganz klar, dürfte aber ebenfalls in diese Richtung gehen, geht der Gerichtshof doch in solchen „Dreieckskonstellationen" jeweils von der Möglichkeit der unmittelbaren Wirkung der Richtlinienbestimmungen aus, ohne diese Frage allerdings immer zu problematisieren: So deutete er schon im Urteil *Costanzo* an, dass auch bei derartigen Dreieckskonstellationen jedenfalls die Rechtmäßigkeit staatlichen Handelns sicherzustellen sei.[628] Ausdrücklich bejahte der Gerichtshof die Möglichkeit der unmittelbaren Wirkung von Richtlinien bei solchen Fallgestaltungen im Zusammenhang mit der UVP-Richtlinie: Der EuGH sah die Voraussetzungen der unmittelbaren Wirkung bei Art. 2, 3, 8 RL 85/337 als gegeben an, obwohl – allerdings ohne auf diesen Problemkreis einzugehen – ihre Anwendung Belastungen der betroffenen Anlagenbetreiber nach sich zieht.[629] In der Rs. C-201/02 unterscheidet der EuGH im Zusammenhang mit der Frage der unmittelbaren Wirkung von Bestimmungen der UVP-Richtlinie denn auch klar zwischen staatlichen Verpflichtungen, die unmittelbar im Zusam-

---

625 Vgl. zum Problemkreis die Darstellung der Ansichten in der Literatur bei Calliess/Ruffert-*Ruffert*, EUV/AEUV, Art. 288, Rn. 57 ff. S. auch noch die Bemerkungen weiter unten im Text.
626 Auch das Estoppel-Prinzip (vgl. in diese Richtung EuGH, Rs. C-168/95 (Luciano Arcaro), Slg. 1996, I-4705, Ziff. 36, wo der EuGH betont, dass ein Staat aus seiner Nichtbeachtung des EU-Rechts keinen Nutzen ziehen soll) dürfte hier nicht greifen, da die den Einzelnen auferlegten Verpflichtungen nicht primär den staatlichen Interesse dienen (sollen).
627 Im Ergebnis ähnlich *Pernice*, NVwZ 1990, 414 (425 f.); *Albin*, Vollzugskontrolle des europäischen Umweltrechts, 96 ff.; *Albin*, NuR 1997, 29 ff.; *Kühling/Röckinghausen*, DVBl. 1999 (6. Kap. J.VIII.), 1614 (1615 ff.); *Schink*, NVwZ 1995 (6. Kap. J.II.), 953 (956 f.); *Kalgian*, ZÖR 2001, 305 (362 f.); *Hlson/Downes*, ELR 1999, 121 (125 ff.); *Winter*, DVBl. 1991, 657 ff.; *Gellermann*, DÖV 1996 (6. Kap. J.II.), 433 (437); *Middeke*, Nationaler Umweltschutz, 57 ff.; *Kahl*, Umweltprinzip, 155 ff.; *Jarass*, NJW 1991, 2665 (2667 f.); *Jarass*, Grundfragen der innerstaatlichen Bedeutung des EG-Rechts, 83 ff.; wohl auch *Calliess*, NVwZ 1996 (6. Kap. J.II.), 339 ff.; *Gundel*, EuZW 2001, 143 ff.; sowie unter ausführlicher Berücksichtigung und Diskussion der Rechtsprechung *Colgan*, EPL 2002, 545 ff.; vgl. auch schon die Begründung bei *Epiney*, DVBl. 1996, 409 (413); differenzierend *Gellermann*, Beeinflussung des bundesdeutschen Rechts, 174 ff. A.A. aber *Papier*, DVBl. 1993, 809 (811 f.); *Steinberg*, AöR 1995, 549 (578 ff.); *Pühs*, Vollzug von Gemeinschaftsrecht, 386 ff.; wohl auch *Classen*, EuZW 1993, 83 (85); *Freytag/Iven*, NuR 1995 (9. Kap. E.II.), 109 (116); dezidiert auch *Gassner*, LA Oppermann, 503 (519 ff.), der hier letztlich den Rückgriff auf den *effet utile* kritisiert, da dieser Grundsatz jedenfalls keine Grundrechtseingriffe rechtfertigen könne. Ausführlich und sehr instruktiv zum Problemkreis *Herrmann*, Richtlinienumsetzung, 61 ff.
628 EuGH, Rs. 103/88 (Costanzo), Slg. 1989, 1839, Ziff. 28 ff.
629 EuGH, Rs. C-431/92 (Kommission/Deutschland), Slg. 1995, I-2189, Ziff. 39 f. Zu diesem Urteil und seinen Implikationen *Epiney*, DVBl. 1996, 409 ff. Ähnlich EuGH, Rs. C-201/94 (Medicines Control), Slg. 1996, I-5819, Ziff. 35 ff.; EuGH, Rs. C-327/00 (Santex), Slg. 2003, I-1877, Ziff. 60 ff.; s. auch EuGH, Rs. C-72/95 (Kraaijeveld), Slg. 1996, I-5403, Ziff. 28 ff. Zweifelnd in Bezug auf die Aussagekraft dieser Urteile aber etwa *Jarass/Beljin*, JZ 2003, 768 (773).

5. Kapitel Grundprinzipien des Umweltrechts in der Europäischen Union

menhang mit einer Verpflichtung eines Privaten stehen, und solchen, die bloße negative Auswirkungen auf Rechte Dritter entfalten:

„Hierzu ist festzustellen, das der Grundsatz der Rechtssicherheit der Begründung von Verpflichtungen für den Einzelnen durch Richtlinien entgegensteht. Gegenüber dem Einzelnen können die Bestimmungen einer Richtlinie nur Rechte begründen (...). Daher kann dieser sich nicht gegenüber einem Mitgliedstat auf eine Richtlinie berufen, wenn es sich um eine Verpflichtung des Staates handelt, die unmittelbar im Zusammenhang mit der Erfüllung einer anderen Verpflichtung steht, die aufgrund dieser Richtlinie einem Dritten obliegt (...). Dagegen rechtfertigen bloße negative Auswirkungen auf die Rechte Dritter, selbst wenn sie gewiss sind, es nicht, dem Einzelnen das Recht auf Berufung auf die Bestimmungen einer Richtlinie gegenüber dem betreffenden Mitgliedstaat zu versagen (...). Was das Ausgangsverfahren betrifft, so steht die Verpflichtung des betreffenden Mitgliedstaats, eine Umweltverträglichkeitsprüfung des Betriebes des Steinbruchs Conygar Quarry von den zuständigen Behörden vornehmen zu lassen, nicht in unmittelbarem Zusammenhang mit der Erfüllung einer Verpflichtung, die nach der Richtlinie 85/337 den Eigentümern dieses Steinbruchs obläge. Der Umstand, dass der Bergbaubetrieb bis zum Vorliegen der Ergebnisse dieser Prüfung eingestellt werden muss, ist zwar die Folge der verspäteten Pflichterfüllung durch diesen Staat. Diese Folge kann jedoch nicht (...) als „inverse direct effect" der Bestimmungen dieser Richtlinie gegenüber diesen Eigentümern angesehen werden."[630]

Eine ähnliche Konstellation könnte im Fall der Verweigerung einer Genehmigung vorliegen, etwa in Bezug auf Art. 12 Abs. 1 RL 96/82 (sog. Seveso-Richtlinie)[631], der die Mitgliedstaaten u.a. verpflichtet dafür zu sorgen, dass zwischen den unter die Richtlinie fallenden Betrieben einerseits und öffentlich genutzten Gebäuden und Gebieten sowie einigen anderen Nutzungsarten andererseits ein angemessener Abstand gewahrt wird. Angesichts der Ausführungen des Gerichtshofs in der Rs. C-53/10[632] ist wohl davon auszugehen, dass diese Bestimmung – trotz des durch sie eröffneten Wertungsspielraums – hinreichend bestimmt ist, um bei nationalen Entscheidungen herangezogen werden zu können, wobei hierbei selbstredend der von ihr eingeräumte Wertungsspielraum zu berücksichtigen ist. M.E. könnte eine in unmittelbarer Anwendung des Art. 12 Abs. 1 RL 96/82 getroffene ablehnende nationale Genehmigungsentscheidung auch einem privaten Bauherrn entgegengehalten werden. Denn eine negative Genehmigungsentscheidung verpflichtet den Betroffenen nicht im eigentlichen Sinn, sondern es geht lediglich darum, dass die Behörde bei ihrem Agieren (der Genehmigungsentscheidung) das Unionsrecht anwendet, was dann zwar negative Folgen für den Privaten nach sich ziehen kann (wenn das Vorhaben nicht genehmigt wird), ihn jedoch nicht unabhängig von einer solchen Genehmigungsentscheidung zu einem bestimmten Verhalten verpflichtet. Vor diesem Hintergrund könnte Vieles dafür sprechen, diese Konstellation derjenigen gleichzustellen, in der die Behörde in Anwendung unionsrechtlicher Vorgaben zur Durchführung einer UVP verpflichtet ist, die der Einzelne im Vorfeld der Genehmigungsentscheidung, bei der ihre Ergebnisse immerhin zu berücksichtigen sind, „ertragen" muss. Hingegen implizierte wohl eine unmittelbare Anwendung gewisser Vorgaben der Umwelthaftungsrichtlinie (RL 2004/35) eine direkte Inpflichtnahme Privater, die ggf. gewisse Kosten zu tragen hätten, dies auch dann, wenn sich Einzelne auf die einschlägigen Richtlinienbestimmungen berufen.[633]

Allerdings bleiben durchaus insgesamt Zweifel an der Konsistenz der Rechtsprechung des EuGH: Zunächst dürfte die Unterscheidung zwischen einer (verbotenen) unmittelbaren und einer (erlaubten bzw. gar gebotenen) mittelbaren Benachteiligung Privater mitunter schwer durchzuführen sein. Auch lässt sich eine gewisse Inkonsistenz in der Rechtsprechung nicht ganz verneinen, leuchtet doch der Unterschied zwischen einer direkten Horizontalwirkung und einer (nur) mittelbaren (weil über den Staat gehend) Direktwirkung bzw. einer „echten" Verpflichtung Privater und „negativen Auswirkungen" nicht wirklich ein.[634] Daher spricht im Ergebnis einiges für den Ansatz, im Vorrang des Unionsrechts und seiner effektiven Anwendung den entscheidenden Grund für die Direktwirkung von Richtlinien zu sehen; diese Gesichtspunkte sind aber auch – sieht man einmal von strafrechtlichen oder sonstigen ins Gewicht fallenden Sanktionen ab, die auch nach den einschlägigen allgemeinen Rechtsgrundsätzen des Unionsrechts

---

630 EuGH, Rs. C-201/02 (Wells), Slg. 2004, I-723, Ziff. 56-58. Zu diesem Urteil etwa *de Cock*, EELR 2004, 132 ff.
631 Die RL 96/82 wird durch die RL 2012/18 abgelöst, vgl. hierzu noch 8. Kap. Rn. 18 ff.
632 EuGH, Rs. C-53/10 (Müksch), Urt. v. 15.9.2011.
633 So auch *Jans/Vedder*, European Environmental Law, 210 f.
634 Vgl. aus der Literatur etwa *Schermers*, EPL 1997, 527 (536); *Colgan*, EPL 2002, 545 ff.; *Gassner*, LA Oppermann, 503 (509); s. auch *Mastroianni*, EPL 1999, 417 ff., der letztlich die Berechtigung der Unterscheidung zwischen Horizontal- und Vertikalwirkung kritisiert.

einer eindeutigen gesetzlichen Grundlage bedürfen – bei Rechtswirkungen zulasten Privater einschlägig.[635]

- Weiter sind die **Mitgliedstaaten** auf der Grundlage der sog. *Francovich*-Rechtsprechung des EuGH verpflichtet, im Falle der **Verletzung unionsrechtlicher Verpflichtungen Einzelnen Schadensersatz** zu leisten, sofern die hierfür notwendigen Voraussetzungen (Beeinträchtigung von Rechten Einzelner, hinreichende Bestimmtheit dieser Rechte, hinreichend qualifizierte Verletzung des Unionsrechts durch den Mitgliedstaat,[636] Schaden, Kausalzusammenhang zwischen der Verletzung des Unionsrechts und dem entstandenen Schaden) vorliegen.[637] Im Umweltrecht wird die Geltendmachung eines derartigen Schadensersatzanspruchs jedoch häufig auf die Schwierigkeit stoßen, dass der genaue Inhalt der den Einzelnen gewährten Rechte und der erlittene Schaden für einen entsprechenden Anspruch nicht hinreichend bestimmt sein werden.

- Sodann können Einzelne aufgrund der unmittelbaren Geltung und grundsätzlich möglichen unmittelbaren Wirkung des Unionsrechts auch (über die genannten besonderen Konstellationen hinaus) allgemein ihre sich aus dem **Unionsrecht ergebenden Rechte** – die im Primär- oder Sekundärrecht, aber auch in völkerrechtlichen Verträgen verankert sein können – geltend machen.[638]

- Schließlich fördern Einzelne und Verbände auch über die **Geltendmachung von Rechten, die ihnen in Umsetzung unionsrechtlicher Verpflichtungen durch nationales Recht** eingeräumt werden, die effektive Beachtung unionsrechtlicher Pflichten, dies mitunter auch durch das Vorbringen, die Umsetzung stehe nicht mit den unionsrechtlichen Anforderungen in Einklang.[639]

160 Die **gerichtliche Durchsetzung** der erwähnten Rechte der Einzelnen erfolgt zwar vor nationalen Gerichten; allerdings können bzw. müssen (im Falle der letzten Instanz) diese den EuGH nach **Art. 267 AEUV** insbesondere immer dann anrufen, wenn sich Fragen bezüglich der Auslegung bzw. (in Bezug auf Sekundärrecht) auch der Gültigkeit des Unionsrechts stellen. Im Rahmen dieses **Vorabentscheidungsverfahrens** beantwortet der EuGH die ihm vorgelegten Fragen und sichert so die einheitliche Anwendung und Auslegung des Unionsrechts. Dieses Verfahren hat sich insofern als wirksames und unentbehrliches Instrument erwiesen und ist auch im Umweltrecht von großer Bedeutung.[640]

---

635 Vgl. ebenfalls in diese Richtung etwa Winter, ZUR 2002, 313 (314 f.).
636 Diese kann in der fehlenden Umsetzung einer Richtlinie oder aber einer sonstigen Verletzung primär- oder sekundärrechtlicher Pflichten bestehen. Auch normatives Unrecht kann zu einer Schadensersatzpflicht führen, sofern die Verletzung „hinreichend qualifiziert" ist, vgl. EuGH, verb. Rs. C-46/93, C-48/93 (Brasserie du pêcheur), Slg. 1996, I-1029. Damit greift der Gerichtshof ein Erfordernis auf, das er im Zusammenhang mit der Haftung der Union für normatives Unrecht entwickelt hatte, vgl. etwa EuGH, Rs. C-282/90 (Vreugdenhill), Slg. 1992, I-1937; EuGH, Rs. 281/84 (Zuckerfabrik Bedburg), Slg. 1987, 49. Weiter finden diese Grundsätze auch auf durch Gerichte begangene Unionsrechtsverstöße Anwendung, wobei der EuGH aber bei der Voraussetzung des Vorliegens eines qualifizierten (oder „offenkundigen") Verstoßes offenbar (zugunsten der nationalen Gerichte) sehr (zu?) großzügige Maßstabe anlegt, vgl. EuGH, Rs. C-224/01 (Köbler), Slg. 2003, I-10239.
637 EuGH, verb. Rs. C-6/90, C-9/90, Francovich/Italien, Slg. 1991, I-5357; s. aus der Folgerechtsprechung insbesondere EuGH, verb. Rs. C-46/93, C-48/93 (Brasserie du pêcheur), Slg. 1996, I-1029; aus der Literatur speziell im Zusammenhang mit der Durchsetzung umweltrechtlicher Verpflichtungen *Pühs*, Vollzug von Gemeinschaftsrecht, 422 ff.; *Jans/Vedder*, European Environmental Law, 222 ff.; *Wenneras*, Enforcement of EC Environmental Law, 149 ff.; *Jans/von der Heide*, Europäisches Umweltrecht, 243 ff.; *Papier*, EUDUR I, § 43; *Palme*, EuZW 2005 (8. Kap. D.III.), 109 ff. (letzterer mit Bezug zum europäischen Gentechnikrecht).
638 Vgl. zur Bedeutung der unmittelbaren Wirkung im EU-Umweltrecht und den möglichen Konstellationen ausführlich mit zahlreichen Nachweisen aus der Rechtsprechung *Jans/Vedder*, European Environmental Law, 183 ff.
639 S. aus jüngster Zeit die Rechtsprechung des EuGH zur Umsetzung unionsrechtlicher Vorgaben im Bereich des Rechtsschutzes, vgl. EuGH, Rs. C-240/09 (Lesoochranarske), Urt. v. 8.3.2011; EuGH, Rs. C-115/09 (Bund für Umwelt und Naturschutz Deutschland), Urt. v. 12.5.2011. Hierzu noch unten 6. Kap. Rn. 57 ff.
640 Zur Bedeutung des Verfahrens im Umweltrecht *Somsen*, YEEL 2000, 311 ff.; *Wenneras*, Enforcement of EC Environmental Law, 171 ff.; spezifisch zur damit verbundenen Rolle der nationalen Gerichte *Garcia Burgues et al.*, JEEPL 2010, 221 ff.

5. Kapitel Grundprinzipien des Umweltrechts in der Europäischen Union

Angesichts der begrenzten Kapazitäten der Kommission und der häufig beschränkten Effizienz und Effektivität der zentralen Kontrollverfahren[641] erfüllen die erwähnten **dezentralen Kontroll- und Rechtsschutzmechanismen** eine **wichtige Funktion** für die effektive Anwendung und Durchsetzung des Unionsrechts: Durch die **Einbindung Einzelner** werden letztlich nicht nur ihre Interessen geschützt, sondern allgemein die tatsächliche Anwendung des Unionsrechts gefördert. Im Hinblick auf die Verbindlichkeit der unionsrechtlichen Verpflichtungen der Mitgliedstaaten und den *effet utile* des Unionsrechts kann diese Rechtsprechung überzeugen. Die Einbindung der Bürger in die Durchsetzungsmechanismen des Unionsrechts hat sich denn auch als ein zentraler Baustein für die Fortentwicklung des Unionsrechts erwiesen.

Dagegen spielen **Klagen Einzelner gegen Unionsorgane** aufgrund der **engen Zulässigkeitsvoraussetzungen des Art. 263 Abs. 4 AEUV** (individuelle und unmittelbare Betroffenheit)[642] sowie der – jedenfalls auf die Grundlage der Rechtsprechung des Gerichts – engen Auslegung des Begriffs der „Rechtsakte mit Verordnungscharakter" (in Bezug auf welche keine individuelle Betroffenheit verlangt wird), der nur eigentliche Gesetzgebungsakte erfassen soll,[643] nur eine untergeordnete Rolle,[644] auch wenn es natürlich Konstellationen gibt, in denen die Nichtig- 161

---

641 Vgl. hierzu bereits oben 5. Kap. Rn. 151 ff.
642 Hierzu nur Bieber/Epiney/Haag-*Epiney*, EU, § 9, Rn. 41 ff.
643 Der Vertrag von Lissabon führte nämlich für Nichtigkeitsklagen Einzelner eine neue Konstellation ein: Danach können Einzelne (auch) gegen „Rechtsakte mit Verordnungscharakter, die sie unmittelbar betreffen und keine Durchführungsmaßnahmen nach sich ziehen", Klage erheben. Umstritten ist, was genau unter „Rechtsakten mit Verordnungscharakter" zu verstehen ist: Auf der einen Seite wird geltend gemacht, dass dieser Begriff aufgrund des systematischen Zusammenhangs im (als Vorlage für die Neufassung benutzten) Verfassungsentwurf von 2004, in dem nur „untergesetzlichen", also ausführenden Rechtsakten, Verordnungscharakter zukommt, so auszulegen sei, dass nur untergesetzliche Rechtsnormen erfasst seien, zumal der Vertrag von Lissabon die Unterscheidung zwischen Gesetzgebungsakten und Rechtsakten ohne Gesetzgebungscharakter fortführe. Auf der anderen Seite wird primär auf den Wortlaut abgestellt, so dass jede unmittelbar geltende Bestimmung bzw. jeder unmittelbar geltende Rechtsakt Klagegegenstand sein könne. Vgl. zum Meinungsstand m.w.N. bei *Streinz/Ohler/Herrmann*, Vertrag von Lissabon, 116 f.; *Herrmann*, NVwZ 2011, 1352 ff.; *Görlitz/Kubicki*, EuZW 2011, 248 ff.; *Balthasar*, ELR 2010, 542 ff. Wegen der geringen Bedeutung der Entstehungsgeschichte primärrechtlicher Normen, der in den verschiedenen Sprachfassungen variierenden Terminologie und im Hinblick auf die Effektivität des Rechtsschutzes und das Rechtsschutzinteresse der Einzelnen ist es nicht sinnvoll, den Zugang zum EuGH anhand formaler Kriterien zu bestimmen. Daher ist die zuletzt genannte Ansicht vorzuziehen. Der EuGH hatte sich noch nicht zu dieser Frage zu äußern; das Gericht hingegen legt den Begriff „Rechtsakt mit Verordnungscharakter" eng in dem Sinn aus, dass er Gesetzgebungsakte (worunter solcher zu verstehen seien, die im Gesetzgebungsverfahren erlassen wurden) entgegen der hier vertretenen Ansicht nicht erfasse (EuG, Rs. T-18/10 (Inuit/EP und Rat), Urt. v. 6.9.2011; EuG, Rs. T-262/10 (Microban/Kommission), Urt. v. 25.10.2011; zu diesen Urteilen *Gundel*, EWS 2012, 65 ff.), so dass unter Rechtsakten mit Verordnungscharakter in erster Linie Durchführungsrechtsakte der Kommission zu verstehen sein dürften.
644 Vgl. etwa die Verneinung der Zulässigkeit einer Klage französischer Unternehmen gegen Art. 4 Abs. 3 lit. a) Nr. i VO 259/93 zur Überwachung und Kontrolle der Verbringung von Abfällen durch EuGH, Rs. C-209/94 P (Buralux), Slg. 1996, I-615, Ziff. 24 ff.; s. auch die Verneinung der Klagebefugnis von Grundstückseigentümern gegen die Eintragung ihrers Eigentums in die nach der RL 92/43 zu erstellende Unionsliste der besonderen Schutzgebiete in EuGH, Rs. C-362/06 P (Sahlstedt), Slg. 2009, I-2903; s. insbesondere auch EuGH, Rs. C-321/95 P (Greenpeace/Kommission), Slg. 1998, I-1651, in dem es um die Klage von Greenpeace und einigen Anwohnern auf Nichtigerklärung einer Entscheidung der Kommission ging, nach der Spanien aus dem Regionalentwicklungsfonds eine bedeutende Summe für den Bau zweier Elektrizitätskraftwerke gewährt worden war, für die keine Umweltverträglichkeitsprüfung durchgeführt worden war. Auch hier wurde die Klagebefugnis abgelehnt mit dem Argument, die Erfordernisse der individuellen Betroffenheit nicht erfüllt. Vgl. zur Kritik m.w.N. *Jans/von der Heide*, Europäisches Umweltrecht, 251 ff.; *Ward*, YEEL 2000, 137 (150 ff.); *Deimann*, elni 1998, 3 ff.; *Wegener*, ZUR 1998, 131 ff.; *Gormley*, EPL 2001, 51 ff., die auch konkrete Modifikationsvorschläge vorstellen; ebenfalls zu den Perspektiven, eine erweiterte Klagebefugnis von Verbänden im Rahmen der Nichtigkeitsklage zu begründen, *Torrens*, elni 1/1999, 15 ff.; allgemein zur Bedeutung des Art. 264 Abs. 4 AEUV im Zusammenhang mit dem Systemversagen *Cherot*, in: L'effectivité du droit européen de l'environnement, 235 ff.; *Jans/von der Heide*, ZUR 2003, 390 ff. S. auch *Calliess*, NJW 2002, 3577 ff., der vor dem Hintergrund der unionsrechtlichen Vorgaben für die Mitgliedstaaten in Bezug auf die Eröffnung gerichtlichen Rechtsschutzes für eine weitere Auslegung des Art. 263 Abs. 4 AEUV im Sinne eines kohärenten Rechtsschutzsystems auf mitgliedstaatlicher und unionsrechtlicher Ebene eintritt; s. auch *Hauser*, Vertragsverletzungsverfahren, 22 ff., der unter gewissen Voraussetzungen die Zulässigkeit einer Nichtigkeitsklage im Falle einer negativen Entscheidung der Kommission, im Anschluss an eine Individualbeschwerde ein Vertragsverletzungsverfahren einzuleiten, bejaht.

keitsklage relevant werden kann, so etwa im Zusammenhang mit der Ausweisung von Schutzgebieten.[645]

E. Literatur

I. Inhaltliche Vorgaben

Alemanno, Alberto: Le principe de précaution en droit communautaire. Stratégie de gestion des risques ou risque d'atteinte au Marché intérieur?, RDUE 2001, 917 ff.

Andresen, Jan-Eike/Clostermeyer, Maximilian: Neueste Entwicklungen in der Haftung für Ölverschmutzungsschäden. Der EuGH und das „Polluter Pays" Principle, EurUP 2009, 116 ff.

Appel, Ivo: Emissionsbegrenzung und Umweltqualität. Zu zwei Grundkonzepten der Vorsorge am Beispiel des IPPC-Richtlinienvorschlags der EG, DVBl. 1995, 399 ff.

Appel, Ivo: Europas Sorge um die Vorsorge, NVwZ 2001, 395 ff.

Appel, Ivo: Präventionsstrategien im europäischen Chemikalienrecht und Welthandelsrecht, ZUR 2003, 167 ff.

Arndt, Birger: Das Vorsorgeprinzip im EU-Recht, Tübingen 2009.

Bleckmann, Albert/Koch, Tanja: Zu den Funktionen und Wirkungen der Querschnittsklausel des Art. 130 r Abs. 2 Satz 3 des EG-Vertrages, UTR 1996, 33 ff.

Bleeker, Arne: Does the Polluter Paw? The Polluter-Pays Principle in the Case Law of the European Court of Justice, EELR 2009, 289 ff.

Breier, Siegfried: Die Bedeutung der umweltrechtlichen Querschnittsklausel des Art. 130 r Abs. 2 Satz 2 EWG-Vertrag für die Verwirklichung des Europäischen Binnenmarktes, NuR 1992, 174 ff.

Buller, Henry: Integrating European Union Environmental and Agricultural Policy, in: Lenschow, Andrea (Hrsg.), Environmental Policy Integration. Greening Sectoral Policies in Europe, London 2002, 103 ff.

Bungenberg, Marc: Das Binnenmarktkonzept im Lichte anderer Gemeinschaftsziele am Beispiel des Umweltschutzes, EuR, Beiheft 3/2004, 57 ff.

Burgi, Martin: Das Schutz- und Ursprungsprinzip im europäischen Umweltrecht, NuR 1995, 11 ff.

Calliess, Christian: Ansatzpunkte für eine umweltverträgliche Verkehrspolitik im europäischen Binnenmarkt – unter besonderer Berücksichtigung der Querschnittsklausel des Art. 130 r Abs. 2 S. 3 EGV –, ZAU 1994, 322 ff.

Calliess, Christian: Die neue Querschnittsklausel des Art. 6 ex 3 c EGV als Instrument zur Umsetzung des Grundsatzes der Nachhaltigen Entwicklung, DVBl. 1998, 559 ff.

Calliess, Christian: Zur Maßstabswirkung des Vorsorgeprinzips im Recht – Dargestellt am Beispiel der geplanten Reform des europäischen Chemikalienrechts durch das Weißbuch der EU-Kommission zur zukünftigen Chemikalienpolitik, VerwArch 2003, 389 ff.

Calliess, Christian: Der Grundsatz der nachhaltigen Entwicklung: Zur Konkretisierung eines politischen Konsensbegriffs durch Recht, FS Meinhard Schröder, Berlin 2012, 515 ff.

Calliess, Christian/Stockhaus, Heidi: Precautionary Principle and Nanomaterials: REACH Revisited, JEEPL 2012, 113 ff.

Chaltiel, Florence: L'Union Européenne et le développement durable, RMCUE 2003, 24 ff.

Cheyne, Ilona: Taming the Precautionary Principle in EC Law: Lessons from Waste and GMO Regulation, JEEPL 2007, 468 ff.

Collier, Ute: European Union Energy Policy in a Changing Climate, in: Lenschow, Andrea (Hrsg.), Environmental Policy Integration. Greening Sectoral Policies in Europe, London 2002, 175 ff.

Corcelle, Guy: La perspective communautaire du principe de précaution, RMC 2001, 447 ff.

Cornils, Matthias: Reform des europäischen Tierversuchsrechts. Zur Unions- und Verfassungsrechtmäßigkeit der Richtlinie 2010/63 des Europäischen Parlaments und des Rates zum Schutz der für wissenschaftliche Zwecke verwendeten Tiere, Berlin 2011.

---

645 Ausführlich zur Bedeutung von Klagen Einzelner im Zusammenhang mit dem EU-Umweltrecht *Jans/Vedder,* European Environmental Law, 237 ff., m.w.N. aus der Rechtsprechung; s. auch *Herman,* JEEPL 2010 (6. Kap. J.I.), 391 ff.

5. Kapitel Grundprinzipien des Umweltrechts in der Europäischen Union

Coroner, Florence: Member States missing the opportunity to implement ‚polluter pays' principle, elni 1/2007, 30 f.

Cremer, Wolfram: Handlungsgrundsätze des Europäischen Umweltverfassungsrechts, Die Verwaltung, Beiheft 11 (2010), 9 ff.

Daemen, Thomas J.: The European Community's Evolving Precautionary Principle – Comparisons with the United States and Ramifications for Doha Round Trade Negotiations, EELR 2003, 6 ff.

Dhondt, Nele: Integration of Environmental Protection into other EC Policies. Legal Theory and Practice, Groningen 2003.

Di Fabio, Udo: Das Kooperationsprinzip – ein allgemeiner Rechtsgrundsatz des Umweltrechts, NVwZ 1999, 1153 ff.

Doyle, Alan/Carney, Tom: Precaution and Prevention: Giving Effect to Article 130 r Without Direct Effect, EELR 1999, 44 ff.

Duren, Jean: Le pollueur-payeur. L'application et l'avenir du principe, RMC 1987, 144 ff.

Dutheil de la Rochère, Jacqueline: La prudente émergence du principe de précaution dans la jurisprudence communautaire, FS Gil Carlos Rodriguez Iglesias, Berlin 2003, 523 ff.

Ekardt, Felix: Theorie der Nachhaltigkeit. Rechtliche, ethische und politische Zugänge – am Beispiel von Klimawandel, Ressourcenknappheit und Welthandel, Baden-Baden 2011.

Epiney, Astrid: Einbeziehung gemeinschaftlicher Umweltschutzprinzipien in die Bestimmung mitgliedstaatlichen Handlungsspielraums, DVBl. 1993, 93 ff.

Epiney, Astrid: Umweltrechtliche Querschnittsklausel und freier Warenverkehr: die Einbeziehung umweltpolitischer Belange über die Beschränkung der Grundfreiheit, NuR 1995, 497 ff.

Epiney, Astrid: Zum Konzept der Nachhaltigen Entwicklung in der Europäischen Union, in: Epiney, Astrid/Scheyli, Martin (Hrsg.), Das Konzept der Nachhaltigen Entwicklung. Völker- und europarechtliche Aspekte, Bern 1999, 40 ff.

Epiney, Astrid: Die umweltpolitischen Handlungsprinzipien in Art. 130 r EGV: politische Leitlinien oder rechtsverbindliche Vorgaben? zu den Urteilen des EuGH in den Rs. C-284/85/95, C-341/95 (Safety Hi-Tech), NuR 1999, 181 ff.

Epiney, Astrid: Zur Bindungswirkung der gemeinschaftsrechtlichen „Umweltprinzipien" für die Mitgliedstaaten, in: FS Manfred Zuleeg, Baden-Baden 2005, 633 ff.

Epiney, Astrid/Heuck, Jennifer: Zur Revision der RL 99/62 („Wegekostenrichtlinie"). Die Vorgaben der RL 99/62 in Bezug auf die Erhebung von Maut- und Benutzungsgebühren, NuR 2012, 169 ff.

Everling, Ulrich: Zu den Querschnittsklauseln im EG-Vertrag, Mélanges en hommage à Fernand Schockweiler, Baden-Baden 1999, 131 ff.

Falke, Josef: Aktuelles zum Vorsorgeprinzip und anderen programmatischen Orientierungen im Europäischen Umweltrecht, ZUR 2000, 265 ff.

Fisher, Elizabeth: Precaution, Precaution Everywhere: Developing a „Common Understanding" of the Precautionary Principle in the European Community, MJ 2002, 7 ff.

Fleurke, Floor M.: Innovation through Precaution: The Case of the Dutch Wadden Sea, YEEL 8 (2008), 80 ff.

Frenz, Walter: Nachhaltige Entwicklung im Europarecht. Theoretische Grundlagen und rechtliche Ausformung, Baden-Baden 1999.

Frenz, Walter: Umwelt- und Tierschutzklausel im AEUV, NuR 2011, 103 ff.

Gehne, Katja: Nachhaltige Entwicklung als Rechtsprinzip, Tübingen 2011.

Glock, Jana: Das deutsche Tierschutzrecht und das Staatsziel "Tierschutz" im Lichte des Völkerrechts und des Europarechts, Baden-Baden 2004.

Haigh, Nigel/Kraemer, Andreas R.: „Sustainable Development" in den Verträgen der Europäischen Union, ZUR 1996, 239 ff.

Haneklaus, Winfried: Zur Verankerung umweltpolitischer Ziele im EWG-Vertrag, DVBl. 1990, 1135 ff.

Hey, Christian: Approaches towards Environmental Policy Integration and Sustainable Development, elni 1999, 9 ff.

Hey, Christian: Why does Environmental Policy Integration Fail? The Case of Environmental Taxation for Heavy Goods Vehicles, in: Lenschow, Andrea (Hrsg.), Environmental Policy Integration. Greening Sectoral Policies in Europe, London 2002, 127 ff.

Heyne, Karolin: Die Verfolgung von Umweltschutzzielen im öffentlichen Beschaffungswesen – eine Untersuchung unter besonderer Berücksichtigung der Unionszielbestimmung zum Umweltschutz, ZUR 2011, 578 ff.

Heyvaert, Veerle: Facing the consequences of the precautionary principle in European Community law, ELR 2006, 185 ff.

Humphreys, Matthew: Sustainability in European Transport Policy, London 2011.

Icard, Philippe: Le principe de précaution: exception à l'application du droit communautaire?, RTDE 2002, 471 ff.

Jahns-Böhm, Jutta/Breier, Siegfried: Güterkraftverkehrspolitik und Umweltschutz nach dem EWG-Vertrag, EuZW 1991, 523 ff.

Jahns-Böhm, Jutta/Breier, Siegfried: Die umweltrechtliche Querschnittsklausel des Art. 130 r II 2 EWGV. Eine Untersuchung am Beispiel der Güterkraftverkehrspolitik der Europäischen Gemeinschaft, EuZW 1992, 49 ff.

Jans, Jan H.: Objectives and Principles of EC Environmental Law, in: Winter, Gerd (Hrsg.), European Environmental Law. A comparative Perspective, Aldershot u.a. 1995, 277 ff.

Jans, Jan H.: Stop the Integration Principle? Fordham International Law Journla 2010, 1533 ff-

Jordan, Andrew: The Precautionary Principle in the European Union, in: O'Riordan, Tim/Cameron, James/Jordan, Andrew (Hrsg.), Reinterpreting the Precautionary Principle, London 2001, 143 ff.

Kahl, Wolfgang: Der Nachhaltigkeitsgrundsatz im System der Prinzipien des Umweltrechts, in: Hartmut Bauer/Detlef Czybulka/Wolfgang Kahl/Andreas Vosskuhle (Hrsg.), Umwelt, Wirtschaft und Recht, Baden-Baden 2002, 111 ff.

Kahl, Wolfgang (Hrsg.): Nachhaltigkeit als Verbundbegriff, Tübingen 2008.

Koch, Hans-Joachim: Das Kooperationsprinzip im Umweltrecht – ein Missverständnis?, NuR 2001, 541 ff.

Krämer, Ludwig: Das Verursacherprinzip im Gemeinschaftsrecht. Zur Auslegung von Artikel 130 r EWG-Vertrag, EuGRZ 1989, 353 ff.

Krämer, Ludwig: Das „hohe Schutzniveau" für die Umwelt im EG-Vertrag – Industrielle Norm oder politische Vorgabe?, ZUR 1997, 303 ff.

Krämer, Ludwig: The Genesis of EC Environmental Principles, in: Richard Macrory (Hrsg.), Principles of European Environmental Law, Groningen 2004, 31 ff.

Kühn, Werner Miguel: Die Entwicklung des Vorsorgeprinzips im Europarecht, ZEuS 2006, 487 ff.

Ladeur, Karl-Heinz: Konflikt und Kooperation zwischen dem europäischen Umweltrecht und dem allgemeinen Verwaltungsrecht der Mitgliedstaaten, UTR 2001, 221 ff.

Ladeur, Karl-Heinz: The Introduction of the Precautionary Principle into EU Law: a Pyrrhic Victory for Environmental and Public Health Law? Decision Making under Conditions of Complexity in Multi-Level Political Systems, CMLRev. 2004, 1455 ff.

Lauber, Volkmar: The Sustainability of Freight Transport Across the Alps: European Union Policy in Controversies on Transit Traffic, in: Lenschow, Andrea (Hrsg.), Environmental Policy Integration. Greening Sectoral Policies in Europe, London 2002, 153 ff.

Lenaerts, Koen: „In the Union We Trust": Trust-Enhancing Principles of Community Law, CMLRev. 2004, 317 ff.

Lenschow, Andrea: New Regulatory Approaches in "Greening" EU Policies, ELJ 2002, 19 ff.

Lenschow, Andrea: Dynamics in a Multilevel Polity: Greening the European Union Regional and Cohesion Funds, in: Lenschow, Andrea (Hrsg.), Environmental Policy Integration. Greening Sectoral Policies in Europe, London 2002, 193 ff.

Lübbe-Wolff, Gertrude: IVU-Richtlinie und Europäisches Vorsorgeprinzip, NVwZ 1998, 777 ff.

Lübbe-Wolff, Gertrude: Präventiver Umweltschutz-Auftrag und Grenzen des Vorsorgeprinzips im deutschen und europäischen Recht, in: Bizer, Johannes/Koch, Hans-Joachim (Hrsg.), Sicherheit, Vielfalt, Solidarität. Ein neues Paradigma des Verfassungsrechts?, Symposium zum 65. Geburtstag Erhard Denningers, Baden-Baden 1998, 47 ff.

5. Kapitel Grundprinzipien des Umweltrechts in der Europäischen Union

MacMaolain, Caoimhin: Using the precaution principle to protect human health, ELR 2003, 723 ff.
Macrory, Richard (Hrsg.): Principles of European Environmental Law, Groningen 2004.
Majone, Giandomenico: What Price Safety? The Precautionary Principle and its Policy Implications, JCMS 2002, 89 ff.
Misonne, Delphine: Droit européen de l'environnement et de la santé. L'ambition d'un niveau élevé de protection, Limal 2011.
Mossoux, Youri: Causation in the Polluter Pays Principle, EELR 2010, 279 ff.
O'Riordan, Tim/Jordan, Andrew/Cameron, James: The Evolution of the Precautionary Principle in: O'Riordan, Tim/Cameron, James/Jordan, Andrew (Hrsg.), Reinterpreting the Precautionary Principle, London 2001, 9 ff.
Prall, Ursula: The Sustainability Strategy of the European Union. Focussing on Objectives and Measures in the Area of Energy Policy and Climate Protection, JEEPL 2006, 325 ff.
Purps, Thorsten: Umweltpolitik und Verursacherprinzip im Europäischen Gemeinschaftsrecht, Köln u.a. 1991.
Purps, Thorsten: Das Verursacherprinzip im Gemeinschaftsrecht als „unbestimmter Rechtsbegriff", DÖV 1992, 205 ff.
Reese, Moritz: Leitbilder des Umweltrechts – Zur Zukunftsfähigkeit leitender Schutzkonzepte, ZUR 2010, 339 ff.
Rengeling, Hans-Werner: Umweltvorsorge und ihre Grenzen im EWG-Recht, Köln u.a. 1989.
Rengeling, Hans-Werner: Bedeutung und Anwendbarkeit des Vorsorgeprinzips im europäischen Umweltrecht, DVBl. 2000, 1473 ff.
de Sabran Ponteves, Elzear: Le principe pollueuer-payeur en droit communautaire, REDE 2008, 21 ff.
de Sadeleer, Nicolas: Les principes du pollueur-payeur, de prévention et de précaution. Essai sur la genèse et la portée juridique de quelques principes du droit de l'environnement, Brüssel 1999.
de Sadeleer, Nicolas: Environmental Principles. From Political Slogans to Legal Rules, Oxford 2002.
de Sadeleer, Nicolas: The Precautionary Principle in EC Health and Environmental Law, ELJ 2006, 139 ff.
de Sadeleer, Nicolas (Hrsg.): Implementing the Precautionary Principle. Approaches from the Nordic Countries, EU and USA, London 2007.
de Sadeleer, Nicolas: The Precautionary Principle as a Device for Greater Enrironmental Protection: Lessons from EC Courts, RECIEL 2009, 3 ff.
Salmon, Naomi: A European perspective on the precautionary principle, food safety and the free trade imperative of the WTO, ELR 2002, 138 ff.
Sand, Peter H.: The Precautionary Principle: A European Perspective, Human and Ecological Risk Assessment 2000, 445 ff.
Schroeder, Werner: Die Sicherung eines hohen Schutzniveaus für Gesundheits-, Umwelt- und Verbraucherschutz im europäischen Binnenmarkt, DVBl. 2002, 213 ff.
Scotford, Eloise: Mapping the Article 174(2) EC Case Law: A First Step to Analysing Community Environmental Law Principles, YEEL 8 (2008), Oxford 2008, 1 ff.
Shirvani, Foroud: Das Kooperationsprinzip im deutschen und europäischen Umweltrecht, Berlin 2005.
Smeddinck, Ulrich: Zur Funktion normierter Prinzipien im Umweltrecht, NuR 2009, 304 ff.
Stoczkiewicz, Marcin: The polluter pays principle and State aid for environmental protection, JEEPL 2009, 171 ff.
Torre-Schaub, Marta: L'apport du principe de développement durable au droit communautaire : gouvernance et citoyenneté écologique, RMCUE 2012, 84 ff.
Trouche, Angélique: Le principe de precaution, entre unité et diversité: étude comparative des systèmes communautaire et OMC, CDE 2008, 279 ff.
Vandekekerckhove, Karen: The Polluter Pays Principle in the European Community, YEL 1993, 201 ff.
Verschuuren, Jonathan: Principles of Environmental Law, Baden-Baden 2003.
Wasmeier, Martin: Die Integration des Umweltschutzes als allgemeine Auslegungsregel des Gemeinschaftsrechts, EWS 2000, 47 ff.

Werner, Sascha: Das Vorsorgeprinzip – Grundlagen, Maßstäbe und Begrenzungen, UPR 2001, 335 ff.

Wiegand, Bodo: Bestmöglicher Umweltschutz als Aufgabe der Europäischen Gemeinschaften – Zur Bedeutung des Gemeinschaftszieles Umweltschutz für die Europäische Integration –, DVBl. 1993, 533 ff.

Windoffer, Alexander: Verfahren der Folgenabschätzung als Instrument zur rechtlichen Sicherung von Nachhaltigkeit, Tübingen 2011.

Winkler, Daniela: Die Verwaltung des Risikos. Differenz oder Konvergenz nationaler Regulierungsstrukturen in Europa?, ZUR 2012, 247 ff.

Winter, Gerd: Environmental Principles in Community Law, in: Jan H. Jans (Hrsg.), The European Convention and the Future of European Environmental Law, Groningen u.a. 2003, 1 ff.

Winter, Gerd: Umweltrechtliche Prinzipien des Gemeinschaftsrechts, ZUR 2003, 137 ff.

Winter, Gerd: The Legal Nature of Environmental Principles in International, EC and German Law, in: Richard Macrory (Hrsg.), Principles of European Environmental Law, Groningen 2004, 11 ff.

Zils, Hans-Peter: Die Wertigkeit des Umweltschutzes in Beziehung zu anderen Aufgaben der Europäischen Gemeinschaft. Untersuchungen zur Anwendung der Querschnittsklausel Art. 130 r Abs. 2 Satz 2 im Gemeinschaftsrecht, Heidelberg 1994.

II. Handlungsspielräume der Mitgliedstaaten

Albin, Silke/Bär, Stefani: Nationale Alleingänge nach dem Vertrag von Amsterdam. Der neue Art. 95 EGV: Fortschritt oder Rückschritt für den Umweltschutz?, NuR 1999, 185 ff.

Becker, Ulrich: Von „Dassonville" über „Cassis" zu „Keck" – Der Begriff der Maßnahmen gleicher Wirkung in Art. 30 EGV, EuR 1994, 162 ff.

Breier, Siegfried: Anmerkung: Das PCP-Urteil des Europäischen Gerichtshofs, ZUR 1994, 249 ff.

Bücker, Andreas/Schlacke, Sabine: Rechtsangleichung im Binnenmarkt – Zur Konkretisierung verfahrens- und materiell-rechtlicher Anforderungen an nationale Alleingänge durch den EuGH, NVwZ 2004, 62 ff.

van Calster, Geert: Trade and the Environment – a watershed for Article 30, ELR 2000, 335 ff.

van Calster, Geert/Vandenberghe, Wim: Something for Everyone in the Judgement of the European Court of Justice in the German Bottles Saga, RECIEL 2005, 73 ff.

de Cecco, Francesco: Room to move? Minimum Harmonization and Fundamental Rights, CML-Rev. 2006, 9 ff.

Doberty, Michael G.: The Application of Article 95(4)-(6) of the EC Treaty: Is the Emperor Still Unclothed?, YEEL 8 (2008), 48 ff.

Ehlotzky, Nicole: Sektorales Fahrverbot Revisited. Anmerkung zu EuGH, Urteil v. 21.12.2011 (C-28/09), RdU-U&T 2012, 2 ff.

Epiney, Astrid: Die Maßstabsfunktion des Art. 30 EGV für nationale umweltpolitische Maßnahmen. Zu den Rückwirkungen der neueren Rechtsprechung des EuGH zu Art. 30 EGV im Bereich des Umweltrechts, ZUR 1995, 24 ff.

Epiney, Astrid: Zur Auslegung des Art. 95 Abs. 5 EGV – Anmerkung zu verb. Rs. T-366/03 und T-235/04 -, NuR 2007, 111 ff.

Epiney, Astrid: Die Rechtsprechung des EuGH zur Zulässigkeit „nationaler Alleingänge" (Art. 95 Abs. 4-6 und Art. 176 EGV). Versuch einer Standortbestimmung, FS Hans-Werner Rengeling, Köln u.a. 2008, 215 ff.

Epiney, Astrid/Knoepfel, Peter: Der Spielraum des kanonalen Umweltrechts unter dem EWR- und EWG-Vertrag, URP/DEP 1993, 17 ff.

Everling, Ulrich: Zu den Querschnittsklauseln im EG-Vertrag, in: Mélanges en hommage à Fernand Schockweiler, Baden-Baden 1999, 131 ff.

Faber, Markus: Die Vereinbarkeit des Stromeinspeisungsgesetzes und des erneuerbare-Energien-Gesetzes mit dem primären Europarecht – Anmerkungen zum Urteil des EuGH v. 13.3.2001, NuR 2002, 140 ff.

Füller, Jens Thomas: Grundlagen und inhaltliche Reichweite der Warenverkehrsfreiheiten nach dem EG-Vertrag, Baden-Baden 2000.

5. Kapitel Grundprinzipien des Umweltrechts in der Europäischen Union

Furrer, Andreas: Die Sperrwirkung des sekundären Gemeinschaftsrechts auf die nationalen Rechtsordnungen – Die Grenzen des nationalen Gestaltungsspielraums durch sekundärrechtliche Vorgaben unter besonderer Berücksichtigung des „nationalen Alleingangs"-, Baden-Baden 1994.

Gänser, Christian Gerald: Politique des transports de l'Union européenne et environnement: le cas de l'autoroute du Brenner, RDUE 2012, 275 ff.

Gellermann, Martin: Das Stromeinspeisungsgesetz auf dem Prüfstand des EG-Rechts, DVBl. 2000, 509 ff.

Geradin, Damien: Trade and Environmental Protection: Community Harmonization and National Environmental Standards, YEL 1993, 151 ff.

Giesberts, Ludger: Erweiterung des Herstellerbegriffs in der AltfahrzeugV als verstärkte Schutzmaßnahme nach Art. 176 EG?, DVBl. 2003, 94 ff.

Gormley, Laurence: Reasoning Renounced? The remarkable Judgement in *Keck & Mithouard*, ELR 1994, 63 ff.

Gundel, Jörg: Die Neuordnung der Rechtsangleichung durch den Vertrag von Amsterdam – neue Voraussetzungen für den „nationalen Alleingang", JuS 1999, 1171 ff.

Güttler, Dagmar: Umweltschutz und freier Warenverkehr, BayVBl. 2002, 225 ff.

Hailbronner, Kay: Der „nationale Alleingang" im Gemeinschaftsrecht am Beispiel der Abgasstandards für PKW, EuGRZ 1989, 101 ff.

Heselhaus, Sebastian: Rechtfertigung unmittelbar diskriminierender Eingriffe in die Warenverkehrsfreiheit. Nationaler Umweltschutz in einem unvollkommenen Binnenmarkt, EuZW 2001, 645 ff.

Himmelmann, Steffen: EG-Umweltrecht und nationale Gestaltungsspielräume, Baden-Baden 1997.

Jans, Jan H.: Minimum Harmonisation and the Role of Proportionality, FS Eckard Rehbinder, Berlin 2007, 705 ff.

Jans, Jan H. et al.: "Gold Plating" of European Environmental Measures?, JEEPL 2009, 417 ff.

Jarass, Hans D.: Verstärkter Umweltschutz der Mitgliedstaaten nach Art. 176 EG, NVwZ 2000, 529 ff.

Kahl, Wolfgang: Anmerkung zu EuG, Rs. T-366/03, T-235/04 (Verbot des Einsatzes gentechnisch veränderter Organismen in Oberösterreich), ZUR 2006, 86 ff.

Karenfort, Jörg/Schneider, Hartmut: Das Dosenpfand – Verstoß gegen die Warenverkehrsfreiheit durch Unterlassen?, EuZW 2003, 587 ff.

Karpenstein, Ulrich/Jacobj, Holger: Der Rechtsstreit um das Dosenpfand, AbfallR 2005, 194 ff.

Keßler, Jutta: Das System der Warenverkehrsfreiheit im Gemeinschaftsrecht – zwischen Produktbezug und Verkaufsmodalitäten, Berlin 1997.

Koenig, Christian/Kühling, Jürgen: Das PreussenElektra-Urteil des EuGH: Freibrief für Abnahme- und Vergütungspflichten in der Energiewirtschaft, NVwZ 2001, 768 ff.

Nagel, Bernhard: Anmerkung. Ökostrom darf durch Mindestpreise gefördert werden – zur Entscheidung des EuGH in Sachen Preußen-Elektra AG/Schleswag AG, ZUR 2001, 263 ff.

Niedersberg, Jörg: Das Gesetz für den Vorrang erneuerbarer Energien (Erneuerbare-Energien- Gesetz, EEG), NVwZ 2001, 21 ff.

Nowak, Carsten: Die Grundfreiheiten des EG-Vertrages und der Umweltschutz – grundfreiheitliche Schrankensystematik im Lichte der EG-Umweltverfassung, VerwArch 2002, 368 ff.

Obwexer, Walter: Unionsrechtliche Rahmenbedingungen für mitgliedstaatliche Maßnahmen zur Verlagerung des Straßengüterverkehrs auf die Schiene am Beispiel des sektoralen Fahrverbots, in: Anna Gamper/Christian Ranacher (Hrsg.), Rechtsfragen des grenzüberschreitenden Verkehrs, Wien 2012, 80 ff.

Oliver, Peter: Some Further Reflections on the Scope of Articles 28-30, CMLRev. 1999, 783 ff.

Palme, Christoph: Nationaler Naturschutz und Europäisches Gentechnikrecht, NuR 2006, 76 ff.

Palme, Christoph: Bans on the Use of Genetically Modified Organisms (GMOs) – the Case of Upper Austria, JEEPL 2006, 22 ff.

Ranacher, Christian: Das Urteil des EuGH in der Rs. C-28/09, *Kommission/Österreich (Sektorales Fahrverbot II)*, aus österreichischer Sicht, in: Anna Gamper/Christian Ranacher (Hrsg.), Rechtsfragen des grenzüberschreitenden Verkehrs, Wien 2012, 100 ff.

Rauber, Markus: Quo vadis "Keck"? – zum Problem von Verwendungsbeschränkungen im freien Warenverkehr -, ZEuS 2010, 15 ff.

Richter, Christiane: „Nationale Alleingänge" – Förderung hoher Regelungsstandards oder Behinderung eines einheitlichen Binnenmarktes?, Berlin 2007.

Riechenberg, Kurt: The Case Law of the European Court of Justice on Free Trade and Environment. Currents, International Trade Law Journal 1995, 50 ff.

de Sadeleer, Nicloas: Observations. Les limites posées à la libre circulation des déchets par les exigences de protection de l'environnement, CDE 1993, 673 ff.

de Sadeleer, Nicolas: Les clauses de sauvegarde prévues à l'article 95 du Traité CE. L'efficacité du marché intérieur en porte-à-faux avec les intérêts nationaux dignes de protection, RTDE 2002, 53 ff.

de Sadeleer, Nicolas: Procedures for derogations from the principle of approximation of laws under Article 95, CMLRev. 2003, 889 ff.

Scheuing, Dieter H.: Grenzüberschreitende atomare Wiederaufbereitung im Lichte des europäischen Gemeinschaftsrechts, Baden-Baden 1991.

Schilling, Theodor: Rechtsfragen zu Art. 30 EGV – Zugleich eine Anmerkung zum EuGH-Urteil vom 24.11.1993 in den verbundenen Rechtssachen C-267 und 268/91, EuR 1994, 50 ff.

Schlösser, Jürgen P.: Die Sperrwirkung sekundären Gemeinschaftsrechts, Baden-Baden 2002.

Schnutenhaus, Jörn: Das Urteil des EuGH zum deutschen PCP-Verbot – schwere Zeiten für den nationalen Alleingang im Umweltrecht, NVwZ 1994, 875 f.

Scott, Joanne: International Trade and Environmental Governance: Relating Rules (and Standards) in the EU and the WTO, EJIL 2004, 307 ff.

Segnana, Olivier: Environnement et marché intérieur de l'électricité. L'arrêt PreussenElektra, CDE 2002, 131 ff.

Sevenster, Hanna: The Environmental Guarantee After Amsterdam: Does the Emperor have New Clothes?, YEEL 2000, 291 ff.

Spaventa, Eleanor: Leaving *Keck* behind? The free movement of goods after the rulings in *Commission v Italy* and *Mickelsson and Roos*, ELR 2009, 914 ff.

Temmink, Harrie: From Danish Bottles to Danish Bees: the Dynamics of Free Movement of Goods and Environmental Protection – a Case Law Analysis, YEEL 2000, 61 ff.

Trüe, Christiane: The German Drinks Can Deposit: Complete Harmonisation or a Trade Barrier Justified by Environmental Protection?, JEEPL 2005, 142 ff.

Vial, Claire: Protection de l'environnement et libre circulation des marchandises, Brüssel 2006.

Weidemann, Clemens: Nach den EuGH-Urteilen: Die Unanwendbarkeit der deutschen Pfandvorschriften und deren Folgen, AbfallR 2005, 11 ff.

Weiher, Birgit: Nationaler Umweltschutz und internationaler Warenverkehr, Baden-Baden 1997.

Weiß, Wolfgang: Nationales Steuerrecht und Niederlassungsfreiheit. Von der Konvergenz der Grundfreiheiten als Beschränkungsverbote zur Auflösung der Differenzierung zwischen unterschiedslosen und unterschiedlichen Maßnahmen, EuZW 1999, 493 ff.

Wenneras, Pal: Fog and Acid Rain Drifting from Luxembourg without Notice over Art. 95 (4) EC: Case C-3/00 Kingdom of Denmark v. the Commission of the European Communities (Danish Food case), EELR 2003, 169 ff.

Wenneras, Pal/Moen, Ketil Boe: Selling Arrangements, Keeping Keck, ELR 2010, 387 ff.

Wiers, Jochem: Trade and Enviroment in the EC and the WTO, Gronigen 2002.

Winter, Gerd: Die Sperrwirkung von Gemeinschaftssekundärrecht für einzelstaatliche Regelungen des Binnenmarktes mit besonderer Berücksichtigung von Art. 130 t EGV, DÖV 1998, 377 ff.

Zeitler, Helge Elisabeth: Einseitige Handelsbeschränkungen zum Schutz extraterritorialer Rechtsgüter. Eine Untersuchung zum GATT, Gemeinschaftsrecht und allgemeinen Völkerrecht, Baden-Baden 2000.

5. Kapitel Grundprinzipien des Umweltrechts in der Europäischen Union

III. Umsetzung, Vollzug, Kontrolle und Rechtsschutz

Ahrens, Börries: Die Klagebefugnis von Verbänden im Europäischen Gemeinschaftsrecht. Eine Untersuchung zur Nichtigkeitsklage vor dem EuGH und zu den Einflüssen auf das Verbandsklagerecht vor deutschen Verwaltungsgerichten, Baden-Baden 2002.

Albin, Silke: Unmittelbare Anwendbarkeit von Richtlinie mit „Doppelwirkung" im Umweltbereich – Ein Scheinproblem? Anmerkungen anlässlich des „Großkrotzenburg"-Urteils des EuGH, NuR 1997, 29 ff.

Albin, Silke: Zwangsgelder, Mittelkürzung und Umweltinspektionen – neueste Entwicklungen bei der Vollzugskontrolle von EG-Umweltrecht, DVBl. 2000, 1483 ff.

Backes, Chris W.: Umsetzung, Anwendung und Vollzug europäischer Umweltqualitätsnormen, FS Eckard Rehbinder, Berlin 2007, 669 ff.

Backes, Chris W.: Hauptsache wir haben einen guten Plan! – Effektiver Rechtsschutz zur Einhaltung von Immissionsgrenzwerten?, FS Meinhard Schröder, Berlin 2012, 459 ff.

Ballesteros, Marta: EU Enforcement Policy of Community Environmental law as presented in the Commission Communication on implementing European Community Environmental law, elni 2009, 54 ff.

Balthasar, Stephan: Locus Standi Rules for Challenges to Regulatory Acts by Private Applicants: The New Article 263/4 TFEU, ELR 2010, 542 ff.

Barreira, Ana: Environmental Inspections at the EU: The imperative to move forward, elni 2009, 79 ff.

Barth, Michael/Demmke, Christoph/Ludwig, Gret: Die Europäisierung des nationalen Verwaltungsverfahrens- und Verwaltungsorganisationsrechts im Bereich des Umweltrechts, NuR 2001, 133 ff.

Bauer, Friederike: Die Durchsetzung des europäischen Umweltrechts in Deutschland. Untersucht am Beispiel der Verwaltungsverfahrens- und Gerichtspraxis auf dem Gebiet der Bundesfernstraßenplanung, Baden-Baden 2011.

Becker, Bernd: Eine besonders bequeme, aber rechtswidrige Umsetzung von Gemeinschaftsrecht, DVBl. 2003, 1487 ff.

Beijen, Barbara A.: The Implementation of European Environmental Directives: Are Problems Caused by the Quality of the Directives?, EEELR 2011, 150 ff.

Beljin, Sasa: Staatshaftung im Europarecht, Köln u.a. 2000.

Besselink, Leonard: Community Loyalty and Constitutional Loyalty, EPL 2000, 169 ff.

Betlem, Gerrit: Enforcement of EC environmental law in the light of the 5th action programme, in: Reich, Norbert/Heine-Mernik, Renate (Hrsg.), Umweltverfassung und nachhaltige Entwicklung in der Europäischen Union, Baden-Baden 1997, 119 ff.

Blanquet, Marc: L'Article 5 du Traité C.E.E., Paris 1994.

Borzsak, Levente: The Impact of Environmental Concerns on the Public Enforcement Mechanism under EU Law. Environmental Protection in the 25th Hour, Alphen aan den Rijn 2011.

Brauhardt, Beate: Zur Einschränkung des Zugangs zu Gerichten durch Präklusionsregelungen, UPR 2010, 296 ff.

Brechmann, Winfried: Die richtlinienkonforme Auslegung. Zugleich ein Beitrag zur Dogmatik der EG-Richtlinie, München 1994.

Calliess, Christian: Zur unmittelbaren Wirkung der EG-Richtlinie über die Umweltverträglichkeitsprüfung und ihrer Umsetzung im deutschen Immissionsschutzrecht, NVwZ 1996, 339 ff.

Calliess, Christian: Kohärenz und Konvergenz beim europäischen Individualrechtsschutz, NJW 2002, 3577 ff.

Calliess, Christian: Feinstaub im Rechtsschutz deutscher Verwaltungsgerichte. Europarechtliche Vorgaben für die Klagebefugnis vor deutschen Gerichten und ihre dogmatische Verarbeitung, NVwZ 2006, 1 ff.

Cashman, Liam: Commission Compliance Promotion and Enforcement in the Field of the Environment, JEEPL 2006, 385 ff.

Cherot, Jean-Yves: Le système juridictionnel communautaire et la protection de l'environnement. L'interprétation de l'article 230 al. 4 du traité concernant la qualité pour agir des particuliers et des groupements invoquant le droit de l'environnement, in: Maljean-Dubois, Sandrine (Hrsg.),

L'effectivité du droit européen de l'environnement. Contrôle de la mise en œuvre et sanction du non-respect, Paris 2000, 235 ff.

Classen, Claus Dieter: Zur Bedeutung von EWG-Richtlinien für Privatpersonen, EuZW 1993, 83 ff.

de Cock, Kristof: Case C-201/02 Wells v. Secretary of State for Transport, Local Government and the Regions, EELR 2004, 132 ff.

Colgan, Daniel: Triangular Situations: the coup de grâce for the Denial of Horizontal Direct Effect of Community Directives, EPL 2002, 545 ff.

Couzinet, Daniel: Die Schutznormtheorie in Zeiten des Feinstaubs – Zur Dogmatik der Schutznormtheorie im Kontext der Subjektivierung von Aktionsplänen und planunabhängigen Maßnahmen –, DVBl. 2008, 754 ff.

Curtin, Deirdre: The Province of Government: Delimiting the Direct Effect of Directives in the Common Law Context, ELR 1990, 195 ff.

von Danwitz, Thomas: Normkonkretisierende Verwaltungsvorschriften und Gemeinschaftsrecht, VerwArch 1993, 73 ff.

von Danwitz, Thomas: Die europarechtliche Zulässigkeit von Präklusionsregeln im nationalen Umweltrecht, Jahrbuch des Umwelt- und Technikrechts 1997, 387 ff.

Deimann, Sven: ECJ Decides on Standing in Environmental Matters, elni 1998, 39 ff.

Demmke, Christoph: Umweltpolitik im Europa der Verwaltungen, Verw 1994, 49 ff.

Demmke, Christoph: Towards Effective Environmental Regulation: Innovative Approaches in Implementing and Enforcing European Environmental Law and Policy, in: Demmke, Christoph/Unfried, Martin, European Environmental Policy: The Administrative Challenge for the Member States, Maastricht 2001, 79 ff.

Detterbeck, Stefan: Staatshaftung für die Mißachtung von EG-Recht, VerwArch 1994, 159 ff.

Detterbeck, Stefan: Haftung der Europäischen Gemeinschaft und gemeinschaftsrechtlicher Staatshaftungsanspruch, AöR 2000, 202 ff.

Duffy, Peter: Damages against the State: A new Remedy for Failure to Implement Community Obligations, ELR 1992, 133 ff.

Ehricke, Ulrich: Die richtlinienkonforme Auslegung nationalen Rechts vor Ende der Umsetzungsfrist einer Richtlinie, EuZW 1999, 553 ff.

Ekardt, Felix: Verwaltungsgerichtliche Kontrolldichte unter europäischem und internationalem Einfluss, NuR 2006, 221 ff.

Ekardt, Felix/Susnjar, Davor: Tatsachen und Tatsachenunsicherheiten im nationalen, europäischen und internationalen Umweltrecht, UTR 2007, 277 ff.

Eleftheriadis, Pavlos: Environmental rights in the EC Legal order, YEL 2007, 297 ff.

Engelsberger, Christian: Der Vollzug europarechtlicher Vorschriften auf dem Gebiet des Umweltschutzes. Rechtliche Vorgaben und Verwaltungspraxis anhand einer empirischen Umfrage bei Behörden und Umweltschutzverbänden in Deutschland, Berlin 1998.

Epiney, Astrid: Unmittelbare Anwendbarkeit und objektive Wirkung von Richtlinien – Zur Entscheidung des EuGH vom 11.8.1995 – Rs. C-431/92 – Großkrotzenburg –, DVBl. 1996, 409 ff.

Epiney, Astrid: Dezentrale Durchsetzungsmechanismen im gemeinschaftlichen Umweltrecht. Dargestellt am Beispiel der UVP-Richtlinie, ZUR 1996, 229 ff.

Epiney, Astrid: Primär- und Sekundärrechtsschutz im Öffentlichen Recht, VVDStRL 61 (2002), 362 ff.

Epiney, Astrid: Zur Reichweite des gerichtlichen Zugangs im Falle der Verletzung verfahrensrechtlicher Vorgaben des EU-Umweltrechts, FS Dieter H. Scheuing, Baden-Baden 2011, 309 ff.

Epiney, Astrid/Sollberger, Kaspar: Zugang zu Gerichten und gerichtliche Kontrolle im Umweltrecht. Rechtsvergleich, völker- und europarechtliche Vorgaben und Perspektiven für das deutsche Recht, Berlin 2002.

Everling, Ulrich: Umsetzung von Umweltrichtlinien durch normkonkretisierende Verwaltungsanweisungen, RIW 1992, 379 ff.

Everling, Ulrich: Durchführung und Umsetzung des Europäischen Gemeinschaftsrechts im Bereich des Umweltschutzes unter Berücksichtigung der Rechtsprechung des EuGH, NVwZ 1993, 209 ff.

Faßbender, Kurt: Die Umsetzung von Umweltstandards der Europäischen Gemeinschaft, Köln u.a. 2001.

5. Kapitel Grundprinzipien des Umweltrechts in der Europäischen Union

Faßbender, Kurt: Gemeinschaftsrechtliche Anforderungen an die normative Umsetzung der neuen EG-Wasserrahmenrichtlinie, NVwZ 2001, 241 ff.

Faßbender, Kurt: Neues zum Anspruch des Bürgers auf Einhaltung des europäischen Umweltrechts. Zugleich Anmerkung zum Feinstaub-Urteil des EuGH v. 25.7.2008 – Rs. C-237/07 – (Dieter Janecek./. Freistaat Bayern), EuR 2009, 400 ff.

Fisahn, Andreas: Probleme der Umsetzung von EU-Richtlinien im Bundesstaat, DÖV 2002, 239 ff.

Fisahn, Andreas/Mushoff, Tobias: Vorwirkung und unmittelbare Wirkung Europäischer Richtlinien, EuR 2005, 222 ff.

Fonk, Christian F.: Das subjektiv-öffentliche Recht auf ordnungsgemäße Luftreinhalteplanung, NVwZ 2009, 69 ff.

Furrer, Andreas/Epiney, Astrid: Staatliche Haftung für quantifizierbare Wettbewerbsnachteile aus nicht umgesetzten Richtlinien. Das „rechtlich geschützte Interesse an Nichtdiskriminierung" und seine Heranziehung im Rahmen der „Francovich-Grundsätze", JZ 1995, 1025 ff.

Garcia Burgues, Julio/Heermann, Werner/Kreins, Yves/Lavrysen, Luc/Tiberghien, Frédéric: A Common Heritage: EU Environmental Law and National Judges, JEEPL 2010, 221 ff.

Gassner, Ulrich M.: Richtlinien mit Doppelwirkung, LA Thomas Oppermann, Berlin 2001, 503 ff.

Gellermann, Martin: Beeinflussung des bundesdeutschen Rechts durch Richtlinien der EG, Köln u.a. 1994.

Gellermann, Martin: Europäisierter Rechtsschutz im Umweltrecht, FS Hans-Werner Rengeling, Köln u.a. 2008, 233 ff.

Gellermann, Martin/Szczekalla, Peter: Gemeinschaftskonforme Umsetzung von Umweltrichtlinien der EG, NuR 1993, 54 ff.

Görlitz, Niklas/Kubicki, Philipp: Rechtsakte "mit schwierigem Charakter" – Zum bislang unterschätzten, deutlich erweiterten Rechtsschutz des Individualklägers im Rahmen des neuen Art. 263 IV AEUV, EuZW 2011, 248 ff.

Gormley, Laurence W.: Public Interest Litigation in Community Law, EPL 2001, 51 ff.

Graf, Immo: Vollzugskontrolle im Gewässerschutz. Zwischen verfassungsrechtlichem Anspruch und Realität, Baden-Baden 2002.

Grant, Wyn/Matthews, Duncan/Newell, Peter: Effectiveness of European Union Environmental Policy, Basingstoke 2000.

Gronen, Vera I.: Die „Vorwirkung" von EG-Richtlinien. Die Auswirkungen Europäischer Richtlinien auf die nationale Legislative und Judikative im Zeitraum zwischen Richtlinienvorschlag und Ablauf der Umsetzungsfrist, Baden-Baden 2006.

Gundel, Jörg: Die Bestimmung der richtigen Anspruchsgegnerin der Staatshaftung für Verstöße gegen Gemeinschaftsrecht. Zugleich zum Verhältnis zwischen gemeinschaftsrechtlichen Haftungsanforderungen und nationalem Staatshaftungsrecht, DVBl. 2001, 95 ff.

Gundel, Jörg: Neue Grenzen für die Direktwirkung nicht umgesetzter EG-Richtlinien unter Privaten, EuZW 2001, 143 ff.

Gundel, Jörg: Die neue Gestalt der Nichtigkeitsklage nach dem Vertrag von Lissabon: Die Weichenstellungen der ersten Urteile zu Direktklagen Einzelner gegen normative EU-Rechtsakte, EWS 2012, 65 ff.

Hadrousek, David: Speeding up Infringement Procedures: Recent Developments Designed to Make Infringement Procedures More Effective, JEEPL 2012, 235 ff.

Haneklaus, Winfried: Direktwirkung von EG-Richtlinien zu Lasten einzelner?, DVBl. 1993, 129 ff.

Hansmann, Klaus: Schwierigkeiten bei der Umsetzung und Durchführung des europäischen Umweltrechts, NVwZ 1995, 320 ff.

Hansmann, Klaus: Harmonisierung unterschiedlicher Normstrukturen im europäischen und deutschen Umweltrecht, NVwZ 2006, 51 ff.

Hauser, Stefan Christoph: Das Vertragsverletzungsverfahren als Instrument des Europäischen Umweltrechts, Frankfurt u.a. 2004.

Hawke, Neil: Environmental Policy: Implementation and Enforcement, Aldershot 2002.

Hedemann-Robinson, Martin: Article 228(2) EC and the Enforcement of EC Environmental Law: A Case of Environmental Justice Delayed and Denied? An Analysis of Recent Legal Developments, EELR 2006, 312 ff.

Hedemann-Robinson, Martin: EU Enforcement of International Environmental Agreements: The Role of the European Commission, EELR 2012, 2 ff.

Heim, Susanne: Unmittelbare Wirkung von EG-Richtlinien im deutschen und französischen Recht am Beispiel des Umweltrechts, Baden-Baden 1999.

Hennecke, Frank: Zur Umsetzung von EG-Richtlinien zum Umweltrecht in der politischen Praxis, UTR 2001, 193 ff.

Herrmann, Christoph: Richtlinienumsetzung durch die Rechtsprechung, Berlin 2003.

Herrmann, Christoph: Individualrechtsschutz gegen Rechtsakte der EU „mit Verordnungscharakter" nach dem Vertrag von Lissabon, NVwZ 2011, 1352 ff.

Hilf, Meinhard: Die Richtlinie der EG – ohne Richtung, ohne Linie?, EuR 1993, 1 ff.

Himmelmann, Steffen: Gemeinschaftsrechtliche Vorgaben für die Umsetzung von EG-Recht – Zu den Auswirkungen der neuesten Rechtsprechung von EuGH und Bundesverwaltungsgericht auf die nationale Umsetzungspraxis, DÖV 1996, 145 ff.

Hlson, C./Downes, T.: Making Sense of Rights: Community Rights in E.C. Law, ELR 1999, 121 ff.

Hoppe, Werner/Otting, Olaf: Verwaltungsvorschriften als ausreichende Umsetzung von rechtlichen und technischen Vorgaben der Europäischen Union?, NuR 1998, 61 ff.

Howarth, William: Umweltrecht und Vollzug des Umweltrechts in England und Wales, in: Lübbe-Wolff, Gertrude (Hrsg.), Der Vollzug des europäischen Umweltrechts, Berlin 1996, 37 ff.

Huck, Angelika/Klieve, Felicitas: Neue Auslegung des Art. 288 Abs. 2 EG und ein Zeichen gesteigerter Autorität des EuGH: Erstmalige Verhängung von Zwangsgeld und Pauschalbetrag gegen einen Mitgliedstaat – Anmerkung zum Urteil des EuGH v. 12.7.2005, Rs. C-304/02, EuR 2006, 413 ff.

Hunter, Rod: Environmental Enforcement in Europe, EELR 1998, 47 ff.

Jann, Peter/Schima, Bernhard: Bemerkungen zum Gebot der richtlinienkonformen Auslegung des nationalen Rechts, FS Gil Carlos Rodriguez Iglesias, Berlin 2003, 283 ff.

Jannasch, Alexander: Einwirkungen des Gemeinschaftsrechts auf den vorläufigen Rechtsschutz, NVwZ 1999, 495 ff.

Jans, Jan H./von der Heide, Ann-Kathrin: Lückenhafter Individualrechtsschutz im Europäischen Umweltrecht, ZUR 2003, 390 ff.

Janssen, Jos: Case C-278/01 Commission v. Spain, EELR 2004, 130 ff.

Jarass, Hans D.: Voraussetzungen der innerstaatlichen Wirkung des EG-Rechts, NJW 1990, 2420 ff.

Jarass, Hans D.: Richtlinienkonforme bzw. EG-rechtskonforme Auslegung nationalen Rechts, EuR 1991, 211 ff.

Jarass, Hans D.: Folgen der innerstaatlichen Wirkungen von EG-Richtlinien, NJW 1991, 2665 ff.

Jarass, Hans D.: Grundfragen der innerstaatlichen Bedeutung des EG-Rechts. Die Vorgaben des Rechts der Europäischen Gemeinschaft für die nationale Rechtsanwendung und die nationale Rechtsetzung nach Maastricht, Köln u.a. 1994.

Jarass, Hans D./Beljin, Sasa: Unmittelbare Anwendung des EG-Rechts und EG-rechtskonforme Auslegung, JZ 2003, 768 ff.

Jarass, Hans D./Beljin, Sasa: Die Bedeutung von Vorrang und Durchführung des EG-Rechts für die nationale Rechtsetzung und Rechtsanwendung, NVwZ 2004, 1 ff.

Jordan, Andrew: The Implementation of EU Environmental Policy: A Policy Problem without a Political Solution?, in: Jordan, Andrew (Hrsg.), Environmental Policy in the European Union, London 2002, 301 ff.

Kahl, Wolfgang: Der Vollzug des europäischen Umweltrechts, DÖV 1995, 860 ff.

Kalgian, Wilhelm, Die objektiv unmittelbare Wirkung von Richtlinien. Zugleich ein Beitrag zu Geltung, Wirkung und Anwendbarkeit, ÖZÖR 2001, 305 ff.

Kirchhof, Gregor: Der rechtliche Schutz vor Feinstaub – subjektive öffentliche Rechte zu Lasten Vierter? Der Wechsel vom Emissions- zum Immissionsprinzip im Luftqualitätsrecht und die Folgen für das subjektive öffentliche Recht und die Verhältnismäßigkeitsprüfung, AöR 2010, 29 ff.

5. Kapitel Grundprinzipien des Umweltrechts in der Europäischen Union

Klein, Eckart: Unmittelbare Geltung, Anwendbarkeit und Wirkung von europäischem Gemeinschaftsrecht, Saarbrücken (Europa-Institut der Universität des Saarlandes) 1988.
Klein, Eckart: Objektive Wirkungen von Richtlinien, FS Ulrich Everling, Baden-Baden 1995, 641 ff.
Klink, Thomas: Pauschale Ermächtigungen zur Umsetzung von Europäischem Umweltrecht mittels Rechtsverordnung, Berlin 2005.
Klöver, Christian: Klagefähige Individualrechtspositionen im deutschen Umweltverwaltungsrecht und nach Maßgabe von Umweltrichtlinien der Europäischen Gemeinschaft, Münster 2005.
Knill, Christoph: Die Implementation europäischer Umweltpolitik: Der Einfluss nationaler Verwaltungen, Verw 2006, 61 ff.
Knill, Christoph/Héritier, Adrienne: Neue Instrumente in der europäischen Umweltpolitik: Strategien für eine effektive Implementation, in: Lübbe-Wolff, Gertrude (Hrsg.), Der Vollzug des europäischen Umweltrechts, Berlin 1996, 209 ff.
Knill, Christoph/Lenschow, Andrea (Hrsg.): Implementing EU Environmental Policy, Manchester 2000.
Knill, Christoph/Lenschow, Andrea: On deficient implementation and deficient theories: the need for an institutional perspective in implementation research, in: Knill, Christopher/Lenschow, Andrea (Hrsg.), Implementing EU Environmental Policy, Manchester 2000, 9 ff.
Knill, Christoph/Winkler, Daniela: Konvergenz oder Divergenz nationaler Rechts- und Verwaltungsstrukturen? Der Effekt der Europäisierung am Beispiel der Umweltverträglichkeitsprüfung in Deutschland und England, VerwArch 2007, 1 ff.
Koller, Peter/Cashman, Liam: Implementing EC environmental law. Compliance promotion and enforcement by the European Commission, JEEPL 2009, 1 ff.
Krämer, Ludwig: Du contrôle de l'application des directives communautaires en matière d'environnement, RMC 1988, 22 ff.
Krämer, Ludwig: Defizite im Vollzug des EU-Umweltrechts und ihre Ursachen, in: Lübbe-Wolff, Gertrude (Hrsg.), Der Vollzug des europäischen Umweltrechts, Berlin 1996, 7 ff.
Krämer. Ludwig: Vom Rechte, das mit uns geboren, in: Krämer, Ludwig/Micklitz, Hans-W./Tonner, Klaus (Hrsg.), Recht und diffuse Interessen in der Europäischen Rechtsordnung, Liber amicorum Norbert Reich, Baden-Baden 1997, 741 ff.
Krämer, Ludwig: The Future Role of the ECJ in the Development of European Environmental Law, in: Jan H. Jans (Hrsg.), The European Convention and the Future of European Environmental Law, Groningen u.a. 2003, 85 ff.
Krämer, Ludwig: Gedanken zur unmittelbaren Wirkung von Umwelt-Richtlinien der EG, FS Eckard Rehbinder, Berlin 2007, 705 ff.
Krämer, Ludwig: The environmental complaint in EU law, JEEPL 2009, 13 ff.
Krieger, Stephan: Anmerkung, EuZW 1995, 618.
Krings, Michael: Die Klagbarkeit europäischer Umweltstandards im Immissionsschutzrecht, UPR 1996, 89 ff.
Langenfeld, Christine: Zur Direktwirkung von Richtlinien, DÖV 1992, 955 ff.
Lecucq, Olivier/Maljean, Sandrine (Hrsg.): Le rôle du juge dans le développement du droit de l'environnemen, Brüssel, 2008.
Lenz, Carl-Otto: Zur horizontalen Anwendbarkeit von Richtlinien, Mélanges en hommage à Fernand Schockweiler, Baden-Baden 1999, 371 ff.
Lindemann, Hans-Heinrich/Delfs, Stefan: Vollzug des europäischen Umweltrechts. Lösungsansätze zur Überprüfung und Verbesserung, ZUR 1993, 256 ff.
Lübbe-Wolff, Gertrude (Hrsg.): Der Vollzug des europäischen Umweltrechts, Berlin 1996.
Lübbe-Wolff, Gertrude: Stand und Instrumente der Implementation des Umweltrechts in Deutschland, in: Lübbe-Wolff, Gertrude (Hrsg.), Der Vollzug des europäischen Umweltrechts, Berlin 1996, 77 ff.
Macrory, Richard: The Enforcement of Community Environmental Laws: Some Critical Issues, CMLRev. 1992, 347 ff.
Maljean-Dubois, Sandrine (Hrsg.): L'effectivité du droit européen de l'environnement. Contrôle de la mise en œuvre et sanction du non-respect, Paris 2000.

Masing, Johannes: Die Mobilisierung des Bürgers für die Durchsetzung des Rechts. Europäische Impulse für eine Revision der Lehre vom subjektiven-öffentlichen Recht, Berlin 1997.

Mastroianni, Robert: On the Distinction Between Vertical and Horizontal Direct Effects of Community Directives: What Role for the Principle of Equality?, EPL 1999, 417 ff.

Meeus, Roel: Fill in the Gaps: EU Sanctioning Requirements to Improve Member State Enforcement of EU Environmental Law, JEEPL 2010, 135 ff.

Meyring, Bernd: Europarechtliche Stillhalteverpflichtungen bei der nationalen Gesetzgebung, EuR 2003, 949 ff.

Mointinho de Almeida, José Carlos: L'effet direct des directives, l'interprétation conforme du droit national et la jurisprudence de la Cour Suprême de Justice portugaise, FS Gil Carlos Rodriguez Iglesias, Berlin 2003, 235 ff.

Müggenborg, Hans-Jürgen/Duikers, Jan: Die Direktwirkung von Richtlinien der EU im Immissionsschutzrecht, NVwZ 2007, 623 ff.

Nettesheim, Martin: Der Grundsatz der einheitlichen Wirksamkeit des Gemeinschaftsrechts, GS Eberhard Grabitz, München 1995, 447 ff.

Nettesheim, Martin: Die mitgliedstaatliche Durchführung von EG-Richtlinien. Eine Untersuchung am Beispiel der Luftqualitätsrahmenrichtlinie, Berlin 1999.

Nicolaides, Phedon/Geilmann, Maria: What is Effective Implementation of EU Law?, MJ 2012, 383 ff.

Ohler, Christoph: Objektive Wirkung von Richtlinien, in: Waldemar Hummer (Hrsg.), Neueste Entwicklungen im Zusammenspiel von Europarecht und nationalem Recht der Mitgliedstaaten, Wien, New York 2010, 147 ff.

Pache, Eckhard: EG-rechtliche Möglichkeiten und Grenzen einer Harmonisierung nationaler Vollzugssysteme, in: Lübbe-Wolff, Gertrude (Hrsg.), Der Vollzug des europäischen Umweltrechts, Berlin 1996, 177 ff.

Pache, Eckhard: Normstrukturen im europäischen und deutschen Umweltrecht, in: Hans-Joachim Koch/Jan Schürmann (Hrsg.), Das EG-Umweltrecht und seine Umsetzung in Deutschland und Polen, Baden-Baden 2005, 157 ff.

Pagh, Peter: The « direct effect doctrine » in EC environmental law, Nordic journal of international law 1995, 23 ff.

Palme, Christoph: Staatshaftung wegen Nichtumsetzung des europäischen Gentechnikrechts, EuZW 2005, 109 ff.

Papier, Hans-Jürgen: Direkte Wirkung von Richtlinien der EG im Umwelt- und Technikrecht, DVBl. 1993, 809 ff.

Pernice, Ingolf: Kriterien der normativen Umsetzung von Umweltrichtlinien der EG im Lichte der Rechtsprechung des EuGH, EuR 1994, 325 ff.

Pernice-Warnke, Silvia: Effektiver Zugang zu Gericht. Die Klagebefugnis für Individualkläger und Verbände in Umweltangelegenheiten unter Reformdruck, Baden-Baden 2009.

Prechal, Sacha: Does direct effect still matter?, CMLRev. 2000, 1047 ff.

Pühs, Wolfgang: Der Vollzug von Gemeinschaftsrecht. Formen und Grenzen eines effektiven Gemeinschaftsrechtsvollzugs und Überlegungen zu seiner Effektuierung, Berlin 1997.

Rehbinder, Eckard/Wahl, Rainer: Kompetenzprobleme bei der Umsetzung von europäischen Richtlinien, NVwZ 2002, 21 ff.

Reiling, Michael: Zu individuellen Rechten im deutschen und im Gemeinschaftsrecht: ein Vergleich ihrer Gründe, Ermittlung und Durchsetzung, Berlin 2004.

Rengeling, Hans-Werner/Gellermann, Martin: Gestaltung des europäischen Umweltrechts und seine Implementation im deutschen Rechtsraum, UTR 1996, 1 ff.

Riechenberg, Kurt: Umweltrichtlinien der Gemeinschaft und nationals Verwaltungshandeln in der Rechtsprechung des Europäischen Gerichtshofes, UTR 2000, 405 ff.

Ruffert, Matthias: Subjektive Rechte und unmittelbare Wirkung von EG-Umweltschutzrichtlinien, ZUR 1996, 235 ff.

Ruffert, Matthias: Subjektive Rechte im Umweltrecht der Europäischen Gemeinschaft, Berlin 1996.

Ruffert, Matthias: Rights and Remedies in European Community Law: a Comparative View, CMLRev. 1997, 307 ff.

5. Kapitel Grundprinzipien des Umweltrechts in der Europäischen Union

de Sadeleer, Nicolas: Enforcing EUCHR Principles and Fundamental Rights in Environmental Cases, Nordic Journal of International Law 2012, 39 ff.

Schäfer, Günther F.: Die Umsetzung von Umweltrichtlinien der EG in innerstaatliches Recht und ihre tatsächliche Anwendung. Untersuchung im Auftrag des Ministers für Umwelt, Raumordnung und Landwirtschaft des Landes Nordrhein-Westfalen, Düsseldorf 1990.

Scheidler, Alfred: Der Feinstaub vor dem Europäischen Gerichtshof, NVwZ 2008, 1083 ff.

Schermers, Henry G.: No Direct Effect for Directives, EPL 1997, 527 ff.

Scheuing, Dieter H.: Instrumente zur Durchführung des europäischen Umweltrechts, NVwZ 1999, 475 ff.

Schink, Alexander: Vollzugsdefizite im Umweltschutz, ZAU 1993, 16 ff.

Schlacke, Sabine: Rechtsschutz durch europäische und nationale Gerichte unter Einschluss des Europäischen Bürgerbeauftragten in seiner Funktion zur Sicherung des Informationszugangs, in: Meinhard Schröder (Hrsg.), Aktuelle Rechtsfragen und Probleme des freien Informationszugangs, insbesondere im Umweltschutz, Berlin 2011, 271 ff.

Schlemmer-Schulte, Sabine/Ukrow, Jörg: Haftung des Staates gegenüber dem Marktbürger für gemeinschaftsrechtswidriges Verhalten, EuR 1992, 82 ff.

Schmidt, Alexander: Zur Diskussion über erweiterte Klagebefugnisse im Umweltschutzrecht – auch auf vorgelagerten Planungsebenen, ZUR 2012, 210 ff.

Schmidt-Aßmann, Eberhard: Die Europäisierung des Verwaltungsverfahrensrechts, in: Schmidt-Aßmann, Eberhard/Sellner, Dieter/Hirsch, Günter/Kemper, Gerd-Heinrich/Lehmann-Greb, Hinrich (Hrsg.), Festgabe 50 Jahre Bundesverwaltungsgericht, Köln u.a. 2003, 487 ff.

Schoch, Friedrich: Individualrechtsschutz im deutschen Umweltrecht unter dem Einfluß des Gemeinschaftsrechts, NVwZ 1999, 457 ff.

Schoch, Friedrich: Die Europäisierung des Verwaltungsprozessrechts, in: Schmidt-Aßmann, Eberhard/Sellner, Dieter/Hirsch, Günter/Kemper, Gerd-Heinrich/Lehmann-Greb, Hinrich (Hrsg.), Festgabe 50 Jahre Bundesverwaltungsgericht, Köln u.a. 2003, 507 ff.

Schröder, Meinhard: Postulate und Konzepte zur Durchsetzbarkeit und Durchsetzung der EG-Umweltpolitik, in: Peter-Christian Müller-Graff/Eckhard Pache/Dieter H. Scheuing (Hrsg.), Die Europäische Gemeinschaft in der internationalen Umweltpolitik, Baden-Baden 2006, 47 ff.

Schweitzer, Michael: Art. 228 Abs. 2 EGV: Schnittstelle von Souveränität und Supranationalität, FS Hans-Werner Rengeling, Köln u.a. 2008, 437 ff.

Scott, Joanne: Flexibility in the Implementation of EC Environmental Law, YEEL 2000, 37 ff.

Sendler, Horst: Deutsche Schwierigkeiten mit dem EG-Recht. Zur Misere der Umsetzung von EG-Umweltschutz-Richtlinien, NJW 2000, 2871 ff.

Sevon, Leif: Inter-Environnement Wallonie – What are the Effects of Directives and from When?, FS Gil Carlos Rodriguez Iglesias, Berlin 2003, 245 ff.

Siems, Matthias M.: Effektivität und Legitimität einer Richtlinienumsetzung durch Generalklauseln, ZEuP 2002, 747 ff.

Sioutis, Glykeria: Die Implementation der Umweltgesetzgebung der EG in Griechenland, in: Lübbe-Wolff, Gertrude (Hrsg.), Der Vollzug des europäischen Umweltrechts, Berlin 1996, 71 ff.

Sobotta, Christoph: Die Verregelung der Vertragsverletzungsbeschwerde, ZUR 2008, 72 ff.

Somsen, Han: The Private Enforcement of Member State Compliance with EC Environmental Law: an Unfulfilled Promise?, YEEL 2000, 311 ff.

Somsen, Han: Discretion in European Community Environmental Law: an Analysis of ECJ Case Law, CMLRev. 2003, 1413 ff.

Steinbeiß-Winkelmann, Christine: Europäisierung des Verwaltungsrechtsschutzes als Effektivitätsgewinn?, in: Wilfried Erbguth (Hrsg.), Verwaltungsrechtsschutz in der Krise: vom Rechtsschutz zum Schutz der Verwaltung?, Baden-Baden 2010, 117 ff.

Steinberg, Rudolf/Klößner, Bernd: Zur unmittelbaren Wirkung von Umweltschutz-Richtlinien der Europäischen Gemeinschaften, BayVBl. 1994, 33 ff.

Steiner, Josephine: The Limits of State Liability for Breach of European Community Law, EPL 1998, 69 ff.

Streinz, Rudolf: Anmerkungen zu dem EuGH-Urteil in der Rechtssache Brasserie du Pêcheur und Factortame, EuZW 1996, 201 ff.

Stüer, Bernhard/Spreen, Holger: Defizite in der Umsetzung des Europarechts, VerwArch 2005, 174 ff.

Teissonnier-Mucchielli, Bérangère: L'action en manquement, in: Maljean-Dubois, Sandrine (Hrsg.), L'effectivité du droit européen de l'environnement. Contrôle de la mise en œuvre et sanction du non-respect, Paris 2000, 221 ff.

Torrens, Diana L.: Locus Standi and Access to Justice under EC Law – Where to go after Greenpeace, elni 1999, 15 ff.

Tridimas, Takis: Liability for breach of community law: growing up and mellowing down?, CMLRev. 2001, 301 ff.

Trüe, Christiane: Auswirkungen der Bundesstaatlichkeit Deutschlands auf die Umsetzung von EG-Richtlinien und ihren Vollzug, EuR 1996, 179 ff.

Ukrow, Jörg: Richterliche Rechtsfortbildung durch den EuGH. Dargestellt am Beispiel der Erweiterung des Rechtsschutzes des Marktbürgers im Bereich des vorläufigen Rechtsschutzes und der Staatshaftung, Baden-Baden 1995.

Varju, Marton: The Shaping of Infringement Procedures in European Union Law: The Rights and Safeguards of the Defendant Member State, MJ 2012, 400 ff.

Voß, Rüdiger: Von richtlinienkonformer zur völkerrechtskonformen Auslegung im EG-Recht: Internationale Dimensionen einer normhierarchiegerechten Interpretationsmaxime, ZEuS 1999, 313 ff.

Wahtelet, Melchior/van Raepenbusch, Sean: La responsabilité des Etats membres en cas de violation du droit communautaire. Vers un alignement de la responsabilité de l'Etat sur celle de la Communauté ou l'inverse?, CDE 1997, 13 ff.

Ward, Angela: Judicial Review of Environmental Misconduct in the European Community: Problems, Prospects and Strategies, YEEL 2000, 137 ff.

Wegener, Bernhard: Anmerkung, IUR 1992, 35 ff.

Wegener, Bernhard: Vollzugskontrolle durch Klagerechte vor mitgliedstaatlichen Gerichten, in: Lübbe-Wolff, Gertrude (Hrsg.), Der Vollzug des europäischen Umweltrechts, Berlin 1996, 145 ff.

Wegener, Bernhard: Rechte des Einzelnen. Die Interessentenklage im europäischen Umweltrecht, Baden-Baden 1998.

Wegener, Bernhard: Keine Klagebefugnis für Greenpeace und 18 andere. Anmerkung zu EuGH, Rs. C-321/95 P, ZUR 1998, 131 ff.

Wegener, Bernhard: Rechtsschutz im europäischen (Umwelt-) Recht. Richterliche und sekundärrechtliche Bausteine und Fehlercodes unionaler Dogmatik, UTR 2008, 319 ff.

Weiß, Wolfgang: Zur Wirkung von Richtlinien vor Ablauf der Umsetzungsfrist, DVBl. 1998, 568 ff.

Wenneras, Pal: The Enforcement of EC Environmental Law, Oxford 2007.

Westbomke, Konrad: Die Umsetzung von EU-Richtlinien in nationales Recht. Rechtslage und tatsächlicher Befund in Deutschland, EurUP 2004, 122 ff.

Winter, Gerd: Direktwirkung von Richtlinien, DVBl. 1991, 657 ff.

Winter, Gerd: Individualrechtsschutz im deutschen Umweltrecht unter dem Einfluss des Gemeinschaftsrechts, NVwZ 1999, 467 ff.

Winter, Gerd: Die Dogmatik der Direktwirkung von EG-Richtlinien und ihre Bedeutung für das EG-Naturschutzrecht, ZUR 2002, 313 ff.

Zaelke, Durwodd/Higdon: Thomas: The Role of Compliance in the Rule of Law, Good Governance and Sustainable Development, JEEPL 2006, 376 ff.

2. Teil Das umweltrechtliche Sekundärrecht der Europäischen Union

Gestützt auf die im ersten Teil behandelten Rechtsgrundlagen hat die Union eine breite Palette umweltrechtlicher Maßnahmen erlassen. Neben verbindlichen Rechtsakten greifen die Unionsorgane aber auch auf unverbindliche Empfehlungen zurück.[1] Im Folgenden sollen die wichtigsten sekundärrechtlichen Vorschriften des materiellen Umweltrechts in der Europäischen Union systematisch erörtert werden. Zielsetzung und Inhalt dieser Darstellung des Sekundärrechts sind aber in dreierlei Hinsicht beschränkt:

- Es wird **keine Vollständigkeit** angestrebt: Denn eine solche implizierte angesichts des Querschnittscharakters des Umweltrechts und der Umweltpolitik[2] letztlich eine Behandlung des gesamten Sekundärrechts oder zumindest weiter Teile desselben. Vielmehr konzentriert sich die folgende Darstellung auf diejenigen Sekundärrechtsakte, die nicht in erster Linie nach den oben erläuterten Grundsätzen[3] bestimmten sektoriellen Politikbereichen zuzuordnen sind, sondern entweder spezifisch umweltpolitische Zielsetzungen verfolgen oder aber diese im Rahmen der Verwirklichung des Binnenmarktes zumindest maßgeblich einbeziehen (sollten). Weitgehend ausgespart bleiben daher die verschiedenen sektoriellen Politikbereiche, wie z.B. die Agrar-, Energie- oder Verkehrspolitik.[4] Aber auch beim Umweltrecht „i.e.S." kann keine Vollständigkeit erreicht werden. Vielmehr werden hier diejenigen Sekundärrechtsakte ausführlicher behandelt, die aus rechtlichen oder politischen Gründen von besonderem Interesse sind, oder denen für Ausgestaltung und Struktur des EU-Umweltrechts eine besondere Bedeutung beizumessen ist. Selbst insoweit kann es aber im Rahmen dieses Bandes nur um einen Überblick über die wichtigsten Regelungen gehen; eine vertiefte Erörterung muss spezialisierten Werken vorbehalten bleiben, auf die auch jeweils im Rahmen des Möglichen hingewiesen wird.

- Sodann erfolgt eine Konzentration auf die Erörterung der **unionsrechtlichen Vorgaben**; die **nationale Umsetzung** wird grundsätzlich nicht oder allenfalls punktuell in der Form von Hinweisen (auf die Situation in Deutschland) berücksichtigt, wäre doch ansonsten eine umfassende Darstellung auch des nationalen Umweltrechts notwendig.

- Schließlich erfolgt im Wesentlichen eine Beschränkung auf die **verbindlichen Rechtsakte**, so dass die zahlreichen unverbindlichen Maßnahmen (Grün- und Weißbücher, Empfehlungen u.a.m.)[5] nur punktuell – wenn überhaupt – erwähnt werden.

Bei der auf dieser Grundlage erfolgenden Systematisierung der Darstellung des EU-Sekundärrechts wird auf **Ziel und Gegenstand der unionsrechtlichen Regelungen**, nicht dagegen auf die verschiedenen Handlungsinstrumente abgestellt. Dies erscheint für die Zwecke dieses Bandes insofern sinnvoll, als auf diese Weise in übersichtlicher Form die relevanten Regelungen in einem bestimmten Bereich erfasst werden können[6] und in diesem Rahmen dann die Erörterung der verschiedenen Regelungsstrategien und verwandten Instrumente möglich ist.

---

1 S. die Zusammenstellung der umweltpolitischen Rechtsakte und Empfehlungen bei *Ehlermann/Bieber*, Handbuch des Europäischen Rechts, Loseblattsammlung, Stand 2013, I A 69.
2 Hierzu oben 5. Kap. Rn. 36 ff.
3 4. Kap. Rn. 2 ff.
4 Womit natürlich nicht die Notwendigkeit und Bedeutung der Integration umweltpolitischer Belange bei der Definition und Verfolgung dieser Politiken bestritten werden soll. Vgl. im Übrigen den Überblick über das umweltrelevante Sekundärrecht in einigen ausgewählten Politikbereichen bei *Krämer*, Droit de l'environnement de l'UE, 295 ff.
5 Zu diesen 3. Kap. Rn. 14 ff.
6 Dagegen kann es im Zusammenhang mit anderen Zielsetzungen, etwa der vertieften Behandlung der Wechselwirkungen mit nationalem Recht, sinnvoll sein, auf eine andere Darstellungsweise und Systematisierung zurückzugreifen. So ist etwa auf die von *Breuer*, Entwicklungen des europäischen Umweltrechts, 32 ff., erfolgte Einteilung

3   Im Einzelnen können die Ziele bzw. Gegenstände umweltrechtlicher Maßnahmen in folgende Kategorien eingeteilt werden, wobei sich Überschneidungen jedoch nicht ausschließen lassen:[7]

- **allgemeine Regeln:** Hierunter fallen Regelungen, die nicht auf den Schutz vor bestimmten eingrenzbaren Umweltbelastungen ausgerichtet sind, sondern auf der Grundlage eines bereichsübergreifenden umfassenden Ansatzes allgemeine Regeln mit in erster Linie verfahrens- und/oder organisationsrechtlichem Charakter aufstellen (6. Kap.).
- **medienschützende Regeln:** Sodann gibt es Regelungen, die den Schutz bestimmter Umweltmedien – in der Union in erster Linie Luft und Wasser – zum Gegenstand haben (7. Kap.).
- **Schutz vor bestimmten Tätigkeiten oder Stoffen:** Diese Maßnahmen setzen nicht bei einem spezifischen Umweltmedium an, sondern wollen allgemein die von bestimmten als grundsätzlich umweltgefährdend eingestuften Stoffen oder Tätigkeiten ausgehenden Gefahren bekämpfen (8. Kap.).
- **Bewirtschaftung und Umweltressourcen:** Schließlich gibt es noch solche Maßnahmen, die nicht primär unmittelbar vor bestimmten Gefahren schützen sollen, sondern – ganz im Sinn nachhaltiger Entwicklung – auf der Grundlage einer umfassenden Betrachtungsweise entweder eine dauerhafte Nutzung bzw. Erhaltung von Umweltressourcen oder aber eine bestimmte Form des Umgangs mit potenziell „umweltrelevanten" Gegenständen sicherstellen sollen (9. Kap.).

Zahlreiche umweltrechtliche Rechtsakte wurden bereits vor längerer Zeit erlassen, wie z.B. die UVP-Richtlinie (im Jahr 1985, RL 85/337), die Vogelschutzrichtlinie (bereits im Jahr 1979, RL 79/409) oder die IVU-Richtlinie (im Jahr 1996, RL 96/61). In der Regel wurden diese Rechtsakte jedoch einige Male modifiziert, was zu einer gewissen Unübersichtlichkeit führte. Vor diesem Hintergrund wurden gerade in den letzten Jahren zahlreiche umweltrechtliche Rechtsakte[8] neu gefasst bzw. kodifiziert, eine Praxis, die wohl fortgeführt werden wird. Mit diesen Neufassungen gehen manchmal keine oder kaum eigentliche materielle Neuerungen einher, manchmal sind diese eher punktueller oder untergeordneter Art und manchmal sind auch substantielle Modifikationen zu verzeichnen. Jedenfalls ist auf diese Weise durch die Nummer des Rechtsakts nicht mehr (zwingend) der Zeitpunkt seines erstmaligen Erlassens erkennbar.[9]

---

der sekundärrechtlichen Regelungen nach Typologie und Inhalt im Hinblick auf eine inhaltliche Systematisierung der verwandten Instrumente hinzuweisen. Er unterscheidet zwischen „Standardisierungsrichtlinien" (die Emissions- oder Immissionsgrenzwerte oder obligatorische Qualitätsmerkmale bestimmter Umweltmedien oder Umweltgüter aufstellen), „Ordnungsrichtlinien" (die Nutzungsordnungen für bestimmte Umweltmedien oder Umweltgüter oder Zulassungs- und Überwachungsordnungen für bestimmte Arten umweltrelevanter Anlagen oder Stoffe beinhalten), „Stoffrichtlinien" (die die Verwendung, Lagerung oder Entsorgung bestimmter Stoffe regeln), „Verfahrens- oder Instrumentenrichtlinien mit Querschnittscharakter" (wie z.B. die UVP- oder die Umweltinformationsrichtlinie, RL 85/337 sowie RL 90/313 bzw. heute RL 2011/92 und RL 2003/4) und „Aktionsrichtlinien mit umwelt- oder raumordnungspolitischem Programmcharakter" (wie etwa die Habitatrichtlinie, RL 92/43).

7   Andere Autoren wählen häufig eine leicht abweichende Einteilung bzw. eine größere Unterteilung, ohne dass sich hiermit jedoch, soweit ersichtlich, konzeptionelle Differenzen verbinden. Vgl. etwa *Krämer*, Droit de l'environnement, de l'UE, 127 ff., der zwischen folgenden Bereichen unterscheidet: Planung (insbesondere finanzieller Art), UVP, Bekämpfung der Umweltverschmutzung durch Anlagen, Umweltaudit, Vorbeugung gegen Unfälle, Umwelthaftung bzw. Umweltverantwortlichkeit, Abgaben, Bewahrung der biologischen Vielfalt und Naturschutz, Bodenschutz, Gewässerschutz, Luftreinhaltung, Produktpolitik und Umweltschutz. *Meßerschmidt*, Europäisches Umweltrecht, 657 ff., nimmt folgende Einteilung vor: Sekundärrecht AT (UVP, Umweltinformation, IVU-Richtlinie, Öko-Audit-Verordnung, Umwelthaftung) und Sekundärrecht BT (Naturschutzrecht, Gewässerschutz, Luftreinhaltung, Klimaschutzrecht, Lärmschutz, Abfallrecht, Chemikalienrecht, Gentechnikrecht).

8   Wobei dies natürlich auch in anderen Rechtsgebieten geschah und geschieht.

9   In den folgenden Kapiteln wird daher punktuell – aber nicht durchgehend – jeweils in den Fußnoten auf die Vorgängerrechtsakte hingewiesen.

6. Kapitel Allgemeine Regeln

A. Überblick

Regelungen des allgemeinen Umweltrechts in der Union sind in verschiedenen Bereichen ergangen. So weisen denn auch die nachfolgend behandelten Sekundärrechtsakte keinen oder allenfalls einen schwachen inneren Zusammenhang auf, so dass Querverbindungen nur selten gezogen werden können, sieht man einmal von gewissen Konstanten (wie die Bedeutung verfahrensrechtlicher Vorgaben) ab. Die Regelungstätigkeit der Union in dem einen oder anderen Gebiet beruht denn auch eher auf dem Bestreben, aus bestimmten Gründen einen bestimmten Bereich zu regeln oder ein bestimmtes (neues) Instrument einzuführen, denn auf dem Bestreben einer zusammenhängenden Erfassung des allgemeinen Umweltrechts.[1]

Im Einzelnen können acht große Bereiche von Sekundärregeln, die allgemeine, bereichsübergreifende Vorschriften enthalten, unterschieden werden:

- **Umweltinformation, Öffentlichkeitsbeteiligung und Zugang zu Gerichten:** Angesichts der großen Bedeutung der Verfügbarkeit der vollständigen und relevanten Informationen für die Definition und Verfolgung einer EU-Umweltpolitik und der Information der Öffentlichkeit für einen effektiven Vollzug des EU-Umweltrechts[2] ist die Union schon früh auf dem Gebiet der Umweltinformation tätig geworden und hat die diesbezüglichen Regelungen im Laufe der Zeit sowohl in materieller als auch in konzeptioneller Sicht immer mehr ausgeweitet. Die verschiedenen EU-Rechtsakte können in zwei große Fallgruppen eingeteilt werden:
    - Die erste Kategorie von Vorschriften betrifft den **Informationsaustausch zwischen Union und Mitgliedstaaten:** Verschiedene Verordnungen, Entscheidungen oder Richtlinien verpflichten die Mitgliedstaaten, bestimmte Informationen (ggf. auf eine bestimmte Art und Weise) zu erheben und diese der Kommission mitzuteilen. Diese Informationen betreffen in der Regel entweder die Umweltqualität oder von den Mitgliedstaaten geplante oder erlassene Maßnahmen.
    - Sodann wird den **Einzelnen** durch eine zweite Kategorie von Maßnahmen ein Recht auf **Zugang zu bestimmten (auch) umweltrelevanten Informationen,** die bei Unionsbehörden oder mitgliedstaatlichen Verwaltungen vorhanden sind, eingeräumt.

    Jüngeren Datums sind die auch auf völkerrechtlicher Ebene (Stichwort „Aarhus-Konvention") zu beobachtenden Bestrebungen der Verankerung der Voraussetzungen der **Öffentlichkeitsbeteiligung** und des **gerichtlichen Zugangs im Umweltbereich,** die in der Regel in bereichsspezifischen Rechtsakten aufgegriffen wurden.

- **Umweltverträglichkeitsprüfung:** Durch die RL 2011/92 werden die Mitgliedstaaten verpflichtet, Vorschriften in ihr nationales Recht einzufügen, die eine Umweltverträglichkeitsprüfung bei bestimmten Vorhaben sicherstellen. Die UVP beruht auf dem Grundgedanken, dass bei Projekten mit möglicherweise erheblichen Auswirkungen auf die Umwelt vor ihrer Realisierung geprüft werden soll, welche Umweltbelastungen sie implizieren. Dabei geht die UVP-Richtlinie insofern von einem umfassenden Ansatz aus, als die Gesamtheit der Auswirkungen auf die Umwelt zu untersuchen ist. Die Ergebnisse der UVP sind dann bei der Entscheidung über die Genehmigung des Vorhabens zu berücksichtigen. Dieser Ansatz wurde durch die RL 2001/42 auf die Prüfung der Umweltverträglichkeit bestimmter Pläne und Programme ausgedehnt.

- **Umweltzeichen:** Auf der Grundlage der VO 66/2010 können EU-Umweltzeichen vergeben werden, durch die im Interesse der Verwirklichung des Binnenmarktes die Vergabe sog. „Umweltlabels" vereinheitlicht werden soll. Das EU-Umweltzeichen ist produktbezogen und insofern relativ, als es immer nur die Umweltfreundlichkeit eines bestimmten Produkts im

---

[1] Was als solches nicht als Kritik aufgefasst werden sollte, ist das EU-Umweltrecht doch aufgrund der Geltung des Subsidiaritätsprinzips notwendigerweise fragmentarischer Natur.
[2] S. hierzu schon oben 3. Kap. Rn. 61 ff. im Zusammenhang mit der Europäischen Umweltagentur.

Vergleich zu anderen Produkten derselben Kategorie belegt. Nur begrenzt erlaubt das Umweltzeichen jedoch, Rückschlüsse auf die Umweltverträglichkeit eines Produkts als solches zu ziehen.

- **Umweltmanagement und Umweltbetriebsprüfung („Öko-Audit")**: Neue Wege (zumindest in Europa) hat die Union mit der sog. Öko-Audit- oder EMAS-Verordnung (VO 1221/2009) beschritten. Die Verordnung ist vor dem Hintergrund der (politikwissenschaftlichen) Erkenntnis zu sehen, dass die Beachtung umweltpolitischer Erfordernisse insbesondere bei industriellen und gewerblichen Aktivitäten nicht allein durch staatliche Aufsichtsmaßnahmen sichergestellt werden kann, sondern der Staat auf die Kooperation mit den betroffenen Unternehmen bei der Verwirklichung umweltpolitischer Zielsetzungen angewiesen ist. Vor diesem Hintergrund will die Öko-Audit-Verordnung den Unternehmen ein System zur Verfügung stellen, das es ihnen ermöglicht, über ein geeignetes Managementsystem die Umweltverträglichkeit der betrieblichen Aktivitäten zu evaluieren und eine möglichst umweltverträgliche Produktionsweise zu garantieren. Das Auditing basiert also auf einem betriebsinternen Prozess, der allerdings durch unabhängige sog. „Umweltprüfer" validiert werden muss. Im Falle der erfolgreichen Teilnahme können die betreffenden Unternehmen eine sog. Teilnahmeerklärung verwenden (allerdings nicht bei der Produktewerbung), in der die Art der Teilnahme an dem System und die erreichten Ergebnisse zum Ausdruck kommen. Auf diese Weise soll ein Anreiz für die Unternehmen zur Durchführung des grundsätzlich freiwilligen Auditing geschaffen werden.
- **Finanzielle Instrumente**: Die Union kennt zur Zeit zwei Fonds, die speziell der Finanzierung von Maßnahmen zur Förderung der Umweltqualität dienen: Über LIFE+ (VO 614/2007) können finanzielle Unterstützungen bei Naturschutzmaßnahmen und bei Maßnahmen der technischen Unterstützung und der Informationsbeschaffung gewährt werden. Der Kohäsionsfonds (Art. 177 Abs. 2 AEUV, VO 1084/2006) soll im Bereich des Umweltschutzes[3] Infrastrukturmaßnahmen fördern. Zudem können aus dem Kohäsionsfonds nach Art. 192 Abs. 5 AEUV dann Mittel gewährt werden, wenn eine nach Art. 192 Abs. 1 AEUV erlassene sekundärrechtliche Maßnahme für einen Mitgliedstaat mit unverhältnismäßig hohen Kosten verbunden ist.
- **Umwelthaftung**: Die sog. Umwelthaftungsrichtlinie (RL 2004/35) soll das Verursacherprinzip umsetzen und sieht insbesondere vor, dass die Verursacher von Umweltschäden für diese unter den in der Richtlinie festgelegten Voraussetzungen zur Verantwortung gezogen werden. Allgemein sollen Maßnahmen zur Verhinderung von Umweltschäden ergriffen werden und bereits eingetretene sind möglichst einzudämmen oder zu beseitigen bzw. es ist angemessen auf eingetretene Schäden zu reagieren.
- **Umweltstrafrecht**: Die RL 2008/99 verpflichtet die Mitgliedstaaten, bestimmte, gegen EU-Umweltrecht oder nationale Umsetzungs- oder Durchführungsvorschriften verstoßende Verhaltensweisen strafrechtlich zu ahnden, dies mit dem Ziel, die bessere Beachtung des EU-Umweltrechts zu fördern.
- **Integrierte Vermeidung und Verminderung der Umweltverschmutzung bzw. Industrieemissionen**: Die sog. IVU-Richtlinie bzw. Industrieemissionsrichtlinie (RL 2010/75) sieht die Genehmigungspflicht bestimmter Anlagen vor, wobei die Genehmigung nur unter der Voraussetzung der Einhaltung bestimmter Anforderungen erteilt werden soll. Bei der Formulierung dieser Anforderungen wird der sog. „integrierte Ansatz" – der von einer gesamthaften Beurteilung der Umweltauswirkungen des jeweiligen Projekts ausgeht – zugrunde gelegt.

B. Umweltinformation, Öffentlichkeitsbeteiligung und Zugang zu Gerichten

3   Die Effektivität von Umweltpolitik – gleichgültig, ob sie nun auf lokaler/regionaler, nationaler oder inter- bzw. supranationaler Ebene verfolgt wird – hängt nicht nur vom guten Willen, der

---

3 Und der transeuropäischen Netze.

politischen Durchsetzbarkeit oder der sachlichen Angemessenheit entsprechender Anliegen bzw. ggf. Rechtsvorschriften ab. Vielmehr spielen hier eine Reihe weiterer Faktoren eine wichtige Rolle,[4] wobei der Verfügbarkeit einschlägiger Informationen, der Öffentlichkeitsbeteiligung sowie dem gerichtlichen Zugang in Umweltangelegenheiten im Falle der (möglichen) Verletzung umweltrechtlicher Vorgaben zweifellos eine Schlüsselrolle zukommt.[5] Diese Aspekte sind nunmehr (auch) Gegenstand völkerrechtlicher Verpflichtungen, wobei der sog. Aarhus-Konvention – die von der Union und ihren Mitgliedstaaten ratifiziert wurde – jedenfalls in Europa eine Schlüsselrolle zukommt, so dass einführend kurz auf diese hingewiesen werden soll (I.), bevor die Verpflichtungen der Mitgliedstaaten zur Informationsübermittlung und die Rechte der Einzelnen auf Zugang zu Umweltinformationen (II.), die bereichsübergreifenden Bestimmungen zur Öffentlichkeitsbeteiligung (III.) sowie die Vorgaben bzw. Vorhaben in Bezug auf den gerichtlichen Zugang in Umweltangelegenheiten (IV.) erörtert werden sollen.

I. Zum völkerrechtlichen Rahmen: die Aarhus-Konvention

Am 25. Juni 1998 wurde im dänischen Aarhus das UN/ECE-Übereinkommen[6] über den Zugang zu Informationen, die Öffentlichkeitsbeteiligung an Entscheidungsverfahren und den Zugang zu Gerichten in Umweltangelegenheiten („Aarhus-Konvention", AK) unterzeichnet,[7] womit in Bezug auf die in der Konvention geregelten Bereiche wohl eine neue Etappe in der Entwicklung des Umweltvölkerrechts einhergeht.[8] Bei den normativ bedeutenden Vorgaben der Konvention[9] sind – neben den sog. „allgemeinen Verpflichtungen"[10] – in erster Linie die „drei Pfeiler" der Konvention von Bedeutung: Zugang zu Umweltinformationen (1.), Beteiligung der Öffentlichkeit an bestimmten Entscheidungsverfahren (2.) und gerichtlicher Zugang (3.).[11]

4

Neben diesen materiellen Aspekten ist darauf hinzuweisen, dass die Einhaltung der Vorgaben der Aarhus-Konvention durch ein sog. *Compliance Committee* überwacht wird, das nicht verbindliche Stellungnahmen abgeben kann und bereits eine beachtliche Aktivität entfaltet hat.[12]

---

4   Vgl. zusammenfassend zu den Bedingungen einer wirksamen Umweltpolitik (immer noch) grundlegend *Bungarten*, Umweltpolitik in Westeuropa, 89 ff., der zwischen vier Ebenen unterscheidet: der Bildung eines öffentlichen Problembewusstseins, der wissenschaftlichen Untersuchung und Beurteilung der Gefährdungen, der Entwicklung eines Umweltprogramms und effektiver Instrumente zur Problemlösung sowie dem Erlass einer entsprechenden Gesetzgebung, deren Vollzug und Kontrolle.
5   Zu Sinn und Zweck der Öffentlichkeitsbeteiligung in diesem Zusammenhang etwa *Ziekow*, NuR 2002, 701 (702 f.); *Müller*, Öffentlichkeitsbeteiligung, 47 ff. sowie 142 ff. spezifisch zur Bedeutung der Öffentlichkeitsbeteiligung im EU-Recht.
6   Die Aarhus-Konvention ist also ein regionales Übereinkommen, das im Rahmen der Wirtschaftskommission der Vereinten Nationen für Europa (UN/ECE) ausgearbeitet wurde.
7   Der Text des Abkommens findet sich in ILM 38 (1999), 517 ff. Eine deutsche Fassung findet sich im BGBl. II 794, abgedruckt in *Schlacke/Schrader/Bunge*, Aarhus-Handbuch, 484 ff. Die Konvention ist nach der Ratifikation von 16 Staaten (vgl. Art. 20 Abs. 1 Aarhus-Konvention) am 30.10.2001 in Kraft getreten.
8   Vgl. zur Einbettung der Aarhus-Konvention in das Umweltvölkerrecht *Scheyli*, ArchVR 2000, 217 ff.
9   Aus zahlreichen in der Konvention verankerten „Pflichten" können sich kaum Vorgaben für die Vertragsstaaten abgeleitet werden, da sie im Hinblick auf ihre Verpflichtungswirkung nicht hinreichend präzise formuliert sind, so dass sie eher als Postulate bezeichnet werden können. Sie sollen hier nicht berücksichtigt werden. Vgl. mit Hinweisen auf einige Beispiele *Epiney/Scheyli*, Aarhus-Konvention, 26.
10 Hierzu etwa *Epiney/Scheyli*, Aarhus-Konvention, 27 f.
11 Vgl. zur Aarhus-Konvention, jeweils m.w.N., etwa *Brady*, Environmental Policy and Law 28 (1998), 69 ff.; *Morgera*, RECIEL 2005, 138 ff.; *Jendroska*, JEEPL 2005, 12 ff.; *Wates*, JEEPL 2005, 2 ff.; *Errass*, URP/DEP 2004, 47 ff.; *Larssen*, in: Dix ans d'accès à l'information, 25 ff.; *Reid*, Environmental Law & Management 2004, 77 ff.; *Wilsher*, EPL 2001, 671 (679 ff.); *Jeder*, UTR 2002, 145 ff.; *Müller*, Öffentlichkeitsbeteiligung, 16 ff.; *Bauer*, Durchsetzung des europäischen Umweltrechts in Deutschland, 59 ff.; *Rodenhoff*, RECIEL 2002, 343 ff.; *von Danwitz*, NVwZ 2004, 272 ff.; *Zschiesche*, ZUR 2001, 177 ff.; *Epiney/Scheyli*, Aarhus-Konvention, *passim*; *Scheyli*, ArchVR 2000, 217 ff.; *Schwerdtfeger*, Verwaltungsrechtsschutz, 21 ff.; umfassend nunmehr mit Bezug auf die Umsetzung in der EU und in Deutschland *Schlacke/Schrader/Bunge*, Aarhus-Handbuch, *passim*.
12 Vgl. zu diesem *Compliance Committee* im Einzelnen *Jendroska*, JEEPL 2011, 301 ff.; *Alge*, RdU 2012, 136 ff.; *Kravchenko*, YEEL 7 (2007), 1 ff.; speziell zur Praxis des Ausschusses *Jendroska*, JEEPL 2011, 375 ff.; *Koester*, REDE 2007, 251 ff.; *Koester*, JEEPL 2005, 31 ff.; s. auch *Juste-Ruiz/Salazar*, Revue Juridique de l'Environnement 2011, 57 ff.

1. Zugang zu Umweltinformationen

Jeder natürlichen oder juristischen Person (unabhängig von ihrer Staatsangehörigkeit oder ihrem Geschäftssitz) sowie Verbänden oder sonstigen Organisationen ist – nach den der Konvention zu entnehmenden Modalitäten – ein subjektives **Recht auf Zugang zu bei Behörden**[13] befindlichen **Umweltinformationen**[14] einzuräumen, das unabhängig von einem irgendwie gearteten Interesse besteht (Art. 4 Abs. 1 AK). Ausnahmen sind nur in abschließend aufgeführten Fällen möglich (Art. 4 Abs. 3, 4 AK), wobei dem Verhältnismäßigkeitsgrundsatz Rechnung zu tragen ist. Dieser Informationszugangsanspruch inspirierte sich ersichtlich von der RL 90/313 (Umweltinformationsrichtlinie[15]), wobei die Bestimmungen der Aarhus-Konvention in einigen Punkten aber weitergehende Informationsrechte implizieren.[16]

Der erste Pfeiler der Aarhus-Konvention umfasst darüber hinaus noch die Pflicht der Vertragsstaaten, dafür zu sorgen, dass sie auch über die für den Zugangsanspruch relevanten Informationen verfügen. Im Übrigen kann sich eine Information der Öffentlichkeit in bestimmten Fällen auch unabhängig von der Geltendmachung eines dementsprechenden Anspruchs als sinnvoll bzw. notwendig erweisen. Vor diesem Hintergrund statuiert Art. 5 AK ergänzend zu den Prinzipien betreffend den Zugang zu Umweltinformationen bestimmte **Verpflichtungen der Vertragsparteien hinsichtlich der Erhebung und der Weitergabe von Umweltinformationen**.[17]

2. Beteiligung der Öffentlichkeit an verschiedenen Entscheidungsverfahren

Bei Entscheidungen über **Tätigkeiten, die erhebliche Auswirkungen auf die Umwelt** entfalten können,[18] ist eine **Beteiligung der betroffenen Öffentlichkeit**[19] vorzusehen; zudem ist die Öffentlichkeit in geeigneter Weise zu informieren, wobei die in der Konvention vorgesehenen Vorgaben für die Modalitäten der Beteiligung zu beachten sind (Art. 6 i.V.m. Anhang I AK), die den Vertragsstaaten allerdings einen weiten Gestaltungsspielraum einräumen.[20]

---

13 Wobei alle Stellen der öffentlichen Verwaltung (auf nationaler, regionaler oder anderer Ebene) erfasst werden; es kommt nicht darauf an, ob diese Aufgaben im Bereich der Umweltpflege wahrnehmen. Insoweit geht die Aarhus-Konvention über den Regelungsgehalt der (ursprünglichen) EU-Umweltinformationsrichtlinie (RL 90/313) hinaus, wonach nur Behörden, die Aufgaben im Bereich der Umweltpflege wahrnehmen, verpflichtet werden müssen (Art. 2 lit. b) RL 90/313). Daneben sind unter bestimmten Voraussetzungen auch Private Anspruchsgegner, und auch Unionsorgane werden erfasst. Im Einzelnen zum zuletzt genannten Aspekt *Rodenhoff*, RECIEL 2002, 343 (350f.).
14 Dabei wird dieser Begriff sehr weit definiert, so dass er insgesamt über denjenigen der RL 90/313 hinausgehen dürfte. Ebenso *Jeder*, UTR 2002, 145 (152 f.).
15 ABl. 1990 L 158, 56. Diese Richtlinie wurde durch die RL 2003/4 über den Zugang der Öffentlichkeit zu Umweltinformationen und zur Aufhebung der RL 90/313, ersetzt. Vgl. noch unten 6. Kap. Rn. 39 ff.
16 Dem durch die RL 2003/4 Rechnung getragen wird. Vgl. auch die tabellarische Übersicht über die Parallelen und Unterschiede in beiden Regelungswerken bei *Stec/Casey-Lefkowitz*, Implementation Guide, 65 f., sowie die inhaltliche Gegenüberstellung der diesbezüglichen Regelungen der Aarhus-Konvention und der RL 90/313 bei *Butt*, Ausweitung des Rechts auf Umweltinformation, 68 ff., 127 ff.
17 Vgl. im Einzelnen und ausführlich zu diesen Pflichten *Butt*, Ausweitung des Rechts auf Umweltinformation, 87 ff.
18 Die Liste der erfassten Projekte ist im Anhang aufgeführt Dieser entspricht weitgehend – d.h. soweit sich der Anwendungsbereich überschneidet – dem Anhang I der IVU-Richtlinie (RL 2010/75) und dem Anhang I der UVP-Richtlinie (RL 2011/92). *Rodenhoff*, RECIEL 2002, 343 (347), weist denn auch darauf hin, dass diese beiden Richtlinien bzw. die Vorgänger-Richtlinien (gemeint sind wohl die Anhänge der Richtlinien) der Aarhus-Konvention (gemeint ist wohl auch hier der Anhang) als Vorbilder gedient haben. S. auch *Jeder*, UTR 2002, 145 (160 f.).
19 Hierzu gehört nach Art. 2 Abs. 5 der Konvention die von umweltbezogenen Entscheidungsverfahren konkret betroffene oder wahrscheinlich konkret betroffene Öffentlichkeit sowie ganz allgemein die Öffentlichkeit, die ein Interesse an diesen Verfahren hat. Bei Verbänden, die sich für Umweltschutzbelange einsetzen, wird von vornherein eine solche Betroffenheit angenommen.
20 Vgl. umfassend zu den sich aus der Zweiten Säule der Konvention ergebenden Pflichten, unter besonderer Berücksichtigung der Praxis des *Compliane Committee*, *Jendroska*, in: The Aarhus Convention, 91ff.; *Bétaille*, Revue Juridique de l'Environnement 2010, 197 ff.; s. auch schon *Verschuuren*, YEEL 4 (2005), 29 ff.; ausführlich mit Bezugnahme auf die Umsetzung im deutschen Recht auch *Guckelberger*, VerwArch 2012, 31 ff.

6. Kapitel Allgemeine Regeln

Bei umweltbezogenen Plänen und Programmen ist eine **Beteiligung der Öffentlichkeit** zu gewährleisten, wobei sowohl die Art und Weise dieser Beteiligung als auch der Kreis der hier einbezogenen Öffentlichkeit von den Vertragsstaaten zu bestimmen ist (Art. 7 AK).[21]

3. Zugang zu Überprüfungsverfahren

In Bezug auf den in den Vertragsparteien zu gewährenden **Rechtsschutz** sind folgende Aspekte von Bedeutung:[22]

- Gegen die **Verletzung des Anspruchs auf Zugang zu Umweltinformationen** (Art. 4) muss der Rechtsweg offen stehen (Art. 9 Abs. 1 AK).
- Zweitens muss – unter den noch zu skizzierenden Voraussetzungen – die **Rechtmäßigkeit von Entscheidungen über Tätigkeiten, die erhebliche Auswirkungen auf die Umwelt entfalten können**, einem unabhängigen Überprüfungsverfahren zugänglich sein (Art. 9 Abs. 2 AK). Die erfassten Tätigkeiten betreffen jedenfalls behördliche Entscheidungen über die in Anhang I aufgeführten Tätigkeiten, bei denen es sich um Genehmigungsentscheidungen in Bezug auf besonders umweltrelevante Vorhaben handelt. Allerdings ist dieser gerichtliche Zugang nicht jedermann zu gewähren, sondern die Vertragsstaaten können vorsehen, dass nur **Mitgliedern der betroffenen Öffentlichkeit, die ein ausreichendes Interesse** haben (1. Alternative), oder – soweit dies im Verwaltungsprozessrecht der jeweiligen Vertragspartei vorgesehen ist – die ein **rechtlich geschütztes Interesse** geltend machen können (2. Alternative), ein solcher Zugang zu gewähren ist (Art. 9 Abs. 2 Uabs. 1 AK). Darüber hinaus hält Art. 9 Abs. 2 Uabs. 2 S. 2, 3 AK ausdrücklich fest, dass Nichtregierungsorganisationen, die sich für Umweltbelange einsetzen und allfällige zusätzliche Voraussetzungen des innerstaatlichen Verfahrensrechts im Sinne des Art. 2 Nr. 5 AK erfüllen, jedenfalls als potentielle Trägerinnen der entsprechenden Rechte legitimiert sind bzw. sein müssen, sowohl ein ausreichendes tatsächliches Interesse als auch eine Rechtsverletzung geltend zu machen. Damit impliziert die Konvention im Ergebnis die Pflicht zur Einführung bzw. Beibehaltung einer umweltrechtlichen (altruistischen) **Verbandsklage**,[23] wie der Gerichtshof auch ausdrücklich bestätigte: Eine Beschränkung des Zugangs von Umweltverbänden auf Konstellationen, in denen subjektive Rechte zur Debatte stehen (wie dies im deutschen Umweltrechtsbehelfsgesetz vorgesehen war), ist daher nicht mit der Konvention (und dem einschlägigen Sekundärrecht, das diese umsetzt) vereinbar, wobei der EuGH ausdrücklich auf die Zielsetzung der Aarhus-Konvention, einen weiten Zugang zu Gerichten zu gewähren, hinweist.[24]

---

21 Speziell zu dieser Bestimmung *Jendroska*, JEEPL 2009, 495 ff.
22 Ausführlich zu diesem Dritten Pfeiler der Konvention *Ebbesson*, in: The Aarhus Convention, 245 ff.; *Schwerdtfeger*, Verwaltungsrechtsschutz, 101 ff.; *Pernice-Warnke*, EuR 2008, 410 ff.; *Pernice-Warnke*, Effektiver Zugang zu Gericht, 134 ff.; *Durner*, in: Rechtspolitische Spielräume bei der Umsetzung der Aarhus-Konvention, 64 ff., letzterer unter besonderer Berücksichtigung der verschiedenen, sich beim Kontrollumfang und in Bezug auf Präklusionsregelungen stellenden Fragen. Zu Anwendung und Umsetzung in ausgewählten Vertragsstaaten *Cemy*, elni 2009, 74 ff.; zur Frage der Kosten insbesondere *Upton/Neill*, Environmental Law & Management 2010, 182 ff.
23 Vgl. schon *Epiney/Sollberger*, Zugang zu Gerichten und gerichtliche Kontrolle im Umweltrecht, 324 ff.; *Epiney*, in: Information – Beteiligung – Rechtsschutz, 9 (16 ff.); *Epiney*, in: Fluck/Theuer, Informationsfreiheitsrecht mit Umweltinformations- und Verbraucherinformationsrecht, F I.1, Art. 9, Rn. 10 ff.; ebenso *Koch*, NVwZ 2007, 369 (376 f.); *Schlacke*, in: Schlacke u.a., Aarhus-Handbuch, 375 (421); *Ziekow*, NVwZ 2005, 263 (266 f.); *Radespiel*, EurUP 2007, 118 (122); *Wegener*, UTR 2008 (5. Kap. E.III.), 319 (339 ff.); *Oestreich*, Verw 2006, 29 ff.; *Ziehm*, JEEPL 2005, 287 ff.; mit umfassenden Nachweisen und ausführlicher Begründung ebenso *Schwerdtfeger*, Verwaltungsrechtsschutz, 266 ff.; a.A. in Bezug auf den Aspekt der Verbandsklage offenbar *von Danwitz*, NVwZ 2004, 272 (278 f.).
24 EuGH, Rs. C-115/09 (Bund für Umwelt und Naturschutz Deutschland), Urt. v. 12.5.2011 (Trianel). S. auch schon EuGH, Rs. C-263/08 (Djurgarden-Lilla), Slg. 2009, I-9967. Zur Rechtsprechung des EuGH in Bezug auf die Aarhus-Konvention *Epiney*, AJP 2011, 1505 ff. Speziell zum sog. Trianel-Urteil z.B. *Groß*, Jura 2012, 386 ff.; *Berkemann*, DVBl. 2011, 1253 ff.; *Bunge*, NuR 2011, 605 ff.; *Fellenberg/Schiller*, UPR 2011, 321 ff.; *Lohse*, EPL 2012, 249 ff.; *Ekardt*, NVwZ 2012, 530 ff.; *Ekardt*, EurUP 2012, 64 ff.; *Schwerdtfeger*, EuR 2012, 80 ff.; *Breuer*, Verw 2012, 171 ff.; *Wegener*, JEEPL 2011, 315 ff.; *Meitz*, NuR 2011, 420 ff.; *Müller*, EurUP 2011, 166 ff.; *Appel*, NuR 2011, 414 ff.; *Henning*, NJW 2011, 2765 ff.

Die Anforderungen, die das nationale Recht an Nichtregierungsorganisationen nach Art. 2 Nr. 5 AK stellen darf, damit diese ein Klagerecht und sonstige Mitwirkungsrechte nach der Konvention geltend machen können, darf – wie auch der Gerichtshof festgestellt hat – die praktische Wirksamkeit dieser Rechte nicht gefährden. In Bezug auf den gerichtlichen Zugang dürfe ein nationales Gesetz zwar verlangen, dass eine Nichtregierungsorganisation natur- und umweltschutzbezogene Zielsetzungen verfolgt. Auch könne eine Mindestzahl an Mitgliedern begründet sein, um sicherzustellen, dass die Vereinigung tatsächlich existiert und tätig ist.[25] Letztlich dürfen die vom nationalen Recht aufgestellten Kriterien damit wohl nur dazu dienen, die „Ernsthaftigkeit" der Nichtregierungsorganisation zu überprüfen, wozu insbesondere ihre tatsächliche Existenz, die Verfolgung entsprechender Ziele und wohl auch eine gewisse Dauerhaftigkeit gehören dürften. Hingegen liefe es der Konvention wohl zuwider, wenn die Mitgliedstaaten den klagebefugten Nichtregierungsorganisationen nach sonstigen Kriterien „filterten".

Verbandsklagen können nach empirischen Untersuchungen maßgeblich zur Verbesserung der Einhaltung und des Vollzugs umweltrechtlicher Vorgaben beitragen, ohne dass sie offenbar zu einem spürbaren Anstieg der Anzahl von Klagen führen.[26]

- Schließlich sieht Art. 9 Abs. 3 AK – drittens – vor, dass Mitglieder der Öffentlichkeit (unter die auch Umweltverbände fallen, vgl. Art. 2 Nr. 4 Aarhus-Konvention) Zugang zu verwaltungsbehördlichen oder gerichtlichen Verfahren haben müssen, um die von Privatpersonen und / oder Behörden vorgenommenen Handlungen[27] und begangenen Unterlassungen anzufechten, die gegen **umweltbezogene Bestimmungen des nationalen Rechts** verstoßen. Nähere Einzelheiten in Bezug auf Voraussetzungen und Ausgestaltung dieses Rechtsschutzes enthält die Konvention nicht; immerhin präzisiert sie aber, dass dieser zusätzlich und unbeschadet zu den beiden anderen Varianten des Rechtsschutzes eröffnet sein muss.

Nach der Rechtsprechung des Gerichtshofs[28] – der sich aufgrund eines nationalen Ausgangsverfahrens, bei dem es um Klagen eines Umweltverbandes im Zusammenhang mit der behördlichen Genehmigung der Gewährung von Ausnahmen von der Schutzregelung für bestimmte geschützte Arten, dem Zugang zu Naturschutzgebieten und der Verwendung chemischer Produkte in solchen Gebieten ging, mit der Frage zu befassen hatte, ob sich direkt aus Art. 9 Abs. 3 AK ein Recht eines Umweltverbandes auf gerichtlichen Zugang ableiten lässt, zumindest wenn es um eine Entscheidung geht, mit der von einer Umweltschutzregelung, die auf der Habitatrichtlinie (RL 92/43)[29] beruht, abgewichen werden soll – entfaltet Art. 9 Abs. 3 AK keine unmittelbare Wirkung, da sie nicht hinreichend klar und präzise sei, so dass er nicht unmittelbar die rechtliche Situation Einzelner regeln könne, ein angesichts der Offenheit des Art. 9 Abs. 3 AK nicht wirklich überraschender Schluss.[30] Allerdings habe das nationale Gericht dann, wenn eine durch das Unionsrecht geschützte Art betroffen ist, sein nationales Recht im Hinblick auf die Ge-

---

Wegener, ZUR 2011, 363 ff.; *Schlacke*, NVwZ 2011, 801 f.; zum Urteil in der Rs. C-263/08 etwa *Bunge*, ZUR 2010, 20 ff.
25 EuGH, Rs. C-263/08 (Djurgarden-Lilla), Slg. 2009, I-9967.
26 Vgl. zur Empirie z.B. *Schink/Zschiesche/Tryjanowski*, NuR 2012, 77 ff.; *Schmidt*, ZUR 2011, 296 ff.; *Schmidt*, NuR 2008, 544 ff.; *Schmidt*, ZUR 2012, 210 ff.
27 Der Begriff der Handlung ist nach der Rechtsprechung nicht dahin auszulegen, dass er sich nur auf Maßnahmen zur Regelung von Einzelfällen bezieht; vielmehr erfasst er auch Maßnahmen mit allgemeiner Geltung (wobei jedoch nach Art. 2 Abs. 2 AK Handlungen, die in gerichtlicher oder gesetzgebender Eigenschaft vorgenommen werden, ausgeschlossen sind), EuG, Rs. T-338/08 (Stichting Natuur en Milieu), Urt. v.14.6.2012; EuG, Rs. T-396/09 (Vereniging Milieudefensie u.a.), Urt. v. 14.6.2012. Die Ausführungen des Gerichts dürften es nahelegen, dass gesetzgebende Eigenschaft hier im Sinne von Gesetzgebung durch Rat und Parlament, nicht hingegen durch die Kommission, verstanden wird.
28 EuGH, Rs. C-240/09 (Lesoochranarske), Urt. v. 8.3.2011. Zu diesem Urteil *Schlacke*, ZUR 2011, 312 ff.; *Krämer*, JEEPL 2011, 445 ff.; *Klamert*, ELR 2012, 340 ff.
29 Zu dieser unten 9. Kap. Rn. 54 ff.
30 Interessant ist in diesem Zusammenhang noch, dass der Gerichtshof in Anknüpfung an seine bisherige Rechtsprechung seine Zuständigkeit, Art. 9 Abs. 3 AK auszulegen, bejahte, dies obwohl die EU Art. 9 Abs. 3 AK nicht umgesetzt hat. Der Gerichtshof stellte hier auf die Habitatrichtlinie ab, die die im Ausgangsfall relevante Art schützte, so dass der EuGH letztlich aus der inhaltlichen Einschlägigkeit der Habitat-Richtlinie auf die Ausübung der Unionskompetenz schließt und davon ausgeht, der Ausgangsrechtsstreit unterliege dem EU-Recht. Vgl. zu diesem Aspekt des Urteils *Schlacke*, ZUR 2011, 312 (313 ff.). Kritisch zur Verneinung der unmittelbaren Wirkung des Art. 9 Abs. 3 AK jedoch *Krämer*, JEEPL 2011, 445 (447), der eine unmittelbare Wirkung immer dann bejahen will, wenn die Mitgliedstaaten von den ihnen eingeräumten Gestaltungsmöglichkeiten keinen Gebrauch gemacht haben.

währung eines von Art. 9 Abs. 3 AK intendierten effektiven gerichtlichen Rechtsschutzes in den vom Umweltrecht der Union erfassten Bereichen so auszulegen, dass es so weit wie möglich im Einklang mit dieser Bestimmung steht, dies im Hinblick darauf, dass es einer Umweltschutzorganisation wie der im Ausgangsverfahren tätigen ermöglicht wird, eine behördliche Entscheidung, die möglicherweise im Widerspruch zum EU-Umweltrecht steht, gerichtlich anzufechten. Die Formulierungen des Gerichtshofs in Bezug auf die Verbandsklage deuten darauf hin, dass zumindest eine allgemeine und grundsätzliche Verneinung des gerichtlichen Zugangs von Umweltverbänden in denjenigen Fallgestaltungen, in denen es um die Beachtung des EU-Umweltrechts geht, als nicht mit den Vorgaben des Art. 9 Abs. 3 AK in Einklang stehend angesehen wird, eine letztlich recht weitgehende Folgerung, die dieses impliziert, dass Art. 9 Abs. 3 AK die Mitgliedstaaten verpflichtet, in Bezug auf die Verletzung von EU-Umweltrecht bzw. von auf diesem beruhendem nationalen Recht grundsätzlich eine Verbandsklage einzuführen.[31] Auf diese Weise könnte letztlich die Umsetzung des Art. 9 Abs. 3 AK durch einen unionsrechtlichen Rechtsakt[32] (teilweise, nämlich in Bezug auf die Verbandsklage) „ersetzt" werden, womit diese aber nicht überflüssig wird.

Die sich aus der Konvention für die Union ergebenden Verpflichtungen siedeln sich auf verschiedenen Ebenen an, wobei auf die verschiedenen Aspekte jeweils im Zusammenhang mit den jeweiligen sekundärrechtlichen Regelungen eingegangen werden soll. Neben den in diesem Abschnitt zu erörternden Rechtsakten (VO 1049/2001, RL 2003/4, RL 2003/35 sowie der Richtlinienvorschlag zum gerichtlichen Zugang) ist insbesondere noch auf die entsprechenden Modifikationen der RL 2011/92 und 2010/75 (UVP- und IVU- bzw. Industrieemissions-Richtlinie) hinzuweisen.[33]

II. Umweltinformation in der EU

Die **Verfügbarkeit umweltbezogener Informationen** ist im Hinblick auf eine effektive Umweltpolitik und eine effektive Anwendung umweltrechtlicher Vorschriften – womit auch deutlich wird, dass Umweltinformation immer auch im öffentlichen Interesse liegt, selbst wenn es vordergründig nur um die Geltendmachung von Rechten Einzelner geht – insbesondere auf drei Ebenen von großer Bedeutung:[34]

- Zunächst bilden sie die unverzichtbare sachliche Grundlage für die **Entwicklung umweltpolitischer Konzepte** und damit die Ausgestaltung umweltrechtlicher Vorschriften. Nur wenn man über zutreffende und vollständige Daten über den Zustand der Umwelt verfügt, ist es möglich, adäquate umweltpolitische Strategien zu entwickeln, die den tatsächlichen Gefahren Rechnung tragen.[35] Sie sind daher sowohl für die zur Ausarbeitung diesbezüglicher Strategien berufenen Behörden[36] als auch für die interessierten und betroffenen Interessenvertreter unentbehrlich.

---

31 Vgl. zu den Implikationen dieses Urteils und aufgeworfenen Fragen *Epiney*, EurUP 2012, 88 (89).
32 Vgl. den Vorschlag der Kommission, KOM (2003) 624 endg., der jedoch blockiert ist. Zu diesem Vorschlag 6. Kap. Rn. 64 f.
33 Hierzu unten 6. Kap. Rn. 66 ff., Rn. 160 ff.
34 Zur Systematik von Umweltinformationspflichten und -rechten *Heselhaus*, EuZW 2000, 298 f.; *Monédiaire*, REDE 1999, 129 (131 ff.); umfassend *Sommer*, Verwaltungskooperation am Beispiel administrativer Informationsverfahren im Europäischen Umweltrecht, *passim*; zu Bedeutung und Strukturelement der Informationsfreiheit unter besonderer Berücksichtigung des Umweltschutzes, m.w.N., *Schrader*, in: Schlacke u.a., Aarhus-Handbuch, 27 ff.; umfassend *Klein*, Umweltinformation, 15 ff.; zur Entwicklung von Umweltinformationspflichten ausführlich *Klein*, Umweltinformation, 35 ff.
35 Wobei dies aber (nur) eine notwendige, keinesfalls jedoch eine hinreichende Bedingung für eine letztlich effektive Umweltpolitik darstellt. Über die Kenntnis des Zustands der Umwelt hinaus setzt die Wahl der konkreten umweltpolitischen Strategien nämlich insbesondere noch die wissenschaftliche Erforschung der Ursachen von Umweltbelastungen und der Wirkung möglicher Instrumente voraus. Dies ist jedoch teilweise erheblichen Unsicherheiten unterworfen, vgl. hierzu schon *Kloepfer*, DVBl. 1994 (1. Kap. B.), 12 (15 f.).
36 Auf Unionsebene insbesondere die Kommission.

- Sodann stellen sie eine[37] wichtige Voraussetzung für den effektiven **Vollzug und die Umsetzung umweltpolitischer Programme und umweltrechtlicher Vorschriften** (durch die zuständigen Behörden) dar. Denn die Information darüber, ob und inwieweit sich die Umweltqualität verbessert hat, bildet ein Element für die Evaluation der Wirksamkeit von Umweltpolitik und damit eine Grundlage für die ggf. erforderliche Anpassung ihrer Umsetzung oder Durchführung.

- Schließlich kann der **Einzelne** nur dann seine ihm im Zusammenhang mit der Kontrolle der Beachtung des Umweltrechts zukommende wichtige Rolle zufriedenstellend wahrnehmen und so einer effektiven Umweltpolitik Vorschub leisten, wenn er über entsprechende Informationen verfügt. In der EU ist dies von besonderer Bedeutung, da im EU-Umweltrecht letztlich die Beschwerden Einzelner an die Kommission für diese eine wichtige Informationsquelle darstellen.[38] Zudem ist die Kommission bei der Wahrnehmung ihrer Kontrollaufgaben auf Auskünfte der zuständigen nationalen Behörden angewiesen.

Die Mitgliedstaaten sind zwar nach **Art. 4 Abs. 3 EUV** auch allgemein verpflichtet, die notwendigen Informationen zu liefern. Der genaue Umfang dieser Pflicht ist jedoch nur sehr schwer zu bestimmen.[39] Zudem stößt sie auch auf immanente Grenzen: Da es nämlich gerade den nationalen Behörden obliegt, das EU-Umweltrecht zu vollziehen, müssten sie ggf. letztlich die Kommission über ihre eigenen Misserfolge oder Pflichtverstöße unterrichten. Ob sie vor diesem Hintergrund eine verlässliche Informationsquelle darstellen können, darf zumindest bezweifelt werden.

Immerhin folgt aus der Rechtsprechung des EuGH, dass die Kommission auch über die ausdrücklich in einem Sekundärrechtsakt festgehaltenen Berichtspflichten hinaus von den Mitgliedstaaten Informationen verlangen kann und diese solche auf der Grundlage von Art. 4 Abs. 3 EUV jedenfalls dann zu übermitteln haben, wenn sie in den Anwendungsbereich des betroffenen Rechtsakts fallen.[40]

11 Vor diesem Hintergrund erwies sich der Erlass spezifischer Vorschriften über die Umweltinformation als notwendig. Die unionsrechtlichen Maßnahmen in diesem Bereich können – wie einleitend[41] erwähnt – in zwei große Gruppen eingeteilt werden: einerseits die Rechtsakte, die den Informationsfluss von den Mitgliedstaaten zu den Unionsorganen und/oder den anderen Mitgliedstaaten betreffen (1.), andererseits die Maßnahmen, die die Information des Einzelnen gewährleisten sollen (2.), wobei der Akzent auf dem zuletzt genannten Aspekt liegt.

Dabei liegt der Akzent der folgenden Darstellung auf solchen Rechtsakten, die ausschließlich oder in erster Linie Umweltinformationen zum Gegenstand haben. Darüber hinaus enthalten jedoch zahlreiche Richtlinien neben anderen Regelungen Informationspflichten für bestimmte Bereiche, die teilweise im Zusammenhang mit den entsprechenden Rechtsakten erwähnt werden. Ganz allgemein haben die Mitgliedstaaten der Kommission die zur Umsetzung von Richtlinien erlassenen Rechtsakte mitzuteilen, und häufig obliegt ihnen aufgrund der einschlägigen Richtlinienbestimmungen eine Mitteilungspflicht bezüglich aufgestellter Pläne oder Programme.

1. Verpflichtungen der Mitgliedstaaten zur Informationsbeschaffung und -übermittlung

12 Den Mitgliedstaaten obliegen zahlreiche Pflichten zur Informationsübermittlung an die Kommission und / oder andere Mitgliedstaaten. Im Wesentlichen können hier zwei große Kategorien unterschieden werden: Informationen über den Stand der Umwelt und Informationen über Gesetzgebungsvorhaben.

---

37 Neben insbesondere der Existenz adäquater Verwaltungsstrukturen. Zum Vollzug des EU-Umweltrechts schon oben 5. Kap. Rn. 143 ff.
38 Hierzu oben 3. Kap. Rn. 65 ff., 5. Kap. Rn. 157 ff.
39 So dass ihre Verletzung erst dann geltend gemacht werden kann, wenn tatsächlich eine diesbezügliche, zudem klare Unterlassung stattgefunden hat und nachgewiesen werden kann. Diese aber erfährt man häufig nicht. Vgl. ausführlich zur Bedeutung des Art. 4 Abs. 3 EUV in Bezug auf Informationspflichten *Sommer*, Verwaltungskooperation am Beispiel administrativer Informationsverfahren im europäischen Umweltrecht, 393 ff.
40 EuGH, Rs. C-33/90 (Kommission/Italien), Slg. 1991, I-5987; EuGH, Rs. C-285/96 (Kommission/Italien), Slg. 1998, I-5935.
41 6. Kap. Rn. 1 f.

6. Kapitel Allgemeine Regeln

a) Informationen über den Stand der Umwelt

Zunächst haben die Mitgliedstaaten bestimmte **Informationen über den Stand der Umwelt** an die **Kommission** weiterzuleiten, was (implizit oder explizit) eine Pflicht zur Erhebung der entsprechenden Informationen nach sich zieht. Auf diese Weise sollen der Kommission die für die Verfolgung und Definition der EU-Umweltpolitik notwendigen Daten beschafft werden. Solche Pflichten sind sehr häufig in **bereichsspezifischen Rechtsakten** – deren Regelungsschwerpunkt anderen Fragen gewidmet ist – verankert. Darüber hinaus sind aber auch einzelne Rechtsakte zu verzeichnen, die sich **spezifisch der Umweltinformation** bzw. der Pflicht der Mitgliedstaaten zur Übermittlung bestimmter (Umwelt-) Informationen an die Kommission widmen.

Von besonderer Bedeutung ist hier die **RL 2007/2 zur Schaffung einer Geodateninfrastruktur** (INSPIRE), deren Akzent auf der Sicherstellung der Kompatibilität national vorhandener Datensätze und ihrer Zusammenführung in eine umfassende Geodateninfrastruktur der Union liegt.[42]

Weiter gibt es auch **spezifische, der Erhebung und dem Austausch von Umweltinformationen** gewidmete Rechtsakte. So verpflichtet die **Entscheidung 97/101 zur Schaffung eines Austausches von Informationen und Daten aus den Netzen und Einzelstationen** zur Messung der Luftverschmutzung die Mitgliedstaaten, für verschiedene Arten von „Stationen" (städtisches Gebiet, ländliches Gebiet usw.[43]) Erhebungen über die Schadstoffbelastung in der Luft mit einer Reihe, von im Einzelnen im Anhang I aufgeführten Schadstoffen zu ermitteln. Anhang I und IV enthalten zudem gewisse Vorgaben bezüglich der Art der Ermittlung der Belastung, womit die Aussagekraft und Vergleichbarkeit der Daten spürbar gewinnen dürfte. Die Entscheidung 97/101 enthält allerdings keine präzisen Vorgaben in Bezug auf den Ort der Vornahme der Messungen. Die durch die Mitgliedstaaten gewonnenen Informationen sind der Kommission zu übermitteln, die diese in Zusammenarbeit mit der Europäischen Umweltagentur zusammenstellt und mittels eines Informationssystems der Öffentlichkeit zur Verfügung stellt (Art. 4).

Die **VO 166/2006 über die Schaffung eines Europäischen Schadstofffreisetzungs- und -verbringungsregisters** enthält – in Umsetzung des UN/ECE-Protokolls über Register zur Erfassung der Freisetzung und Verbringung von Schadstoffen[44] – umfassende Mitteilungs- bzw. Informationspflichten der Betreiber bestimmter Anlagen und der Mitgliedstaaten über bestimmte, näher präzisierte Schadstoffemissionen und Abfallverbringungen. Dies geschieht im Hinblick auf die Erstellung eines unionsweiten Registers durch die Kommission, die von der Europäischen Umweltagentur hierbei unterstützt wird. Das Register ist öffentlich zugänglich.[45]

b) Informationen über Gesetzgebungsvorhaben

Weiter müssen die Mitgliedstaaten die Kommission über bestimmte **gesetzgeberische Vorhaben** informieren.[46] Der Sinn dieser Verpflichtungen ist in erster Linie darin zu sehen, dass die Union für die Definition und Durchführung ihrer Politiken über bestimmte Aktivitäten der Mitgliedstaaten informiert sein muss, kann dies doch für die Wahl der einen oder anderen Lösung oder deren Effektivität ausschlaggebend sein. Zudem können derartige Verfahren auch der Information der übrigen Mitgliedstaaten dienen, die die Kommission ggf. über die betreffenden Maßnahmen zu unterrichten hat.

Zentral ist in diesem Zusammenhang die **Richtlinie 98/34 über ein Informationsverfahren auf dem Gebiet der Normen und technischen Vorschriften**.[47] Diese Richtlinie soll sicherstellen, dass keine neuen Hindernisse für die tatsächliche Verwirklichung des freien Warenverkehrs durch technische Vorschriften geschaffen werden bzw. die Kommission zumindest darüber informiert wird, so dass sie ggf. entsprechende „Gegenmaßnahmen" einleiten kann. Auch sollen die nationalen Normungsaktivitäten transparent gestaltet werden, und ein Informationsaustausch soll

---

42 Zu dieser Richtlinie *Janssen*, Availability of Spatial and Environmental Data, insbes. 99 ff.
43 Vgl. Anhang II Entscheidung 97/101.
44 Vgl. den Beschluss 2006/561 des Rates, ABl. 2006 L 32, 54.
45 Ausführlich zur VO 166/2006 *Röckinghausen*, ZUR 2009, 19 ff.; *Bünger*, JEEPL 2010, 177 ff.
46 Darüber hinaus kennt das Unionsrecht in verschiedenen Rechtsakten auch spezifische Pflichten zur Information über sonstige, die Interessen der Union möglicherweise berührende nationale Aktivitäten.
47 Zu dieser Richtlinie, im Zusammenhang mit dem Umweltrecht, *de Sadeleer*, JEEPL 2011, 252 ff.

es ermöglichen, in den Bereichen, in denen ein Interesse an europäischen Normen besteht, die nationalen Normen in der europäischen Normung zusammenzufassen. In diesem Sinn sieht die Richtlinie zwei voneinander unabhängige Informationsverfahren vor:

- Erstens sind die Kommission und bestimmte europäische Normungsgremien über die Normungsprogramme und Entwürfe **nationaler Normen** der nationalen Normungsorganisationen zu unterrichten (Art. 2 ff.).[48]
- Zweitens sind die Mitgliedstaaten nach Art. 8 ff. verpflichtet, der Kommission jeden Entwurf einer **technischen Vorschrift**[49] unverzüglich mitzuteilen.

Die Kommission übermittelt den jeweiligen Entwurf dann an die anderen Mitgliedstaaten. Kommission und Mitgliedstaaten können gegenüber dem Mitgliedstaat, der den Entwurf unterbreitet hat, Bemerkungen und Anregungen vorbringen, die dieser so weit wie möglich bei der weiteren Ausarbeitung der Vorschrift zu berücksichtigen hat (Art. 8 Abs. 2 RL 98/34). Falls ein Mitgliedstaat oder die Kommission binnen drei Monaten eine ausführliche Stellungnahme abgibt, die auf die Änderung der geplanten Vorschrift im Interesse der Vermeidung von Handelshemmnissen abzielt, kann der betreffende Mitgliedstaat diese Vorschrift frühestens sechs Monate nach der Übermittlung annehmen (Art. 9 Abs. 2 RL 98/34). Diese Frist verlängert sich auf zwölf Monate, falls die Kommission dem Mitgliedstaat innerhalb von drei Monaten mitteilt, dass sie eine Richtlinie für den betreffenden Bereich vorzuschlagen gedenkt (Art. 9 Abs. 3 RL 98/34). Zudem dürfen die Mitgliedstaaten während zwölf Monaten keine technischen Vorschriften über einen Gegenstand erlassen, der auch in einem Richtlinien- oder Verordnungsvorschlag der Kommission enthalten ist (Art. 9 Abs. 4 RL 98/34).[50] Die Stillhaltefristen verlängern sich auf 18 Monate, falls der Rat innerhalb der Stillhaltepflicht einen gemeinsamen Standpunkt festlegt (Art. 9 Abs. 5 RL 98/34).[51]

Art. 8, 9 RL 98/34 – die die skizzierten Pflichten der Mitgliedstaaten festschreiben – sind nach der Rechtsprechung des EuGH in Bezug auf die Vorgängerrichtlinie 83/189 hinreichend bestimmt und inhaltlich unbedingt und damit **unmittelbar wirksam**, so dass sich Einzelne vor innerstaatlichen Gerichten auf diese Vorschriften berufen können; diese haben die Anwendung technischer Vorschriften, die nicht gemäß der Richtlinie mitgeteilt wurden, abzulehnen.[52] Diese Auslegung der Richtlinie dürfte ihre praktische Beachtung und damit Wirksamkeit stärken.[53] Weiter geht der EuGH davon aus, dass ein Verstoß gegen die in der Richtlinie vorgesehene Aussetzungspflicht bestimmter nationaler Rechtsakte auch in einem Rechtsstreit zwischen Privaten geltend gemacht werden kann.[54] Er begründet dies im Wesentlichen damit, dass es hier nicht um Rechte und Pflichten Einzelner, sondern um wesentliche Verfahrensfehler gehe und offenbar das „objektiv anwendbare" Recht gehe, so dass der (im Übrigen aufrecht erhaltene) Grundsatz der fehlenden Horizontalwirkung von Richtlinienbestimmungen nicht greifen könne.[55] Letztlich wird damit die Tragweite der Ablehnung der Drittwirkung von Richtlinienbestimmungen präzisiert: Offenbar

---

48 Normen sind von anerkannten Normungsorganisationen entwickelte technische Spezifikationen, die jedoch nicht rechtlich verbindlich sind, sondern von den Wirtschaftsteilnehmern auf freiwilliger Basis befolgt werden. Allerdings spielen sie im Rahmen der „neuen Konzeption" insofern eine wichtige Rolle, als ihre Einhaltung eine Vermutung begründet, dass den Anforderungen des Sekundärrechts entsprochen wird. Hierzu bereits oben 3. Kap. Rn. 6 ff.

49 Unter der nach Art. 1 Nr. 3 RL 98/34 eine technische Spezifikation zu verstehen ist, die rechtlich verbindlich ist, wobei auch Verwaltungsvorschriften erfasst sind. Der Umstand, dass eine technische Spezifikation einen umweltpolitischen Hintergrund hat, ändert nichts an ihrem Charakter als technische Vorschrift, vgl. EuGH, Rs. C-13/96 (Bic Benelux/Belgien), Slg. 1997, I-1753, wo es um die Frage ging, ob die in Belgien vorgesehene Verpflichtung, auf einer Öko-Steuer unterliegenden Produkten eine entsprechende Kennzeichnung anzubringen, eine technische Vorschrift im Sinne der RL 83/189 (der Vorgängerrichtlinie der RL 98/34) darstellte, was der EuGH bejahte. S. ansonsten zum Begriff aus der Rechtsprechung EuGH, Rs. C-279/92 (Kommission/Italien), Slg. 1997, I-4743, Ziff. 25 ff.; in EuGH, verb. Rs. C-213/11, C.214/11, C-217/11 (Fortuna), Urt. v. 19.7.2012, hielt der Gerichtshof fest, dass auch Vorschriften, die die Durchführung von Automatenspielen an anderen Orten als in Kasinos und Spielsalons beschränken oder verunmöglichen, technische Vorschriften im Sinne der RL 98/34 darstellen können, sofern dadurch die Art oder die Vermarktung der betreffenden Erzeugnisses erheblich beeinflusst wird.

50 Diese Frist läuft ab dem Zeitpunkt der Unterbreitung des Vorschlages.

51 Spezifisch zu diesen (und anderen) Stillhaltepflichten *Meyring*, EuR 2003, 949 ff. (insbes. 954 ff.).

52 EuGH, Rs. C-194/94 (CIA Security International), Slg. 1996, I-2201, Ziff. 32 ff.

53 Vgl. auch die Bemerkungen von *Fronia*, EuZW 1996, 383 f.

54 EuGH, Rs. C-443/98 (Unilever), Slg. 2000, I-7535.

55 Zur Frage der Horizontalwirkung von Richtlinienbestimmungen bereits oben 5. Kap. Rn. 157 ff.

6. Kapitel Allgemeine Regeln

soll eine Berufung auf Richtlinienbestimmungen zwischen Privaten immer dann möglich sein, wenn es um allgemeine Verbote geht, durch die gerade nicht die Rechtsbeziehungen und damit die Rechte und Pflichten zwischen Privaten geregelt werden, sondern die nur quasi vorfrageweise relevant sind.[56] Grundsätzlich zieht daher die Unterlassung der Notifizierung die Unanwendbarkeit der entsprechenden Vorschrift nach sich.

Allerdings geht der EuGH auf der anderen Seite davon aus, dass ein Verstoß gegen die Notifizierungspflichten nichts daran ändere, dass die durch ein Alkoholmeter, dessen technische Daten der Notifizierungspflicht unterliegen, die aber nicht notifiziert wurden, gewonnenen Ergebnisse in einem Strafverfahren verwertet werden können. Denn die Vorschriften, die einen Fahrer verpflichten, in ein Gerät zur Messung des Alkoholgehalts zu blasen, seien von denjenigen über die Mitteilung an die Kommission zu unterscheiden. Im Übrigen ziehe eine Verletzung der Mitteilungspflicht in einem solchen Fall nicht die Gefahr nach sich, dass der Handel zwischen den Mitgliedstaaten hätte beschränkt werden können.[57] Vor dem Hintergrund der grundsätzlich bejahten unmittelbaren Wirkung der genannten Vorschriften mutet diese Sicht etwas merkwürdig an: Jedenfalls der *effet utile* hätte auch hier für eine unmittelbare Wirkung gesprochen, zumal eine Verwertbarkeit der Tests als Beweismittel durchaus eine Marktabschottung fördern kann.

2. Information des Einzelnen

Die Information des Einzelnen über umweltrelevante Daten ist insbesondere im Hinblick auf seine Rolle für die Kontrolle der Beachtung und des effektiven Vollzugs der EU-Umweltpolitik von Bedeutung. Zudem sichert eine ausreichende Information der Bürger auch eine Transparenz der diesbezüglichen Aktivitäten und ihrer Erfolge.[58] Das Unionsrecht sieht einerseits den Zugang des Bürgers zu bei Unionsorganen vorhandenen Informationen vor (a); andererseits schreibt es die Schaffung eines Anspruchs der Bürger auf Zugang zu bei den Behörden der Mitgliedstaaten vorhandenen Informationen vor (b).

16

a) Zugang der Öffentlichkeit zu bei EU-Organen vorhandenen Dokumenten: zur VO 1049/2001

Die VO 1049/2001 ist der vorläufige Schlusspunkt einer spätestens seit Beginn der 90er Jahre einsetzenden Entwicklung hin zu einer größeren **Transparenz der Tätigkeiten der EU** und daher vor dem Hintergrund dieser bisherigen Entwicklungsschritte zu sehen, wobei der „Verhaltenskodex für den Zugang der Öffentlichkeit zu Rats- und Kommissionsdokumenten"[59] eine zentrale Rolle spielte.[60]

17

Der Verhaltenskodex – der den Zugang zu Rats- und Kommissionsdokumenten gewährleisten sollte – bildete die Grundlage für die Beschlüsse des Rates und der Kommission, die je für sich den Zugang der Öffentlichkeit

---

56 Zur Problematik sehr instruktiv und im Ergebnis sowie in der Begründung überzeugend *Gundel*, EuZW 2001 (5. Kap. E.III.), 143 ff.
57 Vgl. EuGH, Rs. C-226/97 (Lemmers), Slg. 1998, I-3711.
58 Auch ist es aus demokratiepolitischen Gesichtspunkten unentbehrlich, dass der Einzelne über ausreichende Informationen verfügt, kann er sich doch nur unter dieser Voraussetzung eine Meinung bilden. Zur Bedeutung des „Transparenzprinzips" als demokratisches Element insbesondere in der EU etwa GA *Tesauro*, Rs. C-58/94, Slg. 1996, I-2169, Ziff. 15; EuG, Rs. T-211/00 (Kuijer), Slg. 2002, II-485, Ziff. 52; *Harden*, EPL 2001, 165 (174 ff.); *Lafay*, RTDE 1997, 37 (61 ff.); Heselhaus/Nowak-*Heselhaus*, Europäische Grundrechte, § 56, Rn. 7 ff."zur „Transparenz als Rechtsprinzip" in der EU und den Implikationen für die Mitgliedstaaten auch *Schoch*, VBlBW 2003, 297 (303 f.). S. auch Erklärung Nr. 17 zum EU-Vertrag, in der die Mitgliedstaaten die Bedeutung der Transparenz der Beschlussverfahren für die Förderung der Demokratie und des Vertrauens der Öffentlichkeit in die EU betonen.
59 ABl. 1993 L 340, 41.
60 Vgl. im Einzelnen zur Entstehungsgeschichte der VO 1049/2001 *Roberts*, EPL 2002, 255 (264 ff.); allgemein zur VO 1049/2001 z.B. *Epiney*, Kommentar zur VO 1049/2001, in: Umweltinformationsfreiheitsrecht, D III 2.2.; *Williams*, YEEL 2002, 271 (279 ff.); *Schram*, YEEL 5 (2005), 23 ff.

zu Dokumenten des jeweiligen Organs regelten.[61] Im Wesentlichen wurde der Inhalt des Verhaltenskodex in die Beschlüsse übernommen; so ergaben sich die Grundprinzipien des Informationsanspruchs letztlich schon aus dem Verhaltenskodex selbst.

Die VO 1049/2001 greift im Wesentlichen dieselben Fragen auf, die bereits in den Verhaltenskodex und die darauf beruhenden Beschlüsse der Organe Eingang gefunden hatten. Auch lehnen sich die Bestimmungen der Verordnung inhaltlich weitgehend an den Verhaltenskodex und die Beschlüsse der Organe an. Von Bedeutung ist dies insbesondere vor dem Hintergrund, dass daher davon auszugehen ist, dass die in Bezug auf die Beschlüsse erfolgte Rechtsprechung weitgehend auch auf die Anwendung der Verordnung übertragen werden kann.[62] Allerdings sind durchaus auch einige Unterschiede bzw. Weiterentwicklungen zu verzeichnen, wobei insbesondere hervorzuheben ist, dass die VO 1049/2001 wesentlich mehr in die Einzelheiten geht, insbesondere in Bezug auf die konkrete Abwicklung des Zugangsanspruchs.

18 Primärrechtlicher Hintergrund für die VO 1049/2001 ist **Art. 15 Abs. 3 AEUV** (der den durch den Amsterdamer Vertrag eingeführten Art. 255 EGV aufgreift). Diese Bestimmung – die übrigens in Art. 42 Grundrechtecharta aufgegriffen wird, allerdings ohne den Vorbehalt der sekundärrechtlichen Ausgestaltung[63] – verankert auf primärrechtlicher Ebene einen Informationszugangsanspruch der Öffentlichkeit zu bei den Unionsorganen sowie[64] bei Einrichtungen und sonstigen Stellen der EU befindlichen Dokumenten. Damit hat sich die sekundärrechtliche Verankerung des Informationszugangsanspruchs[65] an den Vorgaben des Art. 15 Abs. 3 AEUV zu orientieren.

Von Bedeutung sind dabei insbesondere folgende Aspekte:[66]

- In der Durchführungsgesetzgebung ist ein **individueller und damit gerichtlich durchsetzbarer Anspruch auf Informationszugang** zu begründen.
- Der **Zugang** zu Dokumenten muss die **Regel** und deren **Verweigerung die begründungsbedürftige Ausnahme** darstellen.[67] Diesem Grundsatz muss dann notwendigerweise auch die sekundärrechtliche Ausgestaltung und Präzisierung sowie die Auslegung dieser Bestimmungen Rechnung tragen, so dass hier das Ziel einer möglichst umfassenden und weitgehenden Transparenz zu berücksichtigen ist.
- Der Kreis der jedenfalls **anspruchsberechtigten Personen** (Unionsbürger sowie natürliche und juristische Personen mit Wohnsitz oder Sitz in einem Mitgliedstaat) wird festgelegt, wobei dieser Kreis auch erweitert werden kann.
- **Anspruchsgegenstand** müssen alle „Dokumente" der Unionsorgane und -einrichtungen sein, wobei zwar nur vorhandene Dokumente erfasst werden, dieser Begriff vor dem Hintergrund des Ziels eines möglichst umfassenden Informationszugangs aber weit auszulegen ist.
- **Anspruchsschranken** kann es nur aufgrund öffentlicher oder privater Interessen geben.

---

61 Beschluss 93/731/EG des Rates über den Zugang der Öffentlichkeit zu Ratsdokumenten, ABl. 1993 L 340, 43; Beschluss 94/90/EGKS, EG, Euratom der Kommission über den Zugang der Öffentlichkeit zu den Kommission vorliegenden Dokumenten, ABl. 1994 L 46, 58. S. auch den diesbezüglichen Beschluss des EP, Beschluss 97/632/EGKS, EG, Euratom des Europäischen Parlaments über den Zugang der Öffentlichkeit zu den Dokumenten des Europäischen Parlaments, ABl. 1997 L 263, 27. Zum Verhaltenskodex etwa *Roberts*, EPL 2002, 255 (260 ff.); *Dreher*, EuZW 1996, 487 ff.; *Lafay*, RDTE 1997, 37 ff.; zum Zusammenhang mit der Rechtsprechung des EuG auch *Chiti*, CMLRev. 1998, 189 ff.; *Kugelmann*, EuR 1996, 207 ff.
62 Vgl. in diesem Zusammenhang zur Rechtsprechung des EuGH zur VO 1049/2001 den Überblick (bis 2008) bei *de Abreu Ferreira*, EELR 2008, 186 ff.
63 Womit die Frage des Verhältnisses dieser Bestimmung zu Art. 15 Abs. 3 AEUV aufgeworfen wird, eine Problematik, die sich auch bei manch anderem Recht der Charta stellt. Vgl. hierzu mit Bezug auf Art. 42 Grundrechtecharta zusammenfassend, m.w.N., *Epiney*, in: Aktuelle Rechtsfragen und Probleme des freien Informationszugangs, 27 (35 f.).
64 Neu, seit dem Vertrag von Lissabon, hierzu Calliess/Ruffert-*Wegener*, EUV/AEUV, Art. 15 AEUV, Rn. 13.
65 Wobei in diesem Zusammenhang streitig ist, ob Art. 15 Abs. 3 AEUV unmittelbar wirksam ist, vgl. hierzu, m.w.N., *Epiney*, in: Aktuelle Rechtsfragen und Probleme des freien Informationszugangs, 27 (33), wobei diese Frage angesichts der VO 1049/2001 von eher theoretischer Bedeutung ist.
66 Vgl. hierzu im Einzelnen *Epiney*, Kommentar zur VO 1049/2001, in: Umweltinformationsfreiheitsrecht, D III 2.2, Rn. 7 ff.; Calliess/Ruffert-*Wegener*, EUV/AEUV, Art. 15 AEUV; s. auch schon *Epiney*, in: Aktuelle Rechtsfragen und Probleme des freien Informationszugangs, 27 (33 ff.).
67 Calliess/Ruffert-*Wegener*, EUV/AEUV, Art. 15 AEUV, Rn. 11.

6. Kapitel Allgemeine Regeln

Der **Informationszugangsanspruch** und die hier maßgeblichen Grundsätze in Bezug auf seine Voraussetzungen, Inhalt und Modalitäten ergeben sich aus der VO 1049/2001 selbst; die Verordnung geht aber davon aus, dass die betroffenen Organe in ihren jeweiligen Geschäftsordnungen spezielle Bestimmungen hinsichtlich des Zugangs zu Dokumenten erlassen, die den Vorgaben der VO 1049/2001 Rechnung tragen und die zu ihrer Durchführung notwendigen Anpassungen enthalten (Art. 18 Abs. 1 VO 1049/2001). Die Durchführungsbestimmungen der Organe und Einrichtungen müssen mit der Verordnung in Einklang stehen, so dass sie den Zugangsanspruch im Verhältnis zur VO 1049/2001 jedenfalls nicht einschränken dürfen[68] und somit auch entsprechend den Vorgaben der VO 1049/2001 auszulegen sind. Damit ist davon auszugehen, dass der Zugang zu den Dokumenten von Unionsorganen und -einrichtungen ausschließlich durch die VO 1049/2001 und die einschlägigen Bestimmungen der Geschäftsordnungen der Organe und Einrichtungen geregelt ist.

19

So betont auch der die Zielsetzungen und den Grundsatz des Informationszugangs betreffende Art. 1 VO 1049/2001, dass die Verordnung Grundsätze und Modalitäten des Zugangs der Öffentlichkeit zu den Dokumenten der verpflichteten Organe so festlegen will, dass ein „größtmöglicher Zugang zu Dokumenten gewährleistet ist". In diesem Sinn sollen die einschlägigen Regeln eine „möglichst einfache Ausübung" dieses Rechts ermöglichen, und es soll „eine gute Verwaltungspraxis im Hinblick auf den Zugang zu Dokumenten" gefördert werden.

Soweit **Umweltinformationen** betroffen sind, bleiben jedoch die in der VO 1367/2006 enthaltenen Sonderbestimmungen bzw. weitergehenden Vorgaben vorbehalten. Diese Verordnung soll die Vorgaben der Aarhus-Konvention auf Unionsebene umsetzen. Die Konzeption der VO 1367/2006 geht dabei dahin, dass auch für den Zugang zu bei den Organen und Einrichtungen der Union vorhandenen Umweltinformationen grundsätzlich die VO 1049/2001 zum Zuge kommen soll, entspricht sie doch in wesentlichen Teilen den Vorgaben der Aarhus-Konvention; allerdings erwies es sich als notwendig, in den (wenigen) Bereichen, in denen den Vorgaben der Aarhus-Konvention in der VO 1049/2001 nicht hinreichend Rechnung getragen wurde, entsprechende weitergehende Vorgaben zu formulieren (vgl. Erw. 12 ff. Präambel VO 1367/2006). Insofern richtet sich also auch ein Anspruch auf Zugang zu Umweltinformationen (vgl. die Definition in Art. 2 lit. d) VO 1367/2006) nach der VO 1049/2001 (s. auch Art. 3 VO 1367/2006); soweit die VO 1367/2006 allerdings weitergehende oder spezifische Regelungen enthält, sind diese maßgeblich, so dass der VO 1367/2006 insofern *leges speciales* zu entnehmen sind.[69] Dieses System führt dazu, dass die Ausgestaltung des Anspruchs auf Zugang zu bei den Organen und Einrichtungen der Union vorhandenen Dokumenten bzw. Umweltinformationen zweigleisig ausgestaltet ist: Für „normale" Informationen kommt ausschließlich die VO 1049/2001 zum Zuge, während für Umweltinformationen zusätzlich die Anforderungen der VO 1367/2006 zu beachten sind.[70] Jedenfalls sind die Vorgaben der VO 1367/2006 (und auch der VO 1049/2001)[71] im Einklang mit der Aarhus-Konvention auszulegen.[72]

20

---

68 Vgl. *Sobotta*, Transparenz, 283 f.; *Riemann*, Transparenz, 246 f., jeweils m.w.N. Problematisch könnte in diesem Zusammenhang etwa eine eigenständige Begriffsdefinition dessen, was unter einem Dokument zu verstehen ist, sein, hierzu ausführlich m.w.N. *Riemann*, Transparenz, 247 ff.

69 S. zum Verhältnis der VO 1367/2006 zur VO 1049/2001 EuG, Rs. T-29/08 (LPN/Kommission), Urt. v. 9.9.2011, wo das Gericht festhält, die VO 1367/2006 enthalte gegenüber der VO 1049/2001 besondere Bestimmungen, wobei letztere aber grundsätzlich anwendbar bleibe.

70 Vgl. zur VO 1367/2006 *Guckelberger*, NuR 2008, 78 ff.; *Schwerdtfeger*, Verwaltungsrechtsschutz, 40 ff.; mit speziellem Akzent auf dem Rechtsschutz *Schlacke*, in: Schlacke u.a., Aarhus-Handbuch, 375 (435 ff.). Im Folgenden wird jeweils im Zusammenhang mit den einzelnen Elementen bzw. Voraussetzungen des Zugangsanspruchs auf die Sonderregelungen der VO 1367/2006 hingewiesen.

71 In Bezug auf letztere ist noch darauf hinzuweisen, dass Art. 2 Abs. 6 VO 1049/2001 ausdrücklich festhält, dass sich aus völkerrechtlichen Abkommen ergebende Zugangsansprüche nicht berührt sind, so dass diese jedenfalls zum Zuge kommen müssen und die Verordnung entsprechend auszulegen ist, so dass sich auch vor diesem Hintergrund (abgesehen von dem schon grundsätzlich zum Zuge kommenden Grundsatz der völkerrechtskonformen Auslegung) die Auslegung der VO 1049/2001 an den Vorgaben der Aarhus-Konvention zu orientieren hat. In EuG, Rs. T-362/08 (Internationaler Tierschutzfonds), Urt. v. 13.1.2011, trägt das Gericht diesem Grundsatz nicht Rechnung, vgl. noch unten 6. Kap. Rn. 32.

72 So explizit auch *Jans/Vedder*, European Environmental Law, 373.

Weiter ist darauf hinzuweisen, dass die VO 1367/2006 auch Vorgaben betreffend die Erfassung und Verbreitung von Umweltinformationen (Art. 4 VO 1367/2006) und die Qualität der Umweltinformationen (Art. 5 VO 1367/2006) enthält, die jedoch eher allgemein formuliert sind.

Der Vollständigkeit halber sei auch erwähnt, dass andere sekundärrechtliche Bestimmungen spezifische Zugangsrechte enthalten können; diese gehen der VO 1049/2001 grundsätzlich vor, wobei letzterer wohl jedenfalls ein Mindeststandard zu entnehmen ist.[73]

aa) Anspruchsberechtigte

21 Träger des Anspruchs auf Zugang zu den bei den von der Verordnung verpflichteten Organen vorhandenen Dokumenten und damit **zugangsberechtigt** sind – in Anknüpfung an Art. 15 Abs. 3 AEUV – die **Unionsbürger** und alle natürlichen oder juristischen Personen mit **(Wohn-) Sitz in einem Mitgliedstaat** (Art. 2 Abs. 1 VO 1049/2001). Den Organen steht es aber darüber hinaus frei, den Informationszugangsanspruch auf diejenigen natürlichen oder juristischen Personen[74] auszudehnen, die keinen (Wohn-) Sitz in der EU haben (Art. 2 Abs. 2 VO 1049/2001).[75]

22 Soweit der **Zugang zu Umweltinformationen** betroffen ist, sieht Art. 3 VO 1367/2006 vor, dass allen natürlichen und juristischen Personen ohne Unterscheidung nach Nationalität oder (Wohn-) Sitz Zugang zu gewähren ist.

bb) Anspruchsverpflichtete

23 Anspruchsgegner und damit **Zugangsverpflichtete** sind die Organe Rat, Kommission und Parlament.[76] Andere Organe oder Einrichtungen – wie z.b. die EZB oder auch die Europäische Umweltagentur – fallen nicht in den Anwendungsbereich der Verordnung. Allerdings bezieht sich Art. 15 Abs. 3 AEUV[77] auch auf die sonstigen Einrichtungen der Union, so dass man in Erwägung ziehen könnte, ob aufgrund der primärrechtlichen Verankerung der Erweiterung des Adressatenkreises im Gefolge des Vorrangs des Primärrechts nicht auch schon vor der (ausdrücklichen) Anpassung der VO 1049/2001 die sonstigen Einrichtungen der Union ebenfalls verpflichtet sind (was immer dann relevant wird, wenn sie selbst noch keine entsprechenden Geschäftsordnungsbestimmungen erlassen haben). Im Ergebnis dürfte einiges für eine solche analoge Anwendung der VO 1049/2001 sprechen.

24 Speziell in Bezug auf den **Zugang zu Umweltinformationen** sind nach Art. 3 VO 1367/2006 alle Organe und Einrichtungen der Union verpflichtet, so dass insoweit der Kreis der Verpflichteten auch ausdrücklich ausgeweitet wird.

cc) Anspruchsgegenstand

25 Der Zugangsanspruch bezieht sich auf alle **Dokumente** eines Organs (die damit den **Gegenstand des Zugangsrechts** bilden), wobei Art. 3 VO 1049/2001 den Begriff des Dokuments definiert. Danach ist unter Dokument jegliche Speicherung einer Information, unabhängig von dem ver-

---

73 Zum Verhältnis der VO 1049/2001 zu spezifischen Zugangsrechten am Beispiel des Zugangs zu Pflanzenschutzmittel betreffenden Angaben *Garçon*, EurUP 2012, 72 ff.
74 Mit diesen Regelungen wird jedenfalls klargestellt, dass Behörden keinesfalls anspruchsberechtigt sein können, sondern sich der Anspruch auf Einzelne beschränkt.
75 Von dieser Möglichkeit haben alle Organe in ihren Geschäftsordnungen Gebrauch gemacht. Vgl. im Einzelnen *Epiney*, Kommentar zur VO 1049/2001, in: Umweltinformationsfreiheitsrecht, D III 2.2, Rn. 22; s. auch Calliess/Ruffert-*Wegener*, EUV/AEUV, Art. 15 AEUV, Rn. 12.
76 Wobei auch – wenn dies auch weder in der VO 1049/2001 noch in den Geschäftsordnungen ausdrücklich verankert ist – rechtlich unselbständige Gremien, die einem der Organe „zugeordnet" sind, dem Informationsanspruch unterworfen sind. Ausdrücklich in Bezug auf die Vorläuferregelungen EuG, Rs. T-188/97 (Rothmanns), Slg. 1999, II-2463, Ziff. 57 ff.; s. auch EuG, Rs. T-111/00 (British American Tobacco), Slg. 2001, II-2997, Ziff. 37 ff. Aus der Literatur etwa *Bartelt/Zeitler*, EuR 2003, 487 (490); *Brandsma/Curtin/Meijer*, ELJ 2008, 819 ff.
77 S. aber auch die Beschränkung in Bezug auf den Gerichtshof, die EZB und die EIB in Art. 15 Abs. 3 UAbs. 4 AEUV, hierzu Calliess/Ruffert-*Wegener*, EUV/AEUV, Art. 15 AEUV, Rn. 14.

6. Kapitel Allgemeine Regeln

wandten Datenträger, zu verstehen. Danach sind folgende Aspekte für den Begriff des Dokuments und damit den Anspruchsgegenstand entscheidend:[78]

- Zunächst ist unter Dokument **jegliche Speicherung einer Information** – unabhängig von dem verwandten Datenträger – zu verstehen. Damit sind auch und gerade interne und „informelle" Dokumente von dem Zugangsanspruch erfasst.[79] Da das menschliche Gehirn – trotz seiner „Speicherfähigkeit" – keinen Datenträger darstellt, können nur in irgendeiner Form dokumentierte Informationen Gegenstand des Informationsanspruchs sein; es besteht also gerade kein allgemeiner „Informationsanspruch".[80]

- Fraglich könnte sein, ob nur Dokumente bestimmten Inhalts Gegenstand des Informationszugangsanspruchs sein können. Etwas Verwirrung stiftet hier nämlich der in Art. 3 VO 1049/2001 ebenfalls enthaltene Hinweis darauf, dass das Dokument „einen Sachverhalt im Zusammenhang mit den Politiken, Maßnahmen oder Entscheidungen aus dem Zuständigkeitsbereich des Organs betreffen" muss: Diese Formulierung könnte den Schluss nahe legen, dass ein Dokument, das sich zwar im Besitz eines Organs befindet, jedoch nicht seinen Zuständigkeitsbereich – sondern etwa denjenigen eines anderen Organs – betrifft, vom Informationszugangsanspruch ausgeschlossen wäre. Ein solcher Ansatz steht aber wohl kaum mit dem Ziel des Art. 15 Abs. 3 AEUV, einen umfassenden Informationszugang zu gewährleisten, in Einklang, und diese Begriffsbestimmung dürfte letztlich insofern ein Redaktionsversehen darstellen, als bei der Umschreibung des Anspruchsgegenstands in Art. 2 Abs. 3 VO 1049/2001 betont wird, dass Dokumente aus „allen Tätigkeitsbereichen der Union, die von dem Organ erstellt wurden oder bei ihm eingegangen sind und sich in seinem Besitz befinden" erfasst werden. Diese Formulierung lässt **keine Einschränkung in Bezug auf den Inhalt des Dokuments** erkennen, sieht man einmal von dem Erfordernis ab, dass der „Tätigkeitsbereich der Union" betroffen sein muss, der aber sehr weit ausfällt.

- Aus Art. 2 Abs. 3 VO 1049/2001 ergibt sich damit auch, dass sich der Informationszugangsanspruch auf alle Dokumente, die bei dem jeweiligen Organ vorhanden sind, bezieht; eingeschlossen sind auf diese Weise auch **Dokumente, die von Dritten** erstellt wurden, wie Art. 4 Abs. 4 VO 1049/2001[81] denn auch ausdrücklich klarstellt.[82]

- Auf der anderen Seite ist Art. 2 Abs. 3 VO 1049/2001 aber auch zu entnehmen, dass der Anspruch eben auf **vorhandene Dokumente** beschränkt ist und kein „Informationsbeschaffungsanspruch" besteht.[83] Macht die Behörde geltend, dass das verlangte Dokument nicht

---

[78] Im Einzelnen hierzu schon *Epiney*, Kommentar zur VO 1049/2001, in: Umweltinformationsfreiheitsrecht, D III 2. 2, Rn. 26 ff.

[79] Hierzu auch *Curtin*, CMLRev. 2000, 7 (18 ff.). Die Dokumente müssen auch nicht einen bestimmten (im Übrigen auch kaum zu präzisierenden) Grad an „Offizialität" besitzen (was man eventuell aus dem Merkmal, dass die Dokumente „erstellt" worden sein müssen, ableiten könnte), vgl. hierzu Calliess/Ruffert-*Wegener*, EUV/AEUV, Art. 15 AEUV, Rn. 17.

[80] Vgl. EuG, Rs. T-106/99 (Meyer), Slg. 1999, II-3273, Ziff. 35 f.; EuG, Rs. T-264/04 (WWF European Policy Programme), Slg. 2007, Ziff. 75 ff. Das EuG hielt in der Rs. T-106/99 weiter fest, dass sich der Informationsanspruch nicht auf im Amtsblatt veröffentlichte Dokumente beziehe. Heute ist hier Art. 10 Abs. 2 VO 1049/2001 einschlägig, wonach das Organ in den Fällen, in denen das angeforderte Dokument bereits frei gegeben ist und für den Antragsteller problemlos zugänglich ist, seinen Verpflichtungen dadurch nachkommen kann, dass es den Antragsteller darüber informiert, wie er das angeforderte Dokument erhalten kann. S. in diesem Zusammenhang auch die Ausführungen bei *Riemann*, Transparenz, 137, der darauf hinweist, dass darüber hinaus keine Pflicht gebe, Informationen zu beschaffen oder Auskünfte zu erteilen.

[81] Hierzu noch sogleich im Text im Zusammenhang mit den Ausnahmebestimmungen.

[82] Ausdrücklich EuG, Rs. T-76/02 (Messina), Slg. 2003, II-3203. S. hierzu etwa *von Unger*, JEEPL 2007, 440 ff.

[83] Vgl. schon EuG, Rs. T-106/99 (Meyer), Slg. 1999, II-3273, Ziff. 35 ff. S. auch etwa *Wägenbaur*, EuZW 2001, 680 (682). Zur Frage, ob sich aus Art. 15 Abs. 3 AEUV ggf. i.V.m. der VO 1049/2001 eine grundsätzliche „Pflicht zur Aktenführung" ableiten lässt, deren Reichweite aber von vornherein eher unbestimmt bliebe, so dass den Organen jedenfalls ein weiter Gestaltungsspielraum einzuräumen wäre, *Castenholz*, Informationszugangsfreiheit, 77 f., m.w.N. Jedenfalls wäre aber die Vernichtung von Akten kein zulässiger Weg, um einem Informationszugangsanspruch „auszuweichen", vgl. nur *Riemann*, Transparenz, 138. Zur Bedeutung der Pflicht zur Einhal-

existiere, so ist dies grundsätzlich zulässig; allerdings steht es dem Antragsteller bzw. dem Kläger frei, die durch eine solche Ablehnung begründete einfache Vermutung der Richtigkeit der Aussage mittels stichhaltiger Indizien zu widerlegen.[84] Damit wird letztlich eine Art erleichterte Beweislast für den Kläger begründet: Dieser muss (nur, aber immerhin) Indizien vorbringen, dass das von ihm zur Einsicht verlangte Dokument auch tatsächlich existiert. Gelingt ihm dies, obliegt es dem Organ darzulegen, dass sich das Dokument gegebenenfalls doch nicht in seinem Besitz befindet.

dd) Anspruchsschranken

26 Art. 4 VO 1049/2001 sieht **zwei Gruppen** von **Ausnahmen vom Zugangsanspruch** – deren Vorliegen bei jedem Dokument einzeln zu prüfen ist[85] – vor, die den Zugangsanspruch einschränken. Diese Ausnahmebestimmungen sind eng auszulegen,[86] so dass Art. 6 Abs. 1 S. 2 VO 1367/2006, wonach mit Bezug auf Umweltinformationen die Gründe für die Verweigerung des Zugangs in Art. 4 VO 1049/2001 eng auszulegen sind, lediglich klarstellende Bedeutung zukommen dürfte.

27 Bei beiden Gruppen von Ausnahmetatbeständen muss die **Gefahr der Beeinträchtigung** – so dass der bloße Umstand, dass ein Dokument ein durch eine Ausnahme geschütztes Interesse betrifft, jedenfalls nicht ausreicht, um die Anwendung der Ausnahme zu rechtfertigen – der durch die Ausnahmetatbestände erfassten Interessen wahrscheinlich und durch **konkrete Anhaltspunkte** begründet sein, so dass rein hypothetische Annahmen nicht ausreichen,[87] wobei die Abgrenzung hier mitunter schwierig sein kann. Jedenfalls muss das Vorliegen der Ausnahmegründe hinreichend konkret und individuell in Bezug auf jeden einzelnen Antrag geprüft werden, woran auch ggf. der große Umfang eines Dossiers nichts ändert.[88]

28 Bei der **ersten Gruppe** der Ausnahmegründe ist der Zugang zu den Dokumenten zu verweigern, ohne dass eine irgendwie geartete Abwägung mit dem Interesse an der Gewährung des Zugangs

---

tung einer guten Verwaltungspraxis in diesem Zusammenhang etwa *Meltzian*, Recht der Öffentlichkeit auf Zugang zu Dokumenten, 259 ff. Das EuG geht in EuG, Rs. T-264/04 (WWF European Policy Programme), Slg. 2007, II-911, Ziff. 61, davon aus, dass eine wirksame Ausübung des Rechts auf Zugang zu Dokumenten eine nicht willkürliche, vorhersehbare Art und Weise der Dokumentation der Tätigkeiten der Organe und die Aufbewahrung der entsprechenden Dokumente voraussetze. Nicht beantwortet ist damit aber die Frage, ob im Falle der Verletzung dieser Pflicht und der damit verbundenen „Nichtexistenz" der Dokumente eine Art „Auskunftsanspruch" verbunden ist; die Ausführungen des Gerichts gehen jedenfalls in diese Richtung.

84 Vgl. EuG, verb. Rs. T-110/03, T-150/03, T-405/03 (Sison/Rat), Slg. 2005, II-1429, Ziff. 29 ff.; EuG, Rs. T-311/00 (British American Tobacco/Kommission), Slg. 2002, II-2781, Ziff. 35; EuG, Rs. T-214/02 (Martinez Valls/EP), Slg. ÖD, I-A-229, II-1117, Ziff. 21; EuG, Rs. T-123/99 (JT's Corporation/Kommission), Slg. 2000, II-3269, Ziff. 58; s. auch EuG, Rs. T-40/01 (Scan Office Design/Kommission), Slg. 2002, II-5043, Ziff. 24 ff. Aus der Literatur etwa *Driessen*, ELR 2005, 675 (677).

85 So dass nicht ganze Kategorien von Dokumenten oder bestimmte Dokumente als solche von vornherein vom Zugangsanspruch ausgeschlossen werden können. Vgl. aus der Rechtsprechung EuG, Rs. T-92/98 (Interporc), Slg. 1999, II-3521, Ziff. 40 ff.; EuGH, verb. Rs. C-174/98 P und C-189/98 P (van der Wal), Slg. 2000, I-1, Ziff. 14 ff.; EuG, Rs. T-191/99 (Petrie), Slg. 2001, II-3677, Ziff. 64 ff.; EuG, Rs. T-105/95 (WWF UK), Slg. 1997, II-313, Ziff. 59 f.; EuG, Rs. T-2/03 (Verein für Konsumenteninformation/Kommission), Slg. 2005, II-1121, Ziff. 67 ff. S. auch EuG, Rs. T-309/97 (Bavarian Lager), Slg. 1999, I-3217, Ziff. 41. Aus der Literatur *Williams*, elni 2/2001, 1 (8 ff.); *Lenaerts/Corthaut*, YEL 2003, 1 (25 ff.).

86 Geht die VO 1049/2001 doch von einem Grundsatz des Zugangs aus. Vgl. zur engen Auslegung aus der Rechtsprechung etwa EuG, verb. Rs. T-110/03, T-150/03, T-405/03 (Sison/Rat), Slg. 2005, II-1429, Ziff. 29 ff.; EuG, Rs. T-311/00 (British American Tobacco/Kommission), Slg. 2002, II-2781, Ziff. 35; EuG, Rs. T-214/02 (Martinez Valls/EP), Slg. ÖD, I-A-229, II-1117, Ziff. 21; EuG, Rs. T-123/99 (JT's Corporation/Kommission), Slg. 2000, II-3269, Ziff. 58; EuGH, verb. Rs. C-39/05, C-52/05 (Turco), Slg. 2008, I-4723; s. auch EuG, Rs. T-40/01 (Scan Office Design/Kommission), Slg. 2002, II-5043, Ziff. 24 ff. Aus der Literatur etwa *Driessen*, ELR 2005, 675 (677); *Chiti*, CMLRev. 1998, 189 ff.; *Castenholz*, Informationszugangsfreiheit, 155. Schon die Rechtsprechung zum Verhaltenskodex ging hiervon aus, vgl. die Nachweise in der Vorauflage, 187 mit Fn. 72.

87 Vgl. EuG, Rs. T-211/00 (Kuijer), Slg. 2002, II-485, Ziff. 56; EuG, Rs. T-237/02 (Technische Glaswerke Ilmenau), Slg. 2006, II-5131, Ziff. 77 ff.; EuG, Rs. T-2/03 (Verein für Konsumenteninformation), Slg. 2005, II-1121, Ziff. 69 ff.; EuG, verb. Rs. T-391/03 und T-70/04 (Franchet und Byk), Slg. 2006, II-2023, Ziff. 105, 115 ff.; EuG, Rs. T-264/04 (WWF European Policy Programme), II-911, Ziff. 39; EuGH, verb. Rs. C-39/05, C-52/05 (Turco), Slg. 2008, I-4723.

88 Vgl. etwa EuG, Rs. T-237/05 (Editions Jacob/Kommission), Urt. v. 9.6.2011.

6. Kapitel Allgemeine Regeln

erfolgt („**absolute Ausnahmegründe**"), während bei der **zweiten Gruppe** von Ausnahmetatbeständen der Zugang nur unter der Voraussetzung verweigert werden darf, dass kein „überwiegendes öffentliches Interesse an der Verbreitung" besteht („**relative Ausnahmegründe**"):[89]

- **Zwingend** und ohne die Prüfung, ob eine Zurverfügungstellung des entsprechenden Dokuments nicht durch überwiegende öffentliche Interessen gerechtfertigt werden kann, ist der Zugang zu Dokumenten im Falle der Beeinträchtigung folgender öffentlicher Interessen oder privater Interessen zu verweigern: öffentliche Sicherheit,[90] Verteidigung und militärische Belange, internationalen Beziehungen,[91] Finanz-, Währungs- oder Wirtschaftspolitik der Union oder eines Mitgliedstaats sowie Schutz der Privatsphäre und der Integrität des Einzelnen, wobei hier insbesondere auf die Rechtsvorschriften der Union über den Schutz personenbezogener Daten Bezug genommen wird.[92] Eine „**Beeinträchtigung**" der genannten öffentlichen Interessen kann wohl nur unter der Voraussetzung vorliegen, dass die Veröffentlichung des betreffenden Dokuments tatsächlich eine diesbezügliche **hinreichend schwere Gefährdung** implizierte.[93] Allerdings wird man den Organen angesichts der verwandten eher offenen Begriffe doch einen relativ weiten Gestaltungsspielraum einräumen müssen, so dass sich die gerichtliche Kontrolle im Wesentlichen auf die Prüfung, ob die Verfahrensbestimmungen

---

89 Zu den grundsätzlichen Unterschieden zwischen beiden Ausnahmekategorien *Curtin*, CMLRev. 2000, 7 (32 ff.); s. zu den Ausnahmevorschriften auch *Bartelt/Zeitler*, EuR 2003, 487 (493 ff.). S. sodann zu den besonderen, im Zusammenhang mit der Anwendung der Ausnahmetatbestände zu beachtenden Verfahrensvorschriften *Epiney*, in: Umweltinformationsfreiheitsrecht, D III 2.2, Rn. 74 ff. Von besonderer Bedeutung sind hier die Stellung Dritter (inkl. der Mitgliedstaaten) sowie der Grundsatz, dass wenn möglich ein auszugsweiser Zugang zu gewähren ist (Art. 4 Abs. 4-7 VO 1049/2001). Vgl. zur Rolle des Einspruchs eines Mitgliedstaats gegen die Weitergabe eines von ihm stammenden Dokuments auf der Grundlage der VO 1049/2001 EuG, Rs. T-76/02 (Messina/Kommission), Slg. 2003, II-3203. Zur Kritik *Epiney*, NVwZ 2004, 1067 (1068 f.).
90 Aus der Rechtsprechung hierzu etwa EuG, Rs. C-174/95 (Svenska Journalistförbundet/Rat), Slg. 1998, II-2289, Ziff. 121 f.: Dieser Begriff erfasse neben der inneren Sicherheit auch eine existenzbedrohende Unterbrechung der Versorgung mit wichtigen Erzeugnissen sowie die Bemühungen zur Verhinderung von Straftaten, nicht aber die Vertraulichkeit zwischenstaatlicher Verhandlungen zum Abschluss eines Abkommens. S. auch EuG, verb. Rs. T-110, 150, 405/03 (Sison), Slg. 2005, II-1429, Ziff. 75 ff. Für eine eher enge Auslegung des Begriffs der öffentlichen Sicherheit auch Heselhaus/Nowak-*Heselhaus*, Europäische Grundrechte, § 56, Rn. 92; *Riemann*, Transparenz, 167 ff.
91 Hierzu EuG, Rs. T-204/99 (Matilla), Slg. 2002, II-2265, Ziff. 59 ff. Das EuG betonte hier (Ziff. 63 f.), dass die internationalen Beziehungen jedenfalls immer dann betroffen seien, wenn die Dokumente bzw. die jeweiligen Informationen in einem internationalen Kontext erstellt worden sind, in dem das Interesse der EU in Beziehung zu Drittstaaten berührt ist. S. auch die diesbezüglichen Präzisierungen in EuG, Rs. T-211/00 (Kuijer), Slg. 2002, II-485, Ziff. 59 ff., wo das Gericht darauf hinweist, dass allein die Tatsache, dass Dokumente negative Informationen oder Aussagen über bestimmte Staaten enthalten, nicht zwangsläufig bedeutet, dass die internationalen Beziehungen gefährdet werden; vielmehr müsse auf der Grundlage bestimmter besonderer Umstände aufgezeigt werden, dass die Verbreitung der fraglichen Dokumente eine Gefahr für ein öffentliches Interesse nach sich ziehen würde. S. sodann EuG, Rs. T-264/04 (WWF European Policy Programme), Slg. 2007, II-911, Ziff. 40. Hier nimmt das EuG darauf Bezug, dass die Offenlegung einer Note die Beziehungen zu den in ihr genannten Drittländern und den Verhandlungsspielraum der Union und ihrer Mitgliedstaaten beeinträchtigen könne. In diesem Urteil räumt der Gerichtshof dem betroffenen Unionsorgan aber auch einen eher weiten Gestaltungsspielraum ein. S. auch EuG, verb. Rs. T-110/03, T-150/03, T-405/03 (Sison/Rat), Slg. 2005, II-1429, Ziff. 45 ff., 76 ff. Zur Auslegung des Begriffs der internationalen Beziehungen im Vergleich zur Rechtslage im deutschen Recht und unter besonderer Berücksichtigung des Zugangs zu Akten aus Vertragsverletzungsverfahren *tho Pesch*, EuZW 2012, 51 ff.
92 S. insbesondere VO 45/2001 zum Schutz natürlicher Personen bei der Verarbeitung personenbezogener Daten durch die Organe und Einrichtungen der Gemeinschaft und zum freien Datenverkehr, ABl. 2001 L 8, 1. Hierzu aus der Rechtsprechung EuGH, Rs. C-28/08 P (Bavarian Lager), Slg. 2010, I-6055, wo der Gerichtshof grundsätzlich auf das Verhältnis von VO 1049/2001 und der VO 45/2001 eingeht und zum Schluss kommt, dass aufgrund des Verweises des Art. 4 Abs. 1 lit. b) VO 1049/2001 auf die datenschutzrechtliche Verordnung auf diese abzustellen sei.
93 Ähnlich wohl auch Calliess/Ruffert-*Wegener*, EUV/AEUV, Art. 15 AEUV, Rn. 24. S. auch EuG, Rs. T-174/95 (Svenska Journalistförbundet), Slg. 1998, II-2289, Ziff. 112; EuG, Rs. T-188/98 (Kuijer), Slg. 2000, II-1959, Ziff. 37; EuG, Rs. T-211/00 (Kuijer), Slg. 2002, II-485, Ziff. 56, wo das EuG betont, dass für jedes einzelne Dokument bzw. jede darin enthaltene Information konkret zu prüfen sei, ob ihre Offenlegung tatsächlich die geschützten öffentlichen Interessen verletzen könne und diese Gefahr absehbar und nicht rein hypothetisch sein müsse.

eingehalten worden sind, die Entscheidung hinreichend begründet worden ist, der Sachverhalt zutrifft, bei der Tatsachenwürdigung kein offensichtlicher Fehler unterlaufen ist und kein Ermessensmissbrauch vorliegt, beschränken dürfte.[94]

- Bei der zweiten Gruppe von Ausnahmetatbeständen wird der Zugang nur dann verweigert, wenn zum einen der **Ausnahmetatbestand vorliegt** und zum anderen **kein überwiegendes öffentliches Interesse** an der Verbreitung des Dokuments besteht, so dass hier also eine Abwägung zu erfolgen hat. Damit hat das EuG bzw. der EuGH im Rahmen der Kontrolle der Rechtmäßigkeit zu prüfen, ob das betreffende Organ tatsächlich die betroffenen Interessen gegeneinander abgewogen hat, ohne die Grenzen seines Ermessens zu überschreiten,[95] was letztlich auch – in gewissem Maß – eine inhaltliche Kontrolle der durch das Organ vorgenommenen Interessenabwägung bedeutet. Eine fehlerhafte Ausübung des Ermessens liegt z.B. dann vor, wenn das Interesse des Antragstellers bzw. der Öffentlichkeit an dem Zugang zu dem Dokument bzw. an seiner Verbreitung nicht hinreichend gewichtet wird.[96] Auch reicht es nicht, darauf hinzuweisen, dass der Ausnahmegrund vorliegt; vielmehr ist konkret abzuwägen, welches Interesse schwerer wiegt, dies impliziert auch eine Bewertung bzw. Gewichtung der Interessen.[97]

Art. 4 Abs. 2 VO 1049/2001 nennt hier folgende, sich teilweise auch in ihrem Anwendungsbereich überschneidende (untereinander sowie mit Art. 4 Abs. 3 VO 1049/2001)[98] Interessen:[99] Schutz der geschäftlichen Interessen einer natürlichen oder juristischen Person (ein-

---

[94] Ausdrücklich auch EuG, Rs. T-14/98 (Hautala), Slg. 1999, II-2489,Ziff. 71 f.; EuG, Rs. T-204/99 (Matilla), Slg. 2002, II-2265, Ziff. 59, jeweils in Bezug auf den Schutz der internationalen Beziehungen. Ebenso EuG, Rs. T-211/00 (Kuijer), Slg. 2002, II-485, Ziff. 53. Die Rechtsprechung geht im Übrigen davon aus, dass Interessen Einzelner in diesem Rahmen nicht zu berücksichtigen seien (EuG, verb. Rs. T-110/03, T-150/03, T-405/03 (Sison/Rat), Slg. 2005, II-1429, Ziff. 50 ff.; EuGH, Rs. C-266/05 P (Sison), Slg. 2007, I-1233; EuG, Rs. T-264/04 (WWF European Policy Programme), Slg. 2007, II-911, Ziff. 43 f.; s. auch schon EuG, Rs. T-20/99 (Denkavit), Slg. 2000, II-3011, Ziff. 39), was insofern fraglich ist, als sich diese mit den Interessen der Öffentlichkeit überschneiden können, die aber auch im Rahmen der „absoluten" Ausnahmetatbestände insofern zu berücksichtigen sind, als im Rahmen der Frage nach der Betroffenheit der erwähnten Rechtsgüter eine „abstrakte" Abwägung stattzufinden hat, vgl. im Einzelnen *Epiney*, in: Umweltinformationsfreiheitsrecht, D III 2.2, Rn. 44 ff. S. auch die Kritik an der Rechtsprechung sowie bereits an der Existenz solch „absoluter" Ausnahmegründe selbst bei Calliess/Ruffert-*Wegener*, EUV/AEUV, Art. 15 AEUV, Rn. 25.
[95] EuG, Rs. T-111/00 (British American Tobacco), Slg. 2001, II-2997, Ziff. 41; EuGH, verb. Rs. C-39/05, C-52/05 (Turco), Slg. 2008, I-4723.
[96] Vgl. z.B. EuG, Rs. T-111/00 (British American Tobacco), Slg. 2001, II-2997, Ziff. 42 ff.
[97] EuG, Rs. T-II-194/94 (Guardian), Slg. 1995, II-2765, Ziff. 62 ff.; zur Notwendigkeit einer umfassenden konkreten Begründung der Gefährdung der geltend gemachten Interessen auch EuG, Rs. T-471/08 (Toland/EP), Urt. v. 7.6.2011 (im konkreten Fall habe das Parlament diesen Anforderungen nicht entsprochen).
[98] So kann etwa in Bezug auf Dokumente, die im Vorfeld eines Vertragsverletzungsverfahrens erstellt werden, sowohl die Ausnahme des Schutzes des Zwecks von Untersuchungstätigkeiten als auch der Schutz von Gerichtsverfahren einschlägig sein. Teilweise überschneiden sich auch die Gründe des Art. 4 Abs. 2 VO 1049/2001 mit denjenigen des Art. 4 Abs. 3 1049/2001, so etwa in Bezug auf Rechtsgutachten juristischer Dienste, die einerseits Teil der Rechtsberatung sind bzw. sein können, andererseits aber auch unter den Schutz von Dokumenten zum internen Gebrauch (vgl. Art. 4 Abs. 3 VO 1049/2001) fallen können.
[99] Vgl. ausführlich zu den einzelnen Tatbeständen mit zahlreichen Nachweisen aus der Rechtsprechung *Epiney*, Kommentar zur VO 1049/2001, in: Umweltinformationsfreiheitsrecht, D III 2.2, Rn. 51 ff.

6. Kapitel Allgemeine Regeln

schließlich des geistigen Eigentums)[100], Schutz von Gerichtsverfahren[101] und der Rechtsberatung[102] und Schutz des Zwecks von Inspektions-, Untersuchungs- und Audittätigkeiten[103].

---

100 Zu den geschäftlichen Interessen insbesondere *van der Hout/Firmenich*, ZEuS 2011, 647 ff.
101 In Bezug auf den im Verhaltenskodex gebrauchten Ausdruck „Rechtspflege" erging eine relativ reichhaltige Rechtsprechung, wobei zu beachten ist, dass diese nur insoweit auf die Rechtslage unter der VO 1049/2001 übertragen werden kann, als die Auslegung der Begriffe betroffen ist (vgl. insoweit auch EuG, verb. Rs. T-391/03 und T-70/04 (Franchet und Byk), Slg. 2006, II-2023, Ziff. 89); ansonsten ist daran zu erinnern, dass die „Rechtspflege" im Verhaltenskodex zu den zwingenden Ausnahmetatbeständen gehörte, während der „Schutz von Gerichtsverfahren" nunmehr zu den einer Abwägung unterliegenden Ausnahmetatbeständen gehört. Vgl. aus der Rechtsprechung in erster Linie EuG, Rs. T-92/98 (Interporc), Slg. 1999, II-3521, Ziff. 40 ff.; EuGH, verb. Rs. C-174/98 P und C-189/98 P (van der Wal), Slg. 2000, I-1, Ziff. 14 ff.; EuG, Rs. T-191/99 (Petrie), Slg. 2001, II-3677, Ziff. 64 ff.; EuG, Rs. T-105/95 (WWF UK), Slg. 1997, II-313, Ziff. 59 f.; EuG, Rs. T-309/97 (Bavarian Lager), Slg. 1999, I-3217, Ziff. 41. Erfasst werden von dem Ausnahmetatbestand grundsätzlich nur Dokumente, die von dem jeweiligen Organ für ein bestimmtes (Gerichts-)Verfahren erstellt wurden, vgl. Vgl. EuG, Rs. T-92/98 (Interporc), Slg. 1999, II-3521, Ziff. 40ff.; EuG, verb. Rs. T-391/03 und T-70/04 (Franchet und Byk), Slg. 2006, II-2023, Ziff. 90 ff. Nach der Rechtsprechung (vgl. insbesondere EuGH, verb. Rs. C-514/07 P, C-528/07 P, C-532/07 P (Schweden u.a./API und Kommission), Slg. 2010, I-8533; aus der Rechtsprechung des Gerichts vgl. EuG, Rs. T-105/95 (WWF UK), Slg. 1997, II-313, Ziff. 59 f.; EuG, Rs. T-191/99 (Petrie), Slg. 2001, II-3677, Ziff. 64 ff.; EuG, Rs. T-309/97 (Bavarian Lager), Slg. 1999, I-3217, Ziff. 41 ff.; EuG, Rs. T-36/04 (API/Kommission), Slg. 2007, II-3201, Ziff. 78 ff.) kann der Zugang zu Schriftsätzen (unter Einschluss von solchen der Kommission in Vertragsverletzungsverfahren) grundsätzlich ohne Einzelfallprüfung verweigert werden, dies auch für die Zeit zwischen der mündlichen Verhandlung und der Urteilsverkündung, was im Wesentlichen mit dem Anliegen, die unabhängige Entscheidungsfindung der Gerichtshofs zu ermöglichen sowie die Kommission vor „Außeneinflüssen" zu schützen, begründet wird. Immerhin sei nach Abschluss des Verfahrens eine Zugangsverweigerung im Einzelfall zu prüfen. Diese Rechtsprechung impliziert – entgegen den Beteuerungen des EuGH – letztlich eine eher weite Auslegung des Ausnahmetatbestands, wird damit doch ein Grundsatz der Nichtzugänglichkeit auch von Stellungnahmen der Kommission während laufender Vertragsverletzungsverfahren postuliert, ohne dass eine Einzelfallprüfung notwendig wäre. Vgl. zum Problemkreis *Krämer*, EELR 2003, 197 ff.; *Epiney*, Kommentar zur VO 1049/2001, in: Umweltinformationsfreiheitsrecht, D III 2.2, Rn. 57; Calliess/Ruffert-*Wegener*, EUV/AEUV, Art. 15 AEUV, Rn. 28; *Sanner*, EuZW 2011, 134 ff., jeweils eher kritisch zu der eher weiten Auslegung der Ausnahmegründe durch die Rechtsprechung.
102 Zur Frage des Zugangs zu Rechtsgutachten der Juristischen Dienste des Rates und der Kommission EuGH, verb. Rs. C-39/05, C-52/05 (Turco), Slg. 2008, I-4723; EuGH, Rs. C-506/08 P (Schweden/MyTravel und Kommission), Urt. v. 21.7.2011, EuZW 2012, 22, wo der Gerichtshof (im erstgenannten Urteil in Bezug auf Gutachten des Juristischen Dienstes des Rates, im zweiten Urteil in Bezug auf solche der Kommission) eine pauschale Zugangsverweigerung mit der Verordnung für unvereinbar erklärte. Vielmehr sei kein allgemeiner Grund ersichtlich, warum zu solchen Gutachten kein Zugang gewährt werden soll. Vielmehr sei ggf. konkret zu prüfen, dass es tatsächlich um eine Rechtsberatung geht (wobei der Inhalt des betreffenden Dokuments, nicht seine Bezeichnung, z.B. als „Rechtsgutachten", entscheidend sei), dass der Schutz der Rechtsberatung durch die Verbreitung des betreffenden Dokuments beeinträchtigt würde (wobei es letztlich um die Möglichkeit des Organs gehe, freie, objektive und vollständige Stellungnahmen zu erhalten) und dass nicht ein überwiegendes öffentliches Interesse an der Verbreitung besteht, wobei eine Abwägung vorzunehmen sei.
103 Inspektionstätigkeiten können jedenfalls dann nicht berührt sein, wenn es um tatsächliche Beschreibungen und Feststellungen geht, vgl. EuG, Rs. C-123/99 (JT's Corporation), Slg. 2000, II-3269, Ziff. 47; EuG, Rs. T-188/98 (Kuijer), Slg. 2000, II-1959, Ziff. 57. Nach der Rechtsprechung des Gerichts könne die Ausnahme des Schutzes von Untersuchungstätigkeiten jedenfalls nicht so lange verweigert werden, wie die im Anschluss an die betreffende Untersuchung erlassenen Vereinbarkeits- und Zulassungsentscheidungen keine Bestandskraft erlangt haben, denn diesfalls würde der Zugang zu den fraglichen Dokumenten von einem zufälligen, künftigen und vielleicht fern liegenden Ereignis abhängig gemacht, vgl. EuG, Rs. T-237/05 (Editions Jacob/Kommission), Urt. v. 9.6.2011. S. ansonsten aber die eher weiter Auslegung dieses Ausnahmegrundes in EuGH, Rs. C-139/07 P (Technische Glaswerke Ilmenau), Slg. 2006, I-5131. Kritisch zur Rechtsprechung Calliess/Ruffert-*Wegener*, EUV/AEUV, Art. 15 AEUV, Rn. 31; s. auch EuG, Rs. T-29/08 (LPN/Kommission), Urt. v. 9.9.2011, wo eine Entscheidung der Kommission, den Zugang zu ein laufendes Vertragsverletzungsverfahren im Umweltsektor betreffenden Dokumenten aus Gründen des Schutzes des Zwecks von Inspektions-, Untersuchungs- und Audittätigkeiten gestützt wurde, dies auch und gerade vor dem Hintergrund, dass eine vollumfängliche konkrete und individuelle Prüfung aller Dokumente, zu denen Zugang beantragt wurde, habe unterbleiben können, da es offenkundig sei, dass alle fraglichen Dokumente, was ihren gesamten Inhalt betrifft, zu derselben Dokumentenkategorie gehören und dass der Zugang zu diesen aufgrund der geltend gemachten Ausnahme verweigert werden könne.

Art. 4 Abs. 3 VO 1049/2001 – der ebenfalls den relativen Ausnahmegründen zuzurechnen ist – betrifft die Möglichkeit der Zugangsverweigerung zu für den **internen Gebrauch erstellten Dokumenten**. Diese Vorschrift differenziert danach, ob das entsprechende Verfahren abgeschlossen ist oder nicht: Während im ersten Fall der Zugang zu allen für den internen Gebrauch erstellten Dokumenten verweigert wird, wenn der Entscheidungsprozess des Organs ernstlich beeinträchtigt würde, es sei denn, es bestehe ein überwiegendes öffentliches Interesse an der Verbreitung, ist diese Zugangsverweigerung nach Abschluss des Verfahrens nur für „Stellungnahmen zum internen Gebrauch im Rahmen von Beratungen und Vorgesprächen innerhalb des betreffenden Organs" möglich.

Diese Systematik impliziert nach Ansicht des EuGH in der Rs. C-506/08 P[104], dass nach Abschluss des Verfahrens nur für einen Teil der Dokumente für den internen Gebrauch eine Zugangsverweigerung möglich ist, während für die anderen internen Dokumente kein Ausnahmegrund greift. Im Übrigen könne die jedenfalls notwendige Beurteilung, ob die Veröffentlichung der fraglichen Dokumente den Entscheidungsprozess des Organs ernstlich beeinträchtigt, nach Abschluss des Verfahrens anders ausfallen als vorher, so dass dieser Umstand bei der Entscheidung zu berücksichtigen sei. Diesen Grundsätzen habe das angefochtene Urteil des Gerichts nicht Rechnung getragen, als es in Bezug auf einen Antrag auf Zugang zu einem einen abgeschlossenen Fusionsfall betreffenden internen Bericht der Kommission und weitere mit diesem im Zusammenhang stehende Dokumente feststellte, dass die Kommission vor dem Hintergrund der weniger großen Bedeutung des Grundsatzes der Transparenz im Verwaltungsverfahren (im Vergleich zum Gesetzgebungsverfahren) den Zugang zu internen Stellungnahmen schon deshalb verweigern dürfe, weil sie ansonsten daran gehindert sei, über freie und umfassende Stellungnahmen ihrer eigenen Dienststellen zu verfügen, was die Effizienz des internen Entscheidungsprozesses der Kommission beeinträchtige. Denn diese Behauptungen seien nicht substantiiert in Bezug auf den konkreten Inhalt des Berichts und der sonstigen Dokumente belegt worden, so dass es nachvollziehbar gewesen sei, warum dessen Verbreitung den Entscheidungsprozess der Kommission ernstlich hätte beeinträchtigen können, obwohl das fragliche Verfahren bereits abgeschlossen war. Hier hätten vielmehr besondere Gründe angeführt werden müssen. Bei internen Stellungnahmen, die abgeschlossene Verfahren betreffen, ist damit eine detaillierte Prüfung des Einzelfalls notwendig, und es müssen spezifische Gründe geltend gemacht werden, warum der Entscheidungsprozess im konkreten Fall ernstlich beeinträchtigt werden kann; keinesfalls ausreichend sind nach diesem (überzeugenden) Ansatz des Gerichtshofs eher pauschale Hinweise darauf, dass wichtige Informationen im Falle einer Veröffentlichung solcher Dokumente in Zukunft nicht mehr verfügbar sein könnten. Dies ist schon deshalb zwingend, weil derartige Erwägungen letztlich den Grundsatz des Zugangs zu solchen Dokumenten selbst in Frage stellen.

Nach Ansicht des Gerichts[105] vermag Art. 4 Abs. 3 Uabs. 1 VO 1049/2001 nicht die Weigerung des Rates, die Identität von vier Mitgliedstaaten, die im Rahmen des noch laufenden Gesetzgebungsverfahrens zur Änderung der VO 1049/2001 Vorschläge unterbreitet hatten, zu veröffentlichen, während der Inhalt der Vorschläge und die hierfür geltend gemachten Gründe vollumfänglich zugänglich gemacht wurden, zu begründen. Denn der Rat habe nicht nachgewiesen, dass die Verbreitung der fraglichen Informationen das laufende Gesetzgebungsverfahren ernstlich beeinträchtigen würde. Das Vorbringen des Rates (im Wesentlichen Gefährdung der Einigung im Rat, Verzicht der Mitgliedstaaten auf Unterbreitung schriftlicher Vorschläge, Sensibilität des Inhalts der auf Beschränkung der Transparenz abzielenden Vorschläge und Beeinflussung der mitgliedstaatlichen Delegationen durch die öffentliche Meinung) sei zu abstrakt und könne insbesondere nicht begründen, warum gerade im Gesetzgebungsverfahren die Verbreitung der fraglichen Information zu verweigern sei. Dies begründet das Gericht im Einzelnen in Bezug auf jedes vom Rat vorgebrachte Argument in gut nachvollziehbarer Weise. Darüber hinaus ist aber auch ganz allgemein darauf hinzuweisen, dass die Argumentation des Rates letztlich darauf hinausläuft, den (vollständigen) Zugang zu im Laufe eines Gesetzgebungsverfahrens unterbreiteten Vorschlägen immer verweigern zu können, bestehen die geltend gemachten „Gefahren" doch letztlich in jedem Gesetzgebungsverfahren, was insbesondere für die Anliegen der Vermeidung öffentlichen Drucks sowie für die Gefahr des Verzichts auf schriftliche Stellungnahmen gilt. Dies aber dürfte der grundsätzlichen Wertung nicht

---

104 EuGH, Rs. C-506/08 P (Schweden/MyTravel und Kommission), Urt. v. 21.7.2011, EuZW 2012, 22. Allerdings ändern auch diese Grundsätze nichts daran, dass der Zugang auch dann verweigert werden kann, wenn der Beschluss bereits gefasst ist, vgl. etwa EuG, Rs. T-204/99 (Matilla), Slg. 2002, II-2265, Ziff. 73, wo es um die Zulässigkeit der fortdauernden Geheimhaltung des Entwurfs einer zwischenzeitlich veröffentlichten Erklärung ging.
105 Vgl. EuG, Rs. T-233/09 (Access Info Europe/Rat), Urt. v. 22.3.2011.

6. Kapitel Allgemeine Regeln

nur der VO 1049/2001 zuwiderlaufen, sondern auch in einem Spannungsverhältnis zu der in einem demokratischen System notwendigen Transparenz des Gesetzgebungsverfahrens stehen. Daher kann wohl allgemein formuliert werden, dass im Rahmen des Gesetzgebungsverfahrens unterbreitete Vorschläge nur im Falle des Nachweise spezifischer Gefahren für den Entscheidungsprozess unter die Ausnahme des Art. 4 Abs. 3 Uabs. 1 VO 1049/2001 fallen, was nur in Ausnahmefällen vorstellbar ist.

Speziell für Anträge auf **Zugang zu Umweltinformationen** sieht Art. 6 Abs. 1 S. 1 VO 1367/2006 vor, dass bei bestimmten Ausnahmen (nämlich dem Schutz der geschäftlichen Interessen einer natürlichen oder juristischen Person sowie dem Schutz des Zwecks von Inspektions- und Audittätigkeiten, nicht aber von Untersuchungstätigkeiten) immer dann vom Vorliegen eines überwiegenden öffentlichen Interesses an der Verbreitung auszugehen ist, wenn die angeforderten Informationen Emissionen in die Umwelt betreffen. M.a.W. darf bei Vorliegen dieser Voraussetzungen keine konkrete Interessenabwägung mehr durchgeführt werden, sondern diese erfolgte bereits abstrakt in Art. 6 Abs. 1 S. 1 VO 1367/2006, so dass der Zugang in den von dieser Bestimmung erfassten Fällen zu gewähren ist, da ein solches Interesse in Bezug auf den Zugang zu den erwähnten Informationen über Emissionen immer vorliegt. 29

Art. 6 Abs. 2 VO 1367/2006 erweitert – in Anlehnung an Art. 4 Abs. 2 lit. h) RL 2003/4 – darüber hinaus die Ausnahmetatbestände der VO 1049/2001 in dem Sinn, dass zusätzlich zu den in Art. 4 VO 1049/2001 genannten Gründen ein Zugang zu Umweltinformationen auch dann verweigert werden kann, wenn die Bekanntgabe der Informationen negative Auswirkungen auf den Schutz der Umweltbereiche hätte, auf die sich die Informationen beziehen (z.B. Brutstätten seltener Tierarten). Diese Ausnahmebestimmung erweitert also für Umweltinformationen den Ausnahmekatalog der VO 1049/2001 und ist in seinem Anwendungsbereich ergänzend zu berücksichtigen. Dies impliziert, dass zwei unterschiedliche Regime bestehen: Handelt es sich um einen Antrag auf Zugang zu Umweltinformationen, ist ein weiterer Kreis von Ausnahmen anwendbar als bei sonstigen Anträgen auf Zugang zu Dokumenten. Dies dürfte insofern auf Schwierigkeiten stoßen, als nicht immer von vornherein klar sein wird, ob sich ein Antrag auf Umweltinformationen bezieht und ein und derselbe Antrag auch verschiedene Materien beschlagen kann. 30

Im Übrigen decken sich die Ausnahmetatbestände teilweise mit denjenigen in Art. 4 RL 2003/4 (Umweltinformationsrichtlinie)[106], so dass es jedenfalls nicht ausgeschlossen ist, auf die diesbezügliche Rechtsprechung zurückzugreifen, wenn die Zielsetzungen der VO 1049/2001 auch einiges über diejenige der RL 2003/4 hinausgehen bzw. differieren, sowohl in materieller Hinsicht als auch in Bezug auf die verpflichteten Organe und letztlich auch die Zielsetzungen: Während sich die RL 2003/4 auf den Zugang zu Umweltinformationen, die sich bei mitgliedstaatlichen Behörden befinden, beschränkt, und ihr Hintergrund letztlich in erster Linie in der Verbesserung der effektiven Beachtung des EU-Umweltrechts zu sehen sein dürfte, ist die VO 1049/2001 im Zusammenhang mit der Sicherstellung von Transparenz bei den EU-Organen und den erwähnten Zielsetzungen des Art. 15 Abs. 3 AEUV zu sehen. Immerhin figurieren aufgrund des in materieller Hinsicht viel weiteren Zugangsrechts der VO 1049/2001 in Art. 4 Abs. 1–3 VO 1049/2001 einige Ausnahmetatbestände, die beim Zugang zu Umweltinformationen von vornherein kaum eine Rolle zu spielen vermögen, wie etwa die Währungsstabilität. 31

ee) Verfahren und Modalitäten

Art. 4 Abs. 4, 5 VO 1049/2001 sind besondere **Verfahrensschritte** für die Zurverfügungstellung von Dokumenten, die von **Dritten** (**einschließlich der Mitgliedstaaten**) stammen, zu entnehmen. Dabei liegen Dokumente Dritter dann vor, wenn sie nicht von dem jeweiligen Organ selbst stammen bzw. erstellt sind; eine Erstellung kann aber dann gegeben sein, wenn das Organ fremde Daten selbst bearbeitet oder modifiziert.[107] In Bezug auf Art. 4 Abs. 5 VO 1049/2001 ist streitig, 32

---

[106] Zu dieser nocn unten 6. Kap. Rn. 39 ff.
[107] Ausführlich zur Problematik *Epiney*, Kommentar zur VO 1049/2001, in: Umweltinformationsfreiheitsrecht, D III 2.2, Rn. 65 ff.

ob den Mitgliedstaaten durch diese Vorschrift eine Art „Vetorecht" eingeräumt wird, was die Rechtsprechung jedoch grundsätzlich verneinen dürfte, da auch die Mitgliedstaaten an die VO 1049/2001 gebunden sind. So hielt der Gerichtshof fest, die Mitgliedstaaten hätten nach Art. 4 Abs. 5 VO 1049/2001 in Bezug auf von ihnen stammende Dokumente gerade kein „absolutes" Vetorecht, würde doch ansonsten die Effektivität des Zugangsrechts teilweise in Frage gestellt. Vielmehr sei die „vorherige Zustimmung" in Art. 4 Abs. 5 VO 1049/2001 im Sinne einer „Art von Zustimmung zum Fehlen von Ausnahmegründen" nach Art. 4 Abs. 1-3 VO 1049/2001 zu verstehen. Dies bedeute, dass das Organ und der Mitgliedstaat sich miteinander ins Benehmen setzen müssen, um die korrekte Anwendung der Ausnahmebestimmungen des Art. 4 VO 1049/2001 zu gewährleisten; allerdings sei der Zugangsantrag im Falle eines begründeten Widerspruchs seitens des Mitgliedstaates von dem Organ zwingend abzulehnen, wobei in der Begründung auf die von dem Mitgliedstaat geltend gemachten Gründe hinzuweisen ist.[108] Damit geht es also gerade nicht um ein „Vetorecht" der Mitgliedstaaten, die vielmehr vollumfänglich ebenfalls an die in der VO 1049/2001 vorgesehenen Ausnahmen gebunden sind, sondern lediglich um das Recht der Mitgliedstaaten, ihre Ansicht in Bezug auf die Auslegung der Ausnahmegründe durchsetzen zu können, wobei die entsprechende Entscheidung des Organs dann aber mit dem Argument des Verstoßes gegen die VO 1049/2001 angefochten werden kann.

Dieser Ansatz wurde in der Rs. T-362/08[109] vom Gericht aufgegriffen. Es hält fest, die Ausnahme des Art. 4 Abs. 5 VO 1049/ impliziere, dass es den Organen – *in concreto* der Kommission – nicht freistehe, das fragliche Dokument zu verbreiten; allerdings handle es sich nicht um ein „Vetorecht", sondern um eine Art Zustimmung zum Fehlen von Ausnahmegründen nach Art. 4 Abs. 1-3 VO 1049/20001, so dass der Mitgliedstaat der Verbreitung von ihm stammender Dokumente nur widersprechen dürfe, wenn er sich auf die Ausnahmen des Art. 4 Abs. 1-3 VO 1049/2001 stützt und dies hinreichend begründet. Die Kommission bleibe für die Rechtmäßigkeit der Entscheidung verantwortlich, so dass sie das Vorliegen der Ausnahmen und ihre Begründung zu prüfen habe. Dieser Ansatz dürfte implizieren, dass die Kommission ggf. den Zugang zu gewähren hat, nämlich dann, wenn sich der Mitgliedstaat nicht auf die Ausnahmen stützt oder deren Vorliegen unzureichend begründet, wobei das Gericht es offen lässt, ob die Kommission zu einer *Prima-facie*-Prüfung oder einer umfassenden Prüfung des Vorliegens der Widerspruchsgründe verpflichtet ist.[110]

33 Im Übrigen kann (jedenfalls soweit der Zugang zu Umweltinformationen betroffen ist) ein irgendwie geartetes „Vetorecht" der Mitgliedstaaten nicht zum Zuge kommen, da die Aarhus-Konvention ein solches nicht kennt, so dass ein möglicher „Einspruch" eines Mitgliedstaates jedenfalls dann zu ignorieren wäre, wenn der Antrag auf Zugang ein Dokument betrifft, zu dessen Herausgabe eine Pflicht aufgrund der Aarhus-Konvention besteht. So sind die Organe in Bezug auf Umweltinformationen verpfichtet, den Zugang bei Vorliegen der Voraussetzungen – die durch das Organ zu beurteilen sind – zu gewähren, unabhängig davon, wie der Mitgliedstaat, von dem das Dokument stammt, hierzu Stellung nimmt.

34 Gemäß Art. 4 Abs. 6 VO 1049/2001 ist ggf. - d. h., wenn ein Ausnahmetatbestand nur für Teile eines Dokuments einschlägig ist – der Zugang zu den übrigen Teilen des Dokuments zu gewäh-

---

108 EuGH, Rs. C-64/05 P (Schweden/Kommission), Slg. 2007, I-11389.
109 EuG, Rs. T-362/08 (Internationaler Tierschutz-Fonds), Urt. v. 13.1.2011. In dem Rechtsmittelurteil des Gerichtshofs (EuGH, Rs. C-135/11 P (IFAW Internationaler Tierschutzfonds), Urt. v. 21.6.2012) bestätigte der Gerichtshof diesen Ansatz, wobei er aber auch darauf hinweist, dass das Gericht im Falle der Anfechtung einer den Zugang ablehnenden Entscheidung eine Überprüfung durchzuführen habe, die über eine Prima-facie-Prüfung hinausgeht und eine materielle Beurteilung der Anwendbarkeit der Ausnahmen verlangt.
110 Im Ergebnis stützte das Gericht die Entscheidung der Kommission, den Zugang zu einem Schreiben des damaligen Bundeskanzlers Schröder – der sich in diesem offenbar für die Zulässigkeit des Baus eines privaten Flughafens im Natura-2000-Gebiet „Mühlenberger Loch" ausgesprochen hatte – zu verweigern, wobei auf Art. 4 Abs. 1 lit. a) VO 1049/2001, wonach der Schutz öffentlicher Interessen im Hinblick auf die Wirtschaftspolitik eines Staates die Verweigerung des Zugangs zu rechtfertigen vermag, zurückgegriffen wurde. *Krämer*, JEEPL 2011, 225 ff. weist in diesem Zusammenhang zutreffend darauf hin, dass eine solche Ausnahme in der Aarhus-Konvention nicht vorgesehen ist, diese aber integraler Bestandteil des EU-Rechts sei und die Verordnung nach ihrem Art. 2 Abs. 6 sich aus völkerrechtlichen Abkommen ergebende Zugangsansprüche nicht berühre, so dass diese Ausnahmebestimmung hier nicht hätte herangezogen werden dürfen. In dem Rechtsmittelurteil des Gerichtshofs (EuGH, Rs. C-135/11 P (IFAW Internationaler Tierschutzfonds), Urt. v. 21.6.2012) wurde das Urteil des Gerichts zwar aufgehoben, jedoch lediglich aus verfahrensrechtlichen Gründen, ohne dass der Gerichtshof auf diesen Aspekt eingegangen wäre.

ren.¹¹¹ Bei der Prüfung, ob ein **teilweiser Zugang** gewährt werden kann, ist nicht auf Dokumentenkategorien, sondern auf die konkreten, in den entsprechenden Dokumenten enthaltenen Informationen abzustellen;¹¹² denn die konkreten Informationen sind ja ausschlaggebend dafür, ob und inwieweit ein Ausnahmetatbestand greifen kann oder nicht. Dies impliziert dann auch ggf. eine Entfernung oder Unkenntlichmachung sensibler Passagen von Dokumenten.¹¹³ Das Organ hat bei Anträgen auf Zugang zu Dokumenten – falls es eine Ablehnung des Zugangs in Erwägung zieht – jedenfalls immer zu prüfen, ob ein teilweiser Zugang in Betracht kommt. Unterlässt das Organ diese Prüfung, zieht dies zwingend die Nichtigkeit der angefochtenen Entscheidung nach sich, unabhängig von der Frage, ob ein solcher teilweiser Zugang angesichts der Umstände überhaupt in Betracht gekommen wäre.¹¹⁴

Ein Antrag auf Zugang zu einem Dokument ist **schriftlich** zu stellen und muss **hinreichend präzise** sein (Art. 6 Abs. 1, 2 VO 1049/2001). Über den Antrag ist grundsätzlich (vgl. Art. 7 Abs. 3 in Bezug auf eine ausnahmsweise gegebene Verlängerungsmöglichkeit) innerhalb von **15 Arbeitstagen** zu entscheiden (Art. 7 Abs. 1 VO 1049/2001); dem Antragsteller steht bei (teilweiser) Ablehnung des Antrags das Recht zu, innerhalb von 15 Arbeitstagen einen Zweitantrag zu stellen, der ebenfalls innerhalb von grundsätzlich 15 Arbeitstagen zu bearbeiten ist. Die Entscheidung ist im Falle der (teilweisen) Ablehnung zu **begründen**, wobei die Rechtsprechung hier relativ strenge Anforderungen anlegt, deren Hintergrund die Erwägung ist, dass der Antragsteller seine Rechte wahrnehmen können muss und der Richter ggf. in die Lage versetzt werden muss, die Rechtmäßigkeit der angegriffenen Entscheidung nachzuprüfen.¹¹⁵

35

Daher vermöge eine schlichte Bezugnahme auf die Ausnahmegründe nicht zu genügen, sondern es sei darzulegen, warum die gewünschten Dokumente unter die entsprechenden Ausnahmen fallen;¹¹⁶ die Begründung müsse eine auf die konkret verlangten Dokumente bzw. Informationen bezogene Darlegung der einzelnen Geheimhaltungserfordernisse enthalten¹¹⁷ und so konkret wie möglich ausfallen (ohne dass die Geheimhaltungsinteressen gefährdet werden).¹¹⁸ Im Falle von vorzunehmenden Abwägungen müsse erkennbar sein, dass das Organ eine Abwägung vorgenommen hat und aus welchen Gründen es zu einem (ablehnenden) Ergebnis gelangt ist.¹¹⁹ Beruft sich das Organ sowohl auf zwingende Ausnahmetatbestände als auch auf solche, bei denen eine Abwägung vorzunehmen ist, müsse es angeben, hinsichtlich welcher Kategorien von Dokumenten es sich auf welche Ausnahmetatbestände stützt; im Falle des Abstützens auf Ausnahmen, bei denen eine Abwägung vorzunehmen ist, müsse die Begründung auch erkennen lassen, dass es die erforderliche Abwägung vorgenommen hat.¹²⁰ Im Falle der Ablehnung eines Zweitantrages sei eine pauschale Wiederholung der Gründe, die zur Erstablehnung führten, jedenfalls dann ungenügend, wenn der Antragsteller im Zweitantrag auf den ersten Blick plausible Argumente, die für einen Zugang sprechen könnten, anführt.¹²¹

---

111 So auch schon EuG, Rs. T-14/98 (Hautala), Slg. 1999, II-2489, Ziff. 87.
112 EuG, Rs. T-123/99 (JT's Corporation), Slg. 2000, II-3269, Ziff. 46 ff.; EuG, Rs. T-188/98 (Kuijer), Slg. 2000, II-1959, Ziff. 39 ff.
113 EuG, Rs. T-188/98 (Kuijer), Slg. 2000, II-1959, Ziff. 56.
114 EuGH, Rs. C-353/01 P (Mattila), Slg. 2004, I-1073. Zur Ausnahme vom Zugangsanspruch im Falle eines "unangemessenen Verwaltungsaufwands" EuG, Rs. T-211/00 (Kuijer), Slg. 2002, II-485, Ziff. 57; hierzu eher kritisch *Epiney*, Kommentar zur VO 1049/2001, in: Umweltinformationsfreiheitsrecht, D III 2.2, Rn. 72.
115 Ausdrücklich EuG, Rs. T-188/98 (Kuijer), Slg. 2000, II-1959, Ziff. 36; EuG, Rs. C-123/99 (JT's Corporation), Slg. 2000, II-3269, Ziff. 63; EuG, Rs. T-237/05 (Editions Jacob/Kommission), Urt. v. 9.6.2011, jeweils m.w.N.
116 EuG, Rs. T-105/95 (WWF UK), Slg. 1997, II-313, Ziff. 64; EuG, Rs. T-174/95 (Svenska Journalistförbundet), Slg. 1998, II-2289, Ziff. 117; EuG, Rs. T-124/96 (Interporc), Slg. 1998, II-231, Ziff. 53 ff.
117 EuG, Rs. C-123/99 (JT's Corporation), Slg. 2000, II-3269, Ziff. 64 ff.; EuG, Rs. T-188/98 (Kuijer), Slg. 2000, II-1959, Ziff. 38 ff.
118 Vgl. EuG, Rs. T-188/98 (Kuijer), Slg. 2000, II-1959, Ziff. 37 ff.; EuG, Rs. T-105/95 (WWF UK), Slg. 1997, II-313, Ziff. 65; EuG, Rs. T-174/95 (Svenska Journalistförbundet), Slg. 1998, II-2289, Ziff. 123; weniger weitgehend allerdings der in Bezug auf den Antrag einer einstweiligen Anordnung ergangene Beschluss in EuG, Rs. T-610/97 R (Carlsen), Slg. 1998, II-485, Ziff. 39 ff. Ausdrücklich betonend, dass die Begründungspflicht nicht dazu führen dürfe, dass die geheimzuhaltenden Dokumente bzw. Informationen mitgeteilt werden müssen, EuG, Rs. T-204/99 (Matilla), Slg. 2002, II-2265, Ziff. 87.
119 EuG, Rs. T-II-194/94 (Guardian), Slg. 1995, II-2765, Ziff. 62 ff.
120 EuG, Rs. T-174/95 (Svenska Journalistförbundet), Slg. 1998, II-2289, Ziff. 125.
121 EuG, Rs. T-188/98 (Kuijer), Slg. 2000, II-1959, Ziff. 46 ff.

36 Der **Zugang** zu einem Dokument wird durch Einsichtnahme vor Ort oder durch Bereitstellung einer Kopie (ggf. auf elektronischem Weg) gewährt, wobei der Antragsteller wählen kann. Die Kosten für die Anfertigung und Übersendung von Kopien können in Rechnung gestellt werden, wobei höchstens die tatsächlich angefallenen Kosten verrechnet werden dürfen.[122] Die Einsichtnahme vor Ort, Kopien von weniger als 20 Seiten und der direkte Zugang in elektronischer Form oder über das Register sind jedenfalls kostenlos (Art. 10 Abs. 1, 3 VO 1049/2001).[123] Betrifft ein Antrag sehr umfangreiche Dokumente oder sehr viele Dokumente, so kann sich das Organ mit dem Antragsteller informell beraten, um eine angemessene Lösung zu finden (Art. 6 Abs. 3 VO 1049/2001). Jedenfalls dürfen diese informellen Beratungen aber nicht dazu führen, dass das Zugangsrecht vereitelt wird, so dass hier wohl nur eine einvernehmliche Lösung denkbar ist.

ff) Rechtsschutz und Beschwerdemöglichkeiten

37 Gegen eine Ablehnung des Antrags auf Einsicht in Rats- oder Kommissionsdokumente stehen dem Bürger zwei Rechts- oder Beschwerdemittel zur Verfügung: Erstens kann er sich mittels einer **Nichtigkeitsklage** nach Art. 263 Abs. 4 AEUV an den EuGH wenden. Zweitens kann er sich – falls er seinen Wohnsitz in der EU hat oder Unionsbürger ist – an den **Bürgerbeauftragten** wenden, der der Sache nachzugehen und dem betreffenden Organ sowie dem Parlament einen Bericht vorzulegen hat.[124]

gg) Perspektiven

38 Die VO 1049/2001 und ihre Anwendung werden von den Unionsorganen und interessierten Kreisen selbstredend ständig beobachtet.[125] Vor diesem Hintergrund sind die Bestrebungen im Hinblick auf eine Revision der VO 1049/2001 zu sehen: Die Kommission hat einen entsprechenden Vorschlag unterbreitet,[126] dem ein Grünbuch der Kommission, in dem diese verschiedene Varianten bzw. Möglichkeiten der Verbesserung des Zugangs zu Dokumenten vorstellte, vorausgegangen war.[127] Zur Debatte stehen insbesondere folgende Punkte: Einbezug der VO 1367/2006 in die VO 1049/2001, legislativer „Nachvollzug" der Rechtsprechung von EuG und EuGH, klarere Regelung in Bezug auf die Berücksichtigung des Schutzes des Privatlebens sowie wirtschaftlicher oder geschäftlicher Interessen, Regelung der „guten Verwaltungspraxis", präzisere Begriffsbestimmung für „Dokument im Besitz des Organs" und eine aktive Informationspolitik der Organe durch die „automatische" Veröffentlichung von mehr Informationen. Insgesamt enthält der Vorschlag eher vorsichtige Anpassungen der VO 1049/2001 und dürfte

---

122 S. in diesem Zusammenhang *Jans/Vedder*, European Environmental Law, 373, die zutreffend darauf hinweisen, dass hier ein gewissen Spannungsverhältnis zur RL 2003/4 besteht, in deren Rahmen lediglich ein vertretbarer Betrag in Rechnung gestellt werden darf (s.u. 6. Kap. Rn. 46) und im Übrigen Art. 4 Abs. 8 AK lediglich eine Gebühr in angemessener Höhe vorsieht, womit die Überwälzung der „Vollkosten" in Widerspruch stehen kann.
123 S. auch Art. 6 Abs. 1, 2 VO 1049/2001, wonach bei veröffentlichten Dokumenten der Verpflichtung zur Gewährung des Zugangs auch dadurch nachgekommen werden kann, dass der Antragsteller darüber informiert wird, wie er das verlangte Dokument erhalten kann.
124 Hierzu in diesem Zusammenhang *Bartelt/Zeitler*, EuR 2003, 487 (500 f.).
125 Vgl. zur tatsächlichen Inanspruchnahme mit statistischen Nachweisen Calliess/Ruffert-*Wegener*, EUV/AEUV, Art. 15 AEUV, Rn. 49. S. auch die Zahlennachweise in Bezug auf Zugangsgesuche bei der Kommission in EuZW 2011, 692 f.
126 Vorschlag für eine Verordnung des Europäischen Parlaments und des Rates über den Zugang der Öffentlichkeit zu Dokumenten des Europäischen Parlaments, des Rates und der Kommission, KOM (2008) 229 endg. Hierzu etwa *Harden*, EPL 2009, 239 ff.; *Maes*, RDUE 2008, 577 ff.; zum Revisionsbedarf auch schon *Maes*, RDUE 2007, 411 ff.; *Kranenborg*, EPL 2006, 251 ff.
127 Vgl. das Grünbuch „Recht auf Zugang der Öffentlichkeit zu Dokumenten im Besitz der Organe der Europäischen Gemeinschaft. Ein Überblick", KOM (2006) 194 endg. S. hierzu auch Agence Europe vom 19. April 2007, 8. S. auch die kritischen Bemerkungen von *Brisard*, RMCUE 2007, 127 ff. (m.w.N., auch auf in eine ähnliche Richtung gehende Stellungnahmen des EP), zur Ausgestaltung der VO 1049/2001, der insbesondere die fehlende Präzision in Bezug auf den Zugang zu bestimmten Dokumenten der Verwaltung bemängelt. Zum „Reformbedarf" der Verordnung auch *Kranenborg*, EPL 2006, 251 ff.

6. Kapitel Allgemeine Regeln

daher keine grundlegenden Modifikationen mit sich bringen. Gleichwohl scheint er aber derzeit politisch blockiert zu sein.[128]

b) Die RL 2003/4 über den Zugang der Öffentlichkeit zu Umweltinformationen

Während die VO 1049/2001 den Zugang zu bei den Unionsorganen vorhandenen Informationen sicherstellen will, zielt die RL 2003/4[129] darauf ab, den Einzelnen Einsicht in Informationen zu gewähren, die sich bei den **Behörden der Mitgliedstaaten** befinden.[130] Hintergrund dieser Richtlinie ist in erster Linie die Förderung des effektiven Vollzugs des EU-Umweltrechts:[131] Da dem Einzelnen über die ihm offen stehende Möglichkeit der Einreichung von Beschwerden gegen die Verletzung vertraglicher Pflichten durch die Mitgliedstaaten bei der Kommission, die dann ihrerseits ggf. entsprechende Schritte gegen vertragsuntreue Mitgliedstaaten einleiten kann, sowie die Geltendmachung ihrer Rechte auf nationaler Ebene eine wichtige Rolle bei der Kontrolle der effektiven Beachtung unionsrechtlicher Vorgaben zukommt,[132] soll durch die Richtlinie sichergestellt werden, dass sie auch über die hierfür notwendigen Informationen verfügen. Darüber hinaus besteht ein gewisser Zusammenhang mit den in zahlreichen unionsrechtlichen Vorgaben vorgesehenen Beteiligungsrechten Einzelner, ganz abgesehen davon, dass eine gewisse Öffentlichkeit des Handelns öffentlicher Organe auch allgemein ein wichtiges Element in einem demokratischen Rechtsstaat darstellt.[133]

Die RL 2003/4 ersetzte die RL 90/313[134], was sich in erster Linie[135] im Vorfeld der geplanten Ratifikation der Aarhus-Konvention[136] als notwendig erwies:[137] Die RL 90/313 genügte nämlich in verschiedener Hinsicht nicht den Anforderungen der Aarhus-Konvention,[138] so dass insofern insbesondere folgende Aspekte in der RL 2003/4 – die vom Bestreben gekennzeichnet ist, den Zugangsanspruch insgesamt im Vergleich zur RL 90/313 zu erweitern bzw. jedenfalls zu präzisieren – von Bedeutung sind:[139]

39

---

128 Vgl. in diesem Zusammenhang auch die Hinweise bei Calliess/Ruffert-*Wegener*, EUV/AEUV, Art. 15 AEUV, Rn. 22.
129 Die auf Art. 192 AEUV bzw. die Vorgängernorm gestützt wurde, entsprechend ihrem Schwerpunkt und hauptsächlichem Regelungsgegenstand. Zur Rechtsgrundlage in Bezug auf die Vorgängerrichtlinie 90/313 *Schröder*, ZHR 1991, 471 (473 ff.); s. auch *Kremer*, NVwZ 1990, 843; zur Entstehungsgeschichte der RL 90/313 *Gurlit*, ZRP 1989, 253; *Engel*, Akteneinsicht und Recht auf Information, 184 ff.; v. *Schwanenflügel*, DVBl. 1991, 93 (97).
130 Zur RL 2003/4 – teilweise auch im Vergleich zur RL 90/313 – etwa *Schink*, EurUP 2003, 27 (29 ff.); *Schrader*, ZUR 2004, 130 ff.; *Butt*, NVwZ 2003, 1071 (1072 ff.); *Kämmerer*, in: Aktuelle Rechtsfragen und Probleme des freien Informationszugangs, 123 (129 ff.); *Klein*, Umweltinformation, 237 ff. (letzterer auch im Vergleich zu anderen Regelungen).
131 Zur Rolle des Einzelnen für die Förderung des effektiven Vollzugs des Unionsrechts bereits oben 3. Kap. Rn. 65 ff., 5. Kap. Rn. 157 ff.
132 S, hierzu bereits oben 5. Kap. Rn. 157 ff.
133 Vgl. zusammenfassend zu den verschiedenen Hintergründen von Informationszugangsrechten bzw. Transparenzgrundsätzen öffentlichen Handelns, m.w.N., *Epiney*, in: Aktuelle Rechtsfragen und Probleme des freien Informationszugangs, 27 (28 ff.).
134 RL 90/313 über den freien Zugang zu Informationen über die Umwelt, ABl. 1990 L 158, 56. Ausführlich zu dieser Richtlinie, ihrer Entstehungsgeschichte und ihren (möglichen) Zielsetzungen *Strohmeyer*, Europäisches Umweltinformationszugangsrecht, insbes. 21 ff.; s. auch *Wilsher*, EPL 2001, 671 (673 ff.); *Wegener*, in: Schomerus u.a., HK-UIG, Europarechtliche Grundlagen; *Worm*, Umsetzung der Umweltinformationsrichtlinie, 3 ff.
135 Daneben sollte der bis dahin bei der Anwendung der RL 90/313 festgestellten Schwierigkeiten und neuen technologischen Entwicklungen Rechnung getragen werden. Vgl. den Kommissionsvorschlag, KOM (2000) 402 endg.
136 Zu dieser oben 6. Kap. Rn. 4 ff.
137 Zu den Hintergründen des Erlasses der RL 2003/4 etwa *Maschke*, elni 2/2000, 17 f. Spezifisch zu den Vorgaben der Aarhus-Konvention in Bezug auf Umweltinformationen *Wilsher*, EPL 2001, 671 (679 ff.); s. auch *Beer/Wesseling*, DVBl. 2006, 133 ff.; *Werres*, DVBl. 2005, 611 ff.
138 Wenn sie dieser auch als Vorbild gedient hatte.
139 Während grundsätzlich an Struktur und Ausgestaltung der RL 90/313 angeknüpft wurde.

- umfassendere Definition des Anspruchsgegenstands (Umweltinformationen) in Art. 2 Abs. 1 RL 2003/4;[140]
- genauere Vorgaben im Hinblick auf die aktive Verpflichtung zur Verbreitung bestimmter Informationen unter aktiverer Nutzung moderner Computertechnologie (Art. 7 RL 2003/4);
- ausdrückliche Ausweitung des Kreises der Verpflichteten auch auf Stellen außerhalb der öffentlichen Verwaltung, die Dienste von allgemeinem Interesse erbringen (Art. 2 Abs. 2 RL 2003/4), womit die Richtlinie wohl über die Vorgaben der Aarhus-Konvention hinausgeht;[141]
- Verpflichtung zur Abwägung des öffentlichen Interesses an einer Weitergabe von Informationen mit dem Einzelinteresse an der vertraulichen Behandlung (Art. 4 Abs. 2 RL 2003/4);
- teilweise Präzisierung der Ausnahmetatbestände;
- Präzisierung der „Ausnahme von der Ausnahme": Informationen über Emissionen in die Umwelt sollen nicht von den Ausnahmetatbeständen erfasst werden, Art. 4 Abs. 2 RL 2003/4;
- ausdrückliche Verpflichtung der Behörden zur auszugsweisen Zugänglichmachung der Dokumente im Falle eines nur teilweisen Greifens von Ausnahmetatbeständen (Art. 4 Abs. 4 RL 2003/4);
- präzisere Umschreibung gewisser Modalitäten und der Gebühren (Art. 3 Abs. 2, 3, 4, 5, Art. 4 Abs. 5, Art. 5 RL 2003/4);
- Präzisierung der Vorgaben an die Eröffnung des Rechtsweges (Art. 6 RL 2003/4).

Soweit die RL 2003/4 an die RL 90/313 anknüpft, kann auch die in Bezug auf die RL 90/313 ergangene Rechtsprechung für die Auslegung der Nachfolgerichtlinie herangezogen werden.

40 Die Richtlinie schreibt in erster Linie den Grundsatz des **Rechts Einzelner auf Zugang zu bei Behörden vorhandenen Umweltinformationen** fest und formuliert die anwendbaren (Verfahrens-) **Modalitäten** sowie die **Ausnahmetatbestände** des erwähnten Informationsrechts.

Daneben soll auch sichergestellt werden, dass Umweltinformationen öffentlich zugänglich gemacht und verbreitet werden, um eine möglichst umfassende und systematische Verfügbarkeit von Umweltinformationen in der Öffentlichkeit zu erreichen (Art. 1 RL 2003/4). Art. 7 RL 2003/4 enthält diesbezüglich genauere Vorgaben.[142]

41 Neben der RL 2003/4 gibt es in bereichsspezifischen Rechtsakten auch **sektorielle Informationszugangsrechte**, die ein Recht auf Zugang zu bestimmten Umweltinformationen vorsehen, wobei ein solches Zugangsrecht ggf. weiter gehen kann als das in der RL 2003/4 geregelte allgemeine Zugangsrecht (etwa in Bezug auf Dokumente Dritter oder die Reichweite der Ausnahmen). Bei einer solchen Konstellation verdrängen die spezifischen Zugangsregelungen letztlich als *leges speciales* den allgemeinen Zugangsanspruch, dies jedenfalls insoweit, als sie weitergehende Zugangsrechte verankern.[143] Nicht mit der Aarhus-Konvention vereinbar dürfte es sein, in spezielleren Regelungen, die für bestimmte Bereiche ebenfalls Zugangsrechte zu Umweltinformationen verankern, weniger weitgehende Informationsrechte als diejenigen, die in der RL 2003/4 verankert sind, vorzusehen.

Illustriert werden kann dies an der das Gentechnikrecht betreffenden Rs. C-552/07[144], in der der Zugang zu Informationen, die im Rahmen eines Verfahrens im Hinblick auf die Freisetzung von GVO in die Umwelt erhoben bzw. bei der Behörde eingereicht werden, zur Debatte stand. Konkret ging es um die Auslegung von

---

140 Hierzu insbesondere *Schink*, EurUP 2003, 27 (29); s. auch *Nowak*, DVBl. 2004, 272 (273 ff.).
141 Ebenso in Bezug auf den RL-Vorschlag (KOM 2000 402 endg.) *Wilsher*, EPL 2001, 671 (689 f.).
142 Darüber hinaus enthalten auch zahlreiche bereichsspezifische EU-Rechtsakte Pflichten zur Veröffentlichung bestimmter Umweltinformationen oder zur (gezielten) Information der (betroffenen) Öffentlichkeit, etwa im Zusammenhang mit der Durchführung von Verfahren. Vgl. die Systematisierung der im EU-Recht bestehenden Informationsrechte und Informationspflichten bei *Epiney*, in: Aktuelle Rechtsfragen und Probleme des freien Informationszugangs, 27 (31 ff.).
143 In diese Richtung wohl auch EuGH, Rs. C-266/09 (Stichting Natuur en Milieu), Urt. v. 16.12.2010, vgl. zu diesem Urteil *Epiney*, EurUP 2010, 128 (131 f.).
144 EuGH, Rs. C-552/07 (Commune de Sausheim), Slg. 2009, I-987.

6. Kapitel Allgemeine Regeln

Art. 25 Abs. 4 RL 2001/18 über die absichtliche Freisetzung genetisch veränderter Organismen,[145] wonach bestimmte Informationen – unter anderem der Ort der Freisetzung – keinesfalls als vertraulich behandelt werden dürfen, so dass der Öffentlichkeit jedenfalls Zugang zu diesen Informationen zu gewähren ist. Ausgehend von den Zielsetzungen der Richtlinie, den Schutz der menschlichen Gesundheit, die Grundsätze der Vorbeugung und der Vorsorge sowie die Transparenz der Maßnahmen zur Vorbereitung und zur Durchführung von Freisetzungen zu gewährleisten, hält der Gerichtshof fest, dass unter „Ort der Freisetzung" alle Informationen fallen, die der Anmelder den zuständigen Behörden des Mitgliedstaates im Rahmen des Verfahrens nach den Art. 6-8, 13, 17, 20, 23 RL 2001/18 vorgelegt hat, so dass damit nicht nur die geographische Bezeichnung i.e.S. erfasst wird, sondern auch der Zugang zu sonstigen Daten, wie etwa die Beschreibung des Ökosystems oder die Nähe zu offiziell anerkannten geschützten Biotopen oder Schutzgebieten, einzuräumen ist. Im Übrigen habe Art. 25 RL 2001/18 das Recht der Öffentlichkeit auf Akteneinsicht und etwaige Ausnahmen hiervon für den von der Richtlinie erfassten Bereich erschöpfend geregelt, so dass Erwägungen des Schutzes des öffentlichen Ordnung oder anderer gesetzlich geschützter Geheimnisse in Bezug auf diejenigen Informationen, die jedenfalls öffentlich zugänglich sein müssen, nicht geltend gemacht werden könnten. Hieran ändere auch der Umstand, dass ein derartiger öffentlicher Zugang zu internen Schwierigkeiten in dem betreffenden Mitgliedstaat führen könnte, nichts. Denn ein Mitgliedstaat könne sich nicht auf bei der Durchführung von Unionsrecht auftretende Schwierigkeiten (einschließlich solcher, die von Privatpersonen ausgehen) berufen, um die korrekte Anwendung des Unionsrechts zu unterlassen.

Das Urteil impliziert, dass – wie erwähnt – im Falle von spezifischen Sekundärregulungen in Bezug auf den Zugang der Öffentlichkeit zu bei Behörden befindlichen Informationen diese der insofern allgemeineren RL 2003/4 vorgehen, so dass entsprechende Gesuche auch auf der Grundlage dieser speziellen Vorgaben (bzw. der nationalen Umsetzungsbestimmungen) zu beurteilen sind; ein Rückgriff auf das allgemeine Zugangsrecht erübrigt sich dann insoweit, als die entsprechende Frage durch die spezifische Regelung erfasst ist, wobei die allgemeinen Informationszugangsregulungen jedoch für die nicht geregelten Fragen subsidiär zum Zuge kommen, sind diese doch als Mindeststandard jedenfalls zu beachten.

aa) Grundsatz: Recht Einzelner auf Zugang zu bei Behörden vorhandenen Umweltinformationen

Art. 3 Abs. 1 RL 2003/4 enthält das **Prinzip des Rechts auf Informationszugang**: Allen **natürlichen oder juristischen Personen** – wozu angesichts des systematischen Zusammenhangs der Regelungen der Richtlinie nicht die juristischen Personen des öffentlichen Rechts gehören dürften[146] – sind durch die Behörden auf Antrag ohne den Nachweis eines (besonderen) Interesses Informationen über die Umwelt zur Verfügung zu stellen. Durch den Verzicht auf das Erfordernis eines spezifischen Interesses wird die Verwaltung also allgemein zur Auskunft verpflichtet, während dies nach manchen nationalen Verwaltungsrechtsordnungen (nur) im Rahmen eines laufenden Verwaltungsverfahrens oder unter Nachweis eines (rechtlich geschützten) Interesses möglich war.[147] Die RL 2003/4 verpflichtet vor dem Hintergrund ihres Sinns und Zwecks sowie der Rechtsschutzklausel des Art. 6 RL 2003/4 – der ausdrücklich auch eine Rechtsweggarantie i.e.S. enthält – zur Gewährung einer **subjektiv-rechtlichen Position**. 42

Verpflichtet sind nach Art. 3 Abs. 1 i.V.m. Art. 2 Abs. 2 RL 2003/4 **„Behörden"**, wozu nicht nur alle Stellen der „klassischen" öffentlichen Verwaltung (Art. 2 Abs. 2 lit. a) RL 2003/4), sondern auch (natürliche oder juristische) Personen, die aufgrund innerstaatlichen Rechts Aufgaben der öffentlichen Verwaltung wahrnehmen (Art. 2 Abs. 2 lit. b) RL 2003/4),[148] und Personen, die 43

---
145 Zu dieser Richtlinie noch unten 8. Kap. Rn. 27 ff.
146 Vgl. in Bezug auf die RL 90/313 und das UIG BVerwG, NVwZ 1996, 400; *Theuer*, NVwZ 1996, 326 (327).
147 Zur „ursprünglichen" Rechtslage in Deutschland *Burmeister/Winter*, in: Öffentlichkeit von Umweltinformationen, 87 ff.; *Erichsen*, NVwZ 1992, 409 (413 f.); ausführlich *Engel*, Akteneinsicht und Recht auf Information, 11 ff.; *v. Schwanenflügel*, DVBl. 1991, 93 (94 f.); zur Rechtslage in anderen Mitgliedstaaten *v. Schwanenflügel*, DÖV 1993, 95 ff.; *Engel*, Akteneinsicht und Recht auf Information, 132 ff.; *Strohmeyer*, Europäisches Umweltinformationszugangsrecht, 210 ff.
148 Auch Gerichte können solche Behörden sein, sofern sie über Umweltinformationen verfügen, die sie außerhalb ihrer Rechtsprechungstätigkeit erhalten haben und die daher nicht in den Anwendungsbereich der Richtlinie fallen, vgl. EuGH, Rs. C-217/97 (Kommission/Deutschland), Slg. 1999, I-5087, Ziff. 20 ff. Zu diesem Urteil die Anmerkungen von *Wegener*, EuR 2000, 227 ff.; *Becker*, NVwZ 1999, 1187 ff.

unter ihrer Kontrolle oder derjenigen der öffentlichen Verwaltung „im Zusammenhang mit der Umwelt" öffentliche Zuständigkeiten haben, öffentliche Aufgaben wahrnehmen oder öffentliche Dienstleistungen erbringen (Art. 2 Abs. 2 lit. c) RL 2003/4), gehören. Damit sind umfassend alle mit öffentlichen Aufgaben betrauten Personen bzw. Stellen verpflichtet (unabhängig davon, ob sie mit „Umweltangelegenheiten" befasst sind oder nicht),[149] und Private werden insoweit einbezogen, als sie unter der Kontrolle dieser Personen „im Zusammenhang mit der Umwelt" im öffentlichen Interesse tätig werden.[150] Im Hinblick auf die Zielsetzung eines möglichst weitgehenden Zugangs dürfte sich in Bezug auf den letztgenannten Personenkreis regelmäßig im Zweifel eine eher weite Auslegung aufdrängen.[151]

44 **Gegenstand** des Zugangsanspruchs sind „Umweltinformationen". Dieser Begriff wird in Art. 2 Abs. 1 RL 2003/4 näher umschrieben, wobei die Definition denkbar weit gehalten ist,[152] wenn die Informationen auch in irgendeiner Form umweltbezogen sein müssen.[153] Von Bedeutung ist insbesondere, dass nicht nur der Zustand der Umwelt als solcher, sondern auch Informationen über diesbezügliche Tätigkeiten und wirtschaftliche Analysen darunter fallen, so dass auch betriebsinterne Ursachen von Umweltbelastungen erfasst werden. Weiter wird ausdrücklich der Zustand der menschlichen Gesundheit und Sicherheit, einschließlich der Kontamination der Lebensmittelkette erfasst, soweit diese durch den Zustand der Umwelt, Umweltfaktoren oder Maßnahmen, die auf die Umwelt einwirken, betroffen werden können.[154] Schließlich sind unter Umweltinformationen auch diejenigen wirtschaftlichen Analysen, die Maßnahmen zugrunde liegen, die sich auf die Umwelt auswirken können, zu verstehen. Gerade diese beiden letzten Aspekte der Definition des Begriffs der Umweltinformationen gehen auf die Vorgaben der Aarhus-Konvention zurück, lehnen sich eng an die Formulierungen derselben an und bilden die Grundlage für einen eher weit ausgestalteten Informationszugangsanspruch.[155]

45 Der Informationsanspruch ist aber auf die bei den **Behörden tatsächlich vorhandenen Informationen** beschränkt; es handelt sich also nicht um einen Informationsbeschaffungsanspruch.[156]

---

149 Allerdings können die Mitgliedstaaten „Gremien oder Einrichtungen", die in gesetzgebender Eigenschaft handeln, vom Anwendungsbereich der Richtlinie ausnehmen (Art. 2 Nr. 2 S. 2 RL 2003/4). Hierunter fallen nach der Rechtsprechung des Gerichtshofs auch Ministerien, soweit sie am Gesetzgebungsverfahren (z.B. durch die Vorlage von Gesetzesentwürfen) beteiligt sind, dies allerdings nur bis zum Abschluss des Gesetzgebungsverfahrens, vgl. EuGH, Rs. C-204/09 (Flachglas Torgau), Urt. v. 14.2.2012. Zu diesem Urteil *Much*, ZUR 2012, 288 ff.; *Hellriegel*, EuZW 2012, 456 ff.
150 Zum Einbezug Privater aus rechtsvergleichender Perspektive etwa *Schomerus/Bünger*, JEEPL 2011, 62 ff.; *Schomeraus/Tolkmitt*, ZUR 2009, 188 ff.
151 S. in diesem Zusammenhang auch *Jans/Vedder*, European Environmental Law, 370, die auf die weite Definition des Begriffs „Behörde" hinweisen.
152 Zu Einzelfragen der Auslegung des Begriffs etwa *Schendel*, EUDUR I, § 39, Rn. 4 ff.; *Butt*, NVwZ 2003, 1071 (1072); *Kämmerer*, in: Aktuelle Rechtsfragen und Probleme des freien Informationszugangs, 123 (129 ff.); die Weite des Begriffs betonend auch etwa *Jans/Vedder*, European Environmental Law, 369. Auch der EuGH geht in Bezug auf die RL 90/313 von einer weiten Auslegung des Begriffs aus, so dass insbesondere auch behördliche Stellungnahmen darunter fallen können, vgl. EuGH, Rs. C-321/96 (Mecklenburg/Kreis Pinneberg), Slg. 1998, I-3809, Ziff. 19 ff. Zu diesem Problemkreis auch *Vahldiek*, ZUR 1997, 144 ff.; *Vahldiek*, ZUR 1998, 200 (201). S. ansonsten zum Begriff der Umweltinformation aus der Rechtsprechung EuGH, Rs. C-233/00 (Kommission/Frankreich), Slg. 2003, I-6625, Ziff. 41 ff. (wo es um eine französische Regelung ging, wonach nur Verwaltungsdokumente erfasst sein sollen, was vom EuGH für unzulässig erachtet wurde).
153 Vgl. EuGH, Rs. C-316/01 (Glawischnig), Slg. 2003, I-5995, Ziff. 24 ff., wonach u.a. Angaben über den Hersteller eines Produkts nicht unbedingt zu Umweltinformationen gehören.
154 Hierzu aus der Rechtsprechung EuGH, Rs. C-266/09 (Stichting Natuur en Milieu), Urt. v. 16.12.2010: Der Begriff Umweltinformationen umfasse auch Informationen, die im Rahmen eines nationalen Verfahrens zur (Ausdehnung der) Zulassung eines Pflanzenschutzmittels im Hinblick auf die Festsetzung der in der Ess- oder Trinkwaren zulässigen Höchstmenge eines Schädlingsbekämpfungsmittels, eines Bestandteils hiervon oder von Abbauprodukten übermittelt werden (im Ausgangsfall ging es um Rückstände eines Pflanzenschutzmittels auf Lebensmitteln, konkret Salat).
155 Keine Umweltinformationen stellen jedoch die sog. Transaktionsdaten dar, die im Rahmen der Emissionshandelsrichtlinie (RL 2003/87) erhoben werden und insbesondere die Namen der Inhaber von übertragenden Konten und von Empfängerkonten für Transaktionen mit Emissionszertifikaten enthalten, vgl. EuGH, Rs. C-524/09 (Ville de Lyon), Urt. v. 22.12.2010.
156 Vgl. schon in Bezug auf die RL 90/313 *Röger*, NuR 1994, 125 (128).

6. Kapitel Allgemeine Regeln

Erfasst sind allerdings auch Informationen Dritter, wie sich aus dem systematischen Zusammenhang mit den Ausnahmebestimmungen (vgl. Art. 4 Abs. 2 lit. g) RL 2003/4, wonach die Interessen oder der Schutz solcher Dritter ein Ausnahmegrund darstellen kann)[157] ergibt.[158]
Die RL 2003/4 findet auf Entscheidungen der zuständigen Behörden Anwendung, die nach dem Ablauf der Umsetzungsfrist der RL 2003/4 ergangen sind, unabhängig von der Frage, ob die entsprechenden Informationen schon länger im Besitz der Behörde waren und der Antrag auf Zugang vorher gestellt wurde.[159]
Art. 8 RL 2003/4 sind Vorgaben über die Qualität der übermittelten Informationen (diese haben insbesondere möglichst aktuell, exakt und vergleichbar zu sein) zu entnehmen. Damit soll sichergestellt werden, dass die Informationen für den Empfänger von Nutzen sind.

bb) Modalitäten des Zugangs

In Bezug auf die Modalitäten des Zugangs und der Bearbeitung des Zugangsgesuchs sind der Richtlinie in erster Linie[160] folgende Vorgaben zu entnehmen: 46

- Die Gesuche sind – unter Vorbehalt des Greifens einer der Ausschlussgründe – grundsätzlich innerhalb einer **Frist von einem Monat** zugänglich zu machen; bei besonders umfangreichen oder komplexen Informationen kann diese Frist unter Angabe von Gründen auf zwei Monate verlängert werden (Art. 3 Abs. 2 RL 2003/4).[161]
- Im Falle einer zu **allgemeinen Formulierung des Antrages** hat die Behörde den Antragsteller innerhalb eines Monats zur Präzisierung des Antrags aufzufordern und ihn in geeigneter Weise hierbei zu unterstützen (Art. 3 Abs. 3 RL 2003/4).[162]
- Grundsätzlich hat die Behörde die Information in der vom **Antragsteller verlangten Form** (z.B. als Kopie) zugänglich zu machen, es sei denn die Informationen sind bereits öffentlich leicht zugänglich oder es ist für die Behörde „angemessen", die Informationen in einer anderen Form zugänglich zu machen, wobei die Gründe anzugeben sind (Art. 3 Abs. 4 RL 2003/4). Damit wird letztlich ein Regel-Ausnahme-Verhältnis vorgesehen, so dass davon auszugehen ist, dass im Zweifel in Bezug auf die Form dem Antrag zu entsprechen ist und die Behörde hiervon nur im Falle ins Gewicht fallender Schwierigkeiten abweichen darf.
- Die Behörden können für die „Bereitstellung von Umweltinformationen" – womit offenbar die Gewährung des Zugangs gemeint ist – eine **Gebühr** in angemessener Höhe[163] verlangen, wobei aber ein Gebührenverzeichnis, aus dem die Grundsätze der Gebührenerhebung ersichtlich ist, zu veröffentlichen ist (Art. 5 Abs. 2, 3 RL 2003/4). Man wird aus dieser Bestimmung schließen können, dass eine Gebühr nur dann erhoben werden darf, wenn eine Umweltinformation zugänglich gemacht wird, nicht hingegen wenn ein Antrag abgelehnt wird. Jedenfalls muss eine Einsichtnahme an „Ort und Stelle" gebührenfrei sein (Art. 5 Abs. 1 RL 2003/4).

---

157 Hierzu noch unten 6. Kap. Rn. 47 ff.
158 Daher sind die Zweifel von *Meßerschmidt*, Europäisches Umweltrecht, § 9, Rn. 24, ob Ergebnisse der Eigenüberwachung eines Unternehmens unter den Begriff der Umweltinformation fallen, letztlich nicht begründet.
159 EuGH, Rs. C-266/09 (Stichting Natuur en Milieu), Urt. v. 16.12.2010.
160 Am Rande sei hier noch auf Art. 3 Abs. 5 RL 2003/4 hingewiesen, der den Mitgliedstaaten aufgibt, im Hinblick auf die Effektivität des Zugangs eine Reihe organisatorischer Maßnahmen zu treffen.
161 Diese Fristen sind zwingend, so dass der Antragsteller bei Nichteinhaltung den Rechtsweg beschreiten kann. Im Übrigen gilt die Frist auch für die Begründung, diese kann daher nicht „nachgeliefert" werden, vgl. EuGH, Rs. C-186/04 (Housieaux), Slg. 2005, I-3299; s. auch EuGH, Rs. C-233/00 (Kommission/Frankreich), Slg. 2003, I-6625.
162 Auch eine Ablehnung ist, soweit dies „angemessen" ist, möglich. Hierzu noch unten 6. Kap. Rn. 47 ff.
163 Hierzu EuGH, Rs. C-217/97 (Kommission/Deutschland), Slg. 1999, I-5087, wo der EuGH feststellte, dass die Gebühr Einzelne nicht davon abhalten können sollte, ihr Recht auf Informationszugang auszuüben. Daher erlaube es die Richtlinie einem Mitgliedstaat nicht, die gesamten, den öffentlichen Haushalten durch eine Zusammenstellung von Unterlagen tatsächlich entstandenen, namentlich mittelbaren, Kosten auf Einzelne abzuwälzen, die einen Antrag auf Informationszugang gestellt haben.

- Ist die gewünschte Information bei der Behörde nicht vorhanden, kann sie dem Antrag „naturgemäß" nicht entsprechen (s. auch Art. 4 Abs. 1 lit. a) RL 2003/4);[164] falls ihr aber bekannt ist, dass die entsprechende Information bei einer anderen Behörde vorhanden ist, leitet sie die Anfrage möglichst rasch an diese weiter und setzt den Antragsteller hiervon in Kenntnis (Art. 4 Abs. 1 lit. a) RL 2003/4).
- Wird der **Zugang verweigert**,[165] so ist der Antragsteller über die **Gründe** zu informieren und auf den **Rechtsweg** (Art. 6 RL 2003/4) hinzuweisen (Art. 4 Abs. 5 RL 2003/4).

cc) Ausnahmetatbestände

47 Art. 4 RL 2003/4 sieht zwei Kategorien von **abschließend aufgeführten Ausnahmetatbeständen**[166] vor, die die Mitgliedstaaten bei der Umsetzung vorsehen können:[167] Nach Art. 4 Abs. 1 RL 2003/4 können die Mitgliedstaaten vorsehen, dass bei Vorliegen bestimmter Gründe das Gesuch abgelehnt wird. Bei der zweiten Kategorie von Ausnahmegründen (Art. 4 Abs. 2 RL 2003/4) können die Zugangsgesuche nur dann abgelehnt werden, wenn die Bekanntgabe der Informationen „negative Auswirkungen" auf die Ausnahmegründe bzw. die durch diese geschützten Interessen entfaltete.

48 Die Ausnahmegründe sind allesamt **„eng auszulegen"**,[168] und in jedem Einzelfall ist das **öffentliche Interesse** an der Bekanntgabe zu berücksichtigen und gegen das **Interesse an der Verweigerung der Bekanntgabe** abzuwiegen (Art. 4 Abs. 2 Uabs. 3 RL 2003/4),[169] wobei der nationale Gesetzgeber aber allgemein anwendbare Kriterien formulieren darf, die diese Abwägung erleichtern können, sofern damit nicht eine Einzelfallprüfung verunmöglicht wird.[170] Weiter sind die Ausnahmebestimmungen aufgrund der völkerrechtskonformen Auslegung des Unionsrechts im Einklang und unter Berücksichtigung der Aarhus-Konvention auszulegen.[171] Soweit möglich, ist der **Zugang teilweise** zu gewähren (Art. 3 Abs. 4 RL 2003/4), was letztlich einen Ausfluss der Anwendung des Verhältnismäßigkeitsgrundsatzes darstellt. Auch ganz allgemein ist bei der Anwendung der Ausnahmetatbestände zu beachten, dass der Informationszugang nur insoweit eingeschränkt werden darf, als dies zur Erreichung des angestrebten Ziels notwendig (d.h. geeignet und erforderlich) ist, um die entsprechenden Interessen zu schützen.

---

164 Aus dogmatischer Sicht dürfte es sich hier nicht um einen Ausnahmetatbestand handeln, ist doch bereits das Objekt des Zugangs nicht vorhanden, so dass es nicht um eine Verweigerung des Zugangs geht.
165 Zu den Ausschlussgründen sogleich unten 6. Kap. Rn. 47 ff.
166 Die Mitgliedstaaten können also keine zusätzlichen Gründe einführen. Daher stand die französische Regelung, wonach der Zugang u.a. dann verweigert werden kann, wenn „die gesetzlich geschützten Geheimnisse" betroffen sind, nicht mit den Vorgaben der RL 90/313 in Einklang. Vgl. EuGH, Rs. C-233/00 (Kommission/Frankreich), Slg. 2003, I-6625, Ziff. 55 ff.
167 Aber nicht müssen, so dass es sich um „optionale Ausnahmetatbestände" handelt, so *Wegener*, ZUR 1993, 17 (20).
168 S. insoweit auch EuGH, Rs. C-204/09 (Flachglas Torgau), Urt. v. 14.2.2012, wo der Gerichtshof auf die Aarhus-Konvention verweist, der eine Grundsatzentscheidung für den Zugang zu bei Behörden befindlichen Umweltinformationen zu entnehmen sei.
169 S. in diesem Zusammenhang EuGH, Rs. C-71/10 (Office of Communications), Urt. v. 28.7.2011, wonach bei der Entscheidung über einen Antrag auf Zugang zu Umweltinformationen die durch Art. 4 Abs. 2 RL 2003/4 vorgesehene Abwägung des Zugangsinteresses bzw. des entsprechenden öffentlichen Interesses auf der einen Seite und des durch einen oder mehrere Ausnahmegründe geschützten Geheimhaltungsinteresses auf der anderen Seite die letzteren kumuliert dem Zugangsinteresse gegenüber gestellt werden können und die notwendige Interessenabwägung nicht zwingend für jeden einzelnen Grund vorgenommen werden muss.
170 EuGH, Rs. C-266/09 (Stichting Natuur en Milieu), Urt. v. 16.12.2010.
171 So auch *Jans/Vedder*, European Environmental Law, 370, unter Verweise auf EuGH, Rs. C-240/09 (Lesoochranarske), Urt. v. 8.3.2011. In diese Richtung wohl auch EuGH, Rs. C-204/09 (Flachglas Torgau), Urt. v. 14.2.2012.

6. Kapitel Allgemeine Regeln

Beziehen sich die verlangten Umweltinformationen auf Emissionen in die Umwelt, können bestimmte Ausschlussgründe[172] von vornherein nicht greifen. Diese im Vergleich zur RL 90/313 neue Regelung soll offenbar ein Vorschieben gewisser Ausschlussgründe – insbesondere der Vertraulichkeit der Behördenberatungen, des Geschäfts- und Betriebsgeheimnisses und des Schutzes der Interessen Dritter – verhindern, wenn es in der Sache um die „Geheimhaltung" sensibler Emissionsaktivitäten geht.[173]

Im Einzelnen sehen Art. 4 Abs. 1, 2 RL 2003/4 folgende Ausnahmetatbestände vor:[174]

- **offensichtlich missbräuchlicher Antrag:** Die Frage, unter welchen Voraussetzungen ein offensichtlicher Missbrauch vorliegt, ist vor dem Hintergrund des Sinns des Informationsanspruchs zu beantworten: Dieser soll gerade die Information der Öffentlichkeit sicherstellen, so dass jede Nutzung zu diesem Zweck, einschließlich ihrer Verbreitung, keinen Missbrauch darstellen kann. Eingeschlossen ist damit auch die Information über mögliche Verursacher von Umweltbelastungen. Ein Missbrauch der Information kann daher nur unter der Voraussetzung angenommen werden, dass sie „offensichtlich" nicht einer besseren Information über Umweltbelastungen, ihre Ursachen und die Strategien zu ihrer Bekämpfung dienen soll, sondern in erster Linie andere Zielsetzungen verfolgt, insbesondere private Interessen des Antragstellers oder die Behinderung der Arbeit der Behörden. Da der Anspruch auf Zugang zu Informationen kein spezifisches Interesse voraussetzt, dürfte dieser Ausschlussgrund nur selten und in Ausnahmefällen greifen.[175]

- **zu allgemeine Formulierung:** Dieser Ausschlussgrund ist vor dem Hintergrund zu sehen, dass einem Antrag nur unter der Voraussetzung stattgegeben werden kann, dass er genügend präzise formuliert ist, damit die gesuchte Information auch gefunden und übermittelt werden kann. Allerdings dürfen an dieses Erfordernis keine zu hohen Anforderungen gestellt werden; ausreichend muss sein, dass aus dem Antrag ersichtlich wird, welche Informationen gemeint sind, könnte doch eine genaue Konkretisierungspflicht die Geltendmachung des Anspruchs auf Zugang zu Umweltinformationen erschweren oder gar verhindern. Weiter ist aus Art. 3 Abs. 3 RL 2003/4 abzuleiten, dass eine Ablehnung erst dann erfolgen darf, wenn der Antragsteller zuvor ersucht worden ist, seinen Antrag zu präzisieren.
  Fraglich könnte sein, ob das Verbot zu „allgemeiner" Formulierungen Gesuche ausschließt, die einen zu großen Bereich betreffen. Obwohl zu umfassend formulierte Anträge[176] für die Behörden möglicherweise mit gewissen Schwierigkeiten verbunden sind, sprechen sowohl teleologische Gesichtspunkte als auch Praktikabilitätsüberlegungen gegen eine derartige Einschränkung: Zunächst fiele die Bestimmung, unter welchen Voraussetzungen denn ein Anspruch in diesem Sinn „zu allgemein" formuliert ist, sehr schwer; letztlich müssten hier über die Richtlinienbestimmungen hinaus Kriterien gefunden bzw. erfunden werden. Vor allem aber brächte eine solche Auslegung die Gefahr der Vereitelung des Informationsanspruchs des Einzelnen mit sich: Dieser soll doch grundsätzlich zu allen Daten Zugang erhalten; eine irgendwie geartete „quantitative" Beschränkung würde dieser Zielsetzung letztlich nicht gerecht. Diese Sicht findet auch eine Stütze in Art. 3 Abs. 2 lit. b) RL 2003/4, das es den Behörden erlaubt, die Frist für die Zugangsgewährung zu verlängern, wenn die Information zu „umfangreich" und „komplex" ist; diese Bestimmung

---

[172] Es handelt sich um Art. 2 Abs. 2 lit. a), d), f), g) und h) RL 2003/4: Vertraulichkeit der Behördenberatungen, Betriebs- und Geschäftsgeheimnis, Vertraulichkeit personenbezogener Daten, Schutz von Dritten, die die Information freiwillig zur Verfügung gestellt haben, und Schutz der Umweltbereiche, auf die sich die Informationen beziehen.

[173] S. aber auch *Butt*, NVwZ 2003, 1071 (1074), der in diesem Zusammenhang darauf hinweist, dass diese „pauschale Bestimmung" insofern bedenklich sei, als Informationen über Emissionen insbesondere Rückschlüsse auf Produktionsmethoden zulassen können, so dass hier ein mögliches „Einfallstor für Wirtschaftsspionage" bestehe. Für eine eher weite Auslegung des Begriffs der Emissionen in die Umwelt, der in der Richtlinie nicht definiert ist, *Jans/Vedder*, European Environmental Law, 371, 374. Fraglich ist insbesondere, ob unter Emissionen auch allgemein die Einbringung von Schadstoffen in die Umwelt im Sinne des Art. 2 Nr. 10 VO 166/2006 (zu dieser oben 6. Kap. Rn. 13) gemeint ist.

[174] S. auch den Überblick, unter Berücksichtigung der Umsetzung in deutsches Recht, bei *Kämmerer*, in: Aktuelle Rechtsfragen und Probleme des freien Informationszugangs, 123 (132 ff.).

[175] I. Erg. ebenso *Kremer*, NVwZ 1990, 843 (844); *Röger*, UIG, § 7, Rn. 55 ff.

[176] Z.B. ein Antrag der Übermittlung aller Emissionsaktivitäten eines großen Betriebs.

macht nur dann Sinn, wenn der Zugangsanspruch eben nicht wegen eines zu großen „Umfangs" abgelehnt werden kann.

- **noch nicht abgeschlossene Schriftstücke oder noch nicht aufbereitete Daten:** Dieser Ausschlussgrund soll insbesondere die Effektivität des Verwaltungshandelns sicherstellen, indem der Abschluss des behördlichen Entscheidungsprozesses oder der Datenbearbeitung nicht durch ein Bekanntwerden von Informationen behindert wird.[177] Noch nicht abgeschlossene Schriftstücke sind solche, die noch in Bearbeitung, also noch unfertig sind, und noch nicht aufbereitete Daten sind solche, bei denen die technische Bearbeitung noch nicht abgeschlossen ist. Bei beiden Fallgestaltungen kann die Grenzziehung schwierig sein.[178]

- **interne Mitteilungen:** Dieser Ausschlussgrund soll verhindern, dass behördeninterne Vorgänge an die Öffentlichkeit gelangen. Allerdings sieht Art. 4 Abs. 1 lit. e) RL 2003/4 ausdrücklich vor, dass das „öffentliche Interesse an der Bekanntgabe dieser Informationen zu berücksichtigen ist". Man wird aus dieser nochmaligen Erwähnung dieses Aspekts (s. schon Art. 4 Abs. 2 Uabs. 2 RL 2003/4) schließen können, dass eine Verweigerung des Zugangs zu internen Mitteilungen – worunter solche zu verstehen sind, die ausschließlich zwischen Behörden erfolgen – nur dann statthaft ist, wenn tatsächlich im konkreten Fall ein schützenswertes Interesse an der Geheimhaltung besteht, dem im Verhältnis zu dem öffentlichen Interesse an der Bekanntgabe ein größeres Gewicht beizumessen ist.

- **Vertraulichkeit der Beratungen von Behörden:** Sofern gesetzlich eine Geheimhaltungspflicht vorgeschrieben ist,[179] kann darüber hinaus auch allgemein der Schutz der Vertraulichkeit der Behördenberatungen eine Ablehnung eines Antrags begründen. Angesichts des Hintergrunds dieses Ausnahmetatbestands, die Arbeitsfähigkeit der Behörde, ihre Aufgabenerfüllung und Entscheidungsfindung nicht zu behindern, kann seine Reichweite insoweit präzisiert werden, als eine Bekanntgabe der Informationen erhebliche Nachteile für die genannten Anliegen mit sich bringen müsste. Daher reicht es nicht, eine Information bzw. bestimmte Kategorien von Informationen als vertraulich zu deklarieren, sondern es ist jeweils zu prüfen, ob die Bekanntgabe solcher Informationen die Erfüllung der Aufgaben der Behörden mit einer gewissen Wahrscheinlichkeit in einem Gewicht fallenden Maß erschweren würde. Weiter dürften mit Blick auf Sinn und Zweck dieses Ausnahmetatbestandes, die unbefangene Meinungsbildung der Behörden und damit eine effektive, funktionsfähige und „neutrale" Entscheidungsfindung zu ermöglichen, von diesem Ausnahmetatbestand nur die behördeninternen Beratungen und Abwägungsvorgänge sowie -gründe erfasst werden, nicht hingegen die diesen zugrunde liegenden Sachinformationen.[180]

- **internationale Beziehungen, öffentliche Sicherheit oder Landesverteidigung:** Hier geht es um klassische öffentliche Interessen des Staates im Sinne der „*ordre public*-Klausel", wobei diese Interessen auf der Grundlage einer restriktiven Auslegung nur dann betroffen sein dürften, wenn im konkreten Fall eine tatsächliche und schwere Bedrohung eines Grundinteresses des Staates (öffentliche Sicherheit) oder der internationalen Beziehungen bzw. Landesverteidigung vorliegt.[181]

---

177 *Schendel*, EUDUR I, § 39, Rn. 50.
178 Vgl. im Einzelnen hierzu *Turiaux*, UIG, § 7, Rn. 42 ff.
179 Zu dieser Voraussetzung, die nach der Rechtsprechung auch dann erfüllt ist, wenn eine nationale Bestimmung allgemein vorsieht, dass die Vertraulichkeit der Beratungen von Behörden einen Grund für die Ablehnung des Zugangs zu Umweltinformationen darstellt, sofern der Begriff der Beratungen hinreichend klar bestimmt ist, EuGH, Rs. C-204/09 (Flachglas Torgau), Urt. v. 14.2.2012. Zu diesem Urteil *Much*, ZUR 2012, 288 ff.; *Hellriegel*, EuZW 2012, 456 ff.
180 In diese Richtung auch OVG Schleswig, Urteil vom 15.9.1998, 4 L 139/98, UPR 1998, 472, in Bezug auf das UIG, wobei das Gericht aber auch auf die RL 90/313 Bezug nimmt.
181 Ähnlich in Bezug auf die RL 90/313 *Schendel*, EUDUR I, § 39, Rn. 40 ff.

6. Kapitel Allgemeine Regeln

- **verfahrensrechtliche Ausnahmen:** Die RL 2003/4 verwendet nicht mehr den missverständlichen Begriff des „Vorverfahrens"[182], sondern präzisiert, dass einem Zugangsersuchen (nur) dann nicht stattgegeben werden darf, wenn ein laufendes Gerichtsverfahren oder die Möglichkeit einer Person, ein faires Verhalten zu erhalten, oder die Möglichkeiten einer Behörde, Untersuchungen strafrechtlicher oder disziplinarischer Art durchzuführen, betroffen sind. Damit wird letztlich klargestellt, dass diese Ausnahme grundsätzlich immer nur dann greift, wenn ein gerichtliches oder disziplinarisches Verfahren entsprechend beeinträchtigt werden kann. „Gewöhnliche" Genehmigungsverfahren dürften hiervon in aller Regel nicht erfasst werden.

- **Geschäfts- oder Betriebsgeheimnis**, unter der Voraussetzung, dass diese durch nationales oder EU-Recht geschützt sind, um berechtigte wirtschaftliche Interessen[183] zu schützen: Die RL 2003/4 präzisiert selbst nicht, was genau unter einem Geschäfts- oder Betriebsgeheimnis zu verstehen ist. Es wäre allerdings durchaus denkbar gewesen, zumindest durch eine sog. „Negativliste"[184] diese zweifelsohne schillernden Begriffe näher zu präzisieren.[185] Dies deutet darauf hin, dass man angesichts des Fehlens einer unionsrechtlichen Konzeption in diesem Bereich den Mitgliedstaaten hier einen gewissen Gestaltungsspielraum einräumen wollte.[186] Gleichwohl darf nach der skizzierten Systematik der RL 2003/4 und vor dem Hintergrund ihres Sinns und Zwecks der Informationsanspruch des Einzelnen durch die nationale Umsetzung nicht ausgehöhlt werden. Daher hat die Umsetzung dieser Bestimmung durch die Mitgliedstaaten bestimmten Mindestanforderungen zu genügen, die sich aus der diesem Begriff in der Regel beigemessenen Bedeutung und dem Sinn des Schutzes dieser Belange ergeben. Von Bedeutung ist insbesondere, dass es sich tatsächlich um Informationen handeln muss, die im Zusammenhang mit der betrieblichen oder geschäftlichen Aktivität stehen, dass sie nicht sowieso offenkundig sind, und dass ein gewisses (wirtschaftliches) Geheimhaltungsinteresse besteht.[187] Der Gestaltungsspielraum des nationalen Gesetzgebers ist hier also denkbar weit.[188]

- **Rechte an geistigem Eigentum:** Hierzu gehören im Wesentlichen das Patentrecht, das Warenzeichenrecht, das Geschmacksmuster- und Gebrauchsmusterrecht und das Urheberrecht. Dieser Ausnahmetatbestand stellt also auf besondere Rechtsvorschriften und Verfahren ab, die Wissen oder eine Urheberschaft schützen (sollen).

- **Vertraulichkeit personenbezogener Daten:** Bei diesem Ausnahmegrund geht es um den Schutz persönlicher Daten, wobei er nur dann greifen kann, wenn gesetzliche Vorschriften einen entsprechenden Schutz vorsehen. Maßgeblich sind hier die Datenschutzbestimmungen im Unionsrecht und im nationalen Recht.

- **Schutz der Interessen Dritter:** Stellt ein Dritter der Behörde freiwillig gewisse Informationen zur Verfügung, kann diese den Zugang zu ihnen immer dann verweigern, wenn die „Interessen" oder der „Schutz" dieser Person dies zu begründen vermag. Auch in diesem Fall ist – wie bei den übrigen Ausnahmebestimmungen – zwar eine Abwägung mit dem öffentlichen

---

182 So noch der in der RL 90/313 verwandte Begriff. Zu den diesbezüglichen Auslegungsschwierigkeiten etwa *Röger*, UPR 1994, 216 ff.; *Faber*, DVBl. 1995, 722 ff.; s. auch die Klarstellung in EuGH, Rs. C-321/96 (Mecklenburg/Kreis Pinneberg), Slg. 1998, I-1809, Ziff. 24 ff. S. die Anmerkungen zu diesem Urteil bei *Turiaux*, EuZW 1998, 716 f.; *Schrader*, NVwZ 1999, 40 ff. Sehr instruktiv zur Problematik des Begriffs des Vorverfahrens auch *Winter*, NuR 1997, 335 ff.
183 Einschließlich des öffentlichen Interesses an der Wahrung der Geheimhaltung statistischer Daten und des Steuergeheimnisses.
184 Die diejenigen Tatsachen umschreibt, die jedenfalls keine Betriebs- oder Geschäftsgeheimnisse darstellen.
185 S. etwa *Engel*, NVwZ 1992, 111 (112).
186 I. Erg. ähnlich in Bezug auf die RL 90/313 *Erichsen*, NVwZ 1992, 409 (412); *Schröder*, ZHR 1991, 471 (475 ff.); *Gurlit*, ZRP 1989, 253 (256).
187 Dieses dürfte aber aufgrund der offenen Fassung dieses Ausnahmetatbestandes nur dann zu verneinen sein, wenn tatsächlich kein erkennbares Interesse an der Geheimhaltung ersichtlich ist. Vgl. ansonsten zu den einzelnen Merkmalen des Betriebs- und Geschäftsgeheimnisses *Schendel*, EUDUR I, § 39, Rn. 69 ff.; s. auch *Tege*, Offene Umweltakten versus Geschäftsgeheimnisse, insbes. 40 ff.
188 Vgl. im Einzelnen zu dieser Ausnahme, m.w.N., *Meßerschmidt*, Europäisches Umweltrecht, § 9, Rn. 42 ff.

Interesse an der Bekanntgabe vorzunehmen; der den Mitgliedstaaten hier eingeräumte Spielraum dürfte aber im Ergebnis relativ weit ausfallen, sind doch zumindest die Interessen Dritter relativ rasch berührt. Zu bemerken ist aber in jedem Fall, dass allein das Interesse der Behörde, auch in Zukunft Daten freiwillig von Dritten zu erhalten, eine Zugangsverweigerung nicht zu rechtfertigen vermag.

▪ **Schutz der Umwelt:** Schließlich kann der Informationszugang dann verweigert werden, wenn er insofern kontraproduktive Wirkung zeitigen könnte, als er den Schutz der Umweltbereiche, auf die sich die Informationen beziehen, gerade gefährden könnte, wie z.b. im Falle des Aufenthaltsortes geschützter Tierarten.

dd) Unmittelbare Wirksamkeit des Informationszugangsanspruchs

51 Der sich aus Art. 3 Abs. 1 RL 2003/4 ergebende Anspruch des Einzelnen auf Zugang zu Umweltinformationen dürfte im Falle der fehlenden oder unzulänglichen Umsetzung der Richtlinie **unmittelbar wirksam** sein,[189] ist der Anspruch selbst doch inhaltlich unbedingt und hinreichend genau.[190] Art. 2 RL 2003/4 umschreibt nämlich, was unter Informationen über die Umwelt zu verstehen ist und welche Behörden verpflichtet sind, und auch die Modalitäten des Zugangs dürften sich hinreichend präzise aus der Richtlinie ergeben.

52 An der hinreichenden Bestimmtheit des Anspruchs ändert auch der den Mitgliedstaaten hinsichtlich der Ausgestaltung der Ausnahmetatbestände eingeräumte Gestaltungsspielraum nichts, denn die Ausnahmegründe sind genügend genau gefasst, knüpfen sie doch an die bei solchen Informationszugangsansprüchen „üblichen" Gründe an, so dass sie - auch angesichts ihres abschließenden Charakters – einer hinreichenden Präzisierung zugänglich sind.[191]

ee) Umsetzung

53 In der Bundesrepublik ist die RL 2003/4 durch den Erlass des **Umweltinformationsgesetzes (UIG)**[192] **vom 22.12.2004**[193] umgesetzt worden.[194] Insgesamt lehnt sich das UIG sowohl in der Struktur als auch im Wortlaut eng an die RL 2003/4 an. Aufgrund der Kompetenzverteilung zwischen Bund und Ländern musste aber auch eine Umsetzung auf Länderebene erfolgen, die nicht in allen Ländern rechtzeitig erfolgte.[195]

---

189 Zu den Voraussetzungen der unmittelbaren Wirksamkeit bereits oben 5. Kap. Rn. 157 ff.
190 Vgl. zur unmittelbaren Wirkung der RL 2003/4 m.w.N. aus der verwaltungsgerichtlichen Rechtsprechung *Große*, ZUR 2006, 585 ff.; *Kahl*, JZ 2008, 74 (77 f.); *Schrader*, in: Schlacke u.a., Aarhus-Handbuch, 27 (31 f.); *Lamarche u.a.*, UTR 2007, 321 (346 ff.). Vgl. in Bezug auf die RL 90/313 *Wegener*, ZUR 1993, 17 (19 ff.); *Hegele*, ZUR 1993, 286 (287); *v. Schwanenflügel*, DÖV 1993, 95 (102); *Heselhaus*, EuZW 2000, 298 (303 f.).
191 Für diese Sicht spricht auch, dass nach der Rechtsprechung des EuGH das Vorliegen von Ausnahmetatbeständen grundsätzlich voller gerichtlicher Überprüfung unterliegt, vgl. schon EuGH, Rs. 41/74 (van Duyn), Slg. 1974, 1337, Ziff. 20 ff.
192 Die erste Fassung des Gesetzes (vom 8. Juli 1994, BGBl. 1994 I 1490) setzte die RL 90/313 um. In EuGH, Rs. C-217/97 (Kommission/Deutschland), Slg. 1999, I-5087, stellte der Gerichtshof insbesondere fest, dass die Umsetzung im UIG in drei Punkten gegen die RL 90/313 verstieß: Erstens wurde der Zugang zu Umweltinformationen während eines verwaltungsbehördlichen Verfahrens verwehrt; zweitens war keine auszugsweise Übermittlung der Informationen im Falle der nur teilweisen Eingreifens von Ausschlussgründen vorgesehen; drittens war die Errichtung einer Gebühr nicht auf die Fälle beschränkt, in denen tatsächlich Informationen übermittelt wurden. Zu diesem Urteil die Anmerkungen von *Wegener*, EuR 2000, 227 ff.; *Becker*, NVwZ 1999, 1187 ff. Durch das sog. Artikelgesetz vom 27.7.2001 (BGBl. I 1950) wurden diese Mängel korrigiert. Das UIG wurde im Hinblick auf die Umsetzung der RL 2003/4 modifiziert.
193 BGBl. I 3704.
194 Zur Umsetzung in Deutschland im Einzelnen, m.w.N., *Schrader*, in: Schlacke u.a., Aarhus-Handbuch, 27 (60 ff.); *Scheidler*, UPR 2006, 13 ff. Zur Entwicklung der Rechtsprechung z.B. *Schmidt/Wörn*, NuR 2008, 770 ff.; s. auch, mit Bezügen zu Informationsansprüchen in anderen Gesetzen, *Fluck*, DVBl. 2006, 1406 ff.; *Schrader*, ZUR 2005, 568 ff.
195 Zur Umsetzung auf Länderebene *Schrader*, in: Schlacke u.a., Aarhus-Handbuch, 27 (118 ff.); *Schomeraus/Tolkmitt*, NVwZ 2007, 1119 ff.

6. Kapitel Allgemeine Regeln

ff) Zusammenfassende Bewertung

Die RL 2003/4 stellt zweifellos einen **wichtigen Schritt auf dem Weg zu einer breiteren Information der Einzelnen über die Umweltqualität** und damit auch zu einer größeren Transparenz umweltbelastender Tätigkeiten und umweltpolitischer Maßnahmen dar. Der dem Einzelnen aufgrund der RL 2003/4 zu gewährende Anspruch vermag bei konsequenter Geltendmachung eine relativ vollständige Information über die Umweltqualität, die umweltbelastenden Aktivitäten und die zum Schutz der Umwelt ergriffenen Maßnahmen zu gewährleisten, wird der Begriff der „Information über die Umwelt" in Art. 2 RL 2003/4 doch sehr weit definiert. Damit einhergehen dürfte auch die Möglichkeit einer effektiveren Kontrolle diesbezüglicher Tätigkeiten der Verwaltungen. Im Übrigen ist im Verhältnis zur RL 90/313 zu begrüßen, dass der Anspruch in Bezug auf die verpflichteten Behörden merklich ausgeweitet wurde und dass die Modalitäten des Zugangs sowie einige Aspekte der Ausnahmebestimmungen präzisiert wurden. 54

Allerdings kann die tatsächliche **Geltendmachung** des Anspruchs auf Zugang zu Umweltinformationen durchaus auf **Schwierigkeiten** stoßen: Zunächst ist der anspruchsberechtigte Bürger mit der Schwierigkeit konfrontiert, dass er nicht unbedingt weiß, welche Informationen bei Behörden vorhanden sind, so dass er möglicherweise keinen entsprechenden Antrag stellt. Sodann ist der Informationsanspruch auf die tatsächlich bei den Behörden vorhandenen Informationen begrenzt; verfügen die Behörden jedoch nicht über die entsprechenden Angaben, läuft der Anspruch leer, da sie nicht verpflichtet sind, Nachforschungen anzustellen. Schließlich sind die Ausnahmetatbestände in der RL 2003/4 nach wie vor relativ weit und offen formuliert, so dass die Gefahr der Vereitelung des Informationsanspruchs besteht, woran auch die vorzunehmende Abwägung relativ wenig ändert. Allerdings dürfte es schwierig oder gar unmöglich sein, diese Ausschlussgründe so genau zu umschreiben, dass den Mitgliedstaaten und der Verwaltung tatsächlich kein Beurteilungsspielraum mehr zustünde. Immerhin kann der angedeuteten Gefahr des Leerlaufens des Informationsanspruchs über die dem Einzelnen offen stehende Möglichkeit der Anfechtung auf dem Gerichts- oder Verwaltungsweg – wobei der EuGH auf dem Weg der Vorabentscheidung (Art. 267 AEUV) befasst werden kann – zumindest teilweise begegnet werden. Die (insgesamt eher spärliche) Rechtsprechung des EuGH zur RL 2003/4 dürfte grundsätzlich dem schon in der Aarhus-Konvention verankerten Grundsatz der weiten Auslegung des Rechts auf Zugang zu Umweltinformationen Rechnung tragen, indem sie das in der RL 2003/4 zum Ausdruck kommende Regel-Ausnahme-Verhältnis zwischen Informationszugangsanspruch und Zugangsverweigerung in die Erwägungen einbezieht. 55

Die bisherigen praktischen Erfahrungen mit der Geltendmachung des Informationszugangsanspruchs im Umweltbereich dürften jedenfalls gezeigt haben, dass Befürchtungen in dem Sinn, dass die Behörden von Anfragen „überschwemmt" werden, nicht begründet sind. Vielmehr dürfte insgesamt eher zurückhaltend von dem Zugangsrecht Gebrauch gemacht worden sein, und teilweise stoßen die Bürger auf gewisse praktische Schwierigkeiten.[196]

III. Öffentlichkeitsbeteiligung bei umweltbezogenen Plänen und Programmen

Während die nach der Aarhus-Konvention vorzusehende Öffentlichkeitsbeteiligung bei Entscheidungen über bestimmte Tätigkeiten in die einschlägigen Rechtsakte (UVP- und IVU-Richtlinie) zu integrieren war,[197] wurde für die Beteiligung bei Plänen und Programmen ein eigener 56

---

[196] Vgl. die einschlägigen empirischen Untersuchungen bei *Strohmeyer*, Europäisches Umweltinformationszugangsrecht, 198 ff.; *Kimber/Ekardt*, NuR 1999, 262 (265 ff.); *Lenius/Ekardt*, ZAU 1998, 278 ff.; *Schmillen*, Umweltinformationsrecht, 3 ff., die übereinstimmend zu dem Ergebnis kommen, dass von dem Recht auf Zugang zu Umweltinformationen nur zurückhaltend Gebrauch gemacht wird. S. aus neuerer Zeit, unter Berücksichtigung des Berichts der Bundesrepublik, *Rinke*, NuR 2010, 389 ff.

[197] Hierzu unten 6. Kap. Rn. 79, Rn. 188 ff.

bereichsübergreifender Rechtsakt[198] für notwendig erachtet,[199] und in diesem Sinn die **RL 2003/35 über die Beteiligung der Öffentlichkeit bei der Ausarbeitung bestimmter umweltbezogener Pläne und Programme** angenommen.[200]

57 Danach ist die Öffentlichkeit „frühzeitig" und „effektiv" an der Ausarbeitung bestimmter Pläne und Programme zu beteiligen, die aufgrund der im Anhang I aufgeführten unionsrechtlichen Vorschriften[201] auszuarbeiten sind (Art. 2 Abs. 2 RL 2003/35). Deutlich wird damit auch, dass sich die Richtlinie darauf beschränkt, Verpflichtungen zur Öffentlichkeitsbeteiligung in denjenigen Bereichen vorzusehen, in denen das Unionsrecht den Mitgliedstaaten die Erstellung von Plänen und Programmen aufgibt.

58 Die in geeigneter Weise zu informierende Öffentlichkeit (vgl. hierzu die Vorgaben in Art. 2 Abs. 2 lit. a) RL 2003/35) muss Gelegenheit zur Abgabe von **Stellungnahmen** haben, die bei der Entscheidung über die definitive Ausgestaltung der Pläne und Programme angemessen zu **berücksichtigen** sind (Art. 2 Abs. 2 lit. b), c) RL 2003/35). Man wird aus dieser Berücksichtigungspflicht zwar keine „Ergebnisverpflichtung" in dem Sinn ableiten können, dass bestimmte Stellungnahmen auch tatsächlich Eingang in die Entscheidung finden müssen; allerdings legen es die praktische Wirksamkeit der Bestimmung und Ziel und Zweck der Öffentlichkeitsbeteiligung nahe, dass sich die federführenden Behörden materiell mit den Ergebnissen der Öffentlichkeitsbeteiligung auseinandersetzen müssen.

Eine unmittelbare Wirkung der RL 2003/35 ist wegen der fehlenden Bestimmtheit zu verneinen.[202]

Die RL 2003/35 betrifft die Öffentlichkeitsbeteiligung auf mitgliedstaatlicher Ebene. Soweit die **Öffentlichkeitsbeteiligung auf Unionsebene** betroffen ist, enthält **Art. 9 VO 1367/2006** entsprechende Vorgaben.

IV. Gerichtlicher Zugang

59 Der dritte Pfeiler der Aarhus-Konvention sieht gewisse Vorgaben für den gerichtlichen Zugang vor.[203] Bei der Umsetzung dieser Vorgaben ist zwischen dem Rechtsschutz auf EU-Ebene gegen Beschlüsse von Unionsorganen und dem Rechtsschutz gegen mitgliedstaatliche Hoheitsakte auf mitgliedstaatlicher Ebene zu unterscheiden.

1. Unionsebene

60 Auf Unionsebene geht es beim Rechtsschutz im Wesentlichen um den Rechtsschutz im Zusammenhang mit der (möglichen) Verletzung des Anspruchs auf **Zugang zu Umweltinformationen** (Art. 9 Abs. 1 AK) sowie den **Schutz gegenüber Verletzungen der umweltrechtlichen Vorgaben des Unionsrechts** (Art. 9 Abs. 3 AK), da Tätigkeiten, die erhebliche Auswirkungen auf die Um-

---

198 Wobei die RL 2003/35 nicht für diejenigen Rechtsakte gilt, bei deren Ausarbeitung bereits den Vorgaben der Aarhus-Konvention in spezifischer Weise Rechnung getragen wurde, wie etwa bei der RL 2001/42 (Plan-UVP-Richtlinie) und der RL 2000/60 (Wasserrahmenrichtlinie), vgl. Art. 2 Abs. 5 RL 2003/35. Auf die in spezifischen Rechtsakten vorgesehenen Beteiligungsrechte wird bei der Erörterung derselben eingegangen. S. in diesem Zusammenhang die Zusammenstellungen der in verschiedenen Rechtsakten vorgesehenen Beteiligungsrechte bei *Monédiaire*, REDE 1999, 253 ff.; mit besonderem Bezug zu grenzüberschreitenden Beteiligungsrechten und -pflichten *Macrory/Turner*, CMLRev. 2002, 489 ff.
199 Ob angesichts des sehr schwachen normativen Gehalts des Art. 7 Aarhus-Konvention eine solche „Umsetzung" tatsächlich aus rechtlicher Sicht notwendig war, vermag allerdings mit einem Fragezeichen versehen werden. Vgl. *Epiney*, in: Information – Beteiligung - Rechtsschutz, 9 (23). Dies ändert nichts daran, dass die Richtlinie wichtige Anliegen aufgreift.
200 Zu dieser Richtlinie *Obradovic*, in: The Aarhus Convention, 149 (157 ff.); *Jans/Vedder*, European Environmental Law, 374 f.; *Schwerdtfeger*, Verwaltungsrechtsschutz, 57 ff. S. auch *Schink*, EurUP 2003, 27 (33); *Werres*, DVBl. 2005, 611 ff.; *Fisahn*, ZUR 2004, 136 ff., unter Berücksichtigung des Umsetzungsbedarfs im deutschen Recht.
201 Es handelt sich um Pläne in verschiedenen Bereichen: Abfallbewirtschaftung, Luftreinhalteplanung und Schutz der Gewässer vor Nitrat aus landwirtschaftlichen Quellen, soweit nicht bereits nach der RL 2001/42 oder der RL 2000/60 ein entsprechendes Verfahren durchgeführt wird.
202 Vgl. nur *Durner*, ZUR 2005, 285 ff.; *Walter*, in: Rechtspolitische Spielräume bei der Umsetzung der Aarhus-Konvention, 7 (31 ff.); *Rehbinder*, FS Zuleeg, 650 ff.
203 S.o. 6. Kap. Rn. 4 ff.

6. Kapitel Allgemeine Regeln

welt entfalten können (vgl. Art. 9 Abs. 2 AK), auf mitgliedstaatlicher Ebene geplant und genehmigt werden.

Für beide Aspekte relevant ist, dass die **VO 1367/2006** ein **internes Überprüfungsverfahren** einführt, das Nichtregierungsorganisationen, die die in Art. 10 VO 1367/2006 genannten Anforderungen erfüllen, erlaubt, bei dem Organ oder der Einrichtung, das einen „Verwaltungsakt nach dem Umweltrecht angenommen" hat, ein internes Prüfungsverfahren zu beantragen. Hier handelt es sich allerdings nicht um ein gerichtliches oder gerichtsähnliches, sondern um ein verwaltungsinternes Verfahren, das von demselben Organ, das den beanstandeten Rechtsakt erlassen hat, durchgeführt wird.[204] Darüber hinaus sind aber die ordentlichen Verfahren vor dem Gerichtshof jedenfalls eröffnet (Art. 12 VO 1367/2006).

Soweit der **Rechtsschutz gegen die Verweigerung des Zugangs zu Umweltinformationen** betroffen ist, ist unproblematisch eine **Nichtigkeitsklage nach Art. 263 AEUV** statthaft; der Rechtsschutz ist in dieser Beziehung ausreichend gewährt.

Soweit hingegen der **gerichtliche Zugang gegen Rechtsakte oder Beschlüsse der Organe oder Einrichtungen auf dem Gebiet des Umweltrechts** – wobei durchaus fraglich sein kann, was hierunter genau zu verstehen ist[205] – betroffen ist, sind Klagen Einzelner (unter Einschluss von Nichtregierungsorganisationen) nur unter den Voraussetzungen des **Art. 263 Abs. 4 AEUV** möglich.[206] Angesichts der sehr engen Auslegung der Voraussetzungen dieser Bestimmung durch die Rechtsprechung, insbesondere soweit das Erfordernis der individuellen Betroffenheit tangiert ist, ist jedoch eine Klageerhebung durch einen im öffentlichen Interesse agierenden Verband grundsätzlich nicht möglich.[207] An dieser Rechtslage hat sich nach Ansicht der Rechtsprechung durch den Erlass der VO 1367/2006 nichts geändert,[208] wobei sich immerhin eine individuelle Betroffenheit aus der Rolle von Einzelnen oder Verbänden im Verfahren ableiten lässt.[209] Deutlich wird damit, dass jedenfalls in Bezug auf solche Rechtsakte, die nicht unter den Begriff „Rechtsakte mit Verordnungscharakter" zu subsumieren sind,[210] der **Rechtsschutz von Verbänden gegen Handlungen der Unionsorgane nur ausnahmsweise** eröffnet ist. Dies dürfte jedoch mit Art. 9 Abs. 3 AK nicht im Einklang stehen. Denn diese Bestimmung impliziert auch nach der Rechtsprechung des Gerichtshofs, dass es einer Umweltschutzorganisation grundsätzlich möglich sein muss, eine behördliche Entscheidung, die möglicherweise im Widerspruch zum EU-Umweltrecht steht, gerichtlich anzufechten, sei doch das nationale Recht entsprechend völkerrechtskonform auszulegen.[211] Damit dürfte zumindest eine allgemeine und grundsätzliche Verneinung des gerichtlichen Zugangs von Umweltverbänden in denjenigen Fallgestaltungen, in

---

204 Zu diesem Überprüfungsverfahren, m.w.N., *Rehbinder*, EurUP 2012, 23 (24 ff.); *Schlacke*, in: Aktuelle Rechtsfragen und Probleme des freien Informationszugangs, 271 (290 ff.). Aus der Rechtsprechung EuG, Rs. T-338/08 (Stichting Natuur en Milieu), Urt. v. 14.6.2012; EuG, Rs. T-396/09 (Vereniging Milieudefensie u.a.), Urt. v. 14.6.2012, wo das Gericht festhält, dass Art. 10 VO 1367/2006 insoweit gegen die Aarhus-Konvention verstößt, als er nur Maßnahmen zur Regelung von Einzelfällen von dem Überprüfungsverfahren erfasst.
205 Jedenfalls geht es hier nicht nur um die Vorgaben des Art. 191 AEUV oder von EU-Sekundärrechtsakten, die auf Art. 192 AEUV gestützt sind. Vielmehr können umweltrechtliche Bestimmungen aufgrund des Querschnittscharakters des Umweltrechts auch in anderen Bereichen zu finden sein. Maßgeblich dürfte letztlich sein, ob der jeweilige Rechtsakt bzw. die jeweilige Bestimmung (auch) Zielsetzungen des Art. 191 Abs. 1 AEUV erfüllt. In eine ähnliche Richtung auch *Rehbinder*, EurUP 2012, 23 (24). Relevant wird diese Frage insbesondere im Zusammenhang mit dem Anwendungsbereich der internen Überprüfung nach Art. 10 VO 1367/2006 sowie mit der Reichweite der möglichen Unzulänglichkeit des unionsrechtlichen Rechtsschutzes auf dem Gebiet des Umweltrechts, da die Aarhus-Konvention doch nur hierfür.
206 Klagegegenstand dürfte nämlich in jedem Fall der materielle Beschluss des Organs oder der Einrichtung sein, nicht jedoch das Ergebnis der internen Überprüfung, so auch *Rehbinder*, EurUP 2012, 23 (27).
207 Vgl. EuGH, Rs. C-321/95 (Greenpeace), Slg. 1998, I-1651; vgl. ausführlich hierzu *Ahrens*, Klagebefugnis von Verbänden (5. Kap. E.III.), insbes. 205 ff.; *Pallemaerts*, in: Aarhus Convention, 271 ff.; s. auch schon 5. Kap. Rn. 157 ff.
208 Vgl. EuG, Rs. T-91/07 (WWF-UK), Slg. 2008, II-81; EuGH, Rs. C-355/08 (WWF-UK), Slg. 2009, I-73; s. auch EuG, verb. Rs. T-236/04, T-241/04 (EEB und Stichting Natuur), Slg. 2005, II-4945.
209 Hierzu in unserem Zusammenhang, m.w.N., *Rehbinder*, EurUP 2012, 23 (28 f.).
210 Und in Bezug auf welche das Erfordernis der individuellen Betroffenheit seit Inkrafttreten des Vertrags von Lissabon nicht mehr erforderlich ist, hierzu 5. Kap. Rn. 157 ff.
211 EuGH, Rs. C-240/09 (Lesoochranarske), Urt. v. 8.3.2011. Zu diesem Urteil bereits oben 6. Kap. Rn. 8.

denen es um die Beachtung des EU-Umweltrechts geht, als nicht mit den Vorgaben des Art. 9 Abs. 3 AK in Einklang stehend angesehen werden. Dann aber müsste der Gerichtshof an sich auch Art. 263 Abs. 4 AEUV entsprechend völkerrechtskonform auslegen, womit seine Rechtsprechung in Bezug auf diese Bestimmung einerseits und die Implikationen des Art. 9 Abs. 3 AK andererseits auch kohärenter ausfallen würde.[212]

2. Mitgliedstaatliche Ebene

64 Soweit die mitgliedstaatliche Ebene betroffen ist, wurde den Anforderungen der Aarhus-Konvention zunächst durch Änderungen der UVP- und IVU-Richtlinie Rechnung getragen;[213] darüber hinaus hat die Kommission aber einen **Richtlinienvorschlag über den Zugang zu Gerichten in Umweltangelegenheiten** unterbreitet, der bereichsübergreifend eine Reihe von Mindestanforderungen für die Ausgestaltung des gerichtlichen Zugangs formuliert.[214] Die wesentlichen Eckpunkte des Vorschlags können wie folgt zusammengefasst werden:

- Art. 4 regelt die **Klagebefugnis** von „**Mitgliedern der Öffentlichkeit**": Diese müssen gegen Verwaltungsakte oder die Unterlassung von Verwaltungsakten, die gegen eine Umweltrechtsvorschrift verstoßen (können), klagen können, mit dem Ziel, die verfahrens- und materiellrechtliche Rechtmäßigkeit zu überprüfen, soweit sie ein „**ausreichendes Interesse**" haben oder eine **Rechtsverletzung** geltend machen können (sofern das nationale Prozessrecht diese Anforderung kennt). Die Mitgliedstaaten legen im Einzelnen fest, was als ausreichendes Interesse und als Rechtsverletzung anzusehen ist. Damit knüpft der Vorschlag an die entsprechenden Vorgaben der Aarhus-Konvention an, deren Formulierungen teilweise gar übernommen werden.

Die Bezugnahme auf Verwaltungsakte, die gegen eine „**Umweltrechtsvorschrift**" verstoßen (können), deutet darauf hin, dass sich die Vorgaben nur auf die Geltendmachung der Verletzung unionsrechtlicher Vorschriften oder solchen, die zu ihrer Umsetzung ergangen sind, beziehen, da der Begriff des Umweltrechts entsprechend definiert ist.[215] Für diese Sicht spricht auch, dass die Union für die Regelung des gerichtlichen Zugangs in allein nationalen Belangen kaum eine Kompetenz hätte.[216] Bestätigt wird dieser Ansatz durch Art. 2 Abs. 2 des Vorschlags, der darauf hinweist, dass die Mitgliedstaaten auch „originär" innerstaatliches Recht[217] als „Umweltrecht" im Sinne des Vorschlags ansehen können.

Darüber hinaus ist aus der Formulierung dieses Artikels die Reichweite der zuzulassenden Rügen nicht klar ersichtlich: Muss nur die Einhaltung der umweltrechtlichen Vorschriften überprüft werden können, geht es um eine allgemeine Rechtmäßigkeitskontrolle oder kann der **Kontrollumfang der Gerichte** auf andere Weise eingeschränkt werden? Die Antwort auf diese Frage ergibt sich aus dem Zusammenhang mit der den Mitgliedstaaten eröffneten Möglichkeit, bereits den gerichtlichen Zugang (weit) einzuschränken: Soweit dieser beschränkt werden kann, muss notwendigerweise auch der gerichtliche Kontrollumfang eingeschränkt werden können, so dass es den Mitgliedstaaten offen stehen muss, den Kontrollumfang in

---

212 Ebenso *Pallemaerts*, in: Aarhus Convention, 271 (311); *Rehbinder*, EurUP 2012, 23 (29 ff.); *Walter*, EuR 2005, 302 (322).
213 Vgl. hierzu unten 6. Kap. Rn. 78, Rn. 188 ff.
214 Vorschlag für eine Richtlinie des EP und des Rates über den Zugang zu Gerichten in Umweltangelegenheiten, KOM (2003) 624 endg. Zu diesem *Dross*, ZUR 2004, 152 ff.
215 Wobei die Formulierung in Art. 2 Abs. 1 lit. g) etwas verunglückt ist: „‚Umweltrecht' bedeutet eine Rechtsvorschrift der Gemeinschaft zur Umsetzung des Gemeinschaftsrechts (...)".
216 Vgl. *Epiney*, NVwZ 1999, 485 (491 f.). A.A. aber unter Rückgriff auf die Überlegung, dass auch eine effektivere Umsetzung des nationalen Rechts die Verwirklichung der Zielsetzungen des Art. 191 AEUV fördere, *Pernice/Rodenhoff*, ZUR 2004 (4. Kap. E.I.), 149 (150 f.); wohl auch *Ekardt/Pöhlmann*, EurUP 2004 (4. Kap. E.I.), 128 ff. Auch der EuGH betont in EuGH, Rs. C-115/09 (Bund für Umwelt und Naturschutz Deutschland), Urt. v. 12.5.2011, dass sich der nach der UVP-Richtlinie zu gewährende Rechtsschutz nur auf die Geltendmachung der Einhaltung von Unionsrecht oder nationalem Recht, das Unionsrecht umsetzt, bezieht, wobei es sich jedenfalls um umweltrechtliche Vorschriften handeln muss.
217 Also diejenigen Vorschriften, die nicht in irgendeiner Form auf unionsrechtlichen Vorgaben beruhen.

6. Kapitel Allgemeine Regeln

Abhängigkeit von den für die Klagelegitimation ausschlaggebenden Gründen zu bestimmen. Damit muss jedenfalls die Überprüfung der Verletzung der nach nationalem Recht zulässigerweise geltend gemachten Rechtsbeeinträchtigungen (im Falle des Art. 4 Abs. 1 lit. b) bzw. der materiellen und verfahrensmäßigen Vorgaben, die sich auf die Einbeziehung entsprechender Interessen beziehen (im Falle des Art. 4 Abs. 1 lit. a), gewährleistet sein. Dies bedeutet immerhin auch, dass die Einhaltung bestimmter materieller und verfahrensmäßiger Anforderungen nicht von vornherein aus dem Anwendungsbereich der Bestimmungen ausgeschlossen werden kann und damit der gerichtliche Zugang ineffektiv würde.

- Nach Art. 5 i.V.m. Art. 8, 9 ist eine **Verbandsklage** zu eröffnen, wobei der zu überprüfende Sachverhalt in den satzungsmäßigen Tätigkeitsbereich und das geographische Tätigkeitsgebiet des Verbandes fallen muss. Die Mitgliedstaaten müssen gemäß Art. 8, 9 die Möglichkeit der Anerkennung solcher (auch) klagebefugter Verbände („**qualifizierte Einrichtungen**") vorsehen, wobei diese verschiedenen Anforderungen genügen müssen; insbesondere muss die Zielsetzung der Tätigkeiten des Verbandes den Schutz der Umwelt betreffen. Die Verbandsklage bezieht sich auf „Verfahren in Umweltangelegenheiten", ohne dass eine Bezugnahme auf „Umweltrecht" – worunter eben nur das Unionsrecht sowie die nationalen Umsetzungsakte zu verstehen sind – erfolgt. Damit wird die Frage aufgeworfen, ob die Verbandsklage auch in rein nationalen Umweltangelegenheiten – d.h., wenn nur die Anwendung nationalen Umweltrechts in Frage steht – zu gewähren ist. Im Ergebnis sprechen sowohl die Parallelität mit Art. 4 als auch die Zielsetzung des Vorschlags gegen einen solch weiten Anwendungsbereich: Es wäre wenig kohärent, den Anwendungsbereich des Art. 5 weiter zu fassen als denjenigen des Art. 4; im Übrigen geht es letztlich im Wesentlichen um die effektive Kontrolle der Anwendung des Unionsrechts, wofür eine Erstreckung der Verbandsklage auf das nationale Recht nicht notwendig ist. Weiter ist auf den systematischen Zusammenhang mit Art. 6 hinzuweisen, der „interne Überprüfungen" obligatorisch nur für den Fall vorsieht, dass der Verstoß gegen eine unionsrechtliche Vorschrift geltend gemacht wird.[218] Dies ändert aber nichts daran, dass es sinnvoll sein könnte, für die Zulässigkeit von Verbandsklagen einheitliche Voraussetzungen vorzusehen.[219]

- Art. 6 sieht vor, dass die Klagebefugten auch die Möglichkeit haben müssen, im Rahmen einer **internen behördlichen Überprüfung** die Frage der Rechtmäßigkeit eines Verwaltungsakts oder des Unterlassens eines solchen zu beantragen, wobei – wie erwähnt – nur auf die Geltendmachung eines Verstoßes gegen Unionsrecht Bezug genommen wird. Diese Möglichkeit ist unbeschadet des gerichtlichen Zugangs (Art. 7)

- Art. 8, 9 enthalten die Kriterien und einige Vorgaben für die **Anerkennung „qualifizierter Einrichtungen"**, die klagebefugt im Sinne des Art. 5 sind. Die Mitgliedstaaten werden damit verpflichtet, unter den genannten Voraussetzungen eine Anerkennung auszusprechen; es dürfte Sinn und Zweck dieser Bestimmungen widersprechen, den Mitgliedstaaten zu ermöglichen, weitere Kriterien hinzuzufügen, könnte doch ansonsten die Effektivität der Klagebefugnis der Verbände leiden.

Es ist bemerkenswert, dass der Vorschlag der Kommission in verschiedener Hinsicht über die Vorgaben der Aarhus-Konvention hinausgeht; insbesondere ist auch ein vorläufiger Rechtsschutz vorgesehen, was in der Aarhus-Konvention nicht enthalten ist.

Der bereits aus dem Jahr 2003 stammende Vorschlag der Kommission scheint politisch blockiert zu sein, und beim derzeitigen Stand der Dinge spricht wenig dafür, dass sich dies in absehbarer Zukunft ändern wird. Aufgeworfen wird damit die Frage, ob die **Union hiermit** nicht **gegen ihre Pflicht aus der Aarhus-Konvention** verstößt: Denn diese bindet die Union (Art. 216 Abs. 1 AEUV), so dass die Union zumindest insoweit zur Umsetzung verpflichtet ist, wie sie in dem

---

[218] Auch die Kommission nimmt in der Begründung ihres Vorschlags immer wieder nur auf die effektive Durchsetzung des Unionsrechts Bezug, vgl. KOM (2003) 524 endg., 1 ff.
[219] S, in diesem Zusammenhang die Überlegungen zur Effizienz der naturschutzrechtlichen Verbandsklage bei *Schmidt/Zschiesche*, NuR 2003, 16 ff.

jeweiligen Gebiet tätig ist.[220] Da sie zahlreiche umweltrechtliche Vorschriften erlassen hat, muss sie somit den Vorgaben der Konvention genügen. Zwar hat die Union die für die Umsetzung des Art. 9 Abs. 1, 2 Aarhus-Konvention erforderlichen Bestimmungen erlassen; dies gilt jedoch nicht für Art. 9 Abs. 3 Aarhus-Konvention, dem immerhin zu entnehmen ist, dass ein Überprüfungsverfahren für die Verletzung umweltrechtlicher Vorgaben eröffnet sein muss. Dies impliziert, dass die Union einen Rechtsakt erlassen muss, wonach für die Verletzung von EU-Umweltrecht oder auf EU-Recht beruhendem nationalem Recht der Rechtsweg eröffnet ist. Zwar räumt diese Bestimmung der Union einen recht weitgehenden Gestaltungsspielraum ein; jedoch steht ein Untätigbleiben nicht mit den Verpflichtungen der Konvention in Einklang.

66 Im Übrigen ist daran zu erinnern, dass der Gerichtshof aus dieser Bestimmung recht weitgehende Verpflichtungen abgeleitet hat.[221]

C. Umweltverträglichkeitsprüfung

67 Hintergrund der Umweltverträglichkeitsprüfung ist das Anliegen, im Sinne des Vorsorgeprinzips vor der Durchführung bestimmter größerer und damit potentiell Umweltauswirkungen entfaltender Projekte sowie vor der Annahme von Plänen und Programmen mit einer gewissen Tragweite deren genaue Umweltauswirkungen zu ermitteln, damit diese bei der Genehmigung bzw. der Annahme der Projekte bzw. Pläne oder Programme berücksichtigt werden können.[222] Insofern handelt es sich um primär verfahrensrechtliche Vorgaben, die aber über die Berücksichtigungspflichten auch eine materiell-rechtliche Komponente enthalten. In der Union[223] wird eine derartige **Umweltverträglichkeitsprüfung**[224] einerseits für bestimmte Projekte (I.), andererseits für bestimmte Pläne und Programme vorschrieben (II.).

I. Die UVP-Richtlinie (RL 2011/92)

68 Auf dem Gebiet der Umweltverträglichkeitsprüfung ist die Union schon recht früh tätig geworden: Der Rat erließ schon am 27. Juni 1985 die Richtlinie 85/337, die durch die **Richtlinie 2011/92 über die Umweltverträglichkeitsprüfung bei bestimmten öffentlichen und privaten Projekten** neu gefasst wurde.

Die RL 85/337 wurde 1997[225] im Anschluss an den ersten Bericht der Kommission über Anwendung und Wirkung der UVP[226] einer grundlegenden Modifikation unterzogen, wobei in erster Linie die Bestimmungen betreffend das Prüfverfahren deutlicher gefasst, ergänzt und verbessert werden sollten, um die einheitlichere

---

220 Vgl. zu der Frage, ob und inwieweit die Union zum Erlass von Durchführungsvorschriften zu gemischten Abkommen verpflichtet ist, *Epiney*, in: Aktuelle Rechtsfragen und Probleme des freien Informationszugangs, 27 (49 ff.).
221 EuGH, Rs. C-240/09 (Lesoochranarske), Urt. v. 8.3.2011. S.o. 6. Kap. Rn. 8.
222 Vgl. im Einzelnen zum Grundgedanken der UVP, m.w.N., *Meßerschmidt*, Europäisches Umweltrecht, § 8, Rn. 1 ff.; mit Bezug zum Kooperationsprinzip bzw. zum Kooperationsgedanken *Salzborn*, Kooperationsprinzip, 231 f. Zu den Ursprüngen der „UVP-Idee", die in erster Linie in den USA zu suchen sind, etwa *Cupei*, in: UVP, 19 (19 ff.), der auch auf den internationalen Kontext der diesbezüglichen Bestrebungen der Union eingeht; s. auch *Weber*, UVP-Richtlinie, 5 f. Einen umfassenden Vergleich zwischen den Regelungen in Kanada, den Vereinigten Staaten und der EU stellt *Tillemann*, Columbia Journal of Transnational Law 1995, 337 ff., an.
223 Die UVP ist aber auch auf internationaler Ebene verankert, nämlich in der sog. Espoo-Konvention (Übereinkommen über die Umweltverträglichkeitsprüfung im grenzüberschreitenden Rahmen, ILM 1991, 517, ABl. 1992 L C 104, 5), allerdings nur soweit grenzüberschreitende Auswirkungen zu gewärtigen sind. Ein Protokoll zu dieser Konvention dehnte die UVP auch hier auf gewisse Pläne und Programme aus (vgl. das Protokoll in ABl. 2008 L 308, 33), vgl. zur Konvention und ihrem Protokoll, m.w.N., *Beyerlin/Marauhn*, International Environmental Law, 230 ff. In der RL 2011/92 haben die Vorgaben der Konvention insbesondere in der Regelung der grenzüberschreitenden Behörden- und Öffentlichkeitsbeteiligung Niederschlag gefunden (Art. 7 RL 2011/92), vgl. hierzu *Meßerschmidt*, Europäisches Umweltrecht, § 8, Rn. 112 ff.
224 Zu Begrifflichkeit *Meßerschmidt*, Europäisches Umweltrecht, § 8, Rn. 6, der darauf hinweist, dass „Umweltfolgenprüfung" an sich der genauere Begriff sei.
225 Durch die sog. UVP-Änderungsrichtlinie, RL 97/11, ABl. 1997 L 73, 5.
226 In dem die Kommission auf der Grundlage der bisherigen Erfahrungen mit der UVP in den Mitgliedstaaten einen Vorschlag zur Modifikation der Richtlinie unterbreitete. Vgl. KOM (95) 28 endg.

298

und effektivere Anwendung der Richtlinie zu fördern.[227] Die wesentlichen Aspekte der Änderung können wie folgt zusammengefasst werden:
- Der Anwendungsbereich der Richtlinie wird durch die Erfassung zusätzlicher Projektarten in den Anhängen I und II wesentlich ausgeweitet, und die Umsetzungsvarianten in Bezug auf die in Anhang II aufgeführten Projekte werden präzisiert.
- Das sog. „*scoping*" – d.h. die Abstimmung zwischen Vorhabenträger und zuständiger Behörde über die von ersterem vorzulegenden Unterlagen – wird eingeführt (Art. 5 Abs. 2 RL 2011/92).
- Weitere Modifikationen betreffen die vom Vorhabenträger zu liefernden Angaben und die grenzüberschreitende Behörden- und Öffentlichkeitsbeteiligung.

Die zweite wichtige seit 1985 erfolgte Änderung der UVP-Richtlinie durch die RL 2003/35 beruht auf dem sich aus der Aarhus-Konvention[228] ergebenden Modifikationsbedarf. Hier wurden in erster Linie Bestimmungen über die Öffentlichkeitsbeteiligung und den Rechtsschutz ergänzt bzw. eingeführt.[229] Die RL 2011/92 kodifizierte die bis dahin erfolgten Modifikationen der UVP-Richtlinie.

Der **Grundgedanke der UVP-Richtlinie** kann dahingehend zusammengefasst werden, dass vor der Durchführung bestimmter (Groß-) Projekte eine umfassende Prüfung ihrer Auswirkungen auf die Umwelt in einem rechtlich geordneten und transparenten Verfahren durchgeführt werden soll, deren Ergebnisse dann bei der Genehmigung zu berücksichtigen sind. Damit soll eine bessere Information der Behörden sichergestellt und letztlich auch die Anwendung umweltrechtlicher Normen erleichtert und eine bessere Entscheidungsfindung gefördert werden.[230] Auf der Grundlage einer ganzheitlichen und medienübergreifenden Betrachtung der Auswirkungen eines Vorhabens auf die Umwelt und der Verlagerung der Prüfung vor die Verwirklichung eines Projekts wird darüber hinaus dem Grundgedanken des Vorsorgeprinzips[231] Rechnung getragen.[232] Die UVP stellt allerdings selbst keine (Genehmigungs-) Entscheidung über das geplante Projekt dar, sondern dient (nur) deren Vorbereitung.

69

Die Richtlinie verfolgt damit mehrere **Ziele**, wobei folgende Aspekte von besonderer Bedeutung sind:
- Zunächst trägt sie dem inzwischen in Art. 192 Abs. 2 AEUV verankerten **Vorsorge- und Vorbeugeprinzip** Rechnung, wonach Umweltbelastungen von vornherein zu vermeiden und Auswirkungen auf die Umwelt bei Planungs- und Entscheidungsprozessen so früh wie möglich zu berücksichtigen sind.[233]
- Das Bereitstellen von Informationen, ein weiteres Ziel der Richtlinie, bringt ausserdem die **Kooperation**, die Zusammenarbeit von Staat und Gesellschaft,[234] zum Ausdruck.
- Sodann soll durch die UVP auch eine verbesserte **Information der Behörden** sichergestellt und damit letztlich auch die Anwendung umweltrechtlicher Nomen erleichtert werden.
- Schliesslich baut die Richtlinie auch drohende **Wettbewerbsverzerrungen** durch eine einheitliche Regelung über die Umweltfolgenabschätzung ab.

---

[227] Vgl. zu der dieser sog. UVP-Änderungsrichtlinie *Mentzinis*, Durchführbarkeit des europäischen Umweltrechts, 76 ff.; *Wasielewski*, NVwZ 2000, 15 (16); *Günter*, NuR 2002, 317 f.; *Erbguth/Stollmann*, ZUR 2000, 379; *Schink*, NVwZ 1999, 11 (14 ff.); *Erbguth*, UPR 2003, 321 (322); *Otto*, NVwZ 2000, 531 f.; *Kunert/Michael*, UPR 2003, 326 (327); *Feldmann*, DVBl. 2001, 589 (591); *Schink*, DVBl. 2001, 321 (322 ff.).
[228] Zu dieser oben 6. Kap. Rn. 4 ff.
[229] Vgl. zusammenfassend den Überblick über die Entwicklung der UVP bei *Erbguth*, UPR 2003, 321 ff.; *Erbguth*, in: UVP, 19 ff.
[230] Zur Zielsetzung der UVP etwa *Feldmann*, EUDUR I, § 34, Rn. 2 ff.; *Prelle*, Umsetzung der UVP-Richtlinie, 67 ff.; *Machado*, elni 1/2001, 3 (4); *Schladebach*, Einfluss des europäischen Umweltrechts auf die kommunale Bauleitplanung, 52 f.
[231] Dazu oben 5. Kap. Rn. 14 ff. Im Zusammenhang mit der UVP etwa *Sifakis*, EELR 1998, 349 ff.
[232] Vgl. zu diesem Hintergrund der RL 2011/92 die in dieser Beziehung aussagekräftigen Erwägungen in der Präambel. Hingewiesen wird darin zudem auf die möglichen Wettbewerbsverzerrungen, die durch unterschiedliche diesbezügliche Regelungen in den Mitgliedstaaten entstehen können, und an den notwendigen Schutz der Umwelt und der Lebensqualität.
[233] Zum Vorsorgeprinzip im Unionsrecht schon oben 5. Kap. Rn. 14 ff.
[234] Zum Kooperationsprinzip bereits die Bemerkungen oben 5. Kap. Rn. 5.

1. Grundsatz

70 Art. 2 Abs. 1 RL 2011/92 formuliert den Grundsatz der UVP: Die Mitgliedstaaten haben dafür zu sorgen, dass bestimmte Projekte **vor ihrer Genehmigung** einer Prüfung in Bezug auf ihre **Auswirkungen auf die Umwelt** unterzogen werden. Diese Prüfung kann entweder im Rahmen eines schon bestehenden oder aber eines neu eingeführten Verfahrens durchgeführt werden, Art. 2 Abs. 2, 3 RL 2011/92. **Bezugspunkte der UVP** sind die unmittelbaren und mittelbaren Auswirkungen eines Projekts auf Mensch, Fauna und Flora, auf verschiedene Umweltressourcen,[235] auf Sachgüter und kulturelles Erbe sowie die Wechselwirkungen zwischen diesen Faktoren, Art. 3 RL 2011/92.[236] Damit geht die UVP-Richtlinie von einem **umfassenden und medienübergreifenden Ansatz** aus.[237] Auf diese Weise soll eine Gesamtbilanz der Umweltauswirkungen eines Projekts gezogen werden, was im Vergleich zu der Prüfung bestimmter sektorieller Anforderungen den Vorteil mit sich bringt, dass eine umfassende Bewertung der Implikationen eines Projekts für die Umwelt ermöglicht wird.

So ist es etwa denkbar, dass die jeweils sektoriellen Umweltauswirkungen eines Vorhabens (noch) unbedenklich sind, eine bereichsübergreifende Sicht aber eine sehr negative Umweltbilanz ergibt.

71 Zudem müssen auch Wechselwirkungen berücksichtigt werden, so dass etwa auch die Folgen einer einem bestimmten Umweltmedium dienenden Schutzmaßnahme für ein anderes Umweltmedium in die Betrachtungen einzubeziehen sind.[238]

Klargestellt hat die Rechtsprechung, dass eine UVP gemäß der RL 2011/92 auch eine **Prüfung der kumulativen Umweltauswirkungen eines Projekts** umfassen muss, die sich durch die einer UVP zu unterziehenden Projekte und andere bereits betriebene oder genehmigte Einrichtungen ergeben könnten. Denn sowohl der Wortlaut des Art. 3 RL 2011/92 (wonach die UVP in geeigneter Weise und nach Maßgabe jedes Einzelfalls die unmittelbaren und mittelbaren Auswirkungen eines Projekts auf die genannten Umweltgüter sowie die Wechselwirkung zwischen diesen Faktoren identifiziert, beschreibt und bewertet) als auch der weite Anwendungsbereich und Zweck der RL 2011/92 ließen klar auf eine solche eher weite Auslegung schließen, woran auch der diesbezügliche nicht klare Wortlaut in einer Fußnote im Anhang IV Nr. 4 RL 2011/92 nichts ändere.[239]

---

235 Boden, Wasser, Luft, Klima und Landschaft.
236 Zu diesen Begriffen etwa *Mentzinis*, Durchführbarkeit des europäischen Umweltrechts, 73 f. In Bezug auf Sachgüter hielt der Gerichtshof fest, die Auswirkungen auf diese seien nur insoweit zu berücksichtigen, wie sie ihrer Natur nach auch Folgen für die Umwelt haben können, so dass die Implikationen für den Wert von Sachgütern nicht eingeschlossen seien, vgl. EuGH, Rs. C-420/11 (Leth), Urt. v. 14.3.2013, Ziff. 25 ff.
237 Hierzu etwa *Erbguth/Stollmann*, ZUR 2000, 379 ff.; *Näckel*, Umweltprüfung, 142 ff.; *Erbguth*, UPR 2003, 321; *Martini*, VerwArch 2009 (6. Kap. J.VIII.), 40 (44); *Jarass*, Auslegung und Umsetzung der EG-Richtlinie zur Umweltverträglichkeitsprüfung, 29 f.; *Schlarmann/Hildebrandt*, NVwZ 1999, 350 ff.; *Schink*, NuR 1998, 173 (179 f.), der auch auf die mit diesem Ansatz verbundenen Schwierigkeiten hinweist. S. auch noch unten 6. Kap. Rn. 83 ff.
238 Vgl. im Einzelnen zum materiellen Prüfungsumfang, m.w.N., *Epiney/Furger/Heuck*, „Umweltplanungsrecht", 11 ff.
239 EuGH, Rs. C-404/09 (Kommission/Spanien), Urt. v. 24.11.2011.

6. Kapitel Allgemeine Regeln

2. Anwendungsbereich

Die der UVP zu unterstellenden Projekte[240] und damit der **sachliche**[241] Anwendungsbereich der RL 2011/92 sind in Art. 4 RL 2011/92 i.V.m. den Anhängen I und II definiert.[242]   72

Erfasst sind damit von vornherein nur (öffentliche und private) **Projekte**. Nach der Legaldefinition des Art. 1 Abs. 2 Art. 1 Abs. 2 RL 2011/92 sind unter Projekten die Errichtung von baulichen oder sonstigen Anlagen sowie sonstige Eingriffe in Natur und Landschaft (einschließlich derjenigen zum Abbau von Bodenschätzen) zu verstehen. Entscheidend ist damit das physische Einwirken auf die Umwelt, so dass planerische Vorstufen eines konkreten Projekts sowie Pläne und Programme[243] nicht in den Anwendungsbereich der RL 2011/92 fallen. Die Rechtsprechung legt den Projektbegriff grundsätzlich weit aus.[244]   73

Allerdings stelle eine Vereinbarung über geplante Eingriffe kein Projekt dar, selbst wenn diese eine relativ genaue Umschreibung der durchzuführenden Arbeiten enthält; jedoch unterliege das Projekt selbst dann ggf. der UVP.[245] Ebensowenig sei die Verlängerung einer bereits bestehenden Betriebsgenehmigung für einen Flughafen, die mit keinerlei Arbeiten oder Eingriffen verbunden ist, ein Projekt im Sinne der RL 2011/92, dies im Gegensatz zu Tätigkeiten, die dem Abbau von Bodenschätzen vergleichbar seien und zu materiellen Veränderungen eines Umweltmediums, wie des Meeresgrundes, führen;[246] allerdings könne ein Projekt im Sinne der Nr. 13 Anhang II RL 2011/92 vorliegen, wenn im Vorfeld der Verlängerung der Betriebsgenehmigung Arbeiten oder Eingriffe durchgeführt wurden. Falls in Bezug auf solche Maßnahmen keine UVP durchgeführt wurde, könne die Verlängerung der Betriebsgenehmigung Teil eines mehrstufigen Genehmigungsverfahrens darstellen. Jedenfalls sei im Hinblick auf die praktische Wirksamkeit der Richtlinie diesfalls sicherzustellen, dass zumindest im Vorfeld der Erteilung der Betriebsgenehmigung eine UVP durchgeführt wird.[247] Damit stellt jedoch lediglich eine Verlängerung einer bestehenden Genehmigung, die nicht mit Arbeiten oder Eingriffen zur Veränderung des bestehenden Zustands verbunden ist, kein Projekt im Sinne der RL 2011/92 dar.[248]

Art. 4 RL 2011/92 unterscheidet zwischen zwei verschiedenen Arten von Projekten: 74
- Die in **Anhang I** aufgelisteten Vorhaben sind obligatorisch der UVP zu unterstellen (Art. 4 Abs. 1 RL 2011/92). Erfasst sind hier Projekte, die in aller Regel erhebliche Umweltauswirkungen entfalten.[249] Nach Nr. 22 Anhang I RL 2011/92 sind auch **Modifikationen oder Er-**

---

240 Zu diesem Begriff *Mentzinis*, Durchführbarkeit des europäischen Umweltrechts, 68 f.; *Epiney/Furger/Heuck*, „Umweltplanungsrecht", 6. S. auch noch sogleich im Text.
241 In Bezug auf den räumlichen Anwendungsbereich ist zu präzisieren, dass dieser auch für die Ausschließliche Wirtschaftszone gilt, vgl. *Abromeit*, ZUR 2007, 354 (355), m.w.N.
242 Vorbehaltlich des Art. 2 Abs. 4 RL 2011/92, der den Mitgliedstaaten die Möglichkeit eröffnet, grundsätzlich der UVP unterstehende Projekte davon in Einzelfällen und ausnahmsweise auszunehmen. In diesem Fall haben die Mitgliedstaaten die Öffentlichkeit entsprechend zu informieren und der Kommission die Gründe für diese Ausnahme mitzuteilen. Dabei sind die Vorgaben des Art. 7 RL 2011/92 (betreffend die Information anderer Mitgliedstaaten) jedenfalls zu beachten, und die Mitgliedstaaten ergeben sich aber nicht, dass eine Alternativprüfung auch tatsächlich vorgenommen werden muss. Dies folgt wohl aber implizit aus Art. 2 Abs. 4 lit. b) RL 2011/92, wonach „die im Rahmen anderer Formen der Prüfung nach Buchstabe a gewonnenen Informationen" der betroffenen Öffentlichkeit mitzuteilen sind. Auch die Information betreffend diese Ausnahme und die Gründe für die Gewährung der Ausnahme sind der Öffentlichkeit zugänglich zu machen (Art. 2 Abs. 4 lit. b) RL 2011/92).
243 In Bezug auf diese kommt jedoch die RL 2001/42 zum Zuge. Zu dieser 6. Kap. Rn. 87 ff.
244 Vgl. z.B. EuGH, Rs. C-486/04 (Kommission/Italien), Slg. 2006, I-11025, Ziff. 37; s. auch EuGH, Rs. C-142/07 (Ecologistes an Accion), Slg. 2008, I-6097, wo der EuGH auch festhält, dass positive Umweltauswirkungen eines Projekts nicht die Nichtdurchführung einer UVP zu begründen vermögen.
245 EuGH, Rs. C-2/07 (Abraham/Région wallonne), Slg. 2008, I-1197.
246 Wie bei der sog. Herzmuschelfischerei, vgl. EuGH, Rs. C-127/02 (Waddenvereniging), Slg. 2004, I-7405.
247 Vgl. EuGH, Rs. C-275/09 (Brussels Hoofdstedelijk Gewest), Urt. v. 17.3.2011.
248 So auch EuGH, Rs. C-121/11 (Pro-Braine), Urt. v. 19.4.2012.
249 Es handelt sich hier um verschiedene Kategorien von Projekten (Raffinerien, Wärmekraftwerke, Kernkraftwerke, Endlagerstätten für radioaktive Abfälle, Hüttenwerke zur Erzeugung von Roheisen und Rohstahl, bestimmte Anlagen, die Asbest verwenden oder erzeugen, integrierte chemische Anlagen, verschiedene Infrastruktur-

weiterungen eines Projekts einer UVP zu unterstellen, wenn die Änderung „für sich genommen" die im Anhang angegebenen Schwellenwerte überschreitet.[250] Bereits existierende Projekte müssen bzw. können bei der Beurteilung, ob der Schwellenwert erreicht wird, also unberücksichtigt bleiben. Damit liegt ein Projekt im Sinne des Art. 4 Abs. 1 i.V.m. Anhang I RL 2011/92 auch dann vor, wenn es funktional in eine schon bestehende Anlage integriert wird.[251] Entscheidend ist also, ob die in Anhang I aufgestellten Merkmale gegeben sind oder nicht, so dass es unerheblich ist, ob es sich um neue Projekte oder Erweiterungen bestehender Projekte handelt.

- Dagegen sind die in **Anhang II** aufgelisteten Projekte nur dann einer UVP zu unterziehen, wenn die Mitgliedstaaten aufgrund einer Einzelfalluntersuchung und/oder aufgrund von festzulegenden Schwellenwerten oder sonstiger Kriterien zum Schluss kommen,[252] dass bei diesen aufgrund ihrer möglichen erheblichen Umweltauswirkungen eine UVP durchzuführen ist (Art. 4 Abs. 2 RL 2011/92).[253]

Durch diese Präzisierung in **Art. 4 Abs. 2 RL 2011/92** kommt deutlich zum Ausdruck, dass es den Mitgliedstaaten gerade nicht freisteht, die entsprechenden Projekte einer UVP zu unterstellen oder nicht, sondern dass sie vertretbare Kriterien aufzustellen oder/und in jedem Einzelfall zu untersuchen haben, ob die **Merkmale des jeweiligen Projekts** die Durchführung einer UVP als notwendig erscheinen lassen.[254]

---

vorhaben und bestimmte Abfallbeseitigungsanlagen, Bauvorhaben zur Umleitung von Wasserressourcen, Abwasserbehandlungsanlagen, Stauwerke, bestimmte Erdöl- und Erdgasförderanlagen, bestimmte Pipelines, große Anlagen zur Intensivhaltung oder -aufzucht von Geflügel oder Schweinen, Zellstoffherstellungsanlagen, Steinbrüche, Hochspannungsleitungen, Erdölagerungsanlagen und Änderungen oder Erweiterungen dieser Projekte, ggf. nur bei Überschreitung bestimmter Schwellenwerte). Viele dieser Projekte fallen nur dann in den Anwendungsbereich des Anhangs I, wenn sie gewisse Schwellenwerte überschreiten; ist dies nicht der Fall, werden sie in der Regel durch Anhang II erfasst. Vgl. zu dieser Liste sowie derjenigen des Anhangs II etwa *Mentzinis*, Durchführbarkeit des europäischen Umweltrechts, 69 ff., 77 ff. Bei der Frage, ob der Schwellenwert überschritten wird, sind ggf. auch Projektteile, die in einem anderen Mitgliedstaat situiert sind, zu berücksichtigen, eine Fragestellung, die z.B. beim Bau von Hochspannungsfreileitungen von Bedeutung sein kann, vgl. EuGH, Rs. C-205/08 (Umweltanwalt von Kärnten), Slg. 2009, I-11525.
250 S. aus der Rechtsprechung schon EuGH, Rs. C-227/01 (Kommission/Spanien), Slg. 2004, I-8253. Ausführlich zum Problemkreis der Unterstellung von Änderungs- und Erweiterungsarbeiten unter die UVP *Sitsen*, UPR 2008, 292 ff.
251 S. ebenso schon EuGH, Rs. C-431/92 (Kommission/Deutschland), Slg. 1995, I-2189, Ziff. 34 ff.
252 Darüber hinaus sind bei dieser Evaluation jedenfalls die in Anhang III genannten Kriterien zu berücksichtigen, womit der Gestaltungsspielraum der Mitgliedstaaten (weiter) eingeschränkt wird.
253 Es handelt sich hierbei um insgesamt 12 Kategorien von Vorhaben, die weite Teile der landwirtschaftlichen, gewerblichen, industriellen, chemischen und Energie gewinnenden Anlagen sowie weitere Bereiche (Textilindustrie, Gummiverarbeitung, Infrastrukturprojekte, Fremdenverkehr u.a.m.) umfassen. Ausdrücklich erwähnt werden auch Änderungen oder Erweiterungen bereits genehmigter oder durchgeführter Projekte, die erhebliche nachteilige Auswirkungen auf die Umwelt entfalten können. Damit sind Modifikationen von bereits fertig gestellten Projekten erfasst. Aus der Rechtsprechung hierzu EuGH, Rs. C-142/07 (Ecologistas en Accion-CODA), Slg. 2008, I-6097, Ziff. 36; EuGH, Rs. C-2/07 (Abraham/Wallonien), Slg. 2008, I-1197, Ziff. 33; in EuGH, Rs. C-227/01 (Kommission/Spanien), Slg. 2004, I-8253, wurde der Ausbau einer Eisenbahnstrecke hingegen nicht als Änderung angesehen, sondern sogar dem Neubau einer Eisenbahn-Fernverkehrsstrecke nach Anhang I Nr. 7 RL 85/337 gleichgesetzt. Aus der Rechtsprechung vor Einfügung dieser Ziffer EuGH, Rs. C-435/97 (WWF/Provinz Bozen), Slg. 1999, I-5613, Ziff. 39; EuGH, Rs. C-72/95 (Kraaijeveld), Slg. 1996, I-5403, Ziff. 40. Aus der Literatur zu den damit aufgeworfenen Problemen *Kersting*, UPR 2003, 10 ff.; *Steinberg/Steinwachs*, NVwZ 2002, 1153 ff.
254 S. auch schon EuGH, Rs. C-301/95 (Kommission/Deutschland), Slg. 1998, I-6135, Ziff. 38 ff., wo der EuGH in Bezug auf die „alte" Fassung der Richtlinie betonte, dass ein allgemeiner Ausschluss der „fakultativen" Projekte des Anhangs II jedenfalls nicht den Anforderungen der Richtlinie genüge, da damit nicht den potenziellen Auswirkungen auf die Umwelt Rechnung getragen werden könne. Insbesondere werde der den Mitgliedstaaten durch Art. 4 Abs. 2 RL 2011/92 eingeräumte Spielraum durch Art. 2 Abs. 1 RL 2011/92 begrenzt; danach sind alle

6. Kapitel Allgemeine Regeln

Ausgehend von Sinn und Zweck der Richtlinie und von der Vorgabe des Art. 2 Abs. 1 RL 2011/92 – wonach all diejenigen Projekte einer UVP zu unterziehen sind, bei denen insbesondere auf Grund ihrer Größe, ihrer Art oder ihres Standorts mit erheblichen Umweltauswirkungen zu rechnen ist[255] – müssen die Mitgliedstaaten bei dieser Entscheidung wohl darauf abstellen, welche **potenziellen Auswirkungen das jeweilige Projekt auf die geschützten Umweltmedien** hätte. Dieser Ansatz wird auch durch Art. 4 Abs. 3 i.V.m. Anhang III RL 2011/92 bestätigt, der den Mitgliedstaaten aufgibt, bei der Einzelfalluntersuchung bzw. der Festlegung von Schwellenwerten die Auswahlkriterien des Anhangs III zu „berücksichtigen", die auf die Merkmale der Projekte (unter Einbezug ihrer potenziellen Umweltauswirkungen), den Standort der Projekte sowie die Merkmale der potenziellen Auswirkungen abstellen.[256]

Diese objektiven und justiziablen Kriterien begrenzen somit den durchaus bestehenden Gestaltungsspielraum der Mitgliedstaaten.[257] Dieser wird etwa dann überschritten, wenn sich die Schwellenwerte lediglich auf die Größe des Projekts ohne Berücksichtigung der Art und des Standortes beziehen.[258] Den Mitgliedstaaten ist es hingegen gestattet, einen unteren Schwellenwert festzulegen, vorausgesetzt, dass auch in ökologisch sensiblen Bereichen alle Projekte mit erheblichen Umweltauswirkungen erfasst werden; ansonsten muss (darüber hinaus) auch noch eine Einzelfallprüfung möglich sein,[259] was jedenfalls ein alleiniges Abstellen auf „starre Schwellenwerte" häufig ausschließen wird. Die relevanten Auswahlkriterien des Anhangs III sind von den Mitgliedstaaten bei der Bestimmung derjenigen Projekte des Anhangs II, die einer UVP unterliegen, jedenfalls zu beachten, unabhängig davon, ob diese Bestimmung anhand einer Einzelfalluntersuchung oder aufgrund von generell-abstrakt festgelegten Schwellenwerten und Kriterien erfolgt. Dabei muss die nationale Umsetzungsregelung so ausgestaltet sein, dass (mindestens) alle Kriterien des Anhangs III RL 2011/92 – sofern sie für das betreffende Projekt relevant sind – berücksichtigt werden können.[260] Jedenfalls müssen die Kriterien sicherstellen, dass nicht bestimmte Projekttypen ausgenommen sind und dass die Zielsetzungen der Art. 2, 4 RL 2011/92 erreicht werden können, was auch impliziert, dass die Umweltauswirkungen mehrerer Projekte ggf. zusammen geprüft werden müssen, wäre es doch

---

Projekte, bei denen insbesondere auf Grund ihrer Größe, ihrer Art oder ihres Standorts mit erheblichen Umweltauswirkungen zu rechnen ist, einer UVP zu unterziehen. Dieser Pflicht könne aber durch eine völlige Freistellung der Anhang II-Projekte nicht vollumfänglich nachgekommen werden. Ebenso EuGH, Rs. C-392/96 (Kommission/Irland), Slg. 1999, I-5901, Ziff. 64; EuGH, Rs. C-72/95 (Kraaijeveld), Slg. 1996, I-5403, Ziff. 50. S. auch EuGH, Rs. C-133/94 (Kommission/Belgien), Slg. 1996, I-2323, Ziff. 41ff.; EuGH, Rs. C-474/99 (Kommission/Spanien), Slg. 2002, I-5293, Ziff. 30; EuGH, Rs. C-87/02 (Kommission/Italien), Slg. 2004, I-5975, Ziff. 38 ff., wo der EuGH feststellt, dass jedenfalls sichergestellt werden müsse, dass die Erreichung der Ziele der Richtlinie nicht beeinträchtigt wird, so dass kein Projekt, das erhebliche Auswirkungen auf die Umwelt haben könnte, der Prüfung entzogen werden darf. Zu dieser Rechtsprechung teilweise recht kritisch *Schilling*, UTR 2002, 37 (39 ff.).

255 Wobei diese allerdings durch die Anhänge erfasst sein müssen, vgl. nur EuGH, Rs. C-156/07 (Aiello), Slg. 2008, I-5215.
256 Dabei müssen die Mitgliedstaaten neben der Größe des Projekts auch die anderen im Anhang genannten Faktoren berücksichtigen, so dass diese kumulativ zu verstehen sind und kein in Anhang III aufgeführtes Kriterium ausgeschlossen werden darf. Vgl. EuGH, Rs. C-392/96 (Kommission/Irland), Slg. 1999, I-5901, Ziff. 65 ff.; EuGH, Rs. C-2/07 (Abraham/Région wallonne), Slg. 2008, I-1197; EuGH, Rs. C-66/06 (Kommission/Irland), Slg. 2008, I-158; EuGH, Rs. C-332/04 (Kommission/Spanien), Slg. 2006, I-40; EuGH, Rs. C-156/02 (Aiello), Slg. 2008, I-5215. Im Übrigen ist jedenfalls auf die Umweltauswirkungen abzustellen, so dass die Durchführung einer UVP nicht von Zufällen abhängen darf, vgl. EuGH, Rs. C-66/06 (Kommission/Irland), Slg. 2008, I-158. Bei den Umweltauswirkungen ist nicht nur das Projekt selbst, sondern auch seine zu erwartende Nutzung einzubeziehen (etwa bei Flughäfen), vgl. EuGH, Rs. C-2/07 (Abraham/Région wallonne), Slg. 2008, I-1197; s. auch EuGH, Rs. C-244/12 (Salzburger Flughafen), Urt. v. 21.3.2013, Ziff. 26 ff.
257 Auf den Gestaltungsspielraum der Mitgliedstaaten hinweisend etwa EuGH, Rs. C-508/03 (Kommission/Großbritannien), Slg. 2006, I-3969. Die Schranken des Gestaltungsspielraums auf der Grundlage der Rechtsprechung betonend *Schink*, NuR 2012, 603 (604 f.).
258 EuGH, Rs. C-2/07 (Abraham/Wallonien), Slg. 2008, I-1197, Rn. 38; EuGH, Rs. C-392/96 (Kommission/Irland), Slg. 1999, I-5901, Rn. 64 f.; s. auch EuGH, Rs. C-244/12 (Salzburger Flughafen), Urt. v. 21.3.2013, Ziff. 26 ff., wo der Gerichtshof das ausschließliche Abstellen auf die Erhöhung der Flugbewegungen für mit der RL 2011/92 unvereinbar hält.
259 EuGH, Rs. C-392/96 (Kommission/Irland), Slg. 1999, I-5901, Rn. 66 f.; EuGH, Rs. C-427/07 (Kommission/Irland), Slg. 2009, I-6277, Ziff. 41 f.; *Otto*, NVwZ 2000, 531 (533).
260 EuGH, Rs. C-156/07 (Aiello/Comune di Milano), Slg. 2008, I-5215; EuGH, Rs. C-244/12 (Salzburger Flughafen), Urt. v. 21.3.2013, Ziff. 35.

ansonsten möglich, durch eine Aufspaltung von Projekten die Zielsetzungen der Richtlinie zu umgehen.²⁶¹
Durch die Präzisierung der bei der Frage, ob die in Anhang II RL 2011/92 aufgeführten Projekte einer UVP zu unterstellen sind, heranzuziehenden Kriterien wird somit auch deutlich, dass es den Mitgliedstaaten gerade nicht freisteht, **bestimmte in Anhang II aufgeführte Projekte allgemein vom Anwendungsbereich der UVP auszuschließen.**²⁶² Vielmehr haben sie für die Frage der Durchführung einer UVP vertretbare allgemeine Schwellenwerte bzw. Kriterien aufzustellen bzw. in jedem Einzelfall zu untersuchen, ob die Merkmale des jeweiligen Projekts die Durchführung einer UVP als notwendig erscheinen lassen.²⁶³
Darüber hinaus kann auch im Zusammenhang mit Projekten, die weder unter Anhang I noch unter Anhang II fallen, eine UVP notwendig sein, wie der Gerichtshof in der Rs. C-215/06²⁶⁴ festhielt: So seien Windfarmen zwar nicht in Anhang II RL 2011/92 aufgeführt; jedoch umfassten die beiden ersten Bauphasen der Windfarm zahlreiche Arbeiten, die unter Anhang II fielen (Gewinnung von Torf und nichtenergetischer Mineralien sowie Bau von Straßen). Daher sei bereits aus diesem Grund eine UVP durchzuführen gewesen, dies unabhängig von dem Umstand, dass die unter Anhang II RL 2011/92 fallenden Projekte im Verhältnis zur Errichtung der Windfarm selbst zweitrangig sind.

75 Bei **mehrstufigen Genehmigungsverfahren** ist eine UVP schon dann durchzuführen, wenn es möglich ist, sämtliche (Umwelt-) Auswirkungen eines Projekts zu ermitteln und zu prüfen, so dass im Falle von „Grundsatzentscheidungen", die von „Durchführungsentscheidungen" gefolgt werden, die an die Grundsatzentscheidungen gebunden sind, die UVP bereits im Verfahren zum Erlass der Grundsatzentscheidungen durchzuführen ist, es sei denn, die Umweltauswirkungen des Projekts können erst im Verfahren zum Erlass der Durchführungsentscheidungen ermittelt werden.²⁶⁵ Umgekehrt ist bei mehrstufigen Genehmigungen – die als Genehmigungen im Sinne der RL 2011/92 auszulegen sind – eine UVP (auch) dann durchzuführen, wenn sich erst während der zweiten Stufe herausstellt, dass das Projekt erhebliche Auswirkungen auf die Umwelt haben kann. Jede andere Auslegung würde es letztlich dem nationalen Gesetzgeber bzw. den Behörden

---

261 EuGH, Rs. C-392/96 (Kommission/Irland), Slg. 1999, I-5901, Rn. 74 ff.; s. auch EuGH, Rs. C-2/07 (Abraham/Wallonien), Slg. 2008, I-1197; EuGH, Rs. C-72/95 (Kraaijeveld), Slg. 1996, I-543, Ziff. 52. Steht eine Teilgenehmigung eines Projekts zur Debatte, die mit einem anderen Teil zu einem „Ganzen verschmilzt" (wie typischerweise bei Trassen, Autobahnen oder Eisenbahnstrecken), so spricht Vieles dafür, dass sich die UVP nicht nur auf die Umweltauswirkungen dieses neuen Teilprojekts bezieht, sondern dass die Gesamtheit der Linienführung einzubeziehen ist, s. im Einzelnen, m.w.N., *Epiney/Furger/Heuck*, „Umweltplanungsrecht", 6 f. Ebenso sind bei einer Änderung auch die Auswirkungen des Grundvorhabens im Gefolge der Modifikationen zu prüfen. So ist bei der Prüfung der Umweltauswirkungen eines Projekts, die eine Erweiterung eines bestehenden Projekts beinhaltet, auch die geplante Steigerung der ursprünglichen Aktivitäten (z.B. eines Flugplatzes nach seiner Erweiterung) zu berücksichtigen, so dass nicht nur die Umweltauswirkungen der geplanten Arbeiten, sondern auch diejenigen, die durch die geplante Benutzung und den Betrieb der aus diesen Arbeiten hervorgehenden Anlagen zu erwarten sind, in die Betrachtungen einfließen müssen, vgl. EuGH, Rs. 2/07 (Abraham/Wallonien), Slg. 2008, I-1197; s. auch EuGH, Rs. C-244/12 (Salzburger Flughafen), Urt. v. 21.3.2013, Ziff. 36 f.
262 Vgl. aus der jüngeren Rechtsprechung etwa EuGH, Rs. C-427/07 (Kommission/Irland), Slg. 2009, I-6277, Ziff. 41 ff.; EuGH, Rs. C-50/09 (Kommission/Irland), Urt. v. 3.3.2011 (letzteres Urteil in Bezug auf Abbrucharbeiten, die unter Anhang II RL 2011/92 fielen).
263 EuGH, Rs. 133/94 (Kommission/Belgien), Slg. 1996, I-2323, Rn. 42; EuGH, Rs. C-72/95 (Kraaijeveld), Slg. 1996, I-5403, Rn. 51; EuGH, Rs. C-301/95 (Kommission/Deutschland), Slg. 1998, I-6135, Rn. 45; EuGH, Rs. C-392/96 (Kommission/Irland), Slg. 1999, I-5901, Rn. 73; EuGH, Rs. C-486/04 (Kommission/Italien), Slg. 2006, I-11025. In EuGH, Rs. C-75/08 (Mellor), Slg. 2009, I-3799, hielt der Gerichtshof fest, dass die „betroffenen Einzelnen" und die „betroffenen nationalen Behörden" in der Lage sein müssen, die Einhaltung der Prüfpflicht nach Art. 4 Abs. 2 i.V.m. Anhang II RL 2011/92 ggf. gerichtlich nachprüfen zu lassen. Die Wirksamkeit dieser gerichtlichen Kontrolle setze voraus, dass das angerufene Gericht sowie die Betroffenen verlangen können, dass die Behörde ihnen die Gründe, auf die ihre ablehnende Entscheidung gestützt ist, bekannt geben, wobei diese nicht bereits in der Entscheidung, ein Projekt nicht der UVP zu unterstellen, selbst enthalten sein müssen.
264 EuGH, Rs. C-215/06 (Kommission/Irland), Slg. 2008, I-4911.
265 EuGH, Rs. C-201/02 (Wells), Slg. 2004, I-723; EuGH, Rs. C-2/07 (Abraham/Wallonien), Slg. 2008, I-1197. Im zuletzt genannten Urteil wird zudem erwähnt, dass in dem Fall, in dem die Genehmigung eine Vereinbarung mit den Projektbetreibern ersetzt, ebenfalls eine UVP durchzuführen ist.

erlauben, über mehrstufige Genehmigungsverfahren die Pflicht zur UVP zu umgehen.[266] Dieser Ansatz impliziert, dass sicherzustellen ist, dass auf jeder Genehmigungsstufe eine UVP durchgeführt werden kann.

Nach Art. 1 Abs. 3 RL 2011/92 können die Mitgliedstaaten entscheiden, dass die Richtlinie keine Anwendung auf Projekte findet, die der nationalen Verteidigung dienen, sofern sich eine solche Unterwerfung nach Ansicht der Mitgliedstaaten negativ auf diese Zwecke auswirken könnte. Diese Klausel ist aufgrund ihres Ausnahmecharakters eng auszulegen, so dass nur solche Projekte von ihr erfasst werden, deren ganz überwiegender Zweck in der nationalen Verteidigung zu sehen ist; dies ist bei der Umstrukturierung eines Flughafens, der sowohl kommerziell als auch militärisch genutzt werden soll, nicht der Fall.[267]

Art. 1 Abs. 4 RL 2011/92 nimmt im Übrigen von vornherein solche Projekte aus dem Anwendungsbereich der Richtlinie aus, die im Einzelnen durch einen mitgliedstaatlichen Gesetzgebungsakt genehmigt werden. Nach der Rechtsprechung des EuGH kann diese Ausnahme – in Anknüpfung an den Wortlaut der Bestimmung sowie Ziel und Zweck der Richtlinie – aber nur dann zum Zuge kommen, wenn der Gesetzgeber über Angaben verfügt, die denjenigen gleichwertig sind, die der zuständigen Behörde im Rahmen eines behördlichen Genehmigungsverfahrens vorzulegen wären (wobei diese aber auch aus einem vorherigen Verwaltungsverfahren stammen können);[268] es muss sich also um einen besonderen (gesetzgeberischen) Akt handeln, der die gleichen Merkmale wie eine „normale" Genehmigung aufweist, und der Gesetzgebungsakt muss erkennen lassen, dass die Zwecke der RL 2011/92 bei dem betreffenden Projekt erreicht werden.[269] Vor diesem Hintergrund ist ein Gesetzgebungsakt, der lediglich einen bereits erlassenen Verwaltungsakt „ratifiziert" und der sich darauf beschränkt, zwingende Gründe des Allgemeininteresses anzuführen, ohne dass im Vorfeld ein die Sachfragen betreffendes Gesetzgebungsverfahren durchgeführt wird (innerhalb desselben sich der Gesetzgeber mit den Angaben zum Projekt auseinandersetzt), nicht von Art. 1 Abs. 4 RL 2011/92 erfasst.[270]

3. Verfahren

Die **verfahrensrechtlichen Anforderungen** an die UVP ergeben sich aus Art. 5 ff. RL 2011/92, wobei in erster Linie folgende Aspekte von Bedeutung sind:[271]

- Nach Art. 5 i.V.m. Anhang IV RL 2011/92 haben die Mitgliedstaaten zunächst sicherzustellen, dass die Projektträger bestimmte **Angaben**[272] – auf denen dann die UVP beruht – in geeigneter Form vorlegen. Diese Vorschrift unterscheidet zwischen **zwingend vom Projektträger vorzulegenden Angaben**, die in Art. 5 Abs. 3 RL 2011/92 umschrieben sind,[273] und solchen Angaben, die nur unter der Voraussetzung zugänglich zu machen sind, dass dies „nach Auffassung der Mitgliedstaaten" notwendig ist und vom Antragsteller „billigerweise

76

---

266 EuGH, Rs. C-508/03 (Kommission/Vereinigtes Königreich), Slg. 2006, I-3969; EuGH, Rs. C-290/03 (London Borough of Bromley), Slg. 2006, I-3949.
267 EuGH, Rs. C-435/97 (WWF/Bozen), Slg. 1999, I-5613, Ziff. 65 f.
268 Ausdrücklich EuGH, Rs. C-182/10 (Solvay), Urt. v. 16.2.2012, Ziff. 38; s. auch EuGH, Rs. C-43/10 (Nomarchiaki Aftodioikisi Aitoloakarnanias), Urt. v. 11.9.2012, Ziff. 86 f.
269 EuGH, Rs. C-287/98 (Luxemburg/Linster), Slg. 2000, I-6917, Ziff. 49 ff.; s. zu diesem Aspekt auch EuGH, Rs. C-435/97 (WWF/Bozen), Slg. 1999, I-5613, Ziff. 55 ff. Ausführlich und teilweise kritisch zu der Rechtsprechung bezüglich der Ausnahmen der Art. 1 Abs. 4, 5 RL 2011/92 *Schilling*, UTR 2002, 37 (45 ff.). S. aus der neueren Rechtsprechung EuGH, verb. Rs. C-128-131/09, C-134/09, C-135/09 (Boxus), Urt. v. 18.10.2011, Ziff. 38 f.; EuGH, Rs. C-182/10 (Solvay), Urt. v. 16.2.2012, Ziff. 31 ff.; EuGH, Rs. C-43/10 (Nomarchiaki Aftodioikisi Aitoloakarnanias), Urt. v. 11.9.2012, Ziff. 78 ff.
270 EuGH, Rs. C-182/10 (Solvay), Urt. v. 16.2.2012, Ziff. 39; EuGH, Rs. C-43/10 (Nomarchiaki Aftodioikisi Aitoloakarnanias), Urt. v. 11.9.2012, Ziff. 88.
271 Ausführlich zum Verfahren *Meßerschmidt*, Europäisches Umweltrecht, § 8, Rn. 67 ff.
272 Wie z.B. eine detaillierte Beschreibung des Projekts, Beschreibung möglicher Auswirkungen auf die Umwelt und die Beschreibung möglicher oder vorgesehener Ausgleichsmaßnahmen und ihrer Wirkungen.
273 Es handelt sich hier um eine Beschreibung des Projekts, eine Schilderung der Maßnahmen, mit denen bedeutenden nachteiligen Auswirkungen begegnet werden soll, der Angaben, die für die Ermittlung der Hauptwirkungen des Projekts auf die Umwelt voraussichtlich notwendig sind inkl. eine Zusammenfassung über die darüber hinaus geprüften Lösungsmöglichkeiten und die letztlich als entscheidend erachteten Auswahlkriterien sowie eine nichttechnische Zusammenfassung dieser Punkte.

verlangt werden" kann, Art. 5 Abs. 1 RL 2011/92 i.V.m. Anhang IV.[274] Den Mitgliedstaaten wird also ein gewisser Gestaltungsspielraum eingeräumt; insbesondere können sie über die auf jeden Fall vorzulegenden Mindestangaben vom Projektträger darüber hinausgehende Informationen verlangen, soweit sie dies für sachdienlich halten. Art. 5 Abs. 2 RL 2011/92 (sog.

„scoping") sieht darüber hinaus vor, dass sicherzustellen ist, dass die zuständige Behörde eine Stellungnahme über die vorzulegenden Angaben abgibt, falls dies vom Projektträger verlangt wird, wobei der Projektträger vor Abgabe dieser Stellungnahme anzuhören ist. Die in dieser Stellungnahme erfolgte Festlegung darf die Behörde aber nicht daran hindern, in der Folge um weitere Angaben zu ersuchen.[275]

Man wird aus der Gesamtschau dieser Bestimmungen ableiten können, dass den Mitgliedstaaten bei den „fakultativ" vorzulegenden Angaben zwar ein gewisser Gestaltungsspielraum zusteht. Da Sinn und Zweck der ggf. zusätzlich einzureichenden Angaben aber darin bestehen dürfte, es der Behörde zu ermöglichen, alle sachdienlichen und mit vertretbarem Aufwand zu eruierenden Angaben zu erhalten, um sich ein vollständiges Bild von dem Projekt machen zu können, stünde jedenfalls ein gesamthafter Ausschluss der Möglichkeit, sich die „fakultativen Angaben" zu beschaffen, nicht mit den Vorgaben dieser Bestimmungen in Einklang. Vielmehr wird man diese so auslegen müssen, dass die mitgliedstaatlichen Behörden – unter Beachtung des in Art. 5 Abs. 2 RL 2011/92 erwähnten Verfahrens – jedenfalls grundsätzlich befugt sein müssen, die in Anhang IV erwähnten Angaben zu verlangen, sofern dies keinen unverhältnismäßigen Aufwand für den Projektträger implizierte.

Die **Bewertung der Auswirkungen** des betreffenden Projekts auf die Umwelt ist nicht dem Projektträger aufzuerlegen,[276] sondern hat jedenfalls durch die **Behörde**, die ja auch noch diverse Konsultationen durchzuführen hat,[277] zu erfolgen.[278] Für die bei der Bewertung anzulegenden Maßstäbe sind der RL 2011/92 kaum Anhaltspunkte zu entnehmen, abgesehen davon, dass die Bewertung grundsätzlich umfassend sein und die in Art. 3 RL 2011/92 erwähnte Eruierung der Auswirkungen auf die genannten (Umwelt-) Medien sowie die Wechselwirkungen erfassen muss, was den Mitgliedstaaten einen denkbar weiten **Gestaltungsspielraum** einräumen dürfte.

Angesichts des Umstands, dass der Projektträger ggf. nach Art. 5 Abs. 3 RL 2011/92 eine Übersicht über die wichtigsten sonstigen Projektalternativen liefern muss, dürfte die RL 2011/92 die Behörden bei der letztlichen Bewertung der Umweltauswirkungen eines Projekts im Falle der Übermittlung solcher Angaben auch zu einem **Alternativenvergleich** verpflichten, hätte doch die obligatorische Angabe solcher alternativer Lösungsmöglichkeiten – die allerdings wohl nur dann erfolgen muss, wenn der Projektträger tatsächlich Alternativen geprüft hat, so dass dieser Bestimmung **keine Pflicht zur Alternativenprüfung durch den Projektträger** zu entnehmen sein dürfte – ansonsten keinen Sinn. Zudem spricht auch die Zielsetzung der RL 2011/92, einen möglichst frühzeitigen und vorsorgenden Umweltschutz zu verwirklichen, für diese Auslegung. Die **behördliche Alternativenprüfung** hingegen hat wohl auch dann zu erfolgen, wenn der Projektträger keine Alternativen vorstellt, kann doch nur auf diese Weise die Vermeidung „unnötiger„ Umweltbelastungen gewährleistet werden.[279] Zu beachten ist jedoch, dass sich der Alternativenvergleich bzw. die zu liefernden Angaben nach der RL 2011/92 nur auf die wichtigsten anderweitigen Lösungsmöglichkeiten bezieht und zudem nur in der Form einer Übersicht zu übermitteln ist, was eine eingehende Alternativenprüfung doch erheblich relativiert,[280] ganz abgesehen davon, dass der Projektträger

---

274 Anhang IV formuliert in wesentlich präziserer Weise die zu liefernden Angaben und beschränkt diese Pflicht insbesondere nicht auf Fälle „bedeutender" Auswirkungen oder „Hauptwirkungen" und fällt somit umfassender aus.
275 Zum *scoping* z.B. *Meßerschmidt,* Europäisches Umweltrecht, § 8, Rn. 80ff.
276 I.Erg. ebenso *Jarass,* Auslegung und Umsetzung der UVP-Richtlinie, 1989, 33; *Groß,* NVwZ 2001, 513 (514).
277 S. sogleich im Text.
278 Vgl. zu dieser Frage etwa *Cupei,* Umweltverträglichkeitsprüfung, 175; s. auch *Peters,* NuR 1996, 235 (237).
279 Ebenso schon *Heitsch,* NuR 1996, 453 (455); *Erbguth,* NVwZ 1992, 209; zweifelnd aber *Günter,* NuR 2002, 317 (322); *Mentzinis,* Durchführung des europäischen Umweltrechts, 75. Im Übrigen ist darauf hinzuweisen, dass die Tatsache, dass die Richtlinie nur eine Mindestharmonisierung darstellt, jedenfalls impliziert, dass die Mitgliedstaaten in ihren nationalen Vorschriften den zuständigen Behörden eine Pflicht auferlegen können, weitere von dem Projektträger nicht dargelegte Alternativmöglichkeiten zu prüfen.
280 Vgl. schon *Epiney/Pfenninger/Gruber,* Europäisches Umweltrecht, 139. Zur Alternativenprüfung auch *Groß,* NVwZ 2001, 513 f.

6. Kapitel Allgemeine Regeln

eben nicht zwingend entsprechende Angaben zu machen hat. Der RL 2011/92 kann also keinesfalls eine eigentliche, umfassende Pflicht zur Alternativenprüfung entnommen werden.

■ Sodann haben die Mitgliedstaaten sicherzustellen, dass die betroffenen „Umweltbehörden"[281] zu dem Genehmigungsantrag des Projekts Stellung nehmen können und dass eine **Beteiligung der Öffentlichkeit** ermöglicht wird, Art. 6 RL 2011/92.[282] Diese Bestimmung legt – in Anknüpfung an die Vorgaben der Aarhus-Konvention – eine Reihe von Einzelheiten in Bezug auf den Einbezug der Öffentlichkeit fest, wobei zwischen der „Öffentlichkeit" und der „betroffenen Öffentlichkeit"[283] unterschieden wird: Ersterer sind neben dem Genehmigungsantrag und der Information, dass eine UVP durchzuführen ist, Angaben zu den zuständigen Behörden, der Art möglicher Entscheidungen und einiger Aspekte der Verfügbarkeit von Informationen zugänglich zu machen. Die betroffene Öffentlichkeit ist darüber hinaus über diejenigen Informationen in Kenntnis zu setzen, die vom Projektträger nach Art. 5 RL 2011/92 eingeholt wurden.[284] Art. 6 Abs. 4 RL 2011/92 formuliert unmissverständlich, dass die betroffene Öffentlichkeit „frühzeitig" und in „effektiver Weise" in die Lage versetzt werden muss, Stellung zu nehmen, wobei diese allgemeinen Vorgaben dadurch präzisiert werden, dass zum Zeitpunkt der Möglichkeit der Stellungnahme alle Optionen noch offen stehen müssen und die Genehmigungsentscheidung noch nicht gefallen sein darf.[285] Art. 6 Abs. 6 RL 2011/92 ergänzt diese Vorgaben durch den Hinweis, dass ein ausreichender Zeitrahmen für die verschiedenen Schritte der Öffentlichkeitsbeteiligung zur Verfügung stehen muss. Die genauen Vorkehrungen für die Unterrichtung der Öffentlichkeit und die Anhörung der betroffenen Öffentlichkeit sind nach Art. 6 Abs. 5 RL 2011/92 von den Mitgliedstaaten festzulegen (Art. 6 Abs. 5 RL 2011/92); man wird aber im Hinblick auf die effektive Wirksamkeit der Öffentlichkeitsbeteiligung jedenfalls verlangen müssen, dass diese so gewählt werden, dass die in Art. 6 RL 2011/92 genannten Vorgaben auch eingehalten werden können und die Öffentlichkeitsbeteiligung damit effektiv stattfinden kann und nicht „vereitelt" wird.[286]

Ergänzend sei hier darauf hinzuweisen, dass der EuGH davon ausgeht, dass der verbindliche Charakter der entsprechenden Verfahrenspflichten der RL 2011/92 impliziert, dass sich Einzelne grundsätzlich in einem hängigen Verfahren vor nationalen Gerichten auf die Einhaltung der durch die Richtlinie den Mitgliedstaaten auferlegten Verpflichtung berufen können müssten. Daraus folge notwendigerweise, dass ein nationales Gericht überprüfen könne, ob der nationale Gesetzgeber innerhalb der von der Richtlinie gezogenen Grenzen seines Entscheidungsspielraums geblieben ist.[287] Diese Formulierung wirft mindestens zwei Fragen auf: Zum einen fragt es sich, ob das nationale Gericht diese Aspekte nur berücksichtigen kann oder aber ob es hierzu nicht verpflichtet sein muss; die Begründung des EuGH dürfte letzteres nahe legen. Auch die Sicherstellung der effektiven und einheitlichen Anwendung der unionsrechtlichen Vorgaben spricht für diese Sicht. Sodann fragt es sich, welche Folgen eine (mögliche) Verletzung der einschlägigen Bestimmungen der Richtlinie hat: Der effektive Schutz der hier zur Debatte stehenden Beteiligungsrechte dürfte wohl eher für die Verneinung der Rechtmäßigkeit des Verfahrens sprechen. Auch die Folgerechtsprechung des EuGH dürfte diese Sicht bestätigen: In der Rs. C-215/06[288] ging es um eine irische Regelung, die unabhängig vom Nachweis außergewöhnlicher Umstände die Legalisierung von rechtswidrig (unter Verstoß gegen die grundsätzlich bestehende Genehmigungspflicht) erstellten Projekten vorsieht, wobei dieser „Legalisierungsentscheidung" die gleichen Wirkungen zukommt wie einer vor der Durchführung des Projekts erteilten „ordentlichen" Genehmigung, dies obwohl die Projekte nach der RL 2011/92 einer UVP hätten unterzogen werden müssen. Der Gerichtshof hielt hier fest, dass eine der-

---

281 Die Bestimmung spricht von „Behörden, die in ihrem umweltbezogenen Aufgabenbereich von dem Projekt berührt sein könnten".
282 Zur Öffentlichkeitsbeteiligung nach der RL 2011/92 im Einzelnen *Meßerschmidt*, Europäisches Umweltrecht, § 8, Rn. 85 ff.
283 Vgl. die Legaldefinition in Art. 1 Abs. 2 RL 2011/92, die sich an die Aarhus-Konvention anlehnt.
284 Den in Art. 6 Abs. 3 lit. b) RL 2011/92 genannten Aspekten dürfte keine große Bedeutung zukommen, da diese Informationen nur „in Übereinstimmung mit den nationalen Rechtsvorschriften" zugänglich zu machen sind. Art. 6 Abs. 3 lit. c) RL 2011/92 knüpft an die Vorgaben der RL 2003/4 an. Hierzu oben 6. Kap. Rn. 39 ff.
285 Zur Frage der Erhebung einer Gebühr für die Bearbeitung der Stellungnahme (die grundsätzlich möglich ist, sofern die Gebühr nicht so hoch festgesetzt wird, dass die Richtlinie ihre volle Wirksamkeit nicht entfalten könnte) EuGH, Rs. C-216/05 (Kommission/Irland), Slg. 2006, I-7057, Rn. 27. Hierzu *Epiney*, EurUP 2007, 70 (75).
286 Für ein Beispiel eines Verstoßes gegen die Vorgaben der Richtlinie über die Öffentlichkeitsbeteiligung EuGH, Rs. C-255/05 (Kommission/Italien), Slg. 2007, I-5767.
287 Vgl. EuGH, Rs. C-287/98 (Linster), Slg. 2000, I-6917, Ziff. 31 ff.
288 EuGH, Rs. C-215/06 (Kommission/Irland), Slg. 2008, I-4911.

artige Möglichkeit den Vorgaben der RL 2011/92 nicht genüge: Denn sie ermögliche den betroffenen Projektträgern (und dem Mitgliedstaat), der Anwendung der RL 2011/92 zu entgehen und damit das Unionsrecht zu umgehen, sehe die RL 2011/92 die Durchführung der UVP doch vor Erstellung und Genehmigung des Projekts vor. Weiter sei das in Irland vorgesehene Sanktionssystem unzulänglich, da die Möglichkeit der Legalisierung es weitgehend wirkungslos werden lasse.

Art. 7 Abs. 1 RL 2011/92 ist die Verpflichtung der Mitgliedstaaten zu entnehmen, den oder die **anderen Mitgliedstaaten zu informieren,** falls ein Projekt erhebliche Auswirkungen auf die Umwelt dieses oder dieser Mitgliedstaaten entfalten könnte.[289] Wenn der betreffende Mitgliedstaat seinen Willen kommuniziert, an dem Verfahren teilzunehmen, so sind ihm die in Art. 6 Abs. 2, 3 lit. a), b) RL 2011/92 erwähnten Informationen zu übermitteln (Art. 7 Abs. 2 RL 2011/92); dieser hat dann wiederum dafür zu sorgen, dass die in seinem Gebiet betroffene Öffentlichkeit (und die betroffenen Behörden) innerhalb einer angemessenen Frist informiert werden und die Gelegenheit zur Stellungnahme erhalten (Art. 7 Abs. 3 RL 2011/92).

Weiter wird allgemein eine Konsultationspflicht der beteiligten Mitgliedstaaten verankert (Art. 7 Abs. 4 RL 2011/92), und es wird klargestellt, dass die Mitgliedstaaten die Einzelheiten der Durchführung der grenzüberschreitenden Beteiligung regeln können, wobei aber eine effektive Beteiligung der betroffenen Öffentlichkeit sichergestellt werden muss (Art. 7 Abs. 5 RL 2011/92).

- Diese vor Erteilung der Genehmigung bestehenden Verpflichtungen werden durch die Pflicht der Mitgliedstaaten, nach Erteilung der Genehmigung die **betroffene Öffentlichkeit** über den **Inhalt der Entscheidung** und die ihr zugrunde liegenden Erwägungen zu **informieren,** ergänzt, Art. 9 Abs. 1 RL 2011/92. Ebenso sind die konsultierten Mitgliedstaaten zu informieren, die ihrerseits wiederum die betroffene Öffentlichkeit in geeigneter Weise in Kenntnis von den Informationen setzen müssen, Art. 9 Abs. 2 RL 2011/92.

4. Zur Berücksichtigung bei der Genehmigungserteilung

77 Die UVP-Richtlinie stellt aber nicht nur formell-rechtliche, sondern auch (gewisse) materiell-rechtliche Anforderungen[290] auf. Allerdings sind diese sehr beschränkt und insbesondere nicht so zu verstehen, dass die RL 2011/92 Aussagen über das bei der Genehmigung anzuwendende Recht trifft. Im Ergebnis erschöpfen sich die materiell-rechtlichen Anforderungen in der Verpflichtung, die Ergebnisse der Öffentlichkeitsbeteiligung sowie die von dem Projektträger, den betroffenen Behörden und den anderen Mitgliedstaaten eingeholten Angaben **beim Genehmigungsverfahren zu berücksichtigen,** Art. 8 RL 2011/92.[291] Vorgaben über die Art und Weise dieser Berücksichtigung, insbesondere in Bezug auf die Gewichtung der verschiedenen Interessen, sind der Richtlinie jedoch nicht zu entnehmen, so dass der Gestaltungsspielraum der Mitgliedstaaten bzw. ihrer Verwaltungen denkbar weit gehalten ist. Immerhin lässt diese Verpflichtung jedoch erkennen, dass die UVP nicht nur eine Ermittlung der Umweltauswirkungen eines Projekts, sondern darüber hinaus eine Einbeziehung ihrer Ergebnisse im Rahmen des letztlich

---

289 Hintergrund dieses Artikels ist – neben der Aarhus-Konvention (zu ihren diesbezüglichen Vorgaben und der Relevanz für die UVP etwa *Schink,* EurUP 2003, 27 (31 ff.) – die auch von der EU ratifizierte sog. Espoo-Konvention (Übereinkommen über die Umweltverträglichkeitsprüfung im grenzüberschreitenden Rahmen, ILM 1991, 802 ff.). Zu dieser Konvention m.w.N. *Epiney/Scheyli,* Umweltvölkerrecht, 135.

290 Vgl. schon z.B. *Erbguth/Stollmann,* ZUR 2000, 379 (380, 383); *Erbguth,* UPR 2003, 321 (324); *Gaentzsch,* UPR 2001, 287 (291); *Peters,* UVPG, Einleitung, Rn. 49; *Cupei,* Umweltverträglichkeitsprüfung, 172 f.; ausführlich *Püchel,* Die materiell-rechtlichen Anforderungen der EG-Richtlinie zur Umweltverträglichkeitsprüfung, 1989; a.A. aber wohl *Schmidt-Preuß,* DVBl. 1995, 485 ff.; nicht ganz klar *Schink,* NuR 2003, 647 ff., der den rein verfahrensrechtlichen Charakter der UVP betont, wobei er an anderer Stelle (*Schink,* NVwZ 1999, 11, 12) in der Sache aber von einer Berücksichtigungspflicht ausgeht. Letztlich dürfte der Streit um den „verfahrensrechtlichen" oder „materiell-rechtlichen" Charakter auch an dem verwandten Begrifflichkeiten liegen. S. in diesem Zusammenhang auch die Bemerkung bei *Winter,* AnwBl. 2002, 75 (79 f.), der darauf hinweist, dass die Richtlinie an sich nicht zwischen prozeduralen und materiellen Anforderungen unterscheide und auf die anderen EU-Rechtsordnungen hinweist.

291 Ausführlich zu der Tragweite dieses Berücksichtigungsgebots der RL 2011/92 schon *Hoppe/Püchel,* DVBl. 1988, 1 (3 ff.).

6. Kapitel Allgemeine Regeln

maßgeblichen Entscheidungsprozesses verlangt.[292] Eine bloße Kenntnisnahme ist also nicht ausreichend. Zudem muss eine Verweigerung der Genehmigung im Anschluss an diese Berücksichtigung möglich sein,[293] verlöre diese Pflicht doch ansonsten jeglichen Sinn.

Damit kann die **Berücksichtigungspflicht** wie folgt **präzisiert** werden:

- Die Stellungnahmen und Informationen sind vollumfänglich zur Kenntnis zu nehmen, was entsprechende organisatorische und verfahrensrechtliche Vorkehrungen impliziert.
- Die zuständigen Behörden haben sich darüber hinaus auch materiell mit den Eingaben und Angaben auseinander zu setzen, so dass diese auch in der Sache „berücksichtigt" werden, ohne dass jedoch ein bestimmtes Ergebnis in irgendeiner Form vorgegeben wäre.
- Grundsätzlich müssen die Ergebnisse der Umweltverträglichkeitsprüfung über ihr Einfließen in den Abwägungsprozess auch dazu führen können, dass die Genehmigung verweigert wird.
- Die im Rahmen dieser „materiellen Berücksichtigungspflicht" angestellten Erwägungen müssen sich in den Begründungen niederschlagen, die die Behörden nach Art. 9 Abs. 1 RL 2011/92 zu geben haben.

Diesen Vorgaben ist bei der Anwendung der Umsetzungsgesetzgebung ggf. durch richtlinienkonforme Auslegung Rechnung zu tragen. Allerdings genügt lediglich eine Umsetzung des Art. 8 RL 2011/92 in nationales Recht, während Art. 3 RL 2011/92 – der eigentlich zentrale Verpflichtung zur Durchführung einer UVP enthält, wobei auch deren Bezugspunkte präzisiert werden – nicht umgesetzt wird, nach der Rechtsprechung des EuGH den Anforderungen der RL 2011/92 nicht; denn die sich aus Art. 3 und Art. 8 RL 2011/92 ergebenden Pflichten seien voneinander zu trennen und hinreichend klar umzusetzen.[294]

Nur am Rande – und ohne dass diese gerade in Deutschland diskutierte Frage vertieft werden könnte – sei bemerkt, dass eine den Anforderungen der RL 2011/92 entsprechende Berücksichtigung der Ergebnisse der UVP auch im Rahmen einer „gebundenen Genehmigungsentscheidung" möglich erscheint: Die Ergebnisse der UVP stellen lediglich einen zusätzlichen Abwägungs- und Ablehnungsgrund dar bzw. sind im Rahmen unbestimmter Rechtsbegriffe – etwa der Anwendung des „Integrationsprinzips" – zu berücksichtigen. Jedenfalls dürfte eine Auslegung, wonach die Ergebnisse der UVP keine Auswirkungen etwa auf die immissionsschutzrechtliche Entscheidung entfalten dürfen, nicht mit den Vorgaben der Richtlinie in Einklang stehen.

5. Rechtsschutz

Art. 11 RL 2011/92[295] – der auf die Aarhus-Konvention[296] zurück geht und deren Formulierungen im Wesentlichen wörtlich übernimmt – gibt den Mitgliedstaaten vor, einen Mindeststandard an Rechtsschutz sicherzustellen. Im Gegensatz zum Richtlinienvorschlag der Kommission[297] stellt diese Bestimmung aber im Hinblick auf die Zulässigkeitsvoraussetzungen einer Klage gerade nicht auf ein „ausreichendes Interesse" ab,[298] sondern übernimmt die Varianten der Aarhus-Konvention, so dass die Mitgliedstaaten bei der Zulässigkeit auch auf eine Rechtsverletzung abstellen dürfen, soweit dies durch das nationale Verwaltungsprozessrecht vorgesehen ist.[299] Allerdings ist obligatorisch eine Verbandsklage vorzusehen (Art. 11 Abs. 3 S. 2 RL 2011/92). Die Verfahren sind „fair, gerecht, zügig und nicht übermäßig teuer" zu gestalten (Art. 11 Abs. 4 Uabs. 2 RL 2011/92) und müssen die Prüfung der materiell-rechtlichen und ver-

---

292 Auch wenn die UVP nicht verlangt, dass die Ergebnisse in irgendeiner Form präjudiziert werden.
293 Es muss also eine Einbeziehung in den Abwägungsprozess möglich sein, vgl. *Näckel*, Umweltprüfung, 141 f.; *Jarass*, Auslegung und Umsetzung der EG-Richtlinie zur Umweltverträglichkeitsprüfung, 57; *Cupei*, Umweltverträglichkeitsprüfung, 172 ff.
294 EuGH, Rs. C-50/09 (Kommission/Irland), Urt. v. 3.3.2011.
295 Spezifisch zu dieser Bestimmung und den Implikationen für das deutsche Recht *Bunge*, ZUR 2004, 141 ff.
296 Hierzu oben 6. Kap. Rn. 4 ff.
297 KOM (2000) 839 endg.
298 Womit die „Interessentenklage" auch ausdrücklich verankert worden wäre, vgl. hierzu in Bezug auf den Richtlinienvorschlag der Kommission *Epiney*, in: Information – Beteiligung – Rechtsschutz (6. Kap. J.I.), 9 (31 f.).
299 Zu den diesbezüglichen Vorgaben der Aarhus-Konvention bereits oben 6. Kap. Rn. 8.

fahrensrechtlichen Rechtmäßigkeit der Entscheidungen, Handlungen oder Unterlassungen ermöglichen, für die die Bestimmungen der RL 2011/92 über die Öffentlichkeitsbeteiligung gelten (Art. 11 Abs. 1 RL 2011/92). Der EuGH hatte sich mittlerweile zur **Auslegung dieser Bestimmung** zu äußern.[300]

In der Rs. C-263/08[301] hält der Gerichtshof insbesondere dreierlei fest:

- Erstens sei der gerichtliche Zugang nach Art. 11 RL 2011/92[302] unabhängig davon zu gewähren, ob die betroffene Öffentlichkeit sich am umweltbezogenen Entscheidungsverfahren im Vorfeld der angefochtenen Entscheidung beteiligt hat oder nicht, handle es sich doch bei der Beteiligung einerseits und der gerichtlichen Anfechtung andererseits um Verfahren unterschiedlicher Zielsetzung, so dass die Beteiligung keine Auswirkungen auf die Voraussetzungen für die Ausübung des Anfechtungsrechts entfalten könne. Dieser Grundsatz dürfte es den Mitgliedstaaten allgemein verwehren, eine irgendwie geartete Verbindung zwischen dem gerichtlichen Zugang und der Wahrnehmung oder dem Bestehen vorheriger Möglichkeiten der Verfahrensbeteiligung herzustellen, so dass er wohl auch einer Regelung entgegenstehen dürfte, wonach der gerichtliche Zugang nur dann gewährt wird, wenn vorherige Möglichkeiten der Verfahrensbeteiligung ausgeschöpft wurden.

- Zweitens unterscheidet der Gerichtshof in Bezug auf den gerichtlichen Zugang klar zwischen Klagen Einzelner und Klagen von Nichtregierungsorganisationen, wobei für letztere jedenfalls – falls sie die Voraussetzungen im nationalen Recht erfüllen – ein gerichtlicher Zugang im Hinblick auf die Anfechtung von Entscheidungen, für die die Bestimmungen der Richtlinie gelten, zu eröffnen ist. Mithin ist der RL 2011/92 also die Verpflichtung zur Einführung bzw. Aufrechterhaltung einer umweltrechtlichen Verbandsklage (im Anwendungsbereich der Richtlinie) zu entnehmen, wie sich auch schon aus der Aarhus-Konvention ergibt.

- Drittens schließlich äußert sich der Gerichtshof zu den Grenzen des mitgliedstaatlichen Gestaltungsspielraums in Bezug auf die Anforderungen, die das nationale Recht an Nichtregierungsorganisationen im Hinblick auf die Gewährleistung gerichtlichen Zugangs stellen darf: Die nationalen Rechtsvorschriften dürften insbesondere nicht die praktische Wirksamkeit der den gerichtlichen Zugang betreffenden Bestimmungen der RL 2011/92 gefährden. Insoweit könne ein nationales Gesetz verlangen, dass eine Nichtregierungsorganisation natur- und umweltschutzbezogene Zielsetzungen verfolgt. Auch könne eine Mindestzahl an Mitgliedern begründet sein, um sicherzustellen, dass die Vereinigung tatsächlich existiert und tätig ist. Allerdings führe eine Mindestmitgliederzahl von 2'000 Personen letztlich dazu, dass auf lokaler Ebene organisierten Vereinigungen jede Möglichkeit der gerichtlichen Anfechtung genommen werde, was auch vor dem Hintergrund nicht hinnehmbar sei, dass die RL 2011/92 durchaus nicht nur Vorgänge von nationaler oder regionaler Bedeutung, sondern auch solche geringeren Umfangs betreffe, mit denen sich auf lokaler Ebene organisierte Vereinigungen besser befassen könnten. Daher stehe ein solches Erfordernis nicht mit den Vorgaben der Richtlinie in Einklang, woran auch der Umstand, dass sich lokale Vereinigungen an größere Vereinigungen zwecks Klageerhebung wenden könnten, nichts ändere, führe ein solches System doch zwangsläufig zu einer mit den Zielen der Richtlinie nicht vereinbaren Filterung der umweltbezogenen Anfechtungen. In letzter Konsequenz impliziert dieser Ansatz des Gerichtshofs, dass jedenfalls ein System, wonach nur Umweltverbände von nationaler Bedeutung zum Zweck der Klageerhebung anerkannt werden, nicht mit der Richtlinie in Einklang steht, so dass die von den Mitgliedstaaten aufgestellten Kriterien es ermöglichen müssen, dass auch lokale Organisationen gerichtlichen Zugang erhalten können. Weiter wird man aus dem Urteil (verallgemeinert man den Ansatz des Gerichtshofs) wohl ableiten können, dass die vom nationalen Recht aufgestellten Kriterien letztlich nur dazu dienen dürfen, die „Ernsthaftigkeit" der Nichtregierungsorganisation zu überprüfen, wozu insbesondere ihre tatsächliche Existenz, die Verfolgung entsprechender Ziele und wohl auch eine gewisse Dauerhaftigkeit

---

300 Vgl. auch schon oben 6. Kap. Rn. 8. S. neben den sogleich im Text erwähnten Urteilen auch noch EuGH, verb. Rs. C-128-131/09, C-134/09, C-135/09 (Boxus), Urt. v. 18.10.2011, Ziff. 50 ff.; EuGH, Rs. C-182/10 (Solvay), Urt. v. 16.2. 2012, Ziff. 44 ff., wo der Gerichtshof festhält, dass die Frage, ob ein Gesetzgebungsakt die Voraussetzungen der Ausnahme des Art. 1 Abs. 5 RL 2011/92 hierzu oben 6. Kap. Rn. 72 ff. erfüllt, von einem Gericht überprüft werden können muss. S. die folgenden Erwägungen größtenteils auch schon bei *Epiney*, EurUP 2012, 88 (89 ff.). S. spezifisch zum Kriterium des „nicht übermäßig teuren" Verfahrens EuGH, Rs. C-260/11 (Edwards), Urt. v. 11.4.2013.
301 EuGH, Rs. C-263/08 (Djurgarden-Lilla), Urt. v. 15.10.2009.
302 Bzw. die entsprechende Bestimmung der Vorgängerrichtlinie.

gehören dürften. Hingegen liefe es der Richtlinie wohl zuwider, wenn die Mitgliedstaaten die klagebefugten Nichtregierungsorganisationen nach sonstigen Kriterien „filtern".
In der Rs. C-115/09[303] ging es um die genaue Tragweite des Art. 11 RL 2011/92[304] im Zusammenhang mit der Reichweite des gerichtlichen Zugangs von Nichtregierungsorganisationen. Hintergrund der Vorlagefrage war die Umsetzung dieser Richtlinienbestimmung im Umweltrechtsbehelfsgesetz (UmwRG), in dem zwar eine Verbandsklage vorgesehen war, wobei diese jedoch insofern akzessorisch ausgestaltet war, als Umweltverbände nur dann klagen können, wenn sie die Verletzung von Vorschriften geltend machen, die Rechte Einzelner begründen. Ausgeschlossen war damit (auch) eine Verbandsklage, wenn es um die Verletzung von Rechtsvorschriften ging, die lediglich im Allgemeininteresse lagen, wie etwa die im Ausgangsverfahren relevanten naturschutzrechtlichen Vorschriften. M.a.W. ging nach dem deutschen Umsetzungsgesetz der gerichtliche Zugang von Umweltverbänden immer nur soweit wie derjenige von Einzelnen, so dass von vornherein lediglich die Verletzung solcher Vorschriften geltend gemacht werden konnte, die subjektive Rechte Einzelner begründeten; ob und inwieweit dies der Fall war, bestimmte sich nach der sog. „Schutznormtheorie". Der Gerichtshof schloss auf die Unvereinbarkeit einer solchen Regelung mit Art. 11 RL 2011/92: Im Lichte der Ziele der Aarhus-Konvention seien die relevanten Bestimmungen so auszulegen, dass Umweltverbänden – unabhängig davon, welches Kriterium für die Zulässigkeit von Rechtsbehelfen in dem jeweiligen Mitgliedstaat zum Zuge kommt (ausreichendes Interesse oder Rechtsverletzung) – jedenfalls ein Recht auf Zugang zu einem Überprüfungsverfahren vor einem Gericht oder einer anderen auf gesetzlicher Grundlage geschaffenen unabhängigen und unparteiischen Stelle zustehen müsse, um die materiell-rechtliche und verfahrensrechtliche Rechtmäßigkeit von Entscheidungen, Handlungen oder Unterlassungen im Sinne des Art. 11 RL 2011/92 geltend zu machen bzw. anzufechten. Eine Beschränkung des gerichtlichen Zugangs auch bei Umweltverbänden auf Konstellationen, in denen subjektive Rechte zur Debatte stehen, führte zur Vereitelung der Zielsetzungen des Art. 11 Abs. 3 S. 3 RL 2011/92. Denn die Zielsetzung sowohl der Aarhus-Konvention als auch des Art. 11 RL 2011/92 gehe dahin, „einen weiten Zugang zu Gerichten" zu gewähren, und im Übrigen spreche auch der Effektivitätsgrundsatz für diesen Ansatz, da ein Ausschluss der Möglichkeit der Geltendmachung von „nur" Allgemeininteressen betreffender Vorschriften den Umweltverbänden weitgehend die Möglichkeit nähme, die Beachtung der aus dem Unionsrecht hervorgegangenen Rechtsvorschriften überprüfen zu lassen, seien diese doch in den meisten Fälle auf das allgemeine Interesse und nicht auf den (alleinigen) Schutz von Rechtsgütern Einzelner gerichtet. Vor diesem Hintergrund gehörten zu denjenigen Rechten, deren Verletzung von Umweltverbänden gemäß Art. 11 Abs. 3 RL 2011/92 geltend gemacht werden kann, all diejenigen nationalen Rechtsvorschriften, die die Vorgaben des Unionsrechts im Bereich des Umweltrechts umsetzen, sowie die unmittelbar anwendbaren Vorschriften des EU-Umweltrechts. Da diese, den gerichtlichen Zugang von Umweltverbänden betreffenden Vorgaben hinreichend präzise und inhaltlich unbedingt seien, seien sie als solche von dem mit der Sache befassten Gericht anzuwenden, womit die unmittelbare Wirkung des Art. 11 Abs. 3 S. 2, 3 RL 2011/92 bejaht wurde; dieser Aspekt ist vor dem Hintergrund von Bedeutung, dass die einschlägigen Regelungen des deutschen Rechts, inklusive die erwähnte Umsetzung des Art. 11 RL 2011/92 im deutschen Recht, möglicherweise einer richtlinienkonformen Auslegung nicht zugänglich waren.[305]

Damit geht der Gerichtshof von einer weiten Auslegung der den gerichtlichen Zugang von Umweltverbänden betreffenden Vorgaben der RL 2011/92 (sowie der Aarhus-Konvention) aus: Umweltverbänden – wobei die Mitgliedstaaten an diese gewisse Anforderungen stellen dürfen, die jedoch die Effektivität des gerichtlichen Zugangs nicht beeinträchtigen dürfen[306] – muss in Bezug auf behördliche Entscheidungen über die erfassten Aktivitäten bzw. Projekte ein umfassender gerichtlicher Zugang gewährt werden, innerhalb desselben sie die Verletzung aller nationalen Umweltrechtsvorschriften, die auf Unionsrecht beruhen, sowie unmittelbar anwendbarer EU-Vorschriften im Bereich des Umweltrechts geltend machen können. Dies impliziert auch, dass die befassten Gerichte die Begründetheit solcher Rügen prüfen können müssen, so dass der Prüfungsumfang der Gerichte mit den zulässigen Rügen deckungsgleich zu sein hat bzw. kongruent auszugestalten ist; insofern lassen sich dem Urteil auch Aussagen zum Umfang der gerichtlichen Kontrolle, und nicht nur zum gerichtlichen Zugang, entnehmen. Diese Auslegung des Gerichtshofs – die angesichts des bereits in diese Richtung gehenden Urteils des EuGH in der eben erwähnten Rs. C-263/08 letztlich nicht überraschend ist – über-

---

303 EuGH, Rs. C-115/09 (Bund für Umwelt und Naturschutz Deutschland), Urt. v. 12.5.2011 (Trianel).
304 Und damit (auch) um diejenige des Art. 9 Abs. 2 AK.
305 Vgl. zu dieser Frage etwa die Hinweise bei *Wegener*, ZUR 2011 (6. Kap. J.I.), 84 (85); *Schlacke*, NVwZ 2011 (6. Kap. J.I.), 801 (805).
306 Vgl. zu diesen das eben erwähnte Urteil EuGH, Rs. C-263/08 (Djurgarden-Lilla), Urt. v. 15.10.2009.

zeugt:[307] Denn eine Art Akzessorität des gerichtlichen Zugangs von Umweltverbänden mit demjenigen Einzelner nähme der in der Aarhus-Konvention und in Art. 11 RL 2011/92 eben auch vorgesehenen Verbandsklage weitgehend jegliche eigenständige Bedeutung, wäre der gerichtliche Zugang von Verbänden doch in keinem Fall weiter ausgestaltet als derjenige Einzelner, ganz abgesehen davon, dass schon der Wortlaut sowohl der Richtlinienbestimmung als auch des Art. 9 Abs. 2 AK klar in diese Richtung gehen.[308]

Festzuhalten bleibt damit, dass das Urteil des EuGH klargestellt hat, dass die Aarhus-Konvention sowie die zu ihrer Umsetzung ergangenen unionsrechtlichen Vorgaben eine altruistische Verbandsklage verlangen, wobei der Gerichtshof aber auch betont, dies gelte nur für die Geltendmachung von nationalen Rechtsvorschriften, die auf Unionsrecht im Bereich des Umweltschutzes beruhen, sowie von unmittelbar anwendbarem EU-Umweltrecht. Diese Einschränkung drängt sich schon deshalb auf, weil die EU keine Kompetenz hat, losgelöst von der Existenz von Unionsrecht Aspekte des gerichtlichen Zugangs zu regeln; vielmehr beruht die entsprechende Kompetenz der EU gerade auf dem Umstand, dass prozessrechtliche Regelungen der effektiven Durchsetzung von Umsetzung und Vollzug des EU-Umweltrechts dienen. Zwar dürfte es auf dieser Grundlage auch möglich sein, in einem bereichsübergreifenden Rechtsakt für alle oder verschiedene Bereiche des EU-Umweltrechts Fragen des gerichtlichen Zugangs, inklusive der Verbandsklage, zu regeln; allerdings deckt die hier einschlägige Rechtsgrundlage des Art. 192 AEUV keinesfalls die Einführung einer allgemeinen umweltrechtlichen Verbandsklage, die auch in Bezug auf rein nationales Umweltrecht zum Zuge kommen müsste. Insofern kommt der unionsrechtlichen Kompetenz zum Erlass von den Vollzug und den Rechtsschutz betreffenden Vorschriften ein Annexcharakter zu.[309]

Allerdings wirft dieser Ansatz des Gerichtshofs mindestens[310] drei Fragen auf:

- Erstens bezieht sich der Gerichtshof – wie erwähnt – jeweils auf umweltrechtliche bzw. den Umweltschutz betreffende Vorschriften der EU sowie (im Anschluss daran) an die zu ihrer Umsetzung oder Durchführung erlassenen nationalen Vorschriften, eine Einschränkung, die auch vor dem Hintergrund zu sehen ist, dass sich der Regelungsgegenstand der Aarhus-Konvention auf den Bereich des Umweltrechts beschränkt, so dass dieser Ansatz durchaus überzeugt, zumal die Privilegierung der Verbände in Bezug auf den gerichtlichen Zugang auch und gerade vor dem Hintergrund ihres erhöhten Sachverstands im Bereich des Umweltrechts zu sehen ist.[311] Allerdings erläutert der Gerichtshof nicht, unter welchen Voraussetzungen genau davon auszugehen ist, dass umweltrechtliche Vorgaben betroffen sind. Jedenfalls dürften hierunter all diejenigen EU-Rechtsakte fallen, die auf die umweltrechtliche Rechtsgrundlage des Art. 192 AEUV bzw. ihre Vorgängerregelungen gestützt wurden. Angesichts des Umstandes aber, dass – wie sich auch aus dem Vertrag ergibt (vgl. insbesondere Art. 114 Abs. 3 AEUV, der von einem hohen Schutzniveau u.a. im Bereich des Umweltschutzes spricht, und Art. 11 AEUV, wonach die Erfordernisse des Umweltschutzes bei der Festlegung und Durchführung aller Unionspolitiken und -maßnahmen einzubeziehen sind) – Umweltschutz eine Querschnittsmaterie darstellt und Umweltschutzbelange daher auch in anderen Politiken eine ggf. sogar sehr bedeutende Rolle spielen können (und auch sollen), sprechen die besseren Gründe dafür, immer schon dann von „Rechtsvorschriften der Union im Bereich der Umwelt" auszugehen, wenn

---

307 Vgl. denn auch schon in diese Richtung *Epiney/Sollberger*, Zugang zu Gerichten (5. Kap. E.III.), 324 ff.; *Epiney*, in: Information – Beteiligung - Rechtsschutz (6. Kap. J.I.), 9 (16 ff.); ebenso auch *Koch*, NVwZ 2007 (6. Kap. J.I.), 369 (376 f.); *Schlacke*, in: Schlacke u.a., Aarhus-Handbuch (6. Kap. J.I.), § 3, 421; *Ziekow*, NVwZ 2005 (6. Kap. J.I.), 263 (266 f.); *Radespiel*, EurUP 2007 (6. Kap. J.I.), 118 (122); *Wegener*, UTR 2008 (6. Kap. J.I.), 319 (339 ff.); *Oestreich*, Verw 2006 (6. Kap. J.I.), 29 ff.; mit umfassenden Nachweisen und ausführlicher Begründung ebenso *Schwerdtfeger*, Verwaltungsrechtsschutz, 266 ff.
308 Die Unionsrechtskonformität der einschlägigen Bestimmungen des Umwelt-Rechtsbehelfsgesetzes wurde denn auch in der Literatur mehrheitlich angezweifelt, vgl. etwa *Gellermann*, NVwZ 2006 (6. Kap. J.I.), 7 f.; *Schlacke*, Überindividueller Rechtsschutz, 301; *Schwerdtfeger*, Verwaltungsrechtsschutz, 273 ff.; *Roller*, elni 1/10 (6. Kap. J.I.), 30 f.; *Gärditz*, EurUP 2010 (6. Kap. J.I.), 210 ff. A.A. jedoch (unter Hinweis auf das Wahlrecht zwischen Interessenten- und Verletztenklage) *von Danwitz*, NVwZ 2004 (6. Kap. J.I.), 272 (278 f.).
309 Zu diesen Erwägungen bereits ausführlich *Epiney*, NVwZ 1999, 485 (491 f.). I. Erg. ebenso etwa *Meitz*, NuR 2011 (6. Kap. J.I.), 420 (421); *Appel*, NuR 2011 (6. Kap. J.I.), 414 (415); *Gellermann*, NVwZ 2006 (6. Kap. J.I.), 7 (9); *Wegener*, ZUR 2011 (6. Kap. J.I.), 84; *Schwerdtfeger*, Verwaltungsrechtsschutz, 298 f.; wohl a.A. *Ekardt*, NVwZ 2006 (6. Kap. J.I.), 55; *Pernice/Rodenhoff*, ZUR 2004 (4. Kap. E.I.), 149 (150 f.). S. auch schon 4. Kap. Rn. 2 ff., im Zusammenhang mit den Kompetenzen der EU.
310 Vgl. in diesem Zusammenhang auch die ausführlichen Hinweise auf die nach dem Urteil des Gerichtshofs noch offenen Fragen bei *Berkemann*, NuR 2011 (6. Kap. J.I.), 780 ff.
311 Vgl. ähnlich *Schwerdtfeger*, Verwaltungsrechtsschutz, 280 f.

6. Kapitel Allgemeine Regeln

Inhalt und / oder Zielsetzung der betreffenden Bestimmung auch Umweltschutzbelange betreffen, was jeweils im Einzelfall zu eruieren ist.

- Zweitens fragt es sich, unter welchen Voraussetzungen genau davon ausgegangen werden kann, dass eine bestimmte nationale Vorschrift EU-Umweltrecht umsetzt, eine Frage, die auch vor dem Hintergrund zu sehen ist, dass weite Teile des nationalen Umweltrechts mittlerweile zumindest auch durch Unionsrecht determiniert sind. Will man die erwähnten kompetenzrechtlichen Schranken in Bezug auf die Formulierung unionsrechtlicher Vorgaben für die Mitgliedstaaten im Bereich des gerichtlichen Zugangs nicht unterlaufen, so liegt der Schluss nahe, dass lediglich diejenigen nationalen (Umsetzungs-) Vorschriften geltend gemacht werden können, die tatsächlich auf Unionsrecht beruhen und auch dies nur insoweit, als sie unionsrechtliche Vorgaben umsetzen, zu denen aber etwa die Unionsgrundrechte oder die umweltrechtlichen Prinzipien zählen, die im Rahmen der Durchführung und Umsetzung des Unionsrechts durch die Mitgliedstaaten zu beachten sind.[312] Im Einzelfall können sich hier allerdings schwierige Abgrenzungsfragen stellen,[313] insbesondere soweit es um nationale Vorschriften geht, die nicht auf präzisen unionsrechtlichen Vorgaben beruhen, sondern (auch) eher allgemein formulierte Anforderungen umsetzen: Hier stellt sich jeweils die Frage, ob die präzise Ausgestaltung der nationalen Vorschrift wirklich auf Unionsrecht beruht bzw. welcher Teil unionsrechtlich determiniert ist und welcher Teil „nur" nationales Umweltrecht ist. Vieles dürfte dafür sprechen, schon immer dann von unionsrechtlich geprägten nationalen Bestimmungen auszugehen, wenn eine bestimmte Vorschrift jedenfalls auch auf unionsrechtlichen Vorgaben beruht, auch wenn der nationale Gesetzgeber möglicherweise „mehr" umsetzt als das unionsrechtlich geforderte Mindestniveau. Jedenfalls ist eine bestimmte Vorschrift immer entweder als Umsetzung bzw. Durchführung von EU-Umweltrecht zu qualifizieren oder nicht, so dass nicht dieselbe Bestimmung in ihre Bestandteile aufgeteilt werden kann, die in Abhängigkeit derjenigen Gehalte, die Unionsrecht umsetzen, und derjenigen, bei denen dies nicht der Fall ist.

- Damit stellt sich aber jedenfalls – drittens – für den nationalen Gesetzgeber die Frage, ob er ggf. zwei unterschiedliche Rechtsregime für den gerichtlichen Zugang von Verbänden beibehalten will, eines für die Geltendmachung der Verletzung unionsrechtlich determinierter Regelungen und eines für die Geltendmachung der Verletzung rein nationaler Vorgaben. Vieles spricht gegen eine solche differenzierte Ausgestaltung, ist doch nicht einsichtig, warum im ersten Fall ein weiterer gerichtlicher Zugang herrschen soll als im zweiten Fall, zumal es ggf. um inhaltlich ähnlich ausgestaltete Vorgaben gehen kann. Zudem könnten durch einen Verzicht auf eine solche Differenzierung die erwähnten Abgrenzungsschwierigkeiten vermieden werden.[314]

Schließlich sei in diesem Zusammenhang noch darauf hingewiesen, dass sich dem Urteil des Gerichtshofs – mangels entsprechender Vorlagefragen – keine Aussagen über die unionsrechtliche Zulässigkeit ggf. bestehender nationaler Vorschriften über im Einzelfall unter bestimmten Voraussetzungen vorgesehene Beschränkungen des gerichtlichen Kontrollmaßstabs entnehmen lassen. Solche Vorschriften bestehen in Deutschland etwa in Bezug auf den Ausschluss der Überprüfung von Einwendungen, die nicht bereits im Verwaltungsverfahren vorgebracht worden waren, oder die unter gewissen Voraussetzungen bestehende Unbeachtlichkeit von Verfahrensfehlern.[315] Letztlich dürfte hier das Effektivitätsprinzip den entscheidenden Aspekt für die unionsrechtliche (Un-) Zulässigkeit solcher Regelungen darstellen, wobei dessen genaue Implikationen selbstredend in Bezug auf jede einzelne, möglicherweise problematische nationale Vorschrift zu eruieren sind. Im Übrigen lassen die erwähnten Aussagen in der Rs. C-263/08 darauf schließen, dass aufgrund der Unabhängigkeit und der unterschiedlichen Zielsetzungen der Beteiligung am Verwaltungsverfahren einerseits und der gerichtlichen Anfechtung andererseits der gerichtliche Zugang jedenfalls nicht von einer vorherigen Verfahrensbeteiligung abhängig gemacht werden darf. Im Übrigen dürften zumindest weitgehende Möglichkeiten der Verfahrensfehlerheilung mit den unionsrechtlichen Grundsätzen des effektiven Rechtsschutzes und des

---

312 Immerhin sei in diesem Zusammenhang aber bemerkt, dass die Mitgliedstaaten die Aarhus-Konvention auch ratifiziert haben und daher an deren Vorgaben gebunden sind.
313 Auf diese auch hinweisend *Appel*, NuR 2011 (6. Kap. J.I.), 414 (415).
314 Für eine einheitliche Ausgestaltung des Verbandsbeschwerderechts auch *Schlacke*, NVwZ 2011 (6. Kap. J.I.), 801 (805); zu den Gestaltungsmöglichkeiten des Gesetzgebers auf der Grundlage des Urteils des Gerichtshofs ausführlich *Leidinger*, NVwZ 2011 (6. Kap. J.I.), 1345 ff.
315 Vgl. den Hinweis auf entsprechende Regelungen bei *Meitz*, NuR 2011 (6. Kap. J.I.), 420 (421 f.).

effet utile auch verfahrensrechtlicher Vorgaben in Konflikt stehen.[316] In Bezug auf den zuletzt genannten Aspekt ist auch an die Rechtsprechung des Gerichtshofs zu erinnern, die einer „nachträglichen Legalisierung" an sich einer UVP unterworfenen Projekten grundsätzlich ablehnend gegenübersteht.[317]

6. Informationsaustausch

80 Art. 12 RL 2011/92 sieht einen Informationsaustausch zwischen Mitgliedstaaten und Kommission über die Anwendung der Richtlinie vor, auf dessen Grundlage die Kommission dann einen Bericht erarbeitet.[318] Die Kommission kann auch Vorschläge im Hinblick auf eine hinreichend koordinierte Anwendung der Richtlinie unterbreiten.

7. Umsetzung

81 In der Bundesrepublik[319] wurde die RL 85/337 im Wesentlichen[320] mit dem Erlass des **UVP-Gesetzes** vom 12. Februar 1990[321] umgesetzt, womit die dreijährige Umsetzungsfrist erheblich überschritten wurde. Aber auch die Umsetzung der UVP-Änderungs-Richtlinie durch das sog. „Artikelgesetz"[322] erfolgte mehr als zwei Jahre zu spät.[323] Die UVP wird also – wie es Art. 2

---

316 Es ist im Einzelnen aber nach wie vor umstritten, welche Vorgaben dem EU-Recht und der Aarhus-Konvention genau in Bezug auf den vorzusehenden Kontrollumfang zu entnehmen sind und inwiefern Verfahrensfehler „geheilt" werden können, vgl. hierzu (mit durchaus unterschiedlicher Akzentsetzung) *Kment*, NVwZ 2012 (6. Kap. J.l.), 481 ff.; *Berkemann*, NuR 2011 (6. Kap. J.l.), 780 ff.; *Spieth/Appel*, NuR 2009 (6. Kap. J.l.), 312 ff.; *Ekardt/Schenderlein*, NVwZ 2008 (6. Kap. J.l.), 1059 ff.; *Ekardt*, EurUP 2012 (6. Kap. J.l.), 64 ff., 128 ff.; *Frenz*, NuR 2012 (6. Kap. J.l.), 619 ff.; *Schlacke*, ZUR 2006, 360 (363); *Schwanenflug/Strohmayr*, NVwZ 2006 (6. Kap. J.l.), 395 ff.; *Scheidler*, NVwZ 2005, 863 ff.; *Bunge*, ZUR 2004, 141 ff.; *Siems*, NuR 2006, 359 ff.; *Appel*, NVwZ 2010 (6. Kap. J.l.), 473 ff.; *Brauhardt*, UPR 2010 (6. Kap. J.l.), 296 ff.; ausführlich etwa *Müller*, Öffentlichkeitsbeteiligung, 65 ff.; *Kment*, Nationale Unbeachtlichkeits-, Heilungs- und Präklusionsvorschriften, *passim*.
317 EuGH, Rs. C-215/06 (Kommission/Irland), Slg. 2008, I-4911. S. hierzu schon oben 6. Kap. Rn. 76 ff. im Zusammenhang mit den verfahrensrechtlichen Vorgaben der Richtlinie. S. aus der Rechtsprechung sodann bereits EuGH, Rs. C-201/02 (Wells), Slg. 2004, I-723, Ziff. 65; in Bezug auf die RL 2001/42 stellte der Gerichtshof im Übrigen ausdrücklich fest, dass die Nichtdurchführung einer Umweltprüfung nach der RL 2001/42 grundsätzlich zur Aufhebung der Wirkungen des entsprechenden Plans oder Programms führen müsse, EuGH, Rs. C-41/11 (Inter-Environnement Wallonie), Urt. v. 28.2.2012. Vieles spricht dafür, dass parallele Erwägungen auch in Bezug auf die RL 2011/92 zum Zuge kommen müssen.
318 Der erste Bericht war fünf Jahre nach Bekanntgabe der Richtlinie, also am 3. Juli 1990, fällig. Die Kommission fasste ihn dann etwas später ab, KOM (93) 28 endg.
319 Zur Umsetzung in anderen Mitgliedstaaten *Cerny/Jendroska*, elni 2007, 18 ff.; *Cupei*, Vermeidung von Wettbewerbsverzerrungen durch UVP?, *passim*, in Bezug auf Frankreich, Großbritannien und die Niederlande; *Ladeur*, UPR 1996, 419 ff. (mit Bezug auf Frankreich); *Kolter*, UVP in der Praxis, 86 ff., in Bezug auf Großbritannien, Niederlande und Frankreich; *Prelle*, Umsetzung der UVP-Richtlinie, 152 ff., in Bezug auf Frankreich; s. auch den Vergleich zwischen der Umsetzung in Deutschland und Großbritannien bei *Knill/Winkler*, VerwArch 2007, 1 ff.
320 Daneben wurde noch ein „Artikelgesetz" erlassen, in dem die für notwendig erachteten Änderungen verschiedener sektorieller Gesetze und Verordnungen figurierten. Zur Begründung dieses Vorgehens die Stellungnahme der Bundesregierung BT-Drucks. 11/3919, 15. Zu diesem Vorgehen *Weber/Hellmann*, NJW 1990, 1625 (1626). Weiter sind auch die Landesgesetzgeber gefragt. Zum Umsetzungsbedarf auf Landesebene *Kunert/Michael*, UPR 2003, 326 (329 ff.).
321 BGBl. 1990 I 205. Zur Entstehungsgeschichte dieses Gesetzes *Weber/Hellmann*, NJW 1990, 1625 f.
322 Gesetz zur Umsetzung der UVP-ÄnderungsRL, der IVU-RL und weiterer EG-Richtlinien zum Umweltschutz vom 27.7.2001, BGBl. I, 1950 f. Gegenstand des Artikelgesetztes sind Änderungen in verschiedenen Erlassen (insbesondere des UVPG, BImSchG, WHG, KrW-/AbfG, AtomG, BNatSchG, BauGB). Zur Umsetzung der UVP-Änderungsrichtlinie im „Artikelgesetz" *Erbguth*, UPR 2003, 321 (322 ff.); *Kunert/Michael*, UPR 2003, 326 (327 f.); *Günter*, NuR 2002, 317 (318 ff.); *Schink*, DVBl. 2001, 321 (324 ff.); *Feldmann*, DVBl. 2001, 589 ff.; teilweise sehr kritisch etwa *Böhm*, in: Integrativer Umweltschutz, 103 ff.; *Enders/Krings*, DVBl. 2001, 1242 ff.; vgl. auch die Bewertung der Umsetzung in Deutschland bei *Bedke/Dopfer/Keller/Kober*, elni 2007, 25 ff.
323 Vgl. ausführlich zur Umsetzung der RL 2011/92 in deutsches Recht *Feldmann*, EUDUR I, § 34, Rn. 21 ff; die Kommentierung des UVPG in *Hoppe/Beckmann* (Hrsg.), UVPG; *Peters*, UVPG; *Näckel*, Umweltprüfung, 148 ff.; *Meßerschmidt*, Europäisches Umweltrecht, § 8, Rn. 27 ff.

6. Kapitel Allgemeine Regeln

Abs. 2 RL 2011/92 auch erlaubt[324] – in die bestehenden Genehmigungsverfahren integriert; sie ist ausschließlich bei gewissen zulassungspflichtigen Vorhaben durchzuführen.
Die erwähnten **Schwierigkeiten bei der Umsetzung** sind sicherlich nicht nur auf eine schleppende Behandlung der Umsetzung, sondern auch auf die mit der Einführung der UVP in das deutsche Recht verbundenen Schwierigkeiten zurückzuführen.[325] Die RL 2011/92 geht nämlich letztlich von einem Gestaltungsspielraum der zuständigen Behörde aus, die zwar die sich aus der UVP ersichtlichen Auswirkungen eines Projekts auf die Umwelt bei der Erteilung der Genehmigung berücksichtigen muss, ohne dass eine bestimmte Entscheidung jedoch in irgendeiner Form vorgegeben wird, so dass sie letztlich im (pflichtgemäßen) Ermessen der Behörde steht. Dies ist dem deutschen Recht insofern fremd, als nach der Konzeption des Immissionsschutzgesetzes, in dessen Anwendungsbereich die meisten UVP-pflichtigen Anlagen fallen, grundsätzlich ein Anspruch auf Erteilung einer Genehmigung besteht, falls die entsprechenden gesetzlichen Voraussetzungen vorliegen.[326] Damit geht eine Reduktion des Prüfrahmens einher, sind doch nur bestimmte Vorgaben zu untersuchen und zu beachten,[327] was mit dem integrierten, umfassenden und medienübergreifendem Ansatz der UVP-Richtlinie zunächst in einem gewissen Spannungsverhältnis steht. Die Integration des planerischen Ansatzes der RL 2011/92 in das eher anspruchsausgerichtete deutsche Immissionsschutzrecht und damit die Rolle des materiellen Spielraums der Verwaltung im deutschen Recht kann daher als das entscheidende Problem bei der Umsetzung der UVP-Richtlinie angesehen werden,[328] ohne dass dieses jedoch nicht lösbar wäre.[329]
Verschiedene Vorschläge zur **grundsätzlichen Neuregelung** der immissionsschutzrechtlichen Genehmigungsvoraussetzungen sowohl nach dem Erlass der RL 85/337 im Jahr 1985[330] als auch der Änderungsrichtlinie 1997[331] schlugen im Ergebnis jeweils fehl, wohl zumindest auch aufgrund der damit verbundenen Umwälzungen. Besonders zu erwähnen ist die zurückgestellte Realisierung eines **Umweltgesetzbuches**, in dessen Rahmen die in engem Zusammenhang stehenden UVP-Änderungsrichtlinie und IVU-Richtlinie umgesetzt werden sollten.[332]

Die **Zulässigkeit nationaler Übergangsregelungen** gab Anlass zu einigen Rechtsstreitigkeiten, wobei im Mittelpunkt des Interesses die Frage steht, ab welchem Zeitpunkt eine UVP (für die in den Anwendungsbereich der Richtlinie fallenden Projekte) jedenfalls durchzuführen ist. Der Rechtsprechung des EuGH ist zu entnehmen, dass es im Falle der verspäteten Umsetzung der RL 2011/92 (oder der Änderungsrichtlinie) den Vorgaben der RL 2011/92 nicht entspricht,

82

---

324 Dass kein spezielles UVP-Verfahren geschaffen werden muss, hat auch der EuGH bestätigt. Vgl. EuGH, Rs. C-435/97 (WWF/Bozen), Slg. 1999, I-5613, Ziff. 52; EuGH, Rs. C-431/92 (Kommission/Deutschland), Slg. 1995, I-2189. Aus der Literatur etwa *Schmidt*, NVwZ 2003, 292 ff., der insbesondere auf die UVP im Zulassungsverfahren durch mehrere Behörden eingeht.
325 Umfassend zur Umsetzungsproblematik in Bezug auf die Richtlinie *Bunge*, UVP, insbes. 17 ff., 21 ff.; 39 ff.; zum UVP-Gesetz *Hoppe/Beckmann* (Hrsg.), UVPG, Kommentar.
326 Vorbilder für die UVP waren denn auch die entsprechenden Bestimmungen des französischen und US-amerikanischen Rechts, hierzu *Breuer*, Entwicklungen des europäischen Umweltrechts, 52; *Cupei*, in: UVP, 17 (19 ff.); *Weber*, UVP-Richtlinie, 5 f.
327 Zur Reduktion des Prüfrahmens *Cupei*, Umweltverträglichkeitsprüfung, 262 ff.; *Breuer*, Entwicklungen des europäischen Umweltrechts, 55 ff.
328 Hierzu ausführlich *Breuer*, Entwicklungen des europäischen Umweltrechts, 53 ff.; *Hoffmann-Riem*, DVBl. 1994, 605 (606 ff.).
329 Hierzu *Meyerholt*, Umweltverträglichkeitsprüfung und nationales Zulassungsrecht, insbes. 132 ff.; *Erbguth/Stollmann*, ZUR 2000, 379 ff.; *Martini*, VerwArch 2009 (6. Kap. J.VIII.), 40 ff. Zum integrierten Ansatz in der UVP-Richtlinie auch etwa *Welke*, Integrierte Vorhabengenehmigung (6. Kap. J.VIII.), 38 ff.
330 Vgl. etwa den Vorschlag des SRU, abgedruckt in DVBl. 1988, 21 ff.; ähnlich auch *Jarass*, Umweltverträglichkeitsprüfung bei Industrievorhaben, 14 ff.
331 Zu der „Vorgeschichte" der Umsetzung der UVP-Änderungs- und der IVU-Richtlinie *Wasielewski*, NVwZ 2000, 15 (17 ff.).
332 Vgl. den Entwurf der von *Horst Sendler* präsidierten Unabhängigen Sachverständigenkommission, in: Bundesministerium für Umwelt, Naturschutz und Reaktorsicherheit (Hrsg.), Umweltgesetzbuch (UGB-KomE), Entwurf der Unabhängigen Sachverständigenkommission zum Umweltgesetzbuch beim Bundesministerium für Umwelt, Naturschutz und Reaktorsicherheit, 1998. Speziell zur geplanten Umsetzung der IVU- und UVP-Änderungsrichtlinie im Rahmen dieses Vorhabens etwa *Gallas*, in: Auf dem Weg zum Umweltgesetzbuch I, 17 ff.; *Sendler*, UTR 1998, 7 ff.; *Krings*, UTR 1998, 47 ff.; *Sendler*, in: Europäisierung des nationalen Umweltrechts, 17 ff.; *Martini*, ZG 1998, 378 ff.; *Peters*, NuR 1999, 203 ff., der im Einzelnen auf die Regelung der UVP im UGB-Entwurf eingeht. Zu den in diesem Zusammenhang immer wieder angeführten kompetenzrechtlichen Problemen *Rengeling*, Gesetzgebungskompetenzen für den integrierten Umweltschutz (4. Kap. E.I.), *passim*.

Projekte, die zwar nach Ablauf der Umsetzungsfrist, jedoch vor Inkrafttreten des Umsetzungsgesetzes eingeleitet worden waren und nach der RL 2011/92 einer UVP zu unterstellen sind, von dieser auszuschließen.[333] Denn der Umsetzungsfrist komme unbedingter Charakter zu, so dass nach ihrem Ablauf die UVP-pflichtigen Vorhaben einer solchen Prüfung zu unterstellen sind. Diese Rechtsprechung[334] kann in jeder Beziehung überzeugen[335], wäre es doch ansonsten möglich, dass die Mitgliedstaaten durch eine verspätete Umsetzung in Verbindung mit dem Erlass einer entsprechenden Übergangsregelung die Umsetzungsfrist einseitig nach ihrem Belieben verschieben und damit die effektive Wirksamkeit (*effet utile*) des Unionsrechts gefährden könnten.[336]

Dieses aus unionsrechtlicher Sicht somit zwingende Ergebnis könnte aber aus der Sicht des nationalen Verwaltungsrechts auf Schwierigkeiten stoßen: Denn letztlich muss der Gesetzgeber im Falle der verspäteten Umsetzung – zumindest soweit die Richtlinie nicht unmittelbar wirksam ist – dem Umsetzungsgesetz eine rückwirkende Wirkung zukommen lassen, so dass sich die ggf. betroffenen Bürger auf Gesichtspunkte des Vertrauensschutzes berufen könnte. Dem könnte man allerdings entgegnen, dass sich Wirtschaftsteilnehmer angesichts der Bedeutung des Unionsrechts und seines zwingenden Charakters nicht auf eine verspätete Umsetzung verlassen dürften. Zudem ist das Vertrauen in unionsrechtswidriges Verhalten (verspätete Umsetzung) der Mitgliedstaaten nicht schutzwürdig, so dass auch nationale verfassungs- und verwaltungsrechtliche Erwägungen einer Rückwirkung in der Regel nicht entgegenstehen werden.[337]

8. Unmittelbare Wirkung

83 Im Falle der nicht fristgerechten (korrekten) Umsetzung der Richtlinie sind jedenfalls Art. 2, 3, 8 RL 2011/92 für die in Anhang I aufgeführten Projekte **unmittelbar wirksam**, so dass eine behördliche Pflicht zur Durchführung einer UVP nach den Vorgaben der Richtlinie besteht und sich im Übrigen auch Einzelne hierauf berufen können:[338] Art. 2 Abs. 1 RL 2011/92 ist eine

---

333 Wie dies in § 22 Abs. 1 UVPG vorgesehen war: Diese Vorschrift schloss allgemein Projekte, die bei Inkrafttreten des UVP-Gesetzes schon bekannt gemacht worden waren, von seinem Anwendungsbereich aus, worunter auch nach der Umsetzungsfrist eingeleitete Projekte fallen konnten.
334 EuGH, Rs. C-396/92 (Bund Naturschutz/Bayern), Slg. 1994, I-3717. Ebenso EuGH, Rs. C-301/95 (Kommission/Deutschland), Slg. 1998, I-6135, Ziff. 29; EuGH, Rs. C-150/97 (Kommission/Portugal), Slg. 1999, I-259, Ziff. 18 ff.; EuGH, Rs. C-81/96 (Gedeputeerde Staaten van Noord-Holland), Slg. 1998, I-3923, Ziff. 22 ff.; in letzterem Urteil betonte der EuGH, dass die Richtlinie nur auf Projekte Anwendung finden müsse, deren Genehmigungsantrag nach Ablauf der Umsetzungsfrist eingereicht worden ist. Solche neuen Projekte sollen auch dann vorliegen, wenn das entsprechende Projekt bereits einmal genehmigt wurde, dann aber – aus welchen Gründen auch immer – nochmals ein Genehmigungsverfahren eingeleitet wird.
335 I. Erg. ebenso *Schink*, NVwZ 1995, 953 (954 f.).
336 Ausdrücklich offen gelassen hatte der EuGH die Frage, ob eine derartige Übergangsregelung für solche Projekte, die vor Ablauf der Übergangsfrist eingeleitet worden waren, zulässig wäre. Hierfür spricht vieles: Insbesondere ist darauf hinzuweisen, dass das UVP-Verfahren insgesamt sehr komplex ist, so dass eine nachträgliche Durchführung für schon begonnene Vorhaben möglicherweise auf große Schwierigkeiten stieße, so dass es dem Sinn der Richtlinie jedenfalls nicht zuwiderläuft, sie ausschließlich auf neue Projekte anzuwenden. Auch würde dadurch die zwingende Wirkung der Umsetzungspflicht nicht unverhältnismäßig beeinträchtigt. Vgl. die in die gleiche Richtung gehenden Äußerungen von GA *Gulmann*, EuGH, Slg. 1994, I-3727 ff., der auch auf die abweichende Ansicht insbesondere der Kommission hinwies. A.A. auch *Krämer/Kromarek*, Beilage zur ZUR 1995, XIV; *Schink*, NVwZ 1995, 953 (955); *Gellermann*, DÖV 1996, 433 (439).
337 Daran anschließend stellt sich die Frage, welche Bestimmungen dann auf solche „Zwischenprojekte" anwendbar sind: diejenigen des Umsetzungsrechtsaktes oder die unmittelbar wirksamen der RL 2011/92? Geht man davon aus, dass im Falle des Verstoßes der Übergangsvorschrift gegen Unionsrecht diese soweit nicht anwendbar ist, dürfte jedenfalls in dem Fall, dass das Gesetz nur für zukünftige Projekte gilt, keine Umsetzungsregel bestehen, so dass die Richtlinie unmittelbar anzuwenden wäre. Zum Problemkreis m.w.N. *Gellermann*, DÖV 1996, 433 (439 f.), der in Anknüpfung an den gesetzgeberischen Willen aber von einer rückwirkenden Wirkung des UVPG ausgeht. Der EuGH hatte in der Rs. C-431/92 (Kommission/Deutschland), Slg. 1995, I-2189, Ziff. 41 ff., die Klage auch deshalb abgelehnt, weil die Kommission keine genügende Begründung für die Durchführung einer nicht den Anforderungen der RL 2011/92 entsprechenden UVP geliefert hatte.
338 EuGH, Rs. C-431/92 (Kommission/Deutschland), Slg. 1995, I-2189; EuGH, Rs. C-72/95 (Kraaijeveld), Slg. 1996, I-5403; EuGH, Rs. C-244/12 (Salzburger Flughafen), Urt. v. 21.3.2013, Ziff. 41 ff., letzteres Urteil auch in Bezug auf die in Anhang II RL 2011/92 figurierenden Projekte, bei denen ggf. (d.h. z.B. im Falle der Festlegung unzulässiger pauschaler Schwellenwerte) in jedem Einzelfall zu ermitteln ist, ob eine UVP durchzuführen ist.

unbedingte Pflicht zur Durchführung einer Umweltverträglichkeitsprüfung bei bestimmten Projekten – die durch Art. 4 Abs. 1 i.V.m. Anhang I RL 2011/92 genau umschrieben werden – zu entnehmen; Art. 3 RL 2011/92 gibt die hierfür maßgeblichen Faktoren und die Bezugspunkte an. Auch wenn den Behörden hinsichtlich der Art und Weise der Durchführung ein gewisser Beurteilungsspielraum eingeräumt wird, lassen die in Art. 3 RL 2011/92 genannten Faktoren doch den anzulegenden Maßstab erkennen, so dass sie die Grundlage einer Umweltverträglichkeitsprüfung bilden und die den Mitgliedstaaten gezogenen Grenzen aufzeigen können. Die Berücksichtigungspflicht des Art. 8 RL 2011/92 kann unter Rückgriff auf Zielsetzung und Konzeption der UVP-Richtlinie ebenfalls hinreichend präzisiert und als solche angewandt werden; zumindest ist dieser Vorschrift nämlich zu entnehmen, dass die Ergebnisse der UVP für die letztliche Entscheidung eine Rolle spielen können müssen.[339] Bei den verfahrensrechtlichen Anforderungen sind jedenfalls Art. 5 Abs. 3 RL 2011/92 – der die vom Projektträger einzureichenden Mindestangaben enthält – und Art. 6, 7 RL 2011/92 – die die Beteiligung der Behörden und der Öffentlichkeit regeln – hinreichend bestimmt, um ohne Ausführungsbestimmungen angewandt zu werden.

9. Bewertung

Insgesamt maximiert die UVP-Richtlinie auf der einen Seite den Prüfrahmen, indem medienübergreifend und umfassend die Auswirkungen der fraglichen Projekte auf die Umwelt zu untersuchen sind, während auf der anderen Seite die materielle Inpflichtnahme der Behörden auf juristisch offene und letztlich schwer justiziable Bewertungs- und Berücksichtigungsgebote beschränkt ist. Letztlich geht die Richtlinie also davon aus, dass ein wirksamer Umweltschutz im Rahmen der UVP in erster Linie durch die Beachtung bestimmter **Verfahrensregeln**, die insbesondere eine gewisse Transparenz der Entscheidungsfindung und damit eine angemessene Information interessierter Kreise und der Öffentlichkeit garantieren sollen, verwirklicht werden kann.[340]

84

Es geht also bei der Umweltverträglichkeitsprüfung gerade nicht – wie der Name suggerieren könnte – darum, in Zukunft umweltunverträgliche Vorhaben nicht mehr zuzulassen, sondern (lediglich) um die **Prüfung der Folgen eines Vorhabens auf die Umwelt**. Gleichwohl sollten ihre Wirkungen nicht unterschätzt werden. Denn erstens ermöglicht sie eine größere Transparenz sowohl des Handelns der Verwaltung als auch desjenigen der privaten Projektbetreiber. Zweitens können durch die umfassende und medienübergreifende Untersuchung von Umweltauswirkungen eines Projekts zahlreiche Auswirkungen und Zusammenhänge erkannt und bei der Entscheidung über ein Projekt berücksichtigt werden.[341] Insofern wird grundlegenden Anliegen des Vorsorgeprinzips Rechnung getragen.[342]

85

---

339 Für die unmittelbare Wirkung der Art. 2, 3, 8 RL 2011/92 EuGH, Rs. C-431/92 (Kommission/Deutschland), Slg. 1995, I-2189, Ziff. 37 ff. Aus der Literatur dem EuGH letztlich folgend *Otto*, NVwZ 2000, 531 (533); *Peters*, UPR 1999, 294 (295); *Staupe*, NVwZ 2000, 508 (510, 512 ff.); *Peters*, UPR 2000, 172 ff.; die beiden letztgenannten Autoren gehen auch auf die konkreten Implikationen ein; a.A. allerdings *Steinberg/Klößner*, BayVBl 1994 (5. Kap. E.III.), 33 (37), die auf die fehlende unmittelbar vollziehbare Rechtsfolge hinweisen. Dies kann jedoch schon deshalb nicht überzeugen, weil die Rechtsfolge gerade in der Berücksichtigungspflicht erblickt werden kann, die eben – vor dem Hintergrund der Konzeption der Richtlinie – relativ offen gehalten ist. Allerdings kommt eine unmittelbare Anwendbarkeit nicht für alle Vorschriften der RL 2011/92 in Betracht; vgl. insoweit die Ausführungen von GA *Gulmann*, Rs. 396/92, Slg. 1994, I-3735 f.

340 Zu dem Gedanken des „Umweltschutzes durch Verfahren" im Zusammenhang mit der UVP etwa *Machado*, elni 1/2001, 3 ff.

341 Angesichts dieser Vorteile der UVP sollten die mit ihr verbundenen Verfahrensverzögerungen in Kauf genommen werden. Falls diese tatsächlich über Hand nehmen sollten, erscheint es sinnvoller zu untersuchen, auf welche Weise die UVP effizienter gestaltet und die Verzögerungen in einem vernünftigen Rahmen gehalten werden können, denn eine Abschaffung der UVP bzw. eine Reduzierung der UVP-pflichtigen Projekte zu fordern.

342 S. aber auch die Nachweise für kritische Stimmen, die geltend machen, die UVP könne umweltbelastende Projekte kaum verhindern und stelle letztlich eine aufwendige, jedoch letztlich wenig wirksame Entscheidungshilfe dar, bei *Meßerschmidt*, Europäisches Umweltrecht, § 8, Rn. 5; s. auch *Wemdzio*, NuR 2008, 479 ff.

Die 1997 erfolgte Modifikation der RL 2011/92 trägt den meisten der bis dahin zu beobachtenden Defiziten der Richtlinie Rechnung, insbesondere in Bezug auf den Anwendungsbereich der Richtlinie. Die sehr begrenzte Pflicht zur materiellen Berücksichtigung der UVP wurde jedoch aufrecht erhalten; wenn sie auch teilweise letztlich eine Konsequenz des gewählten medienübergreifenden, integrierten Ansatzes darstellt, hätte man sich doch eine weitergehendere und jedenfalls deutlichere Umschreibung der materiellen Berücksichtigungspflicht vorstellen können. Zu bedauern bleibt allerdings, dass die Behörde grundsätzlich nur die vom Projektträger geprüften Lösungsvarianten einbeziehen muss und keine „eigene Alternativenprüfung" vornehmen darf, sondern sich auf die vom Projektträger tatsächlich geprüften Varianten beschränken muss – auch in den Fällen, in denen sich eine ganz andere Variante aufdrängen würde.[343]

Insgesamt können System und Grundgedanke der UVP jedenfalls überzeugen, wobei den Kritikern zuzugeben ist, dass damit an sich – wenn auch nicht von der Richtlinie zwingend gefordert – die gebundene Zulassung in Frage gestellt wird, worüber man aber auch nachdenken könnte: An streng deduzierbare und in jeder Beziehung justiziable Kriterien gebundene Zulassungsentscheidungen bedeuten nämlich letztlich, dass dem Einzelnen ein entsprechender Anspruch zusteht. Damit werden aber die Wünsche des Antragstellers entscheidend; die Behörde muss grundsätzlich die Augen vor besseren Alternativen schließen, womit kein „bestmöglicher Umweltschutz" möglich ist.[344] Die Absolutheit subjektiver Rechte wird Zielsetzungen des Umweltschutzes nicht gerecht, da hier vielfältige Ziele und Interessen zu einem Ausgleich gebracht werden müssen. Die Gefährdung der Umwelt zeigt daher die Grenzen der ausschließlich individualbezogenen Betrachtungsweise auf; Antragsprinzip und gebundene Kontrollerlaubnis verschütten Möglichkeiten der Optimierung der Abwägungsentscheidungen.[345] Allerdings müssen die Interessen und Grundrechtspositionen[346] der Einzelnen Berücksichtigung finden; dies kann aber auch in einem Abwägungsprozess geschehen.

86 Die **praktische Durchführung der UVP** ist in zahlreichen Mitgliedstaaten bedauerlicherweise (immer noch) problematisch,[347] wobei insbesondere die nicht genügende Qualität der Umweltverträglichkeitsprüfung, die Realisierung eines Projekts ohne UVP oder ohne Berücksichtigung der Ergebnisse sowie die nicht den Anforderungen der RL 2011/92 entsprechende Öffentlichkeitsbeteiligung zu erwähnen sind.[348]

---

343 Vgl. zu diesem Aspekt der RL 2011/92 *Mentzinis*, Durchführbarkeit des europäischen Umweltrechts, 74 f., 82 f.; *Schulz*, Medienübergreifendes Industrieanlagenzulassungsrecht, 80; *Groß*, NVwZ 2001, 513 (515 f.); *Günter*, NuR 2002, 317 (322). S. die Kritik bei *Winter*, AnwBl. 2002, 75 (80), der auf die Ungereimtheit mit Art. 6 Abs. 4 Uabs. 1 RL 92/43, wonach eine solche Alternativenprüfung bei FFH-Vorhaben eben gerade ggf. zu erfolgen hat, hinweist. Zu den Verschränkungen zwischen den unter verschiedenen Vorzeichen durchzuführenden Prüfungen (UVP, FFH-Verträglichkeitsprüfung, SUP) sehr instruktiv *Schink*, NuR 2003, 647 ff.
344 *Hoffmann-Riem*, DVBl. 1994, 605 (607).
345 *Hoffmann-Riem*, DVBl. 1994, 605 (607 f.).
346 Angesichts der Tatsache, dass potentiell fast alle menschlichen Aktivitäten in irgendeiner Weise zumindest mittelbar umweltbelastend sind oder sein können, können nämlich umweltschädigende Verhaltensweisen nicht *a priori* aus dem Schutzbereich der Grundrechte ausgeschlossen werden. Eine derartige Einschränkung des Schutzbereichs der Grundrechte führte letztlich dazu, dass die Freiheitsrechte des Einzelnen in nicht überschaubarer Weise beeinträchtigt werden könnten. Der freiheitliche Rechtsstaat wäre in nicht unerheblichem Ausmaß gefährdet. Menschliche Aktivitäten sollten daher grundsätzlich durch die Grundrechte geschützt sein. Belangen des Umweltschutzes kann dadurch Rechnung getragen werden, dass staatliche Maßnahmen zum Schutz der Umwelt zulässige Grundrechtseinschränkungen darstellen. Dass auf diese Weise insbesondere der Gesetzesvorbehalt zu beachten ist, stellt ein ebenso sinnvolles wie notwendiges Zugeständnis an den freiheitlichen und demokratischen Rechtsstaat dar, obliegt es doch dem Gesetzgeber zu entscheiden, welches menschliche Verhalten unter welchen Voraussetzungen verboten oder erlaubt sein soll. Hierzu schon *Kloepfer*, in: Wege zum ökologischen Rechtsstaat, 42 ff.
347 S. z.B. die Verurteilungen durch den EuGH in EuGH, Rs. C-93/07 (Kommission/Belgien), Slg. 2007, I-125; EuGH, Rs. C-69/07 (Kommission/Italien), Slg. 2008, I-18; s. auch den Bericht der Kommission über die Anwendung der UVP in KOM (2009) 378 endg., der jedoch in vielen Punkten relativ vage bleibt.
348 Vgl. *Krämer*, EC Environmental Law, 170 f.; *Krämer*, Droit de l'environnement de l'UE, 139 f. S. in diesem Zusammenhang auch *Nitschke*, Harmonisierung der nationalen Verwaltungsvollzugs, 66 f., die auf die sehr unterschiedliche Anzahl von UVP's in den verschiedenen Mitgliedstaaten hinweist. Zur UVP in der behördlichen Praxis in Deutschland etwa *Schwab*, in: Umweltverträglichkeit, 33 ff.; s. auch die empirische Untersuchung bei *Wende*, ZAU 2001, 337 ff.; zu den Erfahrungen in Österreich *Onz*, Vollzugserfahrungen mit dem Bundesgesetz über die UVP, *passim*. Teilweise wird (wohl auch vor diesem Hintergrund) die tatsächliche Bilanz der UVP eher als gemischt bezeichnet, vgl. *Schink*, DVBl. 2001, 321 f.; *Schink*, NVwZ 1999, 11 ff.

II. Die SUP-Richtlinie (RL 2001/42)

Die vor dem Hintergrund der Verwirklichung der Vorgaben der Aarhus-Konvention[349] zu sehende RL 2001/42 über die Prüfung der Umweltauswirkungen bestimmter Pläne und Programme (Richtlinie über die Strategische Umweltprüfung, SUP[350]) – die auf Art. 192 Abs. 1 AEUV gestützt wurde[351] – dehnt die Idee der Umweltverträglichkeitsprüfung auf Instrumente aus, die sich nicht auf bestimmte Vorhaben beziehen, so dass auch kein Projektträger bekannt ist.[352] Die Richtlinie will damit dazu beitragen, dass Umwelterwägungen bei der Ausarbeitung und Annahme von Plänen und Programmen einbezogen werden (Art. 1 RL 2001/42), dies im Hinblick darauf, dass Rechtsakte, die voraussichtlich erhebliche Umweltauswirkungen haben, die Kriterien und Modalitäten der Bodennutzung festlegen und normalerweise eine Vielzahl von Projekten betreffen, auf ihre Umweltauswirkungen geprüft werden.[353] Sinnvoll ist dies schon deshalb, weil ein früherer Einbezug von Umweltbelangen bereits auf der Stufe der noch eher allgemein gehaltenen Planung deren effektive Beachtung nur fördern kann und im Übrigen zu einer insgesamt kohärenteren Berücksichtigung von Umweltanliegen beiträgt. Insgesamt decken sich damit die Zielsetzungen der UVP- und SUP-Richtlinie weitgehend, geht es doch vor dem Hintergrund des Vorsorgeprinzips in jedem Fall um eine möglichst frühzeitige Einbeziehung (negativer) Umweltauswirkungen von Vorhaben.[354]

87

Ebenso wie bei der RL 2011/92 handelt es sich um ein Verfahren, das die **Entscheidung einer Behörde vorbereiten** soll. Die Mitgliedstaaten haben dabei die Wahl, ein eigenständiges Verfahren durchzuführen oder aber die Strategische Umweltprüfung in ein bereits bestehendes Verfahren einzubetten (Art. 4 Abs. 2 RL 2001/42). Insofern entsprechen die Formulierungen und der Ansatz der RL 2001/42 grundsätzlich der RL 2011/92, wobei jedoch auch einige Unterschiede festzustellen sind.[355]

88

1. Anwendungsbereich

Der **Anwendungsbereich** der Richtlinie und damit die Pläne und Programme, die einer Prüfung ihrer Umweltauswirkungen gemäß der RL 2001/42 zu unterziehen sind, ergibt sich aus Art. 3 Abs. 2-4 RL 2001/42. Die Richtlinie bezieht sich jedenfalls auf die Annahme und Änderung der

89

---

349 S.o. 6. Kap. Rn. 4 ff. S. auch Erw. 7 der Präambel der RL 2001/42. Zu erwähnen ist auch der Zusammenhang mit der Espoo-Konvention und dem Zusatzprotokoll vom 23.5.2003. Hierzu *Sheate*, EELR 2003, 331 (346); *Krämer*, EC Environmental Law, 173; *Marsden*, elni 1/2002, 1 f.; *Morrow*, YEEL 4 (2005), 49 (insbes. 71 ff.); *Näckel*, Umweltprüfung, 133 ff.; *Feldmann*, in: Strategische Umweltprüfung, 27 ff.
350 Zur Begrifflichkeit *Näckel*, Umweltprüfung, 32 ff.; *Hendler*, DVBl. 2003, 227 ff. Zu den Vorgaben der RL 2001/42 zusammenfassend *Schink*, in: Dokumentation zur 28. Wissenschaftlichen Fachtagung der Gesellschaft für Umweltrecht, 93 ff.; *Morrow*, YEEL 4 (2005), 49 (78 ff.); *Calliess*, in: Strategische Umweltprüfung, 21 ff.; *Platzer-Schneider*, in: Strategische Umweltprüfung, 15 ff.; ausführlich etwa *Verwiebe*, Umweltprüfungen, 47 ff.
351 Und nicht auf Art. 192 Abs. 2 AEUV, trotz gewisser Berührungspunkte mit raumbezogenen Regelungen, was wohl vor dem Hintergrund des Schwerpunktes der Richtlinie zu sehen ist. S. zur Tragweite des Art. 192 Abs. 2 AEUV bereits oben 4. Kap. Rn. 2 ff. Spezifisch im Zusammenhang mit der RL 2001/42 *Sheate*, EELR 2003, 331 (333 f.); *Spannowsky*, UPR 2000, 201 f.; ausführlich *Näckel*, Umweltprüfung, 74 ff.
352 Vgl. zu diesem Unterschied zwischen der UVP und der SUP *Schmidt-Eichstaedt*, UPR 2000, 401 (403 ff.); *Rühl*, UPR 2002, 129 (132 f.).
353 Vgl. zu den Zielsetzungen der Richtlinie, die dann auch eine weite Auslegung der in den Anwendungsbereich der Richtlinie einzubeziehenden Pläne oder Programme begründen, EuGH, Rs. C-567/10 (Inter-Environnement Bruxelles), Urt. v. 22.3.2012, Ziff. 20 ff. Zu diesem Urteil und seinen Implikationen insbesondere für das deutsche Recht *Bunge*, NuR 2012, 593 ff.
354 Zur Parallelität der Zielsetzungen beider Richtlinien etwa *Schink*, NuR 2003, 647 (648); *Schink*, in: UVP, 33 (35); *Sander*, UPR 2003, 336; *Stüer*, UPR 2003, 97 (98); zu Zielsetzung und Entstehung der RL 2001/42 *Sheate*, EELR 2003, 331 ff.; *Ginzky*, UPR 2002, 47 f.; *de Mulder*, elni 1/2001, 14 f.; *Näckel*, Umweltprüfung, 123 ff., 203 ff.; *Mathiesen*, EELR 2003, 36 (42); *Schmidt/Rütz/Bier*, DVBl. 2002, 357 f.; *Meßerschmidt*, Europäisches Umweltrecht, § 8, Rn. 130 ff.
355 Vgl. in diesem Zusammenhang die Gegenüberstellung beider Rechtsakte bei *Sheate*, EELR 2003, 331 (335 f.).

erfassten Pläne oder Programme, grundsätzlich aber auch auf ihre vollständige Aufhebung, kann doch auch letztere ggf. erhebliche Umweltauswirkungen zeitigen.[356] Unter **Plänen** und **Programmen** sind dabei nach Art. 2 lit. a) RL 2001/42 solche Instrumente auf nationaler, regionaler oder lokaler Ebene[357] zu verstehen, die aufgrund gesetzlicher Verpflichtungen[358] von einer Behörde[359] ausgearbeitet werden und ggf. vom Parlament oder der Regierung angenommen werden müssen. Die Richtlinie definiert die Begriffe des Plans und des Programms nicht inhaltlich und grenzt sie auch nicht voneinander ab;[360] da die Vorschriften der Richtlinie aber gleichermaßen auf „Pläne" und „Programme" Anwendung finden, bedarf es zu der begrifflichen Unterscheidung keiner weiteren Ausführungen.[361] Aus dem systematischen Zusammenhang mit der RL 2011/92 wird man zur Klarstellung aber noch anführen können, dass es sich nicht um konkrete Entscheidungen über bestimmte Projekte handeln kann, die ja von der RL 2011/92 erfasst werden. Andererseits sind jedenfalls einzelne materielle Handlungen oder unvollständige Regelungen, die kein organisiertes und geregeltes System aufstellen, nicht ausreichend,[362] vermögen diese doch keinen Rahmen für die zukünftige Projektgenehmigung zu setzen.[363]

Das Erfordernis des Bestehens einer gesetzlichen Pflicht soll sicherstellen, dass „Politiken" im Sinne von allgemeinen politischen Entscheidungen (die durchaus Ausgangspunkt für konkrete Pläne oder Programme bilden können) nicht in den Anwendungsbereich der RL 2001/42 fallen.[364] Dabei kommt es nicht darauf an, ob für die Aufstellung des Plans ein rechtlich geregeltes Verfahren besteht; maßgebend ist allein, dass das Aufstellen des Plans oder Programms in einem Gesetz vorgesehen ist, wobei der Gerichtshof davon ausgeht, dass es ausreicht, dass die fraglichen Pläne oder Programme in nationalen Rechtsvorschriften vorgesehen sind, so dass keine Rechtspflicht der Annahme durch die zuständige Behörde bestehen muss.[365] Das Erfordernis der Ausarbeitung durch eine Behörde schließt die nur von Regierung und Parlament ausgearbeiteten normativen Akte aus, so dass sich die RL 2001/42 im Wesentlichen auf bestimmte politische[366] und rechtliche Planungsinstrumente beziehen dürfte, die in der Regel als solche nur verwaltungsinterne Wirkung entfal-

---

356 Vgl. EuGH, Rs. C-567/10 (Inter-Environnement Bruxelles), Urt. v. 22.3.2012, Ziff. 33 ff. Zu diesem Aspekt des Urteils *Bunge*, NuR 2012, 593 (597 f.).
357 Vgl. Art. 2 lit. a) 1. Spiegelstrich RL 2001/42. Damit sind Pläne oder Programme, die auf europäischer oder internationaler Ebene, z.b. durch eine völkerrechtliche Vereinbarung, erlassen werden, nicht erfasst, kritisch hierzu *Gao*, EELR 2006, 129 (144). Dies gilt selbst dann, wenn es noch eines nachfolgenden Transformationsakts in innerstaatliches Recht bedarf.
358 Hierzu die Präzisierung bei *Hendler*, DVBl. 2003, 227 (232 f.), der davon ausgeht, dass sich die Rechtspflicht auf die Erstellung des Plans oder Programms selbst beziehen muss, da diese Bestimmung der Abgrenzung zum „Politischen" diene.
359 Der Behördenbegriff ist dabei weit zu fassen, so dass letztlich die behördliche Kontrolle ausschlaggebend ist, wobei aber jedenfalls die letztlich erfolgte Annahme durch die Behörde erfolgen muss, vgl. *Europäische Kommission*, Leitfaden zur Umsetzung der RL 2001/42, 2003, Ziff. 3.12 f. Vgl. kritisch aber auch *Gao*, EELR 2006, 129 (136 f.).
360 Ausführlich zu den unterschiedlichen Interpretationsweisen *Gao*, EELR 2006, 129 (133). Zu den Begrifflichkeiten auch EuGH, verb. Rs. C-105/09, C-110/09 (Terre Wallonne und Inter-Environnement Wallonie), Slg. 2010, I-5611.
361 *Europäische Kommission*, Leitfaden zur Umsetzung der RL 2001/42, 2003, Ziff 3.3.; *Hendler*, DVBl. 2003, 227 (229); *Schink*, NVwZ 2005, 615 (616).
362 Vgl. in diesem Zusammenhang EuGH, Rs. C-387/98 (Kommission/Griechenland), Slg. 2000, I-5047, Ziff. 76; EuGH, Rs. C-298/97 (Kommission/Spanien), Slg. 1998, I-3301, Ziff. 16; EuGH, Rs. C- 214/96 (Kommission/Spanien), Slg. 1998, I-7661, Ziff. 30, in denen der Gerichtshof in Bezug auf den Begriff der Pläne im Abfallsektor davon ausgeht, dass „punktuelle Normierungen", die kein gegliedertes und organisiertes System darstellen, nicht als Pläne im Sinne der einschlägigen Richtlinien anzusehen seien.
363 S. insoweit auch Erwägung 10 RL 2001/42 sowie Art. 3 Abs. 2 lit. a) RL 2001/42.
364 S. *Hendler*, DVBl. 2003, 227 (229, 231), der aber auch darauf hinweist, dass solche Politiken durchaus ebenfalls Umweltauswirkungen entfalten können.
365 EuGH, Rs. C-567/10 (Inter-Environnement Bruxelles), Urt. v. 22.3.2012, Ziff. 24 ff. Zu diesem Aspekt des Urteils *Bunge*, NuR 2012, 593 (594 ff.); etwas enger aber wohl noch *Schink*, NVwZ 2005, 615 (617); *Hendler*, DVBl. 2003, 227 (232 f.), die davon ausgehen, dass sich die Rechtspflicht auf die Erstellung des Plans oder Programms selbst beziehen muss. S. auch *Europäische Kommission*, Leitfaden zur Umsetzung der RL 2001/42, 2003, Ziff. 3.15.
366 Es dürfte gerade nicht notwendig sein, dass Pläne und Programme als solche in jeder Beziehung verbindlich sind, damit sie von der RL 2001/42 erfasst werden. Ebenso *Ginzky*, UPR 2002, 47 (48); *Schmidt-Eichstaedt*, UPR 2000, 401 (404, 406); *Näckel*, Umweltprüfung, 249 ff. Allerdings müssen sie die anderen in Art. 2 lit. a) RL 2001/42 aufgeführten Merkmale erfüllen, also insbesondere von einer Behörde aufgrund einer rechtlichen Verpflichtung ausgearbeitet worden sein.

6. Kapitel Allgemeine Regeln

ten.[367] Damit können allerdings gewisse Unstimmigkeiten einhergehen: Wird die Verwaltung vorbereitend tätig, kann ein Plan oder Programm in Form eines Gesetzes von der RL 2001/42 erfasst werden; arbeiten etwa parlamentarische Kommissionen diese Pläne oder Programme im Rahmen ihrer gesetzgeberischen Tätigkeit selbst aus, ist dies zu verneinen. Angesichts der in dieser Hinsicht wohl unterschiedlichen Rechtslage in den verschiedenen Mitgliedstaaten geht damit auch die Gefahr einer uneinheitlichen Anwendung der Richtlinie in den Mitgliedstaaten einher. Jedenfalls dürfte aber die Befugnis von Parlament und Regierung, den Plan oder das Programm zu ändern, nicht zu einer Verneinung der Anwendbarkeit der RL 2001/42 führen.

Jedenfalls muss der Plan oder das Programm aber einen Rechtsakt darstellen, der die Kriterien und Modalitäten der Nutzung eines Gebiets festlegt und Regeln und Verfahren zur Kontrolle fixiert, denen die Durchführung eines oder mehrerer Vorhaben unterliegt,[368] eine Voraussetzung, die bei einem Vorhaben zur teilweisen Umleitung eines Flusses grundsätzlich nicht vorliegt.[369]

90

Dabei sind – im Ansatz ähnlich wie in der RL 2011/92[370] – zwei „Kategorien" von Plänen und Programmen zu unterscheiden:[371]

91

- Nach **Art. 3 Abs. 2 RL 2001/42** sind grundsätzlich[372] zunächst all diejenigen Pläne und Programme einer Umweltprüfung zu unterziehen, die in bestimmten Bereichen ausgearbeitet werden[373] und die den Rahmen für die zukünftige Genehmigung der in den **Anhängen I, II RL 2011/92 aufgeführten Projekte**[374] setzen. Durch die Bezugnahme auf diese Anhänge wird eine Kohärenz mit der RL 2011/92 hergestellt, und im Hinblick auf Anhang II wird deutlich, dass alle dort aufgeführten Projekte erfasst sind, unabhängig von der Erfüllung der Kriterien der Art. 4 Abs. 2, 3 RL 2011/92 und damit der nationalen Umsetzung.[375] Weiter werden diejenigen Pläne und Programme erfasst, bei denen angesichts ihrer voraussichtlichen Auswirkungen auf (Schutz-) Gebiete eine Prüfung nach Art. 6 oder 7 RL 92/43[376] für erforderlich gehalten wird.[377] Hierbei ist unerheblich, aus welchem Sachbereich die Pläne und Programme stammen und ob sie einen Projektbezug aufweisen.[378] Es handelt sich hier um Fälle „**obligatorischer Umweltprüfung**", da diejenigen Pläne und Programme, die die genannten Voraussetzungen erfüllen, unabhängig von ihren Umweltauswirkungen einzubeziehen sind.[379] Bei den von Art. 3 Abs. 2 lit. a) RL 2001/42 erfassten Plänen und Programmen ist jedenfalls der

---

367 Vgl. i.Erg. ähnlich auch *Ginzky*, UPR 2002, 47 (48).
368 EuGH, Rs. C-567/10 (Inter-Environnement Bruxelles), Urt. v. 22.3.2012, Ziff. 30.
369 EuGH, Rs. C-43/10 (Nomarchiaki Aftodioikisi Aitoloakarnanias), Urt. v. 11.9.2012, Ziff. 92 ff.
370 Hierzu oben 6. Kap. Rn. 68 ff.
371 Hierzu etwa *Reinhardt*, NuR 2005, 499 ff.; *Schink*, NVwZ 2005, 615 ff. Die genaue „Übersetzung" dieser Kategorien in nationales Recht kann auf Schwierigkeiten stoßen. Vgl. hierzu *Hendler*, DVBl. 2003, 227 (228 ff.); speziell in Bezug auf Luftreinhalte- und Lärmminderungspläne *Sander*, UPR 2003, 336 (337 ff.); *Scheidler*, ZUR 2006, 239 ff.; *Scheidler*, NuR 2005, 628 ff.; in Bezug auf Abfallbewirtschaftungspläne *Versmann*, ZUR 2006, 233 ff.; für das Straßenrecht *Sauthoff*, ZUR 2006, 15 ff.
372 Vorbehaltlich des Art. 3 Abs. 3 RL 2001/42, hierzu sogleich im Text.
373 Es handelt sich um folgende Bereiche: Landwirtschaft, Forstwirtschaft, Fischerei, Energie, Industrie, Verkehr, Abfallwirtschaft, Wasserwirtschaft, Telekommunikation, Fremdenverkehr, Raumordnung und Bodennutzung. Zu diesen Bereichen *Hendler*, NuR 2003, 2 (4 f.).
374 Womit in Bezug auf den Projektbegriff auf die RL 2011/92 verwiesen wird.
375 Ebenso *Ginzky*, UPR 2002, 47 (48); *Schink*, NVwZ 2005, 615 (618 f.); *Erbguth/Schubert*, ZUR 2005, 524 (525 f.). A.A. *Hendler*, NuR 2003, 2 (5 f.), der darauf hinweist, dass die RL 2001/42 keine „ökologischen Marginalien" erfassen wolle. Dagegen kann jedoch eingewendet werden, dass im Falle des Abstellens auf die nationale Umsetzung eine nicht unerhebliche Gefahr nicht nur der uneinheitlichen Anwendung der RL 2001/42, sondern auch der teilweisen Ausklammerung an sich mit erheblichen Umweltauswirkungen verbundenen Plänen oder Programmen bestünde, da Projekte zum Zeitpunkt der Aufstellung des Plans häufig noch nicht hinreichend konkretisiert sind.
376 Hierzu unten 9. Kap. Rn. 54 ff.
377 Zu dieser Kategorie von Plänen oder Programmen *Hendler*, NuR 2003, 2 (9); s. auch EuGH, Rs. C-177/11 (Syllogos Ellinon), Urt. v. 21.6.2012, wo der Gerichtshof präzisiert, dass bei der Erforderlichkeit der Prüfung auf die Anforderungen des Art. 6 Abs. 3 RL 92/43 Bezug genommen wird und diese daher zu prüfen und maßgeblich sind.
378 *Hendler*, in: SUP, 99 (117); *Schink*, NVwZ 2005, 615 (619).
379 Vgl. insoweit auch *Schink*, NVwZ 2005, 615 (617).

Bezug zu (später zu genehmigenden) Projekten entscheidend: Für diese muss ein Rahmen vorgegeben werden, worunter wohl ein rechtlicher Rahmen zu verstehen ist.[380] Dies bedeutet aber nicht, dass dem Plan oder Programm eine zwingende rechtliche Bindung zukommen muss. Vielmehr muss der Plan oder das Programm in irgendeiner Weise auf die Genehmigung des UVP-pflichtigen Projekts Einfluss nehmen und dieses vorbereiten,[381] z.b. indem gewisse Kriterien aufgestellt werden, wonach die Genehmigungsbehörde über die Genehmigung entscheidet.[382] Fehlt ein solcher Bezug, sind die Voraussetzungen des Art. 3 Abs. 2 RL 2001/42 nicht erfüllt.[383] Daher dürften etwa Maßnahmenpläne für die Luftreinhaltung, in denen es nicht um die zukünftige „Projektplanung", sondern etwa um Umweltqualitätsziele geht, nicht von der RL 2001/42 erfasst werden. Hingegen dürften „Negativplanungen", also solche, die die Durchführung bestimmter Projekte in bestimmten Gebieten ganz oder teilweise ausschließen, grundsätzlich erfasst werden.[384]

- Bei grundsätzlich von Art. 3 Abs. 2 RL 2001/42 erfassten Plänen und Programmen, die (nur) die Nutzung „kleiner Gebiete auf lokaler Ebene" festlegen, sowie bei „geringfügigen" Änderungen derselben ist nur dann eine Umweltprüfung durchzuführen, wenn sie **voraussichtlich erhebliche Umweltauswirkungen** zeitigen, Art. 3 Abs. 3 RL 2001/42.[385] Weiter haben die Mitgliedstaaten darüber zu befinden, ob nicht durch Art. 3 Abs. 2 RL 2001/42 erfasste Pläne und Programme voraussichtlich **erhebliche Umweltauswirken** haben, **Art. 3 Abs. 4 RL 2001/42**.[386] Diese nach Art. 3 Abs. 3, 4 RL 2001/42 notwendige Eruierung erheblicher Umweltauswirkungen ist durch die Mitgliedstaaten vorzunehmen, wobei sie dies entweder aufgrund einer Einzelfallprüfung oder aufgrund einer Festlegung bestimmter Arten von Plänen und Programmen oder einer Kombination beider Ansätze tun können; jedenfalls sind die in Anhang II aufgeführten Kriterien[387] zu berücksichtigen, Art. 3 Abs. 5 RL 2001/42 (sog. „screening"). Deutlich wird damit auch, dass das Vorgehen der Mitgliedstaaten jedenfalls sicherzustellen hat, dass Pläne und Programme mit „erheblichen Umweltauswirkungen" von der Richtlinie erfasst werden,[388] wobei diese Zielsetzung bzw. Verpflichtung aber insofern normativ wenig bestimmt ausfällt, als der Begriff der „erheblichen Umweltauswirkungen" nicht definiert wird und den Mitgliedstaaten einen weiten Gestaltungsspielraum eröffnen dürfte.[389] Wendet man die Rechtsprechung des EuGH zu den „fakultativ" einer UVP zu unterstellenden Projekten[390] auch im Rahmen der RL 2001/42 an, so haben die Mitgliedstaaten die genannten Kriterien aber grundsätzlich kumulativ heranzuziehen, da nur auf diese Weise sichergestellt werden kann, dass alle Faktoren, die zu erheblichen Umweltauswirkungen führen können, berücksichtigt werden.[391]

---

380 Vgl. *Hendler*, in: SUP, 99 (115); *Spannowsky*, UPR 2000, 201 (204).
381 *Ginzky*, UPR 2002, 47 (48); *Schink*, NVwZ 2005, 615 (618), m.w.N. auch *Näckel*, Umweltprüfung, 223, die davon spricht, dass den Plänen oder Programmen eine „Vorbereitungsfunktion" zukommen müsse.
382 Nach Anhang II Nr. 1 Spiegelstrich 1 RL 2001/42 kann sich der Rahmen auf den Standort, die Art, die Größe, die Betriebsbedingungen oder die Inanspruchnahme von Ressourcen des Projekts beziehen.
383 *Ginzky*, UPR 2002, 47 (49). Hierzu etwa auch *Näckel*, Umweltprüfung, 223, die davon spricht, dass den Plänen oder Programmen eine „Vorbereitungsfunktion" zukommen müsse.
384 Ausführlich hierzu *Hendler*, NuR 2003, 2 (6 f.); *Hendler*, in: SUP, 99 (114 f.). A.A. offenbar *Pietzcker/Fiedler*, DVBl. 2002, 929 (930).
385 Zur Auslegung dieser Bestimmung *Pietzcker/Fiedler*, DVBl. 2002, 929 (931 f.); s. auch die Präzisierungen bei *Epiney/Furger/Heuck*, „Umweltplanungsrecht", 53.
386 Hierzu die Präzisierungen bei *Epiney/Furger/Heuck*, „Umweltplanungsrecht", 54.
387 Der Anhang nimmt einerseits auf Merkmale von Plänen und Programmen, andererseits auf Merkmale der Auswirkungen derselben und auf die voraussichtlich betroffenen Gebiete Bezug.
388 Also unabhängig davon, ob die Pläne und Programme in den in Art. 3 Abs. 2 RL 2001/42 genannten Bereichen erlassen wurden. Vgl. auch *Sheate*, EELR 2003, 331 (343).
389 Systematische und teleologische Erwägungen sprechen aber dafür, dass sowohl negative als auch positive erhebliche Umweltauswirkungen erfasst werden. Vgl. im Einzelnen *Hendler*, NuR 2003, 2 (3 f.).
390 Vgl. in Bezug auf die UVP nur EuGH, Rs. C-392/96 (Kommission/Irland), Slg. 1999, I-5901. S. ansonsten oben 6. Kap. Rn. 68 ff.
391 Zur Problematik im Einzelnen *Pietzcker/Fiedler*, DVBl. 2002, 929 (932 ff.).

6. Kapitel Allgemeine Regeln

So stellte der Gerichtshof klar, die Rl 2001/42 (insbesondere deren Art. 3 Abs. 2 lit. a), Nr. 3, 5) stehe einer Regelung entgegen, wonach eine Plan-UVP dann nicht durchgeführt werden muss, wenn sich die Pläne auf die Nutzung kleiner Gebiete auf lokaler Ebene und auf nur einen Gegenstand wirtschaftlicher Betätigung beziehen. Denn nichts im Wortlaut des Art. 3 Abs. 2 lit. a) RL 2001/42 lasse darauf schließen, dass der Anwendungsbereich der Pflicht zur Durchführung einer Plan-UVP in diesem Sinn beschränkt sei. Im Übrigen hätte eine andere Auslegung zur Folge, dass der Anwendungsbereich der Vorschrift stark eingeschränkt würde, so dass das Hauptziel der RL 2001/42 (Pläne und Programme, die voraussichtlich erhebliche Umweltauswirkungen entfalten, vor ihrer Annahme einer Umweltprüfung zu unterziehen) in Frage gestellt würde, da auch Großprojekte, die sich nur auf eine einzige wirtschaftliche Betätigung beziehen, möglicherweise nicht unter die RL 2001/42 fielen. Die RL 2001/42 räume den Mitgliedstaaten zwar ein gewisses Ermessen bei der Beurteilung ein, ob bestimmte Arten von Plänen voraussichtlich erhebliche Auswirkungen auf die Umwelt entfalten; allerdings sei nach Art. 3 Abs. 2 RL 2001/42 dafür zu sorgen, dass Pläne, bei denen mit erheblichen Umweltauswirkungen zu rechnen ist, einer Plan-UVP unterzogen würden. Wenn daher bei ganzen Kategorien von Plänen von vornherein keine Plan-UVP durchgeführt würde, sei dies nur dann mit der RL 2001/42 vereinbar, wenn feststeht, dass bei ihnen nicht mit erheblichen Umweltauswirkungen zu rechnen ist. Diese Voraussetzung sei bei dem gewählten Kriterium nicht gegeben.[392]

Nach Art. 3 Abs. 6 RL 2001/42 sind bestimmte Behörden bei der Festlegung der Pläne und Programme gemäß Art. 3 Abs. 5 RL 2001/42 zu konsultieren, und die nach Art. 3 Abs. 5 RL 2001/42 getroffenen Entscheidungen sind nach den Vorgaben der Art. 4-9 RL 2001/42[393] der Öffentlichkeit zugänglich zu machen.

Art. 3 Abs. 8 RL 2001/42 schließt Pläne und Programme, die „ausschließlich" der Landesverteidigung oder dem Katastrophenschutz dienen, sowie Finanz- oder Haushaltspläne vom Anwendungsbereich der Richtlinie aus.[394] Die Bezugnahme auf die „ausschließliche" Nutzung für Landesverteidigung und Katastrophenschutz deutet darauf hin, dass selbst bei „vorherrschender" Nutzung für diese Zwecke die RL 2001/42 grundsätzlich Anwendung findet.

92

2. Verfahren und Erstellung des Umweltberichts

Die Umweltprüfung ist **während der Ausarbeitung der Pläne und Programme** und jedenfalls vor ihrer Annahme oder Einbringung in das Gesetzgebungsverfahren – womit offenbar gemeint ist, dass die Umweltprüfung im Rahmen der Ausarbeitung auf Behördenebene und vor der Befassung der gesetzgeberischen Organe zu erfolgen hat – durchzuführen, wobei sie in bestehende Verfahren integriert oder aber in einem eigenen Verfahren erfolgen kann, Art. 4 Abs. 1, 2 RL 2001/42.[395]

93

„Herzstück" der Umweltprüfung ist der nach Art. 5 RL 2001/42 zu erstellende sog. **„Umweltbericht"**.[396] Dieser hat die voraussichtlichen erheblichen Umweltauswirkungen der Durchführung des Plans oder Programms[397] aufzuführen und eine Prüfung der „vernünftigen" Alternativen zu enthalten, die die Ziele und den geographischen Anwendungsbereich des Plans oder

94

---

392 Vgl. EuGH, Rs. C-295/10 (Valciukiene), Urt. v. 22.9.2011. Im Übrigen hält der EuGH in diesem Urteil noch fest, die nach den RL 2001/42 und 2011/92 durchzuführenden Prüfungen unterschieden sich in verschiedener Hinsicht, so dass die Anforderungen beider Richtlinien kumulativ erfüllt werden müssten und eine Prüfung nicht die andere ersetzen könne, was allerdings ein koordiniertes oder gemeinsames Verfahren, das den Anforderungen beider Richtlinien entspricht, nicht ausschließe.
393 Hierzu unten 6. Kap. Rn. 87 ff.
394 S. sodann auch noch Art. 3 Abs. 9 RL 2001/42, der Pläne und Programme, die in den laufenden Programmplanungszeiträumen für die Strukturfonds mitfinanziert werden, vom Anwendungsbereich der Richtlinie ausschließt. Zu diesem Aspekt des Anwendungsbereichs der RL 2001/42 *Sheate*, EELR 2003, 331 (342 f.).
395 Vgl. zum Verfahren im Einzelnen z.B. *Schink*, NVwZ 2005, 143 ff. S. in Bezug auf „Mehrfachprüfungen" sowie das Verhältnis zur RL 2011/92 (die grundsätzlich unberührt bleibt) Art. 4 Abs. 3, 5 Abs. 2, 3, 11 RL 2001/42. Zu diesen Aspekten *Sheate*, EELR 2003, 331 (345); *Ginzky*, UPR 2002, 47 (50). Speziell zum Verhältnis von Rahmensetzung und Projektgenehmigung *Pietzcker/Fiedler*, DVBl. 2002, 929 (930 f.).
396 Zum Umweltbereich mit Bezug zur Umsetzung in Deutschland etwa *Balla*, NuR 2006, 485 ff.
397 Die umfassend einzubeziehen sind, also insbesondere nicht auf die Auswirkungen der UVP-pflichtigen Projekte beschränkt sind. Vgl. *Ginzky*, UPR 2002, 47 (49).

Programms berücksichtigt, ermittelt, beschrieben und bewertet, Art. 5 Abs. 1 RL 2001/42.[398] Wenn auch den Mitgliedstaaten in Bezug auf die einzubeziehenden Alternativen durch die Bezugnahme auf die „vernünftigen"[399] Alternativen ein gewisser Gestaltungsspielraum eingeräumt wird, ist dieser Bestimmung doch – im Gegensatz zur RL 2011/92 – eine behördliche Pflicht zur umfassenden Alternativenprüfung zu entnehmen.[400] Hinzuweisen ist aber auch auf den Umstand, dass die Prüfungstiefe im Rahmen der RL 2001/42 wesentlich weniger weit geht als im Rahmen der RL 2011/92, was in erster Linie darauf beruht, als es bei der RL 2001/42 um Pläne und Programme mit einem gewissen Abstraktionsgrad und nicht um konkrete Projekte geht, so dass die genauen Umweltauswirkungen häufig nur bedingt konkret prognostizierbar sind.[401] Art. 5 Abs. 2, 3 i.V.m. Anhang I RL 2001/42 sind noch einige Präzisierungen in Bezug auf die in den Umweltbericht aufzunehmenden Angaben zu entnehmen.[402] Diese lassen erkennen, dass auch die RL 2001/42 von einem integrierten Ansatz in dem Sinn ausgeht, dass alle Umweltauswirkungen einschließlich von Wechselwirkungen insgesamt zu berücksichtigen sind.[403]

95 Die Richtlinie sieht weiter umfassende **Behördenkonsultationen**[404] sowie eine **Öffentlichkeitsbeteiligung** sowohl für die Erstellung des Umweltberichts als auch der Pläne und Programme vor,[405] deren Eckpunkte wie folgt zusammengefasst werden können:

- Der Entwurf des Plans oder Programms sowie der Umweltbericht sind bestimmten Behörden (s. Art. 6 Abs. 3 RL 2001/42)[406] und der Öffentlichkeit[407] zugänglich zu machen, Art. 6 Abs. 1 RL 2001/42.

- Diesen wird „innerhalb ausreichend bemessener Fristen frühzeitig und effektiv" die Gelegenheit eröffnet, vor der Annahme des Plans oder Programms oder seiner Einbringung in das Gesetzgebungsverfahren zu diesen sowie zum begleitenden Umweltbericht Stellung zu nehmen, Art. 6 Abs. 2 RL 2001/42.

---

398 Zur Alternativenprüfung die Präzisierungen bei *Ginzky*, UPR 2002, 47 (50 f.), der insbesondere darauf hinweist, dass zwei Schritte zu beachten sind: Erstens sind die (angesichts des Ziels des Plans oder Programms) vernünftigerweise in Betracht kommenden Alternativen zu eruieren; zweitens ist zwischen diesen abzuwägen. Hierbei dürfte der Zielsetzung einer möglichst weitgehenden Vermeidung erheblicher Umweltbelastungen eine gewisse Rolle zukommen.
399 Womit wohl auf die Zumutbarkeit und Verhältnismäßigkeit Bezug genommen wird, vgl. *Kment*, DVBl. 2008, 364 (365).
400 S. in diesem Zusammenhang auch *Sheate*, EELR 2003, 331 (344), der darauf hinweist, dass die Alternativenprüfung im Hinblick auf Sinn und Zweck der Richtlinie nicht zu eng ausgelegt werden sollte. Ebenso *Kment*, DVBl. 2008, 364; *Schink*, NuR 2005, 143 (146); *Calliess*, in: SUP, 153 (169); *Ginzky*, UPR 2002, 47 (50 f.). Vgl. die diesbezüglichen Präzisierungen, m.w.N., bei *Epiney/Furger/Heuck*, „Umweltplanungsrecht", 56 f.; *Siems*, EurUP 2005, 27 ff.
401 Hierzu etwa *Schink*, NuR 2003, 647 (648); vgl. auch die Bemerkungen bei *Meßerschmidt*, Europäisches Umweltrecht, § 8, Rn. 135.
402 Hierzu *Näckel*, Umweltprüfung, 229 ff.
403 Hierzu *Ginzky*, UPR 2002, 47 (50); *Näckel*, Umweltprüfung, 229 ff.; *Welke*, Integrierte Vorhabengenehmigung, 40 f. Zum materiellen Prüfungsumfang im Einzelnen, m.w.N., *Epiney/Furger/Heuck*, „Umweltplanungsrecht", 55 ff.
404 Zu dieser die Präzisierungen in EuGH, Rs. C-474/10 (Seaport), Urt. v. 20.10.2011. Zu diesem Urteil *Epiney*, EurUP 2012, 88 (100); *Vidal*, RJE 2012, 283 ff.
405 Die teilweise über die in der RL 2011/92 vorgesehenen Verfahren hinausgehen bzw. präziser gefasst sind. Vgl. zu diesem Aspekt *Erbguth*, UPR 2003, 321 (326); *Sheate*, EELR 2003, 331 (344 f.); *Pietzcker/Fiedler*, DVBl. 2002, 929 (934 f.). Ausführlich zur Öffentlichkeitsbeteiligung aufgrund der RL 2001/42 *Ziekow*, NuR 2002 (6. Kap. J.I.), 701 (703 ff.); s. auch den Überblick bei *Meßerschmidt*, Europäisches Umweltrecht, § 8, Rn. 152 ff.
406 Diese sind darüber hinaus bei der Festlegung des Umfangs und Detaillierungsgrads der in den Umweltbericht aufzunehmenden Informationen zu konsultieren, Art. 5 Abs. 4 RL 2001/42. In Bezug auf Behörden ist also zwingend ein sog. „scoping" vorgesehen. Vgl. zu diesem Aspekt auch *Sheate*, EELR 2003, 331 (345 f.).
407 S. die Definition in Art. 2 lit. d) RL 2001/42 sowie die Vorgaben in Art. 6 Abs. 4 RL 2001/42: Danach können die Mitgliedstaaten zwar definieren, was unter Öffentlichkeit zu verstehen ist; jedenfalls einzubeziehen sind aber diejenigen Personen, die vom Entscheidungsprozess der Richtlinie „betroffen" sind oder sein können oder ein Interesse daran haben, womit jedenfalls auch Nichtregierungsorganisationen zu erfassen sind. Gerade durch die Bezugnahme auf diejenigen, die ein Interesse haben, fällt die Umschreibung der Öffentlichkeit insgesamt recht weit aus, vgl. auch *Sheate*, EELR 2003, 331 (337); *Schink*, NuR 2005, 143 (147).

6. Kapitel Allgemeine Regeln

■ Ggf. sind auch **grenzüberschreitende Konsultationen** durchzuführen, wie sich aus Art. 7 RL 2001/42 ergibt: Danach sind Pläne oder Programme sowie der Umweltbericht einem anderen Mitgliedstaat zuzustellen, wenn der Mitgliedstaat, für dessen Hoheitsgebiet der Plan oder das Programm ausgearbeitet wird, der Ansicht ist, dass dieser erhebliche Umweltauswirkungen auf einen anderen Mitgliedstaat entfaltet oder wenn letzterer einen entsprechenden Antrag stellt. Der konsultierte Mitgliedstaat hat dann mitzuteilen, ob er Konsultationen wünscht; ist dies der Fall, haben sich die beteiligten Mitgliedstaaten über deren Modalitäten zu verständigen, wobei sicherzustellen ist, dass bestimmte Behörden und die Öffentlichkeit Stellung nehmen können.

Auffallend ist an dieser Regelung, dass die Durchführung solcher Konsultationen und damit auch die damit verbundene Beteiligung der Öffentlichkeit letztlich in das Belieben der Mitgliedstaaten gestellt wird, so dass selbst im Falle erheblicher Umweltauswirkungen in einem anderen Mitgliedstaat nicht zwingend eine Öffentlichkeitsbeteiligung durchzuführen ist.

3. Berücksichtigung bei der Entscheidungsfindung

Art. 8 RL 2001/42 sieht – parallel zu Art. 8 RL 2011/92 – vor, dass sowohl der **Umweltbericht** als auch die Ergebnisse der nach Art. 6, 7 RL 2001/42 durchgeführten **Konsultationen** bei der **Ausarbeitung des Plans oder Programms zu berücksichtigen** sind. Parallel zu der Rechtslage im Rahmen der Umweltverträglichkeitsprüfung[408] wird man aus dieser Verpflichtung zwar keine „Ergebnisverpflichtung" in dem Sinn ableiten können, dass bestimmte Stellungnahmen tatsächlich in den Plan oder das Programm einfließen; jedoch haben sich die zuständigen Behörden sachlich mit diesen auseinander zu setzen, und es muss die Möglichkeit bestehen, dass die Ergebnisse in den Plan oder das Programm einfließen können, so dass die Ergebnisse der Umweltprüfung bei der Abwägung zu berücksichtigen sind und auch der RL 2001/42 eine materielle Komponente zu entnehmen ist.[409] Weiter legen Sinn und Zweck der Richtlinie, Umweltwägungen bei der Ausarbeitung und Annahme von Plänen und Programmen möglichst einzubeziehen (Art. 1 RL 2001/42) nahe, dass erhebliche Umweltauswirkungen nach Möglichkeit zu vermeiden sind, was letztlich auch als Teil der Abwägungsentscheidung begriffen werden kann. Wenn damit angesichts des durch eine solche Verpflichtung nach wie vor bestehenden denkbar weiten Gestaltungsspielraums der Mitgliedstaaten auch keine konkreten Vorgaben formuliert werden können, wird doch die bei der Ausarbeitung der Pläne und Programme einzuschlagende „Richtung" vorgegeben, wenn auch der Richtlinie auch kein irgendwie gearteter Vorrang von Belangen des Umweltschutzes bei der Aufstellung des Plans zu entnehmen ist.[410] Bestätigt wird dieser Ansatz durch Art. 9 Abs. 1 RL 2001/42, wonach die Mitgliedstaaten die konsultierten Personen und Behörden über den angenommenen Plan oder Programm informieren sowie begründen müssen, auf welche Weise Umweltwägungen in den Plan einbezogen wurden und auf welche Weise die Ergebnisse der Konsultationen berücksichtigt wurden.[411] Wie bereits im Rahmen der UVP impliziert diese Berücksichtigungspflicht aber nicht, dass die Rechtmäßigkeitsvoraussetzungen der betroffenen Pläne und Programme als solche modifiziert oder sonstwie beeinflusst würden.[412]

4. Weitere Bestimmungen

Nach Art. 10 RL 2001/42 haben die Mitgliedstaaten die erheblichen Umweltauswirkungen der Pläne und Programme zu ermitteln, um in der Lage zu sein, geeignete Abhilfemaßnahmen zu

---

408 S.o. 6. Kap. Rn. 68 ff.
409 Ebenso *Näckel*, Umweltprüfung, 235; a.A. aber wohl *Pietzcker/Fiedler*, DVBl. 2002, 929 (935), die die SUP offenbar als reinen Verfahrensschritt verstehen.
410 *Ginzky*, UPR 2002, 47 (52); *Schink*, NuR 2005, 143 (148).
411 Die öffentliche Bekanntmachung einer gegebenenfalls erfolgten Ablehnung steht dagegen im behördlichen Ermessen, vgl. *Hendler*, NVwZ 2005, 977 (983).
412 Ausdrücklich *Schink*, NVwZ 2005, 615 (616).

ergreifen. Zu letzteren besteht allerdings keine irgendwie geartete Verpflichtung; gleichwohl ist dieses „*monitoring*" im Hinblick auf die Eruierung der effektiven Auswirkungen der Pläne und Programme zu begrüßen.[413]

98 Art. 11 betrifft das Verhältnis zu anderen Vorschriften, und Art. 12 RL 2001/42 sieht gewisse Informations-, Berichts- und Überprüfungspflichten vor. Durch letztere soll die Grundlage für die Prüfung geschaffen werden, ob der Anwendungsbereich der Richtlinie einer Erweiterung bedarf, insbesondere, ob weitere Sektoren mit einbezogen werden sollen.[414]

5. Umsetzung

99 Die Umsetzung der RL 2001/42[415] hatte bis zum 21.7.2004 zu erfolgen (Art. 13 Abs. 1 RL 2001/42)[416] und erforderte in Deutschland Modifikationen zahlreicher Gesetze und Verordnungen, finden sich doch Pläne und Programme im Sinne der RL 2001/42 in sehr verschiedenen Bereichen; daneben wurde das „Grundkonzept" der SUP in das UVP-Gesetz aufgenommen.[417]

6. Folgen der Verletzung der Pflicht zur Durchführung einer SUP

100 In der Rs. C-41/11[418] stellte der Gerichtshof klar, dass in den Fällen, in denen ein Plan oder ein Programm gemäß den Anforderungen der RL 2001/42 einer SUP zu unterziehen gewesen wäre, dies aber unterblieben ist, die zuständigen Behörden verpflichtet sind, alle (allgemeinen oder besonderen) Maßnahmen zu ergreifen, um dem Unterbleiben einer solchen Prüfung abzuhelfen; dies impliziere insbesondere die Pflicht, die zur Aussetzung oder Aufhebung des entsprechenden Plans oder Programms notwendigen Maßnahmen auf der Grundlage des nationalen Rechts zu ergreifen. Es verstoße nämlich gegen das Hauptziel der RL 2001/42, wenn ein solcher Plan oder ein solches Programm ohne eine entsprechende Umweltprüfung durchgeführt werden könnte. Damit leitet der EuGH letztlich aus der effektiven Wirksamkeit der RL 2001/42 ab, dass ohne eine Umweltprüfung angenommene Pläne oder Programme (die in den Anwendungsbereich der Richtlinie fallen) nicht durchgeführt werden dürfen, so dass dieser Verfahrensfehler grundsätzlich dazu führen muss, dass der Plan oder das Programm keine Wirkung entfalten kann. In der Regel wird dies dessen Aufhebung implizieren. Dieser Ansatz setzt nationalen Vorschriften, die eine Heilung von Verfahrensfehlern vorsehen, enge Grenzen.[419]

101 Allerdings formuliert der Gerichtshof auch eine Ausnahme von diesem Grundsatz: Wenn ein zwingendes Erfordernis im Zusammenhang mit dem Umweltschutz vorliegt, könne das zustän-

---

413 Seine Bedeutung unterstreichend auch etwa *Sander*, UPR 2003, 336 (337); *Sheate*, EELR 2003, 331 (346); s. aucuh *Calliess*, in: SUP, 153 (176), der auf die Rolle des Monitorins für die Vollzugskontrolle hinweist. Ausführlich zu den der RL 2001/42 zu entnehmenden Vorgaben betreffend das Monitoring *Schink*, NuR 2005, 143 (149 f.).
414 *Ginzky*, UPR 2002, 47 (52).
415 S. in diesem Zusammenhang auch den Leitfaden der Kommission für die Umsetzung der RL 2001/42: Implementation of Directive 2001/42/EC on the Assessment of the Effects of Certain Plans and Programmes on the Environment, DG Environment, 23 September 2003, unter www./ europa.eu.int/comm/Environment/eia/030923_sea_guidance.pdf.
416 S. im Übrigen in Bezug auf die der SUP zu unterstellenden Pläne und Programme in zeitlicher Hinsicht Art. 13 Abs. 3 RL 2001/42.
417 Vgl. zur Umsetzung in Deutschland den Überblick bei *Meßerschmidt*, Europäisches Umweltrecht, § 8, Rn. 151; s. ansonsten *Uechtritz*, ZUR 2006, 9 ff.; *Louis*, UPR 2006, 285 ff.; *Erbguth/Schubert*, ZUR 2005, 524 ff.; *Schink*, NVwZ 2005, 615 ff.; *Hendler*, NVwZ 2005, 977 ff.; *Sydow*, DVBl. 2006, 65 ff.; *Schmidt/Rütz/Bier*, DVBl. 2002, 357 ff.; *Bunge*, in: Rolle der EU in der Umweltplanung, 117 ff.; ausführlich *Näckel*, Umweltprüfung, 239 ff.; zur Umsetzung im Raumordnungsrecht *Erbguth*, NuR 2004, 91 (92 ff.); *Stüer*, UPR 2003, 97 (99 ff.); *Schreiber*, UPR 2004, 50 ff.; zur Umsetzung im Baurecht *Dolde*, NVwZ 2003, 297 ff.; *Krautzberger/Schliepkorte*, UPR 2003, 92 ff.; *Pietzcker/Fiedler*, DVBl. 2002, 929 (936 ff.); s. auch *Krautzberger*, DVBl. 2002, 285 (291 f.); zu den Implikationen der Richtlinie für die Planung der Verkehrswege *Hendler*, EurUP 2004, 85 ff.
418 EuGH, Rs. C-41/11 (Inter-Environnement Wallonie), Urt. v. 28.2.2012, Ziff. 39 ff. S. ebenso, an dieses Urteil anknüpfend, EuGH, Rs. C-463/11 (L/M), Urt. v. 18.4.2013, Ziff. 31 ff.
419 Vgl. hierzu bereits, im Zusammenhang mit der RL 2011/92, oben 6. Kap. Rn. 79.

6. Kapitel Allgemeine Regeln

dige nationale Gericht ausnahmsweise bestimmte Wirkungen des für nichtig erklärten nationalen Rechtsakts aufrecht erhalten, dies falls eine solche Aufrechterhaltung für die ordnungsgemäße Umsetzung einer anderen Richtlinie (im Ausgangsfall ging es um die RL 91/676) notwendig ist, die Verabschiedung und der Erlass eines neuen Rechtsakts die schädigenden Umweltauswirkungen nicht vermeiden könnte, die Nichtigerklärung ein rechtliches Vakuum schüfe, das zu einem noch größeren Schaden an der Umwelt als die Aufrechterhaltung der Wirkungen führte, und diese Aufrechterhaltung der Wirkungen nur für den Zeitraum vorgenommen wird, der für die Verabschiedung eines neuen Rechtsakts benötigt wird.[420]

D. Umweltzeichen

Die „Umweltfreundlichkeit" von Produkten kann nicht nur über bestimmte (verbindliche) Anforderungen an ihre Beschaffenheit gesteuert werden, sondern auch die Vergabe sog. Umweltzeichen oder Öko-Label entfaltet Auswirkungen auf die Umweltverträglichkeit von Produkten. Der Grundgedanke derartiger Zeichen besteht darin, dass die Hersteller bestimmte Produkte unter der Voraussetzung der Erfüllung gewisser umweltpolitischer Auflagen mit einem Umweltzeichen versehen können; im Gegensatz zur bloßen Umweltwerbung durch die Hersteller oder Anbieter selbst wird damit die **relative „Umweltfreundlichkeit" eines Produkts** durch ein **hoheitlich verliehenes Zeichen** bescheinigt.[421]

102

Auch diese Art von Vorschriften stellen produktbezogene Regeln dar, sind aber – aufgrund der fehlenden verbindlichen Vorgaben – in die Kategorie der Maßnahmen indirekter Verhaltenssteuerung einzuordnen.[422] In der Europäischen Union führte erstmals die Verordnung 880/92[423] ein europaweites Umweltzeichen ein.[424] Diese Verordnung wurde durch die VO 1980/2000 ersetzt (Art. 19 VO 1980/2000), die ihrerseits durch die VO 66/2010 abgelöst wurde (Art. 18 VO 66/2010). Die Neufassung der Verordnung im Jahr 2000 erfolgte in erster Linie im Hinblick auf eine höhere Effizienz, eine verbesserte Planung und eine Straffung des Verfahrens.[425] Weiter wurde der Anwendungsbereich der Verordnung auf Dienstleistungen ausgedehnt (Art. 1 Abs. 1 VO 1980/2000).[426] Die erneute Revision im Jahr 2010 sollte in erster Linie die Wirksamkeit des Umweltzeichens erhöhen (insbesondere durch die Erweiterung seiner Verwendungsmöglichkeiten sowie die Fixierung der Kriterien dergestalt, dass die „besten" Produkte ausgezeichnet werden) und seine Anwendung vereinfachen (letzteres insbesondere durch eine Straffung der Beurteilungs- und Prüfverfahren).[427] In Deutschland[428] gibt es schon seit 1977 das Umweltzeichen „Blauer Engel"[429], das weiterhin anwendbar bleibt.[430]

---

420 EuGH, Rs. C-41/11 (Inter-Environnement Wallonie), Urt. v. 28.2.2012, Ziff. 50 ff.
421 Zu den allgemeinen Charakteristika von Umweltzeichen *von Danwitz*, EUDUR I, § 40, Rn. 2 ff.; *Gornig/Silagi*, EuZW 1992, 753 f.; *Krämer*, YEEL 2000, 123 ff.; *Diederichsen*, RIW 1993, 224; *Neveling*, Produktinnovation durch Umweltzeichen, 39 ff., jeweils m.w.N. S. auch die Ausführungen der Kommission im Grünbuch zur integrierten Produktpolitik, KOM (2001), 68 endg. Zu diesem *Falke*, ZUR 2001, 314 ff. Zu der unternehmerischen Verantwortung in diesem Zusammenhang und den verschiedenen denkbaren Umweltzeichen *Lambsdorff/Jäger*, BB 1992, 2297 ff.; ausführlich, m.w.N., *Lell*, Umweltbezogene Produktkennzeichnungen (8. Kap. D.III.), 33 ff.
422 Die aber auch sehr effektiv sein kann und angesichts des oftmals mangelhaften Vollzugs umweltpolitischer Auflagen zunehmend an Bedeutung gewinnt.
423 ABl. 1992 L 99, 1.
424 S. darüber hinaus zu einigen anderen, ebenfalls in diese Richtung gehenden Kennzeichnungen *Krämer/Kromarek*, ZUR 1995, Beilage, VI f.; *Krämer*, YEEL 2000, 123 f.
425 Vgl. Erw. 3 Präambel VO 1980/2000.
426 Zur Entstehungsgeschichte der VO 1980/2000 unter besonderer Berücksichtigung der Rolle des Parlaments *von Danwitz*, EUDUR I, § 40, Rn. 10 ff. Zur Entstehungsgeschichte der VO 880/92 *Forgo*, Europäisches Umweltzeichen, 28 ff.
427 Vgl. Erw. 2 ff. Präambel VO 66/2010.
428 Vgl. für eine Gesamtschau der Regelungen über Umweltzeichen in Europa *Boy*, REDE 2006, 127 ff.
429 Hierzu *von Danwitz*, EUDUR I, § 40, Rn. 63 ff.; *Lambsdorff/Jäger*, BB 1992, 2297 (2299); *Roller*, EuZW 1992, 499 ff.; *Neveling*, Produktinnovation durch Umweltzeichen, 65 ff., jeweils m.w.N. Die EU-Regelung hat sich in weiten Teilen von dem deutschen blauen Engel, der damals das einzige Umweltzeichen in den Ländern der Union darstellte, inspirieren lassen. Für eine Gesamtschau beider Regelungswerke (auf der Grundlage der VO 880/92) *Klindt*, BB 1998, 545 ff.
430 Vgl. noch unten D.I.

103 Neben dem in der im Folgenden im Vordergrund stehenden VO 66/2010 verankerten Umweltzeichen kennt das Unionsrecht weitere **(Kennzeichnungs-)Regelungen**, die in erster Linie der Information der Verbraucher dienen und insbesondere über die Umweltfreundlichkeit von Produkten Auskunft geben sollen, womit (indirekt) auch angestrebt wird, dass sich die Verbraucher eher für (relativ) umweltfreundlichere Produkte entscheiden. Zu nennen ist in diesem Zusammenhang z.B. die **VO 834/2007**, die – neben Vorgaben für alle Stufen der Produktion, der Aufbereitung und des Vertriebs ökologischer / biologischer Erzeugnisse – die Verwendung von Angaben in der Kennzeichnung und Werbung, die auf eine **ökologisch / biologische Produktion** Bezug nehmen, regelt.[431] Weitere Kennzeichnungsregeln beziehen sich auf die **Energieeffizienz**, so etwa die VO 106/2008 über ein Kennzeichnungsprogramm für Strom sparende Bürogeräte.[432]

I. Prinzipien und Inhalt der VO 66/2010

104 Die auf Art. 192 Abs. 1 AEUV gestützte VO 66/2010 verfolgt im Wesentlichen drei **Zielsetzungen**:[433]

- Erstens sollen die Verbraucher durch ein derartiges Umweltzeichen besser über die Umweltverträglichkeit eines Produkts informiert werden können, so dass sie ggf. ihre Kaufentscheidungen auch daran ausrichten können.
- Zweitens soll die unionsweite Regelung sicherstellen, dass überall in der Union die Hersteller von Produkten unter parallelen Voraussetzungen Zugang zu diesem Umweltzeichen haben.[434]
- Schließlich soll die Vergabe des Umweltzeichens dazu beitragen, dass Produkte mit hoher Umweltleistung gefördert werden, Erw. 5, 7 Präambel VO 66/2010. Denn die Verbraucherentscheidung kann (und soll) durch die Information über die Umweltfreundlichkeit eines Produkts mitbestimmt werden.[435]

105 Der **Anwendungsbereich** der Verordnung – wobei das Vergabesystem auf **freiwilliger** Basis beruht, so dass Produkte, die bestimmte Anforderungen erfüllen, das Umweltzeichen tragen können, aber nicht müssen[436] – erstreckt sich auf alle **Produkte** sowie auf **Dienstleistungen** (die als Produkte im Sinne der Richtlinie angesehen werden), Art. 2 Abs. 1 VO 66/2010. Allerdings sind nach Art. 2 Abs. 2 VO 66/2010 Arzneimittel, Medizinprodukte und medizinische Geräte vom Anwendungsbereich der Verordnung ausgenommen.

Darüber hinaus darf das Umweltzeichen für eine Reihe von Produkten grundsätzlich nicht vergeben werden, nämlich für solche, die Substanzen enthalten, die nach den einschlägigen Vorgaben des Chemikalienrechts als gefährlich anzusehen sind (vgl. die Präzisierungen in Art. 6 Abs. 6, 7 VO 66/2010).

106 Bei den für die Vergabe des Umweltzeichens maßgeblichen Kriterien ist die „**Umweltleistung**" der Produkte ausschlaggebend, und die Kriterien für das Umweltzeichen fixieren die Umwelt-

---

[431] Zu dieser Verordnung *Epiney/Furger/Heuck*, Zur Berücksichtigung umweltpolitischer Belange bei der landwirtschaftlichen Produktion, 98 f.
[432] ABl. 2008 L 39, 1.
[433] Vgl. in diesem Zusammenhang bereits zu den Zielen der VO 880/92 *Diederichsen*, RIW 1993, 224 (225).
[434] Vgl. die Ausführungen in der Präambel der VO 1980/2000.
[435] Diese Hoffnung ist denn auch durchaus realistisch, wie entsprechende Untersuchungen zeigen: So sind sich die Verbraucher nicht nur der Bedeutung hoheitlicher Umweltzeichen bewusst, sondern richten auch häufig ihre Kaufentscheidung danach aus. Vgl. *von Danwitz*, EUDUR I, § 40, Rn. 4 ff., m.w.N. S. aber auch *Neveling*, Produktinnovation durch Umweltzeichen, 304 ff., der darauf hinweist, dass die hoheitlich verliehenen Umweltzeichen ihre Funktion letztlich nur dann wirksam erfüllen können, wenn der „Wildwuchs" privater Umweltwerbung durch das Recht des unlauteren Wettbewerbs entsprechend eingeschränkt wird. Zum deutschen und europäischen Wettbewerbsrecht in diesem Zusammenhang *Lell*, Umweltbezogene Produktkennzeichnungen (8. Kap. D.III.), 88 ff., 122 ff. Zum (potenziellen) Konflikt nationaler Umweltzeichen mit dem freien Handel etwa *Driessen*, EELR 1999, 5 ff.; *Lell*, Umweltbezogene Produktkennzeichnungen (8. Kap. D.III.), 122 ff. Im Ergebnis dürfte im Unionsrecht hier in der Regel die Vereinbarkeit mit Art. 34 AEUV gegeben sein, greifen doch die zwingenden Erfordernisse. Hierzu bereits oben 5. Kap. Rn. 67 ff.
[436] Vgl. insoweit auch Art. 1 VO 66/2010, der von der „freiwilligen Regelung" für das EU-Umweltzeichen spricht.

6. Kapitel Allgemeine Regeln

anforderungen, die ein Produkt erfüllen muss, um das Umweltzeichen führen zu können (Art. 6 Abs. 1, 2 VO 66/2010). Die Festlegung der Kriterien hat auf wissenschaftlicher Grundlage zu erfolgen, wobei Art. 6 Abs. 3 VO 66/2010 die jedenfalls zu berücksichtigenden Punkte erwähnt. Abzustellen ist auf den **gesamten Lebenszyklus eines Produkts** (Art. 6 Abs. 3 VO 66/2010). Art. 7, 8 i.V.m. Anhang I VO 66/2010 ist das Verfahren für die Erarbeitung und Überarbeitung der Kriterien für das EU-Umweltzeichen sowie ihre Festlegung zu entnehmen. Diese werden für „Produktgruppen" definiert, worunter eine Reihe von Produkten, die ähnlichen Zwecken dienen und hinsichtlich der Verwendung ähnlich sind oder ähnliche funktionelle Eigenschaften haben und hinsichtlich der Wahrnehmung durch den Verbrauch ähnlich sind, zu verstehen sind (Art. 3 Nr. 1 VO 66/2010). Sowohl die Festlegung der Produktgruppen als auch der Umweltkriterien erfolgt durch die Kommission, die vom Ausschuss für das Umweltzeichen (Art. 5 VO 66/2010) unterstützt wird[437] und im Ausschussverfahren (Art. 16 VO 66/2010) entscheidet (Art. 7, 8 VO 66/2010),

Auf der Grundlage der Vorgängerverordnung wurden für eine ganze Reihe von Produktgruppen Umweltkriterien definiert,[438] so z.B. für Geschirrspüler,[439] Allzweckreiniger,[440] tragbare Computer[441] oder Handgeschirrspülmittel.[442] Neuerdings wurden etwa für Druckerzeugnisse[443] und Zeitungsdruckpapier[444] Umweltkriterien festgelegt.

Die eigentliche „Vergabe" des Umweltzeichens erfolgt durch von den **Mitgliedstaaten zu benennende Stellen**;[445] Art. 9 VO 66/2010 enthält die hierfür maßgeblichen Vorgaben, wobei die zuständige Stelle nach den Vorgaben der Verordnung mit den betroffenen Unternehmern einen Vertrag abschließt (Art. 9 Abs. 8 VO 66/2010).[446]   107

Das Umweltzeichen – zu dem Anhang II VO 66/2010 ein Muster enthält, dem das Zeichen entsprechen muss (Art. 9 Abs. 2 VO 66/2010) – darf auf den entsprechenden Produkten sowie in dem sich auf dieses beziehende Werbematerial verwendet werden (Art. 9 Abs. 11 VO 66/2010). Art. 10 VO 66/2010 sind detaillierte Vorgaben in Bezug auf Marktüberwachung und Kontrolle der verordnungskonformen Verwendung des Zeichens zu entnehmen.   108

Nationale Umweltzeichen bleiben vom EU-Umweltzeichen grundsätzlich unberührt, wobei im Falle der Existenz von Umweltkriterien für eine bestimmte Produktgruppe nach der VO 66/2010 nur dann ein nationales Zeichen vergeben werden darf, wenn die hierfür maßgeblichen Kriterien mindestens ebenso streng sind wie diejenigen für das EU-Umweltzeichen (Art. 11 Abs. 1 VO 66/2010). Dieser Ansatz ist insofern zu begrüßen, als er sicherzustellen vermag, dass ein Produkt, das „irgendein" Umweltzeichen trägt, zumindest den unionsrechtlichen Vorgaben genügt.   109

Die Verordnung enthält keine Vorgaben bezüglich des **Rechtsschutzes**. Daher sind die allgemeinen Grundsätze anwendbar, wobei zu unterscheiden ist: 110

- **Unionsrechtliche Ebene:** Erstens kann die Einhaltung der Vorgaben der Verordnung für die Festlegung der Kriterien für das Umweltzeichen und die Eingrenzung der Produktgruppen fraglich sein. Diese kann durch den EuGH im Rahmen des Verfahrens des Art. 263 AEUV (Nichtigkeitsklage) nachgeprüft werden, entfalten diese Kriterien doch rechtsverbindliche Wirkung. Vieles dürfte hier im Übrigen dafür sprechen, dass von einem Beschluss betroffene Produkthersteller und Importeure grundsätzlich unmittelbar und individuell im Sinne des Art. 263 Abs. 4 AEUV betroffen sein können, führt doch ein Ausschluss etwa bestimmter

---

437   Dieser Ausschuss wurde durch den Beschluss 2010/709 der Kommission eingesetzt.
438   Vgl. auch die Darstellung einiger der einschlägigen Entscheidungen bei *von Danwitz*, EUDUR I, § 40, Rn. 30 ff.
439   Entscheidung 2001/689, ABl. 2001 L 242, 23.
440   Entscheidung 2001/523, ABl. 2001 L 189, 25.
441   Entscheidung 2001/687, ABl. 2001 L 242, 11.
442   Entscheidung 2001/607, ABl. 2001 L 214, 30.
443   Beschluss 2012/481, ABl. 2012 L 223, 55.
444   Beschluss 2012/448, ABl. 2012 L 202, 26.
445   Zu diesen Art. 4 i.V.m. Anhang V VO 66/2010, wo auch Anforderungen an diese Stellen formuliert werden.
446   Vgl. den Mustervertrag in Anhang IV VO 66/2010.

Produkte aus der Produktgruppe dazu, dass die jeweiligen Personen letztlich wie die Adressaten einer Entscheidung betroffen sein können (aber nicht in jedem Fall sind müssen).[447]

- **Mitgliedstaatliche Ebene:** Sodann ist nach dem Rechtsschutz gegen die auf mitgliedstaatlicher Ebene durch die zuständigen Behörden zu treffenden Entscheidungen zu fragen. Hier ist wiederum zu unterscheiden:
    - Soweit es um die Rechte des Unternehmers, der das Umweltzeichen verwenden will, oder eines Konkurrenten geht, ist in den Mitgliedstaaten der Rechtsweg zu eröffnen, insbesondere gegen ablehnende Entscheidungen.
    Verweigert die nationale Behörde das Umweltzeichen, so kann der betroffene Hersteller die nach nationalem Recht offen stehenden Rechtsmittel ergreifen. Angesichts der Tatsache, dass eine Außenwirkung vorliegt und der Regelungsgehalt einer derartigen Entscheidung in der Feststellung gesehen werden kann, das Produkt entspreche nicht den Anforderungen an die Vergabe des Umweltzeichens, sind die Voraussetzungen für das Vorliegen eines Verwaltungsaktes gegeben, so dass in Deutschland die Verpflichtungsklage zum Zuge käme.[448] Im Falle der Gewährung des Zeichens durch die nationale Behörde und der damit erfolgenden Beeinträchtigung eines Konkurrenten wäre eine Anfechtungsklage zu erheben.
    - Soweit es um den Rechtsschutz (anderer) Dritter geht, die sich z.b. gegen die ungerechtfertigte Vergabe des Zeichens wenden wollen, haben die Mitgliedstaaten soweit Rechtsschutz zu gewähren, wie das Unionsrecht entsprechende Rechte vorsieht. Fraglich ist jedoch, ob auch Umweltverbänden ein entsprechender gerichtlicher Zugang einzuräumen ist. Angesichts des Umstandes, dass diese in Erw. 8 VO 66/2010 ausdrücklich erwähnt werden und Art. 9 Abs. 3 AK grundsätzlich eine Verbandsklage verlangt, dürfte einiges für die Bejahung dieser Frage sprechen.[449]
    Im Übrigen spricht auch angesichts des Umstandes, dass die interessierten Kreise allesamt im Ausschuss für das Umweltzeichen der EU Einsitz nehmen, einiges dafür, den entsprechenden Interessengruppen jedenfalls nicht von vornherein die Klagebefugnis abzusprechen, dürfte es doch grundsätzlich möglich sein, dass die einschlägigen Bestimmungen der VO 66/2010 über die Vergabe des Umweltzeichens auch in ihrem Interesse liegen, so dass aus unionsrechtlicher Sicht der Rechtsweg zu eröffnen sein könnte.[450]

II. Zusammenfassende Bewertung

111 Die Einführung eines Umweltzeichens auf Unionsebene trägt sicherlich umwelt- und verbraucherpolitischen Gesichtspunkten Rechnung. Durch die bereichsübergreifende und umfassende Konzeption der Verordnung kann nicht nur – wie bei „klassischen" produktbezogenen Regelungen – der Beschaffenheit des Produkts Rechnung getragen werden, sondern ermöglicht wird eine Gesamtbetrachtung der betroffenen Produkte, was aus umweltpolitischer Sicht zu begrüßen ist.

112 Allerdings sind gewisse praktische Schwierigkeiten des ganzheitlichen Ansatzes doch nicht zu verkennen.[451] Diese sind vor allem auf zwei Ebenen anzusiedeln: Erstens kann es bei gewissen Produkten schwierig sein, ihre Umweltauswirkungen während des gesamten Lebenszyklus zu

---

447 A.A. aber wohl *von Danwitz*, EUDUR I, § 40, Rn. 57 ff. Nach der Rechtsprechung des EuG sind die Kommissionsbeschlüsse jedoch nicht als „Rechtsakte mit Verordnungscharakter" anzusehen, so dass im Falle einer unmittelbaren Betroffenheit nicht auf das Erfordernis der individuellen Betroffenheit verzichtet werden kann. Vgl. zum Problemkreis Bieber/Epiney/Haag-*Epiney*, EU, § 9, Rn. 48.
448 Vgl. in Bezug auf die VO 880/92 *Diederichsen*, RIW 1993, 224 (226). A.A. aber wohl *von Danwitz*, EUDUR I, § 40, Rn. 47 f.
449 In diese Richtung auch *Jans/Vedder*, European Environmental Law, 380 f.
450 Vgl. grundsätzlich zur Frage, unter welchen Voraussetzungen das Unionsrecht die Mitgliedstaaten verpflichtet, den Rechtsweg zu eröffnen, oben 5. Kap. Rn. 132 ff.
451 Hierzu auch *Roller*, EuZW 1992, 499 (501), der die praktische Handhabbarkeit dieses Grundsatzes letztlich bezweifelt.

6. Kapitel Allgemeine Regeln

bestimmen. Zweitens ist der Vergleich der verschiedenen Umweltauswirkungen zahlreichen Unwägbarkeiten oder gar Spekulationen unterworfen,[452] womit die Objektivität der Beurteilung der relativen Umweltfreundlichkeit eines Produkts in Mitleidenschaft gezogen wird.

Sodann ist auf ein inhärentes Problem jeglicher umweltbezogener Produktkennzeichnung, dem auch das EU-System nicht entgeht, hinzuweisen: Letztlich bestimmt sich die Umweltfreundlichkeit und damit die Möglichkeit der Vergabe eines derartigen Zeichens für ein bestimmtes Produkt immer in Relation zu anderen vergleichbaren Produkten. D.h., ein an sich, aus absoluter Sicht, nicht sonderlich umweltfreundliches Produkt kann gleichwohl allein deshalb ausgezeichnet werden, weil es in Relation zu anderen vergleichbaren Produkten weniger umweltschädlich ist. Ausgezeichnet wird also immer nur eine **relative Umweltfreundlichkeit**. Gleichwohl kommt auch einer derartigen Auszeichnung ein Aussagegehalt zu; allerdings steht und fällt er mit der Festlegung der Produktgruppen, die für den dargestellten Vergleich ausschlaggebend sind. Wichtig ist darüber hinaus noch das Umweltschutzniveau der für die jeweiligen Produktgruppen festgelegten spezifischen Umweltkriterien. Zu begrüßen ist hier, dass die VO 66/2010 erkennen lässt, dass an die „Umweltleistung" der Produkte, die ein Umweltzeichen führen können, doch eher hohe Anforderungen gestellt werden; allerdings bleiben die diesbezüglichen Vorgaben der Verordnung aus normativer Sicht eher vage. Zu bedauern ist denn auch, dass die VO 66/2010 – im Gegensatz zur Vorgängerregelung – nicht mehr ausdrücklich fordert, dass das mit dem Umweltzeichen versehene Produkt in jedem Fall über Eigenschaften verfügen muss, die signifikant zu Verbesserungen in wichtigen Umweltaspekten beitragen können.

Schließlich sollte das Umweltzeichen immer im Zusammenhang mit anderen umweltpolitischen Instrumenten gesehen werden, so dass es (nur) dort zum Einsatz kommen sollte, wo es tatsächlich aus umweltpolitischer Sicht befriedigende Ergebnisse zu erzielen vermag. Dies ist immer dann nicht der Fall, wenn bestimmte Produkte – man denke etwa an FCKW – so gefährlich oder umweltschädlich sind, dass letztlich nur ein Verbot sachgerechte Lösungen zu bieten vermag.[453] Diesem Aspekt trägt die Verordnung im Ergebnis durch die Regelung des Art. 6 Abs. 6 VO 66/2010 Rechnung.

E. Umweltmanagement und Umweltbetriebsprüfung („EMAS")

Der Erfolg öffentlicher Politiken hängt nicht nur von angemessenen inhaltlichen Vorgaben und Konzeptionen ab; vielmehr müssen auch Instrumente entwickelt werden, um ihren Vollzug sicherzustellen. Dass dies in der Europäischen Union ein nicht zu vernachlässigendes Problem ist, wurde bereits erwähnt.[454] Ebenfalls dürfte sich inzwischen die Erkenntnis durchgesetzt haben, dass die klassische staatliche Verwaltung gerade im Bereich des Umweltrechts an Grenzen stößt bzw. durch weitere Instrumente ergänzt werden muss: Es ist wohl unmöglich, von Seiten des Staates z.B. bei allen Betrieben die Einhaltung der umweltrechtlichen Vorgaben zu kontrollieren und sicherzustellen. In der Europäischen Union kommt diesen Gesichtspunkten eine besondere Bedeutung zu, sind hier doch erhebliche Unterschiede bei der Umsetzung und tatsächlichen Beachtung des EU-Umweltrechts in den verschiedenen Mitgliedstaaten zu verzeichnen. Daher kommt eine effektive und effiziente Umweltpolitik wohl nicht mehr ohne die Einbeziehung der Betroffenen und Verursacher aus.[455]

Die im Folgenden näher zu betrachtende[456] VO 1221/2009 über die freiwillige Teilnahme von Organisationen an einem Gemeinschaftssystem für Umweltmanagement und Umweltbetriebs-

---

452   Ist denn nun ein Produkt, das zwar weniger Rohstoffe und Energie bei der Herstellung verbraucht, jedoch größere Emissionen verursacht, umweltfreundlicher als ein Produkt, bei dem dies umgekehrt gelagert ist?
453   Vgl. in diesem Zusammenhang auch schon *Roller*, EuZW 1992, 499 (504 f.), der eine gesamthaft „ökologische Produktpolitik" fordert.
454   S.o. 5. Kap. Rn. 143 ff.
455   Vgl. in diesem Zusammenhang auch die Bemerkungen zum Kooperationsprinzip, oben 5. Kap. Rn. 5.
456   Allerdings bestanden auch schon vorher darüber hinaus einzelne gesetzliche unmittelbare oder mittelbare Pflichten zur betrieblichen Organisation mit dem Ziel, die Einhaltung der umweltrechtlichen Vorgaben sicherzustellen. Zudem ist das Umweltmanagement auch Gegenstand von ISO-Normen. Vgl. hierzu *Führ*, EuZW 1992, 468; *Peglau*, ZUR 1995, 19 ff.; *Ewer*, EUDUR I, § 36, Rn. 2 ff.; *Kloepfer*, DB 1993, 1125 (1126 f.).

prüfung (EMAS) setzt genau hier an: Ausgangspunkt des durch die Verordnung eingeführten Systems ist die **Eigenverantwortung** der Unternehmen für die durch ihre Tätigkeiten verursachten **Umweltbelastungen**. Daher sollen sie diese in einem ersten Schritt evaluieren und in einem zweiten Schritt Formen und Verfahren festlegen, um über die Einhaltung des geltenden Umweltrechts auch zu einer kontinuierlichen Verbesserung des betrieblichen Umweltschutzes beizutragen.[457]

Die VO 1221/2009 löste die VO 761/2001[458] ab, die ihrerseits auf die VO 1836/93[459] nachfolgte. Durch die erste Revision wurden der Anwendungsbereich des Systems erweitert, die „Standortbezogenheit" teilweise durch die „Organisationsbezogenheit" abgelöst, der Ablauf der Teilnahme revidiert, die Anforderungen an Zulassung und Überwachung der Umweltgutachter präzisiert sowie die Art und Weise der Verwendung des „EMAS-Zeichens" modifiziert.[460] Die geltende Fassung der Verordnung zeichnet sich durch eine klarere Strukturierung aus, führte Maßnahmen zur Steigerung des Bekanntheitsgrads von EMAS ein, stellte eine Verbindung zu der ISO-Norm 14001 her, erweiterte die Verwendungsmöglichkeiten für das EMAS-Logo und enthält die sog branchenspezifischen Referenzdokumente mit bewährten Umweltmanagementpraktiken, branchenspezifischen Umweltleistungsindikatoren und festen Leistungsrichtwerten als neues Element.[461]

116 „EMAS"[462] ist aber auch noch im Zusammenhang mit einer weiteren Entwicklung zu sehen: Ähnlich wie die UVP will es einen **verbesserten Umweltschutz über die Beachtung bestimmter Verfahrensvorschriften** und einen in diese Richtung gehenden Anreiz der Unternehmer erreichen.[463] Dies trägt den Charakteristika der unternehmerischen Tätigkeiten insofern Rechnung, als auch hier – ähnlich wie bei komplexen Verwaltungsentscheidungen – vielfältige Handlungen und Entscheidungen erfolgen, so dass eine gewisse Gesamtschau notwendig ist. Zudem können heute – angesichts der Vielfalt der umweltrelevanten unternehmerischen Tätigkeiten – die Umweltprobleme nicht allein über materielle Vorgaben gelöst werden. Daher sind ergänzende Organisations- und Verfahrensvorschriften ebenso sinnvoll wie notwendig, soll eine bestimmte Richtung eingeschlagen oder ein bestimmtes Ergebnis erreicht werden.[464]

I. Prinzipien und Inhalt der VO 1221/2009

117 Die Grundstruktur des EMAS, so wie es in der VO 1221/2009 festgelegt ist, zeichnet sich durch folgende Charakteristika aus:

- Das System kann auf alle **Organisationen** Anwendung finden (Art. 1 Abs. 1 VO 1221/2009). Hierunter können Gesellschaften, Körperschaften, Betriebe, Unternehmen, Behörden oder

---

457 Vgl. die Ausführungen in der Präambel der VO 1221/2009 sowie die Umschreibung der Zielsetzung der Verordnung in Art. 1 Abs. 2 VO 1221/2009. Zu Grundidee und Grundkonzept eines Umweltaudits *Lechelt*, in: Handbuch Umweltaudit, 1 ff.; *Köck*, in: Umweltverfassung, 149 (152 ff.).
458 ABl. 2001 L 114, 1.
459 ABl. 1993 L 168, 1. Zu den „Vorbildern" der ursprünglichen Verordnung, insbesondere in den Vereinigten Staaten, *Scherer*, NVwZ 1993, 11 f.; *Falk*, EG-Umwelt-Audit-Verordnung, 11 ff.; zu den diesbezüglichen Erfahrungen *Bartsch*, ZUR 1995, 14 ff.; einen Vergleich mit dem British Standard 7750 stellen *Marten/Schmid*, RIW 1995, 754 ff., an. Zur Entstehungsgeschichte der VO 1836/93 und zu den Abweichungen des endgültig verabschiedeten Verordnungstextes von dem ursprünglichen Kommissionsvorschlag *Falk*, EG-Umwelt-Audit-Verordnung, 31 ff.; *Ewer*, EUDUR I, § 36, Rn. 11.
460 Vgl. im Einzelnen zu diesen Neuerungen *Horneffer*, ZUR 2001, 361 ff.; *Langefeldt*, NVwZ 2001, 538 ff.; *Streck*, EMAS-Umweltgutachter, 52 ff. Zur Entstehungsgeschichte der VO 761/2001 *Ewer*, EUDUR I, § 36, Rn. 41 ff.; *Schmidt-Räntsch*, NuR 2002, 197 (198). Ausführlich zur VO 761/2001 *Langefeldt*, Das novellierte Environmental Management and Audit Scheme, 141 ff.
461 Vgl. ausführlich zur Rechtsentwicklung *Meßerschmidt*, Europäisches Umweltrecht, § 11, Rn. 6 ff.; spezifisch zur Neufassung der Verordnung *Schmidt-Räntsch*, EurUP 2010, 123 ff.; s. auch (auf der Grundlage des Kommissionsvorschlags) *Wenk*, JEEPL 2009, 37 (43 ff.).
462 In Anknüpfung an die nunmehr in der Verordnung selbst verwandte Terminologie soll im Folgenden nicht (mehr) von „Öko-Audit" sondern von „EMAS" (ECO-Management and Audit Scheme) die Rede sein.
463 Vgl. hierzu *Köck*, ZUR 1995, 1 ff.; zusammenfassend zu den Funktionen des EMAS *Köck*, JZ 1995, 643 (645 ff.).
464 Vgl. *Führ*, NVwZ 1993, 858 (861). Zudem haben Erfahrungen gezeigt, dass allein der Rückgriff auf eine geeignete Technologie nicht ausreicht, um einen effektiven Schutz der Umwelt zu gewährleisten. Hinzukommen müssen vielmehr adäquate Managementstrukturen, die den wirksamen Einsatz dieser Technologien sicherstellen können.

6. Kapitel Allgemeine Regeln

eine Einrichtung bzw. ein Teil oder eine Kombination hiervon fallen, wobei der Organisation nicht zwingend Rechtspersönlichkeit zukommen muss (Art. 2 Nr. 21 VO 1221/2009).[465]
- Die Beteiligung an dem System ist **freiwillig**.
- **Ziel** des Systems ist nach Art. 1 Abs. 2 VO 1221/2009 die Förderung der kontinuierlichen Verbesserung der Umweltleistung der Organisationen. Dies soll in erster Linie über die Festlegung und Umsetzung unternehmensbezogener Umweltpolitik, -programme und -managementsysteme durch die Unternehmen sowie durch eine systematische, objektive und regelmäßige Leistungsbewertung dieser Instrumente erreicht werden. Weiter ist die Öffentlichkeit zu informieren und die Arbeitnehmer sind aktiv einzubeziehen.
- Bei der Durchführung des EMAS geht es um eine **integrierte Berücksichtigung** aller von einer Organisation verursachten Umweltbeeinträchtigungen, ggf. unter Einschluss des gesamten Produktionsverfahrens (vgl. etwa Art. 2 Nr. 8, 9 VO 1221/2009, welche die Begriffe „Umweltauswirkung" und „Umweltprüfung" definieren).
- Angestrebt wird eine betriebliche Organisation, die letztlich zu einem **„Übervollzug"**, d.h. nicht nur zur Einhaltung der geltenden Rechtsnormen, sondern zur Beachtung darüber hinausgehender Standards, führt.
- Die **Öffentlichkeit** soll hierüber in angemessener Weise unterrichtet werden. Damit kann das umweltpolitische Engagement der Organisation auch werbewirksam zur Geltung gebracht werden.
- Die Organisation ist allein für die Durchführung des Umweltmanagement und der Umweltbetriebsprüfung zuständig; sie führt diese in **Eigenverantwortung** durch. Dem Staat kommt nur im Rahmen der Zulassung und Aufsicht der Personen, die diese Tätigkeiten überprüfen, eine selbständige Rolle zu.

Letztlich geht es bei der EMAS-Verordnung also darum, dass **Organisationen den Umweltschutz als eigene Aufgabe** begreifen und sich nicht darauf beschränken – wie dies bei den „klassischen Modellen" der Fall ist –, lediglich (unter Zwang oder Androhung von Sanktionen) staatliche Vorgaben zu verwirklichen. Diese Inpflichtnahme der Unternehmen will nicht nur einen verbesserten Vollzug geltenden Umweltrechts sicherstellen, sondern es geht im Sinne eines „Übervollzugs" auch um die Förderung von „Innovation durch Organisation"[466], d.h. durch die (Selbst-) Verpflichtung der Unternehmen zur Beachtung bestimmter organisationeller Vorgaben sollen Rahmenbedingungen zur Entwicklung neuer und innovativer Mechanismen zur Förderung des Umweltschutzes und der Umweltqualität geschaffen werden.[467]

118

Im Einzelnen läuft das **Verfahren** zur Beteiligung am EMAS-System in folgenden Etappen ab:[468]
- **Umweltprüfung:** Die Organisation hat ihre Tätigkeiten, Produkte und Dienstleistungen einer Umweltprüfung zu unterziehen, die eine (erste) umfassende Untersuchung der umweltbezogenen Problemstellungen und Auswirkungen sowie des Umweltschutzes in der jeweiligen Organisation umfasst, Art. 4 Abs. 1 lit. a) VO 1221/2009.[469] Die einzelnen Gesichtspunkte, die hierbei zu berücksichtigen sind, ergeben sich aus Anhang I (und teilweise Anhang II) VO 1221/2009 und beziehen sich in erster Linie auf die zu berücksichtigenden Umweltaspekte

119

---

465 Zu dieser erheblichen Erweiterung des Anwendungsbereichs der Verordnung (die auf die VO 761/2001 zurückgeht) *Ewer*, EUDUR I, § 36, Rn. 52 ff.; *Horneffer*, ZUR 2001, 361 (364 f.); kritisch etwa *Storm*, NVwZ 1998, 341 (342).
466 So *Köck*, ZUR 1995, 1 (3).
467 *Köck*, ZUR 1995, 1 (3 f.), weist zutreffend darauf hin, dass Umweltmanagementsysteme auch Elemente eines „Risikomanagements" aufnehmen müssen, sind die Tatsachengrundlagen umweltrelevanter Entscheidungen doch häufig nicht mit letzter Sicherheit verifizierbar.
468 Zu den Elementen der EMAS bzw. den Voraussetzungen für eine Eintragung in das EMAS-Verzeichnis – teilweise auch im Vergleich zu den Vorgängerregelungen – *Meßerschmidt*, Europäisches Umweltrecht, § 11, Rn. 22 ff.
469 Diese Umweltprüfung ist nur bei der erstmaligen Durchführung des Audits vorzunehmen und Organisationen, die europäische oder internationale Umweltnormen anwenden und entsprechend zertifiziert sind, sind grundsätzlich insoweit von der Pflicht zur Umweltprüfung befreit, vgl. Art. 45 VO 1221/2009.

und die Art und Weise der Durchführung der Umweltprüfung.[470] Die Umweltprüfung ist also eine Art Bestandsaufnahme des bestehenden Zustandes, durch die die umwelterheblichen Daten erfasst werden sollen. Speziell erwähnt wird in Art. 4 Abs. 4 VO 1221/2009, dass die Organisation den „materiellen und dokumentarischen Nachweis" erbringen muss, dass sie **alle für sie geltenden Umweltvorschriften einhält.**

- **Umweltmanagementsystem:** Auf dieser Grundlage hat die Organisation ein Umweltmanagement (s. die Definition in Art. 2 Nr. 13 VO 1221/2009) zu schaffen, das sich nach den Anforderungen des Anhangs II bestimmt, wobei insbesondere die Einhaltung der Umweltvorschriften sicherzustellen ist, Art. 4 Abs. 1 lit. b) VO 1221/2009. Insgesamt sind in diesem Rahmen die umweltbezogenen Gesamtziele und Handlungsgrundsätze einer Organisation („Umweltpolitik")[471] und die „Umweltprogramme" zur Verwirklichung (und auch teilweise Präzisierung) der Umweltpolitik zu definieren sowie die Mittel zu ihrer Implementierung und Durchführung sowie der Kontrolle festzulegen. Damit finden umweltrelevante Problemstellungen Eingang in das betriebliche Management.

  Deutlich wird damit auch, dass erst der Anhang die eigentlichen Anforderungen an ein Umweltmanagementsystem präzisiert, wobei jeweils auch die Begriffsdefinitionen (vgl. in diesem Zusammenhang insbesondere Art. 2 Nr. 1, 10, 11, 12 VO 1221/2009: „Umweltpolitik", „Umweltprogramm", „Umweltzielsetzung", „Umwelteinzelziel") von Bedeutung sind.

- **Umweltbetriebsprüfung:** Die Unternehmen müssen eine interne Umweltbetriebsprüfung (s. die Definition in Art. 2 Nr. 16 VO 1221/2009) – das (eigentliche) „Audit" – durchführen oder durchführen lassen, die eine systematische, dokumentierte, regelmäßige und objektive Bewertung der Leistung der Organisation, des Managements und der Verfahren zum Schutz der Umwelt umfasst, Art. 4 Abs. 1 lit. c) VO 1221/2009. Ziel dieser Prüfung ist in erster Linie die Evaluation der Effektivität der unternehmerischen Maßnahmen im Hinblick auf die festgelegte Umweltpolitik. Es geht also darum zu prüfen, ob die „tatsächliche" mit der „geplanten" unternehmerischen Umweltpolitik übereinstimmt. Die Durchführung dieser Umweltbetriebsprüfungen kann entweder durch einen internen Betriebsprüfer oder durch beauftragte externe Personen oder Organisationen erfolgen, wobei jedenfalls eine ausreichende Unabhängigkeit zu gewährleisten ist (Art. 9 VO 1221/2009). Ansonsten ergeben sich die bei dieser Prüfung zu beachtenden Kriterien aus Anhang III (sowie teilweise aus Anhang II).

  Die Ergebnisse der Umweltbetriebsprüfung müssen der Organisationsleitung förmlich mitgeteilt werden. Letztlich soll damit also verhindert werden, dass die Ergebnisse der Betriebsprüfung „in der Schublade verschwinden" und sichergestellt werden, dass sie in die Umweltpolitik der Organisation Eingang finden.

- **Umwelterklärung:** Den betriebsinternen Abschluss des Verfahrens bildet nach Art. 4 Abs. 1 lit. d) VO 1221/2009 die sog. Umwelterklärung (vgl. die Legaldefinition in Art. 2 Nr. 18 VO 1221/2009). Diese dokumentiert die Erfüllung der dargestellten Teilnahmevoraussetzungen und ist für die Information der Öffentlichkeit bestimmt. Anhang IV VO 1221/2009 legt im Einzelnen fest, was in der Umwelterklärung enthalten sein muss.[472] Letztlich handelt es sich um eine Zusammenfassung der wesentlichen das jeweilige Unternehmen betreffenden umweltrelevanten Daten und der diesbezüglichen Managementaspekte.

- **Begutachtung und Validierung der Umwelterklärung:** Mit diesem Verfahrensschritt wird der betriebsinterne Bereich verlassen und zum Zuge kommt ein unabhängiger Umweltgutachter. Ziel ist hier die Sicherstellung der tatsächlichen Einhaltung der dargestellten Anforderungen

---

470 Aufgrund der weiten Fassung des Begriffs der zu berücksichtigenden Umweltaspekte (der auch sog. indirekte Umweltwirkungen erfasst, vgl. die Begriffsdefinitionen in Art. 2 Nr. 4-7 VO 1221/2009) muss die Umweltprüfung sehr umfassend ausfallen, vgl. hierzu *Horneffer*, ZUR 2001, 361 (365 f.); *Schmidt-Räntsch*, NuR 2002, 197 (199 f.).

471 Diese muss nicht nur die Einhaltung der Umweltvorschriften, sondern auch eine Verpflichtung zur kontinuierlichen Verbesserung und Verhütung von Umweltbelastungen enthalten, vgl. Anhang II.

472 Zum Inhalt der Umwelterklärung *Langerfeldt*, UPR 2001, 426 ff., auch unter Einbezug der möglichen Konflikte mit dem Betriebs- und Geschäftsgeheimnis der betroffenen Unternehmen; zu letzterem Aspekt auch schon *Martens/Moufang*, NVwZ 1996, 246 f.

6. Kapitel Allgemeine Regeln

der EMAS-Verordnung durch das betreffende Unternehmen und die Prüfung der Einhaltung der für die Umwelterklärung vorgesehenen Anforderungen. Der Umweltgutachter hat daher alle Schritte der Umweltprüfung, des Umweltmanagements und der Umweltbetriebsprüfung auf ihre korrekte Durchführung hin und die Einhaltung der Anforderungen der Verordnung zu überprüfen (Art. 4 Abs. 5 VO 1221/2009).[473] Ergibt seine Prüfung eine Übereinstimmung der unternehmerischen Maßnahmen mit den Vorgaben der Verordnung, so erklärt er die von dem Betrieb abgegebene Umwelterklärung für gültig, Art. 4 Abs. 5 VO 1221/2009. Diese Prüfung und Gültigkeitserklärung sind entscheidend für die Aussagekraft des EMAS-Zeichens und stellen damit einen „Dreh- und Angelpunkt" des ganzen Systems dar.

- Die staatliche Kontrolle über das Umweltauditing setzt damit nicht bei der Prüfung der durch den Betrieb durchgeführten Evaluation, sondern bei den Personen, die die Umwelterklärung für gültig erklären, an. Überprüft werden also nicht die Umweltgutachten, sondern die Umweltgutachter. Art. 18 ff. VO 1221/2009 regeln im Einzelnen die Aufgaben der Umweltgutachter (vgl. auch die Legaldefinition in Art. 2 Nr. 20 VO 1221/2009), die Anforderungen an diese sowie die Aufsicht über sie. Art. 28 ff. VO 1221/2009 betreffen die Akkreditierung der Gutachter und enthalten gegenüber der Vorgängerregelung ins Gewicht fallende Modifikationen.[474] Leitbild ist die Sicherstellung der fachlichen Eignung und die Unabhängigkeit der Umweltgutachter. Damit bringt die Durchführung und Anwendung der EMAS-Verordnung die Schaffung eines neuen Berufsstandes, der Umweltgutachter, mit sich, der eine entscheidende Rolle für die Glaubwürdigkeit des ganzen Verfahrens spielt.

- **Übermittlung der Umwelterklärung, Eintragung und öffentliche Zugänglichmachung:** Die für gültig erklärte Umwelterklärung ist der zuständigen mitgliedstaatlichen Behörde zu übermitteln, die sie – nach Eintragung in ein Verzeichnis[475] – der Öffentlichkeit in dem betreffenden Staat zugänglich gemacht, Art. 13 VO 1221/2009.

    Soll die Eintragung aufrechterhalten werden, müssen das Umweltmanagementsystem und die Umweltbetriebsprüfung weiter geführt werden, und die Umwelterklärung ist alle drei Jahre zu aktualisieren und durch den Umweltgutachter zu prüfen (Art. 6 Abs. 1 VO 1221/2009).

- **EMAS-Zeichen:** Ist die betreffende Organisation in das Verzeichnis eingetragen, kann es das sog. EMAS-Logo verwenden, dessen Aufmachung in Anhang V VO 1221/2009 dargestellt ist (Art. 10 VO 1221/2009). Diese Möglichkeit ist wohl einer der Anreize für Unternehmen, sich an dem System zu beteiligen, bringt die öffentliche Verwendung des EMAS-Zeichens doch einen gewissen Werbeeffekt mit sich. Allerdings darf das Zeichen nicht auf Produkten oder Verpackungen oder in Verbindung mit Vergleichen mit anderen Produkten, Tätigkeiten und Dienstleistungen verwandt werden, Art. 10 Abs. 4 VO 1221/2009. Diese Beschränkung ist vor dem Hintergrund zu sehen, dass sich EMAS auf den Produktions- bzw. Organisationsablauf bezieht, so dass ihm *a priori* keine Aussage über die ökologische Qualität der Produkte entnommen werden kann. Möglich ist aber eine Verwendung etwa auf Briefköpfen, Visitenkarten oder Türschildern[476] sowie auf von dem Unternehmen veröffentlichten Umweltinformationen (Art. 8 Abs. 5 VO 1221/2009).

---

473 Zu dieser Überprüfung durch den Umweltgutachter *Schickert*, Umweltgutachter, 288 ff.
474 Vgl. zu dieser Neuregelung *Meßerschmidt*, Europäisches Umweltrecht, § 11, Rn. 33 ff.
475 Vgl. zur Registrierung im Einzelnen Art. 13 VO 1221/2009. Diese Bestimmungen regeln auch die Fälle, in denen die Eintragung zu streichen ist, u.a. im Falle des Verstoßes gegen einschlägige Umweltvorschriften sowie der Nichterfüllung der einschlägigen Anforderungen durch den Umweltgutachter.
476 Vgl. im Übrigen (in Bezug auf die VO 1836/93) die Kritik der Möglichkeit der Verwendung der (damaligen) Teilnahmeerklärung bei *Führ*, EuZW 1992, 468 (473 f.), der darauf hinweist, dass die Teilnahmeerklärung allein aufgrund der Teilnahme am Audit verwendet werden darf, wodurch letztlich (nur) die ohnehin gebotene Einhaltung gesetzlicher Normen honoriert werde. Diese Kritik muss jedoch insofern auf der Grundlage der tatsächlich erlassenen Fassung der Verordnung sowie der geltenden Verordnung relativiert werden, als es gerade nicht nur um die Einhaltung gesetzlicher Vorschriften geht. Denn die Unternehmen müssen sich zum einen dem (strengen) Verfahren der VO 1221/2009 unterwerfen, und die Verordnung geht zum anderen von der kontinuierlichen Verbesserung des betrieblichen Umweltschutzes und damit eines „Übervollzugs" aus.

120 Art. 46 VO 1221/2009 regelt den **Bezug zu europäischen und internationalen Normen**[477] und ermöglicht letztlich eine Art Anerkennung solcher Normen als mit der Verordnung gleichwertig: Wurden nämlich die Normen und die von den Zertifizierungsstellen zu erfüllenden Zulassungsanforderungen von der Kommission anerkannt, ist davon auszugehen, dass die entsprechenden Vorschriften der VO 1221/2009 erfüllt wurden. Die Organisationen müssen für eine EMAS-Eintragung dem Umweltgutachter dann lediglich die Einhaltung derjenigen Anforderungen nachweisen, die nicht durch die betreffenden Normen abgedeckt sind.

121 Gemäß Art. 46 Abs. 4 VO 1221/2009 erarbeitet die Kommission zudem einen Leitfaden im Hinblick auf die Registrierung von in Drittstaaten ansässigen Organisationen, was sie mit dem Beschluss 2011/832 getan hat, der auch die Registrierung von Organisationen mit Standorten in mehreren EU-Mitgliedstaaten und mit Standorten sowohl in EU-Mitgliedstaaten als auch in Drittstaaten erfasst.

II. Zusammenfassende Bewertung

122 Aus den bisherigen Erfahrungen mit dem EMAS-System lässt sich noch kein „Trend" hin zu einer breiteren Verankerung des Systems in den Mitgliedstaaten ableiten; nicht nur die Unterschiede in den Mitgliedstaaten sind beträchtlich, sondern in denjenigen Mitgliedstaaten mit einer bislang eher hohen Beteiligung – so insbesondere Deutschland – stellen manche einen Rückgang der Beteiligung fest.[478] Ebensowenig ist es (derzeit) möglich, abschließend zu beurteilen, ob die Zielsetzungen des Systems – insbesondere eine Verbesserung der Umweltleistungen der Unternehmen – dauerhaft erreicht werden.[479] Insbesondere ist kaum eruierbar, ob die EMAS-zertifizierten Organisationen tatsächlich bessere Umweltleistungen als andere Unternehmen erbringen,[480] wobei eine pauschale Antwort auf diese Frage wohl auch kaum möglich sein dürfte.

123 Unabdingbare Voraussetzung für den längerfristigen Erfolg des Instruments des EMAS ist jedenfalls – neben der Praktikabilität der durch die Verordnung aufgestellten Anforderungen und Prüfungsschritte – eine **ausreichende Beteiligung** der Organisationen und die Akzeptanz des Umwelt-Audits in der Öffentlichkeit und der Wirtschaft. Sollten die Anreize zur Teilnahme – insbesondere ein gewisser Werbeeffekt – sich als langfristig ausreichend für eine genügende Anzahl von Unternehmen erweisen, erscheint es sogar möglich, dass sich allmählich ein gewisser gesellschaftlicher, politischer und wirtschaftlicher Druck in Richtung der Durchführung eines Audits auf die Unternehmen entwickelt.[481] Damit könnte dann auch die vielfach beklagte Freiwilligkeit der Beteiligung an dem System[482] ausgeglichen werden. Allerdings ist die Durchfüh-

---

477 Ausführlich hierzu (in Bezug auf die Vorgängerregelung) *Ewer*, EUDUR I, § 36, Rn. 99 ff.; *Sobczak*, Normung und Umweltschutz (3. Kap. C.I.), 166 ff. Vgl. im Übrigen die Analyse der hier besonders bedeutenden ISO-Normen 14 000 ff. im Vergleich zum EMAS-System bei *Müller*, Normierte Umweltmanagementsysteme, 99 ff.; s. auch *Benecke/Janzen*, ZUR 1999, 22 ff.; *Feldhaus*, UPR 1998, 41 ff.
478 Vgl. die Statistiken bei *Ewer*, EUDUR I, § 36, Rn. 36 ff.; *Krämer*, EC Environmental Law, 184 f.; *Meßerschmidt*, Europäisches Umweltrecht, § 11, Rn. 18. S. ansonsten zu den praktischen Erfahrungen mit dem EMAS-System etwa *Knopp*, NVwZ 2000, 1121 (1122); *Knopp/Ebermann-Finken*, EWS 2000, 329 (330 ff.); insgesamt eher positiv in Bezug auf die praktischen Erfahrungen etwa *Wagner/Budde*, ZUR 1997, 254 ff.; wohl auch *Krämer*, EC Environmental Law, 165 f.
479 Teilweise wird auch darauf hingewiesen, dass die relativ raschen Revisionen der Verordnung Ausdruck enttäuschter Erwartungen und einer Vertrauenskrise des Systems seien, so *Meßerschmidt*, Europäisches Umweltrecht, § 11, Rn. 8; ähnlich auch *Wenk*, JEEPL 2009, 37 (40).
480 *Meßerschmidt*, Europäisches Umweltrecht, § 11, Rn. 47, formuliert hier, dass der Verdacht, dass diese Frage zu verneinen sei, nicht widerlegt sei. Zum Problemkreis auch *Schwarz-Herion*, EurUP 2006, 17 ff.; s. ansonsten die Bewertungen des Systems auch bei *Schmidt-Räntsch*, EurUP 2006, 2 ff.; *Wenk*, EurUP 2006, 9 ff.
481 Dieser kann vielerlei Gestalt annehmen. Neben den Image-Vorteilen, die die Teilnahme an einem Audit-Verfahren nach sich zieht, ist es durchaus realistisch, dass in absehbarer Zeit die Durchführung eines Audits zu Vorteilen etwa beim Abschluss von Versicherungsverträgen oder der Aufnahme von Krediten führt. Auch kann es die Gefahr einer zivilrechtlichen Umwelthaftung reduzieren. Vgl. hierzu m.w.N. *Sellner/Schnutenhaus*, NVwZ 1993, 928 (934); *Schneider*, Verw 1995, 361 (367); *Knopp*, NVwZ 2001, 1098 (1102). Zu den bisherigen durchaus ermutigenden Erfahrungen etwa *Wagner/Budde*, ZUR 1997, 254 ff.
482 Vgl. *Führ*, EuZW 1992, 468 (471); *Knopp*, EWS 1994, 80 (85).

rung des Umwelt-Audits mit hohen Kosten verbunden, so dass eine Teilnahme für kleinere und mittlere Unternehmen auf Schwierigkeiten stößt, wobei die Neufassung der Verordnung für diese einige Erleichterungen bereit hält.

Dreh- und Angelpunkt für eine solche positive Entwicklung ist jedoch die Person des **Umweltgutachters**: Da die Auswahl der Umweltgutachter der einzige Anknüpfungspunkt für eine staatliche Kontrolle des Auditing darstellt, ist die Gewährleistung der fachlichen Kompetenz und der Unabhängigkeit der Umweltgutachter das entscheidende Element für den Erfolg und die Aussagekraft des ganzen Verfahrens. Nur wenn sich das Verfahren als „glaubwürdig" erweist, besteht eine Chance, dass die skizzierte Entwicklung längerfristig Bestand hat. Die Neufassung der Verordnung führte hier ins Gewicht fallende Modifikationen ein, und es ist zu hoffen, dass auf diese Weise Unabhängigkeit und Fachkompetenz der Umweltgutachter nachhaltig gewährleistet werden können. 124

Ein gut funktionierendes Audit-System stellt denn auch unter verschiedenen Gesichtspunkten eine (umweltpolitische) Chance dar:[483] 125

- Zunächst könnte es (auch) eine gewisse **Entlastung der staatlichen Umweltverwaltungsbehörden** bewirken.[484] Aus rechtsstaatlichen Gründen dürfen sich diese jedoch nicht völlig von der „*legal compliance*"-Kontrolle zurückziehen.[485] Denn die staatlichen ordnungsrechtlichen Vorgaben sind auch vor dem Hintergrund grundrechtlicher Schutzpflichten des Staates zu sehen; deren Wahrnehmung kann aber nicht Privaten übertragen oder gar überlassen werden.[486] Die (erfolgreiche) Teilnahme eines Unternehmens am Umwelt-Audit-Verfahren entbindet also die staatlichen Vollzugsbehörden nicht von ihren Pflichten; es wird keine (widerlegbare) Vermutung der *legal compliance* begründet,[487] sondern die gesetzlichen Verpflichtungen sind nach wie vor in vollem Ausmaß zu erfüllen und zu vollziehen.

Von großer Bedeutung ist dabei in diesem Zusammenhang, dass es bei dem Umwelt-Audit nach der VO 1221/2009 nicht nur um die Existenz eines auf Umweltrechtskonformität und Verbesserung des Schutzniveaus **ausgerichteten** betrieblichen Managements geht, sondern – aufgrund der durchzuführenden Umweltbetriebsprüfung und der Validierung der Erklärung durch den Gutachter, die diese nur unter der Voraussetzung normkonformen Verhaltens des Betriebes vornehmen darf, so dass nach zutreffender Ansicht die Überprüfung durch den Umweltgutachter grundsätzlich auch die Prüfung der Einhaltung der Rechtsvorschriften umfasst, wenn diese auch nicht umfassend erfolgen kann und soll[488] – darüber hinaus auch ein **tatsächlicher Erfolg** dieser Bemühungen in Bezug auf die Normkonformität für eine erfolgreiche Teilnahme an dem Verfahren notwendig ist.

---

483 S. auch die instruktive Darstellung der verschiedenen Funktionen des EMAS-Systems bei *Boos*, Betriebliches Umweltmanagement, 141 ff. Vgl. ansonsten die ausführliche Untersuchung der Wirksamkeitsdeterminanten der EMAS-Verordnung bei *Nissen*, EG-Öko-Audit-Verordnung, 244 ff.

484 Insofern begegnet EMAS auch einem gerade in der Union weit verbreiteten Vollzugsdefizit, vgl. *Lübbe-Wolff*, DVBl. 1994, 361 (363 f.); *Liniger/Martens*, URP/DEP 1994, 301(305); s. auch *Scherer*, NVwZ 1993, 11 (15). Darüber hinaus ist schon auf die eingangs erwähnte Förderung der Zusammenarbeit von Verwaltung und Unternehmen hinzuweisen.

485 Zur Problematik ausführlich *Koenig*, NVwZ 1994, 937 ff.; *Koch/Laskowski*, ZUR 1997 (6. Kap. J.VIII.), 182 ff.; *Lübbe-Wolff*, ZUR 1996, 173 ff.; *Moormann*, ZUR 1997, 188 ff.; *Lübbe-Wolff*, in: Aktuelle Probleme des Immissionsschutzrechts, 211 (224 ff.).

486 In der Tendenz etwas anders aber *Liniger/Martens*, URP/DEP 1994, 301 (328).

487 Ebenso *Falke*, ZUR 1995, 4 (5); ähnlich auch *Wagner Pfeifer*, AJP 1994, 1387 (1389 f.).

488 *Jarass*, DVBl. 2003, 298 (300) spricht hier von „begrenzter Rechtmäßigkeitskontrolle". Ähnlich wohl auch *Kloepfer/Bröcker*, UPR 2000, 335 (337 f.); *Franzius*, NuR 1999, 601 (604 f.). Grundsätzlich für den Einbezug einer Rechtmäßigkeitskontrolle in die Aufgaben des Umweltgutachters auch etwa *Lübbe-Wolff*, DVBl. 1994, 361 (369 f.); *Schmalholz*, UTR 1998, 331 (337); *Falk*, EG-Umwelt-Audit-Verordnung, 91; a.A. *Wiebe*, NJW 1994, 289 (292); *Schneider*, Verw 1995, 361 (377 ff.); zum Problemkreis ausführlich *Streck*, EMAS-Umweltgutachter, 200 ff.; *Erbrath*, Umweltgutachter, 66 ff.; *Nissen*, EG-Öko-Audit-Verordnung, 148 ff.

Eine gewisse Erleichterung im Genehmigungsverfahren oder der Überwachung dürfte hingegen möglich sein.[489] Eine „Erleichterung" ist allerdings nur unter der Voraussetzung möglich, dass das EMAS-System eine so weitgehende Erfüllung umweltbezogener Rechtspflichten der Unternehmen gewährleistet, dass sich ein Teilrückzug des Staates rechtfertigt; m.a.w. ist nach der **Gleichwertigkeit einer EMAS-Kontrolle** im Verhältnis zu staatlichen Vollzugsmechanismen zu fragen,[490] die in erster Linie bei repressiven Instrumenten bestehen dürfte und im Übrigen schwierige Abgrenzungsprobleme aufwirft.[491]

Insgesamt kann ein gut funktionierendes EMAS-System damit zwar zu einer gewissen Entlastung der Vollzugsbehörden führen; das diesbezügliche Potenzial sollte aber nicht überschätzt werden.[492]

- Weiter wird ein Beitrag zur Verwirklichung der **Kostenwahrheit** und damit des **Verursacherprinzips** geleistet, müssen doch diejenigen, die die Umweltbeeinträchtigung verursachen, die Kosten der Sicherstellung einer möglichst weitgehenden „Umweltverträglichkeit" ihrer Tätigkeiten tragen. Auch dem Vorsorgeprinzip wird insofern Rechnung getragen, als eine Evaluierung der Umweltauswirkungen unternehmerischer Tätigkeiten zu ihrer Verminderung führen kann und nach der Zielsetzung der VO 1221/2009 auch soll.

  Auch das Kooperationsprinzip wird in gewisser Weise in einem Umwelt-Audit verwirklicht. Schließlich wird auch das Ursprungsprinzip insofern berücksichtigt, als ein effektives Umwelt-Audit dazu führen dürfte, dass einige Umweltbelastungen schon an ihrem Entstehungsort vermindert oder vermieden werden.

- Nachhaltig zu begrüßen ist die **Einbeziehung der Öffentlichkeit** durch die öffentlich zugängliche Umwelterklärung. Auf diese Weise stellt sich das Umwelt-Audit nicht nur als ein unternehmensinternes Instrument zur Analyse der Umweltauswirkungen unternehmerischer Tätigkeiten dar, sondern die Ergebnisse des Audits sind der Öffentlichkeit in einem bestimmten Ausmaß zugänglich zu machen. Damit ergänzt die Verordnung den schon in der RL 2003/4 enthaltenen Informationsanspruch des Einzelnen auf bei Behörden vorhandene umweltbezogene Informationen. Letzterer läuft nämlich gerade dann leer, wenn die Behörden nicht über unternehmerische Informationen verfügen. Die Durchführung eines Umwelt-Audits führt nun (auch) dazu, dass in Bezug auf die Umweltauswirkungen betrieblicher Tätigkeiten verlässliche Daten erhoben werden. Allerdings sollten die Mitgliedstaaten über den Aussagegehalt des EMAS-Zeichens umfassend informieren,[493] bewertet dieses doch nicht die „Umweltleistungen" eines Unternehmens im Vergleich zu anderen Unternehmen, sondern attestiert nur die erfolgreiche Teilnahme an dem Verfahren.[494]

126 Abschließend sei noch auf die Konsequenzen des Audit-Systems auf die **Akteurkonstellationen in der Umweltpolitik** hingewiesen:[495] Während bisher bei der Umsetzung der Umweltpolitik auf der staatlichen Ebene in erster Linie – neben den Normadressaten, also den Organisationen, selbst – die staatlichen Umweltbehörden, insbesondere in der Rolle von Vollzugsbehörden, und die Öffentlichkeit unter Einschluss von Umweltschutzorganisationen[496] als Akteure der Um-

---

489 Zur Problematik und bestehenden Ansätzen *Ewer*, EUDUR I, § 36, Rn. 196 ff. Umfassend zur Privatisierung von Verwaltungsaufgaben im Zusammenhang mit EMAS *Streck*, EMAS-Umweltgutachter, 115 ff.; *Schneider*, Öko-Audit und Deregulierung, 93 ff.; s. auch *Schmalholz*, UTR 1998, 331 (351 ff.); *Hansmann*, in: Integrierter und betrieblicher Umweltschutz, 207 ff.; *Schäfer*, Öko-Audit, 155 ff.
490 Ähnlich *Jarass*, DVBl. 2003, 298 (302); *Lübbe-Wolff*, ZUR 1996, 173 (174); *Böhm-Amtmann*, ZUR 1997, 178 (181); *Feldhaus*, UPR 1997, 341 (342 f.); *Knopp*, NVwZ 2001, 1098 (1100); *Moormann*, ZUR 1997, 188 (191); *Klüppel*, UTR 1999, 371 (375 f.). Hiervon zu unterscheiden ist die Frage der „Deregulierung", womit eine mehr oder weniger weitgehende Modifikation gesetzlicher Regelungen angesprochen wird, vgl. nur *Klüppel*, UTR 1999, 371 (376 f.).
491 Vgl. etwa das „Abklopfen" der „Deregulierungspotenziale" in Bezug auf verschiedene Gebiete bzw. Regelungen bei *Moormann*, ZUR 1997, 188 (191 ff.); *Lübbe-Wolff*, ZUR 1996, 173 ff.; *Feldhaus*, UPR 1997, 341 (344 ff.).
492 Eher skeptisch auch etwa *Lübbe-Wolff*, ZUR 1996, 173 ff.; *Koch/Laskowski*, ZUR 1997 (6. Kap. J.III.), 182 ff.
493 *Falke*, ZUR 1995, 4 (8).
494 S. hierzu auch die Bemerkungen von *Wiebe*, NJW 1994, 289 (293).
495 S. in diesem Zusammenhang auch die Bemerkungen von *Schneider*, Verw 1995, 361 (363 ff.), der, letztlich aufgrund der Ausweitung der umweltpolitischen Akteure durch ein Audit-System, dieses als „ganzheitliche Regulierungsstrategie" auffasst.
496 Die ihrerseits ggf. unter bestimmten Voraussetzungen die Gerichte einschalten können.

6. Kapitel Allgemeine Regeln

weltpolitik auftreten,[497] kommen mit dem Umwelt-Audit die Unternehmensleitung, die (unternehmensinternen) Umweltbetriebsprüfer und die Zulassungsbehörde für Umweltgutachter hinzu. Dies bringt eine gewisse Verschiebung der Gewichte der verschiedenen Akteure mit sich, die sowohl Chance als auch Risiko sein kann.

Die Gefahren sind insbesondere in der Aushöhlung der Durchsetzung „öffentlicher Interessen" zu sehen, definieren doch die Unternehmen selbst, welche Umweltpolitik sie verfolgen. Auch werden die Umweltorganisationen und die Öffentlichkeit letztlich nur eher marginal durch die Möglichkeit der Kenntnisnahme bestimmter Informationen einbezogen. Ihnen kommen keine konstitutiven Mitwirkungs- oder Anfechtungsbefugnisse zu; insbesondere stehen ihnen gegen ein „mangelhaftes" Audit keine (gerichtlichen) Kontrollmechanismen zur Verfügung. Daher kann EMAS jedenfalls (nur) eine Ergänzung der Definition und Umsetzung der durch rechtsstaatlich legitimierte Organe entwickelten Umweltpolitik darstellen. Dies bedeutet auch, dass der Staat – ggf. unter Mitwirkung der betroffenen Unternehmen – jedenfalls die Einhaltung und den Vollzug der gesetzlichen Vorgaben (*legal compliance*) sicherzustellen hat. Damit einher geht die Forderung nach der (möglicherweise in der Praxis erfolgenden) genauen Abgrenzung des Autonomiebereichs des Managementsystems und staatlichem Vollzug. Angesichts der recht schwach ausgestalteten Stellung der Öffentlichkeit und der Umweltverbände ist besonders auf die Zirkulation von Informationen zu achten. Unter Beachtung dieser Grundsätze kann die EMAS-Verordnung zu einer echten Chance für einen wirksameren betrieblichen Umweltschutz werden.

F. Finanzielle Instrumente

Die Entwicklung und Definition sowie die (effektive) Anwendung des EU-Umweltrechts sind auch vor dem Hintergrund des wirtschaftlichen Gefälles zwischen den meisten Staaten des Nordens und denjenigen des Südens sowie seit dem 1.5.2004 auch des Ostens zu sehen. Dieses stellt eines der wichtigsten Probleme der Formulierung und Durchsetzung eines wirkungsvollen EU-Umweltrechts dar, hat es doch zur Folge, dass die Interessen der verschiedenen Staaten sehr stark differieren und die Durchführung des EU-Umweltrechts unterschiedliche wirtschaftliche Belastungen mit sich bringt. Vor diesem Hintergrund ist denn auch die Entwicklung der finanziellen Instrumente der Union zu sehen, die das skizzierte Gefälle (etwas) auffangen wollen.[498]

127

Heute sind diese Instrumente in den Fondsregelungen „LIFE" und Kohäsionsfonds konzentriert,[499] auf die sich die folgenden Ausführungen beschränken.[500]

128

Nur am Rande sei hier erwähnt, dass es bislang – trotz einiger in diese Richtung gehender Bestrebungen[501] – noch nicht zu einer unionsweiten Einführung von **Umweltabgaben**[502] auf der Grundlage entsprechender sekundärrechtlicher Verpflichtungen gekommen ist. Hierzu wäre eine einstimmige Beschlussfassung im Rat notwendig, was dazu führt, dass solche finanziellen Anreizinstrumente – trotz ihrer allgemein anerkannten

---

497 Eine Sonderrolle nimmt jedoch die UVP ein. Hier sind alle interessierten Kreise in der einen oder anderen Form einbezogen.
498 Vgl. zu den Umweltfonds als Instrument der Umweltpolitik *Bohlken*, Waldschadensfonds, 52 ff.
499 Es gibt demgegenüber keinen übergreifenden eigenen „Umweltfonds" für alle Projekte mit Umweltbezug in verschiedenen Politiken. Vgl. hierzu *Krämer*, EC Environmental Law, 162 f., der einem solchen insofern skeptisch gegenüber steht, als eine Integration umweltpolitischer Anliegen in die Regionalpolitik und andere Politiken vielversprechender sei. Auch sei die Zulässigkeit angesichts des Fehlens einer ausdrücklichen vertraglichen Grundlage zweifelhaft.
500 Sodann gibt es noch finanzielle Instrumente in spezifischen Bereichen, die auch einen mehr oder weniger großen Zusammenhang mit umweltpolitischen Zielen aufweisen. Vgl. den Überblick bei *Meßerschmidt*, Europäisches Umweltrecht, § 5, Rn. 138 ff.
501 S. insbesondere den Vorschlag der Kommission aus dem Jahr 1992 (!) für eine kombinierte Energie-/Kohlendioxid-Steuer, ABl. 1992 C 195, 1. S. auch den Vorschlag aus dem Jahr 1995, der sich auf die Formulierung von Rahmenvorgaben der betroffenen mitgliedstaatliche Abgaben beschränkte, in KOM (95) 172 endg.; s. sodann KOM (97) 30 endg., wo die Kommission „zurückbuchstabiert" und im Wesentlichen eine Art Ausweitung der Mineralölsteuer vorschlägt. Zu diesen Initiative etwa *Rosenkötter*, Selbstverpflichtungsabsprachen (3. Kap. C.I.), 69 ff.; *Jansen*, ZUR 2003, 257 (262 ff.); *Giesberts*, RIW 1995, 847 (849 ff.).
502 Der Begriff wird hier nicht im technischen Sinn gebraucht. Vgl. zum Begrifflichen m.w.N. *Heselhaus*, Abgabenhoheit der EG, 34 ff.; *Amend*, Instrument der Umweltabgabe, 5 ff.; *Freytag*, Europarechtliche Anforderungen an Umweltabgaben, 31 ff.

grundsätzlichen Nützlichkeit[503] – (noch?) nicht angenommen wurden,[504] auch nicht auf der Grundlage einer verstärkten Zusammenarbeit.

Hingegen gibt es in den Mitgliedstaaten verschiedene Formen von Umweltabgaben,[505] deren Zulässigkeit auf der Grundlage des Primärrechts[506] in erster Linie an Art. 110 AEUV, aber auch sonstigen unionsrechtlichen Vorschriften, wie insbesondere den Wettbewerbsbestimmungen, zu messen ist.[507]

I. Finanzierungsinstrument für die Umwelt (LIFE)

129 Mit der auf Art. 192 Abs. 1 AEUV gestützten VO 614/2007 über das **Finanzierungsinstrument für die Umwelt** (LIFE+) besteht ein eigener Fonds,[508] der spezifisch Vorhaben unterstützt, die einen Beitrag zur Umsetzung, Aktualisierung und Weiterentwicklung der Umweltpolitik der Union und der Umweltvorschriften leisten (Art. 1 Abs. 2 VO 614/2007) und damit für die Umweltpolitik i.e.s., aber auch die Verwirklichung von Umweltbelangen in anderen Politikbereichen, zur Anwendung kommt.

Die VO 614/2007 löste die VO 1655/2000[509] ab, die ihrerseits die VO 1973/92[510] neu fasste. Der VO 1973/92 waren recht kleine Fonds, MEDSPA (Schutz des Mittelmeerraums)[511], NORSPA (Schutz der Nordsee)[512] und GANAT (Schutz der natürlichen Umwelt)[513], vorausgegangen.[514]

130 Als **Finanzrahmen** von 2007-2013 stehen dem Fonds insgesamt 2 143 409 000 Euro zur Verfügung, Art. 10 Abs. 2 VO 614/2007. Durch LIFE finanzierte Vorhaben müssen (allgemein) im Interesse der Union sein (also zur Verwirklichung der in Art. 1 VO 614/2007 aufgeführten Zielsetzungen „signifikant" beitragen) und technisch sowie finanziell kohärent und durchführbar sein; auch muss die Wirtschaftlichkeit gesichert sein, Art. 3 Abs. 1 VO 614/2007. Weiter müssen die Vorhaben im Hinblick auf die Gewährleistung eines europäischen Mehrwerts und zur Vermeidung der Finanzierung wiederkehrender Tätigkeiten eines der in Art. 3 Abs. 2 VO 614/2007 genannten Kriterien erfüllen.[515]

131 Die geförderten Projekte – wobei Anhang I VO 614/2007 eine Liste der förderungsfähigen Maßnahmen enthält (Art. 4 Abs. 5 VO 614/2007) – werden drei thematischen Bereichen zugeordnet:

---

503 Vgl. etwa die Ausführungen im 5. Aktionsprogramm, ABl. 1997 C 138, 5 (71); *Heselhaus*, Abgabenhoheit der EG, 140 ff.; eher skeptisch aber etwa *Kirchhof*, DVBl. 2000, 1166 ff.
504 Ausführlich zu den diesbezüglichen Kompetenzen der Union *Heselhaus*, Abgabenhoheit der EG, 168 ff.; *Freytag*, Europarechtliche Anforderungen an Umweltabgaben, 77 ff.; *Amend*, Instrument der Umweltabgabe, 49 ff.; zu den materiell-rechtlichen Vorgaben für Umweltlenkungsabgaben *Amend*, Instrument der Umweltabgabe, 125 ff.; *Freytag*, Europarechtliche Anforderungen an Umweltabgaben, 169 ff.
505 Vgl. für Deutschland etwa *Hendler*, NuR 2000, 661 ff.; für die Darstellung der entsprechenden Regelungen in Deutschland und Österreich *Stahlschmidt*, Umweltsteuern und Umweltabgaben, 31 ff.; s. sodann die Länderberichte in *Essers/Flutsch/Ultee* (Hrsg.), Environmental Policy and Direct Taxation.
506 In einzelnen Politikbereichen können auch spezifische sekundärrechtliche Vorgaben bestehen. Vgl. etwa für das Verkehrsrecht *Epiney*, in: Dauses (Hrsg.), Hb. EU-WirtschaftsR, L, Rn. 356 ff.
507 Hierzu umfassend *Wasmeier*, Umweltabgaben und Europarecht, *passim*; s. auch *Seeger*, in: Rechtliche Probleme von Umweltabgaben, 165 ff.; *Jansen*, ZUR 2003, 257 (261 f.); *Jatzke*, EWS 2000, 491 ff.; *Müller-Franken*, JuS 1997, 872 ff.; *Rabe*, in: Abgabenrechtliche Verhaltenssteuerung, 189 ff.; *Engle*, EELR 2007, 298 ff.
508 Zu diesem bzw. der Vorgängerverordnung ausführlicher *Kilian*, EUDUR I, § 6, Rn. 49 ff.; *Rodi*, Finanzierungskompetenzen, 77 ff., die auch auf die im Einzelnen finanzierten Projekte hinweist. Zur derzeit geltenden Verordnung spezifisch *Disselhoff*, EurUP 2007, 162 ff.; *Disselhoff/Banse*, EurUP 2007, 100 ff.
509 ABl. 2000 L 192, 1.
510 ABl. 1992 L 206, 1.
511 VO 563/91, ABl. 1991 L 63, 1.
512 VO 3908/91, ABl. 1991 L 370, 28.
513 VO 3907/91, ABl. 1991 L 370, 17. Der Erlass dieser Verordnung ist auch auf den im Gefolge der Durchführung der Habitat-Richtlinie erwarteten Kostenaufwand zurückzuführen.
514 Vgl. darüber hinaus zu den Anfängen der Umweltfonds *Johnson/Corcelle*, Environmental Policy of the EC, 339 ff.; *Romi*, L'Europe et la protection juridique de l'environnement, 30 ff. Zur Entwicklung der Umweltfinanzierung in der EU *Kilian*, EUDUR I, § 6, Rn. 13 ff.
515 Diese sind jedoch teilweise recht weit formuliert, so insbesondere Art. 3 Abs. 2 lit. b) VO 614/2007, wo von innovativen oder Demonstrationsprojekten mit Bezug zu den Umweltzielen der Union die Rede ist.

6. Kapitel Allgemeine Regeln

- LIFE+-„Natur und biologische Vielfalt" (Art. 4 Abs. 2 VO 614/2007): Hier geht es einerseits um Beiträge zur Durchführung der RL 2009/147 und 92/43,[516] andererseits auch um Unterstützungen für allgemein der Erhaltung der Natur und der biologischen Vielfalt dienende Maßnahmen.
- LIFE+-„Umwelt und Verwaltungspraxis" (Art. 4 Abs. 3 VO 614/2007): Das sehr umfassende Ziel dieses Bereichs ist die Förderung der Entwicklung von innovativen und integrierten Techniken und Verfahren, die Unterstützung von Konzepten für die Beobachtung des Zustands der Umwelt sowie die Förderung der Umsetzung der EU-Umweltpolitik und besserer Verwaltungspraktiken.
- LIFE+-„Information und Kommunikation" (Art. 4 Abs. 4 VO 614/2007): In diesem Bereich sollen Maßnahmen auf dem Gebiet von Sensibilisierung, Information und Kommunikation unterstützt werden.

Art. 5 VO 614/2007 präzisiert die **Form der Maßnahmen** und definiert einen **Höchstsatz der Kofinanzierung** durch LIFE+ (grundsätzlich 50 %, mit Ausnahmen für Habitat- und Vogelschutzmaßnahmen, bei denen, falls dies zur Erreichung des Erhaltungsziels notwendig ist, bis zu 75 % der Kosten übernommen werden können). Art. 6 VO 614/2007 enthält Vorgaben für die verhältnismäßige Verteilung der Mittel auf die Mitgliedstaaten (wobei hier lediglich zwei grundsätzliche Kriterien, Bevölkerung und Fläche der Gebiete von Unionsbedeutung, berücksichtigt werden, unter Ausschluss insbesondere der wirtschaftlichen Leistungsfähigkeit der Staaten) und definiert die hierfür maßgeblichen Kriterien; die strategischen Mehrjahresprogramme (Anhang II VO 614/2007) legen die prioritären Maßnahmenbereiche fest, und die Mitgliedstaaten können der Kommission hieraus ausgewählte nationale Prioritäten unterbreiten. Im Hinblick auf die Finanzierung einzelner Projekte übermitteln die Mitgliedstaaten der Kommission entsprechende Vorschläge, und die Kommission wählt die zu finanzierenden Projekte auf der Grundlage der in Art. 1, 3, 4 sowie Anhang I, II VO 614/2007 formulierten Ziele und Kriterien aus (Art. 6 Abs. 5 ff. VO 614/2007). 132

LIFE+ ist im Verhältnis zu anderen Finanzierungsinstrumenten der Union **subsidiär**, da im Falle der Förderung eines Projekts mit anderen Haushaltsinstrumenten der Union oder auch nur der Erfüllung der Kriterien eines anderen Finanzierungsinstruments eine Unterstützung nicht in Betracht kommt, Art. 9 VO 614/2007. 133

Art. 11 f. VO 614/2007 geben der Kommission auf, die korrekte Verwendung der EU-Gelder zu überwachen. Die ihr zur Verfügung stehenden Mittel sind Berichte der Mitgliedstaaten und die Durchführung von Stichprobenkontrollen. Weiter kann sie die finanzielle Unterstützung kürzen, aussetzen oder zurückfordern, wenn sie Unregelmäßigkeiten bei der Verwendung der Mittel feststellt. 134

II. Kohäsionsfonds

Art. 177 Abs. 2 AEUV sieht die Einrichtung eines **Kohäsionsfonds** vor,[517] was durch die VO 1084/2006 über den Kohäsionsfonds – der die VO 1164/94[518] ablöst – geschehen ist. Der Kohäsionsfonds soll nach Art. 177 Abs. 2 AEUV zur Förderung von Vorhaben im gemeinsamen Interesse in den Bereichen des Umweltschutzes und der Verkehrsinfrastruktur[519] beitragen.[520] Er soll insbesondere **wirtschaftlich schwächere Mitgliedstaaten** bei der Durchführung der Unionsmaßnahmen unterstützen, womit der wirtschaftliche und soziale Zusammenhalt in der Union 135

---

516 Vogelschutz- und Habitatrichtlinie, hierzu noch unten 9. Kap. Rn. 42 ff.
517 Zu den anderen Strukturfonds Bieber/Epiney/Haag-*Epiney*, EU, § 27, Rn. 9 ff.; s. im Zusammenhang mit der Umweltpolitik auch *Spannowsky*, EUDUR II/2, § 86; *Kilian*, EUDUR I, § 6, Rn. 38 ff.
518 ABl. 1994 L 103, 1. Dieser Verordnung war die VO 792/93 über ein Finanzierungsinstrument zur Förderung der Kohäsion (ABl. 1993 L 79, 74) vorangegangen.
519 Also insbesondere der transeuropäischen Netze, s. Art. 170 ff. AEUV.
520 Vgl. zum Kohäsionsfonds in unserem Zusammenhang *Kilian*, EUDUR I, § 6, Rn. 27 ff.; *Klaphake*, in: Rolle der EU in der Umweltplanung, 259 ff.

gefördert werden soll.[521] Deutlich wird damit, dass es sich beim Kohäsionsfonds zwar einerseits um ein umweltschutzspezifisches Finanzierungsinstrument handelt, da auch und gerade Projekte im Bereich des Umweltschutzes gefördert werden sollen; andererseits jedoch dürfte das Hauptziel des Fonds in der Förderung des wirtschaftlichen und sozialen Zusammenhalts in der Union zu sehen sein, zumal gerade die Förderung großer Infrastrukturvorhaben durchaus ein gewisses Spannungspotential im Verhältnis zu Umweltschutzbelangen aufweisen kann.

136   Die VO 1084/2006 über den Kohäsionsfonds ist im Zusammenhang mit der **VO 1083/2006 über den Europäischen Fonds für regionale Entwicklung, den Europäischen Sozialfonds und den Kohäsionsfonds**[522] zu sehen. Diese bildet die Grundlage der gegenwärtigen Regionalpolitik und erfüllt den Auftrag des Art. 177 Abs. 1 AEUV, die bestehenden Strukturfonds zu koordinieren und ihre Arbeitsweise zu rationalisieren sowie wirksamer zu gestalten, um zur Verwirklichung der in Art. 174, 176 AEUV gesetzten Ziele beizutragen. Sie enthält die allgemeinen Grundsätze bereichsübergreifend für die Gesamtheit der Strukturfonds. Geregelt werden in erster Linie die Aufgaben und vorrangigen Ziele der Fonds, allgemeine organisatorische Grundsätze, die Koordinierung zwischen den Fonds, das Verfahren zur Programmplanung der finanziellen Abwicklung sowie die Instrumente zur Gewährleistung eines effizienten Mitteleinsatzes einschließlich der Kontrolle. Diese Verordnung wird durch die Durchführungsverordnung 1828/2006 der Kommission ergänzt.[523]

137   Der Kohäsionsfonds soll spezifische Maßnahmen im Bereich der transeuropäischen Netze und der Umwelt unterstützen, wobei nur Mitgliedstaaten mit einem **Pro-Kopf-Bruttonationaleinkommen von weniger als 90 % des EU-Durchschnitts** oder Mitgliedstaaten, die diese Schwelle mit der Erweiterung 2004 überschritten haben, unterstützt werden können (Art. 5 Abs. 2, 8 Abs. 3 VO 1083/2006). Derzeit (für die Zeit von 2007-2013) können die seit 2004 neu beigetretenen Staaten (mit Ausnahme Estlands) sowie Griechenland und Portugal Mittel aus dem Fonds beziehen, Spanien nur vorübergehend.[524] Die Mittelvergabe selbst richtet sich nach den allgemeinen Bestimmungen der VO 1083/2006.[525]

Allerdings ist der **Begriff der „Maßnahmen im Umweltbereich"** in der Verordnung nicht definiert und auch einigen Unsicherheiten unterworfen. Diese Frage stellt sich etwa beim Bau von Wasserreservoirs für die Energieproduktion oder bei der Errichtung von Dämmen im Hinblick auf die landwirtschaftliche Bewässerung.[526] Sinnvoll erscheint hier, an die primäre Zielsetzung des jeweiligen Vorhabens, nicht jedoch an seinen „Gegenstand" (viele Projekte werden die „Umwelt" beeinflussen bzw. modifizieren, so dass unter diesem Aspekt fast alle Verkehrsinfrastrukturvorhaben auch Umweltvorhaben sein könnten), anzuknüpfen: Ein Umweltvorhaben ist danach nur dann anzunehmen, wenn die primäre Zielsetzung darin besteht, die natürlichen Lebensgrundlagen zu erhalten oder ihren Zustand zu verbessern. Damit sind all diejenigen Vorhaben aus dem Begriff des Umweltvorhabens ausgeschlossen, die primär anderen Zwecken – wie z.B. Energieversorgung, Katastrophenschutz oder landwirtschaftlicher Bewässerung – dienen. Bei den auch auf dieser Grundlage noch verbleibenden Abgrenzungsproblemen ist die Antwort auch auf der Grundlage der Heranziehung der umweltrechtlichen Handlungsprinzipien (Art. 192 Abs. 2 AEUV) zu finden. Die Präzisierungen in Art. 2 Abs. 1 lit. b) VO 1084/2006, die auf die Unionspolitik für den Umweltschutz Bezug nehmen, sprechen ebenfalls für diesen Ansatz.

III. Bewertung

138   Die beiden erwähnten Finanzierungsinstrumente verfolgen zwar ein paralleles Ziel, nämlich die Umsetzung und Durchführung der EU-Umweltpolitik durch eine entsprechende finanzielle Unterstützung zu fördern, wobei beim Kohäsionsfonds diese Zielsetzung weniger deutlich ist und durch diejenige der Förderung des wirtschaftlichen und sozialen Zusammenhalts überlagert

---

521 Vgl. darüber hinaus im Einzelnen zu den Zielsetzungen der Verordnung die Präambel VO 1084/2006.
522 Zu dieser Verordnung etwa *Lais*, Solidaritätsprinzip, 291 ff.
523 VO 1828/2006, ABl. L 371/2006, 1.
524 Vgl. *Krämer*, Droit de l'environnement de l'UE, 131 f.
525 Vgl. zum Verfahren den Überblick bei Bieber/Epiney/Haag-*Epiney*, EU, § 27, Rn. 12.
526 Vgl. die Problemstellung bei *Krämer*, EC Environmental Law, 164 f.

wird. Aber auch darüber hinaus unterscheiden sich Konzeption und Zielsetzung von LIFE+ und Kohäsionsfonds: Letzterer will in erster Linie die Belastung der wirtschaftlich schwächeren Mitgliedstaaten aufgrund der Verpflichtung zur Durchführung der EU-Umweltpolitik mildern. Daher ist zum einen der Anwendungsbereich der VO 1084/2006 auf die Mitgliedstaaten mit dem niedrigsten Bruttosozialprodukt pro Einwohner beschränkt, und zum anderen müssen die Maßnahmen zur Verwirklichung der Ziele des Art. 191 AEUV beitragen. Zwar sind damit auch solche Projekte förderungswürdig, die die Zielsetzungen des Art. 191 AEUV auf regionaler oder kommunaler Ebene fördern, wie etwa der Bau von Kanalisationen; ausschlaggebend ist in jedem Fall der unionsrechtliche Begriff der „Umwelt".[527] Der Akzent der zu fördernden Projekte soll jedoch auf der Verwirklichung und Durchsetzung des EU-Umweltrechts liegen. Im Gegensatz dazu ist LIFE+ weiter angelegt: Hier werden erstens Projekte in allen Mitgliedstaaten gefördert, und zweitens sind die unterstützungswürdigen Maßnahmen *a priori* breiter gestreut, da allgemein auf das Vorliegen eines „Interesses" der Union Bezug genommen wird. Zuwendungen können insbesondere nicht nur für direkt dem Schutz der Umwelt dienende Maßnahmen, sondern auch und gerade für sog. vorbereitende Maßnahmen, wie etwa Demonstrations- oder Sensibilisierungsprogramme, gewährt werden.

Insgesamt dürften unter Rückgriff auf beide Fonds bzw. einer derselben die meisten Projekte im Umweltbereich grundsätzlich förderungswürdig sein, was angesichts der weiten Fassung des Art. 191 AEUV auch systemgerecht erscheint. In Anbetracht der begrenzten finanziellen Ressourcen muss die Kommission daher aus einer Vielzahl von Projekten auswählen, wobei die Verordnungen nur wenige und recht weit gefasste Vorgaben zu entnehmen sind. Sinnvoll wäre daher die Entwicklung eines entsprechenden Konzepts durch die Kommission, in dem die Kriterien und Prioritäten für die Finanzierung umweltrelevanter Projekte festgehalten werden. Ein Anhaltspunkt hierfür dürften und sollten insbesondere die Handlungsprinzipien des Art. 191 Abs. 2 AEUV geben, so dass Maßnahmen, die diese Grundsätze umfassend respektieren, prioritär gefördert werden könnten.[528]

Nur am Rande sei in diesem Zusammenhang darauf hingewiesen, dass trotz der eingesetzten nicht unerheblichen Mittel die Umweltfinanzierung durch die Union die Umweltprobleme in der Union selbstverständlich nicht lösen, sondern zu ihrer Bewältigung nur einen zudem eher kleinen Beitrag leisten kann. Die durch die Union erfolgten Anstöße müssen von den Mitgliedstaaten aufgenommen und in ausreichendem Maße weitergeführt werden.

G. Umwelthaftung: zur RL 2004/35

Nach langen Vorarbeiten – in deren Rahmen ein Kompromiss zwischen den verschiedenen Standpunkten der Mitgliedstaaten gefunden sowie die Meinungsverschiedenheiten zwischen Rat und Parlament beigelegt werden mussten[529] – konnte im April 2004 die auf Art. 192 AEUV gestützte[530] RL 2004/35 über die Umwelthaftung zur Vermeidung und Sanierung von Umwelt-

---

527 S. hierzu oben 1. Kap.
528 S. in diesem Zusammenhang auch *Kilian*, EUDUR I, § 6, Rn. 17, der betont, dass sich die allgemeinen Leitlinien der Umweltfinanzierung aus den Art. 191 ff. AEUV ergäben, wobei Art. 191 AEUV eine besondere Bedeutung zukomme.
529 S. aus den Vorarbeiten der Kommission insbesondere das diesbezügliche Weißbuch der Kommission, KOM (2000) 66 endg. Zu diesem speziell *Bocken*, in: Umwelthaftung in der EU, 53 ff.; *Godt*, ZUR 2001, 188 ff.; *Hagen*, in: Umwelthaftung in der EU, 145 ff. Vgl. ansonsten den Abriss der Entstehungsgeschichte bei *Krämer*, Environmental Law & Management 2004, 5; vgl. zur Vorgeschichte auch *Knopp*, in: Neues Europäisches Umwelthaftungsrecht, 49 f.; *Kieß*, Sanierung von Biodiversitätsschäden, 9 ff.; *Duikers*, Umwelthaftungsrichtlinie, 5 ff.; *Bergkamp*, EELR 2002, 294 f.; *Knopp*, EWS 2002, Beilage 3 (Heft 8), 1 (2 f.); *Bergkamp*, in: Umwelthaftung in der EU, 15 (16); ausführlich unter Berücksichtigung des internationalen Zusammenhangs *Clarke*, RECIEL 2003, 254 (255 ff.); *Leifer*, NuR 2003, 598 ff.; s. auch die Hinweise bei *Meßerschmidt*, Europäisches Umweltrecht, § 12, Rn. 2. Zu Grundfragen der Ausgestaltung einer Umwelthaftung instruktiv *Brüggemeier*, in: Umwelthaftung in der EU, 59 ff.; *Faure/Grimeaud*, in: Deterrence, Insurability, 7 (18 ff.).
530 Zur Frage der Rechtsgrundlage *Krämer*, Environmental Law & Management 2004, 5 (8). Zur Frage ihrer Vereinbarkeit mit dem Subsidiaritätsprinzip *Farnsworth*, EELR 2004, 176 ff.

schäden verabschiedet werden.[531] Diese Richtlinie führt bereichsübergreifend den Grundsatz der Haftung für Umweltschäden ein und soll auf der Grundlage des Verursacherprinzips einen Rahmen für die Umwelthaftung zur Vermeidung und Sanierung von Umweltschäden schaffen.[532] Ein individueller wirtschaftlicher Schaden wird nicht vorausgesetzt. Es geht vielmehr um die Verantwortlichkeit potentieller oder tatsächlicher Schädiger gegenüber der Allgemeinheit.[533] Vor diesem Hintergrund geht es nicht um eine zivilrechtliche Haftung, sondern um die Frage der Verantwortlichkeit des Verursachers von Umweltverschmutzungen für die zu deren Vermeidung oder Beseitigung entstehenden Kosten, so dass der Grundgedanke der Richtlinie näher am Polizeirecht (Verantwortlichkeit eines „Störers"), denn an einer zivilrechtlichen Haftung gegenüber einem Geschädigten liegt; insofern handelt es sich um eine primär öffentlich-rechtliche Regelung.[534]

I. Zu den Vorgaben der RL 2004/35

141 **Zielsetzung** der Richtlinie ist die Verwirklichung des **Verursacherprinzips**: Verursacher von Umweltschäden müssen für die von ihnen zu verantwortenden Umweltschäden unter den in der Richtlinie im Einzelnen formulierten Voraussetzungen und in dem dort festgelegten Umfang zur Rechenschaft gezogen werden. Mittelbar sollen Umweltschäden damit auch vermieden bzw. ggf. behoben werden, so dass insoweit auch ein Zusammenhang mit dem Vorsorgeprinzip besteht.[535]

Von vornherein aus dem **Anwendungsbereich** der Richtlinie **ausgenommen** sind die in Art. 4 RL 2004/35 aufgeführten Konstellationen, wobei auf folgende Aspekte hinzuweisen ist:[536]

- Umweltschäden, die durch bewaffnete Konflikte, Bürgerkrieg, Aufstände oder Feindseligkeiten verursacht werden, werden nicht von der RL 2004/35 erfasst; gleiches gilt für solche Schäden, die auf ein außergewöhnliches, unabwendbares und nicht beeinflussbares Naturereignis zurückgehen.
- Weiter sind Umweltschäden aufgrund nuklearer Risiken ausgenommen.
- Schließlich kann die Richtlinie bei Schäden, die durch eine „nicht abgrenzbare Verschmutzung" verursacht werden (zu denken ist hier etwa an Gewässereinleitungen verschiedener Unternehmen), nur unter der Voraussetzung, dass ein ursächlicher Zusammenhang zwischen dem Schaden und den Tätigkeiten einzelner Betreiber festgestellt werden kann, greifen.

Vorbehalten bleiben weiter eine Reihe völkerrechtlicher Regelungen (Art. 4 Abs. 2, 3 i.V.m. Anhang IV RL 2004/35), und die Richtlinie gilt nicht für Tätigkeiten, deren Hauptzweck die Landesverteidigung oder die „internationale Sicherheit" ist.

---

531 Zur RL 2004/35 z.B. *Palme/Schumacher/Schumacher/Schlee*, EurUP 2004, 204 ff.; *Schink*, EurUP 2005, 67 ff.; *Beyer*, ZUR 2004, 257 ff.; *Cassotta/Verdure*, RDUE 2012, 233 ff.; *Prieur*, REDE 2004, 129 ff.; *Krämer*, Environmental Law & Management 2004, 5 ff.; *Blatch*, Environmental Law & Management 2004, 234 ff.; *Becker*, NVwZ 2005, 371 ff.; *Knopp/Hoffmann*, Progredientes Europäisierungsphänomen, 178 ff.; *Münter*, Vermeidung und Sanierung von Umweltschäden, 32 ff.; *Wenneras*, JEEPL 2005, 257 ff.; *Jans/Vedder*, European Environmental Law, 340 ff.; s. auch *Ruffert*, in: Umwelthaftung nach neuem EG-Recht, 43 ff. Ausführlich *Kieß*, Die Sanierung von Biodiversitätsschäden nach der europäischen Umwelthaftungsrichtlinie, 9 ff., 39 ff.; *Duikers*, Umwelthaftungsrichtlinie, 53 ff.; *Petersen*, Umsetzung der Umwelthaftungsrichtlinie, 9 ff.; umfassend (unter Einbezug rechtsvergleichender Aspekte und der Umsetzung in Italien) auch *Cassotta*, Environmental Damage and Liability Problems, *passim*.
532 Daneben gibt es auch noch für sektorielle Bereiche Haftungsregeln, die allerdings rar sind. Vgl. die Nachweise bei *Krämer*, Environmental Law & Management 2004, 5.
533 *Schumacher*, in: Aktuelle Entwicklungen im europäischen Naturschutzrecht, 153 (155).
534 Hierzu *Meßerschmidt*, Europäisches Umweltrecht, § 12, Rn. 9 ff.; *Spindler*, UTR 2006, 147 (151); *Krämer*, JEEPL 2005, 250 ff.; ausführlich auch *Marburger*, FS Rehbinder, 277 ff. Zum Konzept der Richtlinie aus rechtsvergleichender Sicht auch *Hagen*, ZEuP 2006, 21 ff.
535 Zu diesen Zusammenhängen der Umwelthaftung mit beiden Prinzipien ausführlich *Bergkamp*, in: Umwelthaftung in der EU, 15 (21 ff.); s. auch *Bergkamp*, EELR 2002, 294 (295 ff.).
536 S. darüber hinaus zur Anwendung der Richtlinie in der Ausschließlichen Wirtschaftszone und auf dem Festlandsockel *Czybulka*, NuR 2008, 304 ff.

6. Kapitel Allgemeine Regeln

Art. 17 RL 2004/35 schließt die Rückwirkung der Richtlinie, die bis zum 30. April 2007 umzusetzen war, aus[537] und enthält eine „Verjährungsfrist" von 30 Jahren. Hinsichtlich des **zeitlichen Anwendungsbereichs** gilt die Richtlinie damit für alle Schäden, die durch Emissionen, Ereignisse oder Vorfälle verursacht worden sind, die nach dem 30.4.2007 (Ablauf der Umsetzungsfrist) stattgefunden haben, sofern die Schäden auf Tätigkeiten zurückzuführen sind, die nach dem betreffenden Datum stattgefunden haben, oder auf Tätigkeiten, die vor dem genannten Datum stattgefunden, aber danach geendet haben.[538]

142

Art. 3 Abs. 3 RL 2004/35 stellt im Übrigen klar, dass es in der Richtlinie gerade nicht darum geht, Schadensersatzansprüche von Privaten zu regeln. Vielmehr beschränkt sich die Richtlinie auf die Frage, wer für die Kosten von Umweltschäden, die entweder vom Verursacher oder vom Staat beseitigt werden, aufzukommen hat. Damit ist die Schadensersatzpflicht für ökonomische oder sonstige Schäden Privater von den Mitgliedstaaten zu regeln; offenbar hielt man hier eine Harmonisierung im Hinblick auf die Verwirklichung des Binnenmarktes nicht für notwendig.[539]

Neben den eigentlichen **Haftungsregeln** sind der Richtlinie noch eine Reihe weiterer Vorgaben zu entnehmen, die insbesondere darauf abzielen, drohende **Umweltschäden soweit möglich zu verhindern** sowie bereits eingetretene möglichst **einzudämmen oder zu beseitigen** bzw. angemessen auf eingetretene Schäden zu reagieren. Diese Pflichten sind quasi im Vorfeld der Frage der Haftung anzusiedeln. Bei der Durchführung und Kontrolle dieser Maßnahmen soll den mitgliedstaatlichen Behörden eine zentrale Rolle zukommen, wenn auch den Betreibern die primäre Verantwortlichkeit auferlegt wird.[540]

143

Schutzobjekt sind die in Art. 2 Nr. 2 RL 2004/35 aufgeführten natürlichen Ressourcen. Zu diesen zählen bestimmte Arten und natürliche Lebensräume, Gewässer i.S.d. RL 2000/60, sowie nach Art. 1 Nr. 12 RL 2004/35 der Boden.[541] Nachteilige Veränderungen der Luft[542] und des Klimas werden nicht als Umweltschäden angesehen.[543] Auch hinsichtlich biodiversitätsspezifischer Auswirkungen kann sich aus Art. 2 Abs. 1 Nr. 1 lit. a) Uabs. 2 RL 2004/35 ergeben, dass eine Schädigung dann nicht gegeben ist, wenn die Tätigkeit gemäß den Vorschriften zur Umsetzung von Art. 6 Abs. 3, 4, Art. 16 RL 92/43, Art. 9 RL 147/2009 oder gleichwertigem nationalen Recht ausdrücklich genehmigt wurde.

144

Im Einzelnen ist insbesondere auf folgende Bestimmungen der Richtlinie hinzuweisen:

145

- Bei einem drohenden Umweltschaden hat der Betreiber unverzüglich die erforderlichen **Vermeidungsmaßnahmen** zu treffen (Art. 5 Abs. 1 RL 2004/35). Die mitgliedstaatliche Behörde hat den Betreiber hierzu aufzufordern, und die Betreiber müssen die Behörden angemessen informieren. Ggf. kann die Behörde auch selbst die Vermeidungsmaßnahmen ergreifen (Art. 5 Abs. 2-4 RL 2004/35), ist aber nicht dazu verpflichtet.
- Im Falle eines bereits eingetretenen Schadens informiert der Betreiber die Behörde und trifft alle „praktikablen" Maßnahmen, um den Schaden unverzüglich zu kontrollieren, einzudämmen, zu beseitigen oder auf sonstige Weise zu behandeln, um weitergehende Umweltschäden zu verhindern (Art. 6 Abs. 1 RL 2004/35). Die jedenfalls zu ergreifenden **Sanierungsmaßnahmen** ergeben sich aus Art. 7 i.Vm. Anhang II RL 2004/35. Die zuständige Behörde kann jederzeit das Ergreifen dieser Maßnahmen verlangen sowie selbst die erforderlichen Sanie-

---

537 Hierzu etwa *Spindler/Härtel*, UPR 2002, 241 (242 f.).
538 EuGH, Rs. C-378/08 (Raffinerie Mediterranee), Slg. 2010, I-1919; EuGH, verb. Rs. C-379/08, C-380/08 (Raffinerie Mediterranee), Slg. 2010, I-2007. Zu diesen Urteilen etwa *Steichen*, RJE 2010, 503 ff.
539 Vgl. *Krämer*, Environmental Law & Management 2004, 5 (7). Zu diesem Aspekt auch *Knopp*, in: Neues Europäisches Umwelthaftungsrecht, 49 (54); *Meßerschmidt*, Europäisches Umweltrecht, § 12, Rn. 9 ff.
540 Vgl. zu den hier teilweise abweichenden Vorschlägen der Kommission, die die Mitgliedstaaten primär für die Beseitigung und Verhinderung verantwortlich machen wollten, *Krämer*, Environmental Law & Management 2004, 5 (8 f.), der auch auf den Zusammenhang mit dem Verursacherprinzip hinweist. Vgl. zum Vorschlag der Kommission *Knopp*, in: Neues Europäisches Umwelthaftungsrecht, 49 (50 f.).
541 Ein Umweltschaden ist nur gegeben, wenn von einer Bodenverunreinigung ein erhebliches Gesundheitsrisiko ausgeht, Art. 1 Nr. 1 c) RL 2004/35.
542 Der Schaden kann jedoch durch Einträge aus der Luft verursacht werden.
543 Vgl. *Schumacher*, in: Aktuelle Entwicklungen im europäischen Naturschutzrecht, 153 (157).

rungsmaßnahmen durchführen, Art. 6 Abs. 2 RL 2004/35. Nach der Rechtsprechung ist die Behörde auf dieser Grundlage jederzeit befugt – und zwar auch von Amts wegen, ohne einen entsprechenden Vorschlag des Betreibers –, Umweltsanierungsmaßnahmen festzulegen und diese auch zu ändern, wobei sie aber vorher (ausgehend vom Grundsatz des kontradiktorischen Verfahrens) den Betreiber anzuhören hat (obwohl dies nicht ausdrücklich in der Richtlinie formuliert ist).[544]

Der Umstand, dass nur die „praktikablen" Maßnahmen zu ergreifen sind, weist offensichtlich darauf hin, dass die Richtlinie nicht die vollständige Wiederherstellung verlangt, sondern dass offenbar ein Ausgleich zwischen den Kosten und dem Nutzen einer Maßnahme gefunden werden soll. Damit wird auch der Umstand, dass der Richtlinie keine Haftungsbegrenzung nach oben zu entnehmen ist, etwas relativiert. Es ist zu erwarten, dass dieser Aspekt zu zahlreichen Auslegungsschwierigkeiten führen wird, ist doch gerade nicht abschließend definiert, welche Umstände genau bei der Präzisierung dessen, was als praktikabel anzusehen ist, maßgeblich sein sollen. Jedenfalls darf auf diese Weise – vor dem Hintergrund des *effet utile* der Vorgaben der Richtlinie – der Grundsatz der Haftung nicht unterlaufen werden.

146 Die **Kosten** für die nach der Richtlinie durchzuführenden Vermeidungs- und Sanierungsmaßnahmen sind durch die Betreiber zu tragen, Art. 8 Abs. 1 RL 2004/35.[545] Aus dem Anwendungsbereich der Richtlinie ergeben sich aber Einschränkungen in Bezug auf die **Voraussetzungen** des Eintritts dieser **Haftung** sowie ihren **Umfang**, wobei die Richtlinie hier differenziert:

- Sofern es um bestimmte **riskante Wirtschaftstätigkeiten** geht (die im Anhang III abschließend aufgelistet werden und im Wesentlichen genehmigungsbedürftige Anlagen im Sinne der IVU- bzw. IE-Richtlinie erfassen[546]), haftet der Betreiber für alle dadurch verursachten „**Umweltschäden**" – worunter neben der Schädigung geschützter Arten und natürlicher Lebensräume auch Schädigungen der Gewässer und des Bodens, aber keine sonstigen Schäden an der Umwelt (wie etwa die Luftverschmutzung), fallen[547] – unabhängig von einem Verschulden. Hier geht es also um eine echte **Gefährdungshaftung** (Art. 3 Abs. 1 lit. a) RL 2004/35).[548]

---

544 EuGH, verb. Rs. C-379/08, C-380/08 (Raffinerie Mediterranee), Slg. 2010, I-2007. In diesem Urteil hält der Gerichtshof weiter fest, eine Behörde dürfe im Zuge der Anordnung von Sanierungsmaßnahmen die Nutzung von dem betreffenden Betreiber gehörenden Grundstücken von der Durchführung der erforderlichen Arbeiten abhängig machen, auch wenn die betreffenden Grundstücke selbst nicht von diesen Maßnahmen betroffen sind. Denn die RL 2004/35 lege nicht die Modalitäten fest, mit denen die zuständige Behörde den betroffenen Betreiber dazu zwingen kann, die von ihr bestimmten Sanierungsmaßnahmen zu ergreifen, so dass es Sache der Mitgliedstaaten sei, diese zu präzisieren. Der mit einer solchen Maßnahme verbundene Eingriff in das Eigentumsrecht der Betreiber könne gerechtfertigt werden, da er notwendig sein könne, um zu verhindern, dass andere Industrietätigkeiten die fraglichen Schäden verschlimmern oder ihrer Sanierung entgegenstehen könnten. Im Übrigen müsse der zuständigen Behörde die Möglichkeit offen stehen, die Betreiber zur Durchführung der Sanierungsmaßnahmen zu zwingen, wobei der Grundsatz der Verhältnismäßigkeit zu beachten sei.
545 Art. 8 RL 2004/35 sind aber auch einige (teilweise optionale) Freistellungstatbestände zu entnehmen, hierzu *Meßerschmidt*, Europäisches Umweltrecht, § 12, Rn. 45 ff.; *Jans/Vedder*, European Environmental Law, 388 f.; s. auch die eher kritischen Bemerkungen zu diesen Regelungen bei *Bocken*, EELR 2006, 13 ff.
546 Erfasst werden damit etwa Emittenten von Schwermetallen, Chemieunternehmen sowie Betreiber von Mülldeponien und Verbrennungsanlagen. Zur IVU- bzw. IE-Richtlinie 6. Kap. Rn. 160 ff.
547 Vgl. die Begriffsbestimmungen in Art. 2 RL 2004/35, die für die genaue Tragweite der sich aus der Richtlinie ergebenden Verpflichtungen zentral sind. S. auch schon oben im Text. Zum Begriff des Umweltschadens, m.w.N. und unter Berücksichtigung der sich stellenden Abgrenzungsprobleme, *Meßerschmidt*, Europäisches Umweltrecht, § 12, Rn. 16 ff.; *Jans/Vedder*, European Environmental Law, 384 f.; *Kokott/Klaphake/Marr*, JEEPL 2005, 277 ff.; spezifisch zum Biodiversitätsschaden (teilweise auch unter Berücksichtigung der Umsetzung in Deutschland) *Lau*, ZUR 2009, 589 ff.; *Bruns/Kieß/Peters*, NuR 2009, 149 ff.; *Louis*, NuR 2009, 2 ff.; *Knopp/Wiegler/Piroch*, NuR 2008, 745 ff.; *Gellermann*, NVwZ 2008, 828 ff.; *Führ/Lewin/Roller*, NuR 2006, 67 ff.; *Klaphake*, JEEPL 2005, 268 ff.; *Mauerhofer*, elni 1/2008, 19 ff.; *Steichen*, REDE 2009, 247 ff. S. auch *Krämer*, Environmental Law & Management 2004, 5 (9 ff.), unter Hinweis auf den Umstand, dass die Richtlinie aufgrund der Begrenzung des Schutzes auf bestimmte Arten (und Lebensräume) keinen umfassenden Schutz gegen mögliche Schäden durch gentechnisch veränderte Organismen gewährt. Zur Regelung im Kommissionsvorschlag *Knopp*, in: Europäisches Umwelthaftungsrecht, 49 (51 f.); *Hagen*, NuR 2003, 581 ff., der auf die Problematik der (Un-) Bestimmtheit hinweist; s. weiter zur Problematik *Bergkamp*, EELR 2002, 294 (306 ff.).
548 Ausdrücklich auch EuGH, Rs. C-378/08 (Raffinerie Mediterranee), Slg. 2010, I-1919, wobei der Gerichtshof ihrer

6. Kapitel Allgemeine Regeln

- Bei **sonstigen beruflichen Tätigkeiten**[549] kommen in zweierlei Hinsicht strengere Anforderungen zum Zuge: Erstens haften die Verantwortlichen hier nur für **Schädigungen geschützter Arten und natürlicher Lebensräume**, und zweitens greift die Haftung nur unter der Voraussetzung **vorsätzlichen** oder **fahrlässigen** Verhaltens (Art. 3 Abs. 1 lit. b) RL 2004/35).

Weiter können die Mitgliedstaaten zulassen, dass der Betreiber die Kosten für nach der Richtlinie durchgeführte Sanierungstätigkeiten – nicht Vermeidungstätigkeiten – nicht zu tragen hat, wenn er nicht schuldhaft gehandelt hat und wenn der Umweltschaden durch ein Verhalten verursacht wurde, das in Einklang mit Umsetzungsmaßnahmen von im Anhang III aufgeführten unionsrechtlichen Vorschriften[550] steht oder das nach dem Stand der wissenschaftlichen und technischen Erkenntnisse nicht als wahrscheinliche Ursache von Umweltschäden angesehen wurde (Art. 8 Abs. 4 RL 2004/35).[551]

147

Die in der Richtlinie vorgesehenen Pflichten können von vornherein nur dann greifen, wenn ein ursächlicher Zusammenhang zwischen einem oder mehreren identifizierbaren Verursachern und konkreten und messbaren Umweltschäden hergestellt werden kann. Ein solcher Zusammenhang stellt nämlich eine zwingende Voraussetzung dafür dar, dass Betreibern Sanierungsmaßnahmen auferlegt werden können, was auch im Falle breit gestreuter, nicht klar abgegrenzter Verschmutzungen gilt, wie sich aus Art. 4 Abs. 5 RL 2004/35 ergibt, der ausdrücklich das Erfordernis des ursächlichen Zusammenhangs erwähnt.[552] In Fallgestaltungen, in denen die Ursächlichkeit unklar ist, können die Mitgliedstaaten die hierfür maßgeblichen Kriterien festlegen, wobei es mit der Richtlinie im Einklang steht, wenn eine mitgliedstaatliche Regelung eine Ursächlichkeit bereits dann annimmt, wenn die Nähe von Anlagen diese vermuten lasse; allerdings muss die Behörde hierfür über plausible Anhaltspunkte verfügen, und es muss dem Betreiber offenstehen, die Ursächlichkeit zu widerlegen.[553]

148

Damit legt der EuGH die Anforderungen an den Nachweis der Kausalität einer Umweltverschmutzung eher weit aus, lässt er doch diesbezügliche Vermutungen genügen, wobei die Anhaltspunkte für die Entstehung einer solchen Vermutung durchaus eher vage sein können (wie lediglich die örtliche Nähe der Anlage eines Betreibers zu einer aufgetretenen Verschmutzung). Nicht beantwortet hat der Gerichtshof aber die Frage, welche Schranken der mitgliedstaatliche Gesetzgeber diesbezüglich zu beachten hat bzw. unter welchen Voraussetzungen er von einem Nichtvorliegen der Kausalität ausgehen darf. Die Formulierungen des Gerichtshofs legen es aber nahe, dass dem nationalen Gesetzgeber hier ein eher weiter Gestaltungsspielraum eingeräumt wird, so dass es zwar mit dem Verursacherprinzip wohl nicht in Einklang stünde, bei einer klar etablierten Kausalität von einer Anwendung der Haftungsregeln der RL 2004/35 abzusehen, dass die Mitgliedstaaten jedoch auf der anderen Seite gerade nicht verpflichtet sein sollen, Vermutungs- oder Zweifelsregelungen im Falle tatbestandlicher Unsicherheiten vorzusehen. Angesichts der häufig komplexen Ursache-Wirkungs-Mechanismen im Zusammenhang mit Umweltverschmutzungen impliziert dieser Ansatz eine potentiell weitgehende Einschränkung der Anwendbarkeit der RL 2004/35, was dafür spricht, bereits auf Unionsebene derart bedeutende Fragen im Hinblick auf die Effektivität umweltrechtlicher Prinzipien und die Verwirklichung der Zielsetzungen unionsrechtlicher Rechtsakte zu regeln.

149

---

auch noch darauf hinweist, dass die Mitgliedstaaten in Anwendung des Art. 193 AEUV (zu diesem oben 5. Kap. Rn. 118 ff.) den Kreis der erfassten Tätigkeiten erweitern können.

549 Der Anwendungsbereich der Richtlinie erfasst also nur berufliche Tätigkeiten, s. die Legaldefinition in Art. 2 Nr. 7 RL 2004/35. Hierzu, unter Hinweis auf die sich hier stellenden Abgrenzungsprobleme, *Jans/Vedder*, European Environmental Law, 384; *Meßerschmidt*, Europäisches Umweltrecht, § 12, Rn. 31 ff.

550 Es geht hier z.B. um die RL 2000/60 (Wasserrahmenrichtlinie) oder Regelungen im Bereich des Chemikalienrechts.

551 S. in diesem Zusammenhang *Krämer*, Environmental Law & Management 2004, 5 (11), der darauf hinweist, dass damit die Gefahr einhergehe, dass kein einheitliches Haftungsregime geschaffen werde, da einige Mitgliedstaaten von diesen Möglichkeiten Gebrauch machen werden, andere hingegen nicht.

552 EuGH, Rs. C-378/08 (Raffinerie Mediterranee), Slg. 2010, I-1919.

553 EuGH, Rs. C-378/08 (Raffinerie Mediterranee), Slg. 2010, I-1919. Vgl. zu diesem Urteil im Zusammenhang mit dem Verursacherprinzip bereits oben 5. Kap. Rn. 27 ff.

150 Art. 12, 13 RL 2003/4 betreffen den **Einbezug betroffener natürlicher und juristischer Personen** sowie von **Verbänden**. Diese können die zuständige Behörden informieren und sie zum Tätigwerden auffordern (Art. 12 Abs. 1 RL 2004/35) und den Rechtsweg beschreiten, sofern (bei natürlichen oder juristischen Personen) ein ausreichendes Interesse oder eine Rechtsverletzung vorliegt, was sich nach nationalem Recht bestimmt. Nichtregierungsorganisationen, die sich für den Umweltschutz einsetzen und die nach nationalem Recht geltenden Voraussetzungen erfüllen, ist aber jedenfalls der Rechtsweg zu eröffnen. Damit wird auch in diesem Bereich[554] eine umweltrechtliche **Verbandsklage** eingeführt.[555]

Nicht durchringen konnte man sich zur Einführung einer obligatorischen **Deckungsvorsorge**, mit der sichergestellt wird, dass die Betreiber auch tatsächlich die Kosten der von ihnen verursachten Umweltschäden tragen können. Die Kommission hat hier einen diesbezüglichen Bericht vorzulegen, aufgrund dessen dann ggf. Vorschläge für ein System harmonisierter obligatorischer Deckungsvorsorge zu unterbreiten sind (Art. 14 RL 2004/35).[556]

151 In Deutschland wurde die RL 2004/35 durch das Gesetz zur Umsetzung der Richtlinie über die Umwelthaftung zur Vermeidung und Sanierung von Umweltschäden vom 10.5.2007[557], das einerseits das **Umweltschadensgesetz** als „Hauptumsetzungsakt", andererseits verschiedene Modifikationen des einschlägigen Fachrechts (Gewässerschutz, Naturschutzrecht) enthält, umgesetzt.[558]

II. Bewertung

152 Insgesamt ist die grundsätzliche Existenz der Richtlinie und damit die Verpflichtung für die Mitgliedstaaten, eine Haftung für Umweltschäden einzuführen, erfreulich. Allerdings drängen sich auch einige **Zweifel in Bezug auf ihre Effektivität** – die sinnvollerweise danach zu messen sein muss, ob und inwieweit sie bereits die Entstehung von Umweltschäden verhindern kann – auf:[559]

- So ist aufgrund der **Definition des erfassten Umweltschadens** ihr Anwendungsbereich begrenzt, und besonders gravierende Schäden – wie gewisse durch Ölverschmutzung oder nukleare Risiken verursachten – werden nicht einbezogen. Auch fällt die Definition des Umweltschadens teilweise recht unbestimmt aus. Weiter werden auch nur bestimmte Tätigkeiten bzw. bestimmte Verhaltensweisen erfasst.[560]

---

554 Vgl. ansonsten bereits oben 6. Kap. Rn. 57 ff., Rn. 79.
555 Zu Fragen des Rechtsschutzes im Zusammenhang mit der Umwelthaftung *Asscher*, in: Umwelthaftung in der EU, 95 ff.; *Bergkamp*, EELR 2002, 327 (338 ff.); zur Verbandsklage nach dem Umweltschadensgesetz *Hellenbroich/Schrader*, ZUR 2007, 289 ff.; s. auch *Beckmann/Wittmann*, UPR 2008, 421 ff.
556 Zu den diesbezüglichen Diskussionen während des Gesetzgebungsverfahrens *Krämer*, Environmental Law & Management 2004, 5 (11 f.).
557 BGBl. 2007 I 266. Vgl. zur Umsetzung in Deutschland den Überblick bei *Meßerschmidt*, Europäisches Umweltrecht, § 12, Rn. 3 ff.; s. ansonsten zur Umsetzung, insbesondere zum Umweltschadensgesetz, *Frisch*, UPR 2011, 356 ff.; *Petersen*, Umsetzung der Umwelthaftungsrichtlinie, 55 ff.; *Petersen*, USchadG, *passim*; *Schröder*, EU-Umwelthaftungsrichtlinie, 35 ff.; *Gassner*, UPR 2009, 333 ff.; *Duikers*, UPR 2008, 427 ff.; *Knopp*, UPR 2008, 121 ff.; *Ruffert*, NVwZ 2010, 1177 ff.; *Cosack/Enders*, DVBl. 2008, 405 ff.; *Scheidler*, NVwZ 2007, 1113 ff.; *Ruffert*, in: Dokumentation zur 33. Wissenschaftlichen Fachtagung der Gesellschaft für Umweltrecht, 39 ff. (insbes. 44 ff.); *Becker*, NVwZ 2007, 1105 ff.; *Diederichsen*, NJW 2007, 3377 ff. Speziell zum Rechtsschutz für Verantwortliche *Beckmann/Wittmann*, DVBl. 2008, 1287 ff.
558 Vgl. in diesem Zusammenhang auch den Bericht der Kommission über die Umsetzung der Richtlinie, in dem auch die fehlende Effektivität derselben angemerkt wird: KOM (2010) 581 endg. Rechtsvergleichend zur Umsetzung in Belgien, den Niederlanden und Deutschland *de Smedt/Faure*, ZEuP 2010, 783 ff.; zur Umsetzung in Österreich die Beiträge in *Hinteregger/Kerschner*, Kommentar zum Bundes-Umwelthaftungsgesetz, *passim*; zusammenfassend zur Umsetzung in den Mitgliedstaaten *Knopp*, EuZW 2009, 561 ff.; *Anstee-Wedderburn*, JEEPL 2007, 221 ff.; *de Smedt*, EurUP 2009, 52 (55 ff.); darüber hinaus die Länderberichte zu verschiedenen Fragestellungen in *Hinteregger* (Hrsg.), Environmental Liability and Ecological Damage, 53 ff.
559 Vgl. auch die eher kritischen Bemerkungen bei *Krämer*, Environmental Law & Management 2004, 5 (12 f.); *Hagen*, NuR 2003, 581 ff.; *Bergkamp*, EELR 2002, 327 ff.; *Winter/Jans/Macrory/Krämer*, JEL 2008, 175 ff.
560 Vor diesem Hintergrund wird auch ihre Bezeichnung als „Umwelthaftung" teilweise kritisiert, da es gerade nicht um eine Haftung für jedermann für Umweltschäden aller Art geht, vgl. *Spindler*, UTR 2006, 147 (151).

6. Kapitel Allgemeine Regeln

- Noch bedeutender dürfte aber sein, dass die Formulierungen der Richtlinie bei der Frage, welche genauen **Vermeidungs- und Sanierungsmaßnahmen zu ergreifen** sind, denkbar unscharf bleiben, so dass den nationalen Umsetzungsgesetzgebern und Behörden hier ein beträchtlicher Gestaltungsspielraum eingeräumt wird. Damit einher geht die Gefahr der uneinheitlichen und insbesondere ineffektiven Umsetzung und Anwendung der Richtlinie in den Mitgliedstaaten.[561]

Zu hoffen bleibt vor diesem Hintergrund, dass der EuGH die Richtlinie so auslegen wird, dass ihre effektive Wirksamkeit zumindest im Rahmen des Anwendungsbereichs gesichert wird. Die ersten Urteile des Gerichtshofs zeigen denn auch durchaus in diese Richtung.

H. Umweltstrafrecht: zur RL 2008/99

Auf dem Gebiet des Umweltstrafrechts[562] wurde die Union zunächst durch einen Rahmenbeschluss tätig, der vom Gerichtshof aus kompetenzrechtlichen Gründen für nichtig erklärt wurde.[563] Heute finden sich Regeln über das Umweltstrafrecht in der **RL 2008/99 über den strafrechtlichen Schutz der Umwelt**.[564] Die aus lediglich 10 Artikeln bestehende Richtlinie verpflichtet die Mitgliedstaaten, **bestimmte Verhaltensweisen als Straftaten einzuordnen** und sie entsprechend zu sanktionieren, dies im Hinblick auf die Verbesserung der effektiven Beachtung des EU-Umweltrechts (s. auch Art. 1 RL 2008/99).

Während Art. 2 RL 2008/99 einige Begriffsdefinitionen enthält, definiert der für die Tragweite der Richtlinie zentrale **Art. 3 RL 2008/99** diejenigen **Verhaltensweisen, die von den Mitgliedstaaten als strafbares Verhalten** angesehen werden müssen, wenn sie rechtswidrig sind und vorsätzlich oder grob fahrlässig (womit einfache Fahrlässigkeit nicht erfasst ist) begangen worden sind. Auch Anstiftung oder Beihilfe zu den genannten Verhaltensweisen ist im Falle ihrer Vorsätzlichkeit unter Strafe zu stellen (Art. 4 RL 2008/99).

Die erfassten Verhaltensweisen betreffen verschiedene Bereiche: Emissionen, Abfallentsorgung und -verbringung, den Betrieb gewisser gefährlicher Anlagen, den Umgang mit radioaktiven Materialien, den Arten- und Habitatschutz sowie die Schädigung der Ozonschicht. Diese Bestimmung ist im Zusammenhang mit Anhang A und Anhang B RL 2008/99 zu sehen, die sie auf die einschlägigen EU-Rechtsakte beziehen.

Rechtswidrig im Sinne der RL 2008/99 ist ein Verhalten nur, wenn es gegen EU-Recht (wobei die erfassten Rechtsakte in den Anhängen aufgeführt sind) oder gegen nationales Recht, das unionsrechtliche Vorgaben umsetzt oder durchführt, verstößt, vgl. die Begriffsdefinition in Art. 2 lit. a) RL 2008/99.

Art. 5 RL 2008/99 verpflichtet die Mitgliedstaaten, **wirksame, angemessene und abschreckende strafrechtliche Sanktionen** im Falle der Begehung der von der Richtlinie erfassten Verhaltens-

---

561 Vgl. auch die diesbezüglichen Zweifel bei *Meßerschmidt*, Europäisches Umweltrecht, § 12, Rn. 2; *de Smedt*, EurUP 2009, 52 ff.; s. auch die Bemerkungen bei *Pirotte*, Environmental Law & Management 2007, 237 ff.; *Fehr/Friedrich/Scheil*, JEEPL 2007, 110 ff.; *Bocken*, EELR 2006, 13 ff.; *Winter/Jans/Macrory/Krämer*, JEL 2008, 175 ff.

562 Zum Strafrecht als Instrument der EU-Umweltpolitik z.B. *Faure*, REDE 2005, 3 ff.; *Zimmermann*, ZRP 2009, 74 ff.; *Zeitler*, JEEPL 2007, 213 ff.; *Pereira*, EELR 2007, 254 ff.; grundlegend zur Europäisierung des Umweltstrafrechts *Heger*, Europäisierung des deutschen Umweltstrafrechts, passim.

563 In EuGH, Rs. C-176/03, Kommission/Rat, Slg. 2005, I-7879, erklärte der Gerichtshof den Rahmenbeschluss 2003/80/JI, über den Schutz der Umwelt durch das Strafrecht für nichtig, da er deshalb auf Art. 192 AEUV hätte gestützt werden müssen, weil sein Hauptzweck gerade im Schutz der Umwelt zu sehen sei. Damit können auf die Sachkompetenz des Art. 192 Abs. 1 AEUV gestützte Vorschriften auch strafrechtliche Sanktionen vorsehen. S. hierzu auch EuGH, Rs. C-440/05 (Kommission/Rat), Slg. 2007, I-9097, wo der Gerichtshof auch festhielt, Art und Höhe der Strafen müssten durch die Mitgliedstaaten festgelegt werden. Zu den Kompetenzgrundlagen bereits oben 4. Kap. Rn. 2 ff. S. zu Kompetenzfragen im Zusammenhang mit dem Umweltstrafrecht, m.w.N., *Meßerschmidt*, Europäisches Umweltrecht, § 5, Rn. 255 ff.

564 Zu dieser Richtlinie etwa *Fromm*, ZfW 2009, 157 ff.; *Roets*, REDE 2009, 271 ff.; *Zeitler*, JEEPL 2008, 281 ff.; *Krämer*, RDUE 2009, 13 ff.; *Gouritin/de Hert*, elni 1/2009, 22 ff.; unter Berücksichtigung der und mit Akzent auf der Umsetzung in Deutschland (wobei diese in verschiedenen Punkten kritisiert wird) *Szesny/Görtz*, ZUR 2012, 405 ff.

weisen vorzusehen, ohne dass jedoch Art und Höhe präzisiert werden,[565] womit den Mitgliedstaaten bei der Umsetzung ein nicht unerheblicher Gestaltungsspielraum verbleibt.

159 Art. 6, 7 RL 2008/99 sind Vorgaben betreffend der **Verantwortlichkeit juristischer Personen** zu entnehmen, wobei die Verantwortlichkeit juristischer Personen die strafrechtliche Verfolgung natürlicher Personen nicht ausschließt (Art. 6 Abs. 3 RL 2008/99).

I. Industrieemissionen bzw. integrierte Vermeidung und Verminderung der Umweltverschmutzung (IVU): zur RL 2010/75

160 Ähnlich wie schon die EMAS-Verordnung, die UVP und das Umweltzeichen beruht auch die integrierte Vermeidung und Verminderung der Umweltverschmutzung (IVU)[566] auf einem medienübergreifenden und integrativen Konzept, durch das ein Schutz der „Umwelt insgesamt" (Art. 1 RL 2010/75) garantiert werden soll.[567] Materiell konzentriert sich die RL 2010/75 auf den Betrieb und die Genehmigung besonders umweltrelevanter Industrieanlagen, so dass insofern ein enger Bezug insbesondere zur RL 2011/92 (Umweltverträglichkeitsprüfung bei bestimmten Projekten) besteht.[568]

161 Die RL 2010/75 revidierte die ursprüngliche IVU-Richtlinie aus dem Jahr 1996 (RL 96/61, die durch die RL 2008/1 kodifiziert wurde) in einigen Punkten (insbesondere in Bezug auf die bedeutende Aufwertung bzw. Stärkung des Standes der besten verfügbaren Technik[569]) und integrierte eine Reihe anderer Richtlinien, die mit Wirkung zum Januar 2014 aufgehoben werden (vgl. Art. 81 RL 2010/75); entsprechend wurde der Titel der Richtlinie auch erweitert (Richtlinie über Industrieemissionen, wobei auf die integrierte Vermeidung und Verminderung der Umweltverschmutzung in der Klammer hingewiesen wird).[570]

I. Zu den Vorgaben der RL 2010/75

1. Grundkonzept und Überblick

162 Die Richtlinie strebt an, Genehmigungen und sonstige Maßnahmen zur Vermeidung oder Verminderung von Emissionen aus Industrieanlagen bzw. industriellen Tätigkeiten einem Verfahren

---

565 Dies ist auch vor dem Hintergrund zu sehen, dass der Gerichtshof hier die Kompetenz der Union verneinte, vgl. EuGH, Rs. C-440/05 (Kommission/Rat), Slg. 2007, I-9097.
566 Zum Hintergrund der Verankerung der IVU in der EU und der Entstehungsgeschichte der ursprünglichen Richtlinie aus dem Jahr 1996 (RL 96/61) etwa *Sellner/Schnutenhaus*, NVwZ 1993, 828 f.; *Jankowski*, Bestandsschutz, 174 ff.; *Stapelfeldt*, Immissionsschutzrechtliche Anlagenzulassung, 23 ff.; *Kracht/Wasielewski*, EUDUR I, § 35, Rn. 14; *Zöttl*, Integrierter Umweltschutz, 86 ff.; *Emmott*, in: Integrated Pollution and Prevention Control, 23 (24 ff.); im Zusammenhang mit den diesbezüglichen Arbeiten der OECD *Beyer*, Integrierte Anlagenzulassung, 15 ff. Vgl. im Übrigen die Zusammenstellung der wichtigsten Anliegen des EP, des WSA und verschiedener Mitgliedstaaten im Gesetzgebungsverfahren bei *Schnutenhaus*, ZUR 1994, 299 ff.; *Wasielewski*, UPR 1995, 90 ff.; *Schnutenhaus*, NVwZ 1994, 671 f.
567 Zu diesem integrierten Ansatz im Zusammenhang mit der IVU etwa *Kracht/Wasielewski*, EUDUR I, § 35, Rn. 1 ff.; *Welke*, Integrierte Vorhabengenehmigung, 41 ff.; *Schröder*, in: Europäisierung des nationalen Umweltrechts, 29 (35 ff.); *Schröder*, NuR 2000, 481 (484 f.); *Engelhardt*, Umsetzung der IVU-Richtlinie 23 ff.; *Krings*, UTR 1998, 47 (50 ff.); *Masing*, DVBl. 1998, 549 (554 ff.); *Jans*, in: Integrated Pollution and Prevention Control, 43 ff.; *Buchholz*, Integrative Grenzwerte, 104 ff.; *Schreiber*, Regelungsmodell der Genehmigung, 66 ff., 109 ff.; *Schäfer*, UPR 1997, 444 ff.; *Staupe*, ZUR 2000, 368 ff.
568 Zu dieser Richtlinie oben 6. Kap. Rn. 66 ff. Zum Verhältnis beider Richtlinien *Martini*, Integrierte Regelungsansätze, 271 ff.
569 Daneben ist insbesondere auf folgende Neuerungen hinzuweisen: Verankerung strengerer Anforderungen an Großfeuerungsanlagen, einheitlicher Anforderungen an die Anlagenüberwachung sowie einer neuen Prüfungspflicht der Kommission für Mindestanforderungen zur Emissionsbegrenzung.
570 Vgl. zur RL 2010/75 mit besonderem Akzent auf den Neuerungen und deren Hintergrund etwa *Röckinghausen*, UPR 2012, 161 ff.; *Braunewell*, UPR 2011, 250 ff.; *Diehl*, ZUR 2011, 59 ff.; *Breuer*, in: Aktuelle Probleme des Umwelt- und Technikrechts, 9 (37 ff.); *Weidemann/Krappel/Frhr. von Süßkind-Schwendi*, DVBl. 2012, 1457 ff.

6. Kapitel Allgemeine Regeln

zu unterwerfen, das **medienübergreifend** und „**integriert**" angelegt ist.[571] Abgestellt wird also nicht auf Emissionsbegrenzungen in Bezug auf bestimmte Umweltmedien, wie etwa Luft, Boden oder Wasser, sondern die Gesamtheit der umweltrelevanten Tätigkeiten der Unternehmen ist zu berücksichtigen. Auf diese Weise soll vermieden werden, dass lediglich eine Verlagerung der Emissionen von einem Umweltmedium auf ein anderes stattfindet. Emissionen und sonstige Umweltbelastungen sind nach dieser Konzeption auf jeden Fall soweit wie möglich zu vermeiden und zu vermindern, um ein hohes Schutzniveau zu garantieren.

Die Richtlinie legt damit zwar einen **integrativen Ansatz** zugrunde, grenzt diesen jedoch wiederum insofern ein, als der Akzent – wie schon der Titel der Richtlinie erkennen lässt – auf der Vermeidung bzw. Verminderung von Emissionen liegt.[572] Zudem sind die Schutzgüter im Wesentlichen Luft, Wasser und Boden. Die Konzentration auf diese drei prioritären Umweltmedien ist wohl nicht zuletzt vor dem Hintergrund der Praktikabilität des integrativen Konzepts der Richtlinie zu sehen. Eine darüber hinausgehende Betrachtung sprengte wohl von vornherein die technischen und wissenschaftlichen Möglichkeiten der Genehmigungsbehörden, und die inhaltlichen Anforderungen der Richtlinie wären (noch mehr) „verwässert".[573] So werden die Umweltmedien Fauna und Flora, anders als in der UVP-Richtlinie[574], nicht oder nur indirekt geschützt.

Der Aufbau der RL 2010/75 ist auch vor dem Hintergrund zu sehen, dass die Richtlinie neben einer Neufassung der bisherigen IVU-Richtlinie (RL 2008/1) sechs weitere sektorale Richtlinien – die aufgehoben werden – integriert bzw. ihre Inhalte übernimmt.[575] Im Einzelnen ist die RL 2010/75 wie folgt aufgebaut:

- **Kapitel I** enthält für alle erfassten industriellen Tätigkeiten anwendbare **allgemeine Vorschriften**.
- In **Kapitel II** werden die bislang durch die **IVU-Richtlinie erfassten Tätigkeiten** geregelt, wobei die diesbezüglichen Bestimmungen teilweise überarbeitet wurden.
- In den **Kapiteln III-VI** werden die **aufgehobenen sektoriellen Richtlinien aufgegriffen**: in Kapitel III (Art. 28 ff. RL 2010/75) die RL 2001/80 (Großfeuerungsanlagenrichtlinie), in Kapitel IV (Art. 42 ff. RL 2010/75) die RL 2000/76 (Abfallverbrennungsrichtlinie), in Kapitel V (Art. 56 ff. RL 2010/75) die RL 1999/13 (Lösemittelrichtlinie) und in Kapitel VI die Regelungen über die Titandioxidproduktion (insbesondere die RL 78/176).
- **Kapitel VII** (Art. 71 ff. RL 2010/75) schließlich enthält **Übergangs- und Schlussbestimmungen**.

Die Anknüpfung an die bisher geltenden Richtlinien zeigt sich auch in den Anhängen: Während die Anhänge I-IV die Anhänge der IVU-Richtlinie aufgreifen, figurieren in den Anhängen V-VIII im Wesentlichen Grenzwerte, die bislang in den sektoriellen Richtlinien enthalten waren.

2. Allgemeine Bestimmungen

Art. 2 RL 2010/75 definiert zunächst den **Anwendungsbereich** der Richtlinie: Dieser wird durch zwei Kriterien umschrieben:

- Erstens gilt die Richtlinie nur für die in **Kap. II-VI genannten industriellen Tätigkeiten**, die eine Umweltverschmutzung verursachen (Art. 2 Abs. 1 RL 2010/75). Damit wird der Anwendungsbereich letztlich auf die sich bislang in verschiedenen Richtlinien findenden Sektoren aufgeteilt, und es ist jeweils zu eruieren, für welche industrielle Tätigkeit welches Kapitel Anwendung findet. Etwas Verwirrung stiftet in dieser Bestimmung der Zusatz, dass die in-

---

571 Vgl. Erw. 3 Präambel RL 2010/75. Zum integrierten Ansatz in Bezug auf die „alte" IVU-Richtlinie, m.w.N., *Calliess*, DVBl. 2010, 1 ff.; *Meßerschmidt*, Europäisches Umweltrecht, § 10, Rn. 20 ff.
572 Vgl. aber auch etwa die in Art. 11 RL 2010/75 aufgeführten „Grundpflichten" der Betreiber, die teilweise darüber hinausgehende Aspekte erfassen, so etwa die effiziente Energienutzung.
573 Vgl. aber auch zu dem sowieso gegebenen eher vagen Charakter der materiellen Vorgaben der Richtlinie unten 6. Kap. Rn. 171 ff.
574 S.o. 6. Kap. Rn. 66 ff.
575 Dabei ist der zeitliche Ablauf und damit der zeitliche Geltungsbereich der neuen Richtlinie bzw. die Fortgeltung der alten Richtlinien recht kompliziert ausgestaltet, vgl. im Einzelnen Art. 81 f. i.V.m. Anhang IX RL 2010/75. S. den Überblick hierzu bei *Jans/Vedder*, European Environmental Law, 364.

dustriellen Aktivitäten eine Umweltverschmutzung verursachen müssen, könnte dies doch insinuieren, dass gewisse Tätigkeiten zwar von einem der Anhänge erfasst werden, aber dennoch nicht unter die Richtlinie fallen, da sie keine Umweltverschmutzung nach sich ziehen. Ein solcher Ansatz trüge aber weder den in dieser Hinsicht dann wieder klaren Formulierungen in den einzelnen Kapiteln (die klarstellen, dass sie für im Anhang aufgelistete Tätigkeiten gelten, vgl. z.B. Art. 10 RL 2010/75) noch der Zielsetzung der Richtlinie, umfassend die Industrieemissionen der erfassten Anlagen zu regeln, Rechnung. Vielmehr ist davon auszugehen, dass die durch die verschiedenen Kapitel der Richtlinie erfassten Tätigkeiten *per se* und *per definitionem* Umweltverschmutzungen verursachen und damit von der Richtlinie erfasst sind.

■ Zweitens gilt die Richtlinie jedoch allgemein nicht für „Forschungstätigkeiten, Entwicklungsmaßnahmen oder die Erprobung von neuen Produkten und Verfahren" (Art. 2 Abs. 2 RL 2010/75).[576] Im Einzelfall dürfte die Frage, ob eine bestimmte industrielle Tätigkeit als eine Forschungstätigkeit oder eine Entwicklungsmaßnahme bzw. eine Erprobung neuer Produkte oder Verfahren anzusehen ist, mitunter schwierig zu beantworten sein; Abgrenzungskriterien sind der Richtlinie hier keine zu entnehmen. Immerhin dürfte Art. 2 Abs. 2 RL 2010/75 keinesfalls dann einschlägig sein, wenn bestimmte Produkte oder Verfahren „serienmäßig" hergestellt bzw. angewandt werden, so dass die Bereichsausnahme des Art. 2 Abs. 2 RL 2010/75 von vornherein wohl nur für punktuelle bzw. im Einzelfall durchgeführte Tätigkeiten zum Zuge kommen kann.

166 Art. 3 RL 2010/75 enthält insgesamt 47 **Begriffsbestimmungen**, die im Zusammenhang mit den jeweiligen materiellen Vorschriften der Richtlinie von Bedeutung sind.

167 Art. 4 f. RL 2010/75 formuliert den **Grundsatz der Genehmigungspflicht**, ein Schlüsselelement der Konzeption der Richtlinie. Keine in den Anwendungsbereich der Richtlinie fallende Anlage darf in Betrieb genommen werden, ohne dass sie durch die zuständige Behörde genehmigt worden ist; ausgenommen sind lediglich ausschließlich unter Kap. V RL 2010/75 fallende Anlagen (Lösemittel), für die auch ein Registrierungsverfahren vorgesehen werden kann. Nach Art. 5 Abs. 1 RL 2010/75 darf die Genehmigung nur erteilt werden, wenn die Anlage den Anforderungen der Richtlinie entspricht.

168 Die **Ausgestaltung des Genehmigungsverfahrens**, wie beispielsweise auch deren Abstimmung mit dem UVP-Verfahren, wird grundsätzlich den Mitgliedstaaten überantwortet, wobei die Richtlinie dazu aber gewisse Vorgaben enthält, so in Bezug auf die Koordination der am Genehmigungsverfahren beteiligten Behörden (Art. 5 Abs. 2 RL 2010/75)[577] sowie die Überprüfung der Einhaltung der Anforderungen der Richtlinie (Art. 8 RL 2010/75). Darüber hinaus figurieren auch in den verschiedenen Kapiteln gewisse Vorgaben für das Genehmigungsverfahren, wie beispielsweise in Bezug auf die einzureichenden Antragsunterlagen (Art. 12 RL 2010/75).

Jedenfalls gebietet die RL 2010/75 nicht zwingend ein einheitliches Genehmigungsverfahren, sondern Art. 5 Abs. 2 RL 2010/75 ist nur eine Art Ergebnisverpflichtung in dem Sinn zu entnehmen, dass die Mitgliedstaaten die erforderlichen Maßnahmen für eine vollständige Koordination der Genehmigungsverfahren treffen, falls mehrere Behörden zuständig sind. Damit geht die RL 2010/75 davon aus, dass es zwar ein einheitliches Genehmigungsverfahren geben kann, eine solche „Vollkonzentration" bei einer Behörde aber nicht zwingend ist.[578]

169 Art. 6 RL 2010/75 stellt klar, dass die Mitgliedstaaten für alle von der Richtlinie erfassten Tätigkeiten bzw. Anlagen auch generell-abstrakte bzw. **allgemein bindende Vorschriften** erlassen können. Art. 7 RL 2010/75 enthält gewisse Vorgaben für den Fall besonderer Vorfälle oder von

---

576 Hervorhebung durch die Autorin.
577 Speziell zu den verfahrensrechtlichen Anforderungen des integrierten Ansatzes auf der Grundlage der RL 96/61 *Martini*, Integrierte Regelungsansätze, 266 ff.
578 Ebenso in Bezug auf die RL 2008/1 bzw. die RL 96/61 etwa *Erbguth/Stollmann*, ZUR 2000, 379 (381); *Maaß*, DVBl. 2002, 364 (266 f.); *Dolde*, NVwZ 1997, 313 (317 f.); *Staupe*, ZUR 2000, 368 (370); *Di Fabio*, NVwZ 1998, 329 (334). A.A. *Steinberg/Koepfer*, DVBl. 1997, 973 (975).

6. Kapitel Allgemeine Regeln

Unfällen, und Art. 9 RL 2010/75 betrifft das Verhältnis zur RL 2003/87 (Treibhausgasemissionshandel).[579]

In den ebenfalls für die gesamte Richtlinie geltenden **Schlussbestimmungen** sind insbesondere umfassende Informationspflichten der Mitgliedstaaten, ggf. mit Präzisierungen für die verschiedenen, von der Richtlinie erfassten Anlagen (Art. 72 RL 2010/75) sowie eine Überprüfungspflicht der Richtlinie durch die Kommission (Art. 73 RL 2010/75) verankert. Daneben enthält Kap. VII RL 2010/75 Bestimmungen zur Änderung der Anhänge (Art. 74 ff. RL 2010/75) sowie eine Pflicht der Mitgliedstaaten, bei Verstößen gegen die Richtlinie wirksame, verhältnismäßige und abschreckende Sanktionen vorzusehen (Art. 79 RL 2010/75).

3. IVU-Anlagen

Art. 10 ff. RL 2010/75 greifen in teilweise modifizierter Form die bislang in der IVU-Richtlinie figurierenden Vorgaben auf. Die Bestimmungen präzisieren insbesondere, welchen Anforderungen die unter dieses Kapitel fallenden Anlagen – die sich aus Anhang I RL 2010/75 ergeben, welcher alle größeren Industrieanlagen der verschiedenen Bereiche erfasst[580] – genügen müssen und geben damit den Rahmen vor, der für die Erteilung der Genehmigung einzuhalten ist. Darüber hinaus enthält Kap. II RL 2010/75 aber auch eine Reihe weiterer Vorgaben.

a) Grundpflichten der Anlagenbetreiber

Zunächst treffen die Mitgliedstaaten die erforderlichen Maßnahmen, dass die Anlagen unter Beachtung einer Reihe von Prinzipien, sog. „**Grundpflichten**" der Anlagenbetreiber, betrieben werden. Diese umfassen nach **Art. 11 RL 2010/75** folgende Aspekte:[581]

- Ergreifung geeigneter Vorsorgemaßnahmen gegen Umweltverschmutzungen;
- Anwendung der besten verfügbaren Techniken;
- Vermeidung der Verursachung erheblicher Umweltverschmutzungen;
- Vermeidung bzw. Wiederverwertung oder Beseitigung von Abfällen, unter Berücksichtigung technischer und wirtschaftlicher Gesichtspunkte, unter Beachtung der Vorgaben der RL 2008/98 (Abfallrahmenrichtlinie);
- „effiziente" Energieverwendung;
- Ergreifung notwendiger Maßnahmen zur Vermeidung von Unfällen und zur Begrenzung ihrer Folgen;
- Ergreifung geeigneter Maßnahmen zur Vermeidung von Gefahren einer Umweltverschmutzung und zur zufriedenstellenden Wiederherstellung des Betriebsgeländes im Falle der Betriebseinstellung.

Abgesehen von der Pflicht zur Anwendung der besten verfügbaren Technik – die im Zusammenhang mit der Aufwertung dieses Aspekts in der neuen Richtlinie zu sehen ist – figurierten diese Grundpflichten bereits in der „alten" Fassung der IVU-Richtlinie. Im Gegensatz zu dieser – die als Berücksichtigungspflicht ausgestaltet war – ist Art. 11 RL 2010/75 aber eine eigentliche Pflicht zur Beachtung der genannten Prinzipien zu entnehmen, womit die Bindungswirkung erhöht wird. Dies ändert aber nichts daran, dass die Kriterien bzw. Pflichten als solche nicht sehr präzise formuliert sind bzw. keine sehr hohe normative Dichte aufweisen, so dass den Mitgliedstaaten hier ein eher weiter Gestaltungsspielraum eingeräumt wird.

---

579 Zum zuletzt genannten Aspekt unten 9. Kap. Rn. 10 ff.
580 Vgl. zum (weiten) Anwendungsbereich in Bezug auf die Vorgängerrichtlinie EuGH, Rs. C-473/07 (Association pour la protection des eaux et rivières), Slg. 2009, I-319.
581 Vgl. zu diesen Grundpflichten näher *Martini*, Integrierte Regelungsansätze, 204 ff.; *Beyer*, Integrierte Anlagenzulassung, 88 ff.; *Engelhardt*, Umsetzung der IVU-Richtlinie, 62 ff.; *Stapelfeldt*, Immissionsschutzrechtliche Anlagenzulassung, 127 ff.; *Schreiber*, Regelungsmodell der Genehmigung, 131 ff.

b) Materielle Mindestanforderungen

174 Eine Anlage darf nur genehmigt werden, wenn sie den in der Richtlinie festgelegten **Mindestanforderungen** entspricht. Diese ergeben sich aus Art. 14 ff. RL 2010/75. Sie bilden in materieller Hinsicht das „Herzstück" des Genehmigungsregimes für IVU-Anlagen.

175 Diese für die Erteilung einer Genehmigung notwendigen Voraussetzungen sind nicht abschließend, sondern stellen nach Art. 14 Abs. 1, 4 RL 2010/75 nur einen Mindeststandard sicher, über den die Mitgliedstaaten dann hinausgehen können.

176 Im Einzelnen hat die Genehmigung zunächst alle Maßnahmen zu umfassen, die zur „**Erfüllung**" **der Grundpflichten** nach Art. 11 RL 2010/75 notwendig sind.

177 Diese Verpflichtung zur Sicherstellung der Beachtung der Grundpflichten ändert aber nichts daran, dass die Umschreibung derselben – abgesehen von der Verpflichtung auf die besten verfügbaren Techniken – sehr allgemein gehalten ist und einen beträchtlichen Gestaltungsspielraum einräumt, so dass sie als solche wohl kaum eine halbwegs konkretisierbare Inpflichtnahme der Anlagenbetreiber zu gewährleisten vermag. Immerhin sind aber (Grenz-) Fälle denkbar, in denen auch gegen derart weit formulierte Pflichten verstoßen werden kann. Weiter ist es den Mitgliedstaaten unbenommen, im Rahmen der Umsetzung hier konkretisierende Bestimmungen zu erlassen.

178 Art. 14 Abs. 1 lit. a)-h) RL 2010/75 zählt eine Reihe von **Vorgaben auf, die jedenfalls in die Genehmigung aufzunehmen** sind. Diese Anforderungen sind regelmäßig eher vage formuliert; so ist z.b. von „angemessenen Auflagen" zum Bodenschutz oder von „Vorkehrungen zur weitestgehenden Verminderung der weiträumigen oder grenzüberschreitenden Umweltverschmutzung" die Rede (Art. 14 Abs. 1 lit. b), h) RL 2010/75). Immerhin müssen für bestimmte, besonders umweltschädigende Stoffe, die in Anlage II aufgeführt sind, **Emissionsgrenzwerte** festgelegt werden. Diese sind auf die besten verfügbaren Techniken zu stützen (vgl. im Einzelnen die Präzisierungen in Art. 15 RL 2010/75), und Art. 14 Abs. 3 RL 2010/75 präzisiert allgemein, dass die sog. **BVT-Schlussfolgerungen als „Referenzdokument"** für die Genehmigungsauflagen dienen. Damit wird das **Konzept der besten verfügbaren Techniken** gestärkt bzw. der entsprechende Standard konkretisiert, sollen doch die nach Art. 13 RL 2010/75 zu erstellenden BVT-Schlussfolgerungen[582] für die Festlegung der Genehmigungsauflagen, insbesondere der Emissionsgrenzwerte, richtungsweisend sein.[583]

179 Diese Bezugnahme auf die BVT-Schlussfolgerungen ist nicht ganz klar: Offensichtlich geht es nicht um eine eigentliche Bindungswirkung; andererseits sollen ihnen als „Referenzdokumente" auch gewisse Rechtswirkungen zukommen, wofür auch das doch aufwändige Verfahren zu ihrer Annahme (Art. 13 RL 2010/75) spricht.[584] Vieles dürfte vor diesem Hintergrund dafür sprechen, dass ein Abweichen von den BVT-Schlussfolgerungen grundsätzlich begründungsbedürftig ist und „nach unten" von vornherein nur unter der Voraussetzung in Betracht kommt, dass nachgewiesen ist, dass den Anforderungen der Richtlinie Genüge getan ist; lediglich eine Art Berücksichtigungspflicht dürfte demnach nicht ausreichen, sondern auszugehen ist vielmehr von einem Äquivalenzgebot, so dass zumindest gleichwertige Standards verankert werden müssen, wofür auch Art. 14 Abs. 2 RL 2010/75 spricht. Nicht zu verkennen ist jedoch, dass auch auf der Grundlage dieses Ansatzes den Mitgliedstaaten ein erheblicher Gestaltungsspielraum eingeräumt wird, wenn man die Legaldefinition der besten verfügbaren Technik in Art. 3 Nr. 10

---

582 Diese bilden einen Teil der sog. BVT-Merkblätter und enthalten die wichtigen sog. assoziierten Emissionswerte, vgl. im Einzelnen Art. 13 Abs. 5 RL 2010/75. Vgl. hierzu auch *Röckinghausen*, UPR 2012, 161 (164).
583 Speziell zu dieser Aufwertung, auch im Vergleich zur bisherigen Rechtslage, *Diehl*, ZUR 2011, 59 ff. Zur Rolle der besten verfügbaren Technik in der bisherigen IVU-Richtlinie *Meßerschmidt*, Europäisches Umweltrecht, § 10, Rn. 71 ff., m.w.N.
584 Die Bezeichnung der BVT-Schlussfolgerungen als „Referenzdokumente" in Art. 14 Abs. 3 RL 2010/75 ist auch vor dem Hintergrund nicht wirklich stimmig, als die Schlussfolgerungen gemäß Art. 291 Abs. 2-4 AEUV als Durchführungsrechtsakte in die Form von Beschlüssen gekleidet werden (Art. 13 Abs. 5 RL 2010/75) und damit als solche an sich rechtlich verbindlich sind (zu diesem Aspekt auch *Diehl*, ZUR 2011, 59 (60 f.)), womit ihre Bezeichnung lediglich als „Referenzdokumente" in einem gewissen Spannungsverhältnis steht.

6. Kapitel Allgemeine Regeln

RL 2010/75 berücksichtigt, die nicht die Anwendung einer bestimmten Technik oder Technologie vorschreibt und wonach sich der Maßstab der besten verfügbaren Technik sowohl nach dem Entwicklungsstand der Technik als auch nach der wirtschaftlichen Vertretbarkeit richtet;[585] letztere ist allerdings branchenspezifisch, nicht dagegen einzelfallbezogen, zu verstehen, so dass nicht auf die wirtschaftliche Vertretbarkeit für den jeweiligen konkreten Anlagenbetreiber abgestellt wird.[586] Relevant ist aber auch, dass die Technik zu „vertretbaren Bedingungen" für den Betreiber zugänglich ist.

Für die **Emissionsgrenzwerte** verlangt Art. 15 Abs. 3 RL 2010/75 darüber hinaus, dass die durch die zuständige Behörde festgelegten Emissionsgrenzwerte sicherstellen, dass die Emissionen unter normalen Betriebsbedingungen die mit den besten verfügbaren Techniken assoziierten Emissionswerte, wie sie in den **BVT-Schlussfolgerungen festgelegt sind, nicht überschreiten**. Damit kommt den BVT-Schlussfolgerungen hier eine eigentliche **Bindungswirkung** zu.[587] Diese wird jedoch durch Art. 15 Abs. 4 RL 2010/75 sogleich wieder relativiert, der es der zuständigen Behörde erlaubt, „in besonderen Fällen" – aus Gründen des geographischen Standorts und lokaler Umweltbedingungen oder technischer Merkmale der betroffenen Anlage – weniger strenge Emissionsgrenzwerte festzulegen, sofern gewisse Voraussetzungen erfüllt sind. Diese stellen auf die unverhältnismäßig hohen Kosten für den Betreiber ab, womit den Behörden für eine solche Einzelfallentscheidung ein weiter Gestaltungsspielraum eingeräumt und die Bindungswirkung der BVT-Schlussfolgerungen erheblich aufgeweicht wird. Immerhin sind ggf. in den Anhängen der RL 2010/75 festgesetzte Emissionsgrenzwerte jedenfalls einzuhalten. Darüber hinaus hat die zuständige Behörde in jedem Fall sicherzustellen, dass keine „erheblichen Umweltverschmutzungen" verursacht werden und ein „hohes Schutzniveau für die Umwelt insgesamt" erreicht wird; diese Anforderungen sind derart vage formuliert, dass sie dem Gestaltungsspielraum der Mitgliedstaaten nur in Ausnahmefällen justiziable Grenzen setzen dürften.

Bei den Genehmigungsauflagen im Allgemeinen und den Emissionsgrenzwerten im Besonderen handelt es sich grundsätzlich um **konkret-individuelle Anforderungen bzw. Werte**, die für jede einzelne Anlage durch die zuständige mitgliedstaatliche Behörde festgelegt werden.[588] Allerdings erlaubt es Art. 17 RL 2010/75 den Mitgliedstaaten auch, die Anforderungen in generell-abstrakten Regeln festzulegen, sofern damit ein integriertes Konzept und ein gleichwertiges Schutzniveau für die Umwelt gewährleistet werden kann.

Zusätzliche Auflagen (im Vergleich zu dem Maßstab der besten verfügbaren Technik) sind in der Genehmigung dann vorzusehen, wenn eine Umweltqualitätsnorm – worunter (nur) die durch

---

585 Ausführlich zu diesem Maßstab und den teilweise in verschiedenen Texten erfolgten Konkretisierungen (unter Einbezug der in Anknüpfung an Art. 13 RL 2010/75 erarbeiteten sog. BREF's) *Schreiber*, Regelungsmodell der Genehmigung, 111 ff.; *Spieler*, Beste verfügbare Technik, 25 ff.; *Appel*, in: Technische Regeln im Umwelt- und Technikrecht, 67 ff.; *Breuer*, in: Aktuelle Probleme des Umwelt- und Technikrechts, 9 (21 ff., 32 ff.); *Buchholz*, Integrative Grenzwerte, 122 ff.; *Kracht/Wasielewski*, EUDUR I, § 35, Rn. 28 ff., 96 f.; *Zierock/Salomon*, ZUR 1998, 227 ff.; *Davids*, UPR 2000, 439 ff.; *Stapelfeldt*, Immissionsschutzrechtliche Anlagenzulassung, 120 ff.; *Mentzinis*, Durchführbarkeit des europäischen Umweltrechts, 94 ff.; *Zöttl*, Integrierter Umweltschutz, 201 ff.; im Verhältnis zum deutschen Recht auch *Buschbaum/Schulz*, NuR 2001, 181 ff.; *Feldhaus*, NVwZ 2001, 1 ff., die auch darauf hinweisen, dass es einer expliziten Aufnahme von Kosten- bzw. Wirtschaftlichkeitsgesichtspunkten in das deutsche Recht nicht bedürfe, da diese einmal bei der Verhältnismäßigkeitsprüfung zu berücksichtigen seien und die auf dieser Grundlage gleichwohl noch weniger weitgehende Berücksichtigung dieser Aspekte im deutschen Recht nach Art. 193 AEUV zulässig sei.
586 Vgl. *Buschbaum/Schulz*, NuR 2001, 181 (281 f.); *Dolde*, NVwZ 1997, 313 (315); *Koch/Jankowski*, ZUR 1998, 57 (61); *Heimlich*, NuR 1998, 582 (684 f.). S. umfassend zu diesen Begriffen unter Berücksichtigung der Rückwirkungen auf die deutschen Umweltstandards *Mann*, UTR 2003, 7 ff.
587 S. aber auch *Breuer*, in: Aktuelle Probleme des Umwelt- und Technikrechts, 9 (45), der auf die unklare Formulierung des Art. 15 Abs. 3 S. 1 lit. a) RL 2010/75 und die Abweichungsmöglichkeit nach Art. 15 Abs. 3 S. 1 lit. b) RL 2010/75 (in Bezug auf Werte, Zeiträume und Referenzbedingungen) hinweist. Zur Bindungswirkung der BVT-Schlussfolgerungen auch, m.w.N., *Wiedemann/Krappel/Frhr. von Süßkind-Schwendi*, DVBl. 2012, 1457 f.
588 Hiermit geht die Gefahr von Relativierungen und „ökonomisch bedingten Abstrichen von technisch möglichen und ökologisch angezeigten Emissionsbegrenzungen" einher, so dass das Fehlen genereller, einheitlicher und europaweit geltender Emissionsgrenzwerte zu bedauern ist, wird doch so das Emissionsminderungspotential nicht ausgeschöpft, vgl. so auch (mit dem erwähnten Zitat) *Breuer*, in: Aktuelle Probleme des Umwelt- und Technikrechts, 9 (44 f.).

das Unionsrecht aufgestellten Anforderungen zu verstehen sind, Art. 3 Ziff. 6 RL 2010/75[589] – durch den Rückgriff auf die beste verfügbare Technik nicht eingehalten werden kann, dies unbeschadet anderer Maßnahmen, die zur Einhaltung der Umweltqualitätsnormen ergriffen werden können, Art. 18 RL 2010/75. Durch diese Bestimmung wird eine Brücke zu den **Umweltqualitätsnormen** geschlagen.[590] Nach der Konzeption der Richtlinie stellen die Umweltqualitätswerte also keine bloßen Orientierungspunkte dar, sondern im Falle ihrer Nichteinhaltung sind, trotz des Rückgriffs auf die beste verfügbare Technik, in der Genehmigung zusätzliche Auflagen[591] vorzusehen, so dass die Genehmigung nur erteilt werden darf, wenn zum Zeitpunkt ihrer Erteilung die entsprechenden Umweltqualitätsnormen eingehalten werden.[592] In der Richtlinie nicht vorgesehen ist die Möglichkeit, auf den Rückgriff auf die beste verfügbare Technik zu verzichten, wenn die Umweltqualitätsnormen durch geringere Emissionsnormen eingehalten werden können.[593]

182 Vieles – insbesondere die systematische Stellung des Art. 18 RL 2010/75 im Verhältnis zu Art. 15 Abs. 4 RL 2010/75 sowie das in Art. 18 RL 2010/75 zum Ausdruck gekommene Bestreben, dass die Umweltqualitätsnormen jedenfalls einzuhalten sind – spricht dafür, dass auf die „Durchbrechungsmöglichkeit" des Art. 15 Abs. 4 RL 2010/75 jedenfalls dann nicht zurückgegriffen werden darf, wenn die Umweltqualitätsnormen überschritten würden.

183 Nach der Rechtsprechung des Gerichtshofs für die Festlegung von Emissionsgrenzwerten nicht relevant sind die nationalen Emissionshöchstmengen, die in der RL 2001/81 festgelegt sind.[594]

c) Überwachung und Überprüfung

184 Zur Sicherstellung der **Einhaltung der in der Genehmigung enthaltenen Verpflichtungen** des Anlagenbetreibers muss die zuständige Behörde diese regelmäßig überwachen. Weiter müssen die Genehmigungen in angemessenen Zeiträumen **überprüft** werden, um die Anpassung insbesondere an die Entwicklung der besten verfügbaren Technik und der rechtlichen Vorgaben sicherzustellen. Dem hier einschlägigen **Art. 21 RL 2010/75** sind einige diesbezügliche Präzisionen zu entnehmen, die die bisherigen Regelungen in verschiedenen Punkten verschärfen bzw. präzisieren. Insbesondere sind nach Art. 21 Abs. 3 RL 2010/75 alle Genehmigungsauflagen innerhalb von vier Jahren nach der Veröffentlichung eines Durchführungsbeschlusses über BVT-Schlussfolgerungen durch die zuständige Behörde zu überprüfen und ggf. auf den neuesten Stand zu bringen.

185 Darüber hinaus führt **Art. 23 RL 2010/75** eine neue Verpflichtung ein, nämlich die Pflicht der Mitgliedstaaten, sog. **Umweltinspektionen** vorzusehen, deren Gestaltung im Einzelnen in der Bestimmung konkretisiert wird.[595]

---

589 Von denen es allerdings nicht sehr viele gibt, vgl. hierzu unten 7. Kap. Rn. 97 ff., Rn. 131 ff.
590 Grundlegend zu den Konzepten der Emissions- und Immissionsbekämpfung *Meinken*, Emissions- versus Immissionsorientierung, *passim*.
591 Man könnte hier etwa an eine Einschränkung der Produktion oder an Betriebsbeschränkungen denken.
592 Vgl. zu dieser Auslegung, in Bezug auf die „alte" Fassung der Richtlinie, bereits *Epiney*, in: Aktuelle Probleme des Immissionsschutzrechts, 9 (20 f.), unter Hinweise auf den Umstand, dass dieser Ansatz nicht impliziert, dass zwingend die Emissionsgrenzwerte in Abhängigkeit von der Einhaltung der Umweltqualitätsziele festzusetzen sind, ist hier doch die beste verfügbare Technik ausschlaggebend. Vielmehr geht es (nur, aber immerhin) um eine Ergebnispflicht in dem Sinn, dass insgesamt zum Zeitpunkt der Erteilung der Genehmigung die Einhaltung der Umweltqualitätsnormen sichergestellt sein muss. I. Erg. ebenso *Beyer*, Integrierte Anlagenzulassung, 106 f.
593 Zu einer solchen Variante auf der Grundlage des ursprünglichen Kommissionsvorschlages sehr kritisch *Sellner/Schnutenhaus*, NVwZ 1993, 828 (831 ff.); *Schnutenhaus*, ZUR 1994, 299 (301 f.); etwas differenzierter *Appel*, DVBl. 1995, 399 (400 ff.). Zur Problematik auch *Kracht/Wasielewski*, EUDUR I, § 35, Rn. 37 ff.
594 EuGH, verb. Rs. C-165-167/09 (Stichting Natuur en Milieu), Urt. v. 26.5.2011. Zu diesem Urteil ausführlich 7. Kap. Rn. 148.
595 Hierzu den Überblick bei *Röckinghausen*, UPR 2012, 161 (163); *Wiedemann/Krappel/Frhr. von Süßkind-Schwendi*, DVBl. 2012, 1457 (1461 f.).

d) Stilllegung

Art. 22 RL 2010/75 enthält – im Vergleich zur bisherigen Rechtslage neue bzw. erheblich weitergehende und spezifizierte – Pflichten im Falle der Stilllegung einer Anlage, womit die bereits in Art. 11 lit. h) RL 2010/75 formulierte allgemeine Pflicht, diesfalls das Betriebsgelände auf einen zufriedenstellenden Zustand zurückzuführen, präzisiert wird.[596]

Art. 20 RL 2010/75 soll sicherstellen, dass die Anlagen auch nach der Vornahme **wesentlicher Änderungen** den Anforderungen der Richtlinie entsprechen.

e) Einbezug der Öffentlichkeit und gerichtlicher Zugang

Die Bestimmungen der RL 2010/75 betreffend den Einbezug der Öffentlichkeit sowie den gerichtlichen Zugang wurden schon im Hinblick auf die Erfüllung der sich aus der Aarhus-Konvention[597] ergebenden Anforderungen modifiziert, wobei die Modifikationen der RL 2010/75 im Wesentlichen parallel zu denjenigen der RL 2011/92 gelagert sind.[598]

In Bezug auf die **Öffentlichkeitsbeteiligung** – wobei die Einschränkungsgründe der RL 2003/4 zum Zuge kommen (Art. 24 Abs. 4 RL 2010/75) – sind folgende Aspekte zu erwähnen:[599]

- Die „**betroffene Öffentlichkeit**" (vgl. die Begriffsdefinition in Art. 3 Nr. 17 RL 2010/75) ist nach Art. 24 Abs. 1 RL 2010/75 in effektiver Weise an der **Genehmigungserteilung** für neue Anlagen sowie für wesentliche Änderungen des Betriebs einer Anlage und für die Aktualisierung der Genehmigung zu beteiligen; aus Anhang IV RL 2010/75 ergeben sich hier Einzelheiten des Verfahrens. Von Bedeutung ist, dass über Anträge und Genehmigungsentscheidungen zu informieren ist und die betroffene Öffentlichkeit Gelegenheit zur Stellungnahme erhält.[600]
- Über eine **Entscheidung über die Erteilung, Überprüfung oder Aktualisierung einer Genehmigung** sind eine Reihe von Angaben (u.a. der Inhalt und die Gründe), teilweise auch über das Internet, der **Öffentlichkeit** zur Verfügung zu stellen, Art. 24 Abs. 2 RL 2010/75.
- Der **Öffentlichkeit** sind relevante Informationen zu den vom Betreiber bei der endgültigen Einstellung der Tätigkeiten getroffenen Maßnahmen nach Art. 22 RL 2010/75 sowie die Ergebnisse der entsprechend den Genehmigungsauflagen erforderlichen Überwachung der Emissionen, die bei der zuständigen Behörde vorliegen, zur Verfügung zu stellen, Art. 24 Abs. 3 RL 2010/75.

Art. 26 RL 2010/75 sind besondere, weitere Vorgaben in Bezug auf Information und Konsultation im Falle möglicher grenzüberschreitender Umweltauswirkungen einer Anlage zu entnehmen.

Art. 25 RL 2010/75 – der auf die Aarhus-Konvention[601] zurückgeht und deren Formulierungen im Wesentlichen wörtlich übernimmt – gibt den Mitgliedstaaten vor, einen Mindeststandard an **Rechtsschutz** sicherzustellen. Im Gegensatz zum Richtlinienvorschlag der Kommission[602] stellt diese Bestimmung aber im Hinblick auf die Zulässigkeitsvoraussetzungen einer Klage gerade nicht auf ein „ausreichendes Interesse" ab,[603] sondern übernimmt die Varianten der Aarhus-Konvention, so dass die Mitgliedstaaten bei der Zulässigkeit auch auf eine Rechtsverletzung

---

596 Hierzu den Überblick bei *Röckinghausen*, UPR 2012, 161 (163); *Wiedemann/Krappel/Frhr. von Süßkind-Schwendi*, DVBl. 2012, 1457 (1463 ff.).
597 S.o. 6. Kap. Rn. 4 ff.
598 Zu den entsprechenden Vorgaben oben 6. Kap. Rn. 79.
599 Spezifisch zur Öffentlichkeitsbeteiligung im Rahmen der IVU etwa *Shirvani*, NuR 2010, 383 ff.
600 Dieser Zugang kann nicht unter Berufung auf den Schutz des Betriebs- oder Geschäftsgeheimnisses abgelehnt werden, vgl. EuGH, Rs. C-416/10 (Krizan), Urt. v. 15.1.2013, Ziff. 74 ff.
601 Zu dieser oben 6. Kap. Rn. 4 ff.
602 KOM (2000) 839 endg.
603 Womit die „Interessentenklage" auch ausdrücklich verankert worden wäre, vgl. hierzu in Bezug auf den Richtlinienvorschlag der Kommission *Epiney*, in: Information – Beteiligung – Rechtsschutz (6. Kap. J.I.), 9 (31 f.).

abstellen dürfen, soweit dies durch das nationale Verwaltungsprozessrecht vorgesehen ist.[604] Allerdings ist obligatorisch eine Verbandsklage vorzusehen. Die Verfahren sind „fair, gerecht, zügig und nicht übermäßig teuer" zu gestalten.

192 Die vom EuGH zur entsprechenden Bestimmung der UVP-Richtlinie (RL 2011/92) gemachten Präzisierungen bezüglich der Auslegung der Rechtsschutzgarantie[605] dürften auf die Auslegung des Art. 25 RL 2010/75 übertragbar sein. Im Übrigen und darüber hinaus ist darauf hinzuweisen, dass der Gerichtshof aus der Effektivität des gerichtlichen Zugangs sowie dem Anliegen der Vermeidung von Umweltverschmutzungen ableitet, dass die Mitglieder der betroffenen Öffentlichkeit im Rahmen des in der RL 2010/75 vorgesehenen Zugangs zu einem Überprüfungsverfahren über die Möglichkeit verfügen müssen, bei dem zuständigen Gericht oder einer anderen unabhängigen Stelle den Erlass einstweiliger Anordnungen zu beantragen, mit denen die Vollziehung der in Frage stehenden Genehmigung vorübergehend ausgesetzt werden kann.[606]

4. Großfeuerungsanlagen

193 Art. 28 ff. RL 2010/75 enthalten besondere Vorschriften über **Großfeuerungsanlagen**.

194 Dieses Kapitel greift die Vorgaben der RL 2001/80[607], die Anfang 2016 aufgehoben werden wird (Art. 81 Abs. 2 RL 2010/75) auf, enthält aber auch einige Neuerungen.[608]

195 Art. 28 ff. RL 2010/75 finden auf Feuerungsanlagen Anwendung, deren Feuerungswärmeleistung mindestens 50 MW beträgt, wobei die Art des verfeuerten Brennstoffs unerheblich ist, Art. 28 Abs. 1 RL 2010/75. Art. 28 Abs. 2 RL 2010/75 schließt jedoch eine Reihe von Feuerungsanlagen vom Anwendungsbereich des Kapitels aus.

196 Art. 30 RL 2010/75 sind – i.V.m. Anhang V RL 2010/75 – umfangreiche Pflichten zur Einhaltung von **Emissionsgrenzwerten** zu entnehmen, und Art. 31 RL 2010/75 regelt den **Schwefelabscheidegrad**.

197 Allerdings sieht die Richtlinie auch **Ausnahmen** vor: So kann nach Art. 32 RL 2010/75 für vor 2002 erstmals genehmigte Anlagen ein nationaler Übergangsplan erstellt werden, und die von dem Plan erfassten Anlagen können von der Einhaltung der Emissionsgrenzwerte und Schwefelabscheidegrade freigestellt werden, wobei jedoch jedenfalls die Grenzwerte der Vorgängerrichtlinien einzuhalten sind. Im Übergangsplan sollen die Emissionen der Anlagen und insbesondere ihre Reduktionen im Einzelnen geplant werden, wofür Art. 32 RL 2010/75 Vorgaben enthält. Art. 33 RL 2010/75 erlaubt unter gewissen Voraussetzungen die Abweichung von Emissionsgrenzwerten und dem Schwefelabscheidegrad für Anlagen mit beschränkter Laufzeit; ebenso sind unter bestimmten Voraussetzungen Ausnahmen für kleine isolierte Netze (Art. 34 RL 2010/75) und für Fernwärmeanlagen (Art. 35 RL 2010/75) vorgesehen.

198 Art. 36 RL 2010/75 sieht vor, dass die Betreiber von Anlagen mit einer Leistung von mehr als 300 MW prüfen müssen, ob geeignete Speicherstätten für die geologische Speicherung von Kohlendioxid sowie entsprechende technische Anlagen o.ä. vorhanden sind; ist dies zu bejahen, sind auf dem Anlagengelände entsprechende Vorkehrungen zu treffen.

---

604 Zu den diesbezüglichen Vorgaben der Aarhus-Konvention – die somit auch im Rahmen der Richtlinie zur Anwendung kommen – ausführlich *Epiney*, in: Information – Beteiligung – Rechtsschutz (6. Kap. J.I.), 9 (16 ff.); *Epiney/Sollberger*, Zugang zu Gerichten (6. Kap. J.I.), 324 ff.; teilweise a.A. in Bezug auf die Verbandsklage *von Danwitz*, NVwZ 2004 (6. Kap. J.I.), 272 (278 f.). S. bereits oben 6. Kap. Rn. 8, Rn. 79.
605 Vgl. oben 6. Kap. Rn. 79.
606 EuGH, Rs. C-416/10 (Krizan), Urt. v. 15.1.2013, Ziff. 105 ff.
607 Die ihrerseits die RL 88/609 zur Begrenzung von Schadstoffemissionen von Großfeuerungsanlagen in die Luft ablöste. Vgl. in diesem Zusammenhang EuGH, Urteil vom 8.7.2004, Rs. C-214/03 (Kommission/Österreich), wo der EuGH in verschiedenen Punkten (insbesondere aufgrund einer von der Richtlinie abweichenden Definition der Begriffe „Neuanlage" und „bestehende Anlage", der unvollständigen Übernahme einiger Emissionsgrenzwerte in das nationale Luftreinhalterecht und der unkorrekten Berechnung der Emissionsgrenzwerte in bestimmten Fällen) eine unzureichende Umsetzung der RL 88/609 in österreichisches Recht feststellte.
608 Zu diesen den Überblick bei *Jans/Vedder*, European Environmental Law, 366 f.

6. Kapitel Allgemeine Regeln

Weitere Bestimmungen betreffen Maßnahmen im Falle von Betriebsstörungen (Art. 37 RL 2010/75), die Überwachung der Emissionen in die Luft (Art. 38 RL 2010/75), die Bedingungen für die Einhaltung der Emissionsgrenzwerte (Art. 39 RL 2010/75), besondere Vorschriften für Mehrstofffeuerungsanlagen (Art. 40 RL 2010/75) sowie die Annahme von Durchführungsbestimmungen (Art. 41 RL 2010/75).[609]

5. Abfallverbrennungsanlagen

Kap. IV RL 2010/75 (Art. 42 ff. RL 2010/75) sind besondere Vorschriften für **Abfallverbrennungsanlagen und Abfallmitverbrennungsanlagen** (vgl. zum Anwendungsbereich Art. 42 RL 2010/75) zu entnehmen, wobei an die RL 2000/76 – die Anfang 2014 aufgehoben wird – angeknüpft wird. Hintergrund dieser Regelungen ist die Überlegung, dass bei den Anforderungen an die Verbrennung von Abfällen nicht primär auf die Eigenschaften der Abfälle, sondern auf die Emissionen abgestellt werden sollte, womit sich dann die in der Richtlinie vorgesehenen einheitlichen (und im Vergleich zur RL 2000/76 teilweise strengeren) **Emissionsgrenzwerte** (Art. 46 Abs. 2 i.V.m. Anhang VI RL 2010/75) aufdrängten.

Neben den die einzuhaltenden Emissionsgrenzwerte betreffenden Bestimmungen enthält die Richtlinie Vorgaben hinsichtlich des Genehmigungsantrags (Art. 44 RL 2010/75), der Genehmigungsauflagen (Art. 45 RL 2010/75), der Emissionsüberwachung (Art. 48 RL 2010/75) und verschiedene Aspekte der Betriebsbedingungen, einschließlich der Anlieferung und Annahme das Abfalls (Art. 50 ff. RL 2010/75).

In den Rs. C-139/00[610] und Rs. C-60/01[611] hatte sich der EuGH zu den Anforderungen an die Umsetzung der Vorgängerrichtlinien der RL 2000/76 (die RL 89/369 und 89/429) auszusprechen. Der EuGH betonte hier insbesondere, dass die fraglichen Richtlinien den Mitgliedstaaten insofern klar und eindeutig formulierte „Erfolgspflichten" auferlegten, als die Verbrennungsanlagen innerhalb der in der Richtlinie festgesetzten Fristen bestimmten, detaillierten Anforderungen zu genügen haben. Dies impliziere nicht nur eine korrekte (rechtstechnische) Umsetzung in nationales Recht, sondern darüber hinaus auch die tatsächliche Inbetriebnahme und Betreibung der Verbrennungsanlagen gemäß den Anforderungen der Richtlinien. Offen lässt der EuGH insbesondere im erstgenannten Urteil die Frage, ob ggf. eine „absolute Unmöglichkeit" der Erfüllung der sich aus den Anforderungen der Richtlinie ergebenden Verpflichtungen ihre Nichterfüllung hätte rechtfertigen können, da der beklagte Mitgliedstaat eine solche jedenfalls nicht nachzuweisen vermochte. Jedenfalls lassen sich diese Urteile auch auf die Anforderungen der RL 2010/75 übertragen.

6. Anlagen und Tätigkeiten, bei denen Lösemittel eingesetzt werden

Kap. V RL 2010/75 (Art. 56 ff. RL 2010/75) enthält besondere Vorschriften für Anlagen und Tätigkeiten, bei denen organische Lösungsmittel eingesetzt werden (vgl. zum Anwendungsbereich Art. 56 RL 2010/75), wobei an die RL 1999/13 (Lösemittelrichtlinie) angeknüpft wird.

Nach Art. 58 RL 2010/75 sind gewisse gefährliche Stoffe oder Mischungen in „kürzestmöglicher Frist" soweit wie möglich durch weniger gefährliche Stoffe oder Mischungen zu ersetzen (Art. 58 RL 2010/75), eine denkbar vage formulierte Vorgabe.

Art. 59 i.V.m. Anhang VIII RL 2010/75 ist eine Pflicht zur Einhaltung gewisser Emissionsgrenzwerte zu entnehmen, wobei jedoch gewisse Abweichungsmöglichkeiten zu verzeichnen sind.

Weitere Bestimmungen betreffen die Emissionsüberwachung (Art. 60 RL 2010/75), die Berichterstattung der Betreiber (Art. 62 RL 2010/75), wesentliche Änderungen bestehender Anlagen (Art. 63 RL 2010/75), einen von der Kommission organisierten Informationsaustausch (Art. 64 RL 2010/75) sowie den Zugang der Öffentlichkeit zu Informationen (Art. 65 RL 2010/75).

---

609 Vgl. in Bezug auf letztere den Durchführungsbeschluss der Kommission 2012/249/EU in Bezug auf die Festlegung der Zeitabschnitte des An- und Abfahrens von Feuerungsanlagen.
610 EuGH, Rs. C-139/00 (Kommission/Spanien), Slg. 2002, I-6407.
611 EuGH, Rs. C-60/01 (Kommission/Frankreich), Slg. 2002, I-5679.

7. Titandioxid produzierende Anlagen

206 Kap. VI RL 2010/75 (Art. 66 ff. RL 2010/75) widmet sich spezifischen Regelungen über die Titandioxidproduktion, ein Bereich, der bislang bzw. bis 2014 (Art. 81 Abs. 1 RL 2010/75) in sektoriellen Richtlinien geregelt ist.

207 Vorgesehen sind insbesondere ein **Verbot der Einleitung bestimmter Abfälle** in Gewässer, Meere und Ozeane (Art. 67 RL 2010/75) und die Pflicht zur Einhaltung von **Emissionsgrenzwerten** für gewisse Emissionen ins Wasser (Art. 68, 69 i.V.m. Anhang VIII RL 2010/75).

208 Weiter sind die Emissionen gemäß den Vorgaben des Art. 70 RL 2010/75 zu überwachen.

II. Zur Umsetzung

209 Die Umsetzung der „alten" IVU-Richtlinie stieß in Deutschland[612] auf große **Schwierigkeiten**, die insbesondere – aber nicht nur – auf dem medienübergreifenden, integrativen Ansatz der Richtlinie[613] sowie dem deutschen Institut der gebundenen Genehmigungsentscheidung[614] beruhten.[615] Nachdem Anläufe zu einer umfassenderen Umsetzung im Rahmen eines Umweltge-

---

[612] Zur Umsetzung der IVU-Richtlinie in rechtsvergleichender Sicht *Bohne*, JEEPL 2008, 1 ff.; *Bohne*, JEEPL 2008, 319 ff.; s. auch *Bohne/Dietze*, EELR 2004, 198 ff.

[613] Hierzu im Zusammenhang mit der Umsetzung etwa *Enders/Krings*, DVBl. 2001, 1389 f.; *Lübbe-Wolff*, NuR 1999, 241 (244 ff.), die zwar vor dem Artikelgesetz bereits bestehende integrative Elemente betont, jedoch angesichts ihrer im Wesentlichen impliziten Verankerung insbesondere im BImSchG von der Notwendigkeit einer ausdrücklichen Umsetzung ausgeht; s. auch *Feldhaus*, ZUR 2002, 1 ff.; *Ladeur*, ZUR 1998, 245 ff.

[614] Fraglich ist bzw. war hier, ob das Prinzip der gebundenen Genehmigungsentscheidung mit den Vorgaben der RL 96/61 (heute der RL 2010/75) in Einklang stehen kann. Vgl. hierzu ausführlich m.w.N. *Engelhardt*, Umsetzung der IVU-Richtlinie, 148 ff.; s. auch schon *Steinberg/Koepfer*, DVBl. 1997, 973 ff.; *Volkmann*, VerwArch 1998, 363 ff.; *Wickel*, UPR 2000, 92 ff. Nach der hier vertretenen Ansicht ist eine gebundene Entscheidung in Anwendung der Vorgaben der IVU-Richtlinie jedenfalls nicht sinnvoll, ist in diesem Rahmen doch nur bedingt eine Abwägung und „Gesamtsaldierung" möglich; allerdings dürfte die IVU-Richtlinie einer gebundenen Genehmigungsentscheidung nicht *per se* entgegen stehen, ebenso *Erbguth/Stollmann*, ZUR 2000, 379 (382); *Dolde*, NVwZ 1997, 313 (318); *Günter*, NuR 2002, 394; *Schmidt-Preuß*, NVwZ 2000, 252 (255); skeptisch hingegen etwa *Kloepfer*, NVwZ 2002, 649 (650). Im Übrigen ist das Konzept der gebundenen Genehmigung aus umweltpolitischer Sicht nicht über alle Zweifel erhaben, denn es ermöglicht keine Koordination verschiedener Vorhaben und muss immer dort versagen, wo ein einzelnes Projekt zwar unbedenklich ist, mehrere gleichartige Vorhaben jedoch eine Gefahr darstellen (können), vgl. *Appel*, DVBl. 1995, 399 (407); vgl. aber auch die insgesamt positive Bewertung der gebundenen Genehmigung im Hinblick auf einen integrierten Umweltschutz bei *Rebentisch*, NVwZ 1995, 949 (950 ff.); zur Komplexität der Genehmigung auch *Steinberg*, NVwZ 1995, 209 (210 ff.). Die derzeit gefundene Lösung besteht letztlich darin, an dem Grundsatz der gebundenen Genehmigung festzuhalten, gleichzeitig aber durch die Verpflichtung zur Beachtung des Integrationsgebots erweiterte Abwägungsgebote vorzusehen, womit letztlich die Gebundenheit in Teilen der Genehmigung etwas relativiert wird, ohne dass das Institut der gebundenen Genehmigung aber aufgegeben wird. Vgl. in diese Richtung wohl auch *Beckmann*, NuR 2003, 715 (718 f.); *Kugelmann*, DVBl. 2002, 1238 ff.; *Lübbe-Wolff*, NuR 1999, 241 ff. Eine große Bedeutung kommt bei diesem System im Übrigen den untergesetzlichen Konkretisierungen zu, vgl. hierzu *Hansmann*, ZUR 2002, 19 ff.; *Wasielewski*, ZUR 2000, 373 ff.

[615] Zu den Umsetzungsschwierigkeiten etwa *Zöttl*, Integrierter Umweltschutz, 268 ff.; *Ladeur*, UTR 2001, 221 (250 ff.); *Schmidt-Preuß*, NVwZ 2000, 252 (255 ff.); *Wahl*, NVwZ 2000, 502 ff.

6. Kapitel Allgemeine Regeln

setzbuches gescheitert[616] und die Umsetzungsfrist abgelaufen war, erfolgte die Umsetzung (endlich) im sog. „**Artikelgesetz**"[617], das auch noch andere Richtlinien umsetzte.

Dieses integrierte die Anforderungen der IVU-Richtlinie in das Immissionsschutz- und Wasserrecht, so dass die parallelen Zulassungsverfahren nach BImSchG und WHG beibehalten wurden und keine neue „integrierte Genehmigung" geschaffen wurde.

Aus materieller Sicht ist insbesondere von Bedeutung, dass das Artikelgesetz den integrativen Ansatz, der gerade im BImSchG durchaus schon bislang enthalten war, vervollständigt, indem die Integrationsklausel des Grundpflichtenkatalogs durch eine ausdrückliche Nennung der integrierten Betrachtungsweise ergänzt wird, die Integrationsklausel in den Ermächtigungsgrundlagen für untergesetzliche Konkretisierungen der Grundpflichten verankert wird (§§ 5 Abs. 1, 7, Abs. 1 S. 2, 48 S. 2 BImSchG), die Grundpflichten des § 5 BImSchG erweitert werden (s. insbesondere § 5 Abs. 1 Nr. 2 i.V.m. § 1 Abs. 2 BImSchG), der Stand der Technik entsprechend den Anforderungen der Richtlinie definiert wird (§ 3 Abs. 6 BImSchG) und Koordinierungsverpflichtungen der Genehmigungsbehörde (§ 10 Abs. 5 S. 2 BImSchG) vorgesehen werden.[618]

Die RL 2010/75 wurde in Deutschland durch das Gesetz zur Umsetzung der Richtlinie über Industrieemissionen – das in erster Linie das BImschG ändert bzw. anpasst (insbesondere im Hinblick auf die Stärkung der Verbindlichkeit der sog. BVT-Schlussfolgerungen sowie gewisse Neuerungen in der Anlagenüberwachung) – sowie Modifikationen in zwei Verordnungen zum BImSchG (4. Und 9. BImschV) umgesetzt.[619]

III. Zusammenfassende Bewertung der IVU

Eine integrierte Verminderung und Vermeidung der Umweltverschmutzung auf der Grundlage der RL 2010/75 ermöglicht eine gewisse Kontrolle der erfassten industriellen Tätigkeiten. Bestimmte industrielle Anlagen müssen unionsweit einer Genehmigungspflicht unterworfen werden, wobei die Art und Weise der Sicherstellung der Einhaltung der in der Richtlinie enthaltenen Anforderungen weitgehend den Mitgliedstaaten überlassen bleibt. Weiter ist die Richtlinie als Mindeststandard konzipiert, so dass den Mitgliedstaaten zahlreiche Möglichkeiten, ein strengeres Schutzniveau anzulegen und damit auch weitere zwingende Verweigerungsgründe vorzu-

---

616 Insbesondere auch aufgrund unterschiedlicher Ansichten in Bezug auf eine entsprechende Kompetenz des Bundes. Zum Problemkreis *Rengeling*, Gesetzgebungskompetenzen für den integrierten Umweltschutz (4. Kap. E.I.), 33 ff. Zur (geplanten) Umsetzung der IVU-Richtlinie in einem UGB I *Sendler*, in: Aktuelle Probleme des Immissionsschutzrechts, 29 ff.; *Krings*, UTR 1998, 47 ff.; s. auch *Sangenstedt*, ZUR 2007, 505 ff.; kritisch zu dieser „verpassten" Chance *Böhm*, UTR 2001, 177 (186); *Wahl*, ZUR 2000, 360 (361), der das Scheitern dieser Umsetzungsstrategie als „rechtspolitisches und rechtssystematisches Desaster" bezeichnet. Das Scheitern auch bedauernd, da durch die geltende Rechtslage letztlich der integrierte Ansatz, der den Behörden eine einzelfallbezogene Steuerungsmöglichkeit einräumen müsse und auch über das geltende Recht hinausgehende verfahrensrechtliche Anforderungen impliziere, unzureichend berücksichtigt werde, *Calliess*, DVBl. 2010, 1 ff.; s. auch *Kahl/Welke*, DVBl. 2010, 1414 ff., die für die Notwendigkeit einer integrierten Vorhabengenehmigung plädieren.
617 Gesetz zur Umsetzung der UVP-ÄnderungsRL, der IVU-RL und weiterer EG-Richtlinien zum Umweltschutz vom 27.7.2001, BGBl. I, 1950 f. Gegenstand des Artikelgesetztes sind Änderungen in verschiedenen Erlassen (insbesondere des UVPG, BImSchG, WHG, KrW-/AbfG, AtomG, BNatSchG, BAuGB). Zur Umsetzung der IVU-Richtlinie durch das „Artikelgesetz" *Enders/Krings*, DVBl. 2001, 1389 ff.; *Feldhaus*, in: Integrativer Umweltschutz, 9 ff.; *Koch/Siebel-Huffmann*, NVwZ 2001, 1081 ff.; *Günter*, NuR 2002, 394 ff.; *Koch/Prall*, NVwZ 2002, 666 (667 ff.); *Maaß*, DVBl. 2002, 364 ff.; *Neuser*, UPR 2001, 366 ff.; *Böhm*, in: Integrativer Umweltschutz, 103 (106 ff.); *Meßerschmidt*, Europäisches Umweltrecht, § 10, Rn. 7 ff.; ausführlich *Engelhardt*, Umsetzung der IVU-Richtlinie, *passim*; im Einzelnen zur Umsetzung ins deutsche Recht *Kracht/Wasielewski*, EUDUR I, § 35, Rn. 51 ff. Teilweise wird die Umsetzung im Artikelgesetz auch in einzelnen Punkten (insbesondere Verwirklichung des integrativen Ansatzes und Verfahrenskoordination) als defizitär angesehen, vgl. etwa *Wasielewski*, in: Umweltrecht im Wandel, 213 (220 ff.); *Maaß*, DVBl. 2002, 364 (369 f.); *Calliess*, DVBl. 2010, 1 (3 ff.); a.A. aber etwa *Koch/Siebel-Huffmann*, NVwZ 2001, 1081 (1088).
618 Im Einzelnen zu den Modifikationen im BImSchG *Enders/Krings*, DVBl. 2001, 1389 (1390 ff.).
619 Hierzu *Scheidler*, UPR 2013, 121 ff.; *Keller*, UPR 2013, 128 ff.; s. auch schon *Röckinghausen*, UPR 2012, 161 ff.; *Braunewell*, UPR 2011, 250 ff.

sehen, offen stehen.[620] Der integrative und medienübergreifende Ansatz der IVU trägt dem Umstand Rechnung, dass nur auf diese Weise tatsächlich eine „globale Umweltverträglichkeit" der genehmigten Anlagen garantiert werden kann. Diese Konzeption bringt jedoch den ihr inhärenten „Nachteil" mit sich, dass die einzuhaltenden Anforderungen nicht sehr genau geregelt werden können, ist doch die Erreichung eines „hohen Schutzniveaus als Ganzes" keiner zahlenmäßigen Erfassung zugänglich, sondern von vielfältigen, manchmal auch unvorhersehbaren Gegebenheiten abhängig.[621] Auch wenn daher das verfolgte integrierte Konzept aus umweltpolitischer Sicht besticht und überzeugt, stößt es doch in Bezug auf seine Fassbarkeit in konkrete und anwendbare Normen auf Grenzen, die durch die Komplexität der integrierten Wechselbeziehungen in der Umwelt noch verstärkt werden.[622] Die über weite Strecken „generalklauselartigen" Formulierungen in Art. 14 RL 2010/75 sind vor diesem Hintergrund zu sehen.[623]

213 Die Richtlinie trägt aber auch der Tatsache Rechnung, dass die Emission bestimmter Stoffe[624] aufgrund ihres Gefahrenpotentials zu begrenzen ist. Maßstab für die in der Genehmigung festzulegenden Grenzwerte ist die beste verfügbare Technik, mindestens aber der sich aus unionsrechtlichen Bestimmungen ergebende Emissionsgrenzwert. Zudem muss sichergestellt werden, dass die festgelegten Emissionswerte die Einhaltung der Umweltqualitätsnormen, d.h. in erster Linie der Immissionsgrenzwerte, ermöglichen. Diese Verpflichtung der Mitgliedstaaten zur Einhaltung bestimmter Mindeststandards setzt dem sich aus der Generalklausel des Art. 14 Abs. 1 RL 2010/75 ergebenden Beurteilungsspielraum eine Grenze und ist daher ebenso sinnvoll wie notwendig. Gleichwohl fragt es sich, auf welche Weise durch eine konkrete Genehmigungsentscheidung eine gewisse Lastengleichheit der verschiedenen Anlagenbetreiber im Hinblick auf die Einhaltung der Immissionsgrenzwerte sichergestellt werden soll. Ein alleiniges Abstellen auf die Einzelfallentscheidung befriedigt hier insofern nicht, weil dann einem Anlagenbetreiber regelmäßig allein deshalb die Genehmigung verweigert werden müsste, weil in dem entsprechenden Gebiet schon zahlreiche andere Verschmutzungsquellen vorhanden sind. Im Hinblick auf die Verwirklichung einer angemessenen Verteilung der Lasten wäre daher eine gewisse Koordination ebenso sinnvoll wie notwendig, so dass die nationalen Gesetzgeber bei der Umsetzung besonderes Augenmerk auf diesen Aspekt legen sollten.

214 Die Neufassung der Richtlinie vermag zwar gewissen Schwächen der „alten" Richtlinie Rechnung zu tragen; so ist insbesondere die Präzisierung und Stärkung der Rolle des Standes der besten verfügbaren Technik zu begrüßen. Allerdings eröffnet auch die neue Richtlinie zahlreiche Möglichkeiten der Abweichung, und an der Grundproblematik einer Einzelfallfestlegung der Genehmigungsvoraussetzungen vermag auch sie nichts zu ändern, ganz abgesehen davon, dass auch die neuen Vorgaben trotz weiterer Präzisierungen über weite Strecken eine geringe normative Dichte aufweisen.

215 Insgesamt erscheint es – in erster Linie aufgrund der inhaltlichen Vagheiten in der Richtlinie – fraglich, ob die IVU wirklich ein geeignetes Instrument zur gesamthaften Verbesserung des Immissionsschutzes darstellt. Jedenfalls „allein" dürfte sie hierzu nicht in der Lage sein, so dass

---

620 Ob dies tatsächlich zu signifikanten Wettbewerbsverzerrungen führte – vgl. die Befürchtungen in diesem Sinn bei *Appel*, DVBl. 1995, 399 (401 f.) – oder ein „Umweltgefälle" in der Union „festschreibt" – s. in diese Richtung *Sellner/Schnutenhaus*, NVwZ 1993, 828 (833) –, darf jedoch bezweifelt werden, stellt doch die IVU nur ein Element in diesem Zusammenhang dar, das nicht allein ausschlaggebend ist.
621 Vgl. in diesem Zusammenhang die Zusammenfassung der Standpunkte der Mitgliedstaaten und die Zusammenstellung der Änderungsvorschläge des Umweltausschusses der EP bei *Schnutenhaus*, NVwZ 1994, 671 (672). Vor diesem Hintergrund ist denn auch die Kritik der Bundesregierung zu sehen, der Vorschlag sei zu verfahrenslastig ausgestaltet, vgl. hierzu zusammenfassend *Schnutenhaus*, ZUR 1994, 299 (300 ff.), der auch die Art des Agierens der Bundesregierung im Rat kritisch beleuchtet.
622 So dass die Normen letztlich wieder die komplexe Wirklichkeit reduzieren müssen, vgl. in diesem Zusammenhang *Rebentisch*, NVwZ 1995, 949, der in Bezug auf den RL-Vorschlag davon spricht, dass die Kommission hier „das Gebot der Reduktion an Komplexität" übertrieben habe, enthalte der Vorschlag doch kaum materielle Anforderungen. Skeptisch auch im Hinblick auf die Geeignetheit des RL-Vorschlags für eine tatsächliche Durchsetzung integrierten Umweltschutzes *Steinberg*, NVwZ 1995, 209 (218).
623 Vgl. denn auch allgemein zu diesen Defiziten des „integrierten Ansatzes" *Masing*, DVBl. 1998, 549 ff.
624 Diese sind in Anhang II aufgeführt, der von der Kommission regelmäßig überprüft wird.

6. Kapitel Allgemeine Regeln

eine IVU die in sie gestellten Erwartungen wohl nur unter der Voraussetzung erfüllen kann, dass sie in einen Gesamtzusammenhang verschiedener Maßnahmen gestellt wird. Zu diesen müssen – auch und gerade auf Unionsebene – präzise und quantifizierbare Anforderungen an die Tätigkeiten der Betreiber gehören.[625]

J. Literatur

I. Umweltinformation, Öffentlichkeitsbeteiligung und Zugang zu Gerichten

de Abreu Ferreira, Sofia: Passive Access to Environmental Information in the EU – An Analysis of Recent Legal Developments, EELR 2008, 186 ff.
Alge, Thomas: Der Aarhus Convention Compliance-Mechanismus, RdU 2012, 136 ff.
Appel, Markus: Subjektivierung von UVP-Fehlern durch das Umwelt-Rechtsbehelfsgesetz?, NVwZ 2010, 473 ff.
Appel, Markus: Umweltverbände im Ferrari des deutschen Umweltrechtsschutzes – Anmerkung zur Trianel-Entscheidung des EuGH, Urt. v. 12.5.2011 – C-115/09, NuR 2011, 414 ff.
Bartelt, Sandra/Zeitler, Helge Elisabeth: Zugang zu Dokumenten der EU, EuR 2003, 487 ff.
Becker, Florian: Das Urteil des Europäischen Gerichtshofs zum deutschen Umweltinformationsgesetz, NVwZ 1999, 1187 ff.
Beer, Julia/Wesseling, Anke: Die neue Umweltinformationsrichtlinie im Spannungsfeld von europäischer Eigentumsgewährleistung und privatem Informationsinteresse, DVBl. 2006, 133 ff.
Berkemann, Jörg: Die unionsrechtliche Umweltverbandsklage des EuGH – Der deutsche Gesetzgeber ist belehrt „so nicht" und in Bedrängnis, DVBl. 2011, 1253 ff.
Berkemann, Jörg: Die Umweltverbandsklage nach dem Urteil des EuGH vom 12. Mai 2011 – Die „noch offenen" Fragen, NuR 2011, 780 ff.
Bétaille, Julien: La contribution du droit aux effets de la prise en considération des résultats de la participation, Revue Juridique de l'Environnement 2010, 197 ff.
Brady, Katy: New Convention on Access to Information and Public Participation in Environmental Matters, Environmental Policy and Law 28 (1998), 69 ff.
Brandsma, Gijs Jan/Curtin, Deirdre/Meijer, Albert: How Transparent are EU ‚Comitology' Committees in Practice?, ELJ 2008, 819 ff.
Brauhardt, Beate: Zur Einschränkung des Zugangs zu den Gerichten durch Präklusionsregelungen, UPR 2010, 296 ff.
Breuer, Marten: Die Klagebefugnis von Umweltverbänden unter Anpassungsdruck des Völker- und Europarechts (Zugleich Anmerkung zu EuGH, U. v. 12.5.2011 – Rs. C-115/09), Verw 2012, 171 ff.
Brisard, Sébastien: Le droit d'accès du public aux documents non publiés des institutions communautaires, RMCUE 2007, 127 ff.
Bunge, Thomas: „Weiter Zugang zu den Gerichten" nach Art. 10a der UVP-Richtlinie – zum Urteil des Europäischen Gerichtshofs vom 15. Oktober 2009 – Rs. C-263/08, ZUR 2010, 20 ff.
Bunge, Thomas: Die Klagemöglichkeiten anerkannter Umweltverbände aufgrund des Umwelt-Rechtsbehelfsgesetzes nach dem Trianel-Urteil des Europäischen Gerichtshofs, NuR 2011, 605 ff.
Bünger, Dirk: What's up and What's Next in the Arena of Pollution Control? The New E-PRTR as a Tool towards Innovative Climate and Environmental Conservation Approaches, JEEPL 2010, 177 ff.
Burmeister, Joachim H./Winter, Gerd: Akteneinsicht in der Bundesrepublik, in: Winter, Gerd (Hrsg.), Öffentlichkeit von Umweltinformationen. Europäische und nordamerikanische Rechte und Erfahrungen, Baden-Baden 1990, 87 ff.
Butt, Marc Eric: Die Ausweitung des Rechts auf Umweltinformation durch die Aarhus-Konvention, Stuttgart 2001.

---

625 Vgl. auch die Überlegungen bei *Epiney*, in: Nationale und internationale Perspektiven der Umweltordnung, 47 ff.

Butt, Marc Eric: Erweiterter Zugang zu behördlichen Umweltinformationen. Die neue EG-Umweltinformationsrichtlinie, NVwZ 2003, 1071 ff.

Calliess, Christian: Kohärenz und Konvergenz beim europäischen Individualrechtsschutz, NJW 2002, 3577 ff.

Calliess, Christian: Europäische Vorgaben für die umweltrechtliche Verbandsklage, EurUP 2003, 7 ff.

Castenholz, Frank: Informationszugangsfreiheit im Gemeinschaftsrecht, Baden-Baden 2004.

Cerny, Pavel: Practical application of Article 9 of the Aarhus convention in EU countries: Some comparative remarks, elni 2009, 74 ff.

Chiti, Edoardo: Annotation to Case T-105/95, WWF UK v. EC Commission, CMLRev. 1998, 189 ff.

Curtin, Deirdre: Citizen's Fundamental Right of Access to EU Information: an Evolving Digital Passepartout?, CMLRev. 2000, 7 ff.

von Danwitz, Thomas: Aarhus-Konvention – Umweltinformation, Öffentlichkeitsbeteiligung, Zugang zu Gerichten, in: Gesellschaft für Umweltrecht (Hrsg.), Aarhus-Konvention – Umweltprobleme bei der Zulassung von Flughäfen, Berlin 2004, 21 ff.

von Danwitz, Thomas: Aarhus-Konvention: Umweltinformation, Öffentlichkeitsbeteiligung, Zugang zu Gerichten, NVwZ 2004, 272 ff.

von Danwitz, Thomas: Zur Umsetzung der Richtlinie 2003/35 und der sog. Aarhus-Konvention durch das Umwelt-Rechtsbehelfsgesetz, UTR 2007, 31 ff.

Dreher, Meinrad: Transparenz und Publizität bei Ratsentscheidungen, EuZW 1996, 487 ff.

Driessen, Bart: The Council of the European Union and access to documents, ELR 2005, 675 ff.

Driessen, Bart: Transparency in EU Institutional Law. A Practitioners Handbook, 2. Aufl., Alpen an den Rijn 2012.

Dross, Miriam: Die Access-Studie: Konsequenzen für den Richtlinienvorschlag zu Klagerechten in Umweltangelegenheiten, ZUR 2004, 152 ff.

Durner, Wolfgang: Direktwirkung europäischer Verbandsklagerechte? Überlegungen zum Ablauf der Umsetzungsfrist der Richtlinie 2003/35/EG am 25. Juni 2005 und zur unmittelbaren Anwendbarkeit ihrer Vorgaben über den Zugang zu Gerichten, ZUR 2005, 285 ff.

Durner, Wolfgang: Rechtspolitische Spielräume im Bereich der dritten Säule: Prüfungsumfang, Kontrolldichte, prozessuale Ausgestaltung und Fehlerfolgen, in: Wolfgang Durner/Christian Walter (Hrsg.), Rechtspolitische Spielräume bei der Umsetzung der Aarhus-Konvention, Berlin 2005, 64 ff.

Durner, Wolfgang/Paus, Martin: Die erweiterten Klagerechte der Umweltverbände in der verwaltungsgerichtlichen Praxis, NuR 2012, 325 ff.

Durner, Wolfgang/Walter, Christian (Hrsg.): Rechtspolitische Spielräume bei der Umsetzung der Aarhus-Konvention, Berlin 2005.

Ebbesson, Jonas: Access to Justice at the National Level. Impact of the Aarhus Convention and European Union Law, in: Marc Pallemaerts (Hrsg.), The Aarhus Convention at Ten. Interactions and Tensions between conventional International Law and EU Environmental Law, Groningern 2011, 245 ff.

Eifert, Martin: Umweltinformation als Regelungsinstrument, DÖV 1994, 544 ff.

Ekardt, Felix: Die nationale Klagebefugnis nach der Aarhus-Konvention, NVwZ 2006, 55 ff.

Ekardt, Felix: Zur Europarechtswidrigkeit der deutschen Hindernis-Kumulation für Umweltklagen (Teil 1), EurUP 2012, 64 ff.

Ekardt, Felix: Zur Europarechtswidrigkeit der deutschen Hindernis-Kumulation für Umweltklagen (Teil 2), EurUP 2012, 128 ff.

Ekardt, Felix: Das Umweltrechtsbehelfsgesetz vor dem EuGH und dem BVerwG. Ende reduktionistischen Debatte um Verbandsklage, verwaltungsrechtliche Fehlerlehre und Vorsorgeprinzip?, NVwZ 2012, 530 ff.

Ekardt, Felix/Pöhlmann, Katharina: Die Kompetenz der Europäischen Gemeinschaft für den Rechtsschutz – am Beispiel der Aarhus-Konvention, EurUP 2004, 128 ff.

Ekardt, Felix/Schenderlein, Kristin: Gerichtlicher Kontrollumfang zwischen EU-Bürgerfreundlichkeit und nationaler Beschleunigungsgesetzgebung, NVwZ 2008, 1059 ff.

Engel, Rüdiger: Der freie Zugang zu Umweltinformationen nach der Informationsrichtlinie der EG und der Schutz von Rechten Dritter, NVwZ 1992, 111 ff.

6. Kapitel Allgemeine Regeln

Engel, Rüdiger: Akteneinsicht und Recht auf Information über umweltbezogene Daten – Die Informationsrichtlinie der EG im Vergleich zur bundesdeutschen Rechtslage, Pfaffenweiler 1993.

Epiney, Astrid: UN/ECE-Konvention über den Zugang zu Informationen, die Öffentlichkeitsbeteiligung an Entscheidungsverfahren und den Zugang zu Gerichten in Umweltangelegenheiten („Aarhus-Konvention"), Kommentar, in: Fluck, Jürgen/Theuer, Andreas (Hrsg.), Informationsfreiheitsrecht mit Umweltinformations- und Verbraucherinformationsrecht IF-R/UIG, Kommentar, F II.1, 41 S., Heidelberg u.a., 2003.

Epiney, Astrid: Zu den Anforderungen der Aarhus-Konvention an das europäische Gemeinschaftsrecht, in: Falke, Josef/Schlacke, Sabine (Hrsg.), Information – Beteiligung – Rechtsschutz. Neue Entwicklungen im Umwelt- und Verbraucherrecht, Berlin 2004, 9 ff.

Epiney, Astrid: Verordnung (EG) Nr. 1049/2001 des Europäischen Parlaments und des Rates vom 30. Mai 2001 über den Zugang der Öffentlichkeit zu Dokumenten des Europäischen Parlaments, des Rates und der Kommission, in: Fluck, Jürgen/Theuer, Andreas (Hrsg.), Informationsfreiheitsrecht mit Umweltinformations- und Verbraucherinformationsrecht IF-R/UIG, Kommentar, D III 2.2, 53 S., November 2007.

Epiney, Astrid: Informationsrechte in der EU. Zu den Vorgaben der Aarhus-Konvention und des Unionsrechts im Bereich des Informationsrechts, in: Meinhard Schröder (Hrsg.), Aktuelle Rechtsfragen und Probleme des freien Informationszugangs, insbesondere im Umweltschutz, Berlin 2011, 27 ff.

Epiney, Astrid: Rechtsprechung des EuGH zur Aarhus-Konvention und Implikationen für die Schweiz. Zugleich ein Beitrag zu den Vorgaben der Aarhus-Konvention in Bezug auf das Verbandsbeschwerderecht, AJP 2011, 1505 ff.

Epiney, Astrid/Scheyli, Martin: Die Aarhus-Konvention. Rechtliche Tragweite und Implikationen für das schweizerische Recht, Freiburg (CH) 2000.

Epiney, Astrid/Sollberger, Kaspar: Zugang zu Gerichten und gerichtliche Kontrolle im Umweltrecht. Rechtsvergleich, völker- und europarechtliche Vorgaben und Perspektiven für das deutsche Recht, Berlin 2002.

Erbguth, Wilfried/Stollmann, Frank: Zum Entwurf eines Umweltinformationsgesetzes, UPR 1994, 81 ff.

Erichsen, Hans-Uwe: Das Recht auf freien Zugang zu Informationen über die Umwelt – Gemeinschaftsrechtliche Vorgaben und nationales Recht, NVwZ 1992, 409 ff.

Erichsen, Hans-Uwe: Planung und Umweltinformation nach europäischem und deutschem Recht, FS Werner Hoppe, München 2000, 927 ff.

Erichsen, Hans-Uwe/Scherzberg, Arno: Zur Umsetzung der Richtlinie des Rates über den freien Zugang zu Informationen über die Umwelt – Rechtsgutachten im Auftrag des UBA, Berlin 1992.

Errass, Christoph: Die Aarhus-Konvention und ihre Umsetzung ins schweizerische Recht, URP 2004, 47 ff.

Faber, Angela: Die Bedeutung des Umweltinformationsgesetzes für die Kommunalverwaltung, DVBl. 1995, 722 ff.

Fellenberg, Frank/Schiller, Gernot: Rechtsbehelfe von Umweltvereinigungen und Naturschutzvereinigungen nach dem „Trianel-Urteil" des EuGH (Rs. C-115/09), UPR 2011, 321 ff.

Fisahn, Andreas: Effektive Beteiligung solange noch alle Optionen offen sind – Öffentlichkeitsbeteiligung nach der Aarhus-Konvention, ZUR 2004, 136 ff.

Fluck, Jürgen: Der Schutz von Unternehmensdaten im Umweltinformationsgesetz, NVwZ 1994, 1048 ff.

Fluck, Jürgen: Verwaltungstransparenz durch Informationsfreiheit – Informationsansprüche nach den Umweltinformations-, Verbraucherinformations- und Informationsfreiheitsgesetzen, DVBl. 2006, 1406 ff.

Frenz, Walter: Individuelle Klagebefugnis zwischen Bürgerprotest und Umweltverbandsklagen, DVBl. 2012, 811 ff.

Frenz, Walter: Umweltverbandsklage und Präklusion, NuR 2012, 619 ff.

Fronia, Joachim: Anmerkung, EuZW 1996, 383 f.

Garçon, Gérardine: Aarhus and Agrochemicals: The Scope and Limitations of Access Right in Europe, EurUP 2012, 72 ff.

Gärditz, Klaus Ferdinand: Klagerechte der Umweltöffentlichkeit im Umweltrechtsbehelfsgesetz, EurUP 2010, 210 ff.
Gassner, Ulrich M./Pisani, Christian: Umweltinformationsanspruch und Geheimnisschutz – Zukunftsperspektiven, NuR 2001, 506 ff.
Gellermann, Martin: Europäisierte Klagerechte anerkannter Umweltverbände, NVwZ 2006, 7 ff.
Groß, Thomas: Trianel – die Entfesselung des Umweltrechtsbehelfs durch den EuGH, Jura 2012, 386 ff.
Große, Andreas: Zur unmittelbaren Anwendung der Umweltinformationsrichtlinie, ZUR 2006, 585 ff.
Guckelberger, Annette: Die EG-Verordnung zur Umsetzung der Aarhus-Konvention auf der Gemeinschaftsebene, NuR 2008, 78 ff.
Guckelberger, Annette: Formen von Öffentlichkeit und Öffentlichkeitsbeteiligung im Umweltverwaltungsrecht, VerwArch 2012, 31 ff.
Gurlit, Elke: Europa auf dem Weg zur gläsernen Verwaltung – zum Vorschlag der EG-Kommission für eine Richtlinie über den freien Zugang zu Informationen über die Umwelt, ZRP 1989, 253 ff.
Harden, Ian: Citizenship and Information, EPL 2001, 165 ff.
Harden, Ian: The Revision of Regulation 1049/2001 on Public Access to Documents, EPL 2009, 239 ff.
Hatje, Armin: Verwaltungskontrolle durch die Öffentlichkeit – eine dogmatische Zwischenbilanz zum Umweltinformationsanspruch, EuR 1998, 734 ff.
Hegele, Dorothea: Anmerkung zur Entscheidung des VG Minden vom 5.3.1993 – 8 K 1536/90 –, ZUR 1993, 286 ff.
Hellriegel, Mathias: Akteneinsicht statt Amtsgeheimnis – Anspruch auf Umweltinformationen gegen am Gesetzgebungsverfahren beteiligte Behörden, EuZW 2012, 456 ff.
Henning, Brita: Erweiterung der Klagerechte anerkannter Umweltverbände – Chance auf mehr Umweltschutz oder Investitionshindernis?, NJW 2011, 2765 ff.
Herman, Charlotte: Lisbon and Access to Justice for Environmental NGOs: A Watershed? A Case Study Using the Setting of the Total Allowable Catches under the Common Fisheries Policy, JEEPL 2010, 391 ff.
Heselhaus, Sebastian: Wie durchsichtig muss die „gläserne Umweltverwaltung" sein? Mängel bei der Umsetzung der EG-Richtlinie über den freien Zugang zu Umweltinformationen in Deutschland, EuZW 2000, 298 ff.
van der Hout, Robin/Firmenich, Miriam: Access to Documents containing Confidential Business Information – The application of Regulation (EC) 1049/2001 in cartel cases and the need for reform, ZEuS 2011, 647 ff.
Janssen, Katleen: The Availability of Spatial and Environmental Data in the European Union: At the Crossroads between Public and Economic Interests, Alphen aan den Rijn 2010.
Jeder, Petra: Neue Entwicklungen im Umweltrecht vor dem Hintergrund der Aarhus-Konvention, Jahrbuch des Umwelt- und Technikrechts (UTR) 2002, 145 ff.
Jendroska, Jerzy: Aarhus Convention and Community Law: the Interplay, JEEPL 2005, 12 ff.
Jendroska, Jerzy: Public Participation in the Preparation of plans and programs: some reflections on the scope of obligations under Article 7 of the Aarhus Convention, JEEPL 2009, 495 ff.
Jendroska, Jerzy: Public Participation in Environmental Decision-Making. Interactions Between the Convention and EU Law and Other Key Legal Issues in its Implementation in the Light of the Opinions of the Aarhus Convention Compliance Committee, in: Marc Pallemaerts (Hrsg.), The Aarhus Convention at Ten. Interactions and Tensions between conventional International Law and EU Environmental Law, Groningen 2011, 91 ff.
Jendroska, Jerzy: Aarhus Convention Compliance Committee: Origins, Status and Activities, JEEPL 2011, 301 ff.
Jendroska, Jerzy: Recent Case-Law of the Aarhus Convention Compliance Committee with Explanatory remarks, JEEPL 2011, 375 ff.
Juste-Ruiz, José/Salazar, Ortuno Eduardo: Non-respect par l'Espagne des obligations de la Convention d'Aarhus: communication ACCC/C/2008/24 dans le cas „Senda de Grenade" à Murcie, Revue Juridique de l'Environnement 2011, 57 ff.

6. Kapitel Allgemeine Regeln

Kämmerer, Jörn Axel: Der rechtliche Rahmen für die Öffnung des Zugangs zu Informationen sowie das Erscheinungsbild zugänglicher Informationen unter besonderer Berücksichtigung der Umweltinformationsrichtlinie 2003/4/EG und ihrer Umsetzung in deutsches Recht, in: Meinhard Schröder (Hrsg.), Aktuelle Rechtsfragen und Probleme des freien Informationszugangs, insbesondere im Umweltschutz, Berlin 2011, 123 ff.

Kimber, Cliona J. M./Ekardt, Felix: Zugang zu Umweltinformationen in Großbritannien und Deutschland. Eine rechtsvergleichende und empirische Untersuchung, NuR 1999, 262 ff.

Klamert, Marcus: Dark Matter – Competence, Jurisdiction and „the Area Largely Covered by EU Law", ELR 2012, 340 ff.

Klein, Daniel R.: Umweltinformation im Völker- und Europarecht, Tübingen 2011.

Kment, Martin: Europarechtswidrigkeit des § 4 I UmwRG?, NVwZ 2012, 481 ff.

Koch, Hans-Joachim: Die Verbandsklage im Umweltrecht, NVwZ 2007, 369 ff.

Koester, Veit: Review of Compliance under the Aarhus Convention: a Rather Unique Compliance Mechanism, JEEPL 2005, 31 ff.

Koester, Veit: Le comité d'examen du respect des dispositions de la Convention d'Aarhus: un panorama des procédures et de la jurisprudence, REDE 2007, 251 ff.

König, Doris: Das Umweltinformationsgesetz – ein Modell für mehr Aktenöffentlichkeit?, DÖV 2000, 46 ff.

Krämer, Ludwig: Access to Letters of Formal Notice and Reasoned Opinions in Environmental Law Matters, EELR 2003, 197 ff.

Krämer, Ludwig: Vertraulichkeit und Öffentlichkeit; Europäisches Vorverfahren und Zugang zu Informationen, FS Gerd Winter, Groningen 2003, 153 ff.

Krämer, Ludwig: Access to Environmental Information in an Open European Society – Directive 2003/4/EC, YEEL 4 (2004), 1 ff.

Krämer, Ludwig: Comment on Case T-362/08, JEEPL 2011, 225 ff.

Krämer, Ludwig: Comment on Case C-240/09, JEEPL 2011, 445 ff.

Kranenborg, H.R.: Is it Time to Revise the European Regulation on Public Access to Documents?, EPL 2006, 251 ff.

Kravchenko, Svitlana: The Aarhus Convention and Innovations in Compliance with Multilateral Environmental Agreements, YEEL 7 (2007), 1 ff.

Kremer, Eduard: Umweltschutz durch Umweltinformation: Zur Umweltinformationsrichtlinie des Rates der Europäischen Gemeinschaften, NVwZ 1990, 843 ff.

Kugelmann, Dieter: Zur Transparenz des Handelns der Europäischen Union – Das Urteil des EuG vom 1.10.1995 in der Rs. T-194/94, EuR 1996, 207 ff.

Kümpter, Boas: Zur Frage der Staatshaftung beim Zugang zu Umweltinformationen, ZUR 2012, 395 ff.

Lafay, Frédérique: L'accès aux documents du Conseil de l'Union: contribution à une problématique de la transparence en droit communautaire, RTDE 1997, 37 ff.

Larssen, Christine (Hrsg.), Dix ans d'accès à l'information en matière d'environnement en droit international, européen et interne: Bilan et perspectives, Brüssel 2003.

Larssen, Christine: L'accès aux informations sur l'environnement en droit international: la convention d'Aarhus, in: Larssen, Christine (Hrsg.), Dix ans d'accès à l'information en matière d'environnement en droit international, européen et interne: Bilan et perspectives, Brüssel 2003, 25 ff.

Leidinger, Tobias: Europäisiertes Verbandsklagerecht und deutscher Individualrechtsschutz, NVwZ 2011, 1345 ff.

Lenaerts, Koen/Corthaut, Tim: Judicial Review as a Contribution to the Development of European Constitutionalism, YEL 2003, 1 ff.

Lenius, Thomas/Ekardt, Felix: Zur Praxis des Umweltinformationsgesetzes – am Beispiel einer Untersuchung zur Grundwassersanierung auf kommunaler Ebene –, ZAU 1998, 278 ff.

Lohse, Eva Julia: Surprise? Surprise! – Case C-115/09 (*Kohlekraftwerk Lünen*) – A Victory for the Environment and a Loss for Procedural Autonomy of the Member States?, EPL 2012, 249 ff.

Lustig, Sandra: Die Novellierung der UVP-Richtlinie und die Entwicklung der Richtlinie über die strategische UVP – eine Akteuranalyse, in: Hartje, Volkmar/Klaphake, Axel (Hrsg.), Die Rolle der Europäischen Union in der Umweltplanung, Marburg 1998, 57 ff.

Macrory, Richard/Turner, Sharon: Participation Rights, Transboundary Environmental Governance and EC Law, CMLRev. 2002, 489 ff.

Maes Marc: L'accès du public aux documents des Institutions de la Communauté européenne: vers une révision du règlement (CE) 1049/2001, RDUE 2007, 411 ff.

Maes, Marc: La refonte du règlement (CE) no 1049/2001 relatif à l'accès du public aux documents du Parlement européen, du Conseil et de la Commission, RDUE 2008, 577 ff.

Marsden, Simon: SEA and International Law: An Analysis of the Effectiveness of the SEA Protocol to the Espoo Convention, and of the Influence of the SEA Directive and Aarhus Convention on its Development, elni 1/2002, 1 ff.

Maschke, Henrike: Access to Environmental Information in the EU: the Revision of the Directive 90/313/EEC, elni 2/2000, 17 ff.

Mathiesen, Andres S.: Public Participation in Decision-making and Access to Justice in EC Environmental Law: the Case of Certain Plans and Programmes, EELR 2003, 36 ff.

Meininger, Frank: Die EG-Umweltinformationsrichtlinie in der Verwaltungspraxis, NVwZ 1994, 150 ff.

Meitz, Christoph: Entscheidung des EuGH zum deutschen Umweltrechtsbehelfsgesetz. Gleichzeitig Anmerkung zu EuGH, U. v. 15.5.2011 – Rs. C-115/09 -, NuR 2011, 420 ff.

Meltzian, Daniel: Das Recht der Öffentlichkeit auf Zugang zu Dokumenten der Gemeinschaftsorgane, Berlin 2004.

Meyring, Bernd: Europarechtliche Stillhalteverpflichtungen bei der nationalen Gesetzgebung, EuR 2003, 949 ff.

Monédiaire, Gérard: Les droits à l'information et à la participation du public auprès de l'Union européenne, REDE 1999, 129 ff.

Monédiaire, Gérard: Les droits à l'information et à la participation du public auprès de l'Union européenne (seconde partie), REDE 1999, 253 ff.

Morgera, Elisa: An Update on the Aarhus Convention and its Continued Global Relevance, RECIEL 2005, 138 ff.

Much, Susanne: Der Zugang zu Umweltinformationen nach dem Urteil des EuGH in der Rechtssache C-204/09, ZUR 2012, 288 ff.

Müller, Bilun: Die deutsche Schutznormtheorie gilt nicht mehr bei umweltrechtlichen Verbandsklagen. Die Trianel-Entscheidung des EuGH vom 12. Mai 2011 – Rs. C-115/09, EurUP 2011, 166 ff.

Nowak, Carsten: Informations- und Dokumentenzugangsfreiheit in der EU – Neuere Entwicklungen und Perspektiven –, DVBl. 2004, 272 ff.

Obradovic, Daniela: EU Rules on Public Participation in Environmental Decision-Making Operating at the European and National Levels, in: Marc Pallemaerts (Hrsg.), The Aarhus Convention at Ten. Interactions and Tensions between conventional International Law and EU Environmental Law, Groningen 2011, 149 ff.

Oestreich, Gabriele: Individualrechtsschutz im Umweltrecht nach dem Inkrafttreten der Aarhus-Konvention und dem Erlass der Aarhus-Richtlinie, Verw 2006, 29 ff

Pallemaerts, Marc (Hrsg.): The Aarhus Convention at Ten. Interactions and Tensions between conventional International Law and EU Environmental Law, Groningern 2011.

Pallemaerts, Marc: Access to Environmental Justice at EU Level. Has the „Aarhus Regulation" Improved the Situation?, in: Marc Pallemaerts (Hrsg.), The Aarhus Convention at Ten. Interactions and Tensions between conventional International Law and EU Environmental Law, Groningen 2011, 271 ff.

Pernice-Warnke, Silvia: Der Zugang zu Gericht in Umweltangelegenheiten für Individualkläger und Verbände gemäß Art. 9 Abs. 3 Aarhus-Konvention und seine Umsetzung durch die europäische Gemeinschaft – Beseitigung eines Doppelstandards?, EuR 2008, 410 ff.

Pernice-Warnke, Silvia: Effektiver Zugang zu Gericht. Die Klagebefugnis für Individualkläger und Verbände in Umweltangelegenheiten unter Reformdruck, Baden-Baden 2009.

6. Kapitel Allgemeine Regeln

tho Pesch, Sebastian: Zugang zu Akten aus Vertragsverletzungsverfahren: eine Gefahr für die internationalen Beziehungen?, EuZW 2012, 51 ff.

Radespiel, Liane: Entwicklungen des Rechtsschutzes im Umweltrecht aufgrund völker- und europarechtlicher Vorgaben – insbesondere das Umwelt-Rechtsbehelfsgesetz, EurUP 2007, 118 ff.

Rehbinder, Eckard: Rechtsschutz gegen Handlungen und Unterlassungen der Organe und Einrichtungen der Europäischen Gemeinschaft im Lichte der Aarhus-Konvention, FS Manfred Zuleeg, Baden-Baden 2005, 650 ff.

Rehbinder, Eckard: Die Aarhus-Rechtsprechung des Europäischen Gerichtshofs und die Verbandsklage gegen Rechtsakte der Europäischen Union, EurUP 2012, 23 ff.

Reid, Donald A.: The Aarhus Convention and Access to Justice, Environmental Law & Management 2004, 77 ff.

Reiling, Michael: Zu individuellen Rechten im deutschen und im Gemeinschaftsrecht: ein Vergleich ihrer Gründe, Ermittlung und Durchsetzung, Berlin 2004.

Riemann, Frank: Die Transparenz der Europäischen Union. Das neue Recht auf Zugang zu Dokumenten von Parlament, Rat und Kommission, Berlin 2004.

Rinke, Franziska: Anmerkung zum Bericht der Bundesrepublik Deutschland über die bei der Anwendung der Richtlinie 2003/4/EG über den Zugang der Öffentlichkeit zu Umweltinformationen gewonnenen Erfahrungen, NuR 2010, 389 ff.

Roberts, Alasdair: Multilateral Institutions and the Right to Information: Experience in the European Union, EPL 2002, 255 ff.

Röckinghausen, Marc: Das neue Schadstoffregister PRTR – ein weiterer Baustein im Konzept der informierten Öffentlichkeit, ZUR 2009, 19 ff.

Rodenhoff, Vera: The Aarhus-Convention and its Implications for the "Institutions" of the European Community, RECIEL 2002, 343 ff.

Röger, Ralf: Ein neuer Informationsanspruch auf europäischer Ebene, DVBl. 1994, 1182 ff.

Röger, Ralf: Zur unmittelbaren Geltung der Umweltinformationsrichtlinie, NuR 1994, 125 ff.

Röger, Ralf: Zum Begriff des „Vorverfahrens" im Sinne der Umweltinformationsrichtlinie, UPR 1994, 216 ff.

Röger, Ralf: Regelungsmöglichkeiten und -pflichten der Landesgesetzgeber nach Inkrafttreten des Umweltinformationsgesetzes des Bundes, NuR 1995, 175 ff.

Röger, Ralf: Umweltinformationsgesetz. Kommentar, Köln u.a. 1995.

Roll, Sebastian: Zugang zu Umweltinformationen und Freedom of Information. Überschießende Tendenzen des europäischen Rechts am Beispiel der Umsetzung der EG-Umweltinformationsrichtlinie in das englische und deutsche Recht, Berlin 2003.

Roller, Gerhard: Locus standi for environmental NGOs in Germany: The (non)implementation of the Aarhus Convention by the "Umweltrechtsbehelfsgesetz": Some critical remarks, elni 1/10, 30 ff.

Rossi, Matthias: Das Umweltinformationsgesetz in der Rechtsprechung – ein Überblick, UPR 2000, 175 ff.

Rossi, Matthias: Schutzpositionen von Unternehmen im Informationsfreiheitsrecht. Der Schutz von Betriebs- und Geschäftsgeheimnissen sowie von Antragsunterlagen im europäischen und deutschen Recht, in: Meinhard Schröder (Hrsg.), Aktuelle Rechtsfragen und Probleme des freien Informationszugangs, insbesondere im Umweltschutz, Berlin 2011, 197 ff.

de Sadeleer, Nicolas: Internal Market Preventive Controls of National Technical Standards and Their Impact on Environmental Measures, JEEPL 2011, 252 ff.

Sanner, Julian Alexander: Der Zugang zu Schriftsätzen der Kommission aus Gerichtsverfahren vor den europäischen Gerichten, EuZW 2011, 134 ff.

Scheidler, Alfred: Der Anspruch auf Zugang zu Umweltinformationen – zur Neufassung des Umweltinformationsgesetzes -, UPR 2006, 13 ff.

Scherzberg, Arno: Freedom of information – deutsch gewendet: Das neue Umweltinformationsgesetz, DVBl. 1994, 733 ff.

Scheyli, Martin: Aarhus-Konvention über Informationszugang, Öffentlichkeitsbeteiligung und Rechtsschutz in Umweltbelangen, ArchVR 2000, 217 ff.

Schink, Alexander: Die Aarhus-Konvention und das deutsche Umweltrecht, EurUP 2003, 27 ff.

Schink, Alexander/Zschiesche, Michael/Tryjanowski, Alexandra: Die Entwicklung der Verbandsklage im Natur- und Umweltschutzrecht von 2007 bis 2010 – Ergebnisse neuer empirischer Untersuchungen, NuR 2012, 77 ff.

Schlacke, Sabine: Überindividueller Rechtsschutz, Tübingen 2008.

Schlacke, Sabine: Stärkung überindividuellen Rechtsschutzes zur Durchsetzung des Umweltrechts – zugleich Anmerkung zu EuGH, Urteil vom 8. März 2011 – Rs. C-240/09, ZUR 2011, 312 ff.

Schlacke, Sabine: Anmerkung, NVwZ 2011, 801 f.

Schlacke, Sabine: Rechtsschutz durch europäische und nationale Gerichte unter Einschluss des Europäischen Bürgerbeauftragten in seiner Funktion zur Sicherung des Informationszugangs, in: Meinhard Schröder (Hrsg.), Aktuelle Rechtsfragen und Probleme des freien Informationszugangs, insbesondere im Umweltschutz, Berlin 2011, 271 ff.

Schlacke, Sabine/Schrader, Christian/Bunge, Thomas: Informationsrechte, Öffentlichkeitsbeteiligung und Rechtsschutz im Umweltrecht. Aarhus-Handbuch, Berlin 2010 (zitiert: *Verfasser*, in: Schlacke u.a., Aarhus-Handbuch).

Schmidt, Alexander: Verbandsklagen im Naturschutzrecht und Realisierung von Infrastrukturvorhaben. Ergebnisse einer empirischen Untersuchung, NuR 2008, 544 ff.

Schmidt, Alexander: Die Wahrnehmung von Beteiligungs- und Klagemöglichkeiten durch die Umweltverbände – Erfahrungen und Entwicklungsmöglichkeiten, ZUR 2011, 296 ff.

Schmidt, Alexander: Zur Diskussion über erweiterte Klagebfgunisse um Umweltschutzrecht – auch auf vorgelagerten Planungsebenen, ZUR 2012, 210 ff.

Schmidt, Alexander/Zschiesche, Michael: Die Effizienz der naturschutzrechtlichen Verbands- oder Vereinsklage, NuR 2003, 16 ff.

Schmidt, Henning/Wörn, Thilo: Die Entwicklung der Rechtsprechung zum Umweltinformationsgesetz in den Jahren 2007 und 2008, NuR 2008, 770 ff.

Schmillen, Markus: Das Umweltinformationsrecht zwischen Anspruch und Wirklichkeit. Rechtliche und praktische Probleme des Umweltinformationsgesetzes unter Einbeziehung der UIG-Novelle und der neuen Umweltinformationsrichtlinie, Berlin 2003.

Schomerus, Thomas: Anspruchsvoraussetzungen und Verwaltungsverfahren nach dem Umweltinformationsgesetz, ZUR 1994, 226 ff.

Schomerus, Thomas/Bünger, Dirk: Private Bodies as Public Authorities under International, European, English and German Environmental Information Laws, JEEPL 2011, 62 ff.

Schomerus, Thomas/Schrader, Christian/Wegener, Bernhard: Umweltinformationsgesetz. Handkommentar, 2. Aufl., Baden-Baden 2002 (zitiert: *Verfasser*, in: Schomerus u.a., HK-UIG).

Schomerus, Thomas/Tolkmitt, Ulrike: Die Umweltinformationsgesetze der Länder im Vergleich, NVwZ 2007, 1119 ff.

Schomerus, Thomas/Tolkmitt, Ulrike: Bahnunternehmen als informationspflichtige Stellen nach britischem und deutschem Umweltinformationsrecht, ZUR 2009, 188 ff.

Schrader, Christian: Kostenerhebung für den Zugang zu Umweltinformationen, ZUR 1994, 221 ff.

Schrader, Christian: Europäische Anstöße für einen erweiterten Zugang zu (Umwelt-) Informationen, NVwZ 1999, 40 ff.

Schrader, Christian: Informationsrechte in Planungsverfahren – Stand und Veränderungen, NuR 2000, 487 ff.

Schrader, Christian: Neue Umweltinformationsgesetze durch die Richtlinie 2003/4/EG – deutsche Schwierigkeiten mit europäischen Transparenzvorgaben, ZUR 2004, 130 ff.

Schrader, Christian: UIG und IFG – Umweltinformationsgesetz und Informationsfreiheitsgesetz im Vergleich, ZUR 2005, 568 ff.

Schram, Frankie: Public Access to EU Environmental Documents – Regulation (EC) No. 1049/2001, YEEL 5 (2005), 23 ff.

Schröder, Meinhard: Die Berücksichtigung der Interessen der Wirtschaft bei der Gestaltung und Umsetzung der Umweltinformationsrichtlinie der Europäischen Gemeinschaft, ZHR 1991, 471 ff.

Schröder, Meinhard (Hrsg.): Aktuelle Rechtsfragen und Probleme des freien Informationszugangs, insbesondere im Umweltschutz, Berlin 2011.

6. Kapitel Allgemeine Regeln

von Schwanenflug, Noreen/Strohmayr, Sebastian: Rechtsschutz von Kommunen gegen UVP-pflichtige Vorhaben. Änderungen durch die Öffentlichkeitsbeteiligungsrichtlinie der EG?, NVwZ 2006, 395 ff.

von Schwanenflügel, Matthias: Das Öffentlichkeitsprinzip des EG-Umweltrechts – Zur Bedeutung der Richtlinie über den freien Zugang zu Umweltinformationen, DVBl. 1991, 93 ff.

von Schwanenflügel, Matthias: Die Richtlinie über den freien Zugang zu Umweltinformationen als Chance für den Umweltschutz, DÖV 1993, 95 ff.

Schwerdtfeger, Angela: "Schutznormtheorie" and Aarhus Convention – Consequences for the German Law, JEEPL 2007, 270 ff.

Schwerdtfeger, Angela: Der deutsche Verwaltungsrechtsschutz unter dem Einfluss der Aarhus-Konvention, Tübingen 2010.

Schwerdtfeger, Angela: Erweiterte Klagerechte für Umweltverbände – Anmerkung zum Urteil des EuGH v. 12.6.2011 in der Rechtssache Trianel, EuR 2012, 80 ff.

Shirvani, Foroud: Öffentlichkeitsbeteiligung bei integrierten Vorhabengenehmigungen nach der IVU-RL, NuR 2010, 383 ff.

Sobotta, Christoph: Transparenz in den Rechtsetzungsverfahren der Europäischen Union. Stand und Perspektiven des Gemeinschaftsrechts unter besonderer Berücksichtigung des Grundrechtes auf Zugang zu Informationen, Baden-Baden 2001.

Sperfeld, Franziska/Zschiesche, Michael: Zur Praxis des neuen Umweltinformationsrechts in der Bundesrepublik Deutschland, ZUR 2011, 71 ff.

Spieth, Wolf Friedrich/Appel, Markus: Umfang und Grenzen der Einklagbarkeit von UVP-Fehlern nach Umwelt-Rechtsbehelfsgesetz, NuR 2009, 312 ff.

Stec, Stephen/Casey-Lefkowitz, Susan: The Aarhus Convention: An Implementation Guide, 2000.

Stollmann, Frank: Aktuelle Rechtsprechung zum Umweltinformationsrecht, NuR 1998, 78 ff.

Strohmeyer, Jochen: Das europäische Umweltinformationszugangsrecht als Vorbild eines nationalen Rechts der Aktenöffentlichkeit, Berlin 2003.

Tege, Claudia: Offene Umweltakten versus Geschäftsgeheimnisse. Zu den Grenzen des Rechts auf Zugang zu Umweltinformationen durch Betriebs- und Geschäftsgeheimnisse, Sinzheim 2000.

Theuer, Andreas: Der Zugang zu Umweltinformationen aufgrund des Umweltinformationsgesetzes (UIG), NVwZ 1996, 326 ff.

Turiaux, André: Das neue Umweltinformationsgesetz, NJW 1994, 2319 ff.

Turiaux, André: Umweltinformationsgesetz, München 1995.

Turiaux, André: Das deutsche Umweltinformationsgesetz auf dem Prüfstand des EG-Rechts. Anmerkungen zu der Entscheidung des EuGH, EuZW 1998, 470, EuZW 1998, 716 f.

von Unger, Moritz: Access to EU Documents: An End at Last to the Authorship Rule, JEEPL 2007, 440 ff.

Upton, William: The human factor: public participation, third party rights and Aarhus, Environmental Law & Management 2003, 219 ff.

Upton, William/Neill, James: Why access to environmental justice remains uncertain. Costs issues and the possible end of the requirement for promptness in environmental judicial review, Environmental Law & Management 2010, 182 ff.

Vahldiek, Carola: Umweltinformationsrecht. Neue Entwicklungen in der Rechtsprechung zum Umweltinformationsrecht. Zwei obergerichtliche Entscheidungen fördern den Status von Umweltinformationssuchenden, ZUR 1997, 144 ff.

Vahldiek, Carola: Anmerkung, ZUR 1998, 200 ff.

Verschuuren, Jonathan: Public Participation regarding the Elaboration and Approval of Projects in the EU after the Aarhus Convention, YEEL 4 (2005), 29 ff.

Wägenbaur, Bertrand: Der Zugang zu EU-Dokumenten – Transparenz zum Anfassen, EuZW 2001, 680 ff.

Walter, Christian: Beteiligungsrechte im Verwaltungsverfahren und Zugang zu Gerichten. Die Vorgaben des Völker- und Europarechts, in: Wolfgang Durner/Christian Walter (Hrsg.), Rechtspolitische Spielräume bei der Umsetzung der Aarhus-Konvention, Berlin 2005, 7 ff.

Wates, James: The Aarhus Convention: a Driving Force for Environmental Democrazy, JEEPL 2005, 2 ff.
Wegener, Bernhard: Umsetzung der EG-Richtlinie über den freien Zugang zu Umweltinformationen, IUR 1992, 211 ff.
Wegener, Bernhard: Die unmittelbare Geltung der EG-Richtlinie über den freien Zugang zu Umweltinformationen – Zum Referentenentwurf des BMU, ZUR 1993, 17 ff.
Wegener, Bernhard: Wie es uns gefällt oder: Ist die unmittelbare Wirkung des Umweltrechts in der EG praktisch? – Die Rechtsprechung deutscher Gerichte zum Recht auf freien Zugang zu Umweltinformationen, ZUR 1994, 232 ff.
Wegener, Bernhard: Umweltinformationsgesetz – deutsche Geheimniskrämerei in europäischer Perspektive, EuR 2000, 227 ff.
Wegener, Bernhard: Freischwimmen für die Informationsfreiheit – Rechtsprechung zum Umweltinformationsgesetz, ZUR 2001, 93 ff.
Wegener, Bernhard: Informationsfreiheit in Deutschland und Europa, FS Gerd Winter, Groningen 2003, 337 ff.
Wegener, Bernhard W.: Die Umweltverbandsklage vor dem EuGH, FS Dieter H. Scheuing, Baden-Baden 2011, 222 ff.
Wegener, Bernhard: Anmerkung zu den Schlussanträgen der Generalanwältin Sharpston, ZUR 2011, 84 ff.
Wegener, Bernhard: European Right of Action for Environmental NGOs, JEEPL 2011, 315 ff.
Wegener, Bernhard: Die europäische Umweltverbandsklage, ZUR 2011, 363 ff.
Werres, Bettina: Information und Partizipation der Öffentlichkeit in Umweltangelegenheiten nach den Richtlinien 2003/4/EG und 2003/35/EG, DVBl. 2005, 611 ff.
Williams, Rhiannon: Access to Documents Held by European Institutions, with Particular Regard to Environmental Infringement Procedures, or the Emperor's New Clothes, and the Chimera of Amicable Dispute Resolution, elni 2/2001, 1 ff.
Williams, Rhiannon: Enforcing Environmental Law: Can the European Commission be Held to Account?, YEEL 2002, 271 ff.
Wilsher, Daniel: Freedom of Environmental Information: Recent Developments and Future Prospects, EPL 2001, 671 ff.
Winter, Gerd: Was sind Umweltinformationen, was Vorverfahren im Sinne der Umweltinformationsrichtlinie? Zum Vorlagebeschluss nach Art. 177 EGV des OVG Schleswig vom 10.7.1996 – Az 4 L 222/95, NuR 1997, 335 ff.
Worm, Heiko Andreas: Die Umsetzung der Umweltinformationsrichtlinie vom 13.6.1990 in Großbritannien und Deutschland sowie Umweltinformationsansprüche in der Schweiz. Ein Vergleich unter besonderer Berücksichtigung der Aarhus-Konvention und des Kommissionsvorschlags KOM 402 (2000), Diss., Bonn 2001.
Ziehm, Cornelia: Legal Standing for NGOs in Environmental Matters under the Aarhus Convention and under Community and National Law, JEEPL 2005, 287 ff.
Ziekow, Jan: Perspektiven von Öffentlichkeitsbeteiligung und Verbandsbeteiligung in der Raumordnung, NuR 2002, 701 ff.
Ziekow, Jan: Strategien zur Umsetzung der Aarhus-Konvention in Deutschland. Einbettung in das allgemeine Verwaltungsrecht und Verwaltungsprozessrecht oder sektorspezifische Sonderlösung für das Umweltrecht?, in: Wolfgang Durner/Christian Walter (Hrsg.), Rechtspolitische Spielräume bei der Umsetzung der Aarhus-Konvention, Berlin 2005, 39 ff.
Ziekow, Jan: Strategien zur Umsetzung der Aarhus-Konvention in Deutschland. Einbettung in das allgemeine Verwaltungsrecht und Verwaltungsprozessrecht oder sektorspezifische Sonderlösung für das Umweltrecht?, EurUP 2005, 154 ff.
Ziekow, Jan: Von der Reanimation des Verfahrensrechts, NVwZ 2005, 263 ff.
Zschiesche, Michael: Die Aarhus-Konvention – mehr Bürgerbeteiligung durch umweltrechtliche Standards?, ZUR 2001, 177 ff.

6. Kapitel Allgemeine Regeln

II. Umweltverträglichkeitsprüfung

Abromeit, Carolin: Die Ostseepipeline: Praxisbericht einer grenzüberschreitenden Verfahrensbeteiligung nach der Espoo-Konvention, ZUR 2007, 354 ff.

Appel, Markus: Subjektivierung von UVP-Fehlern durch das Umwelt-Rechtsbehelfsgesetz?, NVwZ 2010, 473 ff.

Balla, Stefan: Der Umweltbericht in der Strategischen Umweltprüfung nach dem neuen UVPG, NuR 2006, 485 ff.

Bartlsperger, Richard: Leitlinien zur Regelung der gemeinschaftlichen Umweltverträglichkeitsprüfung unter Berücksichtigung der Straßenplanung, DVBl. 1987, 1 ff.

Becker, Bernd: Überblick über die umfassende Änderung der Richtlinie über die Umweltverträglichkeitsprüfung, NVwZ 1997, 1167 ff.

Bedke, Nils/Dopfer, Jaqui/Keller, Simone/Kober, Detlef: Evaluation of the German Act on Environmental Impact Assessment, elni 2007, 25 ff.

Böhm, Monika: Umsetzungsdefizite und Direktwirkung der IVU- und UVP-Änderungsrichtlinien?, in: Kumpfer, Wolfgang/Schlacke, Sabine (Hrsg.), Integrativer Umweltschutz. Anforderungen an Normsetzung und Vollzug. Unter besonderer Berücksichtigung der Umsetzung der IVU- und UVP-Änderungsrichtlinien, Berlin 2002, 103 ff.

Böhm, Monika: Umsetzungsdefizite und Direktwirkung der IVU- und UVP-Änderungsrichtlinien?, ZUR 2002, 6 ff.

Bunge, Thomas: Die Umweltverträglichkeitsprüfung im Verwaltungsverfahren. Zur Umsetzung der Richtlinie der Europäischen Gemeinschaften vom 27. Juni 1985 (85/337/EWG) in der Bundesrepublik Deutschland, Köln 1986.

Bunge, Thomas: Auswirkungen der beabsichtigten EG-Richtlinie über die Umweltprüfung von Plänen und Programmen auf das deutsche Recht, in: Hartje, Volkmar/Klaphake, Axel (Hrsg.), Rolle der EU in der Umweltplanung, Marburg 1998, 117 ff.

Bunge, Thomas: Rechtsschutz bei der UVP nach der Richtlinie 2003/35/EG – am Beispiel der Anfechtungsklage, ZUR 2004, 141 ff.

Bunge, Thomas: Zum Anwendungsbereich der strategischen Umweltprüfung, NuR 2012, 593 ff.

Calliess, Christian: Zur unmittelbaren Wirkung der EG-Richtlinie über die Umweltverträglichkeitsprüfung und ihrer Umsetzung im deutschen Immissionsschutzrecht, NVwZ 1996, 339 ff.

Calliess, Christian: Verfahrensrechtliche Anforderungen der Richtlinie zur strategischen Umweltprüfung, in: Hendler, Reinhard/Marburger, Peter/Reinhardt, Michael/Schröder, Meinhard (Hrsg): Die strategische Umweltprüfung (sog. Plan-UVP) als neues Instrument des Umweltrechts, Berlin 2004, 153 ff.

Calliess, Christian: Europarechtlicher Hintergrund der SUP, in: Wilfried Erbguth (Hrsg.), Strategische Umweltprüfung (SUP) – Stand, Rechtsfragen, Perspektiven -, Baden-Baden 2006, 21 ff.

Cerny, Pavel/Jendroska, Jerzy: Transposition and Implementation of EIA Directive in some EU Member States (with special emphasis on transport infrastructure cases), elni 2007, 18 ff.

Cupei, Jürgen: Die Richtlinie der EG zur Umweltverträglichkeitsprüfung (UVP-RL) – Entwicklung und Stand der Verhandlungen – Die Initiative der EG im Kontext der internationalen UVP-Diskussion, in: Fröhler, Ludwig (Hrsg.), Die Umweltverträglichkeitsprüfung, Linz 1985, 17 ff.

Cupei, Jürgen: Umweltverträglichkeitsprüfung. Ein Beitrag zur Strukturierung der Diskussion, zugleich eine Erläuterung der EG-Richtlinie, Köln u.a. 1986.

Cupei, Jürgen: Vermeidung von Wettbewerbsverzerrungen innerhalb der EG durch UVP? Eine vergleichende Analyse der Umsetzung der UVP-Richtlinie in Frankreich, Großbritannien und den Niederlanden, Baden-Baden 1994.

Dolde, Klaus-Peter: Umweltprüfung in der Bauleitplanung – Novellierung des Baugesetzbuchs, NVwZ 2003, 297 ff.

Enders, Rainald/Krings, Michael: Zur Änderung des Gesetzes über die Umweltverträglichkeitsprüfung durch das Artikelgesetz zur Umsetzung der UVP-Änderungsrichtlinie, DVBl. 2001, 1242 ff.

Enders, Rainald/Krings, Michael: Das Artikelgesetz aus immissionsschutz- und abfallrechtlicher Sicht – zur Umsetzung der UVP-Änderungsrichtlinie, der IVU-Richtlinie, der Deponierichtlinie und weiterer EG-Richtlinien zum Umweltschutz –, DVBl. 2001, 1389 ff.

Engelhardt, Kerstin: Die Umsetzung der IVU-Richtlinie in Deutschland. Unter Berücksichtigung des Gesetzes zur Umsetzung der UVP-Änderungsrichtlinie, der IVU-Richtlinie und weiterer EG-Richtlinien zum Umweltschutz vom 27. Juli 2001 (sog. Artikelgesetz), Baden-Baden 2002.

Erbguth, Wilfried: Rechtliche Anforderungen an Alternativprüfungen in (abfallrechtlichen) Planfeststellungsverfahren und vorgelagerten Verfahren, NVwZ 1992, 209 ff.

Erbguth, Wilfried: Entwicklungslinien im Recht der Umweltverträglichkeitsprüfung: UVP-RL – UVPÄndRL – UVPG – SUP, UPR 2003, 321 ff.

Erbguth, Wilfried (Hrsg.): Die Umweltverträglichkeitsprüfung: Neuregelungen, Entwicklungstendenzen, Baden-Baden 2004.

Erbguth, Wilfried: Entwicklungslinien im Recht der Umweltverträglichkeitsprüfung, in: Erbguth, Wilfried (Hrsg.), Die Umweltverträglichkeitsprüfung: Neuregelungen, Entwicklungstendenzen, Baden-Baden 2004, 19 ff.

Erbguth, Wilfried: EAG BauE: Änderungen des Raumordnungsrechts, NuR 2004, 91 ff.

Erbguth, Wilfried (Hrsg.): Strategische Umweltprüfung (SUP) – Stand, Rechtsfragen, Perspektiven -, Baden-Baden 2006.

Erbguth, Wilfried/Schubert, Mathias: Das Gesetz zur Einführung einer Strategischen Umweltprüfung und zur Umsetzung der Richtlinie 2001/42 (SUPG), ZUR 2005, 524 ff.

Erbguth, Wilfried/Stollmann, Frank: Die Verzahnung der integrativen Elemente von IVU- und UVP-Änderungs-Richtlinie, ZUR 2000, 379 ff.

Feldmann, Franz-Josef: Die Umsetzung der UVP-Änderungsrichtlinie in deutsches Recht, DVBl. 2001, 589 ff.

Feldmann, Lieselotte: Die strategische Umweltprüfung – SUP, in: Hartje, Volkmar/Klaphake, Axel (Hrsg.), Rolle der EU in der Umweltplanung, Marburg 1998, 103 ff.

Feldmann, Lieselotte: Die strategische Umweltprüfung im Völkerrecht (SEA-Protokoll zur Espoo-Konvention), in: Hendler, Reinhard/Marburger, Peter/Reinhardt, Michael/Schröder, Meinhard (Hrsg): Die strategische Umweltprüfung (sog. Plan-UVP) als neues Instrument des Umweltrechts, Berlin 2004, 27 ff.

Gaentzsch, Günter: Zur Umweltverträglichkeitsprüfung von Bebauungsplänen und zu Fehlerfolgen insbesondere bei unmittelbarer Anwendbarkeit der UVP-Richtlinie, UPR 2001, 287 ff.

Gallas, Andreas: Innerstaatliche Umsetzung der IVU-Richtlinie und der UVP-Änderungsrichtlinie durch ein Erstes Buch zum Umweltgesetzbuch, in: Rengeling, Hans-Werner (Hrsg.), Auf dem Weg zum Umweltgesetzbuch I, Köln u.a. 1999, 17 ff.

Gao, Anton Mingh-Zhi: SEA Guidance: A Reinterpretation of the SEA Directive and its Application to the Energy Sector, EELR 2006, 129 ff.

Gellermann, Martin: Auflösung von Normwidersprüchen zwischen europäischem und nationalem Recht – Zu den Folgen der Gemeinschaftsrechtswidrigkeit der Übergangsvorschrift des § 22 UVPG -, DÖV 1996, 433 ff.

Ginzky, Harald: Die Richtlinie über die Prüfung der Umweltauswirkungen bestimmter Pläne und Programme, UPR 2002, 47 ff.

Groß, Thomas: Die Alternativenprüfung in der Umweltverträglichkeitsprüfung, NVwZ 2001, 513 ff.

Günter, Gisela: Das neue Recht der UVP nach dem Artikelgesetz, NuR 2002, 317 ff.

Heinelt, Hubert u.a.: Prozedurale Umweltpolitik der EU. Umweltverträglichkeitsprüfungen und Öko-Audits im Ländervergleich, Opladen 2000.

Heitsch, Christian: Durchsetzung der materiellrechtlichen Anforderungen der UVP-Richtlinie im immissionsschutzrechtlichen Genehmigungsverfahren, NuR 1996, 453 ff.

Hendler, Reinhard: Zum Begriff der Pläne und Programme in der EG-Richtlinie zur strategischen Umweltprüfung, DVBl. 2003, 227 ff.

Hendler, Reinhard: Der Geltungsbereich der EG-Richtlinie zur strategischen Umweltprüfung, NuR 2003, 2 ff.

Hendler, Reinhard: Die Bedeutung der Richtlinie zur strategischen Umweltprüfung für die Planung der Bundesverkehrswege, EurUP 2004, 85 ff.

6. Kapitel Allgemeine Regeln

Hendler, Reinhard: Zum Anwendungsbereich der Richtlinie zur strategischen Umweltprüfung, in: Hendler, Reinhard/Marburger, Peter/Reinhardt, Michael/Schröder, Meinhard (Hrsg): Die strategische Umweltprüfung (sog. Plan-UVP) als neues Instrument des Umweltrechts, Berlin 2004, 99 ff.

Hendler, Reinhard: Das Gesetz zur Einführung einer Strategischen Umweltprüfung, NVwZ 2005, 977 ff.

Hoffmann-Riem, Wolfgang: Von der Antragsbindung zum konsentierten Optionsermessen – Überlegungen zum immissionsschutzrechtlichen Genehmigungsverfahren mit UVP –, DVBl. 1994, 605 ff.

Hoppe, Werner/Beckmann, Martin (Hrsg.): Gesetz über die Umweltverträglichkeitsprüfung, 4. Aufl., Köln 2012 (zitiert: Hoppe/Beckmann-*Verfasser*).

Hoppe, Werner/Püchel, Gerald: Zur Anwendung der Art. 3 und 8 EG-Richtlinie zur UVP bei der Genehmigung nach dem Bundes-Immissionsschutzgesetz, DVBl. 1988, 1 ff.

Hösch, Ulrich: Das bayrische Gesetz zur Umsetzung der UVP-Richtlinie, NVwZ 2001, 519 ff.

Jarass, Hans D.: Umweltverträglichkeitsprüfung bei Industrievorhaben, Köln u.a. 1987.

Jarass, Hans D.: Auslegung und Umsetzung der EG-Richtlinie zur Umweltverträglichkeitsprüfung. Konkretisiert anhand der Probleme im Abfallrecht, Baden-Baden 1989.

Kersting, Andreas: UVP-Pflichtigkeit immissionsschutzrechtlicher Änderungsgenehmigungen, UPR 2003, 10 ff.

Kment, Martin: Suche nach Alternativen in der Strategischen Umweltprüfung, DVBl. 2008, 364 ff.

Knill, Christoph/Winkler, Daniela: Konvergenz oder Divergenz nationaler Rechts- und Verwaltungsstrukturen? Der Effekt der Europäisierung am Beispiel der Umweltverträglichkeitsprüfung in Deutschland und England, VerwArch 2007, 1 ff.

Koch, Hans-Joachim/Siebel-Huffmann, Heiko: Das Artikel-Gesetz zur Umsetzung der UVP-Änderungsrichtlinie, der IVU-Richtlinie und weiterer Umweltschutzrichtlinien, NVwZ 2001, 1081 ff.

Kolter, Jens: Umweltverträglichkeitsprüfung in der Praxis. Eine rechtsvergleichende Untersuchung in Ländern der Europäischen Union, Baden-Baden 1997.

Krautzberger, Michael: Zur Städtebaugesetzgebung in der 14. und 15. Legislaturperiode, DVBl. 2002, 285 ff.

Krautzberger, Michael/Schliepkorte, Jörg: Vorarbeiten für ein Gesetz zur Anpassung des Baugesetzbuchs an EU-Richtlinien (Europarechtsanpassungsgesetz Bau – EAG Bau), UPR 2003, 92 ff.

Krings, Michael: Immissionsschutzrechtliche Aspekte der Umsetzung von IVU- und UVP-Richtlinie durch ein Erstes Buch zum Umweltgesetzbuch, UTR 1998, 47 ff.

Kunert, Franz-Josef/Michael, Gerhard: Die Umsetzung der UVP-Änderungsrichtlinie im Landesrecht, UPR 2003, 326 ff.

Ladeur, Karl-Heinz: Die Umsetzung der EG-Richtlinie zur Umweltverträglichkeitsprüfung in nationales Recht und ihre Koordination mit dem allgemeinen Verwaltungsrecht – Das Beispiel Frankreichs und Deutschlands, zugleich ein Beitrag zur Bedeutung der richtlinienkonformen Auslegung –, UPR 1996, 419 ff.

Lange, Klaus: Rechtsfolgen der Umweltverträglichkeitsprüfung für die Genehmigung oder Zulassung eines Projekts, DÖV 1992, 780 ff.

Louis, Hans Walter: Die Strategische Umweltprüfung für Landschaftspläne, UPR 2006, 285 ff.

Machado, Pedro: Procedural Participation under the Environmental Impact Assessment Directive, elni 1/2001, 3 ff.

Marsden, Simon: SEA and International Law: An Analysis of the Effectiveness of the SEA Protocol to the Espoo Convention, and of the Influence of the SEA Directive and Aarhus Convention on its Development, elni 1/2002, 1 ff.

Marsden, Simon: MOX Plant and the Espoo Convention: Can Member State Disputes Concerning Mixed Environmental Agreements be Resolved Outside EC Law?, RECIEL 2009, 312 ff.

Martini, Mario: Auf dem Weg zum "Umweltgesetzbuch I" – Zur Umsetzung der IVU- und der UVP-Änderungsrichtlinie, ZG 1998, 378 ff.

Mathiesen, Andres S.: Public Participation in Decision-making and Access to Justice in EC Environmental Law: the Case of Certain Plans and Programmes, EELR 2003, 36 ff.

Mayen, Thomas: Die Umweltverträglichkeitsprüfung nach dem UVP-Gesetz und der UVP-Verwaltungsvorschrift, NVwZ 1996, 319 ff.

Meyerholt, Ulrich: Die Umweltverträglichkeitsprüfung und nationales Zulassungsrecht, Baden-Baden 1999.

Morrow, Karen: Public Participation in the Assessment of the Effects of Certain Plans and Programms on the Environment – Directive 2001/42/EC, the UN/ECE Espoo Convention, and the Kiev Protocol, YEEL 4 (2005), 49 ff.

de Mulder, Jan: The New Directive on Strategic Environmental Assessment, elni 1/2001, 14 ff.

Näckel, Antje: Umweltprüfung für Pläne und Programme. Die Richtlinie 2001/42/EG des Europäischen Parlaments und des Rates über die Prüfung der Umweltauswirkungen bestimmter Pläne und Programme und ihre Umsetzung in das deutsche Recht, Baden-Baden 2003.

Nisipeanu, Peter: Das Scoping-Verfahren nach § 5 UVPG – Dargestellt an (ab-) wasserwirtschaftlichen Genehmigungsverfahren, NVwZ 1993, 319 ff.

Onz, Christian: Vollzugserfahrungen mit dem Bundesgesetz über die Umweltverträglichkeitsprüfung in Österreich, Wien 1998.

Otto, Sandra: Die UVP-Änderungsrichtlinie und IVU-Richtlinie der EU: Probleme aus der Nicht-Umsetzung nach Ablauf der Fristen, NVwZ 2000, 531 ff.

Peters, Heinz-Joachim: Bewertung und Berücksichtigung der Umweltauswirkungen bei UVP-pflichtigen BImSchG-Anlagen, UPR 1994, 93 ff.

Peters, Heinz-Joachim: Der Vorsorgebegriff im UVP-Recht und seine Auswirkungen auf das Umweltverwaltungsrecht, UPR 1994, 281 ff.

Peters, Heinz-Joachim: Die Bewertung in der Umweltverträglichkeitsprüfung. Zur ökologischen Vorsorgeorientierung, ZUR 1994, 67 ff.

Peters, Heinz-Joachim: Die UVP-Richtlinie der EG und die Umsetzung in das deutsche Recht. Gesamthafter Ansatz und Bewertung der Umweltauswirkungen, Baden-Baden 1994.

Peters, Heinz-Joachim: Zum gesamthaften Ansatz in der gesetzlichen Umweltverträglichkeitsprüfung, NuR 1996, 235 ff.

Peters, Heinz-Joachim: Umweltverträglichkeitsprüfung und Umweltgesetzbuch, NuR 1999, 203 ff.

Peters, Heinz-Joachim: Das Recht der Umweltverträglichkeitsprüfung im Übergang, UPR 1999, 294 ff.

Peters, Heinz-Joachim: Zur Direktwirkung der geänderten UVP-Richtlinie der Europäischen Union, UPR 2000, 172 ff.

Peters, Heinz-Joachim: UVPG. Gesetz über die Umweltverträglichkeitsprüfung. Handkommentar, 2. Aufl., Baden-Baden 2002.

Pietzcker, Jost/Fiedler, Christoph: Die Umsetzung der Plan-UP-Richtlinie im Bauplanungsrecht, DVBl. 2002, 929 ff.

Platzer-Schneider, Ursula: Entstehungsgeschichte, Funktion und wesentliche Inhalte der Richtlinie zur strategischen Umweltprüfung sowie die Koordination der mitgliedstaatlichen Umsetzung, in: Hendler, Reinhard/Marburger, Peter/Reinhardt, Michael/Schröder, Meinhard (Hrsg): Die strategische Umweltprüfung (sog. Plan-UVP) als neues Instrument des Umweltrechts, Berlin 2004, 15 ff.

Prelle, Rebecca: Die Umsetzung der UVP-Richtlinie in nationales Recht und ihre Koordination mit dem allgemeinen Verwaltungsrecht. Eine vergleichende Betrachtung der verwaltungsgerichtlichen Kontrolle der UVP-Anwendung in Deutschland und Frankreich, Berlin 2001.

Püchel, Gerald: Die materiell-rechtlichen Anforderungen der EG-Richtlinie zur Umweltverträglichkeitsprüfung. Eine Untersuchung der Auswirkungen auf die Zulassung gemäß §§ 4 ff. BImSchG und §§ 17 ff. FStrG, Münster 1989.

Reinhardt, Michael: Die „strategische" Umweltprüfung im Wasserrecht. Ein Beitrag zur fortschreitenden Prozeduralisierung im umweltrechtlichen Verwaltungsverfahren, NuR 2005, 499 ff.

Rühl, Christiane: Das Verhältnis von Umweltverträglichkeitsprüfung bei Bauleitplänen und nachfolgender Umweltverträglichkeitsprüfung in Vorhabenzulassungsverfahren, UPR 2002, 129 ff.

Sander, Andrea: Strategische Umweltprüfung für das Immissionsschutzrecht?, UPR 2003, 336 ff.

Sauthoff, Michael: Die Strategische Umweltprüfung im Straßenrecht, ZUR 2006, 15 ff.

Scheidler, Alfred: Rechtsschutz Dritter bei fehlerhafter oder unterbliebener Umweltverträglichkeitsprüfung, NVwZ 2005, 863 ff.

Scheidler, Alfred: Strategische Umweltprüfung für Lärmaktionspläne, NuR 2005, 628 ff.

Scheidler, Alfred: Strategische Umweltprüfung für Luftreinhaltepläne, ZUR 2006, 239 ff.

6. Kapitel Allgemeine Regeln

Schilling, Theodor: Die Auslegung nach dem effet utile in der Rechtsprechung des EuGH – dargestellt am Beispiel der Richtlinie über die Umweltverträglichkeitsprüfung, UTR 2002, 37 ff.

Schink, Alexander: Folgen der EG-Rechtswidrigkeit der Übergangsvorschriften zum UVP-Gesetz, NVwZ 1995, 953 ff.

Schink, Alexander: Gemeinschaftsrechtliche Fortentwicklung der UVP, DVBl. 1995, 73 ff.

Schink, Alexander: Die Umweltverträglichkeitsprüfung – eine Bilanz, NuR 1998, 173 ff.

Schink, Alexander: Auswirkungen des EG-Rechts auf die Umweltverträglichkeitsprüfung nach deutschem Recht, NVwZ 1999, 11 ff.

Schink, Alexander: Die Umweltverträglichkeitsprüfung – offene Konzeptfragen, DVBl. 2001, 321 ff.

Schink, Alexander: Umweltverträglichkeitsprüfung – Verträglichkeitsprüfung – naturschutzrechtliche Eingriffsregelung – Umweltprüfung, NuR 2003, 647 ff.

Schink, Alexander: Umweltverträglichkeitsprüfung – Verträglichkeitsprüfung – naturschutzrechtliche Eingriffsregelung – Umweltprüfung, in: Erbguth, Wilfried (Hrsg.), Die Umweltverträglichkeitsprüfung: Neuregelungen, Entwicklungstendenzen, Baden-Baden 2004, 33 ff.

Schink, Alexander: Umweltprüfung für Pläne und Programme – Gemeinschaftsrechtliche Vorgaben und Fachplanung, in: Dokumentation zur 28. Wissenschaftlichen Fachtagung der Gesellschaft für Umweltrecht e.V. Leipzig 2004, Berlin 2005, 93 ff.

Schink, Alexander: Umweltprüfung für Pläne und Programme – Verfahrensanforderungen, NuR 2005, 143 ff.

Schink, Alexander: Umweltprüfung für Pläne und Programme. Anwendungsbereich der SUP-Richtlinie und Umsetzung in deutsches Recht, NVwZ 2005, 615 ff.

Schink, Alexander: Der Vorhabenbegriff bei der Umweltverträglichkeitsprüfung, NuR 2012, 603 ff.

Schink, Alexander/Erbguth, Wilfried: Die Umweltverträglichkeitsprüfung im immissionsschutzrechtlichen Zulassungsverfahren, DVBl. 1991, 413 ff.

Schlacke, Sabine: Zum Drittschutz bei Nichtdurchführung einer gebotenen Umweltverträglichkeitsprüfung, ZUR 2006, 360 ff.

Schlarmann, Hans/Hildebrandt, Burghard: Die „integrierte" Umweltverträglichkeitsprüfung, NVwZ 1999, 350 ff.

Schmidt, Guido: Die Umweltverträglichkeitsprüfung im Zulassungsverfahren durch mehrere Behörden, NVwZ 2003, 292 ff.

Schmidt, Michael/Joao, Elsa/Albrecht, Eike (Hrsg.): Implementing Strategic Environmental Assessment, Berlin 2005.

Schmidt, Michael/Rütz, Nicole/Bier, Sascha: Umsetzungsfragen bei der strategischen Umweltprüfung (SUP) in nationales Recht, DVBl. 2002, 357 ff.

Schmidt-Eichstaedt, Gerd: Die Umweltverträglichkeitsprüfung vor der Reform: die Folgen für das Bau- und Planungsrecht, UPR 2000, 401 ff.

Schmidt-Preuß, Matthias: Der verfahrensrechtliche Charakter der Umweltverträglichkeitsprüfung, DVBl. 1995, 485 ff.

Schoeneberg, Jörg: Umweltverträglichkeitsprüfung, Praxis des Verwaltungsrechts, München 1993.

Schreiber, Frank: Die Umsetzung der Plan-UP-Richtlinie im Raumordnungsrecht – eine Zwischenbilanz, UPR 2004, 50 ff.

Schwab, Joachim: Die Umweltverträglichkeitsprüfung auf europäischer Ebene, in: Heuel-Fabianek, Burkhard/Schefer, Hans-Jürgen/Schwab, Joachim (Hrsg.), Umweltverträglichkeit in der Abfallwirtschaft, Berlin u.a. 1998, 27 ff.

von Schwanenflug, Noreen/Strohmayr, Sebastian: Rechtsschutz von Kommunen gegen UVP-pflichtige Vorhaben. Änderungen durch die Öffentlichkeitsbeteiligungsrichtlinie der EG?, NVwZ 2006, 395 ff.

Sendler, Horst: Zur Umsetzung der IVU- und der UVP-Änderungsrichtlinie durch ein Umweltgesetzbuch I, UTR 1998, 7 ff.

Sheate, William R.: The EC Directive on Strategic Environmental Assessment: A Much-Needed Boost for Environmental Integration, EELR 2003, 331 ff.

Siems, Thomas: Alternativprüfungen durch die neue Strategische UVP: Auf dem Weg zur UVP amerikanischen Maßstabes?, EurUP 2005, 27 ff.

Siems, Thomas: Das UVP-Verfahren: Drittschützende Wirkung oder doch „nur" reines Verfahrensrecht, NuR 2006, 359 ff.

Sifakis, Antonios: Precaution, Prevention and the Environment Impact Assessment Directive, EELR 1998, 349 ff.

Sitsen, Michael: Die Umweltverträglichkeitsprüfung bei Änderungs- oder Erweiterungsvorhaben, UPR 2008, 292 ff.

Soell, Hermann/Dirnberger, Franz: Wieviel Umweltverträglichkeit garantiert die UVP?, Bestandsaufnahme und Bewertung des Gesetzes zur Umsetzung der EG-Richtlinie über die Umweltverträglichkeitsprüfung, NVwZ 1990, 705 ff.

Spannowsky, Willy: Rechts- und Verfahrensfragen einer „Plan-UVP" im deutschen Raumplanungssystem, UPR 2000, 201 ff.

Staupe, Jürgen: Anwendung der UVP-Änderungsrichtlinie nach Ablauf der Umsetzungsfrist, NVwZ 2000, 508 ff.

Steinberg, Rudolf/Steinwachs, Jennifer: Zulassungspflichtigkeit der Änderung von Fachplanungsvorhaben unter Berücksichtigung der Neuregelungen des UVP-Gesetzes, NVwZ 2002, 1153 ff.

Stüer, Bernhard: Strategische Umweltprüfung in der Verkehrswege-, Landes- und Regionalplanung, UPR 2003, 97 ff.

Sydow, Gernot: Horizontale und vertikale Verzahnung der Strategischen Umweltprüfung mit anderen umweltbezogenen Prüfverfahren, DVBl. 2006, 65 ff.

Tillemann, William A.: Public participation in the environment impact assessment process. A comparative study of impact assessment in Canada, the United States and the European Community, Columbia Journal of Transnational Law 1995, 337 ff.

Uechtritz, Michael: Die Umweltprüfung in der Raumordnung – zur Umsetzung der Plan-UP-Richtlinie, ZUR 2006, 9 ff

Versmann, Andreas: Strategische Umweltprüfung für Abfallwirtschaftspläne, ZUR 2006, 233 ff.

Verwiebe, Ralf: Umweltprüfungen auf Plan- und Programmebene. Rechtliche Grundlagen der Strategischen Umweltprüfung und FFH-Verträglichkeitsprüfung in der Fachplanung, Baden-Baden 2008.

Vidal, Olivier: Commentaire de l'arrêt de la CJUE du 20 octobre 2011, affaire C-474/10, Department of the Environment for Northern Ireland c/ Seaport (NI) ltd et autres, RJE 2012, 283 ff.

Vorwerk, Axel: Die Bewertung von Umweltauswirkungen im Rahmen der Umweltverträglichkeitsprüfung nach § 12 UVPG, Verw 1996, 241 ff.

Wahl, Rainer: Thesen zur Umsetzung der Umweltverträglichkeitsprüfung nach EG-Recht in das deutsche öffentliche Recht, DVBl. 1988, 86 ff.

Wahle, Helmut/Will, Gerd: Die kommunale Umweltverträglichkeitsprüfung. Erfahrungen aus Hannover, ZUR 1993, 28 ff.

Wasielewski, Andreas: Stand der Umsetzung der UVP-Änderungs- und der IVU-Richtlinie, NVwZ 2000, 14 ff.

Weber, Albrecht: Die Umweltverträglichkeitsrichtlinie im deutschen Recht, Köln u.a. 1989.

Weber, Albrecht/Hellmann, Ulrich: Das Gesetz über die Umweltverträglichkeitsprüfung (UVP-Gesetz), NJW 1990, 1625 ff.

Wemdzio, Marcel: Die UVP – Unheimlich viel Papier?, NuR 2008, 479 ff.

Wende, Wolfgang: Die Umweltverträglichkeitsprüfung als Instrument einer nachhaltigen Entwicklung – Ergebnisse einer Empirischen Studie über die Wirksamkeit, Dauer und Qualität der UVP in Deutschland –, ZAU 2001, 337 ff.

III. Umweltzeichen

Boy, Laurence: Les programmes d'étiquetage écologique en Europe, REDE 2006, 127 ff.

Diederichsen, Lars: Ein neues Umweltzeichen für Europa. Zur Verordnung (EWG) Nr. 880/92 vom 23.3.1992, RIW 1993, 224 ff.

Driessen, Bart: New Opportunities or Trade Barrier in Disguise? – The EC Eco-Labelling Scheme, EELR 1999, 5 ff.

6. Kapitel Allgemeine Regeln

Falke, Josef: Das Grünbuch zur integrierten Produktpolitik – erste Etappe auf dem Weg zu einer Richtlinie über ökologische Produktverantwortung?, ZUR 2001, 314 ff.

Forgo, Katrin: Europäisches Umweltzeichen und Welthandel. Grundlagen, Entscheidungsprozesse, rechtliche Fragen, Wien u.a. 1999.

Gornig, Gilbert/Silagi, Michael: Vom Ökodumping zum Ökoprotektionismus. Umweltzeichen im Lichte von EWG-Vertrag und GATT, EuZW 1992, 753 ff.

Klindt, Thomas: Das Umweltzeichen „Blauer Engel" und „Europäische Blume" zwischen produktbezogenem Umweltschutz und Wettbewerbsrecht, BB 1998, 545 ff.

Krämer, Ludwig: European Community Eco-Labelling in Transition, YEEL 2000, 123 ff.

Lambsdorff, Hans Georg Graf/Jäger, Stephan: Die individuelle Verantwortlichkeit in der umweltbezogenen Werbung, BB 1992, 2297 ff.

Langerfeldt, Michael: Der Umweltzeichen-Arbeitsplan der Europäischen Gemeinschaft (2002-2004) – Aufbruch zu neuen Ufern oder umweltpolitisches Placebo? –, UPR 2003, 62 ff.

Neveling, Stefanie: Produktinnovation durch Umweltzeichen. Eine vergleichende Untersuchung des deutschen und europäischen Umweltzeichens, Baden-Baden 2000.

Roller, Gerhard: Der „Blaue Engel" und die „Europäische Blume". Die EG-Verordnung betreffend ein gemeinschaftliches System zur Vergabe eines Umweltzeichens, EuZW 1992, 499 ff.

IV. Umweltmanagement und Umweltbetriebsprüfung

Bartsch, Torsten: Erfahrungen mit Umwelt-/Öko-Audits in den USA, ZUR 1995, 14 ff.

Benecke, Claudia: Europarechtliche Aspekte des Umweltaudits, Hamburg 2001.

Benecke, Claudia/Janzen, Ira: Umwelt-Audit-Verordnung: Zertifizierung vor Validierung, ZUR 1999, 22 ff.

Böhm-Amtmann, Edeltraud: „Umweltpakt Bayern. Miteinander die Umwelt schützen." EG-Öko-Audit-Verordnung und Substitution von Ordnungsrecht, ZUR 1997, 178 ff.

Boos, Thorsten: Betriebliches Umweltmanagement als neues Modell der Risikosteuerung?, Baden-Baden 2000.

Bültmann, Alexandra/Wätzold, Frank: Die wirtschaftsnahe Ausgestaltung des Öko-Audit-Systems in Deutschland – Erfahrungen und Analyse, ZAU 2000, 155 ff.

Dolde, Klaus-Peter/Vetter, Andrea: Überwachung immissionsschutzrechtlich genehmigungsbedürftiger Anlagen – Möglichkeiten der Länder bei Gesetzgebung und Vollzug im Hinblick auf die Umwelt-Audit-Verordnung, NVwZ 1995, 943 ff.

Engel, Gernot-Rüdiger: Analyse und Kritik der Umweltmanagementsysteme, Frankfurt u.a. 2010.

Ensthaler, Jürgen: Zertifizierung, Akkreditierung und Normung für den Europäischen Binnenmarkt, Berlin 1995.

Ensthaler, Jürgen/Funk, Michael/Gesmann-Nuissl, Dagmar/Selz, Alexandra: Umweltauditgesetz/ EMAS-Verordnung. Darstellung der Rechtsgrundlagen und Anleitung zur Durchführung eines Öko-Audits, 2. Aufl., Berlin 2002.

Erbrath, Torben: Der Umweltgutachter nach der EMAS-Verordnung als Vollzugsorgan des europäischen und nationalen Umweltrechts, Frankfurt u.a. 2001.

Ewer, Wolfgang: Der Umweltgutachterausschuss. Die Einbeziehung Privater in verselbständigte Verwaltungsträger, Baden-Baden 2000.

Ewer, Wolfgang/Lechelt, Rainer/Theuer, Andreas (Hrsg.): Handbuch Umweltaudit, München 1998.

Falk, Heiko: Die EG-Umwelt-Audit-Verordnung und das deutsche Umwelthaftungsrecht, Heidelberg 1998.

Falk, Heiko/Frey, Stefan: Die Prüftätigkeit des Umweltgutachters im Rahmen des Öko-Auditsystems, UPR 1996, 58 ff.

Falke, Josef: „Umwelt-Audit"-Verordnung, ZUR 1995, 4 ff.

Feldhaus, Gerhard: Umwelt-Audit und Entlastungschancen im Vollzug des Immissionsschutzrechts, UPR 1997, 341 ff.

Feldhaus, Gerhard: Wettbewerb zwischen EMAS und ISO 14001, UPR 1998, 41 ff.

Förster, Stephan: Das Umweltmanagementsystem nach EMAS in der Praxis der Umweltverwaltung – ein zukunftsfähiges Modernisierungs- und Nachhaltigkeitsinstrument?, ZUR 2004, 25 ff.

Franzius, Claudio: Die Prüfpflicht und -tiefe des Umweltgutachtens nach der EG-Auditverordnung, NuR 1999, 601 ff.

Freimann, Jürgen: Umwelterklärungen: Informatorische Öffnung im Rahmen des EU-Öko-Audit-Systems – Ergebnisse einer empirischen Analyse, ZAU 1997, 187 ff.

Führ, Martin: Umweltbewusstes Management durch „Öko-Audit"?, EuZW 1992, 468 ff.

Führ, Martin: Umweltmanagement und Umweltbetriebsprüfung – neue EG-Verordnung zum „Öko-Audit" verabschiedet, NVwZ 1993, 858 ff.

Hansmann, Klaus: Umwelt-Audit: Verhältnis der Eigenüberwachung zur behördlichen Kontrolle, in: Rengeling, Hans-Werner (Hrsg.), Integrierter und betrieblicher Umweltschutz, Köln u.a. 1998, 207 ff.

Hardt, Thomas Clemens: Möglichkeiten der Förderung des Umweltmanagement- und auditsystems (EMAS) durch die Europäische Union, in: Thomé-Kozmiensky, Karl Joachim (Hrsg.), Management der Kreislaufwirtschaft, Berlin 1995, 427 ff.

Heinelt, Hubert u.a.: Prozedurale Umweltpolitik der EU. Umweltverträglichkeitsprüfungen und Öko-Audits im Ländervergleich, Opladen 2000.

Horneffer, Diez: Bemerkungen zur neuen EG-Umweltaudit-Verordnung, ZUR 2001, 361 ff.

Jarass, Hans D.: EMAS-Privilegierungen im Abfallrecht, DVBl. 2003, 298 ff.

Johann, Hubert Peter: Integriertes Umweltmanagement – Die Einbindung des Umweltschutzes in die Organisation des Unternehmens, in: Thomé-Kozmiensky, Karl Joachim (Hrsg.), Management der Kreislaufwirtschaft, Berlin 1995, 406 ff.

Kämmerer, Ullrich, Die Umsetzung des Umwelt-Audit-Rechts. Unter besonderer Berücksichtigung des Umweltgutachters, Berlin 2001.

Kloepfer, Michael: Betrieblicher Umweltschutz als Rechtsproblem, DB 1993, 1125 ff.

Kloepfer, Michael/Bröcker, Klaus T.: Umweltaudit und Umweltrechtskonformität, UPR 2000, 335 ff.

Klüppel, Vera: Öko-Audit in Europa und USA, UTR 1999, 371 ff.

Knopp, Lothar: Neue EG-Verordnung zum „Umwelt-Audit". Freiwillige Beteiligung von Unternehmen an einem Gemeinschaftssystem für Umweltmanagement und Umweltbetriebsprüfung, EWS 1994, 80 ff.

Knopp, Lothar: Umwelt-Audit: Quo vadis? – Erfahrungen und Novellierungsbestrebungen –, NVwZ 2000, 1121 ff.

Knopp, Lothar: EMAS II – Überleben durch „Deregulierung" und „Substitution"?, NVwZ 2001, 1098 ff.

Knopp, Lothar/Ebermann-Finken, Rebecca: Novellierung der EG-Umwelt-Audit-Verordnung (EMAS II), EWS 2000, 329 ff.

Köck, Wolfgang: Indirekte Steuerung im Umweltrecht: Abgabenerhebung, Umweltschutzbeauftragte und „Öko-Auditing" – Anmerkungen zum „Professoren-Entwurf" eines Umweltgesetzbuchs – Allgemeiner Teil (UGB-AT) –, DVBl. 1994, 27 ff.

Köck, Wolfgang: Die Entdeckung der Organisation durch das Umweltrecht, ZUR 1995, 1 ff.

Köck, Wolfgang: Umweltschutzsichernde Betriebsorganisation als Gegenstand des Umweltrechts: Die EG-„Öko-Audit"-Verordnung, JZ 1995, 643 ff.

Köck, Wolfgang: Das Pflichten- und Kontrollsystem des Öko-Audit-Konzepts nach der Öko-Audit-Verordnung und dem Umweltauditgesetz, Verw 1996, 644 ff.

Köck, Wolfgang: Vollzugsaspekte des Öko-Audit-Systems, in: Reich, Norbert/Heine-Mernik, Renate (Hrsg.), Umweltverfassung und nachhaltige Entwicklung in der Europäischen Union, Baden-Baden 1997, 149 ff.

Koenig, Christian: Internalisierung des Risikomanagements durch neues Umwelt- und Technikrecht? Ein Plädoyer für die Beachtung ordnungsrechtlicher Prinzipien in der umweltökonomischen Diskussion, NVwZ 1994, 937 ff.

Langerfeldt, Michael: Das novellierte Environmental Management and Audit Scheme (EMAS-II), NVwZ 2001, 538 ff.

6. Kapitel Allgemeine Regeln

Langerfeldt, Michael: Die Umwelterklärung der novellierten EG-Öko-Audit-Verordnung (EMAS II): Fortschritt oder Rückschritt?, UPR 2001, 426 ff.

Langerfeldt, Michael: Das novellierte Umweltauditgesetz, NVwZ 2002, 1156 ff.

Langerfeldt, Michael: Berufsausübungs- und -zulassungsregeln für Betriebsprüfer und Umweltgutachter. Auf der Grundlage der Verordnung (EWG) Nr. 1836/93 und nach Umweltauditgesetz, Baden-Baden 2002.

Langerfeldt, Michael: Das novellierte Environmental Management and Audit Scheme (EMAS-II) und sein Potenzial zur Privatisierung der umweltrechtlichen Betreiberüberwachung in Deutschland, Berlin 2007.

Lechelt, Rainer: System des Umweltaudits, Entstehungsgeschichte, in: Ewer, Wolfgang/Lechelt, Rainer/Theuer, Andreas (Hrsg.), Handbuch Umweltaudit, München 1998, 1 ff.

Leifer, Christoph: Das europäische Umweltmanagementsystem EMAS als Element gesellschaftlicher Selbstregulierung, Tübingen 2007.

Liniger, Hans U./Martens, Claus-Peter: Die Umweltmanagement- und Audit-Verordnung der Europäischen Union: Analyse und Umsetzung, URP/DEP 1994, 301 ff.

Lohse, Siegbert: Umweltrecht für Umweltmanagement. Die „Einhaltung einschlägiger Umweltvorschriften" im Rahmen der Öko-Audit-Verordnung, Berlin 1995.

Lübbe-Wolff, Gertrude: Die EG-Verordnung zum Umwelt-Audit, DVBl. 1994, 361 ff.

Lübbe-Wolff, Gertrude: Öko-Audit und Deregulierung – eine kritische Betrachtung, ZUR 1996, 173 ff.

Lübbe-Wolff, Gertrude: Anlagenüberwachung im Zeichen des Öko-Audit: verfassungsrechtliche Grenzen einer funktionellen Privatisierung, in: Koch, Hans-Joachim (Hrsg.), Aktuelle Probleme des Immissionsschutzrechts, Baden-Baden 1998, 211 ff.

Lütkes, Stefan: Das Umweltauditgesetz – UAG, NVwZ 1996, 230 ff.

Marten, Kai-Uwe/Schmid, Sonja: Die EU-Öko-Audit-Verordnung und der British Standard (BS 7750). Eine vergleichende Analyse, RIW 1995, 754 ff.

Martens, Claus-Peter/Moufang, Oliver: Kritische Aspekte bei der praktischen Durchführung der Öko-Audit-Verordnung, NVwZ 1996, 246 f.

Mayen, Thomas: Der Umweltgutachterausschuss – ein strukturelles Novum ohne hinreichende demokratische Legitimation?, NVwZ 1997, 215 ff.

Moormann, Franz-Josef: Staatliche Überwachung und Öko-Audit, ZUR 1997, 188 ff.

Müggenborg, Hans-Jürgen: Der Prüfungsumfang des Umweltgutachters nach der Umwelt-Audit-Verordnung, DB 1996, 125 ff.

Müller, Martin: Normierte Umweltmanagementsysteme und deren Weiterentwicklung im Rahmen einer nachhaltigen Entwicklung. Unter besonderer Berücksichtigung der Öko-Audit.-Verordnung und der ISO 14001, Berlin 2001.

Nissen, Ullrich: Die EG-Öko-Audit-Verordnung. Determinanten ihrer Wirksamkeit, Berlin 1999.

Peglau, Reinhard: Die Normung von Umweltmanagementsystemen und Umweltauditing im Kontext der EG-Öko-Audit-Verordnung, ZUR 1995, 19 ff.

Schäfer, Franka Michaela: Öko-Audit als Instrument des Umweltschutzes und Mittel zur Deregluierung, Frankfurt u.a. 2003.

Scherer, Joachim: Umwelt-Audits: Instrument zur Durchsetzung des Umweltrechts im europäischen Binnenmarkt?, NVwZ 1993, 11 ff.

Scheuß, Patrick: Die Zulassung und Beaufsichtigung der Umweltgutachter, UPR 2000, 104 ff.

Schickert, Jörg A.: Der Umweltgutachter der EG-Umwelt-Audit-Verordnung, Berlin 2001.

Schmalholz, Michael: Deregulierung durch Öko-Audit und die Vorschläge des Kommissionsentwurfes zum Umweltgesetzbuch, UTR 1998, 331 ff.

Schmidt-Räntsch, Annette: Das neue EU-Umweltmanagementsystem, NuR 2002, 197 ff.

Schmidt-Räntsch, Annette: 10 Jahre Europäisches Umwelt-Audit EMAS – Bilanz und Perspektiven, EurUP 2006, 2 ff.

Schmidt-Räntsch, Annette: Die Novelle 2010 des Europäischen Umweltmanagements EMAS – eine Partnerschaft mit Unternehmen als strategisches Konzept zur Erfüllung von Umweltzielen, EurUP 2010, 123 ff.

Schneider, Jens-Peter: Öko-Audit als Scharnier in einer ganzheitlichen Regulierungsstrategie, Verw 1995, 361 ff.
Schneider, Volker: Öko-Audit und Deregulierung im Immissionsschutzrecht, Köln u.a. 1999.
Schnutenhaus, Jörn: Die Umsetzung der Öko-Audit-Verordnung in Deutschland, ZUR 1995, 9 ff.
Schottelius, Dieter: Ein kritischer Blick in die Tiefen des EG-Öko-Audit-Systems, BB 1997, Beilage 2 zu Heft 8/1997.
Schwarz-Herion, Odile: Die Auswirkung der Verwendung von Umweltmanagementsystemen auf die Umweltleistung von Unternehmen der Privatwirtschaft, EurUP 2006, 17 ff.
Sellner, Dieter/Schnutenhaus, Jörn: Umweltmanagement und Umweltbetriebsprüfung („Umwelt-Audit") – ein wirksames, nicht ordnungsrechtliches System des betrieblichen Umweltschutzes?, NVwZ 1993, 928 ff.
van Someren, Taco C.R./Zillmann, Thomas: Umsetzung der Öko-Audit-Verordnung in Europa – Vergleich der Länder Niederlande, Frankreich und Deutschland, in: Thomé-Kozmiensky, Karl Joachim (Hrsg.), Management der Kreislaufwirtschaft, Berlin 1995, 389 ff.
Sprenger, Frank/Murschall, Rolf: Implementierung von Umweltmanagementsystemen, in: Thomé-Kozmiensky, Karl Joachim (Hrsg.), Management der Kreislaufwirtschaft, Berlin 1995, 413 ff.
Storm, Peter-Christian: Novellierungsbedarf der EG-Umweltaudit-Verordnung?, NVwZ 1998, 341 ff.
Streck, Charlotte: Der EMAS-Umweltgutachter und die Deregulierung des deutschen Umweltrechts, Frankfurt u.a. 2001.
Wagner, Helmut/Budde, Andreas: Umwelt-Audit. Erfahrungen mit dem Umwelt-Audit-System in Deutschland, ZUR 1997, 254 ff.
Wagner Pfeifer, Beatrice: Rechtliche Aspekte von Öko-Audits" unter besonderer Berücksichtigung der Verordnung der Europäischen Gemeinschaft über die freiwillige Beteiligung gewerblicher Unternehmen an einem Gemeinschaftssystem für das Umweltmanagement und die Umweltbetriebsprüfung vom 29.6.1993, AJP 1994, 1387 ff.
Waskow, Siegfried: Betriebliches Umweltmanagement. Anforderungen nach der Audit-Verordnung der EG. Ein Leitfaden über die EG-Verordnung zum Umweltmanagement und zur Umweltbetriebsprüfung, 2. Aufl., Heidelberg 1997.
Waskow, Siegfried: Aufsicht über DAU und Umweltgutachterausschuss durch das Bundesministerium für Umwelt, Naturschutz und Reaktorsicherheit, in: Bohne, Eberhard (Hrsg.), Erfahrungen mit dem Umweltauditgesetz, Baden-Baden 1998, 68 ff.
Wenk, Michael S.: The European Union's Eco-Management and Audit Scheme (EMAS): – Still a Novel Approach to Environmental Protection, or an idea whose time has passed?, EurUP 2006, 9 ff.
Wenk, Michael S.: The European Union's Eco-Management and Audit Scheme (EMAS): Still a Viable Entity or a Concept Spiraling Towards Obscurity?, JEEPL 2009, 37 ff.
von Werder, Axel/Nestler, Anke: Grundsätze ordnungsmäßiger Umweltschutzorganisation als Maßstab des europäischen Umwelt-Audit, RIW 1995, 296 ff.
Wiebe, Andreas: Umweltschutz durch Wettbewerb. Das betriebliche Umweltschutzsystem der EG, NJW 1994, 289 ff.

V. Finanzielle Instrumente

Amend, Guido: Das Instrument der Umweltabgabe auf Gemeinschaftsebene. Möglichkeiten und Grenzen, Hamburg 2001.
Battis, Ulrich/Kersten, Jens: Europäische Politik des territorialen Zusammenhalts – Europäischer Rechtsrahmen und nationale Umsetzung -, UPR 2008, 201 ff.
Bohlken, Lars: Waldschadensfonds im EG-Recht. Die rechtlichen Rahmenbedingungen für einen Fonds zur Regulierung neuartiger Waldschäden auf gemeinschaftsrechtlicher Ebene, Berlin 1999.
Breuer, Rüdiger: Umweltrechtliche und wirtschaftslenkende Abgaben im Europäischen Binnenmarkt, DVBl. 1992, 485 ff.
Deketelaere, Kurt: Towards a European Environmental Tax Law: Greenspeak?, in: Abraham, Filip/ Deketelaere, Kurt/Stuyck, Jules (Hrsg.), Recent Economic and Legal Developments in European Environmental Policy, Leuven 1995, 169 ff.

6. Kapitel Allgemeine Regeln

Disselhoff, Tilmann: Das neue EU-Umweltförderprogramm „LIFE+": Erfolgspotenzial für den Naturschutz, EurUP 2007, 162 ff.

Disselhoff, Tilmann/Banse, Heidi Amelie: Das neue EU-Umweltförderprogramm „LIFE+": Was lange währt, wird endlich gut?, EurUP 2007, 100 ff.

Engle, Eric: Ecotaxes and the European Union, EELR 2007, 298 ff.

Essers, Peter H.J./Flutsch, Paul A./Ultee, Manon A. (Hrsg.): Environmental Policy and Direct Taxation in Europe, Den Haag 2000.

Giesberts, Ludger: Die CO_2-/Energiesteuer der EG, Anmerkungen zum geänderten Richtlinienvorschlag der Europäischen Kommission, RIW 1995, 847 ff.

Hawke, Neil/Hargreaves, Pamela: Financing Environmental Improvement: the Use of Environmental Funds in EU and CEE Countries, EELR 2003, 113 ff.

Hendler, Reinhard: Zur Entwicklung des Umweltabgabenrechts, NuR 2000, 661 ff.

Hilf, Meinhard: Umweltabgaben als Gegenstand von Gemeinschaftsrecht und -politik, NVwZ 1992, 105 ff.

Jansen, Bela: Ökologische Steuern in der Europäischen Gemeinschaft, ZuR 2003, 257 ff.

Jatzke, Harald: Gemeinschaftsrechtliche Restriktionen bei der Erhebung von nicht harmonisierten Umweltsteuern, EWS 2000, 491 ff.

Kirchhof, Ferdinand: Die Tauglichkeit von Abgaben zur Lenkung des Verhaltens, DVBl. 2000, 1166 ff.

Klaphake, Axel: Die Integration von Umweltaspekten in die Kohäsionspolitik der Europäischen Union, in: Hartje, Volkmar/Klaphake, Axel (Hrsg.), Die Rolle der Europäischen Union in der Umweltplanung, Marburg 1998, 259 ff.

Lais, Martina, Das Solidaritätsprinzip im europäischen Verfassungsverbund, Baden-Baden 2007.

Müller, Christian: Möglichkeiten und Grenzen der indirekten Verhaltenssteuerung durch Abgaben im Umweltrecht, Köln u.a. 1994.

Müller-Franken, Sebastian: Forum: Verfassungs- und europarechtliche Fragen der Einführung nationaler Öko-Steuern, JuS 1997, 872 ff.

Pieper, Stefan Ulrich: Gemeinschaftsrechtliche Anforderungen an Umweltsonderabgaben unter Berücksichtigung ihres Aufkommens, DÖV 1996, 232 ff.

Rabe, Hans-Jürgen: Öko-Steuern aus der Sicht der Europäischen Gemeinschaft, in: Oldiges, Martin (Hrsg.), Abgabenrechtliche Verhaltenssteuerung im Umweltrecht, Leipzig 2003, 189 ff.

Rodi, Katja: Finanzierungskompetenzen. Die Kompetenzen von Europäischer Gemeinschaft, Bund und Ländern am Beispiel der Finanzierung des Naturschutzes, Baden-Baden 2003.

Seeger, Katja: Umweltabgaben im nationalen Alleingang – EU-rechtliche Grenzen und Spielräume für nationale Umweltabgaben, in: Jakob, Wolfgang/Zugmaier, Oliver (Hrsg.), Rechtliche Probleme von Umweltabgaben, Augsburg 1996, 165 ff.

Seidel, Martin: Umweltrechtliche und wirtschaftslenkende Abgaben aus gemeinschaftsrechtlicher Sicht, NVwZ 1993, 105 ff.

Stahlschmidt, Michael: Umweltsteuern und Umweltabgaben in der Republik Österreich und der Bundesrepublik Österreich, Frankfurt u.a. 2003.

VI. Umwelthaftung

Andresen, Jan Eige/Clostermeyer, Maximilian: Neueste Entwicklungen in der Haftung für Ölverschmutzungsschäden, EurUP 2009, 116 ff.

Anstee-Wedderburn, Jane: A Consideration of the Implementation of the Environmental Liability Directive to Date, JEEPL 2007, 221 ff.

Asscher, Jacques: Enforcement of the Liability System: Access to the National Courts, in: Hamer, Jens (Hrsg.), Umwelthaftung in der EU / Environmental Liability in the EU, Köln 2002, 95 ff.

Becker, Bernd: Einführung in die Richtlinie über Umwelthaftung zur Vermeidung und Sanierung von Umweltschäden, NVwZ 2005, 371 ff.

Becker, Bernd: Das neue Umweltschadensgesetz und das Artikelgesetz zur Umsetzung der Richtlinie über die Umwelthaftung zur Vermeidung und Sanierung von Umweltschäden, NVwZ 2007, 1105 ff.

Beckmann, Martin/Wittmann, Antje: Rechtsschutz für Verantwortliche bei Umweltschäden im Sinne des Umweltschadensgesetzes, DVBl. 2008, 1287 ff.
Beckmann, Martin/Wittmann, Antje: Rechtsschutz für Betroffene und Umweltvereinigungen bei Umweltschäden im Sinne des Umweltschadensgesetzes, UPR 2008, 421 ff.
Bergkamp, Lucas: The Proposed EC Environmental Liability Regime and European Community Law Principles, in: Hamer, Jens (Hrsg.), Umwelthaftung in der EU / Environmental Liability in the EU, Köln 2002, 15 ff.
Bergkamp, Lucas: The Proposed Environmental Liability Directive, EELR 2002, 294 ff., 327 ff.
Bergkamp, LucasGoldsmith, Barbara J. (Hrsg.): The Environmental Liability Directive. A Commentary, Oxford 2013.
Bergsten, Monica: Environmental Liability Regarding Carbon Capture and Storage (CCS) Operations in the EU, EEELR 2011, 108 ff.
Beyer, Peter: Eine neue Dimension der Umwelthaftung in Europa? Eine Analyse der Europäischen Richtlinie zur Umwelthaftung, ZUR 2004, 257 ff.
Blatch, Caroline: Environmental Liability Directive – remediation of damage, Environmental Law & Management 2004, 234 ff.
Bocken, Hubert: Who is Liable and for What? The Scope of the Environmental Liability Regime in the EU Commission's White Paper on Environmental Liability, in: Hamer, Jens (Hrsg.), Umwelthaftung in der EU / Environmental Liability in the EU, Köln 2002, 53 ff.
Bocken, Hubert: Financial Guarantees in the Environmental Directive: Next Time Better, EELR 2006, 13 ff.
Brüggemeier, Gert: Die Voraussetzungen einer Europäischen Umwelthaftung, in: Hamer, Jens (Hrsg.), Umwelthaftung in der EU / Environmental Liability in the EU, Köln 2002, 59 ff.
Bruns, Elke/Kieß, Carolin/Peters, Wolfgang: Anforderungen an die Erfassung, Bewertung und Sanierung von Biodiversitätsschäden nach dem Umweltschadensgesetz, NuR 2009, 149 ff.
Cassotta, Sandra: Environmental Damage and Liability Problems in a Multilevel Context. The Case of the Environmental Liability Directive, Alphen aan den Rijn 2012.
Cassotta, Sandra/Verdure, Christophe: La directive 2004/35 sur la responsabilité environnementale: affinement des concepts et enjeux économiques, RDUE 2012, 233 ff.
Clarke, Chris: The Proposed EC Liability Directive: Half-Way Through Co-Decision, RECIEL 2003, 254 ff.
Cosack, Tilman/Enders, Rainald: Das Umweltschadensgesetz im System des Umweltrechts, DVBl. 2008, 405 ff.
Czybulka, Detlef: Die Anwendung der Umwelthaftungsrichtlinie in der Ausschließlichen Wirtschaftszone und auf dem Festlandsockel, NuR 2008, 304 ff.
Diederichsen, Lars: Grundfragen zum neuen Umweltschadensgesetz, NJW 2007, 3377 ff.
Duikers, Jan: Die Umwelthaftungsrichtlinie der EG. Analyse der Richtlinie und ihrer Auswirkungen auf das deutsche Recht, Berlin 2006.
Duikers, Jan: Die Kostentragungspflicht für Vermeidungs- und Sanierungsmaßnahmen nach dem Umweltschadensgesetz, UPR 2008, 427 ff.
Farnsworth, Nick: Subsidiarity – A conventional industry defense. Is the Directive on Environmental Liability with regard to Prevention and Remedying of Environmental Damage justified under the subsidiarity principle?, EELR 2004, 176 ff.
Faure, Michael (Hrsg.): Deterrence, Insurability and Compensation in Environmental Liability. Future Developments in the European Union, Wien u.a. 2003.
Faure, Michael/Grimeaud, David: Financial Assurance Issues of Environmental Liability, in: Faure, Michael (Hrsg.), Deterrence, Insurability and Compensation in Environmental Liability. Future Developments in the European Union, Wien u.a. 2003, 7 ff.
Fehr, Karl-Heinz/Friedrich, Barbara/Scheil, Susanne: Liability Directive – a Useful Tool for Nature Protection?, JEEPL 2007, 110 ff.
Frisch, Klaus: Das Umweltschadensgesetz und seine Sanierungspflichten – das unterschätzte Haftungsrisiko?, UPR 2011, 356 ff.

6. Kapitel Allgemeine Regeln

Führ, Martin/Lewin, Daniel/Roller, Gerhard: EG-Umwelthaftungs-Richtlinie und Biodiversität, NuR 2006, 67 ff.
Gassner, Erich: Aktuelle Aspekte des Umweltschadensgesetzes, UPR 2009, 333 ff.
Gassner, Erich/Schemel, Hans-Joachim: Umweltschadensgesetz, 2. Aufl., Wiesbaden 2012.
Gellermann, Martin: Umweltschaden und Biodiversität, NVwZ 2008, 828 ff.
Godt, Christine: Das neue Weißbuch zur Umwelthaftung, ZUR 2001, 188 ff.
Günther, Gerrit: Umweltvorsorge und Umwelthaftung, Berlin 2003.
Hagen, Günter: Das Weißbuch zur Umwelthaftung und das deutsche Umwelthaftungsrecht, in: Hamer, Jens (Hrsg.), Umwelthaftung in der EU / Environmental Liability in the EU, Köln 2002, 145 ff.
Hagen, Günter: Haftung für reine Umweltschäden, NuR 2003, 581 ff.
Hagen, Günter: Die europäische Umwelthaftungsrichtlinie in rechtsvergleichender Sicht, ZEuP 2006, 21 ff.
Hamer, Jens (Hrsg.): Umwelthaftung in der EU / Environmental Liability in the EU, Köln 2002.
Hellensbroich, Tobias/Schrader, Christian: Verbandsklage nach dem Umweltschadensgesetz (USchG), ZUR 2007, 289 ff.
Hendler, Reinhard (Hrsg.): Umwelthaftung nach neuem EG-Recht, Berlin 2005.
Hinteregger, Monika (Hrsg.): Environmental Liability and Ecological Damage in European Law, Cambridge 2008.
Hinteregger, Monika/Kerschner, Ferdinand (Hrsg.): Kommentar zum Bundes-Umwelthaftungsgesetz. B-UHG, UH-RL, Wien 2011.
Kieß, Carolin: Die Sanierung von Biodiversitätsschäden nach der europäischen Umwelthaftungsrichtlinie, Berlin 2008.
Klaphake, Axel: The Assessment and Restoration of Biodiversity Damages, JEEPL 2005, 268 ff.
Knopp, Lothar: EU-Umwelthaftung, EU-Umweltstrafrecht und EU-Emissionszertifikatehandel, EWS 2002, Beilage 3 (Heft 8), 1 ff.
Knopp, Lothar (Hrsg.): Neues Europäisches Umwelthaftungsrecht und seine Auswirkungen auf die deutsche Wirtschaft, Heidelberg 2003.
Knopp, Lothar: Neues Europäisches Umwelthaftungsrecht: die Umwelthaftungsrichtlinie, in: Knopp, Lothar (Hrsg.), Neues Europäisches Umwelthaftungsrecht und seine Auswirkungen auf die deutsche Wirtschaft, Heidelberg 2003, 49 ff.
Knopp, Lothar: Das Umweltschadensgesetz im Umweltgesetzbuch, UPR 2008, 121 ff.
Knopp, Lothar: Umsetzungsstand der europäischen Umwelthaftungsrichtlinie in den Mitgliedstaaten, EuZW 2009, 561 ff.
Knopp, Lothar/Wiegler, Gerhard (Hrsg.): Der Biodiversitätsschaden des Umweltschadensgesetzes. Methodische Grundlagen zur Erfassung und Bewertung, Berlin u.a. 2009.
Knopp, Lothar/Wiegler, Gerhard/Piroch, Ingmar: Die (neue) Haftung für Schäden an der Biodiversität, NuR 2008, 745 ff.
Kokott, Juliane/Klaphake, Axel/Marr, Simon: Key Elements of a Liability Regime Taking into Account Ecological Damages, JEEPL 2005, 277 ff.
Krämer, Ludwig: Directive 2004/35/EC on Environmental Liability, Environmental Law & Management 2004, 5 ff.
Krämer, Ludwig: Discussions on Directive 2004/35 Concerning Environmental Liability, JEEPL 2005, 250 ff.
Lau, Marcus: Der Biodiversitätsschaden – wie „gefährlich" ist das Umweltschadensrecht wirklich?, ZUR 2009, 589 ff.
Leifer, Christoph: Der Richtlinienentwurf zur Umwelthaftung: internationaler Kontext, Entstehung und öffentlich-rechtliche Dimension, NuR 2003, 598 ff.
Louis, Hans Walter: Die Haftung für Umweltschäden an Arten und natürlichen Lebensräumen, NuR 2009, 2 ff.
Marburger, Peter: EG-Umwelthaftungsrichtlinie und zivilrechtliche Umwelthaftung, FS Eckard Rehbinder, Berlin 2007, 237 ff.

Mauerhofer, Volker: „Biodiversity damage" liability in the Environmental Liability Directive – its definition and delimitation from more stringent EU, international and national norms, elni 1/2008, 19 ff.

Münter, Andreas: Die Vermeidung und Sanierung von Umweltschäden. Der Beitrag der Umwelthaftungs-Richtlinie 2004/35/EG unter dem Aspekt der Versicherbarkeit, Baden-Baden 2009.

Palme, Christoph/Schumacher, Anke/Schumacher, Jochen/Schlee, Matthias: Die Europäische Umwelthaftungsrichtlinie, EurUP 2004, 204 ff.

Petersen, Malte: Die Umsetzung der Umwelthaftungsrichtlinie im Umweltschadensgesetz. Unter besonderer Berücksichtigung der Auswirkungen auf das deutsche Wasserrecht, Köln u.a. 2008.

Petersen, Malte: USchadG. Umweltschadensgesetz. Kommentar, Köln u.a. 2013.

Pirotte, Charles: The Environmental Liability Directive: a harmonised liability regime?, Environmental Law & Management 2007, 237 ff.

Prieur, Michel: La responsabilité environnementale en droit communautaire, REDE 2004, 129 ff.

Ruffert, Matthias: Zur Konzeption der Umwelthaftung im Europäischen Gemeinschaftsrecht, in: Hendler, Reinhard (Hrsg.), Umwelthaftung nach neuem EG-Recht, Berlin 2005, 43 ff.

Ruffert, Matthias: Verantwortung und Haftung für Umweltschäden, NVwZ 2010, 1177 ff.

Ruffert, Matthias: Verantwortung und Haftung für Umweltschäden, in: Dokumentation zur 33. Wissenschaftlichen Fachtagung der Gesellschaft für Umweltrecht e.V. Berlin 2009, Berlin 2010, 39 ff.

Scheidler, Alfred: Umweltschutz durch Umweltverantwortung. Das neue Umweltschadensgesetz, NVwZ 2007, 1113 ff.

Schink, Alexander: Die EU-Richtlinie über Umwelthaftung – Auswirkungen auf das deutsche Umweltrecht, EurUP 2005, 67 ff.

Schumacher, Jochen: Haftung der Landwirte und anderer Akteure für Schäden an der Natur nach europäischem Gemeinschaftsrecht, in: Czybulka, Detlef (Hrsg.), Aktuelle Entwicklungen im europäischen Naturschutzrecht, Baden Baden 2007, 153 ff.

de Smedt, Kristel: Ist Harmonisierung immer wirkungsvoll? – Der Erlass der EG-Umwelthaftungsrichtlinie, EurUP 2009, 52 ff.

de Smedt, Kristel/Faure, Michael: The Implementation of the Environmental Liability Directive – A law and economics analysis of the transposition of the ELD in Belgium, the Netherlands and Germany, ZEuP 2010, 783 ff.

Spindler, Gerald: Die Umsetzung der Umwelthaftungsrichtlinie, UTR 2006, 147 ff.

Spindler, Gerald/Härtel, Ines: Der Richtlinienvorschlag über Umwelthaftung, UPR 2002, 241 ff.

Schröder, Marc: EU-Umwelthaftungsrichtlinie, Umweltschadensgesetz und Umweltschadensversicherung, Karlsruhe 2008.

Steichen, Pascale: La responsabilité environnementale dans les sites Natura 2000, REDE 2009, 247 ff.

Steichen, Pascale: Note: Une interprétation extensive de la directive 2004/35/DE sur la responsabilité environnementale, RJE 2010, 503 ff.

Viney, Geneviève/Dubuisson, Bernard (Hrsg.): Les responsabilités environnementales dans l'espace européen, Brüssel 2006.

Wenneras, Pal: A Progressive Interpretation of the Environmental Liability Directive, JEEPL 2005, 257 ff.

Winter, Gerd/Jans, Jan H./Macrory, Richard/Krämer, Ludwig: Weighing up the EC Environmental Liability Directive, JEL 2008, 175 ff.

VII. Umweltstrafrecht

Boss, Philippe Vladimir: Le droit pénal à l'aide de l'efficacité du droit européen – l'exemple du droit pénal européen de l'environnement, Zürich 2008.

Comte, Françoise: Crime contre l'environnement et police en Europe: panorama et pistes d'action, REDE 2005, 381 ff.

Comte, Françoise: Crime contre l'environnement et police en Europe: panorama et pistes d'action, RDUE 2005, 483 ff.

6. Kapitel Allgemeine Regeln

Comte, Françoise: Environmental Crime and the Police in Europe: A Panorama and Possible Paths for Future Action, EELR 2006, 190 ff.
Faure, Michael: European Environmental Criminal Law: Do We Really Need it?, EELR 2004, 18 ff.
Faure, Michael: Vers un nouveau modèle de protection de l'environnement par le droit pénal, REDE 2005, 3 ff.
Fromm, Ingo E.: Bekämpfung schwerer Umweltkriminalität in der EG durch einheitliche strafrechtliche Sanktionen? Die RL 2008/99/EG der EP und des Rates v. 19.11.2008 über den strafrechtlichen Schutz der Umwelt, ZfW 2009, 157 ff.
Gouritin, Armelle/de Hert, Paul: Directive 2008/99/EC of 19 November 2008 on the protection of the environment through criminal law: A new start for criminal law in the European Community?, elni 1/2009, 22 ff.
Heger, Martin: Die Europäisierung des deutschen Umweltstrafrechts, Tübingen 2009.
Krämer, Ludwig: La protection de l'environnement par le droit pénal communautaire (directive 2008/99), RDUE 2009, 13 ff.
Pereira, Ricardo: Environmental Criminal Law in the First Pillar: A Positive Development for Environmental Protection in the European Union?, EELR 2007, 254 ff.
Pfohl, Michael: Das deutsche Umweltstrafrecht – ein Erfolgsmodell?, NuR 2012, 307 ff.
Roets, Damien: Naissance du droit pénal européen de l'environnement (à propos de la directive 2008/99/CE du Parlement européen et du Conseil du 19 novembre 2008 relative à la protection de l'environnement par le droit pénal), REDE 2009, 271 ff.
Szesny, André-M./Görtz, Laura: Das neue Umweltstrafrecht – Kritisches zur Umsetzung der Richtlinie Umweltstrafrecht, ZUR 2012, 405 ff.
Zeitler, Helge Elisabeth: Strengthening Environmental Protection through European Criminal Law, JEEPL 2007, 213 ff.
Zeitler, Helge Elisabeth: Happy end of a long saga – Agreement on the Directive for the Protection of the Environment through European Criminal Law, JEEPL 2008, 281 ff.
Zimmermann, Frank: Wann ist der Einsatz von Strafrecht auf europäischer Ebene sinnvoll? Die neue Richtlinie zum strafrechtlichen Schutz der Umwelt, ZRP 2009, 74 ff.

VIII. Integrierte Vermeidung und Verminderung der Umweltverschmutzung (IVU) / Industrieemissionen

Appel, Ivo: Emissionsbegrenzung und Umweltqualität. Zu zwei Grundkonzepten der Vorsorge am Beispiel des IPPC-Richtlinienvorschlags der EG, DVBl. 1995, 399 ff.
Appel, Ivo: Konkretisierung rechtlicher Anforderungen durch technische Regeln: Immissionsschutzrecht, Gewässerschutzrecht, Bodenschutzrecht,, in: Peter Marburger (Hrsg.), Technische Regeln im Umwelt- und Technikrecht, Berlin 2006, 67 ff.
Beckmann, Martin: Die integrative immissionsschutzrechtliche Genehmigung. Ein Instrument auch des Investitionsschutzes und der Rechtssicherheit für den Vorhabenträger?, NuR 2003, 715 ff.
Beyer, Peter: Die integrierte Anlagenzulassung: zur Umsetzung der IVU-Richtlinie im Bundes-Immissionsschutzgesetz sowie im Entwurf der Sachverständigenkommission zum UGB und ihre Auswirkungen auf die Struktur des Verwaltungsrechts, Frankfurt u.a. 2001.
Böhm, Monika: Umsetzungsdefizite und Direktwirkung der IVU- und UVP-Änderungsrichtlinien?, in: Kumpfer, Wolfgang/Schlacke, Sabine (Hrsg.), Integrativer Umweltschutz. Anforderungen an Normsetzung und Vollzug. Unter besonderer Berücksichtigung der Umsetzung der IVU- und UVP-Änderungsrichtlinien, Berlin 2002, 103 ff.
Böhm, Monika: Umsetzungsdefizite und Direktwirkung der IVU- und UVP-Änderungsrichtlinien?, ZUR 2002, 6 ff.
Bohne, Eberhard: The Quest for Environmental Regulatory Integration in the European Union. Integrated Prevention and Control, Environmental Impact Assessment and Major Accident Prevention, Alphen an den Rijn 2006.
Bohne, Eberhard: The implementation of the IPPC Directive from a comparative perspective and lessons for its recast (Part I), JEEPL 2008, 1 ff.

Bohne, Eberhard: The implementation of the IPPC Directive from a comparative perspective and lessons for its recast (Part II), JEEPL 2008, 319 ff.

Bohne, Eberhard/Dietze, Doris: Pollution Prevention and Control in Europe Revisited, EELR 2004, 198 ff.

Braunewell, Jens: Die neue Richtlinie über Industrieemissionen. Darstellung ihrer wesentlichen Regelungen und erste Überlegungen zur Umsetzung im innerstaatlichen Recht, UPR 2011, 250 ff.

Breuer, Rüdiger: Der Stand der Technik im geltenden Recht, in: Bernd Hecker/Reinhard Hendler/Alexander Proelß/Peter Reiff (Hrsg.), Aktuelle Probleme des Umwelt- und Technikrechts, Berlin 2011, 9 ff.

Buschbaum, Heike/Schulz, Henning Alexander: Europäisierung des deutschen Umweltrechts am Beispiel des Technikstandards „Beste verfügbare Techniken", NuR 2001, 181 ff

Calliess, Christian: Konsequenzen des integrierten Umweltschutzes, in: Ruffert, Matthias (Hrsg.), Recht und Organisation. Staatsrecht – Verwaltungsrecht – Europarecht – Völkerrecht, Vorträge und Diskussionen zum Symposium anlässlich des 60. Geburtstages von Prof. Dr. Meinhard Schröder in Trier, Berlin 2003, 73 ff.

Calliess, Christian: Integrierter Umweltschutz revisited: Reformbedarf in TA Luft und Anlagenzulassungsrecht?, DVBl. 2010, 1 ff.

Davids, Peter: Die Konkretisierung der besten verfügbaren Technik in der Anlagenzulassungspraxis, UPR 2000, 439 ff.

Diehl, Andrea: Stärkung des europäischen Konzepts der „besten verfügbaren Techniken" durch die Richtlinie über Industrieemissionen. Kritik der Neufassung der IVU-Richtlinie, ZUR 2011, 59 ff.

Di Fabio, Udo: Integratives Umweltrecht – Bestand, Ziele, Möglichkeiten, NVwZ 1998, 329 ff.

Dolde, Klaus-Peter: Die EG-Richtlinie über die integrierte Vermeidung und Verminderung der Umweltverschmutzung (IVU-Richtlinie) – Auswirkungen auf das deutsche Umweltrecht, NVwZ 1997, 313 ff.

Dürkop, Jürgen/Kracht, Harald/Wasielewski, Andreas: Die künftige EG-Richtlinie über die integrierte Vermeidung und Verminderung der Umweltverschmutzung (IVU-Richtlinie) – Perspektiven für das deutsche Recht nach dem Gemeinsamen Standpunkt des EG-Umweltministerrats –, UPR 1995, 425 ff.

Emmott, N.: An Overview of the IPPC Directive and its Development, in: Backes, Chris/Betlem, Gerrit (Hrsg.), Integrated Pollution Prevention and Control, Den Haag u.a. 1999, 23 ff.

Enders, Rainald/Krings, Michael: Das Artikelgesetz aus immissionsschutz- und abfallrechtlicher Sicht – zur Umsetzung der UVP-Änderungsrichtlinie, der IVU-Richtlinie, der Deponierichtlinie und weiterer EG-Richtlinien zum Umweltschutz –, DVBl. 2001, 1389 ff.

Engelhardt, Kerstin: Die Umsetzung der IVU-Richtlinie in Deutschland. Unter Berücksichtigung des Gesetzes zur Umsetzung der UVP-Änderungsrichtlinie, der IVU-Richtlinie und weiterer EG-Richtlinien zum Umweltschutz vom 27. Juli 2001 (sog. Artikelgesetz), Baden-Baden 2002.

Epiney, Astrid: Zum Verhältnis von Qualitätszielen und Emissionsnormen in der Europäischen Union, in: Barth, Sibylle/Köck, Wolfgang (Hrsg.), Qualitätsorientierung im Umweltrecht. Umweltqualitätsziele für einen nachhaltigen Umweltschutz, Berlin 1997, 77 ff.

Epiney, Astrid: Integrierter Umweltschutz im Anlagengenehmigungsrecht – die Anforderungen der IVU-Richtlinie, in: Koch, Hans-Joachim (Hrsg.), Aktuelle Probleme des Immissionsschutzrechts, Baden-Baden 1998, 9 ff.

Erbguth, Wilfried/Stollmann, Frank: Die Verzahnung der integrativen Elemente von IVU- und UVP-Änderungs-Richtlinie, ZUR 2000, 379 ff.

Feldhaus, Gerhard: Beste verfügbare Techniken und Stand der Technik, NVwZ 2001, 1 ff.

Feldhaus, Gerhard: Integriertes Anlagenzulassungsrecht. Materiell- und verfahrensrechtliche Anforderungen nach neuem Recht, ZUR 2002, 1 ff.

Feldhaus, Gerhard: Integriertes Anlagenzulassungsrecht: materiell- und verfahrensrechtliche Anforderungen nach neuem Recht, in: Kumpfer, Wolfgang/Schlacke, Sabine (Hrsg.), Integrativer Umweltschutz. Anforderungen an Normsetzung und Vollzug, Berlin 2002, 9 ff.

6. Kapitel Allgemeine Regeln

Gallas, Andreas: Innerstaatliche Umsetzung der IVU-Richtlinie und der UVP-Änderungsrichtlinie durch ein Erstes Buch zum Umweltgesetzbuch, in: Rengeling, Hans-Werner (Hrsg.), Auf dem Weg zum Umweltgesetzbuch I, Köln u.a. 1999, 17 ff.

Günter, Gisela: Zur Europarechtskonformität der Umsetzung der IVU-Richtlinie nach dem Artikelgesetz, NuR 2002, 394 ff.

Hansmann, Klaus: Integrierter Umweltschutz durch untergesetzliche Normsetzung, ZUR 2002, 19 ff.

Heimlich, Jörn: Der Begriff "Stand der Technik" im deutschen und europäischen Umweltrecht, NuR 1998, 582 ff.

Jankowski, Klaus: Der Fragebogen der EG-Kommission zur IVU-Richtlinie, UPR 1999, 437 ff.

Jankowski, Klaus: Bestandsschutz für Industrieanlagen. Fortentwicklung des Immissionsschutzrechts zwischen EG-rechtlichen Vorgaben und deutschem Verfassungsrecht, Baden-Baden 1999.

Jans, Jan H.: The Relationship Between the IPPC Directive and Other EC Environmental Law, in: Backes, Chris/Betlem, Gerrit (Hrsg.), Integrated Pollution Prevention and Control, Den Haag u.a. 1999, 43 ff.

Kahl, Wolfgang/Welke, Britta: Über die unveränderte Notwendigkeit einer integrierten Vorhabengenehmigung und deren Regelungsstandort, DVBl. 2010, 1414 ff.

Keller, Karsten: Defizite bei der Umsetzung der Richtlinie 2010/75/EU über Industrieemissionen in deutsches Recht, UPR 2013, 128 ff.

Koch, Hans-Joachim: Die IPPC-Richtlinie: Umsturz im deutschen Anlagengenehmigungsrecht?, UTR 1997, 31 ff.

Koch, Hans-Joachim/Jankowski, Klaus, Die IVU-Richtlinie: Umsturz im deutschen Anlagengenehmigungsrecht?, ZUR 1998, 57 ff.

Koch, Hans-Joachim/Laskowski, Silke: Verfassungsrechtliche Grenzen einer Privatisierung der Anlagenüberwachung, ZUR 1997, 182 ff.

Koch, Hans-Joachim/Prall, Ursula: Entwicklungen des Immissionsschutzrechts, NVwZ 2002, 666 ff.

Koch, Hans-Joachim/Siebel-Huffmann, Heiko: Das Artikel-Gesetz zur Umsetzung der UVP-Änderungsrichtlinie, der IVU-Richtlinie und weiterer Umweltschutzrichtlinien, NVwZ 2001, 1081 ff.

Koepfer, Isabell: Stand der Technik und Umweltqualität, Baden-Baden 2001.

Krings, Michael: Immissionsschutzrechtliche Aspekte der Umsetzung von IVU- und UVP-Richtlinie durch ein Erstes Buch zum Umweltgesetzbuch, UTR 1998, 47 ff.

Kugelmann, Dieter: Die Genehmigung als Gestaltungsmittel integrierten Umweltschutzes – Abschied von der Kontrollerlaubnis?, DVBl. 2002, 1238 ff.

Kühling, Jürgen/Röckinghausen, Marc: Legislative Umsetzungsdefizite und exekutive Schadensbegrenzung – zur (in)direkten Wirkung der IVU-Richtlinie in Deutschland –, DVBl. 1999, 1614 ff.

Ladeur, Karl-Heinz: Integrierter Umweltschutz im Genehmigungsverfahren. Zur Irritation des deutschen Umweltverwaltungsrechts durch das Europarecht, ZUR 1998, 245 ff.

Ladeur, Karl-Heinz: Konflikt und Kooperation zwischen dem europäischen Umweltrecht und dem allgemeinen Verwaltungsrecht der Mitgliedstaaten – Zur Bedeutung des Verfahrensrechts für die Bewältigung „diagonaler Kollisionen" im europäischen Mehrebenensystem: Die Beispiele der UVP- und IVU-Richtlinie -, UTR 2001, 221 ff.

Lange, Bettina: From Boundary Drawing to Transitions: The Creation of Normativity under the EU Directive on Integrated Pollution Prevention and Control, ELJ 2002, 246 ff.

Long Antoinette/Mereu, Claude: Integrated Pollution Prevention and Control: the Implementation of Directive 96/61/EEC, EELR 1999, 180 ff.

Lübbe-Wolff, Gertrude: IVU-Richtlinie und Europäisches Vorsorgeprinzip, NVwZ 1998, 777 ff.

Lübbe-Wolff, Gertrude: Integrierter Umweltschutz – Brauchen die Behörden mehr Flexibilität?, NuR 1999, 241 ff.

Lübbe-Wolff, Gertrude: Einheitlichkeit oder Differenzierung von Standards im anlagenbezogenen Umweltschutz, in: Gawel, Erik/Lübbe-Wolff, Gertrude (Hrsg.), Effizientes Umweltordnungsrecht, Baden-Baden 2000, 66 ff.

Maaß, Christian A.: Behördenkoordination im immissionsschutzrechtlichen Genehmigungsverfahren, DVBl. 2002, 364 ff.

Mann, Thomas: Stand der Technik, BATNEEC, BAT – Zur Europäisierung eines deutschen Umweltstandards, UTR 2003, 7 ff.

Martini, Mario: Auf dem Weg zum "Umweltgesetzbuch I" – Zur Umsetzung der IVU- und der UVP-Änderungsrichtlinie, ZG 1998, 378 ff.

Martini, Mario: Die integrierte Vorhabengenehmigung als Herausforderung für Organisation und Struktur der Entscheidungsfindung, VerwArch 2009, 40 ff.

Neuser, Uwe: Die Erweiterung der immissionsschutzrechtlichen Vorsorgepflicht auf den Bereich der Anlagensicherheit, UPR 2001, 366 ff.

Otto, Sandra: Die UVP-Änderungsrichtlinie und IVU-Richtlinie der EU: Probleme aus der Nicht-Umsetzung nach Ablauf der Fristen, NVwZ 2000, 531 ff.

Rebentisch, Manfred: Die immissionsschutzrechtliche Genehmigung – ein Instrument integrierten Umweltschutzes?, NVwZ 1995, 949 ff.

Röckinghausen, Marc: Die Industrie-Emissions-Richtlinie (IED) und ihre Umsetzung im Immissionsschutzrecht, UPR 2012, 161 ff.

Sangenstedt, Christof: Umweltgesetzbuch und integrierte Vorhabengenehmigung, ZUR 2007, 505 ff.

Schäfer Kurt: Zum integrierten Konzept der IVU-Richtlinie, UPR 1997, 444 ff.

Scheidler, Alfred: Das Integrationsprinzip im deutschen und europäischen Umweltrecht. Die Ausgangslage zur Schaffung einer integrierten Vorhabengenehmigung nach der Föderalismusreform, WiVerw 1/2008, 3 ff.

Scheidler, Alfred: Die wichtigsten Änderungen im Immissionsschutzrecht nach Umsetzung der Industrieemissions-Richtlinie, UPR 2013, 121 ff.

Schmidt-Preuß, Matthias: Integrative Anforderungen an das Verfahren der Vorhabenzulassung – Anwendung und Umsetzung der IVU-Richtlinie, NVwZ 2000, 252 ff.

Schnutenhaus, Jörn: Stand der Beratungen des IPPC-Richtlinienvorschlags der Europäischen Union, NVwZ 1994, 671 ff.

Schnutenhaus, Jörn: Die IPPC-Richtlinie. Eine umweltrechtliche und politikanalytische Bestandsaufnahme, ZUR 1994, 299 ff.

Schreiber, Frank: Das Regelungsmodell der Genehmigung im integrierten Umweltschutz, Berlin 2000.

Sellner, Dieter/Schnutenhaus, Jörn: Die geplante EG-Richtlinie zu „Integrated Pollution Prevention and Control (IPC)", NVwZ 1993, 828 ff.

Sendler, Horst: Zur Umsetzung der IVU- und der UVP-Änderungsrichtlinie durch ein Umweltgesetzbuch I, UTR 1998, 7 ff.

Sendler, Horst: Integrierter Umweltschutz im Anlagengenehmigungsrecht – zur Umsetzung der IVU-Richtlinie in einem UGB I, in: Koch, Hans-Joachim (Hrsg.), Aktuelle Probleme des Immissionsschutzrechts, Baden-Baden 1998, 29 ff.

Shirvani, Foroud: Öffentlichkeitsbeteiligung bei integrierten Vorhabengenehmigungen nach der IVU-RL, NuR 2010, 383 ff.

Spieler, Martin: Beste verfügbare Technik und Immissionsschutzrecht. Die BVT-Merkblätter und ihre Bedeutung im immissionsschutzrechtlichen Genehmigungsverfahren, Berlin 2006.

Stapelfeldt, Alfred: Die immissionsschutzrechtliche Anlagenzulassung nach europäischem Recht, Köln u.a. 2000.

Staupe, Jürgen: Die vollständige Koordination des Behördenhandelns gemäß IVU-Richtlinie, ZUR 2000, 368 ff.

Steinberg, Rudolf: Zulassung von Industrieanlagen im deutschen und europäischen Recht, NVwZ 1995, 209 ff.

Steinberg, Rudolf/Koepfer, Isabell: IVU-Richtlinie und immissionsschutzrechtliche Genehmigung, DVBl. 1997, 973 ff.

Tausch, Christian: Die Bedeutung der BVT-Merkblätter im Umweltrecht, NVwZ 2002, 676 ff.

Volkmann, Uwe: Umweltrechtliches Integrationsprinzip und Vorhabengenehmigung, VerwArch 1998, 363 ff.

Wahl, Rainer: Materiell-integrative Anforderungen an die Vorhabenzulassung – Anwendung und Umsetzung der IVU-Richtlinie, NVwZ 2000, 502 ff.

6. Kapitel Allgemeine Regeln

Wahl, Rainer: Die Normierung der materiell-integrativen (medienübergreifenden) Genehmigungsanforderungen, ZUR 2000, 360 ff.

Wasielewski, Andreas: Die geplante IPC-Richtlinie der EU. Stand der Beratungen einer Richtlinie über die integrierte Vermeidung und Verminderung der Umweltverschmutzung (IVU) am Ende der deutschen Präsidentschaft, UPR 1995, 90 ff.

Wasielewski, Andreas: Stand der Umsetzung der UVP-Änderungs- und der IVU-Richtlinie, NVwZ 2000, 14 ff.

Wasielewski, Andreas: Der Integrationsgedanke im untergesetzlichen Regelwerk – Fiktion und Aufgabe im Vollzug, ZUR 2000, 373 ff.

Wasielewski, Andreas: Die versuchte Umsetzung der IVU-Richtlinie in das deutsche Recht – eine Bilanz, in: Dolde, Klaus-Peter (Hrsg.), Umweltrecht im Wandel. Bilanz und Perspektiven aus Anlass des 25-jährigen Bestehens der Gesellschaft für Umweltrecht (GfU), Berlin 2001, 213 ff.

Weidemann, Clemens/Krappel, Thomas/Frh. von Süßkind-Schwendi, Benedict: Rechtsfragen und Praxisprobleme der Umsetzung der Richtlinie 2010/75/EU über Industrieemissionen, DVBl. 2012, 1457 ff.

Welke, Britta: Die integrierte Vorhabengenehmigung, Tübingen 2010.

Wickel, Martin: Die Zulassung von Industrieanlagen und die „gebundene" Vorhabengenehmigung, UPR 2000, 92 ff.

Zierock, Karl-Heinz/Salomon, Nobert: Die Umsetzung des Artikels 16 Abs. 2 der EG-IVU-Richtlinie auf internationaler und nationaler Ebene, ZUR 1998, 227 ff.

Zöttl, Johannes: Die EG-Richtlinie über die integrierte Vermeidung und Verminderung der Umweltverschmutzung, NuR 1997, 157 ff.

Zöttl, Johannes: Integrierter Umweltschutz in der neuesten Rechtsentwicklung. Die EG-Richtlinie über die integrierte Vermeidung und Verminderung der Umweltverschmutzung und ihre Umsetzung in deutsches Recht, Baden-Baden 1998.

7. Kapitel Medienschützendes Umweltrecht

1   Eine der zentralen Aufgaben von Umweltpolitik und -recht ist der Schutz der verschiedenen Umweltmedien vor übermäßigen Belastungen. Grundgedanke darauf abzielender Regelungen ist das Bestreben, bestimmte zentrale Umweltmedien vor Verschmutzungen verschiedener Art und Herkunft zu bewahren, so dass diesen medienschützenden Regeln insoweit eine umfassende Zielsetzung zugrunde liegt.

2   Im EU-Umweltrecht können vier Kategorien medienschützender Vorschriften unterschieden werden: Gewässerschutz (A.), Schutz vor Luftverunreinigung (B.), Bodenschutz (C.) und Lärmschutz (D.).

A. Gewässerschutz

3   Gewässerschutzrechtliche Regelungen waren mit die ersten umweltrechtlichen Maßnahmen der Union. Ihre Anfänge gehen auf den Beginn der siebziger Jahre zurück. Ihre (ursprünglichen) **Zielsetzungen** lassen sich durch drei Punkte zusammenfassen:[1]
- Sicherung der Qualität der Gewässer durch Vermeidung und/oder Verminderung der Verschmutzung;
- Sicherstellung der Wasserversorgung und der effizienten Nutzung der Ressourcen;
- Sammlung relevanter Informationen.

4   Seit den 70er Jahren hat die Union in diesem Sinn ein umfangreiches Regelungswerk in diesem Bereich entwickelt, das sich sowohl auf Binnengewässer als auch auf Grund- und Meerwasser bezieht.[2] In Bezug auf den Regelungsansatz können qualitätsbezogene Immissionsnormen, die stoff- oder produktorientierte Festlegung von Emissionsnormen und auf den Betrieb ausgerichtete Produktionsnormen unterschieden werden. Daneben ist die Union Vertragspartei zahlreicher internationaler Abkommen, die in erster Linie den Schutz grenzüberschreitender Gewässer und der Meere vor Verschmutzungen zum Gegenstand haben.[3]

Die parallele Verfolgung der Konzepte des immissions- und emissionsbezogenen Schutzes und die konkrete Ausgestaltung ihres Verhältnisses sind – insbesondere am Anfang der Entwicklung der Gewässerschutzpolitik der Union[4] – vor dem Hintergrund der unterschiedlichen Interessenlage der „Inselstaaten" Großbritannien und Irland[5] einerseits und der „Kontinentalstaaten" andererseits zu sehen: Während erstere nur relativ kurze Wasserläufe kennen, die daher einen eher geringen Verschmutzungsgrad aufweisen,[6] sind die Kontinentalstaaten aufgrund ihrer in der Regel langen und zudem internationalen Wasserläufe mit stark verschmutzten Gewässern konfrontiert. Diesen Problemen kann letztlich nur mit entsprechend strengen Emissionsgrenzwerten begegnet werden, während die Inselstaaten hieran weniger interessiert sind, lässt sich die Wasserqualität in ihrem Territorium doch trotz höherer Emissionen aufrechterhalten.[7]

---

1 Zur Entwicklung der Gewässerschutzpolitik der EU etwa *Krämer*, Droit de l'environnement de l'UE, 211 ff. S. zur aktuellen allgemeinen Sach- und Rechtslage sowie den Zielsetzungen des EU-Gewässerschutzrechts ausführlich *Meßerschmidt*, Europäisches Umweltrecht, § 14, Rn. 1 ff.

2 Vgl. zum Gewässerschutz in der Union vor dem Erlass der Wasserrahmenrichtlinie *Veh/Knopp*, Gewässerschutz, 35 ff.; *Johnson/Corcelle*, Environmental Policy, 29 ff.; *Delwing*, Umsetzungsprobleme des EG-Wasserrechts, 42 ff.; s. auch *Möbs*, in: Umweltschutz in der EG, 112 ff.

3 Sie können hier nicht dargestellt werden. Vgl. die Aufzählung und den Überblick bei Dauses-*Scherer/Heselhaus*, Hb. EU-WirtschaftsR, O, Rn. 269 ff.; *Heintschel von Heinegg*, EUDUR I, § 22, Rn. 43; *Jans/von der Heide*, Europäisches Umweltrecht, 406 f. Speziell zum Schutz der Küstengewässer und dem meeresbezogenem Gewässerschutz *Breuer*, EUDUR II/1, § 67.

4 Und damit in der RL 76/464, zu dieser Richtlinie, die durch die Wasserrahmenrichtlinie (RL 2000/60) aufgehoben werden wird, in der Vorauflage, 271 ff.

5 Dänemark und Griechenland kennen zwar ähnliche tatsächliche Verhältnisse; beide Staaten (Griechenland auch aufgrund seines späten Beitritts) haben aber eine weniger wichtige Rolle bei der Erarbeitung der Konzeption des Gewässerschutzrechts in der Union gespielt.

6 Die Schadstoffe werden auf diese Weise recht schnell ins Meer „transportiert" und damit „verdünnt".

7 Vgl. hierzu *Schwager*, in: Umweltrecht Schweiz – EG, 7 (20).

7. Kapitel Medienschützendes Umweltrecht

Das heutige Gewässerschutzrecht der EU – soweit Binnengewässer (unter Einschluss der Küstengewässer und des Grundwassers) betroffen sind – basiert maßgeblich auf der RL 2000/60 (**Wasserrahmenrichtlinie**), die eine umfassende Neuausrichtung der EU-Gewässerpolitik mit sich brachte. Sie wird zahlreiche der bisherigen Regelungen nach Übergangsfristen ablösen, so dass diese im Zentrum der Ausführungen steht und auf die übrigen einschlägigen Rechtsakte in ihrem Kontext hinzuweisen ist (I.). Zu erwähnen sind weiter die den Meeresumweltschutz (II.) und den Hochwasserschutz (III.) betreffenden Regelungen.

I. Zur Wasserrahmenrichtlinie (RL 2000/60)[8]

1. Zielsetzungen, Geltungsbereich und Konzeption

Hintergrund des Erlasses der Wasserrahmenrichtlinie[9] war das Bestreben, eine **Gesamtkonzeption für den Gewässerschutz** zu definieren und zu verwirklichen, dies im Hinblick auf einen wirksameren Gewässerschutz in der Europäischen Union.

Bis zum Erlass der RL 2000/60 war das Gewässerschutzrecht in der Europäischen Union durch eine **Zersplitterung** gekennzeichnet: Neben diversen emissionsorientierten Vorgaben existierten auch verbindliche Qualitätsnormen für bestimmte Gewässer, die je nach der Nutzungsart der Gewässer variierten,[10] ohne dass ein zusammenhängendes und kohärentes Konzept zu erkennen war, das einen umfassenderen Gewässerschutz ermöglicht hätte.[11] Zudem wurde bei der erstgenannten Kategorie der emissionsorientierte Ansatz auch nicht immer konsequent verwirklicht, sah doch insbesondere Art. 6 Abs. 3 RL 76/464[12] unter bestimmten Voraussetzungen (die sich im Wesentlichen auf die Immissionsbelastung der Gewässer bezogen) Durchbrechungsmöglichkeiten vor.[13] Eine gewisse Rolle bei dem Ruf nach einer Neuorientierung des Gewässerschutzrechts der EU im Hinblick auf ein Gesamtkonzept[14] dürften aber auch der nicht bzw. nur punktuell

---

[8] Die folgenden Ausführungen beruhen teilweise auf früher durchgeführten Untersuchungen, vgl. *Epiney/Felder*, Überprüfung internationaler wasserwirtschaftlicher Übereinkommen im Hinblick auf die Implementierung der Wasserrahmenrichtlinie, 23 ff.; *Epiney/Furger/Heuck*, „Umweltplanungsrecht", 99 ff., an. Vgl. ansonsten auch den sehr instruktiven Überblick über die Richtlinie bei *Grimeaud*, RECIEL 2004, 27 ff.

[9] Vgl. in diesem Zusammenhang zur Entstehungsgeschichte und zum Verhandlungsverlauf bis zum Erlass der Wasserrahmenrichtlinie *Breuer*, in: Europäisierung des nationalen Umweltrechts, 87 ff.; *Krämer*, in: Implementation der Wasserrahmenrichtlinie, 45 ff.; *Port*, Umweltziele, 56 ff.; *Albrecht*, Umweltqualitätsziele, 325 ff.; *Solf*, Europäisches Flussgebietsmanagement, 23 ff.; *Seidel*, Gewässerschutz, 159 ff.; *Meinken*, Emissions- versus Immissionsorientierung, 155 ff.; *Grimeaud*, EELR 2001, 41 (43 ff.); mit zahlreichen weiteren Nachweisen *Hasche*, Bewirtschaftungsermessen, 109 ff.; unter ausführlicher Berücksichtigung des Verhandlungsverlaufs *Lell/Rechenberg*, ZUR 2001, 120 (121 ff.); ausführlich auch *Desens*, Wasserpreisgestaltung, 41 ff.

[10] Vgl. zum Gewässerschutzrecht in der EU vor dem Erlass der Wasserrahmenrichtlinie die Überblicke bei *Frenz*, Umweltrecht, 76 f.; *Albrecht*, Umweltqualitätsziele, 264 ff.; im Zusammenhang mit dem Erlass der Wasserrahmenrichtlinie *Caspar*, DÖV 2001, 529 f.

[11] Vgl. die in eine ähnliche Richtung gehende Bewertung des Gewässerschutzrechts in der EU bis zum Erlass der Wasserrahmenrichtlinie etwa bei *Breuer*, NVwZ 2000, 541 f.; *Seidel*, UPR 1998, 430 (431); *Hasche*, Bewirtschaftungsermessen, 106 ff.; *Albrecht*, Umweltqualitätsziele, 323 f.

[12] RL 76/464 betreffend die Verschmutzung infolge der Ableitung bestimmter gefährlicher Stoffe in die Gewässer der Union, ABl. 1976 L 129, 23. Diese Richtlinie ist durch die RL 2006/11 betreffend die Verschmutzung infolge der Ableitung bestimmter gefährlicher Stoffe in die Gewässer der Union, ABl. 2006 L 64, 52, ersetzt worden, wobei es sich um eine kodifizierte Fassung der RL 76/464 mit ihren Modifikationen handelt.

[13] Hierzu *Epiney*, in: Qualitätsorientierung im Umweltrecht (6. Kap. J.VIII.), 77 (90 f.).

[14] Vgl. die in diese Richtung gehenden Stellungnahmen des EP aus dem Jahr 1994, ABl. 1994 C 128, 467; s. auch die Stellungnahmen von Rat und Umweltausschuss des EP in KOM (96) 59 endg., 1, sowie die Forderungen des Rates aus dem Jahr 1995 nach einer Rahmenrichtlinie, die die Grundprinzipien für eine nachhaltige Gewässerschutzpolitik in der Europäischen Union festlegt, Agence Europe vom 20.12.1995. Schließlich ist auf die Mitteilung der Kommission über die Wasserpolitik hinzuweisen, in der diese Ziele für eine nachhaltige Wasserpolitik in Europa entwickelte, vgl. KOM (96) 59 endg. S. im Übrigen auch die Nachweise verschiedener Stellungnahmen der Unionsorgane und der Mitgliedstaaten in Erw. 2 ff. Präambel RL 2000/60.

erfolgte Erlass von Durchführungsrichtlinien[15] zu den zentralen Richtlinien (RL 76/464[16] und RL 80/68[17]) sowie das Umsetzungs- und Vollzugsdefizit auf mitgliedstaatlicher Ebene[18] gespielt haben.[19]

7 In diesem Zusammenhang ist denn auch das zentrale Anliegen der Wasserrahmenrichtlinie zu sehen: Art. 1 RL 2000/60[20] hält fest, dass die Richtlinie einen (einheitlichen) **Ordnungsrahmen für den Schutz der Gewässer** insgesamt schaffen soll, und dies im Hinblick auf die Verwirklichung einer ganzen Reihe von Zielsetzungen, die dahingehend zusammengefasst werden können, dass die Ressource Wasser – inklusive der entsprechenden Ökosysteme – erhalten bzw. ihr Zustand verbessert werden soll.[21] Der Ansatz der Richtlinie berücksichtigt dabei – wie schon seit langer Zeit grundsätzlich gefordert[22] – sowohl **quantitative** als auch **qualitative** Aspekte: Es geht nämlich einerseits um den Schutz der Gewässer vor weiterer Verschmutzung und um die Verbesserung ihres qualitativen Zustands (Art. 1 Ziff. a), c), d), e) RL 2000/60),[23] andererseits um den Schutz der vorhandenen Wasserressourcen in quantitativer Hinsicht (Art. 1 Ziff. b), e) RL 2000/60). Angestrebt wird damit ein langfristiger nachhaltiger Gewässerschutz, der eine gewisse Wasserquantität und -qualität garantiert und insbesondere die Eliminierung gewisser **prioritärer gefährlicher Stoffe** sowie die **Erhaltung der Wasserressourcen** insgesamt mit sich bringen soll.[24]

8 Entsprechend diesem umfassenden Ansatz der Wasserrahmenrichtlinie erstreckt sich ihr **Anwendungsbereich** auf die „Binnenoberflächengewässer, die Übergangsgewässer, die Küstengewässer und das Grundwasser" (Art. 1 RL 2000/60).[25]

9 Konzeptionell geht die Richtlinie davon aus, dass die erwähnten Zielsetzungen über die Formulierung **allgemeiner Grundsätze** und die Definition eines gewissen **Handlungsrahmens**, innerhalb dessen sich die mitgliedstaatlichen Maßnahmen zu bewegen haben, erreicht werden sollen; dieser Ansatz soll offenbar eine bessere Koordination des bestehenden Gewässerschutzrechts und der zukünftigen Maßnahmen der Mitgliedstaaten sicherstellen. Im Hinblick auf diese „umfassende" Zielsetzung und die Koordinationsfunktion der Richtlinie ist denn auch die Aufhebung einer Reihe bestehender wasserrechtlicher Instrumente vorgesehen.[26]

---

15 Es wurden nur für 18 von 132 ausgewählten Stoffen Tochterrichtlinien erlassen. Vgl. nur *Lübbe-Wolff*, in: Staat und Privat, 43 (53); *Karstens*, ZUR 2001, 113.
16 RL 76/464 betreffend die Verschmutzung infolge der Ableitung bestimmter gefährlicher Stoffe in die Gewässer der Union, ABl. 1976 L 129, 23.
17 RL 80/68 über den Schutz des Grundwassers gegen Verschmutzung durch bestimmte gefährliche Stoffe, ABl. 1980 L 20, 43.
18 Hierzu nur *Delwing*, Umsetzungsprobleme des EG-Wasserrechts, 35 ff.; *Sach*, EUDUR I, § 44, Rn. 1 ff.; *Albin*, Vollzugskontrolle, 73 ff.; *Graf*, Vollzugsprobleme im Gewässerschutz, 57 ff. (letzterer mit besonderem Bezug zur Situation in Deutschland).
19 Umfassend zu den Defiziten des EU-Gewässerschutzrechts bis zum Erlass der Wasserrahmenrichtlinie *Seidel*, Gewässerschutz, 112 ff.
20 S. auch Erw. 18 f. RL 2000/60.
21 Vgl. zu den Zielsetzungen der Wasserrahmenrichtlinie *Seidel*, Gewässerschutz, 161 ff.; *Albrecht*, Umweltqualitätsziele, 330 f.; s. auch die Zusammenfassung bei *Hasche* Bewirtschaftungsermessen, 117, 124 ff., der zutreffend darauf hinweist, dass Art. 1 RL 2000/60 selbst keine normativ hinreichend bestimmten Vorgaben entnommen werden können, was nichts daran ändert, dass solche Zielbestimmungen bei der Auslegung sonstiger Richtlinienbestimmungen eine Rolle spielen können.
22 Vgl. etwa Entschließung des EP, ABl. 1996 C 347, 80 (82).
23 Bei der Bewertung der Gewässerqualität wird auf die Gewässerchemie, die Gewässerbiologie und die Gewässerstruktur abgestellt, vgl. Anhang V RL 2000/60.
24 Vgl. Erw. 23 ff. RL 2000/60. Zu dem damit zugrundegelegten integrierten Konzept im Zusammenhang mit der Wasserrahmenrichtlinie *Krämer*, in: Integrierte Gewässerpolitik, 41 ff.
25 Die Meeresgewässer außerhalb der Küstengewässer (also jenseits von einer Seemeile, vgl. Art. 2 Ziff. 7 RL 2000/60) bzw. außerhalb der Hoheitsgewässer für den chemischen Zustand (vgl. Art. 2 Ziff. 1 RL 2000/60) sind also von der Richtlinie nicht erfasst. Hierzu und zu den Hintergründen *Seidel*, Gewässerschutz, 162 f. Vgl. zum Anwendungsbereich der RL 2000/60 etwa *Albrecht*, Umweltqualitätsziele, 328 ff.; ausführlich *Markus/Schlacke*, ZUR 2009, 464 ff. Zur Meeresschutzrichtlinie noch unten 7. Kap. Rn. 122 ff.
26 Vgl. Art. 22 RL 2000/60. Hierzu noch unten 7. Kap. Rn. 86 ff. S. auch die Zusammenfassung der Regelungen bei *Ruchay*, ZUR 2001, 115 (119 f.).

7. Kapitel Medienschützendes Umweltrecht

Im Hinblick auf den sich für die Mitgliedstaaten ergebenden Handlungsbedarf kann damit zwischen vier verschiedenen Arten von Vorgaben bzw. Maßnahmen unterschieden werden:[27]

- Die Wasserrahmenrichtlinie selbst **legt grundlegende Anforderungen an Qualität und Erhaltung der Gewässer** und damit an einen „guten" Wasserzustand fest.
- Die **Mitgliedstaaten** haben sodann die zur Verwirklichung dieser Ziele **notwendigen Maßnahmen** zu treffen, was auch eine Bestandsaufnahme des aktuellen Zustands der Gewässer einschließt.
- Im Übrigen obliegt den Mitgliedstaaten die Aufstellung verschiedener **Programme** und **(Maßnahmen-) Pläne**, deren Inhalte durch die Wasserrahmenrichtlinie grundsätzlich vorgegeben sind, wobei die Präzision dieser Vorgaben allerdings variiert.
- Schließlich kommt – wie bei allen neueren umweltrechtlichen Sekundärrechtsakten – der **Mitwirkung der Öffentlichkeit** eine wichtige Rolle zu.

Präzise normative Qualitätsziele oder Emissionsgrenzwerte enthält die Richtlinie selbst hingegen nicht.[28]

Die Wasserrahmenrichtlinie stellt heute – in ihrem Anwendungsbereich – den **Dreh- und Angelpunkt des Gewässerschutzrechts der Union** dar. Die durchaus bestehenden weiteren gewässerschutzrechtlichen Regelungen sind vor diesem Hintergrund im Zusammenhang mit der RL 2000/60 zu sehen, die denn auch auf diese verweist bzw. diese gewissermaßen integriert. Die folgende Darstellung berücksichtigt diese Konzeption des EU-Gewässerschutzrechts, so dass auf die sonstigen gewässerschutzrechtlichen Rechtsakte der Union unter dem „Obertitel" der Wasserrahmenrichtlinie hingewiesen wird.

2. Zu den Vorgaben der Wasserrahmenrichtlinie

Auf der Grundlage der erfolgten konzeptionellen Gesamtschau der RL 2000/60 soll im Folgenden die rechtliche Tragweite der der Richtlinie zu entnehmenden Vorgaben im Einzelnen erörtert werden. Ausgangspunkt der sich aus der Wasserrahmenrichtlinie ergebenden Verpflichtungen ist die Einteilung des Territoriums in sog. „Einzugsgebiete" und deren Zuordnung zu sog. „Flussgebietseinheiten" (a). Letztere bilden den Bezugspunkt der weiteren, sich aus der Richtlinie auf der Grundlage der Analyse und Überwachung der Gewässer (b) und der Verpflichtung zur Festlegung sog. „Umweltziele" (c) ergebenden Verpflichtungen zur Erstellung und Umsetzung von Maßnahmenprogrammen (d) und Bewirtschaftungsplänen (e). Zur effektiven Erarbeitung dieser Vorgaben ist im Übrigen eine angemessene Mitwirkung der Öffentlichkeit sicherzustellen (f), und es sind bestimmte verwaltungsorganisatorische Maßnahmen zu treffen (g).

Ganz allgemein sei schon an dieser Stelle darauf hingewiesen, dass sich die Inhalte der Wasserrahmenrichtlinie nicht nur aus rechtlicher, sondern auch und gerade aus naturwissenschaftlicher und technischer Hinsicht durch eine beachtliche Komplexität auszeichnen. Kommission und Wasserdirektoren veranlassten vor diesem Hintergrund, dass zu den wichtigsten wissenschaftlichen, technischen und praktischen Fragen Umsetzungshilfen in der Form sog. *Guidance*-Dokumente gemeinsam erarbeitet werden, welche die Mitgliedstaaten bei der effektiven Umsetzung bzw. Anwendung der Vorgaben der Wasserrahmenrichtlinie beachten sollen, ohne dass diese jedoch rechtlich verbindlich wären, was nichts an ihrer tatsächlichen Bedeutung ändert.[29]

---

27 Die dann im Einzelnen noch erläutert werden. S.u. 7. Kap. Rn. 13 ff. Ausführlich zu den Vorgaben der Wasserrahmenrichtlinie *Port*, Umweltziele, 30 ff., 69 ff.
28 Zur Frage der Geltung von Grenzwerten anderer Richtlinien noch unten 7. Kap. Rn. 86 ff.
29 Man spricht auch vom sog. „CIS-Prozess" (CIS = Common Implementation Strategy). Vgl. zu diesen Guidance-Dokumenten etwa *Bosenius/Holzwarth*, in: Handbuch EU-Wasserrahmenrichtlinie, 11 (13 ff.); *Köck*, ZUR 2009, 227 (231).

a) Festlegung von Einzugsgebieten und Zuordnung zu einer Flussgebietseinheit

14 Zunächst haben die Mitgliedstaaten sog. **Einzugsgebiete** festzulegen und sie einer (grundsätzlich) größeren Einheit, der **Flussgebietseinheit**, zuzuordnen (Art. 3 Abs. 1 RL 2000/60).[30] Diese Flussgebietseinheiten bilden dann den Bezugspunkt für eine Reihe weiterer Pflichten (so die Überprüfung der Umweltauswirkungen, Art. 5, die Ausweisung von Schutzgebieten, Art. 6, die Bezeichnung der Trinkwasserquellen, Art. 7).[31]

15 Die Tragweite dieser Verpflichtung und die den Mitgliedstaaten zukommenden Handlungsspielräume erschließen sich im Zusammenhang mit den diesbezüglichen Begriffsdefinitionen.

Unter „Einzugsgebiet" ist „ein Gebiet, aus welchem über Ströme, Flüsse und möglicherweise Seen der gesamte Oberflächenabfluss an einer einzigen Flussmündung, einem Ästuar oder Delta ins Meer gelangt" zu verstehen (Art. 2 Ziff. 13 RL 2000/60). Eine „Flussgebietseinheit" ist „ein gemäß Artikel 3 Absatz 1 als Haupteinheit für die Bewirtschaftung von Einzugsgebieten festgelegtes Land- oder Meeresgebiet, das aus einem oder mehreren benachbarten Einzugsgebieten und den ihnen zugeordneten Grundwässern und Küstengewässern besteht" (Art. 2 Ziff. 15 2000/60).

16 Ein Einzugsgebiet ist damit zwingend schon durch die **geographischen Gegebenheiten** bestimmt: Es geht um die Ermittlung der „Wasserherkunft" des ins Meer fließenden Wassers; jedem Delta bzw. jeder Flussmündung ist die Gesamtheit der „Wasserzubringer" zuzuordnen, die dann eben das „Einzugsgebiet" bilden. Insofern kommt der in Art. 3 Abs. 1 RL 2000/60 erwähnten „Bestimmung" der Einzugsgebiete nur deklaratorische Bedeutung zu. Etwas anderes gilt jedoch für die „Flussgebietseinheiten": Diese sind tatsächlich von den Mitgliedstaaten im Hinblick auf die Erfüllung einer ganzen Reihe weiterer Verpflichtungen[32] zu bestimmen, wobei den Mitgliedstaaten ein gewisser Beurteilungsspielraum zukommt. Dieser ist allerdings insoweit begrenzt, als eine Flussgebietseinheit immer mindestens ein Einzugsgebiet umfassen muss, so dass sich der Handlungsspielraum darin erschöpft, ggf. mehrere Einzugsgebiete zu einer einzigen Flussgebietseinheit zusammenzufassen.[33] Insoweit sind also die **hydrologischen Bedingungen** zwingend für die Gewässerbewirtschaftung maßgeblich, dies unabhängig von bestehenden Staats- bzw. Verwaltungsgrenzen.[34]

Damit geht die Richtlinie davon aus, dass die Gewässerbewirtschaftung nach Einzugsgebieten zu erfolgen hat.[35] Dies ist aus ökologischer Sicht insofern sinnvoll, als diese Art der Bewirtschaftung eine umfassende Berücksichtigung des Zustandes der Gewässer und ihrer Nutzungsarten im gesamten Flussablauf ermöglicht.[36] Nicht zu verkennen ist allerdings, dass damit ein hoher Koordinationsaufwand zwischen verschiedenen betroffenen Verwaltungseinheiten, die auch verschiedenen Staaten angehören können, notwendig wird, der nicht nur rechtliche Probleme aufwirft, sondern auch zu Reibungs- und damit Effizienzverlusten führen dürfte.[37]

---

30 Vgl. zu dieser Verpflichtung und ihrem Hintergrund *Hasche* Bewirtschaftungsermessen, 119 ff.; s. auch *Albrecht*, Umweltqualitätsziele, 333 f.; *Port*, Umweltziele, 69 ff.; ausführlich *Solf*, Europäisches Flussgebietsmanagement, 30 ff.
31 Zu diesen Pflichten noch unten 7. Kap. Rn. 17 ff.
32 Hierzu unten 7. Kap. Rn. 17 ff.
33 Im Übrigen sind teilweise noch Festlegungen bezüglich Grundwasser und Küstengewässer notwendig; diese sind der am nächsten gelegenen oder am besten geeigneten Flussgebietseinheit zuzuordnen, Art. 3 Abs. 1 RL 2000/60. Ein Einzugsgebiet, das auf dem Hoheitsgebiet von mehr als einem Mitgliedstaat liegt, ist einer „internationalen Flussgebietseinheit" zuzuordnen, Art. 3 Abs. 3 UAbs. 2 RL 2000/60. Für Deutschland wurden folgende Flussgebietseinheiten festgelegt: Donau, Maas, Rhein, Ems, Weser, Elbe, Oder, Eider, Schlei/Trave und Warnow/Peene, vgl. www.umweltbundesamt.de/wasser/themen/ow_51.htm. Auf dieser homepage findet sich auch eine kartographische Darstellung der Flussgebietseinheiten.
34 Zu den damit aufgeworfenen Fragen bezüglich der Zusammenarbeit mit Nichtmitgliedstaaten unten 7. Kap. Rn. 81 ff.
35 Vgl. in diesem Zusammenhang auch *Seidel*, Gewässerschutz, 164, der auf die ebenfalls in diese Richtung gehenden Konzeptionen in Großbritannien und Frankreich hinweist.
36 Vgl. *Seidel*, Gewässerschutz, 164.
37 Und dies unabhängig von der Frage, ob man in dieser Strategie eine unzulässige „Einmischung" in die Verwaltungsstrukturen der Mitgliedstaaten sieht. Vgl. in diese Richtung *Breuer*, NuR 2000, 541 (545 f.); in die gleiche Richtung *Reinhardt*, DVBl. 2001, 145 ff. (insbesondere 153). A.A. *Epiney*, in: Umweltföderalismus, 167 ff.

7. Kapitel Medienschützendes Umweltrecht

b) Analyse und Überwachung der Gewässer

Grundlage für eine sinnvolle Bewirtschaftung der Gewässer und ihren effektiven Schutz in qualitativer und quantitativer Hinsicht ist die Kenntnis über ihren Zustand und Nutzung. Vor diesem Hintergrund sehen Art. 5-8 RL 2000/60 umfangreiche Verpflichtungen der Mitgliedstaaten zur **Analyse und Überwachung der Gewässer** vor.[38] Im Einzelnen können folgende Verpflichtungen unterschieden werden:

- Nach Art. 5 Abs. 1 RL 2000/60 haben die Mitgliedstaaten innerhalb von vier Jahren[39] dafür zu sorgen, dass für jede Flussgebietseinheit[40] eine Analyse ihrer **Merkmale**, eine Überprüfung der **Auswirkungen menschlicher Tätigkeiten** auf den Zustand der Gewässer sowie eine **wirtschaftliche Analyse der Wassernutzung** erfolgt. Die technischen Spezifikationen für diese Überprüfungen und Analysen sind in den Anhängen II und III RL 2000/60 aufgeführt. Die wirtschaftliche Analyse soll die Einführung kostendeckender Preise für Wasserdienstleistungen ermöglichen.[41] Nach Art. 9 Abs. 1 RL 2000/60 haben die Mitgliedstaaten nämlich unter Zugrundelegung des Verursacherprinzips den Grundsatz der Deckung der Kosten von Wasserdienstleistungen unter Einschluss umwelt- und ressourcenbezogener Kosten „zu berücksichtigen". So soll denn auch die Wassergebührenpolitik „angemessene Anreize" für eine effiziente Wassernutzung geben, und die verschiedenen Wassernutzungen sollen einen „angemessenen Beitrag" zur Deckung der Kosten der Wasserdienstleistungen leisten. Angesichts der sehr offenen Formulierungen dieser Verpflichtungen der Mitgliedstaaten sowie der in Art. 9 Abs. 1 UAbs. 3, Abs. 4 RL 2000/60 vorgesehenen Ausnahmeregeln dürfte den Mitgliedstaaten ein sehr großer Gestaltungsspielraum bei der Verwirklichung des Verursacherprinzips in der Wassernutzung zukommen. Ein Verstoß gegen diese Grundsätze ist somit nur in Ausnahmefällen denkbar,[42] was aber nichts an der grundsätzlichen rechtlichen Verbindlichkeit dieser Vorgabe ändert.[43]

- Art. 6 RL 2000/60 verpflichtet die Mitgliedstaaten für jede Flussgebietseinheit zur Aufstellung von **Verzeichnissen**, die bestimmte, in Anhang IV näher bezeichnete **Schutzgebiete** auszuweisen.[44]

- Nach Art. 7 2000/60 haben die Mitgliedstaaten in jeder Flussgebietseinheit alle Gewässer bzw. „Wasserkörper"[45] zu bestimmen, aus denen **Wasser für den menschlichen Gebrauch**

---

38 Vgl. zu den hier auftretenden, auch praktischen Schwierigkeiten etwa *Vogt*, in: Handbuch EU-Wasserrahmenrichtlinie, 507 ff.; s. ansonsten zur Pflicht zur „Bestandsaufnahme" *Albrecht/Wendler*, NuR 2009, 608 (612).
39 Wobei die Analysen und Überprüfungen spätestens 13 Jahre nach Inkrafttreten der RL 2000/60 und danach alle sechs Jahre überprüft und ggf. aktualisiert werden, Art. 5 Abs. 2 RL 2000/60.
40 Oder für den Teil einer internationalen Flussgebietseinheit, der in den Hoheitsbereich des jeweiligen Mitgliedstaates fällt.
41 Vgl. zu diesem Grundsatz in der Wasserrahmenrichtlinie *Schmalholz*, ZfW 2001, 69 (87 ff.), der die in Art. 9 WRRL verwandten „weichen" Formulierungen kritisiert. Ausführlich zur Rolle von Preisen für den Gewässerschutz *Hansjürgens/Hosch*, in: Integrierte Gewässerpolitik, 223 ff.; spezifisch zu Art. 9 RL 2000/60 auch *Grimeaud*, EELR 2001, 125 (133 f.); *Reinhardt*, NuR 2006, 737 ff.; *Cacagnac/Gouguet*, REDE 2008, 251 ff.; *Köck*, in: Wasserrechtlicher Reformbedarf, 65 ff.
42 Ähnlich wohl auch *Hasche* Bewirtschaftungsermessen, 122 f.; *Reinhardt*, NuR 2006, 737 (739 ff.). S. in diesem Zusammenhang auch die ausführliche Analyse der rechtlichen Tragweite des Art. 9 RL 2000/60 bei *Kolcu*, Kostendeckungsgrundsatz, 15 ff.; *Desens*, Wasserpreisgestaltung, 114 ff.; *Hansjürgens/Messner*, in: Handbuch EU-Wasserrahmenrichtlinie, 399 (401 ff.); *Unnerstall*, ZUR 2009, 234 ff.; s. auch schon *Unnerstall*, NVwZ 2006, 528 ff.; *Unnerstall*, EurUP 2006, 29 ff.
43 Vgl. *Unnerstall*, ZUR 2009, 234 f.; missverständlich daher *Reinhardt*, NuR 2006, 737 (740 f.). Fraglich ist, ob aus Art. 9 RL 2000/60 präzise Vorgaben hinsichtlich des Anteils der Kostendeckung abgeleitet werden kann (so *Unnerstall*, ZUR 2009, 234 f., der davon ausgeht, dass jeder Wert, der unter 70 % liegt, allenfalls in Ausnahmefällen mit Art. 9 RL 2000/60 vereinbar sei). Die doch sehr offenen Formulierungen sowie die weit formulierten Ausnahmen dürften gegen einen solchen Ansatz sprechen.
44 Im Einzelnen sind hier folgende Schutzgebiete auszuweisen: Gebiete, die für die Entnahme von Trinkwasser bestimmt sind, Gebiete, die zum Schutz wirtschaftlich bedeutender aquatischer Arten ausgewiesen wurden, Gewässer, die Erholungszwecken dienen (einschließlich der Badegewässer), nährstoffsensible und empfindliche Gebiete aufgrund der Ausweisung in den einschlägigen Richtlinien, Schutzgebiete auf der Grundlage der RL 92/43 (Habitatrichtlinie) und 2009/147 (Vogelschutzrichtlinie). Vgl. hierzu auch *Albrecht*, Umweltqualitätsziele, 372 f.; *Jekel/Munk*, in: Handbuch EU-Wasserrahmenrichtlinie, 525 ff.; *Reinhardt*, NuR 2009, 517 ff.
45 Vgl. die Definitionen in Art. 2 Ziff. 8 ff. RL 2000/60.

gewonnen wird, und im Falle einer Lieferung von mehr als 100 m³ täglich deren Überwachung nach den Vorgaben des Anhangs V sicherzustellen.

- Schließlich müssen nach Art. 8 Abs. 1 RL 2000/60 **spezifische Programme** aufgestellt werden, damit die **Überwachung des Zustandes der Gewässer** sichergestellt und ein zusammenhängender und umfassender Überblick über den Zustand der Gewässer in jeder Flussgebietseinheit gewonnen werden kann. Dabei sind gewisse Anforderungen zu beachten (Art. 8 Abs. 1, 2, Anhang V RL 2000/60).

In der Rs. C-207/97[46] präzisierte der EuGH in Bezug auf die RL 76/464, dass solchen Programmen ein spezifischer Charakter zukommen müsse, so dass gerade die mit der Richtlinie angestrebten Zielsetzungen erreicht werden könnten. Insbesondere müssten diese Programme ein in sich kohärentes Gesamtkonzept darstellen, dem eine kohärente und gegliederte Planung für das gesamte nationale Hoheitsgebiet zu entnehmen ist, so dass auf diese Weise die Verringerung der Verschmutzung durch die in der entsprechenden Liste der Richtlinie genannten Stoffe möglich ist. Vor diesem Hintergrund genügten allgemeine Sanierungsprogramme oder ein Komplex punktueller Maßnahmen den Anforderungen der Richtlinie gerade nicht. Dieser Grundansatz kann wohl auf die Pflicht zur Erarbeitung der in Art. 8 Abs. 1, 2 RL 2000/60 genannten Programme übertragen werden, so dass an die Umsetzung entsprechend hohe Anforderungen zu stellen sind.

18 Insgesamt sind die durch die Wasserrahmenrichtlinie vorgesehenen Analysen und Überwachungen vor dem Hintergrund der Sicherstellung der Ziele der Richtlinie zu sehen und insofern durchaus sinnvoll. Angesichts des sich insbesondere aus den Anhängen ergebenden Umfangs dieser Verpflichtungen ist jedoch zu befürchten, dass diese Maßnahmen erhebliche Kräfte und Ressourcen in den nationalen Verwaltungen binden, ohne dass damit schon ein Fortschritt im Gewässerschutz erreicht wäre.[47]

19 Die Verpflichtungen aus Art. 5-8 RL 2000/60 sind nach der Rechtsprechung des Gerichtshofs ausdrücklich in einer **gesetzlichen Bestimmung umzusetzen**, dies zumindest soweit es um die Fristen und die Definitionen geht. Denn es handle sich hier um klare Verpflichtungen der Mitgliedstaaten, die innerhalb bestimmter Fristen zu erfüllen seien, so dass eine Umsetzung mit der erforderlichen Verbindlichkeit notwendig sei.[48]

c) Verwirklichung der „Umweltziele"

20 Kernelement der Wasserrahmenrichtlinie ist die Verpflichtung der Mitgliedstaaten, die in Art. 4 RL 2000/60 in Verbindung mit den einschlägigen Anhängen (insbesondere Anhang V RL 2000/60) festgelegten sog. „Umweltziele"[49] zu verwirklichen. Der insgesamt neun Absätze umfassende Artikel stellt einerseits Prinzipien auf (aa), wobei bestimmte Abweichungen unter gewissen Voraussetzungen möglich sind (bb). Bereichsübergreifend ist auf die Frage der Reichweite der rechtlichen Verbindlichkeit der allgemeinen Umweltziele einzugehen (cc).

Die Umweltziele sind in Bezug auf ihre Struktur bzw. die entsprechenden Vorgaben differenzierter ausgestaltet als die Qualitätsvorgaben älterer Richtlinien: Während in diesen die Gewässerqualität anhand der

---

46 EuGH, Rs. C-207/97 (Kommission/Belgien), Slg. 1999, I-275; s. das in eine ähnliche Richtung gehende und Deutschland betreffende Urteil EuGH, Rs. C-184/97 (Kommission/Deutschland), Slg. 1999, I-7837. S. im Übrigen in diesem Zusammenhang auch EuGH, Rs. C-152/98 (Kommission/Niederlande), Slg. 2001, I-3463, Ziff. 32 ff. In EuGH, Rs. C-130/01 (Kommission/Frankreich), Slg. 2003, I-5829, Ziff. 57 ff., bestätigte der Gerichtshof diese Rechtsprechung und betonte, dass die Programme insbesondere auch Qualitätsziele enthalten müssten; diese bildeten einen wesentlichen Bestandteil der Programme und seien daher auf der Grundlage einer Untersuchung der aufzunehmenden Gewässer hinsichtlich jeder der Stoffe der Liste II aufzustellen.

47 Vgl. *Lell/Rechenberg*, UTA 1998, 272 ff. S. auch die eher harsche diesbezügliche Kritik bei *Schmalholz*, ZfW 2001, 69 (71).

48 Vgl. EuGH, Rs. C-32/05 (Kommission/Luxemburg), Slg. 2006, I-11323, Ziff. 63 ff. Zu der Verbindlichkeit der Fristen auch EuGH, Rs. C-43/10 (Nomarchiaki Aftodioikisi Aitoloakarnanias), Urt. v. 11.9.2012, Ziff. 42 ff. Vgl. zu den Anforderungen an die Umsetzung von Richtlinien bereits oben 5. Kap. Rn. 122 ff.

49 Vgl. die Definition in Art. 2 Nr. 34 RL 2000/60.

7. Kapitel Medienschützendes Umweltrecht

chemischen Qualität definiert wird,[50] nehmen die Umweltziele der RL 2000/60 darüber hinaus auch auf die **Gewässerstruktur** und die **Gewässerbiologie** Bezug, und Anhang V RL 2000/60 ist ein **einheitliches Bewertungssystem** mit verbindlichen Kriterien zur Beschreibung der guten ökologischen Qualität zu entnehmen.[51] Die **chemische Qualität** der Gewässer wird durch den Einbezug der in der Unionsgesetzgebung definierten Umweltqualitätsnormen präzisiert; die Mitgliedstaaten definieren außerdem im Hinblick auf die Einhaltung der Umweltziele nach dem in der Richtlinie (Anhang VIII RL 2000/60) vorgesehenen Verfahren ökotoxikologisch begründete Umweltqualitätsnormen. Die **ökologische Qualität** nimmt Bezug auf die Funktionsfähigkeit und Struktur der Ökosysteme in und an Gewässern (vgl. Art. 2 Nr. 21, Anhang V RL 2000/60). Näher definiert wird sie durch die Gewässerbiologie, die Gewässerstruktur und die chemische Qualität,[52] wobei die Gewässerbiologie maßgeblich ist. Dabei wird die Güte der Gewässerbiologie nach einem Referenzmodell für unterschiedliche Ökoregionen definiert, was in einem dezentralen Prozess den Mitgliedstaaten obliegt, so dass zur Gewährleistung eines einheitlichen Qualitätsniveaus ein besonderes Verfahren zur Herstellung der Vergleichbarkeit von Bewertungssystemen vorgesehen ist.[53]

aa) Grundsätze

Art. 4 Abs. 1 RL 2000/60 unterscheidet bezüglich der zu erreichenden Ziele zwischen drei verschiedenen Kategorien von Gewässern: Oberflächengewässer, Grundwasser[54] und Schutzgebiete. Während in Bezug auf die **Schutzgebiete** (nur) eine **allgemeine Verpflichtung** formuliert wird, innerhalb von 15 Jahren alle Normen und Ziele zu erreichen (Art. 4 Abs. 1 lit. c) RL 2000/60),[55] können für die **Oberflächengewässer** und das **Grundwasser** verschiedene Arten von Verpflichtungen und zu erreichende Schutzziele unterschieden werden.

21

(1) Verschlechterungsverbot

Die Mitgliedstaaten haben zunächst ein **Verschlechterungsverbot** in dem Sinn zu beachten, dass eine Verschlechterung des Zustands der Gewässer bzw. ihrer Verschmutzung zu vermeiden ist.[56] Das Verschlechterungsverbot bezieht sich auf den gesamten betroffenen Wasserkörper[57], nicht auf Teile desselben.[58]
Die Vorgaben für die Oberflächengewässer und das Grundwasser sind leicht abweichend formuliert: Art. 4 Abs. 1 lit. a) i) RL 2000/60 spricht in Bezug auf Oberflächengewässer davon, dass „eine Verschlechterung des Zustands aller Oberflächenwasserkörper zu verhindern" ist, während nach Art. 4 Abs. 1 lit. b) i)

22

---

50 Wo es im Wesentlichen – aus unionsrechtlicher Sicht – um die Einhaltung der auf Unionsebene festgelegten Umweltqualitätsnormen geht (zu diesen noch unten 7. Kap. Rn. 50 ff.; vgl. zu dem konzeptionellen Unterschied zwischen der Ermittlung eines „guten chemischen Zustands" und eines „guten ökologischen Zustands" *Köck*, ZUR 2009, 227 (228).
51 Vgl. *Kappet*, Qualitätsorientierter Gewässerschutz, 173. Zu den Umweltzielen ausführlich auch *Albrecht*, NuR 2010, 607 ff.
52 Vgl. zu dieser „Doppelerwähnung" der chemischen Qualität, die letztlich dazu führt, dass bei Nichteinhalten der Umweltqualitätsnormen für bestimmte Schadstoffe der Gewässerzustand höchstens „mäßig" sein kann, instruktiv *Ginzky*, ZUR 2009, 242 (243).
53 Vgl. im Einzelnen zu diesen technischen bzw. naturwissenschaftlichen Vorgaben unter Berücksichtigung der Anhänge zur RL 2000/60 *Kappet*, Qualitätsorientierter Gewässerschutz, 174 ff., m.w.N.
54 Vgl. die Begriffsdefinitionen in Art. 2 Nr. 1, 2, 3, 6, 7 RL 2000/60.
55 Diese ergeben sich – wie aus Anhang IV Ziff. 2 RL 2000/60 zu schließen ist – aus allen einschlägigen Rechtsvorschriften der EU oder der Mitgliedstaaten, wobei den unionsrechtlichen Vorgaben (selbstverständlich) Vorrang zukommt. Vgl. zu dieser Verpflichtung *Grimeaud*, EELR 2001, 88 (91 f.); *Jekel/Munk*, in: Handbuch EU-Wasserrahmenrichtlinie, 525 ff.
56 Vgl. ausführlich zum Verschlechterungsverbot und den mit diesem einhergehenden Rechtsproblemen *Ekardt/Weyland/Schenderlein*, NuR 2009, 388 ff.; *Ginzky*, NuR 2008, 147 ff.; *Elgeti*, W+B 2012, 15 ff. (letzterer mit Bezug zur Umsetzung im deutschen Recht).
57 Vgl. die Definition des Begriffs „Oberflächenwasserkörper" in Art. 2 Ziff. 10 RL 2000/60, wonach hierunter ein einheitlicher und bedeutender Abschnitt eines Oberflächengewässers (z.B. ein See, ein Fluss, ein bedeutender Teil eines Flusses u.a.m.) zu verstehen ist.
58 Vgl. *Köck*, NuR 2009, 227 (229); *Ginzky*, NuR 2008, 147 (150); *Elgeti/Fries/Hurck*, NuR 2006, 745 (749); *Gellermann*, DVBl. 2007, 1517 (1521).

RL 2000/60 beim Grundwasser „die Einleitung von Schadstoffen in das Grundwasser zu verhindern oder zu begrenzen und eine Verschlechterung des Zustands aller Grundwasserkörper zu verhindern" ist.

23 Für die Frage, ob eine Verschlechterung vorliegt, sind die nach Art. 5 ff. RL 2000/60 durchzuführenden Analysen und Bestandsaufnahmen heranzuziehen. Allerdings ist das Verschlechterungsverbot aus materieller Sicht vage ausgestaltet, denn es wird nicht präzisiert, unter welchen Voraussetzungen von einer Verschlechterung der Gewässerqualität gesprochen werden kann, was insbesondere im Falle von Belastungsverschiebungen relevant wird. Teilweise wird hier an die in der Wasserrahmenrichtlinie selbst festgelegten Qualitätskategorien (sehr gut, gut mäßig, unbefriedigend, schlecht) angeknüpft, so dass eine Verschlechterung immer (aber wohl auch nur) dann anzunehmen sei, wenn das fragliche Gewässer in eine schlechtere Qualitätskategorie „herabzustufen" ist.[59] Hiergegen spricht jedoch, dass im Wortlaut der Bestimmung eine solche Orientierung an den „Gewässerklassen" nicht ersichtlich ist und sie auch dazu einladen könnte, innerhalb einer Gewässerklasse die Verschlechterungsmöglichkeiten „auszureizen", zumal die Bandbreite dieser Klassen mitunter recht weit ausfallen kann und das Ziel der Richtlinie insgesamt wohl dahingeht, jegliche bedeutende Verschlechterung (nicht nur diejenige, die zu einer Modifikation der Qualitätskategorie eines Gewässers führt) zu vermeiden. Vor diesem Hintergrund sprechen die besseren Argumente dafür, immer schon dann von einer Verschlechterung auszugehen, wenn der **Zustand eines Gewässers sich im Vergleich zum** *status quo* **erheblich verschlechtert** (was eine Herabstufung der Qualitätskategorie jedenfalls einschließt, aber auch bei unter dieser Schwelle bleibenden Qualitätseinbußen der Fall sein kann).[60] Zuzugeben ist allerdings, dass auch mit dieser Präzisierung noch gewisse Unwägbarkeiten bestehen bleiben.[61]

24 In Anbetracht des Umstandes, dass in Art. 4 Abs. 1 lit. a) i) RL 2000/60 – im Gegensatz zu den anderen Aspekten der Umweltziele – keine Frist gesetzt ist, ist das Verschlechterungsverbot sofort – d.h. jedenfalls nach Ablauf der Umsetzungsfrist – durchzusetzen, so dass ab diesem Zeitpunkt alle Maßnahmen zu treffen und durchzuführen sind, die im Hinblick auf die Verhinderung einer Verschlechterung des Gewässerzustands notwendig sind. Insofern obliegt den Mitgliedstaaten also eine **„Ergebnisverpflichtung"**, und die Frage nach der Reichweite der rechtlichen Verbindlichkeit der Umweltziele[62] stellt sich nicht in derselben Form wie bei den anderen Aspekten des Art. 4 Abs. 1 RL 2000/60, wird das Verschlechterungsverbot doch von vornherein „absolut" formuliert.

25 In zeitlicher Hinsicht dürfte der **„Referenzzeitpunkt"** – also der Zeitpunkt, auf den sich das Verschlechterungsverbot bezieht – durch das Inkrafttreten der Wasserrahmenrichtlinie, nicht hingegen durch den Ablauf der Umsetzungsfrist, bestimmt werden.[63] Dies ergibt sich zwingend aus Sinn und Zweck der Bestimmung: Wenn durch diese tatsächlich zumindest der *status quo* erhalten werden soll und sie jedenfalls insgesamt eine Verschlechterung des Gewässerzustands verhindern möchte, erscheint nur eine Anknüpfung an das Inkrafttreten sinnvoll, da ansonsten die Substanz dieser Verpflichtung durch zusätzliche Einleitungen während der Umsetzungsfrist letztlich ausgehöhlt werden könnte. Im Übrigen könnten die Mitgliedstaaten im Falle der Maßgeblichkeit des Endes der Umsetzungsfrist die tatsächliche Tragweite dieses Verbots relativieren, indem sie einfach eine weitere, ggf. sehr starke Verschmutzung zulassen bzw. nicht verhindern. Die Mitgliedstaaten mussten also bis zum Ende der Umsetzungsfrist sicherstellen, dass sich der Gewässerzustand im Vergleich zu der Situation zum Zeitpunkt des Inkrafttretens der Richtlinie

---

59 *Albrecht*, Umweltqualitätsziele, 346 f., 363 f.; *Unnerstall*, NuR 2003, 667 (672); *Köck*, ZuR 2009, 227 (229 f.); *Elgeti/Fries/Hurck*, NuR 2006, 745 (747 f.).
60 S. ebenso *Ekardt/Weyland/Schenderlein*, NuR 2009, 388 (392 f.); *Ginzky*, ZUR 2005, 515 (520); *Ginzky*, NuR 2008, 147 (150); *Gellermann*, DVBl. 2007, 1517 (1519 f.). Hingegen dürfte jede noch so geringfügige Verschlechterung wohl nicht ausreichen.
61 Vgl. aber die Präzisierungsansätze bei *Ekardt/Weyland/Schenderlein*, NuR 2009, 388 (393 f.), die zutreffend auf die Bedeutung konkreter Zahlen bzw. Daten hinweisen.
62 Hierzu unten 7. Kap. Rn. 43 ff.
63 Vgl. ausführlich *Epiney/Felder*, Überprüfung internationaler wasserwirtschaftlicher Übereinkommen, 31 f.

nicht weiter verschlechtert (hat).[64] Für neu beitretende Mitgliedstaaten – oder Drittstaaten, die sich zur Einhaltung der RL 2000/60 in einem völkerrechtlichen Vertrag verpflichten – dürfte der Referenzzeitpunkt der Zeitpunkt des Beitritts bzw. das Inkrafttreten des betreffenden völkerrechtlichen Vertrags sein.[65]

Allerdings ist nicht zu verkennen, dass die tatsächliche Verwirklichung des Verschlechterungsverbots auf praktische Schwierigkeiten stoßen kann, wenn die maßgebliche Gewässerqualität zum Zeitpunkt des Inkrafttretens der Richtlinie nicht hinreichend bekannt ist bzw. sein kann. Dieser Umstand dürfte aber nicht gegen die Wasserrahmenrichtlinie verstoßen, haben die Mitgliedstaaten doch die Umsetzungsfrist zur Verfügung, um die durch die Richtlinie geforderten diesbezüglichen Mess- und Überprüfungsmaßnahmen zu verwirklichen. Vor diesem Hintergrund dürfte in der Praxis ein Verstoß gegen das Verschlechterungsverbot nur – aber immerhin – dann zum Tragen kommen, wenn eine ins Gewicht fallende Verschlechterung der Wasserqualität und ggf. auch -quantität festgestellt werden kann.

(2) Sicherstellung eines der bisherigen Rechtslage gleichwertigen Schutzstandards

Art. 4 Abs. 9 RL 2000/60 sieht in sehr allgemeiner Form vor, dass die Anwendung der „neuen Bestimmungen" insgesamt – also auch im Falle der Einschlägigkeit von Ausnahmen[66] – das **gleiche Schutzniveau** sicherstellen soll wie die **bestehenden EU-Rechtsvorschriften**. Es soll vermieden werden, dass die Wasserrahmenrichtlinie mit einer Absenkung des Schutzstandards in der EU einhergeht. Da die Wasserrahmenrichtlinie jedoch einen konzeptionell neuen Ansatz verfolgt und als Vergleichsmaßstab auf die Gesamtheit der bestehenden rechtlichen Vorschriften Bezug genommen wird, bleibt diese Vorgabe so allgemein, dass allenfalls in Ausnahmefällen ein Verstoß hiergegen nachgewiesen werden kann.

26

(3) Guter Zustand der Gewässer

Für **Oberflächengewässer** und **Grundwasser** soll grundsätzlich ein „**guter Zustand**" erreicht werden; die Mitgliedstaaten haben im Hinblick auf die Verwirklichung dieses Ziels – dessen Erreichung innerhalb von 15 Jahren „anzustreben" ist[67] – die Gewässer zu schützen, zu verbessern und zu sanieren sowie beim Grundwasser ein Gleichgewicht zwischen Grundwasserentnahme und -neubildung herzustellen (Art. 4 Abs. 1 lit. a) ii), b) ii) RL 2000/60). Die Parameter für die Einstufung der Gewässerqualität als „gut" präzisiert Anhang V Ziff. 1.2 RL 2000/60.[68] Die hierbei zu berücksichtigenden **Qualitätskomponenten** sind im **Anhang** jeweils im Einzelnen aufgeführt, und die Maßstäbe des „sehr guten", „guten" und „mäßigen" Zustands[69] werden in der Regel in Abhängigkeit von den Bedingungen „in Abwesenheit störender Einflüsse" bestimmt. Beim Grundwasser spielt im Übrigen der Grundwasserspiegel noch eine wichtige Rolle.

27

Es ist hier nicht der Ort, um im Einzelnen auf diese naturwissenschaftlich bestimmten Kriterien einzugehen. Immerhin kann aber festgehalten werden, dass die in Anhang V WRRL aufgeführten Kriterien eine gewisse Präzision erreichen, welche die auf den ersten Blick sehr vagen Begriffe des guten oder befriedigenden Zu-

---

64 Insofern entfaltete das Verschlechterungsverbot eine gewisse „Vorwirkung", implizierte diese Pflicht doch ggf. auch Maßnahmen während der Umsetzungsfrist, da ansonsten das angesprochene Ziel nicht erreicht werden kann. Dass Richtlinien grundsätzlich gewisse Vorwirkungen in dem Sinn entfalten können, dass ein bestimmtes mitgliedstaatliches Verhalten auch während der Umsetzungsfrist geboten sein kann, ergibt sich schon aus EuGH, Rs. C-129/96 (Kommission/Belgien), Slg. 1997, I-7411, Ziff. 41 ff., wo der EuGH festhielt, dass die Mitgliedstaaten während der Umsetzungsfrist alle Maßnahmen zu unterlassen hätten, die geeignet sind, das in der Richtlinie vorgeschriebene Ziel ernstlich in Frage zu stellen. Zur Vorwirkung von Richtlinien bereits 5. Kap. Rn. 123.
65 S. in diesem Zusammenhang aber auch *Ginzky*, NuR 2008, 147 (152), der davon spricht, dass das Verschlechterungsverbot „spätestens" seit Ablauf der Umsetzungsfrist gilt.
66 Hierzu noch unten 7. Kap. Rn. 32 ff.
67 Zur rechtlichen Verbindlichkeit der Umweltziele noch unten 7. Kap. Rn. 43 ff.
68 Vgl. zu diesem finalen und qualitätsorientierten Ansatz *Appel*, ZUR 2001, 129 ff.; zu den Anforderungen aus naturwissenschaftlicher und technischer Sicht *Barth*, in: Gewässerschutz, 7/1 ff.; ausführlich zu der Richtlinie zu entnehmenden Präzisierungen des guten Zustands der Gewässer *Hasche*, Bewirtschaftungsermessen, 129 ff.; *Albrecht*, Umweltqualitätsziele, 347 ff., 364 ff.
69 Gewässer, deren Zustand schlechter als „mäßig" ist, sind als unbefriedigend oder schlecht einzustufen.

stands der Gewässer zu konkretisieren vermögen.[70] Allerdings werden keine genauen Grenzwerte genannt, so dass eine gewisse Unschärfe nach wie vor bestehen bleibt.[71] Auch dürfte das Abstellen auf die „normalen" ökologischen Bedingungen die Gefahr mit sich bringen, dass diese Kriterien „flexibel" gehandhabt werden und die Einstufung nicht immer dem tatsächlichen Zustand der Gewässer entspricht, ganz abgesehen von dem damit einhergehenden Risiko einer unterschiedlichen Anwendung in den verschiedenen Mitgliedstaaten. Nicht zu verkennen ist im Übrigen, dass diese Anforderungen von entscheidender Bedeutung für die Wirksamkeit der Wasserrahmenrichtlinie überhaupt sind, denn die Anwendung dieser Kriterien ist ausschlaggebend für die Inhalte der Maßnahmenpläne und damit der zum Schutz der Gewässer zu ergreifenden Maßnahmen.

(4) Gutes ökologisches Potential und guter chemischer Zustand für künstliche Oberflächengewässer

28   Ein **abgeschwächter Maßstab** gilt für künstliche und erheblich veränderte Wasserkörper. Hierunter sind von „Menschenhand geschaffene Oberflächenwasserkörper" bzw. „durch physikalische Veränderungen durch den Menschen in seinem Wesen erheblich veränderte" Oberflächenwasserkörper, die durch die Mitgliedstaaten nach Anhang II RL 2000/60 ausgewiesen werden müssen, zu verstehen (Art. 2 Ziff. 8, 9 RL 2000/60). Art. 4 Abs. 3 RL 2000/60 formuliert die Voraussetzungen, unter denen ein Oberflächenwasserkörper als künstlich oder verändert eingestuft werden kann.[72] Diese sehr allgemein und wenig präzise formulierten Kriterien – die zudem innerhalb des Art. 4 Abs. 3 lit. a) RL 2000/60[73] alternativ zu verstehen sind – dürften den Mitgliedstaaten in dieser Frage einen denkbar weiten Gestaltungsspielraum einräumen,[74] so dass diese in zahlreichen Fällen durch die Einstufung eines Gewässers als „künstlich" oder „erheblich verändert" den strengeren Anforderungen an die Umweltziele ausweichen können.[75]

Allerdings dürfte der Gestaltungsspielraum der Mitgliedstaaten insofern etwas eingeschränkt sein, als er eine Ausnahme vom „Normalfall" darstellt. Hierfür spricht zunächst schon der systematische Aufbau des Art. 4 RL 2000/60, legt es doch die Reihenfolge der verschiedenen Absätze der Bestimmung nahe, dass am Anfang (in Absatz 1) der Grundsatz festgelegt wird, während in den Absätzen 3 ff. die hiervon zugelassenen, allerdings unterschiedlich normierten Ausnahmen figurieren. Zudem wäre es kaum mit Sinn und Zweck der Wasserrahmenrichtlinie vereinbar, nahezu alle Gewässer als erheblich verändert einzustufen, denn auf diese Weise könnten die nach Art. 4 Abs. 1 RL 2000/60 grundsätzlich maßgeblichen eher strengen Umweltziele aufgrund der im Anwendungsbereich des Art. 4 Abs. 3 RL 2000/60 geltenden abgeschwächten Maßstäbe letztlich unterlaufen bzw. umgangen werden. Mangels näherer tatbestandlicher Anhaltspunkte zur Einstufung der einzelnen Wasserkörper im Text der Wasserrahmenrichtlinie selbst dürften hieraus aber kaum Grenzen für die einzelne Einstufung selbst resultieren; vielmehr dürfte der Gestaltungsspielraum der Mitgliedstaaten erst dann überschritten sein, wenn die Summe aller als erheblich veränderter oder künstlich

---

70 Vgl. hierzu auch *Hasche*, Bewirtschaftungsermessen, 129 ff. Ausführlich zum Schutz der Oberflächengewässer *Irmer/Rechenberg*, in: Handbuch EU-Wasserrahmenrichtlinie, 103 ff.; ausführlich zum Schutz des Grundwassers, *Rechenberg*, in: Handbuch EU-Wasserrahmenrichtlinie, 199 ff. S. zu den Begriffen auch *Elgeti/Fries/Hurck*, NuR 2006, 745 ff.
71 So wohl auch *Hasche*, Bewirtschaftungsermessen, 140 ff.; *Albrecht*, Umweltqualitätsziele, 352. Allerdings können auch hier die bereits erwähnten sog. *Guidance*-Dokumente gewisse Anhaltspunkte liefern, wobei diese jedoch nicht rechtlich verbindlich sind. Vgl. zu diesen *Guidance*-Dokumenten etwa *Bosenius/Holzwarth*, in: Handbuch EU-Wasserrahmenrichtlinie, 11 (13 ff.).
72 Ausführlich hierzu *Schmalholz*, ZfW 2001, 69 (76 ff.).
73 Hingegen müssen Art. 4 Abs. 3 lit. a), b) RL 2000/60 kumulativ vorliegen.
74 Den weiten Gestaltungsspielraum auch betonend z.B. *Köck*, ZUR 2009, 227 (228 f.).
75 S. die in die gleiche Richtung gehende Einschätzung bei *Schmalholz*, ZfW 2001, 69 (78 f.), der insbesondere auch die wichtige Rolle sozioökonomischer Faktoren in diesem Zusammenhang kritisiert. In dieselbe Richtung auch *Grimeaud*, EELR 2001, 41 (48 ff.); *Kappet*, Qualitätsorientierter Gewässerschutz, 186; s. auch *Hasche*, Bewirtschaftungsermessen, 156 ff., der ausführlich den Gestaltungsspielraum der Mitgliedstaaten aufgrund der sehr offen formulierten Richtlinienbestimmungen nachweist. S. sodann *Breuer*, NuR 2007, 503 (504), der auf die höchst unterschiedliche Praxis der Mitgliedstaaten bei der Ausweisung erheblich veränderter Wasserkörper hinweist.

7. Kapitel Medienschützendes Umweltrecht

eingestufter Wasserkörper dazu führt, dass das Regel-Ausnahme-Verhältnis umgekehrt wird[76] – wobei auch hier gewisse Unschärfen bestehen bleiben.

Für diese Gewässer ist nur ein „gutes ökologisches Potenzial" und ein „guter chemischer Zustand"[77] zu erreichen. Diese Qualitätsziele bleiben – wie sich aus der Tabelle 1.2.5 des Anhangs V WRRL ersehen lässt – beträchtlich hinter dem Ziel eines guten (ökologischen) Zustands zurück, und die Vorgaben im Anhang sind hier weniger präzise formuliert.[78] Auch hier beträgt der Zeitraum, innerhalb dessen diese Ziele erreicht werden sollen, 15 Jahre.

(5) Zur Frage der Festlegung und Geltung von Emissions- und Immissionsgrenzwerten

Die Wasserrahmenrichtlinie enthält **keine präzisen Emissions- oder Immissionsgrenzwerte**. Allerdings nehmen verschiedene Bestimmungen der Richtlinie auf die Einhaltung von Emissionsgrenzwerten Bezug. Art. 4 Abs. 1 lit. a) iv) RL 2000/60 hält fest, dass die Mitgliedstaaten gemäß Art. 16 Abs. 1, 8 RL 2000/60 die notwendigen Maßnahmen ergreifen, um die Verschmutzung durch „prioritäre Stoffe schrittweise zu reduzieren und die Einleitungen, Emissionen und Verluste prioritärer Stoffe zu beenden oder schrittweise einzustellen".[79] In Bezug auf das Grundwasser sind „alle signifikanten Trends einer Steigerung der Konzentration von Schadstoffen aufgrund der Auswirkungen menschlicher Tätigkeit umzukehren und so die Verschmutzung des Grundwassers schrittweise zu reduzieren", wobei die entsprechenden Maßnahmen nach Art. 17 Abs. 2, 4, 5 RL 2000/60 zu ergreifen sind (Art. 4 Abs. 1 lit. b) iii) RL 2000/60).[80]

Zudem ist auf Art. 22 RL 2000/60 hinzuweisen, der die verschiedenen nach Inkrafttreten der Richtlinie innerhalb eines gewissen Zeitraums aufzuhebenden Rechtsakte auflistet, aber auch auf die (weiterhin) fortgeltenden Standards hinweist.[81]

Stellt man die verschiedenen hier relevanten Bestimmungen der Richtlinie in einen Gesamtzusammenhang, ergibt sich für die hier aufgeworfene Frage, ob und inwieweit (präzise) Emissions- oder Immissionsgrenzwerte zu beachten sind, folgendes Bild:[82]

- Grundsätzlich – d.h. vorbehaltlich des noch zu erwähnenden Verweises auf andere EU-Rechtsakte[83] – enthalten die Umweltziele **keine Emissions- oder Immissionsgrenzwerte**. Auch Anhang V RL 2000/60 sind solche nicht zu entnehmen.
- Allerdings können bzw. sollen gemäß **Art. 16 Abs. 1, 6, 7, 8 RL 2000/60** solche Normen **vorgeschlagen und erlassen** werden; dies gilt insbesondere für die sog. **„prioritären Stoffe"**, deren Liste von der Kommission ausgearbeitet und durch das EP und den Rat verabschiedet wurde und als Anhang X RL 2000/60 – der insgesamt 33 prioritäre Stoffe enthält – figuriert (vgl. für Einzelheiten Art. 16 Abs. 2-7, 11 RL 2000/60).[84] Damit sind der Wasserrahmenrichtlinie also nur der Grundsatz der Festlegung von Grenzwerten und ggf. sonstigen Maß-

---

76 Dieses Regel-Ausnahme-Verhältnis dürfte von *Kappet*, Qualitätsorientierter Gewässerschutz, 186, nicht genügend gewürdigt werden, wenn er annimmt, dass die erheblich veränderten Wasserkörper statt eines Ausnahmefalls eher den Regelfall bildeten, ohne dies aus rechtlicher Sicht zu problematisieren. Das Regel-Ausnahme-Verhältnis hingegen ablehnend *Hasche*, Bewirtschaftungsermessen, 147 ff., der hier von einer tatbestandlich eigenständigen Kategorie spricht, gleichzeitig aber – insofern etwas inkonsequent – davon ausgeht, dass in der Richtlinie der gute Zustand der Gewässer das oberste Ziel darstelle. Ähnlich *Köck*, ZUR 2009, 227 (229); *Breuer*, NuR 2007, 503 (511). I.Erg. wie hier etwa *Albrecht*, Umweltqualitätsziele, 358 ff.; *Schmalholz*, ZfW 2001, 69 (76); *Ekardt/Weyland/Schenderlein*, NuR 2009, 388 (395 f.).
77 Zu diesen Anforderungen *Grimeaud*, EELR 2001, 88 (89 f.); *Hasche*, Bewirtschaftungsermessen, 150 ff., der auch auf die den Mitgliedstaaten hier zustehenden Gestaltungsspielräume hinweist.
78 Vgl. im Einzelnen *Schmalholz*, ZfW 2001, 69 (80 f.); s. auch *Kappet*, Qualitätsorientierter Gewässerschutz, 188.
79 Hier wird teilweise auch von „Phasing-Out-Verpflichtungen" gesprochen, vgl. *Ginzky*, ZUR 2009, 242 (243). Ausführlich zur Reichweite dieser Pflicht *Riese/Dieckmann*, UPR 2011, 212 ff.
80 Zu dieser normativ nicht sehr fassbaren Verpflichtung zur Trendumkehr etwa *Albrecht*, Umweltqualitätsziele, 369 ff.; s. auch *Rechenberg*, in: Handbuch EU-Wasserrahmenrichtlinie, 199 (207 f.).
81 Hierzu im Einzelnen *Ruchay*, ZUR 2001, 115 (119 f.).
82 Vgl. hierzu auch den Überblick bei *Ginzky*, ZUR 2009, 242 (246).
83 Vgl. sogleich im Text.
84 Hierzu *Grimeaud*, EELR 2001, 125 (130 ff.).

nahmen sowie einige zu beachtende Leitlinien[85] zu entnehmen, während die eigentlichen materiellen Vorgaben erst in einem weiteren Schritt auf dem „normalen" Rechtsetzungsweg festgelegt werden, wobei Fristen vorgesehen sind (Art. 16 Abs. 8 RL 2000/60). Diese Systematik impliziert, dass den Hinweisen auf die Pflicht zur Beachtung dieser noch festzulegenden Grenzwerte in Art. 4 Abs. 1 lit. a) iv), b) iii) RL 2000/60 kein eigenständiger Verpflichtungscharakter zukommt, ist sie doch vom Erlass der Tochterrichtlinien abhängig.[86] Immerhin bedeutet die Richtlinie aber auch keine Abkehr vom Prinzip, (auch) Emissions- und Immissionsgrenzwerte auf EU-Ebene festzulegen,[87] dies im Gegensatz etwa zur IVU-Richtlinie bzw. zur Industrieemissionsrichtlinie (RL 2010/75), die nicht (durchgehend) das Konzept EU-weiter Emissionsgrenzwerte verfolgt; diese sind vielmehr auf nationaler Ebene festzulegen.[88] Weiter ist nicht zu verkennen, dass die Aufnahme eines Stoffes in diese Liste mittel- bis langfristig impliziert, dass dieser Stoff verboten werden wird.[89]

In Bezug auf das bislang erlassene Sekundärrecht ist in diesem Zusammenhang insbesondere auf die RL 2008/105[90] hinzuweisen: Sie definiert **Umweltqualitätsnormen für prioritäre Stoffe** (nämlich insgesamt 33 Stoffe) und bestimmte andere Schadstoffe im Sinne des Art. 16 RL 2000/60, dies mit dem Ziel, einen guten chemischen Zustand der Oberflächengewässer zu erreichen. Weiter werden die Mitgliedstaaten in Art. 5 RL 2008/105 zu einer umfassenden Bestandsaufnahme der Emissionen, Einleitungen und Verluste für jede Flussgebietseinheit verpflichtet. Sodann modifiziert die RL 2008/105 die Liste der prioritären Stoffe in Anhang X RL 2000/60, der die Fassung des Anhangs II RL 2008/105 erhält.[91]

Die **RL 2006/118 zum Schutz des Grundwassers vor Verschmutzung und Verschlechterung** definiert Grundwasserqualitätsnormen für Nitrate und für Wirkstoffe in Pestiziden, enthält darüber hinaus aber noch eine Reihe weiterer präzisierender Vorgaben zur Durchführung der das Grundwasser betreffenden Vorgaben der Wasserrahmenrichtlinie.[92]

- Gemäß Art. 22 Abs. 6 RL 2000/60 sind die zur Durchführung der RL 76/464[93] erforderlichen **Qualitätsnormen** jedenfalls als Mindeststandard zu beachten. Allerdings wurden im Gefolge des Erlasses der RL 76/464 bzw. nunmehr der RL 2006/11 nicht sehr viele Tochterrichtlinien erlassen und die geregelten Werte sind eher „schwach" ausgestaltet.[94] Die konkrete Tragweite dieser Bestimmung ist somit beschränkt.[95]

---

85 Wozu aber nicht die Beachtung des Standards der besten verfügbaren Technik gehört; vielmehr ist das angemessene Niveau der Emissionsgrenzwerte (nur) „unter dem Gesichtspunkt der Kostenwirksamkeit und Verhältnismäßigkeit" festzulegen (Art. 16 Abs. 6 UAbs. 2 RL 2000/60), gleiches gilt für die Festlegung von Umweltqualitätsnormen, für die ebenfalls keine eigentlichen Vorgaben formuliert werden, sondern lediglich die „Erwägung aller technischen Möglichkeiten zu ihrer Verminderung" vorgesehen ist (Art. 16 Abs. 8 RL 2000/60). Vgl. hierzu etwa *Albrecht*, Umweltqualitätsziele, 384 f.
86 S. in diesem Zusammenhang auch noch Art. 16 Abs. 8 RL 2000/60, der die Mitgliedstaaten verpflichtet, für die prioritären Stoffe selbst Umweltqualitätsnormen und Begrenzungsmaßnahmen für die Hauptquellen der Einleitungen festzulegen, falls auf Unionsebene keine Einigung über zu ergreifende Maßnahmen erzielt werden kann.
87 Auf diesen Aspekt hinweisend etwa *Hasche*, Bewirtschaftungsermessen, 115 f. Im Übrigen ist nach den Vorgaben des Art. 10 RL 2000/60 ein sog. „kombinierter Ansatz" zugrundezulegen, zu diesem und zu Art. 10 RL 2000/60 *Epiney/Felder*, Überprüfung internationaler wasserwirtschaftlicher Übereinkommen, 45; *Jans/von der Heide*, Europäisches Umweltrecht, 411 f., sowie *Breuer*, EUDUR II/1, § 65, Rn. 68 f., der den kombinierten Ansatz als „lex imperfecta" bezeichnet. S. auch noch unten 7. Kap. Rn. 51.
88 Zur RL 2010/75 oben 6. Kap. Rn. 160 ff.
89 Vgl. *Kappet*, Qualitätsorientierter Gewässerschutz, 183 f.
90 RL 2008/105 über Umweltqualitätsnormen im Bereich der Wasserpolitik. Die Richtlinie war bis zum 13. Juli 2010 umzusetzen (Art. 13 Abs. 1 RL 2008/105.).
91 Vgl. ansonsten noch den Hinweis auf die RL 2008/105 unten 7. Kap. Rn. 97 ff.
92 Vgl. zu dieser Richtlinie *Rechenberg*, ZUR 2007, 235 ff. S. auch noch unten 7. Kap. Rn. 114 f.
93 RL 76/464 betreffend die Verschmutzung infolge der Ableitung bestimmter Stoffe in die Gewässer der Union, ABl. 1976 L 129, 23. Diese Richtlinie ist heute durch die RL 2006/11 betreffend die Verschmutzung infolge der Ableitung bestimmter gefährlicher Stoffe in die Gewässer der Union, ABl. 2006 L 64, 52, ersetzt worden, wobei es sich hier um eine kodifizierte Fassung der RL 76/464 mit ihren Modifikationen handelt. Zur RL 2006/11 noch unten 7. Kap. Rn. 107 ff.
94 Vgl. oben 7. Kap. Rn. 6.
95 Eher kritisch auch *Kappet*, Qualitätsorientierter Gewässerschutz, 184 f.

7. Kapitel Medienschützendes Umweltrecht

- Schließlich ist der Klarheit halber darauf hinzuweisen, dass in **anderen unionsrechtlichen Bestimmungen** enthaltene Grenzwerte selbstverständlich einzuhalten sind, was auch Art. 10 Abs. 2 RL 2000/60 ausdrücklich erwähnt.

bb) Ausnahmen

Art. 4 Abs. 4-8 RL 2000/60 sehen **Ausnahmebestimmungen** unterschiedlichen Charakters von den Vorgaben des Art. 4 Abs. 1 RL 2000/60 vor, die es den Mitgliedstaaten ermöglichen, entweder dauerhaft oder zeitlich begrenzt weniger strenge Umweltziele anzustreben bzw. einzuhalten. Dabei kann zwischen **Fristverlängerungen** (1) und **Ausnahmen in Bezug auf Umweltziele** (2) selbst unterschieden werden.[96] 32

Bei allen **Ausnahmebestimmungen** sowie bei der schon erwähnten Bezeichnung von Oberflächenwasserkörpern als künstlich oder erheblich verändert[97] haben die Mitgliedstaaten dafür Sorge zu tragen, dass die **Verwirklichung der Ziele der Richtlinie** in anderen Wasserkörpern innerhalb derselben Flussgebietseinheit nicht dauerhaft ausgeschlossen oder gefährdet wird; im Übrigen sind die (sonstigen) **Umweltschutzvorschriften** der Union zu beachten (Art. 4 Abs. 8 RL 2000/60), und es sind „Schritte zu unternehmen" um sicherzustellen, dass die Anwendung des Art. 4 RL 2000/60 (einschließlich der Ausnahmebestimmungen) zumindest das gleiche Schutzniveau wie die bestehenden unionsrechtlichen Vorgaben gewährleistet.[98] 33

(1) Fristverlängerungen

Art. 4 Abs. 4 RL 2000/60 ermöglicht es den Mitgliedstaaten, unter bestimmten Voraussetzungen die in Art. 4 Abs. 1 RL 2000/60 vorgesehenen **Fristen** (15 Jahre) für **bestimmte „Wasserkörper"**[99] zu verlängern. Diese Verlängerung und die Gründe hierfür sind in den nach Art. 13 RL 2000/60 zu erstellenden Bewirtschaftungsplan[100] aufzunehmen. Da dieser der Kommission lediglich **mitgeteilt** werden muss (Art. 15 RL 2000/60), wird den Mitgliedstaaten hier die Möglichkeit zugestanden, sich selbst einseitig – d.h. ohne ein irgendwie geartetes Genehmigungsverfahren – die Frist für die Verwirklichung der Umweltziele zu verlängern. Dies ändert aber nichts daran, dass die in Art. 4 Abs. 4 RL 2000/60 formulierten Voraussetzungen zwingender Natur sind und ihre Nichtbeachtung ggf. in einem Verfahren vor dem EuGH geltend gemacht und von diesem überprüft werden kann. 34

In materieller Hinsicht stellt Art. 4 Abs. 4 RL 2000/60 folgende **kumulativ zu erfüllende Voraussetzungen** für die Möglichkeit einer Fristverlängerung auf: 35
- Der Zustand des beeinträchtigten Wasserkörpers darf sich nicht weiter **verschlechtern**.[101]
- Nach „vernünftiger Einschätzung" lassen sich nicht alle erforderlichen Verbesserungen des Zustands des Wasserkörpers in der **vorgesehenen Frist** erreichen. Dies muss entweder auf der

---

96 Vgl. auch die Darstellung der Ausnahmen bei *Grimeaud*, EELR 2001, 88 (92 ff.) sowie bei *Ginzky*, ZUR 2005, 515 ff. (letzterer ausgehend von der Umsetzung in Deutschland).
97 Hierzu oben 7. Kap. Rn. 28 f.
98 Dies stellt letztlich wohl ein Korrektiv in Bezug auf die materiell sehr weitgehenden Ausnahmetatbestände der Art. 4 Abs. 3-7 RL 2000/60 dar (vgl. *Albrecht*, Umweltqualitätsziele, 378), wobei dieses Korrektiv jedoch normativ so unbestimmt formuliert ist, dass es seine Rolle wohl kaum spielen können wird. S. in diesem Zusammenhang aber auch den Ansatz von *Ginzky*, ZUR 2009, 242 (245), der davon ausgeht, dass zumindest die Minderungspflicht nach Art. 4 Abs. 1 lit. a) iv) RL 2000/60 keiner Ausnahme zugänglich sei. Angesichts des ausdrücklichen Verweises der Ausnahmebestimmungen auf den gesamten Abs. 1 überzeugt dies jedoch nicht. Allerdings haben die Mitgliedstaaten jedenfalls sich aus den einschlägigen Unionsrichtlinien ergebenden Emissionsbeschränkungen einzuhalten, so dass diesfalls die Ausnahmebestimmungen schon deshalb nicht zum Zuge kommen, weil die entsprechenden Vorgaben in anderen Richtlinien enthalten sind, auf die sich die Ausnahmen der Art. 4 Abs. 4 ff. RL 2000/60 nicht beziehen.
99 Also sowohl Oberflächenwasserkörper als auch Grundwasserkörper, vgl. die Definitionen in Art. 2 Ziff. 10, 12 RL 2000/60.
100 Hierzu unten 7. Kap. Rn. 69 ff.

fehlenden technischen Durchführbarkeit (im Gefolge des Umfangs der notwendigen Verbesserungen), den unverhältnismäßig hohen Kosten oder den „natürlichen Gegebenheiten" beruhen. Diese Begriffe sind normativ sehr vage, so dass sie den Mitgliedstaaten einen weiten Gestaltungsspielraum einräumen, der nur begrenzt gerichtlich überprüfbar sein dürfte.[102]

- Die Frist kann höchstens in derselben zeitlichen Frist wie **zwei weitere Aktualisierungen des Bewirtschaftungsplans** verlängert werden (also um 12 Jahre[103], so dass die Frist zur Erreichung der Umweltziele insgesamt 27 Jahre beträgt), es sei denn, eine Verwirklichung der Umweltziele ist aufgrund natürlicher Gegebenheiten auch innerhalb dieses Zeitraums nicht möglich.

36 Im Bewirtschaftungsplan sind die Maßnahmen zusammenzufassen, die für die Erreichung der Qualitätsziele in der vorgesehenen Frist als erforderlich angesehen werden; etwaige Verzögerungen und zusätzliche Maßnahmen sind dort ebenfalls aufzuführen.

(2) Abweichen von den Umweltzielen

37 Die Möglichkeit zur Abweichung von den Umweltzielen ist in Art. 4 Abs. 5-7 RL 2000/60 vorgesehen, die jeweils verschiedene Konstellationen betreffen bzw. unter unterschiedlichen Voraussetzungen einschlägig sein können.

38 Nach **Art. 4 Abs. 5 RL 2000/60** können die Mitgliedstaaten unter folgenden, **kumulativ zu verstehenden Voraussetzungen**[104] für **bestimmte Wasserkörper weniger strenge Umweltziele** als die in Art. 4 Abs. 1 RL 2000/60 geforderten zugrunde legen, wobei die auf dieser Grundlage gesetzten Ziele und die hierfür maßgeblichen Gründe im Bewirtschaftungsplan für das Einzugsgebiet im Einzelnen darzulegen sind:

- Das Erreichen der Umweltziele nach Art. 4 Abs. 1 RL 2000/60 wäre in der Praxis **nicht möglich oder unverhältnismäßig teuer**, wobei dies entweder auf einer entsprechend **weitgehenden Beeinträchtigung des betreffenden Wasserkörpers durch menschliche Tätigkeit**[105] oder auf die **natürlichen Gegebenheiten** zurückzuführen sein muss.
- Es ist nicht möglich, die ökologischen und sozioökonomischen Erfordernisse, denen die jeweiligen menschlichen Tätigkeiten dienen, durch **andere Mittel** zu erreichen, die eine wesentlich bessere und nicht mit unverhältnismäßig hohen Kosten verbundene Umweltoption darstellen.

Angesichts des Ausnahmecharakters dieser Bestimmung und ihres Sinns und Zwecks liegt es nahe, diese Voraussetzung so zu verstehen, dass **alle vernünftigerweise in Betracht kommenden**[106] **Alternativen** zur Erreichung der jeweiligen ökologischen bzw. sozioökonomischen Erfordernisse – nicht nur solche am Gewässer selbst – zu prüfen sind. Denn ausschlaggebend muss sein, dass eine bestimmte Zielsetzung erreicht werden kann; dann muss aber jedes grundsätzlich in Betracht kommende alternative Mittel zur Erreichung dieses Ziels geprüft werden. Nur diese Sicht berücksichtigt auch, dass eine Abweichung von den Umweltzielen nach Art. 4 Abs. 1 RL 2000/60 die Ausnahme darstellen und nur dann ins Auge gefasst werden soll, wenn sie in Anbetracht übergeordneter Zielsetzungen unvermeidlich ist.

---

101 *Ginzky*, NuR 2008, 147 (152) weist zutreffend darauf hin, dass sich das hier verankerte Verschlechterungsverbot und das in Art. 4 Abs. 1 lit. a) i) RL 2000/60 formulierte Verschlechterungsverbot inhaltlich entsprechen.
102 Ebenso *Hasche*, Bewirtschaftungsermessen, 164 ff.
103 S. Art. 13 Abs. 7 RL 2000/60.
104 Die allerdings normativ teilweise nicht sehr präzise sind, vgl. *Hasche*, Bewirtschaftungsermessen, 167 ff.
105 Dabei wird auf die nach Art. 5 Abs. 1 RL 2000/60 durchzuführende Analyse Bezug genommen, in deren Rahmen u. a. eine Überprüfung der Auswirkungen menschlicher Tätigkeiten auf den Zustand der Gewässer durchzuführen ist. Vgl. zu diesen Pflichten oben 7. Kap. Rn. 17 ff.
106 Ob und inwieweit eine Alternative vernünftigerweise in Betracht kommt, ist aufgrund der Umstände des Einzelfalls zu bestimmen, wobei der Grundsatz der Verhältnismäßigkeit eine Rolle spielen kann. In der Sache geht es hier darum, dass nicht – sozusagen global – alle theoretisch möglicherweise in Betracht kommenden Alternativen einzubeziehen sind, sondern eben nur solche, die sich in Anbetracht von Art und Weise der verfolgten Ziele und des einzubeziehenden geographischen, politischen und sozialen Rahmens anbieten könnten.

7. Kapitel Medienschützendes Umweltrecht

- Die Mitgliedstaaten sorgen dafür, dass bei **Oberflächengewässern der bestmögliche ökologische und chemische Zustand** erreicht wird und beim Grundwasser die **geringstmöglichen Veränderungen des guten Grundwasserzustands** erfolgen, dies unter Berücksichtigung der Auswirkungen, die nach vernünftigem Ermessen nicht hätten vermieden werden können.
- Jedenfalls erfolgt keine weitere **Verschlechterung** des Zustands des betreffenden Wasserkörpers.

Führen **natürliche Ereignisse**, durch **höhere Gewalt** bedingte außergewöhnliche bzw. nicht vorhersehbare Umstände[107] oder unvorhersehbare Unfälle zu einer Verschlechterung des Zustands von Wasserkörpern, so ist dies nicht als ein Verstoß gegen die Vorgaben der Richtlinie anzusehen, wenn folgende materielle **Voraussetzungen kumulativ** erfüllt sind (**Art. 4 Abs. 6 RL 2000/60**):[108]

- Es handelt sich um eine „**vorübergehende**" Verschlechterung.
- Es werden alle **praktikablen Vorkehrungen** getroffen, um eine weitere **Verschlechterung** des Zustands des betreffenden Wasserkörpers zu verhindern und um die **Verwirklichung der Zielsetzungen der Richtlinie in anderen Wasserkörpern** nicht zu gefährden.
- In den **Bewirtschaftungsplänen** für das jeweilige Einzugsgebiet sind die Voraussetzungen für das Vorliegen solcher Umstände festzulegen und die hierfür maßgeblichen Indikatoren zu benennen.
- Die bei solchen außergewöhnlichen Umständen zu ergreifenden Maßnahmen sind im **Maßnahmenprogramm** aufzuführen und dürfen nicht die **Wiederherstellung des Zustands des Wasserköpers** nach dem Ende dieser Umstände gefährden.
- Es erfolgt eine jährliche **Überprüfung** der als außergewöhnlich oder unvorhersehbar einzuschätzenden Umstände, und es werden alle praktikablen Maßnahmen ergriffen, um den Zustand des Wasserkörpers so bald wie möglich wiederherzustellen.

Im Übrigen muss in dem jeweils nächsten aktualisierten Bewirtschaftungsplan eine zusammenfassende Darlegung der Auswirkungen der Umstände und der getroffenen bzw. noch zu treffenden Maßnahmen erfolgen.

Die Ausnahmebestimmung des **Art. 4 Abs. 7 RL 2000/60** trägt dem Umstand Rechnung, dass gewisse **Änderungen der Umstände** eine Verschlechterung des Zustandes von Gewässern zur Folge haben können, ohne dass dies vernünftigerweise zu verhindern oder ökologisch notwendigerweise negativ zu bewerten ist, so dass es hier um allgemeine Ausnahmen aufgrund veränderter Umstände geht. Art. 4 Abs. 7 RL 2000/60 – der nach der Rechtsprechung vor dem Hintergrund der Vorwirkung von Richtlinien auch vor Ablauf der Frist des Art. 13 Abs. 6 RL 2000/60 im Ergebnis bzw. entsprechend zu beachten ist[109] – erlaubt aber nicht allgemein, bei veränderten Umständen von den Umweltzielen abzuweichen, sondern stellt eine Reihe eingrenzende und **kumulativ zu verstehende, allerdings teilweise sehr offen formulierte**[110] Voraussetzungen auf, wobei auch hier die maßgeblichen Umstände im Bewirtschaftungsplan für das Einzugsgebiet im Einzelnen darzulegen sind:

- Nur **bestimmte veränderte Umstände** erlauben bestimmte Abweichungen von den Umweltzielen, wobei zwei Gruppen zu unterscheiden sind:
  - Eine Verschlechterung des Zustandes von Oberflächen- oder Grundwasserkörpern sowie das Nichterreichen eines guten ökologischen Zustands bzw. ökologischen Potentials steht dann mit den Zielen der Richtlinie in Einklang, wenn die Ursachen in Änderungen der

---

107 Als Beispiele werden starke Überschwemmungen und lang anhaltende Dürren genannt.
108 Zu dem den Mitgliedstaaten auch hier angesichts der teilweise offenen Formulierungen eingeräumten Gestaltungsspielraum *Hasche*, Bewirtschaftungsermessen, 172 ff.
109 EuGH, Rs. C-43/10 (Nomarchiaki Aftodioikisi Aitoloakarnanias), Urt. v. 11.9.2012, Ziff. 57 ff.
110 S. in diesem Zusammenhang *Hasche*, Bewirtschaftungsermessen, 175 ff., der davon ausgeht, dass Art. 4 Abs. 7 RL 2000/60 jedem Mitgliedstaat weite Spielräume bei der Festlegung der letztlich einzuhaltenden und zu erreichenden Umweltqualitätsstandards einräumt.

physischen Eigenschaften eines Oberflächenwasserkörpers oder in Änderungen des **Pegels von Grundwasserkörpern** zu suchen sind.

- Hingegen können **neue „nachhaltige Entwicklungstätigkeiten"** des Menschen nur das Nichtverhindern einer Verschlechterung von einem sehr guten zu einem guten Zustand eines Oberflächenwasserkörpers rechtfertigen.

■ Es sind alle **praktikablen Vorkehrungen** zu treffen, um die **negativen Auswirkungen** auf den Zustand des Wasserkörpers zu mindern.

■ Die Gründe für die erwähnten Änderungen der Oberflächenwasserkörper oder des Grundwasserpegels sind von **übergeordnetem öffentlichem Interesse** bzw. der Nutzen, den die Verwirklichung der an sich maßgebenden Umweltziele für Umwelt und Gesellschaft hätte, wird durch den Nutzen der neuen Änderungen für die menschliche Gesundheit, die Erhaltung der Sicherheit der Menschen oder die nachhaltige Entwicklung übertroffen.

■ Die Ziele, denen die Änderungen des Wasserkörpers dienen sollen, können nicht durch **andere Mittel**, die eine wesentlich bessere Umweltoption darstellen, erreicht werden, dies aus Gründen der technischen Durchführbarkeit oder im Gefolge unverhältnismäßiger Kosten.[111]

Nach der Rechtsprechung kann die Umleitung des Oberlaufs eines Flusses in ein anderes Einzugsgebiet mit dem Zweck der Verbesserung der Wasserversorgung und der Stromerzeugung nach Art. 4 Abs. 7 RL 2000/60 mit der Richtlinie in Einklang stehen, sofern

- alle praktikablen Vorkehrungen getroffen wurden, um die negativen Auswirkungen des Vorhabens auf den Zustand des Wasserkörpers zu mindern;
- die Gründe für die Verwirklichung eines solchen Vorhabens im Einzelnen dargelegt wurden;
- das Vorhaben im öffentlichen Interesse liegt und / oder der Nutzen des Vorhabens den Nutzen der Einhaltung der Umweltziele übertrifft;
- die nutzbringenden Ziele des Vorhabens aus Gründen der technischen Durchführbarkeit oder aufgrund unverhältnismäßiger Kosten nicht durch andere Mittel, die eine wesentlich bessere Umweltoption darstellen, erreicht werden konnten.[112]

Nicht zwingend erforderlich sei es, dass das aufnehmende Einzugsgebiet nicht in der Lage ist, den bestehenden Bedarf auf dem Gebiet der Wasserversorgung, der Stromerzeugung oder der Bewässerung aus den eigenen Wasserressourcen zu befriedigen, könnten doch die genannten Voraussetzungen auch ansonsten erfüllt sein.[113]

(3) Bewertung

41 Abgesehen von der sich aufdrängenden Regelung für unvorhergesehene Umstände (Art. 4 Abs. 6 RL 2000/60) – die eine Art Notstandsklausel darstellt und in der Sache kaum zu vermeiden ist – stoßen die in der Richtlinie vorgesehenen übrigen Ausnahmebestimmungen auf erhebliche **Bedenken**. Diese beruhen in erster Linie darauf, dass die Voraussetzungen für das Eingreifen dieser „Sonderlösungen" zwar in den einschlägigen Bestimmungen abschließend formuliert sind, aber weitgehend sehr offen und **wenig präzise** gefasst sind und daher eine **sehr geringe normative Dichte** aufweisen. Dies gilt insbesondere für die Formulierungen in Art. 4 Abs. 7 RL 2000/60 („nachhaltige Entwicklungstätigkeiten", Vorliegen eines „übergeordneten öffentlichen Interesses").[114] Vor diesem Hintergrund dürfte den Mitgliedstaaten bei allen erörterten Ausnahmebestimmungen ein **weiter Gestaltungsspielraum** zustehen, dessen mögliche Gefahren – Unterlaufen

---

111 Ausführlich zu dieser Voraussetzung *Ginzky*, ZUR 2005, 515 (519 f.).
112 EuGH, Rs. C-43/10 (Nomarchiaki Aftodioikisi Aitoloakarnanias), Urt. v. 11.9.2012, Ziff. 67.
113 EuGH, Rs. C-43/10 (Nomarchiaki Aftodioikisi Aitoloakarnanias), Urt. v. 11.9.2012, Ziff. 68.
114 S. in diesem Zusammenhang auch *Schmalholz*, ZfW 2001, 69 (83 f.), der hier gar den Ausdruck „kabarettistisch" verwendet. Auf den hier sehr weiten und wohl nur begrenzt justiziablen Gestaltungsspielraum der Mitgliedstaaten hinweisend auch *Meinken*, Emissions- versus Immissionsorientierung, 165; *Hasche*, Bewirtschaftungsermessen, 146 ff.; s. auch *Ekardt/Weyland/Schenderlein*, NuR 2009, 388 (394), die davon sprechen, dass die Ziel- und Ausnahmetatbestände angesichts der zahlreichen unbestimmten Rechtsbegriffe und generalklauselartiger Formulierungen wenig „operabel" seien.

7. Kapitel Medienschützendes Umweltrecht

der Verwirklichung des an sich grundsätzlich maßgeblichen Ziels eines guten Zustands der Gewässer – auch nicht durch ein Genehmigungsverfahren abgeschwächt werden. In der Sache wird den Mitgliedstaaten eine Vielzahl von Optionen geboten, um – zumindest für bestimmte Wasserkörper – die an sich maßgeblichen Umweltziele dann doch nicht einzuhalten, dies zumindest vorübergehend. Insgesamt ist daher die Befürchtung nicht ganz von der Hand zu weisen, die Richtlinie ermögliche letztlich das Bilden einer Art „Flickenteppich"[115] in Bezug auf die Einhaltung der in Art. 4 Abs. 1 RL 2000/60 grundsätzlich vorgesehenen Umweltziele.

Deutlich wird damit auch, dass die Mitgliedstaaten auch auf der Grundlage der Wasserrahmenrichtlinie vor allem in den Fällen „echte verbindliche" Grenzwerte einzuhalten haben, in denen diese auf Unionsebene festgeschrieben sind. Dies gilt nicht nur für Immissions-, sondern auch für Emissionsgrenzwerte, die daher nach wie vor für einen effektiven Gewässerschutz in der gesamten Union von herausragender Bedeutung sind. 42

cc) Zur rechtlichen Tragweite der allgemeinen Umweltziele

Die in Art. 4 Abs. 1 RL 2000/60 formulierten Umweltziele sind grundsätzlich **rechtlich verbindlich**. Dies folgt schon aus Art. 288 AEUV, wonach die Richtlinien hinsichtlich der mit ihnen verfolgten Zielsetzungen für die Mitgliedstaaten verbindlich sind. Fraglich könnte jedoch sein, wie weit diese rechtliche Verbindlichkeit inhaltlich geht, m.a.W., **welche Aspekte des Art. 4 Abs. 1 RL 2000/60** nun genau als solche verbindlich sind. In Betracht kommen zunächst zwei (entgegengesetzte) Ansätze:[116] 43

- Einerseits könnte den Umweltzielen selbst insofern eine rechtsverbindliche Wirkung zukommen, als die Mitgliedstaaten in jedem Fall – abgesehen von den ausdrücklich in Art. 4 Abs. 4-7 RL 2000/60 vorgesehenen Ausnahmen – die **Verwirklichung der Umweltziele** sicherzustellen haben.[117] Für diese – übrigens offenbar auch vom Parlament vertretene[118] – Sicht könnte sprechen, dass die Umweltziele das materielle „Herzstück" der Wasserrahmenrichtlinie darstellen und es die Effektivität dieses Rechtsaktes erfordere, dass die in Art. 4 Abs. 1 RL 2000/60 formulierten Zielsetzungen jedenfalls zu verwirklichen seien. Auch könnten im Falle der fehlenden Verbindlichkeit der zu erreichenden „Endziele" die Umweltziele nicht effektiv erreicht werden und die rechtliche Tragweite ihrer Festschreibung erschöpfte sich letztlich in einer Art Absichtserklärung, dass man gedenke, auf die Verwirklichung dieser Zielsetzungen hinzuarbeiten. Schließlich könnte auf die Ausnahmetatbestände hingewiesen werden, die aus systematischer Sicht an sich nur Sinn machten, wenn schon die Verwirklichung der Umweltziele verbindlich ist, wäre es doch ansonsten nicht notwendig gewesen, diesbezügliche Ausnahmen ausdrücklich vorzusehen.
- Andererseits könnte an den Wortlaut des Art. 4 Abs. 1 RL 2000/60 angeknüpft werden.[119] In den verschiedenen Absätzen wird nämlich jeweils parallel formuliert, dass die Mitglied-

---

115 Vgl. den Ausdruck in diesem Zusammenhang bei *Seidel*, Gewässerschutz, 172, in Bezug auf die Fristen. Kritisch zu den Ausnahmen auch *Kappet*, Qualitätsorientierter Gewässerschutz, 188 f.
116 Nicht zu überzeugen vermag aber jedenfalls der Ansatz von *Seidel*, Gewässerschutz, 174: Er hält die Verpflichtung zur Verwirklichung der Umweltziele als solche für zwingend, verneint aber ihre Justitiabilität mit dem Argument, wenn die Mitgliedstaaten nur auf die Ziele „hinwirken" sollen, könne jedenfalls das Ergebnis nicht gerichtlich nachgeprüft werden. Wenig stichhaltig ist hier schon der grundsätzliche Ansatz der Trennung von Verbindlichkeit und Justitiabilität: Wenn eine unionsrechtliche Bestimmung bindend ist, muss sie auch justiziabel sein, ist der EuGH doch zur Wahrung und Anwendung des Rechts verpflichtet (Art. 19 Abs. 1 EUV). Der Umstand, dass Organen oder Mitgliedstaaten ggf. Gestaltungsspielräume zuzugestehen sind, ändert hieran nichts.
117 So i.Erg. wohl *Appel*, ZUR 2001, 129 (133), der davon spricht, dass es sich bei den Umweltzielen „nicht um bloße Richt- oder Orientierungswerte, sondern um rechtlich verbindliche Vorgaben, die zwingend einzuhalten sind", handle. In diese Richtung wohl auch *Caspar*, DÖV 2001, 529 (532); *Delfs*, Grundwasser, 271.
118 Vgl. DNR, EU-Rundschreiben 5/2001, 11.
119 Wobei sich offenbar der Rat diese Argumentation zu Eigen gemacht hat, vgl. DNR, EU-Rundschreiben 5/2001, 11. Zweifelnd in Bezug auf die rechtliche Verbindlichkeit der Umweltziele auch *Grimeaud*, EELR 2001, 41 (46, 50 f.), der dies aber wohl bedauert.

409

staaten die Wasserkörper schützen, verbessern und sanieren, mit dem Ziel, spätestens 15 Jahre nach Inkrafttreten der Richtlinie den jeweils maßgeblichen Zustand der Gewässer zu erreichen. Diese Formulierung könnte so ausgelegt werden, dass die Mitgliedstaaten sich nur zu **bemühen** hätten, die in dieser Bestimmung formulierten Zielsetzungen zu verwirklichen. Gelingt ihnen dies jedoch nicht, wäre nach dieser Sichtweise kein Verstoß gegen die Vorgaben der Richtlinie anzunehmen.

44 Der zuletzt genannte Ansatz überzeugt insoweit, als es tatsächlich schwierig erscheint, die Mitgliedstaaten in quasi absoluter Form auf das Erreichen eines Ziels zu verpflichten, und auch das Wortlautargument ist durchaus einsichtig. Allerdings werden dadurch nicht die für die Verbindlichkeit der Umweltziele angeführten Argumente entkräftet: Vor dem Hintergrund von Sinn und Zweck des Art. 4 Abs. 1 RL 2000/60 und des systematischen Zusammenhangs mit den Ausnahmebestimmungen ist es wohl kaum vertretbar, die Umweltziele nur als eine Art Absichtserklärung aufzufassen. Damit liegt es nahe, die aufgeworfene Frage durch einen **vermittelnden Ansatz** zu lösen: Zwar ist die sich aus Art. 4 Abs. 1 RL 2000/60 ergebende Verpflichtung der Mitgliedstaaten nicht insofern ergebnisbezogen, als auf jeden Fall das Umweltziel selbst erreicht werden muss, so dass es also **nicht** um eine Art „**Erfolgs- oder Ergebnisverpflichtung**" geht; die grundsätzliche Verbindlichkeit der Zielsetzungen als solche legt es aber nahe, dass die Umweltziele insofern **verbindlich** sind, als die Mitgliedstaaten **alle Maßnahmen** zu ergreifen haben, die auf der Grundlage einer normalen, vernünftigerweise zu erwartenden Entwicklung **notwendig sind, um die Umweltziele zu verwirklichen.** M.a.W.: Die mitgliedstaatlichen Schutz-, Verbesserungs- und Sanierungsmaßnahmen sind so auszugestalten, dass bei normalem Lauf der Dinge die Umweltziele erreicht werden (können).[120]

45 Diese Auslegung trägt auch dem schon erwähnten Zusammenhang mit den Ausnahmeklauseln Rechnung: Art. 4 Abs. 5 RL 2000/60 stellt nämlich darauf ab, dass das Erreichen der Umweltziele „in der Praxis nicht möglich ist", und Art. 4 Abs. 7 RL 2000/60 nimmt auf das „Nichterreichen" des jeweils geforderten Zustands aufgrund bestimmter veränderter Umstände Bezug. Diese Regelungen dürften damit in der Sache davon ausgehen, dass ansonsten eben diejenigen Maßnahmen zu ergreifen sind, die das Erreichen der Umweltziele gerade (normalerweise) sicherzustellen vermögen.

Der hier vertretene Ansatz knüpft damit an die Systematik des Art. 4 RL 2000/60 an und steht mit dem Wortlaut des Art. 4 Abs. 1 RL 2000/60 in Einklang: Die Formulierung „mit dem Ziel, einen bestimmten Zustand zu erreichen" kann nämlich durchaus auch so ausgelegt werden, dass gerade die Maßnahmen zu treffen sind, die die relevanten Zielsetzungen grundsätzlich zu verwirklichen vermögen. Ausnahmen betreffen dann die Bereiche, bei denen schon von vornherein die Zielverwirklichung aussichtslos oder aufgrund geänderter Umstände nicht (mehr) sinnvoll erscheint.

Angesichts des **zwingenden Charakters der Umweltziele** im aufgezeigten Sinn müssen diese in einem nach **außen wirksamen Rechtsakt**, also einem Gesetz im formellen oder materiellen Sinn, umgesetzt werden. Gleiches gilt für die in Anhang V RL 2000/60 enthaltenen Angaben, da dieser die Zielvorgaben des Art. 4 Abs. 1 RL 2000/60 in rechtsverbindlicher Weise konkretisiert.[121] Für eine rechtsförmliche Umsetzung spricht auch der Umstand, dass die Umweltziele zumindest teilweise auch klagfähige Rechtspositionen Einzelner begründen bzw. im Rahmen der Umsetzung zu gewähren sind, da die Erhaltung der Gewässerqualität häufig auch im Interesse Einzelner, die hiervon betroffen sein können, liegt.[122]

Hiergegen kann nicht geltend gemacht werden, die Umweltziele seien nicht hinreichend bestimmt und ihnen komme nur ein „programmatischer Charakter" zu.[123] Denn ausschlaggebend ist nicht, ob bereits die Richtlinienbestimmung hinreichend bestimmt ist; dieser Gesichtspunkt spielt nur für die Frage der unmittelbaren

---

120 I. Erg. wie hier *Albrecht*, Umweltqualitätsziele, 380 f.; *Hentschel*, Wasserrahmenrichtlinie, 57 ff.
121 Ebenso *Faßbender*, NVwZ 2001, 241 (245).
122 Zu den Voraussetzungen, unter denen aus unionsrechtlicher Sicht Einzelnen gerichtlicher Zugang zu gewähren ist, oben 5. Kap. Rn. 132 ff.
123 So aber offenbar *Faßbender*, NVwZ 2001, 241 (246), unter Berufung auf EuGH, Rs C-236/92 (Comitato di coordinamento per la difesa della Cava/Regione Lombardia), Slg. 1994, I-483, der aber gleichwohl aus anderen Gründen (Art. 4 Abs. 1 RL 2000/60 enthalte eben zwingende Zielvorgaben) für eine rechtssatzförmliche Umsetzung des Art. 4 RL 2000/60 eintritt.

7. Kapitel Medienschützendes Umweltrecht

Wirksamkeit eine Rolle.[124] Dass aber im Rahmen der Umsetzung die Umweltziele hinreichend genau festzulegen sind, ergibt sich schon daraus, dass sie den Ausgangspunkt für die Bestimmung der konkret zu ihrer Verwirklichung zu ergreifenden Maßnahmen – die in den sogenannten Maßnahmenprogrammen festzulegen sind[125] – bilden.

d) Maßnahmenprogramme

Art. 11 RL 2000/60 ist die Verpflichtung zu entnehmen, zur **Verwirklichung der in Art. 4 RL 2000/60 aufgeführten Ziele** für jede Flussgebietseinheit bzw. für den in dem Hoheitsgebiet des jeweiligen Mitgliedstaates liegenden Teil einer internationalen Flussgebietseinheit sog. **Maßnahmenprogramme** aufzustellen.[126] 46

Bezugspunkte der Maßnahmenprogramme sind also grundsätzlich die **Flussgebietseinheiten**, unabhängig von den Grenzziehungen der politischen Einheiten, wie z.B. Departemente oder Länder. Allerdings können die Mitgliedstaaten in den Maßnahmenprogrammen auf nationale Rechtsvorschriften – deren Geltungsbereich das gesamte Hoheitsgebiet des betreffenden Mitgliedstaats umfasst – verweisen oder Maßnahmen ergreifen bzw. vorsehen, die für alle in ihrem Hoheitsgebiet gelegenen Flussgebietseinheiten gelten (sollen). Hieraus ergibt sich im Übrigen – wie auch Art. 11 Abs. 1 RL 2000/60 ausdrücklich festhält –, dass die Mitgliedstaaten im Falle internationaler Flussgebietseinheiten nur für den in ihr Hoheitsgebiet fallenden Teil der Flussgebietseinheit ein Maßnahmenprogramm aufzustellen haben. Insofern wird also für internationale Flussgebietseinheiten die ansonsten notwendige Anknüpfung an die Flussgebietseinheiten relativiert.[127]

In materieller Hinsicht müssen die Maßnahmenprogramme einen gewissen Mindestinhalt („**grundlegende Maßnahmen**") aufweisen, der in Art. 11 Abs. 3 RL 2000/60 umschrieben wird (aa). Darüber hinaus haben die Mitgliedstaaten ggf. auch sog. „**ergänzende Maßnahmen**" zu treffen, falls die Umweltziele durch die „grundlegenden Maßnahmen" nicht erreicht werden können (bb). Weiter wird das bereits erwähnte „**Verschlechterungsverbot**" wieder aufgegriffen, Art. 11 Abs. 6 RL 2000/60 (cc), und es sind bestimmte **Fristen** zu beachten, Art. 11 Abs. 7 RL 2000/60 (dd). 47

Deutlich wird damit auch, dass die **Maßnahmenprogramme** das eigentliche „**Handlungsprogramm**"[128] definieren, wobei die Maßnahmenprogramme in inhaltlicher Hinsicht wohl auch auf weitere bestehende oder zu schaffende Rechtsnormen verweisen können bzw. häufig auch müssen, was nichts daran ändert, dass sich die Maßnahmen – worunter sowohl generell-abstrakte als auch konkret-individuelle Maßnahmen zu verstehen sind und neben Rechtsinstrumenten auch sonstige Instrumente einbezogen sind[129] – jedenfalls konkretisiert auf das jeweilige Flusseinzugsgebiet beziehen müssen. 48

aa) Grundlegende Maßnahmen

Art. 11 Abs. 3 RL 2000/60 zählt im Einzelnen diejenigen Maßnahmen auf, die jedenfalls[130] als Mindestanforderungen in die Maßnahmenprogramme aufzunehmen und zu beachten sind, wobei angesichts des Bezugs der Maßnahmenprogramme zu den Umweltzielen (vgl. Art. 11 Abs. 1 RL 2000/60, wonach das Maßnahmenprogramm dazu dient, die Umweltziele nach Art. 4 RL 2000/60 zu verwirklichen) zunächst diese nach den erörterten Vorgaben des Art. 4 49

---

124 Deshalb kann auch aus EuGH, Rs C-236/92 (Comitato di coordinamento per la difesa della Cava/Regione Lombardia), Slg. 1994, I-483, für die hier zentrale Fragestellung nichts abgeleitet werden.
125 Sogleich unten 7. Kap. Rn. 46 ff.
126 Ausführlich zu diesen Maßnahmenprogrammen *Baaner*, JEEPL 2011, 82 ff.; *Heinz/Esser*, ZUR 2009, 254 ff.; *Faßbender*, ZfW 2010, 189 ff.; unter besonderer Berücksichtigung der Bindungswirkung und des Rechtsschutzes *Faßbender*, in: Implementation der Wasserrahmenrichtlinie, 129 ff.
127 Zu beachten sind aber bei internationalen Flussgebietseinheiten die Kooperationspflichten. S. u. 7. Kap. Rn. 81 ff.
128 Vgl. diesen Ausdruck bei *Hasche* Bewirtschaftungsermessen, 118.
129 Vgl. zum Begriff der Maßnahme *Hasche*, Bewirtschaftungsermessen, 190 f.
130 Also unabhängig davon, ob die betreffenden Gewässer bereits in einem guten Zustand sind oder nicht, vgl. ausdrücklich *Albrecht*, Umweltqualitätsziele, 392.

RL 2000/60[131] festzulegen sind.[132] Bei den grundlegenden Maßnahmen kann zwischen sechs Kategorien unterschieden werden.[133]

(1) Beachtung geltender unionsrechtlicher Gewässerschutzvorschriften

50 Die Maßnahmenprogramme sollen auch dazu dienen, die Umsetzung und tatsächliche Beachtung **geltender unionsrechtlicher Anforderungen** sicherzustellen.

51 So haben die Mitgliedstaaten nach Art. 11 Abs. 3 lit. a) RL 2000/60 zunächst diejenigen Maßnahmen vorzusehen, die für die Einhaltung geltender **unionsrechtlicher Gewässerschutzvorschriften** notwendig sind. Diese Bestimmung ist daher im Zusammenhang mit Art. 10 und Anhang VI Teil A RL 2000/60 zu sehen. Im Einzelnen ist in erster Linie auf folgende Anforderungen bzw. EU-Rechtsakte hinzuweisen:

- Nach Art. 10 RL 2000/60 ist ein sog. „**kombinierter Ansatz**" zugrundezulegen. D.h., die gemäß bzw. in den einschlägigen Rechtsakten (RL 2008/1 bzw. RL 2010/75, RL 91/271[134], RL 91/676[135], die in Anhang IX RL 2000/60 genannten Richtlinien[136], ggf. die nach Art. 16 WRRL erlassenen Richtlinien sowie alle sonstigen einschlägigen Richtlinien) definierten oder zu definierenden Emissionsgrenzwerte – wobei diese Richtlinien, insbesondere die IVU-Richtlinie, nicht alle selbst Emissionsgrenzwerte, sondern teilweise nur Vorgaben zu ihrer Bestimmung enthalten – sind festzulegen bzw. durchzuführen. Können auf dieser Grundlage die in den entsprechenden unionsrechtlichen Vorgaben[137] festgelegten Immissionsgrenzwerte nicht erreicht werden, sind zusätzliche Emissionsbegrenzungen vorzusehen, so dass die Immissionsgrenzwerte eingehalten werden können (Art. 10 Abs. 2, 3 RL 2000/60). Damit werden – im Gegensatz zur RL 76/464 – **Emissions- und Immissionsgrenzwerte** kombiniert; beide Arten von Grenzwerten sind einzuhalten.[138] Allerdings müssen die Emissionen nicht in jedem Fall nach dem Stand der Technik reduziert werden.[139] Im Übrigen erwähnt Art. 10 Abs. 2

---

131 S.o. 7. Kap. Rn. 20 ff.
132 Vgl. *Hasche*, Bewirtschaftungsermessen, 192.
133 Wobei diese Inhalte zwar zwingend in die Maßnahmenprogramme aufgenommen werden müssen, den Mitgliedstaaten jedoch bei der genauen Ausgestaltung der Maßnahmen durchaus Spielräume bleiben, ausführlich hierzu *Hasche*, Bewirtschaftungsermessen, 194 ff.
134 RL 91/271 über die Behandlung von kommunalem Abwasser (Kommunalabwasserrichtlinie). Zu dieser 7. Kap. Rn. 88 ff.
135 RL 91/676 zum Schutz der Gewässer vor Verunreinigung durch Nitrat aus landwirtschaftlichen Quellen. Zu dieser 7. Kap. Rn. 94 ff.
136 Hier geht es um die in den Tochterrichtlinien der RL 76/464 bzw. der RL 2006/11 festgelegten Emissions- und Immissionsgrenzwerte. Im Einzelnen werden im Anhang IX folgende Richtlinien aufgeführt: RL 82/176 über Quecksilberableitungen, ABl. 1982 L 81, 29; RL 83/513 über Cadmiumableitungen, ABl. 1983 L 291, 1; Quecksilberrichtlinie, RL 84/156, ABl. 1984 L 74, 49; RL 84/491 über Ableitungen von Hexachlorcyclohexan, ABl. 1984 L 274, 11; RL 86/280 über die Ableitung bestimmter gefährlicher Stoffe, ABl. 1986 L 181, 16. Diese Richtlinien werden durch die RL 2008/105 über Umweltqualitätsnormen im Bereich der Wasserpolitik, ABl. 2008 L 348, 84, die bis zum 13. Juli 2010 umzusetzen ist (Art. 13 Abs. 1 RL 2008/105) ersetzt. Die RL 2008/105 definiert Umweltqualitätsnormen für prioritäre Stoffe (nämlich insgesamt 33 Stoffe) und bestimmte andere Schadstoffe im Sinne des Art. 16 RL 2000/60, dies mit dem Ziel, einen guten chemischen Zustand der Oberflächengewässer zu erreichen. Weiter werden die Mitgliedstaaten in Art. 5 RL 2008/105 zu einer umfassenden Bestandsaufnahme der Emissionen, Einleitungen und Verluste für jede Flussgebietseinheit verpflichtet. Sodann modifiziert die RL 2008/105 die Liste der prioritären Stoffe in Anhang X RL 2000/60, der die Fassung des Anhangs II RL 2008/105 erhält. Vgl. auch Kap. Rn. 31 sowie noch unten 7. Kap. Rn. 97 ff.
137 Die in Anhang IX WRRL genannten Richtlinien oder andere einschlägige EU-Richtlinien.
138 Deshalb auch „kombinierter Ansatz". Vgl. hierzu und zu anderen möglichen Ansätzen *Epiney*, in: Qualitätsorientierung (6. Kap. J.VIII.), 77 (86 ff.). Allerdings führt dies aufgrund der Begrenzung der materiellen Bezugspunkte nicht dazu, dass die Mitgliedstaaten ausnahmslos ein solches Modell zugrundelegen müssen. Vgl. im Einzelnen *Meinken*, Emissions- versus Immissionsorientierung, 157 ff.
139 Vgl. auch *Kappet*, Qualitätsorientierter Gewässerschutz, 189 f.; *Hasche*, Bewirtschaftungsermessen, 115 f.

7. Kapitel Medienschützendes Umweltrecht

RL 2000/60 eine Reihe von Richtlinien, die zu beachten sind,[140] womit letztlich diese Rechtsakte in die RL 2000/60 integriert werden, so dass die RL 2000/60 davon ausgeht, dass alle einschlägigen unionsrechtlichen Vorgaben zu beachten sind.[141]

- Anhang VI Teil A RL 2000/60 zählt eine Reihe von Richtlinien[142] auf, deren **Anforderungen in die Maßnahmenprogramme einzubeziehen** sind, deren Einhaltung also (auch) durch die Maßnahmenprogramme sicherzustellen ist. M.a.W. sind die für die Umsetzung der in den betreffenden Richtlinien aufgestellten Vorgaben notwendigen Maßnahmen (zumindest soweit Gewässer betroffen sind) in die Programme nach Art. 11 RL 2000/60 aufzunehmen. In Bezug auf die Schutzgebiete nach der RL 92/43 (Habitatrichtlinie) und der RL 2009/147 (Vogelschutzrichtlinie) – die von den Maßnahmenprogrammen (und auch den Bewirtschaftungsplänen) schon deshalb betroffen sind, weil sich diese auf die gesamte Flussgebietseinheit beziehen, so dass sie zwangsläufig die in diesem Gebiet gelegenen Schutzgebiete umfassen – bedeutet dies, dass die Anforderungen dieser Rechtsakte (aber auch der anderen in Anhang VI RL 2000/60 genannten Rechtsakte) bei der Aufstellung der Maßnahmenprogramme zu beachten sind, so dass etwa die Erhaltungs- und Entwicklungsziele und -maßnahmen nach Art. 3 RL 2009/147 und Art. 6 RL 92/43 in diese zu integrieren sind.[143]

Die Wasserrahmenrichtlinie geht damit davon aus, dass die **Gesamtheit der auf den Gewässerschutz bezogenen unionsrechtlichen Vorgaben** auch insofern **Eingang in die Maßnahmenprogramme** finden muss, als die dort vorgesehenen Maßnahmen die Umsetzung der unionsrechtlichen Anforderungen sicherzustellen haben. M.a.W. sollen sämtliche Maßnahmen, die im Hinblick auf die Beachtung der unionsrechtlichen Vorgaben auf dem Gebiet des Gewässerschutzes

52

---

140 Es handelt sich um folgende Richtlinien: RL 2008/1 über die integrierte Vermeidung und Verminderung der Umweltverschmutzung (IVU-Richtlinie, heute ersetzt durch die RL 2010/75); RL 91/271 über die Behandlung von kommunalem Abwasser; RL 91/676 zum Schutz der Gewässer vor Verunreinigung durch Nitrat aus landwirtschaftlichen Quellen (Nitratrichtlinie), die in Anhang IX RL 2000/60 aufgeführten Richtlinien (dies sind die Umweltqualitätsrichtlinien, die heute in der RL 2008/105 über Umweltqualitätsnormen im Bereich der Wasserpolitik zusammengeführt wurden, vgl. schon Fn. 137), die nach Art. 16 RL 2000/60 erlassenen Richtlinien sowie die „sonstigen einschlägigen Vorschriften" des Unionsrechts.

141 Art. 10 RL 2000/60 erscheint insgesamt etwas unausgegoren, dies einmal wegen der unterschiedlichen Fristen, andererseits wegen der mehrgleisigen Nennung derselben Unionsrichtlinien, die (auch) zu beachten sind. Vgl. eher kritisch auch *Kappet*, Qualitätsorientierter Gewässerschutz, 191. Immerhin dürfte der Mehrfachnennung unionsrechtlicher Rechtsakte, die zu beachten sind, keine eigentliche Bedeutung zukommen, vgl. ähnlich wohl auch *Albrecht*, Umweltqualitätsziele, 392 f. Darüber hinaus ist darauf hinzuweisen, dass auch der kombinierte Ansatz nichts daran ändert, dass die nach der IVU-Richtlinie, aber auch der Kommunalabwasserrichtlinie, mögliche Relativierung der (Emissions-) Vorgaben aufgrund günstiger Immissionsverhältnisse zum Zuge kommen. Daher ist der kombinierte Ansatz etwas zu relativieren, da er (nur, aber immerhin) Qualitätsziele mit regional, mitunter im Zuge günstiger Immissionsverhältnisse differenzierten Emissionsvorgaben verbindet, ohne dass der Wasserrahmenrichtlinie selbst die Art und Weise dieser Differenzierung zu entnehmen wäre, vgl. *Meinken*, Emissions- versus Immissionsorientierung, 159 f.; ihm folgend *Albrecht*, Umweltqualitätsziele, 383.

142 Es handelt sich um folgende Richtlinien (die mittlerweile teilweise durch neue Richtlinien ersetzt worden sind): RL 76/160 über die Qualität der Badegewässer, ABl. 1976 L 31, 1 (ersetzt durch die RL 2006/7, die die RL 76/160 mit Wirkung zum 31.12.2014 aufhebt); RL 79/409 über die Erhaltung der wildlebenden Vogelarten (Vogelschutzrichtlinie), ABl. 1979 L 103, 1 (mittlerweile ersetzt durch die RL 2009/147); RL 80/778 über die Qualität von Wasser für den menschlichen Gebrauch (Trinkwasserrichtlinie), ABl. 1980 L 229, 11 (abgelöst durch die RL 98/83 über die Qualität von Wasser für den menschlichen Gebrauch); RL 96/82 zur Beherrschung der Gefahren bei schweren Unfällen mit gefährlichen Stoffen (Sevesorichtlinie II), ABl. 1997 L 10, 13, vgl. nunmehr RL 2012/18, die die RL 96/82 2015 ablösen wird; RL 85/337 über die Umweltverträglichkeitsprüfung, ABl. 1985 L 175, 40 (abgelöst durch die RL 2011/92); RL 86/287 über Klärschlamm, ABl. 1986 L 181, 6; RL 91/271 über die Behandlung von kommunalem Abwasser; RL 91/414 über das Inverkehrbringen von Pflanzenschutzmitteln, ABl. 1992 L 170, 4 (s. mittlerweile VO 1107/2009 über das Inverkehrbringen von Pflanzenschutzmitteln); RL 91/676 zum Schutz der Gewässer vor Verunreinigung durch Nitrat aus landwirtschaftlichen Quellen (Nitratrichtlinie); RL 92/43 zur Erhaltung der natürlichen Lebensräume sowie der wildlebenden Tiere und Pflanzen (Habitatrichtlinie), ABl. 1992 L 206, 7; RL 2008/1 über die integrierte Vermeidung und Verminderung der Umweltverschmutzung (IVU-Richtlinie), s. mittlerweile RL 2010/75.

143 *Möckel*, NuR 2007, 602 (606 ff.), der auch auf das Verhältnis der Umweltziele der RL 2000/60 zu den Erhaltungs- und Entwicklungszielen bei Habitaten eingeht.

notwendig sind bzw. ergriffen werden sollen, in den Maßnahmenprogrammen enthalten sein.[144]

53 Allerdings ist in diesem Zusammenhang daran zu erinnern, dass in den Maßnahmenprogrammen auch auf nationale Rechtsvorschriften Bezug genommen werden kann, deren Anwendungsbereich sich auf das gesamte Hoheitsgebiet eines Mitgliedstaates erstreckt (Art. 11 Abs. 1 RL 2000/60). Damit ist es also möglich, dass im Maßnahmenprogramm auf bereits bestehende Rechtsvorschriften verwiesen wird, jedoch nur soweit nationale Bestimmungen betroffen sind. Ergänzend sei in diesem Zusammenhang auf Art. 22 RL 2000/60 hingewiesen: Diese Bestimmung zählt die nach Ablauf einer gewissen Zeit nach Inkrafttreten der Wasserrahmenrichtlinie außer Kraft tretenden Rechtsakte auf. Neben einigen, bestimmte Qualitätsanforderungen an gewisse Gewässer in Abhängigkeit von ihrer Nutzung betreffenden Rechtsakten – die mittlerweile durch neue Richtlinien ersetzt wurden[145] – handelt es sich vor allem um die RL 76/464 und 80/68, deren Ansätze durch die Wasserrahmenrichtlinie überholt sind. Die RL 76/464 wurde durch die RL 2006/11 ersetzt bzw. kodifiziert, und die RL 80/68 wird durch die RL 2006/118 abgelöst werden, wobei die RL 2006/118 als Tochterrichtlinie zur RL 2000/60 konzipiert wurde. Die RL 2006/11 und die RL 80/68 laufen 13 Jahre nach Inkrafttreten der RL 2000/60 aus.

54 Zu erwähnen ist sodann Art. 11 Abs. 3 lit. d) RL 2000/60, der auf die Verpflichtungen im Hinblick auf zur **Trinkwassergewinnung bestimmte Gewässer** (Art. 7 RL 2000/60) Bezug nimmt.[146] Im Ergebnis werden die Mitgliedstaaten hier verpflichtet, die Einhaltung der Anforderungen der RL 80/778 bzw. der RL 98/83[147] sicherzustellen bzw. auf diesbezügliche Maßnahmen zu verweisen und eine Qualitätsverschlechterung der zur Gewinnung von Trinkwasser bestimmten Gewässer zu verhindern.

(2) Bewirtschaftungsbezogene Maßnahmen

55 Art. 11 Abs. 3 lit. b), c) RL 2000/60 nehmen auf **Maßnahmen zur Förderung einer effizienten und nachhaltigen Wassernutzung**, auch im Hinblick auf die Verfolgung der in Art. 9 RL 2000/60 formulierten Zielsetzungen (Deckung der Kosten für Wasserdienstleistungen), Bezug. In Betracht kommen hier insbesondere angemessen hohe Wassernutzungspreise. Die materiellen Anforderungen an die in das Programm aufzunehmenden Maßnahmen werden allerdings nicht spezifiziert.[148]

(3) Maßnahmen zum Schutz der Wasserquantität

56 Nach Art. 11 Abs. 3 lit. e), f) RL 2000/60 haben die Mitgliedstaaten Maßnahmen zur **Begrenzung der Entnahme von Oberflächenwasser und Grundwasser**, der **Aufstauung** von Oberflächenwasser, aber auch von künstlichen Anreicherungen oder Auffüllungen von Grundwasserkörpern, vorzusehen, die insbesondere entsprechende vorherige **Genehmigungspflichten** umfassen müssen.[149] Ansonsten sind auch hier die zu ergreifenden Maßnahmen nicht näher spezifiziert.

---

[144] Vgl. in diesem Zusammenhang auch *Hasche*, Bewirtschaftungsermessen, 200, der davon spricht, dass in den Maßnahmenprogrammen „alle Fäden zusammengeführt" werden sollen.
[145] Heute gelten folgende Rechtsakte in Bezug auf Qualitätsanforderungen an Gewässer in Abhängigkeit von ihrer Nutzung (abgesehen von der bereits erwähnten, vgl. Fn. 137, RL 2006/7 über Badegewässer): RL 2006/44 über die Qualität von Süßwasser, das schutz- oder verbesserungsbedürftig ist, um das Leben von Fischen zu erhalten (ersetzt die RL 78/659) bzw. 2006/113 über die Qualitätsanforderungen an Muschelgewässer (ersetzt die RL 79/923).
[146] Zur rechtlichen Tragweite des Art. 7 RL 2000/60 etwa *Hasche*, Bewirtschaftungsermessen, 182 f.
[147] RL 80/778 über die Qualität von Wasser für den menschlichen Gebrauch (Trinkwasserrichtlinie), ABl. 1980 L 229, 11 (abgelöst durch RL 98/83 über die Qualität von Wasser für den menschlichen Gebrauch).
[148] Zu dem damit den Mitgliedstaaten eingeräumten sehr weiten Gestaltungsspielraum *Hasche*, Bewirtschaftungsermessen, 206 ff. S. auch *Albrecht*, Umweltqualitätsziele, 393.
[149] Das Instrument der Genehmigung ist also jedenfalls vorzusehen, vgl. nur *Hasche*, Bewirtschaftungsermessen, 196 f.

7. Kapitel Medienschützendes Umweltrecht

(4) Regelung von Einleitungen über Punktquellen oder diffuse Quellen

Nach Art. 11 Abs. 3 lit. g), h) RL 2000/60 haben die Mitgliedstaaten Maßnahmen vorzusehen, um bei möglicherweise Verschmutzungen verursachenden **Punktquellen** oder **diffusen Quellen Einleitungen zu verhindern** bzw. zu regeln. Diesen Bestimmungen können jedoch **keine präzisen Vorgaben** über die genau zu treffenden bzw. in das Programm aufzunehmenden Maßnahmen entnommen werden. Es wird nur der Grundsatz irgendwie gearteter Emissionsbegrenzungen stipuliert: Bei Punktquellen sind „vorherige Regelungen" (z.b., aber nicht zwingend, Genehmigungserfordernisse oder Registrierungen der Schadstoffeinleitung) einzuführen, und bei diffusen Quellen wird nur allgemein auf „Maßnahmen zur Verhinderung oder Begrenzung der Einleitung von Schadstoffen" Bezug genommen; „vorherige Regelungen" sind nur als Möglichkeit erwähnt.[150]

Damit wird weder genau bestimmt, auf welche Weise Emissionen zu verhindern oder zu begrenzen sind, noch materiell festgelegt, nach welchem Standard (z.b. „beste verfügbare Technik") dies zu geschehen hat.[151]

(5) Spezifische Maßnahmen zum Grundwasserschutz

Direkte Einleitungen von Schadstoffen in das **Grundwasser** sind grundsätzlich zu **verbieten**, wobei aber abschließend aufgeführte Ausnahmen zu beachten sind (Art. 11 Abs. 3 lit. j) RL 2000/60). Die Einleitungen dürfen jedenfalls die Erreichung der Umweltziele nicht gefährden. Diese relativ präzise umschriebenen Ausnahmen sind wohl in erster Linie vor dem Hintergrund praktischer Erwägungen zu sehen und betreffen bestimmte begrenzte Einleitungen bei spezifischen Nutzungsarten, wie z.B. Bergbau oder Erdgas, sowie bei Hoch- und Tiefbauarbeiten und neuerdings auch im Hinblick auf die Injektion von Kohlendioxidströmen zur Speicherung in geologische Formationen in Einklang mit der RL 2009/31[152].

(6) Sonstige Maßnahmen

In eher allgemeiner Form werden sodann noch weitere Maßnahmen erwähnt:
- Gemäß Art. 11 Abs. 3 lit. k) RL 2000/60 sind Maßnahmen zur Beseitigung der **Verschmutzung** von Oberflächenwasser durch sog. „**prioritäre Stoffe**"[153] zu treffen, dies im Einklang mit ggf. in Anknüpfung an Art. 16 RL 2000/60 beschlossenen Unionsrechtsakten. Es ist auch gegen die Verschmutzung durch andere Stoffe vorzugehen, die die Erreichung der nach Art. 4 RL 2000/60 festgelegten Umweltziele „verhindern würde"; bei einer „Gefährdung" sind offenbar nicht zwingend Maßnahmen zu ergreifen.[154]
- Sodann sind alle „erforderlichen Maßnahmen" zu treffen, um Freisetzungen von signifikanten Mengen an Schadstoffen aus **technischen Anlagen** zu verhindern und den Folgen **unerwarteter Ereignisse** (z.B. Überschwemmungen) vorzubeugen bzw. begegnen zu können (Art. 11 Abs. 3 lit. l) RL 2000/60).[155]

---

[150] Damit ist der Gestaltungsspielraum bei Punktquellen einerseits und diffusen Quellen andererseits unterschiedlich weit ausgestaltet, vgl. insoweit auch *Hasche*, Bewirtschaftungsermessen, 197 f., 208 f. Jedenfalls vermag der Hinweis auf den kombinierten Ansatz und die Pflicht zur Beachtung anderer unionsrechtlicher Richtlinien (vgl. *Hasche*, Bewirtschaftungsermessen, 198) nichts an dem durch Art. 11 Abs. 3 lit. g), h) RL 2000/60 eingeräumten Gestaltungsspielraum zu ändern, ergeben sich die diesbezüglichen Pflichten doch aus anderen Rechtsgrundlagen.
[151] Vgl. auch *Kappet*, Qualitätsorientierter Gewässerschutz, 189 f.; *Albrecht*, Umweltqualitätsziele, 394 f., die darauf hinweist, dass nur das „Ob" der Emissionsbegrenzungen, nicht hingegen das „Wie" geregelt wird.
[152] RL 2009/31 über die geologische Speicherung von Kohlendioxid, zu dieser noch unten 9. Kap. Rn. 26 f.
[153] Vgl. Art. 16 Abs. 2 RL 2000/60.
[154] Jedenfalls lässt die Bestimmung offen, welche Maßnahmen ergriffen werden sollen.
[155] *Hasche*, Bewirtschaftungsermessen, 210 f., spricht von einer „Feuerwehrklausel", da die Unfallgefahr bei technischen Anlagen sowie unerwartete Verschmutzungen im Vordergrund stehen.

- Art. 11 Abs. 3 lit. i) RL 2000/60 enthält darüber hinaus eine **„Auffangvorschrift"** in dem Sinn, dass bei allen, von den übrigen Ziffern des Art. 11 Abs. 3 RL 2000/60 nicht erfassten sonstigen signifikanten nachteiligen Auswirkungen auf den Wasserzustand (die nach Art. 5 i.V.m. Anhang II RL 2000/60 ermittelt wurden) geeignete Maßnahmen zu ergreifen sind, insbesondere solche, die sicherstellen, dass die hydromorphologischen Bedingungen der Wasserkörper so beschaffen sind, dass die anzustrebenden Zustände erreicht werden können. In Betracht zu ziehen sind insbesondere Registrierungs- und/oder Genehmigungserfordernisse, wobei diese Instrumente aber nicht vorgeschrieben werden.[156]

bb) Ergänzende Maßnahmen

61 Können die angeführten „grundlegenden Maßnahmen" die Erreichung der nach Art. 4 WRRL festgelegten **Umweltziele nicht gewährleisten**, können bzw. müssen zusätzliche („ergänzende") Maßnahmen ergriffen werden; darüber hinaus steht es den Mitgliedstaaten frei, weitere ergänzende Maßnahmen ganz allgemein zur Verbesserung des Zustands der Gewässer zu ergreifen (Art. 11 Abs. 4 RL 2000/60).[157]

62 Art. 11 Abs. 4 RL 2000/60 sind keine weiteren Elemente zu entnehmen, um welche „ergänzenden Maßnahmen" es sich handelt und unter welchen Voraussetzungen sie ergriffen werden müssen. Jedenfalls müssen solche Ergänzungsmaßnahmen aber grundsätzlich möglich und vorgesehen sein, geht doch die Richtlinie davon aus, dass solche Maßnahmen im Falle der Nichterreichung der Umweltziele zwingend zu ergreifen sind.

cc) Verschlechterungsverbot

63 Das schon in Art. 4 WRRL erwähnte **Verschlechterungsverbot**[158] wird in Art. 11 Abs. 6 RL 2000/60 nochmals aufgegriffen und teilweise in seinem Anwendungsbereich erweitert: Danach haben die Mitgliedstaaten bei der Durchführung der in den Programmen vorgesehenen grundlegenden Maßnahmen dafür zu sorgen, dass die Meeresgewässer nicht zusätzlich und die Oberflächengewässer „unter keinen Umständen" direkt oder indirekt zusätzlich verschmutzt werden. Etwas anderes gilt nur dann, wenn die Umsetzung dieser Anforderung zu einer stärkeren Verschmutzung der „Umwelt insgesamt" führte. Der Begriff der „Umwelt insgesamt" und die Voraussetzungen, unter denen eine Verschlechterung des Gewässerzustandes anzunehmen ist, werden allerdings nicht näher umschrieben, so dass die genaue Tragweite dieser Verpflichtung relativ vage bleibt. Immerhin kommt gerade durch die Bezugnahme auf die Meeresgewässer zum Ausdruck, dass die Einhaltung der sich aus der Wasserrahmenrichtlinie ergebenden Verpflichtungen nicht zum Schaden der Qualität des Meerwassers gereichen soll, etwa indem bislang in das Süßwasser erfolgte Einleitungen in Meeresgewässer „umgeleitet" werden oder indem das Meer als „Senke" für besonders persistente oder akkumulative Stoffe „genutzt" wird, so dass zwar die Qualitätsziele in Fließgewässern eingehalten werden, aber in Meeresgewässern ökologische Schäden in Kauf genommen werden.

dd) Fristen

64 Die Maßnahmenprogramme sind gemäß Art. 11 Abs. 7 RL 2000/60 spätestens **neun Jahre** nach Inkrafttreten der Richtlinie aufzustellen, und die Gesamtheit der vorgesehenen Maßnahmen muss spätestens **zwölf Jahre** nach Inkrafttreten der Richtlinie umgesetzt sein.

---

156 Zum bestehenden Spielraum der Mitgliedstaaten *Hasche*, Bewirtschaftungsermessen, 209.
157 Anhang VI Teil B RL 2000/60 enthält eine nicht abschließende Liste von allgemein umschriebenen Maßnahmen, die ergriffen werden können.
158 S.o. 7. Kap. Rn. 22 ff.

7. Kapitel Medienschützendes Umweltrecht

Fraglich bleibt, ob auf diese Weise die Umweltziele tatsächlich innerhalb der vorgesehenen Frist von 15 Jahren verwirklicht werden können, wenn die hierzu erforderlichen Maßnahmen erst drei Jahre vorher greifen werden.[159]

ee) Verbindlichkeit der Maßnahmenprogramme und Umsetzung

Die Maßnahmenprogramme sind nach Art. 11 Abs. 1 RL 2000/60 durch die hierfür zuständigen Organe „festzulegen". Art. 11 Abs. 2, 3 RL 2000/60 bestimmen – wie dargestellt – den Mindestinhalt der Maßnahmenprogramme, die im Übrigen die Verwirklichung der Umweltziele des Art. 4 RL 2000/60 sicherstellen sollen. Aus diesem Gesamtzusammenhang und dem damit zum Ausdruck kommenden Sinn und Zweck der Maßnahmenprogramme folgt, dass die Verpflichtung zu ihrer Festlegung gemäß den Anforderungen des Art. 11 RL 2000/60 unbedingt ist und das „Ob" und „Wie" ihrer Festlegung gerichtlich überprüft werden kann. Eine unzureichende Erstellung oder Anwendung der Programme stellt daher eine Vertragsverletzung dar.

Damit ist aber noch nicht die Frage beantwortet, welcher Grad an Verbindlichkeit den Maßnahmen selbst zukommen muss und wie die Verpflichtung zur Erstellung der Programme in innerstaatliches Recht umzusetzen ist. Die **Maßnahmenprogramme** selbst müssen **nicht in der Form eines Rechtssatzes** angenommen werden.[160] Dies ergibt sich zunächst schon aus Art. 11 Abs. 2 S. 2 RL 2000/60, der die Möglichkeit des Verweisens auf Rechtsvorschriften vorsieht, so dass offenbar die Maßnahmenprogramme selbst nicht zwingend Rechtssätze darstellen müssen. Dieser Ansatz wird auch durch einen Blick auf Inhalt, Sinn und Zweck der Maßnahmenprogramme bestätigt: Es geht offenbar um eine gesamthafte Darstellung und Koordination innerhalb der Flussgebietseinheiten derjenigen Maßnahmen, die zur Erreichung der Umweltziele des Art. 4 RL 2000/60 notwendig sind. Damit stellen die Maßnahmenprogramme in erster Linie planerische Instrumente dar, deren einzelne Elemente gemeinsam die Verwirklichung der gesetzten Ziele sicherstellen sollen. Wenn dies aber so ist, dann bedarf das Programm selbst nicht zwingend des Erlasses in Form eines Rechtssatzes; insofern können die Maßnahmenprogramme als vorbereitende oder zusammenfassende Instrumente betrachtet werden, deren Erstellung zwar eine eigenständige Verpflichtung darstellt, deren Inhalt sich jedoch letztlich auf die Zusammenfassung anderweitig geregelter Maßnahmen beschränkt bzw. beschränken kann und keine eigenständige Natur aufweist.

Hiervon zu unterscheiden sind jedoch die **einzelnen Maßnahmen, auf die im Programm Bezug** genommen wird: Diese müssen größtenteils sehr wohl in **Gesetzesform** umgesetzt werden, da sie teilweise Rechte und Pflichten Einzelner begründen können, teilweise aber auch zwingende materiell-rechtliche Grundsätze zu statuieren sind, bei denen die Rechtsklarheit und -sicherheit eine rechtsförmliche Umsetzung nahelegen. Dies gilt insbesondere für diejenigen Inhalte der Maßnahmenprogramme, die auf die Einhaltung von Emissions- oder Immissionsgrenzwerten Bezug nehmen (Art. 11 Abs. 3 lit. a), d), k) RL 2000/60), aber auch für solche, nach denen eigenständige Verpflichtungen zu begründen sind, wie etwa Einleitungsbegrenzungen (Art. 11 Abs. 3 lit. e)-j) RL 2000/60).

---

159 S. auch die diesbezüglichen Zweifel bei *Seidel*, Gewässerschutz, 182; *Albrecht*, Umweltqualitätsziele, 391.
160 A.A. offenbar *Appel*, ZUR 2001, 129 (136), der wohl nicht hinreichend zwischen dem Grundsatz des Erlasses des Planes, seiner Ausarbeitung selbst und den Maßnahmen, die im Plan aufzuführen sind und auf die verwiesen werden kann, differenziert. Gegen eine Pflicht, auch das Maßnahmenprogramm als Rechtssatz zu formulieren, *Caspar*, DÖV 2001, 529 (536 f.); *Durner*, NuR 2009, 77 (78); *Faßbender*, in: Implementation der Wasserrahmenrichtlinie, 129 ff.; *von Keitz*, in: Handbuch Wasserrahmenrichtlinie, 253 (255 f.), wobei letzterer größtenteils wörtlich (jedoch ohne Hinweis) auf *Epiney/Felder*, Überprüfung internationaler wasserwirtschaftlicher Übereinkommen, 50 f., zurückgreift. S. aber auch *Dieckmann*, EurUP 2008, 2 (6 f.), die immer dann von der Notwendigkeit einer Umsetzung in einem Gesetz ausgeht, falls durch das Maßnahmenprogramm individuelle Rechte begründet werden oder in solche eingegriffen wird. Diese Feststellung ist grundsätzlich zutreffend, wobei darauf hinzuweisen ist, dass das Maßnahmenprogramm lediglich die Maßnahmen aufzählt, die dann grundsätzlich durch eigene Instrumente zu realisieren sind.

68 Schließlich sind die **Pflicht** und die **Zuständigkeit** zur **Aufstellung der Maßnahmenprogramme selbst** durch einen **Rechtssatz** umzusetzen.[161] Denn angesichts der zentralen Rolle des Maßnahmenprogramms für die Sicherstellung der Verwirklichung der Umweltziele des Art. 4 RL 2000/60 geht es hier um eine eigenständige Verpflichtung im Zusammenhang mit der Durchsetzung der ihrerseits verbindlichen Umweltziele, die schon aus Gründen der Rechtsklarheit und -sicherheit rechtssatzförmlich umzusetzen ist.

e) Bewirtschaftungspläne

69 Nach Art. 13 RL 2000/60 haben die Mitgliedstaaten für die Erstellung sog. **Bewirtschaftungspläne** zu sorgen. Diese enthalten – im Gegensatz zu den Maßnahmenprogrammen – weniger konkrete Handlungsanweisungen und im Hinblick auf die Verwirklichung der Umweltziele durchzuführende Maßnahmen, denn vielmehr alle wichtigen Informationen zu den Gewässern, auf die sich der Bewirtschaftungsplan bezieht,[162] insbesondere auch eine Zusammenfassung des Maßnahmenprogramms. Die Bewirtschaftungspläne sind grundsätzlich[163] für jedes **Einzugsgebiet** zu erstellen, wobei aber eine Zusammenfassung nach den Flussgebietseinheiten zu erfolgen hat (Art. 13 Abs. 1 RL 2000/60).[164]

70 Der jedenfalls in diese Pläne aufzunehmende **Inhalt** ergibt sich aus Anhang VII (Art. 13 Abs. 4 RL 2000/60). Hervorzuheben sind folgende Aspekte:

- Die **Merkmale der Flussgebietseinheit** sind gemäß Art. 5 und Anhang II zu beschreiben, unter Einschluss von „Kartierungen".
- Die **„signifikanten" Belastungen** und **anthropogenen Einwirkungen** auf den Zustand von Oberflächengewässer und Grundwasser sind zusammenzufassen.
- Die nach Art. 4 RL 2000/60 definierten **Umweltziele** sind aufzulisten.
- Die **Maßnahmenprogramme** sind zusammenzufassen.
- Die zur **Information und Anhörung der Öffentlichkeit** getroffenen Maßnahmen, die Ergebnisse der Beteiligung sowie die daraufhin vorgenommenen Änderungen des Plans sind zusammenfassend aufzuführen.
- Die **zuständigen Behörden** sind aufzulisten.

71 Die Mitgliedstaaten haben für die Veröffentlichung der Bewirtschaftungspläne eine Frist von **neun Jahren** zu beachten (Art. 13 Abs. 6 RL 2000/60).

72 Im Bewirtschaftungsplan werden also in der Sache die wesentlichen zur Umsetzung der Wasserrahmenrichtlinie ergriffenen Maßnahmen zusammengestellt, dies wohl auch und gerade zum Zweck der Übermittlung an die Kommission (Art. 15 RL 2000/60).[165] Im Übrigen impliziert der Bewirtschaftungsplan, dass ein Flussgebietsmanagement als Handlungsrahmen bei der nationalen Gewässerbewirtschaftung zu dienen hat.[166]

---

161 I.Erg. ebenso *Faßbender*, NVwZ 2001, 241 (248); *Durner*, NuR 2009, 77 (78). S. zu den Rechtswirkungen der Maßnahmen- und Bewirtschaftungspläne auf der Grundlage des deutschen Rechts *Götze*, ZUR 2008, 393 (394 f.).
162 Vgl. etwa *Albrecht*, Umweltqualitätsziele, 398; *Caspar*, DÖV 2001, 529 (532); *Durner*, NuR 2009, 77 (78); s. auch *Hasche* Bewirtschaftungsermessen, 118, der auch (183 ff.) ausführlich auf den Charakter des Bewirtschaftungsplans als „reines Informationsinstrument" eingeht.
163 Zu den Koordinierungspflichten der Art. 13 Abs. 2, 3 RL 2000/60 noch sogleich im Text.
164 Insofern kommt dem Bewirtschaftungsplan primär ein dokumentarischer Charakter zu, durch den er sich auch vom Maßnahmenplan unterscheidet, vgl. ebenso *Albrecht*, Umweltqualitätsziele, 406 ff.; ausführlich zum Verhältnis zwischen Bewirtschaftungsplänen und Maßnahmenprogrammen *Breuer*, NuR 2007, 503 (507 f.); *Dieckmann*, EurUP 2008, 2 (4 ff.), wobei letztere sich von ersterem abgrenzt, der genaue Unterschied zwischen beiden Ansätzen aber nicht wirklich deutlich wird. Jedenfalls dürfte darüber bestehen, dass das eigentlich entscheidende Instrument einer ökologischen Gewässerbewirtschaftung das Maßnahmenprogramm darstellt, während dem Bewirtschaftungsplan im Wesentlichen informatorischer Charakter zukommt, wenn er auch selbst Bewirtschaftungsziele in der Form der Auflistung der Umweltziele enthält.
165 Ähnlich auch *Faßbender*, NVwZ 2001, 241 (248).
166 Vgl. *Kappet*, Qualitätsorientierter Gewässerschutz, 191.

7. Kapitel Medienschützendes Umweltrecht

Bewirtschaftungspläne sind – wie erwähnt – für die verschiedenen Einzugsgebiete zu erstellen. In Art. 13 Abs. 2, 3 RL 2000/60 ist das Vorgehen für die Fälle geregelt, bei denen **internationale Flussgebietseinheiten** betroffen sind:

- Liegen diese internationalen Flussgebietseinheiten vollständig im **Unionsgebiet**, sorgen die Mitgliedstaaten für eine **Koordination**, die es grundsätzlich ermöglicht, einen **einzigen internationalen Bewirtschaftungsplan für die Einzugsgebiete** zu erstellen. Allerdings kann dem hier einschlägigen Art. 13 Abs. 2 RL 2000/60 offenbar keine („gesamtschuldnerische") unbedingte (Ergebnis-) Pflicht zur Abfassung eines solchen gemeinsamen und einzigen Plans entnommen werden, da für den Fall des Nichterstellens eines solchen internationalen Bewirtschaftungsplans die Mitgliedstaaten verpflichtet werden, zumindest für den in ihrem jeweiligen Hoheitsgebiet befindlichen Teil der Flussgebietseinheit einen Bewirtschaftungsplan zu erstellen. Immerhin wird man Art. 13 Abs. 2 RL 2000/60 aber entnehmen können, dass grundsätzlich ein solcher internationaler Bewirtschaftungsplan zu erstellen ist, und den Mitgliedstaaten die Pflicht obliegt, sich hierfür entsprechend zu verwenden.

- Liegt ein **Teilgebiet** einer internationalen Flussgebietseinheit **außerhalb des Unionsgebiets**, „bemühen" sich die Mitgliedstaaten um die Erstellung eines **einzigen Bewirtschaftungsplans für die Einzugsgebiete**. Diese „Bemühungspflicht" dürfte in ihrer Intensität weniger weit gehen als die Koordinationspflicht mit anderen Mitgliedstaaten. Im Falle des Fehlschlagens der „Bemühungen" sind die Mitgliedstaaten verpflichtet, zumindest für den in ihrem Hoheitsgebiet befindlichen Teil der internationalen Flussgebietseinheit einen Bewirtschaftungsplan zu verfassen.

In jedem Fall stellt sich die Frage, wer bei internationalen Flussgebietseinheiten die Bewirtschaftungspläne zu erstellen hat. In Betracht kommen internationale Stellen oder nationale Behörden, ggf. in Zusammenarbeit mit Behörden anderer Mitgliedstaaten.

f) Mitwirkung der Öffentlichkeit

Art. 14 RL 2000/60 regelt die **Information und Anhörung der Öffentlichkeit**. Diese bezieht sich auf die **Bewirtschaftungspläne**.[167]

Da die Bewirtschaftungspläne nur eine Art Zusammenfassung sonstiger Maßnahmen darstellen, mutet dieser Bezugspunkt der Mitwirkung der Öffentlichkeit eher merkwürdig an: Entscheidend sind doch die Maßnahmenprogramme, so dass sich die Information und Anhörung der Öffentlichkeit sinnigerweise hierauf beziehen müsste;[168] immerhin dürften im Gefolge von Reaktionen auf Bewirtschaftungspläne grundsätzlich auch Änderungen der Maßnahmenprogramme möglich sein, wenn auch hier gewisse Schwierigkeiten im Falle der Notwendigkeit der Koordination mit anderen Mitgliedstaaten oder Nichtmitgliedstaaten auftreten können.

Weiter ist darauf hinzuweisen, dass die Maßnahmenprogramme die Voraussetzungen der Art. 2 a, Art. 3 Abs. 2-4 RL 2001/42 über die Prüfung der Umweltauswirkungen bestimmter Pläne und Programme (SUP-Richtlinie)[169] erfüllen, so dass eine Öffentlichkeitsbeteiligung in diesem Rahmen gemäß den Vorgaben der RL 2001/42 stattzufinden hat.[170]

Im Einzelnen sieht Art. 14 RL 2000/60 folgende Vorgaben für die Modalitäten der Mitwirkung der Öffentlichkeit[171] vor:[172]

---

167 Vgl. in diesem Zusammenhang umfassend zur Öffentlichkeitsbeteiligung bei wasserrechtlichen Planungen *Guckelberger*, NuR 2010, 835 ff.
168 So auch *Faßbender*, NVwZ 2001, 241 (248).
169 Zu dieser oben 6. Kap. Rn. 87 ff.
170 Vgl. *Albrecht/Wendler*, NuR 2009, 608 (617).
171 Wobei dieser Begriff wohl eher weit zu verstehen ist, so dass letztlich alle in einer Flussgebietseinheit Ansässigen erfasst sein dürften, vgl. *Jekel*, in: Handbuch EU-Wasserrahmenrichtlinie, 81 (87); *Albrecht*, Umweltqualitätsziele, 405 f.
172 S. hierzu im Einzelnen *Jekel*, in: Handbuch EU-Wasserrahmenrichtlinie, 81 (84 ff.); vgl. auch *Albrecht*, Umweltqualitätsziele, 404 ff.

- Die Beteiligung ist bei der „Aufstellung, Überprüfung und Aktualisierung" der Bewirtschaftungspläne sicherzustellen.
- Im **Vorfeld** der definitiven Fertigstellung des Planes sind innerhalb festgelegter Fristen **verschiedene Angaben** zu veröffentlichen: ein Zeitplan und ein Arbeitsprogramm für die Aufstellung des Plans (einschließlich die Angabe über die zu treffenden Anhörungsmaßnahmen), ein (vorläufiger) Überblick über die wichtigen Wasserbewirtschaftungsfragen des Einzugsgebiets und Entwürfe des Bewirtschaftungsplans.
- Auf Antrag ist auch der **Zugang zu sonstigen relevanten Dokumenten** und Informationen zu gewähren, die bei der Erstellung des Entwurfs des Bewirtschaftungsplans herangezogen wurden.
- **Schriftliche Eingaben der Öffentlichkeit** sind möglich. Dabei ist eine Frist von mindestens **sechs Monaten** zu gewähren.

78 Die Informationen und Anhörungen beziehen sich auf „jede Flussgebietseinheit", ohne dass Sonderregelungen für internationale Flussgebietseinheiten vorgesehen sind. Daraus kann man schließen, dass die Mitgliedstaaten dafür sorgen müssen, dass in jedem Fall die erwähnten relevanten Informationen über die gesamte Flussgebietseinheit veröffentlicht werden. Dies kann auf verschiedene Art und Weise geschehen: Vorstellbar ist, dass die Öffentlichkeit gemeinsam (etwa durch eine internationale Stelle) in gleicher Weise beidseits der Grenze informiert wird; möglich ist aber auch, dass sich die zuständigen nationalen Stellen die Informationen über die sich nicht in ihrem Hoheitsgebiet befindlichen Teile der Flussgebietseinheit beschaffen und dann veröffentlichen.

79 Zudem wird man aus der Gesamtheit dieser Bestimmungen ableiten können, dass die Information und Anhörung der Öffentlichkeit jedenfalls so ausgestaltet sein muss, dass eine **Berücksichtigung der Eingaben** grundsätzlich möglich ist, wobei aber keine irgendwie geartete materielle Berücksichtigungspflicht nachweisbar ist.

80 Da die die Mitwirkung der Öffentlichkeit betreffenden Bestimmungen entsprechende (Beteiligungs-) Rechte Einzelner bzw. der Öffentlichkeit betreffen, sind sie durch **Rechtssatz umzusetzen**.[173]

g) Verwaltungsorganisatorische Maßnahmen

81 Die den Mitgliedstaaten obliegenden Verpflichtungen implizieren auch **verwaltungsorganisatorische Maßnahmen**, die sicherstellen, dass den sich aus der Richtlinie ergebenden Verpflichtungen auch entsprochen werden kann.

Diese Pflicht zum Ergreifen gewisser verwaltungsorganisatorischer Maßnahmen steht im Fall der Wasserrahmenrichtlinie auch im Zusammenhang mit dem Umstand, dass die zentralen Pflichten der Wasserrahmenrichtlinie an Flussgebietseinheiten anknüpfen, die ihrerseits wiederum in Abhängigkeit von Einzugsgebieten festzulegen sind.[174] Damit wird insbesondere die Frage aufgeworfen, auf welche Weise diesen Verpflichtungen in den Fällen Rechnung getragen werden kann, in denen die Einzugsgebiete auf den Hoheitsgebieten mehrerer Mitgliedstaaten liegen oder gar (auch) auf denjenigen von Nichtmitgliedstaaten. Dieser Aspekt ist auch und gerade deshalb von zentraler Bedeutung, weil eine Verbesserung des Gewässerzustandes eines gesamten Einzugsgebiets nur unter der Voraussetzung der Beteiligung aller Anliegerstaaten in Angriff genommen werden kann und auch Aussicht auf Verwirklichung hat.

82 So verpflichten Art. 3 Abs. 2, 3 UAbs. 2 RL 2000/60 die Mitgliedstaaten, für „**geeignete Verwaltungsvereinbarungen**" zu sorgen, die auch die „**Bestimmung der geeigneten zuständigen Behörde**" beinhalten müssen; die zuständigen Behörden sind bzw. waren innerhalb der sich aus Art. 24 RL 2000/60 ergebenden Umsetzungsfrist zu bestimmen, also bis zum 22.12.2003 (Art. 3 Abs. 7 RL 2000/60). Dabei kann es sich um eine oder mehrere zuständige Behörden

---

[173] Ebenso *Faßbender*, NVwZ 2001, 241 (248); so auch EuGH, Rs. C-32/05 (Kommission/Luxemburg), Slg. 2006, I-11323, Ziff. 78 ff.
[174] Oben 7. Kap. Rn. 14 ff.

7. Kapitel Medienschützendes Umweltrecht

handeln (Art. 2 Ziff. 16 RL 2000/60), und es kann auch auf bereits bestehende nationale oder internationale Stellen „zurückgegriffen" werden (Art. 3 Abs. 6 RL 2000/60).

Aus dem Umstand, dass Art. 3 Abs. 2, 3 UAbs. 2 RL 2000/60 auch die Bezeichnung mehrerer zuständiger Behörden vorsehen und ansonsten auf „geeignete Verwaltungsvereinbarungen" verweisen, dürfte zu folgen sein, dass für die Umsetzung eine Bezeichnung der jeweils territorial zuständigen Behörden möglich ist, die dann aber in materieller Hinsicht die Koordination sicherzustellen haben, was durch geeignete Verwaltungsvereinbarungen – die aber wohl nicht in einem Rechtssatz umzusetzen sind – sichergestellt werden soll. M.a.W. müssen die getroffenen Vorkehrungen – Verwaltungsvereinbarungen inkl. Behördenbezeichnung – so beschaffen sein, dass im Ergebnis den Koordinierungspflichten der Richtlinie – insbesondere im Gefolge der Maßgeblichkeit der Flussgebietseinheit für zahlreiche Pflichten – Rechnung getragen werden kann.[175]

Damit ist der Richtlinie weder zu entnehmen, dass neue Behörden für die Flussgebietseinheiten zu schaffen sind[176] noch dass es wirklich (nur) eine „allein verantwortliche Flussgebietsbehörde"[177] geben muss. Vielmehr ist eine **prozedurale Koordinierung** im Ergebnis ausreichend, und die Wasserrahmenrichtlinie verlangt in organisatorischer Hinsicht nur (aber immerhin), dass Behörden bezeichnet werden, die materiell grundsätzlich in der Lage sind, die sich aus den verschiedenen Bestimmungen der Richtlinie ergebenden Verpflichtungen einzulösen. Hierfür ist es auch nicht notwendig, dass – insbesondere im Falle der Implikation verschiedener (Mitglied-) Staaten oder auch verschiedener Gliedstaaten in föderal organisierten Mitgliedstaaten – der bezeichneten Behörde Hoheitsbefugnisse über die Gesamtheit der der Flussgebietseinheit zuzuordnenden Gebiete zukommen muss. Die Gegenansicht[178] überzeugt schon[179] insofern nicht, als es widersprüchlich wäre, auf der einen Seite ausdrücklich mehrere „zuständige Behörden" als mögliche Alternative ins Auge zu fassen, auf der anderen Seite aber dann allgemein aus dem materiellen Regelungsgehalt der Richtlinie nur die Bezeichnung einer einzigen Behörde als richtlinienkonform anzusehen. Die Koordinierungspflichten in der Wasserrahmenrichtlinie sind eben ziel- und ergebnisbezogen, so dass ihnen ein materieller Charakter zukommt und es vor diesem Hintergrund auf der Grundlage der angestellten Überlegungen gerade nicht notwendig ist, auch organisatorisch eine einzige Behörde vorzusehen.[180]

Diesem Schluss steht auch nicht die Rechtsprechung des Gerichtshofs zu den Anforderungen an solche Pläne entgegen: Zwar müssen die von den Mitgliedstaaten aufzustellenden Pläne bzw. Programme – auf der

---

175 Insoweit anders aber *Reinhardt*, ZUR 2001, 124 (127 f.), der sehr formalistisch auf die notwendigerweise durch Gesetz erfolgende Umsetzung verweist, dies allgemein versteht, und hieraus die Notwendigkeit der Schaffung einer Behörde, der länderübergreifende Befugnisse zukommen, ableitet. Überzeugend ist dieser Ansatz schon deshalb nicht, weil er die zielbezogene Komponente in Art. 3 Abs. 2 RL 2000/60 und den einzelnen flussgebietseinheitsbezogenen Verpflichtungen der Mitgliedstaaten in dem Sinn verabsolutiert, dass nur eine mögliche Organisationsform diesen Zielsetzungen gerecht werden könnte.
176 Dies im Gegensatz zu dem ursprünglichen Entwurf, vgl. hierzu m.w.N. *Breuer*, NuR 2000, 541 (545).
177 So *Breuer*, NVwZ 1998, 1001 (1009); in der Beurteilung ähnlich *Reinhardt*, ZUR 2001, 124 ff.; *Reinhardt*, in: Integrierte Gewässerpolitik, 199 (218 ff.).
178 *Reinhardt*, ZUR 2001, 124 (128), unter Berufung auf *Breuer*, NuR 2000, 541 (546).
179 Vgl. weiterführend noch die Argumentation bei *Epiney/Felder*, Überprüfung internationaler wasserwirtschaftlicher Übereinkommen, 56 ff.
180 I. Erg. wie hier *Appel*, ZUR 2001, 129 (135); *Caspar*, DÖV 2001, 529 (531 f.); wohl auch *Bruha/Maaß*, in: Integrierte Gewässerpolitik, 69 (104), die davon sprechen, dass „die Herausbildung (‚nur') kooperativer Verwaltungsstrukturen zur Implementation der Wasserrahmenrichtlinie jedenfalls nicht grundsätzlich ungeeignet" sei.

Grundlage der Rechtsprechung des EuGH[181] – eine gewisse Kohärenz aufweisen; diese kann aber durchaus auch dann gewährleistet sein, wenn verschiedene Behörden zuständig sind.[182]
Für den hier vertretenen Ansatz spricht auch der Wortlaut des Art. 3 Abs. 3 UAbs. 2 RL 2000/60, der ausdrücklich erwähnt, dass ein Mitgliedstaat im Falle von internationalen Flussgebietseinheiten durch die geeigneten Verwaltungsvereinbarungen (nur) sicherstellen muss, dass die Anwendung der Richtlinie „innerhalb des in sein Hoheitsgebiet fallenden Teils einer internationalen Flussgebietseinheit" erfolgt.

85 Aus den bislang angestellten Überlegungen ergibt sich damit, dass Art. 3 Abs. 3, 4 RL 2000/60 in Verbindung mit den übrigen Bestimmungen der Wasserrahmenrichtlinie nur – aber immerhin – eine **materielle Koordination** verlangen, deren Umfang sich aus Art. 3 Abs. 4 RL 2000/60 in Verbindung mit den übrigen einschlägigen Bestimmungen der Wasserrahmenrichtlinie ergibt und sich inhaltlich im Wesentlichen neben den in Art. 5, 6, 7, 8 RL 2000/60 geregelten Pflichten auf die Erstellung der Maßnahmenprogramme bezieht. Art. 3 Abs. 4 S. 2 RL 2000/60 erwähnt sogar ausdrücklich die Möglichkeit, für diese Koordinierung bestehende Strukturen, die auf internationale Übereinkommen zurückgehen, zu nutzen.

Die den Mitgliedstaaten obliegenden Koordinationspflichten im Verhältnis zu anderen Staaten gehen inhaltlich unterschiedlich weit, je nachdem, ob nur Mitgliedstaaten oder auch Nichtmitgliedstaaten an einer internationalen Flussgebietseinheit beteiligt sind (Art. 3 Abs. 4, 5 RL 2000/60):[183]

- Sind nur **Mitgliedstaaten** involviert, kann Art. 3 Abs. 4 RL 2000/60 eine unbedingte Koordinationspflicht in dem Sinn entnommen werden, dass insbesondere die Maßnahmenprogramme der verschiedenen Mitgliedstaaten, aber auch sonstige, zur Verwirklichung der Umweltziele zu ergreifende Maßnahmen tatsächlich koordiniert werden. Insofern besteht also eine Art „**Pflicht zur Koordination**", deren Ergebnis sich dann auch in den jeweils ergriffenen Maßnahmen niederschlagen muss, so dass es sich nicht um eine rein formale Koordination, sondern um eine solche materieller Natur handelt. Allerdings dürfte es im Falle des Misslingens der Koordination schwierig sein, einem bestimmten Mitgliedstaat eine Vertragsverletzung vorzuwerfen bzw. nachzuweisen. In Betracht käme allenfalls eine Art „Gesamtschuldnerschaft", wonach alle Mitgliedstaaten gemeinsam für die Verletzung unionsrechtlicher Vorgaben verantwortlich wären. Bislang ist es allerdings noch nicht zu einer Verurteilung von Mitgliedstaaten durch den EuGH gekommen, weil sie „gemeinsam" einer vertraglichen Verpflichtung nicht nachgekommen wären.

 Art und Umfang der Koordinationspflicht in inhaltlicher Hinsicht ergeben sich aus den einschlägigen **materiellen Bestimmungen** der Richtlinie. Diese lassen allerdings nur begrenzt einen Schluss auf inhaltliche Anforderungen einer solchen Koordination und die diesbezüglichen Pflichten der einzelnen Staaten zu; vielmehr wird man Art. 3 Abs. 4 RL 2000/60 nur – aber immerhin – entnehmen können, dass eine gegenseitige Information über die zu ergreifenden Maßnahmen sowie den Inhalt des Maßnahmenplans selbst zu erfolgen hat und die verschiedenen Staaten bei der endgültigen Festlegung ihrer Maßnahmen den in anderen Staaten vorgesehenen Maßnahmen gebührend Rechnung tragen, auch in materieller Hinsicht. Auch wird im Rahmen der Koordinierungspflicht eine gewisse Bereitschaft zu Kompromissen vorausgesetzt, wenn man auch kaum jemals einen Verstoß gegen diese normativ sehr unbestimmte Pflicht nachweisen können wird.

---

181 Vgl. in Bezug auf die Tragweite der sich aus Art. 7 RL 76/464 ergebenden Pflicht, Programme im Hinblick auf die Verringerung der Gewässerverschmutzung durch bestimmte Stoffe aufzustellen, EuGH, Rs. C-184/97 (Kommission/Deutschland), Slg. 1999, I-7837; EuGH, verb. Rs. C-232/95, C-233/95 (Kommission/Griechenland), Slg. 1998, I-3343; EuGH, Rs. C-206/96 (Kommission/Luxemburg), Slg. 1998, I-3401; EuGH, Rs. C-207/97 (Kommission/Belgien), Slg. 1999, I-275. Der EuGH hielt hier fest, dass diesen Programmen ein spezifischer Charakter zukommen müsse, so dass gerade die mit der Richtlinie angestrebten Zielsetzungen erreicht werden können. Insbesondere müssten diese Programme ein in sich stimmiges Gesamtkonzept darstellen, dem eine kohärente und gegliederte Planung für das gesamte (nationale) Hoheitsgebiet zu entnehmen ist, so dass auf diese Weise die Verringerung der Verschmutzung durch die in der entsprechenden Liste der Richtlinie genannten Stoffe möglich ist. Vor diesem Hintergrund genügten allgemeine Sanierungsprogramme oder ein Komplex punktueller Maßnahmen den Anforderungen der Richtlinie nicht. Diese Grundsätze dürften entsprechend auch auf die in zahlreichen umweltrechtlichen Richtlinien (so auch in der RL 2000/60) enthaltene Verpflichtung zur Erstellung von „Plänen" zu übertragen sein. Ebenso *Breuer*, NuR 2007, 503 (506), sowie *Stratenwerth*, in: Handbuch EU-Wasserrahmenrichtlinie, 59 (61ff.), der diesen Maßstab auch noch konkretisiert.
182 A.A. offenbar *Breuer*, NuR 2000, 541 (547).
183 Ausführlich hierzu etwa *Albrecht*, DVBl. 2008, 1027ff.

7. Kapitel Medienschützendes Umweltrecht

- Umfasst eine Flussgebietseinheit auch das Hoheitsgebiet von **Nichtmitgliedstaaten**, so ist Art. 3 Abs. 5 RL 2000/60 nur – aber immerhin – eine Pflicht zu entnehmen, sich um Koordination mit den Nichtmitgliedstaaten zu „**bemühen**", dies im Hinblick auf die Verwirklichung der Ziele der Richtlinie. Dieser Bestimmung lässt sich damit nur die Pflicht entnehmen, dass die betroffenen Mitgliedstaaten ernsthafte Anstrengungen unternehmen müssen, um die Koordination tatsächlich zu erreichen. Insofern geht es also auch hier um eine echte Rechtspflicht (im Gegensatz zu einer bloßen Empfehlung), wenn es auch ggf. schwierig sein dürfte, einem Mitgliedstaat „nicht ausreichende Bemühungen" nachzuweisen.[184] Die konkret zu ergreifenden Maßnahmen hängen von den Umständen ab, und ihre Bezugspunkte bestimmen sich auch hier in Abhängigkeit von den materiellen Pflichten.

Aus Sinn und Zweck sowie dem Bezugspunkt dieser „Bemühungspflicht" – die ja offenbar sicherstellen soll, dass in materieller Hinsicht (eben im Hinblick auf die Verwirklichung der Ziele der Richtlinie) wenn möglich eine Koordination erfolgt – dürfte zu schließen sein, dass sich die „Bemühungen" (nur, aber immerhin) auf die Art und Weise der materiellen, inhaltlichen Zusammenarbeit beziehen; hingegen dürfte es zu weit gehen, aus dieser Bestimmung umfassende Unterstützungsmaßnahmen auch finanzieller Art zugunsten von Nichtmitgliedstaaten abzuleiten. Z.B. ist daher Art. 3 Abs. 5 RL 2000/60 wohl eine Pflicht zu entnehmen, Vertretungen von Nichtmitgliedstaaten zu entsprechenden Sitzungen einzuladen, während diese Bestimmung aber auf der anderen Seite nicht verlangen dürfte, auch die Kosten, die den Vertretungen der Nichtmitgliedstaaten in diesem Zusammenhang entstehen, zu übernehmen.

3. Zu den im Zusammenhang mit der RL 2000/60 stehenden EU-Rechtsakten

Wie bereits erwähnt,[185] geht die RL 2000/60 von einer **Gesamtkonzeption des Gewässerschutzes** aus, so dass die Richtlinie an mehreren Stellen auf **weitere EU-Rechtsakte** verweist, die nicht nur ebenfalls zu beachten sind (was an sich keine selbständige Rechtspflicht ist, sind EU-Rechtsakte doch in jedem Fall zu beachten), sondern deren **Anforderungen (teilweise) in den Rahmen der RL 2000/60 integriert** werden, so dass z.B. die Maßnahmenprogramme auch eine Reihe sonstiger Rechtsakte zu berücksichtigen haben oder sich die einzuhaltenden Grenzwerte aus anderen Rechtsakten ergeben.[186] Hinzuweisen bzw. zu erinnern ist insbesondere an folgende Bestimmungen der Richtlinie:

- Nach **Art. 7 Abs. 2 RL 2000/60** müssen Gewässer für die Entnahme von Trinkwasser so beschaffen sein, dass den Anforderungen der **RL 98/83 über die Qualität von Wasser für den menschlichen Gebrauch** entsprochen werden kann.
- **Art. 10 Abs. 2 RL 2000/60** nennt eine Reihe von Richtlinien, die im Rahmen des sog. **kombinierten Ansatzes**[187] von Bedeutung sind und deren Grenzwerte bzw. Vorgaben zu beachten sind. Es handelt sich um folgende Richtlinien:
  - RL 2008/1 über die integrierte Vermeidung und Verminderung der Umweltverschmutzung (IVU-Richtlinie) bzw. heute die Nachfolgerichtlinie (RL 2010/75);
  - RL 91/271 über die Behandlung von kommunalem Abwasser;
  - RL 91/676 zum Schutz der Gewässer vor Verunreinigung durch Nitrat aus landwirtschaftlichen Quellen (Nitratrichtlinie);
  - die in Anhang IX RL 2000/60 aufgeführten Richtlinien, wobei diese heute in der RL 2008/105 über Umweltqualitätsnormen im Bereich der Wasserpolitik zusammengeführt wurden;[188]

---

184 Immerhin sei darauf hinzuweisen, dass die Richtlinie schwerlich weitergehen konnte, da der Union ja keine Befugnis zukommt, Nichtmitgliedstaaten zu verpflichten.
185 S. insbesondere 7. Kap. Rn. 30 ff., Rn. 50 ff.
186 In diesem Zusammenhang ist auch daran zu erinnern, dass die RL 2000/60 sukzessive eine Reihe gewässerschutzrechtlicher Rechtsakte aufhebt, vgl. hierzu im Einzelnen *Port*, Umweltziele, 66 ff.
187 Zu diesem bereits oben 7. Kap Rn. 51.
188 Die in Anhang IX RL 2000/60 erwähnten Richtlinien wurden denn auch mit Wirkung vom 22.12.2012 aufgehoben, vgl. Art. 12 Abs. 1 RL 2008/105.

- die nach Art. 16 RL 2000/60 erlassenen Richtlinien sowie die „sonstigen einschlägigen Vorschriften" des Unionsrechts. Zu letzteren dürften alle gewässerschutzrechtlichen Regelungen der Union gehören.

■ **Anhang VI Teil A RL 2000/60** zählt eine Reihe von Richtlinien auf, deren **Anforderungen in die Maßnahmenprogramme einzubeziehen** sind, deren Einhaltung also durch die Maßnahmenprogramme sicherzustellen ist. Es handelt sich um folgende Richtlinien (die mittlerweile teilweise durch neue Richtlinien ersetzt worden sind und die teilweise auch schon in Art. 10 Abs. 2 RL 2000/60 aufgeführt sind):
- RL 76/160 über die Qualität der Badegewässer[189] (ersetzt durch RL 2006/7 über die Qualität der Badegewässer und deren Bewirtschaftung, die die RL 76/160 mit Wirkung zum 31.12.2014 aufhebt);
- RL 79/409 über die Erhaltung der wildlebenden Vogelarten (Vogelschutzrichtlinie)[190] (ersetzt durch die RL 2009/147);
- RL 92/43 zur Erhaltung der natürlichen Lebensräume sowie der wildlebenden Tiere und Pflanzen (Habitatrichtlinie);
- RL 80/778 über die Qualität von Wasser für den menschlichen Gebrauch (Trinkwasserrichtlinie)[191] (abgelöst durch RL 98/83 über die Qualität von Wasser für den menschlichen Gebrauch);
- RL 96/82 zur Beherrschung der Gefahren bei schweren Unfällen mit gefährlichen Stoffen (Sevesorichtlinie II) (s. auch die Nachfolgerichtlinie, RL 2012/18);
- RL 85/337 über die Umweltverträglichkeitsprüfung[192] (abgelöst durch die RL 2011/92);
- RL 2008/1 über die integrierte Vermeidung und Verminderung der Umweltverschmutzung (IVU-Richtlinie) bzw. heute die Nachfolgerichtlinie (RL 2010/75);
- RL 86/287 über den Schutz der Umwelt und insbesondere der Böden bei der Verwendung von Klärschlamm in der Landwirtschaft;
- RL 91/271 über die Behandlung von kommunalem Abwasser;
- RL 91/676 zum Schutz der Gewässer vor Verunreinigung durch Nitrat aus landwirtschaftlichen Quellen (Nitratrichtlinie);
- RL 91/414 über das Inverkehrbringen von Pflanzenschutzmitteln[193] (s. heute VO 1107/2009).

87 Vor diesem Hintergrund ist davon auszugehen, dass die genannten Rechtsakte letztlich eine Art **Bestandteil der Wasserrahmenrichtlinie** bilden (zumindest, was die relevanten Anforderungen dieser Rechtsakte betrifft), so dass deren rechtliche Tragweite nicht ohne Berücksichtigung dieser Rechtsakte bestimmt werden kann. Daher muss eine Analyse der Vorgaben der Wasserrahmenrichtlinie grundsätzlich immer auch die Vorgaben der genannten Richtlinien berücksichtigen. Diese Rechtsakte werden teilweise in weiteren Kapiteln dieses Bandes erörtert; soweit sie aber spezifisch gewässerschutzrechtliche Aspekte betreffen, sollen sie im Folgenden kurz skizziert werden.

a) RL 91/271 über die Behandlung von kommunalem Abwasser

88 Die RL 91/271 bezweckt in umfassender Weise den Schutz der Gewässer und der Umwelt vor der Verunreinigung durch **kommunale Abwässer und Abwässer bestimmter Industriebranchen** (Art. 1 RL 91/271).[194]

---

189 ABl. 1976 L 31, 1.
190 ABl. 1979 L 103, 1.
191 ABl. 1980 L 229, 11.
192 ABl. 1985 L 175, 40.
193 ABl. 1992 L 170, 40.
194 Vgl. ausführlicher zu dieser Richtlinie *Meßerschmidt*, Europäisches Umweltrecht, § 14, Rn. 126 ff.

7. Kapitel Medienschützendes Umweltrecht

Diese Richtlinie verankert letztlich betriebsorientierte Produktionsstandards bzw. Branchenregelungen. Derartige Regelungen legen (zum Schutz der Gewässer) bestimmte Minimalanforderungen fest, die bei dem Betrieb bestimmter Industriezweige oder Aktivitäten beachtet werden müssen. Charakteristisch für diesen noch wenig entwickelten Regelungsansatz ist die gesamthafte Erfassung aller von einer bestimmten Aktivität bzw. von in ihrem Zusammenhang verwandten Stoffen ausgehenden Gefahren. Es wird also eine Vielzahl gefährlicher Stoffe durch Summen-, Wirk- und Leitparameter erfasst. Dies ermöglicht eine längerfristig orientierte Gesamtkonzeption, eine effizientere Überwachung und trägt auf diese Weise dem Vorsorgeprinzip Rechnung.

Nach Art. 3 Abs. 1 RL 91/671 sorgen die Mitgliedstaaten insbesondere dafür, dass alle Gemeinden je nach ihrer Einwohnerzahl innerhalb bestimmter Fristen über **Kanalisationen** verfügen, die bestimmten Anforderungen genügen (vgl. Anhang I Abschnitt A RL 91/271). Zudem müssen – ebenfalls innerhalb abgestufter Fristen, je nach Einwohnerzahl der betroffenen Gemeinden – **kommunale Abwässer** vor ihrer Einleitung in Gewässer einer sog. **Zweitbehandlung**[195] unterzogen werden (Art. 4 Abs. 1 RL 91/271). Anhang I RL 91/271 definiert Konzentrationswerte für den biochemischen und den chemischen Sauerstoffbedarf sowie für suspendierte Schwebestoffe.[196]

Gemäß Anhang II RL 91/271 weisen die Mitgliedstaaten nach festgelegten Kriterien **besonders empfindliche Gebiete** aus (Art. 6 Abs. 1 RL 91/271). In diesen Gebieten sind zusätzlich bestimmte Konzentrationen für den Phosphor- und Stickstoffgehalt einzuhalten, so dass Einleitungen in empfindliche Gebiete strengeren Anforderungen und weitergehenden Behandlungen als Einleitungen in andere Gewässer unterliegen.[197]

Art. 6 RL 91/271 eröffnet den Mitgliedstaaten die Möglichkeit, auch weniger empfindliche Gebiete gemäß im Anhang festgelegter Kriterien auszuweisen, in denen unter bestimmten Voraussetzungen weniger strenge Vorschriften für die Behandlung der Abfälle gelten. Diese Ausnahmen kommen nur für Küstengewässer in Betracht. Damit ist diese Richtlinie auch unter dem Gesichtspunkt der regionalen Differenzierung interessant: Während besonders empfindliche Gebiete strengeren Anforderungen unterworfen werden, gelten für die weniger schutzbedürftigen Küstengewässer erleichterte Vorgaben.[198]

Einem Missbrauch dieser Ausnahmeregelung soll durch die Verpflichtung, der Kommission in vierjährigen Abständen den Nachweis zu erbringen, dass von diesen Einleitungen keine nachteiligen Auswirkungen auf die Umwelt ausgehen, begegnet werden, vgl. Art. 6 Abs. 2 RL 91/271.

Schließlich müssen **Einleitungen von industriellen Abwässern in Kanalisationen und kommunale Abwasserbehandlungsanlagen einer vorherigen Genehmigung** unterworfen werden, die nur unter bestimmten Voraussetzungen erteilt werden darf (Art. 11 RL 91/271). Zudem müssen direkt eingeleitete biologisch abbaubare Abwässer bestimmter Industriebranchen (vgl. Anhang III) nach Art. 13 RL 91/271 einer Genehmigungspflicht unterworfen werden; die Genehmigung muss

---

195 Darunter ist die Abwasserbehandlung durch eine biologische Stufe mit einem Nachklärbecken oder ein anderes Verfahren, bei dem im Anhang festgelegte Anforderungen beachtet sind, zu verstehen, Art. 2 Nr. 8 RL 91/271.
196 Nach der Rechtsprechung ist diese Pflicht zur Behandlung von kommunalem Abwasser insofern absolut zu verstehen, als nur unter außergewöhnlichen Umständen eine fehlende Behandlung hingenommen werden kann, während unter normalen Bedingungen und unter Berücksichtigung saisonaler Schwankungen ausnahmslos das gesamte kommunale Abwasser gesammelt und behandelt werden muss, vgl. EuGH, Rs. C-301/10 (Kommission/Großbritannien), Urt. v. 18.10.2012, wo der Gerichtshof auch auf die genaue Reichweite der durch die Richtlinie zugelassenen Ausnahmen eingeht.
197 Vgl. zu dieser Verpflichtung EuGH, Rs. C-396/00 (Kommission/Italien), Slg. 2002, I-3949. Der EuGH stellte hier fest, dass Italien dadurch gegen seine Verpflichtungen aus Art. 5 Abs. 2 RL 91/271 verstoßen habe, dass es die Einleitung von kommunalen Abwässern der Stadt Mailand in ein Wassereinzugsgebiet des Po-Delta und des Küstengewässers der Nordwest-Adria – beides als empfindlich im Sinne der RL 91/271 ausgewiesene Gebiete – zugelassen hat, ohne sie der notwendigen Zweitbehandlung oder einer gleichwertigen Behandlung unterzogen zu haben. Den Einwand Italiens, der Po sei nicht über die gesamte Länge als empfindliches Gebiet ausgewiesen worden, sondern nur auf der Höhe seines Delta, wies der EuGH mit der Begründung zurück, die Richtlinie unterscheide nicht zwischen der unmittelbaren und der mittelbaren Einleitung in ein empfindliches Gebiet. Für diese Auslegung spreche auch die Ausrichtung der Unionspolitik auf ein hohes Schutzniveau (Art. 191 Abs. 2 AEUV).
198 Kritisch in Bezug auf diesen differenzierenden Ansatz jedoch *Delwing*, Umsetzungsprobleme des EG-Wasserrechts, 91 f.

425

die Voraussetzungen festlegen, denen das Wasser vor dem Einleiten entsprechen muss. Bis 1998 musste die Entsorgung des Klärschlamms aus kommunalen Abwasserbehandlungsanlagen von den Mitgliedstaaten geregelt und dessen Einbringung in die Oberflächengewässer eingestellt werden.

93 Zur Umsetzung der Richtlinie mussten die Mitgliedstaaten bis zum 31.12.1993 ein Programm aufstellen.[199] Die Umsetzung der Richtlinie[200] bzw. ihre effektive Beachtung wirft immer wieder Probleme auf.[201]

b) RL 91/676 (Nitratrichtlinie)

94 Die **RL 91/676 zum Schutz der Gewässer vor Verunreinigung durch Nitrat aus landwirtschaftlichen Quellen**[202] soll die Gewässerbelastung durch Nitrate aus landwirtschaftlichen Quellen reduzieren sowie weitere Verunreinigungen verhindern (Art. 1 RL 91/676). Die Richtlinie stellt eine vorbeugende Maßnahme zum Schutz der menschlichen Gesundheit und der lebenden Ressourcen und Ökosysteme der Gewässer, sowie zur Sicherung sonstiger rechtmäßiger Nutzungen der Gewässer dar (Präambel RL 91/676). Neben dem Schutz des Grundwassers kommt die Richtlinie auch dem Schutz des Bodens zugute.

Die RL 91/676 ist vor dem Hintergrund zu sehen, dass die (überhöhte) Ausbringung von Rinder-, Schweine- und Hühnergülle auf landwirtschaftlich genutzte Böden letztlich zu einer zu hohen Nitratbelastung des Grundwassers und der Oberflächengewässer führt und sich im Übrigen negativ auf die Bodenfruchtbarkeit auswirkt.[203]

95 Im Einzelnen werden die Mitgliedstaaten zu folgenden Maßnahmen verpflichtet:[204]
- Innerhalb von zwei Jahren sind „**nitratgefährdete Gebiete**"[205] anhand der Kriterien des Anhangs I RL 91/676 auszuweisen (Art. 3 Abs. 1, 2 RL 91/676[206]) und in Bezug auf diese nach

---

199 Darüber hinaus sieht die RL 91/271 in Art. 18 die Einsetzung eines Ausschusses vor, allgemein zu solchen Ausschüssen 3. Kap. Rn. 40.
200 Zu den Schwierigkeiten der Umsetzung der RL 91/271 in Deutschland *Breuer*, EUDUR II/1, § 65, Rn. 103 ff.
201 Vgl. z.B. die Verurteilung von Griechenland, das in einigen Gemeinden mit hoher Einwohnerzahl über keine (genügende) Abwasserreinigung verfügte, EuGH, Rs. C-440/06 (Kommission/Griechenland), Slg. 2006, I-145; s. auch EuGH, Rs. C-438/07 (Kommission/Schweden), Slg. 2009, I-9517.
202 Die Richtlinie wurde auf Art. 192 AEUV gestützt.
203 *Götz*, EUDUR II/2, § 84, Rn. 43.
204 Vgl. ausführlich zur RL 91/676 *Ziehm*, Europäisches Grund- und Trinkwasserschutzrecht, 163 ff.; *Seidel*, Gewässerschutz, 52 ff.; *Härtel*, Düngung im Agrar- und Umweltrecht, 63 ff., 70 ff.; s. auch *Heuser*, in: Jahrbuch AgrarR 2006 (7. Kap. E.III.), 183 (211 ff.); *Heuser*, Europäisches Bodenschutzrecht (7. Kap. E.III.), 141 ff. Aus der Rechtsprechung des EuGH insbesondere EuGH, Rs. C-293/97 (Standley), Slg. 1999, I-2603; EuGH, Rs. C-221/03 (Kommission/Belgien), Slg. 2005, I-8307; EuGH, Rs. C-161/00 (Kommission/Deutschland), Slg. 2002, I-2753.
205 Als gefährdete Gebiete sind die Einzugsgebiete von Binnengewässern und von Grundwassereinkommen auszuweisen, wenn eine höhere Konzentration als 50 mg/l Nitrat gemessen wird oder zu befürchten ist, sowie Einzugsgebiete von eutrophierungsgefährdeten Oberflächengewässern wie Seen, Flüsse und Küstengewässer, vgl. Anhang I RL 91/676.
Bei der Ausweisung der gefährdeten Gebiete haben die Mitgliedstaaten nach Anhang I Punkt B. unter anderem auch die physikalischen und ökologischen Eigenarten von Boden und Gewässern sowie den Stand der Erkenntnisse über das Verhalten von Stickstoffverbindungen in der Umwelt (Boden und Gewässer) zu berücksichtigen und damit wesentliche Aspekte auch des Bodenschutzes heranzuziehen. Insofern werden die Belange des Bodenschutzes implizit als gleichgewichtig zu solchen des Gewässerschutzes eingebunden und damit ein multimediales Konzept verfolgt, *Heuser*, in: Jahrbuch AgrarR 2006 (7. Kap. E.III.), 183 (212).
206 Vgl. hierzu EuGH, Rs. C-293/97 (Standley), Slg. 1999, I-2603. Hier stellte der EuGH fest, dass sich aus der RL 91/676 keine Pflicht der Mitgliedstaaten ergebe, genau anzugeben, welcher Anteil der Wasserverunreinigung auf Nitrat aus landwirtschaftlichen Quellen zurückzuführen sei. Weiter habe der EuGH den Mitgliedstaaten nach der Rechtsprechung bei der Ausweisung im Sinne des Art. 3 Abs. 1 RL 91/676 einen weiten Gestaltungsspielraum, dessen Ausnutzung jedoch nicht dazu führen dürfe, dass ein erheblicher Teil der potenziell durch die Landwirtschaft belasteten Gewässer nicht von der Richtlinie erfasst wird, vgl. EuGH, Rs. C-258/00 (Kommission/Frankreich), Slg. 2002, I-5959. S. aber auch EuGH, Rs. C-161/00 (Kommission/Deutschland), Slg. 2002, I-2753, Ziff. 36 ff., wo der EuGH namentlich betont, dass das maßgebliche Kriterium für die Verschmutzung durch Nitrat aus landwirtschaftlichen Quellen die auf den Boden entweder durch Verteilen auf der Boden-

7. Kapitel Medienschützendes Umweltrecht

den Vorgaben des Art. 5 RL 91/676 **Aktionsprogramme** zu definieren und durchzuführen.[207] Von dieser Ausweisungspflicht sind sie jedoch befreit, wenn sie die in Art. 5 RL 91/676 genannten Aktionsprogramme nach den Vorgaben der Richtlinie in ihrem gesamten Gebiet durchführen.[208]
Die (für die gefährdeten Gebiete) aufzustellenden Aktionsprogramme können je nach Gebiet oder Teilgebiet unterschiedlich ausgestaltet werden (Art. 5 Abs. 2 RL 91/676). Der Inhalt der Programme umfasst verbindlich einerseits Maßnahmen, wie sie in den Regeln zur guten fachlichen Praxis in der Landwirtschaft aufzunehmen sind,[209] darüber hinaus aber auch solche (strengeren) Maßnahmen, wie sie in Anhang III der Richtlinie beschrieben sind (Art. 5 Abs. 4 RL 91/676). Demnach ist das Ausbringen bestimmter Düngemittelarten verboten, sind Fassungsvermögen von Behältern zur Dunglagerung vorgeschrieben, oder ist die Begrenzung des Ausbringens von Düngemitteln entsprechend der Düngungsregelung (z.B. Beschränkung auf bestimmte Zeiten und/oder Verbot der Ausbringung an steilen Hängen, auf wassergesättigtem, überschwemmten, gefrorenem oder schneebedecktem Boden, in der Nähe von Wasserläufen) vorzusehen. Außerdem ist ein Güllegrenzwert auf 170kg N/ha pro Jahr festzuschreiben. Besonders begründete Ausnahmen dieses Grenzwertes können jedoch unter Überwachung durch die Kommission vorgesehen werden.[210]

- Gemäß Art. 4 RL 91/676 mussten die Mitgliedstaaten bis zum 19.12.1993 **„Regeln der guten fachlichen Praxis in der Landwirtschaft"** (Düngungsreglement) für alle Gewässer unabhängig vom Grad vorhandener Gewässerbelastungen (und nicht nur für gefährdete Gebiete) erstellen. Der Inhalt der Regeln ist in Anhang II RL 91/676 näher bestimmt und umfasst obligatorisch u.a. die Ausbringungszeiträume, den Einsatz von Düngemitteln in der Nähe von Wasserläufen und geneigten Flächen, die Methoden der Dunglagerung, sowie das Ausbringungsverfahren. Darüber hinaus können die Mitgliedstaaten weitere Bewirtschaftungsmaßnahmen optional in die Regelung mit aufnehmen (z.B. den Fruchtwechsel, Mindestpflanzenbedeckung, etc., vgl. Anhang II B RL 91/676). Da die genauere Ausgestaltung dieser Maßnahmen weitgehend den Mitgliedstaaten überlassen bleibt, kann dies zu nationalen und regionalen Unterschieden führen.
Die Regeln sind von den Landwirten auf freiwilliger Basis anzuwenden (Art. 4 Abs. 1 lit. a) RL 91/676); soweit sie allerdings in die Aktionsprogramme zu integrieren sind, sind sie verbindlich zu beachten. Um die Anwendung der Regeln zu fördern, sollen Schulungs- und Informationsmaßnahmen für Landwirte vorgesehen werden (Art. 4 Abs. 1 lit. b) RL 91/676).

- Schließlich obliegen den Mitgliedstaaten **Überwachungs- und Berichtspflichten.** Erstere sollen insbesondere die Wirksamkeit der Aktionsprogramme sicherstellen (vgl. Art. 5 Abs. 6 RL 91/676); entsprechend sind die Aktionsprogramme mindestens alle vier Jahre zu überprüfen und ggf. fortzuschreiben. Der Kommission ist Bericht zu erstatten (Art. 5 Abs. 7 RL 91/676).

---

oberfläche, Einspritzen in den Boden, Einbringen unter die Oberfläche oder Vermischen mit dem Oberboden aufgebrachte Menge Stickstoff und nicht diejenige, die tatsächlich in den Boden gelangt, sei. Eine Verletzung der Ausweisungspflicht stellte der EuGH auch in EuGH, Rs. C-396/01 (Kommission/Irland), Slg. 2004, I-2315, Ziff. 20 ff., fest.

207 Zur Verletzung dieser Pflicht durch Italien EuGH, Rs. C-127/99 (Kommission/Italien), Slg. 2001, 8305, Ziff. 45 ff. In diesem Urteil stellte der EuGH weiter fest, dass Italien gegen die sich aus Art. 10 RL 91/676 ergebende Pflicht, Berichte vorzulegen, sowie gegen die sich aus Art. 6 RL 91/676 ergebende Pflicht, Messungen gemäß dieser Bestimmung durchzuführen, verstoßen hat. Ebenfalls eine Verletzung der Pflicht, Aktionsprogramme mit einem genügenden Inhalt aufzustellen, stellte der EuGH in EuGH, Rs. C-322/00 (Kommission/Niederlande), Slg. 2003, I-11267, Ziff. 42 ff., und in EuGH, Rs. C-396/01 (Kommission/Irland), Slg. 2004, I-2315, Ziff. 50 ff., fest. S. im Übrigen EuGH, Rs. C-322/00 (Kommission/Niederlande), Slg. 2003, I-11267.

208 Die Wahlmöglichkeit, nur Teile oder das gesamte Staatsgebiet als gefährdete Zone im Sinne der RL 91/676 auszuweisen, führt zu unterschiedlichen Umsetzungsstandards zwischen den Mitgliedstaaten.

209 Hierzu sogleich unten im Text.

210 Z.B. bei einem außergewöhnlichen Denitrifikationsvermögen der Böden.

Die Richtlinie wurde zunächst nur von wenigen Mitgliedstaaten vollständig umgesetzt bzw. angewandt.[211] Dies führte dazu, dass die Kommission gegen mehrere Mitgliedstaaten Vertragsverletzungsverfahren eingeleitet hat.[212] Unter anderem wurde teilweise eine (unzulässige) Ausnahme von dem Güllegrenzwert vorgesehen.[213]

96 Insgesamt weist die RL 91/676 einen **Rahmencharakter** auf und enthält nur wenige als solche verbindliche Vorgaben, so dass den Mitgliedstaaten ein sehr **weiter Gestaltungsspielraum** eingeräumt wird. Auch ist die Befolgung der Regeln der guten fachlichen Praxis in nicht gefährdeten Gebieten freiwillig und die Vorsorge somit relativ schwach.[214] Weiter erscheint der Wert des zugelassenen Stickstoffs von 170 kg/h eher hoch.[215] Lediglich in denjenigen Mitgliedstaaten (insbesondere den neuen), in denen vorher eine noch höhere Stickstoffkonzentration vorhanden war, wird der EU-Mindeststandard eine Verringerung der Belastungen herbeiführen können. Vor diesem Hintergrund kann die (hinreichende) Effektivität der RL 91/676 mit guten Gründen bezweifelt werden.[216]

Zu erwähnen ist in diesem Zusammenhang noch die VO 1107/2009 über das Inverkehrbringen von Pflanzenschutzmitteln, – die die RL 91/414 ablöst. Die neue Verordnung vereinheitlicht – schon aufgrund der Rechtsform – das Inverkehrbringen von Pflanzenschutzmitteln in der Union stärker als die RL 91/414 und verschärft die Voraussetzungen für die Zulassung dieser Produkte.[217] Im Einzelnen sind ihr Vorgaben zur Prüfung, zur Zulassung, zum Inverkehrbringen und zur Kontrolle von Pflanzenschutzmitteln und darin enthaltenen Wirkstoffen innerhalb der EU zu entnehmen, so dass es um entsprechende **produktbezogene Vorgaben** geht.[218]

c) RL 2008/105 über Umweltqualitätsnormen im Bereich der Wasserpolitik und sonstige Umweltqualitätsnormen im Gewässerschutz

97 Die RL 2008/105[219] definiert **Umweltqualitätsnormen für prioritäre Stoffe** (nämlich insgesamt 33 Stoffe)[220] und bestimmte andere Schadstoffe im Sinne des Art. 16 RL 2000/60, dies mit dem Ziel, einen guten chemischen Zustand der Oberflächengewässer zu erreichen.[221] Die Mitgliedstaaten haben dementsprechend die in der Richtlinie festgelegten Umweltqualitätsnormen nach den Anforderungen in Anhang I Teil B RL 2008/15 auf Oberflächenwasserkörper anzuwenden.

98 Nach Art. 3 Abs. 3 S. 2 RL 2008/105 haben die Mitgliedstaaten sodann dafür zu sorgen, dass die Konzentrationen der erfassten Stoffe in Sedimenten und / oder Biota nicht signifikant steigen, womit eine Art besonderes bzw. abgeschwächtes Verschlechterungsverbot formuliert wird. Weiter werden die Mitgliedstaaten in Art. 5 RL 2008/105 zu einer umfassenden Bestandsaufnahme der Emissionen, Einleitungen und Verluste für jede Flussgebietseinheit verpflichtet.

99 Art. 6 RL 2008/105 formuliert diejenigen Konstellationen, in denen ein Mitgliedstaat trotz Überschreitung der Umweltqualitätsnormen nicht gegen die sich aus der Richtlinie ergebenden

---

211 Vgl. KOM (2007) 120 endg., 11.
212 EuGH, Rs. C-71/97 (Kommission/Spanien), Slg. 1998, I-5991; EuGH, Rs. C-195/97 (Kommission/Italien), Slg. 1999, I-1169; EuGH, Rs. C-274/98 (Kommission/Spanien), Slg. 2000, I-2823; EuGH, Rs. C-69/99 (Kommission/Großbritannien), Slg. 2000, I-10979; EuGH, Rs. C-127/99 (Kommission/Italien), Slg. 2001, I-8305; EuGH, Rs. C-161/00 (Kommission/Deutschland), Slg. 2002, I-2753; EuGH, Rs. C-266/00 (Kommission/Luxemburg), Slg. 2001, I-2073; EuGH, C-221/03 (Kommission/Belgien), Slg. 2005, I-8307.
213 Vgl. EuGH, Rs. C-161/00 (Kommission/Deutschland), Slg. 2002, I-2753.
214 *Schröder*, NuR 1995, 117 (121).
215 *Schröder*, NuR 1995, 117 (121) mit Bezug auf die Rechtslage in Deutschland.
216 Vgl. etwa *Ziehm*, Europäisches Grund- und Trinkwasserschutzrecht, 163 ff.; *Seidel*, Gewässerschutz, 52 ff., 119 ff.
217 Vgl. ausführlich zur RL 91/414 und zu der neuen Verordnung *Epiney/Furger/Heuck*, Berücksichtigung umweltpolitischer Belange bei der landwirtschaftlichen Produktion in der EU und in der Schweiz, 55 ff.
218 S. hierzu noch 8. Kap. Rn. 17.
219 Vgl. zu dieser Richtlinie etwa *Ginzky*, ZUR 2009, 242 (247 f.).
220 Die RL 2008/105 modifizierte die Liste der prioritären Stoffe in Anhang X RL 2000/60, der die Fassung des Anhangs II RL 2008/105 erhielt.
221 Deutlich wird damit, dass die Richtlinie keine Aussagen zu Stoffen enthält, die für den guten ökologischen Zustand von Bedeutung sind.

7. Kapitel Medienschützendes Umweltrecht

Verpflichtungen verstößt und enthält somit – auch unter Verweis auf Art. 4 Abs. 4-6 RL 2000/60 – Ausnahmebestimmungen.

Neben der RL 2008/105 kennt die Union eine Reihe von Richtlinien, die die Anforderungen an die **Gewässerqualität in Abhängigkeit von der Nutzung der Gewässer** definieren. Hinzuweisen bzw. zu erinnern ist auf folgende Richtlinien:[222]

100

- **RL 2006/7 über die Qualität der Badegewässer** und deren Bewirtschaftung;
  Die RL 2006/7 bezweckt im Hinblick auf den Schutz der Volksgesundheit die Verminderung der (weiteren) Verunreinigung von Badegewässern und eine Verbesserung ihrer Wasserqualität (Art. 1 Abs. 2 RL 2006/7). Der Anwendungsbereich der in der Richtlinie festgelegten Parameter erstreckt sich auf „Badegewässer", Art. 1 Abs. 3 RL 2006/7, d.h. auf solche Oberflächengewässer, bei denen mit einer großen Anzahl von Badenden gerechnet wird und für die kein Badeverbot gilt bzw. nicht vom Baden abgeraten wird (Art. 1 Abs. 3 RL 2006/7).[223] Neben diversen Pflichten zur Überwachung[224] und Bewertung der Badegewässer (Art. 3 ff. RL 2006/7) werden die Mitgliedstaaten insbesondere verpflichtet, gewisse Immissionsgrenzwerte einzuhalten (Art. 5 RL 2006/7); daneben sind sog. Badegewässerprofile zu erstellen (Art. 6 RL 2006/7),[225] und es werden detaillierte Pflichten zur Information und Beteiligung der Öffentlichkeit statuiert (Art. 11 f. RL 2006/7).[226]

- **RL 2006/44 über die Qualität von Süßwasser,** das schutz- oder verbesserungsbedürftig ist, um das Leben von **Fischen** zu erhalten;
- **RL 2006/113 über die Qualitätsanforderungen an Muschelgewässer.**
  Die beiden zuletzt genannten Richtlinien gelten nur für solche Gewässer, die von den Mitgliedstaaten als schutz- oder verbesserungsbedürftig bezeichnet werden. Dies verleitete einige Mitgliedstaaten dazu, sich der Anwendung der Richtlinie dadurch zu entziehen, dass sie keine oder nur sehr wenige Gewässer bezeichneten, auf die die Richtlinien Anwendung finden sollten. In der Rs. 322/86[227] stellte der EuGH fest, dass ein derartiges Vorgehen nicht mit den Vorgaben des Unionsrechts vereinbar sei, gewährleiste es doch nicht die vollständige Anwendung der Richtlinien.

---

222 Wobei darauf hinzuweisen ist, dass die RL 2006/44 und die RL 2006/113 13 Jahre nach Inkrafttreten der RL 2000/60 außer Kraft treten werden, vgl. Art. 22 Abs. 2 RL 2000/60.
223 Zum Anwendungsbereich in Bezug auf die RL 76/160 EuGH, Rs. C-56/90 (Kommission/Großbritannien), Slg. 1993, I-4109; EuGH, Rs. C-92/96 (Kommission/Spanien), Slg. 1998, I-505; EuGH, Rs. C-307/98 (Kommission/Belgien), Slg. 2000, I-3933; EuGH, Rs. C-26/04 (Kommission/Spanien), Slg. 2005, I-11059.
224 Die jährlich zu erfolgen hat (Art. 3 RL 2006/7). S. schon EuGH, Rs. C-226/01 (Kommission/Dänemark), Slg. 2003, I-1219, Ziff. 25 ff., wo der Gerichtshof in Bezug auf die RL 76/160 festhält, die Übereinstimmung der Qualität der Badegewässer mit den durch die Richtlinie festgesetzten Grenzwerten sei jährlich und nicht aufgrund einer mehrjährigen Grundlage zu prüfen.
225 Vgl. in Bezug auf mögliche Abweichungen von diesen Standards in Bezug auf die RL 76/160 EuGH, Rs. C-92/96 (Kommission/Spanien), Slg. 1998, I-505, wo Spanien eine außergewöhnliche Trockenheit geltend gemacht hatte. Der EuGH stellte jedoch fest, dass Spanien keinen Beweis für die Außergewöhnlichkeit der Dürre oder die daraus resultierende Unfähigkeit der Behörden, die in der Richtlinie festgelegten Grenzwerte mittels verstärkter Anstrengungen einzuhalten, erbracht habe; diese Erwägungen standen im Zusammenhang mit Art. 8 RL 76/160, der Abweichungen vom Qualitätsstandard der Richtlinie in bestimmten, abschließend aufgeführten Fällen zulässt, so insbesondere bei außergewöhnlichen meteorologischen oder geographischen Verhältnissen, wobei in keinem Fall „zwingende Erfordernisse zum Schutz der Volksgesundheit" beeinträchtigt werden dürfen. Die RL 2006/7 enthält in Art. 5 Abs. 4 eine etwas andere Abweichungsmöglichkeit – nämlich – unter Beachtung gewisser Vorgaben – erlaubt, Badegewässer zeitweise als mangelhaft einzustufen. S. ansonsten zu den Immissionsgrenzwerten in Bezug auf die RL 76/160 EuGH, Rs. C-198/97 (Kommission/Deutschland), Slg. 1999, I-3257, Ziff. 44 ff. S. auch EuGH, Rs. C-226/01 (Kommission/Dänemark), Slg. 2003, I-1219, Ziff. 31 ff., in Bezug auf die Häufigkeit der Probeentnahmen.
226 Die tatsächliche Beachtung der Vorgaben der Badegewässerrichtlinie ist nicht immer zufriedenstellend. S. in Bezug auf die RL 76/160 EuGH, Rs. C-187/97 (Kommission/Deutschland), Slg. 1999, I-3271, wo der Gerichtshof die unzureichende Umsetzung der RL 76/160 durch Deutschland feststellte. S. weiter die Feststellung der unzureichenden Umsetzung bzw. Anwendung der RL 76/160 in EuGH, Rs. C-368/00 (Kommission/Schweden), Slg. 2001, I-4605, Ziff. 17 f.; EuGH, Rs. C-427/00 (Kommission/Großbritannien), Slg. 2001, I-8535, Ziff. 14 ff.
227 EuGH, Rs. 322/86 (Kommission/Italien), Slg. 1988, 3995. S. auch in Bezug auf Deutschland EuGH, Rs. C-198/97 (Kommission/Deutschland), Slg. 1996, I-6747.

2. Teil Das umweltrechtliche Sekundärrecht der Europäischen Union

101 Während die RL 2006/7 durch die Wasserrahmenrichtlinie nicht aufgehoben werden wird, treten die beiden zuletzt genannten Richtlinien 13 Jahre nach Inkrafttreten der RL 2000/60 außer Kraft (Art. 22 RL 2000/60).

102 Die **RL 98/83 über die Qualität von Wasser für den menschlichen Gebrauch** definiert keine Umweltqualitätsnormen für Gewässer, sondern regelt die **Anforderungen an die Qualität des Trinkwassers**. Sie legt genaue Grenzwerte fest, von denen nur unter besonderen Umständen abgewichen werden darf.

Die RL 98/83 löste die RL 80/778[228] ab (Art. 16 RL 98/83).[229] Schwerpunkte der Modifikation waren die Aktualisierung und Straffung der Qualitäts- und Gesundheitsparameter, die Anpassung einzelner Werte an den technischen Fortschritt (womit eine Verschärfung einhergeht) sowie eine gewisse „Flexibilisierung" in Bezug auf Abweichungen und Ausnahmen aufgrund der festgestellten Schwierigkeiten bei der Anwendung und Umsetzung der RL 80/778.[230] Die Gründe für diese Umsetzungs- und Durchsetzungsschwierigkeiten sind vielfältig und können an dieser Stelle nicht umfassend untersucht und dargestellt werden.[231] Eine wichtige Rolle – neben den unzureichenden Kapazitäten der zuständigen mitgliedstaatlichen Verwaltungen – dürfte hier der Umstand gespielt haben und immer noch spielen, dass die Trinkwasserrichtlinie isoliert in einem bestimmten Bereich Qualitätsanforderungen stellt, die letztlich nur über die Einbeziehung umweltpolitischer Belange auch in andere Politikbereiche durchzusetzen sind. Die Qualität des Trinkwassers nämlich ist natürlich von dem Ausmaß der entsprechenden Emissionsaktivitäten abhängig, so dass diesbezügliche Maßnahmen unabdinglich sind. Besonderes Gewicht kommt in diesem Zusammenhang sicherlich der Begrenzung der Verwendung schädlicher Stoffe in der Landwirtschaft zu. Letztlich verlangte die korrekte und vollständige Anwendung der Trinkwasserrichtlinie also eine umfassende *„interpolicy cooperation"* auf der Ebene der Mitgliedstaaten, wozu diese häufig noch nicht bereit oder in der Lage sind bzw. waren. Zudem spielt gerade im Bereich der Trinkwasserversorgung die häufig komplexe Kompetenzverteilung zwischen den verschiedenen staatlichen Ebenen eine wichtige Rolle.[232]

103 Der **Anwendungsbereich** der RL 98/83 erstreckt sich auf Wasser, das für den menschlichen Gebrauch bestimmt ist, mit Ausnahme von natürlichen Mineralwassern und Heilwassern (Art. 1, 2 RL 98/83)[233].

104 Art. 4 RL 98/83 sind sog. **allgemeine Verpflichtungen** der Mitgliedstaaten zu entnehmen. So sind „Genusstauglichkeit" und „Reinheit" des Trinkwassers sicherzustellen, die dann gegeben ist, wenn einerseits das Trinkwasser keine „potenzielle" Gefährdung für die menschliche Gesundheit darstellt und andererseits die im Anhang I Teile A, B RL 98/83 definierten Mindestanforderungen eingehalten werden; auch sind die in Art. 5-8, 10 RL 98/83 vorgesehenen Maßnahmen zur Messung, Kontrolle und Qualitätssicherung zu ergreifen (Art. 4 Abs. 1 RL 98/83). Dabei darf die Durchführung der Richtlinie nicht zu einer Verschlechterung der Qualität des Trinkwassers oder der für die Trinkwasserbestimmung bestimmten Gewässer führen (Art. 4 Abs. 2 RL 98/83). Der Formulierung dieser Bestimmung lässt sich klar entnehmen, dass diese Aspekte kumulativ einzuhalten sind.

---

[228] ABl. 1980 L 229, 11. Zu dieser umfassend *Kolkmann*, EG-Trinkwasserrichtlinie, 1991; s. auch *Ziehm*, Europäisches Grund- und Trinkwasserschutzrecht, 98 ff.
[229] Spezifisch zur Trinkwasserrichtlinie *Seeliger*, ZfW 1999, 1 ff.; *Seidel*, Gewässerschutz, 60 ff.
[230] Hierzu zusammenfassend etwa *Breuer*, EUDUR II/1, § 65, Rn. 37, § 69, Rn. 6 ff. Vgl. ansonsten die umfassende Studie von *Demmke*, Implementation von EG-Umweltrecht, insbesondere die Fallstudien 72 ff., s. auch 253 ff. Aus der Rechtsprechung des EuGH etwa EuGH, Rs. C-337/89 (Kommission/Großbritannien), Slg. 1992, I-6103; EuGH, Rs. C-42/89 (Kommission/Belgien), Slg. 1990, I-2821; EuGH, Rs. C-237/90 (Kommission/Deutschland), Slg. 1992, I-5973 (hier ging es insbesondere um die Zulässigkeit der Ausnahmebestimmungen; in Deutschland war „Notfall" mit „Einzelfall" „übersetzt" worden).
[231] Vgl. insoweit die Analyse von *Demmke*, Implementation von EG-Umweltpolitik, 215 ff.; s. auch *Macrory*, CML-Rev. 1992 (5. Kap. E.III.), 347 ff.; *Schink*, ZAU 1993 (5. Kap. E.III.), 16 ff.
[232] Vg. hierzu *Demmke*, Implementation von EG-Umweltpolitik, 215 ff., 275.
[233] Diese Ausnahme erklärt sich dadurch, dass hier gewisse Besonderheiten zu beachten sind. Die Qualität von Mineral- und Heilwassern ist durch die RL 2009/54 über die Gewinnung von und den Handel mit natürlichen Mineralwassern, ABl. 2009 L 164/45, geregelt.

7. Kapitel Medienschützendes Umweltrecht

Die eigentlichen **Grenzwerte** für eine Reihe von Parametern werden in Anhang I RL 98/83 festgelegt und sind gemäß Art. 5 Abs. 1 RL 98/83 zu beachten.[234] Für nicht im Anhang enthaltene Parameter sind dann Werte festzusetzen, wenn der Schutz der menschlichen Gesundheit dies erfordert; in jedem Fall müssen die allgemeinen Verpflichtungen des Art. 4 RL 98/83 eingehalten werden.

Durch die Novellierung der Richtlinie wurde der Anhang modifiziert, und teilweise sind die Werte auch erheblich verschärft worden, wobei in einigen Fällen aber längere Übergangsfristen zur Anwendung kommen.[235]

Art. 6 RL 98/83 präzisiert die für die Einhaltung der Grenzwerte maßgeblichen Stellen (z.B. bei Wasser, das aus einem Verteilungsnetz stammt, am Austritt aus den Zapfstellen, die normalerweise der Entnahme von Wasser für den menschlichen Gebrauch dienen).

Nach Art. 7 RL 98/83 sind im Einzelnen spezifizierte Überwachungsmaßnahmen durchzuführen, und nach Art. 8 RL 98/83 haben die Mitgliedstaaten im Falle der Nichterfüllung der in der Richtlinie vorgeschriebenen Parameter unter bestimmten Voraussetzungen Verwendungseinschränkungen und Abhilfemaßnahmen vorzusehen.

Neu geregelt (und in der Sache erweitert[236]) wurden in der RL 98/83 die zulässigen **Abweichungen** von festgesetzten Parameterwerten. So können die Mitgliedstaaten Abweichungen von chemischen Parameterwerten (Anhang I Teil B RL 98/83) während höchstens drei bzw. ggf. sechs oder neun Jahren zulassen, sofern keine „potenzielle" Gefährdung der menschlichen Gesundheit zu befürchten ist und die Trinkwasserversorgung in dem betroffenen Gebiet nicht auf andere zumutbare Weise aufrecht erhalten werden kann (Art. 9 Abs. 1, 2 RL 98/83). Weiter können die Mitgliedstaaten von der allgemeinen und unbefristeten Ausnahmebestimmung des Art. 3 Abs. 2 RL 98/83 Gebrauch machen. Diese bezieht sich auf Wasser, das ausschließlich für Zwecke bestimmt ist, hinsichtlich deren die zuständigen Behörden überzeugt sind, dass die Wasserqualität keinerlei direkten oder indirekten Einfluss auf die Gesundheit der Verbraucher entfaltet oder auf Wasser für den menschlichen Gebrauch, das aus einer individuellen Versorgungsanlage stammt, aus der weniger als 10 m^3 pro Tag entnommen oder mit der weniger als 50 Personen versorgt werden. Wie der Zusammenhang mit Art. 3 Abs. 3 RL 98/83 ergibt, kann diese Ausnahme auch dann greifen, wenn eine potenzielle Gefährdung der menschlichen Gesundheit gegeben ist.[237]

In der Bundesrepublik wurde die revidierte Trinkwasserrichtlinie durch die Trinkwasserverordnung vom 21.5.2001[238] (verspätet) umgesetzt.[239]

d) Emissionsnormen: die RL 2006/11 und die RL 80/68

Die **RL 2006/11 betreffend die Verschmutzung infolge der Ableitung bestimmter gefährlicher Stoffe in die Gewässer** der Union kodifiziert die RL 76/464 mit ihren Modifikationen.[240] Die Richtlinie gilt für oberirdische Binnengewässer und Küstengewässer (Art. 1 RL 2006/11).

Art. 3 RL 2006/11 formuliert, in Verbindung mit dem Anhang der Richtlinie, generalklauselartig das Grundanliegen der Richtlinie: Die Gewässerverschmutzung durch bestimmte, als besonders gefährlich eingestufte Stoffe (die in Liste I des Anhangs aufgeführt sind) soll beseitigt werden, während die Gewässerverschmutzung durch in Liste II des Anhangs enthaltene Stoffe verringert werden soll.

---

234 Diese Grenzwerte sind als „Erfolgspflichten" auszulegen, so dass ihre Einhaltung jedenfalls sicherzustellen ist. Vgl. in Bezug auf die RL 80/778 EuGH, Rs. C-316/00 (Kommission/Irland), Slg. 2002, I-10527.
235 Vgl. hierzu *Breuer*, EUDUR II/1, § 69, Rn. 33.
236 So waren nach der RL 80/778 Abweichungen im Wesentlichen in „Notfällen" möglich. Vgl. hierzu EuGH, Rs. 228/87 (Pretura unificata Turin/X), Slg. 1988, 5099, Ziff. 12 ff.
237 Zur Kritik an diesen Ausnahmen *Breuer*, EUDUR II/1, § 69, Rn. 40.
238 BGBl. I 2001, 959.
239 Vgl. zu dieser *Breuer*, EUDUR II/1, § 69, Rn. 36 f. Ausführlich *Grohmann/Hässelbarth/Schwerdtfeger* (Hrsg.), Trinkwasserverordnung.
240 Vgl. zur RL 76/464 ausführlicher in der Vorauflage, 271 ff.

109 Stoffe der Liste I dürfen nur mit einer **vorherigen befristeten Genehmigung** der zuständigen Behörde in Binnen- oder Küstengewässer abgeleitet werden, wobei Emissionsnormen festzulegen sind (Art. 4, 5 RL 2006/11).[241] Die Richtlinie selbst legt keine unionsweiten Emissionsnormen fest; solche sollen in Durchführungsrichtlinien formuliert werden, was bislang lediglich für 18 Stoffe erfolgte.[242]

110 Um die Gewässerverschmutzung durch die in **Liste II des Anhangs erwähnten Stoffe** zu verringern, arbeiten die Mitgliedstaaten **Programme** aus.[243] In diesem Rahmen ist auch für die Ableitung von Stoffen der Liste II eine **Genehmigung** vorzusehen, die Emissionsnormen enthalten muss; diese orientieren sich an den Umweltqualitätsnormen, die die Mitgliedstaaten in den erwähnten Programmen aufstellen (Art. 6 RL 2006/11).

In der Rs. C-381/07[244] präzisierte der Gerichtshof diese Vorgaben: Danach werde Art. 6 RL 2006/11 nicht dadurch Rechnung getragen, dass hinsichtlich bestimmter, bekanntermaßen wenig umweltschädlicher Anlagen eine Art Anmelderegelung eingeführt wird, in der auf die einschlägigen Umweltqualitätsnormen hingewiesen und den Verwaltungsbehörden das Recht eingeräumt wird, der Aufnahme des Betriebs zu widersprechen oder Grenzwerte für die Ableitung aus der betroffenen Anlage festzulegen. Denn zunächst regle die RL 2006/11 gerade nicht die Vorgaben für die Eröffnung von Betrieben (die etwa einer Genehmigung oder einer Anmeldung zu unterstellen wären), sondern es gehe um die Beseitigung oder Verringerung der Gewässerverschmutzung durch bestimmte, in den Listen I und II des Anhangs I RL 2006/11 aufgeführte Stoffe. In Bezug auf die in Art. 6 Abs. 2 RL 2006/11 vorgesehene Genehmigungspflicht sehe die Richtlinie keine Ausnahmen vor, so dass auch in Bezug auf Ableitungen durch wenig umweltschädliche Anlagen oder wenig umfangreiche Ableitungen eine solche Genehmigungspflicht vorzusehen sei, die im Übrigen Emissionsnormen enthalten müsse. Eine Anmelderegelung als solche trage diesen Erfordernissen jedoch nicht Rechnung; denn eine Genehmigung müsse – soll sie den Anforderungen des Art. 6 Abs. 2 RL 2006/11 entsprechen – eine Einzelfallprüfung aller gestellten Anträge umfassen und dürfe nicht stillschweigend erteilt werden. Eine vorherige und besondere Prüfung jeder geplanten Ableitung von Stoffen der Liste II sei nämlich nicht nur eines der Mittel der Durchführung der Programme, sondern auch erforderlich, um in sämtlichen Fällen einer genehmigten Ableitung die Emissionsnormen anhand der Umweltqualitätsnormen festzulegen, die in diesen Programmen enthalten sind. Diese Prüfung erfordere darüber hinaus eine Beurteilung des konkreten Zustands der betroffenen Gewässer, der bei der Festlegung der Emissionsnormen notwendigerweise zu berücksichtigen sei. Im Übrigen könnten durch eine stillschweigende Genehmigung keine diesen Anforderungen entsprechenden Emissionsnormen festgesetzt werden.

Die RL 2006/11 wird 13 Jahre nach Inkrafttreten der RL 2000/60 aufgehoben (Art. 22 Abs. 2 RL 2000/60). Zwar ist Art. 22 Abs. 6 RL 2000/60 zu entnehmen, dass die Mitgliedstaaten mindestens Qualitätsnormen anzuwenden haben, die zur Durchführung der RL 76/464 erforderlich waren, auf Emissionsnormen wird jedoch kein Bezug genommen. Deutlich wird damit die Notwendigkeit, auf Unionsebene den Erlass von Emissionsnormen voranzutreiben.

111 Die **RL 80/68 über den Schutz des Grundwassers gegen Verschmutzung durch bestimmte gefährliche Stoffe** regelt – vor dem Hintergrund des spezifischen Charakters des Grundwassers und seiner besonderen Schutzbedürftigkeit[245] – spezifisch Emissionen in das Grundwasser.[246] Die Richtlinie erfasst alles unterirdische Wasser in der Sättigungszone, das in unmittelbarer Berührung mit dem Boden oder dem Untergrund steht. Ausgenommen sind jedoch bestimmte Haushaltswasser aus einzelstehenden Wohnstätten, Ableitungen unterhalb einer Minimalkonzentration und Ableitungen aus Substanzen, die radioaktive Stoffe enthalten, Art. 1, 2 RL 80/68.

---

241 Dabei sind stillschweigende Genehmigungen nicht mit den Anforderungen der Richtlinie vereinbar, vgl. EuGH, Rs. C-230/00, (Kommission/Belgien), Slg. 2001, I-4591.
242 Vgl. die in Anhang IX RL 2000/60 aufgeführten Richtlinien.
243 Zu den Anforderungen an diese Programme EuGH, Rs. C-207/97 (Kommission/Belgien), Slg. 1999, I-275.
244 EuGH, Rs. C-381/07 (Association nationale pour la protection des eaux et rivières), Slg. 2008, I-8281.
245 Ausführlich zum Grundwasserschutz unter Einbezug seiner Besonderheiten *Breuer*, EUDUR II/1, § 68. Speziell zur RL 80/68 *Ziehm*, Europäisches Grund- und Trinkwasserschutzrecht, 129 ff.; *Seidel*, Gewässerschutz, 43 ff.
246 Ihr Erlass war schon in Art. 4 RL 76/464 vorgesehen.

7. Kapitel Medienschützendes Umweltrecht

Die Konzeption der RL 80/68[247] folgt weitgehend der RL 2006/11.[248] So wird auch hier zwischen Stoffen von zwei Listen unterschieden, wobei die Ableitung von Stoffen der Liste I zu verhindern und die von Stoffen der Liste II zu begrenzen ist, Art. 3 RL 80/68. Im Gegensatz zur RL 2006/11 enthält die Grundwasserrichtlinie jedoch wesentlich konkretere Verpflichtungen der Mitgliedstaaten: So ist die direkte Ableitung[249] von Stoffen der Liste I zu verbieten. Indirekte Ableitungen[250] der Stoffe der Liste I und alle Ableitungen der Stoffe der Liste II müssen einer **Genehmigungspflicht**[251] unterstellt werden, wobei bestimmte, in Art. 4, 5, 6, 7 RL 80/68 spezifizierte Vorgaben[252] beachtet werden müssen. Jedenfalls dürfen derartige Ableitungsgenehmigungen nur unter der Voraussetzung erteilt werden, dass die zuständigen Behörde festgestellt hat, dass eine Überwachung des Grundwassers, insbesondere seiner Qualität, gewährleistet ist, Art. 8 RL 80/68.

112

Zudem sind im Gefolge einer Ableitungsgenehmigung bestimmte Maßnahmen zu treffen, die sicherstellen sollen, dass die Ableitung der jeweiligen Stoffe nicht zu einer nicht hinnehmbaren Beeinträchtigung des Grundwassers, auch im Hinblick auf seine Nutzung, führt.[253]

Der deutsche Gesetzgeber sah sich bei der Umsetzung der RL 80/68 mit zahlreichen Schwierigkeiten konfrontiert, die insbesondere darauf beruhten, dass die einschlägigen Vorschriften im deutschen Recht verstreut sind und zudem sowohl bundes- als auch landesrechtliche Vorschriften betroffen sind.[254] Ob und inwieweit die Umsetzung in der Bundesrepublik den Vorgaben der Richtlinie genügt, war denn auch Gegenstand eines Vertragsverletzungsverfahrens gegen die Bundesrepublik Deutschland,[255] das viel Aufsehen erregt hat.[256] Der EuGH stellte in diesem Urteil sehr hohe Anforderungen an die Umsetzung der Richtlinie: So trage das in § 34 WHG vorgesehene Verbot mit Erlaubnisvorbehalt dem in der Richtlinie vorgesehenen absoluten Verbot der direkten Ableitung von Stoffen der Liste I nicht Rechnung; § 34 WHG sah nämlich die Ablehnung einer Genehmigung nur unter der Voraussetzung vor, dass eine schädliche Verunreinigung des Grundwassers oder seine sonstige nachteilige Änderung zu befürchten ist. Hierdurch werde ein Freiraum geschaffen, während die RL 80/68 diesbezüglich eben gerade keinen Spielraum lasse.[257] Zudem genüge der allgemeine Untersuchungsgrundsatz der §§ 24 ff. VwVfG und das ohne Genehmigung automatisch geltende Verbot der Einleitung von Stoffen nicht den Regelungen der Richtlinie, die Art und Umfang der Prüfung genau umschreiben und im Anschluss an diese behördliche Prüfung ein ausdrückliches Verbot oder eine ausdrückliche Genehmigung vorsehen.[258] Schließlich stand noch die Umsetzung der Verfahrensvorschriften (Art. 7-11, 13 RL 80/68) zur Debatte. Auch hier erachtete der EuGH die im deutschen Recht enthaltenen allgemeinen verfahrensrechtlichen Regelungen nicht für ausreichend: Das Gebot der Rechtssicherheit verlange vielmehr eine genaue und eindeutige Wiedergabe der Anforderungen der Richtlinie.[259]

---

247 Vgl. auch den Überblick über den Regelungsgehalt der Grundwasserrichtlinie bei *Lübbe-Wolff*, in: Umweltschutz in der EG, 127 (128 ff.).
248 Vgl. gleichwohl zu den Unterschieden *Breuer*, EUDUR II/1, § 68, Rn. 10 ff., der diese jedoch m.E. überbewertet.
249 Darunter ist die Einleitung in das Grundwasser ohne Boden- oder Untergrundpassage zu verstehen, Art. 1 lit. b) RL 80/68.
250 Hierunter ist die Ableitung von Stoffen nach Boden- oder Untergrundpassage zu verstehen, Art. 1 lit. c) RL 80/68.
251 Wobei die Genehmigung zeitlich zu begrenzen ist, Art. 11 RL 80/68.
252 Zu erwähnen ist insbesondere die vorherige Pflicht zur Prüfung der Ausgangslage, vgl. die hierbei zu beachtenden Vorgaben in Art. 7 RL 80/68. Ausführlich hierzu *Breuer*, Entwicklungen des europäischen Umweltrechts, 41.
253 Vgl. die Einzelheiten in Art. 9, 10 RL 80/68. Hierzu *Breuer*, Entwicklungen des europäischen Umweltrechts, 41.
254 Zu den Strukturunterschieden zwischen der RL 80/68 und dem deutschen Abfall- und Wasserrecht *Breuer*, Entwicklungen des europäischen Umweltrechts, 42; *Lübbe-Wolff*, in: Umweltschutz in der EG, 127 (133 ff.); *Zuleeg*, NJW 1993, 31 (36); *Everling*, NVwZ 1993, 209 (212 f.); *Jarass*, Grundfragen der innerstaatlichen Bedeutung des EG-Rechts (5. Kap. E.III.), 54 ff.
255 Vgl. EuGH, Rs. C-131/88 (Kommission/Deutschland), Slg. 1991, I-825.
256 Vgl. etwa die Bemerkungen von *Lübbe-Wolff*, in: Umweltschutz in der EG, 127 ff. S. hierzu schon oben 5. Kap. Rn. 130 ff.
257 EuGH, Rs. C-131/88 (Kommission/Deutschland), Slg. 1991, I-825, Ziff. 11 ff.
258 EuGH, Rs. C-131/88 (Kommission/Deutschland), Slg. 1991, I-825, Ziff. 35 ff.
259 EuGH, Rs. C-131/88 (Kommission/Deutschland), Slg. 1991, I-825, Ziff. 59 ff. Zudem wies der Gerichtshof noch darauf hin, dass die Bestimmungen der Richtlinie Rechte des Einzelnen begründen sollen (Ziff. 7, 61), hierzu oben 5. Kap. Rn. 132 ff.

Auffällig ist an dem Urteil, dass der EuGH das von ihm selbst postulierte Gebot der richtlinienkonformen Auslegung nationalen Rechts[260] offenbar nicht für ausreichend hält, um die korrekte Beachtung und Anwendung des Unionsrechts sicherzustellen und damit den Anforderungen an eine unionrechtskonforme Umsetzung zu genügen.[261] Die Problematik einer solch strikten Auslegung der Umsetzungsanforderungen ist nicht zu übersehen:[262] Letztlich wird auf diese Weise die Eingliederung des europäischen in das nationale Umweltrecht erheblich erschwert, kann doch nur unter sehr engen Voraussetzungen auf schon bestehende (allgemeine) Vorschriften zurückgegriffen werden. Notwendig wird damit regelmäßig der Erlass neuer Vorschriften, die sich eng an die Vorgaben der Richtlinien halten, sich aber ggf. nur sehr schwer in das nationale System integrieren lassen. Obwohl einzelne Ausführungen und Ergebnisse des EuGH hier sicherlich nicht zweifelsfrei sind, ist die eingeschlagene Richtung aber gleichwohl zu begrüßen: Nur über eine tatsächliche Integration der genauen unionsrechtlichen Vorgaben in das nationale Recht kann die effektive und korrekte Anwendung des Unionsrechts und eine gewisse Rechtssicherheit hergestellt werden. Dies ist umso dringender, als die Kommission im Falle der nicht eindeutigen Umsetzung unionsrechtlicher Vorgaben nur begrenzte Ressourcen zur Kontrolle ihrer tatsächlichen Beachtung zur Verfügung stehen.[263]

113 Auch die RL 80/68 wird 13 Jahre nach Inkrafttreten der Wasserrahmenrichtlinie aufgehoben werden (Art. 22 Abs. 2 RL 2000/60).

e) Grundwasserschutz: die RL 2006/118

114 Die RL 2006/118 zum Schutz des Grundwassers vor Verschmutzung und Verschlechterung definiert – im Anschluss an Art. 17 Abs. 1, 2 RL 2000/60 (vgl. Art. 1 Abs. 1 RL 2006/113) – **Grundwasserqualitätsnormen** für Nitrate und für Wirkstoffe in Pestiziden und enthält darüber hinaus noch eine Reihe präziserer Vorgaben zur Durchführung der das Grundwasser betreffenden Vorgaben der Wasserrahmenrichtlinie.[264] Bis zur Aufhebung der RL 80/68 13 Jahre nach Inkrafttreten der RL 2000/60 (vgl. Art. 22 Abs. 2 RL 2000/60) wird der Grundwasserschutz in der EU also durch die RL 2006/118 und die RL 80/68 – die im Wesentlichen Emissionsnormen enthält und deren Konzeption weitgehend der RL 2006/11 folgt, wenn auch einige Aspekte normativ genauer geregelt sind[265] – geregelt.

115 Im Einzelnen sind der RL 2006/118 folgende Vorgaben zu entnehmen:

- Art. 3 Abs. 1 lit. a) i.V.m. Anhang I Abs. 1 RL 2006/118 legt von den Mitgliedstaaten zu beachtende **Umweltqualitätsnormen für Nitrate und Wirkstoffe in Pestiziden** fest.
- Für weitere neun Stoffe[266] legen die Mitgliedstaaten sog. **Schwellenwerte** fest (Art. 3 Abs. 1 lit. b) i.V.m. Anhang II Abs. 1 RL 2006/118), die im Ergebnis ebenfalls Umweltqualitätsnormen definieren.[267]
- Art. 4 RL 2006/113 bestimmt das **Verfahren** für die Beurteilung des chemischen Zustands des Grundwassers.[268]

---

260 Hierzu oben 5. Kap. Rn. 121.
261 Vgl. insoweit sehr aussagekräftig EuGH, Rs. C-131/88 (Kommission/Deutschland), Slg. 1991, I-825, Ziff. 60 f.
262 Vgl. auch die scharfe Kritik des Urteils bei *Lübbe-Wolff*, in: Umweltschutz in der EG, 127 (136 ff.); s. auch die Bemerkungen bei *Breuer*, Entwicklungen des europäischen Umweltrechts, 42; *Everling*, NVwZ 1993, 209 (213); *Seidel*, Gewässerschutz, 43 ff., 140 ff. S. auch *Jarass*, Grundfragen der innerstaatlichen Bedeutung des EG-Rechts (5. Kap. III.), 56, der darauf hinweist, dass die Übernahme der Formulierungen der Richtlinien ohne ihre Einbindung in das nationale Regelungssystem zu Vollzugsschwierigkeiten führen kann.
263 I.Erg. ebenso *Everling*, NVwZ 1993 (5. Kap. E.III.), 209 (213); *Zuleeg*, NJW 1993, 31 (36). S. insoweit auch schon oben 5. Kap. Rn. 139 ff.
264 Vgl. zur Grundwasserrichtlinie *Rechenberg*, ZUR 2007, 235 ff.; *Salzwedel/Schwetzel*, NuR 2009, 760 ff.; *Crowhurst*, EELR 2007, 203 ff.
265 S.o. 7. Kap. Rn. 107 ff.
266 Arsen, Cadmium, Blei, Quecksilber, Ammonium, Chlorid, Sulfat, Trichloretylen und Tetrachloretylen.
267 Vgl. in diesem Zusammenhang die Bemerkungen bei *Rechenberg*, ZUR 2007, 235 (238), der auf die trotz der Formulierung inhaltlicher Leitlinien für die Festlegung der Schwellenwerte in Anhang II RL 2006/113 bestehende Gefahr sehr unterschiedlicher Festlegungen dieser Schwellenwerte in den einzelnen Mitgliedstaaten bzw. gar in einzelnen mitgliedstaatlichen Regionen hinweist.
268 Kritisch zu dieser Regelung *Rechenberg*, ZUR 2007, 235 (239 f.).

7. Kapitel Medienschützendes Umweltrecht

- Art. 5 RL 2006/113 konkretisiert das bereits in Art. 17 Abs. 2 lit. b) RL 2000/60 erwähnte Instrument der **Trendermittlung und Trendumkehr**, das eine frühzeitige Erkennung steigender Schadstoffkonzentrationen sicherstellen und eine angemessene Reaktion hierauf ermöglichen soll.[269]
- Art. 6 RL 2006/113 zielt – auch als Nachfolgeregelung der RL 80/68 – darauf ab, den **Eintrag von Schadstoffen in das Grundwasser** zu verhindern oder zu begrenzen, womit die Richtlinie auch Emissionsvorschriften enthält. In Anlehnung an den bereits in der RL 80/68 verankerten Ansatz ist der Eintrag von Stoffen, die in Anhang VIII Nr. 1-6 RL 2000/60 genannt werden, zu verhindern. Gleiches gilt für die in Anhang VIII Nr. 7-9 RL 2000/60 aufgeführten Stoffe, die als gefährlich erachtet werden. Für die nicht gefährlichen Stoffe und für die anderen in Anhang VIII RL 2000/60 genannten Stoffe, die eine Verschmutzungsgefahr mit sich bringen, gilt lediglich ein Begrenzungsverbot: Die Einträge dieser Stoffe in das Grundwasser dürfen nicht zu einer Verschlechterung führen und es darf kein Trendanstieg stattfinden; weiter haben die hier ergriffenen Maßnahmen der besten Umweltpraxis Rechnung zu tragen, und die beste verfügbare Technik ist nach den einschlägigen unionsrechtlichen Vorschriften heranzuziehen.

4. Bewertung

Insgesamt[270] stellt die RL 2000/60 – wie schon ihr Titel verrät – einen „**Ordnungsrahmen**" dar: Ihr Regelungsgehalt konzentriert sich auf zeitliche und inhaltliche Zielvorgaben sowie zahlreiche **Verfahrensvorschriften**, wobei diese der Einhaltung der Umweltziele des Art. 4 RL 2000/60 dienen.

Aus materieller Sicht ist die **Präzisierung der Umweltziele** hervorzuheben, wobei diese an sich eher ambitionierten Ziele[271] durch zahlreiche, teilweise recht unbestimmt umschriebene Ausnahmen jedoch wieder relativiert werden, zumal die Umsetzung der Umweltziele den Mitgliedstaaten überlassen bleibt.[272]

Allerdings ist in diesem Zusammenhang auf die Öffentlichkeitsbeteiligung, insbesondere im Rahmen der Bewirtschaftungsplanung (Art. 14 RL 2000/60), und die Pflicht zur Berichterstattung an die Kommission hinzuweisen. Diese Vorgaben implizieren, dass jede Ausnahme und Fristverlängerung begründet sein muss und diese Begründung der Öffentlichkeit zugänglich zu machen ist, so dass ein öffentlicher Diskurs ermöglicht wird, der wohl auch die Einhaltung der Umweltziele fördern kann.[273] Die Effektivität dieses Mechanismus dürfte allerdings von Mitgliedstaat zu Mitgliedstaat unterschiedlich sein.

Ansonsten ist die Richtlinie – wie viele neuere Umweltrechtsakte der Union – recht **verfahrenslastig sowie final orientiert**,[274] und die Effektivität insbesondere der Emissionsbegrenzungen

---

269 Kritisch zu dieser Regelung, da sie teilweise hinter den Vorgaben der RL 2000/60 zurückbleibe, *Rechenberg*, ZUR 2007, 235 (240 f.).
270 Nicht mehr weiter eingegangen werden soll im Folgenden auf den Aspekt der nach Ansicht einiger (die daher massive Kritik an der Wasserrahmenrichtlinie üben) zu weitgehenden organisationsrechtlichen Bestimmungen, die letztlich in einem Bundesstaat kaum ohne tiefgreifende und ggf. gar systemverändernde Modifikationen umsetzbar seien (vgl. insbesondere *Breuer*, NuR 2000, 541 ff.; *Breuer*, in: Europäisierung, 87 ff.; *Breuer*, EUDUR II/1, § 65, Rn. 53 ff.), woraus bisweilen auch auf die Primärrechtswidrigkeit der Wasserrahmenrichtlinie geschlossen wird (ausdrücklich *Reinhardt*, ZUR 2001, 124 (127)). M.E. kann man dieser Sicht zunächst schon die zugrundeliegende Auslegung der erwähnten einschlägigen Richtlinienbestimmungen (Art. 3 Abs. 2-4 RL 2000/60, s. insoweit auch schon oben 7. Kap. Rn. 81 ff.) entgegenhalten; sodann ist auf die aus ökologischer Sicht durchaus sinnvolle gesamthafte Sichtweise der Einzugsgebiete hinzuweisen (hierzu etwa *Seidel*, Gewässerschutz, 164).
271 Wobei auch an den zu begrüßenden Einbezug der Gewässerökologie zu erinnern ist.
272 S. in diesem Zusammenhang auch *Kappet*, Qualitätsorientierter Umweltschutz, 197, der davon spricht, dass die Vorgabe der Umweltziele eher strategischer Natur sei, weil die Entwicklung geeigneter Maßnahmen bei den Mitgliedstaaten verbleibe; s. auch die Bemerkungen bei *Durner*, in: Implementation der Wasserrahmenrichtlinie, 17 (23 f.), unter dem Titel „Sinnhaftigkeit" der Wasserrahmenrichtlinie.
273 Vgl. auch *Kappet*, Qualitätsorientierter Umweltschutz, 197 f.
274 Zu dieser finalen Ausrichtung der Richtlinie insbesondere *Breuer*, NuR 2007, 503 (505 f.); s. auch *Durner*, NuR 2009, 77.

hängt vom Erlass weiterer Unionsrichtlinien ab. Immerhin sieht Art. 16 RL 2000/60 vor, dass für die prioritären Stoffe – worunter allerdings nur 33 Stoffe fallen (vgl. Anhang X RL 2000/60)[275] – Emissionsgrenzwerte auf Unionsebene erlassen werden sollen. Ansonsten sind Emissionsbegrenzungen in der Union – abgesehen von den Tochterrichtlinien der RL 76/464 bzw. der RL 2006/11 und der RL 2006/118 – im Wesentlichen im Rahmen der RL 2008/1 bzw. der RL 2010/75 (IVU-Richtlinie) für größere Anlagen vorgesehen, so dass für nicht unter diese Richtlinie fallende Betriebe auf Unionsebene keine (abstrakt-generellen oder individuell-konkreten) Emissionsbegrenzungen vorgesehen sind, woraus ein gewisses Defizit in Bezug auf einen effektiven Gewässerschutz resultieren dürfte.[276] Im Übrigen enthält die Richtlinie auch keine Pflicht zur Emissionsbegrenzung gemäß der besten verfügbaren Technik; vielmehr sind letztlich (nur) die Vorgaben der sonstigen Unionsrechtsakte maßgeblich, und auch Art. 16 RL 2000/60 sind keine entsprechenden Vorgaben zu entnehmen.[277] Damit ist der Wasserrahmenrichtlinie für zahlreiche Emissionen – d.h. für die nicht durch bestehende unionsrechtliche Bestimmungen erfassten und für die noch keine Richtlinien nach Art. 16 RL 2000/60 erlassen worden sind und auch sonst keine Unionsrechtsakte einschlägig sind – lediglich ein Grundsatz der Emissionsbegrenzung zu entnehmen, der zwar national umzusetzen ist, wobei aber keine präzisen Vorgaben, auf welche Art und Weise und nach welchen Kriterien dies zu erfolgen hat, formuliert werden (Art. 11 Abs. 3 lit. g), h) RL 2000/60). Auch das Verschlechterungsverbot dürfte – angesichts des Umstandes, dass es sehr unbestimmt ist, unter welchen Voraussetzungen von einer Verschlechterung des Gewässerzustandes gesprochen werden kann (z.B. bei mehreren Schadstoffen) – im Ergebnis wenig operationell sein.[278] Gleiches gilt für die Verpflichtung zur „Trendumkehr" im Grundwasserschutz (Art. 4 Abs. 1 lit. b) iii) RL 2000/60); diese Verpflichtung mag bei besonders „extremen" Verschmutzungen durchaus greifen, ist aber ansonsten normativ nicht sehr präzise formuliert[279] und vermag im Übrigen allenfalls ansatzweise dem Problem der Verschmutzung aus diffusen Quellen zu begegnen.[280]

119 Insgesamt zeichnet sich die Wasserrahmenrichtlinie damit durch ihre **Immissionsorientierung** aus; sie ist in erster Linie auf die Erreichung bestimmter Gewässerzustände ausgerichtet.[281] Damit liegt der Schwerpunkt der EU-Rechtsetzung in diesem Gebiet nicht auf einer möglichst weitgehenden Rechtsangleichung, sondern verlagert sich hin zu der **Formulierung von Zielsetzungen**, die die Erreichung konkreter Güteziele vorschreiben; letztere sind denn auch grundsätzlich für eine nachhaltige Wasserwirtschaft von großer Bedeutung.

So erscheinen die Bewirtschaftung nach Einzugsgebieten, die Gesamtbetrachtung von Gewässerqualität und -quantität, die integrierte Bewertung der Gewässerqualität sowie die Einführung eines kombinierten Kon-

---

275 Die Liste in Anhang X RL 2000/60 ist bedeutend kürzer als die ursprüngliche Liste der Kommission, die diese im Zusammenhang mit der RL 76/464 aufgestellt hatte und für die eigentliche Emissionsgrenzwerte aufgestellt werden sollten (vgl. nur *Albrecht*, Umweltqualitätsziele, 361 f., 388), wobei jedoch der Erlass solcher Tochterrichtlinien, wie erwähnt (oben 7. Kap. Rn. 6), nicht sehr erfolgreich war.
276 Vgl. ähnlich auch *Seidel*, Gewässerschutz, 177; wohl auch *Krämer*, Droit de l'environnement de l'UE, 220 f.; *Durner*, NuR 2010, 452 (454 ff.).
277 So ist in Art. 16 RL 2000/60 von „bester verfügbarer Technik" keine Rede; man muss lediglich „alle technischen Möglichkeiten" in Erwägung ziehen (Art. 16 Abs. 8 RL 2000/60).
278 Zudem dürfte es bei einigen in der in der Richtlinie verwandten Begriffe zu Auslegungsschwierigkeiten kommen. Hinzuweisen ist auch auf den wohl nicht genügend weitgehenden Schutz vor Einleitungen aus diffusen Quellen, hierzu *Hansjürgens/Hosch*, in: Integrierte Gewässerpolitik, 223 (228 f.). S. auch *Knopp*, in: Integrierte Gewässerpolitik, 245 (253 ff.).
279 Wird hier doch auf alle „signifikanten und anhaltenden Trends einer Steigerung der Konzentration von Schadstoffen aufgrund der Auswirkungen menschlicher Tätigkeiten" Bezug genommen, und die Mitgliedstaaten werden zur schrittweisen Reduktion der Verschmutzung des Grundwassers verpflichtet.
280 In Bezug auf Emissionen aus Direkteinleitungen in das Grundwasser s. aber Art. 11 Abs. 1 lit. j) RL 2000/60, wonach Direkteinleitungen in das Grundwasser grundsätzlich nicht erlaubt sind.
281 Vgl. *Lübbe-Wolff*, in: Staat und Privat, 43 (54); *Krämer*, in: Implementation der Wasserrahmenrichtlinie, 45 (53 ff.), der im Einzelnen darlegt, wie sich die EU-Gesetzgebung letztlich weitgehend von der Emissionsregelung „verabschiedet" hat.

7. Kapitel Medienschützendes Umweltrecht

zepts und der Verpflichtung zur Erhebung kostendeckender Preise für die Wassernutzung durchaus im Hinblick auf die ökologischen Anforderungen sinnvoll zu sein.[282]

Die Verpflichtungen der Mitgliedstaaten konzentrieren sich vor diesem Hintergrund darauf nachzuweisen, ob und inwieweit und aus welchen Gründen von diesen Zielen abgewichen wird, was einen „Qualitätszielansatz", m.a.W. eine gewisse „Output-Orientiertheit"[283], impliziert, die an sich durchaus positiv bewertet werden mag.

120

Gleichwohl verbleiben die Zweifel daran, ob die ehrgeizigen Zielsetzungen tatsächlich verwirklicht werden können:[284] Denn regelungstechnisch wird in der Wasserrahmenrichtlinie weniger mit präzisen Vorgaben, denn mit (Qualitäts-) Zielen gearbeitet, die zwar in Anhang V RL 2000/60 gewisse, teilweise[285] durchaus recht präzise Konkretisierungen (insbesondere in Bezug auf den anzustrebenden Gewässerzustand) erfahren. Den Mitgliedstaaten verbleiben aber – auch und gerade im Gefolge der diversen Ausnahmebestimmungen, die teilweise sehr offen und normativ wenig bestimmt formuliert sind[286] – doch einige Spielräume, so dass der Akzent der Richtlinie im Hinblick auf die Regelungsdichte auf den verschiedenen prozeduralen Vorgaben liegt: Abgestellt wird auf die (in der Regel auch durch die Mitgliedstaaten auf der Grundlage der Vorgaben der Richtlinie erfolgende) Definition bzw. Erstellung von Umweltqualitätszielen, Maßnahmenprogrammen, Bewirtschaftungsplänen und Erfolgskontrollen. M.a.W. geht es nicht darum, quantitativ vorgegebene materiell-rechtliche Standards europaweit einheitlich zu konkretisieren, sondern es wird eher ein Konzept dezentraler, von der europäischen Ebene aus nur informatorisch oder prozedural angeleiteter Konkretisierung in den bzw. durch die Mitgliedstaaten verfolgt.[287] Damit stellt die Wasserrahmenrichtlinie sehr detaillierte verfahrensrechtliche Anforderungen an Planung, Monitoring und Berichterstattung; dieser „Detailverliebtheit" im verfahrensrechtlichen Bereich stehen eher ungenau definierte Anforderungen an die materiellen Maßnahmen zum Schutz der Gewässer gegenüber.[288] Ob diese Strategie wirklich zum Erfolg führt, mag immerhin bezweifelt werden: Jedenfalls nach den bisherigen Erfahrungen sind die Mitgliedstaaten weder in der Aufstellung noch der Realisierung von Plänen besonders einsatzfreudig.

121

Auch mit dem Verzicht auf Genehmigungserfordernisse und technikbasierte Standards wurden letztlich effektive Mittel der Umweltpolitik außen vor gelassen, die gerade in der EU, wo die Mitgliedstaaten nicht gerade durch ihre Vollzugsfreudigkeit auffallen und wo die unterschiedliche Situation in den Mitgliedstaaten auch zu einem höchst unterschiedlichem Vollzug führt, durchaus grundsätzlich von Bedeutung sind. Hiergegen können auch nicht Effizienzargumente angeführt werden, da diese letztlich die Ferntransport-, Akkumulations- und Langzeitprobleme ausblenden.[289] Insoweit wurde denn auch die durchaus begründete These

---

282 Vgl. auch *Seidel*, Gewässerschutz, 193.
283 So *Faßbender*, NVwZ 2001, 241 (249). Es soll also auf das Ergebnis – die letztlich erreichte Gewässerqualität – ankommen. S. auch *Krämer*, RDUE 2009, 419 (426), der davon ausgeht, dass die Wasserrahmenrichtlinie letztlich nur Pläne, Strategien und Zielsetzungen formuliere, während die eigentliche Wahl der Maßnahmen weitgehend den Mitgliedstaaten überlassen bleibe, woran er gewisse Zweifel an der Effektivität dieses Vorgehens knüpfen dürfte. Ähnlich auch *Durner*, NuR 2010, 452 (454 ff.).
284 Ganz abgesehen davon, dass die Richtlinie – trotz des übergreifenden, gesamthaften Ansatzes – doch gewisse Probleme nicht berücksichtigt, so insbesondere die Verfügbarkeit von Wasser, vgl. hierzu ausführlich mit Vorschlägen zukünftiger Regelungsansätze *Krämer*, RDUE 2009, 419 (426 ff.).
285 Eher skeptisch in Bezug auf die Präzision der Vorgaben des Anhangs V aber wohl *Grimeaud*, EELR 2001, 41 (45 f.); wohl auch *Salzwedel*, FS Rehbinder, 521 ff.
286 S. insbesondere oben 7. Kap. Rn. 32 ff. *Schmalholz*, ZfW 2001, 69 (70), spricht in diesem Zusammenhang davon, dass „die Richtlinie in weiten – und gerade entscheidenden – Teilen so löchrig ist wie ein Schweizer Käse und den Mitgliedstaaten umfassende Möglichkeiten einräumt, nahezu nach Belieben von den strengen Vorgaben der Richtlinie abzuweichen". S. auch *Grimeaud*, EELR 2001, 41 (48 f.); *Grimeaud*, EELR 2001, 88 (91), der insgesamt von einer gewissen Unbestimmtheit der Umweltziele ausgeht. Zu den Ausnahmeregelungen der Richtlinie zusammenfassend auch *Spieth/Ipsen*, in: Implementation der Wasserrahmenrichtlinie, 115 ff.
287 *Lübbe-Wolff*, in: Staat und Privat, 43 (56).
288 Vgl. auch die Einschätzung bei *Lell/Rechenberg*, ZUR 2001, 120 (121).
289 Ausführlich *Meinken*, Emissions- versus Immissionsorientierung, *passim*; *Meinken*, in: Effizientes Umweltordnungsrecht, 35 ff.

aufgestellt, es gehe letztlich um in materieller Hinsicht weniger anspruchsvolle Regelungen, wofür weder Effizienz- noch Subsidiaritätsgesichtspunkte sprächen.[290] Die Komplexität der Regelungen in der Wasserrahmenrichtlinie – die auch zahlreiche Auslegungsprobleme mit sich bringt[291] – sowie die in manchen Mitgliedstaaten (so auch in Deutschland) komplexe Kompetenzsituation aufgrund der föderalen Struktur brachten mitunter Probleme bei der **Umsetzung** mit sich.[292] So wurden denn auch einige Mitgliedstaate – darunter Deutschland – wegen fehlender bzw. mangelhafter Umsetzung der Richtlinie durch den EuGH verurteilt.[293]

II. Meeresumweltschutz

122 Die **RL 2008/56** zur Schaffung eines Ordnungsrahmens für Maßnahmen der Union im Bereich der Meeresumwelt (**Meeresstrategie-Rahmenrichtlinie**) folgt im Ansatz im Wesentlichen der RL 2000/60 und will letztlich für den Meeresumweltschutz ein entsprechendes Instrument wie für den Schutz der Binnen- und Küstengewässer schaffen (s. auch Art. 1 RL 2008/56).[294]

123 Für jede Meeresregion ist – ggf. in Zusammenarbeit mit anderen Anrainerstaaten derselben Meeresregion – eine **Meeresstrategie** zu erstellen, die gewisse Inhalte (so insbesondere Maßnahmenprogramme) enthalten muss (Art. 5 ff. RL 2008/56). Im Einzelnen präzisiert die Richtlinie hier die im Rahmen der Vorbereitung dieser Strategie zu treffenden Maßnahmen (so insbesondere die Bewertung der Meeresgewässer, Beschreibung eines guten Umweltzustandes,[295] die Festlegung von Umweltzielen sowie von Überwachungsprogrammen, Art. 8 ff. RL 2008/56). In den Maßnahmenprogrammen sind insbesondere diejenigen Maßnahmen zu definieren, die zur Erreichung eines guten Umweltzustandes erforderlich sind (Art. 13 RL 2008/56), wobei in Bezug auf die Verpflichtung zur Erreichung der Umweltziele oder des guten Umweltzustandes Ausnahmen vorgesehen bzw. Abweichungsmöglichkeiten eröffnet sind (Art. 14 RL 2008/56). Art. 17 ff. RL 2008/56 enthalten Aktualisierungspflichten für die Meeresstrategien sowie Vorgaben über Information und Konsultation der Öffentlichkeit. Die Richtlinie sieht für die Verwirklichung dieser Maßnahmen (teilweise großzügige) Fristen vor.

124 Die **Regelungsdichte** der RL 2008/56 fällt insgesamt wesentlich **geringer** aus als diejenige der Wasserrahmenrichtlinie. So enthält sie insbesondere keine wirklichen Umweltqualitätsstandards, sondern sehr vage formulierte Zielvorgaben, die den Mitgliedstaaten einen denkbar weiten Gestaltungsspielraum einräumen. Auch ist wohl zu bezweifeln, ob der Ansatz der Richtlinie, unter Ausklammerung der Schifffahrt und der Fischerei – ausgesprochen belastende Faktoren für die Meeresumwelt – den Meeresumweltschutz zu verfolgen, von Erfolg gekrönt sein wird, ganz abgesehen davon, dass die Bezugnahme auf die zahlreichen völkerrechtlichen Instrumente zum Meeresumweltschutz sich in der Formel erschöpft, man wolle (u.a.) diese ergänzen (vgl. Erw. 17 ff. Präambel RL 2008/56).[296] Vor diesem Hintergrund bleiben die in der Regel von der Union und ihren Mitgliedstaaten ratifizierten völkerrechtlichen Abkommen für den Meeresschutz von Bedeutung; diese gelten als integrierende Bestandteile der Unionsrechtsordnung und

---

290 Vgl. *Lübbe-Wolff*, in: Staat und Privat, 43 (57).
291 Vgl. in diesem Zusammenhang den Überblick über einige der (noch) offenen Rechtsfragen bei *Durner*, in: Implementation der Wasserrahmenrichtlinie, 17 (31 ff.); *Krämer*, in: Implementation der Wasserrahmenrichtlinie, 45 (51 ff.).
292 Zur Umsetzung in Deutschland *Meßerschmidt*, Europäisches Umweltrecht, § 14, Rn. 21; *Knopp*, ZUR 2005, 505 ff.; *Holzwarth*, ZUR 2005, 510 ff.; *Breuer*, ZfW 2005, 1 ff.; *Köck*, ZUR 2012, 140 ff.; *Durner*, NuR 2010, 452 (456 ff.); unter Berücksichtigung der praktischen Probleme auch *Breuer*, NuR 2007, 503 ff.; zur Umsetzung auf Länderebene *Schmutzer*, DVBl. 2006, 228 ff. Zur Umsetzung in verschiedenen EU-Mitgliedstaaten die Beiträge in JEEPL 2004, 179 ff.
293 Vgl. EuGH, Rs. C-67/05 (Kommission/Deutschland), Urt. v. 15.12.2005; EuGH, Rs. 516/07 (Kommission/Spanien), Urt. v. 7.5.2009; s. auch EuGH, Rs. C-32/05 (Kommission/Luxemburg), Slg. 2006, I-11323.
294 Vgl. zu dieser Richtlinie und zur Meeresumweltpolitik der EU *Krämer*, RDUE 2009, 419 (425); *Markus/Schlacke*, ZUR 2009, 464 ff.; *Täufer*, FS Czybulka, 109 ff.; *Täufer*, EurUP 2009, 225 ff.; *Gellermann*, in: Gellermann/Stoll/Czybulka, Handbuch Meeresnaturschutzrecht, 363 ff.
295 Vgl. in diesem Zusammenhang auch Beschluss 2010/477 der Kommission über Kriterien und methodische Standards zur Feststellung des guten Umweltzustands von Meeresgewässern.
296 Vgl. die ausführliche Kritik des Vorschlags zur RL 2008/56 bei *Rossi*, UTR 2007, 81 (92 ff.).

438

entfalten Rechtswirkungen in und für die Mitgliedstaaten nach unionsrechtlichen Grundsätzen, wobei das diesbezügliche Potential der völkerrechtlichen Abkommen jedoch kaum ausgeschöpft werden dürfte.[297]

Hinzuweisen ist in diesem Zusammenhang noch auf die VO 1255/2011 zur Schaffung eines Programms zur Unterstützung der Weiterentwicklung der integrierten Meerespolitik, die die Voraussetzungen für die Finanzierung von Maßnahmen der Mitgliedstaaten im Bereich des Meeresschutzes schafft.

III. Hochwasserschutz

Die **RL 2007/60** über die Bewertung und das Management von Hochwasserrisiken – die auch Verbindungen zum Katastrophenschutz aufweist[298] – soll im Hinblick auf die Verringerung hochwasserbedingter nachteiliger Folgen für die menschliche Gesundheit, die Umwelt, das Kulturerbe und wirtschaftliche Tätigkeiten einen Rahmen für die Bewertung und das Management von Hochwasserrisiken schaffen (Art. 1 RL 2007/60).[299] 125

Die Richtlinie ist auf die **RL 2000/60 abgestimmt**, wie sich etwa in Art. 3 RL 2007/60 zeigt, der auf die nach Art. 3 RL 2000/60 getroffenen Vereinbarungen verweist. Im Übrigen geht auch die RL 2007/60 von einem auf die Flussgebietseinheit bezogenen Ansatz aus (vgl. z.B. die Bezugnahme auf die Flussgebietseinheit in Art. 4 Abs. 1 RL 2007/60, wobei aber auch auf sog. Bewirtschaftungseinheiten abgestellt werden kann, die aus bestimmten Küstengebieten oder einzelnen Einzugsgebieten bestehen). Art. 9 RL 2007/60 sind darüber hinaus spezifische Pflichten der Mitgliedstaaten im Hinblick auf die Koordinierung der auf der Grundlage der RL 2007/60 ergriffenen Maßnahmen mit denjenigen, die durch die RL 2000/60 vorgegeben sind, zu entnehmen. 126

Im Einzelnen sind der RL 2007/60 insbesondere folgende Vorgaben zu entnehmen: 127

- Nach Art. 4 ff. RL 2007/60 haben die Mitgliedstaaten für jede Flussgebietseinheit bzw. jede Bewirtschaftungseinheit eine **vorläufige Bewertung des Hochwasserrisikos** vorzunehmen und auf dieser Grundlage diejenigen Gebiete zu bestimmen, in denen ein potentielles signifikantes Hochwasserrisiko besteht.
- Auf dieser Grundlage sind entsprechende **Hochwassergefahrenkarten** und **Hochwasserrisikokarten** zu erstellen (Art. 6 RL 2007/60).
- Diese wiederum bilden den Ausgangspunkt für die nach Art. 7 f. RL 2007/60 auszuarbeitenden **Hochwasserrisikomanagementpläne**, die die in diesen Bestimmungen vorgesehenen Inhalte aufweisen müssen, wobei es in erster Linie um die Festlegung von Maßnahmen geht, die die Verringerung potentieller hochwasserbedingter nachteiliger Folgen für Gesundheit und Umwelt sowie das Kulturerbe und wirtschaftliche Tätigkeiten sicherzustellen vermögen; Art. 7 Abs. 3 i.V.m. dem Anhang RL 2007/60 enthält einige diesbezügliche Präzisierungen.
- **Information und Konsultation der Öffentlichkeit** sind in Art. 10 RL 2007/60 vorgesehen.

Die Richtlinie greift zweifellos ein wichtiges Anliegen auf. Bemerkenswert ist jedoch, dass sie in materieller Hinsicht eine sehr **geringe normative Dichte** aufweist, insbesondere soweit die Frage betroffen ist, welche Inhalte genau die Hochwasserrisikomanagementpläne aufweisen müssen. Hier begnügt sich die Richtlinie letztlich mit eher vagen Formulierungen, so dass es im Falle der Erfüllung der prozeduralen Vorgaben nur schwer vorstellbar ist, dass ein Verstoß gegen die Richtlinie festgestellt werden kann. 128

---

297 Vgl. hierzu bereits oben 3. Kap. Rn. 24 ff.
298 *Meßerschmidt*, Europäisches Umweltrecht, § 14, Rn. 143.
299 Vgl. zur RL 2007/60 *Krämer*, RDUE 2009, 419 (424 f.); unter Einbezug der Koordinierung mit der RL 2000/60 *Albrecht/Wendler*, NuR 2009, 608 ff.; *Reese*, NuR 2011, 19 ff.; *Drobenko*, REDE 2010, 25 ff.; *Jans/Vedder*, European Environmental Law, 400 f.; *Reinhardt*, NuR 2008, 468 ff. (letzterer sehr kritisch zur Richtlinie); zum Vorschlag der Richtlinie *Breuer*, EurUP 2006, 170 ff. (ebenfalls eher kritisch).

B. Luftreinhaltung

129 Das EU-Luftreinhalterecht[300] weist zwar eine sehr vielschichtige Regelungsstruktur auf; in Bezug auf die Wahl der Instrumente ist es jedoch von einem schwerpunktmäßig **regulativen Ansatz** geprägt.[301] So fehlen größtenteils – auf das mit der Luftreinhaltung im Zusammenhang stehende Klimaschutzrecht wird an anderer Stelle eingegangen[302] – insbesondere sowohl indirekte Instrumente, wie etwa Abgaben, als auch planerische Maßnahmen. Allerdings ergänzen die dem allgemeinen Umweltrecht zuzuordnenden bereichsübergreifenden Regeln der UVP, der SUP, des EMAS und der IVU[303] auch das EU-Luftreinhalterecht, wodurch eine gewisse medienübergreifende und planerische Komponente auch im Luftreinhalterecht zum Zuge kommt.

130 Die sekundärrechtlichen Regelungen im Bereich der Luftreinhaltung – wobei die Anfänge des unionsrechtlichen Luftreinhalterechts bis Ende der 70er / Anfang der 80er Jahre zurückgehen, als Immissionsstandards für gewisse Schadstoffe beschlossen wurden[304] – können (grob) in drei Gruppen eingeteilt werden: Immissionsnormen, Emissionsnormen und Qualitätsanforderungen an Produkte.[305]

I. Immissionsnormen

131 Ein qualitätsorientierter und damit **immissionsbezogener Ansatz** hat in der Union eine gewisse Tradition. So wurden schon früh (Beginn der 80er Jahre) für **Schwefeldioxid, Schwebestaub, Stickstoffdioxid und Blei Luftqualitätsnormen** festgelegt.[306]

Die einschlägigen Richtlinien verfolgten eine parallele Konzeption wie die immissionsbezogenen Gewässerschutzrichtlinien und weisen zudem untereinander eine weitgehend ähnliche Regelungsstruktur auf.[307] Kennzeichnend für sie ist, dass jeweils auf die Luftverschmutzung durch bestimmte Schadstoffe Bezug genommen wird, ohne dass es auf die konkrete Verschmutzungsquelle ankommt.[308] Im Einzelnen handelte es sich um folgende Richtlinien:

- RL 80/779 über Grenzwerte und Leitwerte der Luftqualität für Schwefeldioxid und Schwebestaub;[309]
- RL 82/884 betreffend einen Grenzwert für den Bleigehalt in der Luft;[310]
- RL 85/203 über Luftqualitätsnormen für Stickstoffdioxid.[311]

Ihre Konzeption lässt sich durch folgende Punkte zusammenfassen:

- Für eine unterschiedliche Zahl von Stoffen setzten die Richtlinien einerseits verbindliche **Grenzwerte** als Mindestvorgaben, andererseits **Leitwerte** als längerfristig zu verwirklichende Zielvorgaben fest.[312]
- Die Richtlinien beruhten auf dem Konzept der **Mindeststandards;** die Mitgliedstaaten konnten also in jedem Fall strengere Werte festlegen.[313]

---

300 Zur Problematik der Luftreinhaltung *Koch*, EUDUR II/1, § 47, Rn. 1 ff.; zu den hier nicht weiter erörterten völkerrechtlichen Grundlagen *Epiney/Scheyli*, Umweltvölkerrecht, 215 ff.
301 Dauses-*Scherer/Heselhaus*, Hb. EU-WirtschaftsR, O, Rn. 274; *Koch*, EUDUR II/1, § 47, Rn. 60 a; s. auch schon *Koch*, DVBl. 1992, 124.
302 9. Kap. Rn. 7 ff.
303 Hierzu oben 6. Kap.
304 Zur Entwicklung des Luftreinhalterechts *Sellner*, EUDUR II/1, § 49, Rn. 2 ff.; *Krämer*, Droit de l'environnement de l'UE, 235.
305 Zum Luftreinhalterecht in der EU etwa Dauses-*Scherer/Heselhaus*, Hb. EU-WirtschaftsR, O, Rn. 373 ff.; *Mayer*, EurUP 2008, 227 ff.; *Jans/Vedder*, European Environmental Law, 419 ff.; *Meßerschmidt*, Europäisches Umweltrecht, § 15; *Koch*, EUDUR II/1, § 49; *Sellner*, EUDUR II/1, § 49; *Ronellenfitsch/Delbanco*, EUDUR II/1, § 50; *Scheuing*, EUDUR II/1, § 51; *Koch*, DVBl. 1992, 124 ff.
306 S. in diesem Zusammenhang die Angaben über die Entwicklung der Luftqualität in der EU bei *Krämer*, Droit de l'environnement de l'UE, 233 f.
307 Vgl. zu diesen Normen *Koch*, DVBl. 1992, 124 (125 f.).
308 Zu diesem Ansatz *Jarass*, UPR 2000, 241 (245); *Koch*, EUDUR II/1, § 48, Rn. 1 ff.
309 ABl. 1980 L 229, 30.
310 ABl. 1982 L 378, 15.
311 ABl. 1985 L 87, 1.
312 Art. 1, 2 RL 80/779, Art. 1, 2 RL 85/203.
313 Vgl. Art. 4 RL 80/779, Art. 2 Abs. 3 RL 82/884, Art. 5 RL 85/203.

7. Kapitel Medienschützendes Umweltrecht

- Die **Messmethoden** und die Häufigkeit der durchzuführenden Analysen sowie die Anpassung der Vorgaben an den Stand der Technik[314] werden durch einen Ausschuss geregelt.[315]
- Die Anwendung der Immissionsnormen durfte keinesfalls zu einer (merkbaren) **Verschlechterung** der Luftqualität führen.[316]
- Entsprachen die Konzentrationen der Schadstoffe nicht den Luftqualitätsnormen, teilte der betroffene Mitgliedstaat dies der Kommission mit und arbeitete **Pläne** aus, die die Einhaltung der Immissionsnormen innerhalb einer nützlichen Frist sicherstellen sollten.[317]
- Auch im Bereich der Luftreinhaltung sahen die Richtlinien für die **Informationsübermittlung** einen Rückgriff auf das spezifische Verfahren der RL 91/692 zur Informationsübermittlung auf der Grundlage eines von der Kommission erstellten Fragebogens vor.[318]

Die Umsetzung dieser Richtlinien bereitete insbesondere in Deutschland Probleme, genügen doch Verwaltungsvorschriften nach der Rechtsprechung des EuGH grundsätzlich nicht für eine korrekte Umsetzung.[319]

Diese Politik wurde zunächst 1996 mit der **Luftqualitätsrahmenrichtlinie (RL 96/62)**[320] auf eine neue Grundlage gestellt.[321]

132

Diese Richtlinie bezweckte, über die Definition und Festlegung von Luftqualitätszielen für die Union schädliche Auswirkungen auf die menschliche Gesundheit und die Umwelt insgesamt zu vermeiden bzw. zu verringern.[322] Für bestimmte, im Anhang aufgeführte Schadstoffe hatte der Rat innerhalb gewisser Fristen nach bestimmten genauer ausgeführten Kriterien Immisssionsgrenzwerte festzulegen, Art. 4 RL 96/62. Die Mitgliedstaaten hatten dann die „erforderlichen Maßnahmen" zu ergreifen, um die Einhaltung dieser Grenzwerte sicherzustellen, wobei insbesondere ein integrativer Ansatz zugrundezulegen war, Art. 7 RL 96/62. Im Falle der Überschreitung der Grenzwerte in bestimmten Gebieten hatten die Mitgliedstaaten Programme oder Pläne auszuarbeiten, die die Einhaltung der Grenzwerte gewährleisten konnten. Zudem waren der Richtlinie Vorgaben in Bezug auf die Methoden bei der Beurteilung der Luftqualität zu entnehmen, Art. 5, 6 RL 96/62. In der Sache wurde dabei also an die Grundidee der „alten" Richtlinien angeknüpft, wobei jedoch ein „modernerer" Regelungsansatz verfolgt wurde, der insbesondere den Einbezug integrativer Elemente sowie die Beteiligung der Öffentlichkeit (Art. 10 RL 96/62) betraf.[323] Die RL 96/62 ist im Zusammenhang mit dem gerichtlichen Zugang Einzelner, mittels desselben er ein Recht auf die Erstellung eines Aktionsplans geltend machen kann, zu einiger Berühmtheit gelangt.[324]

In den Jahren 1999, 2000 und 2002 wurden drei **Tochterrichtlinien** erlassen: die RL 1999/30[325], die die drei genannten Richtlinien vom Beginn der 80er Jahre schrittweise (vgl. Art. 9 RL 1999/30) ersetzte,[326] die RL 2000/69 für Benzol und Kohlenmonoxid[327] und die RL 2002/3 über den Ozongehalt der Luft.[328]

---

314 Diese Aspekte wurden in der Regel in den Anhängen geregelt.
315 Vgl. Art. 13 f. RL 80/779, Art. 10 f. RL 82/884, Art. 13 f. RL 85/203. Allgemein zu dem Ausschussverfahren oben 3. Kap. Rn. 40.
316 Vgl. Art. 9 RL 80/779, Art. 7 RL 82/884, Art. 9 RL 85/203.
317 Art. 3 RL 80/779, Art. 3 RL 82/884, Art. 3 RL 85/203.
318 Vgl. Art. 8 RL 80/779, Art. 6 RL 82/884, Art. 8 RL 85/203.
319 Hierzu oben 5. Kap. C.I.1.
320 RL 96/62 über die Beurteilung und die Kontrolle der Luftqualität, ABl. 1996 L 296, 55.
321 Zur RL 96/62 *Hansmann*, NuR 1999, 10 ff.; ausführlich auch *Koch*, EUDUR II/1, § 48, Rn. 5 ff.; *Nettesheim*, Mitgliedstaatliche Durchführung von EG-Richtlinien (5. Kap. E.III.), 98 ff.; *Meßerschmidt*, Europäisches Umweltrecht, § 15, Rn. 13 ff.; s. auch *Stüer*, EurUP 2004, 46 (47 ff.).
322 Vgl. in diesem Zusammenhang auch EuGH, Rs. C-417/99 (Kommission/Spanien), Slg. 2001, I-6015, wo der EuGH darauf hinweist, dass die sich aus Art. 3 Abs. 1 RL 96/62 ergebende Verpflichtung, die zuständigen Behörden und Stellen zu benennen, nicht korrekt umgesetzt worden war. S. zu der damit angesprochenen Problematik der Anforderungen an die Umsetzung oben 5. Kap. Rn. 122 ff.
323 Vgl. auch Art. 7-9 RL 96/62, der allgemeine Handlungsanweisungen an die Mitgliedstaaten im Hinblick auf die Verbesserung der Luftqualität enthielt.
324 Vgl. EuGH, Rs. C-237/07 (Janecek), Slg. 2008, I-6221. Hierzu ausführlich oben 5. Kap. Rn. 132 ff.
325 ABl. 1999 L 163, 41.
326 Hierzu *Epiney/Gruber*, Verkehrsrecht, 334 ff.; ausführlich *Koch*, EUDUR II/1, § 48, Rn. 26 ff.
327 ABl. 2000 L 313, 12. Zu dieser Richtlinie im Einzelnen *Koch*, EUDUR II/1, § 48, Rn. 45 ff.
328 ABl. 2002 L 67, 14. Diese Richtlinie löste die RL 92/72 ab. Zur Umsetzung des qualitätsbezogenen Rechts der Luftreinhaltung in Deutschland *Jarass*, NVwZ 2003, 257 ff.

133 Die heute maßgebliche **RL 2008/50 über Luftqualität und saubere Luft für Europa** löste die bisherige Luftqualitätsrahmenrichtlinie (RL 96/62) und ihre Tochterrichtlinien ab, knüpft aber inhaltlich und konzeptionell weitgehend an den bereits durch die RL 96/62 verankerten Ansatz an. Die RL 2008/50 bezweckt, über die Definition und Festlegung von **Luftqualitätszielen** für die Union schädliche Auswirkungen auf die menschliche Gesundheit und die Umwelt insgesamt zu vermeiden bzw. zu verringern. Für bestimmte Schadstoffe werden Immissionsgrenzwerte formuliert, und die Mitgliedstaaten haben im Falle des Überschreitens der Grenzwerte Luftqualitätspläne zu formulieren. Damit fasst die Richtlinie die bislang geltenden Umweltqualitätsstandards in einem Rechtsakt zusammen.

134 Im Einzelnen sind der RL 2008/50 – deren Hauptteil durch insgesamt 17 Anhänge präzisiert wird – insbesondere folgende Vorgaben zu entnehmen:[329]

- Die Mitgliedstaaten legen in ihrem Hoheitsgebiet **„Gebiete und Ballungsgebiete"** fest, in denen die Luftqualität beurteilt und kontrolliert wird (Art. 4 RL 2008/50).

  Unter „Gebiet" ist ein Teil des Hoheitsgebiets eines Mitgliedstaats zu verstehen, das dieser für die Beurteilung und Kontrolle der Luftqualität ausgeschieden hat (Art. 2 Nr. 16 RL 2008/50), und ein „Ballungsraum" ist ein in den Begriffsdefinitionen näher bestimmtes städtisches Gebiet (Art. 2 Nr. 17 RL 2008/50).

  Diese Bestimmung impliziert, dass die Immissionsgrenzwerte – insofern im Gegensatz zur bisherigen Rechtslage – nicht mehr im gesamten Hoheitsgebiet der Mitgliedstaaten, sondern nur in den festgelegten Gebieten zu beachten sind.[330] Umso erstaunlicher ist es, dass Art. 4 RL 2008/50 keinerlei Anhaltspunkte darüber zu entnehmen sind, auf welche Weise die Mitgliedstaaten diese Gebiete und Ballungsgebiete zu bestimmen haben, so dass es a priori nicht ausgeschlossen erscheint, dass die Mitgliedstaaten über eine restriktive Bestimmung dieser Gebiete den Anwendungsbereich der Richtlinie erheblich einschränken. Die effektive Wirksamkeit der Richtlinie und ihre Zielsetzungen (die Gewährleistung einer guten Luftqualität bzw. die Verminderung der Schadstoffe) sprechen jedoch dafür, dass die Mitgliedstaaten bei der Festlegung der Gebiete und Ballungsgebiete nicht völlig frei sind. Vielmehr dürfte sich schon aus Art. 4 RL 2008/50 selbst ergeben, dass jedenfalls die Ballungsräume, so wie sie in Art. 2 Nr. 17 RL 2008/50 definiert sind (der allerdings auch aufgrund der von den Mitgliedstaaten festzulegenden Bevölkerungsdichte pro km^2 einen gewissen Gestaltungsspielraum einräumt), als solche zu bezeichnen sind. Weiter trüge es wohl der effektiven Wirksamkeit der Richtlinie nicht Rechnung, wenn die Mitgliedstaaten bei Gebieten mit ungenügender Luftqualität (systematisch) von einer Festlegung absähen. Aber auch diese Präzisierungen ändern nichts daran, dass es bedauerlich ist, dass die Immissionsgrenzwerte nicht grundsätzlich für das gesamte Hoheitsgebiet einzuhalten sind, zumal auch auf ihrer Grundlage noch einige Unsicherheiten bleiben.

- Art. 5 ff. RL 2008/50 sind Vorgaben betreffend die **Beurteilung der Luftqualität** in Bezug auf bestimmte Schadstoffe[331] zu entnehmen. Die Mitgliedstaaten haben alle Gebiete und Ballungsräume nach den festgelegten Beurteilungsschwellen einzustufen. Im Hinblick auf die Verlässlichkeit der Messungen werden auch Kriterien für die Festlegung der Probenahmestellen und die anzuwendenden Referenzmessmethoden formuliert.

- Für eine Reihe von Schadstoffen (neu auch für Feinstaub) werden unionsweite **Immissionsgrenzwerte** festgelegt, und die Mitgliedstaaten haben sicherzustellen, dass diese Grenzwerte nicht überschritten werden (Art. 12 ff. RL 2008/50). Im Falle der Überschreitung dieser Grenzwerte haben die Mitgliedstaaten **Luftqualitätspläne** zu erstellen (Art. 23 RL 2008/50).

- Im Falle der Überschreitung der ebenfalls in der Richtlinie festgelegten sog. **Alarmschwellen** (Art. 13 Abs. 2 RL 2008/50) sind (kurzfristige) **Maßnahmenpläne** zu entwickeln (Art. 24 RL 2008/50).

---

[329] Zur RL 2008/50 und ihrer Umsetzung in deutsches Recht etwa *Klinger*, ZUR 2009, 16 ff.; *Bruckmann*, Immissionsschutz 2/2008, 60 ff. zur Umsetzung des EU-Luftreinhalterechts in Deutschland allgemein die Hinweise bei *Meßerschmidt*, Europäisches Umweltrecht, § 15, Rn. 8 f. S. auch den Überblick über die RL 2008/50 bei *Epiney*, NuR 2011, 167 (173); *Jans/Vedder*, European Environmental Law, 419 ff.; zum Vorschlag der Richtlinie etwa *Scheidler*, NuR 2006, 354 f.; *Gasparinetti/van den Hout*, JEEPL 2006, 292 ff.
[330] Hierauf ausdrücklich hinweisend *Krämer*, Droit de l'environnement de l'UE, 236.
[331] Schwefeldioxid, Stickstoffdioxid, Stickstoffoxide, Partikel, Blei, Benzol und Kohlenmonoxid sowie Ozon (für letzteres werden spezifische Vorgaben formuliert).

7. Kapitel Medienschützendes Umweltrecht

- Darüber hinaus formuliert die Richtlinie spezifische Vorgaben betreffend die Reduktion der Exposition gegenüber **Feinstaub** und betreffend die Limitierung der **Ozonkonzentration**.
- **Weitere Bestimmungen** betreffen die Information der Öffentlichkeit im Falle der Überschreitung bestimmter Werte (Art. 19 RL 2008/50), Berichtspflichten der Mitgliedstaaten (z.B. Art. 20 RL 2008/50) sowie die Information und Konsultation der Öffentlichkeit (Art. 26 f. RL 2008/50).[332]

Der Richtlinie sind zwar einige präzise festgelegte Immissionsgrenzwerte zu entnehmen; jedoch liegt der Akzent der Regelungen auf verfahrensrechtlichen Vorgaben. Im Übrigen verzichtet sie auf die Festlegung von Grenzwerten für Schwermetalle. Insgesamt – auch vor dem Hintergrund, dass die Einhaltung der Immissionsgrenzwerte trotz der in der Richtlinie allerdings recht allgemein formulierten Vorgaben nur beschränkt wirklich überprüfbar ist – ist fraglich, ob das Instrumentarium der Richtlinie tatsächlich eine effektive Kontrolle und insbesondere Absenkung des Immissionsniveaus zu bewirken vermag.[333]

Im Übrigen ist bemerkenswert, dass die Richtlinie offenbar selbst davon ausgeht, dass die Grenzwerte überschritten werden können, sieht sie doch entsprechende Rechtsfolgen (Aufstellung von Plänen) vor. Aufgeworfen wird damit die Frage, ob es sich bei den Grenzwerten lediglich um Zielvorgaben ohne eigentliche Bindungswirkung handelt oder ob es um eine eigentliche **Erfolgspflicht** geht, so dass die Mitgliedstaaten im Falle der Nichteinhaltung gegen die Richtlinie verstoßen. Soweit die Richtlinie selbst vorsieht, dass die Mitgliedstaaten die Einhaltung gewisser Grenzwerte sicherzustellen haben, spricht schon der *effet utile* einer solchen Vorgabe dagegen, hier von reinen Zielvorgaben, deren Einhaltung eigentlich nicht gefordert wird, auszugehen. Insofern dürfte tatsächlich von einer Ergebnisverpflichtung auszugehen sein. Hieran ändert dann auch der Umstand nichts, dass die Richtlinie selbst die Eventualität einer Überschreitung der Grenzwerte einbezieht. Eine Ausnahme könnte man allenfalls dann annehmen, wenn die Mitgliedstaaten alle Maßnahmen ergriffen haben, die nach menschlichem Ermessen die Einhaltung der Grenzwerte sicherzustellen vermögen, dies jedoch aufgrund unvorhergesehener Umstände letztlich dann doch nicht gelingt. Eine derartige Pflicht zur Einhaltung gewisser Grenzwerte ist für Schwefeldioxid, PM_{10}, Blei und Kohlenmonoxid sowie für Stickstoffdioxid und Benzol vorgesehen (Art. 13 Abs. 1 RL 2008/50).

Zu bemerken ist jedoch, dass in Bezug auf Feinstaub und Ozon die Mitgliedstaaten lediglich angehalten sind, diejenigen Maßnahmen zur Einhaltung der Grenzwerte zu treffen, die „keine unverhältnismäßigen Kosten" verursachen (Art. 15 ff. RL 2008/50), so dass insofern ein zudem nur vage formulierter Vorbehalt, der den Mitgliedstaaten einen erheblichen Gestaltungsspielraum einräumen dürfte, besteht. Aber auch hier ändert nichts daran, dass die Grenzwerte verbindlich ausgestaltet sind.

Für **Arsen, Kadmium, Nickel** und **Benzo(a)pyren** enthält die RL 2004/107 „Zielwerte" (Art. 1 lit. a) RL 2004/107) für die Immissionskonzentration. Die Mitgliedstaaten haben alle „erforderlichen und ohne unverhältnismäßige Kosten" durchführbaren Maßnahmen zu ergreifen, damit diese Zielwerte erreicht werden; allein die Nichteinhaltung dieser Zielwerte vermag daher keinen Verstoß gegen die Richtlinie zu begründen. Allerdings handelt es sich auch hier nicht um eine rein unverbindliche Empfehlung, sondern den Mitgliedstaaten wird grundsätzlich aufgegeben, die erforderlichen Maßnahmen zu ergreifen, sofern sie keine unverhältnismäßigen Kosten mit sich bringen. Darüber hinaus enthält auch diese Richtlinie Verpflichtungen im Hinblick auf die Beurteilung der Immissionskonzentrationen und diverse Informationspflichten.[334]

---

332 S. dies bezüglich auch den Durchführungsbeschluss 2011/850 der Kommission.
333 Vgl. auch die Zweifel und die Kritik bei *Krämer*, Droit de l'environnement de l'UE, 237 f.
334 Gemäß Erw. 4 Präambel RL 2008/50 soll überprüft werden, ob auch diese Richtlinie in die neue Luftqualitätsrichtlinie überführt werden soll.

II. Emissionsnormen

139 Die Union greift in zahlreichen Bereichen auf Emissionsnormen zurück. Dies trägt zum einen der Tatsache Rechnung, dass nur auf diese Weise die Immissionen letztlich effektiv reduziert werden können und stellt zum anderen einen Beitrag zur Verwirklichung eines unverfälschten Wettbewerbs dar. Emissionsvorschriften existieren sowohl für bewegliche als auch für ortsfeste Emittenten; sie können also produkt- oder produktionsbezogen sein (1., 2.). Weiter hat das Unionsrecht für bestimmte Schadstoffe nationale Emissionshöchstmengen festgelegt (3.).

Vereinzelt stellt das Unionsrecht auch auf die **Emission bestimmter, als besonders gefährlich eingestufter Schadstoffe** ab, unabhängig davon, ob sie von beweglichen oder ortsfesten Anlagen stammen. Beispielhaft sei hier auf die **RL 87/217** zur Verhütung und Verringerung der Umweltverschmutzung durch **Asbest** hingewiesen.

1. Produktbezogene Regelungen

140 Die Angleichung von Rechtsvorschriften für Emissionen aus beweglichen Quellen war schon recht früh Gegenstand sekundärrechtlicher Regelungen. Dies ist in erster Linie darauf zurückzuführen, dass verschiedene Regelungen in diesem Bereich Beschränkungen des freien Warenverkehrs nach sich ziehen (können).[335] Dabei lag und liegt der Schwerpunkt der unionsrechtlichen Regelungen auf der Formulierung von **Emissionsstandards für Kraftfahrzeuge**. Bereits 1970 wurde die erste sekundärrechtliche Regelung erlassen,[336] deren Standards immer wieder verschärft wurden; seit 1985 sind diese so ausgestaltet, dass nur mit einem Katalysator ausgestattete Kraftfahrzeuge diesen entsprechen.[337] Hingegen wurde (und wird) keine bestimmte Technik vorgeschrieben (etwa im Hinblick auf Motoren, die wenig Treibstoff verbrauchen, oder eine Reduktion der PS).

141 Die Regelungen über Emissionsnormen von Kraftfahrzeugen wurden durch den Erlass der **VO 715/2007 über die Typengenehmigung von Kraftfahrzeugen hinsichtlich der Emissionen von leichten Personenkraftwagen und Nutzfahrzeugen** – die mit Wirkung vom 2.1.2013 die bisherigen Regelungen[338] weitgehend ersetzt (vgl. die Liste der aufgehobenen, insgesamt 25 Richtlinien in Art. 17 Abs. 1 VO 715/2007) – auf eine neue Grundlage gestellt.

142 Wie schon die Vorgängerregelungen enthält die Verordnung ein **Typengenehmigungssystem**, womit die nationalen Vorschriften im Bereich der Kraftfahrzeugzulassung harmonisiert werden. Hauptsächlicher Zweck der Verordnung ist es, den Handel in der Union dadurch zu erleichtern, dass ein EU-weit einheitliches Genehmigungsverfahren für das Inverkehrbringen der von der Verordnung erfassten Kraftfahrzeuge geschaffen wird (Erw. 1 ff. Präambel VO 715/2007). Dessen Ausgangspunkt stellt die Erteilung der Typengenehmigung dar, womit die zuständigen nationalen Stellen auf Antrag des Herstellers die Konformität eines serienmäßig hergestellten Fahrzeugtyps (bzw. eines entsprechenden Zubehörteils) mit den technischen Anforderungen des Unionsrechts bestätigen. Den Anforderungen der Verordnung bzw. der Durchführungsverordnung[339] entsprechende Kraftfahrzeugtypen müssen zugelassen werden; solche, bei denen dies nicht der Fall ist, dürfen nicht zugelassen werden (Art. 10 VO 715/2007).[340] Die VO 715/2007 sowie die Durchführungsverordnungen bilden die alleinige Grundlage für die nachfolgende Betriebszulassung.[341] Die Mitgliedstaaten dürfen im Übrigen die Inverkehrbringung bzw. den Ver-

---

[335] In der Regel dürften nämlich Beschränkungen des freien Warenverkehrs durch schärfere Emissionsnormen durch zwingende Erfordernisse gerechtfertigt sein, hierzu oben 5. Kap. Rn. 67 ff.
[336] RL 70/220 zur Angleichung der Rechtsvorschriften der Mitgliedstaaten über Maßnahmen gegen die Verunreinigung der Luft durch Emissionen von Kraftfahrzeugen, ABl. 1970 L 76, 1.
[337] Zur Entwicklung der diesbezüglichen Regelungen *Krämer*, Droit de l'environnement de l'UE, 239 f.
[338] Vgl. zu diesen in der Vorauflage, 204 ff.; *Meßerschmidt*, Europäisches Umweltrecht, § 15, Rn. 70 f.; *Epiney/Gruber*, Verkehrsrecht, 326 ff.; *Ronellenfitsch/Delbanco*, EUDUR II/1, § 50, Rn. 5 ff.
[339] Vgl. die VO 692/2008 der Kommission vom 18. Juli 2008 zur Durchführung und Änderung der Verordnung (EG) Nr. 715/2007, ABl. 2008 L 199, 1.
[340] Zu den Pflichten der Hersteller insbesondere Art. 4 VO 715/2007.
[341] Vgl. schon Art. 7 Abs. 1 RL 70/156 zur Angleichung der Rechtsvorschriften der Mitgliedstaaten über die Betriebserlaubnis für Kraftfahrzeuge und Kraftfahrzeuganhänger, ABl. 1970 L 42, 1.

7. Kapitel Medienschützendes Umweltrecht

kauf eines Fahrzeugs nicht verbieten, wenn es mit einer vom Typengenehmigungsinhaber ausgestellten Übereinstimmungsbescheinigung versehen ist. Daher sind die Mitgliedstaaten nicht berechtigt, zusätzliche Voraussetzungen zu verlangen, so dass sie grundsätzlich – d.h. abgesehen von Art. 114 Abs. 4 ff. AEUV[342] – keine strengeren Emissionsgrenzwerte festlegen dürfen.[343] Für **schwere Nutzfahrzeuge** besteht mit der **VO 595/2009** über die Typengenehmigung von Kraftfahrzeugen und Motoren hinsichtlich der Emissionen von schweren Nutzfahrzeugen (Euro VI) eine Parallelregelung.

In weiteren Rechtsakten wird spezifisch der CO_2-Ausstoß geregelt. Zu erwähnen sind hier die **VO 443/2009** und die **VO 510/2011**, die im Rahmen des Gesamtkonzepts der Union zur Verringerung der CO_2-Emissionen von **Personenkraftwagen** und **leichten Nutzfahrzeugen** für diese Grenzwerte für CO_2-Emissionen festlegen, dies allerdings nicht für jedes einzelne Fahrzeug, sondern zu beachten sind lediglich Durchschnittswerte für alle Fahrzeuge, die von einem Hersteller in einem Jahr gebaut werden.[344]

Im Übrigen gibt es noch weitere Rechtsakte für spezifische Fahrzeuge, wobei das Zusammenspiel dieser technischen Einzelrichtlinien mit der Betriebserlaubnis parallel zum erwähnten Typengenehmigungssystem ausgestaltet ist. Hinzuweisen ist etwa auf die RL 2000/25 in Bezug auf land- und forstwirtschaftliche Zugmaschinen sowie die RL 2002/51 in Bezug auf zwei- und dreirädrige Kraftfahrzeuge. Weiter enthält die RL 97/68 Regeln zur Bekämpfung der Emissionen gasförmiger Schadstoffe und luftverunreinigender Partikel aus Verbrennungsmotoren für mobile Maschinen und Geräte, wie z.B. Kompressoren oder Planierraupen.

Obwohl somit zahlreiche produktbezogene Vorschriften die Emissionen von Kraftfahrzeugen regeln, werden die **unionsrechtlichen Regelungen** häufig als **ungenügend** angesehen: So seien nicht umfassend alle Kraftfahrzeuge genügenden Vorgaben unterworfen (es fehlen etwa Begrenzungen der CO_2-Emissionen für schwere Nutzfahrzeuge); auch gelten die Regelungen in der Regel grundsätzlich nur für neu zugelassene Fahrzeuge, was angesichts der langen Lebensdauer von Fahrzeugen unbefriedigend sei. Schließlich wird die Beschränkung der Regelungen auf Emissionswerte kritisiert; notwendig und sachdienlich seien darüber hinaus weitergehende technische Vorgaben (z.B. Reduktion der Motorenstärke, Vorgaben für den Treibstoffverbrauch).[345]

2. Produktionsbezogene Regelungen

Das Regelungssystem zur Begrenzung von Emissionen aus **ortsfesten Quellen** besteht in erster Linie aus Richtlinien zur Begrenzung von Emissionen aus Industrieanlagen. Hierzu hat die Union mit der **RL 84/360**[346] schon 1984 eine Rahmenrichtlinie erlassen, die an alle in ihren Anwendungsbereich fallende Industrieanlagen bestimmte Grundanforderungen stellt. Durch spezielle Richtlinien, die alle nur Mindeststandards aufstellen, wurden diese Anforderungen für bestimmte Industrieanlagen weiter konkretisiert.

Darüber hinaus finden sich Emissionsnormen aber auch in Richtlinien, die primär andere Schutzzwecke verfolgen und daher einem anderen Bereich zuzurechnen sind. Zu erwähnen sind hier insbesondere die dem Abfallrecht zuzurechnenden Regelungen über bestimmte Abfallarten, wie z.B. Altöl oder Titandioxid-Abfälle.[347]

Die unionsrechtlichen Vorgaben für die Bekämpfung von **Emissionen aus ortsfesten Anlagen** wurden durch den Erlass der neuen **IVU-Richtlinie** bzw. **der Industrieemissionsrichtlinie (RL 2010/75)** auf eine neue Grundlage gestellt:[348] Diese Richtlinie fasst nunmehr die in der Union für Anlagen geltenden Emissionsgrenzwerte bzw. die Vorgaben, die im Hinblick auf die

---

342 Hierzu oben 5. Kap. Rn. 90 ff.
343 Vgl. aus der Rechtsprechung EuGH, Rs. C-329/95 (VAG Sverige AB), Slg. 1997, I-2675. Ausführlich zur Regelungssystematik *Epiney/Gruber*, Verkehrsrecht, 285 f. S. im Übrigen zur Zulässigkeit finanzieller Anreize Art. 12 VO 715/2007.
344 Vgl. zu dieser Regelung *Meßerschmidt*, Europäisches Umweltrecht, § 15, Rn. 83 ff.
345 Vgl. insbesondere die Bemerkungen bei *Krämer*, Droit de l'environnement de l'UE, 239 f.
346 ABl. 1984 L 188, 20.
347 Hierzu unten 9. Kap. Rn. 132 ff.
348 Vgl. zur bisherigen Rechtslage in der Vorauflage, 296 ff.

Limitierung von Emissionen aus (bestimmten großen) Anlagen zu beachten sind, in einem Rechtsakt zusammen[349] und einige der bisher geltenden Rechtsakte – so insbesondere die RL 2001/80 (Großfeuerungsanlagenrichtlinie), die RL 2000/76 (Abfallverbrennungsrichtlinie) und die RL 1999/13 (Lösemittelrichtlinie) – werden dementsprechend in die neue Richtlinie integriert und aufgehoben werden.[350]

3. Zur Festlegung nationaler Emissionshöchstmengen: die RL 2001/81

147 Eine grundlegende Öffnung der bis dahin ausschließlich an der Quelle ansetzenden Emissionsschutzkonzeption wird durch die **RL 2001/81 über nationale Emissionshöchstmengen für bestimmte Luftschadstoffe** verwirklicht.[351] In Ergänzung der bestehenden quellenbezogenen Regelungen werden die Mitgliedstaaten verpflichtet, den jährlichen Gesamtausstoß[352] an Schwefeldioxid, Stickstoffoxiden, flüchtigen organischen Verbindungen und Ammoniak bis 2010 auf bestimmte, im Anhang I ausgewiesene nationale Emissionshöchstmengen zu begrenzen, Art. 4 RL 2001/81).[353]

148 Die Mitgliedstaaten haben im Hinblick auf die Einhaltung der Emissionshöchstmengen nationale Programme mit bestimmten Inhalten aufzustellen, die insbesondere die Maßnahmen benennen sollen, mittels derer die Verwirklichung der zu erreichenden Ziele sichergestellt werden soll (Art. 6 RL 2001/81). Zusätzlich sollen jährlich Emissionskataster erstellt (Art. 7 RL 2001/81) und Berichte zuhanden der Kommission verfasst werden (Art. 8 RL 2001/81).

In den verb. Rs. C-165-167/09[354] standen zentrale Fragen der Auslegung der RL 2001/81 und der RL 2008/1 (IVU-Richtlinie) – die durch die RL 2010/75 über Industrieemissionen abgelöst wird,[355] wobei die in dieser Rechtssache entwickelten Grundsätze auch im Rahmen der neuen Richtlinie relevant sind – sowie des Verhältnisses beider Rechtsakte zur Debatte. Der Gerichtshof hält zunächst fest, bei der Festlegung von Emissionsgrenzwerten nach der RL 2008/1 seien die in der RL 2001/81 festgelegten Emissionshöchstmengen für SO_2 und NO_x nicht zu berücksichtigen. Zunächst verweise die einschlägige Bestimmung der RL 2008/1 schon nicht auf die der RL 2001/81 zu entnehmenden Emissionshöchstmengen. Etwas anderes ergebe sich auch nicht aus Art. 3 RL 2008/1, der für den Betrieb der IVU-pflichtigen Anlagen eine Reihe allgemeiner Vorgaben enthält, werde doch auch dort nicht auf Emissionshöchstmengen Bezug genommen. Auch handle es sich bei den Emissionshöchstmengen nicht um Umweltqualitätsnormen, und auch sonst werde nicht auf die RL 2001/81 verwiesen. Auf der anderen Seite sei aus der RL 2001/81 keine Pflicht zu entnehmen, bei umweltrechtlichen Genehmigungen die nationalen Emissionshöchstmengen für die genannten Schadstoffe zu berücksichtigen. Dieser Ansatz werde durch die unterschiedliche Zweckbestimmung und Systematik der beiden Richtlinien bestätigt. Folgerichtig hält der Gerichtshof auf dieser Grundlage fest, die RL 2001/81 verpflichte die Mitgliedstaaten nicht dazu, die Genehmigung für eine Anlage zu verweigern bzw. zu beschränken oder im Zusammenhang mit einer solchen spezifische Ausgleichsmaßnahmen zu ergreifen, was auch im Falle der Überschreitung oder drohenden Überschreitung der nationalen Emissionshöchstmengen für SO_2 und NO_x gelte.

---

349 Vgl. aber auch die RL 94/63/EG des Europäischen Parlaments und des Rates vom 20. Dezember 1994 zur Begrenzung der Emissionen flüchtiger organischer Verbindungen (VOC-Emissionen) bei der Lagerung von Ottokraftstoff und seiner Verteilung von den Auslieferungslagern bis zu den Tankstellen. Zu dieser Richtlinie *Scheuing*, EUDUR II/1, § 51, Rn. 63 ff. Ebenfalls produktionsbezogene Vorgaben enthält die RL 2009/126, die Maßnahmen zur Verringerung der Menge an Benzindämpfen festlegt, die beim Betanken von Fahrzeugen an Tankstellen freigesetzt werden. Weiter ist auf die Regelungen der Stoffe, die zum Abbau der Ozonschicht führen, und auf verschiedene abfallrechtliche Regelungen hinzuweisen, die an anderer Stelle (9. Kap. Rn. 2 ff., Rn. 88 ff.) behandelt werden.
350 Im Einzelnen zur RL 2010/75 6. Kap. Rn. 160 ff.
351 Zur RL 2001/81 den Überblick bei *Jans/Vedder*, European Environmental Law, 423 f.
352 Zu berücksichtigen sind alle anthropogenen Quellen innerhalb eines mitgliedstaatlichen Territoriums und seiner ausschließlichen Wirtschaftszone unabhängig von der konkreten Verschmutzungsquelle, wobei der internationale Seeverkehr ebenso ausgenommen ist wie der Flugverkehr (ohne Start und Landung), Art. 2 RL 2001/81.
353 Art. 5 RL 2001/81 formuliert darüber hinaus noch sog. Umweltzwischenziele, die für die Union als Ganzes bis zum Jahr 2010 „weitgehend" erreicht werden sollen.
354 EuGH, verb. Rs. C-165-167/09 (Stichting Natuur en Milieu), Urt. v. 26.5.2011.
355 Zur RL 2010/75 oben 6. Kap. I.

7. Kapitel Medienschützendes Umweltrecht

Allerdings seien die Mitgliedstaaten selbstredend verpflichtet, die sich aus der RL 2001/81 ergebenden Verpflichtungen zu beachten, in deren Rahmen sie auf der Grundlage der Art. 6, 7 Abs. 1, 2, 8 Abs. 1, 2 RL 2001/81 nationale Programme sowie schlüssige Politiken und Maßnahmen einzuführen bzw. zu planen haben, die insgesamt die Einhaltung der in der RL 2001/81 formulierten Emissionshöchstmengen sicherzustellen vermögen, wobei die in diesen Vorschriften niedergelegten Anforderungen (die auch den Einbezug der Öffentlichkeit vorsehen) zu beachten seien; den Mitgliedstaaten werde aber durch die Richtlinie ein weiter Gestaltungsspielraum eingeräumt.

In Bezug auf die genaue Tragweite der der Richtlinie zu entnehmenden Verpflichtung der Mitgliedstaaten, bestimmte nationale Höchstemissionswerte bis Ende 2010 u.a. für SO_2 und NO_x einzuhalten, präzisierte der Gerichtshof folgende Aspekte:

- Art. 4 Abs. 3 EUV und Art. 288 Abs. 3 AEUV sowie die RL 2001/81 verpflichteten die Mitgliedstaaten, davon abzusehen, Maßnahmen zu ergreifen, die die Erreichung des in der Richtlinie vorgeschriebenen Ziels – die Erreichung gewisser Emissionshöchstmengen per Ende 2010 – gefährden, und zwar bereits vor diesem Zeitpunkt.
- Der Erlass einer einzigen, eine SO_2- und NO_x-Quelle betreffenden Maßnahme erscheine jedoch angesichts des programmatischen Ansatzes der Richtlinie nicht geeignet, die Verwirklichung dieses Ziels in Frage zu stellen. Dies komme lediglich in Betracht, wenn ein Mitgliedstaat ein ganzes Paket von Politiken und Maßnahmen ergreife, die unter Berücksichtigung insbesondere ihrer konkreten Auswirkungen sowie ihrer zeitlichen Dauer in Anbetracht der Gesamtmenge der von sämtlichen Schadstoffquellen in die Luft ausgestoßenen Emissionen eine kritische Lage dulden oder schaffen, die geeignet ist, zwangsläufig die Einhaltung der in der Richtlinie angegebenen Höchstmengen in Frage zu stellen. Diese Frage sei jedoch durch das nationale Gericht abschließend zu beurteilen.

Schließlich sprach sich der Gerichtshof noch zur unmittelbaren Wirksamkeit von zwei Richtlinienbestimmungen aus und verneinte das Vorliegen der diesbezüglichen Voraussetzungen in Bezug auf Art. 4 RL 2001/81, bejahte es hingegen in Bezug auf Art. 6 RL 2001/81:

- Art. 4 RL 2001/81 (der die Pflicht zur Einhaltung der Emissionshöchstmengen bis Ende 2010 vorsieht) sei nicht inhaltlich unbedingt und hinreichend präzise (Voraussetzungen, die nur dann gegeben sein, wenn die Verpflichtung an keine Bedingung geknüpft ist und zu ihrer Durchführung oder Wirksamkeit auch keiner weiteren Maßnahmen der Unionsorgane oder der Mitgliedstaaten bedürfe), da er lediglich ein zu erreichendes Ziel nenne, den Mitgliedstaaten jedoch bei der Wahl der Mittel zur Verwirklichung dieses Ziels einen weiten Handlungsspielraum lasse, so dass ihm rein programmatischer Charakter zukomme.
- Im Gegensatz dazu seien bei Art. 6 RL 2001/81 (der die Pflicht zur Aufstellung von Programmen enthält) die erwähnten Voraussetzungen für die unmittelbare Wirksamkeit gegeben. Denn diese Bestimmung verpflichte die Mitgliedstaaten in unzweideutigen Worten, die Programme im Hinblick auf die Einhaltung der Emissionshöchstmengen aufzustellen und der Öffentlichkeit sowie betroffenen Organisationen (wie Umweltorganisationen) zur Verfügung zu stellen, so dass es unmittelbar betroffenen natürlichen und juristischen Personen möglich sein müsse, ggf. unter Anrufung der innerstaatlichen Gerichte, bei den zuständigen Behörden die Einhaltung und Umsetzung solcher unionsrechtlicher Normen zu erwirken.

Das Urteil dürfte einerseits dem programmatischen Charakter der RL 2001/81 und dem damit einhergehenden weiten Gestaltungsspielraum der Mitgliedstaaten in Bezug auf die Art und Weise der Zielerreichung (nationale Emissionshöchstmengen) Rechnung tragen: Tatsächlich ist der Richtlinie diesbezüglich nur (aber immerhin) eine Ergebnisverpflichtung zu entnehmen, so dass weder aus der RL 2001/81 noch aus der RL 2008/1 Vorgaben in Bezug auf die Genehmigung spezifischer Anlagen abgeleitet werden können. Immerhin macht es aber gerade in Bezug auf die IVU-Richtlinie auch deutlich, wie wenig präzise und aus umweltpolitischer Sicht „griffig" doch manche der in ihr enthaltenen Verpflichtungen ausgestaltet sind.[356] Andererseits illustriert das Urteil aber auch, dass die verfahrensrechtlichen Aspekte unionsrechtlicher Regelungen häufig erheblich präziser ausgestaltet sind und daher auch effektiver gerichtlich durchgesetzt werden können als die materiell-rechtlichen Pflichten. Ob auf diese Weise im Ergebnis immer auch ein effektiver Umweltschutz erreicht werden kann, ist hingegen eine offene Frage. Soweit der gerichtliche Zugang Einzelner und von Organisationen betroffen ist, liegt das Urteil auf der Linie der bisherigen Rechtsprechung und bestätigt, dass bei den Gesundheitsschutz bezweckenden unionsrechtlichen Vorgaben auf innerstaatlicher Ebene Rechtsschutz zu gewähren ist, sei es aufgrund der Umsetzungsgesetzgebung oder aufgrund der unmittel-

---

356 S. schon oben 6. Kap. Rn. 160 ff.

baren Wirksamkeit unionsrechtlicher Bestimmungen (wobei der gerichtliche Zugang ein Korrelat der unmittelbaren Wirkung darstellt). Da dieser gerichtliche Zugang aber nur „Betroffenen" zu eröffnen ist, fragt es sich nach wie vor, wie dieser Personenkreis von den „Nichtbetroffenen" abzugrenzen ist, eine gerade im Zusammenhang mit der RL 2001/81 interessante Frage, geht es hier doch nicht um den Gesundheitsschutz in einer bestimmten Gegend, sondern um die Reduktion der durch die Richtlinie erfassten Schadstoffe insgesamt.

III. Qualitätsanforderungen an Produkte

149 Der Rückgriff auf stoffbezogene Vorschriften ist vor dem Hintergrund zu sehen, dass die Beschränkung des Gehalts von Schadstoffen in bestimmten Produkten schon die Entstehung von Emissionen verhindert oder verringert, so dass derartige Regeln insbesondere dem Ursprungs- und Vorsorgeprinzip Rechnung tragen. Auf diesem Gebiet[357] sind insbesondere drei Rechtsakte zu erwähnen:

- Die angesichts der Produkt- und damit Binnenmarktbezogenheit auf Art. 114 Abs. 1 AEUV gestützte **RL 98/70 über die Qualität von Otto- und Dieselkraftstoffen**[358] verfolgt das Ziel, die bestehenden Kraftstoffmerkmale stufenweise zu verschärfen.[359]

  Diese Richtlinie ersetzt insbesondere die RL 85/210 zur Angleichung der Rechtsvorschriften der Mitgliedstaaten über den Bleigehalt von Benzin[360] sowie Teile der RL 93/12 über den Schwefelgehalt bestimmter flüssiger Brennstoffe (Art. 12 RL 98/70).

  Die RL 98/70 verpflichtet die Mitgliedstaaten in einem ersten Schritt, das Inverkehrbringen von verbleitem Benzin in ihrem Hoheitsgebiet ab dem 1. Januar 2000 einerseits generell zu untersagen,[361] und andererseits unverbleite Ottokraftstoffe sowie Dieselkraftstoff nur zuzulassen, wenn diese den in Anhang I bzw. II enthaltenen Spezifikationen entsprechen (Art. 3 Abs. 1, 2, Art. 4 Abs. 1 RL 98/70).

  Die Mitgliedstaaten dürfen gemäß Art. 5 RL 98/70 das Inverkehrbringen von Kraftstoffen, die den für sie geltenden Anforderungen gerecht werden, „weder untersagen noch beschränken noch verhindern". Trotz der „Absolutheit" dieser Formulierung dürfte diese Freiverkehrsklausel den mitgliedstaatlichen Gestaltungsspielraum nicht dahingehend begrenzen, dass alle Maßnahmen mit (mittelbaren) Auswirkungen (auch) auf den Handelsverkehr mit Kraftstoffen verboten wären. Denn die Bestimmung knüpft ja nur an den freien Verkehr der Kraftstoffe selbst an, nimmt hingegen aber nicht Bezug auf mittelbar beschränkende Maßnahmen. Damit dürfte Art. 5 RL 98/70 insbesondere (steuerlichen) Regelungen nicht entgegenstehen, die sich auf die Verwendung von Fahrzeugen beziehen, auch wenn damit ebenfalls Reflexwirkungen auf das Handelsvolumen auf den Kraftstoffmärkten verbunden sind.[362]

  Dem steht auch Art. 6 RL 98/70 nicht entgegen, der die Festsetzung strengerer Qualitätsstandards durch die Mitgliedstaaten einem besonderen Antragsverfahren und damit einem konstitutiv wirkenden Genehmigungsvorbehalt zugunsten der Kommission unterstellt (Art. 6 Abs. 2-8 RL 98/70). Genehmigungsvoraussetzung ist dabei der Nachweis, dass eine solche Maßnahme zum Schutz der Bevölkerung bzw. der Umwelt in einem bestimmten Ballungsraum oder in ökologisch empfindlichen Gebieten erforderlich ist, um einem erheblichen und wiederkehrenden Umweltschutzproblem zu begegnen, Art. 6 Abs. 1, 2 RL 98/70. Denn diese Bestimmung bezieht sich nur auf die Kraftstoffqualität selbst.

- Die **RL 1999/32 über eine Verringerung des Schwefelgehalts bestimmter flüssiger Kraft- und Brennstoffe** – die größtenteils die RL 93/12 ablöst (Art. 8 RL 1999/32) – enthält Bestimmungen über den Schwefelgehalt von Schwerölen und Gasölen[363] und ergänzt damit die RL 98/70.

---

[357] Abgesehen von Regelungen, die in erster Linie den Klimaschutz bezwecken, zu diesen 9. Kap. Rn. 7 ff.
[358] Die RL 1999/32 ergänzt die RL 98/70 in Bezug auf die dort nicht erfassten fossilen Brenn- und Kraftstoffe.
[359] Ausführlich zu dieser Richtlinie *Scheuing*, EUDUR II/1, § 51, Rn. 28 ff.
[360] ABl. 1985 L 96, 25.
[361] Vgl. zu den Verlängerungsmöglichkeiten (bis längstens 1. Januar 2005) bei Nachweis schwerwiegender sozioökonomischer Folgeprobleme Art. 3 Abs. 3 RL 98/70). S. auch Art. 3 Abs. 4-6, Art. 4 Abs. 2-4 RL 98/70 für befristete Verlängerungsmöglichkeiten der bisherigen Standards für unverbleite Kraftstoffe und Dieselkraftstoffe sowie Art. 7 RL 98/70 in Bezug auf außerordentliche Versorgungsengpässe.
[362] Allerdings sind im Falle solcher Regelungen selbstverständlich die übrigen Vorgaben des primären und sekundären Unionsrechts zu beachten. Hierzu *Epiney/Gruber*, Verkehrsrecht, 183 ff., 266 ff.
[363] Vgl. im Einzelnen zum Regelungsgehalt der Richtlinie *Scheuing*, EUDUR II/1, § 51, Rn. 56 ff.

7. Kapitel Medienschützendes Umweltrecht

- Ebenfalls Qualitätsanforderungen an Produkte stellt die **RL 2004/42**, die den Gesamtgehalt an **flüchtigen organischen Verbindungen** (VOC) in bestimmten Farben und Lacken sowie Produkten der Fahrzeugreparaturlackierung begrenzt, dies im Hinblick auf die Verringerung des Beitrags der VOC zur Bildung von bodennahem Ozon und der daraus resultierenden Luftverschmutzung.

IV. Zusammenfassende Bewertung

Das Luftreinhalterecht der Union ist durchaus differenziert ausgestaltet; zurückgegriffen wird auf eine Vielzahl (regulativer) Instrumente, die von Immissions- über Emissionsnormen bis hin zu stofforientierten Vorschriften reichen. Allerdings weisen die Immissionsnormen (nach wie vor) einen eher sektoriellen Charakter auf; erfasst werden nur relativ wenige Stoffe. Zudem enthalten die Richtlinien nur wenige Anhaltspunkte, auf welche Weise denn die tatsächliche Beachtung der Immissionsgrenzwerte sichergestellt werden soll.[364] Bei den Emissionsnormen aus ortsfesten Anlagen neigt die Union je länger je mehr dazu, von eigentlichen Grenzwerten zugunsten eher allgemein gehaltener Vorgaben für die Festlegung solcher Grenzwerte durch die Mitgliedstaaten Abschied zu nehmen; ausgenommen sind einige spezifische, nunmehr in der RL 2010/75 geregelte Anlagen.

150

Insgesamt bleiben den Mitgliedstaaten damit bei der Festlegung von Emissionsmengen bei großen Anlagen beträchtliche Gestaltungsspielräume, auch im Sinne der Anlegung eines eher niedrigen Schutzniveaus. Insofern erscheint eine Konkretisierung für möglichst viele spezifische Industrieanlagen unentbehrlich, die bislang erst lückenhaft erfolgte und in Zukunft im Wesentlichen im Rahmen der RL 2010/75 erfolgen wird, die aber ihrerseits – wie ausgeführt[365] – nicht zwingend den Erlass generell-abstrakter Emissionsgrenzwerte auch auf Unionsebene vorsieht. Weiter weist die Umsetzung des anlagenbezogenen Luftreinhalterechts in den Mitgliedstaaten beachtliche Unterschiede und häufig auch Defizite auf.[366] Jedenfalls zu begrüßen ist in diesem Zusammenhang daher der Ansatz der RL 2001/81 zur Festlegung nationaler Emissionshöchstmengen, wird hierdurch doch für die erfassten Schadstoffe sichergestellt, dass bestimmte Höchstmengen in den Mitgliedstaaten nicht überschritten werden. Es bleibt zu hoffen, dass die Mitgliedstaaten die hierfür erforderlichen Maßnahmen ergreifen.

151

Schließlich ist daran zu erinnern, dass das Luftreinhalterecht in der Union im Wesentlichen auf regulative Instrumente beschränkt ist, wenn auch in jüngerer Zeit dieses Instrumentarium durch verstärkte Informationsrechte und -pflichten sowie medienübergreifende Ansätze ergänzt wird; insbesondere auf indirekte Anreize – insbesondere solche finanzieller Natur[367] – wird aber bis jetzt praktisch nicht zurückgegriffen. Angesichts der erwiesenen Unzulänglichkeiten des Rückgriffs auf rein regulative Instrumente und im Interesse der Verwirklichung des Verursacherprinzips wären jedoch Schritte in diese Richtung ebenso sinnvoll wie notwendig. Ein Fortschritt auf diesem Gebiet wäre auch vor dem Hintergrund zu begrüßen, dass in der Union in einigen Bereichen inzwischen recht strenge Grenzwerte festgeschrieben werden konnten; gerade aber in Bezug auf die Emissionsbegrenzung von Kraftfahrzeugen wird hier jede Verschärfung durch eine erneute Zunahme des Verkehrs wieder „ausgeglichen", so dass neue Instrumente hier im Interesse einer nachhaltigen Entwicklung unentbehrlich werden. Im Übrigen sind selbst die regulativen Instrumente ihrerseits, sowohl bei der Emissionsbegrenzung aus beweglichen als auch aus ortsfesten Anlagen, lückenhaft.

152

---

364 Auch ist die Kontrolle ihrer Einhaltung nicht immer einfach, auch wenn sie selbst einige Modalitäten über die anzuwendenden Verfahren vorschreiben.
365 Oben 6. Kap. Rn.. 160 ff.
366 Vgl. schon die Ausführungen bei *Breuer*, Entwicklungen des europäischen Umweltrechts, 35 ff.; s. auch *Krämer*, Droit de l'environnement de l'UE, 245 ff.; *Backes/van Nieuwerburgh/Koelemeijer*, EELR 2005, 157 ff.; *Sparwasser*, NVwZ 2006, 369 ff.; speziell zur Implementation in Deutschland *Cancik*, ZUR 2011, 283 ff.
367 Vgl. zu den diesbezüglichen Versuchen und Ansätzen zur Einführung insbesondere einer CO_2-Steuer aber oben 6. Kap. Rn. 128.

C. Bodenschutz

I. Allgemeines

153 Ein eigentliches Bodenschutzrecht der Union existiert bislang *de lege lata* noch nicht, so dass es insbesondere **keinen bereichsübergreifenden Rechtsakt zum Bodenschutz** gibt. Allerdings ist der **Boden (auch) Schutzgut einiger Sekundärrechtsakte**, die jedoch primär eine andere Ausrichtung aufweisen.[368] Zu nennen sind hier insbesondere die RL 91/676 (Nitrat-Richtlinie)[369], verschiedene Richtlinien, die allgemein den Schutz vor bestimmten gefährlichen Stoffen bezwecken,[370] einige Rechtsakte des Abfallrechts[371] sowie die medienübergreifenden Richtlinien (insbesondere RL 2008/1 bzw. 2010/75, IVU-Richtlinie, und RL 2011/92, UVP-Richtlinie[372]). Insofern wäre es also verkürzt, aus dem Fehlen eines eigentlichen Bodenschutzrechts darauf zu schließen, dass Böden gar nicht oder weitgehend nicht vom Unionsrecht geschützt wären.[373]

154 So ist der **Bodenschutz** derzeit im Unionsrecht nur **partiell** durch spezifische (hier ist insbesondere die noch sogleich[374] zu erörternde RL 86/278 zu erwähnen) oder auch bereichsübergreifende Rechtsakte geregelt, die Einzelprobleme des Bodenschutzes betreffen oder diesen im Rahmen des sog. integrierten Ansatzes (mit-) berücksichtigen. Häufig dienen die bestehenden sekundärrechtlichen Rechtsakte (auch) dem Schutz anderer Umweltmedien bzw. der Erfüllung anderer Ziele und vermögen schon aus diesem Grund keine kohärente Bodenschutzpolitik zu gewährleisten.[375] Vor diesem Hintergrund erstaunt es nicht, dass – selbst für den Fall, dass die Möglichkeiten aller bestehenden Rechtsakte ausgenutzt werden und ihnen volle Beachtung geschenkt wird – derzeit nicht alle Böden und festgestellten Bodenbelastungen durch unionsrechtliche Regelungen erfasst werden, so dass sich die Degradation der Bodenqualität fortsetzt.[376]

155 Diesem Defizit soll aber begegnet werden: In ihrer „Thematischen Strategie für den Bodenschutz" von 2006[377] befasst sich die Europäische Kommission erstmals mit dem Bodenschutz als eigenständigem Thema und betont, dass Bodenverlust und Rückgang der Fruchtbarkeit landwirtschaftlicher Flächen eine große Gefahr für die nachhaltige Entwicklung darstellten, so dass ein verantwortungsbewusster Umgang mit den natürlichen Ressourcen, das Aufbrechen der Verkettung von Wirtschaftswachstum, Nutzung der Ressourcen und Abfallproduktion und der Schutz und die Wiederherstellung von Habitaten und natürlichen Systemen erforderlich sei. Daher sollen die Mitgliedstaaten durch die Schaffung eines gesetzlichen Rahmens zur Verbesserung

---

368 Vgl. die diesbezügliche Zusammenstellung bei *Heuser*, ZUR 2007, 63 (65 ff.); *Ludwig*, Planungsinstrumente, 232 ff.; ausführlicher zu den einzelnen, hier relevanten Rechtsakten *Scheil*, Entwicklung des Europäischen Bodenschutzrechts, 63 ff.
369 Zu dieser 7. Kap. Rn. 94 ff. Diese Richtlinie bezweckt in erster Linie den Gewässerschutz.
370 Hierzu unten 8. Kap. Rn. 2 ff.
371 Hierzu unten 9. Kap. Rn. 88 ff.
372 Hierzu oben 6. Kap. Rn. 68 ff., Rn. 160 ff.
373 Vgl. in diesem Zusammenhang die instruktive Untersuchung der EU-Rechtsakte, die den Bodenschutz betreffen, bei *Heuser*, Europäisches Bodenschutzrecht, 117 ff.
374 7. Kap. Rn. 156 ff.
375 KOM (2006) 231, 4. Teilweise wird daher eher von einem „normativen Flickenteppich" des Bodenschutzes als von einem „Europäischen Bodenschutzrecht" gesprochen. Zum Streit, ob man von einem „Europäischen Bodenschutzrecht" sprechen kann, m.w.N. *Lee*, NuR 2005, 745 (748). Vgl. in diesem Sinn wohl auch KOM (2006) 231 endg., 4.
376 Vgl. KOM (2006) 231 endg., 4. Vgl. in diesem Zusammenhang zur Notwendigkeit eines bereichsübergreifenden Bodenschutzrechts in der EU auch *Lee*, NuR 2005, 745 ff. Zum Zustand der Böden in der EU m.w.N. *Heuser*, ZUR 2007, 63 (64).
377 KOM (2006) 231. Vorangegangen war die Mitteilung der Kommission „Hin zu einer spezifischen Bodenschutzstrategie" aus dem Jahr 2002, KOM (2002) 179. Zu dieser Mitteilung *Schäfer*, ZUR 2003, 151 ff. Zur thematischen Strategie im Vergleich zur ersten Mitteilung der Kommission instruktiv *Krämer*, Droit de l'environnement de l'UE, 203 f.

7. Kapitel Medienschützendes Umweltrecht

des Bodenschutzes in Gestalt einer „**Bodenrahmenrichtlinie**"³⁷⁸ verpflichtet werden, innerhalb von fünf Jahren bodenerosionsgefährdete Gebiete zu kennzeichnen und eine gemeinsame Liste potenziell verunreinigender Aktivitäten aufzustellen. Innerhalb von sieben Jahren sollen Ziele zur Risikoreduktion formuliert werden. Ein Maßnahmenprogramm soll innerhalb von acht Jahren nach Einführung der Richtlinie umgesetzt werden.³⁷⁹ Zu den Maßnahmen sollen auch solche der Bodennutzung und -bewirtschaftung zählen, um eine Verschlechterung der Bodenqualität zu vermeiden, sowie die Sanierung der Böden, bei denen eine Verschlechterung bereits eingetreten ist. Die Programme sollen auf bereits laufenden Maßnahmen auf nationaler und EU-Ebene (z. B. Einhaltung anderweitiger Verpflichtungen, „*Cross-Compliance*", und Entwicklung des ländlichen Raums im Rahmen der GAP³⁸⁰), sowie auf Regeln der guten landwirtschaftlichen Praxis und Aktionsprogrammen gemäß der RL 91/676 (Nitratrichtlinie)³⁸¹ und auf Bewirtschaftungsplänen für die Einzugsgebiete gemäß der RL 2000/60 (Wasserrahmenrichtlinie)³⁸², aufbauen können.³⁸³

Durch die Richtlinie soll auch das Problem der Versiegelung angegangen werden, um so viel Bodenfunktionen wie möglich aufrechtzuerhalten. Die Landwirte sind einerseits Opfer der Bodenversiegelung, andererseits tragen sie aber auch selbst dazu bei, indem zum Beispiel immer mehr Wirtschaftswege asphaltiert werden. Anzumerken bleibt, dass in ertragsschwachen Regionen die Flächenstilllegung eher zu negativen Umwelteffekten führen kann. Die oft artenreiche Ackerbegleitflora ist durch die Nutzungsaufgabe bedroht.³⁸⁴

Bislang ist die **Bodenrahmenrichtlinie jedoch noch nicht verabschiedet**, und es ist beim augenblicklichen Stand der Dinge unklar, bis wann mit ihrem Erlass gerechnet werden kann, dies obwohl das Parlament den Entwurf grundsätzlich annahm: Denn einige Mitgliedstaaten (Deutschland, Frankreich, Niederlande, Österreich und das Vereinigte Königreich) sprachen sich gegen den Entwurf aus, insbesondere auch aus kompetenzrechtlichen Gründen und wegen der (angeblichen) Unvereinbarkeit des Entwurfs mit dem in Art. 5 Abs. 3 AEUV verankerten Subsidiaritätsprinzip.³⁸⁵

Inhaltlich fällt auf, dass der Richtlinienvorschlag wenig quantitative Vorgaben enthält, sondern der Akzent – ganz in der Tendenz der neueren umweltrechtlichen Rechtsakte der Union – auf planerischen Instrumenten liegt. So sollen die Mitgliedstaaten etwa im Hinblick auf die Beschränkung der Versiegelung „geeignete Maßnahmen" ergreifen (Art. 5 und 16 RL-Vorschlag). Insgesamt werden damit im Wesentlichen zielorientierte Instrumente vorgegeben, deren Inhalt weitgehend durch die Mitgliedstaaten zu präzisieren ist, so dass diesen ein weiter Gestaltungsspielraum verbleibt.

156

---

378 Vorschlag für eine Richtlinie des Europäischen Parlaments und des Rates zur Schaffung eines Ordnungsrahmens für den Bodenschutz und zur Änderung der Richtlinie 2004/35/EG, KOM (2006) 232. Vgl. zu dem geplanten Inhalt dieser Richtlinie *Schrader*, UPR 2008, 415 (418); *Heuser*, ZUR 2007, 113 (119 f.); *Galle-Bürgel/Gerhold/Kopp-Assenmacher/Schwertner*, EurUP 2007, 96 ff.; *Petersen*, EELR 2008, 146 ff.; *Stein*, Bodenschutzrahmenrichtlinie, 13 ff.; *Scheil*, Entwicklung des Europäischen Bodenschutzrechts, 159 ff.; *Ludwig*, Planungsinstrmente, 240 ff.; *Schäfer*, in: Bodenschutz- und Altlastenrecht, 17 ff.; *Hofmann*, in: Bodenschutz- und Altlastenrecht, 27 ff.; *Peine*, in: Bodenschutz- und Altlastenrecht, 97 (100 ff.); *Bückmann*, UPR 2006, 365 ff.; *Olazabal*, RDUE 2007, 155 ff.; *Ludwig/Petersen*, NuR 2007, 446 (449 ff.); *Klein*, EurUP 2007, 2 ff.; *Kibblewhite*, Environmental Law & Management 2007, 227 ff.
379 S. auch Europäische Kommission, Fact-Sheet Klimawandel (2008), 18.
380 Siehe hierzu *Epiney/Furger/Heuck*, Zur Berücksichtigung umweltpolitischer Belange bei der landwirtschaftlichen Produktion in der EU und in der Schweiz, 91 ff.
381 Zu dieser oben 7. Kap. Rn. 94 ff.
382 Zu dieser oben 7. Kap. Rn. 6 ff.
383 Vgl. KOM (2006) 231 endg., 9.
384 Vgl. *Ganzert et al.*, Reform GAP, 65.
385 Vgl. *Schrader*, UPR 2008, 415 (417), m.w.N. Zu den Fragen der Kompetenz und des Subsidiaritätsprinzips *Heuser*, ZUR 2007, 113 (120 f.); *Glaser*, ZG 2007, 366 ff. Zum Stand der Dinge *Europäische Kommission*, Die Umsetzung der Thematischen Strategie für den Bodenschutz und laufende Maßnahmen, KOM (2012) 46 endg.

II. Insbesondere: die RL 86/278

157 Im verbindlichen EU-Recht weist lediglich[386] die **RL 86/278 über den Schutz der Umwelt und insbesondere der Böden bei der Verwendung von Klärschlamm in der Landwirtschaft**[387] als primäres Schutzgut neben der Fauna, Flora und den Menschen auch die Erhaltung und Verbesserung der Qualität des Bodens aus:[388] Sie zielt – in Anknüpfung an das Vorsorgeprinzip – darauf ab, schädliche Auswirkungen auf Böden, Vegetation, Tier und Mensch durch die Ausbringung von Klärschlamm zu verhindern (oder zumindest zu reduzieren) und zugleich eine „einwandfreie" Verwendung von Klärschlamm zu fördern (Art. 1 RL 86/278); letztlich geht es also darum, durch geeignete Regelungen eine aus ökologischer Sicht unbedenkliche Verwendung von Klärschlamm in der Landwirtschaft zu ermöglichen.[389]

158 Die Richtlinie stellt bestimmte **Mindestanforderungen**[390] an die Verwendung von Klärschlämmen in der Landwirtschaft.[391] Die Mitgliedstaaten werden insbesondere verpflichtet, diesbezügliche Regelungen zu erlassen, die zur Gewährleistung des Schutzes der menschlichen Gesundheit und der Umwelt nach Ansicht der Mitgliedstaaten erforderlich sind, Art. 3 RL 86/278.

So sieht Art. 3 RL 86/278 für drei unterschiedliche Arten von Klärschlämmen (vgl. auch die Definition in Art. 2 lit. a) RL 86/278) folgende **grundsätzliche Voraussetzungen für die Zulässigkeit von deren Verwendung** vor:

- **Schlämme, die aus Kläranlagen stammen,** dürfen ganz allgemein nur dann verwendet werden, wenn die Vorgaben der RL 86/278 eingehalten werden (Art. 3 Abs. 1 RL 86/278).

- Bei **Schlämmen, die nicht aus Kläranlagen stammen,** ist (darüber hinaus) eine Verwendung nur zulässig, wenn die Mitgliedstaaten Regelungen erlassen haben, die diese zur Gewährleistung des Schutzes der menschlichen Gesundheit und der Umwelt für erforderlich halten, bzw. die die Verwendung der Schlämme regeln, Art. 3 Abs. 2 RL 86/278.

Die Formulierung des Art. 3 RL 86/278 erscheint wenig gelungen, da sie auf den ersten Blick den Schluss nahe legen könnte, dass für bestimmte Schlämme eigentlich keine Vorgaben zu beachten sind, sondern es ausreicht, wenn die Mitgliedstaaten die ihnen sachdienlich erscheinenden Regelungen treffen. Jedoch beziehen sich die nachfolgend dargestellten Anforderungen der RL 86/278 auf alle Schlämme, was sich schon aus dem Wortlaut der einschlägigen (anderen) Bestimmungen der Richtlinie, aber auch aus ihrem Sinn und Zweck, einen effektiven Bodenschutz vor negativen Auswirkungen von Klärschlämmen zu erreichen, ergibt.

159 Konkret sind der RL 86/278 – über die sehr allgemein gehaltenen Vorgaben des Art. 3 RL 86/278 hinaus – folgende Vorgaben zu entnehmen:

- Die Werte für die **Konzentration** von Schwermetallen der mit Klärschlamm angereicherten **Böden**, für die Konzentration von Schwermetallen in den **Schlämmen** selbst und die jährliche **Höchstmenge**, die in die Böden eingebracht werden darf, dürfen bestimmte, in den Anhängen festgelegte Werte nicht überschreiten.[392] Die Mitgliedstaaten müssen die für die Einhaltung dieser Werte erforderlichen Maßnahmen treffen.

  Bei Überschreitung der Grenzwerte für Schwermetalle in den Böden (Anhang I A RL 86/278) wird der Einsatz von Klärschlamm durch die Mitgliedstaaten verboten (Art. 5 RL 86/278). Darüber hinaus haben die Mitgliedstaaten die erforderlichen Maßnahmen zu treffen, damit der Grenzwert in den Böden durch die Verwendung des Klärschlamms nicht überschritten wird; hierzu stehen ihnen zwei Verfahren zur Verfügung: Entweder die Mitgliedstaaten bestimmen die Höchstmenge an Schlamm in Tonnen Trockensubstanz, die pro Oberflächeneinheit und Jahr auf die Böden ausgebracht werden darf, wobei der Konzentration von Schwermetallen im Klärschlamm Rechnung zu tragen ist (Art. 5 Abs. 2 lit. a) RL 86/278),

---

386 Zu Bestrebungen zum Erlass einer Richtlinie zur Behandlung von Bioabfällen *Schäfer*, ZUR 2003, 151 (152).
387 Zu dieser Richtlinie *Schink*, EUDUR II/1, § 73, Rn. 162 ff.
388 Vgl. Präambel, Art. 1 RL 86/278. S. auch *Lee*, NuR 2005, 745 (750).
389 Zur (umweltpolitischen) Bedeutung der Regelung zur Verwendung von Klärschlamm, m.w.N., *Epiney/Furger/Heuck*, Zur Berücksichtigung umweltpolitischer Belange bei der landwirtschaftlichen Produktion in der EU und in der Schweiz, 49 f.
390 Art. 12 RL 86/278.
391 Unter Landwirtschaft im Sinne der RL 86/278 ist jeder Anbau von Kulturpflanzen zum Zweck des Handels und der Nahrungsmittelversorgung einschließlich der Viehzucht zu verstehen (Art. 2 lit. c) RL 86/278).
392 Art. 4 i.V.m. Anhängen I A, I B, I C.

7. Kapitel Medienschützendes Umweltrecht

oder sie sorgen für die Berücksichtigung des festgelegten Mittelwertes der Grenzwerte für die je Oberflächeneinheit und je Zeiteinheit von 10 Jahren in den Boden eingebrachte Metallmenge (Art. 5 Abs. 2 lit. b) RL 86/278).

Schwermetallkonzentrationen in Schlämmen, welche in der Landwirtschaft in der Europäischen Union verwendet werden, liegen meist deutlich unter den festgelegten Grenzwerten, was vor dem Hintergrund der bereits erwähnten Ausgestaltung der Vorgaben der RL 86/278 als Mindestvorschrift zu sehen ist. Trotz Unterschieden zwischen den Mitgliedstaaten zeigt sich somit insgesamt ein Trend zu einer langsamen, aber stetigen Abnahme der Konzentrationen.[393]

- Klärschlämme müssen **vor ihrer Verwendung** in der Landwirtschaft grundsätzlich[394] behandelt werden (Art. 6 RL 86/278). Die Behandlung kann biologisch, chemisch, thermisch, durch langfristige Lagerung oder durch ein anderes Verfahren erfolgen. Dadurch werden die Zersetzbarkeit und die mit ihrer Verwendung verbundenen hygienischen Nachteile des Klärschlamms verringert.
- Zu **bestimmten Zeiten** und auf **Flächen mit bestimmten Nutzungen** dürfen Klärschlämme überhaupt **nicht verwendet** werden, Art. 7 RL 86/278.
- Bei der Verwendung von Klärschlämmen ist dem **Pflanzenschutz** Rechnung zu tragen; insbesondere sind die Eigenart des Bodens und die je nach pH-Wert zunehmende Mobilität der Schwermetalle zu berücksichtigen, Art. 8 RL 86/278.
- Den Mitgliedstaaten obliegen bestimmte **Datenerhebungs- und Informationspflichten**, Art. 9 ff. RL 86/278.
- Auch ist ein Ausschussverfahren vorgesehen, durch das bestimmte (technische) Vorgaben an die neuere technische Entwicklung angepasst werden können.[395]

D. Lärmschutz

Die Union hat im Bereich des Lärmschutzes[396] bisher im Wesentlichen Regelungen über die zulässigen **Lärmemissionen bestimmter Erzeugnisse** erlassen.[397] Diese zeichnen sich durch die Besonderheit aus, dass sie ausschließlich auf Produkte Anwendung finden, die im grenzüberschreitenden Verkehr zirkulieren, so dass es den Mitgliedstaaten weiterhin überlassen bleibt, wie sie die im innerstaatlichen Bereich anwendbaren Lärmemissionen begrenzen. Hintergrund dieser Charakteristika der EU-Regelungen ist die primäre Ausrichtung der Uniontätigkeit in diesem Bereich auf die Beseitigung nichttarifärer Handelshemmnisse, um auf diese Weise die tatsächliche Verwirklichung des freien Warenverkehrs zu fördern.

160

Im Einzelnen hat die Union insbesondere in folgenden Richtlinien Lärmemissionsnormen für bestimmte Produkte festgesetzt:

161

- Richtlinie 70/157 zur Angleichung der Rechtsvorschriften der Mitgliedstaaten über den zulässigen Geräuschpegel und die Auspuffvorrichtung von Kraftfahrzeugen;[398]

---

393 KOM (2006) 406, 7.
394 Die Mitgliedstaaten können jedoch die Verwendung nicht behandelter Schlämme gestatten, wenn diese in den Boden eingespült oder eingegraben werden, Art. 6 lit. a) S. 2 RL 86/278.
395 Zu der Ausgestaltung des Ausschussverfahrens oben 3. Kap. Rn. 40.
396 Zur Problematik des Lärms und der Situation in der EU, m.w.N., *Krämer*, Droit de l'environnement de l'UE, 251.
397 Vgl. auch den Überblick über das Lärmschutzrecht der EG bei *Schulte/Schröder*, DVBl. 2000, 1085 ff.; *Krämer*, Droit de l'environnement de l'UE, 251 ff., der die unionsrechtlichen Vorgaben als wenig kohärent und ungenügend bezeichnet.
398 Zu dieser Richtlinie und ihrem Regelungskonzept *Epiney/Gruber*, Verkehrsrecht, 340 f.; ausführlich auch *Koch*, EUDUR II/1, § 55, Rn. 216 ff., der auch noch auf weitere, den Straßenverkehr betreffende Lärmvorschriften eingeht, die sich auf eine Reihe anderer Kraftfahrzeuge beziehen. S. auch *Schulte/Schröder*, DVBl. 2000, 1085 (1086 f.). Im Schienenverkehr gibt es bislang allerdings keine wirklichen Lärmschutzregelungen, vgl. *Epiney/Gruber*, Verkehrsrecht, 342.

- Die **RL 2000/14** über umweltbelastende Geräuschemission von zur Verwendung im Freien vorgesehenen Geräten und Maschinen[399] ersetzt die bisherige RL 79/113[400] zur Angleichung der Rechtsvorschriften der Mitgliedstaaten betreffend die Ermittlung des Geräuschemissionspegels von Baumaschinen und Baugeräten und ihre Folgerichtlinien, wobei sie allerdings einen weiteren Anwendungsbereich hat. Die RL 2000/14 bezweckt eine Vereinheitlichung und Vereinfachung der bisherigen Vorschriften, wobei sie sich auf die sog. „neue Konzeption" stützt, so dass wesentlich auch europäische Normen in die Regelungswerke einbezogen werden sollen.[401] Dabei legt die Richtlinie selbst schon die Emissionsgrenzwerte für Lärm für eine Reihe von Geräten und Maschinen fest (Art. 12 RL 2000/14), während für andere lediglich eine Kennzeichnungspflicht gilt (Art. 13 RL 2000/14). Insgesamt werden rund 60 Geräte- und Maschinenarten – wie insbesondere Rasenmäher als bekanntes Beispiel, aber auch etwa Baumaschinen – erfasst.

162 Sodann hat die Union im Anschluss an den Abschluss des **Abkommens über die internationale Zivilluftfahrt** sekundärrechtliche Regelungen erlassen, die die Lärmemissionen von Unterschall-Flugzeugen regeln. Diese Regelungen figurieren in den **RL 89/629** und **RL 2006/93**,[402] wobei die RL 2006/93 die Mitgliedstaaten auch verpflichtet, Flugzeugen, die über keine Lärmzulassung nach dem Abkommen über die Internationale Zivilluftfahrt verfügen, die Landeerlaubnis zu verweigern. Nach der **VO 216/2008** sind Flugzeuge einem Zulassungsverfahren zu unterstellen, in dessen Rahmen auch die Einhaltung von Umweltschutzanforderungen zu prüfen ist.

163 Der **RL 2002/30 über Regeln und Verfahren für lärmbedingte Betriebsbeschränkungen auf Flughäfen der Gemeinschaft** sind Rahmenbedingungen für Betriebsbeschränkungen von Flughäfen aufgrund von Lärmbelastungen zu entnehmen. Dabei enthält die Richtlinie im Wesentlichen Vorgaben über die einzuhaltenden Verfahrensschritte (vgl. aber auch Art. 6 RL 2002/30 über die Betriebsbeschränkungen von knapp die Vorschriften erfüllende Luftfahrzeuge[403]).

164 Neue Akzente setzt die **RL 2002/49 über die Bewertung und Bekämpfung von Umgebungslärm**, dies schon deshalb, weil sie über den bislang produktbezogenen Lärmschutz hinausgeht.[404] Die Richtlinie bezweckt die Festlegung eines gemeinsamen Konzepts, um schädliche Auswirkungen durch Umgebungslärm zu verhindern, zu lindern und ihnen vorzubeugen. Im Einzelnen ist insbesondere auf folgende Kategorien von Verpflichtungen – wobei den Anhängen zahlreiche Spezifikationen zu entnehmen sind – hinzuweisen:

- Ermittlung der Belastung durch Umgebungslärm an Hand von Lärmkatastern, die die Mitgliedstaaten nach festgelegten Bewertungsmethoden aufzustellen haben (Art. 5 ff. RL 2002/49);
- Aufstellen von Aktionsplänen durch die Mitgliedstaaten mit dem Ziel, den Umgebungslärm so weit wie erforderlich zu verringern, insbesondere in den Fällen, in denen das Ausmaß der Belastung gesundheitsschädliche Wirkungen entfalten kann (Art. 8 RL 2002/49);
- Sicherstellung der Information der Öffentlichkeit (Art. 9 RL 2002/49).

165 Deutlich wird damit auch, dass der Akzent der RL 2002/49 – wie bei so vielen neueren Richtlinien im Bereich des Umweltschutzes – weniger auf der Festlegung von Grenzwerten oder eigenen Ordnungsmechanismen, denn auf Vorgaben für eine Art „Management der Lärmbelastung" liegt.[405]

---

[399] Zu dieser ausführlich *Koch*, EUDUR II/1, § 56, Rn. 6 ff.
[400] ABl. 1979 L 33, 15.
[401] Im Einzelnen hierzu oben 3. Kap. Rn. 8.
[402] Vgl. zu diesen Regelungen (ohne Berücksichtigung der neuen Richtlinie) im Zusammenhang mit den völkerrechtlichen Entwicklungen *Koch*, EUDUR II/1, § 55, Rn. 24 ff.
[403] Vgl. die Definition in Art. 2 lit. d) RL 2002/30.
[404] Vgl. zur RL 2002/49 *Holm*, NuR 2003, 144 ff.; *Meßerschmidt*, Europäisches Umweltrecht, § 17, Rn. 19 ff. Unter Berücksichtigung der Umsetzung in Deutschland etwa *Scheidler*, UPR 2005, 247 ff.; *Feldmann*, in: Umweltqualität, 77 ff.; *Fickert*, DVBl. 2004, 1253 ff.; *Philipp-Gerlach/Hensel*, ZUR 2004, 329 ff.; *Söhnlein*, NuR 2006, 276 ff.; ausführlich zur Umsetzung in Deutschland *Schulze-Fielitz*, UTR 2008, 7 ff.
[405] S. in diesem Sinn auch die Bewertung bei *Meßerschmidt*, Europäisches Umweltrecht, § 17, Rn. 37.

7. Kapitel Medienschützendes Umweltrecht

E. Literatur

I. Gewässerschutz

Albrecht, Juliane: Umweltqualitätsziele im Gewässerschutzrecht. Eine europa-, verfassungs- und verwaltungsrechtliche Untersuchung zur Umsetzung der Wasserrahmenrichtlinie am Beispiel des Freistaates Sachsen, Berlin 2007.

Albrecht, Juliane: Umweltqualitätsziele im Gewässerschutzrecht, in: Gesellschaft für Umweltrecht (Hrsg.), Dokumentation zur 31. Wissenschaftlichen Fachtagung der Gesellschaft für Umweltrecht e.V. Berlin 2007, Berlin 2008, 153 ff.

Albrecht, Juliane: Rechtliche und organisatorische Aspekte grenzübergreifender Flussgebietsverwaltung, dargestellt am Beispiel des Elbeeinzugsgebietes, DVBl. 2008, 1027 ff.

Albrecht, Juliane: Zur Definition des „guten Zustands" im Wasserrecht, NuR 2010, 607 ff.

Albrecht, Juliane/Wendler, Wiebke: Koordinierte Anwendung von Wasserrahmenrichtlinie und Hochwasserrisikomanagementrichtlinie im Kontext des Planungsprozesses, NuR 2009, 608 ff.

Appel, Ivo: Das Gewässerschutzrecht auf dem Weg zu einem qualitätsorientierten Bewirtschaftungsregime – zum finalen Ansatz der EG-Wasserrahmenrichtlinie, ZUR 2001, 129 ff.

Baaner, Lasse: The Programme of Measures of the Water Framework Directive – More than just a Formal Compliance Tool, JEEPL 2011, 82 ff.

Barth, Friedrich: Guter ökologischer Zustand oberirdischer Gewässer – Anforderungen, Stand und Perspektiven, in: Dohmann, M. (Hrsg.), 32. Essener Tagung für Wasser- und Abfallwirtschaft. Schwerpunkte: Gewässerschutz, Trinkwasser, Abwasser, Aachen 1999, 7/1 ff.

Bosenius, Udo/Holzwarth, Fritz: Grundlagen für eine gemeinsame Strategie zur Umsetzung der WRRL in Europa, in: Peter Rumm/Stephan von Keitz/Michael Schmalholz (Hrsg.), Handbuch der EU-Wasserrahmenrichtlinie. Inhalte, Neuerungen und Anregungen für die nationale Umsetzung, 2. Aufl., Berlin 2006, 11 ff.

Breuer, Rüdiger: Die Fortentwicklung des Wasserrechts auf deutscher und europäischer Ebene, DVBl. 1997, 1211 ff.

Breuer, Rüdiger: Der Entwurf einer EG-Wasserrahmenrichtlinie. Die Sicht des Staatsorganisationsrechts, NVwZ 1998, 1001 ff.

Breuer, Rüdiger: Europäisierung des Wasserrechts, NuR 2000, 541 ff.

Breuer, Rüdiger: Europäisierung des Wasserrechts, in: Erbguth, Wilfried (Hrsg.), Europäisierung des nationalen Umweltrechts: Stand und Perspektiven, Baden-Baden 2001, 87 ff.

Breuer, Rüdiger: Pflicht und Kür bei der Umsetzung der Wasserrahmenrichtlinie, ZfW 2005, 1 ff.

Breuer, Rüdiger: Der Vorschlag für eine EG-Hochwasserrichtlinie – eine kritische Würdigung, EurUP 2006, 170 ff.

Breuer, Rüdiger: Praxisprobleme des deutschen Wasserrechts nach der Umsetzung der Wasserrahmenrichtlinie, NuR 2007, 503 ff.

Breuer, Rüdiger: Sedimentmanagement für die Elbe, Baden-Baden 2010.

Breuer, Rüdiger: Flussgebietsgemeinschaften aus europa-, verfassungs- und verwaltungsrechtlicher Sicht, FS Meinhard Schröder, Berlin 2012, 477 ff.

Bruha, Thomas/Koch, Hans-Joachim (Hrsg.): Integrierte Gewässerpolitik in Europa. Gewässerschutz, Wassernutzung, Lebensraumschutz, Baden-Baden 2001.

Bruha, Thomas/Maaß, Christian A.: Schutz der Süßwasserressourcen im Völkerrecht – Prinzipien, Instrumente, neue Entwicklungen –, in: Bruha, Thomas/Koch, Hans-Joachim (Hrsg.), Integrierte Gewässerpolitik in Europa. Gewässerschutz, Wassernutzung, Lebensraumschutz, Baden-Baden 2001, 69 ff.

Cacagnac, Michel/Gouguet, Jean-Jacques: La directive cadre sur l'eau au défi de l'internalisation des effets externes, REDE 2008, 251 ff.

Caspar, Johannes: Die EU-Wasserrahmenrichtlinie: Neue Herausforderungen an einen europäischen Gewässerschutz, DÖV 2001, 529 ff.

Crowhurst, Georgina: The Groundwater Daughter Directive: A UK Perspective, EELR 2007, 203 ff.

Czybulka, Detlef (Hrsg.): Marine Nature Conservation and Management at the borders of the European Union, Baden-Baden 2012.

Czychowski, Manfred: Grundwasserschutzrichtlinie und ihre Auswirkungen auf das deutsche Recht, ZfW 1982, 325 ff.
Delfs, Sören: Grundwasser: Rechtlicher Schutz von Qualität und Quantität, Baden-Baden 2004.
Delwing, Peter Moritz: Umsetzungsprobleme des EG-Wasserrechts. Dargestellt für das Abwasserrecht der Bundesrepublik Deutschland, Baden-Baden 1995.
Demmke, Christoph: Die Implementation von EG-Umweltpolitik in den Mitgliedstaaten. Umsetzung und Vollzug der Trinkwasserrichtlinie, Baden-Baden 1994.
Desens, Sabrina: Wasserpreisgestaltung nach Art. 9 EG-Wasserrahmenrichtlinie: Vorgaben und Spielräume für die Umsetzung unter besonderer Berücksichtigung der Rechtslage in Nordrhein-Westfalen, Berlin 2008.
Dieckmann, Nina: Die planerischen Instrumente der Wasserrahmenrichtlinie (WRRL): Maßnahmenprogramm und Bewirtschaftungsplan, EurUP 2008, 2 ff.
Drobenko, Bernard: Directive inondation: la prévention impérative, REDE 2010, 25 ff.
Durner, Wolfgang: Die Durchsetzbarkeit des wasserwirtschaftlichen Maßnahmenprogramms, NuR 2009, 77 ff.
Durner, Wolfgang: Zehn Jahre Wasserrahmen-Richtlinie – Bilanz und Perspektiven, NuR 2010, 452 ff.
Durner, Wolfgang: Zehn Jahre Wasserrahmenrichtlinie in Deutschland. Erfahrungen und Perspektiven, in: Wolfgang Köck/Kurt Faßbender (Hrsg.), Implementation der Wasserrahmenrichtlinie in Deutschland – Erfahrungen und Perspektiven, Baden-Baden 2011, 17 ff.
Durner, Wolfgang (Hrsg.): Wasserrechtlicher Reformbedarf in Bund und Ländern, Köln u.a. 2011.
Ekardt, Felix/Weyland, Raphael/Schenderlein, Kristin: Verschlechterungsverbot zwischen WRRL, neuem WHG und scheiterndem UGB, NuR 2009, 388 ff.
Elgeti, Till: Verschlechterungsverbot nach dem WHG im Kontext der Wasserrahmenrichtlinie, W+B 2012, 15 ff.
Elgeti, Till/Fries, Susanne/Hurck, Rudolf: Der Begriff der Zustands- und Potentialverschlechterung nach der Wasserrahmenrichtlinie, NuR 2006, 745 ff.
Engelstätter, Tobias: Gewässerschutz durch Gefahrstoffrecht, Baden-Baden 2006.
Epiney, Astrid/Felder, Andreas: Überprüfung internationaler wasserwirtschaftlicher Übereinkommen im Hinblick auf die Implementierung der Wasserrahmenrichtlinie, Berlin 2002.
Farily Ross et al.: Riding the New Wave of European Water Law: How Member States are Tackling the Water Framework Directive, EELR 2002, 232 ff.
Faßbender, Kurt: Gemeinschaftsrechtliche Anforderungen an die normative Umsetzung der neuen EG-Wasserrahmenrichtlinie, NVwZ 2001, 241 ff.
Faßbender, Kurt: Die neuen wasserwirtschaftlichen Maßnahmenprogramme und Bewirtschaftungspläne – Bindungswirkung und Rechtsschutz, ZfW 2010, 189 ff.
Faßbender, Kurt: Maßnahmenprogramme: Bindungswirkung und Rechtsschutz, in: Wolfgang Köck/ Kurt Faßbender (Hrsg.), Implementation der Wasserrahmenrichtlinie in Deutschland – Erfahrungen und Perspektiven, Baden-Baden 2011, 129 ff.
Gellermann, Martin: Gewässerausbau im Lichte des neuen wasserwirtschaftlichen Ordnungsrahmens, DVBl. 2007, 1517 ff.
Gellermann, Martin/Stoll Peter Tobias/Czybulka, Detlef: Handbuch des Meeresnaturschutzrechts in der Nord- und Ostsee. Nationales Recht unter Einbezug internationaler und europäischer Vorgaben, Berlin 2012 (zitiert: *Verfasser,* in: Gellermann/Stoll/Czybulka, Handbuch Meeresnaturschutzrecht).
Ginzky, Harald: Ausnahmen zu den Bewirtschaftungszielen im Wasserrecht. Voraussetzungen, Zuständigkeiten, offene Anwendungsfragen, ZUR 2005, 515 ff.
Ginzky, Harald: Das Verschlechterungsverbot nach der Wasserrahmenrichtlinie, NuR 2008, 147 ff.
Ginzky, Harald: Die Pflicht zur Minderung von Schadstoffeinträgen in Oberflächengewässer, ZUR 2009, 242 ff.
Götze, Roman: Rechtsschutz im Wirkfeld von Bewirtschaftungsplan und Maßnahmenprogramm nach der Wasserrahmenrichtlinie – Rechtsfolgen und Justiziabilität der „Pläne 2009", ZUR 2008, 393 ff.

7. Kapitel Medienschützendes Umweltrecht

Graf, Immo: Vollzugskontrolle im Gewässerschutz. Zwischen verfassungsrechtlichem Anspruch und Realität, Baden-Baden 2002.

Grimeaud, David: Reforming EU Water Law: Towards Sustainability?, EELR 2001, 41 ff., 88 ff., 125 ff.

Grimeaud, David: The EC Water Framework Directive – An Instrument for Integrating Water Policy, RECIEL 2004, 27 ff.

Grohmann, Andreas/Hässelbarth, Ulrich/Schwerdtfeger, Walter (Hrsg.): Die Trinkwasserverordnung. Einführung und Erläuterungen für Wasserversorgungsunternehmen und Überwachungsbehörden, 4. Aufl., 2003.

Guckelberger, Annette: Die diversen Facetten der Öffentlichkeitsbeteiligung bei wasserrechtlichen Planungen, NuR 2010, 835 ff.

Hansjürgens, Bernd/Horsch, Helga: Wasserwirtschaftliche Maßnahmen im Dienste des Gewässerschutzes – qualitätsbezogene Maßnahmen, in: Bruha, Thomas/Koch, Hans-Joachim (Hrsg.), Integrierte Gewässerpolitik in Europa. Gewässerschutz, Wassernutzung, Lebensraumschutz, Baden-Baden 2001, 223 ff.

Hansjürgens, Bernd/Messner, Frank: Erhebung kostendeckender Preise in der WRRL, in: Peter Rumm/Stephan von Keitz/Michael Schmalholz (Hrsg.), Handbuch der EU-Wasserrahmenrichtlinie. Inhalte, Neuerungen und Anregungen für die nationale Umsetzung, 2. Aufl., Berlin 2006, 399 ff.

Härtel, Ines: Düngung im Agrar- und Umweltrecht. EG-Recht, deutsches, niederländisches und flämisches Recht, Berlin 2002.

Hasche, Frank: Das neue Bewirtschaftungsermessen im Wasserrecht. Die Auswirkungen der Wasserrahmenrichtlinie und der IVU-Richtlinie, Berlin 2005.

Heinz, Beate/Esser, Birgit: Maßnahmenplanung nach der Wasserrahmenrichtlinie – Schifffahrt und Wasserwirtschaft, ZUR 2009, 254 ff.

Hentschel, Jochen: Die europäische Wasserrahmenrichtlinie. Nationale Umsetzungsverpflichtung von Bewirtschaftungsplänen und Maßnahmenprogrammen, Hamburg 2005.

Holzwarth, Fritz: Stand der Umsetzung der Europäischen Wasserrahmenrichtlinie in Deutschland und der Harmonisierungsprozess auf EU-Ebene, ZUR 2005, 510 ff.

Irmer, Ulrich/Rechenberg, Bettina: Allgemeine Anforderungen an den Schutz der Oberflächengewässer, in: Peter Rumm/Stephan von Keitz/Michael Schmalholz (Hrsg.), Handbuch der EU-Wasserrahmenrichtlinie. Inhalte, Neuerungen und Anregungen für die nationale Umsetzung, 2. Aufl., Berlin 2006, 103 ff.

Jekel, Heide: Einbindung der Öffentlichkeit bei der Umsetzung der WRRL, in: Peter Rumm/Stephan von Keitz/Michael Schmalholz (Hrsg.), Handbuch der EU-Wasserrahmenrichtlinie. Inhalte, Neuerungen und Anregungen für die nationale Umsetzung, 2. Aufl., Berlin 2006, 81 ff.

Jekel, Heide/Munk, Hans-Hartmann: WRRL und Naturschutzbelange, in: Peter Rumm/Stephan von Keitz/Michael Schmalholz (Hrsg.), Handbuch der EU-Wasserrahmenrichtlinie. Inhalte, Neuerungen und Anregungen für die nationale Umsetzung, 2. Aufl., Berlin 2006, 525 ff.

Kappet, Jan: Qualitätsorientierter Gewässerschutz in Deutschland, Baden-Baden 2006.

Karstens, Jan: Einführung in die aktuellen Fragen des Gewässerschutzes, ZUR 2001, 113 ff.

von Keitz, Stephan: Grundsätze für die Verwirklichung von Maßnahmen zum Erreichen einer „guten Gewässerqualität", in: Peter Rumm/Stephan von Keitz/Michael Schmalholz (Hrsg.), Handbuch der EU-Wasserrahmenrichtlinie. Inhalte, Neuerungen und Anregungen für die nationale Umsetzung, 2. Aufl., Berlin 2006, 253 ff.

Knopp, Günther-Michael: Die Umsetzung der Wasserrahmenrichtlinie im deutschen Wasserrecht, ZUR 2001, 368 ff.

Knopp, Günther-Michael: Wasserwirtschaftliche Maßnahmen aus interdisziplinärer Sicht – qualitätsbezogene Maßnahmen (Immissionen, Landwirtschaft), in: Bruha, Thomas/Koch, Hans-Joachim (Hrsg.), Integrierte Gewässerpolitik in Europa. Gewässerschutz, Wassernutzung, Lebensraumschutz, Baden-Baden 2001, 245 ff.

Knopp, Günther-Michael: Umsetzung der Wasserrahmenrichtlinie – Neue Verwaltungsstrukturen und Planungsinstrumente im Gewässerschutzrecht, NVwZ 2003, 275 ff.

Knopp, Günther-Michael: Die Umsetzung der Wasserrahmenrichtlinie auf dem weiteren Weg des wasserrechtlichen Vollzugs in Deutschland, ZUR 2005, 505 ff.

Köck, Wolfgang: Die Implementation der Wasserrahmenrichtlinie – eine Zwischenbilanz, ZUR 2009, 227 ff.

Köck, Wolfgang: Die Vorgaben des Art. 9 WRRL für die Erhebung von Wassernutzungsabgaben, in: Wolfgang Durner (Hrsg.), Wasserrechtlicher Reformbedarf in Bund und Ländern, Köln u.a. 2011, 65 ff.

Köck, Wolfgang: Wasserwirtschaft und Gewässerschutz in Deutschland. Rechtsrahmen – Institutionen – Organisation, ZUR 2012, 140 ff.

Köck, Wolfgang/Faßbender, Kurt (Hrsg.): Implementation der Wasserrahmenrichtlinie in Deutschland – Erfahrungen und Perspektiven, Baden-Baden 2011.

Kolcu, Süleyman: Der Kostendeckungsgrundsatz für Wasserdienstleistungen nach Art. 9 WRRL. Analyse und Auswirkungen auf das deutsche Recht, Berlin 2008.

Kolkmann, Johannes: Die EG-Trinkwasserrichtlinie: die Nitrat- und Pestizidgrenzwerte im deutschen Umweltrecht, Berlin 1991.

Krämer, Ludwig: Dimensionen integrierter Gewässerpolitik, in: Bruha, Thomas/Koch, Hans-Joachim (Hrsg.), Integrierte Gewässerpolitik in Europa. Gewässerschutz, Wassernutzung, Lebensraumschutz, Baden-Baden 2001, 41 ff.

Krämer, Ludwig: Eau et climat: initiatives de l'Union européenne, RDUE 2009, 419 ff.

Krämer, Ludwig: Zehn Jahre Wasserrecht-Rahmenrichtlinie der EU. Erfahrungen und Perspektiven, in: Wolfgang Köck/Kurt Faßbender (Hrsg.), Implementation der Wasserrahmenrichtlinie in Deutschland – Erfahrungen und Perspektiven, Baden-Baden 2011, 45 ff.

Lell, Ottmar/Rechenberg, Jörg: Europäischer Gewässerschutz – Quo vadis? Eine Zwischenbilanz der Verhandlungsergebnisse zur EG-Wasserrahmenrichtlinie, UTA 1998, 272 ff.

Lell, Ottmar/Rechenberg, Jörg: Überforderte Gesetzgebungsverfahren? Eine Innenansicht aus den Beratungen zur Wasserrahmenrichtlinie, ZUR 2001, 120 ff.

Lübbe-Wolff, Gertrude: Die Bedeutung des EG-Rechts für den Grundwasserschutz, in: Behrens, Peter/Koch, Hans-Joachim (Hrsg.), Umweltschutz in der Europäischen Gemeinschaft, Baden-Baden 1991, 127 ff.

Lübbe-Wolff, Gertrude: Europarechtliche Grenzen der Deregulierung und Privatisierung im Umweltrecht, in: Österreichischer Wasser- und Abfallwirtschaftsverband (Hrsg.), Staat und Privat im Umweltrecht, Wien 2000, 43 ff.

Markus, Till/Schlacke, Sabine: Die Meeresstrategie-Rahmenrichtlinie der Europäischen Gemeinschaft, ZUR 2009, 464 ff.

Meinken, Lutz: Scattergun Approach? – Zur relativen Effizienzleistung emissions- und immissionsorientierter Regulierungsstrategien, in: Gawel, Erik/Lübbe-Wolff, Gertrude (Hrsg.), Effizientes Umweltordnungsrecht. Kriterien und Grenzen, Baden-Baden 2000, 35 ff.

Möbs, Hans: Gewässerschutzrecht in Deutschland und der Europäischen Gemeinschaft – Divergierende Zielsetzungen?, in: Behrens, Peter/Koch, Hans-Joachim (Hrsg.), Umweltschutz in der Europäischen Gemeinschaft, Baden-Baden 1991, 112 ff.

Möckel, Stefan: Umsetzung der Wasserrahmenrichtlinie bei FFH- und Vogelschutzgebieten, NuR 2007, 602 ff.

Möller, Hans-Werner: Trinkwassergefährdung und Trinkwasserpolitik. Eine marktwirtschaftliche Konzeption des Trinkwasserschutzes, Baden-Baden 2002.

Port, Christian: Die Umweltziele der Wasserrahmenrichtlinie. Anforderungen an die Bewirtschaftung der Oberflächengewässer aus der Sicht des Rechts der Europäischen Union, Berlin 2011.

Rechenberg, Jörg: Anforderungen an den Schutz des Grundwassers, in: Peter Rumm/Stephan von Keitz/Michael Schmalholz (Hrsg.), Handbuch der EU-Wasserrahmenrichtlinie. Inhalte, Neuerungen und Anregungen für die nationale Umsetzung, 2. Aufl., Berlin 2006, 199 ff.

Rechenberg, Jörg: Die schwere Geburt einer Tochter – Entstehung und Folgen der EG-Grundwasser-Tochterrichtlinie, ZUR 2007, 235 ff.

Reese, Moritz: Das neue Recht des Hochwasserschutzes vor den Herausforderungen des Klimawandels, NuR 2011, 19 ff.

7. Kapitel Medienschützendes Umweltrecht

Reinhardt, Michael: Wasserrechtliche Richtlinientransformation zwischen Gewässerschutzrichtlinie und Wasserrahmenrichtlinie, DVBl. 2001, 145 ff.

Reinhardt, Michael: Wasserrechtliche Richtlinientransformation zwischen Gewässerschutzrichtlinie und Wasserrahmenrichtlinie, in: Bruha, Thomas/Koch, Hans-Joachim (Hrsg.), Integrierte Gewässerpolitik in Europa. Gewässerschutz, Wassernutzung, Lebensraumschutz, Baden-Baden 2001, 199 ff.

Reinhardt, Michael: Deutsches Verfassungsrecht und europäische Flussgebietsverwaltung, ZUR 2001, 124 ff.

Reinhardt, Michael: Die „strategische" Umweltprüfung im Wasserrecht. Ein Beitrag zur fortschreitenden Prozeduralisierung im umweltrechtlichen Verwaltungsverfahren, NuR 2005, 499 ff.

Reinhardt, Michael: Kostendeckungs- und Verursacherprinzip nach Art. 9 der EG-Wasserrahmenrichtlinie, NuR 2006, 737 ff.

Reinhardt, Michael: Der neue europäische Hochwasserschutz, NuR 2008, 468 ff.

Reinhardt, Michael: Zum Verhältnis von Wasserrecht und Naturschutzrecht, NuR 2009, 517 ff.

Riese, Christoph/Dieckmann, Nina: Verbot der Einleitung von Industrieabwässern? Die Reichweite der phasing-out-Verpflichtung der Wasserrahmenrichtlinie, UPR 2011, 212 ff.

Rossi, Matthias: Eine Strategie zum Schutz der Meeresumwelt? Anmerkungen zum Entwurf der Meeresstrategie-Richtlinie der EU, UTR 2007, 81 ff.

Ruchay, Dietrich: Die Wasserrahmenrichtlinie der EG und ihre Konsequenzen für das deutsche Wasserrecht, ZUR 2001, 115 ff.

Rumm, Peter/von Keitz, Stephan/Schmalholz, Michael (Hrsg.): Handbuch der EU-Wasserrahmenrichtlinie. Inhalte, Neuerungen und Anregungen für die nationale Umsetzung, 2. Aufl., Berlin 2006.

Salzwedel, Jürgen: Zur begrenzten Steuerungswirkung ökologisch geprägter Rechtsbegriffe (EG-WRRL Anhang V) im Wasserrecht, FS Eckard Rehbinder, Berlin 2007, 521 ff.

Salzwedel, Jürgen/Schwetzel, Wolfram: Die europäische Grundwasserrichtlinie und der deutsche Sonderweg bei der Grundwasservorsorge, NuR 2009, 760 ff.

Schmalholz, Michael: Die EU-Wasserrahmenrichtlinie – Der „Schweizer Käse" im europäischen Gewässerschutz?, ZfW 2001, 69 ff.

Schmutzer, Sabrina: Umsetzung der EG-Wasserrahmenrichtlinie in die Kommunalabgabengesetze – Handlungsbedarf für die Länder -, DVBl. 2006, 228 ff.

Schulte, Thomas: EG-Richtlinie Kommunales Abwasser. Ziele, Inhalt und Umsetzung in das deutsche Recht, Berlin 1996.

Seeliger, Per: Die Novelle der EG-Trinkwasserrichtlinie, ZfW 1999, 1 ff.

Seidel, Wolfgang: Die geplante Wasserrahmenrichtlinie der Europäischen Gemeinschaft, UPR 1998, 430 ff.

Seidel, Wolfgang: Gewässerschutz durch europäisches Gemeinschaftsrecht, Baden-Baden 2000.

Seidel, Wolfgang/Rechenberg, Jörg: Rechtliche Aspekte des integrativen Gewässermanagements in Deutschland, ZUR 2004, 213 ff.

Solf, Sandra: Europäisches Flussgebietsmanagement und deutsche Wasserwirtschaftsverwaltung. Zur rechtlichen Umsetzung des Art. 3 Wasserrahmenrichtlinie, Berlin 2006.

Spieth, Wolf Friedrich/Ipsen, Nils Christian: Das Ausnahmeregime der Wasserrahmenrichtlinie, in: Wolfgang Köck/Kurt Faßbender (Hrsg.), Implementation der Wasserrahmenrichtlinie in Deutschland – Erfahrungen und Perspektiven, Baden-Baden 2011, 115 ff.

Stratenwerth, Thomas: Bewirtschaftung nationaler und internationaler Flussgebiete, in: Peter Rumm/Stephan von Keitz/Michael Schmalholz (Hrsg.), Handbuch der EU-Wasserrahmenrichtlinie. Inhalte, Neuerungen und Anregungen für die nationale Umsetzung, 2. Aufl., Berlin 2006, 59 ff.

Täufer, Katrin: Der Ökosystemansatz in der Meeresumweltpolitik der Europäischen Union, EurUP 2009, 225 ff.

Täufer, Katrin: Aktuelle Entwicklungen in der Meeresumweltpolitik der Europäischen Union, FS Detlef Czybulka, Heidelberg u.a. 2012, 109 ff.

Unnerstall, Herwig: Der Schutz von Auen nach der EU-Wasserrahmenrichtlinie und dem Bundesnaturschutzgesetz – ein Vergleich, NuR 2003, 667 ff.

Unnerstall, Herwig: Das Prinzip der Kostendeckung in der EU-Wasserrahmenrichtlinie – Entstehung und Gehalt, EurUP 2006, 29 ff.

Unnerstall, Herwig: Anforderungen an die Kostendeckung in der Trinkwasserversorgung nach der EU-Wasserrahmenrichtlinie, NVwZ 2006, 528 ff.

Unnerstall, Herwig: Kostendeckung für Wasserdienstleistungen nach Art. 9 EG-Wasserrahmenrichtlinie, ZUR 2009, 234 ff.

Veh, Gerhard M./Knopp, Günther-Michael: Gewässerschutz nach EG-Recht. Textausgabe mit systematischer Darstellung, Stuttgart u.a. 1995.

Vogt, Klaus: Durchführung der Bestandsaufnahme – Hürden und Erfahrungen, in: Peter Rumm/Stephan von Keitz/Michael Schmalholz (Hrsg.), Handbuch der EU-Wasserrahmenrichtlinie. Inhalte, Neuerungen und Anregungen für die nationale Umsetzung, 2. Aufl., Berlin 2006, 507 ff.

Wagner, Klaus: Der Risikoansatz in der europäischen Hochwassermanagementrichtlinie, NuR 2008, 774 ff.

Ziehm, Cornelia: Europäisches Grund- und Trinkwasserschutzrecht und die Implementation in Deutschland und Frankreich, Baden-Baden 1998.

II. Luftreinhaltung

Backes, Chris W.: Umsetzung, Anwendung und Vollzug europäischer Umweltqualitätsnormen, FS Eckard Rehbinder, Berlin 2007, 669 ff.

Backes, C. W./van Nieuwerburgh, T./Koelemeijer, R.B.A.: Transformation of the first Daughter Directive on air quality in several EU Member States and its application in practice, EELR 2005, 157 ff.

Bruckmann, Peter: Die novellierte Richtlinie über Luftqualität der Europäischen Union – neue Elemente und Anforderungen, Immissionsschutz 2/2008, 60 ff.

Cancik, Pascale: Europäische Luftreinhalteplanung – zur zweiten Phase der Implementation, ZUR 2011, 283 ff.

Epiney, Astrid: Emissionshandel für NO_x und SO_2 im EU-Recht. Ein Beitrag zur Übertragbarkeit des Systems der RL 2003/87 auf (andere) Luftschadstoffe, NuR 2011, 167 ff.

Fonk, Christian Friedrich: Europäische Luftqualitätsziele und nationale Erfüllungsverantwortung, Frankfurt u.a. 2009.

Gallas, Andreas: Aspekte der Luftreinhaltepolitik, in: Peter Behrens/Hans-Joachim Koch (Hrsg.), Umweltschutz in den Europäischen Gemeinschaft, Baden-Baden 1991, 98 ff.

Gasparinetti, Marco/van den Hout, Dick: Revising the EU Air Quality Legislation: Experiences and Proposed Improvements, JEEPL 2006, 292 ff.

Hansmann, Klaus: Die Luftqualitätsrahmenrichtlinie der EG und ihre Umsetzung in deutsches Recht, NuR 1999, 10 ff.

Jarass, Hans D.: Europäisierung des Immissionsschutzrechts, UPR 2000, 241 ff.

Jarass, Hans D.: Luftqualitätsrichtlinien der EU und die Novellierung des Immissionsschutzrechts, NVwZ 2003, 257 ff.

Klinger, Remo: Die neue Luftqualitätsrichtlinie der EU und ihre Umsetzung in deutsches Recht, ZUR 2009, 16 ff.

Koch, Hans-Joachim: Luftreinhalterecht in der Europäischen Gemeinschaft, in: Behrens, Peter/Koch, Hans-Joachim (Hrsg.), Umweltschutz in der Europäischen Gemeinschaft, Baden-Baden 1991, 75 ff.

Koch, Hans-Joachim: Luftreinhalterecht in der Europäischen Gemeinschaft, DVBl. 1992, 124 ff.

Mayer, Christian: Entwicklungslinien im Luftreinhaltungsrecht der Europäischen Gemeinschaft. Zugleich ein Beitrag zur Systematisierung des bestehenden EG-Luftreinhaltungsrechts, EurUP 2008, 227 ff.

Nicklas, Cornelia: Implementationsprobleme des EG-Umweltrechts. Unter besonderer Berücksichtigung der Luftreinhalterichtlinien, Baden-Baden 1997.

Scheidler, Alfred: Fortentwicklung des europäischen Luftreinhalterechts, NuR 2006, 354 ff.

7. Kapitel Medienschützendes Umweltrecht

Sparwasser, Reinhard: Luftqualitätsplanung zur Einhaltung der EU-Grenzwerte – Vollzugsdefizite und ihre Rechtsfolgen, NVwZ 2006, 369 ff.
Stüer, Bernhard: Luftqualität und Straßenplanung, EurUP 2004, 46 ff.

III. Bodenschutz

Bückmann, Walter: Der zweite Entwurf einer europäischen Bodenrahmenrichtlinie, UPR 2006, 365 ff.
Galle-Bürgel, Thomas/Gerhold, Thomas/Kopp-Assenmacher, Stefan/Schwertner, Inga: Richtlinie zur Schaffung eines Ordnungsrahmens für den Bodenschutz und zur Änderung der Richtlinie 2004/35/EG vom 22.9.2006. Vorschlag der EU-Kommission für eine Richtlinie des Europäischen Parlaments und des Rates, EurUP 2007, 96 ff.
Ganzert, Christian/Hebauer, Christine/Heissenhuber, Alois/Hofstetter, Martin/Kantelhardt, Jochen: Reform der gemeinsamen Agrarpolitik – Analysen und Konsequenzen aus Naturschutzsicht, Bonn 2003.
Glaser, Andreas: Kompetenzverteilung und Subsidiarität in der Europäischen Gemeinschaft am Beispiel der Bodenschutzrahmenrichtlinie, ZG 2007, 366 ff.
Heuser, Irene L.: Europäisches Bodenschutzrecht. Entwicklungslinien und Maßstäbe der Gestaltung, Berlin 2005.
Heuser, Irene L.: Bodenschutz als Ziel der gemeinsamen Agrarpolitik, in: Calliess, Christian/Härtel, Ines/Veit, Barbara (Hrsg.), Jahrbuch des Agrarrechts, Baden-Baden 2006, 183 ff.
Heuser, Irene L.: Überlegungen zur Gestaltung des EU-Bodenschutzrechts – Teil 1: EU-Bodenschutz de lege lata, ZUR 2007, 63 ff.
Heuser, Irene L.: Überlegungen zur Gestaltung des EU-Bodenschutzrechts – Teil 2: EU-Bodenschutz de lege ferenda, ZUR 2007, 113 ff.
Hofmann, Ekkehard: Das Planungsinstrumentarium des Bodenschutzrechts – Nationales Recht und europäischer Richtlinienvorschlag, in: Wolfgang Köck (Hrsg.), Bodenschutz- und Altlastenrecht unter europäischem Einfluss, Baden-Baden 2008, 27 ff.
Kibblewhite, Mark: Towards a European soil directive – the rationale and some reflections, Environmental Law & Management 2007, 227 ff.
Klein, Ulrich: Europäisches Bodenschutzrecht. Auf dem Weg zu einer Bodenschutzrahmenrichtlinie, EurUP 2007, 2 ff.
Köck, Wolfgang (Hrsg.): Bodenschutz- und Altlastenrecht unter europäischem Einfluss, Baden-Baden 2008.
Lee, Yeong Heui: Notwendigkeit eines Europäischen Bodenschutzes, NuR 2005, 745 ff.
Ludwig, Rasso: Planungsinstrumente zum Schutz des Bodens, Berlin 2011.
Ludwig, Rasso/Petersen, Malte: Aktuelle Fragen und Entwicklungen des europäischen Bodenschutzrechts, NuR 2007, 446 ff.
Mitschang, Stephan (Hrsg.): Soil Protection Law in the European Union / Bodenschutzrecht in der Europäischen Union, Frankfurt u.a. 2008.
Norer, Roland: Bodenschutzrecht im Kontext der europäischen Bodenschutzstrategie, Wien, Graz 2009.
Olazabal, Claudia: La nouvelle politique de protection des sols en Europe, RDUE 2007, 155 ff.
Peine, Franz-Joseph: Der Beitrag des europäischen Rechts für einen effektiven Bodenschutz, in: Wolfgang Köck (Hrsg.), Bodenschutz- und Altlastenrecht unter europäischem Einfluss, Baden-Baden 2008, 97 ff.
Petersen, Malte: European Soil Protection Law after the Setback of December 2007 – Existing Law and Outlook, EELR 2008, 146 ff.
Schäfer, Kurt: Europäisierung des Bodenschutzrechts, ZUR 2003, 151 ff.
Schäfer, Kurt: Perspektiven des europäischen Bodenschutzrechts, in: Wolfgang Köck (Hrsg.), Bodenschutz- und Altlastenrecht unter europäischem Einfluss, Baden-Baden 2008, 17 ff.
Scheil, Susanne: Entwicklung des Europäischen Bodenschutzrechts und seine Umsetzung in nationales Recht, Frankfurt u.a. 2008.

Schrader, Christian: Neue Instrumente des Bodenschutzes, UPR 2008, 415 ff.

Stein, Verena: Die Bodenschutzrahmenrichtlinie und die Auswirkungen auf das deutsche Recht, Berlin 2007.

IV. Lärmschutz

Feldmann, Franz-Josef: Wandel im Lärmschutz: Die Umgebungslärmrichtlinie und ihre Umsetzung in deutsches Recht, in: Martin Oldiges (Hrsg.), Umweltqualität durch Planung, Baden-Baden 2006, 77 ff.

Fickert, Hans Carl: Die Umgebungslärmrichtlinie der EU und ihre Umsetzung in deutsches Recht im Verhältnis zum Lärmschutz beim Bau von Verkehrswegen aus der Sicht eines kritischen Praktikers, DVBl. 2004, 1253 ff.

Holm, Bernhard: Die Bedeutung der EG-Umgebungslärmrichtlinie für die Bundesfernstraßen, NuR 2003, 144 ff.

McManus, Francis: The EC Green Paper on Future Noise Policy and its Impact on the United Kingdom, EPL 1999, 125 ff.

Philipp-Gerlach, Ursula/Hensel, Joy: Der Gesetzesentwurf der Bundesregierung zur Umsetzung der EG-Richtlinie über die Bewertung und Bekämpfung von Umgebungslärm, ZUR 2004, 329 ff.

Scheidler, Alfred: Die Lärmminderungsplanung im Gesetzesentwurf zur Umsetzung der EU-Umgebungslärmrichtlinie, UPR 2005, 247 ff.

Schulte, Martin/Schröder, Rainer: Europäisches Lärmschutzrecht – gegenwärtiger Stand und künftige Entwicklungsperspektiven im Lichte der Erweiterung der EU –, DVBl. 2000, 1085 ff.

Schulze-Fielitz, Helmuth: Umgebungslärm als neuartige rechtliche Herausforderung, UTR 2008, 7 ff.

Söhnlein, Bernd: Die Umsetzung Umgebungslärmrichtlinie in deutsches Recht, NuR 2006, 276 ff.

8. Kapitel Schutz vor bestimmten Tätigkeiten oder Stoffen

Eine weitere Gruppe sekundärrechtlicher Vorschriften der Europäischen Union umfasst den Schutz vor bestimmten gefährlichen Stoffen und/oder Tätigkeiten. Der Hintergrund dieser Vorschriften ist darin zu sehen, dass bestimmte Stoffe und Aktivitäten so gefährlich sind, dass die allgemeinen (nur) medienschützenden Vorschriften keinen effektiven Schutz vor den von ihnen ausgehenden Gefahren garantieren können. Daher bedarf es in diesen Fällen spezifischer Vorschriften zum Schutz von Mensch und Umwelt, der sich gerade nicht auf ein spezifisches Medium beschränkt, sondern alle von einem **Stoff oder einer Tätigkeit ausgehenden Gefahren** erfassen sollte. Die diesbezüglichen Regeln können in produkt- oder stoffbezogene und in anlagen- oder produktionsbezogene Bestimmungen eingeteilt werden. Das Bio- und Gentechnologierecht stellt aufgrund seiner Spezifizitäten einen eigenständigen Bereich dar.[1]

A. Gefährliche Stoffe

Die stoffbezogenen Bestimmungen setzen unmittelbar an einem bestimmten gefährlichen Stoff an und regeln dessen Verwendung, Inverkehrbringen, Transport, ggf. Zusammensetzung u.a. Grundgedanke ist hier, wie bei allen unionsrechtlichen Regeln in diesem Bereich, dass umfassend vor allen, von einem **bestimmten Stoff ausgehenden Gefahren** geschützt werden soll. Zudem stellen EU-Maßnahmen in diesem Bereich insofern eine wichtige Voraussetzung für die **Verwirklichung des Binnenmarktes** dar, als sie produktbezogen sind und unterschiedliche Vorschriften in den verschiedenen Mitgliedstaaten daher Hindernisse für den freien Warenverkehr nach sich ziehen (können). Insofern verfolgen die unionsrechtlichen Regelungen also regelmäßig eine doppelte Zielsetzung: Gesundheits- und Umweltschutz auf der einen, Verwirklichung des Binnenmarkts auf der anderen Seite.[2]

Bei den unionsrechtlichen Regelungen in diesem Bereich kann zwischen zwei großen Gruppen unterschieden werden: den allgemeinen Regelungen, insbesondere das Chemikalienrecht (I.), und den bereichsspezifischen Regelungen (II.).[3]

I. Allgemeine Regelungen, insbesondere Chemikalienrecht

Das Chemikalienrecht der EU wurde durch den Erlass der sog. REACH[4]-Verordnung (VO 1907/2006) – die rund 40 ältere Rechtsakte größtenteils sukzessive ersetzt, aber auch in vielen Aspekten an die bisherigen Regelungen anknüpft[5] – auf eine neue Grundlage gestellt.[6] Damit

---

1 Ausgespart werden soll hier allerdings der Bereich der nuklearen Sicherheit. Vgl. hierzu *Pelzer*, EUDUR II/1, §§ 57, 58, 59; *Schmidt-Preuß*, EUDUR II/1, § 60; *Jans/Vedder*, European Environmental Law, 502 ff.; *Jans/von der Heide*, Europäisches Umweltrecht, 514 ff.
2 Vgl. z.B. die Formulierung in Art. 1 Abs. 1 VO 1907/2006. S. in diesem Zusammenhang die Bemerkungen bei *Rehbinder*, EUDUR II/1, § 61, Rn. 209, der darauf hinweist, dass der Gesundheitsschutz regelmäßig im Vordergrund stehe, was wohl auch mit seiner – im Vergleich zum Umweltschutz – höheren „Wertigkeit" zusammenhänge.
3 Vgl. ausführlich zu den gefährliche Stoffe betreffenden EU-Regelungen *Rengeling*, Stoffrecht, *passim*; s. nunmehr sehr instruktiv auch *Köck/Kern*, in: Perspektiven des Stoffrechts, 21 ff.; s. auch die mehr oder weniger umfangreichen Überblicke bei *Dauses-Scherer/Heselhaus*, Hb. EU-WirtschaftsR, O, Rn. 517 ff.; *Jans/Vedder*, European Environmental Law, 450 ff.; *Meßerschmidt*, Europäisches Umweltrecht, § 19 sowie die vergleichende Darstellung der Regelungen über Pflanzenschutzmittel, Biozidprodukte und Chemikalien bei *Biwer*, EurUP 2010, 234 ff.
4 REACH = Registration, Evaluation and Authorization of Chemicals.
5 Vgl. *Ingerowski*, in: Dokumentation zur 34. Wissenschaftlichen Fachtagung der Gesellschaft für Umweltrecht, 169 (175 f.).
6 Zu den Hintergründen dieser grundlegenden Revision etwa *Dauses-Scherer/Heselhaus*, Hb. EU-WirtschaftsR, O, Rn. 517 f.; *Heselhaus*, URP/DEP 2010, 649 (657); ausführlich zur Entstehungsgeschichte *Meßerschmidt*, Europäisches Umweltrecht, § 19, Rn. 20 ff.; s. auch die ausführliche Kritik des bisherigen Ansatzes vor dem Hintergrund des

wird dieses Rechtsgebiet nunmehr umfassend durch eine **unmittelbar geltende Verordnung** geregelt, und zudem ist die ebenfalls durch die VO 1907/2006 geschaffene Europäische **Chemikalienagentur** für weite Bereiche der Chemikalienkontrolle zuständig.[7] Damit gehört das Chemikalienrecht heute zu den am stärksten europäisierten Bereichen des EU-Umweltrechts (was sicherlich auf die erwähnte Binnenmarktrelevanz zurückzuführen ist) und weist (mittlerweile) nicht nur eine sehr hohe Regelungsdichte, sondern (mindestens) eine ebenso hohe Komplexität auf, die auch vor dem Hintergrund der sehr technischen Regelungsmaterie zu sehen ist. Diese Komplexität wird noch durch diverse Übergangsbestimmungen verstärkt, die dazu führen, dass das bisherige System in gewissen Teilen noch weiter gilt, so dass das neue System vollständig erst am 1. Juni 2015 Anwendung finden wird.[8]

5   Im Folgenden kann es daher nur darum gehen, über die Konzeption der REACH-Verordnung einen Überblick zu geben (1.) und auf einige weitere allgemeine Regelungen im Chemikalienbereich – die trotz der VO 1907/2006 fortbestehen – hinzuweisen (2.).

1. REACH

6   Gemäß Art. 1 Abs. 2 VO 1907/2006 enthält die Verordnung Bestimmungen über Stoffe und Gemische im Sinne des Art. 3 VO 1907/2006,[9] wobei diese Bestimmungen für die Herstellung, das Inverkehrbringen und die Verwendung derartiger Stoffe als solche, in Gemischen oder in Erzeugnissen sowie für das Inverkehrbringen von Gemischen gelten. Ziel ist es – im Sinne des Vorsorgeprinzips – sicherzustellen, dass nur solche Stoffe hergestellt, in Verkehr gebracht und verwendet werden, die die Gesundheit oder die Umwelt nicht nachteilig beeinflussen (Art. 1 Abs. 3 VO 1907/2006).[10]

Vorsorgeprinzips bzw. seiner nicht genügenden Verwirklichung bei *Calliess*, VerwArch 2003, 389 (395 ff.); in eine ähnliche Richtung auch *Ginzky*, ZUR 2000, 129 ff.; s. auch *Köck*, ZUR 2001, 303 f. Zur bisherigen Rechtslage in der Vorauflage, 308 ff., m.w.N. Die Union ist im Bereich des allgemeinen Gefahrstoffrechts, insbesondere dem Chemikalienrecht (teilweise wegen des engen Bezugs zum Binnenmarktrecht), aber schon recht früh tätig geworden. Zur Entwicklung des Gefahrstoffrechts in der EU etwa *Rehbinder*, EUDUR II/1, § 61, Rn. 1 ff.

7   Der Europäischen Chemikalienagentur kommt nicht nur eine zentrale Rolle im Rahmen der Kontrolle der Chemikalien zu; sie verwaltet auch eine zentrale Datenbank über Chemikalien (Art. 11 ff. VO 1907/2006). Zu dieser *Heselhaus*, URP/DEP 2010, 649 (661 f.).

8   Hierzu im Einzelnen *Heselhaus*, URP/DEP 2010, 649 (656 ff.).

9   Vgl. die Definitionen in Art. 3 Nr. 1, 2 VO 1907/2006. Vom Anwendungsbereich der Verordnung ausgenommen sind insbesondere radioaktive Stoffe und gewisse weitere Stoffe, die von anderen unionsrechtlichen Vorschriften erfasst werden, sowie Abfälle (für letztere gilt das Abfallrecht der Union), Art. 2 VO 1907/2006. Speziell zur Abgrenzung der Anwendungsbereiche des Chemikalien- und Abfallrechts *Kitzinger*, AbfallR 2007, 216 ff. Weitere Ausnahmen von der Registrierungspflicht sind in Art. 6 Abs. 3, 9 VO 1907/2006 vorgesehen. So sind Polymere (Art. 2 Abs. 9 VO 1907/2006) grundsätzlich von der Registrierungspflicht befreit, Art. 6 Abs. 3 VO 1907/2006, dies im Gegensatz zu (ungebundenen) Monomeren (Monomere sind Bausteine, aus denen Polymere bestehen, Art. 3 Nr. 5 VO 1970/2006). In EuGH, Rs. C-558/07 (S.P.C.M. SA), Slg. 2009, I-5783, präzisierte der Gerichtshof, dass sich der Begriff „Monomerstoffe" in Art. 6 Abs. 3 VO 1907/2006, der vorsieht, dass Hersteller eines Polymers für die dem Polymer noch nicht registriert worden sind, unter bestimmten Voraussetzungen gleichwohl ein Registrierungsdossier einzureichen hat, entsprechend der Regelungssystematik nur auf gebundene Monomere beziehe, die in Polymeren enthalten sind. Die durch Art. 6 Abs. 3 VO 1907/2006 implizierte Benachteiligung eingeführter Polymere bzw. die stärkere Belastung von Importeuren von Polymeren im Verhältnis zu Unionserzeugern sei auch mit dem Primärrecht vereinbar, da sich die Importeure nicht in einer vergleichbaren Lage wie die Unionserzeuger befänden. Auch sei die Maßnahme zum Schutz von Umwelt und Gesundheit ergriffen worden und entspreche den Anforderungen der Verhältnismäßigkeit. Vgl. allgemein zum Anwendungsbereich der VO 1907/2006 *Siegel*, EurUP 2007, 106 (108); *Dauses-Scherer/Heselhaus*, Hb. EU-WirtschaftsR, O, Rn. 523. Zur Frage, ob die VO 1907/2006 auch in Bezug auf Nanomaterialien eine genügende Regelung darstellt, *Calliess/Stockhaus*, JEEPL 2012, 113 ff.; *Calliess/Stockhaus*, DVBl. 2011, 921 ff.

10 Vgl. aus der mittlerweile kaum noch überschaubaren Literatur zu REACH etwa *Forbes*, EELR 2009, 34 ff.; *Blainey*, JEEPL 2009, 51 ff.; *Becker/Tiedemann*, Chemikalienrecht, 26 ff.; *Fischer*, DVBl. 2007, 853 ff.; *van Stratum/Lecloux*, RMCUE 2008, 245 ff.; *Heikkilä*, RDUE 2007, 839 ff.; *Knopp*, UPR 2008, 248 ff.; *Rehbinder*, in: Neues europäisches Chemikalienrecht (REACH), 35 ff.; *Scott*, in: Environmental Protection, 56 ff.; ausführlich *Ingerowski*, REACh-Verordnung, *passim*; *Kuhn*, REACH, 67 ff.

8. Kapitel Schutz vor bestimmten Tätigkeiten oder Stoffen

Dabei geht die Verordnung davon aus, dass es in der **Verantwortung der Hersteller und Importeure**[11] liegt sicherzustellen, dass nur solche Stoffe in den Verkehr gebracht oder eingeführt[12] werden, die keine Gefährdung der Gesundheit oder der Umwelt mit sich bringen (Art. 1 Abs. 3 VO 1907/2006), womit letztlich eine Art Beweislastumkehr einhergeht[13] und die Unternehmen letztlich verpflichtet werden, die mit der Verwendung von Stoffen verbundenen Risiken umfassend zu bewerten und geeignete Maßnahmen zur Beherrschung ggf. erkannter Risiken zu treffen. Kernelement der Verordnung ist die **Registrierung**, die in Titel II VO 1907/2006 geregelt ist, wobei es sich letztlich um eine Art Anmeldesystem handelt.

Unterschieden werden können in Titel II VO 1907/2006 Bestimmungen über die allgemeine Registrierungspflicht (Art. 5 ff. VO 1907/2006) und Sonderregelungen für bestimmte Stoffgruppen (Art. 15 ff. VO 1907/2006). Art. 20 ff. VO 1907/2006 enthalten gemeinsame Bestimmungen, insbesondere in Bezug auf das Verfahren zur Registrierung.[14]

Die Registrierungspflicht soll sicherstellen, dass über alle Stoffe, die in der EU hergestellt oder in diese eingeführt werden, vollständige Daten und Informationen erhoben und zugänglich sind, um auf dieser Grundlage die stoffspezifischen Risiken zu evaluieren und ggf. Risikomanagementmaßnahmen zu ergreifen. Daher geht die VO 1907/2006 davon aus, dass **alle Stoffe** als solche, in Gemischen oder in Erzeugnissen grundsätzlich (vgl. die Vorbehalte in Art. 6, 7, 21, 23 VO 1907/2006) nur dann in der Union hergestellt oder in Verkehr gebracht werden dürfen, wenn sie nach den Vorgaben der Verordnung **registriert** werden (Art. 5 VO 1907/2006), ein Grundsatz, den die Überschrift zu Art. 5 VO 1907/2006 anschaulich mit „**Ohne Daten kein Markt**" bezeichnet. Diese Registrierungspflicht besteht für alle Stoffe, die in einer Menge von mindestens 1 t / Jahr hergestellt oder eingeführt werden, unter Einschluss sog. **Altstoffe** (Art. 6 Abs. 1 VO 1907/2006),[15] wobei hier in der Form eines abgestuften Zeitplans besondere Regelungen für die sog. *Phase-in*-Stoffe bestehen.[16]

Die **Registrierungspflicht** kommt unabhängig von einem Gefahrenverdacht zum Zuge und impliziert – da die Unternehmen die Dossiers erstellen müssen – beachtliche Verpflichtungen für die Hersteller und Importeure, die jedoch grundsätzlich aufgrund ihrer „Nähe" zu den Stoffen gerechtfertigt erscheint.[17]

Kapitel 2, 3, 5 des Titels II VO 1907/2006 enthalten Sonderbestimmungen für bestimmte Stoffe und auch Ausnahmen von der Registrierungspflicht nach der VO 1907/2006, so z.B. in Bezug auf Pflanzenschutzmittel oder Biozidprodukte.

Der Hersteller oder der Importeur hat im Hinblick auf die **Registrierung** ein **Dossier** – das insbesondere Angaben über die Eigenschaften des Stoffes und seine Verwendung sowie den sicheren Umgang mit ihm und damit gewisse toxikologische und ökotoxikologische Prüfdaten enthalten muss – bei der **Chemikalienagentur** einzureichen. Weiter sind von den Unternehmen diejenigen Risiken zu ermitteln, die die geplante Verwendung des betreffenden Stoffes mit sich bringen könnte, und es sind Maßnahmen zu benennen, mit denen diesen Risiken begegnet werden kann. Im Einzelnen variieren die Anforderungen an das einzureichende Dossier je nach Konstellation

---

11 Der Einbezug der Importeure wirft die Vereinbarkeit der Vorgaben der Verordnung mit dem WTO-Recht auf, vgl. hierzu, m.w.N., *Engelstätter*, Gewässerschutz durch Gefahrstoffrecht, 356 ff.
12 Wobei die Einfuhrregelungen spezifische Fragen aufwerfen, hierzu *Fluck/Campen*, EuZW 2007, 326 ff.
13 Kritisch hierzu etwa *Meßerschmidt*, Europäisches Umweltrecht, § 19, Rn. 32. S. in diesem Zusammenhang zu Fragen des Rechtsschutzes (vgl. auch Art. 91 ff. VO 1907/2006) *Martel*, ZEuS 2008, 601 ff.; *Rehbinder*, FS Rengeling, 383 ff.; *Tiedemann*, DVBl. 2011, 993 ff.; *Waggershauser*, StoffR 2009, 112 ff.
14 S. aber auch die Ausnahmen von der Registrierungspflicht bzw. dem Anwendungsbereich der Verordnung in Art. 2 VO 1907/2006. Hierzu bereits in Fn. 9.
15 Dies im Gegensatz zu den bis dahin geltenden Regelungen, die zwischen Altstoffen und neuen Stoffen unterschieden, hierzu etwa *Dauses-Scherer/Heselhaus*, Hb. EU-WirtschaftsR, O, Rn. 519 f.; *Meßerschmidt*, Europäisches Umweltrecht, § 19, Rn. 28 ff.
16 Bei ihnen handelt es sich letztlich um Altstoffe, vgl. hierzu *Meßerschmidt*, Europäisches Umweltrecht, § 19, Rn. 30, 71 ff.; *Siegel*, EurUP 2007, 106 (107); ausführlich zum Einbezug der Altstoffe in die Verordnung *Peine*, FS Stober, 111 ff.
17 So auch *Krämer*, Droit de l'environnement de l'UE, 267; kritisch jedoch, unter dem Gesichtspunkt der Verhältnismäßigkeit, *Meßerschmidt*, Europäisches Umweltrecht, § 19, Rn. 68.

(vgl. die Einzelheiten in Art. 6 ff. VO 1907/2006).[18] Sofern die Chemikalienagentur drei Wochen nach dem Antragsdatum keine gegenteilige Mitteilung übermittelt (in dem Sinn, dass das Dossier unvollständig ist, Art. 20 Abs. 2 VO 1907/2006), kann der Hersteller oder der Importeur mit der Produktion bzw. der Einfuhr das Stoffes beginnen (Art. 21 Abs. 1 VO 1907/2006). Im Einzelnen ist das **Registrierungsverfahren** Gegenstand der Art. 20 ff. VO 1907/2006. Bei der Registrierung erfolgt lediglich eine Prüfung der Vollständigkeit der Unterlagen. Hingegen geht es nicht die Bewertung des Stoffes oder eine Risikobeurteilung; ebensowenig werden die Qualität der eingereichten Daten und Ausführungen sowie ihre Angemessenheit geprüft. Bei Unvollständigkeit der Unterlagen – auch nach den Nachforderungen – ist die Herstellung oder Einfuhr des Stoffes aber verboten, so dass die Registrierung nach den Vorgaben der Verordnung eine zwingende Voraussetzung des rechtmäßigen Inverkehrbringens bzw. der rechtmäßigen Herstellung ist.

11   Art. 40 ff. VO 1907/2006 regelt die durch die Chemikalienagentur durchzuführende **Bewertung**, wobei zwischen der **Dossierbewertung** (von Versuchsvorschlägen, des eigentlichen Dossiers sowie weiterer Informationen, Art. 40-42 VO 1907/2006) und der **Stoffbewertung** (Art. 44 VO 1907/2006) zu unterscheiden ist.[19]

Bei der **Dossierbewertung** geht es in erster Linie einerseits um die Vermeidung unnötiger Tierversuche, andererseits um eine Prüfung der Qualität und Angemessenheit der vorgelegten Daten und Analysen (Art. 40, 41 VO 1907/2006). Die **Stoffbewertung** (Art. 44 VO 1907/2006) hingegen dient der Analyse des von einem bestimmten Stoff ausgehenden Risikos für die Gesundheit und die Umwelt. Das Ergebnis kann das Ergreifen sog. Folgemaßnahmen nach sich ziehen (Art. 48 VO 1907/2006).

12   Bestimmte, als **besondere gefährlich anzusehende Stoffe** – hierzu gehören z.b. krebserregende, erbgutschädigende und fortpflanzungsschädigende Stoffe – sind jedoch einem **förmlichen Zulassungsverfahren** unterworfen, so dass diese nur nach der Zulassung, nicht bereits nach der erwähnten dreiwöchigen Frist, in Verkehr gebracht werden dürfen (Art. 55 ff. VO 1907/2006), wobei die Verordnung davon ausgeht, dass die Verwendung und das Inverkehrbringen dieser Stoffe möglichst einzuschränken ist (vgl. die Formulierung in Art. 56 Abs. 1 VO 1907/2006), und grundsätzlich darf ein Stoff nur zugelassen werden, wenn die mit ihm verbundenen Risiken angemessen beherrscht werden.[20] Es erfolgt dann eine auf einen bestimmten Gebrauch durch einen bestimmten Hersteller/Importeur beschränkte Zulassung. Andernfalls soll die Kommission prüfen, wie hoch das Risiko ist, welchen gesellschaftlichen und wirtschaftlichen Nutzen der Stoff hat und ob Ersatzstoffe zur Verfügung stehen, und auf dieser Basis über die Zulassung bzw. Beschränkungen oder ein Verbot entscheiden.

Darüber hinaus können bestimmte, besonders gefährliche Stoffe auch **Beschränkungen** unterworfen werden, Art. 67 ff. VO 1907/2006.[21]

Bestimmte Modifikationen der Verordnung sowie Durchführungsregelungen können im Ausschussverfahren erlassen werden (Art. 132 VO 1906/2007), und es sind bereits einige solche Maßnahmen erlassen worden.[22] Die REACH-Verordnung stellt eine Vollharmonisierung dar.[23] Allerdings gilt dies nach Art. 114 Abs. 4-6 AEUV nicht für Schutzverstärkermaßnahmen.[24] Ansonsten dürfen die Mitgliedstaaten in Bezug auf die von der VO 1907/2006 erfassten Stoffe andere Vorschriften als solche der Registrierung, Bewertung und Zulassung erlassen, bezieht sich die Angleichung doch nur auf diese Aspekte, wobei jedoch im Einzelnen die Frage, ob ein bestimmter Aspekt durch die VO 1907/2006 erfasst ist oder nicht, zu klären wäre.

13   Trotz der weitgehenden Pflichten der Hersteller und Importeure, der mitunter recht hohen Regelungsdichte der VO 1907/2006 sowie der zu begrüßenden Einbeziehung der Altstoffe ist nicht

---

18   Hierzu *Meßerschmidt*, Europäisches Umweltrecht, § 19, Rn. 51 ff.; s. auch *Jaensch*, StoffR 2009, 131 ff.; ausführlich *Ingewowski*, REACh-Verordnung, 136 ff.
19   Im Einzelnen hierzu *Meßerschmidt*, Europäisches Umweltrecht, § 19, Rn. 86 ff.
20   Zum Zulassungsverfahren *Siegel*, EurUP 2007, 106 (113 ff.); *Heselhaus*, URP/DEP 2010, 649 (668 f.).
21   Hierzu *Meßerschmidt*, Europäisches Umweltrecht, § 19, Rn. 113 ff.; *Siegel*, EurUP 2007, 106 (115 f.).
22   Vgl. die Zusammenstellung bei *Meßerschmidt*, Europäisches Umweltrecht, § 19, Rn. 181; zum Ausschussverfahren in der VO 1907/2006 *Martel*, ZEuS 2008, 601 ff.
23   Vgl. schon in Bezug auf die Vorgängerregelung (RL 67/548) EuGH, Rs. 278/85 (Kommission/Dänemark), Slg. 1987, 4069, Ziff. 12.
24   Hierzu oben 5. Kap. Rn. 90 ff.

8. Kapitel Schutz vor bestimmten Tätigkeiten oder Stoffen

zu verkennen, dass auch auf der Grundlage dieser Neuregelung keineswegs davon ausgegangen werden kann, dass die mit der Verwendung chemischer Stoffe verbundenen Risiken wirklich angemessen beherrscht werden und auch im Ergebnis ein hohes Schutzniveau für Mensch und Umwelt sichergestellt werden kann.[25] Denn Wissenslücken können auch durch das vorgesehene Prüfprogramm nicht vermieden werden, insbesondere aufgrund der abgestuften Prüfpflichten, die bei in wenig großen Mengen in Verkehr gebrachten Stoffen eher schwach ausgestaltet sind, ganz abgesehen davon, dass sämtliche Informationspflichten überhaupt erst bei Überschreiten der Schwelle von 1 t / Jahr greifen. Im Übrigen beruht die Verordnung auf dem Konzept, dass den Unternehmen und Importeuren selbst die Hauptverantwortung im Zusammenhang mit den Prüfpflichten zukommt, während die Agentur sich auf die Überprüfung der Dossiers beschränkt, was die Gefahr mit sich bringt, dass Mängel in den Dossiers – auch aufgrund der schieren Menge an Daten – nicht entdeckt werden, ganz abgesehen davon, dass es keine Möglichkeit gibt, bei als falsch erkannten eingereichten Daten ein Vermarktungs- oder Verwendungsverbot auszusprechen. Schließlich sind die Voraussetzungen für eine eigentliche Beschränkung der Zulassung gefährlicher Stoffe eher eng gefasst und implizieren insbesondere weitgehende Risikokenntnisse der Agentur, womit die Frage aufgeworfen wird, ob hiermit dem Vorsorgeprinzip noch Rechnung getragen werden kann, ganz abgesehen davon, dass die Verordnung nicht sicherstellt, dass eine umfassende Substitution (potentiell) besonders gefährlicher Stoffe erfolgt. Vor diesem Hintergrund sollte die Entwicklung im europäischen Chemikalienrecht aufmerksam beobachtet werden, um möglichen Anpassungsbedarf frühzeitig zu erkennen.

2. Weitere Regelungen

Neben der VO 1907/2006 ist noch auf eine Reihe weiterer Rechtsakte hinzuweisen, die **spezifische Aspekte** betreffen, aber teilweise auch – wie insbesondere die VO 1272/2008 – die REACH-Verordnung ergänzen.

Nicht mehr eingegangen werden soll hier auf diejenigen Rechtsakte, die ab 2015 vollständig aufgehoben werden, jedoch bis dahin aufgrund der zahlreichen Übergangsregelungen noch zumindest teilweise weitergelten. Es handelt sich hier in erster Linie um die RL 67/548 zur Angleichung der Rechts- und Verwaltungsvorschriften für die Einstufung, Verpackung und Kennzeichnung gefährlicher Stoffe und die RL 1999/45 zur Angleichung der Rechts- und Verwaltungsvorschriften der Mitgliedstaaten für die Einstufung, Verpackung und Kennzeichnung gefährlicher Zubereitungen.[26]

Hinzuweisen ist in erster Linie auf folgende Rechtsakte:

- Mit der **VO 1272/2008 über die Einstufung, Kennzeichnung und Verpackung von Stoffen und Gemischen** wurden die diesbezüglichen Aspekte vor dem Hintergrund völkerrechtlicher Entwicklungen[27] neu geregelt, wobei jedoch auch hier zahlreiche Übergangsregelungen zur Anwendung kommen.[28]

  Das Kernelement der Verordnung ist die Pflicht der Hersteller und Importeure, Stoffe und Gemische nur dann in den Verkehr zu bringen, wenn sie vorgängig eine Einstufung nach Titel II VO 1272/2008 vorgenommen haben (wobei es sich grundsätzlich um eine Selbsteinstufung handelt),[29] die ihrerseits für die Kennzeichnung (Titel III) und Verpackung (Titel IV) ausschlaggebend ist.

---

25 Vgl. die in die hier dargelegte Richtung gehenden ausführlichen Erwägungen bei *Ingerowski*, REACh-Verordnung, 319 ff.; s. auch die zusammenfassende Bewertung bei *Ingerowski*, in: Dokumentation zur 34. Wissenschaftlichen Fachtagung der Gesellschaft für Umweltrecht, 169 (182 ff.); s. auch die insgesamt eher positive Bilanz der Tätigkeit der ECHA, allerdings notwendigerweise ausgehend von den in der Verordnung getroffenen Grundentscheidungen, bei *Führ*, in: Perspektiven des Stoffrechts, 9 ff.
26 Vgl. zu diesen Rechtsakten, m.w.N., die Vorauflage, 308 ff.
27 Zu diesen *Heselhaus*, UPR/DEP 2010, 649 (664); *Meßerschmidt*, Europäisches Umweltrecht, § 19, Rn. 210.
28 Im Einzelnen zu diesen *Meßerschmidt*, Europäisches Umweltrecht, § 19, Rn. 203.
29 Zu den nach der Verordnung zu beachtenden Einstufungskriterien *Heselhaus*, URP/DEP 2010, 649 (665 f.). S. ansonsten zur VO 1272/2008 *Becker/Tiedemann*, Chemikalienrecht, 86 ff.; *Becker*, NVwZ 2009, 1011 ff.; *Thieffry*, Europe 4/2009, 4 ff.; *Purnhagen*, EuZW 2009, 523 ff.; ausführlich *Welzbacher*, GHS-Verordnung, passim.

Für bestimmte, als besonders gefährlich eingestufte Stoffe genügt die Selbsteinstufung nicht, sondern die Entscheidung liegt letztlich bei der Kommission, wobei die Chemikalienagentur und die Mitgliedstaaten über das Ausschussverfahren einzubeziehen sind (Art. 36 ff. VO 1272/2008).

■ Besondere Vorschriften enthält das Unionsrecht für die **Ein- und Ausfuhr bestimmter als gefährlich eingestufter Stoffe**: So richtet die **VO 689/2008** – die die VO 304/2003[30], welche vom Gerichtshof aus kompetenzrechtlichen Gründen für nichtig erklärt wurde[31] – einerseits ein gemeinsames Notifizierungs- und Informationssystem für Ein- und Ausfuhren bestimmter Chemikalien ein; andererseits werden die nach den einschlägigen sekundärrechtlichen Vorgaben hinsichtlich der Einstufung, Verpackung und Kennzeichnung bestimmter Stoffe geltenden Anforderungen auch auf die Ausfuhren erstreckt. Die VO 689/2008 – die sowohl für die Ein- und Ausfuhr der erfassten Stoffe innerhalb der EU als auch im Handel mit Drittstaaten zur Anwendung kommt – kennt zudem das Verfahren der „vorherigen Zustimmung nach Inkenntnissetzung" (*Prior Informed Consent*, PIC), wonach bestimmte Chemikalien nur in einen Staat ausgeführt werden dürfen, der hierzu seine Zustimmung erteilt hat.[32]

■ Schließlich ist noch auf die **RL 2004/10** über die Anwendung der Grundsätze der Guten Laborpraxis hinzuweisen: Ihr sind verschiedene Verpflichtungen im Hinblick auf die Durchführung von Versuchen mit chemischen Stoffen – die nur in zertifizierten Laboren durchgeführt werden dürfen – zu entnehmen. Auf diese Weise soll auch sichergestellt werden, dass die Ergebnisse von Versuchen im Hinblick auf die Einstufung der Stoffe und die Bewertung ihrer Gefährlichkeit nach einheitlichen Kriterien durchgeführt werden, von ausreichender (hoher) Qualität und damit in den verschiedenen Mitgliedstaaten vergleichbar sind.

II. Bereichsspezifische Regelungen

16 Wegen ihrer besonderen Gefährlichkeit für Mensch und Umwelt sind bestimmte **besonders gefährliche Stoffe** Gegenstand **spezifischer Regelungen**, die grundsätzlich auch im Zuge der Einführung des REACH-Systems Bestand haben. Diese Rechtsakte sollen den besonderen Gefahren der erfassten Stoffe und ihren spezifischen Charakteristika Rechnung tragen und enthalten überwiegend **Zulassungsanforderungen**.

17 Im Einzelnen ist hier insbesondere[33] auf folgende Rechtsakte hinzuweisen:

■ Die **VO 1107/2009** über das Inverkehrbringen von Pflanzenschutzmitteln – die die bisherige RL 91/414[34] ablöst – stellt für das Inverkehrbringen von Pflanzenschutzmitteln eine Zulassungspflicht auf. Dabei unterscheidet die VO 1107/2009 – wie schon die RL 91/414 – zwischen dem **Wirkstoff** als aktivem Bestandteil eines Pflanzenschutzmittels und dem **Pflanzenschutzmittel** als der Form, in welcher der Wirkstoff in den Verkehr gebracht wird (vgl. Art. 1 Abs. 1, 2, Art. 2 VO 1107/2009). In materieller Hinsicht **verschärft** die neue Verordnung die bisherigen unionsrechtlichen Bestimmungen in Bezug auf die **Zulassung von Wirkstoffen und Pflanzenschutzmitteln**, was auch darin zum Ausdruck kommt, dass die Rechtsform der unmittelbar anwendbaren Verordnung gewählt wurde. Angeknüpft wird aber in-

---

30 ABl. 2003 L 63, 1. Die VO 304/2003 ersetzte ihrerseits im Zuge der Umsetzung eingegangener völkerrechtlicher Verpflichtungen die VO 2455/92 (ABl. 1992 L 251, 13).
31 EuGH, Rs. C-178/03 (Kommission/EP und Rat), Slg. 2006, I-107. Zu diesem Urteil oben 4. Kap. Rn. 11.
32 Ausführlich zur Vorgängerregelung (VO 304/2003), deren Vorgaben im Wesentlichen in der neuen VO 689/2008 übernommen wurden, *Langlet*, EELR 2003, 292 (299 ff.), der auch auf die völkerrechtlichen Entwicklungen eingeht (293 ff.). Zur VO 689/2008 den Überblick bei *Meßerschmidt*, Europäisches Umweltrecht, § 19, Rn. 220 ff.
33 Zu sonstigen „verwandten" EU-Regelungen, die Höchstmengen bestimmter Stoffe in einer Reihe von Lebensmitteln vorschreiben, *Böttcher*, EUDUR II/1, § 62, Rn. 38 ff.; s. auch den Überblick bei *Jans/von der Heide*, Europäisches Umweltrecht, 464 ff.
34 ABl. 1991 L 230, 1. S. im Zusammenhang mit der RL 91/414 EuGH, Rs. C-303/94 (Parlament/Rat), Slg. 1996, I-2943: Der Gerichtshof erklärte hier eine Durchführungsrichtlinie zur RL 91/414 für nichtig, da sie den durch die Grundrichtlinie 91/414 festgelegten Umfang des Grundwasserschutzes durch einen verminderten Schutz des nicht zur Trinkwassergewinnung bestimmten Grundwassers relativiert habe.

sofern an das bisherige System, als auch die neue Verordnung ein letztlich unionsweit seine Wirkungen entfaltendes Zulassungssystem für Pflanzenschutzmittel und ihre Wirkstoffe vorsieht. Während die **Zulassung der Wirkstoffe** auf **EU-Ebene** erfolgt (wobei die Mitgliedstaaten jedoch vorbereitend tätig werden sollen, vgl. im Einzelnen Art. 7 ff. VO 1107/2009), werden die daraus hergestellten **Pflanzenschutzmittel auf nationaler Ebene genehmigt** (Art. 28 ff. VO 1107/2009). Für die jeweilige Zulassung formuliert die Verordnung detaillierte Anforderungen, dies im Hinblick auf die Sicherstellung eines hohen Schutzniveaus für die Gesundheit und die Umwelt.[35]

Ebenso wie die RL 91/414 enthält die neue Verordnung im Wesentlichen **produktbezogene Vorschriften**. Ihr sind selbst nur ansatzweise Vorgaben in Bezug auf die Anwendung von Pflanzenschutzmitteln bei der landwirtschaftlichen Produktion zu entnehmen, die aber immerhin über die in der RL 91/414 enthaltenen Verpflichtungen hinausgehen. So enthalten Art. 55 ff. Bestimmungen über die Verwendung und sehen Informationspflichten vor. Grundsätzlich müssen Pflanzenschutzmittel „sachgemäß" angewandt werden, indem u.a. die Grundsätze der guten Pflanzenschutzpraxis werden und die auf dem Etikett angegebenen Bedingungen eingehalten werden. Weiter haben die Mitgliedstaaten nationale Aktionspläne zur Reduktion der Risiken und Auswirkungen von Pflanzenschutzmitteln auf die menschliche Gesundheit und die Umwelt zu erstellen (wobei auf eine neue Richtlinie zur Schaffung eines Aktionsrahmens für den nachhaltigen Einsatz von Pestiziden, RL 2009/128, verwiesen wird).

- Dieser **RL 2009/128 über eine Aktionsrahmen für die nachhaltige Verwendung von Pestiziden** sind denn auch gewisse Verwendungsbeschränkungen zu entnehmen, wobei der Akzent der Richtlinie jedoch auf verfahrensrechtlichen Anforderungen liegt und den Mitgliedstaaten in Bezug auf die Verwendung von Pestiziden ein nicht unerheblicher Gestaltungsspielraum eingeräumt wird.[36]

- Die **VO 2003/2003 über Düngemittel** enthält Vorgaben zu Düngemitteln, die als „EU-Düngemittel" bezeichnet werden können; solche EU-Düngemittel dürfen grundsätzlich[37] in der gesamten Europäischen Union vermarktet werden (Art. 5 Abs. 2 VO 2003/2003). Voraussetzung hierfür ist, dass es sich um einen in Anhang I aufgeführten (mineralischen) Düngemitteltyp handelt und die Vorgaben der Verordnung eingehalten werden (Art. 3 Abs. 1 VO 2003/2003). Dabei handelt es sich um Vorschriften, die insbesondere die Zusammensetzung, die Definition, die Bezeichnung, die Kennzeichnung und die Verpackung der einzelnen Düngemitteltypen betreffen.

Die VO 2003/2003 sieht nur sehr **am Rande** spezifische Vorgaben im Hinblick auf die Beachtung von Belangen des **Umweltschutzes** vor, insbesondere soweit die Anforderungen an die Düngemittel selbst und damit an das Inverkehrbringen betroffen sind: So sind gemäß Art. 14 VO 2003/2003 lediglich gewisse Toleranzen einzuhalten, welche in Anhang II näher definiert sind, und Art. 14 VO 2003/2003 ist zu entnehmen, dass ein Düngemitteltyp nur dann in Anhang I aufgenommen werden darf, wenn er u.a. unter normalen Einsatzbedingungen keine schädlichen Wirkungen für die Gesundheit von Menschen, Tieren oder Pflanzen bzw. die Umwelt zeitigt.

---

35 Vgl. den Überblick über diese Voraussetzungen bei *Epiney/Furger/Heuck*, Zur Berücksichtigung umweltpolitischer Belange bei der landwirtschaftlichen Produktion in der EU und in der Schweiz, 58 f.; zur VO 1107/2009 ansonsten *Jans/Vedder*, European Environmental Law, 457 ff.; ausführlich *Garçon*, in: Perspektiven des Stoffrechts, 131 (134 ff.).
36 Zu dieser Richtlinie auf der Grundlage des entsprechenden Vorschlags *Epiney/Furger/Heuck*, Zur Berücksichtigung umweltpolitischer Belange bei der landwirtschaftlichen Produktion in der EU und in der Schweiz, 60 f.
37 S.a ber auch die „Schutzklausel" des Art. 15 VO 2003/2003.

- Die **RL 98/8** über das Inverkehrbringen von Biozidprodukten – die auf Art. 114 Abs. 1 AEUV gestützt wurde – regelt die Verwendung und das Inverkehrbringen sog. Biozidprodukte[38] und unterwirft diese insbesondere einem einheitlichen Zulassungs- und Bewertungsverfahren.[39] Ein Biozid-Produkt kann danach nur auf der Grundlage einer umfassenden Risikobewertung zugelassen werden und dies nur, soweit diese ergibt, dass von dem Produkt kein unvertretbares Risiko für Mensch und Umwelt ausgeht. Die RL 98/8 wird ab dem 1.9.2013 durch die neue **Biozid-Verordnung** (VO 528/2012) ersetzt werden. Die Verordnung knüpft an das bisherige System an, „zentralisiert" und vereinheitlicht jedoch die Zulassung von Biozid-Produkten stärker.[40]

- Die **VO 850/2004** über persistente organische Schadstoffe – die auf völkerrechtliche Vorgaben zurückgeht[41] – enthält Beschränkungen und Verbote des Inverkehrbringens und der Verwendung persistenter organischer Schadstoffe.[42]

- Die **VO 648/2004** über Detergenzien beschränkt die Verwendung der erfassten insbesondere in Reinigungs- und Waschmitteln enthaltenen Schadstoffe recht weitgehend, dies im Wesentlichen im Hinblick auf den Schutz der Gewässer. Daneben enthält die Verordnung auch Kennzeichnungspflichten.

- Die **RL 2006/66** über **Batterien und Akkumulatoren** sowie über **Altbatterien und Altakkumulatoren** – die die RL 91/157 ablöst – bezweckt die umweltverträgliche Verwertung und Beseitigung von Batterien und Akkumulatoren und weist somit eine enge Verbindung zum Abfallrecht auf.[43] Sie enthält insbesondere die Pflicht, bestimmte Batterien zu verbieten, und dafür zu sorgen, dass in Geräte eingebaute Batterien mühelos wieder entfernt werden können. Weiter ist für ein wirksames System im Hinblick auf ein getrenntes Einsammeln dieser Produkte zu sorgen.

- Der **RL 2011/65** zur Beschränkung der Verwendung bestimmter gefährlicher Stoffe in Elektro- und Elektronikgeräten[44] sind entsprechende Verwendungsbeschränkungen zu entnehmen.[45]

- Die **RL 87/217** zur Verhütung und Verringerung der Umweltverschmutzung durch Asbest erfasst den gesamten Verwendungszyklus von Asbest und regelt medienübergreifend dessen

---

38 Vgl. die Legaldefinition in Art. 2 Abs. 1 lit. a) RL 98/8: „Biozid-Produkte: Wirkstoffe und Zubereitungen, die einen oder mehrere Wirkstoffe enthalten, in der Form, in welcher sie zum Verwender gelangen, und die dazu bestimmt sind, auf chemischem oder biologischem Wege Schadorganismen zu zerstören, abzuschrecken, unschädlich zu machen, Schädigungen durch sie zu verhindern oder sie in anderer Weise zu bekämpfen. Anhang V enthält ein erschöpfendes Verzeichnis von 23 Produktarten mit Beispielbeschreibungen innerhalb jeder Produktart." Zum Begriff auch EuGH, Rs. C-420/10 (Söll), Urt. v. 1.3.2012.
39 Ausführlich zu der Richtlinie *Böttcher*, EUDUR II/1, § 62, Rn. 47 ff.; *Cardonnel/Maldegem*, EELR 1998, 261 ff., 315 ff.; *Proelß*, in: Perspektiven des Stoffrechts, 147 (149 ff.); s. auch *Jans/von der Heide*, Europäisches Umweltrecht, 470 ff., *Meßerschmidt*, Europäisches Umweltrecht, § 19, Rn. 241, sowie *Fischer*, Zweit- und Parallelanmeldung, 27 ff., der auch auf die VO 1896/2000 der Kommission (ABl. 2000 L 228, 6), die ein europaweit harmonisiertes Zulassungssystem mit einer EU-einheitlichen Positivliste für Biozid-Wirkstoffe einführen soll, eingeht.
40 Zu dieser Neuregelung, allerdings noch auf der Grundlage des Vorschlags der Kommission, *Proelß*, in: Perspektiven des Stoffrechts, 147 (159 ff.).
41 Hierzu *Meßerschmidt*, Europäisches Umweltrecht, § 19, Rn. 233.
42 S. den Überblick über die Verordnung bei *Meßerschmidt*, Europäisches Umweltrecht, § 19, Rn. 233 ff.
43 Gleichwohl wird sie hier in diesem Rahmen erwähnt, da ihre *ratio legis* weniger in der Abfallbeseitigung oder -verwertung, denn in dem Schutz vor Gefahren, die von in diesen Produkten enthaltenen Stoffen ausgehen, zu sehen ist.
44 Diese Richtlinie kodifiziert die RL 2002/95 (ABl. 2003 L 37, 19). Zur RL 2011/65 bzw. der Vorgängerregelung etwa *Kalimo*, YEEL 5 (2005), 157 ff.
45 Zu dieser Richtlinie (bzw. der Vorgängerregelung) EuGH, verb. Rs. C-14/06, C-295/06 (EP, Dänemark/Kommission), Slg. 2008, I-1649; vgl. zu diesem Urteil, in dem der Gerichtshof die Vereinbarkeit einer Durchführungsentscheidung der Kommission am Maßstab der Richtlinie prüfte und im Ergebnis verneinte, wobei er sich maßgeblich auf die Umweltprinzipien des Art. 191 Abs. 2 AEUV stützte, bereits oben 5. Kap. Rn. 49. Materiell hält der Gerichtshof in dem Urteil fest, dass die Richtlinie davon ausgehe, dass Stoffe nicht vollständig vom Anwendungsbereich der Richtlinie ausgenommen werden dürfen und eine mögliche Substituierung jedenfalls zu prüfen sei.

Auswirkungen auf die Umwelt. Damit wird gerade kein spezifisch medienschützender Ansatz verfolgt, sondern erfasst werden die gesamten umwelt- und gesundheitsschädlichen Auswirkungen, so dass die RL 87/217 sowohl der Luftreinhaltung als auch dem Gewässerschutz dient und darüber hinaus abfallrechtliche Bestimmungen enthält.[46]

Asbestemissionen in die Luft, Asbestableitungen in Gewässer und die Erzeugung von Asbestabfällen sollen soweit wie möglich am Erzeugerort eingeschränkt und verhindert werden, Art. 3 Abs. 1 RL 87/217. Art. 4 RL 87/217 setzt darüber hinaus Grenzwerte für Asbestemissionen aus Abluftleitungen fest. Zudem werden Anforderungen an die Rezyklierung des bei der Herstellung von Asbestzement und Asbestpapier und -pappe anfallenden Abwassers gestellt. Weiter sind bei der Bearbeitung der asbesthaltigen Erzeugnisse, dem Abbruch von asbesthaltigen Gebäuden, dem Transport asbestfaser- oder asbeststaubhaltiger Abfälle und der Ablagerung dieser Abfälle bestimmte Vorsichtsmaßnahmen zum Schutz von Gesundheit und Umwelt zu beachten, Art. 7 f. RL 87/217.

Die Vorschriften der Richtlinie stellen in jedem Fall nur Mindestanforderungen dar, Art. 9 RL 87/217.

Schließlich wird ein Ausschuss zur Anpassung der Richtlinie an den technischen Fortschritt eingesetzt,[47] und den Mitgliedstaaten obliegen gegenüber der Kommission über ihre Durchführung gewisse Informationspflichten, Art. 12, 13 RL 87/217.

B. Industrielle Risiken

Neben den erwähnten, insgesamt recht zahlreichen produktbezogenen Vorschriften zum Schutz vor bestimmten Stoffen finden sich im Unionsrecht auch einige Rechtsakte, die eher tätigkeitsbezogen sind und Mensch und Umwelt vor bestimmten als gefährlich eingestuften Tätigkeiten schützen sollen, indem sie diese bestimmten Anforderungen unterwerfen.[48]

Von zentraler Bedeutung[49] ist hier die **RL 2012/18 zur Beherrschung der Gefahren schwerer Unfälle mit gefährlichen Stoffen**. Diese Richtlinie löst die RL 96/82 – die ihrerseits die RL 82/501[50], welche im Anschluss an die Dioxin-Katastrophe in Seveso 1976 erlassen wurde, ersetzte (Art. 23 Abs. 1 RL 96/82) – ab und ist bis 2015 umzusetzen.[51] Die Neufassung knüpft in weiten Teilen an die RL 96/82 an, jedoch wurde in einigen Punkten das Schutzniveau erhöht, insbesondere in Bezug auf die Verhütung schwerer Unfälle; auch wurde das Regelungswerk an inzwischen eingetretene Modifikationen im Chemikalienrecht angepasst, und eine Reihe weiterer Bestimmungen wurde präzisiert und aktualisiert (Erw. 3 RL 2012/18).

Die RL 2012/18 stellt das Herzstück der unionsrechtlichen Regelung gefährlicher industrieller Tätigkeiten dar. Ihr Ziel besteht darin, schwere Unfälle mit gefährlichen Stoffen zu verhindern oder zumindest die Unfallfolgen für Mensch und Umwelt zu begrenzen, um ein hohes Schutzniveau zu gewährleisten (Art. 1 RL 2012/18). Der **Anwendungsbereich** der Richtlinie erstreckt sich auf **alle Betriebe** (vgl. die Legaldefinition in Art. 3 Nr. 1 RL 2012/18), in denen bestimmte

---

46 Ausführlich zur RL 87/217 *Rehbinder*, EUDUR II/1, § 61, Rn. 148 ff.
47 Zum Ausschussverfahren oben 3. Kap. Rn. 40.
48 Zum Hintergrund des Störfallrechts und seiner Entwicklung, m.w.N., *Köck*, NVwZ 2012, 1353 f.
49 Daneben gibt es noch eine Reihe von Regelungen, die sich spezifisch mit den Gefahren beim Transport gefährlicher Güter befassen und die hier nicht erörtert werden sollen, da sie systematisch im Wesentlichen dem Verkehrsrecht zuzuordnen sind. Vgl. hierzu (für den Straßen- und Schienenverkehr) im Einzelnen *Epiney/Gruber*, Verkehrsrecht, 312 ff.; sowie ansonsten den Überblick bei Dauses-*Epiney*, Hb. EU-Wirtschaftsrecht, L, Rn. 467 ff. (Neuauflage im Erscheinen).
50 ABl. 1982 L 289, 35. Zu dieser RL *Sellner*, EUDUR II/1, § 49, Rn. 79 ff.; ausführlich *Wagner*, Der technisch-industrielle Umweltnotfall im Recht der EG, 1991.
51 Im Folgenden wird nur noch auf die RL 2012/82 eingegangen. Zur RL 96/82 (teilweise mit Bezug auf die Umsetzung in Deutschland) *Sellner*, EUDUR II/1, § 49, Rn. 86 ff.; *Mitchison/Kirchsteiger*, elni 1998, 28 ff.; *Köck*, in: GfU, Dokumentation zur 35. Wissenschaftlichen Fachtagung, 27 (43 ff.); *Rebentisch*, NVwZ 1997, 6 ff.; *Meßerschmidt*, Europäisches Umweltrecht, § 19, Rn. 257 ff.; *Köck*, NVwZ 2012, 1353 (1355 ff.), sowie die Vorauflage, 316 f. Zur Umsetzung der RL 96/82 in deutsches Recht *Sellner*, EUDUR II/1, § 49, Rn. 92 ff.

gefährliche Stoffe (vgl. hierzu Anhang I RL 2012/18) in einer bestimmten Menge vorhanden sind (Art. 2 Abs. 1 RL 96/82),[52] wobei die Betriebe neu je nach der vorhandenen Menge in solche der unteren und solche der oberen Klasse eingeteilt werden (Art. 3 Nr. 1-3 RL 2012/18); für letztere gelten teilweise weitergehende Verpflichtungen.

21 In Bezug auf die der **RL 2012/18 zu entnehmenden Vorgaben** ist in erster Linie auf folgende Aspekte hinzuweisen:

- Die Mitgliedstaaten müssen dafür sorgen, dass die Betreiber allgemein die **erforderlichen Maßnahmen** zur Verhütung schwerer Unfälle und ggf. zur Begrenzung ihrer Folgen für Mensch und Umwelt ergreifen, Art. 5 Abs. 1 RL 2012/18. Der Betreiber muss im Übrigen jederzeit nachweisen können, dass er alle erforderlichen Maßnahmen im Sinne der Richtlinie getroffen hat, Art. 5 Abs. 2 RL 2012/18.

- Den **Betreibern** müssen sodann umfassende **Informationsverpflichtungen** auferlegt werden, Art. 7-10 RL 2012/18, wobei insbesondere der ausführliche sog. Sicherheitsbericht für Betriebe der oberen Klasse (Art. 10 RL 2012/18) hervorzuheben ist.

- Weiter haben die Betreiber (neu) ein **umfassendes Konzept zur Verhütung schwerer Unfälle** auszuarbeiten (Art. 8 RL 2012/18) und mittels eines Sicherheitsmanagementsystems umzusetzen; die Betriebe der oberen Klasse haben darüber hinaus sog. **Notfallpläne** (Art. 12 RL 2012/18) zu erstellen.

- Die Mitgliedstaaten haben die **Betriebe zu ermitteln**, bei denen eine erhöhte Gefahr für schwere Unfälle besteht und einen geeigneten **Austausch sachdienlicher Informationen** sicherzustellen (Art. 9 RL 96/82) sowie die Einhaltung der Vorgaben der Richtlinie in den Betrieben zu gewährleisten (Art. 20, 28 RL 2012/18), wobei insbesondere das vorgesehene Inspektionssystem (Art. 20 RL 2012/12) zu erwähnen ist.

- Gemäß Art. 13 RL 2012/18 haben die Mitgliedstaaten eine **Überwachung von Ansiedlungen** sicherzustellen und dafür zu sorgen, dass zwischen den unter die Richtlinie fallenden Betrieben einerseits und öffentlich genutzten Gebäuden und Gebieten sowie einigen anderen Nutzungsarten andererseits langfristig dem Erfordernis Rechnung getragen wird, dass ein **angemessener Abstand** gewahrt wird. Unter dem Gesichtspunkt des Naturschutzes sind besonders wertvolle bzw. besonders empfindliche Gebiete in der Nachbarschaft von unter die Richtlinie fallenden Betrieben erforderlichenfalls durch angemessene Sicherheitsabstände oder andere relevante Maßnahmen zu schützen.[53]

Der die Sicherheitsabstände betreffende Art. 13 Abs. 2 RL 2012/18 bzw. der im Wesentlichen gleich lautende Art. 12 Abs. 1 RL 96/82 war Gegenstand der Rs. C-53/10.[54] Der Gerichtshof hält zunächst fest, die genannte Verpflichtung der Richtlinie gelte für alle Behörden, die an der Durchführung der Pläne und Politiken mitwirken, die im Zusammenhang mit den von der Richtlinie verfolgten Zielen der Verhütung schwerer Unfälle und der Begrenzung ihrer Folgen stehen. Hierzu gehöre auch eine mit der Erteilung von Baugenehmigungen befasste Behörde, da sie durch die Baugenehmigung zur Durchführung der in Art. 12 Abs. 1 RL 96/82 erwähnten Politiken der Flächenausweisung oder Flächennutzung beitrage. Hieran ändere auch das Fehlen eines Bebauungsplans nichts. Zwar räume die Bestimmung den zuständigen Behörden einen gewissen Gestaltungsspielraum ein, von dem jedoch jedenfalls innerhalb der durch diese auch gezogenen Grenzen Gebrauch zu machen sei. Die Richtlinie schreibe zwar weder die Methode zur Festlegung der angemessenen Abstände noch die Art und Weise ihrer Anwendung vor, sondern nur ihre Berücksichtigung. Diese erfordere aber, dass die für die Beurteilung der hierfür maßgeblichen Gesichtspunkte zuständigen Verwaltungsbehörden hierzu auf jeder Entscheidungsebene in der Lage sein müssen, damit die praktische Wirksamkeit der Verpflichtung zur Wahrung dieser Abstände gewährleistet sei. Dies gelte auch dann, wenn die Behörde in Ausübung ihrer Zuständigkeiten grundsätzlich eine gebundene

---

[52] S. aber auch die Ausnahmen in Art. 2 Abs. 2 RL 2012/18 (wonach z.B. Atomkraftwerke und Abfalldeponien vom Anwendungsbereich der RL 2012/18 ausgenommen sind). Durch den Bezug auf das Vorhandensein gefährlicher Stoffe wurde (bereits durch die RL 96/82) der „Betriebsbezug" der RL 82/501 aufgegeben, womit eine beträchtliche Erweiterung des Anwendungsbereichs der Richtlinie einhergeht, vgl. *Sellner*, EUDUR II/1, § 49, Rn. 88.

[53] Ausführlich zu diesen Pflichten *Mitschang*, UPR 2011, 281 ff., 342 ff.

Entscheidung zu treffen hat. Insofern sei das einschlägige nationale Recht soweit wie möglich unionskonform in diesem Sinn auszulegen, wobei eine solche unionsrechtskonforme Auslegung auch dem Einzelnen entgegen gehalten werden könne. Konsequenterweise hält der Gerichtshof dann auch fest, dass nationale Rechtsvorschriften, nach denen eine Genehmigung für die Ansiedlung eines öffentlich genutzten Gebäudes zwingend unter bestimmten Voraussetzungen zu erteilen ist, ohne dass die Risiken der Ansiedlung innerhalb der genannten Abstandsgrenzen im Stadium der Planung oder der individuellen Entscheidung gebührend gewürdigt worden wären, nicht mit Art. 12 Abs. 1 RL 96/82 in Einklang stünden. Allerdings verlange Art. 12 Abs. 1 RL 96/82 nicht, dass in jedem Fall alle Vorhaben abgelehnt werden müssten, die die angemessenen Abstände unterschreiten, da dieser Bestimmung keine „absolute" Verpflichtung in diesem Sinn zu entnehmen sei, sondern lediglich eine Berücksichtigungspflicht, so dass eine Abwägung verschiedener Erwägungen im Wertungsspielraum der Mitgliedstaaten liege. Erforderlich sei jedoch jedenfalls eine Abwägung, auf deren Grundlage das Unfallrisiko bzw. die Unfallfolgen durch andere Maßnahmen eingeschränkt werden können, wobei etwa die Art der verwendeten gefährlichen Stoffe sowie das Risiko und die möglichen Folgen eines schweren Unfalls zu berücksichtigen seien.

Das Urteil stellt zweifelsfrei klar, dass Art. 12 Abs. 1 RL 96/82 nicht nur auf der Planungsebene, sondern auch auf der Ebene der konkret-individuellen Entscheidung über ein Vorhaben zu beachten ist, wobei die Formulierungen des Gerichtshofs – so wenn er unter Bezugnahme auf die effektive Wirksamkeit der Bestimmung betont, dass die fragliche Verpflichtung von den „zuständigen Verwaltungsbehörden der Mitgliedstaaten auf jeder Entscheidungsebene" anzuwenden sei[55] – noch die Frage aufwerfen, ob die nationalen Behörden die fraglichen Abstandsregelungen in jedem Fall bei der konkret-individuellen Entscheidung eigenständig einbeziehen müssen, auch wenn bereits (was in der Ausgangskonstellation gerade nicht der Fall war) auf der Planungsebene eine generell-abstrakte bzw. typisierte Berücksichtigung dieses Anliegens erfolgt war und die Genehmigungsbehörden einen solchen Plan anwenden. Die besseren Gründe sprechen gegen einen derart weitgehenden Schluss: Auch der EuGH betont ja wiederholt den Wertungsspielraum der Mitgliedstaaten sowie die Maßgeblichkeit der effektiven Wirksamkeit der Vorschrift. Dann aber muss auch eine generell-abstrakte Berücksichtigung des Art. 12 Abs. 1 RL 96/82 auf der Planungsebene genügen, ohne dass der Genehmigungsbehörde noch zwingend eine eigene Abwägung obliegen muss, immer unter der Voraussetzung, dass damit die effektive Wirksamkeit der Bestimmung sichergestellt ist.[56]

Bemerkenswert ist weiter, dass der Gerichtshof aus der doch eher allgemeinen Bestimmung des Art. 12 Abs. 1 RL 96/82 relativ konkrete Pflichten der Genehmigungsbehörden ableitet, zumindest soweit verfahrensrechtliche Aspekte und Berücksichtigungsgebote betroffen sind. Aber auch darüber hinaus dürfte das Urteil so auszulegen sein, dass sich die vorgeschriebene Abwägung bzw. Berücksichtigungspflicht auch vertretbar im Ergebnis, also in der Genehmigungsentscheidung, niederschlagen muss, so dass es insoweit auch um eine materiell-rechtliche Pflicht geht, woran auch der durch Art. 12 Abs. 1 RL 96/82 eingeräumte zweifellos bestehende Wertungsspielraum nichts ändert. Dieser Aspekt ist insbesondere auch im Zusammenhang mit der jedenfalls sicherzustellenden effektiven Wirkung der Richtlinienbestimmung relevant.

- Den Mitgliedstaaten obliegen weiter zahlreiche **Informationspflichten gegenüber der Kommission**, und es findet ganz allgemein ein Informationsaustausch zwischen Mitgliedstaaten und Kommission statt; letztere hat zudem ein Register über eingetretene Unfälle einzurichten (Art. 21 RL 2012/1896/82).

- Die Bestimmungen über die **Informationspflichten** nach einem schweren Unfall und die von der zuständigen Behörde nach einem schweren Unfall zu ergreifenden Maßnahmen werden in den Art. 16-18 RL 2012/18 präzisiert, wobei diese Regelungen weitaus ausführlicher ausfallen als in der RL 96/82.

---

54 EuGH, Rs. C-53/10 (Müksch), Urt. v. 15.9.2011. Zu diesem Urteil etwa *Köck*, NVwZ 2012, 1353 (1358 ff.); *König/Darimont*, UPR 2012, 286 ff.; *Kraus*, ZfBR 2012, 324 ff.; *Lau*, DVBl. 2012, 678 ff.
55 EuGH, Rs. C-53/10 (Müksch), Urt. v. 15.9.2011, Ziff. 27.
56 Hierfür spricht auch eine andere Formulierung des Gerichtshofs in dem Urteil, in der er betont, Risiken der Ansiedlung innerhalb der angemessenen Abstandsgrenzen könnten im Stadium der Planung oder der individuellen Entscheidung gebührend gewürdigt werden, EuGH, Rs. C-53/10 (Müksch), Urt. v. 15.9.2011, Ziff. 51.

- Weitere Bestimmungen der Richtlinie – die ebenfalls im Verhältnis zur RL 96/82 ausgeweitet und präzisiert wurden – betreffen die **Information und Konsultation der Öffentlichkeit** sowie den **Rechtsschutz** (Art. 14, 15, 23 RL 2012/18).
- Schließlich haben die Mitgliedstaaten die Weiterführung bzw. die **Inbetriebnahme** eines Unternehmens, dessen Maßnahmen zur Verhütung schwerer Unfälle eindeutig unzureichend sind, zu **untersagen** (Art. 19 RL 2012/18).

22 In einem Ausschussverfahren[57] können bestimmte Vorgaben der Anhänge geändert werden (Art. 27 RL 2012/18).

C. Bio- und Gentechnologie[58]

23 Im Bereich der Bio- und Gentechnologie[59] wurden bereits 1990[60] zwei Richtlinien über die Anwendung genetisch veränderter Organismen[61] in geschlossenen Systemen und die Freisetzung solcher Organismen erlassen, wovon eine 2001 einer grundlegenden Reform unterzogen wurde und die andere 2009 neu gefasst wurde (I., II.). Diese Richtlinien wurden in einer Reihe von (Ausführungs-) Entscheidungen konkretisiert.[62] Im Jahr 2003 kam zu diesem Regelwerk eine Verordnung über die grenzüberschreitende Verbringung gentechnisch veränderter Mechanismen hinzu (III.). Darüber hinaus ist auf drei, in erster Linie den Lebensmittel- und Futtermittelbereich betreffende Rechtsakte hinzuweisen (IV.).

---

57 Zu den Ausschussverfahren oben 3. Kap. Rn. 40.
58 Die folgenden Ausführungen greifen teilweise bereits durchgeführte Untersuchungen auf, s. insbesondere *Epiney/Waldmann/Oeschger/Heuck*, Ausscheidung von gentechnikfreien Gebieten, 35 ff.
59 Nicht berücksichtigt werden soll in diesem Zusammenhang der Gesundheits- und Arbeitsschutz; vgl. hierzu *Di Fabio/Kreiner*, EUDUR II/1, § 63, Rn. 137 ff. Auch speziell lebensmittelrechtliche Regelungen bleiben hier weitgehend unerwähnt, hierzu *Di Fabio/Kreiner*, EUDUR II/1, § 63, Rn. 119 ff.; s. auch *Ittershagen/Runge*, NVwZ 2003, 549 (552 ff.).
60 Im Vergleich zu den Mitgliedstaaten ist die Union hier recht früh tätig geworden. *Schenek*, Gentechnikrecht, 75, spricht in diesem Zusammenhang unter Bezugnahme auf zahlreiche Autoren von einer „Schrittmacherfunktion" des Unionsrechts.
61 Vgl. zur Begrifflichkeit und zur Problematik *Di Fabio/Kreiner*, EUDUR II/1, § 63, Rn. 1 ff. Aus der Rechtsprechung nunmehr EuGH, Rs. C-442/09 (Bablok), Urt. v. 6.9.2011, im Zusammenhang mit der VO 1829/2003 (zu dieser unten 8. Kap. Rn. 36): Unter den Begriff der GVO könnten nur solche biologische Einheiten subsumiert werden, die fähig sind, sich entweder zu vermehren oder genetisches Material zu übertragen. Zu diesem Urteil des Gerichtshofs *Keich*, NuR 2012, 539 ff.
62 Umfassend zum EU-Gentechnikrecht bereits *Schenek*, Gentechnikrecht der Europäischen Gemeinschaft, 1994, insbes. 148 ff.; v. *Kameke*, Gemeinschaftliches Gentechnikrecht; aus neuerer Zeit insbesondere *Sheridan*, EU Biotechnology, 21 ff.; *Christoforou*, CMLRev. 2004, 637 ff., sowie *Di Fabio/Kreiner*, EUDUR II/1, § 63, die auch auf die Umsetzung eingehen. Ausführlich zur Umsetzung der beiden Richtlinien aus dem Jahr 1990 in Deutschland, Frankreich und Großbritannien *Hochreuter*, Regelungen für gentechnische Arbeiten in geschlossenen Systemen und für Freisetzungen, passim. Zur Umsetzung in Deutschland insbesondere *Mesenburg*, Erosion staatlicher Vollzugsbefugnisse, 91 ff.; s. auch den neueren Überblick bei *Pignataro*, RDUE 2011, 361 ff.; *Jans/Vedder*, European Environmental Law, 465 ff.; *Meßerschmidt*, Europäisches Umweltrecht, § 20; *Brunner*, Prinzip der Koexistenz, 30 ff.

8. Kapitel Schutz vor bestimmten Tätigkeiten oder Stoffen

I. Systemrichtlinie (RL 2009/41)

Die **RL 2009/41** über die Anwendung von gentechnisch veränderten Mikroorganismen in geschlossenen Systemen[63] – die die RL 90/219 neu fasst – enthält **anlagenbezogene Vorschriften**,[64] die sicherstellen sollen, dass im Gefolge der Verwendung gentechnisch veränderter Mikroorganismen[65] die Entstehung von Gefahren für Mensch und Umwelt verhindert wird, Art. 1 RL 2009/41. Dabei ist der Anwendungsbereich der Richtlinie auf geschlossene Systeme[66] beschränkt; liegen solche nicht vor, so kommt die RL 2001/18 zur Anwendung; insofern besteht keine Lücke zwischen den Anwendungsbereichen beider Regelungen. 24

Zur Verwirklichung der Zielsetzungen der Richtlinie ist – neben der in Art. 4 Abs. 1 RL 2009/41 formulierten allgemeinen Pflicht der Mitgliedstaaten, dafür zu sorgen, dass alle angemessenen Maßnahmen zu treffen sind, damit die Anwendung gentechnisch veränderter Mikroorganismen in geschlossenen Systemen keine nachteiligen Folgen für die menschliche Gesundheit und die Umwelt hat – insbesondere ein **präventives Kontrollverfahren** einzuführen. Dieses lässt sich in zwei große Phasen einteilen: 25

- In einem ersten Schritt (Art. 4 Abs. 2 ff. RL 2009/41) hat der Anwender eine umfassende Bewertung der Gefahren für Gesundheit und Umwelt durch die geplante Tätigkeit vornehmen, aufgrund derer dann die **Risikobewertung**[67] und **-einstufung**[68] erfolgt. Letztere erfolgt in vier Klassen (von kein bis zu hohem Risiko).
- In einem zweiten, behördlich zu kontrollierenden Schritt ist jede erstmalige Anwendung genetisch veränderter Mikroorganismen in geschlossenen Systemen einer **Anmeldepflicht** zu unterstellen, Art. 6 RL 2009/41. Die Behörden müssen der Aufnahme der Anwendung der Mikroorganismen – außer bei mit keinem Risiko verbundenen Anwendungen – (stillschweigend) zustimmen, Art. 7 ff. RL 2009/41. Die Behörde hat eine Frist von 90 bzw. 45 Tagen, um die Anwendung zu untersagen oder Auflagen anzuordnen. Dabei richten sich die Sicherheitsanforderungen nach den erwähnten vier Klassen von Tätigkeiten. Bei als gefährlich eingestuften Verwendungen gentechnisch veränderter Mikroorganismen muss vor ihrer Anwendung jedenfalls eine ausdrückliche behördliche Zustimmung vorliegen (Art. 9 Abs. 2 RL 2009/41).

Weiter sind angemessene Einschließungs- und Schutzmaßnahmen zu treffen (Art. 5 RL 2009/41), und vor Beginn der Anwendung ist sicherzustellen, dass für den Eintritt eines Unfalls geeignete (Sicherheits-) Maßnahmen vorgesehen und dann auch ergriffen werden (sog. Notfallplan, Art. 13 RL 2009/41).[69] Schließlich sind dem Anwender diverse Informationspflichten aufzuer- 26

---

63 Ausführlich zu dieser Richtlinie bzw. der Vorgängerrichtlinie *Di Fabio/Kreiner*, EUDUR II/1, § 63, Rn. 13 ff.; *Sheridan*, EU Biotechnology, 21 ff.; *Möller*, Anwendbarkeit des europäischen und nationalen Gentechnikrechts auf gentechnisch veränderte Tiere, 97 ff.

64 In Anbetracht des dominierenden Aspekts des Umweltschutzes wurde die Richtlinie auf Art. 192 Abs. 2 AEUV gestützt. *Schenek*, Gentechnikrecht der EG, 134 f., hält diese Abstützung (in Bezug auf die Vorgängerrichtlinie) angesichts des Urteils EuGH, Rs. C-300/89 (Kommission/Rat), Slg. 1991, I-2867, für fehlerhaft. M.E. berücksichtigt er jedoch nicht ausreichend die nachfolgende Entwicklung der Rechtsprechung in diesem Bereich (vgl. insbesondere EuGH, Rs. 155/91 (Kommission/Rat), Slg. 1993, I-939; EuGH, Rs. C-187/93 (Parlament/Rat), Slg. 1994, I-2857), aus der man jedenfalls schließen muss, dass bei produktions- oder anlagenbezogenen Vorschriften Art. 114 Abs. 1 AEUV nicht vorrangig zur Anwendung kommt, hierzu oben 4. Kap. Rn. 9 ff. Zur Problematik der Rechtsgrundlage der Richtlinie auch *Di Fabio/Kreiner*, EUDUR II/1, § 63, Rn. 5 ff.

65 Zum Begriff die Legaldefinition in Art. 2 lit. a) RL 2009/41 sowie (in Bezug auf die Vorgängerrichtlinie) *Di Fabio/Kreiner*, EUDUR II/1, § 63, Rn. 14 ff., die auch auf die vom Anwendungsbereich der Richtlinie ausgenommenen Anwendungen und Organismen eingehen.

66 Vgl. die Legaldefinition in Art. 2 lit. c) RL 90/219 sowie *Di Fabio/Kreiner*, EUDUR II/1, § 63, Rn. 21 ff.

67 In Ergänzung zu den Anforderungen der Richtlinie sieht die Entscheidung 2000/608 über Leitlinien für die Risikobewertung für das Verfahren der Bewertung gewisse Mindeststandards vor.

68 S. hier auch Entscheidung 91/448 über die Leitlinien für die Einstufung der gentechnisch veränderten Organismen.

69 Spezifisch zu den Anforderungen an den Notfallplan und die Öffentlichkeitsbeteiligung (die hinreichend effektiv sein muss, so dass die bloße Möglichkeit der Einsichtnahme nicht ausreiche) EuGH, Rs. C-429/01 (Kommission/Frankreich), Urteil vom 27.11.2003, Ziff. 40 ff., 54 ff.

legen, insbesondere bei einem Unfall (Art. 14 RL 2009/41), und den Mitgliedstaaten – die darüber hinaus eine effektive staatliche Kontrolle im Hinblick auf die Einhaltung der gemäß der Richtlinie von den Anwendern einzuhaltenden Vorgaben sicherzustellen haben (Art. 11, 16 RL 2009/41) – obliegen ebenfalls Informationspflichten (Art. 15, 17 RL 2009/41).

Weite Teile der Anhänge II-V der Richtlinie können von der Kommission unter Beachtung eines Ausschussverfahrens[70] dem technischen Fortschritt angepasst werden (Art. 19 RL 2009/41).

II. Freisetzungsrichtlinie (RL 2001/18)

27 Der **RL 2001/18** über die absichtliche Freisetzung genetisch veränderter Organismen in die Umwelt[71] – die die RL 90/220 ersetzt (Art. 36 RL 2001/18)[72] – liegt ein produktbezogener Ansatz zugrunde.[73] Jede Freisetzung und Inverkehrbringung[74] gentechnisch veränderter Organismen[75] unterliegt einer **Genehmigungspflicht** durch die zuständigen Behörden, und die Verantwortlichen haben in der vorherigen Anmeldung eine umfassende Risikobewertung[76] und Vorsorgepläne vorzulegen und vor der Anmeldung eine umfassende gentechnikspezifische Verträglichkeitsprüfung[77] durchzuführen, Art. 4 Abs. 2, 6 ff. RL 2001/18. Die Behörden dürfen ihre Zustimmung nur unter der Voraussetzung erteilen, dass keine Gefährdung der menschlichen Gesundheit oder der Umwelt zu erwarten ist, Art. 4 Abs. 1 RL 2001/18.[78]

28 Ansonsten sind die Zulassungsverfahren für die Freisetzung und die Inverkehrbringung etwas unterschiedlich ausgestaltet: Während die **Genehmigung der Freisetzung** allein auf mitgliedstaatlicher Ebene[79] nach den im Einzelnen in der Richtlinie festgelegten Vorgaben[80] erfolgt, sieht die RL 2001/18 in Bezug auf das **Inverkehrbringen** als Produkte oder in Produkten ein besonderes Verfahren der Zulassung vor: Die mitgliedstaatliche Behörde darf das Inverkehrbringen nur gestatten, wenn sie vorher die Akte an die Kommission geleitet hat, die sie ihrerseits den übrigen Mitgliedstaaten weiterleitet. Diese können zusätzliche Maßnahmen oder Prüfungen

---

70 Zu diesen Verfahren oben 3. Kap. B.I.2.
71 Zu dieser Richtlinie *Di Fabio/Kreiner*, EUDUR II/1, § 63, Rn. 52 ff.; *Sheridan*, EU Biotechnology, 29 ff.; *Möller*, Anwendbarkeit des europäischen und nationalen Gentechnikrechts auf gentechnisch veränderte Tiere, 117 ff.; *Rey Garcia*, JEEPL 2006, 3 ff.; *Ittershagen/Runge*, NVwZ 2003, 549 (550 ff.); *Gross*, Das gemeinschaftsrechtliche Genehmigungsverfahren, 97 ff.; s. auch den Überblick bei *Palme/Schlee/Schumacher*, EurUP 2004, 170 ff.; vgl. sodann *Chotjewitz*, ZUR 2003, 270 (271 ff.), der auch auf Fragen der Umsetzung eingeht.
72 Die Neuregelung sollte einerseits die Anpassung an den wissenschaftlichen Fortschritt sicherstellen, andererseits die Genehmigungsverfahren transparenter gestalten, vgl. Bericht der Kommission zur Überprüfung der RL 90/220, KOM (1996) 630 endg.
73 Sie wurde denn auch auf Art. 114 Abs. 1 AEUV gestützt. Zur Rechtsgrundlage *Di Fabio/Kreiner*, EUDUR II/1, § 63, Rn. 56.
74 Vgl. die Legaldefinition in Art. 2 RL 2001/18.
75 Im Gegensatz zur RL 90/219 ist der Anwendungsbereich der RL 2001/18 nicht auf Mikroorganismen beschränkt. Umfassend zum Anwendungsbereich der RL 2001/18 *Di Fabio/Kreiner*, EUDUR II/1, § 63, Rn. 57 ff.
76 Zur Risikoabschätzung eingehend *Pohl*, Risikobewertung, insbes. 134 ff.; s. auch *Tünnesen-Harmes*, Risikobewertung, 177 ff.
77 Dabei handelt es sich nicht um eine allgemeine UVP nach der RL 2011/92, sondern um eine gentechnikspezifische Verträglichkeitsprüfung, die in Art. 2 Nr. 8 RL 2001/18 definiert und durch Anhang II RL 2001/18 näher ausgestaltet wird. Unter anderem geht es darum, die dem GVO inhärenten Eigenschaften zu identifizieren. Zu den Risikofaktoren zählt zum Beispiel das Potenzial, landwirtschaftliche Praktiken zu verändern, vgl. *Winter*, NuR 2007, 571 (575). Außerdem sollen die Mitgliedstaaten dafür Sorge tragen, dass GVO, die antibiotikaresistente Gene enthalten, bei der Verträglichkeitsprüfung besonders beachtet werden (Art. 4 Abs. 2 RL 2001/18). Zur Relevanz des Verhältnismäßigkeitsprinzips in diesem Zusammenhang *Winter*, NuR 2007, 571 (577).
78 Zu dem gestuften Verfahren in der RL 2001/18 *Caspar*, DVBl. 2002, 1437 (1438).
79 Allerdings sind Konsultationsverfahren vorgesehen, auch unter Einbezug der Mitgliedstaaten.
80 Wobei neben dem „Standardverfahren" (Art. 6 RL 2001/18) auch ein sog. differenziertes Verfahren möglich ist, falls mit den entsprechenden GVO bereits Erfahrungen gesammelt wurden, Art. 7 RL 2001/18.

8. Kapitel Schutz vor bestimmten Tätigkeiten oder Stoffen

vorschlagen. Will die mitgliedstaatliche Behörde diese nicht berücksichtigen,[81] entscheidet die Kommission in einem Ausschussverfahren[82] verbindlich über die Zulassung (Art. 18 RL 2001/18).[83]

Die Zulassung über das Inverkehrbringen entfaltet ihre Wirkung grundsätzlich in allen Mitgliedstaaten, so dass die Mitgliedstaaten das **Inverkehrbringen** solcher gentechnisch veränderter Organismen als Produkte oder in Produkten **nicht einschränken** dürfen (Art. 22 RL 2001/18). Nur **ausnahmsweise**, wenn nach Erteilung der Zustimmung aufgrund neuer oder zusätzlicher Informationen eine Gefahr vom gentechnisch veränderten Organismus für die menschliche Gesundheit oder die Umwelt anzunehmen ist, können die Mitgliedstaaten den **Einsatz**[84] und/oder den **Verkauf dieses gentechnisch veränderten Organismus** als Produkt in ihrem Hoheitsgebiet vorübergehend einschränken oder verbieten (Art. 23 RL 2001/18). Das ist dahingehend zu verstehen, dass der **Anbau eines gentechnisch veränderten Organismus nur im Einzelfall** (so dass es hier gerade **nicht um die Einrichtung einer allgemein gentechnikfreien Zone** geht) und unter **besonderen Bedingungen** (Information, die nach dem Zeitpunkt der Zustimmung vorgelegt wurde) verboten werden kann. Dabei genügt es, dass berechtigte Gründe für das Vorliegen einer Gesundheits- oder Umweltgefahr vorliegen, ein voller Beweis der Gesundheits- und Umweltgefahr ist nicht erforderlich.[85]

29

In der Rs. C-165/08[86] stellte der Gerichtshof fest, dass es gegen diese Freiverkehrsverpflichtung sowie die entsprechende Bestimmung der RL 2002/53[87] verstoße, wenn ein Mitgliedstaat den freien Verkehr von Saatgut genetisch veränderter Sorten und die Aufnahme genetisch veränderter Sorten in den nationalen Sortenkatalog verbietet. Interessant an dem Urteil sind dabei weniger dieses, nicht wirklich überraschende Ergebnis, sondern die Begründungserwägungen: Der EuGH nimmt nämlich nicht zu dem von Polen vorgebrachten Argument, die RL 2001/18 und 2002/53 regelten die Frage der Behinderung des Inverkehrbringens von GVO aus religiösen oder ethischen Motiven nicht, so dass die fraglichen nationalen Maßnahmen ausschließlich an Art. 34 AEUV zu messen seien, Stellung, dies mit dem Hinweis darauf, dass Polen nicht nachgewiesen habe, dass die streitigen nationalen Vorschriften tatsächlich die geltend gemachten religiösen und ethischen Ziele verfolgen. Denn allgemeine Behauptungen, wie Befürchtungen in Bezug auf die Umwelt- und Gesundheitsgefährdung durch GVO und den von der Bevölkerung zu erwartenden Widerstand, reichten hierzu nicht aus (auch deckten sie sich im Wesentlichen mit Anliegen des Umwelt- und Gesundheitsschutzes, denen in den Richtlinien ja gerade entsprochen werden soll), zumal Widerstand in der Bevölkerung nichts daran ändere, dass eine unionsrechtliche Pflicht zur Umsetzung bzw. Beachtung des Unionsrechts bestehe. Ebensowenig reiche die Behauptung, die polnischen Abgeordneten seien christlichen und katholischen Werten verpflichtet, so dass diese ihr politisches Handeln leiten, nicht jedoch andere Erwägungen in Verbindung mit komplexen wissenschaftlichen Beurteilungen.

Auch wenn diese Ausführungen des Gerichtshofs überzeugend sind, hätte doch die grundsätzliche Frage nach der Abgeschlossenheit der RL 2001/18 und der RL 2002/53 auch in Bezug auf religiös oder ethisch motivierte Maßnahmen interessiert, zumal sie dogmatisch eigentlich zuerst, also vor der Anwendung der erwähnten Richtlinienbestimmungen, zu prüfen gewesen wäre. Vieles spricht jedoch dafür, bereits die Abgeschlossenheit der RL 2001/18 und der RL 2002/53 in Bezug auf die Frage, ob die vom Anwendungsbereich der Richtlinien erfassten Produkte in Verkehr gebracht werden dürfen oder nicht, zu bejahen: Denn die nationalen und unionsrechtlichen Regelungen regeln dieselbe rechtliche Frage (Zulässigkeit des Inverkehrbringens bestimmter GVOs), und die Zielsetzung der Richtlinien ist ja gerade darin zu sehen, dass einheitliche Anforderungen

---

81 Gibt es hingegen keine Einwände, so erteilt die nationale Behörde die Zulassung, Art. 5 Abs. 3 RL 2001/18. Dabei ist sie grundsätzlich – es sei denn, der Mitgliedstaat verfüge über „neue" Informationen – zur Erteilung der Zulassung verpflichtet. Hier steht dem Mitgliedstaat also grundsätzlich kein Gestaltungsspielraum zu; einen solchen hat er nur im Rahmen des vorher auf nationaler Ebene stattfindenden Verfahrens. Vgl. EuGH, Rs. C-6/99 (Greenpeace/Ministère de l'agriculture u.a.), Slg. 2000, I-1651, Ziff. 28 ff. Zu diesem Urteil *Kamann/Tegel*, NVwZ 2001, 44 ff.
82 Zu diesen Verfahren oben 3. Kap. Rn. 40.
83 Vgl. etwa Durchführungsbeschluss 2012/37 der Kommission, ABl. 2012 L 171, 13, in dem die Kommission das Inverkehrbringen von Erzeugnissen, die bestimmte genetisch veränderte Sojabohnen enthalten, zulässt.
84 Das Wort „Einsatz" ist wohl sinngleich mit der Verwendung zu verstehen, *Kerschner/Wagner*, Koexistenz, 74.
85 Vgl. nur *Kerschner/Wagner*, Koexistenz, 66.
86 EuGH, Rs. C-165/08 (Kommission/Polen), Slg. 2009, I-6843.
87 Zu dieser noch unten 8. Kap. Rn. 36.

477

an die Zulassung solcher Produkte definiert werden, um auf diese Weise den freien Verkehr dieser Produkte zu gewährleisten, wobei verschiedenen Schutzinteressen (insbesondere Umwelt- und Gesundheitsschutz) Rechnung getragen werden soll. Erlaubte man den Mitgliedstaaten, darüber hinaus Einschränkungen des Inverkehrbringens vorzusehen, würde diese Zielsetzung gerade vereitelt. Darüber hinaus dürften sich die religiösen und ethischen Zielsetzungen im Wesentlichen mit den bereits durch die Richtlinie berücksichtigten Anliegen decken, geht es bei den religiösen und ethischen Erwägungen zumindest in diesem Zusammenhang doch weniger um eigene Schutzanliegen, denn um die Fundierung sonstiger Schutzinteressen (wie auch der Hinweis Polens auf den Umwelt- und Gesundheitsschutz illustriert). Dass man über die Frage, ob die genannten Richtlinien die verfolgten Schutzinteressen angemessen berücksichtigen, durchaus – auch unter Rückgriff auf ethische oder religiöse Grundsätze – unterschiedlicher Ansicht sein kann, vermag an diesem Ergebnis nichts zu ändern, sondern ist im Gesetzgebungsprozess einzubringen. Jeder andere Ansatz erlaubte es den Mitgliedstaaten, auf kaum eingrenzbare ethische oder religiöse Erwägungen zurückzugreifen, um diese oder jene Wertung des Unionsgesetzgebers in Frage zu stellen.

30 Weiter enthält die RL 2001/18 noch Pflichten der Behörden, die Einhaltung der Vorgaben der Richtlinie zu **überwachen** (Art. 4 Abs. 5 RL 2001/18) und die **Rückverfolgung** der in Verkehr gebrachten gentechnisch veränderten Organismen zu gewährleisten (Art. 4 Abs. 6 RL 2001/18), sowie zahlreiche **Informationspflichten** der Mitgliedstaaten. Art. 20 RL 2001/18 (s. auch Art. 13 Abs. 3, Art. 19 Abs. 3 RL 2001/18) sieht neben der im Vorfeld durchzuführenden Verträglichkeitsprüfung noch die Überwachung nach dem Inverkehrbringen, darunter auf Langzeitwirkungen im Zuge der Interaktion mit anderen gentechnisch veränderten Organismen und der Umwelt, vor.[88]

31 Art. 21 RL 2001/18 enthält Vorgaben in Bezug auf die **Kennzeichnung von Produkten**, die aus gentechnisch veränderten Organismen bestehen oder diese enthalten, unabhängig davon, ob sich die genetische Veränderung im Endprodukt nachweisen lässt oder nicht. Die Kennzeichnungspflichten werden durch die **VO 1830/2003 über die Rückverfolgbarkeit und Kennzeichnung genetisch veränderter Organismen und über die Rückverfolgbarkeit von aus genetisch veränderten Organismen hergestellten Lebensmitteln und Futtermitteln** näher ausgestaltet.
Art. 25 RL 2001/18 regelt die **Vertraulichkeit und den Zugang zu Informationen**, die im Rahmen eines Verfahrens im Hinblick auf die Freisetzung von GVO in die Umwelt erhoben bzw. bei der Behörde eingereicht werden. Zur Auslegung einiger Aspekte dieser Bestimmung hatte sich der Gerichtshof in der Rs. C-552/07[89] auszusprechen. Konkret stand die Auslegung von Art. 25 Abs. 4 RL 2001/18, wonach bestimmte Informationen – unter anderem der Ort der Freisetzung – keinesfalls als vertraulich behandelt werden dürfen, so dass der Öffentlichkeit jedenfalls Zugang zu diesen Informationen zu gewähren ist, zur Debatte. Ausgehend von den Zielsetzungen der Richtlinie, den Schutz der menschlichen Gesundheit, die Grundsätze der Vorbeugung und der Vorsorge sowie die Transparenz der Maßnahmen zur Vorbereitung und zur Durchführung von Freisetzungen zu gewährleisten, hält der Gerichtshof fest, dass unter „Ort der Freisetzung" alle Informationen fielen, die der Anmelder den zuständigen Behörden des Mitgliedstaates im Rahmen des Verfahrens nach den Art. 6-8, 13, 17, 20, 23 RL 2001/18 vorgelegt hat, so dass damit nicht nur die geographische Bezeichnung i.e.S. erfasst wird, sondern auch Zugang zu sonstigen Daten, wie etwa die Beschreibung des Ökosystems oder die Nähe zu offiziell anerkannten geschützten Biotopen oder Schutzgebieten, einzuräumen ist. Im Übrigen habe Art. 25 RL 2001/18 das Recht der Öffentlichkeit auf Akteneinsicht und etwaige Ausnahmen hiervon für den nun einmal der Richtlinie erfassten Bereich erschöpfend geregelt, so dass Erwägungen des Schutzes des öffentlichen Ordnung oder anderer gesetzlich geschützter Geheimnisse in Bezug auf diejenigen Informationen, die jedenfalls öffentlich zugänglich sein müssen, nicht geltend gemacht werden könnten. Hieran ändere auch der Umstand, dass ein derartiger öffentlicher Zugang zu internen Schwierigkeiten in dem betreffenden Mitgliedstaat führen könnte, nichts. Denn ein Mitgliedstaat könne sich nicht auf bei der Durchführung von Unionsrecht auftretende Schwierigkeiten (einschließlich solcher, die von Privatpersonen ausgehen) berufen, um die korrekte Anwendung des Unionsrechts zu unterlassen.

32 Die RL 2001/18 regelt lediglich – wie bemerkt – das Inverkehrbringen der erfassten GVO; hingegen sieht sie weder die **Einrichtung gentechnikfreier Zonen** vor, noch sind ihr Vorgaben be-

---

[88] Die gentechnikrechtliche Nachmarktkontrolle regelt Anhang VII Abschnitt A RL 2001/18. Ziel dieses Beobachtungsplans ist es, das Auftreten schädlicher Auswirkungen der GVO oder deren Verwendung auf die menschliche Gesundheit oder die Umwelt, die in der Verträglichkeitsprüfung nicht erkannt wurden, zu ermitteln.
[89] EuGH, Rs. C-552/07 (Commune de Sausheim), Slg. 2009, I-987.

8. Kapitel Schutz vor bestimmten Tätigkeiten oder Stoffen

züglich der Zulässigkeit der Ausweisung solcher Zonen zu entnehmen. Allerdings könnte man in Erwägung ziehen, dass die RL 2001/18 (sowie weitere unionsrechtliche Vorschriften)[90] auch die Frage des Verwendens der in Verkehr gebrachten GVO abschließend regeln, so dass die Einrichtung GVO-freier Zonen wegen des abschließenden Charakters der Richtlinie nicht mit dem Unionsrecht vereinbar wäre.[91] Hiergegen spricht jedoch, dass die relevanten unionsrechtlichen Regelungen **produktbezogenen Charakter** aufweisen und insofern „nur" die Zulassung und das Inverkehrbringen der erfassten gentechnisch veränderten Organismen regeln. Hieran ändert auch die Formulierung des Art. 19 RL 2001/18 – der davon spricht, dass ein Produkt in der gesamten Union „verwendet" werden darf, wenn die Vorgaben der RL 2001/18 eingehalten wurden – nichts, denn hier geht es um den „Grundsatz" der Verwendung und nicht die genauen Vorgaben hinsichtlich ihrer Modalitäten insbesondere in geographischer Hinsicht (werden die zuletzt genannten Aspekte in der Richtlinie doch nur in Bezug auf ein bestimmtes Produkt, nicht jedoch im Hinblick auf den grundsätzlichen Einsatz von gentechnisch veränderten Organismen in bestimmten Gebieten definiert). Schon dieser Umstand spricht dafür, dass den einschlägigen Rechtsakten letztlich gar keine Aussage über gentechnikfreie Zonen entnehmen lässt, so dass die **Anwendungsbereiche der genannten Rechtsakte einerseits und der Einrichtung gentechnikfreier Zonen andererseits** durch die diese vorsehenden nationalen Regelungen **nicht übereinstimmen** und der Grundsatz der Sperrwirkung des Sekundärrechts damit **mangels (erschöpfender) Regelung der in Frage stehenden Problematik** nicht zum Zuge kommt; letztlich wird eben (nur, aber immerhin) das „Inverkehrbringen" und nicht die „Verwendung" des zugelassenen GVO geregelt, so dass sich die erörterten Rechtsakte **nicht auf flächenbezogene Maßnahmen**, durch die der Anbau eingeschränkt und verboten wird, beziehen, zumal dieser Aspekt in den genannten Rechtsakten auch nicht angesprochen wird.[92]

Hierfür spricht auch, dass bei der RL 2001/18 neben der Gefahrenabwehr auch und gerade die **Verwirklichung des Binnenmarkts** ein zentrales Anliegen ist: Im Hinblick auf die freie Zirkulation auch von gentechnisch veränderten Organismen soll deren Inverkehrbringung durch die Europäische Union geregelt werden, so dass sie in der gesamten Europäischen Union vermarktet werden können. Allerdings sagt die **grundsätzliche Verkehrsfähigkeit** eines Produkts noch nichts darüber aus, auf welche Weise und in welchen Gebieten es **verwendet** werden darf. Im Gegenteil dürfte Vieles dafür sprechen, dass die Frage der grundsätzlichen Produktzulassung auf den entsprechenden Märkten nicht bedeutet, dass diese auch überall und unter allen Umständen immer verwendet werden dürfen. Daher überrascht es auch nicht, dass etwa Ausbringungsverbote für zugelassene Pflanzenschutzmittel in Naturschutzgebieten oder Verwendungsbeschränkungen für bestimmte gefährliche Geräte oder für Autos in Großstädten mit hoher Schadstoffkonzentration in der Luft in den Mitgliedstaaten der Europäischen Union durchaus häufig anzutreffen sind, ohne dass ihre Zulässigkeit auf Unionsebene bislang grundsätzlich in Frage gestellt wurde, jedenfalls nicht vor dem Europäischen Gerichtshof. Gleiches gilt etwa für die Befugnis der Mitgliedstaaten, raumplanerische Maßnahmen (z.B. auch die Ausscheidung landwirtschaftlicher Nutzflächen) vorzusehen: Ein aus der Verkehrsfähigkeit gefolgertes „allgemeines Anbaurecht" müsste sich dann konsequenterweise auch auf solche Regelungen beziehen, implizieren doch auch diese eine räumlich definierte, flächenbezogene Verwendungsbeschränkung.

---

90 Zu diesen noch unten 8. Kap. Rn. 35 f.
91 Vgl. zur Frage nach dem abschließenden Charakter unionsrechtlicher Regelungen bereits die Grundsätze oben 5. Kap. Rn. 65 ff.
92 Vgl. ausführlich zu dieser Problematik, m.w.N., *Epiney/Waldmann/Oeschger/Heuck*, Ausscheidung von gentechnikfreien Gebieten, 48 ff. I. Erg. wie hier *Winter*, NuR 2007, 635 (638 ff.); *Kerschner/Wagner*, Koexistenz, 34 ff.; *Palme*, NuR 2006, 76 (79); a.A. jedoch *Dederer*, Weiterentwicklung des Gentechnikrechts, 106 f.; s. in diesem Zusammenhang auch *Brunner*, Prinzip der Koexistenz, 189 f.; zu Anbauverboten für GVO aus ethischen Gründen *Satish*, NuR 2021, 687 ff., die im Ergebnis zum Schluss kommt, dass ethische Gründe unter die sozioökonomischen Gründe zu subsumieren seien und daher mit der RL 2001/18 (insbesondere Art. 26 b Ziff. 5 lit. c) RL 2001/18) vereinbar sein könnten.

Gegen den hier vertretenen Ansatz kann auch nicht das Urteil des EuG in Bezug auf die gentechnikfreie Zone in Oberösterreich[93] angeführt werden, da das EuG hier ausschließlich auf ex-Art. 95 Abs. 5 EGV (jetzt Art. 114 Abs. 5 AEUV) abstellte (Österreich hatte diese Maßnahme auch so notifiziert), während die eigentlich vorgelagerte Prüfung des abschließenden Charakters des Unionsrechts in Bezug auf diese Frage nicht erörtert wurde.[94] Daher schließt es diese Rechtsprechung nicht aus, dass es das in der RL 2001/18 vorgesehene Genehmigungsregime zulässt, wegen der diesbezüglich nicht erschöpfenden Regelung in der RL 2001/18 flächenbezogene Einschränkungen des Anbaus bzw. der Verwendung von gentechnisch veränderter Organismen vorzusehen, die nicht das ganze Staatsgebiet oder das gesamte Gebiet der jeweiligen Gebietskörperschaft erfassen.[95]

Eine andere Sicht könnte allenfalls für die Konstellation vertreten werden, dass die Verwendung von gentechnisch veränderten Organismen auf dem gesamten Hoheitsgebiet des betreffenden Staates oder auch einer für die einschlägige Gesetzgebung zuständigen Region vorgesehen wird: Denn eine solche Regelung implizierte letztlich die Verkehrsunfähigkeit auch zugelassener gentechnisch veränderter Organismen in einem gesamten Mitgliedstaat, was den Grundprinzipien insbesondere der RL 2001/18 entgegenlaufen könnte, geht diese doch von der grundsätzlichen Verkehrsfähigkeit von GVO aus. So geht denn auch die Kommission davon aus, dass es den Mitgliedstaaten nicht erlaubt ist, den Anbau oder jede andere Verwendung von gentechnisch veränderten Organismen generell zu verbieten.[96] Dies wird auch damit begründet, dass das Verfahren in Art. 13-18 RL 2001/18 für das Inverkehrbringen eines gentechnisch veränderten Organismus eine Einzelfall-Risikoanalyse verlange. Würde nun ein Mitgliedstaat ein umfassendes Verbot für alle gentechnisch veränderten Organismen für sein Staatsgebiet aussprechen, werde das Ziel der Richtlinie, den freien Verkehr von gentechnisch veränderten Organismen auf Unionsebene zu sichern (vgl. Art 22 RL 2001/18), vereitelt.[97]

Schließlich ist der Klarheit halber darauf hinzuweisen, dass das Gentechnikrecht der Europäischen Union selbstredend insofern eine Vollharmonisierung vorsieht, als diejenigen Gefahren für Mensch und Umwelt betroffen sind, die sich allein durch das grundsätzliche Inverkehrbringen des Produkts selbst ergeben. Daher darf das grundsätzliche Inverkehrbringen der betroffenen Produkte nicht – vorbehalten bleiben die primärrechtlichen „Alleingangsmöglichkeiten"[98] – aus anderen Gründen als die in den erwähnten Rechtsakten vorgesehenen verweigert werden. Ebenso kann die Ausweisung einer gentechnikfreien Zone nicht aus Gründen erfolgen, die bereits im Zusammenhang mit der Risikoanalyse bei der Zulassung des gentechnisch veränderten Organismus relevant wurden, so dass in Bezug auf diese Aspekte durchaus von einer Vollharmonisierung durch die RL 2001/18 (und der VO 1829/2003[99]) auszugehen ist und sich die Ausweisung einer gentechnikfreien Zone damit auf andere Zielsetzungen als die in den erwähnten Rechtsakten berücksichtigten stützen muss, was die Regel darstellen wird.

III. Verbringungsverordnung (VO 1946/2003)

34 Die **VO 1946/2003** über grenzüberschreitende Verbringungen genetisch veränderter Organismen etabliert – in Anknüpfung an das sog. Cartagena-Protokoll[100], das diese Fragen auf völkerrechtlicher Ebene regelt – ein umfassendes Anmelde- und Informationssystem für die grenzüberschreitende Verbringung genetisch veränderter Organismen.

---

93 EuG, verb. Rs. T-366/03 und T-235/04 (Oberösterreich und Österreich/Kommission), Slg. 2005, II-4005; s. auch EuGH, verb. Rs. C-439/05 P, C-454/05 P, Slg. 2007, I-7141 (das Berufungsurteil zum Urteil des EuG in den verb. Rs. T-366/03, T-235/04, wobei das Urteil des EuG bestätigt wurde). Zu diesem Urteil bereits oben 5. Kap. Rn. 107 ff., im Zusammenhang mit Art. 114 Abs. 4 ff. AEUV.
94 Weiter handelte es sich bei der zur Debatte stehenden Regelung um eine solche, die auf dem gesamten Gebiet der für die diesbezügliche Gesetzgebung zuständigen Körperschaft zur Anwendung kam.
95 Ebenso *Winter*, NuR 2007, 635 (639); *Palme*, NuR 2006, 76 (79); *Winter*, ZUR 2006, 456 (461).
96 So die Kommission in Erwägungsgrund (40) der Entscheidung KOM 2008/62/EG.
97 Vgl. auch Erwägungsgrund (36) der Entscheidung KOM 2008/62/EG.
98 Zu diesen oben 5. Kap. Rn. 90 ff.
99 Zu dieser noch sogleich unten 8. Kap. Rn. 36.
100 ABl. 2002 L 201, 48.

IV. Zu den Regelungen im Bereich der Lebens- und Futtermittel und im Landwirtschaftsrecht

Da gentechnisch veränderte Organismen insbesondere auch im Zusammenhang mit entsprechend zusammengesetzten oder hergestellten **Lebens- und Futtermitteln** von Bedeutung sind, hat die Union auch auf diesem Gebiet einige Rechtsakte erlassen, die im Wesentlichen dem Umwelt- und Gesundheitsschutz, mitunter aber auch dem Verbraucherschutz, dienen. 35

Hinzuweisen ist in erster Linie auf folgende Rechtsakte: 36

- Die RL 2002/53 über einen gemeinsamen Sortenkatalog für landwirtschaftliche Pflanzenarten[101] enthält bestimmte Vorgaben für die Zulassung von Sorten von Betarüben, Futterpflanzen, Getreide, Kartoffeln sowie Öl- und Faserpflanzen, unter Einbezug von genetisch veränderten Sorten. Sind die Sorten einmal zugelassen, dürfen sie keinen Verkehrsbeschränkungen mehr unterliegen, Art. 16 Abs. 1 RL 2002/53. Im Hinblick auf den Verbraucherschutz müssen diese Sorten im Sortenkatalog klar gekennzeichnet werden, Art. 9 Abs. 5 RL 2002/53. Die Richtlinie verfolgt im Grundsatz einen ähnlichen Ansatz wie die RL 2001/18.[102]
- Die VO 1829/2003 über genetisch veränderte Lebensmittel und Futtermittel[103] dient in erster Linie dem freien Warenverkehr; als weiteres Ziel wird jedoch auch der Schutz der Gesundheit von Mensch und Tier genannt.[104] Sie regelt insbesondere die **Zulassung** von zur **Verwendung als Lebensmittel oder Futtermittel bestimmten** gentechnisch veränderten Organismen, von Lebens- oder Futtermitteln, die gentechnisch veränderte Organismen enthalten oder aus solchen bestehen, sowie von aus gentechnisch veränderten Organismen hergestellten Lebens- oder Futtermitteln (Art. 3, 15 VO 1829/2003).

In der von der Großen Kammer entschiedenen Rs. C-442/09[105] präzisierte der Gerichtshof gewisse Aspekte des **Begriffs der aus gentechnisch veränderten Organismen (GVO) hergestellten Lebensmittel**: So könne ein GVO im Sinne der Verordnung nach der Legaldefinition des Art. 2 Nr. 5 VO 1829/2003 nur dann vorliegen, wenn es sich um einen „Organismus" handle; dieser Begriff sei aber nach Art. 2 Nr. 4 VO 1829/2003 so zu verstehen, dass hierunter nur biologische Einheiten fallen, die fähig sind, sich entweder zu vermehren oder genetisches Material zu übertragen. Daher könnten Pollen, die zwar gentechnisch verändert wurden, jedoch weder fortpflanzungsfähig sind noch auf sonstige Weise genetisches Material übertragen können, nicht als GVO angesehen werden, eine Aussage, die sich wohl auf die sog. Freisetzungsrichtlinie, RL 2001/18, übertragen lässt. Der Anwendungsbereich der VO 1829/2003 sei allerdings in Bezug auf Lebensmittel, die solche Pollen enthalten, gleichwohl eröffnet, da die Verordnung **für Lebensmittel, die aus GVO hergestellt sind,** anwendbar sei, dieser Begriff in Art. 3 Abs. 1 präzisiert werde und danach u.a. auch Lebensmittel erfasse, die aus GVO hergestellt werden oder Zutaten enthalten, die aus GVO hergestellt werden. Pollen, die gentechnisch verändert wurden, aber selbst keine GVO darstellen, seien jedenfalls als aus GVO hergestellt anzusehen. Auch seien die Pollen in Bezug auf Honig oder Nahrungsergänzungsmittel als Zutaten im Sinne der erwähnten Definition anzusehen, da sie bei letzteren bei der Herstellung hinzugefügt werden und bei ersteren einen normalen Bestandteil dieses Nahrungsmittels darstellen. Ob die Pollen zufällig oder absichtlich hinzugefügt wurden, sei nicht relevant. Schließlich hält der Gerichtshof fest, dass die Zulassungspflicht nach der VO 1829/2003 unabhängig vom Anteil des genetisch veränderten Materials in dem fraglichen Erzeugnis bestehe; auch die in Bezug auf die Kennzeichnung geltende Toleranzschwelle könne in Bezug auf die Zulassung nicht zur Anwendung kommen.

Das Urteil impliziert einen sehr weiten Anwendungsbereich der VO 1829/2003, insbesondere aufgrund des Umstands, dass es gerade nicht auf die „Absichtlichkeit" der Zutat und ihre Qualifikation als GVO ankommt. Wie die Konstellation im Ausgangssachverhalt – in dem es um einen Imker ging, der in der Nachbarschaft eines Grundstücks, auf dem gentechnisch veränderter Mais angebaut wurde, Honig herstellte – illustriert, führt der Ansatz des Gerichtshofs zur grundsätzlichen Anwendbarkeit der VO 1829/2003 auch in denjenigen Fällen, in denen die Hersteller der fraglichen Lebens- oder Futtermittel

---

101 ABl. 2002 L 193, 1.
102 Zu dieser oben 8. Kap Rn. 27 ff.
103 Die Verordnung wurde auf ex-Art. 37, 95 und 152 Abs. 4 lit. b) EGV (jetzt Art. 43, 114, 158 Abs. 4 lit. b) AEUV) gestützt.
104 Vgl. Erwägungsgrund (1) VO 1829/2003.
105 EuGH, Rs. C-442/09 (Bablok), Urt. v. 6.9.2011. Zu diesem Urteil *Keich*, NuR 2012, 539 ff.

gerade keine GVO oder Zutaten, die aus GVO hergestellt wurden, verwenden wollen. Aus der Sicht des mit der Verordnung angestrebten Verbraucher- und Gesundheitsschutzes ist dies überzeugend; für die Produzenten können hiermit jedoch mitunter große Schwierigkeiten einhergehen. Im Übrigen zeigt die Ausgangskonstellation auch, dass es in der Nachbarschaft von GVO-Anbauflächen schwierig oder unmöglich sein kann, „GVO-freie" Lebensmittel herzustellen. Deutlich wird damit auch die Bedeutung GVO-freier Zonen, die die Koexistenz sicherzustellen vermögen und deren Einrichtung auf bestimmten abgegrenzten Gebieten keine grundsätzlichen unionsrechtlichen Bedenken entgegenstehen dürften.[106]

Im Verhältnis zur RL 2001/18 ist die VO 1829/2003 in ihrem Anwendungsbereich vorrangig heranzuziehen.[107] Das **Zulassungsverfahren** ist im Vergleich zur RL 2001/18 stärker „europäisiert":[108] Im Unterschied zur RL 2001/18 erfolgt die Zulassung nicht durch ein nationales, sondern durch ein Verfahren auf Unionsebene (Art. 1 lit. b), Art. 4 Abs. 2 VO 1829/2003).[109] Zum Erhalt der Zulassung ist insbesondere erforderlich, dass das Lebens- oder Futtermittel keine nachteiligen Auswirkungen auf die Gesundheit von Mensch und Tier und die Umwelt entfaltet (Art. 4 Abs. 1, Art. 15 Abs. 1 VO 1829/2003). Sollte ein Lebens- oder Futtermittel zugelassen worden sein, das sich aber gleichwohl (nachträglich) als ein ernsthaftes Risiko für die Gesundheit von Mensch oder Tier oder die Umwelt erweist, kann die Kommission gemäß Art. 53, 54 VO 178/2002[110] die Zulassung ändern oder aussetzen.

In der Rs. C-36/11[111] hatte sich der Gerichtshof mit einigen Grundfragen der VO 1829/2003 (im Zusammenspiel mit der RL 2002/53) auseinanderzusetzen. Ausgehend davon, dass die VO 1829/2003 bezwecke, die freie Verwendung und das freie Inverkehrbringen der GVO im gesamten Unionsgebiet zu gestatten, wenn die GVO gemäß der Verordnung zugelassen und in Anwendung der RL 2002/53 in den gemeinsamen Katalog aufgenommen sind, könnten die Mitgliedstaaten den Anbau von nach der VO 1829/2003 zugelassenen (und gemäß der RL 2002/53 in den gemeinsamen Katalog aufgenommenen) GVO nicht von einer nationalen Genehmigung abhängig machen, zumal die Verordnung selbst Anliegen des Gesundheits- und Umweltschutzes berücksichtige. Ein Verbot des Anbaus solcher GVO bis zum Erlass von Koexistenzmaßnahmen nach Art. 26 a RL 2001/18 impliziere eine Umgehung dieser Grundsätze, so dass diese Bestimmung nichts an diesem Schluss zu ändern vermöge. In Bezug auf den zuletzt genannten Aspekt ist zu präzisieren, dass das Urteil des Gerichtshofs keine Aussage über die Zulässigkeit GVO-freier Zonen (u.a. im Zuge von Koexistenzmaßnahmen), sondern lediglich über das in Frage stehende Junktim zwischen dem Erlass solcher Maßnahmen und einer Zulassung von bereits nach der VO 1829/2003 zugelassener GVO enthält. Im Gegenteil: Der Gerichtshof hält sogar fest, dass eine Maßnahme nach Art. 26 a RL 2001/18 zu „Einschränkungen oder gar geographisch begrenzten Verboten" führen könne.[112]

Die Verordnung sieht weiter in Art. 12 ff., 24 ff. umfangreiche **Kennzeichnungspflichten** vor, wobei aber unterhalb eines Anteils von GVO von 0,9 % die Kennzeichnungspflicht entfällt.[113]

- Die **VO 1830/2003 über die Rückverfolgbarkeit und Kennzeichnung genetisch veränderter Organismen und über die Rückverfolgbarkeit von aus genetisch veränderten Organismen hergestellten Lebensmitteln und Futtermitteln** ist im Zusammenhang mit den bereits in Art. 21 RL 2001/18 geregelten Kennzeichnungspflichten zu sehen und gestaltet diese näher

---

106 Hierzu im Einzelnen, m.w.N., *Epiney/Waldmann/Oeschger/Heuck*, Die Ausscheidung von gentechnikfreien Gebieten in der Schweiz, 33 ff. S. auch schon oben 8. Kap. Rn. 31 f.
107 Vgl. nur *Winter*, NuR 2007, 571 (579). So wohl auch EuGH, verb. Rs. C-58-68/10 (Monsanto), Urt. v. 8.9.2011. Zu diesem Urteil *Epiney*, EurUP 2012, 88 (101); *Keich*, NuR 2012, 539 (542 ff.).
108 Vgl. im Einzelnen den Vergleich bei *Winter*, NuR 2007, 571 (579 f.).
109 S. in diesem Zusammenhang auch VO 641/2004 der Kommission mit Durchführungsbestimmungen zur VO 1829/2003 hinsichtlich des Antrags auf Zulassung neuer genetisch veränderter Lebensmittel und Futtermittel, der Meldung bestehender Erzeugnisse und des zufälligen oder technisch unvermeidbaren Vorhandenseins genetisch veränderten Materials, zu dem die Risikobewertung befürwortend ausgefallen ist, ABl. 2004 L 102, 14.
110 VO 178/2002 zur Festlegung der allgemeinen Grundsätze und Anforderungen des Lebensmittelrechts, zur Errichtung der Europäischen Behörde für Lebensmittelsicherheit und zur Festlegung von Verfahren zur Lebensmittelsicherheit, ABl. 2002 L 193, 1.
111 EuGH, Rs. C-36/11 (Pioneer Hi Bred), Urt. v. 6.9.2012, Ziff. 64 ff.
112 EuGH, Rs. C-36/11 (Pioneer Hi Bred), Urt. v. 6.9.2012, Ziff. 75.
113 Zur VO 1829/2003 näher *Meßerschmidt*, Europäisches Umweltrecht, § 20, Rn. 33 ff.; *Möller*, Anwendbarkeit des europäischen und nationalen Gentechnikrechts auf genetisch veränderte Tiere, 133 ff.

8. Kapitel Schutz vor bestimmten Tätigkeiten oder Stoffen

aus. Unter anderem wird geregelt, dass bei Lebens- oder Futtermitteln eine Kennzeichnung nicht stattzufinden hat, wenn der GVO-Gehalt den Schwellenwert von 0,9% nicht überschreitet oder diese Spuren zufällig oder technisch nicht zu vermeiden sind. Weiter ist die Rückverfolgbarkeit sicherzustellen, womit entsprechende Dokumentationspflichten verbunden sind.

D. Literatur

I. Gefährliche Stoffe

Appel, Ivo: Präventionsstrategien im europäischen Chemikalienrecht und Welthandelsrecht, ZUR 2003, 167 ff.
Becker, Bernd: Schon wieder neues Chemikalienrecht: Zur so genannten GHS-Verordnung (EG) Nr. 1272/2008 über die Einstufung, Kennzeichnung und Verpackung von Stoffen und Gemischen, NVwZ 2009, 1011 ff.
Becker, Bernd/Tiedemann, Michael: Chemikalienrecht, München 2011.
Bernstorff, Andreas: REACH: Die neue EU-Chemiepolitik droht zu scheitern – Konzerne legen sich quer, EurUP 2004, 68 ff.
Biwer, Arno P.: Entwicklung des EU-Stoffrechts: Vergleich der Regelungen für Pflanzenschutzmittel, Biozidprodukte und Chemikalien, EurUP 2010, 234 ff.
Blainey, Mark: REACH, still being developed, JEEPL 2009, 51 ff.
Calliess, Christian: Zur Maßstabswirkung des Vorsorgeprinzips im Recht – Dargestellt am Beispiel der geplanten Reform des europäischen Chemikalienrechts durch das Weißbuch der EU-Kommission zur zukünftigen Chemikalienpolitik, VerwArch 2003, 389 ff.
Calliess, Christian/Stockhaus, Heidi: Regulierung von Nanomaterialien – reicht REACH?, DVBl. 2011, 921 ff.
Calliess, Christian/Stockhaus, Heidi: Precautionary Principle and Nanomaterials: REACH Revisited, JEEPL 2012, 113 ff.
Cardonnel, Pascal/Maldegem, Koen V.: The Biocidal Products Directive, EELR 1998, 261 ff., 315 ff.
Drohmann, Dieter/Townsend, Matthew (Hrsg.): REACH-Regulation. Handbook on Regulation (EC) No. 1907/2006, Oxford 2012.
Engelstätter, Tobias: Gewässerschutz durch Gefahrstoffrecht, Baden-Baden 2006.
Fischer, Kristian: Die Zweit- und Parallelanmeldung im Chemikalienrecht, Köln u.a. 2003.
Fischer, Kristian: REACH – das neue europäische Chemikalienrecht, DVBl. 2007, 853 ff.
Fischer, Kristian/Fetzer, Thomas: Zulässigkeit einer europäischen Chemikalienagentur mit Entscheidungsbefugnissen, EurUP 2003, 50 ff.
Fluck, Jürgen: Die Zulassungsbedürftigkeit von Pflanzenschutzmittel-Importen im deutschen und europäischen Recht – Parallelimport, Reimport, Zweitinverkehrbringen. Zugleich ein Beitrag zur Rechtsnatur sachbezogener Zulassungen, NuR 1999, 86 ff.
Fluck, Jürgen: Regelt das EG-Recht den Unterlage- und Prüfungsumfang im Zulassungsverfahren für Pflanzenschutzmittel abschließend? – Dargestellt hinsichtlich der Auswirkungen auf Nicht-Zielpflanzen, NuR 2000, 183 ff.
Fluck, Jürgen/Campen, Arne: REACH: Rechtsfragen des Imports in die Europäische Gemeinschaft, EuZW 2007, 326 ff.
Fluck, Jürgen/Fischer, Kristian/von Hahn, Anja (Hrsg.): REACH + Stoffrecht. Kommentar. Deutsches, Europäisches und Internationales Chemikalien-, Pflanzenschutz-, Biozid- und sonstiges Stoffrecht, Loseblattsammlung, Berlin, Stand 2012.
Forbes, Reshad: The Long Arm of REACH: How to Navigate Through the Compliance Process, EELR 2009, 34 ff.
Führ, Martin (Hrsg.): Praxishandbuch REACH, Köln u.a. 2011.
Führ, Martin: Vier Jahre REACh – Eine Zwischenbilanz, in: Reinhard Hendler (Hrsg.), Perspektiven des Stoffrechts, Berlin 2012, 79 ff.

Funke, Astrid M.: Grundprobleme der Zulassung besonders gefährlicher Stoffe in der REACH-Verordnung, Baden-Baden 2008.

Garçon, Gérardine: Aarhus and Agrochemicals: The Scope and Limitations of Access Rights in Europe, EurUP 2012, 72 ff.

Garçon, Gérardine: Neues europäisches Pflanzenschutzmittelrecht, in: Reinhard Hendler (Hrsg.), Perspektiven des Stoffrechts, Berlin 2012, 131 ff.

Ginzky, Harald: Vermarktungs- oder Verwendungsbeschränkungen von Chemikalien – Verfahren, materielle Anforderungen und Reformüberlegungen, ZUR 2000, 129 ff.

Heikkilä, Minna: Une nouvelle ère en matière de réglementation sur les substances chimiques: le règlement REACH est entré en vigueur, RDUE 2007, 839 ff.

Hendler, Reinhard (Hrsg.): Neues europäisches Chemikalienrecht (REACH), Berlin 2008.

Hendler, Reinhard (Hrsg.): Perspektiven des Stoffrechts, Berlin 2012.

Heselhaus, Sebastian: Europa-Fenster zu den Novellierungen im EU-Gefahrenrecht, URP/DEP 2010, 649 ff.

von Holleben, Horst/Scheidmann, Hartmut: Das europäische Chemikalienrecht im Umbruch. Der Verordnungsentwurf der Kommission vom 29.10.2003 im Überblick, StoffR 2004, 16 ff.

von Holleben, Horst/Scheidmann, Hartmut: Öffentlicher Zugang zu Stoffinformationen nach REACH im Licht der Aarhus-Konvention, StoffR 2011, 237 ff.

von Holleben, Horst/Schmidt, Guido: Shifting the Burden of Proof in Chemicals Legislation: the Guiding Principle of the Reform Debate under Scrutiny, EELR 2003, 19 ff.

Ingerowski, Jan Boris: Die REACh-Verordnung. Eine Bestandsaufnahme und Bewertung der Instrumente und Strategien des neuen europäischen Chemikalienrechts unter dem Aspekt des wirksamen Schutzes von Umwelt und Gesundheit vor chemischen Risiken, Baden-Baden 2009.

Ingerowski, Jan Boris: Die REACh-Verordnung: Wirksames Mittel für einen verbesserten Schutz von Umwelt und Gesundheit vor chemischen Risiken?, in: Dokumentation zur 34. Wissenschaftlichen Fachtagung der Gesellschaft für Umweltrecht e.V. Leipig 2010, Berlin 2011, 169 ff.

Jaensch, Dominik: REACH: Use of full study reports for registration purposes – Legitimate possession and reference rights according to Article 10 REACH, StoffR 2009, 131 ff.

Kalimo, Harri: Reflections on the Scope and Pre-emptive Effect of Environmental Directives – A Case Study on the RoHS Directive 2002/95/EC, YEEL 5 (2005), 157 ff.

Kitzinger, Günter: Sekundärprodukte und Sekundärstoffe – Ende der Abfalleigenschaft und Beginn der REACH-Regulierung? Zur Abgrenzung der Regelungsbereiche und ihrer inneren Anpassung, AbfallR 2007, 216 ff.

Kitzinger, Günter/Kopp-Assenmacher, Stefan: Kunststoffrecycling und REACH, Berlin 2009.

Knopp, Lothar: REACH – ungeklärte Rechtsfragen und aktuelle Entwicklung, UPR 2008, 248 ff.

Köck, Wolfgang: Zur Diskussion um die Reform des Chemikalienrechts in Europa – Das Weißbuch der EG-Kommission zur zukünftigen Chemikalienpolitik, ZUR 2001, 303 ff.

Köck, Wolfgang: Das System „Registration, Evaluation and Authorisation of Chemicals" (REACH), in: Rengeling, Hans-Werner (Hrsg.), Umgestaltung des deutschen Chemikalienrechts durch europäische Chemikalienpolitik, Köln u.a. 2004, 37 ff.

Köck, Wolfgang/Kern Katherina: Rechtliche Strategien zur Bewältigung von Risiken im Stoffrecht – zur konzeptionellen Entwicklung des Stoffrechts, in: Reinhard Hendler (Hrsg.), Perspektiven des Stoffrechts, Berlin 2012, 21 ff.

Kuhn, Andrea: REACH – Das neue europäische Regulierungssystem für Chemikalien, Berlin 2010.

Langlet, David: Prior Informed Consent for Hazardous Chemicals Trade – Implementation in EC Law, EELR 2003, 292 ff.

Martel, Dominik: REACH – Komitologie und Rechtsschutz, ZEuS 2008, 601 ff.

Montfort, Jean-Philippe: The EU Chemicals Policy Review from a Legal Perspective: For a Progressive, Coherent and Integrated Approach that Preserves the Internal Market, EELR 2002, 270 ff.

Peine, Franz-Joseph: Europe works: Die Lösung der Altstoffproblematik durch die REACH-Verordnung, FS Rolf Stober, Köln u.a. 2008, 111 ff.

Proelß, Alexander: Reformbestrebungen im Europäischen Recht der Biozid-Produkte, in: Reinhard Hendler (Hrsg.), Perspektiven des Stoffrechts, Berlin 2012, 147 ff.

Purnhagen, Kai: Die neuen Einstufungs- und Kennzeichnungsvorschriften im Chemikalienrecht – europarechtlicher Kosmos und deutsches Chaos?, EuZW 2009, 523 ff.

Rehbinder, Eckard: Zum Rechtsschutz Dritter im europäischen Chemikalienrecht, FS Hans-Werner Rengeling, Köln u.a. 2008, 383 ff.

Rehbinder, Eckard: Die REACH-Verordnung – Entstehungsgeschichte, Zielsetzung, Anwendungsbereich, Hauptinhalte, in: Reinhard Hendler (Hrsg.), Neues europäisches Chemikalienrecht (REACH), Berlin 2008, 35 ff.

Rengeling, Hans-Werner: Europarechtliche Vorgaben für die Zulassung von Pflanzenschutzmitteln in Deutschland, NuR 2000, 549 ff.

Rengeling, Hans-Werner: Beteiligungsrechte bei Entscheidungen zu stoffbezogenen Regelungen auf EU-Ebene, Köln u.a. 2002.

Rengeling, Hans-Werner (Hrsg.): Umgestaltung des deutschen Chemikalienrechts durch europäische Chemikalienpolitik, Köln u.a. 2004.

Rengeling, Hans-Werner: Europäisches Stoffrecht, Köln u.a. 2009.

Romanowski, Gerd: Das REACH-System muss kosteneffizienter und praktikabler werden, EurUP 2004, 72 ff.

Schulte-Braucks, Reinhard: Die REACH-Verordnung der Europäischen Kommission, EurUP 2004, 62 ff.

Schulze-Rickmann, Sibylle: Das Recht auf Zugang zu Informationen und auf ihre Verwertung nach der europäischen REACH-Verordnung, Baden-Baden 2010.

Scott, Joanne: REACH: Combining Harmonization and Dynamism in the Regulation of Chemicals, in: Joanne Scott (Hrsg.): Environmental Protection. European Law and Governance, Oxford 2009, 56 ff.

Siegel, Thorsten: Das neue Kontrollsystem für Chemikalien nach der REACH-Verordnung. Ein Quantensprung im Europäischen Verwaltungsverbund?, EurUP 2007, 106 ff.

van Stratum, Olivier/Lecloux, André J.: L'enregistrement des substances chimiques sous REACH et ses implications sur les échanges entre l'Europe et ses partenaires commerciaux, RMCUE 2008, 245 ff.

Theuer, Andreas: Neuere Entwicklungen im Chemikalienrecht, NVwZ 1995, 127 ff.

Thieffry, Patrick: La refonte du régime de la classification, de l'étiquetage et de l'emballage des substances dangereuses, Europe 4/2009, 4 ff.

Tiedemann, Michael: Unionsrechtlicher Rechtsschutz gegen Eingriffe im Rahmen der Chemikalienregulierung nach der REACH-VO (EG), DVBl. 2011, 993 ff.

Vandenberghe, Wim: The (mis)Use of the EU's Comitology Procedure in the Area of Hazardous Chemicals Law, RECIEL 2008, 347 ff.

Waggershauser, Stephan Patrick: Rechtsschutzmöglichkeiten unter REACH – Rechtsbehelfe gegen Entscheidungen der ECHA im Überblick, StoffR 2009, 112 ff.

Welzbacher, Ulrich: GHS-Verordnung. Praxisleitfaden zur Einführung des neuen Einstufungs- und Kennzeichnungssystems gefährlicher Stoffe, Berlin 2009.

Winter, Gerd: Regelungsmaßstäbe im Gefahrstoffrecht, DVBl. 1994, 913 ff.

Winter, Gerd: Risk Assessment and Risk Management of Toxic Chemicals in the European Community. Experiences and Reform, Baden-Baden 2000.

Winter, Gerd/Wagenknecht, Nils: Gemeinschaftsverfassungsrechtliche Probleme der Neugestaltung der Vorlage von Prüfnachweisen im EG-Chemikalienrecht – zugleich ein Beitrag über geistiges Eigentum an Verwaltungsinformationen, DVBl. 2003, 10 ff.

II. Industrielle Risiken

Köck, Wolfgang: Störfallrecht, in: Gesellschaft für Umweltrecht (GfU), Dokumentation zur 35. Wissenschaftlichen Fachtagung der Gesellschaft für Umweltrecht e.V., Berlin 2012, 27 ff.

Köck, Wolfgang: Störfallrecht, NVwZ 2012, 1353 ff.
König, Jens Martin/Darimont, Thomas: Land-Use Planning, ein Neuanfang. Auswirkungen des „Müksch-Urteils" des EuGH v. 15.9.2011 – Rs. C-53/10 – auf die Praxis von Bau- und Immissionsschutzbehörden, UPR 2012, 286 ff.
Kraus, Stefan: Anwendung der Seveso II-Richtlinie im Bauplanungsrecht. Zugleich Anmerkung zu EuGH, U. v. 15.9.2011 – Rs. C-53/10 – (Land Hessen gegen Müksch OHG), ZfBR 2012, 324 ff.
Lau, Markus: Der Störfallschutz im Baugenehmigungsverfahren und in der Bauleitplanung nach dem Urteil des EuGH v. 15.9.2011 – Rs. C-53/10 (Zugleich Anmerkung), DVBl. 2012, 678 ff.
Mitchison, Neil/Kirchsteiger, Christian: The "Seveso II" Directive and the Major Accident Hazards Bureau, elni 1998, 28 ff.
Mitschang, Stephan: Anforderungen der Seveso-II-RL an die örtliche Raumplanung, UPR 2011, 281 ff. (Teil I), UPR 2011, 342 ff. (Teil II).
Rebentisch, Manfred: Auswirkungen der neuen „Seveso-Richtlinie" auf das deutsche Anlagensicherheitsrecht, NVwZ 1997, 6 ff.
Wagner, Thomas: Der technisch-industrielle Umweltnotfall im Recht der Europäischen Gemeinschaften, Berlin 1991.

III. Bio- und Gentechnologie

Brunner, Tanja: Das Prinzip der Koexistenz im Gentechnikrecht, Berlin 2011.
Caspar, Johannes: Zur Vergemeinschaftung von Verwaltungsverfahren am Beispiel von Gentechnik- und reformiertem Lebensmittelrecht, DVBl. 2002, 1437 ff.
Chotjewitz, Iwan: Schwierigkeiten bei der Umsetzung der Richtlinie über die absichtliche Freisetzung genetisch veränderter Organismen in die Umwelt, ZUR 2003, 270 ff.
Christoforou, Theofanis: The Regulation of Genetically Modified Organisms in the European Union: the Interplay of Science, Law and Politics, CMLRev. 2004, 637 ff.
Dederer, Hans-Georg: Weiterentwicklung des Gentechnikrechts – GVO-freie Zonen und sozioökonomische Kriterien für die GVO-Zulassung. Eine Untersuchung der Regelungsspielräume und ihrer europa- und welthandelsrechtlichen Grenzen, Berlin 2010.
Ekardt, Felix/Hennig, Bettina/Wilke, Martin: Gentechnikrecht und Naturschutz: Beteiligungs- und Klagerechte der Umweltverbände. Zugleich zur Almaty-Änderung der Aarhus-Konvention, UTR 2009, 157 ff.
Epiney, Astrid/Waldmann, Bernhard/Oeschger, Magnus/Heuck, Jennifer: Die Ausscheidung von gentechnikfreien Gebieten in der Schweiz de lege lata et de lege ferenda. Unter besonderer Berücksichtigung der Rechtslage in der EU, Zürich 2011.
Gross, Dominique: Das gemeinschaftsrechtliche Genehmigungsverfahren bei der Freisetzung und dem Inverkehrbringen genetisch veränderter Organismen, Zürich 2006.
Hochreuter, Anna: Die Regelungen für gentechnische Arbeiten in geschlossenen Systemen und für Freisetzungen. Eine vergleichende Analyse der Umsetzung der EG-Richtlinien in Deutschland, Frankreich und Großbritannien, Sinzheim 1996.
Ittershagen, Martin/Runge, Tobias: Die europäischen Vorschriften zur Zulassung und Kennzeichnung genetisch veränderter Produkte und die Vorschläge zu ihrer Reform, NVwZ 2003, 549 ff.
Kahl, Wolfgang: Anmerkung zu EuG, Rs. T-366/03, T-235/04 (Verbot des Einsatzes gentechnisch veränderter Organismen in Oberösterreich), ZUR 2006, 86 ff.
Kamann, Hans-Georg/Tegel, Christoph M.: Nationale Handlungsspielräume im Gentechnik-Genehmigungsverfahren, NVwZ 2001, 44 ff.
von Kameke, Conrad: Gemeinschaftliches Gentechnikrecht, Berlin 1995.
Keich, Thomas: Ausgewählte Probleme des Gentechnikrechts im Fokus europäischer und nationaler Rechtsprechung, NuR 2012, 539 ff.
Kerschner Ferdinand/Wagner Erika: Koexistenz zwischen Gentechnik, Landwirtschaft und Natur – Rechtliche Rahmenbedingungen, Wien 2003.
Krug, Bettina: Gentechnikrecht und Umwelt. Zum Begriff und den Freisetzungsvoraussetzungen des gentechnisch veränderten Organismus, Berlin 2011.

Lell, Otmar: Umweltbezogene Produktkennzeichnungen im deutschen, europäischen und internationalen Recht. Unter besonderer Berücksichtigung von gentechnisch hergestellten Lebensmitteln und von Lebensmitteln aus ökologischer Landwirtschaft, Berlin 2003.
Mesenburg, Philipp: Erosion staatlicher Vollzugsbefugnisse im Gentechnikrecht, Berlin 2003.
Möller, Michael: Die Anwendbarkeit des europäischen und nationalen Gentechnikrechts auf gentechnisch veränderte Tiere. Zur Bedeutung der Risikobewertung als staatliche Pflicht der Risikoregulierung bei Freisetzungen, Berlin 2011.
Palme, Christoph: Staatshaftung wegen Nichtumsetzung des europäischen Gentechnikrechts, EuZW 2005, 109 ff.
Palme, Christoph: Nationaler Naturschutz und Europäisches Gentechnikrecht, NuR 2006, 76 ff.
Palme, Christoph: Bans on the Use of Genetically Modified Organisms (GMOs) – the Case of Upper Austria, JEEPL 2006, 22 ff.
Palme Christoph/Schlee Mattias/Schumacher Jochen: Das neue Recht der Grünen Gentechnik: Europarechtliche Vorgaben und fachliche Praxis, EurUP 2004, 170 ff.
Pignataro, Laura: La politique de l'Union européenne en matière d'OGM, RDUE 2011, 361 ff.
Pohl, Siegmar: Die Risikobewertung bei der Freisetzung gentechnisch veränderter Organismen. Eine vergleichende Studie des Rechts der Vereinigten Staaten und der Bundesrepublik Deutschland, Berlin 2002.
Rey Garcia, Paula: Directive 2001/18/EC on the Deliberate Release into the Environment of GMO's: an Overview and the Main Provisions for Placing on the Market, JEEPL 2006, 3 ff.
Satish, Jennifer: Zu Anbauverboten für gentechnische veränderte Organismen (GVO) aus ethischen Gründen, NuR 2012, 687 ff.
Schenek, Matthias: Das Gentechnikrecht der Europäischen Gemeinschaft. Gemeinschaftliche Biotechnologiepolitik und Gentechnikregulierung, Berlin 1995.
Sheridan, Brian: EU Biotechnology Law & Practice. Regulating Genetically Modified & NovelFood Products, Bembridge 2001.
Stiebler, Hartwig: Eingeschränkter Schutz von Betriebs- und Geschäftsgemeinissen im Rahmen gentechnikrechtlicher Zulassungsverfahren, in: Meinhard Schröder (Hrsg.), Aktuelle Rechtsfragen und Probleme des freien Informationszugangs, insbesondere im Umweltschutz, Berlin 2011, 235 ff.
Tünnesen-Harmes, Christian: Risikobewertung im Gentechnikrecht, Berlin 2000.
Winter, Gerd: Naturschutz bei der Freisetzungsgenehmigung für gentechnisch verändertes Saatgut, ZUR 2006, 456 ff.
Winter, Gerd: Naturschutz bei der Ausbringung von gentechnisch veränderten Organismen, NuR 2007, 571 ff. (Teil 1), 635 ff. (Teil 2).

9. Kapitel Bewirtschaftung und Umweltressourcen

1   Im Sinne einer nachhaltigen Entwicklung[1] ist auch dafür Sorge zu tragen, dass die vorhandenen Ressourcen so genutzt werden, dass auch langfristig keine nicht wiedergutzumachenden Schäden entstehen. Die Union ist auch in diesem Bereich tätig geworden. Die diesbezüglichen Regelungen betreffen im Wesentlichen den Schutz der Erdatmosphäre und des Klimas (A., B.), das Naturpflegerecht (C.) und die Abfallwirtschaft (D.). Dieser Teil des EU-Sekundärrechts berührt auch Bereiche, die keinen oder nur einen sehr mittelbaren Bezug zur tatsächlichen Verwirklichung der Grundfreiheiten und eines unverfälschten Wettbewerbs aufweisen. Angesichts der umfassenden Zielsetzungen der EU-Umweltpolitik, so wie sie insbesondere in Art. 191 Abs. 1 AEUV formuliert sind,[2] erscheint dies ebenso sinnvoll wie notwendig, ist doch die Umwelt auch unabhängig vom Einfluss entsprechender Regelungen auf den Binnenmarkt zu schützen. Zudem werden hier Probleme berührt und aufgegriffen, die häufig nur unter der Voraussetzung grenzüberschreitender Vorgaben einer Lösung zugeführt werden können.

A. Schutz der Erdatmosphäre: die Ozonschicht betreffenden Regelungen

2   Im Bereich des Schutzes der Erdatmosphäre steht die **Erhaltung der Ozonschicht** im Vordergrund.

Die entsprechenden Regelungen weisen eine enge Verbindung zur Luftreinhaltung auf, da es letztlich um die Beschränkung der Freisetzung von Ozon in die Luft geht.[3] Da hier aber letztlich nicht der Aspekt der Schadstoffe als solcher, sondern der Schutz der Erdatmosphäre Zielsetzung der Regelungen ist, sind sie m.E. primär den Regelungen über Bewirtschaftung und Umweltressourcen zuzuordnen.

3   Den Anstoß für den Erlass verbindlicher EU-Rechtsakte[4] zur Verhinderung oder zumindest Eindämmung des **Abbaus der Ozonschicht** gaben das Wiener Übereinkommen zum Schutz der Ozonschicht von 1985 und das Montrealer Protokoll über Stoffe, die zu einem Abbau der Ozonschicht führen, von 1987.[5] Die Union ist – neben den Mitgliedstaaten – Vertragspartei dieser Regelungswerke.[6] Diese verpflichten die Vertragsparteien insbesondere, die Verwendung und Produktion von Halonen und FCKW auf dem Niveau von 1986 einzufrieren und bis 1998 schrittweise auf 50 % des Standes von 1986 zu verringern. Durch mittlerweile erfolgte Änderungen wurden die Vorgaben verschärft, insbesondere auch im Hinblick auf die erfassten Stoffe.[7]

Dies erklärt auch die Entwicklung der unionsrechtlichen Vorschriften in diesem Bereich:[8] In Umsetzung der erwähnten völkerrechtlichen Verträge wurde zunächst die **VO 88/3322**[9] erlassen, die die damals bestehenden Vorgaben in den Mitgliedstaaten einheitlich umsetzte.[10] Sie wurde nach einer ersten Änderung der völkerrechtlichen Regeln durch die **VO 594/91**[11] ersetzt, die dann – im Zuge einer weiteren Verschärfung der Vorgaben des Montrealer Protokolls durch seine zweite Änderung und einer weiteren Verschärfung dieser

---

1   Zu der Bezugnahme auf dieses Konzept im Unionsrecht oben 5. Kap. Rn. 31 ff.
2   Zu den Zielsetzungen des EU-Umweltrechts bereits oben 5. Kap. Rn. 3 ff.
3   Daher werden die entsprechenden Regelungen auch häufig im Zusammenhang mit dem Recht der Luftreinhaltung erörtert, vgl. z.B. *Meßerschmidt*, Europäisches Umweltrecht, § 15, Rn. 52 ff.
4   S. darüber hinaus die (unverbindliche) Entschließung des Rates über Treibhauseffekt und Gemeinschaft, ABl. 1989 C 183, 4, der allerdings nur eine allgemeine Umschreibung des Problems und die Anerkennung der Notwendigkeit zu handeln zu entnehmen ist.
5   Zu diesen Regelungswerken, einschließlich der mittlerweile erfolgten Änderungen und Anpassungen, *Epiney/Scheyli*, Umweltvölkerrecht, 222 ff.; *Kraus*, EUDUR II/1, § 52, Rn. 6 ff.
6   Es handelt sich also um sog. gemischte Abkommen. Zu den völkerrechtlichen Abkommen der EU als Rechtsquelle bereits oben 3. Kap. Rn. 24 ff.; zu den Außenkompetenzen der Union 4. Kap. Rn. 26 ff.
7   Im Einzelnen hierzu *Kraus*, EUDUR II/1, § 52, Rn. 11 ff.
8   Vgl. zur Entwicklung *Kraus*, EUDUR II/1, § 52, Rn. 25 ff.
9   ABl. 1988 L 297, 1.
10 Die Kommission hat, gestützt auf diese Verordnung, zahlreiche Entscheidungen über Einfuhren und Ausfuhren von FCKW und Halonen erlassen, ABl. 1991 C 36, 12. Ausführlich zur VO 88/3322 *Mumelter*, Schutz der Ozonschicht, 100 ff.
11 ABl. 1991 L 67, 1.

9. Kapitel Bewirtschaftung und Umweltressourcen

Vorgaben auf EU-Ebene – wieder aufgehoben und durch die VO 3093/94[12] ersetzt wurde. Die VO 2037/2000[13] passte die Rechtslage in der Union ein weiteres Mal an die völkerrechtlichen Vorgaben an. Inhaltlich ging die Entwicklung von verschiedenen Verwendungsbeschränkungen der erfassten, für die Ozonschicht gefährlichen Stoffe immer mehr hin zu generellen Verboten.

Heute ist (allein) die **VO 1005/2009 über Stoffe, die zum Abbau der Ozonschicht führen**, einschlägig,[14] die eine nochmalige Verschärfung mit sich bringt und auch über die völkerrechtlichen Vorgaben hinausgeht.[15]

Der **Anwendungsbereich** der Verordnung erstreckt sich auf Fluorchlorkohlenwasserstoffe (FCKW) und einige weitere Stoffe, deren Emission den Abbau der Ozonschicht nach sich zieht (vgl. Art. 2 i.V.m. der Begriffsdefinition in Art. 3 Nr. 4 VO 1005/2009, wonach die erfassten Stoffe mit „geregelten Stoffen" umschrieben werden). Die Verordnung regelt sowohl die **Produktion, das Inverkehrbringen, die Verwendung** und den sonstigen Umgang (Recycling, Rückgewinnung, Aufarbeitung und Zerstörung) von als auch den **Handel** mit den geregelten Stoffen (Art. 1 VO 21005/2009). Damit verbietet sie bestimmte Stoffe, die zum Abbau der Ozonschicht führen bzw. schränkt deren Verwendung ein und stellt vor diesem Hintergrund aus systematischer Sicht (auch) eine Regelung über besonders gefährliche Stoffe dar.

Im Einzelnen enthält die Verordnung insbesondere folgende Kategorien von Vorgaben:

- Zunächst und in erster Linie **verbietet** die VO 1005/2009 die **Produktion, das Inverkehrbringen** und die **Verwendung geregelter Stoffe** (Art. 4 f. VO 1005/2009). Allerdings bleibt das Inverkehrbringen und die Verwendung von Produkten und Einrichtungen, die geregelte Stoffe enthalten oder benötigen, in engen Grenzen erlaubt (Art. 6 VO 1005/2009). Darüber hinaus enthalten Art. 7 ff. VO 1005/2009 Ausnahmen von den grundsätzlichen Verboten der Art. 4 f. VO 1005/2009 für bestimmte Verwendungen.
- Art. 15 ff. VO 1005/2009 betrifft den Handel (**Ein- und Ausfuhr**) mit geregelten Stoffen, wobei diese Regelungen von grundsätzlichen Verboten ausgehen, für die allerdings genau umschriebene Ausnahmetatbestände zum Zuge kommen, von denen aufgrund eines von der Kommission betriebenen Systems von Ein- und Ausfuhrlizenzen Gebrauch gemacht werden kann.
- Art. 22 f. VO 1005/2009 regelt die Rückgewinnung und Zerstörung verwendeter geregelter Stoffe und schreibt Maßnahmen vor, damit die Emission geregelter Stoffe vermieden oder möglichst weitgehend reduziert wird („**Emissionskontrolle**").
- Art. 24 VO 1005/2009 regelt gesondert die sog. **neuen Stoffe** (vgl. Anhang II VO 1005/2009), ebenfalls im Sinne grundsätzlicher Verbote.
- Art. 28 VO 1005/2009 sind **Inspektionspflichten** der Mitgliedstaaten zu entnehmen, wobei die Bestimmung aber auch den Unternehmen umfangreiche Informationspflichten auferlegt.

Die Konzeption der Verordnung beruht damit darauf, dass der Verbrauch der genannten Stoffe in erster Linie über die **Reduktion des Angebots**, weniger dagegen über die Steuerung der Nachfrage, verringert werden soll. Hierzu sind einerseits die Begrenzung bzw. das Verbot von Produktion und Angebot, andererseits die Beschränkung der Einfuhren vorgesehen.

---

12 ABl. 1994 L 333, 1.
13 ABl. 2000 L 244, 1. Vgl. den Überblick über die inhaltliche Tragweite der Verordnung bei *Jans/von der Heide*, Europäisches Umweltrecht 448 ff.; s. auch die Vorauflage, 322 f.
14 Diese Verordnung ersetzt also die VO 2037/2000, Art. 30 VO 1005/2009. Vgl. den Überblick über die inhaltliche Tragweite der Verordnung bei *Meßerschmidt*, Europäisches Umweltrecht, § 15, Rn. 52 ff.; *Jans/Vedder*, European Environmental Law, 428 ff.; *Dauses-Scherer/Heselhaus*, Hb. EU-Wirtschaftsr, O, Rn. 418 ff.
15 Vgl. *Jans/Vedder*, European Environmental Law, 429.

B. Klimaschutzrecht[16]

7 Die Bemühungen auf **völker- und europarechtlicher Ebene zum Schutz des Klimas** nahmen ihren entscheidenden Ausgangspunkt **Beginn der 90er Jahre**.[17] Es wurden verschiedene, mitunter neue rechtliche Instrumente entwickelt, deren Zielsetzung im **Schutz des Klimas vor anthropogenen Einwirkungen**[18] besteht,[19] wobei entsprechende Regelungen auf internationaler, regionaler (insbesondere in der EU) und nationaler Ebene zu finden sind. Hintergrund dieser Bemühungen ist die (naturwissenschaftlich begründete) Erkenntnis, dass anthropogene Emissionen die Konzentration von Treibhausgasen (insbesondere CO_2) in der Atmosphäre erhöhen und zu einem beachtlichen Anstieg der Temperatur auf der Erde führen, die erhebliche ökologische, ökonomische und soziale Implikationen entfaltet.[20] Die rechtlichen Regelungen zielen dementsprechend auf eine Verringerung des CO_2-Ausstoßes bzw. allgemeiner der Emission sog. Treibhausgase.

Auf **internationaler Ebene** bemüht sich die Staatengemeinschaft bereits seit einiger Zeit um die Verringerung des Ausstoßes von Kohlendioxid und anderen Treibhausgasen. Eine wichtige Etappe auf diesem Weg war die Unterzeichnung der **Klimarahmenkonvention**[21] im Jahr 1992. In Anbetracht des Umstandes, dass dieser Konvention noch keine hinreichend präzisen Vorgaben zu entnehmen sind, war eine zusätzliche Vereinbarung der Vertragsstaaten im Rahmen eines Protokolls notwendig, was durch das 1997 unterzeichnete **Kyoto-Protokoll**[22] geschah. Das Kyoto-Protokoll stellt die verpflichteten Industriestaaten[23] vor nicht zu unterschätzende Herausforderungen, werden diese doch zu einer im Einzelnen festgelegten prozentualen Reduktion des Ausstoßes von Kohlendioxid und gewisser anderer Treibhausgase verpflichtet.[24] Die EU soll danach ihren Treibhausgasausstoß insgesamt um 8 % verringern, wobei diese intern wiederum eine gewisse Abstufung zwischen den Mitgliedstaaten vorsieht.[25] Aufgeworfen wird damit für die EU die Frage, wie diese Verpflichtung umgesetzt werden soll. Dabei soll der Emissionshandel eine entscheidende Rolle spielen; mittlerweile ist aber eine Reihe weiterer Instrumente hinzugekommen. Auf völkerrechtlicher Ebene soll bzw. muss das Kyoto-Protokoll aufgrund seiner beschränkten zeitlichen Geltung abgelöst werden, wobei die diesbezüglichen Verhandlungen aber bislang noch nicht abgeschlossen werden konnten und auf beträchtliche Schwierigkeiten

---

16 Die Ausführungen in diesem Abschnitt beruhen teilweise auf bereits früher durchgeführten Untersuchungen, vgl. insbesondere *Epiney*, ZUR 2010, 236 ff.
17 Mit dem Abschluss der Klimarahmenkonvention, an das sich das sog. Kyoto-Protokoll anschloss. Vgl. zu diesen völkerrechtlichen Vorgaben *Epiney/Scheyli*, Umweltvölkerrecht, 229 ff.; *Hoffmann*, Herausforderung Klimaschutz, 50 ff.; zu den neueren Entwicklungen *Proelß*, JZ 2011, 495 ff.; *Streck u.a.*, JEEPL 2011, 165 ff.; *Streck u.a.*, JEEPL 2012, 201 ff.; *Boisson de Chazournes*, SZIER 2010, 339 ff.; *Meßerschmidt*, Europäisches Umweltrecht, § 16, Rn. 16 ff.
18 So die Definition des Klimaschutzrechts bei *Koch*, NVwZ 2011, 641 (642), im Anschluss an *Gärditz*, JuS 2008, 324; ebenso *Schlacke*, Die Verwaltung, Beiheft 11, 121 (125); zu den Begrifflichkeiten auch *Sailer*, NVwZ 2011, 718 ff., der explizit auch die Immissionsreduktion einschließt. Weiter weist er darauf hin, dass auch das Klimaanpassungsrecht Teil des Klimaschutzrechtsrechts ist (720); dieser Aspekt wird im Folgenden jedoch ausgespart (hierzu etwa *Köck*, ZUR 2007, 393 ff. sowie die Beiträge in *Jordan et al.*, Climate Change Policy in the EU, *passim*). Zu den Zielen des Klimaschutzrechts und seine Einbettung in das Umweltrecht auch, m.w.N., *Meßerschmidt*, Europäisches Umweltrecht, § 16, Rn. 1 ff.
19 Zum Klimawandel als (globales) Umweltproblem *Bail/Marr/Oberthür*, EUDUR II/1, § 54, Rn. 1 ff.; *Zimmer*, CO_2-Emissionsrechtehandel, 19 ff.; *de Cendra de Larragan*, Distributional Choices in EU Climate Change Law, 15 ff.; *Heye*, Rechtliche Instrumente zur Reduktion der Treibhausgasemissionen, 5 ff.; *Koch/Behrend*, NuR 1996, 433 ff.; *Koch/Verheyen*, NuR 1999, 1.
20 Vgl. die Nachweise bei *Schlacke*, Die Verwaltung, Beiheft 11, 121 f.; s. auch, mit Hinweisen auf die Ziele der EU-Umweltpolitik, *Kahl*, in: Europäisches Klimaschutzrecht (4. Kap. E.I.), 21 (22 ff.); die Notwendigkeit ehrgeiziger Klimaschutzziele betonend, m.w.N., auch etwa *Ekardt*, UPR 2011, 371 (373); *Sailer*, NVwZ 2011, 718.
21 ILM 1992, 849 ff. Zu dieser und ihrer Entstehungsgeschichte m.w.N. *Bail/Marr/Oberthür*, EUDUR II/1, § 54, Rn. 6 ff.; *Zimmer*, CO_2-Emissionsrechtehandel, 31 ff.
22 ILM 1998, 32 ff.
23 Den Entwicklungsländern obliegen keine Verpflichtungen zur Reduktion des Ausstoßes von Treibhausgasen; sie können sich aber im Rahmen der Umsetzungsstrategie des *Clean Development Mechanism* an der Umsetzung der Verpflichtungen der Industriestaaten beteiligen. Hierzu *Epiney/Scheyli*, Umweltvölkerrecht, 2000, 252 f.
24 Vgl. im Einzelnen zu den sich aus dem Kyoto-Protokoll ergebenden Verpflichtungen *Epiney/Scheyli*, Umweltvölkerrecht, 2000, 246 ff.
25 So dass die Mitgliedstaaten unterschiedlichen Reduktionszielen genügen müssen und einige Staaten sogar noch etwas „zulegen" dürfen. Vgl. die ursprünglich vorgesehene Lastenaufteilung in Annex I von KOM (1999) 230 endg. Zur heutigen Regelung noch unten 9. Kap. Rn. 28 f.

stoßen; zentral (und sehr umstritten) sind insbesondere die Frage des Einbezugs der Schwellenländer in die Reduktionsverpflichtungen und die Reichweite der Verpflichtungen der Industriestaaten.[26]

Die (sekundärrechtlichen) **Vorgaben des EU-Rechts** in diesem Bereich haben sich vor diesem Hintergrund in den letzten Jahren stark vermehrt und ausdifferenziert. Auch ist die Regelungsdichte in verschiedener Hinsicht gestiegen. Im Folgenden sollen die existierenden rechtlichen Vorgaben im Bereich des Klimaschutzes in der EU systematisiert werden und ihr rechtlicher Aussagegehalt zusammengefasst werden (I.), bevor in einer kurzen Bewertung die unternommenen Anstrengungen einer (vorläufigen) Bewertung unterzogen werden sollen und nach zukünftigen Optionen bzw. dem verbleibenden Handlungsbedarf zu fragen ist (II.).

I. Zum Stand des Sekundärrechts im Bereich des Klimaschutzes

Die EU hat – wie erwähnt – mittlerweile eine breite Palette rechtlich verbindlicher[27] Rechtsakte erlassen. Über diese soll im Folgenden ein systematischer Überblick gegeben werden, um die Strukturen des europäischen Klimaschutzrechts zu erfassen. Berücksichtigt werden dabei – ohne jedoch einen Anspruch auf Vollständigkeit zu erheben – diejenigen Rechtsakte, deren vordringliches Ziel dem Klimaschutz zuzuordnen ist, auch wenn gewisse Verbindungen zu anderen Bereichen bestehen mögen.[28] Ein bedeutendes Element des EU-Klimaschutzrechts[29] stellt der Handel mit Treibhausgasen dar (1.); hinzu kommen Maßnahmen im Bereich der erneuerbaren Energien (2.) sowie in demjenigen der Energieeffizienz und Emissionsbeschränkungen (3.) und einige sonstige Maßnahmen (4.).

1. Zum Emissionshandel

Ein Emissionshandel für Treibhausgase bzw. Treibhausgaszertifikate wurde durch den Erlass der auf Art. 192 Abs. 1 AEUV gestützten[30] RL 2003/87 über ein **System für den Handel mit Treibhausgasemissionszertifikaten** in der Union eingeführt. Diese Richtlinie soll zur Erfüllung der sich aus dem sog. Kyoto-Protokoll[31] ergebenden Pflichten der Union zur Reduktion der Emission von Treibhausgasen, insbesondere CO_2, beitragen.

---

26 Vgl. zu den jüngsten Entwicklungen und zum Stand der Dinge etwa *Strecku u.a.*, JEEPL 2012, 201 ff.; *Proelß*, JZ 2011, 495 ff.; *Dauses-Scherer/Heselhaus*, Hb. EU-WirtschaftsR, O, Rn. 423 ff.
27 Die folgenden Ausführungen beschränken sich auf das Sekundärrecht, unter Aussparung von Maßnahmen lediglich politischen Charakters. Zu den Zielsetzungen etwa *Schlacke*, Die Verwaltung, Beiheft 11, 121 (132 f.); *Krämer*, SZIER 2010, 311 (313 ff.). S. auch die in KOM (2010) 639, 3, formulierten Ziele der Union auf dem Gebiet der Klimapolitik: Reduktion der Treibhausgasemissionen um mindestens 20 %, der Ausbau des Anteils erneuerbarer Energien auf 20 % und die Verbesserung der Energieeffizienz um 20 %.
28 So etwa zum Immissionsschutz- oder Energierecht, vgl. zu den Abgrenzungsfragen, m.w.N., *Meßerschmidt*, Europäisches Umweltrecht, § 16, Rn. 8 ff.
29 Vgl. den Überblick über die entsprechenden Rechtsakte bei *Thieffry*, RMCUE 2010, 148 ff.; *Meritet*, RMCUE 2010, 211 ff.; *Schröder*, UTR 2006, 19 ff.; *Schlacke*, Die Verwaltung, Beiheft 11, 121 (132 ff.); *Meßerschmidt*, Europäisches Umweltrecht, § 16; *Kerth*, FS Scheuing, 340 (347 ff.); spezifisch zu den EU-Maßnahmen im Klimaschutz außerhalb des Emissionshandelsrechts *Czybulka*, EurUP 2008, 109 ff.
30 Zur Kompetenz der EU *Zimmer*, CO_2-Emissionsrechtehandel, 124 ff.; *Schröder*, in: Emissionszertifikate, 35 (55 f.); *Brattig*, Handel mit Treibhausgas-Emissionszertifikaten, 57 ff.; *Mehrbrey/Reuter*, Europäischer Emissionshandel, 24 ff.; *Brockmann/Stronzik/Bergmann*, Emissionsrechtehandel, 117 ff.; s. auch schon *Epiney*, in: Klimaschutz durch Emissionshandel, 207 (214 ff.). Zu sonstigen verfassungsrechtlichen Fragen im Zusammenhang mit der Einführung eines Emissionsrechtehandels ausführlich *Zimmer*, CO_2-Emissionsrechtehandel, 181 ff.; *Brattig*, Handel mit Treibhausgas-Emissionszertifikaten, 99 ff.; *Finger*, Europäische Zertifikatsmärkte und Gemeinschaftsrecht, 56 ff.; *Mehrbrey*, Verfassungsrechtliche Grenzen eines Marktes handelbarer Emissionsrechte, 45 ff.; *Mehrbrey/Reuter*, Europäischer Emissionshandel, 46 ff., die zum Ergebnis kommen, dass Grundrechte verletzt seien. Dies vermag jedoch in der Sache nicht zu überzeugen, vgl. *Epiney*, in: Klimaschutz durch Emissionshandel, 207 (230 f.); *Schröder*, in: Emissionszertifikate, 35 (59 ff.); *Epiney*, ZUR 2010, 236 (239 ff.). Zu den verfassungsrechtlichen Problemen auch schon *Rengeling*, DVBl. 2000, 1725 ff.
31 ILM 1998, 32.

Nachdem die Kommission zunächst im Jahr 2000 ein Grünbuch vorgelegt hatte, in dem sie ihre Vorstellungen in Bezug auf die Einführung eines unionsweiten Emissionsrechtehandelssystems darlegt,[32] unterbreitete sie im Oktober 2001 einen Richtlinienvorschlag zur Einführung eines Emissionshandels,[33] und im Oktober 2003 wurde schließlich die RL 2003/87 verabschiedet. Die Richtlinie wurde insbesondere[34] durch die RL 2009/29[35] in wichtigen Punkten modifiziert.[36]

11 Die grundsätzliche Idee des **Instruments des Emissionshandels** beruht auf dem Gedanken, dass die Verpflichtung zu einer quantitativen Reduktion oder Begrenzung der Treibhausgasemissionen (quasi umgekehrt) auch als Anspruch darauf betrachtet werden kann, eine bestimmte Menge von Emissionen zu produzieren. Vor diesem Hintergrund ist es denkbar, dass für die Menge der zulässigen Emissionen – diese werden im Kyoto-Protokoll ja quantifiziert (Reduktion mit Bezug auf ein Referenzjahr) – Zertifikate ausgegeben oder verkauft werden, die dann (mittels des Weiterverkaufs) einen Emissionshandel ermöglichen. Im Einzelnen sind für die Ausgestaltung eines solchen Handels verschiedene Modelle denkbar.[37]

12 Das **Grundkonzept der RL 2003/87** geht dahin, dass einerseits bestimmte Anlagen einer Genehmigungspflicht unterliegen sollen, damit sie Treibhausgase emittieren können. Andererseits soll diese Genehmigung nur (u.a.) unter der Voraussetzung erteilt werden, dass sich die Unternehmen verpflichten, quantifizierte Emissionsrechte („Zertifikate") zur Emission von in den Anwendungsbereich der Richtlinie fallenden Treibhausgasen in der Höhe des Ausstoßes zurückzugeben. Die handelbaren Berechtigungen sollen von den Mitgliedstaaten nach bestimmten Kriterien an die Unternehmen verteilt werden, wobei diese Verteilung zunächst kostenlos erfolgte. Mit der Revision der Richtlinie sollen die Berechtigungen grundsätzlich versteigert werden, wobei hier einige (beachtliche) Ausnahmen vorgesehen sind. Weiter führt die RL 2009/29 eine stärkere **Zentralisierung der Definition der Obergrenzen und der Verteilung** ein: Ab 2013 soll es eine EU-weite Obergrenze für CO_2-Emissionen bzw. die unionsweite Menge der Zertifikate (für deren Festlegung zudem gewisse Kriterien zu beachten sind, vgl. Art. 9 RL 2003/87) sowie ein zentrales System zur Registrierung der Zertifikate (Art. 19 Abs. 1, 4 RL 2003/87) geben. Art. 10 Abs. 2 RL 2003/87 sieht den Schlüssel vor, nach dem die Gesamtmenge der von jedem Mitgliedstaat zu versteigernden Zertifikate auf die Mitgliedstaaten zu verteilen ist.

13 Im Einzelnen können die Grundlinien des 2003 eingeführten Systems – das mit den seitdem erlassenen Modifikationen nach wie vor zum Zuge kommt – wie folgt zusammengefasst werden:[38]

---

32 KOM (2000) 87 endg.
33 KOM (2001) 581.
34 Weitere Modifikationen betrafen – neben dem noch im Text erwähnten Einbezug des Luftverkehrs in das System – insbesondere die Verbindung zu den völkerrechtlichen Vorgaben im Kyoto-Protokoll, so dass es Unternehmen in der EU ermöglicht wird, sich im Rahmen von *Joint Implementation* und *Clean Development Mechanismen* erbrachte Leistungen bzw. Gutschriften im Rahmen des Emissionshandels anrechnen zu lassen. Hierzu ausführlich *Stratmann*, Projektbezogene Mechanismen des Kyoto-Protokolls, insbes. 31 ff., 47 ff., 105 ff., 134 ff.
35 ABl. 2009 L 140, 63.
36 Vgl. den Überblick über die RL 2003/87 und ihre Modifikationen sowie die Grundprinzipien des Emissionshandels m.w.N. bei *Epiney*, ZUR 2010, 236 ff. Spezifisch zur Modifikation durch die RL 2009/29, teilweise noch auf der Grundlage der entsprechenden Vorschläge bzw. politischen Einigung im Rat, *Wegener*, ZUR 2009, 283 (284 ff.); *Czybulka*, EurUP 2009, 26 ff.; *Erling/Waggershauser*, UPR 2008, 175 ff.; *Pocklington/Leese*, Environmental Law & Management 2008, 133 ff.; *Enzmann/Marr*, JEEPL 2008, 159 ff.; *Waggershauser*, UPR 2008, 175 ff.; *Ahner/Meeus*, RECIEL 2011, 91 ff.
37 Vgl. zu verschiedenen möglichen Varianten *Bader*, Europäische Treibhauspolitik, 152 ff.; allgemein zum Instrument des Emissionshandels *Grubb*, RECIEL 1998, 140 ff.; *Kloepfer*, in: Emissionszertifikate, 71 (77 ff.); *Mehrbrey*, Verfassungsrechtliche Grenzen eines Marktes handelbarer Emissionsrechte, 24 ff. (auch unter Berücksichtigung der Entwicklung); *Enders*, DÖV 1998, 184 ff.
38 Vgl. zur „ursprünglichen" RL 2003/87 schon die Nachweise in der Vorauflage, 324 (mit Fn. 387), sowie etwa *Küll*, Grundrechtliche Probleme der Allokation von CO_2-Zertifikaten, 75 ff.; *Kerth*, Emissionshandel, 156 ff.; *Rousseaux*, RMCUE 2005, 31 ff.; *Becker*, EuR 2004, 857 ff.; *Mager*, DÖV 2004, 561 ff.; *Mortensen*, EELR 2004, 275 ff.; *Pâques*, RTDE 2004, 249 ff.; s. auch *Meßerschmidt*, Europäisches Umweltrecht, § 16, Rn. 30 ff., der aufeinanderfolgend die „alte" und die aktuelle Rechtslage darstellt.

9. Kapitel Bewirtschaftung und Umweltressourcen

- Der **Anwendungsbereich der RL 2003/87** ergibt sich aus Art. 2 Abs. 1 RL 2003/87: Danach gilt die Richtlinie für Emissionen aus den in **Anhang I aufgeführten Tätigkeiten** (inzwischen aber auch für den Luftverkehr[39]) – wobei eine enge Anlehnung an den Anwendungsbereich der RL 2010/75 (IVU-Richtlinie bzw. Industrieemissionsrichtlinie) erfolgt, aber noch einige große Kohlendioxidemittenten (wie insbesondere Anlagen zur Energie- und Wärmeerzeugung) berücksichtigt werden[40] – und die Emissionen der in **Anhang II aufgeführten Treibhausgase**, die sich mit den unter das Kyoto-Protokoll fallenden Treibhausgasen decken, wobei allerdings gleichwohl aufgrund der Spezifizierungen in Anhang I RL 2003/87 hauptsächlich CO_2 erfasst wird.

  Durch die RL 2004/101[41] wird die Verbindung zu den völkerrechtlichen Vorgaben aus dem Kyoto-Protokoll in Bezug auf projektbasierte Mechanismen hergestellt. Damit wird es Unternehmen in der EU ermöglicht, sich im Rahmen von *Joint Implementation* und *Clean Development Mechanismen*[42] erbrachte Leistungen bzw. Gutschriften im Rahmen des Emissionshandels anrechnen zu lassen,[43] so dass auf diese Weise internationale Projekte mit dem Emissionshandelssystem in der EU verbunden werden.

- Als grundlegende Verpflichtung – die letztlich auch in engem Zusammenhang mit der Durchführung und Überwachung des Emissionshandels zu sehen ist – haben die Mitgliedstaaten dafür zu sorgen, dass alle in den Anwendungsbereich der Richtlinie fallenden Anlagen einer **Genehmigungspflicht** unterworfen werden; nur unter der Voraussetzung des Vorliegens einer solchen Genehmigung sollen die für die Tätigkeit der jeweiligen Anlage spezifizierten Treibhausgase emittiert werden dürfen (Art. 4 RL 2003/87). Art. 6 RL 2003/87 regelt die Erteilung der Genehmigung. Diese darf von vornherein nur unter der Voraussetzung erfolgen, dass die zuständige Behörde „davon überzeugt ist", dass der Betreiber zur Überwachung und Meldung der Emissionen in der Lage ist (Art. 6 Abs. 1 RL 2003/87). Diese Überzeugung muss sich wohl auf objektive Anhaltspunkte stützen, so dass eine rein subjektive Ansicht nicht ausreichend ist. In diesem Sinn muss die Genehmigung zwingend einige Mindestangaben enthalten (Art. 6 Abs. 2 RL 2003/87).

- Zentral für das eigentliche System des Emissionshandels sind bzw. waren die nationalen Zuteilungspläne – die für die Zuteilung der Zertifikate maßgeblich waren – und die Ausgabe der Zertifikate zur Emission von Treibhausgasen. Die diesbezüglichen Vorgaben wurden durch die RL 2009/29 in entscheidenden Punkten revidiert:[44] Während das bisherige System davon ausging, dass die Mitgliedstaaten jeweils „ihre" nationalen Obergrenzen festsetzen und auf dieser Grundlage einen nationalen Allokationsplan erlassen, nach dem die Verteilung der Zertifikate organisiert wird, soll es ab 2013 eine **EU-weite Obergrenze für CO_2-Emissionen** bzw. die **unionsweite Menge der Zertifikate** (für die zudem gewisse Kriterien zu beachten sind, vgl. Art. 9 RL 2003/87) sowie ein zentrales System zur Registrierung der Zertifikate (Art. 19 Abs. 1, 4 RL 2003/87) geben. Art. 10 Abs. 2 RL 2003/87 sieht den **Schlüssel**

---

[39] Vgl. RL 2008/101, ABl. 2008 L 2009, 1. Zum Einbezug des Luftverkehrs in das System etwa *Erling*, UPR 2006, 5 ff.; *Siegbert*, NVwZ 2006, 141 ff.; *Athen*, EuZW 2012, 337 ff.; *Krahl*, EurUP 2008, 80 ff.; *Schwarze*, EELR 2007, 10 ff.; *Tunteng et al*, Environmental Law & Management 2012, 119 ff.; *Bartlik*, EuR 2011, 196 ff.; *Stuart/Fisher*, Environmental Law & Management 2007, 170 ff.; *Heselhaus*, Schweizerisches Jahrbuch für Europarecht 2006/2007, 329 ff. Vgl. auch bereits oben 3. Kap. Rn. 33, im Zusammenhang mit der Frage der Vereinbarkeit dieses Einbezugs mit völkerrechtlichen Vorgaben. Zur Frage des Einbezugs des Schiffsverkehrs in das Emissionshandelssystem *Lassen*, ZUR 2011, 570 ff.; *Enderle/Erler*, EurUP 2012, 162 ff.; vor dem Hintergrund des Urteils des EuGH zum Einbezug des Luftverkehrs (EuGH, Rs. C-366/10 (Air Transport association of America), Urt. v. 21.12.2011, zu diesem Urteil schon oben 3. Kap. Rn. 33) *Korn*, NuR 2012, 769 ff.

[40] Ausgespart werden damit sonstige Emittenten, wie insbesondere private Haushalte und Verkehr. Auf die in den Anwendungsbereich der RL 2003/87 fallenden Emittenten sollten aber rund 46 % der Kohlendioxid-Emissionen entfallen, vgl. *Reuter/Busch*, EuZW 2004, 39 (40), m.w.N. Die RL 2009/29 führte zu einer Anpassung der erfassten Anlagen, vgl. hierzu *Epiney*, ZUR 2010, 236 (238).

[41] ABl. 2004 L 338, 18.

[42] Zu diesen Mechanismen nur den Überblick bei *Epiney/Scheyli*, Umweltvölkerrecht, 250 ff.

[43] Vgl. zu dieser Modifikation *Küll*, Grundrechtliche Probleme, 97 ff.; *Cosack*, EurUP 2007, 40 (42); ausführlich *Ehrmann*, in: Immissionsschutz durch Emissionshandel, 101 (107 ff.); ausführlich *Stratmann*, Projektbezogene Mechanismen des Kyoto-Protokolls, insbes. 31 ff., 47 ff., 105 ff., 134 ff.

[44] Hierzu bereits *Epiney*, ZUR 2010, 236 (238).

vor, nach dem Gesamtmenge der von jedem Mitgliedstaat zu versteigernden Zertifikate auf die **Mitgliedstaaten zu verteilen** ist.
Diese Modifikation ist auch im Zusammenhang mit der Rechtsprechung des EuG zu sehen: In der Rs. T-178/05[45] machte das EuG grundlegende Aussagen zu den der RL 2003/87 zu entnehmenden Vorgaben für das Recht eines Mitgliedstaats, Änderungen des nationalen Zuteilungsplans für Treibhausgasemissionszertifikate vorzuschlagen: Dieses Recht dürfe nicht beschränkt werden, auch wenn diese Modifikationen die Gesamtzahl der Emissionszertifikate erhöhen. Das EuG leitet dieses Ergebnis aus einer ausführlichen Analyse des Systems der RL 2003/87 ab, wobei es betont, dass die Änderungen des Plans selbstredend mit den sich aus der Richtlinie selbst ergebenden Vorgaben – zu denen auch gehört, dass die Gesamtzahl der auszugebenden Zertifikate für den jeweiligen Zeitraum den Reduktionsverpflichtungen der einzelnen Mitgliedstaaten entsprechen muss – im Einklang zu stehen haben. Das Urteil vermag vor dem Hintergrund der teilweise recht vagen Vorgaben der ursprünglichen Fassung der RL 2003/87 für die Ausgestaltung des nationalen Zuteilungsplans grundsätzlich nicht zu überraschen, zeigt aber auch die Probleme dieser Offenheit der Richtlinie auf. Diesen kann durch die nunmehr vorgesehene Zentralisierung der Festlegung der Obergrenze und der den Mitgliedstaaten zustehenden Zertifikaten zumindest weitgehend begegnet werden.

- Die „**Verteilung**" der **Zertifikate** an die dem System unterworfenen Unternehmen soll in Zukunft (vor der RL 2009/29 war die kostenlose Verteilung die Regel) grundsätzlich über eine **Versteigerung** erfolgen (Art. 10 Abs. 1 RL 2003/87, wobei in Art. 10 Abs. 3 RL 2003/87 auch Vorgaben für die Verwendung der daraus resultierenden Einnahmen formuliert sind). Allerdings sehen Art. 10a, 10b, 10c RL 2003/87 umfangreiche Ausnahmen vor, so dass letztlich erst 2027 tatsächlich alle Zertifikate versteigert werden, wobei allerdings auch dieser Grundsatz durch die Möglichkeit, Ausnahmen für bestimmte Wirtschaftszweige (die im internationalen Wettbewerb stehen und bei denen im Falle einer Versteigerung der Zertifikate eine Verlagerung ins EU-Ausland befürchtet wird) vorzusehen, relativiert wird.[46]

- Die **Zertifikate** müssen **übertragbar** sein, und es muss sichergestellt sein, dass die Unternehmen entsprechend der **Menge ihrer Emissionen die Zertifikate zurückgeben**; diese Zertifikate sind dann von den Mitgliedstaaten aufzuheben (Art. 12 Abs. 3 RL 2003/87).

- Die Zertifikate sind nur für die jeweiligen Zeiträume (1.1.2005-31.12.2007, sodann jeweils fünf Jahre dauernde Perioden, ab dem 1.1.2013 für Achtjahresperioden) gültig. Nicht genutzte Zertifikate sind von den zuständigen Behörden aufzuheben, wobei hierfür neue Zertifikate erteilt werden; diese Reservenbildung ist mittlerweile obligatorisch (Art. 13 Abs. 2 RL 2003/87). M.a.W.: Nicht genutzte Zertifikate können auf die nächste Periode übertragen bzw. gegen neue Zertifikate „umgetauscht" werden. Die Kommission begründet diese Möglichkeit der Reservenbildung damit, dass vermieden werden soll, dass die Unternehmen, die überschüssige Zertifikate besitzen, „enteignet" werden. Ansonsten bestehe die Gefahr, dass die Unternehmen darauf verzichteten, Zertifikate als eine Art „Sicherheitspolster" zurückzubehalten.[47]

- Weitere Vorschriften der Richtlinie betreffen insbesondere die für das Funktionieren des Systems bedeutenden **Überwachungs- und Sanktionsmechanismen** (Art. 14 ff. RL 2003/87).[48] Diese sind denn auch recht ausführlich gefasst, wobei folgende Aspekte hervorzuheben sind:

---

45 EuG, Rs. T-178/05 (Vereinigtes Königreich/Kommission), Slg. 2005, II-4807; s. auch EuG, Rs. T-374/04 (Deutschland/Kommission), Slg. 2007, II-4431; zur Auslegung der Vorgaben des Art. 9 und des Anhangs III RL 2003/87 in der „alten" Fassung auch EuG, Rs. T-183/07 (Polen/Kommission), Slg. 2008, II-3395; EuG, Rs. T-263/07 (Estland/Kommission), Slg. 2009, II-3463. Vgl. zum Urteil in der Rs. T-374/04 *Weishaar*, EurUP 2008, 148 ff.; *Weishaar*, RECIEL 2008, 126 ff.; zur Rechtsprechung auch *Bogojevic*, CCLR 2010, 219 ff.

46 Vgl. im Einzelnen zu diesen Regelungen bezüglich der Versteigerung *Wegener*, ZUR 2009, 283 (286 f.); *Czybulka*, EurUP 2009, 26 (29 f.); *Hartmann*, ZUR 2011, 246 ff.; *Greb*, Emissionshandel ab 2013, 31 ff., wobei letzterer ausführlich auf die Primärrechtskonformität der Regelungen über die Versteigerung eingeht (46 ff.). S. die Sektoren der kostenlosen Zuteilung in VO 601/2012 über die Überwachung von und die Berichterstattung über Treibhausgasemissionen, ABl. 2012 L 241, 52.

47 KOM (2001) 581, 14.

48 S. in diesem Zusammenhang auch die VO 601/2012 über die Überwachung von und die Berichterstattung über Treibhausgasemissionen, ABl. 2012 L 241, 52.

9. Kapitel Bewirtschaftung und Umweltressourcen

– Art. 14 RL 2003/87 ermächtigt die Kommission, im Ausschussverfahren des Art. 23 RL 2003/87 auf der Basis der in Anhang IV formulierten Grundsätze Leitlinien für die Überwachung und Berichterstattung betreffend Emissionen von für bestimmte Tätigkeiten spezifizierten Treibhausgasen zu verabschieden. Diese Leitlinien sind insbesondere auch im Zusammenhang mit der Genehmigungserteilung und der Berechnung der Menge der emittierten Treibhausgase von Bedeutung.

– Die von den Betreibern vorzulegenden Berichte müssen nach im Anhang V festgelegten Kriterien geprüft werden. Genügt ein Bericht nicht bis zum 31. März jeden Jahres diesen Anforderungen, kann das entsprechende Unternehmen bis zur Erstellung eines zufriedenstellenden Berichts keine Zertifikate übertragen (Art. 15 RL 2003/87).

– Weiter haben die Mitgliedstaaten gemäß Art. 16 Abs. 1 RL 2003/87 ganz allgemein im Falle des Verstoßes gegen die Vorgaben der Richtlinie Sanktionen festzulegen, die „wirksam, verhältnismäßig und abschreckend" sein müssen. Zudem müssen die Namen derjenigen Betreiber, die sich nicht an bestimmte Vorgaben der Richtlinie gehalten haben, veröffentlicht werden (Art. 16 Abs. 2 RL 2003/87). Eine spezifische Sanktion (Art. 16 Abs. 3 RL 2003/87) ist für diejenigen Fälle vorzusehen, in denen die Betreiber nicht genügend Zertifikate zur Abdeckung ihrer Emissionen zurückgeben: Hier ist eine Geldstrafe vorgesehen, deren Höhe fixiert ist,[49] was die Betreiber im Übrigen nicht von der Verpflichtung befreit, die notwendigen Zertifikate zurückzugeben.

– Die Ergebnisse der Emissionsüberwachung – die sich im Besitz der Behörden befinden – sind der Öffentlichkeit zugänglich zu machen[50] (Art. 17 RL 2003/87).

– Zentral für das Funktionieren des Systems ist das in Art. 19 RL 2003/87 vorgesehene Unionsregister über die vergebenen Zertifikate, das der Öffentlichkeit zugänglich zu machen ist. Dieses soll einen genauen Überblick über die Vergabe, den Besitz, die Übertragung und die Aufhebung von Zertifikaten gewährleisten. Zudem benennt die Kommission einen Zentralverwalter, der ein „unabhängiges Transaktionsprotokoll" von Vergabe, Besitz, Übertragung und Aufhebung der Berechtigungen führt (Art. 20 RL 2003/87). Damit soll offenbar eine gewisse Kontrolle der Richtigkeit der nationalen Verzeichnisse sichergestellt werden.

– Schließlich haben die Mitgliedstaaten der Kommission einmal jährlich über die Umsetzung und Anwendung der Richtlinie Bericht zu erstatten (Art. 21 Abs. 1 RL 2003/87).

Der Handel mit Treibhausgaszertifikaten – wobei nur am Rande darauf hingewiesen sei, dass die Richtlinie zahlreiche Rechtsprobleme aufwirft, von denen einige noch nicht abschließend geklärt sind[51] – dürfte nach wie vor das zentrale Instrument der Klimapolitik in der Union darstellen,[52] dies obwohl in Bezug auf seine „Klimawirksamkeit" gewisse Zweifel angebracht sind und auch gegen die Grundkonzeption des Emissionshandels gewichtige Bedenken geltend gemacht werden.[53] Hier sei lediglich auf zwei Aspekte kurz hingewiesen:[54]

■ Auch nach der Revision der RL 2003/87 sind die vom **Emissionshandel erfassten Sektoren beschränkt**,[55] und es gibt nach wie vor Tätigkeiten, die durchaus viele Treibhausgase emittieren, jedoch nicht von der Richtlinie erfasst werden. Aufgeworfen wird damit die Frage, ob diese Einschränkung mit den Vorgaben des Primärrechts, insbesondere mit dem Gleichheitssatz, im Einklang steht. Auf der Grundlage der Rechtsprechung[56] ist es durchaus möglich,

14

---

49 Pro Kohlendioxidäquivalent 100 Euro.
50 Vorbehaltlich der in Art. 3 Abs. 3, 4 RL 2003/4 (Umweltinformationsrichtlinie) genannten Einschränkungen.
51 Vgl. zu den durch die RL 2003/87 – auch nach ihrer Revision – aufgeworfenen Rechtsproblemen etwa *Epiney*, ZUR 2010, 236 ff.; *Poncelet*, EELR 2011, 245 ff.; *Okinczyc*, EEELR 2011, 164 ff.; *de Sadeleer*, RDUE 2009, 703 ff.
52 So auch die Einschätzung etwa bei *Ekardt*, UPR 2011, 371 (374).
53 Vgl. insbesondere, jeweils m.w.N. *Wegener*, ZUR 2009, 283 ff.; *Winter*, ZUR 2009, 289 (295 ff.); *Winter*, Journal of Environmental Law Advance Access, December 3, 2009, 1 ff.; *Beckmann/Fisahn*, ZUR 2009, 299 ff. S. aber auch die durchwegs positive Beurteilung bei *Convery/Ellerman/de Perthuis*, JEEPL 2008, 215 ff.; *Rodi*, in: Immissionsschutz durch Emissionshandel, 15 ff.
54 S. ansonsten ausführlich *Epiney*, ZUR 2010, 236 (238 ff.).
55 Wenn auch mit den Revisionen der RL 2003/87 inzwischen zusätzliche Sektoren einbezogen wurden, so u.a. der Luftverkehr. Vgl. hierzu EuGH, Rs. C-366/10 (Air Transport Association of America), Urt. v. 21.12.2011, wonach dieser Einbezug mit den völkerrechtlichen Vorgaben in Einklang steht. Vgl. zu diesem Urteil bereits oben 3. Kap. Rn. 33.

ganze Sektoren vom Emissionshandelssystem auszuschließen, wovon auch die Konzeption der revidierten RL 2003/87 ausgeht. Allerdings werden damit rund die Hälfte aller CO_2- bzw. Treibhausgasemittenten nicht vom Emissionshandelssystem erfasst. Dies wirft selbstredend durchaus ins Gewicht fallende Fragen auf, wobei insbesondere auf zwei Aspekte hinzuweisen ist:

- Erstens impliziert dies einen beachtlichen **Spielraum bei der Festlegung der Obergrenze für die insgesamt auszugebenden Emissionszertifikate**, so dass diese Festlegung Gegenstand politischer Verhandlungen ist, was nicht zwingend dem Anliegen des Klimaschutzes förderlich ist. Zwar sind Art. 9 RL 2003/87 Vorgaben für die unionsweit festzulegende Menge an zu vergebenden Zertifikaten zu entnehmen; die Grundlage hierfür ist allerdings die vorher (2008-2012) von den Mitgliedstaaten festgelegte Menge an Zertifikaten, was gewisse Zweifel an der Objektivität der Definition der Obergrenze aufkommen lässt.[57] Zudem führen die in Art. 10a RL 2003/87 vorgesehenen Ausnahmen von der Versteigerung dazu, dass gleichwohl gewisse mitgliedstaatliche „Quoten" definiert werden sollen, was (teilweise) durch Durchführungsmaßnahmen der Kommission im Ausschussverfahren nach Art. 23 RL 2003/87 geschehen soll (Art. 10a Abs. 1 RL 2003/87), wobei aber auch die Mitgliedstaaten einzubeziehen sind. Es ist zu bezweifeln, ob in diesem Verfahren tatsächlich klimawirksame Obergrenzen festgelegt werden können.
- Zweitens und vor allem aber werden damit rund **50 % der Treibhausgasemissionen eben nicht erfasst,** und trotz des Beschlusses 406/2009[58] und weiterer Maßnahmen im Bereich des Klimaschutzes[59] sind letztlich kaum Strategien erkennbar, wie in diesem Sektor effektiv eine „Kehrtwende" erreicht werden kann, was insbesondere für den Verkehrssektor gilt.[60]

■ Sodann fallen die vom Anwendungsbereich der RL 2003/87 erfassten Anlagen in aller Regel auch in den **Anwendungsbereich der RL 2010/75 (IVU- bzw. IE-Richtlinie)**[61]. Grundsätzlich sind für solche Anlagen bei ihrer Genehmigung aber Emissionsgrenzwerte nach dem Stand der besten verfügbaren Techniken auch für Treibhausgase festzulegen (Art. 15 Abs. 1-3 RL 2010/75). Von diesem Grundsatz macht **Art. 9 Abs. 1 RL 2010/75** jedoch für diejenigen Anlagen, die am Handel mit Treibhausgasemissionszertifikaten teilnehmen, eine Ausnahme: Die Genehmigung soll danach für die vom Handel erfassten Treibhausgase keine Emissionsgrenzwerte enthalten, es sei denn, diese seien erforderlich, um eine erhebliche lokale Umweltverschmutzung zu verhindern. Zudem steht es den Mitgliedstaaten nach Art. 9 Abs. 2 RL 2010/75 frei, für solche Anlagen keine Energieeffizienzanforderungen aufzustellen. Die Vereinbarkeit dieser Regelung mit dem Vorsorgeprinzip kann mit guten Gründen in Zweifel gezogen werden, weniger, weil es sich beim Emissionshandel nicht um ein klassisches regulatorisches Instrument handelt, denn weil durch diesen allgemeinen Ausschluss der Festlegung von Emissionsgrenzwerten auch „leicht vermeidbare" Emissionen durch den ergänzenden Erlass solcher Grenzwerte gerade nicht verhindert werden.[62] Die Richtlinie geht also m.a.W. gerade davon aus, dass eine solche Emissionsbegrenzung nicht erfolgen soll, sollen doch die Emissionsmengen durch den Handel gesteuert werden. Die genauen Auswirkungen des Emissionshandels auf das Emissionsniveau sind jedoch nicht wirklich vorauszusehen, insbesondere auch wegen der Möglichkeit des „Eintauschens" nicht gebrauchter Zertifikate, so dass die Gefahr besteht, dass einzelne, sehr gut vertretbare und dem Stand der besten verfügbaren

---

56 Vgl. EuGH, Rs. C-127/07 (Société Arcelor Atlantique et Lorraine), Slg. 2008, I-9895. Vgl. zu diesem Urteil *Epiney*, EurUP 2009, 94 (97 f.). Zur grundsätzlichen Problematik, unter Berücksichtigung der Rechtsprechung von EuGH und BVerfG, auch *Frenz*, DVBl. 2010, 223 ff.
57 Ausführlich m.w.N. zu der letztlich viel zu großzügigen Kalkulation der Menge von Zertifikaten m.w.N. *Beckmann/Fisahn*, ZUR 2009, 299 (301 f.).
58 Vgl. zu diesem unten 9. Kap. Rn. 26 ff.
59 Vgl. unten 9. Kap. Rn. 16 ff.
60 S. auch noch unten 9. Kap. Rn. 31 ff.
61 Zur RL 2010/75 oben 6. Kap. Rn. 160 ff.
62 Vgl. im Einzelnen *Epiney*, ZUR 2010, 236 (242 f.).

Technik entsprechende Reduktionen von Emissionen nicht durchgeführt werden (etwa, wenn der Preis der Zertifikate niedriger ist als derjenige notwendiger Investitionen). Insofern hätte sich eine Kombination eines Emissionshandels mit gewissen Emissionsbegrenzungen durchaus angeboten.[63] Jedenfalls steht es den Mitgliedstaaten aber frei, solche Emissionsgrenzwerte in Anwendung des Art. 193 AEUV zu erlassen.[64]

Insgesamt wird die **Effektivität der RL 2003/87** im Hinblick auf ihre „Klimawirksamkeit" bzw. die Reduktion von Emissionen mit guten Gründen in Frage gestellt;[65] angesichts der erwähnten, nach wie vor bestehenden Zweifel daran, ob die Obergrenzen hinreichend streng festgelegt werden, und der Unsicherheiten in Bezug auf die Preisentwicklung ist auch nach der Revision der Richtlinie keineswegs sichergestellt, dass auf diese Weise tatsächlich ein ausreichender Anreiz für flächendeckende Reduktionen gegeben ist, zumal das System ja grundsätzlich gerade nicht mit Emissionsgrenzwerten verknüpft ist. Auch könnte das Ansetzen bei „Emissionsrechten" den Blick darauf verstellen, dass jede längerfristig erfolgreiche Klimapolitik darauf abzielen muss, das wirtschaftliche Wachstum von steigenden Treibhausgasemissionen zu entkoppeln; hierfür finden sich aber beim Emissionshandel keine Ansätze. Hinzu kommt, dass es – ohne dass dieser Aspekt soweit ersichtlich bislang empirisch untersucht wurde – durchaus Zweifeln unterliegt, ob tatsächlich in allen Mitgliedstaaten die Einhaltung der Vorgaben der RL 2003/87 gewährleistet wird bzw. werden kann. Schließlich bleibt die Frage, ob der sehr hohe Verwaltungsaufwand des Systems in einem vernünftigen Verhältnis zu den erhofften klimapolitischen Fortschritten – sprich Emissionsreduktionen – steht.

2. Erneuerbare Energien

Die Union hat bereits vor geraumer Zeit erste Rechtsakte zur Förderung erneuerbarer Energien angenommen, die auch die Zurverfügungstellung von Finanzmitteln umfassten.[66] Von zentraler Bedeutung ist heute die **RL 2009/28 zur Förderung der Nutzung von Energie aus erneuerbaren Quellen**.[67] Die dieser Richtlinie – die mit Ausnahme der auf Art. 114 AEUV gestützten Bestimmungen zur Förderung von Biokraftstoffen auf Art. 192 AEUV gestützt wurde[68] – zu entnehmenden Vorgaben können durch folgende Punkte zusammengefasst werden:

- Die Mitgliedstaaten haben dafür zu sorgen, dass der **Anteil von Energie aus erneuerbaren Quellen** am Bruttoendenergieverbrauch im Jahr 2020 mindestens dem in Anhang I RL 2009/28 festgelegten nationalen Gesamtziel (dieses ist je nach Mitgliedstaat unterschiedlich hoch angesetzt) entspricht, wobei insgesamt bis 2020 mindestens 20 % des Bruttoend-

---

63 Zu diesen Bedenken auch schon *Koch/Wieneke*, DVBl. 2001, 1085 (1091 ff.), die ebenfalls im Ergebnis für eine Kombination von Emissionshandel und Emissionsbegrenzung eintreten; anders etwa *Marr*, EurUP 2004, 10 (18 f.), der die Begrenzung der Gesamtemissionsmenge als „Ausdruck des Vorsorgeprinzips" begreift; s. auch *Rehbinder/Schmalholz*, UPR 2002, 1 (7), die dafür plädieren, die Emissionen bei der Erstzuteilung zu berücksichtigen. Zur Problematik auch *Hösch*, UTR 2001, 127 ff.
64 Vgl. im Einzelnen mit ausführlicher Begründung *Epiney*, ZUR 2010, 236 (242); ebenso etwa *Krämer*, SZIER 2010, 311 (327); wohl auch – mit einer etwas gewundenen und komplizierten Begründung – *Ekardt*, UPR 2011, 371 (375 f.).
65 Vgl. z.B. *Hartmann*, EuR 2011, 636 (641 ff.); *Koch*, NVwZ 2011, 641 (647 ff., 654); *Ekardt*, UPR 2011, 371 (376 f.); *Krämer*, SZIER 2010, 311 (329); sehr skeptisch auch schon *Hillebrand/Smajgl/Ströbele/Behringer/Heins/Meyer*, Zertifikatehandel, 38 ff. S. auch die Nachweise in Fn. 53.
66 Vgl. den Überblick bei *Krämer*, SZIER 2010, 311 (320 ff.); zu den Rechtsakten im Bereich der erneuerbaren Energien auch *Delgado Piqueras*, EPL 2012, 665 ff.
67 Diese Richtlinie löst die RL 2001/77 zur Förderung von Strom aus erneuerbaren Quellen (ABl. 2001 L 283, 33) sowie die RL 2003/30 zur Förderung der Verwendung von Biokraftstoffen (ABl. 2003 L 123, 42) ab. Ausführlich zur RL 2009/28 *Lehnert/Vollprecht*, ZUR 2009, 307 ff.; *Ringel/Bitsch*, NVwZ 2009, 807 ff.; s. auch den Überblick bei *Meßerschmidt*, Europäisches Umweltrecht, § 16, Rn. 161 ff. Zur RL 2003/30 aus der Rechtsprechung EuGH, Rs. C-503/10 (Evroetil AD), Urt. v. 21.12.2011.
68 Was nicht überzeugt: Denn der Schwerpunkt des Rechtsakts insgesamt dürfte klar auf umweltpolitischen Erwägungen beruhen, was auch für die Bestimmungen über den Biokraftstoff – trotz deren Produktbezogenheit – gilt. Doppelabstützungen sind jedoch grundsätzlich zu vermeiden. Daher hätte der gesamte Rechtsakt auf Art. 192 AEUV gestützt werden müssen. Vgl. schon *Epiney*, in: Klimaschutz durch Bioenergie, 29 (56 ff.). Zur Frage der Kompetenzgrundlagen und ihrer Abgrenzung bereits oben 4. Kap. Rn. 9 ff.

energieverbrauchs in der Union durch Energie aus erneuerbaren Quellen zu decken ist (Art. 3 Abs. 1 RL 2009/28).

- Zudem gewährleistet jeder Mitgliedstaat, dass sein **Anteil von Energie aus erneuerbaren Quellen bei allen Verkehrsträgern** im Jahr 2020 mindestens 10 % seines Endenergieverbrauchs im Verkehrssektor entspricht (Art. 3 Abs. 4 Uabs. 1 RL 2009/28).
- Zur Erreichung dieser Ziele sind **nationale Aktionspläne** aufzustellen (Art. 4 RL 2009/28).
- Art. 5-12 RL 2009/28 enthalten komplexe Regelungen zur **Berechnung** des Anteils an erneuerbaren Energien. Es besteht auch die Möglichkeit, die vorgegebenen Ziele durch eine Zusammenarbeit mit anderen Mitgliedstaaten oder Drittstaaten zu erreichen, wobei unter bestimmten Voraussetzungen „grenzüberschreitende Anrechnungen" möglich sind.
- Art. 13-16 RL 2009/28 sind **verschiedene Vorgaben** für Verwaltungsverfahren, Rechtsvorschriften und Regelwerke (transparente Zuständigkeiten, Verwaltungsverfahren, sonstige Vorschriften, wobei auch baurechtliche Vorgaben verankert werden), Information und Ausbildung, Herkunftsnachweise und Netzzugang für erneuerbare Energien zu entnehmen.
- Für **Biokraftstoffe** werden in Art. 17-19 RL 2009/28 sog. Nachhaltigkeitskriterien verankert, die auch für eingeführte Kraftstoffe gelten.[69]
- Art. 22 RL 2009/28 sieht umfangreiche **Berichtspflichten** der Mitgliedstaaten und Art. 23 RL 2009/28 ebenso umfangreiche Überwachungs- und Berichterstattungspflichten der Kommission vor.
- Die in Art. 24 RL 2009/28 verankerte sog. **Transparenzplattform** stellt letztlich ein neues, Internet-basiertes Kommunikationsinstrument der Kommission dar, auf der eine Reihe von Informationen zu veröffentlichen sind.

17 Die Richtlinie sieht somit erstmals **verpflichtende quantitative Anteile an erneuerbaren Energien** vor; allerdings bleibt die **Wahl der Mittel praktisch vollumfänglich den Mitgliedstaaten** überlassen, woran auch die Pflicht zur Aufstellung und Aktualisierung von Aktionsplänen nichts ändert, wenn damit auch beachtliche Verfahrenspflichten einhergehen. Sanktionen irgendwelcher Art im Falle der Verfehlung der Ziele sind nicht vorgesehen, so dass letztlich nur der Weg über das Vertragsverletzungsverfahren bleibt. Vor diesem Hintergrund dürfte sich die effektive Wirkung der Vorgaben der RL 2009/28 letztlich – zumindest soweit der zu erreichende Anteil an erneuerbaren Energien betroffen ist – darauf beschränken, Zielvorgaben festzulegen, deren Durch- und Umsetzung vollumfänglich in die Hände der Mitgliedstaaten gelegt werden, wenn auch detaillierte Verfahrensvorschriften zu verzeichnen sind. Ob auf diese Weise die Ziele wirklich durchgesetzt und erreicht werden können, bleibt fraglich.

3. Energieeffizienz und Emissionsbegrenzung

18 Auf dem Gebiet der Energieeffizienz arbeitete die Union zunächst schwerpunktmäßig mit (rechtlich unverbindlichen) Entschließungen und Empfehlungen; hinzu kamen relativ rasch finanzielle Fördermaßnahmen von allerdings bescheidenem Umfang. Allmählich wurden aber auch darüber hinaus rechtlich verbindliche Vorgaben erarbeitet, die inzwischen teilweise wieder revidiert wurden und deren normative Dichte und Tragweite variiert.[70] Darüber hinaus entwickelte die Union in einzelnen Bereichen Emissionsbeschränkungen. Die heute geltenden Regelungen können grob in produktbezogene Rechtsakte (a) und produktions- oder standortbezogene Regelungen (b) eingeteilt werden.

---

[69] Vgl. zu diesen Regelungen und den durch sie aufgeworfenen rechtlichen Problemen im Einzelnen *Epiney*, in: Klimaschutz durch Bioenergie, 29 (32 ff.); *Ludwig*, ZUR 2009, 317 ff.; *Ludwig*, in: Klimaschutz durch Erneuerbare Energien, 65 ff.; s. auch *Brinktine*, EurUP 2010, 2 ff.; zu diesen Regelungen und ihrer Umsetzung in Deutschland auch etwa *Müller*, ZUR 2011, 405 ff.; ausführlich zur Problematik *Ludwig*, NuR 2009, 831 ff.; *Ekardt/Schmeichel/Heering*, NuR 2009, 222 ff.; *Ekardt/von Bredow*, RELP 2012, 49 ff.

[70] Vgl. zur Entwicklung etwa *Krämer*, SZIER 2010, 311 (324 ff.).

9. Kapitel Bewirtschaftung und Umweltressourcen

a) Produktbezogene Regelungen

Bei den produktbezogenen Regelungen steht die auf Art. 114 AEUV[71] gestützte **RL 2009/125** zur Schaffung eines Rahmens für die Festlegung von **Anforderungen an die umweltgerechte Gestaltung energieverbrauchender Produkte** („Ökodesign-Richtlinie") im Vordergrund.[72] Die Richtlinie sieht die Festlegung von Anforderungen an energieverbrauchsrelevante Produkte vor, damit diese in Verkehr gebracht bzw. in Betrieb genommen werden dürfen (Art. 1 Abs. 2 RL 2009/125).[73] Unter energieverbrauchsrelevanten Produkten sind nach Art. 2 Nr. 1 RL 2009/125 letztlich alle Produkte zu verstehen, wobei die am meisten Energie verbrauchenden Produkte (die Verkehrsmittel) jedoch vom Anwendungsbereich ausgeschlossen sind (Art. 1 Abs. 3 RL 2009/125). Allerdings formuliert die Richtlinie nicht selbst Produktnormen, sondern schafft lediglich einen **Rahmen für die Ausarbeitung von Durchführungsmaßnahmen**, die ihrerseits Produktnormen in Bezug auf das Ökodesign von Produkten verankern, wobei diese Produktnormen nicht auf Aspekte des Energieverbrauchs beschränkt sind, sondern weitere Aspekte des Ökodesigns der Produkte regeln können (vgl. die Begriffsdefinitionen in Art. 2 Nr. 23, 24 RL 2009/125). Die Durchführungsmaßnahmen – also die Definition der Produktanforderungen – werden von der Kommission im Ausschussverfahren (Art. 19 RL 2009/125) erlassen, die eine Reihe von Vorgaben zu beachten hat (Art. 15 RL 2009/125). Mittlerweile wurde bereits eine Reihe solcher Durchführungsverordnungen erlassen, und für zahlreiche weitere Produkte ist dies noch vorgesehen.[74]

Zwar ist nicht zu verkennen, dass die Richtlinie insgesamt zu einer Vereinheitlichung und damit zu einer partiellen Erhöhung der Umweltfreundlichkeit – insbesondere soweit der Energieverbrauch der Produkte betroffen ist – der erfassten Produkte führt. Allerdings sind die Vorgaben der Richtlinie in Bezug auf die in den Durchführungsverordnungen zu verankernden Ökodesign-Anforderungen sehr allgemein gehalten (vgl. Art. 15 RL 2009/125), und eine zwingende Berücksichtigung des Lebenszyklus eines Produkts ist (obwohl dieser analysiert werden soll, vgl. Art. 15 Abs. 4 lit. a) RL 2009/125) nicht vorgesehen. Hinzu kommt, dass die für die Produktanforderungen entscheidenden Durchführungsverordnungen der Kommission im Ausschussverfahren erlassen werden, so dass weder das Europäische Parlament beteiligt ist noch eine öffentliche Erörterung und Auseinandersetzung mit den vorgesehenen Produktnormen erfolgt. Ohne dass es hier möglich wäre, die bislang erlassenen Durchführungsverordnungen im Hinblick auf die angelegten Umweltanforderungen zu bewerten, weist das in der RL 2009/125 vorgesehene System vor diesem Hintergrund doch gewisse Defizite auf.

Ebenfalls produktbezogen ist die auf Art. 194 AEUV gestützte **RL 2010/30 über die Angabe des Verbrauchs an Energie und anderen Ressourcen durch energieverbrauchsrelevante Produkte mittels einheitlicher Etikettierung und Produktinformationen**. Die Regelungssystematik und der Geltungsbereich dieser Richtlinie sind weitgehend parallel zur RL 2009/125 ausgestaltet, wobei für den Erlass der Durchführungsrechtsakte auf das in Art. 290 AEUV neu vorgesehene Instrument der delegierten Rechtsakte zurückgegriffen wird (vgl. Art. 11 ff. RL 2010/30).[75] Materiell geht es nicht um eigentliche Produktanforderungen, sondern um die Vereinheitlichung der Etikettierung und Information über die Produkte, so dass die Endverbraucher in die Lage versetzt werden, im Hinblick auf den Energieverbrauch effizientere Produkte zu wählen.

---

[71] Diese Abstützung ist vor dem Hintergrund zu sehen, dass die Richtlinie gemeinsame Ökodesign-Anforderungen an energieverbrauchsrelevante Produkte stellt, damit diese im Binnenmarkt frei verkehren können.

[72] Zu dieser Richtlinie *Schomerus/Spengler*, EurUP 2010, 54 ff.; s. auch den Überblick bei *Meßerschmidt*, Europäisches Umweltrecht, § 16, Rn. 202 ff.

[73] Vgl. ansonsten die in Art. 6 RL 2009/125 verankerte Freiverkehrsklausel. Die Richtlinie sieht darüber hinaus die CE-Kennzeichnung sowie entsprechende Vermutungsregelungen und Konformitätsbewertungen vor, vgl. Art. 5 ff. RL 2009/125.

[74] Vgl. z.B. VO 642/2009, ABl. 2009 L 191, 42 (Fernseher); VO 640/2009, ABl. 2009 L 191, 26 (Elektromotoren). S. ansonsten das Arbeitsprogramm der Kommission in KOM (2008) 660 endg. sowie die Liste der Durchführungsverordnungen der Kommission bei *Koch*, NVwZ 2011, 641 (646).

[75] Hierzu oben 3. Kap. Rn. 40.

22 Schließlich ist an die nachfolgenden Regelungen zu entnehmenden **Emissionsnormen für Kraftfahrzeuge** zu erinnern:[76]

- VO 715/2007 über die Typengenehmigung von Kraftfahrzeugen hinsichtlich der Emissionen von leichten Personenkraftwagen und Nutzfahrzeugen;
- VO 443/2009 zur Festsetzung von Emissionsnormen für neue Personenkraftwagen im Rahmen des Gesamtkonzepts der Gemeinschaft zur Verringerung der CO_2-Emissionen von Personenkraftwagen und leichten Nutzfahrzeugen;
- VO 510/2011 zur Festsetzung von Emissionsnormen für neue leichte Nutzfahrzeuge im Rahmen des Gesamtkonzepts der Union zur Verringerung der CO_2-Emissionen von Personenkraftwagen und leichten Nutzfahrzeugen;
- VO 595/2009 über die Typengenehmigung von Kraftfahrzeugen und Motoren hinsichtlich der Emissionen von schweren Nutzfahrzeugen (Euro IV).

b) Produktions- oder standortbezogene Regelungen

23 Bei den produktions- oder standortbezogenen Regelungen kann zwischen denjenigen, die letztlich die Energieversorgungsunternehmen in die Pflicht nehmen und bei deren Tätigkeiten (Energieerzeugung, Energieumwandlung, Energietransport sowie Versorgung der Endverbraucher) eine Effizienzsteigerung anstreben, und denjenigen, die an den energieverbrauchenden Prozessen der Verbraucher ansetzen, unterschieden werden.

24 In die erste Gruppe gehört – neben den hier nicht näher behandelten Maßnahmen im Energiebinnenmarktrecht – im Wesentlichen die **RL 2006/32 über Endenergieeffizienz und Energiedienstleistungen**.[77] Nach Art. 4 Abs. 1 RL 2006/32 haben die Mitgliedstaaten für 2015 einen „generellen nationalen Energieeinsparrichtwert" von 9 % festzulegen und dessen Verwirklichung „anzustreben", womit deutlich wird, dass die Zielvorgabe von 9 % letztlich unverbindlich ist. Die Mitgliedstaaten haben Programme und Maßnahmen zur Verbesserung der Energieeffizienz zu erarbeiten und die Energieversorgungsunternehmen müssen in Bezug auf die Zurverfügungstellung von Daten sowie die Förderung der Energieeffizienz in die Pflicht genommen werden (Art. 6 RL 2006/32).

25 In der zweiten Gruppe sind fünf Rechtsakte zu erwähnen:

- Der **RL 2010/31 über die Gesamtenergieeffizienz von Gebäuden**[78] sind Mindestanforderungen an die Gesamtenergieeffizienz neuer Gebäude sowie an bestehende Gebäude im Falle der Durchführung bestimmter (größerer) Arbeiten zu entnehmen. Weiter sind die Ausarbeitung nationaler Pläne zur Erhöhung der Zahl von Niedrigstenergiegebäuden, die Erstellung von Energieausweisen für Gebäude, regelmäßige Inspektionen von Heizungen und Klimaanlagen in Gebäuden sowie unabhängige Kontrollsysteme für Ausweise über die Gesamtenergieeffizienz und Inspektionsberichte vorzusehen.
- Die **RL 2009/33 über die Förderung sauberer und energieeffizienter Straßenfahrzeuge** sieht vor, dass öffentliche Auftraggeber sowie Betreiber, die öffentliche Personenverkehrsdienste im Rahmen eines öffentlichen Dienstleistungsauftrags anbieten, beim Kauf von Straßenfahrzeugen die Energie- und Umweltauswirkungen der Fahrzeuge zu berücksichtigen haben. Da es sich aber lediglich um, wenn auch in der Richtlinie in Bezug auf die hierbei zu beachtenden Parameter spezifizierte, Berücksichtigungspflichten handelt, kann der Richtlinie gerade keine Pflicht zur (Nicht-) Anschaffung bestimmter Fahrzeuge entnommen werden. Vielmehr handelt es sich um ein detaillierter geregeltes Berücksichtigungserfordernis im Rahmen eines Vergabeverfahrens bzw. eines Kaufs.
- Die **VO 842/2006 über bestimmte fluorierte Treibhausgase** verpflichtet die Betreiber ortsfester Kälte- und Klimaanlagen, von Wärmepumpen sowie von Brandschutzsystemen das

---

[76] Diese wurden im Kapitel zur Luftreinhaltung bereits erwähnt, s.o. 7. Kap. Rn. 139 ff.
[77] Zu dieser Richtlinie den Überblick bei *Meßerschmidt*, Europäisches Umweltrecht, § 16, Rn. 185 ff.
[78] Zu dieser Richtlinie den Überblick bei *Meßerschmidt*, Europäisches Umweltrecht, § 16, Rn. 172 ff.

9. Kapitel Bewirtschaftung und Umweltressourcen

Entweichen der in Anhang I aufgeführten Treibhausgase zu verhindern und Lecks dauerhaft zu reparieren (Art. 3 Abs. 1 VO 842/2006) sowie entsprechende Kontrollen durchzuführen (Art. 3 Abs. 2-7 VO 842/2006). Weiter müssen die Betreiber ein ordnungsgemäßes Recycling der Anlagen sicherstellen (Art. 4 VO 842/2006), und die Verwendung der erfassten Treibhausgase wird für eine Reihe von Anwendungen (z.B. in Fenstern für Wohnhäuser oder Reifen) untersagt (vgl. Art. 9 i.V.m. Anhang II VO 842/2006).

- Die IVU- bzw. **Industrieemissionsrichtlinie (RL 2010/75)**[79] enthält einen Hinweis auf die Energieeffizienz: Nach Art. 11 lit. f) RL 2010/75 gehört die effiziente Verwendung von Energie zu den Grundpflichten der Betreiber. Da die Anforderungen an Effizienz in der Richtlinie jedoch nicht präzisiert werden, bleibt diese Vorgabe denkbar unscharf, und es ist nicht zu erwarten, dass sie zu einer wirklichen Steigerung der Energieeffizienz führt. Immerhin sind darüber hinaus in der behördlichen Genehmigung für Anlagen nach der besten verfügbaren Technik für Emissionen in Luft, Wasser und Boden Emissionsgrenzwerte festzulegen, womit ebenfalls ein Beitrag zur Energieeffizienz geleistet wird; zu erinnern ist aber an die „Durchbrechung" dieser Pflicht für am Emissionshandel teilnehmende Anlagen.[80] Im Übrigen gilt die RL 2010/75 nur für große, im Einzelnen spezifizierte Industrieanlagen; für kleinere Anlagen fehlen unionsrechtliche Vorgaben.

- Zu erwähnen ist schließlich die auf Art. 192 Abs. 1 AEUV gestützte **RL 2004/8 über die Förderung einer am Nutzwärmebedarf orientierten Kraft-Wärme-Kopplung** im Energiebinnenmarkt. Diese sieht insbesondere vor, dass die Kommission im Hinblick auf die Bestimmung der Effizienz der Kraft-Wärme-Kopplung (KWK) nach bestimmten Kriterien harmonisierte Wirkungsgrad-Referenzwerte festlegt (Art. 4 RL 2004/8) und dass Herkunftsnachweise für Strom aus hocheffizienter KWK in den Mitgliedstaaten ausgestellt werden (Art. 5 RL 2004/8). Weiter haben die Mitgliedstaaten eine Analyse des nationalen Potentials für den Einsatz hocheffizienter KWK zu erstellen (Art. 6 RL 2004/8), und es werden Vorgaben für Förderregelungen (Art. 7 RL 2004/8) und Verwaltungsverfahren (Art. 9 RL 2004/8) formuliert. Hinzukommen Berichtspflichten der Mitgliedstaaten und der Kommission (Art. 10, 11 RL 2004/8).

4. Sonstige Maßnahmen

Der im Rahmen des sog. Klimapakets[81] verabschiedete **RL 2009/31 über die geologische Speicherung von Kohlendioxid** sind grundlegende Anforderungen an die Abscheidung, den Transport und die Einlagerung von CO_2 in geologische Formationen zu entnehmen.[82] Dabei bezeichnet die Richtlinie diese (wohl noch nicht wirklich ausgereifte) Technologie als „Brückentechnologie" (Erw. 4 Präambel), die insbesondere nicht dazu führen solle, den Ausstoß von Treibhausgasen als solchen – etwa durch den Rückgriff auf erneuerbare Energien – weniger zu reduzieren. Ob es tatsächlich bei einer solchen offenbar vorübergehenden Anwendung dieser Technologie bleiben wird, wird sich zeigen; angesichts des mit ihr verbundenen beachtlichen finanziellen und technologischen Aufwands ist dies jedoch – ist sie einmal so weit entwickelt, dass sich ein Rückgriff auf sie „lohnt" – zu bezweifeln.

---

[79] Zu dieser Richtlinie bereits ausführlich 6. Kap. Rn. 160 ff.
[80] Vgl. 9. Kap. Rn. 14.
[81] Das daneben auch noch die RL 2009/29 zur Änderung der RL 2003/87 (ABl. 2009 L 140, 63), hierzu oben 9. Kap. Rn. 10 ff., die RL 2009/28 zur Förderung von Energie aus erneuerbaren Quellen, hierzu oben 9. Kap. Rn. 16 f., und die Entscheidung 406/2009 zur Verteilung der Anstrengungen zur Reduktion der Treibhausgasemissionen in Bereichen, die nicht unter das Emissionshandelssystem fallen, hierzu sogleich 9. Kap. Rn. 28 ff., umfasste. Zu diesem Klimapaket etwa *Kulovesi/Morgera/Munoz*, CMLRev. 2011, 829 ff.; *Czybulka*, EurUP 2009, 26 ff.
[82] Vgl. im Einzelnen zu diesen Anforderungen, m.w.N., *Schlacke/Much*, SZIER 2010, 287 ff.; *Pielow*, in: Energieversorgung und Umweltschutz, 151 (160 ff.); s. auch *Wickel*, ZUR 2011, 115 ff.; *Skrylnikow*, NuR 2010, 543 ff. Spezifisch zu Haftungsfragen *Bergsten*, EELR 2011, 108 ff.; spezifisch zum Verhältnis zum Emissionshandel *Holwerda*, CCLR 2010, 228 ff.; *Wolf*, ZUR 2009 571 ff.

27 Die Richtlinie stellt es den Mitgliedstaaten frei, eine geologische Speicherung von Kohlendioxid zu gestatten; entscheiden sie sich aber dafür, sind die Vorgaben der Richtlinie – die eine umweltverträgliche geologische Speicherung gewährleisten sollen – einzuhalten. Im Einzelnen regelt die Richtlinie die Standortauswahl inklusive der Explorationsgenehmigungen (Art. 4, 5 RL 2009/31), Speichergenehmigungen (Art. 6-11 RL 2009/31), Betrieb, Schließung und Nachsorgeverpflichtungen (Art. 12-20 RL 2009/31) sowie den Zugang Dritter zum Transportnetz und den Speicherstätten (Art. 21, 22 RL 2009/31). Weiter wurden weitere Richtlinien (insbesondere die RL 2011/92, UVP-Richtlinie, und die RL 2010/75, IVU- bzw. IE-Richtlinie) modifiziert. So ist für jede Speicherung eine Umweltverträglichkeitsprüfung durchzuführen. Interessant ist, dass nach Art. 35, 36 RL 2009/31 (die die einschlägigen Abfallrichtlinien entsprechend modifizieren) gespeichertes Kohlendioxid oder Kohlendioxid, das einer Speicherung zugeführt werden soll, nicht als Abfall anzusehen ist. Im Gegenschluss dürfte aus Lecks entweichendes Kohlendioxid Abfall darstellen,[83] mit der Folge, dass die spezifischen abfallrechtlichen Pflichten greifen.[84]

28 Die **Entscheidung 406/2009** über die Anstrengungen der Mitgliedstaaten zur Reduktion ihrer Treibhausgasemissionen mit Blick auf die Erfüllung der Verpflichtungen der Union zur Reduktion der Treibhausgasemissionen bis 2020 sieht eine **Lastenverteilung** zwischen den EU-Mitgliedstaaten vor, um die für die EU insgesamt angestrebte Reduktionsbegrenzung zu erreichen. Diese Entscheidung ersetzt die Entscheidung 2002/358[85], die eine Lastenverteilung für die EU-15 bis 2012 vorsah. Im Einzelnen definiert die Entscheidung insbesondere Obergrenzen der Entwicklung der nicht vom Emissionshandel[86] erfassten Treibhausgasemissionen, wobei zahlreiche Mitgliedstaaten ihre Emissionen reduzieren müssen, nicht wenige andere Mitgliedstaaten jedoch auch zulegen dürfen.

29 Die Festlegung der von jedem einzelnen Mitgliedstaat zu erreichenden Ziele ist eher das Ergebnis eines politischen Kompromisses, denn einer rationalen Entscheidung, zumal die Entscheidung 406/2009 das Basisjahr von 1990 durch dasjenige von 2005 austauscht: Dies führt dazu, dass diejenigen Mitgliedstaaten, die bis 2005 ungenügende Anstrengungen zur Emissionsreduktion unternommen haben, letztlich „belohnt" werden.[87] Letztlich wäre wohl nur eine Berechnung nach Pro-Kopf-Emissionen der einzig denkbare rationale Maßstab, da bei allen anderen Kriterien – zumal bei den in der Entscheidung 406/2009 festgelegten Zahlen solche Kriterien nicht wirklich ersichtlich sind – die Gefahr der Willkür besteht.[88] Weiter ist zu bemerken, dass die in der Entscheidung 2002/358 formulierten Zielsetzungen nur in sehr begrenztem Umfang eingehalten wurden. Da die Zahlen in der Entscheidung 406/2009 durchaus nicht weniger ehrgeizig, für manche Mitgliedstaaten wohl noch ehrgeiziger, ausfallen, besteht kein Grund zur Annahme, dass diese Bilanz 2020 anders ausfallen wird, zumal auch in der Entscheidung 406/2009 kein Mechanismus vorgesehen ist, der Sanktionen irgendwelcher Art für den Fall der Nichterreichung der fixierten Ziele enthielte. Hinzu kommt, dass die Treibhausgasemissionen in zahlreichen Sektoren wohl kaum verlässlich erfasst sind.[89]

30 Schließlich gibt es einige – wenige – **steuerliche Regelungen**: Die RL 2003/96[90] formuliert für bestimmte Energieerzeugnisse und Strom Mindeststeuersätze; den Mitgliedstaaten steht es frei, für aus erneuerbaren Energiequellen stammenden Strom keine Steuern zu erheben. Der RL 99/62

---

83 *Krämer*, SZIER 2010, 311 (331).
84 Nach einigen Schwierigkeiten wurde die Richtlinie nunmehr in Deutschland durch ein spezielles Gesetz („Gesetz zur Demonstration und Anwendung von Technologien zur Abscheidung, zum Transport und zur dauerhaften Speicherung von Kohlendioxid", BT-Dr 17/5750) umgesetzt. Vgl. zur Umsetzung *Dieckmann*, NVwZ 2012, 989 ff.
85 ABl. 2002 L 130, 1.
86 Zu diesem oben 9. Kap. Rn. 10 ff.
87 Vgl. in diesem Zusammenhang die Tabellen bei *Krämer*, SZIER 2010, 311 (315 ff.), der dies ebenfalls kritisiert.
88 *Krämer*, SZIER 2010, 311 (319).
89 Vgl. hierzu mit Beispielen *Krämer*, SZIER 2010, 311 (319 f.).
90 Vgl. zu dieser Richtlinie aus der Rechtsprechung EuGH, Rs. C-250/10 (Haltergemeinschaft LBL), Urt. v. 21.12.2011. Die Richtlinie soll in Kürze revidiert werden, vgl. den Vorschlag in KOM (2011) 169 endg.

9. Kapitel Bewirtschaftung und Umweltressourcen

(„Wegekostenrichtlinie") sind Mindestsätze für die mitgliedstaatlichen Kraftfahrzeugsteuern zu entnehmen.

II. Bewertung

Versucht man auf der Grundlage dieses Überblicks über die bestehenden Maßnahmen der Union im Klimaschutz eine Bewertung der unternommenen Anstrengungen,[91] so drängen sich folgende Bemerkungen auf:

- Die **Palette der eingesetzten Instrumente** ist eher breit und umfasst auch zahlreiche rechtsverbindliche Akte.
- Die **normative Dichte** der Rechtsakte variiert jedoch beträchtlich:
  - Soweit es um **produktbezogene Regelungen** geht, werden auf Unionsebene selbst verbindliche Standards festgelegt, dies teilweise bereits in von Rat und EP verabschiedeten Rechtsakten (soweit Emissionsvorschriften für KfZ betroffen sind), teilweise erst in delegierten Rechtsakten der Kommission (etwa bei der Ökodesign-Richtlinie). In der zuletzt genannten Konstellation fallen die Vorgaben in dem Rahmenrechtsakt eher weitmaschig aus, jedenfalls soweit ökologische Aspekte betroffen sind.
  - Bei **produktions- oder standortbezogenen Regelungen** sind einige wenige eher präzise Vorgaben zu verzeichnen, dies im Wesentlichen in der RL 2010/75, die eine Verpflichtung zur Emissionsbegrenzung nach dem Stand der besten verfügbaren Technik verankert. Allerdings wird auch diese Verpflichtung insofern in bedeutendem Maße relativiert, als bei am Emissionshandel teilnehmenden Anlagen keine derartigen Grenzwerte festgelegt werden müssen.
  - Ansonsten ist auch der RL 2010/75 nur eine sehr allgemeine Verpflichtung zu einem effizienten Energieeinsatz zu entnehmen, ohne dass die Kriterien hier spezifiziert werden. Anderen Rechtsakten (wie insbesondere der RL 2010/31 über die Gesamtenergieeffizienz von Gebäuden und der RL 2009/33 über die Förderung sauberer und energieeffizienter Straßenfahrzeuge) sind zwar etwas präzisere materielle Vorgaben zu entnehmen, die allerdings immer noch sehr weitmaschig formuliert sind, so dass ihre normative Dichte eher gering ausfällt und den Mitgliedstaaten ein entsprechend weiter Gestaltungsspielraum eingeräumt wird.
  - Darüber hinaus beschränken sich die weiteren Regelungen im Bereich der Energieeffizienz und der Förderung erneuerbarer Energien in der Regel darauf, Zielsetzungen durchaus auch beziffert zu formulieren, wobei diese teils schon ausdrücklich nur als unverbindliche Richtwerte formuliert werden (wie in der RL 2006/32 über Endenergieeffizienz und Energiedienstleistungen), teils verpflichtend ausgestaltet sind (wie in der RL 2009/28 zur Förderung der Nutzung von Energie aus erneuerbaren Quellen). Damit einher gehen jedoch sehr umfangreiche und detailliert geregelte Verfahrenspflichten.
- Auffallend ist weiter, dass irgendwie geartete **Sanktionen** im Falle der Nichteinhaltung der in den Rechtsakten vorgegebenen Ziele fehlen. Nach den bisherigen Erfahrungen besteht kein Anlass zu Optimismus, was die Einhaltung der (rechtlich verbindlich oder als Leitlinie formulierten) Zielsetzungen betrifft. Dies ist insbesondere für die RL 2009/28 zur Förderung der Nutzung von Energie aus erneuerbaren Quellen, die RL 2006/32 über Endenergieeffizienz und Energiedienstleistungen und die Entscheidung 406/2009 über die Anstrengungen der Mitgliedstaaten zur Reduktion ihrer Treibhausgasemissionen von Bedeutung.
- Der **Emissionshandel** spielt vor diesem Hintergrund nach wie vor eine zentrale Rolle im Gesamtkonzept der EU-Klimaschutzpolitik. Es bestehen aber durchgreifende Zweifel, ob dieses

---

[91] Die notwendigerweise schon deshalb vorläufig bleiben muss, weil zahlreiche empirische Daten nicht verfügbar sind und die Verfasserin schwerpunktmäßig über juristische, weniger über in diesem Zusammenhang auch sehr wichtige technische bzw. naturwissenschaftliche Kenntnisse verfügt.

Instrument – auch nach seiner Revision durch die RL 2009/29 – tatsächlich zu der notwendigen substantiellen Reduktion von Treibhausgasemissionen führt.

32 Insgesamt dürfte es der Union daher nicht gelungen sein, wirksame Instrumente zu verabschieden, die effektiv das Ergreifen der für die durchaus bestehenden und zu begrüßenden ehrgeizigen Klimaschutzziele notwendigen Maßnahmen zu gewährleisten vermögen:[92] Zwar sind die Ziele durchaus – und dies häufig in rechtlich verbindlicher Form – formuliert; jedoch vermag die Art und Weise ihrer rechtlichen Verankerung gerade nicht zu gewährleisten, dass die angestrebten Fortschritte auch tatsächlich erzielt werden. Nichtsdestotrotz zeitigten die EU-Maßnahmen durchaus gewisse Wirkungen, so dass anzunehmen ist, dass es um den Klimaschutz in den EU-Mitgliedstaaten schlechter bestellt wäre, wenn die Union hier untätig geblieben wäre.[93]

33 Soll das 2°-Ziel aber wirklich erreicht werden, sind substantielle weitere Anstrengungen und Maßnahmen notwendig. Hierbei kann auf der Grundlage der bisherigen Erwägungen zwischen verschiedenen Aktionsfeldern unterschieden werden:

- Die **Emissionsbeschränkungen bzw. -ziele für die Mitgliedstaaten** sind zumindest grundsätzlich in Abhängigkeit der **Pro-Kopf-Emissionen** festzulegen. Weiter ist der Referenzzeitpunkt für diese Beschränkungen transparent zu definieren und insbesondere nicht in der Form zu verschieben, dass Mitgliedstaaten von fehlenden vergangenen Anstrengungen zur Emissionsreduktion letztlich profitieren können.
- Es sollte vermehrt direkt bei den **Emissionen** selbst angesetzt werden, indem die Emission von Treibhausgasen selbst durch entsprechende Grenzwerte bzw. Standards beschränkt wird. Hierfür gibt es durchaus sowohl bei den Produkten (Ökodesign-Richtlinie) als auch bei produktionsbezogenen Regelungen (IVU-Richtlinie) Ansätze. Diese sollten jedoch ausgebaut werden bzw. ihre Unzulänglichkeiten (bei der IVU-Richtlinie) sind zu beheben. Darüber hinaus ist an Emissionsbeschränkungen in Sektoren zu denken, in denen bislang keine bestehen, wie für kleinere Anlagen. Die Verfolgung von in diese Richtung gehenden Bestrebungen erscheint schon deshalb dringlich, weil es für einen effektiven Klimaschutz letztlich entscheidend darauf ankommt, ob die Emissionen reduziert werden oder nicht.
- Damit in engem Zusammenhang stehend ist auffallend, dass in gewissen **Politikbereichen**, die einen beachtlichen Beitrag zu den Treibhausgasemissionen leisten, bislang keine wirklich effektiven Maßnahmen getroffen werden. Von Bedeutung ist dies insbesondere für den **Verkehrssektor**: Zwar gibt es hier Emissionsbeschränkungen; ihre „Klimawirkung" dürfte aber weitgehend durch die Erhöhung des Verkehrsaufkommens ausgeglichen werden, so dass hier drastische weitere Maßnahmen notwendig wären. Denken könnte man an verschiedene Instrumente des Road-Pricing, Produktanforderungen (Stichwort: 3l-Auto) und konsequente Maßnahmen zur Verlagerung des Straßengüterverkehrs auf die Schiene. In all diesen Bereichen ist die Union bislang weitgehend untätig geblieben, und keine der klimapolitischen Maßnahmen der Union greift hier. Weiter ist hier der Gebäudesektor zu erwähnen, in dem die Maßnahmen der Union angesichts der langen Lebensdauer von Gebäuden bislang nur wenige Wirkungen zeitigten.
- Der **Emissionshandel** sollte hinterfragt werden, und die Frage stellt sich, ob nicht andere Instrumente, etwa solche abgabenrechtlicher Natur, effektiver wären. Aus realpolitischer Sicht dürfte deren Erlass jedoch in absehbarer Zeit nicht zu erwarten sein, da einerseits große Mittel in das System investiert wurden und andererseits gerade für abgabenrechtliche Maßnahmen grundsätzlich Einstimmigkeit erforderlich ist.
- Der **schrittweise Ersatz fossiler Energiequellen** ist – über die durchaus zu begrüßenden Schritte in der RL 2009/28 über erneuerbare Energien hinaus – verstärkt anzugehen.

---

92 Vgl. auch die Zweifel in Bezug auf die hinreichende Wirkung des bisherigen Klimaschutzrechts bei *Ekardt*, UPR 2011, 371 (373 f.).
93 Nach *Krämer*, SZIER 2010, 311 (332) konnten die Treibhausgasemissionen im Jahr 2000 auf dem Stand von 1990 stabilisiert werden, und Vieles spreche dafür, dass 2012 auch das Ziel der Reduktion um 8 % erreicht werden könne.

9. Kapitel Bewirtschaftung und Umweltressourcen

- Bei allen Maßnahmen der Union ist darauf zu achten, dass die mitgliedstaatlichen Pflichten hinreichend präzise formuliert werden und insbesondere auch **klare materiell-rechtliche Vorgaben** enthalten. Die auch in anderen Bereichen des EU-Umweltrechts zu beobachtende Tendenz – um es etwas plakativ zu formulieren – weg von materiellen und hin zu verfahrensrechtlichen Vorgaben birgt die Gefahr, dass die an sich notwendigen Maßnahmen nicht getroffen werden, und – wie bereits erwähnt – für das Klima zählt letztlich nur, ob die Treibhausgasemissionen tatsächlich verringert werden oder nicht.
- Im Falle der Nichteinhaltung von rechtlich verbindlich verankerten Zielen sind **Sanktionen** vorzusehen.
- Schließlich – und nur am Rande – sei darauf hingewiesen, dass ein stärkeres und effektiveres Engagement der Union auf **internationaler Ebene** – sowohl in der internationalen Klimapolitik als auch auf der Ebene der Beziehungen der EU zu Drittstaaten – zu wünschen wäre.[94]

Die Union verfügt über die Kompetenzen für die Entwicklung einer in sich kohärenten und effektiveren Klimaschutzpolitik. Es wäre zu wünschen, dass sowohl in der Kommission als auch bei den Mitgliedstaaten die Prioritäten in Zukunft wirklich so gesetzt werden, dass die getroffenen Maßnahmen die (ehrgeizigen) politischen Ziele auch tatsächlich zu erreichen vermögen.[95] Jedenfalls erscheint es aber verkürzt, (nur) der „Union" vorzuwerfen, dass zu wenig wirksame Maßnahmen ergriffen wurden; häufig – etwa in Bezug auf abgabenrechtliche Maßnahmen – fehlt es auch an einem entsprechenden Willen der Mitgliedstaaten.

C. Schutz der natürlichen Umwelt

Mehrere EU-Rechtsakte haben den Schutz der natürlichen Umwelt zum Gegenstand. Gegenstand der einschlägigen Regelungen sind die erfassten Arten und Räume als solche, und der Bezug zum Interesse des Menschen ist lediglich (sehr) mittelbar.[96] Allerdings weisen diese Vorschriften keinen systematischen Zusammenhang auf, sondern regeln eher punktuell einige Bereiche, was sicherlich auch vor dem Hintergrund des Subsidiaritätsprinzips zu sehen ist. Materiell betreffen sie den Artenschutz und die (umweltgerechte) Raumordnung. Allerdings sind beide Aspekte insofern miteinander verbunden, als auch die jeweilig vorgeschriebene Ausgestaltung der Flächennutzung letztlich dem Artenschutz dienen soll, und auch die primär raumbezogenen Regelungen eigentliche Vorgaben zum Artenschutz enthalten.

Aber auch darüber hinaus gibt es Regelungen, die sich nicht eindeutig der einen oder anderen Kategorie zuordnen lassen, wie z.B. die **VO 708/2007 über die Verwendung nicht heimischer und gebietsfremder Arten in der Aquakultur**, die die Verbringung sog. exotischer Spezies einem Genehmigungsvorbehalt unterwirft und die Nachhaltigkeit in der Aquakultur sichern will, womit letztlich sowohl arten- als auch raumbezogene Aspekte relevant sind.[97]

---

94 Hierzu im Einzelnen die Vorschläge bei *Krämer*, SZIER 2010, 311 (335 ff.).
95 Sachdienlich – wenn auch nicht *per se* notwendig, da es letztlich auf die Inhalte ankommt – könnte es in diesem Zusammenhang auch sein, die verschiedenen Regelungsansätze besser aufeinander abzustimmen und insgesamt konsistenter zu gestalten, dies etwa durch den Erlass eines eigentlichen „Klimaschutzrechtsakts". Vgl. in diesem Sinn das Plädoyer bei *Schlacke*, Die Verwaltung, Beiheft 11, 121 (152 ff.); hierzu auch *Sailer*, NVwZ 2011, 718 (721). Ein solches „Klimaschutzrechtgesetzbuch" könnte jedoch auf die Schwierigkeit stoßen, dass es sich beim Klimaschutz um eine Querschnittsmaterie handelt und eine „horizontale" Vorgehensweise daher Regelungen in zahlreichen Rechtsgebieten implizierte.
96 Allerdings besteht hier eine Wechselwirkung zum sog. anthropozentrischen Ansatz, s.o. 1. Kap.
97 Zu dieser Verordnung im Einzelnen *Wack*, NuR 2010, 550 ff.

I. Artenbezogene Regelungen

36 Der Akzent[98] der (rein) artenbezogenen EU-Vorschriften[99] liegt auf der Regelung des **Handels mit bedrohten Tierarten:**
- Die VO 338/97 über den Schutz von Exemplaren wildlebender Tier- und Pflanzenarten und zur Überwachung des Handels[100] (sog. CITES-Verordnung) bezweckt – ebenso wie das ihr letztlich zugrunde liegende Washingtoner Artenschutzübereinkommen (CITES-Übereinkommen)[101] – den Schutz bestimmter freilebender Tierarten und Pflanzen über eine Regelung des internationalen Handels. Die Verordnung findet nur auf den Handel mit Drittländern Anwendung, so dass sie nicht für den Handel innerhalb der EU gilt.[102]
  Im Wesentlichen sind für die erfassten Arten Einfuhrkontrollen, Einfuhrverbote und Verkaufsverbote vorgesehen, wobei verschiedene Schutzregimes je nach dem Bedrohungsgrad der Arten gelten (insgesamt vier, wobei die erfassten Arten in den Anhängen aufgeführt sind).[103] Die Entscheidungen der einzelnen Mitgliedstaaten sind von den jeweils anderen Mitgliedstaaten anzuerkennen (Art. 11 VO 338/97).[104]
  Die Kommission hat – auf der Grundlage von Art. 19 VO 338/97 – mit der VO 865/2006 Durchführungsbestimmungen zur VO 338/97 erlassen, die z.B. einheitliche Anforderungen an die in der Union erforderlichen Dokumente für die erfassten Tiere und Pflanzen definiert.
  Die VO 338/97 stellt Mindestregelungen auf, so dass die Mitgliedstaaten grundsätzlich strengere Regeln vorsehen können, wobei sie aber den Anforderungen des Unionsrechts genügen müssen, wie der Gerichtshof in der Rs. C-219/07[105] feststellte: Hier stand letztlich die Unionsrechtskonformität einer nationalen Maßnahme, wonach die Einfuhr, die Haltung und der Handel (auch) mit solchen gefährdeten Säugetieren verboten ist, die nicht in Anhang A der VO 338/97 aufgeführt sind, zur Debatte. Die streitige nationale Regelung sah insbesondere vor, dass die Tiere in eine „Positivliste" aufgenommen werden mussten, damit die Einfuhr, die Haltung und der Handel mit ihnen erlaubt war. Der VO 338/97 ist aber gerade kein allgemeines Verbot der Einfuhr von und des Handels mit Arten, die nicht in Anhang A VO 338/97 genannt sind, zu entnehmen. Daher stelle diese Maßnahme im Verhältnis zu den Vorgaben der Verordnung eine strengere Maßnahme dar, die angesichts des Art. 193 AEUV zulässig sein könne, wobei allerdings die Vereinbarkeit mit Art. 34 AEUV zu prüfen sei. Diese sei aber grundsätzlich zu bejahen, da eine solche Maßnahme zwar unter den Tatbestand des Art. 34 AEUV falle, jedoch durch das Anliegen des Schutzes der Gesundheit und des Lebens von Menschen und Tieren sowie des Umweltschutzes gerechtfertigt werden könne. Dabei sei es nicht von Belang, dass andere Mitgliedstaaten in der streitigen Frage weniger strenge Vorschriften kennen, denn der Umstand allein, dass ein Mitgliedstaat andere Schutzregelungen als ein anderer Mitgliedstaat kennt, sei für die Beurteilung der Verhältnismäßigkeit der einschlägigen Bedingungen ohne Belang. In Bezug auf die im Ausgangsverfahren streitige „Positivliste" müsse das nationale Gericht aber die Verhältnismäßigkeit im Einzelnen prüfen.[106]
  Auch in der Rs. C-510/99[107] ging es um eine strengere Maßnahme im Sinne des Art. 193 AEUV, nämlich um ein Verbot jeder kommerzieller Verwendung bestimmter in der Gefangenschaft geborener und gezüchteter Arten. Diese Maßnahme erachtete der Gerichtshof angesichts des Art. 193 AEUV für zulässig; die Vereinbarkeit mit Art. 34 AEUV wurde grundsätzlich bejaht.

---

98 S. aber auch RL 1999/22 über die Haltung von Wildtieren in Zoos und RL 2010/63 zum Schutz der für wissenschaftliche Zwecke verwendeten Tiere.
99 Zum Artenschutzrecht in der Union etwa *Gellermann*, EUDUR II/1, § 78, Rn. 62 ff.; s. auch den Überblick bei *Meßerschmidt*, Europäisches Umweltrecht, § 13, Rn. 6 ff.
100 Die die VO 3626/82 zur Anwendung des Übereinkommens über den internationalen Handel mit gefährdeten Arten freilebender Tiere und Pflanzen in der Gemeinschaft (ABl. 1982 L 384, 1) ersetzte (Art. 22 VO 338/97).
101 Wobei die Vorgaben der Verordnung jedoch teilweise über die Anforderungen des Übereinkommens hinausgehen. Es wird insbesondere eine größere Zahl von Arten erfasst.
102 Zu einigen Auslegungsfragen der Verordnung EuGH, Rs. C-154/02 (Nilsson), Slg. 2003, I-12373.
103 Vgl. zu dieser Verordnung *Emonds*, NuR 1997, 26 ff.; s. auch den Überblick über den Inhalt der VO 338/97 bei *Jans/von der Heide*, Europäisches Umweltrecht, 533 ff.; *Jans/Vedder*, European Environmental Law, 518 ff.; *Gellermann*, EUDUR II/1, § 78, Rn. 66 ff.
104 Vgl. zu dem abschließenden Charakter der Regelungen der Verordnung EuGH, Rs. C-510/99 (Tridon), Slg. 2001, I-7777.
105 EuGH, Rs. C-219/07 (Nationale Raad van Dierenkwekers, Slg. 2008, I-4475.
106 Vgl. zu Art. 193 AEUV bereits oben 5. Kap. Rn. 90 ff., Rn. 118 ff.
107 EuGH, Rs. C-510/99 (Tridon), Slg. 2001, I-1777.

9. Kapitel Bewirtschaftung und Umweltressourcen

- Durch die **RL 83/129 betreffend die Einfuhr in die Mitgliedstaaten von Fellen bestimmter Jungrobben und Waren daraus** werden die Mitgliedstaaten verpflichtet, die Einfuhr von Jungrobben und aus ihnen hergestellten Pelzen zu unterbinden.
- Die **VO 1007/2009 über den Handel mit Robbenerzeugnissen** verbietet darüber hinaus weitgehend den Handel mi Robbenerzeugnissen; von diesem Verbot gibt es lediglich einige wenige, abschließend aufgezählte Ausnahmen, so insbesondere für auf traditionelle Weise durch indigene Völker gejagte Robben sowie im Hinblick auf eine nachhaltige Bewirtschaftung maritimer Ressourcen gejagte Robben bzw. aus diesen hergestellte Erzeugnisse (Art. 3 VO 1007/2009).
- Die **VO 348/81 über eine gemeinsame Regelung für die Einfuhr von Walerzeugnissen** sieht im Wesentlichen eine Genehmigungspflicht für die im Anhang aufgeführten Erzeugnisse vor, die nicht erteilt wird, wenn es um Waren für kommerzielle Zwecke geht.
- Die **VO 3254/91 zum Verbot von Tellereisen in der Gemeinschaft und der Einfuhr von Pelzen und Waren von bestimmten Wildtierarten aus Ländern, die Tellereisen oder den internationalen humanen Fangnormen nicht entsprechende Fangmethoden anwenden**, verbietet allgemein die Einfuhr der erfassten Erzeugnisse wegen der zu ihrer Produktion verwendeten Methoden.[108]

Gemeinsam ist diesen Rechtsakten, dass über für die Union und ihre Mitgliedstaaten verbindliche Regelungen auf Gegebenheiten Einfluss genommen werden soll, die außerhalb der Union anzusiedeln sind.

Gleichwohl halten diese Regelungen den völkerrechtlichen Anforderungen insbesondere des Interventionsverbots – das derartige Maßnahmen verbieten könnte – stand, da sich ihre Tragweite auf Bereiche beschränkt, die in der Regelungskompetenz der Union liegen: Zur Regelung handelspolitischer Fragen ist die Union – vorbehaltlich der Vorgaben des GATT[109] – zuständig, und auch die Definition bestimmter umweltpolitischer Ziele ist ihr überlassen.[110]

Darüber hinaus wird bzw. wurde der **Wald**[111] in der Union gegen bestimmte Gefahren geschützt.[112] Zu erwähnen ist hier insbesondere die **VO 2152/2003 für das Monitoring von Wäldern und Umweltwechselwirkungen in der Gemeinschaft (Forest Focus)**.

Diese Verordnung löste die am 31.12.2002[113] außer Kraft getretenen VO 3528/86 über den Schutz des Waldes in der Gemeinschaft gegen Luftverschmutzung[114] und die VO 2158/92 zum Schutz des Waldes in der Gemeinschaft gegen Brände[115] ab.

Die VO 2152/2003 führt die bereits durch die Vorgängerverordnungen in die Wege geleiteten Monitoringaktivitäten weiter und ergänzt sie durch die Schaffung eines neuen umfassenderen Systems mit der Bezeichnung „Forest Focus". Der Akzent der Verordnung liegt denn auch auf der Einrichtung eines unionsweiten Systems für ein breit angelegtes, harmonisiertes und umfassendes Langzeit-Monitoring des Zustands der Wälder (Art. 1 f. VO 2152/2003). Dieses impliziert auch entsprechende nationale Programme und Berichterstattungspflichten der Mitgliedstaaten (Art. 8, 14 ff. VO 2152/2003).[116] Nach der Rechtsprechung ist der VO 2152/2003 keine vollständige Harmonisierung aller Aktivitäten zur Bewirtschaftung der Waldflächen zu entneh-

---

108 Die Verordnung ist nicht ganz unumstritten. Vgl. hierzu *Harrems*, EELR 1998, 7 ff.
109 Die insbesondere diskriminierende Maßnahmen verbieten. Eine Vereinbarkeit der erwähnten Maßnahmen mit den Bestimmungen des GATT-Abkommens dürfte aber gegeben sein. Zu den einschlägigen Regelungen des GATT und ihrer inhaltlichen Tragweite *Epiney*, DVBl. 2000, 77 ff.; konkret zur Problematik *Quick/Lau*, ZEuS 2001, 97 ff.
110 Zum Problemkreis in diesem Zusammenhang *Krämer/Kromarek*, ZUR 1995, Beilage, XV f.
111 Zu der Problematik der Waldschäden *Koch*, EUDUR II/1, § 47, Rn. 151 ff. Zum Waldschutz im EU-Recht *Ekroos*, EELR 2005, 44 ff.
112 Vgl. die Zusammenstellung der unionsrechtlichen Regelungen zum Schutz der Wälder bei *Koch*, EUDUR II/1, § 47, Rn. 161 ff.
113 Vgl. VO 804/2002, ABl. 2002 L 132, 1.
114 ABl. 1986 L 326, 3.
115 ABl. 1992 L 217, 3.
116 Zur finanziellen Beteiligung der Union Art. 12 VO 2152/2003.

men, so dass es den Mitgliedstaaten freisteht, die Begriffe „Wald" und „andere Holzflächen" (Art. 3 lit. a) VO 2152/2003) im nationalen Recht anders zu definieren, soweit diese anderen Begriffsdefinitionen in Bezug auf andere System bzw. Regelungsbereiche als die durch die VO 2152/2003 geregelten zur Anwendung kommen.[117]

40 Schließlich stehen einige unionsrechtliche Vorschriften in engem Zusammenhang mit der **EU-Agrarpolitik** bzw. sind in deren Rahmen erlassen worden, auf die daher in diesem Rahmen nicht näher eingegangen werden soll.[118] Sie betreffen im Wesentlichen einerseits den ökologischen Landbau und die Kennzeichnung der entsprechenden Erzeugnisse, andererseits den Tierschutz.

II. Raumbezogene Regelungen[119]

41 Charakteristisch für die im folgenden Abschnitt im Vordergrund stehenden raumbezogenen Regelungen sind ihr Schutzkonzept bzw. die Mittel, die zum Artenschutz eingesetzt werden: Dieser soll (auch) über eine bestimmte Nutzung des Raumes erreicht werden. Die wichtigsten Rechtsakte in diesem Zusammenhang – die im Wesentlichen auf den Schutz der biologischen Vielfalt bzw. eines Teils derselben abzielen[120] – sind die **Vogelschutzrichtlinie (RL 2009/147)** und die **Habitat-Richtlinie (RL 92/43)**.[121]

1. Zur RL 2009/147 (Vogelschutzrichtlinie)

42 Die **RL 2009/147 über die Erhaltung der wildlebenden Vogelarten** – die die RL 79/409[122] kodifiziert und ablöst – bezweckt den Schutz sämtlicher wildlebender Vogelarten, die im europäischen Gebiet der Mitgliedstaaten, auf die die Verträge anwendbar sind, beheimatet sind (Art. 1 RL 2009/147).[123]

43 Dieser **umfassende Schutzbereich** ist insofern interessant, als die zu schützenden Vogelarten nicht durch eine (abschließende) Liste umschrieben werden, sondern dass das allein ausschlaggebende Kriterium die Beheimatung im Unionsgebiet ist.[124] Dies gilt unabhängig davon, ob die jeweilige Vogelart im Gebiet des betroffenen Mitgliedstaates heimisch ist oder nicht,[125] bezweckt die

---

117 EuGH, Rs. C-82/09 (Kritis), Slg. 2010, I-3649.
118 Ausführlich zur Berücksichtigung umweltschutzpolitischer Gesichtspunkte in der Agrarpolitik *Schröder*, NuR 1995, 117 ff.; *Götz*, EUDUR II/2, § 84; *Epiney/Furger/Heuck*, Zur Berücksichtigung umweltpolitischer Belange bei der landwirtschaftlichen Produktion in der EU und in der Schweiz, 41 f.
119 Die Ausführungen in diesem Abschnitt beruhen teilweise auf bereits früher durchgeführten Untersuchungen, vgl. insbesondere *Epiney/Furger/Heuck*, „Umweltplanungsrecht" in der EU, 189 ff.
120 Zur Problematik des Verlusts an biologischer Vielfalt *von der Pfordten*, in: Ist die biologische Vielfalt noch zu retten?, 19 ff.
121 Ausführlich zu diesen Regelungen *Gellermann*, Natura 2000, 5 ff.; *Wirths*, Naturschutz und europäisches Gemeinschaftsrecht, 109 ff.; *Leist*, Lebensraumschutz, 10 ff.; *Rödiger-Vorwerk*, FFH-Richtlinie, *passim*; ausführlich, m.w.N., *Epiney*, in: Rechtsregime der Natura 2000-Schutzgebiete, 5 ff., 73 ff.; s. auch den Überblick bei *Schumacher*, EurUP 2005, 258 ff.; instruktiv in Bezug auf die einschlägige (frühere) Rechtsprechung des EuGH auch der Überblick bei *Riechenberg*, FS Rodriguez Iglesias, 509 ff.; speziell zur Frage von „Korridoren" zwischen Schutzgebieten *Squintani*, JEEPL 2012, 180 ff. Die Union ist 1993 auch dem Übereinkommen von Rio de Janeiro über die biologische Vielfalt beigetreten, Entscheidung 93/626, ABl. 1993 L 309, 1. Allerdings erachtete sie Umsetzungsmaßnahmen nicht für erforderlich, da die RL 2009/147 und die RL 92/43 schon den Anforderungen des Abkommens genügten, vgl. *Krämer/Kromarek*, ZUR 1995, Beilage, XIV. Vgl. zur Konzeption des Abkommens *Steiger*, NuR 1995, 437, der von einem „Paradigmenwechsel" spricht. Zu erwähnen ist darüber hinaus, dass die Union auch der Alpenkonvention beigetreten ist, vgl. ABl. 1996 L 61, 31. Zu den völkerrechtlichen Grundlagen des Schutzes der Biodiversität etwa *Leist*, Lebensraumschutz, 13 ff.; spezifisch unter Berücksichtigung von Pflichten zur Ausweisung und Erhaltung von Schutzgebieten *Czybulka*, UTR 1996, 235 (261 ff.).
122 ABl. 1979 L 103, 1.
123 Vgl. zum Ziel der Richtlinie die Formulierung in EuGH, Rs. 252/85 (Kommission/Frankreich), Slg. 1988, 2243, Ziff. 15. Zur Zielsetzung der Richtlinie etwa *de Sadeleer*, YEEL 2007, 36 (40 f.).
124 Die Richtlinie erstreckt sich allerdings nicht auf Vögel in der Gefangenschaft, EuGH, Rs. C-149/94 (Vergy), Slg. 1996, I-299, Ziff. 13 f.
125 EuGH, Rs. 247/85 (Kommission/Belgien), Slg. 1987, 3029, Ziff. 22; EuGH, Rs. C-149/94 (Vergy), Slg. 1996, I-299, Ziff. 17 f.

9. Kapitel Bewirtschaftung und Umweltressourcen

Richtlinie doch insgesamt den wirksamen Schutz der betroffenen Vogelarten, der eben durch Maßnahmen jedes beliebigen Mitgliedstaates gefährdet werden kann.[126] In den Schutzbereich der Richtlinie fallen – im Sinne des von der Richtlinie angestrebten wirksamen Schutzes der betroffenen Vogelarten – darüber hinaus auch solche Vogelarten, die zwar nur außerhalb des Unionsgebiets vorkommen, aber eine „Unterart" einer im Unionsgebiet beheimateten Art sind.[127]

Die RL 2009/147 enthält verschiedene Kategorien von Verpflichtungen: solche „allgemeiner" Art (a), die Pflicht zur Einrichtung von Schutzgebieten (b), direkt artenschutzrechtliche Vorgaben (c) sowie sonstige Verpflichtungen (d). 44

a) Allgemeine Maßnahmen

Die Richtlinie verpflichtet die Mitgliedstaaten im Interesse einer wirksamen Schutzregelung, die **erforderlichen Maßnahmen** zu treffen, damit die in ihren Anwendungsbereich fallenden Vogelarten auf einen Stand gehalten oder gebracht werden, der ökologischen, wissenschaftlichen und kulturellen Erfordernissen entspricht, wobei allerdings den wirtschaftlichen und freizeitbedingten Interessen Rechnung zu tragen ist (Art. 2 RL 2009/147). 45

Trotz der offenen Formulierung dieser Vorgaben (die einen weiten Gestaltungsspielraum der Mitgliedstaaten implizieren), enthalten sie eine **zwingende rechtliche Regelung** – und nicht nur eine „programmatische Richtung" –, welche immer dann entscheidend ist, wenn sich aus der Richtlinie keine Pflichten zur Ergreifung spezifischer Schutzmaßnahmen (Art. 4 f. RL 2009/147) ergeben und welche durch die Mitgliedstaaten umgesetzt werden muss.[128] Materiell werden die Mitgliedstaaten jedenfalls verpflichtet, zwischen der Notwendigkeit des Vogelschutzes und anderen Erfordernissen, wie etwa Gesundheitsschutz oder wirtschaftlichen Interessen, abzuwägen.[129]

Unter Berücksichtigung der in Art. 2 RL 2009/147 genannten Erfordernisse müssen die Mitgliedstaaten außerdem die erforderlichen Maßnahmen treffen, um für alle in den Anwendungsbereich der RL 2009/147 fallende Vogelarten eine **ausreichende Vielfalt und eine ausreichende Flächengröße der Lebensräume zu erhalten oder wieder herzustellen** (Art. 3 Abs. 1 RL 2009/147). In Art. 3 Abs. 2 RL 2009/147 werden in recht allgemeiner Form einige solcher Maßnahmen enumerativ aufgeführt, welche die Mitgliedstaaten treffen müssen. Sie können darüber hinaus auch noch weitere Maßnahmen vorsehen, da es sich bei Art. 3 Abs. 2 RL 2009/147 nicht um eine abschließende Regelung handelt. Zu diesen Maßnahmen gehört insbesondere die Erhaltung der Lebensräume der Vögel durch die **Einrichtung von Schutzgebieten** (Art. 3 RL 2009/147).[130] 46

Auch im Rahmen des Art. 3 Abs. 1 RL 2009/147 ist eine Interessenabwägung vorzunehmen, die sich allerdings auf die Wahl der zu treffenden Maßnahme bezieht, wobei bestimmte Maßnahmen (vgl. Art. 3 Abs. 2 RL 2009/147) aber jedenfalls zu ergreifen sind. Der Verweis auf Art. 2 Abs. 1 RL 2009/147 bringt jedoch keine Relativierung hinsichtlich der zu erreichenden Zielvorgaben des Art. 3 Abs. 1 Hs. 2 RL 2009/147 mit sich, der ohne „Vorbehalt" formuliert ist. 47

---

126 Zum Anwendungsbereich der Richtlinie insbesondere EuGH, Rs. 247/85 (Kommission/Belgien), Slg. 1987, 3029, Ziff. 6 f.; EuGH, Rs. C-149/94 (Vergy), Slg. 1996, I-299, Ziff. 8 f.
127 EuGH, Rs. C-202/94 (van der Feesten), Slg. 1996, I-355, Ziff. 11.
128 Vgl. insoweit auch die Ausführungen in EuGH, Rs. C-507/04 (Kommission/Österreich), Slg. 2007, I-5939, Ziff. 88 bzgl. Art. 1 RL 2009/147.
129 EuGH, Rs. 247/85 (Kommission/Belgien), Slg. 1987, 3029, Ziff. 8; EuGH, Rs. 262/85 (Kommission/Italien), Slg. 1987, 3073, Ziff. 8.
130 Für ein Beispiel einer Verletzung der Verpflichtung, die erforderlichen Maßnahmen zu ergreifen, um eine ausreichende Vielfalt und Flächengröße zu gewährleisten, EuGH, Rs. C-117/00 (Kommission/Irland), Slg. 2002, I-5335. In diesem Urteil ging es um die Überweidung durch Schafe in besonderen Schutzgebieten in Irland und die Beeinträchtigung des Lebensraumes des Schottischen Moorschneehuhns in Moor- und Heidegebieten.

b) Zur Einrichtung von Schutzgebieten

48 Für die in **Anhang I RL 2009/147** aufgeführten **(besonders bedrohten) Arten** sind besondere Schutzmaßnahmen hinsichtlich ihrer Lebensräume zu ergreifen. Diese umfassen die **Einrichtung von Schutzgebieten**, die flächen- und zahlenmäßig am geeignetsten sind (Art. 4 Abs. 1 RL 2009/147).[131] Für **nicht in Anhang I aufgeführte Zugvogelarten** haben die Mitgliedstaaten entsprechende Gebiete insbesondere zur Vermehrung und Überwinterung einzurichten (Art. 4 Abs. 2 RL 2009/147). Art. 4 RL 2009/147 ist im Verhältnis zu Art. 3 RL 2009/147 die speziellere Vorschrift, so dass im Falle ihres Eingreifens nicht mehr auf Art. 3 RL 2009/147 zurückzugreifen ist.[132]

Nach **Art. 7 RL 92/43**[133] unterstehen die gemäß **Art. 4 Abs. 1, 2 RL 2009/147** ausgewiesenen besonderen Schutzgebiete (nunmehr) dem **Schutzregime der Art. 6 Abs. 2-4 RL 92/43** (und nicht mehr Art. 4 Abs. 4 S. 1 RL 2009/147), womit ein **einheitliches Schutzregime für die besonderen Schutzgebiete nach der RL 2009/147 und nach der RL 92/43** zum Zuge kommt. Die RL 92/43 beantwortet aber nicht die Frage danach, unter welchen Voraussetzungen ein Gebiet zu einem besonderen Vogelschutzgebiet zu erklären ist, so dass insoweit allein die RL 2009/147 zum Zuge kommt[134] und es sich bei Art. 7 RL 92/43 lediglich um eine Rechtsfolgenverweisung handelt.[135] Im Übrigen betreffen Art. 6 Abs. 2-4 RL 92/43 lediglich spezifische Verpflichtungen in Bezug auf die Verschlechterung und die Störung der Habitate sowie in Bezug auf die Zulässigkeit von Plänen und Projekten. Hingegen regeln sie nicht Fragen des Schutzstatus' als solchen, insbesondere auch nicht die Frage nach den notwendigen Erhaltungs- und Schutzmaßnahmen, die für die unter die RL 92/43 fallenden Habitate in Art. 6 Abs. 1 RL 92/43 erwähnt sind. Vor diesem Hintergrund bestimmt sich die Tragweite der mitgliedstaatlichen Pflicht zur Ausweisung von Vogelschutzgebieten und zur effektiven Unterschutzstellung (abgesehen von den durch Art. 6 Abs. 2-4 RL 92/43 erfassten Konstellationen) allein nach Art. 4 Abs. 1, 2 RL 2009/147, aus dem sich eben auch – wie die Rechtsprechung bestätigt – die Pflicht ableiten lässt, den Schutzstatus so auszugestalten, dass effektive Schutzmaßnahmen im Hinblick auf die Verwirklichung der Zielsetzungen der Richtlinie in den Schutzgebieten ergriffen werden.

49 Diese Vorgaben entfalten – von den Mitgliedstaaten so wohl nicht vorausgesehene – erhebliche Auswirkungen auf die **Spielräume der Mitgliedstaaten im Bereich der Raumplanung.** Ihre Trag-

---

131 Vgl. in diesem Zusammenhang EuGH, Rs. C-334/89 (Kommission/Italien), Slg. 1991, I-93, in dem der EuGH den Verstoß Italiens gegen seine Pflicht zur Umsetzung dieser Bestimmung feststellte. Der räumliche Bezugsrahmen bei der Frage, nach Geeignetheit der Schutzgebiete ist national zu bestimmen, vgl. so wohl auch EuGH, Rs. C-418/04 (Kommission/Irland), Slg. 2007, I-10947; EuGH, Rs. C-235/04 (Kommission/Spanien), Slg. 2007, I-5414, Ziff. 42, wo der Gerichtshof das Argument, andere Mitgliedstaaten hätten nicht genügend Gebiete ausgewiesen, zurückwies. Zum Problemkreis, m.w.N., *Epiney*, in: Rechtsregime der Natura 2000-Schutzgebiete, 5 (25 f.).
132 EuGH, Rs. C-355/90 (Kommission/Spanien), Slg. 1993, I-4221, Ziff. 23.
133 Sog. Habitatrichtlinie oder FFH-Richtlinie, s. zu dieser unten 9. Kap. Rn. 54 ff.
134 Vgl. auch etwa *Gellermann*, Natura 2000, 17; *Jarass*, NuR 1999, 481 (483); *Thum*, NuR 2006, 687 f.
135 Ebenso *Proelß*, EuR 2005, 649 (655). Dies impliziert auch, dass Pläne und Projekte im Sinne des Art. 6 Abs. 4 RL 92/43 bei der Auswahl der Vogelschutzgebiete keine Rolle spielen dürfen, unabhängig von der Tatsache, dass etwa auch soziale oder wirtschaftliche Gründe nach Art. 6 Abs. 4 RL 92/43 die Durchführung eines Plans oder Projekts trotz Beeinträchtigung eines besonderen Schutzgebiets rechtfertigen können. So ausdrücklich EuGH, Rs. C-44/95 (Royal Society for the Protection of Birds), Slg. 1996, I-3805, Ziff. 41 f.; EuGH, Rs. C-3/96 (Kommission/Niederlande), Slg. 1998, I-3031, Ziff. 59; EuGH, Rs. C-209/04 (Kommission/Österreich), Slg. 2006, I-2755, Ziff. 40. Zum Problemkreis m.w.N. *Gellermann*, Natura 2000, 32.

weite kann – im Anschluss an die Rechtsprechung des EuGH, die durch die Fälle *Leybucht*[136] und *Santona*[137] eingeleitet wurde – folgendermaßen präzisiert werden:[138]

- Die Verpflichtung der Erhaltung der Lebensräume (Art. 3, 4 RL 2009/147) ist unbedingt zu verstehen, so dass sie **unabhängig von der konkreten Bedrohung** einer Vogelart zu erfüllen ist.[139] Die Mitgliedstaaten dürfen also nicht auf die Ausweisung von Schutzgebieten verzichten,[140] selbst wenn sie eine Reihe von Alternativmaßnahmen zum Schutz bestimmter bedrohter Populationen ergriffen haben.[141]

- Bei der **Ausweisung** bzw. **Auswahl von Schutzgebieten** steht den Mitgliedstaaten jedoch gleichwohl ein gewisser **Gestaltungsspielraum** zu,[142] wie sich aus der Formulierung in Art. 4 Abs. 1 RL 2009/147, wonach die „für die Erhaltung dieser Arten zahlen- und flächenmäßig am geeignetsten Gebiete" auszuweisen sind, schließen lässt.[143] Dieser ist aber durch die der Richtlinie zu entnehmenden Vorgaben begrenzt.[144] Ausschlaggebend muss dabei nach Art. 4 Abs. 1 S. 1 RL 2009/147 die Sicherstellung des Überlebens und der Vermehrung der betroffenen Arten sein. Darüber hinaus sind die in Art. 4 Abs. 2, 3 RL 2009/147 genannten Aspekte zu berücksichtigen. Diese erwähnen ausschließlich **Belange des Naturschutzes**. Deutlich wird damit die besondere Bedeutung, die der Erhaltung der Lebensräume und dem Schutz der betroffenen Vögel eingeräumt werden soll.

Damit ist bei der Auswahl der auszuweisenden Schutzgebiete zunächst und in erster Linie auf die erwähnten **ökologischen Belange** und **ornithologischen Gegebenheiten**[145] abzustellen,

---

136 EuGH, Rs. C-57/89 (Kommission/Deutschland), Slg. 1991, I-883; hierzu *Winter*, NuR 1992, 21 ff. In diesem Urteil ging es um Eindeichungsmaßnahmen in der Leybucht, die die nach Art. 4 Abs. 1 iVm Anhang I RL 2009/147 besonders geschützten Vögel belästigten und ihren zu einem besonderen Schutzraum erklärten Lebensraum beeinträchtigten. Der geplante Deich führte jedenfalls zu einer Verkleinerung des besonderen Schutzgebiets.
137 EuGH, Rs. C-355/90 (Kommission/Spanien), Slg. 1993, I-4221, hierzu *Winter*, ZUR 1994, 308 ff. Hier ging es um die Frage, ob die Unterlassung von Maßnahmen zur Erhaltung und Errichtung umweltgerechter Lebensräume und zur Wiederherstellung der in den Marismas von Santona zerstörten Biotope und die Nichtausweisung dieses Gebiets als Schutzgebiet sowie die Unterlassung von Maßnahmen zur Verhinderung der Verschmutzung und Verschlechterung der Lebensräume in diesem Gebiet mit den Vorgaben der Richtlinie in Einklang steht.
138 Ausführlich hierzu *Gellermann*, Natura 2000, 18 ff.; *Epiney*, in: Rechtsregime der Natura 2000-Schutzgebiete, 5 (19 ff.).
139 EuGH, Rs. C-355/90 (Kommission/Spanien), Slg. 1993, I-4221, Ziff. 15; EuGH, Rs. C-3/96, (Kommission/Niederlande), Slg. 1998, I-3031, Ziff. 55; EuGH, Rs. C-117/00 (Kommission/Irland), Slg. 2002, I-5335, Ziff. 15; EuGH, Rs. C-186/06 (Kommission/Spanien), Slg. 2007, I-12093, Ziff. 36.
140 Vgl. zu diesem „unbedingten Charakter" der Ausweisungspflicht auch etwa *Gellermann*, Natura 2000, 18 f., 22 f.; *Maaß*, NuR 2000, 121 (125); *Spannowsky*, UPR 2000, 41 (42); zumindest missverständlich in dieser Hinsicht *Jarass*, NuR 1999, 481 (483).
141 EuGH, Rs. C-418/04 (Kommission/Irland), Slg. 2007, I-10947, Ziff. 95.
142 Ausdrücklich auch EuGH, Rs. C-355/90 (Kommission/Spanien), Slg. 1993, I-4221, Ziff. 30. Aus der Literatur hierzu etwa *Iven*, NuR 1998, 528 (529); *Jarass*, NuR 1999, 481 (486); *Maaß*, NuR 2000, 121 (122); *Spannowsky*, UPR 2000, 41; *Gellermann*, Natura 2000, 21 f.; *Jarass*, UTR 2001, 263 ff.
143 Damit stellen aber auf der anderen Seite offensichtliche Unterschreitungen der an der Zahl und Gesamtfläche geeignetsten Gebiete durch die ausgewiesenen besonderen Schutzgebiete einen Verstoß gegen Art. 4 Abs. 1 RL 2009/147 dar. Dies wurde etwa in folgenden Urteilen bejaht: EuGH, Rs. C-3/96 (Kommission/Niederlande), Slg. 1998, I-3031, Ziff. 42 ff., 63 (wo im Vergleich zum IBA-Verzeichnis weniger als die Hälfte der Gebiete ausgewiesen wurde und zudem teilweise ein Rückgang der Bestände um mehr als 50 % zu verzeichnen war); EuGH, Rs. C-334/04 (Kommission/Griechenland), Slg. 2007, I-7495, Ziff. 35.
144 EuGH, Rs. C-355/90 (Kommission/Spanien), Slg. 1993, I-4221, Ziff. 26. Ausführlich zu diesen Vorgaben *Gellermann*, Natura 2000, 22 ff.
145 Zu den Kriterien zählen z.B. die Anzahl der geschützten Vögel, die in den betreffenden Gebieten leben, ihre Habitatqualität, ihre Bedeutung für bestimmte bedrohte Arten, ihre Störungsfreiheit, ihre Vernetzung mit anderen Gebieten. Ausführlich zu diesen Kriterien *Füßer*, NuR 2004, 701 (706 ff.); *Gellermann*, Natura 2000,

und es sind entsprechende wissenschaftliche Nachweise auf der Grundlage des „IBA-Verzeichnis"[146] zu erbringen.[147] Soziale und wirtschaftliche Belange fließen indessen nicht in die Abwägung mit ein. Der Unionsgesetzgeber hat nämlich durch die besondere Schutzverpflichtung in Art. 4 Abs. 1 RL 2009/147 schon selbst eine Abwägung getroffen. Daher können die dort erwähnten ökologischen Erwägungen nicht mit beliebigen öffentlichen Interessen – auch nicht mit wirtschaftlichen Interessen, obwohl diese in Art. 2 RL 2009/147 erwähnt werden – abgewogen und damit relativiert werden. Vielmehr darf nur mit außerordentlichen Gemeinwohlbelangen, denen ein größeres Gewicht als den ökologischen Gesichtspunkten zukommt (wozu im Wesentlichen der Schutz von Leben und Gesundheit von Menschen zählen), abgewogen werden.[148] Hierbei ist jedenfalls das Verhältnismäßigkeitsprinzip zu wahren, so dass eine ansonsten indizierte Ausweisung aus den genannten Gründen nur dann unterbleiben darf, wenn sie zum Schutz der übergeordneten Allgemeinwohlbelange absolut notwendig ist.[149] Dieser Ansatz findet seine dogmatische Begründung in dem Verhältnis von Art. 3, 4 RL 2009/147: Wenn Art. 4 RL 2009/147 im Verhältnis zu Art. 2, 3 RL 2009/147 die speziellere Vorschrift darstellt und für besonders gefährdete Vogelarten spezifische Schutzmaßnahmen vorsieht, dürfen die in dieser Vorschrift genannten ökologischen Erfordernisse – mangels eines Hinweises auf Art. 2 RL 2009/147 – nicht mit den in Art. 2 RL 2009/147 aufgezählten Belangen, insbesondere denen wirtschaftlicher Art, abgewogen werden.[150]

---

27 ff., der auch (40 ff.) auf die Frage der räumlichen Ausdehnung (maßgeblich ist das Territorium des entsprechenden Staates) eingeht; hierzu auch EuGH, Rs. C-209/04 (Kommission/Österreich), Slg. 2006, I-2755, Ziff. 36. Jedenfalls sind auf dieser Grundlage nicht nur ornithologisch besonders bedeutsame Gebiete auszuweisen, sondern die Ausweisung hat in Abhängigkeit von der Rolle des betreffenden Gebiets als Bestandteil des Gesamtgebiets zu erfolgen, vgl. EuGH, Rs. C-418/04 (Kommission/Irland), Slg. 2007, I-10947; so auch ausdrücklich *Schumacher/Schumacher*, UTR 2012, 99 (110). Vgl. in diesem Zusammenhang zur Problematik der Vereinbarkeit der Rekultivierung von Bergbaugebieten mit der Ausweisung von Schutzgebieten (sowohl nach der RL 2009/147 als auch nach der RL 92/43) *von Daniels/Appel*, NuR 2008, 685 ff.

146 Es handelt sich hier um ein von der Europäischen Gruppe für die Erhaltung der Vögel und Lebensräume gemeinsam mit dem Internationalen Rat für Vogelschutz in Zusammenarbeit mit Sachverständigen der Kommission erarbeitetes Verzeichnis von Gebieten, die für die Erhaltung der wildlebenden Vogelarten von besonderer Bedeutung sind. Vgl. die Ausführungen zu diesem Verzeichnis in EuGH, Rs. C-418/04 (Kommission/Irland), Slg. 2007, I-10947, Ziff. 40 ff. Ausführlich *Füßer*, NuR 2004, 701 (703 f.).

147 Der Gerichtshof anerkannte den wissenschaftlichen Wert dieses Verzeichnisses, vgl. EuGH, Rs. C-3/96 (Kommission/Niederlande), Slg. 1998, I-3031, Ziff. 42 f., 68 ff.; EuGH, Rs. C-374/98 (Kommission/Frankreich), Slg. 2000, I-10799, Ziff. 25; EuGH, Rs. C-235/04 (Kommission/Spanien), Slg. 2007, I-5415, Ziff. 23 ff.; EuGH, Rs. C-334/04 (Kommission/Griechenland), Slg. 2007, I-7495, Ziff. 25 ff.; EuGH, Rs. C-418/04 (Kommission/Irland), Slg. 2007, I-10947, Ziff. 51 ff. Zwar bedeutet dies nicht, dass das IBA-Verzeichnis als solches für die Schutzgebietsauswahl maßgeblich ist; jedoch ist es als Indiz und wissenschaftliche Grundlage zugrundezulegen, und jedenfalls stelle aber eine Ausweisung von nur 60 % der im IBA-Verzeichnis aufgeführten Gebiete als besondere Schutzgebiete eine offensichtliche Unterschreitung der auszuweisenden besonderen Schutzgebiete und damit eine Verletzung des Art. 4 Abs. 1 RL 2009/147 dar, vgl. EuGH Rs. C-334/04 (Kommission/Griechenland), Slg. 2007, I-7495, Ziff. 35; s. auch schon EuGH Rs. C-3/96 (Kommmission/Niederlande), Slg. 1998, I-3031, Ziff. 42 ff. Vgl. ausführlich hierzu *Gellermann*, Natura 2000, 29 f. Eher kritisch zur Art des Rückgriffs des EuGH auf das IBA-Verzeichnis *Füßer*, NuR 2004, 701 (703 ff.).

148 So wohl auch schon EuGH, Rs. C-355/90 (Kommission/Spanien), Slg. 1993, I-4221, Ziff. 18 f., 24 ff. Angesichts des Hinweises auf das *Leybucht*-Urteil ist nämlich davon auszugehen, dass der EuGH auch hier nur den Schutz von Leben und Gesundheit der Menschen gelten lassen will, vgl. *Winter*, ZuR 1994, 308; ausdrücklich auch EuGH, Rs. C-44/95 (Royal Society for the Protection of Birds), Slg. 1996, I-3805, Ziff. 28 ff. Aus der Literatur ebenso *Gellermann*, EUDUR II/1., § 78, Rn. 17; *Jarass*, NuR 1999, 481 (484); *Maaß*, NuR 2000, 121 (125); ausführlich *Gellermann*, Natura 2000, 30 ff.; anders aber wohl *Spannowsky*, UPR 2000, 41 (45).

149 Vgl. schon *Epiney*, UPR 1997, 301 (307). Der EuGH griff ausdrücklich im Zusammenhang mit der Verkleinerung von Schutzgebieten auf Verhältnismäßigkeitserwägungen zurück, vgl. EuGH, Rs. C-57/89 (Kommission/Deutschland), Slg. 1991, I-883, Ziff. 20 ff. (Leybucht).

150 So auch ausdrücklich EuGH, Rs. C-44/95 (Royal Society for the Protection of Birds), Slg. 1996, I-3805, Ziff. 25 f.; EuGH, Rs. C-378/01 (Kommission/Italien), Slg. 2003, I-2857, Ziff. 14 ff.; s. auch EuGH, Rs. C-202/01 (Kommission/Frankreich), Slg. 2002, I-11019. Aus der Literatur etwa *Rödiger-Vorwerk*, FFH-Richtlinie, 33 f.; *Gellermann*, EUDUR II/1, § 78, Rn. 17.

9. Kapitel Bewirtschaftung und Umweltressourcen

Daher hätte Spanien die *Marismas* von *Santona* als Schutzgebiet anerkennen müssen, handelt es sich hier doch um eines der bedeutendsten Ökosysteme der iberischen Halbinsel, das einer Vielzahl von Vogelarten als Überwinterungs- oder Rastplatz dient.[151]

Nach Art. 4 Abs. 2 RL 2009/147 sind „entsprechende Maßnahmen" für nicht im Anhang I aufgeführte regelmäßig auftretende Zugvogelarten zu ergreifen. Durch die Bezugnahme auf Art. 4 Abs. 1 RL 2009/147 wird klargestellt, dass bei Vorliegen der Voraussetzungen des Art. 4 Abs. 2 RL 2009/147 die Kriterien des Art. 4 Abs. 1 RL 2009/147 auch für die unter Absatz 2 fallenden Konstellationen Anwendung finden.[152]

Insgesamt müssen damit jedenfalls in Bezug auf Anzahl und Größe so viele Schutzgebiete eingerichtet werden, dass die **Ziele der Richtlinie** – Sicherstellung des Überlebens und der Vermehrung der betroffenen Vogelarten – **erreicht werden** können. Weiter dürfte Art. 4 Abs. 1, 2 RL 2009/147 dahingehend auszulegen sein, dass bestimmte, ornithologisch **besonders bedeutende Gebiete** jedenfalls zu Schutzgebieten zu erklären sind, kann sich hier doch der **Gestaltungs-** bzw. **Bewertungsspielraum der Mitgliedstaaten auf Null** reduzieren.[153] Damit wird der den Mitgliedstaaten zukommende **Gestaltungsspielraum** in Bezug auf die Auswahl der auszuweisenden Gebiete durchaus in nicht unerheblicher Weise **eingeschränkt**.

Wurde der Verpflichtung zur Ausweisung (zunächst) nicht nachgekommen, entfällt sie nicht zwingend, wenn das betreffende Gebiet nicht mehr am geeignetsten ist.[154] Denn auch bei rechtswidrigerweise fehlender Ausweisung besteht die Schutzverpflichtung aus Art. 4 Abs. 4 RL 2009/147 (bzw. Art. 7 i.V.m. Art. 6 Abs. 2-4 RL 92/43) fort,[155] abgesehen davon, dass es denkbar ist, dass das Gebiet im Falle des Ergreifens von Schutzmaßnahmen seine Eignung nicht verloren hätte.[156] Daher dürfte eine fortbestehende Ausweisungspflicht zumindest dann zu bejahen sein, wenn aufgrund nicht bestrittener wissenschaftlicher Studien Schutzmaßnahmen denkbar sind und die Möglichkeit der Wiederbesiedlung des streitigen Gebietes durch die relevanten Arten nicht ausgeschlossen ist.[157]

■ Zwar ist die **flächenmäßige** Verkleinerung eines einmal ausgewiesenen und damit geschützten Gebiets in der Richtlinie nicht geregelt. Sinn und Zweck der Richtlinie, insbesondere auch die besondere Bedeutung der Lebensräume der Vögel, lassen jedoch erkennen, dass eine solche Verkleinerung nur dann zulässig ist, wenn die **Voraussetzungen**, die in der Richtlinie für die Ausweisung formuliert werden, **nicht mehr vorliegen**, d.h. die Gebiete insbesondere (teilweise) **nicht (mehr) die „geeignetsten"** i.S.d. Art. 4 Abs. 1 UAbs. 4 RL 2009/147 sind, oder **außergewöhnliche Gründe des Allgemeinwohls** eine Verkleinerung notwendig erscheinen lassen.[158] Letztere müssen Vorrang vor Belangen des Umweltschutzes haben, was bei wirtschaftlichen Erwägungen jedenfalls nicht der Fall ist, so dass letztlich nur übergeordnete Allgemeinwohlinteressen, wie etwa Schutz von Leben und Gesundheit der Bevölkerung, hier angeführt werden können. Zudem müssen die Maßnahmen absolut notwendig sein und damit die geringstmögliche Verkleinerung des Schutzgebiets bewirken.[159]

---

151 EuGH, Rs. C-355/90 (Kommission/Spanien), Slg. 1993, I-4221, Ziff. 27 ff. S. auch EuGH, Rs. C-166/97 (Kommission/Frankreich), Slg. 1999, I-1719, in Bezug auf das Unterlassen Frankreichs, ein ausreichend großes Schutzgebiet im Seine-Ästuar auszuweisen; EuGH, Rs. C-96/98 (Kommission/Frankreich), Slg. 1999, I-8531, in Bezug auf das Unterlassen Frankreichs, ein ausreichend großes Schutzgebiet im Sumpfgebiet des Poitou auszuweisen. Für ein Beispiel einer offensichtlich unzureichenden Ausweisung auch EuGH, Rs. C-3/96 (Kommission/Niederlande), Slg. 1998, I-3031: Der EuGH betonte hier die alleinige Maßgeblichkeit der ökologischen Kriterien. Zu diesem Urteil *Iven*, NuR 1998, 528 ff.
152 EuGH, Rs. C-44/95 (Royal Society for the Protection of Birds), Slg. 1996, I-3805, Ziff. 31.
153 Spezifisch zu dieser „Ermessensreduktion" auf der Grundlage der Rechtsprechung des EuGH *Fisahn/Cremer*, NuR 1997, 268 (270 f.); *Bauer*, Durchsetzung des europäischen Umweltrechts, 245 ff.
154 EuGH, Rs. C-418/04 (Kommission/Irland), Slg. 2007, I-10947, Ziff. 83.
155 Zu den „faktischen Vogelschutzgebieten" noch sogleich im Text.
156 EuGH, Rs. C-418/04 (Kommission/Irland), Slg. 2007, I-10947, Ziff. 85 f.
157 In diese Richtung, unter Prüfung der im konkreten Falle relevanten Umstände, EuGH, Rs. C-418/04 (Kommission/Irland), Slg. 2007, I-10947, Ziff. 87 f., Ziff. 118 f.
158 EuGH, Rs. 57/89 (Kommission/Deutschland), Slg. 1991, I-883, Ziff. 19 (Leybucht); EuGH, Rs. C-191/05, (Kommission/Portugal), Slg. 2006, I-6853, Ziff. 13.
159 EuGH, Rs. C-57/89 (Kommission/Deutschland), Slg. 1991, I-883, Ziff. 20 ff.

Den Mitgliedstaaten steht in diesem Zusammenhang aber jedenfalls nicht der gleiche Beurteilungsspielraum wie bei der Ausweisung der Schutzgebiete zu,[160] da durch die Ausweisung selbst schon eine Anerkennung der Bedeutung der betreffenden Gebiete erfolgte und den Mitgliedstaaten hier die in Art. 4 Abs. 4 RL 2009/147 aufgeführten Verpflichtungen[161] obliegen, denen sie sich nicht einseitig entziehen können sollen.

Daher konnte die Eindeichung der *Leybucht* grundsätzlich nicht damit begründet werden, dass der Zugang zum Hafen für die Fischereiflotte der *Greetsiel* erhalten werden sollte; allerdings waren im Gegenzug „kompensatorische" ökologische Konsequenzen zu erwarten, so dass deshalb auch dieser Erwägung Rechnung getragen werden durfte. Dagegen hielt der EuGH Erwägungen zur Verhinderung von Überschwemmungen und zur Sicherstellung des Küstenschutzes auf jeden Fall für zulässig. Belangen des Umweltschutzes ist also nicht in jedem Fall ein absoluter Vorrang einzuräumen; ihnen kommt aber ein im Vergleich zu anderen Interessen hoher Stellenwert zu.[162]

Der Bau der Straße zwischen *Arganos* und *Santona*, die zu einer Verkleinerung eines Gebiets führte, das als Schutzgebiet hätte ausgewiesen werden müssen, konnte vor diesem Hintergrund nicht mit der Garantie eines besseren Straßenzugangs zu *Santona* gerechtfertigt werden.[163]

- Der mit der Ausweisung einhergehende **rechtliche Schutzstatus muss hinreichend effektiv** sein. Damit werden insbesondere hohe Anforderungen an die **Klarheit sowie die rechtliche Verbindlichkeit und Durchsetzbarkeit des Schutzstatus'** gestellt, damit die Schutzgebiete nicht jederzeit in Frage gestellt werden können.[164] Dies impliziert grundsätzlich einen Gesetzgebungsakt mit Außenwirkung[165] und eine hinreichende inhaltliche Bestimmtheit der Rechtspflichten, die auch aus materieller Sicht ausreichend sein müssen, um die Zielsetzungen der Richtlinie zu erreichen und die Durchsetzung diesbezüglicher Pflichten sicherzustellen.[166]
- Wird ein Gebiet nicht ausgewiesen, obwohl es nach den Vorgaben der Richtlinie aufgrund der erörterten Verdichtung des mitgliedstaatlichen Gestaltungsspielraums zu einer Auswei-

---

160 So wohl auch EuGH Rs. 57/89 (Kommission/Deutschland), Slg. 1991, I-883, Ziff. 20 (Leybucht); EuGH, Rs. C-355/90 (Kommission/Spanien), Slg. 1993, I-4221, Ziff. 35 (Santona); EuGH, Rs. C-191/05 (Kommission/Portugal), Slg. 2006, I-6853, Ziff. 35, wo der EuGH einen Verstoß Portugals gegen Art. 4 Abs. 1, 2 RL 2009/147 feststellte, da Portugal ein besonderes Schutzgebiet verkleinert hatte, ohne den wissenschaftlichen Nachweis erbracht zu haben, dass dieser Vorgang dem Wegfall oder dem Fehlen der ornithologischen Kriterien entspricht, die bei der Ausweisung des Schutzgebietes galten.
161 Zu diesen sogleich im Text.
162 Vgl. in diesem Zusammenhang auch *Zuleeg*, NJW 1993, 31 (35).
163 EuGH, Rs. C-355/90 (Kommission/Spanien), Slg. 1993, I-4221, Ziff. 35 ff.
164 Vgl. aus der Rechtsprechung etwa EuGH, Rs. C-166/97 (Kommission/Frankreich), Slg. 1999, I-1719; EuGH, Rs. C-96/98 (Kommission/Frankreich), Slg. 1999, I-8531; EuGH, Rs. C-415/01 (Kommission/Belgien), Slg. 2003, I-2081; EuGH, Rs. C-240/00 (Kommission/Finnland), Slg. 2003, I-2187, Ziff. 16 ff.; EuGH, Rs. C-418/04 (Kommission/Irland), Slg. 2007, I-10947. Die Rechtsprechung stellt damit hohe Anforderungen an die Unterschutzstellung und damit die Umsetzung, denen regelmäßig nur dann entsprochen wird, wenn der Schutzstatus ein eindeutiger ist, der verbindlich und rechtlich durchsetzbar ist, vgl. *Gellermann*, EUDUR II/1, § 78, Rn. 20; *Berner*, Habitatschutz, 167 ff.
165 Nach der Rechtsprechung muss die Abgrenzung der Schutzgebiete jedenfalls eine unbestreitbare rechtliche Verbindlichkeit aufweisen, damit die Schutzgebiete nicht jederzeit in Frage gestellt werden können, EuGH, Rs. C-415/01 (Kommission/Belgien), Slg. 2003, I-2081. S. auch EuGH, Rs. C-240/00 (Kommission/Finnland), Slg. 2003, I-2187, Ziff. 16 ff.
166 Vgl. zusammenfassend die allgemeinen Ausführungen zu den Anforderungen an die Umsetzung in EuGH, Rs. C-535/07 (Kommission/Österreich), Slg. 2010, I-9483, wo auf dieser Grundlage auch die Umsetzung in verschiedenen österreichischen Bundesländern geprüft wurde. Zu den Anforderungen an die Umsetzung von Richtlinien bereits oben 5. Kap. Rn. 122 ff.

9. Kapitel Bewirtschaftung und Umweltressourcen

sungspflicht hätte ausgewiesen werden müssen,[167] spricht man von „faktischen Vogelschutzgebieten".[168]
Bei faktischen Vogelschutzgebieten müssen die Mitgliedstaaten die (im Vergleich zu Art. 6 Abs. 2-4 RL 92/43 strengeren) Vorgaben des **Art. 4 Abs. 4 S. 1 RL 2009/147** beachten.[169] Art. 6 Abs. 2-4 RL 92/43 findet keine Anwendung, da die Rechtsfolgenverweisung des Art. 7 RL 92/43 zwingend eine ausdrückliche Ausweisung verlangt.

c) Spezifisch artenschutzrechtliche Maßnahmen

Der RL 2009/147 sind auch artenschutzrechtliche Verpflichtungen i.e.S. – die sich auf den direkten Schutz der Vogelarten und nicht auf deren Lebensräume beziehen – zu entnehmen. So sind **geeignete Maßnahmen zum (direkten) Schutz** der betroffenen Vogelarten zu ergreifen. Diese müssen insbesondere das Verbot der absichtlichen Tötung oder Fangens, der absichtlichen Zerstörung oder Beschädigung von Nestern und Eiern[170] sowie der Entfernung von Nestern, des Sammelns und Besitzens der Eier, der absichtlichen Störung und der Haltung der erfassten Vogelarten umfassen (Art. 5 RL 2009/147). Zudem ist der Verkauf der Vögel oder ihrer Teile zu verbieten (Art. 6 Abs. 1 RL 2009/147).

52

Abgesehen von den in der Richtlinie selbst vorgesehenen Ausnahmen kommt diesen Verboten „**absoluter Charakter**" zu, so dass die Mitgliedstaaten sie entsprechend umzusetzen haben.[171]

Ausnahmen können vom Verkaufsverbot für bestimmte, in Anhang III genannte Arten im Falle ihrer rechtmäßigen Tötung oder Gefangenhaltung gemacht werden (Art. 6 Abs. 2, 3 RL 2009/147). Darüber hinaus erlaubt Art. 7 RL 2009/147 unter bestimmten Voraussetzungen und für die im Anhang II aufgeführten Vogelarten die Jagd.[172] Art. 7 Abs. 4 RL 2009/147 verlangt in diesem Zusammenhang, dass bestimmten ökologischen Anforderungen Rechnung getragen wird.[173] Zudem dürfen Zugvögel nicht während der Nistzeit, während der einzelnen Phasen der Brut- und Aufzuchtzeit oder während der Rückkehr zu den Nistplätzen bejagt werden. Daher sind die Jagdzeiten so festzulegen, dass ein vollständiger, lückenloser Schutz während des Frühjahrzuges gewährleistet ist,[174] wobei den Besonderheiten der einzelnen Vogelarten Rechnung zu

---

167 Dabei erscheint es sachgerecht, auf den „formalen" Ausweisungsakt abzustellen, unabhängig davon, ob den materiellen Anforderungen der Art. 4 Abs. 1, 2 RL 2009/147 Rechnung getragen wurde, in diese Richtung wohl auch der Gerichtshof, vgl. EuGH, Rs. C-117/00 (Kommission/Irland), Slg. 2002, I-5335, Rn. 25 ff.; ebenso wohl EuGH, Rs. C-240/00 (Kommission/Finnland), Slg. 2003, I-2187, Rn. 18 ff. Wie hier auch etwa *Thum*, NuR 2006, 687 (691 f.). Zum Problemkreis *Epiney*, in: Rechtsregime der Natura 2000-Schutzgebiete, 5 (31 ff.).
168 Vgl. etwa *Gellermann*, EUDUR II/1, § 78, Rn. 18. Ausführlich zur „Identifizierung" solcher „faktischen Vogelschutzgebiete" *Maaß*, NuR 2000, 121 ff.; *Stüber*, NuR 1998, 531 ff.; zur Problematik auch *Maaß*, ZUR 2000, 162 ff.; *Füßer*, NVwZ 2005, 144 ff.; *Bauer*, Durchsetzung des europäischen Umweltrechts, 240 ff.
169 EuGH, Rs. C-355/90 (Kommission/Spanien), Slg. 1993, I-4221, Ziff. 22 (Santona); EuGH, Rs. C-96/98 (Kommission/Frankreich), Slg. 1999, I-8531, Ziff. 41; EuGH, Rs. C-374/98 (Kommission/Frankreich), Slg. 2000, I-10799, Ziff. 43 ff.; EuGH, Rs. C-186/06 (Kommission/Spanien), Slg. 2007, I-12093, Ziff. 27 f.; EuGH, Rs. C-418/04 (Kommission/Irland), Slg. 2007, I-10947, Ziff. 172 ff.
170 Hierzu EuGH, Rs. 252/85 (Kommission/Frankreich), Slg. 1988, 2243, Ziff. 9, wonach diese Verpflichtung „ohne zeitliche Beschränkung" gilt, um einen ununterbrochenen Schutz des Lebensraums zu gewährleisten.
171 EuGH, Rs. 252/85 (Kommission/Frankreich), Slg. 1988, 2243, Ziff. 19. EuGH, Rs. C-159/99 (Kommission/Italien), Slg. 2001, I-4007, Ziff. 29 ff. Dies impliziert auch, dass es nicht mit Art. 5 RL 2009/147 vereinbar ist, wenn das nationale Recht Handlungen aus dem Verbot ausnimmt, die bei der „ordnungsgemäßen land-, forst- oder fischereiwirtschaftlichen Bodennutzung" oder bei der „Verwertung der dabei gewonnenen Erzeugnisse" vorgenommen werden, denn die Ausnahmen des Art. 9 RL 2009/147 sind hier zumindest nicht allgemein einschlägig. Vgl. EuGH, Rs. 412/85 (Deutschland/Kommission), Slg. 1987, 3503, Ziff. 6 f., 15.
172 Vgl. spezifisch hierzu unter Hinweis auf die Frankreich betreffenden Urteile des EuGH *Lagrange*, RJE 2000, 5 ff.
173 Dabei müssen die Vorgaben der Richtlinie klar und unmissverständlich umgesetzt werden, wobei an diese Anforderungen im Rahmen der Vogelschutzrichtlinie ein besonders strenger Maßstab anzulegen ist, kommt der Genauigkeit ihrer Umsetzung doch insofern eine große Bedeutung zu, als die Verwaltung des gemeinsamen Erbes den Mitgliedstaaten für ihr jeweiliges Hoheitsgebiet anvertraut ist, vgl. EuGH, Rs. C-38/99 (Kommission/Frankreich), Slg. 2000, I-10941, Ziff. 53.
174 EuGH, Rs. C-157/89 (Kommission/Italien), Slg. 1991, I-57, Ziff. 14; EuGH, Rs. 435/92 (Association pour la protection des animaux sauvages), Slg. 1994, I-67, Ziff. 11 f.; EuGH, Rs. C-38/99 (Kommission/Frankreich), Slg. 2000, I-10941, Ziff. 15 ff. (auch im Zusammenhang mit der Festlegung von Stichtagen).

tragen ist.[175] Die Vogelarten, für die derartige Ausnahmen zulässig sind, ergeben sich abschließend aus den einschlägigen Anhängen.[176] Zu verbieten ist jedoch nach Art. 8 RL 2009/147 jedenfalls die Zulassung von Einrichtungen oder Methoden, die die Tötung von Vögeln in Mengen ermöglichen.[177]

53 Darüber hinaus erlaubt **Art. 9 RL 2009/147** den Mitgliedstaaten, von den **Verboten der Art. 5-8 RL 2009/147** abzuweichen, wobei jedoch **drei kumulativ zu erfüllende Voraussetzungen** – deren Vorliegen von den Mitgliedstaaten zu beweisen ist[178] – gegeben sein müssen:[179]

- Es muss einer der in Art. 9 Abs. 1 lit. a)-c) RL 2009/147 abschließend[180] aufgeführten Gründe vorliegen.

  Es handelt sich hierbei z.b. um den Schutz der Gesundheit und der Sicherheit der Luftfahrt, Forschungs- und Unterrichtszwecke. Nach der Rechtsprechung des Gerichtshofs kann auch die als Freizeitbeschäftigung ausgeübte Jagd auf wild lebende Vögel grundsätzlich eine „vernünftige Nutzung" im Sinne des Art. 9 Abs. 1 lit. c) RL 2009/147 darstellen.[181]

- Die Abweichung muss auf die Fälle beschränkt sein, in denen es zur Verfolgung der in Art. 9 Abs. 1 RL 2009/147 aufgeführten Ziele **keine andere zufriedenstellende Lösung** gibt. „Zufriedenstellend" ist eine andere Lösung wohl zumindest immer dann, wenn das angestrebte Ziel mit einem anderen Mittel und vertretbarem Aufwand erreicht werden kann. Zudem kann aus diesem Kriterium gefolgert werden, dass die Abweichungen tatsächlich auf bestimmte eingegrenzte Situationen zu beschränken sind, so dass keine allgemeinen Ausnahmen möglich sind.[182]

  Daher steht etwa eine staatliche Bestimmung, die die Bejagung bestimmter Arten vorbehaltlich anderslautender Regelungen der Regionalbehörden grundsätzlich gestattet, nicht mit den Schutzanforderungen der Richtlinie in Einklang.[183]

  Der Gerichtshof dürfte zudem davon ausgehen, dass Art. 9 RL 2009/147 nur herangezogen werden kann, wenn der Grundsatz der **Verhältnismäßigkeit** beachtet ist.[184]

---

175 Gestaffelte Daten für das Ende der Jagdzeit für die einzelnen Vogelarten verhinderten jedoch einen solchen lückenlosen Schutz, werden hierdurch doch alle Tiere in einem ständigen Alarmzustand gehalten, EuGH, Rs. 435/92 (Association pour la protection des animaux sauvages), Slg. 1994, I-67, Ziff. 15 ff.; EuGH, Rs. C-38/99 (Kommission/Frankreich), Slg. 2000, I-10941, Ziff 43.
176 EuGH, Rs. 247/85 (Kommission/Belgien), Slg. 1987, 3029, Ziff. 7, 14 ff.; EuGH, Rs. 262/85 (Kommission/Italien), Slg. 1987, 3073, Ziff. 18; EuGH, Rs. C-159/99 (Kommission/Italien), Slg. 2001, I-4007, Ziff. 29 ff.
177 Anhang IV nennt in diesem Zusammenhang einige Methoden und Einrichtungen, die auf jeden Fall zu untersagen sind. Zur Auslegung des Art. 8 RL 2009/147 EuGH, Rs. 262/85 (Kommission/Italien), Slg. 1987, 3073, Ziff. 28 f.
178 EuGH, Rs. C-157/99 (Kommission/Italien), Slg. 1991, I-57, Ziff. 16 f.; EuGH, Rs. C-118/94 (WWF u.a./Region Venezien), Slg. 1996, I-1223, Ziff. 19 ff.; EuGH, Rs. C-344/03 (Kommission/Finnland), Slg. 2006, I-6853, Ziff. 38 ff.
179 Zu den Anforderungen des Art. 9 Abs. 1 RL 2009/147 schon EuGH, Rs. 247/85 (Kommission/Belgien), Slg. 1987, 3029, Ziff. 27 f., 34; EuGH, Rs. 262/85 (Kommission/Italien), Slg. 1987, 3073, Ziff. 14; EuGH, Rs. C-118/94 (WWF/Region Venezien), Slg. 1996, I-1223, Ziff. 19 ff.
180 Ausdrücklich EuGH, Rs. 247/85 (Kommission/Belgien), Slg. 1987, 3029, Ziff. 34.
181 Vgl. EuGH, Rs. C-182/02 (Ligue pour la protection des oiseaux), Slg. 2003, I-12105, Ziff. 10 f. Zu diesem Kriterium auch EuGH, Rs. C-10/96 (Ligue Royale belge pour la protection des oiseaux), Slg. 1996, I-6775, Ziff. 15 f., 23 ff. Zur Auslegung des in dieser Bestimmung ebenfalls verwendeten Begriffs der „geringen Menge" EuGH, Rs. C-60/05 (WWF Italia u.a.), Slg. 2006, I-5083, Ziff. 28 ff. (wonach bei den „geringen" Mengen auf den Gesamtmitgliedstaat, nicht auf Untereinheiten, als Referenzgröße abzustellen ist); EuGH, Rs. C-344/03 (Kommission/Finnland), Slg. 2007, I-9215, Ziff. 53 ff.
182 S. zu diesem Kriterium EuGH, Rs. 247/85 (Kommission/Belgien), Slg. 1987, 3029, Ziff. 27 f.; EuGH, Rs. C-182/02 (Ligue pour la protection des oiseaux), Slg. 2003, I-12105, Ziff. 14; EuGH, Rs. C-344/03 (Kommission/Finnland), Slg. 2006, I-6853, Ziff. 35 ff.
183 EuGH, Rs. C-157/89 (Kommission/Italien), Slg. 1991, I-57, Ziff. 16 f.
184 EuGH, Rs. C-76/08 (Kommission/Malta), Slg. 2009, I-8213. Zu diesem Urteil *Epiney*, EurUP 2010, 134 (139 f.).

9. Kapitel Bewirtschaftung und Umweltressourcen

■ Schließlich ist den in Art. 9 Abs. 2 RL 2009/147 aufgeführten **formalen Anforderungen** zu entsprechen, die insbesondere eine Überprüfung der Einhaltung der materiellen Kriterien ermöglichen sollen.[185]

Insgesamt sind diese Voraussetzungen – die letztlich sicherstellen sollen, dass die zwar grundsätzlich möglichen relativ weitgehenden Abweichungen von der allgemeinen Schutzregelung nur in konkreten und gezielten Fällen möglich sind, um besonderen (Ausnahme-)Situationen Rechnung zu tragen – eher restriktiv ausgestaltet, so dass insbesondere die Zulässigkeit der Jagd auf die geschützten Vogelarten sehr strengen Voraussetzungen unterliegt.[186]

d) Sonstige Bestimmungen

Schließlich enthält die RL 2009/147 noch eine Reihe **weiterer Bestimmungen** (Art. 10 zur **Forschung**, Art. 11 zur **Vermeidung von Nachteilen für die örtliche Tier- und Pflanzenwelt** durch die etwaige Ansiedlung wildlebender, nicht in Europa beheimateter Vogelarten, Art. 12 zur **Berichterstattung** durch die Mitgliedstaaten sowie in Art. 13 ein **allgemeines Verschlechterungsverbot**). 54

Nach **Art. 14 RL 2009/147** stellen die Bestimmungen der Richtlinie nur **Mindestvorschriften** dar, wobei die damit einhergehende Befugnis, strengere Schutzmaßnahmen zu ergreifen, nach Ansicht des EuGH[187] nur den Mitgliedstaaten zugute kommen soll, in denen die fraglichen Vögel auch beheimatet sind. Damit wird – angesichts der Wechselwirkungen der natürlichen Lebensgrundlagen und des gemeinsamen Interesses aller Staaten an der Erhaltung der biologischen Vielfalt überraschenderweise – eine Art gemeinsame Verantwortung für vom Aussterben bedrohte Arten verneint. 55

Diese einschränkende Auslegung steht denn auch im Widerspruch zu der Prämisse, dass der Artenschutz unter der gemeinsamen Verantwortung der Mitgliedstaaten steht.[188] Dann aber erscheint es sinnvoll, dass auch „extraterritoriale Zielsetzungen" durch solche strengeren Maßnahmen verfolgt werden können.[189]

2. Zur RL 92/43 (Habitatrichtlinie)

Der Ansatz der **RL 92/43** zur Erhaltung der natürlichen Lebensräume sowie der wildlebenden Tiere und Pflanzen (Habitat- oder auch FFH-Richtlinie) ist insofern weiter als derjenige der Vogelschutzrichtlinie, als sie nicht nur den Schutz bestimmter Arten, sondern allgemein die Erhaltung natürlicher Räume und des europäischen Naturerbes insgesamt bezweckt.[190] Konzeptionell greift sie den Ansatz der Vogelschutzrichtlinie auf, indem sie ein „zusammenhängendes europäisches ökologisches Netz"[191] besonderer Schutzgebiete errichten will. **Art. 2 RL 92/43** sind die wesentlichen **Zielsetzungen** und Ausrichtungen der Richtlinie zu entnehmen:[192] Die bedrohte Artenvielfalt soll durch die Erhaltung der natürlichen Lebensräume geschützt werden. 56

---

185 Vgl. auch EuGH, Rs. 262/85 (Kommission/Italien), Slg. 1987, 3073, Ziff. 39; zur Auslegung dieser Voraussetzung (wobei der EuGH einen eher strengen Standard anlegt) auch EuGH, Rs. 247/85 (Kommission/Belgien), Slg. 1987, 3029, Ziff. 34. Der Kommission ist weiter nach Art. 9 Abs. 3 RL 2009/147 ein jährlicher Bericht über die Anwendung dieses Artikels der Richtlinie zu übermitteln.
186 Vgl. die Auflistung der Kriterien in EuGH, Rs. C-182/02 (Ligue pour la protection des oiseaux), Slg. 2003, I-12105, Ziff. 14 ff.
187 EuGH, Rs. C-169/89 (Gourmetterie van den Burg), Slg. 1990, I-2143.
188 Vgl. EuGH, Rs. 247/85 (Kommission/Belgien), Slg. 1987, 3029, Ziff. 6 f., 22; EuGH, Rs. C-149/94 (Vergy), Slg. 1996, I-299, Ziff. 8 f., 17 f.; EuGH, Rs. C-507/04 (Kommission/Österreich), Slg. 2007, I-5939, Ziff. 98 f.
189 Zur Problematik im Zusammenhang mit Art. 34 AEUV *Kahl*, Umweltprinzip, 192 f.; *Middeke*, Nationaler Umweltschutz, 167 f.; *Weiher*, Nationaler Umweltschutz (5. Kap. E.II.), 99 ff.; unter Bezugnahme auf die Rechtsprechung des EuGH *Epiney*, EurUP 2009, 94 (96 f.). S. auch schon oben 5. Kap. Rn. 86.
190 Der Anwendungsbereich der RL 2009/147 erstreckt sich hingegen nur auf die in den Mitgliedstaaten heimischen Vögel. Zu diesem Aspekt etwa *de Sadeleer*, YEEL 2005, 215 (219).
191 Erwägung 6 RL 92/43.
192 Zu den Zielsetzungen der Richtlinie etwa *Kador*, FFH-Richtlinie, 13 f.; *von Keitz*, Rechtsschutz Privater gegen FFH-Gebiete, 43 f.; *Wichert*, Natura 2000, 21 ff.; *Berg*, Europäisches Naturschutzrecht, 11 ff.; *Müller*, Umwelt- und Naturschutzrecht, 90 f.; *Günther*, EurUP 2006, 94, jeweils m.w.N.

Gleichzeitig jedoch sollen die aufgrund der Richtlinie getroffenen Maßnahmen den Anforderungen von Wirtschaft, Gesellschaft und Kultur sowie den regionalen Besonderheiten Rechnung tragen.[193]

57 Im Einzelnen sind der Richtlinie insbesondere Vorgaben über die Ausweisung und Errichtung der Schutzgebiete (a), schutzgebietsspezifische Maßnahmen (b) und Bestimmungen zum Artenschutz (c) zu entnehmen; hinzu kommen einige sonstige Vorschriften (d).

a) Ausweisung und Errichtung der Schutzgebiete

58 Kernelement der Richtlinie[194] ist die Errichtung eines „kohärenten europäischen Netzes besonderer Schutzgebiete mit der Bezeichnung Natura 2000" (Art. 3 Abs. 1 RL 92/43). Dieses Netz soll aus natürlichen Lebensraumtypen, die in Anhang I näher umschrieben sind, und sog. Habitaten für bestimmte Arten im Sinne des Anhangs II bestehen. Ziel ist die Sicherung des Fortbestandes oder ggf. die Wiederherstellung eines günstigen Erhaltungszustandes der so erfassten und geschützten natürlichen Lebensraumtypen und Arten.

59 Hierzu muss jeder Mitgliedstaat[195] „im Verhältnis der in seinem Hoheitsgebiet vorhandenen (...) Lebensraumtypen und Habitate" zur Errichtung von Natura 2000 beitragen. Zu diesem Zweck sind nach den Vorgaben insbesondere des Art. 4 RL 92/43 **besondere Schutzgebiete auszuweisen.** Diese Ausweisung erfolgt nach den Vorgaben des Art. 4 RL 92/43 in einem Verfahren, an dem **Mitgliedstaaten und Union** zusammenwirken, wobei folgende Etappen unterschieden werden können:[196]

- In einem ersten Schritt legen die **Mitgliedstaaten**[197] eine **Liste von Gebieten** vor, in der die Lebensraumtypen (Anhang I) und einheimischen Arten (Anhang II) aufgeführt sind (Art. 4 Abs. 1 RL 92/43). Die materiellen Auswahlkriterien hierfür ergeben sich aus Anhang III RL 92/43.

    Deutlich wird damit auch, dass die dabei zu berücksichtigende Bewertung der auszuweisenden Gebiete ausschließlich anhand der Vorgaben des Anhangs III sowie einschlägiger wissenschaftlicher Informationen zu erfolgen hat (Art. 4 Abs. 1 RL 92/43). Den Mitgliedstaaten verbleibt demnach im Rahmen der ihnen obliegenden Bezeichnung der Schutzgebiete nur ein geringer Spielraum.[198] Insbesondere ist ihnen eine Interessenabwägung grundsätzlich verwehrt. Hintergrund ist der Umstand, dass Natura 2000 mit den anderen Mitgliedstaaten abzustimmen ist, so dass die Kommission zunächst einmal über alle potenziellen Gebiete in Kenntnis zu setzen ist.[199] Die Möglichkeit der Berücksichtigung wirtschaftlicher, so-

---

193 *Breuer*, Entwicklungen des Europäischen Umweltrechts, 68, spricht in diesem Zusammenhang davon, dass die Richtlinie auf diese Weise den Konflikt benenne, ohne jedoch auf abstrakter Ebene eine Lösung vorzuzeichnen.
194 S. den instruktiven Überblick, mit Bezug zur Umsetzung in Deutschland, bei *Louis*, NuR 2012, 385 ff.
195 Zur Frage der Geltung der RL 92/43 in der ausschließlichen Wirtschaftszone *Czybulka*, NuR 2001, 19 ff.
196 Vgl. zu diesem Verfahren *Freytag/Iven*, NuR 1995, 109 (110 f.); *Gellermann*, EUDUR II/1, § 78, Rn. 23 ff.; *Gellermann*, Natura 2000, 45 ff.; *Gebhard*, NuR 1999, 361 (362 ff.); *Fisahn/Cremer*, NuR 1997, 268 ff., 274 ff.; ausführlich *Wichert*, Natura 2000, 24 ff., der im Einzelnen auf die im Verfahren niedergelegte Kooperation zwischen Union und Mitgliedstaaten eingeht; unter besonderer Berücksichtigung der Beteiligung der Mitgliedstaaten *Koch*, UTR 2002, 69 ff.
197 Innerhalb einer Frist von drei Jahren, die inzwischen selbstredend abgelaufen ist. Die Mitgliedstaaten haben diese Frist häufig versäumt. Vgl. die Vertragsverletzungsverfahren EuGH, Rs. C-67/99 (Kommission/Irland), Slg. 2001, I-5757; EuGH, Rs. C-71/99 (Kommission/Deutschland), Slg. 2001, I-5811; EuGH, Rs. C-220/99 (Kommission/Frankreich), Slg. 2001, I-5831.
198 So auch etwa *Gellermann*, Natura 2000, 50 ff.; *Berner*, Habitatschutz, 72; *Köck*, EuUP 2008, 154 (155); *von Keitz*, Rechtsschutz Privater gegen FFH-Gebiete, 49 f.; im Einzelnen auch schon *Epiney*, in: Rechtsregime der Natura 2000-Schutzgebiete, 5 (40 ff.).
199 Ausdrücklich EuGH, Rs. C-371/98 (First Corporate Shipping), Slg. 2000, I-9235, Ziff. 22 ff.; zu diesem Urteil *Maaß*, ZUR 2001, 80 f.; vgl. auch EuGH, Rs. C-67/99 (Kommission/Irland), Slg. 2001, I-5757; EuGH, Rs. C-71/99 (Kommission/Deutschland), Slg. 2001, I-5811; EuGH, Rs. C-220/99 (Kommission/Frankreich), Slg. 2001, I-5831, wo der EuGH jeweils betont, dass die Kommission über ein umfassendes Verzeichnis der Gebiete verfügen müsse, denen auf nationaler Ebene erhebliche ökologische Bedeutung für das Ziel der Erhaltung der natürlichen Lebensräume sowie der wild lebenden Tiere und Pflanzen im Sinne der Richtlinie zukommt. Denn nur auf diese Weise sei das von der RL 92/43 gesetzte Ziel der Wahrung oder Wiederherstellung eines günstigen Erhal-

9. Kapitel Bewirtschaftung und Umweltressourcen

zialer oder kultureller Interessen besteht dagegen wohl im Rahmen der Ausarbeitung des Entwurfs einer Liste der Gebiete von unionsweiter Bedeutung durch die Kommission, ist die Liste doch u.a. im Einvernehmen mit den betreffenden Mitgliedstaaten zu erstellen (Art. 4 Abs. 2, 3 RL 92/43).

▪ Auf dieser Grundlage und unter Beachtung der in Anhang III festgelegten Kriterien erstellt die **Kommission** im Einvernehmen mit den betroffenen Mitgliedstaaten innerhalb von sechs Jahren den **Entwurf einer Liste der Gebiete von unionsweiter Bedeutung (besondere Schutzgebiete)**, die Gebiete mit prioritären natürlichen Lebensraumtypen oder prioritären Arten zudem speziell kennzeichnet (Art. 4 Abs. 2, 3 RL 92/43). Gebiete mit prioritären Lebensräumen und / oder Arten sind wegen ihrer besonderen Schutzwürdigkeit in jedem Fall in den Entwurf zu übernehmen,[200] und ansonsten ist auch hier – da die Kriterien des Anhangs III entscheidend sind – allein nach **naturschutzfachlichen Kriterien** zu entscheiden, so dass sozioökonomische Belange auszublenden sind.[201] Die **Erstellung der definitiven Liste** erfolgt nach dem **Ausschussverfahren** des Art. 21 RL 92/43.[202]
Kommt es bei diesem einvernehmlichen Verfahren zu Schwierigkeiten, kann die Kommission im Rahmen des sog. Konzertierungsverfahrens des Art. 5 RL 92/43 anregen, dass der Rat ein bestimmtes Gebiet (einstimmig) als Gebiet von unionsweiter Bedeutung bezeichnet. Letztlich kann damit gegen den Willen eines Mitgliedstaates kein Gebiet als besonderes Schutzgebiet ausgewiesen werden.

▪ Nach spätestens weiteren sechs Jahren hat der betreffende **Mitgliedstaat** die als von unionsweiter Bedeutung bezeichneten Gebiete als **besondere Schutzgebiete auszuweisen,** wobei auch Prioritäten für die Wahrung oder Wiederherstellung des natürlichen Lebensraumes oder einer prioritären Art festzulegen sind (Art. 4 Abs. 4 RL 92/43).[203]

---

tungszustands dieser natürlichen Lebensraumtypen und Habitate der Arten in ihrem natürlichen Verbreitungsgebiet, das sich über eine oder mehrere Binnengrenzen der Union erstrecken kann, zu erreichen. Aus der Literatur etwa *Berner,* Habitatschutz, 72.

200 Ebenso etwa *Halama,* NVwZ 2001, 506 (509); *Köck,* EurUP 2008, 154 (156); GA *Léger,* Schlussanträge, Rs. C-371/98 (First Corporate Shipping), Slg. 2000, I-9235, Rn. 47; *von Keitz,* Rechtsschutz Privater gegen FFH-Gebiete, 50, 70; *Gellermann,* EUDUR II/1, § 78, Rn. 23. Gegen diesen Ansatz kann auch nicht das Urteil des EuGH in der Rs. C-117/03, EuGH, Rs. C-117/03 (Dragaggi), Slg. 2005, I-167, Ziff. 24, angeführt werden: Denn hier betont der EuGH lediglich, dass in den Fällen, in denen die Kommission – entgegen der Ansicht des Mitgliedstaates – zum Schluss kommt, dass in dem betreffenden Gebiet keine prioritären Lebensräume oder Arten beherbergt werden, eine Aufnahmepflicht in die Liste zu verneinen ist. Falls die zwingend in die Unionsliste zu übernehmenden prioritären Gebiete mehr als 5 % des Hoheitsgebiets eines Mitgliedstaats ausmachen, erlaubt Art. 4 Abs. 2 Uabs. 2 RL 92/43 eine „flexible Handhabung" der Kriterien, hierzu etwa *Rödiger-Vorwerk,* FFH-Richtlinie 1998, 71; *Fischer-Hüftle,* ZUR 1999, 66.

201 Ausdrücklich *Köck,* EurUP 2008, 154 (156); *von Keitz,* Rechtsschutz Privater gegen FFH-Gebiete, 70. S. auch EuGH, Rs. C-226/08 (Stadt Papenburg), Slg. 2010, I-131: Hier hielt der Gerichtshof fest, dass die Mitgliedstaaten ihr Einvernehmen zur Aufnahme eines Gebiets in die Unionsliste nur aus naturschutzfachlichen Gründen verweigern dürften. Denn schon Anhang III RL 92/43 zähle die Gründe auf, die für die Auswahl der betreffenden Gebiete maßgeblich seien und nach naturschutzrechtlichen Kriterien, worauf gefolgert werden können, dass andere Kriterien bei dem im Einvernehmen zwischen Kommission und Mitgliedstaaten erfolgenden Festlegung der Gebiete von Unionsbedeutung keine Rolle spielen dürften. Eine andere Sicht gefährdete die Realisierung der Zielsetzungen der Richtlinie. An diesem Schluss ändere auch Art. 2 Abs. 3 RL 92/43, der gewisse andere Belange erwähnt, nichts, da diese Bestimmung keine Abweichung von der durch die Richtlinie vorgegebenen allgemeinen Schutzregelung begründen könne.

202 Auf diese Weise wird der Beteiligung der Vertreter der Mitgliedstaaten an der Festlegung der verbindlichen unionsweiten Liste der Gebiete von unionsweiter Bedeutung sichergestellt.

203 Vgl. zum Rechtsschutz eines Grundstückseigentümers gegen die Eintragung eines Gebiets in die Unionsliste EuGH, Rs. C-362/06 P (Markku Sahlstedt), Slg. 2009, I-2903, wo der Gerichtshof die individuelle Betroffenheit verneinte, hierzu *Epiney,* EurUP 2010, 134 (138 f.). Zum Rechtsschutz, m.w.N., auch *Meßerschmidt,* Europäisches Umweltrecht, § 13, Rn. 64 ff., der zutreffend darauf hinweist, dass den Ansatz des Gerichtshofs letztlich dazu führt, dass Rechtsschutz erst gegen die endgültige Unterschutzstellung eines Gebiets auf nationaler Ebene, nach einem jahrelangen Verfahren, möglich sei, womit der Effektivität des Rechtsschutzes nicht gedient sei. Zum Rechtsschutz auch *Gärditz,* ZUR 2006, 536 ff.; *Kahl/Gärditz,* NuR 2005, 555 ff.; *Kahl/Gärditz,* Jahrbuch des Agrarrechts 2006, 155 ff. Zum Spannungsfeld zwischen den Vorgaben der Richtlinie und der Eigentumsfreiheit *Kahl/Gärditz,* ZUR 2006, 1 ff.

519

Die nach der RL 2009/147 ausgewiesenen Schutzgebiete werden „automatisch" Bestandteil von Natura 2000 (Art. 3 Abs. 1 S. 3 RL 92/43).[204] Für diese Gebiete gelten dann die Schutzpflichten der Habitatrichtlinie (Art. 7 RL 92/43), so dass diese für die geregelten Fragen an Stelle der Pflichten aus der Vogelschutzrichtlinie treten[205] und die Pflichten der Art. 6 Abs. 2-4 RL 92/43 immer dann Anwendung finden, wenn ein Gebiet zum Schutzgebiet erklärt wurde.[206] Allerdings erfolgt ihre Ausweisung nach wie vor ausschließlich auf der Grundlage der RL 2009/147, so dass es sich hier (nur) um eine Rechtsfolgenverweisung in Bezug auf die aus der Unterschutzstellung eines Gebiets folgenden Maßnahmen handelt.[207] Daher können die in Art. 6 Abs. 4 RL 92/43 eingeschlossenen wirtschaftlichen Erwägungen zwar bei einem Projektvorhaben im Rahmen des Verfahrens der Art. 6 Abs. 3, 4 RL 92/43 berücksichtigt werden;[208] bei der Ausweisung des Gebiets jedoch sind die Kriterien – falls die Voraussetzungen vorliegen – des Art. 4 RL 2009/147 maßgebend, so dass hier wirtschaftliche Gründe gerade nicht berücksichtigt werden dürfen.[209] Deutlich wird damit auch, dass die Integration der Vogelschutzgebiete in „Natura 2000" mit einer gewissen Aufweichung der strengeren Kriterien der RL 2009/147 einhergeht.[210]

Den Mitgliedstaaten steht also im Falle der Ausweisung eines Gebiets als Schutzgebiet in der Unionsliste kein Ermessen hinsichtlich des „Ob" der Ausweisung auf nationaler Ebene zu; die **Aufnahme in die Unionsliste** zieht vielmehr eine **Verpflichtung zur Ausweisung** nach sich. Ein Gestaltungsspielraum ist ihnen jedoch bei der Frage nach dem „Wie" der Ausweisung gegeben, wobei sie selbstverständlich die Pflichten, die sich aus der Richtlinie ergeben, zu beachten haben.[211]

Die Ausweisung muss jedenfalls förmlicher Natur sein, da nur auf diese Weise die erforderliche Rechtssicherheit für betroffene Bürger hinsichtlich der Rechtsfolgen sichergestellt werden kann.[212]

Wegen des erforderlichen Einverständnisses des betroffenen Mitgliedstaates bei der Ausweisung der besonderen Schutzgebiete erscheint das Vorliegen eines „**faktischen FFH-Gebiets**" nicht möglich,[213] so dass hier grundsätzlich auch nicht die Pflichten des Art. 6 Abs. 2-4 RL 92/43 bestehen, selbst dann nicht, wenn die Gebiete zwar auf mitgliedstaatlichen Listen aufgeführt, aber noch nicht in die Unionsliste aufgenommen

---

204 Dies ändert aber nichts daran, dass eine zusätzliche und damit in gewisser Weise „doppelte" Ausweisung nach der RL 92/43 zulässig ist. Vgl. *Epiney*, UPR 1997, 303 (306).
205 Zur unmittelbaren Wirkung dieser Bestimmung *Schmitz*, ZUR 1996, 12 ff.
206 EuGH, Rs. C-166/97 (Kommission/Frankreich), Slg. 1999, I-1719, Ziff. 48; EuGH, Rs. C-96/98 (Kommission/Frankreich), Slg. 1999, I-8531, Ziff. 41. Unter Hinweis auf den Wortlaut des Art. 7 RL 92/43 – der ausdrücklich von zu besonderen Schutzgebieten erklärten Gebieten spricht – nimmt der EuGH aber an, dass solche Gebiete, die (noch) nicht zu Schutzgebieten erklärt wurden, aber hätten erklärt werden müssen („faktische Vogelschutzgebiete") dem (strengeren) Schutzregime des Art. 4 Abs. 4 S. 1 RL 79/409 unterfallen, EuGH, Rs. C-374/98 (Kommission/Frankreich), Slg. 2000, I-10799, Ziff. 44 ff. S. auch schon oben 9. Kap. Rn. 49.
207 Zum Verhältnis der RL 2009/147 und der RL 92/43 nach erfolgter Integration etwa *Louis*, UPR 1997, 301 ff.; ausführlich zur Ausweisung und Änderung von Vogelschutzgebieten auf der Grundlage des Zusammenspiels der RL 2009/147 und 92/43 *Jarass*, NuR 1999, 481 ff.; *Füßer*, NVwZ 2005, 144 ff. S. hierzu auch schon oben 9. Kap. Rn. 49.
208 Hierzu noch unten 9. Kap. Rn. 65 ff.
209 EuGH, Rs. C-44/95 (Royal Society for the Protection of Birds), Slg. 1996, I-3805, Ziff. 39 ff.
210 Vgl. schon *Epiney*, UPR 1997, 303 (308 f.); s. auch *Jans/von der Heide*, Europäisches Umweltrecht, 521 ff.
211 Vgl. auch *Freytag/Iven*, NuR 1995, 109 (111); *Rödiger-Vorwerk*, FFH-Richtlinie 1998, 27 ff., 35, 45; *Gellermann*, Natura 2000, 47; s. auch schon *Epiney*, UPR 1997, 303 (307). Daher muss die Ausweisung – letztlich parallel wie im Rahmen der RL 2009/147 – durch einen förmlichen Akt erfolgen, der den Anforderungen der Rechtssicherheit Rechnung trägt, so dass die zu beachtenden Pflichten (wobei Art. 6 RL 92/43 von besonderer Bedeutung ist, zu diesem noch sogleich unten 9. Kap. Rn. 59 ff.) ausdrücklich geregelt sein und durchgesetzt werden können müssen, vgl. EuGH, Rs. C-75/01 (Kommission/Luxemburg), Slg. 2003, I-1585, Ziff. 27 ff.; EuGH, Rs. C-324/01 (Kommission/Belgien), Slg. 2002, I-11197; EuGH, Rs. C-415/01 (Kommission/Belgien), Slg. 2003, I-2081, Rn. 21 ff. (in Bezug auf den Aspekt, dass die betreffenden Rechtsvorschriften Dritten entgegengehalten werden können müssen; EuGH, Rs. C-143/02 (Kommission/Italien), Slg. 2003, I-2877; EuGH, Rs. 6/04 (Kommission/Großbritannien), Slg. 2005, I-9017, Rn. 35 f. Zu den aus der Rechtsprechung im Einzelnen abzuleitenden Anforderungen auch *Rehbinder*, ZUR 2008, 178 (179 f.); *Niederstadt*, NVwZ 2008, 126 (130 ff.). Zu den Anforderungen an die Umsetzung von Richtlinie schon oben 5. Kap. Rn. 122 ff.
212 Vgl. zu den Anforderungen an die Ausweisung bzw. Unterschutzstellung von Natura 2000-Gebieten *Epiney*, in: Rechtsregime der Natura 2000-Schutzgebiete, 5 (43 f.); unter Berücksichtigung der Umsetzung in den Bundesländern *Czybulka*, EurUP 2008, 181 ff.; *Czybulka/Kampowski*: EurUP 2009, 180 ff.; *Niederstadt*, NVwZ 2008, 126 ff.
213 Vgl. auch *Halama*, NVwZ 2001, 506 (508); *Gellermann*, EUDUR II/1, § 78, Rn. 43. Ausführlich zur Problematik, m.w.N., *Epiney*, in: Rechtsregime der Natura 2000-Schutzgebiete, 5 (45 ff.).

9. Kapitel Bewirtschaftung und Umweltressourcen

worden sind.[214] Diese Gebiete, ebenso wie solche, die auf keiner Liste aufgeführt sind, deren Aufnahme in die Unionsliste sich aber wegen ihrer ökologischen Qualität aufdrängt,[215] sind aber – wie sich auch aus Art. 4 Abs. 3 EUV (Grundsatz der loyalen Zusammenarbeit) ergibt – nicht völlig schutzlos gestellt. Die Mitgliedstaaten sind verpflichtet, all diejenigen Schutzmaßnahmen zu ergreifen, die im Hinblick auf das mit der RL 92/43 angestrebte Erhaltungsziel geeignet sind, die erhebliche ökologische Bedeutung dieser Gebiete zu wahren.[216] Die Ausgestaltung der Schutzmaßnahmen, also das „Wie", bleibt jedoch den Mitgliedstaaten überlassen.[217] Daraus ergibt sich, dass eine Verträglichkeitsprüfung von Plänen und Projekten nicht zwingend vorgeschrieben ist, dass das Verschlechterungsverbot nicht absolut gelten kann, sondern nur insoweit, als damit auch die ökologische Bedeutung des Gebiets insgesamt beeinträchtigt oder die Erhaltung prioritärer Lebensräume oder Arten gefährdet ist,[218] und dass eine Ausnahme von dem Verschlechterungsverbot im Hinblick auf außerordentliche und zwingende Gründe des Allgemeinwohls, wie der Schutz von Leben und Gesundheit der Bevölkerung oder der öffentlichen Sicherheit,[219] zulässig ist.

Art. 9 RL 92/43 trägt der Kommission auf, im Zusammenwirken mit dem aus Vertretern der Mitgliedstaaten bestehenden Ausschuss nach Art. 21 RL 92/43 regelmäßig, den Beitrag des Netzes Natura 2000 zur Verwirklichung der in Art. 2, 3 RL 92/43 genannten Ziele zu prüfen. Dabei kann die Aufhebung der Klassifizierung als besonderes Schutzgebiet[220] erwogen werden, wenn eine nachhaltig günstige Entwicklung des Erhaltungszustandes festgestellt wird.[221] Die Deklassifizierung wäre dann ggf. – schon aufgrund der Parallelität der Verfahren – nach dem Ausschussverfahren des Art. 21 RL 92/43 durchzuführen und hätte zur Folge, dass die Mitgliedstaaten die Ausweisung auf nationaler Ebene aufheben könnten (aber natürlichen nicht müssten).

60

---

214 EuGH, Rs. C-117/03 (Dragaggi), Slg. 2005, I-167; EuGH, Rs. C-244/05 (Bund Naturschutz Bayern), Slg. 2006, I-8445. A.A. aber offenbar (wobei diese Stellungnahmen die neuere Rechtsprechung des EuGH zu dieser Frage noch nicht berücksichtigen konnten) *Wirths*, Naturschutz, 133; *Kirchhof*, NuR 2001, 666 (668 f.). Zum Urteil in der Rs. C-117/03 etwa *Gellermann*, NuR 2005, 433 ff.
215 Spezifisch zu solchen Gebieten, m.w.N., *Epiney*, in: Rechtsregime der Natura 2000-Schutzgebiete, 5 (56 ff.); s. auch EuGH, Rs. C-340/10 (Kommission/Zypern), Urt. v. 15.3.2012, Ziff. 46, wo der Gerichtshof diejenigen Gebiete, die nicht in der an die Kommission übermittelten Liste figurieren, aber dort hätten figurieren müssen, den in der Liste genannten in Bezug auf die Schutzpflichten letztlich gleichstellt.
216 EuGH, Rs. C-117/03 (Dragaggi), Slg. 2005, I-167; EuGH, Rs. C-244/05 (Bund Naturschutz Bayern), Slg. 2006, I-8445; EuGH, Rs. C-340/10 (Kommission/Zypern), Urt. v. 15.3.2012, Ziff. 43 ff.; EuGH, Rs. C-43/10 (Nomarchiaki Aftodioikisi Aitoloakarnanias), Urt. v. 11.9.2012, Ziff. 98 ff. Insofern ist diese Konstellation durchaus mit derjenigen der „Vorwirkung" einer Richtlinie zu vergleichen, geht es hier doch um Aspekte der Durchführung der Richtlinie, in diesem Sinn *Proelß*, EurR 2005, 649 (652 f., 656); *Bauer*, Durchsetzung des europäischen Umweltrechts, 252 f. Ebenfalls auf Art. 4 Abs. 3 EUV rekurrierend etwa *Gellermann*, NuR 2005, 433 (435); *Klooth/Louis*, ZUR 2005, 197 (198); a.a. aber *Füßer*, NVwZ 2005, 628 (630 f.), der – wenig überzeugend – allein aus der Nichterwähnung des Art. 4 Abs. 3 EUV durch den Gerichtshof angesichts des Rückgriffs auf diese Vorschrift durch die Generalanwältin darauf schließt, dass Art. 4 Abs. 3 EUV keine Rolle spiele. Auch die Rechtsprechung des BVerwG in Bezug auf sog. potentielle FFH-Schutzgebiete ist (jedenfalls inzwischen) wohl so auszulegen, dass diesen Anforderungen der Rechtsprechung des EuGH Rechnung getragen werden soll, vgl. zu dieser Rechtsprechung *Lau*, NVwZ 2011, 461 ff.; *Wagner/Emmer*, NVwZ 2006, 422 f.; *Schumacher/Palme*, EurUP 2005, 175 (176 f.); speziell in Bezug auf gelistete, aber defizitär gemeldete Gebiete *Frenz*, NuR 2011, 405 ff.
217 Wobei von dem Hintergrund der erwähnten Zielsetzung der Richtlinie jedoch durchaus Präzisierungen möglich sind. Ausführlich zu den diesbezüglichen Pflichten der Mitgliedstaaten, m.w.N., *Epiney*, in: Rechtsregime der Natura 2000-Schutzgebiete, 5 (46 ff.).
218 Den Mitgliedstaaten steht in diesem Zusammenhang also ein recht weiter Gestaltungsspielraum zu.
219 Soziale und wirtschaftliche Gründe vermögen eine solche Ausnahme jedoch nicht zu rechtfertigen, so dass der Gestaltungsspielraum der Mitgliedstaaten hier weniger weit geht und ebenso wie bei der Vogelschutzrichtlinie ein strenger Maßstab anzulegen ist. A.A. *Hönig*, NuR 2007, 249 (251); *Jarass*, NuR 2007, 371 (372); *Kautz*, NVwZ 2007, 666 (668); *Wagner/Emmer*, NVwZ 2006, 422 (424); unter Berufung auf die deutsche Rechtsprechung auch *Thum*, NuR 2006, 687 (690); sowie noch *Epiney*, EurUP 2007, 70 (71); wohl auch a.A. *Klooth/Louis*, ZUR 2005, 197 (198 f.); *Louis/Schumacher*, NuR 2005, 770 (771). Wie hier *Gellermann*, NuR 2005, 433 (436); *Schumacher/Palme*, EurUP 2005, 175 (177); *Gellermann*, ZUR 2005, 581 (584 f.); wohl auch *Proelß*, EurR 2005, 649 (657).
220 Im Sinne der RL 92/43, nicht aber der RL 79/409.
221 Zusammenfassend zur „Deklassierung" von Schutzgebieten und den diesbezüglichen rechtlichen Vorgaben *Thomas*, EELR 2008, 3 ff.; spezifisch zur Frage der Aufhebung von Schutzgebieten bzw. der Verkleinerung im Zuge des Klimawandels *Hendler/Rödder/Veith*, NuR 2010, 685 (687 ff.); *Schumacher/Schumacher*, UTR 2012, 99 (126 ff.). S. auch *Frenz*, NuR 2011, 405 ff.

Eine Vergrößerung bzw. Neuausweisung von Schutzgebieten kommt wegen des grundsätzlich „statischen Charakters" des Netzes von Natura 2000-Schutzgebieten nur in Ausnahmefällen in Betracht.[222]

b) Schutzgebietsspezifische Maßnahmen

61 Die Aufnahme von Gebieten in die Unionsliste (Art. 4 Abs. 5 RL 92/43) bzw. ihre Ausweisung als besondere Schutzgebiete zieht Verpflichtungen der Mitgliedstaaten zur Ergreifung von **Schutzmaßnahmen** nach sich,[223] wobei zwischen den zu ergreifenden Erhaltungsmaßnahmen (aa), dem „Verschlechterungsverbot" und dem „Störungsverbot" (bb), sowie den spezifischen Vorgaben in Bezug auf Pläne und Projekte (cc) unterschieden werden kann.
Die **besonderen Schutzbestimmungen** des Art. 6 Abs. 2-4 RL 92/43 sind schon ab der Aufnahme eines Gebiets in die Unionsliste nach Art. 4 Abs. 2 RL 92/43 zu beachten.[224] Aufgrund des erwähnten Einbezugs der Vogelschutzgebiete in das Schutzregime der RL 92/43 unterstehen alle aufgrund einer unionsrechtlichen Regelung ausgewiesenen Schutzgebiete einem einheitlichen Schutzregime. Das Schutzregime des Art. 6 Abs. 2-4 RL 92/43 unterscheidet aber teilweise zwischen Pflichten, die sich allgemein auf ausgewiesene Schutzgebiete beziehen, und solchen, die nur auf sog. prioritäre Gebiete Anwendung finden. Dieses Differenzierung bereitet bei der Frage, welchem Regime die nach der RL 2009/147 für Vögel des Anhangs I ausgewiesenen Vogelschutzgebiete zu unterstellen sind, Schwierigkeiten. Die RL 92/43 ordnet diese Gebiete nicht ausdrücklich der einen oder anderen Kategorie zu. Angesichts des Umstandes, dass die im Anhang I RL 2009/147 aufgeführten Vogelarten einen besonderen Schutz genießen sollen, erscheint es sachgerechter, diese Gebiete generell als prioritäre Lebensräume anzusehen. Hierfür spricht auch die erwähnte Rechtsprechung des EuGH, nach der auf der Grundlage der Anwendung der Kriterien der RL 2009/147 ein strenges Regime für Ausweisung und Verkleinerung dieser Schutzgebiete anzuwenden ist.[225] Dafür, dass dieser bislang geltende strenge Schutzstandard abgeschwächt werden sollte, sind keine Anhaltspunkte ersichtlich.[226]

aa) Erhaltungsmaßnahmen

62 Für die besonderen Schutzgebiete sind die **notwendigen Erhaltungsmaßnahmen** festzulegen, die den ökologischen Erfordernissen in den bezeichneten Gebieten Rechnung tragen (Art. 6 Abs. 1 RL 92/43).[227] Diese umfassen ggf. geeignete, eigens für die Gebiete aufgestellte oder in andere Entwicklungspläne integrierte Bewirtschaftungspläne und geeignete Maßnahmen rechtlicher, administrativer oder vertraglicher Art,[228] die den ökologischen Erfordernissen der natürlichen Lebensraumtypen, die in diesen Gebieten vorkommen, entsprechen.
Aus der zielorientierten Formulierung dieser Bestimmung lässt sich ableiten, dass den Mitgliedstaaten bei der Umsetzung und Anwendung ein **weiter Gestaltungsspielraum** eingeräumt wird. Ihnen wird nicht vorgeschrieben mit welchen Instrumenten (Ge- oder Verbote, planerische Maßnahmen, „Gebietsmanagementmaßnahmen" usw.) sie zu arbeiten haben.[229] Gleichzeitig geht aus der Bestimmung aber auch hervor, dass die Mitgliedstaaten „irgendwelche" Maßnahmen zu ergreifen haben und nicht untätig bleiben dürfen.[230]

63 Die Bezugnahme auf die „**ökologischen Erfordernisse**" impliziert, dass die mitgliedstaatlichen Maßnahmen jeweils auf die **einzelnen Schutzgebiete** ausgerichtet sein müssen. Allgemeine Maß-

---

222 Hendler/Rödder/Veith, NuR 2010, 685 (689).
223 Ausführlich zu diesen Gellermann, Natura 2000, 69 ff.; Berner, Habitatschutz, 102 ff.; Jarass, ZUR 2000, 183 (184 ff.); Ramsauer, NuR 2000, 601 ff.; Ramsauer, in: Europäisierung des nationalen Umweltrechts, 107 (113 ff.); Epiney, in: Rechtsregime der Natura 2000-Schutzgebiete, 73 ff.
224 Dieser „Referenzzeitpunkt" ist insofern folgerichtig, als die Mitgliedstaaten bezüglich der Ausweisung eben gerade kein Gestaltungsspielraum mehr verbleibt. Zur unmittelbaren Wirkung dieser Bestimmung Winter, ZUR 2002 (5. Kap. E.III.), 313 (316 ff.).
225 Oben 9. Kap. Rn. 49.
226 Ebenso Winter, ZUR 1994, 308 (309); Fisahn, ZUR 1996, 3 (7 f.); Gellermann, EUDUR II/1, § 78, Rn. 37.
227 Ausführlich zur Tragweite des Art. 6 Abs. 1 RL 92/43 Epiney, in: Rechtsregime der Natura 2000-Schutzgebiete, 73 (75 ff.).
228 Die Ausgestaltung des Managementsystems für die Schutzgebiete kann also je nach Mitgliedstaat unterschiedlich ausfallen.
229 Vgl. den nur beispielhaft („gegebenenfalls") erfolgenden Bezug auf „Entwicklungspläne".
230 So wohl auch EuGH, Rs. C-508/04 (Kommission/Österreich), Slg. 2007, I-3787.

nahmen, die auf alle in einem Mitgliedstaat ausgewiesenen Schutzgebiete anzuwenden sind, genügen den Anforderungen des Art. 6 Abs. 1 RL 92/43 somit nicht. Auch nimmt der Begriff der Erhaltungsmaßnahmen nicht nur auf solche Maßnahmen Bezug, die zur **Bewahrung** des zum Zeitpunkt der Unterschutzstellung vorzufindenden Gebietszustandes notwendig sind; vielmehr umfasst er nach der Legaldefinition des Art. 1 lit. a) RL 92/43 darüber hinaus auch all diejenigen Maßnahmen, die erforderlich sind, um einen „**günstigen Erhaltungszustand**" der Lebensräume und Arten wiederherzustellen; dieser wird in Art. 1 lit. e) RL 92/43 wiederum näher umschrieben.[231] Um diesen Anforderungen gerecht zu werden reicht es nicht aus, nur Maßnahmen zur „Abwehr" negativer anthropologischer Einflüsse zu ergreifen. Auch das „Ausgleichen" natürlicher Einflüsse (z.B. Überschwemmungen oder Erdrutsche), die für die natürlichen Lebensräume und Arten bzw. ihren Erhaltungszustand schädlich sind, sowie das Ergreifen „positiver Erhaltungsmaßnahmen" mit dem Ziel der Verbesserung des Zustandes sind erfasst.[232]

bb) Verschlechterungs- und Störungsverbot

Darüber hinaus treffen die Mitgliedstaaten die geeigneten Maßnahmen, um in diesen besonderen Schutzgebieten die **Verschlechterung der natürlichen Lebensräume und Habitate der Arten sowie Störungen von Arten**, für welche die Gebiete ausgewiesen worden sind, zu vermeiden, sofern sich solche Störungen im Hinblick auf die Ziele dieser Richtlinie erheblich auswirken können (Art. 6 Abs. 2 RL 92/43).[233] Dabei beziehen sich sowohl das Verschlechterungs- als auch das Störungsverbot lediglich auf diejenigen Lebensräume bzw. Gebiete sowie Arten, die den Grund für die Unterschutzstellung des Gebiets bilden, so dass nicht etwa das Gebiet in seiner Gesamtheit erfasst ist, sondern sich der Anwendungsbereich lediglich auf diejenigen **Bestandteile** erstreckt, die für die **Ausweisung als besondere Schutzgebiete** ursächlich waren.[234] Andererseits ergibt sich aus der ergebnisorientierten Formulierung des Art. 6 Abs. 2 RL 92/43, dass die Pflicht zur Ergreifung von (Präventiv-) Maßnahmen nicht nur **innerhalb, sondern auch außerhalb des Schutzgebietes** besteht,[235] kann doch die Verschlechterung eines Gebiets oder die Störung der Arten sowohl von innerhalb als auch von außerhalb des Gebiets ausgehenden Einflüssen verursacht werden. Daher spricht schon der *effet utile* des Art. 6 Abs. 2 RL 92/43 für diesen Ansatz, da ansonsten der Schutzzweck der Bestimmung ausgehebelt werden könnte.[236]

---

231 Auf diesen Aspekt auch hinweisend *Gellermann*, Natura 2000, 68; s. auch *Europäische Kommission*, Natura 2000 – Gebietsmanagement. Die Vorgaben des Artikels 6 der Habitat-Richtlinie 92/43/EWG, 2000, 16 ff., die das Erhaltungskonzept konkretisiert.
232 Diese Maßnahmen müssen zur Erreichung des Ziels geeignet sein. Die in Art. 2 Abs. 2 RL 92/43 erwähnten Anforderungen von Wirtschaft, Gesellschaft und Kultur, sowie die Berücksichtigung regionaler und örtlicher Besonderheiten spielen damit in Bezug auf die Umschreibung des zu erreichenden Ziels keine Rolle, vgl. auch Art. 6 Abs. 1 i.V.m. Art. 1 lit. a), e), i) RL 92/43. In diese Richtung wohl auch EuGH, Rs. C-508/04 (Kommission/Österreich), Slg. 2007, I-3787, wo der Gerichtshof festhält, dass im Rahmen der Umsetzung des Art. 6 Abs. 1 RL 92/43 in Österreich die Reichweite des Begriffs „wirtschaftliche Nutzung" nicht definiert sei, so dass derartige Eingriffe nötige Erhaltungsmaßnahmen verhindern könnten.
233 Ausführlich zur Tragweite des Art. 6 Abs. 2 RL 92/43 *Epiney*, in: Rechtsregime der Natura 2000-Schutzgebiete, 73 (81 ff.).
234 *Gellermann*, Natura 2000, 70 f.; *Freytag/Iven*, NuR 1995, 109 (112); *von Keitz*, Rechtsschutz Privater gegen FFH-Gebiete, 75; *Europäische Kommission*, Natura 2000 – Gebietsmanagement. Die Vorgaben des Artikels 6 der Habitat-Richtlinie 92/43/EWG, 2000, 24 f.; a.A. *Niederstadt*, NuR 1998, 515 (520).
235 Ebenso *von Keitz*, Rechtsschutz Privater gegen FFH-Gebiete, 76; *Niederstadt*, NuR 1998, 515 (520); *Möckel*, EurUP 2008, 169 (170); *Berg*, Europäisches Naturschutzrecht, 236 f.; *Gellermann*, Natura 2000, 71 f.; *Europäische Kommission*, Natura 2000 – Gebietsmanagement. Die Vorgaben des Artikels 6 der Habitat-Richtlinie 92/43/EWG, 2000, 24; a.A. *Jarass*, ZUR 2000, 183 (186); *Freytag/Iven*, NuR 1995, 109 (112); *Rödiger-Vorwerk*, FFH-Richtlinie 1998, 105 f.
236 Weiter spricht der Zusammenhang mit Art. 6 Abs. 3, 4 RL 92/43 für den hier vertretenen Ansatz: Denn die in diesen Bestimmungen enthaltenen Vorgaben für Pläne und Projekte finden anerkanntermaßen auch auf solche Pläne und Projekte Anwendung, die sich außerhalb des Schutzgebiets befinden (sofern dasselbe erheblich

Im Übrigen genügt es (im Sinne des Vorsorgeprinzips), dass eine Gefahr der Störung oder Verschlechterung besteht, ohne dass ein ursächlicher Zusammenhang bewiesen werden müsste.[237]

65 Für das **Verschlechterungsverbot** gilt, dass im Hinblick auf die Zielsetzung der RL 92/43 zumindest der **derzeitige Zustand der natürlichen Lebensräume und Habitate**[238] zu wahren ist. Die Maßnahmen werden nicht näher umschrieben, so dass es sich um all diejenigen Maßnahmen handelt, die sich zur Erreichung des Ziels als notwendig erweisen (hierzu zählen Abwehrmaßnahmen und positive Maßnahmen,[239] sowie präventive Maßnahmen[240]). Auch erstreckt sich das Verschlechterungsverbot auf die Pflicht, „natürliche" (also nicht direkt durch menschlichen Einfluss verursachte) Verschlechterungen (wie etwa Folgen von Dürren oder Überschwemmungen) zu verhindern.[241]

Die Frage, ob eine Verschlechterung eintritt bzw. eintreten könnte oder nicht, ist ausschließlich nach **naturfachlichen Kriterien** zu beantworten,[242] so dass den Mitgliedstaaten hier kein eigentlicher Gestaltungsspielraum, sondern lediglich ein Bewertungsspielraum in dem Sinne zusteht, dass sie die verfügbaren wissenschaftlichen Daten auswerten und zugrundelegen müssen, wobei eine gewisse „Einschätzungsbandbreite" vorstellbar ist.[243] Jedenfalls ist aber das Vorsorgeprinzip zu beachten,[244] so dass im Falle wissenschaftlicher Unsicherheiten in Bezug auf eine (mögliche) Verschlechterung im Zweifel die entsprechende Vorsorgemassnahme zu ergreifen ist.

Das Verschlechterungsverbot steht – im Gegensatz zum Störungsverbot – nicht unter einem irgendwie gearteten Vorbehalt, so dass es **unbedingt und absolut** zu verstehen ist und hier **keine Abwägung mit sonstigen**

---

beeinträchtigt werden kann). Da Art. 6 Abs. 2 RL 92/43 einerseits und Art. 6 Abs. 3, 4 RL 92/43 andererseits jedoch insofern komplementär ausgestaltet sind, als sie gesamthaft zumindest den *status quo* der Schutzgebiete bewahren sollen, liegt es nahe, sie im Hinblick auf ihren „räumlichen Anwendungsbereich" parallel auszulegen, könnte doch ansonsten der Schutzzweck nicht erreicht werden, vgl. zu dieser Erwägung *Gellermann*, Natura 2000, 72.

237 EuGH, Rs. C-404/09 (Kommission/Spanien), Urt. v. 24.11.2011.
238 Das Verschlechterungsverbot bezieht sich lediglich auf die „Gebiete", nicht hingegen auf die Arten, für die das Störungsverbot zum Zuge kommt.
239 Vgl. EuGH, Rs. C-418/04 (Kommission/Irland), Slg. 2007, I-10947, Ziff. 208 ff.; s. auch EuGH, Rs. C-308/08 (Kommission/Spanien), Slg. 2010, I-4281, wo der EuGH betont, die Mitgliedstaaten dürften keine Eingriffe zulassen, die die ökologischen Merkmale der betreffenden Gebiete ernsthaft beeinträchtigen könnten. Dies gelte insbesondere dann, wenn ein Eingriff zum Verschwinden von in diesen Gebieten vorkommenden prioritären Arten führen könnte. Konkret sei jedoch – wobei der Gerichtshof ausführlich die ihm vorliegenden Akten und Sachverhaltselemente würdigt – von der Kommission nicht nachgewiesen worden, dass der in dem Vertragsverletzungsverfahren zur Debatte stehende Ausbau eines Feldwegs zum Verschwinden des Iberischen Luchses, eine prioritäre Art, in dem betreffenden Schutzgebiet geführt habe. Zu diesem Urteil *Beier/Geiger*, DVBl. 2011, 399 ff. S. auch EuGH, Rs. C-404/09 (Kommission/Spanien), Urt. v. 24.11.2011.
240 Ausdrücklich auf diesen Aspekt hinweisend *Wolf*, ZUR 2005, 449 (456 f.). Eine andere Frage ist, ob im Falle der Einschränkungen bisheriger Nutzungen nicht nach nationalem Recht Ausgleichszahlungen o.ä. vorzusehen sind, vgl. hierzu *Wolf*, ZUR 2005, 449 (457 f.).
241 EuGH, Rs. C-6/04 (Kommission/Großbritannien), Slg. 2005, I-9017, Ziff. 34; aus der Literatur etwa *Köck*, EurUP 2008, 154 (157); a.A. *Gellermann*, Natura 2000, 73 f., bei dem insbesondere offen bleibt, wie „natürliche" von „menschlichen" Einflüssen abzugrenzen sind, ganz abgesehen davon, dass dieser Ansatz die Gefahr mit sich bringt, dass die Zielsetzung des Art. 6 Abs. 2 RL 92/43, zumindest den *status quo* der Gebiete zu erhalten, nicht erreicht wird. Der Hinweis auf Art. 6 Abs. 1 RL 92/43, in dessen Rahmen auch natürliche Einflüsse zu berücksichtigen seien, geht insofern fehl, als der Gestaltungsspielraum der Mitgliedstaaten im Rahmen dieser Vorschrift erheblich weiter ausfällt als im Rahmen des Verschlechterungsverbots.
242 So wohl auch mit einigen Präzisierungen *Rödiger-Vorwerk*, FFH-Richtlinie, 106 f.
243 Vgl. insoweit auch *Europäische Kommission*, Natura 2000 – Gebietsmanagement. Die Vorgaben des Artikels 6 der Habitat-Richtlinie 92/43/EWG, 2000, 26 ff., die auch einige Indikatoren nennt, anhand derer zu prüfen sei, ob eine Verschlechterung zu bejahen ist oder nicht. So sei eine Verschlechterung namentlich dann zu bejahen, wenn sich eine Lebensraumfläche im jeweiligen Gebiet verringert, oder wenn die spezifische Struktur und die spezifischen Funktionen, die für den langfristigen Fortbestand notwendig sind, oder der gute Erhaltungszustand der für den Lebensraum charakteristischen Arten im Verhältnis zum Ausgangszustand beeinträchtigt werden.
244 Vgl. zum Vorsorgeprinzip im EU-Umweltrecht bereits oben 5. Kap. Rn. 14 ff.

9. Kapitel Bewirtschaftung und Umweltressourcen

Gemeinwohlbelangen stattfinden darf.[245] Eine dem (primären) Unionsrecht inhärente Ausnahme davon ist nur dann anzunehmen, wenn die Verschlechterung im Hinblick auf die Wahrung besonders wichtiger Allgemeinwohlinteressen – worunter im Wesentlichen der Schutz des Lebens und der Gesundheit von Menschen fallen dürfte – notwendig ist, wobei der Verhältnismäßigkeitsgrundsatz zu wahren ist.[246] Zu beachten ist jedoch, dass diese Ausnahme im Rahmen des Verschlechterungsverbots schon deshalb in der Praxis kaum zum Zuge kommen dürfte, weil der Schutz solcher überragend wichtiger Allgemeinwohlinteressen grundsätzlich über die Realisierung von Plänen und Projekten erfolgt, für die aber die (besonderen) Vorgaben des Art. 6 Abs. 3, 4 RL 92/43 greifen.[247]

Außerdem ist es denkbar, dass gewisse Verschlechterungen durch „Kompensationsmaßnahmen" ausgeglichen werden können, denn auch hiermit kann das insgesamt letztlich zu erzielende Ergebnis erreicht werden.

Das ebenfalls in Art. 6 Abs. 2 RL 92/43 verankerte **Störungsverbot** bezieht sich lediglich auf die **Arten**, für welche die Gebiete ausgewiesen worden sind, und ist – auch insofern im Gegensatz zum Verschlechterungsverbot – einer **Relativierung** zugänglich, da solche Störungen, die sich im Hinblick auf die Ziele der RL 92/43 nicht erheblich auswirken können, zulässig sind. Eine „**erhebliche Auswirkung**" auf die Ziele der RL 92/43 wird wohl immer dann zu bejahen sein, wenn sich die Störungen möglicherweise quantitativ oder qualitativ merklich auf die Lebensverhältnisse der geschützten Arten in den betroffenen Gebieten auswirken. Es kommt m.a.W. darauf an, ob die betroffenen Arten – wobei die Erheblichkeit in Bezug auf jede einzelne Art zu bestimmen ist, sollen diese doch individuell als solche geschützt werden[248] – in dem jeweiligen Gebiet erheblich gestört werden,[249] unabhängig von der Frage, wie es ansonsten (also in anderen Gebieten) um ihre Erhaltung bestellt ist. Denn bereits der Umstand, dass es sich um eine geschützte Art handelt, für die ein Gebiet (u.a.) ausgewiesen wurde, bestätigt die Schutzwürdigkeit der Art in dem betreffenden Gebiet, so dass nur eine gebietsbezogene Perspektive den Anforderungen der RL 92/43 bzw. ihren Zielsetzungen Rechnung zu tragen vermag. Abgesehen davon wird es schwierig bis unmöglich sein, die Frage nach dem Zustand der betreffenden Art in anderen Schutzgebieten in anderen Mitgliedstaaten zu beantworten, geschweige denn, die Ergebnisse verlässlich und rational zu bewerten, so dass sie im Rahmen der Frage nach der Tragweite des Art. 6 Abs. 2 RL 92/43 in einem bestimmten Gebiet herangezogen werden könnten.

---

245 Ebenso wohl *Wirths*, ZUR 2000, 190 (191); *Beckmann/Lambrecht*, ZUR 2000, 1 (2); *Gellermann*, EUDUR II/1, § 78, Rn. 27; *Müller*, Umwelt- und Naturschutzrecht, 107; *Berg*, Europäisches Naturschutzrecht, 238; *von Keitz*, Rechtsschutz Privater gegen FFH-Gebiete, 75; s. auch schon *Epiney*, UPR 1997, 303 (308). Wohl auch EuGH, Rs. C-241/08 (Kommission/Frankreich), Slg. 2010, I-1697. S. aus der Rechtsprechung sodann EuGH, Rs. C-388/05 (Kommission/Italien), Slg. 2007, I-7555, Ziff. 27, wo der Gerichtshof in Bezug auf die Verwirklichung einer Industrieansiedlung in einem besonderen Schutzgebiet aufgrund der teilweisen Zerstörung des Gebiets ohne nähere Prüfung der Frage einer „Rechtfertigung" aufgrund überwiegender wirtschaftlicher Interessen von einem Verstoß gegen Art. 6 Abs. 2 RL 92/43 ausging. Allerdings ist auch nur eine Verschlechterung zu vermeiden, so dass möglicherweise bereits vorhandene Vorbelastungen eines Gebiets, die sich ungünstig auf die Lebensräume auswirken, nicht vom Verschlechterungsverbot, das an den *status quo* des Gebiets anknüpft, erfasst werden; diese fallen möglicherweise unter Art. 6 Abs. 1 RL 92/43. Vgl. nur *Gellermann*, Natura 2000, 72 f.; *Erbguth/Schubert*, DVBl. 2006, 591 (596 f.). Vor diesem Hintergrund ist auch die Aussage des EuGH, Art. 6 Abs. 2 RL 92/43 könne eine Pflicht zur Überprüfung bereits bestehender Genehmigungen entnommen werden, vgl. EuGH, Rs. C-6/04 (Kommission/Großbritannien), Slg. 2005, I-9017, Ziff. 58, zu sehen: Eine Pflicht zur Ergreifung von Maßnahmen besteht nur insoweit, als das bereits genehmigte Projekt im Vergleich zum *status quo* eine tatsächliche Verschlechterung mit sich bringt.

246 Vieles spricht dafür, die in Bezug auf die Ausweisung und die Verkleinerung von Vogelschutzgebieten entwickelte Rechtsprechung des EuGH auch auf das Verschlechterungsverbot zu übertragen, da die Problemstellung (ein grundsätzlich „absolutes" Schutzgebot bestimmter Gebiete im Hinblick auf den Naturschutz, von dem aber zum Schutz überragend wichtiger Rechtsgüter entsprechende Ausnahmen zuzulassen sind, die sich auf das Notwendige zu beschränken haben) hier parallel gelagert ist. Vgl. hierzu schon oben 9. Kap. Rn. 49.

247 Zu diesen unten 9. Kap. Rn. 65 ff.

248 Ausführlich hierzu *Rödiger-Vorwerk*, FFH-Richtlinie, 118 ff.

249 So wohl auch *Gellermann*, Natura 2000, 74. Aus der Rechtsprechung EuGH, Rs. C-388/05 (Kommission/Italien), Slg. 2007, I-7555, Ziff. 22, 27, wo der EuGH offenbar bei einer „Beeinträchtigung" mehrerer ein Gebiet aufsuchender Vogelarten von einem Verstoß gegen das Störungsverbot ausgeht. Zu einigen Indikatoren *Europäische Kommission*, Natura 2000 – Gebietsmanagement. Die Vorgaben des Artikels 6 der Habitat-Richtlinie 92/43/EWG, 2000, 28 f.

Ebenso wie beim Verschlechterungsverbot steht den Mitgliedstaaten bei der Umsetzung und Anwendung der Bestimmung ein weiter Gestaltungsspielraum zu. Aus der ergebnisorientierten Formulierung ergibt sich implizit aber auch, dass präventive Maßnahmen ergriffen werden müssen.[250] Auch „ökologische Kompensationsmaßnahmen", die eine an sich gegen Art. 6 Abs. 2 RL 92/43 verstoßende Störung der Arten zu „neutralisieren" vermögen, können im Rahmen der RL 92/43 berücksichtigt werden.[251]

In der Rs. C-535/07[252] präzisierte der Gerichtshof die Anforderungen an die Umsetzung insbesondere des Verschlechterungsverbots: Zwar verpflichte Art. 6 Abs. 2 RL 92/43 die Mitgliedstaaten, ein besonderes Schutzgebiet mit einem geeigneten Rechtsstatus auszustatten, so dass u.a. das Überleben und die Vermehrung der in Anhang I RL 2009/147 aufgeführten Vogelarten sichergestellt werden könne und eine Verschlechterung der natürlichen Lebensräume und Habitate sowie erhebliche Störungen von Arten, für die diese Gebiete ausgewiesen wurden, vermieden werden könnten. Auch dürfe sich der Schutz der Gebiete nicht auf die Abwehr externer, vom Menschen verursachter Beeinträchtigungen und Störungen beschränken, sondern müsse je nach Sachlage auch positive Maßnahmen zur Erhaltung oder Verbesserung des Gebietszustands einschließen. Jedoch könne hieraus nicht abgeleitet werden, dass die Ge- und Verbote aus Art. 6 Abs. 2 RL 92/43 auch selbst in den Rechtsakt aufzunehmen sind, der für das jeweilige Schutzgebiet die geschützten Arten und Lebensräume sowie die Erhaltungsziele festlegt. Denn gerade der Erlass positiver Maßnahmen zur Erhaltung und Verbesserung des Zustands eines Schutzgebiets hänge letztlich von der konkreten Lage in dem betreffenden Gebiet ab und weise damit keinen „systematischen Charakter" auf. Weiter müssten zwar die Bestimmung der Arten, die die Ausweisung eines Schutzgebiets begründeten, sowie die gebietsmäßige Abgrenzung eines Schutzgebiets unbestreitbare rechtliche Verbindlichkeit aufweisen. Allerdings bedeute dies nicht, dass der rechtliche Schutzstatus, mit dem die Gebiete ausgestattet sein müssen, diese Ziele für jede Art gesondert ausweisen müsse; ebensowenig könne verlangt werden, dass die Erhaltungsziele in dem Rechtsakt enthalten sein müssen, der auch die geschützten Arten und Lebensräume eines bestimmten Gebiets betrifft oder dass nur eine rechtliche Regelung, die für jedes Schutzgebiet speziell ausgestaltet und geschaffen wurde, den Vorgaben der Richtlinien entspricht. Auf der Grundlage dieser allgemeinen Aussagen prüfte der Gerichtshof dann die Umsetzung in verschiedenen österreichischen Bundesländern und kam lediglich in Bezug auf das Land Oberösterreich und das Land Vorarlberg zum Schluss, dass in Bezug auf bestimmte Schutzgebiete noch kein spezieller Schutzstatus zum maßgeblichen Zeitpunkt vorgelegen habe. Außerdem sei ein besonderes Schutzgebiet im Bundesland Burgenland nicht korrekt nach ornithologischen Kriterien ausgewiesen und ein Schutzgebiet im Bundesland Steiermark nicht korrekt nach ornithologischen Kriterien abgegrenzt worden. Das Urteil dürfte insbesondere insofern von Bedeutung sein, als es in Anknüpfung an die bisherige Rechtsprechung präzisiert, welche Elemente genau in der rechtssatzförmigen Unterschutzstellung eines Schutzgebiets enthalten sein müssen: Letztlich ist lediglich die grundsätzliche Unterschutzstellung und Abgrenzung der Gebiete in einem Rechtssatz umzusetzen, während dies nicht für konkrete Ge- und Verbote sowie den Erlass positiver Maßnahmen gilt. Auch müssen die rechtlichen Regelungen nicht spezifisch auf jede Art und jedes Schutzgebiet ausgerichtet sein. Damit dürfte es genügen, dass die rechtssatzmäßige Unterschutzstellung der fraglichen Gebiete einen hinreichenden allgemeinen Rahmen schafft, der es ermöglicht, den Anforderungen der erwähnten Richtlinienbestimmungen gerecht zu werden. Dies impliziert aber auch (wobei der Gerichtshof diesen Aspekt nicht eigens erörterte), dass es die Rechtslage in den Mitgliedstaaten ermöglichen bzw. die zuständigen Behörden verpflichten muss, die entsprechenden, durch die Richtlinien ggf. zu ergreifenden Maßnahmen im Einzelfall auch tatsächlich zu treffen.

---

250 *Europäische Kommission*, Natura 2000 – Gebietsmanagement. Die Vorgaben des Artikels 6 der Habitat-Richtlinie 92/43/EWG, 2000, 25.
251 Dies auch in Anknüpfung an die Rechtsprechung des EuGH in Bezug auf die RL 2009/147, vgl. EuGH, Rs. C-57/89 (Kommission/Deutschland), Slg. 1991, I-883. Ausführlich hierzu *Rödiger-Vorwerk*, FFH-Richtlinie 1998, 107 ff.
252 EuGH, Rs. C-535/07 (Kommission/Österreich), Slg. 2010, I-9483.

cc) Spezifische Verpflichtungen in Bezug auf Pläne und Projekte

Spezifische Vorgaben finden für **Pläne und Projekte** Anwendung (Art. 6 Abs. 3, 4 RL 92/43).[253] Diese sind in den Schutzgebieten (bzw. auch um diese herum) – sofern sie nicht direkt mit der Verwaltung des Gebiets in Verbindung stehen oder hierfür nicht notwendig sind[254] – einer **Verträglichkeitsprüfung** im Hinblick auf die Vereinbarkeit mit den festgelegten Erhaltungszielen[255] zu unterwerfen, wenn sie ein solches Gebiet einzeln oder aber zusammen mit anderen Projekten oder Plänen erheblich beeinträchtigen könnten (Art. 6 Abs. 3 RL 92/43).

Unter „**Plänen**"[256] sind all diejenigen Akte zu verstehen, welche die Bodennutzung bzw. die räumliche Entwicklung betreffen und damit in der Regel auch die Durchführung von Projekten planend vorbereiten.[257] Der Begriff des Plans ist damit denkbar weit ausgestaltet,[258] erfasst er doch alle in irgendeiner Form raumnutzungsbezogenen vorbereitenden Akte. Irrelevant ist die Frage der Außenwirksamkeit[259] und wohl auch die Frage, von wem der Plan erlassen wurde, so dass auch vom Gesetzgeber oder von Privaten erarbeitete Pläne in den Anwendungsbereich des Art. 6 Abs. 3 RL 92/43 fallen.[260] Nicht erfasst sind hingegen rein private Pläne, die keine Auswirkungen auf die Raumnutzung entfalten, oder auch politische Absichtserklärungen bzw. solche „Pläne", die lediglich Vorüberlegungen darstellen und insbesondere im Hinblick auf die geplante Flächennutzung nicht hinreichend präzisiert sind.[261] Damit fallen wohl alle aus dem Bauplanungsrecht bekannten Pläne (wie etwa Flächennutzungs- und Bebauungspläne oder Raumordnungspläne), aber auch spe-

---

253 Ausführlich zu diesen Anforderungen *Jarass*, NuR 2007, 371 ff.; *Epiney*, in: Rechtsregime der Natura 2000-Schutzgebiete, 73 (91 ff.); *Storost*, DVBl. 2009, 673 ff. Die besseren Gründe dürften dafür sprechen, dass die in Art. 6 Abs. 2 RL 92/43 normierten Ausnahmegründe nur auf Projekte und Pläne Anwendung finden, nicht hingegen die Vorgaben des Art. 6 Abs. 2 RL 92/43 zu relativieren vermögen. Zum Problemkreis *Wrase*, NuR 2004, 356 (359). Daher kann im Falle des Verstoßes gegen Art. 6 Abs. 3, 4 RL 92/43 auch gleichzeitig ein solcher gegen Art. 6 Abs. 2 RL 92/43 vorliegen, EuGH, Rs. C-304/05 (Kommission/Italien), Slg. 2007, I-7495, Ziff. 94 ff. Andererseits ist eine gleichzeitige Anwendung des Art. 6 Abs. 2 RL 92/43 im Falle der Genehmigung eines Projekts nach dem Verfahren des Art. 6 Abs. 3, 4 RL 92/43 grundsätzlich überflüssig, wobei Art. 6 Abs. 2 RL 92/43 aber dann heranzuziehen sei, wenn der Betrieb vor der Erteilung einer Genehmigung erfolgte, vgl. EuGH, Rs. C-404/09 (Kommission/Spanien), Urt. v. 24.11.2011.
254 Vgl. in diesem Zusammenhang auch EuGH, Rs. C-241/08 (Kommission/Frankreich), Slg. 2010, I-1697, wo der Gerichtshof feststellte, dass es gegen Art. 6 Abs. 3 RL 92/43 verstoße, allgemein Arbeiten, Gewerke oder Erschließungen, die in Natura 2000-Verträgen vorgesehen sind, von der Verträglichkeitsprüfung auszuschließen, da die Aufnahme in diese Verträge nicht bedeute, dass die Vorhaben auch unmittelbar mit der Verwaltung des Gebiets in Verbindung stehen oder hierfür nicht notwendig sind.
255 Diese Bezugnahme deutet daraufhin, dass nicht unbedingt die Beeinträchtigung des jeweiligen Gebietszustands ausschlaggebend ist, sondern ausschließlich auf die definierten Erhaltungsziele, die auch weiter gehen können, indem etwa auch Verbesserungen des aktuellen Gebietszustands erfassen können, abzustellen ist (vgl. auch Art. 4 Abs. 4 RL 92/43). Ebenso *Gellermann*, EUDUR II/1, § 78, Rn. 30.
256 Ausführlich zum Begriff der Pläne und Projekte im Sinne des Art. 6 Abs. 3 RL 92/43 *Kokott*, NuR 2004, 587 ff.; s. auch *Frenz*, UTR 2009, 7 (32 ff.), der darlegt, dass die Begriffe der Pläne und Projekte letztlich mit denjenigen der UVP- bzw. SUP-Richtlinie übereinstimmen.
257 *Gellermann*, Natura 2000, 77; *Jarass*, DÖV 2000, 183 (185); *von Keitz*, Rechtsschutz Privater gegen FFH-Gebiete, 78; *Rödiger-Vorwerk*, FFH-Richtlinie, 113 f.; *Gellermann*, EUDUR II/1, § 78, Rn. 29; *Lieber*, NuR 2008, 597 (598 f.); *Müller*, Umwelt- und Naturschutzrecht, 109.
258 Vgl. insoweit auch *Europäische Kommission*, Natura 2000 – Gebietsmanagement. Die Vorgaben des Artikels 6 der Habitat-Richtlinie 92/43/EWG, 2000, 33 f.; *Füßer*, ZUR 2005, 458 (461).
259 So ausdrücklich auch *Jarass*, ZUR 2000, 183 (185).
260 Insofern dürfte der Anwendungsbereich des Art. 6 Abs. 3 RL 92/43 also weiter ausfallen als derjenige der RL 2001/42, die von Regierung und Parlament selbst sowie von Privaten ausgearbeitete Pläne grundsätzlich ausschließt. S. hierzu oben 6. Kap. Rn. 89.
261 Vgl. wohl in diesem Sinn auch EuGH, Rs. C-179/06 (Kommission/Italien), Slg. 2007, I-8131, Ziff. 41, wo der Gerichtshof festhält, sog. „Programmvereinbarungen" müssten über die Stufe von Vorüberlegungen der Verwaltung hinausgehen und insbesondere die Planung in einem solchen Maß an Präzision aufweisen, dass eine Verträglichkeitsprüfung erforderlich ist. S. auch schon EuGH, Rs. C-6/04 (Kommission/Großbritannien), Slg. 2005, I-9017, Rn. 54 ff., wo der EuGH darauf abstellt, dass die in Frage stehenden Pläne bei der Zulassungsentscheidung zu berücksichtigen seien. In diese Richtung auch *Europäische Kommission*, Natura 2000 – Gebietsmanagement. Die Vorgaben des Artikels 6 der Habitat-Richtlinie 92/43/EWG, 2000, 34; *Rödiger-Vorwerk*, FFH-Richtlinie, 113 f.; *Lieber*, NuR 2008, 597 (598 f.).

zifische Nutzungen betreffende Pläne, wie Verkehrsentwicklungspläne, Pläne zur Bewirtschaftung von Wasserressourcen etc., in den Anwendungsbereich des Art. 6 Abs. 3 RL 92/43.[262] Der Begriff „Projekt" stimmt mit demjenigen der RL 2011/92 (UVP-Richtlinie) überein.[263] Darunter fallen die Errichtung von baulichen Anlagen oder sonstigen Anlagen, sowie sonstige Eingriffe in Natur und Landschaft (einschließlich derjenigen zum Abbau von Bodenschätzen), die eine irgendwie geartete Modifikation derselben implizieren.[264] Der Projektbegriff ist somit recht weit gefasst.[265] Daher ist nicht nur im Falle der Errichtung bleibender Anlagen oder Einrichtungen – wie, neben dem Bau von Gebäuden, auch etwa die Einrichtung von Parkplätzen, das Fällen von Bäumen für Skipisten oder der Bau von land- oder forstwirtschaftlichen Wegen – eine Verträglichkeitsprüfung nach Art. 6 Abs. 3 RL 92/43 durchzuführen (soweit die entsprechenden Voraussetzungen vorliegen[266]), sondern auch bei Eingriffen in Natur und Landschaft, die keine bleibenden Spuren hinterlassen, wobei bei regelmäßig wiederkehrenden Eingriffen grundsätzlich jedes Mal ein gesondertes Projekt vorliegt.[267] Ebenso sind Vorhaben, die sich in mehrere Einzelelemente zerlegen lassen, jeweils separat als Projekt anzusehen und entsprechend zu prüfen.[268] Weiter können auch genehmigungsfreie Maßnahmen davon betroffen sein (ist doch keine irgendwie geartete Erheblichkeitsschwelle vorgesehen),[269] und der Ausschluss ganzer Gruppen von Arbeiten bzw. Vorhaben aus dem Projektbegriff steht mit den Vorgaben der RL 92/43 nicht in Einklang.[270] Auf nationaler Ebene blieb der Projektbegriff teilweise hinter dem in der RL 92/43 bzw. der RL 2011/92 definierten Begriff zurück. So fielen etwa im deutschen Bundesnaturschutzgesetz Maßnahmen nur dann unter den Projektbegriff, wenn sie genehmigungs- oder anzeigepflichtig waren.[271] Inzwischen wurde diese stark kritisierte Bestimmung aufgehoben.

Weiter ist auch nicht erforderlich, dass der Plan oder das Projekt in dem FFH-Gebiet selbst liegt; entscheidendes Kriterium ist allein, dass sie eine erhebliche Auswirkung auf das Gebiet entfalten können.[272] Schließ-

---

262 S. aus der Rechtsprechung etwa EuGH, Rs. C-6/04 (Kommission/Großbritannien), Slg. 2005, I-9017, Rn. 54 ff., wo der Gerichtshof davon ausgeht, dass Landnutzungspläne als Pläne im Sinne des Art. 6 Abs. 3 RL 92/43 anzusehen sind.
263 EuGH, C-127/02 (Waddenvereniging), Slg. 2004, I-7405, Ziff. 24 f. Zu diesem Urteil *Gellermann*, NuR 2004, 769 ff.; *Fleurke*, YEEL 2008, 80 ff.; *Stüer*, DVBl. 2007, 416 ff.; *Gellermann*, NuR 2005, 433 ff.
264 Ausdrücklich in diese Richtung auch *Möller/Raschke/Fisahn*, EurUP 2006, 203 (208 f.), die darauf hinweisen, dass ein Projekt immer dann vorliege, „wenn sich anhand objektiver Umstände nicht ausschließen lässt, dass es ein Gebiet von gemeinschaftlicher Bedeutung einzeln oder im Zusammenwirken mit anderen Projekten erheblich beeinträchtigen könne." S. ähnlich auch EuGH, Rs. C-127/02 (Waddenvereniging), Slg. 2004, I-7405, Ziff. 44 f.
265 Hierauf auch hinweisend *Jarass*, ZUR 2000, 183 (185); *Jarass*, NuR 2007, 371 (372 f.); *Füßer*, ZUR 2005, 458 (461); *Palme*, NuR 2007, 243 f.
266 Zu diesen noch 9. Kap. Rn. 66 ff.
267 EuGH, Rs. C-127/02 (Waddenvereniging), Slg. 2004, I-7405, Ziff. 27 f., wo der Gerichtshof festhält, dass eine Tätigkeit wie die mechanische Herzmuschelfischerei, die regelmäßig in dem betreffenden Gebiet ausgeübt wird und für deren Ausübung jedes Jahr die Erteilung einer Lizenz erforderlich ist, als Projekt im Sinne des Art. 6 Abs. 3 RL 92/43 anzusehen ist. S. ansonsten EuGH, Rs. C-6/04 (Kommission/Großbritannien), Slg. 2005, I-9017, Ziff. 42 ff., wo der Gerichtshof festhält, dass eine Wasserentnahme ein Projekt im Sinne des Art. 6 Abs. 3 RL 92/43 darstelle.
268 EuGH, Rs. C-418/04 (Kommission/Irland), Slg. 2007, I-10947, Ziff. 239 ff.
269 S. insoweit auch EuGH, Rs. C-98/03 (Kommission/Deutschland), Slg. 2006, I-53; EuGH, Rs. C-6/04 Kommission/Großbritannien), Slg. 2005, I-9017; EuGH, Rs. C-418/04 (Kommission/Irland), Slg. 2007, I-10947, Ziff. 244 (letzteres Urteil in Bezug auf teilweise auch kleine Aquakulturvorhaben). Aus der Literatur *Möckel*, EurUP 2008, 169 (170 f.); *Jarass*, NuR 2007, 371 (372 f.); *Epiney*, EurUP 2007, 70 f.; *Gellermann*, Natura 2000, 78; *Czybulka*, EurUP 2008, 20 (21 f.); *Fisahn*, ZUR 2006, 137 ff.; *Möller/Raschke/Fisahn*, EurUP 2006, 203 (208) *Günther*, EurUP 2006, 94 ff. (die beiden letzten Beiträge spezifisch zur Rs. C-98/03).
270 EuGH, Rs. C-241/08 (Kommission/Frankreich), Slg. 2010, I-1697 (in Bezug auf die allgemeine Regelung, dass Fischerei, Aquakultur, Jagd und andere waidmännische Tätigkeiten von vornherein keine Aktivitäten darstellen, die sich störend auf Schutzgebiete auswirken; gleiches war für lediglich anzeigepflichtige Vorgaben vorgesehen); ebenso EuGH, Rs. C-538/09 (Kommission/Belgien), Urt. v. 26.5.2011, in Bezug auf den pauschalen Ausschluss von Projekten, die (nur) einer Melderegelung unterliegen.
271 § 10 Abs. 1 Nr. 11 BNatschG, in der Fassung vor dem 17.6.2008.
272 EuGH, Rs. C-98/03 (Kommission/Deutschland), Slg. 2006, I-53, Ziff. 39 ff.; EuGH, Rs. C-418/04 (Kommission/Irland), Slg. 2007, I-10947, Ziff. 232. S. sodann etwa *Gellermann*, Natura 2000, 72, 81; *Freytag/Iven*, NuR 1995, 109 (112); *Krämer*, JEL 2009, 59 (63); *Wolf*, ZUR 2005, 449 (453); *Füßer*, ZUR 2005, 458 (461); *Epiney*, UPR 1997, 303 (308); *Berg*, Europäisches Naturschutzrecht, 118; *Jarass*, NuR 2007, 371 (372 f.); *von Keitz*, Rechtsschutz Privater gegen FFH-Gebiete, 79 f.

lich kann auch dann ein Projekt im Sinne der Art. 6 Abs. 3, 4 RL 92/43 zu bejahen sein, wenn es um fortlaufende Unterhaltsarbeiten in einem Gebiet geht, die bereits vor der Aufnahme des Gebiets in die Unionsliste in dem betreffenden Mitgliedstaat genehmigt wurden.[273]

Die mögliche Beeinträchtigung ist allein in Abhängigkeit von **naturschutzfachlichen Kriterien** festzustellen, wobei die verfügbaren neuesten wissenschaftlichen Erkenntnisse zu berücksichtigen sind. Die Beeinträchtigung dürfte im Hinblick auf die Zielsetzung der RL 92/43, die besonders geschützten Arten und Lebensräume zu erhalten, **erheblich** sein, wenn – neben einer „normalen" Gebietsbeeinträchtigung – die nach Art. 6 Abs. 2 RL 92/43 erfassten Gebietsbestandteile gefährdet sind, und zwar unabhängig von der Intensität der Beeinträchtigung:[274] Wenn für diese nämlich bereits nach Art. 6 Abs. 2 RL 92/43 ein „absolut" zu verstehendes Verschlechterungsverbot zum Zuge kommt, erschiene es widersprüchlich, im Zusammenhang mit Plänen oder Projekten bereits als Voraussetzung der Pflicht zur Durchführung einer Verträglichkeitsprüfung eine darüber hinausgehende „erhebliche" Beeinträchtigung dieser Gebietsbestandteile zu fordern.[275] Jede andere Sichtweise zöge schwer nachvollziehbare Wertungswidersprüche nach sich, würden auf diese Weise doch Projekte und Pläne gegenüber anderen Maßnahmen bzw. Beeinträchtigungen der Gebiete privilegiert.[276]

68

Aus dem Wortlaut des Art. 6 Abs. 3 RL 92/43 ergibt sich außerdem, dass die erhebliche Beeinträchtigung des betreffenden Gebiets nicht sicher sein muss, sondern die entsprechende **Möglichkeit** ausreicht, was letztlich ein Ausfluss des Vorsorgeprinzips darstellt. Dies impliziert auch, dass bei Zweifeln über solche Auswirkungen eine Verträglichkeitsprüfung durchzuführen ist,[277] so dass von einer Verträglichkeitsprüfung grundsätzlich nur abgesehen werden darf, wenn

69

---

273 Sofern aufgrund der Art oder der Umstände der Ausführung der Unterhaltsmaßnahmen diese als einheitliche Maßnahme betrachtet werden können, so wenn sie den Zweck haben, eine bestimmte Tiefe der Fahrrinne eines Flusses durch regelmäßige hierzu erforderliche Ausbaggerungen beizubehalten, vgl. EuGH, Rs. C-226/08 (Stadt Papenburg), Slg. 2010, I-131. Hierzu etwa *Frenz*, NVwZ 2011, 275 (276 f.); zu dem Urteil auch *Würtenberger*, NuR 2010, 316 ff.
274 So auch EuGH, Rs. C-127/02 (Waddenvereniging), Slg. 2004, I-7405, Ziff. 48; ebenso EuGH, Rs. C-179/06 (Kommission/Italien), Slg. 2007, I-8131, Ziff. 35; EuGH, Rs. C-258/11 (Sweetman), Urt. v. 11.4.2013, Ziff. 30; in diese Richtung wohl auch *Europäische Kommission*, Natura 2000 – Gebietsmanagement. Die Vorgaben des Artikels 6 der Habitat-Richtlinie 92/43/EWG, 2000, 35 f.
275 Erheblich ist die Beeinträchtigung damit, wenn die auf Dauer angelegte Perspektive der Erhaltung, also der Fortbestand der durch die Erhaltungsziele geschützten Typen oder Arten, tangiert wird, wobei eine umso geringere Beeinträchtigung ausreichen dürfte, je größer der zu erwartende Schaden ist, vgl. *Jarass*, NuR 2007, 371 (374). Zum Erheblichkeitskriterium auch *Gellermann/Schreiber*, NuR 2003, 505 ff.; *Thyssen*, NuR 2010, 9 ff.; *Thyssen*, EurUP 2010, 258 (261 ff.); zur Relevanz von Vorbelastungen in diesem Zusammenhang *Kochenburger/Estler*, UPR 2001, 50 ff.
276 Ebenso etwa *Gellermann*, Natura 2000, 79 f.; *von Keitz*, Rechtsschutz Privater gegen FFH-Gebiete, 78 f.; *Berner*, Habitatschutz, 118; *Wirths*, ZUR 2000, 190 (192); *Gellermann*, NuR 2009, 8 (10); *Gellermann*, ZUR 2005, 581 (582 f.); in diese Richtung wohl auch *Berg*, Europäisches Naturschutzrecht, 114 f.; wohl a.A. aber *Jarass*, ZUR 2000, 183 (185 f.); *Jarass*, NuR 2007, 371 (374); *Füßer*, ZUR 2005, 458 (462), die offenbar eine gewisse Erheblichkeit der Beeinträchtigung der Arten und Lebensräume verlangen dürften. S. in diesem Zusammenhang auch EuGH, Rs. C-127/02 (Waddenvereniging), Slg. 2004, I-7405, Ziff. 36, wo der EuGH festhält, dass Art. 6 Abs. 3 S. 2 RL 92/43 sicherstellen soll, dass Verschlechterungen der Habitate der Arten im Sinne des Art. 6 Abs. 2 RL 92/43 auch bei Projekten oder Plänen grundsätzlich verhindert werden sollen.
277 So auch ausdrücklich EuGH, Rs. C-127/02 (Waddenvereniging), Slg. 2004, I-7405, Ziff. 44; EuGH, Rs. C-6/04 (Kommission/Vereinigtes Königreich), Slg. 2005, I-9017, Ziff. 54; EuGH, Rs. C-418/04 (Kommission/Irland), Slg. 2007, I-10947, Ziff. 254; EuGH, Rs. C-182/10 (Solvay), Urt. v. 16.2.2012; EuGH, Rs. C-258/11 (Sweetman), Urt. v. 11.4.2013, Ziff. 40 f.; aus der Literatur etwa *Sobotta*, ZUR 2006, 353 (358); *Köck*, EurUP 2008, 154 (157); *von Keitz*, Rechtsschutz Privater gegen FFH-Gebiete, 78; *Gellermann*, Natura 2000, 78; *Mithat Güneş/Fisahn*, EurUP 2007, 220 (222); *Füßer*, ZUR 2005, 458 (461 f.); *Gellermann*, EUDUR II/1, § 78, Rn. 29; s. auch *Europäische Kommission*, Natura 2000 – Gebietsmanagement. Die Vorgaben des Artikels 6 der Habitat-Richtlinie 92/43/EWG, 2000, 37, wo die Wahrscheinlichkeit erheblicher Auswirkungen und das Auswirkungsprinzip unterstrichen werden. Zu der damit verbundenen Frage nach der Reichweite des Beurteilungsspielraums der zuständigen Behörde *Lau*, UPR 2010, 169 ff.

eine Gebietsbeeinträchtigung praktisch ausgeschlossen werden kann.[278] Dabei dürfte bei der geforderten „Beeinträchtigungswahrscheinlichkeit" die Schwelle wohl umso niedriger anzusiedeln sein, je größer der drohende bzw. mögliche Schaden ist.[279]
Eine erhebliche Beeinträchtigung liegt allerdings dann nicht vor, wenn mit einem Projekt verbundene „Ausgleichsmaßnahmen" dazu führen, dass eine erhebliche Beeinträchtigung des fraglichen Gebiets nicht mehr anzunehmen ist.[280] Denn solche Ausgleichsmaßnahmen dürften letztlich als Teil des zu beurteilenden Projekts selbst anzusehen sein, so dass kein Grund besteht, sie nicht – wie alle anderen Teile des Projekts auch – bei der Frage, ob die Gefahr einer erheblichen Schutzgebietsbeeinträchtigung besteht, heranzuziehen. Solche Schadensminderungsmaßnahmen können aber nur dann zu einer Verneinung der Pflicht zur Durchführung einer Verträglichkeitsprüfung führen, wenn sie die ansonsten zu bejahende Beeinträchtigung nachweislich wirksam verhindern,[281] eine Voraussetzung, die angesichts der häufig komplexen Wirkungsweisen von Projekten und Schadensminderungsmaßnahmen wohl nur ausnahmsweise zu bejahen sein dürfte.

70   Ergibt die Vorprüfung, dass eine **erhebliche Beeinträchtigung** gegeben bzw. möglich ist, ist für den Plan oder das Projekt – im Vorfeld seiner Genehmigung bzw. des entsprechenden Beschlusses[282] – eine **FFH-Verträglichkeitsprüfung** vorzunehmen. Aus Sinn und Zweck der Richtlinie ergibt sich, dass sich die Verträglichkeitsprüfung auf jede mögliche (und nicht nur auf eine „erhebliche") Gefährdung der Verwirklichung der Erhaltungsziele beziehen muss.[283]

Der RL 92/43 lassen sich jedoch keine weiteren Anforderungen an die Ausgestaltung der Verträglichkeitsprüfung entnehmen,[284] so dass den Mitgliedstaaten insoweit ein weiter Gestaltungsspielraum verbleibt. So ist es ihnen etwa grundsätzlich freigestellt, die FFH-Verträglichkeitsprüfung im Rahmen einer „normalen" UVP durchzuführen, wobei jedoch die Einhaltung der spezifischen Vorgaben der RL 92/43 sicherzustellen ist.[285] Weiter ist im Verhältnis zum eigentlichen Genehmigungsverfahren sowohl ein „einstufiges" als auch

---

278 Spezifisch in Bezug auf Pläne hielt der Gerichtshof fest, der Umstand, dass Baugenehmigungen im Lichte des in Frage stehenden Raumordnungsgesetzes zu prüfen sind, impliziere, dass diese Pläne die entsprechenden Entscheidungen und damit die betroffenen Gebiete erheblich beeinflussen könnten. Vgl. EuGH, Rs. C-6/04 (Kommission/Großbritannien), Slg. 2005, I-9017, Ziff. 55.
279 *Jarass*, NuR 2007, 371 (374).
280 EuGH, Rs. C-127/02 (Waddenvereniging), Slg. 2004, I-7405; EuGH, Rs. C-209/02 (Kommission/Österreich), Slg. 2004, I-1211.
281 So wohl auch EuGH, Rs. C-209/02 (Kommission/Deutschland), Slg. 2005, I-1211, Ziff. 24 ff. Ebenso wohl auch *Kremer*, ZUR 2007, 299 (302). Hingegen geht *Füßer*, ZUR 2005, 458 (461), wohl davon aus, dass im Rahmen des *Screenings* Maßnahmen zur Schadensbegrenzung von vornherein nicht zu berücksichtigen seien, dies aus „Vorsichtsgründen". Dem Vorsorgeprinzip wird aber wohl nur dadurch Rechnung getragen, dass solche Maßnahmen nur dann zu einer Verneinung der Pflicht, eine Verträglichkeitsprüfung durchzuführen, führen, wenn sie mit Gewissheit sicherstellen, dass keine erhebliche Beeinträchtigung des Gebiets zu gewärtigen ist.
282 Ausdrücklich EuGH, Rs. C-127/02 (Waddenvereniging), Slg. 2004, I-7405, Ziff. 34; EuGH, Rs. C-6/04 (Kommission/Vereinigtes Königreich), Slg. 2005, I-9017, Ziff. 57 ff.; EuGH, Rs. C-418/04 (Kommission/Irland), Slg. 2007, I-10947, Ziff. 229. Daher genügt die bloße Verpflichtung, Informationen über die voraussichtlichen erheblichen Auswirkungen eines Plans oder Projekts auf die Umwelt in die Plan- oder die Projektgenehmigung selbst aufzunehmen, den Anforderungen des Art. 6 Abs. 3 S. 1 RL 92/43 von vornherein nicht, handelt es sich in solchen Fällen doch nicht um eine vor der Genehmigung bzw. dem Beschluss erfolgende Prüfung.
283 So auch EuGH, Rs. C-127/02 (Waddenvereniging), Slg. 2004, I-7405, Ziff. 39; EuGH, Rs. C-441/03 (Kommission/Niederlande), Slg. 2005, I-3043, Ziff. 23; EuGH, Rs. C-304/05 (Kommission/Italien), Slg. 2007, I-7495, Ziff. 61 ff.; *Gellermann*, NuR 2005, 433 (437).
284 Insbesondere muss in ihrem Rahmen auch keine Alternativenprüfung vorgenommen werden, die lediglich in Art. 6 Abs. 4 RL 92/43 figuriert, vgl. EuGH, Rs. C-241/08 (Kommission/Frankreich), Slg. 2010, I-1697.
285 Vgl. insoweit etwa die Ausführungen bei *Schink*, DÖV 2002, 45 ff.; *Erbguth*, NuR 2000, 130 (133 ff.); *Berg*, Europäisches Naturschutzrecht, 122; *Hösch*, NuR 2004, 210 (212 ff.); s. auch *Garcia Ureta*, JEEPL 2007, 84 ff. Dies ist schon deshalb von Bedeutung, weil zwar das „Prüfungsprogramm" einer FFH-Verträglichkeitsprüfung insofern enger ist als eine UVP, als nur die Verträglichkeit des Projekts mit den Erhaltungszielen zu prüfen ist und somit nicht alle Umweltgüter inklusive ihrer Wechselbeziehungen einzubeziehen sind. Gleichzeitig sind die Vorgaben für die Ausrichtung der FFH-Prüfung aber auch – in Bezug auf die Erhaltungsziele – präziser; außerdem entfaltet ein negatives Ergebnis der Verträglichkeitsprüfung (im Gegensatz zur UVP und SUP) insofern bindende Wirkung, als das Projekt oder Plan diesfalls grundsätzlich (Art. 6 Abs. 4 RL 92/43 vorbehalten) nicht genehmigt werden darf. Deutlich wird damit auch, dass weder eine UVP noch eine SUP die spezifische FFH-Verträglichkeitsprüfung ersetzen können, so auch ausdrücklich EuGH, Rs. C-418/04 (Kommission/Irland), Slg. 2007, I-10947, Ziff. 231; aus der Literatur etwa auf diesen Unterschied hinweisend *Berg*, Europäisches Naturschutzrecht, 139.

9. Kapitel Bewirtschaftung und Umweltressourcen

ein „zweistufiges" Verfahren in dem Sinn denkbar, dass die Verträglichkeitsprüfung bei der ersten Variante in das Genehmigungsverfahren eingebettet sein kann, bei der zweiten hingegen ein eigenständiges Verfahren durchgeführt wird. Aber auch hier muss jedenfalls sichergestellt werden, dass den Anforderungen an die Verträglichkeitsprüfung Rechnung getragen wird, so dass sich die Verträglichkeitsprüfung auf jede mögliche (nicht nur auf eine „erhebliche") Gefährdung der Verwirklichung der Erhaltungsziele zu beziehen hat[286] und die Vereinbarkeit des Projekts oder Plans mit den festgelegten (auch zukunftsgerichteten) Erhaltungszielen eruiert werden kann, was entsprechende geeignete und hinreichend umfangreiche Untersuchungen unter Zugrundelegung der verfügbaren wissenschaftlichen Erkenntnisse impliziert.[287]

Formell ist zudem auch eine Beteiligung der Öffentlichkeit vorzusehen, Art. 6 Abs. 3 S. 2 RL 92/43.

Ergibt die Verträglichkeitsprüfung, dass das **„Gebiet als solches" beeinträchtigt** wird bzw. werden könnte, so ist nach **Art. 6 Abs. 3 S. 2 RL 92/43** der Plan oder das Projekt zwingend zu **untersagen**.[288] Ergibt sich aus der Verträglichkeitsprüfung, dass das Projekt mit den Erhaltungszielen unvereinbar ist – also unabhängig davon, ob darüber hinaus auch eine Gebietsbeeinträchtigung gegeben ist – so folgt die grundsätzliche Pflicht zur Nichtgenehmigung aus **Art. 6 Abs. 4 RL 92/43** (der aber auch Relativierungen bzw. Ausnahmen vorsieht[289]).

71

Bei der Frage, unter welchen Voraussetzungen ein „Gebiet als solches" als „beeinträchtigt" anzusehen ist, kann es (auch schon in Anknüpfung an den Wortlaut des Art. 6 Abs. 3 S. 2 RL 92/43) jedenfalls nicht auf eine gravierende oder erhebliche Beeinträchtigung der für den Schutzzweck des Gebiets maßgeblichen Bestandteile (etwa in dem Sinn, dass der Gesamtcharakter des Gebiets beeinträchtigt wird) ankommen.[290] In denjenigen Fällen, in denen ein Projekt oder ein Plan (zunächst) jedoch keine Auswirkungen auf den Schutzzweck bzw. die Erhaltungsziele des jeweiligen Gebiets zu zeitigen vermag, dürfte – insofern im Gegensatz zum reinen Wortlaut des Art. 6 Abs. 3 S. 2 RL 92/43 – eine gewisse Erheblichkeitsschwelle in dem Sinn, dass nur erhebliche Gebietsbeeinträchtigungen den Verträglichkeitsgrundsatz aktivieren, zu fordern sein: Diese Sicht drängt sich schon vor dem Hintergrund auf, dass selbst eine Verträglichkeitsprüfung nur unter dieser Voraussetzung durchzuführen ist, so dass es inkohärent erschiene, bei einer nicht zu befürchtenden Beeinträchtigung der Erhaltungsziele und einer lediglich minimen (eben nicht erheblichen) Gebietsbeeinträchtigung die Durchführung des Plans oder Projekts zu versagen.[291]

Jedenfalls ist bei der Frage nach dem Vorliegen einer Gebietsbeeinträchtigung – wie schon in der Formulierung des Art. 6 Abs. 3 S. 2 RL 92/43 zum Ausdruck kommt – keine „ausreichende Sicherheit" zu verlangen;[292] vielmehr lässt sich – im Gegenteil – schon aus dem Vorsorgeprinzip[293] ableiten, dass die „Versagungsverpflichtung" des Art. 6 Abs. 3 S. 2 RL 92/43 nur dann nicht eintritt, wenn auf der Grundlage der besten einschlägigen wissenschaftlichen Erkenntnisse mit Gewissheit etabliert ist, dass der Plan oder das

---

286 So auch EuGH, Rs. C-127/02 (Waddenvereniging), Slg. 2004, I-7405, Ziff. 39; EuGH, Rs. C-441/03 (Kommission/Niederlande), Slg. 2005, I-3043, Ziff. 23; EuGH, Rs. C-304/05 (Kommission/Italien), Slg. 2007, I-7495, Ziff. 61 ff.; *Gellermann*, NuR 2005, 433 (437).

287 Vgl. ebenso die Ausführungen in EuGH, Rs. C-127/02 (Waddenvereniging), Slg. 2004, I-7405, Ziff. 51 ff.; vgl. auch EuGH, Rs. C-304/05 (Kommission/Italien), Slg. 2007, I-7495, Ziff. 46 ff., wo der EuGH betont, dass Studien mit Lücken und unter Fehlen vollständiger und präziser Feststellungen und Schlussfolgerungen nicht geeignet seien, jeden vernünftigen Zweifel hinsichtlich der Auswirkungen der Arbeiten im besonderen Schutzgebiet auszuräumen; auch darüber hinaus stellte der EuGH hier verschiedene Mängel in Bezug auf die Vollständigkeit der Verträglichkeitsprüfung fest (vgl. Ziff. 62 ff.); ebenso EuGH, Rs. C-43/10 (Nomarchiaki Aftodioikisi Aitoloakarnanias), Urt. v. 11.9.2012, Ziff. 106 ff. S. auch *Rödiger-Vorwerk*, Fauna-Flora-Habitat-Richtlinie, 121, die im Hinblick auf eine den Vorgaben des Art. 6 Abs. 3 RL 92/43 entsprechende Verträglichkeitsprüfung verschiedene Prüfungsschritte formuliert. Zur Verträglichkeitsprüfung unter Berücksichtigung der Rechtsprechung des BVerwG auch *Frenz*, UPR 2011, 170 ff.

288 Auf die Unvereinbarkeit mit den Erhaltungszielen kommt es in diesem Zusammenhang also nicht an. Denkbar wäre also, dass der Plan oder das Projekt zwar mit den Erhaltungszielen vereinbar ist, aber dennoch zu einer Beeinträchtigung des Gebiets als solches führt. Siehe ausdrücklich in diesem Zusammenhang auch *Wolf*, ZUR 2005, 449 (453), der darauf hinweist, dass durchaus Konstellationen denkbar sind, in denen massive Eingriffe in Natur und Landschaft nicht zwingend zu einer (erheblichen) Beeinträchtigung der Schutzziele führen.

289 S. sogleich 9. Kap. Rn. 70 ff.

290 Ebenso *Gellermann*, Natura 2000, 85; *Epiney*, UPR 1997, 303 (308); a.A. allerdings etwa *Freytag/Iven*, NuR 1995, 109 (113), die auf eine gravierende Beeinträchtigung abstellen dürften.

291 *Gellermann*, Natura 2000, 86 f.

292 So aber *Jarass*, ZUR 2000, 183 (187).

293 Hierauf im Zusammenhang mit Art. 6 Abs. 3 S. 2 RL 92/43 auch Bezug nehmend EuGH, Rs. C-127/02 (Waddenvereniging), Slg. 2004, I-7405, Ziff. 58.

531

72 Ergibt die Verträglichkeitsprüfung, dass der Plan oder das Projekt mit den **Erhaltungszielen unvereinbar ist**,[296] so dürfen die Projekte **ausnahmsweise**[297] aus zwingenden Gründen des überwiegenden öffentlichen Interesses verwirklicht werden,[298] wobei ausdrücklich solche sozialer und wirtschaftlicher Art eingeschlossen werden (Art. 6 Abs. 4 RL 92/43).[299] Private Interessen können grundsätzlich einen Ausnahmegrund darstellen, wenn sie auch öffentlichen Interessen dienen (in Betracht kämen z.b. die wirtschaftliche Entwicklung einer Region oder die Schaffung von Arbeitsplätzen).[300] Insgesamt werden damit die zulässigen Ausnahmetatbestände im Vergleich zu Art. 4 RL 2009/147 erweitert,[301] wenn hier auch der Grundsatz der engen Auslegung dieser Bestimmung einer zu „großzügigen" Genehmigung von Plänen oder Projekten entgegensteht.

Projekt zu keiner relevanten Gebietsbeeinträchtigung im dargelegten Sinn führt.[294] Abzustellen ist dabei auf den Zeitpunkt der Genehmigungsentscheidung, so dass eine sich später nicht realisierende Beeinträchtigung nichts daran ändert, dass das Projekt oder der Plan nicht hätte genehmigt werden dürfen.[295]

---

[294] *Sobotta*, ZUR 2006, 353 (358), unter Hinweis auch auf die insoweit klareren anderen Sprachversionen des Art. 6 Abs. 3 S. 2 RL 92/43; *Gellermann*, Natura 2000, 85; *Epiney*, EurUP 2007, 84 (87). Auch die Rechtsprechung des EuGH geht in diese Richtung, vgl. EuGH, Rs. C-127/02 (Waddenvereniging), Slg. 2004, I-7405, Ziff. 56 ff., wo der Gerichtshof festhält, eine Genehmigung dürfe nur erfolgen, wenn die zuständigen nationalen Behörden Gewissheit darüber erlangt haben, dass sich der Plan oder das Projekt nicht nachteilig auf das betreffende Gebiet als solches auswirkt; bei diesbezüglichen Unsicherheiten sei die Genehmigung zu untersagen. Ebenso EuGH, Rs. C-418/04 (Kommission/Irland), Slg. 2007, I-10947, Ziff. 258; EuGH, Rs. C-304/05 (Kommission/Italien), Slg. 2007, I-7495, Ziff. 58 f.; EuGH, Rs. C-239/04 (Kommission/Portugal), Slg. 2006, I-10183, Ziff. 19 ff. (Castro Verde); EuGH; Rs. C-209/02 (Kommission/Österreich), Slg. 2004, I-1211, Ziff. 26 f. Kritisch zu der damit einhergehenden Beweislastverteilung (letztlich müsste nämlich der Antragsteller die „Nichtschädlichkeit" seines Vorhabens beweisen) *Meßerschmidt*, Europäisches Umweltrecht, § 13, Rn. 90. Diese Kritik dürfte jedoch dem Vorsorgeprinzip nicht Rechnung tragen: Dieses ermöglicht nämlich staatliche Eingriffe auch und gerade dann, wenn über die Ursache-Wirkungs-Beziehungen noch keine Sicherheit besteht. Zum Vorsorgeprinzip bereits oben 5. Kap. Rn. 14 ff.
[295] EuGH, Rs. C-239/04 (Kommission/Portugal), Slg. 2006, I-10183 (Castro Verde).
[296] Art. 6 Abs. 4 RL 92/43 knüpft also an ein negatives Ergebnis der Verträglichkeitsprüfung an, so dass diese Vorschrift auch dann einschlägig ist, wenn das betreffende Projekt oder der Plan den Zustand des Gebiets grundsätzlich unberührt lässt, jedoch die Verwirklichung der Erhaltungsziele behindert werden kann, vgl. *Gellermann*, Natura 2000, 89. Im Übrigen knüpft Art. 6 Abs. 4 RL 92/43 an die Durchführung der Verträglichkeitsprüfung nach Art. 6 Abs. 3 RL 92/43 an, so dass erstere Bestimmung von vornherein nur dann zum Zuge kommen kann, wenn eine Prüfung der Auswirkungen eines Plans oder Projekts gemäß Art. 6 Abs. 3 RL 92/43 durchgeführt worden ist, vgl. EuGH, Rs. C-182/10 (Solvay), Urt. v. 16.2.2012.
[297] Art. 6 Abs. 4 RL 92/43 ist als Ausnahmevorschrift eng auszulegen, vgl. EuGH, Rs. C-239/04 (Kommission/Portugal), Slg. 2006, I-10183; EuGH, Rs. C-304/05 (Kommission/Italien), Slg. 2007, I-7495; EuGH, Rs. C-182/10 (Solvay), Urt. v. 16.2.2012.
[298] Eine negative Verträglichkeitsprüfung zieht also grundsätzlich – d.h., wenn die Voraussetzungen des Art. 6 Abs. 4 RL 92/43 nicht erfüllt sind – die Pflicht nach sich, das Projekt nicht zu genehmigen bzw. zu verwirklichen, vgl. ausdrücklich EuGH, Rs. C-209/02 (Kommission/ Österreich), Slg. 2004, I-1211, Ziff. 22 ff., wobei der EuGH hier offenbar bereits das Vorliegen der Gefahr negativer Auswirkungen für ausreichend hält.
[299] S. auch EuGH, Rs. C-44/95 (Royal Society for the Protection of Birds), Slg. 1996, I-3805, Ziff. 36 ff.
[300] S. schon *Epiney*, UPR 1997, 303 (308); so auch *von Keitz*, Rechtsschutz Privater gegen FFH-Gebiete, 84; *Wolf*, ZUR 2005, 449 (455); *Gellermann*, Natura 2000, 91 f.; *Jarass*, NuR 2007, 371 (376); *Freytag/Iven*, NuR 1995, 109 (114); *Jarass*, ZUR 2000, 183 (187); *Rödiger-Vorwerk*, FFH-Richtlinie 1998, 125; *Köck*, ZUR 2005, 466 (468); *Europäische Kommission*, Auslegungsleitfaden zu Art. 6 Abs. 4 der „Habitat-Richtlinie" 92/43/EWG, 2007, 8.
[301] Vgl. in diesem Zusammenhang zur Rechtsprechung des BVerwG in Bezug auf die ausnahmsweise Genehmigung von Vorhaben in Schutzgebieten auf der Grundlage der nationalen Umsetzungsgesetzgebung *Lau*, NVwZ

9. Kapitel Bewirtschaftung und Umweltressourcen

Dass öffentliche Interesse ist „zwingend" wenn dem Interesse eine gewisse Bedeutung zukommt bzw. seine Verfolgung als sehr wichtig erscheint, wobei der Mitgliedstaat dies darzulegen und zu begründen hat.[302]

73

Weiter – und dieses Erfordernis dürfte häufig entscheidend sein – muss das verfolgte **Interesse** „überwiegend" sein. D.h. das öffentliche Interesse muss „gewichtiger" sein als die ökologischen Belange, so dass dem Naturschutz in der einzelfallspezifischen Abwägungsentscheidung eine besondere Bedeutung zukommen muss. Die Rechtsprechung hat in diesem Zusammenhang klargestellt, dass ein überwiegendes öffentliches Interesse i.S.d. Art. 6 Abs. 4 RL 92/43 so wichtig sein müsse, dass es gegen das mit der Richtlinie verfolgte Ziel der Erhaltung der natürlichen Lebensräume sowie der wildlebenden Tiere und Pflanzen abgewogen werden kann; Bauarbeiten im Hinblick auf die Ansiedlung oder Erweiterung eines Unternehmens erfüllten diese Voraussetzungen jedoch grundsätzlich nur in Ausnahmefällen.[303]

74

Im Falle der Betroffenheit **prioritärer Lebensraumtypen oder prioritärer Arten** gelten erschwerte (prozedurale) Erfordernisse: Grundsätzlich können nur Erwägungen im Zusammenhang mit der Gesundheit des Menschen, der öffentlichen Sicherheit[304] oder im Zusammenhang mit maßgeblichen günstigen Auswirkungen auf die Umwelt[305] geltend gemacht werden;[306] andere zwingende Gründe des überwiegenden öffentlichen Interesses können nur nach Stellungnahme der Kommission angeführt werden (Art. 6 Abs. 4 UAbs. 2 RL 92/43).

75

Damit ist im Falle der Betroffenheit prioritärer Lebensräume oder Arten in erster Linie eine zusätzliche prozedurale „Hürde" zu nehmen, indem eine vorherige Stellungnahme der Kommission einzuholen ist, falls es sich um andere zwingende Gründe des öffentlichen Interesses als die ausdrücklich in Art. 6 Abs. 4 Uabs. 2 RL 92/43 genannten handelt.[307] Diese jedoch werden nicht von vornherein beschränkt, so dass auch hier

---

2011, 461 (463 ff.); *Weidemann/Krappel*, EurUP 2011, 61 ff., 106 ff.; *Vallendar*, EurUP 2011, 14 ff.; *Thyssen*, EurUP 2009, 172 ff.; *Frenz*, UPR 2011, 100 ff.; *Wegener*, ZUR 2010, 227 ff.; *Spieth/Appel*, NuR 2009, 669 ff.; *Steeck/Lau*, NVwZ 2009, 616 ff.; *Thyssen*, EurUP 2010, 258 (263 ff.); *Mitschang/Wagner*, DVBl. 2010, 1257 ff.; *Gellermann*, DVBl. 2008, 283 ff.; *Stüer*, DVBl. 2009, 1 ff.

302 S. in diesem Zusammenhang etwa die Bemerkung von *Köck*, ZUR 2005, 466 (468), der davon ausgeht, dass es ausreicht, dass die Durchsetzung der entsprechenden öffentlichen Interessen auf der Ebene des Mitgliedstaates vernünftigerweise geboten sein müsse. In eine ähnliche Richtung wohl auch *Jarass*, NuR 2007, 371 (377), der betont, die Formulierung der „zwingenden" öffentlichen Interessen weise auf das besondere Gewicht des Naturschutzes in der Abwägungsentscheidung hin. Zur Praxis der Kommission in diesem Zusammenhang, die den Mitgliedstaaten einen recht weiten Gestaltungsspielraum einräumen dürfte und sich häufig mit eher oberflächlichen Ausführungen der Mitgliedstaaten begnügt, *Krämer*, JEL 2009, 59 ff.; *Epiney*, in: Rechtsregime der Natura 2000-Schutzgebiete, 73 (127 ff.), m.w.N.

303 EuGH, Rs. C-182/10 (Solvay), Urt. v. 16.2.2012.

304 Zur Präzisierung dieses Begriffs etwa *Europäische Kommission*, Natura 2000 – Gebietsmanagement. Die Vorgaben des Artikels 6 der Habitat-Richtlinie 92/43/EWG, 2000, 53.

305 Wobei diese Ausnahme – in Anlehnung an das Leybucht-Urteil, EuGH, Rs. C-57/89 (Kommission/Deutschland), Slg. 1991, I-883, dem sie offensichtlich entlehnt ist – so auszulegen ist, dass nur diejenigen günstigen Auswirkungen berücksichtigt werden dürfen, die sich gerade aus der Realisierung des Vorhabens ergeben und den betroffenen Arten oder Habitaten selbst (nicht etwa anderen Umweltgütern, wie z.B. der Luftreinhaltung) zugute kommen. Ebenso *Gellermann*, Natura 2000, 103 f.; wohl auch *Mithat Günes/Fisahn*, EurUP 2007, 220 (226); *Kremer*, ZUR 2007, 299 (303).

306 Wobei eine dieser Zielsetzungen der wesentliche Zweck des Projekts oder Plans, nicht nur einen „Nebenzweck", darstellen muss, so auch *Köck*, ZUR 2005, 466 (468). Hingegen dürfte der Umstand, dass das betreffende Projekt die Zielsetzung nur „mittelbar" verfolgen möchte, grundsätzlich nichts daran ändern, dass einer der „qualifizierten" öffentlichen Interessen einschlägig sein kann.

307 A.A. aber *Gellermann*, EUDUR II/1, § 78, Rn. 36; *Erbguth*, NuR 2000, 130 (134); *Fisahn/Cremer*, NuR 1997, 268 (271 ff.), die allgemein für den Ausschluss wirtschaftlicher und sozialer Erwägungen eintreten, was aber nur sehr schwer mit dem Wortlaut der Vorschrift zu vereinbaren ist: Der Ausdruck „überwiegende öffentliche

grundsätzlich wirtschaftliche Erwägungen greifen können. Letztlich wird der Beurteilungsspielraum der Mitgliedstaaten in Bezug auf die möglichen öffentlichen Interessen damit aber nicht weitergehender als bei den übrigen Schutzgebieten eingeschränkt. Insbesondere können auch wirtschaftliche Interessen grundsätzlich Pläne oder Projekte rechtfertigen, die die Erhaltungsziele von Gebieten mit prioritären Lebensraumtypen oder Arten beeinträchtigen. Ob auf diese Weise ein effektiver Schutz der prioritären Lebensraumtypen und Arten erreicht werden kann, darf zumindest bezweifelt werden. Immerhin müssen aber auch hier die öffentlichen Interessen „überwiegen".[308]

76 Eine **Alternativlösung** darf nicht möglich sein (Art. 6 Abs. 4 S. 1 RL 92/43).[309] Angesichts des Umstandes, dass dem Begriff der Alternative ein Vergleichselement innewohnt und es die Richtlinie grundsätzlich erlaubt, dass wirtschaftliche Erwägungen berücksichtigt werden können (dies ausdrücklich auch im Rahmen des Art. 6 Abs. 4 Uabs. 1 RL 92/43), können bei der Frage, ob eine Alternativlösung vorliegt, auch die mit dieser (möglicherweise) verbundenen (Mehr-) Kosten einbezogen werden, so dass die ggf. zu erwartenden zusätzlichen Kosten (im Vergleich zur ursprünglichen Variante) zumindest zumutbar sein müssen.[310]

Bei der konkreten Bewertung, ob dies der Fall ist oder nicht, kommt es selbstredend auf eine Abwägung in Anbetracht der Umstände des Einzelfalls an, so dass den Mitgliedstaaten bzw. den zuständigen Behörden hier ein durchaus ins Gewicht fallender Gestaltungsspielraum zukommen dürfte;[311] immerhin kann aber allgemein formuliert werden, dass die zumutbaren Zusatzaufwendungen umso höher anzusetzen sind, je größer der „Gewinn" in Bezug auf die Erhaltungsziele des Schutzgebiets ausfällt.[312]

77 Weiter impliziert das in Art. 6 Abs. 4 UAbs. 1 RL 92/43 formulierte Erfordernis der „Alternativlosigkeit", dass die mitgliedstaatlichen Behörden jedenfalls Alternativen zu prüfen haben, wobei sich solche Alternativen nicht eigentlich aufdrängen müssen, sondern sich auch erst im Gefolge einer eingehenden Alternativenprüfung ergeben können.[313] Daher stellt bereits die Unterlassung der Prüfung von Alternativen einen Verstoß gegen diese Bestimmung dar, und die Mitgliedstaaten haben nachzuweisen, dass Alternativlösungen fehlen.[314] Dieses Erfordernis dürfte (auch) implizieren, dass ein entsprechendes, nachvollziehbares und im Hinblick auf die

---

Interessen" wird sowohl in Art. 6 Abs. 4 Uabs. 1 als auch in Art. 6 Abs. 4 Uabs. 2 RL 92/43 verwandt; da in Art. 6 Abs. 4 Uabs. 1 ausdrücklich auch wirtschaftliche und soziale Zielsetzungen einbezogen sind und Art. 6 Abs. 4 Uabs. 2 RL 92/43 zwischen Erwägungen der Gesundheit des Menschen und der öffentlichen Sicherheit auf der einen und anderen zwingenden Gründen des überwiegenden öffentlichen Interessen unterscheidet, spricht Vieles für die hier vertretene Ansicht, wenn auch die Gegenansicht – die sich immerhin auf beachtliche teleologische Erwägungen stützt – „wünschenswert" wäre. Wie hier etwa *Düppenbecker/Greiving*, UPR 1999, 173 (177); *Freytag/Iven*, NuR 1995, 109 (114); *Rengeling*, UPR 1999, 281 (285); *Jarass*, ZUR 2000, 183 (188).

308 Die Kommission bejahte dies im Falle der geplanten A20 in Bezug auf die Querung des Peenetals angesichts insbesondere der sehr schlechten wirtschaftlichen Situation in dieser Region und der wichtigen Rolle einer leistungsfähigen Infrastruktur in diesem Zusammenhang, ABl. 1996 L 6, 14 ff. Vgl. zur Frage der Betroffenheit prioritärer Lebensraumtypen und Arten im Zusammenhang mit der Umsetzung in Deutschland im Einzelnen *Kohls*, NuR 2011, 161 ff.

309 Ausführlich zu dieser Alternativenprüfung *Füßer/Lau*, NuR 2012, 448 ff.; *Winter*, NuR 2010, 601 ff.; *Bauer*, Durchsetzung des europäischen Umweltrechts. 269 ff.

310 So schon *Epiney*, UPR 1997, 303 (308); ebenso etwa *von Keitz*, Rechtsschutz Privater gegen FFH-Gebiete, 83; *Mithat Günes/Fisahn*, EurUP 2007, 220 (228); *Gellermann*, Natura 2000, 90 f.; *Berg*, Europäisches Naturschutzrecht, 149 f.; *Jarass*, ZUR 2000, 183 (187); *Köck*, ZUR 2005, 466 (468), der darauf hinweist, dass Alternativlösungen, die mit einem unverhältnismäßigen Kostenaufwand verbunden sind, nicht verlangt werden dürfen. Zum Problemkreis auch etwa *Verwiebe*, Umweltprüfungen, 153 ff.

311 Hierauf auch ausdrücklich hinweisend *Jarass*, NuR 2007, 371 (377 f.).

312 Im Einzelnen m.w.N. *Gellermann*, Natura 2000, 91. Im Ansatz ebenso *Jarass*, NuR 2007, 371 (378).

313 *von Keitz*, Rechtsschutz Privater gegen FFH-Gebiete, 82; *Gellermann*, Natura 2000, 90.

314 EuGH, Rs. C-239/04 (Kommission/Portugal), Slg. 2006, I-10183 (Castro Verde).

9. Kapitel Bewirtschaftung und Umweltressourcen

Fragestellung überzeugendes Argumentarium vorliegen muss, aufgrund dessen der Nachweis gelingt, dass eine Alternativlösung eben gerade fehlt.[315]

Schließlich muss der betreffende Mitgliedstaat alle notwendigen **Ausgleichsmaßnahmen** ergreifen, die die Wahrung der „globalen Kohärenz" von Natura 2000 sicherstellen.[316]

In Bezug auf die **Form der Umsetzung** in den Mitgliedstaaten[317] ist jedenfalls ein **präzise formulierter Rechtsrahmen** notwendig, damit die Verwirklichung der in der RL 92/43 formulierten (Schutz-) Ziele gewährleistet ist; m.a.w. müssen die Mitgliedstaaten – um die volle Anwendung der Schutzbestimmungen der Richtlinie in rechtlicher und tatsächlicher Hinsicht zu gewährleisten und um dem Erfordernis der Rechtssicherheit zu entsprechen – einen eindeutigen gesetzlichen Rahmen für das betreffende Gebiet schaffen.[318] Der Gerichtshof hat weiter festgehalten, dass der rechtliche (Schutz-) Status der ausgewiesenen Gebiete nicht nur gewährleisten muss, dass Verschlechterungen der natürlichen Lebensräume und Habitate sowie Störungen der geschützten Arten vermieden werden, sondern auch, dass die betreffenden Rechtsvorschriften Dritten entgegengehalten werden können.[319] Daher dürfen sich die rechtlichen Regelungen nicht darauf beschränken, Handlungsgebote für Verwaltungsbehörden festzulegen.[320] Der Grundsatz der Rechtssicherheit verlangt vor diesem Hintergrund eine angemessene Bekanntmachung der auf Grund einer Unionsregelung eingeführten nationalen Maßnahmen, damit die von diesen Maßnahmen betroffenen Rechtssubjekte den Umfang ihrer Rechte und Pflichten in dem besonderen unionsrechtlich geregelten Bereich erkennen können. So müssen Karten zur Abgrenzung der besonderen Schutzgebiete rechtliche Verbindlichkeit aufweisen; andernfalls könnte die räumliche Abgrenzung der besonderen Schutzgebiete jederzeit in Frage gestellt werden.[321]

c) Bestimmungen zum Artenschutz

Neben den Pflichten, Schutzgebiete auszuweisen und in diesen entsprechende Schutzmaßnahmen zu ergreifen, enthält die Richtlinie auch genuin oder direkt **artenschutzrechtliche Vorschriften**

---

315 In diese Richtung wohl auch EuGH, Rs. C-239/04 (Kommission/Portugal), Slg. 2006, I-10183, Ziff. 39. S. für ein Beispiel einer relativ ausführlichen Alternativenprüfung in Bezug auf einen Verkehrsflughafen Stellungnahme der Kommission, Karlsruhe, Baden-Baden: Hier wurden sieben Planungsalternativen für einen Planfeststellungsbeschluss entwickelt, davon fünf unter verschiedenen Gesichtspunkten (uneingeschränkter Flugbetrieb, Fluglärmsituation, Hindernissituation und Natur und Landschaftspflege) detailliert gegeneinander abgewogen. Vgl. auch die Alternativenprüfung in Bezug auf einen Hafen auf Teneriffa in der diesbezüglichen Stellungnahme der Kommission. Vgl. im Übrigen die Präzisierungen in Bezug auf die Prüfung von Alternativlösungen bei *Europäische Kommission*, Prüfung der Verträglichkeit von Plänen und Projekten mit erheblichen Auswirkungen auf Natura 2000-Gebiete, 2001, 32 ff.
316 Bei diesen Anforderungen wird den Mitgliedstaaten letztlich ein weiter Gestaltungsspielraum eingeräumt, vgl. *Epiney*, UPR 1997, 303 (308 f.). Gerade die Frage, in welchem Ausmaß Alternativen zu berücksichtigen sind, ist immer wieder streitig. Hierzu etwa *Winter*, ZUR 2002 (5. Kap. E.III.), 313 (317 f.). Zur Frage der Ausgleichsmaßnahmen *Durner*, NuR 2001, 601 ff.; *Thum/Wätzold*, NuR 2007, 299 ff.; *Epiney*, in: Rechtsregime der Natura 2000-Schutzgebiete, 73 (136 ff.).
317 Allgemein zu den Anforderungen an die Form der Umsetzung auch bereits oben 5. Kap. Rn. 122 ff. Zusammenfassend spezifisch in Bezug auf das Habitatrecht EuGH, Rs. C-535/07 (Kommission/Österreich), Slg. 2010, I-9483.
318 EuGH, Rs. C-75/01 (Kommission/Luxemburg), Slg. 2003, I-1585, Ziff. 27 ff. S. auch EuGH, Rs. C-324/01 (Kommission/Belgien), Slg. 2002, I-11197, wo der EuGH festhält, dass die in Art. 6 Abs. 4 Uabs. 1 S. 2 RL 92/43 vorgesehene Pflicht der Mitgliedstaaten, die Kommission über die ergriffenen Ausgleichsmaßnahmen zu informieren, einer ausdrücklichen Umsetzung bedürfe, sei doch ansonsten die volle Wirksamkeit dieser Bestimmung und die Verwirklichung ihrer Zielsetzungen nicht gewährleistet. Die Unsicherheit auf innerstaatlicher Ebene hinsichtlich des Verfahrens, das zu beachten ist, um der genannten Informationspflicht nachzukommen, könne nämlich die effektive Beachtung dieser Verpflichtung und daher die Verwirklichung der mit ihr verfolgten Ziele beeinträchtigen. Ebenso sei Art. 7 RL 92/43 ausdrücklich in nationales Recht umzusetzen.
319 EuGH, Rs. C-415/01 (Kommission/Belgien), Slg. 2003, I-2081, Ziff. 21 ff.
320 EuGH, Rs. C-143/02 (Kommission/Italien), Slg. 2003, I-2877.
321 EuGH, Rs. C-415/01 (Kommission/Belgien), Slg. 2003, I-2081.

(Art. 12 f. RL 92/43), die unabhängig davon, ob die betroffenen Arten (vgl. Anhang IV und V RL 92/43[322]) in einem Natura 2000-Gebiet leben oder nicht, zum Zuge kommen.[323] Die Konzeption der artenschutzrechtlichen Vorschriften unterscheidet sich in verschiedener Hinsicht von derjenigen des Habitatschutzes. So kennt der Artenschutz kein Art. 6 Abs. 3, 4 RL 92/43 entsprechendes formalisiertes Prüfungsverfahren, und während es beim Habitatschutz um den Gebietsschutz im Hinblick auf den Schutz der Lebensräume und Arten geht (wobei die Erhaltungsziele definiert werden), steht beim Artenschutz der Schutz der Art als Selbstzweck im Zentrum. Schließlich decken sich die Ausnahmetatbestände nicht.[324]

80 Zu den artenspezifischen Schutzmaßnahmen zählen im Rahmen der Verpflichtung, ein „strenges Schutzsystem" zu gewährleisten, insbesondere das **Verbot aller absichtlichen**[325] **Formen des Fangs oder der Tötung**[326] der in Anhang IV lit. a) RL 92/43 aufgeführten Tierarten, der **absichtlichen Störung** dieser Arten,[327] der **absichtlichen Zerstörung oder Entnahme von Eiern** aus der Natur und jeder **Beschädigung oder Vernichtung von Fortpflanzungs- oder Ruhestätten** (Art. 12 Abs. 1 RL 92/43).[328] Weiter ist für diese Arten auch der **Besitz, Transport, Handel oder Austausch und Angebot zum Verkauf oder Austausch** von aus der Natur entnommenen Exemplaren zu verbieten (Art. 12 Abs. 2 RL 92/43). Dabei kommt dieses Schutzregime unabhängig davon zum Zuge, ob (bereits) ein Rückgang der Arten festzustellen ist oder nicht.[329]

81 Ein ähnliches Schutzregime kommt für die in **Anhang IV lit. b) RL 92/43** aufgeführten **Pflanzenarten** zum Zuge, ist doch das absichtliche Pflücken, Sammeln, Abschneiden, Ausgraben oder Vernichten von Exemplaren solcher Pflanzen in deren Verbreitungsräumen in der Natur zu verbieten, ebenso wie der Besitz, Transport und Handel mit diesen (Art. 13 Abs. 1 RL 92/43).

82 Für **Tiere und Pflanzen des Anhangs V RL 92/43** gilt ein etwas weniger strenges Schutzregime, ist doch deren Entnahme nicht grundsätzlich verboten, sondern (nur, aber immerhin) bestimmten **Kontrollmaßnahmen** zu unterwerfen (Art. 14 RL 92/43), wozu ggf. auch das Verbot des Gebrauchs aller nicht selektiven Geräte beim Fang oder Töten der Tiere zählt (Art. 15 RL 92/43).

---

322 Einige Pflanzen- und Tierarten, die den Schutz der Art. 12 f. RL 92/43 genießen, sind nicht in Anhang II aufgeführt und profitieren daher nicht direkt vom Schutzregime der besonderen Schutzgebiete (indirekt kann die Erhaltung bestimmter Lebensräume aber auch solchen Arten zu Gute kommen, die nicht in Anhang II RL 92/43 aufgeführt sind).
323 So ausdrücklich auch *Louis/Weihrich*, ZUR 2003, 385 (386). Vgl. ansonsten zu den Pflichten aus Art. 12 ff. RL 92/43 *Gellermann*, NuR 2009, 85 (87 ff.); *Fehrenns*, NuR 2009, 13 (14 ff.); *Philipp*, NVwZ 2008, 593 (595 ff.); *Sailer*, ZUR 2009, 579 ff.; *Reichel*, RdU-U&T 2012, 7 ff.; *Stüer*, DVBl. 2009, 1 ff.; *Sobotta*, NuR 2007, 642 ff.; *Czybulka*, EurUP 2008, 20 (24 ff.); *Wolf*, ZUR 2006, 505 ff.; *Mayr/Sanktjohanser*, NuR 2006, 412 ff.; *Lütkes*, NVwZ 2008, 598 ff.; zu ihrer Umsetzung und Anwendung in Deutschland (unter Berücksichtigung der Rechtsprechung) *Louis*, NuR 2012, 467 ff.; *Vogt*, ZUR 2006, 21 ff.; *Weidemann/Krappel*, EurUP 2011, 2 ff.; *Schmidt-Eichstaedt*, UPR 2010, 401 ff.; *Mitschang/Wagner*, DVBl. 2010, 1457 ff.; *Storost*, DVBl. 2010, 737 ff. Aus der Rechtsprechung insbesondere EuGH, Rs. C-98/03 (Kommission/Deutschland), Slg. 2006, I-53. Die Kommission hat 2007 Leitlinien für die Auslegung der artenschutzrechtlichen Regelungen insbesondere der RL 92/43 vorgelegt, die diverse Auslegungsfragen erörtern, vgl. Guidance document on the strict protection of animal spezies of Community interest under the Habitats Directive 92/43, Final version, February 2007. Zu diesem Dokument *Niederstadt/Krüsemann*, ZUR 2007, 347 ff.
324 Vgl. instruktiv zu diesen (und weiteren) Unterschieden zwischen der Konzeption des Arten- und Habitatschutzes, m.w.N. aus der Rechtsprechung des BVerwG, *Weidemann/Krappel*, EurUP 2011, 2 ff.
325 Zur Auslegung des (europarechtlich zu verstehenden) Begriffs der „Absichtlichkeit" *Fischer-Hüftle*, NuR 2005, 768 ff.; *Frenz*, UTR 2009, 7 (42 ff.); *Fellenberg*, UPR 2012, 321 (324 ff.); EuGH, Rs. C-221/04 (Kommission/Spanien), Slg. 2006, I-4515, wo der Gerichtshof klarstellt, dass das Tatbestandsmerkmal der Absichtlichkeit nur dann gegeben sei, wenn der Handelnde den Fang oder die Tötung gewollt oder zumindest in Kauf genommen hat.
326 Die Bezugsebene ist hier das einzelne Exemplar, nicht hingegen die Population als solche, vgl. nur, m.w.N., *Fellenberg*, UPR 2012, 321 (324).
327 Zur Frage, ob dieses Verbot (lediglich) populationsbezogen oder aber artenbezogen ist (wofür letztlich die besseren Gründe sprechen) *Gassner*, NuR 2008, 613; *Reichel*, RdU-U&T 2012, 7 (9); (für die zuerst genannte Ansicht); *Gellermann*, NuR 2007, 783 (785) (für die zuletzt genannte Ansicht).
328 Die Handlungen nach Art. 12 Abs. 1 lit. d) RL 92/743 sind auch bei Unabsichtlichkeit zu verbieten, vgl. EuGH, Rs. C-6/04 (Kommission/Großbritannien), Slg. 2005, I-9017; EuGH, Rs. C-98/03 (Kommission/Deutschland), Slg. 2006, I-53; EuGH, Rs. C-183/05 (Kommission/Irland), Slg. 2007, I-737.
329 EuGH, Rs. C-103/00 (Kommission/Griechenland), Slg. 2002, I-1147. Zu diesem Urteil etwa *Müller*, NuR 2005, 157 ff.

9. Kapitel Bewirtschaftung und Umweltressourcen

Art. 16 RL 92/43 erlaubt **Abweichungen** von den Vorgaben der Art. 12-15 RL 92/43, wobei die Voraussetzungen hier erheblich „weicher" ausgestaltet sind als in der RL 2009/147,[330] so dass im Rahmen der RL 92/43 weitergehende Abweichungen von den Artenschutzbestimmungen möglich sind.[331] Insbesondere sind nach Art. 16 Abs. 1 lit. c) RL 92/43 Abweichungen u.a. im Interesse von zwingenden Gründen des überwiegenden öffentlichen Interesses, einschließlich solcher sozialer oder wirtschaftlicher Art, möglich. Immerhin verlangt die Bestimmung aber auch, dass keine zumutbaren Alternativen bestehen und die Populationen der betroffenen Arten in einem günstigen Erhaltungszustand verweilen;[332] auch impliziert Art. 16 RL 92/43 (insoweit parallel zu Art. 9 RL 2009/147), dass nicht pauschal bestimmte Sachverhalte aus dem Artenschutzregime ausgeschlossen werden können, ist das Vorliegen der Voraussetzungen für das Vorliegen eines Ausnahmetatbestandes doch grundsätzlich im Einzelfall unter Berücksichtigung der Wirkungen der Ausnahmen zu eruieren.[333] In Bezug auf die nach der RL 2009/147 geschützten Vögel enthält die RL 92/43 keinen Verweis (dies im Gegensatz zu den Schutzgebieten, vgl. Art. 7 RL 92/43), so dass für diese die (strengeren) Vorgaben des Art. 9 RL 2009/147 zum Zuge kommen.[334]

83

Trotz dieser somit im Verhältnis zur RL 2009/147 weniger weitgehenden Vorgaben sind die artenschutzrechtlichen Bestimmungen der RL 92/43 aber durchaus auch von Bedeutung, wie vier Beispiele zu illustrieren vermögen:

- In der Rs. C-103/00[335] ging es um das unionsrechtlich geforderte Schutzsystem für eine Meeresschildkrötenart. Die Kommission hatte in ihrer Klage nicht nur die Unzulänglichkeit des rechtlichen und institutionellen Rahmens beanstandet, um der betreffenden Schildkrötenart einen wirksamen und langfristigen Schutz zu gewährleisten, sondern auch die Untätigkeit der verantwortlichen lokalen Behörden, um durch konkrete Maßnahmen die Fortpflanzungsstränge der Meeresschildkröte zu schützen. Dabei ging es um den Verkehr von Mopeds auf dem Sandstrand, das Vorhandensein von kleinen Booten im Meeresgebiet sowie die Errichtung illegaler Bauwerke am Strand.[336]
- Auch in der Rs. C-183/05[337] stellte der EuGH einen Verstoß gegen die Pflicht aus Art. 12 Abs. 1 RL 92/43, wonach ein strenges Schutzsystem für bestimmte Tierarten einzuführen ist, fest. Von besonderer Bedeutung ist hier, dass es weniger um das Vorliegen eines (genügenden) gesetzlichen Rahmens, denn um die

---

330 Woran auch der Grundsatz nichts ändert, dass auch Art. 16 RL 92/43 als Ausnahmevorschrift eng auszulegen ist, vgl. *Louis/Weihrich*, ZUR 2003, 385 (386). Zur Auslegung des Art. 16 RL 92/43 als Ausnahmevorschrift auch EuGH, Rs. C-342/05 (Kommission/Finnland), Slg. 2007, I-4713.
331 Immerhin setzt Art. 16 Abs. 1 RL 92/43 voraus, dass jedenfalls sichergestellt sein muss, dass die Populationen der betroffenen Art in ihrem natürlichen Verbreitungsgebiet trotz der Ausnahmeregelung ohne Beeinträchtigungen in einem günstigen Erhaltungszustand verweilen, so dass Ausnahmen ggf. nur unter der Bedingung der Ergreifung von Kompensationsmaßnahmen zulässig sind, vgl. *Louis/Weihrich*, ZUR 2003, 385 (387). Zu den Ausnahmebestimmungen der RL 92/43 im Vergleich zur RL 2009/147 unter Bezugnahme auf die Umsetzung in Deutschland (mit unterschiedlicher Akzentsetzung) auch *Gassner*, NuR 2008, 613 ff.; *Gellermann*, NuR 2009, 476 ff.
332 Vgl. zu diesen Ausnahmebestimmungen *Niederstadt/Krüsemann*, ZUR 2007, 347 ff. Nach der Rechtsprechung ist der günstige Erhaltungszustand der Populationen grundsätzlich eine unabdingbare Voraussetzung für die Zulassung einer Ausnahme, auch wenn die Bewilligung der Ausnahme nicht zu einer (weiteren) Verschlechterung führte, vgl. EuGH, Rs. C-508/04 (Kommission/Österreich), Slg. 2007, I-3787. Jedoch lässt der Gerichtshof bei Vorliegen „außergewöhnlicher Umstände" gleichwohl Ausnahmen zu, wenn hinreichend nachgewiesen wird, dass die Ausnahme den ungünstigen Erhaltungszustand der betroffenen Populationen nicht verschlechtern oder die Wiederherstellung eines günstigen Erhaltungszustands nicht behindern kann. Weiter dürfe jedenfalls keine anderweitige Lösung zur Verfolgung der angestrebten Ziele möglich sein, vgl. EuGH, Rs. C-342/05 (Kommission/Finnland), Slg. 2007, I-4713. Zu diesem Urteil *Epiney*, EurUP 2008, 84 (88); ausführlich *Steeck*, NuR 2010, 4 ff.; zur Heranziehung dieser Kriterien bei der Auslegung des deutschen Umsetzungsgesetzgebung *Lau*, NVwZ 2011, 461 (465 f.).
333 Ausdrücklich *Lieber*, NuR 2012, 665 (666 ff.), der auch auf die Frage eingeht, ob bei Verstößen gegen artenschutzrechtliche Verbote, die zum Zeitpunkt einer Verwaltungsentscheidung noch nicht vorhersehbar waren, eine nachträgliche Prüfung und ggf. Erteilung von Ausnahmegenehmigungen erforderlich ist und dies grundsätzlich bejaht; auch der Vertrauensschutz stehe dem nicht entgegen.
334 So auch *Jans/von der Heide*, Europäisches Umweltrecht, 533.
335 EuGH, Rs. C-103/00 (Kommission/Griechenland), Slg. 2002, I-1147.
336 Zu Art. 12 RL 92/43 in diesem Zusammenhang *Louis/Weihrich*, ZUR 2003, 385 (386 f.).
337 EuGH, Rs. C-183/05 (Kommission/Irland), Slg. 2007, I-137.

Durchführung desselben ging: Der EuGH betonte denn auch, dass Art. 12 Abs. 1 RL 92/43 die Mitgliedstaaten nicht nur zur Schaffung eines vollständigen rechtlichen Rahmens, sondern auch zur Durchführung konkreter besonderer Schutzmaßnahmen verpflichte und ein „strenges Schutzsystem" den Erlass kohärenter und koordinierter vorbeugender Maßnahmen voraussetze,[338] eine Anforderung, die sich letztlich bereits aus Art. 4 Abs. 3 EUV ergeben dürfte, vermag doch allein ein gesetzlicher Rahmen die effektive Anwendung der unionsrechtlichen Vorgaben nicht zu gewährleisten. In Bezug auf Art. 12 Abs. 1 RL 92/43 präzisierte der EuGH sodann, dass das Vorhandensein eines Netzes von Aufsehern und Beamten, die in Vollzeit mit der Überwachung und dem Schutz der Arten betraut sind, das Vorliegen der Voraussetzungen für ein strenges Schutzsystem nicht beweisen könne. Konkret schloss der EuGH dann auf die Nichtexistenz eines solchen Systems in Bezug auf bestimmte Arten, die wegen ihrer geringen Zahl einer angemessenen Überwachung unterlägen. Das Urteil ist insbesondere vor dem Hintergrund von Bedeutung, als die Anforderungen an ein „strenges Schutzregime" recht hoch angesetzt werden: Ein solches muss jeweils in Bezug auf die einzelnen Arten sehr konkret formuliert werden, so dass die Setzung eines allgemeinen Vollzugsrahmens in der Regel nicht ausreichen wird.

- In der Rs. C-383/09[339] stellte der Gerichtshof einen Verstoß Frankreichs gegen die sich aus Art. 12 Abs. 1 lit. a) RL 92/43 ergebende Verpflichtung, alle notwendigen Maßnahmen zu ergreifen, um ein strenges Schutzsystem für bestimmte Tierarten sicherzustellen, fest: Diese Bestimmung erlege den Mitgliedstaaten nicht nur die Schaffung eines vollständigen gesetzlichen Rahmens auf, sondern verpflichte sie auch zur Durchführung konkreter besonderer Schutzmaßnahmen. Weiter sei der Erlass kohärenter und koordinierter vorbeugender Maßnahmen gefordert. Insgesamt müsse das strenge Schutzsystem tatsächlich die Beschädigung oder Vernichtung der Fortpflanzungs- oder Ruhestätten der erfassten Tierarten verhindern können. Die in Frankreich ergriffenen Maßnahmen genügten diesen Anforderungen nicht, da die Bestände des Feldhamsters (um den es im Vertragsverletzungsverfahren ging) im Elsass (wo der Feldhamster vorkommt) drastisch zurückgegangen seien und nach wie vor nicht die Schwelle der überlebensfähigen Mindestpopulation (wieder) erreicht hätten, was der Gerichtshof im Einzelnen – ebenso wie die Unzulänglichkeit der ergriffenen Schutzmaßnahmen – belegt.

Das Urteil impliziert letztlich, dass der fraglichen Bestimmung der RL 92/43 eine Art Erfolgspflicht zu entnehmen ist, war doch für den Gerichtshof letztlich entscheidend, dass die getroffenen Maßnahmen im Ergebnis die Verringerung der Bestände des Feldhamsters nicht verhindern konnten bzw. nicht zu ihrer genügenden Erhöhung führten. Immerhin waren die konkret ergriffenen Maßnahmen selbst nach Ansicht Frankreichs bereits im Ansatz insofern ungenügend, als klar war, dass sie für einen effektiven Schutz nicht ausreichen würden. Vor diesem Hintergrund wird man die Tragweite dieser Ergebnispflicht dahingehend präzisieren können, dass Maßnahmen zu ergreifen sind, die beim „normalen" Verlauf der Dinge einen genügenden Bestandsschutz gewährleisten können.

- Schließlich sei an die Rs. C-98/03[340] erinnert, in der der Gerichtshof eine Verletzung verschiedener, den Artenschutz betreffender Vorgaben durch die deutsche Umsetzungsregelung feststellte, so von Art. 12 Abs. 1 lit. d) RL 92/43 (der sich auch auf nicht absichtliche Handlungen erstreckt), von Art. 16 RL 92/43 (der den Ausnahmekatalog beschränkt, so dass diese Bestimmung im deutschen Recht zu weit und unbestimmt umgesetzt worden sei), von Art. 12, 13 RL 92/43 (die ein klares und striktes Verbot der Beschädigung der Fortpflanzungs- und Ruhestätten der geschützten Tierarten vorsähen) und Art. 12, 16 RL 92/43 (nicht ausreichende Umsetzung gewisser Schutzvorschriften zugunsten einiger bedrohter Fische). Letzterer Punkt ist insbesondere deshalb interessant, weil es der EuGH offenbar für nicht mit der RL 92/43 im Einklang stehend erachtet, wenn ein Verbot im Bundesrecht festgeschrieben wird, gleichzeitig aber durch Landesrecht aufgehoben wird bzw. werden kann, bedeute dies doch eine nicht hinreichend klare Umsetzung.

84 Jedenfalls impliziert die Ausnahmeregelung des Art. 16 RL 92/43 (wie auch schon Art. 9 RL 2009/147), dass die Ausnahmegenehmigung genau und den Umständen angemessen zu be-

---

338 Vgl. in diesem Zusammenhang auch schon EuGH, Rs. C-103/00 (Kommission/Griechenland), Slg. 2002, I-1147, Rn. 34 ff.; EuGH, Rs. C-518/04 (Kommission/Griechenland), Urt. v. 16.3.2006; EuGH, Rs. C-340/10 (Kommission/Zypern), Urt. v. 15.3.2012, Ziff. 59 ff., wo der Gerichtshof eine Verletzung des Art. 12 Abs. 1 RL 92/43 bejahte.
339 EuGH, Rs. C-383/09 (Kommission/Frankreich), Urt. v. 9.6.2011.
340 EuGH, Rs. C-98/03 (Kommission/Deutschland), Slg. 2006, I-53. Spezifisch zu den den Artenschutz betreffenden Aspekten und Implikationen des Urteils *Lütkes*, ZUR 2006, 513 ff.; *Köck*, ZUR 2006, 518 ff.

9. Kapitel Bewirtschaftung und Umweltressourcen

gründen ist, die erkennen lässt, warum die durch die Richtlinie vorgesehenen Voraussetzungen für die Gewährung von Ausnahmen gegeben sind.[341]

d) Sonstige Vorschriften

Weitere Bestimmungen der RL 92/43 betreffen den Mitgliedstaaten sowie der Kommission obliegende **Berichts- und Informationspflichten** (Art. 17 RL 92/43), **Informationsaustausch** und **Forschung** (Art. 18 RL 92/43), das Ausschussverfahren, das bei der Modifikation der Anhänge zum Zuge kommt (Art. 19 ff. RL 92/43),[342] bei der Durchführung der Richtlinie zu beachtende ergänzende Vorgaben (Art. 22 RL 92/43), **Überwachungspflichten** (Art. 11 RL 92/43) sowie Fragen der **Finanzierung** (Art. 8 RL 92/43).

Obwohl die Durchführung und Finanzierung der Maßnahmen nach der RL 92/43 den Mitgliedstaaten obliegt, ist eine Beteiligung der Union an den Kosten der sich aus der Erfüllung der Richtlinien ergebenden Verpflichtungen möglich: Nach Art. 8 Abs. 1 RL 92/43 übermitteln die Mitgliedstaaten der Kommission zusammen mit ihren Vorschlägen zur Ausweisung von besonderen Schutzgebieten gegebenenfalls Schätzungen bezüglich der finanziellen Beteiligung der Union an Maßnahmen zur Erfüllung der aus Art. 6 Abs. 1 RL 92/43 resultierenden Verpflichtungen. Hauptfinanzierungsinstrument ist hier das Programm „LIFE+", das in der VO 614/2007[343] verankert ist.[344] Daneben stehen andere Förderprogramme aus dem Agrar- und Forstbereich sowie im Rahmen der Regionalpolitik zur Verfügung.[345]

Bemerkenswert ist der Umstand, dass die RL 92/43 die Öffentlichkeitsbeteiligung nicht wirklich regelt, was der Transparenz gerade von Ausnahmebewilligungen, aber auch von Entscheidungen über die (Nicht-)Durchführung von Verträglichkeitsprüfungen, nicht zuträglich ist,[346] womit die Frage nach einer entsprechenden Ergänzung bzw. Modifikation der RL 92/43 aufgeworfen wird. Immerhin sind hier aber jeweils die allgemeinen Informationszugangsrechte[347] einschlägig, die jedoch spezifische Vorgaben nicht zu ersetzen vermögen, insbesondere in Bezug auf Verpflichtungen zu aktiver Information durch die Behörden.

3. Bewertung

Die RL 2009/147 und die RL 92/43 greifen sicherlich in die nationale Raumordnung[348], die grundsätzlich in der Kompetenz der Mitgliedstaaten liegt, ein. Zudem müssen die Mitgliedstaaten für eine gewisse Kohärenz der auf der Grundlage der Richtlinie ergriffenen Maßnahmen mit den sonstigen raumplanerischen Maßnahmen sorgen. Gleichwohl wird die auf Konsensfindung beruhende Ausweisung der Schutzgebiete, insbesondere in der RL 92/43, wohl den diesbezüglichen Besorgnissen[349] Rechnung tragen können. Nicht zu verkennen ist aber auch, dass die

---

341 Vgl. z.B. EuGH, Rs. C-60/05 (WWF Italia u.a.), Slg. 2006, I-5083; aus der Literatur z.B. *Lieber*, NuR 2012, 665 (666).
342 Zur „Komitologie" im Zusammenhang mit dem Umweltrecht schon oben 3. Kap. Rn. 40.
343 Hierzu oben 6. Kap. Rn. 129 ff.
344 Zur finanziellen Beteiligung der Union in diesem Zusammenhang *Krämer*, EC Environmental Law, 208 ff.; ausführlich zu „LIFE+" *Disselhoff*, EurUP 2007, 162 ff.
345 Von Bedeutung sind in erster Linie folgende Finanzierungsinstrumente: Europäischer Landwirtschaftsfonds für die Entwicklung des ländlichen Raums (ELER), VO 1698/2005, ABl. 2005 L 277, 1, und der Kohäsionsfonds, VO 1084/2006, ABl. 2006 L 210, 79. Zur Regionalpolitik und den diesbezüglichen Förderinstrumenten Bieber/Epiney/Haag-*Epiney*, EU, § 27, Rn. 18 ff.; zur Bedeutung der verschiedenen Fonds für die Finanzierung von Natura 2000 eingehend *Güthler*, EurUP 2008, 165 ff.
346 Zur Öffentlichkeitsbeteiligung im Rahmen der RL 92/43 im Einzelnen *Unnerstall*, JEEPL 2008, 35 ff.
347 Zu diesen 6. Kap. Rn. 16 ff.
348 Vgl. ausführlich zu den Auswirkungen der RL 2009/147 und 92/43 auf die (nationale) Raumordnung *Berg*, Europäisches Naturschutzrecht, 31 ff.; *Schink*, NuR 2001, 251 ff.; *Erbguth*, NuR 2000, 130 ff.; *Halama*, NVwZ 2001, 506 ff.; s. spezifisch in Bezug auf die Verkehrswegeplanung Beckmann/Hünnekens, DVBl. 2002, 1508 ff.; *Lambrecht*, NuR 2002, 265 ff.; *Stüer*, NVwZ 2002, 1164 ff.; *Zeichner*, NVwZ 1999, 32 ff.; in Bezug auf die Bauleitplanung *Düppenbecker/Greiving*, UPR 1999, 173 ff.; *Schrödter*, NuR 2001, 8 ff.; *Hermanns/Hönig*, NuR 2001, 27 ff.; *Möstl*, DVBl. 2002, 726 ff.; s. auch *Louis/Wolf*, NuR 2002, 455 ff. Spezifisch zur Bedeutung für Sport-, Freizeit- und Tourismusprojekte *Erbguth/Stollmann*, NuR 1999, 426 (428 ff.).
349 Kritisch zur Konzeption der Richtlinie aus diesen Gründen etwa *Breuer*, Entwicklungen des Europäischen Umweltrechts, 69 ff.

tatsächliche Effektivität der Richtlinie damit in hohem Maße von der Kooperationsbereitschaft der Mitgliedstaaten abhängt; ohne ihre diesbezügliche Mitarbeit werden sich die Ziele der Richtlinien noch weniger als in anderen Bereichen durchsetzen lassen. Den Mitgliedstaaten wird dabei im Rahmen von Abwägungen gerade in der RL 92/43 durchaus ein nicht unerheblicher Gestaltungsspielraum eingeräumt.[350] Im Übrigen ist darauf hinzuweisen, dass die RL 92/43 (und auch die RL 2009/147) zwar einen wichtigen Beitrag zum Biodiversitätsschutz leisteten und immer noch leisten, jedoch das Problem des (drastischen) Rückgangs der Biodiversität nicht zu lösen vermochten.[351]

Die Umsetzung der RL 92/43 geschah in vielen Mitgliedstaaten ungenügend und / oder zu spät, was zu zahlreichen Vertragsverletzungsverfahren und entsprechenden Verurteilungen durch den EuGH geführt hat.[352] Auch die Umsetzung in deutsches Recht geschah (zu spät) mit der Neufassung des BNatSchG vom 9. Mai 1998[353] und nach Ansicht vieler in einigen Punkten unzureichend,[354] wie sich dann auch in der Rechtsprechung des EuGH bestätigt hat, die weitere Anpassungen des BNatSchG erforderte.[355]

D. Abfallrecht[356]

88 Das Abfallrecht[357] gehört zu den am meisten ausdifferenzierten Gebieten des EU-Umweltrechts. Das heute geltende Regelungswerk – das seinen Ursprung bereits in den 70er Jahren hatte,[358] was wohl in erster Linie auf die Binnenmarktrelevanz dieses Rechtsgebiets zurückzuführen ist – geht auf die **grundlegende Novellierung des Systems des EU-Abfallrechts** durch die neue sog. **Abfallrahmenrichtlinie (RL 2008/98)**, die die RL 2006/12[359] (die eine Kodifizierung der RL 75/442[360], darstellte, die ihrerseits in wesentlichen Punkten durch die RL 91/156[361] modifiziert worden war) aufhob und ersetzte, zurück.[362]

---

350 Zum Gestaltungsspielraum der Mitgliedstaaten *Fisahn*, ZUR 1996, 3 (4); vor diesem Hintergrund scheint die Kritik von *Breuer*, Entwicklungen des Europäischen Umweltrechts, 70 f., am „Zentralismus" etwas überzogen, ist die planerische Entscheidung der Kommission selbst doch als Ausnahme konzipiert.
351 Vgl. In diesem Zusammenhang die Bewertung bei *de Sadeleer*, JEEPL 2007, 168 ff.; *de Sadeleer*, RDUE 2008, 87 ff.
352 Vgl. Z.B. EuGH, Rs. C-98/03 (Kommission/Deutschland), Slg. 2006, I-53; EuGH, Rs. C-6/04 (Kommission/Großbritannien), Slg. 2005, I-9017; EuGH, Rs. C-508/04 (Kommission/Österreich), Slg. 2007, I-3787.
353 BGBl.1998 I, 823.
354 Hierzu insbesondere *Kirchhof*, Implementierung der FFH-Verträglichkeitsprüfung, 57 ff.; *Fisahn*, ZUR 2001, 252 ff.; *Rengeling*, UPR 1999, 281 ff.; s. ansonsten allgemein zur Umsetzung *Gellermann*, Natura 2000, 135 ff.; *Gellermann*, NVwZ 2001, 500 ff.; *Freiburg*, Erhaltung der biologischen Vielfalt, 75 ff.; *Niederstadt*, NuR 1998, 515 ff.; *Louis*, DÖV 1999, 374 ff.; *Fischer-Hüftle*, ZUR 1999, 66 ff.; *Gellermann*, EUDUR II/1, § 78, Rn. 47 ff.; spezifisch zur Umsetzung auf Landesebene *Schrader/Hellenbroich*, UTR 2001, 283 ff. Zu Fragen des Rechtsschutzes *Gellermann*, Natura 2000, 229 ff.; *Ewer*, NuR 2000, 361 ff.; *Koch*, Europäisches Habitatschutzrecht, 80 ff.; ausführlich auch *Biester*, Rechtsschutz des Einzelnen, 59 ff.; spezifisch zum vorbeugenden gerichtlichen Rechtsschutz *Schulz*, NVwZ 2001, 289 ff.; zur Frage der Gewährung des rechtlichen Gehörs für die betroffenen Grundrechtseigentümer und -besitzer *Koloziejcok*, NuR 2000, 674 ff. Zur grundlegenden Novelle des BNatSchG aus dem Jahr 2002 (BGBl. I, 1193) *Gellermann*, NVwZ 2002, 1025 ff.; *Louis*, NuR 2002, 385 ff.; spezifisch zu den fortbestehenden Defiziten der Umsetzung im neuen BNatSchG *Wirths*, NuR 2003, 150 ff. Instruktiv zur Rechtsprechung *Hösch*, NuR 2004, 348 ff.
355 Vgl. zu diesen *Czybulka*, EurUP 2008, 20 ff.; *Möckel*, ZUR 2008, 57 ff.; *Gellermann*, NVwZ 2010, 73 ff.; *Louis*, NuR 2008, 65 ff.
356 Die folgenden Ausführungen greifen teilweise auf bereits durchgeführte Untersuchungen zurück, so insbesondere *Epiney/Heuck*, in: Fluck, KrW-/Abf-/BodSchR, 9313 (RL 2008/98), Kommentar.
357 Zu der Frage, ob Abfall eine Ware im Sinne des Art. 28 Abs. 2 AEUV darstellt, oben 5. Kap. B.II.1.a). Zum „Grundkonflikt" zwischen freiem Warenverkehr und „Autarkie" *Weidemann*, EUDUR II/1, § 70, Rn. 6 f.
358 Zur Entstehung und Entwicklung des Abfallrechts *Schreier*, Auswirkungen des EG-Rechts, 29 ff.; *Dieckmann*, Abfallrecht, 113 ff.; *Weidemann*, EUDUR II/1, § 70, Rn. 5 ff.; zu den Gründen der Entwicklung des Abfallrechts *Pernice*, NVwZ 1990, 414 (385).
359 Abl. 2006 L 114, 9.
360 ABl. 1975 L 194, 47.
361 Abl. 1991 L 78, 32. Kernstück dieser Reform war die Entwicklung eines einheitlichen Abfallbegriffs für das gesamte Unionsrecht.
362 Zur Entstehungsgeschichte der RL 2008/98 *Epiney/Heuck*, in: Fluck, KrW-/Abf-/BodSchR, 9313 (RL 2008/98), Einleitung, Rn. 1 ff.

9. Kapitel Bewirtschaftung und Umweltressourcen

Wenn auch zahlreiche Formulierungen und Ansätze aus der bisherigen Abfallrahmenrichtlinie übernommen wurden, können die erfolgten Modifikationen doch als substantiell bezeichnet werden.[363] Die **wesentlichen Modifikationen**[364] betreffen folgende Aspekte:[365]

- Der **Abfallbegriff** wird in zwei Punkten **präzisiert** (Abgrenzung zwischen Abfall und Nebenprodukt sowie Ende der Abfalleigenschaft).
- In Art. 4 RL 2008/98 wird neu eine **fünfstufige Abfallhierarchie** eingefügt, indem die Verwertung in drei Stufen aufgeteilt wird (Vermeidung, Vorbereitung zur Wiederverwendung, Recycling, sonstige Verwertung und Beseitigung).
- Die Abgrenzung zwischen **Verwertung und Beseitigung** wird durch eine eigene Definition (Art. 3 Nr. 15 RL 2008/98) präzisiert.
- Die **Entsorgungsautarkie** der Mitgliedstaaten wird verstärkt, dies in erster Linie durch die Einführung des **Autarkie- und Näheprinzips bei gemischtem Hausmüll** und Verbrennungsabfällen und der dazugehörigen Importschutzklausel.[366]
- Die Instrumente zur Abfallvermeidung werden erweitert, insbesondere durch die Einführung von **Abfallvermeidungsprogrammen** und die Festlegung konkreter **Quoten für Recycling, Wiederverwendung** sowie die sonstige **stoffliche Verwertung**.
- Die Vorgaben zur **Abfallverwertung** werden präzisiert.
- Die **RL 91/689 (gefährliche Abfälle)**[367] und die **RL 75/439 (Altöl)**[368] werden (neben der „alten" Abfallrahmenrichtlinie) aufgehoben, und ihr Regelungsgehalt wird in die **RL 2008/98 integriert**; weiter wird ein spezifischer Artikel über Bioabfall eingeführt.

Die abfallrechtlichen Regelungen der EU[369] können in drei große Kategorien eingeteilt werden: allgemeine Vorschriften, die sich im Wesentlichen in der RL 2008/98 finden (I.), spezifische Regeln für besondere Arten von Abfällen (II.), und Vorschriften über die Ein- und Ausfuhr von Abfällen (III.).[370]

---

363 Vor diesem Hintergrund (einerseits doch durchaus ins Gewicht fallende Modifikationen der bisherigen Abfallrahmenrichtlinie, andererseits Anknüpfung an die bisherige Rechtslage unter Berücksichtigung der Rechtsprechung des Gerichtshofs) variieren die Bewertungen der mit der neuen Abfallrahmenrichtlinie einhergehenden Modifikationen der europarechtlichen Vorgaben in diesem Bereich: Während einerseits betont wird, die Veränderungen seien nicht „umstürzend", so dass bei der Darstellung der allgemeinen abfallrechtlichen Regelungen an die RL 2006/12 angeknüpft werden könne (so Meßerschmidt, Europäisches Umweltrecht, § 18, Rn. 11), wird auf der anderen Seite auf die Bedeutung der Revision hingewiesen (so Dieckmann, ZUR 2008, 505).
364 Vgl. zur Neufassung der Abfallrahmenrichtlinie Petersen, AbfallR 2008, 154 ff.; Petersen, NVwZ 2009, 1063 ff.; s. auch die Übersicht bei Waggershauser, AbfallR 2009, 50 (51). S. ansonsten zur Revision der Richtlinie und den entsprechenden Diskussionen und Rechtsfragen im Vorfeld der Verabschiedung der Neufassung Stengler, in: Die neuen abfallrechtlichen Pflichten, 45 ff.; Petersen, AbfallR 2006, 102 ff.; Wendenburg, AbfallR 2007, 150 ff. London, RTDE 2007, 277 ff.; Petersen, ZUR 2007, 449 ff.; Koch/Reese, Novellierung der EU-Abfallrahmenrichtlinie, 13 ff.; Schink, AbfallR 2007, 50 ff.; Ehrmann, AbfallR 2006, 19 ff.; Petersen, ZUR 2005, 561 ff.; Kleineweg, AbfallR 2007, 55 ff.; Krämer, EC Environmental Law, 368.
365 Neben den folgenden Punkten war auch die genaue Fassung des Anwendungsbereichs der RL 2008/98, insbesondere der Ausschluss verseuchter Böden in situ umstritten: Insbesondere der Umweltausschuss des Europäischen Parlaments befürchtete erhebliche Regelungsdefizite in Bezug auf die Altlastensanierung. Einige Mitgliedstaaten hätten wiederum eine Änderung der Definition des Abfallbegriffs durch eine Beschränkung auf bewegliche Sachen bevorzugt. Zum Ausschluss von Böden in situ vom Anwendungsbereich siehe noch unten 9. Kap. Rn. 92. Weiter wurde über das Komitologieverfahren bzw. seinen Anwendungsbereich intensiv diskutiert, vgl. hierzu Epiney/Heuck, in: in: Fluck, KrW-/Abf-/BodSchR, 9313 (RL 2008/98), Art. 37-43, Rn. 5 ff. S. auch Petersen/Heß, ZUR 2007, 567 ff.
366 Speziell zu diesem Punkt Dieckmann, ZUR 2008, 505 ff.
367 ABl. 1991 L 377, 20.
368 ABl. 1975 L 194, 31.
369 Ausgespart wird im Folgenden allerdings der Bereich der radioaktiven Abfälle, zu den diesbezüglichen unionsrechtlichen Vorgaben etwa Roßegger, AbfallR 2011, 276 ff.; s. auch den Überblick bei Jans/Vedder, European Environmental Law, 504 ff.
370 Zum Abfallrecht der EU schon die grundlegenden Untersuchungen bei Dieckmann, Abfallrecht; Schreier, Auswirkungen des EG-Rechts; s. ansonsten etwa Weidemann, EUDUR II/1, § 70, Rn. 29 ff.; van Calster, YEEL 2000, 161 ff.; Gallego, EELR 2002, 8 ff.; Meßerschmidt, Europäisches Umweltrecht, § 8.

I. Allgemeine Regelungen: die Abfallrahmenrichtlinie 2008/98

90   Die auf Art. 192 Abs. 1 AEUV gestützte[371] RL 2008/98 über Abfälle ist als **Rahmenrichtlinie** ausgestaltet.
Die Charakterisierung der Richtlinie als **Rahmenrichtlinie**[372] beruht in erster Linie auf folgenden Erwägungen:
- Erstens enthält sie grundlegende **Definitionen**, auf die teilweise in anderen abfallrechtlichen Rechtsakten Bezug genommen wird.[373]
- Zweitens sind ihr eine Reihe von **Zielsetzungen und Grundsätzen** zu entnehmen, die im Ergebnis auch im Rahmen anderer abfallrechtlicher Rechtsakte relevant sind bzw. sein können.[374]
- Schließlich bestehen auch nach der Integration der RL 91/689 und der RL 75/439 in die RL 2008/98 noch einige **andere abfallrechtliche Rechtsakte**, die besondere Bereiche oder Produkte regeln, fort. Diese greifen häufig bereits in der RL 2008/98 erwähnte allgemeine Grundsätze auf und formen sie weiter aus oder präzisieren sie, so dass es durchaus zutreffend ist, wenn die RL 2008/98 (bzw. ihre Vorgängerin) auch als „Allgemeiner Teil" des europäischen Abfallrechts bezeichnet wird.[375]

91   Die spezifischen abfallrechtlichen Regelungen in Bezug auf besondere Abfallarten oder die Abfallverbringung kommen im Verhältnis zur RL 2008/98 vorrangig zur Anwendung, wobei die RL 2008/98 aber auch als Auffangvorschrift für den Fall, dass spezifische Richtlinien oder Verordnungen keine (abschließenden) Regelungen enthalten, von Bedeutung sein kann.[376]

92   Die Richtlinie gliedert sich in insgesamt **sieben Kapitel**:
- **Kapitel I** (Art. 1-8 RL 2008/98) enthält die **Zielbestimmungen** der Richtlinie und bestimmt ihren **Anwendungsbereich** (Art. 1 RL 2008/98, die Ausnahmen vom Anwendungsbereich regelt Art. 2 RL 2008/98). Außerdem werden die wichtigsten **Begriffe** definiert (Art. 3 RL 2008/98). Einige **Grundprinzipien** und -begriffe, wie z.B. die Abfallhierarchie (Art. 4 RL 2008/98), werden ausführlicher umschrieben (Art. 4-8 RL 2008/98).
- **Kapitel II** (Art. 8-14 RL 2008/98) enthält „allgemeine Vorschriften", die in erster Linie Verpflichtungen der Mitgliedstaaten betreffen[377] und von diesen allgemein – insbesondere auch unabhängig von der Abfallart – anzuwenden sind. Hierzu zählen unter anderem das Prinzip der Verwertung (Art. 10 RL 2008/98) und das Prinzip der Beseitigung (Art. 12 RL 2008/98)

---

371   Zur Rechtsgrundlage ausführlich, m.w.N., *Epiney/Heuck*, in: Fluck, KrW-/Abf-/BodSchR, 9313 (RL 2008/98), Einleitung, Rn. 6 ff.
372   Ebenso etwa *Renson/Verdire*, RDUE 2009, 733 (736); *Ruffert*, in: Jarass/Petersen/Weidemann, KrW-/AbfG, Art. 1 RL 2008/98, Rn. 25 (Stand 03/2009); wohl auch *Meßerschmidt*, Europäisches Umweltrecht, § 18, Rn. 12 f.; s. auch (in Bezug auf die Vorgängerrichtlinie) *Scherer-Leydecker*, NVwZ 1999, 590 (592); *Jarass*, NuR 1998, 397; *Fluck*, EuR 1994, 71 (72). Aus der Rechtsprechung in Bezug auf die Vorgängerrichtlinie EuGH, Rs. C-252/05 (Thames Water Utilities), Slg. 2007, I-3883, Ziff. 39; EuGH, Rs. C-444/00 (Mayer Parry), Slg. 2003, I-6163, Ziff. 51.
373   So etwa in der VO 1013/2006 (Abfallverbringungsverordnung), vgl. Art. 2 VO 1013/2006, wobei insbesondere der Verweis auf den Abfallbegriff von Bedeutung ist.
374   Vgl. in diesem Zusammenhang auch *Koch/Reese*, Novellierung der EU-Abfallrahmenrichtlinie, 53 ff., die drei wesentliche Zielsetzungen des EU-Abfallrechts unterscheiden: Gefahrenabwehr, Entsorgungssicherheit und Ressourcenschutz.
375   So *Schreier*, Auswirkungen des EG-Rechts auf die deutsche Abfallwirtschaft, 32; *Fluck*, EuR 1994, 71 (72); *Wendenburg*, NVwZ 1995, 833 (834), jeweils in Bezug auf die Vorgängerrichtlinie.
376   Vgl. zum Verhältnis der verschiedenen abfallrechtlichen Rechtsakte zueinander *Epiney/Heuck*, in: Fluck, KrW-/Abf-/BodSchR, 9313 (RL 2008/98), Einleitung, Rn. 14. S. ansonsten *Schink*, EUDUR II/1, § 73, Rn. 6; *Kropp*, in: von Lersner/Heinrich/Versteyl, Recht der Abfallbeseitigung, Art. 2 RL 2008/98, Rn. 49 (Stand IX.2009). In diese Richtung in Bezug auf das Verhältnis der RL 2008/98 bzw. der Vorgängerrichtlinie zur Verpackungsrichtlinie (RL 94/62) auch EuGH, Rs. C-444/00 (Mayer Parry), Slg. 2003, I-6163, Ziff. 56 ff., wonach die RL 94/62 in denjenigen Fällen, in denen sie spezifische Vorgaben für Verpackungsabfälle enthält, der RL 2008/98 vorgehe; hingegen bleibe die Abfallrahmenrichtlinie anwendbar, soweit es um Fragen geht, welche die RL 94/62 nicht regelt, wie z.B. die Abfallbeseitigung; s. auch EuGH, Rs. C-252/05 (Thames Water Utilities), Slg. 2007, I-3883, Ziff. 40 f., wo der Gerichtshof festhält, die RL 91/271 über die Behandlung kommunaler Abwässer enthalte keine Bestimmung, die Abwasser, das aus der Kanalisation austritt, betreffen, so dass die (damals geltende) Abfallrahmenrichtlinie zum Zuge komme, sei Abwasser doch als Abfall im Sinne dieser Richtlinie anzusehen.
377   Eine Ausnahme hiervon befindet sich in Art. 9 RL 2008/98, der sich direkt an die Kommission adressiert.

9. Kapitel Bewirtschaftung und Umweltressourcen

sowie der Grundsatz, dass die Abfallbewirtschaftung ohne Gefährdung der menschlichen Gesundheit oder Schädigung der Umwelt erfolgen muss (Art. 13 RL 2008/98). Auch wird das Verursacherprinzip für den Bereich des Abfallrechts konkretisiert (Art. 14 RL 2008/98).

- **Kapitel III** (Art. 15-22 RL 2008/98) regelt die „**Abfallbewirtschaftung**" (wobei nicht zu verkennen ist, dass auch in Kapitel II enthaltene Vorgaben die Abfallbewirtschaftung betreffen). Verankert sind hier u.a. das Nähe- und Autarkieprinzip (Art. 16 RL 2008/98) sowie wichtige besondere Bestimmungen in Bezug auf bestimmte Arten von Abfällen (gefährliche Abfälle, Altöl und Bioabfälle, vgl. Art. 17-22 RL 2008/98).
- Das System der **Genehmigung und der Registrierung** von Anlagen und Unternehmen mit abfallwirtschaftlicher Tätigkeit regelt **Kapitel IV** (Art. 23-27 RL 2008/98).
- **Kapitel V** („Pläne und Programme", Art. 28-33 RL 2008/98) verpflichtet die Mitgliedstaaten, neben **Abfallbewirtschaftungsplänen** auch **Abfallvermeidungsprogramme** aufzustellen.
- **Kapitel VI** (Art. 34-36 RL 2008/98) befasst sich mit der **Durchsetzung** der Richtlinie.
- **Kapitel VII** (Art. 37-43 RL 2008/98) enthält **Schlussbestimmungen** und nennt u.a. die Pflicht der Mitgliedstaaten, die Kommission über die Umsetzung der Richtlinie auf nationaler Ebene zu unterrichten (Art. 37 RL 2008/98). Auch wird das Komitologieverfahren geregelt, auf das verschiedene Richtlinienbestimmungen Bezug nehmen und das in gewissem Maß auch eine Anpassung der Richtlinie ermöglicht (Art. 39 RL 2008/98).[378]

Die besonders bedeutsamen Vorgaben der Richtlinie betreffen den Abfallbegriff (1.) und die Abfallbewirtschaftung, unter Einschluss einiger allgemeiner Vorgaben (2.). Daneben ist auf einige sonstige Vorgaben der Richtlinie hinzuweisen (3.).[379]

1. Abfallbegriff

Art. 3 Nr. 1 RL 2008/98 definiert den **Abfallbegriff**,[380] wobei an die Begrifflichkeit in der Vorgängerrichtlinie, in deren Rahmen der Abfallbegriff durch die Revision im Jahr 1991 (RL 91/156) neu definiert wurde, angeknüpft wird, so dass grundsätzlich der bisherige (weite) Abfallbegriff maßgeblich bleibt.[381] Die Neufassung der Richtlinie sieht allerdings in eigenen Artikeln gewisse **Modifikationen bzw. Relativierungen des Abfallbegriffs** vor, die somit nicht in die Definition des Abfallbegriffs selbst integriert wurden, sondern in weitere Artikel der Richtlinie. Sie kommen damit grundsätzlich dann zum Zuge, wenn ein Stoff als Abfall im Sinne des Art. 3 Nr. 1 RL 2008/98 anzusehen ist bzw. anzusehen sein könnte, so dass sie letztlich dann doch den Abfallbegriff determinieren bzw. relativieren. Im Einzelnen handelt es sich hier um die Präzisierung der Abgrenzung zwischen Abfall und Nebenprodukt (Art. 5 RL 2008/98) und die Regelung des Endes der Abfalleigenschaft (Art. 6 RL 2008/98).[382]

Der Abfallbegriff ist in erster Linie für die Reichweite des **Anwendungsbereichs** der RL 2008/98 und weiterer abfallrechtlicher Regelungen der Union von zentraler Bedeutung, finden diese doch in der Regel nur auf

---

378 Zu letzterem ausführlich *Kropp*, ZUR 2011, 514 ff.; *Petersen/Heß*, ZUR 2007, 567 ff.
379 Vgl. ansonsten ausführlich zur RL 2008/98 die Kommentierung bei *Epiney/Heuck*, in: Fluck, KrW-/Abf-/BodSchR, 9313 (RL 2008/98), Stand Juni 2011. Spezifisch zur (eher beschränkten) unmittelbaren Wirkung der Bestimmungen der Richtlinie *Frenz*, AbfallR 2011, 124 ff.; *Brandt/Schäfer*, EurUP 2009, 218 ff. Zur Frage, ob und inwieweit im Zuge der Umsetzung klagefähige Rechte Einzelner einzuräumen sind, *Frenz*, AbfallR 2011, 160 ff.
380 Ausführlich zum Abfallbegriff *Fluck*, DVBl. 1993, 950 ff.; *Cheyne*, JEL 2002, 61 ff.; *Fluck*, DVBl. 1995, 537 ff.; *Ermacora*, Abfall – Produkt, 33 ff.; *Krieger*, NuR 1995, 170 ff.; *Versteyl*, EuZW 2000, 585 ff.; *Falk*, EWS 1998, 302 ff.; *Seibert*, DVBl. 1994, 229 ff.; *Schreier*, Auswirkungen des EG-Rechts, 69 ff.; *Zacker*, Abfall im gemeinschaftlichen Umweltrecht, 138 ff.; *Helmig/Allkemper*, DÖV 1994, 229 ff.; *Dieckmann*, ZUR 1995, 169 ff.; *Bartlspenger*, VerwArch 1995, 32 ff.; *Kersting*, DVBl. 1992, 343 ff.; *Weidemann*, EUDUR II/1, § 70, Rn. 49 ff.; *Lee/Stokes*, YEEL 8 (2008), 162 ff.; *Koch/Reese*, Novellierung der EU-Abfallrahmenrichtlinie, 71 ff.; s. auch *Enders*, DVBl. 2002, 1021 ff., mit Vorschlägen zur Modifikation des Abfallbegriffs unterbreitet. Zur Umsetzung im deutschen Recht *Schink*, UPR 2012, 201 ff.; s., unter Berücksichtigung der Implikationen der Definition des Abfallbegriffs *Reese*, in: Dokumentation zur 32. wissenschaftlichen Fachtagung der Gesellschaft für Umweltrecht, 131 ff.
381 Vgl. zum „alten" Abfallbegriff, der bis 1991 galt, *Dieckmann*, Abfallrecht, 148.
382 S. auch den Überblick bei *Petersen*, ZUR 2007, 449 (450 ff.); *Petersen*, AbfallR 2008, 154 ff.

543

Abfälle im Sinne der RL 2008/98 Anwendung. Insofern kommt dem Abfallbegriff auch eine eminent wirtschaftliche Bedeutung zu, da mit der Bejahung des Vorliegens von Abfall (statt eines Produkts) die entsprechenden Pflichten mit ggf. erheblichen Kostenfolgen greifen.[383]
Hinzuweisen ist in diesem Zusammenhang aber auch darauf, dass **Art. 2 RL 2008/98** einige **Ausnahmen vom Anwendungsbereich der RL 2008/98** vorsieht,[384] die jedoch nicht den Abfallbegriff als solchen modifizieren,[385] sondern vielmehr (teilweise) auf diesem aufbauen. Von besonderer Bedeutung sind hier wohl Art. 2 Abs. 1 lit. b), c) RL 2008/98 (**Böden *in situ*** und **ausgehobene Böden**): Art. 2 Abs. 1 lit. b) RL 2008/98 ist im Zusammenhang mit dem Urteil des EuGH in der Rs. 1/03 (*van der Walle*)[386] zu sehen: Der Gerichtshof stellte hier fest, dass auch **unausgehobene kontaminierte Böden** unter den Abfallbegriff und damit unter die Regelung der Richtlinie fielen, was insofern von erheblicher Bedeutung war, als damit auch nicht bewegliche Sachen als Abfall anzusehen sein können. Nun werden Böden, einschließlich nicht ausgehobener kontaminierter Böden und dauerhaft mit dem Boden verbundener Gebäude, zwar – im Einklang mit der erwähnten Rechtsprechung – als Abfall anerkannt,[387] jedoch ausdrücklich ohne weitere Voraussetzungen vom Anwendungsbereich[388] der Richtlinie ausgenommen.[389] Die Ausnahme bezieht sich allerdings nur auf **nicht ausgehobene Böden** („*in situ*"), so dass sich der Boden an seinem „ursprünglichen" Ort befinden muss; gleiches gilt für dauerhaft mit dem Boden verbundene Gebäude.[390] Sobald Böden ausgehoben oder Gebäude abgerissen werden, kommt Art. 2 Abs. 1 lit. b) RL 2008/98 somit nicht (mehr) zum Zuge, mit der Folge, dass die RL 2008/98 anwendbar ist. Alle Abgrenzungsprobleme sind aber auch hiermit nicht gelöst: So fragt es sich insbesondere, wie die Situation zu beurteilen ist, in der zu einem bestimmten (nicht zwingend bekannten) Zeitpunkt Böden ausgehoben und an einen anderen Ort verbracht wurden, wo sie nunmehr „*in situ*" sind. M.a.W. fragt es sich, wie lange sich das Erdreich schon an dem „ursprünglichen" Ort befunden haben muss. Geht man davon aus, dass der Hintergrund des Ausschlusses der Böden *in situ* vom Anwendungsbereich wohl – auch angesichts der Kritik an dem Urteil *van de Walle*[391] – in erster Linie darin zu sehen ist, dass man das Abfallrecht nicht auf komplexe Sanierungsvorgänge anwenden wollte und letztlich bewegliche Sachen im Vordergrund stehen, dürfte es im Ergebnis sachgerecht sein, immer erst dann von Böden *in situ* auszugehen, wenn tatsächlich eine wirkliche Verbindung mit dem an einem bestimmten Ort befindlichen Boden zu bejahen ist und insbesondere zwischen den „ursprünglich" an einem Ort befindlichen Böden und möglicherweise zusätzlich abgelagertem Erdreich nicht mehr ohne größeren technischen, wissenschaftlichen und / oder wirtschaftlichen Aufwand unterschieden werden kann. Damit dürfte häufig in den letzten vorangegangenen Jahren „woanders" abgelagertes Erdreich nicht unter diese Ausnahme fallen. **Ausgehobene Böden** und andere natürlich vorkommende Materialien sind nur unter bestimmten (kumulativ zu verstehenden) Voraussetzun-

---

383 Vgl. zu diesem Aspekt etwa *Versteyl*, EuZW 2000, 585. Zur Bedeutung des Abfallbegriffs auch etwa *Kropp*, in: von Lersner/Heinrich/Versteyl, Recht der Abfallbeseitigung, Art. 3 RL 2008/98, Rn. 7 (Stand IX.2009); *Ruffert*, in: Jarass/Petersen/Weidemann, KrW-/AbfG, Art. 3 RL 2008/98, Rn. 2 f. (Stand 03.2009); *Krämer*, elni 2010, 2 (4).
384 Wobei der Ausnahmekatalog im Vergleich zur Vorgängerrichtlinie erheblich erweitert wurde.
385 So dass die in Art. 2 Abs. 1-3 RL 2008/98 genannten Stoffe oder Gegenstände durchaus als Abfall im Sinne des Art. 3 Nr. 1 RL 2008/98 anzusehen sein können. In diese Richtung wohl auch (in Bezug auf die Vorgängerrichtlinie) EuGH, Rs. C-252/05 (Thames Water Utilities), Slg. 2007, I-3883, Ziff. 26; EuGH, Rs. C-121/03 (Kommission/Spanien), Slg. 2005, I-7569, Ziff. 62 ff., 70 ff. Ebenso auch *Kropp*, in: von Lersner/Heinrich/Versteyl, Recht der Abfallbeseitigung, Art. 2 RL 2008/98, Rn. 6 (Stand IX.2009); *Kropp*, NuR 2009, 841 f.; missverständlich *Ruffert*, in: Jarass/Petersen/Weidemann, KrW-/AbfG, Art. 2 RL 2008/98, Rn. 3 (Stand 03/2009), der davon spricht, Böden seien i.S.d. Art. 2 Abs. 1 lit. b) „keine Abfälle".
386 EuGH, Rs. C-1/03 (van der Walle), Slg. 2004, I-7613. Zu diesem Urteil etwa *Wrede*, NuR 2005, 28 ff.; *Schultz*, EurUP 2005, 230 ff.; *Dieckmann*, AbfallR 2005, 171 ff.; *de Sadeleer*, CMLRev. 2006, 207 ff.; *Dieckmann*, AbfallR 2004, 280 ff.; *Petersen/Lorenz*, NVwZ 2005, 257 ff.; *Riese/Karsten*, ZUR 2005, 75 ff.; *Frenz*, DVBl. 2004, 1542 ff.; *Versteyl*, NVwZ 2004, 1297 ff.
387 Missverständlich *Ruffert*, in: Jarass/Petersen/Weidemann, KrW-/AbfG, Art. 2 RL 2008/98, Rn. 3 (Stand 03/2009), der bereits die Abfalleigenschaft verneint.
388 Der Kommissionsvorschlag (KOM(2005) 667 endg.) sah indessen in seinem Art. 2 Abs. 1 lit. f) noch vor, dass „nicht entfernter, verseuchter Boden" nur dann vom Anwendungsbereich der Richtlinie ausgenommen werden sollte, wenn der kontaminierte Boden in den Anwendungsbereich von sonstigen Vorschriften der Union fällt. S. hierzu *Petersen*, ZUR 2007, 449 (450 f.).
389 S. auch *Kropp*, in: von Lersner/Heinrich/Versteyl, Recht der Abfallbeseitigung, Art. 2 RL 2008/98, Rn. 11 (Stand IX.2009). Kritisch zu diesem Ausschluss *Renson/Verdire*, RDUE 2009, 733 (738 f.), die ihn als „regrettable" bezeichnen.
390 *Kropp*, in: von Lersner/Heinrich/Versteyl, Recht der Abfallbeseitigung, Art. 2 RL 2008/98, Rn. 11 (Stand IX.2009).
391 Vgl. hierzu, m.w.N., *Kropp*, in: von Lersner/Heinrich/Versteyl, Recht der Abfallbeseitigung, Art. 2 RL 2008/98, Rn. 10 (Stand IX.2009). S. auch die Nachweise in Fn. 385.

9. Kapitel Bewirtschaftung und Umweltressourcen

gen vom Anwendungsbereich der Richtlinie ausgenommen: Sie dürfen nicht kontaminiert sein, sie müssen im Zuge von Bauarbeiten ausgehoben worden sein, und es muss „sicher" sein, dass die ausgehobenen Böden an demselben Ort in ihrem natürlichen Zustand auch wieder für Bauzwecke verwendet werden.

Nach der Rechtsprechung des EuGH ist der **Abfallbegriff** angesichts der Zielsetzung der RL 2008/98, die Umwelt gegen nachteilige Auswirkungen der Ansammlung von Abfällen zu schützen, und der Zielvorgabe des Art. 191 Abs. 2 AEUV, wonach die Umweltpolitik der Union auf ein hohes Schutzniveau abzielt, **weit auszulegen**.[392]

95

Vor diesem Hintergrund ist die Abfalleigenschaft eines bestimmten Stoffes auf der Grundlage der in Art. 3 Nr. 1 formulierten Kriterien anhand **sämtlicher Umstände** zu beurteilen. Dabei sind die **Zielsetzungen der RL 2008/98** und des gesamten **Abfallrechts** der Europäischen Union zu berücksichtigen, und es ist darauf zu achten, dass deren effektive Wirksamkeit nicht beeinträchtigt wird. Angesichts der überragenden Bedeutung des Abfallbegriffs für die Einschlägigkeit der entsprechenden Regelungen kann dieser Ansatz der Rechtsprechung nicht überraschen.

Gemäß der **Legaldefinition** des Art. 3 Nr. 1 RL 2008/98 ist unter „Abfall" „jeder Stoff oder Gegenstand dessen sich sein Besitzer entledigt, entledigen will oder entledigen muss" zu verstehen.[393] Damit sind im Einzelnen **zwei Faktoren** für die Qualifizierung als Abfall entscheidend:[394] die Qualifizierung der betroffenen Sache oder Substanz als „Stoff oder Gegenstand"[395] und die (entscheidende) Entledigung. Dabei müssen diese **kumulativ**[396] vorliegen. Weiter darf die Abfalleigenschaft nicht beendet sein.

96

Der in der RL 2006/12 noch vorhandene Hinweis auf die Notwendigkeit der Aufführung eines Stoffes oder Gegenstands in Anhang I (und damit im **Abfallverzeichnis**) wurde mit der neuen Richtlinie gestrichen, was insofern konsequent ist, als dem Abfallkatalog auch nach der bisherigen Rechtslage nur (aber immerhin) eine Funktion als Anhaltspunkt zukam, da er weder abschließend noch allein für die Abfalleigenschaft eines Stoffes oder Gegenstandes maßgeblich war.[397] Zuzugeben ist, dass der Verzicht auf einen Katalog möglicherweise zu mehr Abgrenzungsproblemen führen könnte; allerdings ist darauf hinzuweisen, dass in Art. 7 RL 2008/98 nach wie vor ein Abfallverzeichnis vorgesehen ist, dem (außer für gefährliche Abfälle, vgl. Art. 7 Abs. 1 S. 3 RL 2008/98) indikativer Charakter zukommt,[398] und dass die Rechtsprechung zahlreiche Abgrenzungsfragen mittlerweile beantworten konnte, so dass insgesamt davon auszugehen ist, dass ein auch in der Praxis hand-

---

392 Ausdrücklich EuGH, verb. Rs. C-418/97 und C-419/97 (ARCO Chemie), Slg. 2000, I-4475, Ziff. 39, 40; EuGH, Rs. C-9/00 (Palin Granit Oy), Slg. 2002, I-3533; EuGH, Rs. C-457/02 (Niselli), Slg. 2004, I-10853, Ziff. 45; EuGH, Rs. C-194/05 (Kommission/Italien), Slg. 2007, I-11661, Ziff. 33; EuGH, Rs. C-188/07 (Commune de Mesquer), Slg. 2008, I-4501, Ziff. 39; EuGH, Rs. C-263/05 (Kommissin/Italien), Slg. 2007, I-11699, Ziff. 35; EuGH, Rs. C-252/05 (Thames Water Utilities), Slg. 2007, I-3883, Ziff. 27; EuGH, Rs. C-176/05 (KVZ retec), Slg. 2007, I-1721, Ziff. 46, 61; EuGH, Rs. C-1/03 (van de Walle), Slg. 2004, I-7613, Ziff. 45. In der Literatur ist dieser weite Ansatz grundsätzlich auf Zustimmung gestoßen, vgl. nur, m.w.N., *Ruffert*, in: Jarass/Petersen/Weidemann, KrW-/AbfG, Art. 3 RL 2008/98, Rn. 27 (Stand 03/2009); s. ebenso Dauses-*Scherer/Heselhaus*, Hdb. EU-Wirtschaftsrecht, O, EN Rn. 460.
393 Diese Definition geht – wie bereits im Text bemerkt – auf eine Revision der RL 75/442 durch die RL 91/156 zurück, vgl. zur Entwicklung des Abfallbegriffs die zusammenfassenden Bemerkungen, m.w.N., bei *Ruffert*, in: Jarass/Petersen/Weidemann, KrW-/AbfG, Art. 3 RL 2008/98, Rn. 6 ff. (Stand 03/2009); spezifisch zur Rechtslage vor 1991 (also zum „alten" Abfallbegriff des Unionsrechts) *Dieckmann*, Abfallrecht, 148.
394 Zum Abfallbegriff die Nachweise in Fn. 379.
395 Dabei beschränkt sich der Abfallbegriff auf der Grundlage von EuGH, Rs. C-1/03 (van de Walle), Slg. 2004, I-7613, nicht auf bewegliche Sachen, wobei Art. 2 Abs. 1 lit. b) RL 2008/98 jedoch den Anwendungsbereich der Richtlinie diesbezüglich einschränkt. Vgl. hierzu bereits oben 9. Kap. Rn. 92 sowie im Einzelnen *Epiney/Heuck*, in: Fluck, KrW-/Abf-/BodSchR, 9313 (RL 2008/98), Kommentar, Art. 3, Rn. 8 ff. Auch Abwasser kann Abfall sein, wenn es aus der Kanalisation heraustritt, vgl. EuGH, Rs. C-252/05 (Thames Water Utilities), Slg. 2007, I-3883. Zu diesem Urteil *Epiney*, EurUP 2008, 84 (89 f.).
396 Missverständlich, da den kumulativen Charakter offenbar verkennend, daher *Kersting*, DVBl. 1992, 343 (346); wie hier die ganz h.M., s. etwa schon *Seibert*, DVBl. 1994, 229 (231), m.w.N.
397 Vgl. im Einzelnen *Epiney*, in: Oexle/Epiney/Breuer, EG-AbfVerbrV, Art. 2, Rn. 11 ff.; s. auch *Stark*, Abfallbegriff, 47 ff.
398 So wohl auch EuGH, Rs. C-188/08 (Kommission/Irland), Slg. 2009, I-172, wonach dem Abfallverzeichnis eine Indizfunktion zukommt; ähnlich auch schon EuGH, Rs. C-9/00 (Palin Granit Oy), Slg. 2002, I-3533; EuGH, Rs. C-1/03 (van de Walle),), Slg. 2004, I-7613; EuGH, Rs. C-252/05 (Thames Water Utilities), Slg. 2007, I-3883; EuGH, Rs. C-263/05 (Kommission/Italien), Slg. 2007, I-11699. S. auch *Epiney/Heuck*, in: Fluck, KrW-/Abf-/BodSchR, 9313 (RL 2008/98), Kommentar, Art. 7, Rn. 2 f.

97 habbarer unionsrechtlicher Abfallbegriff existiert bzw. entwickelt wurde,[399] woran auch die nach wie vor fortbestehenden Unschärfen nichts zu ändern vermögen.

97 Von zentraler Bedeutung ist somit, dass sich der Abfallbesitzer des Stoffes oder Gegenstandes **entledigt, entledigen will** oder **entledigen muss**. Diese weite Ausgestaltung des Entledigungstatbestandes – der seinerseits für die Qualifizierung eines Stoffes oder Gegenstandes als Abfall entscheidend ist[400] – verdeutlicht, dass tatsächliche Elemente – wie insbesondere das „Aufgeben" eines Gegenstandes – ausreichend sind, unabhängig vom subjektiven Willen, und dass auf der anderen Seite schon der (objektiv erkennbare und zu bestimmende) Wille zur Entledigung genügt.

98 Zutreffend werden die Entledigungstatbestände in der Regel[401] in den sog. „**objektiven Abfallbegriff**" („entledigen müssen") und den sog. „**subjektiven Abfallbegriff**" („entledigen", „entledigen wollen") eingeteilt. Während das „Entledigenmüssen" auf die Existenz einer objektiven Rechtspflicht abstellt, geht es bei den beiden anderen Varianten um das subjektive Verhalten des Abfallbesitzers.

99 Nach dem **objektiven Abfallbegriff** sind damit all diejenigen Stoffe und Gegenstände als Abfall anzusehen, denen sich der Besitzer entledigen muss, die er also einer bestimmten Verwertung oder Beseitigung zuzuführen hat. Dieser Tatbestand greift erst ab dem Zeitpunkt, ab dem auch die Entledigungspflicht besteht,[402] was häufig etwa für die Zeitspanne, während derselben der jeweilige Gegenstand (noch) in Betrieb oder in Gebrauch ist, nicht der Fall ist.

Fraglich ist hier, ob sich die **Entledigungspflicht** nach einzelstaatlichen Vorschriften oder aber (auch) nach Unionsrecht bestimmt. Ein Vergleich des neugefassten Abfallbegriffs mit der RL 75/442 a.F., die ausdrücklich auf die Entledigungspflicht nach den einzelstaatlichen Bezug genommen hatte, rechtfertigt die Annahme, dass nunmehr ein gemeinsamer diesbezüglicher Mindeststandard festgeschrieben werden sollte, so dass zumindest[403] alle diejenigen Stoffe, denen sich der Besitzer nach den einschlägigen unionsrechtlichen Vorschriften zu entledigen hat, unter Art. 3 Nr. 1 RL 2008/98 fallen.[404] Offen bleibt allerdings die Ergreifung verstärkter Schutzmaßnahmen nach Art. 193 AEUV,[405] so dass eine Erweiterung des Abfallbegriffs und damit des Anwendungsbereichs des nationalen Abfallrechts – etwa durch die Erfassung weiterer Stoffe – möglich ist. Auf diese Weise wird nämlich (nur) der Anwendungsbereich des Abfallrechts ausgedehnt, so dass es sich um eine verstärkte Schutzmaßnahme handelt.[406] Eine andere Frage ist dann allerdings, ob derartige Regelungen mit Art. 34 AEUV vereinbar sind.[407]

100 Der **subjektive Abfallbegriff** knüpft an den (faktischen)[408] Vorgang der Entledigung oder an den Willen zur **Entledigung** an,[409] wobei letzterer nach außen deutlich werden muss; lediglich ein

---

399 S. aber auch die etwas abweichende Bewertung bei *Kropp*, in: von Lersner/Heinrich/Versteyl, Recht der Abfallbeseitigung, Art. 3 RL 2008/98, Rn. 7 (Stand IX.2009), der davon spricht, dass der (weite) Abfallbegriff bis in seine Kernbereiche nicht zu übersehende „Unschärfen und Definitionsmängel" enthalte.
400 So auch ausdrücklich EuGH, verb. Rs. C-418/97, C-419/97 (ARCO Chemie), Slg. 2000, I-4475, Ziff. 36.
401 Vgl. etwa *Weidemann*, EUDUR Bd. II/1, § 70, Rn. 51 ff.; *Meßerschmidt*, Europäisches Umweltrecht, § 18, Rn. 16, 19; *Raasch*, Harmonisierung der Verfahrensstandards, 129 ff.; *Stark*, Abfallbegriff, 99 ff.; *Ruffert*, in: Jarass/Petersen/Weidemann, KrW-/AbfG, Art. 3 RL 2008/98, Rn. 19 (Stand 03.2009).
402 Diese ist somit auch entscheidend für die Abgrenzung zwischen Produkten und Abfällen, siehe auch noch sogleich im Text.
403 Die besseren Gründe sprechen dafür, auch solche Abfälle, deren sich der Besitzer aufgrund nationaler Rechtsvorschriften zu entledigen hat, in dem objektiven Abfallbegriff einzubeziehen, vgl. näher, m.w.N., *Epiney/Heuck*, in: Fluck, KrW-/Abf-/BodSchR, 9313 (RL 2008/98), Kommentar, Art. 3, Rn. 16.
404 *Fluck*, EuR 1994, 71 (74).
405 Hierzu oben 5. Kap. Rn. 90 ff., Rn. 118 ff.
406 Zweifelnd aber *Fluck*, EuR 1994, 71 (74 f.). Ausführlich hierzu *Epiney/Heuck*, in: Fluck, KrW-/Abf-/BodSchR, 9313 (RL 2008/98), Kommentar, Einleitung, Rn. 17 ff.
407 Zu dieser Vorschrift oben 5. Kap. Rn. 67 ff.
408 So dass auch eine unbeabsichtigte Entledigung möglich ist, ausdrücklich EuGH, Rs. C-1/03 (van de Walle), Slg. 2004, I-7613, Ziff. 44 ff.; EuGH, Rs. C-252/05 (Thames Water Utilities), Slg. 2007, I-3883, Ziff. 27 f.
409 So dass die Entledigung letztlich für den Abfallbegriff entscheidend ist, vgl. aus der Rechtsprechung ausdrücklich EuGH, verb. Rs. C-418/97 und C-419/97 (ARCO Chemie), Slg. 2000, I-4475. Aus der Literatur etwa *Stuttmann*, NVwZ 2006, 401 (405); *Kopp-Assenmacher/Glass*, AbfallR 2010, 228 (230 f.).

9. Kapitel Bewirtschaftung und Umweltressourcen

„innerer Wille" ist rechtlich unbeachtlich.[410] Entscheidend ist damit, unter welchen Voraussetzungen genau von einer Entledigung im Sinne des Art. 3 Nr. 1 RL 2008/98 gesprochen werden kann.[411] Ausgangspunkt ist dabei – in Anknüpfung an die erwähnte weite Auslegung des Abfallbegriffs – ein eher umfassendes Verständnis des **Begriffs des „Entledigens"**, so dass er jegliche **Aufgabe des Stoffes oder Gegenstandes** sowie seine Zuführung zur Verwertung oder Beseitigung erfasst, wobei damit in der Regel eine Aufgabe der ihm ursprünglich zukommenden „Funktion" einhergeht; die Art des Stoffes oder Gegenstandes oder eine bestimmte Motivationslage ist unerheblich.

Damit ist neben der (rechtlich gebotenen, tatsächlichen oder beabsichtigten[412]) Zuführung eines Stoffes zur Beseitigung auch die **Wiederverwertung** einbezogen, wie sich auch aus dem Zusammenhang mit Art. 13 RL 2008/98 ergibt.[413] Daher kann der Abfallbegriff der Union nach ständiger Rechtsprechung[414] auch solche Substanzen erfassen, die (grundsätzlich) wiederverwertbar sind bzw. einer Wiederverwertung zugeführt werden sollen. Ein Ausschluss (einiger) wiederverwertbarer Stoffe vom Abfallbegriff und damit aus dem Anwendungsbereich des Abfallrechts ist nicht mit den unionsrechtlichen Vorgaben vereinbar.[415] Ebensowenig spielt es eine Rolle, ob Stoffe oder Gegenstände einen **Handelswert** haben, das **Ergebnis eines Verwertungsverfahrens** sind oder auf **umweltverträgliche Weise** ohne vorherige Bearbeitung als Brennstoff verwendet werden.[416] Weiter kann die Abfalleigenschaft auch dann bejaht werden, wenn ein Stoff oder Gegenstand nicht einem Beseitigungs- oder Verwertungsverfahren zugeführt wird oder werden muss.[417] Die Maßgeblichkeit der Entledigung impliziert auch, dass es für das Vorliegen von Abfall nicht auf die Gefährlichkeit eines Stoffes oder Gegenstandes ankommt, so dass auch solche Stoffe oder Gegenstände, die für die menschliche Gesundheit und die Umwelt ungefährlich sind, Abfälle darstellen können.[418] Schließlich kann eine Entledigung durch den Besitzer auch dann zu bejahen sein, wenn der Besitz nicht aufgegeben wird, kann eine Entledigung doch auch im Falle der Verwertung (oder Beseitigung) durch den Besitzer vorliegen.[419] Auf dieser Grundlage ist die Abgrenzung zwischen Abfällen und Nicht-Abfällen (bzw. Produkten) in jedem Einzelfall anhand sämtlicher Umstände zu prüfen, wobei die Entledigung entscheidend ist. Die (reichhaltige) Rechtsprechung hat hier verschiedene (mögliche) Anhaltspunkte entwickelt, wobei der einzelfallbezogene Ansatz aber auch Abgrenzungsprobleme mit sich bringt.[420]

Eine Entledigung liegt jedoch dann nicht vor, wenn es nicht darum geht, den Stoff oder Gegenstand in irgendeiner Form entweder zu beseitigen oder wieder zu verwerten (also auf die eine

---

410 Vgl. *Dieckmann*, Abfallrecht, 154 f.; *Weidemann*, EUDUR II/1, § 70, Rn. 51.
411 Die Maßgeblichkeit des Entledigens für den Abfallbegriff betont auch der EuGH, vgl. etwa EuGH, Rs. C-188/07 (Commune de Mesquer), Slg. 2008, I-4501, Ziff. 38; EuGH, Rs. C-252/05 (Thames Water Utilities), Slg. 2007, I-3883, Ziff. 24; EuGH, Rs. C-176/05 (KVZ retec), Slg. 2007, I-1721, Ziff. 51; EuGH, Rs. C-121/03 (Kommission/Spanien), Slg. 2005, I-7569, Ziff. 57.
412 Jedenfalls ist die „reale" Entledigung entscheidend; eines irgendwie gearteten Rechtsgeschäfts bedarf es nicht. Vgl. nur *Krieger*, NuR 1995, 170.
413 So ausdrücklich GA *Jacobs*, Schlussanträge zu verb. Rs. C-304/94, C-330/94, C-342/94 und C-224/95 (Tombesi u.a.), Slg. 1997, I-3561, Ziff. 50; GA *Jacobs*, Schlussanträge zu verb. Rs. C-418/97, C-419/97 (ARCO Chemie), Slg. 2000, I-4475, Ziff. 47. Aus der Literatur auch schon *Weidemann*, EUDUR II/1, § 70, Rn. 55.
414 EuGH, verb. Rs. 206/88 und 207/88 (Vessoso und Zanetti), Slg. 1990, I-1461, Ziff. 8 ff.; EuGH, Rs. 359/88 (Zanetti), Slg. 1990, I-1509, Ziff. 12 f.; EuGH, verb. Rs. C-304/94, C-330/94, C-342/94, C-224/95 (Tombesi), Slg. 1997, I-3561, Ziff. 47; EuGH, Rs. C-422/92 (Kommission/Deutschland), Slg. 1995, I-1097; EuGH, Rs. C-9/00 (Palin Granit Oy), Slg. 2002, I-3533. Zu dieser (allgemeinen) Erfassung wiederverwertbarer Stoffe etwa *Dieckmann*, Abfallrecht, 154 ff.
415 EuGH, Rs. 422/92 (Kommission/Deutschland), Slg. 1995, I-1097, Ziff. 22 ff.; EuGH, Rs. C-457/02 (Niselli), Slg. 2004, I-10853; EuGH, Rs. C-263/05 (Kommission/Italien), Slg. 2007, I-11745, Ziff. 36; EuGH, Rs. C-195/05 (Kommission/Italien), Slg. 2007, I-11699, Ziff. 38; EuGH, Rs. C-176/05 (KVZ retec), Slg. 2007, I-1721, Ziff. 61; EuGH, Rs. C-9/00 (Palin Granit), Slg. 2002, I-3533, Ziff. 29 f.; EuGH, verb. Rs. C-418/97, C-419/97 (ARCO), Slg. 2000, I-4475, Ziff. 31.
416 EuGH, verb. Rs. C-304/94, C-330/94, C-342/94, C-224/95 (Tombesi), Slg. 1997, I-3561; EuGH, Rs. C-129/96 (Inter-Environnement Wallonie), Slg. 1997, I-7411; EuGH, verb. Rs. C-418/97, C-419/97 (ARCO Chemie), Slg. 2000, I-4475, Ziff. 63 ff. S. auch *Kropp*, Behördliche Lenkung von Abfallströmen, 104.
417 EuGH, Rs. C-457/02 (Niselli), Slg. 2004, I-10853.
418 Aus der Rechtsprechung z.B. EuGH, Rs. C-9/00 (Palin Granit Oy), Slg. 2002, I-3533, Zif. 47 ff.
419 Ausdrücklich EuGH, verb. Rs. C-304/94, C-330/94, C-342/94, C-224/95 (Tombesi), Slg. 1997, I-3561, Ziff. 35 ff.
420 Vgl. im Einzelnen hierzu, m.w.N. aus Rechtsprechung und Literatur, *Epiney/Heuck*, in: Fluck, KrW-/Abf-/BodSchR, 9313 (RL 2008/98), Kommentar, Art. 3, Rn. 21 ff.

oder andere Weise in einen wieder nutzbaren Zustand umzuwandeln), sondern der **Stoff oder Gegenstand als solcher weitergegeben** wird, damit er weiter in der ihm an sich zukommenden Funktion nutzbar gemacht wird, wie etwa beim Verschenken oder Verkaufen gebrauchter Gegenstände. Allerdings muss hier immer eindeutig erkennbar sein, dass der Stoff oder Gegenstand für den ursprünglichen Zweck (weiter-) benutzt oder unmittelbar einem neuen Nutzungszweck zugeführt werden soll, so dass er nicht „entwidmet" wird oder werden soll.[421] Auf der anderen Seite führt allein der Umstand, dass ein Stoff einem **Verwertungsverfahren** zugeführt werden soll, nicht zwingend dazu, dass dieser Stoff als Abfall einzustufen ist; vielmehr ist anhand sämtlicher Umstände des Einzelfalls zu prüfen, ob sich der Besitzer der betreffenden Sache entledigen will; hierfür kann die Zuführung zu einem Verwertungsverfahren einen Anhaltspunkt darstellen.[422]

Besondere Probleme wirft in diesem Zusammenhang die Abgrenzung zwischen **Produktionsrückständen und Nebenprodukten** auf: Grundsätzlich ist bei ersteren eine Wiederverwertung nicht tatsächlich beabsichtigt, so dass in der Regel zumindest eine faktische Entledigung zu bejahen sein wird; hingegen sollen letztere in der einen oder anderen Form wieder in den Produktionsprozess einfließen, so dass keine Entledigung vorliegt und die Abfalleigenschaft zu verneinen ist.[423]

Die Frage der **genauen Abgrenzung** zwischen beiden Konstellationen kann jedoch Schwierigkeiten bereiten, wobei die **Rechtsprechung** vor der Einführung des Art. 5 RL 2008/98 bei der Annahme von Nebenprodukten eher zurückhaltend war und vor dem Hintergrund der grundsätzlich weiten Auslegung des Abfallbegriffs im Hinblick auf die Effektivität des Abfallrechts davon ausging, dass ein Nebenprodukt nur dann zu bejahen sei, wenn eine Weiterverwendung des Produkts ohne weitere Maßnahmen möglich und naheliegend ist.[424]

So befand der EuGH in der Rs. C-9/00[425], dass das in dem Urteil zur Debatte stehende, beim Abbau von Gestein anfallende Bruchgestein als Abfall einzustufen sei. Ausgehend von der ständigen Rechtsprechung sei dabei nicht maßgeblich, dass das Gestein grundsätzlich wiederverwertbar ist und einen Handelswert haben kann. Entscheidend sei vielmehr, dass das Bruchgestein als „Produktionsrückstand" anzusehen sei, also als ein Erzeugnis, das nicht als solches zum Zweck einer späteren Verwendung hergestellt wird.[426] Ein „Nebenerzeugnis", das nebenbei bei einer Produktion anfalle und das aber später noch genutzt werden könne, sei

---

421 Vgl. ähnlich *Fluck*, DVBl. 1993, 950 (952). Zu den hier bestehenden Abgrenzungsschwierigkeiten die sehr instruktiven Ausführungen von GA *Jacobs*, Schlussanträge zu verb. Rs. C-304/94, C-330/94, C-342/94, C-224/95, Slg. 1997, I-3561, Ziff. 51 ff.; *Ermacora*, Abfall – Produkt, 59 ff.; *Gaßner*, NVwZ 1998, 1148 ff.; *Wolfers*, NVwZ 1998, 225 ff.; *Schink*, VerwArch 1997, 230 ff. S. auch EuGH, Rs. C-129/96 (Inter-Environnement Wallonie/Région Wallonie), Slg. 1997, I-7411, Ziff. 28 ff., wo der EuGH festhält, dass ein Stoff nicht allein deshalb, weil er unmittelbar oder mittelbar in einen industriellen Produktionsprozess einbezogen ist, vom Abfallbegriff ausgenommen ist. Allerdings muss in jedem Fall zwischen der Verwertung von Abfällen und der gewöhnlichen industriellen Behandlung von Produkten, die keine Abfälle sind, unterschieden werden. Zum Problemkreis sehr instruktiv auch *Reese*, Kreislaufwirtschaft, 23 ff.

422 EuGH, verb. Rs. C-418/97, C-419/97 (Arco Chemie), Slg. 2000, I-4475, Ziff. 35 ff. Zur Problematik *Bothe/Spengler*, Rechtliche Steuerung von Abfallströmen, 25 ff.; *Weidemann/Neun*, NuR 2004, 97 (99 ff.).

423 Siehe schon EuGH, Rs. C-129/96 (Inter-Environnement Wallonie), Slg. 1997, I-7411, Rn. 33, wo der Gerichtshof betont, dass zwischen der Abfallverwertung und der gewöhnlichen industriellen Behandlung von Produkten, die keine Abfälle sind, unterschieden werden müsse, auch wenn dies zu Abgrenzungsproblemen führe. Ausführlich zu den Nebenprodukten und zu den Abgrenzungsproblemen *Petersen*, FS Sellner, 315 (328 ff.); *Uwer/Held*, EuZW 2010, 127 ff.; *Lee/Stokes*, YEEL 8 (2008), 162 ff.; *de Sadeleer*, JEEPL 2012, 136 ff.; *de Sadeleer*, RDUE 2011, 209 ff. s. auch *Krämer*, elni 2010, 2 (4).

424 EuGH, Rs. C-9/00 (Palin Granit Oy), Slg. 2002, I-3533; EuGH, Rs. C-457/02 (Niselli), Slg. 2004, I-10853. Vgl. zu dieser Abgrenzung auf der Grundlage der Rechtsprechung etwa *Sobotta*, ZUR 2007, 188 ff.; *Petersen*, ZUR 2005, 561 ff.; *Uwer/Held*, EuZW 2010, 127 ff.; *Frenz*, AbfallR 2008, 105 ff.; *Weidemann*, Abfall oder Rohstoff?, 10 ff.; *Weidemann/Neun*, AbfallR 2006, 158 ff.; *da Silva Campos*, elni 2/2007, 28 ff. Eine „Ausslegeordnung" und Konkretisierung der hier einschlägigen Rechtsprechung ist auch der Mitteilung der Kommission an den Rat und das EP zu Auslegungsfragen betreffend Abfall und Nebenprodukte zu entnehmen, vgl. KOM (2007) 59 endg., 2.

425 EuGH, Rs. C-9/00 (Palin Granit Oy), Slg. 2002, I-3533; ähnlich EuGH, Rs. C-114/01 (Avesta Polarit Chrome Oy), Slg. 2003, I-8725. S. auch schon EuGH, Rs. C-129/96 (Inter-Environnement Wallonie), Slg. 1997, I-7411, Ziff. 28, wo der EuGH betont, dass grundsätzlich keine Art von Rückständen, industriellen Nebenerzeugnissen oder sonstigen aus Produktionsprozessen stammenden Stoffe vom Abfallbegriff ausgenommen seien. Zum Problemkreis auch *Reese*, Kreislaufwirtschaft, 28 ff.

426 Interessant ist weiter, dass der EuGH darauf hinweist, dass „nach gesundem Menschenverstand" Abfall das sei, was zu Boden fällt, wenn ein Material oder ein Gegenstand bearbeitet wird.

angesichts der vorzunehmenden grundsätzlich weiten Auslegung des Abfallbegriffs nur bei solchen Stoffen anzunehmen, bei denen die Wiederverwendung nicht nur möglich, sondern ohne vorherige Bearbeitung in Fortsetzung des Gewinnungsverfahrens gewiss sei, eine Voraussetzung, die bei dem Bruchgestein gerade nicht gegeben war.

In der Rs. C-188/07[427] bestätigte der EuGH diesen Ansatz und sah das durch die Raffination von Rohöl entstehende Schweröl nicht als Abfall an, da sich dieser „Reststoff" unter wirtschaftlich vorteilhaften Umständen auf dem Markt verwerten lasse. Hingegen seien Kohlenwasserstoffe, die nach einer Havarie unabsichtlich ins Meer ausgebracht worden sind, sich mit Wasser sowie mit Sedimenten vermischen, an der Küste eines Mitgliedstaates entlangtreiben und schließlich dort an Land geschwemmt werden, als Abfälle anzusehen.

In weiteren Urteilen schränkte der Gerichtshof aber – insbesondere durch eine weite Auslegung des Kriteriums der „Fortsetzung des Gewinnungsprozesses" – den Abfallbegriff ein, so wenn er in Bezug auf ein in einer Raffinerie anfallendes Gemisch aus Kohlenstoff und Verunreinigungen („Petrolkoks") anführte, dieses sei kein Abfall, wenn es bei der Raffination von Erdölprodukten erzeugt werde und dies von Anfang an geplant sei (wenn auch nicht das Ziel des Prozesses darstelle), was auch dann gelte, wenn dieser Stoff bei dieser Tätigkeit „zwangsläufig" anfalle. Voraussetzung sei allerdings jedenfalls, dass die Verwendung sichergestellt sei und eine „ähnliche Verwendungsart" wie diejenige des Hauptprodukts stattfinde.[428] Aber auch dieses letzte Kriterium wurde in zwei weiteren Entscheidungen sehr relativiert, indem der Gerichtshof die Abfalleigenschaft von in Mastbetrieben anfallendem Mist, der zur Düngung auf benachbarten Feldern ausgebracht wurde, verneinte.[429] Wenig überzeugend ist hier, dass zur Herstellung von Fleisch das Düngen von Feldern gerade nicht erforderlich ist, womit das Vorliegen der Fortsetzung des Gewinnungsprozesses wohl zu verneinen gewesen wäre.

Damit stellt der EuGH entscheidend auf den Grad der Wahrscheinlichkeit der Wiederverwendung eines Stoffes ohne vorherige Bearbeitung ab. Wenn dieser Ansatz auch vor dem Hintergrund der möglichen Umweltgefahren durch die Lagerung von Stoffen, die nur vielleicht in fernerer Zukunft einmal wiederverwendet werden könnten, sachgerecht ist, ist doch nicht zu verkennen, dass er insofern zu erheblichen tatbestandlichen Unsicherheiten führt, als das Kriterium des „Grades der Wahrscheinlichkeit" naturgemäß nicht sonderlich scharf ist und man sicherlich häufig über den nun notwendigen oder auch vorliegenden Wahrscheinlichkeitsgrad wird streiten können. Vor diesem Hintergrund erscheint es sinnvoll, noch weitere Kriterien (verstärkt) zur Abgrenzung von Abfall und Nebenprodukten heranzuziehen, wovon auch der EuGH ausgeht,[430] so insbesondere die Entstehung eines wirtschaftlichen Vorteils durch das Nebenprodukt bzw. seine Verwendung[431] oder auch die Notwendigkeit dauerhafter Lagerungstätigkeiten. Hingegen ist die Art der Verwendung nach der Rechtsprechung nicht von Bedeutung,[432] ebenso wenig wie eine „Zwischenlagerung".[433]

Durch die (umstrittene)[434] Einführung des **Art. 5 RL 2008/98** sollen die **Voraussetzungen des Vorliegens eines Nebenprodukts präzisiert** werden, wobei an die bisherige Rechtsprechung angeknüpft, diese aber auch teilweise präzisiert bzw. (etwas) modifiziert wird.[435] So kann gemäß Art. 5 Abs. 1 Hs. 1 RL 2008/98 ein Stoff oder Gegenstand von vornherein nur dann „als Ne-

---

427 EuGH, Rs. C-188/07 (Commune de Mesquer), Slg. 2008, I-4501, Ziff. 40 ff.
428 EuGH, Rs. C-235/02 (Saetti und Frediani), Slg. 2004, I-1005.
429 EuGH, Rs. C-416/02 (Kommission/Spanien), Slg. 2005, I-7487; EuGH, Rs. C-121/03 (Kommission/Spanien), Slg. 2005, I-7569. Kritisch zu diesen Urteilen *Sobotta*, ZUR 2007, 188 (190 ff.).
430 Betont er doch regelmäßig, dass das tatsächliche Vorliegen von Abfall an Hand sämtlicher Umstände des Einzelfalls zu beurteilen sei, so auch in Bezug auf die Abgrenzung von Nebenprodukten und Abfall, vgl. etwa EuGH, Rs. C-9/00 (Palin Granit Oy), Slg. 2002, I-3533, Ziff. 24 f.; EuGH, Rs. C-235/02 (Saetti und Frediani), Slg. 2004, I-1005, Ziff. 40; s. auch EuGH, Rs. C-194/05 (Kommission/Italien), Slg. 2007, I-11661, Ziff. 38 ff.; EuGH, Rs. C-263/05 (Kommission/Italien), Slg. 2007, I-11745, Ziff. 33 ff.; EuGH, Rs. C-195/05 (Kommission/Italien), Slg. 2007, I-11699, Ziff. 36 ff., wo der EuGH jeweils in Bezug auf den Ausschluss bestimmter Stoffe bzw. Gegenstände vom Abfallbegriff durch die einschlägige italienische Gesetzgebung unter Rückgriff auf die bisherige Rechtsprechung alle Umstände des Einzelfalls heranzieht.
431 Vgl. ähnlich wohl auch *Sobotta*, ZUR 2007, 188 (190 ff.).
432 EuGH, verb. Rs. C-418/97, C-419/97 (ARCO Chemie), Slg. 2000, I-4475, Ziff. 64.
433 EuGH, Rs. C-416/02 (Kommission/Spanien), Slg. 2005, I-7487; EuGH, Rs. C-121/03 (Kommission/Spanien), Slg. 2005, I-7569.
434 Hierzu etwa *Petersen*, NVwZ 2009, 1063 (1065).
435 *Uwer/Held*, EuZW 2010, 127 (131).

benprodukt und nicht als Abfall" qualifiziert werden, wenn er das **Ergebnis eines Herstellungsverfahrens ist, dessen Hauptziel nicht die Herstellung dieses Stoffes oder Gegenstandes ist.** Es ist also nach dem Ziel des jeweiligen Verfahrens zu fragen: Nur wenn es sich um einen nicht im Rahmen des Hauptzwecks des Verfahrens anfallenden Stoff oder Gegenstand handelt, kann Art. 5 Abs. 1 RL 2008/98 zum Zuge kommen.[436] In diesem Rahmen kann ein Nebenprodukt nach Art. 5 Abs. 1 RL 2008/98 nur im Falle des Vorliegens von vier kumulativ zu verstehenden Voraussetzungen vorliegen:

- Erstens muss es „**sicher**" sein, dass der Stoff oder Gegenstand **weiter verwendet** wird. Damit ist also jedenfalls nicht nur eine sehr große Wahrscheinlichkeit, sondern eine „Sicherheit" für die Weiterverwendung notwendig, dies insofern unter Weiterentwicklung bzw. Präzisierung der Rechtsprechung.
- Zweitens muss der Stoff oder Gegenstand **direkt** ohne eine weitere Verarbeitung, die über die „**normalen**" **industriellen Verfahren** hinausgeht, **verwendet** werden (können bzw. sollen). Damit kann ein Nebenprodukt also auch vorliegen, wenn es vor der Weiterverwendung einer Bearbeitung, allerdings in einem „normalen industriellen Verfahren", unterzogen wird, eine „Aufweichung" der Rechtsprechung,[437] die wohl vor dem Hintergrund zu sehen ist, dass eine völlig fehlende Verarbeitung den tatsächlichen Verhältnissen kaum gerecht würde.[438] Aufgeworfen wird damit jedoch die Frage der Abgrenzung der „normalen" von den „anormalen" industriellen Verfahren, die unter Umständen schwierig und wohl kaum mit allgemein-abstrakten Kriterien zu beantworten ist.[439]

  Geht man davon aus, dass dieses Kriterium lediglich vermeiden soll, dass in zu formaler Weise auf das Vorliegen einer weiteren Behandlung abgestellt wird, so spricht Vieles dafür, hier tendenziell darauf abzustellen, dass die weitere Verarbeitung nicht zu einem anderen Produkt führt, so dass es sich letztlich nur (aber immerhin) um eine Art Aufbereitung eines Produkts für eine spezifische Verwendung handeln darf.
- Drittens muss der Stoff oder Gegenstand im Rahmen bzw. als „**Bestandteil**" **eines Produktionsprozesses** „**nebenbei**" **angefallen** sein (oder, in den Worten der Richtlinie, der Stoff oder Gegenstand wurde als „integraler Bestandteil eines Herstellungsprozesses erzeugt"), eine Voraussetzung, die sich an sich bereits aus dem Einleitungssatz des Art. 5 Abs. 1 RL 2008/98 ergibt.
- Viertens schließlich muss die **weitere Verwendung rechtmäßig** sein, insbesondere in Anbetracht der einschlägigen Produkt-, Umwelt- und Gesundheitsanforderungen, und darf nicht zu „schädlichen Umwelt- oder Gesundheitsfolgen" führen.[440]

Die Systematik des Art. 5 RL 2008/98 impliziert, dass die Abfalleigenschaft bei Vorliegen der genannten Voraussetzungen entfällt,[441] selbst wenn sich der Besitzer des Stoffes oder Gegen-

---

[436] Die Formulierung verdeutlicht außerdem, dass Produktionsrückstände, die im Rahmen eines Verfahrens anfallen, auf das das Verfahren jedoch nicht abzielt, stets entweder als Abfall oder als Nebenprodukt eingestuft werden können bzw. müssen, so dass eine entsprechende Qualifizierung notwendig und keine „Zwischenstufe" möglich ist, s. auch *Petersen*, FS Sellner, 315 (328).
[437] Vgl. noch EuGH, Rs. C-9/00 (Palin Granit Oy), Slg. 2002, I-3533, Ziff. 36, wo der EuGH offenbar davon ausgeht, dass ein Nebenprodukt ohne vorherige Bearbeitung einsetzbar sein muss. Ähnlich EuGH, Rs. C-114/01 (Avesta Polarit), Slg. 2003, I-8725, Ziff. 34 ff.
[438] Vgl. insoweit auch *Petersen*, FS Sellner, 315 (329).
[439] Auf die Unbestimmtheit dieser Voraussetzung hinweisend auch *Reese*, NVwZ 2009, 1073 (1076). S. aber auch *Petersen*, FS Sellner, 315 (329), der ohne nähere Begründung darauf abstellen will, dass der Stoff spezifische Verunreinigungen aufweist, die ihn von Primärstoffen unterscheidet, was dann klar wird, warum stoffliche Eigenschaften ein Kriterium für die „Normalität" der Verfahren darstellen können. Die Gefährlichkeit des Stoffes oder Gegenstandes dürfte eher im Rahmen der vierten Voraussetzung eine Rolle spielen.
[440] Zur (möglichen) Präzisierung dieses Kriteriums *Epiney/Heuck*, in: Fluck, KrW-/Abf-/BodSchR, 9313 (RL 2008/98), Kommentar, Art. 5, Rn. 9.
[441] Dies schließt allerdings nicht aus, dass das Nebenprodukt gemäß den REACH-Vorschriften registrierungspflichtig ist, siehe hierzu *Fluck*, AbfallR 2007, 14 (15); *Kropp/Kälberer*, AbfallR 2010, 124 (131).

9. Kapitel Bewirtschaftung und Umweltressourcen

standes entledigen will, dies obwohl gerade die Entledigung das abfalltypische Risiko darstellt.[442] Im Verhältnis zur bisherigen Rechtsprechung ist bemerkenswert, dass Art. 5 RL 2008/98 allgemein anwendbare Voraussetzungen formuliert, während sich die bisherige Rechtsprechung auf gewisse besondere Fallgestaltungen, in denen eine Wiederverwendung des betreffenden Stoffes besonders wahrscheinlich erschien, bezieht. Art. 5 RL 2008/98 ist damit grundsätzlich auf die gesamte industrielle Produktion anwendbar. Zudem stand es aufgrund der bisherigen Rechtsprechung nicht mit den Vorgaben der Abfallrahmenrichtlinie in Einklang, eine allgemeine Vermutung aufzustellen, wonach unter bestimmten Voraussetzungen bestimmte Stoffe oder Gegenstände wegen der beabsichtigten Wiederverwendung für ihren Besitzer einen wirtschaftlichen Wert oder Vorteil implizieren und daher als Nebenprodukt und nicht als Abfall anzusehen sind, werde dadurch doch das allein ausschlaggebende Entledigungserfordernis relativiert.[443] Immerhin mag hier die Frage erlaubt sein, ob auf diese Weise wirklich einem hohen Umweltschutzniveau Vorschub geleistet werden kann, dürfte hiermit doch das Risiko einhergehen, dass diverse (mehr oder weniger gefährliche) Rückstände industrieller Prozesse (wie Schwermetalle und andere Stoffe) regelmäßig als Nebenprodukt angesehen werden. Ob die in Art. 5 RL 2008/98 formulierten Voraussetzungen – die letztlich eine allgemeine Vermutung für das Nichtvorliegen der Abfalleigenschaft unter gewissen Voraussetzungen implizieren, dies obwohl eine Entledigung oder ein Entledigungswille möglicherweise vorliegt – dieser drohenden Relativierung des Abfallbegriffs entgegenwirken können, ist angesichts ihrer teilweise zu verzeichnenden Unbestimmtheit zumindest unsicher.[444]

Ist die **Verwertung**[445] **von Abfall abgeschlossen**, verliert der Stoff bzw. Gegenstand grundsätzlich[446] die **Abfalleigenschaft**.[447] Denn das Ergebnis der Verwertung ist grundsätzlich ein wirtschaftlich verwendbares Produkt, dessen sich sein (neuer) Besitzer gerade nicht entledigen will. Jedenfalls aber ist die Abfalleigenschaft bis zum Eintritt des Verwertungserfolgs gegeben,[448] denn bis dahin muss das Abfallrecht mit der Zielsetzung der Ressourcenschonung anwendbar sein und bis zu diesem Zeitpunkt bestehen auch die dem Abfall inhärenten Gefahren fort, gerade auch, was die Verbringung anbelangt.[449] Weiter spricht für diesen Ansatz, dass die Abfalleigenschaft erst dann enden kann, wenn die einschlägigen diesbezüglichen Rechtspflichten erfüllt sind, dies mit Blick auf die Effektivität der abfallrechtlichen Pflichten. Deutlich wird damit auch, dass

---

442 Siehe bereits *Epiney*, in: Oexle/Epiney/Breuer, EG-AbfVerbrV, Art. 2, Rn. 30: s. aber auch *Uwer/Held*, EuZW 2010, 127 (131 f.), die zusätzlich eine Entledigung verlangen, womit Art. 5 RL 2008/98 aber wohl seine eigenständige Bedeutung verlöre.
443 EuGH, Rs. C-194/05 (Kommission/Italien), Slg. 2007, I-11661; EuGH, Rs. C-195/05 (Kommission/Italien), Slg. 2007, I-11699.
444 Vgl. auch die Kritik an der Bestimmung bei *Krämer*, elni 2010, 2 (3). S. auch Reese, NVwZ 2009, 1073 (1076), der darauf hinweist, dass in Art. 5 RL 2008/98 der Bezug zu abfallspezifischen Risiken fehle.
445 Bei der Beseitigung stellt sich das Problem des Endes der Abfalleigenschaft so nicht: Entweder die Beseitigung ist insofern abgeschlossen, als es den Stoff nicht mehr gibt, oder aber er ist irgendwo gelagert; im letzten Fall besteht die Abfalleigenschaft fort.
446 Der EuGH geht offenbar davon aus, dass der nach Eintritt des Verwertungsprozesses entstandene Stoff dann Abfall ist, wenn sich der Besitzer seiner entledigen will oder muss, EuGH, verb. Rs. C-418//97, C-419/97 (ARCO Chemie), Slg. 2000, I-4475, Ziff. 94 ff., was insofern überzeugt, als dann in Bezug auf den neuen Stoff wieder die Voraussetzungen des Art. 3 Nr. 1 RL 2008/98 erfüllt sein können.
447 Vgl. nur *Petersen*, AbfallR 2006, 102 (105); *Petersen*, ZUR 2005, 561 (563); *Pocklington*, EELR 2000, 272 (274 f.); *Pocklington*, EELR 2006, 75 (82 f.); *Ermacora*, Abfall – Produkt, 72 f. Ausführlich zur Problematik *Weidemann*, Abfall oder Rohstoff, 72 ff.; *Petersen*, FS Sellner, 315 (335 f.); *Giesberts/Kleve*, DVBl. 2008, 678 ff.; *Kopp-Assenmacher/Glass*, AbfallR 2010, 228 (231).
448 So wohl auch EuGH, Rs. C-444/00 (Mayer Parry), Slg. 2003, I-6163.
449 Siehe zu den (allgemeinen) Voraussetzungen des Endes der Abfalleigenschaft aufgrund einer abgeschlossenen Verwertung mit zahlreichen Beispielen *Kropp*, in: von Lersner/Heinrich/Versteyl, Recht der Abfallbeseitigung, Art. 8 RL 2008/98, Rn. 8 (Stand IX.2009); *Kropp/Kälberer*, AbfallR 2010, 124 (128 ff.); *Kopp-Assenmacher/Glass*, AbfallR 2010, 228 (231).

bei einem als Abfall anzusehenden Stoff oder Gegenstand, der ein Verwertungsverfahren durchlaufen hat, die Abfalleigenschaft nicht automatisch entfällt.[450]

105 In Bezug auf das Ende der Abfalleigenschaft[451] enthält die **Novelle der Abfallrahmenrichtlinie** nun in **Art. 6 RL 2008/98** (neu) eine Präzisierung bzw. Kriterien, bei deren Vorliegen ein bestimmter Stoff oder Gegenstand nicht (mehr) als Abfall anzusehen ist, wobei diese an die bereits geltenden, durch die Rechtsprechung präzisierten Grundsätze anknüpfen.[452] Damit dürfte die Unterscheidung zwischen Abfall und Nicht-Abfall in Bezug auf diesen Aspekt einer gewissen Klärung zugeführt worden sein (vgl. auch Erw. 1-5, 8 und 22).[453] So sind nach Art. 6 RL 2008/98 bestimmte spezifische Abfälle nicht mehr als Abfälle im Sinne des Art. 3 Nr. 1 RL 2008/98[454] anzusehen, wenn sie ein Verwertungsverfahren durchlaufen haben und spezifische Kriterien erfüllen, die im Ausschussverfahren nach Art. 39 Abs. 2 zu definieren sind.

Die Bedeutung des Art. 6 RL 2008/98 ist in erster Linie gerade darin zu sehen, dass es diese Vorschrift erlaubt, Stoffe oder Gegenstände, die grundsätzlich (noch) als Abfälle anzusehen sind, vom **Abfallbegriff auszunehmen**, dies unter in Art. 6 Abs. 1 RL 2008/98 vorgesehenen Voraussetzungen.[455] Bemerkenswert ist dabei, dass von dieser Möglichkeit nicht nur auf Unionsebene im Komitologieverfahren Gebrauch gemacht werden kann (Art. 6 Abs. 2 RL 2008/98); vielmehr steht sie auch den Mitgliedstaaten im Einzelfall offen, sofern auf Unionsebene noch keine entsprechenden Kriterien angenommen wurden (Art. 6 Abs. 4 RL 2008/98). Art. 6 RL 2008/98 kann aber auch dann von Bedeutung sein, wenn die Voraussetzungen für das Vorliegen von Abfällen nicht mehr gegeben sind; in diesem Fall kommt der Bestimmung eine primär klarstellende und präzisierende Funktion zu.

Mit der **VO 333/2011** wurde erstmals eine Verordnung mit Kriterien im Sinne des Art. 6 Abs. 2 RL 2008/98 für bestimmte Arten von **Schrott** erlassen.[456]

2. Abfallbewirtschaftung und allgemeine Grundsätze

106 Art. 4, 8 ff. RL 2008/98 sind einige allgemeine Grundsätze sowie eine Reihe von Regelungen über die Abfallbewirtschaftung zu entnehmen.[457]

---

450 Vgl. auch EuGH, Rs. C-9/00 (Palin Granit Oy), Slg. 2002, I-3533, Ziff. 35; EuGH, Rs. C-114/01 (Avesta Polarit), Slg. 2003, I-8725, Ziff. 35. Zutreffend wird überdies darauf hingewiesen, dass auch nicht davon auszugehen sei, dass die Registrierung nach der REACH-Verordnung (VO 1907/2006) die Abfalleigenschaft automatisch entfallen lasse, denn auch Stoffe in Abfällen könnten registriert werden, vgl., unter besonderer Berücksichtigung des Verhältnisses der RL 2009/98 und der REACH-VO *Kropp*, in: von Lersner/Heinrich/Versteyl, Recht der Abfallbeseitigung, Art. 6 RL 2008/98, Rn. 20 f. (Stand IX.2009); *Petersen*, AbfallR 2008, 154 (156); *Röttgen*, EurUP 2009, 123 (129); mit speziellem Bezug zur Stahlindustrie *Endemann*, AbfallR 2010, 84 (85 ff.).
451 Ausführlich zum Ende der Abfalleigenschaft i.S.d. Art. 6 RL 2008/98 etwa *Kropp/Kälberer*, AbfallR 2010, 124 (127 ff.); *Petersen*, FS Sellner, 315 (332 ff.); *Röttgen*, EurUP 2009, 123 ff.; *Kopp-Assenmacher/Glass*, AbfallR 2010, 228 ff.; unter Berücksichtigung der Umsetzung im deutschen Recht *Giesberts*, DVBl. 2012, 816 ff.
452 Vgl. *Petersen*, AbfallR 2008, 154 (155). S. aber auch *Röttgen*, EurUP 2009, 123 (126), der den Bedingungen nicht bloß einen deklaratorischen, sondern einen konstitutiven Charakter beimisst, was insofern durchaus zutreffend ist, als es Art. 6 RL 2008/98 ermöglicht, dass bestimmte Abfälle eben gerade nicht (mehr) als Abfälle anzusehen sind. Vgl. auch *Kropp*, in: von Lersner/Heinrich/Versteyl, Recht der Abfallbeseitigung, Art. 6 RL 2008/98, Rn. 5 (Stand IX.2009); *Waggershauser*, AbfallR 2009, 50 (54).
453 *Kropp*, in: von Lersner/Heinrich/Versteyl, Recht der Abfallbeseitigung, Art. 6 RL 2008/98, Rn. 5 (Stand IX.2009). Siehe zur Notwendigkeit dieser Präzisierung auch *Röttgen*, EurUP 2009, 123 (124 f.) mit Verweis auf KOM (2005) 666 endg., Mitteilung der Kommission an den Rat, das Europäische Parlament, den Europäischen Wirtschafts- und Sozialausschuss und den Ausschuss der Regionen – Weiterentwicklung der nachhaltigen Ressourcennutzung: Eine thematische Strategie für Abfallvermeidung und -recycling.
454 Der Verweis auf Art. 3 lit. a) in Art. 6 Abs. 1 RL 2008/98 dürfte ein Redaktionsversehen sein, wird doch der Abfallbegriff nunmehr in Art. 3 Nr. 1 RL 2008/98 definiert.
455 Zu diesen ausführlich *Epiney/Heuck*, in: Fluck, KrW-/Abf-/BodSchR, 9313 (RL 2008/98), Kommentar, Art. 6, Rn. 6 ff.
456 Zu dieser Verordnung *Cosson*, AbfallR 2011, 132 ff.
457 Wobei die speziellen Abfallarten betreffenden Vorgaben unter 9. Kap. Rn. 129 ff. erörtert werden.

9. Kapitel Bewirtschaftung und Umweltressourcen

a) Zur Abfallhierarchie

Art. 4 Abs. 1 RL 2008/98 ist die **Grundausrichtung** der EU-Abfallpolitik zu entnehmen, indem eine nunmehr fünfstufige[458] **Abfallhierarchie** formuliert wird. Damit soll eine Prioritätenfolge dafür festgelegt werden, was aus ökologischer Sicht die insgesamt und grundsätzlich beste abfallrechtliche und abfallpolitische Option ist. Mit ihr werden Abfallströme unter dem Aspekt des Ressourcenschutzes gesteuert, und sie formuliert damit das „politische Programm" für die weiteren Vorschriften der Richtlinie.[459]

107

Prioritär ist schon die **Entstehung von Abfällen zu verhindern** oder zu verringern, an zweiter Stelle stehen **drei untergliederte Maßnahmen der Wiederverwertung** von Abfall (in dieser Reihenfolge die Vorbereitung zur Wiederverwertung, das Recycling sowie die sonstige Wiederverwertung)[460] und als *ultima ratio* wird die **Abfallbeseitigung** eingestuft.[461]

108

Die Abfallhierarchie ist als solche verbindlich, so dass sich die Bewirtschaftungsmaßnahmen der Mitgliedstaaten an dieser Hierarchie zu orientieren haben (wobei sie unter bestimmten Voraussetzungen aber auch von ihr abweichen können). M.a.W. wird der **Grundsatz** des Vorrangs der Vermeidung vor der Verwertung in den drei genannten Stufen sowie schließlich der Beseitigung **normativ verbindlich festgeschrieben**.[462] Jede andere Sicht – etwa in dem Sinn, dass es lediglich um eine Art Berücksichtigungspflicht ginge, von der man (mehr oder weniger beliebig) abweichen könnte – führte dazu, dass die Bestimmung ihrer effektiven Wirkung beraubt würde. Insofern haben die Mitgliedstaaten diese Vorrangregel festzuschreiben und damit normativ umzusetzen.[463]

Art. 4 Abs. 2 RL 2008/98 formuliert **Grundpflichten für die Mitgliedstaaten**, die auch und gerade vor dem Hintergrund der grundsätzlichen Rechtsverbindlichkeit der in der Abfallhierarchie in Art. 4 Abs. 1 RL 2008/98 formulierten Vorrangregel zu sehen sind. Insbesondere **fördern** die Mitgliedstaaten bei der Anwendung der Abfallhierarchie diejenigen **Abfallbewirtschaftungsmaßnahmen, die insgesamt das beste Ergebnis unter dem Aspekt des Umweltschutzes** erbringen. Neben dieser Förderungspflicht ergibt sich aber auch noch aus Art. 10 Abs. 1 RL 2008/98 eine allgemeine Pflicht, die **Abfallhierarchie umzusetzen**, denn danach treffen die Mitgliedstaaten die erforderlichen Maßnahmen, um sicherzustellen, dass die Abfälle Verwertungsverfahren in Einklang mit Art. 4 und 13 RL 2008/98 durchlaufen. Die Mitgliedstaaten sind also verpflichtet, die Hierarchie selbst in ihrer Abfallgesetzgebung umzusetzen.[464] Allerdings dürfte den Mitgliedstaaten grundsätzlich ein weiter Beurteilungsspielraum darüber zustehen, ob eine bestimmte Maßnahme das beste Ergebnis für den Umweltschutz erbringt und welche Maßnahme zur För-

109

---

458 Die RL 2006/12 enthielt noch eine dreistufige Abfallhierarchie (Vermeidung – Verwertung – Beseitigung). Der neue Art. 4 Abs. 1 RL 2008/98 untergliedert nunmehr die Verwertung in drei weitere Stufen. Die Einführung einer fünfstufigen Abfallhierarchie war umstritten. Die Kommission hatte in ihrem Vorschlag für eine Richtlinie des Europäischen Parlaments und des Rates über Abfälle (KOM(2005) 667 endg.) noch davon abgesehen. Ausführlich hierzu *Petersen*, ZUR 2007, 449 (452); kritisch *Schink*, AbfallR 2007, 50 (52). Zur fünfstufigen Abfallhierarchie und ihrer Umsetzung im deutschen Recht *Giesberts*, DVBl. 2012, 816 ff.; *Beckmann*, AbfallR 2010, 54 ff.
459 *Versmann*, in: von Lersner/Heinrich/Versteyl, Recht der Abfallbeseitigung, Art. 4 RL 2008/98, Rn. 8.
460 Damit wird die stoffliche Verwertung also vor die energetische Verwertung gestellt.
461 Zu dieser Hierarchie, m.w.N., *Epiney/Heuck*, in: Fluck, KrW-/Abf-/BodSchR, 9313 (RL 2008/98), Kommentar, Art. 4, Rn. 4 f.; *Frenz*, UPR 2012, 210 ff. Vgl. in diesem Zusammenhang auch die Mitteilung der Kommission über die thematische Strategie für Abfallvermeidung und -recycling, KOM (2011) 13 endg.
462 Ebenso etwa *Versmann*, in: von Lersner/Heinrich/Versteyl, Recht der Abfallbeseitigung, Art. 4 RL 2008/98, Rn. 20 (Stand III.2010); *Suhl*, AbfallR 2012, 201 (214 f.); *Ruffert*, in: Jarass/Petersen/Weidemann, KrW-/AbfG, Art. 4-7 RL 2008/98, Rn. 2 (Stand 03/2009); die rechtliche Bindungswirkung verneinend jedoch *Krämer*, elni 2010, 2 (4); *Krämer*, Droit de l'environnement, 281 f.; relativierend auch *Faßbender*, in: Auf dem Weg in die Recyclinggesellschaft?, 29 (32 f.); unklar *Meßerschmidt*, Europäisches Umweltrecht, § 18, Rn. 50; *Waggershauser*, AbfallR 2009, 50 (57); für eine grundsätzliche Verbindlichkeit plädierend *Petersen*, AbfallR 2006, 102 (103); wohl auch *Petersen*, AbfallR 2008, 154 (156 f.); *Petersen*, NVwZ 2009, 1063 (1066 f.).
463 S. in diese Richtung auch schon, in Bezug auf die Vorgängerregelung, *Frenz*, NuR 1999, 301 (303); *Dieckmann*, Abfallrecht, 136 f.
464 So auch *Versmann*, in: von Lersner/Heinrich/Versteyl, Recht der Abfallbeseitigung, Art. 4 RL 2008/98, Rn. 16 (Stand III.10). A.A. aber wohl *Petersen*, in: Dokumentation zur 32. wissenschaftlichen Fachtagung der Gesellschaft für Umweltrecht e.V. Leipzig 2008, 83 (100).

derung der Abfallhierarchien zu treffen sind.[465] Darüber hinaus haben die Mitgliedstaaten die Möglichkeit, von der **Abfallhierarchie abzuweichen**, wobei Art. 4 Abs. 2 UAbs. 1 S. 2 RL 2008/98 hierfür gewisse Voraussetzungen zu entnehmen sind.[466]

110 In Art. 9 ff. RL 2008/98 werden die zur Verwirklichung der Abfallhierarchie zu treffenden Maßnahmen näher umschrieben. Hervorzuheben sind hier die Verpflichtung zur getrennten Sammlung für bestimmte Materialien (Papier, Metall, Kunststoffe und Glas) sowie die Festlegung verbindlicher Recyclingquoten für bestimmte Arten von Abfällen (Art. 11 Abs. 1, 2 RL 2008/98).[467] Die sonstigen Vorgaben sind hingegen eher weich formuliert und räumen den Mitgliedstaaten einen eher weiten Gestaltungsspielraum ein.[468]

b) Schutz der menschlichen Gesundheit und der Umwelt

111 Art. 13 RL 2008/98 formuliert den **Grundsatz der umweltverträglichen und die Gesundheit schützenden Abfallbewirtschaftung**, dem (auch) im Rahmen des EU-Abfallrechts eine herausragende Bedeutung zukommt, so dass es sich hier um die **zentrale Leitlinie des Abfallrechts in der Europäischen Union** handelt.[469] Diese wird noch dadurch unterstrichen, dass die sich aus Art. 13 RL 2008/98 ergebende Verpflichtung letztlich die Konsequenz der Umsetzung der in Art. 191 Abs. 1 AEUV verankerten Zielsetzungen, namentlich des Vorsorge- und Vorbeugeprinzips, darstellt.[470]

112 Der **Anwendungsbereich** der Verpflichtung aus Art. 13 RL 2008/98 erstreckt sich auf jegliche Maßnahmen der Abfallbewirtschaftung (vgl. die Legaldefinition in Art. 3 Nr. 9 RL 2008/98). Erfasst sind neben dem Verwertungs- und dem Beseitigungsvorgang auch vorbereitende Handlungen, also solche, die im Vorfeld der eigentlichen Verwertung und Beseitigung anzusiedeln sind. Letztlich handelt es sich also um eine allgemeine Verpflichtung, die in Bezug auf Abfälle zu beachten ist. Damit ist für den Anwendungsbereich des Art. 13 RL 2008/98 im Ergebnis der Abfallbegriff der Richtlinie[471] entscheidend.

113 In **inhaltlicher Hinsicht** können den Vorgaben des Art. 13 RL 2008/98 allerdings keine genau normativ fassbaren Verhaltenspflichten der Mitgliedstaaten entnommen werden.[472] Die Bestimmung lässt nämlich gerade nicht erkennen, welche Maßnahmen die Mitgliedstaaten im Einzelnen zu ergreifen haben und welcher Schutzmaßstab hierbei gilt. Daher dürfte sich die **rechtliche Tragweite des Art. 13 RL 2008/98** darauf beschränken, die Mitgliedstaaten zu verpflichten, „irgendwelche" Maßnahmen zur Förderung der genannten Zielsetzungen zu unternehmen, die zu deren Verwirklichung nicht von vornherein ungeeignet oder ungenügend sind, während dieser

---

465 Siehe hierzu auch *Petersen*, in: Dokumentation zur 32. wissenschaftlichen Fachtagung der Gesellschaft für Umweltrecht e.V. Leipzig 2008, 83 (100 f.).
466 Eine solche Abweichung ist nur für bestimmte Abfallströme möglich, sie muss durch Lebenszyklusdenken hinsichtlich der gesamten Auswirkungen der Erzeugung und Bewirtschaftung dieser Abfälle gerechtfertigt sein und die Verhältnismäßigkeit muss gewahrt sein, vgl. hierzu ausführlich *Epiney/Heuck*, in: Fluck, KrW-/Abf-/BodSchR, 9313 (RL 2008/98), Kommentar, Art. 4, Rn. 13. S. in diesem Zusammenhang auch *Krahnefeld/Conzelmann*, AbfallR 2012, 269 ff., die zutreffend darauf hinweisen, dass für eine den Anforderungen der RL 2008/98 entsprechende Umsetzung der Abfallhierarchie die Frage entscheidend sei, unter welchen Voraussetzungen Art. 4 Abs. 2 RL 2008/98 eine Abweichung von der Hierarchie zulässt. Sie gehen damit im Einklang mit der hier vertretenen Ansicht letztlich von der Verbindlichkeit der Abfallhierarchie aus, wofür auch spricht, dass die deutsche Umsetzung für unionsrechtswidrig halten (274 ff.).
467 Vgl. in diesem Zusammenhang den Beschluss 2011/753/EU der Kommission über die Vorschriften und Berechnungsmethoden zur Überprüfung der Einhaltung dieser Zielvorgaben.
468 Vgl. im Einzelnen *Epiney/Heuck*, in: Fluck, KrW-/Abf-/BodSchR, 9313 (RL 2008/98), Kommentar, Art. 8-14, Rn. 22 ff.
469 So bereits *Dieckmann*, Abfallrecht 133 f.; *Weidemann*, EUDUR II/1, § 70, Rn. 30; ebenso *Ruffert*, in: Jarass/Petersen/Weidemann, KrW-/AbfG, Art. 8-14 RL 2008/98, Rn. 8 (Stand 03.2009).
470 In Bezug auf die Vorgängerrichtlinie ähnlich auch *Dieckmann*, Abfallrecht 133 f.; *Schreier*, Auswirkungen des EG-Rechts, 57 ff.; siehe aus der Rechtsprechung insbesondere EuGH, Rs. C-318/98 (Fornasar), Slg. 2000, I-4785, Ziff. 37; EuGH, verb. Rs. C-175/98 und C-177/98 (Lirussi und Bizarro), Slg. 1999, I-6905, Ziff. 51.
471 Zu diesem oben 9. Kap. Rn. 92 ff.
472 Ebenso *Ruffert*, in: Jarass/Petersen/Weidemann, KrW-/AbfG, Art. 8-14 RL 2008/98, Rn. 8 (Stand 03.2009).

Vorschrift keine normativ präzisierten Vorgaben hinsichtlich der inhaltlichen Ausgestaltung dieser Maßnahmen zu entnehmen sind.[473] Den Mitgliedstaaten steht damit bei der Wahl der nach Art. 13 RL 2008/98 zu ergreifenden Maßnahmen ein **denkbar weiter Gestaltungsspielraum** zu,[474] der sich sowohl auf die Auswahl der Maßnahmen als auch auf das angestrebte Ziel bezieht, ist doch die Frage, ob eine Gefährdung der menschlichen Gesundheit oder Schädigung der Umwelt vorliegt, nicht in allen Fällen eindeutig zu beantworten. Es ist allerdings darauf hinzuweisen, dass sich aus der Richtlinie an anderer Stelle Verpflichtungen zur Ergreifung bestimmter Maßnahmen zur Verwirklichung der Zielsetzungen des Art. 13 RL 2008/98 ergeben (z.B. Art. 22, 23, 27, 28).

Vor diesem Hintergrund ist wohl auch die Rechtsprechung des EuGH zu sehen, wonach diese Bestimmung (bzw. die Vorgängerregelung) **nicht unmittelbar wirksam** sei, da sie **programmatischen Charakter** habe und nur die von den Mitgliedstaaten bei der Erfüllung ihrer Verpflichtungen zu beachtenden Ziele festschreibe, so dass aus ihr keine Verpflichtung zum Erlass konkreter Maßnahmen abgeleitet werden könne.[475] Offenbar fehlt es also nach Ansicht des EuGH an der mangelnden Präzision der Art. 13 RL 2008/98 zu entnehmenden Verpflichtungen; so weist der EuGH denn auch ausdrücklich darauf hin, dass die sich aus der Richtlinie ergebende Verpflichtung nicht hinreichend genau und damit nicht geeignet sei, Rechte zu verleihen, die der Einzelne gegenüber dem Staat geltend machen könne.[476]

114

Auch wenn man dieses Ergebnis im Interesse einer effektiveren Durchsetzung unionsrechtlicher Vorgaben bedauern mag, wäre eine andere Ansicht kaum begründbar: Zum einen verweist Art. 13 RL 2008/98 ausdrücklich auf Maßnahmen der Mitgliedstaaten, welche die in der Vorschrift genannten Ziele verwirklichen sollen. Zum anderen dürfte der Hinweis auf die menschliche Gesundheit und den Schutz der Umwelt zu allgemein und damit zu unbestimmt sein, um die dem Einzelnen auf dieser Grundlage zustehenden Rechte halbwegs eingrenzen bzw. die den Behörden obliegenden Verpflichtungen präzisieren zu können.

Die fehlende unmittelbare Wirkung ändert jedoch nichts daran, dass ein **Verstoß gegen Art. 13 RL 2008/98** möglich ist. Zu beachten ist dabei, dass es sich auch bei Art. 13 RL 2008/98 um eine Verhaltenspflicht, und nicht um eine Ergebnispflicht, handelt, so dass eine Verletzung der sich aus Art. 13 RL 2008/98 ergebenden Verpflichtungen nur (aber immerhin) dann anzunehmen ist, wenn im Hinblick auf die zu erreichende (selbst nicht sehr präzise formulierte) Zielsetzung eines hinreichenden Gesundheits- und Umweltschutzes keine oder (klar) ungenügende Maßnahmen ergriffen worden sind. Angesichts der normativ eher schwachen Formulierungen der Bestimmung und des sich daraus ergebenden relativ weiten Gestaltungsspielraums der Mitgliedstaaten dürfte dies allerdings nur in Ausnahmefällen gegeben sein. Jedenfalls dürfte aber eine völlige Untätigkeit oder die Ergreifung eindeutig ungeeigneter oder ungenügender Maßnahmen nicht mit den Vorgaben des Art. 13 RL 2008/98 in Einklang stehen. So überprüft der EuGH die Ausnutzung des mitgliedstaatlichen Gestaltungsspielraums – dessen Grenzen eben auch überschritten werden können – regelmäßig nur (aber immerhin) daraufhin, ob die jeweiligen Maßnahmen zur Verwirklichung einer gesundheits- und umweltverträglichen Abfallentsorgung nicht offensichtlich ungenügend oder unzureichend sind. Dabei kann aus dem Vorliegen einer bestimmten, nicht den Zielsetzungen eines genügenden Umwelt- und Gesundheitsschutzes entsprechenden tatsächlichen Situation nicht schon *per se* auf eine Verletzung des Art. 13 RL 2008/98 geschlossen werden, geht es doch um eine Verhaltenspflicht. Jedoch ist nach der Rechtsprechung des EuGH davon auszugehen, dass bei einer „**signifikanten Beeinträchtigung der Umwelt über einen längeren Zeitraum**" grundsätzlich auf die Unterlassung des Ergreifens

115

---

473 EuGH, Rs. C-365/97 (Kommission/Italien), Slg. 1999, I-7773, Ziff. 67.
474 S. in diesem Zusammenhang auch Dauses-*Scherer/Heselhaus*, Hdb. EU-Wirtschaftsrecht, O, Rn. 469, welche die Bestimmung als „konturlos" bezeichnen.
475 EuGH, Rs. C-236/92 (Comitato di coordinamento per la difesa della cava), Slg. 1994, I-483, Ziff. 12; EuGH, Rs. C-365/97 (Kommission/Italien), Slg. 1999, I-7773, Ziff. 53 f.
476 EuGH, Rs. C-236/92 (Comitato di coordinamento per la difesa della cava), Slg. 1994, I-483, Ziff. 14.

ausreichender Maßnahmen zu schließen ist und der mitgliedstaatliche Gestaltungsspielraum überschritten ist.[477]

Aus der Rechtsprechung seien in diesem Zusammenhang drei **Beispiele** erwähnt:

- In der **Rs. C-365/97**[478] stand im Wesentlichen zur Debatte, ob der Umstand, dass in den Wasserlauf des San-Rocco-Tals in Italien Abfälle in einer Weise abgeleitet wurden, dass damit eine Gefährdung der menschlichen Gesundheit sowie der Umwelt einherging, gegen Art. 4 Abs. 1 RL 75/442 (jetzt Art. 13 RL 2008/98) verstieß. Konkret ging es insbesondere um eine illegale Deponie in dem genannten Tal. Der EuGH bejahte diese Frage. Zur Begründung betonte er, dass Art. 4 Abs. 1 RL 75/442 zwar keine Rechte Einzelner begründe, dies aber nichts damit zu tun habe, ob dem Staat eine Verletzung der in Art. 4 Abs. 1 RL 75/442 formulierten Verpflichtungen vorgeworfen werden kann. Zwar räume diese Bestimmung den Mitgliedstaaten ein gewisses Ermessen ein, so dass namentlich nicht jede mit ihren Zielsetzungen unvereinbare tatsächliche Situation zu ihrer Verletzung führen müsse. Allerdings lege das Fortbestehen einer solchen Situation über einen längeren Zeitraum, die mit einer signifikanten Beeinträchtigung der Umwelt einhergehe, die Annahme nahe, dass den Mitgliedstaaten zustehende Ermessen sei überschritten worden. Im konkreten Fall erachtete der EuGH nach einer ausführlichen Analyse der tatsächlichen Situation sowie der Beweislage diese Annahme als begründet.

- Auch in der **Rs. C-297/08**[479] – in der es um die mangelhafte Abfallentsorgung in der Region Campania (in der auch Neapel liegt) ging – stellte der Gerichtshof einen Verstoß Italiens u.a. gegen Art. 4 RL 2006/12 (jetzt Art. 13 RL 2008/98) fest, dies aufgrund der untragbaren Abfallsituation in der Region. Zwar räume diese Bestimmung den Mitgliedstaaten ein gewisses Ermessen ein, und allein aus der Unvereinbarkeit einer tatsächlichen Situation mit den Zielen des Art. 4 Abs. 1 RL 2006/12 könne noch nicht auf eine Vertragsverletzung geschlossen werden. Jedoch habe Italien – wie der Gerichtshof im Einzelnen darlegt – klar das eingeräumte Ermessen überschritten, da letztlich während Jahren keine effektiven Schritte zur Behebung des Abfallproblems ergriffen worden seien.

- In der **Rs. C-135/05**[480] formulierte der Gerichtshof klar, dass Art. 4 RL 75/442 (jetzt Art. 13 RL 2008/98) die zur Erreichung der in der Vorschrift formulierten Zielsetzungen zu treffenden Maßnahmen inhaltlich zwar nicht genau bezeichne; wohl aber seien die Mitgliedstaaten hinsichtlich des zu erreichenden Ziels festgelegt, wobei ihnen allerdings ein Ermessen bei der Beurteilung der Erforderlichkeit solcher Maßnahmen belassen werde. Daher sei es grundsätzlich nicht möglich, aus der Unvereinbarkeit einer tatsächlichen Situation mit den in Art. 4 RL 75/442 festgelegten Zielen unmittelbar abzuleiten, dass der betreffende Mitgliedstaat gegen diese Bestimmung verstoßen habe. Falls jedoch eine solche tatsächliche Situation fortbesteht, ohne dass die Behörden eingreifen, habe der Mitgliedstaat in der Regel seinen Ermessensspielraum überschritten. Diese Voraussetzungen hielt der EuGH in Bezug auf die Situation in Italien – wo es eine beträchtliche Anzahl von Deponien gab, bei denen gerade keine umwelt- und gesundheitsschutzgerechte Abfallentsorgung sichergestellt war, ganz abgesehen von einer beträchtlichen Anzahl von Stellen, an denen Abfall unkontrolliert beseitigt wurde – für gegeben.

116 Interessant ist diese Rechtsprechung auch vor dem Hintergrund, dass der EuGH offenbar davon ausgeht, dass auch **normativ relativ unbestimmte Vorgaben** – wie Art. 4 Abs. 1 RL 75/442 bzw. RL 2006/12 und jetzt Art. 13 RL 2008/98 – nicht nur rechtlich verbindlich sind, sondern ein **Verstoß** gegen sie jedenfalls in klaren Fällen auch festgestellt werden kann.

---

477 EuGH, Rs. C-387/97 (Kommission/Griechenland), Slg. 2000, I-5047, Ziff. 56; EuGH, Rs. C-318/98 (Fornasar), Slg. 2000, I-4785, Ziff. 38 f.; EuGH, Rs. C-365/97 (Kommission/Italien), Slg. 1999, I-7804, Ziff. 67 f.; EuGH, Rs. C-420/02 (Kommission/Griechenland), Slg. 2004, I-11175; EuGH, Rs. C-494/01 (Kommission/Irland), Slg. 2005, I-3331; EuGH, Rs. C-398/02 (Kommission/Spanien), Urt. v. 27.5.2004. Siehe auch *Ruffert*, in: Jarass/Petersen/Weidemann, KrW-/AbfG, Art. 8-14 RL 2008/98, Rn. 9 (Stand 03.2009).

478 EuGH, Rs. C-365/97 (Kommission/Italien), Slg. 1999, I-7773. Siehe auch den strukturell ähnlich gelagerten Fall in EuGH, Rs. C-387/97 (Kommission/Griechenland), Slg. 2000, I-5047, Ziff. 63 ff, in dem es um eine unkontrollierte Abfalldeponie in Griechenland ging.

479 EuGH, Rs. C-297/08 (Kommission/Italien), Slg. 2010, I-1749.

480 EuGH, Rs. C-135/05 (Kommission/Italien), Slg. 2007, I-3475. S. darüber hinaus die Bejahung einer Verletzung derselben Bestimmung in EuGH, Rs. C-387/07 (Milver und Antonelli), Slg. 2008, I-9597, in der der Gerichtshof darüber hinaus klarstellte, dass Art. 4 RL 75/442 auch für die zeitweilige Lagerung gelte.

c) Verwirklichung des Verursacherprinzips

Art. 8, 14 RL 2008/98 lassen sich letztlich auf das im Abfallrecht besonders bedeutsame **Verursacherprinzip** zurückführen.

Die Grundidee der in **Art. 8 RL 2008/98** (neu) geregelten **erweiterten Herstellerverantwortung** geht dahin, dass den Herstellern von Erzeugnissen in Bezug auf diese eine gewisse Produktverantwortung auferlegt wird, die sich auf verschiedene Aspekte beziehen kann, so etwa die Rücknahme und nachfolgende Entsorgung von Erzeugnissen oder gewisse finanzielle Pflichten (vgl. Art. 8 Abs. 1 RL 2008/98). Damit soll insbesondere – neben dem Beitrag zum Verursacherprinzip – die Wiederverwendung, die Vermeidung, das Recycling und die sonstige Verwertung von Abfällen verbessert werden.[481]
Die **rechtliche Tragweite** des Art. 8 RL 2008/98 ist denkbar **beschränkt**: Alle in der Bestimmung erwähnten Maßnahmen „können" von den Mitgliedstaaten eingeführt werden (oder eben auch nicht). Daher steht diesen nicht nur in Bezug auf die genaue Ausgestaltung einer solchen erweiterten Herstellerverantwortung ein sehr weiter Gestaltungsspielraum zu, sondern auch in Bezug auf das „Ob" der Einführung in diese Richtung gehender Maßnahmen, ist doch der Erlass solcher Maßnahmen gerade nicht zwingend vorgeschrieben. Weiter ist darauf hinzuweisen, dass die Mitgliedstaaten eine solche erweiterte Herstellerverantwortung auch ohne die Existenz dieser Vorschrift einführen könnten, so dass sich die Frage nach dem Sinn und der Rechtswirkung des Artikels stellt.[482]

Art. 14 konkretisiert das **Verursacherprinzip** i.S.d. Art. 192 Abs. 2 S. 2 AEUV:[483] Die **Kosten für die Abfallbewirtschaftung** – anders als die Vorgängervorschrift des Art. 15 RL 75/442 beschränkt sich das Prinzip nicht mehr auf die Abfallbeseitigung, sondern erfasst auch die Abfallverwertung – sind entweder vom Abfallersterzeuger (vgl. die Definition in Art. 3 Nr. 5 RL 2008/98) oder von dem derzeitigen Abfallbesitzer oder den früheren Abfallbesitzern (vgl. die Definition in Art. 3 Nr. 6 RL 2008/98) zu tragen.[484] Damit kann Art. 14 RL 2008/98 die **Pflicht der Mitgliedstaaten** entnommen werden, entsprechende Kostentragungsmechanismen vorzusehen, die im Ergebnis sicherstellen, dass die genannten Personen – und nicht Dritte oder die Allgemeinheit – die Kosten für die Abfallbewirtschaftung tragen.[485] Die Formulierung des Art. 14 RL 2008/98 spricht im Übrigen dafür, dass sich die Bestimmung auf die gesamten Kosten für die Abfallbewirtschaftung – und nicht etwa nur auf einen Teil derselben – bezieht, so dass nur eine teilweise Deckung durch die Verursacher mit dieser Bestimmung nicht vereinbar wäre. Der Gerichtshof hatte sich bereits verschiedentlich zur Auslegung dieser Vorschrift (bzw. der Vorgängernorm) zu äußern.[486]

d) Verantwortlichkeit für die Abfallbehandlung

Art. 15 RL 2008/98 – der an Art. 8 RL 2006/12 anknüpft – betrifft die Frage, wer die **Verantwortlichkeit für die Abfallbehandlung** (zum Begriff die Legaldefinition in Art. 3 Nr. 14 RL 2008/98) zu tragen bzw. diese durchzuführen hat. Die Bestimmung enthält einerseits den Grundsatz der Verantwortlichkeit des Abfallbesitzers bzw. die Pflicht der Mitgliedstaaten,

---

481 Ein Vorbild oder zumindest ein Beispiel für die Regelung einer solchen erweiterten Herstellerverantwortung findet sich in § 22 KrW-/AbfG, vgl. *Ruffert*, in: Jarass/Petersen/Weidemann, KrW-/AbfG, Art. 8-14 RL 2008/98, Rn. 2 (Stand 03.2009).
482 Vgl. auch *Krämer*, elni 2010, 2 (4), der den materiellen Gehalt des Art. 8 RL 2008/98 offenbar als vernachlässigbar erachtet. S. aber auch *Petersen*, AbfallR 2008, 154 (159), der darauf hinweist dass der Grundsatz der erweiterten Herstellerverantwortung voraussichtlich auch für die Weiterentwicklung des Rechts der Europäischen Union von Bedeutung sei. In eine ähnliche Richtung wohl *Schomerus/Spengler*, EurUP 2010 (9. Kap. E.I.), 54 (59 f.).
483 Zu diesem oben 5. Kap. Rn. 27 ff.
484 S. aus der Rechtsprechung hierzu EuGH, Rs. C-1/03 (van de Walle), Slg. 2004, I-7613, 59 f.; EuGH, Rs. C-188/07 (Commune de Mesquer), Slg. 2008, I-4501, Ziff. 74, 78, 89.
485 So wohl auch EuGH, Rs. C-188/07 (Commune de Mesquer), Slg. 2008, I-4501.
486 S. insbesondere EuGH, Rs. C-188/07 (Commune de Mesquer), Slg. 2008, I-4501; EuGH, Rs. C-254/08 (Futura Immobiliare), Slg. 2009, I-6995; EuGH, Rs. C-378/08 (Raffinerie Mediterranee), Slg. 2010, I-1919; EuGH, verb. Rs. C-379/08, C-380/08 (Raffinerie Mediterranee), Slg. 2010, I-2007. Zu diesen Urteilen ausführlich bereits im Zusammenhang mit dem Verursacherprinzip ben 5. Kap. Rn. 30.

Durchführung der Abfallbehandlung gewissen Personen zu übertragen (Art. 15 Abs. 1, 2 RL 2008/98), andererseits mögliche Ausnahmen von diesem Grundsatz (Art. 15 Abs. 3 RL 2008/98) sowie Pflichten der Mitgliedstaaten in Bezug auf Unternehmen, die Abfälle gewerbsmäßig sammeln oder / und befördern. Deutlich wird damit auch die Nähe der Bestimmung zu Art. 8 RL 2008/98 (erweiterte Herstellerverantwortung) sowie Art. 14 RL 2008/98 (Verursacherprinzip).[487]

121 Materiell ist zu betonen, dass die Abfallbehandlung nach Art. 15 Abs. 1 RL 2008/98 in jedem Fall **im Einklang mit der Abfallhierarchie (Art. 4 RL 2008/98)** und mit dem **Schutz der menschlichen Gesundheit und Umwelt (Art. 13 RL 2008/98)** erfolgen muss bzw. die Mitgliedstaaten haben entsprechende Maßnahmen zu ergreifen, die dies sicherzustellen vermögen, wobei sich diese Pflicht grundsätzlich auf jede einzelne Abfallbehandlung bezieht.[488] Dabei steht den Mitgliedstaaten bei der Frage, welche konkrete Maßnahme getroffen werden soll, grundsätzlich ein weiter Gestaltungsspielraum zu. Diese Pflicht dürfte jedoch verletzt sein, wenn ein Mitgliedstaat nur die Zwangsverwaltung einer illegalen Deponie anordnet und ein Strafverfahren gegen den Betreiber dieser Deponie einleitet, der durch die Aufnahme von Abfällen deren Besitzer geworden ist.[489] Gefragt sind vielmehr spezifische Maßnahmen, welche die ordnungsgemäße Verwertung und Beseitigung von Abfällen gemäß den Anforderungen der Richtlinie sicherstellen; diese müssen grundsätzlich bei allen Besitzern der Abfälle ansetzen. In Bezug auf die Grenzen dieses mitgliedstaatlichen Gestaltungsspielraums dürften hier letztlich im Ansatz und in Bezug auf die Dogmatik parallele Grundsätze wie im Rahmen des Art. 13 RL 2008/98 zum Zuge kommen.[490]

e) Entsorgungsautarkie und Entsorgungsnähe

122 Art. 16 RL 2008/98 – der an Art. 5 RL 2006/12 anknüpft – verankert die **Grundsätze der Entsorgungsautarkie und -nähe**. Diese Grundsätze wurden erstmals in einer Mitteilung der Kommission aus dem Jahr 1989[491] formuliert und in der sich daran anschließenden Entschließung des Rates 1990[492] aufgegriffen. Konzeptionell dürfte es sich um aus dem Ursprungsprinzip abzuleitende Prinzipien handeln.[493] Das Näheprinzip dient insofern unmittelbar dem Umweltschutz, als es vor allem Abfalltransporte und damit verbundene Umweltbelastungen reduzieren soll. Das Autarkieprinzip dient mittelbar ebenfalls dem Umweltschutz, da die Verantwortung der nationalen und regionalen Stellen für die in ihrem Bereich erzeugten Abfälle gestärkt und so auch die Überwachung der Abfallentsorgung erleichtert wird.[494] Eine mit dem Autarkie- und Näheprinzip einhergehende Beschränkung der Warenverkehrsfreiheit (Art. 34 ff. AEUV) für Abfälle zur Verwertung oder Beseitigung lässt sich somit grundsätzlich aus zwingenden Gründen des Allgemeinwohls rechtfertigen. Allerdings dürften die Anforderungen, die an eine Verbringungsbeschränkung für Abfälle zur Verwertung gestellt werden, strenger ausgestaltet sein, als bei einer Verbringungsbeschränkung für Abfälle zur Beseitigung,[495] und jedenfalls ist nachzu-

---

[487] Vgl. im Einzelnen zu Art. 15 RL 2008/98 *Epiney/Heuck*, in: Fluck, KrW-/Abf-/BodSchR, 9313 (RL 2008/98), Kommentar, Art. 15-22, Rn. 3 ff.
[488] EuGH, Rs. C-365/97 (Kommission/Italien), Slg. 1999, I-7773, Ziff. 108.
[489] EuGH, Rs. C-365/97 (Kommission/Italien), Slg. 1999, I-7773, Ziff. 7; s. ansonsten aus der Rechtsprechung insbesondere EuGH, Rs. C-494/01 (Kommission/Irland), Slg. 2005, I-3331; EuGH, Rs. C-447/03 (Kommission/Italien), Urt. v. 25.11.2004; EuGH, Rs. C-383/02 (Kommission/Italien), Urt. v. 9.9.2004.
[490] Hierzu oben 9. Kap. Rn. 109 ff.
[491] Mitteilung der Kommission an den Rat und an das Europäische Parlament – Gemeinschaftsstrategie für die Abfallwirtschaft von 18.9.1989, SEK(89) 934 endg.
[492] Entschließung des Rates vom 7.5.1990 über die Abfallpolitik, ABl. 1990 C 122, 7.
[493] So wohl auch EuGH, Rs. C-422/92 (Kommission/Deutschland), Slg. 1995, I-1097, Ziff. 34; EuGH, Rs. C-2/90 (Kommission/Belgien), Slg. 1992, I-4431, Ziff. 34; s. auch *Meßerschmidt*, Europäisches Umweltrecht, § 18, Rn. 76.
[494] Vgl. EuGH, Rs. C-155/91 (Kommission/Rat), Slg. 1993, I-939, Ziff. 13 f.; *Dieckmann*, Abfallrecht, 229; *Winter*, DVBl. 2000, 657 (663 f.).
[495] *Dieckmann*, ZUR 2008, 505 (511) mit Verweis auf EuGH, Rs. C-203/96 (Dusseldorp), Slg. 1998, I-4075, Ziff. 46. Dies dürfte sich auch daraus ergeben, dass der Verwertung innerhalb der Abfallhierarchie eine höhere Rangstufe als die Abfallbeseitigung zukommt, vgl. *Webersinn*, AbfallR 2010, 266 (270).

weisen, dass die Verfolgung des Autarkie- und / oder Näheprinzips auch tatsächlich umweltpolitischen Anliegen dient bzw. dienen kann.[496]

Art. 16 Abs. 1 RL 2008/98 ist zunächst eine Verpflichtung zur Errichtung eines gewissen Anforderungen entsprechenden **Anlagennetzes** zu entnehmen; weiter erlaubt er im Verhältnis zur VO 1013/2006 eine zusätzliche **Beschränkung der Abfallverbringung**, und schließlich enthält er Vorgaben, bei der **Ausgestaltung des Anlagennetzes** in einem gewissen Maß die **Grundsätze der Entsorgungsautarkie und der Entsorgungsnähe zu berücksichtigen**.

123

Anders als noch Art. 5 Abs. 1 RL 2006/12 bezieht sich die Verpflichtung der Mitgliedstaaten zur Errichtung eines Anlagennetzes nicht mehr nur auf die **Abfallbeseitigungsanlagen**, sondern auch auf die **Verwertungsanlagen für gemischte Siedlungsabfälle und gleichartige Abfälle anderer Erzeuger, wenn sie gemeinsam mit den Siedlungsabfällen eingesammelt werden**.[497] Siedlungsabfälle sind Abfälle, die der Abfallart 20 03 01 des Europäischen Abfallverzeichnisses zuzuordnen sind. **Gleichartige Abfälle** anderer Erzeuger erfassen Abfälle, die vom Gewerbe freiwillig in die kommunale Sammlung gegeben worden sind.[498] Siedlungsabfälle sind „gemischt", wenn sie beim jeweiligen Erzeuger gemischt anfallen, also keine getrennte Sammlung stattfindet.[499] Die **Einbeziehung der Anlagen zur Verwertung von gemischten Siedlungsabfällen** – wobei insbesondere Verbrennungsanlagen von Bedeutung sein dürften – ist vor dem Hintergrund zu sehen, dass auf diese Weise sichergestellt werden soll, dass die Grundsätze der Autarkie und der Nähe grundsätzlich auch für diese Abfälle gelten sollen mit der Folge, dass gemischte Siedlungsabfälle und gleichartige Abfälle anderer Erzeuger primär in dem Mitgliedstaat, in dem sie anfallen, verwertet werden sollen.[500] Denn grundsätzlich können zur Verwertung bestimmte Abfälle auch in andere Mitgliedstaaten verbracht werden, wobei allerdings die Vorgaben der VO 1013/2006 – die neben einem im Einzelnen geregelten Verfahren in gewissen Konstellationen die Möglichkeit der Erhebung von Einwendungen auch gegen die Verbringung von zur Verwertung bestimmter Abfälle vorsehen – zu beachten sind.[501]

124

Art. 16 Abs. 1 RL 2008/98 räumt den Mitgliedstaaten einen weiten Gestaltungsspielraum ein; gleichwohl ist ein Verstoß im Falle des Überschreitens der diesbezüglichen Schranken denkbar. So betonte der EuGH in der Rs. C-297/08[502] (in Bezug auf Art. 5 RL 2006/12) zwar auch den Gestaltungsspielraum der Mitgliedstaaten bei der Errichtung eines solchen Systems eines integrierten und angemessenen Netzes von Beseitigungsanlagen; allerdings sei eine der wichtigsten Maßnahmen, welche die Mitgliedstaaten im Rahmen ihrer Pflicht,

---

496 S. zum Ganzen auch *Kropp*, in: von Lersner/Heinrich/Versteyl, Recht der Abfallbeseitigung, Art. 16 RL 2008/98, Rn. 10 (Stand XI.2009); ausführlich – im Zusammenhang mit verstärkten Schutzmaßnahmen nach Art. 193 AEUV im Verhältnis zur VO 1013/2006 – *Epiney*, in: Oexle/Epiney/Breuer, EG-AbfVerbrV, Einleitung, Rn. 69 ff.
497 Ausführlich zur Erweiterung auf die Verwertung von gemischten Siedlungsabfällen *Kropp*, in: von Lersner/Heinrich/Versteyl, Recht der Abfallbeseitigung, Art. 16 RL 2008/98, Rn. 8 (Stand XI.2009).
498 *Kropp*, in: von Lersner/Heinrich/Versteyl, Recht der Abfallbeseitigung, Art. 16 RL 2008/98, Rn. 9 (Stand XI.2009); *Petersen*, ZUR 2007, 449 (456).
499 Siehe EuGH, Rs. C-192/96 (Beside und Besselsen), Slg. 1998, I-4029, Ziff. 30 f. A.A. entgegen des klaren Wortlautes der Vorschrift *Gaßner/Thärichen*, AbfallR 2009, 18 (25); *Wendunburg*, AbfallR 2007, 150 (154), die der Ansicht sind, dass die gemischten Siedlungsabfälle durch die Bezugnahme auf die besten verfügbaren Techniken, auch getrennt erfasste Abfälle umfassen. Wie hier *Kropp*, in: von Lersner/Heinrich/Versteyl, Recht der Abfallbeseitigung, Art. 16 RL 2008/98, Rn. 9 (Stand XI.2009); *Cosson*, AbfallR 2009, 154 f.; *Hurst*, AbfallR 2009, 159 (163); *Dieckmann*, ZUR 2008, 505 (512).
500 Vgl. ausführlich zum Hintergrund des Einbezugs dieser Abfälle auch *Kropp*, in: von Lersner/Heinrich/Versteyl, Recht der Abfallbeseitigung, Art. 16 RL 2008/98, Rn. 8. S. auch *Petersen*, AbfallR 2008, 154 (158); *Petersen*, ZUR 2007, 449 (456); *Wendunburg*, AbfallR 2007 150 (153). Kritisch zur diesbezüglichen Regelung des Art. 16 Abs. 1 Uabs. 1 RL 2008/98 *Reese*, NVwZ 2009, 1073 (1079), der darauf hinweist, dass es die Charakteristika des Hausmülls erforderten, dass den Mitgliedstaaten die Bewirtschaftung dieser Abfälle durch öffentliche Entsorgungssysteme (weiterhin) ermöglicht wird, während eine Anwendung des Prinzips der Entsorgungsnähe gerade nicht notwendig sei. Immerhin sei darauf hinzuweisen, dass die derzeitige Fassung des Art. 16 Abs. 1 Uabs. 1 RL 2008/98 angesichts des den Mitgliedstaaten hier einzuräumenden weiten Gestaltungsspielraums grundsätzlich ermöglichen dürfte, eine solche Bewirtschaftung vorzusehen. Kritisch zur Neuregelung auch etwa *Andres*, uwf 2010, 147 (149); zur Problematik auch *Beckmann*, AbfallR 2006, 263 ff.
501 Vgl. hierzu ausführlich *Backes*, in: Oexle/Epiney/Breuer, EG-AbfVerbrV, Art. 11, Rn. 14 ff. Zur VO 1013/2006 noch unten 9. Kap. Rn. 138 ff.
502 EuGH, Rs. C-297/08 (Kommission/Italien), Slg. 2010, I-1749.

Abfallbewirtschaftungspläne zu erstellen, zu ergreifen haben, die in Art. 5 Abs. 2 RL 2006/12 vorgesehene Pflicht zu versuchen, den Abfall in einer so nah wie möglich gelegenen Anlage zu verwerten.[503] Die Kriterien für die Lage von Abfallbeseitigungsorten seien im Lichte der Ziele der RL 2006/12 zu wählen; zu ihnen zählten u.a. der Gesundheits- und der Umweltschutz sowie die Errichtung eines integrierten und angemessenen Netzes von Beseitigungsanlagen, wobei dieses Netz es insbesondere sicherstellen müsse, dass die Abfälle in einer so nahe wie möglich gelegenen geeigneten Anlage beseitigt werden. Die Lagekriterien müssten u.a. den Abstand solcher Orte von Habitaten, das Verbot der Ansiedlung von Anlagen in der Nähe sensibler Gebiete und das Vorhandensein einer angemessenen Infrastruktur für die Beförderung der Abfälle umfassen.[504] Falls in einem Mitgliedstaat die Abfallbewirtschaftungspläne durch Regionen erstellt werden, so habe jede mit einem Regionalplan ausgestattete Region grundsätzlich die Behandlung und Beseitigung ihrer Abfälle möglichst nahe am Ort ihrer Entstehung zu gewährleisten, was auch aus dem Ursprungsprinzip folge. Verfüge daher eine Region in erheblichem Umfang und über einen nennenswerten Zeitraum nicht über eine ausreichende Infrastruktur, um ihren Abfallbeseitigungsbedarf zu decken, könne darauf geschlossen werden, dass solche erheblichen Unzulänglichkeiten geeignet seien, das innerstaatliche Netz von Abfallbeseitigungsanlagen zu beeinträchtigen, das sich nicht als integriert und angemessen im Sinne der RL 2006/12 erweise. In der Region Campania (in der auch Neapel liegt) seien diese Voraussetzungen klar gegeben, womit ein Verstoß gegen Art. 5 RL 2006/12 zu bejahen sei (woran auch interne Schwierigkeiten Italiens nichts änderten).

125 **Art. 16 Abs. 2-4 RL 2008/98** sind im Zusammenhang mit Art. 16 Abs. 1 RL 2008/98 zu sehen: Bei den Maßnahmen, die die Mitgliedstaaten im Hinblick auf die Errichtung eines integrierten und angemessenen **Netzes von Abfallbeseitigungsanlagen** und **Anlagen zur Verwertung von gemischten Siedlungsabfällen und gleichartigen Abfällen** zu ergreifen haben, sind die **Grundsätze der Autarkie und der Nähe zu berücksichtigen**, so dass die Netze so zu konzipieren sind, dass die in diesen Bestimmungen formulierten Anforderungen beachtet werden.[505] Deutlich wird damit auch, dass die Grundsätze der Autarkie und der Nähe (zwingend) nur bei von Art. 16 Abs. 1 Uabs. 1 RL 2008/98 erfassten Anlagen bzw. in Bezug auf die für diese bestimmten Abfälle zu verwirklichen sind.

126 **Art. 16 Abs. 2 RL 2008/98** verankert den **Grundsatz der Autarkie**.[506] In inhaltlicher Hinsicht geht die Idee der Autarkie dahin, dass die Union insgesamt und jeder einzelne Mitgliedstaat[507] in die Lage versetzt werden sollen, die Abfallbehandlung selbst sicherzustellen. Angesichts der Parallelität zwischen Union und Mitgliedsaaten und der in der Bestimmung auch vorgesehenen Berücksichtigung geographischer Gegebenheiten[508] sowie des Bedarfs an besonderen Anlagen für bestimmte Abfallarten, beschränkt sich die tatsächliche Tragweite dieses Prinzips auf eine diesbezügliche Förderungspflicht.[509] Zudem ist es fraglich, ob eine „perfekte" Entsorgungsautarkie in Bezug auf jeden einzelnen Mitgliedstaat tatsächlich immer einen verbesserten Umweltschutz bringt.[510] In Bezug auf das genaue Verhältnis zwischen der mitgliedstaatlichen Autarkie und der Autarkie der Union[511] legt es jedenfalls der Wortlaut des Art. 16 Abs. 2 RL 2008/98 nahe, dass der Autarkie der Union ein größerer Stellenwert zukommen soll, da diese „erreicht" werden soll, während es den Mitgliedstaaten (nur) ermöglicht werden soll, die Autarkie auf

---

503 Vgl. insoweit auch schon EuGH, Rs. C-480/06 (Kommission/Deutschland), Slg. 2009, I-4747.
504 Vgl. insoweit auch schon EuGH, verb. Rs. C-53/02, C-217/02 (Commune de Braine-le-Château), Slg. 2004, I-3251, Ziff. 34.
505 Vgl. ausführlich zu den Grundsätzen der Entsorgungsautarkie und Entsorgungsnähe (auf der Grundlage der RL 2006/12) *Frank*, Nähe und Autarkie, 25 ff.; *Kropp*, Behördliche Lenkung von Abfallströmen, 125 ff.; *Sagia*, Entsorgungsautarkie und Verursacherprinzip, 57 ff.; auf der Grundlage der RL 2008/98 *Dieckmann*, ZUR 2008, 505 ff.
506 Ausführlich hierzu v. *Wilmowsky*, UTR 1999, 291 ff.; *Ziegler*, Grundsatz der Entsorgungsautarkie, 100 ff.; *Oexle*, in: Oexle/Epiney/Breuer, EG-AbfVerbrV, Art. 11 VO 1013/2006, Rn. 36 ff.
507 Zur Frage, ob eine nationale Regelung für eine „regionale Autarkie" zulässig ist (was i.Erg. zu bejahen ist), *Kropp*, in: von Lersner/Heinrich/Versteyl, Recht der Abfallbeseitigung, Art. 16 RL 2008/98, Rn. 24 (Stand XI.2009).
508 Vgl. auch Art. 11 Abs. 1 lit. g) VO 1013/2006. Ausführlich dazu *Oexle*, in: Oexle/Epiney/Breuer, Art. 11 VO 1013/2006, Rn. 83 ff.
509 So auch schon (in Bezug auf die Vorgängerregelung) *Dieckmann*, Abfallrecht, 142 f., sowie *Kropp*, in: von Lersner/Heinrich/Versteyl, Recht der Abfallbeseitigung, Art. 16 RL 2008/98, Rn. 19 (Stand XI.2009).
510 Zweifelnd etwa v. *Wilmowsky*, EuR 1992, 414 (418 ff.); s. auch *Schröder*, in: Umweltschutz in der EG, 165 (172 ff.).
511 Vgl. hierzu auch schon *Schröder*, in: Umweltschutz in der EG, 165 (173 f.).

mitgliedstaatlicher Ebene „anzustreben".[512] Insgesamt wird damit deutlich, dass den Mitgliedstaaten bei der Verwirklichung dieser konzeptionellen Zielvorgaben ein beträchtlicher Gestaltungsspielraum zukommt.[513]

Aus Art. 16 Abs. 3 RL 2008/98 lässt sich ein **Grundsatz der Beseitigungsnähe** ableiten, der eine spezielle abfallrechtliche Ausprägung des in Art. 191 Abs. 2 S. 2 AEUV verankerten Ursprungsprinzips darstellt. Sein Grundgedanke kann dahingehend zusammengefasst werden, dass – ungeachtet regionaler oder mitgliedstaatlicher Grenzen[514] – weiträumige Transporte und damit einhergehende Umweltbelastungen zu vermeiden sind (**geographische Komponente**)[515].[516] Weiter stellt Art. 16 Abs. 2 RL 2008/98 aber auch klar, dass die zur Beseitigung oder Verwertung eingesetzten Verfahren und Technologien am **geeignetsten** sein sollen, um ein hohes Niveau des Gesundheits- und Umweltschutzes zu gewährleisten (**anlagenbezogene Komponente**).[517] Damit besteht ein gewisses Konfliktpotential innerhalb des Näheprinzips, denn die nächste Anlage ist nicht zwingend auch die aus technischer und umweltpolitischer Sicht geeignetste. Letztlich dürfte hier eine Interessenabwägung im Einzelfall notwendig sein,[518] so dass auch hier den Mitgliedstaaten bei der konkreten Verwirklichung dieses Grundsatzes ein weiter **Gestaltungsspielraum** zusteht.

Auch die Vorgaben des **Autarkieprinzips und des Näheprinzips** können durchaus in **Konflikt** miteinander geraten, der im Einzelfall durch eine Interessenabwägung zu lösen ist, so dass ein pauschaler Vorrang des einen oder anderen Grundsatzes abzulehnen ist.[519] Auch dieser Umstand spricht dafür, dass den Mitgliedstaaten bei der Umsetzung der Art. 16 Abs. 2-4 RL 2008/98 zu entnehmenden Vorgaben ein weiter **Gestaltungsspielraum** einzuräumen ist.[520] So verstößt nach Ansicht des EuGH etwa die Formulierung des Grundsatzes der Entsorgung im Inland und die Genehmigungspflicht grenzüberschreitender Verbringungen gefährlicher Abfälle – zu denen gemischte Haushaltsabfälle allerdings nicht zählen – nicht gegen die unionsrechtlichen Vorgaben. Denn eine bloße Genehmigungspflicht sei nicht mit einem kategorischen Ausfuhrverbot zu vergleichen und entspreche darüber hinaus dem in Art. 191 Abs. 2 AEUV niedergelegten Grundsatz, Umweltbeeinträchtigungen vorrangig an ihrer Quelle zu bekämpfen.[521]

Dieser den Mitgliedstaaten einzuräumende **Gestaltungsspielraum** wird durch **Art. 16 Abs. 4 RL 2008/98** bestätigt: Danach bedeuten die Grundsätze der Nähe und Autarkie nicht, dass jeder Mitgliedstaat über die gesamte Bandbreite von Anlagen zur endgültigen Verwertung verfügen muss. Anlagen zur vorläufigen Verwertung und Beseitigung sind von dieser Regelung nicht er-

---

512 Ebenso *Jarass*, NuR 1998, 397 (400 ff.), *Kropp*, in: von Lersner/Heinrich/Versteyl, Recht der Abfallbeseitigung, Art. 16 RL 2008/98, Rn. 22 (Stand XI.2009); *Krieger*, EUDUR II/1, § 75, Rn. 43, 59; a.A. *Dieckmann/Graner*, NVwZ 1998, 221 (222); *Ruffert*, in: Jarass/Petersen/Weidemann, KrW-/AbfG, Art. 15-22 RL 2008/98, Rn. 13, die von der Gleichrangigkeit der Ziele ausgehen.
513 Vgl. ebenso etwa *Kropp*, in: von Lersner/Heinrich/Versteyl, Recht der Abfallbeseitigung, Art. 16 RL 2008/98, Rn. 26 (Stand XI.2009); *Beckmann*, AbfallR 2006, 263 (272).
514 Nicht ganz klar insoweit EuGH, Rs. C-2/90 (Kommission/Belgien), Slg. 1992, I-4431, Ziff. 34.
515 *Oexle*, in: Oexle/Epiney/Breuer, EG-AbfVerbrV, Art. 11 VO 1013/2006, Rn. 44.
516 Siehe auch EuGH, verb. Rs. C-53/02 und C-217/02 (Commune de Braine-le-Château), Slg. 2004, I-3251, Ziff. 33; EuGH, Rs. C-494/01 (Kommission/Irland), Slg. 2005, I-3331, Ziff. 149. Zum Inhalt des Näheprinzips auch *Ziegler*, Grundsatz der Entsorgungsautarkie und das Prinzip der Nähe, 119 ff.
517 *Oexle*, in: Oexle/Epiney/Breuer, EG-AbfVerbrV, Art. 11 VO 1013/2006, Rn. 44.
518 Vgl. im Einzelnen m.w.N. *Kropp*, Behördliche Lenkung von Abfallströmen, 134 ff.; siehe auch *Dieckmann*, Abfallrecht, 140 ff.; *Engels* Grenzüberschreitende Abfallverbringung, 135 f.; *Jarass*, NuR 1998, 397 (400); *Ruffert*, in: Jarass/Petersen/Weidemann, KrW-/AbfG, Art. 15-22 RL 2008/98, Rn. 20 (Stand 03.2009); *Kropp*, in: von Lersner/Heinrich/Versteyl, Recht der Abfallbeseitigung, Art. 16 RL 2008/98, Rn. 31 (Stand XI.2009).
519 I. Erg. ähnlich *Kropp*, Behördliche Lenkung von Abfallströmen, 136 f., mit Nachweisen zu abweichenden Ansichten; *Kropp*, in: von Lersner/Heinrich/Versteyl, Recht der Abfallbeseitigung, Art. 16 RL 2008/98, Rn. 32 (Stand XI.2009); ebenso wie hier *Beckmann*, AbfallR 2006, 263 (271).
520 Siehe auch *Dieckmann*, Abfallrecht, 143, der davon spricht, dass aus Art. 5 Abs. 1 RL 75/442 nur eine „Förderpflicht" abzuleiten sei.
521 Vgl. EuGH, Rs. C-422/92 (Kommission/Deutschland), Slg. 1995, I-1097. Hierzu auch *Krieger*, EuZW 1995, 618. Vgl. auch *Dieckmann*, ZUR 2008, 505 (509).

fasst. Dennoch dürfte für diese das Gleiche gelten.[522] Allerdings dürfte sich diese Regelung inhaltlich mit Art. 16 Abs. 1, 2 RL 2008/98 decken, so dass der Vorschrift lediglich deklaratorischer bzw. klarstellender Charakter zukommt.[523]

3. Weitere Bestimmungen

130 Über die erwähnten Grundsätze hinaus sind der RL 2008/98 noch eine Reihe weiterer Vorgaben zu entnehmen, wobei insbesondere auf folgende Aspekte hinzuweisen ist:
- Art. 23 ff. RL 2008/98 regeln die **Zulassung von Anlagen und Unternehmen zur Abfallbehandlung**. Das Genehmigungsregime erfasst nur die Kontrolle und Überwachung derjenigen Risiken, die unmittelbar mit dem Betrieb der Anlage in Zusammenhang stehen („anlagenspezifisches Risiko", wie z.b. Störfälle und Emissionen). Die Umweltverträglichkeit eines Produkts („stoffbezogenes Risiko"[524]) ist indes nicht Gegenstand der Anlagenzulassung.[525]
- Art. 23-27 RL 2008/98 sind auch vor dem **Hintergrund des Art. 13 RL 2008/98** zu sehen, denn letztlich dienen die in diesem Kapitel vorgesehenen Genehmigungs- und Registrierpflichten dem Ziel, eine **gesundheits- und umweltverträgliche Abfallbewirtschaftung zu gewährleisten**.[526] Im Einzelnen sieht Art. 23 RL 2008/98 vor, dass Anlagen und Unternehmen, die beabsichtigen, Abfallbehandlungen durchzuführen, genehmigungspflichtig sind, und regelt die diesbezüglichen Einzelheiten, wobei Art. 27 RL 2008/98 es erlaubt, technische Mindestanforderungen für genehmigungsbedürftige Behandlungstätigkeiten zu definieren. Art. 24 RL 2008/98 sieht mögliche Ausnahmen von der Genehmigungspflicht vor, während Art. 25 RL 2008/98 für den Fall, dass von dieser Möglichkeit Gebrauch gemacht wird, die hier zu beachtenden Anforderungen formuliert. Jedenfalls sind in bestimmten Fällen, in denen keine Genehmigungspflicht besteht, Registrierpflichten zu beachten (Art. 26 RL 2008/98).[527]

Zu erwähnen sind in diesem Zusammenhang noch zwei Richtlinien über die Abfallbehandlung:
- Die **RL 1999/31 über Abfalldeponien** regelt die längerfristige Lagerung von Abfällen in Deponien.[528] Im Einzelnen sind ihr insbesondere – neben der Genehmigungspflicht von Deponien – betriebsbezogene und technische Anforderungen in Bezug auf Abfalldeponien zu entnehmen.[529] Auch enthält die Richtlinie quantitative Vorgaben für die Verringerung von biologisch abbaubaren Abfällen. Im Übrigen müssen die Deponiepreise sämtliche Kosten für Errichtung und Betrieb einschließlich der Nachsorge- und Rekultivierungskosten decken.[530]
- Der **RL 2000/76 über die Verbrennung von Abfällen** sind insbesondere Vorgaben für Verbrennungstemperaturen, Emissionsgrenzwerte sowie Abwasserableitungen zu entnehmen. Diese Richtlinie wird durch die RL 2010/75 (IVU-Richtlinie) aufgehoben werden (Art. 81 Abs. 1 RL 2010/75) bzw. ihr Regelungsgehalt wird in die RL 2010/75 integriert.

---

522 *Kropp*, in: von Lersner/Heinrich/Versteyl, Recht der Abfallbeseitigung, Art. 16 RL 2008/98, Rn. 35 (Stand XI.2009.).
523 So auch *Kropp*, in: von Lersner/Heinrich/Versteyl, Recht der Abfallbeseitigung, Art. 16 RL 2008/98, Rn. 34 (Stand XI.2009).
524 Mit dem stoffbezogenem Risiko befassen sich in erster Linie Art. 18 (Vermischungsverbot gefährlicher Abfälle), Art. 21 (Altöl), Art. 22 (Bioabfall) RL 2008/98. Zu diesen Regelungen noch unten 9. Kap. Rn. 130 ff.
525 Siehe auch *Petersen*, AbfallR 2006, 102 (110); *Petersen*, ZUR 2007, 449 (458); *Petersen*, AbfallR 2008, 154 (160).
526 Vgl. insoweit auch *Ruffert*, in: Jarass/Petersen/Weidemann, KrW-/AbfG, Art. 23-37 RL 2008/98, Rn. 1 (Stand 03.2009).
527 Im Einzelnen zu diesen Bestimmungen *Epiney/Heuck*, in: Fluck, KrW-/Abf-/BodSchR, 9313 (RL 2008/98), Kommentar, Art. 23-27, Rn. 3 ff.
528 Vgl. den Überblick über diese Richtlinie bei Dauses-*Scherer/Heselhaus*, Hdb. EU-Wirtschaftsrecht, O, Rn. 503 f.; *Jans/von der Heide*, Europäisches Umweltrecht, 507 ff.; *Jans/Vedder*, European Environmental Law, 499 ff.; s. auch *Beckmann*, EUDUR II/1, § 72, Rn. 20 ff.
529 Zu den Voraussetzungen, unter denen die Entscheidung über den Weiterbetrieb einer vorhandenen Deponie eine Genehmigung im Sinne der RL 2011/92 (UVP-Richtlinie) darstellt, EuGH, Rs. C-121/11 (Pro-Braine), Urt. v. 19.4.2012.
530 Zur Reichweite dieser die Kosten betreffenden Verpflichtung EuGH, Rs. C-172/08 (Pontina Ambiente), Slg. 2010, I-1175, wonach die Gesamtheit der Kosten einer Deponie gedeckt sein müsse, was auch dem Verursacherprinzip entspreche. Zu diesem Urteil *Epiney*, EurUP 2011, 128 (136 f.).

■ Art. 28-33 RL 2008/98 betreffen die von den Mitgliedstaaten aufzustellenden **Pläne und Programme**. Während in der RL 2006/12 lediglich ein Artikel (Art. 7 RL 2006/12)[531] solchen Instrumenten gewidmet war, wird dieser Aspekt in der RL 2008/98 nunmehr ausführlicher geregelt,[532] wobei einerseits in Bezug auf die bislang bereits geregelten Abfallbewirtschaftungspläne mehr Vorgaben formuliert werden, andererseits mit den Abfallvermeidungsplänen eine neue Kategorie von Plänen eingeführt wurde. Im Einzelnen regeln Art. 28 RL 2008/98 die bislang in Art. 7 RL 2006/12 figurierenden Abfallbewirtschaftungspläne, Art. 29 RL 2008/98 (neu) die Abfallvermeidungsprogramme,[533] und Art. 30-33 RL 2008/98 enthalten Vorschriften, die in Bezug auf beide Arten von Plänen und Programmen zu beachten sind.[534]

Den Plänen muss wohl eine gewisse verbindliche Wirkung zukommen, sollen diese ihre Funktion der längerfristigen Abfallplanung auch tatsächlich übernehmen können; allerdings dürfte es zu weit gehen, von der Notwendigkeit ihrer rechtlichen Verbindlichkeit als solche auszugehen,[535] sollen sie doch erst die Grundlage für spätere verbindliche Maßnahmen bilden; jedenfalls muss ihnen aber ein leitender Charakter beigemessen werden können.[536]

■ Art. 34-36 RL 2008/98 betreffen verschiedene Maßnahmen bzw. Instrumente, die die **effektive Beachtung und Kontrolle der Beachtung der Vorgaben der RL 2008/98** sicherstellen sollen. Dabei handelt es sich einerseits um Vorschriften, die eher spezifisch auf die Regelungsmaterie der RL 2008/98 Bezug nehmen bzw. sich durch diese erklären (Art. 34 über Inspektionen und Art. 35 über das Führen von Aufzeichnungen), während Art. 36 Vorgaben über mitgliedstaatliche Sanktionen enthält, die in ähnlicher Form auch in zahlreichen anderen unionsrechtlichen Vorschriften enthalten sind.[537]

■ Schließlich verankern **Art. 37-43 RL 2008/98** die für Richtlinien üblichen **Schlussbestimmungen**, welche die Berichterstattung der Mitgliedstaaten, die Anpassung der Richtlinie bzw. gewisse ihrer Teile und das Ausschussverfahren, die Umsetzung durch die Mitgliedstaaten sowie die Aufhebung bisheriger Rechtsakte, die Übergangsbestimmungen, das Inkrafttreten und die Adressaten betreffen.

II. Besondere Regelungen für bestimmte Arten von Abfällen

Eine Reihe unionsrechtlicher Regelungen bezieht sich auf bestimmte Arten von Abfällen und enthält im Verhältnis zu den allgemeinen, der Abfallrahmenrichtlinie zu entnehmenden Vorgaben spezielle oder ergänzende Vorschriften, die den Besonderheiten der jeweiligen Abfallart Rechnung tragen (sollen). Dabei integrierte die Abfallrahmenrichtlinie einige dieser Vorgaben, und diese bis dahin bestehenden spezifischen unionsrechtlichen Rechtsakte wurden aufgehoben.[538]

---

531 Vgl. aus der Rechtsprechung zu dieser Bestimmung EuGH, Rs. C-292/99 (Kommission/Frankreich), Slg. 2002, I-4097, Ziff. 42 ff. S. auch EuGH, Rs. C-466/99 (Kommission/Italien), Slg. 2002, I-851; EuGH, Rs. C-35/00 (Kommission/Großbritannien), Slg. 2002, I-953, wo die beiden Staaten wegen Nichtumsetzung des Art. 7 verurteilt wurden. S. auch EuGH, verb. Rs. C-53/02, C-217/02 (Commune de Braine-le-Château), Slg. 2004, I-3251, Ziff. 39 ff.
532 S. teilweise kritisch zu dieser Neuregelung *Dieckmann*, ZUR 2008, 505 (510), der in Bezug auf Art. 28 RL 2008/98 formuliert, diese Vorschrift enthalte ein „Sammelsurium unterschiedlichster Einzelaspekte".
533 Speziell zu diesen *Petersen*, NVwZ 2009, 1063 (1071 f.); *Faßbender*, in: Auf dem Weg in die Recyclinggesellschaft?, 29 (38 ff.).
534 Im Einzelnen zu diesen Bestimmungen *Epiney/Heuck*, in: Fluck, KrW-/Abf-/BodSchR, 9313 (RL 2008/98), Kommentar, Art. 28-33, Rn. 4 ff.
535 Zu weitgehend daher *Schreier*, Auswirkungen des EG-Rechts, 130 (in Bezug auf die Vorgängerregelung).
536 Zu zurückhaltend daher *Dieckmann*, Abfallrecht, 200, nach dem es genügen soll, dass ein Plan lediglich der Information dient. Zum Problemkreis und im Ergebnis ähnlich wie hier *von Kempis/Holst/Ermacora*, EUDUR II/1, § 71, Rn. 12 ff. (beide in Bezug auf die Vorgängerregelung).
537 Im Einzelnen zu diesen Bestimmungen *Epiney/Heuck*, in: Fluck, KrW-/Abf-/BodSchR, 9313 (RL 2008/98), Kommentar, Art. 34-36, Rn. 2 ff.
538 Vgl. schon oben 9. Kap. Rn. 86.

1. Gefährliche Abfälle

132 Von besonderer Bedeutung sind in diesem Zusammenhang die nunmehr[539] in der RL 2008/98 figurierenden Vorschriften über **gefährliche Abfälle**. Der Begriff der gefährlichen Abfälle wird in Art. 3 Nr. 2 RL 2008/98 definiert. Danach sind gefährliche Abfälle all diejenigen Abfälle,[540] die eine oder mehrere der in **Anhang III aufgeführten gefährlichen Eigenschaften** aufweisen. Die Liste des Anhangs III ist für die Bestimmung der Gefährlichkeit der Abfälle verbindlich.[541] Trotz des damit auf den ersten Blick naheliegenden Wechsels der Konzeption im Verhältnis zur RL 91/689 zeigt ein Blick auf Art. 7 RL 2008/98, dass letztlich das bisherige System bzw. die **bisherige Begrifflichkeit der RL 91/689**[542] aufrecht erhalten wird, da das Abfallverzeichnis auch in Zukunft hinsichtlich der als gefährlich einzustufenden Abfälle verbindlich sein wird (Art. 7 Abs. 1 RL 2008/98) und die Mitgliedstaaten weitere Abfälle bei Aufweisen der Eigenschaften nach Anhang III als gefährlich einstufen können (Art. 7 Abs. 2 RL 2008/98), wobei es unerheblich sein dürfte, welchen Ursprung die Abfälle haben.

Dabei ist allerdings **Art. 20 S. 1 RL 2008/98** eine **Ausnahmevorschrift** zu entnehmen, die gewisse gefährliche Abfälle vom Anwendungsbereich der an sich für gefährliche Abfälle geltenden Vorschriften ausnimmt, dies um der Besonderheit der **gemischten Abfälle aus Haushaltungen** Rechnung zu tragen.[543] Danach sollen Art. 17-19 RL 2008/98 und Art. 35 RL 2008/98 (Führen von Aufzeichnungen) nicht für gemischte (gefährliche) Abfälle gelten, die in Haushaltungen anfallen.[544] Unter Abfällen aus Haushaltungen versteht man Abfälle, die typischerweise bzw. üblicherweise und regelmäßig im Rahmen der privaten Lebensführung anfallen, wie z.B. Lebensmittelrückstände, Sperrmüll oder verbrauchte Güter.[545] **Art. 20 S. 2 RL 2008/98** sieht allerdings vor, dass die **Art. 19, 35 RL 2008/98** für **einzelne Fraktionen gefährlicher Abfälle aus Haushaltungen** gelten, sobald sie von einer Einrichtung[546] oder einem Unternehmen zur Sammlung (Art. 3 Nr. 10 RL 2008/98), Beseitigung (Art. 3 Nr. 15 RL 2008/98) oder Verwertung (Art. 3 Nr. 19 RL 2008/98) entge-

---

539 Die RL 91/689 über gefährliche Abfälle (ABl. 1991 L 377, 20) wurde aufgehoben (Art. 41 RL 2008/98) und in die RL 2008/98 integriert. Grund hierfür war, dass die Bestimmungen der RL 91/698 mit den Bestimmungen der RL 2008/98 eng verbunden sind und deren Integration in die RL 2008/98 der Vereinfachung des geltenden Rechts dienen sollte, vgl. *Ruffert*, in: von Lersner/heinrich/Versteyl, Recht der Abfallbeseitigung, Art. 17 RL 2008/98, Rn. 1 (Stand II.2010); ausführlich auch *Waggershauser*, AbfallR 2009, 50 (52 f.).
540 Diese Definition geht damit vom (allgemeinen) Abfallbegriff aus, so dass die gefährlichen Abfälle eine Teilmenge der Abfälle darstellen und ein Stoff oder Gegenstand von vornherein immer nur dann als gefährlicher Abfall angesehen werden kann, wenn er die Voraussetzungen des Abfallbegriffs im Sinne des Art. 3 Nr. 1 RL 2008/98 erfüllt. Daher muss in jedem Fall immer zunächst geklärt werden, ob ein Stoff oder Gegenstand unter den Abfallbegriff im Sinne der RL 2008/98 fällt, ausdrücklich auch etwa für die Vorgängerrichtlinie) *Schreier*, Auswirkungen des EG-Rechts auf die deutsche Abfallwirtschaft, 77 f.; *Zacker*, Abfall, 146 ff. Im Übrigen schließt es die RL 2008/98 nicht aus, dass (zunächst) als gefährliche Abfälle anzusehende Abfälle nicht mehr als Abfälle i.S.d. RL 2008/98 anzusehen sind, wenn sie durch ein Verwertungsverfahren verwendbar gemacht werden, ohne dass die menschliche Gesundheit gefährdet und die Umwelt geschädigt wird, vorausgesetzt, der Besitzer will sich der Gegenstände nicht entledigen bzw. entledigt sich dieser nicht und ihm kommt auch keine entsprechende Rechtspflicht zu, vgl. EuGH, Rs. C-358/11 (Lapin Luonnonsuojelupiiri), Urt. v. 7.3.2013, Ziff. 53 ff. S. in diesem Zusammenhang auch schon oben 9. Kap. Rn. 103 in Bezug auf das in Art. 6 RL 2008/98 geregelte Ende der Abfalleigenschaft.
541 *Ruffert*, in: Jarass/Petersen/Weidemann, KrW-/AbfG, Art. 3 RL 2008/98, Rn. 47 (Stand 03.2009).
542 Hierzu *Epiney*, in: Oexle/Epiney/Breuer, EG-AbfVerbrV, Art. 2, Rn. 41 ff. Aus der Rechtsprechung EuGH, Rs. C-318/98 (Fornasar), Slg. 2000, I-4785.
543 Siehe zu diesen Besonderheiten *Rüdiger*, in: von Lersner/Heinrich/Versteyl, Recht der Abfallbeseitigung, Art. 20 RL 2008/98, Rn. 3 (Stand II.2010).
544 Die Vorschrift gilt indes nicht für in Haushaltungen verwendete Abfälle, s. *Rüdiger*, in: von Lersner/Heinrich/Versteyl, Recht der Abfallbeseitigung, Art. 20 RL 2008/98, Rn. 6 (Stand II.2010).
545 M.w.N. *Rüdiger*, in: von Lersner/Heinrich/Versteyl, Recht der Abfallbeseitigung, Art. 20 RL 2008/98, Rn. 6 (Stand II.2010).
546 Der Begriff „Einrichtung" knüpft nicht an technische Voraussetzungen an (*Dieckmann*, Abfallrecht, 240); erfasst sind somit auch mobile Anlagen, vgl. *Rüdiger*, in: von Lersner/Heinrich/Versteyl, Recht der Abfallbeseitigung, Art. 20 RL 2008/98, Rn. 9 (Stand II.2010).

9. Kapitel Bewirtschaftung und Umweltressourcen

gengenommen werden,[547] für die eine Genehmigungspflicht nach Art. 23 RL 2008/98 bzw. Registrierungspflicht nach Art. 26 RL 2008/98 besteht. Privilegiert sind somit nur die Haushalte selbst, nicht aber andere an der Entsorgung Beteiligte.[548] Art. 17, 18 RL 2008/98 finden auf einzelne Fraktionen gefährlicher Abfälle aus Haushaltungen weiterhin Anwendung.

Vor dem Hintergrund, dass gefährliche Abfälle besondere Gefahren für Umwelt und Gesundheit mit sich bringen, enthalten insbesondere **Art. 17-20 RL 2008/98** – insofern in Anknüpfung an die RL 91/689 – einige **besondere Vorgaben** für diese Abfälle.[549] Soweit diesen Vorschriften jedoch keine speziellen Vorgaben zu entnehmen sind, gelten die allgemeinen Regelungen der RL 2008/98. Im Einzelnen ist insbesondere auf folgende spezifische Vorgaben hinzuweisen:

133

- **Art. 17 RL 2008/98** regelt neu[550] die „**Überwachung**" gefährlicher Abfälle. Dabei betrifft die Vorschrift nicht nur die Überwachung i.e.S.; vielmehr haben die Mitgliedstaaten nach Art. 17 Hs. 1 RL 2008/98 die erforderlichen Maßnahmen zu treffen, damit die **Erzeugung, die Sammlung und die Beförderung** gefährlicher Abfälle sowie ihre **Lagerung und Behandlung** unter Bedingungen vorgenommen werden, die den Schutz der menschlichen Gesundheit und der Umwelt in Einklang mit Art. 13 RL 2008/98 sicherstellen. Damit wird letztlich wohl die sich sowieso aus Art. 13 RL 2008/98 ergebende Pflicht wiederholt. Art. 17 Hs. 2 RL 2008/98 konkretisiert die jedenfalls aufgrund der Generalklausel des Art. 17 Hs. 1 RL 2008/98 zu treffenden Maßnahmen. Insbesondere ist die **Rückverfolgbarkeit** der gefährlichen Abfälle von der Erzeugung bis zum endgültigen Bestimmungsort sicherzustellen. Diese dient vor allem der Transparenz und wird für die Verbringungen innerhalb eines Mitgliedstaates durch Art. 19 Abs. 2 (Identifikationsdokument) näher konkretisiert.[551] Daneben gilt es auch, eine Überwachung im Hinblick auf die Einhaltung der Anforderung der Art. 35 (Führen von Aufzeichnungen) und Art. 36 (Durchsetzung und Sanktionen) RL 2008/98 sicherzustellen.[552] Insgesamt verbleibt den Mitgliedstaaten in Bezug auf die konkret zu treffenden Maßnahmen ein beachtlicher **Gestaltungsspielraum:**[553] Zwar müssen sie zwingend solche Überwachungsmaßnahmen vorsehen; wie diese jedoch im Einzelnen ausgestaltet sind, ist aus Art. 17 nicht ersichtlich, so dass der Vorschrift wegen ihrer fehlenden Bestimmtheit auch keine unmittelbare Wirkung zukommen kann.[554]

- **Art. 18 RL 2008/98** regelt das **grundsätzliche Verbot der Vermischung gefährlicher Abfälle**[555] (Art. 18 Abs. 1 RL 2008/98), von dem aber nach Art. 18 Abs. 2 RL 2008/98 auch Aus-

---

547 Das Entgegennehmen ist die tatsächliche Annahme der Abfälle durch einen Abfallwirtschaftsbeteiligten bei gleichzeitiger Entledigung durch den Abfallerzeuger. Dieser Tatbestand ist wohl bereits dann erfüllt, wenn der Abfallerzeuger auf seinem Grundstück oder an einer öffentlichen Straße die Fraktionen dieses gefährlichen Abfalls bereitstellt, vgl. *Rüdiger*, in: von Lersner/Heinrich/Versteyl, Recht der Abfallbeseitigung, Art. 20 RL 2008/98, Rn. 9 (Stand II.2010). Vgl. ansonsten die Begriffsdefinitionen in Art. 3 RL 2008/98.
548 *Rüdiger*, in: von Lersner/Heinrich/Versteyl, Recht der Abfallbeseitigung, Art. 20 RL 2008/98, Rn. 4, 7 (Stand II. 2010).
549 Daneben wird auf den Begriff der gefährlichen Abfälle auch noch in anderen Vorschriften der Richtlinie zurückgegriffen, so in Art. 25 (Ausnahmen von der Genehmigungspflicht), Art. 28 (Abfallbewirtschaftungspläne), Art. 34 (Inspektionen) und Art. 35 (Aufzeichnungen).
550 In der RL 91/689 war eine solche Vorschrift noch nicht enthalten. Vgl. zu ihrer Entstehungsgeschichte *Rüdiger*, in: von Lersner/Heinrich/Versteyl, Recht der Abfallbeseitigung, Art. 17 RL 2008/98, Rn. 1 ff. (Stand II.2010).
551 So auch *Rüdiger*, in: von Lersner/Heinrich/Versteyl, Recht der Abfallbeseitigung, Art. 17 RL 2008/98, Rn. 20, 21 (Stand II.2010).
552 Vgl. im Einzelnen zum genauen Inhalt dieser Überwachung *Rüdiger*, in: von Lersner/Heinrich/Versteyl, Recht der Abfallbeseitigung, Art. 17 RL 2008/98, Rn. 10 ff. (Stand II.2010).
553 So auch *Rüdiger*, in: von Lersner/Heinrich/Versteyl, Recht der Abfallbeseitigung, Art. 17 RL 2008/98, Rn. 10 (Stand II.2010).
554 So auch *Rüdiger*, in: von Lersner/Heinrich/Versteyl, Recht der Abfallbeseitigung, Art. 17 RL 2008/98, Rn. 10 (Stand II.2010).
555 Ein generelles Vermischungsverbot ist nicht vorgesehen, vgl. aber insoweit auch das Vermischungsverbot im Hinblick auf Altöle in Art. 21 RL 2008/98 und das Getrennthaltungsgebot nach Art. 10 Abs. 2 RL 2008/98 („relatives Vermischungsgebot"), s. *Rüdiger*, in: von Lersner/Heinrich/Versteyl, Recht der Abfallbeseitigung, Art. 18 RL 2008/98, Rn. 9 (Stand II.2010). S. auch Art. 5 Abs. 4 RL 1999/31 sowie Art. 19 VO 1013/2006.

nahmen möglich sind. Art. 18 Abs. 3 RL 2008/98 betrifft die Frage, was geschieht, wenn eine Vermischung trotz des grundsätzlichen Verbots stattgefunden hat.[556]

Im Einzelnen verpflichtet Art. 18 Abs. 1 S. 1 RL 2008/98 die Mitgliedstaaten Maßnahmen zu ergreifen, um dafür zu sorgen, dass gefährliche Abfälle **nicht mit anderen Kategorien gefährlicher Abfälle** oder **mit anderen Abfällen, Stoffen oder Materialien** – also Nicht-Abfällen – **vermischt** werden.[557] Unter einer „Vermischung" dürfte jede Veränderung der Natur oder Zusammensetzung der Abfälle, d.h. jede Änderung der chemischen und / oder physikalischen Eigenschaften und jede Veränderung der Stoffanteile des Abfalls zu verstehen sein.[558] Eine Vermischung liegt also immer dann vor, wenn die Zusammenführung unterschiedlicher Abfälle oder Stoffe zu einem einzigen Stoff bzw. Abfall führt, wobei die einzelnen Bestandteile nicht mehr oder nicht mehr ohne ins Gewicht fallenden technischen Aufwand voneinander getrennt werden können. Vor dem Hintergrund des Ziels des Art. 18 Abs. 1 RL 2008/98 sicherzustellen, dass für gefährliche Abfälle tatsächlich die diesbezüglichen rechtlichen Vorgaben zum Zuge kommen können, spricht Vieles dafür, dass Art. 18 Abs. 1 RL 2008/98 die Mitgliedstaaten auch verpflichtet, die erforderlichen Maßnahmen zu treffen, damit keine unabsichtliche Vermischung stattfindet, so dass es nicht darauf ankommt, ob die Vermischung vorsätzlich oder fahrlässig erfolgte.[559]

Von dem grundsätzlichen Vermischungsverbot können jedoch nach **Art. 18 Abs. 2 RL 2008/98 Ausnahmen** vorgesehen werden: Danach können die Mitgliedstaaten das Mischen gefährlicher Abfälle mit anderen gefährlichen Abfällen oder Stoffen unter bestimmten, in Art. 18 Abs. 2 RL 2008/98 genannten und kumulativ zu verstehenden Voraussetzungen gestatten, wobei diese Ausnahmen aufgrund des sich aus Art. 18 Abs. 1, 2 RL 2008/98 ergebenden Regel-Ausnahmeverhältnis eng auszulegen sind.[560] Im Vergleich zu Art. 2 Abs. 3 RL 91/689, der lediglich darauf abstellte, dass für eine Ausnahme den Vorgaben des Art. 4 RL 75/442 (jetzt Art. 13 RL 2008/98) entsprochen wird, dürfte die Ausnahmeregelung nun präziser und deutlich restriktiver ausgestaltet sein.[561] Gleichwohl ist nicht zu verkennen, dass auch die in Art. 18 RL 2008/98 formulierten Voraussetzungen, insbesondere in Art. 18 Abs. 2 lit. b), den Mitgliedstaaten einen **gewissen Gestaltungsspielraum** eröffnen.

Wurden Abfälle entgegen den Vorgaben des Art. 18 Abs. 1, 2 RL 2008/98 gleichwohl vermischt, ist nach Art. 18 Abs. 3 RL 2008/98 eine **Trennung** vorzunehmen, dies allerdings nur, sofern und soweit diese **technisch und wirtschaftlich möglich** und **zur Erfüllung der Vorgaben des Art. 13 RL 2008/98 notwendig** ist. Die Trennungspflicht weist damit einen denkbar **schwachen normativen Gehalt** auf, denn die konkreten Voraussetzungen, unter denen eine solche Trennung erfolgen muss, werden nicht näher präzisiert.[562] Immerhin gibt diese Bestimmung den Mitgliedstaaten aber auf, die Trennung grundsätzlich unter den genannten Voraussetzungen vorzuschreiben, so dass jegliches Untätigbleiben nicht mit den Vorgaben der Richtlinie in Einklang stünde.

- **Art. 19 Abs. 1 RL 2008/98** sind **Kennzeichnungsvorschriften** zu entnehmen, die sich aber häufig bereits aus anderen rechtlichen Vorgaben – auf die die Vorschrift auch hinweist –

---

556 Zur Entstehungsgeschichte der Vorschrift *Rüdiger*, in: von Lersner/Heinrich/Versteyl, Recht der Abfallbeseitigung, Art. 18 RL 2008/98, Rn. 1 ff. (Stand II.2010).
557 Vgl. im Einzelnen zu den verschiedenen (verbotenen) Varianten der Vermischung mit zahlreichen Beispielen *Rüdiger*, in: von Lersner/Heinrich/Versteyl, Recht der Abfallbeseitigung, Art. 18 RL 2008/98, Rn. 22 ff. (Stand II. 2010); s. auch, mit Bezugnahme auf die Umsetzung in das deutsche Recht, *Kropp*, ZUR 2012, 543 ff. S. aus der Rechtsprechung in Bezug auf die (alte) Abfallverbringungsverordnung EuGH, Rs. C-259/05 (Omni Metal Service), Slg. 2007, I-4945, wo der EuGH davon ausgeht, dass bei einem Gemisch von zwei in der „Grünen Liste" enthaltenen Abfällen ein „Abfallgemisch" vorliegt, das im Übrigen als solches nicht der Grünen Liste zuzuordnen sei, da ein Gemisch aus zwei in der Grünen Liste enthaltenen Abfällen nicht zwingend auch in die Grüne Liste einzuordnen sei, was schon deshalb überzeugt, weil ein Gemisch aus zwei „ungefährlichen" Abfällen nicht zwingend ebenfalls einen ungefährlichen Abfall ergibt.
558 *Rüdiger*, in: von Lersner/Heinrich/Versteyl, Recht der Abfallbeseitigung, Art. 18 RL 2008/98, Rn. 12, 22 ff., mit Beispielen (Stand II.2010); instruktiv zum Begriff der Vermischung auch *Giesberts*, NVwZ 1999, 600 (601).
559 I. Erg. ebenso *Rüdiger*, in: von Lersner/Heinrich/Versteyl, Recht der Abfallbeseitigung, Art. 18 RL 2008/98, Rn. 11 ff. (Stand II.2010). A.A. *Giesberts*, NVwZ 1999, 600 (601).
560 Ebenso *Rüdiger*, in: von Lersner/Heinrich/Versteyl, Recht der Abfallbeseitigung, Art. 18 RL 2008/98, Rn. 20 (Stand II.2010).
561 *Rüdiger*, in: von Lersner/Heinrich/Versteyl, Recht der Abfallbeseitigung, Art. 18 RL 2008/98, Rn. 20 (Stand II. 2010).
562 S. auch *Rüdiger*, in: von Lersner/Heinrich/Versteyl, Recht der Abfallbeseitigung, Art. 18 RL 2008/98, Rn. 19 (Stand II.2010), der die Bestimmung als „praktisch bedeutungslos" bezeichnet.

9. Kapitel Bewirtschaftung und Umweltressourcen

ergeben, so dass dieser Bestimmung kaum eine eigenständige rechtliche Bedeutung zukommen dürfte.[563] Art. 19 Abs. 2 RL 2008/98 sieht vor, dass gefährlichen Abfällen, die innerhalb[564] eines Mitgliedstaates verbracht werden, ein Begleitschein in Form eines Identifikationsdokuments beizufügen ist.

- Die Genehmigungspflicht für Anlagen und Unternehmen, die gefährliche Abfälle beseitigen oder verwerten, ist insofern strenger ausgestaltet, als gewisse Ausnahmen von der Genehmigungspflicht versagt sind (Art. 24 RL 2008/98) und bei den übrigen Ausnahmen strengere Bedingungen festzulegen sind (Art. 25 Abs. 2 RL 2008/98).
- Im Rahmen des Art. 34 RL 2008/98 (Inspektionen) und Art. 35 RL 2008/98 (Aufzeichnungen) kommen weitergehende Pflichten für gefährliche Abfälle zum Zuge.

2. Weitere Vorschriften betreffend besondere Abfallarten

Einer Reihe weiterer bestimmter Abfälle ist Gegenstand besonderer Regelungen, wobei insbesondere folgende Vorschriften bzw. Rechtsakte von Bedeutung sind:

- Art. 21 RL 2008/98[565] verpflichtet die Mitgliedstaaten, in Bezug auf Altöl (vgl. die Definition in Art. 3 Nr. 3 RL 2008/98) verschiedene Maßnahmen zu treffen. Diese Pflichten der Mitgliedstaaten bestehen „unbeschadet der Verpflichtungen hinsichtlich der Bewirtschaftung gefährlicher Abfälle gemäß den Art. 18 und 19". Deutlich wird damit, dass es sich bei Altöl selbst um einen gefährlichen Abfall handelt, für den zusätzliche, besondere Bestimmungen gelten,[566] was auch bedeutet, dass die allgemeinen Vorgaben für gefährliche Abfälle (Art. 17-19 RL 2008/98) jedenfalls (darüber hinaus) zu beachten sind, es sich bei Art. 21 RL 2008/98 mithin um zusätzliche Anforderungen handelt.[567]

  Im Einzelnen ist Altöl grundsätzlich getrennt zu sammeln, und es ist sicherzustellen, dass Altöle mit unterschiedlichen Eigenschaften nicht vermischt werden, wenn diese Vermischung ihre Behandlung verhindert. Gleiches gilt für die Vermischung von Altölen mit anderen Abfallarten oder Stoffen. Das Vermischungsverbot steht allerdings unter dem allgemeinen Vorbehalt, dass seine Beachtung technisch durchführbar – also praktisch möglich – und wirtschaftlich vertretbar ist. In Bezug auf die Aufbereitung von Altölen sieht Art. 21 Abs. 3 RL 2008/98 die Möglichkeit vor, dass die Mitgliedstaaten von der VO 1013/2006 abweichende Regelungen treffen können.[568]

- Mit Art. 22 RL 2008/98 enthält die Abfallrahmenrichtlinie erstmals eine spezifische Vorschrift zur Bewirtschaftung von Bioabfällen als bestimmten Abfallstrom.

  Gemäß Art. 22 Uabs. 1 RL 2008/98 sollen die Mitgliedstaaten Maßnahmen treffen, durch welche die Mitgliedstaaten die getrennte Sammlung von Bioabfällen fördern, um sie zu kompostieren oder vergären

---

563 S. auch *Rüdiger*, in: von Lersner/Heinrich/Versteyl, Recht der Abfallbeseitigung, Art. 19 RL 2008/98, Rn. 5 (Stand II.2010).
564 Die grenzüberschreitende Verbringung ist abschließend in der VO 1013/2006 geregelt.
565 Die RL 75/439 über die Altölbeseitigung (ABl. 1975 L 194, 31) wurde durch die RL 2008/98 aufgehoben. Zur RL 75/439 *Schink*, EUDUR II/1, § 73, Rn. 141 ff.; s. auch *Versteyl*, AbfallR 2003, 210 ff.
566 So auch *Jacobj*, in: von Lersner/Heinrich/Versteyl, Recht der Abfallbeseitigung, Art. 21 RL 2008/98, Rn. 9 (Stand X.2010); *Ruffert*, in: Jarass/Petersen/Weidemann, KrW-/AbfG, Art. 15-22 RL 2008/98, Rn. 3 (Stand 03.2009).
567 S. in diesem Zusammenhang EuGH, Rs. C-37/92 (Vanacker), Slg. 1993, 4947, Ziff. 8 ff., wonach die Regelungen der RL 75/439 jedenfalls solchen nationalen Systemen entgegenstehen, die im Ergebnis nur nationalen Unternehmen die Sammlung und Bewirtschaftung gebrauchter Öle ermöglichen. S. auch EuGH, Rs. 240/83 (ADBHU), Slg. 1985, 531. S. sodann EuGH, Rs. C-392/99 (Kommission/Portugal), Slg. 2003, I-3373, Ziff. 77 ff., wo der Gerichtshof feststellt, dass die Genehmigung nur dann erteilt werden darf, wenn die zuständige Behörde festgestellt hat, dass alle nach der Richtlinie für erforderlich erklärten Maßnahmen getroffen worden sind. Weiter stellt der EuGH in diesem Urteil eine unzureichende Umsetzung der Vorgaben zur Beseitigung der Rückstände, zur regelmäßigen Prüfung der Unternehmen, die Altöle aufbereiten oder als Brennstoff verwenden, und der Berichtspflichten fest.
568 Nicht ausdrücklich in Art. 21 RL 2008/98 figuriert die Pflicht, der Aufbereitung grundsätzlich Vorrang einzuräumen, die sich aber aus den allgemeinen Bestimmungen der RL 2008/98 (insbesondere Art. 4 RL 2008/98) ergeben dürfte. S. in diesem Zusammenhang EuGH, Rs. C-102/97 (Kommission/Deutschland), Slg. 1999, I-5051, wo der EuGH einen Verstoß Deutschlands gegen die RL 75/439 feststellte, da der Aufbereitung von Altölen kein Vorrang eingeräumt worden sei. Zu diesem Urteil *Escher*, EuZW 2000, 105 ff.

zu lassen. Außerdem soll die Behandlung von Bioabfällen derart gefördert werden, dass **ein hohes Maß an Umweltschutz** gewährleistet wird. Schließlich soll auch die **Verwendung von umweltverträglichen Materialien aus Bioabfällen** gefördert werden.

- **Die 96/59 über die Beseitigung von PCB und PCT (polychlorierter Biphenyle und Terphenyle)** sieht eine Pflicht zur Beseitigung dieser Stoffe in dafür zugelassenen Anlagen bzw. Einrichtungen und durch zugelassene Unternehmen vor.

- **Die RL 78/176 über Abfälle aus der Titandioxid-Industrie** und die **RL 92/112 über die Modalitäten zur Vereinheitlichung der Programme zur Verringerung und späteren Unterbindung der Verschmutzung durch Abfälle der Titandioxid-Industrie**[569] sehen eine Genehmigungspflicht für das Einleiten, Versenken, die Lagerung, Ablagerung oder Einbringung solcher Abfälle (Art. 2 RL 78/176), ein völliges Verbot bestimmter Abfälle aus bestehenden Anlagen sowie die Festsetzung von Grenzwerten für andere Abfälle vor (Art. 3 ff. RL 92/112).
Die RL 92/112 ist im Zusammenhang mit Art. 9 RL 78/176 zu sehen: Diese Vorschrift sieht die Erstellung mitgliedstaatlicher Programme zur Verringerung der Verschmutzung durch die Titandioxid-Industrie vor, wobei der Rat nach Art. 9 Abs. 3 RL 78/176 sachdienliche Vorschriften für die Harmonisierung dieser Programme erlassen kann, was er mit der RL 92/112 getan hat.

- **Der RL 2000/53 über Altfahrzeuge**[570] sind eine Reihe von Vorgaben in Bezug auf die Vermeidung von Fahrzeugabfällen, die Wiederverwendung, das Recycling und andere Formen der Verwertung von Altfahrzeugen und ihrer Bauteile zu entnehmen (u.a. das Prinzip der kostenlosen Rücknahme von Altfahrzeugen). Sie enthält aber auch eine Einschränkung der Zulässigkeit der Verwendung bestimmter gefährlicher Stoffe in Fahrzeugen.
Von Bedeutung sind insbesondere folgende Vorgaben der Richtlinie:
  - Seit dem 1.7.2003 dürfen neu in den Verkehr gebrachte Fahrzeuge grundsätzlich kein Blei, Quecksilber, Kadmium oder sechswertiges Chrom enthalten (Art. 4 Abs. 2 RL 2000/53).
  - Nach Art. 5 Abs. 1 RL 2000/53 haben die Mitgliedstaaten für alle Altfahrzeuge Rücknahmesysteme einzurichten und die Verfügbarkeit von Rücknahmestellen in ihrem Hoheitsgebiet sicherzustellen.
  - Sämtliche Altfahrzeuge sind zugelassenen Verwertungsanlagen zuzuleiten, Art. 5 Abs. 2 RL 2000/53. Zur Sicherstellung dieser Verpflichtung haben die Mitgliedstaaten ein System einzurichten, wonach Altfahrzeuge nur abgemeldet werden können, wenn für sie ein Verwertungsnachweis vorgelegt wurde, Art. 5 Abs. 3 RL 2000/53.
  - Anlagen oder Betriebe, die Altfahrzeuge „behandeln", sind einer Genehmigungspflicht zu unterstellen, wobei an die Vorgaben der RL 75/442 (bzw. der RL 2008/98) angeknüpft wird und darüber hinaus an diese Unternehmen spezifische Anforderungen gestellt werden, Art. 6 RL 2000/53.
  - Art. 7 RL 2000/53 formuliert quantitative Zielvorgaben für die Wiederverwendung und Verwertung bei Altfahrzeugen.

- **Die RL 2012/19 über Elektro- und Elektronik-Altgeräte (sog. WEEE-Richtlinie)**[571] enthält eine Reihe von Vorgaben – die sich konzeptionell an die RL 2000/53 anlehnen – über die Entsorgung von „Elektroschrott" und zur Förderung der Vermeidung und des Recycling desselben. Die Richtlinie sieht u.a. eine getrennte Sammlung von Altgeräten sowie eine be-

---

[569] Der Vorläufer dieser Richtlinie, die RL 89/428, wurde vom EuGH zunächst für nichtig erklärt, da sie auf die falsche Rechtsgrundlage (Art. 192 AEUV) gestützt worden sei, EuGH, Rs. C-300/89 (Kommission/Rat), Slg. 1991, I-2867. Der Rat hat sie daraufhin erneut auf der Grundlage von Art. 114 Abs. 1 AEUV erlassen. Zu den heutigen Regelungen *Schink*, EUDUR II/1, § 73, Rn. 130 ff.

[570] Zu dieser Richtlinie *Schink*, EUDUR II/1, § 73, Rn. 181 ff.; unter Einbezug der Umsetzung in Deutschland auch *Fischer*, NVwZ 2003, 321 ff., der auch auf die Frage der Vereinbarkeit der teilweise abweichenden deutschen Regelungen mit den unionsrechtlichen Vorgaben – unter Berücksichtigung von Art. 193 AEUV – eingeht.

[571] Diese Richtlinie löst die RL 2002/96 ab. Zur RL 2002/96 *Schütte/Siebel-Huffmann*, ZUR 2003, 211 ff.; *Fischer*, UPR 2004, 12 ff.; *Hedemann-Robinson*, EELR 2003, 52 ff.; *Dopfer/Führ/Hafkesbring/Halstrick-Schwenk/Scheuer*, ZfU 2004, 47 ff.; *Hristev*, EELR 2006, 37 ff., 62 ff. Die neue Richtlinie erweitert insbesondere die Pflichten der Hersteller sowie den Anwendungsbereich, jedoch kommen lange Übergangsfristen zum Zuge, vgl. zur Novelle dieser Richtlinie *Schoppen/Grunow*, AbfallR 2012, 50 ff.; zu den früheren Fassungen bzw. Vorschlägen *Schoppen/Grunow*, EurUP 2011, 18 ff.; *Prelle*, AbfallR 2011, 67 ff.; *Roller/Führ*, RECIEL 2008, 279 ff.

sondere Behandlung dieser Geräte bei der Entsorgung vor, wobei die Sammlung und Verwertung von Altgeräten durch die Hersteller zu finanzieren ist.
Von Bedeutung sind insbesondere folgende Bestimmungen:
- Die Mitgliedstaaten haben eine getrennte Sammlung von Elektroschrott sicherzustellen, Art. 5 Abs. 1 RL 2012/19.
- Endverbrauchern und Vertreibern müssen kostenlose Rücknahmesysteme für Elektroschrott zur Verfügung stehen. Weiter müssen Private beim Kauf eines neuen Gerätes das Altgerät kostenlos zurückgeben können, sofern das neue Gerät „gleichwertig" ist, Art. 5 Abs. 2 ff. RL 2012/19. Bei nicht aus privaten Haushalten stammenden Geräten haben die Hersteller oder ggf. Dritte für die Sammlung der Geräte zu sorgen, Art. 5 Abs. 5 RL 2012/19.
- Die gesammelten Altgeräte sind in Behandlungsanlagen zu entsorgen, die einer Genehmigung bedürfen und bestimmten Anforderungen zu genügen haben, Art. 6 RL 2012/19.
- Art. 7 RL 2012/19 formuliert quantitative Zielvorgaben für die Verwertung der Altgeräte.
- Nach Art. 8 RL 2012/19 ist eine ordnungsgemäße Behandlung der Altgeräte sicherzustellen.
- Art. 10 RL 2012/19 dient der Bekämpfung der illegalen Ausfuhr von Altgeräten und sieht insbesondere Beweispflichten des Exporteurs vor.
- Art. 12 RL 2012/19 sieht vor, dass die Hersteller die Sammlung, Behandlung, Verwertung und umweltgerechte Beseitigung von Elektroschrott aus privaten Haushalten zu finanzieren haben.

■ Der **RL 86/278 über den Schutz der Umwelt und insbesondere der Böden bei der Verwendung von Klärschlamm in der Landwirtschaft** sind gewisse Mindestanforderungen an die Verwendung von Klärschlämmen in der Landwirtschaft zu entnehmen (so u.a. Grenzwerte für bestimmte Schwermetallbelastungen, die „Behandlungspflicht" der Schlämme vor ihrer Verwendung und die Pflicht, in bestimmten Fällen die Verwendung von Klärschlamm zu untersagen).[572]

■ Die **RL 2006/66 über Batterien und Akkumulatoren sowie Altbatterien und Altakkumulatoren**[573] stellt Regeln für die Beseitigung der erfassten Produkte auf und verbietet die Verwendung bestimmter Batterien.

■ Die **RL 2011/65 zur Beschränkung der Verwendung bestimmter gefährlicher Stoffe in Elektro- und Elektronikgeräten**[574] verfolgt zwar durch die vorgesehenen Verwendungsbeschränkungen einen in erster Linie gefahrstoffrechtlichen Ansatz, der aber letztlich (auch) dem Ziel der Abfallvermeidung dienen soll.[575]

■ Für Abfälle aus der mineralölgewinnenden Industrie enthält die **RL 2006/21 über die Bewirtschaftung von Abfällen aus der mineralgewinnenden Industrie** besondere Bestimmungen, insbesondere in Bezug auf die Entsorgungsanlagen und die Bewirtschaftungspläne.[576]

3. Verpackungen

Nach längerem „Tauziehen" ist 1994 die **RL 94/62 über Verpackungen und Verpackungsabfälle**[577] auf der Grundlage von Art. 114 Abs. 1 AEUV verabschiedet worden. Die Richtlinie wurde verschiedentlich modifiziert, wobei insbesondere die Vorgaben für die Verwertungsquoten neu definiert und an den neuen zeitlichen Horizont angepasst wurden.

135

---

572 Zu dieser Richtlinie schon oben 7. Kap. Rn. 156 ff.
573 S. auch RL 93/86 über gefährliche Stoffe enthaltende Batterien und Akkumulatoren an den technischen Fortschritt, ABl. 1993 L 264, 51, die Kennzeichnungsregelungen enthält.
574 Diese Richtlinie kodifiziert die RL 2002/95 (ABl. 2003 L 37, 19).
575 Dauses-*Scherer/Heselhaus*, Hb. EU-Wirtschaftsrecht, O, Rn. 482.
576 Zu dieser Richtlinie *Marder-Bungert/von Mäßenhausen*, AbfallR 2008, 266 ff.
577 Ausführlich zu dieser Richtlinie *Schink*, EUDUR II/1, § 73, Rn. 7 ff.; s. auch *Kloepfer*, EWS 1997, Beilage 2 zu Heft 7/97. Zur Umsetzung in Deutschland *Koch*, NVwZ 1998, 1155 ff.; *Meier*, NuR 2000, 617 ff.; unter Einbezug der jüngeren Reformen und ihrer Vereinbarkeit mit Art. 34 AEUV *Wrede*, EWS 2001, 371 ff.

2. Teil Das umweltrechtliche Sekundärrecht der Europäischen Union

136 **Ziel** der Richtlinie ist – neben der Verwirklichung des Binnenmarktes – die Eindämmung der Abfallmenge (Art. 1 Abs. 1, 2 RL 94/62), stellen doch Verpackungen einen erheblichen Teil der Abfallmenge dar. Das Konzept der Richtlinie beruht auf dem Vorrang der Vermeidung von Verpackungsabfall; sekundär ist seine Verwertung soweit wie möglich sicherzustellen.[578]

Zur Abfallvermeidung haben die Mitgliedstaaten insbesondere entsprechende Maßnahmen (etwa nationale Programme, Einführung der Herstellerverantwortung zur weitestmöglichen Verringerung der Umweltauswirkungen von Verpackungen) zu ergreifen (Art. 4 Abs. 1 RL 94/62).

137 Von (weitreichender) Bedeutung sind insbesondere die Vorschriften der Richtlinie über die Erreichung bestimmter **Wiederverwertungs**quoten von Verpackungen (Art. 6 RL 94/62).

Ab dem 1.7.2001 waren mindestens 50 % und höchstens 65 % der Verpackungsabfälle wiederzuverwerten; davon waren zwischen mindestens 25 % und höchstens 45 % des gesamten Verpackungsmaterials, mindestens aber 15 Gewichtsprozent jedes einzelnen Verpackungsmaterials, stofflich zu verwerten. Seit dem 31. Dezember 2008 sind zwischen mindestens 55 und höchstens 80 Gewichtsprozent der Verpackungsabfälle stofflich zu verwerten. Seit dem 31. Dezember 2008 sind auch mindestens 60 Gewichtsprozent der Verpackungsabfälle zu verwerten oder in Abfallverbrennungsanlagen mit Energierückgewinnung zu verbrennen. Weiter sind ebenfalls seit dem 31. Dezember 2008 Mindestzielvorgaben für die stoffliche Verwertung einer Reihe von Verpackungsabfällen enthaltenen Materialien zu erreichen (60 Gewichtsprozent für Glas, Papier und Karton, 50 Gewichtsprozent für Metalle, 22,5 Gewichtsprozent für Kunststoffe und 15 Gewichtsprozent für Holz). Spätestens bis zum 31. Dezember 2007 und dann alle fünf Jahre werden neue Zielvorgaben festgelegt.

138 Zur Erreichung dieser Ziele haben die Mitgliedstaaten geeignete Rücknahme-, Sammel- und Verwertungssysteme einzurichten (Art. 7 RL 94/62). Darüber hinaus dürfen nur noch solche Verpackungen verwendet werden, die den in der Richtlinie festgelegten Anforderungen[579] entsprechen (Art. 9 i.V.m. Anhang II RL 94/62).

139 Soweit die Richtlinie die Verwertungsquoten nach oben begrenzt, dürfen **höhere Quoten** gleichwohl unter der Voraussetzung, dass eine Verzerrung des Binnenmarktes vermieden wird und weder eine willkürliche Diskriminierung noch eine verschleierte Beschränkung des Handels zwischen den Mitgliedstaaten vorliegt, angewandt werden (Art. 6 Abs. 10 RL 94/62), so dass sich ein Rückgriff auf Art. 114 Abs. 4-6 AEUV erübrigt. Nach Art. 6 Abs. 10 S. 2 RL 94/62 unterrichten die Mitgliedstaaten die Kommission über diese Maßnahmen, die die Kommission dann „bestätigt". Dieser Bestätigung dürfte kein konstitutiver, sondern nur ein deklaratorischer Charakter zukommen.

III. Verbringung von Abfällen

140 Der Transport von Abfällen ist Gegenstand der auf Art. 192 AEUV gestützten[580] **VO 1013/2006 über die Verbringung von Abfällen**.[581] Ihr Erlass ist im Zusammenhang mit dem Basler Übereinkommen vom 22.3.1989 über die Kontrolle grenzüberschreitender Verbringung gefährlicher Abfälle und ihrer Entsorgung zu sehen.[582] Sie schreibt – differenziert nach der Art der Abfälle,

---

578 Zum Anwendungsbereich der Verpackungsrichtlinie, insbesondere zu den in Art. 3 Nr. 7 RL 96/42 geregelten besonderen Anforderungen an die stoffliche Verwertung, EuGH, Rs. C-444/00 (Mayer Parry Recycling), Slg. 2003, I-6163; der EuGH präzisierte hier auch, dass die RL 94/62 im Verhältnis zur RL 75/442 (heute RL 2008/98) eine *lex specialis* darstelle, so dass sie den Begriff der stofflichen Verwertung abschließend umschreibe. Kritisch zu diesem Urteil *Weidemann/Neun*, NuR 2004, 97 (98 f.). Nach der Rechtsprechung sind auch Kunststofftragetaschen, die in einem Geschäft entgeltlich oder unentgeltlich abgegeben werden, Verpackungen im Sinne der RL 94/62, vgl. EuGH, Rs. C-341/01 (Plato Plastik), Slg. I-4883, Ziff. 47 ff.
579 Diese sollen insbesondere ihre grundsätzliche Wiederverwertbarkeit sicherstellen.
580 Schon die Vorgängerverordnung wurde auf diese Bestimmung gestützt, was vom EuGH als zutreffende Rechtsgrundlage angesehen wurde, EuGH, Rs. 187/93 (Parlament/Rat), Slg. 1994, I-2857. Der Gerichtshof bestätigte dies für die VO 1013/2006 in EuGH, Rs. 411/06 (Kommission/EP und Rat), Slg. 2009, I-7585. Ausführlich zur Problematik der Rechtsgrundlage der VO 1013/2006 *Epiney*, in: Oexle/Epiney/Breuer, EG-AbfVerbrV, Einführung, Rn. 11 ff. Zur Abgrenzung der Rechtsgrundlagen auch schon 4. Kap. Rn. 9 ff.
581 Diese Verordnung löste die VO 259/93 (ABl. 1993 L 30, 1) ab, womit substantielle Modifikationen einhergingen.
582 Vgl. zur Entstehungsgeschichte der Verordnung und ihren Vorläufern sowie den völkerrechtlichen Grundlagen *Epiney*, in: Oexle/Epiney/Breuer, EG-AbfVerbrV, Einführung, Rn. 3 ff., 20 ff.

9. Kapitel Bewirtschaftung und Umweltressourcen

dem Bestimmungsland und dem Zweckes der Verbringung (Beseitigung oder Verwertung) – verschiedene Verfahren vor, die bei der Abfallverbringung zu beachten sind.[583] In bestimmten Konstellationen verbietet sie aber auch die Verbringung von Abfällen. Innerhalb der Union wird den Mitgliedstaaten grundsätzlich die Möglichkeit eröffnet, die Verbringung zu verbieten bzw. bestimmte Einwände vorzubringen.[584]

Im Einzelnen ist insbesondere auf folgende Aspekte der Verordnung hinzuweisen:[585]

- Eine Reihe **allgemeiner Bestimmungen** bezieht sich auf alle Arten der Abfallverbringungen: So umschreibt Art. 1 VO 1013/2006 den Geltungsbereich der Verordnung (der sich grundsätzlich auf alle grenzüberschreitenden Verbringungen bezieht), und Art. 2 enthält die Begriffsbestimmungen, die sich im Vergleich zur VO 259/93 mehr als verdoppelt haben.[586] Art. 61-64 VO 1013/2006 regeln das Inkrafttreten und den Geltungsbeginn und sehen Übergangsregelungen für laufende Notifizierungsverfahren sowie für (einige) neue Mitgliedstaaten vor.

- Der wesentliche Teil der Verordnung betrifft die Bestimmungen über die **Verbringung zwischen den Mitgliedstaaten** (Art. 3-32 VO 1013/2006), wobei sowohl Verbringungen ohne als auch mit Durchfuhr durch Drittstaaten erfasst werden. Geregelt werden im Einzelnen das durchzuführende Notifizierungs- und Zulassungsverfahren (Art. 3, 4, 7-10 VO 1013/2006), materielle Genehmigungsvoraussetzungen (Art. 5, 6 VO 1013/2006), mögliche Gründe für die Erhebung von Einwänden (Art. 11, 12 VO 1013/2006), Verfahrensmodalitäten in Sonderfällen (Art. 13, 14 VO 1013/2006), die Verbleibkontrolle (Art. 16-18 VO 1013/2006), einige ergänzende Bestimmungen, insbesondere betreffend die Rücknahmeverpflichtungen bei nicht abgeschlossenen oder illegalen Verbringungen (Art. 19-29), sowie Sonderregelungen für Grenzgebiete (Art. 30 VO 1013/2006) und Verbringungen mit Drittstaatsdurchfuhr (Art. 31, 32 VO 1013/2006).

Hingewiesen sei insbesondere auf folgende **Charakteristika** des so geschaffenen **Regelungssystems**:

- Grundsätzlich – es sei denn, es handle sich um Abfälle der „Grünen Liste" (Anhang III VO 1013/2006),[587] für die lediglich die Vorgaben des Art. 18 VO 1013/2006 zum Zuge kommen[588] – bedürfen Abfallverbringungen einer **behördlichen Genehmigung**, die nach Durchlaufen der sog. **Notifizierungsverfahrens** (nicht) erteilt wird (Art. 3 Abs. 1-14 VO 1013/2006). Das Verfahren ist neu grundsätzlich **einheitlich für alle Arten der Abfallverbringung** ausgestaltet und im Einzelnen in Art. 4-9 VO 1013/2006 geregelt. Hervorzuheben ist insbesondere, dass die Behörden am Versand- und am Bestimmungsort grundsätzlich auf gleicher Stufe stehen, so dass es hier weniger um eine Art integriertes Genehmigungsverfahren, denn um die Regelung des Zusammenspiels verschiedener na-

---

583 Vgl. zu der dahinter stehenden Konzeption, dass Abfälle Waren besonderer Art sind und daher einem besonderen Regime unterliegen sollen, *Lueder*, ZUR 1994, 165 f., der auch auf den entgegengesetzten Ansatz hinweist.
584 Ausführlich zum Inhalt der Verordnung die Kommentierung in *Oexle/Epiney/Breuer*, EG-AbfVerbrV. Vgl. auch den Überblick über den Regelungsgehalt der Verordnung bei *Ehrmann*, AbfallR 2006, 19 (21 f.); *Oexle*, in: Die neuen abfallrechtlichen Pflichten, 143 (145 ff.); *Klafki*, DVBl. 2007, 870 ff.; *Oexle*, ZUR 2007, 460 ff.; *Thomsen*, Verwaltungszusammenarbeit, 48 ff.; *Kropp*, AbfallR 2006, 150 (151 ff.); *Dieckmann*, ZUR 2006, 561 (562 ff.); *Meßerschmidt*, Europäisches Umweltrecht, § 18, Rn. 186 ff.
585 Die folgenden Ausführungen beruhen auf *Epiney*, in: Oexle/Epiney/Breuer, EG-AbfVerbrV, Einführung, Rn. 18 ff.
586 Wobei diese Erweiterung teilweise auf eine verstärkte Anpassung an die Begrifflichkeiten des Basler Übereinkommens zurückgeht, vgl. zu diesem Aspekt *Schröder*, in: Jarass/Petersen/Weidemann, KrW-/AbfG, VO 1013/2006, Art. 2, Rn. 1 f.
587 In EuGH, Rs. C-259/05 (Omni Metal Service), Slg. 2007, I-4945, hält der EuGH fest, dass die „Grüne Liste" abschließend zu verstehen sei, so dass auch ein Abfallgemisch, das aus zwei in der Grünen Liste aufgeführten Stoffen besteht, nicht unter diese Liste falle.
588 Zu dieser die Präzisierungen in EuGH, Rs. C-1/11 (Interseroh Scrap), Urt. v. 29.3.2012, der festhält, die von Art. 18 Abs. 4 i.V.m. Anhang VII VO 1013/2006 geforderte Offenlegung der Identität des Abfallerzeugers durch den Streckenhändler (der eine Abfallverbringung veranlasst) habe auch dann zu erfolgen, wenn eine Nichtoffenlegung zum Schutz des Geschäftsgeheimnisses des Streckenhändlers erforderlich wäre. Auch alle sonstigen von der Verordnung verlangten Angaben hätten ungeachtet des Geschäftsgeheimnisses zu erfolgen. Man könne allenfalls in Erwägung ziehen, diese Verordnungsbestimmung sei wegen einer Primärrechtsverletzung (Grundrechte) ungültig, das nationale Gericht habe aber keine entsprechende Frage formuliert.

tionaler Behörden geht.[589] Die Verbringung hat dann unter Beachtung der in Art. 16 VO 1013/2006 formulierten Vorgaben zu erfolgen.

- Art. 10 VO 1013/2006 ermöglicht die Formulierung von **Auflagen in Bezug auf die Verbringung**.
- Art. 11, 12 VO 1013/2006 sind die möglichen Gründe für die Versagung der Genehmigung der Verbringung („**Einwände**") zu entnehmen, die sowohl durch die Behörden am Versandort als auch durch diejenigen am Bestimmungsort geltend gemacht werden können. Im Vergleich zur bisherigen Rechtslage wurden die Einwandsgründe – wobei zwischen Einwänden gegen die Verbringung von zur Beseitigung bestimmten Abfällen und solchen gegen die Verbringung von zur Verwertung bestimmten Abfällen unterschieden wird – teils von der VO 259/93 übernommen, teils konkretisiert oder auch eingeschränkt und teils ergänzt. Insgesamt dürfte ihre Ausgestaltung maßgeblich durch politische Kompromisse geprägt sein, was ihrer Systematik und inhaltlichen Klarheit nicht förderlich war.[590] Jedenfalls können entgegenstehendes nationales Recht, die Unvereinbarkeit mit Abfallwirtschaftsplänen sowie die Unzulässigkeit des Notifizierenden geltend gemacht werden; gleiches gilt im Ergebnis für den sog. „Hausmülleinwand" (Art. 11 Abs. 1 lit. i) VO 1013/2006 i.V.m. Art. 3 Abs. 5 VO 1013/2006). Die Einwände des Vorrangs der Verwertung, der Nähe der Abfallbehandlung[591] und der Entsorgungsautarkie hingegen können nur in Bezug auf Verbringungen zur Beseitigung vorgebracht werden.[592] Jedenfalls erlauben es diese Gründe nach der Rechtsprechung des EuGH[593] in Bezug auf Art. 4 Abs. 3 lit. a)i) VO 259/93 (wobei diese Frage im Rahmen der VO 1013/2006 parallel zu entscheiden ist) einem Mitgliedstaat nicht, die Ausfuhr von zur Beseitigung bestimmten Abfällen zu verbieten, wenn die Beseitigung in dem betreffenden anderen Mitgliedstaat nicht dem eigenen (Umwelt-) Standard entspricht. Denn diese Bestimmung erlaube solche Verbote nur, um bestimmten Grundsätzen (Näheprinzip, Vorrang der Verwertung oder Entsorgungsautarkie) zu entsprechen, die aber bei dieser Fallgestaltung nicht greifen könnten. Einzig einschlägig könne die Entsorgungsautarkie sein; dieser Grundsatz vermöge aber nur eine Andienungspflicht[594] zu begründen, nicht hingegen die Beachtung der eigenen Standards im Falle der Ausfuhr, würden die Abfälle dann doch in jedem Fall nicht in „eigenen Einrichtungen" behandelt.[595] Bemerkenswert ist jedoch, dass in Bezug auf Abfälle zur Verwertung der Einwand, der Verwertungsstandard im Versandstaat sei höher als derjenige im Be-

---

589   Vgl. zu diesem Aspekt *Dieckmann*, ZUR 2006, 561 (564). S. auch *Schröder*, in: Jarass/Petersen/Weidemann, KrW-/AbfG, VO 1013/2006, Vorbemerkungen, Rn. 14, der auf den „transnationalen Charakter" des Abfallverbringungsverfahrens hinweist, der vor dem Hintergrund zu sehen sei, dass die Entscheidungen der Mitgliedstaaten gemäß der Verordnung jeweils auch Bindungswirkung für die anderen Mitgliedstaaten entfalten.
590   Vgl. die Kritik bei *Dieckmann*, ZUR 2006, 561 (564 ff.).
591   Vgl. als Beispiel für einen (begründeten) Einwand des Prinzips der Nähe EuGH, Rs. 2/90 (Kommission/Belgien), Slg. 1992, I-4431.
592   Wobei jedoch die Vereinbarkeit mit Art. 34 AEUV gegeben sein muss, vgl. so wohl auch EuGH, Rs. C-324/99 (DaimlerChrysler), Slg. 2001, I-9897 (in Bezug auf die Vorgängerregelung). Vgl. im Einzelnen zu den Einwänden und ihrer Auslegung, die wohl eines der Kernprobleme der VO 1013/2006 darstellen, die Kommentierungen zu Art. 11, 12 in *Oexle/Epiney/Breuer*, EG-AbfVerbrV.
593   EuGH, Rs. C-324/99 (Daimler-Chrysler), Slg. 2001, I-9897. Zu diesem Urteil *van Calster*, ELR 2002, 610 ff.; *Versteyl*, NVwZ 2002, 565 ff.
594   Soweit eine solche Pflicht erforderlich ist, um einen für die Wirtschaftlichkeit dieser Entsorgungsanlagen unerlässlichen Auslastungsgrad sicherzustellen und dadurch bestehende Entsorgungskapazitäten erhalten werden können, die zur Verwirklichung des Grundsatzes der Entsorgungsautarkie auf einzelstaatlicher Ebene beitragen, vgl. EuGH, Rs. C-324/99 (Daimler-Chrysler), Slg. 2001, I-9897, Ziff. 62. S. ansonsten in diesem Zusammenhang zur Vereinbarkeit solcher Andienungs- oder Überlassungspflichten mit den wettbewerbsrechtlichen Vorgaben des Unionsrechts, unter Einschluss des Art. 106 AEUV, sowie der Warenverkehrsfreiheit *Suhl*, AbfallR 2012, 201 ff.; *Thärichen*, AbfallR 2012, 150 ff.; *Frenz*, EWS 2012, 310 ff.; *Klement*, VerwArch 2012, 218 (227 ff.); *Reese/Koch*, JEEPL 2011, 23 ff.; *Reese/Koch*, DVBl. 2010, 1393 ff.; *Krämer*, AbfallR 2010, 40 ff.; *Knopp/Piroch*, UPR 2012, 343 ff.
595   Interessanterweise prüfte der EuGH hier nicht die Frage, ob die nationale Maßnahme als verstärkte Schutzmaßnahme aufgrund von Art. 193 AEUV zulässig sein könnte. Fraglich wäre hier aber gewesen, ob die grundsätzliche Zulässigkeit einer zusätzlichen Kategorie von Einwendungen (über die in der Verordnung genannten hinaus) noch eine verstärkte Schutzmaßnahme darstellt oder ob es hier nicht vielmehr um eine andere Maßnahme geht, stellt die Verordnung doch, wie auch der EuGH festhält, ein harmonisiertes System der Regelung der Abfallverbringung auf. Für die allgemeine Abgeschlossenheit der Regelungen der VO 259/93 denn auch etwa *Schoch*, DVBl. 2004, 69 (75 f.). Ausführlich zum Problemkreis *Epiney*, in: Oexle/Epiney/Breuer, EG-AbfVerbrV, Einführung, Rn. 37 ff. Darüber hinaus hätte jedenfalls die Vereinbarkeit mit Art. 34 AEUV festgestellt werden müssen, müssen auf Art. 193 AEUV gestützte Maßnahmen doch mit dem Vertrag vereinbar sein.

stimmungsland, zulässig ist (Art. 12 Abs. 1 lit. c) VO 1013/2006),[596] allerdings nur unter gewissen Voraussetzungen (u.a. Beweislast des Versandstaates).[597]

Diese „Ausnahmetatbestände" eröffnen den Mitgliedstaaten damit weitreichende Möglichkeiten, die Ein- oder Ausfuhr von Abfällen zu beschränken, insbesondere soweit zur Beseitigung bestimmte Abfälle betroffen sind, so dass die Verordnung durchaus eine Abkehr von dem Grundsatz der offenen Grenzen im Abfallbereich impliziert.[598] Den Mitgliedstaaten ist es damit möglich, entsprechend den vom EuGH im *Wallonien*-Urteil[599] entwickelten Gedanken ein „Prinzip der Inlandsversorgung" zu verfolgen.[600] Rein wirtschaftliche Erwägungen (etwa die Auslastung eigener Anlagen) können jedoch für sich selbst keine Einwände rechtfertigen.[601]

Durch die differenzierte Ausgestaltung der Einwandmöglichkeiten für **die Verbringung von zur Verwertung und von zur Beseitigung bestimmten Abfällen** erlangt die **Unterscheidung** zwischen beiden Abfallsorten eine große (auch praktische) Bedeutung. Abzustellen ist hier auf die in **Art. 3 Nr. 15, 19 RL 2008/98** enthaltene **Definition** der Begriffe „**Verwertung**" und „**Beseitigung**", wobei diese aufeinander Bezug nehmen, ist unter „Beseitigung" doch jedes Verfahren zu verstehen, das keine Verwertung darstellt. Die „**Verwertung**" wird in **Art. 3 Nr. 15 RL 2008/98** als Verfahren definiert, als dessen Hauptergebnis Abfälle innerhalb der Anlage oder in der weiteren Wirtschaft einem sinnvollen Zweck zugeführt werden, indem sie andere Materialien ersetzen, die ansonsten zur Erfüllung einer bestimmten Funktion verwendet worden wären. Auch Verfahren, deren Hauptergebnis darauf gerichtet ist, Abfälle so vorzubereiten, dass sie diese Funktion erfüllen, werden als Verwertung angesehen. Die Formulierung bezieht sich auf mehrstufige Verfahren, also Verfahren, bei denen Abfälle, bevor die endgültige Verwertung bzw. Beseitigung stattfindet, vorbehandelt werden. Auch hier muss gewiss sein, dass die Abfälle, die vorbehandelt werden, anschließend einem sinnvollen Zweck zugeführt werden.[602] Dabei dürfte es nicht ausreichen, dass Abfälle eine solche sinnvolle Funktion grundsätzlich erfüllen können, sondern notwendig ist es wohl, dass sie diese auch im konkreten Fall tatsächlich erfüllen (werden).[603] Unter „**Beseitigung**" sind all diejenigen Verfahren zu verstehen, die keine Verwertung darstellen, auch wenn ein solches Verfahren zur „Nebenfolge" hat, dass Stoffe oder Energie zurück gewonnen werden (**Art. 3 Nr. 19 RL 2008/98**). Die **Grundidee der Verwertung** (im Gegensatz zur Beseitigung) besteht damit darin, dass die Abfälle als „Hauptergebnis" – ein Kriterium, das auch in Abgrenzung zur in Art. 3 Nr. 19 RL 2008/98 erwähnten „Nebenfolge" zu sehen ist – andere Materialien zur Erfüllung eines sinnvollen Zweckes ersetzen, während diese Voraussetzung bei der Beseitigung nicht erfüllt ist, so dass diese einen Selbstzweck darstellt. M.a.W. liegt immer dann, wenn es darum geht, den Abfall in seiner Substanz (letztlich als Rohstoff) oder seinen Eigenschaften (insbesondere im Rahmen der Energiegewinnung) der Wirtschaft zu erhalten, eine Verwertung vor, während ansonsten eine Beseitigung anzunehmen ist.[604] Entscheidend für das Vorliegen einer Verwertung

---

596 S. insoweit schon EuGH, Rs. C-277/02 (Wood Trading), Slg. 2004, I-11957. Art. 12 Abs. 1 lit. c) VO 1013/2006 greift letztlich die Rechtsprechung auf bzw. präzisiert sie.
597 Vgl. insoweit auch EuGH, Rs. C-215/04 (Pedersen), Slg. 2006, I-1465.
598 Anders jedoch *Schreier*, Auswirkungen des EG-Rechts, 273 ff., 304 f., der (in Bezug auf die Vorgängerregelung) auf die grundsätzliche Notwendigkeit der Rechtfertigung von Einschränkungen hinweist. Dies erscheint hier jedoch insofern nicht ausschlaggebend zu sein, als es doch auf das tatsächliche Ausmaß der erlaubten „Ausnahmen" ankommt.
599 EuGH, Rs. 2/90 (Kommission/Belgien), Slg. 1992, I-4431, Ziff. 30 ff.
600 Insoweit wird also die Konzeption der RL 84/631 (die Vorgängerregelung der VO 259/93) modifiziert, was bereits durch die VO 259/93 geschehen war. Hinzuweisen ist darauf, dass in EuGH, Rs. 422/92 (Kommission/Deutschland), Slg. 1995, I-1097, Ziff. 31 ff., in Bezug auf die deutschen Regelungen, die einen Grundsatz der Entsorgung im Inland aufstellen und die grenzüberschreitende Verbringung gefährlicher Abfälle einer Genehmigungspflicht unterwerfen, kein Verstoß gegen die einschlägigen Vorschriften der RL 84/631 festgestellt wurde. Denn eine bloße Genehmigungspflicht sei nicht mit einem kategorischen Ausfuhrverbot zu vergleichen und entspreche darüber hinaus dem in Art. 191 Abs. 2 AEUV niedergelegten Grundsatz, Umweltbeeinträchtigungen vorrangig an ihrer Quelle zu bekämpfen. Letztlich stellt der Gerichtshof damit weniger auf die Gleichheit, denn auf die Gleichwertigkeit der nationalen und unionsrechtlichen Regelungen ab, s. auch *Krieger*, EuZW 1995, 618.
601 S. insoweit auch schon EuGH, Rs. C-203/96 (Dusseldorp), Slg. 1998, I-4075.
602 *Kropp*, in: von Lersner/Heinrich/Versteyl, Recht der Abfallbeseitigung, Art. 3 RL 2008/98, Rn. 68 (Stand IX.2009).
603 So wohl auch *Kropp*, AbfallR 2010, 193 (195).
604 Vgl. schon in Bezug auf die RL 75/442 *Scherer-Leydecker*, NVwZ 1999, 590 (593 f.). Ihm folgend *Kropp*, in: von Lersner/Heinrich/Versteyl, Recht der Abfallbeseitigung, Art. 3 RL 2008/98, Rn. 60 (Stand IX.2009).

dürfte es damit sein, dass das in Aussicht gestellte Verfahren einen **über die Beseitigung hinausgehenden Nutzen** mit sich bringt.[605] Die Definition der Verwertung – insbesondere das Abstellen auf den Ersatz sonstiger notwendiger Materialien durch Abfall sowie das Kriterium des „Hauptergebnisses" – knüpft dabei an die bisherige Rechtsprechung des Gerichtshofs zur Abgrenzung von Verwertung und Beseitigung an,[606] so dass diese auch bei der Anwendung der RL 2008/98 grundsätzlich weiterhin von Bedeutung ist.[607]

Grundlegend für die Rechtsprechung[608] ist die Rs. C-6/00[609], in der es um die grenzüberschreitende Verbringung von Rückständen der Abfallverbrennung zur Sicherungseinlagerung in einem ehemaligen Salzbergwerk ging. Zur Debatte stand, ob es sich bei dieser Abfallverbringung um eine Verbringung von Abfällen zur Verwertung oder zur Beseitigung handelte. Der EuGH erachtete eine solche Einbringung in ein Bergwerk nicht zwingend als Verwertung, sondern betonte, dass bei solchen Fallkonstellationen im Einzelfall geprüft werden müsse, ob es sich um eine Beseitigung oder eine Verwertung handelt. Jedenfalls sei dann eine Verwertung anzunehmen, wenn der Hauptzweck der Lagerung darin bestehe, eine „sinnvolle Aufgabe" – *in casu* die Sicherung des Bergwerks z.B. vor Einstürzen – zu erfüllen, wodurch andere Materialien ersetzt werden. Nicht relevant sei hingegen die Notwendigkeit einer Vorbehandlung der Abfälle oder deren Gefährlichkeit.

Mehrere Urteile aus dem Jahr 2003[610] haben die Frage der Abgrenzung von Verwertungs- und Beseitigungsvorgängen einer weiteren Klärung zugeführt. In allen drei Urteilen ging es darum, ob und ggf. unter welchen Voraussetzungen eine Verbrennung von Abfällen als Verwertung eingestuft werden kann. Die Ausführungen des EuGH in den verschiedenen Urteilen können wie folgt zusammengefasst werden:

– Eine Abfallbehandlung könne nur entweder als Verwertung oder als Beseitigung eingestuft werden.
– Werden Abfälle mehreren aufeinander folgenden Behandlungen unterzogen, dürfe dies im Hinblick auf die Einstufung als Verwertung oder Beseitigung nicht als Gesamtvorgang betrachtet werden, sondern maßgeblich für diese Einstufung sei der erste Vorgang, der nach der Verbringung der Abfälle stattfindet.
– Die Verbrennung von Abfällen stelle unter drei Voraussetzungen eine Verwertungsmaßnahme im Sinne der Verordnung dar: Erstens müsse der Hauptzweck der Verbrennung darin bestehen, die Abfälle für einen sinnvollen Zweck, nämlich zur Energieerzeugung, einzusetzen und dadurch eine Primärenergiequelle zu ersetzen, die sonst für diesen Zweck hätte eingesetzt werden müssen. Zweitens müssten die Bedingungen, unter denen dieses Verfahren durchgeführt wird, die Annahme zulassen, dass es tatsächlich ein „Mittel der Energieerzeugung" ist. Dies sei nur dann der Fall, wenn durch die Verbrennung der Abfälle mehr Energie erzeugt und zurück gewonnen wird, als beim Verbrennungsvorgang verbraucht wird. Im Übrigen sei zumindest ein Teil des bei dieser Verbrennung gewonnenen Energieüberschusses tatsächlich zu nutzen, und zwar entweder unmittelbar in Form von Verbren-

---

605 Ebenso etwa *Bothe/Spengler*, Rechtliche Steuerung von Abfallströmen, 69 f.; *Weidemann*, EUDUR II/1, § 70, Rn. 76, der aber an anderer Stelle (Rn. 70 ff.) auf den primär verfolgten Zweck abstellt, so dass der Schluss nahe liegt, er meine mit beiden Ansätzen letztlich dasselbe, nämlich die objektiv festzustellende „echte" Verwertung des Abfalls im Sinne seiner über die Beseitigung hinausgehenden Nutzung. In diese Richtung im Ergebnis auch EuGH, Rs. C-6/00 (ASA), Slg. 2002, I-1961 (wenn auch auf den „Hauptzweck" abstellend).
606 Vgl. etwa *Petersen*, AbfallR 2008, 154 (157); *Petersen*, ZUR 2007, 449 (454); *Kropp*, in: von Lersner/Heinrich/Versteyl, Recht der Abfallbeseitigung, Art. 3 RL 2008/98, Rn. 61 (Stand IX.2009). S. aus der Rechtsprechung insbesondere EuGH, Rs. C-6/00 (ASA), Slg. 2002, I-1961; EuGH, Rs. C-228/00 (Kommission/Deutschland), Slg. 2003, I-1439; EuGH, Rs. C-444/00 (Mayer Parry Recycling), Slg. 2003, I-6163; EuGH, Rs. C-116/01 (SITA), Slg. 2003, I-2969; EuGH, Rs. 458/00 (Kommission/Luxemburg), Slg. 2003, I-1553; EuGH, Rs. C-113/02 (Kommission/Niederlande), Slg. 2004, I-9707.
607 Vgl. ausführlich zu dieser Abgrenzung *Epiney/Heuck*, in: Fluck, KrW-/Abf-/BodSchR, 9313 (RL 2008/98), Kommentar, Art. 3, Rn. 56 ff. Speziell zur Frage der Hausmüllverbrennung *Kropp*, AbfallR 2011, 207 ff.
608 S. aber auch schon EuGH, Rs. C-324/99 (DaimlerChrysler), Slg. 2001, I-9918. Zu diesem Urteil *Epiney*, NVwZ 2002, 1429 (1438).
609 EuGH, Rs. C-6/00 (ASA), Slg. 2002, I-1961. Zu diesem Urteil *Groß*, EuR 2003, 146 ff.; *Begemann*, NJW 2002, 2613 ff.
610 S. EuGH, Rs. C-228/00 (Kommission/Deutschland), Slg. 2003, I-1439; EuGH, Rs. C-458/00 (Kommission/Luxemburg), Slg. 2003, I-1553; EuGH, Rs. C-116/01 (SITA EcoService), Slg. 2003, I-2969. Zu diesen Urteilen unter Berücksichtigung der Auswirkungen auf das deutsche Abfallrecht *Schoch*, DVBl. 2004, 69 ff.; *Petersen*, NVwZ 2004, 34 ff.; *Frenz*, NuR 2003, 395 ff.; *Reese*, ZUR 2003, 217 ff.; *Schink*, UPR 2003, 121 ff.; zur Problematik auch *Kropp*, AbfallR 2010, 193 ff. (insbes. 198); *Petersen*, AbfallR 2006, 102 (107); *Baars/Nottrodt*, AbfallR 2007, 137 ff.; *Kropp*, AbfallR 2011, 207 ff.; unter Berücksichtigung der Rechtsprechung in Deutschland *Beckmann*, AbfallR 2007, 267 ff.

nungswärme oder nach Umwandlung in Form von Elektrizität. Drittens müsse der größere Teil der Abfälle bei dem Vorgang verbraucht und der größere Teil der freigesetzten Energie zurückgewonnen und genutzt werden.

– Der Hauptzweck der Verbringung von Abfällen zwecks Verbrennung in einer Abfallbeseitigungsanlage bestehe aber in der Regel nicht in der Verwertung der Abfälle. Hieran ändere auch der Umstand nichts, dass die bei der Verbrennung erzeugte Wärme ganz oder teilweise zurückgewonnen werde, stelle dies doch nur einen Nebeneffekt der Verbrennung dar, bei der die Beseitigung der Hauptzweck sei.

Die Urteile klären eine Grundfrage des Abfallverbringungsrechts und sind damit von großer Bedeutung. Der EuGH stellt bei der Abgrenzung zwischen Verwertung und Beseitigung auf die konkret den Abfällen zugedachte Behandlung, nicht hingegen auf deren stoffliche Eigenschaften ab, was angesichts der umweltpolitischen Relevanz der Behandlung der Abfälle auch grundsätzlich überzeugt. In Bezug auf die konkreten Auswirkungen dürfte dieser Ansatz implizieren, dass – von Ausnahmen abgesehen – die Verbrennung in Müllverbrennungsanlagen als Beseitigung anzusehen ist mit der Folge der Befugnis der Mitgliedstaaten, auf Nähe- und Autarkieprinzip gestützte Einwände gegen die Verbringung zu formulieren. Fraglich könnte allenfalls sein, ob der zuletzt genannte Aspekt (der „Hauptzweck" einer Verbrennung sei in der Regel die Beseitigung) nicht angesichts der neuen Formulierung in der RL 2008/98, die von „Hauptergebnis" spricht (Art. 3 Nr. 15 RL 2008/98), etwas in dem Sinn in Zukunft zu relativieren ist, als es auch bei der Verbrennung entscheidend sein muss, ob diese einen zusätzlichen Nutzen im Verhältnis zur „reinen" Beseitigung zu bringen vermag, was dann der Fall ist, wenn durch die energetische Verbrennung der Abfälle mehr Energie erzeugt und zurückgewonnen und genutzt wird, als beim Verbrennungsvorgang verbraucht wird.[611]

■ Art. 34 ff. VO 1013/2006 sind die Vorgaben für die **Verbringung zwischen EU-Mitgliedstaaten und Drittstaaten** zu entnehmen. Vor dem Hintergrund der einschlägigen völkerrechtlichen Verpflichtungen sind hier für zahlreiche Drittstaaten und / oder Abfallarten allgemeine Verbringungsverbote vorgesehen, insbesondere soweit die Verbringung von zur Beseitigung bestimmten Abfällen in andere Drittstaaten als die EFTA-Staaten betroffen ist.

■ Schließlich haben die Mitgliedstaaten nach Art. 33 VO 1013/2006 geeignete Regelungen für die Überwachung und Kontrolle von **Verbringungen innerhalb der Mitgliedstaaten** vorzusehen; diese müssen im Hinblick auf eine gewisse Kohärenz den Verordnungsregelungen über die grenzüberschreitende Verbringung Rechnung tragen, wobei es den Mitgliedstaaten aber freisteht, die Bestimmungen der Verordnung auch auf innerstaatliche Abfalltransporte anzuwenden.

Immer wieder wurde insbesondere in Bezug auf die VO 259/93 die Frage aufgeworfen, ob diese bzw. gewisse Aspekte derselben (wobei die Frage des Notifizierungssystems und der Ausgestaltung der Einwände im Zentrum des Interesses standen) angesichts der doch beachtlichen **Beschränkungen der Warenverkehrsfreiheit** durch die Vorgaben der Verordnung mit dem **Primärrecht**, insbesondere mit **Art. 34 AEUV, im Einklang steht**.[612] Diese Fragen dürften sich entsprechend im Zusammenhang mit der VO 1013/2006 stellen.[613] Der EuGH musste sich bislang zu dieser Problematik noch nicht äußern, und in der Lehre wurde überwiegend von der Vereinbarkeit der VO 259/93 mit den primärrechtlichen Vorgaben ausgegangen.[614] Im Einzelnen kann die Frage der **Primärrechtskonformität der VO 1013/2006** nur in Bezug auf die **einzelnen Bestimmungen der Verordnung** untersucht werden, steht doch die grundsätzliche Formulierung von Vorgaben für die grenzüberschreitende Verbringung von Abfällen zweifellos im Einklang

142

---

611 Vgl. hierzu im Einzelnen *Epiney/Heuck*, in: Fluck, KrW-/Abf-/BodSchR, 9313 (RL 2008/98), Kommentar, Art. 3, Rn. 70, m.w.N. Spezifisch zur Frage der Energieeffizienzberechnung *Stengler*, AbfallR 2011, 213 ff.; ausführlich zur Problematik auch *Brandt*, Abfallverbrennung, *passim*; *Klafki*, Rechtsfragen der Abfallverbrennung, insbes. 121 ff.
612 Vgl. statt vieler ausführlich und m.w.N. *Kasten*, Europa- und völkerrechtliche Aspekte der grenzüberschreitenden Abfallverbringung, 141 ff.
613 Und werden auch teilweise aufgeworfen, vgl. etwa *Oexle*, in: Die neuen abfallrechtlichen Pflichten, 143 (150 ff.).
614 Vgl. etwa *Engels*, Grenzüberschreitende Abfallverbringung, 213 ff.; *Kasten*, Europa- und völkerrechtliche Aspekte der grenzüberschreitenden Abfallverbringung, 141 ff.; *Frenz*, UPR 2000, 210 ff.

mit dem Primärrecht. Hingewiesen sei allgemein jedoch auf den Umstand, dass der **Regelungsansatz der Verordnung** (Notifizierungsverfahren und die Möglichkeit, die Verbringungen aus bestimmten Gründen einzuschränken oder zu unterbinden) **grundsätzlich mit Art. 34 AEUV im Einklang** stehen dürfte: Denn Einschränkungen des freien Warenverkehrs sind immer dann möglich, wenn die getroffenen Maßnahmen notwendig sind, um Gründen im Sinne des Art. 36 AEUV oder aber zwingenden Erfordernissen des Allgemeinwohls Rechnung zu tragen; zu letzteren ist der Umweltschutz zu zählen.[615] Im Übrigen ist darauf hinzuweisen, dass das in Art. 191 Abs. 2 S. 2 AEUV verankerte Ursprungsprinzip grundsätzlich durchaus Anliegen der Entsorgungsnähe und der Entsorgungsautarkie zu begründen vermag, wenn aus diesem Grundsatz auch keine Verpflichtung zu einer „bedingungslosen" Verfolgung dieser Prinzipien abgeleitet werden kann.[616] Vor diesem Hintergrund und angesichts des Umstandes, dass Abfallverbringungen regelmäßig potentiell Gefährdungen für Mensch und Umwelt mit sich bringen, steht das Notifizierungsverfahren grundsätzlich mit Art. 34 AEUV in Einklang, zumal es bei gewissen als nicht gefährlich eingestuften Abfällen („Grüne Liste") erst gar nicht zur Anwendung kommt. Auch das grundsätzliche System der (abgestuften) Einwände in Art. 11, 12 VO 1013/2006 (womit aber noch keine Stellungnahme zur Primärrechtskonformität einzelner Einwände verbunden ist) dürfte als solches mit den primärrechtlichen Vorgaben vereinbar sein, wird es dadurch den Mitgliedstaaten doch ermöglicht, bei Vorliegen bestimmter Gründe im Hinblick auf die Verwirklichung umweltpolitischer oder gesundheitspolitischer Zielsetzungen die Abfallverbringungen einzuschränken oder zu unterbinden.[617] Allerdings ist daran zu erinnern, dass das Sekundärrecht jedenfalls primärrechtskonform auszulegen ist, so dass sich ggf. vor dem Hintergrund der Art. 34 ff. AEUV eine restriktive Auslegung der Einwandgründe aufdrängen könnte.

IV. Bewertung

Die **Abfallbewirtschaftung in der EU** ist von einem gewissen Paradox gekennzeichnet: Einerseits sind den einschlägigen Bestimmungen insbesondere der RL 2008/98 eine Reihe von Grundsätzen und Zielvorgaben zu entnehmen, denen die Ausgestaltung der abfallrechtlichen Regelungen Rechnung zu tragen hat. Zu nennen sind hier in erster Linie die Grundsätze der Entsorgungsnähe und des Vorrangs von Vermeidung und Verwertung. Andererseits jedoch sind die diesbezüglichen rechtlich verbindlichen Vorgaben nur bedingt geeignet, diese Grundsätze tatsächlich zu verwirklichen, enthalten sie doch nur wenige konkrete Verpflichtungen der Mitgliedstaaten, denen ansonsten ein weiter Gestaltungsspielraum verbleibt. Insoweit trägt das Abfallrecht daher nur bedingt dem Ursprungs- und Vorsorgeprinzip Rechnung. Weitgehend abwesend sind im Abfallrecht zudem über einen regulativen Ansatz hinausgehende marktwirtschaftliche Instrumente, insbesondere soweit die Umsetzung des Verursacherprinzips betroffen ist. An diesem Fazit ändert auch der Umstand nur wenig, dass die RL 2008/98 doch zu einer Präzisierung der Vorgaben in verschiedenen Bereichen geführt hat, zumal diese Neuerung in anderen Fragen

---

615 Vgl. zu diesen Grundsätzen oben 5. Kap. Rn. 67 ff.; spezifisch mit Bezug zur Abfallverbringung auch *Jarass*, NuR 1998, 397, 402 ff.; *Stewing*, Andienungs- und Überlassungspflichten, 45 ff.
616 Vgl. zum Ursprungsprinzip bereits EuGH, Rs. C-2/90 (Kommission/Belgien), Slg. 1992, I-4431, Rn. 34 ff.; s. auch EuGH, Rs. C-422/92 (Kommission/Deutschland), Slg. 1995, I-1097, Rn. 34; aus der Literatur spezifisch mit Bezug zu Nähe- und Autarkieprinzip *te Heesen*, Abfallverbringung, 96 f.; *Frank*, Nähe und Autarkie in der Abfallentsorgung, 64 ff., der zutreffend betont, dass Nähe- und Autarkieprinzip zwar mit dem Ursprungsprinzip in Einklang stehen, sich jedoch nicht zwingend aus diesem ergeben, sondern dass verschiedene einschlägige Grundsätze im Hinblick auf die Verwirklichung eines bestmöglichen Umweltschutzes miteinander in Einklang gebracht werden müssen.
617 Diese hier vertretene grundsätzliche Vereinbarkeit des Systems der VO 1013/2006 mit den Vorgaben des AEUV ist auch und gerade vor dem Hintergrund zu sehen, dass dem Unionsgesetzgeber nach der Rechtsprechung des EuGH bei der Ausgestaltung des Sekundärrechts im Hinblick auf die Verfolgung bestimmter Zielsetzungen ein recht weiter Gestaltungsspielraum einzuräumen ist. Vgl. etwa EuGH, Rs. C-293/97 (Standley), Slg. 1999, I-2603; EuGH, Rs. C-377/98 (Niederlande/EP und Rat), Slg. 2001, I-7079; EuGH, Rs. C-540/03 (EP/Rat), Slg. 2006, I-5769; EuGH, Rs. C-180/96 (Großbritannien/Kommission), Slg. 1998, I-2265; EuGH, Rs. C-168/98 (Luxemburg/Rat und Parlament), Slg. 2000, I-9131.

(insbesondere diejenige nach der Abgrenzung von Abfall und Nebenprodukt) die Effektivität der abfallrechtlichen Vorgaben über eine Einschränkung des Abfallbegriffs relativiert.

Im Bereich der **Abfallverbringung** hat die Union einen insgesamt gelungenen Ausgleich zwischen einem „interventionistischen", eher ordnungsrechtlichen Ansatz und einem auf die Marktkräfte vertrauenden freiheitlichen Ansatz gefunden. Dies ist hier insbesondere auch deshalb eine brisante Frage, weil Abfall als Ware grundsätzlich in den Schutzbereich der Freiheit des Warenverkehrs fällt. Die Tendenz der VO 10130/2006, Verbringungsverbote innerhalb der Union bei nicht zur Wiederverwertung bestimmten Abfällen grundsätzlich unter bestimmten Voraussetzungen zuzulassen, erscheint insofern ebenso sinnvoll wie notwendig, als hier die Ausübung der Grundfreiheiten selbst umweltpolitische Gefahren mit sich bringen kann. Dann gibt es die umweltpolitische Querschnittsklausel auf, die Grundfreiheit selbst insoweit zu beschränken.[618] An dieser grundsätzlich positiven Bewertung der VO 1013/2006 und ihrer Grundkonzeption ändern einzelne (mögliche) Kritikpunkte nichts.

E. Literatur

I. Schutz der Ozonschicht und Klimaschutzrecht

Adolf, Jörg/Berg, Karlheinz: Die Umsetzung der EU-Emissionshandels-Richtlinie aus der Perspektive eines globalen Energie-Konzerns, EurUP 2004, 2 ff.

Ahner, Nicole/Meeus, Leonardo: Global versus Carbon Economy: The Case of the Revised EU Emissions Trading Scheme, RECIEL 2011, 91 ff.

Athen, Marco: „Hinterm Horizont geht's weiter!" – Einbeziehung des Luftverkehrs in den Handel mit Treibhausgasemissionszertifikaten, EuZW 2012, 337 ff.

Backes, Chris W./van Gestel, Rob/Teuben, Reinske: Vorschläge für gesetzliche Regelungen zum Emissionshandel in den Niederlanden, UTR 2002, 347 ff.

Bader, Pascal: Europäische Treibhauspolitik mit handelbaren Emissionsrechten. Empfehlungen für die Umsetzung der Kyoto-Verpflichtungen vor dem Hintergrund US-amerikanischer Lizenzierungserfahrungen, Berlin 2000.

Bartlik, Martin: Die Einbeziehung des Luftverkehrs in das EU-Emissionshandelssystem, EuR 2011, 196 ff.

Becker, Florian: Ökonomisierung und Globalisierung des Europäischen Umweltrechts: Die Richtlinie zum Handel mit Emissionszertifikaten, EuR 2004, 857 ff.

Beckmann, Martin A./Fisahn, Andreas: Probleme des Handels mit Verschmutzungsrechten – eine Bewertung ordnungsrechtlicher und marktgesteuerter Instrumente in der Umweltpolitik, ZUR 2009, 299 ff.

Bode, Sven/Butzengeiger, Sonja: Zur kostenlosen Allokation von Emissionsrechten in Deutschland, ZfU 2003, 287 ff.

Bogojevic, Sanja: Litigating the NAP: Legal Challenges for the Emissions Trading Scheme of the European Union, CCLR 2010, 219 ff.

Boisson de Chazournes, Laurence: La protection du climat en droit international – éléments d'un régime juridique en émergence, SZIER 2010, 339 ff.

Brattig, Boris: Handel mit Treibhausgas-Emissionszertifikaten in der EG. Prüfung der Rechtmäßigkeit ausgewählter Normen der Richtlinie 2003/87/EG nach dem Europäischen Gemeinschaftsrecht, Hamburg 2004.

Breuer, Rüdiger: Rechtsschutz beim Handel mit Emissionszertifikaten, in: Marburger, Peter (Hrsg.), Emissionszertifikate im Umweltrecht, Berlin 2004, 145 ff.

Brinktine, Ralf: Das Recht der Biokraftstoffe, EurUP 2010, 2 ff.

Brockmann, Karl Ludwig/Stronzik, Marcus/Bergmann, Heidi: Emissionsrechtehandel – eine neue Perspektive für die deutsche Klimapolitik nach Kioto, Heidelberg 1999.

Burgi, Martin: Die Rechtsstellung der Unternehmen im Emissionshandelssystem, NJW 2003, 2486 ff.

---

618 Vgl. oben 5. Kap. Rn. 36 ff.; ausführlich *Epiney*, NuR 1995 (5. Kap. E.I.), 497 ff.

Burgi, Martin: Das Emissionshandelsrecht als unterschätzter Kontrollgegenstand im europäischen Verfassungsgerichtsverbund, FS Meinhard Schröder, Berlin 2012, 497 ff.

de Cendra de Larragan, Javier: Distributional Choices in EU Climate Change Law and Policy. Towards a Principled Approach?, Alphen aan den Rijn 2011.

Convery, Frank/Ellerman, Denny/de Perthuis, Christian: The European Carbon Market in Action: Lessons from the First Trading Period, JEEPL 2008, 215 ff.

Corino, Carsten: Der Handel mit Treibhausgas-Emissionsrechten, EuZW 2002, 165 ff.

Cosack, Tilman: Emissionshandel in Europa und Deutschland – eine effiziente Strategie zur Reduzierung der Treibhausgasemissionen?, EurUP 2007, 40 ff.

Czybulka, Detlef: Klimaschutz außerhalb des Emissionshandelssystems. Ausgewählte Aktionsfelder und rechtliche Umsetzung in Europa und in Deutschland, EurUP 2008, 109 ff.

Czybulka, Detlef: Ausweitung des Emissionshandels und Lastenteilung: Das europäische Paket zur Reduktion der Treibhausgasemissionen bis 2020, EurUP 2009, 26 ff.

Delgado Piqueras, Francisco: Toward a European Regulatory Scheme for the Promotion of Green Power: Ensuring Energy Supply, Environmental Protection and Sustainable Development, EPL 2012, 665 ff.

Diehr, Matthias: Rechtsschutz im Emissionszertifikate-Handelssystem. Eine Betrachtung des Treibhausgas-Emissionshandelssystems unter besonderer Berücksichtigung rechtsschutzrelevanter Fragen der Emissionsgenehmigung und der Zuteilung von Emissionsberechtigungen, Berlin 2006.

Dieckmann, Nina: Das neue CCS-Gesetz – Überblick und Ausblick, NVwZ 2012, 989 ff.

Ehricke, Ulrich: Quellen der Reserven für Zertifikate im Emissionshandel nach der Richtlinie 2003/87/EG, EWS 2004, 155 ff.

Ehrmann, Markus: Das ProMechG: Verknüpfung des europäischen Emissionshandels mit den flexiblen Mechanismen des Kyoto-Protokolls, in: Martin Oldiges (Hrsg.), Immissionsschutz durch Emissionshandel – eine Zwischenbilanz, Baden-Baden 2007, 101 ff.

Ekardt, Felix: Zur Vereinbarkeit eines Landesklimaschutzrechts mit dem Bundes-, Verfassungs- und Europarecht, UPR 2011, 371 ff.

Ekardt, Felix/von Bredow, Hartwig: Extended Emissions Trading Versus Sustainability Criteria: Managing the Ecological and Social Ambivalences of Bioenergy, RELP 2012, 49 ff.

Ekardt, Felix/Schmeichel, Andrea/Heering, Mareike: Europäische und nationale Regulierung der Bioenergie und ihrer ökologisch-sozialen Ambivalenzen, NuR 2009, 222 ff.

Enderle, Bettina/Erler, Nora-Phoebe: Europe's Air Becomes More and More Expensive: The Integration of Maritime Transport into the European Emission Trading Scheme, EurUP 2012, 162 ff.

Enders, Christoph: Ökonomische Prinzipien im Dienst des Umweltrechts? Rechtliche Funktionsbedingungen des Emissionsrechtehandels, DÖV 1998, 184 ff.

Enzmann, Johannes/Marr, Simon: Moving Towards Phase III – Key Elements of the Review of the EU Emissions Trading Scheme, JEEPL 2008, 159 ff.

Epiney, Astrid: Fragen des europäischen und deutschen Verfassungsrechts, in: Rengeling, Hans-Werner (Hrsg.), Klimaschutz durch Emissionshandel, Köln u.a. 2001, 207 ff.

Epiney, Astrid: Emissionshandel in der EU, DVBl. 2002, 579 ff.

Epiney, Astrid: Biomassenutzung im Völker- und Europarecht, in: Helmuth Schulze-Fielitz/Thorsten Müller (Hrsg.), Klimaschutz durch Bioenergie. Das Recht der Biomassenutzung zwischen Klimaschutz und Nachhaltigkeit, Baden-Baden 2010, 29 ff.

Epiney, Astrid: Zur Entwicklung des Emissionshandels in der EU, ZUR 2010, 236 ff.

Epiney, Astrid: Emissionshandel für NO_x und SO_2 im EU-Recht. Ein Beitrag zur Übertragbarkeit des Systems der RL 2003/87 auf (andere) Luftschadstoffe, NuR 2011, 167 ff.

Erling, Uwe M.: Die Einbeziehung des Luftverkehrs in den EU-Emissionshandel, UPR 2006, 5 ff.

Erling, Uwe M./Waggershauser, Stephan Patrick: Novellierung der EU-Emissionshandelsrichtlinie (EH-RL). Überblick und erste Bewertung, UPR 2008, 175 ff.

Faure, Michael/Peeters, Marjan (Hrsg.), Climate Change and European Emissions Trading. Lessons for Theory and Practice, Cheltenham 2008.

Fernandez-Armenteros, Mercedes: Synergies between the Emissions Trading Proposal and the IPPC Directive, elni 2/2002, 13 ff.

Finger, Werner: Europäische Zertifikatsmärkte und Gemeinschaftsrecht. Rechtsfragen zur Europarechtskonformität von Zertifikatsmärkten am Beispiel eines Zertifikatsmarktes im Straßengüterverkehr, Berlin 2004.
Frenz, Walter: Perspektiven für den Umwelt- und Klimaschutz, EuR 2009, Beiheft 1, 232 ff.
Frenz, Walter: Gleichheitssatz und Wettbewerbsrelevanz bei BVerfG und EuGH – das Beispiel Emissionshandel, DVBl. 2010, 223 ff.
Gärditz, Klaus Ferdinand: Schwerpunktbereich – Einführung in das Klimaschutzrecht, JuS 2008, 324 ff.
Gerber, Betty: Proposal for a Directive on Greenhause Emissions Trading within the European Community, elni 1/2002, 14 ff.
Giesberts, Ludger/Hilf, Juliane: Emissionshandel: Der deutsche Allokationsplan, EurUP 2004, 30 ff.
Greb, Tobias: Der Emissionshandel ab 2013. Die Versteigerung der Emissionszertifikate auf europäischer Ebene, Baden-Baden 2011.
Grubb, Michael: International Emissions Trading under the Kyoto Protocol: Core Issues in Implementation, RECIEL 1998, 140 ff.
Harris, Paul G. (Hrsg.): Europe and Global Climate Change. Politics, Foreign Policy and Regional Cooperation, Cheltenham 2007.
Hartmann, Moritz: Globaler Klimawandel und Europäischer Rechtspluralismus, EuR 2011, 636 ff.
Hartmann, Moritz: Zuteilung, Auktionierung und Transfer von Emissionszertifikaten – Entwicklungsperspektiven des EU-Emissionshandels in Phase III (2013-2020), ZUR 2011, 246 ff.
Heselhaus, Sebastian: Der Luftverkehr im Netz des Emissionshandels, in: Astrid Epiney/Markus Wyssling (Hrsg.), Schweizerisches Jahrbuch für Europarecht 2006/2007, Zürich/Bern 2007, 329 ff.
Heye, Hendrik: Rechtliche Instrumente zur Reduktion der Treibhausgasemissionen. Ein Beitrag zu den rechtlichen Umsetzungsmöglichkeiten nationalen Klimaschutzes, dargestellt am Beispiel des Gebäude- und Anlagenbereichs, München 2004.
Hillebrand Bernhard/Smajgl, Alexander/Ströbele, Wolfgang/Behringer Jean-Marc/Heins, Bernd/Meyer, Eric-Christian: Zertifikatehandel für CO_2-Emissionen auf dem Prüfstand. Ausgestaltungsprobleme des Vorschlags der EU für eine „Richtlinie zum Emissionshandel", Münster u.a. 2002.
Hoffmann, Jan: Herausforderung Klimaschutz. Entwicklung und rechtliche Behandlung unter besonderer Berücksichtigung des Emissionsrechtehandels, Baden-Baden 2007.
Hohenstein, Christine: Rechtliche Aspekte des Emissionsrechtehandels, EWS 2002, 511 ff.
Holwerda, Marihn: Subsidizing Carbon Capture and Storage Demonstration through the EU ETS New Entrants Reserve: A Proportionality Test, CCLR 2010, 228 ff.
Hösch, Ulrich: Zur rechtlichen Beurteilung von Emissionszertifikaten als Instrument der Vorsorge im Umweltrecht, UTR 2001, 127 ff.
Jaquemont, Frédéric: The EU and Climate Change: Is a Clarification of EU Legal Competence possible?, elni 1/2001, 30 ff.
Jendroska, Jerzy: Public Participation and Information in the Emissions Trading Directive, elni 2004, 7 ff.
Johnston, Angus/Neuhoff, Karsten/Fouquet, Dörte/Ragwitz, Mario/Resch, Gustav: The Proposed New EU Renewables Directive: Interpretation, Problems and Prospects, EELR 2008, 126 ff.
Jordan, Andrew/Huitema, Dave/von Asselt, Harro/Rayner, Tim/Berkhout, Frans (Hrsg.): Climate Change Policy in the European Union. Confronting the Dilemmas of Mitigation and Adaptation?, Cambridge 2010.
Kerth Yvonne: Emissionshandel im Gemeinschaftsrecht. Die EG-Emissionshandelsrichtlinie als neues Instrument europäischer Klimaschutzpolitik, Baden-Baden 2004.
Kerth, Yvonne: Klimaschutz als europäische Querschnittsaufgabe – Ein Blick auf 25 Jahre europäische Klimaschutzpolitik, FS Dieter H. Scheuing, Baden-Baden 2011, 340 ff.
Kirchhof, Ferdinand/Kemmler: Iris: Einstimmigkeitserfordernis im Rat bei der Beschlussfassung über eine europäische Richtlinie zum Handel mit Treibhausgasemissionsberechtigungen, EWS 2003, 217 ff.
Kloepfer, Michael: Der Handel mit Emissionsrechten im System des Umweltrechts, in: Marburger, Peter (Hrsg.), Emissionszertifikate im Umweltrecht, Berlin 2004, 71 ff.

Knopp, Lothar: EU-Umwelthaftung, EU-Umweltstrafrecht und EU-Emissionszertifikatehandel, EWS 2002, Beilage 3 (Heft 8), 1 ff.

Knopp, Lothar/Hoffmann, Jan: EU-Emissionsrechtehandel und deutsches Treibhausgas-Emissionshandelsgesetz, EWS 2004, 201 ff.

Kobes, Stefan, Grundzüge des Emissionshandels in Deutschland, NVwZ 2004, 513 ff.

Koch, Hans-Joachim: Klimaschutzrecht – Ziele, Instrumente und Strukturen eines neuen Rechtsgebiets, in: Gesellschaft für Umweltrecht (Hrsg.), Dokumentation zur 34. wissenschaftlichen Fachtagung der Gesellschaft für Umweltrecht e.V. Leipzig 2010, 41 ff.

Koch, Hans-Joachim: Klimaschutzrecht, NVwZ 2011, 641 ff.

Koch, Hans-Joachim/Behrend, Claudia: Klimaschutz im geltenden Umweltrecht, NuR 1996, 433 ff.

Koch, Hans-Joachim/Verheyen, Roda: Klimaschutz im deutschen Anlagengenehmigungsrecht: völkerrechtlicher Rahmen, europarechtliche Vorgaben, innerstaatlicher Anpassungsbedarf, NuR 1999, 1 ff.

Koch, Hans-Joachim/Wieneke, Annette: Klimaschutz durch Emissionshandel – das europäische und deutsche Anlagengenehmigungsrecht als Ordnungsrahmen –, DVBl. 2001, 1085 ff.

Köck, Wolfgang: Klimawandel und Recht – Adaption an Klimaänderungen: Auswirkungen auf den Hochwasserschutz, die Bewirtschaftung der Wasserressourcen und die Erhaltung der Artenvielfalt –, ZUR 2007, 393 ff.

Köck, Wolfgang/Faßbender, Kurt (Hrsg.): Klimaschutz durch Erneuerbare Energien, Baden-Baden 2010.

Korn, Juhani M. V.: Von „open skies" und „green shipping" – Zur Bedeutung des Urteils über die Einbeziehung des Luftverkehrs in den Emissionshandel für das europäische Emissionsreduzierungsvorhaben in der Hochseeschifffahrt, NuR 2012, 759 ff.

Krahl, Andreas: Maßnahmen zur Eindämmung der Klimawirkungen des Luftverkehrs – eine Standortbestimmung anhand des geplanten Emissionshandelssystems der EU, EurUP 2008, 80 ff.

Krämer, Ludwig, Grundfragen aus Europäischer Sicht. Rechtsfragen betreffend den Emissionshandel mit Treibhausgasen der Europäischen Gemeinschaft, in: Rengeling, Hans-Werner (Hrsg.), Klimaschutz durch Emissionshandel, Köln u.a. 2001, 1 ff.

Krämer, Ludwig: Eau et climat: initiatives de l'Union européenne, RDUE 2009, 419 ff.

Krämer, Ludwig: Klimaschutzrecht der Europäischen Union, SZIER 2010, 311 ff.

Küll, Carolin: Grundrechtliche Probleme der Allokation von CO_2-Zertifikaten, Heidelberg 2009.

Kulovesi, Kati/Morgera, Elisa/Munoz, Miquel: Environmental Integration and Multi-faceted International Dimensions of EU Law: Unpacking the EU's 2009 climate and energy package, CMLRev. 2011, 829 ff.

Lassen, Merle: Einbeziehung des Schiffsverkehrs in das Emissionshandelssystem, ZUR 2011, 570 ff.

Lehnert, Wieland/Vollprecht, Jens: Neue Impulse von Europa: Die Erneuerbare-Energien-Richtlinie der EU, ZUR 2009, 307 ff.

Ludwig, Grit: Energetische Verwendung von Biomasse nur mit Augenmaß vorantreiben, NuR 2009, 831 ff.

Ludwig, Grit: Nachhaltigkeitsanforderungen beim Anbau nachwachsender Rohstoffe im europäischen Recht, ZUR 2009, 317 ff.

Ludwig, Grit: Klimaschutz durch Biomassenutzung – Nachhaltigkeitserfordernisse gemäß der Erneuerbare-Energien-Richtlinie der EU, in: Wolfgang Köck/Kurt Faßbender (Hrsg.), Klimaschutz durch Erneuerbare Energien, Baden-Baden 2010, 65 ff.

Mager, Ute: Das europäische System für den Handel mit Treibhausgas-Emissionszertifikaten und sein Verhältnis zum Anlagenordnungsrecht, DÖV 2004, 561 ff.

Marburger, Peter (Hrsg.): Emissionszertifikate im Umweltrecht, Berlin 2004.

Marr, Simon: Emissionshandel in Deutschland. Der Entwurf des Treibhausgas-Emissionshandelsgesetzes und der Verordnung zur Umsetzung der Emissionshandels-Richtlinie für Anlagen nach dem Bundes-Immissionsschutzgesetz, EurUP 2004, 10 ff.

Mehrbrey, Kim Lars: Verfassungsrechtliche Grenzen eines Marktes handelbarer Emissionsrechte. Untersuchung eines sogenannten marktwirtschaftlichen Umweltschutzinstruments – dargestellt am Beispiel der Luftreinhaltung, Berlin 2003.

Mehrbrey, Kim Lars/Reuter, Alexander: Europäischer Emissionshandel. Der EU-Richtlinienvorschlag auf dem rechtlichen Prüfstand, Baden-Baden 2003.
Meritet, Sophie: Eléments d'une politique européenne en matière de changement climatique, RMCUE 2010, 211 ff.
Mortensen, Bent Ole Gram: The EU Emission Trading Directive, EELR 2004, 275 ff.
Müller, Dominik: Die Umsetzung der europäischen Nachhaltigkeitsstandards für die Nutzung von Bioenergie in Deutschland, ZUR 2011, 405 ff.
Mumelter, Stefan: Der Schutz der Ozonschicht, in der Europäischen Gemeinschaft und in Österreich einschließlich des Internationalen Regimes zum Schutz der Ozonschicht, Wien u.a. 1993.
Okinczyc, Sebastian: European Union Emissions Trading Scheme: Phase III, EEELR 2011, 164 ff.
Oldiges, Martin (Hrsg.): Immissionsschutz durch Emissionshandel – eine Zwischenbilanz, Baden-Baden 2007.
Oschmann, Volker/Sösemann, Fabian: Erneuerbare Energien im deutschen und europäischen Recht, ZUR 2007, 1 ff.
Pâques, Michel: La directive 2003/87/CE et le système d'échange de quotas d'émission de gaz à effet de serre dans la Communauté européenne, RTDE 2004, 249 ff.
Peeters, Marjan: Emissions Trading as a New Dimension to European Environmental Law: the Political Agreement of the European Council on Greenhouse Gas Allowance Trading, EELR 2003, 82 ff.
Pfromm, René A.: Emissionshandel und Beihilfenrecht, Berlin 2010.
Pielow, Christian: Rechtsfragen der Abscheidung und Speicherung von CO_2 – „Carbon Capture and Storage (CCS)", in: Peter Marburger (Hrsg.), Energieversorgung und Umweltschutz, Berlin 2010, 151 ff.
Pinon Carlarne, Cinnamon: Climate Change Law and Policy. EU and US Approaches, Oxford 2010.
Pocklington, David: European Emissions Trading – the Business Perspective, EELR 2002, 210 ff.
Pocklington, David/Leese, Richard: Certainties and uncertainties – proposed modifications to the Emissions Trading Directive, Environmental Law & Management 2008, 133 ff.
Poncelet, Charles: The Emission Trading Scheme Directive: Analysis of Some contentious Points, EELR 2011, 245 ff.
Proelß, Alexander: Das Umweltvölkerrecht vor den Herausforderungen des Klimawandels, JZ 2011, 495 ff.
Reese, Moritz: Das neue Recht des Hochwasserschutzes vor den Herausforderungen des Klimawandels, NuR 2011, 19 ff.
Rehbinder, Eckard/Schmalholz, Michael: Handel mit Emissionsrechten für Treibhausgase in der Europäischen Union, URP 2002, 1 ff.
Reimann, Carsten: Wettbewerbsrechtliche Aspekte des Handels mit Emissionszertifikaten, EWS 2004, 160 ff.
Rengeling, Hans-Werner: Handel mit Treibhausgasemissionen, DVBl. 2000, 1725 ff.
Rengeling, Hans-Werner (Hrsg.): Klimaschutz durch Emissionshandel, Köln u.a. 2001.
Reuter, Alexander/Busch, Ralph: Einführung eines EU-Emissionshandels – die Richtlinie 2003/87/EG, EuZW 2004, 39 ff.
Reuter, Alexander/Kindereit, Kai, EG-Emissionshandelsrichtlinie und Beihilferecht am Beispiel prozessbedingter Emissionen, DVBl. 2004, 537 ff.
Ringel, Christina/Bitsch, Christian: Die Neuordnung des Rechts der Erneuerbaren Energien in Europa, NVwZ 2009, 807 ff.
Rodi, Michael: Immissionsschutz durch Emissionshandel – internationale, europäische und nationale Entwicklungen, in: Martin Oldiges (Hrsg.), Immissionsschutz durch Emissionshandel – eine Zwischenbilanz, Baden-Baden 2007, 15 ff.
Rousseaux, Sandrine: L'allocation des quotas d'émission de gaz à effet de serre: un aspect déterminant du futur marché européen, RMCUE 2005, 31 ff.
de Sadeleer, Nicolas: Le système communautaire d'échange de quotas d'émission de gaz à effet de serre entre ambition et prudence, RDUE 2009, 703 ff.

Sailer, Frank: Klimaschutzrecht und Umweltenergierecht – Zur Systematisierung beider Rechtsgebiete, NVwZ 2011, 718 ff.

Schlacke, Sabine: Klimaschutzrecht – ein Rechtsgebiet? Begriffliches, Systematik und Perspektiven, Die Verwaltung, Beiheft 11, Berlin 2010, 121 ff.

Schlacke, Sabine/Much, Susanna: Rechtsprobleme der CO_2-Sequestrierung, SZIER 2010, 287 ff.

Schmidt, Lars/Schnell, Marc: Bilanzierung von Emissionsrechten nach IAS/IFRS – Zugleich eine Darstellung des Emissionshandelsprogramms der EU, DB 2003, 1449 ff.

Schomerus, Thomas/Spengler, Laura: Die Erweiterung der Ökodesign-Richtlinie – auf dem Weg zur „Super-Umweltrichtlinie"?, EurUP 2010, 54 ff.

Schröder, Meinhard: Der Handel mit Emissionsrechten als völker- und europarechtliches Problem, in: Marburger, Peter (Hrsg.), Emissionszertifikate im Umweltrecht, Berlin 2004, 35 ff.

Schröder, Meinhard: Klimaschutz durch die Europäische Union, UTR 2006, 19 ff.

Schuhmann, Tankred: The UK Emissions Trading Scheme: Vom Prototyp zum Auslaufmodell?. Funktionsbeschreibung und Erfahrungsbericht zu einem nationalen Emissionshandelssystem, EurUP 2004, 30 ff.

Schulze-Fielitz, Helmuth/Müller, Thorsten (Hrsg.): Klimaschutz durch Bioenergie. Das Recht der Biomassenutzung zwischen Klimaschutz und Nachhaltigkeit, Baden-Baden 2010.

Schwarze, Gisbert: Including Aviation into the European Union's Emissions Trading Scheme, EELR 2007, 10 ff.

Seidel, Wolfgang/Kerth, Yvonne: Umsetzungsprobleme internationaler Umweltschutzkonventionen: Das Beispiel des Kyoto-Protokolls – Emissionshandel als Instrument internationaler, europäischer und staatlicher Umweltpolitik, in: Müller-Graff, Peter-Christian/Pache, Eckhard/Scheuing, Dieter H. (Hrsg.), Die Europäische Gemeinschaft in der internationalen Umweltpolitik, Baden-Baden 2006, 149 ff.

Seiler, Christian: Kompetenz- und verfahrensrechtliche Maßstäbe europäischer Umweltabgaben. Die Versteigerung von CO_2-Emissionszertifikaten und die Überschreitungsabgabe auf CO_2-Emissionen von Neuwagen im Lichte der europäischen Zuständigkeitsordnung, EuR 2010, 67 ff.

Siegbert, Christoph: Emissionshandel im Luftverkehr, NVwZ 2006, 141 ff.

Skrylnikow, Ilja: CCS: Carbon Dioxide Capture and Storage – Technologische Risiken und regulatorische Herausforderungen, NuR 2010, 543 ff.

Spieth, Wolf Friedrich: Europäischer Emissionshandel und deutsches Industrieanlagenrecht. Rechtliche Probleme des Richtlinienvorschlags der Europäischen Kommission für einen Handel mit Treibhausgasemissionsberechtigungen in der Gemeinschaft, Berlin 2002.

Stewing, Clemens: Emissionshandel in der Europäischen Gemeinschaft, Köln u.a. 2004.

Stratmann, Anne: Die projektbezogenen Mechanismen des Kyoto-Protokolls. Clean Development Mechanism und Joint Implementation – Einbeziehung in das europäische Emissionshandelssystem und nationale Umsetzung, Berlin 2011.

Streck, Charlotte u.a.: The Results and Relevance of the Cancun Climate Conference, JEEPL 2011, 165 ff.

Streck, Charlotte u.a.: The Durban Climate Conference between Success and Frustration, JEEPL 2012, 201 ff.

Stuart, Graham/Fisher, Ann Marie: One world? International aviation and the EU Emissions Trading Scheme, Environmental Law & Management 2007, 170 ff.

Tabau, Anne-Sophie: La mise en oeuvre du Protocole de Kyoto en Europe. Interactions des contrôles international et communautaire, Brüssel u.a. 2011.

Thieffry, Patrick: Eléments d'une politique européenne en matière de changement climatique, RMCUE 2010, 148 ff.

Tunteng, Verki Michael et al.: Legal analysis of the inclusion of civil aviation in the European Union Emissions Trading Scheme (EU ETS), Environmental Law & Management 2012, 119 ff.

Verheyen, Roda: Klimaschutz – ein Beispiel für kooperative Umweltpolitik? Das Zusammenspiel zwischen Staat und privaten Akteuren zur Erreichung von Klimaschutzzielen auf internationaler, europäischer und deutscher Ebene, NuR 2002, 445 ff.

Waggershauser, Stephan Patrick: Novellierung der EU-Emissionshandels-Richtlinie, UPR 2008, 175 ff.
Wegener, Bernhard: Die Novelle des EU-Emissionshandelssystems, ZUR 2009, 283 ff.
Weishaar, Stefan: Ex-Post-Korrektur im Europäischen CO_2-Emissionshandel: Auswirkungen der Rechtsprechung für Deutschland (Zugleich Anmerkung zu EuG v. 7.11.2007 – Rs. T-374/04), EurUP 2008, 148 ff.
Weishaar, Stefan: Case Note: Germany v. Commission: The ECJ on Ex Post Adjustment under the EU ETS, RECIEL 2008, 126 ff.
Wickel, Martin: Die Abscheidung und Speicherung von Kohlendioxid (Carbon Capture and Storge) – Eine neue Technik als Herausforderung für das Umweltrecht, ZUR 2011, 115 ff.
Winter, Gerd: Das Klima ist keine Ware. Eine Zwischenbilanz des Emissionshandelssystems, ZUR 2009, 289 ff.
Winter, Gerd: The Climate is No Commodity: Taking Stock of the Emissions Trading System, Journal of Environmental Law Advance Access, December 3, 2009, 1 ff.
Wirtenberger, Franz: Erneuerbare Energien in der Europäischen Union – Politik und Rechtsetzung, EurUP 2008, 11 ff.
Wolf, Rainer: CCS, Anlagengenehmigungsrecht und Emissionshandel, ZUR 2009 571 ff.
Zimmer, Tilman: CO_2-Emissionsrechtehandel in der EU. Ökonomische Grundlagen und EG-rechtliche Probleme, Berlin 2004.

II. Naturschutzrecht

Apfelbacher, Dieter/Adenauer, Ursula/Iven, Klaus: Das Zweite Gesetz zur Änderung des Bundesnaturschutzgesetzes – innerstaatliche Umsetzung und Durchführung gemeinschaftsrechtlicher Vorgaben auf dem Gebiet des Naturschutzes – Teil I: Artenschutz, NuR 1998, 509 ff.
Apfelbacher, Dieter/Adenauer, Ursula/Iven, Klaus: Das Zweite Gesetz zur Änderung des Bundesnaturschutzgesetzes – innerstaatliche Umsetzung und Durchführung gemeinschaftsrechtlicher Vorgaben auf dem Gebiet des Naturschutzes – Teil I: Biotopschutz, NuR 1999, 63 ff.
Beckmann, Martin/Hünnekens, Georg: Zur Erforderlichkeit einer FFH-Verträglichkeitsprüfung bei der Bundesverkehrswegeplanung, DVBl. 2002, 1508 ff.
Beckmann, Martin/Lambrecht, Heiner: Verträglichkeitsprüfung und Ausnahmeregelung, ZUR 2000, 1 ff.
Beier, Arno/Geiger, Andreas: Die Behandlung des artenschutzrechtlichen Tötungsverbots in der Planfeststellung bei Tierkollisionen (Zugleich Anmerkung zu EuGH, U. v. 20.5.2010 – Rs. C-308/08 -), DVBl. 2011, 399 ff.
Berg, Gunhild: Europäisches Naturschutzrecht und Raumordnung, Münster 2002.
Berner, Klaus: Der Habitatschutz im europäischen und deutschen Recht. Die FFH-Richtlinie der EG und ihre Umsetzung in der Bundesrepublik Deutschland, Baden-Baden 2000.
Biester, Frauke: Der Rechtsschutz des Einzelnen bei der Umsetzung der Flora-Fauna-Habitat-Richtlinie, Berlin 2002.
Caddell, Richard: Biodiversity Loss and the Prospects for International Cooperation: EU Law and the Conservation of Migratory Species of Wild Animals, YEEL 8 (2008), 218 ff.
Czybulka, Detlef: Rechtspflichten des Bundes und der Länder zur Ausweisung und Erhaltung von Schutzgebieten nach nationalem, europäischem und internationalem Recht, UTR 1996, 235 ff.
Czybulka, Detlef: Geltung der FFH-Richtlinie in der ausschließlichen Wirtschaftszone – ein Urteil aus London und seine Folgen für das deutsche Naturschutzrecht, NuR 2001, 19 ff.
Czybulka, Detlef (Hrsg.): Aktuelle Entwicklungen im europäischen Naturschutzrecht, Baden Baden 2007.
Czybulka, Detlef: Ist das Erste Gesetz zur Änderung des Bundesnaturschutzgesetzes europarechtskonform?, EurUP 2008, 20 ff.
Czybulka, Detlef: Rechtliche Anforderungen an die Unterschutzstellung von Natura 2000-Gebieten auf „sonstige Weise" und die Umsetzung in den Bundesländern, EurUP 2008, 181 ff.

Czybulka, Detlef/Kampowski, Jens: Rechtliche Anforderungen an die Unterschutzstellung von Natura 2000-Gebieten auf „sonstige Weise" und die Umsetzung in den Bundesländern (Teil II), EurUP 2009, 180 ff.

von Daniels, Gero/Appel, Markus: Gebiets- und Artenschutz bei der Wiedernutzbarmachung von Bergbaufolgelandschaften – Naturschutzrecht als Hindernis für Maßnahmen der Naturschaffung, NuR 2008, 685 ff.

Disselhoff, Tilmann: Das neue EU-Umweltförderprogramm „LIFE+": Erfolgspotenzial für den Naturschutz, EurUP 2007, 162 ff.

Dubois, Jérôme/Maljean-Dubois, Sandrine (Hrsg.): Natura 2000. De l'injonction européenne aux négociations locales, Paris 2005.

Düppenbecker, Antje/Greiving, Stefan: Die Auswirkungen der Fauna-Flora-Habitat-Richtlinie und der Vogelschutzrichtlinie auf die Bauleitplanung, UPR 1999, 173 ff.

Durner, Wolfgang: Die Kompensation für Eingriffe in Natur und Landschaft nach deutschem und europäischen Recht, NuR 2001, 601 ff.

Ekroos, Ari: Forests and the Environment – Legislation and Policy of the EU, EELR 2005, 44 ff.

Emonds, Stephan: Die neue EG-Artenschutzverordnung und das geltende nationale Artenschutzrecht, NuR 1997, 26 ff.

Epiney, Astrid: Vogel- und Habitatschutz in der EU – Mitgliedstaatliche Beurteilungsspielräume bei der Ausweisung von Schutzgebieten und der Anwendung der Schutzregime –, UPR 1997, 303 ff.

Epiney, Astrid: 1. Teil: Zur Konzeption des europäischen Naturschutzrechts, in: Astrid Epiney/Nina Gammenthaler (Hrsg.), Das Rechtsregime der Natura 2000-Schutzgebiete. Ein Beitrag zur Auslegung des Art. 6 RL 92/43 und seiner Umsetzung in ausgewählten Mitgliedstaaten, Baden-Baden 2009, 5 ff.

Epiney, Astrid: 2. Teil: Zur rechtlichen Tragweite des Art. 6 RL 92/43, in: Astrid Epiney/Nina Gammenthaler (Hrsg.), Das Rechtsregime der Natura 2000-Schutzgebiete. Ein Beitrag zur Auslegung des Art. 6 RL 92/43 und seiner Umsetzung in ausgewählten Mitgliedstaaten, Baden-Baden 2009, 73-144.

Epiney, Astrid/Gammenthaler, Nina (Hrsg.): Das Rechtsregime der Natura 2000-Schutzgebiete. Ein Beitrag zur Auslegung des Art. 6 RL 92/43 und seiner Umsetzung in ausgewählten Mitgliedstaaten, Baden-Baden 2009.

Erbguth, Britta: Naturschutz und Europarecht: Wie weit reicht die Pflicht zur Alternativenprüfung gem. Art. 6 Abs. 4 der Habitatrichtlinie?, DVBl. 1999, 588 ff.

Erbguth, Wilfried: Ausgewiesene und potentielle Schutzgebiete nach FFH- bzw. Vogelschutz-Richtlinie: (Rechts-)Wirkungen auf die räumliche Gesamtplanung – am Beispiel der Raumordnung –, NuR 2000, 130 ff.

Erbguth, Wilfried/Schubert, Mathias: Zur Vereinbarkeit bestehender öffentlicher Anlagen in (potenziellen) FFH-Gebieten mit europäischem Habitatschutzrecht – Am Beispiel eines gemeindeeigenen Parkplatzes –, DVBl. 2006, 591 ff.

Erbguth, Wilfried/Stollmann, Frank: Sport und Umwelt: Europarechtliche Vorgaben, NuR 1999, 426 ff.

Ewer, Wolfgang: Rechtsschutz gegenüber der Auswahl und Festsetzung von FFH-Gebieten, NuR 2000, 361 ff.

Fehrensen, Sebastian: Zur Anwendung zwingenden Gemeinschaftsrechts in der aktuellen Rechtsprechung des BVerwG zum Artenschutz nach der „Kleinen Novelle" des Bundesnaturschutzgesetzes, NuR 2009, 13 ff.

Fellenberg, Frank: Neue Herausforderungen im besonderen Artenschutzrecht: Die Reaktionen der Praxis auf das BVerwG-Urteil zur Ortsumgehung Freiberg, UPR 2012, 321 ff.

Fisahn, Andreas: Die Konvention über die biologische Vielfalt und die Flora-Fauna-Habitat-Richtlinie der EU, ZUR 1996, 3 ff.

Fisahn, Andreas: Defizite bei der Umsetzung der FFH-RL durch das BNatSchG, ZUR 2001, 252 ff.

Fisahn, Andreas: Rechtswidrige Umsetzung der EG-FFH-Richtlinie Anmerkung, ZUR 2006, 137 ff.

Fisahn, Andreas/Cremer, Wolfram: Ausweisungspflicht und Schutzregime nach Fauna-Flora-Habitat- und der Vogelschutzrichtlinie, NuR 1997, 268 ff.

9. Kapitel Bewirtschaftung und Umweltressourcen

Fischer-Hüftle, Peter: Zur Umsetzung der FFH-Richtlinie in das Bundes- und Landesnaturschutzrecht, ZUR 1999, 66 ff.
Fischer-Hüftle, Peter: Zur Beeinträchtigung von FFH- und Vogelschutzgebieten durch Einwirkungen von außerhalb, NuR 2004, 157 ff.
Fischer-Hüftle, Peter: Zur „absichtlichen" Beeinträchtigung europarechtlich geschützter Arten, NuR 2005, 768 ff.
Fleurke, Floor M.: Innovation through Precaution: The Case of the Dutch Wadden Sea, YEEL 8 (2008), 80 ff.
Freiburg, Susann: Die Erhaltung der biologischen Vielfalt in Deutschland auf der Basis europarechtlicher Vorgaben, Bayreuth 1998.
Frenz, Walter: Harmonisierung der Natura 2000-Richtlinien, UTR 2009, 7 ff.
Frenz, Walter, FFH-Abweichungsentscheidungen, UPR 2011, 100 ff.
Frenz, Walter: Die FFH-Verträglichkeitsprüfung nach der A-44-Entscheidung des BVerwG, UPR 2011, 170 ff.
Frenz, Walter: FFH-relevante Projekte im Spiegel aktueller Judikatur, NVwZ 2011, 275 ff.
Frenz, Walter: Die Abgrenzung eines FFH-Gebiets nach dem A 44-Urteil des BVerwG, NuR 2011, 405 ff.
Freytag, Christoph/Iven, Klaus: Gemeinschaftsrechtliche Vorgaben für den nationalen Habitatschutz – die Richtlinie 92/43/EWG des Rates vom 21. März 1992 zur Erhaltung der natürlichen Lebensräume sowie der wildlebenden Tiere und Pflanzen –, NuR 1995, 109 ff.
Führ, Martin/Lewin, Daniel/Roller, Gerhard: EG-Umwelthaftungs-Richtlinie und Biodiversität, NuR 2006, 67 ff.
Füßer, Klaus: Die Mitwirkung der Länder nach Art. 23 GG bei "komitologisierten" Rechtsakten der EU – am Beispiel der FFH-RL, BayVBl. 2003, 513 ff.
Füßer, Klaus: Die „zahlen- und flächenmäßig geeignetsten Gebiete" i.S. des Art. 4 Abs. 1 S. 4 der Vogelschutzrichtlinie, NuR 2004, 701 ff.
Füßer, Klaus: „Faktische Vogelschutzgebiete" und der Übergang auf die FFH-Verträglichkeitsprüfung gem. Art. 7 FFH. Diskussionstand nach der Rechtsprechung des EuGH und dem B 50/Hochmoselquerung-Urteil des BVerwG, NVwZ 2005, 144 ff.
Füßer, Klaus: Abschied von den „potenziellen FFH-Gebieten"? Die Rechtsprechung des BVerwG im Lichte des Dragaggi-Urteils des EuGH, NVwZ 2005, 628 ff.
Füßer, Klaus: Die Errichtung des Netzes NATURA 2000 und die FFH-Verträglichkeitsprüfung: Interpretationsspielräume, -probleme und Entwicklungstendenzen, ZUR 2005, 458 ff.
Füßer, Klaus/Lau, Marcus: Die Alternativenprüfung nach Art. 6 Abs. 4 FFH-RL: Rechtsdogmatik, Detailfragen und Perspektiven nach der Münster/Osnabrück-Rechtsprechung, NuR 2012, 448 ff.
Garcia Ureta, Agustin: Habitats Directive and Environmental Assessment of Plans and Projects, JEEPL 2007, 84 ff.
Gärditz, Klaus: Natura 2000 und Individualklagen vor der Gemeinschaftsgerichtsbarkeit. Anmerkung zu EuG, Beschluss vom 22. Juni 2006 – Rs. T-136/04, ZUR 2006, 536 ff.
Gassner, Erich: Artenschutzrechtliche Differenzierungen, NuR 2008, 613 f.
Gebhard, Hugo: Auswahl und Management von FFH-Gebieten, NuR 1999, 361 ff.
Gellermann, Martin: Natura 2000. Europäisches Habitatschutzrecht und seine Durchführung in der Bundesrepublik Deutschland, 2. Aufl., Berlin 2001.
Gellermann, Martin: Das FFH-Regime und die sich daraus ergebenden Umsetzungsverpflichtungen, NVwZ 2001, 500 ff.
Gellermann, Martin: Das modernisierte Naturschutzrecht, NVwZ 2002, 1025 ff.
Gellermann, Martin: Was sind faktische bzw. potenzielle Natura 2000-Gebiete?, NVwZ 2002, 1202 ff.
Gellermann, Martin: Herzmuschelfischerei im Lichte des Art. 6 FFH-Richtlinie. Anmerkungen zum Urteil des EuGH vom 7.9.2004, NuR 2004, 769 ff.
Gellermann, Martin: Habitatschutz in der Perspektive des Europäischen Gerichtshofs. Anmerkungen zu den Urteilen vom 13.1.2005 und 14.4.2005, NuR 2005, 433 ff.

Gellermann, Martin: Natura 2000: Rechtsfragen eines im Aufbau befindlichen Schutzgebietsnetzes – Anmerkungen zum Beitrag von Füßer, ZUR 2005, S. 458 ff., ZUR 2005, 581 ff.

Gellermann, Martin: FFH- und Vogelschutzrichtlinie in Deutschland, in: Hans-Joachim Koch/Jan Schürmann (Hrsg.), Das EG-Umweltrecht und seine Umsetzung in Deutschland und Polen, Baden-Baden 2005, 125 ff.

Gellermann, Martin: Die „Kleine Novelle" des Bundesnaturschutzgesetzes, NuR 2007, 783 ff.

Gellermann, Martin: Hochmoselquerung und europäisches Naturschutzrecht, DVBl. 2008, 283 ff.

Gellermann, Martin: Europäischer Gebiets- und Artenschutz in der Rechtsprechung, NuR 2009, 8 ff.

Gellermann, Martin: Artenschutz und Straßenplanung – Neues aus Leipzig, NuR 2009, 85 ff.

Gellermann, Martin: § 43 Abs. 8 S. 2 BNatSchG als Beispiel europarechtlichen Experimentierens, NuR 2009, 476 ff.

Gellermann, Martin: Naturschutzrecht nach der Novelle des Bundesnaturschutzgesetzes, NVwZ 2010, 73 ff.

Gellermann, Martin/Schreiber, Matthias: Zur „Erheblichkeit" der Beeinträchtigung von Natura-2000-Gebieten und solchen, die es werden wollen, NuR 2003, 205 ff.

Gellermann, Martin/Schreiber, Matthias: Schutz wildlebender Tiere und Pflanzen in staatlichen Planungs- und Zulassungsverfahren. Leitfaden für die Praxis, Berlin u.a. 2007.

Günther, Wolfram: Die Auswirkungen des EuGH-Urteils C-98/03 zur mangelhaften Umsetzung der Flora-Fauna-Habitat-Richtlinie, EurUP 2006, 94 ff.

Güthler, Wolfram: Die Finanzierung von Natura 2000, EurUP 2008, 165 ff.

Halama, Günter: Die FFH-Richtlinie – unmittelbare Auswirkungen auf das Planungs- und Zulassungsrecht, NVwZ 2001, 506 ff.

Harrems, N.: The Leghold Trap Regulation and Potential Pitfalls During the Dutch Presidency of the EU, EELR 1998, 7 ff.

Hendler, Reinhard/Rödder, Dennis/Veith, Michael: Flexibilisierung des Schutzgebietsnetzes Natura 2000 vor dem Hintergrund des Klimawandels, NuR 2010, 685 ff.

Hermanns, Caspar David/Hönig, Dietmar: Das Verhältnis von naturschutzrechtlichen Schutzgebietsausweisungen zur kommunalen Bauleitplanung, NuR 2001, 27 ff.

Hönig, Dietmar: Schutzstatus nicht gelisteter FFH-Gebiete, NuR 2007, 249 ff.

Hoppe, Werner: Rechtliche Überlegungen zur Alternativenprüfung nach Art. 6 Abs. 4 S. 1 FFH-RL, § 19 c Abs. 3 Nr. 2 BNatSchG, UPR 1999, 426 ff.

Hösch, Ulrich: Die FFH-Verträglichkeitsprüfung im System der Planfeststellung, NuR 2004, 210 ff.

Hösch, Ulrich: Die Rechtsprechung des Bundesverwaltungsgerichts zu Natura-2000-Gebieten, NuR 2004, 348 ff.

Iven, Klaus: Aktuelle Fragen des Umgangs mit bestehenden oder potentiellen Schutzgebieten von gemeinschaftsrechtlicher Bedeutung, UPR 1998, 361 ff.

Iven, Klaus: Zur Praxis der Mitgliedstaaten bei der Ausweisung von Vogelschutzgebieten – Anmerkung zum Urteil des EuGH vom 19.5.1998 – Rs. C-3/96 –, NuR 1998, 528 ff.

Jarass, Hans D.: EG-rechtliche Vorgaben zur Ausweisung und Änderung von Vogelschutzgebieten, NuR 1999, 481 ff.

Jarass, Hans D.: Bedeutung deutscher und europäischer Schutzgebiete. EG-rechtliche Folgen ausgewiesener und potentieller Vogelschutzgebiete. Zugleich ein Beitrag zum Rechtsregime für FFH-Gebiete, ZUR 2000, 183 ff.

Jarass, Hans D.: Auswahl und Ausweisung europäischer Vogelschutzgebiete, UTR 2001, 263 ff.

Jarass, Hans D.: Naturschutz in der Ausschließlichen Wirtschaftszone. Völkerrechtliche, EG-rechtliche und verfassungsrechtliche Probleme der Ausweisung von Meeresschutzgebieten, Baden-Baden 2002.

Jarass, Hans D.: Die Zulässigkeit von Projekten nach FFH-Recht, NuR 2007, 371 ff.

Kador, Tobias: FFH-Richtlinie: Ausweisungsverfahren, Schutzregime und ihre Auswirkungen auf die kommunale Bauleitplanung, Frankfurt u.a. 2004.

Kahl, Wolfgang/Gärditz, Klaus Ferdinand: Rechtsschutz im europäischen Kontrollverbund am Beispiel der FFH-Gebietsfestsetzungen, NuR 2005, 555 ff.

Kahl, Wolfgang/Gärditz, Klaus Ferdinand: Das Grundrecht der Eigentumsfreiheit vor den Herausforderungen des europäischen Naturschutzrechts, ZUR 2006, 1 ff.
Kahl, Wolfgang/Gärditz, Klaus Ferdinand: Abwehr- und Entschädigungsansprüche bei FFH-Gebietsfestsetzungen, in: Christian Calliess/Ines Härtel/Barbara Veit (Hrsg.), Jahrbuch des Agrarrechts 2006, Baden-Baden 2006, 155 ff.
Kautz, Steffen: Das Schutzregime nach der FFH-Richtlinie für Vorschlagsgebiete vor ihrer Aufnahme in die Gemeinschaftsliste, NVwZ 2007, 666 ff.
von Keitz, Kostja: Rechtsschutz Privater gegen FFH-Gebiete. Eine Untersuchung von nationalen und europäischen Rechtsschutzmöglichkeiten im Zusammenhang mit der Fauna-Flora-Habitat-Richtlinie, Baden-Baden 2006.
Kerkmann, Jochen (Hrsg.): Naturschutzrecht in der Praxis, 2. Aufl., Berlin 2010.
Kirchhof, Florian: Welches Schutzregime gilt in potenziellen FFH-Gebieten? – Zugleich eine Anmerkung zum Urteil des BVerwG vom 27.10.2000, NuR 2001, 666 ff.
Kirchhof, Florian: Die Implementierung der FFH-Verträglichkeitsprüfung, Berlin 2003.
Klooth, Kathrin/Louis, Hans Walter: Anmerkung zum Urteil des EuGH, ZUR 2005, 197 ff.
Koch, Thorsten: Europäisches Habitatschutzrecht und Rechte von Planungs- sowie Vorhabenträgern, Baden-Baden 2000.
Koch, Thorsten: Die Beteiligung der Mitgliedstaaten in der „zweiten Phase" der Ermittlung von FFH-Gebieten, UTR 2002, 69 ff.
Kochenburger, Christoph/Estler, Kerstin: Die Berücksichtigung von Vorbelastungen im Bereich der naturschutzrechtlichen Eingriffsregelung und der Verträglichkeitsprüfung nach der FFH-Richtlinie, UPR 2001, 50 ff.
Köck, Wolfgang: Der Kohärenzausgleich für Eingriffe in FFH-Gebiete – rechtliche Anforderungen und konzeptionelle Überlegungen, ZUR 2005, 466 ff.
Köck, Wolfgang: Auswirkungen des europäischen Artenschutzrechts auf die kommunale Bauleitplanung, ZUR 2006, 518 ff.
Köck, Wolfgang: Rechtsgrundlagen für die Errichtung des kohärenten europäischen Netzes Natura 2000 – Einführung und Grundlagen, EurUP 2008, 154 ff.
Kohls, Malte: Zulassung von Projekten in Natura-2000-Gebieten, NuR 2011, 161 ff.
Kokott, Juliane: Zum Begriff der Projekte und Pläne im Sinne des Art. 6 Abs. 3 FFH-Richtlinie, NuR 2004, 587 ff.
Kolodziejcok, Karl-Günther: „Natura 2000" und die Gewährung des rechtlichen Gehörs für die betroffenen privaten Grundrechtseigentümer und -besitzer, NuR 2000, 674 ff.
Krämer, Ludwig: The European Commission's Opinions under Article 6(4) of the Habitats Directive, JEL 2009, 59 ff.
Kremer, Peter: Erhöhte Anforderungen an die FFH-Verträglichkeitsprüfung und nachfolgende Abweichungsentscheidungen – das Urteil des BVerwG zur A 143, ZUR 2007, 299 ff.
Lagrange, Philippe: Chasse aux oiseaux migrateurs: la France dans l'impasse, RJE 2000, 5 ff.
Lambrecht, Heiner: Die Erforderlichkeit einer FFH-Verträglichkeitsprüfung für den Bundesverkehrswegeplan und die Bedarfspläne – unter Berücksichtigung der Anforderungen der Richtlinie über die UVP-Pflicht von Plänen, NuR 2002, 265 ff.
Lau, Marcus: Fachliche Beurteilungsspielräume in der FFH-Verträglichkeitsprüfung, UPR 2010, 169 ff.
Lau, Marcus: Die Rechtsprechung des BVerwG zum europäischen Naturschutzrecht im Jahr zwei und drei nach seiner Entscheidung zur Westumfahrung Halle, NVwZ 2011, 461 ff.
Leist, Thorsten: Lebensraumschutz nach Europäischem Gemeinschaftsrecht und seine Verwirklichung im deutschen Rechtskreis, Hamburg 1998.
Lieber, Tobias: Habitatschutz in der Raumordnung, NuR 2008, 597 ff.
Lieber, Tobias: Das Artenschutzrecht im Vollzug von Planfeststellungsbeschlüssen, NuR 2012, 665 ff.
Lorenz, Jana: Möglichkeit einer Kombination von naturschutzrechtlicher Eingriffsregelung, Umweltverträglichkeitsprüfung und FFH-Verträglichkeitsprüfung in der Bauleitplanung, NuR 2001, 128 ff.

Louis, Hans Walter: Die Vogelschutzrichtlinie – und die Irrungen und Wirrungen des VGH München (Urteil vom 14.6.1996, 8 A 94.40125/40129) bei deren Anwendung, UPR 1997, 301 ff.

Louis, Hans Walter: Die Umsetzung der Fauna-Flora-Habitat-Richtlinie durch das Bundesnaturschutzgesetz und ihre Rechtsfolgen, DÖV 1999, 374 ff.

Louis, Hans Walter: Das Gesetz zur Neuregelung des Rechtes des Naturschutzes und der Landschaftspflege (BNatSchG NeuregG), NuR 2002, 385 ff.

Louis, Hans Walter: Die kleine Novelle zur Anpassung des BNatSchG an das europäische Recht, NuR 2008, 65 ff.

Louis, Hans Walter: 20 Jahre FFH-Richtlinie, NuR 2012, 385 ff.

Louis, Hans Walter: 20 Jahre FFH-Richtlinie, NuR 2012, 467 ff.

Louis, Hans Walter/Schumacher, Jochen: Das Dragaggi-Urteil des EuGH in der Interpretation der Kommission als Hüterin der Europäischen Verträge, NuR 2005, 770 ff.

Louis, Hans Walter/Weihrich, Dietmar: Das Verhältnis der naturschutzrechtlichen Eingriffsregelung zu den speziellen Artenschutzregelungen der FFH- und der Vogelschutzrichtlinie, ZUR 2003, 385 ff.

Louis, Hans Walter/Wolf, Verena: Naturschutz und Baurecht, NuR 2002, 455 ff.

Ludwig, Grit: Auswirkungen der FFH-RL auf Vorhaben zum Abbau von Bodenschätzen nach dem BbergG, Baden-Baden 2005.

Lütkes, Stefan: Anpassungserfordernisse des deutschen Artenschutzrechts, ZUR 2006, 513 ff.

Lütkes, Stefan: Artenschutz in Genehmigung und Planfeststellung, NVwZ 2008, 598 ff.

Maaß, Christian A.: Die Identifizierung faktischer Vogelschutzgebiete, NuR 2000, 121 ff.

Maaß, Christian A.: Anmerkung, ZUR 2000, 162 ff.

Maaß, Christian A.: Anmerkung, ZUR 2001, 80 ff.

Mayr, Elisabeth/Sanktjohanser, Lorenz: Die Reform des nationalen Artenschutzrechts mit Blick auf das Urteil des EuGH v. 10.1.2006 in der Rs. C-98/03, NuR 2006, 412 ff.

Mecklenburg, Wilhelm: Anmerkungen zur Rechtsfigur des potentiellen FFH-Gebietes, UPR 2002, 124 ff.

Mithat Günes, Ahmet/Fisahn, Andreas: Die Anforderungen des BVerwG an die FFH-Verträglichkeitsprüfung. Zugleich eine Anmerkung zum Urteil des BVerwG vom 17.1.2007 – 9 A 20.05, EurUP 2007, 220 ff.

Mitschang, Stephan/Wagner, Jörg: FFH-Verträglichkeitsprüfung in der Bauleitplanung – planerische und rechtliche Belange, DVBl. 2010, 1257 ff.

Mitschang, Stephan/Wagner, Jörg: Gemeinschaftsrechtlicher Artenschutz in der Bauleitplanung – planerische und rechtliche Belange, DVBl. 2010, 1457 ff.

Möckel, Stefan: Umsetzung der Wasserrahmenrichtlinie bei FFH- und Vogelschutzgebieten, NuR 2007, 602 ff.

Möckel, Stefan: Schutz und Entwicklung von Natura 2000-Gebieten – Rechtliche Anforderungen an die Landwirtschaft, EurUP 2008, 169 ff.

Möckel, Stefan: Die Novelle des Bundesnaturschutzgesetzes zum europäischen Gebiets- und Artenschutz, ZUR 2008, 57 ff.

Möller, Michael/Raschke, Marcel/Fisahn, Andreas: Naturschutz ernst genommen – europarechtlich geforderte Reformen des deutschen Naturschutzrechts, EurUP 2006, 203 ff.

Möstl, Markus: Fauna-Flora-Habitat-Schutzgebiete in der kommunalen Bauleitplanung, DVBl. 2002, 726 ff.

Müller, Markus H.: Das System des deutschen Artenschutzrechts und die Auswirkungen der Caretta-Entscheidung des EuGH auf den Absichtsbegriff des § 43 Abs. 4 BNatSchG, NuR 2005, 157 ff.

Müller, Uwe: Das Umwelt- und Naturschutzrecht in der Republik Litauen und seine Konformität mit dem Europäischen Naturschutzrecht. Dargestellt an der Küstenregion des Landes, Berlin 2008.

Niederstadt, Frank: Die Umsetzung der Flora-Fauna-Habitatrichtlinie durch das Zweite Gesetz zur Änderung des Bundesnaturschutzgesetzes, NuR 1998, 515 ff.

Niederstadt, Frank: Die Ausweisung von Natura-2000-Gebieten unter Verzicht auf klassische Schutzgebietsverordnungen, NVwZ 2008, 126 ff.

Niederstadt, Frank/Krüsemann, Ellen: Die europarechtlichen Regelungen zum Artenschutz im Licht der „Guidance documents" der Europäischen Kommission, ZUR 2007, 347 ff.
Palme, Christoph: Nationaler Naturschutz und Europäisches Gentechnikrecht, NuR 2006, 76 ff.
Palme, Christoph: Neue Rechtsprechung von EuGH und EuG zum Natur- und Artenschutzrecht, NuR 2007, 243 ff.
von der Pfordten, Dietmar: Weshalb sollten wir die biologische Vielfalt retten?, in: Czybulka, Detlef (Hrsg.), Ist die biologische Vielfalt noch zu retten?, Baden-Baden 2002, 19 ff.
Philipp, Renate: Artenschutz in Genehmigung und Planfeststellung, NVwZ 2008, 593 ff.
Proelß, Alexander: Arten- und Habitatschutz nach der FFH-Richtlinie: Welche Anforderungen gelten für potentielle Schutzgebiete?, EuR 2005, 649 ff.
Pürgy, Erich: Natura 2000. Auswirkung und Umsetzung im innerstaatlichen Recht, Wien u.a. 2005.
Quick, Reinhard/Lau, Christian: Kreativer Unilateralismus und die WTO: Die Tellereisen-Verordnung im Lichte der „Shrimps/Turtle"-Entscheidung, ZEuS 2001, 97 ff.
Ramsauer, Ulrich: Die Ausnahmeregelungen des Art. 6 Abs. 4 der FFH-Richtlinie, NuR 2000, 601 ff.
Ramsauer, Ulrich: Europäisierung des Naturschutzrechts, in: Erbguth, Wilfried (Hrsg.), Europäisierung des nationalen Umweltrechts: Stand und Perspektiven, Baden-Baden 2001, 107 ff.
Rehbinder, Eckard: Naturschutzrechtliche Probleme der Cross Compliance in FFH-Gebieten, ZUR 2008, 178 ff.
Reichel, Paul: Artenschutz – Der Albtraum aller Betonierer?, RdU-U&T 2012, 7 ff.
Rengeling, Hans-Werner: Umsetzungsdefizite der FFH-Richtlinie in Deutschland? – unter Berücksichtigung der Rechtsprechung des Bundesverwaltungsgerichts zum sog. „Ostseeautobahnurteil" –, UPR 1999, 281 ff.
Riechenberg, Kurt: Habitatschutz in der Rechtsprechung des Europäischen Gerichtshofs, FS Gil Carlos Rodriguez Iglesias, Berlin 2003, 509 ff.
Rödiger-Vorwerk, Tania: Die Fauna-Flora-Habitat-Richtlinie der Europäischen Union und ihre Umsetzung in nationales Recht – Analyse der Richtlinie und Anleitung zu ihrer Anwendung, Berlin 1998.
de Sadeleer, Nicolas: Habitats Conservation in EC Law – From Nature Sanctuaries to Ecological Networks, YEEL 5 (2005), 215 ff.
de Sadeleer, Nicolas: The Birds, Habitats, and Environmental Liability Directives to the Rescue of Wildlife under Threat, YEEL 7 (2007), 36 ff.
de Sadeleer, Nicolas: EC Law and Biodiversity. How to save Noah's Ark, JEEPL 2007, 168 ff.
de Sadeleer, Nicolas: La biodiversité européenne en crise, RDUE 2008, 87 ff.
Sailer, Frank: Tierschutz als artenschutzrechtlich verbotene Störung? Vergrämungsmaßnahmen bei der Errichtung von Offshore-Windenergieanlagen, ZUR 2009, 579 ff.
Schink, Alexander: Die Verträglichkeitsprüfung nach der FFH-Richtlinie, UPR 1999, 417 ff.
Schink, Alexander: Europäisches Naturschutzrecht und Raumplanung, NuR 2001, 251 ff.
Schink, Alexander: Die Verträglichkeitsprüfung nach der Fauna-Flora-Habitat-Richtlinie der EG, DÖV 2002, 45 ff.
Schmidt-Eichstaedt, Gerd: Ausnahme vom gesetzlichen Artenschutz – letzter Ausweg in der Bauleitplanung nd bei der Projektgenehmigung?, UPR 2010, 401 ff.
Schmitz, Stefan: Habitatschutz für Vögel?, ZUR 1996, 12 ff.
Schrader, Christian/Hellenbroich, Tobias: Die Umsetzung der FFH-Richtlinie durch die Landesgesetzgeber, UTR 2001, 283 ff.
Schröder, Meinhard: Rechtsfragen des Interimschutzes bei Meldegebieten nach der FFH-Richtlinie, UTR 2002, 99 ff.
Schrödter, Wolfgang: Bauleitplanung in FFH-Gebieten und Vogelschutzgebieten, NuR 2001, 8 ff.
Schulz, Paul-Martin: Vorbeugender gerichtlicher Rechtsschutz gegen FFH-Gebiete, NVwZ 2001, 289 ff.
Schumacher, Anke/Schumacher, Jochen: Klimawandel als Herausforderung für das Schutzgebietsnetz Natura 2000 – natur- und rechtswissenschaftliche Betrachtungen, UTR 2012, 99 ff.
Schumacher, Jochen: Der Schutz des europäischen Naturerbes durch die Vogelschutzrichtlinie und die Fauna-Flora-Habitat Richtlinie, EurUP 2005, 258 ff.

Schumacher, Jochen/Palme, Christoph: Das Dragaggi-Urteil des EuGH und seine Auswirkungen auf das deutsche Habitatschutzrecht, EurUP 2005, 175 ff.
Sobotta, Christoph: Die Rechtsprechung des EuGH zu Art. 6 der Habitatrichtlinie, ZUR 2006, 353 ff.
Sobotta, Christoph: Artenschutz in der Rechtsprechung des Europäischen Gerichtshofs, NuR 2007, 642 ff.
Spannowsky, Willy: Vorgaben der räumlichen Gesamtplanung für die Ausweisung besonderer Schutzgebiete, UPR 2000, 41 ff.
Spieth, Wolf Friedrich/Appel, Markus: Genehmigungsprojekte unter dem Damoklesschwert der FFH-Abweichungsprüfung. Praxisanforderungen an die Interessenabwägung, Alternativenprüfung und Kohärenzsicherung, NuR 2009, 669 ff.
Squintani, L.: The Development of Ecological Corridors: Member States' Obligation under the Habitats and Birds Directive?, JEEPL 2012, 180 ff.
Steeck, Sebastian: Wer hat Angst vor dem finnischen Wolf? Die artenschutzrechtliche Ausnahmegenehmigung bei Arten im ungünstigen Erhaltungszustand, NuR 2010, 4 ff.
Steeck, Sebastian/Lau, Marcus: Die Rechtsprechung des BVerwG zum europäischen Naturschutzrecht im Jahr eins nach seiner Entscheidung zur Westumfahrung Halle, NVwZ 2009, 616 ff.
Steichen, Pascale: La responsabilité environnementale dans les sites Natura 2000, REDE 2009, 247 ff.
Steiger, Reinhard: Entwicklungen des Rechts der natürlichen Lebenswelt, NuR 1995, 437 ff.
Storost, Ulrich: FFH-Verträglichkeitsprüfung und Abweichungsentscheidung, DVBl. 2009, 673 ff.
Storost, Ulrich: Artenschutz in der Planfeststellung, DVBl. 2010, 737 ff.
Stüber, Stephan: Gibt es „potentielle Schutzgebiete" i. S. der FFH-Richtlinie? – Anmerkung zum Urteil des BVerwG vom 19.5.1998 – 4 A 9/97 –, NuR 1998, 531 ff.
Stüber, Stephan: Artenschutz und dessen Monitoring in der Vogelschutz- und der FFH-Richtlinie und die Umsetzung in Bundesrecht, NuR 2000, 245 ff.
Stüer, Bernhard: Die A 20-Entscheidungen des Bundesverwaltungsgerichts, DVBl. 2002, 940 ff.
Stüer, Bernhard: Habitatschutz auch in der Bundesverkehrswegeplanung?, NVwZ 2002, 1164 ff.
Stüer, Bernhard: Habitat- und Vogelschutz in der Fachplanung – Die niederländische Herzmuschelfischerei und ihre Folgen für die Grünbrücken über deutschen Autobahnen -, DVBl. 2007, 416 ff.
Stüer, Bernhard: Europäischer Gebiets- und Artenschutz in ruhigeren Gefilden – Von der Halle-Westumfahrung und Hessisch Lichtenau durch den Jagdbergtunnel und über die Hochmoselbrücke nach Bad Oeynhausen mit Schlingerkurs nach Hildesheim, DVBl. 2009, 1 ff.
Thomas, Henning: Declassification of Protected Areas under the Habitats and the Wild Birds Directive, EELR 2008, 3 ff.
Thum, Randi: Wirksame Unterschutzstellung von Natura 2000-Gebieten, NuR 2006, 687 ff.
Thum, Randi/Wätzold, Frank: Artenschutz durch handelbare Zertifikate?, NuR 2007, 299 ff.
Thyssen, Bernd: Maßstäbe für die erhebliche Beeinträchtigung des Gebiets- und Artenschutzes nach der FFH-Richtlinie bei der Anlagenzulassung, EurUP 2009, 172 ff.
Thyssen, Bernd: Wann ist erheblich „erheblich"? Beurteilungskriterien für Gebietsbeeinträchtigungen nach der FFH-Richtlinie in Abgrenzung zum Artenschutz und zur Eingriffsregelung, NuR 2010, 9 ff.
Thyssen, Bernd: Berücksichtigung der Anforderungen des europäischen Umweltrechts bei Genehmigungsverfahren wasserbaulicher Projekte – ein (un-)kalkulierbares Risiko?, EurUP 2010, 258 ff.
Unnerstall, Herwig: Public Participation in the Establishment and Management of the Natura 2000 Network – Legal Framework and Administrative Practices in Selected Member States, JEEPL 2008, 35 ff.
Vallendar, Willi: Erhebliche und nicht erhebliche Beeinträchtigungen im Sinne des Habitat- und Artenschutzes. Die Entwicklung in der Rechtsprechung des Bundesverwaltungsgerichts, EurUP 2011, 14 ff.
Verwiebe, Ralf: Umweltprüfungen auf Plan- und Programmebene. Rechtliche Grundlagen der Strategischen Umweltprüfung und FFH-Verträglichkeitsprüfung in der Fachplanung, Baden-Baden 2008.
Vogt, Katrin: Die Anwendung artenschutzrechtlicher Bestimmungen in der Fachplanung und der kommunalen Bauleitplanung, ZUR 2006, 21 ff.

9. Kapitel Bewirtschaftung und Umweltressourcen

Wack, Sarah Maria: Nachhaltigkeit in der Aquakultur – wo steht das Europarecht?, NuR 2010, 550 ff.

Wagner, Thomas/Emmer, Marcus: Zum Schutz gemeldeter FFH-Gebiete vor Aufnahme in die Gemeinschaftsliste – Vorgaben der so genannten Dragaggi-Entscheidung des EuGH, NVwZ 2006, 422 ff.

Wegener, Bernhard W.: Ist die Planung noch rational? Europäisches Naturschutzrecht und nationale Infrastrukturentwicklung, ZUR 2010, 227 ff.

Weidemann, Clemens/Krappel, Thomas: Artenschutzrecht bei der Planung von Infrastrukturvorhaben, EurUP 2011, 2 ff.

Weidemann, Clemens/Krappel, Thomas: Natura 2000-Recht bei der Planung von Infrastrukturvorhaben, EurUP 2011, 61 ff. (Teil 1), 106 ff. (Teil 2).

Wichert, Friedrich: Natura 2000. Kooperatives Vorgehen von Gemeinschaft und Mitgliedstaaten bei der Errichtung eines Netzes von Schutzgebieten zum Zwecke des Artenschutzes, Berlin 2001.

Winter, Gerd: Der Säbelschnabler als Teil für's Ganze, NuR 1992, 21 ff.

Winter, Gerd: Anmerkung: Etappensieg für den Weißen Löffler, ZUR 1994, 308 ff.

Winter, Gerd: Alternativenprüfung und Natura 2000, NuR 2010, 601 ff.

Wirths, Volker: Gemeinschaftsrechtlicher Habitatschutz und deutsches Immissionsschutzrecht – zu den Einwirkungen der FFH-Richtlinie auf deutsches Recht, ZUR 2000, 190 ff.

Wirths, Volker: Naturschutz und europäisches Gemeinschaftsrecht. Die Fauna-Flora-Habitat-Richtlinie und ihre Durchführung in der Bundesrepublik Deutschland, Baden-Baden 2001.

Wirths, Volker: Defizite bei der Umsetzung der FFH-Verträglichkeitsprüfung im neuen BNatSchG und ihre Konsequenzen, NuR 2003, 150 ff.

Wolf, Rainer: Die Berücksichtigung der wirtschaftlichen und sozialen Belange bei der Umsetzung des FFH-Rechts, ZUR 2005, 449 ff.

Wolf, Rainer: Artenschutz und Infrastrukturplanung, ZUR 2006, 505 ff.

Wrase, Joachim: Ausnahmen vom FFH-Schutzregime, NuR 2004, 356 ff.

Würtenberger, Thomas D.: Schutzgebietsausweisungen vs. Rechtssicherheit und Vertrauensschutz – Anmerkung zu dem Papenburg-Urteil des EuGH vom 14.1.2010, NuR 2010, 316 ff.

Zeichner, Wolfgang: FFH und Planung von Verkehrsstraßen – Beispiel A 20 (Wakenitzniederung), NVwZ 1999, 32 ff.

III. Abfallrecht

Andres, Bärbel: Die Abfallrahmenrichtlinie und ihre Bedeutung für die deutsche Abfallwirtschaft, uwf 2010, 147 ff.

Baars, Bodo A./Nottrodt, Adolf: Naturwissenschaftlich-technische vs. juristische Rationalität. Anmerkungen zur Diskussion über den „Verwerterstatus" von Abfallverbrennungsanlagen, AbfallR 2007, 137 ff.

Backes, Chris W./Veldhoven, B.J.M.: Großer Grenzverkehr? – Rechtsfragen der Abfallverbringung zwischen den Niederlanden und Deutschland, EurUP 2004, 231 ff.

Bartlsperger, Richard: Die Entwicklung des Abfallrechts in den Grundfragen von Abfallbegriff und Abfallregime, VerwArch 1995, 32 ff.

Beckmann, Martin: Konkretisierung des Abfallbegriffs sowie der gesetzlichen Grundsätze und Pflichten der Kreislaufwirtschaft, NuR 1999, 24 ff.

Beckmann, Martin: Brauchen wir eine kommunale Entsorgungsautarkie für gemischte Siedlungsabfälle?, AbfallR 2006, 263 ff.

Beckmann, Martin: Entwicklung der Verwaltungsrechtsprechung zur energetischen Verwertung von Abfällen in Hausmüllverbrennungsanlagen, AbfallR 2007, 267 ff.

Beckmann, Martin: Abfallhierarchie und gesetzliche Überlassungspflichten im Arbeitsentwurf des Kreislaufwirtschaftsgesetzes. Erste Anmerkungen zum Arbeitsentwurf der Bundesregierung mit Stand vom 23.2.2010, AbfallR 2010, 54 ff.

Begemann, Arndt: Die Abgrenzung zwischen Verwertung und Beseitigung im europäischen Abfallrecht, NJW 2002, 2613 ff.

Begemann, Arndt/Lustermann, Henning: Neue Rechtsprechung des EuGH zur grenzüberschreitenden Abfallverbringung, NVwZ 2005, 283 ff.

Bothe, Michael/Spengler, Peter: Rechtliche Steuerung von Abfallströmen. Zur Schlüsselrolle des Verwertungsbegriffs für die Kreislaufwirtschaft nach internationalem, europäischem und deutschem Recht, Baden-Baden 2001.

Brandt, André: Abfallverbrennung – energetische Verwertung oder Beseitigung?, Berlin 2006.

Brandt, André: Besteht eine Pflicht zur Anwendung der Abfallrahmenrichtlinie vor Ablauf der Umsetzungsfrist?, AbfallR 2009, 167 ff.

Brandt, André/Schäfer, Anja: New Framework Directive already applicable! The application of Directive 2008/98/EC in Germany and Poland even prior to the expiry of the transposition period, EurUP 2009, 218 ff.

Buch, Thomas: Anforderungen an die Umsetzung der novellierten Abfallrahmenrichtlinie in nationales Recht aus Landessicht, AbfallR 2009, 74 ff.

van Calster, Geert: The Legal Framework for the Regulation of Waste in the European Community, YEEL 2000, 161 ff.

van Calster, Geert: The free movement of waste after *DaimlerChrysler,* ELR 2002, 610 ff.

van Calster, Geert (Hrsg.): Handbook of EU Waste Law, Oxford 2006.

Cheyne, Ilona: The Definition of Waste in EC Law, JEL 2002, 61 ff.

Cosson, Rainer, Die Neuordnung der Entsorgungszuständigkeiten – Überlassungspflicht aus Sicht der privaten Entsorger, AbfallR 2009, 154 ff.

Cosson, Rainer: Die EU-Abfallende-Verordnung für Eisen-, Stahl- und Aluminiumschrott, AbfallR 2011, 132 ff.

Desjardons, Marie-Claude: La notion de déchet: une voie de solution adéquate pour combler les lacunes du droit européen en matière de sols pollués?, REDE 2006, 145 ff.

Dieckmann, Martin: Das neue Abfallverbringungsrecht der Europäischen Gemeinschaft – Ende des „Abfalltourismus"?, ZUR 1993, 109 ff.

Dieckmann, Martin: Das Abfallrecht der Europäischen Gemeinschaft, Baden-Baden 1994.

Dieckmann, Martin: Was ist „Abfall"? Anwendungsbereich und Gehalt der geltenden und zukünftigen Abfalldefinitionen nach europäischem und deutschem Recht, ZUR 1995, 169 ff.

Dieckmann, Martin: Abfalleigenschaft von verunreinigtem Erdreich. Anmerkung zu EuGH, Rs. C-1/03, AbfallR 2004, 280 ff.

Dieckmann, Martin: Kontaminierter Boden als Abfall – Konsequenzen des EuGH-Urteils „van de Walle" für das geltende und zukünftige deutsche Abfall- und Bodenschutzrecht, AbfallR 2005, 171 ff.

Dieckmann, Martin: Die neue EG-Abfallverbringungsverordnung, ZUR 2006, 561 ff.

Dieckmann, Martin: The Revised EC Regulation on Shipments of Waste: an Overview, JEEPL 2007, 35 ff.

Dieckmann, Martin: Entsorgungsautarkie der Mitgliedstaaten nach der Novelle der EG-Abfallrahmenrichtlinie, ZUR 2008, 505 ff.

Dieckmann, Martin: Europarechtliche Spielräume für Andienungs- und Überlassungspflichten, AbfallR 2009, 270 ff.

Dieckmann, Martin/Graner, Thomas: Die Abgrenzung der thermischen Abfallbeseitigung von der energetischen Abfallverwertung nach EG-Recht, NVwZ 1998, 221 ff.

Diederichsen, Lars: Das Vermeidungsgebot im Abfallrecht. Zugleich eine Untersuchung zur Maßstabswirkung von Rahmenrichtlinien der Europäischen Union für das nationale Recht, Heidelberg 1998.

Dolde, Klaus-Peter/Vetter, Andrea: Verwertung und Beseitigung bei der Verbringung von Abfällen zur Verbrennung zwischen EU-Mitgliedstaaten, UPR 2002, 288 ff.

Dopfer, Jaqui/Führ, Martin/Hafkesbring, Joachim/Halstrick-Schwenk, Marianne/Scheuer, Markus: Rücknahmeverpflichtung für Elektro- und Elektronikgeräte – grenzüberschreitender Direktvertrieb und seine Berücksichtigung bei der Umsetzung der EG-Richtlinie, ZfU 2004, 47 ff.

Ehrmann, Markus: Aktuelle Entwicklungen des Europäischen Abfallrechts, AbfallR 2006, 19 ff.

Endemann, Gerhard: Abgrenzung industrielle Nebenprodukte/Abfall, AbfallR 2010, 84 ff.

Enders, Rainald: Vorschlag zur Änderung des Abfallbegriffs der EG-Abfallrahmenrichtlinie, DVBl. 2002, 1021 ff.

Engels, Thomas: Grenzüberschreitende Abfallverbringung nach EG-Recht, Berlin 1999.

Epiney, Astrid: Abfallrecht im internationalen Kontext. Europa- und völkerrechtliche Aspekte der grenzüberschreitenden Abfallverbringung, UPR/DEP 1999, 63 ff.

Epiney, Astrid: Rahmenbedingungen des europäischen Gemeinschaftsrechts für die Abfallentsorgung, aufgezeigt am Beispiel der Entsorgung von Verpackungsabfällen in Deutschland, in: Reinhard Hendler, (Hrsg.), Abfallentsorgung zwischen Wettbewerb und hoheitlicher Lenkung. Rechtsfragen aus nationaler und europäischer Perspektive, Berlin 2001, 37 ff.

Epiney, Astrid/Heuck Jennifer: RL 2008/98/EG vom 19. November 2008 (Abfallrahmenrichtlinie), Kommentar, in: Fluck, Jürgen (Hrsg.), Kreislaufwirtschafts-, Abfall- und Bodenschutzrecht (Loseblattsammlung), Kommentar, 9313, 287 S., Heidelberg u.a., Juni 2011.

Ermacora, Florian, Abfall – Produkt. Der europäische Abfallbegriff und seine nationale Umsetzung am Beispiel des österreichischen Rechts, Wien 1999.

Escher, Alfred: EuGH verurteilt Deutschland wegen Nichtumsetzung der Altölrichtlinie, EuZW 2000, 105 ff.

Falk, Heiko: Der Abfallbegriff im EG-Recht, EWS 1998, 302 ff.

Faßbender, Kurt: Abfallhierarchie, Vermeidungsprogramme, Recyclingquoten: Wirksame Instrumente für Vermeidung und Ressourcenschutz?, in: Kurt Faßbender/Wolfgang Köck (Hrsg.), Auf dem Weg in die Recyclinggesellschaft? – Aktuelle Entwicklungen im Kreislaufwirtschaftsrecht, Baden-Baden 2011, 29 ff.

Faßbender, Kurt/Köck, Wolfgang (Hrsg.): Auf dem Weg in die Recyclinggesellschaft? – Aktuelle Entwicklungen im Kreislaufwirtschaftsrecht, Baden-Baden 2011.

Fischer, Hartmut: Zur Umsetzung von EG-Richtlinien für Elektro- und Elektronikgeräte, UPR 2004, 12 ff.

Fischer, Kristian: Verstößt die deutsche Altfahrzeug-Verordnung gegen europäisches Gemeinschaftsrecht? Ein Lehrstück zur Bindungswirkung von EG-Umweltschutzrichtlinien, NVwZ 2003, 321 ff.

Fluck, Jürgen: Zum Abfallbegriff im europäischen, im geltenden und im werdenden deutschen Abfallrecht, DVBl. 1993, 950 ff.

Fluck, Jürgen: Zum EG-Abfallrecht und seiner Umsetzung in deutsches Recht, EuR 1994, 71 ff.

Fluck, Jürgen (Hrsg.): Kreislaufwirtschafts-, Abfall- und Bodenschutzrecht. Kommentar, Loseblattsammlung, Heidelberg 1995 ff. (zit.: *Verfasser,* in: Fluck, KrW-/Abf-/BodSchR).

Fluck, Jürgen: Der neue Abfallbegriff – eine Einkreisung, DVBl. 1995, 537 ff.

Fluck, Jürgen: REACH und Abfall, AbfallR 2007, 14 ff.

Frank, Oliver: Nähe und Autarkie in der Abfallentsorgung – Europarechtliches Spannungsfeld zwischen Umweltschutz und Binnenmarkt, Münster 2003.

Franßen, Gregor: Kann Grubengas Abfall sein?, AbfallR 2008, 240 ff.

Frenz, Walter: Die Verwirklichung des Verursacherprinzips im Abfallrecht, Berlin 1996.

Frenz, Walter: Gemeinschaftsrechtliche Vorgaben für die Abgrenzung von Abfallverwertung und -beseitigung, NuR 1999, 301 ff.

Frenz, Walter: Grenzüberschreitende Abfallverbringung und gemeinschaftliche Warenverkehrsfreiheit, UPR 2000, 210 ff.

Frenz, Walter: Kommunale Entsorgungsdienste und EG-Wettbewerbsrecht, NuR 2000, 611 ff.

Frenz, Walter: Energie durch Abfall, NuR 2003, 395 ff.

Frenz, Walter: Bergbauliche Abfälle zwischen europäischer Rechtsprechung und -setzung, NuR 2004, 207 ff.

Frenz, Walter: Zur Abfalleigenschaft von mit Kraftstoffen verunreinigtem Erdreich einer Tankstelle, DVBl. 2004, 1542 ff.

Frenz, Walter: Abfallerzeuger und -besitzer nach deutschem und europäischem Recht, ZUR 2005, 57 ff.

Frenz, Walter: Die Novelle der Abfallrahmenrichtlinie im Spannungsfeld zu Berg- und Bodenschutzrecht, UPR 2007, 81 ff.

Frenz, Walter: Abfall und Produkt, Verwertung und Beseitigung nach dem EuGH, AbfallR 2008, 105 ff.
Frenz, Walter: Abfallwirtschaftsplanung und Klimaschutz zwischen alter und neuer Abfallrahmenrichtlinie, UPR 2009, 241 ff.
Frenz, Walter: Unmittelbare Wirkung der Abfallrahmenrichtlinie, AbfallR 2011, 124 ff.
Frenz, Walter: Einforderbarkeit der AbfRRL – europarechtliche Vorgaben, AbfallR 2011, 160 ff.
Frenz, Walter: Die neue Abfallhierarchie, UPR 2012, 210 ff.
Frenz, Walter: Europarechtskonforme Wettbewerbsbeschränkung in der Abfallwirtschaft durch überwiegende öffentliche Interessen, EWS 2012, 310 ff.
Frenz, Walter/Schink, Alexander (Hrsg.): Die neuen abfallrechtlichen Pflichten, Berlin 2006.
Frenz, Walter/Wimmers, Kristina: Vorwirkung von Richtlinien: die AbfallRRL, UPR 2009, 425 ff.
Gallego, Gorka: Waste Legislation in the European Union, EELR 2002, 8 ff.
Gaßner, Helmut: Abfallbegriff und Umsetzungspflicht, NVwZ 1998, 1148 ff.
Gaßner, Helmut/Thärichen, Holger: Die Zukunft der kommunalen Hausmüllentsorgung im Spannungsfeld zwischen gewerblichen Sammlungen und der Novelle der Abfallrahmenrichtlinie, AbfallR 2009, 18 ff.
Gassner, Ulrich M.: Von der Abfallwirtschaft zur Kreislaufwirtschaft, AöR 1998, 201 ff.
Giesberts, Ludger: Konkurrenz um Abfall: Rechtsfragen der Abfallverbringung in der Europäischen Union, NVwZ 1996, 949 ff.
Giesberts, Ludger: Vermischung von Abfällen: Verbote und Gebote im deutschen und gemeinschaftsrechtlichen Abfallrecht, NVwZ 1999, 600 ff.
Giesberts, Ludger: Ende der Abfalleigenschaft und 5-stufige Abfallhierarchie im Rahmen des BImSchG, DVBl. 2012, 816 ff.
Giesberts, Ludger/Kleve, Guido: Einmal Abfall – nicht immer Abfall: das Ende der Abfalleigenschaft, DVBl. 2008, 678 ff.
Groß, Thomas: Ökologische Auslegung des europäischen Abfallrechts? – Kritische Anmerkungen zum ASA-Urteil des EuGH –, EuR 2003, 146 ff.
Hagmann, Joachim: Behördliche Kompetenzen bei grenzüberschreitender Abfallverbringung, UPR 2005, 133 ff.
Hamer, Jens: Systematische Verletzung der Abfallrahmenrichtlinie, AbfallR 2005, 179 ff.
Hedemann-Robinson, Martin: The EU Directives on Waste Electrical and Electronic Equipment and on the Restriction of Use of Certain Hazardous Substances in Electrical and Electronic Equipment: Adoption Achieved, EELR 2003, 52 ff.
te Heesen, Nicole Christine: Abfallverbringung ohne Grenzen. Die europarechtliche Ausgestaltung des abfallwirtschaftlichen Nähe- und Autarkieprinzips, Baden-Baden 2003.
Helmig, Ekkehard/Allkemper, Ludwig: Der Abfallbegriff im Spannungsfeld von europäischer und nationaler Rechtsetzung, DÖV 1994, 229 ff.
Hoppe, Werner/Beckmann, Martin: Rechtliche Möglichkeiten des internationalen Austausches von Abfällen und Recycling-Produkten, DVBl. 1995, 817 ff.
Hristev, Iliyana: RoHS and WEEE – The New European Directives: Do they Work and Why (Or Why Not)? Current Application and Development in the EU and USA, EELR 2006, 37 ff., 62 ff.
Hurst, Manuela: Die Umsetzung der Abfallrahmenrichtlinie aus Sicht der privaten Entsorgungswirtschaft, AbfallR 2009, 159 ff.
Jarass, Hans D.: Beschränkungen der Abfallausfuhr und EG-Recht, NuR 1998, 397 ff.
Jarass, Hans D.: EMAS-Privilegierungen im Abfallrecht, DVBl. 2003, 298 ff.
Jarass, Hans D./Petersen, Frank/Weidemann, Clemens (Hrsg.), Kreislaufwirtschafts- und Abfallgesetz (KrW-/AbfG), Loseblattsammlung, München, Stand Februar 2010 (zit.: *Verfasser*, in: Jarass/Petersen/Weidemann, KrW-/AbfG).
Jochum, Heike: Neues zum europäischen Bodenschutz- und Abfallrecht. Sind die bodenschutzrechtlichen Bestimmungen der Umwelthaftungsrichtlinie und die Abfallrichtlinie nach dem „Spatenprinzip" zu trennen?, NVwZ 2005, 140 ff.
Karpenstein, Ulrich/Schink, Alexander: Europa- und verfassungsrechtliche Grundfragen der Einführung einer einheitlichen Wertstofftonne, AbfallR 2011, 222 ff.

Kasten, Verena: Europa- und völkerrechtliche Aspekte der grenzüberschreitenden Abfallverbringung, Frankfurt u.a. 1997.
Kersting, Andreas: Die Vorgaben des europäischen Abfallrechts für den deutschen Abfallbegriff, DVBl. 1992, 343 ff.
Kitzinger, Günter: Sekundärprodukte und Sekundärstoffe – Ende der Abfalleigenschaft und Beginn der REACH-Regulierung? Zur Abgrenzung der Regelungsbereiche und ihrer inneren Anpassung, AbfallR 2007, 216 ff.
Klafki, Andreas: Rechtsfragen der Abfallverbringung innerhalb der Europäischen Union. Lösungen für die Unterscheidung zwischen Beseitigungs- und Verwertungsabfällen unter besonderer Berücksichtigung der energetischen Verwertung, Berlin 2006.
Klafki, Andreas: Novellierung der Regeln über die gemeinschaftsweite Verbringung von Abfällen – Die neue EG-Abfallverbringungsverordnung kommt am 12.7.2007 zur Anwendung – DVBl. 2007, 870 ff.
Kleinewege, Helge: Wünsche der Entsorgungswirtschaft an die Abfallrahmenrichtlinie, AbfallR 2007, 55 ff.
Klement, Jan Henrik: Ein neuer Kampf um das Abfallrecht – Zur teilweisen Unionsrechtswidrigkeit der Überlassungspflichten im neuen Kreislaufwirtschaftsgesetz, VerwArch 2012, 218 ff.
Klett, Wolfgang: Zur Umsetzung der EG-Abfallverbringungs-Verordnung und des deutschen Abfallverbringungsgesetzes in der Praxis, UTR 1997, 411 ff.
Klett, Wolfgang/Enders, Rainald: Gefährliche Abfälle – Umsetzungsdefizite europarechtlicher Vorgaben, BB, Beilage 4/1997, 1 ff.
Kloepfer, Michael: Europäische Verpackungsrichtlinie und deutsche Verpackungsverordnung, EWS 1997, Beilage 2 zu Heft 7/97.
Koch, Hans-Joachim: Die neue Verpackungsverordnung, NVwZ 1998, 1155 ff.
Koch, Hans-Joachim/Reese, Moritz: Abfallrechtliche Regulierung der Verwertung – Chancen und Grenzen, DVBl. 2000, 300 ff.
Koch, Hans-Joachim/Reese, Moritz: Revising the Waste Framework Directive. Basic Deficiencies of European Waste Law and Proposals for Reform, JEEPL 2005, 441 ff.
Koch, Hans-Joachim/Reese, Moritz: Novellierung der EU-Abfallrahmenrichtlinie – Änderungsbedarf und Änderungsvorschläge für eine Weiterentwicklung des europäischen Abfallrechts, Berlin 2006.
von Köller, Henning/Klett, Wolfgang/Konzak, Olaf: EG-Abfallverbringungsverordnung – mit Erläuterungen und weiterführenden Vorschriften, Berlin 1994.
Knopp, Lothar/Piroch, Ingmar: Neues Kreislaufwirtschaftsgesetz – Europarechtswidrigkeit der Überlassungspflichten nach § 17 KrWG?, UPR 2012, 343 ff.
Kopp-Assenmacher, Stefan/Glass, Christian: Das Ende der Abfalleigenschaft bei Gebrauchtteilen aus Altfahrzeugen, AbfallR 2010, 228 ff.
Krahnefeld, Lutz/Conzelmann, Ruben: Die „flexible" Ausgestaltung der Abfallhierarchie im KrWG durch einzelfallbezogene Ökobilanzierungen – unionsrechtskonform?, AbfallR 2012, 269 ff.
Krämer, Ludwig: Die Europäische Union und der Export von Abfällen in die Dritte Welt, KJ 1998, 345 ff.
Krämer, Ludwig: Remarks on the Waste Framework Directive, elni 2010, 2 ff.
Krämer, Ludwig: EU-rechtliche Vorgaben für die Erfüllung von Aufgaben der Daseinsvorsorge im Rahmen der Abfallwirtschaft, AbfallR 2010, 40 ff.
Krause, Lars: Thermische Abfallverwertung im Lichte aktueller juristischer Entwicklungen, AbfallR 2010, 29 ff.
Krieger, Stephan: Basel, Brüssel und Bonn: Der Anwendungsbereich des Abfallrechts, NuR 1995, 170 ff.
Krieger, Stephan: Anmerkung, EuZW 1995, 618 f.
Krieger, Stephan: Inhalt und Grenzen des Verwertungsbegriffs im deutschen, supra- und internationalen Abfallrecht, NuR 1995, 342 ff.
Kropp, Olaf: Die behördliche Lenkung von Abfallströmen im Binnenmarkt. Am Beispiel der Umsetzung und Anwendung des EG-Abfallverbringungsrechts in Deutschland, Berlin 2003.

Kropp, Olaf: Die Rechtsprechung des EuGH zur EG-Abfallverbringungsverordnung, EurUP 2005, 87 ff.
Kropp, Olaf: Die neue Verordnung über die Verbringung von Abfällen (VVA), AbfallR 2006, 150 ff.
Kropp, Olaf: Verfahrensfragen bei der Notifizierung von grenzüberschreitenden Abfallverbringungen, NVwZ 2006, 420 ff.
Kropp, Olaf: Einstufung der Abfallvorbehandlung als Verwertung oder Beseitigung, AbfallR 2008, 162 ff.
Kropp, Olaf: Umfang und Dauer der abfallrechtlichen Verantwortung des Abfallerzeugers- und -besitzers, ZUR 2008, 401 ff.
Kropp, Olaf: Die Anwendung der neuen Abfallrichtlinie auf tierische Nebenprodukte und Tierkörper, NuR 2009, 841 ff.
Kropp, Olaf: Die Energieeffizienzformel der neuen Abfallrichtlinie, ZUR 2009, 584 ff.
Kropp, Olaf: Neuabgrenzung von Verwertung und Beseitigung, AbfallR 2010, 193 ff.
Kropp, Olaf: Das novelliere Komitologieverfahren in der EG-Abfallrichtlinie, ZUR 2011, 514 ff.
Kropp, Olaf: Begründet die R1-Formel der Richtlinie 2008/98/EG einen allgemeinen "Verwerterstatus" von Hausmüllverbrennungsanlagen?, AbfallR 2011, 207 ff.
Kropp, Olaf: Grenzüberschreitende Abfallverbringungen durch Einsammler, Händler und Makler, AbfallR 2012, 11 ff.
Kropp, Olaf: Getrennthaltungsgebote und Vermischungsverbote nach dem neuen KrWG, ZUR 2012, 474 ff., 543 ff.
Kropp, Olaf/Kälberer, Klaus: Noch Abfall oder schon Produkt? – Zum Ende der Abfalleigenschaft bei der stofflichen Verwertung, AbfallR 2010, 124 ff.
Kropp, Olaf/Oexle, Anno: Offenlegung des Erzeugers beim grenzüberschreitenden Streckenhandel mit Abfällen der „Grünen" Liste? Anmerkung zu VG Mainz, Vorlagebeschl. V. 26.11.2010 – 4 K 1436/09.MZ, AbfallR 2011, 36 ff.
Lagoni, Rainer/Albers, Jan: Schiffe als Abfall?, NuR 2008, 220 ff.
Lee, Robert G./Stokes, Elen: Rehabilitating the Definition of Waste: Is it fully Recovered?, YEEL 8 (2008), 162 ff.
Lenz, Carl Otto/Ebsen, Peter: Die Abfallwirtschaft in der Rechtsprechung des Gerichtshofes der Europäischen Gemeinschaften, EWS 2003, 345 ff.
von Lersner, Freiherr Heinrich/Wendenburg, Helge/Versteyl, Ludger-Anselm (Hrsg.): Recht der Abfallbeseitigung des Bundes, der Länder und der Europäischen Union. Kommentierung des KrW-/AbfG und weiterer abfallrechtlicher Gesetze und Verordnungen, Loseblattsammlung, Berlin 2007 ff. (zit.: *Verfasser,* in: von Lersner/Heinrich/Versteyl, Recht der Abfallbeseitigung).
London, Caroline: Le projet de directive cadre sur les déchets au regard de l'acquis communautaire, RTDE 2007, 277 ff.
Lueder, Tilman: Die Angst vor dem Umweltbinnenmarkt. Der Abschied von einer binnenmarktorientierten europäischen Abfallwirtschaftspolitik?, ZUR 1994, 165 ff.
von der Lühe, Christian/Stockhaus, Tomasz: Abfallverbringung – Wahrung hoher Umweltstandards im Europäischen Binnenmarkt durch Einwandsbefugnisse der Behörden des Versandstaats, AbfallR 2005, 83 ff.
Marder-Bungert, Julia/von Mäßenhausen, Hans-Ulrich: Umsetzung der EU-Richtlinie über die Bewirtschaftung von Abfällen aus der mineralgewinnenden Industrie, AbfallR 2008, 266 ff.
McIntyre, Owen: The All-Consuming Definition of „Waste" and the End of the „Contaminated Land" Debate?, Journal of Environmental Law 2005, 117 ff.
Meier, Christian X.: Der Anwendungsbereich der neuen Verpackungsverordnung unter besonderer Berücksichtigung der Unterscheidung von „Verpackung" und „Ware", NuR 2000, 617 ff.
Michalke, Regina: Abfall oder Wirtschaftsgut? – Ein „altes" Strafrechtsthema unter dem Aspekt des jüngsten Urteils des Europäischen Gerichtshofs zum Abfallbegriff, AbfallR 2005, 157 ff.
Müggenborg, Hans-Jürgen: Abfallerzeuger und Abfallbesitzer, NVwZ 1998, 1121 ff.
Müggenborg, Hans-Jürgen: Auswirkungen der EuGH-Rechtsprechung zur Nacherfüllung auf das Abfallrecht, AbfallR 2011, 268 ff.

Murswiek, Dietrich: Anmerkung zu EuGH, Rs. C-1/03 (Kontaminiertes Erdreich als Abfall; Abfallbegriff; Entsorgungsverantwortung), JuS 2005, 361 ff.
Noll-Ehlers, Magnus: Produzentenverantwortung im Europäischen Umweltrecht, Frankfrut u.a. 2004.
Notaro, Nicola: Case C-203/96, Chemische Afvalstoffen Dusseldorp BV and Others v. Minister van Volksuisvesting, Ruimtelijke Ordeening en Milieubeheer, CMLRev. 1999, 1309 ff.
Oexle, Anno: Kontaminiertes Erdreich als Abfall, EuZW 2004, 627 ff.
Oexle, Anno: Neue Entwicklungen des Abfallexportrechts, in: Walter Frenz/Alexander Schink (Hrsg.), Die neuen abfallrechtlichen Pflichten, Berlin 2006, 143 ff.
Oexle, Anno: Rechtsfragen des neuen Verbringungsrechts, ZUR 2007, 460 ff.
Oexle, Anno/Epiney, Astrid/Breuer, Rüdiger (Hrsg.), EG-Abfallverbringungsverordnung. Kommentar, Köln 2010 (zit.: *Verfasser*, in: Oexle/Epiney/Breuer, EG-AbfVerbrV).
Pauly, Markus W./Heidmann, Maren: Die Zulässigkeit einer Wertstofftonne nach Europarecht, AbfallR 2010, 291 ff.
Peine, Franz-Joseph: Das Recht des Abfallexports, in: Randelzhofer, Albrecht/Scholz, Rupert/Wilke, Dieter (Hrsg.), GS Eberhard Grabitz, München 1995, 499 ff.
Petersen, Frank: Neue Strukturen im Abfallrecht – Folgerungen aus der EuGH-Judikatur, in: Gesellschaft für Umweltrecht (Hrsg.), Aktuelle Entwicklungen des europäischen und deutschen Abfallrechts, Berlin 2003, 11 ff.
Petersen, Frank: Neue Strukturen im Abfallrecht – Folgerungen aus der EuGH-Judikatur, NVwZ 2004, 34 ff.
Petersen, Frank: Die Fortentwicklung des europäischen Abfallrechts – Überlegungen des Bundesumweltministeriums zur Novellierung der Abfallrahmenrichtlinie, ZUR 2005, 561 ff.
Petersen, Frank: Das deutsche Abfallrecht vor den Schranken des EuGH, in: Hans-Joachim Koch/Jan Schürmann (Hrsg.), Das EG-Umweltrecht und seine Umsetzung in Deutschland und Polen, Baden-Baden 2005, 81 ff.
Petersen, Frank: Die Novellierung der Abfallrahmenrichtlinie, AbfallR 2006, 102 ff.
Petersen, Frank: Die politische Einigung des Umweltministerrates zur Novelle der Abfallrahmenrichtlinie – eine (Zwischen-) Bilanz, ZUR 2007, 449 ff.
Petersen, Frank: Die Novelle der Abfallrahmenrichtlinie. Die Einigung zwischen Rat und Europäischem Parlament, AbfallR 2008, 154 ff.
Petersen, Frank: Die neue Abfallrahmenrichtlinie – Auswirkungen auf das Kreislaufwirtschafts- und Abfallgesetz, in: Gesellschaft für Umweltrecht (Hrsg.), Dokumentation zur 32. wissenschaftlichen Fachtagung der Gesellschaft für Umweltrecht e.V., Leipzig 2008, Berlin 2009, 83 ff.
Petersen, Frank: Entwicklung des Kreislaufwirtschaftsrechts. Die neue Abfallrahmenrichtlinie – Auswirkungen auf das Kreislaufwirtschafts- und Abfallgesetz, NVwZ 2009, 1063 ff.
Petersen, Frank: Die Abgrenzung zwischen Abfall und Produkt nach der neuen Abfallrahmenrichtlinie – Wege aus dem „Elend des Abfallrechts", FS Dieter Sellner, München 2010, 315 ff.
Petersen, Frank/Heß, Karoline: Das Komitologieverfahren im Gemeinschaftsrecht – Funktion und Grenzen am Beispiel der Novellierung der EG-Abfallrahmenrichtlinie, ZUR 2007, 567 ff.
Petersen, Frank/Lorenz, Melanie: Das „van de Walle"-Urteil des EuGH – Sanierung von Altlasten nach Abfallrecht?, NVwZ 2005, 257 ff.
Pocklington, David: The Changing Importance of "Recovery" and "Recycling" Processes in EU Waste Management Law, EELR 2000, 272 ff.
Pocklington, David: The Significance of the Proposed Changes to the Waste Framework Directive, EELR 2006, 75 ff.
Prelle, Rebecca: Begriff und Bedeutung der (Vorbereitung zur) Wiederverwendung im Abfallrecht, AbfallR 2008, 220 ff.
Prelle, Rebecca: Die Novelle der WEEE-Richtlinie. Stand der Beratungen und Bewertung, AbfallR 2011, 67 ff.
Raasch, Johanna: Standardsetzung für Entsorgungsverfahren durch BVT-Merkblätter, AbfallR 2008, 279 ff.

Raasch, Johanna: Die Harmonisierung der Verfahrensstandards im europäischen Abfallrecht. Insbesondere anhand von „Best Available Technologies" und „BREF-Dokumenten", Berlin 2008.
Reese, Moritz: Kreislaufwirtschaft im integrierten Umweltrecht. Eine Studie zu den begrifflichen, instrumentellen und funktionalen Grenzen des Abfallverwertungsrechts, Baden-Baden 2000.
Reese, Moritz: Die Urteile des EuGH zur Abgrenzung von energetischer Verwertung und thermischer Behandlung zur Beseitigung, ZUR 2003, 217 ff.
Reese, Moritz: Entwicklungen des Kreislaufwirtschaftsrechts. Konzeptionelle Herausforderungen und Lösungsbeiträge der novellierten EG-Abfallrahmenrichtlinie, in: Gesellschaft für Umweltrecht (Hrsg.), Dokumentation zur 32. wissenschaftlichen Fachtagung der Gesellschaft für Umweltrecht e.V., Leipzig 2008, Berlin 2009, 131 ff.
Reese, Moritz: Grundprobleme des europäischen Abfallrechts und Lösungsbeiträge der neuen Abfallrahmenrichtlinie, NVwZ 2009, 1073 ff.
Reese, Moritz/Koch, Hans-Joachim: Abfallwirtschaftliche Daseinsvorsorge im Europäischen Binnenmarkt, DVBl. 2010, 1393 ff.
Reese, Moritz/Koch, Hans-Joachim: Public Waste Management Services in the Internal Market – and the Interpretation of Article 106 TFEU, JEEPL 2011, 23 ff.
Rengeling, Hans-Werner/Gellermann, Martin: Vorgaben der EG für die Zulassung von Abfallentsorgungsanlagen, DVBl. 1995, 389 ff.
Renson, Anne-Stéphanie/Verdire, Christophe: Déchets et sous-produits à l'aune de la directive 2008/98/CE, RDUE 2009, 733 ff.
Riese, Christoph/Karsten, Nora: Ist unausgekofferter kontaminierter Boden Abfall?, ZUR 2005, 75 ff.
Rogusch-Sießmayr, Tilman: Brauchen Einsammler, Händler und Makler für grenzüberschreitende Abfallverbringungen einen „Sitz" im Versandstaat?, AbfallR 2012, 56 ff.
Roller, Gerhard/Führ, Martin: Individual Producer Responsibility: A Remaining Challenge under the WEEE Directive, RECIEL 2008, 279 ff.
Roßegger, Ulf: Die Entsorgung atomarer Abfälle in der Europäischen Union. Auswirkungen der EU-Richtlinie über die Entsorgung radioaktiver Abfälle auf die Suche von Endlagern für Atommüll, AbfallR 2011, 276 ff.
Röttgen, David: End of waste: The mechanism set forth by the Waste Directive 2008/98, EurUP 2009, 123 ff.
de Sadeleer, Nicolas, Le droit communautaire des déchets, Brüssel 1995.
de Sadeleer, Nicolas: Les déchets, les résidus et les sous-produits – une trilogie ambiguë, RDUE 2004, 457 ff.
de Sadeleer, Nicolas: EC Waste Law or How to Juggle with Legal Concepts. Drawing the Line between Waste, Residues, Secondary Materials, By-Products, Disposal and Recovery Operations, JEEPL 2005, 458 ff.
de Sadeleer, Nicolas: New Perspectives on the Definition of Waste in EC Law, JEEPL 2005, 46 ff.
de Sadeleer, Nicolas: Annotation, CMLRev. 2006, 207 ff.
de Sadeleer, Nicolas: Les débris métalliques destinés à la production de métal: la délicate ligne de démarcation entre déchets et produits, RDUE 2011, 209 ff.
de Sadeleer, Nicolas: Scrap Metal Intended for Metal Production: The Thin Line between Waste and Products, JEEPL 2012, 136 ff.
de Sadeleer, Nicolas/Wemaëre, Matthieu: Valorisation et élimination des déchets: une distinction à clarifier, RDUE 2007, 329 ff.
Sagia, Christina: Entsorgungsautarkie und Verursacherprinzip, Frankfurt u.a. 2003.
Scherer-Leydecker, Christian: Europäisches Abfallrecht. Seine Umsetzung und Anwendung in Deutschland, NVwZ 1999, 590 ff.
Schink, Alexander: Zulassung von Abfallentsorgungsanlagen in den Mitgliedstaaten der Europäischen Gemeinschaft, DÖV 1994, 357 ff.
Schink, Alexander: Der neue Abfallbegriff und seine Folgen, VerwArch 1997, 230 ff.
Schink, Alexander: Elemente symbolischer Politik im Abfallrecht, KJ 1999, 205 ff.
Schink, Alexander: Auswirkungen der Entscheidungen des EuGH vom 13. Februar 2003 auf das deutsche Abfallrecht, UPR 2003, 121 ff.

Schink, Alexander: Die Entscheidungen des EuGH vom 13. Februar 2003 und die kommunale Abfallwirtschaft, AbfallR 2003, 106 ff.
Schink, Alexander: Novelle der Abfallrahmenrichtlinie: Stand und Bewertung, AbfallR 2007, 50 ff.
Schink, Alexander: Der Abfallbegriff im Kreislaufwirtschaftsgesetz, UPR 2012, 201 ff.
Schliessner, Ursula: Entwurf einer EG-Richtlinie über Verpackungen und Verpackungsabfall und mögliche Auswirkungen auf die deutsche Verpackungsverordnung, EuZW 1993, 52 ff.
Schoch, Friedrich: Bindungswirkungen der Entscheidungen des Europäischen Gerichtshofs auf dem Gebiet des Abfallrechts, DVBl. 2004, 69 ff.
Schoppen, Claudia/Grunow, Moritz: Zur Novelle der WEEE-Richtlinie (Elektroaltgeräte-Richtlinie), EurUP 2011, 18 ff.
Schoppen, Claudia/Grunow, Moritz: Die Novelle der WEEE-Richtlinie, AbfallR 2012, 50 ff.
Schreier, Axel: Die Auswirkungen des EG-Rechts auf die deutsche Abfallwirtschaft. Umsetzungsdefizite und gesetzgeberischer Handlungsbedarf, Berlin 1994.
Schröder, Meinhard: Konfliktlinien in der Abfallwirtschaft, in: Behrens, Peter/Koch, Hans-Joachim (Hrsg.), Umweltschutz in der Europäischen Gemeinschaft, Baden-Baden 1991, 165 ff.
Schultz, Nikolaus: Ein Jahr nach „van de Walle" – viel Lärm um nichts?, EurUP 2005, 230 ff.;
Schütte, Peter/Siebel-Huffmann, Heiko: Die Elektroschrottrichtlinie, ZUR 2003, 211 ff.
Seibert, Max-Jürgen: Zum europäischen und deutschen Abfallbegriff, DVBl. 1994, 229 ff.
da Silva Campos, Carlos: Waste, Product and By-product in EU Waste Law, elni 2/2007, 28 ff.
Sobotta, Christoph: Die Abgrenzung von Nebenprodukten und Produktionsabfällen in der Rechtsprechung des EuGH, ZUR 2007, 188 ff.
Stark, Sebastian: Der Abfallbegriff im europäischen und im deutschen Umweltrecht. Van de Walle überall?, Frankfurt u.a. 2009.
Stengler, Ella: Die Verwertung und die Beseitigung von Abfällen nach nationalem Recht und nach EG-Recht, Frankfurt u.a. 2000.
Stengler, Ella: Übersicht über Normsetzungsverfahren in der EU einschließlich der geplanten Abfallrahmenrichtlinie, in: Walter Frenz/Alexander Schink (Hrsg.), Die neuen abfallrechtlichen Pflichten, Berlin 2006, 45 ff.
Stengler, Ella: Europäische Leitlinien zur Energieeffizienzberechnung in Abfallverbrennungsanlagen, AbfallR 2011, 213 ff.
Stewing, Clemens: Andienungs- und Überlassungspflichten für Sonderabfälle, Köln u.a. 2000.
Stuttmann, Martin: Der Rechtsbegriff „Abfall", NVwZ 2006, 401 ff.
Suhl, Christian: Die Europarechtswidrigkeit des KrWG. Verstoß gegen die Warenverkehrsfreiheit für getrennt erfasste Haushaltsabfälle zur Verwertung und falsche Umsetzung der Abfallhierarchie, AbfallR 2012, 201 ff.
Thärichen, Holger: Europarechtliche Bewertung der Neuregelung des Rechts der gewerblichen Sammlung durch das Kreislaufwirtschaftsgesetz, AbfallR 2012, 150 ff.
Thieffry, Patrick: Le nouveau droit des déchets est arrivé: la responsabilité élargie du producteur est morte, vive la responsabilité élargie du producteur, Petites affiches 2009, 6 ff.
Thomsen, Katrin: Verwaltungszusammenarbeit bei der Abfallverbringung in der EU, Baden-Baden 2010.
Tufet-Opi, Enrique: Life After End of Life: the Replacement of End of Life Product Legislation by an European Integrated Product Policy in the EC, JEL 2002, 33 ff.
Uwer, Dirk/Held, Simeon: Die europarechtliche Abgrenzung von Nebenerzeugnissen zu Abfällen – Neuere Entwicklungstendenzen in der EuGH-Rechtsprechung und ihre Rezeption im deutschen Umweltrecht, EuZW 2010, 127 ff.
Versmann, Andreas: Grenzüberschreitende Abfallverbringung nach der EU-Erweiterung, AbfallR 2004, 98 ff.
Versmann, Andreas: Einwandsbefugnis der Behörden am Versandort bei grenzüberschreitender Abfallverbringung. Anmerkung, ZUR 2005, 134 ff.
Versmann, Andreas: Strategische Umweltprüfung für Abfallwirtschaftspläne, ZUR 2006, 233 ff.
Versteyl, Andrea: Das neue BVT-Merkblatt „Abfallverbrennung", AbfallR 2005, 238 ff.

Versteyl, Ludger-Anselm: Der Abfallbegriff im europäischen Recht – eine unendliche Geschichte?, EuZW 2000, 585 ff.

Versteyl, Ludger-Anselm: Harmonisierung und verstärkte Schutzmaßnahmen – das DaimlerChrysler-Urteil des EuGH vom 13.12.2001 zur Andienung und Abfallverbringung, NVwZ 2002, 565 ff.

Versteyl, Ludger-Anselm: Zum europarechtswidrigen Vollzug des Altölrechts in Deutschland, AbfallR 2003, 210 ff.

Versteyl, Ludger-Anselm: Altlast = Abfall – Vom Ende des „beweglichen" Abfallbegriffs?, NVwZ 2004, 1297 ff.

Waggershauser, Stefan Patrick: Die Novelle der EG-Abfallrahmenrichtlinie – ein Überblick, AbfallR 2009, 50 ff.

Weber, Marc: La gestion des déchets industriels et ménagers dans la Communauté européenne, Genf 1995.

Webersinn, Michael: Produktverantwortung – Eine ordnungspolitische Standortbestimmung anlässlich der Umsetzung der EU-Abfallrahmenrichtlinie in deutsches Recht, AbfallR 2010, 266 ff.

Weidemann, Clemens: Umsetzung von Abfall-Richtlinien: Urteil des EuGH zum deutschen Abfallrecht, NVwZ 1995, 866 ff.

Weidemann, Clemens: Abfall oder Rohstoff, Köln 1997.

Weidemann, Clemens: Nochmals: Die Abgrenzung von Abfallverwertung und Abfallbeseitigung, NVwZ 1998, 258 ff.

Weidemann, Clemens/Neun, Andreas: Zum Ende der Abfalleigenschaft von Bauteilen aus (Elektro- und Elektronik-) Altgeräten und Altfahrzeugen, NuR 2004, 97 ff.

Weidemann, Clemens/Neun, Andreas: Die Rechtsprechung des EuGH zur Abgrenzung zwischen Nebenprodukt und Abfall. Zur aktuellen Diskussion über eine Novellierung des europäischen Abfallbegriffs, AbfallR 2006, 158 ff.

Wendenburg, Helge: Die Umsetzung des europäischen Abfallrechts, NVwZ 1995, 833 ff.

Wendenburg, Helge: Zum Stand der Beratung der Abfallrahmenrichtlinie, AbfallR 2007, 150 ff.

Wilke, Ernst: Auswirkungen der EU-Verordnung über persistente organische Schadstoffe auf das Abfallrecht, AbfallR 2007, 159 ff.

von Wilmowsky, Peter: Abfallfallwirtschaft im Binnenmarkt. Europäische Probleme und amerikanische Erfahrungen, Düsseldorf 1990.

von Wilmowsky, Peter: Abfall und freier Warenverkehr: Bestandsaufnahme nach dem EuGH-Urteil zum wallonischen Einfuhrverbot, EuR 1992, 414 ff.

von Wilmowsky, Peter: Waste Disposal in the Internal Market: The State of Play after the ECJ's Ruling on the Walloon Import Ban, CMLRev. 1993, 541 ff.

von Wilmowsky, Peter: Das Nähe- und Optimierungsprinzip des europäischen Abfallrechts, NVwZ 1999, 597 ff.

von Wilmowsky, Peter: Das Autarkieprinzip des europäischen Abfallrechts, UTR 1999, 291 ff.

Winter, Gerd: Notifizierung und Andienung bei grenzüberschreitender Verbringung von gefährlichen Abfällen zur Verwertung, NuR 1998, 233 ff.

Winter, Gerd: Die Steuerung grenzüberschreitender Abfallströme, DVBl. 2000, 657 ff.

Winter, Stephan: Die neue Abfallverbringungs-Verordnung der EG, UPR 1994, 161 ff.

Wolfers, Benedikt: Produkt oder Abfall? – Die Grenzen des neuen Abfallrechts, NVwZ 1998, 225 ff.

Wrede, Sabine: Die Verpackungsverordnung – Warenverkehrsfreiheit contra Umweltschutz, EWS 2001, 371 ff.

Wrede, Sabine: Kontaminierter Boden als Abfall (Zugleich Anmerkung zu EuGH, Rs. C-1/03), NuR 2005, 28 ff.

Wuttke, Joachim/Baehr, Tilman: Praxishandbuch zur grenzüberschreitenden Abfallverbringung, Berlin 2008.

Zacker, Christian: Abfall im gemeinschaftlichen Umweltrecht. Eine dogmatische Untersuchung ausgewählter Rechtsprobleme, Berlin 1997.

Ziegler, Christine: Der Grundsatz der Entsorgungsautarkie und das Prinzip der Nähe im europäischen und deutschen Abfallrecht, Bonn 2004.

Schlussbetrachtung

Die im Rahmen dieses Bandes erfolgte Betrachtung des Umweltrechts der Europäischen Union lässt erkennen, dass sich die Union der **Herausforderung der Verwirklichung eines effektiven Umweltschutzes** durchaus stellt. Dies gilt sowohl für die primär- als auch die sekundärrechtliche Ebene. Die im Primärrecht festgeschriebenen Grundsätze erlauben die Verfolgung einer effektiven Umweltpolitik; hinzuweisen ist – neben den umfassenden Gesetzgebungskompetenzen der EU im Bereich des Umweltrechts – insbesondere auf die „Querschnittsklausel" des Art. 11 AEUV und die umweltpolitischen Handlungsgrundsätze (Art. 191 Abs. 2 AEUV), wobei dem Vorsorgeprinzip wohl eine besondere Bedeutung zukommt. Aber auch im Sekundärrecht sind einige bemerkenswerte und zukunftsweisende Ansätze zu verzeichnen; Stichworte in diesem Zusammenhang sind der Zugang zu Umweltinformationen, das EMAS-System sowie in jüngerer Zeit die Bestrebungen zur Verstärkung des Rechtsschutzes. Umweltpolitik und Umweltrecht sind daher heute keine „Randgebiete" der Unionstätigkeit mehr, sondern nehmen einen wichtigen Stellenwert ein.

Insgesamt gelungen ist auch der Ausgleich zwischen den EU-Kompetenzen bzw. ihrer Wahrnehmung sowie ihren Wirkungen und der Beachtung mitgliedstaatlichen Handlungsspielraums; im Falle des Vorliegens umweltpolitischer Interessen wird es den Mitgliedstaaten in der Regel möglich sein, diese durch geeignete Maßnahmen zu verfolgen. Das Subsidiaritätsprinzip ist in diesem Zusammenhang auch ein sinnvoller Ansatz zur Begrenzung der Ausübung der EU-Kompetenzen.

Allerdings erscheinen die in Art. 114 Abs. 4-6 AEUV für die Neueinführung nationaler Maßnahmen im Falle bestehenden Sekundärrechts formulierten Voraussetzungen sehr (zu) streng sein, mit der Folge, dass die Gefahr besteht, dass ein Mitgliedstaat für einen effektiven Umweltschutz notwendige Regelungen nicht ergreifen kann. Hier hätte man die Abwägung zwischen dem Interesse an der Funktionsfähigkeit des Binnenmarktes und der Sicherstellung eines effektiven Umweltschutzes auch etwas anders vornehmen können.

Gleichwohl ist es nach wie vor nicht gerechtfertigt, von einer „Europäischen Umweltunion" im Sinne einer umfassenden Ausrichtung des Handelns der Union auf Umweltverträglichkeit[1] zu sprechen. Vielmehr bleiben – trotz zahlreicher vielversprechender Ansätze – gewichtige **Probleme und Defizite** bestehen, die in erster Linie auf vier Ebenen anzusiedeln sind:

- Auf **institutioneller Ebene** ist vor allem das weitgehende Fehlen institutioneller Vorkehrungen im Hinblick auf die tatsächliche Beachtung und Verwirklichung umweltpolitischer Belange von Bedeutung. In der Organstruktur in der Union bestehen allenfalls ansatzweise spezifische Verfahren oder Vorkehrungen in diesem Sinn. Zudem ist auf das zu vernachlässigende Gewicht der Umweltverbände im Vergleich zu den Wirtschaftsverbänden im Vorfeld der EU-Rechtsetzung hinzuweisen.

- Damit in engem Zusammenhang steht die **verfahrensrechtliche Ebene**: Hier fällt auf, dass beim Erlass des EU-Sekundärrechts Belangen des Umweltschutzes häufig nicht genügend Rechnung getragen wird und hierfür auch im Verfahren keine entsprechenden Vorkehrungen getroffen werden. Dies birgt dann die Gefahr einer unzureichenden Beachtung der umweltpolitischen Grundsätze der Union – insbesondere der Querschnittsklausel und der anderen in Art. 191 Abs. 2 AEUV enthaltenen Prinzipien – in sich.

- Auf **materiell-rechtlicher Ebene** sind in der Ausgestaltung des EU-Sekundärrechts teilweise sehr bedauerliche Lücken bzw. Unzulänglichkeiten sowie m.E. nicht in die richtige Richtung gehende Tendenzen zu verzeichnen, auch wenn es sicher nicht mehr gerechtfertigt ist, das EU-Umweltrecht als fragmentarisch zu bezeichnen. Besonders ins Gewicht fällt hier die bereits seit einigen Jahren zu beobachtende Tendenz auf EU-Ebene, die Formulierung „handfester" und damit präziser (Umwelt-) Standards zugunsten eher weicher Qualitätsziele und verfahrensrechtlicher Vorgaben zu verringern, dies verbunden mit einem integrierten Ansatz, der die „Umwelt als Ganzes" oder doch zumindest mehrere Umweltmedien schützt, ein Kon-

---

1 Vgl. die Umschreibung des Begriffs „Umweltgemeinschaft" bei *Calliess*, KJ 1994, 284 (294).

zept, das mit der Setzung präziser Standards in einem gewissen Spannungsverhältnis steht.[2] Stichworte in diesem Zusammenhang sind z.B. die IVU-Richtlinie bzw. die Industrieemissionsrichtlinie, die Wasserrahmenrichtlinie oder auch weite Teile des EU-Klimaschutzrechts. Es bleibt Zweifeln unterworfen, ob auf diese Weise – auch angesichts der damit einhergehenden erhöhten „Flexibilität" für die Mitgliedstaaten – ein hinreichend effektiver Umweltschutz gewährleistet werden kann. Damit geht es weniger um die erwähnten Ansätze der EU-Umweltpolitik als solche (die, wie erwähnt, durchaus zukunftsweisend sind), denn um ein (teilweises) Fehlen darüber hinausgehender Ansätze bzw. Maßnahmen, ganz abgesehen davon, dass in vielen Gebieten auch das Schutzniveau erhöht werden könnte.

- Schließlich ist an die **Vollzugsebene** zu erinnern: Umsetzung, Durchführung und Vollzug des Umweltrechts in der Europäischen Union weisen erhebliche Defizite auf, und es besteht Anlass zu der Annahme, dass sich dieses Defizit eher verstärken als verringern wird, was auch im Zusammenhang mit der Rechtseinheit in der Union sehr bedenklich ist.

4 Vor diesem Hintergrund stellt sich die Frage, auf welche Weise diesen Defiziten Abhilfe geschaffen werden kann und damit ein Schritt in Richtung der Schaffung (auch) einer **Umweltunion** und der tatsächlichen Verwirklichung des Grundsatzes einer nachhaltigen Entwicklung gemacht werden kann. Ausgangspunkt der diesbezüglichen Überlegungen – wobei im Folgenden institutionelle und verfahrensrechtliche Aspekte im Vordergrund stehen – ist der besondere Stellenwert umweltpolitischer Belange bzw. die Besonderheit der „Aufgabe Umweltschutz", so dass Umweltschutz gerade kein öffentliches Interesse wie jedes andere ist.

5 Im Einzelnen sind hier folgende Perspektiven in Betracht zu ziehen, die hier jedoch nur skizziert werden können:[3]

- Auf der Ebene der **Akteure der EU-Umweltpolitik** ist eine Erweiterung in Betracht zu ziehen: Durch die Schaffung eines „ökologischen Rates" und seine Einbeziehung in Gesetzgebung und Durchführung des EU-Umweltrechts könnte durch institutionelle und verfahrensrechtliche Vorkehrungen die Berücksichtigung umweltpolitischer Belange verbessert werden.[4] Diesem aus unabhängigen Persönlichkeiten zusammengesetzten Rat obläge es, die Gesamtheit der Politikgestaltung und Entwicklung des Rechts in der EU unter dem Gesichtspunkt ihrer „Umweltverträglichkeit" zu verfolgen. Ihm kämen in erster Linie beratende Befugnisse zu, stieße doch eine „echte" entscheidungserhebliche Beteiligung am Gesetzgebungsprozess auf demokratietheoretische Bedenken.

- Darüber hinaus müssten Strategien für eine **verstärkte Einbeziehung der Umweltverbände** im Vorfeld der Rechtsetzung in der EU entwickelt werden. Gewisse Bestrebungen in diese Richtung – insbesondere auch in Bezug auf die Finanzierung der Verbände – sind durchaus zu verzeichnen.

---

2 Vgl. zu diesen Charakteristika des EU-Umweltrechts etwa, m.w.N., *Calliess*, NuR 2006, 601 (605 ff.); speziell in Bezug auf die „Verfahrenslastigkeit" *Durner/Ludwig*, NuR 2008, 457 ff.; spezifisch zur Ziel- und Qualitätsorientierung *Reese*, in: Umweltqualität durch Planung, 25 ff.; spezifisch zum integrierten Ansatz *Epiney*, in: Nationale und internationale Perspektiven der Umweltordnung, 47 ff.; zu den verschiedenen, konzeptionell immer wieder interessanten und zukunftsweisender Ansätzen auch *Wegener*, ZUR 2009, 459 ff.

3 S. in diesem Zusammenhang auch schon die Ausführungen von *Steppan*, elni 1996 (2. Kap. B.), 45 f., in Bezug auf die Arbeiten der Reflexionsgruppe zur Regierungskonferenz; die Vorschläge der NGO's im Hinblick auf die Revision der Verträge, Agence Europe Nr. 6588 vom 20.10.1995, 4; *Führ*, KritV 1995, 335 (363 ff.); *Bosselmann*, in: Wege zum ökologischen Rechtsstaat, 53 (60 ff.); *Calliess*, in: Wege zum ökologischen Rechtsstaat, 71 (83 ff.); *Calliess*, KJ 1994, 284 (294 ff.); *Arbeitskreis Europäische Umweltunion*, Umweltpolitische Ziele und Grundsätze für die Europäische Union, NuR 1994, 346 ff.; teilweise kritisch zu den Vorschlägen des Arbeitskreises *Rengeling*, in: Verfassungsrecht im Wandel, 469 ff.

4 In diese Richtung auch *Bosselmann*, in: Wege zum ökologischen Rechtsstaat, 53 (66 f.); *Calliess*, in: Wege zum ökologischen Rechtsstaat, 71 (98 f.); *Calliess*, KJ 1994, 284 (304 ff.); *Arbeitskreis Europäische Umweltunion*, Umweltpolitische Ziele und Grundsätze für die Europäische Union, NuR 1994, 346 (347), wo im Einzelnen auf die Modalitäten der Einbeziehung dieses Rates und seine Ernennung eingegangen wird. Kritisch bzw. skeptisch jedoch *Rengeling*, in: Verfassungsrecht im Wandel, 469 (478 ff.); *Pernice*, EuZW 1995, 385; *Führ*, KritV 1995, 335 (365).

Schlussbetrachtung

- Durch eine obligatorische **Umweltverträglichkeitsprüfung für EU-Rechtsakte** könnte eine verbesserte Beachtung umweltpolitischer Belange in allen Politikbereichen der Union und damit eine effektivere Verwirklichung der Querschnittsklausel erreicht werden.[5]
- Im Bereich des **Rechtsschutzes** könnte durch die Einräumung eines Klagerechts für Umweltverbände vor dem EuGH (nach dem Modell der Art. 263, 265 AEUV) den Defiziten bei der Beachtung primärrechtlicher Vorgaben durch die Unionsorgane Rechnung getragen werden. Auch wäre an eine Erweiterung der Klagerechte Einzelner vor dem EuGH zu denken.
- In Bezug auf den Rechtsschutz auf nationaler Ebene bestehen bereits gewichtige unionsrechtliche Neuerungen im Hinblick auf die Verstärkung des Rechtsschutzes Einzelner und von Verbänden bzw. entsprechende Bestrebungen, so dass in Bezug auf Umsetzung und Vollzugs in den Mitgliedstaaten (etwas) Abhilfe geschaffen werden kann. Es bleibt abzuwarten, ob und inwieweit damit den Vollzugs- und Umsetzungsdefiziten dauerhaft begegnet werden kann.

In **materiell-rechtlicher Hinsicht** ist nach Möglichkeiten und Wegen zu suchen, die durchaus zukunftsweisenden Charakteristika des EU-Umweltrechts (in erster Linie der integrierte Ansatz, die Verfahrensorientierung sowie die Ziel- und Qualitätsorientierung) verstärkt mit präziseren Standards und Verpflichtungen der Mitgliedstaaten, aber auch der Einzelnen, zu verbinden. Denn für einen effektiven Umweltschutz kommt es letztlich auf eine Verringerung der Umweltbelastungen an, die ihrerseits jedoch ohne eine entsprechende präzise Inpflichtnahme der diesbezüglichen Akteure nicht oder nur ungenügend zu erreichen sein dürfte. Angesichts der in vielen Bereichen des EU-Umweltrechts festzustellenden Verfehlung der von der Union selbst formulierten Zielsetzungen[6] erscheint es wenig zielführend, in Bezug auf präzisere Vorgaben allein oder hauptsächlich auf die Mitgliedstaaten zu setzen.

Die vorstehenden Ausführungen stellen allerdings nur eine Skizze dar; sie bedürften – unter Berücksichtigung der institutionellen Strukturen der Union – einer Präzisierung und ihre Modalitäten müssten genau festgelegt werden. Sie zeigen aber, dass es ohne einen völligen „Umbau" der institutionellen Strukturen der Union möglich ist bzw. wäre, erhebliche Fortschritte im Hinblick auf die Verbesserung der Einbeziehung umweltpolitischer Belange und damit die Verwirklichung einer Umweltunion zu erreichen.

Allerdings steht der tatsächliche Erfolg von in diese Richtung gehenden institutionellen Reformen – von denen dann wohl auch die Formulierung präziserer bzw. strengerer Umweltstandards und mitgliedstaatlicher Verpflichtungen abhängen wird – auch mit der Verringerung der Unterschiede der wirtschaftlichen Leistungsfähigkeit der Mitgliedstaaten in engem Zusammenhang, kann doch eine effektive Umweltpolitik nicht von einer gewissen **wirtschaftlichen Kohäsion** getrennt werden.

Jedenfalls dürfen nach der hier vertretenen Ansicht auch durchaus sehr gewichtige Krisen in der Europäischen Union – wie die Finanzkrise – nicht den Blick darauf verstellen, dass auch eine langfristig günstige wirtschaftliche Entwicklung letztlich von einem effektiven Umweltschutz abhängt, für den die Europäische Union mit ihren Mitgliedstaaten eine große Verantwortung trägt. Insofern bleibt dieses Thema auch in Krisenzeiten höchst aktuell, ein Umstand, dem auch auf politischer Ebene Rechnung getragen werden sollte.

---

[5] S. auch *Pernice*, EuZW 1995, 385; *Führ*, KritV 1995, 335 (365).
[6] Vgl. insoweit die Zusammenstellung bei *Krämer*, RDUE 2007, 127 ff., sowie die Überlegungen bei *Lenschow/Sprungk*, JCMS 2010, 133 ff. S. auch die Ausführungen der Kommission in ihrer Zwischenbilanz zum 6. Umweltaktionsprogramm: „Die EU ist noch nicht auf dem Weg zu einer nachhaltigen Entwicklung. Es gab nur begrenzte Fortschritte bei den grundlegenden Fragen der Einbeziehung von Umwelterfordernissen in andere Politikbereiche und bei der Verbesserung der Durchsetzung der EU-Gesetzgebung. Viele Umweltprobleme verschärfen sich: die globalen Emissionen von Treibhausgasen nehmen zu, der Verlust der biologischen Vielfalt beschleunigt sich, Umweltverschmutzung hat nach wie vor einen bedeutenden Einfluss auf die öffentliche Gesundheit, in der EU fällt mehr und mehr Abfall an, und unser ökologischer Fußabdruck wird ständig größer", KOM (2007) 225 endg., Abschnitt 6.

Anhang: Fundstellennachweise des Umweltrechts in der Europäischen Union – eine Auswahl

Im folgenden Anhang werden die im 2. Teil des Bandes behandelten umweltrechtlichen Regelungen der Union mitsamt ihren Fundstellen im Amtsblatt (nur der erste Nachweis), und (soweit vorhanden) in *Bieber, Roland/Ehlermann, Claus-Dieter,* Handbuch des Europäischen Rechts, Loseblattsammlung (HER), Stand 2012, aufgeführt. Im Text selbst wird daher insoweit auf die Angabe von Fundstellen verzichtet.

Die Rechtsakte werden entsprechend ihrer Behandlung im 2. Teil des Bandes aufgeführt, wobei innerhalb jeden Abschnitts eine chronologische Gliederung erfolgt. Entsprechend der Konzeption des Bandes wird kein Anspruch auf eine vollständige Erfassung erhoben. Nicht verbindliche Rechtsakte bleiben ausgespart.

I. Allgemeine Regeln

1. Umweltinformation

Entscheidung 97/101/EG des Rates vom 27. Januar 1997 zur Schaffung eines Austausches von Informationen und Daten aus den Netzen und Einzelstationen zur Messung der Luftverschmutzung in den Mitgliedstaaten, ABl. 1997 L 35, 14 = *HER* I A 69/4.25.

Richtlinie 98/34/EG des Europäischen Parlaments und des Rates vom 22. Juni 1998 über ein Informationsverfahren auf dem Gebiet der Normen und technischen Vorschriften, ABl. 1998 L 204, 37 = *HER* I A 61/1.31.

Verordnung 1049/2001/EG des Europäischen Parlaments und des Rates vom 30. Mai 2001 über den Zugang der Öffentlichkeit zu Dokumenten des Europäischen Parlaments, des Rates und der Kommission, ABl. 2001 L 145, 43 = *HER* I A 80/2.

Richtlinie 2003/4/EG des Europäischen Parlaments und des Rates vom 28. Januar 2003 über den Zugang der Öffentlichkeit zu Umweltinformationen und zur Aufhebung der Richtlinie 90/313/EWG des Rates, ABl. 2003 L 41, 26 = *HER* I A 69/1.63.

Richtlinie 2003/35/EG des Europäischen Parlaments und des Rates vom 26. Mai 2003 über die Beteiligung der Öffentlichkeit bei der Ausarbeitung bestimmter umweltbezogener Pläne und Programme und zur Änderung der Richtlinien 85/337/EWG und 96/61/EG des Rates in Bezug auf die Öffentlichkeitsbeteiligung und den Zugang zu Gerichten, ABl. 2003 L 156, 17.

Verordnung 166/2006/EG des Europäischen Parlaments und des Rates vom 18. Januar 2006 über die Schaffung eines Europäischen Schadstofffreisetzungs- und verbringungsregisters, ABl. 2006 L 33, 1 = *HER* I A 69/9.54.

Verordnung 1367/2006/EG des Europäischen Parlaments und des Rates vom 6. September 2006 über die Anwendung der Bestimmungen des Übereinkommens von Aarhus über den Zugang zu Informationen, die Öffentlichkeitsbeteiligung an Entscheidungsverfahren und den Zugang zu Gerichten in Umweltangelegenheiten auf Organe und Einrichtungen der Gemeinschaft, ABl. 2006 L 264, 13 = *HER* I A 69/9.57.

Richtlinie 2007/2/EG des Europäischen Parlaments und des Rates vom 14. März 2007 zur Schaffung einer Geodateninfrastruktur in der Europäischen Gemeinschaft (INSPIRE), ABl. 2007 L 108, 1 = *HER* I A 69/1.73.

2. Umweltverträglichkeitsprüfung

Richtlinie 2001/42/EG des Europäischen Parlaments und des Rates vom 27. Juni 2001 über die Prüfung der Umweltauswirkungen bestimmter Pläne und Programme, ABl. 2001 L 197, 30 = *HER* I A 69/1.56.

Richtlinie 2011/92/EU des Europäischen Parlaments und des Rates vom 13. September 2011 über die Umweltverträglichkeitsprüfung bei bestimmten öffentlichen und privaten Projekten, ABl. 2012 L 26, 1 = *HER* I A 69/1.92.

Fundstellennachweise des Umweltrechts in der Europäischen Union – eine Auswahl

3. Umweltzeichen

Verordnung (EG) 66/2010 des Europäischen Parlaments und des Rates vom 25. November 2009 über das EU-Umweltzeichen, ABl. 2010 L 27, 1 = *HER* I A 69/1.83.

Beschluss 2010/709/EU der Kommission vom 22. November 2010 zur Einsetzung des Ausschusses für das Umweltzeichen der Europäischen Union, ABl. 2010 L 308, 53 = *HER* I A 69/1.87.

4. Umweltmanagement und Umweltbetriebsprüfung („EMAS")

Verordnung (EG) 1221/2009 des Europäischen Parlaments und des Rates vom 19. März 2001 über die freiwillige Beteiligung von Organisationen an einem Gemeinschaftssystem für das Umweltmanagement und die Umweltbetriebsprüfung (EMAS), ABl. 2009 L 342, 1 = *HER* I A 69/1.82.

Beschluss 2011/832/EU der Kommission über einen Leitfaden zur EU-Sammelregistrierung, Drittlandregistrierung und weltweiten Registrierung nach der Verordnung (EG) Nr. 1221/2009 des Europäischen Parlaments und des Rates über die freiwillige Beteiligung von Organisationen an einem Gemeinschaftssystem für das Umweltmanagement und die Umweltbetriebsprüfung, ABl. 2011 L 330, 25 = *HER* I A 69/1.91.

5. Finanzielle Instrumente

Verordnung (EG) 1083/2006 des Rates vom 11. Juli 2006 mit allgemeinen Bestimmungen über den Europäischen Fonds für regionale Entwicklung, den Europäischen Sozialfonds und den Kohäsionsfonds, ABl. 2006 L 210, 25 = *HER* I A 64/23.

Verordnung (EG) 1084/2006 des Rates vom 11. Juli 2006 zur Errichtung des Kohäsionsfonds, ABl. 2006 L 210, 79 = *HER* I A 64/24.

Verordnung (EG) Nr. 614/2007 des Europäischen Parlaments und des Rates vom 23. Mai 2007 über das Finanzierungsinstrument für die Umwelt (LIFE+), ABl. 2007 L 149, 1 = *HER* I A 69/1.74.

6. Umwelthaftung und Umweltstrafrecht

Richtlinie 2004/35/EG des Europäischen Parlaments und des Rates vom 21. April 2004 über die Umwelthaftung zur Vermeidung und Sanierung von Umweltschäden, ABl. 2004 L 143, 56 = *HER* I A 69/1.67.

Richtlinie 2008/99/EG des Europäischen Parlaments und des Rates vom 19. November 2008 über den strafrechtlichen Schutz der Umwelt, ABl. 2008 L 328, 28 = *HER* I A 69/1.77.

7. Integrierte Vermeidung und Verminderung der Umweltverschmutzung

Richtlinie 2008/1/EG des Europäischen Parlaments und des Rates vom 15. Januar 2008 über die integrierte Vermeidung und Verminderung der Umweltverschmutzung, ABl. 2008 L 24, 8 = *HER* I A 69/1.76.

Richtlinie 2010/75/EU des Europäischen Parlaments und des Rates vom 24. November 2010 über Industrieemissionen (integrierte Vermeidung und Verminderung der Umweltverschmutzung), ABl. 2010 L 334, 17= *HER* I A 69/1.89.

Durchführungsbeschluss 2012/249/EU der Kommission vom 7. Mai 2012 zur Festlegung der Zeitabschnitte des An- und Abfahrens von Feuerungsanlagen zum Zwecke der Richtlinie 2010/75/EU des Europäischen Parlaments und des Rates über Industrieemissionen, ABl. 2012 L 123, 44 = *HER* I A 69/1.93.

8. Umweltorganisation

Verordnung (EG) 401/2009 des Europäischen Parlaments und des Rates vom 23. April 2009 über die Europäische Umweltagentur und das Europäische Umweltinformations- und Umweltbeobachtungsnetz, ABl. 2009 L 126, 13 = *HER* I A 69/1.78.

Anhang: Fundstellennachweise des Umweltrechts in der Europäischen Union – eine Auswahl

II. Medienschützendes Umweltrecht

1. Gewässerschutz

Richtlinie 80/68/EWG des Rates vom 17. Dezember 1979 über den Schutz des Grundwassers gegen Verschmutzung durch bestimmte gefährliche Stoffe, ABl. 1980 L 20, 43 = *HER* I A 69/3.7.

Richtlinie 91/271/EWG des Rates vom 21. Mai 1991 über die Behandlung von kommunalem Abwasser, ABl. 1991 L 135, 40 = *HER* I A 69/3.14.

Richtlinie 91/676/EWG des Rates vom 12. Dezember 1991 zum Schutz der Gewässer vor Verunreinigung durch Nitrat aus landwirtschaftlichen Quellen, ABl. 1991 L 375, 1 = *HER* I A 69/3.15.

Richtlinie 98/83/EG des Rates vom 3. November 1998 über die Qualität von Wasser für den menschlichen Gebrauch, ABl. 1998 L 45, 55 = *HER* I A 69/3.19.

Richtlinie 2000/60/EG des Europäischen Parlaments und des Rates vom 23. Oktober 2000 zur Schaffung eines Ordnungsrahmens für Maßnahmen der Gemeinschaft im Bereich der Wasserpolitik, ABl. 2001 L 331, 1 = *HER* I A 69/3.20.

Richtlinie 2006/7/EG des Europäischen Parlaments und des Rates vom 15. Februar 2006 über die Qualität der Badegewässer und deren Bewirtschaftung, ABl. 2006 L 64, 37 = HER I A 69/3.25.

Richtlinie 2006/11/EG des Europäischen Parlaments und des Rates vom 15. Februar 2006 betreffend die Verschmutzung infolge der Ableitung bestimmter gefährlicher Stoffe in die Gewässer der Union, ABl. 2006 L 64, 52 = *HER* I A 69/3.26.

Richtlinie 2006/44/EG des Europäischen Parlaments und des Rates vom 6. September 2006 über die Qualität von Süßwasser, das schutz- oder verbesserungsbedürftig ist, um das Leben von Fischen zu erhalten, ABl. 2006 L 264, 20 = *HER* I A 69/3.27.

Richtlinie 2006/113/EG des Europäischen Parlaments und des Rates vom 12. Dezember 2006 über die Qualitätsanforderungen an Muschelgewässer, ABl. 2006 L 367, 14 = *HER* I A 69/3.28.

Richtlinie 2006/118/EG des Europäischen Parlaments und des Rates vom 12. Dezember 2006 zum Schutz des Grundwassers vor Verschmutzung und Verschlechterung, ABl. 2006 L 372, 19 = *HER* I A 69/3.29.

Richtlinie 2007/60/EG des Europäischen Parlaments und des Rates vom 23. Oktober 2007 über die Bewertung und das Management von Hochwasserrisiken, ABl. 2007 L 288, 27 = *HER* I A 69/3.30.

Richtlinie 2008/56/EG des Europäischen Parlaments und des Rates vom 17. Juni 2008 zur Schaffung eines Ordnungsrahmens für Maßnahmen der Gemeinschaft im Bereich der Meeresumwelt (Meeresstrategie-Rahmenrichtlinie), ABl. 2008 L 164, 19 = *HER* I A 69/3.31.

Richtlinie 2008/105/EG des Europäischen Parlaments und des Rates vom 16. Dezember 2008 über Umweltqualitätsnormen im Bereich der Wasserpolitik, ABl. 2008 L 348, 84 = *HER I A 69/3.32.*

Beschluss 2010/477/EU der Kommission vom 1. September 2010 über Kriterien und methodische Standards zur Feststellung des guten Umweltzustands von Meeresgewässern, ABl. 2010 L 2332, 14 = *HER* I A 69/3.33.

Verordnung (EU) Nr. 1255/2011 des Europäischen Parlaments und des Rates vom 30. November 2011 zur Schaffung eines Programms zur Unterstützung der Weiterentwicklung der integrierten Meerespolitik, ABl. 2011 L 321, 1 = *HER* I A 69/3.33.

2. Luftreinhaltung

Richtlinie 87/217/EWG des Rates vom 19. März 1987 zur Verhinderung und Verringerung der Umweltverschmutzung durch Asbest, ABl. 1987 L 85, 40, 1 = *HER* I A 69/4.11.

Richtlinie 94/63/EG des Europäischen Parlaments und des Rates vom 20. Dezember 1994 zur Begrenzung der Emissionen flüchtiger organischer Verbindungen (VOC-Emissionen) bei der Lagerung von Ottokraftstoff und seiner Verteilung von den Auslieferungslagern bis zu den Tankstellen, ABl. 1994 L 365, 24 = HER I A 69/4.22.

Richtlinie 97/68/EG des Europäischen Parlaments und des Rates vom 16. Dezember 1997 zur Angleichung der Rechtsvorschriften der Mitgliedstaaten über Maßnahmen zur Bekämpfung der Emission von gasförmigen Schadstoffen und luftverunreinigenden Partikeln aus Verbrennungsmotoren für mobile Maschinen und Geräte, ABl. 1997 L 59, 1 = *HER* I A 69/4.26.

Fundstellennachweise des Umweltrechts in der Europäischen Union – eine Auswahl

Richtlinie 98/70/EG des Europäischen Parlaments und des Rates vom 13. Oktober 1998 über die Qualität von Otto- und Dieselkraftstoffen und zur Änderung der RL 93/12, ABl. 1998 L 350, 58 = *HER* I A 69/4.29.

Richtlinie 1999/13/EG des Rates vom 11. März 1999 über die Begrenzung von Emissionen flüchtiger organischer Verbindungen, die bei bestimmten Tätigkeiten und in bestimmten Anlagen bei der Verwendung organischer Lösungsmittel entstehen, ABl. 1999 L 85, 1 = *HER* I A 69/4.31.

Richtlinie 1999/30/EG des Rates vom 22. April 1999 über Grenzwerte für Schwefeldioxid, Stickstoffdioxid und Stickstoffoxide, Partikel und Blei in der Luft, ABl. 1999 L 163, 41 = *HER* I A 69/4.35.

Richtlinie 1999/32/EG des Rates vom 22. April 1999 über die Verringerung des Schwefelgehaltes bestimmter flüssiger Kraft- und Brennstoffe, ABl. 1999 L 121, 13 = *HER* I A 69/4.32.

Richtlinie 2000/25/EG des Europäischen Parlaments und des Rates vom 22. Mai 2000 über Maßnahmen zur Bekämpfung der Emission gasförmiger Schadstoffe und luftverunreinigender Partikel aus Motoren, die für den Antrieb von land- und forstwirtschaftlichen Zugmaschinen bestimmt sind, und zur Änderung der RL 74/150/EWG des Rates, ABl. 2000 L 173, 1 = *HER* I A 69/4.36.

Richtlinie 2000/76/EG des Europäischen Parlaments und des Rates vom 4. Dezember 2000 über die Verbrennung von Abfällen, ABl. 2000 L 332, 91 = *HER* I A 69/4.40.

Richtlinie 2001/80/EG des Europäischen Parlaments und des Rates vom 23. Oktober 2001 zur Begrenzung von Schadstoffemissionen von Großfeuerungsanlagen in die Luft, ABl. 2001 L 309, 1 = *HER* I A 69/4.41.

Richtlinie 2001/81/EG des Europäischen Parlaments und des Rates vom 23. Oktober 2001 über nationale Emissionshöchstmengen für bestimmte Luftschadstoffe, ABl. 2001 L 309, 22 = *HER* I A 69/4.42.

Richtlinie 2002/51/EG des Europäischen Parlaments und des Rates vom 19. Juli 2002 zur Verminderung der Schadstoffemissionen von zweirädrigen und dreirädrigen Kraftfahrzeugen und zur Änderung der RL 97/24/EG, ABl. 2002 L 252, 20 = *HER* I A 69/4.45.

Richtlinie 2004/42/EG des Europäischen Parlaments und des Rates vom 21. April 2004 über die Begrenzung der Emissionen flüchtiger organischer Verbindungen aufgrund der Verwendung organischer Lösemittel in bestimmten Farben und Lacken und in Produkten der Fahrzeugreparaturlackierung, ABl. 2004 L 143, 87 = *HER* I A 69/4.51.

Richtlinie 2004/107/EG des Europäischen Parlaments und des Rates vom 15. Dezember 2004 über Arsen, Kadmium, Quecksilber, Nickel und polyzyklische aromatische Kohlenwasserstoffe in der Luft, ABl. 2004 L 23, 1 = HER I A 69/.4.54.

Verordnung (EG) Nr. 715/2007 des Europäischen Parlaments und des Rates vom 20. Juni 2007 über die Typengenehmigung von Kraftfahrzeugen hinsichtlich der Emissionen von leichten Personenkraftwagen und Nutzfahrzeugen (Euro 5 und Euro 6) und über den Zugang zu Reparatur- und Wartungsinformationen für Fahrzeuge, ABl. 2007 L 171, 1 = *HER* I A 30/2.104.

Richtlinie 2008/50/EG des Europäischen Parlaments und des Rates vom 21. Mai 2008 über Luftqualität und saubere Luft für Europa, ABl. L 152/2008, 1 = *HER* I A 69/4.62.

Verordnung (EG) Nr. 443/2009 des Europäischen Parlaments und des Rates vom 23. April 2009 zur Festsetzung von Emissionsnormen für neue Personenkraftwagen im Rahmen des Gesamtkonzepts der Gemeinschaft zur Verringerung der CO_2-Emissionen von Personenkraftwagen und leichten Nutzfahrzeugen, ABl. 2009 L 140, 1 = *HER* I A 69/4.65.

Verordnung 595/2009 (EG) des Europäischen Parlaments und des Rates vom 18. Juni 2009 über die Typengenehmigung von Kraftfahrzeugen und Motoren hinsichtlich der Emissionen von schweren Nutzfahrzeugen (Euro VI) und über den Zugang zu Fahrzeugreparatur- und wartungsinformationen, ABl. 2009 L 188, 1 = *HER* I A 69/4.67.

Richtlinie 2009/126/EG des Europäischen Parlaments und des Rates vom 21. Oktober 2009 über Phase II der Benzindampf-Rückgewinnung beim Betanken von Kraftfahrzeugen an Tankstellen, ABl. 2009 L 285, 36 = *HER* I A 69/4.68.

Verordnung (EG) Nr. 510/2011 des Europäischen Parlaments und des Rates vom 11. Mai 2011 zur Festsetzung von Emissionsnormen für neue leichte Nutzfahrzeuge im Rahmen des Gesamtkonzepts der Gemeinschaft zur Verringerung der CO_2-Emissionen von Personenkraftwagen und leichten Nutzfahrzeugen, ABl. 2011 L 145, 1 = *HER* I A 69/4.75.

Anhang: Fundstellennachweise des Umweltrechts in der Europäischen Union – eine Auswahl

Durchführungsbeschluss (2011/850/EU) der Kommission vom 12. Dezember 2011 mit Bestimmungen zu den Richtlinien 2004/107/EG und 2008/50/EG des Europäischen Parlaments und des Rates im Hinblick auf den Austausch von Informationen und die Berichterstattung über die Luftqualität, ABl. 2011 L 335, 86 = *HER* I A 69/4.77.

3. Bodenschutz

Richtlinie 86/278/EWG des Rates vom 12. Juni 1986 über den Schutz der Umwelt und insbesondere der Böden bei der Verwendung von Klärschlamm in der Landwirtschaft, ABl. 1986 L 181, 6 = *HER* I A 69/8.6.

4. Lärmschutz

Richtlinie 70/157/EWG des Rates vom 6. Februar 1970 zur Angleichung der Rechtsvorschriften der Mitgliedstaaten über den zulässigen Geräuschpegel und die Auspuffvorrichtung von Kraftfahrzeugen, ABl. 1970 L 42, 16 = *HER* I A 69/5.1.

Richtlinie 89/629/EWG des Rates vom 4. Dezember 1989 zur Begrenzung der Schallemission von zivilen Unterschallflugzeugen, ABl. 1989 L 363, 27 = *HER* I A 30/6.8.

Richtlinie 2000/14/EG des Europäischen Parlaments und des Rates vom 8. Mai 2000 zur Angleichung der Rechtsvorschriften der Mitgliedstaaten über umweltbelastende Geräuschemissionen von zur Verwendung im Freien vorgesehenen Geräten, ABl. 2000 L 162, 1 = *HER* I A 69/5.14.

Richtlinie 2002/30/EG des Europäischen Parlaments und des Rates vom 26. März 2002 über Regeln und Verfahren für lärmbedingte Betriebsbeschränkungen auf Flughäfen der Gemeinschaft, ABl. 2002 L 85, 40 = *HER* I A 30/6.28.

Richtlinie 2002/49/EG des Europäischen Parlaments und des Rates vom 25. Juni 2002 über die Bewertung und Bekämpfung von Umgebungslärm, ABl. 2002 L 189, 12 = *HER* I A 69/5.15.

Richtlinie 2006/93/EG des Europäischen Parlaments und des Rates vom 26. März 2006 zur Regelung des Betriebs von Flugzeugen des Teils II Kapitel 3 Band 1 des Anhangs 16 zum Abkommen über die Internationale Zivilluftfahrt, 2. Ausgabe (1988), ABl. 2006 L 374, 1 = *HER* I A 30/6.86.

Verordnung (EG) Nr. 216/2008 des Europäischen Parlaments und des Rates vom 20. Februar 2008 zur Festlegung gemeinsamer Vorschriften für die Zivilluftfahrt und zur Errichtung einer Europäischen Agentur für Flugsicherheit, ABl. 2008 L 79, 1 = *HER* I A 30/6.104.

III. Schutz vor bestimmten Tätigkeiten oder Stoffen

1. Gefährliche Stoffe, insbesondere Chemikalienrecht

Richtlinie 67/548/EWG des Rates vom 27. Juni 1967 zur Angleichung der Rechts- und Verwaltungsvorschriften für die Einstufung, Verpackung und Kennzeichnung gefährlicher Stoffe, ABl. 1967 L 196, 1 = *HER* I A 69/6.1.

Richtlinie 87/217/EWG des Rates vom 19. März 1987 zur Verhinderung und Verringerung der Umweltverschmutzung durch Asbest, ABl. 1987 L 85, 40, 1 = *HER* I A 69/4.11.

Richtlinie 98/8/EG des europäischen Parlaments und des Rates vom 16. Februar 1998 über das Inverkehrbringen von Biozid-Produkten, ABl. 1998 L 123, 1 = *HER* I A 69/6.54.

Richtlinie 1999/45/EG des Europäischen Parlaments und des Rates vom 31. Mai 1999 zur Angleichung der Rechts- und Verwaltungsvorschriften der Mitgliedstaaten für die Einstufung, Verpackung und Kennzeichnung gefährlicher Zubereitungen, ABl. 1999 L 200, 1 = *HER* I A 61/2.8.

Richtlinie 2002/95/EG des Europäischen Parlaments und des Rates vom 27. Januar 2003 zur Beschränkung der Verwendung bestimmter gefährlicher Stoffe in Elektro- und Elektronikgeräten, ABl. 2003 L 37, 19 = *HER* I A 69/8.39.

Verordnung (EG) Nr. 2003/2003 des Europäischen Parlaments und des Rates vom 13. Oktober 2003 über Düngemittel, ABl. 2003 L 304, 1 = *HER* I A 24/4.22.

Richtlinie 2004/10/EG des Europäischen Parlaments und des Rates vom 11. Februar 2004 zur Angleichung der Rechts- und Verwaltungsvorschriften für die Anwendung der Grundsätze der Guten

Laborpraxis und zur Kontrolle ihrer Anwendung bei Versuchen mit chemischen Stoffen, ABl. 2004 L 50, 44 = *HER* I A 69/6.72.
Verordnung (EG) 648/2004 des Europäischen Parlaments und des Rates vom 31. März 2004 über Detergenzien, ABl. 2004 L 104, 1 = *HER* I A 69/6.73.
Verordnung (EG) Nr. 850/2004 des Europäischen Parlaments und des Rates vom 29. April 2004 über persistente organische Schadstoffe, ABl. 2004 L 158, 7 = *HER* I A 69/6.74.
Richtlinie 2006/66/EG des Europäischen Parlaments und des Rates vom 6. September 2006 über Batterien und Akkumulatoren sowie Altbatterien und Altakkumulatoren, ABl. 2006 L 266, 1 = *HER* I A 69/8.47.
Verordnung (EG) Nr. 1907/2006 des Europäischen Parlaments und des Rates vom 18. Dezember 2006 zur Registrierung, Bewertung, Zulassung und Beschränkung chemischer Stoffe (REACH) und zur Schaffung einer Europäischen Chemikalienagentur, ABl. 2006 L 396, 1 = *HER* I A 69/6.79.
Verordnung (EG) Nr. 689/2008 des Europäischen Parlaments und des Rates vom 17. Juni 2008 über die Aus- und Einfuhr gefährlicher Chemikalien, ABl. 2008 L 204, 1 = *HER* I A 69/6.93.
Verordnung (EG) Nr. 1272/2008 des Europäischen Parlaments und des Rates vom 16. Dezember 2008 über die Einstufung, Kennzeichnung und Verpackung von Stoffen und Gemischen, ABl. 2008 L 353, 1 = *HER* I A 61/2.16.
Verordnung (EG) Nr. 1107/2009 des Europäischen Parlaments und des Rates vom 21. Oktober 2009 über das Inverkehrbringen von Pflanzenschutzmitteln, ABl. 2009 L 309, 1 = *HER* I A 69/6.99.
Richtlinie 2009/128/EG des Europäischen Parlaments und des Rates vom 21. Oktober 2009 über einen Aktionsrahmen der Gemeinschaft für die nachhaltige Verwendung von Pestiziden, ABl. 2009 L 309, 71 = *HER* I A 69/6.100.
Richtlinie 2011/65/EU des Europäischen Parlaments und des Rates vom 8. Juni 2011 zur Beschränkung der Verwendung bestimmter gefährlicher Stoffe in Elektro- und Elektronikgeräten, ABl. 2011 L 174, 88 = *HER* I A 69/8.53.
Verordnung (EU) Nr. 528/2012 des Europäischen Parlaments und des Rates vom 22. Mai 2012 2012 über die Bereitstellung auf dem Markt und die Verwendung von Biozid-Produkten, ABl. 2012 L 167, 1.

2. Industrielle Risiken

Richtlinie 96/82/EG des Rates vom 9. Dezember 1996 zur Beherrschung der Gefahren bei schweren Unfällen mit gefährlichen Stoffen, ABl. 1997 L 10, 13 = *HER* I A 69/6.46.
Richtlinie 2012/18/EU des Europäischen Parlaments und des Rates vom 4. Juli 2012 zur Beherrschung der Gefahren schwerer Unfälle mit gefährlichen Stoffen, ABl. 2012, 197, 1.

3. Bio- und Gentechnologie

Entscheidung 91/448/EWG der Kommission vom 29. Juli 1991 betreffend die Leitlinie für die Einstufung gemäß Artikel 4 der Richtlinie 90/219/EWG des Rates, ABl. 1991 L 239, 23 = *HER* I A 69/6.29.
Richtlinie 2009/41/EG des Europäischen Parlaments und des Rates vom 6. Mai 2009 über die Anwendung gentechnisch veränderter Mikroorganismen in geschlossenen Systemen, ABl. L 125/2009, 75 = *HER* I A 69/6.97.
Entscheidung 2000/608/EG der Kommission vom 27. September 2000 über Leitlinien für die Risikobewertung gemäß Anhang III der Richtlinie 90/219/EWG des Rates über die Anwendung genetisch veränderter Mikroorganismen in geschlossenen Systemen, ABl. 2000 L 258, 43 = *HER* I A 69/6.58.
Richtlinie 2001/18/EG des Europäischen Parlaments und des Rates vom 12. März 2001 über die absichtliche Freisetzung genetisch veränderter Organismen in die Umwelt und zur Aufhebung der Richtlinie 90/220/EWG des Rates, ABl. 2001 L 106, 1 = *HER* I A 69/6.60.
Richtlinie 2002/53/EG des Rates vom 13. Juni 2002 über einen gemeinsamen Sortenkatalog für landwirtschaftliche Pflanzenarten, ABl. 2002 L 193, 1= *HER* I A 24/4.19.

Anhang: Fundstellennachweise des Umweltrechts in der Europäischen Union – eine Auswahl

Verordnung (EG) 1946/2003 des Europäischen Parlaments und des Rates vom 15. Juli 2003 über grenzüberschreitende Verbringungen genetisch veränderter Organismen, ABl. 2003 L 287, 1 = *HER* I A 69/6.69.
Verordnung (EG) Nr. 1829/2003 des Europäischen Parlaments und des Rates vom 22. September 2003 über genetisch veränderte Lebensmittel und Futtermittel, ABl. 2003 L 268, 1 = *HER* I A 61/1.50.
Verordnung (EG) Nr. 1830/2003 des Europäischen Parlaments und des Rates vom 22. September 2003 über die Rückverfolgbarkeit und Kennzeichnung genetisch veränderter Organismen und über die Rückverfolgbarkeit von aus genetisch veränderten Organismen hergestellten Lebensmitteln und Futtermitteln, ABl. 2003 L 268, 24 = *HER* I A 61/4.16.

IV. Bewirtschaftung und Umweltressourcen

1. Schutz der Erdatmosphäre und des Klimas

Richtlinie 1999/62/EG des Europäischen Parlaments und des Rates vom 17. Juni 1999 über die Erhebung von Gebühren für die Benutzung bestimmter Verkehrswege durch schwere Nutzfahrzeuge, ABl. 1999 L 187, 42 = *HER* I A 30/2.69.
Richtlinie 2003/87/EG des Europäischen Parlaments und des Rates vom 13. Oktober 2003 über ein System für den Handel mit Treibhausgasemissionszertifikaten in der Gemeinschaft und zur Änderung der Richtlinie 96/61 des Rates, ABl. 2003 L 275, 32 = *HER* I A 69/4.57.
Richtlinie 2003/96/EG des Rates vom zur Restrukturierung der gemeinschaftlichen Rahmenvorschriften zur Besteuerung von Energieerzeugnissen und elektrischem Strom, ABl. 2003 L 283, 51 = *HER* I A 51/2.22.
Richtlinie 2004/8/EG des Europäischen Parlaments und des Rates vom 11. Februar 2004 über die Förderung einer am Nutzwärmebedarf orientierten Kraft-Wärme-Kopplung im Energiebinnenmarkt, ABl. 2004 L 52, 50 = *HER* I A 68/2.36.
Richtlinie 2006/32/EG des Europäischen Parlaments und des Rates vom 5. April über Endenergieeffizienz und Energiedienstleistungen, ABl. 2006 L 114, 64 = *HER* I A 68/2.38.
Verordnung (EG) Nr. 842/2006 des Europäischen Parlaments und des Rates vom 17. Mai 2006 über bestimmte fluorierte Treibhausgase, ABl. 2006 L 161, 1 = *HER* I A 69/6.77.
Verordnung (EG) 1005/2009 des Europäischen Parlaments und des Rates vom 16. September 2009 über Stoffe, die zum Abbau der Ozonschicht führen, ABl. 2009 L 286, 1 = *HER* I A 69/6.98.
Richtlinie 2009/28/EG des Europäischen Parlaments und des Rates vom 23. April 2009 zur Förderung der Nutzung von Energie aus erneuerbaren Quellen, ABl. 2009 L 140, 16 = *HER* I A 69/1.79.
Richtlinie 2009/31/EG des Europäischen Parlaments und des Rates vom 23. April 2009 über die geologische Speicherung von Kohlendioxid, ABl. 2009 L 140, 114 = *HER* I A 69/1.80.
Richtlinie 2009/33/EG des Europäischen Parlaments und des Rates vom 23. April 2009 über die Förderung sauberer und energieeffizienter Straßenfahrzeuge, ABl. 2009 L 120, 5 = *HER* I A 69/4.64.
Entscheidung Nr. 406/2009/EG des Europäischen Parlaments und des Rates vom 23. April 2009 über die Anstrengungen der Mitgliedstaaten zur Reduktion ihrer Treibhausgasemissionen mit Blick auf die Erfüllung der Verpflichtungen der Gemeinschaft zur Reduktion der Treibhausgasemissionen bis 2020, ABl. 2009 L 140, 136 = *HER* I A 69/4.66.
Richtlinie 2009/125/EG des Europäischen Parlaments und des Rates vom 21. Oktober 2009 zur Schaffung eines Rahmens für die Festlegung von Anforderungen an die umweltgerechte Gestaltung energieverbrauchender Produkte, ABl. 2009 L 285, 10 = *HER* I A 68/2.47.
Richtlinie 2010/30/EU des Europäischen Parlaments und des Rates vom 19. Mai 2010 über die Angabe des Verbrauchs an Energie und anderen Ressourcen durch energieverbrauchsrelevante Produkte mittels einheitlicher Etikettierung und Produktinformationen, ABl. 2010 L 153, 1 = *HER* I A 68/2.48.
Richtlinie 2010/31/EU des Europäischen Parlaments und des Rates vom 19. Mai 2010 über die Gesamtenergieeffizienz von Gebäuden, ABl. 2010 L 153, 13 = *HER* I A 68/2.49.

Fundstellennachweise des Umweltrechts in der Europäischen Union – eine Auswahl

2. Schutz der natürlichen Umwelt

Richtlinie 83/129/EWG des Rates vom 28. März 1983 betreffend die Einfuhr in die Mitgliedstaaten von Fellen bestimmter Jungrobben und Waren daraus, ABl. 1983 L 91, 30 = *HER* I A 69/7.8.

Verordnung (EWG) 348/81 des Rates vom 20. Juni 1981 über eine gemeinsame Regelung für die Einfuhr von Walerzeugnissen, ABl. 1981 L 39, 1 = *HER* I A 69/7.5.

Verordnung (EWG) 3254/91 des Rates vom 4. November 1991 zum Verbot von Tellereisen in der Gemeinschaft und der Einfuhr von Pelzen und Waren von bestimmten Wildtierarten aus Ländern, die Tellereisen oder den internationalen humanen Fangnormen nicht entsprechende Fangmethoden anwenden, ABl. 1991 L 308, 1 = *HER* I A 69/7.29.

Richtlinie 92/43/EWG des Rates vom 21. Mai 1992 zur Erhaltung der natürlichen Lebensräume sowie der wildlebenden Tiere und Pflanzen, ABl. 1992 L 206, 7 = *HER* I A 69/7.13.

Verordnung (EG) 338/97 des Rates vom 9. Dezember 1996 über den Schutz von Exemplaren wild lebender Tier- und Pflanzenarten durch Überwachung des Handels, ABl. 1997 L 61, 1 = *HER* I A 69/7.20.

Verordnung (EG) 2152/2003 des Europäischen Parlaments und des Rates vom 17. November 2003 für das Monitoring von Wäldern und Umweltwechselwirkungen in der Gemeinschaft (Forest Focus), ABl. 2003 L, 324, 1.

Richtlinie 1999/22/EG des Rates vom 29. März über die Haltung von Wildtieren in Zoos, ABl. 1999 L 94, 24 = *HER* I A 69/7.24.

Verordnung (EG) Nr. 865/2006 der Kommission mit Durchführungsbestimmungen zur Verordnung (EG) Nr. 338/97 über den Schutz von Exemplaren wild lebender Tier- und Pflanzenarten durch Überwachung des Handels, ABl. 2006 L 166, 1.

Verordnung (EG) Nr. 708/2007 des Europäischen Parlaments und des Rates vom 11. Juni 2007 über die Verwendung nicht heimischer und gebietsfremder Arten in der Aquakultur, ABl. 2007 L 168, 1.

Verordnung (EG) Nr. 1007/2009 des Europäischen Parlaments und des Rates vom 16. September 2009 über den Handel mit Robbenerzeugnisse, ABl. 2009 L 286, 36.

Richtlinie 2009/147/EG des Europäischen Parlaments und des Rates vom 30. November 2009 über die Erhaltung der wildlebenden Vogelarten, ABl. 2009 L 20, 7 = *HER* I A 69/7.43.

Richtlinie 2010/63/EU des Europäischen Parlaments und des Rates vom 22. September 2010 zum Schutz der für wissenschaftliche Zwecke verwendeten Tiere, ABl. 2010 L 276, 33 = *HER* I A 69/7.44.

3. Abfallrecht

Richtlinie 78/176/EWG des Rates vom 20. Februar 1978 über die Abfälle aus der Titandioxid-Produktion, ABl. 1978 L 54, 19 = *HER* I A 69/8.4.

Richtlinie 92/112/EWG des Rates vom 15. Dezember 1992 über die Modalitäten zur Vereinheitlichung der Programme zur Verringerung und späteren Unterbindung der Verschmutzung durch Abfälle der Titandioxid-Industrie, ABl. 1992 L 409, 11 = *HER* I A 69/8.12.

Richtlinie 94/62/EG des Europäischen Parlaments und des Rates vom 20. Dezember 1994 über Verpackungen und Verpackungsabfälle, ABl. 1994 L 365, 10 = *HER* I A 69/8.19.

Richtlinie 96/59/EG des Rates vom 16. September 1996 über die Beseitigung polychlorierter Biphenyle und Terphenyle, ABl. 1996 L 243, 31 = *HER* I A 69/6.44.

Richtlinie 1999/31/EG des Rates vom 26. April 1999 über Abfalldeponien, ABl. 1999 L 182, 1 = *HER* I A 69/8.29.

Richtlinie 2000/53/EG des Europäischen Parlaments und des Rates vom 18. September 2000 über Altfahrzeuge, ABl. 2000 L 269, 34 = *HER* I A 69/8.32.

Richtlinie 2002/96/EG des Europäischen Parlaments und des Rates vom 27. Januar 2003 über Elektro- und Elektronik-Altgeräte, ABl. 2003 L 37, 24 = *HER* I A 69/8.40.

Richtlinie 2006/21/EG des Europäischen Parlaments und des Rates vom 15. März 2006 über die Bewirtschaftung von Abfällen aus der mineralgewinnenden Industrie, ABl. 2006 L 102, 15 = *HER* I A 69/8.43.

Anhang: Fundstellennachweise des Umweltrechts in der Europäischen Union – eine Auswahl

Verordnung (EG) Nr. 1013/2006 des Europäischen Parlaments und des Rates vom 14. Juni 2006 über die Verbringung von Abfällen, ABl. 2006 L 190, 1 = *HER I A 69/8.46.*

Richtlinie 2006/66EG des Europäischen Parlaments und des Rates vom 6. September 2006 über Batterien und Akkumulatoren sowie Altbatterien und Altakkumulatoren, ABl. 2006 L 266, 1 = *HER* I A 69/8.47.

Richtlinie 2008/98/EG des Europäischen Parlaments und des Rates über Abfälle, ABl. 2008 L 312, 3 = *HER* I A 69/8.49.

Verordnung (EU) Nr. 333/2011 des Rates vom 31. März 2011 mit Kriterien zur Festlegung, wann bestimmte Arten von Schrott gemäß der Richtlinie 2008/98 des Europäischen Parlaments und des Rates nicht mehr als Abfall anzusehen sind, ABl. 2011 L 94, 2 = *HER* I A 69/8.52.

Beschluss 2011/753/EU der Kommission vom 18. November 2011 mit Vorschriften und Berechnungsmethoden für die Überprüfung der Einhaltung der Zielvorgaben gemäß Artikel 11 Absatz 2 der Richtlinie 2008/98 des Europäischen Parlaments und des Rates, ABl. 2011 L 310, 11 = *HER* I A 69/8.54.

Richtlinie 2011/65/EU des Europäischen Parlaments und des Rates vom 8. Juni 2011 zur Beschränkung der Verwendung bestimmter gefährlicher Stoffe in Elektro- und Elektronikgeräten, ABl. 2011 L 174, 88 = *HER* I A 69/8.53.

Richtlinie 2012/19 des Europäischen Parlaments und des Rates vom 4. Juli 2012 über Elektro- und Elektronik-Altgeräte, ABl. 2012 L 197, 38.

Stichwortverzeichnis

Aarhus-Konvention 6. Kap. Rn. 4 ff.
Aarhusverordnung 1. Kap. Rn. 3, 6. Kap. Rn. 20 ff., 29 f.
Abfallbegriff 9. Kap. Rn. 92 ff.
Abfallhierarchie 9. Kap. Rn. 105 ff.
Abfallrahmenrichtlinie 9. Kap. Rn. 88 ff.
Abfallrecht 9. Kap. Rn. 86 ff.
Abfallverbrennungsanlagen 6. Kap. Rn. 200 f.
Abfallverbringung 9. Kap. Rn. 138 ff.
Abgrenzung (der Rechtsgrundlagen) 4. Kap. Rn. 9 ff.
Aktionsprogramm(e) 3. Kap. Rn. 3, 9 ff.
Altfahrzeuge 9. Kap. Rn. 132
Altöl 9. Kap. Rn. 132
Amsterdamer Vertrag 2. Kap. Rn. 5, 5. Kap. Rn. 37
Anthropozentrisch 1. Kap. Rn. 10
Artenschutz 9. Kap. Rn. 36 f., Rn. 50 f., Rn. 77 ff.
Asbest 8. Kap. Rn. 17
Außenkompetenzen 4. Kap. Rn. 26 ff.

Batterien 8. Kap. Rn. 17, 9. Kap. Rn. 132
Beschwerdeverfahren 3. Kap. Rn. 44, 66
Bestmöglicher Umweltschutz (Grundsatz) 5. Kap. 55 ff.
Binnenmarkt 4. Kap. Rn. 5 ff., Rn. 42 ff., 5. Kap. Rn. 101
Bioabfall 9. Kap. Rn. 132
Biozidprodukte 8. Kap. Rn. 17
Bodennutzung 4. Kap. Rn. 4
Bodenrahmenrichtlinie 7. Kap. Rn. 154 f.
Bodenschutz 7. Kap. Rn. 153 ff.
Bürgerbeauftragter 6. Kap. Rn. 37
Bürgerinitiative 3. Kap. Rn. 67

Chemikalien(recht) 8. Kap. Rn. 4 ff.
CITES 9. Kap. Rn. 36
COREPER 3. Kap. Rn. 49

Dassonville 5. Kap. Rn. 73
Delegierte Rechtsetzung 3. Kap. Rn. 40 f.
Derogationsklausel 5. Kap. Rn. 66
Detergenzien 8. Kap. Rn. 17
Doppelabstützung 4. Kap. Rn. 11 ff., 5. Kap. Rn. 95
Düngeschutzmittel 8. Kap. Rn. 17
Durchführungsbefugnisse 3. Kap. Rn. 40 f.

EIONET 3. Kap. Rn. 62
Einheitliche Europäische Akte 2. Kap. Rn. 5
Einzugsgebiet 7. Kap. Rn. 14 ff.
Elektroaltgeräte 9. Kap. Rn. 132
EMAS 6. Kap. Rn. 114 ff.
Emissionsgrenzwerte 7. Kap. Rn. 30 ff., Rn. 107 ff., Rn. 139 ff.
Emissionshandel 9. Kap. Rn. 10 ff.
Energieeffizienz 9. Kap. Rn. 18 ff.
Energiepolitik 4. Kap. Rn. 8
Energieversorgung 4. Kap. Rn. 4
Entsorgungsautarkie 9. Kap. Rn. 120 ff.
Entsorgungsnähe 9. Kap. Rn. 120 ff.
Erneuerbare Energien 9. Kap. Rn. 16 f.
Europäische Umweltagentur 3. Kap. Rn. 61 ff.
Europäisches Bürgerbeauftragter 3. Kap. Rn. 66
Europäisches Parlament 3. Kap. Rn. 46 ff.
Europäisches Umweltbüro 3. Kap. Rn. 58
Europäischer Gerichtshof 3. Kap. Rn. 52 ff.

Faktische FFH-Gebiete 9. Kap. Rn. 57
Faktische Vogelschutzgebiete 9. Kap. Rn. 49
FFH-Richtlinie 9. Kap. Rn. 54 ff.
FFH-Verträglichkeitsprüfung 9. Kap. Rn. 65 ff.
Flussgebietseinheit 7. Kap. Rn. 14 ff.
Freisetzung (von GVO) 8. Kap. Rn. 27 ff.
Futtermittel 8. Kap. Rn. 35 f.

Gefährliche Abfälle 9. Kap. Rn. 130 f.
Gentechnikfreie Zonen 8. Kap. Rn. 32 f.
Gentechnologie 8. Kap. Rn. 23 ff.
Großfeuerungsanlagen 6. Kap. Rn. 193 ff.
Grünbücher 3. Kap. Rn. 14
Grundfreiheiten 2. Kap. Rn. 3
Grundrechtecharta 3. Kap. Rn. 3, 5. Kap. Rn. 38
Grundwasserschutz 7. Kap. Rn. 111 ff.

Habitatrichtlinie 9. Kap. Rn. 54 ff.
Handlungsprinzipien (umweltpolitische) 5. Kap. Rn. 5 ff.
Hochwasserschutz 7. Kap. Rn. 125 ff.
Hohes Schutzniveau 5. Kap. Rn. 6 ff.

Immissionsgrenzwerte 7. Kap. Rn. 30 ff., Rn. 131 ff.
IMPEL 3. Kap. Rn. 45
Industrieemissionen 6. Kap. Rn. 160 ff.

Stichwortverzeichnis

Integrierte Vermeidung und Verminderung der Umweltverschmutzung 6. Kap. Rn. 160 ff.

Interessenvertretungen 3. Kap. Rn. 57 ff.

Klärschlamm 7. Kap. Rn. 156 ff., 9. Kap. Rn. 132
Klimarahmenkonvention 9. Kap. Rn. 7
Klimaschutz(recht) 9. Kap. Rn. 7 ff.
Kohäsionsfonds 4. Kap. Rn. 8, 6. Kap. Rn. 135 ff.
Komitologie 3. Kap. Rn. 40
Kommission 3. Kap. Rn. 37 ff.
Kompetenzgrundlagen 4. Kap. Rn. 2 ff.
Konformitätsbewertungsverfahren 3. Kap. Rn. 8
Kooperationsprinzip 5. Kap. Rn. 5
Kyoto-Protokoll 9. Kap. Rn. 7

Landwirtschaft 4. Kap. Rn. 8
Lärmschutz 7. Kap. Rn. 159 ff.
Lebensmittel 8. Kap. Rn. 35 f.
LIFE 6. Kap. Rn. 129 ff.
Lissabonner Vertrag 2. Kap. Rn. 5, 4. Kap. Rn. 35
Lösemittel 6. Kap. Rn. 202 ff.
Luftreinhaltung 7. Kap. Rn. 129 ff.

Maastrichter Vertrag 2. Kap. Rn. 5, 5. Kap. Rn. 37
Meeresumweltschutz 7. Kap. Rn. 122 ff.
Mindestvorschriften 5. Kap. Rn. 65

Nachhaltige Entwicklung 3. Kap. Rn. 3, 5. Kap. Rn. 31 ff.
Nationale Emissionshöchstmengen 7. Kap. Rn. 147 f.
Natura 2000 9. Kap. Rn. 54 ff.
Neue Konzeption 3. Kap. Rn. 8
Nichtigkeitsklage 5. Kap. Rn. 156
Nitratrichtlinie 7. Kap. Rn. 94 ff.

Offene Koordinierung 3. Kap. Rn. 17
Ökodesign-Richtlinie 9. Kap. Rn. 19 f.
Ozonschicht 9. Kap. Rn. 2 ff.

Pestizide 8. Kap. Rn. 17
Petitionsrecht 3. Kap. Rn. 66
Pflanzenschutzmittel 8. Kap. Rn. 17
Produktbezogene Maßnahmen 4. Kap. Rn. 16 ff.

Produktionsbezogene Maßnahmen 4. Kap. Rn. 20 f.
Querschnittsklausel 3. Kap. Rn. 3, 5. Kap. Rn. 36 ff.

Rat 3. Kap. Rn. 49 ff.
Raumordnung 4. Kap. Rn. 4
REACH 8. Kap. Rn. 4 ff.
Rechte Einzelner 5. Kap. Rn. 132 ff.
Rechtsetzungsverfahren 3. Kap. Rn. 35
Rechtsgrundlagen 2. Kap. Rn. 2, 4. Kap. Rn. 2 ff.
Richtlinie 3. Kap. Rn. 7 ff.

Schutzklausel 5. Kap. Rn. 66
Schutzverstärkung 5. Kap. Rn. 98
Sekundärrecht 3. Kap. Rn. 6 ff.
Seveso(-Richtlinie) 8. Kap. Rn. 18 ff.
Sperrwirkung 5. Kap. Rn. 90
Steuern 4. Kap. Rn. 4, 8
Störungsverbot 9. Kap. Rn. 62 ff.
Subsidiaritätsprinzip 4. Kap. Rn. 34 ff.
SUP-Richtlinie 6. Kap. Rn. 87 ff.

Tierschutz 1. Kap. Rn. 11, 3. Kap. Rn. 3, 5. Kap. Rn. 37
Titandioxid 6. Kap. Rn. 206 ff., 9. Kap. Rn. 132
Transparenz 6. Kap. Rn. 17 f.

Umsetzung (von Richtlinien) 5. Kap. Rn. 122 ff.
Umweltbegriff 1. Kap. Rn. 1 ff.
Umweltbetriebsprüfung 6. Kap. Rn. 114 ff.
Umwelthaftung 6. Kap. Rn. 140 ff.
Umweltinformation 6. Kap. Rn. 3, Rn. 10 ff.
Umweltinformationsrichtlinie 6. Kap. Rn. 39 ff.
Umweltmanagement 6. Kap. Rn. 114 ff.
Umweltqualitätsnormen 7. Kap. Rn. 97 ff.
Umweltqualitätsstandards 4. Kap. Rn. 23
Umweltstrafrecht 7. Kap. Rn. 154 ff.
Umweltvereinbarungen 3. Kap. Rn. 18 ff.
Umweltverträglichkeitsprüfung 6. Kap. Rn. 67 ff.
Umweltverträglichkeitsrichtlinie 6. Kap. Rn. 68 ff.
Umweltzeichen 6. Kap. Rn. 102 ff.
Umweltziele 7. Kap. Rn. 20 ff.
Unionsrechtskonforme Auslegung 5. Kap. Rn. 121
Unmittelbare Geltung 3. Kap. Rn. 28

Stichwortverzeichnis

Unmittelbare Wirkung 3. Kap. Rn. 28, 5. Kap. Rn. 62, Rn. 159
Ursprungsprinzip 5. Kap. Rn. 23 ff.

Verbände 3. Kap. Rn. 57 ff.
Verbandsklage 6. Kap. Rn. 64, Rn. 79
Verhältnis (der Rechtsgrundlagen) 4. Kap. Rn. 9 ff.
Verhältnismäßigkeit 5. Kap. Rn. 87 ff., Rn. 102, Rn. 118
Verkehr 4. Kap. Rn. 8
Verordnung 3. Kap. Rn. 7 ff.
Verpackungen 9. Kap. Rn. 133 ff.
Verschlechterungsverbot 7. Kap. Rn. 22 ff., 9. Kap. Rn. 62 ff.
Verstärkte Zusammenarbeit 4. Kap. Rn. 2, 5. Kap. Rn. 90
Vertrag von Lissabon 2. Kap. Rn. 5, 4. Kap. Rn. 35
Vertrag von Nizza 2. Kap. Rn. 5
Verträglichkeitsprüfung 9. Kap. Rn. 65 ff.
Vertragsverletzungsverfahren 3. Kap. Rn. 44, 5. Kap. Rn. 154 f.
Verursacherprinzip 5. Kap. Rn. 27 ff., 9. Kap. Rn. 115 ff.
Verwendungsbeschränkungen 5. Kap. Rn. 79
Vogelschutzrichtlinie 9. Kap. Rn. 42 ff.
Völkerrecht 3. Kap. Rn. 24 ff.
Vollzug (des Unionsrechts) 5. Kap. Rn. 143 ff.
Vorbeugeprinzip 5. Kap. Rn. 15 ff.
Vorsorgeprinzip 5. Kap. Rn. 14 ff.
Vorwirkung (von Richtlinien) 5. Kap. Rn. 122

Wald(schutz) 9. Kap. Rn. 38 f.
Warenverkehrsfreiheit 5. Kap. Rn. 67 ff.
Wasserrahmenrichtlinie 7. Kap. Rn. 6 ff.
Wasserressourcen 4. Kap. Rn. 4
Weißbücher 3. Kap. Rn. 14

Ziele (der EU-Umweltpolitik) 4. Kap. Rn. 3 f.
Zwingende Erfordernisse 5. Kap. Rn. 83 ff.